GLOSSARIUM

MEDIÆ ET INFIMÆ LATINITATIS

TOMUS IX.

GLOSSARIUM
MEDIÆ ET INFIMÆ LATINITATIS
Conditum a CAROLO DU FRESNE
DOMINO DU CANGE
AUCTUM
A MONACHIS ORDINIS S. BENEDICTI
CUM SUPPLEMENTIS INTEGRIS
D. P. CARPENTERII
ADELUNGII, ALIORUM, SUISQUE
DIGESSIT
G. A. L. HENSCHEL
SEQUUNTUR
GLOSSARIUM GALLICUM, TABULÆ, INDICES AUCTORUM ET RERUM, DISSERTATIONES

EDITIO NOVA aucta pluribus verbis aliorum scriptorum

A

Léopold FAVRE

Membre de la Société de l'Histoire de France et correspondant de la Société des Antiquaires de France.

TOMUS NONUS

NIORT
L. FAVRE, IMPRIMEUR-ÉDITEUR

1887
TOUS DROITS RÉSERVÉS

AVIS

CONCERNANT L'ÉDITION DU GLOSSARIUM PUBLIÉE PAR M. AMBROISE FIRMIN DIDOT

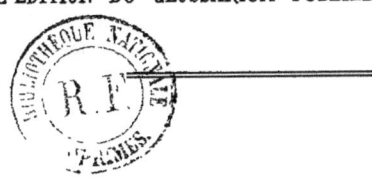

Le grand nombre d'astérisques placés en tête des mots ajoutés au GLOSSAIRE FRANÇAIS, qui fait suite au GLOSSARIUM MEDLÆ ET INFIMÆ LATINITATIS, et les additions non moins considérables enfermées entre parenthèses, indiquent le nouveau travail de M. Henschel ; ces additions ont accru du double l'ancien Glossaire français, extrait de Ducange, par dom Carpentier.

Ce nouveau travail, aussi savant que consciencieux, ne sera pas moins apprécié que l'a été celui dont le Glossaire latin est également redevable à M. Henschel (1). Par une sage réserve, il s'est gardé d'adjoindre au Glossaire français de Ducange des mots dont l'authenticité ne pouvait être constatée par de bons exemples tirés de sources certaines ; il a donc cru devoir laisser aux hypothèses tout mot, toute explication dont le sens ou l'origine offrait des doutes, se renfermant ainsi dans le système suivi par dom Carpentier, qui s'exprime en ces termes dans la préface :

« Je ne donne que les anciens mots français contenus dans le Glossaire latin de Ducange et dans le Supplément,
« et ne leur attribue que le sens où ils me paraissent avoir été employés dans les passages auxquels je renvoie,
« pour que le lecteur puisse juger lui-même de la justesse de mon interprétation. J'ai tâché d'être court, sans que
« la clarté des explications en souffrît. »

Afin de compléter ce Glossaire français, nous avons pensé qu'il serait utile d'ajouter tout ce qui, dans les observations de Ducange, sur l'histoire de saint Louis par Joinville, pouvait être extrait et servir à composer un nouveau Supplément au Glossaire. A cet effet, ces observations écrites en français par Ducange ont été rangées dans l'ordre alphabétique.

Mais ce qui ajoutera un grand prix à notre édition, c'est la reproduction des QUARANTE-CINQ INDEX disposés, par Ducange, par ordre de matières.

Ces Index, qui ne se trouvent que dans la première édition (2), donnée par Ducange, la rendent

---

(1) M. Pardessus, membre de l'Académie des inscriptions et belles-lettres, a rendu compte, en 1846, dans le *Journal des Savants*, des six volumes dont se compose notre édition du *Glossaire latin*. Nous croyons convenable de reproduire le jugement qu'il en porte ; car on trouvera dans ce savant article des renseignements neufs, instructifs et intéressants.
(2) 3 vol. in-fol. 1678. Paris. *Balaine.*

indispensable aux savants, auxquels ils facilitent toute espèce de recherche ; cette édition est maintenant très-rare.

On ne conçoit pas le motif qui a pu engager les Bénédictins à supprimer un travail aussi précieux, dans l'édition qu'ils ont donnée, en 1733, du Glossarium mediæ et infimæ latinitatis, si considérablement accru par leurs soins (1), et on ne s'étonne pas moins que dom Carpentier, dans son Supplément en 4 volumes in-folio, publié en 1756, ait négligé de reproduire ces Index, qui, complétés des mots nombreux dus aux travaux postérieurs à Ducange, auraient rendu un grand service à la science. Il serait même à désirer que l'exemple donné par l'illustre lexicographe français, digne continuateur des travaux de Robert et de Henri Estienne, fût généralement adopté pour tout grand répertoire lexicographique.

Nous avons réparé cet oubli de nos prédécesseurs, et sans nous borner à reproduire textuellement le beau et utile travail de Ducange, nous avons ajouté à ses Index tout ce qu'offraient de nouveau les travaux supplémentaires des Bénédictins, de dom Carpentier, d'Adelung et, enfin, de M. Henschel, à qui la nouvelle édition est redevable de tant d'importantes additions, et qui, pour compléter ces Index, a relu la plume à la main le Glossaire latin tout entier.

Les astérisques placés en tête de chaque mot font juger du nombre des additions dont les Index se sont enrichis ; ils égalent presque le travail primitif de Ducange.

Ces Index, ainsi complétés, peuvent donc être considérés comme autant d'Encyclopédies par ordre de matières, où l'ordre alphabétique permet de retrouver facilement dans notre édition tout mot concernant au moyen âge *les Mœurs et les Coutumes, l'Agriculture, les Arts et métiers, l'Histoire naturelle, les Dignités et emplois, la Liturgie, les Fêtes et les jeux, la Magie et les superstitions, la Médecine, l'Art militaire, la Navigation, la Musique, les Poids et mesures, les Monnaies, les Vêtements, les Impôts, la Chasse, la Jurisprudence*, etc., etc.

Nous avons cru devoir reproduire dans notre édition les Dissertations relatives aux médailles et monuments concernant les Empereurs de Byzance, et nous avons fait graver de nouveau les planches qui accompagnaient ces dissertations, en corrigeant les dessins d'après les monuments qui existent encore.

Ces dissertations :

1° *De Imperatorum constantinopolitanorum numismatibus Dissertatio ;*
2° *Constantini Imp. Byzantini numismatis argentei Expositio ;*
3° *Sappirus Constantii Imp. Aug. Exposita ;*

se rattachent plus naturellement au *Glossarium mediæ et infimæ Græcitatis* du même auteur ; cependant, comme il les a données à la suite de son *Glossarium mediæ et infimæ Latinitatis*, nous n'avons pas voulu que cette omission fût reprochée à notre édition, bien que nous espérions pouvoir donner un jour une nouvelle édition du Glossaire Grec de Ducange qui complète la série des grands travaux lexicographiques sur la langue grecque et latine dont la France a le droit de se glorifier (2).

---

(1) 6 vol. in-fol. 1733. Paris. *Osmont* ; plus 4 vol. in-fol. du Supplément, par dom Carpentier.

(2) Aucune nation n'a produit une série de monuments lexicographiques tels que :
Roberti Stephani *Thesaurus linguæ Latinæ*, Paris, 1531-1532 ; ce célèbre imprimeur en donna trois éditions : la dernière, de 1543, forme 4 volumes in-folio ; — une autre édition a été imprimée à Lyon en 1573, 4 volumes in-folio ; — une autre à Bâle, par les soins de Birrius, 4 volumes in-folio, 1740-43 ; — les Anglais en ont publié une autre édition, avec de nombreuses additions, en 1734-37, 4 volumes in-folio ; — enfin, Gesner et Forcellini ont mis à profit les immenses travaux de Robert Estienne ; mais le premier en lui rendant toute justice, et en n'offrant son travail que comme une nouvelle édition du *Thesaurus linguæ latinæ* de R. Estienne, tandis que l'autre ne le mentionne même pas dans sa préface, et cependant Forcellini a mis largement à profit les travaux de Robert Estienne et de ses prédécesseurs.

Henrici Stephani *Thesaurus Græcæ linguæ*, Paris, 1572, 4 volumes in-folio, réimprimé, sinon totalement, du moins partiellement, par H. Estienne. Une nouvelle édition en a été donnée à Londres, *in ædibus Valpianis*, avec de nombreuses

Ainsi donc, indépendamment des nouveaux travaux de M. Henschel, notre édition réunira tous les avantages : 1° de la première édition donnée par Ducange ; 2° de l'édition des Bénédictins ; 3° du supplément de dom Carpentier ; 4° des additions d'Adelung.

Enfin, le public nous saura gré d'avoir joint à notre édition les Dissertations de Ducange sur l'histoire de saint Louis (1). C'est un trésor d'érudition qui complète encore le vaste Répertoire littéraire et scientifique du moyen âge dont nous sommes redevables à cet illustre érudit auquel la France, par une souscription nationale, vient d'élever une statue dans la ville qui s'honore de sa naissance.

Ambroise Firmin Didot.

additions, 8 volumes in-folio, 1815-1825 ; la nouvelle édition, rangée par ordre alphabétique, imprimée à Paris, forme 9 volumes in-folio.

Ducange, *Glossarium mediæ et infimæ Latinitatis*, Paris, 1678, 3 volumes in-folio, réimprimés à Francfort-sur-le-Mein en 1679. Les Bénédictins en ont donné une édition très-augmentée en 6 volumes, Paris, 1733 ; deux autres réimpressions en ont été faites, l'une à Venise, 1737, l'autre à Bâle, 1762 ; le Supplément de dom Carpentier, en 4 volumes in-folio, 1766, complète l'édition des Bénédictins.

Ducange, *Glossarium mediæ et infimæ Græcitatis*, imprimé par Anisson à Lyon en 1688 ; l'Appendice a été imprimé à Paris par Cramoisy (1).

Lacurne de Sainte-Palaye, *Glossaire de l'ancienne langue française, depuis son origine jusqu'au siècle de Louis XIV*. L'impression de ce beau travail, dont deux manuscrits existent à la Bibliothèque nationale, l'un en 31 volumes in-folio, à deux colonnes, l'autre, plus complet, en 61 volumes in-4°, a été interrompu lors de la révolution de 1792. Quelques exemplaires des 65 pages du tome Ier ont échappé à la destruction qui a été faite de ce volume. L'impression s'est arrêtée au mot *Asseurée*. (Les manuscrits du *Glossaire de l'ancienne langue française*, par La Curne de Sainte-Palaye, ont été publiés en 1882, et forment 10 volumes in-4°.)

Académie française, en 2 volumes in-4°. Son Dictionnaire, borné au langage usuel et écrit, a puissamment contribué à fixer notre langue, dont il est le code et dont il maintient l'unité.

Le Grand Dictionnaire *historique de la langue française*, dont l'Académie française s'occupe maintenant, sera un des monuments littéraires qui fera le plus d'honneur à notre pays. Dans cet immense travail, l'Académie française, profitant des notions nouvelles acquises à la science étymologique, marquera la filiation graduelle, les transformations de chaque terme, et les suivra dans toutes les nuances d'acception, en les justifiant par des exemples empruntés aux diverses époques et à toutes les autorités du langage littéraire.

(1) Nous avons cru devoir reproduire, en l'abrégeant et le simplifiant, et en le sauvant ainsi de l'oubli, l'Éloge de Ducange par M. J. Léon Baron, qui remporta le prix de l'Académie d'Amiens en 1764, et qui parut sous le pseudonyme de Lesage de Samine. On y trouvera le vœu émis, il y a près d'un siècle, pour que la France érigeât une statue à Ducange, et que ses ouvrages manuscrits ne restassent pas inédits.

On trouvera, à la suite de cet Éloge, une partie des discours prononcés à Amiens, le 19 août 1849, lors de l'inauguration de la statue de Ducange.

(1) On trouvera à la Bibliothèque nationale, dans la correspondance entre Anisson et Ducange, des renseignements intéressants pour l'histoire de l'Imprimerie et de la librairie à cette époque.

GLOSSAIRE FRANÇAIS

A

A pour En. *Dire à secret*, en secret. Gl. *A secretis*.

° **A AIS**, A poil. Gl. *Aisientia*. Voyez *Ais*.

A CAU, En cachette. Gl. *Acau*. [Statuts de Montpellier.]

° **AABATRE**. Voyez *Abatre*. Roquef., Suppl., a un passage de Beaumanoir où ce mot signifierait *déduire* ; mais dans l'édit. de M. Beugnot on lit, chap. 17, § 18, *rabatu*, au lieu de *aabatu*. Voyez Halliwell, au mot *Abate* 1.

AACHEMENT, Appât, amorce ; et

AACHIER, Attirer, engager. Gl. *Allectatio*. [La racine de ces deux mots est le lat. *Esca*. Voyez *Aeschier*, et Rayn. tom. III, pag. 142¹, aux mots *Adesc* et *Adescar*.]

° **AAFINANCE**, Injure sanglante. Chron. des ducs de Normandie, tom. I, pag. 407, vers 9398 :

Bernart, à braz, tot en oiance
M'avez dit honte e aafinance.

Faut-il lire *Aasmance* ?

AAGE, La durée de la vie [majorité]. Gl. *Ætas*, [et *Minorennis*. Partonopeus de Blois, vers 329 :

Mais quant il vint en son aage
Tant sorsamble Hector et Paris.]

AAGEMENT, Majorité.

AAGER, Déclarer majeur ; et

AAGIÉ, Majeur. Il se dit aussi des animaux sevrés. Gl. *Aagiatus*, [*Ætas Baroniæ*] et *Sequela* 7.

AAGNER, Contredire, contester avec chaleur, disputer. Gl. *Atia*, 452¹.

° **AAIGE**, Majorité. Gl. *Aagiatus*.

° **AAIGIÉ**, Voyez *Aagié*.

° **AAINNEECHE**. Voyez *Ainsneece*.

° **AAIRER (S')**, Se nicher. Li Congié Baude Fastoul d'Aras, vers 469 :

Cuers en cui grans anuis s'aaire.

Voyez Roquet. Suppl.

° **AAISE**, Richesse, aisance. Traduct. de Guill. de Tyr, dans le Glossaire de Joinville : *Il leur douroit assez plus que il n'avoient là, et seroient plus à honour et à greignour aaise.*

° **AAISER**, AAISIER, Donner de l'aise, mettre à l'aise, soulager. Chastel. de Couci, vers 3130 :

Si l'a mené en un destour
Et l'a grandement aaisiet,
Puis li a quinze solz bailliet.

Roman de Garin le Loherain, tom. I, pag. 296 :

En la cité ne se puet aaisier
Tant a léans Alemans e Baviers.

Flore et Blanceflor, vers 1430 :

Puis establerent lor cevaus,
Moult les fisent bien aaisier
E de litiere et de mangier.

Chron. des ducs de Normandie, tom. II, pag. 214, vers 21621 :

Unc mais nus hom de son saveir
Si n'aaisa ses enemis,
De lui damagier, ce m'est vis.

Pag. 220, vers 21854 :

Mais oi puet son cors aaisier.

Flore et Jehane, pag. 55 : *Et elle ot esté bagnie et tifée et aaisie de tous poins les XV jours.* Garin le Loherain, tom. I, pag. 242 :

Mais Isores qui tant fist à prisier
Derrier se mest por les siens aaisier.

Le Reclus de Moliens, dans le Glossaire de Joinville :

Une heure se mesaaisoit
Por lui à toujours aaisier.

Voyez Rayn. tom. 2, pag. 42¹, au mot *Aisar*.

° **AAISIÉ**, Qui est à son aise, riche. Roman de Renard, tom. 1, pag. 46, vers 1190 :

Et mesire Costant Desgranges
Un vavassor bien aaisié.

Agile, aisé à conduire. Chron. des ducs de Normandie, tom. 1, pag. 410, vers 9480 :

Sur le cheval bauzan Gascon
Fort e isnel e aaisié.

AAISIER, Accorder l'usage de quelque chose, prêter. Gl. *Aisientia*.

AAISSIER, Aider, donner des secours. Gl. *Aaisientia*.

* **AAMER**, Aimer. Agolant, vers 1288 :
Voit le la dame, si l'a tot aamé.
Voyez Rayn. tom. 2, pag. 66¹, au mot *Adamar*.

* **AAMPLIR**, Remplir, accomplir. Chron. des ducs de Normandie, tom. 1. pag. 547, vers 13504 :
*De lui, del regne e de la gent
Puez tost aamplir ton talent.*
Voyez *Aemplir*.

AANCRER, Mettre à l'ancre. Gl. *Anchorisare*. [Roi Guillaume, pag. 81 :
Là fu aancrée la nés.]

* **AARDRE**. Voyez *Aerder*.

* **AASAER**, Assiéger. Chron. des ducs de Normandie, tom. 2, pag. 102, vers 18278 :
*Quant ce unt fait, s'ont conseil pris
D'aasaer à force Paris.*
Voyez *Asaer*.

* **AASMANCE**, Honte, peine. Chron. des ducs de Normandie, tom. 2, pag. 220, vers 21872 :
*Li reis Lohiers, plein d'aasmance,
Plein de dolor et de pesance.*
Voyez *Aafinauce*. Rom. des Empereors de Rome, cité par Roquef. Suppl. :
*Duc Ferris, sachiez sanz doutance,
Encor vous plore en aasmance.*

* **AASME**. Voyez *Esme*.

* **AASMEMENT**, Pensée, attente. Sermon de Saint Bernard, cité par Roquef. :
Ensi acrast assi en mi et dolor et crimor li aasmemenz de la medicine. En lat. *medicinæ æstimatio*.

* **AASMER**. Voyez *Aesmer*.

* **AASTIE**. Voyez *Aatie*. Chastel. de Couci, vers 7440 :
*Car Sarrasin par aastie
Les menaçoient chascun jour
D'occire à duel et à tristour.*

AASTIR, Animer, inciter, irriter, [exciter.] Gl. *Atia*, 451³. [S'*aastir*, Chastel. de Couci, vers 4888 :
*Ains s'est mallement aastie
Et de parolles aqueillie.*
Vers 1464 :
*Là ot des bien faisans parlé,
Et dient que bien ont jousté
Cil de Fère. . . . .
Cil qui encor jousté n'avoient
De ce forment s'aastissoient
De lendemain tel chose faire, etc.*]

* **AATE**, Agile. Partonop. de Blois, vers 3183 :
*Moult sont andui buen cavalier
Et moult sont el moult legier.*
La Chanson de Roland, stance 113, vers 4 :
Li destrers est e curanz e aates.
Voyez stance 283, vers 4, et ci-dessous, *s'Aster*.

AATIE, Haine, querelle. Gl. *Atia*. [Provocation, engagement, lutte. Partonop. de Blois, vers 9585 :

*Or m'a devant vos aati,
Et tant buen cevalier voi ci
Qui bien oent ceste aatie.*
Vers 9509 :
*Cis paiens fait grant aatie
De pris et de cevalerie.*
Gérard de Vienne, vers 1293 :
*Oït aveiz ke prise est l'aiatie
De la bataille que grande iert à devise.*
Vers 1808 :
*Mais ce n'iert jai, se deus ne m'en aïe,
Por la bataille dont j'ai fait l'aatie
Vers Olivier de Genes.*
Vers 1769 :
*Lors recommance molt fiere l'aiatie
Lancent et getent par molt fort aramie.*
Voyez vers 1776.]

1. **AATINE**, Fâcherie, querelle, contestation. Gl. *Atia*, pag. 451³.

2. **AATINE**, Hâte, empressement. Gl. *Atia*, pag. 451³. [Entreprise. Gilles de Viniers, Laborde, pag. 232 .
*Douz gentis cuers, Genevre la roïne
Fist Lancelot plus preuz et melz vaillant;
Pour li enprist mainte dure aatine
Et s'en souffri paines et travaux granz.*]

* **AATIR**, Se hâter. Voyez *Aastir* et *Aatie*. Roman de Renart, tom. 4, pag. 29, vers 782 :
*Andoi vinrent tout aatit
Au vilain. . . . .*
Gérard de Vienne, vers 1525 :
Un mes s'en torne poignant toz aatis.
S'engager à un combat, accepter une provocation. Gérard de Vienne, vers 1831 :
*Estez vos ceu Rollan dont j'ai oï,
Ke vers mon freire vos estez aatis ?*
Lutter, combattre. Chron. des ducs de Normandie, tom. 1. pag. 552, vers 13659 :
*Sachant d'un grand jeu aatir,
D'eschès, des dés et de escremir.*

* **ABACO**, Arithmétique. Raynouard, t. 2, pag. 11¹, au mot *Abac*.

* **ABAERESSE**, **ABAIARESSE**, Convoiteuse. Roman de Renart, tom. 1. pag. 6, vers 137 :
*Se l'une iert mestre abaeresse
Et l'autre mestre lecharesse.*
Abaiaresse, au vers 151.

ABAHIER, Aboyer. Gl. *Latria 2*.

* **ABAI**, terme de chasse, Aboi. Partonop. de Blois, vers 590 :
*Li sainglers. . . . .
Tresqu'al bas vespre lor fui,
Dont à primes abai soufri.
Partonopeus premiers i vient,
Et en son point son espiel tient.
Li sainglers a l'abai rompu
Et il est tost seure coru, etc.*
Chron. des ducs de Normandie, vers 5610, tom. 1, pag. 278 :
*Kar cil d'amont sunt mult cuilvert
E mult apris d'estre en esmai
E de soffrir un grant abai.*
Tom. 2, pag. 21, vers 15866 :
*N'en puet aler Aigrouz li reis
Ce dient, lui ni ses Daneis....*

*Folient le, mais bien le sai
Que mult prise poi lor abai.*
Voyez Halliwel, aux mots *Abay* et *Bay 9*.

* **ABAIE**, Forêt de sapins. Le Renard contrefait, Robert, tom. 2, pag. 200 :
*An un destour d'une abaie
Qui semblait bien estre erbaie.*
Voyez Rayn. tom. 2, pag. 13¹, au mot *Abadia 2*, et ci-dessous, *Abiete*.

ABAIETE, Sentinelle, vedette, celui qui fait le guet. Gl. *Bayeta*.

ABAIGNER, Baigner, mettre dans le bain. Gl. *Balneria*.

ABAILLER, Atteindre, rejoindre, rattraper. Gl. *Attendere 4*. [Voyez *Bailler 1*.]

ABAISSER Honneur, Manquer au respect dû à quelqu'un, ou à sa charge. Gl. *Abassare*.

ABAISSER LA MAIN, expression figurée pour signifier Se modérer, parler et agir avec douceur. Gl. *Abassare*.

* **ABANDÉ**, Associé, uni. Gl. *Bandum 3*.

* **ABANDON**. Voyez *Bandon*.

* **ABANDONÉ**, Qui se livre sans retenue à quelque chose, qui désire vivement. Voyez Rayn. tom. 2, pag. 177² au mot *Abandon*. Partonop. de Blois, vers 8661 :
*Li rois de France a l'escu pris,
Si s'est devant les autres mis,
Abandonés est de juster
Qu'il vialt faire de soi parler.*
Roi Guillaume, pag. 66 :
*Molt estes ore abandoné
De mentir, si n'en avés honte.*
Garin le Loherain, tom. 1, pag. 81 :
*Tex se fait ore de guerre abandoné,
Se l'emperere estoit là aroutés
Jà n'i mestroit un denier moné.*
Chastel. de Couci, vers 380 :
*Fausse drue abandonnée
Veut tes nos et puis les lour.*
Roi Guillaume, pag. 85 :
*Par terre fis ma destinée
Vix et commune abandonnée,
Que nus n'en aloit refusés.*

ABANDONNÉEMENT, Impérieusement, d'un air d'autorité. Gl. *Abandonnare 3*, p. 8¹. [*Abandonéément*, tout à fait, sans réserve. Voyez Rayn. tom. 2, pag. 178¹, au mot *Abandonadamen*. Li dus de Brabant, Wackern. pag. 57 :
*On tient plus chier la chose desirrée,
Ke ceu c'om ait abandonéément.*]

* **ABANDONS**, Certaine coutume à Compiègne, abolie par saint Louis. Gl. *Abandum*, pag. 7³.

ABANGUE, Petite monnaie, moindre que la maille. Gl. *Abenga*.

ABARROS, Outil de tonnelier, p. e. le barroir, ou bien Forêt, vrille. Gl. *Foretum*.

ABASTONNÉ, Armé, muni, garni d'arme offensive. Gl. *Basto*.

ABATAIGE, Visite d'un pourceau pour

voir s'il n'est pas ladre, et le droit dû au seigneur pour cette visite. Gl. *Abatare*. [Roquef. écrit *Abatigne*.]

° **ABATEIZ**, Carnage, massacre. Chron. des ducs de Normandie, tom. 1. pag. 280. vers 5661 :
> Une mais si faiz roeleiz,
> Ne si estrange abateiz
> N'oïstes retraire en tant d'ore.

Ibid. tom. 2, pag. 115, vers 18701 ; pag. 210, vers 21553.

ABATISON, L'action d'abattre par terre. Gl. *Battitura*, sous *Battere* 1.

ABATRE, Abolir, supprimer, décrier. Gl. *Abatare*. [Rabattre, refouler. Parton. de Blois, vers 8770 :
> Soupris les ont et réusés
> Dusqu'el marcié enmi les prés ;
> S'es ont si durement ferus
> Qu'ès rues les ont abatus.

Comparez *Rabattre le gibier* dans le Dict. de l'Académie. Gérard de Vienne, vers 52 :
> Son oisel jete li damoisels cremus,
> Pris ait dous aines, deus mellars abatus.]

ABAUBIR, Etonner, effrayer, épouvanter. Gl. *Attonare*. [Chastel. de Couci, vers 185 :
> Lors le voit morne et abaubit.

Vers 4559 :
> Le cuer a tristre et abaubit.

Voyez Halliwell, aux mots *Abave*, *Abaw* 2. *Abaved* et *Abobbed*.]

° **ABAUDIR**. Variante de *Esbaudir*. Chron. de Jourdan Fantosme, stance 167, vers 6.

ABBAT, pour Abbé [en Béarn]. Gl. *Abbas*, pag. 13³.

1. **ABBATRE**, Abolir, supprimer, décrier. Gl. *Abatare*, p. 9³.

2. **ABBATRE**, Défoncer ou vider un tonneau. Gl. *Abatare*, pag. 9³.

ABBAYE, Mauvais lieu. Gl. *Abbas*, pag. 17².

° **ABBÉ** DES CONARDS, DE LIESSE. Gl. *Abbas*, pag. 13³ et 15¹.

ABBÉ MORT. D. Mabillon, dans la préf. sur la première partie du troisième siècle Bened., pag. lxxx, observe qu'à Reims, par une prononciation vicieuse, on nomme ainsi un certain tintement de cloche, qui annonce la mort de quelqu'un ; ce qui vraisemblablement se pratiquait autrefois, comme on le fait encore en quelques endroits, pour inviter les fidèles à prier pour le malade qui était à l'agonie, qu'on appelait l'*Abboi de la mort*.

ABBEESSE, Nom prostitué à celles qui président à un mauvais lieu. Gl. *Abbas* 17².

ABBETER, Inciter, animer. Gl. *Abbetator*.

° **ABBILLEMENT**. Voyez *Abillement*.

ABBORTIF, Avortement. Gl. *Abortire*.

° **ABBREGEMENT**, Abrégement. Rayn. tom. 2, pag. 257², au mot *Abreviamen*.

° **ABBUSION**. Voyez *Abusion*.

ABEÇOY, ABC, Alphabet. Gl. *Abcdarium*.

ABEILLAGE, ABEILLON, Droit sur les abeilles. Gl. *Abollagium*.

ABELES, Ruche. Gl. *Abeilla*.

ABELIR, Plaire, être agréable. Gl. *Abelimentum*. [Rayn. tom. 2, pag. 207¹, au mot *Abelhir*. Chastel. de Couci, vers 4128. *Abellist*.

° **ABENDER**, Joindre, unir, se liguer, être de même bande. Gl. *Bandum* 3.

ABENGE, ABENGHE, Petite monnaie, moindre que la maille. Gl. *Abenga*.

ABENSTE, Qui est obligé de s'absenter. Gl. *Absentare*, pag. 32¹.

° **ABERGIER**, Héberger, loger. Roman fr. de Gérard de Roussillon, cité par Roquef. Supplém. :
> Or n'y a que chanoine qui Dieu servent
> [et prient,
> Ils sont abergiés et cloux de bonne
> [pierre, etc.

° **ABESSIER**. . . . . Guill. Guiart, tom. 1, pag. 112, vers 2885 (2777) :
> Et fait à touz les iex crever
> D'une brochette à l'abessier.

ABESTIR, Traiter quelqu'un avec beaucoup de mépris, lui parler comme à une bête. Gl. *Bestialis*.

ABET, ABETE, Instigation, action d'exciter ; ruse, finesse qu'on emploie pour engager quelqu'un à faire une chose. Gl. *Abettum*. [Rayn. tom. 2, pag. 13¹, au mot *Abet*.]

° **ABETER**, Tromper. Roman de Renart, tom. 1, vers 784 :
> Et Renart qui le siecle abete.

Voyez Rayn. tom. 2. pag. 13², au mot *Abetar*, et la Chron. des ducs de Normand. tom. 2, pag. 104, vers 18852.

ABEVETER, Tromper, donner le change. Gl. *Abettum*.

° **ABEVRER**, Abreuver, remplir, enivrer. Guill. Guiart, tom. 2, vers 10132 (19113) :
> . . . Une autre nef Flamanche,
> Qui de gent plaine et abevrée
> Rest de la grant flote sevrée.

Chron. des ducs de Normandie, tom. 2, pag. 348, vers 41060 :
> E li marinier fol e sort
> E ivre e abevré et lort.

Voyez Rayn. t. 2, pag. 218¹, au mot *Abeurar*.

ABEUVRAGE, Droit sur les boissons. Gl. *Abevragium* 1.

ABEUVRAIGE, Droit seigneurial, qui se paye en sus et à raison de la principale redevance, comme le pourboire dans les marchés. Gl. *Abuvragium*.

ABEUVRON, ABEUVROUER, Verre, tasse ou gobelet à boire. Gl. *Abevragium*.

ABEYANCE, Bien vacant et abandonné, dont le propriétaire n'est pas déclaré par droit ou par la justice. Gl. *Abeyantia*.

ABIELIR, Plaire, être agréable. Gl. *Abelimentum*.

° **ABIETE**, Forêt de sapins. Chanson, Wackern. pag. 44 :
> Lonc un vert bouset, pres d'une abiete.

Voyez *Abaie*.

ABILLEMENT, Terme pour signifier en général tout ce qui est propre ou nécessaire à la chose dont il s'agit. Gl. *Abilhamentum*.

° **ABILLER** *les chevaux*, les soigner. Gl. *Intertenere* 1. pag. 398¹.

1. **ABILLIER**, Habiliter, rendre propre à quelque chose. Gl. *Abilitare*.

° 2. **ABILLIER**, Arriver en hâte. Guill. Guiart, t. 2, pag. 464, vers 12047 (21029) :
> Par devers Tibaut de Cepoi
> En reveissiez abiller
> Maint cent charchié, maint milier.

Voyez *Biller*.

° **ABISSE**, Lin très-fin, lat. *byssus*. Anc. trad. de la Bible, Exode, chap. 26, vers 1 : *Dys cortins de abisse de retorte et de jacinte.*

° **ABIT** *de meschanse*. Gl. *Mescadere*.

° **ABITEOR**, Habitant. Chron. des ducs de Normandie, tom. 1, pag. 337, vers 7316 ; pag. 549, vers 13587 ; pag. 287, vers 28898.

° **ABJURATION**, Serment de quitter le pays et de s'exiler. Gl. *Abjuratio* 1.

° **ABLAI**, ABLAY, Blés, fruits des champs. Gl. *Rentagium*.

ABLAIER, Semer, ensemencer. Gl. *Abladare*. [Rayn. au mot *Abladar*, tom. 2, pag. 226¹.]

ABLAIS, Grains coupés, et même une espèce de grain. Gl. *Abladare*. [Voyez Gl. *Abladium*.]

ABLASMER, Blâmer, désapprouver, condamner. Gl. *Blasphemare*. [Rayn. au mot *Ablasmar*, tom. 2. pag. 225².]

ABLE, pour Hable, Havre. Gl. *Hablum*.

ABLÉE, Terre ensemencée. Gl. *Abladare*.

ABLERE, ABLERET, ABLIERE, Espèce de filet à pêcher. Gl. *Ableia*.

° **ABLETE**. Voyez *Ablere*.

ABLO, Terme usité dans le Comingeois pour animer et exciter. Gl. *Allot*.

ABLOCHIER, ABLOCQUIER, Soutenir les solives, qui forment un bâtiment de bois, par un mur de deux pieds ou environ. Gl. *Blesta*.

° **ABOBED**, Effrayé, lâche. Voyez *Abaubir*. Variante de la chronique de Jordan Fantosme, stance 132, vers 1289.

ABOC, Terme bourguignon, Cri qui se fait dans un tumulte. Gl. *Allot*.

ABOCAGE, Statut, règlement. Gl. *Autorium*.

ABOCQUIÉ, Rempli de bois, de broussailles. Gl. *Aboscatus.*

° **ABOESTER**, Aboeter, regarder. Roman du Renard, tom. 3, pag. 17, vers 20210 :

*La fosse est moult grant et parfonde,
N'a si hideuse en tot le monde.
Qui orendroit desor vanroit
Et dedanz aboesteroit,
N'i a chose ne detornast
Que de ci au fonz n'esgardast.*

Ibidem, pag. 71, vers 21703 :

*Atant let Renart le gangler
Qui à l'uis vit aboeter
Un fol vilein et enrievres, etc.*

ABOILLAGE, Droit sur les abeilles. Gl. *Abollagium.*

ABOIVREMENT, Ce qu'on paye pour le droit de bienvenue ou de réception dans une société, et qui s'emploie souvent à un repas. Gl. *Abuvragium.*

ABOLÉ, Enflammé, amoureux. Gl. *Abolere.*

ABOMINABLE, Celui qui a des nausées. Gl. *Abominatio 1.*

ABOMINATION, Dégoût, nausée. Gl. *Abominatio 1.*

ABOMMAGE, Droit de bornage. Gl. *Abomagium.*

ABONIAGE, Abonnage, Abonnement. Gl. *Aboonagium.*

1. **ABONNER**, Convenir par *abonnement.* Gl. *Abonare 2.*

° 2. **ABONNER**, Rencontrer, approcher, être voisin de. Guill. Guiart, tom. 2. pag. 183, vers 4710 (13699):

*Li quens de Hollande et son fiz
De mort traitreuse abonnez,
Furent cel an emprisonnez, etc.*

Voyez pag. 277, vers 7208. (16188). *S'abonner,* avec la même signification que *s'assembler,* en venir aux mains, pag. 198, vers 5111 :

Là où li combatant s'abonnent.

Pag. 267, vers 6921 :

*De ferir courageusement
Sur ceus qui s'esquiex il s'abonnent.*

ABOQUIÉ, Empli de bois, de broussailles. Gl. *Aboscatus.*

° **ABORTIR**, Avorter. Rayn. tom. 2. pag. 17², au mot *Abhortir.*

ABOSMÉ, Abonné. Gl. *Abominatio 1.*

ABOSMER, Avoir envie de vomir, avoir mal au cœur, être dans l'état de ceux qui ont cette maladie. Gl. *Abominatio 1.* [*Abosmé, Abosmi, Abosmié,* triste, accablé. Roquef. au mot *Abosmé,* Rayn. au mot *Ablesmar,* tom. 2, pag. 227¹. Voyez Roman de Roncevaux, éd. Monin, pag. 62. Roman d'Aubri le Bourg. vers 115. Chast. de Couci, vers 2727, 7542, 7673. Chron. des ducs de Normandie, tom. 1, pag. 287, vers 5889 ; tom. 3, pag. 448, vers 28615. *Abomey,* Gérard de Vienne, vers 722. *Abomeiz,* vers 3241.

ABOTI, Blotti, tapi, caché. Gl. *Abobsitus.*

° **ABOVERER**, comme *Abeverer.* Sermon de saint Bernard, au Glossaire de Joinville : *Si serons abovereit del tuit de son deleit.*

ABOULT, comme *About* ci-après. Gl. *Adboutamentum.*

° **ABOURNAGE**. Voyez *Abournement.*

ABOURNEMENT, Bornage ; et

ABOURNER, Borner. Gl. *Abonare 2.*

ABOURTÉ, Avorté. Gl. *Abortire.*

ABOUSER, Détruire, renverser. Gl. *Abosatio.*

° **ABOUSNER**. Gl. *Stancarium.* Voyez *Abouser.*

ABOUT, Fonds assigné à un créancier par tenants et aboutissants ; d'où

ABOUTER, Assigner ce fonds, faire un *About.* Gl. *Adboutamentum* [et *Abbotum.*]

° **ABRANDER**, et *s'Abrander,* S'allumer, s'enflammer, selon Rayn. tom. 2, pag. 251¹, au mot *Abrandar.* Chron. des ducs de Normandie, tom. 1, pag. 107, vers 789 :

... Si tost cum l'aube abrande.

Tom. 2, pag. 25, vers 16014 :

L'aube abrande lieve et esclaire.

Ibid. pag. 233, vers 22248 :

Armez ainz que l'aube s'abrande.

Ce mot signifie peut-être s'élancer, s'ébranler. Voyez *Brandir,* et Grimm. Mythol. pag. 431.

ABRASEMENT, Démolition, destruction ; et

1. **ABRASER**, Démolir, raser. Gl. *Arrasare.*

° 2. **ABRASER**, Enflammer, allumer. Roman d'Agolant, vers 866 :

Com se ce fusent x cierges abrasés.

Voyez Rayn. tom. 2, pag. 252¹. Chron. des ducs de Normandie, tom. 1, pag. 497, vers 1217 :

*Dedenz le quor li gist le duel
De la toute de Mustereol ;
Abrasez fu e plein de mal
De la laide fure infernal.*

° **ABRE**, Arbre. Voyez Roquef. Supplém.

° **ABREGIÉ**. Voyez *Fief abregié.*

ABRET, *Abrier,* le bois de l'arbalète. Gl. *Arboreta.*

° **ABREVIER**, Abréger. Rayn. tom. 2, pag. 257, au mot *Abreviar.* S'abrevier, se rendre petit. Sermon de saint Bernard, cité par Roquef. : *Li besoigne par koi li sire de maiesteit s'umiliest et s'abreviest ensi.*

° **ABRICONER**, Tromper. Roman du Renard, tom. 2, pag. 132, vers 15875 :

*Maint prodome ai-ge deceü
Et maint sage ai abriconé.*

Chanson, Le Roux de Lincy, Chansons historiques, tom. XLVIII, pag. 160 :

*Amors est et male et bone
Le plus mesurable enivre
Et le plus sage abriconne.*

Voyez *Bricon,* et Roquef. au mot *Abriconner.*

1. **ABRIER**, Fust ou bois de l'arbalète. Gl. *Arboreta.*

2. **ABRIER**, Couvrir, mettre à l'abri. Gl. *Abrica.* [Guill. Guiart, tom. 1. pag. 214, vers 5108 (5421):

*Le terrestien paradis.
D'un fruit qui là iert abriez
Que deveé leur aviez, etc.*

Tom. 2, pag. 342, vers 6891 (17873) :

*Qui des Flamens verité dient
Dont l'ost s'iert un pont abriée.*

Ibid. pag. 142, vers 3669 (12651) :

*Remourut, guères ne tarja,
Ses plaies de mort l'abrierent.*

Ibid. pag. 185, vers 4786 (13773) :

*Le mestre d'eus de mort abrient,
Et son frère autresi ocient.*

1. **ABRIEVER**, Ameuter, exciter, courir sur. Gl. *Abreviare.* [Rayn. tom. 2, pag. 260¹, au mot *Abrivar. Abrivé,* Rapide, vif, prompt, adj. et adv. Garin le Loher. tom. 1, pag. 6 :

*Et faites tant, que il soient armés
De biaus chevaus courans et abrivés.*

Roman du Renard, tom. 2, pag. 253, vers 16457 :

Por ce vient ci toz abrivez.

Tom. 3, pag. 108, vers 22582 :

*Lors virent venir abrivé
Liemers, leviers et brachez.*

Ibid. pag. 115, vers 22914 :

*Et Renart est tant avalé
Qu'il saut en la nef abrivé.*

Voyez Gérard de Vienne, vers 567. Chron. des ducs de Normandie, tom. 1, pag. 410, vers 9483, pag. 204, vers 3481 :

Felz e irez e abrivez.

Tom. 2, pag. 448, vers 28307. Roquef. Supplém. au mot *Abrivé.*

2. **ABRIEVER**, Mettre par écrit ; proprement, Écrire en note, en abrégé. Gl. *Abreviare.*

ABRIVER, comme *Abriéver 1.* Gl. *Abreviare.*

ABRONE, Aurone, plante médicinale. Gl. *Abrotanum.*

ABROQUEMENT, Terme de manufacture d'étoffe, sorte de brochure qu'il est aisé d'apercevoir, et qui fait connaître la qualité de l'étoffe. Gl. *Abrocare.*

ABROUSTURE. Le droit de faire brouter par le bétail certaines terres dans des temps marqués et sous les conditions convenues. Ce terme est principalement connu en Normandie. Gl. *Abrostura.*

ABSCONSÉEMENT, Secrètement, en cachette. Gl. *Absconse.*

ABSCONSER, Cacher. Gl. *Dispatriare.*

ABSCOULTER, Écouter attentivement. Gl. *Abscultare.*

ABSENTATION, Absentement, Absence, retraite. Gl. *Absentandus.*

ABSEULÉ, Abandonné, séparé, privé. Gl. *Absacitus.*

ABSOLUTION, Indulgence, pardon. Gl. *Absolutio* 1.

ABSTINENCE [ABSTANENCE], Suspension d'armes, trêve. Gl. *Abstinentia* 1, [et *Attenantia.*]

ABUCHER, Heurter, chopper. Gl. *Boutare.*

ABUISONNER, Abuser, tromper, séduire, chercher à faire donner quelqu'un dans le panneau. Gl. *Busio.*

ABUISSEMENT, Achoppement, occasion de faute, sujet de chute. Gl. *Boutare.*

ABUISSER, Heurter, chopper. Gl. *Boutare.* [Ancienne chronique dans une note de la Chron. des ducs de Norm. tom. 3, pag. 83 : *Un garçon à pié passa par devanteus, qui s'abuissa d'un piet et à l'auire se retint.* Voyez Roquef. au mot *Abuissement.*]

ABULLETER, Donner ou recevoir un bulletin. Ceux qui prêtaient le serment de fidélité recevaient un bulletin pour certificat de leur obéissance. Gl. *Bulleta.*

° **ABUNDOS**, Abondant. Chron. des ducs de Normandie, tom. 1, pag. 187, vers 3015 :

Cum l'eve est bloie e arzillose
Et pleintéive e abundose.

Voyez Rayn. tom. 4, pag. 371², au mot *Habundos.*

ABUSER D'UN OFFICE, L'exercer sans y avoir été admis avec les cérémonies ordinaires ; d'où

ABUSEUR, Celui qui l'exerce ainsi, et

1. **ABUSION**, ce même exercice. Gl. *Abusor.*

2. **ABUSION**, Tromperie, fraude. Gl. *Abusio* 2.

ABUSSAL, Achoppement, occasion de faute, sujet de chute. Gl. *Boutare.*

ABUSSONNER, Abuser, tromper ; ou p. e. forcer quelqu'un à coucher en plein champ, sous un buisson. Gl. *Busio.*

ABUTER, Régler, arrêter, mettre but à but. Gl. *Abbocatio.*

ABUTINER, Associer au butin, le partager avec quelqu'un. Gl. *Abotinare.*

ABUVREMENT, Ce qu'on paye pour le droit de bienvenue ou de réception dans une société, et qui s'emploie souvent à un repas. Gl. *Abuvragium* 1.

ABUVRER, pour Abreuver. Gl. *Abeverare*

ABUVROIR [ABUVOIR], Verre, tasse ou gobelet à boire. Gl. *Abevragium* 1.

ACABAR, Achever, accomplir, finir. Gl. *Acuare.* [Ce mot est provençal ; voyez Rayn. tom 2, pag. 319¹.]

AÇAINDRE, Enceindre, entourer. Gl. *Accincta.* [Guill. Guiart, tom. 2. pag. 146, vers 3760 (12745) :

Vers les illes de Guernesi
Que mer parfonde açaint et lie.]
IX

AÇAINTE, Enceinte, clôture. Gl. *Accincta.*

ACANNER, Dire des injures. Gl. *Acannizare.* [Voyez Rayn. tom. 3. pag. 421³, au mot *Ganhar.*]

ACAP, ACAPIT, ACAPTE, Droit de relief. Gl. *Acaptare,* pag. 41¹. [Voyez Rayn. t. 2, pag. 19¹, au mot *Acapte,* etc.]

° **ACAREMENT**. Voyez *Accaration.*

ACARIER, Charrier, voiturer. Gl. *Carreare* 2.

ACAT, Achat, acquisition. Gl. *Accatum.*

ACATER, Acheter. Gl. *Acaptare,* p. 41¹. [Voyez Rayn. tom. 2, pag. 275³, au mot *Acaptar.*]

° **ACATERE**, ACATIERRE, ACETERE, acheteur. Beaumanoir, chap. 34, § 12, etc.

ACATOUR, Acheteur, acquéreur. Gl. *Accatum.*

AÇAUDRE, Assaillir, faire rébellion. Gl. *Assaldare.*

AÇAUTER, Heurter, chopper, tomber. Gl. *Assopire,* pag. 442³.

ACCARATION, Confrontation de témoins ; et

ACCARER, les confronter. Gl. *Accaratio,* et *Incarare.*

ACCAREMENT. Voyez *Accaration.*

ACCEDIAKRE, Archidiacre. Gl. *Archidiaconus,* pag. 365².

ACCENSE, ACCENSEMENT, Bail à cens. Gl. *Accensa.*

ACCENSEUR, Celui qui donne à cens. Gl. *Accensa.*

ACCENSISSEMENT, Bail à cens. Gl. *Accensa.*

ACCESSADEUR, Fermier, celui qui tient à cens. Gl. *Accessamentum.*

ACCESSEUR, Assesseur, officier de ville, substitut. Gl. *Accessor* 1.

ACCIDE, Ennui, tristesse. Gl. *Acedia.* [Voyez Rayn. tom. 2, pag. 20¹, au mot *Accidia.* Testament de Jehan de Meung, vers 1639 :

Qui se pert par peresce, que clers cla-
[ment accide.

ACCLOSAGIER, Fermer, clore de murs ou de haies. Gl. *Acclausum.*

° **ACCOILLIR**, ACOILLIR, Reunir, rassembler. Garin le Loher. tom. 1, pag. 165 :

Par mi les chans véissiez gens fuir
Les pastoriaus lor bestes accoillir.

Pag. 167 :

Par la champagne vit la proie acoillir.

Gérard de Vienne, vers 388 :

Les bors gastés et la proie acoillie.

Voyez *Acueillir,* et Rayn. tom. 2, pag. 431², au mot *Acuelhir.*

ACCOINTAIRE, Vaisseau pour aller à la découverte, et avertir de ce qui se passe. Gl. *Advisare.*

ACCOINTER, Avertir, donner avis. Gl. *Advisare.*

ACCOISER, ACCOISIER, Réprimer, arrêter, apaiser, rendre coi. Gl. *Acquitare* 1.

ACCOMMICHER, ACCOMMUSCHIER, Communier. Gl. *Accommunicare.*

ACCOMPAGNER, ACCOMPAIGNER, Associer à quelque chose, en donner part ou la moitié : dans le langage des Coutumes, *Faire pariage.* Gl. *Associare* 2.

° **ACCOMPLIR**, Être au complet. Garin, tom. 1, pag. 165 :

Le grant charroi veissiez accomplir,
Muls et somiers arouter et venir.

Accompli, Entier, p. e. à compli, pag. 32 :

Hervis enchauce une liue acompli.

1. **ACCOMPLISSEMENT**, Ornement, ce qui sert à rendre une chose accomplie. Gl. *Complectissime.*

° 2. **ACCOMPLISSEMENT** DE JUSTICE, Exécution d'une sentence, punition du crime. Gl. *Complementum justitiæ.*

ACCON, Echéance de payement, ou compte. Gl. *Acconcium.* [Acompte ?]

ACCONISON, Accusation, blâme, plainte. Gl. *Accuso.*

ACCONSUIVRE, Atteindre, rejoindre, rattraper. Gl. *Attendere* 4.

ACCORDANCE, Accord, convention. Gl. *Accorda.*

ACCORDEMENT, Lods, droit qui est dû au seigneur dans les mutations des fonds. Gl. *Accordamentum* 2. et *Adcordabiles denarii.*

ACCOUDRE, Attacher, joindre une chose à une autre avec un lien. Gl. *Acouplare.*

° **ACCOUPIR**, comme *Acoupir,* Pastourelle, Laborde, pag. 217 :

Sire, je n'iroie pas hors de Paris,
J'auroie perdu honeur mès à touz dis
Mès ici l'accoupirai, se trouver puis
Nus qui me veuille amer.

ACCOURSE, Crue d'eau, torrent. Gl. sous *Putheus.*

ACCOURSIER, Chaland ; et

ACCOURSERIE, Chalandise, pratiques. Gl. *Acursus.*

° **ACCOUSTRER**, Préparer, parer. Rayn. tom. 11, pag. 21¹, au mot *Acotrar.*

ACCOUTER, (S') S'appuyer du coude. Gl. *Accubitare in Accubitus* 1.

° **ACCRAVENTER**. † Gl. *Sternere* 1. Voyez *Craventer.*

ACCROIRE, Donner et prendre à crédit, prêter et emprunter. Gl. *Acredere* 2.

ACCRUES DE BOIS. Gl. *Accessa* 2.

ACCUEILLIR, Louer des valets, des gens de journée, des compagnons de métier. Gl. *Accolligere.*

ACCUIT, pour Acquit. Gl. *Acquitum.*

2

ACCULITE, Récolte, revenu, produit. Gl. *Collecta* 9.

ACCUSEMENT, Accusation ; et

ACCUSEUR, Accusateur, dénonciateur. Gl. *Accusio*. [*Accuséeur*. Trésor de Jehan de Meung, vers 1840 :
*Ne sçay comment il est asseur
Et ose vivre sanz paeur,
Car il sent son accuséeur
Qui tout prise à juste balance.*]

ACCUSON, Accusation, reproche, blâme, plainte. Gl. *Accusio*.

ACÉE, Bécasse. Gl. *Accia*.

ACÉEMENT, Ornement, parure, atours, de femme. Gl. *Scema* 1.

° **ACEINDRE**, Attaquer, investir. Chron. des ducs de Normandie tom. 2, pag. 98, vers 18180 :
*Beau li comence sa favele,
De loinz l'aceint et l'acembele.*
Voyez *Açaindre*.

° **ACEINT**, Entouré. Guill. Guiart, tom. 2, pag. 119, vers 3053, (12083) :
*D'un cheval chay près de là
De douleur et d angoisse aceinte,
Comme cele qui iert enceinte,
Ysabel, femine au roi de France.*
Voyez *Açaindre*.

° **ACELER**, Celer, cacher. Gérard de Vienne, vers 246 :
Sire, fait il, aceler nel vos quier.
Voyez vers 1108, etc. Rayn. tom. 2, pag. 372², au mot *Encelar*.

° **ACEMBELER**, Attaquer, faire une fausse attaque, tromper. Voyez *Aceindre*, et Rayn. tom. 2, pag. 374², aux mots *Cembel*, piége, tromperie et *Assembelhar*. Chron. des ducs de Normandie, tom. 1, pag. 400, vers 9184 :
*Bien conoissum la fauve asnele
Et ceo de qu'il nos acembele.*

° **ACEMEEMANT**, ACEMER. Voyez *Acesméement, Acesmer*.

ACENCE, Consentement, aveu. Gl. *Assensum*.

° **ACENEMENT**. Voyez *Acener*.

° **ACENER**, Faire signe de venir. Roman du Renard, tom. 2, pag. 15, vers 385 :
*Si le rapele de rechief
Et acene à son grelle doit.*
Partonopeus de Blois, vers 7510 :
*Car à moult poi de bel semblant
Qu'el li fesist d'acenement
Revenist il joioussement,
Moult à grant droit, ce m'est avis,
Car se j'estoie en paradis
Et la bele m'acenast fors, etc.*
Voyez *Achainer* et *Assener* 2.

ACENGLER, Environner, investir. Chron. des ducs de Normandie, tom. 1, pag. 289, vers 6043 :
Tut acenglent, tot avironnent.

ACENSEMENT, Bail à cens. Gl. *Accensa*.

ACENSER, Donner et prendre à cens ou à ferme. Gl. *Accensare* in *Accensa*, pag. 42³.

ACENSIE, ACENSIÉE, Prix du bail à cens, ce qu'il rend. Gl. *Accensatio* in *Accensa* pag. 43¹.

ACENSIR, Donner et prendre à cens ou à ferme. Gl. *Accensare* in *Accensa*, pag. 42³.

ACENSISSEMENT, Bail à cens. Gl. *Accensamentum* in *Accensa*, pag. 42³.

° **ACENTER**, Accentuer. Gl. *Accentuare*.

° **ACERIN**, Acéré. Roman d'Agolant, pag. 170.
Conbatez vos o li bran acerin.
Voyez Rayn. tom. 2, pag. 20², au mot *Acairin*, et ci-dessous *Acherin*. Chron. des ducs de Norm. tom. 2, pag. 29, vers 16135.

° **ACERTAINER**, Assurer. Voyez *Acerter*.

ACERTENÉ, Certain, instruit, assuré. Gl. *Assertive*.

° **ACERTER**, S'assurer, être sûr. Partonop. de Blois, vers 3505 :
*Rois Sornegur est angoissos
Qu'il n'a Partonopeus rescos ;
Quand nel puet od les siens trover
As Français vait por acerter.*
Voyez Rayn. tom. 2, pag. 385¹, au mot *Acertar*.

° **ACERTES**, Certainement, sérieusement. Voyez *Certes*, et *Adecertes*, Rayn. tom. 2, pag. 385², au mot *Acertas* ; Parton. de Blois. vers 988 ; Guil. Guiart, tom. 2, pag. 359, vers 9326. (18307).

° **ACESMÉEMENT**, En brillant équipage, en grand appareil. Gl. *Scema* 1. Gérard de Vienne, vers 425 :
*Chauses de fer et esperons d'arjent
Chausoit li bers moult acesmesment.*

ACESMEMENT, Ajustement, parure, atours de femme. Gl. *Scema* 1. [Thierry de Soissons, Laborde, pag. 221 :
*Quand je regard son doux viaire cler
En son gent cors de bel acesmement.*]

ACESMER, Ajuster, orner, parer. Gl. *Scema* 1. [Rayn. tom. v, pag. 207², au mot *Assermar*. Partonop. vers 10650. Chastel. de Couci, vers 149. Chron. des ducs de Normandie, tom. 2, pag. 476, vers 29192. Guill. Guiart, tom. 2, pag. 88, vers 1640. (2187). Aubri le Bourg. pag. 158². Se preparer. Guill. Guiart, tom. 1, pag. 303, vers 6910 (7741) :
*Vont en Tyois ; chascun s'acesme
De prendre au tost fuir son esme.*
Tom. 2, pag. 248, vers 6428 (15408) :
De François grever se racesme.
Tom. 2, pag. 425, vers 11045. (20027) :
*Se vont cil de Flandre logent,
Qui tant orent en leur flo gent,
C'on les péust à l'acesmer
A plus de CCM esmer,
Dont nul n'a talent qu'il se rendent.
Paveillons drecent, tentes tendent, etc.*]

ACEUDRE, Assaillir, faire violence. Gl. *Assaldare*.

ACEUELLE, Écuelle. Gl. *Escutella*.

ACHABLER, Frapper, blesser. Gl. *Cabulus*, pag. 10¹.

° **ACHAINER**, comme *Acener*. Renart le Nouvel, tom. iv, pag. 139, vers 357 :
*Orghilleus ens ou cief se sist
De la table ; à son doit achaine
Renart, et il ne li fu paine
K'il n'i venist, etc.*

ACHAINTE, Enceinte, enclos. Gl. *Accincta*.

° **ACHAISON**. Voyez *Acheson*.

ACHAISONNÉ, Accusé, coupable. Gl. *Occasionare* 1.

° **ACHAISONER**. Voyez *Achoisonner*.

° **ACHAISONOS**, Chicaneur. Chron. des ducs de Norm. tom. 2, pag. 78, vers 17449 :
*Nul n'estait si achaisonos,
Si morteus, ne si envios, etc.*
Ibid. pag. 353, vers 25664 :
*Mult est li deables gringnos
E mult par est achaisonos.*

° **ACHAISUNEMENT**, Prétexte, détour. Chron. de Jord. Fantosme vers 284 :
Rende lui sun humage senz achaisu- [nement.
Voyez *Acheson*.

ACHANAU, Chenal, courant d'eau. Gl. *Chenalis*.

° **ACHANTELER** (S'), S'incliner. Partonop. de Blois, vers 1294 :
Et il vers li tot s'achantele.

ACHAPIT, ACHAPPIT, Sorte de bâton, p. e. Echalas. Gl. *Acheletus*.

ACHAPTER, Acheter. Gl. *Acaptare*. [Voyez Rayn. tom. 2, pag. 275, au mot *Acaptar*.]

ACHARIER, Charier, voiturer. Gl. *Carreare* 2. [Placer sur un char. Agolant, vers 641 :
*Et Mahomet qui font acharoier
Tot por la loi tenir et essaucier.*]

ACHASTELER, Loger. Chron. des ducs de Norm. tom. 2, pag. 178, vers 20547 :
*Là ù plus orguil s'achastela,
E plus tost s'i desamuncele.*
Ibidem, pag. 531, vers 30516 :
*Si fu li orguiz craventez
Qui en eus ert achastelez.*

° **ACHATER**, ACHETER, Payer (au figuré.) Guil. Guiart. tom. 2, pag. 140, vers 3600 (12683) :
*L'un renc en l'autre se seelle,
Lances cele assemblée achatent,
Unes rompent, autres esclatent,
Plusieurs en rà là défferrées.*
Tom. 2, pag. 197, vers 5094 (14083).
*Mès ri est comme il leur souvient
Des emprises jà acheteés,
Il giétent les mains aus espées, etc.*

° **ACHAUVEITER**, Faire le guet. Voyez *Eschilguaitier*.

ACHELER, Pour ESCHELER, Escalader. Gl. *Ascalare*.

ACHELETTE, Clochette. Gl. *Acillare*.

ACHENAU, Chenal, courant d'eau. Gl. *Chenalis.*

ACHENSSER, pour *Agencer*, Accommoder, ajuster, convenir de quelque chose. Gl. *Accensare* in *Accensa*, pag. 42³.

ACHERIN, Ferme, constant, inébranlable. Gl. *Acherure.*

° **ACHERTER**, Assurer. Voyez Rayn. tom. 2, pag. 385¹, au mot *Acertar*, et ci-dessus *Acerter*.

ACHÉRURE, l'action d'acérer. Gl. *Acherure.*

ACHESMANT, Honnête, poli, complaisant. Gl. *Scema* 1.

ACHESMEMENT, Ajustement, parure, atours de femme. Gl. *Scema* 1.

ACHESMER, Ajuster, orner, parer. Gl. *Scema* 1.

ACHESON, Droit injustement exigé. Gl. *Acheso.* [Cause, prétexte, raison, occasion, motif. Voyez Rayn. tom. 2, pag. 359², au mot *Occasio*. Parton. de Blois, vers 5692 :

Que diroiz vos, quel achoison
Avez de moi trahir trovée ?

Roman du Renard, tom. 1, pag. 25, vers 671 :

Or en avez oï la voire,
Si m'en devez à itant croire,
Se vos controver ne volez
Achoison, si com vos solez.

Chanson du Chastel. de Couci, Laborde, pag. 272 :

Et dis que mort m'avez sanz achoison.

Pag. 270 :

Mes or sui siens, si m'ocit sans reson,
Et c'est por ce que de cuer l'ai amée,
Ne set autre acheson.

Pag. 276 :

Je chantasse volontiers liement
Se j'an trovasse en mon cuer l'acheson.

Pag. 220, chanson de Thierry de Soissons :

De bien amer ai mult bela acheson
Et de chanter trop biau commencement.

Achaison. Chron. des ducs de Norm. tom. 1, pag. 189, vers 3072 ; pag. 342, vers 7443 ; pag. 348, vers 7480 ; tom. 2, pag. 362, vers 25934 : tom. 2, pag. 35, vers 32790 ; pag. 44, vers 33079. *Achesoun.* Vie de S. Thomas, après la Chron. des ducs de Normandie, tom. 3, pag. 629, vers 1258.

ACHESONNER, Accuser, vexer, tourmenter. Gl. *Acheso.*

ACHET, ACHETEMENT , Achat. Gl. *Achetum.*

° **ACHETABLE**, †. Gl. *Emax.*

° **ACHEYOLLES**, Nom d'une association de négociants. Gl. *Societas* 4.

° **ACHIOL**, Accueil. Voyez Rayn. tom. 11, pag. 431², au mot *Acuelh.* Parton. de Blois, vers 2272 :

Et il lor fait si beaus achiols
Qu'il est tenus al plus cortois.

° **ACHIOLT**. Voyez *Acueillir.*

° **ACHOISON**. Voyez *Acheson.*

ACHOISONNER, Accuser, vexer, tourmenter. Gl. *Achoisonare.* [Chron. des ducs de Normand. tom. 2, pag. 179, vers 20559 :

Eissi senz cupe achaisonanz
Fu li queus Tiebauz mauvoillanz
Al duc Richart, etc.]

ACHOPAIL, Achoppement, occasion de faute, sujet de chute. Gl. *Boutare.*

ACHOPER, Arrêter, suspendre, surseoir. Gl. *Assopire.*

ACHORÉ, Affligé, abattu, sans force, à qui le cœur manque. Gl. *Acoraria.* [Voyez Rayn. tom. 2, pag. 477³, au mot *Encorar*, et 477¹ au mot *Acorar.*]

ACHOU, Hachette, petite hache [en Auvergne]. Gl. *Achonus* et *Anganes.*

° **ACIE**, Bécasse. Guill. Guiart, tom. 2, pag. 197, vers 5079 (14067) :

Plus tost qu'esmerillon ne vole
Ou esprevier après acies.

Voyez *Acée.*

° **ACIER**, Lance. Garin le Loher. tom. 1, pag. 263 :

Et Begons s'arme o le visage fier
D'aubert et d'iaume et d'espée et d'acier.

Voyez pag. 30, 31, et 265.

ACIERÉ, pour ATIERÉ, Équippé. Gl. *Atirimentum.*

ACIN, ACINT, Enclos, enceinte. Gl. *Ascinus.*

ACIRÉ, pour ATIRÉ, Équippé. Gl. *Atirimentum.*

ACIS, Ais, planche. Gl. *Axa.*

° **ACLASSER**, Râler ? Chron. des ducs de Normandie, tom. 1, pag. 83, vers 848 :

E les dechace e les consuit,
Cum funt li chien le cerf alasne,
Qui del tut estanche e aclasse,
E cels qu'il prent oscit maneis.

° **ACLIN**, Soumis, attaché, partisan. Parton. de Blois, vers 7182 :

Si venront autre Sarasin
Qui pas ne sont à lui aclin.

Vers 7258 :

Li Gascon et li Poitevin
Sont de buen cuer à lui aclin.

Vers 2508 :

Tos siecles est à lui aclins.

Agolant, pag. 174¹ :

Girars covint que fust en lui aclin.

Voyez *Souplier*, *Encliner*, la Chron. des ducs de Norm. *passim*, et Rayn. tom. 2, pag. 414², au mot *Aclis.*

° **ACLINER** (S'), S'incliner, s'attacher. Agolant, vers 1258 :

Dont s'est Balan sor Naymon acliné
Molt doucement l'en a aresoné.

Chanson de Gace, Laborde, pag. 197 :

Que je ne pense al
Fors là ou mes cuers s'acline.

ACLINOUER, Lit de repos, canapé. Gl. *Acclinatorium.*

ACLIQUETER, Cliqueter, Faire du bruit comme avec des cliquettes, en frappant sur quelque chose, p. e. sur un bassin. Gl. *Clingere* 2.

ACLORRE, Clorre, fermer. Gl. *Acludere.*

ACOCHER. Voyez *Acoucher.*

° **ACOILLEIT**, Accueil. Chron. des ducs de Normandie, tom. 1, pag. 486, vers 11676 :

Nul bel semblant, nul accoilleit
Ne li a fait, cum il solait,
Hue le Maine, etc.

Ibid. pag. 552, vers 23685 :

Mult orent malveis acoilleit.

° **ACOINTANCE**, Arrangement, promesse , alliance. Chanson , Wackern. pag. 3, et Romancero de P. Paris, pag. 32 :

Dolente sens consoil com puis haïr
[lou jor,
Ke premiers ou d'Ugon l'acointance
[et l'amor,
Per coi je perderai l'acoentance et l'onor
Dou duc, qui entressait veult ke l'aie
[à signor.

Chron. des ducs de Normandie, tom. 1, pag. 179, vers 2795 :

E l'acointance qu'ele vout faire
Pur son seignor de prison traire.

° **ACOINTEMENT**, Rencontre. Voyez *Acointier.* Agolant, vers 1023 :

Ge l'encontrai et il moi enssement
Molt perent bien li nostre acointement.

Voyez Rayn. tom. 2, pag. 466², au mot *Acundamen.*

ACOINTIER, Avertir, donner avis. Gl. *Advisare.* [Faire connaissance, rencontrer. Garin le Loher. tom. 1, pag. 180 :

Sire Fromons, ce dit Garins li fiers,
Bien avez dit quant m'avez acointié,
De traison ne vous puis blastengier.

Partonop. de Blois, vers 1801 :

Dame, fait-il, j'irai cacier
Por le forest miols acointier.

Vers 2309 :

En France n'a bon cavalier
Ne viegne à lui par acointier.

Vers 3746 :

Li est avis qu'à mal ëur
L'avoit acointié ne véus.

Chron. des ducs de Normandie, tom. 2, pag. 48, vers 16733 :

Alas ! si mal les acointai !

Aubri le Bourg. pag. 166¹ :

Gardeiz, n'i ait serjant ne escuier
Ke voist devant le daniel acointier,
Car je vodrai parler à lui premier.

Pag. 160² :

Vilainement vos faites encauchier
Bien duissiés à no gent acointier.

Gérard de Vienne, vers 1099 :

A comteiz (sic) *s'est de bele Aude au*
[viscleir.

Flore et Blanceflor, vers 405 :

Certes, fait il, la damoisele
Mar acointa ceste novele.

Roman du Renard, tom. 1, pag. 8, vers 201 :

Une riens vos voil acointier.

Chron. de Jordan Fantosme, vers 1581 :

*Ainz ad pris Appelbi, dunt jo
[forment m'en duil,
E le chastel de Bure, bien acuinter
[vus voil.*
Vers 1069 :

Mes, sire, d'une rien ore seiez acuintié.

Voyez Lai d'Eliduc de Marie de France, vers 278. Rayn. tom. 2, pag. 466², au mot *Acoindar.*]

ACOISER, Apaiser, rendre coi. Gl. *Acquitare 1.*

° **ACOISON**, commé *Acheson.* Rom. du Renard, tom. 1, pag. 5, vers 128.

ACOISONNER, Vexer, faire de la peine. Gl. *Achoisonare.*

1. **ACOLE**, pour AEOLE ou AIOLE, Aïeule, grand'mère. Gl. *Aviones.*

2. **ACOLE**, MARBRE ACOLE. Espèce de drap. Gl. *Marbretus.*

° **ACOLER**, Embrasser, enfermer, contenir. Gl. *Inicere.* Guill. Guiart. tom. 1, pag. 206, vers 4894, (5208) :

*Brieude, le Puy, la Tourniole
El tous les lieus qu'Auvergne acole.*

Roman du Renard, tom. 3, pag. 78, vers 21905 :

*Que moult vos siet bien ceste estoie,
Qui le vostre bel col acole.*

Voyez Rayn. tom. 2, pag. 466², au mot *Acolar.*

ACCOMMICHIER, Communier. Gl. *Accommunicare.*

ACOMMUNER, Associer en quelque chose, mettre en commun. Gl. *Accommunicare.*

ACOMPAIGNEMENT, Association, pariage. Gl. *Associatio.*

ACOMPAIGNER, ACOMPAIGNIER, Associer à quelque chose, faire pariage avec quelqu'un. Gl. *Associare 2.*

ACOMPARAGIER Comparer, mettre en parallèle. Gl. sous *Consuenter.* [Voyez Rayn. tom. 4, pag. 418², au mot *Acomparar.* Chron. des ducs de Norm. tom. 1, pag. 418, vers 9723.]

ACOMPTER, Estimer, faire cas. Gl. *Compotum tenere* sous *Computus 1*, pag. 473².

° **ACOMTÉ**. Voyez *Acointier.*

ACONCEPVOIR, ACONCEVOIR, Atteindre, rejoindre, rattraper. Gl. *Attendere 4.* [Voyez *Aconsuivre.*]

ACONCUEILLIR, Assembler, ramasser. Gl. *Conciliare.*

ACONGNIENTURE, Fèces, marc, saleté. Gl. *Concagatus.*

° **ACONSER**. Voyez *Asconser.*

ACONSUIVRE, Atteindre, rejoindre, rattraper. Gl. *Attendere 4.* [Partonop. de Blois, vers 337 :

*Et si tost com ele en voit liu
S'enfuit vers les mons de Mongiu,
Et el fu dusque là sëue,
Mais ne fu pas aconseue.*

Voyez Rain. tom. 5. pag. 181¹, au mot *Acosseguir.*]

° **ACONTE**, Compte. Vie de S. Thomas de Canterbury, vers 559 ·

Qui aconte li rent des evesqués.

ACONTER, Raconter. Gl. *Computare 1.* [Roman du Renard, tom. 1. vers 1 :

*Seignor, oï avez maint conte
Que maint conteres vos aconte.*

Parton. de Blois, vers 1415 :

*Dame, fait-il, vostre merci
De quanque vos acontés ci.*

Flore et Blanceflor, vers 1204 :

*Ne vous puis pas, ne ne me plest
A aconter que cascune est.*

Voyez Rain. tom. 2. pag. 454², au mot *Acontar.* Compter. Vie de S. Thomas de Canterbury, vers 1291 :

*Nul ne savereit aconter
Ne les miracles anombrer, etc.*

Acunter, dans la Chron. de Jordan Fantosme, vers 1858, 1887, 1889.]

A COP, A-COUP, Aussitôt. dans le moment, tout à coup. Gl. *Escapiamentum.*

AÇOPER, Achopper, heurter. Gl. *Assopire.*

° **ACORAGIÉMENT**, Hardiment, Parton. de Blois, vers 7902 :

*Je voi, fait il, deux cevaliers
Venir miols que ceste autre gent
Et plus acoragiément.*

Chron. des ducs de Normandie, tom. 2, pag. 425, vers 27628 :

*Ne quit que ovre fust emprise
Plus trés acoragiément.*

: **ACORCIER**. Voyez *Acourchier.*

° **ACORDE**, Accord, conciliation. Parton. de Blois, vers 3803.

*Et fut losenge quanqu'il fist,
Et par losenge acorde quist.*

Guil. Guiart, tom. 1, pag. 120, vers 2590 (2980) :

*Et li ont envoyé li pape
Ausi cum par misericorde,
Pour metre entre les roys acorde.*

Voyez Rayn. tom. 2, pag. 482¹, au mot *Acordi.*

° **ACORDEMENT**, comme *Acorde.* Parton. de Blois, vers 3446.

ACORDENCE, Accord, transaction. Gl. *Accordia.*

ACORDER, Convenir, arrêter. Gl. *Accordare.*[Parton. de Blois, vers 3761. Garin le Loher. tom. 1, pag. 218 : *Je m'i acors.* Voyez Rain. tom. 2, pag. 483¹, au mot *Acordar.*]

ACORER, Affliger, fâcher, percer le cœur. Gl. *Acorarius.* [Voyez *Achoré.* Chron. des ducs de Normandie, tom. 1, pag. 180, vers 2818 :

Si grant dol a, pur poi n'acore.

Tom. 3, pag. 131, vers 35541 :

Par poi je li quers ne li acore.

Tome 2, pag. 257, vers 22369 :

*E ces acore e espoente
Qu'il ne sevent queu part aler.*

Tom. 1, pag. 438, vers 10273 :

*Que sempres toz ne nos devorent
Si cume lous qu'aigneaus acorent.*

Pag. 211, vers 3685 :

*C'est merveille cum tu viz ore,
Que tuz li poeples ne t'acure.*

Voyez Halliwell, aux mots *Acore* et *Acorye.*

° **ACORS**, société, parti. Chastel. de Couci, vers 3298 :

*Vermendizien et Champenois
Et tout li acors des François.*]

ACORVÉ, Prêt, en état ; p. e. pour *Arrée.* Gl. *Arraiare.*

° **ACOST**, Accointement, voisinage, hospitalité. Parton. de Blois, vers 1187 :

*Sire, fait-ele, alés ent tost,
Car jo n'ai soing de vostre acost.*

Chron. des ducs de Normandie, tom. 1, pag. 580, vers 14475 :

Maudit set oi le lor acost.

Tom. 2, pag. 74, vers 17478 :

*N'i troveront acost ne eise
Fors faim e lasté e meseise.*

Voyez Rayn. tom. 2, pag. 501², au mot *Acostament.*

1. **ACOSTER**, Tenir par le côté. Gl. *Acostare.*

2. **ACOSTER** (S'), Se placer à côté. Gl. *Acostare.* (Agolant, vers 396 :

*Vit un desrube qui molt fit à doter
Là se cuida et prendre et acoter.*

Aubri le Bourg. pag. 158 :

Molt près de li s'est alés acoter.

Voyez *Acouté.*

3. **ACOSTER**, Arranger, placer côte à côte. Gl. *Acostare.*

4. **ACOSTER**, Côtoyer, ranger la côte. Gl. *Acostare.*

° **ACOTER**. Voyez *Acoster 2.*

ACOUARDI, Couard, timide, lâche, sans cœur, sans courage. Gl. *Acorarius.*

ACOUBLER, Attacher ensemble les deux jambes d'un cheval, pour empêcher qu'il ne s'éloigne. Gl. *Acouplare.*

ACOUCHER, Se mettre au lit, se coucher ; *Acoucher malade,* tomber malade. Gl. *Accubarare.*[*Acocher* Chron. des ducs de Normandie, tom. 1, pag. 561, vers 13917.]

ACOULPER, Accuser, déclarer coupable. Gl. *Inculpare.*

1. **AÇOUPER**, Achopper, heurter. Gl. *Assopire.*

2. **ACOUPER**, Détourner, empêcher. Gl. *Assopire.*

ACOUPIR, Faire couppeau, débaucher la femme d'autrui. Gl. *Curuca 2.*

1. **ACOUPLER**, Se jeter sur quelque chose. Gl. *Acouplare.*

2. **ACOUPLER** (S') avec quelqu'un, Aller de compagnie avec lui. Gl. *Acouplare.*

° ƒ **ACOUPLER**, Attacher des chiens

à la couple. Gérard de Vienne, vers 3482 :

Fait son cor panre, acoupler ses livreiz.

Descouvert, vers 3488.

ACOUPPAUDIR, Faire couppeau, débaucher la femme d'autrui. Gl. *Copaudus.*

ACOURCHIER, Abréger. Gl. *Acurtare.* [Chron. des ducs de Normandie, tom. 1, pag. 461, vers 10999 :

*Si li leu furent acorcié
E descréu e abregié.*]

° ACOURÉ, comme *Achoré.* Guil. Guiart, tom. 2, pag. 401, vers 10420 (19402). Fabl. et Cont. tom. 3, pag. 65.

ACOUREMENT, Course, l'action d'accourir. Gl. *Accurimentum.*

ACOURSÉ, Achalandé, accrédité, celui chez qui il y a *Accours* ou affluence de marchands. Gl. *Acursus.*

ACOURTER, Abréger, rendre court. Gl. *Acurtare.*

ACOUSER, pour *Aconser* ou *Aconsuivre*, Atteindre. Gl. *Attendere* 4.

° ACOUSTRER, Accoutrer. équiper, parer. Guil. Guiart, tom. 2, pag. 151, vers 3901 (12885) :

Que la mauviz ses chanz acoustre.

Pag. 280, vers 7265 (10245) :

Si tost con devant eus s'acoustrent.

Voyez Rain. tom. 2, pag. 21¹, au mot *Acotrar.*

ACOUSTUMÉEMENT, ACOUSTUMIÈREMENT, De coutume, d'ordinaire. Gl. *Consuenter.*

ACOUSTUMEMENT, Coutume, usage, façon d'agir. Gl. *Consuenter.*

ACOUTÉ, placé à côté de quelqu'un. Gl. *Acostare.*

ACOUTER (S'), Se prosterner sur les coudes, [s'appuyer des coudes.] Gl. *Accubitare se,* sous *Accubitus* 1. [Chron. de Jord. Fantosme, vers 1957. Lai de l'Ombre, vers 888, dans Lais inedits, pag. 77. Roman de Tristan, dans le Glossaire de Joinville : *Quant la royne entendit ce, si se remet en sa chambre, et Haadinas entra et la trova goste en son lit, assise en un faudestuel, les deux bras acoutez sor l'apuial dou faudestuel, etc.* Gérard de Vienne, vers 974 :

*Au maistre dois est Gerars acouteiz...
Au maistre dois est aleiz apoier.*

Voyez Rayn. tom. 2, pag. 427², au mot *Acoudar.*]

ACOUTRER, comme *Acoustrer.* Guil. Guiart, tom. 2, pag. 215, vers 5559 (14539.)

° ACOUVERTER, Orner, couvrir de tapisseries. Gl. *Cooperatus.*

ACOUVETER, Couvrir, remplir. Gl. *Acclapare.* [Agolant, pag. 163² :

Et fu trestost de fer acoveté.

Vers 464 :

Cors et cheval avoit acoveté.]

° ACOVRIR, Couvrir. Fabl. et Cont. t. 4, pag. 27 :

Le prestre de l'avaine acuevrent.

ACOYS, Arc-boutant, éperon, appui. Gl. *Acoys.*

ACQ, p. e. par abbréviation pour *Acquit.* Gl. *Aquatia.*

ACQUEREMENT, Acquêt, acquisition. Gl. *Acquerementum.*

ACQUERIR, Exciter, provoquer. Gl. *Acquirere.*

ACQUEST, Espèce de cruche ou de seau. Gl. *Acqueversium.*

ACQUESTER, Acquérir. Gl. *Aquistare.*

° ACQUESTERESSE, Femme qui fait une acquisition. Gl. *Aquistare.*

1. ACQUIT, Sorte d'impôt, et le bureau où on le paye. Gl. *Acquitum.*

2. ACQUIT, Manoir, qui exempte celui qui le possède du droit de gavenne. Gl. *Acquitum.*

ACQUITER, Quitter, laisser, abandonner. Gl. *Acquitare* 1. [Resigner le fief. Garin le Loher. tom. 1. pag. 143 :

*Prenez Sissons la grant cité de pris,
Elle siet bien et je la vous acquis.*

Pag. 144 :

*Et, s'il vous plaist que la volliez tenir,
Vers tout le mont, bons rois, la vous aquis.*

Délivrer, purger la contrée d'ennemis. Pag. 12 :

Que Charlons vint por la terre acquiter.

Pag. 276 :

*Se bien n'acquis la terre et le païs
Jamais nul jour ne soiez mes anmis.*

Pag. 278 :

Begons a bien aquittés les chemins.

Voyez pag. 18, et Rayn. tom. 5, pag. 24¹, au mot *Aquitar,* et ci-dessus *Acoiser.*]

ACRE, Certaine mesure de terre. Gl. *Acra.*

ACRÉANTEMENT, Promesse, assurance, serment qu'on exécutera ce qu'on demande. Gl. *Acreantatio.*

° ACRÉANTER, Promettre, assurer. Voyez *Acréantement.* Roman du Renard, tom. 1, pag. 19, vers 500 :

*Ja se péust Hersent doloir,
Se ne l'eust acréanté
Tot son bon et sa volenté.*

Flore et Blancheflor vers 1931 :

Cou vous es bien acreanter.

*Ne rendra le chastel pur or ne pur argent
Ne pur Escoce d'acreis, se il l'aveit en [present.*

Voyez Rayn. tom. 2, pag. 512¹, au mot *Accreissar.*

ACRESSER, Agacer, attaquer, provoquer. Gl. *Agressus.*

ACREUSE, Enchère, à cause des augmentations de prix qu'on fait à l'envi. Gl. *Accrescentia.*

ACROIRE, Donner et prendre à crédit, prêter et emprunter. Gl. *Accredere.* [Fabl. et Cont. tom. 4, pag. 28 :

*On doit très bien paier la gent
De cho quant on l'a acréue.*

Voyez tom. 1, pag. 361.]

ACROISSANS, Auguste ; titre des empereurs. Gl. *Augustus* 5.

ACROISSEUX, Dernier enchérisseur. Gl. *Accrescentia.*

ACROUPI, Monnaie de Flandre, ainsi nommée apparemment à cause de la posture de quelque figure qui y était représentée. Gl. *Acroupi.*

ACROUPIE, Adoration, génuflexion ; action par laquelle on rend des respects et des honneurs par une posture humiliée. Gl. *Acroupi.*

ACROUPIR, Abaisser, rendre petit, humilier. Gl. *Acroupi.*

ACTABER, Terme de l'Agénois, pour signifier achever, mettre à mort. Gl. *Actuare.*

ACTAINDRE, pour Atteindre, parvenir à la connaissance de quelque chose, avérer, constater. Gl. *Atingere* 2.

ACTUAUTÉ, Acte, action, exécution, accomplissement. Gl. *Actuatio.*

ACTURER (S'), Terme de l'Agénois, Se rendre petit, se raccourcir, pour se mieux cacher. Gl. *Acurtare.*

ACUBE, Tente. Gl. *Accubitus* 5. [Chron. de Jordan Fantosme, vers 601, 629, 1278.]

ACUEILLAGE, Engagements, louage. Gl. *Accolligere.*

1. ACUEILLIR, Associer à quelque chose, y donner part. Gl. *Accolligere.*

2. ACUEILLIR, Accepter, aquiescer. Gl. *Accolligere.*

3. ACUEILLIR, Engager, louer des valets et servantes, des compagnons de métier, des gens de journée. Gl. *Accolligere.*

ACUEILLIR A SOI, Se charger, prendre sur soi. Gl. *Accolligere.*

° ACUEL, Accueil. Roman de Roncevaux, pag. 61 :

Li douze pers a mis en mal acuel.

Voyez Rayn. tom. 2, pag. 434², au mot *Acuelh.*

° ACUEILLIR, ACUEILLIR, Terme de chasse, se mettre à la poursuite, poursuivre. Parton. de Blois, vers 609 :

*Ont un grant saingler esméu
Tuit l'ont acueilli li fol chien.*

Ibidem, vers 617 :

*Li chien ont le porc acuelli,
Moult par i corent à bel cri.*

Voyez Halliwel, au mot *Acquill.* Chron. des ducs de Normandie, tom. 2, pag. 259, vers 22997 :

*Kar trop m'aveient acoilleit,
Si n'oi de rien teu desier
Cume de lor orguil baissier.*

Tom. 2, pag. 273, vers 23433 :

*Que issi m'aveit l'om acoilli
E de totes parz envaï.*

Partonop. de Blois, vers 5504 :

*Plenièrement, à larges toises
Mal honte ait, qui mal lor violt
Et qui por mal dames achiolt.*

Se mettre à, commencer. Ibid., vers 6156 :

Maruc i achiolt à entendre.

De là les locutions : *accueillir sa voie, son cemin, son erre, sa jornée.* Voyez Rayn. tom. 2, pag. 434², au mot *Acuelhir*, et la grammaire d'Orell, pag. 152.

° **ACUERER**, Convoiter, désirer. Roman du Renard, tom. IV, pag. 30, vers 812 :

*Que convoiteus moult se dechoit
Qui a bien çou qu'à lui afiert,
Et dont puis par envie acuert
Chose, dont il vient en la fin
A vilain blasme et à hustin,
Ausi con font çà mainte gent,
Qui cuerent menu et sovent
Meillour pain c'à iaus n'apartient.*

Pag. 35, vers 956 :

*Ne fine jà de chevauchier,
Si aies fait çou que te cuer.*

ACUET, pour ACEUT, du verbe *Açeudre*, Assaillir, faire violence. Gl. *Assaldare.*

° **ACUINTEMENT**, Accointance, connaissance, rapport. Chron. de Jord. Fantosme, vers 399 :

A cumencier barate en vient acuintement.

Voyez *Acointance*, et Rayn. tom. 2, pag. 466², au mot *Acundamen*. Accueil. Marie de France, Lai d'Eliduc, vers 298 :

*Od duz semblent, od simple chere,
Od mut noble acuntement,
Si parla mut afaitement.*

Voyez Rayn. ibidem, au mot *Acoindansa.*

° **ACUINTIER**, Voyez *Acointier.*

ACUIT, pour Acquit. Gl. *Acquitum.*

° **ACULVERTIR**, Asservir. Parton. de Blois, vers 2783 :

*Ne fust ore vostre venue
Tote dussons France perdue,
Et s'ore i perdiés la vie
Dont seroit-ele aculvertie.*

Chron. des ducs de Norm. tom. 2, pag. 16, vers 15726 :

*Ne que issi seit Normendie
Par Raol Torte mais honie
Ne issi del tot acuvertée.*

Voyez *Culvert* et *Acouardi.*

° **ACUMINIER**, Communier. Chanson de Roland, stance 282, vers 3:

Oent lur messes e sunt acuminiez.

Voyez *Accommicher.*

° **ACUMPERER**, Payer. Voyez *Achater*. Chron. de Jord. Fantosme, vers 1872, var. :

Mar vit icele guerre, il acumpera mult
[*chier.*

° **ACURAGIÉ**, Courageux. Voyez *Acoragiément*. Chron. de Jord. Fantosme, vers 1210 :

Flamenc esteient hardit e mult
[*acuragiez.*

Voyez le Congié Baude Fastoul d'Arras, vers 355.

° **ACURER**. Voyez *Acorer.*

° **ACUTÉ**. Voyez *s'Acouter.*

° **ACUVERTÉ**. Voyez *Aculvertir.*

° **ACUPIR**, comme *Acoupir*. Roman du Renard, tom. 1, pag. 27, vers 721.

° **ACUSEMENS**, Accusation. Beaumanoir, chap. 6, § 84 : *Il fu jugié que sitost comme li acusemens fu fes de fausseté, etc.*

ACUSON, Accusation, reproche, blâme, plainte. Gl. *Accusio.*

° **ADAIGNER**, Estimer, juger digne. Partonop. de Blois, vers 4821 :

*Ses maus li croist tant et engraigne,
Que joie ne confort n'adaigne.*

ADAMAGIER, Endommager, porter ou causer du dommage. Gl. *Addempnare.*

ADANS, Prosterné, ayant le visage contre terre. Gl. *Indentare* 2. [*Adenz*, Roman du Renard, tom. 1, pag. 32, vers 883 :

*Sor les paniers se gist adenz
Si en a un overt né denz.*

Guill. Guiart, tom. 1, pag. 102, vers 2090 (2500) :

*Aval les chans gisent li mort,
Tout en fussent li plus esté,
Envers, adenz et de costé.*

Tome 2, pag. 70, vers 70002 (15992) :

*Gissent, sanz ce c'on les en oste,
Uns adenz et autres de coste.*

Roi Guillaume, pag. 75 :

Qu'il caï as dens en la place.

Voyez Chron. des ducs de Norm. tom. 1, pag. 155, vers 2101 ; tom. 2, pag. 48, vers 16568 ; Rayn. tom. 3, pag. 25², au mot *Adens*, et ci-dessous *Adenter* 1.]

ADANT, Appentis, parce qu'il est composé de morceaux de bois qui s'enchâssent les uns dans les autres. Gl. *Indentare* 2.

ADARLÉ, Innocent, niais. Gl. *Addicio.*

ADART, pour ADANT, Appentis. Gl. *Indentare* 2.

ADAVINEMENT, Augure, divination ;

ADAVINEUR, et

ADAVINIER, Devin. Gl. *Divinus* 1.

° **ADCENSE**. Voyez *Accense.*

ADCENSEMENT, Bail à cens. Gl. *Accensa.*

° **ADCENSEUR**. Voyez *Accenseur.*

ADDEVINEMENT, L'action de provoquer quelqu'un. Gl. *Divinus* 1.

ADDICTÉ, Énoncé, stipulé. Gl *Addictare.*

ADEBONNAIRIR, Rendre débonnaire, doux, adoucir. Gl. *Mansuetarius.*

° **ADECERTES**, Mais. Voyez *Certes*. Josué, chap. 7, vers 1 : *Les fils adecertes de Israel fauserent le commandement* (lat. *filii autem Israel prævaricati sunt mandatum*). Genèse, P. Paris, Catal. de la Bibl. Roy. tom. 1, pag. 3 : *El commencement créa Dieu ciel et terre ; la terre adecertes estoit vain e voide.*

° **ADEMETTRE** (S'), Avancer tête baissée, se baisser, s'ébattre. Parton. de Blois, vers 2221 :

*Al tierc trestor fort s'adement
Si lor ocit le bel Sauret.*

Vers 9869 :

*Il s'ademet par grant vertu
Fiert le sodan sur l'elme agu.*

Vers 9649 :

*L'espiel alongié, l'escu pris
Parmi le pré s'est ademis.*

Roman de Roncevaux, pag. 40 :

En la grant presse s'est li cuens ademis.

Gérard de Vienne, vers 504 :

Fiert le premier k'à lui fuit ademis.

Voyez vers 1449, 1481, 2229, etc. Chastel. de Couci, vers 2441 :

*Puis s'est davers le bosquet mis
Et vers l'uussat s'est ademis.*

Roman de Renart, tom. 1. pag. 218, vers 5901 :

*Je le voi là, ce m'est avis,
Les le fossé tout ademis,
Où il se gieue et cort et saut.*

Tom. 3, pag. 326, vers 28759 :

*Quant je le vi vers moi venir,
Adonques ne me poi tenir,
Ainz ving à lui toz ademis.*

Comparez *Esdemetre* et *Esdemessa*, chez Rayn. tom. 4, pag. 226².

ADEMNEUR, Qui porte dommage. Gl. *Addempnare.*

ADEMPLIR, Accomplir, exécuter. Gl. *Implementum*. [Voyez Rayn. t. 4, p. 570², au mot *Ademplir*.]

ADEMPRE, En Provence et en Languedoc, Toute espèce de redevance. Gl. *Adempnum*. [Voyez Rayn. tom. 2, pag. 162¹, au mot *Azempriu*.]

ADENERER, Vendre, convertir sa marchandise en deniers. Gl. *Adærare* 1, et *Denariata.*

1. **ADENTER**, Appuyer son visage contre quelque chose, renverser quelqu'un le visage contre terre. Gl. *Indentare* 2. [Guill. Guiart, tom. 2, pag. 246, vers 6363 (15343) :

*Les mainent le plus mal qu'ils pèvent ;
A terre pluseurs en adentent.*

Tom. 1, pag. 81, vers 1450 (1947) :

D'ommes envers et adentes.

Chron. des ducs de Norm. tom. 2, pag. 36, vers 16339 :

*Là s'adentent teus cent Franceis,
Dunt ne relèverent puis trei.*

Pag. 401, vers 27282 :

Mais sovent chet, sovent s'adente.

Voyez *Adans*.]

2. **ADENTER**, Mettre l'embouchure d'un vaisseau en bas et le cul en haut. Gl. *Indentare* 2. [Renverser une chose. Voyez *Adans*. Guill. Guiart, tom. 2, pag. 369, vers 9579 (18559) :

> Mès pour leur afaire empirier,
> Les fait Dieu le puissant virier ;
> Par la force du vent qui vente
> Emmi leur flote les adente
> Vers la queue si roidement
> Que la flambe, etc.

Tom. 1, pag. 93, vers 1874 (2283) :

> Ne laisse un seul abriement,
> Tourelle ne défiement,
> Qu'il ne face jus adenter.

Pag. 3, vers 2353 (2745) :

> Font touz les murs jus adenter.

Tom. 2, pag. 448, vers 11638 (20622) :

> Soudoiers çà et là palir
> Sus qui quarriaus aguz s'adentent.]

ADENTI, Livré, asservi, attaché. Gl. *Indentare* 2.

° **ADENZ**. Voyez *Adans*.

ADEQUER, Ajuster, égaler, rendre pareil. Gl. *Adæquantia*.

ADERRIERER, Demeurer derrière. Gl. *Apostare*. [Voyez Rayn. tom. 5, pag. 30¹, au mot *Aderairar*.]

⚹ **ADES**, **ADIES**, Incontinent, aussitôt, sans interruption, sans cesse, toujours. Partonop. de Blois, vers 18 :

> Li solaus se torne al serain,
> Et s'enbelist et soir et main ;
> Li ciels est clers, li airs est purs,
> Adiès s'en vait li tans oscurs,
> L'ore est et soef et serie.

Vers 1059 :

> Et voit deux cierges alumés,
> Qui vers le cambre vont adès.

Vers 2029 :

> Li somier vont vers Blois adès.

Vers 1777 :

> Sire, fait-ele, or atant pès,
> De ce reparlerons adès.

Rom. du Renard, tom. 3, pag. 85, vers 22075 :

> Or le querez donques adès.

Partonop. de Blois, vers 31 :

> Li roseagniols ses lais organe
> Qui del canter adiès s'ahane. . . .
> Ciel nos semont d'amer adès.

Vers 44 :

> Et tos jors adiès d'esploitier.

Chast. de Couci, vers 66 :

> A toute honneur faire à son temps
> Fu adiès et de tous biens plains.

Parton. de Blois, vers 3861 :

> Moult avés longes sis en pès,
> Si avés pensé tot adès.

Chron. des ducs de Normandie, tom. 1, pag. 552, vers 13665 :

> A son mangier servait le rei
> E la reine tut adès.

Joinville, pag. 150 : *Accoustumé estoit, que le roy partout où il aloit, que six vingt povres feussent tout adès repeu en sa meson.* Voyez Rayn. tom. 2, pag. 25¹, au mot *Ades*; Oreil, pag. 295 ; Diez, tom. 2, pag. 394 ; Roquef. au mot *Ades*.

1. **ADESER**, Toucher, attoucher. Gl. *Adatictus*. [Aubri le Bourg. pag. 155 :

> Laissiés le en pès, ja mar l'adeseres.

Roman du Renard, tom. 2. pag. 284, vers 17328 :

> A un cop le cuida trenchier
> La teste, mès il a failli ;
> Hermeline si haut sailli,
> Qu'ele n'iert pas trop enrestée,
> Que le cop ne l'a adesée.

Parton. de Blois, vers 9782, 9799. Chron. des ducs de Norm. tom. 1, pag. 337, vers 7810, 7812 ; pag. 339, vers 7387 ; pag. 341, vers 7425, 7432 ; tom. 2, pag. 355, vers 25716 :

> A une femme alout gesir
> Qu li aveit fait encovir ;
> Mais n'aveit à li adesé,
> Fors de corage et de pensé.

Partonop. de Blois, vers 10236 :

> Se vos avoie à seul trovée
> A mon loisir, en recelés,
> Por faire quanque je voiroie,
> Saciés ne vos adeseroie
> Fors d'acoler et de baisier
> Et de parler et d'embracier.

Voyez Roi Guillaume, pag. 91 : Rayn. au mot *Adesar*, tom. 2, pag. 25².

2. **ADESER**, S'attacher à quelqu'un, se mettre à sa suite. Gl. *Adens*.

° **ADESERTIR**, comme *Deserter*, Ruiner, ravager. Roman du Renard, tom. 2, pag. 113, vers 12633 :

> Quant Renart vit adesertir
> Son castel gaste et enhermir, etc.

ADESTRER, Être à la droite. Gl. *Addextrare*. [Aubri le Bourg. pag. 169 :

> Guibor adestre Gasceline li frans hom
> Et Trebelins qui molt estoit prodom.]

° **ADETIZ**, Adonné, dévoué. Chron. des ducs de Norm. tom. 1, pag. 309, vers 6565 :

> A ton servise ert adetiz.

Pag. 465, vers 11083 :

> Li uns ordres est adetiz
> A ce que Deus en seit serviz.

Tome 2, pag. 105, vers 18380 :

> Cum de deceivre est hœm hardiz
> Dès que onques s'i est adetiz
> E de mentir tot en apert.

Comparez *Addicté*.

ADEVANCIER, Devancer, prendre le devant. Gl. *Ante-Ambulo*.

ADEVANCHER, Prévenir, aller au-devant. Gl. *Ante-ambulo*.

ADEVINAL, Énigme, ce qu'on propose à deviner. Gl. *Divinus* 1.

ADEVINER, Attaquer, agacer, faire de la peine ; d'où

ADEVINEMENT, L'action de provoquer quelqu'un. Gl. *Divinus* 1.

ADEXTRER, Être à la droite. Gl. *Addextrare*.

ADHERDANT, Adhérent, associé, attaché à un même parti. Gl. *Adhærere* 3.

1. **ADHERDRE**, Prendre, saisir, empoigner. Gl. *Adhærere* 3.

2. **ADHERDRE**, Assigner, hypothéquer. Gl. *Adhærere* 3.

3. **ADHERDRE**, Adhérer. Gl. *Adhærere* 3. [Voyez Rayn. tom. 2, pag. 25², au mot *Adherir*.]

° **ADHERIR**. Voyez *Adherdre* 3.

ADHÉRITER, **ADHIRETER**, Mettre en possession. Gl. *Adhæredare*.

ADHÉRITION, et

ADHERMENT, Adhésion. Gl. *Adhærere* 3.

ADJACIER, Être d'accord, avoir des liaisons et des alliances. Gl. *Adjencium*.

ADJECEMENT, Augmentation, perfection. Gl. *Adjanciamentum*. [Voyez Rayn. tom. 3, pag. 463¹, au mot *Agensamen*.]

ADJEUNER, Jeûner, s'abstenir de manger. Gl. *Dejejunare*.

ADIMENDRISSEMENT, Amoindrissement, diminution, dommage, perte. Gl. *Aminuere*.

ADJONCTIONS, Appartenances, dépendances. Gl. *Adjunctiones*.

ADJORNER, Commencer à faire jour. Gl. *Adjornare* 3.

ADJOUR, Champ de genêts. Gl. *Adjotum*.

° **ADJOURNAMENT**, Ajournement, assignation. Gl. *Mannitio*, sous *Mannire*.

ADJOURNÉE, **ADJOURNEMENT**, le point du jour.

1. **ADJOURNER**, Commencer à faire jour. Gl. *Adjornare* 3. Voyez *Ajorner*.

° 2. **ADJOURNER**, Ajourner, assigner. Gl. *Submonere*, pag. 633².

ADIRÉ, Égaré, perdu. Gl. *Adirare*.

° **ADIS**, Interdit, figée. Froissart, le joli Buisson de Jonece, pag. 351 :

> Et comment pour s'amour jadis
> J'ai esté couronnés adis
> Qu'à painnes me pooie aidier.

Pag. 391 :

> Un peu en fui premiers adis
> Et esbahis pour l'aventure.

ADJURÉ, Qui est lié par un serment. Gl. sous *Adjurare*.

ADJUSTAGE, **ADJUSTEMENT**, Droit d'Ajuster ou étalonner les mesures. Gl. *Adjustamentum*.

1. **ADJUSTER**, Marquer, étalonner les mesures. Gl. *Adjustare*.

2. **ADJUSTER**, Enfanter, accoucher. Gl. *Ajustare*. [Rayn. tom. 3, pag. 583¹, au mot *Ajazer*.]

ADJUSTEUR, Celui qui étalonne les mesures. Gl. *Adjoustare*.

ADMENAGE, Amenage, voiture, l'action d'amener. Gl. *Admenare*.

ADMESSURE, Fait, action, délit. Gl. *Amessura*.

ADMESUREMENT, Règlement, fixation. Gl. *Admensurare* 1.

ADMINISTRARRESSE, Gouvernante, femme qui administre. Gl. *Administratorius*.

ADMINISTREUR, ADMINISTROUR, Qui régit et administre. Gl. *Administratorius*.

ADMODIATEUR, ADMODIOUR, Fermier, intendant, régisseur. Gl. *Admodiare* 2, pag. 85 [1].

ADMODIER, ADMOISONNER, Donner à ferme. Gl. *Admodiare* 2.

ADMONESTATIF, Qui exhorte, qui excite. Gl. *Admonitio* 2.

ADMONESTERESSE, Celle qui donne des avis, qui fait des remontrances. Gl. *Admonitio* 2.

ADMUIDIER, Convenir, traiter, s'accommoder. Gl. *Amodium*.

ADNICHILER, Réduire à rien, anéantir. Gl. *Annichilare* [et *Exinanire*.]

ADNULLEMENT, L'action par laquelle on annule. Gl. *Annichilare*.

ADNULLIER, Administrer l'extrême-onction, donner les saintes huiles. Gl. *Inoleare*.

ADOBÉ, pour Chevalier. Gl. *Adobare* 2.

ABOBER, Armer quelqu'un chevalier. Gl. *Adobare* 2.

ADOLÉ, Triste, chagrin. Gl. *Adolere*. [Guill. Guiart, tom. 1, pag. 43, vers 475 ; (971.) Roman de la Violette, pag. 112, vers 2283 ; *Adulé*, Chron. de Jord. Fantosme, vers 129.]

ADOLER, Affliger, chagriner, faire de la peine. Gl. *Adolere*. [Gérard de Vienne, vers 723.]

º **ADOLS**, ADOUS, ADOS, Armes, armure. Guiteclin de Sassoigne :

Quant il vssi de Rune as adols qu'ot vestiz.

Tristan, tom. 1, pag. 9, vers 111 :

*Molt les vi jà taisant et muz
Quant li Morhot fu avenuz,
Où n'en i out un d'eus tot soul
Qui osast prendre ses adoul.*

Roman de la Violette, pag. 211, vers 4465 :

*Au mort tos les ados osta,
Puis est armés isnielement,
Et est montés hastivement.*

Roman de la Prise de Jérusalem, dans une note du Roman de Garin le Loherain, tom. 1, pag. 65 :

*L'empereres de France dessendi à ses
[trés,
Illuec se désarma des adous qu'ot porté.*

Voyez Rayn. tom. 2, pag. 27², au mot *Adob*.

º **ADOMINER**, Dominer, maîtriser. Agolant, pag. 173 [1] :

Einz ne pout mes son cuer adominer.

ADOMMAIGIÉ, Qui a souffert quelque dommage. Gl. *Addempnare*.

º **ADONC**, ADONS, ADONT, ADUNG, alors. Roman du Renard, tom. 2, pag. 372, vers 19761 :

*De sa pel si con il est lons.
Cele sourit et jeue adons
Et dist, etc.*

Partonop. de Blois, vers 1472 :

*Tresq'adont m'aiés espousée
Est entre nos l'amors privée ;
Adont serai jo vostre espose.*

Marie de France, tom. 2, pag. 250 :

Adunc jura qu'il les prenroit.

Voyez Rayn. Choix de poésies des troubadours, tom. 1, Introd. pag. 24, not. 3 ; Lexique Roman, tom. 3, pag. 73², au mot *Adonc;* Diez, tom. 2, pag. 391 ; Orell., pag. 300, ci-dessous *Donc*.

º **ADONT**, d'où. Chast. de Couci, vers 3445 .

*Adont venoient li semblant
De son dous vis et atraiant,
Quant li cuers par dedans est faus ?*

Comparez vers 3814, Rayn., tom. 4, pag. 874 ², au mot *Ont*, ci-dessous *Dont*.

ADORNEMENT, Ornement, parure. Gl. *Adornare*.

º **ADOS**, Appui, soutien. Parton. de Blois, vers 2481 :

*François ont esté en repos,
Et ont de socors bon ados.*

Vers 8922 :

*Et puet plus c'uns povres valoir,
Qui n'a ne per ne compaignon,
Ne nul ados, se de soi non.*

Chron. des ducs de Normandie, tom. 2, pag. 400, vers 26963 :

Recet n'i aureit ne ados.

ADOSER, ADOSSER, Mettre derrière le dos, mépriser, laisser, abandonner. Gl. *Apostare* 1. [Agolant, vers 803 :

Ensus se trait cel œvre ont adosée.

Voyez *s'Entradosser*.]

º **ADOUBEMENS**, Armure. Fabl. et Cont. tom. 4, pag. 91 :

Molt fu ses adoubemens beax.

Création de Chevalier. Guill. Guiart, t. 2, pag. 184, vers 4764. (18752) :

*Fist-il le jour de Penthecouste,
Duquel volentiers m'esjois,
Chevalier son frère Lois....
Tost après cel adoubement, etc.*

Voyez Rayn. tom. 2, pag 27², au mot *Adobament*.

1. **ADOUBER**, Réparer, rétablir, remettre en état. Gl. *Adobare* 1. [*Aduber une afere*, dans la vie de saint Thomas, pag. 6222.]

2. **ADOUBER**, Armer quelqu'un chevalier. Gl. *Adobare* 2. [Armer, revêtir d'armes. Parton. de Blois, vers 2976 :

*Partonopeus r'est bien armés,
A loi de François adoubés,
Cauces de fer a bien taillés, etc.*

Gérard de Vienne, vers 2193 :

*Et li quens est maintenant adoubeiz
Il vest l'auberc, lasce l'elme gemmé
Et saint l'espée à poing d'or noelé.*

Adoubé, Chevalier. Ibidem, vers 961 :

*N'aureiz bescoing en estrainge raigné
Ne vos secoure a trois mil d'aoubé.*

Voyez *Adobé*, et Rayn. tom. 2, pag. 27¹, au mot *Adobar*.]

ADOUCHIER, ADOUCIER, Adoucir. Gl. *Dulcare*. [*Adocier*, Chron. des Ducs de Normandie, tom. 2, pag. 262, vers 23092 :

*L'orguil dunt sunt cruel e fier
Covendreit mult a adocier.*

S'aducier, ibid. pag. 274, vers 23479: *Aducié*, tom. 1, pag. 244, vers 4659 ; *Adulcié*, ibid. pag. 181, vers 2864 ; *Adulcé*, pag. 387, vers 8799. Voyez Rayn. tom. 3, pag. 66, au mot *Adolcir*.]

ADOULER, Affliger, chagriner, faire de la peine ; d'où

ADOULÉ, Triste, chagrin. Gl. *Adolere*.

ADOURÉ, Adoré. *Le Vendredi adouré*, Le Vendredi saint, où l'on adore la Croix. Gl. *Dies adoratus*.

ADOVRIR COUR, Ouvrir les plaids, donner audience, permettre qu'on plaide une cause. Gl. *Aperire Curiam*.

ADRAS, Amende pour défaut. Gl. *Adramire*.

ADRECE, Chemin de traverse. Gl. *Adrateria*.

º **ADRECEMENT**, Réparation, satisfaction. Joinville, pag. 107. Roman de Perceval, dans le Glossaire, ibidem :

*Sire, fait Gauvains, nos loons
Que vos prenez l'adrescement
Et l'ommaije et l'amandement
Que devant moi vos a ofert.*

1. **ADRECER**, ADRECIER, Faire droit, rendre justice. Gl. *Adresciare*. [Rendre droit, remettre en son état, rétablir. Roman de Rou, pag. 27 :

*Et se il a le tort, bien li adrecera
Hautement en sa court, si com it li
[pleira.*

Gérard de Vienne, vers 1173 :

S'il ait mesfait, pres est de l'adressier.

Vie de saint Thomas de Canterb. vers 350 :

*Et si vus mespris de ren avez
Vers seinte église ci l'adrecez.*

(al. *Esdrescez*.) Le joli Buisson de Jonece, Poésies de Froissart, pag. 378 :

*Oil, ce respondi Jonece,
Il n'est riens de quoi on n'adrece.*

Roman du Renard, tom. 1, pag. 21, vers 566 :

*Renart le vit si adreciez
Ne s'ose à lui abandonner.*

Chast. de Couci, vers 3971 :

*S' une piere i trouvez drechie
Dont est no besongne adrechie.*

2. **ADRECER** (S'), Tâcher, s'efforcer. Gl. *Adresciare*. [Se diriger. Gérard de Vienne, vers 2352 :

*Qui donc veist l'un vers l'autre adres-
[cier.*

Chron. des ducs de Normandie, tom. 1, pag. 219, vers 8916.]

3. **ADRECER**, Disposer, mettre en ordre, ranger. [Préparer un moribond.] Gl. *Adresciare* [et *Inoleare*.]

4. **ADRECER**, Abonder, on se sert de ce terme lorsque l'année est abondante en fruits. Gl. *Adresciare*.

ADRECHIER, Arrêter, mettre la main sur quelqu'un. Gl. *Adresciare*.

ADRECIER. Voyez *Adrecer*.

ADRENER, Tenir un cheval par les rênes. Gl. *Adregniare*.

ADRESCE, ADRESSE, Chemin de traverse. Gl. *Adrateria*. [Roman du Renard, tom. 2, pag. 350, vers 19145.]

ADRISIER, Réparer, redresser, remettre en état. Gl. *Adresciare*.

ADROIT, pour Adjoint. Gl. *Adjutores*.

ADVANCER, Devancer, prendre le devant. Gl. *Ante-ambulo*.

° **ADUCEMENZ**, Adoucissement. Chron. des ducs de Norm. tom. 1, pag. 6, vers 97 :

*Ne r'ait entre els aducemenz
E concorde e ajostemenz.*

ADVENAGE, Droit qu'on paye en avoine. Gl. *Avenagium* 1.

ADVENAMMENT, Inopinément, par aventure. Gl. *Eveneinter*.

° **ADVENANT**. Voyez *Mariage advenant*.

ADVENANT DE FIEF, Portion de fief, qui garantit de l'hommage dû au seigneur suzerain, l'acquéreur d'une partie du meme fief. Gl. *Advenamentum*.

ADVENAS, paille d'avoine. Gl. *Advena*.

ADVENIR, Parvenir, arriver, atteindre. Gl. *Attingere*. [Voyez Orell, Grammaire, pag. 162.]

ADVENTURE, Eschoite, droit dû à un seigneur de terre en certains cas, qui arrivent comme par hasard. Gl. *Adventura*.

ADVENTURER, Échouer, faire naufrage. Gl. *Adventura*.

ADVENTUREUX, Les juges des tournois. Gl. *Adventurerius*.

ADVENTURIER, Sorte de fantassin. Gl. *Adventurerius*.

ADVERTIGENCE, Avertissement. Gl. *Advertissamentum*.

° **ADVERSIER**. Voyez *Aversier*.

1. **ADVERTIR**, Considérer, réfléchir, reconnaitre. Gl. *Advertere*.

2. **ADVERTIR**, SE ADVERTIR, Se ressouvenir. Gl. *Advertere*.

ADVESPREMENT, Le soir, la chute du jour. Gl. *Vesperatus*.

ADVEST, Investiture. Gl. *Advestitus*, page 99², et *Advestitura*, sous *Vestire* 1, pag. 294².

1. **ADVESTI**, Qui est mis en possession, qui jouit. Gl. *Advestitus*, p. 99², et *Advestitura*, sous *Vestire* 1, pag. 294².

2. **ADVESTI**, Champ garni de grains. Gl. *Advestitus*.

1. **ADVESTURE**, Investiture, possession. Gl. *Advestitus*, pag. 99², et *Advestitura*, sous *Vestire* 1, pag. 294².

2. **ADVESTURE**, Grains dont une terre est couverte. Gl. *Advestitus*.

ADVEU, Complainte. Gl. *Adventum*.

ADVILLER, Avilir, abaisser. Gl. *Avillare*.

ADVINEUR, Devin. Gl. *Divinus* 1.

° **ADUIRE**, Emmener, emporter. Chron. des ducs de Normandie, tom. 1, pag. 41, vers 1052 :

*Devis e parti e espars
Se sunt pur le pais destruire
E pur le grant aveir aduire.*

Voyez Rayn. tom. 3, pag. 83¹, au mot *Aduire*.

° **ADVIS**. Jour d'advis, Délai accordé pour préparer la défense. Gl. *Consilium* 1.

ADVISER, Regarder avec attention. Gl. *Avidere* 2.

° **ADUIT**, Accoutumé, instruit. Testam. de Jehan de Meung, vers 641 :

*Li graindre anemi Diez si sunt li re-
[noié,
Quant il sunt à mal faire aduit et avoié.*

Voyez *Duit*, et Rayn. tom. 3, pag. 83¹, au mot *Aduire*.

ADULTERER, Commettre un adultère. Gl. *Adulterare*. [Rayn. tom. 2, pag. 29², au mot *Adulterar*.]

ADUNIR, Réunir. Gl. *Adunare*.

ADVOATEUR, Celui qui réclame ou reconnait quelque chose pour sien. Gl. *Advocati*, pag. 111¹.

ADVOCASSEL, Sorte d'injure, terme de mépris. Gl. *Abogadus*.

ADVOCATION, Profession d'avocat. Gl. *Advocatia*, sous *Advocati*, pag. 111².

ADVOEIS, Maïeur, maire de ville. Gl. *Advoatus*.

ADVOIRIE, Biens destinés au soulagement des pauvres et administrés sous la direction de l'*advoé* au maire. Gl. *Advoatus*.

ADVOLÉ, Aubain, étranger au pays où il se trouve. Gl. *Advoli*.

ADVOQUER, Évoquer. Gl. *Advocare* 5.

1. **ADVOUÉ**, Maïeur, maire de ville. Gl. *Advoatus*.

2. **ADVOUÉ**, Protecteur, et celui qui est protégé. Gl. *Advocati*.

ADVOUERIE, Dignité, office d'*Advoué* ; les émoluments attachés à cette charge. Gl. *Advocati*, pag. 111²-112².

ADVOUEUR, Celui qui intente une action pour réclamer son bien. Gl. *Adveutum*.

ADVOULTER, Avorter ; d'où

ADVOULTON, Avorton. Gl. *Abortire*.

ADVOULTRE, Bâtard, fils illégitime. Gl. *Adulterium*.

ADURCHIR, Endurcir, rendre dur. Gl. *Orbitare*.

¶ **ADURÉ**, Endurci, accoutumé au travail, infatigable. Gl. *Adurere*. [Parton. de Blois, vers 2760 :

*Et Sornegur n'est pas vallés,
Bons cevaliers est et prouvés
Soufrans et fors et adurés.*

Gérard de Vienne, vers 3753 :

Mille de Puille à l'aduré tallant.

Vers 2695 :

*Ke Hauteclaire avoit à non l'espée,
Munificans l'avoit fait adurée.*

Voyez Garin le Loherain, tom. 1, pag. 65, not. Chron. des ducs de Normandie passim, et Rayn. tom. 3, pag. 90², au mot *Abdurar*.

ADWOUSON, Droit de présentation à un bénéfice. Gl. *Advocatio*, pag. 112³, et *Aspicere* 1.

ADZEMPLE, Bagage, ou le mulet qui porte le bagage. Gl. *Azemila*. [Ce mot catalan.]

AÉ, Age, durée de la vie. Gl. *Ætas*. [Parton. de Blois, vers 5614 :

*Et useras tot ton aé
Se diex plaist en benéurté.*

Garin le Loherain, tom. 1, pag. 86 :

Cil iert preudons se il vit par aé.

Voyez pag. 66. Flore et Blancefor, vers 199 :

*De lor aé en nule terre
Plus biax enfans n'estéust querre.*

Voyez Gérard de Vienne, vers 2545, 8080.]

° **AEFIE**..... Enfants Haymon, vers 781 (c'est une prière adressée à la sainte Vierge) :

Cité en hault fondée et de biens aefie.

AEISEMENS, Usages, communes. Gl. *Aisentiæ*.

AEL, Aïeul. Gl. *Aviones*.

° **AEMPLIR**, Emplir, remplir. Chron. des ducs de Norm. tom. 1, pag. 386, vers 8778 :

*Or ne sunt de rien desirant,
Ne mais de faire tun talant
Et de aemplir ta volenté.*

Voyez le Glossaire de Joinville.

AENEAGE, Aînesse, le droit de l'aîné. Gl. *Ainescia*.

AENSAUCHIER, Accroître, augmenter. Gl. *Augmentare se*. [Voyez Rayn. tom. 2, pag. 60², au mot *Eyssausar*.]

° **AEOLE**. Voyez *Acole*.

° **AER**, Air. Voyez Rayn. tom. 2, pag. 29², au mot *Aer*.

AERDER, AERDRE, Prendre, saisir, s'attacher, attaquer, se jeter sur quelqu'un. Gl. *Adhærere* 3. [Vie de la sainte Vierge, Chron. des ducs de Normandie, tom. 3, pag. 528, vers 575 :

*Et bordeliere fait de s'âme
Clers qui s'aart à fole fame.*

Pag. 529, vers 629 :

*Qui s'aart, qui s'i apuie
Le porcel resemble et la truie.*

Voyez Rayn. tom. 2, pag. 25², au mot *Aderdre*, et le Glossaire de Joinville.]

AERDRESSE DE BATAILLE, L'action par laquelle on accepte le duel, en prenant le gage du défi. Gl. *Adhærere* 3.

° **AERIN**, Aérien. Rayn. tom. 2, pag. 30², au mot *Aerenc*.

AES, Ais, planche. Gl. *Aes*.

AESCHERI, Qui est suivi de peu de monde. Gl. *Escharcellus*. [Garin le Loher. tom. 1, pag. 120, 152, 226, 279, 280 :

Vit sa contrée de gens aescheri
A poine pot son regne maintenir.

Comparez Rayn. tom. 3, pag. 147² au mot *Escarir*, délaisser, abandonner.]

AESCHIER, Amorcer, faire mine de quelque chose. Gl. *Allectatio*. [Voyez *Aachier*. Faire goûter. Guil. Guiart, tom. 1, pag. 216, vers 5180 (5474.) :

Commençastes à préeschier
En Judée, pour aeschier
La loi que nous ores tenons.]

1. **AESMER**, Dresser, présenter, ajuster, faire mine de quelque chose. Gl. *Esmerare*. [Chron. des ducs de Normandie, tom. 2, pag. 260, et tom. 3, pag. 434, vers 23053 :

C'est cil à qui l'om rien ne n'emble
Qui tost aasme et fiert ensemble.

Voyez *Esmer*.]

2. **AESMER**, Estimer, croire, présumer. Gl. *Esmerare*.

° **AESSER**, comme *Aeschier*. Roi Guillaume, pag. 90 :

Qui le cuer monsignor aesse.

AEULLER, AEULLIER, Remplir un tonneau jusqu'à l'œil ou bondon. Gl. *Implagium* 2.

° **AEURER**, comme *Aorer*. Roman de Guill. d'Orange, dans une note de la Chron. des ducs de Normandie, tom. 1, pag. 159 :

Le deu en jure que il aeure et prie.

° **AFAIRE**. Voyez *Affaire*.

AFAITEMENT, Ornement, parure. Gl. *Affaytamenta*. [Manière, façon. Parton. de Blois, vers 5571 :

Por aprendre l'us del pais,
Et de François l'afaitement.

Voyez Rayn. tom. 3, pag. 266¹, au mot *Afaitament*, et la Chron. des ducs de Normandie, tom. 1, pag. 521, vers 12723 et suiv.]

° **AFAITER**, AFAITIER, Dresser, instruire, préparer, apprêter, apaiser. Partonop. de Blois, vers 1793 :

Dont verés venir liemiers
Et chiens gentils et bons levriers
Jà ne verés miols afaitiés,
Ne de lor mestier plus haitiés.

Vers 4572 :

Si prist grant cure et grant conroi
De moi afaitier et garnir
Por l'empire par sens tenir.

Aubri le Bourg. pag. 161² :

Que li Borgon est prous et afaités
Et de ses armes coragus et proisiés.

Voyez Roi Guillaume, pag. 93. Gasse Brulés, chez Roquefort :

Amor set afaitier
Ces qui li font ligance.

Chron. des ducs de Normandie, tom. 1, pag. 360, vers 7996 :

Cist sont toz bons afaitemenz
E toz les bons enseignemenz,
Dunt haute riens est enseignée
Ne aprisse e afaitiée.

Pag. 456, vers 10843 :

Les quereles e les clamors
Dont l'om li a faites plusors,
Rafeniés e afaitées,
Concordées e apaisées.

Pag. 542, vers 13349 :

As chose met entention
Qui pas n'aloent à raison :
Asigne-les si e assene
Qu'en pais les afaite a ordene.

Tom. 2, pag. 59, vers 17070 :

Les leis que Rous avait donées
A son poeir renovelées,
La terre afaite e reconforte
Qui tote esteit destruite e morte.

Voyez pag. 163, vers 2314, et 224, vers 4076. Roman de Roncevaux, pag. 60 :

S'il velt ostages, faites li envoier
Ou quinze ou vint, pour lui miex afaitier.

Roman du Renard, tom. 3, pag. 401, vers 22530 :

Si en a le sengler overt
Qui tot estoit de sanc covert,
Tost l'ont afaitié à son droit,
As levriers a doné lor drout, etc.

Flore et Jeanne, pag. 26 : *Si fist sa plaie afaitier*. Voyez *Affaiter*, le Glossaire de Joinville, et Rayn. tom. 3, pag. 265², au mot *Afaitar*.

° **AFAITER** (S'), Se mettre en état, se disposer, se préparer. Roman du Renard, tom. 1, pag. 47, vers 1229 :

Dant Constant a l'espee traite,
Et por grant cop ferir s'afaite.

Giloto et Johanne, chez Jubinal, Fabliaux, tom. 2, pag. 33 :

Afeytez-vus, file, afeytez-vus, fole,
Vus estes mynz sage, venez à l'escole.

Voyez Rayn. tom. 3, pag. 265², au mot *Afaitar*.

AFAUL, Bouchon de taverne, fait de feuilles ou branches d'arbres, et qu'on met à une maison pour montrer qu'on y vend du vin en détail et à pot. Gl. *Affutiagum*.

° **AFAUTRER** (S'), Se joindre, s'appuyer. Voyez *Fautrer* et *Afeutrer*. Guill. Guiart, tom. 2, pag. 254, vers 6593 (15578) :

La prémeraine (eschiele) à l'assener
Dut cil de Courtesieu mener ;
Maint hardi homme s'i afautre.

AFEBLOIER, S'affaiblir, perdre ses forces, se décourager. Gl. *Indebilitatus*. [Chron. des ducs de Normandie, tom. 3, pag. 173, vers 36650 :

Afebloia li reis Ewart,
Si qu'ainz que trespassast li marz
Fu morz, etc.

Tom. 1, pag. 221, vers 3983 :

Mult est queus Reinouz regretez....
Trop sunt de lui afebleié.

Voyez Rayn. tom. 3, pag. 296², au mot *Afeblir et suiv*.]

° **AFELONNIR**. Voyez *Afféllonner*.

AFELTRÉ, Harnaché. Gl. *Feltrum*. [Partonop. de Blois, vers 5528 :

Quier moi, fait-il, un palefroi
Bon et soef et sains derroi ;
Et quant tuit erent endormi
Tot afeltré l'amaine ci.

Voyez Rayn. tom. 3, pag. 319, au mot *Afeltrar*.]

AFERIR, Appartenir, convenir. Gl. *Affirere*. [Flore et Jeanne, pag. 14 : *Je sui trop povre piersonne pour avoir si haute pucielle, ne si riche ne si bielle com ma damoiselle est, ne je n'afiere pas à li, etc.* Voyez Rayn. tom. 2, pag. 31², au mot *Aferir*; Orell, Gramm. Franc. pag. 170 ; Halliwel, au mot *Affere* 1.]

AFERISANT, Convenant, bienséant. Gl. *Affirere*.

AFERMAGE, Engagement, louage d'un valet ou apprenti. Gl. *Firmatus*.

AFERMER, Affermir, rendre ferme et stable. Chron. des ducs de Normandie, t. 1, p. 305, vers 6426 :

U nos devrons entr'assembler
Pur cest ovre si afermer
Qu'en premesse n'en covenance
N'ait devers nos nule dotance.

Voyez le Glossaire de Joinville, Rayn. tom. 3, pag. 314¹, au mot *Affermar*.

° **AFERNÉ**, Pourvu de bride, harnaché, Partonop. de Blois, vers 9630 :

L'on li amaine un bon ceval,
Poi valut mains de Bucifal,
Moult fu bien fais et assés grans,
Et fors et isneaus et corans,
Bien afernés et aaisiés
Et fers en dos et en piés, etc.

Peut-être pour *afrenés*, voyez Rayn. tom. 3, pag. 396¹, au mot *Afrenar*. Ou faut-il lire *Afermés ?*

AFETARDIR, Ralentir, retarder, devenir plus lent, se négliger. Gl. *Fetica*.

° **AFEUTRÉ**, comme *Afeltré*. Mule afeutrée, Roman du Renard, tom. 2, pag. 356, vers 19801. Mul affautré, Roman de Roncevaux, pag. 60. *Selle afeutrée*, Agolant, pag. 169². Appuyé. Guill. Guiart, tom. 2, pag. 175, vers 4514 (13500.) :

Lances à arçons afeutrées.

Voyez *Fautre*.

AFEUTREMENT, Harnachement. Gl. *Feltrum*.

° **AFEUTRÉURE**, comme *Afeutrement*. Roman du Renard, tom. 2, pag. 185, vers 14582 :

Son écu et s'autre armeúre
Tot a quise et afeutréure.

° **AFEYTER**. Voyez s'*Afaiter*.

AFFAILLIER, Affaiblir, devenir plus faible, plus débile. Gl. *Fallere*.

AFFAINEUR, Ouvrier, manœuvre, homme de journée. Gl. *Affanator*. [Voyez Rayn. tom. 2, pag. 31², au mot *Affanaire*.]

AFFAIRE, État, condition. Gl. *Affare*, 1. [Chastel. de Couci, vers 3148 :

A chastelain de noble afaire,
Preus as armes, sage et courtois,
Mande salus, etc.

Voyez vers 799, et Rayn. tom. 3, pag. 263², au mot *Afar.*

AFFAITER, AFFAITIER, Accommoder, raccommoder, apprivoiser. Gl. *Affait*, *Affaitare 2*. [Voyez *Afaiter*.]

AFFAITIÉ, Affable, poli. Gl. *Affaitare 2*. [Bien élevé. Voyez *Afaiter*.]

° **AFFANER**, Gagner en travaillant à la journée. Gl. *Afanator*. [S'*Affaner*, s'efforcer. Voyez Rayn. tom. 2, p. 312², au mot *Afanar*, et ci-dessous *Ahaner*.]

AFFANOUR, comme *Affaineur*.

AFFAR, Ferme, métairie. Gl. *Affarium 1*. [Voyez Rayn. tom. 3, pag. 263², au mot *Afar*.]

AFFAUTRÉ, Harnaché. Gl. *Feltrum*. [Voyez s'*Afautrer*.]

° **AFFÉAGER**, Donner en fief. Gl. *Afficavagium*. [Voyez Rayn. tom. 3, pag. 295¹, au mot *Affeuar*.]

AFFEBLOIER, Affaiblir, ralentir, décourager, énerver. Gl. *Indebilitatus*.

1. **AFFECTIÉ**, Accommodé, mêlé, falsifié. Gl. *Affaitare 2*.

2. **AFFECTIÉ**, Armé, garni. Gl. *Affaytatus*. [Ban des Eschev. de Douai de 1262, dans le Supplém. de Roquefort, au mot *Afaitie* : *Ki il porte coutel ameure ne broke quele qu'ele soit afaitie pour mal faire, etc.*]

AFFELLONNER, AFFELONNIR, Irriter, mettre en courroux. Gl. *Fello 2*, pag. 428², [Voyez aux mots *Enfelonir* et suiv. Devenir furieux. Guill. Guiart, tom. 2, pag. 92, vers 2367 (1143) :

Se prennent s'afelonnir,
Pour les uns les autres honnir,
Non pas comme personnes males
Fierent sus escuz et sus plates.

AFFERIR, Appartenir, concerner, convenir. Gl. *Affirere*. [Voyez *Aferir*.]

AFFERMÉEMENT, Affirmativement. Gl. *Affirmare 4*.

AFFERUE, AFFERURE, Proportion. *Selon l'afferue*, à proportion. Gl. *Afferentia*.

AFFETIER, Raccommoder. Gl. *Affaitare 2*.

AFFETTER, AFFETTIER, Fouler, mettre les draps à la presse. Gl. *Affaitare 2*. [Voyez Rayn. tom. 3, pag. 266¹, au mot *Afaitar*.]

AFFEURAIGE, Droit seigneurial pour la taxe des denrées. Gl. *Afforagium*.

AFFEURER, Taxer, fixer le prix d'une marchandise. Gl. *Afforare*. [Voyez Rayn. tom. 3, pag. 362¹, au mot *Aforar*.]

AFFIAGE, AFFIALLE, Assurance, sûreté. Gl. *Affidagium*. [Voyez *Afier*.]

AFFIAILLES, AFFIALLES, AFFIANCES, Fiançailles. Gl. *Affidare 3*.

AFFICAVAGE, ou *Afficanage*, Certain bail à cens, [dans le comté de Toulouse.] Gl. *Afficavagium*.]

AFFICE, AFFICHAIL, AFFICHE, Boucle, agrafe. Gl. *Affectura*, *Firmaculum* [et *Fixula*.]

° **AFFICHÉ** (terme de blason), Attaché. Chast. de Couci, vers 716 :

Escu d'or affiché d'asur.

Voyez *Aficher*.

AFFICHÉEMENT, Fixement. Gl. *Affimire*. [Chanson de Roland, stance 225, vers 8 :

Puis si chevalchet mult afichéement.

Voyez s'*Aficher*.]

AFFICTEMENT, Bail à cens, louage, fermage. Gl. *Affictamentum*, sous *Affictus*, pag. 127¹.

AFFIENSSER, Fumer, engraisser les terres avec du *fient* ou fumier. Gl. *Exfelcorare*.

AFFIER, Assurer, donner sa foi, fiancer. Gl. *Affidare 1, 3*, [et *Fiduciare*, sous *Fiducia*, pag. 492². Voyez *Afier*.]

1. **AFFIÉS**, Parents ou amis, qui assistent aux fiançailles. Gl. *Affidare 3*.

2. **AFFIÉS**, Etrangers qui font foi et serment à un autre seigneur que celui dont ils sont nés sujets. Gl. *Affidati*.

AFFIN, Allié. Gl. *Affinare se 3*. [Mon cousin et bien-affin, dans un testament de 1469, dans le Supplém. de Roquefort, au mot *Affin*.]

AFFINER, Arrêter, apurer un compte. Gl. *Affinare 2*. [Voyez *Afiner*.]

° **AFFINITÉ**, Pays voisin. Chron. des ducs de Normandie, tom. 1, pag. 128, vers 9990 :

Sa duchéa, sun tenement,
Ne guvernout pas solement,
Qui totes les affinitez
Qui à son regne erent justez, etc.

AFFIQUE, Boucle, agrafe. Gl. *Affectura*.

AFFIXER, Attacher, amarrer. Gl. *Affixare*. [Voyez Rayn. tom. 3, pag. 320², au mot *Aficar*.]

AFFLEBOIEMENT, Diminution. Gl. *Indebilitatus*.

AFFLEBOIER, Affaiblir, diminuer. Gl. *Indebilitatus*. [Voyez Rayn. tom. 3, pag. 296³, au mot *Aflebeiar*.]

AFFLIRE, Abattre, accabler. Gl. *Affligere*. [Chron. des ducs de Normandie, tom. 1, pag. 94, vers 349. *Afliz*, pag. 76, vers 2081 ; pag. 129, vers 1362. *Aflite*, pag. 80, vers 19. *Affliz*, pag. 296, vers 6143. *Afluire*, pag. 248, vers 4760. *Aflis*, Flore et Jeanne, pag. 33.]

° **AFFOAGE**, Chauffage, comme *Affouage*. Gl. *Confoagium*.

AFFOER, Faire du feu. Gl. *Affocare*. [Voyez Rayn. tom. 3, p. 346², au mot *Afogar*.

AFFOIBLISSEMENT, Diminution. Gl. *Indebilitatus*.

AFFOIBLOYER, Affaiblir, décourager. Gl. *Indebilitatus*.

AFFOLEMENT, Blessure. Gl. *Affolamentum*. [Voyez Rayn. tom. 2, pag. 33¹, au mot *Afolamen*.]

1. **AFFOLER**, Blesser. Gl. *Affolare*. [Voyez Rayn. tom. 2, pag. 33¹, aux mots *Afolar* et *Afoliar*.]

2. **AFFOLER** (S'), p. e. pour *Affoloier*, Vivre licencieusement avec des femmes. Gl. *Follis 3*. [Voyez Rayn. tom. 3, pag. 351², au mot *Afolir*.]

AFFOLLONNIR, Irriter, mettre en courroux. Gl. *Fello 2*, pag. 428². [Voyez *Affellonner*.]

AFFOLURE, Blessure. Gl. *Affolare*.

AFFONDER, Couler à fond, enfoncer. Gl. *Affondare*. [Voyez *Afonder*.]

AFFORAGE, AFFORAIGE, Droit seigneurial, pour la taxe que le seigneur met au vin ou aux autres denrées. Gl. *Afforagium* et *Afforare*.

AFFORAIN, Etranger, forain. Gl. *Afforaneus*.

AFFORCER, Renforcer, augmenter. Gl. *Afforciare*. [Voyez Rayn. tom. 3, pag. 377¹, au mot *Enfortir*.]

AFFOREMENT, Estimation, prisée. Gl. *Afforamentum 2*.

AFFORER, Mettre à prix et à *feur*, taxer. Gl. *Afforare*. [Voyez Rayn. tom. 3, pag. 362¹, au mot *Aforar*.]

AFFOUAGE, AFFOUAIGE, Chauffage. Gl. *Affoagium* et *Affuiagium*.

AFFOUIR, Accourir, venir promptement et en hâte. Gl. *Affugere*. [Voyez Rayn. tom. 3, pag. 406¹, au mot *Afugir*.]

AFFOULER D'ENFANT, Avorter, accoucher avant terme. Gl. *Affollare 2*.

AFFOURER, AFFOURRER, Donner du fourrage aux bestiaux. Gl. *Foragare* [et *Essaium 2*. Voyez Rayn. tom. 3, pag. 371², au mot *Forre*.]

AFFRANCHY, p. e. l'instrument dont se servent les charretiers pour retirer leurs voitures d'un mauvais pas et le leur faire franchir. Gl. *Affrancamentum*.

° **AFFREANT**, pour *Afferant*, Convenable. Voyez *Aferissant*. Chastel. de Couci, vers 6340 :

Il a une chambre céens
Véés-la là, et un lit ens
Petit, qui n'est pas affréans
A vous, dame, ne souffisans

° **AFFRENER**, Afrener, Mettre un frein, brider, dompter. Chron. des ducs de Normandie, tom. 1, pag. 140, vers 1661 :

E del empire e des Engleis
Tint les regnes cume bons rois,
E affrena solunc dreiture
Cum enseigne sainte escriture.

Tom. 2, pag. 72, vers 17431 :

Lor mautez savait afrener
Vengier, apaisier et dampner.

Voyez Rayn. tom. 3, pag. 369¹, au mot *Afrenar*.

AFFRESTER, Tenir à un *frés*, chemin ou voie publique, rue. Gl. *Frostium*.

1. AFFRONTER, Aboutir par la partie supérieure. Gl. *Affrontare* 1. [Voyez Rayn. tom. 3, pag. 402¹, au mot *Afrontar*.]

2. AFFRONTER, Attaquer. Gl. *Affrontare* 1. [Voyez *Afronter*.]

3. AFFRONTER, Mettre vis-à-vis, confronter. Gl. *Affrontare* 1.

AFFRUITIER, User, se servir. Gl. *Frudiare*. [Voyez Rayn. tom. 3. pag. 404², au mot *Afruchar*.]

AFFUBLER, Vêtir, couvrir. Gl. *Affibulare*.

AFFUIR, Accourir, se réfugier quelque part. Gl. *Affugere*. [Aubri le Bourg. pag. 168¹ :

Et je m'en sui à vo terre afuis.

Voyez pag. 153¹.

AFFUITIER, Accommoder, construire. Gl. *Affaitare* 2. [Voyez Rayn. tom. 3, pag. 411², au mot *Fustar*.]

AFFULEURE, AFFULOOIR, AFFULURE, Coiffure, habillement de tête. Gl. *Affibulare*. [Voyez Rayn. tom. 6, pag. 24², au mot *Afublath*.]

AFFUSTER, Présenter un bâton ou une arme contre quelqu'un. Gl. *Fustare*.

AFFUTAIGE, Ce que chaque compagnon payait au maître ou à ses camarades du même métier pour sa bienvenue. Gl. *Fusta* 1.

° **AFIANCÉ**, Confirmé par une promesse, rassuré. Chron. des ducs de Norm. tom. 2, pag. 467, vers 28898 :

*Tote cissi fu l'ovre apaisée
E de deus pars afiancée
A tenir perpetuaument.*

Tom. 1, pag. 150, vers 1978 :

*Veiant eus se sunt alé
Aseuré e afiancé.*

Pag. 571, vers 14205 :

*Aseuré e afiancé
A de lui pris Bernart congié.*

Voyez Rayn. tom. 3, pag. 291¹, au mot *Afiansar*.

° **AFIANCER**, Rassurer. Chanson de Roland, stance 3, vers 18 :

*S'en volt ostages, e vos l'en enveiez
U dis u vint pur lui afiancer.*

AFICHE, Boucle, agrafe. Gl. *Affectura*.

AFICHER, Publier, enseigner hautement. Gl. *Affixare*. [Gérard de Vienne, vers 2884 :

Hontouz en fuit, ce puix bien affichier.

Guill. Guiart, tom. 1, pag. 28, 184, 231, 246, vers 88, 4223, 5538, 5923, (583, 4685, 5864, 6248.))

° **AFICHAR** (S'), s'AFICER, s'appuyer, se fixer. S'aficher sor les estriers. Voyez Rayn. tom. 3, pag. 320², au mot *Aficar*. Aubri le Bourg. pag. 160¹ :

*Quant eles voient Aubri si aschier
Et si destendre sor l'auferrant corsier.*

Agolant, vers 1794¹ :

Espée as bone, bien t'en puez affichier.

S'efforcer, s'obstiner. Partonop. de Blois, vers 7321 :

*Et Bataillos, la grant, la rice,
Qui de nos grever moult s'afice.*

Guill. Guiart, tom. 1, pag. 254, vers 6148 (6467):

*Aveuc lui le dux de Sessoingne
Qui de François grever s'afiche.*

Tom. 2, pag. 359, vers 9319 (18302) :

*Là est li enfès de Hénaut
O grant gent, pour Flamens requerre,
Qui s'afiche que de sa terre
(Qu'il puisse) ne leur fera lais.*

Voyez tom. 1, pag. 186, vers 3011 (3403); pag. 289, vers 6849 (7879); Partonop. de Blois, vers 3035; Chanson de Roland, stance 189, vers 1 :

*Puis qu'il l' ad dit, mult s'en est afichet,
Que ne lairat pur tut l'or desus ciel
Que il ainz ad Ais, o Carles soelt plaider.*

Afiché, ibidem, stance 246, vers 10 :

La bataille est mult dure e afichée.

Voyez *Affichéement*.

AFICHIÉMENT, Affirmativement, sans réserve. Gl. *Affixire*. [Voyez *Affichéement*.]

° **AFIÉ**, Qui a fait une promesse, juré, allié. Chron. de Jordan Fantosme, vers 142 :

*Mès Raül de Feulgières est vers mei revelez,
Li cuens Huge de Cestre en est sis afiez.*

Chron. des ducs de Normandie, tom. 1, pag. 524, vers 12820 :

Jurez e afiez amis.

Tom. 2, pag. 24, vers 15982 :

A son nume lige afié.

Gérard de Vienne, vers 3063 :

*Lai sont andui plevi e afié
De compaignie en trestot lor aé.*

° **AFIER**, promettre, assurer, affirmer. Gl. *Affidare* 1. Partonop. de Blois, vers 9031 :

*Cest afi-je por jugement
S'en ferai le desraisnement.*

Roman du Renard, tom. 1, pag. 20, vers 521 :

*Si vos afi ensorquestot
Que mon pooir ferai de tot
De ce que vodrez conmander.*

Fiancer, promettre mariage. Partonop. de Blois, vers 4817 :

*Cele respont qu'el n'est s'amie
S'il ne l'espouse une lafis.*

Voyez vers 3973, 4018, 4166. Faire une convention, faire la paix. Chron. des ducs de Normandie, tom. 2, pag. 25, vers 16025:

*Si esgarde con faitement
Vers eus te voudras contenir,
De eus afier u d'envair,
Se feras ce qu'il requerront
E que vers tei demanderont,
U si od eaus assembleras
E si tu les desfieras.*

Avoir confiance, se fier. Chron. de Jord. Fantosme, vers 1402 :

*Si vus cest ne graantez pur lui desheriter,
Ne devez en nul lieu en sun cors afier.*

Roman du Renard, tom. 1, pag. 21, vers 552 :

*Renart qui point ne s'afia
L'a bien oï et entendu,
Si s'enfuist à col estendu.*

Rayn. tom. 3, pag. 290², au mot *Afiar*.

° **AFIERT**. Voyez *Aferir*.

AFIERTRÉ, Accommodé, ajusté. Gl. *Affaitare* 2. [et *Lambricare*. V. *Affaitier*.]

AFILER (S'), Couler en filets. Chanson de Roland, stance 124, vers 5 :

Sur l'erbe verte li cler sancs s'en afilet.

AFINER, Mettre à fin, à mort. Gl. *Affinare* 2. [Mourir. Chron. des ducs de Normandie, tom. 1, pag. 55, vers 1486 :

*Mult desire estre crestien ;
E sa si muert e ci afine,
Eisi cume chacuns devine,
Misericorde aiez de lui.*

Finir, terminer. Pag. 186, vers 2993 :

*Là tent to ses devinemenz,
Ses sors e sis prametemenz,
Là afinera sa travaille
Senz mescréantise et senz faille.*

Chanson de Roland, stance 286, vers 16 :

*Il ne poet estre qu'il seient desevrez,
Seinz hume mort ne poet estre afinet.*

AFINER (S'), Se proposer une fin, un but. Guill. Guiart, tom. 2, pag. 216, vers 5593 (14575) :

*Que Challes et ceus de sa suite,
Qui à guerre remes s'afinent,
Vers Maldenguien se racheminent.*

AFIQUE, comme *Afiche*.

° **AFIT**, Insulte. AFITER, Insulter. Roi Guillaume, pag. 80 :

*Se nus le laidenge n'afite,
Jà por afit ne por laidenges
N'ert de lui servis plus estranges.*

AFLEBOIER, Affaiblir, diminuer de force. Gl. *Indebilitatus*.

AFLIT, Maigre, décharné. Gl. *Affligere*. [Voyez *Afflire*.]

° **AFLUBER**, comme *Affubler*.

° **AFOLÉ**, Téméraire. Gl. *Temeraritas*.

1. AFOLER, Blesser. Gl. *Affolare*. [Tuer. Flore et Blancheflor, vers 3019 :

*Et qu'en dira on, s'il l'ocit ?
N'est pas grans los, si con je cuit
Se il les deus enfans afole.*

Voyez Gérard de Vienne, vers 774, 2204 ; Agolant, vers 452 ; le Glossaire de la Chron. des ducs de Normandie, et celui de Joinville, ci-dessus *Affoler* 1.]

° **2. AFOLER**, Tromper. Chron. des ducs de Normand. tom. 2, pag. 276, vers 23529 :

*Qu'est ce dunt tu nos aparoles ?
Tot apertement nos afoles.*

Partonop. de Blois, vers 2347 :

*De lui ai esté afolés
Ja ne sera mais més privés.*

Devenir fou. Miracles de Saint-Louis, pag. 454 : *Ladite Ponce fu si afolée et hors de son sens que ele ne paroloit pas à droit.* Parton. de Blois, vers 2580 :

*Mès gentils homes a destruis...
Afolé sont de mautalent.*

Guill. Guiart, tom. 2, pag. 392, vers 10196 (19176) :

> Quant Gui de Namur a véues
> Trois de ses nés si tost perdues
> Qu'o les autres là amena,
> Tel duel et tel courrouz en a
> Que tout en rougist et afoue.

Voyez Affoler 2.]

AFONDER, Couler à fond, enfoncer. Gl. *Affondare*. [Voyez Rayn. tom. 3, pag. 359², au mot *Afonsar*. *Afondre*, aller à fond, s'enfoncer, couler bas. Roman du Renard, tom. 1, pag. 826, vers 18478 :

> Tot entor lui à sis archiées
> Fait un fossé d'eve parfont,
> Riens n'i puet entrer qui n'afont.

Pag. 91, vers 12018 :

> La cuve ot auques de parfont,
> De lui trair e d'agaitier
> Et de querre son destorbier.

Voyez le Glossaire de Joinville.

AFORER, Mettre le *feur* ou prix à quelque denrée, taxer. Gl. *Afforare* [et *Ataumare*.]

⁂ **AFOUER**. Voyez *Afoler*.

AFOUIR, comme *Affouir*.

AFRANCQUIR, Affranchir. Gl. *Affranquire*. [Voyez Rayn. tom. 3, pag. 385¹, au mot *Afranquir*.]

⁂ **AFRARIR** (S'), Se promettre une fraternité mutuelle. [Voyez Gl. *Fraternitas* 3.) Le Roman du Renard, tom. 4, pag. 437, vers 7467 :

> En tel fourme Frere Menu
> Avoient parlement tenu,
> Tant que il se sunt acordé,
> Entrebaisié et afié
> Et afrari par sierement.

⁂ **AFRONTÉ**, Effronté. Gl. *Epudoratus*. [Voyez Rayn. tom. 3, pag. 402², au mot *Afrontar* et suiv.]

⁂ **AFRONTER**, Assommer. Guil. Guiart, tom. 2, pag. 263, vers 6808, (15799) :

> Maint bon serjant i deschevauchent
> Dont li chevaus sont afrontez.

Voyez Roquefort et *Affronter* 2.

⁂ **AFUBLER**, comme *Affubler*.

AFULEURE, comme *Affuleure*.

AGACHIER, Cri de l'*Agache* ou pie. Gl. *Agazia*. [Voyez Rayn. tom. 3, pag. 414², au mot *Gacha*.]

AGACHIES. FRÈRES AGACHIES, Religieux dont l'habit était blanc et noir. Gl. *Fratres Pyes*, pag. 597².

AGAIT, Aguet, embûche, guet-apens. Gl. *Agaitum*. [*Insidiæ*, *Wactæ*, pag. 901². Chast. de Couci, vers 5752 :

> Puis la prent par la main et sache
> Vers le lieu où fu li agais,
> Et dont dist : Dame c'est souhais, etc.

Vie de saint Thomas, apres la Chronique des Ducs de Norm. tom. 3, pag. 619 :

> Deu le defende de mal aguait
> E de treisoun.

Chanson de Gaces, Wackernagel, pag. 9 :

> En agait son li envious.

Partonop. de Blois, vers 170 :

> Ains l'orent servi par amor ;
> Puis le servir par péor
> En duel, en pouerte, en deshet,
> Sor cuer tos jors et en aguet.

Voyez Rayn. tom. 3, pag. 417¹, au mot *Agach*.]

AGAITANT, Difficile, regardant, épiant. Gl. *Agaitum*.

⁂ **AGAITIER**, AGAITER, Épier, tendre des embûches. Roman du Renard, tom. 1, pag. 7, vers 175 :

> Ceus qui sont plain de felonie,
> Qui ne finent del agaitier
> Con puissent autrui engingnier.

Chron. des ducs de Normandie, tom. 3, pag. 82, vers 17783 :

> M'unt maint message esté tramis
> De lui trair e d'agaitier
> Et de querre son destorbier.

Pag. 461, vers 25904 :

> Gardez-vos or mais de fou plait
> Que sus la planche ne vos agait.

Voyez Rayn. tom. 3, pag. 416², au mot *Agaitar*.

AGAL, Canal, conduit pour faire couler l'eau. Gl. *Aguale*. [Dans une charte latine de Montpellier.]

AGAN, p. e. pour Encan. Gl. *Inquantare*.

AGAR. C'est la même chose que l'interjection admirative *Aga*, dont on se sert encore dans plusieurs provinces, pour signifier *Regardez*, *voyez un peu*. Gl. *Avidere* 2. [Voyez Rayn. tom. 3, pag. 424¹, au mot *Agarar*.]

AGARÇONNER, Traiter quelqu'un de *Garçon*, c'est-à-dire de fripon, de débauché, d'homme de néant, ce que ce terme a signifié, après avoir servi à désigner les valets, et principalement ceux qui suivent l'armée, que nous appelons aujourd'hui goujats. Gl. *Garcio*, vers 29². [Voyez Rayn. t. 3, pag. 436², au mot *Agarisonar*.]

AGARDER, Regarder, voir. Gl. *Avidere* 2. [Voyez Rayn. tom. 3, pag. 426², au mot *Agardar*.]

⁂ **AGAS**, Plaisanterie, raillerie. Chron. des ducs de Normandie, tom. 1, pag. 200, vers 3968 :

> A gius, n'à certes, n'à agas.

Voyez *Gas*.

AGASTER, Vieillir, passer sa vie dans quelque emploi. Gl. *Gastare*.

AGASTI, Demeuré en *Gast*, en friche. Gl. *Guastus*, sous *Guastum* 3. [Chron. des ducs de Normandie, tom. 2, pag. 249, vers 22740 :

> Arses sunt les cités garnies
> Craventées e agasties.

Tom. 1, pag. 250, vers 4837 :

> Les terres lor a agasties
> E robées e apovries.

Voyez Rayn. tom. 3, p. 438¹, au mot *Gast*.

AGASTINER, Faire dégât, ravager, piller. Gl. *Guastare* sous *Vastum* 1, pag. 254³.

AGASTIS, Délit fait dans une forêt. Gl. *Guastare*, sous *Vastum* 1, pag. 254³.

AGELOUGNER (S'), S'agenouiller, se mettre à genoux. Gl. *Aggeniculare*. [Voyez Rayn. tom. 3, pag. 457¹, au mot *Agenolhar*. Roman de Floire et Blanche-Flore, cité par Roquefort, Supplém. pag. 10 :

> Se l'fiert du poig et de l'espée
> Si qu'il le fist ageloignier.

AGENCEMENT, Augment de dot, don nuptial. Gl. *Agentiamentum*. [Voyez Rayn. tom. 3, pag. 463¹, au mot *Agensamen*.]

⁂ **AGENCI**, Agréable, accompli, ou agile. Guill. Guiart, tom. 1, pag. 195, vers 3583 (3985) :

> Li roys et Guillaume de Barres
> Qui fu vistes et agenci.

AGENER, Offenser. *Crime de majesté Agenée*, crime de lèse-majesté. Gl. *Gehennæ*.

⁂ **AGENOLLER** † Gl. *Suffraginare*. *Agenoillons*, à genoux. Voyez Orell. pag. 295, Roquef. Supplém. pag. 10¹.

AGENT DU ROI, Procureur du roi. Gl. *Agentes*.

AGER, Champart, terrage. Gl. *Agrarium*.

AGÉS, Chemins, détours. Gl. *Aggestuz*. [Voyez *Agiz*.]

⁂ **AGETER** (S'), Se jeter. Chanson de Roland, stance 181, vers 19 :

> Serpenz e guivres, dragun e averser,
> Grifuns i ad plus de trente millers
> Ne n'i ad cel à Franceis ne s'agiet.

Enfants Haymon, vers 837 :

> A genoux s'ageta et dist : Dieu par
> [ton gré, etc.

AGGRAPPER, Prendre avec vivacité et force. Gl. *Arrapare*.

AGGREGI, p. e. pour *Aigrest*, Vert, aigre. Gl. *Græcum vinum*.

⁂ **AGGRELLIR**, Devenir grêle, mince. Fabliau du vallet aux douze fames, dans le Supplém. de Roquef :

> Que le cors li amenuisa
> Et le col li aggrellia
> Qui sauloit estre gros et plains.

Voyez *Agrellir*.

AGGRIFFER, Égratigner. Gl. *Grifare*.

AGHAIS. MARCHÉ A AGHAIS. Laurière, dans son glossaire, l'explique d'après Galland, d'un marché fait à termes de payement et de livraison, que doit *Aghaiter* ou observer celui qui veut en profiter. Gl. *Agaitum*. [Voyez Gl. *Aguayt*.]

⁂ **AGIEZ**, Age, vieillessse. Roman du Renard, tom. 2, pag. 291, vers 17516 :

> ... Cil se r'est couchiez
> Qui auques est à son agiez
> Et fu assez tost endormi.

⁂ **AGIEZ**, Dards. Chanson de Roland, stance 152, vers 10 :

> E wigres e darz e museras e agiez
> [e gieser.

La leçon est évidement fautive ; comparez stance 158, vers 10.

1. **AGISTEMENT**, Impôt, tribut. Gl. *Agistare.*

2. **AGISTEMENT**, L'action de se coucher, de se mettre au lit; et

AGISTER, et s'AGISTER, Se coucher. Gl. *Accubarare.*

AGIZ, Tours et détours d'une maison. Gl. *Agea* 1. [Voyez *Agés.*]

AGLAN, Glandée, Gl. *Aglanderata.* [Voyez Rayn. tom. 3, pag. 473², au mot *Aglan.*]

AGLEISE, Église. Gl. *Escahentia.*

° **AGLENT**, AIGLENT, Églantier. Chanson de Retrus Aidefrois, Wackernagel, n. 1:

Aleis moi dire Ugon sens nul areste-
[ment,
K'en mon pere vergier l'atandrai
[sous l'aglent.

M. P. Paris, Romancero, num. 1, lit *Aiglent.* Voyez Rayn. tom. 2, pag. 39¹, au mot *Aiglentino*, et pag. 35³, au mot *Aguilen.*

AGLETER, Accrocher, attacher. Gl. *Aglutinare.*

AGNEAU, Anneau, entraves. Gl. *Annulus.*

° **AGNEL**, Certaine monnaie. Gl. *Moneta*, pag. 465¹. [Voyez Rayn. tom. 2, pag. 33², au mot *Agnel.*]

AGNENCE, p. e. Une certaine quantité de laine. Gl. *Agnacia.*

AGOLÉ, Qui a une goule ou collet. Gl. *Gula mantelli*, sous *Gula* 3, pag. 137².

° **AGOUCER**, Harceler, irriter, Guill. Guiart, tom. 2, pag. 189, vers 4868 (13856):

Quarriaus qui prennent à voler
Hors des deux rens, qui s'entr'agoucent;
Maintes personnes i couroucent.

AGOUST, Canal, évier, égout. Gl. *Agotum.* [Voyez Rayn. tom. 3, pag. 486¹, au mot *Degot.*]

AGOUSTER, Jeter ou faire couler l'eau, dessécher. Gl. *Agotare* et *Agotum.* [Voyez Rayn. tom. 3, pag. 486³, au mot *Agotar.*]

° **AGOUT** †, Égout. Gl. *Fractellum.*

° **AGRAANTER**, Accorder, approuver, agréer. Chron. des ducs de Normandie, tom. 1, pag. 186, vers 2997 :

Iteus fu li conseilz donez
E de trestoz agraantiez.

Voyez **Agréable**.

AGRAFINEURE, Égratignure, coup d'ongle. Gl. *Grifare.* [Voyez Rayn. tom. 3. pag. 492¹, au mot *Grafinar.*]

AGRACIER, Gréver, blesser. Gl. *Aggregiare.* [Voyez Rayn. tom. 3, pag. 510³, au mot *Agreviar.*]

AGRAINER, Produire, apporter. Gl. *Agranare.* [Voyez Rayn. tom. 3. pag. 496², au mot *Granar.*]

1. **AGRAPPER**, Prendre avec vivacité et force. Gl. *Arrapare.* [Sermon de saint Bernard, Roquef. tom. 1, pag. 36¹, au mot *Aggrapper* : *Si aucune gent viennent*

à ols por ols à soscorre, si plongent ensemble ols ceos k'ils puyent agrappeir.

2. **AGRAPPER**, Frapper, battre. Gl. *Arrapare.*

° **AGRAVENTER**, Renverser, ruiner, détruire. Voyez *Craventer.* Chronique de Jordan Fantosme, vers 1244 :

La pierre de la funde à peine reversa
E un de lurs chevaliers à terre agra-
[venta.

Vers 1598 :

Le Noef-Chastel-sur-Tine serrad
[agraventer.

Voyez vers 604.

AGRÉABLE, Complice, consentant, qui agrée une chose. Gl. *Agreabilis.*

AGRÉER, Payer, satisfaire à ce qu'on doit, donner contentement. Gl. *Agreare.*

AGREFFER, Saisir, prendre tout d'un coup et avec effort. Gl. *Arrapare.*

AGREGEMENT, Aggrave, aggravation, censure ecclésiastique. Gl. *Infortiatus.*

AGREGIER, Accabler, attaquer vivement. Gl. *Aggregiare.* [Chron. de Jordan Fantosme, vers 1269 :

Certes, ceste faisance et cuer forment
[m'agriege.

Voyez Agolant, vers 493. Rayn. tom. 3, pag. 510², au mot *Agreviar*, Halliwell, aux mots *Agreg* et *Agreger* et Roquef. aux mots *Agregier* et *Aggrever* et *Agrever.*]

AGRELLIR †, Rendre *grêle*, menu, mince et délié. Gl. *Gricillare.* [Voyez *Aggrellir.*]

AGRENET, Aigre, vert, qui n'est pas dans sa maturité. Gl. *Agrana.*

AGRERE, Champart, terrage. Gl. *Agrarium.*

AGRESLIER, Rendre grêle, émincer. Gl. *Gricillare.*

AGRESSER, Attaquer. Gl. *Agressus.*

AGRÉVANCE †, Peine, chagrin qui aggrave et accable. Gl. *Exaggatio.*

AGRIER, AGRIFRE, Champart, terrage. Gl. *Agrarium.* [Voyez Rayn. tom. 2, pag. 35¹, au mot *Agreira.*]

AGRIPPER, Prendre avec vivacité et force, ou avec les griffes. Gl. *Arrapare.*

° **AGROI**, Harnais, équipage. Partonop. de Blois, vers 7803 :

Là porcherai hui cest agroi
Por aler à cest grant tornoi.

Roman de l'Atre périlleux, cité par Le Roux de Lincy, Chants historiques, tom. 1, pag. 32 :

Au matin, quand il fut grand jor
Furent paié li jongléor;
Li un orent un biax palefrois
Beles robes et biax agrois,
Li autre selonc ce qui estoient ;
Tuit robes et deniers avoient.

Voyez *Argroier.*

AGUAYT, Aguet, l'action d'une personne qui en épie une autre. Gl. *Aguayt.* [Voyez *Agait.*]

AGUE, subst. masc. p. e. Auvent, parce qu'il garantit de l'eau. Gl. *Auventus.*

° **AGUET POURPENSÉ**, Guet-apens. Gl. *Pensabiliter. Aguet appensé.* Lettre de 1410, dans le Supplém. de Roquef. pag. 10² : *A tué et murtry de fait et d'aguet appensé.*

AGUETÉ †, La pointe de quelque chose que ce soit. Gl. *Acuitas.*

° **AGUICIER**, Polir. Chastel. de Couci, vers 1058 :

Poitraus mettre et chevaus couvrir,
Et ces fors escus aguicier,
Et à mainte selle atachier
Ses culieres et ses bouriaux.

Voyez Rayn. tom. 2, pag. 36², au mot *Agusar.*

AGUIER, Assurer, donner sûreté en justice. Gl. *Guidare*, sous *Guida*, pag. 132².

AGUILANNEUF, pour *Au-gui-l'an-neuf.* Borel, Ménage, et le Dictionnaire de Trévoux ont suffisamment parlé de l'antiquité de cette fête et des cérémonies dont elle était accompagnée : je n'ajouterai ici que ce qui peut servir à montrer jusqu'à quel temps elle a continué dans différentes provinces, et qui peut faire connaître de quelle manière on la célébrait. Lett. de gr. de 1478. Reg. 195, du Tr. des Chart. pièce 977 : *Le suppliant oyt des chalumeaulx ou menestriers,.... et trouva des varletz ou jeunes compaignons,.... qui aloent par illecques près querant Aguillenneu le dernier jour de décembre.* Autres de 1472. Reg. 197, pièce 302 : *Le jeudi vigille de la Circonsion (Circoncision) plusieurs compaignons faisans grant chere pour l'entreteinement d'une lampe de seize lamperons, ainsi que de coustume est de faire de tout temps la vigille de l'an neuf, et s'appellent lesdiz compaignons Aguillanneuf.* Lesquelles lampes et lamperons sont pendans en l'église dudit lieu de la petite Boissiere devant l'image du Crucifix, et ont accoustumé estre alumées, c'est assavoir laditte lampe seule ès jours des dimenches et les festes annuelles, durant que on fait le divin service ; et lesdiz lamperons et lampe ensemble ès festes anuelles.... estoient lesdiz dons, rilles et oreilles de porceaux et autres pièces de char... vendues publicquement après vespres au plus offrant et derrenier enchérisseur.

Ce même terme, ou d'autres qui lui sont synonymes, et qui n'en diffèrent que par la manière de les écrire, ont été aussi appliqués aux présents qu'on faisait aux jeunes gens la veille de quelques autres festes de l'année, pour se divertir et se réjouir le jour de la fête, comme on peut le voir par cet acte : Lett. de gr. de 1397. Reg. 153, pièce 110 : *Comme la veille de l'Apparicion, le suppliant et six autres jeunes hommes de la parroisse de Saint-Jehan de Chevannes se feussent assemblez,.... et eussent entreprins d'aler par ledit lieu par bonne compaignie et esbatement, comme jeunes gens ont accoustumé à faire en ladite veille pour querir leur Guillenleu.* On lit *Haguirenleux* dans d'autres lettres toutes semblables à celles-ci de l'an 1399. Reg. 154, pièce 201 : Lett. de gr. de 1408. Reg. 162, pièce 276 : *Comme le suppliant et Pierre Pelluel feussent alez soupper en l'ostel de* (la) *mere d'icelui suppliant,.... tantost après arriverent devant ledit hostel Colin le Masnier et autres,.... lesquelz en maniere de derision commencerent à crier à haulte voix, je m'en lo du past madame : et lors ledit Pierre Pelluel yssi hort dudit hostel en criant Haguimento, etc. Ilanguevelle dans d'autres lettres* de 1409. Reg. 164, pièce 670. Autres de 1474. Reg. 195, pièce 1328 : *Vous m'avez promis me donner mes Haguillennes, ne me escondissez pas.*

Je trouve encore ce même usage désigné sous le mot *Héler* et *Héller.* Lett. de gr. de 1374. Reg. 106, pièce 331 : *Comme le darrain jour de décembre lesdiz de Frincourt avec plusieurs personnes de la ville de Cuc sur la mer se feussent assemblez pour jouer et Héler, comme il est accoustumé de faire chacun an icelui jour à la nuit.* Autres de 1387. Reg. 131, pièce 240 : *Comme ou mois de fevrier ou environ l'exposant et autre de sa compaignie par maniere d'esbatement et de consolation, ainsi que en la terre de Saint Amand en Peule et ou pays d'environ est accoustumé oudit temps de aler voir ses amis ou voisins pour avoir par courtoisie de leurs biens ou monnoye courtoisement, affin de boire ensemble, qui est l'usage du pays, et lequel usage est appellé Héller, etc.*

On peut voir plus loin aux Origines de Brieux plusieurs autres dénominations de la même chose. Consultez aussi la Dissertation de Basnage dans son Histoire des ouvrages des Sçavants. [Voyez le Supplém. de Roquefort au mot *Aguilan.*]

AGUILER, Piquer avec un aiguillon. Gl. *Aguillada.*

AGUILLADE, Aiguillon, bâton armé d'une pointe, dont on se sert pour conduire les bœufs. Gl. *Aguillada.* [Voyez Rayn. tom. 2, pag. 37¹, au mot *Aguilon.*]

AGUILLANEUF. Voyez ci-dessus *Aguilaneuf.*

° 1. AGUILLE, Terme d'architecture, Aiguille. Gl. *Aguilla* 1.

° 2. AGUILLE, Aiguille, maladie du faucon. Voyez le Supplém. de Roquef. pag. 12¹, et Rayn. tom. 2, pag. 37¹, au mot *Agullia.*

AGUILLÉE, comme *Aguillade.* Gl. *Aguillada.*

AGUILLENNEU. Voyez ci-dessus *Aguilaneuf.*

AGUILLER, Aiguillier, étui où l'on met les aiguilles. Gl. *Agullum.*

AGUILLETE, Aiguillette. Gl. *Aguileta.*

AGUILLIER, Aiguillier. Gl. *Agullium.* [Chastel. de Couci, vers 1361 :

*Donner on doit-on par soulas
Manches et aguilliers et las,
Les savoureux baisiers promettre,
Par fine amour dame jour mettre.*]

AGUILLON, Aiguillon. Gl. *Aguillada.* [et *Stiga.* Roman de Renart, tom. 1, pag. 9, vers 221. Voyez Rayn. tom. 2, pag. 37¹, au mot *Aguilon.*]

° AGUILLONER †, Piquer avec un aiguillon, *Stigare.* Gl. *Stiga.* Voyez *Aguiler.*

AGUILLONEU. Voyez ci-dessus *Aguilaneuf.*

° AGUILLONEUSEMENT, D'une façon piquante. *Lettres aguilloneusement escriptes,* dans le Triomphe des neuf preux ; Roquef. Supplém. pag. 12¹.

AGUISE, Aiguillon, dont on pique les bœufs. Gl. *Aguillada.*

AGUISEMENT †, l'Action d'aiguiser, de rendre pointu ou aigu. Gl. *Acutio.* [Trouvé Rayn. tom. 2, pag. 36², au mot *Aguzament.*]

AGULENCIER † [mot provençal. Voyez Rayn. tom. 2, pag. 35², au mot *Agulancier,* églantier, Arbolsier. Gl. *Arbustus.*

AGULHADE, AGULLADE, Aiguillon, dont on pique les bœufs. Gl. *Aguillada.*

AGUMENT †, D'une façon aiguë ou subtile et adroite. Gl. *Acutio.* [Voyez Rayn. tom. 2, pag. 36¹, au mot *Agudament.*]

° AHAIT, Allégresse, ou peut-être Hâte, empressement. Vie de saint Thomas de Canterb. vers 366 :

*Al muster à joie menerent
Et à Cantorbiri s'en alerent
A grant ahait.*

Il y a *Ahaitement,* Partonop. de Blois, vers 10084 :

*Et faisait sovent faus briés faire
Por moi ahaitement atraire.*

Mais il est évident qu'on doit lire *à haitement.*

1. AHAN, Peine, travail forcé, chagrin, ennui, mort. Gl. *Ahenagium.* [Partonop. de Blois, vers 411 :

*A pais vesqui en ses ahans,
Si moru plains de jors et d'ans.*

Chanson, Wackern. pag. 82 :

*Dont plor et sospir,
Et plaing mes ahans,
K'il m'estuet soffrir
Por celi cui j'ain.*

Voyez Rayn. tom. 2, pag. 31¹, au mot *Afan.*]

2. AHAN, Terre labourable, ensemencée. Gl. *Ahanare.*

AHANABLE, labourable. Gl. *Ahanare.*

AHANAGE, Labourage. Gl. *Ahenagium.* [Chron. des ducs de Normandie tom. 2, pag. 390, vers 26693 :

*Gaainz, labors et noreture,
N'ahanages, n'anz plentéis,
Ne les deffent d'estre chaitis.*]

° 1. AHANER (S'), Se fatiguer, prendre peine. Partonop. de Blois, vers 32 :

*Li rosegnols lais organe
Qui del canter adiés s'ahane.*

Voyez Rayn. tom. 2, pag. 31². au mot *s'Afaner.*]

2. AHANER, labourer, cultiver. Gl. *Ahenagium.*

° AHARDIR, Donner du courage, rendre hardi. Prison d'Amours, fol. 18³, dans le Supplém. de Roquefort :

*Les plus hardis accoardist
Et les plus coars ahardist.*

° AHASTIE, Empressement, vitesse. Guill. Guiart, tom. 2, pag. 35, vers 885, (9851) :

*Li rois est en une bargète....
Un autre vessel les devance....
Et quel....
Sont li frère au roi en estant,
Qui ne vont mie contrestant
Cèle ahastie, ainçois la loent.*

° AHATIE. Voyez *Aatie.*

° AHATINES, comme *Ahastie.* Renart, le Nouvel, vers 366 :

*Lors s'esmuevent par ahatines
Li nouviel chevalier avant.*

Voyez *Aatine.*

° AHATIR, S'empresser, se hâter. Chastel. de Couci, vers 1055 :

*Lor mesniés communaument
Véissiés partout ahatir.*

AHAUX, Immondices, ordures. Gl. *Ascobatum.*

AHAYER, Haïr, avoir de l'aversion pour quelqu'un. Gl. *Odiosus.* [Voyez Rayn. tom 2, pag. 163², au mot *Azirar,* et tom. 3, pag. 575², au mot *Airar,*]

° AHENER, Labourer. Gl. *Ahanare.*

AHENNAGE, Labourage. Gl. *Ahenagium.*

AHENER, Labourer. Gl. *Ahenagium.*

AHENNIAUS, De labourage. Gl. *Ahenagium.*

AHENNIER, Labourer. Gl. *Ahenagium.*

° AHERDIR. Voyez *Aherdre.*

1. AHERDRE, Prendre, saisir, empoigner, s'attacher. Gl. *Adhærere* 3.

2. AHERDRE, Adhérer, se joindre à un parti. Gl. *Adhærere* 3. [Voyez Rayn. tom. 2, pag. 25², au mot *Adherir.*]

AHERMIER, pour *Ahennier,* Laboureur. Gl. *Ahenagium.*

AHERS, Attaché, qui tient fortement à quelque chose. Gl. *Adhærere* 3.

1. AHEURER, Employer à propos, profiter du moment Gl. *Ahorus.*

2. AHEURER(S'), S'absenter, se retirer, abandonner. Gl. *Ahorus.*

° AHIE, Exclamation. Roman de Renart, tom. 1, pag. 47, vers 1212 :

Ha ! ha ! le leu ! ahie ! ahie !

AHIERDRE, Prendre, soutenir quelqu'un. Gl. *Adhærere* 3. [Roman de Renart, tom. 4, pag. 13, vers 343 :

*Renars s'est jà mis à la voie
Quant cil ahiersent lor bastons.*]

Voyez *Aerder.*

AHIERS, Pris, entouré. Gl. *Adhærere* 3.

° AHIR, Courage, force. Partonop. de Blois, vers 5647 :

*Partonopex sovent chaist
Se cil à cheval ne l'teniat ;
Il a tant perdu son ahir
Qu'il ne se puet par soi tenir.*

Voyez Air.

◦ **AHOGE**, AHUGE, Énorme. Chron. des ducs de Normandie, tom. 1, pag. 459, vers 10945 :

*Un sengler a chascié le jor
Grant e ahoge e quartenor.*

Tom. 2, pag. 327, vers 25059 :

*Out une biere merveillose
E laide e ahoge e hisdose.*

Pag. 330, vers 25147 :

*Un chandeler de fer mult grant
Agu e ahoge e pesant.*

Livre des Rois, éd. Le Roux de Lincy, pag. 62 : *La hanste fud grosse e ahuge cume le suble as teissures.*

◦ **AHONIR**, comme *Ahonter*. Partonop. de Blois, vers 2617 :

*Ains se laissascent tot morir
Qu'ils me soufrissent ahonir.*

Chron. des ducs de Normandie, tom. 1, pag. 380, vers 8581 :

*E se quident de nos partir
Nos aviler, nos ahonir.*

AHONNIER, Aplanir, rendre égal, unir. Gl. *Aplanare.* [Voyez *Aonnier.*]

AHONTER, AHONTIR, Déshonorer, couvrir de honte. Gl. *Dehonestare.* [Voyez Rayn. tom. 2, pag. 83¹. aux mots *Aontar* et *Ahontir.*]

AHOQUIER, Accrocher, enchaîner, attacher. Gl. *Hoccus.* [Flore et Jeanne, pag. 25 : *Ses esporons ahoka à la sarge au coron du lit.*]

AHORS, Cri qui se fait dans un tumulte. Gl. *Allot.*

AHUCHIER, Appeler, mander. Gl. *Hucciare.* [Voyez Rayn. tom. 5, pag. 443¹, au mot *Ucar.*]

AHUER, Appliquer...... Partonop. de Blois, vers 88 :

*As tables et as eschiés juent
E en ço lur entente ahuent.*

AHUR, Voleur, celui qui surprend et emporte. Gl. *Bahudum* [Le passage de Guill. Guiart est tom. 2, pag. 254, vers 6579 (15559). Du lat. *fur.* Espagn. *Hurtar*, voler.]

AIABLE, Aisé, facile. Gl. *Aisitus.*

◦ **AJANCER**, Arranger. Guill. Guiart. tom. 2, pag. 128, vers 3287 (12268) :

*Tant fit qu'avecu lui emmèna
Pierre (qu'en rimes ajançon)
Frère au roi, conte d'Alençon.*

Voyez Rayn. tom. 3, pag. 463¹, au mot *Agensar.*

◦ **AICHOU**, Hache [en Auvergne]. Gl. *Angones.* [Voyez Rayn. tom. 2, pag. 101¹, au mot *Apcha.*]

◦ **AIDABLE**, Secourable. Chron. des ducs de Normandie, tom. 1, pag. 417. vers 9704 :

Proz est e hardiz e aidables.

Pag. 427, vers 9982 :

*Aidables est e secoranz
A humles e à bien voillanz.*

Voyez Rayn. tom. 3, pag. 609¹, au mot *Ajudable.*

AIDABLETÉ †, Aide, secours, assistance. Gl. *Auxiliabilitas.*

AIDABLEMENT † Secourablement. Gl. *Auxiliabilitas* [et *Auxiliamen*].

AIDANCE, Secours, aide. Gl. *Aidare.* [Voyez Rayn. tom. 3, pag. 609², au mot *Ajudansa.*]

◦ **AIDE**. Voyez *Ayde.*

AIDER, Payer l'impôt appelé *Aide.* Gl. *Aidare.*

◦ **AIDERE**, Auxiliaire, qui aide. Chron. des ducs de Normandie, tom. 1, pag. 451, vers 10693 :

*Iceo vos otrei, mei vivant,
Mei aidere e defendant.*

Où le manuscrit de Tours porte *ajuerre.* Voyez le Supplément de Roquefort au mot *Aideor*, Rayn. tom. 3, pag. 610¹ au mot *Ajudayre.*

◦ **AIDIS**, Aide, celui dont on reçoit du secours. Chanson du Comte de Bar, Le Roux de Lincy, tom. 1, pag. 49, et Laborde, pag. 161 :

*Sachiez por voir, se vos m'estes aidis,
Vostres serai da bon cuer toz dis.*

Chron. des ducs de Normandie, tom. 1, pag. 408, vers 9258 :

*Sorveer vout ses enemis
Saveir se il e ses aidis
Les porreient aler ferir.*

Pag. 233, rubrique :

Ici prent Rous conseil, ci r'assaillent
                    [*Paris,
Puis vait en Engleterre securanz e aidiz.*

AIE, Aide, secours. Gl. *Aidare.* [Partonop. de Blois, vers 2019 :

*Et deus vos gart et face aie
Que la France ne soit honie.*

Voyez vers 175, et Rayn. tom. 3, p. 610², au mot *Ahia*. Chron. des ducs de Normandie, tom. 2, pag. 201, vers 21262 :

*Armées sunt bien lors aies
E totes lor granz compaignies.*

Aides, impôt, pag. 391, vers 26708 :

*Aies querent e taillées
E achaisons de chevauchées.*]

AIER, Fils, héritier, ayant cause. Gl. *Affectus* 1.

◦ **AIER**, Aider. Chron. des ducs de Normandie, tom. 1, pag. 244, vers 4651 :

*...... Sauves nos vies;
E si tu à ceo nos aie
Ton lige serom mais demeine.*

Dex aïe, cri de guerre des Normands, Roman de Rou, vers 9095, etc. *Si m'aist Dieu*, Garin le Loher. tom. 1, pag. 6, etc.

◦ **AIERS**, Arrière. Gérard de Vienne, vers 2541 :

*Si deus ce donc, ki le monde ait formé,
C'aiers m'en aile en vie et an santé.*

Voyez Orell, pag. 330.

AIESEMENT, Usage, faculté d'user de quelque chose. Gl. *Aisantia*, pag. 154².

◦ **AIGLEL**, Certain ornement des manteaux et des casques. Partonop. de Blois, vers 10695 :

*Bien fu vestue Melior
De siglaton à cercle d'or,
Par roies entor les aigleaus
Fu trestos parés li manteaus
De picres de pluisors manières.*

Chron. des ducs de Normandie, tom. 1, pag. 125, vers 1252 :

*E de haume riche de grant pris...
D'or e de pierres principaus
L'aigliau desus e li esmaus
E li cercles de ovre mirable.*

◦ **AIGLENTIER**, Églantier. Voyez Rayn. tom. 2, pag. 39¹, au mot *Aiglentina.*

AIGLETTE, Petit aigle, aiglon. Gl. *Aquileta.* [*Aiglet.* Voyez Rayn. tom. 2, pag. 38², au mot *Aiglos.*]

AIGLIER, Aigle, pupitre, lutrin. Gl. *Aquila.*

AIGNE, Bête à laine, mouton, brebis. Gl. *Aignelinus.* [Voyez Rayn. tom. 2, pag. 38², au mot *Agnel.*]

AIGNELER, Agneler. Gl. *Aignelinus.*

AIGNELIN, Laine d'agneaux et de jeunes moutons, toison. Gl. *Aignelinus.*

AIGNOS, C'est le nom que l'auteur d'une pièce qui se trouve dans les Mémoires de Condé, tom. 3, pag. 241. édition in-4°, donne à ceux que l'on commençait alors à appeler *huguenots.* L'éditeur observe, dans une note d'après Spon, qu'en Savoie on nommait *Eignots* les citoyens de Genève, qui avoient accepté la bourgeoisie de Fribourg ; et qu'il paraît en effet par la suite que ce mot venait de Genève.

AIGOUL, Canal, évier, égout. Gl. *Agotum.*

AIGRAT, Raisin aigre, qui n'est pas dans sa maturité. Gl. *Acerba.*

AIGRE, Apre, avide. Gl. *Afrontare* 1. [Roman de Renart, tom. 1, pag. 6, vers 181 :

*Que si par est aigre d'anbler
Bien puet cele Hersent senbler.*

Aigret. Guill. Guiart, tom. 2, pag. 147, vers 3779 (12763) :

*Comme gens à mal faire aigretes
Embrasent maisons et vilétes.*

AIGRESSE †, Amertume, aigreur. Gl. *Acritudo.*

AIGREST, Raisin aigre. Gl. *Acerba*, [et *Agresta.* Voyez Rayn. tom. 2, pag. 34², au mot *Agras.*]

AIGREVIN, Vinaigre. Gl. *Vinum agasatum.*

AIGROIER, Animer, exciter, piquer. Gl. *Acritudo.*

AIGRUN, Toutes sortes d'herbes et fruits aigres. Gl. *Acrumen.*

AIGUAGE, Droit qu'on paye pour avoir de l'eau pour ses jardins ou prés. Gl *Aquagium.*

AIGUE, Eau. Gl. *Aiguerium*. [Voyez Rayn. tom. 2, pag. 89², au mot *Aigua*. *Aigue-rose*. Partonop. vers 10846 :

Présent l'aigue en dorés bacins,
Aigue-rose tot à fuison,
Onques d'autre n'i lava-on.

Voyez Rayn. ibid. au mot *Aigua-rosa*.]

AIGUER, Arroser, donner de l'eau. Gl. *Aiguerium*.

AIGUET, AIGUIER, Canal par lequel l'eau s'écoule. Gl. *Aiguerium* et *Aquarium* 2.

AIGUILLE, Poisson. Gl. *Aiguilla* 2.

AIGUILLON, Petite aiguille de tête. Gl. *Acucula* 1.

AIHUE, Tout ce dont on peut s'aider et servir. Gl. *Aidare*.

° **AIKES**, comme *Alques*. Gérard de Vienne, vers 1159 :

Si vos dirai aikes de mon avis.

AILAGES, Champs qui sont le plus près d'une ville, d'un bourg, etc. Gl. *Aalagia*.

1. **AILEVIN**, AILLEVAN, Enfant abandonné par ses parents, et qu'on enlève pour en avoir soin, enfant trouvé. Gl. *Allevaticius*.

2. **AILEVIN**, Étranger, qui est d'ailleurs. Gl. *Allevaticius*.

3. **AILEVIN**, Terme de mépris, par allusion aux *alevins*, petits poissons de rempoissonnement. Gl. *Allevaticius*.

AILLEMONT, Canton du diocèse de Soissons. Gl. *Aillemontius*.

AILLEURE, Alliage. Gl. *Alaia*.

° **AIMAS**, Diamant. Marbodus de Gemmis, dans le Glossaire de Roquefort, à ce mot :

Aimas est piere ital
K'ele est cler cume cristal, etc.

Voyez Rayn. tom. 2, pag. 162², au mot *Aziman, Ayman*, etc.

° **AIMMES**, pour *Ainsmes*, Dorénavant. Ancien chant, Wackernagel, pag. 71 :

De la grant ardure
D'enfer, ke tous tens dure,
Deffendeis nos aimmes.

1. **AIN**. Hameçon. Gl. *Hamatores*. [Chastel. de Couci, vers 139 :

Li vales vint au chastelain,
Que amours avoit pris à l'ain.

Roman de Mahomet, pag. 16, vers 316 :

Mais quant la mors l'ot pris à l'ain.

Chron. des ducs de Normandie, tom. 2, pag. 263, vers 28130 :

Plusors de France de mal pleins
Par qui diable tent ses ains.]

Voyez Rayn. tom. 2, pag. 62 ¹, au mot *Ama*.]

2. **AIN**, Maille, petit anneau de fer. Gl. *Hamatores*.

3. **AIN**, An. Gl. *Elourdatus*.
IX

° **AINC**, Jamais. Partonop. de Blois, vers 158 :

Ne fu teus hom ainc puis ses jors.

Chanson du Vidame de Chartres, Laborde, pag. 179 :

Ainc fame, fors vous, ne me fist.

Voyez Rayn. tom. 2, pag. 80 ², au mot *Anc*.

° **AINÇOIS**, Avant, auparavant. Voyez Orell, pag. 333, et Rayn. tom. 2, pag. 92¹, au mot *Anceis*. Mais, au contraire. Chron. des ducs de Normandie, tom. 1, pag. 277, vers 5590 :

E dunt l'onor n'en ert pas nostre,
Ainceis sera quitement vostre.

AINE, p. e. Aînesse, droit de l'aîné. Gl. *Ainescia*.

° **AINE**, comme *Ane*, Canard. Gérard de Vienne, vers 53 :

Pris ait deux aines, etc.

1. **AINGNE**, Laine d'agneaux et de jeunes moutons. Gl. *Aignelinus*.

2. **AINGNE**, Aîne. Gl. *Bocia* 4.

AINGRÉER, Payer, satisfaire, donner contentement. Gl. *Agreare*.

° **AINMI**, Hélas. Chastel. de Couci, vers 2592 :

Lors se replaint et dit : ainmi !
Las ! pourquoi onques y pensai ?

° **AINS**, Avant. Gl. *Æsnecia*. [Voyez Orell, p. 333. Rayn. tom. 2, pag. 91, au mot *Ant*. Partonop. de Blois, vers 7994 :

Et vait bien ains jors al mostier.

Flore et Blanceflor, vers 888 :

Arrier est cascuns retornés
Dedens la sale, qui ains ains.

Jamais. Agolant, vers 1244 :

Je sais tres bien qu'ainz n'out en volenté.

° **AINSE**, AINSSE, AISE, AISSE, Anxiété, angoisse, peine. Chron. des ducs de Normandie, tom. 2, pag. 479, vers 29200 :

Soffert tel aise e teu haschée.

Pag. 492, vers 29565 :

Tote s'aisse, son estoveir
Li a mandé e fait saveir.

Pag. 503, vers 29868 :

Longe vie, prosperité
Senz aisse e senz aversité.

Dans tous ces passages le manuscrit de Tours lit *ainse* ou *ainsse*, mais tom. 1, pag. 99, vers 491, il porte :

Plen d'aisse e de dolur e d'ire.

Voyez Rayn. tom. 2, pag. 41¹, au mot *Ais*.

AINSGNÉAGE, AINSNAGE, AINSNÉAGE, Aînesse, droit de l'aîné. Gl. *Ainescia*.

AINSNE, Marc, ce qui reste des raisins après qu'ils ont été pressurés. Gl. *Esna*.

AINSNÉ, Aîné. Gl. *Annatus* 1. [*Antenatus*, et *Æsnecia*.]

° **AINSOS**, AINSSOS, Dans l'anxiété. Chron. des ducs de Normandie, tom. 2, pag. 360, vers 35891 :

Trop avez esté, ce m'est vis,
Enuit ainsos e entrepris.

Pag. 378, vers 26338 :

Hauz dux, veiz-ci ta genz ainsose.

Le manuscrit de Tours porte *aissos*, vers 5634 et 17668, où l'autre manuscrit a *angoissos*. Voyez *Ainse*.

° **AINZ**. Voyez *Ains*.

AIONER, Bégayer. Gl. *Aiones*.

AJONSION, Adoption. Gl. *Adjunctus*.

AJOOUS, Espèce de genêt, ajoncs. Gl. *Adjotum*.

° **AJORNÉE**, AJOURNÉE, AJURNÉE, Point du jour. Chanson de Roland, st. 271, vers 9 :

La noit le guaitent entresqu'à l'ajornée.

Partonop. de Blois, vers 7830 :

Odil, demain à l'ajornée
En ferai le commencement,
S'en adouberai plus de cent.

Voyez Garin le Loher. éd. P. Paris, tom. 1, pag. 271, et comparez *Anuitée*.

AJORNER, AJOURNER, Commencer à faire jour. Gl. *Adjornare, Diescere* [et *Lucinare*. Voyez Rayn. tom. 3, pag. 589², au mot *Ajornar*. Chanson de Roland, stance 158, vers 2 :

Cum pesmes jurz nus est hoi ajurnez.

Roman du Chevalier du Cygne, dans une note de la chronique des ducs de Normandie, tom. 1, pag. 473 :

En estant ierent li dès ci qu'à l'ajorner.

Garin le Loher. tom. 1, pag. 215 :

La nuit s'en va et l'ajorner revint.

Chronique des ducs de Normandie, tom. 1, pag. 566, vers 14068 :

Tot droitement en l'ajornant...
Dunc parisseit l'aube del jor.

Roman de Renart, tom. 2, pag. 137, vers 13269 :

Tote jor ajornée errerent
Par la forest.

° **AJOURNEMENT** †, Commencement du jour. Gl. *Crepusculum*.

AJOUS, Espèce de genêt, champ qui en est rempli. Gl. *Adjotum*.

AJOUSTER, S'AJOUSTER, S'attacher. Gl. *Ajustare*. Ajoter, Joindre, unir. Partonop. de Blois, vers 1256 :

Deus totes dames beneïe
Et face amer sans vilonie
Et à cascune une en ajort
Qu'à nul autre home ne s'amort.

Voyez Rayn. tom. 3, pag. 593¹, au mot *Ajostar*. Voyez *Ajuster*.]

° **AIR**, Force, violence, haine. Partonop. de Blois, vers 491 :

Il conquist plus par son air
Que ses oirs ne pot maintenir.

Vers 1017 :

Fors qu'en la coupe al damoisel
N'a or ni argent ne noel,
Car elle est tote d'un safir ;
Entosche i perdroit son air.

Vers 2177 :

Partonopeus le voit venir,
Le ceval point par grant air,
L'espiel li plante en son escu.

4

Voyez Flore et Blanceflor, vers 454. Guill. Guiart, tom. 1, pag. 225, vers 5385 (5711) :

*Enz el milieu de sa bataille
Va tant comme il puet plus d'aïr.*

Chron. des ducs de Normandie, tom. 1, pag. 215, vers 3826 :

*Quant cil le fiert par mi le cors
D'aïr si del glaive en lançant
C'unc puis ne pout aler avant.*

Tom. 3, pag. 126, vers 35379 :

*Kar ainz que lor gent fust levée
Unt la vile tot alunée ;
Granz fu la flambe e grant l'aïr.
N'i pout nule riens garantir,
Par tot esprist e arst maneis.*

Voyez Rayn. tom. 2, pag. 163¹, au mot *Azir*, et tom. 3, pag. 575¹, au mot *Air*.

AIRCHE, pour *Arche*, Coffre. Gl. *Archia* 1.

1. **AIRE**, Nid. Gl. *Area* 4. [Voy. Rayn. tom. 2, pag. 29², au mot *Aire*. Origine. Chronique des ducs de Normandie, tom. 2, pag. 388, vers 26636 :

*Toz jorz retraeient vers l'aire
E vers l'orine...*

2. **AIRE**, Terrain vague, jardinage, pépinière. Gl. *Area* 1, pag. 375², 375³ et 376¹.

◊ 3. **AIRE**, Air, manière, façon. Chronique des ducs de Normandie, tom. 1, pag. 383, vers 7203 :

Vilain, fait-ele, de mal aire.

Pag. 591, vers 14815 :

*Ne nos seies plus de mal aire,
Kar benignes e humilianz
Sumes à faire tes talanz.*

Tom. 2, pag. 398, vers 26915 :

Feus e cuilvers e de mal aires.

◊ 4. **AIRE**, Hâte. **AIRE**, Erre. Vie de St-Thomas de Canterburi, après la Chron. des ducs de Normandie, tom. 3, pag. 628 :

*Mout tost le erchevesque li bref list,
E an aire arere escrist
Si lur maundad, etc.*

◊ **AIRÉEMENT**, Avec vigueur, courageusement. Guill. Guiart, tom. 1, pag. 222, vers 5809 (5635) :

*François, qui aïréement
Viennent le pas, serréement.*

Chronique de Jordan Fantosme, vers 1035 :

E vait ferir Flamens mult aïréement.

Chronique des ducs de Normandie, tom. 1, pag. 412, vers 9529 :

*Ja ne sera mais reconté
Que plus très-aïréement
S'alast combatre nule gent.*

Voyez le Supplément de Roquefort au mot *Aïrement*.

◊ 1. **AIREMENT**, Ardeur, acharnement, dépit, chagrin. Flore et Jeanne, pag. 36 : *La dame se confiesa à lui et li dist tout son aïrement, et li dist ke elle estoit molt courecié, etc.* Chronique de Jordan Fantosme, vers 660 :

Des ambesdous parz out grant aïrement.

Voyez le Supplément de Roquefort au mot *Aïremant*.

◊ 2. **AIREMENT**, comme *Atrement*. Voyey Rayn. tom. 2, pag. 141², au mot *Atrament*.

◊ **AIRER (S')**, Se courroucer. Fabliau de Male-Honte, dans le Glossaire de Roquefort :

*Li rois s'aïre, si l'esgarde,
Vilains, fet-il, li maus feu t'arde, etc.*

◊ **AIRIÉ**, Ardent, acharné. Chronique des ducs de Normandie, tom. 1, pag. 176, vers 2703 :

*Unc n'oïstes mais à nul jor
Asembler plus felun estor
Plus aïrié, plus senz merci.*

Voyez pag. 268 et 492, vers 5823 et 11855.

◊ **AIRISON**, Colère. Gérard de Vienne, vers 194 :

*Oliviers l'ot, si taint com un charbon,
Se li respont par grant aïrison.*

◊ **AIROS**, Ardent, violent. Chron. des ducs de Normandie, tom. 2, pag. 860, vers 25882 :

Del feu qu'il out fait aïros.

AIRURE, Labour, culture. Gl. *Arura* 2.

AIS, Monter un cheval à ais, p. e. à poil. Gl. *Aisientia*. [Poésies de Froissart, pag. 361 :

*Tout à esdos, sans gehorel,
Sans selle, sans frain et sans bride,
Par le monde chevauce et ride.*]

◊ **AIS-LI**, Ais-vos, Voici. Chanson de Roland, stance 175, vers 10 :

Ais-li un angle ki dé lui soelt parler

Stance 279, vers 4 :

Ais-li devant un chevalers gentilz.

Stance 247, vers 8 :

Ais-vos le caple e duluros e pesmes.

Voyez *Es-vos*.

1. **AISE**, Volonté, gré, fantaisie. Gl. *Aisamenta* [et *Edia* 1. Voyez Rayn. tom. 2, pag. 41², au mot *Aize*.]

◊ 2. **AISE**. Voyez *Ainse*.

AISEMENS, Ustensiles, bijoux, tout ce qui est utile ou nécessaire à quelqu'un, suivant son état ou sa profession. Gl. *Aisamenta* [et *Aasamentum*. Coutumes du Beauvoisis, chap. 49, art. 3 : *Por refere pons, ou cauchiés, ou moustiers, ou aucuns aisemens communs*].

1. **AISEMENT**, Gré, volonté, plaisir, usage. Gl. *Asamentum, Aisamenta*, et *Aisimentum*, sous *Aisantia*. [Voyez Rayn. tom. 2, pag. 41², au mot *Aizimen*.]

2. **AISEMENT**, L'action par laquelle on se décharge le ventre, et le lieu qui est destiné à se soulager. Gl. *Aisamenta*.

◊ 3. **AISEMENT**, comme *Aisement*.

◊ 4. **AISEMENT †**, Convenablement. Gl. *Localiter*. Voyez Rayn. tom. 2. pag. 42¹, au mot *Aizidamen*.

1. **AISER**, Donner le nécessaire, mettre quelqu'un à son aise, lui procurer ses aises, garnir, servir. Gl. *Aisamenta*. [Voyez Rayn. tom. 2, pag. 42¹, au mot *Aisar*. *S'Aizer*. Chastel. de Couci, vers 6690 :

*Ore se refont et si s'aizent,
De tous leurs meschiés se rapaisent.*]

2. **AISER**, Prêter. Gl. *Aisamenta*.

3. **AISER**, Panser. Gl. *Aisamenta*.

4. **AISER**, Aller à la garde-robe. Gl. *Aisamenta*.

AISETTE, Petite hache, à l'usage des tonneliers, etc. Gl. *Aissata*. [Voyez Rayn. tom. 2, pag. 101¹, au mot *Apcha*.]

AISIÉ, Celui qui peut ou qui veut faire quelque chose. Gl. *Aisatus*.

AISIELS, Aisiers, Aisil, Vinaigre. Gl. *Acetabulum* 2. [Roman de Renart, tom. 4, pag. 68, vers 1874 :

*Aisil atendoumas pour baume,
Fiel destempré arons pour miel.*

Voyez Roquefort au mot *Aisil*.]

AISIER, comme *Aiser* 1, Gl. *Aisamenta*. [Voyez Rayn. tom. 2, pag. 42², au mot *Aizir*.]

◊ **AISIL**, comme *Aisselle*. Tournoyement d'Antechrist, dans le Glossaire de Roquefort, au mot *Aisceau* :

*Si cras c'on lui poust conter
Les costes tutes sens mesconter,
E couvrir de tuil ou d'essil,
Ausi com s'il venist d'essil.*

◊ **AISIVEMENT**, Facilement. Alars de Cambray, dans le Supplément de Roquefort :

*Qui œvre selonc ce qu'il voit
Moult aisivement se pervoit.*

Voyez *Aisement*.

◊ **AISMER**, Comparer. Chastel. de Couci, vers 5203 :

*Ne un ne deulx ne saroie nommer
Qui à lui se peuist aismer.*

Voyez *Esmer*.

AISNAGE, Aisnéage, Aisnesse, Aisneté, Aînesse, droit de l'aîné. Gl. *Ainescia*.

AISSADE, Houe, instrument à labourer la terre à la main. Gl. *Aissada*. [Voyez Rayn. tom. 6, pag. 3², au mot *Aissada*.]

AISSAULE, Petit ais à couvrir les toits. Gl. *Aessella*, [et *Panna* 2.]

◊ **AISSE**. Voyez *Ainse*.

AISSELLE, Petit ais à couvrir les toits et les livres, dosse. Gl. *Aissella*. [Voyez *Aisil*.]

AISSENNE, comme *Aisselle*. Gl. *Aissella*.

AISSETE, Aisette, Petite hache, à l'usage des charpentiers et tonneliers ; p. e. aussi planche ou armoire. Gl. *Aissata*.

◊ **AISSIELLE**, comme *Aisselle*. Gl. *Aissella*.

AISSIER, comme *Aiser* 1. Gl. *Aisamenta*.

AISTRE, Maison et le lieu où l'on fait le feu. Gl. *Astrum*.

° **AIT**, Hâte, empressement. Chanson de Roland, stance 90, vers 15 :
Brochent ad ait pur le plus tost aler.
Voyez *Ahait*.

AJUDE, Aide, secours. Gl. *Aiuda*. [Voyez Rayn. tom. 3, p. 609¹, au mot *Ajuda*.]

° **AJUE**, comme *Ajude*. Roman de Renart, tom. 1, pag. 3, vers 68 :
*Qant Eve vit qu'ele a perdue
Sa brebiz, s'ele n'a ajue.*
Chronique des ducs de Normandie, tom. 1, vers 2603 :
*Qu'il n'i aveient mais defense
Conseil, ajue, ne despense.*
Voyez pag. 205, vers 3508, et pag. 233, vers 4317.

° **AIVE**, AIVEL, AIVES, Aïeul. Chron. des ducs de Normandie, tom. 1, pag. 21, vers 541 :
Uncle e nevo e frere e aive.
Pag. 97, vers 440 :
Vos muet tut d'aive e de tresaive.
Pag. 316, vers 6743 :
*Qu'onques sis peres ne sis aives
Sis ancestres ne sis besaives, etc.*
Pag. 490, vers 11809 :
Qu'ainz fu revistez son aivel.

° **AJUER**, Aider. Chronique des ducs de Normandie, tom. 1, pag. 180, vers 2823 :
*De sun seignor merci crier
Qu'il ajuent à deliverer.*
Pag. 234, vers 4361 :
*Porum en Engleterre aler
Le rei securre e ajuer.*
Pag. 584, vers 14582 :
*Eissi le me feit ostagier
Que j'à ce faire li aju,
Ci oncor pas ne m'en remu, etc.*
Pag. 432, vers 10113 :
Qu'il li ajut vers ceux de France.
Tom. 2, pag. 3, vers 15397 :
*Dites que j'aju à Richart
E li tienge mun serrement.*

° **AJUEMENT**, Aide, secours. Chron. des ducs de Normandie, tom. 2, pag. 87, vers 17889 :
*S'il sol ma fille vout e prent,
Pere, conseil, ajuement
Li serai mais vers tote gent.*

° **AJUEOR**, Aide, auxiliaire, complice. Chronique des ducs de Normandie, tom. 3, pag. 169, vers 36900 :
*Tu e tes faus ajueors,
Cuilverz, reneiez, traïtors.*
Voyez *Aidere*.

AJUME, Heaume, armure de la tête. Gl. *Helmus* 1.

AJURER, Conjurer, prier instamment. Gl. *Adjurare*. [s'*Ajurer*, se lier par serment. Vie de Saint Thomas de Canterbury, vers 76 :
*Ceo fu la fin, que tuz granterent
La volenté le rei et si s'ajurerent
Par serment.*

° **AJUSTÉE**, Assemblée, rencontre. Chanson de Roland, stance 240, vers 18 :
Unkes nul hom ne vit tel ajustée.
Stance 246, vers 11 :
Unc einz ne puis ne fut si fort ajustée.
Disputoison du cors et de l'ame, vers 134, cité dans le Glossaire de la chanson de Roland :
*Deable renoias
Et od Deu t'ajostas ;
Mais d' icelle ajostée
Fu briève la durée.*

° 1. **AJUSTER**, Joindre, se rejoindre, assembler, ranger ; rejoindre pour combattre. Comparez *Assembler*. Chanson de Roland, stance 72, vers 4 :
Devant Marsilie as altres si s'ajust.
Stance 66, vers 11 :
Quatre cent milie en ajustet en trois jurs.
Stance 89, vers 18 :
A cez paroles vunt les oz ajustant.
Stance 215, vers 11 :
Icez eschieles ben les vunt ajustant.
Stance 260, vers 19 :
Cil sunt vassal ki les oz ajusterent.
Chronique des ducs de Normandie, tom. 1, pag. 571, vers 5407 :
*E veit ses genz trop envaïr
E de totes parz assaillir,
Fendre, partir e deservir
Senz recovrer, senz ajostar.*
Pag. 153, vers 2060 :
*De là ù mers est plus parfunde
S'en sort, e emfle e lieve sus
Si cum uns ars trait haut e plus ;
Fent sei pur mi par tut sorbir,
Al ajoster se fait oïr
De dis liues loinz e de mais.*
Chanson de Roland, stance 90, vers 18 :
Francs e paiens as-les-vus ajuster.
Gérard de Vienne, vers 622 :
Au fer des lances serons hue ajusté.
Vers 2528 :
*C'andui ensamble sommes si ajusté,
Ceste bataille ferons en champ mellé.*
Voyez *Juster* et Rayn. tom. 3, pag. 592¹, 593¹ aux mots *Jostar* et *Ajostar*.

2. **AJUSTER**, Étalonner les poids et les mesures. Gl. *Ajustare*.

° **AJUTOIRE**, Aide, assistance. Chron. des ducs de Normandie, tom. 1, pag. 569, vers 14143 :
Quel ajutoire aureit de vos.

AJUWE, Aide, secours. Gl. *Ajutum*.

AL, Autre chose, autrement. Roman d'Aubri, pag. 175¹ :
*Le fist jeter enz en se chartre aval,
A grant dolor, ne sai que je di al...
Cascun jor soit batus d'un fut poignal,
Et de pain d'orge gardés ne mangut al.*
Voyez Orell, pag. 66, Rayn. tom. 2, pag. 44¹, au mot *Al*.

ALACAYS, Sorte de gens de guerre, arbalètriers. Gl. *Lacinones*.

ALACHER, Avancer, approcher, présenter, porter quelque chose contre quelqu'un en le menaçant. Gl. *Allucere*. [Voyez Halliwell, au mot *Alacche*.]

ALAGUES, comme *Alacays*.

ALAIAUTER, Se purger par la loi ou par serment d'un crime dont on est accusé. Gl. *Adlegiare*.

° **ALAINS**, ou *al ains*, Au plus vite. Renart, tom. 2, pag. 314, vers 18143 :
*A son tref vient et si s'atorne
Alains qu'il puet et s'apareille.*
Voyez tome 4, pag. 93, vers 2567 ; pag. 29, vers 784.

ALAMBASTRE, pour *Albatre*, Gl. *Alabaustum*.

ALASCHIER, Lâcher, relâcher. Roman de Renart, tom. 1, pag. 26, vers 693 :
*Un petitet s'est tret arriere,
Il voit qu'ele est en la chariere,
Si s'est un petit alaschié.*
Voyez Rayn. tom. 4, pag. 33¹, au mot *Laxar*, et ci-dessus *Alacher*.

° **ALASSE**, Malheureux, fatigué. Voyez le passage sous *Aclasse*.

ALAYER, Diviser un bois en plusieurs parties , que l'on distingue par des lées ou marques faites à des arbres. Gl. *Laia*.

ALBARE, Quittance, acquit. Gl. *Albara* 2. [Voyez Rayn. tom. 2, pag. 50¹, au mot *Albaran*.]

ALBE, pour *Aube*, Vêtement d'église. Gl. *Alba*. [Voyez Rayn. tom. 2, pag. 48², au mot *Alba*. Vie de Saint-Thomas de Canterbury, vers 529 :
*Des armes u treit defension,
Amit, alb, stol et fanon
Si se fit armer.*]

ALBEJOTS, Albigeois. Gl. *Albigenses*.

° **ALBERC**, ALBERJON, Haubert, haubergeon. Gl. *Alberc* 1, et *Gambeso*, pag. 21².

ALBERON, Espèce de froment. Gl. *Alberon*.

ALBUN, Blanc d'œuf. Gl. *Albura*. [Voyez Rayn. tom. 2, pag. 49¹, au mot *Album*.]

° **ALCAN**, Quelques-uns, comme *Alquant*.

ALCARERRIA, Ferme, métairie, hameau [en Basque]. Gl. *Alcheria*.

ALE, Aile d'armée, corps de troupes. Gl. *Alæ* 3.

ALEAUTER, comme *Alaiauter*.

ALEBIQUEUX, Pointilleux, difficile, querelleur, qui s offense aisément. Gl. *Alloquax*.

ALECRET, pour HALECRET, Espèce de corselet léger fait de mailles. Gl. *Halsberga* [et *Lacinones*].

° **ALECTOIRE**, Pierre alectorienne. Voyez Rayn. tom. 2, pag. 53², au mot *Alectori*.

1. **ALÉE**, Galerie, corridor. Gl. *Alea* 2.

2. **ALÉE**, Voyage, départ. Gl. *Ales* 1.

○ **ALÉEUR**, comme *Alée* 1, Guill. Guiart, tom. 2, pag. 371, vers 9649. (18630) :
*Li garrot le chastel tresperce,
Dont el front sont les aléeurs,
Et se fiert sus les trompeeurs.*

Voyez *Aloir* et *Aleor*.

ALEGEMENT, l'Action de décharger un vaisseau. Gl. *Alegium*.

ALEGER, ALEIER, comme *Alaiauter*.

ALEGER, comme *Alejer*.

ALEGIER UN VAISSEAU, Le décharger d'une partie de ses marchandises, pour lui faciliter l'entrée du port. Gl. *Alegium*.

○ **ALEGRANCE**, Allégresse. Chronique des ducs de Normandie, tom. 1, pag. 206, vers 3547 :
Joios, haitié, plein d'alegrance.

Voyez page 449, vers 10629 ; tom. 2, pag. 15, vers 15699.

○ **ALEIÉ**, comme *Alée* 1.

○ **ALEIER**, Gouverner selon la loi et la justice. Chronique des ducs de Normandie, tom. 1, pag. 88, vers 88 :
*Sire, funt-il, veiés cest mal
Qui en cest regne multeplie.
Riens nule el siecle n'i aleie,
Chose demeine ne comune
N'i est à nul suene une.*

Pag. 168, vers 11179 :
*Li ordres lais par ceste vait,
Cil qui là hors el siecle estait ;
Chanoine e clerc qui ceus aleient,
Qui mult soventes feiz desveient ;
Soz ices vit li ordres lais.*

Pag. 472, vers 11307 :
*Ausi est cum soriz en meie
Poples que justice n'aleie.*

Roman d'Aubri, pag. 164¹ :
*Ci a prodome por sa jent alegier,
Cis doit onor et terre justisier.*

ALEJER, Guérir, recouvrer la santé. Gl. *Levigare* 2.

○ **ALEIGNE**, Poinçon. Gl. *Graphium* 1. *Alesne*, Parton. de Blois, vers 2969, 2988. Voyez Rayn. tom. 2, pag. 58², au mot *Alena*.

ALEMANDE, Sorte de ragoût liquide, espèce de chaudeau. Gl. *Alimanda*.

ALEMARCHE, Armoire. Gl. *Almarchia*.

ALEMELLE, ALEMIELLE, Alumelle, tout instrument de fer qui est tranchant. Gl. *Alemella*, *Trialemellum* [et *Hacheta*].

ALEMOIRE, Sorte de bateau. Gl. *Almarium*.

ALENAS, Poinçon, petit poignard. Gl. *Alenacia*.

ALENBY, Alambic. Gl. *Alambinum*.

ALENER, Pour *Haléner*, Infecter quelqu'un de son haleine. Gl. *Alenhare*. [Voyez Rayn. tom. 2, pag. 84¹, au mot *Alenar*. Chronique des ducs de Normandie, tom. 1, pag. 576, vers 14355 :
*Cum cil qui d'amertor aleine
Od alme de diables pleine.*]

ALENNIER, Étui à alênes. Gl. *Alenacia*.

ALENT, L'alent d'une lieue, l'espace d'une heure. Gl. *Leuca* 2.

ALENTER, Ralentir, rendre plus lent. Gl. *Adlentare*.

○ **ALEOR**, comme *Aloir*, Galerie. Chron. des ducs de Normandie, tom. 2, pag. 133, vers 19236 :
*Par cent leus sus les aleors,
Sus les portaus e par les tors.*

Garin le Loher. tom. 1, pag. 169 :
Alez aus murs les aleoirs garnir.

○ **ALERION**, Aiglon. Partonop. de Blois, vers 10523 :
Chiute de dum d'alerion.

ALÉS, Sardines ou anchois. Gl. *Ales* 1.

○ **ALESNE**. Voyez *Aleigne*.

○ **ALEUER**, comme *Aleier* ? Guill. Guiart, tom. 2, pag. 235, vers 6091 (15072) :
*Hardie gent va vers la queue
Que Jaques de Saint-Pol aleue.*

1. **ALEVER**, Commencer, établir. Gl. *Alevamum*.

2. **ALEVER**, Imposer une faute ou un crime à quelqu'un. Gl. *Alevamum*. [Voyez Rayn. tom. 2, pag. 64³, au mot *Allevar*.]

3. **ALEVER**, Lever un impôt. Gl. *Allevamentum* 1.

○ 4. **ALEVER**, Élever, placer dans un haut rang. Partonop. de Blois, vers 425 :
Ains alevait fils à vilains.

Gérard de Vienne, vers 3687 :
Toz ses lignaiges an serot aleveiz.

Chronique des ducs de Normandie, tom. 1, pag. 452, vers 10706 :
*Cil que vous i vodreiz amer
E escreistre e a alever, etc.*

Tom. 2, pag. 534, vers 30608 :
*Mal espleits, qui tel alieve
Qui apres l'en damage e grieve.*

ALEUR, Voyageur, qui court le pays. Gl. *Peragrator*.

○ **ALÉURE**, Train, pas. Roman de Renart, tom. 1, pag. 3, vers 65 :
*Grant aléure et granz galos
S'en va li leus fuiant au bos.*

ALEUTIER, Tenancier, celui qui possède le domaine utile des héritages, dont la directe appartient au seigneur. Gl. *Alodis*, pag. 197¹.

○ **ALGEIR**, ALGIER, AGIEZ, Dard. Chanson de Roland, stance 32 fin, et 33 commencement :
*Un algier tint ki d'or fut enpenet
Férir l'en volt se n'en fust deturnet.
Li reis Marsilies ad la culur muée,
De sun algeir ad la hanste crollée.*

Stance 152, vers 10 :
*Il lor lancent e lances e espiez
E wigres e darz e museras e agiez.*

Voyez Halliwell, au mot *Algere*.

○ **ALGORISME**, Art du calcul. Voyez Rayn. tom. 2, pag. 54¹, au mot *Algorisme* ; et le Supplém. de Roquef. pag. 15.

ALIANCHE, Liaison, société. Gl. *Aliancia*.

○ **ALIBORON**, Nom d'une plante. Comparez *Aliborum* dans le Glossaire. Roman de Renart, tom. 2, pag. 356, vers 19307 :
*Et herbes i trova assez
Dont li rois sera respassez,
Aliboron i a trové
Que plusors genz ont esprové ;
Qui est bone por eschaufer
Et por fievres de cors oster.*

ALIE, Fruit de l'alisier, suivant Borel ; p. e. aussi que c'est l'ail. Gl. *Alida*. [Roman des Sept Sages, édit. de Le Roux de Lincy, pag. 22 : *Ea mi la forest avoit un prael, au milieu de ce prael si ot un alier qui fu grans et merveilleus et bien chargiez d'alies meures.* Flore et Blancefior, vers 2023 :
*Il n'a sous ciel n'arbre tant cier,
Benus, plantoine, n'alyer.*

Chronique de Jordan Fantosme, vers 395 :
N'aurez de mun cunquest vaillant à un [alie.

Vers 1625 :
Ne dute les Flamengs vaillant à un alis.

Voyez Gérard de Vienne, vers 1310, 2791, 3314. Roman de Renart, tom. 4, pag. 84, vers 2353 :
*..... S'il ne seut partir
Le bien dou mal, qui vansist mie
En singnorage une alie.*]

○ **ALIEMENT**, Alliance. Chronique des ducs de Normandie, tom. 1, pag. 432, vers 10091 :
D'amor facent aliement.

Pag. 450, vers 10670 :
*E teus seit nostre aliement
Qu'entre nos dous nuls ne se mette.*

ALIENE, ALIENNE, Étranger, même celui qui n'est pas de la banlieue. Gl. *Alienigenæ*. [Partonop. de Blois, vers 2589 :
*Or ai en cest ost cevaliers,
Ce dist l'on, quatre cens milliers :
Li cent mile ne sont pas mien,
Ains me sont trestot alien :
Or ont éu lor livraisons, etc.*

Chronique des ducs de Normandie, tom. 3, pag. 351, vers 41107 :
*E cum les joies terrienes
Sunt estranges e alienes
Fauses, decevanz e muables.*

○ **ALIER** (S'), Se rallier. Partonop. de Blois, vers 2213 :
*Quant Sarasin contr'aus s'alient
Et des bruns espiels les desfient.*

Chastel. de Couci, vers 303 :
Adont ses cuers à ce s'alie.

○ **ALIESON**, Alliance. Chronique des

ducs de Normandie, tom. 2, pag. 90, vers 17930 :
Ensemble unt fait alieson.

ALIEU, Louage, engagement, ce qu'un apprenti paye à son maître. Gl. *Allocatus* 3.

ALIGER, Se lier, s'engager. Gl. *Adjencium.*

ALIGNAIGER, ALINAGIER, Prouver parenté, établir par preuves sa descendance. Gl. *Lignagium* 3.

ALIGNIÉ, Recherché dans son maintien, qui affecte de se tenir droit. Gl. *Aligneamentum.* [Partonop. de Blois, vers 9171.]

ALINER, Ranger sur une même ligne. Gl. *Aligneamentum.*

ALINGNANCE, District, ressort, étendue d'une juridiction. Gl. *Aligneamentum.*

ALIZ, Compacte, serré ; d'où *Pâte alixée*, qui n'est point levée, ce qui la rend compacte. Gl. *Panis*, pag. 130³ et 136³. Romance d'Aidefrois, vers 9 :
*Vestue fut la dame per coentixe
Moult iert belle graile et graisse et alixe.*
P. Paris, Romancero, pag. 7, *Alise*. Guill. Guiart, tom. 1, pag. 148, vers 8309 (3691.) :
*Au desus du travers de Sainne
Estoient en cele semaine
Ordenéement, comme aliz,
Endroit Gaillart trois granz paliz
Atouchanz l'une et l'autre rive.*

ALLAGAIER, Élaguer, émonder. Gl. *Adminundare.*

ALLAIER, Donner à l'or et à l'argent l'*alloi* requis et ordonné par le prince. Gl. *Alleium.*

ALLE, Espèce de bière. Gl. *Ala* 4.

ALLEDE, Espèce d'oiseau. Gl. *Ales* 2.

ALLEGE, Vaisseau destiné à porter une partie de la charge d'un autre, lorsqu'il en est besoin. Gl. *Allegium.*

ALLELUIE, Partie de l'office divin, et le temps où l'on chante Alleluia. Gl. *Alleluia*, pag. 183¹.

ALLENÉ, Hors d'haleine, fatigué, harassé. Gl. *Alenhare.*

ALLER A GARANT, Se sauver, se cacher, pour se garantir de ce qu'on craint. Gl. *Garantus* sous *Garantire.*

ALLER ENTRE DEUX, Faire l'office de médiateur. Gl. *Medius.*

ALLÉS, comme *Alés*. Gl. *Caquus.*

ALLETES, Certaine coutume ou droit de la vicomté d'eau de Rouen. Gl. *Alletes.*

ALLEUCHON, Alluchon, le bout ou la dent d'un hérisson. Gl. *Aleuba.*

ALLEVINER, Empoisonner, mettre des *alevins* dans un étang. Gl. *Alleviare.*

ALLEUVIER, Vider un étang. Gl. *Alleviare* [pour *Alleviner*].

ALLIGUEUR, Grand parleur, qui n'a que du verbiage. Gl. *Alloquax.*

ALLOCHON, comme *Alleuchon.*

ALLOEIRE, Aleu, héritage. Gl. *Alodis*, pag. 191³.

ALLOEUF, pour *Aleu*. Gl. *Alodis*, pag. 196¹.

ALLOGE, Horloge ; d'où

ALLOGEUR, Horloger. Gl. *Allogiæ.*

ALLOIERE, Gibecière, bourse. Gl. *Alloverium*. [Chastel. de Couci, vers 1029 :
La dame dist qu'elle est faite (la [mance) ;
*Hors d'une aloiere l'a traite,
Que elle à sa ceinture avoit.*]

ALLONGUEMENT, Délai, prolongation. Gl. *Allongare* 1.

ALLOT, Terme usité en Languedoc pour animer et exciter. Gl. *Allot.*

ALLOUANCE, Approbation, ratification. Gl. *Allocare* 1. [Angl. *Allowance*.]

ALLOUÉ, Compagnon, ouvrier qui s'engage à un maître. Gl. *Allocatus* 3.

1. **ALLOUER**, Employer, dépenser. Gl. *Allocare* 3.

2. **ALLOUER**, Louer, prendre à loyer. Gl. *Allocare* 3.

ALLOUVIERE†, Piège à prendre loups. Gl. *Pedica* 1.

ALLOUYERE, ALLOYERE, Gibecière, bourse. Gl. *Alloyere.*

ALLUEZ, Aleu, héritage. Gl. *Alluetum.*

ALLUMERIE, Illumination. Gl. *Alumenare* 1.

° **ALMAILLE**, Voyez *Aumailles.*

° **ALME**, Ame. Chron. des ducs de Normandie, tom. 1, pag. 300, vers 6235 :
Alme as, cele ne murra mie.

ALMOIGNE, Aumône, bien donné à l'église. Gl. *Eleemosyna pura.*

° **ALO**, Aleu, héritage. Chronique des ducs de Normandie, tom. 1, pag. 22, vers 705 :
Qu'il unt e tenent en alo.

° **ALOCAL**, Admissible. Gl. *Juramentum*, pag. 456³.

ALOE, Alouette. Gl. *Alauda*. [Voyez Rayn. tom. 2, pag. 48¹, au mot *Alauza*.]

ALOÉ, Celui qui agit pour et au nom d'un autre, procureur. Gl. *Allocatus* 1.

1. **ALOER**, Tenancier, celui qui possède le domaine utile des héritages, dont la directe appartient au seigneur [en Catalan]. Gl. *Alodis*, pag. 197².

2. **ALOER**. Voyez *Aluer.*

ALOET, Sorte de redevance. Gl. *Alo.*

ALOEUF, Aleu, héritage. Gl. *Alodis*, pag. 196¹.

ALOGEMENT, Logement. Gl. *Alogiamentum* 2.

ALOHER, comme *Aloer* 1.

ALOIANCE, Alliance. Gl. *Alloiare se.*

ALOIERE, comme *Alloiere.*

ALOIGNIER, Allonger. Gl. *Allongare* 1. [S'éloigner. Chanson du duc de Brabant, Wackernag. pag. 57 :
*C' amors ait si la dame abandonée,
Dites s'amours vait por ceu aloignant.*
Retarder. Chronique des ducs de Normandie, tom. 1, pag. 279, vers 5629 :
Ne sai qu'os aloignasse plus.

ALOINE, Absinthe. Gl. *Alonia.*

ALOINGNE, Retard, délai. Gl. *Allongare* 1.

ALOIR, Corridor, passage d'un lieu à un autre dans une maison. Gl. *Allorium*. [Voyez *Aleür* 3.]

ALOISYE, Absinthe. Gl. *Alonia.*

ALON, p. e. pour *Aloir*. Gl. *Allorium.*

ALONGE, Aile d'un bâtiment. Gl. *Allongare* 1.

ALONGNE, ALONGNEMENT, Allongement, délai, retardement. Gl. *Allongare*, [Faire *alonge*, chercher des délais. Roman de Renart, tom. 2, pag. 178, vers 14245 :
*Je n'ai mestier de faire alonge
Ne de controver ci mençonge :
De traison te proverai, etc.*

ALONGNER, Allonger. Gl. *Allongare* 1.

ALOPECIE, Maladie, autrement *Pelade*. Gl. *Alopeciosa.*

ALORI, Attaché, lié. Gl. *Allorium.*

ALOSER, Louer, applaudir. Gl. *Allocare* 1. et *Losinga*. [Etre loué. Partonop. de Blois, vers 9533 :
*Si veloit que il s'avançast
Et enchierist et alosast
Et conquesist pris et honor.*
Voyez Rayn. tom. 4, pag. 31¹, au mot *Alauzar.*

ALOU, Aleu, héritage. Gl. *Alodis*, pag. 196¹.

1. **ALOUER**, Louer, prendre et donner à louage. Gl. *Allocagium.*

2. **ALOUER**, Traiter, parler de ses affaires. Gl. *Allocare* 3.

ALOURDÉ, Etonné, étourdi par un coup qu'on a reçu. Gl. *Elourdatus.*

ALOURDEMENT, Séduction, surprise, tromperie. Gl. *Elourdatus.*

ALOURDER, Surprendre, séduire. Gl. *Elourdatus.*

ALOYER, Hypothéquer, Gl. *Alloiare se.*

° **ALOYERE**, comme *Alloiere.*

ALPHONCIN, Monnaie des rois d'Espagne, qui souvent portaient le nom d'Alphonse. Gl. *Alphonsinus.*

ALQUANT, Serviteur, soldat. Gl. *Lacinones*. [*Atquant*, dans le passage allégué, signifie Quelques-uns, *quidam*. Voyez la Gramm. d'Orell, pag. 68.]

○ **ALTAIGNE**, Elevée. Chanson de Roland, stance 1, vers 3 :
Tresqu'en la mer cunquist la terre al-
[taigne.
Roman de Roncevaux, pag. 4 :
Conquis la terre jusque la mer altegne.

ALTARISTE, Chapelain. Gl. *Altarista*.

ALTERÉ, Imbécile, hébété. Gl. *Alteratus*.

ALTERQUER, Contester, quereller. Gl. *Altergare*. [Voyez Rayn. tom. 2. pag. 45², au mot *Altercar*.]

○ **ALTRER**, comme *Autrier*, L'autre jour. Chanson de Roland, stance 229, vers 2 :
Li altrer fut ocis le bon vassal Rollans.

ALUCHER, Cultiver, labourer avec un louchet. Gl. *Alucari*.

1. **ALUCHIER**, Etablir, fixer sa demeure. Gl. *Alucari*.

○ 2. **ALUCHIER**, p. e. pour *Alachier*. Gl. *Alucari*.

○ **ALVE**, Partie de la selle. Chanson de Roland, stance 123, vers 13 :
Del orée sele se dous alves d'argent.
Stance 283, vers 9 :
Les alves turnent, les seles cheent à tere.
Voyez au Glossaire *Alba* 8, et *Alva*.

ALUEF, ALUEL, Aleu, héritage. Gl. *Alodis*, pag. 196¹. [Voyez Rayn. tom. 2, pag. 57², au mot *Aloc*.]

○ **ALUER**, Placer. Chanson de Roland, stance 207, vers 8 :
L'anme del cors me seit oi departie,
Entre le lur aluée e mise.
Gérard de Vienne, vers 2705 :
Ainz pues n'oït nuns parler de l'espée
Jusc'ai cele oure ke il l'ait presantée
A Olivier, où bien fut aloée.

ALVINE, Absinthe. Gl. *Alonia*.

○ **ALVINER**, comme *Alleviner*.

1. **ALUMER**, Brûler des chandelles à l'honneur de Dieu ou des saints. Gl. *Alumenare*.

2. **ALUMER**, Eclairer quelqu'un. Gl. *Alumenare*. [Voyez Rayn. tom. 4, pag. 105¹, au mot *Alumenar*.] Recouvrer la lumière, la vue. Agolant, pag. 185¹ ;
Cil ne vit goute qui li ala donner,
Qui sanc et augue fist à son poing coler.
Terst a ses euz ; dex le fist alumer.

○ 3. **ALUMER**, Enflammer, passionner. Partonop. de Blois, vers 1822 :
Se jo de vos sui alumée
N'a moi n'en doit nuls mals venir.
Vers 4019 :
Et il en est si alumés
Que faire en violt ses volentés.
Vers 4835 :
Et dient que feme a costume
Quant ses talens auques l'alume
Qu'al pior done ses amors.

Agolant, vers 1289 :
De la biauté qu'en lui out regardé
Out si le cuer espris et alumé, etc.

ALUMERIE, Illumination. Gl. *Alumenare*.

AMAIGE, Droit sur les *aimes* ou tonneaux mis en perce pour être vendus en détail. Gl. *Ama* 3.

AMAINRIR, Amoindrir, diminuer. Gl. *Aminuere*.

AMAIRE, Bibliothèque, archives. Gl. *Armaria* 3.

○ **AMAISER**, Pacifier, accorder. Chron. des ducs de Normandie, tom. 1, pag. 503, vers 12220 :
Qu'od nos vout faire pais e fin,
Et s'amaiseron Herluin.
Tome 2, pag. 170, vers 20355 :
En nul leu ne sordeit malice
Qu'à sun plaisir ne fust traitée
Et concordée e amaisée.
Tome 3, pag. 145, vers 35963 :
Unt tant parlé que pais cercherent
E le duc vers lui amaiserent.
Roman de Rou :
Ne voit lessier la gent, ne le regne essilier,
Oez comme je voil moi et Rou amaissier.
Voyez Halliwel, Dict., au mot *Amese*.

AMALADIR, Devenir malade. Gl. *Amorbari* [et *Malaius*].

○ **AMANCE**, Amour. Voyez Rayn. tom. 2, pag. 61¹, au mot *Amansa*.

AMANDISE, Amende, réparation, satisfaction. Gl. *Amendisia*. [Gérard de Vienne, vers 3588.]

AMANDRIR †, Amoindrir, diminuer. Gl. *Aminuere* [et *Exinanire*].

AMANENIZ, AMANEVIS, agréable, charmant. Gl. *Amœnum*. [Prompt, empressé. Gérard de Vienne, vers 488 :
De l'autre part son espé recolli,
Et de joster s'estoit amanevis.
Vers 819 :
Il garde avant, vit un espié forbi,
Il s'abaisait, maintenant l'ait saisi,
Et de joster fut bien amanevis.
Voyez vers 855, 1462, 2868. Chastel. de Couci, vers 683 :
Li Flamenc viennent aveuc li
Qui d'armes sont amenevi.
Roman de Renart, tom. 4, pag. 52, vers 1416. Voyez Rayn. tom. 4, pag. 144², au mot *Amanavir*. Dans le Supplém. de Roquefort, pag. 19¹, on trouvera des exemples de formes, *Amani* et *Ameni*.]

AMANNETTE †, Menotte. Gl. *Manulea*.

1. **AMANT**, Juge des causes civiles, officier de justice. On appelle de même les notaires dans le pays Messin. Gl. *Amannus* 2.

○ 2. **AMANT**, Aimant. Diu le roi amant, Gérard de Vienne, vers 3801. Agolant, pag. 78², Garin le Loher. tom. 1, pag. 22. Aubri, pag. 167². *Reamant*, ibidem :
Et jure Dieu le pere reamant.

AMANTEUMENT. Voyez *Amenteument*.

AMARER, Entrer dans un port pour s'y mettre à l'ancre et à décharger des marchandises. Gl. *Amarrare*.

AMASEMENT, Bail à cens, ou à charge d'*amaser* un héritage. Gl. *Amasatus*.

AMASER, Bâtir sur un héritage une maison ou un autre édifice. Gl. *Amasare* 3. [*Admasare* et *Amasatus mansus*. Voyez *Amasuer* au Supplém. du Gloss. de Roquefort.]

AMASSAGES, Redevance, qui se paye en vin. Gl. *Amasagium*.

○ **AMASSÉE**, Rassemblement. Chron. des ducs de Normandie, tom. 1, pag. 408, vers 9416 :
Ausi cum dessevra Sanson
Par force la gule al liun,
Desseverrai lor amassée.
Voyez Rayn. tom. 4, pag. 164², au mot *Massa. Amasser bestes*, ibid. pag. 289, vers 5939. *Amasseïz*, amas, pag. 289, vers 5947. *Amassement de busche*, dans une traduction de Guill. de Tyr, au Glossaire de Roquefort.

AMASSERES, Qui amasse des richesses, avare. Gl. *Amassator*.

AMASSOUER, Instrument qui sert à amasser. Gl. *Amassator*.

AMATI, Abattu, accablé, chagrin. Gl. *Amaturive*. [Affaibli, insensé. Chanson de Fournival, Laborde, pag. 156 :
Honor et pris
En est mult forment amatiz.
Partonop. de Blois, vers 4409 :
Servés un en criéme et en amor,
Joie en aurés et grant honor,
S'ensi nel faites autrui
Vos verons en la fin honi.
Garin le Loher. tom. 1, pag. 148 :
Com vous esta, que vous voi amati.

AMATICLE †, Sorte de pierre précieuse. Gl. *Almacia*.

AMATITRE, pour *Amethiste*, Pierre précieuse. Gl. *Amatixus*. [Voyez Rayn. tom. 2, pag. 56², au mot *Almatist*.]

○ **AMAZER** (S'), S'établir dans une habitation. Enfants Haymon, vers 358 :
Quant le chastel fut fait, que Mont Essor
[ot non,
Ilecque s'amazerent les quatre fils Aymon,
Puis sercherent Ardenne de cy jusqu'à
[Bouillon.
Voyez *Amaser*.

AMBAXEUR, Ambassadeur. Gl. *Ambasciator*, sous *Ambasciare*.

AMBER, Enjamber. Gl. *Gamba* 1.

○ **AMBES**, Deux. Chronique des ducs de Normandie, tom. 2, pag. 29, vers 123 :
D'ambes parz i fu granz l'assemblée.
D'où, *Ambes-as*, ibid. tom. 1, pag. 608, vers 15296 et Roman de Renart, tom. 4, pag. 166, vers 1052. Voyez Halliwell, Dict., aux mots *Ambes-as* et *Amesacs*.

AMBESDUI, L'un et l'autre, tous deux. Gl. *Peciatus* sous *Pecia*. [Voyez la grammaire d'Orell, pag. 41. Rayn. tom. 3, pag. 80², au mot *Abdui*. Roquefort, aux mots *Ambedeux* et *Ambui*. Chanson de Roland, stance 204, vers 15 :

Trait ses crignels pleines ses mains ams-
[*dous.*

Ambesdous, dans la Chron. des ducs de Normandie, tom. 1, pag. 176, vers 2706, etc. *Amdui*, ibid. tom. 1, pag. 434, vers 10166. *Andui*, pag. 319, vers 6880. *Tuit andui*, Chanson, Wackernagel, pag. 5. *Andoi*, Roquefort, *Ansdous*, Chanson de Roland, stance 202, vers 10. *Andelous*, Partonop. de Blois, vers 7671. *Amoi*, Flore et Blanceflor, vers 2487 :

Gloris les garde en boine foi,
Et si les sert mout bien amoi.

AMBLAI, Espèce de claie, dont on entoure une charrette, pour y pouvoir voiturer certaines choses. Gl. *Amblacium*.

AMBLE, Certaine allure de cheval. Gl. *Ambulare* 3. [*Ambléour*, qui va à l'amble. Voyez Rayn. tom. 2, pag. 72¹, au mot *Amblador*.]

° **AMBLER**, Aller à l'amble. Chronique de Jordan Fantosme, vers 1926 :

N'i ad nul n'i ait un amblant palefrei.

Voyez Rayn. tom. 2, pag. 71², au mot *Amblar*.

AMBLÉURE, Amble. Gl. *Ambulatura*. [Partonop. de Blois, vers 5240 :

Si s'en vait petit ambléure.

Fabl. de la Bourse, pleine de sens, cité par Roquefort au mot *Amble :*

Lors chevaucha grant aléure,
Les grans tros, non pas l'ambléure.

Partonop. de Blois, vers 7755 :

Puis en vait la grant ambléure
Com hom qui n'a d'atargier cure.

Monture. Roman de Renart, tom. 2, p. 157, vers 13792 :

Or n'aura ri mes de moi cure
Quant il a perdu s'ambléure.

Voyez Rayn. tom. 2, pag. 71², au mot *Ambladura*. Chron. des ducs de Normandie, tom. 1, pag. 350, vers 7693 ; et pag. 568, vers 14121.

AMBLEY, comme *Amblai*.

° **AMBORE**, **AMBURE**, L'un et l'autre, tous deux. Chron. des ducs de Normandie, tom. 1, pag. 276, vers 5585 :

Cist amena riches compaignes,
Fieres, hardies e griffaines,
Chevaliers e serganz ambore.

Poëme Anglo-normand de Charlemagne, ibid. pag. 598, note :

E si dient ambure e saver e folage.

Vie de Saint-Thomas de Canterbury, vers 823 :

Ceo esteit par ses compainnonz
Ambur conte et barons.

Chanson de Roland, stance 259, vers 7 :

Qu'ambure craventen la place devant sei
E le dragun e l'enseigne le rei.

Voyez stance 118, vers 10 ; et 123, vers 15. Congie de Jeh. Bodel. Roquef. Supplem. pag. 19¹ :

Pitiés, salue de ma part
Robert Audent, lui et Bernard ;

Quar toz-jors m'ont esté ambeure
Amiable et de bonne part.

° **AMBOUR**, comme *Aubor*, Aubier. Voyez Rayn. tom. 2. pag. 50¹, au mot *Alborn*.

AMBOURG, Sorte de bière. Gl. *Hamburgus*.

AMBOUSCHURE, Mélange d'une chose de moindre qualité avec une autre qui est très bonne. Gl. *Imbolare*.

AMBRACIER, Brasser, faire de la bière. Gl. *Pondoxare*.

° **AMBRUSÉ**, Embrasé. Gérard de Vienne, vers 1875 :

Rollan l'entant, à poc n'est forseneiz
De mautalent est tainz et ambruseiz.

Voyez Rayn. tom. 2, pag. 251², au mot *Brusar*, ci-dessous *Embruir*.

AMCONBRER, pour *Encombrer*, Charger. Gl. *Emconbrare*.

AMECHER, Garnir d'une mèche. Gl. *Myxa*.

° **AMECITE**, Sorte de pierre précieuse. Flore et Blanceflor, vers 657 :

Pelles, coraus et crisolites
Et diamans et amecites.

AMEGROIER, Amaigrir, rendre maigre. Gl. *Magrus*.

AMEIAULEMENT, Amiablement, amiable, avec douceur. Gl. *Amicaliter* sous *Amicalis*.

AMENAGE, Voiture, l'action d'amener, sorte de service dû au seigneur par son vassal. Gl. *Admenare*.

1. **AMENDEMENT**, Réparation. Gl. *Amendamentum*.

2. **AMENDEMENT**, Réforme. Gl. *Amendamentum*.

3. **AMENDEMENT**, Engrais. Gl. *Amendamentum*. [Voyez Halliwell, au mot *Amendement*.]

1. **AMENDER**, Réparer. Gl. *Amendamentum*. [Rendre meilleur, perfectionner, Partonop. de Blois, vers 10686 :

Que t'en samble, se dex t'ament ?

Voyez vers 564 et 1314.

2. **AMENDER**, Engraisser. Gl. *Amendamentum*.

AMENDEUR, Celui qui engraisse. Gl. *Amendamentum*.

AMENDISE, Amende, réparation, satisfaction. Gl. *Amendisia*.

AMENDRIR, Amoindrir, diminuer. Gl. *Aminuere*. [Voyez *Amenrir*. *Amender*. Manquer. Guill. Guiart, tom. 1, pag. 18, vers 195 :

Li roys de France
Est li plus dignes couronnez
Sanz ce qu'aucun riens i ament,
Qui vive sous le firmament.]

AMENÉ, Mesure de grains, la même que l'hémine. Gl. *Amina*.

° **AMENÉE**, Action de conduire, entrée solennelle. Roman de Renart, tom. 4, pag. 147, vers 542 :

Cent cor souner à l'amenée
Fist Orghius pour lui esbaudir.

AMENICLER, Mettre les *menicles* ou menottes. Gl. *Manicia*.

° **AMENISTREUR**, Administrateur, curateur. Coutumes du Beauvoisis, tom. 2, pag. 34 : *Et le tans du mehaing doivent il avoir procureur et amenistreur de lor besongnes.* Roquef. Supplém. pag. 19², lit *Aministréur.*

AMENRIR, Amoindrir, diminuer. Gl. *Aminuere*. [Enfants Haymon, vers 766 :

Et sans virginité estre en toi amenrie.

Vers 775 :

Et fu la ternité en vo corps herbergie
Sans estre deité ès sains cieulx amendrie.

AMENRISSEMENT, Diminution. Gl. *Aminuere*.

° **AMENTEIVRE**, **AMENTEVEIR**, Rappeler, faire souvenir. Chronique des ducs de Normandie, tom. 1, pag. 453, vers 10739 :

Ce vos sei bien ci ameinteivre.

Tom. 2, pag. 83, vers 17758 :

E si vos sei bien amenteivre.

Pag. 140, vers 19474 :

Si te volum amenteveir.

° **AMENTÉU**, Mentionné. Partonop. de Blois, vers 8925 :

Par ço sont li povre téu
Et li rice home amentéu.

Aubri, pag. 155² :

Mais or me dites, foi que vos me devés,
Qu'est Aubris que vos amentu avés ?

AMENTEUMENT, Conseil, sollicitation, instigation. Gl. *Amentare* 1.

AMENUISER, comme *Amendrir*. Gl. *Aminuere* [et *Minorare* 1].

° **AMERCIER**, Remercier, rendre grâce. Fabl. d'Estrubert, Roquef. Suppl. pag. 19² :

La dame Trubert embraça,
Et plus de cent fois l'amercie,
Et toute la chevalerie
L'amercient por lor seignor.

AMERESSE †, Femme qui aime. Gl. *Amasia*. [Voyez Rayn. tom. 2, pag. 63², au mot *Amaressa*. *Ammeres*, amant, ibid. pag. 68¹ au mot *Amaire*. Fabl. et cont. tom. 3, pag. 118 :

Et si cuidast bien li donsiaus
Estre ammeres de dames beles.

Voyez Roquefort, au mot *Ameor*, et ci-dessous *Amierres*.]

AMERMER, Diminuer. Gl. *Minorare* 1 [et *Feudum*, pag. 476³. Voyez Rayn. tom. 4, pag. 199², au mot *Amermar*.]

° **AMERTOR**, **AMERTUR**, Amertume. Chron. des ducs de Normandie, tom. 1, pag. 8, vers 164 :

Pour ceo n'e a en eus duzur,
Si deslei non e amertur.

Pag. 106, vers 695 :

Plein de venim, plein d'amertor.

Voyez Rayn. tom. 2, pag. 68³, au mot *Amartat.*

AMESSEMENT, l'Action d'entendre la messe, relevailles, dont la messe faisait la principale partie. Gl. *Admissatio.*

1. AMESSURE, Mauvais usage, abus. Gl. *Amessura.*

2. AMESSURE, Querelle, contestation, dispute. Gl. *Amessura.*

AMESUREMENT, Mesure, modération, proportion. Gl. *Admensurare 2.*

AMESURER, Régler avec mesure, proportionner. Gl. *Admensurare 2.*

✻ **AMESURÉ,** Plein de mesure, prudent. Gérard de Vienne, vers 1284 :

De ceo fut molt Rollan amesuré
K'il ne vot faire chose dont fust blameiz.

hronique des ducs de Normandie, tom. 2, pag. 190, vers 20918 :

Paisible ert e amesurez
Encontre granz aversitez.

Pag. 364, vers 25988 :

Od lui ses privées maisnées
Riches e bien apareillées
Sor totes bien endoctrinées
E sor totes amesurées.

AMETTE, Espèce d'auge. Gl. *Ametum.*

AMETURE, Ce qui entre dans la composition de quelque chose, ce qu'on y emploie, ce qu'on y met. Gl. *Admissum.*

✻ **AMEURE.** Voyez *Amure.*

AMI, Parent, proche. Gl. *Amicus* [et Linea 3.]

✻ **AMIAL,** Croc, du lat. *hamus.* Agolant, vers 285 :

Les aigues trove qui chient du rochal ;
Richiers s'i fiert : ce fu folie et mal...
Mes nostre sire li donne secors tal
Que il se prist à deus mains à un pal.
Tant s'efforça li baron natural
Que à deus mains se mist à l'amial.

AMIAULEMENT, Amiablement, à l'amiable, avec douceur. Gl. *Amicaliter* sous *Amicalis.* [Voyez Rayn. tom. 2, pag. 65¹, au mot *Amigalments.*]

AMIENS, Mal d'Amiens, espèce de maladie. Gl. *Morbus Ambianensis.*

✻ **AMIER,** Broyer, écraser. Gérard de Vienne, vers 1779 :

Fiert un Gascon sor l'elme de Pavie,
Ke tot le cercle li desfroisse et amie.

AMIERRES, Amateur. Gl. *Promotor,* 1. Voyez *Ameresse.*

AMIETE, Terme de galanterie, diminutif d'amie, maîtresse. Gl. *Amasia.*

AMINAGE, AMINAIGE, Droit sur les grains mesurés à l'hémine. Gl. *Aminagium,* et *Eminagium* sous *Hemina,* pag. 184¹.

AMINOIS, Amiénois, territoire d'Amiens. Gl. *Picardia,* pag. 311¹.

AMIRAL, AMIRANT, AMIRAUT, AMIRÉ, Prince, gouverneur de ville ou de province, amiral. Gl. *Amir.* [Voyez Rayn. tom. 2, pag. 72², au mot *Amiran,* et Roquefort au mot *Amire.* Dans la Chanson de Roland *Amiracle, Amirafles, Amiraill* et *Amurafles.*]

✻ **AMIS, AMIT,** Amict. Gl. *Tiara* 2. Voyez ci-dessus *Albe* et *Ammithe;* Halliwell, Dict., aux mots *Amice* et *Amnis.* Couverture ou espèce d'étoffe. Voyez *Amitun.* Partonop. de Blois, vers 7782 :

Es chevax a vermeilles seles
Qui bien tailliées sont et beles,
Covertes de vermeil samit,
E il resont covert d'amit.

Roman de Perceval, chez Roquefort :

Après vint un vallet moult gent,
Qui tint un tailleor d'argent,
Envelopé en un amit
Riche et bel de l'espèce vermoil samit.

AMISSION, Peine pécuniaire prononcée en justice. Gl. *Amissionem tenere.*

1. AMISTÉ, Amitié. Gl. *Amicitia,* pag. 224¹. [Aubri le Bourg. pag. 174² :

Lie la dame qui l'auroit à son gré.
Qui une fois en aurait l'amisté,
Miex li vauroit que cent mars d'or pesé.

Pag. 162¹ :

Ele se coche, et li dus est cochiés :
Il s'entracolent et font lor amitiés.

Voyez Rayn. tom. 2, pag. 65¹, au mot *Amistatz.*]

2. AMISTÉ, Commune de ville, échevinage, corps de ville. Gl. *Amicitia,* pag. 224¹.

✻ **AMITUN,** Espèce d'étoffe. Chronique des ducs de Normandie, tom. 2, pag. 285, vers 22286 :

Vestent les sus les aucotons
De cendaus freis e d'amituns.

Voyez *Amis.*

✻ **AMMANT.** Voyez *Amant.*

✻ **AMMERES.** Voyez *Ameresse.*

AMMESTRE, Consul, échevin. Gl. *Amannus* 2.

AMMITHE, Aumusse, vêtement qu'on mettait sur la tête, amict. Gl. *Caloniacus.*

AMODERATION, Modération, diminution, proportion. Gl. *Admensurare* 2.

1. AMODERER, Modérer, diminuer, proportionner. Gl. *Admensurare* 2.

2. AMODERER, Modérer, apaiser, calmer. Gl. *Admensurare* 2.

3. AMODERER, Essayer, faire une tentative. Gl. *Admensurare* 2.

✻ **AMOI.** Voyez *Ambesdui.*

AMOIGNE, Aumône, Gl. *Eleemosyna* 1.

AMOINDRISSANCE, l'Action d'amoindrir, diminution. Gl. *Minorare.*

AMOINDRISSIER †, Amoindrir, diminuer. Gl. *Minorare* 1.

✻ **AMOIRE..........** Partonop. de Blois, vers 6693 :

Urake lui dist : N'est pas amoire
Donc ge parol, mais chose voire.

AMOISONNER, Donner à quelque chose la mesure qu'elle doit avoir. Gl. *Amensurare* 2.

AMOISSONER (S'), Faire des conventions, un marché. Gl. *Amoissonata tallia.*

AMOISTIR †, Rendre moite, humide, mouiller. Gl. *Austerare.*

AMOLLIER, Émoudre, aiguiser. Gl. *Ammolare.*

AMOLOIER, Adoucir, rendre plus doux. Gl. *Mitificare.* [S'amolier, s'amollir, s'adoucir. Chronique des ducs de Normandie, tom. 2, pag. 49, vers 16772 :

Mult se fu cil amoleié
Plein de duçor et de pitié.

Tom. 1, pag. 336, vers 7294 :

Qui deu corre ne s'amoleie.

Roman de Rou :

Miex veut qu'à glaive muire ou que
                            [en eve nit
Qu'il s'amolit vers Rou, ne que de
                            [pais le prit.

Roman de la Rose, vers 3295 :

Moult a dur cueur qui n'amolie
Quant il trove qu'on le suplie.

AMONCHELER, Élever un bâtiment. Gl. *Amulgare.*

✻ **AMONE,** comme *Aumone.* Gérard de Vienne, vers 3601 :

Si bien me faites, grant amone i arois.

✻ **AMONESTEOR, AMONESTERE,** Conseiller. Chronique des ducs de Normandie, tom. 1, pag. 400, vers 9179 :

E de cest mal porchaceor
E faitre e amonesteor.

Pag. 484, vers 11620 :

Mais l'amonestere infernal.

Tom. 2, pag. 79, vers 17627 :

Vos qui li estes aideor
E maistre e amonesteor.

AMONIERE, Bourse. Pastourelle, Wackernagel, pag. 77 :

Por plux tost s'amor avoir
Li donai de mon avoir
Et mon amoniere.

Voyez *Aumoniere.*

AMONNESTEUR, Sergent, huissier, porteur de semonces. Gl. *Admonitor.*

✻ **1. AMONT,** A mont, en haut. Partonop. de Blois, vers 704 :

Une nef i voit arivée
Tant bele con se fut faée,
Et voit fors apoié le pont
Par u on puet monter amont.

Voyez Orell, pag. 297. Rayn. tom. 4, pag. 259², au mot *Amon,* Roquefort, au mot *Amont.*

✻ **2. AMONT,** Haut. Aubri, pag. 174² :

Et se je fuisse en estor por ferir,
Je ne quit ome de si amont espir,
Qui puet mie me ruistes cops sofrir,
Que ne fesisse jus de cheval chair.

1. AMONTER, Appartenir, dépendre. Gl. *Admontare.*

2. AMONTER, Élever, exalter. Gl. *Admontare.*

✻ **3. AMONTER.** Monter. Chronique de Jordan Fantosme, vers 857 :

Dehé ait ki vus dute l'amuntant
                            [d'un denier.

Vers 1676 :
*Itant cum amuntast à un denier
[d'argent.*

Élever, survenir, naître. Enfants Haymon, vers 497 :
*Je feroye tantost telle guerre amonter,
Dont on verroit briefment cent mil
[hommes tuer.*

AMORAL, Aimable, beau, joli, mignon. Gl. *Amoratus* 1.

AMORAVIS, Peuples de l'Afrique et de la Moravie, [espèce de chevaux] Gl. *Amoravie.* [Voyez Rayn. tom. 4. pag. 261, au mot *Amoravit.*]

° **AMORDRE**, Mordre, goûter ; amorcer, attacher. Roman de Renart, tom. 1, pag. 41, vers 1059 :
*Encore un seul car m'en donez
Biau de sos conpere, por amordre
Tant que je fusse de vostre ordre.*

Tom. 2, pag. 206, vers 15173 :
Poissons li donc por amordre.

Rutebeuf, tom. 1. pag. 179 :
*Cil diex qui par sa mort volt la mort
[d'enfer mordre,
Me vueille s'il li plest, à son amors
[amordre.*

S'Amordre, s'attacher, s'acharner. Partonop. de Blois, vers 1258 :
*Deus totes dames beneïe
Et face amer sans vilonie,
Et à cascun une en ajort
Qu'à nul autre home ne s'amort.*

Guill. Guiart. tom. 1, pag. 318, vers 7283 (8125) :
*Aus Grezois grever si s'amort
Que seize rois leur mist à mort.*

Roman de Renart, tom. 2, pag. 308, vers 17972 :
*Et le faites metre en prison,
Ja n'en doit avoir raençon,
Que li autre ne s'i amordent.*

Tom. 3. pag. 9, vers 19990 :
*Je ne voil pas que nus s'amorge
A moi reter de felonie.*

Rutebeuf, tom. 1, pag. 48 :
*Ne crient maladie ne mort
Qu'à lui de cuer ameir s'amort.*

Voyez Orell, pag. 135, Rayn. tom. 2, pag. 73¹, au mot *Amorsar.*

° **AMORS**, Adonné, acharné. Chronique des ducs de Normandie, tom. 2, pag. 361, vers 25903 :
*L'alme vos aveit trait del cors
Qu'à iteu geu est tos amors.*

Tom. 3, pag. 333, vers 40684 :
*C'est qu'à un pecchié t'ies amors
Qui de là vint et de la vient.*

Pag. 372, vers 41660 :
*N'i aveient leu ne entrée,
Ainz mainte feiz as plus amors
Rampandeit l'om les sancs del cors.*

Guillaume Guiart, tom. 2, pag. 474, vers 12318 (21300) :
*A celi point refu là mors
Le Brun de Verneuil, qui amors
Iert à bien, se voir ne refrain.*

Voyez *Amordre.*

AMORTIR, Éteindre une chandelle. Gl.
IX

Admortizare. [Voyez Rayn. tom. 2, pag. 72², au mot *Amorsar.*]

AMOUETIR†, Rendre moite, humide, mouiller légèrement. Gl. *Lavire.*

AMOUR, Galanterie, courtoisie. Gl. *Amor* 5.

° **AMOURÉ**. Vide *Amure.*

AMOURER, Aimer avec passion. Gl. *Amoratus* 1.

AMOUREUSE, Maîtresse, femme galante. Gl. *Amoratus* 1.

1. **AMOUREUX**. Le prince des amoureux, c'est le titre que les jeunes gens de Chauni donnaient à celui d'entre eux qu'ils se choisissaient pour chef le jeudi gras de chaque année. Gl. *Amoratus* 1.

° 2. **AMOUREUX**, Ardent. Guill. Guiart. tom. 2, pag. 381, vers 9907 (18888) :
*Et tant a Flamens entour eus
Que vain sont li plus amoureus.*

AMOYENNER, Traiter, accommoder une affaire. Gl. *Amodium.*

AMPAREMENT, Fortification, rempart. Gl. *Amparamentum* 1.

AMPARLERIE, Fonction, ministère d'avocat. ou l'auditoire où parle un avocat. Gl. *Amparlarii.*

AMPARLIER, Avocat. Gl. *Amparlarii.*

AMPERER, Remparer, fortifier. Gl. *Emparamentum* 2.

AMPIERE, Empire. Gl. *Imperium*, pag. 307¹.

AMPLAISTRE, AMPLASTRE, Mesure de terre, place vide propre à être bâtie, emplacement. Gl. *Amplastrum.*

AMPLEER, Accroître, agrandir. Gl. *Ampliare.* [Augmenter. Chronique des ducs de Normandie, tom. 1, pag. 121, vers 1129 :
De tutes parz ampluet lur genz.]

AMPLIER, Courtier, entremetteur de marchandises. Gl. *Proxenetarius.*

AMPRAIL, Terre en pré. Gl. *Apradatum* sous *Appradare.*

AMPUTER, Accuser un homme ou une femme de débauche et de prostitution. Gl. *Putagium.*

AMUIR, Rendre muet. Gl. *Amusus.* [Miracle de la sainte Vierge, vers 345, dans la Chronique des ducs de Normandie, tom. 3, pag. 521 :
*A tant son mat et amui
A tant sont toz esvanui.*

AMULONNER, Mettre en mule. Gl. *Amulgare*

° **AMURE**, Lame. Chanson de Roland, stance 89, vers 4 :
*Mais sun espiet vait li bers palmeiant,
Cuntre le ciel vait l'amure turnant.*

Stance 97, vers 5 :
Del bon espiet le cors li met l'amure.

Stance 179, vers 8 :
*Asez savum de la lance parler
Dunt Nostre Sire fut en la cruiz naffret
Carles en ad l'amure, mercit Deu !*

Stance 287, vers 4 :
Del brant d'acer l'amure li presentet.

Voyez stance 115, vers 14 ; stance 240, vers 24. *Goutiel, ameure* ou *broke,* dans le Ban des Eschevins de Douai de 1262. Roquefort, Supplém. aux mots *Afaitié* et *Ameure.* Guill. Guiart, tom. 1. pag. 156, vers 3505 (8907) :
*Aux roides lances amourées
S'entrepercent piz et courées.*

AMURER, Fermer de murs. Gl. *Murare* 1.

AMURIR, Pour *Amenrir, Amoindrir,* diminuer. Gl. *Aminuere.*

ANACAIRE, Espèce de tymbale ou de tambour. Gl. *Nacara* 1.

° **ANAIENTER**. Voyez *Anoienter.*

° **ANAMER**, comme *Aamer.* Gérard de Vienne, vers 2572 :
*Je voi conbatre mon freire en cele prée,
Et mon amin ke m'avoit anamée.*

° **ANAP**, comme *Hanap,* Grande coupe. Gl. *Hanapus.* Chronique des ducs de Normandie tom. 2, pag. 463, vers 28913 :
Aneaus, coupes e anas.

° **ANBLER**, Dérober, enlever. Roman de Renart, tom. 1, pag. 6, vers 130 :
*La louve que si est haïe,
Qui si par est aigre d'anbler.*

S'Anbler, s'éloigner, s'enfuir. Partonop. de Blois, vers 5678 :
Puis se vorra de li anbler.

Vers 5676 :
*Puis est si com il puet montez
Et d'Anselet s'en est anblez.*

Voyez ci-dessous *s'Embler,* et Raynouard, tom. 3, pag. 112², au mot *Embler.*

° **ANBRIER**, pour *Aubrier ?* Gérard de Vienne, pag. 166¹ :
*Ke plus est blanc ke n'est foille
[d'anbrier*

° **ANBRONCHER**, Baisser. Gérard de Vienne, vers 884 :
Rollans l'entant, si anbronchait le vis.

Voyez vers 1150. Vers 1864 :
*Por les chavolz le voit à lui sachier,
Si durement k'il le fist anbronchier.*

Vers 1374 :
*Par les deus tanples le vait à lui
[sachier
Si roidemant, tot le fist anbronchier.*

Voyez *Enbroncher.*

ANÇAINTE, Enceinte, femme grosse. Gl. *Incincta.*

° **ANCEIS**, ANCEIZ, Avant, auparavant. Voyez Rayn. tom. 2, pag. 91², au mot *Anceis* ; et Orell, pag. 318.

° **ANCEISOR**. Voyez *Ancesseur.*

° **ANCEISORIE**. Voyez *Anchiserie.*

ANCELE, Servante. Gl. *Ancilla* 2. [Chronique des ducs de Normandie, tom. 2, pag. 564, vers 31436. Partonop. de Blois, vers 6208. Chanson de Jacques de Cambrai, Wackernagel, pag. 66 :
*De la virge pucelle
Ki meire est et ancelle.*

Voyez Rayn. tom. 2, pag. 81², au mot *Ancella*, et le Glossaire de Roquefort.]

ANCERE, Sorte de cave. Gl. *Anceria* 1.

ANCESSEUR, ANCESSOR, Ancêtre, Gl. *Ancessor*. [*Anceisor, Anceisur*. Chronique des ducs de Normandie, tom. 1, pag. 377, vers 8473 ; pag. 248, vers 4777. *Ancissor*, Partonop. de Blois, vers 346. *Ancissour*, Hommes des temps passés, anciens. Flore et Blanceflor, vers 505 :

Si le dona en Lombardie
A Lavine qui fu s'amie ;
Puis l'orent tot li anceissour
Qui de Rome furent signor
Dusqu'à Cesar.

Ancestre, Aïeul. Gérard de Vienne, vers 2516 et 1195. Voyez Rayn. tom. 2, pag. 97², au mot *Ancessor*, ci-dessous *Ancisseur*, et Roquefort, au mot *Ancesseur*.

ANCEUTE †, Instrument propre pour frapper. Gl. *Feritorium*.

ANCHE, Cellier, cuve. Gl. *Alcha*.

ANCHELE, Servante. Gl. *Ancella*.

ANCHESSERIE, Noble et ancienne race. Gl. *Ancessor*.

ANCHISERIE, Origine, succession, héritage venant des ancêtres. Gl. *Ancessor*. [Chronique des ducs de Normandie, tom. 2, pag. 483, vers 27860 :

Adone out Chunuz la corone
Qu'anceisorie e dreit li done.]

ANCHOIS, Avant. Gl. *Abladare*.

° **ANCIENOR**, Très-ancien. Voyez Rayn. tom. 2, pag. 98², au mot *Ancian*, et Orell, pag. 37.

ANCIENS, Sorte d'armure. Gl. *Ancianus*.

ANCISSEUR, Ancêtre. Gl. *Soistura*. [Voyez *Ancesseur*.]

ANCITEMENT, Excitation, suggestion, l'action d'exciter à quelque chose. Gl. *Instigator*.

ANCONE, Image. Gl. *Ancona*.

ANCRAGE, Droit d'ancrage. Gl. *Anchoragia*.

ANCREUIL, ANCROEUL, Beccard, femelle de saumon. Gl. *Anchora* 1.

° **ANCROER**, Pendre. Gl. *Hardes*.

ANGUERLER, S'ANGUERLER, Prendre quelque chose fort à cœur, en être vivement touché. Gl. *Acorarius*.

° **ANCUI**, Aujourd'hui. Flore et Blanceflor, vers 1932 :

Com vous orrés ancui conter.

Guill. Guiart, tom. 1, pag. 265, vers 6426 (6746) :

A cest besoing vous secourrons
Ou tous ensemble ancui mourrons.

ANDABLE, Affaibli, qui a perdu ses forces. Gl. *Indebilitatus*. .

ANDAIN, Fauchée de Pré. Gl. *Andellus*.

ANDANSE ou ANDAUSE, Serpe. Gl. *Anasium*.

1. **ANDEIN**, Landier, chenet. Gl. *Andena* 1.

2. **ANDEIN**, Espace compris entre les deux jambes d'un homme, qui les tient écartées. Gl. *Andena* 2.

ANDEVAISAIRE, Anniversaire. Gl. *Anniversarium*.

ANDIER, Landier, chenet. Gl. *Anderius*. [Voyez Halliwell, Dict., au mot *Andirons*.]

ANDOILLES, Cloison, mur de terre. Gl. *Andetus*.

° **ANDUI**. Voyez *Ambesdui*.

° **ANE**, Canard. Roman de Renard, tom. 1, pag. 49, vers 1273 :

Anes, malarz et jars et oes.

Voyez Rayn. tom. 2, pag. 85 ³, au mot *Anet*. Guill. Guiart, tom. 1, pag. 155, vers 3678 (8879) :

Et plus serrez qu'en vivier jons,
Ileuc endroit où l'anne pont.

ANEANTEMENT, Anéantissement, destruction. Gl. *Annichlare*.

° 1. **ANEL**, ANEAU, Anneau. Gl. *Annulus*, pag. 262³, et *Sigillum*, pag. 478⁴. Voyez Rayn. tom. 2, pag. 83², au mot *Anel*. *Anelet*, petit anneau, Ibidem, et dans le Suppl. de Roquefort. Voyez ci-dessous *Aniax*.

° 2. **ANEL**, Aine. Roman de Renart, tom. 1, pag. 48, vers 1245 :

Vers la queue descent l'espée,
Tot rès à rès li a coupée
Près de l'anel, n'a pas failli.

° **ANEMIS**, Diable. Voyez Gl. *Inimicus* 2. Miracle de la sainte Vierge ; d'après la Chronique des ducs de Normandie, tom. 3, pag. 513, vers 82 :

L'ame de lui a molt grant joie
Ont ravie li anemi.

Pag. 519, vers 268 :

As anemis qui tienent l'ame
Iriement a dit la dame.

Aversier est également très-usité au pluriel ; dans le poëme de Boèce on lit, vers 18, *li satan*.

° **ANET**, Aune (l'arbre). Gl. *Anetus*. Voyez *Anont*.

ANETEL †, Petit du canard, caneton. Gl. *Anatinus*.

ANETTE, Cane. Gl. *Aneta*.

° **ANFANTON**, Enfant. Gérard de Vienne, vers 2828 :

Dedans la virge preis anuntion,
Si en naskis en guise d'anfantan.

ANFAUTRÉ, Fourré. Gl. *Mus Peregrinus*.

ANFERS, Ceux qui sont dans les fers, prisonniers, ou p. e. infirmes, malades. Gl. *Inferrare*.

ANFOUR, Monnaie d'Alphonse. Gl. *Anfours*.

ANGAR, Lieu couvert, qui est ouvert de tous côtés. Gl. *Angarium*.

ANGARDE, Avant-garde. Gl. *Antegardia*. [Chanson de Roland, stance 57, vers 12 :

E ki serat devant mei en l'anseguarde ?

Antgarde, Agolant, vers 693, 1258.]

ANGELE, Ange, Gl. *Angelotus*. Voyez Rayn. tom. 2, pag. 86², au mot *Angel*.

° **ANGELIAL**, ANGELICAL, ANGELIN, Angélique. Chron. des ducs de Normandie, tom. 2, pag. 383, vers 26509 :

En l'angelial compaignie.

Voyez Rayn. tom. 2, pag. 87¹, au mot *Angelical*, et le Supplément de Roquefort au mot *Angeline*.

° **ANGELOT**, Petit ange, monnaie. Gl. *Moneta*, pag. 471 ², Partonop. de Blois, vers 5561 :

Li vallés ot nom Guillemos
Et fu beaus com uns angelos.

ANGENINE, Monnaie de Lorraine. Gl. *Angenina*.

ANGEVIN, Monnaie des comtes d'Angers. Gl. *Andegavenses denarii* sous *Moneta baronum*, pag. 491 ³. [Voyez Rayn. tom. 2, pag. 87 ², au mot *Angevi*.]

ANGEVINE, Fête de la nativité de la Vierge. Gl. *Festum nativitatis S. Mariæ*, sous *Festum* 14.

ANGHET, Coin, lieu caché. Gl. *Angetum*.

° **ANGIN**, Instrument de pêche. Gl. *Ingenium* 5. Instrument de guerre, Gérard de Vienne, vers 3273.

1. **ANGLE**, Certain canton du bailliage de Sens. Gl. *Angula*.

° 2. **ANGLE**, Ange, monnaie. Gl. *Moneta*, pag. 466 ³.

° 3. **ANGLE**, ANGLIER, Coin de la table du jeu d'échecs. Roman d'Alexandre, dans une note de la Chronique des ducs de Normandie, tom. 2, pag. 515, col. 1 :

E je vous dirai coi en l'angle tout
            [dernier,
D'un villain en courant por le roi
            [justicier.

Pag. 516, col. 2 :

Vous serés mas en l'angle, e, s'il vous
           [plaist, en voie.

Roman d'Ogier, ibidem, pag. 517, col. 2 :

Bauduinet li dit mat en l'anglier...
Li fieus le roi fu forment aires
Quant il se voit si forment enanglé.

1. **ANGLÉE**, Coin, lieu retiré. Gl. *Anglare*. [Voyez Rayn. tom. 2, pag. 86 ¹, au mot *Anglada*.]

2. **ANGLÉE**, Certaine mesure de terre. Gl. *Angula terræ*.

ANGLER (S'), Se retirer, se cacher dans un coin. Gl. *Anglare*.

ANGLET, Coin, l'angle extérieur ou intérieur. Gl. *Anglare*.

ANGLISE, pour *Église*. Gl. *Alodis*, pag. 196 ¹.

° **ANGLON**, Petit angle. Fabliau d'Estrubert, Supplément de Roquefort :

*Cil met son chief en la mèson,
Si a véu en un anglon
Un croucefix au mur drécié.*

ANGOINE, Ennui, peine, chagrin. Gl. *Anguara.*

ANGOISSER, Causer de la douleur, du chagrin, rendre triste. Gl. *Angustiari.* [Miracle de la sainte Vierge ; d'après la Chron. des ducs de Normandie, tom. 3, pag. 526. vers 508 :]

*Trop en i a de hastivel
E trop d'entées seur angoisse
E trop deables les angoisse.*

Chanson de Roland, stance 266, vers 2 :

*Paien s'en fuient e Franceis les
 [anguissant.*

S'*Angoiser*, être en angoisse, stance 183, vers 5 :

*La destre main a perdue trestute,
Del sanc qu'en ist se pasmet e angoiset.*

Voyez *Anguisables*, Rayn. tom. 2. pag. 88 ¹, au mot *Angoissar*. Orell, pag. 105.

ANGOISSOLLES, Nom d'une société de négociants. Gl. *Societas* 4.

ANGONNE, Aine. Gl. *Anguinalia.*

ANGORISME, Langueur, affliction d'esprit, chagrin. Gl. *Anguara.*

ANGOULER, Engloutir, avaler. Gl. *Gula* 3.

° **ANGRE**, pour *Angele*, Ange, dans le manuscrit de Tours de la Chronique des ducs de Normandie, vers 28697. Voyez aussi la variante après le vers 25739.

ANGROTER, Être malade. Gl. *Amorbare.*

ANGUARA, Corvée, service de chevaux, voitures, etc. Gl. *Anguara.*

ANGUENGNE, Chagrin, peine. Gl. *Anguara.*

ANGUENNE, Aine. Gl. *Anguinalia.*

° **ANGUISABLES**, ANGUISSABLES, Dans les angoisses, pénible. Chanson de Roland, stance 20, vers 7 :

*E li quens Guenes en fut mult anguis-
 [sables.*

Stance 225, vers 1 :

Naimes li dux tant par est anguisables.

Stance 228, vers 6 :

*E cez porfunz valées, cez destreiz
 [anguisables.*

Voyez *Angoisser.*

° **ANGUISSUS**, comme *Anguisables.* Chanson de Roland, stance 64, vers 10 :

Sur tuz les altres est Carles anguissus.

Stance 160, vers 15 :

Le meie mort me rent si anguissus.

Stance 202, vers 11 :

*Sur lui se pasmet, tant par est an-
 [guissus.*

Angoissus, dans la Chronique des ducs de Normandie, tom. 1, pag. 279, vers 5634. *Anguissos*, ibidem, tom. 2, pag. 399, vers 26049. Voyez Rayn. tom. 2. pag. 88 ¹, au mot *Angoissos*, et Roquefort au mot *Angoisseux.*

° **ANGUISSUSEMENT**, Avec instance. Marie de France, lai des deux amants, vers 74 :

*Anguissusement li requist
Que s'en alast ensemble od lui.*

ANHET, Agneau. Gl. *Anhellus.* [Mot provençal. Lisez *Anhel*, et voyez Rayn. tom. 2, pag. 83², au mot *Agnel.*]

ANIAX, Anneaux. Gl. *Fermeilletum.* [Voyez le Glossaire de Roquefort. Agolant, pag. 181 ¹ :

*Li vieus Galindres fist li rois deman-
 [der.....
Esperons d'or li fist es piez fermer
Et les aniaus ès oreilles clouer.*

ANICHIER, Nicher, faire son nid. Gl. *Nidalis.* [Chronique des ducs de Normandie, tom. 1, pag. 137, vers 1605 :

*Ceo que li oisel s'anioent
E les rameaus que il portoent.*]

ANICHILLER, Réduire à rien, anéantir. Gl. *Annichilare.*

ANIÇOTE, Béquille, bâton dont se sert un estropié. Gl. *Anire.*

ANIENTER, Anéantir, réduire à rien. Gl. *Annichilare* [et *Exinanire.* Chronique de Jordan Fantosme, vers 858 :

*Encore est vifs en terre li bon reis
 [dreiturier,
Ki fera vostre guerre mult tost anien-
 [ter.*

Voyez vers 775. Roman d'Alexandre dans une note de la Chronique des ducs de Normandie, tom. 2, pag. 515, col. 2 :

Porce qu'il volait la chose anianter.]

° **ANME**, Ame. Chanson de Roland.

1. **ANNE**, p. e. pour *Ante*, Tante. Gl. *Avuncula.*

° 2. **ANNE**. Voyez *Ane.*

° 3. **ANNE**, Aune. Compte de l'hôpital de Saint-Jean de 1332, dans le Supplém. de Roquefort : 13 *s. por six annes et demi de noef drap.*

1. **ANNÉ**, Messes que l'on dit pour un mort pendant le cours d'une année. Gl. *Annalis.*

2. **ANNÉ**, Récolte, revenu d'une année. Gl. *Annata* 3.

° 3. **ANNÉ**, comme *Ainsné*, Aîné. Gérard de Vienne, vers 3577 :

*Harnaus mes freires, ki est annés de
 [moi,
Doit estre sires en toz leuz de sor moi.*

Vers 3391 :

*Et mes deus fils seront desaretei,
Savariez et Bueves li anneiz.*

° 4. **ANNÉ**, Vin vieux. Flore et Blanceflor, vers 1674 :

*En bon vaissiaus d'or et d'argent,
Cler vin et piument et claré
Et boin bogeraste et anné.*

Voyez Rayn. tom. 2, pag. 76 ¹, au mot *Annat.*

ANNEAU, Carcan. Gl. *Annulus*, pag. 262 ³.

° **ANNÉE**, Feste année, Annuelle, qui revient tous les ans. Joinville, pag. 105 : *Toutes les festes années je semonnoie touz les riches hommes de l'ost.* Pag. 228 : *Commanda que il fu mis et estendu toutes les festes anneus par-dessus des cors des glorieus martirs.* Ce sont probablement les fêtes que dans les Établiss. des mestiers de Paris, fol. 69 ᵛ, on appelle *Les quatres festes anniex.* Ordonnance de Philippe le Bel de 1285 : *Le potier...... mangera sus à la cour, et n'y aura nul voires, se ce n'est aux fêtes annueus.*

° **ANNELAGE**, Redevance payée pour les agneaux. Gl. *Annelage.*

ANNIEUX, Anniversaire. Gl. *Annuale*, pag. 260³.

° **ANNONCHEMENT** †, Annonciation. Gl. *Angelium.*

ANNONERIE, Marché au blé. Gl. *Bladaria*, sous *Bladum*, pag. 673 ³.

° **ANNOR**. Voyez *Anor.*

ANNOTIF, Annuel, qui revient chaque année. Gl. *Pascha annotinum*, pag. 190 ³.

ANNUITIE. Brief de Annuitie, Exploit pour demander le payement d'une rente. Gl. *Annuitas.*

ANNULIER, Administrer les saintes huiles, donner l'extrême-onction. Gl. *Inoleare.*

ANNUNCEUR, Crieur public. Gl. *Annunciatorium.*

ANOIENTER, ANOIENTIR, Anéantir, rendre nul, réduire au néant, à rien. Gl. *Annichilare* [*Anaienter*, s'anéantir, périr. Chronique des ducs de Normandie, tom. 3, pag. 298, vers 39718 :

*Et tote nature se lasse,
Tot anaiente e tot tresvait.*

Anaientez, anéanti, ibid., tom. 1, pag. 260, vers 5095. Voyez *Anienter.*]

ANOIS, Ennui, peine, chagrin. Gl. *Picardia*, pag. 311 ² [*Anoier*, être ennuyé, se fâcher. Chanson du roi de Navarre, Laborde, pag. 188 :

*Li celers me guerroie ;
Se li di, ele anoie,
Tost dira, fui de ci.*

Villehardouin : *Et quant li Empereres oi ces nouvelles si lui anoierent mout durement.* Gérard de Nevers : *Com ores me doit anoier quant mon anelet est perdu.* Voyez Rayn. tom. 4, pag. 343, au mot *Enojar*, etc.]

ANOIT, Aunaie, lieu planté d'aunes. Gl. *Annetum* 2.

° **ANOITIER**. Voyez *Anuiter.*

° **ANOMBRER**, Énumérer. Vie de saint Thomas de Canterbury, vers 1291 :

*Nul ne savereit aconter
Ne les miracles anombrer
Que deus i fait.*

° **ANOMMER**, comme *Anombrer.* Gérard de Vienne, vers 919 :

Les riches mes ne vos quier anommer.

° **ANONBRER** (S'), Devenir homme.

Chronique des ducs de Normandie, tom. 2, pag. 68, vers 17308 :
La virgine en que Deus s'anonbra
Prie e requiert de quor parfond.

Voyez *Aombrer*.

ANONCELLE, Sorte de poisson de mer. Gl. *Arnoglossus*.

ANONCEUR, Délateur, dénonciateur. Gl. *Annunciatorium*.

✩ **ANONCHALI**, Nonchalant, indifférent. Guill. Guiart, tom. 1, pag. 157, vers 3543 (3945) :
L'ost se rendort ; chascun s'acquoise
Ausi com genz anonchalies.

Voyez Rayn. tom. 2, pag. 293², au mot *Nonchalansa*.

✩ **ANONCIER**, Interpréter. Gérard de Vienne, vers 1965 :
Molt fu joians l'emperere à vis fier,
Kant ot le songe si à bien anoncier.

1. **ANOR**, Honneur, respect. Gl. *Honor*.

2. **ANOR**, Fief, domaine. Gl. *Honor*.

ANORER, Honorer, porter honneur. Gl. *Honor*. [*Annoré*, chez Roquefort, au mot *Anorer*.]

✩ **ANPRÈS**, Après. Chanson de Roland, stance 60, vers 9 :
Anprès ico i est Neimes venud.

ANQUERGER, Enquérir, informer. Gl. *Inquestare*.

ANSAIGE, Entrée ou reception dans un corps ou communauté, et le droit qu'on paye à cette occasion. Gl. *Hansatus* sous *Hansa* 2.

✩ **ANSDOUS**. Voyez *Ambesdui*.

ANSEI, Sorte de vaisseau propre pour la vendange; ainsi nommé apparemment parce qu'il avait des anses. Gl. *Ansa* 1.

✩ **ANSEIGNE**, Drapeau, étendard, cri de guerre. Gl. *Investitura*, pag. 418¹, et *Signum* 10.

ANSEOR, pour *Asseor* ou *Asseour*, Arbitre, qui *assied* ou assigne ce qui appartient à chacun. Gl. *Inquesiare*.

1. **ANSER**, Instruire, dresser à quelque chose. Gl. *Hansatus* sous *Hansa* 2.

2. **ANSER**, Recevoir quelqu'un dans une société ou compagnie de marchands. Gl. *Hansatus* sous *Hansa* 2.

3. **ANSER**, Présenter un ouvrage à l'examen de la *Hanse* ou corps de métier, pour voir s'il est fait suivant les règles de l'art. Gl. *Hansotus* sous *Hansa* 2.

ANSERY, Heure de l'*Ansery*, le jour tombant, le soir. Gl. *Hora seralis* sous *Hora* 3.

✩ **ANSES**, Assigné. Gl. *Anses*.

✩ **ANSGUARDE**. Voyez *Angarde*.

ANSSITE, Image, figure. Gl. *Ancona*.

✩ **ANSTE**, comme *Hanste*, Bois de lance. Chronique des ducs de Normandie, tom. 2, pag. 230, vers 22153 :
Par mi le gros de la peitrine
Li fist passer s'anste fraisnine.]

ANTAIN, Tante, sœur du père ou de la mère. Gl. *Avuncula*.

ANTALENTIR †, pour *Entalenter*. Gl. *Affectare*.

ANTAN, Ci-devant, autrefois. Gl. *Antecessus*. [Voyez Rayn. tom. 2, pag. 76², au mot *Antan*. *Anten*, Partonop. de Blois, vers 2489 :
Anten nos vint dire en Norois
Que sains segnor erent François.]

1. **ANTE**, ANTEIN, Tante, sœur du père ou de la mère. Gl. *Avuncula*. [Voyez Rayn. tom. 2, pag. 72¹, au mot *Anda*.]

✩ 2. **ANTES**, comme *Anthaisons*. Gl. *Entare*.

ANTENEORS, Entonnoir. Gl. *Anteneors*.

ANTENOIS, Chevreau d'un an. Gl. *Anniculus*.

ANTER, Enter, reduire en état. de culture. Partonop. de Blois, vers 515 :
. . . . Ardene ;
Ele estoit hisdouse et faée
La disme pars n'en est antée.

ANTESCHANGER, Donner en contrechange. Gl. *Escangium*.

ANTHAINE, Antienne. Gl. *Antiphona* 2.

ANTHAISONS, Jeunes arbres nouvellement entés. Gl. *Entare*.

ANTIBULLE, Bulle donnée par un antipape, ou qui est réputé tel. Gl. *Antibulla*.

ANTICEMENT, pour *Ancitement*. Gl. *Instigator*.

ANTIDOTAIRE, Livre qui traite de la composition des remèdes. Gl. *Antidotarius*.

✩ **ANTIF**, ANTIS, Agé, ancien, antique, vieux. Partonopeus de Blois, vers 77 :
Cil clerc dient que n'est pas sens
Qu'escrive estoire d'antif tens,
Quant jo nes escris en latin.

Aucassin et Nicolette :
Qui vauroit beaus vers oïr
Del deport viés et antif.

Roman de Rou, tom. 1, pag. 136 :
Fauces fu niés Riouf, ki fu vieil et antis.

Chronique de Jordan Fantosme, vers 41 :
Ki puisse porter armes, u ne seit si antis.

Vers 615 :
De la grant tur antive ferez le devaler.

Chronique des ducs de Normandie, tom. 1, pag. 138, vers 1615 :
Les murs e les palais antifs
Redresserunt par les païs.

Roman de Guillaume d'Orange, ibidem, pag. 159, en note, col. 2 :
En tor de marbre, tant soit fort ne antie.

Roman de Roncevaux, pag. 90 :
Cler luit la lune par la cité antie.

Aubri, vers 174 : *Tor antis.* Flore et Blancefl. vers 1812 : *Tor d'antiquité.* Gérard de Vienne : *Citeit antie*, vers 334, 1242, 1603. *Mur antif*, vers 877, 1846. Garin le Loher. tom. 1, pag. 259 : *Fromont de Bordelle l'antif*. Gérard de Vienne, vers 1745 :
Et les fors tors ke sont d'antiquitey,
Ke paien firent par lor grant poestey.

Vers 3225 :
Haut sont li mur ke paien ont fermé.

Garin le Loher. tom. 1, pag. 88 :
El palais montent que firent Sarrasin.

Gérard de Vienne, vers 3627 :
Nos en irons, ainz k'il soit avespré,
Droit à Viane, l'amirable cité.
Par une cave de vielle antiquité,
Paien la firent, molt lonc tans ait passé.

Vers 1605 :
Un bois i ot de grant ancesserie.

Garin le Loher. tom. 1, pag. 233 :
Dreciez les forches desoz ce pin anti.

Pag. 203 :
En un val entrent qui fu grans et antis.

Pag. 195 :
El pinel entrent dedans ung val antif.

Pag. 289 :
Li essars fu grans et gros et antif.

Pag. 99 :
S'ourent chevaus grans et fors et antis.

Roman d'Anséis, cod. reg. 7191, fol. 17² :
Mort le trebuce del bon destrier antaine,
Puis trait Joiouse ki fu roi Karlemaine.

Phil. Mouskes, pag. 209 :
Cevaus proisiés, cevaus hardis...
Plus fust uns cevaliers seurs
Sor toi, qu'en tors à trebles murs.
Ha vious amis, qui servras ?
Quant je me muir, que devenras ?

Voyez Rayn. tom. 2, pag. 97², au mot *Antic*.

ANTIN, Le bien qui provient de la tante. Gl. *Avuncula*.

ANTOINE, Antienne. Gl. *Antiphona* 2.

✩ **ANTROIGNE**, Tromperie. Gautier de Coinci, Supplément de Roquefort :
Jà ne m'aient patrenostres
Ne prières ne misereles ;
Miex aim sornes à pastoreles
Que je ne face telz antroignes.

ANTRUPERIE, Tour de passe-passe. Gl. *Trahere* 5.

ANUABLE, Facile, qui accorde aisément. Gl. *Adnue*. [*Amiable* ?]

✩ **ANUIANCHE**, Ennui, mauvaise humeur. Fabliau de Longue-Nuit, vers 958 :
Plains de grand ire et d'annuianche
S'en est venus sans ariestanche
En la cambre u li vesques dort.

✩ **ANUIT**, comme *Ennuit*, Cette nuit, aujourd'hui. Chronique de Jordan Fantosme, vers 138 :
Od la lune serie anuit eschilguaitiez.

Chronique des ducs de Normandie, tom. 1, pag. 133, vers 1461 :
Seignors, anuit en mun dormant.

Partonop. de Blois, vers 1195 :

*En vostre francise ai espoir
De seul anuit ci remanoir.*

Voyez Rayn. tom. 4, pag. 318¹, au mot *Noit*, et Orell. pag. 297.

ANUITER, Faire nuit. Gl. *Adjornare* 3. [Chronique des ducs de Normandie, t. 2, pag. 145, vers 19633 :

*Mais mult li targe l'avesprer
E l'anutier por soir s'en.*

Joinville. pag. 19 : *Mut de Joingville à l'anuitier.* Pag. 55 : *A l'anuitier revenimes de la perilleuse bataille.* Pag. 260 : *Et ala tant que à un anuitier il se logièrent près de leur anemis.* Garin le Loher. tom. 1, pag. 55 :

A Cambrai vint ains qu'il dut anuitir.

Chronique des ducs de Normandie, tom. 1, pag. 49, vers 1304 :

I pristrent port en l'anuitant.

Pag. 119, vers 1065 :

I est entrez vers l'anuitant.

Tom. 2, pag. 278, vers 23597 :

*Sempres quant il anuitera
E tote gent se dormira.*

Chronique de Jordan Fantosme, vers 2018 :

Baruns, esveilliez vus ; bor vus fut anuitié.

Le dit du povre chevalier, Jubinal, Contes et Fabliaux, tom. 1, pag. 140 :

Sire por quoi plorez toute nuit anuitie.

Enfants Haymon, vers 148 :

*Grand fu l'esbatement en la salle voultie
De chanter, de danser toute nuit anuitie ;
Puis alèrent coucher jusqu'à l'aube
[esclairie.*

Voyez Rayn. tom. 4, pag. 319², aux mots *Anuchir* et *Anoitar*, Orell. pag. 138.

ANWILLE, Anguille. Gl. *Anwilla*.

ANWISON, Espèce de poisson. Gl. *Anwila*.

✿ **AOES**. Voyez *Oès*.

✿ **AOI**. Voyez *Avoi*.

1. **AOIRE**, Oie. Gl. *Auca*, pag. 465¹.

✿ 2. **AOIRE**, Augmenter, accroître. Reclus de Moliens :

*Qui por seue biauté aoire
Se paint com ymage marmoire.*

Chronique des ducs de Normandie, tom. 3, pag. 145, vers 35954 :

*Teus quide sa honte venger
Qui en dobles l'aoite e creist.*

Où le manuscrit de Tours porte *Aoist.* Voyez Rayn. tom. 2, pag. 142¹, au mot *Auger*.

AOMBRER, Couvrir de son ombre. Gl. *Sufflare* 2. [*S'Aombrer*, devenir homme. Voyez s'*Anobrer*. Gérard de Vienne, vers 1068 :

Ki en la virge se doignait aombrer.

Gautier de Coinci, dans le Glossaire de Joinville :

*Com fist Gabriel li Archangles
Quant me dist que li rois des Angles
S'ombreroit en mes sains flancs.*

Guill. Guiart, tom. 1, pag. 216, vers 5150 (5464) :

*En la glorieuse pucelle
Le qui bien nul ne set nombrer
Vous vousistes, sire, aombrer.*

Couvrir. Pag. 189, vers 4344 (4756) :

*Le fort mur à miner commencent
Et font le chat si aombrer
Que riens ne le puist encombrer.*

Pag. 227, vers 5423 (5749) :

*Pour estre plus tost mal-bailliz
Est hardiment assailliz ;
Si grant plenté de gent l'aombre
Que je n'en sai dire le nombre.*

Voyez Rayn. tom. 4, pag. 369², au mot *Azombrar*.

AONNIER, Unir, aplanir, rendre égal. Gl. *Aplanare*.

AORBIR, Retirer, rétrécir. Gl. *Orbitare*.

✿ **AORCE**, Ensemble. Voyez *Aorser* et *Aourger*. Roman de Renart, tom. 2, pag. 317, vers 18211 :

*Le grant troton s'en vait à force
La matinée tote aorce,
Bien set tenir la voie droite.*

✿ **AORDENE**, Ordre, ordonnance, disposition. Partonop. de Blois, vers 10703 :

*Defors fu orlés de rubis,
Trestos d'un grant aordene assis,
Et fut moult bien al col fremés.*

Voyez Rayn. tom. 4, pag. 382¹, au mot *Aordenamen*.

✿ **AORDRE** (S'), Se régler, se conformer, prendre pour modèle. Roman de Charles-Martel Rayn. tom. 1, pag. 175 :

*Et pour ce au latin me veulz du tout
[aordre,
Que en plusieurs moustiers le lisent
[la gent d'ordre.*

Voyez Rayn. tom. 4, pag. 380, au mot *Aordenar*.

AORER, Adorer, prier. Gl. *Adorare*. [Partonop. de Blois, vers 10298 et 10300. Chron. des ducs de Normandie, tom. 1, pag. 467, vers 11151, etc. Voyez le Glossaire de Roquefort et Rayn. tom. 2, pag. 28¹, au mot *Adorar. Aoremenz*, adoration, culte. Chronique des ducs de Normandie, tom. 1, pag. 467, vers 11163.

AORGER (S'), S'arrêter, se retenir à quelque chose. Gl. *Arrestare* 5. [Voyez Rayn. tom. 2, pag. 26¹, au mot *Aorser*.]

✿ **AORNE**, En ordre, l'un après l'autre. *Tot aorne*, tout à fait, de tous les côtés. Roman de Renart, vers 1247, tom. 5, pag. 64 :

*Saut en travers, plus n'y séjorne ;
Les chiens mordant trestot aorne.*

Tom. 1, pag. 48, on lit :

Trestoz les chiens mordent à orne.

Guill. Guiart, tom. 2, pag. 356, vers 9252 (18234) :

*A greveuse peine et à male
Cheminent par ilueuc aorne,
Car li flox qui va et retourne
Leur fait là si grant destourbance, etc.*

Chronique des ducs de Normandie, tom. 1, pag. 249, rubrique :

*Ci part Rou d'Engleterre, ariere s'en
[returne,
Ci tramet par les terres qu'il prent
[totes e aorne.*

Pag. 253, vers 4900 :

*Cist reaumes dunt reis esteie
E que jeo governer deveie
Defist, perist, à neient torne,
Eissi que je l' part tot aorne.*

Tristan, tom. 1, pag. 188, vers 3913 :

*Li rois Artus cele port torne
E li autre trestot aorne.*

✿ **AORNER**, Disposer. Chronique des ducs de Normandie, tom. 2, pag. 283, vers 23767 :

*Apres vout Deus le munt former
E les humaines devisier ;
E quant il out tuit aorné, etc.*

Aornement, dans les sermons de S. Bernard. Voyez le Glossaire de Roquefort.

AOUE, Oie. Gl. *Auca* 1, pag. 465¹. [Voyez Rayn. tom. 2, pag. 142¹, au mot *Auca*.]

✿ **AOVERT**, Ouvert. Chronique des ducs de Normandie, tom. 1, pag. 525, vers 12829 :

*Que de la dolerose perte
Li fust grant honur aoverte.*

AOURER, Honorer, révérer, prier. Gl. *Adorare.* [*Vendredy de crouns aouré.* Voyez Gl. *Crux*, pag. 633³, et le Glossaire de Roquefort, au mot *Aoré*. Roman de Tristan, cité au Glossaire de Joinville : *Lendemain matin se met la damoiselle en la voye et vint à Tristan et lui aoure le bonjour.*]

✿ **AOVRER**, Accomplir, faire. Chronique des ducs de Normandie, tom. 1, pag. 466, vers 11137 :

N'est biens ne faiz ne aovrez.

AOURNEMENT, Ornement. Gl. *Adornare.* [*Epiphia* et *Latria* 2.]

AOURSÉ, Fatigué, harassé. Gl. *Burdillus.* [*S'Aourser*, s'attacher, s'acharner. Guill. Guiart, tom. 1, pag. 60, vers 906 :

*Ses os à grant haste remande.
La gent qui à guerre s'aourse
Se reflert en Berry la course.*

Voyez s'*Aorger*, et le Glossaire de Roquefort, au mot *Aorsé.*]

AOUST, Le temps de la moisson, la moisson même. Gl. *Augustus* 1. [Voyez Rayn. tom. 2, pag. 34¹, au mot *Agost.*]

AOUSTAGE, Rente qui se payait à la mi-août. Gl. *Aostagium*.

AOUSTER, Faire la moisson. Gl. *Augustare* [et *Autumnare* 1. Guill. Guiart, tom. 1, pag. 762 (1459) :

*Refont leurs granz os ajouster
Et non mie pour aouster,
Ne pour les vingnes vendengier.*]

AOUSTEUR, Moissonneur. Gl. *Augustare*.

AOUSTRÉ, Adultère, infidèle. Chastel. de Couci, vers 5688 :

*Avoir cuidai ami loyal
Et je l'ay trouvé desloyal
Qu'il a jà fait ailleurs amie...
Or est il aoustré souduis.*

Voyez *Avoutère*.

AOUVRIR LOI, Admettre, recevoir à plaider. Gl. *Aperire curiam.*

APACTIR, Faire pacte, traiter, convenir de quelque chose, et surtout des contributions ou des rançons, que les ennemis exigent. Gl. *Apatuare.*

APAER, APAIER, Payer, satisfaire, rendre content. Gl. *Apacare.* [Apaiser, accorder. Gérard de Vienne, vers 2800 :

Por Deu vos pri...
Ke ceste guerre feissiez apaier.

Chronique des ducs de Normandie, tom. 1, pag. 211, vers 3690 :

Pur sa très-grant ire apaier.

Pag. 244, rubrique :

Cum Rous au roi Engleis ses enemis
[*apaie.*

Pag. 254, vers 4945 :

Et si vers Dampne-Deu t'apaies
Que sa lei tienges Crestiens.

Joinville, pag. 77 : *L'amiral se tindrent bien apaié du serement le roy.* Pag. 95 : *Si le faites aquiter du treu que il doit à l'Ospital et au Temple et il se tendra apaié de vous.* Pag. 101 : *Je vous départirai le guing bien et si loialement, que chascun s'en tendra apaie.* Voyez Rayn. tom. 4, pag. 456², au mot *Apagar*, et Halliwell, aux mots *Apaid* et *Apayen.*]

APAIER, Attirer, engager. Gl. *Apacare.*

° **APAIIER**. Voyez *Apaer.*

° **APAISANTER**, Satisfaire. Sermons de S. Bernard chez Roquefort : *Cist est li sacrifices ki apaisantet nostre Signor.* Voyez *Apaer.*

APAISENTEUR, Arbitre, juge choisi par les parties pour accommoder un différend. Gl. *Paciarii.*

° **APAISIER**, Réconcilier. Joinville, pag. 172 : *En tele manière fu apaisiés li cuens de Champagne au roy Loys de France, de l'orguel que il avoit commencié et enpris contre lui.* Miracles de S. Louis, p. 468 : *Saches que je ai eu grant poine pour toi d'apaisier toi à la benoîte Vierge Marie*, etc. Miserere du Reclus de Moliens :

Au jour que Diex tenra ses plais
Tu emporteras mout grief fais
S'anchois n'es à lui apaisiez.

Voyez *Apaisanter.*

APALIR, Affaiblir, énerver, engourdir. Gl. *Apalus.*

APANAGE, La portion d'héritage qui est donnée aux puînés ou aux filles, pour tout patrimoine. Gl. *Apanare*, pag. 307³.

APANAGER, APANER, Assigner l'apanage. Gl. *Apanare.*

APANEMENT, comme *Apanage*. Gl. *Apanare*, pag. 308¹.

APAPELARDIR, Faire le papelard, contrefaire l'homme de bien. Gl. *Papelardus.*

APARAGEOR, Celui qui tient en parage. Gl. *Paragium 2*, pag. 158³.

° **APARAGER (S')**, Traiter de pair. Partonop. de Blois, vers 2299 :

Nus n'est si povres, s'il le voit,
Ne li est vis que ses pers soit ;
Il est si humles et si dous
Qu'il s'aparage à trestous.

° **APARANT**, *Cop aparant*, Plaie ouverte. Gl. *Ictus apparens*, pag. 283².

° **APARCEVOIR**, Reconnaître, Chastel. de Couci, vers 6617 :

Et si bien se deffigura
Hors de son communal estour
C'on ne l'aparcéust nul jour
Qui moult près ne s'en prenist garde.

Joinville, pag. 151 : *Dès le commencement que il vint à son royaume tenir et il se sot aparcevoir, il commença à deffier moustiers*, etc.

Agolant, vers 301 :

Naymes est molt de sens apercéu.

APARCHIS, Lieu où l'on élève des perches, sur lesquelles on place les draps pour les lainer. Gl. *Pegia.*

APAREILLEMENT, Appareil. Gl. *Aparamenta navis.* [Voyez Rayn. tom. 4, pag. 417³, au mot *Aparelhamen*, et ci-dessous *Apareillier.*]

° **APAREILLIER**, APARELLIER, Préparer, faire des préparatifs pour arranger, disposer, appareiller, choisir. Chronique des ducs de Normandie, tom. 1, pag. 327, vers 7082 :

Quant li dus senz delaiement
Out fait sun aparellement
E sun convive festival,
(N'out bon ami ne bon vassal
Qui là ne fust apareilliez
Joiosement e bauz e liez]
Ad Gille sa femme espusée.

Tom. 2, pag. 74, vers 15669 :

Sempres tot erraument comande
Que l'on apareit sa navie.

Tom. 1, pag. 366, vers 8174 :

Ainz, si cum Deus l'apareillout
Senz demore, si cum il plout, etc.

Partonop. de Blois, vers 2325 :

Or s'appareille de bataille.

Vers 2977 :

Cauces de fer a bien tailliés
Et bien de soie apareilliés.

Vers 9611 :

Li sodans eut armes noveles...
Qu'il ot faites apareillier
Legieretes por tornoier.

Gérard de Vienne, vers 1981 :

Toutes ses armes li vait aparilier.

Garin le Loher. tom. 1, pag. 263 :

Bordelois issent qui sunt bon chevalier
Aparillié de lor honte vengier.

Agolant :

Se je vos puis à mes deus poins baller
Je vos cui si ennuit apareillier
Toz vos lignages n'i aura reprovier.

Voyez vers 1133, Flore et Blanceflor, vers 1233.

Il et li cambrelens consellent
Et lor jornées apareillent.

Vers 1862 :

De l'aler s'est aparilliés.

Miracles de S. Louis, pag. 469 : *Je suis apparilliez d'amender tout par vostre conseil.* Voyez Rayn. tom. 4, pag. 416², au mot *Aparelhar* ; Roquefort, au mot *Aparailler*, dans le Glossaire et le Supplément ; Halliwell, au mot *Apparail*, ci-dessous les mots *Appareil*, suiv. et *Aparlier.*

° **APAREIR (S')**, Apparoir, apparaître, se montrer. Chronique des ducs de Normandie, tom. 2, pag. 127, vers 19057 :

Une ne le meudre ne le pire
Ne vont fors porte remaneir,
Ne ne se voudrent aparcir ;
Dedenz les murs s'esterent quei.

Voyez Rayn. tom. 4, pag. 428², au mot *Aparer*, et Orell, pag. 217, 218.

APARET, Ce qui ferme un pré et qui empêche d'y entrer. Gl. *Ampara.*

° **APARISSANCE**, Apparence, indice. Chronique des ducs de Normandie, tom. 1, pag. 282, vers 5729 :

Mais n'est pas certe aparissance
Qu'od eus aiez grant malvoillance.

° **APARISSANT**. FAIRE APARISSANT, Montrer, prouver. Chronique des ducs de Normandie, tom. 1, pag. 408, vers 9423 :

Seignors, fait-il, si or m'amez,
Si l' me faites aparissant.

Voyez Garin le Loher. tom. 1, pag. 22 ; Orell, pag. 251.

° **APARLEMENZ**, Paroles, conversations. Chronique des ducs de Normandie, tom. 1, pag. 511, vers 13337 :

Eisi par tels aparlemenz
E par si faiz decevemenz
Sunt tuit decéu li Normant.

° **APARLIER**, comme *Apareillier.* Joinville, pag. 177 : *Si apparelierent leur erre sanz le conseil dou commun et dou roy ; et chavauchierent, quant il furent aparlié, parmi la terre*, etc. Pag. 181 : *Mais pour ce qu'il n'estoient pas aparliés a ostoier, il se départi d'illuec.*

APARLLER, Parler ensemble, traiter d'une affaire. Gl. *Arrationare.* [Voyez *Aparoler.* Flore et Blanceflor, vers 2155 :

Car vous m'avés bien accueilli,
Bel aparlé, vostre merci.

Chronique des ducs de Normandie, tom. 1, pag. 353, vers 7764 :

N'aparla pas od lui li dux.

Voyez Orell, pag. 122.]

° **APARMAIN**, Sur-le-champ. Roman de Roncevaux, pag. 82 :

Et dist Gautiers : Aparmain le saurez.

Fabliau de sire Hains, Roquefort, au mot *Comperer* :

Ne fust por ma chose haster
Por aler au marchié demain,
Tu le comperaisse aparmain.

Voyez Orell, pag. 297, et ci dessous *Apertement.* Dans la traduction des sermons de S. Bernard on lit dans le même sens, *Aper-mismes, A-per-mêmes.*

APAROLER, Adresser la parole à quelqu'un. Gl. *Arrationare.* [Voyez *Aparller.* La vie de S. Nicholai, pag. 233 : *Li concilles respondi au saint evesque : Sers Dieu par chi m'aparoles-tu en tel maniere ?* Chronique des ducs de Normandie, tom. 2, pag. 276, vers 29529 :

Qu'est-ce dunt tu nos aparoles ?
Tot apertement nos afoles.]

APE APE APE 39

° **APARTENIR**, Egaler. Chastel. de Couci, vers 5830 :

Et non pourquant si belle estoit
Que de biauté apartenoit
A la dame de Fayel.

APASTELLER, Fournir la pâtée ou pâture. Gl. *Pastus.*

APASTIS, Pacte, traité, convention; la chose convenue, [vassal par convention]. Gl. *Apatisatio.*

APATICHER, APATISSER, Faire un accord, traiter, convenir. Gl. *Appatisatio.* [Voyez Halliwel, au mot *Appatized.*]

APAU, Bail à cens. Gl. *Apeamentus.*

APAUTEOR, Censier. Gl. *Apeamentus.*

APAUTER, Donner à cens. Gl. *Apeamentus.*

APAYSEMENT †, Adoucissement. Gl. *Expiare* 3.

APAYSIER †, Adoucir. Gl. *Expiare* 3. [Voyez *Apaisier.*]

° **APEL**, APIAX, APPIAUS, Appel. Gl. *Appellatio* 1, pag. 325². Roman de Renart, tom. 3, pag. 68, vers 21612 :

Et qu'est-il ore de l'apel
Que ge avoie envers vos fet ?
Comment est del aler au plet ?

Voyez Rayn. tom. 2, pag. 102¹, au mot *Apel.* Garin le Loher. tom. 1, pag. 166:

Li Monages sonne, tuit en sunt estormis.

Li Moniages Renouart, dans une note de la Chronique des ducs de Normandie, tom. 1, pag. 529 :

Au grant berfroi fu li apiax sonez.

Voyez Gl. *Appellatio* 2. Invocation, prière. Miracles de S. Louis, pag. 451 : *Par le seul apel du benoiet S. Loys... il fut einsi soudainement gueri.* Voyez ci-dessous *Apeler.* Ce mot paraît avoir été employé dans le sens d'*Appareil.* Partonop. de Blois, vers 7596 :

Si vienent trosqu'en lor castel,
U on lor fait moult rice apel
De beaus mangiers et de bons vins.

Vers 7090 :

Mais je prist poi trestot le mont,
Et quanqu'el siecle est bon et bel,
Envers dame qui set d'apel
Et de jour et de juer
Et de rire et de bel parler.

° **APELER**, Invoquer, prier. Miracles de S. Louis, pag. 394 : *La mère les sivoit en apelant S. Marie, etc.* Pag. 400 : *Par les merites du benoiet S. Loys et parce que cle apela s'aide.* Fabl. de Prestre et Alizon :

Par toz les sains, qu'on apele à Gisors.

° **APELER DE BATAILLE**, Accuser quelqu'un d'un crime qu'on offre de prouver par combat judiciaire. Gl. *Duellariter.*

APENDEIS, Appentis. Gl. *Appendaria.*

APENDRE, Dépendre, appartenir. Gl. *Appender.* [Aubri, pag. 167² :

Il tint Borgogne, une terre pesant,
E Genevois sunt à lui apendant.

Gérard de Vienne, vers 459 :

A Karlemaine qui douce France apant.

Garin le Loher. tom. 1, pag. 123 :

Quant vous chaciez devant Mont Meliant
En la forest qui à celui apent.

Pag. 199 :

Riche abéie qui apent à Clugni.

Partonop. de Blois, vers 2109 :

Mandés, fait-il, tote le gent
Qui al reigne de France apent.

Vers 10538 :

Tot quanque à l'onor apent.

Chronique des ducs de Normandie, tom. 1, pag. 326, vers 7021 :

Dune al setme jur Brenneval
Od quanque del fieu i apent.

Pag. 145, vers 1831 :

Par tot le regne qui m'apent.

Pag. 429, vers 10024 :

Kar ce set bien certainement
Que tot le regne li apent.

Partonop. de Blois, vers 9553 :

Li outres de l'eslection
N'apent à nul se à vos non.

Roman de Renart, tom. 1, pag. 43, vers 1116 :

Feré ce que à l'ordre apent.

Tom. 2, pag. 307, vers 17947 :

Ne s'en doivent pas merveillier
Cil qui devers Renart s'apendent.

Voyez Rayn. tom. 4, pag. 493¹, au mot *Apendre*; Halliwel, aux mots *Apent* et *Append.*]

° **APENSE**. Voyez *Appensé. Guet apensé.* Gl. *Pensabiliter.*

° **APENSÉEMENT**, Avec réflexion, Beaumanoir, chap. 1, § 6 : *Li sages hardis, si est cix qui sagement et apenséement monstre son hardement.* Voyez Rayn. tom. 4, pag. 493¹, au mot *Apessadamen.*

APENSEMENT, Réflexion, méditation. Gl. *Apensamentum.*

° **APENSER (S')**, Réfléchir, penser. Joinville, pag. 31 : *S'apensa que il iroit confondre le soudanc de Hamant.* Pag. 122 : *Il s'apensa que le menu peuple de la ville ne s'auroit pooir de deffendre.* Annales, ibidem, pag. 268 : *Si s'apensa de rechief d'aler outre mer.* Flore et Jeanne, pag. 61 : *Coument elle se peut apenser de çou faire, etc.* Fabl. de Gautier d'Aupais :

Lors s'apense e porpense, si a cui dira son
[bon.

Fabl. du Prevost à l'aumuche :

Puis s'apensa en soi meisme
S'en pooit embler une pièce.

Voyez Rayn. tom. 4, pag. 493¹, au mot *Appensar.*

° **APENTICH**, comme *Apendeis.* Gl. *Appendaria.* Voyez Roquef. Supplém.

° **APERCEVANCE**, Action, air de s'apercevoir. Chronique des ducs de Normandie, tom. 2, vers 13874 :

Ne de tot ceo, ne tant ne quant,
Ne facez merveille ne semblant ;
S'en fesiez apercevance, etc.

Marie de France, Lai de Milun, vers 93 :

Tant la cela, tant la covri,
Unques ne fu apercevance
En parole ne en semblance.

° **APERCEVOIR**, pour *Percevoir*, prendre, recevoir. Gl. *Accipere* 1. [Voyez Rayn. tom. 2, pag. 279, au mot *Apercebre.* Orell, pag. 131. Haliwell, au mot *Apperceive.* Dans un autre sens ci-dessus *Aparcevoir.*]

APERCHER, Soutenir avec des perches. Gl. *Pegia.*

° **APERECER**, Devenir paresseux. Chronique des ducs de Normandie, tom. 2, pag. 453, vers 28467 :

Li flanc li batent de lassesce,
Mult s'alentist e aperece.

Tom. 1. pag. 380, vers 8590 :

Quident seiom apereceié.

° **APERMESMES**. Voyez *Aparmain.*

° **1. APERT**, Evident, connu, public. Roman de Renart, tom. 1, pag. 24, vers 145 :

N'i convient nule coverture,
Tot est aperte l'aventure.

Chronique des ducs de Normandie, tom. 1, pag. 152, vers 2021 :

Adunc fu Rous en remembrance
Del aperte signefiance
Del songe, etc.

Pour *En apert*, ibidem, pag. 278, vers 5607 :

Si a valor n'as esprovée
Ne de la gent qu'as amenée
Iceu porras veeir apert.

Voyez Rayn. tom. 2, pag. 103¹, au mot *Apert.* Dans un sens différent, Roman de Renart, tom. 2, pag. 226, vers 15710 :

S'or m'en blasme forment et chose
De ma folie et de ma perte
Bounmatin la bele, l'aperte,
Ne m'en doit mie merveillier.

Voyez Appert 1.

2. APERT, En apert, A découvert, publiquement. Gl. *Apparentia* 3. [Chronique des ducs de Normandie, tom. 1, pag. 214. vers 3772 :

Dunc se mostrerent en apert
Cil devers Rou.

Pag. 475, vers 11409 :

Haut en oiance ne en apert
A son corage descovert.]

APERTE, Fait d'armes, belle action. Gl. *Apparentia* 3. [Voyez Halliwel, au mot *Aperte.*]

° **APERTEMENT**, Ouvertement. Chronique des ducs de Normandie, tom. 1, p. 467, vers 11147 :

Si t'iert apertement mostré
Ceo qu'as enquis e demandé.

Tom. 2, pag. 216, vers 21789 :

Veit que or set la traison
Apertement senz coverture.

Vivement, sans relâche. Contes et Fabliaux publiés par Jubinal, tom. 1, pag. 176 :

Alés, dist le chanoine, tost et apertement.

Fabl. d'Estrubert :

Mestres feites apertement
Car je sui ci en grant torment,
Ne l' puis longuement endurer,
Sire, ne me puis plus haster.

Voyez Rayn. tom. 2, pag. 103², au mot *Apertemen*, et ci-dessus, *Aparmain.*

APERTINANT, Allié, parent. Gl. *Pertinere*. [Enfants Haymon, vers 676 :
Grant reprouche y aroient tous nos aper-
[*tenant.*
Aubri, pag. 167[2] :
Mi cosin ierent et mi apertenant.]

APERTISSE, Adresse, dextérité. Gl. *Apparentia* 3.

APETICIER, Diminuer, apetisser, devenir plus petit. Gl. *Apetissare.*

APICQUOTEUR, Difficile, querelleur, fantasque. Gl. *Appiglantia.*

APIECER, Attacher ensemble plusieurs pièces ou morceaux. Gl. *Appire.*

APILETTÉ, APILLETTÉ, Qui a une pointe comme celle du javelot ou dard, qu'on appellait autrefois *pile* ou *pilet.* Gl. *Pilatus.*

APINIAULX, p. e. Farceurs, bouffons. Gl. *Apinarii.*

APITER, Toucher, attendrir. Gl. *Pietosus.*

APLAIGNER, Caresser du plain de la main. Gl. *Aplanare.* [Roman de Renart, tom. 2, pag. 303, vers 17834 :
Li mostre d'amor bel semblant,
Moult aplaigne et si le loe.
Tom. 3, pag. 58, vers 11340 :
Mès dites vespres, qu'il est tart.
Lors aplaigne Tybers son chief,
Si recommence, etc.
Voyez Rayn. tom. 4, pag. 552[2], au mot *Aplanar.*]

° **APLAISSER**, Abattre, dompter. Chronique des ducs de Normandie, tom. 2, pag. 109, vers 18508 :
Ma grant espée Loherenge,
Qui tanz orguilz aplaisse e venge,
Rapaisera le lor orguil.
Voyez Plaisser.

APLAIT, Harnais de cheval. Gl. *Aploidum.* [Voyez Rayn. tom. 2, pag. 104[2], au mot *Apleg.*]

APLANIR, Polir, rendre uni, ajuster. Gl. *Aplanare.*

APLANOIIER, comme *Aplanir.* Gl. [*Aplanare*] et *Tintinnabulum.*

APLAUDIR, Couvrir, cacher. Gl. *Applausivus.*

° **APLEIER**. Voyez *Aploier.*

° **APLEJER**, APLEGIER. Voyez *s'Apleger.* Procurer en se portant caution. Joinville, pag. 86 : *Il m'apleja en la ville ce qu'il me failli pour vestir et pour moy atourner.*

APLEITAGE, Place où l'on dépose les marchandises débarquées ou à embarquer. Gl. *Plactata.*

° **APLETS**. Voyez *Applect.*

° **APLEUVANZ**...... Guill. Guiart, tom. 1, pag. 122, vers 2639 (3031) :
Mort dont nul ne set la venue
Li fit ceste desconvenue ;
L'an mil, ce sai de apleuvanz,
Cent quatre-vingt et dix-neuf anz.

° **APLOMÉE**. Voyez *Plommée* 1.

° **APLOMMER** (S'), Venir en grand nombre. Guill. Guiart, tom. 2, pag. 257, vers 6646 (15688) :
Endroit ceus qui viennent serrez
Et armés d'armeûres chiéres
En a ès chans deus grans et fiéres
Où grant flo de Flamens s'aplomme.
Voyez Roquefort, au mot *Aplomer.*

APLOIER, Se plier à ce qu'on souhaite de vous, acquiescer, condescendre. Gl. *Aplegiare.* [Chronique des ducs de Normandie, tom. 2, pag. 281, vers 23687 :
A ma parole e à mes diz
Si apleiez vos esperiz.]

APLOVOIR, APLOUVOIR, Venir en grand nombre, en affluence. Gl. *Pluvinare.* [Roman de Rou, vers 12836 :
Li vilain des viles aplovent
Tels armes portent, com il povent.
Chronique des ducs de Normandie, tom. 2, pag. 216, vers 21745 :
De la grant gent qui est venue
E de par tot vient et apluet.
Pag. 239, vers 22416 :
E cil qui tant apléu
R'unt desur eus levé le hu.
Pag. 157, vers 20000 :
Que de par tot s'apluec lor gent,
È la lor à fuir entent.
Venir soudain, on ne sait d'où, Partonop. de Blois, vers 2497 :
Sor ço lor est puis apléus
Uns diables qui fu perdus,
Qui plus est duis d'armes porter
Que n'est aronde de voler.]

APOIAL, Appui, soutien. Gl. *Apodiamentum.*

1. **APOIER**, Payer, satisfaire, rendre content. Gl. *Apacare.* [Le livre de Justice et de Plet, f° 66 : *Si seremenz doit estre gardez en totes manières contre celui qui se tint apoiez quant il le lessa fere.* Voyez *Apaier.*]

° 2. **APOIER**, Dresser, lever. Partonop. de Blois, vers 600 :
Partonopeus trait son espié,
Si l'a ters et sus apoié.
Vers 708 :
Et voit fors apoié le pont
Por ù on puet monter amont.
Voyez Puier 1.

° **APUIER** (S'), S'appliquer, se livrer. Guill. Guiart, tom. 2, pag. 366, vers 9517 (18497) :
Et qu'aucun à ce ne s'apuie
Que sa nef guerpisse et s'enfuie.
Pag. 18, vers 434 (9400) :
Anglois, qui de ce s'espoventent
Et à paour de mort s'apuient.

APOIGNER, Empoigner, prendre à pleine main. Gl. *Arpagare.*

APOINDRE, Donner des éperons, se hâter. Gérard de Vienne, vers 1664 :
Comment vous est de la joste que un
Del chevalier qui apoignoit vers ti.
Chronique des ducs de Normandie, tom. 1, pag. 348, vers 7612 :
Où faite paiz, senz nule fei
Vint apoignant contre le rei.
Roman de la Violette, pag. 140, vers 1791 :
A itant Gerars voit apoindre
Un Saisne, puis vait à lui joindre.
Voyez Rayn. tom. 4, pag. 587[2] et 588[2], aux mots *Punger* et *Ponhar.*

APOINTIER, Panser, avoir soin d'un malade ou blessé. Gl. *Aptare* 2. Voyez *Appointier.*

APOINTON, Instrument pointu, propre à piquer ou à percer. Gl. *Punctorium* sous *Punctare,* pag. 569[9].

APOISONER, Empoisonner. Gl. *Empoysonare.*

APOPELISIE, Apoplexie. Gl. *Apoplecticus.*

APORCHER, Apporter, présenter, servir. Gl. *Apportus.*

° **APORTER**, Porter, induire, exciter à qqche. Roi Guillaume, pag. 51 :
Et se vostre cuers vos aporte
Que vos n'aiés mais do vos cure, etc.

° **APOSTE**, Exprès. Voyez Orell, pag. 314.

APOSTEILAT, APOSTOLE, APOSTOILE, Pape. Gl. *Apostolicus* 1, pag. 320[1]. [Voyez Rayn. tom. 2, pag. 106[2], au mot *Apostol.*]

° **APOSTILLER**, Éclaircir par des notes. Gl. *Postillare* sous *Postillæ.*

° **APOSTOLIAL**, Apostolique, papal. Chronique des ducs de Normandie, tom. 1, pag. 469, vers 11217 :
Ceste est l'apostolial vie
De Deu mult prochiene e amie.
Tom. 3, pag. 181, vers 36800 :
L'apostoile se fist mult liez,
Dunt si s'esteit humiliez ;
Apostolial oitreiance,
De son poeir de sa puissance, etc.
Voyez Rayn. tom. 2, pag. 106[2], au mot *Apostolical.*

° **APOSTOLITÉ**, Papauté, dignité de souverain pontife. Gl. *Apostolatus* sous *Apostolicus* 1.

1. **APOSTRES**. C'est le nom qu'on donne dans le diocèse d'Amiens aux prêtres qui sont employés à desservir les cures vacantes. Gl. *Apostoli* 5.

2. **APOSTRES**, Lettres dimissoires données à un appelant par le juge dont on appelle. Gl. *Apostoli* 1.

° **APOVRI**, APOVRETÉ, Ruiné, appauvri, réduit à la misère. Chronique des ducs de Normandie, tom. 1, pag. 250, vers 4887 :
Les terres lor a gastiées
E apovreté e apovries.
Pag. 251, vers 4863 :
Que al pé le rei erent venu
Apovreté e confondu.
Voyez Rayn. tom. 4, pag. 460[2], au mot *Apaubrir.*

APPAILLARDIR, Se livrer à la débauche, commettre l'adultère. Gl. *Paillardus.*

APPAISENTEUR, APPAISENTIER, APPAISEUR, APPAISITEUR, Arbitre, juge choisi par les parties pour accommoder un différend. Gl. *Paciarii.*

APPANAGER, Faire paître les glands d'une forêt par ses pourceaux. Gl. *Appanagium*.

APPANER, Donner en apanage. Gl. *Apanare*.

APPANSEMENT, Délai, temps accordé en justice pour consulter et répondre sur une demande. Gl. *Appensamentum*.

APPARAGÉ, Celui qui jouit de la part qui lui appartient dans un héritage. Gl. *Apparagium* sous *Paragium*, pag. 158[3].

APPARÇONNER, Associer, se mettre ensemble. Gl. *Parcennarii*.

APPARE, Paroi, mur, cloison. Gl. *Paries* 6.

APPARÉEMENT, Visiblement, évidemment. Gl. *Apparenter* 1.

APPAREIL, Terme générique pour signifier tout ce qui est nécessaire pour faire une certaine chose. Gl. *Apparamenta* 2.

APPAREILLEMENT, Ornement, parure. Gl. *Apparatura*.

○ **APPAREILLER**, Raccommoder, rapiécer. Gl. *Repezzare*.

APPAREILLIÉ, Tout prêt, disposé. Gl. *Apparamenta* 2.

APPARÉMENT, Visiblement, évidemment. Gl. *Apparenter* 1.

APPAREURE, Apparreure, Montre, échantillon, ce qui sert à parer la marchandise. Gl. *Apparatura*.

APPARIAGE, Apanage, la portion de l'héritage à quelque assignait à ses cadets. Gl. *Apparagium* sous *Paragium*, pag. 159[2].

APPARITION, Epiphanie, la fête des rois. Gl. *Apparitio* 2. et *Festum Apparitionis*.

APPARLER, Adresser la parole à quelqu'un. Gl. *Arrationare*.

APPARNAIGER, p. e. pour *Appannaiger*, permettre à quelqu'un de faire paître par ses pourceaux les glands d'une forêt, moyennant une certaine redevance. Gl. *Appanagium* [et *Herbergamentum*].

APPAROY, Paroi, mur, cloison. Gl. *Paries* 6.

APPARSONNER, Associer, se mettre ensemble. Gl. *Parcennarii*.

○ **APPART**, En appart. Voyez *Apert*.

APPARTENANMANT, Avec liaison, rapport, affinité. Gl. *Attinenter*.

APPASTELER, Terme bas et populaire, pour signifier couper la gorge. Gl. *Pastus*.

APPATIS, Rançons, contributions. Gl. *Appatissamentum* [et *Apaturae*].

APPATISSIER, Régler, convenir des contributions. Gl. *Appaticire*.

APPATRONNER, Comparer avec le patron, le modèle, étalonner. Gl. *Patrona* 2.

○ **APPAUS**, Pièces à l'appui, pièces de comptabilité. Compte de l'hôpital de Saint-Jean de 1332, Supplém. de Roquefort : *Se qu'il appert par tous les appaus sur lesquels li compte ladite Margueritte sont fondés.*

APPEL VOLAGE, Terme de notre jurisprudence. Gl. *Appellatio* 1, pag. 325[1]. [*Appiaus au voirre*, au même mot, pag. 325[2].]

APPENDEIS. Appentis. Gl. *Appendaria*.

APPENSÉ. *De fait appensé*, de guetapens. Gl. *Appensatus*. [Voyez Gl. *Appensata*.]

APPENTIS. Dépendance d'un chef-lieu. Gl. *Appendaria*.

○ **APPERCHEVABLE** †. Gl. *Advertibilis*.

APPERDU, Éperdu, qui a le cerveau troublé, hors de sens. Gl. *Perditus*.

1. **APPERT**, Adroit, industrieux, habile en sa profession. Gl. *Apparentia* 3. [Roman de Renart, tom. 4, pag. 138, vers 320 :

Cascuns des fius Timer se paine
C'on paroît d'eaus. Li fil Tybiert,
Le cat, i sont et tres apiert.

Voyez *Apert*, et Halliwell, au mot *Apert* 2.

2. **APPERT**. *En appert*, à découvert, publiquement. Gl. *Apparentia* 3.

APPERTESE, APPERTISE, Industrie, dextérité, tour d'adresse. Gl. *Apparentia* 3. [Histoire de Charles VII dans le Supplém. de Roquefort : *Fist de belles vaillances et appertises d'armes contre les Anglois.* Voyez Halliwell, au mot *Appertyces*.]

APPESART, Cauchemar. Gl. *Apesator*.

○ **APPIHALOS**, Nom d'un animal. Gl. *Autalops*.

APPIPAUDER, Parer avec affectation et recherche. Gl. *Piola*.

APPITOYER, S'attendrir, être touché. Gl. *Pietosus*.

APPLECT, Harnais d'animal qui tire une voiture. Gl. *Aploidum*.

APPLEGEMENT, Cautionnement et complainte en justice. Gl. *Applegiare* sous *Plegius*, pag. 367[3].

APPLEGER (S'), APPLÈGIER, Donner plège ou caution, former complainte. Gl. *Applegiare* sous *Plegius*, pag. 367[3].

APPLIQUER, *S'Appliquer de parole*, se prendre de paroles, quereller. Gl. *Applicare* 2.

APPLOIER (S'), Baisser la tête par crainte ou par respect. Gl. *Aplegiare*.

APPLOIT, Filets et tout ce qui est nécessaire pour la pêche. Gl. *Aploidum*.

APPOIÉE, APPOIEMENT, Appui, accoudoir, bras d'un siège ou fauteuil. Gl. *Appodiatorium*.

○ **APPOIER** †, Allumer. Gl. *Sufflare* 1.

APPOIEUR †, Soutien, ce qui sert à s'appuyer. Gl. *Podium* 2, pag. 381[1].

APPOIGNER, Empoigner, prendre à pleine main. Gl. *Arpagare*.

1. **APPOINTEMENT**, Traité, convention. Gl. *Appointamentum*. [Voyez Rayn. tom. 4, pag. 599[1], au mot *Apontamen*.]

2. **APPOINTEMENT**, Jugement, décision d'arbitre. Gl. *Appunctamentum*.

APPOINTEUR, Celui qui est chargé de traiter une affaire. Gl. *Appointamentum*.

APPOINTIER, Préparer, arranger. Gl. *Appunctare* 1. [Enfants Haymon, vers 450 :

Au matin se leverent, si se vont
[*apointier.*

APPORFONDIR, Approfondir, rendre plus profond. Gl. *Approfundare*.

1. **APPORT**, Cens, redevance. Gl. *Apportum* 2.

2. **APPORT**, Le bien que la femme apporte en dot à son mari. Gl. *Apportum* 2.

3. **APPORT**, Offrande, aumône. Gl. *Apportus*.

4. **APPORT**, Affluence de peuple. Gl. *Apportus*.

APPORTIONNER, Donner à quelqu'un la portion de bien qui lui appartient. Gl. *Apportionari*.

APPRATIR, Mettre en pré. Gl. *Apprayere*.

APPREINGNER, Presser, serrer. Gl. *Attidere*.

APPRESAGEMENT, APRISAGEMENT, Appréciation, estimation. Gl. *Appressio* 2; et *Appretiare*.

APPRÉSAGIER, APPRISAGIER, APRISAGIER, Apprécier, estimer. Gl. *Appretiare*.

APPRISE, Ordonnance d'un juge supérieur, dans laquelle il prescrit à son subalterne la forme de la sentence qu'il doit prononcer. Gl. *Apprisia*.

APPROCHEMENT, Embrassement, témoignage, marque d'amitié. Gl. *Appropinquare* 1.

APPROCHER, APPROCHIER, Accuser, appeler en justice. Gl. *Appropinquare* 1.

APPROFITER, Profiter, tirer du profit de quelque chose. Gl. *Approflamenta*.

APPROPRIER, Unir, annexer, incorporer. Gl. *Appropriare* 1.

○ **APPROUCHIER**, Voyez *Approcher*.

APPROUVANDEMENT, Fourniture de ce qui est nécessaire à la vie. Gl. *Praebenda*, pag. 449[2].

APPUNCTEMENT, Traité, convention. Gl. *Appunctuamentum* sous *Appunctare* 3.

APRENDRE QUELQU'UN, Enseigner, instruire. Gl. *Apprehendere* 1.

APRESAGIER, Apprécier, estimer. Gl. *Appretiare* 1.

APRESSER, Presser, serrer de près, poursuivre vivement. Gl. *Appressio* 1.

APRESTISE, Exercice du corps, dextérité, adresse. Gl. *Apparentia* 3.

○ **APRÉSURE**. . . . .

APR

Lai d'Aristote, chez Roquefort, au mot *Appressure* :

Nenil, quar amors l'efforça,
Qui sa volenté li donna,
Sor toz et sor toutes ensemble,
Dont n'a li mestres ce me semble
Nule coupe en sa mespresure,
Ne l'a pas fet par apresure,
Mais par droiture droite et fine.

Voyez le Supplément du même, au mot *Apresure.*

✪ **APRIENDRE**, Opprimer, comprimer. Chronique des ducs de Normandie, tom. 2, pag. 405, vers 27104 :

Por ce funt bien à chastier
E à laidir e à apriendre,
Qu'en sa face doter e criendre.

Tom. 1, pag. 549, vers 13567 :

Destreig e aprien lès Normanz
Qui ni regne sunt abitanz.

Voyez Rayn. tom. 4, pag. 623¹, au mot *Apremer.* Halliwell, au mot *Appressed*, et ci-dessus *Appreingner.*

✪ **APRIENT**, APRENT, Opprimé, envahi, attaqué. Chronique des ducs de Normandie, tom. 1, pag. 20, vers 507 :

Quel merveille ert si gens ert criente,
Kar meinte terre aveit apriente ?

Pag. 342, vers 7458 :

E pur le paisible estement
Qu'aprientz n'esteit de nule gent.

Pag. 393, vers 8955 :

Tuz les tendreiz puis en servage.
Aprient, destruit e miserin.

Pag. 282, vers 4284 :

Li coilvert, reneit traïtor,
L'unt si aprent e si chargié
E si mortelment guerreié
Qu'il ne li laissent fortelesce.

✪ **APRIMER.** Voyez *Aproismier* 1.

A-PRIMES, Pour la première fois. Gl. *Adprimitus.*

APRINSE, Apprentissage. Gl. *Apprenticiatus.*

APRISAGEMENT, Appréciation, estimation, Gl. *Appressio* 2.

1. **APRISE**, Enquête juridique pour parvenir à la juste estimation de quelque chose. Gl. *Aprisia* 1.

2. **APRISE**, Apprentissage. Gl. *Apparentia* 3, et *Apprenticiatus.* [Voyez Halliwell, au mot *Apprise* et *Aprise* 1.]

✪ 3. **APRISE**, Entreprise, aventure. Gilote et Johane, chez Jubinal, Fabliaux et Contes, tom. 2, pag. 39 :

Et quant vus avez lu tote ceste aprise
Priez à Dieu de ciel, etc.

Voyez Halliwell, Dict., au mot *Aprise* 2.

✪ **APRISMER.** Voyez *Aproismier* 1.

1. **APRISON**, Ce que l'on retient par force. Gl. *Aprisio.*

2. **APRISON**, Apprentissage, habitude. Guill. Guiart, tom. 1, pag. 91, vers 1801 (2209) :

Faisoit enfanz endoctriner
Pour lui ocire et afiner,

AQU

Qui jà ierent touz embaruiz
Et de tele Aprison garniz
Que chascun d'eus homme occist
Tel con son mestre li deïst.

Roman de la Rose, vers 1964 :

Il ne puet en li demorer
Vilanie ne mesprison
Ne nule mauvese aprison.

APRISONNER, Mettre à prix, rançonner, Gl. *Aprisonare.*

APRISSANCE, Prééminence, avantage. Gl. *Antelatio.*

✪ **APRIVER**, Apprivoiser, Roman de Renart, tom. 1, pag. 4, vers 91 :

Cele beste si retenoient
Quele que fust et aprivoient.

Vers 98, *Aprivoisoient.* Voyez Rayn. t. 4, pag. 648² au mot *Aprivadar.*

APROCHEMENT, Attouchement. Gl. *Appropinquare.*

APROCHER, Accuser, appeler en justice. Gl. *Appropinquare* 1.

✪ **APROCIÉ**, Avancé, qui approche de sa conclusion. Partonop. de Blois, vers 10407 :

Vostre seror violt prendre à feme...
Et el le violt, s'en est moult lié,
Bien en est jà l'uevre aprocié.

1. **APROISMIER**, Approcher. Gl. *Approximare.* [S'aproismier, Flore et Blancefl. vers 2940. Chronique des ducs de Normandie, tom. 1, pag. 200, vers 5963. S'aproismer, ibidem, pag. 197, vers 8275; Aprosmier, pag. 510 ; vers 12407. S'aprosmer, pag. 184, vers 1506 : pag. 173, vers 2624. Aprismer, pag. 213, vers 3739. Venir aprismant, Roman de Rou, tom. 2, pag. 215, vers 18156. Chronique de Jordan Fantosme, vers 1018. Aprimer, Roman de Renart, tom. 2, pag. 322, vers 18866 ; Roman de la Rose, vers 1750. Voyez Rayn. tom. 4, pag. 656¹, au mot *Aprosmar.* Roquef. Suppl. au mot *Aprocheir.*]

2. **APROISMIER**, Accuser, appeler en justice. Gl. *Appropinquare* 1. [Chastel. de Couci, vers 8147 :

Et de ce se craint durement
Que si ami ne l'aproimassent
Et de ce fait l'ochoisonnassent.]

✪ **APROMI**, Coupable. Voyez *Aproismier* 2. Enfants Haymon, vers 756 :

Et Dieu, qui par pitié de sa gent
[apromie,
Voult venir acomplier en vous le
[prophecie.

✪ **APROP**, Près, proche. Traduction de l'évang. de saint Jean, chez Raynouard, Choix, tom. 6, pag. 328 : *Aprop Nerun l'empereur.* Voyez ibidem, tom. 1, pag. 88 et 90, Lexique Roman, tom. 4, pag. 655, au mot *Aprop ;* Orell, pag. 318, et Roquefort, aux mots *Aprob* et *Aprop-si.*

✪ **APUIAL**, Appuis. Voyez s'*Acouter.*

✪ **APUY.** Voyez *Manuel.*

AQUAIRE, Fil d'aquaire, fil d'archal. Gl. *Auriculatum.*

✪ **AQUANTER**, Compter, nommer. Chronique des ducs de Normandie, tom. 3, pag. 122, vers 35277 :

AQU

Od ceus que li livres aquante
Se fu li reis traiz à Maante.

Voyez *Aconter.*

AQUEREAU, Espèce de machine de guerre. Gl. *Arganella.*

AQUERIR, Exciter, provoquer. Gl. *Acquirere.*

✪ **AQUES**, Un peu. Chronique des ducs de Normandie, tom. 1, pag. 355, vers 7827 :

Qu'aques mei 'n feist sage e mestre
Ennoia li, ce fist semblant.

Voyez *Alques.*

AQUESTER, Acquérir, faire des acquêts. Gl. *Aquistare.*

AQUETON †, Hoqueton, casaque. Gl. *Bombacinium.* [Gérard de Vienne, vers 2493 :

Et desrompu li hauberk fremilon,
Si ke dcsouz peirent li aqueton.

Voy. Rayn. tom. 2, pag. 52², au mot *Alcoto.*]

1. **AQUEULLIR**, Associer, donner part à quelque chose. Gl. *Accolligere.* [*Aquillir la preie*, piller. Chronique des ducs de Normandie, tom. 1, pag. 223, vers 4046 :

La preie aquillirent maneis
De par trestote la contrée.

Pag. 504, vers 12249 :

Senz toute e senz preie aquillie
Senz terre arse ne envaie.

✪ 2. **AQUEULLIR**, Se mettre à, commencer, prendre. Voyez ci-dessus *Acuellir.* Roman de Renart, tom. 3, pag. 44, vers 20942 :

Lors aquelt à esperoner
Tant que de lui pert la véue.

Pag. 47, vers 21025 :

Lors se r'aquelt à esbagir.

Tom. 2, pag. 372, vers 19754 :

Et Renart aquiaut sa parole
Et si li dit, et si li conte, etc.

Pag. 292, vers 17528 :

Sire Liétart s'apareilla,
Son sac enprès ses bués aquieut,
Tot droit à son ostel aquieut.

Tom. 3, pag. 87, vers 20760 :

Bastons aquelt moult à trenchier.

Pag. 3, vers 22812 :

Vit Renart pendre à la hardiere,
Les meins gete, prendre le veut,
Et Renart envers li s'aqueut,
Au hardel par les piez se pent.

Dans les variantes, tom. 5, pag. 247 :

La main giette, penre le vault,
Renars le chotsi, si s'escourt,
Et au piés la hart se pent.

Partonop. de Blois, vers 5808 :

Fuiz s'est trusqu'à la mer ;
Iluec ne se volt arester,
Le gravier aquelt à foïr
Ne fine onques de henir.

✪ **AQUETER** (S'), S'accouder. Gl. *Accubitare* et sous *Accubitus* 1.

AQUIAUT, Troisième personne du présent de l'indicatif du verbe *Aqueullir.* Gl. *Accolligere.*

AQUILANT, Brun ou alezan. Gl. *Aquilinus.*

AQUINCTER, Pencher, baisser d'un côté. Gl. *Guillator.*

° **AQUINTER**, comme *Acointier.* Marie de France, Lai d'Eliduc, vers 494 :

Damoisele, à cest chevaler
Vus devriez bien aquinter
E fere lui mut grant hunur ;
Entre cinc cenz n'en ad meilleur.

AQUIS, Fatigué, réduit à l'extrémité. Gl. *Acquitare 2.* [Gérard de Vienne, vers 1181. Garin le Loher. tom. 1, pag. 70, 71 ; ci-dessus *Acquiter.* Chronique des ducs de Normandie, tom. 1, pag. 274, vers 5482]

° **AQUISÉ**, Aquoisié, Calmé, rendu coi, tranquille. Chanson de Roland, stance 18, vers 12 :

Francois se taisent, as-les-vus aquisez.

Chastel. de Couci, vers 6800 :

Et furent endormi briément.
Quant toutes pars sont aquoisié, etc.

Voyez Rayn. tom. 5, pag. 22³, au mot *Aquezar.*

AQUIT, Sorte d'impôt. Gl. *Acquitum.*

AQUITER, Donner, céder. Gl. *Escahentia.* [Délivrer. Guill. Guiart, tom. 2, pag. 90, vers 2299 (11275) :

Prisonniers le champ aquité
Ront li François grant quantité.

Voyez Halliwell, au mot *Aquite.*

ARABI, Arabe. *Chevaux Arabis*, que nous appelons Barbes. Gl. *Farius 2.* [*Equus*, pag. 285². Voyez Destrier, et Rayn. tom. 2, pag. 108², au mot *Arabi.* Halliwell, au mot *Arrabys.* Rapide. Voyez *Arabis.* Garin le Loherain, tom. 1, pag. 22 :

Sors leurs chevaus arrabis et corans.

Voyez pag. 165, 170, 258. *Mul arrabi*, pag. 70, 207. *Rous arrabi*, pag. 220. Voyez le passage de Gérard de Roussillon cité par Rayn. tom. 2, pag. 201¹, au mot *Dausan.* Roman de Roncevaux, pag. 33 :

Tors et Hermins, Arrabis et Jahans.

Agolant, vers 132 :

Irai parler à Persanz arrabis.

ARABIANT, Qui est d'Arabie. Gl. *Aurum Arabicum*, pag. 490³. [Flore et Jehanne, pag. 54 : *Reube..... de soie, ki fu bendée de fin or arabiois.*]

ARABIS, Se dit d'un fleuve dont le cours est fort rapide. Gl. *Farius 2.*

1. **ARABLE**, Qui sert au labourage. Gl. *Arabilis 2.*

2. **ARABLE**, Érable. Gl. *Arablius.*

ARABUSTER, Importuner, tourmenter. Gl. *Arbustaritiæ.*

ARACEMENT, Arrachement, déracinement. Gl. *Arancare.*

ARAGE, ARAIGE, Terre labourable. Terrage, champart. Gl. *Aragium.* [Halliwell, au mot *Arrage* 1.]

° **ARAGER**, Tomber avec rage. Chronique des ducs de Normandie, tom. 2, pag. 257, vers 22984 :

Si ne savum certainement
A quei, ne si faiterement,
Cest ovre pesme e airée,
Sor autres escumeniée,
Vient e par tei sor nos arage.

Voyez Halliwell, au mot *Arrage* 2. Aragie, Enragée. Aubri, vers 181.

ARAIGNIER, Raisonner, discourir. Gl. *Aremare.*

ARAIN, Airain, cuivre. Gl. *Vispilio.* [Roman de Renart, tom. 4, pag. 102, vers 2803 :

Plonc ne estain, arain ne al.

Voyez Rayn. tom. 2, pag. 109¹, au mot *Aram.*]

1. **ARAINE**, Trompette. Gl. *Arainum.*

° 2. **ARAINE**. Voyez *Arayne.*

ARAINGIER, p. e. Ouvrier en airain. Gl. *Arainum.*

ARAJOINTES, Nom d'une foire qui se tenait à Château-Chinon. Gl. *Arajointes.*

ARAIRE, Espèce de charrue à labourer. Gl. *Arar.* [Voyez *Dental*, et Rayn. tom. 2, pag. 109², au mot *Araire.*]

ARAISNIER, Ranger, mettre en ordre de bataille. Gl. *Araiare.* [Voyez Rayn. tom. 5, pag. 82¹, au mot *Arengar.*]

° **ARAISON**. Voyez *Araisonner* 2.

ARAISONNEMENT †, Abouchement, entretien avec quelqu'un. Gl. *Affamen.*

1. **ARAISONNER**, Parler à quelqu'un, lui adresser la parole. Gl. *Arrationare* et *Affamen.* [Araisner, Araisnier, Areisonner, Aresnier, Aresoner, Aresounner.] Chronique des ducs de Normandie, tom. 1, pag. 544, vers 13430 :

Oiez coment l'om l'araisone :
Sire, funt-il, duz et verais, etc.

Pag. 376, vers 8451 :

Araisnerent cil premerain.

Partonop. de Blois, vers 9547. Chronique des ducs de Normandie, tom. 1, pag. 486, vers 11683 :

Vilment jà ne fust regardez,
Quis, n'araisniez, ne apelez.

Pag. 425, vers 9903 :

E li dus après l'araisone.

Pag. 446, vers 10550 :

A la Danesche parléure
Le comença a aresnier.

Chastel. de Couci, vers 6977 :

Lors se conmence à aresnier
Du tournoy, etc.

Vie de saint Thomas de Canterbury, vers 685, variantes, et pag. 622². Gérard de Vienne, vers 745. S'araisonner, Chronique des ducs de Normandie, tom. 1, pag. 348, vers 7614 :

Humlement vers lui s'araisonne,
Dit qu'en son chastel à Perrone
Vienge, ce prie, hebergier.

Voyez *Araignier, Aranier, Arraisonner*, Rayn. tom. 5, pag. 54², au mot *Arrazonar*, Roquefort, au mot *Aresoner.*

2. **ARAISONNER**, Demander, faire rendre compte. Gl. *Arrationare.* [Flore et Blanceflor, vers 2197 :

Es vous l'uissier qui l'arasone
Si roidement que tot l'estone.

Vers 2128 :

Li portiers a le cuer felon
Sempres vous metra à araison.

Voyez vers 2671.]

3. **ARAISONNER**, Citer, appeler en justice. Gl. *Aresniare.*

ARAMIE, Guerre déclarée. Gl. *Adramire*, pag. 91¹. [Gérard de Vienne, vers 1297, 1770.]

° **ARAMIR**, Promettre en donnant un gage, promettre, attester, prendre à témoin, obtenir au moyen de promesses. Gl. *Adramire*, pag. 90³. *Aramir tournois*, pag. 90³. Roman de Renart, tom. 1, pag. 24, vers 637 :

Et por moi et por lui desfandre
Tot par là où le vodrez prendre,
Un sairement vos aramis
Au los de voz meillors amis.

Chronique des ducs de Normandie, tom. 1, pag. 180, vers 2836 :

Desur la fei de baptistevre,
Que crestien deivent tenir,
Jure, ne peut plus aramir,
Tot li enveie entierement.

Pag. 602, vers 15153 :

Repairerom od tant des noz,
Que si nos i trovum les voz,
Por mort s'i porrunt aramir.

Chronique de Jordan Fantosme, vers 158 :

Dunc oïssiez Deu aramir li vielz Henri
[*li reis.*

Chronique des ducs de Normandie, tom. 3, pag. 293, vers 39725 :

Ci n'en pout pas dis aramir
A lui porter ne enfoïr.

Voyez Rayn. tom. 2, pag. 109¹, au mot *Aramir*, et ci-dessous *Arramir.* Roquefort, au mot *Aramir.* Guill. Guiart, tom. 1, pag. 120, vers 2572 (2964) :

Pour biau néant s'est arami
D'avoir mandé tante persone.

Tom. 2, pag. 289, vers 6192 (15172) :

Chevaliers versent en la bourbe
Con gent de doutance aramie.

° **ARANIER**, comme *Araisonner* 1. Gérard de Vienne, vers 3838 :

Aranié l'ait comme bien anseignie.

ARAP, Rapt, vol, larcin. Gl. *Arap* 1. [Voyez Rayn. tom. 5, pag. 42¹, au mot *Rap.*]

ARAPER, Prendre, saisir avec force. Gl. *Arrapare.* [Voyez Rayn. tom. 5, pag. 43², au mot *Arrapar*, Roquefort, au mot *Arrabler.*]

ARATOIRE, Propre au labourage. Gl. *Bos.*

ARAULE, Labourable. Gl. *Aralia.*

ARAYNE, Sable, gravier, et p. e. sablière. Gl. *Arena*, pag. 377¹. [Partonop. de Blois, vers 6904 :

*Si se sont iluec en mer mis
Partonopeus et ses gardaines ;
Par une nuit sont ès araines
Desoz Chief-d'Oire, ens el sablon.*

Chron. des ducs de Normandie, tom. 2, pag. 288, vers 23903 :

*Icist sul Deus omnipotent...
La mer lia à ses areines.*

Voyez Rayn. tom. 2, pag. 118¹, au mot *Arena*.

ARBALESTE, Différentes sortes d'arbalètes. Gl. *Balista*, pag. 537². [— *de cor*, pag. 537² — *à bersaux*. Gl. *Arbalista* 1. Voyez Rayn. tom. 2, pag. 173², au mot *Arbalesta* ; Halliwell, aux mots *Arblast* et *Alblast*.]

ARBALESTÉE, **ARBALESTRÉE**, Portée d'arbalète. Gl. *Arbalista* 1. [Partonop. de Blois, vers 9682. Voyez Rayn. tom. 2, pag. 173², au mot *Arbalestada*.]

ARBALESTIERE, Sorte de fenêtre longue et étroite. Gl. *Arbalisteria*. [*Arbalastere*, meurtrière. Chronique des ducs de Normandie, tom. 1, pag. 221, vers 3986 :

*Mangonceaus drecent e pereres,
E mult firent arbalasteres
Barres, lices, retenemenz.*

Voyez le Supplément de Roquefort, au mot *Arbalestière*.

° **ARBALESTRIER**, Arbalétrier. Gl. *Balista*, pag. 588¹. *Arbalestier*, Partonop. de Blois, vers 2338. *Arbalastier, Arblastier*, Chronique de Jordan Fantosme, vers 1191. Voyez Rayn. tom. 2, pag. 174¹, au mot *Arcbalestrier* ; Halliwell, au mot *Arblastir*, et *Arcubalister*.]

ARBAN, ARBAU, Corvée, service corporel. Gl. *Herebannum*, pag. 193² et 193³.

ARBERNAIGNE, pour *Allemaigne*. Gl. *Arbernannia*.

ARBITRATEUR, Juge choisi par les parties pour terminer à l'amiable un différend. Gl. *Arbitrator*. [Voyez Rayn. tom. 2, pag. 110², au mot *Arbitrador*.]

ARBITREUS, comme *Arbitrateur*.

ARBOIE, Lieu planté d'arbres, bosquet. Gl. *Arboreta*.

ARBOUT, Arc-boutant. Gl. *Arvoutus*. [Mot limousin. Voyez Rayn. tom. 2, pag. 113¹, au mot *Arc-vout*.]

° **ARBRER**, Se cabrer. Partonop. de Blois, vers 3065 :

Li noirs cevals arbre et ernue.

° **ARBRES** Chargans et non chargans. Gl. *Arbor* 1, pag. 356². *Arbre seche*, Voyez Rayn. tom. 2, pag. 112², au mot *Albre sec*.

ARBRIER, Monture de l'arbalète. Gl. *Arboreta*. [Voyez Rayn. tom. 2, pag. 112¹, au mot *Arbrier*.]

ARBRIERE, Lieu planté d'arbres. Gl. *Arboreta*.

ARBROYS, Buissons, broussailles. Gl. *Arboreta*.

ARBRUISSEL, Arbrisseau, jeune arbre. Gl. *Arboreta*.

° **ARC** d'aubour. Arc à galées. Gl. *Arcus*, pag. 378³. Voyez Rayn. tom. 2, pag. 49², au mot *Alborn. Ars getanz*, Guill. Guiart, tom. 2, pag. 73, vers 1867 (10843.) :

*Sarrazins, qui braient et crient,
Aus ars getanz se r'estudient.*

Pag. 101, vers 2590 (11567) :

*Par cremetilleuses visées
Volent saietes empenées
Quant des ars getanz se desmalent.*

Arc de cor, Joinville, pag. 124 : *Li apportèrent ars de cor, dont les caches entroient à vis dedans les ars. Arçon.* Voyez *Arson.*

ARCANGELE, Archange. Gl. *Angelotus*.

ARCAU. Voyez ci-après *Areau* 2.

ARCE, Palissade, ou p. e. *Herse*. Gl. *Arcaturia*.

ARCEBER, Terme béarnais, qui signifie *Recevoir*. Gl. *Arcetum*.

ARCEDECLIN, Maître d'hôtel. Gl. *Architriclinus* 2. [Voyez Roquefort, Supplém. au mot *Arceteclin*.]

ARCEPRESTRE, Archiprêtre, grand Prêtre. Gl. *Archipresbyter*, pag. 309².

ARCEUT, Droit de gîte. Gl. *Arcetum*. [Mot béarnais.]

ARCHAUX, p. e. Pieux mis dans une rivière pour rompre l'effort de l'eau. Gl. *Arcaturia*.

ARCHEBRIKE, par dérision, Archevêque ou archidiacre. Gl. *Archidiaconus*.

° **ARCHEDECIRE**, Archidiacre. Vie de Saint-Thomas de Canterbury, vers 90. Voyez Rayn. tom. 3, pag. 44², au mot *Archidiague*.

ARCHEDECLIN, comme *Arcedeclin*.

ARCHEDIACRÉ, Archidiaconé. Gl. *Archidiaconatus* sous *Archidiaconus*, pag. 365³.

ARCHÉE, Portée d'arc. Gl. *Arbalista* 1, [Chronique des ducs de Normandie, tom. 1, pag. 410, vers 9482, etc. Archis, Roman de Renart, tom. 1, pag. 30, vers 785 :

Fu bien long d'eus près d'une archie.

Archiée, tome 2, pag. 326, vers 18476 :

*Tot entor lui à sis archiées
Fait un fossé d'eve parfont.*

Gérard de Vienne, vers 534, 1558. Le Roman de Roncevaux, éd. Monin, pag. 22:

En sus des se traient une archiée et demie.

ARCHÉER, Chasser de l'arc, tirer de l'arc. Gl. *Arcuare*. [Chronique des ducs de Normandie, t. 2, p. 71, vers 17399 :

*Nuls ne sout plus de riveier,
Nul meuz traire ne archeier,
Nuls ne sout une plus de berser.*

ARCHEGAYE, ARCHEGAIEZ, Sorte de lance, pique ou épée. Gl. *Archegaye*.

° **ARCHER**, S'arquer, se courber. Gérard de Vienne, vers 2361 :

*Si s'antrehurtent li vaillant chevalier
Ke desoz aus archoient li destrier.*

Voyez *Arcoier* 2.

ARCHERIE, Gibier chassé à l'arc. Gl. *Arcuare*.

° **ARCHET**, Instrument dont se servent les tailleurs de pierre. Gl. *Archetus* 1.

ARCHET, Étui, diminutif d'*Arche*, coffre. Gl. *Archetus* 2. [*Archete*. Chronique des ducs de Normandie, tom. 1, pag. 513, vers 12490 :

*Nis la cuoule e l'estamine
En aveit-il en un archete
Que desfermout ceste clavete.*

Voyez Rayn. tom. 2, pag. 114¹, au mot *Archa*.

ARCHIDIACREY, Archidiaconé. Gl. *Archidiaconatus* sous *Archidiaconus*.

ARCHIER, Ouvrier, faiseur d'arcs. Gl. *Archerius*.

ARCHIER, Archer. Gl. *Archerius* et *Arcarii*. [Partonop. de Blois, vers 2834. Voyez Rayn. tom. 2, pag. 112², au mot *Arquier*.]

ARCHIERE, Espèce de fenêtre, creneau. Gl. *Archeria* 1. [Roman de Renart, tom. 2, pag. 327, vers 18485 :

*Les archieres sont as querniax
Par où il trairont les quarriax
Por damagier la gent le roy.*

Voyez Rayn. tom. 2, pag. 113¹, au mot *Arquiera* ; Roquefort, au mot *Archière*.

° **ARCHIERE**, Carquois. Gl. *Larcerium*.

ARCHIGAIE, comme *Archegaye*.

ARCHITRICLIN, Maître d'hôtel. Gl. *Architriclin* 2. [Voyez Rayn. tom. 2, pag. 114¹, au mot *Architriclin*. Halliwell, au mot *Archideclyne*.]

ARCIEN, Étudiant en philosophie. Gl. *Ars* 2.

ARCIEUT, ARCIUT, Droit de gîte. Gl. *Arcetum*. [Mot béarnais.]

ARCIGAYE, comme *Archegaye*.

1. ARCOIER, Tirer de l'arc, chasser à l'arc. Gl. *Arcuare*.

° **2. ARCOIER**, comme *Archer*. Aubri, pag. 161¹ :

Froisent les lances, les fers font arcoier.

ARÇONNEUR, Ouvrier qui arçonne la laine, etc. Gl. *Arçonnare* [et *Arconnarius*].

° **ARCUBE**. Voyez *Aucube*.

ARDAUSE, p. e. comme *Arde*.

ARDE, Certain bâton d'une charrette. Gl. *Arda*.

ARDEUR, Incendiaire. Gl. *Ardere* 2. [Garin le Loher. tom. 1, pag. 170, 165.]

ARDI, ARDIC, Petite monnaie, liard. Gl. *Ardicus*. [Voyez Rayn. tom. 2, pag. 116¹, au mot *Ardit*.]

ARDILIER, Lieu rempli de broussailles. Gl. *Ardillaria*.

ARDILLE, Argile. Gl. *Ardilha*.

ARDIT, comme *Ardi*.

° **ARDIZ**, Hardiesse. Chronique des ducs de Normandie, t. 2, pag. 449, vers 28336 :
> Por tel lor en creist lor ardiz.

Voyez Rayn. tom. 2, pag. 115², au mot *Ardit*.

ARDOIR, ARDRE, Brûler, mettre le feu. Gl. *Ardere* 2. [Voyez Rayn. tom. 2, pag. 116², au mot *Ardre*, Orell, pag. 280.]

ARDRILLE, pour *Ardille*, Argile. Gl. *Ardilha*.

ARDRILLOUX, † Argileux. Gl. *Ardilha*.

ARDS, Brûlé, ou de couleur noire. Gl. *Ardicus*.

1. **ARE**, Présentement. Gl. *Are* [à Marseille].

2. **ARE DE VENT**, plus ordinairement *Air* ou *Aire*, Terme de marine. Gl. *Area* 6.

1. **AREAU**, Charrue à labourer. Gl. *Arar*.

2. **AREAU**, Lieu vague dans une forêt, s'il ne faut pas lire *Arcau*, hart. Gl. *Areale* sous *Area* 1, pag. 376¹.

° **AREDNER**, comme *Aregner*. Chronique des ducs de Normandie, tom. 2, pag. 827, vers 25052 :
> Aredné a son chaceor.

1. **ARÉE**, Labourage. Gl. *Bos*. [Roman de Renart, tom. 2, pag. 200, vers 15544 :
> Ses bués aresta en l'arée.

Chronique des ducs de Normand. tom. 3, pag. 310, vers 40149 :
> C'unc n'i deslia bof d'arée.

Champ labouré, tom. 1, pag. 332, vers 7101 :
> Ala dreitement en l'arée.

Guill. Guiart, tom. 1, pag. 43, vers 461 (957). Chronique des ducs de Normandie, tom. 1, pag. 392, vers 7168 ; pag. 338, vers 7396. Rayn. tom. 2, pag. 110¹, au mot *Arada*.]

2. **ARÉE**, Sillon que fait la charrue en labourant. Gl. *Arar*.

3. **ARÉE**, Aire, place où l'on bat les grains, Gl. *Area* 1, pag. 375³.

° 4. **ARÉE**, Emplacement du camp. Guill. Guiart, tom. 2, pag. 194, vers 5008 (18997) :
> Li mareschaus qui l'ost devance
> Va les arées pourprenant.

Voyez *Arreer* 1.

ARÉÉ, Armé, équipé. Gl. *Arraiare*.

° **ARÉER**, Arranger, disposer, préparer. Joinville, pag. 57 : En ces choses aréer mist il jusqu'à midi. Pag. 64 : Quant la berbacane fu arée. Fabl. ibidem, dans le Glossaire :
> La baissule esveillée fu,
> Son huis ouvri, si fi du fu,
> Si vait son hostel aréer.

Voyez *Arréer* 1.

AREGNER, Attacher par les rênes ou la longe. Gl. *Areniare*. [Voyez Rayn. tom. 5, pag. 69¹, au mot *Aregnar*.]

° **AREINE**. Voyez *Arayne*.

° **ARENAUDIR**, Interpeller. Guill. Guiart, tom. 1, pag. 306, vers 6964 (7807) :
> Il ne pense mie à deniers,
> N'a gent de vile arenaudir.

Voyez *Araisonner*, et Rayn. tom. 5, pag. 34², au mot *Rainar*.

ARENE, pour *Araine*, Trompette. Gl. *Arainum*.

ARENGERIE, Lieu d'assemblée tumultueuse. Gl. *Arengaria*.

° **ARENGIER**, Ranger. Aubri, pag. 183¹ :
> Vit outre l'eue le Flamens arengier.

Roman de Renart, tom. 1, pag. 38, vers 982 :
> Tant que li moine aient mengié
> Qui as tables sont arengié.

Voyez pag. 17, vers 443, et Halliwell, au mot *Arenge*. S'arenger, se ranger, s'aligner. Partonop. de Blois, vers 8301 :
> Et cil defors sont assamblé,
> Si s'argentent parmi le pré.

Voyez Agolant, vers 90. Rayn. tom. 5, pag. 82¹, au mot *Arengar*.

° **ARER**, Labourer, cultiver la terre. Chronique des ducs de Normandie, tom. 1, pag. 253, vers 4901 :
> La terre est morte et eissillie,
> N'est arée ne gaaignée.

Pag. 308, vers 6354 :
> Kar povrement est coiltivée,
> N'est gaaignée ne arée.

Pag. 592, vers 14831 :
> Que li vilain puissent arer
> E si la terre gaaigner.

Miracles de saint Louis, pag. 457 : *Les chevax aroient*. Roman de Perceval, dans le Glossaire de Joinville :
> Et va là où li herceor
> Herçoient les terres arées.

Voyez Rayn. tom. 2, pag. 109², au mot *Arar*.

ARERE, Charrue à labourer. Gl. *Arar*. [Voyez Rayn. tom. 2, pag. 110¹, au mot *Arare* ; Roquefort, Supplém. au même mot.]

ARES, Présentement, tout à l'heure. Gl. *Are*.

ARESGNER, Arrêter un cheval par les rênes. Gl. *Areniare*.

ARES-METYS, Tout à cette heure. Gl. *Ares*.

° **AREST**, Espèce de drap. Gl. *Arest*.

ARESTE, L'angle extérieur d'un édifice. Gl. *Aresta* 3.

° **ARESTER**, S'arrêter. Partonop. de Blois, vers 2515 :
> A ço que Marés a parlé
> Sont à son consel aresté
> Trestot li autre Sarasin.

° **ARESTEUL**, ARESTUEL, ARESTOL, Manche, fût de la lance, poignée de la lance. Guiteclin de Sassoigne. . . . . . :
> Les aresteuls des lances font en l'aigue [fichier,
> Por ataindre le fons, mais n'i pueent [touchier.

Roman d'Erec et d'Enide :
> Sa lance torna derrière
> Le fer et l'arestuel devant.

Roman de Floiremont :
> D'un arestol l'a féru.

Voyez Garin le Loher. tom. 1, pag. 256. Rayn. tom. 2, pag. 119¹, au mot *Arestol*, et Roquefort, au mot *Arescuel*.

ARESTIER, Tuile propre pour les angles des couvertures. Gl. *Aresta* 3.

AREUR, AREUX, † Laboureur. Gl. *Aratura* 1.

AREURE, † Culture, labourage, Gl. *Aratura* 1.

AREYRE, Charrue à labourer. Gl. *Arar*.

ARGALH, Égout, puisard, puits perdu. Gl. *Argalha*.

ARGANETTE, Machine de guerre propre à jeter des matières combustibles. Gl. *Arganella*.

ARGANT, Sorte d'habit long. Gl. *Arganum* 3.

° **ARGANT**, Feu argant, pour Ardent. Roman de Renart, tom. 4, p. 56, vers 1540 :
> Coment paser en celui gart
> Qui enclos est de feu argant.

° **ARGENT** *Le Roy, Argent fin*. Gl. *Argentum regis*, pag. 381³. [Sec argent, argent comptant. Chastel. de Couci, vers 8123 :
> Garçon ainme joiel noient
> Il ainment plus le sec argent,
> Ainsois li donray quinze saus.

Voyez Rayn. tom. 2, pag. 119¹, au mot *Argent*.

ARGENTFRES, Frange d'argent. Gl. *Argentifrigium*.

° **ARGENTIER**, Caissier. Gl. *Argentarii*, pag. 381². [Voyez Rayn. tom. 2, pag. 119², au mot *Argentier*.]

ARGOUIRER, Railler, se moquer. Gl. *Argutio*.

° **ARGROI**, Parure, arrangement. Partonop. de Blois, vers 657 :
> Il a péor et faim et soi,
> Si a dur lit sains nul argrois.

Voyez *Agroi*.

1. **ARGU**, Blâme, reproche, dispute, querelle. Gl. *Argutio*.

° 2. **ARGU**, AGU, Augure, présage. Partonop. de Blois, vers 4659 :
> Mes peres ne d'argu fu cers,
> Desçò que fu petis en bers,
> Qu'il n'auroit nul autre oir que moi.

Vers 4602 :
> Qu'il sace bien agus et sors,
> Et fisique et astronomie.

Voyez Rayn. tom. 2, pag. 143¹, au mot *Arguriador.*

ARGUER, Faire des reproches, blâmer, dire des injures. Gl. *Argutio.* [Voyez Rayn. tom. 2, pag. 120², au mot *Arguir.*]

◊ **ARGUER**, ARGROIER, Piquer, aiguillonner, exciter. Roman d'Anséis :
Le ceval broce, des esperons l'argue.
Roman de Roncevaux, pag. 43 :
Quant Rollans voit que la mort si l'argue.
Chastel. de Couci, vers 851 :
Mès encor n'estoit pas ferue
Du dart d'amours, de coi argue
Les siens.
Partonop. de Blois, vers 6769 :
S'en est à la cambre venue
Dont ses cuers le haste et argua.
Vers 7396 :
Urrake l'esvelle et argrois.
Dans ce dernier passage, *argroier* signifie peut-être *équiper*; d'*Argroi*, équipement. Voyez Roquefort, au mot *Arguer.*

ARGUEUX, Contentieux, qui sent la dispute. Gl. *Argutio.*

ARGUMENTATIF, Ingénieux, qui raisonne bien. Gl. *Argumentosus 1.*

ARIOLE, Devin. Gl. *Ariolus.*

ARISCLE, p. e. Planche propre à faire des portes. Gl. *Ariscla.*

ARITER, Mettre en possession. Gl. *Hæreditare 3.* [*Arité*, Terre, fief. Gérard de Vienne, vers 1780.]

◊ **ARIVEISON**, Arrivage, abord des navires au rivage. Chronique des ducs de Normandie, tom. 2, pag. 462, vers 28723. Voyez Rayn. tom. 5, pag. 92¹, au mot *Aribamen.*

ARRIVER, v. a. Conduire. Flore et Blanceflor, vers 1864 :
Et il li a bien otroié
Qu'il à cel port l'arivera.

ARIVOUER, Port, bord, rivage où l'on aborde aisément. Gl. *Arivus.*

ARLOT, Fripon, coquin, homme sans aveu. Gl. *Arlotus.* [Voyez Rayn. tom. 2, pag. 122¹, au mot *Arlot.*]

◊ **ARMAIRE**, Armoire. Gl. *Almaria.* Voyez Rayn. tom. 2, pag. 123¹, au mot *Armari.*

ARMAIRIER, ARMARIER, Dignité ecclésiastique, chantre, celui qui a soin des livres d'église. Gl. *Armarierius.*

ARMALINE, p. e. pour *Animaline.* Gl. *Animalina bestia.*

ARMAZI, Terme languedocien, Armoire. Gl. *Armazium.*

ARME, Ame. Gl. *Vitula*, pag. 361². [Partonop. de Blois, vers 1121. Chronique des ducs de Normandie, tom. 1, pag. 248, vers 4778. Voyez Rayn. tom. 2, pag. 89¹, au mot *Anma*, Roquefort, au mot *Arme.*

ARMERET, Galant, poli, qui cherche à plaire. Gl. *Amoratus.*

◊ **ARMES** *Emoulues, pleines*, etc. Gl. *Arma*, pag. 387 ³. *A l'arme*, Voyez Rayn. tom. 2, pag. 122², au mot *Ad armas. D'armes*, armé, Guill. Guiart, t. 1, pag. 85, vers 1570 (2042) :
Il fit cinq anz, à ses despens,
De sa gent outre mer remaindre....
Dix mille à pié et cinq cents d'armes.
Tom. 2, pag. 199, vers 5147 (14137) :
Aloient les criz escoutant
Douze Alemanz d'armes ou tant.

ARMIGNAGOIS, Armagnacs ; nom qu'on donnait à ceux qui étaient attachés au duc d'Orléans, gendre du comte d'Armagnac, contre la faction des Bourguignons. Gl. *Armeniacenses.*

ARMILLE, Bracelet, Gl. *Armillum 1.* [Chronique des ducs de Normandie, tom. 1, pag. 841, vers 7418 :
Ses armilles, qu'om bous apele,
Od odure preciose e bele
D'or e de pierres grant et gent.
Ibidem, tome 2, pag. 186, vers 20792. Voyez Rayn. tom. 2, pag. 123², au mot *Armilla.* Halliwell, au mot *Armyll.*]

ARMIOLE, Vaisseau propre à mettre du vin. Gl. *Armillum 2.*

ARMOGAIRES, Troupes espagnoles, célèbres par leur courage. Gl. *Almugavari.*

ARMOIE, Mot générique pour signifier tous les ustensiles propres à une chose. Gl. *Arminium.*

ARMOIER, ARMOYER, ARMOYEUR, Armurier, ouvrier en armes. Gl. *Armeator.*

ARMOISEUR, Ouvrier ou marchand d'étoffe et de taffetas, appelé *Armoisin.* Gl. *Ermisinus.*

ARMOISIN. Voyez *Armoiseur.*

ARMURE, Homme armé. Gl. *Arma 2.*

◊ **ARMONE**, Aumône. Gérard de Vienne, pag. 173¹.

ARNAN, p. e. pour *Arvau*, arcade, voûte. Gl. *Arvoutus* [mot limousin].

ARNAUD. Voyez *Arnauder.*

ARNAUDEN, Sorte de monnaie. p. e. des vicomtes de Lomagne. Gl. *Arnaldensis* [mot provençal].

ARNAUDER, Chercher querelle, tourmenter quelqu'un ; du nom d'*Arnaud*, qui a signifié un débauché, un coquin, un homme sans aveu. Gl. *Arnaldus.*

ARNOIX, Cuisses, terme obscène. Gl. *Arnitus 2.*

ARNONCELLE, Sorte de poisson de mer. Gl. *Arnaglossus.*

◊ **AROCHANZ**, Présomptueux. Chronique des ducs de Normandie, tom. 3, pag. 35, vers 32792 :
Uns fous, uns desvez non sachanz
Taz senz raison, toz arochanz.
Voyez Rayn. tom. 2, pag. 127¹, au mot *Arrogan.*

AROER, Rouir le lin, le chanvre. Gl. *Aroagium.*

◊ **AROII**, AROIZ, Élevé, qui est en érection. Roman de Renart, tom. 4, pag. 88, vers 2441 :
Quant li prieus sent et oï
Que Renart eurent aroii
Et esléu sur tous à roi.
Tom. 3. pag. 317, vers 28512. Voyez Rayn. tom. 2, pag. 117³, au mot *Areis*, et Roquef. Supplém. au mot *Aroidier.*

AROILLE, p. e. pour *Aureille*, Oreille. Gl. *Auditus 2.*

AROMATISER, Embaumer. Gl. *Aromatizare 2.*

ARONDE, ARONDEL, Hirondelle, oiseau. Gl. *Hirundella.* [Chanson de Roland, stance 115, vers 10 :
Plus est isnels que esprever ne arunde.
Chronique des ducs de Normandie, tom. 1, pag. 154, vers 2069 :
Puis redevalent plus isnel
Que ne vole faucs n'arondel.
Ibidem, tom. 2, pag. 206, vers 21400. Voyez Rayn. tom. 3, pag. 550³, au mot *Hyrunda.*]

ARONDELE, Hirondelle, poisson de mer. Gl. *Rondela.*

ARONDELLE, Espèce de petit bouclier. Gl. *Hirundella.*

◊ **ARONDILLER**, Murmurer. Bible histor. Deutéron. chap. I, v. 26. Roquefort : *Arondillastes en vos tabernacles et destes : Nostre seignor nous haist.* En lat. *murmurastis in tabernaculis vestris.*

◊ **AROUSER**, Entourer, environner. Guill. Guiart, tom. 1, pag. 213, vers 5067 (5381) :
Murel, que cele gent arouse,
Siet en l'evesché de Thoulouse.
Pag. 26, vers 21 (519) :
Cils Loys, qui lors le tenoit,
Qui bien et honneur arousa,
Trois nobles dames espousa.

AROUTÉEMENT, En troupe. Partonop. de Blois, vers 10785 :
Et li autre aroutéement
Venoient en renc noblement.
Roi Guillaume, pag. 160 :
Lendemain i sont amassé,
Et la roïne i est venue.
Ne puis n'i ot resne tenue,
Ains s'en vient aroutéement.
Voyez *Arouter.*

AROUTER, Marcher, s'acheminer, prendre sa route vers un lieu. Gl. *Routare.* [Assembler, ranger. Roman d'Alexandre, dans une note de la Chronique des ducs de Normandie, tom. 2. pag. 515² :
Tost entor l'eschequier s'alerent arouter.
Garin le Loher. tom. 1, pag. 59, 81, 165. *Aroster*, Roman de Renart, tom. 3, pag. 104, vers 22604 :
Et cil vienent en es-le-pas
El sont dedenz la porte entré
Li uns après l'autre arosté.
Aroter, Ibidem, pag. 34, vers 20657 :
S'or venoient ci aroté
Tuit li chen Guillaume Bacon.
Gérard de Vienne, vers 3818. Voyez Rayn. tom. 5, pag. 116³, au mot *Arotar.*]

ARR   ARR   ARS   47

ARPADE, Poignée. Gl. *Arpauda*.

ARPE, Harpie, oiseau fabuleux. Gl. *Arpa* 2.

ARPENT. On nomme ainsi à Arles un grand compas de bois dont se servent les arpenteurs pour mesurer les terres. Gl. *Arpendium*.

ARQUABOT, Débauché, libertin, Gl. *Arlotus*.

° **ARQUEIRE**, comme *Arquiere*.

ARQUEMIE, Alchymie. Gl. *Arquemia*.

ARQUEMIEN, Alchymiste. Gl. *Arquemia*.

ARQUIERE, Archure d'un moulin. Gl. *Arquetus*.

° **ARQUIET**, comme *Arquiere*.

ARRAFLER, Égratigner ; on dit encore *Érafler*, ecorcher légèrement. Gl. *Esgratineura*.

ARRAIER, Ranger, mettre en ordre. Gl. *Arraiare*.

ARRAIGNER, Citer, appeler en justice. Gl. *Areniare*.

ARRAINIER. Contraindre, forcer, exiger avec autorité. Gl. *Arrainare*.

ARRAIOUR, Maréchal de camp, sergent de bataille ou de compagnie. Gl. *Arraiator*.

ARRAISNER, comme *Arraignier*.

ARRAISONNER, Parler à quelqu'un, lui adresser la parole. Gl. *Arrationare*.

ARRAMIE, Accusation. Gl. *Adramire*, pag. 91¹.

ARRAMIER, S'obliger devant le juge à quelque chose. Gl. *Adramire*, pag. 91³.

ARRAMINE, Amende pour défaut. Gl. *Adramire*, pag. 91³.

ARRANÇONNEUR, Qui rançonne, qui exige ce qui ne lui est pas dû, pillard. Gl. *Ranso*.

ARRANTÉ, Celui qui tient à rente. Gl. *Arrentare*.

ARRAPER, Prendre, saisir avec force et vivacité. Gl. *Arrapare*.

ARRASER, Raser, détruire de fond en comble. Gl. *Arrasare*.

ARRASTLE, Espèce de hoyau ou bêche à Marseille. Gl. *Arrastle*.

ARREANCHE, Ordre, arrangement. Gl. *Arraiatio*.

1. **ARRÉER**, Préparer, disposer, arranger. Gl. *Arraiare*. [Voyez Fierabras, éd. Bekker, pag. 157¹, Rayn. tom. 2, pag. 126¹, au mot *Arrat*, et tom. 5, p. 82², au mot *Aresar*, Roquef. au mot *Arréer*.]

2. **ARRÉER**, Labourer. Gl. *Aratorius*.

ARREFOUAGE, pour *Arrière-fouage*, Second fouage, droit payé pour chaque feu, ou les arrérages de ce droit. Gl. *Foagium* 1, pag. 530².

ARREGARDER, Regarder attentivement. Gl. *Avidere* 2.

ARREMENT, Encre. Chanson de Roland, stance, 142, vers 2 :
Ki plus sunt neirs que ne n'est arre- [ment
Ne n'unt de blanc ne mais que sul les [denz.
Roman de Renart, t. 3, p. 109, vers 2275 :
Cheveus et noirs conme arrement.
Voyez Aubri, vers 190. Rayn. tom. 2, pag. 141¹, au mot *Atrament*.

ARRENÇONNEMENT, Rançonnement, contribution, pillerie. Gl. *Ranso*.

ARRENDER, Prendre et donner à rente ou à ferme. Gl. *Arrendare*.

ARRENDEUR, ARRENDADEUR, Celui qui prend à rente ou à ferme, fermier. Gl. *Arrendator*.

ARRENER, Éreinter, briser les reins. Gl. *Renitiosus*.

ARRENTEMENT, ARRENTISSEMENT, Bail à rente. Gl. *Arrendatio* 2. et *Arrentare*.

ARRENTER, Donner ou prendre à rente. Gl. *Arrendato* et *Arrentare*.

ARRER, Harnacher un cheval. Gl. *Arraiare*.

° **ARRERAI** . . . . Guill. Guiart, tom. 1, pag. 247, vers 5967 (6283) :
Li rois, ces choses ainsi faites,
Fist les nés qu'on ot là atraites,
Quant vit ses arrerais fuir,
A feu et a flambe bruir
Comme courageus et hardi.

ARRESGIER, Arracher. Gl. *Arrancare*.

ARREST, Appointement. Gl. *Arrestum* 2. [*Ville de loy et d'arrest*. Gl. *Arrestum* 1, pag. 405¹.]

ARREYRAGEICH, Arriereguet, Guet de nuit, patrouille. Gl. *Retrogachium* [mot provençal.]

1. **ARRIE**, Titre, enseignement, la preuve par ecrit de quelque chose. Gl. *Arramentum* 1.

2. **ARRIE**, Arrêt, saisie. Gl. *Arrestum* 1.

° **ARRIEREBAN**, ARIEREBAN. Gl. *Retrobannus*. Partonop. de Blois, vers 2143. Gérard de Vienne, vers 3272, 3377.

ARRIEREFOUAGIER, Faire payer les arrérages du droit appelé *Fouage*. Gl. *Foagium* 1, pag. 530².

ARRIEREGUET, Guet de nuit, patrouille, ronde. Gl. *Retroexcubiæ* [et *Eschiffa*.]

° **ARRIERER**, Revenir. Roman de Renart, tom. 2, pag. 289, vers 17460 :
Grant joie fet et si s'envoisse
De ce que sa charrue arriere.

° **ARRITE**, Petite monnaie en usage dans le comté de Bigorre. Gl. *Ardicus*.

1. **ARRIVAGE**, Rive où l'on aborde facilement. Gl. *Arrivagium*.

2. **ARRIVAGE**, Droit qu'on paye pour aborder à un port ou rivage. Gl. *Adripare*.

ARRIVAIGE, Voiture, transport par eau. Gl. *Arrivagium*.

ARROGER, ARROGUER, Parler avec arrogance, harceler, agacer. Gl. *Arrogare* 1.

ARROUTER, Marcher, s'acheminer prendre sa route vers un lieu. Gl. *Routare*.

ARROY, Ordre, arrangement. Gl. *Arrayamentum*, sous *Arraiare*, pag. 400², et *Arredia*.

° **ARROYER**, ARRAYER, Mettre en ordre, ranger. Gl. *Araiare*.

° 1. **ARS**, Arc. Chronique des ducs de Normandie, tom. 1. pag. 153, vers 2062, etc. Garin le Loher. tom. 1, pag. 265, etc.

° 2. **ARS**, Brûlé. Partonop. de Blois, vers 276, et souvent.

° 3. **ARS**, n. pl. Partie de devant du cheval, poitrail. Aubri, pag. 183² :
Larges les ars et le cors molt legier
Et le crepon bien taillié par derier.

ARSEGAYE, Sorte de lance, pique ou épée. Gl. *Archegaye*.

ARSEIZ, Bois brûlés par accident. Gl. *Arseia*.

ARSEURE, Brûlure. Gl. *Arsura* 3.

ARSILLE, Argile. Gl. *Ardilha*.

ARSIN, Incendie. Gl. *Arsina* 1.

ARSINS, Bois brûlés par accident. Gl. *Arseia*.

° **ARSIS**, comme *Arsin*. *Arssiz*, Guill. Guiart, tom. 1, pag. 187, vers 4316 (4728) :
Més quant voient l'arssiz chéoir
Et que la grant flambe apetice, etc.
Tom. 2, pag. 419, vers 10882 (19866) :
Verrouz et clouz et tiex bereles
Qu'il orent trouvez en la cendre
Des arsiz, en les veulent vendre.
Ardeur. Chronique des ducs de Normandie, tom. 3, pag. 127, vers 35411 :
Icist glaives et cist arsiz
E cist doleros feréz
Dura, etc.

ARSOIR, Hier au soir, Gl. *Ab heri*.

1. **ARSON**, Petit arc. Gl. *Arsellus*. [Annales de saint Louis, pag. 234 : *Icil enfans aterent un jour par le boys de l'abbaye à tout arsons et saiettes ferrées pour bercer et occire connins*. Rois Guillaume, pag. 105 :
Commande à prendre au garçon
Ses sajetes et son arçon.
Cil prent les sajetes et l'arc.

2. **ARSON**, Incendie. Gl. *Arsina* 1. [Chronique des ducs de Normandie, tom. 1. pag. 153, vers 2058 :
Que foildres volent e arson.
Tom. 2. pag. 162, vers 20134 :
Mais un jor leva un tempier
E un vent merveillos e fier
Grant chaut faiseit e grant arson.

Tom. 1, pag. 385, vers 8738 :
*Par pluseurs leus sunt les occises
E les granz arsuns e les prises.*
Pag. 45, vers 1163 :
*Lasse d'occises et d'arsuns
E de destruire regions.*
Pag. 108, vers 750, pag. 110, vers 824. *Arsion.* Voyez Rayn. tom. 2, pag. 117[1], au mot *Arcio.*]

ART, Ars, Ruse. Partonop. de Blois, vers 1769 :
*Se tant me faites de bonté,
Que devant nostre jor nomé
De moi véoir ne soit ars quise
Ne par vos ne soie souprise.*
Chronique des ducs de Normandie, tom. 2, pag. 3, vers 18578 :
Pris e donez conseiz et ars.
Pag. 524, vers 30318 :
*Les arz, les enginz, les conseilz
De ses hauz homes plus feeilz
Teneit à cert mult ententis.*
Voyez Rayn. tom. 2, pag. 127[2] au mot *Ari.*

ARTEILLERIE, Tout ce qu'on lance contre l'ennemi. Gl. *Artillaria 2.*

○ **ARTEILLOS**, Artillos, Fin, habile, rusé. Chronique des ducs de Normandie, tom. 3, pag. 187, vers 36942 :
Cist sage e cointe e arteillos.
Pag. 231, vers 37983 :
*Del siecle esteit mult artillos
E sage e vezié e engignos.*
Pag. 352, vers 41139 :
*N'est pas sages ne artillos
Qui d'un damage se fait dous.*
Voyez *Artilleux.*

ARTICULEUR, Celui qui dressait les requêtes en forme de plaintes. Gl. *Articulus 1.*

ARTICULIEREMENT, Distinctement, par articles, d'une façon détaillée. Gl. *Articulariter.*

1. **ARTIFICE**, Art, métier. Gl. *Artificium 3.* [Voyez Rayn. tom. 2, pag. 127[2], au mot *Artifici.*]

2. **ARTIFICE**, Instrument, outil, ce qui sert à faire quelque chose. Gl. *Artificium 7.*

○ **ARTIIEN**, comme *Arcien.*

○ **ARTIER**, Ouvrier. Le dit de Merlin Mellot, Jubinal, Contes et Fabliaux, t. 1, pag. 128.

ARTILLER, Artillier, Fortifier, munir, garnir de tout ce qui est nécessaire. Gl. *Artillaria 2.* [Voyez Roquefort, au mot *Artiller.*]

1. **ARTILLERIE**, Chariot chargé de toute espèce d'armes. Gl. *Artillaria 2.* pag. 412[3].

2. **ARTILLERIE**, Toutes sortes d'armes. Gl. *Artillaria 2,* pag. 418[1]. [Voyez Rayn. tom. 2, pag. 130[2], au mot *Artillaria 2*; Roquefort, au mot *Artillement*; Halliwell, au mot *Artelries.*]

1. **ARTILLEUR**, Ouvrier en armes, armurier. Gl. *Artillator.*

2. **ARTILLEUR**, Ingénieur, celui qui préside à l'artillerie. Gl. *Artilliator.*

ARTILLEUX, Fin, rusé, adroit. Gl. *Artilus.* [Voyez Roquefort, au mot *Artilleux.*]

○ **ARTIMAGE**, comme *Artimal.* Flore et Blancheflor, vers 459 :
*D'un blanc esmail fu fais l'image
Assise en l'or par artimage.*

○ **ARTIMAL**, Magie. Chanson de Roland, stance 106, vers 11 :
*E l'arceuesque lor ocist Siglorel
L'encantëur ki jà fut en enfer :
Par artimal li cundoist Jupiter.*
Voyez Roquefort, au mot *Artumaire.*

ARTISIEN, Monnaie des comtes d'Artois. Gl. *Artesiani* sous *Moneta Baronum,* pag. 492[1].

○ **ARTOS**, Habile, savant. Partonop. de Blois, vers 7220 :
*Et cil d'Egipte li artos,
Qui fait par droite astronomie
Maint grant sens et mainte clergie.
Mal artos,* rusé, perfide. Ibidem, vers 7153 :
*Cils Ernols
De Marbréon, li mal artos, etc.*
Vers 8103 :
*Fors et fornis, lais et hisdos,
Cruels et fel et mal artos.*
Chronique des ducs de Normandie, tom. 1, pag. 397, vers 9086 :
*Se il est cointe e engignos
E veziez e mal artos, etc.*

ARTUIT, Past, repas, droit de gîte. Gl. *Artuit.*

ARVALE, Mauvais dessein. Gl. *Arva 2.*

ARVAU, Arcade, voûte. Gl. *Arvoutus.*

ARVE, Place vague, propre à bâtir. Gl. *Arva 2.*

○ **ARUNDE.** Voyez *Aronde.*

ARVOUT, Arc-boutant. Gl. *Arvoutus.* [*Arvol.* Flore et Blancheflor, vers 1917, 2453, 2580. *Arvolt.* Voyez Rayn. t. 2. p. 113[1], au mot *Arc-voltutz.*]

ARZ, Harts, liens de bois menu et tortillé. Gl. *Arces.*

○ **ARZILLOS**, Qui forme des arcs, qui serpente. Chronique des ducs de Normandie, tom. 1, pag. 187, vers 3015 :
*Cum l'eve est bloie e arzillose
E plenteive e abundose,
Cum ele est suvent flechisantz, etc.*

○ **ASAER**, Aseer, Askeir, Assaeir, Assiéger. Chronique des ducs de Normandie, tom. 1, pag. 263, sommaire :
Ici est ci cum Rous vait Chartres asaer.
Voyez pag. 398, sommaire ; t. 2, p. 179, vers 20597 :
*Por aseer lor forz citez
Closes de murs e de fossez.*
Tom. 1, pag. 243, vers 4620 :
Aseeir virent lur citez.
Pag. 169, vers 2492 :
*N'i a cité, chastel, ne tur
Qu'il n'aut u assaeir u prendre.*
Voyez pag. 208, vers 3595 ; pag. 218, sommaire ; pag. 243, vers 4606 ; ci-dessous *Assessir,* et Rayn. tom. 5, pag. 219[3], au mot *Assezer.* Roquefort, aux mots *Aserrer.* Orell, pag. 220. *Asis,* assiégé. Chronique des ducs de Normandie, tom. 1, pag. 217[1], vers 3889 ; pag. 283, vers 4327 ; *Assis,* pag. 494, vers 11940 ; Roman de Rou, tom. 1, pag. 136, Partonop. de Blois, vers 2141.

○ **ASANT**. . . . . Roman de Rou, tom. 1, pag. 288 :
*Rez e saetes fist porter
E chienz asant, s'ala berser ;
As veneors e as varletz
Fist mener toz ses brachez
E liemiers.*

ASASER, Rassasier, remplir. Gl. *Asazare.* [*Asazé, Assazé, Asessei,* Fertile, riche. Chronique des ducs de Normandie, tom. 1, pag. 22, vers 562 :
Terre asazée e plentivose.
Pag. 222, vers 411 :
*En fu la grant preie amenée
Dunt l'ost fu pleine e asazée.*
Pag. 87, vers 199 :
*Si plantéis de tutes riens
Et si assazez de tuz biens.*
Voyez pag. 31, vers 796 ; pag. 301, vers 6302 ; pag. 499, vers 12099. Roi Guillaume, pag. 79. Partonop. de Blois, vers 5411 :
*De vivre sui toz asazez
Car g'ai vescu moult plus qu'assez.*
Chanson, Wackernagel, pag. 68 :
Tuit sont riche et asessei.
Voyez Rayn. tom. 5, pag. 162[2], au mot *Asaziar.*]

ASAUDRE, Assaillir, attaquer. Gl. *Assaldare.* [Roman de Renart, tom. 1, pag. 23, vers 623 :
*Ahi Renart ! or belement,
Par les sainz Dieu, mar l'asausites !*
Voyez Orell, pag. 184, et ci-dessous *Assaudre.*]

ASAVORER, Goûter, essayer, jouir. Gl. *Adsaparare.* [Chanson d'Aidefrois, Romancero de P. Paris, num. 2, et Wackernagel ; pag. 1 :
*Bien sont assavoreit li mal
C'on trait par fine amor loiaul.*
Voyez Rayn. tom. 5, pag. 129[2], au mot *Assaborar.*]

○ **ASAUVAGIR**, Devenir sauvage. Roman de Renart, tom. 1, pag. 4, vers 97 :
*Les Evain asauvagisoient
Et les Adam aprivoisoient.
Entre les autres en issi
Le gorpil, si asauvagi.*
Voyez *Assauvagir.*

○ **ASAYER** le jeu d'amour. Gilote et Johanne, Jubinal, Contes et Fabliaux, tom. 2, pag. 83 :
*E quant le gu d'amour avez asayée
Sys foith ou seet à vostre volentée.*
Voyez Rayn. tom. 3, pag. 196[1], au mot *Essaiar.*

ASCANCE, Rémission, absolution. Gl. *Assenciæ.*

ASE

° **ASCENTIR**.... Chastel. de Couci, vers 76 :

*L'ot amours jà à son oes pris
Et si griés maus li fist sentir,
Si que cuer et corps ascentir
Li fist et loiaument amer.*

° **ASCEOIR**, † Commencer. Gl. *Asscescere.*

ASCHIN, Aissin, certaine mesure de blé. Gl. *Aissinus.*

ASCHIOLES, Nom d'une compagnie de marchands. Gl. *Achioli* [et *Societas* 4.]

ASCIN, Enclos, enceinte, clôture. Gl. *Ascinus.*

ASCLE, Pièce, morceau de quelque chose. Gl. *Exacisclare.*

ASCON, Petite nacelle. Gl. *Ascus.*

° **ASCONDER**,.... Roman de Renart, tom. 4, pag. 73, vers 2010 :

*Sire Tygres à vos m'asconde
Que vos moi vengiés d'Isengrin.*

ASCRIPTICE, Celui qui est tenu de labourer les terres de son seigneur, et qui n'est pas libre de le quitter. Gl. *Ascriptitii.*

ASCUR, Tranquille, qui ne craint rien, ou qui prent courage. Gl. *Assecurare* 1, pag. 429².

° **ASDENZ**. Voyez *Adans.*

° **ASEGUREMENT**. Voyez *Asseguranche.*

° **ASEGREZIER**. Voyez *Assegreier.*

° **ASEMBLEISON**. Voyez *Assemblée* 2.

° **ASEMONCER**, Assigner, sommer de comparaître devant le juge. Gl. *Submonere*, pag. 633¹.

° **ASEMOURER**, pour *Asemoncer.*

° **ASENER**, Assener, Diriger vers, disposer, mettre à sa place, assigner. Chastel. de Couci, vers 85 :

*Mais cilz se doit loer d'Amour,
Qu'il asena à la meillour.*

Agolant, vers 582 :

*Il tient l'espée et l'escu embraça,
Fiert le premier, mult très bien
Tote la teste du but li desevra.* [l'asena.

Voyez vers 574. Gérard de Vienne, vers 769. Roman de Roncevaux, pag. 37 :

*Ses chevaus fut en vingt lieus assenez,
Entre ses cuisses fu soz lui mort gietez.*

Partonop. de Blois, vers 592 :

*Et en son poing son espiel tient.
Li sainglers a l'abai ronpu,
Se li est tost seure coru
Et il ens en l'esclot l'asene.*

Vers 3057 :

*Trop a son espiel bas porté
Si a en la teste assené
Le nor ceval, etc.*

Vers 1215 :

*Ne sauroie quel part aler
No nès à vostre huis assener.*

Ancien Roman, Fierabras, éd. Bekker, pag. 157¹ :

ASE

*Fors tant c'onques de sorent
[l'emperière aviser
L'estre de son neveu, ne comment
[apeler
Le devoient la gent n'i sorent assener.*

Roi Guillaume, pag. 140 :

*N'i laissa vaillant une pume,
Ains prist, se asener i pot,
Le millor avoir qu'il i ot.*

Chronique des ducs de Normandie, tom. 1, pag. 80, vers 8 :

*.... Deus,
Qui tutes riens vivanz asene.*

Pag. 98, vers 477 :

*E li dui frere les ordenent
E establissent e asenent.*

Pag. 542, vers 18351 :

*Asigne les si e assene
Qu'en pais les afaite e ordene.*

Guill. Guiart, tom. 2, pag. 254, vers 6590 (15570) :

*D'entr'eus touz cinc eschièles faites.
La préméraine à l'assener
Dut el cil de Courteisex mener.*

Pag. 367, vers 9540 (18521) :

*Furent leur vessiaus ordenez.
Gui de Namur r'a assenez
Des siens les seconz et les tiers.*

Pag. 309, vers 8037 (17018) :

*En sera Gravelingues pire
S'an tertre pevent assener.*

Tom. 1, pag. 72, vers 1237 (1733) :

*Que de vostre suer ordenez
Et d'autre mari l'assenez.*

Fabl. des droits du clerc de Voudrai. . .:

*Que puis que fame est mariée
Qu'on ne lui doit querre hontage
Puis qu'ele est par bien assenée
A celui cui on l'a donée.*

Roi Guillaume, pag. 65, 49. Assises de Jérusalem, chap. 78 : *Assener le jour de bataille.* Beaumanoir, ch. 34 : *Le court doit regarder et assener jour convenable.* Annales de saint Louis, pag. 241 : *Et puis leur assena grans rentes.* Voyez *Assener. Assené*, pourvu. Guill. Guiart, tom. 2, pag. 309, vers 8016 (16996) :

*Les compaignies et les routes
Que l'amirant ot amenées
D'armeúres bien assenées.*

Voyez pag. 443, vers 11305 (20487) ci-dessus *Acener*, et Rayn. tom. 5, pag. 196², au mot *Agotum.*

- ° **ASENSER** (S'), Se déterminer. Chronique des ducs de Normandie, tom. 2, pag. 400, vers 26979 :

*En cent manières se porpense,
Mais tant ne quant ne s'i asense
Qu'il deie faire n'où aler.*

Voyez *Assens.*

° **ASENT**. Voyez *Assenz.*

° **ASEOIR**, Placer, établir. Chanson, Wackernagel, pag. 47 :

*Delivre est et je seuxs pris ;
Mais ce n'est pais droite prise,
El leu ou elle m'ait mis.
Ainsi l'ait amors asisse ;
Et teils est la loi asize
Ke la femme soit conquise,
Pues k'elle ait l'ome conquis.*

Voyez *Asseoir* 4.

ASN

° **ASERIR**, Asserrer, Devenir tard, faire tard. Chanson de Roland, stance 55, vers 1 :

Tresvait le jur, la noit est aserie.

Voyez stance 268, vers 1 ; stance 293, vers 4. Roman de Roncevaux, pag. 90, 91. Roi Guillaume, pag. 144. Chronique des ducs de Normandie, tom. 2, pag. 233, vers 22245 :

*Sempres quant tot iert asserré
Passerom Seigne quoiement.*

Voyez *Asserement*, *Assegraiés*, et Rayn. tom. v, pag. 206¹, au mot *Aserar.*

ASERVISER, Donner une terre à charge de service. Gl. *Asservisare.*

° **ASESSEI**. Voyez *Asaser.*

° **ASFLUIRE**, Affluer. Chronique des ducs de Normandie, tom. 1, pag. 248, vers 4759 :

*M'en retornerai ariere en France
Asfluire e veintre quant porrai
Mes enemis, etc.*

° **ASFUBLER**, Attacher, se couvrir du manteau. Partonop. de Blois, vers 5083 :

Puis li asfuble son mantel.

Vers 10597 :

*Li cevalier se sont levé
Vestu, caucié et asfublé.*

Voyez *Affubler.*

ASGOUT, Eau d'asgout, Eau de pluie, ou qui s'égoutte des terres voisines dans un lieu bas. Gl. *Agotum.*

ASIER, Faire ou fournir ce qui est nécessaire. Gl. *Aisamenta.*

° **ASIERI**, En cachette. Voyez *Seri.*

° **ASINDE**...... Roman de Renart, tom. 4, pag. 63, vers 1742 :

*D'une contrée deviers Inde
D'axus elephans tor asinde.*

° **ASME**, Colère, chagrin. Roman de Renart, tom. 4, pag. 34, vers 932 :

*De cesti chose eut Nobles asme
Et en entra en grant riote.*

Pag. 51, vers 1402 :

*Ha ! sire vois, cil trop mefet
Qui sour autrui met nesun blasme,
Dont en la fin puist avoir asme
Nus prodom qui à bien entende.*

Asme est une maladie des faucons. Voyez Rayn. tom. 2, pag. 132, au mot *Asma.*

° **ASMER**, Aasmer, Tâcher, viser. Chanson de Roland, stance 34, vers 3 :

*Mal nos avez baillit
Que li Franceis asmastes à férir.*

Chronique des ducs de Normandie, tom. 2, pag. 260, vers 23053 :

*C'est cil à qui l'om rien n'em emble
Qui tost asme e fiert ensemble.*

Où le manuscrit de Tours porte *aasme.* Voyez *Aesmer* et *Esmer.*

1. **ASNE**, p. e. Imposition volontaire, partagée également entre ceux qui conviennent de la payer. Gl. *Asinus* 3.

2. **ASNE**, Usage de faire monter à re-

bours sur un âne le mari qui se laissait battre par sa femme, et de le promener ainsi par la ville. Gl. *Asinus 3*.

1. ASNÉE, La Charge d'un âne, et même d'un cheval, certaine mesure de solides et de liquides. Gl. *Asinata*.

2. ASNÉE, Répartition d'une imposition volontaire, appelée *Asne*. Gl. *Asinus 3*.

✱ **ASNELE**, Anesse ? Chronique des ducs de Normandie, tom. 1, pag 400, vers 9182 :

Que ne nos puist mais rien offrir
Par qu'il nos puisse enfolatrir ;
Bien conoissum la fauve asnele
E ceo de qu'il nos acembele.

✱ **ASNER**, Anier, celui qui conduit les ânes. Gl. *Asinitas*.

✱ **ASNERIE**, Droit seigneurial payé par les meuniers, qui reportaient sur des ânes la farine à ceux à qui elle appartenait. Gl. *Asinitas*.

✱ **ASNIER** †, comme *Asner*. Gl. *Agaso*.

✱ **ASOAGIER**, Soulager, adoucir, diminuer les maux du corps. Gl. *Potio Galeni*. [Chronique des ducs de Normandie, tom. 1, pag. 477, vers 11470 :

Torna li dux à garison
Asuagiez est e gariz.

Voyez *Assoager*.]

✱ **ASOMMER**, Dire tout à fait, exprimer complètement. Partonop. de Blois, vers 4247 :

Cil diols ne puet estre asommés
Ne par nul home devisés.

Voyez Rayn. tom. 5, pag. 261¹, au mot *Assomar*.

ASOMPTION, Ascension. Gl. *Assumptio 1*.

✱ **ASOPLIR** (S), S'assouplir, se fléchir, devenir triste ; se calmer. Chronique des ducs de Normandie, tom. 1, pag. 181, vers 2844 :

A ceo prie que s'asopleit.

Lai de Melion, pag. 44, vers 37 :

Quant Melion ice oï,
Molt durement s'en asopli.

Aubri, pag. 168¹ :

Li quens les ot et entendi lor dis,
Set que est voirs, si s'en est asoplis.

Asopli, humilié, triste. Lai de Melion :

Molt fu dolans, molt asopli.

Partonop. de Blois, vers 7235 :

Moult a été France asoplie
De joie et de cevalerie,
Por le duel et por le deshet
Que nos avons tuit por vos tret.

✱ **ASOR**, Chronique des ducs de Normandie, tom. 2, pag. 177, vers 20540 :

Trenchez mei la ronce u l'ortie,
Si i naistra dunc asor vers :
Tot autresi est des porvers. . .
Por un destruit en sordent set.

ASORBIR, Éteindre, anéantir, crever. Gl. *Absorbere*. [Priver de la lumière. Partonop. de Blois, vers 5198 :

C'est li soleus, c'est la clartés,
Dont li mont est si asorbés
Par mon orgueil, par ma folie.

Voyez Rayn. tom. 4, pag. 377², au mot *Eissorbar*.]

ASOREILLER, Nettoyer, curer ses oreilles. Gl. *Auris*, pag. 489³.

ASOTER, Devenir sot, imbécile, perdre le sens. Gl. *Assotare*. [Rendre sot, tromper. Chronique des ducs de Normandie, tom. 1, pag. 575, vers 14319 :

Asotez-le par vostre sen.]

ASOUAGEMENT, Émancipation. Gl. *Solatium 3*.

ASOUAGIER, Adoucir, apaiser, apprivoiser. Gl. *Mansuetarius*.

ASOUL, Satisfait, à qui l'on a payé ce qui lui était dû. Gl. *Absolutus 2*, et *Apacare*.

ASOUPPER, Chopper, heurter. Gl. *Assopire*.

✱ **ASPERATIF**, Apéritif. Eustache Deschamps, pag. 168 :

Que toutes choses laxatives.
Et qui seront asperatives.

Voyez Rayn. tom. 2, pag. 134², au mot *Asperatiu*. Comparez *Asfubler*, *Asprier*, etc.

✱ **ASPIRER**, Inspirer. Chronique des ducs de Normandie, tom. 2, pag. 185, vers 20744 :

Teu parole unt le duc nonciée
Si cum Deus les out aspirez.

Voyez tom. 1, pag. 361, vers 8032. *Aspirement*, ibidem, pag. 825, vers 6978. Voyez Rayn. tom. 3, pag. 176², au mot *Aspirar*.

✱ **ASPORT**, Enlèvement ; d'où

ASPORTER, Enlever, emporter. Gl. *Asportare 1*.

✱ **ASPRE**, Vaillant. Ancien poëme, Fierabras, éd. Bekker, pag. 157² :

Se trouvé ne l'eussent si aspre champion.

ASPRESSE, Sévérité, rigueur, dureté. Gl. *Asperitas 1*. [*Asprece*, Chronique des ducs de Normandie, tom. 2, pag. 288, vers 22402. Voyez Rayn. tom. 2, pag. 134², au mot *Aspreza*.]

ASPRETÉ, Toute espèce d'exaction, imposition. Gl. *Asperitas 1*.

ASPREUR, Aigreur dans l'esprit ou dans le discours. Gl. *Asperitas 1*.

✱ **ASPRIER**, Prier. Chronique des ducs de Normandie, tom. 2, p. 481, vers 29271 :

Quant li dux veit qu'eissi d'aspreie
Trestot bonement li ottreie.

Voyez Rayn. tom. 4, pag. 622¹, au mot *Apregar*.

✱ **ASRAGIER**, Devenir furieux. Aubri, pag. 183² :

De mantalent quide vis asragier.

Voyez *Esrager*.

✱ **ASRAZ**, ARRAZ, ARAZ, Cri de guerre des Flamands. Roman de Rou, vers 4667 :

Flamenz crient Asraz, *e Angevin* Valie'

Chronique des ducs de Normandie, tom' 2, pag. 215, vers 21695 :

Baudoin e Flamenc Arraz.

Chronique de Jordan Fantosme, vers 1216 :

Flamens. . . .
Jamès ne crierunt Araz, *mort sunt et en-*
[*terrez.*

Vers 1799 :

Jamès en lur païs ne crierunt mès Aras.

Voyez Rayn. tom. 2, pag. 1201, au mot *Arrat*.

ASSADE, Houe, instrument à labourer la terre. Gl. *Aissada*.

ASSAGIR, Devenir sage, prudent, avisé. Gl. *Sapire 2*.

ASSAILLIE, Assaut, attaque. Gl. *Adsalire*.

ASSAINEMENT, Assignation, hypothèque. Gl. *Assenatio*.

ASSAISSONNÉ. Qui est dans sa maturité, dans sa saison, qui est à son point. Gl. *Assaxonare*.

ASSAMBLE, Monceau, tas. Gl. *Assemblare*.

ASSAMBLEMENT, Troupes assemblées et en ordre de bataille. Gl. *Assembleia*.

ASSAMBLER, S'approcher de quelqu'un en faisant semblant de le frapper et en le menaçant. Gl. *Assemblare*. [Se joindre à qqn. Roi Guillaume, pag. 65, et souvent. Voyez *Assembler*.]

ASSAMPLE. Exemple. Gl. *Atemplare*.

ASSANGONNÉ, Rempli de sang. Plaie assangonnée, où le sang a séjourné. Gl. *Sanguinare 2*.

✱ **ASSANNETER**, pour *Assavanter*.

ASSAVANTER, Faire savoir, avertir. Gl. *Scibilis*.

1. ASSAUDRE, Assaillir, attaquer. Gl. *Assaldare*.

✱ **2. ASSAUDRE**, ASSAURE, ASAUDRE, Absoudre. Fabl. dudit du Barizel. . . . :

Quant li bons hom vit qu'il fit termes
De li assaudre, si l'assaut.

Roman de Rou. . . . :

A l'apostoille envoieront
Du veu assaure le feront.

Joinville, pag. 76 : *Je vous asols de tel pooir comme Dieu m'a donné*. Gautier de Coinsi, liv. 1, chap. 28 :

Quant li pechieres vint à Rome,...
Ne puet trouver qui l'asousist.

Voyez ci-dessus au mot *Asaudre*.

ASSAULER, Assembler, convoquer. Gl. *Aperire 2*.

ASSAVOURER, Assaisonner, donner du goût. Gl. *Adsaporare*. [Voyez *Asavorer*.]

1. ASSAUVAGIR, Rendre une terre sauvage, inculte. Gl. *Sylaticus*.

2. ASSAUVAGIR, Étranger quelqu'un d'une maison, l'en chasser, faire en sorte qu'il y aille moins souvent. Gl. *Sylvaticus*. [Voy. *Asauvagir*.]

ASS   ASS   ASS   51

° **ASSAUVALGIR.** Voyez *Assauvagir*.

ASSAY, Essai, épreuve. Gl. *Assagium* 2.

° **ASSAZ**, Content, satisfait. Chronique des ducs de Normandie, tom. 1, pag. 341, vers 7414 :

Là s'asistrent, la unt mangé
Joios e assaz e lié.

Voyez Rayn. tom. 5, pag. 162³, au mot *Assatz*.

ASSEAU, Assette, essette ou hachette de charpentier. Gl. *Ascilus*.

ASSÉE, Bécasse. Gl. *Accia et Volatus* 1.

ASSEEUR, Celui qui fait l'assiette d'un écot, de la taille, d'une imposition. Gl. *Assidator*.

ASSEGNÉE, But, point marqué, auquel on se propose de tirer. Gl. *Assieta* 3.

° **ASSEGREIER**, Devenir tard, faire nuit. Chronique des ducs de Normandie, tom. 1, pag. 288, vers 4484 :

Quant auques fu assegreid
E li Daneis orent mangié, etc.

Où le ms. de Tours porte *Asegrezié*. Voyez *Aserir*.

ASSEGRISER, Adoucir, apaiser, tranquilliser. Gl. *Assecuratus* 2.

ASSEGURANCHE, Assurance, promesse solennelle. Gl. *Asseguramentum*. [*Asegurement*. Chronique des ducs de Normandie, tom. 1, pag. 435, vers 10208.]

ASSEICHER, Devenir à sec. Gl. *Assewiare*.

ASSEILLE, Petit ais dont on couvrait les livres. Gl. *Ascella* 2.

1. **ASSEMBLÉE**, Choc, combat. Gl. *Assembleia*.

2. **ASSEMBLÉE**, Union, commerce qu'on a avec une femme. Gl. *Assembleia*. [*Asembleison*, Chronique des ducs de Normandie, tom. 1, pag. 426, vers 9956. *A Assemblée*, en corps. Gl. *Assembleia*.]

ASSEMBLÉEMENT, Ensemble, de compagnie. Gl. *Assembleia*.

ASSEMBLER à quelqu'un, Engager un combat avec lui. Gl. *Assemblare*. Joinville, pag. 48 : *A celle gent assemble le roy de Sezile et les deconfist*. Voyez le Glossaire de Joinville, et Rayn. tom. 5, pag. 374², au mot *Assembelhar*, ci-dessus *Assambler*.

° **ASSEMER**, comme *Acesmer*, Habiller, parer. Joinville pag. 9 : *En se doit assemer en robes et en armes, etc.*

ASSENE, **ASSENEMENT**, Assignation, hypothèque. Gl. *Assenamentum* et *Assenatio*.

ASSENER, Saisir, arrêter les biens d'un débiteur. Gl. *Assenare*. [*Assennare* et *Assidere* 1. Voyez *Assener*, et Rayn. tom. 5, pag. 228¹, au mot *Assignar*.]

ASSENETE, But, point marqué, auquel on se propose de tirer. Gl. *Assieta* 2. [Le passage de Guill. Guiart se trouve tom. 2, pag. 18, vers 447, (9413).]

1. **ASSENNE**, Ais, planche. Gl. *Aes*.

2. **ASSENNE**, Assignation, hypothèque. Gl. *Adboutamentum*.

° **ASSENS**, Renseignement, trace, direction. Chronique des ducs de Normandie, tom. 2, pag. 147, vers 19684 :

Qui son seignor quert c'est folie
Ne troeve qui assens l'en die.

Pag. 342, vers 25324 :

Ses assenz prent e ses avis.

Tom. 3, pag. 44, vers 33067 :

Mult les esloigne, et mult les seivre
D'icele part, d'icel assen
Par unt li dux vait e li suen.

Voyez *s'Asenser*.

ASSENSÉ, Qui est de bon sens, qui est tranquille, de sang froid. Gl. *Sensatus*.

ASSENSIR, Donner à cens. Gl. *Assensare*.

ASSENZ, Accord, consentement. Gl. *Assentimentum*. [Roman de Renart, tom. 4, pag. 141, vers 410 :

Adont fu li tournois criés
Par l'assens de Noblon de roi.

Vie de saint Thomas de Canterbury, après la Chronique des ducs de Normandie, t. 3, pag. 621² :

A une abbeie de moinnes gris
Par le asent le rei Lewis,
De bone gent,
Iloc demora en cel pais.]

1. **ASSEOIR**, Assiéger. Gl. *Assediare*.

2. **ASSEOIR**, Fixer sa demeure, son domicile. Gl. *Assetare* 3.

3. **ASSEOIR**, pour Arsoir, Hier au soir. Gl. *Ab heri*.

° 4. **ASSEOIR**, Placer, établir. Guill. Guiart, tom. 2, pag. 377, vers 9803 (18785) :

Par quoi aus chaillos eslinder
Qu'il font souvent entr'eus chéoir
Et à leur quarriaus asseoir
Sus visages nuz et sur cos, etc.

Pag. 447, vers 11627 (20610) :

La véissiez quarriaus voler
Qui s'assieent en pluseurs places
Sus visages nuz et sus faces.

Voyez pag. 377, vers 9805 (18786) et *Assiète*, dans un sens analogue, pag. 378, vers 9830 (18811). Comme terme de musique. Partonop. de Blois, vers 601 :

Puis sonne son cor et justice,
Si assiet bien les mos de prise.

Terme de chasse, mettre sur la trace, vers 1829 :

Par els sont assis li levrier
Et il a pris le liemier.

Voyez Rayn. tom. 5, pag. 219¹, au mot *Assezer*.

ASSEOUR, Officier qui met sur table. Gl. *Assessor ferculorum*.

ASSEREMENT †, Sûreté donnée devant le juge. Gl. *Crepusculum*.

ASSERISIER, Apaiser, calmer, tranquilliser. Gl. *Assecuratus* 2.

ASSERMENTER, Cueillir, ramasser le sarment, en faire des fagots. Gl. *Sermens*.

ASSERTER, Essarter, défricher. Gl. *Assartare* sous *Exartus*, pag. 340².

ASSERTIVEMENT, Affirmativement, avec assurance. Gl. *Assertive*.

ASSESSIR, Assiéger. Gl. *Assidere* 2.

° **ASSEVER**, Purger, délivrer. Guill. Guiart, pag. 119, vers 2548 (2940) :

Je croi que nostre roy de France
Fu pour ce lores si pelez,
Qu'il ot les juis rappelez
Dont ainz avoit France assevée.

Tom. 2, pag. 350, vers 8560 (17541) :

Ont les routes d'eus assevées
Vers le pont, banières levées.

Voyez *Desevrer*.

ASSEUERRE DE CUL, Terme injurieux et de mépris. Gl. *Assidator*.

ASSEVIER, Dessécher. Gl. *Assewiare*.

ASSEUREMENT JURATOIRE, Assurance donnée avec serment. Gl. *Asseuracio*.

ASSEURENTER, Assurer quelqu'un devant le juge. Gl. *Asseurare*.

° **ASSEUER**, Donner assurance. Gl. *Assecurare* 1, pag. 429². Chronique des ducs de Normandie, tom. 1, pag. 539, vers 13261. *S'asourer*, accepter l'assurance, se rassurer, se reposer. Chanson de Roland, stance 102, vers 2 :

Li quens Rollans mie ne s'asouret,
Fiert del espiet tant cume hanste li duret.

Guill. Guiart, tom. 2, pag. 156, vers 4016 (18001) :

L'estrif qui commence à complie
Et tant ne quant ne s'asseüre
Toute la nuit entière dure.

Voyez Rayn. tom. 5, pag. 185¹, au mot *Assegurar*.

ASSEURTÉ, Assurance donnée en justice. Gl. *Asseurare*.

ASSEYMER, comme *Acesmer*, Ajuster, orner, parer. Gl. *Scema* 1.

° **ASSEYNIER**, pour *Asseymer*.

° **ASSEZIS**, Assez. Pastourele, Wackernagel, pag. 81 :

Assezis poroie musir
Asi mignot amin.

Voyez *Asaser*.

ASSICHE, Pieu, pilotis. Gl. *Assigia*.

ASSICTE, pour *Assiette*, Imposition, taille. Gl. *Assieta* 3.

ASSIELLE, Petit ais, planche. Gl. *Aissella*.

1. **ASSIETTE**, Ressort, juridiction, district. Gl. *Assiagium*.

2. **ASSIETTE**, Assignation de fonds pour le payement d'une rente. Gl. *Assidatio*.

3. **ASSIETTE**, ASSIETE, Chambre de cabaret, où l'on est assis à son écot. Gl. *Assieta* 3.

4. **ASSIETTE** ou ASSIETE DE COULONS, Volet, petit colombier. Gl. *Assieta* 3.

ASSIGNANCE, Assignation, hypothèque. Gl. *Assignamentum* 1.

◦ **ASSIGNE**, Estimation, évaluation. Gl. *Assieta* 2.

ASSIL, Exil, bannissement. Gl. *Exiliare*.

ASSIN, Enclos, enceinte, clôture. Gl. *Ascinus*.

ASSIS, Imposition, taxe, taille. Gl. *Assisa*, pag. 489[1].

1. **ASSISE**, Assemblée de juges, et le jugement prononcé par eux. Gl. *Assisa*.

2. **ASSISE**, Taxe, imposition, taille, Gl. *Assisa*.

ASSISIAGE, Ressort, district, étendue de la juridiction d'une *Assise*. Gl. *Assisiagium*.

ASSOAGER, † Adoucir, apaiser, apprivoiser [accoutumer]. Gl. *Mansuetarius*. [*Asoager*. Chronique des ducs de Normandie, tom. 1, pag. 408, vers 9430 :

*Crient vers lu seit mult irascuz
Mult enchaeiz e offenduz,
Ceo qu'il puet vers lui l'asoage.*

Voyez pag. 500, vers 12118. *S'asoager*, pag. 184, vers 2937 :

Gar qu'aies pais, si t'asoage.

S'assoager, pag. 317, vers 6748. *Assuagié*, pag. 75, vers 2035. *Asuager*, pag. 362, vers 8041 : pag. 387, vers 8790. Voyez *Assouager*.]

ASSOCIER, Arranger, mettre ensemble les choses qui doivent y être. Gl. *Associare* 3.

ASSOCIÉTÉ, Association, société. Gl. *Associatio*.

ASSOLEIR, Garantir un fonds. Gl. *Assolare* 2, et *Ainescia*, pag. 153[2].

ASSOLER, Cultiver et ensemencer les terres suivant l'ordre et l'arrangement ordinaire. Gl. *Adsolare*.

◦ **ASSOLU**. Voyez *Solu*.

ASSOMMER, Sommer, réduire d'une somme, faire un total, compter, nombrer. Gl. *Assummare*.

ASSONNYER, Travailler avec soin un ouvrage. Gl. *Soniare*, pag. 527[1].

ASSOPER, Chopper, heurter. Gl. *Assopire*.

ASSORBIR, Diminuer, affaiblir, anéantir. Gl. *Absorbere*.

ASSOREILLER, Nettoyer, curer ses oreilles. Gl. *Auris*.

ASSORTER, Munir, fortifier, réparer, mettre en bon état. Gl. *Assortare*.

ASSORTIR, S'associer, se mettre de compagnie. Gl. *Assortare*.

ASSOSSÉ, Absout, déchargé, exempt. Gl. *Absolutus* 2.

ASSOTEMENT, † Sottise, folie ; et

ASSOTER, † Devenir sot, perdre le sens. Gl. *Assotare*.

ASSOTIR, Rendre sot, faire, devenir fou. Gl. *Assotare*, et *Stultizare*.

ASSOUAGEMENT ?, Soulagement, consolation ; d'où

ASSOUAGER, **ASSOUAGIER**, Soulager, consoler, amadouer, flatter par des paroles douces et attirantes. [Calmer. Guill. Guiart, tom. 2, pag. 898, vers 10382 (19314) :

*Fuient çà et là desconfites,
Riens ne les puet assouagier.*

Se calmer, diminuer. Ibidem, pag. 886, vers 10022 (19002) :

*Bien set que leur ost est retraite
Aus criz qu'il oït assouagier.*

Assouagié, calme, en sûreté, tom. 1, p. 187, vers 4298 (4705) :

*Léanz sont il assouagiez
Et si enclos et encagiez
Comme un cors saint en une fierce.*

Voyez Rayn. tom. 5, pag. 281[1], au mot *Assuauzar*, et ci-dessus *Assoager*.] Gl. *Mansuetarius*.

ASSOUFFIR, **ASSOUVIR**, Fournir ce qui est suffisant et nécessaire. Gl. *Suffcientia* 3. [Achever, venir à bout de quelque chose. Annales de saint Louis, p. 240 : *Et celles aussi qui estoient commenciees il fit assouvir*. Voyez pag. 1 et 117. Proverbes ruraux, au Glossaire de Joinville :

Fox commence, qui ne peut assouvir.

Villehardouin, num. 221 : *Ensi fu la convenance faite et assovie et la pais faite*. Garin, tom. 1, pag. 245 :

*Et que fait dont li miens freres Garins...
Quant ceus de là ne pueuent assovir ?...
Avant aura ceste cité conquis...
Je irai là quant l'aurai assovi.*]

ASSOUPEMENT, Achoppement ; et

ASSOUPER, Chopper, heurter. Gl. *Assopire*.

ASTAINERIE, Fâcherie, dépit, courroux. Gl. *Atia*.

◦ **ASTELE**, Eclat, morceau. Chronique des ducs de Normandie, tom. 1, pag. 164, vers 2361 :

I out mil lances en asteles.

Guill. Guiart, tom. 1, pag. 188, vers 4736 (13724) :

*Une bonne ville essilla
Que flambe et feu mist par astèles.*

Voyez Rayn. tom. 2, pag. 136[2], au mot *Astela*.

◦ **ASTELER**, Voler en éclats. Partonop. de Blois, vers 8215 :

*Se'l fiert en l'escu de Castele
Que sa lance tote i astele.*

Chronique des ducs de Normandie, tom. 2, pag. 206, vers 21411 :

*Ci est teus comenciez li gieus
Que mil lances i en astelent.*

Roman de la Violette, pag. 96, vers 1907 :

Lor lanches toutes en astelent.

Voyez Rayn. tom. 2, pag. 137[1], au mot *Astellar*.

ASTELLE, Bâton de pique. Gl. *Astella* 1. [Voyez *Astele*.]

ASTELLET, diminutif d'*ASTELLE*, Planche de bois qu'on met au-devant du collier d'un cheval de tirage, ordinairement *Attelle*. Gl. *Astella* 1.

ASTELLIER, pour Atelier, ouvroir. Gl. *Operatorium*.

◦ **ASTENANCE**, **ASTINANCE**, Abstinence. Chronique des ducs de Normandie, tom. 2, pag. 191, vers 20943. Chastel. de Couci, vers 7124.

◦ **ASTENIR**, Abstenir. Chanson de Roland, stance 203, vers 11 :

Carles se pasmet, ne s'en pout astenir.

Voyez le Glossaire de cette chanson à ce mot ; Chastel. de Couci, vers 514 ; ci-dessous *Atenir*, et Rayn. tom. 5, pag. 334[2], au mot *Abstener*.

◦ **ASTER (S')**, Se hâter. Chanson de Roland, stance 166, vers 7 :

Met sei en piez e de curre... s'astet.

Roman de Roncevaux, pag. 13 :

Vers douce France à la reine astée.

Voyez Rayn. tom. 2, pag. 137[2], au mot *Astiu*.

ASTIER, Broche. Gl. *Hastator*.

ASTOIS, Longe, partie d'un animal. Gl. *Astis*.

ASTONNÉ, Lance. Gl. *Asta* 4.

ASTOU, Autour. Gl. *Astur*. [Mot provençal. Voyez Rayn. tom. 2, pag. 152[2], au mot *Austor*.]

◦ **ASTRAINGIER**, Etranger. Gérard de Vienne, vers 1099 :

*Acomteiz s'est de bele Aude au vis cleir,
Ne li ait fait de son cors astraingier.*

ASTRE, Foyer, maison. Gl. *Astrum*.

ASTROLOGIEN †, Astrologue. Gl. *Astrale*. [Voyez Rayn. tom. 2, pag. 138, au mot *Astrologian*.]

ASTURCIER, Autoursier, celui qui a soin des autours. Gl. *Astur*.

ASURE, Couleur d'azur. Gl. *Asur*. [Voyez Rayn. tom. 2, pag. 168[2], au mot *Azur*.]

ATACHE, Echalas. Gl. *Atacheia*. [*Atace*, *Atache*, Agrafe, fibule. Partonop. de Blois, vers 4901 :

*Un mantel...
D'ataces bones est garnis,
Dont le pent al cors gentis.*

Vers 10114 :

*Cemises, cotes et manteaus
Et ataches et aumosnières.*

ATACHEUR, Ouvrier qui fait de petits clous qui servent d'ornement. Gl. *Atachia*. [Voyez le livre des métiers, éd. Depping, pag. 64.]

ATAHIN, Haine : d'où *Atahina*, Haïr [en Breton]. Gl. *Atia*, pag. 451[2].

ATAIGNE, Fâcherie, dépit, courroux. Gl. *Atia*, pag. 451[3].

ATAIN, Parent, proche. Gl. *Attinentes*.

◦ **ATAINDRE**, Toucher, approcher, contester. Partonop. de Blois, vers 6298 :

ATA

S'el l'aime, à rien ne li ataint,
Qu'il le seit bien et si s'en faint.

Voyez Orell, pag. 167. Chastel. de Couci, vers 151 :

Et elle estoit si fine belle,
Que n'avoit dame ne pucelle
Ens el païs qui l' ataindist.

Roi Guillaume, pag. 107 :

Mais Loviax sor tel ronci sist
K'en molt peu d'eure l'a ataint.
Marins le voit, tot a ataint
Lovel de honte...

Guill. Guiart, tom. 2, p. 122, vers 8129 (12109) :

Cil iert (coment que l'en l'ataingne)
Conte de Brie et de Champaigne.

Ataint, voyez Attainte. Voyez Rayn. t. 2, pag. 140², au mot Ateigner.

° **ATAINE**, comme *Atayne*.

ATAINER, Faire du mal, nuire. Gl. Atia. [Atëiné. qui nuit à tous. Roman de Renart, tom. 2, pag. 341, vers 18873 :

Li ribaus, li atëïnez,
Fust ou pendus, ou traïnez, etc.

ATAINTE. FAIRE ATAINTE D'UNE CAUSE, Gagner un procès. Gl. Atingere 1.

ATALENTER, Avoir pour agréable, approuver, tâcher de faire quelque chose. Gl. Talentum 2. [Partonop. de Blois, vers 4447 :

Tot m'atalente e tieng à bien
Quanqu'est de li, fors d'une rien.

Chronique des ducs de Normandie, tom. 1, pag. 455, vers 10833 :

E li dux n'a mise s'entente
En ceo qui mult li atalentes.

Absolt, desirer. Chanson de Guiot de Provins, Wackernagel, pag. 27 :

Mon fol cuer atalente
Maix jai n'auroit de moy merci.

Voyez Rayn. tom. 5, pag. 297¹, au mot Atalentar.]

° **ATANT**. Voyez *Tant*.

ATAPIR †, Cacher, couvrir, dérober à la lumière. Gl. Detuscere. [Chronique des ducs de Normandie, tom. 2, pag. 456, vers 28598 :

Au pastor dit qu'il ne s'en isse
Mais en latuiet s'atapisse.

Voyez Rayn. tom. 5, pag. 302², au mot Tapin. Joinville, pag. 292 : Et pource que la clarté de ses œvres ne demeure atapie en ombres ne en tenebres. Voyez le Glossaire de Joinville.]

ATARGER, ATARGIER, Retarder, arrêter, retenir. Gl. Athargrati [et Targa, pag. 33¹]. Aubri, pag. 187¹ :

Et Gascelin ne se vait atarjant.

Roman de Renart, tom. 1, pag. vers 1259. Voyez Rayn. tom. 5, pag. 303³, au mot Tardar.]

° **ATARJANCE**, Retard. Chronique des ducs de Normandie, tom. 1, pag. 232, vers 4294 :

Kar n'i aureit os atarjance.

ATAVERNER, Tenir taverne, vendre du vin en détail. Gl. Tabernare.

ATAYNE, Fâcherie, querelle, dispute. Gl. Atia.

ATE

° **ATE**, Avantage, usage. Partonop. de Blois, vers 1811 :

Après disner a le cor pris
C'on ot al dois devant lui mis,
Bien fait le voit et moult à ate.

Voyez Rayn. tom. 2, pag. 140¹, au mot At. Ce mot paraît être adjectif vers 5071 :

Puis a estroit et bien cauciés
Ses betes gambes et ses piés
De cauces de soie bien ate
Et de buers sorcaus d'ascarlate.

ATEINE, Convaincu. Gl. Atingere 2.

ATELE, ATELLE, Eclat, morceau de bois, bûche. Gl. Astula 1.

ATELER, Lier et soutenir avec des Ateles des os fracturés. Gl. Astula 1.

° **ATEMPRANCE**, Modération, tempérance. Roman de Renart, tom. 4, pag. 176, vers 1813 :

Atemprance, sens et raisons
Font moult de tribulations
Aire et envie, etc.

Voyez Rayn. tom. 5, pag. 318², au mot Atempransa et Atemprer.

° **ATEMPRER**, Arranger. Aubri, p. 159¹ :

Mais le contesse ne s'est mie arestée,
Ains a sa cose belement atemprée.

Voyez le Glossaire de Joinville.

ATENANCHE, Suspension d'armes, trève. Gl. Astenantia.

° **ATENANT**, Parent, proche. Voyez Atain. Enfants Haymon, vers 118 :

Duc Naimes de Bavière et tous vous [atenans.

° **ATENDANS**..... Chronique des ducs de Normandie, tom. 1, pag. 151, vers 199 :

Mult trovent beles rivières
D'oiseaus garnies e plenieres
E segures et atendanz.

° **ATENDUE**, Attente, halte. Guill. Guiart, tom. 1, pag. 43, vers 476 (972) :

Les montées, les descendues
Et les greveuses atendues
Où l'en se cuide ralier.

voyez Rayn. tom. 5, pag. 324², au mot Atenduda.

ATENIR, Abstenir, se contenir. Gl. Culverta, pag. 653². [Voyez Astenir. Roman de Renart, tom. 2, pag. 208, vers 15221 :

De char ne me puis atenir.]

° **ATENTIS**, Qui attend, qui espère. Chanson de Guiot de Provins, Wackernagel, pag. 27 :

En longue atente me seux mis,
Sens ceu ke trop m'en plaigne
Se me tolt mon jeu et mon ris.
Ke nuls d'amors desdaigne
N'iert jai atentis.

ATENURIR †, Atténuer, affaiblir, diminuer. Gl. Grieullare.

ATERMENT, Arpenteur, celui qui d'office pose des bornes. Gl. Aterminator.

ATI

° **ATERMÉ**, Borné, entouré. Guill. Guiart, tom. 1, pag. 196, vers 4644 (4958) :

La ville assiéent,
Qui lors estoit bel atermée
De deus paire de murs fermée.

ATERMER, Ajourner, assigner un jour. Gl. Aterminare 1. [Voyez Rayn. tom. 5, pag. 350¹, au mot Atermenar.]

ATERMINEMENT, Atermoiement, délai. Gl. Aterminare 1.

° **ATERMINER**. Voyez Atermer.

ATERRER, Terrasser, soutenir avec de la terre. Gl. Aterrare. [Gérard de Vienne, vers 163 :

Tel voz donrai de l'espée dou ley
Ke mervelle iert si n'i estes aterreiz.

[Renverser. Guill. Guiart. tom. 1, pag. 10, vers 2040 (2450) :

Chevaus feruz jusqu'ès bouèles,
Comment qu'il se sachent serrer
O leurs conduiteurs aterrer.

Humilier. Chronique des ducs de Normandie, tom. 1, pag. 580, vers 14468 :

Eissi atterron les Normanz
Les orgoillos, les sorquidanz.

Voyez Rayn. tom. 5, pag. 353¹, au mot Aterrar.]

ATERRER, Remplir de terre, combler. Gl. Aterrare.

ATESTAR, Porc châtré, à qui on a ôté les testicules. Gl. Atestar.

ATESTATION, Serment, jurement, quand on prend Dieu ou ses saints à témoin. Gl. Attestatio 1.

° **ATICEMENT**. Voyez Enticement.

° **ATICER**. Voyez Atiser.

° **ATIE**, Haine, irritation, colère. Chronique de Jordan Fantosme, vers 361 :

Jà dirrunt tel parole de guerre par atie,
Dunt cil plurrunt encore qui rien n'en [unt oïe.

Vers 1725 :

Ainz ardent lu païs chascun d'els par [atie.

Vers 185 :

Tel cunseil en pernum, senz estrif de atie.

Voyez Attie et Aatie.

ATIERER, Equiper, Appareiller. Gl. Atirimentum.

ATINE, Dommage, l'action d'animer, exciter : dispute, querelle, peine, chagrin. Gl. Atia.

ATINER, Chagriner, causer de la peine, nuire, faire du mal. Gl. Atia.

ATINTER, Préparer, disposer, ajuster. Gl. Attare.

ATIREMENT, Ordonnance, règlement ; Gl. Atirimentum.

ATIRER, Ordonner, régler, Arranger, disposer, équiper, harnacher. Gl. Atirimentum. [Partonop. de Blois, vers 7600 :

Fors que Partonopeus s'ocit
Del jor del tornoi desirer
Et de ses armes atirer.

Flore et Jehanne, pag. 29 : Et fut autresi

atirés com uns eskuiiers. Pag. 43 : S'en vint en Acre et atira son passage. Pag. 68 : Si atira li rois Flores son oire. Voyez le Glossaire de Joinville. Guill. Guiart, tom. 2, pag. 8, vers 197 (9161) :

A lui merci crier s'atire.

Tom. 1, pag. 142, vers 3145 (3587) :

D'assembler sa gent se r'atire
Li roys Phelippes, etc.]

ATISEFEU, Fourgon. Gl. *Atticinari*.

ATISER, Animer, exciter, provoquer. Gl. *Atticinari* [et † *Astipulari. Aticer*. Roman de Renart, tom. 1, pag. 47, vers 1224 :

Li venéor les chiens atice
Et amoneste durement.

Chronique des ducs de Normandie, tom. 1, pag. 500, vers 12121 :

Fai remaindre la grant malice
Qui ès cors des felons s'atice.

Romance d'Aidefrois, Romancero, pag. 6, et Wackernagel, pag. 7 :

La vostre amor me destraint et atixe.

Voyez Roi Guillaume, pag. 90. Fierabras, éd. Bekker, pag. 166 [2]. Rayn. tom. 5, pag. 367 [1], au mot *Atizar*, et le Glossaire de Joinville.

ATISEUR, Fourgon. Gl. *Atticinari*.

∗ **ATISIER** FEU †, comme *Atiser*. Gl. *Atticinari*.

∗ **ATOIVRE**, ... Partonop. de Blois, vers 4305 :

Car nus ne voit sa bele nef
Ne son atoivre ne son tref.

Roman de Renart, t. 1, p. 44, vers 1137 :

Fors tant c'un pertuis i avoit
Qui des vilains fait i estoit,
Où il menoient lor atoivre
Chascune nuit juer et boivre.

ATOR, Appareil, préparatif, disposition, meubles, ustensiles. Gl. *Atornare* et *Villani*, pag. 331 [2]. [Romance d'Aidefrois Romancero, pag. 6, et Wackernagel, pag. 7 :

Et porquiert ensi son ator
Ke il puist movoir à brief jor.

Partonop. de Blois, vers 1949 :

Partonopeus fait son ator
Par matinet al oel del jor
Et por errer son aparel.

Gérard de Vienne, pag. 173 [2] :

Cinq mil estoient ensemble d'un ator.

Roman de Renard, tom. 1, pag. 17, vers 437 :

Hersent a la cuisse haucie,
A cui moult plesoir cel ator.

Pag. 36, vers 918 :

Si filz li font moult grant ator.

Partonop. de Blois, vers 7473 :

Ses vis n'a soing de miréor,
Ne ses gens cors de bel ator.

Vers 10691 :

L'empereris fu d'autre ator,
Qui miols valut que tot li lor.

Chanson de Collin Muset , Laborde, pag. 209 :

Et son gent cors amoureuset
Et si d'ator,]

Chronique des ducs de Normandie, tom. 1, pag. 338, vers 7314 :

Que as-tu fait de cel ator
Que tu emblas à ton seignor ?
Où est li socs e li cureies ?]

ATORNÉ , ATORNY, Procureur, celui qui agit au nom d'un autre. Gl. *Atturnatus.*

ATOUCHANT, Qui est proche, qui touche. Gl. *Attinere.*

1. **ATOUR**, Ornement de tête pour les femmes. Gl. *Atour.*

2. **ATOUR**, Sorte de vase. Gl. *Atour.*

ATOURNÉ, Officier de ville. Gl. *Atturnatus.*

∗ **ATOURNEIR** PISON †, Gl. *Dimembrare.*

1. **ATOURNER**, Toilette. Gl. *Atorna.*

2. **ATOURNER**, Cultiver, ensemencer. Gl. *Aiornare.*

3. **ATOURNER**, Tourner. Gl. *Atournare.* [Gérard de Vienne, vers 1936 :

Et prie Deu le roi omnipotent
K'a bien atort cest fort songe pesant.

Partonop. de Blois, vers 76 :

Se je me geu sains vilonie
Ne l' m'atornés pas à folie.

Vers 1118 :

N'a nul talent de somellier
Péors l'atorne al vellier.

Chronique de Jordan Fantosme, vers 790 :

Od Flamens e od Francéis e od gent
[*devers Frise*
Aturnerad Engleterre tut à sa cuman-
[*dise.*

Chronique des ducs de Normandie, tom. 1, pag. 518, vers 12518 :

Ont atorné son monument
A senestre tot dreitement.

Pag. 502, vers 12193 :

Chose ne fait au siecle nus
Que à sei n'en atort le plus.

∗ 4. **ATOURNER**, Préparer, disposer, équiper, habiller, mettre en état de défense. Roman de Renart, tom. 3, pag. 106, vers 22645 :

Puis commanda que l'en atort
Bel et cortoisement la cort.

Agolant, pag. 181 [1] :

Li rois le fist richement atorner,
Esperons d'or li fist ès piez fermer, etc.

Gérard de Vienne, pag. 173 [1] :

Or tost, anffanz, feit il, de l'atorner,
Je vos voudrai or endroit adouber.

Roi Guillaume, pag. 104 :

N'es mie encor bien atornés,
Aparilliés à mon talant.

Voyez pag. 62, 78, 105. Garin, t. 1, p. 240 :

Les bons chevaus atorner et covrir.

Chronique des ducs de Normandie, tom. 1, pag. 236, vers 4400 :

Chascons atorne sa defense.

Pag. 221, vers 3985 :

Ainz se garnirent e uvrerent
E ceo qu'il porent se aturnerent.

Pag. 328, vers 7085 :

Dunt il refirent les cloisons
Les chasteaus e les fermetez
Tost fu li regnes atornés.

Pag. 238, vers 4488 :

Les nefs furent tost aturnées.

Partonop. de Blois, vers 3962 :

Dementres me faites livrer
Deux beaus bouceaus de bon vin cler,
J'atornerai l'un à mon fils.

Roi Guillaume, pag. 112 :

Tot trois furent serjant et keu
De leur venison atorner.

Garin, tom. 1, pag. 267 :

La plaie atornent, si ont l'emplatre mis.

Flore et Blancefor, vers 3214 :

Et vous bele très-douce mère,
Qui si malement m'atornastes,
Quant mon père consel donastes.

Voyez le Glossaire de Joinville.

∗ **ATOUT**, ATUT, Avec. Chanson de Roland, stance 160, vers 8 :

Par uns e uns les ad pris el barun
Al arcevesque en est venuz atut,
Si's mist en reng de devant ses genuilz.

Chronique des ducs de Normandie, tom. 1, pag. 320, vers 6847 :

Atout li duz Robert ses mains
Des fonz le lieve cum parrains.

Garin le Loh. tom. 1, pag. 85 :

Mont bien li siet l'escus enluminés,
Cil qui l'esgardent cuident qu'atout soit
[*nés.*

Flore et Jehanne, pag. 68 : *S'esmut atout grant gent.* Roi Guillaume, pag. 70.

∗ **ATRAINER** , Traîner vers. Guill. Guiart, tom. 2, vers 10663 (19645) :

Là véissiez rainsiaus tranchier
Et ses serjanz atrainer.

∗ **ATRAIRE**, Attirer, se procurer, gagner, préparer. Chronique des ducs de Normandie, tom. 1, pag 324, vers 6972 ; tom. 2, pag. 390, vers 26695 ; pag. 397, vers 26680. Chronique de Jordan Fantosme, vers 544. Partonop. de Blois, vers 4398. Roman de Roncevaux, pag. 9. Roi Guillaume, pag. 170, 63. Voyez Rayn. tom. 5, pag. 401 [1], au mot *Atraire*, et le Glossaire de Joinville.

∗ **ATRAIT**, ATRET, Préparatifs. Partonop. de Blois, vers 298 :

Anchises à ses nés en vait
Puisqu'il ot là fait son atrait.

Chronique des ducs de Normandie, tom. 2, pag. 461, vers 28688 :

Li navies e li atraiz
Fu en assez poi d'ure faiz.

Pag. 367, vers 26070 :

Dunc furent josté li atrait
Qui mult par i furent grant fait.

Partonop. de Blois, vers 1781 :

Li casteaus est ci por vos fes
Li bors et tos li beaus atres.

Vers 10348 :

. . . . . Fenis
Un moult grant fu d'especes fait

Et puis volant vers le ciel vait,
De la calor d'amont esprent
Et puis en son atrait descent ;
Ilueques art en son atret.

○ **ATRAVÉ**, p. e. campé, de *Tref*. Agol. vers 695 :
Soixante mille du roi furent esmé.
Prennent le leu où il sunt atravé.

ATRAVEILLER, Chagriner, tourmenter, persécuter. Gl. *Laborare* 3.

○ **ATTAIER** †, Attiser. Gl. *Sufflare.*

○ **ATRAVELLIÉ**, Fatigué. Partonop. de Blois, vers 1573 :
Mais tant le sent atravellié
Ne l' puet esvellier de pitié.

○ **ATRAVERSER**, Se mettre en travers, attaquer de côté. Partonop. de Blois, vers 8025 :
Trait à eschiec contre le soir
Por gaaignier, por pris avoir,
Trestot ot laissié le joster
Por les jostans atraverser.

Vers 8678 :
A une fois qu'il ot josté
L'ont Alemant ataversé,
Tant l'ont bouté, tant l'ont feru,
Qu'od le ceval l'ont abatu.

Voyez Rayn. tom, 5, pag. 525 ², au mot *Atraversar.*

1. **ATRE**, Cimetière. Gl. *Atrium* 1.

2. **ATRE**, Foyer, maison. Gl. *Astrum.*

ATREVER, Faire trêve, donner sûreté. Gl. *Treugare.*

ATTRIBLER, Battre, accabler, écraser. Gl. *Triblagium.*[Chronique des ducs de Normandie, tom. 2, pag. 99, v. 18196.]

ATRIE, Parvis d'église, ou cimetière. Gl. *Atrium* 1.

○ **ATRIER**, comme *Autrier*. Gérard de Vienne, vers 2258 :
Car bien me manbre ancores de l'atrier,
Kant ma serour, etc.

ATRIEVER, Faire trêve, donner sûreté, assurer en justice. Gl. *Treugare.* [Agolant, vers 996 :
Et dist Gorhan : Or sumes atrivé.]

○ **ATRIQUER**, ... Guill. Guiart, tom. 1, pag. 160, vers 3608 (4010) :
Li kaillo qui issent des fondes
Qu'aucuns, pour droit jeter, atriquent,
Et li quarrel qui en l'air cliquent.

○ **ATROCHE**, comme *Atouchant*. Guill. Guiart, tom. 1, pag. 57, vers 846 (1842) :
Et conquis Baruch et Damas
Et toute l'autre terre atroche.

○ **ATROPELER** (S'), Se réunir en troupe. Chronique des ducs de Normandie, tom. 1, pag. 274, vers 5486 :
Un cor sonerent pur apel
Entreignant si s'entr'apelent,
Conrei funt d'eus, si s'atropelent.

ATRUPER, Tromper par des tours de passe-passe. Gl. *Trahere* 5. [Voyez *Trufer.*]

ATTACHE, Échalas. Gl. *Atacheia.*

ATTAGNÉ, Parent, proche. Gl. *Attinentia* 1.

○ **ATTAIER** †, Attiser. Gl. *Sufflare.*

ATTAINE, Querelle, dispute, fâcherie. Gl. *Atia.*

ATTAINER, ATTAINNER, Fâcher, irriter, courroucer. Gl. *Atia,* pag. 451 ² [et *Eschargaita,* pag. 299 ³.]

ATTAINEUX, Querelleur, qui aime à disputer. Gl. *Atia,* pag. 452 ¹.

○ **ATTAINS**, Convaincu. Gl. *Attaintus.*

ATTAINTE, LETTRE D'ATTAINTE, Billet qui assigne le payement d'une somme. Gl. *Assidatio* 2. (Guill. Guiart, tom. 2, pag. 60, vers 1582 (10508) :
El tesmoing de laquèle chose
Il fist mettre en la lètre atainte
De son propre séel l'empainte.]

ATTAQUER, ATTAQUIER, pour Attacher, dans la prononciation picarde. Gl. *Attachare.*

○ **ATTARGER**. Voyez *Atarger.*

ATTARGEASSION, ATTARGEATION, Retardement, délai. Gl. *Athargrati,* pag. 450 ³.

ATTAYNEMENT, Ennui, chagrin, peine. Gl. *Atia.*

ATTAYNER, Fâcher, irriter, courroucer. Gl. *Atia.* [Voyez le Glossaire de Joinville, au mot *Atteiner.*]

ATTEFIT, Jeune arbre qu'on laisse croître, baliveau, saule, peuplier, etc. Gl. *Attefectum.*

ATTEMPRESÉ, Qui est à son temps, à son point, dans sa maturité. Gl. *Assaxonare.*

ATTENANCE, ATTENANCHE, Suspension d'armes, trêve. Gl. *Attenantia.*

ATTENDRE, Faire attention, avoir égard. Gl. *Attendere* 1 [et *Tenda* 1, pag. 55 ³. Roi Guillaume, pag. 65 :
Bien est or tox dame asenée
Qui à tel pautonnier s'aiant.

Chanson du comte d'Anjou, Laborde, pag. 153 :
Douce dame, à cui mes cuers s'atent.]

ATTENDUE, Défaut, faute de comparoir à une assignation. Gl. *Attenta.*

ATTENIR, Appartenir à quelqu'un comme parent ou allié. Gl. *Attinentes.*

ATTERRISSEMENT, Amas de terre, sable et limon formé par les eaux. Gl. *Atterrissamentum.*

○ **ATTESTATION**. Voyez *Atestation.*

ATTIE, L'action d'animer, d'irriter. Gl. *Atia.*

ATTINTELER, Préparer, disposer, orner. Gl. *Attare.*

ATTIQUET, Billet, bulletin. Gl. *Attiqueta.*

ATTIREMENT, Ordonnance, règlement. Gl. *Atirimentum.*

ATTIRER, Ordonner, régler. Gl. *Atirimentum.*

○ **ATTORNÉ**, ATTORNEYE, comme *Atorné.* Gl. *Atturnatus,* pag. 461 ³.

ATTORNEMENT, Procuration. Gl. *Atturnatus,* pag. 461 ¹.

ATTOURNANCE, ATTOURNEMENT, Reconnaissance des sujets ou vassaux nouvellement acquis. Gl. *Atturnatus,* pag. 461 ¹.

ATTRAHIERE, ATTRAIERE, Droit seigneurial d'attirer à soi et de s'approprier les biens des criminels, aubains, bâtards et serfs. Gl. *Attractus* 2 [et *Estrajeriæ,* pag. 323 ²].

ATTRAIRESSE, Femme qui trompe, qui leurre. Gl. *Attrahere.*

ATTRAITTIER, Entretenir, Gl *Attrahere.*

ATTREMPANCE, Modération, adoucissement. Gl. *Adtemperies.*

ATTREMPÉ, Retenu, réservé, modéré, doux. Gl. *Adtemperies.*

ATTREMPÉEMENT, Modérément, avec douceur. Gl. *Adtemperies.*

ATTREMPEMENT †, Tempérament, adoucissement, modération. Gl. *Intemperium.*

ATTROSSER, adjuger à l'encan. Gl. *Attribuere.*

ATUISER, ATUTÉER, Tutoyer. Gl. *Tuisare.*

AVABLE, Qu'il faut avoir, nécessaire. Gl. *Habilius.*

AVAILLE, Torrent. Gl. *Eslaveidium.*

○ **AVAINDRE**, ... Chanson du roi de Navarre, Wackernagel, pag. 48 :
Bone aventure avaigne fol espoir
Ke les amans fait vivre et resjoir.

Comparez *Avenger.*

○ **AVAINNE**, Champ d'avoine. Roi Guillaume, pag. 109 :
Li dains a le cop atendu,
Qui pasturoit en une avainne.

AVAL, Lieu bas. Gl. [*Aval,*] *Avalare* et *Avalterræ.*

AVAL. Voyez *Clers d'Aval. Aval,* adv. Voyez Rayn. tom. 5, pag. 462 ¹, et Orell, pag. 298.

AVALAGE, AVALESON, AVALISON, Le droit d'avoir un gort, de mettre des nasses pour prendre anguilles et autres poissons. Gl. *Avalagium* et *Avalare.*

AVALANCHE, AVALANGE, Chute des neiges qui se détachent des montagnes. Gl. *Lavanchia.*

○ **AVALER**, s'AVALLER, AVALLER, Descendre. Gl. *Avalare.* Roman de Renart, tom. 1, pag. 47, vers 1217 :
Car Dant Costant venoit après
Sor un cheval à grant eslès,
Qui moult s'escrie à l'avaler,
Lesse, va tost, les chiens aler.

Voyez Rayn. tom. 5, pag. 461 ², au mot *Avalar,* et ci-dessous *Avallée.*

AVALLÉE, Roulement, Gl. *Avalare* 1. [Flore et Blanceflor, vers 863 :
> Et harpe le lai d'Orphey :
> Onques nus hom plus n'en oi
> Et le montée et l'avalée.

Roman de Renart. t. 2, p. 148, vers 13556 :
> De bien chanter chascun se peine
> L'uns à l'autre son chant avale.]

AVALOERE, Qui est en pente, descente. Gl. *Avalantia*.

AVALOIR, Gort, pêcherie. Gl. *Avaloriæ*.

AVALOIS, Habitants des Pays-Bas. Gl. *Avalterræ*.

AVALOUERE, AVALUIRE, Partie du harnais d'un cheval qui tire, qu'on place sur la croupe, *Culeron* ; en Champagne *Culiere*. Gl. *Avalantia*.

° **AVALTERRE**. Voyez *Avauterre*.

AVALUEMENT, Diminution. Gl. *Avaluacio*.

AVANCER, Devancier, prédécesseur. Gl. *Antenatus*.

AVANCIER, Se dit des gardes jurés d'un métier, qui veillent à la bonté des ouvrages. Gl. *Promotor* 1.

° **AVANCIER** †. Gl. *Anticipare* 2.

AVANCIERRE, Celui qui procure l'avancement de quelque chose, qui veille aux intérêts et aux droits d'un autre, procureur. Gl. *Promotor* 1.

AVANDROYS, Espèce de cens. Gl. *Avandroys*.

AVANT, Or ça, courage ; d'où, *Se mettre avant*, faire quelque chose de soi-même, de son chef, hasarder. Gl. *Antevenire*.

1. **AVANTAGE**, Pot-de-vin, vin du marché. Gl. *Avantagium* 6.

2. **AVANTAGE**, Présent que l'usage veut qu'on fasse dans certaines occasions. Gl. *Avantagium* 7.

3. **AVANTAGE**, Avance, saillie. Gl. *Avantagium* 8.

4. **AVANTAGE**, Pillage, exaction. Gl. *Aventagium* 5.

5. **AVANTAGE**, pour Avantageux, qui tire avantage de tout. Gl. *Avantagium* 5.

AVANTAGER (S'), Parler insolemment, avec hauteur. Gl. *Aventagium* 5.

AVANTAGIER, Ce qui est en deçà. Gl. *Avantagium* 8.

° **AVANTAIGE**, AVANTAGE †. Gl. *Anticipare* 2.

AVANTAIGEUX, Se dit de ce qui donne un avantage certain au jeu, comme de dés pipés. Gl. *Avantagium* 5.

AVANT-BATAILLE, Avant-garde. Gl. *Antegardia*.

AVANT-BRAS, Armure qui couvre la partie du bras qui est depuis le coude jusqu'au poignet. Gl. *Antebrachia*.

° **AVANTIER**, Avant-hier, l'autre jour, comme *Autrier*. Agolant, vers 1049 :
> Un poi de terre me dona avantier.

AVANTPARLIER, AVANTPARLEUR, Avocat, qui parle bien et avec éloquence. Gl. *Antiloquus* [et *Prælocutor*].

AVANTPIÉ, Sorte de chaussure, galoche. Gl. *Antepedes* 2. *Antipedale* †, et *Pedules*.

° **AVANPIECH**, Parapet [à Nîmes]. Gl. *Antepectus*.

AVANT-SEIGNEUR, Le premier, le principal, seigneur suzerain. Gl. *Dominus principalis*, pag. 174¹.

AVANT-SOLIERS, Porche. Gl. *Avantsoliers* et *Antesolarium*.

AVANTVENT, Auvent. Gl. *Antevanna*.

AVAUTERRE, Pays-Bas. Gl. *Avalterræ*.

AVAUTVENT, p. e. pour *Avantvent*, Auvent. Gl. *Auvanna*.

AUBAIN, Étranger dans le lieu qu'il habite. Gl. *Albani* 1.

AUBAINETÉ, AUBANIE, AUBANITÉ, Droit d'aubaine. Gl. *Albani* 1, et *Aubana*.

AUBARDE, Coite de matelas. Gl. *Albarda*.

° **AUBE**, Habit blanc des baptisés. Gl. *Alba* 4. *Aube à parement*. Gl. *Alba parata*, pag. 160³. Chronique des ducs de Normandie, tom. 1, pag. 326, vers 7022 :
> En l'uitne, si cum nos lisum,
> Le jor de s'expiation,
> Mist son cresmal dreitement jus,
> Fors fu d'aubes, n'i esta plus.

1. **AUBÉ**, Clerc, à cause de l'aube, qui est l'habit clérical. Gl. *Alba* 3.

2. **AUBÉ**, Offrande qu'on faisait pour la bénédiction des aubes des baptisés ou confirmés. Gl. *Dealbatus*.

AUBEJOIS, Albigeois. Gl. *Albigenses*.

AUBELESTE, AUBELESTRE, Arbalète. Gl. *Albalista*. [Aubelestier, Arbalétrier. Garin le Loher. tom. 1, pag. 169.]

AUBELIERE ?, Licou, muselière. Gl. *Albarda*.

AUBELIQUE, Terme de mépris ; p. e. diminutif d'*Aubé*, Clerc, enfant de chœur. Gl. *Alba* 3, pag. 160².

AUBENAGE, Droit d'aubaine. Gl. *Aubenagium*.

AUBERGIRE, Aunaie, lieu planté d'aunes. Gl. *Alberia*.

AUBERJON, Cotte de mailles. Gl. *Halsberga*.

° **AUBERIT**, Vêtement ecclésiastique. Titre de 1235, chez Roquefort, au Supplément, pag. 29² : *Il devront venir as solempnités S. Amet et S. Morant nos patrons en auberit chorial*.

AUBEROIE, comme *Aubergire*, et l'arbre même. Gl. *Alberia*.

AUBIJOIS, Albigeois. Gl. *Albigenses*.

° **AUBMAILLES**, comme *Aumailles*. Gl. *Manualia* 3.

AUBOR, Aubour, aubier. Gl. *Arcus* 2. [Voyez Rayn. tom. 2, pag. 49², au mot *Albar*.]

AUBORAIGE, Le droit qu'on payait au seigneur pour la permission de prendre l'aubour. Gl. *Aubor*.

AUBRAIE, Lieu planté d'aunes ou d'arbres blancs. Gl. *Albareta*.

AUBUN, Blanc d'œuf. Gl. *Albura*.

AUC, Oie, en Languedoc. Gl. *Auca* 1.

AU-CERTAIN, Assurément, certainement. Gl. *Assertive*.

° **AUCHOR**, Élévation. Roman de Roncevaux, pag. 11 :
> Les roches dures e pui de grant auchor.

Voyez Rayn. tom. 2, pag. 59², au mot *Altura*.]

° **AUCOTON**. Voyez *Aucton*.

AUCQUES, Aussi. [Un peu, assez.] Gl. *Acquitare* 1. [Chronique des ducs de Normandie, tom. 1, pag. 98, vers 463 :
> Aukes li ert sauvage e grief
> A traire ceo qu'il quiert à chief.

Chronique de Jordan Fantosme, vers 779 :
> Si Dames Deus l'agrée
> Par lui et par sa force d'aukes serrad
> [vengée.

Flore et Jeanne, pag. 16 : *Et li ont moustré aukes bien la besongne*. L'orthographe la plus commune est *Auques*. Voyez Rayn. tom. 2, pag. 58¹, au mot *Alques*. Agolant, vers 139, 148. Roman de Renart, tom. 1, vers 665, 676, 830, 837, 882, etc.]

AUCQUETTE, Portion de terre labourable, entourée de fossés ou de haies. Gl. *Auca* 2.

AUCTENTIQUE, Celui qui est fort versé dans les novelles de Justinien, qu'on appelait Authentiques. Gl. *Authenticus* 1.

AUCTON, pour HOQUETON, Sorte de casaque militaire. Gl. *Auquetonnus*. [AUCOTON, AUCOTUN. Chronique des ducs de Normandie, tom. 1, pag. 164, vers 2848 :
> Puis revestent les aucotons
> Et les haubers blans e treslis.

Pag. 209, vers 3624 :
> Dunc vestirent les aucotuns
> E les haubers desus treslis.

Voyez Rayn. tom. 2, pag. 52², au mot *Alcoto*, et ci-dessus *Aqueton* et *Auqueton*.]

AUCTORISÉ, Qui a l'approbation de tout le monde. Gl. *Auctorabilis* 2.

AUCTORISIÉ, Bien établi, qui a tout ce qui lui est nécessaire. Gl. *Auctorabilis* 2.

AUCUBE, AUCUBLE, ARCUBE, Tente, pavillon. Gl. *Accubitus* 5. [Roman de Renart, tom. 4, pag. 160, vers 923 :
> ... Puis vont entendre
> As très et as aucubes tendre.

Voyez Garin le Loh. tom. 1, pag. 58.
Agolant, vers 649 :

Treis e arcubes, destrier, mant droma-
[*daire.*

AUCUNEMENT, Un peu, en quelque façon. Gl. *Acquitare* 1 et *Mesnagium* 3.

AUDESSEMENT, Audacieusement. Gl. *Audaciter.*

AUDIENCE DE FRANCE, La chancellerie. Gl. *Audientia* 8.

AUDITEUR, Notaire. Gl. *Auditores* 3.

AUDITOIRE, Juridiction, tribunal. Gl. *Auditorum* 1.

AVEDALT, AVEDANT, p. e. Lieu planté de noisetiers. Gl. *Avedaltum.*

AVEDIER, Sorte de mesure, autant que la main peut contenir. Gl. *Havata* 1.

AVÉEMENT, Autorisation ; et

AVÉER, Autoriser. Gl. *Advocare* 3, pag. 104[1].

AVEINNIERE, Champ d'avoine. Gl. *Avenariæ.*

AVEL, Volonté, désir, envie. Gl. *Averare* 1. [Partonop. de Blois, vers 4481 :

Ist de le nef, entre el castel
U tant a éu son avel.

Vers 1566 :

La dame a moult de ses aveaus.

Vers 9154 :

Conquerre i cuide ses aveaus.

Voyez vers 958, 1722, 1894, 6203. Chronique des ducs de Normandie, tom. 1, pag. 46, vers 1187 ; tom. 2, pag. 391, vers 20718 ; pag. 398, vers 26907 ; Jordan Fantosme, vers 1130, 1182, 1380. Pastourelle de Jocelin de Bruges, Wackernagel, pag. 80]

AVELETS, Les enfants des enfants. Gl. *Abiaticus* sous *Avius* 10.

AVELOT †, p. e. Lieu planté de noisetiers. Gl. *Avellatorium.*

AVENAGE, Droit qu'on paye en avoine. Gl. *Avenagium* 1.

AVENANCE †, Convenance. Gl. *Afferentia.*

° **AVENANCE**, AVENANCEMENT. Voyez *Avenantement.*

AVENANTEMENT, A proportion, convenablement. Gl. *Advenantare.* [Partonop. de Blois, vers 9376, 9651, 10716, 10731, 10761. Flore et Blanceflor, vers 32 et 55. Voyez *Avenantement.*]

° **AVENANT**, Convenable, à proportion. Roman de Roncevaux, pag. 19 :

Car li corners n'est mie avenans.

Agolant, vers 810 :

De frain à or et de sele d'argent,
Estriex i ot qui molt sunt avenant.

Aubri, vers 68 :

Dame, dist-il, vos parlés avenant,
Mais ne lairoie, etc.

Gérard de Vienne, vers 3767 :

Andui ensamble seront bien avenant
Car el est bele et il belz ansimant.
IX

Vers 3787 :

Se cil de l'ost ke por lui sont dolant
Séussent ore com li est avenant
Molt pluis à aise en fuissent li au-
[*quant.*

Voyez *Avenir* 1.

Mariage avenant. Gl. *Maritagium,* pag. 282[3].

AVENANTEMENT, Estimation, prisée ;

AVENANTER, AVENANTIR, Priser, estimer ; et

AVENANTOUR, Estimateur, celui qui évalue et fixe le prix des choses. Gl. *Advenantare.*

° **AVENANTER**, Échoir au seigneur. Gl. *Aventata.*

AVENARIE, Terre qui n'est propre qu'aux avoines. Gl. *Avenariæ.*

AVENAUMENT, A proportion, convenablement. Gl. *Auxilium,* pag. 500[1]. [Chron. des ducs de Normandie, tom. 1, pag. 104, vers 647 :

Cil qui cest message porterent
La distrent Rou et reconterent
Mult bel e mult avenaument.

Voyez *Avenantement.*]

1. **AVENEMENT**, Toute espèce de biens qui arrivent à quelqu'un, et qu'on nomme *biens adventifs* ou *Aveniers.* Gl. *Avenius.*

2. **AVENEMENT**, Avanie, droit injuste, exaction. Gl. *Avenus.*

AVENESNE, Terre qui n'est propre qu'aux avoines. Gl. *Avesna.*

° **AVENGER**, ... Chronique des ducs de Normandie, tom. 2, pag. 261, vers 23081 :

Cum j'en porreie vers paiens
Ovrer n'avenger a nul sens.

° **AVENGIER**, Venger. Chronique des ducs de Normandie, tom. 3, pag. 416, vers 9264 :

Quan ne puet son cuer avengier.

AVENIER, Contrôleur de l'écurie. Gl. *Avenariæ.*

1. **AVENIR**, Convenir, être avenant. Gl. *Avenire.* [Gérard de Vienne, vers 685 :

Ele ot le jor un mantel afublé
Un poc fut cors, si li avint asseiz.

Partonop. de Blois, vers 4883 :

Mais bele est et bel se contient
Et quanqu'ele fait li avient.]

2. **AVENIR**, Bannir, exiler, chasser quelqu'un d'une ville. Gl. *Avenire.*

AVENTAIL, Partie de l'armure de devant. Gl. *Aventailles.* [Voyez Halliwell, au mot *Aventaile.*]

° **AVENTIS**, Bâtard. Roman de Rou, tom. 1, pag. 225 :

Mult somes tuit hontous
De Richart, cel Normant, cel aventis,
[*cel rous.*

Chronique des ducs de Normandie, tom. 1, pag. 72, vers 1961 :

Que hunte de chens aventiz.

AVENTURE, Toute espèce de biens qui arrivent à quelqu'un, et qu'on appelle *Biens adventifs* ou *Aveniers.* Gl. *Aventura* 3.

AVENTURER, Faire naufrage. Gl. *Aventurerius.*

AVENTUREUSEMENT, Par aventure, par cas fortuit. Gl. *Aventurerius.*

AVENTUREUX, Enfants perdus. Gl. *Aventurerius.*

° **AVER**, Désirer ardemment. Chanson, Wackernagel, pag. 85 :

Eucelui n'ait mesure ne raixon
Ki ceu cognoist, s'il n'ave a vangier
Ceauls ki par deu sont delai en prixon.

Voyez *Averer* 1.

AVERAGE, Service ou corvée, que les tenants doivent à leur seigneur avec leurs bœufs, chevaux et autres animaux, qu'on nommait *Avers,* et ce qu'on payait pour être exempt de cette servitude. Gl. *Averpeny* sous *Averium,* pag. 475[3].

AVERAIGE, Avarie ; s'il ne faut pas lire *Arivaige.* Gl. *Averagium* sous *Averium,* pag. 475[3].

° **AVERAIZ**, Avoir, butin. Chronique des ducs de Normandie, tom. 2, pag. 410, vers 27284 :

Le jor aveient entendu
A metre fiens et à destruire
E as granz averaiz conduire.

Pag. 528, vers 30432 :

Preie, prisons e averaiz
Aveient mult des viles traiz.

° **AVEREMENT**, Appel en averement. Gl. *Averamentum.*

1. **AVERER**, Désirer avec ardeur, vouloir quelque chose fortement. Gl. *Averare* 1. Voyez *Aver.*

° 2. **AVERER**, Devenir vrai, s'accomplir. Chron. des ducs de Normandie, tom. 2, pag. 308, vers 6514 :

Qu'or aveire l'avision.

Tom. 2, pag. 567, vers 31516 :

Si n'a tel avision véue
Qui hautement aveira puis.

Voyez Rayn. tom. 5, pag. 503[1], au mot *Averar.*

1. **AVERS**, Animaux domestiques, comme chevaux, bœufs, etc. Gl. *Averium,* p. 475[1].

° 2. **AVERS**, Païen. Chanson de Roland, stance 186, vers 1 :

Granz sunt les oz de cele gent averse.

Stance 239, vers 5 :

Dist Baligant : la meie gent averse,
Car chevalchez pur la bataille querre.

Partonop. de Blois, vers 7159 :

Et dist que li sodans de Perse
I amenra sa gent averse.

Vers 4567 :

Fors seul le fier sodant de Perse
Car se rieoise est trop averse.

Chronique des ducs de Normandie, tom. 1, pag. 377, vers 8477 :

8

*Ce savum bien que Rous li dux,
Funt-il, tis perè ad genz averse
Forz e bataillos e desperse, etc.*

Pag. 471, vers 11299 :

*...... De gent averse
Païenne e sauvage e disperse.*

Contraire. Pag. 231, vers 4275 :

*Cui fortune serreit averse
Laide e oscure e pale e perse.*

° 3. **AVERS**, Avare. Garin le Loher. tom. 1, pag. 239 :

Nuns avers princes ne puet monter en [pris.

Chronique des ducs de Normandie, tom. 2, pag. 191, vers 20954 :

*N'iert pas avers ne boubanciers
Ainz en ert larges despensiers.*

Pag. 73, vers 17450 :

*Nul n'esteit si achaisonos
Ne si avers ne si eschars.*

Roman de Renart, tom. 4, pag. 129, vers 102 :

*Li anes ki n'estoit avers
Ne escars de paistre cardons.*

Voyez Rayn. tom. 2, pag. 155², au mot *Avar.*

° 4. **AVERS**, En comparaison, contre. Chronique des ducs de Normandie, tom. 1, pag. 437, vers 10270 :

Trop sunt poi gent avers la lor.

Partonop. de Blois, vers 9335 :

*Que beauté ne bonté d'autrui
Prisent poi avers que de lui.*

Voyez Rayn. tom. 5, pag. 516, aux mots *Ves, Avas, Enves.*

* **AVERSER**, Diables, démons, monstres. Chanson de Roland, stance 116, vers 9 :

L'aume de lui enportent aversers.

Stance 189, vers 19 :

Serpenz e guiveres, dragun e averser.

Gérard de Vienne, vers 3956 :

Mais Sarazin e païen adveriser.

Voyez Avers 2.

AVERTIN, Vertige, épilepsie, sorte de maladie dont les accès aliènent l'esprit. Gl. *Adversarius.*

° **AVERTRE (S')**, S'apercevoir. Chron. des ducs de Normandie, tom. 1, pag. 527, vers 12895 :

*Tant que li norriçons s'avert
Conoist e veit tot en apert, etc.*

Voyez Rayn. tom. 5, pag. 518¹, et le Glossaire de Joinville, au mot *Avertir. S'avertir*, reprendre ses esprits. Chron. des ducs de Normandie, tom. 1, pag. 460, vers 10960 :

*E quant il se fu averti
E la dolor li fu passée.*

AVESPRANT, La chute du jour, le soir. Gl. *Vesperatus.* [Chronique des ducs de Normandie, tom. 1, pag. 122, vers 1173 :

*Que si ne fust par l'avesprant
E pur l'oscur de l'anuitant, etc.*

Pag. 275, vers 5582 :

*Comment ce jor ainz l'avesprer
Vint Ebalus, etc.*

Pag. 350, vers 7683 :

Jà esteit auques avespré.

Voyez Rayn. tom. 5, pag. 527², au mot *Avesprar*, Roman de Renart, tom. 3, pag. 56, vers 21293. Fierabras, vers 288. not. Flore et Blanceflor, vers 1501.

AVESPREMENT, Veillée, assemblée du soir. Gl. *Vesperæ.*

AVESPRER, AVESPRIR, Commencer à faire nuit. Gl. *Vesperatus.* [Agolant, pag. 174² :

A peine sai quant il doit avesprir.]

AVESPRY, ÊTRE AVESPRY, Être surpris par la nuit. Gl. *Vesperatus.*

AVETTE, Abeille. Gl. *Abollagium.*

AVEULE, Aveugle. Gl. *Avoculatus.*

AVEURÉ, Transporté de colère. Gl. *Adversatus.*

1. **AUFERRANT**, Semblable, qui a les mêmes proportions. Gl. *Afferentia.*

2. **AUFERRANT**, Cheval de guerre ou de bataille. Gl. *Farius* 2. [Guill. Guiart, tom. 1, pag. 309, vers 7067 (7907) :

*Ferrant portent dui auferrant
Qui tous deux sont de poil ferrant,
Ainsi s'en va lié en fer
Li quens Ferrant en son enfer.
Li auferrant de fer ferré
Emportent Ferrant enferré.*

Voyez Garin, tom. 1, pag. 21, 22, 279. Gérard de Vienne, vers 231, 295, 1569. Agolant, vers 809. Roman de Roncevaux, pag. 26 ; la chronique des ducs de Normandie, tom. 1, pag. 402, vers 9243 ; tom. 2, pag. 204, vers 21342. Chronique de Jordan Fantosme, vers 1880. Roman de la Violette, pag. 126. Rayn. tom. 2, pag. 58², au mot *Alferan*, ci-dessous Ferrant.]

AUFFEIRTRURE, Acte de justice, contrainte ou obligation, en vertu de laquelle un sergent peut enlever à un débiteur la valeur de ce qu'il doit. Gl. *Admonitor.*

* **AUFIN**, AUFFIN, AUPHIN, Le fol, pièce du jeu des échecs. Gl. *Alphinus.* Voyez Halliwell, au mot *Aufyn.*

AUGARDE, Avant-garde. Gl. *Protutela.*

° **AUGE**. Voyez *Huge.*

° **AUGMENT**, Gl. *Augmentum.*

AUGMENTEUR, Bienfaiteur, qui augmente les biens de quelqu'un. Gl. *Augmentarius.*

° **AUGUE**, Eaue. Agolant, vers 35 :

Et ciel et terre, mer et augue et [champaigne.

AUGUSTAIRE, Monnaie d'or des empereurs d'Occident, frappée pour la première fois sous Frédéric II. Gl. *Augustarius* sous *Augustalis* 2

AU-GUY-L'AN-NEUF. Voyez ci-dessus *Aguilanneuf.*

° **AVIAIRE**. Voyez *Viaire.*

AVIAUX, Aïeux. Gl. *Aviones.*

AVICTUAILLEUR, Celui qui fournit des vivres et les choses nécessaires pour en user. Gl. *Avitaillare.*

° **AVIER**, †. Gl. *Coequa.*

AVIGNIER, Mettre une terre en vignes. Gl. *Advinare.*

° **AVILANCE**, AVILTANCE, Mépris. Chronique des ducs de Normandie, tom. 1, pag. 583, vers 14555 :

*De chose dunt trestote France
Vos éust en tel avilance.*

Pag. 432, vers 10113 :

*Qu'il li ajut vers ceux de France
Qui torné l'unt en aviltance.*

° **AVILEMENT**, Avilissement. Chronique des ducs de Normandie, tom. 1, pag. 296, vers 6161 :

*Sire, en Rou n'a avilement
Qu'il n'est pas nez de basse gent.*

° **AVILER**, Avilir, outrager, abaisser. Guill. Guiart, tom. 1, pag. 151, vers 3387 (3778) :

L'ost de François qui nous avile.

Tom. 2, pag. 191, vers 4943 (19361) :

*Si fu (se ge le voir n'avile)
Li chamberlens de Tancarville.*

Voyez tom. 1, pag. 210, vers 5009 (5823), et tom. 2, pag. 231, vers 5973 (14958). Rayn. tom. 5, pag. 545, au mot *Avilir.*

AVILLE, Abeille. Gl. *Avillarium.*

AVILLER, Avilir, abaisser. Gl. *Avillare.*

° **AVINER**, rendre ivre. Partonop. de Blois, vers 7304 :

Qui de bon vin fort les avine.

AVINGNIER, Mettre une terre en vignes. Gl. *Advinare.*

° **AVIRANCE**, Gl. *Attornatio*, sous *Atturnatus*, pag. 461¹.

° **AVIRON**, Environs, lieux d'alentour. Chron. des ducs de Normandie, tom. 1, pag. 260, vers 5085 :

*Li vilain de tot l'aviron
E de tote la region.*

Voyez pag. 129, vers 1375, pag. 281, vers 5714.

AVIRONNEMENT †, Enceinte, enclos. Gl. *Avirunatus.*

1. **AVIRONNER**†, Environner, entourer. Gl. *Avirunatus.* [Partonop. de Blois, vers 1758, 2947. Flore et Blanceflor, vers 652, 2010. Voyez Rayn. tom. 5, pag. 551², au mot *Avironar*, et le Glossaire de Joinville, au mot *Avironner*.]

2. **AVIRONNER**, Tournoyer, aller à l'entour. Gl. *Avirunatus.* [Roman de Rou...

*Rou s'en torna de l'Escharde, la
[terre avironna
En Normendie vint et amont
[Sainne sigla.*

Voyez *Avironner* 4. Chronique des ducs de Normandie, tom. 1, pag. 375, vers 8430 :

*Par les termes, par les devises,
Là ù les bodies furent mises
Avironout maintes fiées.*

Voyez Rayn. tom. 5, pag. 551², au mot *Environar*.]

3. **AVIRONNER**, Parcourir. Gl. *Avirunatus*. [Chronique des ducs de Normandie, tom. 1. pag. 382, vers 8630 :

*Puis unt Bretaigne avironnée
Si cum el ert e longe e lée.*]

4. **AVIRONNER**, Ramer, se servir d'avirons ; d'où

AVIRONNEUR, Rameur, Gl. *Avirunatus*.

1. **AVIS**, La portion de biens qu'un père assigne à ses puînés. Gl. *Avisum*.

° 2. **AVIS**, D'AVIS, En ajustant, en visant, en face. Guill. Guiart, tom. 2, pag. 23, vers 574 (9540) :

Lancent d'avis et escremissent.

Pag. 87, vers 2228 (11204) :

*Ne se contienent pas comme yvres
Ainz font d'avis ce qu'il maneuvrent.*

Pag. 391, vers 10164 (19146) :

*Gièlent entr'eus li galiot
(D'avis, non pas aus aventures)
Chaillox cornus et pierres dures.*

Pag. 105, vers 2700 (11680) :

Ceus qui vers eus puient d'avis.

Pag. 264, vers 6845 (15837) :

*Que nous povons veoir d'avis
Et qui, selonc le nostre avis,
N'ont d'issir nule volenté.*

Voyez Rayn. tom. 5, pag. 536², aux mots *Avisar* et *Avizadamen*.

AVISÉEMENT, Avec réflexion, de propos délibéré Gl. *Advisate*, pag. 100¹.

1. **AVISION**, Apparition, vision. Gl. *Avidere* 2. [Roi Guillaume, pag. 43.]

° 2. **AVISION**, Avis ; reconnaissance. Enfants Haymon, vers 381 :

Or me dites, seigneurs, la vostre
[avision.

Vers 523 :

Dont il print la duchesse la soe
[avision.

AVITIN, Ce qui vient des aïeux. Gl. *Avius* 1.

AVIVER, Croître, augmenter, se fortifier. Gl. *Avivare* [et † *Coequa*.]

° **AUKES**. Voyez *Aucques*.

AUKETON, Hoqueton, sorte de casaque militaire. Gl. *Auquetonnus*.

AULANIE, Noisette. Gl. *Aulanerium*. [en Auvergne.]

AULE, Halle, place couverte, où l'on tient le marché. Gl. *Aula* 4 [et *Haulla*.]

AULELUIE, Le temps pascal où l'on chante *Alleluia*. Gl. *Ensigne*.

AULMARE, Armoire. Gl. *Almaria*.

° **AULMONIERE**, comme *Aumosniere*. Deslier *aulmonière*, dans une chanson du roi de Navarre, Laborde, pag. 222. Voyez Rayn. tom. 3, pag. 109² au mot *Almosnera*.

° **AULNOIZ**, comme *Aubergire*. *Aunois*, Chron. des ducs de Normandie, tom. 1, pag. 107, vers 787 ; tom. 2, pag. 446, vers 28246.

° **AULO**, Aleu. Chronique des ducs de Normandie, tom. 1, pag. 46, vers 1203 :

*U saiserum un des païs....
En fin aulo senz seignorage.*

Voyez *Alo*.

AULTON, La paille qui reste après que le blé a été battu, et les vannures. Gl. *Halto* et *Hauto*.

° **AUMAÇOR**, ALMAÇURS, Titre de dignité chez les Sarrasins. Chanson de Roland, stance 66, vers 9 ; stance 71, vers 1 ; stance 98, vers 1, Agolant, pag. 184¹. Flore et Blanceflor, vers 304, 1804, 2698.

AUMAILLES, AUMAILES, BESTES AUMALINES. Gros bétail, surtout bœufs et vaches. Gl. *Animalia* [et *Manualia* 3. Voyez *Almailles*.]

° **AUMAIN**, Demain. Gérard de Vienne, vers 2999 :

Jusc'ai aumain au vespre commancier.

° **AUMAIRE**, Armoire. Gl. *Aumarium* et *Armamentum* 1.

AUMELIN, BESTE AUMELINE. Celle qu'on met au nombre des *Aumailles*. Gl. *Almelinus*.

AUMOGNE, Aumône. Gl. *Eleemosyna* 1.

AUMONNIE, AUMOSNE, Hôpital, hôtel-Dieu. Gl. *Eleemosyna* 3, pag. 243².

AUMORNE, pour Aumône. Gl. *Eleemosyna* 1.

1. **AUMOSNE**, Action louable, bonne œuvre. Gl. *Eleemosyna* 1. [Partonop. de Blois, vers 6662 :

*Mais il est grant aumosne, espoir,
D'ocirre un gentil chevalier,
Qui ses amors ne set changier.*

Voyez le Châtelain de Couci, vers 6608. Chanson du Trésorier de Lille, Laborde, pag. 202.

*Li pri de merci acueillir,
Aumosne li est et honors.*

Pitié. Chanson du Châtelain de Couci, ibidem, pag. 277 :

Dès que mes cuers ne s'en veut
[revenir
De vous, dame, pour qui il m'a
[guerpi
Aumosne aurez se 'l daignez retenir.

Voyez Rayn. tom. 3, pag. 109² au mot *Almosna*.]

° 2. **AUMOSNE**. *Valet de l'aumosne du roy*. Gl. *Serviens*, pag. 444², et *Valeti*, 288¹.

AUMOSNIERE, Bourse, gibecière. Gl. *Almonaria* sous *Eleemosyna* 3, pag. 243³.

° **AUMUCE**, AUMUSSE. Gl. *Almucium*. Voyez Rayn. tom. 2, pag. 57¹, au mot *Almussa*.

AUMUSSETTE, Petite aumusse. Gl. *Aumucella*.

° **AUN**, Ensemble. Chronique des ducs de Normandie, tom. 2, pag. 545, vers 30930 :

*Pensez de vos tenir aün
Eissi qu'au grant chaple commun
Ne seiez dotanz n'esbahis.*

° **AUNADE**, Assemblement, réunion. Chanson de Roland, stance 197, vers 6 :

Je te cumant de tute mes oz l'aünade.

(Mais ce vers a deux syllabes de trop et l'assonance manque.)

° **AUNE** de terre. Gl. *Ulna* 2.

° **AUNÉE**, AUNIE, Assemblée, réunion. Partonop. de Blois, vers 2883 :

*Demain soit nostre gent armée
Et soit ès cans nostre aünée.*

Roman de Tristan, vers 910 :

*Mex veut sallir, que jà ses cors
Soit ars, voiant tel aünée.*

Roman de Rou, tom. 2, pag. 102 :

*Maiz je sai bien k'il estrangla
D'un morsel ke li rois chigna
A l'aünie u il mainga.*

AUNER, Assembler, réunir, mettre en un. Gl. *Adunare*. [Voyez Rayn. tom. 5, pag. 449¹ au mot *Aunar*.]

AUNETTE, Aunaie. Gl. *Alneta*.

AUNTEIN, Tante. [*Aunte*. Voyez Rayn. tom. 2, pag. 72, au mot *Amda*.] Gl. *Avuncula*.

° **AUNTIF**, AUNTIVEMENT. Chronique des ducs de Normandie, tom. 1, pag. 468, vers 11185.

AVOCASSIE, Profession d'avocat, l'art de plaider. Gl. *Advocatia* sous *Advocati*, pag. 111².

° **AVOE**, Eaue. Agolant, vers 1202 :

*S'or me volez livrer ce pautonier
Je l'irai je en tels aue noier.*

1. **AVOÉ**, Champion, celui qui se bat pour un autre. Gl. *Campiones*, pag. 61².

° 2. **AVOÉ**, Protecteur, défenseur, seigneur. Partonop. de Blois, vers 3657 :

*Car il ont à Mares veté
Qu'il ont pris por lor avoé.*

Chronique des ducs de Normandie, tom. 1, pag. 401, vers 9201 :

*Que jà ne serom mais si home
N'il à nos sire n'avoé.*

Vie de saint Thomas de Canterbury, v. 392 :

*Deu del ciel en ad loé
Lur creatur,
Qui uns permeint en trinité
Et des eines l'Église est avoué
E chef seignur.*

Roman du comte de Poitiers, pag. 62, vers 1500 :

*Bien cuide avoir por sa biauté
L'empereor à avoé.*

Voyez Rayn. tom. 5, pag. 575², au mot *Avocat*. Aubri, pag. 175². Avoué, administrateur. Aubri, pag. 168² :

*Les quens li done de sa terre les clés,
Dorenavant sera ses avoés,
Et marechaus de sa terre clamés.*

Chronique de Jordan Fantosme, vers 1385 :

Messagier sui le rei, il est mun avoué.

Chanson de Roland, stance 9, vers 16 :

Là vos suirat, ço dit mis avoez.

Voyez stance 10, vers 15. Chronique des ducs de Normandie, tom. 1, pag. 140, vers 1681 :

*Rous nostre cher prince avoé,
Le meillor home qui seit né,
Te salue par nos mil feiz.*

° **AVOEISON**, Vœu, promesse. Chronique des ducs de Normandie, tom. 3, pag. 145, vers 35957 :

*Et par itel avoeison
Que, se c'est veirs que nos lison,
Unques puis nul jor de sa vie
Les piez ne mist en Normendie.*

° **AVOERIE**, Protection. Chronique des ducs de Normandie, tom. 1. pag. 504, vers 12238 :

*Ne remaindras, fait li il, mie
De rien fors de m'avoerie.*

AVOESTRE, Illégitime, bâtard, adultérin. Gl. *Adulterium.*

AVOIÉ, Qui est en bon chemin. Gl. *Deviare*, pag. 89¹.

AVOIEMENT, Insinuation, suggestion. Gl. *Avoiare.*

1. **AVOIER**, Autoriser. Gl. *Advocare* 3, pag. 104¹.

° 2. **AVOIER**, AVEIER, Diriger, indiquer la route, mettre en chemin. Roman de Renart, tom. 3, pag. 144, vers 28724 :

*.... le roi
En son mesage m'envoia ;
Mès celi qui çà m'avoia
Me dit que c'estoit sa meson.*

Chronique des ducs de Normandie, tom. 2, pag. 456, vers 28556 :

Diva, funt-il, aveie nos.

Gérard de Vienne, pag. 173¹ :

*Je proiroie par toi, ou que je soie
Nostre seignor Jésus que il t'avoie.*

Roi Guillaume, pag. 62 :

*Et tantost à la voie se met
Et prie Dieu qui il l'avoit.*

Voyez pag. 53, Flore et Blanceflor, vers 1639 :

*Maint engien a amors trové
Et avoié maint esgaré.*

Exciter. Chastel. de Couci, vers 4966 :

*En ce pensant amours l'avoie
Que par li soit fais nouvaus chans.*

Chanson de Guiot de Prouvins, Wackernagel, pag. 26 :

Car fine amor me semont et avoie.

Irriter. Chanson de Jean de Neuville, Laborde, pag. 210 :

*Ma dame n'os proïer
Tant la dout,
Tant la crient avoier.*

Roman de Renart, tom. 3, pag. 11, vers 20060 :

*Se por la pès ne remenoit
Que li rois m'a fait fiencier,
Se ne li quidasse avoier, etc.*

Voyez Rayn. tom. 5, pag. 541, aux mots *Aviar, Enviar, Esviar*. S'avoier, se mettre en route, se mettre dans la bonne route, se diriger, s'occuper de quelque chose. Chronique des ducs de Normandie, tom. 1, pag. 471, vers 11286 :

*A duc, fait-il, por quei desveis
Qui s'aviier pot e bien faire ?*

Roman de Renart, tom. 2, pag. 343, vers 18948 :

Cil prent les letres, si s'avoie.

Partonop. de Blois, vers 281 :

*Pais avoit qui as nés aloit
Et qui par le serf s'avoioit.*

Roman de Renart, tom. 4, p. 79, vers 2194 :

*Quant nos tuit soumes avoiié
Pour vos priier à Diu le grant.*

AVOIR, Toute espèce de biens, soit meubles, soit immeubles. Gl. *Averium*. [Gérard de Vienne, vers 3907. Voyez Rayn. tom. 2, pag. 158², au mot *Aver*, Halliwell, au mot *Avoir*.]

AVOIR DU MEILLEUR, Avoir le dessus, être le plus fort. Gl. *Habere melius* sous *Habere* 4 [et *Melius*. Avoir loi, avoir le droit. Gl. *Legem habere*, pag. 84¹. *Avoir poids*. Gl. *Mercatrix*, et Glossaire de Joinville, aux mots Avoir de poiz.]

° *S'avoir*, se comporter. Annales de saint Louis, pag. 199 : *Le jour de Noel furent avec le roy de France à la messe... et s'i sorent bien et honnourablement avoir, en la manière de Crestiens.* La manière de confesser, dans le Glossaire de Joinville :

*Un traitiet par c'on puest savoir
Coment prestre se puet avoir
Qui confession viaut oïr.*

AVOLÉ, Étranger, celui qui est venu d'ailleurs. Gl. *Advoli.*

AVOLER, S'envoler. Gl. *Avolatio*. [Arriver en volant. Chronique des ducs de Normandie, pag. 136, vers 1573 :

*Par les oiseals qui avoloent
Qu'en la fonteine se baignoent.*

Voyez le Supplément de Roquefort, pag. 32².]

AVONSELLE, pour *Anoncelle* ou *Arnoncelle*, Sorte de poisson de mer. Gl. *Arnoglossus.*

AVORTON, Peau d'animal né avant terme. Gl. *Avotroni.*

AVORTURE, Adultère. Gl. *Adulterium.*

AVOUÉ, Champion, celui qui se bat pour un autre. Gl. *Campiones*, pag. 61².

AVOUERIES, Les droits dûs à l'*Avoué*. Gl. *Advocati*, pag. 112¹.

AVOUGLETÉ †, Aveuglement. Gl. *Avaculatio.*

° **AVOUHER**, Avouer. Gl. *Advocare* 3. pag. 103³.

AVOUL, Aveu, l'action par laquelle on *avoue*, on reconnait qu'on tient- une chose de quelqu'un. Gl. *Advocamentum*, pag. 103².

AVOULDRE, Illégitime, bâtard, adultérin. Gl. *Adulterium.*

° **AVOURRY**, AVURY, Homme méchant. Gl. *Aborris.*

AVOUTERE, AVOUTIRE, AVOUTRERIE, AVOUTERIE, Adultère. Gl. *Adulterium*, pag. 100³ [et *Cugus. Avoiltire*, Chronique des ducs de Normandie, tom. 2, pag. 352, vers 25619. Voyez Rayn. tom. 2, pag. 28², au mot *Adulteri*, et le Glossaire de Joinville, aux mots *Avoutire*, etc.]

AVOUTRE, Illégitime, bâtard, adultérin. Gl. *Adulterium*, pag. 100³. [*Avostre*, Roman de Renart, tom. 1, pag. 17, vers 450. Adultère, amant d'une femme mariée. Gilote et Johanne, Jubinal, Contes et Fabliaux, tom. 2, pag. 87 :

*E un autre homme ad choysy
En manere d'avoutre ou d'amy,
E se fet demorer o son avoter
Un demi-an ou un an enter, etc.*

Voyez Rayn. tom. 2, pag. 29¹, au mot *Avoutre*, et Halliwell, aux mots *Avetrol, Avoutrer, Avoutrye*.]

AVOWESONS, Les droits dûs à l'*Avoué*. Gl. *Advotia.*

AVOY, Ha ha ! interjection admirative. Gl. *Avidere* 2.

AVOYÉ, ÊTRE AVOYÉ, Être dans la disposition de continuer à faire quelque chose. Gl. *Avoiare.*

AVOYEMENT, Enquête, commencement de procédure. Gl. *Avoiare.*

AUPINCON, p. e. Sorte de petite monnaie. Gl. *Aupincon*. [Il faut peut-être lire *Aux pinçons*.]

° **AUQUANT**, Quelques-uns, aucuns. Gérard de Vienne, vers 3784. Chronique des ducs de Normandie, tom. 1, pag. 358, vers 7772. Roman de Renart, tom. 3, pag. 74, vers 21794. Voyez Rayn. tom. 2, pag. 53¹, au mot *Alquant*, et Orell, pag. 69.

° **AUQUES**. Voyez *Aucques. Auquetes*, Chronique des ducs de Normandie, tom. 1, pag. 14644 :

*Fu totes veies resjoiz
Auquetes li quens de Saint-Liz.*

AUQUETO, Oie en languedocien. Gl. *Auca.*

AUQUETON, Hoqueton, sorte de casaque militaire. Gl. *Aketon.*

° **AURE**, Vent, souffle. Partonop. de Blois, vers 10577 :

*Par matin, al aube esclarcie
Li airs fu purs, l'aure serie.*

Chronique des ducs de Normandie, tom. 3, pag. 191, vers 37027 :

*Kar l'aure venta duce e queie
Eissi que li mers trop n'ondeie.*

Voyez tom. 1, pag. 144, vers 1787, pag. 152, vers 2015. Rayn. tom. 2, pag. 147¹, au mot *Aura.*

° **AURER**, comme *Aorer*. Chanson de Roland, stance 9, vers 3 ; stance 32, vers 5.

AUREVELLIER, Orfèvre en provençal. Gl. *Aurivellerius*. [Rayn. tom. 2, pag. 145², au mot *Aurevelhier*.]

AURILLADE, Un coup sur les oreilles. Gl. *Auricula.*

AVRILLEOR, Celui à qui appartiennent les essaims d'abeilles, dont le droit s'appelle *Avrillerie*. Gl. *Apicularii.*

AVRIOL, Maquereau, ainsi appelé à Marseille, du mois d'avril, qui est le temps où on le pêche le plus ordinairement. Gl. *Avriolus.*

AUROGRAFE, Toute espèce de chartre et titre. Gl. *Aurigrafus.*

AUSE, Toison. Gl. *Aussus.*

AUSÉ, Accoutumé, qui a contracté une habitude. Gl. *Usuatus* sous *Usuare* 2. [Chronique des ducs de Normandie, tom. 1, pag. 120, vers 1101 :

Einsi cum il ert aüsez
E de bataille acoustumez, etc.]

AUSEMENT, Aussi, de même, pareillement. Gl. *Perseverentia.* Voyez *Aussiment.*

AUSINC, De même, pareillement. Gl. *Besana* 1. [Voyez Orell, pag. 297.]

° **AUSMAILLES**, comme *Aumailles.* Gl. *Manualia* 3.

AUSMONIER, Exécuteur testamentaire. Gl. *Eleemosynaria* 7.

AUSSI-QUE, Comme, ainsi que. Gl. *Divinus* 1.

AUST, pour Août. Gl. *Augustus* 1.

° **AUSTEL**, Devant de boutique. Chastel. de Couci, vers 8992 :

Lors se coucha dessous l'austel
D'un boulangier sus la chaucie.

Vers 4080 :

Et ly paillars qui se gisoit
D'encosté l'uis sous les degrés.

AUSTÉRITÉ, Fureur, emportement violent ; d'où

AUSTEREUX et *Austers,* Furibond, furieux, emporté. Gl. *Austeritas* 1.

AUSTOR, Autour. Gl. *Astur* [en catalan].

1. **AUTAN**, Vent du midi, ou du sudest, ou du sud-ouest. Gl. *Altanus* 2.

2. **AUTAN**, pour ANTAN, Ci-devant, autrefois. Gl. *Antecessus.*

° **AUTEL**, AUTEU, Tel, pareil. Chronique des ducs de Normandie, tom. 1, p. 564, vers 14013 ; tom. 3, pag. 96, vers 34558. Voyez Orell, pag. 71.

AUTELAGE, AUTELAIGE, Menue dîme. Gl. *Altalagium.*

1. **AUTENTIQUE**, Noble, possesseur d'un franc-fief. Gl. *Autentus* 2.

2. **AUTENTIQUE**, Édit revêtu de l'autorité royale. Gl. *Authenticum* sous *Authenticus* 1.

° **AUTER**, Autel. Chronique des ducs de Normandie, tom. 2, pag. 513, vers 30107 :

Et s'il fu large del doner
Jeo plus del metre sur l'auter.

Ibidem, tom. 3, pag. 622¹. Vie de saint Thomas :

Après la messe mult se oura
Devant le auter.

Pag. 496, vers 1052 :

Envers le auter son viz torné.

Voyez Rayn. tom. 2, pag. 60², au mot *Altar.*

AUTIME, Très-haut. Gl. *Altissimus.* [*Autisme,* Chronique des ducs de Normandie, tom. 1, pag. 137, vers 1597, etc. Voyez Rayn. tom. 2, pag. 59¹, au mot *Alt.*]

° **AUTOR**, Élevé. Chronique des ducs de Normandie, tom. 2, pag. 131, vers 19185 :

..... El grant palais autor.

Voyez Rayn. tom. 2, pag. 59¹, au mot *Autor,* et ci-dessus *Auchor.*

° **AUTRESI**, De même. AUTRETANT, Autant. AUTRETEL, Pareillement. Voyez Rayn. tom. 2, pag. 45¹, aux mots *Atressi* et *Atretal.* Orell, pag. 296, 67, et 71.

AUTRIER, qu'on doit écrire *Autr'ier,* L'autre jour. Gl. *Ab heri.* [Voyez Rayn. tom. 2, pag. 44², au mot *Altre.* Orell, pag. 303.]

AUTRUCIER, Autoursier, celui qui dresse ou fait voler les autours. Gl. *Asturcus* sous *Astur.*

° **AWAN**, En cette année. Roi Guillaume, pag. 119 :

Ja ne perdrai marciés ne foire
Là ù jou puisse mais awan....
Gaaignerai awan assés.

AUVE, Certaine mesure de Flandre. Gl. *Avotus.*

AWE, Oie, Gl. *Foucagium.* [Jubinal, Contes et Fabl. tom. 1, pag. 178 :

Pour tant qu'aves sauvages i avoit à foison
Le chanoine lessa voler un sien faucon.

AUVENT, Avent, le temps qui précède Noël. Gl. *Adventus* 2.

° **AUVERGIER**, Espèce de champ. Gl. *Advergergia.* (Lisez *Advergeria.*)

° **AVULLE**, Aveugle. Partonop. de Blois, vers 8421 :

S'il estoient et sort et miu
Tosjors auroient joie et giu,
Qui bien sor voit li prie et ort
Qu'il soient tuit avulle et sort.

Voyez Roquefort, au mot *Avuler.*

AWET, pour AGUET, L'action d'une personne qui en épie une autre. Gl. *Aguaitum.*

AVULE, Aveugle. Gl. *Avoculatus.*

-**AUVOIRIE**, p. e. pour *Avoutrie* ou *Avoutire,* Adultère. Gl. *Adulterium.*

AUWIERE, p. e. Vivier ou Pré bas ; d'où *Auwier,* Redevance pour une *Auwiere.* Gl. *Augere.*

AUXIR, Augmenter, accroître. Gl. *Auciare.*

° **AUZIBET**, Pruneau sec. Gl. *Azebit.*

AWUE, Aide, secours. Gl. *Bestancium.*

° **AXELE**, Aisselle. Gérard de Vienne, vers 2416 :

A poc li cuers ne li part souz l'axele.

AY, Cri de guerre. Gl. *Signum* 10.

AYABLE, Capable, propre à quelque chose. Gl. *Aisitus.*

AYDANT, Monnaie de Flandre, autrement dite *Denier blanc.* Gl. *Denarius albus,* pag. 60³.

AYDE. Voyez les différentes impositions faites sous ce nom, au mot Gl. *Auxilium.*

AYDEUR, Celui qui aide un autre à faire quelque chose, qui lui donne du secours. Gl. *Ayda* 2.

° **AYÉ**, comme *Aé,* Age. Enfants Haymon, vers 848.

AYER, Fils, héritier, ayant cause. Gl. *Affectus* 1.

AYGRIN, Aigreur, âcreté. Gl. *Aygracium* [et *Agrumen.*]

° **AYGRUN**. Voyez *Aigrun.*

AYME, Mesure de vin, bière, et autres liqueurs. Gl. *Ama* 3.

AYMER, Dresser, présenter, ajuster, faire mine de quelque chose. Gl. *Esmerare.*

AYMETERIE, L'art de faire l'email. Gl. *Aymellum.*

AYR, Ire, colère ; d'où *Ayrer,* Se mettre en colère, se fâcher. Gl. *Iratus* 1.

AYRAUT, Aire, place vague propre pour bâtir. Gl. *Ayrale.*

° **AYRE**, Aire. Gl. *Area* 4.

AYREAU, Charrue à labourer. Gl. *Arar.*

AYRER (S'), Se fâcher. Voyez *Ayr.*

AYRETER, Donner l'investiture, mettre en possession : d'où

AYRETANCE, Investiture. Gl. *Adhereditare* et *Hæreditare* 3.

AYSE, Ce dont on a droit d'user et de s'aider. Gl. *Aiacis* 2 [et *Estella*].

AYSIL, Vinaigre. Gl. *Acceptabulum* 2. [Voyez Halliwell, au mot *Aysselle.*]

AYSINE, Toute sorte d'instruments, vases et ustensiles. Gl. *Aysina* [en provençal].

AYSSADE, Houe, instrument à labourer la terre. Gl. *Asada* [en Languedoc].

AYSSIN, Mesure de grains. Gl. *Assinus.*

° **AYVÉ**, Inondé. Guill. Guiart, tom. 2, pag. 447, vers 11604 (20585) :

Cel fossé qui est devant eus
Fait leur flo plus espoventeus
Que s'en lieus fussent ayvez.

° **AZE**, Aise, facilité, occasion. Roman de Roncevaux, pag. 90 :

Cil qui en aze en ot greignor partie.

AZINE, Charge d'un âne, certaine mesure de grains. Gl. *Azina.*

AZUR D'ACRE, C'était autrefois l'Azur le plus estimé. Gl. *Lazur.*

B

BAALLIER †, comme *Beer*. Gl. *Iniari*. *Baailler*, bâiller. Voyez Rayn. tom. 2, pag. 166¹, au mot *Badaillar* et *Badar*.

BAANCE, comme *Beance*, Attente. Chanson du comte de Bar, Laborde, pag. 161 et le Roux de Lincy, Chants historiques, tom. 1, pag. 48 :

Toz jors i sui de la mort en baance.

Voyez Roquefort, au mot *Baanche*.

BAASTER, Niaiser, perdre son temps. Guill. Guiart, tom. 2, pag. 189, vers 4889 (13877) :

*Un seul d'entr'eus plus ne baaste,
Vers le pont destellent à haste.*

Comparez Rayn. tom. 2, pag. 166², au mot *Badeiar*, et ci-dessous *Baate*, *Baater*.

BAAT, Bast. Gl. *Baat*.

BAATE, Sentinelle. Chronique des ducs de Normandie, tom. 2, pag. 112, vers 18596 :

*Quant les baates de la tor
Virent les enseignes des lor, etc.*

Voyez Rayn. tom. 2, pag. 165², au mot *Bada*.

BAATER, Guetter, observer à dessein de nuire. Chronique des ducs de Normandie, tom. 1, pag. 595, vers 14907 :

*Mais jà ne si baatera
Que ne le prenge ès sons laz.*

Pag. 598, vers 15020 :

*Celui qui à toz jors baate
Coment ta corone t'abate.*

BABEKIN, Soufflet. Gl. *Buffa*.

BABIOLES, Joyaux. Gl. *Baubella*.

BABUIN, Babouin, gros singe. Gl. *Babewynus* [et *Baboynus*. Guill. Guiart, tom. 1, pag. 124, vers 2698 (8090)].

BACAIGE, Ce que l'on paye pour le passage d'un bac. Gl. *Bachium*.

BACELER, **BACHELER**, Bachelier. Gl. *Baccalarii* 2. [Voyez *Bachelier*.]

BACHE †, Ce qui sert aux femmes à couvrir leurs cuisses, caleçon. Gl. *Bache*.

BACHELERIE, L'ordre des bacheliers ; association des jeunes gens, qu'on apelait aussi *Bacheliers*. Gl. *Baccalarii* 2, pag. 511¹.

BACHELETE, Jeune fille à marier. Gl. *Baccalarii* 1.

1. **BACHELIER**, Jeune homme qui n'est pas marié. Gl. *Baccalarii* 1. [Voyez Rayn. tom. 2, pag. 164², au mot *Bacalar*. Jeune homme, béjaune. Partonop. de Blois, vers 2449 :

*Mais Faburin que demandés,
Que baceler par gab només,
Quant l'apelastes baceler
De sens le volsistes blasmer.*

Voyez vers 2428.]

2. **BACHELIER**, Celui, dans les corps de métiers, qui agit sous la direction des jurés et gardes, et qui le devient à son tour. Gl. *Baccalarii* 1.

3. **BACHELIER**, Celui qui aspire au rang de chevalier ou de docteur. Gl. *Baccalarii* 2 et 3. [et *Equi appretiati*].

4. **BACHELIER**, Religieux profès, qui n'est point encore prêtre. Gl. *Baccalarii* 1.

BACHINAGE, Droit sur le sel, qu'on prend avec un bassin. Gl. *Bacinagium* sous *Bacca* 2, pag. 509³. [Lieu d'où sourdent plusieurs sources. Voyez le Suplém. de Roquefort, pag. 34.]

BACHINE, Espèce de poêle de cuivre, ou bassinoire. Gl. *Bachinator*.

BACHINER, Frapper sur un bassin pour annoncer quelque chose. Gl. *Bachinator*.

BACHNIET, pour *Bachinet*, Bassinet, armure de tête. Gl. *Bacinetus*.

BACHOE, **BACHOLE**, Espèce de panier ou de hotte. Gl. *Bacholata* et *Busta* 2.

BACHON †, Gl. *Pusio*.

BACIN, Bassinet, armure de tête. Gl. *Bacinetum*. [Voyez Rayn. tom. 2, pag. 165¹, au mot *Bacin*. Halliwell, au mot *Bacyn*.]

1. **BACINET**, Petit bassin. Gl. *Bacignetus* 2.

2. **BACINET**, Armure de tête, bassinet. Gl. *Bacinetum* [et † *Bonbicinium*].

BACLOIS, Nom d'un peuple différent des Français. Gl. *Baclois*.

BACON, Porc engraissé et salé : lard salé et fumé ; d'où *Morue Baconnée*, qui est salée et séchée. Gl. *Baco*. [Voyez Rayn. tom. 2, pag. 165², au mot *Bacon*, et le Glossaire de Joinville au même mot.]

BACOULE, Belette, fouine. Gloss. Lat. Fr. de 1352 de la Bibl. du roi, cot. 4120 : *Mustella, Bacoule*.

BACUL, Bâton appartenant à la herse Gl. *Baculus* 2, pag. 518¹.

BACULER, Frapper sur le derrière de quelqu'un avec une poêle, ou frapper le derrière de quelqu'un contre le pavé ou contre la terre, espèce de châtiment. Gl. *Baculare*.

1. **BADE**, Terme de monnaie. Gl. *Bada* 1 [et *Recursus* 1].

2. **BADE**, Badinerie, plaisanterie. Gl. *Bada* 1. [Voyez Rayn. tom. 2, pag. 166¹, au mot *Bada*.]

BADAILLER, Bâiller [à Marseille]. Gl. *Badals*. [Voyez Rayn. tom. 2, pag. 166¹, au mot *Badaillar*.]

BADATGE, Droit seigneurial sur les bœufs propres au labourage. Gl. *Badatgium*.

BADEL, Bedeau, huissier. Gl. *Badellus*.

BADELAIRE, BADELARE, Coutelas, épée courte et un peu recourbée. Gl. *Badelare*.

BAÉE, Ouverture, fenêtre. Gl. *Beare*.

BAELE, Matrône, sage-femme ou nourrice. Gl. *Bajula* 1.

1. **BAER**, Ouvrir. *Geule baée*, Bouche ouverte, *béante*. Gl. *Beare*.

2. **BAER**, Avoir dessein, volonté, se proposer, prétendre. Gl. *Beare*. [Chanson, Wackernagel, pag. 49 :

*Pues c'amors m'ait teil s'en doneit
Com de baier à tel honor, etc.*]

○ 3. **BAER**, Rire, se moquer de quelqu'un. Chanson du Chastelain de Couci, Laborde, pag. 264 :

Aí, frans cuers qui tant convoit
Ne baez à ma foleté.

Voyez Rayn. tom. 2, pag. 166¹, au mot *Badar*.

BAERIE, Air niais, stupidité Gl. *Beare*.

BAFFE, Faisceau, fagot, paquet. Gl. *Baffa*.

BAFFRAI, Beffroi, tour de bois pour l'attaque et la défense d'une place. Gl. *Belfredus* 1.

BAGAMART, pour BRAGAMART. Gl. *Bragamardus*.

BAGATELLES, Joyaux. Gl. *Bauga*.

BAGAU, Espèce de filet, dont on se sert sur la Garonne. Gl. *Bagau*.

BAGNAUDES, Fadaises, sornettes, niaiseries. Gl. *Bagarotinus*.

BAGNAUT, Ce qui est défendu par un ban. Gl. *Bannalis*.

BAGNIÉ, Messier, garde d'un territoire [en provençal]. Gl. *Bannejare* 2.

BAGNIR, pour *Bannir*, Publier, dénoncer. Gl. *Bannum* 1, pag. 555¹.

BAGNOIRE, Couverture d'une baignoire. Gl. *Bagnaressus*.

BAGOS, Ribaud, débauché, homme sans cœur. Gl. *Bagori*.

BAGOULER, Parler beaucoup, babiller, dire des sottises. Gl. *Bagori*.

○ **BAGUE**, Bagage, équipage. Gl. *Baga* 1, et *Bauga* 1. Voyez Rayn. tom. 2, pag. 168¹, au mot *Bagua*.

BAGUÉ, Equipé, garni, fourni. Gl. *Baga* 1.

○ **BAGUENAUDES**. Voyez *Bagnaudes*.

BAGUER, Plier bagage. Gl. *Baga* 1.

BAHARIZ, Gardes du Soudan. Gl. *Bahagnia*.

○ **BAHUR**, Coffre. Gl. *Bahudum*. Guill. Guiart, tom. 2, pag. 254, vers 6580 (15560).

○ **BAJARSE**. Voyez *Baiasse*.

BAIASSE, Suivante, femme de chambre. Gl. *Baila* [et *Bajula* 1].

BAIDRE, Assigner, hypothéquer. Gl. *Bailleta*.

BAIEN, Brun. *Pois baïen*, Espèce de pois. Gl. *Beretinus*.

BAIESSE, Servante, suivante, femme de chambre. Gl. *Baila*.

BAIEUS, pour *Baïen*. Gl. *Beretinus*.

○ **BAIF**, Ebahi, étonné. Chron. des ducs de Normandie, tom. 1, pag. 268, vers 5821 :

Ne sui lisanz c'unc mais nul jor
Jostast si angoissos estur...
N'i sunt estraier ne baïf,
Par sus les morz passent li vif.

Partonop. de Blois, vers 8867 :

Li tornois est maltalentis
N'i a mestier vasaus bais.

○ **BAIGNER** (Se), Se délecter. Partonop. de Blois, vers 1098 :

Nus clers ne vos poroit descrire
Ne le matire ne l'ovraingne,
Qui celi voit soef se baigne.

Voyez Rayn. tom. 2, pag. 179¹, au mot *Banhar*, et ci-dessous *Banoier* 2.

BAIGNERIE, Sorte d'armes. Gl. *Balneria*.

BAIGNIE, Ban, défense. Gl. *Bagnum* 2.

BAIGNIER, Terme honnête pour signifier le commerce d'un homme avec une femme. Gl. *Balneria*.

BAIGNOTE, Petite cuve. Gl. *Bagnaressus*.

1. **BAIL**, Tutèle, tuteur. Gl. *Bajulus* 3.

2. **BAIL**, Première défense d'une ville, barrière, palissade, cour. Gl. *Bailleium*, et *Ballum* 1.

3. **BAIL**, L'action de donner, de mettre quelque chose entre les mains d'un autre. Gl. *Bailleta*.

1. **BAILE**, Celui qui est chargé de l'administration de quelque chose. Gl. *Bailia* 1.

2. **BAILE**, Lieu fermé de murs, cour. Gl. *Bailleium*. Voyez *Baille* 1.

BAILLANCE, L'action de donner, de mettre quelque chose entre les mains d'un autre. Gl. *Bailleta*. [Voyez Rayn. tom. 2, pag. 169¹, au mot *Balhansa*.]

BAILLARGE, BAILLART, BAILLARK, Espèce d'orge. Gl. *Bailhargia*.

1. **BAILLE**, Lieu fermé de palissades, première défense d'une ville, les pieux qui la forment. Gl. *Bailleium*, et *Ballium* 1. [Garin le Loher. tom. 1, pag. 290 :

Passent les haies, si ont le baile pris.

Où une variante porte *la barre*.] Lai de l'Ombre, vers 272, dans *Lais inédits*, pag. 52 :

Il ont le premier baile outré
Clos de fosses et de palis.

Voyez la Chronique de Jordan Fantosme, vers 1242, et 1282.]

2. **BAILLE**, Nourrice ou sage-femme. Gl. *Baila*.

○ 3. **BAILLE**, Couleur de cheval ; tacheté. Guill. Guiart, tom. 2, pag. 106, vers 2718 (11698) :

Et destriers de pris henissanz
Blans, noirs, bruns, bais, baucens et
[bailles,
Que tout li renc et les batailles, etc.

Voir Le Duchat, au mot *Baillet*.

BAILLÉE, Assignation, hypothèque. Gl. *Bailleta*.

1. **BAILLER**, Toucher, manier. Gl. *Baillagium* 2. [Chron. des ducs de Normandie, tom. 1, pag. 341, vers 7424 :

Treiz anz i furent senz tucher
Senz adeser e senz baillier.

Atteindre, joindre. Ibidem, tom. 3, pag. 150, vers 36096 :

Mais s'il peust Osmunt baillier
Mar eust empris teu folie.

Roman d'Agolant, vers 1133 :

Mes se ge u puis o mes ij poins ballier
Ge le cui si vimen' apareiller, etc.

Roman de Renart, tom. 1, pag. 34, vers 891 :

Li marcheant vont après lui
Mès il nel bailleront mes hui.

Roi Guillaume, pag. 78 :

Li rois n'a talent qu'il le baillent,
Ains s'enfuit, etc.

Prendre. Gérard de Vienne, vers 544 :

Outre s'en passeit à guise d'ome fier
K'il ne doignait le boin cheval baillier.

Vers 1088 :

Tot son harnois li firent rendre arier
Et plus asseiz, s'il le doignait baillier.

Chronique des ducs de Normandie, tom. 1, pag. 220, vers 3937 :

Od zi faites turs batailléez
Ja n'ierent prises ne bailléez.

Voyez *Abailler*. Porter, manier. Fragment d'Aubri, après le Fierabras, éd. Bekker, pag. 160² :

Dist l'une à l'autre : cis set armes baillier.

Ibidem, pag. 158² :

Et tant avés de noviaus chevalier
Qui sevent bien lor garnemens baillier.

Se je vos voie des vos armes baillier.

Voyez pag. 151², 152², Gérard de Vienne, vers 1897 :

Li gentis roi ke molt fu travilliez
De colz donner et des armes baillier.

Voyez vers 1996. Fragment de Gérard, après le Fierabras, éd. Bekker, pag. 166² :

Sor cele perche me met sont espervier
K'il ne le seit ne tenir ne baillier.

Gérard de Vienne, vers 414 :

S'il vos tenoit, ne tenir ne baillier,
Toz l'ors del mont a nen vos auroit mestier,
Ne voz pandist comme lairon forsier.]

○ 2. **BAILLER**, Gouverner. Roman de Roncevaux, éd. Monin, pag. 5 :

Trestote Espaigne en terez à baillier.

Pag. 38 :

Vous fustes fiuls au bon comte Renier
Qui tint la marche et l'honnor à baillier.

Ogier le Danois, dans une note de la Chronique des ducs de Normandie, tom. 2, pag. 517¹ :

Ke Karlemaines qui France ot à baillier
Fu à Laon en son palais plenier.

Voyez Rayn. tom. 2, pag. 169², au mot *Baillir*.

BAILLETE, Bail à cens. Gl. *Bailleta*.

○ **BAILLI**, Traité. Chronique des ducs de Normandie, tom. 1, pag. 252, vers 4895 :

Veez, fait-il, cum sui baillîz,
Cum sui baissiez e afebliz.

Fabliau du noir palefroi, vers 622 :

Se il savoit certainement
Comment son oncle l'a bailli
Et ce qu'il a à moi failli.

Voyez Rayn. tom. 2, pag. 169², au mot *Baillir.*

BAILLIAGE, Tutelle, administration des biens d'un mineur. Gl. *Bajulus* 3.

BAILLIE, Gouvernement, protection. Gl. *Bajulia* sous *Bajulus* 4. [Partonop. de Blois, vers 208:

*Et por le grant cevalerie
Qui se tenoit en lor baillie.*

Voyez Rayn. tom. 2, pag. 170¹, au mot *Bailia.*]

BAILLIER, Affermer, donner à bail. Gl. *Baillagium* 2.

BAILLISTRE, Tuteur, administrateur des biens d'un mineur. Gl. *Bajulus* 3.

º **BAINCHERE**, Lisez et voyez *Bainchete.*

BAINCHETE, Espèce de nasse. Gl. *Bansella.*

BAIOE, Espèce de panier ou de hotte. Gl. *Bacholata.*

BAISÉ, Oreiller. Gl. *Baufualium.*

BAISEDOY, BAISEMAIN, Ce qu'on donne en allant à l'offrande, où au lieu de la patène, le prêtre présentait sa main ou son doigt à baiser ; et encore ce qu'on paye en prenant possession d'une charge, dignité, ou de quelqu'autre chose. Gl. *Baisemain* et *Offerenda.*

BAISSELETE, Jeune fille à marier. Gl. *Baccalarii* 2.

BAISSELLE, Servante, suivante, femme de chambre. Gl. *Baila.*

º **BAISSIERE**, Lie du vin. Gl. *Baissiere.*

BAIVIAU, Baliveau. Gl. *Baivarius.*

º **BAL**, Que l'en chante à coucher la bru. Gl. *Epythalamum.*

BALAIS, Ce qui reste après que le grain a été vanné ou criblé ; criblures, le blé qui est tombé dans la grange. Gl. *Balleium.*

º **BALANCE**, Incertitude. Chanson, Wackernagel, pag. 51 :

Me couanrait vivre en ceste balance ?

Pag. 44 :

Paor de mort, dont je sui en bellance.

Rutebeuf, tom. 1, pag. 114 :

*Seront jamais par vos tensei
Cil d'Acre qui sunt en balance
Et de secorre en esperance ?*

Roi Guillaume, pag. 181 :

*La nef tot à plain abandone,
Si l'a laissie en la balance.*

BALANCIER, Officier de la monnaie, qui pèse dans les balances d'essais. Gl. *Balança.*

BALANDRAN, BALANDRAS, Espèce de manteau. Gl. *Balandrana.*

º **BALBIER**, Balbutier. Partonop. de Blois, vers 7245 :

*Nel puet nomer et neporquant
Balbié l'a en souglotant,
Parto... Parto... a dit sovent.*

Voyez Rayn. tom. 2, pag. 173¹, au mot *Balbi.*

º **BALDEMENT**, Hardiment. Partonop. de Blois, vers 4045 :

*Si s'entredient baldement
Quenconques lor vient à talent.*

Voyez *Baudement.*

BALEN, Couverture de laine pour un lit. Gl. *Balinja* [en breton].

BALENIER, Vaisseau de guerre ou de corsaire, et celui qui le monte. Gl. *Balaneria.*

BALER, Danser, sauter. Gl. *Balare,* pag. 531³. [Voyez Rayn. tom. 2, pag. 174¹, au mot *Ballar.*]

BALERIE, Danse. Gl. *Balare,* pag. 532¹.

BALESTEL, Farceur, bateleur. Gl. sous *Balare,* par 532².

BALESTIAUS, Danse accompagnée de chant. Gl. *Balare,* pag. 532². [C'est le pluriel de *Balestel.*]

BALET, Espèce de portique, galerie, boutique de marchand ou d'artisan. Gl. *Baletum.*

BALEUR, Danseur, sauteur. Gl. sous *Balare.*

BALINGE, Berceau, langes, maillot d'enfant, layette. Gl. *Balinja.*

BALINGER, Marquer avec des *balises* les endroits dangereux d'un passage en mer ou sur une rivière. Gl. *Balisagium.*

º **BALINIERE**, comme *Ballenier.* Gl. *Balaneria.*

BALLANCE, Un poids fixe et déterminé. Gl. *Balança.*

BALLE, Nourrice ou sage-femme. Gl. *Baila.* [Voyez Rayn. tom. 2, pag. 169², au mot *Baylla.*]

º **BALLÉ**, Pain ballé. Gl. *Panis tornatus,* pag. 186³.

º **BALLENDIER**, Brelandier, joueur. Gl. *Belencus.*

BALLENIER, Vaisseau de guerre ou de corsaire. Gl. *Balaneria.* [*Ballenger.* Gl. *Balingaria.*]

BALLET, Espèce de portique, galerie, boutique de marchand ou d'artisan. Gl. *Baletum.*

BALLISEUR, Tuteur, administrateur des biens d'un mineur. Gl. *Bajulus* 3.

BALLOIER, Balayer. Gl. *Amassator.*

BALME, Grotte, caverne. Gl. *Balma* 1.

BALNIER, Vaisseau de guerre ou de corsaire. Gl. *Balaneria.*

BALOIER, Flotter, voltiger. Gl. *Balare.* [Flore et Blanceflor, vers 2849 :

*Cief ot bien fait et crigne bloie
Desci au braiel si baloie.*

Voyez Rayn. tom. 2, pag. 172², au mot *Balaiar.* Guill. Guiart écrit *Balier,* tom. 1, pag. 255, vers 6166 (6485), et tom. 2, pag. 385, vers 10000 (18981).]

BALOIS, Ce qui reste après que le grain a été vanné ou criblé, criblures, le blé qui est tombé dans la grange. Gl. *Balleium.*

º **BALZ**, comme *Baile* 1. Villehardouin, pag. 161 : *Henris li balz de l'empire.* Voyez Rayn. tom. 2. pag. 169¹, au mot *Baile.*

BAMBAIS, Toile de coton. Gl. *Bambaxium.*

1. **BAN**, Etendard, enseigne, drapeau. Gl. *Bandum* 1.

2. **BAN**, Publication d'une ordonnance ou d'une défense. Gl. *Bannum* 1, pag. 531³, 553².

3. **BAN**, Etau de boucher. Gl. *Bancagium.*

4. **BAN**, Le droit que les jeunes gens demandaient à un nouveau marié le soir de ses noces, en faisant une espèce de charivari. Gl. *Bannum* 5.

BANAIGE, Droit de banalité, ce qu'on paye au seigneur pour ce droit ; l'étendue de la banalité. Gl. *Banagium.*

BANASTE, BANASTRE, Corbeille, panier, espèce de hotte, bachou. Gl. *Banastum.*

BANCAGE, Juridiction, district. Gl. *Bannum* 3.

BANCART, Espèce de tombereau. Gl. *Banchart.*

BANCHAGE, Etalage, droit qu'on paye pour le *banc* ou la place où l'on étale. Gl. *Bancagium.*

BANCHART, Brancard ou flèche d'un carrosse Gl. *Banchart.*

BANCHE, Boutique, étude d'un notaire. Gl. *Bancha* 4.

BANCHERESSE. COIGNÉE BANCHERESSE, Certaine cognée à l'usage des charpentiers et charrons. Gl. *Banchart.*

1. **BANCHIER**, La couverture d'un banc. Gl. *Banchale,* et sous *Bancus,* pag. 545³.

2. **BANCHIER**, Celui qui est commis pour lever le droit de ban-vin. Gl. *Bancharius.*

BANCIER, Marchand, qui tient boutique. Gl. *Bancha* 4.

BANCLOCHE, BANCLOQUE, La cloche du beffroi, qu'on sonne pour assembler la commune du même *ban* ou district. Gl. *Campana bannalis,* sous *Campana* 2, pag. 57¹.

BANCQUET, Sorte d'arme. Gl. *Balneria.*

BANCQUIER, La couverture d'un banc. Gl. *Banchale.*

BANDAYRAMENT, Droit de pâturage et d'usage dans un territoire. Gl. *Bandairagium.*

BANDE. Voyez *Escu.*

BANDELER †, Envelopper de bandes. Gl. *Institare* sous *Institæ.*

BANDEZ, On appelait ainsi en 1410 ceux qui étaient attachés au parti du duc de Berry, à cause d'une *bande* ou écharpe qu'ils portaient pour se distinguer des autres. Gl. *Banda* 1.

BANDIER, Messier, celui qui garde un *ban* ou territoire. Gl. *Banderius.*

BANDIMENT, Publication d'un ban, saisie. Gl. *Bannimentum* 3 [et *Bannum*, pag. 555², Voyez Rayn. tom. 2, pag. 176², au mot *Bandimen*].

BANDOLIER, Toute espèce de vagabond. On a appelé *Bandouliers* les voleurs des grands chemins, qui vont en troupe ou *bande.* Gl. *Bandum* 1, pag. 548².

1. **BANDON**, Ban, proclamation. Gl. *Abandum.*

2. **BANDON**, Abandonnement. Laisser à *Bandon* quelque chose à quelqu'un, l'en laisser le maître absolu. Gl. *Abandum.* [Roman de Roncevaux, éd. Monin, pag. 9 :

Tote sa terre vos metra à bandon.

Marie de France, tom. 1, pag. 488 :

M'amor li metrai à bandun.

De là *à bandon* ou *abandon*, librement, fortement, tous les jours. Gl. Roi Guillaume, pag. 128 :

Et serjant en lor maison prisent
A bandon quanqu'il i troverent.

Gérard de Vienne, vers 1563 :

Grant cop li done sor l'escu à bandon.

Vers 1570 :

Et sor la croupe de l'auferrant Gascon
L'ait enversé li ros tot à bandon.

Voyez vers 1583. Partonop. de Blois, vers 286 :

Li rois fu ocis el doignon
Et tretuit si fil à bandon.

Chronique des ducs de Normandie, tom. 1, pag. 172, vers 2599 ; pag. 270, vers 5363 ; pag. 367, vers 8194. Chastel. de Couci, vers 5968 :

Tenes de cechi vous fas don
Et avoec vo bon abandon
C'à nul jour mais ne vous faudray.

Voyez Rayn. tom. 2, pag. 177², aux mots *Bandon* et *Abandon.* Orell. pag. 295.

3. **BANDON**, Bannier, celui qui est sujet au ban d'un seigneur. Gl. *Bandius.*

BANDOR, pour *Baudor*, Joie, allégresse. *Baudosa* [et *Bandositas*].

BANDREY, Le fer avec lequel on bandait l'arbalète. Gl. *Bendare* 1.

BANÉE, Banalité. Gl. *Bannia* 2.

BANERIE, Territoire, district. Gl. *Baneria.* [Voyez *Banaige.*]

BANIE, Ban, publication, criée. Gl. *Banerius* 3. [Partonop. de Blois, vers 495 :

Des Chiereborc dusqu'en Rossie
Faisait l'on tote sa banie
Et dusqu'en Ardene le grant
Faisait l'on trestot son commant.]

BANIER, Sergent, celui qui dénonce un ban, qui fait une semonce. Gl. *Banerius* 3. [Partonop. de Blois, vers 2985 :

Atant font li baniers crier
Que trestot s'aillent desarmer.]

BANIERE, pour *Banerie*, Territoire, district. Gl. *Baneria.*

° **BANIR**, comme *Bannir* 2. Gl. *Bannire*, pag, 554³.

BANLEFFRE, BANLIEVRE, Le tour de la bouche. Gl. *Banlauca.* [Voyez *Baslevre* et *Baulevre* ; la forme *Banlevre* ne se trouve que dans un seul passage.]

BANMOLIN, Droit de banalité pour le moulin. Gl. *Bannum moltæ*, pag. 554².

BANNAGE, Droit de Banalité, ou celui d'imposer et lever des amendes. Gl. *Banagium.*

BANNALMENT, Par droit de ban. Gl. *Bannaliter.*

BANNAR, Messier, garde d'un ban ou territoire. Gl. *Bannerii* sous *Bannum* 1, pag. 556².

1. **BANNE**, Sorte de panier. Gl. *Banna* 1.

° 2. **BANNE**, Banniere. Guill. Guiart, tom. 2, pag. 274, vers 7114 (16084) :

Ainz qu'il partist hernois ne bannes.

Pag. 107, vers 2757 (11737), cité au mot *Banna* 1.

Du siècle guerpirent la banne.

BANNÉE, Banalité. Gl. *Bannia* 2 [et *Bannum*, pag. 555².]

BANNER, Publier. Gl. *Banerius* 3, pag. 549².

° **BANNIE**, Proclamation, publication. Gl. *Banerius* 3. pag. 549². [*Bannum*, pag. 555². Vente publique. Gl. *Banerius* 3.]

1. **BANNIER**, Celui qui est obligé de moudre son blé au moulin et de cuire son pain au four de son seigneur. Gl. *Banarii* sous *Bannum* 1, pag. 555², 555³ [et *Homo motarius*, pag. 226 ¹]

2. **BANNIER**, Banal. Gl. *Banderius furnus.*

3. **BANNIER**, Messier, garde d'un ban ou territoire. Gl. *Banerius* 2. [Voyez Rayn. tom. 2, pag. 176¹, au mot *Bandier.*]

1. **BANNIR**, Crier, vendre à l'encan. Gl. *Banerius* 3.

2. **BANNIR**, Défendre par un ban public. Gl. *Banerius* 3.

° 3. **BANNIR** SON OST, OST BANNIE, Convoquer son armée, armée réunie. Gl. *Bannum.* pag. 555¹. Chanson de Roland, st. 112, vers 3 ; Gérard de Vienne, vers 345.

° 4. **BANNIR**, Confisquer, saisir. Gl. *Banerius*, pag. 552³.

BANNOIS, Espèce de banne, vaisseau propre à conserver le poisson. Gl. *Banna* 1.

BANNYE, Le droit de faire publier un ban. Gl. *Bannum vindemiarum* sous *Bannum* 1, pag. 553³.

° 1. **BANOIER**, comme *Baloier.* Guill. Guiart, tom. 2, pag. 341, vers 8849 (17830) :

Banières et penons banoient
Quant encontre le vent se plient.

° 2. **BANOIER**, comme *Esbanoier*, S'amuser. Roman d'Aubri, après le Fierabras, éd. Bekker, pag. 169¹ :

Or fu Basin alés por rivoier,
Son fil laissa sus el palais plenier ;
O se maratre le laisse à banoier.

Chanson de Colin Muset, Wackernagel, pag. 73 :

Car à grant joie
Vit et s'en banoie
Cui amors maistroie.

Comparez *Se baigner*, et pour les deux significations. Rayn. tom. 2, pag. 177¹, aux mots *Bandeiar*, *Baneyar.*

BANON, Pâture commune. Gl. *Bano.*

BANQUE, Banc, siège. Gl. *Banqus* [et *Lingua stateræ*, pag. 117¹. Voyez Rayn. tom. 2, pag. 178¹, au mot *Banca.* Banket, Partonop. de Blois, vers 7439 :

Et ele estoit sor un banket
De blanc yvorie petitet.]

BANQUELE, p. e. Petite bande. Gl. *Benda* 2.

BANQUERIE, Trésorerie. Gl. *Bancharius.*

BANQUETTE, Selle de cheval. Gl. *Banqus.*

BANQUIER, La couverture d'un banc. Gl. *Banchale.*

BAN-VIN, Le droit qu'a un seigneur d'arrêter pour un temps la vente du vin de ses vassaux, pour vendre le sien. Gl. *Bannum* 1, pag. 553³, 554².

BANZ, pour BAUZ, Tutelle, administration des biens d'un mineur. Gl. *Baulum.*

BAONNOIS, Espèce de blé. Gl. *Bladum.*

° **BAPTESTAL**, Punition, jugement sévère, querelle. Roman de Roncevaux, éd. Monin, pag. 60 :

C'on la flatiça à coe de cheval....
De son service recevra baptestal.

Partonop. de Blois, vers 2253 :

Partonopeus cace devant
Trosqu'al castel les va ferant...
Partonopeus trosqu'el val
Ne fine de son baptestal.

Vers 4989 :

Se sentissiés les maus que sent,
Vos parlissiés tout autrement ;
S'un poi aviés de ma cure
Moult perderiés l'envoiséure,
Ivern tenriés tot à baptestal.

Voyez le Roman de Renart, tom. 1, pag. 255, vers 6892, et Rayn. tom. 2, pag. 197¹, au mot *Batestau.*

BAPTESTIRE, Baptême. Gl. *Baptisterium.*

BAPTEUR, Nom de femme, Balthilde. Lett. de 1366, tom. 4, des Ordon. pag. 679.

BAPTISEMENT, BAPTISSEMENT, Baptême. Gl. *Baptisamentum* et *Baptisare.*

BAPTISIER, Faire, bâtir ; d'où

BAPTISSEMENT, L'action de bâtir, construction. Gl. *Baptisamentum*.

BAPTIZOERE, p. e. Robe dont on revêtait un baptisé. Gl. *Baptizatus*.

BAPTOIER, Baptiser. Gl. *Baptisare*.

° **BAQUENAS**, Tempête. Joinville, p. 39 : *Dedans les trois samedis fu si grans baquenas en la mer devant Damiete, etc.* Hist. de l'établissement de la fête de la Conception de la Vierge, dans le Glossaire de Joinville.

Li vent vint à la nef devant
O torment et baquenas grant,
De toutes parts la mer lor saut.

BAQUET, Terme de mépris, petit, menu. Gl. *Baquetus*.

BARABAN, Bassin de cuivre, sur lequel on frappe pour annoncer quelque chose. Gl. *Bachinator*.

° **BARAGE**, Péage. Gl. *Gruagium*.

BARAIL, BARAL, Baril, espèce de mesure. Gl. *Barallus*.

BARAL, BARAT, Fraude, tromperie. Gl. *Barataria* sous *Baratum* 1, pag. 567¹. [Voyez Rayn. pag. 184¹, tom. 2, au mot *Barat, etc.*]

° **BARATE**, Confusion, embarras. Chanson des Saxons, tom. 2, pag. 30 :

Or set bien que il est dedanz l'ost
[*perceuz,*
Ja i aura barate et granz cris et granz
[*huz.*

Partonop. de Blois, vers 10665 :

Al tier fu la grans barate,
Or est trop haute, or est trop plate,
Or i a trop d'escoverture.

Chronique des ducs de Normandie, t. 3, pag. 65, vers 33698 :

N'a cure plus de lor barate ;
La rien dont il plus or se haste
C'est d'eus esloignier, de fuir.

° **BARATER**, Tromper. Gl. *Barretors* sous *Baratum* 1, pag. 567¹, et *Barare*. Voyez Rayn. tom. 2, pag. 183², au mot *Baratar*.

BARATEUR, Traître, trompeur. Gl. *Barator* sous *Baratum* 1, pag. 567².

BARATERIE, Échange. Gl. *Barattaria* 2.

° **BARATRON**, Nom d'une divinité des Sarrazins. Agolant, vers 908 :

Dehez ait hui Tervagan et Mahon
Et Apolin et tes diex Baratron.

Roman de Blanchandin, chez Roquef. Supplém. pag. 36² :

Sadoine fait porter Mahon
Et Apolin et Baratron.

Voyez Rayn. t. 2, pag. 184², au mot *Baratro*.

BARATTERIE, Altération des denrées ou marchandises. Gl. *Barataria* 3.

BARAU, Baril, espèce de mesure. Gl. *Barallus*.

BARBACANE, Ouvrage avancé pour la défense d'une ville, d'un fort, d'un pont, etc. Gl. *Barbacana*, et *Antemurale*. [Roman de Renard, tom. 2, pag. 327, vers 18495 :

Hordéiz ot et bon et bel,
Par defors les murs dou chastel
Ses barbacanes fist drecier
Por son chastel miauz enforcier.
Sodoiers mande por la terre
Qu'il vaingnent à li por conquerre,
Sergens à pié et à cheval :
En fu covert, grant joie en fist
Renart, et maintenant les mist
Es barbacanes por deffense.

Chronique des ducs de Normand. tom. 1, pag. 402, vers 11888 : *Barbequennes.* Chron. de Jordan Fantosme, vers 657 : *Barbecan.* Voyez le Glossaire de Joinville, et Rayn. t. 2, pag. 186¹, au mot *Barbacana*.]

BARBADOUIRE, Masque. Gl. *Barbator*.

BARBARIME, Pays étranger. Gl. *Barbarus*, pag. 571³.

BARBARIN, Étranger, ennemi. *Langue Barbarine*, la Teutonique. Gl. *Barbarus*, pag. 571³.

BARBAUT, Masque. Gl. *Barbator*.

BARBE, EN BARBE, En face, à la barbe de quelqu'un. Gl. *Barba* 1, pag. 568¹.

BARBE FOULLE, Poil follet. Gl. *Barba* 1, pag. 568¹.

BARBÉ, Jeune homme portant barbe. Gl. *Barbescere.* [Voyez Rayn. tom. 2, pag. 185¹, au mot *Barbat. Naimes li berbeit.* le vieux, Gérard. de Vienne, vers 1742.]

BARBEAULX, Dents ou pointes. Gl. *Barbelatus*.

BARBEIL, Barbillon, poisson. Gl. *Barbiolus*, et † *Lubellus*. [Roman de Renard, tom. 1, pag. 44, vers 1146 :

Et li engin où nos peschons
Les anguilles et les barbiaus
Et autres poissons bons et biaus.]

BARBELOTE †, Petit insecte, formicaleo. Gl. *Mirmicoleon.*

BARBEQUENNE. Voyez *Barbacane.*

BARBERIE †, Boutique de barbier. Gl. *Barbitondium.*

BARBETTE, Sorte de guimpe, dont les religieuses couvrent leur sein : à Remiremont, c'est un mouchoir de cou, qu'on donne aux dames à leur réception et à leurs funérailles; elles le mettent encore lorsqu'elles officient et qu'elles communient. Gl. *Barbetus.*

BARBIER, Raser, faire la barbe. Gl. *Barbescere.*

BARBIERE, Mentonnière. Gl. *Barbetus.* [Chastel. de Couci. vers 1345, 1650].

BARBIERÉ, Ce qui concerne le métier de barbier. Gl. *Barbescere.*

BARBILLÉ, Monnaie des vicomtes de Limoges. Gl. *Barbarini.* [Voyez Rayn. t. 2, pag. 185², au mot *Barbari.*]

BARBIN, Habitant d'une *Barbiniere*, Lieu planté d'arbres. Gl. *Barbaritani.*

BARBOIER, Raser, faire la barbe. Gl. *Barbescere.*

BARBOIRE, Masque, à cause de la barbe qu'on y attachait, mascarade. Gl. *Barbator.*

BARBOTARD, Fait en façon de *Barbote*. Gl. *Barbota.*

BARBOTE, Sorte de vaisseau couvert. Gl. *Barbota.*

BARBOUCHET, BARBOUQUET, Soufflet ou coup de la main sous le menton. Gl. *Barba* 1, pag. 568¹.

BARBOUILLAIRE, Stupide, hébété. Gl. *Baburrus.*

BARBUCE ou BARBUTE, Armure de tête ; d'où

BARBUÉ, Soldat armé d'une *Barbute*, Gl. *Barbuta.*

BARBUQUET, Soufflet ou coup de main sous le menton. Gl. *Barba* 1, pag. 568¹.

BARCHE, Meule, tas de foin, de paille, etc. Gl. *Berga.*

1. **BARDE**, Ornement de cheval, bât. Gl. *Barda* 1. [Voyez Rayn. tom. 2, pag. 187¹, au mot *Bardel*.]

° 2. **BARDE**, Hache. Gérard de Vienne, vers 1997 :

Puis en est duiz ke maistres charpan-
[*tiers*
N'est de sa barde ferir et chaploier,
Kant il veut faire saule ou maison
[*dresser.*

Voyez Gl. *Alabarda*, et Benecke, tom. 1. pag. 90², au mot *Barte*.

BARDER, Paver : d'où *Bardement*, Pavement. Gl. *Bardatus* 1.

BARDIC, Chanteur, joueur d'instruments (en breton). Gl. *Bardicatio.*

BAREGNON, Bourse, gibecière. Gl. *Baragnus.*

BAREIL, Baril, tonneau. Gl. *Trepalium.*

BARETÉE, Altération des denrées ou marchandises. Gl. *Barataria* 3.

° **BARETELE**, Colifichet. Partonop. de Blois, vers 10117 :

A lor menues bareteles
R'entendoient ees damoiseles,
De guimples et de crioreaus,
De vidoires et de freseaus.

BARETER, Échanger, faire un troc. Gl. *Baratare* 1. Voyez *Barater.*

BARETERRES, Traître, trompeur ; d'où *Bareteresse* pour le féminin. Gl. *Baratum*, pag. 567¹. [Voyez Rayn. tom. 2, pag. 184¹, aux mots *Baratiers* et *Barataritz.*]

BARGAIGNER, Marchander. Gl. *Barcaniare.*

BARGAIN, BARGAINNE, Maché, accord, convention. Gl. *Barcaniare*, pag. 575¹. [*Bargaigne*, Action de marchander ; hésitation, retard ; affaire. Partonop. de Blois, vers 2609 :

*De sodaier est tot bargaigne
N'est riens qui à segnors remaigne.*

Chastel. de Couci, vers 1433 :

*D'autre part sans faire bargaigne
Vint sires Arnoulz de Mortaigne.*

Vers 6749 :

Cilz respont sans faire bargangne.

Roman de Renard, tom. 1, p. 17, vers 439 :

*Puis s'est mis Renart el retor
Qui n'a cure de cel bargaigne,
Qu'il crient que Ysengrin ne viengne.*

Chronique des ducs de Normandie, tom. 2, pag. 113, vers 18641 :

*Dunc commença teus la bargaine
Cum de grosses lances fraisnines.*

Chron. de Jordan Fantosme, vers 192 :

*Ki juster volt à cumpaignun, tost i
[trova bargaigne.*

Voyez Rayn. tom. 2, pag. 187¹, au mot *Barganh*.

BARGAULT, Le gras de la jambe, le mollet. Gl. *Berga, et Raba.*

1. **BARGE**, Barque. Gl. *Barga*. [Voyez Rayn. tom. 2. pag. 186², au mot *Barca*.]

2. **BARGE**, Meule, tas de foin, de paille, etc. Gl. *Berga*.

BARGINER, Marchander. Gl. *Barcaniare.*

BARGINGNIER, Rechercher, priser. Gl. *Barcaniare.*

° **BARGIS**, Bouffi. Roman de Renart, tom. 3, pag. 6, vers 19906 :

*Si fu enflez, bargis et gros
Q'à poine puet un pas passer.*

BARGOT, BARGOTTE, Barque, navire, vaisseau de guerre. Gl. *Barca, et Barga.*

BARGUIGNEMENT †, L'action de marchander. Gl. *Barginhera.*

BARGUIGNER, BARGUINER, Disputer de prix, marchander. Gl. *Barcaniare.* [Voyez Rayn. tom. 2, pag. 187¹, au mot *Barganhar.*]

BARILAT, Faiseur de barils, tonnelier [à Marseille]. Gl. *Barrarelius.*

BARILIEULX, Baril, tonneau. Gl. † *Amphora 1.*

BARILLIER, Officier de l'échansonnerie chez le Roi. Gl. *Barillarius* sous *Barile.*

BARJUS, Baril, tonneau. Gl. *Barile.*

° **BARIZEL**, BARISEL, Petit baril. Voyez le Fabliau du *Chevalier au Barizel.*

1. **BARNAGE**, Corps ou assemblée de la noblesse, naissance illustre, grandeur d'âme. Gl. *Barnagium* sous *Baro*, pag. 585¹, et *Barnagium 1*. [Voyez Rayn. tom. 2, pag. 181², au mot *Barnage*. Partonop. de Blois, vers 9262. Chanson de Roland, stance 39, vers 16 :

*De tel barnage l'ad Deus enluminet
Meilz voelt murir que guerpir sun
[barnett.*

2. **BARNAGE**, BARNAIGE, Redevance due pour la nourriture des chiens de chasse du seigneur. Gl. *Barnagium 1.*

BARNÉ, Baron, noblesse. Gl. *Barnatus* sous *Baro*, pag. 585². [Chanson de Roland, stance 70, vers 6 :

Fust chrestiens, asez aüst barnet.

Stance 82, vers 3 :

Succurrat nos li reis od sun barnet.

Agolant, vers 685, 688. Voyez *Barnage*, Rayn. tom. 2, pag. 181³, au mot *Barnat*.

° **BARNEL**, comme *Barnage 1.*

° **BARNILMENT**, Noblement. Marie de France, tom. 2. pag. 489 :

Barnilment t'estuet contenir.

1. **BARON**, Homme, mari. Gl. sous *Baro*, pag. 580¹. [Voyez Rayn. tom. 2, pag. 180³, au mot *Bar*. Roquefort, au mot *Baron*. Seigneur ; grand, illustre guerrier. Gl. *Baro*, pag. 580¹, et † *Heroicus*. Partonop. de Blois, vers 433 :

*Rois Marowels fu fils Ludon...
Por sa proece et por ses mors
Orent li roi, emprès ses jors,
Marowels lonc tans à sornom
Por ramenbrance del baron.*

Gérard de Vienne, vers 2581 :

Granz fu li couz dou baron chevalier.

2. **BARON**, Sot, hébété, mari dont la femme est infidèle. Gl. sous *Baro*, p. 579³.

° **BARONIE**, comme *Barnage 1*. Gl. *Baro*, pag. 583², 584². Voyez Rayn. tom. 2, pag. 182, au mot *Baronia.*

BARONNESSE, La femme d'un baron. Gl. *Baronissa* sous *Baro*, pag. 583².

BAROUESTE †, Brouette, espèce de chariot. Gl. *Barrota*, et *Epirhedium.*

BARQUENNIER, Disputer de prix, marchander. Gl. *Barcaniare.*

BARQUIAU, Bassin, réservoir d'eau [à Marseille]. Gl. *Barguelius.*

BARR, Barre, barrière [en celtique]. Gl. *Barra*, pag. 586¹.

BARRAGE, Le même droit que celui de jaugeage. Gl. *Barragium 2.*

BARRAGOUIN, Barbare, étranger. Gl. *Barginna.*

° **BARRAGE**, Droit payé aux barrières. Gl. *Barragium*, pag. 587³.

1. **BARRE**, Barreau, juridiction. Gl. *Barræ 4.*

2. **BARRE**, En terme de droit, Exception, défense, fin de non-recevoir. Gl. *Barræ 4*. [Guill. Guiart, tom. 1, pag. 122, vers 2643 (3035) :

*Mort, dont nul ne set la venue
Li fist ceste desconvenue.....
N'i valut barre ne barrel.*]

° 3. **BARRE**, Retranchement, clôture. Voyez Gl. *Barræ* 1, pag. 586², et ci-dessous *Barri*. Partonop. de Blois, vers 2270 :

*Quant cuide à ses bares iscir
Moult en a trové mal loisir.*

*Li rois i est venus devant
Et od lui li François vaillant....
La barre li ont si tenue
Qu'il n'en puet avoir nule issue.*

Garin le Loher. tom. 1, pag. 142 :

*Li Loherenc chevauchent à estris
Parmi la barre, les pons et les postis
Et par les guez qu'il trovent petis.*

Pag. 229 :

*Les haies place, si el pa garni,
Fossés a fait, barres et rolleis.*

Roman de Renart, tom. 2, pag. 350, vers 19148 :

*.... Renart
Vit Grinbert, si en fu moult liez.
Tantost sanz autre chose fere
Commanda la barre en sus trere
Por son cousin fere venir.*

Fabl. du Prestre et de la Dame, vers 31 :

*Il s'en vint droit devant la porte,
Si la trova molt bien fermée,
Que la barre est tote coulée.*

Voyez *Barra* tornadissa, Rayn. tom. 2, pag. 184¹ au mot *Barra* ci-dessous *Barri.*

BARRER, Débattre, contester. Gl. *Barrare* sous *Barra*, pag. 587².

1. **BARRES**, Certaine mesure de terre en Auvergne. Gl. *Barræ 8.*

2. **BARRES**, Sorte de jeu. Gl. *Barræ 10.*

BARRETE, Espèce de charrette. Gl. *Barrota.*

BARRETERESSEMENT, Faussement, d'une manière trompeuse. Gl. *Barrataria.*

BARREZ, LES FRÈRES BARREZ, Les carmes et les célestins. Gl. *Barrati Fratres*, pag. 588³.

BARRI, Faubourg, certain quartier d'une ville, ou château, muraille. Gl. *Barrium*, pag. 589³ et 590¹. [Voyez *Barre* 3].

BARRIAN, Habitant d'une ville, château ou faubourg. Gl. *Barrium.*

BARRIER, Portier, celui qui est chargé d'ouvrir et fermer les barrières d'une ville ou château. Gl. *Berrarius* sous *Barra*, pag. 587².

BARRILLIER, Officier de l'échansonnerie chez le roi. Gl. *Barillerius.*

BARROIER, en terme de droit, Défense, exception, fin de non-recevoir. Gl. *Barræ 4.*

BARROIS, Foret, vrille. Gl. *Foretum.*

BARROISE, Femme débauchée, celle qui prostitue les autres. Gl. *Barrizare.*

BARROLLE, p. e. le bureau, la société des sergents, ou de ceux qui perçoivent les droits aux barrières. Gl. *Baroseli.*

BARRONNIER, Outil de charpentier, p. e. le barroir, espèce de tarière. Gl. *Barrarelius.*

BARROTE, Espèce de charrette. Gl. *Barrota.*

BARROYER, Débattre, discuter, contester. Gl. *Barrare* sous *Barra*, pag. 587².

[Voyez Rayn. tom. 2, pag. 182², au mot *Barreiar*.]

º **BARRUIER**, Nom donné dans le roman de Gérard de Vienne à *Lambers*, vers 726 :

Cuens de Baris et de Borgoigne ney.

Vers 978 :

Adonc l'appelle Lanbers le Barruier.

Vers 997 :

Aler s'en doit Lanber le Berruier.

Voyez vers 2243.

BARRUYER, p. e. Sorte de chariot. Gl. *Barrotium*.

BARSEUL, Berceau d'enfant. Gl. *Berciolum*.

BART, Moellon, pavé. Gl. *Bart*.

BARTE, Buisson, bouquet de bois. Gl. *Barta*. [Voyez Rayn. tom. 2, pag. 189², au mot *Barta*.]

BARTER, Echanger, faire un troc. Gl. *Baratare* 1.

BARTHOLOMISTE, Partisan de Barthélemi Prignani, pape sous le nom d'Urbain VI. Gl. *Bartholomistæ*.

BARZIC, Chanteur, joueur d'instruments [en breton]. Gl. *Bardicatio*.

1. **BAS**. Fils de Bas, Bâtard, fils illégitime. Gl. *Bastardus*, pag. 596². [Frère de Bas, pag. 596³. Venir de Bas, Gl. *Venire de basso*. Flore et Blanceflor, vers 1075 :

Nos voliemes que Blanceflor
N'éust à toi plus nule amor
Por cou que Crestyene estoit,
Poure cause de bas endroit.

Comparez vers 99.

2. **BAS**, Espèce de filet. Gl. *Batuda* 1.

º 3. **BAS**, Basset, Effilé, mince. Garin le Loher. tom. 1, pag. 298 :

La dame ert gente et de cur et de vis....
Hanches bassetes, blans et vermeil li vis.

Partonop. de Blois, vers 569 :

Basse a le bouce à bien baisier,
Si a le col lonc et plenier,
Basses espaules et bras drois,
Blances les mains et lons les dois,
Le pis espés et gens les flans,
Les hances bases sor les pans
Et a longe la forcéure.

Vers 3989 :

Bouce petite, auques bassete,
Lèvre sanguine, auques grossete,
Col lonc et blanc, espaule basse.

º 4. **BAS**, Basse tenure. Gl. *Socagium*, *Basse main*. Gl. *Manus*, pag. 251¹. *Basse heure*. Voyez *Heure*.

BASANIER, Basannier, Vendeur de cuir et de souliers. Gl. *Basanium*.

BASCHOUIER, Celui qui conduit des chevaux chargés de *Baschoës*, officier de la paneterie chez le roi. Gl. *Bacholata*.

BASE, Baseleire, Sorte d'épée courte, coutelas. Gl. *Basalaria*, *Baselard* †. Gl. *Basillardus*.

BASGAWD, Basged, Corbeille, panier [en breton]. Gl. *Bascaudæ*.

º **BASILES**. *Cos basiles*, Basilic. Renart le Nouvel, tom. 4, pag. 205, vers 2077 :

Mors-soudaine li cos basiles
I vint et do plus de dis viles
Ocist les gens de son regart.

Voyez Rayn. tom. 2, pag. 192¹, au mot *Basilisc*.

BAS-LEVRE, pour *Banlévre*, Le tour de la bouche. Gl. *Banlauca*. [Roman de Renart, tom. 1, pag. 148, vers 3954 :

Por plutost la gant enginier,
Si a son balevre retret,
Les eulz clot et la langue tret.

Voyez Le Duchat, aux mots *Balafre*, *Balèvre* et *Bajoues*.]

1. **BASME**, Grotte, caverne. Gl. *Balma* 1.

º 2. **BASMES**, Baume. Flore et Blanceflor, vers 625 :

Car de l'un basmes decouroit
Et de l'autre cresmes caoit.

BASQUIER, Le maître d'un bac, le batelier qui le conduit. Gl. *Baquerius*.

1. **BASSE**, Bast. Gl. *Bassum* 1.

2. **BASSE**, Basselle, Servante, femme de chambre. Gl. *Vassus* 2, pag. 250³. [Voyez Roquef. Supplém. au mot *Bassele*.]

BASSET, Petite table. Gl. *Bassetum*.

BASSIÈRE, Ce qui se peut hausser et baisser, particulièrement dans une écluse. Gl. *Bassiare*.

BASSIN, Branche, fourchon. Gl. *Bassinus* 2.

BASSINAGE, Droit sur le sel et autres denrées, qu'on lève avec un bassin. Gl. *Bacinagium*, sous *Bacca* 2, pag. 509².

BASSYE, Latrines, lieux secrets. Gl. *Bacia*.

1. **BAST**, pour *Ban*. Gl. *Bannum* 5.

2. **BAST**, Bâtard, fils illégitime. Gl. *Bastardus*, pag. 596³.

BASTAGE, Droit seigneurial sur les marchandises portées à bast. Gl. *Bastagium* 2. et *Basta* 1.

BASTARD, pour Batardeau. Gl. *Bastardus*, pag. 598¹.

BASTARDAGE, Naissance illégitime, bâtardise. Gl. *Bastardagium*, et *Bastardus*, pag. 596³.

BASTARDE, Pièce de bois d'une moyenne grandeur. Gl. *Bastarda*.

BASTARDEAU, Sorte de couteau. Gl. *Bastardus*, pag. 597³.

BASTARDIE, Naissance illégitime, bâtardise. Gl. *Bastardus*, pag. 596³.

º **BASTARDON**, Petit bâtard. Chron. des ducs de Normandie, tom. 3, pag. 8, vers 31985 :

Kar vil chose ert e honte e laiz
Se de neient nos sosmetom
A un neentel bastardon.

1. **BASTART**, Moulin bastart, Moulin banal. *Vin bastart*. Vin mélangé, qui n'est pas pur. [Gl. *Muscatellum* et *Vinum* pag. 243²] *Coustel bastart*, espèce de couteau. *Charrette bastarde*. Gl. *Bastardus*, pag. 597³.

2. **BASTART**, Jart, la pointe de la laine, qu'on coupe d'abord pour rendre le reste égal et uni. Gl. *Bastardus*, pag. 598¹.

BASTAYS, Bast. Gl. *Basta* 1.

BASTE, Chaton, enchâssure. Gl. *Basta* 3. [Gérard de Vienne, vers 166¹ :

Des sales furent tuit doré li arçon
A flors à baste pointuré environ.]

1. **BASTEAULX**, Joueur de basteaulx, Bateleur, jongleur, joueur de gobelets. Gl. *Bastaxius*.

2. **BASTEAULX**, p. e. pour Boisseau, mesure de grain. Gl. *Bastaxius*.

BASTIDE, Bastie, Tour, château, forteresse. Gl. *Bastia*, pag. 599¹.

BASTIERE, Espèce de sac où l'on met des provisions, et qui est attaché au chariot. Gl. *Basteiare*.

1. **BASTILLE**, Tour, château, forteresse. Gl. *Bastia*.

2. **BASTILLE**, Siège d'une ville ou d'un château. Gl. *Bastillus*.

BASTILLER, Assiéger, mettre le siège devant une ville, etc. Gl. *Bastillus*.

º **BASTIR**, Composer, établir, former. Garin le Loher. tom. 1, pag. 281 :

Il les (letres) devise, cil les met en escrit ;
Quant ce fu fait, saélé et basti.

º *Ba<tir son plait*. Gl. *Placitum*, pag. 347¹. Gérard de Vienne, pag. 1839 :

Biaz niez, dist-il, kel plait aveiz basti,
Vers la pucele, où je parler vos vi ?

Partonop. de Blois, vers 267 :

Si basti un porparlement
As Grius defors célément,
Qu'il les lairoit de nuit entrer.

Voyez Rayn. tom. 2, pag. 194¹, au mot *Bastir*.

BASTOER †, Lieu où l'on bat quelque chose. Gl. *Bastitorium*.

1. **BASTON**, Toute espèce d'arme offensive ou défensive. Gl. *Basto*. [Chanson de Guiot de Prouvins, Wackern. pag. 30 :

Bien m'ocient sens arme et sens baston
Quant je les voi ensamble consillier.

Chanson de Cunes de Bethune, ibid. pag. 42 :

Si vait de moi comme du champion
Ki de lonc tens aprant à escremir,
Et quant ce vient ou camp à cols ferir
Se ne seit riens d'escut ne de baston.

Le dit du pauvre chevaller, Jubinal, Fabliaux, tom. 1, pag. 143 :

Mais qui sert l'ennemi, qui ne fait se mal [non,
Il en a en la fin le honni du baston.

Voyez Rayn. tom. 2, pag. 194², au mot *Baston*.

º *Jeu du Baston*. Gl. *Basto*. *Baston Bergerez*. Voyez *Bergeret*. *Baston à hostoier*. Gl. *Hostilicatus*. *Baston appellé Ha-

che Danoise. Gl. *Intendere. Baston aux gelines.* Gl. *Rova* 1. *Baston de Ybenns.* Gl. *Ybenns.* Voyez Gl. *Investitura*, pag. 412¹ et 412².

2. **BASTON**, Geôlier [en Anglais]. Gl. *Bastonicum.* [Voyez Halliwell, au mot *Baston* 1.]

BASTONCEL, Petit bâton, houssine. Gl. *Basto.* [Chronique de Jordan Fantosme, vers 2032.]

BASTONNÉ, Armé, muni d'armes offensives ou défensives. Gl. *Basto.*

BASTONNER, Jouer aux bâtons. Gl. *Basto.*

BASTONNIER, Celui qui a soin du bâton d'une confrérie et qui le porte en procession. Gl. *Bastonerius.*

○ **BASTOUER** †. Voyez *Batouer.*

BASTOUOIR, Lieu où l'on bat quelque chose. Gl. *Bastitorium.*

BASTURE, L'action de battre, coup. Gl. *Battere* 1.

BAT, Bateau, nacelle. Gl. *Batus* 2.

BATAIL, La partie du moulin par où tombe la farine. Gl. *Batillus* 2. [Voyez Rayn. tom. 2, pag. 196¹, au mot *Batalh.*]

○ 1. **BATAILLE**. *Faire bataille*, Faire du bruit, se plaindre de quelque chose. Gl. *Batallia* 2. *A Bataille*, Partonop. de Blois, vers 35 :

*Cil nos semont d'amer adès,
Et d'entendre i del tot asés,
Et nuit et jor tot a bataille.*

2. **BATAILLE**, Corps de bataille. *Grosse bataille*, Principal corps d'armée. Gl. *Batallia* 2. [Voyez Rayn. tom. 2, pag. 197², au mot *Batalha.*]

BATAILLE CAMPAL, Bataille rangée. Gl. *Bellum*, pag. 622². [*Batalla campel*, Partonop. vers 2601, 9796. Chanson de Roland, stance 227, vers 10. *Bataille champal*, Chron. des ducs de Norm. tom. 3, pag. 258, vers 38608 ; pag. 267, vers 38950. *Estor champel*, tom. 1, pag. 251, vers 4880. Voyez Rayn. tom. 2, pag. 303², au mot *Campal.*]

BATAILLE NOMMÉE, Combat, dont le sujet et le jour sont indiqués. Gl. *Batallia* 2.

BATAILLÉ, Fortifié, réparé, mis en état de défense. Gl. *Bataillæ* et *Batailliatus.*

BATAILLEUR, BATAILLIER, Guerrier, soldat. Querelleur. Gl. *Batallia* 2. [Voyez Rayn. tom. 2, pag. 198¹, au mot *Batalhier.*]

BATAN, Moulin à fouler les draps. Gl. *Batannum.*

1. **BATANT**, Tempe, partie de la tête où bat l'artère. Gl. *Batare.*

2. **BATANT**, Tout courant, très-vite, en diligence. Gl. *Batare.*

BATARDE, Espèce de charrette. Gl. *Bastardus.*

BATART. Voyez *Bastart* 1.

BATEAUX. JOUEUR DE BATEAUX, Bateleur, jongleur, joueur de gobelets. Gl. *Bastaxius.*

BATEFFON, Machine de guerre, propre à l'attaque et à la défense. Gl. *Batifollum* 1, pag. 604¹.

BATEICE, VILLE BATEICE, Celle qui n'a point de commune. Gl. *Baticius* [et *Villa*, pag. 330².

○ **BATEIER**, Baptiser. BATESTIRE, Baptême. Chronique des ducs de Normandie.

1. **BATEILLER**, Combattre. Gl. *Bataliare.*

2. **BATEILLER**, Piler, broyer. Gl. *Battare.*

BATEILLEROUS, BATEILLOUS, Belliqueux, guerrier, vaillant. Gl. *Bataliare.*

BATEILLIEISSE, VILLE BATEILLIÉISSE, BATEISSE, BATELIERESCHE, Celle qui n'a point de commune. Gl. *Baticius.*

○ **BATÉIS**, Battant. Partonop. de Blois, vers 8577 :

*Traire sospirs lons et plaignans
A cuer batéis et taignans.*

1. **BATEL**, Bateau. Gl. *Batellus* sous *Batus* 2. [Voyez Rayn. tom. 2, pag. 195², au mot *Bateih.*]

2. **BATEL** †, La partie du moulin par où tombe la farine. Gl. *Batillus* 2.

BATEMENT, Batterie, querelle. Gl. *Batallia* 2.

BATEOR, Moulin à draps, à tan, etc. Gl. *Bateor.*

BATERIE, Ustensiles de cuivre ou de fer à l'usage de la cuisine. Gl. *Bateria.*

BATEUR A LOYER, Celui qui pour de l'argent épouse la querelle d'autrui, champion qu'on paye pour se battre. Gl. *Batitores.*

BATEURE, Malheur, infortune, échec. Gl. *Battitura* sous *Battere* 1.

1. **BATEYS**, Juridiction, ressort. Gl. *Baticium.*

2. **BATEYS**, Taillis. Gl. *Basticium.*

BATILLER, Combattre. Gl. *Bataliare.*

BATILLEUR, Guerrier, soldat, combattant. Gl. *Batallia* 2.

BATILLÉ, Fortifié, remparé, mis en état de défense. Gl. *Artillaria* 2. Voyez *Bataillé.*

BATISON, L'action de batre quelqu'un jusqu'à le tuer, coup mortel. Gl. *Battitura* sous *Battere* 1.

BATIZON, L'action de jeter quelqu'un dans l'eau. Gl. *Adulterium*, pag. 102¹.

BATOIL, comme *Batel* 2. Gl. *Taratantara.*

BATOIRE, Battant ou ventail. Gl. *Batorium.*

BATOUER † [lisez *Bastouer*], Battoir, instrument à battre. Gl. *Battere* 1.

BATRAIE, Sorte d'armure ou d'arme, p. e. Massue. Gl. *Bastoria.*

○ **BATRE** SA COURPE, Confesser ses péchés en se frappant la poitrine. Agolant, pag. 186² :

*Jesu reclaiment le pere roinant,
Batent lor courpes, à deu se vont rendant.*

Marie de France, tom. 2, pag. 27. Roi Guillaume, pag. 44. Chanson de Roland, stance 172, vers 3 :

*A l'une main si ad sun pis bastud :
Deus, meie culpe vers les tues vertuz
De mes peccheiz, des granz et des menuz.*

BATTENS, Contestation, procès. Gl. *Bastancium.*

BATTERIE, Ustensiles de cuivre ou de fer à l'usage de la cuisine. Gl. *Bateria.*

BATTIZON, Manière de pêcher en battant l'eau. Gl. *Batuda* 1.

BATTURE, Signal qu'on donne avec les trompettes pour aller au combat, la charge. Gl. *Batitura* sous *Battere* 1.

BATU, *Bien batu, mal batu. Batu paye l'amende.* Gl. *Battitura* sous *Battere* 1, et *Bauderius* 2.

BATUES, Le grain battu, et qui est encore mêlé avec la paille. Gl. *Battare.*

BATURE. Voyez *Basture.*

1. **BAU**, Rocher escarpé. Gl. *Baussium.* [Mot provençal.]

2. **BAU**, DIRE BAU, façon de saluer ou de répondre au salut. Gl. *Bela-cara.*

BAUBE, Levée, chaussée. Gl. *Balbus.*

BAUBES, Bègue ; d'où *Baubeter, Bauboier*, Bégayer. Gl. *Balbuzare.* [Voyez Rayn. tom. 2, pag. 172³, au mot *Balbt.*]

○ **BAUBETERRE**, Bègue. Gl. *Balbuzare.*

BAUCEANT, BAUCENT, Pavillon, enseigne. Gl. *Baucens.*

BAUCENS, Cheval taché de noir et de blanc. Gl. *Baucens.* Cheval pie. *Baucant, Bauzan*, dans la Chron. des ducs de Normandie. *passim.* Bauchant. Chastel. de Couci, vers 1279 :

Et séoit sus un bauchant sor.

Destrier bauchant, vers 1107. Renart le Nouvel, vers 300, tom. 4, pag. 197. Voyez Rayn. au mot *Bausan*, tom. 2, pag. 201³ ; ci-dessus *Baille* 3, et ci-dessous *Bausanz.*

BAUCH, Sot, nigaud [en provençal]. Gl. *Deboyschatus.*

BAUCHE, Esseau, bois pour couvrir les maisons. Gl. *Baudatum.*

BAUCROLLE, Banderole. Gl. *Baucens.*

BAUDEKIN, Petite monnaie. Gl. *Baldakinus*, pag. 534², et *Moneta*, pag. 503².

BAUDELAIRE, Coutelas, sorte d'épée courte. Gl. *Badelare.*

BAUDEMENT, Avec audace et insolence. Gl. *Baldantia.* [Voyez le Glossaire de Joinville ; ci-dessus *Baldement* et *Bauz.*]

BAUDEOIR, BAUDOYER, Quartier de Paris. Gl. *Bauderius* 2.

° **BAUDOR,** Joie, allégresse. Chanson de Colin Muset, Laborde, pag. 208. Wackernagel, pag. 74, et 75. Flore et Blancefior, vers 875. Chronique des ducs de Normandie *passim.* Voyez Rayn. tom. 2, pag. 201², au mot *Bauzor.*

1. **BAUDRÉ,** Baudrier. Gl. *Baldrellus,* et *Baudreius.* [Voyez Rayn. tom. 2, p. 200², au mot *Baudrat.* Garin le Loher. tom. 1, pag. 85 :

Gros par espaules, graisles par le
[*baudré.*

Le même vers se trouve dans la Chanson de Belle Erembors, stance 5.]

2. **BAUDRE,** Courroie, bande de cuir. Gl. *Baudrerium.*

BAUDRÉE, Vieux morceau de cuir. Gl. *Baudrerium.*

BAUDROIER, Baudroyeur ; d'où *Baudroierie,* L'art de faire des baudriers. Gl. *Baudreius.*

BAUDROY, Espèce de poisson. Gl. *Baudroy.*

BAVEREL, Bavette. Gl. *Salivarium.*

BAUFFRÉE, BAUFRÉE, Soufflet. Gl. *Buffa.*

BAUGE, Serpe. Gl. *Baugium* 3.

BAUHIER, Marchand de porcs. Gl. *Boaterius* 2.

BAVIERE, Visière, la partie antérieure du casque. Gl. *Baveria.*

BAUKE, Esseau , bois pour couvrir les maisons. Gl. *Baudatum.*

BAULEVRE, BAULIEVRE, p. e. pour *Banlevre,* Le tour de la bouche. Gl. *Banlauca* [et *Superlabium.* Voyez *Baslevre.*]

BAULLIER, Danser, sauter. Gl. *Balare.*

BAULLIIER, Flotter , voltiger. Gl. *Balare.*

BAUME, BAUMO, Grotte, caverne. Gl. *Balma* 1.

BAUNAULE, Celui qui est sujet à la banalité. Gl. *Bannalis.*

BAUPTIZEMENT, Baptême. Construction. Gl. *Baptizamentum.* [Voyez Rayn. tom. 2, pag. 179², au mot *Batejamen.*]

BAUSANT, Cheval marqué de taches noires et blanches. Gl. *Baucens.*

BAUTESME , BAUTESTIRE , Baptême. Gl. *Baptisamentum,* et *Baptisterium.* [*Bautisier,* Baptiser, Flore et Blancefior, vers 19. *Baustaier,* Gautier de Coinsi, Roquef. Suppl.]

BAUX, *Bail,* Tuteur. Gl. *Baulum.*

° **BAUZ,** Joyeux, hardi, assuré. Roman de Renart, tom. 1, pag. 20, vers 581 :

Isangrin fu bauz et haitiez.

Pag. 35, vers 912 :

Gai et joienz et liez et bauz.

Tom. 5, pag. 62, vers 1144 :

Ne onques ne vos redoutez,
Soiez bauz et asséurez.

Partonop. de Blois, vers 2741 :

Il list le brief, car il r'est clers
Et de bien lire baus et flers.

Voyez Rayn. tom. 2, pag. 201², au mot *Bautz.*

BAYCHE, Bêche. Gl. *Bessa* 2.

BAYERIE, Baillage, juridiction, exercice de la justice. Gl. *Baylia.*

BAYHARD, Bay. Gl. *Bayhardus.*

BAYNAUBLE, Qui est défendu par un ban. Gl. *Bannalis.*

BAYNEAU , pour *Bayviau,* Baliveau. Gl. *Baivarius.*

BAYSAT , Nom de dignité chez les Turcs. Gl. *Bassa* 1.

BAYSSE, Bêche. Gl. *Bessa* 2.

BAYVIAU, Baliveau. Gl. *Baivarius.*

BAZE, BAZELAIRE, Sorte d'épée courte, coutelas. Gl. *Badelare, Basalaria* et *Bazelare.*

BAZENNE, Basane. Gl. *Bazena.*

BEAL, BEALAIGE, Canal, fossé creux, où l'eau coule continuellement, le lit d'une rivière. Gl. *Bealera* et *Bedale.*

° **BEALTÉ,** BEATÉ, Beauté. Chron. des ducs de Norm. tom. 1, pag. 226, vers 4188, 4147. *Biaulteit, Biateit,* Wackernagel, pag. 41, 42.

BEANCE, Intention, désir, espérance. Gl. *Beare.* [Chastel. de Couci, vers 3274 :

Cuer et volenté de béance
Avoit de faire grant journées.]

BEASSE, Servante, femme de chambre. Gl. *Beassa.*

BEAU, FAIRE PAR BEAU, Faire volontiers, de bon cœur. Gl. *Bela-cara.*

BEAUÇANT. Voyez *Beauçans.*

BEAUFROY, Beffroi. Gl. *Belfredus,* pag. 620².

BEAU-PÈRE, Confesseur, directeur. Gl. *Pater spiritualis.*

BEAU-SIRE, Terme injurieux, le mari dont la femme est infidèle. Gl. *Siriaticus turgor.*

BEAUVOISIENNE , *Fenestre Beauvoisienne.* Gl. *Fenestra,* pag. 432³.

BEC-DE-CANE , Espèce de souliers. Gl. *Poulainia.*

BEC-DE-CORBIN , BEC-DE-FAUCON , Sorte d'arme, ainsi nommée à cause de sa ressemblance avec le bec d'un corbeau ou d'un faucon, Gl. *Becalerius.*

BEC-D'OYE, Marsouin. Gl. *Berellus.*

BECHET, Brochet, poisson. Gl. *Becchetus.*

° **BECHIER,** Becqueter. Roman de Renart, tom. 2, pag. 128, vers 19021 :

Là où je savoie hantins
De gelines et de pocins
Il me venoient pooillier
Et entre les jambes bechier.

Voyez Rayn. tom. 2, pag. 205¹, au mot *Bechar.*

BECHOLE, Portion ou mesure de terre, p. e. autant qu'un homme en peut bêcher dans une journée. Gl. *Beciaria.*

BECQUET, Brochet. Gl. *Becchetus.*

BECQUOYSEL, Sorte d'arme qui ressemble à un bec d'oiseau. Gl. *Becalerius.*

BECUIT , Biscuit. Gl. *Drasqua* sous *Drascus.*

BEDEL, Bedeau, sergent. Gl. *Bedelli.*

BEDOIL, Sorte d'arme en façon d'une serpe, bâton ferré. Gl. *Badillus.*

1. **BEDON,** Poulin, jeune cheval. Gl. *Bedogius.*

2. **BEDON,** Tambour ; d'où *Bedonneur,* Joueur de *Bedon.* Gl. *Fistulare.*

BEDUIN, BEDUYN, Paysan, pâtre de l'Arabie ; Turc de la secte de Haly. Gl. *Beduini.*

BÉE, Ouverture d'une fenêtre, par où on peut *Béer* ou voir. Gl. *Beare.*

BEE-GUEULLE, Terme injurieux, appliqué aussi à un homme ; niais, sot, Gl. *Beare.* [Dit du Roi Guillaume, pag. 191 :

. . . . *Mais il fu fols et bée.*]

° **BEELENGHE,** lisez et voyez *Reelenghe.*

° **BEELLEYAN,** Sénatus-consulte velléien. Gl. *Velleyanum.*

BÉER, Avoir dessein, volonté, désirer ardemment quelque chose. Gl. *Beare* [et *Abeyantia*]. Flore et Jeanne, pag. 17 : *En non Dieu ! respondront cil, nous n'i beons mie tant à mauté.* Chanson de Colin Muset, Wackernagel, pag. 72 :

Cil est trop fols ki si haut beie
C'om n'i ose aprochier.]

BEFFE, Moquerie. Rayn. t. 2, pag. 167², au mot *Bafa.*

BEFFER, BEFFLER, Se moquer de quelqu'un, le tromper. Gl. *Beffa,* et *Bifax.*

BEFFROY, Tocsin, parce qu'on le sonne au beffroi. Gl. *Betfrerius* [et *Belfredus* 1.]

BEGE, Tirant sur le roux, roussâtre. Gl. *Bigera.*

BEGÉE, Espèce de grain. Gl. *Bregniatus.*

BEGINAGE, Institut des Béguines. Gl. *Beguinagium* sous *Beghardi,* pag. 618³. [Voyez Rayn. tom. 2, pag. 205¹, au mot *Beguinatge.*]

BEGNE, Espèce de panier. Gl. *Banna* 1.

BEGUDE, Hôtellerie, cabaret. Gl. *Beguta* 2.

BEGUE, Sorte de poisson. Gl. *Begra.*

BEGUIN, Dévôt, celui qui mène une vie réglée à l'extérieur. Gl. *Beguini.*

BEGUINE, Espèce de religieuse. Gl. *Beguini.*

BEHAIGNON , Bohémien, qui est de Bohême. Gl. *Bahagnia.*

BEHORDEIS , Joute, combat, course

de lances ; d'où le verbe *Béhorder* et *Béhourder*, Faire cet exercice. Gl. *Bohordicum*, pag. 688³. [Voyez Rayn. tom. 2, pag. 211² et 212¹, aux mots *Bordei* et *Beordar*.]

BEHOU, Certaine perche de bois. Gl. *Bohordicum*. pag. 688³.

BEHOURDICH, BEHOURDIZ, Le premier dimanche de carême. Gl. *Bohordicum*.

BEHOURT, Joute, combat, course de lances. Gl. *Bohordicum*. [Voyez Rayn. tom. 2, pag. 211¹, au mot *Beort*.]

BEJANE, BEJAUNE, Niais, sot. Gl. *Beanus* et *Bejaunium*.

BEIRAGE, pour BARRAGE, Le même droit que celui de jaugeage. Gl. *Barragium* sous *Barra*, pag. 587¹.

✚ **BEISIER**, Baiser. Gl. *Osculum*, pag. 78².

BEL, A MON BEL, A mon aise, à la première occasion favorable. Gl. *Bonum latus*. [Voyez Rayn. tom. 2, pag. 206¹, au mot *Bel*.]

BELAINGE, Tiretaine, drap de fil et de laine grossière. Gl. *Balinja*.

BELEEN, LA CROIX DE BELEEN, p. e. de Belley ou Bellême. Gl. *Crux*, pag. 633³.

✚ **BELEFROY**, Beffroi. Gl. *Campana*, pag. 574¹.

✚ **BELEMANT**, Doucement. Agolant, vers 871 :

. . . *Cele par est alé*
Tot belement, ne s'est mie hasté.

Voyez Rayn. tom. 2, pag. 206², au mot *Bellamen*.

BELFAIT, Beau fait, sans reproche, ce qui est dans les règles. Gl. *Bela-cara*.

BELFROIT, BELFROY, Beffroi, tour de bois propre pour l'attaque et la défense. Gl. *Belfredus*, pag. 620².

BELIE, Lieu où l'on nourrit des moutons, brebis, etc., qu'on appelait *Bestes belines*. Gl. *Balens*.

BELLAINGE, Tiretaine, drap de fil et de laine grossière. Gl. *Balinja*.

✚ **BELLANCE**. Voyez *Balance*.

BELLANDIER, Brelandier, joueur de profession, qui fréquente les brelands. Gl. *Belencus*.

1. **BELLE**, p. e. pour *Baille*, Première défense d'une ville ou d'un château. Gl. *Ballum* 6. [Passavant, partie des vaisseaux. Gl. *Bellatorium*.]

2. **BELLE**, sans addition, Belle-mère, marâtre. Gl. *Bela-cara*.

BELLE-ANTE, Belle-tante, femme de l'oncle. Gl. *Avuncula*.

BELLE-EUVRE, Pelleterie apprêtée ou ouvrée. Gl. *Bela-cara*.

BELLEFROY. Voyez *Beaufroy*.

BELLENT, Breland, jeu de hasard. *Bellengier*, Qui tient ce jeu. Gl. *Belencus*.

BELLEUDRE, Belitre, pleutre, lourdaud, sot. Gl. *Balens*.

BELLIGATIF, BELLIGOSEUX, BELLIQUEUX, Querelleur. Gl. *Bellicosus*.

BELLIÈRE, Anneau auquel est suspendu le battant de la cloche. Gl. *Belleria*.

✚ **BELLINE**, comme *Bellivant* ? Chastel. de COUCI, vers 966 :

Des armes Hauvel
De Quivrein viendrai bien à chief
Dou devisier, d'or à un chief
Atachié en belline assis,
Et d'argent, de gueulles le vis.

✚ **BELLIVANT**, En bellivant, de travers. Guill. Guiart. tom. 2, pag. 454, vers 11790 (20773) :

François se metent és ruelles,
Que Flamens, comme genz senées,
Orent és charroz ordenées,
En bellivant, non mie droites,
Si greveuses et si estroites, etc.

Voyez *Besleier*.

✚ **BELLOIS**, Injustice. Partonop. de Blois, vers 5747 :

Mais ce selt estre l'aventure,
Que cil voit trop plus à cure,
Et qui voit vivre, il muer manois ;
Tel est li siècles de bellois.

Chevalerie Ogier, tom. 1, pag. 67, vers 1619 :

Ne nos mengniés à tort et à bellois.

Voyez Rayn. tom. 4, pag. 38¹, au mot *Beslei*, et ci-dessous *Besloy*.

BELLOYE, Sorte de bâton. Gl. *Bellosus*.

BELLUE, Habitant, voisin des forêts. Gl. *Belues*.

BELOCIER, Sorte de prunier. Gl. *Balosius*.

BELOINCHEX, Fabricateur d'un drap nommé *Balose* ou *Belose*. Gl. *Balosius*.

BELS, Terme de l'Albigeois, pour animer et exciter au carnage. Gl. *Bels*.

BELUGUE, p. e. Une machine de guerre ayant la forme de quelque bête, ou un Hameau. Gl. *Belues*.

1. **BELUTEL** †, Bluteau. Gl. *Barutelum*. [*Polentrudium*, *Pulsatile*; BELUTER †, Bluter, Gl. *Exarocrare*.]

2. **BELUTEL**, Jatte, écuelle. Gl. *Buttellus*.

BENADE, Vanne, bonde. Gl. *Benna* 3.

BENARDE. Voyez *Bernarde*.

BENATE, Sorte de panier ou hotte. Gl. *Banastum*.

BENAY, Bienheureux. Enfants Haymon, vers 579 :

On treufve en l'escripture, que li
[*seint benay*
Ont faite et ordonnée, si com dieu
[*plaisoit.*

Moines benéis, Beni, Garin, le Loher. tom. 1, pag. 47.

BENDER, pour Bander, voiler. Gl. *Bindare*. [Entourer de quelque chose. Partonop. de Blois, vers 8008 :

La hanste est de pumier fretée
Ne puet brisier tant est bendée.

Flore et Blancefior, vers 41 :

Li pailes ert ourés à flors
Dindés, tirés, bendés et ours.

Voyez Rayn. tom. 2, pag. 210², au mot *Bendar*.]

BENEFICIER, Donner un bénéfice. Gl. *Beneficiare* 2.

BENEICHON, BENEIÇON, BENEISSON, Bénédiction. Gl. *Benedictio* 1. [Messe de *Benisson*, de mariage. Gl. *Missa*, pag. 444².]

BENEISTRE †, Bénir. Gl. *Benedictio* 1. [Voyez Orell, pag. 146.]

BENEL, BENIAUS, Sorte de chariot, tombereau. Gl. *Benellus*.

BENEVIS, Bail à rente. Gl. *Benevisa*.

BENEURÉ, Heureux; d'où *Béneurtie*, Béatitude. Gl. *Beatizare*, et † *Felicare*.

BENISTRE, Bénir. Gl. *Benedictio*.

BENIVOLENCE, Bienveillance. Gl. *Begnivolentia*.

BENNAGE, Droit seigneurial sur le vin vendu, en certain temps de l'année, dans l'étendue du *ban* ou territoire d'un seigneur. Gl. *Bannum vendagii vini*, pag. 554¹.

BENNIE, Territoire défendu par la publication d'un ban. Gl. *Banerius* 3.

✚ **BENNIE**. Voyez *Ost bennie*. *Benni*, *Banni*. Enfants Haymon, vers 355.

1. **BENNIER**, Sujet au droit de banalité. Gl. *Bennarius*.

2. **BENNIER**, Messier, gardien d'un territoire. Gl. *Banerius* 2 et 3.

BENOISTIER, Bénitier. Gl. *Benedictarium*.

BENOIT, Béni, saint. Gl. *Benitus*.

BENURÉ, Heureux. Gl. *Beatizare*.

✚ **BENUS**, Espèce d'arbre, p. e. ébène. Flore et Blancefior, vers 615 :

Cix arbres a à non benus,
Ja un seul point n'en ardra fus.

Voyez vers 1865, 2024.

BEQUE, BEQUET, Brochet. Gl. *Becchetus*.

BEQUEREAULX, Agneaux d'un an révolu. Gl. *Bequereaulx*.

BER, Baron, homme de cœur et d'un courage distingué. Gl. *Ber* 2. Voyez *Bers*.

✚ **BERBEIZ**. Voyez *Barbé*.

BERBIS, Brebis. Gl. *Berbix* 1. [Voyez Rayn. tom. 2, pag. 212³ au mot *Berbitz*.]

BERCE, Bêche, pelle à remuer la terre. Gl. *Berca*.

BERCELET, BERCH, Berceau d'enfant. Gl. *Berciolum*.

BERCHE, Berge, bord élevé d'une rivière. Gl. *Berga*.

○ **BERCHIER**, Berger. Gl. *Locare* 1.

BERCHIERE, Fonds de terre assigné en dot à une femme. Gl. *Bercheria* [et *Vercheria*.]

BERÇUEL, Berceau d'enfant. Gl. *Berciolum*. [*Berçol*, Chron. des ducs de Normandie, tom. 2, pag. 534, vers 30585.]

BERELE, BERELLE, Dispute, contestation, querelle. Gl. *Berellus*. [Escarmouche. Guill. Guiart, tom. 2, pag. 257, vers 6650 (15642) :

*Poi a à Bergues remes homme
Qui de bataille amonnestez
Ne soit là endroit arestez,
Pour François metre en la bérèle.*

Voyez Rayn. tom. 2, pag. 182¹, au mot *Baralha*.]

BERGAIN, Convention, traité, marché. Gl. *Barcaniare*.

BERGAMAN, Coutelas, espèce d'épée courte. Gl. *Bragamardus*.

BERGERET, BASTON BERGEREZ, Houlette. Gl. *Bergerius*.

BERGERETTE, Danse au chant d'une chanson de bergers. Gl. *Bergeretta*.

BERGINE, Brebis. Gl. *Berbix* 1.

BERGUE, Barque. Gl. *Barga*.

BERGUIGNER, Marchander, disputer sur le prix de quelque chose. Gl. *Barcaniare*.

BERIC, Bergerie. Gl. *Bergaria*.

BERIGLE, Cristal. Gl. *Bericlus*.

BERIE, pour *Blérie*. Office de messier ou garde des blés. Gl. *Blaerius*.

○ **BERLENS**, Brélend. Gl. *Berlenghum*.

○ **BERLIERE**, comme *Belliere*. Gl. *Berleria*, et *Cingula* 2.

BERLONGUE, Sorte de cuve, p. e. de forme ovale. Gl. *Bislongus*.

BERMAN, BERMEN, Courtier, commissionnaire. Gl. *Bermarius*.

BERNABO, Terme employé pour animer, exciter. Gl. *Bernabos*.

BERNADET, Espèce de poisson. Gl. *Gemitus*.

1. **BERNAGE**, Suite, équipage d'un grand seigneur. Gl. *Bernagium* sous *Bren*, pag. 741². (Galien Restoré, après le *Fierabras*, édit. Bekker, pag. 164² :
Charlemaigne entreprint son voiage et fist apareiller son bernaige. Pag. 165¹ :
Et s'en vait lui et les XII pers sans autre bernaige. Genre de vie d'un grand seigneur. Chanson de Colin Muset, Wackern. pag. 74 :

*Car j'ain moult tribu martel
Brui et bernaige et baudor*.]

2. **BERNAGE**, Ce que fournissent les vassaux à leur seigneur pour la nourriture de ses chiens de chasse. Cette redevance, qui d'abord se payait en son, qu'on nommait *Bren*, fut appelée *Bernage* ou *Brenage* ; elle a été ensuite évaluée en avoine et autres grains, ou en argent, sans changer de nom. Gl. *Brenagium* sous *Bren*, pag. 741¹.

BERNARDE, SERRURE BERNARDE, Le dictionnaire de Trévoux écrit *Bénarde*, Serrure dont la clef n'est point percée, et qui s'ouvre des deux côtés. Gl. *Bernarius*.

BERNART, Sot, niais, hébété, imbécile. Gl. *Bernarius*.

BERNE, Espèce d'habillement, cape. Gl. *Berniscrist*.

BERNER. Gl. *Sagus* 2.

BERNICLES, Supplice usité chez les Sarrasins, dont Joinville fait la description, pag. 72, édit. du Louvre. Voy. la XIXᵉ dissertation de M. du Cange sur cet auteur.

BERNIER, Celui qui était chargé de la nourriture des chiens de chasse, ou qui l'exigeait de ceux qui devaient la fournir. Gl. *Bren*, pag. 741².

BERONHE, Guerre, expédition, p. e. pour *Besonhe* ou *Besogne*. Gl. *Bisonium*.

BERQUIER, Berger. Gl. *Bergaria*.

BERRIE, Campagne unie et sans éminences, plaine. Gl. *Beria*. [Voyez Rayn. tom. 2, pag. 213¹, au mot *Berja*.]

BERROICHE, Instrument propre à la pêche. Gl. *Bertavellus*.

BERRUYER, Sorte d'arme. Gl. *Berroerii*, pag. 641¹.

1. **BERS**, Baron, homme de cœur et de courage. Gl. *Baro*, pag. 580³, 584², et *Ber* 2. [Garin le Loher. tom. 1, pag. 207 :

*Vous me donna, sire, je vous le dis ;
Bers, ne porchasse que tu soies honnis.*

Voyez ci dessus *Baron* 1. Pag. 13 :

Hervis de Mès i feri comme ber.

Flore et Blanceflor, vers 2935 :

*Li dus qui lor anel trova
Rendre lor va, moult fist que ber.*

Le dit du povre chevalier, chez Jubinal, Fabliaux, tom. 1, pag. 188 :

*Tous ceulz qui volentiers oent de Dieu
[parler
Et de sa douce mère, qui tant a le cuer
[ber.*

Voyez Rayn. tom. 2, pag. 181¹, au mot *Bar*.

○ 2. **BERS**, Berceau. Gl. *Bersa* 1, et † *Crepudium*. Partonop. de Blois, vers 4570 :

Des ço que fui petis en bers.

Vers 289 :

Et fors un autre en berc petit.

Voyez Rayn. tom. 2, pag. 255¹, au mot *Bers*, et le Glossaire de la Chron. des ducs de Normandie.

BERSAIL, BERSEIL, But, blanc auquel on vise ; le lieu même où l'on s'assemble pour tirer au blanc. Gl. *Bersa* 1, pag. 641³, et *Muta* 8.

BERSEILLER, BERSER, Chasser, percer de flèches. Gl. *Bersa* 1, pag. 641². [Tirer. Garin le Loher. tom. 1, pag. 27 :

Là véissiez les nos aus ars berser.

Guill. Guiart, tom. 2, pag. 236, vers 6104 (15084) :

*Vers leur ennemis aler lessent
Quarriaus, desquiex la flote bille
Plus espessement que gresille,
Et qui, selonc ce qu'il se bercent,
Targes et chieres nues percent.*

Voyez pag. 267, vers 6909 (15901), et le Glossaire de la Chronique des ducs de Normandie, Roi Guillaume, pag. 112.]

BERSEIUL, Nom d'une prison. Gl. *Bersa* 1, pag. 641³.

BERSEL, METTRE AU BERSEL, Exposer à un danger, au supplice. Gl. *Bersa* 1, pag. 641³.

BERTART, Bâtard, illégitime. Gl. *Bastardus*, pag. 596².

BERTAUDER, BERTODER, Couper inégalement les cheveux, à la façon des anciens moines. Gl. *Berta* 3. [Gérard de Vienne, vers 155 :

Et tu serais tondus et bertoudeiz.

Voyez Rayn. tom. 2, pag. 243², au mot *Botoisar*.]

BERTHOULI, Barthélemi. Gl. *Bartholomistæ*.

BERTONEAU, Turbot. Gl. *Rhombus*.

BERTREMER, Barthélemi. Gl. *Bartholomistæ*.

○ **BES**, composé avec un autre mot, Mal. Gl. *Bestancium*.

BESAGUE, Hache à deux taillants, sorte de marteau. Gl. *Bisacuta* [et *Rasticucium*. Partonop. de Blois, vers 2173, 2235, 2966, 2989.]

BESAINE, Essaim ou ruche d'abeilles. Gl. *Besana* 1.

○ **BESAIVE**, Bisaïeul. Chron. des ducs de Normandie, tom. 1, pag. 316, vers 6744 ; pag. 451, vers 10690.

BESAL, Canal, conduit d'eau, fosse. Gl. *Besale*.

BESANCHE, Morceau, pièce, fragment. Gl. *Bissantia*.

BESANNE, Essaim ou ruche d'abeilles. Gl. *Besana* 1. [Voyez Rayn. tom. 2, pag. 219¹, au mot *Bezana*.]

BESANT, Monnaie d'or des empereurs de Constantinople. Gl. *Byzantius*, et *Talentum*, pag. 17⁵.

BESANTE, Grand'tante. Gl. *Besavus*.

BESAY, BESAYE, Bêche, houe, pioche. Gl. *Besogium*.

BESCHE, BANNIR SUR LA BESCHE, Sous peine d'être enfouie. C'était le supplice pour les femmes, qu'il n'était pas d'usage alors de pendre. Gl. *Becca*. [Service de Besche. Gl. *Fossatum* 2.]

BESCHECLEU, Ouvrier en fer, forgeron, faiseur de bêches et clous. Gl. *Becca*.

BESCHERON, Bec, pointe. Gl. *Becchetus*.

BESCLE, Foie. Gl. *Kalendæ*, pag. 482¹.

BESCOCHIER, Tromper, escamoter. Gl. *Biscatia.*

BESEEL, Bisaïeul. Gl. *Besavus.*

BESENAGE, Droit provenant des ruches d'abeilles. Gl. *Besenagium.*

BESGOIER, Bégayer, parler comme un homme ivre Gl. *Balbuzare.*

BESIAT, Oiseau tout jeune, qui n'est presque pas encore sorti du nid. Gl. *Bejaunium.*

BESIL, Peine, vexation, chagrin ; d'où *Besiller, Besiler,* Tourmenter, vexer, dépérir, s'altérer. Gl. *Besilium.* [Voyez Rayn. tom. 2, pag. 205 ², aux mots *Becilh* et *Besillar.*]

BESISTRE, FAIRE BESISTRE, Manœuvrer avec la corde nommée *issas.* Gl. *Besilium.*

° **BESJUGER**, Juger injustement. Chron. des ducs tde Normandie, tom. 3, pag. 239, vers 38181 :

 Mult fu par tote Normendie
 Idunc la bone gent garie ;
 N'erent raent ne besleié,
 N'a tort mené ne besjugé.

. **BESIVRE**, Fort ivre, accablé de vin. Gl. *Bestancium.*

BESLONC †, Qui est oblong. Gl. *Bislongus.*

BESLOY, MENER A BESLOY, Écarter de la loi, de ce qui est juste. Gl. *Bestancium* [Roman de Renart, tom. 2, pag. 173, vers 14257 :

 Mes comperes estes en loi,
 Si m'avez mené a besloi
 Plus de cent fois que je n'en monte.

Chron. des ducs de Normandie, tom. 1, pag. 280, vers 4233 :

 . . . . *Les genz le rei*
 A dol, à honte et à beslei
 Perneient les aveirs par tot.

Pag. 347, vers 7586 :

 Fu enoinz à rei
 A grant tort à grant beslei.

Voyez ci-dessus *Bellois. Besleier,* voyez *Besjuger.*]

BESOCHE, BESOG, BESOICHE, Bêche, houe, pioche, hoyau. Gl. *Besogium.*

BESOIGNABLE, Nécessaire ; du verbe *Besoigner,* Être nécessaire, dont on a besoin. Gl. *Bisonium.* [Voyez Rayn. tom. 2, pag. 214 ², au mot *Besonhar.*]

BESOIGNEMENT †, Travail, occupation. Gl. *Negotia.*

BESOIGNEUS, Qui est dans le besoin, pauvre, indigent. Gl. *Bisonium.* [Voyez Rayn. tom. 2, pag. 215¹, au mot *Besonhos.*]

° **BESOING**, BESONS, Nécessité. Gérard de Vienne, vers 3370 :

 Puis li ait dit : Madame ke quereiz ?
 Est ceu besons ? gardeiz nel me celeiz.

Garin le Loher. tom. 1, pag. 153 :

 Moult me merveil où vous alés ici,
 Est-ce besoing, dist li quens, biaus
          [amis ?

Pag. 52 :

 A grant besoing vos ai ici requis.

Voyez pag. 53. Agolant, vers 510, Rayn. tom. 2, pag. 214¹, au mot *Besonh.*

BESOLZ, Hoyau, bêche. Gl. *Besogium.*

BESONCLE, Grand-oncle. Gl. *Besavus.*

° **BESONGNE**, Affaire. Gl. *Negotium* 1. [Voyez Rayn. tom. 2, pag. 214², au mot *Besonha.*]

BESOT, PORTER BESOT, Porter malheur. Gl. *Bissextus* 1.

BESOTE, Petite bêche. Gl. *Becca.*

BESOUCH, BESOUTZ, BESOY, Hoyau, houe, bêche, pioche. Gl. *Besogium.*

BESQUE, Bêche. Gl. *Becca.*

BESSACHE, Besace. Gl. *Besaccia.*

BESSAULT, Espèce d'arbre, p. e. Houx. Gl. *Biscus.*

1. **BESSE**, Instrument propre pour la pêche. Gl. *Bessa* 1.

2. **BESSE**, pour Bêche. Gl. *Bessa* 2.

3. **BESSE**, Lieu bas, marécageux, plein de broussailles. Gl. *Baissa* 2.

BESSER, Bêcher, travailler avec la *besse.* Gl. *Bessa* 2.

BESSIERE, Lieu bas, marécageux, plein de broussailles. Gl. *Baissa* 2.

BESSIN, Terme injurieux. Gl. *Bisseni.*

BESSON, Pionnier, celui qui remue la terre avec la *besse* ; dont le métier s'appelle *Bessonnerie.* Gl. *Bessa* 2.

BESTANCE, Suffisance, abondance. Gl. *Bestancium.*

BESTANCIER, Contester, disputer: de BESTANT, Contestation, procès. Gl. *Bestancium.* [Chanson, Wackern. pag. 51 :

 S'amors voloit et li venoit en greit,
 Tout le bestans de nos dous meteroie
 Sore la belle, k' ensi nos ast melleit.

Voyez Rayn. tom. 2, pag. 221, aux mots *Bistens et Bistensar.*]

BESTARD, Bâtard, illégitime. Gl. *Bastardus,* pag. 596 ².

BESTE, Cheval. Gl. *Bestia.* [*Beste de sejour.* Gl. *Sejornare* et *Animalia Sejorni,* pag. 255¹.]

BESTE BISE, Blanche, de Fer, Traihent, etc. Gl. *Bestia* [et *Animalia. Beste Porcine. Porchine, Porcheline,* Gl. *Porcinus. Beste Mue,* Gl. *Muta* 3.]

BESTELETTE, Petite bête. Gl. *Zentala.*

BESTENS, Mauvais temps. Gl. *Bestancium.*

BESTERIE, Bêtise, stupidité. Gl. *Bestialitas.*

° **BESTIAL**, Bétail. Voyez Rayn. tom. 2, pag. 216¹, au mot *Bestial.*

BESTORS. BESTORTE, Oblique, tortueux. Gl. *Bestalinus.*

BESTOURNER, Mal tourner, renverser.

Gl. *Bestornatus.* [Guill. Guiart, tom. 1, pag. 121, vers 2621 (3013) :

 Et trouva l'eure bastournée.

C'est-à-dire *malheureuse.* tom. 2, pag. 369, vers 9596 (18576) :

 Après vint le flo de la mer
 Qui la rivière a bestournée.

BESUCHER, Ménager, épargner. Gl. *Bestancium.* [S'amuser à des niaiseries. Mettez un point après *Bésuchent,* dans le passage de Guill. Guiart cité au Gl., qui se trouve tome 2, pag. 198, vers 5109 (14097). Voyez Rayn. tom. 2, pag. 219¹, au mot *Bezucar.*]

RETAGE, Sorte de redevance ou de corvée. Gl. *Binnum.*

BETE, Capuchon noir à l'usage des hommes aux enterrements. Gl. *Beta* 1.

BETER, Emmuseler. Gl. *Beta* 2. [Chasser, poursuivre. Roman de l'Escouffle, cité dans le Glossaire de la Chron. des ducs de Normandie :

 On fit as noces beter ors
 Et vers et à chiens et à viautres.]

BETUMIER, Lieu rempli de *Betuns,* immondices, vidanges. Gl. *Betunium.* [Chronique de Jordan Fantosme, vers 1065 :

 Ma dame la cuntesse ad la veie acuillie
 E trova une fosse ù ele près se nie,
 Enz en mi le betumei ses aneus i ublie ;
 Jamès ne serrunt trovez en trestute sa
            [vie.

BEUBANT, BEUBANCE, Vanité, magnificence outrée, ostentation, orgueil, arrogance ; d'où *Beubenchier.* Celui qui a ces vices. Gl. *Bobinator* sous *Bobinare* 2. [Partonop. de Blois, vers 4719 :

 Vos estiés tos mes delis
 Mes preus, m'onors et mes profis,
 Et ma noblece et ma beubance.

Pastourelle du duc de Brabant, Laborde, pag. 173 :

 Ne vostre beuban
 N'ameroie,
 Vos don ne prendroie,
 Ne si autrement
 Vostre argent.

Voyez Rayn. tom. 2, pag. 229, aux mots *Boban* et *Bobansa,* ci-dessous *Boban.*]

BEUDY, Étable à bœufs [en Écosse]. Gl. *Beudum.*

BEVERE, Buveur, ivrogne. Gl. *Tremerellum.*

BEVERIE, Ivrognerie. Gl. *Bevragium.*

BEVIER, Mesure de terre. Gl. *Bivarium.*

BEURAGE, Sorte de cens ou de redevance. Gl. *Beuragium.*

BEVRAGE, BEUVERAGE, L'action de boire, régal en vin. Gl. *Biberagium.* [Voyez Rayn. tom. 2, pag. 217, aux mots *Beurage,* etc.]

BEVRATGE, Sorte de boisson, piquette. Gl. *Beuvenda* et *Abevragium* 1.

BEURRÉ, Pot à beurre. Gl. *Buttur.*

BEUSAIL, Fourchon. Gl. *Bicellus.*

BEUVERAGE, Présent en boisson. Gl. *Biberagium*.

BEUVERIE, Ivrognerie. Gl. *Bevragium*.

° **BEX**, Nom d'un animal. Partonop. de Blois, vers 1071 :

*Bien est orlés li covertors
De peaus de bex entor és ors;
C'est une peaus qui moult miols iolt
Que nule espice oloir ne siolt ;
La beste qui porte est blance
Plus que n'est nois novele en brance.
A toute rien est debonaire,
Fors qu'à serpens siut moult mal faire;
Serpens orit, de ce se pest,
Jà n'ert si grans qu'ele nel plest.*

BEYSSE, Bêche. Gl. *Bessa* 2.

BEZAINE, Brebis. Gl. *Berbix* 1.

BEZANNE, BEZEINE, BEZENNE, Ruche à miel. Gl. *Besana* 1. [Voyez Rayn. tom. 2, pag. 219 1, au mot *Bezana*.]

BEZANS, Monnaie. Gl. *Byzantius*, et *Moneta*, pag. 495 1. [Voyez Rayn. tom. 2, pag. 218 2, au mot *Bezan*.]

BEZOCHE, Bêche, houe, pioche. Gl. *Besogium*.

BIAFORE, Cri par lequel on invoque le secours public. Gl. *Biafora*.

BIAIN, BIAN, Corvée, tant d'hommes que de bêtes. Gl. *Biennum*.

BIANNAUX, Ceux qui doivent le *Bian* ou la corvée. Gl. *Biennarii* sous *Biennum*, pag. 655 3.

BIAUBERT, Vain, fanfaron. Gl. *Bobinator*.

BIAULANDE, Cri de guerre. Gl. *Signum* 10.

° **BIAULTEIT**, BIATEIT. Voyez *Beate*.

BIBELOT, JEU DES BIBELOTS, Jeu de dés ou d'osselets. Gl. *Biscatia*.

BIBETE, Bluette, étincelle. Gl. *Bibete*.

BIBLE, Machine de guerre pour jeter des pierres. Gl. *Biblia* 1.

BIBLIEN, Professeur en Écriture sainte. Gl. *Biblicus*.

BICHAT, Faon de biche. Gl. *Bicha*.

1. **BICHE** †, Haut-de-chausses, ce qui sert aux hommes à couvrir leurs cuisses. Gl. *Bache*.

2. **BICHE**, Sorte de poisson. Gl. *Glaucus*.

BICHENAGE, Droit sur ce qui se vend au *Bichet*, droit de mesurage. Gl. *Bichetus*.

BICHERON, Fourchon. Gl. *Bicellus*.

BICHET, Sorte de mesure pour les grains. Gl. *Bichetus*.

BICHETAT, Faon de biche. Gl. *Bicha*.

BICHIER, Mesure des liquides. Gl. *Bicarium* [et *Bitterius*].

BICHONAGE, Droit sur ce qui se vend au *bichot*, droit de mesurage. Gl. *Bichonus*.

BICHOT, Mesure des grains. Gl. *Bichetus* [et *Gellus* in *Gillo*].

BICOQUET, Ornement de tête, espèce de chaperon. Gl. *Bigacia*.

BICORNE, Cuve à deux cornes. Gl. *Bicorna*.

BICQUES, Sorte de jeu, qui, p. e., se faisait avec des piques : car je trouve *Bique* pour Pique. Gl. *Biglæ*.

BIDAUX, Soldats dont les principales armes étaient deux dards. Gl. *Bidaldi*.

° **BIEC**, Bec. Partonop. de Blois, vers 3285 :

*Li rois sa besague tient
Et vers Partonopeus en vient ;
Par som le pené del escu
L'a del biec en l'elme feru, etc.*

BIEF, Canal qui conduit l'eau au moulin, biez. Gl. *Bedum*. [Roman de Renart, tom. 3, pag. 17, vers 20219 :

*Sire, ce n'est marliere viez
Ne grant fousez ne parfont biez,
Ainz est abimes vroiement.*

Chronique des ducs de Normandie, tom. 2, pag. 391, vers 26711 :

De faire bieus, murs et fossez.

1. **BIEN**, Argent, monnaie. Gl. *Bonum* 1.

2. **BIEN**, Corvée, tant d'hommes que de bêtes. Gl. *Biennum*.

3. **BIEN**, Fort. Très-bien, très-fort. Gl. *Payla*. [Voyez Rayn. tom. 2, pag. 209 1, au mot *Ben*. Être bien de quelqu'un, Être en grâce auprès de qqn. Garin le Loher. tom. 1, pag. 50 :

*Qui moult fu preus et chevaliers gentis,
Et moult fu bien del riche roi Pepin.*

Mau bien, Malheur. Roman de Renart, tom. 1, pag. 34, vers 885 :

*Ha, sont li marchéant, Renart,
Moult par estes de male part,
Mau bien vos puissent-eles fere !*]

BIENALÉE, Ce que paye celui qui s'en va, qui quitte le pays. Gl. *Benevenuta*.

BIENANANS, lisez *Bienavans*.

BIENAVANS, Les principaux d'un lieu ou d'un pays. Gl. *Benenati*.

° **BIENESTANCE**, Bonne harmonie, paix. Chronique des ducs de Normandie, tom. 1, pag. 582, vers 13043 :

*Kar od le maire n'od le mendre
Ne li lo pas à contendre :
Paiz, bienestance, docement
Requieri a tuz comunaument.*

Voyez tom. 2, pag. 170, vers 20961, etc.

1. **BIENFAIT**, La portion des puînés dans les biens paternels et maternels. Gl. *Benefactum* 1.

° 2. **BIENFAIT**, Beau fait d'armes. Chastel. de Couci, vers 345 :

*Et recordoient sa biauté,
Et sa prouece et honnesté
Que il avoit, et les bienfais
Que il faisoit et avoit fait.*

Donation faite à une église, *aumone*. Garin le Loher. tom. 1, pag. 7 :

*Tort en avez, arcevesques gentis,
Qui les bienfais volez oster de ci.*

° **BIENFAITURE**, Bonne construction. Marie de France :

*Quand li chevalier entrez fud
En la sale, si s'arestud ;
Resgardé a la bienfaiture
De la sale, et la pourtraiture.*

° **BIENHÉURTEZ**, Bonheur. Gl. *Faustitudo*.

BIENNABLES, BIENNAUX, Ceux qui doivent la corvée appelée *Bien*. Gl. *Biennum*.

BIENVEIGNANT, FAIRE BIENVEIGNANT, Faire bon accueil, bien recevoir quelqu'un qui vient ou arrive. Gl. *Benevenuta*. [Roi Guillaume, pag. 212 :

Se li escrient bienvignant.

Pag. 160 :

Et li dist : Dame bienviegnans.]

BIENVIENGNER, BIENVIGNIER, Féliciter quelqu'un sur son heureuse arrivée, le bien recevoir. Gl. *Benevenuta*. [Chastel. de Couci, vers 121 :

*Quant en la salle fu entrés
Chascuns s'est contre lui levés,
Moult le bienviegnent et festient.*

Voyez Orell, pag. 167.]

° **BIENVEUILLANT**, BIENVOILLANT, Partisan, ami. Agolant, vers 1117 :

Karlon vos mande et tot si bienvoillan

Enfants Haymon, vers 135 :

*Car les hastieux ne vallent le monte de
          [deus gans,
Aussi tost courrient sus un de leur bien-
          [veuillans
Comme leurs ennemis.*

Voyez Rayn. tom. 5, pag. 464 1, au mot *Benvolent*.

BIER, Sorte de boisson. Gl. *Biera*.

BIERBAN, Droit qu'on paye pour vendre de la bière en gros ou en détail. Gl. *Bierbanum*.

BIERE, Latte ou morceau de bois qui sert à une charrette. Gl. *Biera*.

° **BIESAGUE**. Voyez *Besague*.

BIESTE, Bête. Gl. *Bannum Augusti* sous *Bannum* 1, pag. 553 2.

° **BIEVRE**, Peau de castor. Gl. *Bever*.

BIEZ, Lieu rempli de bouleaux ou de roseaux. Gl. *Biezium*.

° **BIFACE**. Voyez *Bife*.

BIFE, BIFFE, Sorte de drap et de vêtement. Gl. *Biffa* 1. [Roi Guillaume, pag. 167 :

*Samit ne porpre ne biface
Ne voir, ne gris, ne sebelin, etc.*]

° **BIGARRÉ**. Gl. *Bigera*, pag. 658 2.

° **BIGAUNE**, Béguine. Gl. *Fratres Pyes*, pag. 597 2.

° **BIGNET** †. Petit gâteau. Gl. *Crespellæ*. Voyez *Bingue*.

BIGNON, Instrument propre pour la pêche. Gl. *Bigo*.

BIGNOT, Bêche, houe, marre, pioche. Gl. *Bigo*.

BIGORGNE, Sorte de massue, bâton ferré. Gl. *Biscorna*.

1. **BIGOT**, Nom donné aux Normands, terme injurieux. Gl. *Bigothi*.

2. **BIGOT**, Bêche, houe, marre, pioche. Gl. *Bigo*.

BIGRE, Garde forestier, celui principalement qui a le soin de recueillir les essaims d'abeilles. Gl. *Bigrus*.

BIGRERIE, Lieu où l'on tient les ruches à miel. Gl. *Bigrus*.

BIGUARRIE, Office de bigre ou de garde forestier. Gl. *Bigarrius*.

BIHORE, Cri par lequel on invoque le secours public. Gl. *Biafora*.

BILHETE, Billet, obligation par écrit. Gl. *Billa* 1.

BILLE, Boule, quille. [Guill. Guiart, tom. 2, pag. 149, vers 3843 (12827) :

Par paix n'en veust mès une bille.]

D'où

1. **BILLER**, Jouer à la boule, au mail. Gl. *Billa* 3 [et *Quillia*].

° 2. **BILLER**, BILLIER, S'en biller, S'en aller, s'enfuir, se précipiter. Roman de Renart, tom. 3, pag. 30, vers 20564 :

Fuiez, si me lessiez dormir,
Ge n'ai or de noise mestier,
Fuiez d'ici, alez billier.

Guill. Guiart, tom. 1, pag. 142, vers 3158 (3550) :

Fames braient, vilains s'en billent.

Pag. 334, vers 7708 (8552) :

Lors se resmuet plus tost que foudre ;
Et Turpins, quant l'en vit billier
Reprist son syaume à versillier.

Tom. 2, pag. 103, vers 2639 (11618) :

Que Sarrazin fuiant s'en billent.

Pag. 156, vers 4024 (13008) :

Jehan de Saint-Jehan s'en bille.

Pag. 286, vers 6105, (15085) :

Quarriaus, desquiex la flote bille
Plus espessement, que gresille.

1. **BILLETE**, Pancarte ou tarif des impôts publics. Gl. *Billeta* sous *Billa* 1.

2. **BILLETE**, Diminutif de *Bille*, boulette. Gl. *Billa* 3.

1. **BILLON**, Bille, boule. Gl. *Billa* 3.

° 2. **BILLON**, BILLONNER, BILLONEUR, Gl. *Portare Tabulas*, pag. 421³. Rabelais liv. 4, chap. 46.

BILLOT, Pancarte ou tarif des impôts publics. Gl. *Billonus* 2.

BILLOTE, BILOTE, Bille, boule. Gl. *Billa* 3.

BILLOTEAUX, Sorte de souliers. Gl. *Billonus* 2.

BILLOUER, Billard. Gl. *Billa* 3.

BILOTER, Partager le bois en *billots* ou morceaux. Gl. *Billonus* 2.

BIME, Jeune vache, génisse. Gl. *Bimanis*.

° **BINAGE**, Espèce de redevance. Gl. *Binagium*.

BINDE, Trébuchet. Gl. *Binden*.

BINEOIR, p. e. le même que *Bingue*, qui suit.

BINGUE, Petit gâteau, galette. Gl. *Binota*.

BINGU-EN-DOS, Coup bien appliqué sur le dos ou les épaules. Gl. sous *Bigo*.

° **BINNER**, Biner. Gl. *Gascaria*. Voyez *Binoir*.

BINOIR, Houe, marre ; d'où *Binoter*, *Binotter*, Remuer la terre avec cet instrument, lui donner un second labour ; et *Binotich*, Terre qui a été *binotée*. Gl. *Binota*.

BIORE, Cri par lequel on invoque le secours public. Gl. *Biafora*.

BIQUET, Pied qui soutient quelque chose, appui. Gl. *Custoda*.

BIQUOQUET, Ornement de tête, espèce de chaperon. Gl. *Bigacia*.

BIRBARÉ, Bigarré. Gl. *Birrus*, pag. 665¹.

BIRETTE, Barrette. Gl. *Birretum*.

BIRMANNE, Petite monnaie de Liége. Gl. *Birmandus*.

BIRRETE, Sorte de pierre, p. e. Cristal. Gl. *Birreta*.

BIS, BISETS, Frères Mineurs, ainsi nommés de la couleur de leurs habits. Gl. *Bizochi*.

° **BIS**, Noir, gris. Gl. *Bisa* et *Bisus*, Brun. Rayn. tom. 2, pag. 220³ et sous *Bis*. [Elme bis, Aubri, pag. 159⁹. Garin le Loher. tom. 1, pag. 109. Escu d'azur bis, pag. 108. Marbre bis, Parton. de Blois, vers 796, 834. Pierre bise, Chanson du Chastelain de Couci, Laborde, pag. 280.]

° **BISARME**, comme *Gisarme*. Gl. *Gisauma*.

BISETE, Sorte de dentelle. Gl. *Bisetus*.

BISIEUTRE, pour BISSEXTE. *Porter Bisieutre*, Porter malheur. Gl. *Bissextus* 1.

° **BISME**, pour *Abisme*, Guill. Guiart, tom. 1, pag. 218, vers 5195 (5511) :

Pere, pour celui sanc meisme,
Fendi la pierre jusqu'en bisme.

BISPE, Evêque. Gl. *Bispia*. [A Nîmes. Voyez Rayn, tom. 3, pag. 237², au mot *Bisbe*.]

BISQUINS, p. e. pour Biscaïens, ou autres peuples. Gl. *Bisseni*.

BISSE, Biche. Gl. *Bissa* 1. [Chron. des ducs de Normandie, tom. I, pag. 151, vers 1981 ; tom. 2, pag. 71, vers 17403. *Bisce*, Partonop. de Blois, vers 522.]

BISSEXTE, Infortune, malheur. Gl. *Bissextus* 1.

BISSONNIER, Vagabond, voleur de grands chemins. Gl. *Bissonus*.

° **BISTARDE**, Outarde. Flore et Blanceflor, vers 1682 et 3186. Voyez *Buitarde*.

BISTORIE, BISTORIT, Poignard. Gl. *Bastoria*.

BLAATERIE, Droit sur le mesurage des blés. Gl. *Bladeria*.

BLACAS, Jeune chêne [en Provence et en Dauphiné]. Gl. *Blacha*.

BLACHE, Plan de jeunes chênes ou châtaigniers, plantés à une assez grande distance les uns des autres pour qu'on puisse y labourer [en Dauphiné]. Gl. *Blachia*.

BLAÇON, Écu, bouclier. Gl. *Buccula* 1.

BLADADE, Droit de pâturage sur les terres qui ont porté du blé, redevance en blé. Gl. *Bladada* sous *Bladum*, et *Blaeria* [en Languedoc].

° **BLADE**, Flatterie, Renart le Nouvel, tom. 4, pag. 170, vers 1164 :

De boisdie estoit li entrée
Et de blades li pavemens.

° **BLADER**, comme *Blandir*. Renart le Nouvel, tom. 4, pag. 251, vers 3160 :

Renart li fist cent loupes
En derrière et tant le blada,
Que trestout le doel oublia.

1. **BLADERIE**, Marché au blé. Gl. *Bladaria* sous *Bladum*, pag. 673³. [Voyez Rayn. tom. 2, pag. 226⁴, au mot *Bladaria*.]

2. **BLADERIE**, Droit de mesurage sur les blés. Gl. *Bladeria*.

1. **BLADIER**, Marchand de blé. Gl. *Bladerius*.

2. **BLADIER**, Messier, garde des blés. Gl. *Bladerius*.

BLAER, Ensemencer une terre en blé. Gl. *Bladare* sous *Bladum*, pag. 673².

BLAFEMEUR, Blasphémateur. Gl. *Bandolier* sous *Bandum* 1, pag. 548².

BLAIER, Garde des blés, messier. Gl. *Blaerius*.

BLAIERIE, Le temps où l'on garde les blés ou autres fruits. Gl. *Blaeria*.

BLAIRIE, Certain nombre de gerbes de blé qu'on donne au seigneur pour qu'il établisse des *Blaiers* ou messiers. Gl. *Blaeria*.

BLAISTRE, Poignée ou motte de terre. Gl. *Blesta*.

1. **BLANC**, Sorte de monnaie. Gl. *Albus* 2, *Blancus* 2. *Moneta*, pag. 470² et 478³. *Espero* et *Signum* 17.

2. **BLANC**, La partie d'un papier qui est écrite. Gl. *Album*.

° 3 **BLANC**, Tarif de péage. Gl. *Albus* 3.

1. **BLANCE**, Le plus pur froment. Gl. *Brace*, pag. 728⁴.

2. **BLANCE**, pour Blanche. Gl. *Campagnia*.

° **BLANCHART**, Nom d'un cheval. Gl. *Blanchardus.*

BLANCHE, Surnom qu'on donnait aux femmes d'une rare beauté [et aux veuves]. Gl. *Blanca* 1.

BLANCHE-EUVRE, C'est le nom que l'on donne à certains outils de tonnelier. Gl. *Foretum.*

BLANCHÉE, Valeur d'un blanc. Gl. *Blancus* 2.

BLANCHÉEN, Le plus pur froment. Gl. *Brace.*

1. **BLANCHET**, Sorte de camisole. Gl. *Blanchetum.*

2. **BLANCHET**, Sorte d'étoffe. Gl. *Blanchetus.*

3. **BLANCHET**, Blanc, but auquel on vise en tirant. Gl. *Blanchetus.*

BLANCHEUR, Flatteur, flagorneur, doucereux. Gl. *Blandiosus.*

BLANCHON, pour PLANCHON, ou PLANÇON, Sorte de pique, épieu ou bâton de défense. Gl. *Plansonus.*

BLANCHOR, Blancheur. Gl. *Pascio.* [*Blancor*, Partonop. de Blois, vers 556. Voyez Rayn. tom. 2, pag. 222², au mot *Blancor.*]

BLANCQUE, Pancarte ou tarif des droits qu'on doit payer. Gl. *Albus* 3.

BLANCS-CHAPERONS, Nom d'une association à Gand. Gl. *Albi.*

° **BLANS-MANTEAUX**, Nom d'un ordre de chevalerie. Gl. *Ordo*, pag. 62¹, et *Servi B. Mariæ*, pag. 458³.

1. **BLANDE**, Droit qui est dû sur chaque feu, maison ou famille. Gl. *Blanda* 1.

2. **BLANDE** PAROLE, Douce, belle, agreable. Gl. *Blandiosus.*

BLANDICIEUX, Flatteur, caressant. Gl. *Blandiosus.*

BLANDILALIE, Espèce de pomme blanche que nous appelons Haute-Bonté. Gl. *Blandicus* [en Poitou].

BLANDIR, Flatter, caresser, gagner par de belles paroles ; d'où *Blandissant*, Flatteur, caressant. Gl. *Blandiosus.* [Roman du Renard, tom. 1, pag. 17, vers 457 :

Si les a blandiz et proiez.

Chron. des ducs de Normandie, tom. 2, pag. 1, vers 15312 ; pag. 283, vers 23748. Vie de saint Thomas de Canterb. pag. 628¹ :

Ne por corouz ne por blaundir.

Voyez Rayn. tom. 2, pag. 223², au mot *Blandir.*]

BLANDUREL, Le même que *Blandilalie*. Gl. *Blandectus.*]

BLANGE, Blâme, réprimande : d'où *Blanger*, Blâmer, reprendre. Gl. *Blasphemare.*

BLANQUE, pour Blanche. Gl. *Blakmale.*

BLANQUERIE, Blancherie, lieu où l'on blanchit les toiles, etc. Gl. *Blanqueria.*

1. **BLARIE**, Blé provenant du droit de terrage. Gl. *Blaeria.*

2. **BLARIE**, Office de *blaier* ou messier. Gl. *Blaeria.*

BLASON, Écu, bouclier. [Roi Guillaume, pag. 149 :

*Ambedoi comme guerroier orent
Genoillieres et wanbisons
Lances, espées et blasons.*]

D'où

BLASONNIER, Celui qui les fait. Gl. *Blazonare*, et *Buccula* 1.

BLASONNEMENT, Dérision, moquerie ; ou Affront, outrage. Gl. *Blazonare.*

BLASMER, Blasphémer. Gl. *Blasphemare*, pag. 677². Voyez Rayn. tom. 2, pag. 225¹, au mot *Blasmar*]

BLASPHEME, Blâme, reproche. Gl. *Blasphemare*, pag. 677³.

° **BLASTENGE**, comme *Blaspheme.* Chron. des ducs de Norm. tom. 1, p. 406, vers 9370 :

*Li dux Guillaumes ot ces blastenges,
Ces reproches e ces laidenges.*

BLASTENGER, BLATENGER, Blâmer, faire des reproches, dire des injures, outrager. Gl. *Blasphemare.* [Voyez Rayn. tom. 2, pag. 224³, au mot *Blastenjar.* Garin le Loher. tom. 1, pag. 190 :

De traison ne vous puis blastengier.

Partonop. de Blois, vers 5111 :

Moult le blatengent et laidient.

Chron. des ducs de Norm. tom. 1, pag. 406. Rubr.]

BLAT, Blé [en Gascogne]. Gl. *Blat.* [Voyez Rayn. tom. 2. pag. 225², au mot *Blat*, et Choix de poésies des Troubadours, tom. 1, pag. 35.]

BLATIER, BLATRIER, Regrattier, marchand de blé en détail. Gl. *Bladarius* sous *Bladum*, pag. 673¹.

BLATON, p. e. pour Laiton ou Léton, sorte de métal. Gl. *Lato.*

BLATRIER, Revendre en détail le blé acheté en gros, faire le négoce de *blatier* ou *blatrier*. Gl. *Bladerius.*

BLAUDE, Sorte de vêtement. Gl. *Bliaudus.*

BLAVERIE, Droit sur le blé qu'on amène au marché. Gl. *Blaeria.*

BLAVETIER, Marchand de blé ou regrattier. Gl. *Blaerius.*

BLAVIER, SERGEANT BLAVIER, Messier, celui qui garde les blés. Gl. *Blava* 1.

BLAVOTINS, Nom d'une faction en Flandre. Gl. *Isengrinus.*

BLAYER, Celui qui a le droit de *blarie* ou terrage. Gl. *Blaeria.*

BLAZAS, Gerbe. Gl. *Bladum*, pag. 672³.

BLAZON, Ecu, bouclier. Gl. *Buccula* 1.

[Voyez Rayn. tom. 2, pag. 228¹, au mot *Blezo.*]

BLEELMENT, Sous le nom ou en façon de blé. Gl. *Bladum.*

° **BLECHE**, comme *Bleste.* Gl. *Turba* 1.

BLÉE, Nom d'une fête ou foire. Gl. *Bladum*, pag. 672².

1. **BLÉER**, Ensemencer une terre en blé. Gl. *Debladare* sous *Bladum*, p. 678³.

2. **BLÉER**, BLEIER, Garde des blés, messier. Gl. *Blaerius.*

BLÉERIE, Se dit des blés qui sont sur pied. Gl. *Blaeria.*

° **BLEF**, comme *Bleiu.* Chron. des ducs de Normandie, tom. 2, pag. 367, vers 26077 :

*Beaus fu li quers, bele la nef,
D'or et d'azur, d'inde et de blef
I out mainte bele ovre peinte.*

BLEIF, pour Blé, toute espèce de grain. Gl. *Solus* 2. [*Blef mestueil.* Gl. *Mestillum.* Blé tiercerain. Gl. *Tertionarium.*]

BLEITE, Toupet. Gl. *Blesta.* [Mot limousin.]

BLEIU, Bleu. Gl. *Blavatus.*

BLENEL, Tombereau. Gl. *Benellus.*

BLERIE, Office de *Bleier* ou messier. Gl. *Blaerius.*

BLESANCE, p. e. la même chose que *Blaverie.* Gl. *Blaeria.*

BLESE, Mèche. Gl. *Blesta* [en provençal].

BLESMEURE, Fraction, rupture. Gl. *Borgum.*

° **BLESMIR**, Froisser, blesser. Partonop. de Blois, vers 2995 :

*Li espiols al costé li frie,
Un poi li a le car blesmie,
Hurte le bien si qu'il cancele.*

Chanson de Roland, stance 43, vers 10 :

La gent de France iert blecée e blesmie.

BLESSEMENT, Blessure, plaie. Gl. *Bluso.*

° **BLESTANGER**, comme *Blastenger.* Marie de France, tom. 2, pag. 133.

BLESTE, Motte de terre. Gl. *Biesta.*

BLESTREUS, Couvert de haillons. Gl. *Blesta.*

BLEYER, Garde des blés, messier. Gl. *Blaerius.*

BLIAUT, Sorte de vêtement. Gl. *Bliaudus.* [Partonop. de Blois, vers 9861 :

*L'espée avale, el pis descent,
L'auberc trence, le bliaut fent.*

Chanson de Roland, stance 159, vers 8 :

*Si li tolit le blanc osberc léger,
E sun bliaut li ad tut détrenchet,
En ses granz plaies les pans li ad butet.*

Voyez le Roman de Ronceyaux, pag. 33 ; Partonop. de Blois, vers 10609 :

*Lor bliaut sont tuit d'or brodé,
Al col et as poins bien paré*

Aubri, vers 118 :
*Ele ont vestu un hermin engolé,
Et par desore un bliaut geroné ;
Si ont mantel d'escarlate afublé.*

Chron. des ducs de Norm. t. 2, p. 556, vers 31233 :
*Ce que ne covri sis bliaus
Des piez e des jambes parurent.*

Chanson de Roland, stance 20, vers 9 :
*De sun col getet ses grandes pels de
[martre,
E est remes en sun blialt de pâlie.*

Partonop. de Blois, vers 9168 :
Desfublés fu en un bliaut.

Vers 10779 :
Tos desfublés en un bliaut.

Garin le Loher. tom. 1, pag. 297 :
Desafublée en fut en un samis.

Voyez pag. 265. Rayn. tom. 2, pag. 227², au mot *Blial*. Vie de saint Thomas de Canterb. pag. 478, vers 377 : *Bliad*.

BLOCHE, Motte de terre. Gl. *Blesta*.

BLOE, Bleu. Gl. *Bloius*.

BLOETE, Etoffe bleue. Gl. *Bloius*.

BLOI, Bleu et blond. Gl. *Bloius*. [Partonop. de Blois, vers 552, 1860, 9987, 6253, 6656. Flore et Blanceflor, vers 2849. Voyez Rayn. tom. 2, pag. 228², au mot *Bloi*. Pâle, blême. Partonop. vers 5877 :
*Tant ont cremu l'enchanteor
N'osent dormir por la poor.
Maruc n'en est ne fax ne blois,
Toz premiers s'en entra el bois.*]

BLOIRE, L'action de couvrir les yeux des oiseaux de proie. Gl. *Bloire*.

BLONDIR, User pour paraître blond ou blanc. Gl. *Blundus*. [Et *Aplanare*. Guill. Guiart, tom. 2, pag. 261, vers 6767 (15759). Rayn. tom. 2, pag. 228², au mot *Blondir*.]

1. **BLOQUEAU**, Tronc, boîte ou petit coffre où l'on met de l'argent. Gl. *Blocus*.

2. **BLOQUEAU**, Billot, tronchet. Gl. *Blocus*.

1. **BLOQUELET**, Petit billot. Jeu des bloquelez. Gl. *Blocus*.

2. **BLOQUELET**, p. e. Billette, en terme de blason. Gl. *Blocus*.

BLOQUIER, BLOUQUIER, Bouclier. Gl. *Bloquerius*. [Voyez Rayn. tom. 2, pag. 228¹, au mot *Bloquier*.]

° **BLOQUIR**, Certain jeu. Gl. *Bloquerius*.

° **BLOS**, Dépouillé, privé. Partonop. vers 2457:
Se baceler sont de sens blos.

Voyez Rayn. tom. 2, pag. 229¹, et Diez Altromanische Sprachdenkmale, pag. 51.

BLOU, Bleu. Gl. *Bloius*.

BLOUQUETTE, Petite boucle. Gl. *Buccula 3*, et *Subtalares*, pag. 640².

BLOUSTRE, BLOUTE, Motte de terre. Gl. *Blesta*.

BOAICHIER, p. e. Gabion [dans Sanutus]. Gl. *Boachiers*.

1. **BOAGE**, TERRE EN BOAGE, En jachère. Gl. *Boagium 2*.

2. **BOAGE**, BOAJE, BOALAGE, Redevance, qui se paye à raison du nombre de bœufs qu'on employe au labour. Gl. *Bovagium*. [A Marseille. Voyez Rayn. tom. 2, pag. 245², au mot *Boada*.)

BOBAICHE, Chaussure qui couvre et garantit le soulier, galoche. Gl. *Bobatterius*.

BOBAN [BOBANT], Pompe, faste, grand appareil, luxe [présomption, ostentation, grand bruit]. Gl. *Bobinator* [et *Pompa 1*. Garin le Loher. tom. 1, pag. 124 :
*Mais je voi bien que orgueil i a grant
Et felonnie et mervillons bobant.*

Aubri, vers 46 :
*Il ot le noise, le cri et le bobant
Que Sarrazin demenoient si grant.*

Partonop. vers 6639 :
*Dont n'est-ce vostre cuer d'anten
Qui vos meine or cest boban ?*

Voyez Rayn. tom. 2, pag. 229¹, au mot *Boban*, ci-dessus *Beubant*.]

° **BOBANCE**, comme *Boban*. Roman de Roncevaux, pag. 50 :
*Là i vint Naymes et Fochier de Valence
Li dus Ogiers qui fu de grant bobance.*

Partonop. vers 7258 :
*Après si dist qu'à grant bobance
I vient iriés li rois de France.*

Voyez *Beubant*, Rayn. tom. 2, pag. 229², au mot *Bobansa* et *Bobancier*, le Glossaire de la Chron. des ducs de Normandie.

BOBAUCHIER, pour BOBANCHIER. Gl. *Bobinator*.

BOBE, Babiole, bagatelle, fadaise. Gl. *Leonini versus*. [G. Guiart, tom. 1; pag. 11, v. 144.]

BOBELIN, Bouvier, vacher. Gl. *Bobulcus*.

BOBENCIER. BOBERS, Fier, hautain, fanfaron, orgueilleux. [Prodigue.] Gl. *Bobinator*. [Boubancier, Chron. des ducs de Norm. tom. 2, pag. 191, vers 20954 :
N'iert pas avers ne boubanciers.

Pag. 397, vers 26870 :
De sorfaiz pleins e boubanciers.

Voyez Rayn. tom. 2, pag. 229², au mot *Bobancier*.]

1. **BOCE**, Bouche. Gl. *Buca 2*. [Rayn. tom. 2, pag. 231¹, au mot *Boca*.]

2. **BOCE**, Milieu élevé du bouclier. Gl. *Buccula 1*.

3. **BOCE**, Bosse, charbon pestilentiel. Gl. *Bocia 4*. [Rayn. tom. 2, pag. 242¹, au mot *Bossa*.]

° 4. **BOCE**, Buche. (Voyez Gl. *Buca 1*.) Roman de Renart, tom. 3, pag. 109, vers 22712 :
Ses braz sembloit boce de sap.

° **BOCEAU**. Voyez *Boucel*.

BOCHE, Bouche. *Boche d'Avis*, Le détroit des Dardanelles. Gl. *Buccavia*.

BOCHET, Sorte de boisson. Gl. *Bochetus*.

° **BOCHU** †. Gl. *Gilbosus*.

BOCKHOU, Hareng fumé ou soret, qu'on appelle en Hollande *Bocking*. Gl. *Harengeria* [à Liège].

BOCLE, Le milieu élevé du bouclier. Gl. *Buccula 1*, pag. 767¹. [Rayn. tom. 2, pag. 228¹, au mot *Bloca*. Escu boclé, Gérard de Vienne, vers 1762. var. *Escus buclez*, Chron. de Jord. Fantosme, vers 1204. Voyez *Bucle* et *Bucler*.]

° **BODNE**, Borne. Chron. des ducs de Normandie, tom. 1, pag. 375, vers 8428 :
*Kar entor les devisions
Qui parteient les regions,
Par les termes, par les devises,
Là ù les bodnes furent mises.*

Voyez *Bosme*.

° **BODON**, Flèche. Agolant, vers 205 :
*Et quant il vole, si meine tel tenton
Qu'en l'oïst bien le tret à un bodon.*

Voyez *Bouzon*.

BOE, Pus. Gl. *Bocius 2*.

1. **BOEL**, Trompe de l'éléphant. Gl. *Botellus 1*, pag. 715².

2. **BOEL**, BOELE, Boyau. Gl. *Botellus 1*. [Et *Boelli 1*. Rayn. tom. 2, pag. 268², au mot *Budel*. Chanson de Roland, stance 164, vers 2 : *Buele*.]

BOELLON, Ciselure, relief. Gl. *Bolinus*.

BOEN, BOENE, Bon, bonne. Gl. *Amentare 1*.

BOERIE. Ferme, métairie. Gl. *Boeria 1*.

BOESMIEN, Coureur, vagabond. Gl. *Ægyptiaci*.

BOESSERÉE, Mesure de terre, qui produit ou rend au propriétaire ou au seigneur un boisseau de grain. Gl. *Boicellata*.

BOESSIÈRE, Lieu planté de buis. Gl. *Buxeria*.

° **BOFEI**, Arrogance, présomption. Chron. des ducs de Normandie, tom. 2, pag. 99, vers 18194 :
*Par besoin m'a à toi tramis
Que cel orguil s cel bofei
Qui en eus est et cel renei
Vienges confundre e atribler.*

BOFFOIS, BOFOIS, Bruit, rumeur, vacarme. Gl. *Buffa* et *Domigerium*.

° **BOFU**, BOFFU, Sorte d'étoffe. Agolant, vers 1101 :
Et un mantel d'un molt riche boffu.

Partonop. vers 10017 :
Sor un kievecuel de bofu.

° **BOGERASTE**, comme *Borgeraste*. Flore et Blanceflor, vers 1675 :
*Cler vin et piument et claré
Et boin bogeraste et anné.*

BOGUE, Sorte de poisson. Gl. *Boca* 2. [Et *Bogua*. Voyez Rayn. tom. 2, pag. 269², au mot *Buga*.]

° **BOGUERANT**, comme *Bougheran*. Agolant, pag. 185² :

Le braz Saint Jorge lor vet à toz mos-
[trant;
Envolepé en un chier boguerant.

BOHADE, Corvée ou service qu'un vassal doit faire avec ses bœufs. Gl. *Bohada* sous *Bovagium*. [Mot provençal. Voyez Rayn. tom. 2, pag. 245², au mot *Boada*.]

BOHORDEIS, BOHOURT, Joute, combat simulé, course de lances ; d'où *Bohorder*, Jouter. Gl. *Bohordicum*. [Rayn. tom. 2, pag. 212¹, au mot *Beordar*.]

BOICHE, Entrée de cellier ou cave. Gl. *Clareria*. [Voyez *Boce* 1.]

BOICHEE, Espèce de nasse. Gl. *Boicheta*.

BOICHIER, Celui qui fait des nasses. Gl. *Boicheta*.

BOIDIE, Fraude, tromperie, trahison, félonie, Gl. *Baudia* sous *Bausia*, pag. 610². [Rayn. tom. 2, pag. 202², au mot *Bauzia*.]

1. **BOIER**, Cloaque, égout. Gl. *Botis*.

2. **BOIER**, Broyer, rompre. Gl. *Botoerum*.

BOIETTE. DEVENIR BOIETTES, Se dit des yeux qui s'éteignent et s'obscurcissent. Gl. *Boieta*.

BOIGNET, Faucher, espèce de rateau. Gl. *Falcetus*.

BOIHEDIE, Certaine mesure de terre, autant que deux bœufs peuvent labourer dans un jour. Gl. *Bovata*, pag. 719³.

BOILLE, p. e. Buisson, bois taillis. Gl. *Boelea*.

° **BOILLIR**, Bouillir, se répandre en bouillonnant, faire chaud. Guill. Guiart, tom. 2, pag. 165, vers 4256 (13242) :

Sanc saut del corz, cervèles boillent.

Chanson de Roland, stance 164, vers 3 :

Desuz le front li builtit la cervele.

Voyez *Boudre*, Rayn. tom. 2, pag. 270², au mot *Bulhir*, et Orell. pag. 146. Garin le Loher. tom. 1, pag. 177 :

Ce fu à feste del baron Saint-Martin
C'est li boullans, qu'il fait chaut et seri.

La fête de la Translation de Saint-Martin a lieu le 4 juillet. Voyez Gl. *Festum*, pag. 458³, et Roquef. au mot *Boillant*.

BOILLON, Ciselure, relief. Gl. *Bolinus*.

° **BOJON**, Trait d'arbalète. Roman de Renart, tom. 3, pag. 35, vers 20691 :

Ne vos metent de lor bastons
De lor arz et de lor bajons.

Voyez *Bodon*.

BOIRADE, Corvée ou service qu'un vassal doit faire avec ses bœufs. Gl. *Boirada* [en Auvergne].

BOIRAT, Bouvier, celui qui a soin des bœufs, Gl. *Boirada* [dans le Forez].

1. **BOIRE**, Bise. Gl. *Bisa*.

2. **BOIRE**, Ferme, métairie. Gl. *Bovaria* 1.

BOIRE A LA SEIGLE, Boire au seau. Gl. *Bibere*.

BOIRES-DIEU : On appelle ainsi l'eau des puits qui étaient dans quelques églises ou chapelles célèbres. Gl. *Puteus* 1.

° **BOIS**. Voyez *Deffens*, *Deffense*, *Deffensable*, *Vetez*. BOIS MORT. Gl. *Boscus mortuus*, pag. 712³.

° **BOIS** HOURDY, Gl. *Bohordicum*, pag. 688³.

BOISCHET, Sorte de boisson. Gl. *Bochetus*.

BOISDIE, Félonie, trahison, fraude, tromperie. Gl. *Bausia*. [Rayn. tom. 2, pag. 202², au mot *Bauzia*.]

° **BOISDIVEMENT**, Frauduleusement. Sermon de Saint-Bernard, cité par Roquefort : *Et qui boisdivement demandèrent altrui vestimenz*. [Lat. *et qui frauduleter vestimenta quærsbant aliena*.]

BOISE, Bûche, gros bâton. Gl. *Boisia*.

BOISEOR, BOISEOUR, BOISEUR, BOISIERE, Faux, trompeur, celui qui viole son serment, qui manque à sa foi. Gl. *Arma reversata*, pag. 388³, et *Bausiare*, pag. 611¹. [Rayn. tom. 2, pag. 203, au mot *Bauzaire*.]

BOISER, BOISIER, Tromper, violer sa foi et son serment, commettre le crime de félonie. Gl. *Bausiare*, pag. 610³. [Rayn. tome 2, pag. 202, au mot *Bauzar*.]

° **BOISIERE**, Bois, clairière. Roman de Rou, tom. 1, pag. 288 :

En la boisière volt véir.

° **BOISINE**, Trompette. Roman de Rou, vers 13135 :

Moult oissiez grayles soner
Et boisines et cors corner.

Chron. des ducs de Normandie, tom. 1, pag. 284, vers 5783 :

Boisines cornent e granz corz.

Tom. 2, pag. 126, vers 19048 :

Al avenir sonent boisines
E corns e graisles e troines.

Voyez Rayn. tom. 2, pag. 268¹, au mot *Buccina*, et ci-dessous *Buisine*.

° **BOISSE**, Enveloppe, capsule. Roi Guillaume, vers 1150 :

Ne savés-vos que la castenge
Douce, plaisans, ist de le boisse
Aspre, poignans, de grant angoisse.

1. **BOISSEAU**, Bouteille, vase à mettre du vin. Gl. *Boissellus* 2 [et *Vassellus*].

2. **BOISSEAU**, Lieu d'assemblée. Gl. *Boissellus* 2.

1. **BOISSEL**, Espèce de nasse. Gl. *Bocella* 2.

2. **BOISSEL**, Boisseau, mesure. Gl. *Boissel* 1. [Rayn. tom. 2, pag. 242¹, au mot *Bossel*.]

BOISSELAGE, Office de mesureur de blé. Gl. *Bossellagium*.

BOISSELLE, Mesure de terre, qui produit ou rend au propriétaire ou au seigneur un boisseau de grain. Gl. *Bussellata terræ* sous *Butta* 3, pag. 799¹.

BOISSELLE, Petite boîte. Gl. *Boistia*.

BOISSES, Branches d'arbres, ou broussailles. Gl. *Boisonus*.

° **BOISSIERE**. Voyez *Boiseor*.

BOISSIERE, Lieu planté de buis. Gl. *Buxeria*.

1. **BOISSON**, Buisson, bois taillis. Gl. *Boissonnium*. [Rayn. tom. 2, pag. 241¹, au mot *Boisson*.]

2. **BOISSON**, Piquette, sorte de boisson. Gl. *Beuvenda*.

BOISTART, Boite ou boitillon, morceau de bois qui est emboîté dans l'œillet de la meule. Gl. *Boistellus* 1.

BOISTE, Certain droit, ou péage. Gl. *Boistia*.

BOISTEAU, BOISTEL, Boisseau. Gl. *Boistellus* 2, et *Bustellus* sous *Butta* 3, pag. 798³. [Voyez Gl. *Bacus* 2.]

BOITE. ESTRE EN BOITE, Etre ivre. Gl. *Bevriotus*. [Voyez Gl. *Vinum Expensabile*, pag. 344¹.]

BOITELEE, Mesure de terre, qui produit ou rend au propriétaire ou au seigneur un boisseau de grain. Gl. *Boicellata*.

BOITIAU, Boisseau. Gl. *Boistellus* 1.

BOITIER, Celui qui recueille et garde l'argent de la boîte ou bourse commune. Gl. *Boistia*.

BOITTEAU, Boite ou boitillon, morceau de bois qui est emboîté dans l'œillet de la meule. Gl. *Boistellus* 1.

BOITTEL, Boisseau. Gl. *Boistellus* 1.

BOITTELEE, Mesure de terre, qui produit ou rend au propriétaire ou au seigneur un boisseau de grain. Gl. *Boicellata*.

BOIVIAU, pour BAIVIAU, Baliveau. Gl. *Baivarius*.

° **BOIVRE**, Boire. Partonop. vers 4163 :

Ma male mère, par un boivre
Me fist à se niece deçoivre.

Voyez vers 4183. Vers 1015.

Al maistre dois li escançon
Ne missent boivre s'en or non.

Voyez Rayn. tom. 2, pag. 216², au mot *Beure*, Roquef. au mot *Boivre* ; Orell. pag. 280. Chanson de Richard de Furnival, Wackern. pag. 59:

Cil ait à boivre la meir
Ki teil riote maintient.

BOKAIGE, Droit sur le bois employé par les boulangers. Gl. *Boscagium* 1.

BOLADE, Massue. Gl. *Bola* 3.

BOLAIE, Bouleau. Gl. *Bolum*.

BOLBESTRE. *Montesquieu en Bolbestre*,

dans des lettres de grâce de 1395. Reg. 148, du Tr. des Chart. pièce 202. Les Gascons disent *Volvestre*, Petit pays arrosé par la rivière de Volpe, dans le comté de Foix, diocèse de Rieux.

BOLIR, Bouillir, supplice usité autrefois. Gl. *Caldaria*, pag. 27².

BOLLADE, Massue. Gl. *Bola* 3.

1. BOMBARDE, Instrument de musique, p. e. la Basse. Gl. *Bombarda*, pag. 695².

2. BOMBARDE, Ornement des manches aux habits de femmes. Gl. *Bombarda*, pag. 695².

BOMBARDELLE, Diminutif de BOMBARDE, Canon. Gl. *Bombarda*, pag. 695².

BOMMER, Borner, poser des bornes. Gl. *Abomagium* 1.

BON, Droit, qui est du côté droit. Gl. *Bonum latus*. [Bonnes Pasques. Gl. *Pascha*, pag. 191². Bone gent. Gl. *Boni homines*, pag. 699¹. Voyez *Gent*. Bon argent, Gl. *Moneta*, pag. 481¹. Bons à la reine, Gl. *Moneta*, pag. 464³. A bonne fin. Gl. *Bonus*. Bon mal. Gl. *Malum bonum*.]

° **BON**, Plaisir, gré, ce qu'on désire, ce qui plaît. Agolant, vers 1078 :

Sire, dist Naymes, trop avez à aler,
Se vos volez toz vos bons achever.

Flore et Blancefor, vers 749 :

L'uns a l'autre son bon disait
En latin, nus ne l'entendait.

Voyez vers 600, Roman de Renart, tom. 1, pag. 19, vers 512 :

Tot son bon et sa volenté.

Belle Beatris, Wackern. pag. 2 :

Pues li ait son voloir et son bone en-
[chairgie...
Et quant li cuens entant son voloir et
[son bon.

Aubri, pag. 159² :

Quant urent fait lors bons et lor plaisirs.

Partonop. Vers 3987 :

En samblant de feme se mist
Et al dolant tos ses bons fist.

Vers 5429 :

Tu aimes cels et fais lor bons
Qui ont les cuers cruels, felons.

Vers 7417 :

Qui voit dame tant desirée....
Et dont il a ses bons éus.

Vers 9949 :

Ore eurent il moult de lor buens
Quant el fu soie et il fu suens.

Voyez le Glossaire de la Chron. des ducs de Normandie, aux mots *Bon* et *Buen*.

BONAIGE, Droit qu'on paye pour le bornage des terres. Gl. *Bonagium*.

° **BONAVENTUROS**, Heureux. Chron. des ducs de Normandie, tom. 2, pag. 505, vers 29909 :

Quant toz li regnes ert joios
Et liez e bonaventuros.

BONCERON, Boutique à conserver le poisson. Gl. *Bondinge*.

1. BONDE, Borne. Gl. *Bondula*.

2. BONDE, Nombril. Gl. *Bodellus*.

3. BONDE. JEU A LA BONDE, Jeu de la paume. Gl. *Bondula*.

° **BONDIE**, Bond, rejaillissement. Guill. Guiart, tom 1, pag. 147, vers 3295 (3687) :

La grosse pierre ardondie
Demainne à l'aler grant bondie.

Retentissement. Roman de Roncevaux, pag. 23 :

De l'olyfant a faite la bondie.

Voyez *Bondir* et le Glossaire de la Chanson de Roland, au mot *Bundist*.

BONDIER, Boutique à conserver le poisson. Gl. *Bondinge*.

° **BONDIR**, Retentir. Chanson de Roland, stance 225, vers 10 :

Sur tuz les altres bundist li olifant.

Guill. Guiart, tom. 2, pag. 261, vers 6768 (15760) :

Tabourz et buisines bondir.

Pag. 319, vers 8280 (17262) :

Et tabourz dont l'escrois grondist
Tant que touz li airs en bondist.

Pag. 396, vers 10293 (19275) :

Borz de nés et targes bondissent,
L'air et la rivière tentissent.

Sonner, corner. Enfants Haymon, vers 157 :

Le desjeuner fu pres, on a l'yaue
[bondie.

Voyez Rayn. tom. 2, pag. 236 ², au mot *Bondir*, ci-dessus *Bondie* et *Bondonner*.

BONDONNAL, Bondon. Gl. *Bondonus*. [Rayn. tom. 2, pag. 236 ², au mot *Bondonel*.]

° **BONDONNER**, comme *Bondir*, Retentir. Guill. Guiart, tom. 2, pag. 255, vers 6627 (15607) :

Trompes tentissent clerement
Dont les voiz en bondonnant issent.

Pag. 410, vers 10642 (19624) :

Tabourz croissent, trompes bondonnent.

Pag. 370, vers 9611 (18592) :

Tabours croistre, corz bondonner.

Pag. 396, vers 10296 (19279) :

Instrument refont si granz noises
Par les vessiaus en bondonnant,
Que l'en n'i oïst Dieu tonnant.

Faire retentir. Pag. 251, vers 6494 (15474) :

Sonner commande la trompete
Qui, toute foiz qu'en la bondonne,
Signe de hors chevauchier donne.

° **BONEGNE**, Borne, limite, comme *Bonne* 1. Agolant, vers 1105 :

La terre est nostre jusqu'às bonegnes
[Artu.

On doit peut-être lire *Bongnes*, le vers ayant une syllabe de trop.

° **BONER**, Tenant. Gl. *Bonarii*, pag. 701 ².

BONETE, Malle, valise. Gl. *Bonecta*.

° **BONEURÉ**, BONURÉ, Bienheureux. Chron. des ducs de Normandie tom. 2, pag. 384, vers 26597 :

La sue alme boneurée.

Pag. 501, vers 29813 ; tom. 3, pag. 362, vers 41402 :

Fu puis tos jors boneurée.

Vie de saint Thomas de Canterb. vers 802 :

De seint Alban le boneuré.

° **BONÉURTÉ**, Félicité. Chron. des ducs de Normandie, tom. 2, pag. 296, vers 24175 :

Là en ses granz bonéurtez.

BONGE, Botte. Gl. *Bongia*.

BON-HOMME, Expression regardée comme une injure. Gl. *Boni-homines*, pag. 699¹.

BON-HOMMEL, Sorte de jeu de cartes. Gl. *Bonum latus*.

BONISSIER, pour BOUTILLIER ou BOUTIER, Officier de l'échansonnerie chez le roi. Gl. *Bonisserius*.

BONITON, Espèce de poisson. Gl. *Byza*.

1. BONNE, Borne, limite. Gl. *Bunna* 2. [Guill. Guiart, tom. 2, p. 1, vers 13 (8979) :

Hors de cest siecle trespassa
Où toute creature ha bonne.

Pag. 148, vers 10855 (19857). Station, pag. 138, vers 3541 (12523) :

En Arragon, devant Gironne
Où pour logier fichent leur bonne.

Pag. 403, vers 10458 (19441) :

A un lieu c'on nommoit les Dunes
Sus la mer avoient leur bonnes
Mil cinq cents et quinze personnes.

Pag. 410, vers 10651 (19638) ; pag. 313, vers 8124 (17105). But, pag. 369, vers 9590 (18571) :

Cel feu ardant de quoi les branches
Se férirent ès nés Flamanches,
Où le vent les mist comme à bonne.

2. BONNE, Écluse, bonde. Gl. *Bonna* 3.

BONNEER, Borner, poser les bornes. Gl. *Bonna* 2.

BONNERET, pour BOUVERET, Labourage, culture des terres. Gl. *Boverius*.

° **BONNET**, Espèce de drap. Gl. *Bonetus*.

BONNETE, Malle, valise. Gl. *Bonecta*.

BONNIER, Certaine mesure de terre. Gl. *Bonnarium*.

BONNIVENT, Sorte de pelisse ou de drap. Gl. *Beneventanum*.

BONOIZON, Bénédiction. Gl. *Benedictio* 1.

BONTÉ, Droit seigneurial, que doivent les vassaux certains cas. Gl. *Bonita*. [Rendre la bonté, Payer de retour, rendre la pareille. Guill. Guiart, tom. 1, pag. 48, vers 601 (1097) :

Por la bonté au conte rendre
Remètent le païs en cendre.

Tom. 2, pag. 66, vers 1680 (10656):
Cil qui cele bonté leur rendent....
Relancent bas trez et chevrons.

° **BONUREEMENT**, Bienheureusement. Chronique des ducs de Normandie, tom. 3, pag. 344, vers 40933 :
Bonuréement regna.
Lisez *Bonuréement*.

BOOL, Bouleau. Gl. *Bolum*.

BOONNE †, Borne ; d'où *Boonner*, Poser des bornes. Gl. *Bonna* 2.

BOOPE, Sorte de poisson. Gl. *Bogua*.

BOORDER, Jouter, combattre à la lance. Gl. *Bohordicum*. pag. 688³. [*Boort*, Joute. Aubri, pag. 158² :
Ainc ne vos vi un boort commencier.
Voyez Rayn. tom. 2, pag. 211¹, aux mots *Beort*, etc.]

BOQUELLE, Repas médiocre. Gl. *Boquetallum*.

BOQUESPAN, Corvée ou service qu'un vassal doit faire avec ses bœufs. Gl. *Boquetallum*.

° **BORBETER**, Barboter. Miracl. de la sainte Vierge, après la Chron. des ducs de Normandie, tom. 3, pag. 529, vers 638 et suiv.

BORBOSSADE, Aiguillon dont on se sert pour piquer et faire marcher les bœufs, espèce de fourche. Gl. *Aguillada*.

° **BOR**. Voyez *Buer*.

BORD, Poignard, sorte de grand couteau. Gl. *Bord*. [Mot hongrois.]

BORDAGE, Condition du *bordier*, possesseur ou fermier d'une *borde*. Gl. *Bordagium* sous *Borda* 5, pag. 704³.

BORDALLÉ, Bordelais, qui est de Bordeaux. Gl. *Francî* 1.

1. **BORDE**, Espèce de massue, bâton propre à se défendre et à attaquer. Gl. *Borda* 1, et *Bordæ*.

2. **BORDE**, Petite maison, ferme, métairie. Gl. *Borda* 5. [Rayn. tom. 2, pag. 237², au mot *Borda* 2.]

3. **BORDE**, Sorte de drap rayé. Gl. *Borda* 6.

° 4. **BORDE**. Voyez *Bourde* 2, et Rayn. tom. 2, pag. 237², au mot *Borda* 1. Partonop. vers 7256.

BORDEILLE, Espèce d'aiguillette. Gl. *Bordarius*.

BORDEL, BORDELET, Petite maison, chaumière; lieu de débauche. Gl. *Bordellum* sous *Borda* 5, pag. 705², 705³. [Flore et Blanceflor, vers 1021 :
Mix ne vausist estre mesel
Et ladres vivre en un bordel,
Que mort avoir ne le trespas.
Chronique des ducs de Normandie, tom. 1, pag. 548, vers 18339 :
E l'omicide, le mesel,
Qu'ardeir ferai en un bordel.
Voyez Partonop. vers 807, et Rayn. tom. 2, pag. 238¹, au mot *Bordil*.

BORDELER, Fréquenter les lieux de débauche. Gl. *Bordellum* sous *Borda* 5. pag. 705³.

1. **BORDELIER**, Propriétaire ou fermier d'une *borde*. Gl. *Bordelarius* sous *Borda* 5, pag. 705².

2. **BORDELIER**, BORDELIERE, Homme et femme débauchés. Gl. *Bordellum* sous *Borda* 5, pag. 705³. [Et *Gynæceum*, pag. 145³. Rayn. tom. 2, pag. 238², au mot *Bordelier*.]

1. **BORDER**, Déborder, n'avoir point les bords égaux. Gl. *Bordatus* 3.

2. **BORDER**, Jouter, combattre à la lance. Gl. *Bohordicum*, pag. 688³.

3. **BORDER**, Se jouer, badiner, s'amuser à des bagatelles. Gl. *Burdare*. [Rayn. tom. 2, pag. 212¹, au mot *Bordir*.]

1. **BORDERIE**, Ferme, métairie. Gl. *Bordaria* sous *Borda* 5, pag. 704².

2. **BORDERIE**, Badinage, l'action de folâtrer. Gl. *Burdare*.

♭ **BORDES**, Premier dimanche du carême. Gl. *Bordæ*.

BORDEUR, Farceur, baladin. Gl. *Burdare* [et *Hiraudus*].

BORDEURE, Broderie. Gl. *Brusdus*, pag. 762².

BORDIAU, Maisonnette, chaumière, cabane. Gl. *Bordelum*.

BORDIERE, Bord, limite. Gl. *Borderes*.

BORDIERES, Les terres qui bordent ou entourent une ville, un bourg ou village. Gl. *Aalagia*.

BORDON, Bourdon, bâton de pèlerin. Gl. *Burdo* 5. [Rayn. tom. 2. pag. 239¹, au mot *Bordo*. Aubri, pag. 158¹ :
En non Diu, dame, il est en mon celier,
Si garde l'uis au bordon de mellier.]

° **BORDONER**, Voltiger, flotter. Agolant, vers 18 :
Et tant enseigne qui vers le ciel bardone.

° **BORDOUN**, Bourdon, grosse cloche. Gilote et Johane, Jubinal, Fabliaux, tom. 2, pag. 36 :
Je vus froy venyr un geouene clersoun,
Qe de geu vos trovera grant foissoun,
De meyne et de tresble et de bourdoun.

BORDRE, pour BOIDIE, Fraude, tromperie. Gl. *Bausia*, pag. 610³.

BOREOTE, Étable à bœufs Gl. *Boatsria* 2.

BORGE, Sorte de toile, p. e. Bougran ; d'où *Borgier*, Celui qui la fabrique ou qui la vend. Gl. *Borgesia*.

BORGERASTRE, Sorte de boisson composée. Gl. *Borgerastre*. [Chron. des ducs de Normandie, tom. 1, pag. 596, vers 14946 :
Vins, borgerastres e clarez.
Voyez *Bogerastre*.]

BORGISIE, Bourgeoisie. Gl. *Borjoisia*. [Rayn. tom. 2, pag. 237², au mot *Borguesia*.]

BORGNE, Espèce de panier pour pêcher. Gl. *Borgnus*.

BORGNETE †, Mal aux yeux, chassie ; d'où *Borgnier*, Être chassieux. Gl. *Lippido*.

BORGNON, Le même que *Borgne*. Gl. *Borgnus*.

BORGUEZIE, Hérésie des Albigeois. Gl. *Bulgari*.

BORIE. Ferme, métairie. Gl. *Boria* 2. [Rayn. tom. 2, pag. 238¹, au mot *Boria*.]

° **BORJOIS**, Bourgeois. Gl. *Burgenses*. Garin le Loher. tom. 1, pag. 151. Rayn. tom. 2, pag. 237¹, au mot *Borges*.

° **BORNAGE**, Action de poser les bornes. Gl. *Bonna* 2.

° **BORNIR**, Brunir, polir. Roman de Roncevaux, pag. 34 :
Tint Durandart, dont li poins fu bornis.
Au figuré, Roman de Renart, tom. 1, pag. 25, vers 657 :
Si vaut à la chose bornir,
C'on ne puet par force fornir.
Voyez Rayn. tom. 2, pag. 266², au mot *Brunir*.

BORPIS, Mal lu pour BORJOIS, Bourgeois. Gl. *Burgenses*.

BORRAS, BORRASSE. Gros linge. Gl. *Borazius*.

BORREAU, Bourrelet, partie et ornement de la coiffure des hommes et des femmes Gl. *Borreletus*.

BORROCHE, Bourroche, sorte de panier. Gl. *Bertavellus*.

° **BORROFLEMENS**, Bagarre. Garin le Loher. tom. 1, pag. 126 :
Iluec comence li grans borroflemens ;
Dont furent mort chevalier ne sais [quant,
Chasteau brisie et villes à noient, etc.
Voyez Rayn. tom. 2, pag. 237¹, au mot *Borola*.

BORRUGAT, p. e. pour BOOMGAT, Espèce de poisson de mer, que nous appelons *maigue*. Gl. *Piscis regius*.

BORTER, Se servir de la lance pour combattre. Gl. *Borta*. [Voyez *Border* 2.]

BORTROLE, Tige, branche d'un chandelier. Gl. *Bornellus*.

BOS, Bois. Gl. *Boscus*. [Partonop. vers 352, Rayn. tom. 2, pag. 240³, au mot *Bos*.]

BOSCAGE, BOSCHAGE, Bois, forêt. Gl. *Boscagium* 1, et *Forestarius* sous *Foresia*, pag. 553¹. [Rayn. tom. 2, pag. 241¹, au mot *Bostcage*.

° **BOSCAIN** †, Habitant de forêt. Gl. *Sylva*.

1. **BOSCHET**, Bosquet, petit bois. Gl. *Bochetus*. [Garin le Loher. tom. 1. pag. 228 :
Se sunt logié en un boschet flori.
Ce qui, pag. 225, est appelé *vergier*, et pag. 251, *jardin*.]

2. **BOSCHET**, Sorte de boisson ; d'où, *Boschier*, Celui qui vend ou qui fait cette boisson. Gl. *Bochetus*.

BOSDIE, Félonie, trahison, tromperie. Gl. *Bausia*, pag. 610¹.

BOSME, BOSNE, Borne, limite. Gl. *Bosina*.

BOSO, Machine de guerre pour battre les places. Terme languedocien ainsi expliqué par un auteur du milieu du XIVᵉ siècle, tom. 3, de l'Histoire de Languedoc.

BOSOCHE, Bêche, houe, pioche, p. e. pour *Besoche*. Gl. *Besogium*.

BOSQUAGE, Bois. Gl. *Boscagium* 1.

BOSQUEILLON, Bucheron. Gl. *Boscaderius*.

1. **BOSSE**, Apostume, tumeur, charbon pestilentiel. Gl. *Bossia*. [Rayn. tom. 2, pag. 241¹, au mot *Bossa*.]

2. **BOSSE**, Ciselure, relief. Gl. *Bolinus*. FENESTRE A BOSSE. Gl. *Fenestra*, pag. 482³.

° 3. **BOSSE**. Voyez *Boce* 2.

BOSSIL, La partie relevée d'un fossé. Gl. *Bossia*.

BOSSUETÉ †, Éminence, ce qui fait bosse. Gl. *Gibbositas*.

BOSTELIER, Botteleur. Gl. *Bostillator*.

° **BOSTON**. Voyez *Boton*.

° 1. **BOT**. Voyez *Debout*.

° 2. **BOT**. Gl. *Gitagium*.

BOTARGUE, pour Boutargue. Gl. *Lupus* 3.

BOTEAU, Pommeau. Gl. *Botellus* 1, pag. 715³.

° **BOTEAUX**, BOTIAULX. Voyez *Boucel*.
BOTELLE, Petite boîte. Gl. *Bussoletus* sous *Bussola*.

° **BOTEILLER**, BOTEILLIER, Boutillier, échanson. Aubri, pag. 158¹. Rayn. tom. 2, pag. 242², au mot *Boteillier*.

° **BOTER** †. Gl. *Heusia*.

BOTEREL, Crapaud. Gl. *Botta* 1.

1. **BOTERON**, Sorte de panier. Gl. *Boteronus*.

° 2. **BOTERON**, Petit bout. Rom. de Renart. tom. 2, pag. 264, vers 16747 :

Les denz en la coe li bote
Que li li a rompue tote,
N'i remest que le boteron.

° **BOTIIS**. Voyez *Bouteis*.

BOTILHONS, Garde forestier. Gl. *Boscaderius*.

BOTINER, Partager le butin. Gl. *Botinum*.

BOTIR PAIN, Lui donner une mauvaise façon. Gl. *Boutare*, pag. 728³.

BOTOER, Moulin à drap, à tan, etc. Gl. *Botoerum*.

BOT-OISLAULX, Terme injurieux en Lorraine. Gl. sous *Bot* 3.

° **BOTON**, Bouton, bourgeon. Negat. explet. Rom. de Renart, tom. 3, pag. 51, vers 21128 :

Ne me sot respondre un boton.

Pag. 25, vers 20448 :

N'i valent mie troi boston.

Roman de Maugis, Fierabras, pag. 168² :

Dont ne il sevent mie la monte d'un [bouton.

Voyez Rayn. tom. 2, pag. 244¹, au mot *Boton*.

° **BOTONNEURE**. Voyez *Boutonneure* 1.

BOTTE, Crapaud. Gl. *Botta* 1.

° **BOU**, Bracelet. Second livre des Rois pag. 121 : *Pris la curune da sun chief e la bou de sun braz*. Chron. des ducs de Normandie, tom. 1, pag. 341, vers 7418 :

Ses armilles, qu'om bous apele.

Voyez pag. 340 rubr., vers 7449, etc., et ci-dessous *Buie*.

BOVATGE, Redevance qui se paye à raison des bœufs de labour que l'on a. Gl. *Bovagium*. [Mot catalan.]

° **BOUBANCIER**. Voyez *Bobencier*.

BOUCAIGE, Redevance due sur les vignes qui ne sont pas tenues en fief. Gl. *Boucagium*.

BOUCASSIN, Sorte d'étoffe. Gl. *Boucassinus*.

BOUCAUT, Bouche d'une rivière. Gl. *Bucceavia*.

BOUCEL, BOUCHEL, Vase propre à mettre du vin. Gl. *Boucellus*, et *Buza* sous *Butta* 3, pag. 797³, 798¹. [Gérard de Vienne vers 2611 :

Et un boucel de vin ou de claré.

Vers 2634, 2649, 3714. Partonop., vers 3968 :

Dementres me faites livrer
Deux beaux bouceaus de bon vin cler ;
J'atornerai l'un à mon fis.....
Nos beurons de l'autre picier.

Chron. des ducs de Normandie, tom. 1, pag. 342, vers 7444 :

Qu'enz jeta plein boceau de vin.]

BOUCHE, Botte ou fagot de chanvre. Gl. *Boteronus*.

BOUCHER, Lier, mettre le blé en gerbes. Gl. *Bouchellus*.

BOUCHERIE, Nom d'une prison ou cachot à Paris. Gl. *Boucheria*.

BOUCHET, Sorte de boisson. Gl. *Bochetus*.

BOUCHETE, Petite boucle. Gl. *Boucleta*.

BOUCHETER, Étriller, battre, maltraiter. Gl. *Bouchellus*.

BOUCHETON. SE METTRE A BOUCHETON, S'appuyer des mains sur ses genoux. Gl. *Bouchellus*.

° **BOUCHIAUS**, BOUCIAUS. Voyez *Boucel*.

° **BOUCHIE**, Bouchée, Roman de Renart, tom. 1, pag. 14, vers 364 :

A chascun donait sa bouchie.

BOUCHIERE, Lieu planté de buis. Gl. *Buxeria*.

BOUCHON, BOUCHOT, Botte ou fagot de chanvre. Gl. *Boteronus*.

BOUCIER, Officier de l'échansonnerie. Gl. *Buza*, pag. 798¹.

° **BOUCLE**, Centre du bouclier. Gl. *Buccula* 1.

BOUCLEGE, Petite boucle. Gl. *Boucleta*.

BOUCLER, Bouclier. Gl. *Boclerus* et *Bouclarius*. [Rayn. tom. 2, pag. 228¹, au mot *Bloquier*, ci-dessous *Bucler*. *Jouer au Bouclier*, Gl. *Gladius* 4.]

° **BOUDRE**, Bouillir, comme *Boillir*. Guill. Guiart, tom. 1, pag. 110, vers 2317 (2707) :

Cuers desmentir, cerveles boudre.

Tom. 2, pag. 378, vers 9828 (18808) :

Par les durs chaillos, au voir dire,
Voit on bien les cerveles boudre.

S'agiter vivement. Roi Guillaume, p. 91 :

Mais ès noeces ot joie molt,
Toute li cours fremist et bout,
Toute nuit dansent et carolent.

1. **BOVE**, Certaine mesure de terre, autant que deux beufs peuvent en labourer dans un jour, qui cependant est chaque pays. Gl. *Bovata*.

2. **BOVE**, Cave, lieu souterrain et profond. Gl. *Bova* 4. [Agolant vers 359 :

Vit une bove de viel antiquité....
Dedens se vit un grant serpent cresté.]

BOUEAU †, Boyau. *Boueau Culier*, Boyau culier, colon. Gl. *Boelli* 1.

BOVEL, BOVELET, Caveau, petite cave. Gl. *Bova* 4.

BOUELE, BOUELLE †, Boyau. Gl. *Botellus* 1.

BOVERÉE, Corvée ou service, qu'un vassal doit faire avec ses bœufs. Gl. *Bovera* 2.

BOUERESCHE, Instrument en forme de panier propre pour pêcher. Gl. *Bertavellus*.

BOVERIE, Ferme, métairie. Gl. *Bovaria* 1. [Rayn. tom. 2, pag. 245³, au mot *Boaria*.]

BOUESINE †, Trompette. Gl. *Classica* 2.

° **BOUESSEL** †, Gl. *Capisterium* 1.

BOUFFEAU, Soufflet. Gl. *Buffa*.

BOUFFEL, BOUFFIEL, Branche d'arbre, pour indiquer le vin à vendre en détail, et le droit dû au seigneur pour mettre cette espèce d'enseigne. Gl. *Bufetagium*.

BOUFOIS, BOUFFOIS, Bruit, rumeur, vacarme. Gl. *Buffa*.

BOUGARASSIN, Bougran. Gl. *Bougueranus*.

1. **BOUGE**, Cuisine, salle à manger. Gl. *Bougius* 2.

2 **BOUGE**, Faucillon, serpe. Gl. *Bougius* 2.

º 3. **BOUGE**. Gl. *Custus* 2.

º 4. **BOUGE**..... Guill. Guiart, tom. 2, pag. 364. vers 9448 (18429) : *Les nefs....*
Jointes se tiennent en leur bouges.
Voyez Jal, tom. 2, pag. 51.

BOUGENIER, Celui qui faisait les flèches qu'on appelait *Bougons*. Gl. *Bolzonus*.

BOUGERIE, Bestialité, crime qui se commet avec des bêtes. Gl. *Bulgari*.

BOUGERONNER, Commettre le péché de sodomie. Gl. *Bulgari*.

BOUGHERAN, Bougran. Gl. *Bougueranus*. [Rayn. tom. 2, pag. 232¹, au mot *Bocaran*.]

BOUGLE, Boucle. Gl. *Boucleta*. [Agolant, vers 602 :
As dens sesi la bougle de l'escu.
Voyez Bocle.]

º **BOUGLETE**. Gl. *Plustyla*.

BOUGLIER, Bouclier ; d'où *Bougleour*, Celui qui fait des boucliers. Gl. *Bouclarius* et *Pelta*.

1. **BOUGON**, Verrou, verge de fer. Gl. *Bolzonus*.

2. **BOUGON**, Sorte de flèche ou trait d'arbalète, matras. Gl. *Bolzonus*. [Chastel. de Couci, vers 1275 :
Piet et destrier plus droit que flèche ;
Ne se desroie ne desfleiche,
Mes aussi droit come uns bougons
Es estriers affichiés et lons, etc.
Voyez Bouzon.]

BOUGONNEUR, Maître et garde, ou juré de la draperie. Gl. *Boujonator*.

1. **BOUGRE**, Hérétique et principalement Albigeois. Gl. *Bulgari*.

2. **BOUGRE**, Bougran. Gl. *Bougueranus* 1.

BOUGRERIE, Bestialité, crime qui se commet avec des bêtes. Gl. *Bulgari*, pag. 772³, et *Peccatum*.

º **BOUGUERANT**. Voyez *Bouquerans*.

BOUGUERIE, Hérésie, secte des Albigeois. Gl. *Bulgari*.

BOUGUETE, Espèce de poisson à Marseille. Gl. *Pastinaca*.

BOUHER, Bouvier. Gl. *Boverius*.

BOUHERIE, Ferme, métairie. Gl. *Bovaria* 1.

BOUHOCHE, Sarcloir. Gl. *Berrinia*.

BOUHORDEIS, Joute, combat simulé, course de lances. Gl. *Bohordicum*, pag. 688³, [Rayn. tom. 2, pag. 211² au mot *Beort*.]

BOUHORDIS, BOUHOURDICH, BOUHOURDIS. LE JOUR DU BOUHORDIS, Le premier dimanche de Carême. Gl. *Bohordicum*, pag. 688³.

BOUHOUR, Bâton ou lance, pour Bouhourder, jouter. Gl. *Bohordicum*, pag. 688³.

º **BOUHOURDER**, Jouter. Enfants Haymon, vers 248 :
Là firent un bouhourt de molt noble
[fasson
Ly uns encontre l'autre bouhourde
[de randon.
Vers 255 :
Toute jour bouhourderent li noble
[princier.
Voyez Rayn. tom. 2, pag. 212¹ au mot *Beordar*, et ci-dessus *Bohordeis*.

1. **BOUILLON**, Certaine mesure ou poids. Gl. *Bullionum*.

2. **BOUILLON**, Ornement d'habits de femmes. Gl. *Bugulus*.

BOVIN, BESTAIL BOVIN, Bœufs et vaches. Gl. *Bovinus*. [Rayn. tom. 2. pag. 244², au mot *Bovin*.]

1. **BOUJON**, Sorte de flèche ou trait d'arbalète, matras. Gl. *Bolzonus*, et *Intendere* 9.

2. **BOUJON**, Échelon. Gl. *Bolzonus*.

3. **BOUJON**, Statuts de la draperie. Gl. *Boujonator*.

BOUJONNEUR, Maître et garde, ou juré de la draperie. Gl. *Boujonator*.

BOUKE, Bouche, ouverture. Gl. *Buca* 2. [Rayn. tom. 2, pag. 321¹, au mot *Boca*.]

BOUKET, Espèce de chanvre. Gl. *Bouket*.

BOUKIUS, Verroux. Renart le Nouvel, tom. 4, pag. 195, vers 1822 :
De la fosse tous deffremés
Les boukius trueve et les clés ens.
Comparez Bougon.

BOUL, Bouleau. Gl. *Bolum*.

BOULADE, Massue. Gl. *Bola* 3.

BOULAIE, BOULAYE, Boule. Gl. *Bola* 3.

BOULAYE, Massue. Gl. *Bola* 3.

BOULDURE, Sorte de marcassite, pierre d'une mine de fer. Gl. *Bullionum*.

1. **BOULE**, Astuce, tromperie. Gl. *Boula* 2. [Rayn. tom. 2, pag. 244², ou mot *Boula*.]

2. **BOULE**, Massue. Gl. *Bola* 3.

BOULÉEUR, Trompeur, rusé. Gl. *Boula* 2.

BOULENGHIER, Boulanger ; d'où *Boulengherie*, Le métier de boulanger, boulangerie. Gl. *Boulengarius*.

BOULENS, Boulanger. Gl. *Bolendegarii*.

1. **BOULER**, User de finesse, tromper. Gl. *Boula* 2.

2. **BOULER**, Jouer à la boule. Gl. *Bola* 3.

3. **BOULER**, Rouler comme une boule en tombant, choir. Gl. *Bola* 3.

BOULEROT, Espèce de poisson, goujon. Gl. *Paganellus*.

BOULERRES, Adroit, rusé, trompeur. Gl. *Boula* 2.

1. **BOULET**, Nombril. Gl. *Bodellus*.

º 2. **BOULET** †, Gl. *Aspergus* et *Fungus* 2.

BOULETAN, Bouline. Gl. *Acostare*, pag. 59¹.

BOULETTE, Petite massue. Gl. *Bola* 3. [Certain jeu. Gl. *Bouleta*.]

BOULIE, Boulier, sorte de filet fait comme une seine. Gl. *Aboleiare*.

1. **BOULIEUX**, Nom de quelques habitants d'Annonay, dans le haut Vivarais ; p. e. parce qu'ils demeuraient près d'un lieu planté de bouleaux. Gl. *Boula* 1.

2. **BOULIEUX**, Qui aime beaucoup la bouillie : ce qu'on attribue aux Normands. Gl. *Polenta* 2.

BOULIR, Bouillir, genre de supplice autrefois en usage. Gl. *Caldaria*, pag. 27², [et *Bullire* 3. OR BOULI. Gl. *Aurum*, pag. 490³. CORAIGE BOULLANT. Gl. *Calidameya*.]

BOULLACRE, Terme fort injurieux en Saintonge. Gl. *Bulgari*, pag. 772³.

BOULLETE, Petite massue. Gl. *Bola* 3.

BOULLISEURE †, Décoction , liqueur des choses qu'on fait bouillir. Gl. *Bultigo*.

BOULLOIRE, Jeu de boule. Gl. *Bola* 3.

1. **BOULLON**, Certaine mesure de sel. Gl. *Bullio* 2.

2 **BOULLON**, Bouillon, certain ornement d'habits de femmes. Gl. *Bugulus*.

BOULON, Bourbier ou fondrière. Gl. *Bullio* 2.

BOULONOIRE, Boule. Gl. *Bola* 3.

BOULOUERE, Jeu de boule. Gl. *Bola* 3.

BOULOYE, Massue. Gl. *Bola* 3.

BOULVERCH, Boulevard. Gl. *Bolvetus*. [Rayn. tom. 2, pag. 147², au mot *Balloar*.]

BOULZ, Bouleau. Gl. *Boulus*.

BOUQUACIN, Sorte d'étoffe. Gl. *Borda* 6.

BOUQUE, Merelle. Gl. *Bouquetus*.

BOUQUELER, BOUQUELLER, Bouclier. Gl. *Bouquelerius*. [et *Boquellarius*.]

BOUQUERANT, Bougran. Gl. *Boquerannus*.

BOUQUESMANT, Terme injurieux ; p. e. Puant comme un bouc. Gl. *Boquinus*.

BOUQUET, Chenet. Gl. *Bouquetus*.

BOUQUETTE, Chèvre. Gl. *Bulquetta* [en Auvergne.]

BOUQUIER, Fenêtre, soupirail. Gl. *Bouquerium*.

BOUR, Canard, cane. Gl. *Boureta* [en Picardie.]

BOURBETEIR †, Barboter, fouiller dans la bourbe. Gl. *Balbutire* 2.

BOURBOIGNONS, Certains pillards ; p. e. pour *Bourgoignons* ou Bourguignons. Gl. *Bracbançonnes*.

BOURBONNOIS, Sorte de bourrelet et

garniture d'un chaperon, apparemment en usage dans le Bourbonnais. Gl. *Borboniensis.*

BOURG, Bâtard, enfant illégitime. Gl. *Burgi.*

BOURCAIGE, Petit bourg. Gl. *Burgellus.*

1. **BOURDE,** Sorte de bâton, bourdon, massue. Gl. *Bohordicum,* pag. 689¹.

2. **BOURDE,** Badinerie, plaisanterie, conte, sornette. Gl. *Burdare.*

BOURDEAU, Boule. Gl. *Borda* 1.

1. **BOURDELAGE,** District du seigneur *Bordier.* Gl. *Bordelagium* sous *Borda* 5, pag. 705¹.

2. **BOURDELAGE,** Redevance due au seigneur *bordier.* Gl. *Bordelagium* sous *Borda* 5.

BOURDELAGIER, BOURDELIER, Propriétaire ou fermier d'une *borde.* Gl. *Bordelarius* sous *Borda* 5, pag. 705².

BOURDELE, Lieu où travaille un tisserand. Gl. *Gynæceum,* pag. 144³.

BOURDELLERIE, L'action de favoriser la débauche, commerce infâme. Gl. *Bordellum,* pag. 705³.

1. **BOURDER,** Border, mettre un bord. Gl. *Bordatus* 1.

2. **BOURDER,** Dire des *bourdes,* des sornettes, mentir. Gl. *Burdare.* [Chastel. de Couci, vers 1940 :

Et sachiés à l'eure de lors
Ne pensast nulz que il l'amast,
Mes si comme as autres bourdast.]

° 3. **BOURDER,** Jouter ? Guill. Guiart, tom. 2. pag. 196, vers 5066 (14054) :

Là ne les puet nul assaillir
Sanz merveilleus encombrement,
Fors ès frontières seulement,
Où tuit li mieх esprouvé bourdent.

BOURDERESSE, BOURDEUR, Femme ou homme qui dit des mensonges, qui parle mal des autres. Gl. *Burdare.*

BOURDEUR, Farceur, baladin, qui débite des sornettes. Gl. *Burdare.* [*Bourdon* †, *Vafer.* Gl. *Vafa.*]

BOURDICH, Le premier dimanche de carême. Gl. *Bohordicum.*

BOURDIGUE, Parc fait de roseaux ou de cannes, pour prendre et conserver le poisson. Gl. *Burdigala.*

BOURDIL, Ferme, métairie. Gl. *Bordile* sous *Borda* 5, pag. 705³.

BOURDILLANDE, BOIS DE BOURDILLANDE, Celui qui est propre à faire des pieux ou soliveaux. Gl. *Bordenale.*

BOURDOIRE, PLAGE BOURDOIRE, Le lieu où l'on bourdoit ou joutait. Gl. *Bohordicum,* pag. 689¹.

1. **BOURDON,** Bâton de pèlerin. Gl. *Burdo* 5. [Chastel. de Couci, vers 6613

Et un petit bourdon ferré
Pour soutenir sous son panier,
Si comme il convient à mercier.

Voyez Rayn. tom. 2, pag. 239¹, au mot *Bordo.*]

2. **BOURDON,** Bondon. Gl. *Burdus* 2.

BOURE. LE DIMANCHE DES BOURES, Le premier du Carême. Gl. *Buræ.*

° **BOURE.** Voyez *Garmos.*

° **BOUREL,** Bourrelet, partie du harnais. Chastel. de Couci, vers 1058 :

Et à mainte selle atachier
Ses culieres et ses bouriaus.

Vers 1838 :

Et li bourel sont defroissié
Car roidement orent froié.

BOURELET, Massue. Gl. *Bourletta.*

BOURESCHE, Instrument en forme de panier pour pêcher. Gl. *Bertavellus.*

BOURG, Bâtard, enfant illégitime. Gl. *Burgi.* [Rayn. tom. 2. pag. 238², au mot *Bort.*]

BOURGAGE, Bienvenue. Gl. *Bourgagium.*

° **BOURGAIGE,** comme *Bourghesie.* Gl. *Burgagium liberum,* pag. 782².

BOURGAIGNEAU, Droit que les habitants d'un bourg payent au seigneur du lieu. Gl. *Bourgagium.*

BOURGEOIS FIEFFEZ, FRANCS, GRANDS, PETITS. Gl. *Burgenses.* [PAIN BOURGEOIS. Gl. *Panis,* pag. 136². BOURGEOIS, BOURGOIS, Petite monnaie d'argent. Gl. *Burgensis* et *Moneta,* pag. 416².]

° **BOURGESIE,** comme *Bourghesie.* Gl. *Burgesia,* sous *Burgagium,* pag. 782³.

BOURGFRIDE, Paix. Gl. *Burgfrida.*

BOURGHESIE, Droit seigneurial sur les bourgeois d'une ville. Gl. *Burgencia* 1.

BOURGIN, Sorte de filet pour la pêche. Gl. *Broginus.*

1. **BOURGOISIE.** FAIRE BOURGOISIE, Se reconnaître bourgeois de quelqu'un. Gl. *Burgencia* 1.

2. **BOURGOISIE,** Droit seigneurial sur les bourgeois d'une ville. Gl. *Burgencia* 1.

BOURGUIGNON SALÉ, Terme injurieux, ou plutôt qui désigne les Bourguignons : qui n'a certainement pas pour origine le massacre des Bourguignons à Aigues-Mortes en 1422. Gl. *Burgundiones.*

BOURIGNON, Sorte de filet pour prendre de petits poissons. Gl. *Broginus.*

° **BOURJOISIE.** Voyez *Bourghesie.*

° **BOURJON.** Gl. *Turio* et † *Vitulamen.*

° **BOURJONNER,** Se répandre. Guill. Guiart, tom. 1, pag. 36, vers 282 (780) :

Iert leur créance bourjonnee
En plusuers lieus par le royaume.

Voyez *Boutonner.*

BOURLARDER, Remparer, palissader, p. e. pour *Boulvarder.* Gl. *Bolcrestare.*

BOURLETTE, Espèce de massue. Gl. *Bourletta.*

BOURLEUR, Engeoleur, séducteur, trompeur. Gl. *Burlare.*

BOURLOS, Plaisanterie, raillerie, dérision, Gl. *Burlare.*

BOURLOTE, Espèce de massue. Gl. *Bourletta.*

BOURNAGE, Bornage. Gl. *Bornagium.*

BOURNAY, Essaim. Gl. *Bugazolus* [et *Examinare* 1.]

BOURNEAU, Tuyau, Gl. *Bornellus.*

BOURNERIE, Bornage, le droit de régler les bornes. Gl. *Bornagium.*

BOUROUAITE, Brouette, chariot à deux roues. Gl. *Birotum.*

BOURQUE-ESPINE, Sorte d'épine noire. Gl. *Pepula.*

BOURRACHE, pour BOURROICHE, Instrument en forme de panier pour pêcher. Gl. *Bertavellus.*

BOURRAS, Grosse toile faite d'étoupes de chanvre. Gl. *Bouratium.* [Rayn. tom. 2, pag. 240¹, au mot *Borras.*]

BOURRE, Certaine pièce d'un moulin. Gl. *Propinnaculum.*

BOURREAU, BOURRÉE, BOURRELET, Partie et ornement de la coiffure des hommes et des femmes. Gl. *Borreletus.*

BOURRÉE, Espèce de poisson. Gl. *Borreletus.*

BOURROICHE, Instrument en forme de panier pour pêcher. Gl. *Bertavellus.*

° **BOURSAL.** FIEF BOURSAL, BOURSIER. Gl. *Feudum Bursæ, Bursule,* pag. 467¹, 467².

BOURSE, Fisc, trésor royal. Gl. *Bursa* 7.

FIEF DE BOURSE. Gl. *Feudum Bursæ,* pag. 467¹.

MARCHIÉ PAR BOURSE. Gl. *Forum Bursæ, Mercatum,* pag. 576³, et *Revocare ratione Bursæ,* sous *Bursa,* pag. 790³.

DEMOURER EN BOURSE. Gl. *Bursa* 2.

ÊTRE COMPAIGNONS D'UNE BOURSE. Gl. *Bursa* 8.

BOURSELET, BOURSELOT, BOURSET, Petite bourse. Gl. *Bursellula* sous *Bursa,* pag. 790³. [Et *Bursa* 1. *Bourcete,* Dit du roi Guillaume, pag. 188.]

BOURSERON DE FOIN, Certaine quantité de foin. Gl. *Postea.*

1. **BOURSIER,** Trésorier. Gl. *Burserius* sous *Bursa,* pag. 790³.

2. **BOURSIER,** Officier de vaisseau, écrivain. Gl. *Bursarius* sous *Bursa,* pag. 790².

BOURSIER. Voyez *Boursal.*

BOURSIERE, Bourse. Gl. *Bursa* 1.

BOURT, FRÈRE BOURT, Frère lai, convers. Gl. *Burs* 1.

BOUS, Sorte de grande bouteille ou vase à mettre du vin. Gl. *Butta* 3.

° **BOUSET,** Bosquet, petit bois. Chanson, Wackern. pag. 84 :

Lonc un vert bousset, pres d'une abiets.

° **BOUSNE,** Borne, roche. Roman de Roncevaux, pag. 43 :

*Il esgarda, une bousne a vëue,
Durandart hauce, si l'a dedens ferue.*
Voyez *Bosme*.

1. **BOUSON**, Boue, fange. Gl. *Bosa*.

2. **BOUSON**, Sorte de flèche, trait d'arbalète, matras. Gl. *Bolzonus*.

BOUSSEAU, Boussel, Espèce de nasse ou panier d'osier. Gl. *Bocella* 2.

BOUSSER, Pousser, heurter avec force. Gl. *Boutare*.

BOUST, Bouleau. Gl. *Boulus*.

1. **BOUT**, Espèce de poisson. Gl. *Luna*.

2. **BOUT**, Point ou douleur de côté. Gl. *Punctura* 2.

3. **BOUT**, Espèce de hotte. Gl. *Boteronus*.

4. **BOUT**, Bouteille. Gl. *Butta* 3, pag. 795². [Et *Buza*, pag. 797³. Voyez Rayn. tom. 2, pag. 230², au mot *Bot*].

° 5. **BOUT**. Voyez Debout.

BOUTAGE, Droit sur le vin vendu en gros et en détail. Gl. *Botagium* sous *Butta* 3, pag. 798² [et *Veheria* sous *Veherius*].

BOUTAILLE, Espèce de grand panier, banne. Gl. *Alletes* et *Boutaillia*.

BOUTAS, Espèce de chanvre. Gl. *Bouket*.

BOUTE D'ESTEUBLE, Gerbe ou botte de chaume. Gl. *Boteronus*.

1. **BOUTÉ**, VIN BOUTÉ, Vin poussé, gâté. Gl. *Boutare* [et *Vinum*, pag. 343²].

2. **BOUTÉ**, Bout, morceau de terre. Gl. *Buteria* 2.

1. **BOUTÉE**, Hottée, plein un *bout* ou une hotte. Gl. *Boteronus*.

2. **BOUTÉE**, Charrue. Gl. *Boutare*.

BOUTEHACHE, Fouine, instrument de fer à deux ou trois fourchons. Gl. *Fuscina*.

BOUTEHORS, BOUTER-HORS, Sorte de jeu. Gl. *Boutare*.

BOUTEILLAGE, Droit sur le vin vendu en gros et en détail. Gl. *Botellagium*.

BOUTEILLERIE, Échansonnerie. Gl. *Butta* 3, pag. 796¹. [*Bouteiller*, pag. 796¹.]

1. **BOUTEIS**. PAIN BOUTEIS, Mal façonné qu'on disait aussi autrefois *Métourné*. Gl. *Boutare*.

2. **BOUTEIS**, BOUTEMENT, Choc, l'action de pousser. Gl. *Botare*.

BOUTER, Pousser, heurter. Gl. *Botare*. [Et *Boutare*. Voyez Rayn. tom. 2, pag. 243¹, au mot *Botar*. Soleil boutant. Gl. *Sol* 1.]

BOUTEREZ, MOULINS BOUTEREZ, Moulins à draps. Gl. *Botoerum*.

BOUTERIE DE FEU, Incendie, l'action de mettre le feu. Gl. *Bouiatura*.

BOUTERIS, Tonneau, vase à mettre du vin. Gl. *Bouteilus*.

BOUTEROLE, Ce qu'on met pour servir d'ornement ou de garniture au bout de quelque chose. Gl. *Bouteria* 1.

BOUTERON, Sorte de panier, manne. Gl. *Boteronus*.

BOUTESACQUE, Perche qui soutient un filet tendu. Gl. *Boutoir*.

1. **BOUTEURE**, Choc, l'action de pousser. Gl. *Boutare*.

2. **BOUTEURE**, Ce qu'on met pour servir d'ornement ou de garniture au bout de quelque chose. Gl. *Bouteria* 1.

BOUTI, Mal façonné. Gl. *Boutare*.

1. **BOUTICLE**, Mauvais lieu, lieu de débauche. Gl. *Botigia*.

° 2. **BOUTICLE**, Boutique. Gl. *Fenestra*, pag. 482³.

BOUTIER, Officier d'échansonnerie chez le roi. Gl. *Bouterius*.

BOUTIERE, Ce qui termine le drap dans sa largeur. Gl. *Boutare*.

BOUTILLE, Pommeau. Gl. *Botellus* 1.

1. **BOUTILLERIE**, Échansonnerie. Gl. *Butta* 3, pag. 797². [*Boutiller*, pag. 797².]

2. **BOUTILLERIE**, Droit sur le blé qui se vend au marché. Gl. *Botagium* sous *Butta* 3, pag. 798².

BOUTILLETE, Petite bouteille. Gl. *Buticula* sous *Butta* 3, pag. 795³.

BOUTOIR, Sorte de filet ou certaine façon de pêcher. Gl. *Boutoir*.

BOUTON, Ornements d'habits de femmes. Gl. *Bugulum* [et *Butones*].

BOUTONE, Garniture de boutons. Partonop. vers 10368 :

*Moult par fu bons li orelliers....
As quatre cors ot boutonés
De quatre safirs roondés,
Qui moult i furent bien assis
Par mi percié a fil d'or mis.*

Voyez Bouterole.

BOUTONNER, Garnir de boutons. Gl. *Botonatus* sous *Botones*, pag. 717². [Former quantité de boutons. Agolant, vers 12 :

Et li escus où li or fin boutons.

Comparez Bourjonner.]

1. **BOUTONNEURE**, Garniture de boutons. Gl. *Bottonatura*.

2. **BOUTONNEURE**, La marque du bouton qu'on a appliqué à un cheval. Gl. *Bottonatura*.

BOUTOUOIR, Moulin à draps. Gl. *Botoerum*.

° **BOUVANDE**, Gl. *Vinum Expensabile*, pag. 441².

BOUVART, BOUVEAU, Jeune bœuf. Gl. *Bovetta*.

BOUVERET, Labourage, culture des terres. Gl. *Boverius*.

° **BOUVERIE** †, *Estable à buefs*. Gl. *Bostar*.

BOUVET, Bouvillon, jeune bœuf. Gl. *Bouvellus*.

° **BOUX**, comme *Bous*. Gl. *Botaria* 2.

° **BOUXON**, Petit bois, buisson. Pastourelle de Jocelin de Bruges, Wackern. pag. 79 :

*L'autrier pastoure seoit
Lonc un bouxon.*

Voyez *Beuset*.

BOUYANT, Facile à mettre en mouvement. Gl. *Bullire* 1.

BOUYLLE, p. e. Bout, extrémité, pointe. Gl. *Butus* 3.

1. **BOUZON**, Sorte de flèche, trait d'arbalète, matras. Gl. *Bolzonus*.

° 2. **BOUZON**, Buisson ? Renart le Nouvel, tom. 4, pag. 235, vers 2793 :

*N'afiert a roi, s'il ne se het,
K'il voist de bouzon escorner
En tel liu seus et par si noir.*

On dit des cerfs qu'ils prennent le buisson quand ils quittent la compagnie des autres.

° **BOXEOUR**, comme *Boiseour*. Gérard de Vienne, vers 2760 :

*Ancui auroit li dus Gerars paour
Qui tient Vienne à loi de boxeour.*

BOYLE, Chèvre. Gl. *Boyl*.

° **BOYSSEAX**, Boisseaux. Gl. *Quarterneræ*.

BOZINE, Tuyau ou canal d'un privé. Gl. *Bozina*.

° **BRAC**, BRAIG, BRAZ, Bras. Partonop. vers 7465 :

*Si brac sont fors par les manicles,
Qui sont faites d'or et d'onicles,
Et sont li brac et lonc et droit
Vestu de blanc cainsil estroit.*

Flore et Blanceflor, vers 1501 :

*Au tierc jor devant l'avesprer
Parvinrent à un brac de mer.*

Braz, Agolant, vers 932, et Gérard de Vienne, vers 173². Voyez Roquef. Suppl. au mot *Brach*, Rayn. tom. 2, pag. 252², au mot *Bratz*.

BRACATGE, Orge. Gl. *Bracatge*.

° **BRACE**, comme *Brac*. Chanson de Roland, stance 103, vers 6 :

Sanglant en ad e l'osberc e le brace.

Stance 128, vers 8 :

*Se puis veeir ma gente sorur Alde,
Ne jerroiai jamais entre sa brace.*

Partonop. vers 4695 :

*Molt li est poi que l'autre face
Quant le novele a en se brace.*

Chron. des ducs de Norm., tom. 1, pag. 532, vers 13049 ; tom. 2, pag. 168, vers 20302. Voyez Rayn. tom. 2, pag. 253¹. au mot *Brassa*. Chron. des ducs de Norm. tom. 1, pag. 160, vers 2253 : *Brase*.

° **BRACEIER**. Voyez Brachoier.

° **BRACER**, BRACIER, Embrasser. Voyez Rayn. tom. 2, pag. 253¹, au mot *Braissar*.

BRACEROLE, Manche, vêtement du bras. Gl. *Abnucium*, pag. 192¹.

BRACH, Bras d'une balance, les deux côtés du fléau. Gl. *Branchea*.

BRACHE, Certaine mesure de terre, autant qu'un homme peut en labourer à bras dans un jour. Gl. *Brachiera*.

BRACHELES [BRACHEUS], Brassard, armure du bras. Gl. *Brachiale*. [*Bracheus*. Roman de Cléomades cité, Chron. des ducs de Normandie, tom. 2, pag. 450, not. 1 :

Misericordes et fauchons
Et bracheus et boucliers roons.]

BRACHER, Celui qui est chargé du soin des chiens appelés *Bracs*. Gl. *Bracco, Braconarii*, pag. 727².

BRACHET, Brac, espèce de chien de chasse. Gl. *Bracco*. [Rayn. tom. 2, pag. 246¹, au mot Brac 1.]

BRACHOIER, Marcher les bras ballants. Gl. *Brachium* 2. [*Braceier*, Agiter les bras. Chronique des ducs de Normandie, tom. 2, pag. 350, vers 25560 :

Braceie e beit, crie e pantoille.

Tristan, vers 3780 :

Ostez ces manteaus de vos cous,
Si braçoiez par mie le tai.]

BRACHONNIER, Veneur. Gl. *Braconarii* sous *Bracco*, pag. 727³.

BRACON, Brac, espèce de chien de chasse. Gl. *Bracco*.

BRACONAGE, Droit du seigneur sur les filles qui se marient ; d'où *Braconner*, User de ce droit. Gl. *Braconagium*.

BRACONNIER, Veneur, celui qui est chargé du soin des chiens appelés *Bracs*. Gl. *Bracco*, pag. 727². [Roman de Renart, tom. 1, pag. 47, vers 1221 :

Li braconier les chiens descoplent
Et li brachet au leu s'acoplent.]

1. **BRACONNIERE**, Redevance, que doivent au seigneur ceux qui veulent chasser avec des *bracs*. Gl. *Braconarii* sous *Bracco*, pag. 727³.

2. **BRACONNIERE**, Brassard, armure du bras. Gl. *Brachiale*.

BRACQUEMART, Braquemart, sabre, épée courte et large. Gl. *Braquemardus*.

BRACQUONNIER, Celui qui est chargé du soin des chiens appelés *Bracs*. Gl. *Braconarii* sous *Bracco*, pag. 727³.

BRAE, BRAEL †, Braie, haut-de-chausses. Gl. *Brachæ* sous *Bracæ*, pag. 726².

BRAELLIER, p. e. Faiseur de haut-de-chausses ou caleçons. Gl. *Brachæ* sous *Bracæ*, pag. 726².

BRAGAMAS, Sabre, épée courte et large. Gl. *Bragamardus*.

BRAGE, BRAGUE, Haut-de-chausses. Gl. *Bragæ* sous *Bracæ*, pag. 726³. [Rayn. tom. 2, pag. 247¹, au mot *Braia*.]

BRAGONIERE, Brassard, armure du bras. Gl. *Brachiale*.

BRAGUER, FAIRE BRAGUES, Se parer avec affectation, tirer vanité de ses ajustements. Gl. *Bragare* 1, et *Bragatio*.

BRAGUESTE, Braie, brayette. Gl. *Bragueta*.

BRAHAIGNE, Il se dit principalement d'une jument ou d'un autre animal femelle qui est stérile, qui ne porte point. Gl. *Brana* [et *Stiricus*].

° **BRAHOLES**. Voyez *Brasholes*.

° **BRAIDI**, Fougueux, furieux. Chron. des ducs de Normandie, tom. 1, pag. 175, vers 2639 :

Puis muntent és chevals braidis.

Roman du Chevalier au Cygne, cité au Glossaire sur cette chronique :

Commandés à bierser ces ours ensa-
   [vegis
Et combatre ces viers et ces destriers
   [braidis.

Fabl. et Cont. tom. 2, pag. 7 :

Moult ert li vallez biax et genz...
Més déables tant lou laidi
Et tant lou fist sot et braidi
Qu'amer le fist.

Voyez Rayn. tom. 2, pag. 249¹, au mot *Braidiu*, et ci-dessous *Bresdir*.

1. **BRAIE**, Sorte de grain pour faire de la bière. Gl. *Brace*, pag. 728².

2. **BRAIE**, Instrument pour pêcher. Gl. *Brace*, pag. 728².

3. **BRAIE**, Basse enceinte. Gl. *Braca* 1.

° 4. **BRAIE**, comme *Brais* 1. † Gl. *Feminalia*. Rayn. tom. 2, pag. 247¹, au mot *Braia*. Roman de Renart, tom. 1, pag. 24, vers 633 :

Ne dras levez ne braies traites.

° **BRAIEL**, BRAIJEL, BRAIER, Ceinture placée au-dessus des braies. Flore et Blanceflor, vers 2849 :

Cief ot bien fait et crigne bloie
Desi au braiel si baloie.

Partonop. vers 6273 :

Et tissent de totes manieres
Et las et braieus et lasnieres.

Vers 10603 :

Ne vos quier or faire devise
*Ne*de braies, ne de cemise,*
Ne de braiels, ne de lasnieres.

Roi Guillaume, vers 2434 :

Un anelet.....
L'ot à son braijel oublié
A un lac de soie noué.

Chron. des ducs de Normandie, tom. 1, pag. 512, vers 12479 :

Une clef d'argent unt trovée
A son braiol estreit noée.

Gérard de Vienne, vers 2993 :

Mais la suor les fait si angoisier
Ke lor avalent contre val le braier.

Voyez Rayn. tom. 2, pag. 247¹, au mot *Braguier*. Gl. *Bracæ*, pag. 726².

BRAIL, Manière de prendre des oiseaux. Gl. *Brenexellus*.

BRAINE, Jeune vache, génisse. Gl. *Brana*.

° **BRAION**. Voyez *Braon*.

° **BRAIRE**, Crier. Gl. *Braiare*. Gérard de Vienne, vers 2583. Partonop., vers 5722 :

Ses poinz detort, ses cheveus trait,
Pleure, démenté, crie et brait.

Vers 5755 :

El rocher ot deux lions braire.

Roi Guillaume, vers 1742 :

Loviax droit le maistre vaine
Del cuer li fiert, et li dains brait.

Voyez Rayn. tom. 2, pag. 248¹, au mot *Braire*. Orell, pag. 261. *Brere*, Agol., vers 637. Renart, tom. 1, pag. 3, vers 69.

1. **BRAIS**, Haut-de-chausses. Gl. *Bragæ* sous *Bracæ*.

2. **BRAIS**, Sorte de grain pour faire de la bière. Gl. *Brace* [et *Brassagium*].

° **BRAIT**, Cri, clameur. Garin le Loher. tom. 1, pag. 39 et 261 :

Il oit la noise et les brais et les cris.

Chronique des ducs de Normandie, tom. 1, pag. 204, vers 3490 :

Il out noises et braiz e cris.

Pag. 209, vers 3641, etc. Voyez Rayn. tom. 2, pag. 248¹, au mot *Brais*, et ci-dessous *Bret*.

° **BRAITERIE**, Criaillerie. Guill. Guiart, tom. 2, pag. 412, vers 10701. (19685) :

Ribauz, qui portent les berlenz,
Ne resont pas de jouer lenz,
Moult demainent grant braiterie
A chascune baraterie.

BRAKENIER, Veneur, celui qui est chargé du soin des chiens appelés *Bracs*. Gl. *Braconarii* sous *Bracco*, pag. 727³.

BRAME, Poisson de mer, dorade. Gl. *Aurata*.

BRAN, Sorte de pâtisserie, gâteau. Gl. *Torta* 1 ?

1. **BRANC**, Épée, sabre. Gl. *Branca* 1. [*Brans, Brant*, Partonop. vers 2184, 2285, 3084, 3142, 8130. *Branc de color*, Gérard de Vienne, vers 2766. Voyez Rayn. tom. 2, pag. 249¹, au mot *Bran*.]

2. **BRANC**, Sorte de vêtement de femme, cape. Gl. *Branca* 1, pag. 734³.

BRANCE, Espèce de froment très-pur. Gl. *Sandalia*.

BRANCHER, Celui qui a une portion dans quelque chose, qui est de société avec un autre. Gl. *Branchia* 2.

BRANCHIER, Oiseau de proie, qui se perche sur les branches des arbres. Gl. *Brancare* sous *Branca* 1.

BRANCHIERE, Poteau, où l'on attache la pancarte des droits de péage. Gl. *Bullonus* 2.

BRANCHIR †, Avoir des branches ou feuilles. Gl. *Frondere*. [Roman de Renart, tom. 3, pag. 95, vers 22345 :

Qu'il unt levé un cerf branchu
De quatre branches et membru.

Voyez Rayn. tom. 2, pag. 250¹, aux mots *Brancut* et *Brancar*.]

BRAND, Bouchon de paille, ou pennon aux armes du seigneur, qu'on met sur les héritages saisis. Gl. *Brando* 2.

BRANDE, Bruyère, broussailles. Gl. *Branda* 2.

BRANDELER, Remuer. Guill. Guiart, tom. 2, pag. 359, vers 9332 (18312) :

Targes, banières, penonceaus,
Selonc ce que les nés brandèlent
En mil parties i fretèlent.

° **BRANDER**, S'agiter, trembler. Chron. de Jord. Fantosme, vers 958 :

Tute la terre brande, penset del esplei-
[tier.

Voyez Rayn. tom. 2, pag. 250², au mot *Brandar*, et ci-dessus *Abrander*.

BRANDIR, Branler, darder, lancer. Gl. *Palpare*.

BRANDON, Bouchon de paille. *Le dimanche des Brandons*, le premier du Carême. Gl. *Brandones* sous *Brando* 1.

BRANDONNEMENT, L'action d'apposer un *brandon* en signe de saisie ou arrêt. Gl. *Brandonare* sous *Brando* 2.

1. **BRANDONNER**, Saisir, arrêter, mettre sous la main du seigneur ou de la justice en apposant un *brandon*. Gl. *Brandonare* sous *Brando* 2.

2. **BRANDONNER**, DIMANCHE BRANDONNER, Le premier dimanche du carême. Gl. *Brandones* sous *Brando* 1.

BRANLE D'UN MOULIN, Ce qui sert à le mettre en mouvement. Gl. *Garrotus*.

° **BRANLOUERE** †, Gl. *Oscillum*.

BRANQUIART, Bûche, grosse branche d'arbre. Gl. *Branchia* 1.

BRAON, Le gros de la fesse. Gl. *Naticæ*. [Roman de Roncevaux, pag. 58. Roman de Renart, tom. 3, pag. 10, vers 20023. Roi Guillaume, pag. 60, 148. Agolant, vers 428. Rayn. tom. 2, pag. 247², au mot *Brazon*.]

BRAQUEMENT, Braquemart, sabre, épée courte et large. Gl. *Braquemardus*.

° **BRASE**. Voyez *Brace*.

BRASERET, MOLIN BRASERET, Celui qui moud le grain propre à faire la bière, appelé *Braie*. Gl. *Molendinum*, pag. 444¹.

° **BRASHOLES**, BRAHOLES, Broussailles. Chron. des ducs de Normandie, tom. 3, pag. 272, vers 39127 :

N'en rochereiz ne en brasholes.

Comparez Rayn. tom. 2, pag. 264², au mot *Bruelha*.

BRASSAGE, Frais de la fabrication des monnaies. Gl. *Brazeagium*.

BRASSE, Bière. Gl. *Brassium*.

BRASSÉE, Certaine mesure de terre, autant qu'un homme en peut labourer à bras dans un jour. Gl. *Brachiera*.

BRASSELET, Ornement de manche. Gl. *Brasseleres*.

BRASSERESSE, Brasseuse, femme qui fait ou vend la bière en gros. Gl. *Braxatrix* sous *Brace*, pag. 728³.

BRASSIE, Brassée. Gl. *Brosasta*.

BRASSIER, Laboureur à bras, homme de journée, manouvrier. Gl. *Brasserius*.

BRASSIN, L'action de *brasser* et de faire la bière. Gl. *Brassinus*.

BRAST, p. e. pour BOUST, Détour, tournant d'une rue. Gl. *Buttus*.

BRAU, Taureau, jeune bœuf. Gl. *Brana* [à Toulouse].

BRAY, Boue, limon, fange. Gl. *Braium*. [Rayn. tom. 2, pag. 246¹, au mot *Brac* 2.]

BRAYDONNE, Femme débauchée, prostituée. Gl. *Braydum*.

1. **BRAYE**, Partie de rivière resserrée entre deux digues, pour faciliter la pêche du poisson. Gl. *Braga*.

2. **BRAYE**, Sorte de filet. Gl. *Brayia*.

3. **BRAYE**, Sorte d'armure, qui garantit le bas du ventre. Gl. *Brayia*.

° **BRAYER**. Voyez *Braier*.

BRAYOIRE, BRAYON, Ce qui sert à briser le chanvre, tout instrument propre à broyer ou à battre. Gl. *Brayia*.

° **BRAZ** Voyez *Brac*.

BREBIAGE, Droit qui se prend sur les brebis. Gl. *Berbiagium* sous *Berbix*, pag. 686³ [et *Hercio* 1].

BREBIAIL, Troupeau de brebis. Gl. *Berbiagium* sous *Berbix*, pag. 686³.

BREBITAIRE, Presbytère, la maison d'un curé. Gl. *Brebenda*.

° **BREDONNER**, comme *Bresdir*. Guill. Guiart, tom. 2, pag. 282, vers 6878 (7198) :

Là véissiez escuz tenir
Chevaus bredonner et henir, etc.

Voyez *Braidi*.

BREGIE, Sorte de grain. Gl. *Bregniatus*.

BREGIER, Berger. Gl. *Bergerius*. [Garin le Loher. tom. 1, pag. 133 :

Il n'i vint pas come villain bregier.

Voyez Rayn. tom. 2, pag. 212², au mot *Bergier*.]

BREGIN, Sorte de filet en usage sur la Méditerranée. Gl. *Broginus*.

BREGUIERE, Sorte d'herbe. Gl. *Brigeria*.

BREHAINE, Impuissant, incapable des actes du mariage ; d'où *Brehaigneté*, stérilité. Gl. *Brana*.

BREIER, Broyer. Gl. *Breiare*.

BREIL, Buisson, taillis. Gl. *Brolium* 1.

BREIZ, Espèce de grain pour faire de la bière. Gl. *Breschia*.

BRELENC, BRELENG, Table et le lieu où l'on joue au brelan. Gl. *Berlenghum*.

1. **BREMAS**, Arme ou bâton pour attaquer et se défendre. Gl. *Brismardum*.

2. **BREMAS**, Sorte de boisson, espèce de bière. Gl. *Briemardum*.

BREMIE, ou p. e. BRENUE, Lieu où l'on exécute les criminels. Gl. *Banlauca*.

BREN, Son. Gl. *Bren*. [Rayn. tom. 2, pag. 254², au mot *Bren*.]

BRENAGE, BRENAIGE, Ce que doivent les vassaux à leur seigneur pour la nourriture de ses chiens de chasse. Cette redevance qui se payait d'abord en son, appelé *Bren*, fut nommée *Brenage* ; elle a été ensuite évaluée en avoine et autres grains, ou en argent, sans changer de nom. Gl. *Brenagium* sous *Bren*.

BRENEUX, BRENOUX, Mari dont la femme est infidèle. Gl. *Brenacus* sous *Bren*.

BRENUE. Voy. ci-dessus *Bremie*.

BREORE, Violent, impétueux, qui brise et renverse. Gl. *Breiare*.

° **BRERE**. Voyez *Braire*.

1. **BRÉS**, Espèce de grain pour faire de la bière. Gl. *Bresium*.

2. **BRÉS**, Berceau d'enfant [en provençal]. Gl. *Bressæ*.

° 3. **BRÉS**. Voyez *Brief*.

1. **BRESCHE** DE MIEL, Rayon de miel. Gl. *Brisca*. [Rayn. tom. 2, pag. 256, au mot *Bresca*.]

2. **BRESCHE**, Faible, degarni. Gl. *Breschia*.

BRESDIR, Hennir. Gl. *Bragire*. Voyez *Bredonner*.

BRESILLÉ, Teint avec du brésil. Gl. *Brasile*.

BRESMEL, Brême, poisson. Gl. *Bresmia*.

BRESMEN, Courtier, commissionnaire. Gl. *Bermarius*.

BRESQUE, p. e. Broussailles, terre inculte. Gl. *Broca* 2.

BRESSINE, Moulin à moudre le *brés*. Gl. *Braisina*.

BRESSOLLET, Berceau d'enfant. Gl. *Berciolum*. Voyez *Berçuel*.

° **BRET**, Piège, appeau. Voyez Rayn. tom. 2, pag. 255², au mot *Bretz*, et ci-dessus *Broi*.

BRETAGE, comme BRETECHE, ci-dessous. Gl. *Bretagiæ*, pag. 743¹.

BRETAGNE BRETONNANT, Basse Bretagne, où l'on parle le bas breton, par opposition à *Bretagne Gallot*, qui est la Haute Bretagne, où l'on parle français. Gl. *Brito*.

BRETEAUX, C'est le nom qu'on donne aux îles du Rhône. Gl. *Brotellus* 1.

BRETECHE, BRETESCHE, BRETRESKE, BRETHECHE, etc. Tour de bois garnie de créneaux, dont on se servait pour attaquer ou défendre les villes et châteaux ; lieu public où l'on faisait les cris et proclamations de justice. Gl.

Bretachiæ. [*Berthesca* † et *Falla* 1. Voyez Rayn. tom. 2, pag. 213², au mot *Bertesca*, et Gloss. de la Chron. des ducs de Normandie, au mot *Bretesce*.]

º **BRETEQUER**, Proclamer. Gl. *Berthesca*.

BRETESCHER, Fortifier, garnir de créneaux. Gl. *Bretachiæ*, pag. 743¹.

BRETONNERIE, La Basse Bretagne. Gl. *Brito*.

1. **BRETONS**, Monnaie des ducs de Bretagne. Gl. *Brito*.

2. **BRETONS**, Les conseillers de ceux qui se battaient en duel. Gl. *Brito*.

BREVE, Terme des monnayeurs. Gl. *Breva*.

BREUIL, **BREUILLET**, Buisson, lieu planté d'arbres, pré. Gl. *Brolium* 1.

BREUILLE, Boyaux, intestins. Gl. *Burbalia*.

BREULLAT, Brouillard. Gl. *Brolhardus*.

BREYON, Ce qui sert à broyer la pâte. Gl. *Brayla*.

BRIBERESSE, BRIBERRESSE, Mendiante, coureuse. Gl. *Briba*.

BRICART, Qui parle beaucoup et d'une façon embarrassée. Gl. *Brigosus* sous *Briga* 1.

1. **BRICHE**, Machine à jeter des pierres, espèce de fronde. Gl. *Bricola*. [Dans le passage de Guill. Guiart (tom. 2, pag. 364, vers 9456 al. 18436), cité par D. Carpentier, le mot *Briche* désigne des projectiles en terre cuite, des briques, pag. 373, vers 9686 (18668) :

Et ceus des hauz mas entremetre
D'entre leur ennemis semer,
Les genz le roi, chaillox de mer
Plus durs qu'acier, gros comme miches,
Et ceux devers le Flamens briches.

Pag. 378, vers 9829 (18810) :

Et les briches deviennent poudre.

Voyez vers 9819 (18800) ; pag. 383, vers 9940 (18921) ; pag. 396, vers 10288 (19270).]

2. **BRICHE**, Sorte de jeu. Gl. *Bricola*.

3. **BRICHE**, Tronc, grosse bûche. Gl. *Bricola*.

º 4. **BRICHE**, Trappe, piége. Roman de Renart, tom. 2, pag. 187, vers 14650 :

Ysengrin metra en la briche
Renart, s'il puet, en la bataille
N'i valdra sis engins maaille.

Tom. 1, pag. 46, vers 1200 :

Ysengrin remest en la briche.

º 5. **BRICHE**, Miette ou Brique ? négat. explét. Guill. Guiart, tom. 1, pag. 146, vers 3261 (3658) :

Nul assaut ne doutent la briche.

Tom. 2, pag. 57, vers 933 (9899) :

Le perl n'en auront la briche.

Voyez *Briche* 1, et Rayn. tom. 2, pag. 260¹, au mot *Briza*.

BRICOLLE, Machine à jeter des pierres, espèce de fronde. Gl. *Bricola*. [Et † *Spingarda*. Voyez Gl. *Vercolenum*.]

BRICON, Impudent, imposteur. Gl. *Briga* 1. [Vantard, sot, malavisé. Partonop. vers 7262 :

Loial cevalier sont Breton
Et buen, mais auques est bricon
Et foi parlier sains felonie.

Gérard de Vienne, vers 2386 :

Dist Oliviers : Or oi plait de bricon.

Vie de saint Thomas, vers 937 :

Le quatre fu le Breton,
Qui ad ovré cum bricon
Par l'enemi.

Partonop. vers 5986 :

Qu'alés à un garçon parlant,
A un bricon, à un musart.

Roman de Renart, tom. 3, pag. 35, vers 20687 :

Se vos lor i tréez sarmon
Vos vos i tendrez à bricon.

Flore et Blanceflor, vers 834 :

Lor se tienent por mal bricon.

Voyez Rayn. tom. 2, pag. 258², au mot *Brico*, et ci-dessus *Bries*.]

BRICQS, Sorte de jeu. Gl. *Bricola*.

º **BRICS**, Malavisé, sot. Chron. des ducs de Normandie, tom. 2, pag. 359, vers 25857 :

Aura semblé fous, brics e nice.

Flore et Blancefior, vers 2672 :

Qui estes qui tant estes bris
K'osastes entrer en ma tour ?

Voyez Rayn. tom. 2, pag. 258², au mot *Bric*, et ci-dessus *Bricon*.

BRIDURE, Terme de manufacture de draps, pour marquer un défaut dans l'étoffe. Gl. *Gratus* 4.

BRIEF, pour Bref. brevet. Gl. *Brevis*, pag. 745¹, 745³. [Rayn. tom. 2, pag. 258¹, au mot *Breu*. Gloss. de la Chron. des ducs de Normandie, aux mots *Bref* et *Brés*, *Bries*.]

º **BRIEFF**. Gl. *Galoer*.

BRIEMAS, BRIEMART, Sorte de boisson, espèce de bière. Gl. *Briemardum*.

BRIEVE, Terme des monnayeurs. Gl. *Breva* et *Brevia*.

º **BRIEVET**, Petite lettre. Chastel. de Couci, vers 6555 :

Ce brievet li reporteras,
Que tu de par moy li donras...
Et li dirés que vous oublit
Ferai ce ce brief a escrit.

BRIGADE, Troupe, compagnie, assemblée de gens. Gl. *Brigada*.

BRIGANDER, Faire le métier de brigand, voler à main armée, piller ; d'où *Briganderie*, Volerie, pillerie, brigandage. Gl. *Brigandi*.

BRIGANDIN, Brigantin, sorte de vaisseau léger et vite. Gl. *Brigandi*.

BRIGANDINE, Haubergeon, cotte de mailles. Gl. *Brigancii* et *Brigandina*.

BRIGANDINIER, L'ouvrier qui fait les brigandines, et le soldat qui en est armé. Gl. *Brigancii* et *Brigandina*.

BRIGANDISE, Brigandage, pillerie. Gl. *Brigandi*.

BRIGANS, Sorte d'infanterie légère ; pillards, voleurs. Gl. *Brigancii*.

BRIGOLE, Machine à jetter des pierres, espèce de fronde. Gl. *Bricola*.

BRIGUEUR, BRIGUEUX, Querelleur. Gl. *Brigosus* sous *Briga* 1.

BRILLEUS, Celui qui chasse de nuit aux oiseaux à la lumière, ce qu'on appelle *Briller*. Gl. *Brilleus*.

BRIMBE. On dit encore *Bribe* dans quelques provinces : Morceau de pain ou de viande ; d'où *Brimbeur*, Mendiant, à qui l'on ne donne que des morceaux ou des restes. Gl. *Briba*.

º **BRIN**, Force, impétuosité, orgueil. Agolant, pag. 170² :

De m'avangarde vos ai ballié le brin.

Pag. 185² :

Puis li escrient tout ensemble à un brin.

Pag. 186¹ :

Auques avon abatu de lor brin.

Voyez Rayn. tom. 2, pag. 259², au mot *Briu*.

BRIQUETEUR, Briquetier, faiseur de briques. Gl. *Brica* 3.

BRIQUOQUET, pour BIQUOQUET, Ornement de tête, espèce de chaperon. Gl. *Bigacia* et *Huca*.

1. **BRIS**, Fracture, rupture. Gl. *Brisare*.

º 2. **BRIS**. Voyez *Brics*.

BRISCHE, Sorte de jeu. Gl. *Bricola*.

BRISE, Soufflet. Gl. *Cervica*.

BRISEFOY, Celui qui manque à sa parole, qui ne tient pas ce qu'il a promis. Gl. *Fidefragus* sous *Fides*, pag. 491².

BRISER LE MARCHÉ, Empêcher que les denrées ne viennent au marché, ou ne s'y vendent librement. Gl. *Brisare*. [*Brisié.* Voyez *Ban.* *Pais* Brissiez. Gl. *Pax*, pag. 230².]

BRISEUS, pour BRILLEUS. Gl. *Brilleus*.

1. **BROC**, Fourche. Gl. *Broca* 4.

2. **BROC**, Charrette. Gl. *Brocius* 1.

BROCANTEUR, Sorte de marchand. Gl. *Abbrocamentum*.

BROCART, Sorte de vase qui verse la liqueur par un tuyau ou robinet. Gl. *Brocheronnus*.

BROCE, Broussailles. Gl. *Broca* 2. [Roman de Renart, tom. 1, pag. 28, vers 617 :

Ez-vos poignant parmi les broces
Ysengrin qui s'enbat as noces.

Tom. 5, pag. 57, vers 399 :

Par une broce haut et grant
Entre un tertrel et un pendant.

Voyez Rayn. tom. 2, pag. 264¹, au mot *Brossa*.]

BROCERON, Tuyau, robinet. Gl. *Brocheronnus*.

BROCH, Fourche. Gl. *Broca* 4.

° **BROCHAT**, Mesure de vin. Gl. *Brochata*.

1. **BROCHE**, Cannelle, fontaine qu'on met à un tonneau pour en tirer la liqueur. Gl. *Broca* sous *Broccæ* [et † *Crepsedra*].

2. **BROCHE**, Broussailles. Gl. *Broca* 2.

3. **BROCHE**, Fourche ou pieu pointu, pointe. Gl. *Broca* 4.

° 4. **BROCHE**, Pique, lance. Gl. *Veru* et *Brochia* 2.

BROCHÉE, Bourrée, fagot. Gl. *Brochata*.

° **BROCHER**, Piquer, éperonner. Chron. des ducs de Normandie, tom. 2, pag. 42, vers 16544. Guill. Guiart, tom. 2, pag. 74, vers 1888 (10864); pag. 78, vers 2004 (10980); pag. 87, vers 2217 (11193). Voyez Rayn. tom. 2, pag. 262¹, au mot *Brocar*. Chanson de Colin Muset, Wackern. pag. 75:

Ki bien broiche lou poutrel.

BROCHIER, Percer. Gl. *Brochia* 2.

BROCHON, Pieu pointu. Gl. *Broccæ*.

BROCHONNU, Noueux, qui est plein de nœuds. Gl. *Broca* 4.

BROCHOUER, Brochoir, instrument de maréchal. Gl. *Brocheronnus*.

BROCIER, Sorte de vase qui verse la liqueur par un tuyau ou robinet. Gl. *Brocheronnus*.

BROCQUE, Broche. Gl. *Brocalium*.

1. **BRODE**, PAIN DE BRODE, Demi-blanc, fait de froment et de seigle. Gl. *Broda* [et *Panis*, pag. 136³.]

2. **BRODE**, Terme d'injure, galeux, teigneux. Gl. *Broda*.

BRODEURE, Broderie. Gl. *Broderia*.

° **BROEL**, BROIL. Voyez *Bruil*.

BROHUN. . . . Chanson de Roland, stance 182, vers 3 :

En dous chasines si teneit un brohun ;
Devers Ardene veeit venir trente urs,
Cascun parolet altresi cume hum,
Dissient li : Sire, rendez-le nus,
Il ne n'est dreiz que il seit mais od vos.

° **BROI**, BROION, Piége. Gérard de Vienne, vers 3593 :

Que si sont pris com oiselet a broi.

Partonop. vers 9017 :

Si se tenront en nostre loi
Tant qu'il nos aient pris al broi.

Roman de Renart, tom. 2, pag. 115, vers 1261 :

Renart i fu, si el véuz
Le jor devant deus las tenduz
Et un broion en terre encloz.

Pag. 116, vers 12725 :

Il est chëuz enz el broion
Qui cheviltiez fu el roion.

Voyez *Bret*.

BROICHE, Broche, fontaine qu'on met à un tonneau pour en tirer la liqueur. Gl. *Classedra*.

BROIE, Ce qui sert à broyer la pâte. Gl. *Brayia*.

BROIGNE, BROINGNE, Cotte de mailles. Gl. *Brunea*. [*Broine, Bruine*. Chanson de Roland, Chronique des ducs de Normandie. Rayn. tom. 2, pag. 282², au mot *Bronha*.]

BROILLET, BROILLOT, Buisson, lieu planté d'arbres. Gl. *Brolium* 1.

BROISSE, Broussailles. Gl. *Brossa*.

BROISSERON, Tuyau, robinet. Gl. *Brocheronnus*. [Rayn. tom. 2, pag. 261², au mot *Broissa*]

BROISSETE, Sorte de vase qui verse la liqueur par un tuyau ou robinet. Gl. *Brocheronnus*.

BROKE, Pieu pointu. Gl. *Broccæ*.

BROMARDIER, Buveur, ivrogne, qui s'enivre de la liqueur appelée *Bromars*. Gl. *Briemardum*, *Bruma* et *Cetia*, pag. 250⁴.

BROMESTS, Grosse grappe de raisin. Gl. *Bromests*.

BRONCHE, Buisson, broussailles. Gl. *Brossa*.

BRONDE, Branche d'arbre. Gl. *Sbrondatus*.

BRONQUIER, Bouclier. Gl. *Broquerius* 1.

BROQUE, Pointe. Ferir à *Broque*, Broquier, Frapper d'estoc. Gl. *Brochia* 2. [Rayn. tom. 2, pag. 262¹, au mot *Broca*.]

BROSSE, Buisson, broussailles. Gl. *Bossa* et *Bruscia*.

BROSSERON, Sorte de vase qui verse la liqueur par un tuyau ou robinet. Gl. *Brocheronnus*.

BROSSONNEUX, Noueux, qui est plein de nœuds, qu'on appelait *Broz*. Gl. *Broca* 4.

° **BROST**, Pousse, jet d'arbre. Partonop. vers 528 :

Que saingler encraissent de nois,
De nois, de glans et de favire,
Le brost desdaigne et le racine.

Voyez *Broz*, *Broust*, et Rayn. tom. 2, pag. 263², au mot *Broto*.

BROTEAUX. C'est le nom qu'on donne aux îles du Rhône. Gl. *Brotellus*.

BROUAILLES, Boyaux, intestins. Gl. *Burbalia*.

BROUAZ, Gelée blanche. Gl. *Bruma* 2.

° **BROUDEL**, comme *Bruil*. Chanson de Colin Muset, Wackern. pag. 75:

Et verdure et broudelz
Et li douls chans des oixels
Me remet en grant badour.

BROUESSE, Machine pour passer ou broyer le lin ou chanvre, seran. Gl. *Brustia* 2.

BROUET, Chaudeau, et ce que les nou- veaux mariés donnaient à leurs compagnons pour boire le jour de leurs noces. Gl. *Brodum*.

BROUGIDOUR, Canal, le bras d'une rivière. Gl. *Robina* [à Aigues-Mortes].

BROUIR, Brûler. Gl. *Bruscare*. [Chanson de Raoul de Soissons, Laborde, pag. 218 :

Autresi conme l'arsure
Fet quanqu'ele ataint brouir.

Voyez *Bruir*.]

BROULLEUR, Charlatan, celui qui mêle plusieurs drogues ensemble. Gl. *Imperia*.

BROULLIZ, Brouillerie, querelle, débat. Gl. *Brolhardus*.

° **BROUSEQUIN**. Voyez *Marbre*.

BROUSSE, Buisson, broussailles. Gl. *Brossa*.

1. **BROUST**, Coque ou écaille verte de noix. Gl. *Brustum*.

2. **BROUST**, Pâturage. Gl. *Brustum*.

BROUTÉE, Charge ou voiture d'une brouette. Gl. *Brouета*.

BROUTIER, Chasse-marée ; apparemment parce qu'il menait le poisson dons une voiture appelée *Brouete*. Gl. *Broueta*.

BROUVAIGE, Boisson. Gl. *Bruvagium*.

° **BROZ**, Nœuds d'arbre. Gl. *Broca* 4. Voyez *Brost*.

° **BRU**, Jeune mariée. Gl. *Epythalamum*.

BRUAILLE, Menu bois, propre à chauffer le four, bourrée. Gl. *Bruscale*.

BRUCIN, p. e. Buis. Gl. *Brucinus*.

BRUCROY, pour *Brueroi*, Bruyère, broussailles. Gl. *Brua*.

BRUE †, p. e. Bruyère. Gl. *Brua*.

BRUEIL, BRUEILLE, BRUEL, Buisson, bosquet. Gl. sous *Brohum* 1. [*Bruel, Bruil, Broel, Broil, Breuil, Bruille*. Chanson de Guiot de Provins, Wackern. pag. 24 :

Contre le novel tens
Ke florissent cil bruel.

Gérard de Vienne, vers 2679 :

Il la perdit ét bruel soz le ramée.

Chron. des ducs de Normandie, tom. 1, pag. 40, vers 1020 :

Avis esteit que fust un bruilz.

Pag. 204, vers 3474 :

E de lances si espes bruil.

Tom. 3, pag. 51, vers 33256. Roman de Rou, tom. 2, pag. 291 :

Demanda li ki ele esteit
En cel broil sule ke fasoit.

Chron. des ducs de Normandie, tom. 1, pag. 113, vers 914 :

A unes haies d'uns a granz bruiz.

Voyez Rayn. tom. 2, pag. 264², au mot *Brueth*. Partonop., vers 10589 :

Moult par en est li tans seris,
Par bruelles et par plaiséis.

Chanson du Chastelain de Couci, Laborde, pag. 274 :

> Que n'oï chanter par bruille
> Oisel ne main ne soir.

Rayn. au mot *Bruelha*.

BRUEILLE, Boyaux, intestins. Gl. *Bruellæ*.

○ **BRUELLEIZ**, Endroit brûlé. Tristan, vers 3000 :

> En une lande à une part
> Ourent ars li vilains essart,
> Li rois s'estut el bruelléiz.

Voyez *Brulas*.

BRUELLET, Petit buisson, bosquet. Gl. *Bruillium*. [Chron. des ducs de Normandie, tom. 1, pag. 177, vers 2784 :

> Et dedenz un bruillet entré.

Voyez Rayn. tom. 2, pag. 264², au mot *Brulhet*].

BRUEROI, Bruyère. Gl. *Brua* [et *Bruarium*].

BRUESCHE, Sorcière. Gl. *Broxæ*.

BRUGER, Pousser, heurter. Gl. *Brugaria*.

BRUGIER, Beugler, mugir. Gl. *Brugitus*.

BRUHIER, Brutier, oiseau de proie. Gl. *Buhors*.

BRUIL, Buisson, bosquet. Gl. *Bruillium*. Voyez *Brueil*.

○ **BRUILLET**. Voyez *Bruellet*.

○ **BRUINE**. Voyez *Broigne*.

○ **BRUJOT**, comme *Bruellet*. Roi Guillaume, pag. 53 :

> Hors de bruiot grant aléure,
> U il avoient sejorné,
> Sont vers une forast entré.

Le dit du roi Guill. pag. 181, *a un lonc jardin*.

○ 1. **BRUIR**, Bruire, retentir. Garin le Loher. tom. 1, pag. 167, 195 :

> Riches banières ondoier et bruir.

Roman de Roncevaux, pag. 24 :

> Bruient li mont et li vauls resona.

Roman de Renart, tom. 3, pag. 113, vers 22364 :

> De li a ses gernons torchiez
> Si en a fait ses joes bruire.

Voyez Rayn. tom. 2, pag. 265², au mot *Bruzir*.

○ 2. **BRUIR**, Brûler. Garin le Loher. tom. 1, pag. 144 :

> Ja la verrez et ardoir et bruir.

Pag. 200 :

> Le feu jetèrent por la ville bruir.

Brui, pag. 201, 236. Voyez Rayn. tom. 2, pag. 252¹, au mot *Bruslar*.

○ **BRUISEIZ**, Bris, action de briser. Chron. des ducs de Normandie, tom. 1, pag. 411, vers 9514 :

> Poez saveir grant bruiséiz
> Ont sur les escuz à vernix.

Pag. 444, vers 10491 :

> Ariere turne al bruiséir
> Et au très-fier comploléiz.

○ **BRUISER**, BRUISIER, Briser. Chron. des ducs de Normandie. Voyez Rayn. tom. 2, pag. 260², au mot *Brisar*.

○ **BRUIZ**. Voyez *Brueil*.

BRULAS, Dégât, ravage, pillerie. Gl. *Bruxare*. [Chron. des ducs de Normandie, tom. 3, pag. 271, vers 39088 :

> Ainz lez le bruillat d'unes plaignes.

Voyez *Bruelleiz*.]

○ **BRULET**, BRULLÉ, Chastel. de Couci, vers 1165 :

> Mes Geffroi de Losengnon
> A l'escu brulet au lion.

Vers 1465 :

> Il avait un escu brullé
> D'argent et d'asur bien ouvré.

BRULIER, Messier, garde des biens de la terre. Gl. *Bruillium*.

BRULLIAU, Sorte de poisson. Gl. *Bruillium*.

BRUMAN, Gendre, celui qui a épousé la fille d'un autre. Gl. *Bruma* 3.

BRUMAT, Sorte de boisson, espèce de bière. Gl. *Briemardum*.

BRUMAZ, Gelée blanche. Gl. *Bruma* 2.

BRUMENT, Allége, bateau. Gl. *Bruma* 3.

BRUNEL, Minot, qui pèse cent livres. Gl. *Brunellus*.

○ **BRUNETE** †. Gl. *Sanare*.

BRUNETTE, Espèce de drap. Gl. *Bruneta*. [Rayn. tom. 2, pag. 266², au mot *Bruneta*.]

○ **BRUNIE**. Voyez *Broigne*.

BRUNISANT, Poli, brillant. Chanson de Roland, stance 128, vers 19 :

> Francois i ferent des espiez bruinsant.

Voyez Rayn. tom. 2, pag. 266², au mot *Brunir*.

BRUNQUIER, Broncher, tomber à demi. Gl. *Broquerius* 1.

BRUSCHET, Bréchet ou brichet. Gl. *Brucus* 2.

○ **BRUSLER** LES SOURIS. Gl. *Sorilegus*.

BRUSSELLES, Drap qui se fabriquait à Bruxelles. Gl. *Bruxellensis*.

○ **BRUT**, Certaine fête défendue. Gl. *Brut* 1.

○ **BRUTESCHE**. Voyez *Breteche*.

BRUVAGE, Boisson. Gl. *Bruvagium*.

○ **BRUUR**, Bruit, vacarme, ou comme *Bohourt ?* Chanson de Roland, stance 78, vers 5 :

> Devers Espaigne vei venir tel bruur.

○ **BRUYANT**. Voyez *Noel*.

BRUYERE, p. e. Bronze, ou argent bruni. Gl. *Bruscatus*.

BU, Buste du corps humain, tronc. Gl. *Bustum* 3. [Rayn. tom. 2, pag. 272¹, au mot *Bustz*. *Buc*, Chanson de Roland, stance 238, vers 11 :

> Desur le buc la teste perdre en deit.

Chron. des ducs de Normandie, tom. 1, pag. 160, vers 2243 :

> Lor vont trencher les chés des bucs
> Sei cens lor en unt mort e plus.]

BUAILLE, pour BRUAILLE, Menu bois, propre à chauffer le four, bourrée. Gl. *Bruscale*.

BUANDIERE, Blanchisseuse. Gl. *Buanderia*.

○ **BUBANCIER**, comme *Bobencier*. Chron. des ducs de Normandie, tom. 2, pag. 172, vers 20393.

○ **BUBE**, Bubon. Voyez Rayn. tom. 2, pag. 267², au mot *Buba*.

BUBINS, MAL BUBINS, Celui qui produit des bubons. Gl. *Buba*. [M. Michel, Chron. des ducs de Normandie, tom. 3, pag. 574, vers 463, écrit *Bubuis*.]

BUCALLÉE, p. e. Le droit qu'on paye pour le pâturage. Gl. *Buccallum*.

○ **BUCE**. Espèce d'embarcation. Chron. des ducs de Normandie, tom. 1, pag. 424, vers 27624 :

> Nés, sauntines, buces e bas.

Voyez *Busse*.

BUCHAIGE, Droit sur les *bûches* ou bois qu'on mène pour vendre. Gl. *Buscagium* sous *Boscus*, pag. 712³.

BUCHATIER, Bûcheron. Gl. *Buchia*.

BUCHERET, BUCHIERE, Instrument pour pêcher. Gl. *Buchia*.

BUCHIER, Bûcheron, ou marchand de bois. Gl. *Buchia*.

○ **BUCLE**, Bosse, milieu du bouclier. Voyez *Bocle*. Chanson de Roland, stance 94, vers 3 :

> Si bons escuz un dener ne li valt,
> Tute li freint la bucle de cristal.

Stance 181, vers 14 :

> Et ces escuz jesqu'as bucles d'or mier.

Voyez stance 260, vers 11, et 261, vers 6.

○ **BUCLÉ**. Voyez *Bocle*.

○ **BUCLER**, A bosse. Voyez *Bocle* et *Bucle*. Chanson de Roland, stance 39, vers 7 :

> Tans cols ad pris sur sun escut bucler.

Stance 145, vers 4 :

> Trenchet cez hanstes e ces escuz buclers.

BUDE, Butte, ou but contre lequel on tire. Gl. *Buda* 2.

BUDINE, Nombril. Gl. *Bodellus*.

BUÉE, Vase à mettre du vin ou autre liqueur. Gl. *Buheterius*.

○ **BUEL**, BUELE, Boyau. Voyez *Bouele*. Chronique des ducs de Normandie, tom. 1, pag. 125, vers 1232 :

> Qu'od gaveloz, od dardeiaus
> S'entrepercent les bueaus.

Gaimar, ibidem, tom. 3. pag. 80, not. 1 :

*Le gros buel li orent treit
Od agoilles k'aveient feit ;
Là le firent tant entur aler
Par sa buele desramer
K'il ne pot mes ester en piez.*

❖ **BUELE**. Voyez *Boel* 2.

❖ **BUEN**. Voyez *Bon*.

1. **BUER**, Laver, nettoyer, purifier. Gl. *Buanderia*. [Rayn. tom. 2, pag, 270¹, au mot *Bugadar*.]

❖ 2. **BUER**, Bor, Heureusement, bien. Gérard de Vienne, vers 4012 :

*Com buer fuit neiz qui en tal ost ira
Por tel pardon conquerre.*

Partonop. vers 7843 :

*Sire, fait cil, vostre merci,
Buer vos encontraisse-jo hui.*

Vers 6088 :

*Urrake, je sui vostre sers,
Buer i passase-jo les mers.*

Vers 8829 :

*Partonopeus sace l'espée
Qui buer fust el sarciu trovée.*

Chron. de Jordan Fantosme, vers 2018 :

*Baruns esveilliez-vus, bor vus fust
[anuitié,
Tele chose ai oïe, dont jo vus frai
[haitié.*

Comparez *Mar*, et voyez Orell, pag. 298.

❖**BUFETAGE**,Impôt sur le vin. Gl. *Criagium* 1.

1. **BUFFE**,La partie du casque qui couvre les joues. Gl. *Buffa*.

2. **BUFFE**, Buffeau, Coup sur la joue, soufflet. Gl. *Buffa*.

BUFFER, Bouffer, enfler les joues. Gl. *Buffare*.

1. **BUFFET**, Vin de buffet, Vin accommodé et composé. Gl. *Bufetarius*.

2. **BUFFET**, Coup sur la joue, soufflet. Gl. *Buffa*.

3. **BUFFET**, Le devant de la tête. Gl. *Buffa*.

4. **BUFFET**, Le seuil de la porte. Gl. *Buffetus* 2.

5. **BUFFET**, Chambre, cabinet, bureau. Gl. *Buffetus* 2.

❖ **BUFFETEIZ**, comme *Buffois*.

BUFFETER, Souffleter, donner des coups sur les joues. Gl. *Buffa*.

BUFFETIER, Marchand du vin qu'on appelait *Buffet*. Gl. *Bufetarius* [et *Vinum*, pag. 343²].

BUFFIER, Buffoier, Donner des soufflets. Gl. *Buffa*.

BUFFOIS, Bruit, rumeur, vacarme. Gl. *Buffa*.

BUFOIER, Donner des *buffes* ou soufflets. Gl. *Buffa*.

BUGHE, Pâturage. Gl. *Bugia* 3.

BUGLE †, Buffle, Bœuf sauvage. Gl. *Bubalus*.

BUGNE, Tumeur, contusion. Gl. *Buba*.

BUGNON, Ruche à miel. Gl. *Bugazolus*.

BUHE, Buire, cruche ; d'où *Buhetier*, L'ouvrier qui les fait ou les vend. Gl. *Buheterius*.

BUHORIAUX, Butors, espèce de héron. Gl. *Buhors*.

BUHORS, p. e. Le droit qu'on payait au seigneur pour la permission de prendre des *Buhoriaux* ou de chasser avec. Gl. *Buhors*.

BUHOT, Tuyau. Gl. *Buheterius*. [Roman de Renart, t. 4, p. 30, vers 820 :

*Ne leur plaist sainnie de vainne
Si se font sainnier à buhot.*

Voyez *Buiot*.

BUIES, Entraves, ceps, fers qu'on met aux pieds et aux mains des prisonniers. Gl. *Boia*. [Rayn. tom. 2, pag. 232², au mot *Boia*, et ci-dessus *Bou*. Glossaire de la Chron. des ducs de Normandie, pag. 104 :

BUIGNE, Tumeur, contusion. Gl. *Buba*.

BUIGNON, Builllon, Morceau, bouchée. Gl. *Builio*.

❖ **BUILLE**, comme *Bouele*, Boyaux. Chron. des ducs de Normandie, tom. 2, pag. 206, vers 21414 :

*N'i a cel d'eus qui ne se duille,
U qui del cors n'isse la buille.*

Tom. 3, pag. 216, vers 37623.

❖ **BUILLIR**. Voyez *Boillir*.

BUILLOT, Sorte de panier, manne. Gl. *Buiolium*.

BUION, Buire, cruche, pot. Gl. *Buheterius*.

❖ **BUIOT**, Conduit, tuyau. Roman de Renart, tom. 2, pag. 155, vers 13747 :

*En sa meson n'ot nule entrée
Fors un buiot, quant est fremée.*

Voyez *Buhot*.

❖ **BUIRE**, De *Burel*? ou *brun*? Roi Guillaume, pag. 104 :

Cil li done une cape buire.

❖ **BUIRES**. Voyez *Bure* 2.

1. **BUIRON**, Instrument pour pêcher. Gl. *Bureta*.

❖ 2. **BUIRON**, Gl. *Musnare*.

❖ **BUIS**, comme *Buies*.

❖ **BUISART**, Busard, buse (oiseau de proie). Les proverbes au vilain, cités dans le Glossaire des ducs de Normandie, au mot *Busart* :

Jà de buisart ne fera l'en esprevier.

Fables Ysopet, ibidem :

*Car la raine que l'ot tuée
Fu tost du buisart devorée.*

Jordan Fantosme, vers 1056 :

*Desur lur cors descendent corneilles e
[busart.*

BUISE, Canal, conduit. Gl. *Busa* 1.

1. **BUISINE**, Espèce de trompette ; d'où *Buisiner*, Sonner de la *buisine*. Gl. *Fretella* et *Bustinare*. [Rayn. tom. 2, pag. 268², au mot *Bucina*. *Busine*,Chron. des ducs de Normandie, tom. 1, pag. 491, vers 11850. Chron. de Jordan Fantosme, vers 1307. Voyez *Boisine*.]

❖ 2. **BUISINE**, Busuine, Besoin. Chron. de Jord. Fantosme, vers 769, 916, 929, etc.

BUISNART, Sot, hébété, imbécile ; d'où *Buisnardie*, Sottise, bêtise. Gl. *Busio*.

BUISSIER, p. e. Bûcher, ou le lieu où l'on trait les vaches. Gl. *Buccetum*.

BUISSIERE, Lieu planté de buis. Gl. *Buxeria*.

BUITARDE, Outarde, que les Champenois nomment *Bitarde*. Gl. *Buitarda*.

BULE, Feu en signe de réjouissance. Gl. *Buræ*.

BULETEIL, Bluteau. Gl. *Buletelus* et *Polentrudium*.

1. **BULETTE**, Certificat, bulletin. Gl. *Bulleta*.

2. **BULETTE**, Juridiction, qui a le droit de sceller les actes. Gl. *Buletinum*.

BULLEITE, Bullete, Petit sceau. Gl. *Buletinum*.

BULLETE, Bulletin, certificat. Gl. *Bulleta*.

BUNCHETTE, Sorte de mets en Vivarais. Gl. *Bunchetta*.

❖ **BUNDE**, pour Bonde. Gl. *Stopa* 3.

BUNDIR. Voyez *Bondir*.

BUNIER, Certaine mesure de terre, bonnier. Gl. *Buna*.

BURACHE, pour Bourroiche, Instrument en forme de panier pour pêcher. Gl. *Bertavellus*.

BURC, Bourg. Gl. *Burcum*.

❖ **BURDE**, comme *Bourde* 2. Chron. de Jordan Fantosme, vers 1251.

BURDELOIS, Bourdelais. Gl. *Burdegalium*.

❖ 1. **BURE** †, Lessive. Gl. *Bura* 1.

2. **BURE**, Le dimanche des bures, Le premier du carême. Gl. *Buræ*.

BUREAU, Grosse étoffe de laine. Gl. *Burellus* sous *Birrus*, pag. 664³. [Roman de Renart, tom. 2, pag. 227, vers 15742 :

*Tex porte burel ou maque
Grant et pesant desor son col, etc.*

Pag. 164, vers 13993 :

*O maques et o tiniaus
Li ont bien auné ses buriaus.*

Voyez Rayn. tom. 2, pag. 271³, au mot *Bureus*.

BURELÉ, Tas, monceau. Gl. *Burellus*.]

BURESSE †, Laveuse, blanchisseuse Gl. *Bura* 1.

BURETELE, Morceau, lambeau de *bureau*, ou petite bourse. Gl. *Burallus*.

BURGAGE, Droit dû au seigneur par ses bourgeois. Gl. *Burgagium*.

BURGALAISE, BURGALESE, Pique, lance. Gl. *Burgalaisia*.

BURGEOIS, Bourgeois, celui qui doit le *burgage*. Gl. *Avenagium* 1.

BURGER, Pousser, heurter. Gl. *Brugaria*.

BURGESSOUR, Voleur qui entre de force quelque part. Gl. *Burgaria*.

BURGOINNE, Bourgogne. Gl. *Principalis dignitas*.

BURGUER, Pousser, heurter. Gl. *Brugaria*.

BURINE, Querelle où il ne se dit que des injures. Gl. *Burina*.

BURLETE, p. e. Petite bourse. Gl. *Burla* 2.

BURNEIS, Bruni, poli; du verbe *Burnir*, pour BRUNIR. [*Burni*, Chron. des ducs de Normandie, tom. 1, pag. 355, vers 7835; *ça hei*, pag. 29, vers 16142.] D'où *Burnisseresse*, Femme qui brunit et polit l'argent. Gl. *Brunitus* et *Brunus*.

BURRE, Vêtement de l'étoffe appelée *Burre*, Gl. *Burra* 1. [Flocon, Gl. † *Flocus* 1.]

1. **BUSART**, Vaisseau à mettre du vin ou autre liqueur. Gl. *Boucellus* sous *Butta* 3, pag. 798¹.

° 2. **BUSART**. Voyez *Buisart*.

BUSCAGE, Droit sur les bûches ou le bois qu'on mène pour vendre. Gl. *Buscagium* sous *Boscus*.

BUSCAIGE, Servitude ou corvée qu'un vassal doit à son seigneur pour couper le bois à son usage. Gl. *Boscagium* 2.

1. **BUSCHE**, Sorte de grand bateau. Gl. *Bussa*.

2. **BUSCHE**, p. e. Espèce de filet pour prendre des lapins. Gl. *Buschia*.

° 3. **BUSCHE**. Bûche. Gl. *Busca*, et *Molla* 1.

BUSCHE GREFFE, Espèce de couteau. Gl. *Cultellus*, pag. 651¹.

BUSCHER, Abattre du bois, faire des bûches. Gl. *Boscdrare*.

1. **BUSE**, Soupirail. Gl. *Busa* 1.

2. **BUSE**, Sorte de vaisseau ou navire. Gl. *Bussa*.

BUSETE, Diminutif de *Buise*, Canal, conduit. Gl. *Busa* 1.

BUSHELE, Boisseau. Gl. *Bussellus* sous *Butta* 3, pag. 798¹ [en anglais.]

° **BUSINE**. Voyez *Buisine* 1.

BUSQUE, Broussailles. Gl. *Buscarium*.

BUSQUER, Heurter, frapper à une porte, pour la faire ouvrir. Gl. *Butare* 1. [Rayn. tom. 2, pag. 272¹, au mot *Burcar*.]

BUSQUET, Touffe. Gl. *Buschetus*.

BUSSART, BUSSE, Vaisseau à mettre du vin; en Anjou une demi-pipe. Gl. *Buza* sous *Butta* 3, pag. 797³.

BUSSE, Sorte de grand bateau. Gl. *Bussa*. [Voyez *Buce*.]

BUSSEBRAN, Terme de raillerie pour un boulanger: p. e. ventre de son. Gl. *Busus* 1.

BUSSEL, Boisseau. Gl. *Bussellus* sous *Butta* 3, pag. 798³.

BUSTAIL, Bois de lit. Gl. *Busta* 1.

BUSTE, Bûche. Gl. *Busta* 1.

BUSTINER, Partager le butin. Gl. *Botinum*.

° **BUSUINE**. Voyez *Buisine* 2.

BUTALIE, pour BUCALLÉE, p. e. Droit de pâturage. Gl. *Bucallum*.

BUTÉ, Pot, cruche. Gl. *Butar*.

BUTEAU, Tombereau, brouette. Gl. *Butar*.

BUTEILLER, Celui qui fait les essais des vins à vendre. Gl. *Buticularius* sous *Butta* 3, pag. 797².

° **BUTER**. Voyez *Bouter*.

BUTERIE, L'art de faire des *bous*, vaisseaux à mettre du vin. Gl. *Buteria* 2.

BUTICLE, Boutique, sorte de bateau. Gl. *Buticula* sous *Butta* 3, pag. 795³.

BUTIERE, Ouverture, canal, par où les particuliers qui ont droit d'arrosage prennent l'eau, suivant la mesure réglée. Gl. *Boteria* [en Provence.]

BUTIN, JOUER A BUTIN, Être de moitié au jeu avec quelqu'un, en partager le gain ou la perte. Gl. *Botinum*.

BUTINER, Partager le butin. Gl. *Botinum*.

BUTINIER, Dépositaire du butin, et celui qui en fait le partage. Gl. *Botinum*.

° **BUVER**, Bouvier. Chron. des ducs de Normandie, tom. 1, pag. 260, vers 5099 :

N'i remaint vilain ne buver
Ne nul autre home de mester.

BUVERIE, Repas, festin. Gl. *Buverium*.

BUVRAIGE, p. e. Labourage; ou Goûté. Gl. *Buverium*.

° **BUXAT**, BUYAT, Vin Botué. Gl. *Buxat*.

° **BUYNE**. Voyez *Buigne*.

BUYS, Forme de soulier. Gl. *Buxum*.

BYAUT, Sorte de vêtement fort léger, plus communément appelé *Bliaut*. Gl. *Bialdum*.

BYON, Espèce de vase. Gl. *Buheterius*.

BYSE, Bise, grise, brute. Chanson de Roland, stance 168, vers 4 :

De devant lui od une perre byse.

C

ÇA

° **ÇA**, Interjection. Chron. des ducs de Normandie, tom. 2, pag. 456, vers 28547 :

As oueilles garder entent
Ça hei, ça hei! lor dit sovent.

Le ms. de Tours porte *Ça tro*. *Cha*, *Ça* pour Cela. Flore et Blanceflor, vers 510 :

CAA

Et por Blanceflor le donerent;
Cha ont doné par droit marcié
Et il s'en font joiant et lié.

Voyez Rayn. tom. 5, pag. 163², au mot *Saï*. *Caiens*, Orell, pag. 299.

1. **CAABLE**, L'action d'abattre et de jeter par terre. Gl. *Cabulus*, pag. 10¹. [Coup. Guill. Guiart, tom. 2, pag. 477, vers 12396 (21379) :

Cil de Bretaingne et de Bourgoingne
I refierent à droit caable.

Voyez *Caple* et *Chaable*.]

2. **CAABLE**, Arbre ou branche abattue et rompue par le vent ou autrement. Gl. *Cabulus*, pag. 9³.

° 3. **CAABLE**, comme *Chaable* 1. Voyez *Cadable*.

° **CAAIGNON**, Voyez *Chaignon*.

° **CAASTÉ**, Chasteté. Flore et Blanceflor, vers 738 :
> Desor vos ne fu onques née
> Qui portast si bien caasté ;
> S'aviez la forme de biauté.

Voyez Rayn. tom. 2, pag. 253¹, au mot *Castitat*.

CAAGE, Droit qu'on paye pour l'entretien des quais, pour pouvoir y charger et décharger les marchandises. Gl. *Caya*, pag. 245³.

CABAL, Capital, les fonds ou biens de quelqu'un. Gl. *Cabale*. [Voyez Rayn. tom. 2, pag. 325², au mot *Cabal*.]

CABALMENT, Entièrement. Gl. sous *Caballum*. [En provençal. Voyez Rayn. tom. 2, pag. 326², au mot *Cabalmen*.]

CABANNE, Écurie. Gl. *Cabanacum*.

CABAR, Clou à la tête, caboche. Gl. *Cabironalis*.

1. **CABARET**, Raquette ou battoir. Gl. *Cabaretus*.

2. **CABARET**, Lieu fermé de barreaux en forme de cage. Gl. *Cabia* 3.

CABARETEUR, Cabaretier. Gl. *Cabaretus*.

CABATZ RABATU, Terme injurieux pour une femme. Gl. *Cabatius*.

CABAU, Capital, les fonds ou biens de quelqu'un. Gl. *Cabale* [à Bordeaux et Bayonne.]

CABAUST, Lieu fermé de barreaux en forme de cage. Gl. *Cabia* 3.

CABESTRAGE, Droit seigneurial en usage en Provence, qu'on paye en dédommagement des juments que les seigneurs prêtent à leurs vassaux pour fouler leurs grains. Gl. *Cabestragium*.

CABILLAU, Nom d'une faction en Hollande. Gl. *Cabelgenses*.

CABLE, Arbre ou branche abattue et rompue par le vent ou autrement. Gl. *Cabulus*, pag. 9³.

° **CABOCE**, Caboche, tête. Chronique des ducs de Normandie, tom. 2, pag. 285, vers 22298 :
> Qu'ainz perdreit chascon la caboce
> S'il en aveit poeir e force.

Tom. 2, pag. 267, vers 38975 :
> Que cel n'i out, tant éust force
> Qui 'n portast point de la caboce.

CABOCEAU, CABOCIAU, Mesure de grain, de sel, etc. Gl. *Cabocellus*.

CABOT, Chabot, poisson. Gl. *Cabos* et *Capito* 3. [Voyez Gl. *Fratillum*.]

CABOZ, Sorte de petite bourse. Gl. *Cabos*.

CABUCEAU, Couvercle [à Marseille.] Gl. *Cabusellus*.

CABUSER, Tromper, surprendre ; d'où *Cabuserie*, Tromperie, supercherie ; et *Cabuseur*, Trompeur, fourbe. Gl. *Cabusator* [et *Hoquelator*.]

CABUSSER, p. e. Courbure ou élévation. Gl. *Cabusator*.

CACE, Trou d'une aiguille. Gl. *Camela*.

° **CACEOUR**. Voyez *Chaceor*.

1. **CACHE**, Incursion, course sur une terre ennemie. Gl. *Cachia* 3.

2. **CACHE**, Poursuite en justice ; ou Amende. Gl. *Cachia* 3.

3. **CACHE**, Coffre, cassette. Gl. *Cacia* 1.

CACHÉEMENT, Secrètement, en cachette. Gl. *Repositus*.

CACHEFÉS, Levier. Gl. *Cacellus*.

1. **CACHER**, Percevoir, lever, exiger un droit. Gl. *Cachia* 3.

2. **CACHER** (SE), Se blesser. Gl. *Cachia* 3. [Voyez Rayn. tom. 2, pag. 350¹, au mot *Cassar*.]

CACHEREAU, Cartulaire, papier terrier. Gl. *Cacherellus*.

CACHERIE, Chasse, le droit de chasser. Gl. *Cacheria*.

CACHEURE, Blessure, plaie. Gl. *Cachia* 3. [Voyez Rayn. tom. 2, pag. 350¹, au mot *Cassadura*.]

CACHIER, Chasser, mener les bestiaux au pâturage. Gl. *Chacea* 2. [*Cacier*, Chasser. Roi Guillaume, pag. 142, Rayn. tom. 2, pag. 350², au mot *Cassar*.]

CACLUTER, Publier, proclamer au bruit de quelque chose. Gl. *Clingere* 2.

CACOU, Terme injurieux en basse Bretagne. Gl. *Cagoti*, pag. 18¹.

° **CADABLE**, Machine de guerre, comme *Chaable* 1. Chanson de Roland, stance 8, vers 3 :
> Od ses cadables les turs en abatied.

Stance 16, vers 8 :
> Od vos caables avez fruiset ses murs.

CADEFAUT, Échafaud. Gl. *Cadafalus*.

CADELLER, Conduire, mener. Gl. *Capdelare*. [Chanson de Roland, stance 73, vers 6 ; stance 206, vers 12. Garin, tom. 1, pag. 10. Voyez Rayn. tom. 2, pag. 325¹, au mot *Capdelar*, ci-dessous *Chadeler*.]

CAENNE, p. e. Quai. Gl. sous *Caya*, pag. 245³. [P. e. Chaîne. Voyez Gl. *Catena* 5. Chanson de Roland, stance 272, vers 2 :
> Guenes li fels en caeines de fer.

Stance 182, vers 3 :
> En dous chaeines si teneit un brohun.

Voyez Rayn. tom. 2, pag. 285¹, au mot *Cadena*.]

° **CAFFARD**. Gl. *Coquibus*.

CAGAREL, Sorte de poisson. Gl. *Sclave*.

CAGE, Espèce de filet pour la pêche. Gl. *Cagia* 1.

CAGETE, Petite cage ou boîte. Gl. *Cagia* 2.

CAGOTS, Habitants du Béarn et de quelque partie de la Gascogne, méprisés et haïs du reste du peuple. Gl. *Cagoti*.

CAHARIE, Le droit qu'on lève pour l'entretien des quais. Gl. sous *Caya*, pag. 245³.

CAHOER, Chandelle de cire, flambeau. Gl. *Quarrellus* 3.

CAHS, Sorte de vaisseau ou navire. Gl. *Gatus* 1.

CAHUET, Espèce de bonnet, la partie de l'aumusse ou de la chape qui couvrait la tête. Gl. *Belveria* et *Cahouetus*.

° **CAIAGE**, CAIAAGE, comme *Caage*, Gl. *Caya*, pag. 245³.

CAIELLER, p. e. pour *Cadeller*, Conduire, mener. Gl. *Capdelare*. [Voyez *Chaeler*. Roman de Renart, tom. 4, pag. 212, vers 2256 :
> De la quinte (eskiele) ne me doi taire
> Celi li rois caüelle et guie.]

CAIER, Chandelle de cire, flambeau, torche. Gl. *Quarrellus* 3.

1. **CAIGE**, Toile pour prendre les sangliers. Gl. *Cagia* 1.

2. **CAIGE**, Sorte de filet pour la pêche. Gl. *Cagia* 1.

° **CAIGNET**. Voyez *Marbre*.

1. **CAILLIER**, Tasse, gobelet, vase à boire. Gl. *Caillier* et *Mazer*, pag. 316³ et 317².

2. **CAILLIER**, Machine pour prendre les cailles. Gl. *Caillier* pag. 18³.

CAINAGE, p. e. pour CAÏAGE, le droit qu'on lève pour l'entretien des quais. Gl. sous *Caya*, pag. 245³.

° **CAINDRE**, Ceindre, revêtir, être revêtu. Gérard de Vienne, vers 3275 :
> Gainte et la chair de l'auberc c'ot vestu.

Vers 2569 :
> Le millor home ke ainz cainsist d'espée.

Partonop. vers 2967 :
> Et sa meséricorde a çainte,
> D'orfrois étoit par le heut çainte.

° **CAINÉ**. Partonop. de Blois, vers 2930 :
> Les ont soixante mil esmés,
> Et ains que past la quarentaine
> I assient cent mil à caine.

Le manuscrit 1239 porte :
> Jà sont cent mile à esquaine.

° **CAINSE**, CAINSIL. Voyez *Chainse*, *Chainsil*.

ÇAINT, Ceinture, écharpe. Gl. *Fermeilletum*. [Voyez *Chaint*.]

° **ÇAINTURE**, Ceinture. Partonop. vers 10651 :
> Devant torent les ouvertures
> Et les pendans de lor çaintures.

Voyez *Chainture*.

° **CAISNE**, CHAISNE, Chêne. Partonop. vers 649 :

Il s'est desos un caisne assis.

Roi Guillaume, pag. 149 :

Ains fuit vers un caisne à retrait...
Si fait du caisne son escu.

Partonop. vers 5759 :

Li chaisnes ert porriz par soi.

Chron. des ducs de Normandie, tom. 1, pag. 341, vers 7422. Voyez Gl. *Casnus*, Rayn. tom. 2, pag. 352¹, au mot *Casser*.

° **CAITIF**, Captif. Partonop. vers 283, 378, 1185. Voyez Rayn. tom. 2, pag. 275¹, au mot *Captiu*. Garin le Loher. tom. 1, pag. 166 : *Chétis*.

° **CAITIVETET**. Voyez *Chaitiveté*.

CALABRE, Machine de guerre pour assiéger les places. Gl. *Calabra*.

CALABRIEN, CALABRIN, Carabin, sorte de troupe légère. Gl. *Calabrinus*.

CALAMAY. La fête de la Chandeleur. Gl. *Candelaria* 1.

° **CALAMINE**, Certaine pierre. Gl. *Calamnaris. Caramite*, Rayn. tom. 2, pag. 332¹, au mot *Caramida*.

° **CALANDRE**, Alouette. Chron. des ducs de Normandie, tom. 1, pag. 133, vers 19244. Voyez Roquef. au mot *Calendre*, Gl. *Calandra* 1.

CALANGAGE, ALLER EN CALANGAGE, Entreprendre sur autrui. Gl. sous *Calumnia* 1, pag. 36².

CALANS, Sorte de bateau, chaland. Gl. sous *Chelandium*. [*Calans, Caland*, Chanson de Roland, stance 188, vers 2 ; stance 192, vers 5 ; stance 176, vers 10.]

CALCIAGE, Le droit qu'on lève pour l'entretien des chaussées. Gl. *Calcagium* sous *Calcea*, pag. 23³.

CALENES, On appelle ainsi à Marseille la veille de Noël, et le repas qu'on y fait ce jour-là. Gl. *Festum Calendarum* sous *Festum* 1.

CALENGE, Demande en justice. Gl. *Calumnia* 1. [Faire chalonge, Provoquer, attaquer. Chron. des ducs de Normandie, tom. 2, pag. 35, vers 16319 :

Ne quit que gens mais plus irée
Alassent lor faire chalonge.

Calenge metre, Contester, disputer. Flore et Blanceflor, vers 2110 :

Par mon cief, calenge i metrai.

Roi Guillaume, pag. 83 :

Jà puis qu'ele vos ert livrée
Et de ma gent asséurée,
N'ert honnes qui calenge i mece.

Chron. des ducs de Normandie, tom. 2, pag. 66, vers 17230 :

Eisi s'en est del tot demis
Senz chalenge que mais l'en face.

Voyez Rayn. tom. 2, pag. 295², au mot *Calonja*.]

CALENGER, Former une demande en justice. Gl. *Calumnia* 1. [Chalenger, Chalonger, Demander, contester, provoquer, attaquer, défendre, refuser, prohiber, blâmer. Chanson de Roland, stance 262, vers 4 :

A mult grant tort mun païs me [*calenges*.

Aubri, vers 60 :

Que nostre terre nos vont si calengant.

Agolant, vers 1 :

Karlon quemande que l'ost soit [*aprestée......*
A Sarrazins chalengier la contrée.

Voyez vers 103, et pag. 172 ¹. Chronique des ducs de Normandie, tom. 1, pag. 202, vers 3430 ; pag. 381, vers 8621 :

N'ont pas esfors à eus sofrir
N'a chalenjer lur le païs.

Pag. 407, vers 9392 :

Ja fust la cité chalongée.

Gérard de Vienne, vers 2290 :

Si suix venus Viane chalongier.

Vers 1315, 589 :

Or ne laroit por les manbres tranchier
Ke ne li voist sa vie chalongier.

Agolant, vers 777 :

Petit s'en faut, ne li vois chalengier.

Chanson de Colin Muset, Wackern., pag. 72 :

Et quant si grant chose enpris
Com de vostre amor chalongier.

Gérard de Vienne, vers 1322 :

Ke bien la cuis envers vos chalongier.

Roi Guillaume, pag. 108 :

N'a soing de prester à usure
Que sa naiure li caloigne.

Chron. des ducs de Normandie, tom. 1, pag. 402, vers 9230 :

La defiance e le devié
Et com il li unt chalengé
Qu'en la cité puis n'arestace.

Tom. 3, pag. 438 ², vers 25739 :

Ce veit le deiable e odtreie
N'i chalonge ne n'i desvaie
Parole que li angre ait dite.

Partonop. vers 4319 :

Et seit ses dons bien aséoir
Et doner as bons par savoir,
Et as autres si sains dangier
Que ne l'en puet nus calengier.

Vers 5707 :

Mais certes ge cuit qu'à grant tort
Vos chaloig et mesai si fort.

Roman de Renart, tom. 2, pag. 96, vers 12175 :

Li rois m'en a doné congié
Et conmandé et chalangié.

Chronique des ducs de Normandie, tom. 1, pag. 221, vers 3991 :

E li Daneis se sunt logié,
Si lour ot esté chalengié.

Voyez Rayn. tom. 2, pag. 295 ², au mot *Calonjar*.]

CALETTE, Sorte de bonnet. Gl. *Calestra*.

CALEVRES, Trompeur, dissimulé, fourbe. Gl. *Calvere*.

CALIBURNE, Nom de l'épée du roi Artus. Gl. *Caliburne*.

° **CALIMIEL**, Chalumeau. Roman de Renart, tom. 4, pag. 166, vers 1068 :

En Malpertuis sounent tabour,
Flahustes, tymbre et calimiel,
Trompes, araines, etc.

Voyez Rayn. tom. 2, pag. 295 ¹, au mot *Calamel*.

CALIVALY, Charivari. Gl. *Chalvaricum*, pag. 284².

CALLATE, Rue qui va en baissant. Gl. *Calata* 2.

CALLECTOIRE, Sorte de jeu. Gl. sous *Calletia*.

CALLENGE, Demande formée en justice. Gl. *Callengia*.

CALLIQUES, Espèce de sardine. Gl. *Aphya*.

CALMINER, Crépir, couvrir d'un enduit. Gl. *Imbutamentum*.

CALOBE, p. e. pour *Colobe*, Sorte de vêtement sans manches, ou avec des manches fort courtes. Gl. *Colobium*.

° **CALOTTE**. Voyez *Carotte*.

CALPHADEUR, Calfateur, celui qui calfate un vaisseau. Gl. *Calefactus*.

CALTRE, Draperie. Gl. *Calteria*.

CALVAGUETE, Service militaire à cheval. Gl. *Cavalgata* sous *Caballus*, pag. 6¹.

CAMAHEU, CAMAHIER, Camaïeu. Gl. *Camahotus* sous *Camœus*.

CAMAIL, Habillement de tête, sorte d'armure. Gl. *Camelaucum*, pag. 44³, 45¹, et *Mantus*. [Voyez Rayn. tom. 2, pag. 321 ², au mot *Capmalh*.]

CAMBAGE, CAMBAIGE, Le droit qu'on paye pour faire ou vendre de la bière et autres boissons. Gl. *Cambagium* sous *Camba* 3.

CAMBE, Brasserie. Gl. *Camba* 3.

° **CAMBELLENS**. Voyez *Chambellains*.

CAMBGEUR, CAMBIADOR, Changeur, banquier. Gl. *Cambitor*.

- **CAMBIER**, Brasseur, celui qui vend ou fait de la bière, dont la femme est appelée *Camberiere*. Gl. *Camberius* sous *Camba* 3, pag. 39³.

CAMBOURIERE, Chambrière, femme de chambre. Renart, tom. 4. pag. 193, vers 1774 :

Vint dame Emme, car les novieles
Li ot dit une cambouriere.

Voyez *Chamberier*.

° **CAMBRE**. Voyez *Chambre*.

CAMBRELAIGE, Office et droits du chambellan ; ou ce qui est dû à la chambre du seigneur à chaque mutation. Gl. *Cambellanus*, pag. 40³.

° **CAMBRETE**, Chambrette. Partonop. vers 6908 :

En lor nef ot une maison,
Une moul bien painte cambrete,
C' Urrake nome gloriete ;
Un entreclos i a petit
U il ne peut avoir c'un lit.

Voyez Jal. Archéol. navale, tom. 2, p. 422. Rayn. tom. 2, pag. 300², au mot *Cambreta*.

CAMBRIER, Celui qui est sujet aux droits de la chambre du seigneur. Gl. *Hospes*, pag. 286 ².

CAMBRY, Voûte. Gl. *Camera* 10.

CAMDELARBRE, Candélabre. Partonop. vers 1698, 10764. Voyez Rayn. tom. 2, pag. 212 ¹ au mot *Candelabre*.

CAMEILL, Sorte d'armure pour la tête. Gl. *Camelaucum*, pag. 45 ¹.

CAMEL, Chameau ou cable. Gl. *Camela*.

CAMELIN, Sorte d'étoffe. Gl. *Camelotum*.

CAMELINE, Certaine sauce. Gl. *Camelotum*, pag. 45 ².

CAMINADE, Chambre où il y a une cheminée. Gl. *Caminata*, pag. 52 ².

CAMISE, Chemise, sorte d'habillement. Gl. *Camisa*, pag. 58 ¹.

CAMOCAS, CAMOCHAT, Sorte d'étoffe riche. Gl. *Camoca* et *Camocatus*.

CAMOISIÉ, Couvert de plaies. Gl. *Camocatus*. [Couvert de taches, de souillure. Gérard de Vienne, vers 896 :

Camouziez fu del aubere c'ot vesti.

Roman de Renart, tom. 3, pag. 163, vers 24238 :

*Et Roonel fiert, se vos di,
Grant cop quanqu'il pot de son pié,
Que tot à le vis camoissié.*

Chron. des ducs de Norm. tom. 2, p. 131, vers 19192 :

Del osberc fu tot chamoissiez.]

CAMOISIER, CAMOISSER, Préparer une peau comme le chamois. Gl. *Camocatus*.

CAMOSÉ, Ciselé. Gl. *Camocatus*.

CAMP, Combat, bataille. Gl. *Campus* 1.

° **CAMP FLORI**, Séjour des bienheureux. Flore et Blanceflor, vers 785 :

*M'ame le m'amis sivra
En camp flori le trovera,
U le keut encontre moi flors....
Ele m'ara proçainement
En camp flori ù el m'atent.*

° **CAMPAL**, CAMPEL. Gl. *Bellum campale*, pag. 622 ². Voyez *Bataille*.

CAMPANE, Cloche. Gl. *Campana bannalis*, pag. 57 ¹. [Et *Tintinnabulum*. Voyez Rayn. tom. 2, pag. 305 ¹, au mot *Campane*.]

CAMPANIER, Clocher. Gl. sous *Campana* 2, pag. 58 ¹.

° **CAMPART**, Champart. Gl. *Villenagium*, pag. 334 ².

CAMPELET, Petit champ. Gl. *Campellus*.

CAMPENART, Clocher. Gl. sous *Campana* 2, pag. 58 ¹.

CAMPESTRE, Champ labourable, et le laboureur même. Gl. *Campestris*. [Voyez Rayn. tom. 2, pag. 304 ¹, au mot *Campestre*.]

CAMPIE, Messier, celui qui est chargé de veiller à ce qu'il ne soit fait aucun dommage aux fruits des champs. Gl. *Camperius* [en Provence].

CAMPIESTRE, Qui est de la campagne. Gl. *Campestris*.

CAMPIGER, Camper, tenir la campagne. Gl. *Campizare*.

° **CAMPIUNS**, Champion. Chanson de Roland, stance 163, vers 21 :

*Par granz batailles e par mult bel
[sermons
Cuntre paiens sur tuz tens campiuns.*

Voyez Rayn. tom. 2, pag. 304 ¹, au mot *Campion*.

CANABASSEUR, Celui qui fait ou vend de la toile, ou autre chose faite de chanvre. Gl. *Canabaserius*.

° **CANCELER**, Renfermer. Pour *Conceler* ? Partonop. vers 4591 :

*Puis apris de divinité
Si que j'en seuc à grant plenté,
Et la viés loi et la novele
Qui tot le sens del mont cancele.*

CANCELURE, Se dit des lignes qu'on tire sur un acte pour l'annuler. Gl. *Cancellatura*.

CANCHEL, Enceinte, clôture de murs. Gl. *Cancellus* 1, pag. 80 ³.

° **CANDALIE**, Chandelier. Gl. *Candalies*.

CANDELABRE, Chandelier. Gl. *Candelabra*. [Voyez *Candelarbre*.]

1. **CANDELIER**, La fête de la Chandeleur. Gl. *Candelaria* 1.

° 2. **CANDELIER**. Voyez *Chandelier*.

CANDELLE, Confrairie. Gl. *Candela* 2.

CANDELLERIE, CANDELLIÈRE, La fête de la Chandeleur. Gl. *Candelaria* 1.

CANDOILE, Chandelle. Gl. *Pecia candelæ*, pag. 235 ³. [Voyez Rayn. tom. 2, pag. 311 ², au mot *Candela*.]

CANEL, Trame. Gl. *Canela*.

° **CANES**, Cheveux blancs. Voyez Roquef. et Rayn. tom. 2, pag. 317 ¹, au mot *Canas*.

CANESTIAU, Échaudé, sorte de pâtisserie. Gl. *Canistellus* [en Flandre].

° **CANESTREL**, Corbeille. Genèse, chap. 14, vers 16 : *Jeo vi un sounge que je avois treis canestreux.*

CANET, Banc. Gl. *Canetum*.

CANEVIERE, Chènevière. Gl. *Canaveria*.

CANEYNE, Lieu rempli de cannes ou roseaux. Gl. *Caneria*.

CANGE, Gale. Gl. *Impetigo*.

CANGEOUR, Changeur, banquier. Gl. *Cambitor*. [Rayn. tom. 2, pag. 299 ⁴, au mot *Cambiaire*.]

CANIBOTE, Chènevotte, le tuyau du chanvre. Gl. *Canevale*.

CANIVELLE, Chemise. Gl. *Canifellus*.

CANIVET, Couteau, canif. Gl. *Canivetus*. [Et *Artavus*. Partonop. vers 5067 :

*De veneria i a ostius
Li canivés et li fuisius,
Et li tondres od le galet
Et mitaines de mulabet.*

Joli Buisson de Jonece, pag. 326 :

*Encre et papier et escriptoire
Canivet et penne taillie.*

Voyez Rayn. tom. 2, pag. 310 ², au mot *Canivet*.]

CANOGNE, Chanoine. Gl. *Canonicus*, pag. 98 ².

CANOISIE, Chapitre de chanoines. Gl. *Cànonia*, pag. 99 ¹.

CANOLE, Trachée-artère, le canal de la respiration. Gl. *Cannolia*. [Roman de Renart, tom. 4, pag. 165, vers 1030 :

*Kéi del mur, si que brisie
Ot et quisse et bras et canole.*]

1. **CANON**, Loyer, cens, redevance. Gl. *Canon* 1. [Rayn. tom. 2, pag. 310 ², au mot *Canon*.]

2. **CANON**, Flûte, chalumeau. Gl. *Canon* 6.

CANONE, Chanoine. Gl. *Hæreditare* 3 [et *Regularis* 3.]

CANONGE, Le revenu d'un canonicat. Gl. *Canongia*. [Mesons canoniaus. Gl. *Canonicalis rector*, pag. 99 ³ et 100 ¹.]

CANONNE, Chanoine. Gl. *Canonicus*, pag. 98 ².

CANTATOURS, Nom de certains brigands. Gl. *Cotereili*, pag. 598 ¹. [Guill. Guiart, tom. 1, pag. 41, vers 417.]

CANTÉE, Sorte de mesure. Gl. *Centum* 2.

CANTEL, Quartier, morceau. Tenir en Cantel ou Cantiel, Tenir, porter de côté, sur le côté. Gl. *Cantellus*. [Partonop. vers 3380 :

*Li rois met son escu devant,
Il l'en abat un grant cantel.*

Chastel. de Couci, vers 716 :

*Escu d'or affiché d'asur,
Au lioncel vermel passant
Bordés ens ou chantel devant.*

Voyez Rayn. tom. 2, pag. 316 ², au mot *Cantel*. Garin le Loher. tom. 1, pag. 168 :

L'escu au col en cantel l'a assis.

Chron. des ducs de Normandie, tom. 1, pag. 125, vers 1257 :

L'escu lur a mis en chantel.

Roman de Renart, tom. 4, pag. 146, vers 548 :

*Ysengrin l'escu en cantiel
Tenoit moult fort par les enarmes.*

Agolant, vers 508 :

*Vente et gresille, si ne fet mie bel,
Deves le vent mist l'escu en chantel.*

Lai de l'Ombre, vers 274 :

*Li sire avait devant son vis
Formé son mantel en chantel.*

Voyez le Roman de la Violette, pag. 78, not. 3.]

CANTON, Angle, encoignure. Gl. *Canto*

1. [Rayn. tom. 2, pag. 316 [1], au mot *Canton*.]

CANTONNIERE, Prostituée, femme débauchée, qui se tient aux coins des rues pour débaucher les passants. Gl. *Canto* 1.

CANTUARIE, Bénéfice de chantre. Gl. *Cantuarium*.

° **CANU**. Voyez *Chanu*.

CANVRE, Prononciation picarde, pour Chanvre. Gl. *Canvum*.

° **CAOIR**, Choir, tomber. Rayn. tom. 2, pag. 345 [2], au mot *Cazer*. *Chaant, levant*, Partonop. vers 4231. 5218.

CAOURSIN, Le pays de Cahors. Gl. *Caorcini*, pag. 110 [2]. [Rayn. tom. 2, p. 391 [2], au mot *Chaorcin*.]

CAPAGE, Capitation, tribut imposé sur les personnes et sur les têtes, ou sur chaque maison. Gl. *Capitatio* 1. [Voyez Rayn. tom. 2, pag. 317 [2], au mot *Cap*.]

CAPAYROU, Sorte de chaperon. Gl. *Capayrona* [en Languedoc].

CAPDAL, CAPDAU, Chef, seigneur, nom de dignité. Gl. *Capitalis* 1, pag. 133 [2].

CAPDET, Cadet, puîné. Gl. *Capdets*.

CAPDEULH, Chef ou principal manoir, château. Gl. *Capdolium*.

1. **CAPE**, Conduit d'eau. Gl. *Capa* 2 [à Arles].

° 2. **CAPE**, CHAPE, Manteau, cape. Partonop. vers 3208, 5126. Roi Guill. pag. 99, 104. Roman de Renart, tom. 2, pag. 171, vers 14190. Voyez Rayn. tom. 2, pag. 320 [2], au mot *Capa*, ci-dessous *Chape*.

CAPECEUR, Voleur, celui qui prend ; ou Recors, aide de sergent. Gl. *Rogatum* 2.

° **CAPEL**, CHAPEL, Chapeau. Aubri, pag. 154 [2] :

    Li capel prist, le quebe et le doblier
    Et le bordon, grant, gros et plenier.

Voyez Rayn. tom. 2, pag. 321 [1], au mot *Capel*. *Chapel Marterin*. Gl. *Martures*. *Chapel sebelin*, Agolant, pag. 173 [2]. 174 [1]. Couronne de fleurs ou de feuille. Roman de Renart, tom. 3, pag. 45, vers 20986. Wackern. pag. 75.

° **CAPELER**, Coiffe que l'on portait sous le casque. Chanson de Roland, stance 250, vers 4 :

    Si fiert Naimun en l'elme principal,
    L'une meitiet l'en fruissed d'une part,
    Al brant d'acer l'en trenchet cinq des
                          [*laz*.
    Li capelers un dener ne li valt,
    Trenchet la coife entresque à la char.

Fierabras en provençal, vers 1004 :

    E desus lo capel si fetz l'elme lassar.

Voyez Rayn. tom. 2, pag. 321 [1] au mot *Capel*.

CAPELERIE, Chapelle, bénéfice simple. Gl. *Capellania* 1.

CAPELINE, Armure de tête, espèce de casque. Gl. *Capellina* 3.

CAPELLAN, Prêtre, curé. Gl. *Capellani* 2. [Voyez Rayn. tom. 2, pag. 329 [2], au mot *Capelan*.]

CAPETER, Vexer, tourmenter. Gl. *Capetus*.

CAPIAULX, Chapeau. Gl. *Capellus* 1.

° **CAPIEL**, Chef. Gl. *Glotonus*.

CAPILAIRE, pour Scapulaire. Gl. *Capularium*.

CAPISCOL, Écolâtre, dignité ecclésiastique. Gl. *Capischolus* sous *Caput* 3, pag. 154 [3].

CAPISTRE, p. e. Sorte d'étoffe. Gl. *Capizolus*.

CAPITAGE, Cens dû au seigneur chaque année par ses hommes de corps. Gl. *Capitagium* 1.

CAPITAIN, Gouverneur. Gl. *Capitaneus generalis*. [Voyez Rayn. tom. 2, pag. 327 [2], au mot *Capitani*.]

1. **CAPITAU**, Capital, le sort principal. Gl. *Capitale* 2.

2. **CAPITAU**, Chef, seigneur, nom de dignité. Gl. *Capitalis* 1.

CAPITELE, Chapitre, lieu où s'assemblent les chanoines et les moines. Gl. *Capitulum* 4, pag. 141 [2]. [Voyez Rayn. tom. 2, pag. 322 [2], au mot *Capitol*.]

CAPITOLIER, CAPITULEUR, CAPITULLIER, Capitoul, echevin. Gl. *Capitulum* 5.

° **CAPLE**, CAPLEIS, CAPLOI. Voyez *Chaple* 2.

° **CAPLER**. Voyez *Chapler*.

° **CAPLISON**. Voyez *Chapleison*.

CAPLOIER, Combattre, frapper avec l'épée. Gl. *Capulare*.

CAPOULIÉ, Chef, conducteur ; et plus spécialement, celui qui conduit les moissonneurs. Gl. *Caporalis* [en Provence].

CAPPE, Voûte. Gl. *Capa* 5.

° **CAPPEL**, Chapeau. Gl. *Capellus Beverinus*, pag. 124 [2].

CAPPELINGE, Armure de tête, espèce de casque. Gl. *Capellina* 3.

CAPPILAIRE, pour Scapulaire, habit de moine. Gl. *Capularium*.

CAPPITLE, Chapitre. Gl. *Capitulum* 4.

CAPPITULIER, Capitoul, échevin. Gl. sous *Capitulum*, pag. 142 [1] [à Toulouse].

CAPSINE, Poignée, autant que la main peut contenir. Gl. *Capunta*.

CAPSOOL, CAPSOU, Le droit dû au seigneur sur le prix de la vente de ce qui relève de lui. Gl. *Capisolidum* et *Capsol*. [Voyez Rayn. tom. 2, pag. 321 [2], au mot *Capsol*.]

CAPTAL, CAPTAU, Chef, seigneur, nom de dignité. Gl. *Capitalis* 1, pag. 133 [2]. [Voyez Rayn. tom. 2, pag. 322 [2], au mot *Captal*.]

CAPTALIER, Entrepreneur, fermier, celui qui a la conduite de quelque chose. Gl. *Captalerius* [en catalan].

CAPTIONNER, Mettre en prison. Gl. *Captio*.

° **CAPUIS**, Nom d'une faction en Auvergne. Gl. *Caputiati*, pag. 156 [2].

CAPULAIRE, pour Scapulaire, sorte d'habit. Gl. *Scapulare*.

° **CAPUSER**. Voyez *Chapler* et *Chapuiser*.

CAQUEHAN, Cabale, conspiration. Gl. *Caquus*.

CAQUEHARENC, Hareng en caque. Gl. *Caquus*.

CAQUEUX, CAQUINS, Espèce d'hommes, regardés et traités comme Juifs en Bretagne. Gl. *Cagoti*.

CAQUIN, Caque, petit tonneau. Gl. *Caquus*.

° 1. **CAR**, Donc, or. Partonop. vers 7519 :

    Moult a grant tans que ne le vi,
    Et Deus, car fusce-jo ore od li !

Chanson anon. Laborde, pag. 306 :

    Car venist or la mort por moi destrain-
                              [*dre* !

Garin de Loh. tom. 1, pag. 29 :

    Sainte Marie, ce dit li dux Hervis,
    Car priez ore, en cest jor, vostre fil.

Pag. 151 :

    Et dit Fromons : Or avez-vous bien dit,
    Car empensez que nel sache Pepins.

Pag. 82 :

    Et respont Begues : Car faire le devez.

Roman de Renart, tom. 1, pag. 89, vers 1016 :

    Mes car me faites osteler,
    Huimès ne saroie où aler.

Roi Guillaume, pag. 48 :

    Faites crier tost orendroit
    Se nus vos set que demander,
    Car près estes de l'amender.

Chastel. de Couci, vers 5408 :

    Servant que dame veult hair
    Car mar fait estre ne servir.

Voyez Gérard de Vienne, note, au vers 2040. Diez, tom. 2, pag. 411 ; tom. 3, pag. 195. Orell. pag. 544. Rayn. tom. 5, pag. 5 [1], au mot *Quar*.

° 2. **CAR**, CARN, CHARN, CHAR, Chair. Chanson de Roland, stance 157, vers 8 :

    Ne vos lerrai pur nul hume de car.

Stance 207, vers 10 :

    E ma car fust delez el enfuie.

Stance 263, vers 4 :

    Met li l'espée sur les chevels menuz
    Prent de la carn grant pleine palme e
                              [*plus*.

Voyez *Carnais*. Stance 94, vers 5 :

    L'osberc li rumpt entresque à la charn.

Voyez st. 124, v. 4 ; 250, v. 8. Ma char,

comme *mon corps*, Moi. Enfants Haymon, vers 821 :

Afin que ma char soit de par luy con-
[*seillie.*
Voyez Rayn. tom. 2, pag. 339², au mot *Carn.*

3. **CAR**, Char, chariot. Gl. *Carrecta 2.* [Voyez Rayn. tom. 2, pag. 337¹, au mot *Car.*]

° **CARABIN.** Gl. *Calabrinus.*

° **CARACQUE**, Espèce de navire. Gl. *Caraca.*

° **CARACTE**, comme *Caraie*. Chronique des ducs de Normandie, tom. 1, pag. 27, vers 709 :

L'aveit issi apariliez,
D'art enchanté e primseignez,
E sur lui tant caractes fait,
Que jà d'armes n'en fust sanc trait.

CARAIE, Espèce de sortilège, billet écrit en caractères magiques. Gl. *Caraula.*

CARAMOT, Salicoque, crevette. Gl. *Squilla.*

CARATERE, Le champ d'un sceau. Gl. *Caracter 3.*

CARAVANIER, Métayer, qui fait valoir des terres, vignes, etc., à moitié des fruits. Gl. *Caravellus.*

CARAUDE, CARAUX, Espèce de sortilège, billet écrit en caractères magiques. Gl. *Caraula.*

CARAUDESSE, CARAULDE, Sorcière, qui emploie des *Caraudes.* Gl. *Caraula.*

CARAYROL, CARAYROU, Sentier, en Languedoc et en Provence. Gl. *Careironum.* [Voyez Rayn. tom. 2, pag. 338², au mot *Carrairon.*]

CARBONNAGE, Le droit de faire ou prendre le charbon nécessaire pour son usage. Gl. *Carbonagium* sous *Carbo 3.* [*Carbon*, Rayn. tom. 2, pag. 382², au mot *Carbo.*]

CARBONNÉE, Charbonnée, morceau de chair grillée. Gl. *Carbonea 2*, et *Carbonata.*

° **CARBUNCLE**, Escarboucle. Chanson de Roland, stance 187, vers 5 :

Aset i ad lenternes e carbuncles,
Tute la noit mult grant clartet lur du-
[*nent.*

Voyez stance 186, vers 4, stance 113, vers 15. Rayn. tom. 2, pag. 232², au mot *Carboncle.*

CARCAIRE, p. e. Éperon. Gl. *Calcar 1,* pag. 22².

° **CARCAN**, Collier. Aubri, pag. 175¹ :

Le duc emeinent et font estroit loier,
Un grant carcant li font el col lacier,
Si le leverent sor un roci trocier.

Roman de Renart, tom. 2, pag. 192, vers 1739 :

... Les prisons ont remis,
En le fosse à il furent pris,
En buies et en grans carcans.

CARCE, Prison. Gl. *Carcellaria.*

CARCELLIER, Geôlier. Gl. *Carcellaria.*

° **CARCHERE**, Prison. Enfants Haymon, vers 372. Voyez Rayn. tom. 2, pag. 333¹, au mot *Carcer.*

° **CARDEMOINE**, Cardamome. Roi Guill. pag. 93 :

En l'une a girofle e canele
Et cardemoine et noiz muscades.

Voyez Rayn. tom. 2, pag. 334¹, au mot *Cardamomi.*

CARDINAL, Nom du chef des jeunes gens élu chaque année à Boulogne-sur-Mer. Gl. *Cardinalis*, pag. 165².

CARDONNAL, Cardinal, dignité ecclésiastique. Gl. *Cardinalis*, pag. 165².

CARDONNEREULE, Chardonneret. Gl. *Acathalantis.*

° **CARE**, CARRE, Char. Chanson de Roland, stance 9, vers 10 ; stance 13, vers 7 ; stance 3, vers 10. Voyez Rayn. tom. 2, pag. 237¹, au mot *Carre.*

CAREE, Charretée. Gl. *Carea.*

CARESME DES FEMMES, Terme de quarante jours à compter de la mort du mari, pendant lequel on doit assigner le douaire à la veuve. Gl. sous *Quarentena 4*, pag. 594².

CARESMENTRANT, CARESMEPRENANT, Le mardi gras ou le premier dimanche de carême. Gl. *Caremenlrannus.*

° **CARETÉ**, Charrette. Gl. *Careta*, pag. 168¹.

° **CARETIL**, Charrette. Roman de Renart, tom. 5, pag. 58, vers 824 :

Si l'ont au caretil lancié.

Tom. 1, pag. 31 :

En la charete l'ont chargié.

Pag. 33, vers 870 :

Cil saillirent au charretil.

CARETON, Charretier. Gl. *Caretonus.*

° **CARETTÉE**, Charrette. Gl. *Carrecta 2.*

CARGUE, Charge, imposition, redevance. Gl. *Chargia 3.* [Voyez Rayn. tom. 2, pag. 336¹, au mot *Carga.*]

CARIAGE, p. e. Grosse toile, serpillière, canevas. Gl. *Cariagium 2.*

CARIBARY, Charivari. Gl. *Caria 2.*

CARIER, p. e. pour Carder. Gl. *Cariagium 2.*

1. **CARIN**, CARINLIER. Gl. *Carena 1.* [Roman de Renart, tom. 4, pag. 160, vers 912 :

Lors s'armerent tout ce que miex mius,
Lor carins et lor soumers font
Devant eaus aler.

° 2. **CARIN**, comme *Charaie ?* Enfants Haymon, vers 646 :

Du pavillon issy, et trois tours... tourna,
Il a fait un carin, et puis sing sort getta.

CARION, Le dixième de la dîme, que prenait celui qui la conduisait à la grange du décimateur. Gl. *Cario.*

CARITÉ, Le vin du marché. Gl. *Caritas 1.* [Voyez *Charité.*]

CARLIN, CARLY, Petite monnaie en usage dans la Navarre et dans le Bigorre. Gl. *Carleni.*

CARME, Prononciation picarde, pour Charme, arbre. Gl. *Carmus.*

CARMENTRAN, Le mardi gras ou le premier dimanche de carême. Gl. *Carementrannus* [en Provence].

° **CARNAIL**, Chair, gras. Partonop. vers 9873 :

Od le carnail trence l'orelle.

Voyez Rayn. tom. 2, pag. 341¹, au mot *Carnal*, ci-dessus *Car.*

CARNAL, CARNAU, Droit seigneurial sur les bêtes prises en dommage Gl. *Carnale 3*, et *Carnaus* [en Béarn].

° **CARNALAIGE**, Impôt sur la viande. Gl. *Carnalegium.*

CARNALER, User du droit appelé *Carnal.* Gl. *Carnale 3.*

CARNALITÉ, Chair, corps. Gl. *Carnalitas.* [Voyez Rayn. tom. 2, pag. 339², au mot *Carnalitat.*]

CARNAU. Voyez ci-dessus *Carnal.*

CARNE, pour *Carme*, Charme, arbre. Gl. *Carmus.*

° 1. **CARNEL**, CARNER, Charnier, cimetière. Chanson de Roland, stance 208, vers 5 :

En un carnel cumandez que hom les
[*port.*
Stance 209, vers 4 :

Ad un carner sempres les unt portet.

Voyez Rayn. tom. 2, pag. 340², au mot *Carnier.*

° 2. **CARNEL**, Créneau. Gl. *Quarnellus.* Roman de Renart, tom. 3, pag. 103, vers 22573 :

Si se vont esbatre en la tor,
As fenestres vont tot entor,
Et le chevalier tint l'espié,
A un carnel s'est apuié.

Voyez Rayn. tom. 2, pag. 506¹, au mot *Crenel.*

CARNEUS HOMME, Homme de chair, un mortel. Gl. *Carnalis 3.* [Partonop. v. 6860 :

El siecle n'est nus hom carneus
Qui tant vos doie com je doi.

Voyez *Charnel. Carnelment*, Rayn. tom. 2, pag. 341², au mot *Carnalment.*]

CARNIER, Boucher, celui qui vend de la chair. Gl. *Carniceria.*

CARNILIER. Gl. *Carena 1.*

CARNIQUET, Terme de gaieté, de belle humeur. Gl. *Gamba 1.*

° **CAROIER**, CARIER, CHARROIER, Charrier. Roman de Roncevaux, pag. 5 :

Cinquante chars li faictes caroier.

Chanson de Roland, stance 3, vers 10 :

Cinquante carre qu'en ferat carier.

Garin, tom. 1, pag. 246 :

> .... Fai mon ost estaublir
> Et mon charroi charroier et garnir
> Et de viandes et de pain et de vin.

1. CAROLE, Danse ; d'où *Caroler*, Danser. Gl. *Carola* 2 [Et *Charolare*. Chastel. de Couci, vers 990, 1926, sqq.]

° **2. CAROLE**, Palais fait par enchantement. Voyez Gl. *Caraula*. Fierabras, note, au vers 3311, pag. 182² :

> Lai ait une estrutura de pieres...
> Carole des jeans, se l'ystoire ne ment...
> A mont en sont alei la carolle veir.

CARONGNE, Charogne, le corps humain. Gl. *Caronia* 2.

CAROTTE. RETOURNER CAROTTE, Changer de parti. Gl. *Caravira*.

CARPANT, Hachis. Gl. *Carpeia*.

CARPENTEMENT, Charpente. Gl. *Carpentura*, pag. 182².

CARPENTIER, ENVOYER LES ROUGES CARPENTIERS, Mettre ou faire mettre le feu à une grange, à une maison. Gl. *Carpentarii*.

CARPIERE, Réservoir de carpes et d'autres poissons. Gl. *Carpana*.

CARPITE, Tapis, sorte de drap. Gl. *Carpita*.

CARQUAIS, Carquois, sorte d'armure. Gl. sous *Gambeso*, pag. 21² [et *Turcasia*].

CARQUE, Charge, poids. Gl. *Carrecta* 2.

CARRAIROL, CARRAIROU, Chemin, sentier. Gl. *Carreria* 1, pag. 186². [Voyez *Carayrol*.]

CARRE, Char, sorte de voiture. Gl. *Marcellum*. [Voyez Rayn. tom. 2, pag. 337¹, au mot *Carre*.]

CARREAU, Outil de tonnelier, tarière. Gl. *Careda*.

1. CARRÉE, Certaine mesure, p. e. la même que la Quarte. Gl. *Carraria* 4.

2. CARRÉE, Bouge, petite chambre. Gl. *Carta* 3.

CARREFEU, pour CERREFEU, Couvrefeu. Gl. *Ignitegium*, pag. 292¹.

° **CARREI**, Charroi. Rayn. tom. 2, pag. 338¹, au mot *Charrei*.

CARREIGNON, Cachet, sceau. Gl. *Ceraculum*.

1. CARREL, Place publique. Gl. *Carretum* 2.

° **2. CARREL**, Grande flèche. Gl. *Quadrellus* 1, pag. 585². Voyez Rayn. tom. 2, pag. 287¹, au mot *Cairel*.

CARRELER, Garnir. Gl. *Carola* 1 [et *Subtalares*, pag. 640¹].

CARRETAGE, Le droit qu'on lève sur les chariots. Gl. *Carreagium* 2.

CARRETE, p. e. Vrille, villebrequin, tarière. Gl. *Careda*.

CARRETTE, Prononciation picarde, pour Charrette. Gl. *Carrecta* 2. [Voyez Rayn. tom. 2, pag. 337², au mot *Carreta*.]

CARRIE, p. e. Catafalque. Gl. *Caricalum*.

CARRIERE, Chemin, par lequel peut passer un char. Gl. *Carreria* 1. [Roi Guillaume, pag. 54 :

> Ne tienent voie ne cariere.

Partonop. vers 667 :

> Et si s'en cuide aler ariere
> Mais il mesprent moult la cariere.

Vers 7788 :

> Et s'arestut en la charrière.

Chron. des ducs de Norm. tom. 1, pag. 287, vers 5879 :

> Tres par mi l'ost fuut lor charrere.

Tristan, vers 1492 :

> Husdent agueut une chariere,
> De la rote molt s'esbaudist.

Roman de Renart, tom. 1, pag. 26, vers 694 :

> Il voit qu'ele est en la chariere.

Voyez Rayn. tom. 2, pag. 338¹, au mot *Carriera*.]

° **CARRIERÉ**. Juge Carrieré. Gl. *Paritaderius*.

CARROLER, Garnir ; p. e. pour *Carreler*. Gl. *Carola* 1.

CARRON, Charron. Gl. *Caronnius*.

CARROS, Chariot qui portait le principal étendard de l'armée. Gl. *Carrocium*, pag. 189². [Voyez Rayn. tom. 2, pag. 337¹, au mot *Carros*.]

CARROUEIL, CARROUGE, Carrefour. Gl. *Carrouellum* et *Carubium*.

1. CARROY, Rue, place. Gl. *Carretum* 2.

° **2. CARROY**, comme *Carretage*. Gl. *Carreagium* 2.

CARRUÉE. Voyez *Caruée*.

CARSONNIER, Sorte d'emploi dans un vaisseau. Gl. *Carcionarius*.

° **CART**, CARTE, CARTON, comme *Cartarenche*. Gl. *Quarta* 1.

CARTARENCHE, Certaine mesure de grain, la même que la Quarte. Gl. *Cartarenchia*.

CARTAS, p. e. Flèche, javelot. Gl. *Carrotus*.

CARTEL, CARTELLET, Petit billet, bulletin. Gl. *Cartellus* 1.

CARTELÉE, Quartier, la quatrième partie d'un arpent. Gl. *Cartata*.

1. CARTERIER, Geôlier. Gl. *Carcerarius*. [Roman de Renart, tom. 4, pag. 184, vers 1530.]

2. CARTERIER, CARTIER, Infirme, qui ne peut sortir de la maison, qui est enfermé. Gl. *Carcer* 2.

CARTIERE, Certaine mesure de grain, la même que la Quarte. Gl. *Quarteria* 2.

CARTON, Charretier. Gl. *Caretonus*.

° **CARTRE**, Charte. Chanson de Roland, stance 123, vers 14 :

> Il est escrit es cartres e ès brefs.

Voyez Rayn. tom. 2, pag. 343¹, au mot *Carta*. Gérard de Vienne, pag. 174¹.

CARTRIER, Prisonnier. Gl. *Carcer* 2.

CARTULAIRE, Ce qu'on paye pour l'enregistrement des marchandises, et celui qui tient ces registres. Gl. *Cartularium* 2.

° **CARUAGE**, Impôt payé par *Caruée*. Gl. *Carrucagium* 1.

CARVANE, pour Caravane. Gl. *Caravanna*.

CARUBLE. Paier par Carubles à chascun son avenant, dans les Assises de Jérusalem, ch. 195. Varouble, dans le même sens, ch. 199. Payer au marc la livre.

CARUÉE, Certaine mesure de terre, autant qu'une charrue en peut labourer dans une année. Gl. *Carrucata*.

CARY, Cri usité dans le Boulenais, pour exciter à courrir sus à ceux qui lèvent des impôts que le peuple regarde comme injustes. Gl. *Caria* 2.

° **CAS**. Voyez *Fortunel*.

1. CASAL, Place vague, où l'on peut bâtir une maison ou faire un jardin, etc. Gl. *Casal*.

2. CASAL, Hameau, ferme, métairie. Gl. *Casale*, pag. 199¹. [Partonop. vers 6520. Rayn. tom. 2, pag. 348¹, au mot *Casal*.]

CASALÉ, Serf, homme de corps attaché à une métairie. Gl. *Casati* [en Béarn].

CASALET, Petit bassin, sorte de plat. Gl. *Casale*.

CASCAVEL, Grelot, sonnette. Gl. *Cascavellus* [en provençal].

CASÉ, Fieffé, celui qui tient un fief à titre de *Casement*. Gl. *Casati*, pag. 202¹. [Flore et Blancefior, vers 1800 :

> En Babiloine ça dedens
> A tors faites plus de sept cens,
> U mainent li baron casé.

Partonop. vers 1332 :

> Car vint rois ai de moi casés.

Vers 4560 :

> Je sui fille l'empereor
> Qui fu casés de ceste honor,
> De Constantnoble fu sire,
> Quanqu'i apent fu son empire.
> Moult fu cremus et moult amés
> Et moult fu ricement casés.

Vers 6213 :

> Et fille le roi de Milete
> Qui fu casés de tote Crete.

Chasé, vers 6463. *Chascé*, Gérard de Vienne, vers 3866. Chronique des ducs de Normandie, t. 3, p. 243, vers 38832 :

> Od ce que son fil ont chasé,
> Robert, de tote Normandie.

Roman de Renart, tom. 4, pag. 125, vers 19 :

Car par avoir voit-on avoir
Orguel, wardés se je di voir ;
Roi et conte, prince et casé,
Sont pour ce point plus que casé.
Guill. Guiart, tom. 1, pag. 131, vers 2882 (3274) :

François vont Gournai assegier,
Qui petit doute leur afaire,
Car fors murs et entour, trois paires
De bonnes tours très bien chasez.
Voyez Rayn. tom. 2, pag. 348², au mot *Casar.*]

CASEMENT, Terre, château tenu en fief sous certaines conditions. Gl. *Casamentum* 1. [Gérard de Vienne, vers 455 :

Ki veult de moi tenir son chasement.

Partonop. vers 179 :

Et cil avoit à ses parens
Donés les amples casemens.

Vers 6503 :

Ma dame à tantes genz marchist,
Ses chasemenz en tant leus gist.

Voyez Rayn. tom. 2, pag. 348², au mot *Casamen.*]

CASENIER, Habitant, domicilié. Gl. *Casana* 3.

CASIER, Laiterie, le lieu où l'on fait le fromage. Gl. *Casiatum*.

CASSAL, Place vague, où l'on peut bâtir une maison, ou faire un jardin, etc. Gl. *Casal*.

CASSANIER, Habitant, domicilié. Gl. *Casana* 3.

1. **CASSE**, Châsse, reliquaire. Gl. *Capsa* 1.

2. **CASSE**, Vaisseau de cuivre pour la cuisine, poêlon, casserole. Gl. *Cassa* 7.

3. **CASSE**, Caisse. Gl. *Cassa* 8.

4. **CASSE**, Chêne, en Languedoc ; d'où *Cassenat*, Jeune chêne. Gl. *Casnus*.

CASSENIER, Habitant, domicilié. Gl. *Casana* 3.

CASSERON, Espèce de poisson de mer. Gl. *Casseron*.

CASSOATA, Chêne, dans le comté d'Armagnac. Gl. *Cassoata*.

1. **CASSON**, Certaine mesure de terre, la quatrième partie d'un arpent. Gl. *Cassero*.

2. **CASSON**, Motte de terre. Gl. *Cassero*.

CASSOT, Lépreux, de race sujette à la lèpre, en Auvergne. Gl. *Mezellus*.

° **CASTAIGNE**, Châtaigne. Flore et Blanceflor, vers 1688 :

Et avoec fu moult boins li boires,
Peskes, castaignes à plenté.

Roi Guillaume, pag. 86 :

Ne savés-vos que la castenge
Douce, plaisans, ist de la boisse
Aspre, poignans, de grant angoisse ?

Pag. 45 :

Que le vaillant d'une castaigne
De tos moebles ne vos remaigne.

Voyez Rayn. tom. 2, pag. 353¹, au mot *Castanha.*

° **CASTAL**, comme *Captal*. Gl. *Capitalis*, pag. 133³.

CASTELAGE, Le droit qu'on paye pour l'entrée et la sortie d'un château où l'on a été prisonnier. Gl. *Castellagium*.

CASTELERIE, pour CAUTELERIE, Astuce, finesse, chicane. Gl. *Castellaria*, pag. 209³.

CASTELLAN, Poignard. Gl. *Castellanus* 6, pag. 209¹ [et *Punhalis*].

CASTELLERIE, Châtellenie, fief, office de châtelain. Gl. *Castellaria*, pag. 209³.

CASTICE, CASTICHE, Chaussée, digue. Gl. *Casticia*.

CASTICHEMENT, Le même. Gl. *Casticia*, pag. 211³.

CASTICHEUR, CASTICHIER, Celui qui construit les *Castiches*. Gl. *Casticia*, pag. 211³.

CASTIERESSE, Celle qui châtie et corrige. Gl. *Castigatus*.

CASTIERS, Correction, changement. Gl. *Castigatus*.

CASTIJER, Se corriger, changer. Gl. *Castigatus*.

CASTILLE, Querelle, différend. Gl. *Catillare* 1.

CASTIS, Chétif, terme de mépris. Gl. *Allevaticius*.

CASTLEGARDE, Le service de garde ou de guet que doit un vassal à son seigneur. Gl. *Guetagium* sous *Wactæ*, pag. 899².

CASTOIER, Se corriger, changer de vie. Gl. *Castigatus*. [Comme *Chastier* 1. Aubri, pag. 161¹ :

Li quens a pris sa gens à castoier
Que il se tiennent tot coi sans atargier.

Voyez Rayn. tom. 2, pag. 354¹, au mot *Castiar*. Choix des poésies des Troubadours, tom. 2, pag. 18, not.]

CASTRAT, Mouton. Gl. *Castratus*.

CASTRIMARGINARIEN, Bécasse. Gl. *Castrimarginarius*.

CASTRIS, Mouton. Gl. *Castritius*. [*Castre*, Mouton châtré. Gl. *Anniculus*.]

CASUESNE, p. e. Chouette. Gl. *Cauanna*.

CASURE, Chasuble, habit sacerdotal. Gl. *Casularius*.

° **CAT**, Chat. Roi Guillaume, pag. 119 :

En piaus de cas gaies et noires
A tous ces deniers emploiés.

Roman de Renart, tom. 4, pag. 189, vers 1670 :

Et c'est drois, car on dire siut,
Tout surke quanque de cat ist,
Dont on par maintes fies dist,
Car qui des boins ne soef flaire.

Tom. 1, pag. 6, vers 144 :

Se l'une est chate, l'autre est mite,
Moult a ci bone conpaignie.

Agolant, pag. 170¹ :

Que li vilains le dit en ses respiz,
Li fiz au chat doit prendre la souriz.

Voyez Rayn. tom. 2, pag. 356², au mot *Cat*, et Gl. *Caudatus*.

° **CATAIGNE**, comme *Chataigne*. Partonop. vers 7962. Voyez Rayn. tom. 2, pag. 327², au mot *Capitani*. Chanson de Roland, stance 187, vers 5 et 9 ; stance 169. v. 5 ; st. 205, v. 4 ; st. 223, v. 2. *Cataïnie*, st. 270, v. 5.

CATEL, Biens mobiliers, de quelque nature qu'ils soient. Gl. *Catallum*. [Roi Guillaume, pag. 139 :

Que molt est povres cis cateus.]

CATELLIER, Harceler, attaquer. Gl. *Catillare* 1.

CATEPON, Celui qui est chargé en chef de quelque chose. Gl. *Catapanus* [et *Messis* 2.]

CATERNE, Cahier. Gl. *Caternus* sous *Quaternio* 1.

CATHEDRATION. FESTE DE LA CATHEDRATION DE S. PIERRE, que nous nommons de la Chaire de S. Pierre. Gl. *Festum S. Petri epularum*, sous *Festum* 1.

CATHICE, CATHICHE, Chaussée, digue. Gl. *Casticia*.

CATHONNET, Alphabet, livre où les enfants apprennent à connaitre leurs lettres. Gl. *Pars*, pag. 184¹.

CATILLIER, Harceler, attaquer. Gl. *Catillare* 1.

° **CATIR**, Presser, serrer fort. Guill. Guiart, tom. 2, pag. 467, vers 12148 (21131) :

Que, par cops roidement catir,
Les font sus les Piquarz flatir.

CATTEL. DROIT DE MEILLEUR CATTEL, Ce que le seigneur a droit de prendre dans les effets mobiliers de son vassal après sa mort. Gl. *Catallum*.

CAVAGE, Capitation, tribut imposé sur les personnes et sur les têtes, ou sur chaque maison. Gl. *Cavagium* sous *Capitale* 5, pag. 182².

1. **CAVAIN**, Cavée, chemin creux, vallée. Gl. *Cava* 1.

2. **CAVAIN**, Jeu ou espèce de joute, qui se faisait le jour des brandons ; p. e. parce qu'elle s'exécutait dans une plaine. Gl. *Cava* 1, pag. 232².

CAVALET, Chevalet. Gl. *Cavalletus* 1 [à Marseille].

CAVARAS, Creux, trou. Gl. *Cava* 1.

CAUCADOIRE, Sorte de vaisseau où l'on foule le raisin avant que de le jeter dans la cuve. Gl. *Galcadoyra*.

° **CAUCE**, Armure qui couvre la jambe, chausses. Partonop. vers 2955 :

En cauces est sa unes fraites,
Bones et fors et legierètes ;
Cauces de fer a puis caucies
De las de soie bien laciés.

Vers 2977, 6787. Garin le Loher. tom. 1, pag. 168. Partonop. vers 10607 :

*Cauces de palie escarimant
Et escapins à or luisant.*
Aubri, pag. 183 ². :
Sor un brun paile fit sa chauces lacier.

CAUCEMENTE, Chaussure. Gl. *Calceus*, pag. 25 ¹.

CAUCH [CAUC], Chaux. Gl. *Caucinarius*. [Partonop. vers 2119 :
*Pontoise est casteaus bon et bel
De mur de cauc et de quarel.*

Cax, Roman de Rou, vers 10211. Voyez Rayn. tom. 2, pag. 298 ¹, au mot *Calz*.

CAUCHE, Prononciation picarde, Chausse. Gl. *Calceus*. [Cauche de fer †, Gl. *Ocrea* 2. Voyez *Cauce*].

CAUCHEMENTE, Chaussure. Gl. *Calceus*, pag. 25 ¹.

CAUCHER, Ranger, tasser. Gl. *Calcare* 2. [Sermon de saint Bernard, ... :
Mesure, dist-il, aemplie et chaucheie et sorussant. (Lat. mensuram, inquit. confertam et coagitatam et supereffluentem.)]

CAUCHETIER, Marchand ou faiseur de chausses. Gl. *Chauceterius*.

CAUCHIE, Chaussée. Gl. *Calciator*.

1. **CAUCHIER**, Soulier. Gl. *Calceus*.

2. **CAUCHIER**, Chausser, fournir la chaussure. Gl. *Calceus*, pag. 25 ¹ [et *Lignambulus*].

3. **CAUCHIER**, Paver; d'où *Cauchieur*, Paveur. Gl. *Calciator* [et *Puisotum*].

CAUCIAGE, Le droit qu'on lève pour l'entretien des chaussées. Gl. *Calcagium* sous *Calcea*, pag. 23 ³.

CAUCOIRE, Fête de village. Gl. *Caucus* 2.

CAUDEMELLE, CAUDEMELLÉE, Querelle vive, batterie émue subitement et sans dessein prémédité. Gl. *Calidameya* et *Mesleia*.

CAUDERETTE, Petite chaudière. Gl. *Cauderia*.

1. **CAUDERON**, Prononciation picarde, Chaudron. Gl. *Cauderia*.

2. **CAUDERON**, Espèce de poisson. Gl. *Cauderia*.

CAUDESTREPE, Chiendent. Gl. *Cauda* 8.

CAUDRELACH, CAUDRELAS, Airain, cuivre. Gl. *Caudera*.

CAUDRELIER, Chaudronnier. Gl. *Cauderarius*.

CAUDUNS, Extrémités des animaux, issues, tripes. Gl. sous *Cauda* 3.

° **CAVÉ**, Creux. Roman de Renart, tom. 1, pag 14, vers 354 :
Quant il vit la cavée roche.
Flore et Blancefior, vers 1833 :
*El moien estage a un huis
En une loge, qui vait jus
Tot à degrés à val cavé.*
Voyez Rayn. tom. 2, pag. 366 ¹, au mot *Cavar*.

CAVECHEUL, CAVECHEUX, Cheval qu'on mène par le licou, pour le distinguer de celui qui est attelé à une charrette. Gl. *Cavestrum*.

° **CAVEÇURE**, Chevetre. Flore et Blancefior, vers 1199 :
*La caveçure estoit d'or,
Les pieres valent un tresor,
Qui à blanc esmeil sont assises
De lius en lius par entremises.*
Roquefort à *Cavechiere*, les anciens dictionnaires, *Cavecheure*.

° **CAVERNIER**, Qui prend soin de la cave. Aubri, pag. 158 ¹ :
Pieça ne vi si riche cavernier.

CAVEL, Cheville de bois. Gl. *Cavile*.

° **CAVELICHE**, Capitation, certain cens. Gl. *Cavelicium*, pag. 132 ³.

CAVERON, Chevron. Gl. *Caveriata*.

CAVESTRE, CAVETTRE, Pendard, coquin, qui mérite la corde. Gl. *Cavestrum*.

CAVETIER, CAVETONNIER, Savetier, faiseur de souliers de basane, celui qui raccomode les souliers. Gl. *Chavatoria*.

CAUFFOIR, Chaufour ; d'où *Cauffourer*, Construire un chaufour ; et *Cauffourier*, Chaufournier, ouvrier qui fait la chaux. Gl. *Calidusfurnus*.

° **CAUFRAIN**, Chanfrein, bride. Aubri, pag. 161 ¹ :
Prist le cheval par le caufrain d'or mier.
Voyez Rayn. tom. 2, pag. 324 ¹, au mot *Chapfrenar*, et tom. 3, pag. 897 ¹, au mot *Chatfrenar*.

CAVILLEUX, Fin, subtil, rusé. Gl. *Cavilantia*. [Voyez Rayn. t. 2, pag. 369 ³, au mot *Cavilhos*.]

CAULDIERE, Chaudière. Gl. *Cauderarius*.

CAULE, Sorte d'impôt. Gl. *Caula* 3.

CAULT, Fin, rusé. Gl. *Cautelose*, pag. 243 ².

1. **CAURE**, Chêne. Gl. *Cor* 2.

° 2. **CAURE**, Chaleur. Partonop. vers 7457 :
*Ele a une jupe porprine,
Bien faite à osvre sarasine,
Saingle est por le caure d'esté.*

CAURESSE, Sorcière, qui emploie des caraudes pour faire des sortilèges. Gl. *Caraula*.

CAURETAGE, pour Courtage. Gl. *Corratagium*.

CAURRETIER, Courtier, celui qui fait commerce de blé, blatier. Gl. *Coratarius*.

CAUSER, Mettre en cause, accuser. Gl. *Causare* sous *Causa* 4, pag. 241 ². [Voyez Rayn. tom. 2, pag. 359 ³, au mot *Causeiar*.]

CAUSSET, Cachot. Gl. *Caussetus*.

° **CAUTELE**, Ruse. Gl. *Imprægnare*. Voyez Rayn. tom. 2, pag. 364 ³, au mot *Cautela*.

CAUTELLER, Agir avec trop de précaution. Gl. *Cautelose*, pag. 243 ².

CAUTEMENT, Avec prudence et circonspection. Gl. *Cautelose*, pag. 243 ².

CAUTILLEUSEMENT, Cauteleusement, avec ruse. Gl. *Cautelose*, pag. 243 ².

° **CAX**. Chaux. Rayn. tom. 2, pag. 298 ¹, au mot *Calz*. Voyez *Cauch*.

CAYMANT, CAYMENT, Mendiant, coquin, vagabond. Gl. sous *Quæsta*, pag. 590 ¹.

CAYR, Choir, encourir. Gl. *Cadere*.

CEAU, Suif. Gl. *Ceuxum*.

CEBERON, Sorte de bois pliant. Gl. *Ceberus*.

CEDERIE, Soierie, marchandise ou commerce de soie. Gl. *Cederia*.

° **CEDULLE** TOURNER. Gl. *Tornare* 4.

CEGNAIL, Chambre haute. Gl. *Cellarium*.

° **CEINSE** de fame veuve †. Gl. *Theristrum*.

CEINSIST, pour *Ceignit*, du verbe Ceindre. Gl. sous *Cingulum* 1. [Voyez Rayn. tom. 2, pag. 376 ¹, au mot *Cenher*.]

CEINT, Lange, dont on ceint ou enveloppe un enfant. Gl. *Cinctura* 2.

° **CEINTE**. Voyez *Aceinte*.

° **CEINTURE**. Gl. *Corrigia* 3. Ceinture la royne. Gl. *Zona* 3.

CELDAL, pour *Cendal*, Étoffe de soie. Gl. sous *Cendalum*.

CELÉEMENT, En cachette, secrètement. Gl. *Celamentum*. [Et *Absconse*. Partonop. vers 227, 268. A celé, à celée. Voyez Rayn. tom. 2, pag. 372 ¹, aux mots *Celar* et *Celadament*. Faire celée, Agolant, pag. 117 ². Faire celison, Enfants Haymon, vers 383. Cacher, celer.]

CELERAGE, Droit sur les celliers et sur les vins. Gl. *Celeragium*.

CELERIER, Buvetier. Gl. *Cellerarius*.

CELERIN, Sorte de poisson de mer, semblable à la sardine. Gl. *Celerinus*.

° **CELESTIAL**, Céleste. Voy. Rayn. t. 2, pag. 871 ², au mot *Celestial*.

CELET, pour Seillet, espèce de seau. Gl. *Cedellus*.

CELLERAGE, pour SCESTERAGE ou STELLERAGE, Le droit de mesurage des blés. Gl. *Sestairagium*.

CEMBEL, Joute, tournois. Gl. *Cembellum*. [Cimbel, Roman de Renart, tom. 4, pag. 160, vers 921. Chastel. de Couci, vers 464. Enfants Haymon, vers 1010. Guill. Guiart, tom. 1, pag. 288, vers 6809 (7339). Voyez Rayn. tom. 2, p. 374, au mot *Cembel*.]

° **CEMETAIRE**, Cimetière. Voyez Rayn. tom. 2, pag. 375 ¹, au mot *Cementeri*.

CEMONCE, Cemonceur, pour Semonce et Semonceur. Gl. *Submonitor* sous *Submonere*, pag. 634³.

CENAGE, Droit pour la permission de pêcher à la *Cene* ou *Cesne*. Gl. *Cenagium*.

° **CENBEL,** comme Cembel.

CENCHET, Ceinture. Gl. *Cenchetum*.

CENDAL, Étoffe de soie. Gl. *Cendalum*. [Voyez Rayn. tom. 2, pag. 375², au mot *Cendal*. *Cendal de Candie*, Garin le Loher. tom. 1, pag. 95. *Cendal d'Inde*, Partonop. vers 7774. *Palies de cendaus*, vers 10791.]

° **CENDÉ,** comme *Cendal* ? Garin, t. 1, p. 97 :
Sor une coute vermeille de cendé.

CENDRÉE, Cendre propre à affiner l'argent. Gl. *Cendreia*.

CENDREUS, Vil, méprisable, lâche. Gl. *Cendreia*.

CENDRINS, Cendrous, Cendré, couleur de cendre. Gl. *Cendreia* et *Saxaroli*.

CENELE, Cenelle, Fruit du houx, ou Prunelle sauvage ; chose vile et de nul prix. Gl. *Genitus*. [Roman de Renart, tom. 2, pag. 217, vers 15468. Roi Guillaume, pag. 56.]

° **CENELIER,** Office claustral, celui qui est chargé des provisions. Roi Guillaume, pag. 111 :
*Molt trova le cenelier large,
Que riens née ne li vea.*
Pag. 78 :
*Cis est, je cuic, maistres de l'ordre
Des omecides, des murdriers,
Abés en est u celeniers.*
Voyez Cevelier.

CENER, Manger, faire un grand repas. Gl. *Cœnaticum*. [Voyez Rayn. tom. 2, pag. 375², au mot *Cenar*.]

CENGLE, Enceinte. Gl. *Cinctada*.

CENGLER, Sanglier. Gl. *Cenglaris*.

CENHER, Ceindre, mettre une ceinture. Gl. *Cenchetum* [en provençal.]

CENIER, Office claustral, celui qui est chargé du repas du soir pendant l'été. Gl. *Cœnator*.

° **CENNELIER** †. Gl. *Cenentarius*. Voyez Cenelier.

CENS, Redevances de différentes espèces. Gl. *Census*. [Chier Cens. Gl. *Census carus*, pag. 258¹. Cens Cotaige. Gl. *Census cotarius*, pag. 258². Cens Perier, Cens do Ponton. Gl. *Census*, pag. 259³.]

CENSAIGE, Cens ou redevance annuelle due au seigneur. Gl. *Censa* 4.

1. **CENSAL,** Courtier. Gl. *Censarius* [et *Sensales*]

2. **CENSAL,** Cens, redevance à titre de cens. Gl. *Censalis* sous *Census*, pag. 260².

CENSAULE, Qui est sujet au cens, qui doit le cens. Gl. *Censalis* sou *Census*, pag. 260².

CENSE, Taille, imposition. Gl. *Censa* 4 [et *Census*, pag. 260¹.]

CENSEABLE, Qui est sujet au cens, qui doit le cens. Gl. *Censalis* sous *Census*, pag. 260².

CENSEL, Cens, redevance à titre de cens. Gl. *Censile* sous *Census*, pag. 260².

CENSEUR, Censier, Fermier, celui qui tient à cens. Gl. *Censerius* 2.

CENSIER, Officier d'un monastère, qui a soin des censes ou métairies qui en dépendent. Gl. *Censerius* 1.

CENSIF, Le territoire qui est sujet au cens. Gl. *Censaria* 2.

CENSIFVE, Censiviere, Terre chargée de cens. Gl. *Censiva terra* sous *Census*, pag. 261¹.

CENSIR, Donner à cens. Gl. *Censire* sous *Census*, pag. 260³.

CENSIVE, p. e. Servante. Gl. *Censiva*.

CENSSEL, Cens, redevance à titre de cens. Gl. *Censalis* sous *Census*, pag. 260².

1. **CENT,** Certaine mesure de terre. Gl. *Centum* 2.

2. **CENT,** Sorte de jeu. Gl. *Centum* 2.

° **CENTAIN,** Plet centain. Gl. *Placitum*, pag. 345¹.

CENTEE, Sorte de mesure. Gl. *Centum* 2.

CENTINE, Espèce de petit bateau ou nacelle sur la Loire. Gl. *Centina*.

° **CENUS.** Voyez *Chanu*.

° **CEOINGNOLE,** Trappe. Roman de Renart, tom. 2, pag. 321, vers 18312 :
*Il garde et voit soz une haie
Une ceoingnole tendue.*
Voyez Cooignole.

1. **CEP,** Soc de la charrue. Gl. *Cippus* 1 [et *Jaugia*.]

° 2. **CEP,** Lien. *Cep portatif, Cep volant*. Gl. *Cippus* 1, pag. 334³. Roman de Renart, tom. 4, pag. 25, 27, vers 685, 789.

CEPAGE, Droit ou office de geôlier, geôlage. Gl. *Cippus* 1, pag. 335¹.

CEPIEL, Cep, entrave. Gl. *Cippus* 1.

CEPIER, Ceppier, Ceper, Geôlier. Gl. *Cippus* 1.

CERANCIER, pour Serancier ou Serancer, passer le lin ou le chanvre par les serans. Gl. *Pessale*.

CERCEAU, Enseigne de vin à vendre en détail. Gl. *Circulagium*.

CERCELÉ, Frisé ou crêpé. Gl. *Cercenatus*.

CERCELLE, Espèce d'insecte volant, papillon. Gl. *Cercella*.

1. **CERCHE,** Tournée, ronde. Gl. *Cercha*.

2. **CERCHE,** Cercle, cerceau. Gl. *Cerchium*. [*Cerciaus à vin*. Gl. *Amphiteatrum*.]

1. **CERCHIER,** Dignité dans l'église de Metz. Gl. *Circator*, pag. 336¹.

2. **CERCHIER,** Parcourir, aller de tous côtés. Gl. *Cercha*. [*Cercher*. Gl. *Circa* 3, pag. 336³. Voyez Rayn. tom. 2, pag. 382², au mot *Cercar*.]

1. **CERCLE** d'or, Couronne des impératrices d'Occident. Gl. *Circulus aureus* 1 [et *Corona*, pag. 340¹.]

2. **CERCLE** de nuit, p. e. pour *Cerche*, Celui qui est chargé de faire le guet ou la ronde pendant la nuit. Gl. *Cercha*.

CERCLOUERE, p. e. Sarcloir. Gl. *Cerclarius*.

CERGUS, Sorte de vêtement, surcot. Gl. *Surcotium*.

° **CERDON**...... Agolant, vers 445 :
*Grosse out la jambe com l'anste
[d'un cerdon*.]

CERE, Nom d'un vent. Gl. *Circius* [en *Auvergne*.]

CERESS, Ceretz †, Soie. Gl. *Mataxa*.

CERJAT, Sorte d'outil. Gl. *Cernea*.

CERIE, p. e. Paquet, ballot d'un poids déterminé. Gl. *Cerrus*.

CERILIGION, Porc-épic, espèce de hérisson. Gl. *Chirogryllus*.

CERIS, Faucille dentelée. Gl. *Serra* 4.

CERKEMANAGE, Cerkemanerie, Cerquemanage, Cerquemanement, Enquête juridique pour parvenir à faire un bornage ; du verbe *Cerquemaner*, Mettre des bornes ; d'où *Cerquemaneur*, Celui qui avait droit de poser et fixer les bornes, dont était question. Gl. *Cerchemanare*, et *Circamanaria*.

CERMEAU, Sorte de serpe. Gl. *Cerminiculum* [et *Ferramentum*.]

CERNE, Cercle, rond, enceinte. Gl. *Cernea*. [Guill. Guiart, tom. 1, pag. 142, vers 3664 ; tom. 2, pag. 16, vers 388 (9353) ; pag. 464, vers 12068 (21051), pag. 118, vers 3045 (12025) :
Ces trois mist la mort en son cerne.
Chanson de Guiot de Prouvins, Wackern. pag. 24 :
*Si i fui ententis,
Ke tout ades cuidai,
Ke fuisse el cerne mis.*]

CERNELIERE, Cercle. Gl. *Cernea*.

CERNOER, Cernoire, Cernouer, Instrument à cerner les noix. Gl. *Cernea*.

CERQUEMANAGE, etc. Voyez ci-dessus *Cerkemanage*.

CERRE, Pois chiche. Gl. *Pisum*.

CERREFEU, Couvrefeu, signal pour se retirer chez soi. Gl. *Ignitegium*, pag. 292¹.

CERS, Nom d'un vent. Gl. *Circius*.

° **CERTAIN,** Au certain †. Gl. *Certitudinaliter*.

CERTAINERIE, p. e. Le nom d'un quartier de la ville de Chinon ; ou, s'il fallait lire *Cettainerie*, Un droit levé sur les marchandises de soie. Gl. *Certificatio* sous *Certificare*, pag. 276¹.

CERTAINETÉ, CERTANITÉ, Certitude, vérité assurée. Gl. *Certificatio* sous *Certificare.*

CERTES. A CERTES, Sérieusement, de propos délibéré. Gl. *Certive.* [Chanson de Quênes de Béthune, Romancero, pag. 107 :

*Par Dieu, vasal, jel dis por vous
                  [gaber,
Cuidiés-vous dont qu'à certes le
                  [vos die?*

Laborde, pag. 194, Roi Guillaume, pag. 80. Flore et Jeanne, pag. 14. *A droites certes,* Guill. Guiart, tom. 2, pag. 772, vers 7201 (18181). Voyez Rayn. tom. 2, pag. 385[2], au mot *Acertas. Cert,* Certain, pag. 383[2], au mot *Cert. Certement,* Certainement, pag 384[1].]

CERVE, Biche. Voyez Rayn. tom. 2, pag. 386[1], au mot *Cervia.*

CERVELIERE, Sorte d'armure de tête. Gl. *Cervellerium.*

○ **CERVIS**, Cerveau, tête. Rayn. tom. 2, pag. 386[2], au mot *Cerviz.*

1. **CERVOISE**, Boisson différente de la bière, et dont on faisait plus de cas. Gl. *Cerevisia.*

2. **CERVOISE**, Brasserie, ou lieu où l'on vend de la *cervoise.* Gl. *Cerevisia,* pag. 272[2].

CERVOISIER, Brasseur de *cervoise,* ou celui qui la débite. Gl. *Cerevisia,* pag. 272[2].

1. **CÉS**, Aveugle, du latin *Cœcus.* Gl. *Epistolæ farcitæ* sous *Farsia.* [Voyez Rayn. tom. 2, pag. 370[3], au mot *Cec.*]

2. **CÉS**, Interdit, censure ecclésiastique, qui suspend pour un temps l'office divin et l'administration des sacrements dans un lieu. Gl. *Cessatio.*

CESME, Suite, cortège. Gl. *Coesse.*

1. **CESSER**, Prononcer le *Cés,* l'interdit. Gl. *Cessatio.*

2. **CESSER**, Céder, laisser, donner. Gl. *Cessus* 2.

CESTIER, Mesure de grain, setier. Gl. *Quarteria* 2.

CETIF, Captif, prisonnier. Gl. *Captivare* 2.

1. **CEU**, Suif. Gl. *Ceuxum.*

○ 2. **CEU**, Comme. Chanson d'Amaris de Craon, pag. 13 :

*Car teils ceu est li desurs c'on atent
Covient estre la joie c'on en prent.*

L'édition de M. Trebutien porte :

Quer teus com est, etc.

○ **CEVALIER**, Chevalier. Gl. *Miles,* pag. 385[1], 386[1].

CEVECHEL, Chevet, oreiller. Gl. *Capitacium.*

CEVELET, Ornement d'habit de femme, p. e. Collet. Gl. *Ceverium.*

CEVELIER, Officier monastique, le même que le cellérier. Gl. *Cellarius* [et *Extopare.*] Voyez *Cenelier.*

CEURE, Coutume, loi municipale ; d'où *Ceurier,* Juge, échevin. Gl. *Cora.*

1. **CEX**, CEZ, Censure ecclésiastique, interdit, qui suspend pour un temps l'office divin et l'administration des sacrements dans un lieu. Gl. *Cessatio.*

○ 2. **CEZ**, Cession. *Cez et decez.* Gl. *Cessus* 2.

CEZE, Poix chiche. Gl. *Ceza.*

○ **CHA.** Voyez *Ça.*

1. **CHAABLE**, Perrière, machine de guerre pour jeter de grosses pierres. Gl. *Cabulus.*

2. **CHAABLE**, Arbre ou branche abattue et rompue par le vent ou autrement. Gl. *Cabulus.*

3. **CHAABLE**, Meurtrissure, contusion. Gl. *Cabulus,* pag. 10[1].

4. **CHAABLE**, CHABLE, Câble. Gl. *Chaablus* [*Cabulus* et *Huna*].

○ **CHAAFAUZ**, Échafaudages. Chron. des ducs de Normandie, tom. 1, pag. 491, vers 11882 :

Seit li feus mis ès chaafauz.

○ **CHAAGNON.** Voyez *Caagnon.*

○ **CHAAIGNON.** Voyez *Chaignon.*

CHAALONS, Monnaie des évêques de Châlons-sur-Marne. Gl. *Moneta Baronum,* pag. 494[3].

○ **CHAAITE**, CHAETE, Ce qui doit échoir, redevance, chute. Chron. des ducs de Normand. tom. 1, pag. 608, vers 15294 :

*Sor s'esjoist e s'or se haite,
Uncor n'aura de la chaaite
Meins d'ambesas, se li dux poet.*

Tom. 3, pag. 351, vers 41111 :

*Par quei s'esjot nul trop ne haite
Quant il ne conoist sa chaaite.*

Pag. 361, vers 41379 :

*N'i out une puis saette traite,
Dès qu'il counrent lor chaette.*

Pag. 290, vers 39628 :

*Si veut que tuit cil aient paix,
Lor dreiz, lor rentes, lor chaaites.*

Tom. 2, pag. 86, vers 16347 :

*E ci fu tote la chaete
Del honor et de la vergoine.*

Voyez Rayn. tom. 2, pag. 345[2], au mot *Escazenza.*

○ **CHAANCE**, Chance, événement. Chron. des ducs de Normand. tom. 1, pag. 573, vers 14249 :

*La reïne point ne se paie,
La chaance tient trop à laie
E à lor oès trop damagose.*

Tom. 3, pag. 51, vers 33256 :

*Là atendent le bruil des lances
E l'aventure des chaances.*

Voyez *Meschaance.*

CHAATON, Morceau de cristal ou de verre, dont on se servait au lieu de pierre précieuse. Gl. *Chasto* 2.

CHABENE, Cabane, loge. Gl. *Chabena.*

CHABLE, Meurtrissure, contusion. Gl. *Cabulus,* pag. 10[1].

CHABLEUR, Celui qui doit fournir les câbles nécessaires pour tirer un bateau, ou celui qui est chargé de le conduire ou passer. Gl. *Chaablum.*

CHABRIOT, Chevron. Gl. *Cabrio.*

CHABUTZ, Collet, partie de l'habillement qui joint le cou. Gl. *Cabes.*

CHAÇAIGE, Impôt qu'on est en droit d'exiger. Gl. *Cachia* 3.

CHACE, L'action de poursuivre vivement. Gl. *Chacia.*

CHACELEU, Louvetier, celui qui est chargé de chasser les loups. Gl. *Luparius,* pag. 154[3].

CHACEOR, CHACEOUR, Cheval pour la chasse. Gl. *Cacor* sous *Caciare,* pag. 12[3]. [Partonop. vers 611, 666, 686, 776, 5689. Roman de Renart, tom. 2, pag. 249, vers 16161. Chron. des ducs de Normand. tom. 2, pag. 327, vers 25052 ; pag. 342, vers 25827. Roi Guillaume, pag. 145 :

*Enseler fait ses caceours
Et atorner ses veneours.*]

CRACEPOL, Sergent, celui qui lève les impôts. Gl. *Cacepollus.*

CHACERIE, Chasse, droit de chasser. Gl. *Cacheria.* [Forêt. Gl. *Chaceria,* pag. 12[2].]

CHACHAGE, Impôt qu'on est en droit d'exiger. Gl. *Cachia* 3.

CHACHE, Cognée, hache. Gl. *Chacia calida.*

CHADELER, Conduire, mener. Gl. *Capdelare.* [Rayn. tom. 2, pag. 325[1], au mot *Capdelar.* Garin, tom. 1, pag. 196.]

CHADELERRES, Chef, capitaine. Gl. *Capdelare.*

○ **CHADAINE**, Capitaine, chef. Chron. des ducs de Normand. tom. 1, pag. 206, vers 3533 :

*Chascun prince, chascun chadaine
En recunduit ses genz ennaine.*

Tom. 2, pag. 105, vers 18873 :

*Des plus vaillanz de ses compaignes,
Princes, evesques e chadaines.*

Pag. 217, vers 21778. Voyez Rayn. tom. 2, pag. 327[1], au mot *Capitani,* et ci-dessus *Cataigne.*

CHADEL, Chef. Chronique des ducs de Normand. tom. 1, pag. 170, vers 2536 :

*Kar jeo me vant bien, oianz tuz,
Que j'ierc à dreit prince e chadel.*

Pag. 274, vers 5494 :

*Les autres en virent aler
E lor enseigne e lor chadel.*

Voyez Rayn. tom. 2, pag. 324[2], au mot *Capdel.*

○ **CHAELER**, comme *Chadeler.* Chron. de Jord. Fantosme, vers 248 :

*Mais icil les cunforte, ki trestuz
                  [les chaele.*

Vers 2027 :

*Ki salue sun seignur ki ses leiaus
                  [chaele.*

Partonop. vers 6247 :

*Já Deus ne doinst, qui tot chaele,
Que trop caste feme soit bele.*

Voyez Caieller.

° **CHAENÉ**, Enchaîné. Chron. des ducs de Normand. tom. 1, pag. 40, vers 1027 :

*Pur les genz prises, ferliées
Chaénées e embuiées.*

Voyez Rayn. tom. 2, pag. 285², au mot Cadenar.

° **CHAENETE**, Chaînette. Partonop. vers 10625 :

*Od chaenetes d'or delgies
Bien ovrées et bien taillies
Furent athaciè li mantel.*

Voyez Rayn. tom. 2 ; pag. 285¹, au mot Cadena.

° **CHAER**, Produire, rendre. Chronique des ducs de Normandie, tom. 1, pag. 194, vers 8177 :

*Quels est la terre à chaer blé
Si est guaignée e cultivée.*

° **CHABRE**, CHAIERE, CHAIRE. Gl. Moneta, pag. 463², 467¹, 464³. Chaire, chaise. Partonop. vers 1089 :

*Une chaiere a près del lit,
Dont li pecol sont d'or bien cuit.
Li enfes vient à la chaiere
U il z'aset tot sains proiere.*

Voyez Rayn. tom. 2, pag. 286¹, au mot Cadera, ci-dessous Chayere.

° **CHAEUS**, Chef, comme Chadel. Partonop. vers 7961 :

*Li empereres d'Alemaingne
Est dedens chaeus et cataine.*

CHAFAUT, Échafaud. Gl. Chaufarium.

CHAFFAUT, p. e. Appentis. Gl. Chaaffallum. [Rayn. tom. 2, pag. 285¹, au mot Cadafale.]

CHAFRESNER, Reprendre avec force, faire une vive réprimande. Gl. Frænarii.

CHAGRINEUX, Fâcheux, chagrin, de mauvaise humeur. Gl. Melencolia.

CHAIEL, CHAIELLE, Petit chien, petite chienne. Gl. Canis Alanus. [Roman de Renart, tom. 1, pag. 92, vers 2448 ; pag. 223, vers 15607 ; tom. 3, pag. 3, vers 23808, Rayn. tom. 2, pag. 307¹, au mot Cadel.]

CHAIGNON, Chignon, le derrière du cou. Gl. Cerviv. [Agolant, vers 199. *Chaaignon*, Roman de Renart, tom. 3, pag. 16, vers 20187 ; pag. 21, vers 20319 ; pag. 77, vers 21876. Agolant, vers 910. *Caagnon*, *Chaagnon*, Corde attachée au cou d'un pendu. Roman de Renart, tom. 3, p. 78, vers 21907 :

*Que moult vos siet bien ceste estole
Qui le vostre bel col acole....
Qu'ele resemble chaagnon
A quoi l'en ait pendu laron.*

Tom. 4, pag. 249, vers 3095 :

*Car bien matin fu traînés
Dusqu'as fources, et fu montés
Amont l'eskiele un caaignon,
Ni faloit se'eskiele non
A tourner, k'il ne fust pendus.*

° **CHAILLY**. Pain de Chailly. Gl. Panis, pag. 132¹ et 136³.

CHAIMBE, Jambe. Gl. Cambagno.

° **CHAINE**. Gl. Pedica 1, et Maura.

CHAINGLE, Enceinte, parc fermé de mur ou de haie. Gl. Cinctada.

CHAINSE, CHAINSIL, Sorte de vêtement. Gl. Camisa, pag. 54³. [Partonop. vers 8003 :

*Il pert bien à lor vesteure
Que eles n'ont mais d'amer cure ;
N'usent mais blans cainses ridés,
Ne las de soie à lor costés.*

Vers 7467 :

*Et sont li brac et lonc et droit
Vestu de blanc cainsil estroit.*

C'est proprement le nom d'une étoffe. Voyez Rayn. tom. 2, pag. 310¹, au mot Cansil, ci-dessous Chaisel. Marie de France (tom. 1, pag. 78) écrit Cheisil.]

CHAINT, Ceinture. Gl. Cinctum 2. [Roman de Renart, tom. 4, pag. 29, vers 773.]

CHAINTRE, Terre entourée d'une haie. Gl. Cinctada.

CHAINTURE, Ceinture. Gl. Cingulum 1.

CHAISEL, Sorte de vêtement. Gl. Campsitus sous Camisa, pag. 51³.

CHAISNE. Voyez Caisne.

CHAISTERON, Chétron, petite layette en forme de tiroir, qu'on fait au haut d'un des côtés d'un coffre. Gl. Chartothesium.

° **CHAISTI**, CHAISTIEMENT. Voyez Chastoy.

° **CHAITIF**, Captif, malheureux, chétif. Chronique des ducs de Normandie, tom. 1, pag. 68, vers 1835 :

*Seient en cil mené chaitif
Qui i serrunt bel trové vif.*

Pag. 226, vers 4115 :

*Qu'ocis i sunt à dol mis
E li plusors menez chaitis.*

Pag. 447, vers 10571 :

*Mei pristrent e menerent pris,
Longement fui entr'eus chaitis.*

Pag. 70, vers 1889 ; pag. 84, vers 121 ; pag. 225, vers 4111, etc. Voyez Rayn. tom. 2, pag. 275¹, au mot Captiu. *Chétif*, Garin, tom. 1, pag. 5, 166, 172.

° **CHAITIVER**, Captivité, misère. Chronique des ducs de Normandie, tom. 2, pag. 74, vers 17480 :

*Coment de si fait chaitiver
Qu'à sa gent fait Raol sofrir.*

Tom. 3, pag. 252, vers 38573 :

*Qu'en chartres vifs e en liens
Les tindrent en grant chaitiver.*

CHAITIVETÉ, CHETIVOISON, Captivité, bassesse, faiblesse, chose de peu de valeur. Gl. Captivare 2. [Voyez Rayn. tom. 2, pag. 274², au mot Captivitat.]

CHAIZ, Petite maison, cabane, loge. Gl. Caya.

° **CHALAMELER**. Voyez Chameller.

CHALAMER, Réclamer, former une demande en justice. Gl. Calumniare sous Calumnia 1.

1. **CHALAN**, Bateau où l'on nourrit le poisson, boutique. Gl. Chelandium, pag. 302¹.

2. **CHALAN**, CHALANT, Chaland, espèce de bateau. Gl. Chelandium, pag. 302¹. [Garin le Loher. tom. 1, pag. 159 :

*Et fu remés entre les Sarrasins
Devant Bordelle, en un challant corsif.*]

CHALANDAS, Qui est disputé, ce qu'on s'efforce d'obtenir. Gl. Calumnia 1.

CHALANDRE, Chaland, espèce de bateau. Gl. Chelandium, pag. 301³.

° **CHALANGIÉ**. Voyez Calenge.

CHALANT, Ami déclaré d'une femme, son amant. Gl. Chelandium, pag. 301³.

CHALBINDER, Terme obscène. Gl. Calbares.

CHALDEL, Certaine partie d'un navire. Gl. Chalcidium.

CHALEIL, Lampe, vaisseau propre à faire brûler de l'huile ou de la graisse pour éclairer. Gl. Crassa 2.

CHALEMASTIT, Terme de mépris qui paraît désigner un emploi fort bas. Gl. Calamites.

° **CHALEMEL**. Voyez Challemelle.

CHALEMELER, Jouer de la flûte ; d'où *Chalemelloin* †, Joueur de flûte. Gl. Calamella 1. [Chron. des ducs de Normandie, tom. 2, pag. 188, vers 19238. Voyez Rayn. tom. 2, pag. 295², au mot Calamellar.]

CHALEMINE, Calamine. Gl. Calammaris.

CHALENDELER †, Jouer du chalumeau, de la flûte. Gl. Calamizare 2.

CHALENÉE, La charge d'un chaland. Gl. Chelandium ?

CHALENER, Conduire un chaland. Gl. Chelandium, pag. 302¹.

CHALENGE, Demande en justice. Gl. Calumnia 1. [Voyez Calenge.]

CHALENGER, CHALENGIER, Réclamer, demander quelque chose comme son propre. Gl. Calumnia 1, pag. 36³. [Voyez Calenger.]

CHALEREUSEMENT, Par un prompt mouvement de colère. Gl. Calidameya.

CHALEUREUX, Vif, prompt, sentant la colère. Gl. Calidameya.

° **CHALINE**, Chaleur. Chron. des ducs de Normandie, tom. 2, pag. 188, vers 19245 :

*Ainz qu'el soleiz déust espandre
Ses rais d'amunt e sa chaline,
Qui dunc faiseit en cel termine.*

Guill. Guiart, tom. 1, pag. 237, vers 5692 (6009) ; tom. 2, pag. 455, vers 11829 (20812). Voyez Rayn. tom. 2, pag. 291¹, au mot Calina.

CHALIVALI, CHALIVARI, Charivari, tumulte, émeute. Gl. Calervanarium, *Chalavricum*. [Et *Noctivalia*. Voyez Rayn. t. 2, pag. 332¹, au mot Caravit.]

CHALLE, Moule à faire pâtisserie, ou gaufres. Gl. *Rosola ?*

CHALLEMELLE, CHALEMIE, Chalumeau, flûte. Gl. *Calamella* 1. [*Chalemel*, Laborde, pag. 150, Garin, tom. 1, pag. 219. Voyez Rayn. tom. 2, pag. 294², au mot *Calamel*.]

CHALLENGE, Demande en justice. Gl. *Callengia*.

° **CHALOINGE**. Voyez *Chalonge*.

° **CHALOIR**, Se soucier. Flore et Blanceflor, vers 368 :

Mais ne li caut de riens qu'il oie,
Par Blanceflor qu'il n'a s'amie
En non caloir a mis sa vie.

Chanson du comte d'Anjou, Laborde, pag. 155 :

Et à tout ce me met à non chaloir.

Voyez Rayn. tom. 2, pag. 294¹, au mot *Noncaler*. Flore et Blanceflor, vers 102 :

De lui ne caut à aus vif prendre,
Ains l'ocient. . . .

Chronique des ducs de Normandie, tom. 1, pag. 202, vers 3440 :

Qu'entre ses denz dist : Ne me chaut.

Roi Guillaume, pag. 50 :

Lie ! por quoi ? que vos causist
Quant riens sans moi ne vos fausist ?

Roman de Renart, tom. 4, pag. 442, vers 7608 :

Ne li causist dont il venist
Mais qu'en ses poes le tenist.

Chronique des ducs de Normandie, tom. 1, pag. 113, vers 910 :

Se sul n'éust perdu Guirin
Poi li chausist de trestut l'al.

Chanson de Roland, stance 108, vers 2 :

De ço qui calt ? n'en aurunt securance.

Stance 141, vers 1 :

De ço qui ca se ? Fuit s'en est Marsilies.

Stance 178, vers 37 :

De ço qui chelt, quant nul n'en respundiet.

Partonop. vers 637 :

Tant ont corné que tuit sont las,
Cui caut de çò ? nel trouvent pas.

Garin, tom. 1, pag. 243.

Cui chaut de ce ? il ne lor a mestier.

Roi Guillaume, vers 1276 :

Cui caut ? face çou que li plest.

Chronique des ducs de Normandie, tom. 2, pag. 399, vers 26926 :

Trop se repent de son forfait,
Qui chaut ? c'ert mais chose passée.

Voyez Orell, pag. 221.

1. **CHALON**, Chaland, sorte de bateau. Gl. *Chelandium*.

° 2. **CHALON** †, Gl. *Carabus*.

1. **CHALONGE**, Espèce de monnaie. Gl. *Chalongia*.

° 2. **CHALONGE**. Voyez *Calenge*.

CHALOUREUSEMENT, Par un prompt mouvement de colère, avec vivacité. Gl. *Calidameya*.

CHALUC, Espèce de poisson de mer. Gl. *Labeo*.

CHAMBALON, Courge, bâton dont on se sert pour porter de l'eau. Gl. *Cambagno*.

CHAMBARERIE, Office, dignité de Chambarier ou Chambrier. Gl. *Cambrerius 2*.

CHAMBELLAGE, CHAMBELLENAGE, Ce qui est dû à la *Chambre* du seigneur féodal à chaque mutation. Gl. *Chamberlagium*.

CHAMBERECHE, Cens ou rente que la *Chambre* du seigneur lève sur les terres de ses vassaux. Gl. *Cambellanus*, pag. 40³.

CHAMBERIE, Office, dignité de chambrier. Gl. *Camerarius*.

° **CHAMBERIER**, Valet de chambre. Agolant, vers 1198 :

Sachez cil est serjanz ou chamberier,
Ou aucuns hons qui sert d'aucun mestier.

Voyez Rayn. tom. 2, pag. 300², au mot *Chambrier*, ci-dessus *Cambouriers*.

CHAMBERLAGE, Ce qui est dû à la *Chambre* du seigneur féodal à chaque mutation. Gl. *Chamberlagium*.

CHAMBERLAIN, CHAMBERLENC, Chambellan. Gl. *Abatis, Cambellanus*, et *Camerarius*. [Enfants Haymon, vers 563 :

En une chambre vint, son chamberlin
[*hucha*.]

CHAMBERT, La partie du derrière du cou. Gl. *Cervix*.

CHAMBION, Pied ou jambon. Gl. *Cambagno*.

1. **CHAMBRE**, Fisc, domaine. Gl. *Camera* 3. [Chanson de Roland, stance 169, vers 21 :

E Engleterre que il teneit sa cambre.

Voyez stance 205, vers 2. Gérard de Vienne, vers 4027 :

Mon fort de Rome ke l'on clame ma
[*chambre.*

(Comparez la leçon citée au Gl.) Garin le Loher. tom. 1, pag. 143 :

Prenez Sissons la grant cité de pris...
Quant tornerez de Loon à Paris
Et vous vourez à Biauvais revenir,
S'iert vostre chambre o vos pourez dor-
[*mir.*

Voyez pag. 209. *Chambre d'abbé*. Gl. *Camera abbatis*, pag. 47¹.]

2. **CHAMBRE**, Ce qui est accordé à la femme, comme meubles, après la mort du mari. Gl. *Camera* 8.

3. **CHAMBRE**. CHAMBRE BASSE, COURTOISE, COYE, Privé, latrines. Gl. sous *Camera*, pag. 47¹. [*Chambres aisiées*. Gl. *Aisamenta*.]

° 4. **CHAMBRES**, plur. Appartement dans l'intérieur du palais. Partonop. vers 418 :

Por ço se creroit et doutoit
Et en ses cambres se muçoit.

Flore et Blanceflor, vers 674 :

Isnelement es cambres entre.

Voyez Rayn. tom. 2, pag. 300², au mot *Cambra. Chambre estorée*. Gl. *Serpol*.

CHAMBRELAGE, Ce qui est dû à la *Chambre* du seigneur féodal à chaque mutation. Gl. *Cambellanus*, pag. 40³.

CHAMBRELENS, Chambellan. Gl. *Ostiarius*.

CHAMBRILLOUR, Compagnon, qui est de la même chambrée. Gl. *Chambrelania*.

CHAMELLAN, Chambellan. Gl. *Cambellanus*.

CHAMELLER, Jouer du chalumeau, de la flûte. Gl. *Calamella* 1. [*Chamèler*, Voyez Rayn. tom. 2, pag. 295², au mot *Calamellar*.]

CHAMENTE, Sorte de vêtement ; si cependant on ne doit pas lire *Chevance*. Gl. *Camigia*.

CHAMERANDE, Enduit. Gl. *Cameratus*.

CHAMERLAIN, Chambellan. Gl. *Cambellanus*.

° **CHAMIN**, Chemin. Gérard de Vienne, vers 3644, 3646. Voyez Rayn. tom. 2, pag. 302¹, au mot *Cami*.

CHAMION †, Camion, haquet. Gl. *Campolus* 2.

° **CHAMOISIÉ**. Voyez *Camoisié*.

CHAMON, p. e. Terre en friche, qui n'est pas cultivée. Gl. *Chamo*.

1. **CHAMP**, Camp. Gl. *Campus* 2.

2. **CHAMP**, Duel qui se fait en champ clos. Gl. *Campus* 3. [Bataille, journée. Agolant, pag. 171² :

Se de ce champ traient païen à fin
Jamais ne iorra m'orra messe a matin.

Chron. des ducs de Normandie, tom. 1, pag. 270, vers 5385 :

Tuit sunt segur deu champ finer
E de la terre delivrer.

Pag. 263, vers 5171 :

Achevez fu icil jornaux
E afinez li chans mortaus
Si doleros, etc.

Voyez pag. 172, vers 2588. Rayn. tom. 2, pag. 303¹, au mot *Camp*.]

CHAMPAGNE, Champ, fonds d'une étoffe, etc. Gl. *Campania* 3.

CHAMPAIER, pour CHAMPOIER. Gl. *Champeare*, [et *Camparius*.]

CHAMPAIGE, Champ à mettre paître les bestiaux, pâturage. Gl. *Champagium*.

CHAMPAIGNE, [CHAMPAINE], Campagne, plaine. Gl. *Campania* 1. [Agolant, vers 39 :

Tant voit li ost le pui et la champaine,
Qu'Aspremunt voient et la large cham-
[*paigne.*

Roman de Rou, tom. 1, pag. 288 :

En la forest ad une plaine,
Envirun ert grant la champaine.]

° **CHAMPAL**. Voyez *Bataille*.

CHAMPARER, Lever le droit de champart. Gl. *Champardum*.

○ **CHAMPART**. Gl. *Campipars*, *Terragium*, *Champardum*. *Champartaige*, Gl. *Campipartagium*. *Champarter*, *Champartir*, Gl. *Campipartiri*, pag. 68³.

CHAMPELET, Petit champ. Gl. *Campellus*.

CHAMPESTRE, Qui est de la campagne, paysan. Gl. *Campestris*.

CHAMP-ESTROIT, Sorte de jeu. Gl. *Campus arctus*, pag. 69³.

CHAMPIL, Champis, Bâtard, soit incestueux, soit adultérin. Gl. *Campenses*.

CHAMPINEUL †, Champignon ? Gl. *Pungus*.

CHAMPISSE, Fille ou femme débauchée. Gl. *Campenses*.

1. **CHAMPOIER**, Faire paître ses bestiaux dans les champs. Gl. *Champeare*.

2. **CHAMPOIER**, Garnir, orner le champ ou fonds de quelque chose. Gl. *Champeare*.

3. **CHAMPOIER**, Se battre avec quelqu'un. Gl. *Champeare*.

CHANAL, Bois, forêt. Gl. *Canale*.

○ **CHANCEL**, CHANCIEL, Balustrade, clôture. Roman de Renart, tom. 3, pag. 57, vers 21298 :

Ovrez les huis de cest chancel.

Voyez *Canchel*. Gl. *Cancellus* 1, pag. 80³.

CHANCELLE, Chambre de la femme, meubles et habits. Gl. *Camera* 8.

CHANCER, Jouer à la chance aux dés. Gl. *Grangium*.

CHANCERE, Dot assignée sur un fonds de terre [en Auvergne]. Gl. *Vercheria*. [Rayn. tom. 2, pag. 391¹, au mot *Chancera*.]

○ **CHANÇON** DE SIECLE. Gl. *Sæculum*, pag. 264².

CHANDEILLE, Espace de temps dans la nuit. Gl. *Candela* 4 [et † *Cucomeres*].

CHANDELIER SAINT DENIS, Espèce de serf. Gl. *Candela* 3.

CHANDELIERE, Branche de la ferme du grand poids à Rouen. Gl. *Candelaria* 3.

CHANDELLE, Espace de temps dans la nuit. Gl. *Candela* 4. [*Feste de la Chandelle*, Chandeleur, Gl. *Festum Candelæ* et *Candela* 2.]

CHANE, CHANEL, Canal, lit d'une rivière. Gl. *Chanecia*. [Garin le Loher. tom. 1, pag. 19 :

Les eves douces repairent es chanels.

Voyez Roquef. et Rayn. tom. 2, pag. 308, aux mots *Canel*, *Canal*.]

CHANEL, Sorte de mesure. Gl. *Chanecia*.

CHANESIE, Canonicat, prébende d'un chanoine, p. e. pour *Chanoisie*. Gl. *Canonia*, pag. 99¹.

CHANETIER, Espèce de vase. Gl. *Canneta* 1.

CHANETTE, Burette à l'usage d'église. Gl. *Canneta* 1.

CHANEVACERIE, Négoce, commerce de toiles de chanvre. Gl. *Canava* 2 ?

CHANEVACIER, CHANEVASSIER, Marchand ou fabricant de toiles de chanvre. Gl. *Canabasserius*.

○ **CHANEVIS**, Chènevis, graine de chanvre. Roman de Renart, tom. 3, pag. 3, vers 19821 :

*Moult drue chanvre i croistroit
Qui chanevis i semeroit.*

CHANGE, Chemise ; p. e. pour *Chainse*. Gl. *Camisa*, pag. 58¹.

CHANGEOR. Gl. *Campsor*, pag. 42³, et *Escampsor*. Change tourner. Gl. *Tornare* 2.

CHANGOINT, Sorte de mesure pour le sel. Gl. *Cana* 3.

1. **CHANGON**, Cérémonie qui précédait le jour du mariage, assemblée des parents et amis des futurs époux, entrevue. Gl. *Changia*.

2. **CHANGON**, Terme injurieux. Gl. *Changia*.

CHANLANT, pour CHALANT, Gl. *Chelandium*, pag. 301².

CHANNEE, Espèce de mesure, autant que contient le vase appelé Canne. Gl. *Cana* 3.

CHANNETEIL †, Chanson bruyante ? Gl. *Sudelia*.

CHANOINIE, Chapitre de chanoines. Gl. *Canonica* sous *Canonicus*, pag. 99². [*Chanoinerie*. Voyez Rayn. tom. 2, pag. 311², au mot *Canorgua*.]

CHANOLE, CHANOLLE, Trachée-artère, le canal de la respiration. Gl. *Cannolla*.

CHANOYER, Sorte de danse. Gl. *Grochetus*, pag. 624¹.

○ **CHANS**, Fame de chans, Prostituée. Gl. *Cheminus* 2, pag. 303³.

○ **CHANT**, Mélodie. Chanson anonyme, Laborde, pag. 306 :

*Li chastelains de Couci ama tant
Qu'ainz par amor nus n'en ot dolor
[graindre,
Por ce ferai ma complainte en son chant.*

La chanson du Châtelain que le poëte imite se lit pag. 300.

CHANTE, pour Jante. Gl. *Canta*.

CHANTEAU, Morceau, partie de quelque chose. Gl. *Chantellus*. [*Chantel de pain* †. Gl. *Temeratum*.]

CHANTEL, Le dos de la main, sa partie extérieure. Gl. *Chantellus*.

CHANTELAGE, Droit sur le vin vendu en détail. Gl *Chantelagium*.

○ **CHANTELET**, Petite chanson. Chanson de Gilbert de Berneiville, Wackern. pag 55 :

*Amors, je vos cri merci
Ke me doneis teil penseir,
C'aucun chantelet joli
Li puisse faire à son grei.*

CHANTEMENT, Enchantement ; du verbe *Chanter*, pour Enchanter, jeter un sort, ensorceler. Gl. *Cantatores*.

CHANTER, Célébrer la messe, même à voix basse. Gl. *Cantare* 6.

CHANTEREL, Livre d'église ; p. e. Celui qu'on appelle *Graduel*. Gl. *Canterellus*.

CHANTERIE, Office solennel des morts. Gl. *Cantare* 8.

CHANTERRE, Chanteur. Gl. *Canterma*. [Rayn. tom. 2, pag. 318² au mot *Cantaire*.]

CHANTIÉE, Droit sur le vin vendu en détail. Gl. *Chantelagium*.

CHANTIER, Place vague, cour. Gl. *Chanterium*.

CHANTILLE, Morceau, partie de quelque chose. Gl. *Chantellus*.

CHANTRERIE, Office solennel des morts. Gl. *Cantare* 8.

CHANU, Qui a les cheveux blancs de vieillesse. Gl. *Canutus*. [Chanson de Roland, stance 37, vers 3 :

E Blancandrins i vint al canud peil.

Stance 150, vers 14 :

Li niés Droun al vieill e al canut.

Stance 168, vers 19 :

Que Carles tient, ki la barbe ad canue.

Stance 267, vers 7 ; stance 290, vers 9. Gérard de Vienne, vers 3694, 3713. Roman de Renart, tom. 2, pag. 113, vers 12624 :

*Et de Rolant et d'Olivier
Et de Charlon le ber chanu.*

Voyez Rayn. tom. 2, pag. 316², au mot *Canut*, ci-dessus *Canes*.

CHAOUNEZ, p. e. Sorcier Gl. *Caoetus*.

CHAOURSE, CHAORSE, p. e. Caours, ville du Piémont. Gl. *Caorcini*.

CHAOURSIER, Usurier. Gl. *Caorcini*.

CHAPE, Voûte, lieu voûté. Gl. *Capa* 5. [Gl. *Capa* 1, pag. 113², Chanson de Roland, stance 40, vers 9 :

N'at tel vassal suz la cape del ciel.

Voyez *Cape*, et Rayn. tom. 2, pag. 390², au mot *Capa*.]

1. **CHAPEL**, Hangar. Gl. *Capellus* 5.

○ 2. **CHAPEL**. Voyez *Capel*.

CHAPELERIE, CHAPELLERIE, Chapelle, bénéfice simple. Gl. *Capellania* 1.

1. **CHAPELET**. PAR MANIÈRE DE CHAPELET, Par ordre, à son tour. Gl. *Capelletum*.

○ 2. **CHAPELET**, Petit chapeau. Gl. *Circulus* 1, pag. 840¹. Garin, tom. 1, pag. 298 :

*En son chief ot un chapelet petit
D'or et de pieres qui mout bien li avint.*

○ **CHAPELIER**, Partie inférieure du casque. Agolant, vers 1033:

*Trenchié son hiaume desi qu'el cha-
[pelier,
Sor les espaules en gisent li quartier.*

1. **CHAPELLE**, Couvercle d'un alambic chez les chimistes. Gl. *Capella 2.*

❍ 2. **CHAPELLE**. Gl. *Vicaria* pag. 311¹.

CHAPEREZ, p. e. Équarri. Gl. *Chaparo.*

❍ **CHAPERON**, CHAPPERON. Gl. *Caparo.* Chaperon à Moigne †. Gl. *Trogulus.*

CHAPERONNÉE, Autant que peut contenir un chaperon. Gl. *Capayrona.*

CHAPERONNEUSE D'ANJOU, Chaperon propre aux Angevines. Gl. *Capayrona.*

❍ **CHAPIGNER**, Frapper. Roman de Renart, tom. 2, pag. 292, vers 17547 :
Parmi le col le housepigne
Durement le mort et chapigne.

❍ **CHAPITELE**, Chapitre. Vie de saint Thomas de Canterb. pag. 625² :
Al terz jour en chapitele entrad.

1. **CHAPLE**, Blessure faite avec une arme qui taille. Gl. *Capulatura* sous *Capulare.*

2. **CHAPLE**, CHAPLEIS, CHAPLEMENT, Combat à l'épée. Gl. *Capulatura* sous *Capulare*, pag. 150¹, 150². [Chanson de Roland, stance 245, vers 13 :
Durs colps i fierent, mult est li
           [*caples granz.*

Voyez stance 85, vers 17 ; stance 125, vers 8 ; stance 247, vers 8. Partonop. vers 3389 :
Or est li caples fors et griés.

Vers 8767 :
Là veimes le caple grief.

Vers 975 :
Entr'aus deux fu li capléis.

Vers 8229 :
Porquant parmi tot lor caplot
Est montés el ceval le roi.

Voyez Fierabras, notes, aux vers 1208 et 1239 ; le Glossaire de la Chron. des ducs de Normandie ; Rayn. tom. 2, pag. 391², au mot *Chaple.*

CHAPLECHO, Instrument de musique dans le Lyonnais. Gl. *Capriola.*

❍ **CHAPLEISON**, CHAPLISON, Carnage, massacre. Aubri, pag. 175¹ :
Là véisiés des Turs grant caplison

Chron. des ducs de Normandie, tom. 1, pag. 122, vers 1171 :
En la fuie ont grant chapleison
Et si mortel occision, etc.

CHAPLER, CHAPLOIER, Combattre, frapper avec l'épée. Gl. *Capillare* sous *Capulare*, pag. 150¹. [Chanson de Roland, stance 254, vers 3 ;
De lur espiez bien i fièrent et caplent.

Stance 252, vers 12 :
N'i ad celoi que n'i fierge o ni capleit.

Partonop. vers 8151 :
Si grant colp done al grant vasal
Qu'il le trebuce del ceval ;
Tant a feru, tant a caplé,
Tant i a mis et tant doné, etc.

Vers 8835 :
Tant fiert, tant caple, tant capuse,
Que le Persan en sus réuse.

Jordan Fantosme, vers 1887 :
Al partir de la bataille le saurad
           [*l'um loer*
Ki mielz i fiert d'espée e miels fait
           [*caplier.*

Gérard de Vienne, vers 1997 :
Pluis en est duis ke maistres char-
           [*pentiers*
N'est de sa barde ferir et chaploier,
Kant il veut faire saule ou maison
           [*dressier.*

Voyez Rayn. tom. 2, pag. 392¹ au mot *Capolar*, et *Capuzar.*

CHAPOTOIS, Sorte de monnaie. Gl. *Chapotensis moneta.* [Voyez Rayn. tom. 2, pag. 392¹ au mot *Chapotes.*]

CHAPOULER, Couper, tailler. Gl. *Capulare.*

CHAPPE DE PLONC, Sorte de supplice. Gl. sous *Capa 1*, pag. 113¹.

❍ **CHAPPEL** DE FER, Casque. Gl. *Capelleus ferreus*, pag. 124².

❍ **CHAPPELAIN** FERMIER, Desservant. Gl. *Capellanus Firmarius*, pag. 122².

CHAPPELET, Petit chapeau. Gl. *Capelletum.*

CHAPPELINE, Armure de tête, espèce de casque. Gl. *Capellina 3.*

CHAPPELLIER DE FLEURS, Celui qui faisait les chapeaux de fleurs. Gl. *Capellus rosarum*, pag. 124³. [Chapellière. Gl. *Capellus 1.*]

❍ **CHAPPELIS**. Voyez *Chapple.*

CHAPPELLUS, Clou à grosse tête. Gl. *Capus 4.*

CHAPPERONS ROUGES, Les chanoines de la congrégation de Saint-Maurice en Vélay. Gl. *Caparo.* [Voyez Rayn. tom. 2, pag. 320², au mot *Caparo.*]

CHAPPIN, Espèce de petit couteau. Gl. sous *Cultellus*, pag. 651¹.

CHAPPITRER, Tenir chapitre, être assemblés en chapitre. Gl. *Capitulare 5*, sous *Capitulum 4.*

CHAPPLE, CHAPPLIS, Plaie, blessure faite avec une arme qui taille. Gl. *Capulare*, pag. 150¹.

CHAPPUIZ, Billot à l'usage des tonneliers, appelé Tronchet ou Trouchet. Gl. *Chapuisare.*

CHAPPUSER, Tailler du bois de charpente pour le mettre en état d'être assemblé. Gl. *Chapuisare.*

CHAPT, Terme injurieux. Gl. sous *Cavestrum.*

CHAPTEL, Biens mobiliers de quelque nature qu'ils soient. Gl. *Catallum.* [*Bail à Chaptel.* Gl. *Capitale 2.* Voyez Rayn. t. 2, pag. 325², au mot *Capital.*]

CHAPUCIER, Couper, tailler. Gl. *Capulare.*

CHAPUIS, CHAPUISEUR, Charpentier, ouvrier en bois. Gl. *Chapuisare.*

CHAPUISER, Tailler du bois de charpente pour le mettre en état d'être assemblé. Gl. *Chapuisare.* Voyez ci-dessus *Chapler.*

1. **CHAR**, Race, famille. Gl. *Caro 6.*

❍ 2. **CHAR**, comme *Chère*, Visage. Chronique de Jordan Fantosme, vers 5 :
Gentil rei d'Engleterre à la char
           [*tres hardie.*

Voyez Rayn. tom. 2, pag. 331², au mot *Cara* ; ci-dessous, *Chiere.*]

❍ 3. **CHAR**, CHARN. Voyez *Car.*

CHARAIE, Espèce de sortilège, billet écrit en caractères magiques. Gl. *Caraula.*

CHARAUDERESSE, Sorcière, celle qui emploie des caraudes. Gl. *Caraula.*

CHARBONAGE, Droit ou redevance pour le charbon dont on use. Gl. *Carbonagium*, sous *Carbo 3.*

❍ **CHARBONNEE**. Gl. *Carbonea 2.* † *Frixa*, † *Assatura.*

❍ **CHARBOUCLE**, Escarboucle. Rayn. tom. 2, pag. 332² au mot *Carboncle.*

CHARCHANT, Carcan. Gl. *Carcannum.*

1. **CHARCHE**, Charge, ce qui cause de la peine. Gl. *Charchia.* [Masse, nombre. Guill. Guiart, tom. 1, pag. 269, vers 6588 (6857) :
Car trop en i mourut grant charche.]

2. **CHARCHE**, p. e. Ce qu'on paye pour le guet ou la garde de quelque chose. Gl. *Cercha.*

❍ **CHARCHER**, CHARGER, Confier. Guill. Guiart, tom. 1, pag. 346, vers 8016 (8860) :
Au roi fait on leur faiz entendre,
Qui a mareschal gent charche
Et le tramet vers cele marche.

Voyez pag. 134, vers 2946 (3338) ; tom. 2, pag. 232, vers 6018 (14998). Gérard de Vienne, vers 1211 :
Chargeroit moi vingt mil homes
           [*armeiz.*

❍ **CHARCHERE**, Prison. Enfants Haymon, vers 372 :
Tres tous les riches hommes que
           [*truevent environ,*
Amenent le tour en la charchere
           [*en prison.*

CHARDONAL, Cardinal. Gl. *Cardinalis.*

CHAREI, Espèce de sortilège, écrit en caractères magiques. Gl. *Caraula.*

CHAREIL, Lampe, vaisseau propre à faire brûler de l'huile ou de la graisse pour éclairer. Gl. *Crucibulum.*

CHARETÉE, Espèce de tonneau, et ce qu'il contient. Gl. *Chareitllus.*

CHARETON, Charretier. Gl. *Carratearius 1.*

CHARGAGE, CHARGAIGE, Droit dû pour charger sur un chariot des tonneaux de vin, et les transporter ailleurs. Gl. *Chargiagium.*

CHARGANT, ARBRE CHARGANT, p. e. Arbre portant fruit. Gl. *Arbor.* [Voyez Rayn. tom. 2, pag. 335², au mot *Cargar. Cargant*, Pesant. Partonop. vers 3238 :
Là del biec en l'elme feru
Un colp si dur et si cargant
Qu'à paines remaint en estant.]

CHARGEE, Charge d'une certaine quantité. Gl. *Chargia* 2.

CHARGEOIR, Machine à porter le fumier. Gl. *Chargatorium*.

CHARGEOUR, Espèce de grant plat. Gl. *Chargeour*.

CHARGNE, p. e. Celui qui reçoit pour le seigneur le droit appelé *Charnage*. Gl. *Carnaticum*.

° **CHARIERE**. Voyez *Carriere*.

° **CHARIERESSE**. Voyez *Charrieresse*.

CHARINER, † Se moquer, railler, tourner en ridicule. Gl. *Carina* 1.

° **CHARIOT** BRANSLANS. Gl. *Carrocium*, pag. 189³.

CHARIOTÉE, CHARIOTTÉE, Espèce de tonneau, et ce qu'il contient. Gl. *Charetillus*.

1. **CHARITÉ**, Réfection, repas, festin. Gl. *Caritas* 3. [Roman de Renart, tom. 3, pag. 32, vers 20610 :
*Ge t'ai véu carité prendre
Deus foiz sanz aler au mostier.*
Voyez Rayn. tom. 2, pag. 330², au mot *Caritat*.]

2. **CHARITÉ**, Le vin du marché, ce qu'on donne au delà du prix convenu. Gl. *Caritas* 1.

3. **CHARITÉ**, La fête d'un lieu, foire, parce qu'on y boit et mange. Gl. *Caritas* 13.

4. **CHARITÉ**. On appelait *Charitez* les biens donnés à une église ou à un monastère, à charge de prières, aumônes et repas extraordinaires le jour de l'anniversaire de la mort de quelqu'un. Gl. *Caritas* 2 et 3.

° **CHARLATAN**. Gl. *Cerretani*.

CHARLERIE, Le métier d'un *Charlier*, ou ouvrier de charrue. Gl. *Carlarius*.

1. **CHARME**, Sorte de redevance. Gl. *Charmea*.

° 2. **CHARME**, Gémissement. Guill. Guiart, tom. 2, pag. 39, vers 992 (9958):
Tiex criz et si douleureus charmes.

CHARMEGNERESSE, Sorcière, femme qui fait des charmes. Gl. *Carminare* sous *Carmen* 1.

° **CHARMEI**, pour *Chaume* ou *Herme*. Gl. *Planum* 1.

CHARMER UNE PLAIE, User de charmes pour la guérir. Gl. *Carminare*, sous *Carmen* 1. [Maltraiter, Guill. Guiart, tom. 2, pag. 458, vers 11908 (20891):
Maint homme i est à mort charmé.
Pag. 468, vers 12172 (21155):
Já seront laidement charmez.]

CHARNAGE, CHARNAIGE, Droit seigneurial sur les troupeaux qui passent ou paissent sur les terres d'un seigneur. Gl. *Charnagium* sous *Carnaticum*.

CHARNALITÉ, Passion déréglée, débauche. Gl. *Carnalitas*.

CHARNEL, Parent, qui est de la même race ou famille. Gl. *Carnalis* 1. [Gérard de Vienne, vers 3936 :
*Doneiz la moi, Karle li respondi,
A oes Rollant le mien charnel ami,
Ne la demant por autre ke por li.*
Voyez *Carnel*, Rayn. tom. 2, pag. 341¹, au mot *Carnal*.]

CHARNEUMENT, Charnellement. Gl. *Carnaliter*. [Orell. pag. 292. Rayn. tom. 2. pag. 341², au mot *Carnalment*.]

° **CHARNEUX**, *Pasques Charneux*. Gl. *Pascha*, pag. 191³.

CHARNIER, Saloir, vaisseau où l'on conserve les viandes salées. Gl. *Charnerium*.

CHAROIZ, Espèce de sortilége, billet écrit en caractères magiques. Gl. *Caraula*.

CHAROLLE, Danse. Gl. *Charolare*.

CHARONIER, Charron, ou celui qui conduit la charrue. Gl. *Charronnerius*.

1. **CHARPE**, Charme, arbre. Gl. *Charmen*.

2. **CHARPE**, Instrument de fer pour couper et tailler. Gl. *Charpa*.

° **CHARPENTER**, Frapper comme un charpentier. Guill. Guiart, tom. 2, pag. 270, vers 6986 (15978):
*L'ocision là recommance;
Flamens, sus qui François charpentent,
Maint bon destrier i ensanglantent.*
Comparez *Chaploier*, et Gl. *Carpentarius*, sous *Carpentum*.

CHARPINER, Carder. Gl. *Cardare*.

CHARRAL, Espèce de tonneau. Gl. *Carrale*, sous *Carreda*, pag. 186².

CHARRAN, Chemin par où peut passer un char. Gl. *Carreria* 1, pag. 186³.

CHARRASSON, en Limousin et ailleurs, Échalas mis debout et en travers pour soutenir les ceps de vigne, espece de treillage. Gl. *Carratium*.

1. **CHARRÉE**, Charretée. Gl. *Charrea*.

° 2. **CHARRÉE**, Lessive. Guill. Guiart, tom. 2, pag. 457, vers 11883 (20866):
*Près d'eus fu le fossé à l'ave
Qui celi jour iert ausi trouble
Comme charrée, ou plus au double.*

CHARRET, Rouet. Gl. *Charetum*.

CHARRETÉE, Espèce de tonneau. Gl. *Charetillus*.

° **CHARRETIL**. Voyez *Caretil*.

CHARRETIN, CHARRETY, Le corps de la charrette posé sur l'essieu. Gl. *Charretium*.

CHARRETON, Charretier. Gl. *Carraterius*. [Voyez Rayn. tom. 2, pag. 337², au mot *Cariato*.]

CHARREY, Charrol, sorte de corvée qu'on doit faire par charroi. Gl. *Charrerium* [et *Carreda*. Rayn. tom. 2, pag. 338¹, au mot *Charrei*. Partonop. vers 6965:
*Celer vos en cuidiés vers moi,
Mais je sai trop de tel charoi.*]

1. **CHARRIÈRE**, Bac, bateau propre à passer des charrettes. Gl. *Charreria* 1, 2.

2. **CHARRIÈRE**, Chemin par où peut passer un char, rue. Gl. *Carreria* 1. [Voyez Rayn. tom. 2, pag. 338², au mot *Carriera*.]

CHARRIERESSE, Sorcière, femme qui emploie des *Charaies*. Gl. *Caraula*.

CHARROIABLE, Celui qui doit à son seigneur la corvée des charrois. Gl. sous *Carropera*, pag. 190¹.

CHARROIE, Espèce de sortilége, billet écrit en caractères magiques. Gl. *Caraula*.

CHARROTE, Charrette à deux roues. Gl. *Charriotum*.

CHARROUSSÉE, Charretée. Gl. *Charrea*.

CHARROY, Espèce de sortilége, billet écrit en caractères magiques. Gl. *Caraula*.

CHARRUAIGE, Autant de terre qu'une charrue peut en labourer dans un an. Gl. *Carruata terræ*.

CHARRURIE, Tout ce qui concerne char ou charrue. Gl. *Carretarius*.

CHARRY, Lieu couvert, où l'on serre les charrettes, charrues, et autres choses servant au labour, chartil. Gl. *Carrucia* 1.

CHARTELAIGE, Ce qu'on paye pour l'enregistrement des marchandises. Gl. *Cartularium* 2.

CHARTERIER, Geôlier, celui qui a la garde des *chartres* ou prisons. Gl. *Carcerarius*.

CHARTIE, Charte, acte public et authentique. Gl. *Charta* 1, pag. 292¹.

1. **CHARTIN**, Le corps de la charrette posé sur l'essieu. Gl. *Charretium*.

2. **CHARTIN**. Espèce de monnaie. Gl. sous *Moneta*.

CHARTON, Charretier. Gl. *Caloeia*.

CHARTRENIER, Geôlier. Gl. *Carcerarius*.

CHARTRER, Accorder une *Chartre*, un privilége. Gl. *Chartis-donatio*.

1. **CHARTRIER**, Prisonnier, celui qui est en *chartre*. Gl. *Carcer* 2. [Chronique des ducs de Normandie, tom. 3, pag. 288, vers 39571:
*Preierent por les chartrez
Qui esteient emprisonez.*]

2. **CHARTRIER**, Geôlier. Gl. *Carcerarius*. [Voy. Rayn. tom. 2, pag. 333², au mot *Carcerier*.]

CHARTRIME, p. e. Celui qui tient registre de quelque chose. Gl. *Cartularium* 2.

CHARTRON, Chétron, petite layette en forme de tiroir qu'on fait au haut d'un des côtés d'un coffre. Gl. *Chartothesium*.

CHARUAGE, Terres labourables. Gl. *Carrucagium* 2.

° **CHARUBLE**, pour *Chasuble*. Gl. *Casularius*.

° **CHARUÉE**, comme *Carruée*.

CHAS, Cuisine, lieu où l'on cuit et prépare les viandes. Gl. *Chassum*.

1. **CHASAL**, Masure, maison qui tombe en ruine. Gl. *Casalenum*.

2. **CHASAL**, Ferme, métairie. Gl. *Casale* et *Chasellum*. [Voyez Rayn. tom. 2, pag. 348¹, au mot *Casal*.]

CHASBIQUEL, Chefecier, dignité ecclésiastique. Gl. *Capiceriatus*.

CHASCEOR, Cheval propre pour la chasse. Gl. *Chaçator*.

° **CHASDELER**, comme *Chadeler*.

CHASÉ, Celui qui tient un fief, une maison, etc., en *Chasement*. Gl. *Casati*. [Voyez *Case*.]

CHASEMENT, Terre, château tenu en fief sous certaines conditions. Gl. *Casamentum* 1, et *Casati*, pag. 202¹. [Voyez *Casement*.]

CHASGNON, Certaine partie d'une charrue, l'échelle. Gl. *Casnus* [et *Jaugia*].

1. **CHASIER** †, Sorte de panier pour faire égoutter le fromage. Gl. *Casearius*.

° 2. **CHASIER**, comme *Chasé*.

CHASNAISSES, Menues branches de chêne ou d'autre arbre, fagots. Gl. *Casnus*.

CHASSAIN, Espèce de bois, p. e. Chêne. Gl. *Casnus*.

1. **CHASSE**, Poursuite en justice; ou Amende. Gl. *Cachia* 3.

2. **CHASSE**, p. e. pour CHAUSSE, instrument pour pêcher. Gl. *Chassa*.

CHASSEMENT, Terre, château tenu en fief sous certaines conditions. Gl. *Cassamentum*. [Voyez *Chasement*.]

CHASSER, Pêcher. Gl. *Chassiare*.

CHASSETE, Chaton, ce qui enchâsse. Gl. *Chassicia*.

CHASSE-VILAIN, Oiseau, vaisseau qui sert a porter le mortier dans les ateliers. Gl. *Chacea* 2.

CHASSEURE, Chassoire, fouet. Gl. *Chacea* 2.

CHASSIER, Celui qui tient en fief, à titre de *Chassement*. Gl. *Chazati*.

CHASSIPOLE, Sergent, celui qui lève les impôts. Gl. *Cacepollus*.

CHASSOUERE, Chassoire, fouet. Gl. *Chacea* 2.

CHASTÉE, Chasteté. Gl. *Castimonium*. [Pastourelle, Laborde, pag. 152 :

Belle, douce mère,
Hé! Gardez-moi ma chastée.

Voyez Rayn. tom. 2, pag. 353¹, au mot *Castitat*.]

1. **CHASTEL**, Biens mobiliers, de quelque nature qu'ils soient. Gl. *Catallum*.

2. **CHASTEL**, Gain, profit. Gl. *Catallum*, pag. 219² [et *Crescentia* 3. Voyez *Chatel* 2.]

° 3. **CHASTEL**, Château sur les mâts. Guill. Guiart, tom. 2, pag. 350, vers 9085 (18066); pag. 361, vers 9378 (18358); pag. 364, vers 9453 (18434); pag. 387, vers 10048 (19028). Voyez Jal. Archéol. Nav. tom. 1, pag. 488.

CHASTELAINE, Dame de château. Gl. *Castellum* 1. [Chanson de Gilles de Viniers, Laborde, pag. 231 :

Douce dame, comtesse chastelaine
De tout vouloir, qui sevrance m'est griez.]

° **CHASTELET**, Château des proues et des poupes. Guill. Guiart, tom. 2, p. 387, vers 10043 (19024). Voyez Gl. *Castellum* 3.

CHASTELLAIN, Commandant dans un château. Gl. *Castellanus* 2.

CHASTELLERIE, Châtellenie, fief, office de châtelain. Gl. *Castellaria*, sous *Castellum* 1, pag. 209³. [Chronique des ducs de Normandie, tom. 2, pag. 441, vers 28100 : *Chastelerie*.]

1. **CHASTIER**, Remontrer, reprendre, donner des avis, faire des reproches. Gl. *Castigatus*. [Chanson de Roland, stance 130, vers 8. Voyez Rayn. tom. 2, pag. 354¹, au mot *Castiar*. Chanson de Thibaut de Navarre, Laborde, pag. 225.]

2. **CHASTIER**, CHASTOIER, Se corriger, changer de vie. Gl. *Castigatus*.

° **CHASTOIRES**, Ruches d'abeilles. Roman de Renart, tom. 5, pag. 65, vers 1285 :

Assez i ot pomes et poires
Et d'autre part sunt les chastoires.

Voyez *Chetoire*.

CHASTON, Morceau de cristal ou de verre, dont on se servait au lieu de pierre précieuse. Gl. *Chasto* 2.

CHASTOY, CHASTROY, Correction, châtiment. Gl. *Castigatus*. [Chaisti, *Chaistiement*. Chanson de Richard de Furnival, Wackern. pag. 59 :

France prise pou et crient
Chaisti de gent paipelairde.

Chanson de Chrestien de Troies, pag.17 :

Por ceu ains sens fauceteir
Ne jai por chaistiement.

Voyez Rayn. tom 2, pag. 354², aux mots *Castic, Castei*, etc.]

CHASTRE, Manteau de cheminée. Gl. *Chasto* 2.

CHASTRÉ, TRUIE CHASTRÉE, Bouclée, qui ne saurait engendrer. Gl. *Chasto* 2.

CHASTRI, CHASTRON, Mouton. Gl. *Casto* 2. [Garin le Loher. tom. 1, pag. 248.]

1. **CHAT**, Certain gros vaisseau, navire. Gl. *Gatus* 1.

2. **CHAT**, Machine de guerre pour mettre à couvert ceux qui attaquent. Gl. *Catus* 2.

° 3. **CHAT**, Maille au chat. Gl. *Chatus* et *Mallia* 1.

CHATAIGNE, CHATAINE, CHATAINGNE, Capitaine, celui qui est chargé en chef de quelque chose. Gl. *Cataneus* sous *Capitaneus*, pag. 135².

CHATE, CHATEL. TENIR A CHATE ou CHATEL, Tenir à condition de partager le profit avec le bailleur, sauf le capital. Gl. *Catallum*.

1. **CHATEL**, Homme de corps, qui doit le cens capital. Gl. *Capitales homines*.

2. **CHATEL**, CHATEZ, Biens mobiliers de quelque nature qu'ils soient. Gl. *Catallum* [et *Capitale* 4].

3. **CHATEL**. Voy. ci-dessus *Chate*. [Roman de Renart, tom. 2, pag. 216, vers 15422 :

Que je voudrai mon buef avoir,
Que je tieng promesse à chatel.

Voyez Rayn. tom. 2, pag. 324², au mot *Capdel*, et 325², au mot *Cabal*.]

° **CHATELLET**, Petit château. Gl. *Castellutum*, pag. 210².

° **CHATEPELOSE** †, Gl. *Eruca*.

° **CHATIEN**, Soutien, secours, assistance. Chron. des ducs de Normandie, tom. 2, pag. 499, vers 29740 :

E des povres n'ert obliant,
Merveilles lor faiseit granz biens,
C'ert lor refui et lor chatiens.

Tom. 3, pag. 24, vers 32467 :

Del rei de France prist chatien,
Si garni un chastel mult bien.

CHATILLON, Lamproie, à Toulouse. Gl. *Lampetra*.

° **CHATIVOISON**, Captivité. Voyez Rayn. tom. 2, pag. 274², au mot *Captivatio*.

CHATTE, pour CHASSE, Instrument pour pêcher. Gl. *Chassa*.

CHATTEL, Biens mobiliers, de quelque nature qu'ils soient. Gl. *Catallum*.

° **CHATTI**. FLORIN CHATTI. Gl. *Chatus*.

CHAVAIGE, Cens dû au seigneur tous les ans par chaque tête de ses hommes de corps. Gl. *Chevagium* sous *Capitale* 5, pag. 132³.

CHAVAIGNE, Sorte de corvée due au seigneur par chacun de ses vassaux, et le rachat en argent de cette servitude. Gl. *Capitagium* 1. [Roman de Roncevaux, pag. 16 :

Asez voil miex devancier mon éaige
Que cist paien aient de noz chavaigne.

Voyez *Chevaige*.]

CHAVALER, Tomber à la renverse, comme un cheval les quatre fers en l'air. Gl. *Cavalcare* sous *Caballus*, pag. 5¹.

CHAVATERIE, Rue ou quartier des savetiers, qu'ils appelaient *Chavatiers*. Gl. *Chavateria*.

° **CHAUCE**, Chausse. Chron. des ducs de Normandie, tom. 3, pag. 37, vers 32828. Garin, tom. 1, pag. 168. Voyez ci-dessus *Cauce*, et Rayn. tom. 2, pag. 296¹, au mot *Calsa*.

CHAUCEAU, Sorte d'habillement ou de chaussure. Gl. *Chaucelletus*.

CHAUCEMENTE, Chaussure. Gl. *Calceus*, pag. 25¹.

CHAUCERIE, Le métier de *Chaucier*, celui qui fait des chausses. Gl. *Chauceterius*.

CHAUCHA, Sorte de vase, en Rouergue. Gl. *Casiatum*.

° **CHAUCHE**, FERIR A CHAUCHE....... Guill. Guiart, tom. 1, pag. 302, vers 6879 (7710) :
*Li combatant s'entressemonnent
De férir plus souvent à chauche,
Cops dont li uns, l'autre chevauche.*

° **CHAUCHER**, Chausser. Agolant, vers 902 :
*Le mellour roi qu'ainz chauchant d'es-
              [peron.*
Chanson de Roland, stance 282, vers 6 :
Lor esperuns unt en lor piez calcez.
Stance 189, vers 14 :
*Si l'en dunez cest guant ad or pleiet,
El destre poign si li faites chalcer.*
Voyez Rayn. tom. 2, pag. 296², au mot *Caussar*.

° **CHAUCHIER**, Chasser, repousser. Guill. Guiart, tom. 1, pag. 228, vers 5456 (5782) :
*Maugré tous les Arragonnois,
Qui en deffendant sont chauchié,
Ont là le roi deschevauchié.*
Pag. 291, vers 6884 (7414) :
*Et tresperce en autel maniere
Ses ennemis, au bien chauchier,
Com on fait le comte Gauchier.*

CHAUCHIERE, p. e. Four à chaux. Gl. *Chalcheria*.

CHAUCIER, Marchand ou faiseur de chausses. Gl. *Chauceterius*.

° **CHAUDE** CHACE, COLE, SUITE, CHAUT SANG, CHAUDEMELLE. Gl. *Chacia calida, Calidameya* et *Mesleia*.

CHAUDEIRE, Chaudière. Gl. *Caldaria*, pag. 27².

CHAUDEL, CHAUDELET, Chaudeau, sorte de bouillon, bouillie. Gl. *Calenum*. [Et † *Sorbicium*. Gl. pag. 186¹ :
*Il en jura Mahon et Jupitel
Que il fera crestiens mau chaudel.*]

CHAUDERÉE, Chaudière. Gl. *Chauderea*.

CHAUDIERE. VALET DE CHAUDIERE, Office de cuisine. Gl. *Chauderea*.

CHAUDRELAS, Airain, cuivre ; d'où *Chaudrelier*, Celui qui travaille ces matières, chaudronnier. Gl. *Caudera* et *Cauderarius*.

CHAUDUNS, Extrémités des animaux, issues, tripes. Gl. sous *Cauda* 8.

° **CHAVEIRES** †. Gl. *Cambis*.

° **CHAVELU**, Chevelu. Gérard de Vienne, vers 3158 :
Ainz dient tuit et chauf et chavelu.
Voyez la note. Aubri, vers 110 :
N'i enteroit ne caus ne cavelu.

Guill. Guiart, *passim*. Rayn. tom. 2, pag. 297², au mot *Calv*.

CHAVENACIER, Marchand ou fabricant de toiles de chanvre. Gl. *Canabaserius*.

CHAVENYS, pour CHANEVIS, Chênevis. Gl. *Cana* 4.

CHAVER, Creuser, faire une fosse. Gl. *Cava* 1.

CHAVERIN, Chevreau. Gl. *Caprollus*.

CHAVESSAILLE, La partie de l'habit qui entoure le cou, collet. Gl. *Chevesellia*.

° **CHAVESSE**, comme *Chavessaille*. Gl. *Capitium* 1.

CHAVESSIER, Chefecier, dignité ecclésiastique. Gl. *Capitiarius* sous *Capitium* 2, pag. 187³.

CHAVESTRAGE, Le droit du palefrenier quand on achète un cheval. Gl. *Chavestragium*.

CHAVETERIE, Le métier de *Chavetier* [Gl. † *Pittaciarius*], ou *Chavetonnier*, Celui qui faisait des souliers de basane, savetier. Gl. *Chavateria*.

CHAUFECIRE, Officier de la chancellerie et de la fruiterie chez le roi. Gl. *Calefactor ceræ*.

CHAUFECON, Espèce de cheminée. Gl. *Chaufeçon*.

CHAUFFAUDER, Echafauder. Gl. *Chaufarium*.

CHAUFFAULT, Espèce de tour de bois, machine de guerre propre à l'attaque et à la défense. Gl. *Chaufaudus*.

CHAUFFAUT, Echafaud. Gl. *Chaufarium*.

CHAUFFOUR, Certain droit de passage, péage. Gl. *Calidus-furnus*.

CHAUFFRITE, Chaufferette. Gl. *Chaufeta*.

CHAUFOUR, Espèce de cheminée. Gl. *Calfatorium*.

CHAVIGNON, p. e. Cheville, ou l'échelle d'une charrue. Gl. *Cavigia*.

CHAVISSIER, Pêcherie, gord. Gl. *Nasserium*.

CHAULE, Bille, boule. Gl. *Choulla*.

° **CHAULT**. MAL CHAULT. Gl. *Morbus calidus*, pag. 517¹.

° **CHAUMEI**, Champ où le chaume est encore sur pied. Chronique des ducs de Normandie, tom. 2, pag. 41, vers 16492 :
*Furent li champ e li erbei
E li quaime e li chaumei
Si plein, etc.*
Voyez tom. 1, pag. 261, vers 5121. Chron. de Jord. Fantosme, vers 159.

CHAUMETTE, Espèce de faucille propre à couper le chaume. Gl. *Calma* 2.

CHAVRETAGE, Droit que payent ceux qui ont des troupeaux de chèvres. Gl. *Caprinum*.

° **CHAUS**. Garin le Loher. tom. 1, pag. 31 :
*Li fers fu chaus ne pot l'acier sofrir,
Parmi l'eschine li fait le fer sentir.*

CHAUSA, Sorte de vase, en Rouergue. Gl. *Casiatum*.

CHAUSIER, Marchand ou faiseur de chausses. Gl. *Chauceterius*.

CHAUSOIR, Chausson, espèce de chaussure. Gl. *Pedana* 1.

CHAUSSÉE, Droit pour l'entretien des chaussées par où l'on passe. Gl. *Calcagium* sous *Calcea*, et *Calceia*.

1. **CHAUSSES**, Présent, honoraire, salaire. Gl. *Calceradigum*.

2. **CHAUSSES**, Sorte de filet pour la chasse et la pêche. Gl. *Caligæ alatæ* sous *Caliga*, pag. 30³.

CHAUSSETIER, Marchand ou faiseur de chausses. Gl. *Chauceterius*.

CHAUSSEUR, Celui à qui on paye le droit de *Chaussée*. Gl. *Calcagium* sous *Calcea*.

CHAUSSIE, Droit pour l'entretien des chaussées par où l'on passe. Gl. *Calceia*.

CHAY, Cellier, cabaret, boutique. Gl. *Cayum* sous *Caya*.

° **CHAYERE**, Chaise. Gl. *Rota* 9. Voyez *Chaere*.

CHAZÉ, CHAZIER, Fieffé, celui qui tient à titre de *Chazement*. Gl. *Casati*, pag. 201³, *Chazati* et *Feodalis*, pag. 478¹.

CHAZEMENT, Terre, château tenu en fief sous certaines conditions. Gl. *Tenementum* sous *Tenere* 1, pag. 58².

° **CHEABLES** †, Qui tombe facilement. Gl. *Toda*.

CHEAINE, Chêne, arbre. Gl. *Casnus*.

CHEANNE, Chaîne. Gl. *Pedana* 1.

1. **CHEAU**, Petit d'une chienne, et par métaphore l'enfant d'une femme libertine. Gl. *Canis alanus*, pag. 88¹.

2. **CHEAU**, Rejeton. Gl. *Capriolus* 4.

CHECHAL, Celui qui ordonne d'une fête, pour *Séchal*, abrégé de *Sénéchal*. Gl. *Senescalcus*, pag. 419².

° **CHEF**. DE CHEF ET DE CORPS. Gl. *Servus*, pag. 455¹.

° **CHEF** DE BESTAIL, etc. Gl. *Caput* 2.

CHEF DE BOURG, Lieu principal. Gl. *Caput burgi* sous *Caput* 8, pag. 152¹. [Voyez Rayn. tom. 2, pag. 318¹, au mot *Cap*.]

CHEFAU, Maison, principale demeure. Gl. *Capmansium*, pag. 153³.

CHEF-MEZ, CHEF-MOIS, CHEF D'HERITAGE, Chef-lieu, principal manoir. Gl. *Caput mansi* sous *Caput* 8, pag. 153².

CHEILLIER, Cellier. Gl. *Celerium* 1 [et *Gardignagium*].

CHEINCERIE? Lingerie. Gl. sous *Camisa*.

CHEINSE, Chensil, Sorte d'habillement de toile. Gl. *Campsilis* sous *Camisa*, p. 51². [Voyez Rayn. tom. 2, pag. 310¹, au mot *Cansil*.]

CHEITE, Chute, perte d'un procès. Gl. *Cadere*.

CHEITIF, Chétif, qui est de petite valeur ; d'où *Cheitivement*, *Cheiliveté*. Gl. *Captivare* 2, et ci-dessous *Chetiveté*.

CHELEVALET, Charivari. Gl. *Chalvaricum*.

CHEMBEL, Joute, tournois. Gl. *Cembellum*.

CHEMIER ou **CHEMIEZ**, Chef de famille, de maison. Gl. *Caput mansi* sous *Caput* 3, pag. 153¹.

1. **CHEMIN**, Péage, droit sur les voitures qui passent par le grand chemin. Gl. *Cheminus* 2, pag. 308³.

2. **CHEMIN**. DEMANDER CHEMIN ROYAL, C'est demander d'y passer sans que la justice puisse vous arrêter. Gl. sous *Cheminus* 2.

3. **CHEMIN**. FEMME DE CHEMIN, Femme ou fille débauchée, de mauvaise vie, qui se tient sur les chemins pour débaucher les passants. Gl. sous *Cheminus* 2, p. 308³.

4. **CHEMIN** VOISINAL, Chemin de traverse. Gl. *Via convicinalis* sous *Via* 1. CHEMIN CHASTELLAIN, FORAIN, FERRÉ, etc. Gl. *Via*, pag. 302³, 303¹.

CHEMINAGE, Droit pour le passage sur le grand chemin, péage. Gl. *Cheminagum* sous *Cheminus* 1.

CHEMINE, CHEMINEL, Chenet. Gl. *Chiminale*.

CHEMINÉE, CHEVALIER DE CHEMINÉE, Nom donné par dérision à un chambellan qui reste auprès de son maître lorsque les autres chevaliers vont à la guerre. Gl. *Caminata* 1, pag. 52².

° **CHEMINET**, Sentier. Gl. *Cheminellus*.

1. **CHEMISE** DE CHARTRES, Sorte de cotte de mailles. Gl. sous *Camisa*, pag. 53¹.

2. **CHEMISE**, CHEMISETE, Couverture de livres. Gl. sous *Camisa*, pag. 53².

CHENAIL, Grange, grenier. Gl. *Chenalis*.

CHENAL†, Cheneau, gouttière. Gl. *Canale*.

CHENBEL, Joute, tournois ; d'où *Chenbeler*, Jouter. Gl. *Cembellum*.

CHENEL, Petit chien. Gl. *Canis alanus*.

CHENELEE, ou CHEVELÉE, Provin. Gl. *Chenellus*.

CHENEVAS, Corbeille. Gl. *Canestella*.

CHENEVEL, Espèce de poisson. Gl. *Cheneverium*.

CHENEVEUX, Chènevis, graine de chanvre. Gl. *Cheneverium*.

° **CHENEVIÈRE**. Gl. *Cannabaria* et *Canabetum*.

CHENEVOTE, Chènevotte, paille de chanvre. Gl. *Lumera*.

CHENEVRAU, CHENEVREAU, CHENEVRIL, CHENEWIS, Chènevière. Gl. *Cheneverium*.

CHENEX, Gouttière. Gl. *Chenalis*.

CHENGLUIS, p. e. Chènevis. Gl. *Cheneverium*.

CHENILLE, Terme employé pour avertir les gardes des vignes qu'on y vole du raisin. Gl. *Vinearius*.

CHENNEWIS, Chènevière. Gl. *Cheneverium*.

CHENOIGNE, Chanoine. Gl. *Canonicus*.

CHENOLLE, Trachée-artère, le canal de la respiration. Gl. *Cannolla*.

° **CHENS**, Cens. Gl. *Bladum*, pag. 672³.

° **CHENSEL**. Voyez *Censel*.

CHENU, Qui a les cheveux blancs de vieillesse. Gl. *Canutus*. [Partonop. vers 6479 :

Un grant, un vielz, un lonc chenuz.

Vers 208. Garin, tom. 1, pag. 80.]

CHEOIR. Voyez *Caoir*. Orell, pag. 213. *Cheoir à paulmes, à paumettons.* Gl. *Palma* 4. *Que que me chie,* Roi Guillaume, pag. 60. *Mal de quoi l'on chiet.* Gl. *Epilensia*.

CHEOLLER, Jouer à la chole. Gl. *Cheolare*.

1. **CHEP**, Fers qu'on met aux pieds et aux mains des prisonniers, pour *Ceps*. Gl. *Cippus* 1.

2. **CHEP**, La partie d'un champ, par laquelle il aboutit à un autre. Gl. *Capus* 8.

° **CHEPAGE**, comme *Cepage*. Gl. *Turris*, pag. 216¹.

CHEPIER, Geôlier. Gl. *Cipparius* sous *Cippus*, pag. 335¹.

CHEPTEL. TENIR A CHEPTEL, Tenir à condition de partager le profit avec le bailleur, sauf le capital. Gl. *Catallum*, pag. 219².

CHER, Char, chariot à quatre roues. Gl. *Charriotum*.

CHER CENS, Le même que CHEF CENS. Gl. *Census carus* sous *Census*, pag. 258¹.

CHERAGE, p. e. pour CHEVAGE, Écot, ce qu'on paye par tête. Gl. sous *Capitagium* 1.

° **CHERBONNÉE**, comme *Charbonnée*.

CHERCEL, Espèce de houe, bêche ou pioche. Gl. *Cerchium*.

CHERCHE, Religieuse qui fait la ronde dans le monastère, pour voir s'il ne s'y passe rien contre la règle. Gl. *Circa* 3, pag. 335³.

CHERCHEL, Cercle. Gl. *Cerchium*.

CHERCHEMENEMENT, Enquête juridique pour parvenir à un bornage, le bornage lui-même. Gl. *Circamanaria*.

CHERCHER, Parcourir, aller de tous côtés. Gl. *Cercha*.

CHERCHET, Espèce de mesure pour les grains. Gl. *Cherchet*.

CHERCLE D'OR, Couronne, ornement de tête. Gl. *Circulus*. [Chercle de tonnel†. Gl. *Amphitheatrum*.]

CHERDENERUES†, Ornements de chandeliers. Gl. *Florentius*.

CHERE, Le visage, la tête. Gl. *Chara* 2, et *Cara* 1. [Voyez *Chiere*.]

CHERFOIR, Serfouir, donner un labour avec la *Serfouete*. Gl. *Excodicare*.

CHERFUEL, Cerfeuil. Gl. *Porcada*.

CHERGABLE, Ce qui est à la charge et contre quelqu'un. Gl. *Chargia* 4.

CHERKEMANANT, Juge des bornes et partage des terres, et quelquefois d'autres causes. Gl. *Circamanaria*, pag. 337³.

CHERKEMANERIE, Enquête juridique pour parvenir à un bornage. Gl. *Cerchemanare*.

CHERQUELER, Faire le partage des terres, assigner à chacun ce qui lui en appartient. Gl. *Circamanaria*, pag. 337².

CHERQUEMANAGE, CHERQUEMANEMENT, CHERQUEMINEMENT, comme *Cherkemanerie* ci-dessus. Gl. *Circamanaria*.

CHERQUEMENER, Fixer les bornes d'une terre. Gl. *Cerchemanare*.

CHERQUER, Parcourir, voyager dans plusieurs pays. Gl. *Reversatus* 2. [Enfants Haymon, vers 992 :

Or diray de Regnault, s'il vous plest et
[*agrée,*
Qui par grant povreté cherqua mainte
[*contrée.*]

CHERQUIJER, Chercher, examiner avec soin. Gl. *Cercare* 2. [Voyez Rayn. tom. 2, pag. 382¹, au mot *Cercar*.]

CHERRIERE, Chemin par où peut passer un char, rue. Gl. *Carraria* 8.

CHERSEL, CHERSSEL, Cerceau, enseigne de vin à vendre en détail, et le droit qu'on paye pour mettre cette enseigne. Gl. *Circulagium* et *Serchellum*.

1. **CHERUE**, Navette, petit vaisseau où l'on met l'encens. Gl. *Cassella* 2.

° 2. **CHERUE**, Charrue. Gl. *Dentales*.

° **CHERVE**, Chanvre. Gl. *Chevarderia*.

CHERVOISE, Sorte de boisson. Gl. *Cerevisia*.

1. **CHESEAU**, Fieffé, celui qui tient à titre de *Chasement*. Gl. *Chesseati*. [Voyez *Chezeau*.]

2. **CHESEAU**, Botte, fagot. Gl. *Cheseati*.

CHESNÉE, Mesure de terre contenant vingt-cinq pieds, qu'on appelle communément *Perche*. Gl. *Cathenata*.

CHESNIN, Qui est de chêne. Gl. *Chesnus*.

° **CHESSAL**, Celui qui ordonne d'une fête. Gl. *Senescalcus*, pag. 419³.

CHESSAU, Fieffé, celui qui tient à titre de *Chasement*. Gl. *Chescali*.

CHESTIS, Chétif, qui est de petite valeur. Gl. *Captivare* 2.

CHESTRON, CHESTON, Chétron, petite layette en forme de tiroir qu'on fait au haut d'un des côtés d'un coffre. Gl. *Chartolesium*.

CHETEL, TENIR A CHETEL, Tenir à condition de partager le profit avec le bailleur, sauf le capital. Gl. *Catallum*.

CHETIF, SEIGNEURS DES CHETIFS, Nom du chef d'une société appelée *Chetiveté. Foire des Chetiz* à Reims. Gl. *Captivara* 2.

CHETIVETÉ, CHETIVOISIN, CHETIVOISSON, Captivité, bassesse, chose vile et de peu de valeur. Gl. *Captivare* 2, pag. 148³.

CHETOIRE, Ruche d'abeilles, dans un Gl. Lat. Fr. MS. de la Bibl. du roi, cot. 4120¹ : *Alveare, Chetoire*. [Voyez *Chastoires*.]

CHEVAGIER, Serf, homme de corps, qui doit le cens capital. Gl. *Capitales homines*.

CHEVAIGE, Cens dû au seigneur tous les ans par chacune tête de ses hommes de corps. Gl. *Capitagium* 1, pag. 130¹, et 132³. [Chanson de Roland, stance 27, vers 7 :

Vers Engleterre passat la mer salse,
Ad oès seint Pere en cunquist le che-
[*vage*.

Voyez Rayn. tom. 2, pag. 323², au mot *Capage*.]

CHEVAIGNE, Sorte de corvée due au seigneur par chacun de ses vassaux, et le rachat en argent de cette servitude. Gl. *Capitagium* 1.

CHEVAIS, Chevet, la partie de l'église qui est derrière le chœur. Gl. *Capitium* 2.

CHEVAL DU REGNE, Coursier du royaume de Naples. Gl. *Regnum* 2. [*Cheval Malet. Cheval de service*, Gl. *Servitium*, pag. 453². *Grands Chevaulx*. Gl. *Valeti*, pag. 288¹. Voyez ci-dessous *Chevillier* et *Lymonnier*.]

CHEVALÉE, La charge d'un cheval. Gl. *Caballata* sous *Caballus*, pag. 4².

1. **CHEVALER**, Monter un cheval, le charger de quelque chose. Gl. *Cavalcare* sous *Caballus*, pag. 4³.

2. **CHEVALER**, Suivre quelqu'un de près. Gl. *Cheminare*.

CHEVALEREUX, Brave, courageux. Gl. *Caballarius* sous *Caballus*, pag. 4². [Voyez Rayn. tom. 2, pag. 367², au mot *Cavalairos*.]

° **CHEVALERIE**. Gl. *Miles*, pag. 383², et *Servitium*, pag. 452². Rayn. tom. 2, pag. 368¹, au mot *Cavalaria*.

CHEVALEROT, Homme à cheval, cavalier. Gl. *Cavaillerii* sous *Caballus*, pag. 4¹.

1. **CHEVAL-FEUST**, Chevalet à l'usage de plusieurs ouvriers. Gl. *Cavalletus* 1.

2. **CHEVAL-FEUST**, Chevalet, espèce de supplice. Gl. *Cavalletus* 2.

° **CHEVALIER**. Gl. *Miles*, et *Equi appretiati. Chevalier banneret, de l'abbé, d'armes, lay, en loix de loix, de lectures, le roi, du roi, de l'osiel, sans reproche, du croissant.* Gl. *Miles*, pag. 386³. *Chevalier de Guillaume.* Gl. *Milites rotundi.* Saint-Pierre *aux chevaliers.* Gl. *Festum S. Petri ad equites.*

CHEVALIER DE CHEMINÉE, Nom donné par dérision à un chambellan qui restait auprès de son maître lorsque les autres chevaliers allaient à la guerre. Gl. *Caminata* 1, pag. 52².

CHEVALIERE, Fief de chevalier. Gl. *Cavalaria* sous *Caballus* ?

° **CHEVAUCHÉE** †, comme *Chevauchie*. Gl. *Exercitus*.

1. **CHEVAUCHEUR**, Office de l'écurie chez le roi. Gl. *Caballerius* sous *Caballus*, pag. 4¹. [*Cavalier.* Gl. *Caballus*, pag. 4¹, *Chevaucheresse* †. Gl. *Equitissa*. Voyez Rayn. tom. 2, pag. 367¹, au mot *Cavalcaire*.]

2. **CHEVAUCHEUR**, Sorcier, qui va au sabbat à califourchon sur un balai. Gl. *Caballarii* sous *Caballus*, pag. 4¹.

CHEVAUCHIE, L'obligation de monter à cheval pour servir en guerre son seigneur. Gl. *Chevaucheia* sous *Caballus*, pag. 6¹. [Flore et Blanceflor, vers 67 :

Ne fu nus jors k'o sa maisnie
Ne fust li roi ens en chevaucis.]

CHEVECE, Le chef, la tête. Gl. *Capitium* 2.

CHEVECEL, Chevet, oreiller. Gl. *Capitacium*.

CHEVECERIE, Habitation du *chevecier*. Gl. *Capiceria*.

CHEVECHAILLE, Collet, la partie de l'habit qui entoure le cou. Gl. *Chevessellia*.

CHEVECHEL, CHEVECIEL, Chevet, oreiller. Gl. *Capitacium*.

CHEVECHIER, CHEVEGE, CHEVESTRE, Coquin, pendard, qui mérite la corde. Gl. *Cavestrum*.

1. **CHEVEL**. FIEF CHEVEL, Celui qui relève nûment du roi. Gl. *Feudum capitale* sous *Feudum*.

2. **CHEVEL**, Capital, principal. Gl. *Caput mansi* sous *Caput* 3.

° **CHEVELAGE**, comme *Chevaige*. Gl. *Cavelicium*, pag. 132³.

CHEVELÉE, Mot douteux, Provin. Gl. *Chenellus*.

° **CHEVELER**, Echeveler. Gl. *Depilare*.

Voyez Rayn. tom. 2, pag. 323², au mot *Descabelhar*.

CHEVELIER, Officier d'un monastère, le même que Cellérier. Gl. *Cellarius*.

CHEVELISE, Territoire où l'on peut exiger le cens capital. Gl. *Chevenaceria*.

CHEVENEAU, Espèce de poisson. Gl. *Cheneverium*.

CHEVENERI, Chènevière. Gl. *Chevenerinum*.

CHEVENOIR, p. e. Chanvre, ou Chènevis, graine de chanvre. Gl. *Chevenerinum*.

CHEVER, Creuser. Gl. *Cava* 1. [Roman de Renart, tom. 2, pag. 268, vers 16860 :

Quant trovai un chesne chevez
Près de terre où je me repos.

Voyez Rayn. tom. 2, pag. 366¹, au mot *Cavar*.]

CHEVERSEUL, Le dossier d'un lit. Gl. *Capitacium*.

CHEVESCE, CHEVESSAILLE. Gl. Chaperon, collet, la partie de l'habit qui entoure le cou. Gl. *Capitium* 1, et *Chevessellia*. [Roman de Renart, tom. 1, pag. 53, vers 1396 et suivants.]

CHEVESSE, L'ouverture supérieure de la jupe d'une femme. Gl. *Capitium* 1.

CHEVESSEL, Chevet, oreiller. Gl. *Capitacium*.

CHEVESTRAGE, Droit pour les licous appelés *Chevestres*. Gl. *Capistragium* et *Capistrium*.

1. **CHEVESTRE**, Licou, bride. Gl. *Cavestrum*. [Voyez Rayn. tom. 2, pag. 324¹, au mot *Cabestre*. Roman de Renart, tom. 1, pag. 9, vers 224 :

Des esperons le destraingnoit
Et le chevestre li feroit.]

2. **CHEVESTRE**, comme ci-dessus CHEVECHIER. Gl. *Cavestrum*.

° **CHEVET**, chef ; partie de l'église. Gl. *Capitium* 2.

CHEVETAIN, CHEVETAINE, Capitaine, celui qui commande en chef ; d'où *Chevetainerie*, Dignité de *Chevetaine*. Gl. *Cheuptanus*.

° **CHEVETEAU**, Gl. *Cucullus* 1.

CHEVILLER. CHEVAL CHEVILLER, Limonier. Gl. *Limonerius*.

1. **CHEVIR**, Traiter, composer, transiger. Gl. *Cheviare*.

2. **CHEVIR**, Se tirer d'embarras. Gl. *Cheviare*. [Chastel. de Couci, vers 4778 :

Dist li sires : Encor ne say
Com fautement m'en cheviray.

Roman de Renart, tom. 3, pag. 36, vers 20724 :

S'or ne se chevist par barat
Jà i porra tost escoter.

Tom. 2, pag. 372, vers 19751 :

Sa fame qui savoir voloit
Comment au roi chevi avoit.

Garin, tom. 1, pag. 160 :
Or dites donc coment pourons chévir

Gilote et Johane, Jubinal, tom. 1, pag. 31 :
*Vus estes terrene o si ne savez
Coment à drein vus-meismes cheverez.]*

3. **CHEVIR**, Se défaire de quelque chose, la vendre. Gl. *Cheviare.*

4. **CHEVIR**, Se rendre maître de quelqu'un. Gl. *Cheviare.*

CHEVISSANT, Traité, accord, convention. Gl. *Chevisantia.*

CHEVOISTRE, Chevestre, licou. Gl. *Capistrium.*

1. **CHEVRETTE**, Crevette, salicoque. Gl. *Squilla.*

2. **CHEVRETTE**, Espèce d'instrument de musique. Gl. *Capriola.*

° **CHEVRIZ** †, Chevreau. Gl. *Capriolus* 1. Voyez Rayn. tom. 2, pag. 282¹, au mot *Cabrit.*

CHEVRONNEUSE, Espace qui est entre les chevrons. Gl. *Chevra.*

CHEUVAIGE, Cens dû au seigneur tous les ans par chaque tête de ses hommes de corps ou serfs. Gl. *Capitagium* 1.

° **CHEZE**, Habitation. Gl. *Casa* 1.

CHEZEAU, Habitation, manoir, avec une certaine portion de terre à cultiver. Gl. *Casale.*

CHIBOIRE, Espèce de dais, soutenu par quatre colonnes au-dessus d'un autel. Gl. *Ciborium.*

CHICHEUS †, Chassieux. Gl. *Cassida* 2.

1. **CHIEF**, HOMME DE CHIEF, Celui qui doit le cens capital. Gl. *Capitales homines.*

° 2. **CHIEF**, Chez. Gérard de Vienne, vers 2889 :
*La Madelaine feïs verai pardon,
Kant à vos piez vint plorer chief Si-
 [mon.*

Voyez Diez, tom. 2, pag. 404.

° **CHIEF DE CHAMBRE**. Gl. *Caput Cameræ.* — Des Églises. Gl. *Caput Ecclesiæ.* — De guerre, de bataille. Gl. *Caput Guerræ.* — D'escadre. Gl. *Caput Scaræ.* — D'ostel. Gl. *Capitalis* 1. *Au Chief de,* Rayn. tom. 2, pag. 318², au mot *Cap.*

CHIEFVETAINE, Capitaine, celui qui commande en chef. Gl. *Cheuptanus.*

CHIENAILLE, Chenil. Gl. *Chenaria.*

CHIENERIE, Redevance due au seigneur pour la nourriture de ses chiens de chasse. Gl. *Chenaria.*

CHIENES, Sorte de petite monnaie. Gl. *Chienes.*

CHIENESSE, Meute de chiens. Gl. *Canaria.*

1. **CHIENNET**, Petit chien. Gl. *Canis alanus.*

2. **CHIENNET**, CHIENNEZ, Chenet. Gl. *Chenetus.*

° **CHIER** CENS. Gl. *Census carus,* pag. 258¹.

CHIERCHAINE, Enquête juridique. Gl. sous *Cercha.*

CHIERE, Le visage, la tête. Gl. *Cara* 1. [Voyez Rayn. tom. 2, pag. 331², au mot *Cara,* ci-dessus *Char,* et Orell, pag. 26.]

CHIEREMENT, Fortement, avec instance. Gl. *Cheviare.*

CHIERKEMINAGE, Enquête juridique pour parvenir à un bornage. Gl. *Circamanaria.*

1. **CHIERTÉ**, Dépens, frais. Gl. *Caritia* 1.

2. **CHIERTÉ** †, Cherté. Gl. *Caristia* 2. Chierté de temps. Gl. *Caritudo* 2.

CHIEVAGE, CHIEVAIGE, Cens dû au seigneur tous les ans par chaque tête de ses hommes de corps ou de serfs. Gl. *Capitagium* 1.

CHIEVER, Creuser. Gl. *Cava* 1.

° **CHIEVES**, Chevet. Partonop. vers 10331 :
*Un oreillier ot al chievès
De mellor n'orés parler mès.*

Voyez Rayn. tom. 2, pag. 319², au mot *Cabes.*

CHIEUVRETE, Espèce d'instrument de musique. Gl. *Capriola.*

CHIFFONIE, CHIFONIE, Espèce d'instrument de musique ; d'où *Chifonieux,* Celui qui joue de cet instrument. Gl. *Symphonia.*

CHIFFRES, Zéro, chose inutile. Gl. *Cifræ,* pag. 326³.

° **CHIGATON**. Voyez *Ciglaton.*

° **CHIGNER**, Signer, marquer du signe de la croix. Roman de Rou, tom. 2, pag. 102 :
*Maiz jo sai bien k'il s'estrangla
D'un morsel ke li rois chigna.*

CHIME, Ciment, mortier. Gl. *Cimentum* 1.

CHIMENTIERE, Cimetière, l'enceinte qui est devant une église. Gl. *Cimitierium* sous *Cœmeterium.*

CHINCELIER, Baldaquin, dais, tente, rideau, tour de lit. Gl. *Cincinerium.*

CHINCHERIE, Lingerie. Gl. *Camisa,* pag. 54³.

° **CHINEE**, Nuque. Aubri, pag. 159² :
*Mais ains que jors traie à le vesprée
Ara Aubris peor de sa chinée.*

CHINGLE, Enceinte. Gl. *Childa.*

CHINQUAU, Amas de gerbes par cinq. Gl. *Cinquina.*

CHIOUERE, Latrines, privé. Gl. *Cloacarius,* sous *Cloaca.*

CHIPHOENE, Sorte d'ellébore. Gl. *Veratrum.*

CHIPHONIER, Jouer de l'instrument musical appelé *Chiffonie.* Gl. *Symphonia.*

CHIPHRE, Instrument pour la pêche. Gl. *Ciphus.*

° **CHIPPE**, Chiffon. Guill. Guiart, tom. 1, pag. 28, vers 74 (571) :
*Ses filz le nom de conte port
Qui n'iert mie vestuz de chippes.*

CHIRAT, Monceau de pierres amassées dans une terre nouvellement défrichée. Gl. *Chirat.*

CHIRCEAMBER, CHIRCEOMER, Sorte de cens dû aux églises en Angleterre. Gl. *Ciricsetum.*

CHIRER, p. e. Clos, verger. Gl. *Chiostra.*

CHIROGRAFFE, Acte passé devant des officiers publics et qui n'est pas scellé. Gl. *Chirographum.*

CHIROGRAPHE, Écrit double entre des parties. Gl. *Chirographum.*

CHIRON, Monceau de pierres. Gl. *Chierrat.* [Voyez *Chirat.*]

CHIRSEED, Sorte de cens dû aux églises en Angleterre. Gl. *Ciricsetum.*

CHISEL, Ciseau. Gl. *Cisellus.*

CHITOUAL, Zédoaire, espèce de gingembre, épice. Gl. *Zedoaria.*

° **CHIVE**, CIVE, Oignon. Aubri, p. 155² :
Il vit porter les chives enpevrés.

Roman de Renart, tom. 2, pag. 262, vers 16692 :
*Ne pris pas deus foilles de cives
Ton menacier ne ton vanter.*

Voyez Rayn. tom. 2, pag. 370¹, au mot *Ceba.*

° **CHIUTE**, Partonop. de Blois, v. 10014 :
*Li rois Lohiers sist à bel feu
Sor le chiute d'un palie bleu.*

Vers 10323 :
*Chiute de dum d'alérion
Envolsée d'un blanc siglaton
Ot par desus le cordéis,
Qui fu de soie lacéis ;
Coverte fut de kiute pointe
Qui bien faisoit à dame cointe.*

CHOAISIE, Choix. Gl. *Choisire.*

1. **CHOE**, pour *Choue,* Halle. Gl. *Choua.*

° 2. **CHOE**, Chouette. Voyez Rayn. tom. 2, pag. 392³, au mot *Chavana.*

CHOESNE, Choine, pain blanc et délicat. Gl. sous *Panis* 2, pag. 132¹.

° **CHOILE** de *Celer.* Renart le Nouvel, tom. 4, pag. 185, vers 1589 :
Qu'en feroies ? nel choile pas.

Coite, Flore et Blanceflor, vers 3015.

CHOISIR, Apercevoir de loin, découvrir, ne pas voir clairement. Gl. *Choisire.* [Chastel. de Couci, vers 6626. Guill. Guiart, tom. 2, pag. 202, vers 5216 (14204). Voyez Rayn. tom. 2, pag. 362², au mot *Causir*, et la Chron. des ducs de Normandie.]

° **CHOISISSEOR**, Voyant. Chron. des ducs de Normandie, tom. 1, pag. 136, vers 1551 :

Dunt de la tierce part menor
N'erent ti oil choisisseor.

CHOIST. ESTRE CHOIST, Être abattu, tombé. Gl. *Excussare*. [Lisez ainsi au lieu de *choisi*.]

° **CHOL**, COL, Chou. Voyez Rayn. t. 2, pag. 358¹, au mot *Caul*.

CHOLE, CHOLEE, CHOLOIRE, Espèce de jeu de mail. Gl. *Choulla* et *Cheolare*.

CHOLET, Boule pour le jeu de la *chole*. Gl. *Choulla*.

CHOMAGE, Cessation, discontinuation. Gl. *Chomare*.

CHOMER, Se reposer, dormir. Gl. *Chomare*.

1. ° **CHONIN**, p. e. pour CHAORSIN, Banquier. Gl. *Caorcini*, pag. 110².

1. **CHOPE**, Sorte de manteau. Gl. *Chopa*.

° **CHOPER**, Couper. Flore et Jeanne, pag. 52 : *Et feri monseyneur Raoul de toute sa forche sour son iaume, et li chopa par mi, si ke l'une moitié l'en chéi sour les espaules, et chopa la coife de fier, et li fist grant plaie en la tieste.* Voyez pag. 50, 51. Pag. 29 : *La dame... avoit fait choper ses bielles traices, et fu autresi atirés com uns eskuiiers.*

CHOPPET, L'action de choquer quelqu'un pour le faire tomber à terre. Gl. *Assopire*.

CHOQUE, Souche, bûche. Gl. *Choca*.

CHORIAL, Chantre, clerc ou prêtre qui chante au chœur. Gl. *Choralis*.

CHORUM, Espèce d'instrument de musique. Gl. *Chorus* 3.

CHORUN, Coin, encoignure. Gl. *Coronnus*.

CHOSE, Terme obscène. Gl. *Chosia*. [Roman de Renart, tom. 2, pag. 108, vers 12865 ; pag. 105, vers 12410.]

CHOSER, Désapprouver, blâmer. Gl. *Causare* sous *Causa* 4, pag. 241³. [Roman de Renart, tom. 2, pag. 226, vers 15710 ; tom. 1, pag. 27, vers 695. Voyez Rayn. tom. 2, pag. 859², au mot *Causeiar*.]

CHOT, Chouette. Gl. *Cauanna*.

CHOTIER, L'endroit d'une cuisine où on lave la vaisselle. Gl. *Excaldare*.

CHOU POUR CHOU, Expression qui désigne un échange pur, fait but à but. Gl. *Cauleria*.

CHOUAGE, Le droit de hallage ; de *Choue*, Halle. Gl. *Choua*.

CHOUCAGE, Ce qu'on paye au seigneur pour la permission de prendre les *choques* ou souches dans ses bois. Gl. *Chocagium*, sous *Choca*.

CHOUE, Halle. Gl. *Choua*.

CHOUEN, Hibou, chat-huant. Gl. *Cauanna*.

CHOULE, Espèce de jeu de mail ; d'où *Chouler*, Jouer à ce jeu. Gl. *Choulla*. [*Chouller*. Gl. *Cheolare*.]

CHOULOIL, Sorte de lampe. Gl. *Lucibrum*.

CHOUQUET, Diminutif de *Choque*, Souche, bûche. Gl. *Checa*.

CHOX, Choux. Gl. *Disclaudere*.

CHOYS, Taux, prix. Gl. *Choisire*.

° **CHOYSEL**. *Molendinum ad Choysel*. Gl. *Molendinum*, pag. 444³.

CHRESTIENNETÉ, CHRESTIENTÉ, Baptême, cérémonies du baptême. Gl. *Christianitas*, pag. 819³, 320³ [Juridiction ecclésiastique, pag. 320³. *Chrestienner*, Baptiser, pag. 321¹. *Très-Chrestien*. Gl. *Christiani*, pag. 320².]

CHRISTIAN, Chrétien. Gl. *Christiani*.

CHUCRE, Sucre. Gl. *Chucrum*.

° **CHUER**, Crier. Roman de Renart, tom. 3, pag. 78, vers 21897 :

Li est venuz Renart devant
En sa voie parfont chuant :
Ahi ! fait-il, etc.

Voyez *Huer*.

CHUNCHIER, Conchier, remplir d'ordures. Gl. *Concagatus*.

CHUPIER, dont le métier s'appelait *Chupperie*, paraît être le même que Courroyeur. Gl. *Coiratorium*.

CHUQUER, Espèce de jeu de billard. Gl. *Chuca* [en Languedoc].

CHURRIAUS, Morceaux usés de drap ou d'étoffe. Gl. *Pannuceus*.

CHYNGLE, Enceinte. Gl. *Cinctada*.

CHYPHONIE, Instrument de musique. Gl. *Symphonia*.

CIBOIRE, Tabernacle, armoire sur l'autel où l'on garde le saint sacrement. Gl. *Ciborium*, pag. 824².

CICHAROU, Poisson, espèce de maquereau. Gl. *Saurus* 2.

° **CICLATOUN**, comme *Ciglaton*. Chanson de Roland, stance 66, vers 6. Voyez la note 2, pag. 11, du Roman de Mahomet, et la Chron. des ducs de Normandie.

CIEF, Suff. Gl. *Ceuxum*.

CIEL, Ce qui couvre les murs d'une chambre, tapisserie. Gl. *Cœlum*.

CIERCE, Nom d'un vent. Gl. *Circius*.

CIERCER, Parcourir, aller de tous côtés. Gl. *Circare* sous *Circa* 3, pag. 336³.

° **CIERCHEVERIE**, Certaine redevance foncière. Gl. *Tertiaria* 3.

CIERE, Visage ; d'où *Faire ciere*, *Faire mine*. Gl. *Chara* 2. [*Ciere feit morne*, Renart le Nouvel, tom. 4, pag. 179, vers 1400.]

CIERGIER †, Marchand, ou ouvrier en cire. Gl. *Cerarius*.

CIERQUIER, Chercher. Gl. *Cercare* 2.

CIERS, Certain, assuré. Gl. *Certive*.

CIEU, Suff. Gl. *Ceuxum*.

CIEURGIEN, Chirurgien. Gl. *Physicus*.

° **CIEUS**, CIUZ, Aveugles. Chron. des ducs de Normandie, tom. 2, pag. 293, vers 24080 :

Les cieus véeir, et oïr cler
Les sorz, e si parler les muz.

Vie de saint Thomas de Canterb. vers 1289 :

Les surz oïr, les muz parler
E ciuz veanz.

La Résurrection, vers 145, Théâtre fr. au moyen âge, pag. 15 :

Car ainz fut cius e ore veit.

CIF, Suff. Gl. *Ceuxum*.

CIFFRE, Instrument pour la pêche. Gl. *Cifræ*.

CIGLATON, Sorte de vêtement d'étoffe précieuse. Gl. *Cyclas*.

° **CIMAU**, Droit de prendre les cimes des arbres dans une forêt. Gl. *Cheminus* 1, pag. 308³.

CIMBOUL, Clochette, grelot. Gl. *Cimbolum* [en Languedoc].

CIMBRE, pour *Timbre*, Instrument de musique. Gl. *Cimber* 2.

CIMETIERE, Église où l'on enterre. Gl. *Cœmeterium*.

CIMITOIRE, Cimetière. Gl. *Abjuratio* 1.

CINADE, Espèce de crevette ou salicoque. Gl. *Squilla*.

CINCE, Ceinture. Gl. *Cincta*.

CINCELIER, Baldaquin, dais, tente, rideau, tour de lit. Gl. *Cincinerium*.

CINCENAUDE, CINCENELLE, CINCERELLE, Petite mouche, cousin ; d'où *Cincenaudier*, Cousinière. Gl. *Zinzala*.

CINCHE, Espèce de massue. Gl. *Cinctorium*.

CINIL, Sorte de légume. Gl. *Cinile*.

CINQUANTENIER, Officier d'un quartier dans une ville. Gl. *Cinquantina*.

° **CINSNEOR**, Brigand. Chron. des ducs de Normandie, tom. 1, pag. 340, vers 7400 :

Si a gaires des embleors
Des larrons ne des cinsneors.

CINTRAIGE, Sorte de redevance. Gl. *Cintrum*.

CINTURE, Queue. Gl. *Centura*.

CION, pour *Scion*, menu brin de bois. Gl. *Sium*.

CIRCONCIS, Prépuce. Gl. *Circumcisio* 2.

CIRCUE, Lien ou corde qui tient le

bœuf attaché au timon de la charrette. Gl. *Barrota*.

CIRCUITE, Circuitude, Circuit, enceinte. Gl. *Circuitus*.

○ **CIRE**, Cierge. Chron. des ducs de Normandie, tom. 1, pag. 57, vers 1531 :

Là sunt alumé li grant cire.

CIREAU, Ciriau, Geste de mépris, coup de la main sous le menton. Gl. sous *Barba* 1.

CIREIRIER, pour Cueirier, Juge des causes civiles, échevin. Gl. *Chora*.

CIRIMANATGE, Cirmenage, Espèce de redevance dans le Béarn. Gl. *Cirmanagium*.

CIROGRAFFE, Cirograife, Acte coupé en deux, dont on remettait les deux portions aux parties contractantes. Gl. *Chirographum*.

CIROGRAPHE, Acte passé devant des officiers publics et qui n'est pas scellé. Gl. *Chirographum*.

CIRURGIE, Cirurgien, pour Chirurgie et Chirurgien ; d'où *Cirurgier*, Panser un blessé, exercer la *Cirurgie*. Gl. *Chirurgicus*.

○ **CIS**, Cité, ville. Partonop. vers 10594 :

Tote la cis en tramble et frime.

Voyez vers 10767, et Rayn. tom. 2, pag. 399², au mot *Ciu*.

CISAILLES, Gros ciseaux. Gl. *Cisellus*.

○ **CISE**. Voyez *Assise*.

CISEAU, Le morceau de fer qui est au bout d'une flèche. Gl. *Cisellus*.

CISEL, Ciseau. Gl. *Sciselum*.

○ **CISME**, Schisme, dispute. Chron. des ducs de Normandie.

CISNE, Cygne. Gl. *Cignitus*.

CISTEYAUZ. Droit de cisteyauz, Le droit civil et municipal. Gl. *Civilis*.

CISTRE, Cidre. Gl. *Cistra*.

CITADINAGE, Le droit de bourgeoisie. Gl. *Citadanagium*.

CITIEN, Citoyen, bourgeois. Gl. *Citanaticum* [*Citaain*, *Citeein*, Chron. des ducs de Normandie.]

CITOIEN, Civil. Gl. *Civilis*.

CITOLE, Sorte d'instrument de musique. Gl. *Citola*. [Enfants Haymon, vers 508.]

CITOLET, Citollet, Sorte de boisson faite avec du grain. Gl. *Sitonicum*.

CITOUAL, Zédoaire, espèce de gingembre, épice. Gl. *Zedoaria*. [Flore et Blanceflor, vers 881 :

*Et tant doucement li flairoit
Qu'encens ne boins citouans
Ne giroffles, ne garingans,
A cele odour rien ne prisoit.*

Voyez vers 2030.]

○ **CITRE**, Cidre. Gl. *Pomata*.

CIVADIER, Civaier, Civier, Certaine mesure de grain, la huitième ou la seizième partie du setier. Gl. *Civaderium* 1, p. 346¹ [et *Quarteria* 2].

CIVARE. Faire de civare, Vanter beaucoup, priser. Gl. *Clusre*.

○ **CIVE**. Voyez *Chive*.

CIVIL, Adroit, subtil, rompu dans les affaires ; d'où *Civilité*, Habileté, subtilité. Gl. *Civilis*.

CIVILEMENT, Au civil, par opposition au criminel. Gl. *Civiliter* sous *Civilitas* 2.

CIZAILLE, Ce qui reste d'une lame de métal quand on en a coupé ce qu'on en veut prendre. Gl. *Cisellus*.

CLACELIER, Clacellier, Clachelier, Celui à qui l'on confie les clefs de quelque chose. Gl. *Clavicularius*.

CLACERIERE, Portière. Gl. *Clavicularius*.

CLAIE, Le dos ou le revers de la main. Gl. *Cleia*.

CLAIMER, Nommer, appeler. Gl. *Clamare* 1. [Proclamer, crier, reclamer, se plaindre. Gérard de Vienne, vers 4027 :

Mon fort de Rome ke l'on clame ma [chambre.

Vers 775 :

*. . . Frans hom ne m'ocieis
Veeiz m'espée, je me rant pris clameiz.*

Voyez vers 685. Partonop. vers 4066 :

*Sospire et plore tenrement,
Claime sa coupe et se repent.*

Chanson de Roland, stance 163, vers 18 ; stance 171, vers 10 ; stance 173, vers 9 ; stance 123, vers 16 :

Et cil d'Espaigne s'en cleiment tuit [dolent.

Stance 79, vers 10 :

Et cil de France le claiment à guarant.

Stance 193, vers 8 :

*. . . Espaigne
Quite li cleim, se il voelt avoir.*

Stance 195, vers 23 ; stance 277, vers 8 :

Que Guenelun cleimt quite ceste feiz.

Ruteb. tom. 1, pag. 28 :

*Li dé m'ont pris et emparchié
Je les claim quite.*

Partonop. vers 1172 :

*Puis vinc permi ceste cité
Cui vos clamés en ireté.*

Chanson de Roland, stance 174, vers 4 :

N'i ad eschipre qu'il cleimt se par loi [nun.

Chanson du Châtelain de Couci, Laborde, pag. 270 :

*Car qui Amors destruit et deshirete
L'en ne set où clamer.*

Roman de Renart, tom. 1, pag. 28, vers 789 :

Là nos irons de lui clamer.

Voyez Rayn. tom. 2, pag. 400², au mot *Clamar* 2, et ci dessus *Clamer*.]

CLAIN, Demande juridique pour réclamer quelque chose. Gl. *Clameum*. [Amende. Gl. *Clama*, pag. 348², Voyez *Clam*. Chron. des ducs de Normandie.]

CLAIRER, Déclarer, exposer clairement. Gl. *Clarum facere*.

CLAKE, Sorte de vêtement, manteau. Gl. *Cloca* 3.

CLAM, Demande juridique pour réclamer quelque chose. Gl. *Clameum*. [Voyez Rayn. tom. 2, pag. 401¹, au mot *Clam*.]

CLAMER, Former une demande en justice. Gl. *Clamare* 2, pag. 349¹.

CLAMEUR, Clamor, Demande juridique pour réclamer quelque chose. Gl. *Clamor* 2. [Plainte, Roman de Renart, tom. 1, pag. 25, vers 674 :

Je ne cuit clamors en soi faite.

Voyez Rayn. tom. 2, pag. 401¹, au mot *Clamor*.]

CLAPET, Crécelle. Gl. *Clapetum*.

CLAPOIRE, Mauvais lieu. Gl. *Claperius* sous *Claperia*, pag. 353².

CLAPON, Porc. Gl. *Clapo*.

1. **CLAPPIER**, Monceau de pierres. Gl. *Claperius*.

2. **CLAPPIER**, Mauvais lieu, lieu de débauche. Gl. *Claperius* sous *Claperia*, pag. 353².

CLAQUE, Soufflet. Gl. *Claca*.

CLAQUIN, Monnaie de Flandre. Gl. *Clicquardus*.

CLAR, pour Glas, en Auvergne. Gl. *Clarum* et *Classicum*. [Voyez Chron. des ducs de Normandie, Rayn. tom. 2, pag. 401¹, au mot *Clas*.]

CLARAIN, Clarant, Clare, Clarine, sonnette qu'on attache au cou des animaux qui sont en pâture. Gl. *Clarasius*.

CLARE, Clarei, Hypocras. Gl. *Claretum*. [Clairet. Gl. *Vinum*, pag. 343². Gérard de Vienne, vers 2611, 2634, 3746. Partonop. vers 1048. Voyez Garin le Loher. tom. 1, pag. 81, not. 1. Rayn. tom. 2, pag. 403², au mot *Claret* ; Chron. des ducs de Normandie. Partonop. vers 3964. Flore et Blanceflor, vers 496.]

CLAREQUIN, pour Claquin, Monnaie de Flandre. Gl. *Clicquardus*.

CLARIFFIER, Expliquer, éclaircir. Gl. *Clarificatio*, pag. 354³.

CLARIN, Clarine, sonnette. Gl. *Clarasius*.

○ **CLAROIER**, S'éclaircir, devenir moins épais. Garin le Loherain, tom. 1, pag. 242 :

Quant Garins point, les rans feit [claroier.

Pag. 264 :

Par devant lui fait les rens claroier.

Partonop. vers 2201 :

Li renc clairoient endroit lui.

Voyez Rayn. tom. 2, pag. 404¹, au mot *Clareiar*.

CLARUISE. METTRE A CLARUISE UN FOSSÉ, Le nettoyer, en sorte que l'eau y soit claire. Gl. *Clarum facere.*

CLASEAU, Clarine, sonnette. Gl. *Clarasius.*

° **CLAU.** *Coustel à Clau.* Gl. *Cultellus magnus,* pag. 651¹.

° **CLAVAIN,** CLAUEN, Haubert. Voyez *Clavel* 2. Renart le Nouvel, tom. 4, p. 151, vers 668 :

Car desmaillié et desronpu
Sont lor escu et lor clavain.

Chanson des ducs de Normandie, tom. 1, pag. 95, vers 375 :

Clavains, broines forsz e massices.

Roman de l'Escouffle, fol. 8, v° :

Cil se vestent et cil se chaucent
Et cil endossent lor clavains.

Fol. 83, v° :

Vestus ont les clavains et les chiers
[*coterels.*
Agolant, pag. 184² :

Percié li a son clauen le meillior,
Mort le trebuche entre cinq cens
[*des lor.*
Pag. 181¹ :

Clauen ot bon et hiaume peint à flors,
Targe roonde bandée de colors,
Lance trenchant, gofanon orguellios.

CLAVAIRE, Officier chargé du recouvrement et de la garde des deniers publics, dont l'office est appelé *Clavairie.* Gl. *Clavarius,* pag. 357¹, 358² [et *Clavaria.*]

CLAVE, Massue. Gl. *Clava* 2.

CLAVÉ, Garni de têtes de clou. Gl. *Buccula* 1.

1. **CLAVEL,** Instrument pour la pêche. Gl. *Clavus* 2.

° 2. **CLAVEL,** Clou, clavette qu'on met dans une cheville. Chron. des ducs de Normandie, tom. 1, pag. 125, vers 1258 :

N'i a broine si fort clavel
Qui vers sa lance ait garantise.

Roman de Vespasianus, fol. 83, r° :

Et très qu'il est armés del hauberc
[*à clavel.*

Raoul de Cambrai, pag. 109, vers 1 :

Et de l'auberc li rompi le clavel.

Roman de Renart, tom. 3, pag. 295, vers 27913 :

Au gelinier en vint corant,
Le clavel prist tot maintenant,
Si l'a moult tost pris et lié.

Voyez le Glossaire de la Chron. des ducs de Normandie. Rayn. tom. 2, pag. 406², au mot Clavel, et Gl. *Clavellare.*

° **CLAVELLER,** Clouer. Rayn. tom. 2, pag. 406², au mot *Clavellar.*

CLAVER, Pétrir la terre qui doit former la chaussée d'un étang. Gl. *Clawa.*

CLAVERELEUX, Clavelé. Gl. *Clavelus.*

° **CLAVETE,** Petite clef. Chron. des ducs de Normandie, tom. 1, pag. 513, vers 12492.

CLAVETER, Heurter à une porte. Gl. *Clavare* 3.

CLAVEUCHE, Petit clou pour servir d'ornement. Gl. *Clavatura.*

CLAVEURE, Serrure ; d'où *Claveurier,* Serrurier. Gl. *Clavatura* et *Clavicularius.*

CLAVIER, Portier, qui a les clefs de la maison. Gl. *Clavicularius.* [Chron. des ducs de Normandie.]

CLAUSATGE, Clos, lieu fermé. Gl. *Clausatga* [en Poitou.]

CLAUSELE, Clause, réserve, exception. Gl. *Clausula* 2. [Voyez Rayn. tom. 2, pag. 408², au mot *Clausula.*]

CLAWIER, Pieu. Gl. *Clawa.*

CLAYE, Le dos ou revers de la main. Gl. *Cleia.*

CLAYQUIN, Monnaie de Flandre. Gl. *Clicquardus.*

CLEDE, Claie. Gl. *Cleda* 2. [Voyez Rayn. tom. 2, pag. 412², au mot *Cleda.*]

CLEMENTIS, Chapelains de l'église de Rouen, ainsi nommés de Clément VI, leur fondateur. Gl. *Clementini.*

CLENCHE, Verrou. Gl. *Clingere* 1 [et *Pessulum* 2.]

1. **CLER,** Sorte d'étoffe. Gl. *Clara.*

2. **CLER,** pour Clerc. Gl. *Clerici.*

CLERC. Voyez les différentes acceptions de ce mot sous *Clerici.* [*Clerc Saucier.* Gl. *Salsarius. Vin du Clerc.* Gl. *Vinum,* pag. 343².]

1. **CLERE,** Blanc d'œuf. Gl. *Clara.*

2. **CLERE,** p. e. Vallée. Gl. *Clara.*

CLEREMENT, En petit nombre. Gl. *Clarum.*

CLERGASTRE, Ecclésiastique méprisable. Gl. *Reliquiæ* 1. [*Clargaste,* Partonop. vers 5489.]

° **CLERGE †,** Ecclésiastique. Gl. *Clericaliter.* Garin le Loher. tom. 1, pag. 5 :

Seignor clergie, quel conseil me donez ?

CLERGEAUMENT †, Doctement, savamment. Gl. *Litteraliter* 1.

CLERGESSE, Femme qui cultive les sciences. Gl. *Clerici,* pag. 369². [Voyez Rayn. tom. 2, pag. 413², au mot *Clergua.*]

CLERGEUMENT, CLERGIAUMENT, Cléricalement. Gl. *Clericaliter.*

1. **CLERGIE,** Science, littérature, Gl. *Clerici,* pag. 369². [Athis et Prophilias, P. Paris, Catal. de la Bibl. roy. tom. 3, pag. 195 :

Ne fut pas sages de clergie,
Mais des autors savoit la vie,
Moult mostra selon sa memoire.

C'est-à-dire : Il ne savait pas lire. Partonop. vers 2741 :

Il list le brief, car il n'est clers.

Voyez Rayn. tom. 2, pag. 414¹, au mot *Clercia.*]

2. **CLERGIE,** Bénéfice clérical. Gl. *Clericatura* 1.

3. **CLERGIE,** Greffe, office de greffier. Gl. *Clergeria.*

CLERGON, CLERJON, Enfant de chœur. Gl. *Clerici,* pag. 370², et *Clergonus.* [*Clerçon, Clerzon,* Petit clerc. Chron. des ducs de Normandie. Rayn. tom. 2, pag. 413¹, au mot *Clerczon.*]

CLERIN, CLERON, Clarine, sonette qu'on attache au cou des animaux qui sont en pâture. Gl. *Clarasius.*

CLERKOIS, La langue latine à cause qu'elle est pour les sciences. Gl. *Clerici,* pag. 369².

CLEUFICHER, Clouer, attacher avec des clous. Gl. *Clavellare.*

CLEUZER, ou CLEUZEUR, Sorte de lampe. Gl. *Lucibrum* [en Bretagne.]

CLICART, Crosse, mail. Gl. *Clicha.*

° **CLICE,** Éclisse. Chron. des ducs de Normandie, tom. 1, pag. 280, vers 5683 :

Por aporter fetes e clices
E laz e mairiens e palices.

° **CLICHE †,** Clisse, terme de chirurgie. Gl. *Plumaceus.*

CLICHOUERE, Rigole par où l'eau s'écoule, évier. Gl. *Goterius.*

CLICORGNE, De côté, de travers, ou en clignotant. Gl. *Clingere* 1.

CLIDE, Claie. Gl. *Cleda* 2.

CLIDER, Glisser, en Saintonge. Gl. *Clidare.*

CLIER, CLIHIER, CLITER, Lieu fermé de claies. Gl. *Cloea.*

° **CLIN.** FAIRE CLIN, S'incliner. Gérard de Vienne, pag. 174¹ :

Si a fet chartre de rommanz en latin,
Si com Girars descendi del chemin
Encontre Karle, et com il li fist clin,
Com li tendi son chapel sebelin.

Pag. 173² : *Profont l'encline à Karlon.* Voyez Rayn. tom. 2, pag. 414¹, au mot *Clin,* et ci-après *Cliner.*

° **CLINER,** Incliner, courber, baisser, saluer. Chanson de Roland, stance 271, vers 7 :

Alde la bele est a sa fin alée....
Desur les espalles ad la teste clinée.

Roman de Roncevaux, pag. 29 :

Desor le col dou cheval est clinnez.

Roi Guillaume, pag. 107 :

Lors a Marins les iex dreciés
Que vers terre clinés avoit.

Chastel. de Couci, vers 1855 :

Non pourquant ne sont pas cliné.

Guill. Guiart, pag. 228, vers 5449 (5775) :

Li hereges pour les cops clinent.

Chanson de Roland, stance 147, vers 20 :

A icel mot l'un ad l'altre clinet.

Roman de Renart, tom. 3, pag. 104, vers 22616 :

Li chevaliers li vient clinant.

Chronique des ducs de Normandie, tom. 1, pag. 88, vers 209 ; pag. 445, vers 10504. Voyez Rayn. tom. 2, pag. 414², au mot *Clinar,* et ci-dessus *Clin.*

° **CLINES,** La partie du moulin par où tombe la farine. Gl. *Taratantara.*

CLO

CLINQUART, Sorte de monnaie de Flandre. Gl. *Clicquardus* [et *Leones* 1.]

CLINQUET. Voyez *Cliquet* 2.

CLINSSER, Glisser. Gl. *Clidare*.

CLIPET, Battant de cloche. Gl. *Clypeus* 2.

CLIPON, Bâton, espèce de massue. Gl. *Clypeus* 2.

CLIQUART, Sorte de monnaie de Flandre. Gl. *Clicquardus* [et *Floreni*, pag. 526³.]

° **CLIQUER**, Cliqueter. Guill. Guiart, tom. 1, pag. 134, vers 2952 (3344) :

Sept vingt hommes d'armes cliquens.

1. **CLIQUET**, Le son de la cloche au matin. Gl. *Cliquetum*.

2. **CLIQUET**, Instrument pour la pêche. Gl. *Cliquetum*.

3. **CLIQUET**, Loquet. Gl. *Cliquetus*.

CLISTRER, Couvrir de *clustriaus* ou haillons. Gl. *Clustare*.

CLOANT, Ce qui tient quelque chose fermé, agrafé. Gl. *Cloeria* 1.

CLOCETTE, Petite cloche. Gl. *Clocheta*. [*Cloquete*. Aubri, pag. 183² :

Unes cloquetes ot devant au poitrier.

Voyez *Cloche*.]

CLOCHE, Sorte de vêtement, manteau. Gl. *Cloca* 3 [et *Colobium*. Chastel. de Couci, vers 930. *Clocette*, vers 690.]

CLOCHEMANT, Sonneur. Gl. *Clocherius*.

CLOERE, Pile, vaisseau où l'on met les draps pour être foulés. G]. *Cloeria* 2.

CLOEUR, Celui qui enferme un champ de haies ou d'autre chose. Gl. *Clausagium*.

CLOFICHEURE, Trou fait par un clou. Gl. *Clavellare*.

CLOFICHIER, Clouer, attacher avec des clous. Gl. *Clavellare*. [Chastel. de Couci, vers 6937. *Claufichier*, Crucifier, Ruteb. tom. 2, pag. 258.]

CLOIE, Claie. Gl. *Cleia*. [Lieu fermé de claies. Gl. *Cliaria*. Rayn. tom. 2, pag. 412², au mot *Cleda*.]

CLOIERE, Pile, vaisseau où l'on met les draps pour être foulés. G]. *Cloeria* 2.

CLOISON, Impôt pour enclore de murs une ville ou un château. Gl. *Clausura*.

° **CLOISTRIER**, Moine cloîtré. Roman de Renart, tom. 3, pag. 46, vers 20995 :

Il me resemble chevalier,
Vois por le cuer beu mès cloistrier.

Cloistrer, Chron. des ducs de Normandie.

CLOISTRIERE, Fille ou femme de mauvaise vie. Gl. *Clausuræ*.

CLOKE, Sorte de vêtement, manteau. G]. *Cloca* 3.

° **CLOKETTE**, Clochette. Gl. *Tintinnabulum*.

° **CLOKIER**, Clocher. Flore et Blanceff.

CLU

vers 1817. Rayn. tom. 2, pag. 418¹, au mot *Cloquier*.

CLOP, Boiteux ; d'où *Clopiner*, Boiter. Gl. *Cloppus*. [Voyez Rayn. tom. 2, pag. 412², au mot *Clop*.]

CLOQUE, Sorte de vêtement, manteau. Gl. *Cloqua*.

° **CLOQUETÉ**, Garni de clochettes. Gl. *Bursa* 1, pag. 789³. Voyez *Clocette*.

CLOS, Boiteux. Gl. *Cloppus*. [Chastel. de Couci, vers 1312 :

El destrier affichiement
Séoit, et en l'escu ert clos,
Et non pourquant estoit il clos,
Mès hardis ert, et preus et flers.]

CLOSAGE, Espèce de fief. Gl. *Closaria*.

CLOSELET, Petit clos. Gl. *Closellum*.

CLOSÉMENT, Entièrement, sans exception. Gl. *Clausim*.

CLOSERIE, Clos, lieu fermé de murs ou de haies. Gl. *Clausaria*.

° **CLOSES**, comme *Cluse*. Gl. *Pascha*, pag. 190³.

° **CLOSET**, comme *Closelet*.

1. **CLOSIER**, Concierge, celui qui a la garde d'une maison. Gl. *Closarius* 1.

2. **CLOSIER**, Fermier, métayer. Gl. *Closarius* 2.

° **CLOSTURE**, comme *Cloison*. Gl. *Clautura*. Voyez Rayn. tom. 2, pag. 409¹, au mot *Clausura*.

° **CLOTE**, Chambre. Gl. *Clota* 1.

° **CLOTURE**. Avantage du fils aîné. Gl. *Præcipuitas*.

CLOUASTRE, Cloître. Gl. *Claustrum regulare*, pag. 363¹.

CLOUER, Fermer. *Jour clouant*, Jour fermant ou tombant. Gl. *Cloeria* 1. [Voyez Orell, pag. 262. Rayn. tom. 2, pag. 409², au mot *Claure*.]

CLOUETTIÈRE, Certaine quantité de clous. Gl. *Clavasona*.

CLOUP, Boiteux. Gl. *Cloppus*.

CLOUSURE, Clos, lieu fermé de murs ou de haies. Gl. *Clausa*.

CLOUYÈRE, Pile, vaisseau où l'on met les draps pour être foulés. Gl. *Cloeria* 2.

CLOYE, Le dos ou le revers de la main. Gl. *Cledatum*. [Claie. Gl. *Cratheria*.]

CLOYSON, Enceinte d'une ville. Gl. *Clausura*, pag. 361³.

° **CLOZEL**, comme *Closelet*.

CLUD. FAIRE CLUD, Vanter, priser beaucoup. Gl. *Cluere*.

CLUNAGITER †, *Remuer les fesses*. Gl. *Clunagitare*.

CLUZE DE PASCHE, Clôture des fêtes de Pâques, le dimanche de Quasimodo. Gl. *Pascha clausum*, pag. 190³. [Partonop. vers 2143 :

COE

Mais il atent l'arriere-ban
Qui vient à feste Saint-Johan,
Dont estoit close Pentecouste.]

CLUSTRIAUS, Haillons. Gl. *Clustare*.

CLUT, Raclure, fragment. Gl. *Frustrare*. [Agolant, vers 946.]

CLYE, Lieu fermé de claies. Gl. *Cleda* 2.

COADJUTEUR, Celui qui, conjointement avec un autre, a droit à quelque chose. Gl. *Coadjutores*.

COAGE, pour CAAGE, Droit qu'on lève pour l'entretien des quais. Gl. *Caiagium* sous *Caya* [et *Platagium*.]

° **COARDER**, SE CUARDER. Le Roman de Roncevaux, pag. 17 :

Fel soit li cuers puisqu'il weut coarder.

Chanson de Roland, stance 85, vers 15 :

Mal seit del coer ki el piz se cuardet.

COART, Lâche, poltron. Gl. *Caudatus*. [Rayn. tom. 2, pag. 420¹, au mot *Coart*.]

COBILLON, Sorte de filet pour la pêche. Gl. *Cobla*.

° **COBLE**. Voyez *Couble*.

COBRE, Acquisition. Gl. *Cobrancia* [en Auvergne.]

COBRER, Prendre, saisir, s'emparer. Gl. *Cobrare*. [Partonop. vers 7612, 867?. Voyez Rayn. tom. 2, pag. 422², au mot *Cobrar*.]

COCAINGNE, p. e. Contestation, querelle. Gl. *Cocaignum*.

COCATRIX, Espèce de basilic, crocodile. Gl. *Cocatrix*. [Rayn. t. 2, pag. 427¹, au mot *Calcatrix*.]

COC-EN-PLEU, Avantageux, suffisant. Gl. *Gallus*.

COCHE, Truie. Gl. *Cocha* 3.

° **COCHER**, Fendre, faire une entaille. Guill. Guiart. tom. 2, pag. 292, vers 7572 (16553) :

Arbalestiers vont quarriaus prendre...
Aucuns d'eus, pleins d'enging ou d'art
Près des fers à coutuaus les cochent.

1. **COCHET**, Présent en viande, vin, ou en argent, qu'un nouveau marié donnait à ses compagnons. Gl. *Cochetus* 3.

2. **COCHET**, Sorte de bateau. Gl. *Cochetus* sous *Cogo*, pag. 394³.

COCHOIZ, Sorte de filet ou instrument pour la pêche. Gl. *Cobla*.

° **COCOUZ** †, Souillé. Gl. *Salebrare*.

COCQ-LIMOGES, Faisan. Gl. *Gallus*.

COCQUET, Caque, petit baril. Gl. *Caquus*.

CODE, Certaine quantité. Gl. *Coda*.

° **COE**, Queue. Rayn. tom. 2, pag. 418², au mot *Coa*.

COECATEUR, Celui qui est chargé de la répartition des tailles. Gl. *Cohecare*.

COEFFE, Casque ou espèce de calotte de fer ou d'acier. Gl. *Coifeta*.

COELLART, Animal qui n'est pas coupé. Gl. *Coitum*.

° **COEMENT.** Voyez *Coi.*

° **COENTIXE**, Voyez *Cointise* 2.

COESSIN, Coussin. Gl. *Coisinus*. [*Coeste de materatz*. Gl. *Albarda*.]

COESTRON, Bâtard, fils illégitime. Gl. *Quæstuarius* 2.

CŒUVRE, Cuivre. Gl. *Cuprum*.

COFEL, Certaine mesure. Gl. *Cofellus*.

1. **COFFE**, Sorte de vase. Gl. *Cofellus*.

2. **COFFE**, Coffre. Gl. *Cophrus*.

COFFERT, Coffre. Gl. *Cofferum*.

1. **COFFIN**, Panier, corbeille. Gl. *Coffinus*. [Rayn. tom. 2, pag. 421¹, au mot *Cofin*.]

2. **COFFIN**, Terme injurieux. Gl. *Coffinus*.

COFFINEAU, Petit panier, corbeille. Gl. *Coffinellus* sous *Coffinus*.

COGAMENT, Secrètement. Gl. *Cogeus*.

COGENT, Nécessaire. Gl. *Cogeus*.

COGNOMER, Surnommer. Gl. *Cognomenans*.

COGNUSSANT. FAIRE COGNUSSANT, Faire savoir. Gl. *Arramiatio*, sous *Adramire*, pag. 91³. [*Estre cognoissans*, Être connu. Chastel de Couci, vers 2279 :

*Mes c'o vous ne soit demorans,
Car plus tost seroit congnoissans.*

Roi Guillaume, pag. 112 :

Ne estraignes, ne connissans.]

° **COGOLE**, Cagoule, vêtement monastique. Chron. des ducs de Normandie, vers 11367, 25855, dans le manuscrit de Tours. Voyez *Cuoule* et *Coule*.

COGUL †, Le mari dont la femme est infidèle, en provençal. [Voyez Ray. t. 2, pag. 482¹, au mot *Cogut*.] Gl. *Cugus*, pag. 645³ [*Cocul* †. Gl. *Tucus*.

COHERCION, Le pouvoir de corriger et de punir ceux qui sont en faute. Gl. *Cohercio*.

COHOORTEUR, COHOORTERRESSE, Homme ou femme qui porte par la ville des marchandises, qu'il engage à acheter. Gl. *Cohortalis*.

COHUAGE, Le droit que paye un marchand pour sa place dans la Cohue ou halle. Gl. *Cohuagium* sous *Cohuæ*.

1. **COHUE**, Halle, Lieu couvert où l'on vend les marchandises. Gl. *Cohuæ*.

2. **COHUE**, Auditoire, le lieu où s'assemblent les officiers de justice. Gl. *Cohuæ*.

COI, Paisible, tranquille. [Chastel de Couci, vers 6608 :

Car elle est coie fame et bonne.

Aubri, pag. 159¹ :

*Encor vaut miex coie amors acelée
Que ne fait cele qui tant est esquillée.*]

D'où *Coiement*, Paisiblement, tranquillement. Gl. *Coëtus*. [*Coement à celé*, Agolant, vers 1291, 1301.]

° **COICHES**, Broussailles. Roman de Renart, tom. 8, pag. 2, vers 19788 :

*Firent un grant essart ensanble.
Brichemers as cornes agues
En a les coiches esméues,
Et Ysengrin as forz eschines
En a gité les coiches hors.*

1. **COIFFE**, Soufflet. Gl. *Coifeta*.

2. **COIFFE**, COIFFETTE, Casque, ou espèce de calotte de fer et d'acier. Gl. *Coifeta* [et *Copha*, pag. 659 ². Capuchon du haubert qui couvrait la tête, et pardessus lequel on plaçait le casque. Flore et Jeanne, pag. 50 : *Et le fiert grant cop sour son heaume, si k'il li abati le ciercle, et li enbara juskes en la coiffe de fier, et li trencha tout ; mès la coife fu de fort acier, si ne le navra mie.* Gérard de Vienne, vers 1575 :

*Et fiert le roi desus son elme an son.
Se deus ne fust et son saintime non
Et la fort coife dou hauberc fremilon,
Mort nos éust l'empereor Karlon.*

Roman de Roncevaux, pag. 29 :

*Fiert sor le hiaume qui fu à or gemmez,
Le maistre cercle en a jus avalé,
Jusqu'au nazal li a esquartelé.
Ne fust la coiffe dou blanc haubere saffré,
Jà fut Rollans et mors et afolez.*

Partonop. vers 9826 :

*Et le hiaume li a trencié
Trosqu'en la coife del hauberc.*

Agolant, pag. 179¹. Garin le Loher. tom. 1, pag. 32. Rayn. tom. 2, pag. 429¹, au mot *Cofa*.]

° **COIFFIERES**, Marchand ou faiseur de coiffes à couvrir la tête. Gl. *Coifferius*.

COIGNER, Sceller, marquer avec un *coin* ou sceau. Gl. *Cognus* 2.

1. **COIGNIER**, Coignassier ; quelquefois *Coigner*. Gl. *Coinus* 1.

2. **COIGNIER**, Battre, frapper monnaie. Gl. *Coniare*.

° **COILE.** Voyez *Choile.*

COILLAGE, Ce qu'un nouveau marié donnait à ses compagnons le jour de ses noces, pour qu'ils le laissassent coucher avec sa femme. Gl. *Culagium*.

COILLART, pour COULLART, Machine de guerre pour jeter de grosses pierres. Gl. *Couleurina*.

COILLUT, Animal qui n'est pas coupé. Gl. *Coittum*. [Voyez Rayn. t. 2, pag. 433², au mot *Colhus*.]

COILYON, Aine. Gl. *Anguinalia*.

1. **COIN**, Sceau. Gl. *Cognus* 2.

2. **COIN**. AVOIR COIN, Jouir du droit de battre monnaie. Gl. *Cuneus* 2.

° **COING DU HIAUME.** Gérard de Vienne, vers 828 :

Le coing dou hiaume en terre li feri.

Voyez vers 271.

° **COINGNER (SE)**, Se lancer, se pousser. Guill. Guiart, tom. 2, pag. 161, vers 4161 (13147) :

*Li marinier en mer se congnent,
Voiles drecides terre esloingnent..*

COINT, Ajusté, paré; du verbe *Cointer*, dans le même sens. Gl. *Cointises* et *Consutilii*. [*Cointe*, masc. Chastel. de Couci, vers 5642 :

*El parc n'ot si cointe le jour
Car cuevrechief de noble atour
Sour son elme le jour porta.*

Gérard de Vienne, vers 1708 :

*Mais ferons i ensamble maintenant
Ke li pluis cointes n'ait de vanter talent.*

Garin le Loher. tom. 1, pag. 25 :

Tous li plus cointes n'ot talent de chanter.

Pag. 237 :

Tout le plus cointe fera-il esbahi.

Roman de Renart, tom. 1, pag. 5, vers 101 :

*Rous ot le poil coume Renart
Moult par fu cointes et gaingnart.*

Voyez la Chron. des ducs de Normandie, Rayn. tom. 2, pag. 465¹, au mot *Conte*. *Cointement*, Avec grâce. Partonop. v. 41 :

*Et se taist fors dont seulement
C'on doit pourvéir cointement
S'aise et son lius de dosnoier.*

Voyez Rayn. tom. 2, pag. 465², au mot *Cointamen*.]

1. **COINTISE**, Discernement. Gl. *Cointises*.

2. **COINTISE**, COINTOIEMENT, Ajustement, parure, ornement. Gl. *Cointises*. [Politesse, courtoisie, ruse. Partonop. 1203, 5711. *Cuintise*, Jordan Fantosme, v. 783. *Coentices*, Wackern. pag. 7, 11. *Cointerie*, Rayn. tom. 2, pag. 466¹, au mot *Cundeira*. Voyez pag. 465², au mot *Coindia*.]

1. **COINTOIER**, Orner, parer, ajuster. Gl. *Cointises*. [Chanson du Chastelain de Couci, Laborde, pag. 204 :

*La douce voix du rosignol sauvage
Qu'oï nuit et jor cointoier et tentir.*]

2. **COINTOIER (SE)**, Se complaire à ce qu'on fait, s'écouter, être affecté. Gl. *Cointises*. [Voyez Rayn. tom. 2, pag. 466, aux mots *Coindeiar*, *Coindar* et *Cundir*.]

COIOIHERIE, p. e. pour COIRACHERIE ou COIROIHERIE, Tannerie, lieu où l'on prépare les cuirs. Gl. *Coiratorium*.

COIPEL, Copeau. Gl. *Coipellus*.

° **COIS**, Choix. *Aler à cois*, Avoir la faculté de choisir. Partonop. vers 553 :

*Cavels ot si beaus et si blois
Com il en fust alés a cois.*

Vers 4829 :

Tant pooit estre à cois alée.

Vers 5522 :

Qu'à cois puet aler de mari.

COISIER, Frapper, blesser. Gl. *Coisonum*.

COISIN, Coussin. Gl. *Coisinus*. [Voyez Rayn. tom. 2, pag. 435³, au mot *Coissi*.]

COISIR, Apercevoir, découvrir. Gl. *Choisire*. [Remarquer, distinguer. Partonop. vers 2289 :

*Partonopeus ot fait le jor,
Dont le coisisent al mellor
C'onques véiscent de lor iols.*
Voyez Rayn. tom. 2, pag. 363², au mot *Escauzir*.]

COISONNER, Blâmer, faire des reproches. Gl. *Coisonum*.

° COISPEL, Partie de la gaîne d'un couteau. Chron. des ducs de Normandie, tom. 1, pag. 352, vers 7736 :
*De la gaîne ert li coispel
E li membre tot à neel.*
Voyez Halliwell, au mot *Cosp*.

COISSE, Droit de mesurage. Gl. *Cossa* 1.

1. COISSER, COISSIER, Faire de la peine, incommoder. Gl. *Coisonum*.

2. COISSER TABOURS, Battre du tambour. Gl. *Coisonum*. [Lisez *Croisser*.]

1. COITE, Robe, sorte d'habit. Gl. *Coita*.

2. COITE. A COITE D'ÉPERON, A toute bride. Gl. *Coisonum*. [Voyez le Gloss. sur la Chronique des ducs de Normandie. *Cuinte, Cuite*, Jordan Fantosme, vers 306. Voyez Rayn. tom. 2, pag. 426¹, au mot *Coita*.]

1. COITEUS, Qui désire ardemment. Gl. *Coisonum*. [Voyez *Cuider*. Chanson de Guiot de Prouvins, Wackern. pag. 25:
*C'onkes de riens ne fui si desirous
Com d'onoreir ceu dont plux seuax cuitous.*
Voyez Rayn. tom. 2, pag. 426², au mot *Coitos*.]

° 2. COITEUS, Rapide. Voyez *Coitier* 2. Chron. des ducs de Normandie, tom. 1, pag. 250, vers 4816 :
Isnele, e hastive, e coituse.

1. COITIER, Serrer, mettre à couvert. Gl. *Gagnagium* 1, pag. 9².

° 2. COITIER, COITER, Aiguillonner, exciter, presser, hâter. Gérard de Vienne, vers 2854 :
Et les destriers as esperons coitier.
Roman de Cléomades, Chron. des ducs de Normandie, tom. 2, pag. 388² :
*Car sa nature à ce le coite
Que plus a et il plus convoite.*
Chron. des ducs de Normandie, tom. 2, pag. 231, vers 22182 :
*Totes veies tant s'est coitiez
Qu'al duc Richart est repairiez.*
Ruteb. tom. 2, pag. 246, 247. Voyez *Coite* 2, et Rayn. tom. 2, pag. 426², au mot *Coitar*.

COITIVER, Cultiver; d'où *Coitiveur*, Cultivateur, laboureur, et *Coitiveure*, Culture. Gl. *Cultivare* et *Cultura* 1.

° COITRART, comme *Coestron*, Enfants Haymon, vers 588 :
*Pour dieu veuillés nous dire si nous
    [sommes batart,
Car Aymes de Dordonne nous a clamé
    [coitrart.*

COJURE, Espèce de ceinture. Gl. sous *Gambeso*, pag. 21².

COL, Coup. Gl. *Colaphus*. [Partonop. vers 8138.]

COLACION, Harangue, discours. Gl. *Collatio* 2.

COLAICE, COLAISE, Coulisse, herse. Gl. *Colacius* et *Collissa porta*.

COLAYE, Charge, autant qu'on peut porter sur le cou. Gl. *Colerium* 4.

1. COLE, Coule, habit de moine. Gl. *Coulla*.

2. COLE, Bile, humeur colérique. Gl. *Calidameya* [et *Mesleia*.]

COLÉE, COLEIE, Coup sur le cou, ou soufflet. Gl. *Alapa*, pag. 158², et *Colaphus*. [Partonop. vers 8124. Voyez Rayn. tom. 2, pag. 436², au mot *Colada*, ci-après *Coler*, Chron. des ducs de Normandie.]

° COLER, Couler, glisser, s'écouler. Gérard de Vienne, vers 2556 :
*. . . . . L'espée
Jusc'au mei leu de la boucle est colée.*
Partonop. vers 9873 :
*Li brans cole devers l'esclence,
Od le carnail trence l'oreille ;
Aval s'en cole à grant merveille.*
Roman de Renart, tom. 1, pag. 47, vers 1235 :
Le coup li cola en travers.
Voyez Rayn. tom. 2, pag. 437¹, au mot *Colar*. Garin le Loher. tom. 1, pag. 265. Chron. des ducs de Normandie.

1. COLIER, Se livrer à la mélancolie, être de mauvaise humeur. Gl. *Colera* 3.

2. COLIER, Sorte d'armure pour couvrir le cou. Gl. *Coleria*. [Poitrail, armure qui couvre la tête et le poitrail du cheval. Roman de Perceval, dans le Glossaire sur Joinville :
*De cendaus avoient cropieres
Et les colieres ensemant.*
Partonop. vers 9642 :
*Covers fu devant et deriere
De fer ot coliere et crupiere.*
Vers 8189 :
*Desos les iols fiert le ceval,
Que le musel enporte aval,
Et ne remaint en la coliere
Que dusque es dens li brans ne fiers.*
Voyez vers 2985, 6785. Joinville, pag. 58. Autre chose pourrait être *Culiere*, pag. 83. Voyez *Coliere*.

3. COLIER, Charge qu'on porte au cou. Gl. *Colerium* 4.

COLIERE, Croupière, ce qui passe sous la queue du cheval. Gl. *Culeria* 1.

COLIS, Coulisse, herse. Gl. *Colacius*.

COLIVIRINIER, pour COULEVRINIER, Bombardier, de *Coulevrine*. Gl. *Pixidarii*.

COLLAGE, Certaine quantité de terre cultivée. Gl. *Colacium*.

1. COLLATION, Assemblée d'après souper, pour conférer de quelque chose. Gl. *Collatio* 2.

2. COLLATION, Harangue, discours. Gl. *Collatio* 2.

3. COLLATION, Communication. [Comparaison de la copie et de l'original, pour s'assurer de la conformité des deux pièces.] Gl. *Collatio* 3.

COLLECTAIRE, Livre d'église qui contient les collectes. Gl. *Collectarium*.

COLLECTER, Cueillir, lever les impositions. Gl. *Collectare*.

COLLECTIER, Sorte de métier à Bruges, p. e. Traiteur [ou Culottier]. Gl. *Collectarius* 3.

COLLEGEAT, Boursier d'un collége. Gl. *Collegiati*.

COLLETAGE, COLLETAIGE, Collecte, levée des tailles et impositions. Gl. *Collectio* sous *Collecta* 2.

COLLETERE, Livre d'église qui contient les *Collectes*. Gl. *Collectarium*.

° COLLETIER. Voyez *Collectier*.

1. COLLIER, Charge qu'on porte au cou. Gl. *Colerium* 4.

2. COLLIER, Carcan. Gl. *Colare* 5.

COLLOGUI, Louage, convention. Gl. *Collogium* 2.

1. COLOIER, Affecter certains mouvements du cou ou de la tête. Gl. *Colaphus*. [Tourner la tête de côté et d'autre pour mieux voir. Roman de Renart, tom. 1, pag. 29, vers 765 :
*El chemin se croupi Renarz
Si coloie de toutes parz.*
Tom. 5, pag. 57, vers 854 :
*Moult li ert tart que dedanz voie,
Tout entor va et si coloie.*
Tom. 3, pag. 18, vers 20259 :
Durement coloioit céenz.]

2. COLOIER, Etre de mauvaise humeur, se livrer à la mélancolie. Gl. *Colera* 3.

3. COLOIER, Donner des coups sur le cou, ou souffleter. Gl. *Colaphus*.

COLOIGNE, Quenouille. Gl. *Conucula*.

COLOMBEL, COLOMBEYS, Poteau, jambage d'une porte. Gl. *Columba* 4.

° COLOMBIN, De colombe, de pigeon. Rayn. tom. 2, pag. 489³, au mot *Colombin*.

COLOMIER, Colombier. Gl. *Colombarium*.

COLONIERE, La maison de celui qui cultive un champ. Gl. *Colonia* sous *Colonus*, pag. 415².

° COLP, Coup. Rayn. tom. 2, pag. 442², au mot *Colp*.

° COLPER, Inculper. Rayn. tom. 2, pag. 442², au mot *Colpar*.

COLUMBE, Poteau, jambage d'une porte. Gl. *Columba* 4.

COLUME, Petit colombier, volet, fuie. Gl. *Colombarium*.

COLUNGE, Métairie, et p. e. Terre nouvellement défrichée. Gl. *Columgerius* et *Columgia*.

° **COM**, Cum, Comme. Rayn. tom. 2, pag. 445 et suiv. au mot *Com*.

COMAN, Grand seigneur d'un pays, comte. Gl. *Comes* 2, pag. 423¹.

COMARQUE, Frontière. Gl. *Commarchia*.

COMBATEMENT, Attaque. Gl. *Combattere*. [Voyez Rayn. tom. 2, pag. 190¹, au mot *Combatemen*. *Se combatre*, ibid. au mot *Combattre*. (*Se combatre à qn*. Partonop. vers 2858.) *Cumbateor*, *Combatteur*, au mot *Combatedor*.]

COMBATEUX, Querelleur, agresseur. Gl. *Combattere*.

COMBE, Vallée enfermée entre deux montagnes. Gl. *Cumba* 2. [Voyez Garin, tom. 1, pag. 96, note 1. Rayn. tom. 2, pag. 447¹, au mot *Comba*.]

COMBLE, Petite mesure, litron. Gl. *Comblus* 1.

COMBLELLE, Diminutif de *Combe*, Petite vallée. Gl. *Cumba* 2.

COMBRE, Pêcherie faite de pieux fichés dans une rivière, pour y étendre des filets et y prendre du poisson. Gl. *Cumbra*.

COMBRER, Empoigner, prendre avec force. Gl. *Combri*, pag. 421³. [Voyez *Cobrer*. Agolant, vers 557 :
A ses daus mains l'a errament combré.
Vers 621 :
Estreint la cengle, s'a la renne combrée.]

COMBRISEMENT, L'action de briser. Gl. *Tritio*. [*Combrisier* †, Ecraser. Gl. *Maceratura*.]

COMBRISSABLE, Facile à briser, à écraser. Gl. *Tritile*.

° **COME**, Chevelure. Rayn. tom. 2, pag. 447¹, au mot *Coma*.

COMMANCZANT LE LETTRIN, Celui qui entonne au lutrin. Gl. *Incipere* 3.

COMMANDACION, Droit qu'a le seigneur sur celui qui s'est mis sous sa protection. Gl. *Commandatio* 2.

1. **COMMANDE**, Avertissement. Gl. *Mandatagium*.

2. **COMMANDE**, Ce qu'on paye au seigneur pour le droit de protection qu'il accorde. Gl. *Commenda* 4, pag. 442³.

3. **COMMANDE**, COMMANDIE, COMMANDITE. DONNER EN COMMANDE, etc. Donner pour un temps limité et à certaines conditions. Gl. *Commenda* 3, pag. 442², et *Societas* 1.

COMMANDÉBUR, Certain officier d'un monastère. Gl. *Commendatorius*.

COMMANDEMENT, Procureur, celui qui agit au nom d'un autre. Gl. *Mandatum* 3.

COMMANDER, Mettre sous la garde et protection d'un autre. Gl. sous *Commenda* 3. [Partonop. vers 2130. Chanson de Roland, stance 53, vers 28 :
Jointes les mains iert vostre comandet.]

COMMANDIE. Gl. *Commenda* 3, p. 442².

1. **COMMANDISE**, Commandement, ordre, jussion. Gl. *Commandesia*.

2. **COMMANDISE**, Dépôt. Gl. *Commenda* 1.

COMMANDITE. Voyez ci-dessus *Commande* 3.

1. **COMMANT**, Procureur, celui qui agit au nom d'un autre, officier subalterne de justice. Gl. *Mandatum* 3.

° 2. **COMMANT**, Commandement, ordre. Partonop. vers 497 :
*Et dusqu'en Ardene le grant
Faisoit l'on trestot son commant.*
Gérard de Vienne, vers 3570 :
En douce France vostre commant ferois.
Voyez Rayn. tom. 4, pag. 185², au mot *Coman*. Chron. des ducs de Normandie, tom. 1, pag. 386, vers 8467.

COMMEMORABLE, Mémorable, digne de mémoire. Gl. *Commemorare*.

COMMENCHAILLE, Commencement. Gl. *Definitio*. [Rayn. tom. 2, pag. 448², au mot *Comensailla*.]

COMMENDACES, Certaines prières pour les morts, différentes des vigiles ou de l'office des morts. Gl. *Commendationes*.

° 1. **COMMENDATION**, comme *Commendaces*. Voyez le Glossaire sur la Chron. des ducs de Normandie.

° 2. **COMMENDATION**, comme *Commendise*.

° **COMMENDE**, comme *Commande* 3.

COMMENDISE, Ce qu'on paye au seigneur pour le droit de protection qu'il accorde. Gl. *Commendisa* [et *Commendisia*.]

COMMETTRE, Encourir *commise*, manquer au devoir d'un vassal. Gl. *Committere* 1.

COMMISE, Confiscation d'un fief. Gl. *Commissio* 2.

COMMISSAIRE, Exécuteur testamentaire. Gl. *Commissarii*.

1. **COMMUN**, Droit que payent les communes au roi ou à leurs seigneurs pour leur établissement. Gl. sous *Commune* 1.

2. **COMMUN**, Octroi, imposition accordée en faveur d'une commune. Gl. sous *Commune* 1.

COMMUNAL, COMMUNEL, Commun, uni de biens, d'amitié, d'intérêt. Gl. *Communalis* 1. [Chanson de Roland, st. 175, vers 4 :
Tenent l'enchalz, tuit en sunt cumunel.
Voyez la Chron. des ducs de Normandie. Partonop. vers 2298 :
*De bel parler est communals,
Nus n'est si povres, s'il le voit,
Ne li ert vis que ses pers soit.*
Voyez Rayn. tom. 4, pag. 289¹, au mot *Cominal*. *Communaument*, Garin le Loher. tom. 1, pag. 197, 200.]

° **COMMUNIANT**, COMMENIANT. Gl. *Pascha*, pag. 191².

COMMUNIER, Habitant ou officier d'une commune. Gl. *Communerius*.

COMMUNIQUER, Approcher. Gl. *Communicare*.

COMMUNISTE, Officier d'une ville ou de commune. Gl. *Communalis* 1.

COMPAGNER, Être en commerce ou familiarité avec quelqu'un. Gl. *Companium*.

COMPAGNON D'ARMES, Celui avec qui on a fait la guerre. Gl. *Compagus*. [Par, pag. 151¹. *Service de compagnon*. Gl. *Servitium socii*, pag. 453³.]

COMPAIGNABLE, Compagnon, jeune homme qui n'est pas marié. Gl. *Campagus*.

1. **COMPAIGNE**, pour Compagnie. Gl. *Compagna*. [Agolant, vers 83 :
*Qui nos péust en Aspremont monter
Et les compaignes des Sarrazins esmer.*
Garin le Loher. tom. 1, pag. 2. Flore et Blanceflor, vers 58. Voyez la Chron. des ducs de Normandie. Ruteb. t. 2, p. 236. Rayn. tom. 4, pag. 407², au mot *Companha*. *Cumpaigne*, Chanson de Roland.]

2. **COMPAIGNE**, BONNE COMPAIGNE. Femme d'un commerce aisé. Gl. *Companium* [et † *Paranympha*.]

1. **COMPAIGNER**, Soutenir le parti de quelqu'un. Gl. *Companium*.

2. **COMPAIGNER**, Accompagner, faire cortège. Gl. *Companium*.

3. **COMPAIGNER**, Avoir commerce avec une femme. Gl. *Companium*.

1. **COMPAIGNIE**, Association, communauté des biens. Gl. *Communio* 8.

2. **COMPAIGNIE** FOLE, Commerce illicite avec une femme. Gl. *Companium*.

1. **COMPAIGNON**, Sorte de monnaie de Flandre. Gl. *Compaignonus*.

2. **COMPAIGNON** DE CUISSE, Le concurrent du mari. Gl. *Companium*. [*Compaignon volage*. Gl. *Volagius* 1.]

COMPAIN, Compagnon. Gl. *Compaium*. [Flore et Blanceflor, vers 1561 :
*De nos deus pors sames compaing,
Parmi partomes le gaaing.*
Voyez *Compaignon* 1, et Rayn. tom. 4, pag. 406³, au mot *Companh*. Garin le Loher. tom. 1, pag. 63, 80, notes. Chanson de Roland, stance 3, vers 8 ; stance 147, vers 12 et souvent.]

° **COMPAINGNESSE**, Qui accompagne. Ruteb. tom. 2, pag. 233 :
*Ma compaingnesse estoit séure
Et le païs mult bien savoir.*

1. **COMPAIGNON**, Associé, copartageant. Gl. *Communio* 8.

2. **COMPAIGNON**, Titre que les abbés de Corbie donnaient aux prévôts, religieux de leur abbaye. Gl. *Compagus*.

COMPANAGE, Ce qu'on donne dans un repas au delà du pain et du vin. Gl. *Companagium*.

COMPARAGER, COMPARAGIER, Comparer, égaler. Gl. *Comparitas*. [Dit de Merlin, Jubinal, tom. 1, pag. 136 :

Je puis bien tele gent au chien com-
[*paragier.*]

COMPARANCE, Terme de droit, comparution. Gl. *Comparentia*.

COMPARER, Payer, être puni de quelque faute. Gl. *Comparare* 3. [Partonop. vers 2607 :

*Et s'il ore mespaié sont
Jel comperrai quant il poront.*

Vers 6445 :

*Ne sai proier d'ome desvé,
Trop a voz amor comparé.*

Vers 6846 :

*Vos enterrés en teus estris,
En teus presses, en tels estors,
U trop comperiés amors
Se vostre espée vos ert loing.*

Vers 7827 :

*Tres dont ai vescu de soldée
Si l'ai sovent cier comperée.*

Gérard de Vienne, vers 2901 :

Hue est li jors ke le conparreiz cher.

Roman de Renart, tom. 3, pag. 76, vers 21830 :

*Ja conperrez, se Dex me saut,
Se ma conoille ne me faut.*

Chanson de Guiot de Prouvins, Wackern. pag. 28 :

*Trop sovant me fait compaireir
Amors sa compaignie.*

Roi Guillaume, pag. 132 :

*En ceste mer ont grant pooir
Cist vent, bien le poons veoir;
Signeur en sont, bien i apert.
Qui que lor descorde compert;
Il n'i aront ja nul damage.*

Chanson de Roland, stance 122, vers 7 :

Ki que 'l cumpert, venuz en sunt
[*ensemble.*

Stance 33, vers 9. Voyez les Glossaires sur Joinville et sur la Chron. des ducs de Normandie. Rayn. tom. 2, pag. 452², au mot *Comprar*.]

○ **COMPAS**, Ordre. Partonop. v. 10712 :

*Or vont les dames à l'église
Par grant compas, per grant devise.*

Vers 10760.

○ **COMPASSÉ**, Pressé. Chastel. de Couci, vers 7019 :

*Sa besogne est si compassée,
Si com pour mouvoir sans sejour
Que li roys ot nommé le jour.*

○ **COMPASSERES**, Ordonnateur, qui dispose. Chron. des ducs de Normandie, tom. 1, vers 2114 :

*Qui del munde fut ordeneres
Faitre e autor e compasseres.*

○ **COMPASSIS**, Lent. Gl. *Pieticus*.

COMPEINS, Compagnon, mari. Gl. *Compar*.

COMPELLIR, Contraindre. Gl. *Compellare*.

COMPENAGE, Dariole, sorte de pâtisserie. Gl. *Companagium*. [Roman de Renart, tom. 1, pag. 3, vers 56 :

*Ceste brebiz, si la gardez,
Tant nos donra lei et fromage,
Assez i aurons compenage.*

Tom. 4, pag. 29, vers 793]

COMPENELLE, Ornement ou partie de la bride d'un cheval. Gl. *Scala* 10.

COMPERAUMENT †, En compère. Gl. *Compaterniter* sous *Compater*, pag. 463³.

COMPIENG, Bourbier. Gl. *Compiegnium*.

COMPILATION, Cabale, conspiration. Gl. *Compilatum*.

○ **COMPLAIGNEMENZ**, Plaintes. Chron. des ducs de Normandie.

COMPLANT, COMPLENT, Terre cédée par le seigneur ou le propriétaire pour y planter des vignes, à la charge d'une redevance appelée aussi *Complant* et *Complanterie*. Gl. *Complantatum*, et *Complantagium* sous *Complantare*.

COMPLEXIONNÉ, en parlant d'un pays ; Qui est d'une certaine température. Gl. *Complexionatus*.

COMPLIR, Compléter, achever, finir. Gl. *Complere* 2. [Chron. des ducs de Normandie.]

COMPORT, Proportion, rapport. Gl. *Comportus*.

COMPORTE, Vase propre à porter quelque chose. Gl. *Comportalitius*.

COMPORTER, Porter çà et là, colporter ; d'où *Comportare*, Colporteur, petit marchand qui porte ses marchandises par la ville. Gl. *Comportare* [et *Fenestra*, pag. 432³.]

COMPOSER, Imposer, taxer. Gl. *Componere* 2.

COMPOSITION, Sorte d'Impôt. Gl. *Compositio*.

COMPOSITIONNER, Taxer une amende, ou en composer. Gl. *Compositio*.

COMPOSTE, Sorte de confiture, compote. Gl. *Compositarius*.

COMPOSTURE, COMPOTURE, Temps ou saison de l'engrais des terres. Gl. *Compostus*.

COMPOUST, Comput, supputation des temps. Gl. *Computus* 1, pag. 474¹.

COMPREHENSABLE, Qui est sujet ou soumis à quelque chose. Gl. *Comprehendalis*.

COMPRENDRE, Admettre, se soumettre. Gl. *Comprehendalis*.

COMPRINS, COMPRIS, Enceinte. Gl. *Comprehendalis*.

COMPTAIGE, Ce qui est dû au *Compteur* du bois qu'on livre à l'acheteur. Gl. *Computator* sous *Computus* 1, pag. 473².

COMPTE, pour Comte, le prévôt d'une confrérie. Gl. sous *Comes* 2, pag. 433³.

COMPTEUR, Trésorier. Gl. *Computator* sous *Computus* 1, pag. 473².

COMPTOUER, Chambre ou cour des monnaies. Gl. *Computatorium*.

COMPTOUOIR, Comptoir, coffre ou cassette à enfermer de l'argent. Gl. *Computatorium*.

COMTÉ, Seigneurie, domaine. Gl. *Comitatus* 4.

COMUN, Droit que les communes payent au roi ou à leurs seigneurs pour leur établissement. Gl. *Communis* 2.

CONARDS, Société ou confrérie établie à Rouen et à Évreux, qui se permettait beaucoup de plaisanteries. Gl. *Abbas Conardorum*.

CONCELER, Cacher, celer par fraude ; d'où *Concelement*, Fraude, l'action de celer. Gl. *Concelatio* sous *Concelium*.

CONCEPTION, Idée, projet. Gl. *Conceptio* 2.

○ **CONCEVEMENT**, Conception. Chron. des ducs de Normandie, tom. 2, pag. 292, vers 24061 :

*Plus virge après l'enfantement
Que d'avant le concevement.*

Rayn. tom. 2, pag. 277², au mot *Concebement*.

CONCHÉLÉÉMENT, Fraude, surprise ; du verbe *Concheler*, Celer, cacher. [Partonop. vers 6648.] Gl. *Concelamentum* sous *Concelium*.

CONCHET, pour COCHET, Présent en viande, vin, ou en argent, que donnait un nouveau marié à ses compagnons. Gl. *Cochetus* 3.

CONCHIEMENT, Mélange d'une chose médiocre avec une bonne. Gl. *Concagatus*.

CONCHIER, Souiller, salir, barbouiller. Gl. *Babewynus, Concagatus*. [*Gersa et Vinum*, pag. 344³. Chanson de Hugues d'Oisi, Laborde, pag. 212 :

Ore est venuz son lieu reconchier.

Voyez Rayn. tom. 2, pag. 284², au mot *Concagor*. Tromper. Roman de Renart, tom. 1, pag. 5, vers 111 :

Se renart set gens conchier.

Voyez les Glossaires sur Joinville et sur la Chron. des ducs de Normandie.]

○ **CONCHIERE**, Trompeur. Chanson de Simon d'Athies, Laborde, pag. 158 :

*A tel feme doit béer
Un conchieres de gent,
Qui par son chonchiement
La sache à son droit mener.*

1. CONCILE, Conseil, assemblée. Gl. *Concilium* 1. [Voyez Rayn. t. 2, p. 462¹, au mot *Concili*. *Concire*, Chron. des ducs de Normandie.]

2. CONCILE, Synode, assemblée des curés d'un canton. Gl. sous *Concilium* 1, pag. 462¹.

CONCISTOIRE, pour CONSISTOIRE, Assemblée d'échevins. Gl. *Consistorium* 4.

CONCITAIN, Concitoyen. Gl. *Concivium*.

○ **CONCLUS**, Vaincu. Roman de Renart, tom. 3, pag. 51, vers 21127 :

*De sofisme et de question
Ne me sot responare un boton.
Quant je l'oi fait dou tot conclus
Ge m'en parti, etc.*

° **CONCREANCE**, Naissance, parenté. Chron. des ducs de Normandie, tom. 2, pag. 296, vers 24149 :

Qui de lui orent nation
Descendement ne concreance.

° **CONCREIRE**, Confier. Chron. des ducs de Normandie, t. 1, p. 58, v. 1553 :

Sa traisunt e sa merveille
Lor dit e concreit e conseille.

Tom. 2, pag. 97, vers 18139 :

Ne je n'ai ami si privé
Qui je cest ovre concréisse.

Concreidre, Croire. Sainte Eulalie, vers 21 :

Aezo nos voldret concreidre li rex
[pagiens.

CONCUBIN, Débauché, qui vit avec des concubines. Gl. *Concubinarius.*

CONCUEILLIR, CONCUILIR, Cueillir, ramasser. Gl. *Conciliare.* [Voyez le Glossaire sur Joinville, et Rayn. tom. 2, pag. 484², au mot *Concuelhir.* Garin le Loher. tom. 1, pag. 100 :

Feble gent sunt, mauvais et con-
[cueillis.

CONDESCENDRE. SE CONDESCENDRE, Se soumettre. Gl. *Condescenders 1.*

CONDIGNE, Proportionné. Gl. *Condignare.*

CONDIR, Accommoder, panser. Gl. *Cornetum 1.* [Voyez Rayn. tom. 2, pag. 457¹, au mot *Condicio.*]

1. **CONDITION**, Humeur. Gl. *Conditio 6.*

2. **CONDITION**, PERSONNE DE CONDITION, Serf. Gl. *Conditionati.*

CONDITIONÉ, Qui est de condition, serf. Gl. *Conditionales.*

CONDITIONNER, Stipuler, faire une convention, traiter des conditions d'un accord. Gl. *Conditionare.*

CONDOL, CONDAR, La partie élevée d'une ornière ou sillon. Gl. *Condis.*

CONDUCHER, Espèce de clerc de chanoine dans certaines églises ; dans d'autres, c'est un chanoine du second rang : on appelle aussi de ce nom, dans quelques prieurés dépendants de Saint-Victor de Marseille, un clerc ou prêtre qui y est nourri et pensionné. Gl. *Conducherii.* [Voyez Rayn. tom. 2, pag. 456², au mot *Conduchier.*]

CONDUCT, CONDUIGT, Maison, habitation. Gl. *Conductus 3.*

CONDUCTIER, Officier militaire qui conduit une troupe. Gl. *Conductor 5* [et *Caput scaræ*, pag. 154³. Conduisière, Rayn. tom. 3, pag. 83², au mot *Conductor.*]

CONDUIT, Charretier. Gl. *Conductor 1.*

CONDUIS, Sorte de cantique. Gl. *Conductus 11.*

CONDUISÉEUR, Curateur, procureur, celui qui conduit les affaires d'un pupille. Gl. *Conductor 6.*

1. **CONDUISEMENT**, Conduit, canal. Gl. *Conductus 4.*

2. **CONDUISEMENT**, Conduite, direction. Gl. *Conductus 4.*

CONDUISEUR, Charretier, celui qui conduit des voitures. Gl. *Conductor 1.*

1. **CONDUIT**, Droit pour la conduite ou le transport des marchandises d'un lieu à un autre. Gl. *Conductus 2.*

2. **CONDUIT**, Tuteur, curateur, celui qui conduit les affaires d'un pupille. Gl. *Conductor 6.* [Chef, guide. Guill. Guiart, tom. 1, pag. 154, vers 3458 (3846) :

A pié et à cheval tant errent
Li conduit et ceus qui les sivent
Qu'à l'ost au roy de France arrivent.

Conduite, protection. Roman de Renart, tom. 2, pag. 371, vers 19734 :

Por ce vos pri en guerredon
Que vos tel conduit me bailliez
Que je n'i soie domagiez

Sauf-conduit, permission, pag. 295, vers 17611 :

Li quens, que volentiers destruit
Celui qui chace sanz conduit.

Voyez le Glossaire sur la Chron. des ducs de Normandie, et Rayn. tom. 3, pag. 83³, au mot *Conduch.*]

CONESSANT. FAIRE CONESSANT, Faire connaître, faire savoir. Gl. *Marchio*, pag. 270³.

CONESTABLESSE, La femme du connétable. Gl. *Conestabularia* sous *Comes 2*, pag. 483³.

° **CONFANON**, Drapeau, étendard. Voyez *Gonfanon. Confenoiers*, Celui qui porte la bannière. Gérard de Vienne, vers 2804 :

En grant bataile et an estor plainier
Serai toz jors vostre confenoier.

CONFERMANCHE, CONFERMEMENT, Confirmation. Gl. *Confirmarius.*

CONFERMENT, Droit qu'on paye au seigneur pour la confirmation de quelque privilége. Gl. *Confirmarius.*

° **CONFES**, *Se faire confès*, Se confesser. Garin le Loher. tom. 1, pag. 42 :

Dieu reclama et bien confès se fist.

Voyez Rayn. tom. 2, pag. 457², au mot *Confes.*

1. **CONFESSION**, Déposition, déclaration. Gl. *Confessio 1.*

2. **CONFESSION**, HOMME DE CONFESSION, Habitant d'une ville. Gl. *Confessio 8.*

CONFICHIER, Confisquer. Gl. *Confiscare.*

° **CONFIT**. Guill. Guiart, t. 1, p. 162, vers 3665 (4067) :

Anglois ont là mauvais confit,
Vaincu s'en vont et desconfit.

CONFLAERIE, pour Confrérie. Gl. *Confraria*, pag. 501².

CONFOLER, Fouler, gâter avec les pieds. Gl. *Follare.*

° **CONFONDRE**, Détruire, ruiner. Partonop. vers 2631 :

Si m'aït Deus, que il droit ont
Quant jo por nient les confont.

Roman de Renart, t. 1, p. 41, vers 1076 :

Tant que je fusse respassez
De cest mal qui m'a confondu.

Gérard de Vienne, vers 716 :

Bialz nies, dist il, grant paor ai éu
Ke ne fuisiez ne mors ne confondus.

Voyez Rayn. tom. 3, pag. 356³, au mot *Confondre.*

CONFONNE, p. e. Bornage ; ou *Consonne*, p. e. Convention. Gl. *Confinare 2.*

° **CONFORS**, Consolation, soulagement. Flore et Blanceflor, vers 1734 :

Ses confors fu regrés et plors.

Conforter, Consoler, soulager, vers 542. Roman de Renart, tom. 1, pag. 14, vers 372 :

Mès Hersent qui moult s'en conforte.

Voyez Rayn. tom. 3, pag. 376¹, aux mots *Confortar, Confort.*

CONFORTEMENT, Soulagement, consolation. Gl. *Confortamen.* [Voyez Rayn. tom. 3, pag. 376², au mot *Confortament.*]

CONFRAIRIE, Association illicite, conspiration. Gl. *Confratria*, pag. 502¹.

CONFRARIE, pour Confrairie. Gl. *Confraria* [et *Vexillum*, pag. 301³. Roman de Renart, tom. 2, pag. 63, vers 21465. Voyez Rayn. tom. 3, pag. 383², au mot *Confrairia.*]

CONFREMANCE, Confirmation. Gl. *Confirmarius.*

CONGÉER, Donner congé, chasser, bannir. Gl. *Congeare.* [Voyez Rayn. t. 2, pag. 449³, au mot *Comjiar*, et la Chron. des ducs de Normandie.]

° **CONGIÉ**, Permission. Flore et Blanceflor, vers 403 :

Del venir li done congié.

Voyez Rayn. tom. 2, pag. 449¹, au mot *Comjat.*

1. **CONGLE**, Ce qui joint les bœufs attachés à un chariot. Gl. *Conjugla.*

2. **CONGLE**, pour Congre, poisson ressemblant à l'anguille. Gl. *Conjugla.*

CONGNOISSAMENT, CONGNOISSAUMENT, Avec connaissance. Gl. *Cognitionaliter.*

CONGRÉER, Agréer ensemble, convenir. Gl. *Congreare.*

CONGRIER, Clôture faite de pieux dans une rivière, pour y retenir le poisson. Gl. *Cogrerium.*

CONGUISE, pour CONQUISE, Acquisition. Gl. *Conqueremntum.*

CONHET, Petit couteau à cerner les noix. Gl. *Conhassa.*

° **CONHOL**. Gl. *Panis*, pag. 132¹.

CONIL, CONIN, Lapin. Gl. *Conillus.*

° **CONJOIR**, CONGOIR, Fêter, affectionner. Garin le Loher. tom. 1, pag. 250 :

Il le baisa et cil le conjoit.

Pag. 289. Chastel. de Couci, vers 700 :

*Car bien affiert que festoiés
Soient et par droit conjoiés.*

Roi Guillaume, pag. 155 :

*Les rebaise andeus et congot. . . .
Que nos devons et par raison
Moult honerer et congoir.*

Voyez Rayn. tom. 3, pag. 446¹, au mot *Conjoir.*

° **CONJUR,** Conjuration, enchantement. Flore et Blanceflor, vers 629 :

*Au planter tel conjur i firent
Que tous tans cil arbre florirent.*

Voyez Rayn. tom. 3, pag. 602², au mot *Conjur.*

1. **CONJURE,** Sémonce, avertissement. Gl. *Conjuramentum* sous *Conjurare* 2, pag. 507³.

2. **CONJURE, CONJUREMENT,** Assemblée des échevins et jurés d'une ville ou commune. Gl. *Conjuratio* sous *Conjurare* 2, pag. 507³.

CONJUREMENT, Espèce de sortilége en usage autrefois pour guérir une blessure. Gl. *Conjurium.*

1. **CONJURER,** Chasser, bannir. Gl. *Conjurare* 3.

° 2. **CONJURER.** Voyez *Conjure* 1, 2.

CONJUROISON, Conjuration. Gl. *Appensatus.*

° **CONMU,** Excité, ému. Partonop. vers 5809 :

*En tot le ciel n'a noire nue,
La mer après n'ert pas conmue.*

Voyez Rayn. tom. 4, pag. 279¹, au mot *Escomover.* Saint Thomas de Canterb. vers 1092 :

Tut ad comunu et tut trublé.

Lisez *Conmu.*

1. **CONNESTABLE,** Commandant des troupes qui sont en garnison. Gl. sous *Comes* 2, pag. 433¹.

2. **CONNESTABLE,** Celui qui est chargé de l'administration de la justice dans une province ou une ville principale. Gl. sous *Comes* 2, pag. 432³.

3. **CONNESTABLE,** Sorte de commissaire pour la justice ou police. Gl. sous *Comes* 2, pag. 433².

4. **CONNESTABLE,** Le chef d'une compagnie ou confrérie. Gl. sous *Comes* 2, pag. 433³.

° **CONNESTABLIE,** Troupe militaire. Gl. *Comes* 2, pag. 433⁴. Voyez Rayn. t. 3, pag. 212¹ au mot *Conestablia. Chevaliers de grant connestablie,* Enfants Haymon, vers 178.

CONNIN, Lapin. Gl. *Conillus.* [Voyez Rayn. tom. 2, pag. 458², au mot *Conil.*]

CONNINEUR, Le fermier, ou celui qui a la garde d'une garenne. Gl. *Conillus.*

CONNOILLE, Quenouille. Gl. *Conucula. Conoille,* Roman de Renart, tom. 3, pag. 76, vers 21830.

CONNOISSANCE, Bannière, habit de guerre armorié. Gl. *Cognitiones.* [Voyez le glossaire sur la Chanson de Roland au mot *Cunoisances,* et celui sur la Chron. des ducs de Norm. *Connoissance de court,* Gl. *Cognitio placiti,* pag. 392³. Partonop. vers 2912. Voyez Rayn. tom. 4, pag. 333¹, au mot *Conoissensa.*]

CONOINGNOLE, Outil de tisserand, p. e. Quenouille. Gl. *Conucula.*

° **CONOITRE,** Communiquer, faire connaître. Roman de Renart, tom. 3, p. 142, vers 23659 :

*Mès ce que encharigié me fu
Vos ai ci iluec conëu.*

Roi Guillaume, pag. 115 :

*Et li forestiers li connut
Le voir, que dire li estut.*

Chastel. de Couci, vers 5272, 5285. Chron. des ducs de Norm. tom. 1, pag. 338, vers 7351. Voyez Orell, pag. 233.

CONOPEU, CONOPIEU, Voile, rideau. Gl. *Conopeum.*

° **CONPARER.** Voyez *Comparer.*

CONQUE, Sorte de plat, ou ustensile de cuisine. Gl. *Concha* 1.

° **CONQUEILLIR,** Recueillir. Rayn. tom. 2, pag. 435¹, au mot *Concuelhir.*

CONQUERIR, Saisir, enlever. Gl. *Conquærere.* [Voyez Rayn. tom. 5, pag. 19², au mot *Conquerer.* Vaincre. Orell, pag. 182. Partonop. vers 6092. Garin, tom. 1, p. 121. Aubri, pag. 160¹. *Conquerement,* Conquête. Chron. des ducs de Norm. tom. 3, p. 352, vers 41158. *Gent conquestice,* Conquérante, ibid. tom. 2, pag. 22, vers 15920.]

CONQUEST, Profit, gain, avantage. Gl. *Conquestus,* sous *Conquestare.* [Partonop. vers 494. Voyez Rayn. tom. 5, pag. 19², au mot *Conquest.*]

° **CONQUESTER,** Acquérir. Rayn. tom. 5, pag. 20¹, au mot *Conquistar.* Gérard de Vienne, vers 3253 :

*Ceu est grant chose d'un amin
[conquesté.*

CONQUILLIR, Cueillir. Gl. *Conciliare.*

CONQUIS, Abattu, découragé. Gl. *Conquisus.*

CONQUISE, Acquisition. Gl. *Conquærementum.*

CONRAER, CONRÉER, Préparer, arranger, parer, habiller, recevoir quelqu'un et le traiter. Gl. sous *Conredium,* pag. 512². [Garin le Loher, tom. 1, pag. 318. Flore et Blanceflor, vers 2526. Chants historiques, tom. 1, pag. 225. Roi Guillaume, pag. 108. Ranger, préparer pour le combat. Partonop. vers 2156, 2174, vers 2825 :

*Devant Chaars irés armé
Et de bataille conréé*

Vers 2373 :

*De la bataille conréer
Et des eschieles ordener.*

Vers 2001 :

*Li rois de France vient devant
Sa bele ost moult bien conréant.*

Voyez les glossaires sur la Chanson de Roland, au mot *Cunreer,* sur la Chronique des ducs de Normandie, et sur Joinville. Rayn. tom. 2, pag. 459¹, au mot *Conrear.*]

CONRASIER, Celui qui est chargé du soin de la table, dont l'office est appelé *Conraserie.* Gl. *Conresarius* sous *Conredium,* pag. 512¹.

° **CONRATIER, CONREEUR,** etc. Corroyeur. Gl. *Conreatores.*

1. **CONROI,** Ordre, rang, troupe rangée. Gl. sous *Conredium,* pag. 512¹. [Partonop. vers 2205 :

*Ils fuient dusc'à lor conroi,
Col estendu, tot à desroi.
Et li conrois bien les atent.*

Vers 8762 :

*Tries les rens, les voit assambler
Et en grans conrois arester.*

Vers 2167 :

*Desci qu'il voit venir le roi,
Deux mil armés en son conroi.*

Soin, vers 4572 :

*Si prist grant cure et grant conroi
De moi afaitier et garnir.*

Vers 10087 :

*Se de moi n'eüst conroi pris
Jo ne fusce ore mie vis.*

Vers 3728 ? Garin le Loher. tom. 1, pag. 104. Voyez le Glossaire sur la Chronique des ducs de Normandie, au mot *Conrei,* et Rayn. tom. 2, pag. 439¹, au mot *Conre.*]

2. **CONROI,** Repas, droit de gîte. Gl. *Conreus* sous *Conredium,* pag. 511³.

3. **CONROI,** Le droit de celui qui conduit des marchandises. Gl. *Conredium,* pag. 512².

° **CONROIER (SE),** comme *Conraer.* Partonop. vers 2397 :

*Partonopeus partot envoie
E de bataille se conroie.*

CONRRYE, Clôture faite de pieux dans une rivière, pour y retenir le poisson. Gl. *Cogrerium.*

CONSAUL, Conseil, assemblée de juges. Gl. *Consilium* 2. [Parton. vers 218 :

Il ert consausé de tote Grice.

Chastel. de Couci, vers 6888 :

Vostre consaus n'est pas vilains.

Vers 1977, 7122. Voyez le Glossaire sur Joinville.]

CONSEGUIN, pour CREUSEQUIN, Coupe, gobelet, vaisseau à boire ou à autre usage. Gl. *Crusellus* 1.

CONSEIL, Secret. Gl. sous *Consiliare,* pag. 517¹. [*A conseil,* A part, en secret, Roi Guillaume, pag. 83, 118. Revoir le Nouvel tom. 4, pag. 140, vers 862. *En conseil,* pag. 218, vers 2890. Roi Guillaume, pag. 82. Voyez Rayn. tom. 2, pag. 460¹, au mot *Conselh.*]

CONSEILLER, Consulter. Gl. *Consiliare,* pag. 517¹. [*Conseller,* Faire confidence. Roi Guillaume, pag. 96. *Consillier,* Flore et Blancefl. vers 271, 748. Rayn. tom. 2, pag. 460¹, au mot *Cosselhar. Conseillement,* ibidem.]

° **CONSEILLIERS.** Gl. *Major domus,* pag. 583². *Conseiller secret.* Gl. *Auricularius* 1.

° **CONSENCE**, Intelligence, accord. Partonop. vers 802 :

Si n'avoit pas consence as Gris.

Vers 8912. Voyez Rayn. tom. 5, pag. 198², au mot *Cosensa*, Roquef. au mot *Consens*, et la Chron. des ducs de Norm.

CONSENTEUR, Celui qui donne son consentement à quelque chose. Gl. *Consentanius* [et *Faucio.*]

CONSEUL. METTRE A CONSEULX, Renvoyer à un plus ample informé. Gl. *Consilium* 1.

CONSEUS, Projet, dessein. Gl. *Consilium* 1.

° **CONSIEVRER (SE)**, Être séparé. Roman de Renart, tom. 1, pag. 4, vers 87 :

*Ne savez beste pourpenser
Miex ne s'en puisse considvrer.*

° **CONSIREE**, CONSIR, Désir, souci, pensée. Partonop. vers 7414 :

*Qui voit dame tant desirée
Dont a fait si grant consirée.*

Vers 4739 :

*Mes giendres et mes lons consirs
Mes plors, mes larmies, mes sospirs.*

Voyez Roquef. au mot *Consirée*, et ci-dessous *Consirer*.

° **CONSIRER (SE)**, Se consoler, se consoler de l'absence, se passer de quelque chose, être séparé de quelque chose, désirer. Gérard de Vienne, vers 675 :

S'il voz en poise, bien m'en puix [*consirer.*]

Flore et Blancheflor, vers 1128 :

Voelle u non, s'en consierra.

Chastel. de Couci, vers 7069 :

Si nous en couvient consirer.

Vers 7089 :

*Lasse ! comment me consirray
D'à vous parler et de véir.*

Chron. des ducs de Normandie, tom. 1, pag. 465, vers 11106, ms. de Tours :

*Ne s'en poent pas consirer
Li tierz ù sunt li chevalier.*

Partonop. vers 8275 :

*Por ço s'en met el consirer
De son estre trop demander,
Ains dist por lui faire confort, etc.*

Vers 60 :

*Solas de m'amor ramenbrer,
Anui quant pens de consirer.*

Vers 1897 :

*De lui véoir à desirer
Ne s'en puet longes consirer.*

Vers 4241 :

*Tel deduit a en consirer
De la rien c'on puet plus amer.*

Voyez ci-dessus *Consiévrer*. Considérer. Chronique des ducs de Normandie, tom. 2, pag. 46, vers 16675 :

Enz en son quor pense e consire.

Voyez Rayn. tom. 2, pag. 463¹, au mot *Cossirar*.

CONSISTOIRE, Assemblée des États. Gl. *Consistorium* 2.

CONSOLAT, Comté, ou juridiction d'échevins, qu'on appelait *Consuls*. Gl. *Consulatus* 1.

CONSOLATION, Divertissement, récréation. Gl. *Consolatio* 2.

CONSONNE. Voyez *Confonne*.

CONSSOUS, Échevin, officier de ville. Gl. *Consul* 3.

CONSTRAIGNEMENT, CONSTRENTE, Contrainte. Gl. *Constringibilis*. [Voyez la Chron. des ducs de Norm.]

° **CONSUIVRE**, comme *Aconsuivre*. Atteindre, rejoindre. Guill. Guiart, tom. 1, pag. 162, vers 3661 (4063) :

Tout quanqu'il a consuit esmonde.

Lisez *Aconsuit*. Partonop. vers 9863 :

*Deus par se pité le gari
Que il en car nel consivi.*

Chanson de Roland, stance 172, vers 7. Voyez Rayn. tom. 5, pag. 180², au mot *Coseguir*. Orell, pag. 257, et la Chron. des ducs de Norm. aux mots *Consect*, *Consiut*, *Conseuz*.

CONSULAT, Le lieu où s'assemblent les *consuls* ou échevins, hôtel de ville, l'office ou dignité de *consul*. Gl. *Consulatus* 6.

CONSUT. TOUTES SONT CONSUTES, Arrêtés, demeurés. Gl. *Consutitii*.

CONTAGIEUX, Sujet à différentes maladies, infirme. Gl. *Contagiatus*.

CONTEMPLE. EN CE CONTEMPLE, En ce même temps. Gl. *Contemporalis*.

CONTENÇON, Contestation, dispute. Gl. *Intentio* sous *Intendere* 9.

CONTENDRE, Tâcher, faire ses efforts. Gl. *Contendere*.

CONTENEMENT, État, revenu. Gl. *Continentia* 3. [Maintien, manière de se conduire. Chastel. de Couci, vers 1288 :

*Moult l'esgardent des hourdéis
Dames pour son contenement.*

Vers 5801. Partonop. vers 5570 :

*Por aprendre l'us del païs
Et de François l'afaitement,
Les mors et le contenement.*

Voyez le Glossaire sur la Chron. des ducs de Normandie, Rayn. tom. 5, pag. 335², au mot *Contenement*. *Cuntinement*, Jordan Fantosme, vers 411.]

° **CONTENIR (SE)**, Se conduire. Gérard de Vienne, pag. 167¹ :

Sai vig veoir comment vos conteneiz.

Chastel. de Couci, vers 915 :

*Car tout cil baceler i vindrent
Qui moult gentement se contindrent.*

Garin le Loher. tom. 1, pag. 44 :

Or n'i a plus que del bien contenir.

CONTENS, Contestation, dispute, procès. Gl. *Contentia*. [Roman de Renart, tom. 1, pag. 2, vers 19. Partonop. vers 306, 422, 7921 :

*Un poindre fissent cil dedens
Cels defors chacent a contens.*

Chastel. de Couci, vers 3333 : *Maugré son content*, Malgré lui. Voyez le Gloss. sur la Chron. des ducs de Norm. Rayn. tom. 5, pag. 346¹, au mot *Conten*.]

CONTENTOR, Terme latin usité dans les actes écrits en français, pour marquer que le droit de registre a été payé. Gl. *Contentor*.

CONTEST, Procès, querelle, contestation. Gl. *Contestus*.

CONTEUR, Avocat. Gl. *Advocati*, pag. 111¹, et *Narratores*.

CONTHORAL, Femme, épouse. Gl. *Conthoralis*.

CONTIENNEMENT, Contenance, disposition. Gl. *Continentia* 6.

1. **CONTINUE**, Suivant, qui vient après. Gl. *Continuare* 2.

2. **CONTINUE**, Fièvre continue. Gl. *Continuare* 2.

CONTINUENTÉ, Suite, continuité, dépendance d'une même chose. Gl. *Continuare* 2.

1. **CONTOUR**, Conseiller, assemblée de conseillers ou juges. Gl. *Contorneræ*. [Comtes. *Contor*. Partonop. vers 9469, 9912. *Cuntur*, Chanson de Roland, stance 66, vers 10. Jordan Fantosme, vers 263, 486. Voyez Rayn. tom. 2, pag. 453², au mot *Comtor*.]

2. **CONTOUR**, Marguillier. Gl. *Custos* 1.

CONTRABOUT, Fonds de terre qu'on donne pour sûreté d'une rente ou d'un cens dû sur un autre fonds. Gl. *Abboutamentum*.

CONTRACT MOBILIAIRE, Qui concerne les choses réputées meubles. Gl. *Contractio* [et *Mobile*].

CONTRAIER, Contracter. Gl. *Contrahere* 2.

CONTRAIGNEMENT, Contrainte, violence. Gl. *Constringibilis*.

CONTRAINTISVEMENT, Par contrainte, par force. Gl. *Constringibilis*.

1. **CONTRAIRE**, subst. Ennemi, adversaire. Gl. *Contrarius* 2.

2. **CONTRAIRE**, Contracter. Gl. *Contrahere* 2.

° 3. **CONTRAIRE**, Ennui, contrariété. Roi Guillaume, pag. 99 :

Et par anui et par contraire.

Chastel. de Couci, vers 546 :

*Ne en ma vie n'oy talent
De vo corps feire nul contraire.*

Roman de Renart, tom. 1, pag. 27, vers 731 :

*Lessiez ester tot cest contrere,
Ce qui est fet n'est mia à fere.*

Voyez Rayn. tom. 2, pag. 568¹, au mot *Contrari*.

1. **CONTRAIT**, Contrat, convention. Gl. *Contractio*.

2. **CONTRAIT**, Contrefait, difforme, estropié. Gl. *Contractus* 3. [Voyez Orell, pag. 272, et le Glossaire sur la Chronique des ducs de Normandie, au mot *Contraiz*.]

CONTRAITURE, Contraction de nerf. Gl. *Contractoria domus*.

CONTRALIER, Contrarier, ne pas être de même avis. Gl. *Contrariari*. [Roman de Roncevaux, pag. 20. Gérard de Vienne, vers 3429. Aubri, pag. 161². Partonop. vers 1146, 5490, 9855, 6364 :

Et puis ai tel novela oïe
Que tot le cuer me contralie.

Contraloier, Aubri, pag. 161⁴. Voyez le Glossaire sur la Chronique des ducs de Normandie. *Contralie*, Contradiction. Chanson de Gaces, Wackern. pag. 11 :

Lors me dist par contralie :
Quant ireis vos outre meir ?

Voyez Rayn. tom. 2, pag. 468², au mot *Contraria*. *Contralision*, Aubri, pag. 155¹ :

Et cis respont par contralision.

Contralios, Contraire, contrariant. Flore et Blancefor, vers 751 :

Ha mors, tant par es envieuse,
De pute part contralieuse.

Partonop. vers 5423 :

Ahi mors ! con ies desdeignouse !
Ahi, con ies contralieuse !

Voyez le Glossaire sur la Chronique des ducs de Normandie. Rayn. tom. 2, pag. 468¹, au mot *Contrarios*.

CONTRAPLEGEMENT, CONTR'APPLEGEMENT, Caution que fournit le défendeur. Gl. *Applegiare* et *Contraplegiamentum* sous *Plegius*, pag. 367³ et 368¹.

CONTRASTER, S'opposer. Gl. *Contrastare*.

° **CONTR'ATENDRE**, Attendre. Partonop. vers 4288.

CONTRATEUR, Courtier. Gl. *Corrateurius*.

1. **CONTRE**, Environ, vers. Gl. *Contra* 1.

2. **CONTRE**, A cause, pour. Gl. *Contra* 4.

° 3. **CONTRE**, A la rencontre, au-devant. Garin le Loh. tom. 1, pag. 85 :

Il a mandé dant Renaut de Baugi
Contre lui soient à Dijons samedi.

Agolant, pag. 185² :

Là nos atendent li anges en chantant
Contre vos ames vont grant joie menant.

Roman de Renart, tom. 3, pag. 94, vers 22390 :

Por venoison apareillier
Contre ceus qui durent venir.

Pag. 105, vers 22644 :

Contre son père veult aler.

Voyez Rayn. tom. 2, pag. 467², au mot *Contra*.

CONTRE-ADVEU, Opposition à une demande ou complainte ; d'où *Contre-advouer*, Former contre opposition en justice, et *Contre-advoueur*, Celui qui la forme. Gl. *Adveutum*.

CONTRE-APOIAL, Barre d'une porte, ce qui appuie. Gl. *Apodiamentum*.

CONTRE-AVANT, Auvent, contrevent. Gl. *Auventus*.

° **CONTREÇAINGLE**,... Flore et Blancefor, vers 1191 :

Les estrivières et les çaingles
De soie avoec les contreçaingles.

CONTRECENS, Fonds donné pour sûreté d'un cens dû sur un autre fonds. Gl. *Adboutamentum*.

CONTRECURÉE, Armure qui défend le ventre, les intestins. Gl. *Corata*.

CONTREDAIGNER, Répliquer, contredire. Gl. *Groussare*.

° **CONTREDAINGNER**, Daigner, estimer. Guill. Guiart, tom. 1, pag. 68, vers 1112 (1609) :

Onques si filz n'i voudrent estre,
Car nul tant ne le contredaingne.

° **CONTREDIS**, Contradiction. Flore et Blancefor, vers 2247 :

De cou soit il seurs et fis,
Que jà n'en iert fais contredis.

Garin le Loh. tom. 1, pag. 49 :

De mainte gent i ot grant contredit.

Contredisement, Rayn. tom. 3, pag. 55², au mot *Contradisament*.

CONTREFERME, Serment fait en justice, pour affirmer son bon droit contre son adverse partie. Gl. sous *Firma* 1, pag. 504².

CONTREFORCHIER, Résister, opposer la force à la force. Gl. *Fortia* 2.

CONTREGAGE, Caution, nantissement. Gl. *Contragagiamentum* et *Contragagium*.

CONTREGAGIER, User de représailles. Gl. *Contragagium*.

° **CONTREGARDER (SE)**, Se garder. Flore et Blancefor, vers 3030.

CONTREGUETTER, Veiller pour se garantir des insultes que quelqu'un cherche à nous faire. Gl. *Guaytare* sous *Wactæ*, pag. 399². [Ruteb. tom. 2, pag. 240.]

CONTREMANT, Excuse légitime pour ne point comparaître en justice, proposée par un chargé de procuration, qu'on appelait *Contremanderes*. Gl. *Contramandare*, pag. 539¹. [Flore et Jeanne, pag. 48 : *La jours de la bataille prounonciés à quinsaine sans nul contremant*. *Contremander*. Roman de Renart, tom. 2, pag. 308, vers 17963 :

Mandé l'avez, bien un mois a,
Mes onques tant ne vos prisa
Qu'il vos daingnast contremander,
Ne jor ne respit demander.]

° **CONTREMONT**, En haut, en amont. Agolant, vers 425, 471. Voyez le Glossaire sur la Chronique des ducs de Normandie. *Cuntremunt*, Chanson de Roland, stance 31, vers 6.

CONTREMONTER, Gagner, augmenter, faire des progrès. Gl. *Montare* 3. [Monter, valoir. Guill. Guiart, tom. 2, pag. 193, vers 4974 (13962) :

Qui bien set que ce contremonte.]

CONTREPANT, Fonds de terre assigné pour sûreté d'une rente ou d'un cens dû sur un autre fonds. Gl. *Contravadium*.

CONTREPANER, p. e. pour CONTREPACTER, Faire compensation. Gl. *Contropatio*. [Rentes *contrepannées*. Gl. *Contravadium*.]

CONTREPART, Partie adverse. Gl. *Contraria*.

° **CONTREPASSER**. Guill. Guiart, tom. 2, pag. 144, vers 3709 (12693) :

Cis rois, que mors contrepassa
Quant de ce siecle trespassa
Par le lancement de sa fonde.

CONTREPENSÉ, Réfléchi, médité. Gl. *Appensatus*. [Partonop. vers 5694.]

1. **CONTREPLEGE**, Caution. Gl. *Contraplegiatio*.

2. **CONTREPLEGE**, Le répondant de la caution. Gl. *Contraplegii*.

CONTREPOIDS, Contrepoiser. On pesait autrefois les malades, et surtout les enfants, devant les reliques des saints, qu'on réclamait pour leur guérison ; auxquels on offrait autant de blé ou d'autres choses que pesait le malade, ou bien l'on donnait l'équivalent en argent, ce qu'on appelait le *Contrepoids*. Gl. *Ponderare* 1.

° **CONTREPOINTE**. Gl. *Alberc* et *Gambeso*, pag. 21².

CONTRE-RABAT, Saillie de cheminée, le manteau. Gl. *Rabatiere*.

CONTREROLEUR, Contrôleur. Gl. *Contrarotulator*.

CONTREROLEUX, Critique, qui contrôle volontiers les actions d'autrui. Gl. *Contrarotulator*.

CONTRESTER, Résister, s'opposer. [Chastel. de Couci, vers 1151. Chanson de Roland, stance 179, vers 16. Voyez Orell, pag. 94. Rayn. tom. 2, pag. 167⁴, au mot *Contrastar*, et la Chron. des ducs de Normandie.] *Non Contrestant*, Nonobstant. Gl. *Contrastare*.

CONTRET, Contrefait, difforme, estropié. Gl. *Contractria*.

CONTRETEMPESTE DE VENT, Ouragan. Gl. *Tempesta*.

CONTRETENEUR, Haute-contre. Gl. *Contratenens*.

1. **CONTRETENIR**, S'opposer, empêcher. Gl. *Contrastare*. [Retenir. Chanson du Trésor. de Lille, Laborde, pag. 202 :

Ne festes vostre pris mentir
Par trop merci contretenir.]

2. **CONTRETENIR**, Contenir, modérer. Gl. *Contrastare*.

° **CONTREVAL**, En bas. Chron. des ducs de Normandie.

° **CONTREVALOIR**, Égaler en valeur, équivaloir. Fabl. et Cont. tom. 2, pag. 106 :

Quant feme velt torner à bien
Ne la puet contrevaloir rien.

Chanson de Roland, stance 146, vers 7 :

Jamais n'iert hume ki tun cors cuntre-
[*vaillet.*

Voyez Rayn. tom. 5, pag. 465¹, au mot *Contravaler.*

CONTREVENGE, Contrevangement, Vengeance, représailles. Gl. *Contravengia.*

CONTREVENGUER, Se venger, user de représailles. Gl. *Contravindicare.*

CONTROVERSION, Débat, différend. Gl. *Controversiones.*

CONTUMACION, Contumace, terme de pratique. Gl. *Contumacia.* [Rayn. tom. 2, pag. 471¹, au mot *Contumax.*]

CONVAINCRE, Prendre, s'emparer, saisir ; d'où *Convainerie*, Saisie, l'action de prendre. Gl. *Convadium.*

CONVALOIR, Recouvrer la santé, être en convalescence. Gl. *Convalescentum.*

CONVEANCE, Convention. Gl. *Convenentia.*

CONVENANCIER, S'engager à quelque chose par traité et convention. Gl. *Convenire 1.*

1. **CONVENANT**, Convention, la chose convenue. [Chanson du duc de Brabant, Laborde, pag. 173 :

*Damoiselle, car prenez
La cainture maintenant,
Et le matin si raurez
Trestout l'autre convenant.*]

Mettre en *Convenant*, Convenir, être d'accord. Gl. *Convenientum, Convenire 1,* et *Convenium.*

2. **CONVENANT**, Contenance, disposition. Gl. *Continentia 6.*

CONVENCE, Convention. Gl. *Convenentia.*

CONVENEMENT, Convention par écrit. Gl. *Chirographum,* pag. 308³.

CONVENENT, Marché, convention. Gl. *Convenium.*

CONVENIR, Appeler, citer en justice. Gl. *Convenire 2.* [Appeler comme témoin. Chanson du comte d'Anjou, Laborde, pag. 154 :

*Jà envers vos n'iert par moi porpensée
Desloiautez, douce dame avenant ;
La bonne foi qu'ai del cuer en convant.*

S'adresser à quelqu'un, lui demander quelque chose. Roi Guillaume, pag. 58 :

S'en estuet le roi convenir.

Ce qui peut arriver, hasard. Chron. des ducs de Norm. tom. 1, pag. 154, vers 2085 :

Unt mais tut mis au convenir.

CONVENT, Accord, convention, engagement. Gl. *Convenium* [et *Convenire 1.* Chastel. de Couci, vers 3545. Par *convent*, Ruteb. tom. 2, pag. 232].

CONVENTER, Faire une convention, convenir. Gl. *Convenire 1.*

1. **CONVERS**, Converti, nouveau chrétien. Gl. *Conversio,* pag. 547³.

2. **CONVERS**, Repaire, retraite de bêtes farouches. Gl. *Conversio,* pag. 548¹. [Partonop. vers 501, 518, 521, 5186, 5798. Voyez le Glossaire de la Chronique des ducs de Normandie. *Converser,* se dit du séjour des bêtes farouches. Agolant, vers 361 :

*Dedens se vit un grant serpent cresté,
Bien i avoit CC ans conversé.*

Se dit également de la chasse. Gérard de Vienne, vers 854 ; Roi Guillaume, pag. 117, comme *Convers.* Chron. des ducs de Normandie, tom. 2, pag. 341, vers 25305.]

CONVERSION, Habitude, liaison, familiarité. Gl. *Conversio,* pag. 548¹.

CONVI, Convier, Repas, festin. Gl. *Convivium.* [Rayn. tom. 2, pag. 472¹, au mot *Convit.*]

° **CONVICER**, Injurier. Chron. des ducs de Normandie, tom. 3, pag. 195, vers 87194 :

Son frere despit e convice.

CONVINE, Façon de vivre, état, disposition d'une personne ou d'une chose, conspiration, projet. Gl. *Covina.* [Garin le Loher. tom. 1, pag. 98.]

CONVINTAILLE, p. e. pour Convincaille, Convention, accord. Gl. *Conventia 1.*

CONVITOIEMENT, pour Cointoiement. Ajustement, parure, ornement. Gl. *Cointises.*

1. **CONVIVE**, Repas, festin. Gl. *Convivium.* [Orell. pag. 26. Chron. des ducs de Normandie.]

2. **CONVIVE**, pour Convine ou Couvine, Contenance, disposition. Gl. *Covina.*

CONVOIER, Conduire, accompagner. [En *convoiant*, Au départ, au congé. Partonop. vers 8733.] D'où *Convoiement* et *Convoy*, Compagnie, cortége. Gl. *Conviare.* [Convoi, Soin. Roman de Rou :

*Ne prenz convoi de t'ame plus que beste
[sauvage.*]

° **COOIGNOLE**, Sorte de piège. Roman de Renart, tom. 2, pag. 163, vers 13958. Voyez *Ceoignole.*

1. **COP**, Prisée, estimation. Gl. *Colpus 2.*

2. **COP**. A cop, Aussitôt, dans le moment. Gl. *Colpus 2.* [A tout le cop, Flore et Jeanne, pag. 26.]

3. **COP**, Cope, Sorte de redevance en blé, qu'on payait à la mesure de ce même nom. Gl. *Cupa 4.*

COPE, Certaine mesure de grain et de sel. Gl. *Copa 2.* [*Copponus* et *Cupa 4.* Voyez Rayn. tom. 2, pag. 525², au mot *Cubel.*]

COPEAU, Rigole, coupure, portion d'eau tirée d'une rivière. Gl. *Colpo.*

COPER LES FERMES, Les délivrer, les adjuger. Gl. *Copare 2.*

COPER LES HARENS, Sorte de jeu ou de divertissement qui se faisait à la fin du carême. Gl. *Copare 2.*

COPERE, Copereau, Mari qui souffre et favorise les infidélités de sa femme. Gl. *Copaudus.*

COPHE, Creux. Gl. *Cophrus.*

COPIE, Abondance, jouissance. Gl. *Copia.*

° **COPIEZ**. Chanson de Roland, st. 113, vers 4 :

*Li destrers est e curanz e aates
Piez ad copiez e les gambes ad plates.*

° **COPLER (SE)**, S'accoupler. Partonop. vers 4833 :

*Bien l'a ses talens sorportée
Quant à un garçon s'est coplée.*

COPOIER, Blâmer, accuser quelqu'un d'une faute. Gl. *Inculpare.*

COPON, Certaine mesure de grain. Gl. *Copponus.*

COPPAU, Mari qui souffre et favorise les infidélités de sa femme. Gl. *Copaudus.*

1. **COPPE**, Sorte de péage. Gl. *Copa 5.*

2. **COPPE**, Haut, sommet, cime. Gl. *Coppa 4.*

COPPÉE, Certaine mesure de grain. Gl. *Copata.*

COPPEGORGE, Coppegorgias, Dague, poignard. Gl. *Copagorgius.*

COPPE-LE-TESTE. Avoir coppe-le-teste, Avoir le cou coupé. Gl. *Copagorgius.*

COPPETE, Petite coupe, tasse. Gl. *Coppetetia.*

COPPETER, Copter, faire battre le battant d'une cloche seulement d'un côté. Gl. *Missa copetata,* pag. 415².

1. **COPPON**, Tronçon, morceau. Gl. *Colpo.*

2. **COPPON**, Coupure ou pièce d'eau provenant d'une rivière, étang, etc. Gl. *Colpo.*

3. **COPPON**, Bougie, chandelle de cire. Gl. *Copallus.*

COPPUIEE, Coppuis, p. e. Le droit de couper les rejets des arbres. Gl. *Copellus 2.*

COQ DE PARROISSE, Celui qui domine avec dureté et qui vexe ses semblables. Gl. *Gallus.*

COQUART, Mari dont la femme est infidèle, sot, nigaud. Gl. *Coquibus.*

1. **COQUE**, Sorte de bateau ou vaisseau. Gl. *Coccha.* [Rayn. tom. 2, pag. 473², au mot *Coqua.*]

2. **COQUE**, Espèce de cerceau. Gl. *Cerchium.*

COQUEBERS, Coquebin, Sot, nigaud, impertinent. Gl. *Coquibus.*

COQUELOOTE, Pierre blanche taillée en forme d'œuf, qu'on met sous les poules pour les accoutumer à couver. Gl. *Cubare ova.*

COQUELUCHE, Coqueluchon, ce qui couvre la tête ; d'où *Coquelucher,* Celui qui porte un coqueluchon. Gl. *Abbas,* pag. 14¹, et *Cogucia.*

º COQUENTIN.... Agol. vers 1162 :

Mais ne feroit por lui un coquentin,
Plus het l'un l'autre que triacle venin.

COQUERELLE, Celle qui garde les dames chanoinesses de Remiremont depuis l'extrême-onction jusqu'à leur enterrement, dans les Mémoires de la Houssaie, tom. 1, pag. 9.

1. COQUET, Caque, petit baril. Gl. *Caquus.*

2. COQUET, Petit bateau en forme de coquille, nacelle. Gl. *Coccha*, et *Cochetus* sous *Cogo*.

3. COQUET, Présent en viande, vin, ou en argent, qu'un nouveau marié donnait à ses compagnons. Gl. *Cochetus* 3.

COQUIBUS, Coqueluchon. Gl. *Coquibus*.

COQUILLARD, Mari dont la femme est infidele, sot, nigaud. Gl. *Coquibus*.

COQUILLE, Sorte de chaperon ou coiffure en forme de coquille. Gl. *Coquibus*.

COQUIN, Mendiant; d'où *Coquiner*, Mendier, et *Coquinerie*, Métier de mendiant. Gl. *Coquinus* [et *Cociones*.]

COQUON. Jeu de coquon. Gl. *Cucho*.

COQUSSE, Coqueluchon. Gl. *Coqucia*.

º 1. COR, Extrémité. Renart le Nouvel, tom. 4, pag. 173, vers 1240 :

En un trosne d'or en un cor
Del palais ont Orguel assis.

Pag. 189, vers 1665 :

Que il seroit traînés
Lonc mon roiaume dusqu'au cor.

Partonop. vers 265 :

Cil avoit en Troie une tor
Sur une maistre porte al cor.

Vers 7447 :

Ele a son mantel deslacié
Dont li cor li vinrent al pié....
Li orlès est de sebelius...
Si duroient desci ès cors.

Vers 10862 :

As quatre cors ot boutonés
De quatre safirs roondés.

Voyez Rayn. tom. 2, pag. 486², au mot *Corn*.

º 2. COR, Cormier. Roman de Cléomades, Chron. des ducs de Normandie, tom. 2, pag. 450 :

Une arbaleste fait de cor.

Voyez ci-dessus *Arbaleste*.

º 3. COR, Choix, élection. Voyez Gl. *Chora*. Roman de Renart, tom. 4, pag. 80, vers 2210 :

Pour çou je coumence au cor,
Que prime vois je doi avoir,
Et por itant je fach mon hoir
Del hireçon qui m'a vengié.

º CORABLE. FEUR CORABLE, Prix usuel. Gl. *Servus*, pag. 455¹.

º CORAGE, Sentiment, volonté. Gl. † *Unicordia*. Roman de Renart, tom. 1, p. 5, vers 114 :

Et d'unes meurs et d'un corage.

Vers 125 :

Et d'un pansé et d'un corage.

Voyez Rayn. tom. 2, pag. 474², au mot *Coraige*, et la Chron. des ducs de Normandie. *Curage*, Chanson de Roland, stance 13, vers 12; stance 51, vers 4. *Carageux*, Qui a la volonté. Rayn. pag. 475¹, au mot *Coratier*.

CORAILLE, Intestins, entrailles, boyaux, Gl. *Corallum* 1. [Roman de Renart, tom. 3, pag. 101, vers 22532 :

As levriers a doné lor droit
Et le pomon et la coraille.

Voyez le Glossaire sur la Chronique des ducs de Normandie, Roquefort, le Glossaire sur la Chanson de Roland, au mot *Curaille*, et Rayn. tom. 2, pag. 475², au mot *Corada*.]

1. CORAL, Chêne. Gl. *Corallus*. [Voyez Rayn. tom. 2, pag. 419¹, au mot *Corón*.]

º 2. CORAL, Qui vient du cœur, sincère. Aubri, pag. 175¹ :

Il se demente et fait un dol coral.

Voyez Rayn. tom. 2, pag. 475¹, au mot *Coral*.

º 3. CORAL, Corail. Flore et Blancefior, vers 618, 657.

º CORB, Corbeau, Rayn. t. 2, p. 479², au mot *Corb*. Voyez *Corp*.

CORBAN, Couchant, habitant. Gl. *Cubantes*.

CORBARAN, Trésor, lieu où l'on garde le trésor. Gl. *Corbona*.

CORBAU, Sorte de poisson. Gl. *Coracinus*.

CORBEILLOGNEUR †, Faiseur de corbeilles. Gl. *Corbio*.

CORBEILLONNÉE, CORBELLONNÉE, Corbeillée, une corbeille pleine de quelque chose. Gl. *Corbellata*.

º CORBEL, Paysan, habitant. Chron. de Jordan Fantosme, vers 1081 :

N'i avet el pais ne vilain ne corbel.

Tristan, vers 3611 :

Li carbel, qui sont plain de rage,
Li font ennui et il est sage.

Voyez *Corban*.

CORESSON, Joug, morceau de bois courbé où l'on attèle les bœufs. Gl. *Corba* 3.

CORBET, Instrument de fer propre à couper du bois, serpe. Gl. *Corba* 3.

CORBETE, Ornement de selle de cheval. Gl. *Corba* 3.

CORBIERE, p. e. Lieu fermé de claies. Gl. *Corbitaria*.

CORBILLIER, Chanoine qui n'a qu'une demi-prébende dans l'église d'Angers. Gl. *sous Corbecula*.

CORBISIER, Marchand de corbeilles, ou celui qui porte sa marchandise dans une feuille ou balle. Gl. *Corbio*.

1. CORCIÉ, Battu, maltraité. Gl. *Cabulus*, pag. 104.

º 2. CORCIÉ, Courroucé. Aubri, p. 162¹ :

N'envers sa fame ne vers autrui [*corciés.*

º CORCION, Bâtard. Enfants Haymon, vers 580 :

Je suis Regnault, vous fils, [*droite estraction,*
Mais je croy bien qu'ayés éu plus [*d'un baron,*
Car le duc de Dordonne m'a apellé [*corcion.*

CORDAGE, CORDAIGE, Droit sur les marchandises mesurées à la *corde*. Gl. *Cordagium* 2.

CORDAIL, CORDAILLES, Corde, cordages d'un vaisseau. Gl. *Cordagium* 1.

CORDE, Sorte de mesure pour les terres. Gl. *Corda* 1.

º CORDÉ, Grosse étoffe de laine. Roi Guillaume pag. 167 :

De gros aigniaz et de cordé.

Voyez Roquef.

º CORDÉIS, Sangles du lit. Partonop. vers 10325 :

Ot par desus le cordéis
Qui fu de soie lacéis.

º CORDELLE, Cordon, cordelette. Chastel. de Couci, vers 4924 :

Mès se vos poés acointier
Gobiert et traire a vo cordelle.

Guill. Guiart. tom. 1, pag. 253, vers 6129 (6448) :

Qu'il ont atrait à leur cordele.

Roman de Renart, t. 4. p. 37, vers 1015 :

Fors por moi metre à sa cordiele.

Voyez Rayn. tom. 2, pag. 481¹, au mot *Corda*.

CORDER, Former le cordon d'un bâtiment, soit en pierres, soit en bois. Gl. *Cordonus*.

CORDIC, Corde ou lice d'un champ clos. Gl. *Corda* 5.

CORDOAN, CORDOUAN, Espèce de cuir qui vient de Cordoue. Gl. *Cordebisus*. [Voyez Rayn. tom. 2, pag. 485², au mot *Cordoan*.]

CORDOANNIER, CORDOUANNIER, Celui qui prepare ou emploie le cuir appelé *Cordoan*. Gl. *Cordebisus*.

CORDON, Soliveau du cordon d'une charpente. Gl. *Cordonus*.

CORDURIER, Couturier, tailleur. Gl. *Cordurieyra*.

1. CORE, p. e. Cornet à encre. Gl. *Coreus*.

2. CORE, Juridiction des *Coremans* ou juges des causes civiles, et échevins. Gl. *Chora*.

CORÉE, Intestins, entrailles, boyaux. Gl. *Corata*. [Partonop. vers 9875. Voyez *Coraille*.]

º CORÉOR, Troupes détachées qui vont en avant du corps d'armée, coureurs. Garin le Loher. tom. 1, pag. 165 :

Li ardeor se sunt par devant mis,
Les coréors maine Isorés li gris.

Pag. 166 :
Li couréor ont partout le feu mis.
Ceval coreor. Partonop. vers 1626.

CORER, p. e. Collier. Gl. *Còrea*.

CORET, p. e. L'ouverture du cornet à encre. Gl. *Coreus*.

COREUMENT, Cordialement, de tout le cœur. Gl. *Cordialiter*.

COREUX, Qui fait soulever le chœur, qui cause des nausées. Gl. *Cordia* 3.

CORGE, Espèce de bâton ou d'arme offensive. Gl. *Corgo*.

CORGOSSON, Calendre. Gl. *Curculiunculus* [en provençal.]

1. CORIAL, Chantre, clerc, ou prêtre chantant au chœur, enfant de chœur. Gl. *Choralis*.

° **2. CORIAL**. ... Flore et Blanceflor, vers 593 :
*En la tombe aut quatre coriaus
A quatre cors bien fais et biaus,
Et quant li quatre vent feroient
Cascuns ausi com il ventoient.*

CORIER, Celui qui fait ou vend des courroies. Gl. *Coriarius* 2.

CORIERS, Échevins, juges des causes civiles. Gl. *Cora*.

CORINE, Colère, mauvaise humeur, dépit. Gl. *Corina*.

CORLIEUS, Courrier, messager. Gl. *Corerius* 1.

° **CORLIU**. GENT CORLIUE, Au jeu d'échecs. Roman d'Alexandre, Chron. des ducs de Normandie, tom. 2, pag. 516² :
*A cest mot traist son roi et sage-
[ment l'aliue
Entre roi et aufin, derrier la gent
[corliue.*

° **CORMORAGE** †. Gl. *Alcedo*.

° **CORN**, Cor. Chron. des ducs de Normandie. Rayn. tom. 2, pag. 485².

° **CORNABUS**, Bête à cornes ? Roman de Renart, tom. 4, pag. 112, vers 3073 :
*Voirs est dou mouton fage un priestre
Et un abé d'un cornabus.*

1. CORNAGE, Redevance en grain pour les bêtes à cornes. Gl. *Cornagium* 1.

2. CORNAGE. TENIR PAR CORNAGE, A charge d'avertir par le son du cornet des irruptions que tenteraient les ennemis sur la terre de son seigneur. Gl. *Cornagium*, pag. 567³.

° **CORNARD**. Voyez *Conard*.

CORNARDIE, Condition, qualité de l'homme dont la femme est infidèle. Gl. *Coquibus*.

CORNART, Mari dont la femme est indèle. Gl. *Cornu* 8.

CORNAU, Quartier, canton. Gl. *Cornale* [en Gascogne].

CORNAY, p. e. Le temps où se payait la redevance appelée *Cornage*. Gl. *Cornagium*.

CORNE, CORNERE, Extrémité de quelque chose qui finit en pointe. Gl. *Cornu* 6.

CORNEBER, Certain outil de tisserand. Gl. *Conucula*.

CORNÉER, Tympaniser, blâmer quelqu'un en public. Gl. *Cornare* 2.

° **CORNEL**, Créneau, Jordan Fantosme, vers 1498 :
*Si's pendi as cornels, lungement
[s'est tenus.*
Variante *Kerneaus*.

CORNEMUSEUR, Joueur de cornemuse, farceur, comédien ; et *Cornemusaresse*, Femme qui fait le même métier. Gl. *Cornamusator*.

CORNER, Jouer du cornet. Gl. *Cornare* et *Cornator*. [Aubri, pag. 162² :
Quant tot fu prest, si fu l'eve cornée.
Chastel. de Couci, vers 1899 :
*Adont fist-on l'aigue corner,
Si vont communaument laver,
Et puis s'asisent au mengier.*
Voyez *Bondir*. Corner prise, Gérard de Vienne, vers 3508. Voyez *Prise*. Voyez Rayn. tom. 2, pag. 486¹, au mot *Cornar*.]

CORNERIE, L'action de sonner du cor. Gl. *Cornare* 1.

1. CORNET, Coin, angle. Gl. *Cornetum* 1. [*Cornet de l'uel* †. Gl. *Acies* 3.]

2. CORNET, Coin, pointe. Gl. *Cornetum* 1.

3. CORNET, Coin, lieu retiré, caché. Gl. *Cornetum* 1.

4. CORNET, La partie de la tête qu'on appelle temple. Gl. *Cornetum* 1.

CORNETE, Vêtement et ornement de tête pour les hommes et les femmes. Gl. *Corneta*.

CORNETEAU, Redevance en grains pour les bêtes à cornes. Gl. *Cornagium*.

CORNEUR, Joueur de cornemuse, farceur, comédien. Gl. *Cornamusator*.

CORNIART, Cornet, espèce de trompette. Gl. *Corneta*.

CORNIER, Angulaire, qui fait le coin. Gl. *Corneirus*.

1. CORNIERE, Coin, extrémité de quelque chose. Gl. *Cornetum* 1 [et *Cornera*.]

2. CORNIERE, Vêtement et ornement de tête, comme *Cornete*. Gl. *Corneta*.

CORNU, Sorte de monnaie de France et d'autres pays. Gl. *Cornutus* 3. [et *Moneta*, pag. 476³.]

CORNUDE, Espèce de seau ou vase à deux anses. Gl. *Cornua* 2. [à Marseille.]

CORNUDEAU, Échaudé, gâteau fait en forme triangulaire. Gl. *Cornuta* 2.

CORNUE, Espèce de seau ou vase à deux anses. Gl. *Cornuda*.

CORNUEL, Espèce de massue, bâton armé de pointes. Gl. *Cornuda*.

CORNUYAU, Échaudé, gâteau fait en forme triangulaire. Gl. *Cornuta* 2.

COROÉ, Corvée, servitude corporelle qu'un vassal doit à son seigneur. Gl. *Coroada*.

CORON, Coin, encoignure. Gl. *Coronnus*. [Enfants Haymon, vers 389 :
*Se nous sommes ès bois entrés et à
[coron
Je ne donroye de Karlon valissant
[un boton.*
Vers 499 :
*Ne say à quel coron j'en pouroye
[tourner.*
Flore et Jeanne, pag. 25 : *Ses esporons ahoka à la sarge au coron du lit*. Voyez *Cor* 1.]

CORONNÉ, Clerc, tonsuré. Gl. *Corona clericalis*. [Gérard de Vienne, vers 3914 :
Et clerc et preste et moins coroné.
Voyez la note, Rayn. tom. 2, pag. 488², au mot *Corona*, et le Glossaire de la Chron. des ducs de Normandie.]

COROYETTE, Petite ceinture. Gl. *Corrigiola*.

CORP, Corbeau, espèce de poisson. Gl. *Coracinus*. [Chron. des ducs de Normandie, tom. 2, pag. 208, vers 21491. Voyez *Carb*.]

CORPE, Faute, crime ; d'où *Corper*, Commettre une faute, faire un crime. Gl. *Culpare*.

CORPEL, Poignée d'une épée. Gl. *Corpellus*.

CORPORALIER, Boîte où l'on serre les corporaux. Gl. *Corporale*.

CORPORALLIER, Ciboire, vase sacré où l'on conserve le corps de N. S. Gl. *Corporale*.

CORPORER †, Donner du corps, engraisser. Gl. *Corporare* 1.

CORPOREUS, CORPORU, Puissant, robuste, qui a de l'embonpoint, grand et gros. Gl. *Corporosus*.

1. CORPS DE NOTRE SEIGNEUR, Le saint sacrifice de la messe. Gl. *Corpus Christi*.

2. CORPS, Deuil, funérailles. *Corps naturel*, Cadavre. *Feste d'un Corps*, Repas qu'on donnait à ceux qui avaient assisté à un enterrement. Gl. sous *Corpus*, pag. 578³.

° **3. CORPS**, Personne. *Mon corps*, Moi. Garin le Loher. tom. 1, pag. 47, 72. Enfants Haymon, vers 218, 560, 562, 566, 592. Chastel. de Couci, vers 1970 :
*S'entour vo gent cors repairier
Me vient, en ïn parleront.*
Garin le Loher. tom. 1, pag. 142 :
*Au chastelet s'en est montés Garins
Ses cors méismes s'est là deseure mis.*
Voyez Rayn. tom. 2, pag. 494¹, au mot *Cors. Homme de corps*. Gl. *Homo*, p. 225¹.

CORRAGE, Sorte de redevance ou impôt. Gl. *Coragium* 1.

CORRATIER, Courtier, maquignon. Gl. *Corratarius*.

° **1. CORRE**, Verrou. Voyez *Courroil*.

Roman de Renart, tom. 2, pag. 101, vers 12295 :

Lors s'en vint droit à la fenestre...
Apoiée fu d'une corre,
La nuit fu oblieé à clorre.

° 2. **CORRE**, **CORRER**, Courir, Rayn. tom. 2, pag. 489¹, au mot *Correr*.

CORRIGEMENT, Correction, avertissement. Gl. *Correctio*.

° **CORROI**, comme *Conroi*, Corps de troupes. Agolant, vers 704 :

L'autre corroi sunt à cent mil nombre.

1. **CORROIE**, Corvée, servitude corporelle qu'un vassal doit à son seigneur. Gl. *Coroada*.

° 2. **CORROIE**, Courroie. Roman de Renart, tom. 2, pag. 194, vers 14835 :

Son baston afete et adresce
En plusors sens le retornoie,
En sa main la corroie ploie.

Vers 14857. Voyez *Cuiriée*. Ceinture. Pastourelle du duc de Brabant, Laborde, pag. 193.

CORRORE, Corrompre, suborner, séduire. Gl. *Corrumpere*.

° **CORROT**, Courroux. Roman de Renart, tom. 3, pag. 101, vers 22510 :

Que trestot aveglez estoit
De lasseté et de corrot.

Correceux, Courroucé, Rayn. tom. 2, pag. 476², au mot *Corrossos*.

CORRUGIER, Corriger, punir, châtier. Gl. *Correctio*.

CORRUMPEMENT, Défloration d'une fille. Gl. *Corrumpere*.

CORRUMPRE, Abolir, annuler ; d'où apparemment *Corrumpre nature*, pour signifier les effets trop prompts d'un tempérament très-vif dans l'action du mariage. Gl. *Corrumpere*.

CORRUPTER, Violer, déflorer. Gl. *Corrumpere*.

CORRUSION, Corrosion, dépravation. Gl. *Corrosio*.

° 1. **CORS**, Cours. Rayn. tom. 2, pag. 489², au mot *Cors*.

° 2. **CORS**, Corps. Rayn. t. 2, p. 494², au mot *Cors*.

CORSABLEMENT, Communément, assez ordinairement. Gl. *Cursorie* 2. [Voyez Rayn. tom. 2, pag. 490², au mot *Corsable*.]

° **CORSAGE**, Taille du corps d'un homme. Aubri, pag. 160² :

Le quens de Flandres le reconit
Au grant corsage et au vis qu'il
[premier
[out cler.

Voyez *Corsus*.

CORSETIERE, Petit sac, ou bourse. Gl. *Corsarius*.

° **CORSIER**. Gl. *Equus*, pag. 286².

CORSIERE, Galerie, chemin des rondes. Gl. *Corseria*. [Voyez Ray. t. 2, p. 490¹, au mot *Corsieyra*.]

° **CORSIF**. Voyez *Challant*.

CORSON, Cours de ventre. Gl. *Continuare* 2.

° **CORSOR**. LAZ CORSOR, Nœud coulant. Chron. des ducs de Normandie, tom. 3, pag. 64, vers 21505 :

Des cordes fist un laz corsor
A son col le mist tot entor.

Chanson de Jocelin de Bruges, Wackern. pag. 79 :

Amors
Pris m'avois à lais corsour.

CORSSIN, CORSIN, Banquier. Gl. *Caorcini*, pag. 110².

° **CORSUS**, Robuste. Partonop. v. 7627 :

Uns cevaliers corsus et fors.

Vers 7763 :

Un chevalier granz et corsuz.

Voyez *Corsage*.

° **CORT**, Cour. Rayn. tom. 2, pag. 496², au mot *Cort*.

CORTE-LAINGUE, Languedoc. Gl. *Lingua*.

CORTIBAUT, Vêtement d'église, sorte de dalmatique. Gl. *Curcinbaldus*.

° **CORTIL**, Jardin, verger. Rayn. t. 2, pag. 498¹, au mot *Cortil*.

CORTILLAGE, Jardin potager, verger. Gl. *Cortillagium*, pag. 587².

CORTINER, Orner un lieu de tapisseries. Gl. *Incortinare*. [*Cortine*, Tapisserie, draperie. Partonop. vers 10161. Chanson d'Audefroy, Romancero, pag. 21. Voyez Rayn. tom. 2, pag. 498¹, au mot *Cortina*, et le Glossaire sur la Chron. des ducs de Normandie.]

° **CORTOIER**, Venir à la cour. Roman de Renart, tom. 2, pag. 343, vers 18940 :

Qu'il vavngne aprendre à cortoier
Sanz achaison querre ne gile.

Voyez Rayn. tom. 2, pag. 497², au mot *Cortejar*.

CORTOISIEN, Terme injurieux, p. e. Voleur de *courtils* ou potagers. Gl. *Curtillarius* sous *Cortis* 1, pag. 587³.

CORVAGE, CORVAIGE, CORVEYRAC, Le droit d'exiger des corvées. Gl. *Corruagia* et *Corvagium*, pag. 591¹.

CORVOISIER, Cordonnier qui emploie de vieux cuirs, dont le métier s'appelle *Corvoiserie*. Gl. *Corvesarii*.

COS. Cos FENDANS, Coups de taille. Gl. *Ictus*.

COSEL, Chaumière, maisonnette. Gl. *Coscez*. [Lisez et voyez *Tousel*, Jeune garçon.]

COSER, Gronder, faire des réprimandes. Gl. *Causare* sous *Causa* 4. [Partonop. vers 4825, 4841, 7131. Voyez *Choser* et Rayn. tom. 2, pag. 359², au mot *Causeiar*.]

COSINAIGE, Parenté. Gl. *Cosinus*. [Jordan Fantosme, vers 877 :

Ainz verra se li ferrez amur e cusinage.]

COSINE, Mets apprêté à la cuisine. Gl. *Coquina*.

COSSOUS, Courtier, maquignon. Gl. *Corratarius*.

° **COST**, comme *Costage*. Rayn. tom. 2, pag. 500¹, au mot *Cost*.

COSTAGE, Coût, frais, dépens. Gl. *Costagium* sous *Custus* 1, pag. 688³.

1. **COSTE**, Cotte, sorte d'habillement militaire. Gl. *Cota* 1.

2. **COSTE**, Panier, corbeille. Gl. *Costa* 5.

1. **COSTÉER**, Côtoyer, être au côté ou au long de quelque chose. Gl. *Costa* 2.

2. **COSTÉER**, Qui est de même sang, issu de même race. Gl. *Costa* 2.

COSTEMENT, Coût, frais, dépens. Gl. *Constamentum* sous *Custus* 1, pag. 683³.

COSTENT, Certaine mesure. Gl. *Costerellum*.

° **COSTER**. Partonop. vers 3275 :

Tot li a fait le vis sainglent
Et as iols li coste forment.

Voyez *Couster*.

° **COSTEIR**. Chanson de Roland, stance 210, vers 1 :

Li empereur fait Rollant costéir.

Voyez le Glossaire.

COSTERÉ, Espèce de vaisseau ou hotte pour la vendange. Gl. *Costerellum*.

COSTEREAUX, Brigands, pillards. Gl. *Coterelli*.

COSTERET, Sorte de mesure de vin, ou d'autre liqueur. Gl. *Costerellum*.

COSTERIE. Voyez ci-après *Costre* 2.

COSTET, Manche ou bras d'une civière. Gl. *Costerium* 1.

1. **COSTIERE**, Côte maritime. Gl. *Costera*. [*Costière*, Chron. des ducs de Normandie, tom. 1, pag. 29, vers 1285.]

° 2. **COSTIERE**, Côté. Partonop. vers 10304 :

Les espondes furent d'ivorie
Et les costieres ensement.

° **COSTIZ**, Coteau. Chron. des ducs de Normandie, tom. 2, pag. 454, vers 28497 :

En un grant parc, les un costiz.

1. **COSTRE**, Coin. Gl. *Costris*.

2. **COSTRE**, Chantre, trésorier, dont l'office ou dignité se nommait *Costerie*. Gl. *Custodia* 9. [Partonop. vers 10766 :

Li costre i sonerent les sains.]

COSTUMEL, Redevance établie de temps immémorial. Gl. *Costumia* sous *Consuetudo* 4, pag. 525¹.

COTAGE, Terre roturière. Gl. *Cotagium* sous *Cota* 2.

COTAIGE. CENS COTAIGE, Surcens. Gl. *Census*.

COTE. GENS DE COTE, Ceux qui tiennent en *cotage* ou roture, à charge de cens, services et corvées. Gl. *Cotmanni* sous *Cota* 2.

COTE-HARDIE, Cotelle, Sorte de vêtement commun aux hommes et aux femmes. Gl. *Cotardia* et *Cotella* sous *Cota* 1, pag. 596² [et *Gonela* 2. Voyez Rayn. tom. 2, pag. 503², au mot *Cot.*]

COTELLETTE, Petite cotte, diminutif de *Cotelle*. Gl. *Cotella* sous *Cotta* 1, pag. 596².

1. **COTEREL,** Coteriau, Espèce de grand couteau, ou épée. Gl. *Costalarius* et *Coterelli*. [Fer de lance. Chastel. de Couci, vers 1258.]

° 2. **COTEREL,** Bandit, cottereau. Miracle de la sainte Vierge, Chron. des ducs de Normandie, tom. 3, pag. 524, vers 450 :

Ribauz, routier et coterel.
Gl. *Coterelli.*

COTERIE. Tenir en coterie, Posséder en roture, à charge de cens, services et corvées. Gl. *Coteria.*

COTHIDIAN, Ce qui est d'un usage journalier. Gl. *Cotidiana.*

COTIDIANNEMENT, Chaque jour. Gl. *Cotidie.*

COTIELLE, Cotte, sorte de vêtement commun aux hommes et aux femmes. Gl. *Cotella* sous *Cota* 1, pag. 596².

COTIER, Celui qui tient en *cotage* ou roture. Juge Cotier, Celui qui connait des délits commis dans les blés, vignes, etc. Gl. *Cotarius* sous *Cota* 2, et *Coterius*.

COTIN, Chaumière, cabane. Gl. *Cota* 2.

COTIR, Cogner, battre. Gl. *Costris.*

COTTE-HARDIE, Cottelle, Sorte de vêtement commun aux hommes et aux femmes. Gl. *Cotardia* et *Cotella* sous *Cota* 1, pag. 596². [*Cotte à armer, Cotte à plates,* pag. 596².]

COTTEREL, Espèce de grand couteau, ou épée. Gl. *Coterelli.*

COTTERIE, Roture. Gl. *Coteria.*

COTTIER, Cens cottier, Surcens. Gl. *Cotagius* sous *Cota* 2.

COTU, Qui a plusieurs coins ou angles. Gl. *Cotulosus.*

COUAGE, Sorte de droit sur les vaisseaux qui portent des marchandises. Gl. *Couagium.*

° **COVAINE.** Voyez *Covine.*

COUANE, Fiente, excrément. Gl. *Fronsatus.*

° **COVANT,** Covens, couvent, comme *Convent*, Accord, engagement. Gérard de Vienne, vers 1953 :

Por la bataille ke il ait en covant.

Flore et Blancefor, vers 2269 :

*U bien m'en prenge, u mal m'en viegne,
Ne lairai covens ne vous tiegne.*

Flore et Jeanne, pag. 16 : *Kar je li ai en couvent, si li tenrai.* Voyez Rayn. tom. 5, pag. 491², au mot *Convent*, et la Chron. des ducs de Normandie, tom. 1, pag. 460, vers 10972.

° **COUARTÉE,** Certaine mesure de terre. Gl. *Cartalata.*

COUARD, Lâche, poltron. Gl. *Caudatus.* [Voyez Rayn. tom. 2, pag. 420¹, au mot *Coart.*]

COUARDEMENT, Avec lâcheté, avec crainte. Gl. *Caudatus.*

COUARDER, Agir en lâche, se comporter en poltron. Gl. *Caudatus.* [Voyez *Coarder. Coardie, Cuardie*, Couardise. Chron. des ducs de Normandie, tom. 1, pag. 170, vers 2523. Chron. de Jordan Fantosme, vers 391, 1352, 1750. Chanson de Roland, stance 170, vers 14 ; stance 184, vers 11. Voyez Rayn. tom. 2, pag. 420¹, au mot *Coardia.*]

COUARLLIER, Tasse, gobelet, vase à boire. Gl. *Caillier.*

COUARZ, Certains serfs qui devaient un cens seigneurial. Gl. *Caudatus.*

COUBLE, p. e. Solive, ou sorte de filet. Gl. *Coble.*

COUBRER, Prendre, saisir, s'emparer. Gl. *Cobrare.* [Gérard de Vienne, vers 790 :

Per le nasel dou hiaume l'ait coubré.
Vers 2598 :

*Tout maintenant éust Rollan coubré
A ses deus poins, voiant tot le barné.*

Roman de Renart, tom. 2, pag. 160, vers 13883 :

Les denz jeta por la coubrer.
Voyez *Cobrer* et *Combrer.*

COUCHET, Présent en viande, vin, ou en argent, qu'un nouveau marié donnait à ses compagnons. Gl. *Cochetus* 3.

COUCUOL, Mari dont la femme est infidèle. Gl. *Cucullus* 2.

COUDÉE, Lien, ce qui sert à attacher ; d'où *Couder*, Lier, attacher : ou p. e. Poignée, autant que la main peut contenir. Gl. *Cubitare* 1.

COUDERC, Pâturage commun. Gl. *Coudercum.*

COUDIERE, La partie de l'habit qui couvre le coude. Gl. *Cubitale* 2.

COUDOULÉ, Petit caillou, en provençal. Gl. *Caulosus.*

° **COUDREIZ,** Bosquet de coudriers. Chron. des ducs de Normandie, tom. 1, pag. 38, vers 981 ; tom. 2, pag. 342, vers 25384.

COUDRIER, pour *Poudrier*, Plume pourrie et gâtée. Gl. *Coudreia.*

° **COUE** †. Gl. *Stertina.*

° **COUEIGNE,** Chignon. Roman de Renart, tom. 3, pag. 21, vers 20341 :

Et cele creste et cel coueigne.

° **COVENANCE,** Promesse ; *Covenancer*, Promettre. Chron. des ducs de Normandie.

° **COVENANT,** comme *Covant*, Accord, ce qui a été convenu, ce qui convient. Partonop. vers 1478 :

*Car ensi est li covenans
De moi à tos cels de m'onor.*

Gilote et Johane, Jubinal, tom. 2, pag. 38 :

Douz sire baroun, tenez covenant.
Belle Beatris, d'Audefroy :

Freire, vos aveis bien oït mon covenant.
Voyez Rayn. tom. 5, pag. 492¹, au mot *Convinent*, ci-après *Covenir*, et la Chron. des ducs de Normandie.

° **COVENIR,** Convenir, disposer. Agolant, vers 185 :

Sire, il covient sens, mesure et reson.
Chanson de Roland, stance 13, vers 13 :

Dient Franceis : Il nous i cuvent guarde.
Roman de Renart, tom. 1, pag. 9, vers 226 :

Par force le covint parler.
Pag. 26, vers 689 :

*Que il li covint par angoisse
Que le partuis derriere croisse.*

Chanson, Vackern. pag. 49 :

*Jai por poene ne por dolor
Ke il me covigne endureir.*
Belle Beatris, d'Audefroy :

*Car ne lairoie à moi touchier ne avenir
Nul home fors Hugon, s'il m'en loist*
[*covenir.*

Pastourelle de Jocelin de Bruges, Wackern. pag. 80 :

*Se n'i venissiée si tost
Mal me fust covenant.*

Gérard de Vienne, vers 3123 :

Que saveiz vos com li est convenant ?
Voyez Rayn. tom. 5, pag. 493¹, au mot *Convenir.*

° **COVENT.** Voyez *Covant.*

COUERS, Mari qui souffre et favorise les infidélités de sa femme. Gl. *Copaudus.*

° **COVERTORS,** Couverture de lit. Partonop. vers 1071 :

Bien est orlés li covertors.

Voyez Rayn. tom. 2, pag. 434¹, au mot *Cubertor*, ci-dessous *Couverteur* 2, et *Couvertoir.*

COUET, Espèce de bonnet. Gl. *Cahouetus.*

° **COVETER,** Coveteir, Convoiter, désirer. *Covetiez, Covetiise*, Convoitise. *Covetus*, Convoiteux. Chron. des ducs de Normandie, etc. Rayn. tom. 2, pag. 421², au mot *Cobeitar.*

COUETTE, Paillasse. Gl. *Cottum.*

COUFFOURT, Coufort, Sorte de bâton ferré, demi-glaive, javelot. Gl. *Gaverlotus.*

COUGOT, Cagot, sot. Gl. *Cugus.*

COUGOURDE, Couhourde †, Courge. Gl. *Cucurbita* 1.

COVIGNABLEMENT, A propos, à temps, convenablement. Gl. *Convenabilis.* [*Covenaulement*, Orell, pag. 293.]

COVIGNABLETÉ, Covignance, Convenance, conjoncture favorable. Gl. *Convenabilis.*

COUILLETTE. Couteau a couillettes. Gl. sous *Cultellus.*

COVINE, Etat, disposition d'une personne ou d'une chose, conspiration, projet. Gl. *Covina.* [Rapports, commerce secret. Partonop. vers 4815 :
*Et sevent jà tot le covine
Del vallet et de la roïne.*
Chron. des ducs de Normandie, tom. 1, pag. 344, vers 7508 :
*Tut lur covine et tot lur estre
Distrent au duc senz rien celer.*
Tom. 2, pag. 397, vers 26877 :
Od felons out felon covaine.

COULAT, Alose, à Bordeaux. Gl. *Alosa.*

COULDIER, La partie de l'habit qui couvre le coude. Gl. *Cubitale 2.*

° **COULE** †, Froc, habit de moine. Gl. *Cucullus* 1, pag. 643², et *Culla.* Voyez la Chron. des ducs de Normandie.

° **COULÉE.** Voyez *Colée.*

COULEICE, Coulisse, herse. Gl. *Collisa porta.*

1. **COULEIS,** Ce qui est à coulisse. Gl. *Colacius.* (Guill. Guiart, tom. 1, pag. 145, vers 3233 (3626) :
*Pont levéiz d'œuvre faitice
Et porte à barre couléice.*
Porte coulant. Gl. *Porta,* pag. 419².]

° 2. **COULEIS,** Certain mets. Chastel. de Couci, vers 8002 :
*Qu'il se paine efforciement
D'un couléis si atourner,
Que on n'i sache qu'amender,
De gelines et de chapons.*

COULETIER, Courtier. Gl. *Corratarius.*

COULIN, Mal lu pour *Tonliu,* Droit sur les denrées et marchandises. Gl. *Coulerum.*

COULIS, Inondation, débordement d'eaux. Gl. *Colare 2.*

COULLAGE, COULLAIGE, Présent en viande, vin, ou en argent, qu'un nouveau marié donnait à ses compagnons, pour qu'ils lui laissassent la liberté de coucher avec sa femme. Gl. *Culagium.*

1. **COULLART,** Machine de guerre qui jetait de grosses pierres. Gl. *Coulevrina.*

° 2. **COULLART.** Voyez *Coillut.*

° **COULLE** †. Gl. *Ramix* 1.

COULLETAIGE, Courtage, l'office ou le droit d'un courtier. Gl. *Corratagium.*

COULLETE. Couteau a coulete. Gl. sous *Cultellus.*

COULLIER, Lâche, poltron, sans cœur. Gl. *Caudatus.*

COULLU, Animal qui n'est pas coupé. Gl. *Coittum.*

COULOMBAGE. Bois a coulombage, Celui qui est propre à faire des poteaux et jambages de portes, qu'on appelait *Coulombes, Coulombis* et *Coulomeaux.* Gl. *Columba* 4.

° **COULON,** Pigeon, colombe. Rayn. tom. 2, pag. 439¹, au mot *Colomba.*

COULOT, Conduit par où l'eau s'écoule. Gl. *Colare 2.*

COULTRERIE, Office de *Coultre,* sacristain et clerc de paroisse. Gl. *Coulter.*

° **COUNISANCHE,** Flore et Jeanne, pag. 69. *Et cant il plot à Dieu ke sa fins vint, si or si bielle counisanche ke Dieu en oi une bielle ame.*

COUNTE, pour Comte. Gl. *Indentura.*

° **COUP** orbe, volant, aparant, machat, le roy. Gl. *Ictus.* Voyez Cos.

COUPAULE, Coupable. Gl. *Culpabilis.*

COUPAUT, Mari qui souffre et favorise les infidélités de sa femme. Gl. *Copaudus.*

° 1. **COUPE.** Faute. Chron. des ducs de Norm. tom. 2, pag. 402, vers 27049.

° 2. **COUPE...** Roi Guillaume, pag. 47 :
*Vaillant une coupe de voile
De nul moeble n'a retenu.*

COUPEL, Le haut d'un arbre, les branches. Gl. *Copa* 4.

COUPEREAU, Mari qui souffre et favorise les infidélités de sa femme. Gl. *Copaudus.*

COUPERON, COUPET, Cime, la partie la plus élevée d'une montagne. Gl. *Copa* 4.

COUPET, Chignon, partie du derrière du cou. Gl. *Cervix.*

° **COUPIERS,** Coupe, anse ? Flore et Blanceflor, vers 491 :
*Li coupiers ert ciers et vaillans,
D'escarboucles resplendissans...
D'or avoit d'eseure un oisel.*

COUPLEL, Couple, lien dont on couple les chiens. Gl. *Copula* 1.

COUPLER. Se coupler sur quelqu'un, Se jeter sur lui avec violence, l'embrasser pour le renverser. Gl. *Acouplare.*

1. **COUPLET,** Le haut de la tête. Gl. *Copa* 4.

2. **COUPLET,** Charnière. Gl. *Copula* 1.

COUPOIER, Blâmer, accuser d'une faute. Gl. *Inculpare.*

1. **COUPON,** Certaine mesure de grain. Gl. *Copponus.*

2. **COUPON,** Certaine quantité de quelque chose. Gl. *Copallus.*

COUPPAUT, Mari qui souffre et favorise les infidélités de sa femme. Gl. *Copaudus.*

1. **COUPPE,** Certaine mesure de terre. Gl. *Copata.*

° 2. **COUPPE,** Ciboire .Gl. *Coppa,* pag. 657².

COUPPEAU, Gâteau de miel. Gl. *Besana* 1.

COUPPERE, COUPPEREAU, Mari qui souffre et favorise les infidélités de sa femme. Gl. *Copaudus.*

COUPPIER, Coupeau, branchage. Gl. *Copellus* 2 [et *Cuparia.*]

COUPPLE, Lien qui tient deux choses jointes ensemble. Gl. *Copata* 1.

COUPPLES, Droit d'amarrage. Gl. *Copula* 1.

COUQUAGE, Couchage ; du verbe *Couquer,* pour Coucher. Gl. *Couquacium.*

COUQUIOL, Mari dont la femme est infidèle. Gl. *Cucullus* 1.

COURAGE, Dignité, rang, condition. Gl. *Coragium* 2.

COURAGEUX, Fier, hautain, orgueilleux. Gl. *Coragium* 2.

COURAIGE, Fâché, irrité, qui est en colère. Gl. *Coragium* 2.

COURANCE, Courant d'eau. Gl. *Corratorium.*

COURATIER, Courtier, celui qui se mêle de faire vendre les marchandises. Gl. *Corraterius.*

COURAU, p. e. Corail. Gl. *Correlhare.*

COURAUX, Vaisseaux légers. Gl. *Cursoriæ.*

COURBEIL, COURBET, Serpe. Gl. *Corba* 3.

COURCET, Sorte de coiffure de femmes. Gl. *Corcellus.*

COURCIERE, Petite cour entourée d'étables et autres bâtiments rustiques. Gl. *Courceria.*

COVRECIAUS, Vaisseau plat et étendu, couvercle, patène. Gl. *Patena.*

COURÉE, Intestins, entrailles, boyaux. Gl. *Corata.*

COUREGE, Courroie. Gl. *Corresseyria.*

COUREIER, Juge ordinaire d'un seigneur. Gl. *Correrarius.*

COURRERIE, Course de gens de guerre, incursion. Gl. *Corsa.*

COURGÉE, Ce que contiennent deux seaux qu'on porte ordinairement avec une courge. Gl. *Corgo.*

COURGNON, Espèce de nasse. Gl. *Bertavellus.*

COURLONGE, Droit de gîte. Gl. *Correum.*

COURON, Coin, encignure. Gl. *Coronnus.*

COURONNATION, Couronnement, la cérémonie de couronner un roi. Gl. *Corona,* pag. 574².

1. **COURONNE,** Tonsure des clercs ; d'où ils étaient appelés *couronnés.* Gl. *Corona.* [Lettre de Couronne, pag. 573¹. Voyez Rayn. tom. 2, pag. 488², au mot *Coronar* ; le Glossaire sur la Chron. des ducs de Normandie, au mot *Coronez.*]

2. **COURONNE,** Ornement de tête, com-

mun aux hommes et aux femmes. Gl. sous *Corona* 575³.

° 3. **COURONNE.** Escu a la couronne. Gl. *Moneta*, pag. 466², 469³, 470¹, 484¹, 484³. Voyez Rayn. tom. 2, pag. 488¹, au mot *Corona*.

COUROYE, Courant d'eau. Gl. *Corratorium*.

COURPE, pour Coup, mauvais traitement. Gl. *Culpa*.

COURRATAGE, Courtage, droit de courtier. Gl. *Corratagium*.

COURRATERIE, Office, charge de courtier. Gl. *Corrateria* 1.

° **COURRATIER**, Courtier. Gl. *Corraterius* et *Mercidius*.

COURRE, Câble, grosse corde. Gl. *Curreia*.

° **COURRE** de lance. Gl. *Lancea*.

° **COURREACIER** †, Courroucer. Gl. *Infendere*.

COURREIL, Verrou. Gl. *Corale* 1.

° **COURREOUR** †, Corroyeur. Gl. *Conreatores*.

COURRERIE, Course de gens de guerre, incursion. Gl. *Corsa*.

COURRESEUSEMENT, Avec colère. Gl. *Coragium* 2.

COURRETAGE, Courtage, droit de courtier. Gl. *Courretagium*.

1. **COURRIER**, Celui qui chante l'office divin. Gl. *Cursus* 1.

2. **COURRIER**, Juge ordinaire d'un seigneur. Gl. *Correrarius*.

COURROIE, Petit sac, bougette, portemanteau. Gl. *Corrigia* 3. [Voyez Rayn. tom. 2, pag. 528³, au mot *Coritja*.]

COURROIER, Ceinturier, celui qui fait et vend des *courroies* ou ceintures. Gl. *Coriarius* 2.

COURROIL, Verrou. Gl. *Corale* 1. [Voyez *Corre* 1.]

COURROUCER, Courroucier, Frapper, battre, maltraiter. Gl. *Coragium* 2.

° **COURRUGIER**, comme *Corrugier*.

COURS, Service de table. Gl. *Cursus* 9.

° **COURS.** Le cours, En courant. Chastel. de Couci, vers 1506 :

Que hiraut mainnent grant tintin.
Par rues vont criant le cours :
Or, sus, chevaliers, il est jours.

Guill. Guiart, tom. 2, pag. 136, vers 3489 (12471):

S'en va toute le cours fuiant.

Vers 3524 (12506) :

S'en vont entr'eus fuiant la course.

Voyez Rayn. tom. 2, pag. 489², au mot *Cors : Ma volontat s'en uay lo cors*.

COURSABLEMENT, Communément, assez ordinairement. Gl. *Cursorie* 2.

COURSEL, Tombereau, brouette. Gl. *Curellus* 1.

COURSIERE, Galerie, chemin des rondes. Gl. *Corsseria*. [Rayn. tom. 2, pag. 490¹, au mot *Corsieyra*.]

COURSSON, Cours de ventre. Gl. *Continuare* 2.

COURT, Juridition, ressort. Gl. *Curia* 4.

° **COURTCAILLET**, Instrument pour prendre les cailles. Gl. *Qualea*.

COURTE-HEUSE, Surnom de Robert, comte de Normandie, fils de Guillaume le Bâtard, à cause de sa taille grosse et courte. Gl. *Brevisocrea*.

° **COURTELLER** †, Jardinier. Gl. *Ortilio*.

COURTIBAULT, Vêtement d'église, sorte de dalmatique. Gl. *Curcinbaldus*.

COURTIL, Jardin potager, verger. Gl. *Curtile* sous *Cortis* 1, pag. 587¹.

COURTILAGE, Courtilaige, Courtillage, Jardin potager, verger, les fruits qui y croissent. Gl. *Cortilagium* sous *Cortis* 1, pag. 587².

COURTILLAGE, Celui qui cultive un *Courtil*, jardinier. Gl. *Curtilarius* sous *Cortis* 1.

1. **COURTILLIER**, Office monastique, celui qui est chargé du soin des *courtils* ou potagers, et de fournir les légumes nécessaires. Gl. *Curtilarius* sous *Cortis* 1, pag. 587³.

2. **COURTILLIER**, Celui qui tient en *courtillage*, ou à la charge de se trouver à la cour et aux assises de son seigneur. Gl. *Curtilarius* ou *Cortis* 1, pag. 587³.

COURTILLIÈRE, Jardin, potager ; ou Jardinière. Gl. *Ceparia* 2.

COURTOIS, Courtisan. Gl. *Corthesanus*.

° **COURTOISIE**, Don. Fabliau, Jubinal, tom. 1, pag. 175 :

Le chevalier du sien por Dieu li
[demandoit]
Aucune courtoisie, quar mestier
[en avoit.]

Voyez Gl. *Avantagium* 7, et ci-dessous *Druerie*.

COURTOISIEN, Seigneur de Courtray. Gl. *Cortisam* sous *Cortis* 1, pag. 588¹.

COURVAGE, Le droit d'exiger des corvées ; ou ce qu'on paye pour en être exempt. Gl. *Corvagium*, pag. 591¹.

1. **COURVÉE**, Certaine mesure des terres. Gl. *Corvata*.

2. **COURVÉE**, Sorte de jeu, ou de combat simulé. Gl. *Corvehia*.

COURVOISIER, Cordonnier qui emploie de vieux cuirs, dont le métier s'appelait *Courvoiserie*. Gl. *Corvesarii*.

° 1. **COUS**, Queux, cuisiniers. Chanson de Roland, stance 135, vers 11. Voyez Rayn. tom. 2, pag. 504², au mot *Coc*.

° 2. **COUS**, Cocu, cornard. Voyez Rayn. tom. 2, pag. 482², au mot *Coutz*.

° **COUSE**, *Touse ?* Guill. Guiart, tom. 1, p. 349, vers 8102 (8947) :

Du païs pris metent leur bonne,
Tout en ait douleur mainte couse,
A quatre lieues de Toulouse.

COUSEL. Tenir en cousel, Posséder en roture, à charge de cens, services et corvées. Gl. *Coteria*.

COUSIN Fraireur, Cousin germain. *Cousin en autre* ou *second*, Cousin issu de germain. *Cousin en tiers*, Cousin au troisième degré. Gl. *Cosinus*.

COUSINANMENT, Comme cousin, en parent. Gl. *Attinenter*.

COUSOIL. Dire a cousoil, En secret, à l'oreille. Gl. *Consilium* 1. [Voyez *Conseil.*]

COUSSER, Coite, matelas, lit de plume. Gl. *Cottum*.

COUSTAGE, Coustange, Coût, frais, dépens. Gl. *Costengia* et *Constangium* sous *Custus* 1, pag. 683³. [Voyez Rayn. tom. 2, pag. 500¹, au mot *Costatge*.]

COUSTANGÉ, Celui qui souffre des *cousts* et dépens extraordinaires. Gl. *Constangiatus*.

1. **COUSTE**, Coite, matelas, lit de plume. Gl. *Couta* 1. [Rayn. tom. 2, pag. 501², au mot *Cota*.]

° 2. **COUSTE**, Coude. Parton. v. 8541 :

A coustes, à genols aloit
Querant erbes dont il sopoit.

Voyez *Coute* 1.

° **COUSTEL** Bastart ou Bastardeau. Gl. *Bastardus*, pag. 597³. A clau, a croiz, a coulletes, a un mot, parpain, pragoys, plainpong, sarragocien, de tholose. Gl. *Cultellus*. Au plus près du *Coustel*, Certain jeu. Gl. *Cultellus*, pag. 651². Voyez Rayn. tom. 2, pag. 444¹, au mot *Coltelh*.

° **COUSTELIER**, comme *Coustiller*.

COUSTELESSE, Coutelas, poignard. Gl. *Coutelarius*.

COUSTELET, Petit couteau. Gl. *Cultellinus* 2.

1. **COUSTEMENT**, Coût, frais, dépens. Gl. *Coustamentum* sous *Custus* 1.

2. **COUSTEMENT**, Tout ce qui est nécessaire à l'entretien de quelque chose. Gl. *Constamentum* sous *Custus* 1, pag. 684¹.

COUSTENGIÉ, Celui qui souffre des *cousts* et dépens extraordinaires. Gl. *Constangiatus*.

° **COUSTENGUE**, Frais, dépense. Chastel. de Couci, vers 8081 :

I est la coustengue trop grande
De atourner telle viande ?

Voyez *Coustage*.

COUSTENTINOYS, Habitant du Cotantin. Gl. *Constantinus*.

COUSTEPOINTE, Une des façons de donner la question. Gl. *Coustepointarius* [et *Quæstio* 3.]

COUSTEPOINTIER, Faiseur de *Coustepointes*. Gl. *Coustepointarius*.

° **COUSTER**, Voyez *Coster*. Roman de Renart, tom. 2, pag. 261, vers 16064 :

*Quides me tu ainsi estordre
Par tes bordes et eschaper?
Certes je te ferai couster
En une manière ou en deus.*

COUSTERET, Sorte de mesure de vin. Gl. *Costerellum*.

COUSTEUR, Coutre, sacristain, clerc de paroisse, magister. Gl. *Costurarius*.

COUSTICIER, **COUSTIER**, Faiseur de *coustes* ou matelas et lits de plume; dont le métier s'appelait *Cousterie* et *Cousticerie*. Gl. *Couta* 1.

COUSTILLE, Coutelas, poignard. Gl. *Cultellus*.

COUSTILLER, **COUSTILLEUR**, **COUSTILLIER**, Gendarme qui portait pour arme principale une *Coustille*; Page d'un homme d'armes. Gl. *Cultellus*.

COUSTIVER, Cultiver. Gl. *Cultivare*.

COUSTUMABLE, Savant dans les coutumes. Gl. *Custumarius* sous *Consuetudo* 4, pag. 525³.

1. **COUSTUME**, Corps de métier. Gl. *Consuetudo* 1, pag. 523³.

2. **COUSTUME**. **CRIER COUSTUME**, Exiger une dette. Gl. *Consuetudo* 1, p. 523².

° 3. **COUSTUME**, Certain impôt. Gl. *Consuetudo* 4, pag. 524², et *Consuetudo comitis*. *Coustume fausse*. Gl. *Costuma falsa*, pag. 524³, et *Tolta* 1, pag. 1204.

COUSTUMÉ, Qui est dans l'usage commun. Gl. *Costumare* sous *Consuetudo* 4. [Rayn. tom. 2, pag. 502², au mot *Costumar*.]

COUSTUMÉEMENT, Selon la coutume et l'usage. Gl. *Consuenter*.

COUSTUMEMENT, Habitude, ce qu'on a coutume de faire. Gl. *Consuenter*.

COUSTUMENT, Coût, frais, dépens. Gl. *Custumentum* sous *Custus* 1, pag. 684¹.

COUSTUMERIE, Redevance établie de temps immémorial. Gl. *Costumia* sous *Consuetudo* 4, pag. 525¹.

1. **COUSTUMIER**, Savant dans les coutumes. Gl. *Coustumarius* sous *Consuetudo* 4, pag. 525³.

2. **COUSTUMIER**, Celui qui est chargé de maintenir les coutumes et usages d'un corps et d'une société. Gl. sous *Consuetudo* 1, pag. 523².

3. **COUSTUMIER**, Celui qui lève le droit appelé *Coustume*. Gl. *Coustumerius* sous *Consuetudo* 4, pag. 526¹.

4. **COUSTUMIER**, Roturier, qui est sujet au droit de *coustume*. Gl. *Coustumarius* sous *Consuetudo* 4, pag. 525³.

COUSTURERIE, Office de coutre ou clerc de paroisse. Gl. *Costurarius*.

1. **COUTE**, pour Coude et Coudée. Gl. *Cubitare*. [Guill. Guiart, tom. 1, pag. 109, vers 2309 (2700), 3792 (4204).]

2. **COUTE**, Coite, matelas, lit de plume. Gl. *Couta* 1. [et *Cottum*].

° 3. **COUTE**, **COUTTE**, Certain impôt. Gl. *Culcita*.

COUTELASSE, Coutelas, poignard. Gl. *Coutelarius*.

COUTELIERE, Étui à couteaux, gaine. Gl. *Coutelarius*.

° **COUTEMENT**, Frais. Gl. *Constamentum*, pag. 683³.

° **COUTIAU**, Terme de fauconnerie, la première penne de l'aile. Renart le Nouvel, tom. 5, pag. 199, vers 1892 :

*Un tel cop que il li depart
Jus les maistres coutiaux de l'ele.*

Voyez Gl. *Cultelli*, pag. 650³.

COUTILLE, Coutelas, poignard. Gl. *Cultellus*.

COUTIVER, Cultiver. Gl. *Cultivare*.

COUTOUFFLE, Bouteille. Gl. *Cowele*.

° **COUTRE (SE)**, Frapper. Guill. Guiart, tom. 2, pag. 368, vers 9564 (18545):

*Li garrot empené d'arain....
Quant entre Flamens se vont coutre.*

COUTURE, Lieu cultivé. Gl. *Cultura* 1.

COUVELSQUE, Couvercle. Gl. *Covercellum*. [Rayn. tom. 2, pag. 424², au mot *Cabresel*.]

COUVEN, Piquette, sorte de boisson. Gl. *Bibenda*.

COUVERT. EN COUVERT, En cachette. Gl. *Couvertum*.

1. **COUVERTEUR**, Couvercle. Gl. *Couvercla*.

2. **COUVERTEUR**, Couverture de lit. Gl. *Copertoria* 1. [*Couverte*. Rayn. tom. 2, pag. 424¹, aux mots *Cuberta* et *Cubertor*. Voyez *Covertors*.]

COUVERTIZ, Droit qu'on paye pour la permission d'étaler ses marchandises sous une halle couverte. Gl. *Cooperta* 2.

COUVERTOIR, Couverture de lit. Gl. *Copertoria* 1.

COUVET, Vent lâché sans bruit par derrière. Gl. *Couvetz*.

COUVETZ, p. e. Espèce de grain. Gl. *Couvetz*.

COUVICE. GELINE COUVICE, Poule qui couve. Gl. *Cubare ova*.

COUVIGNABLE, Convenable, qui vient à temps. Gl. *Convenabilis*.

COUVIN, Piquette, sorte de boisson. Gl. *Bibenda* [et *Vinum*, pag. 343³.]

COUVINE, État, disposition d'une personne ou d'une chose, conspiration, projet. Gl. *Covina*.

COUVRANCE, Acquisition. Gl. *Covrantia*.

COUVRECHEF, Ce qu'on met pour couvrir la tête. Gl. *Capitegium*.

COUVRECHIAS, Couvercle. Gl. *Couvercla*.

COUVRETOIR, Couverture de lit. Gl. *Copertoria* 1.

° **COUVRIR LE FIEF**. Gl. *Aperire* 1. HÉRITAGE COUVERT. Gl. *Vestire* 2.

COUX, **COUYOL**, Mari dont la femme est infidèle. Gl. *Cugus* [*Copaudus* et *Curuca* 2.]

COUYTE, Coite, matelas, lit de plume. Gl. *Couta* 1.

1. **COUZ**, Queux, pierre à aiguiser. Gl. *Cotella*.

2. **COUZ**, Mari dont la femme est infidèle. Gl. *Cugus*.

COYER, Attacher, joindre ensemble. Gl. *Coytare*.

COYE-VERITÉ, Jugement rendu sans enquête juridique et sans avoir entendu les défenses de l'accusé. Gl. *Veritas* 1.

COYFIER, Faiseur ou marchand de coiffes. Gl. *Coyfia*.

COYS, Droit sur les vaisseaux qui échouent à la côte, ou le droit d'ancrage et amarrage. Gl. *Pecetum*.

COYTAR, Dépêcher, en languedocien. Gl. *Coytare*.

COYVRE, Cuivre. Gl. *Covricum*.

COZINE, Dispute, querelle, contestation. Gl. *Cocinare* sous *Cocina*.

CRAANTER, Promettre, garantir, cautionner. Gl. *Creantare*. [Gérard de Vienne, pag. 173¹ :

Molt doucement li craante et otroie.]

CRABACER, **CRABASIER**, Renverser, détruire, abattre. Gl. *Crabota*. [Guill. Guiart, tom. 1, pag. 82, vers 1487 (1984), p. 94, vers 1888 (2292) ; tom. 2, pag. 246. vers 6378 (15353). Voyez Rayn. t. 2, p. 508³, au mot *Crebassar*.]

CRABE, **CRABOT**, Chèvre, chevreau. Gl. *Crabota*.

CRACHE, Étable, écurie. Gl. *Craccia*.

CRAEIRE, p. e. Le droit qu'on paye au seigneur pour la permission de tirer de la craie. Gl. *Craeria*.

CRAFFER, Écailler. Gl. *Cranare*.

CRAIER, Sorte de vaisseau de guerre. Gl. *Craiera*.

CRAMAIL, faute, pour TRAMAIL, Sorte de filet pour la pêche. Gl. *Crammale*.

CRAMELIÉ, Crémaillère. Gl. *Crammale*. [*Cramaillé* †. Gl. *Antipirgium*. *Cramillis* †. Gl. *Crammale*.]

CRAMIGNOLE, Espèce de bonnet ou toque. Gl. *Grammale*.

CRAMILLON, CRAMMIS †, Crémaillère. Gl. *Crammale*.

CRANEQUIN, Sorte d'arbalète, ainsi appelée de l'instrument dont on se servait pour la bander ; d'où *Cranequinier*, Celui qui portait cette arbalète. Gl. *Crenkinarii*.

CRANNER, Boucher les crans ou fentes de quelque chose. Gl. *Cranare*.

° **CRANPI**, Recourbé, cramponné a

corps. Roman de Renart, tom. 1, pag. 52, vers 1878 :

L'un pie cranpi et l'autre droit.

CRANT, CRANTEMENT, Promesse, garantie, cautionnement. Gl. *Creantum,* p. 608³.

CRAPAULT, Guichet, petite porte. Gl. *Crapaldus.*

CRAPIN, Criblure, le blé qui tombe du van, quand on le vanne. Gl. *Crapinum.*

CRAPOIS, Sorte de poisson de mer. Gl. *Craspiscis.*

CRAQUELIN, Pâtisserie fort sèche et cassante. Gl. *Composttarius.*

CRASSET, Lampe, vaisseau propre à faire brûler de l'huile ou de la graisse pour éclairer. Gl. *Crassa* 2. † *Lucubrum,* et † *Crucibulum.*

CRASSIER, Graissier, marchand de graisse, dont le commerce s'appelait *Crasserie*: Gl. *Crassarius.*

° **CRAST,** Il croit, il augmente. Gérard de Vienne, vers 3963 :

Hé riches rois, ke France as à bailier,
Poine te crast et mortelz enconbrier.

Voyez Orell, pag. 286.

CRASTIER †, Lampe, comme *Crasset.* G. *Crucibulum.*

CRASTIN, Lendemain. Gl. *Crastinum.*

CRASTINE, Lendemain d'une fête, où se tient une foire. Gl. *Crastina.*

° **CRAVANTE,** Gl. *Recredere,* pag. 59¹.

° **CRAVENTER,** Renverser. Gérard de Vienne, vers 1783 :

Ville, ne marche, ne tor, ne fermeté,
Ki à la terre ne soit jus craventé.

Voyez *Crabacer,* et Rayn. tom. 2, p. 508³, au mot *Crebantar. Cravanter.* Chron. des ducs de Normandie.

1. **CREABLE,** Croyable, digne de foi. Gl. *Credibtles viri.*

° 2. **CREABLE,** Croyant. Chron. des ducs de Normandie, tom. 1, pag. 427, vers 9984 :

A totes non créables genz
Ert de buens amonestemenz,
E d'atorner les à creance
Aveit ses quors grant esjoiance.

CREANCE, Crédit. Gl. *Creantia.* [*Credentia* 6, pag. 611³. Lettre de créance. Gl. *Creditivus* 2. Guill. Guiart, tom. 1, p. 48, vers 593 (1089) :

Mès n'ont pas ouvré à créance.

CREANT, Promesse, garantie, cautionnement. Gl. *Creantum,* pag. 608³. [Roman de Renart, tom. 8, pag. 155, vers 24031 :

Au roi dient ostages somes
Par Roouel contre toz homes.
Dist li rois : Bien estes créant.

Roi Guillaume, pag. 43 :

Tot son creant et tot son bien
Fist à cascun au mix qu'il pot.]

CREANTE, Consentement, agrément. Gl. *Creantatio.*

CREANTER, Promettre, garantir, cautionner. Gl. *Creantare,* pag. 608³. [Partonop. vers 273, 2821, 2881, 3743, 6622.]

CREANZ, Criblures. Gl. *Crapinum.*

CREAT, Esturgeon. Gl. *Creacus.* [Voyez Rayn. tom. 2, pag. 507¹, au mot *Creat.*]

CREAULE, Croyable, digne de foi. Gl. *Credibiles viri.*

CREBE, Crèche. Gl. *Craccia.*

CRECHE, Cruche. Gl. *Creche.*

1. **CREDENCE,** Croyance, confiance. Gl. *Credentia* 4. [Voyez Rayn. tom. 2, pag. 509², au mot *Credensa.*]

2. **CREDENCE.** TEMOIN DE CREDENCE, Celui qui dépose simplement qu'il croit que la chose est ainsi. Gl. *Credentes* 1.

CREDITEUR, Créancier. Gl. *Creditor.*

1. **CRÉER,** Sorte de vaisseau de guerre. Gl. *Craiera.*

° 2. **CRÉER,** Accorder, promettre. Gl. *Gratari.*

CRÉERRES, Créateur. Gl. *Creator.* [Voyez Rayn. tom. 2, pag. 506², au mot *Creaire.*]

CREFFE, Écaille, gale. Gl. *Cranare.*

CREIL, Claie. Gl. *Cleia.*

CREISTRE, Accroître, augmenter. Gl. *Crescere* 3.

CRELER VARGAIGNE, Passer un contrat, faire un marché, une convention. Gl. *Vargaigne.*

CREMAIL, Chèvre ou chevreau. Gl. *Cravatius.*

CREMER, Craindre, redouter, avoir peur. Gl. *Crematus.*

CREMEREUX, CREMETEUX, Timide, craintif, peureux. Gl. *Crematus.*

CREMETEUSEMENT, Avec crainte. Gl. *Crematus.*

° **CREMETILLEUX,** Redoutable. Guill. Guiart, tom. 1, pag. 43, vers 459 (955) ; tom. 2, pag. 101, vers 2590 (1567).

CREMEU, CREMU, Qui se fait craindre, qui est à appréhender. Gl. *Crematus.*

CREMEUR, Crainte, inquiétude. Gl. *Torta* 1. [*Cremor,* Gl. *Crematus.*]

° **CREMIE** †, *Pululatium.* Gl. *Pululatius.*

CREMILLIÉE, Crémaillère. Gl. *Cremale.*

CREMIR, Craindre, redouter. [Guill. Guiart, tom. 1, pag. 72, vers 1228 (1719) :

Roys que tous bons Crestiens aiment
Et que Turs et Sarrazins craiment.

Se cremoit, Partonop. vers 416. *Creibront, Craiîbreit, Crem, Cremoient, Cremuz, Crenst, Criem, Crieme, Crienge, Crienst, Cruent,* Chron. des ducs de Normandie. Rayn. tom. 2, pag. 514³, au mot *Cremer.*] D'où *Cremor,* Crainte. [*Creme, Cresme,*

Cremur, Chron. des ducs de Normandie.] Gl. *Crematus.*

CRENELLE, Sorte de vaisseau de guerre. Gl. *Craiera.*

CRENEQUIN, Sorte d'arbalète, ainsi appelée de l'instrument dont on se servait pour la bander ; d'où *Crennequinier,* Celui qui portait cette arbalète. Gl. *Crenkinarii.*

CRENQUENIER, Sergent, officier de justice. Gl. *Crenkinarii.*

CRENTER, Promettre, garantir, cautionner. Gl. *Creantiare.*

° **CRENU,** A crinière. Gérard de Vienne, vers 3283 :

Dix lues puet coure un destrier crenu.

Chronique des ducs de Normandie, tom. 2, pag. 219, vers 21814 ; tom. 1, pag. 184, vers 1488. Voyez Rayn. tom. 2, pag. 518², au mot *Crinut.*

CREPIN, Gaufre ou beignet ; d'où *Crépillon,* Repas où l'on mange de ces beignets ou gaufres. Gl. *Crespellæ.*

CREPON, Crépi, enduit de mortier qu'on met sur une muraille de moellon, etc. Gl. *Crepida.*

° **CREPON,** CRESPON, Croupe, croupion. Agolant, vers 428 :

Le chief torna là où out le crepon.

Ancien poëme, Fierabras, pag. 157³ :

Et li pristrent à batre le dos et le crepon.

Aubri, pag. 155⁴ :

Qu'il gilderunt si à foi sa maison
Que mes estranges n'i metra le crepon.

Roman de Renart, t. 1, p. 9, vers 221 :

Cil point l'asne sor l'aguillon
Par derriere sor le crespon.

Voyez Rayn. tom. 2, pag. 521¹, au mot *Cropa.*

CREQUIER, Prunier ou cerisier sauvage, qui croît dans les haies particulièrement en Picardie. Je crois qu'on ne sera pas fâché de me trouver ici ce qu'un héraut d'armes, qui vivait sous Henri VI, roi d'Angleterre, observe sur cet arbre dans son traité MS. de l'Office des herauts et poursuivants : *Créquiers sont arbres qui ont poy de feuilles et ont foison de picans, et en faist on volentiers cloture ; car ils croissent communément en hayes, et haye non poignans tant crains, que personne n'ose bonnement toucher à la haye qui en est faite ; et senefie que celuy qui premier les porta en armes estoit homme de pou de parolles, et d'oiresse et agu contre son ennemi, et de lui faisoit on volentiers une seure cloture de bataille, pour la crainte que avoient les ennemis partout où il estoit, pour les pointures et vaillances de luy, qu'il faisoit en batailles, et sa nature estoit d'estre toujours en deffense, comme la haye fait le jardin.* La maison de Créquy porte cet arbre pour armes.

CRESCHE, Étable, écurie. Gl. *Craccia.*

° **CRESMAL,** Espèce de bonnet qu'on mettait sur la tête des catéchumènes après leur baptême. Voyez Gl. *Chrismale,* pag. 318⁴. Chron. des ducs de Normandie, tom. 1, pag. 58, vers 1547 :

Aube out e en son chef cresmal.

Pag. 325, vers 6985, pag. 326, vers 7024.

CRESME, Juridiction ecclésiastique, son district. Gl. *Chrisma*.

CRESMEAU, CRESMIER, Vaisseau où l'on conserve le saint chrême ou les saintes huiles. Gl. *Chrisma*, pag. 317³.

CRESMELER, Oindre du saint chrême, confirmer. Gl. *Chrismare* sous *Chrisma*, pag. 318³.

° **CRESMIER**, Nom d'un arbre. Flore et Blancefior, vers 621 :

*Et d'autre part ot un cresmier
Et a senestre un balsamier...
Car de l'un basmes decouroit
Et de l'autre cresmes caoit.*

CRESPINIER, Ouvrier en crêpe. Gl. *Crespa*.

CRESPINOIS, Qui porte le nom de *Crespin*; ou qui a les cheveux frisés ; du verbe *Crespir*, friser. Gl. *Crispicapillus*.

CRESSEMENT, Taillis, ou plant de jeunes arbres. Gl. *Cressiamentum* [et *Incrementum* 1].

CRESSOL, Sorte de tombereau. Gl. *Cotus* 6.

CRESSONNIERE, Mare, amas d'eaux. Gl. *Cressonaria*.

CRESTE, Bois propre pour le comble d'une maison. Gl. *Cresta* 2.

CRESTEAU, CRESTIAU, Créneau. Gl. *Cresta* 3, et *Quarnellus*.

CRESTELÉ, Qui a des entailles en forme de dents. Gl. *Cresta* 3.

CRESTER, Peigner, dans le sens qu'on le dit populairement, pour Maltraiter. Gl. sous *Cresta* 2.

CRESTIENNEMENT, CRESTIENNETÉ, Baptême, cérémonies du baptême. Gl. sous *Christiani*, pag. 320³. (Crestiener, Baptiser. Gl. *Christianare*. Flore et Blancefl. v. 3801. Crestienté, Christianisme, religion chrétienne. Gl. *Christianare*. Partonop. v. 489 :

*Si mist pais et crestienté·
Par trestote sa poesté*.]

CRESTINE, Crue d'eau, débordement. Gl. *Cretina*.

CRESTON, Chevreau. Gl. *Cresto*.

CRETE, Terrain élevé ou inculte autour d'une maison de village. Gl. *Cresta* 2.

° **CRETEL**, Créneau, comme *Cresteau*. Flore et Blancefior, vers 1985 :

*De l'une part est clos de mur...
Et dessus, encontre un cretel
Par devers destre, un oisel.*

CRETINE, Crue d'eau, débordement, inondation. Gl. *Cretina*. [Guill. Guiart, tom. 1, pag. 143, vers 3169 (3581).]

CRETON, Sorte de mets fait de graisse de porc hachée par petits morceaux et frite. Gl. *Cremium*.

CRETU, Bâton ou arme offensive qui a des entailles en forme de dents. Gl. *Cresta* 3.

CRETURE, Crue d'eau, débordement, inondation. Gl. *Cretina*.

° **CREVACE**, Maladie des chevaux. Gl. *Crepatiæ*.

° **CREVE**. Gl. *Marca*, pag. 268³.

CREVELLIERE, pour CERVELLIERE, Armure de tête. Gl. *Cervelleria* 1, *Gorgale* et *Plata* 1.

CREVEQUINERS, pour CRENEQUINIERS. Gl. *Crenkinarii*.

° **CREVER**. *L'aube est crevée*. Voyez Rayn. tom. 2, pag. 508², au mot *Crebei*, Grimm Mythol. German. pag. 431.

CREVISSE, pour ESCREVISSE, Espèce d'armure, cuirasse. Gl. *Cancer* 4.

° **CRÉUMENT**, Cruellement. Chron. des ducs de Normandie, tom. 1, pag. 549, vers 13584.

CREUSEQUIN, Coupe, gobelet, vaisseau à boire, ou à autre usage. Gl. *Crusellus* 1.

CREUSEUL, Espèce de lampe. Gl. *Lucibrum*.

CREUTE, Habitation creusée sous terre, maison souterraine. Gl. *Cruta*.

1. **CRIAGE**, Cri, publication. Gl. *Crida* 1.

2. **CRIAGE**, Office de crieur public, ou de celui qui annonce quelque chose. Gl. *Cridatio*.

3. **CRIAGE**, Le droit dû pour le cri ou publication du vin à vendre en détail. Gl. *Criagium* 1 et *Cridagium*, pag. 619².

° **CRIAL**, Cruel. Chron. des ducs de Normandie, tom. 1, pag. 24, vers 620.

° **CRIBUNEL**, Haut de la tête. Roman de Renart, tom. 3, pag. 25, vers 20451 :

Puis le prent par le cribunel.

CRIDE, Cri, publication. Gl. *Crida* 1.

CRIÉE, Indice, marque. Gl. *Crieia*.

CRIEN, Le droit de celui qui voiture la dîme à la grange du décimateur. Gl. *Crientia*.

CRIEOUR, CRIERRES, Crieur public. Gl. *Campiones*, pag. 64³, et *Cridatio*. [Crieur de vin. Gl. *Præco*, pag. 454¹. Rayn. t. 2, pag. 517¹, au mot *Cridaire*.]

° 1. **CRIER**, Créer, CRIERES, CRIERRES, Créateur. Chron. des ducs de Normandie.

° 2. **CRIER**. Voyez *Coustume* 2. Rayn. tom. 2, pag. 516¹, au mot *Cridar*.

CRIESME, Crime. Gl. *Criminalitas*.

° **CRIET**, Creve. Partonop. vers 8414 :

Mais male goute lor criet l'oel.

CRIMINEL, Malheureux, funeste. Gl. *Criminalitas*.

CRINCHON, Barbe, long poil qui est au bout des épis. Gl. *Crientia*.

CRINE, Crinière, chevelure. Gl. *Crines*. [*Crigne*. Gl. *Galo* 1. Flore et Blancefl. vers 735 :

Sa crigne, son cief, son visage.

Crignel, Chanson de Roland, stance 204, vers 15 :

Trait ses crignels pleines ses mains [amsdous.

Crignete, Crinière. Chanson de Roland, stance 113, vers 8 :

Blanche la cue e la crignete jalne.

Voyez Rayn. tom. 2, pag. 518¹, au mot *Crin*.]

° **CRIOREL**,... Partonop. vers 10117 :

*A lor menues bareteles
Rentendoient ces damoiseles,
De guimples et de crioreaus
De ridoires et de freseaus.*

CRIQUE, Petit port sans art, ou baie. Gl. *Creca*.

CRIQUET, Bâton qui sert de but au jeu de boule. Gl. *Crieia*.

CRISTALLIER, Ouvrier en cristaux. Gl. *Cristallum* [et *Perreator*.]

CROAVÉE, Corvée, servitude corporelle. Gl. *Corvagium*.

CROB, Cachot, cul de basse fosse. Gl. *Scroba*.

CROC, Instrument pour bander une arbalète. Gl. *Crocaretus*. [Rayn. tom. 2, pag. 519², au mot *Croc*.]

1. **CROCHE**, Crochet ou courson : c'est la branche de vigne taillée et raccourcie à trois ou quatre yeux. Gl. *Crocha*. [Crocher. Gl. *Uncire*].

2. **CROCHA**, Certaine mesure de sel. Gl. *Crocha*.

CROCHERE, Joug, morceau de bois courbé où l'on attelle les bœufs. Gl. *Crocha*.

1. **CROCHET**, Sorte d'échasse. Gl. *Crochetum*.

2. **CROCHET**, p. e. Recette d'un droit ou impôt. Gl. *Croceum*.

CROCHETEUR, Voleur, larron qui crochette les portes. Gl. *Crochetum*.

CROÇON, Croix de par Dieu, alphabet. Gl. *Crosetta*.

CROEZ, Espèce de jeu. Gl. *Croiseta*.

CROICEFIZ, Crucifix. Gl. *Crucifixum*.

1. **CROICHET**, Sorte de jeu et de danse où l'on accroche les jambes les unes dans les autres. Gl. *Crochetum*.

2. **CROICHET**, Bâton qui tient ferme une charrette. Gl. *Crochetum*.

CROICIR, Augmenter, accroître. Gl. *Crescere* 3.

CROIL, Verrou. Gl. *Corale* 1.

CROILLE, Fourchette de cuisine. Gl. *Creaga*.

CROIRE, Vendre à crédit. Gl. *Credere* 1.

° **CROIS DU FRONT**. Gérard de Vienne, pag. 162² :

*Gerard en flert parmi la crois dou fron,
Si li sanglante la bouche et le menton.*

CROISADE, Pénitence monastique, l'action de tenir les bras en croix. Gl. sous *Crux*, pag. 635².

CROISAIGE, Contribution qu'on paye à l'ennemi par convention faite avec lui. Gl. *Crosatus.*

° **CROISANT,** Croissant. Partonop. vers 855 :

*Soleil et lune, et ans et jors,
Et les croisains et les décors.*

CROISBET, L'action de hausser à quelqu'un le menton, en le lui faisant branler et claquer les dents; ce qui est une marque de mépris. Gl. *Barba* 1, pag. 568¹.

CROISÉE, Croisade. Gl. *Crosata.* [Voyez Rayn. tom. 2, pag. 522³ au mot *Crozada.*]

CROISEMENT, CROISERIE, Croisade, l'action de se croiser et de s'engager à faire le voyage de la terre sainte pour combattre les infidèles. Gl. sous *Crux*, p. 638¹ 637³. [Rayn. tom. 2, pag. 523¹, au mot *Crozamen.*]

CROISETTE, Sorte de jeu. Gl. *Croiseta.*

1. **CROISIE,** Ce qui partage quelque chose en croix, ou qui est fait en forme de croix. Gl. *Croiseta.*

2. **CROISIE,** Croisade. Gl. *Crosata.*

CROISIEU, Lampe de veille, ainsi nommée à cause de sa forme. Gl. *Crucibulum.*

CROISILLE, Petite croix plantée sur les chemins. Gl. *Crucilia.*

CROISON, Ce qui est en forme de croix. Gl. *Croissta.*

CROISSEL, Lampe de veille, ainsi nommée à cause de sa forme. Gl. *Crucibulum.*

° **CROISSER,** Chasser la balle. Gl. *Crossare.*

CROISSIR, Craquer, le bruit que fait un vaisseau qui donne contre un écueil. Gl. *Cruscire.* [Roi Guillaume, p. 131. Voyez *Bordonner. Cruisir*, Faire du bruit, résonner. Chanson de Roland, stance 168, vers 6 ; st. 169, v. 2 ; st. 170, v. 3 ; st. 181, v. 16 ; st. 255, v. 5. *Croissir*, Casser, rompre. Garin le Loher. tom. 1, pag. 4, 14, 69. Gérard de Vienne, vers 872. Roman de Renart, tom. 2, pag. 274, vers 17024 ; pag. 288, vers 17418. *Croisir*, Partonop. vers 2186, 2999, 3018, 8060, 8313, 9732. Voyez Rayn. tom. 2, pag. 524¹, au mot *Crucir*, et la Chron. des ducs de Normand. S'accoupler. Roman de Renart, t. 1, p. 19, vers 500 ; pag. 23, vers 601, et souvent.

CROIST, Augmentation, croissance. Gl. *Cressementum.*

CROISTRE, Craquer, comme fait un arbre prêt à tomber. Gl. *Cruscire.*

CROISUEL, Lampe de veille, ainsi nommée à cause de sa forme. Gl. *Crucibulum.*

1. **CROIX,** Procession de l'église, à cause des croix qu'on y porte. Gl. sous *Crux*, pag. 635³.

2. **CROIX,** Manche, poignée, dont une partie est en forme de croix. Gl. *Croiseta.*

3. **CROIX,** Sorte de jeu. Gl. *Croiseta.*

4. **CROIX** NOIRES, Le jour de Saint-Marc, ainsi appelé des processions qu'on a coutume d'y faire, et des habits noirs dont se vêtaient en signe de pénitence ceux qui y assistaient. Gl. sous *Crux.*

° 5. **CROIX.** Gl. *Moneta*, pag. 472¹. *Crois partie*, De deux couleurs. Gl. *Crux*, pag. 637³.

° 6. **CROIX** DE CENS. Gl. *Census*, pag. 258². Partonop. vers 4022 :

Et promet lui de rentes crois.

Vers 5309 :

Qui vos doura de rentes crois.

1. **CROIZ,** BAILLER A CROIZ, Donner du bétail à la charge d'en avoir ou d'en partager le produit ou l'augmentation. Gl. *Crescentia* 3.

2. **CROIZ,** Vent qui sort du corps par derrière avec bruit. Gl. *Cruscire.*

CROLLE, CROLLEYS, Secousse, tremblement. [Plaît Renart de Dammartin, Jubinal, tom. 2, pag. 24 :

*C'est tout par vostre crolle et par vostre
[hochier.]*

D'où *Croler* et *Croller*, Remuer, secouer, trembler. Gl. *Grollare.* [Gérard de Vienne, vers 945 :

Gerars l'oït, si ait le chief crolley.

Roi Guillaume, pag. 83 :

Or estoit si vix et crollans.

Roman de Renart, tom. 3, pag. 120, vers 28041. Chronique des ducs de Normandie, Rayn. tom. 2, pag. 520¹, au mot *Crollar.*]

CROLLER, Murmurer, chanter à voix basse. Gl. *Grollare.*

CROMBE, La même chose peut être que *Crampe*, Espèce de goutte, ou engourdissement des muscles et des nerfs ; celui qui est attaqué de cette maladie. Il se trouve encore dans un autre sens ; mais qui m'est inconnu. Gl. *Crampa.*

CRONISER, Écrire l'histoire selon l'ordre des temps ; ou noter ce qui mérite d'être remarqué. Gl. *Chronicans* [et *Historiare* 1].

CROPET, Trapu, homme fort gras et de petite taille. Gl. *Cropa.*

CROPIE, Espèce de filet pour la chasse, et le temps où les lièvres et autres animaux vont le soir au gagnage. Gl. *Cruppa.*

CROQUE, CROQUEBOIS, CROQUEPOIS, CROQUET, Bâton armé d'un croc, ou qui est recourbé. Gl. *Croqum.*

CROQUIER, Faire le crochet, donner le croc en jambe. Gl. *Hancha.* [Se *croker sur le nés*, Roman de Renart, tom. 4, pag. 15, vers 400.]

CROS, Creux, fossé. Gl. *Crosus* 1. [Rayn. tom. 2, pag. 521², au mot *Cros.*]

CROSLER. Remuer, branler, trembler. Gl. *Grollare.*

° **CROSSE,** Bâton pour chasser la balle. Gl. *Crossare.*

CROSSER, Courber, plier. Gl. *Crossare.*

° **CROSTER,** Couvrir de croûtes. Chron. des ducs de Normandie, tom. 1, pag 142, vers 1728 :

*Dunc vint l'iver od ses glaçons
Od ses niefs e od ses gelées
Qui les terres ont si crostées.*

1. **CROT,** Creux, fossé. Gl. *Crotum.*

° 2. **CROT,** Est accroupi ? Roman de Renart, tom. 3, pag. 134, vers 23447 :

*Si a véu trestot debot
Renart qui seur un angle crot.*

1. **CROTE,** Grotte, caverne. Gl. *Crota* 2. [Souterrain. Garin le Loher. tom. 1, pag. 104 :

Lez une croûte de vielle antiquité.

Gérard de Vienne, vers 3467. Voyez Rayn. tom. 2, pag. 521², au mot *Crota. Crute*, Chanson de Roland, st. 188, vers 11.]

2. **CROTE,** Cave, cellier. Gl. *Crota* 3.

CROTÉ, SOUPPE CROTÉE, Espèce de potage ou ragoût. Gl. *Crotalus.*

CROTON, Cachot, cul de basse fosse. Gl. *Scroba.*

CROUCIT, Bâton ou perche armée par le bout d'un croc de fer. Gl. *Contassare.*

CROUÉE, Terre cultivée et enfermée de murs ou de haies, clos, et p. e. pour *Corvée.* Gl. *Croada* 2, pag. 623¹, et *Croutura.*

CROUFTE, Clos. Gl. *Croftum.*

° **CROVIERE,** ..... Partonop. vers 10587 :

*Cascuns oiseaus, nes la cruière,
Fait cant u crie en sa manière.*

CROULE, Secousse, tremblement. Gl. *Grollare.*

CROULER, Se remuer, se mouvoir. Gl. *Grollare.*

CROUPIE, Espèce de filet pour la chasse, et le temps où les lièvres et autres animaux vont le soir au gagnage. Gl. *Cruppa.*

° **CROUPIERE,** Couverture de fer ou de drap qui protège la partie de derrière du cheval. Partonop. vers 2085, 6785, 7711, 9642. Chastel. de Couci, vers 1201. Voyez *Colière.*

CROUPTE, Chapelle souterraine. Gl. *Crypta.*

1. **CROUSTE,** Grotte, caverne. Gl. *Crota* 2.

2. **CROUSTE,** Voûte. Gl. *Crota* 3.

3. **CROUSTE,** Mare, creux rempli d'eau. Gl. *Crusta* 2.

CROUTEILLE, Espèce de gâteau. Gl. *Cripiscula.* -

1. **CROYER,** Créer. Gl. *Creare* 1.

2. **CROYER,** Sorte de vaisseau de guerre. Gl. *Craiera* 1.

CROZAT, Sorte de monnaie marquée à une croix. Gl. *Crosatus 2.*

CRUCET, Lampe de veille, ainsi nommée à cause de sa forme. Gl. *Crucibulum.*

CRUCHON, Sorte de redevance ou droit, impôt. Gl. *Crusellus 2.*

° **CRUCIER,** Torturer. CRUCIEMENT, Tourment. Chron. des ducs de Normandie. Rayn. tom. 2, pag. 523³, au mot *Cruciar.*

CRUDELITÉ, Cruauté, férocité. Gl. *Crudellus.*

CRUEL, Redoutable, terrible. Gl. sous *Crudellus.*

CRUELTÉ, Cruauté. Gl. *Culverta.* [Rayn. tom. 2, pag. 525¹, au mot *Cruzeltat.*]

CRUEUSEMENT, Cruellement, outrageusement. Gl. sous *Crudellus.*

CRUGEON, Cruchon, petite cruche. Gl. *Cruga.*

° **CRUISEL,** CROISEL, Creuset. Rayn. tom. 2, pag. 524¹, au mot *Cruol.*

CRULURE, Criblure, le menu grain qui reste après que le blé a été vanné et nettoyé. Gl. *Crapinum.*

CRUPPÉE, Une volée de coups de bâton. Gl. *Crupa 1.*

CRUSSET †, Lampe de veille, ainsi nommée à cause de sa forme. Gl. *Crucibulum.*

CRUYE, Cruche. Gl. *Cruga.*

° **CRUYERE,** Cruelle. Voyez Roquef. à ce mot.

CRUYSE, Têt, morceau de pot cassé. Gl. *Cruga.*

° **CRUZ,** Croix. Chronique des ducs de Normandie.

CRY, Le droit de faire des proclamations publiques. Gl. *Cridatio.*

CRYE, Crieur public, celui qui annonce quelque chose. Gl. *Cridatio.*

° **CUARDIE,** Couardise. Chronique des ducs de Normandie.

CUAULDRE, Recueillir, faire la récolte. Gl. *Collecta 9.*

CUBARIE, Cellier, lieu où l'on met les cuves. Gl. *Cuba 5.*

CUBEL, Petit tonneau ou vaisseau pour mettre du vin. Gl. *Cubellus.*

° **CUCÉ,** Caché. Chronique des ducs de Normandie, tom. 2, pag. 50, vers 16797 :

Repost e cucé e mucié.

Voyez *Culcer* et *Cuter.*

CUCHON, Mulon, tas de foin. Gl. *Cucho.*

CUCU, Coucou, oiseau. Gl. *Cugus.* [Roman de Renart, tom. 4, pag. 9.]

CUCUAULT, Mari dont la femme est infidèle. Gl. *Cucullus 1.*

CUCUSER, Débaucher la femme ou la maîtresse d'autrui. Gl. *Cucusare.*

CUDE, pour CRIDE, Crieur public. Gl. *Cridatio.*

1. **CUEILLETE,** Récolte, moisson. Gl. *Collecta 9.*

2. **CUEILLETE,** Taille, toute espèce d'imposition. Gl. *Collecta 1.*

CUEILLETEUR, Collecteur, celui qui lève la taille ou une imposition. Gl. *Collectarius 2.* [Rayn. tom. 2, pag. 534¹, au mot *Culhidor.*]

CUEIRIER, Échevin ou juge des causes civiles. Gl. *Chora.*

CUELIEUR, Receveur d'un droit ou péage. Gl. *Collectarius 2.*

CUELLÉE, Assemblée tumultueuse, sédition. Gl. *Collecta 4.*

CUENS, Comte, dignité. Gl. sous *Comes 2. Cuens Palais,* pag. 429³. [Rayn. tom. 2, pag. 534¹, au mot *Coms.*]

° **CUER,** Cœur. *Cuers du roi,* expression de tendresse. Roman de Renart, tom. 3, pag. 28, vers 20503 :

Si li a dit : filz cuers de roi.

Sor cuer, Inquiet. Partonop. vers 169 :

En duel, en poverte, en deshet,
Sor cuer tos jors et en aguet.

De cuer, Volontairement. Flore et Blanceflor, vers 775 :

Par diu, qui de cuer veut morir,
Ne li pues pas longes guencir.

Voyez Gl. *Profari.* Rayn. tom. 2, pag. 474¹, au mot *Cor. Cuer tenir,* Soutenir, donner de la force. Roman de Renart, tom. 3, pag. 62, vers 21448 :

Cest dur aurez à vostre part,
Que il est bon à cuer tenir.

CUERE, Juridiction des échevins ou juges des causes civiles. Gl. *Chora.*

° **CUERER.** Voyez *Acuerer.*

CUERFRERE, Homme soumis à la juridiction des *Cueriers.* Gl. *Chora.*

CUERIER, Échevin ou juge des causes civiles. Gl. *Chora.*

CUERSEUR, Femme soumise à la juridiction des *Cueriers.* Gl. *Chora.*

CUETTE, Coude. Gl. *Cubitale 2.*

° **CUEVRE,** Carquois. Roman de Cléomades, Chron. des ducs de Normandie, tom. 2, pag. 450² :

Et un cuevre plain de quarriaus.

CUEVREFEU, Couvre-feu, signal de retraite. Gl. *Ignitegium,* pag. 292².

CUERIER, Chantre, celui qui tient le chœur. Gl. *Chorarii.*

CUEUX, Queux, pierre à aiguiser. Gl. *Cotella.*

CUEZ, Queux, cuisinier. Gl. *Coquus.*

CUFFERE, La cérémonie ou le festin des relevailles. Gl. *Gesina 1.*

CUFFET, Coiffe, couverture de tête. Gl. *Cuffa.*

CUGNET, Coin ou pièce de terre terminée en pointe. Gl. *Cugnus 2.*

CUGNIETE, Petite cognée. Gl. *Cugnieta.*

CUI, pour A qui, auquel. Gl. *Nabilis* et *Orgeria.* [Orell, pag. 60, 62.]

° **CUIEMEZ.** Gl. *Caput Mansi.*

° **CUIDER,** Penser, croire, redouter. Voyez Orell, pag. 125, Rayn. tom. 2, pag. 430¹, au mot *Cuidar.*

CUIDIAUS, Instrument propre à la pêche. Gl. *Cudens.*

CUIGNAT, CUIGNATE, Beau-frère, belle-sœur. Gl. *Cognatus.*

1. **CUIGNET,** Sorte de gâteau à plusieurs angles. Gl. *Cuneus 3.*

2. **CUIGNET,** Pointe, coin, angle. Gl. *Cugnus 2.*

CUIGNETE, Petite cognée. Gl. *Cugnieta.*

CUILLIE, Récolte, moisson. Gl. *Collecta 9.*

° **CUILVERT,** Vilain, traître, lâche. Voyez *Culvert.*

CUIRE, p. e. pour CUITE, Coudée, mesure. Gl. *Cubitus.*

CUIRÉE, Chasse de loup. Gl. *Cuirena.*

CUIRET, Peau dont la laine a été tondue, mais qui n'est point passée à la mégie. Gl. *Cuirena.*

CUIREUR, Ouvrier qui couvre de cuir les selles. Gl. *Cuirena.*

CUIRIE, Colletin, pourpoint sans manches. Gl. *Cuirena* [et *Quirée*].

° **CUIRIEE,** comme *Corroie 2.* Roman de Renart, tom. 3, pag. 157, vers 24077.

CUIRIER, Couvrir de cuir, et même d'autre chose. Gl. *Cuirena.*

CUISAGE, Cuisson. Gl. *Cuechum.*

CUISIAUX, Cuissard, l'armure des cuisses. Gl. *Cuissetus.*

CUISINE, Mets apprêté à la cuisine. Gl. *Coquina.* [Cuisiner †. Gl. *Fulina.* Cuisinerie †. Gl. *Coquinaria.*]

CUISSEL †, CUISSERE, Cuissard. Gl. *Corale 3,* et *Coxale.* [Cuissière †. Gl. *Femoralia.*]

CUISSETE, Ce qui couvre la cuisse de l'animal. Gl. *Cuissetus.*

CUISSEUX, Les côtés de la selle où posent les cuisses du cavalier. Gl. *Cuissetus.*

° **CUISSON.** Guill. Guiart, tom. 2, pag. 241, vers 6248 (15228) :

Ou François par mésaventure
Recurent si male cuisson.

CUISSOTZ, Cuissard, l'armure des cuisses. Gl. *Cuissetus.*

° **CUITAINNE,** comme *Quintaine.* Chansons histor., le Roux de Lincy, tom. 1, pag. 149 :

Savaris de Malicon
Boens chivaliers à cuitainne.

° **CUITES**, Tranquille, acquitté, absolu. Roi Guillaume, pag. 48, 65, 82, 83, etc. Partonop. vers 7840 :

Si m'en aurés à cevalier
Vostre cuite tot ligement
A trestot cest tornoiement.

(Voyez Gl. *Quietus*.) *Cuitement*. Roi Guillaume, pag. 130. *Cuitée*, Tranquillité, Chron. des ducs de Normandie.

CUIVERT, Homme de condition serve, infâme, perfide. Gl. *Culverta*.

CUL, Poignée, manche. Gl. *Culata*.

CULAIGE, Présent en viande, vin, ou en argent, qu'un nouveau marié donnait le jour de ses noces à ses compagnons, pour qu'ils le laissassent coucher avec sa femme. Gl. *Culagium*.

° **CULCER**, CULCHER, Coucher. Chanson de Roland, Chronique des ducs de Normandie.

CULDÉES, Moines, ceux qui sont consacrés au culte ou service de Dieu. Gl. *Colidei*.

CULÉ, Chaton. Gl. *Culea*.

° **CULETER** †. Gl. *Clunagitare*.

CULEVRINE, Couleuvrine. Gl. *Colubrina*.

° **CULIERE**, Voyez *Coliere*. Partonop. vers 7718. Chastel. de Couci, vers 1059. Gl. † *Postella* 1.

CULLAGE, Droit prétendu par les seigneurs sur les nouvelles mariées la première nuit de leurs noces. Gl. *Marcheta* [*Culagium*, et *Collecta* 1.]

CULLET, Espèce de drap ou de peau. Gl. *Cullicolum*.

CULLIR, Cueillir, lever la taille ou un impôt. Gl. *Culitia*.

CULLOT, Espèce de chien. Gl. sous *Canis* 1.

CULOT, Sorte de bourse. Gl. *Cullicolum*.

CULTE, Coite, matelas, lit de plume. Gl. *Culta*.

CULTIS, Courtil, jardin potager, verger. Gl. *Cultillus*.

CULTIVAGE, Labourage, culture des terres. Gl. *Cultivare*.

CULTIVEMENT, CULTIVEURE †, Le culte qu'on rend à Dieu ou aux saints. Gl. *Cultura* 2, et *Latria* 1. [Rayn. tom. 2, pag. 443², au mot *Coltivament*.]

CULVERT, Infâme, perfide, traître. Gl. *Culverta*. [Rayn. tom. 2, pag. 529², au mot *Culvert*, Chronique des ducs de Normandie.]

° **CULVERTAGE**, Asservissement, esclavage. Partonop. vers 230. Chron. des ducs de Normandie, tom. 2, pag. 47, vers 16706. Voyez *Cuvertise*.

CUMBEL, Vallon. Gl. *Cumbala*.

CUNARDIR, Entreprendre, se charger de l'exécution de quelque chose. Gl. *Cunitilare*.

CUNCHIÉ, CUNCIÉ, Souillé, gâté. Gl. *Concagatus*.

CUNTRAT, Estropié, contrefait. Gl. *Contractoria domus* [et *Farsia*].

° **CUOP**, comme *Coux*. Gl. *Willot*.

° **CUOULE**, comme *Coule*. Chron. des ducs de Normandie.

° **CUPÉE**, ALOE CUPÉE ou COUPÉE, Espèce d'oiseau. Chron. des ducs de Normandie, tom. 2, pag. 133, vers 19241 :

Par les plains chante la cupée.

Pag. 559, vers 31314 :

Kar ainz que seit clers li matins
Ne que chant l'aloe cupée.

Manuscrit de Tours *Coupée*.

CUQUELIN, p. e. Certain poids ou mesure. Gl. *Coket* 1.

CURACHE, Cuirasse. Gl. *Curacia*.

° **CURAILLE**, Exilé. Chron. des ducs de Normandie, tom. 1, pag. 405, vers 9340 :

Veuz mielz vivre d'autrui quartier
Huniz, eschar, d'autres curaille.

Pag. 515, vers 12553 :

Cum devez mais estre curaille
Sor acre terre qui rien vaille.

Voyez *Coraille*.

CURALIER, Broussailles. Gl. *Curalha*.

CURATERESSE, Curatrice. Gl. *Curatela*.

CURATERIE, Curatelle. Gl. *Curatela*.

1. **CURATIER**, Tanneur, cordonnier, cureur de puits. Gl. *Curaterius* 1.

2. **CURATIER**, Courtier. Gl. *Curaterius* 2 [et *Corraterius*].

3. **CURATIER**, Curateur, celui qui a soin des biens d'un mineur. Gl. *Curatela*.

CURATRIE, Lieu de débauche. Gl. *Curia* 2.

° **CURE**, Soin, souci. Flore et Blanceflor, vers 228, 238, 488. Ruteb. tom. 2, pag. 253. Voyez Rayn. tom. 2, pag. 530¹, au mot *Cura*. *Curer*, Avoir soin de quelque chose, Rayn. pag. 532¹, au mot *Curar*.

CUREAULX, Choristes, enfants de chœur. Gl. *Choralis*.

CUREBOISSON, Bêche, hoyau, instrument de fer pour ôter les racines. Gl. *Curata* 3.

CURECTE, CURET, CURETE, Instrument avec lequel on *cure* ou nettoie quelque chose. Gl. *Curata* 3.

CURETTE, Cure-dent, cure-oreille. Gl. *Cureta*.

1. **CUREUR**, Curateur, celui qui gouverne les biens d'un mineur. Gl. *Curatela*.

2. **CUREUR**, Instrument avec lequel on *cure* ou nettoie quelque chose. Gl. *Curata* 3.

CUREURE, Ordure, immondice. Gl. *Curata* 3.

CURFU-BELL, Cloche qui annonce le couvre-feu. Gl. *Ignitegium*.

CURIALITÉ, Courtoisie, bon office. Gl. *Curialitas* sous *Curialis* 4, pag. 671¹.

CURIAUX, Enfants de chœur, choristes. Gl. *Choralis*.

CURIE, Envie, désir. Gl. *Cura* 6.

CURIEUX, Soigneux, vigilant, exact. Gl. *Curiosus* 3. [Rayn. tom. 2, pag. 132², au mot *Curios*.]

CURIHOL, Pain destiné pour les domestiques ou ceux de la cour d'un seigneur. Gl. *Panes curiales*, sous *Panis* 2, pag. 132².

° **CURIUS**, Triste, soucieux. Chanson de Roland, stance 135, vers 7 :

E li Franceis dolenz e curius.

St. 136, vers 6. Voyez Rayn. tom. 2, p. 581¹, au mot *Curos*, et la Chron. des ducs de Normandie.

CUROTTE, Instrument avec lequel on *cure* ou nettoie quelque chose. Gl. *Curata* 3.

CURRE, Chariot, sorte de voiture. Gl. *Carrocium*, pag. 189³.

CURTAYSIE ou CURTESIE D'ANGLETERRE. On appelle ainsi en Angleterre l'usage qui laisse à un mari la jouissance pendant sa vie d'un fief non noble que sa femme a apporté en mariage, après le décès d'elle et des enfants. Gl. *Curialitas Angliæ* sous *Curialis* 4, pag. 671¹.

CURTIL, Courtil, verger, jardin potager. Gl. *Curticuli*.

CURTILLIAGE, Herbes potagères, légumes. Gl. *Cortillagium* sous *Cortis* 1.

CURTIN, Courtil, verger, jardin potager. Gl. *Curtinus*.

CURTINER, Enfermer, enclore. Gl. *Incortinare* sous *Cortis* 2.

CURTIU, CURTIUL, Courtil, verger, jardin potager. Gl. *Curticuli*.

° **CUSANTOUS**, Frais. Gl. *Custus*, p. 683³.

1. **CUSTODE**, Courtine, rideau. Gl. *Custoda*, et *Custodia* 7.

2. **CUSTODE**, Coffre, armoire ou l'on garde quelque chose. Gl. *Custoda*.

3. **CUSTODE**, Platine. Gl. *Custoda*.

° 4. **CUSTODE**, comme *Costre* 2. Chron. des ducs de Normandie, tom. 2, pag. 346, vers 25447 :

Iloc aveit un segrestein
Custode e garde e marrulger.

Voyez Rayn. tom. 2, pag. 533², au mot *Custodi*.

1. **CUTE**, Cache, lieu secret ; d'où *Cuter*, Cacher. Gl. *Cuta*. [Voyez *Cucé*. Chron. des ducs de Normandie, tom. 3, pag. 272, vers 39125 :

Mais ne s'i sevent si esduire
Ne en cel leu cuter ne fuire.]

CUV

° 2. CUTE, Coude. Chron. des ducs de Normandie.

° CUTURE, Culture, terre cultivée. Roman de Renart, tom. 3, pag. 52, vers 21166.

CUVAIGE, Cellier, lieu où l'on serre les cuves. Gl. *Cuveila*.

CUVELIER, Tonnelier, faiseur de cuves. Gl. *Cupius*, pag. 659[3].

CUVELLETTE, Petite cuvette. Gl. *Cuvella*.

CUVERT, Infâme, perfide, traître. Gl. *Culverta*. [Chron. des ducs de Normandie. Voyez *Culvert*.]

CUVERTIERE, Couverture, toit d'une maison. Gl. *Copertura*.

° CUVERTISE, Servage, asservissement. Guill. Guiart, tom. 1, pag. 207, vers 4984. (5248):

CYM

La nouvele partout aloit
Du grief et de la cuvertise
Ou Remon tenoit sainte yglise.

Voyez *Culvertage*.

CUYGNIÉ, Coin ou pièce de terre terminée en pointe. Gl. *Cugnus* 2.

CUYRIEN, Taxe, impôt sur le cuir. Gl. *Cuirena* [et *Gresa* ?]

CUYSOT, Jambon. Gl. *Cuissetus* 2.

CYBOINGNE, pour CIBOIRE, Tabernacle sur l'autel, dans lequel on garde la sainte Eucharistie. Gl. *Ciborium*. [Cyboire Gl. *Repositorium*.]

CYMAISE, Vase ou pot d'étain à mettre du vin ou autre liqueur. Gl. *Cimia*.

CYMEAULX, Les extrémités des branches d'un arbre. Gl. *Cimeyæ*.

CYMERON, Le bout ou globe du nez. Gl. *Cimerium*.

CYT 137

CYMOISE, Vase ou pot d'étain à mettre du vin ou autre liqueur. Gl. *Cimia*.

CYNAMOME, Cannelle. Gl. *Cinamomum*.

CYNELE, Fruit du houx, ou Prunelle sauvage, chose vile, de nul prix. Gl. *Cenitus*.

CYROGRAPHE, Signature. Gl. *Chirographum*, pag. 308[3].

CYSEAU, Flèche, dard, javelot. Gl. *Cisellus*.

CYTHOLOUR, Joueur de l'instrument musical appelé *Citole*. Gl. *Citola*.

CYTOAIN, Bourgeois, habitant d'une cité. Gl. *Corthesanus*.

CYTOAL, Zedoaire, espèce de gingembre, épice. Gl. *Zedoaria*.

D

DAI

° DAARAIN, Dernier. Voyez Roquef. *Pertuis daarains*, Roman de Renart, t. 1, pag. 22, vers 592. Voyez *Darrains*.

DACE, Tribut, impôt. Gl. *Data* 1.

DAGONE, p. e. Certaine quantité de cuir. Gl. *Dacra*.

1. DAGUE, Poignard, épée courte. Gl. *Dagger*.

2. DAGUE, Raillerie, parole piquante. Gl. *Dagha*, sous *Dagger*, pag. 8[2].

° DAHET, comme *Dehait*, Peine, douleur. Roman de Renart, tom. 1, pag. 16, vers 404. Garin le Loher. tom. 1, pag. 275, 283 : *Mal dahet ait, qui*, etc.

° DAIERE, Derrière. Sermons de saint Bernard. Voyez Roquef.

° DAIL, DAILLE, Faux, et surtout le fer de la faux. Gl. *Dalha*. [Voyez Rayn. tom. 3, pag. 2[1], au mot *Dalh*.]

DAINE, Sorte de poisson. Gl. *Piscis regius*.

DAL

° DAINTIÉ, DEINTIÉ, Mets délicat, chose excellente. Aubri, pag. 152[1] :

Poons pevrés et capons et daintiés.

Roman de Renart, t. 3, p. 87, v. 22138 :

A tant vindrent riche deintiez,
Lardez de cerf et de sangler
Ot li chevalier au soper.

Tom. 4, pag. 10, vers 265 :

Pour çou que devant ai traitié
Sour ma matere, quel daintié
Renars avoit empris à faus.

Partonop. vers 9519 :

Ce dist Gaudins : Or oï daintié,
De droit nient avés pitié.

Gilote et Johane, Jubinal, tom. 2, p. 35 :

E que vus avez Jehane ainsi consilié
Que c'est grant joie e grant dentié.

Voyez Halliwell, aux mots *Dainty* et *Dayntel*.

° DAIS, comme *Dois*, Gl. *Dagus, Dalum, Deis, Dasium*.

DALPHINOIS, Partisans de Charles V. Dauphin de Viennois. Gl. *Navarreni*.

DAM

° DAM, Dommage. Rayn. tom. 3, p. 6[1], au mot *Dam*.

DAMAGE, DAMAGHE, Dommage. Gl. *Damnamentum* [et *Damnatio*. Voyez Rayn. tom. 3, pag. 6[1], au mot *Damnatge*.]

DAMAIANT, Dommageable, nuisible, désavantageux. Gl. *Damnacius*.

DAMAIGER, Causer du dommage. Gl. *Damnare*. [Voyez Rayn. tom. 3, pag. 7[2], au mot *Dampnatgar*. *Damajos*, Nuisible, Chron. des ducs de Normandie. Rayn. tom. 3, pag. 6[2], au mot *Dampnatjos*. Qui éprouve un dommage. Chron. des ducs de Normandie, tom. 1, pag. 253, v. 4904 :

E trop nos unt faiz damajos.

DAMATICLE, Dalmatique, habit d'église. Gl. *Dalmatica*.

° 1. DAME, Femme mariée. Partonop. vers 5984 :

Ne sai s'estes dame u pucele.

Vers 7041 :
*Dame seit bien com amors vet,
Mais pucele n'en sait un tret.*

2. **DAME**, Belle-mère, celle dont on a épousé la fille. Gl. *Domina* 11.

º 3. **DAME** DE FILLES DE JOIE. Gl. *Meretricalis.*

DAME-DIEU, Seigneur Dieu. Gl. *Domnus.* [Voyez Rayn. tom. 3, pag. 33¹, au mot *Deus*, et 68², aux mots *Dame-Dieu* et suivants. Choix des Poésies des Troubad. tom. 2, pag. 24. *Damlediu,* Flore et Blanceflor, vers 3276, 3339. *Nomini Dame*, Roman de Renart, tom. 1, pag. 88, vers 990. Voyez la Chron. des ducs de Normandie.]

DAME-GRANT, Grand'mère maternelle. Gl. *Domina* 11.

DAMGE, Dommage. Gl. *Damnatio.*

DAMOISEL, Titre des fils de rois, princes et autres grands seigneurs qui n'étaient point encore armés chevaliers ; Écuyer. Gl. *Domicellus* 1, pag. 163¹.

DAMOISELLE, Fille de joie, et celle qui les gouverne. Gl. *Domicella* 2 [et *Domicellæ* 1.]

DAMP, Dom, monsieur. Gl. *Domnus.* [Voyez Rayn. tom. 3, pag. 66³, au mot *Don.* Chanson de Roland, *Damne, Dans, Danne.* Chron. des ducs de Normandie, au mot *Dam.*]

DAMPNISIER, Causer du dommage. Gl. *Damnare.*

DANCE. Les noms de différentes danses en usage autrefois. Gl. *Chorea.*

º **DANCEL**, DANZEL, DANCELE, DANZELE, Jeune homme, demoiselle. Chronique des ducs de Normandie.

DANCER EN LA MAIN, Mener quelqu'un par la main en dansant. Gl. *Chorea.*

DANDIN, Clochette qu'on met au cou des animaux, nommée ainsi à cause du son qu'elle rend par le mouvement continuel qu'elle fait. Gl. *Sonailla.*

DANDO, Maladie, espèce de coqueluche, dans le journal de Paris sous l'an 1427. Comme qui dirait, *Dans le dos;* parce que cette maladie rendait le corps tout courbé. Voyez *Ducatuana,* part. 2, pag. 316, et *Bingueondos* sous *Bigo.*

DANGER. ETRE EN DANGER DE QUELQU'UN, Être son redevable ou obligé. Gl. *Dangerium* 1, Fief de danger, ibid.

1. **DANGEREUX**, SERGENT DANGEREUX, Celui qui veille à la conservation des terres qui sont en défens, et des bois sur lesquels le roi a le droit de *Dangier.* Gl. *Damnum* 2. *Dangerium* 2 [et *Serviens,* pag. 444³.]

2. **DANGEREUX**, Qui est en danger, infirme, malade. Gl. *Dangerium* 4.

3. **DANGEREUX**, Difficile, épineux, de mauvaise humeur, sentant la dispute. Gl. *Dangerium* 4.

1. **DANGIER**, Terre en défens. Gl. *Damnum* 2. [Terre domaniale. Gl. *Domigerium.*]

2. **DANGIER**, Droit qu'a le roi sur les forêts de Normandie, consistant en ce que les propriétaires ne peuvent les vendre ni exploiter sans sa permission et sans lui payer le dixième, sous peine de confiscation. Gl. *Dangerium* 2.

3. **DANGIER**, Droit de confiscation sur les biens dont les charges ne sont point acquittées. Gl. *Dangerium* 1.

4. **DANGIER**, Difficulté, contestation, opposition. Gl. *Dangerium* 4. [Retard, manque, défaut, absence. Gérard de Vienne, pag. 178².]

Qui serviront de gré et sans dangier.

Pag. 166² :
Molt lor est ore petit de ton dangier.

Chastel. de Couci, vers 5370 :
*Gobers a fait dangier du prendre,
Non pourquant s'i laisse descendre.*

Partonop. vers 968 :
De mès n'i a dangier ne fautes.

Vers 654, 4712. *Sanz dangier,* Sans retard, immédiatement, volontiers. Partonop. vers 4821. Flore et Blancefl. vers 1260. Roman de Renart, tom. 3, pag. 105, vers 23624. Chron. des ducs de Normandie, tom. 1, pag. 562, vers 13930. *Faire dangier,* Retarder, refuser. Partonop. vers 24, 6644. Flore et Blancefl. vers 962. Chron. des ducs de Normandie, tom. 1, pag. 380, vers 8566. Ruteb. tom. 2, pag. 228. Enfants Haymon, vers 266. *Mostrer danger.* Chron. des ducs de Normandie, tom. 1, pag. 451, vers 10700. Voyez Rayn. tom. 3, pag. 8², au mot *Dangier.*]

º 5. **DANGIER**, Possession, puissance. Gl. *Domigerium.* Partonop. vers 1230 :
De tot sui en vostre dangier.

Chastel. de Couci, vers 811 :
Bien l'a Amours en son dangier.

Roi Guillaume, pag. 94 :
*Li enfant qui sont le dangier
As deus vilains qui les norissent.*

Flore et Jeanne, pag. 64 : *Bien eureus seroit li rois ki poroit avoir le dangier de tel dame.* Fabliaux publiés par Jubinal, tom. 2, pag. 24.

6. **DANGIER**, Détroit, défilé. Gl. *Dangerium* 5.

DANJON, Donjon ou dongeon. Gl. *Dunjo.* [*Dangon,* Chron. des ducs de Normandie.]

DANRÉE, Valeur d'un denier. Gl. *Danrata.* [Voyez Rayn. tom. 3, pag. 24², au mot *Denairada.*]

DANT, Dom, monsieur, Gl. *Domnus.*

DANZEL, DEMOISEL, Écuyer. Gl. *Domicellus* 1, pag. 163¹. [Voyez Rayn. t. 3, pag. 68¹, au mot *Donzel.*]

DAR, Dard, javelot, Gl. *Dardus.*

DARCIDOINE, p. e. Dardanie. Gl. *Dardena.*

DARDE, Dard, javelot, épée courte, poignard. Gl. *Dardus.*

DARDILLE, Petite *darde*, ou javelot. Gl. *Dardus.* [*Dardeial,* Chron. des ducs de Normandie, tom. 1, pag. 125, vers 1231.]

DAREMENT, Déclaration de guerre. Gl. *Daramare.*

º **DARERE**, Derrière, en arrière. Chanson de Roland, stance 240, vers 13.

DARIOLE, Sorte de pâtisserie. Gl. *Companagium.*

º **DARRAINS**, Dernier. Partonop. v. 145. Voyez Rayn. tom. 5, pag. 79², au mot *Derrier.*

DART, Faux, et surtout le fer de la faux. Gl. *Dalha.*

DAT, En Languedoc et en Provence, Dé. Gl. *Decius.*

DATE, Pissat, urine. Gl. *Urinale.*

DATIL, Datte, fruit du palmier. Gl. *Datilis.*

DATOUR, Caution, répondant. Gl. *Datores.*

DAUCHERON, Outil de tonnelier, p. e. Doloire. Gl. *Doleria.*

º **DAUNOI**, Amour, plaisir. Aubri, pag. 152² :
Il et la dame demaine son daunoi.

Voyez *Dosnot* et Rayn. tom. 3, pag. 69¹, au mot *Domnei.*

DAUQUI-EN-AVANT, Désormais, à l'avenir, Privil. des habit. de Grancey de 1348, Reg. 161, du Tr. des Chart. pièce 69 : *Et dauqui-en-avant seroit de la condition des autres habitans de la ville de Grancey.*

DAURADE, Sorte de poisson. Gl. *Aurata.*

DAUTIER, Parement d'autel. Gl. *Altarium* 2.

DAUX, Faucille. Gl. *Dalha.*

DAUXE, Gousse d'ail ; d'où *Dauxer,* Frotter avec une gousse d'ail. Gl. *Dalha.*

DAYER, Assemblée du soir, où les femmes travaillent. Gl. *Daeria.*

1. **DÉ**, Dieu. Gl. *Decius.*

º 2. **DÉ**, Deuil. Chron. des ducs de Norm. tom. 2, pag. 390, vers 26697 :
Dé ne leur faut ne anz ne jor.

DEABLAGE, Redevance en blé. Gl. *Bladare* sous *Bladum,* pag. 673³.

DEABLIE, Diablerie, ce qui provient du diable. Gl. *Diabolicum.* [Voyez Rayn. tom. 3, pag. 44¹, au mot *Diablia.*]

DEAMBULER, Parcourir, aller çà et là. Gl. *Deambulationes.*

DEAN, Doyen, dignité ecclésiastique. Gl. *Decanus* 4.

DEANNE, Espèce de cens ou rente. Gl. *Datitia.*

DEARNE, Partie, portion, morceau. Gl. *Darnus.*

DEAUBLAGE, Redevance en blé. Gl. *Buscagium* sous *Boscus.*

DEAUL, Dé. Gl. *Digitarium* [et † *Theca* 2.]

DEBAGUER, Dévaliser, détrousser, voler. Gl. *Baga* 1.

1. **DEBAILLER**, Découvrir quelque chose pour le mieux toucher et manier. Gl. *Obtractare*.

2. **DEBAILLER**, Dégager, retirer un gage. Gl. *Devadiare* sous *Vadium*, p. 230¹.

3. **DEBAILLER**, Lancer un dard, tirer d'une arbalète. Gl. *Desserare*.

° **DEBARETER**. Voyez *Desbareter*.

° **DEBATRE**, Frapper, agiter. Roman de Renart, tom. 3, pag. 71, vers 21711 :
Et quant il vit Tybert le chat
Qui si fort les cloches debat.
Voyez Rayn. tom. 2, pag. 199², au mot *Desbatre*. *Debatéis*, Action d'agiter. Roman de Renart, pag. 69, vers 21644 :
Vos déussiez laissier ester
Le debatéis de ces cloches.

DEBITE, **DEBITEMENT**, Impôt, taille, toute espèce de redevance. Gl. [*Debita*] et *Debitum* 2.

DEBLAVER, Moissonner un champ, couper les blés. Gl. *Debladare* sous *Bladum*, pag. 673³.

DEBOENER, Oter ou changer les bornes. Gl. *Deboynare*.

° **DEBOISSER**, Dégrossir, sculpter. Chronique des ducs de Normandie, tom. 1, pag. 444, vers 10476 ; tom. 2, pag. 864, vers 25997 ; pag. 367, vers 26078. Voyez Rayn. tom. 2, pag. 241², au mot *Deboissar*.

DEBONNEMENT, Traité, convention, abonnement ; du verbe *Debonner*, Abonner, fixer un droit qu'on percevait d'une façon incertaine. Gl. *Abonamentum*.

DEBOUTEMENT, L'action de repousser, de chasser ; du verbe *Débouter*, Repousser. Gl. *Debotare*. [Guill. Guiart, t. 2, p. 78, v. 1995 (10971) ; pag. 379, vers 9837 (18817). Roi Guillaume, pag. 68. Voyez Rayn. tom. 2, pag. 242², aux mots *Debotar*, *Debotamen*.]

° **DEBRISER** †, Briser. Gl. *Xerampinus*. Voyez Rayn. tom. 2, pag. 261¹, au mot *Debrisar*.

° **DEBROISSER**, Faire retentir. Guill. Guiart, tom. 2, pag. 106, vers 2723 (11703) :
Menestriex leurs tons debroissent.

DEBRUSER, Briser, rompre. Gl. *Disbotare*. *Debruiser*, Chron. des ducs de Normandie, t. 2, p. 145, vers 19624. *Debruseis*, Bris, tom. 3, pag. 360, vers 41349. Voyez *Debriser*.]

DEBTEUR, Débiteur, créancier. Gl. *Debitis*. [Voyez Rayn. tom. 3, pag. 37¹, au mot *Deveire*.]

° **DEBUSCHER**, Débusquer. Rayn. t. 2, pag. 241², au mot *Deboscar*.

DECAIR, Décheoir. Gl. *Decatere*. [Chanson de Roland, stance 204, vers 11 : *Decarrat*.]

DECARNELER, Couper, tailler. Gl. *Decarnare*.

DECAUPER, Briser, mettre en pièces. Gl. *Circulatus*.

° **DECEIVRE**. Voyez *Decevrer*.

DECENDE, Sorte de vêtement. Gl. sous *Epidecen*.

DECEPTE, Fraude, tromperie. Gl. *Deceptiosus*.

DECEPTIF, Frauduleux, plein de fourberie. Gl. *Deceptiosus*. [Voyez Rayn. t. 2, pag. 278¹, au mot *Deceptiu*].

DECEPTIVEMENT, Frauduleusement, avec tromperie. Gl. *Deceptiosus*.

DECEPVERES, Trompeur, séducteur. Gl. *Deceptiosus*.

DECERCLER, Rompre les cercles qui soutiennent quelque chose. Gl. *Circulatus*.

° **DECEVANTMENT**, **DECEVAUMENT**, D'une manière trompeuse. Chronique des ducs de Normandie.

DECEVEMENT, Tromperie, séduction. Gl. *Deceptiosus*. [Voyez Rayn. tom. 2, pag. 278², au mot *Dessebement*.]

1. **DECEVRER**, Tromper, séduire. Gl. *Adjungare*. [*Deceivre*, Rayn. tom. 2, p. 278¹, au mot *Decebre*. Orell, pag. 132. *Decevire*, Partonop. vers 4164. *Decevere*, Trompeur. Chron. des ducs de Normandie, tom. 1, pag. 353, vers 7771.

2. **DECEVRER**, Séparer, casser un mariage. Gl. *Decevisset*.

DECHAIR, Oter, retrancher, diminuer. Gl. *Degueyra*.

DECHANT, Chant en faux-bourdon ou en parties. Gl. *Discantus*.

° **DECHANTER**, Cesser de chanter. Chanson de Hugues d'Oisi, Laborde, pag. 212 :
Dechantez maiz, Quenes, je vous en prie,
Car vos chansons ne sont mès avenans.
Voyez Rayn. tom. 2, pag. 314², au mot *Deschantar*.

DECHARONGNER, Déchirer, couper malproprement de la viande. Gl. *Caronia* 2.

DECHEOIR, Quitter un emploi, sortir de charge. Gl. *Decessor*.

DECHERQUELER, Faire le partage des terres. Gl. *Circamanaria*.

DECHÉS, **DECHET**, Décès, mort. Gl. *Decessorium*.

DECIPLE, Disciple, qui est attaché à quelqu'un. Gl. *Discipulus*.

° **DECIPLINE**, **DECEPLINE**, Punition, peine. Gérard de Vienne, vers 3331 :
Si prans Gérard, si en fai decipline
A jugemant de ta chevalerie.
Guill. Guiart, tom. 2, pag. 393, vers 10215 (19197). *Carnage*. Voyez *Discipline*.

° **DECLINER**, Achever ? Chanson de Roland, stance 233, vers 15 :
Ci falt la geste que Turoldus declinet.
Voyez Rayn. tom. 3, pag. 416², au mot *Declinar*.

° **DECOLAGE**. Gl. *Festum decollationis*.

DECOMPOTER, Changer le temps de l'engrais des terres. Gl. *Compostus*.

DECOPEMENT, Déchirement, démembrement. Gl. *Laceramen*.

DECOPPER, Blesser avec une épée en frappant de taille. Gl. *Copare* 2.

DECOREMENT, Embellissement, décoration. Gl. *Decoramentum*.

° **DECORRE**, Découler. Rayn. tom. 2, pag. 492¹, au mot *Decorre*.

° **DECORS**, Décroissance des astres. Parton. vers 856. Merlin Mellot, Jubinal, t. 1, pag. 129 :
De touz les temps du monde sui-je nez
[*en decours.*
Voyez Rayn. tom. 2, pag. 492¹, au mot *Decors*.

DECOUCHER, Se lever du lit. Gl. *Decubare*.

DECOULOURABLE †, Dont la couleur est gâtée. Gl. *Discolor*.

DECOUPPER, Blesser avec une épée en frappant de taille. Gl. *Copare* 2. [*Decoupeurs*. Gl. *Segmentatus*.]

DECOUREMENT †, Ecoulement. Gl. *Rodos*.

° **DECOUVERT**. FIEF DÉCOUVERT. Gl. *Aperire* 1.

° **DECOUVREUR**. Gl. *Peragrator*.

DECREACION, Dégradation, diminution, dans les Privil. de Peyrusse de 1368, tom. 5, des Ordon. pag. 703.

DECREPITE, Décrépitude, faiblesse, langueur. Gl. *Decrepitas*.

DECRETALLE, Espèce de bâton. Gl. *Decretalis Monachus*.

° **DECROER**, Décrocher, descendre. Roman de Renart, tom. 3, pag. 85, v. 20685.

DECROIRE, Ne pas ajouter foi, ne pas croire. Gl. *Decredere*.

° **DEDERAIN**, Dernier. Chronique des ducs de Normandie.

DEDICASSE, Fête du patron d'un lieu. Gl. *Dedicatio*.

DEDICATION, Dédicace d'une église. Gl. *Dedicatio*. [*Dedisication*, ibidem.]

° **DEDIER**, Baigner, tremper. Guill. Guiart, tom. 2, pag. 78, vers 1990 (10966) :
Gauvain, Barthelemieu, Jourdain,
En leur propre sanc dediez
Sont de François pris et liez.

DEDUIRE, Se divertir, se réjouir. Gl. *Deportare* 2. [Se donner du mouvement, s'occuper de qqchose. Guill. Guiart, tom. 2, pag. 8, vers 176 (9141) :
Serjans au logier se deduisent.
Phil. Mouskes, vers 22186 :
Et nos François moult se deduient
A siergans prendre et cevaliers.
Voyez Orell, pag. 279. Voyez Rayn. tom. 3, pag. 84¹, au mot *Desduire*.]

DEDUIT, Amusement, ce qui sert à amuser. Gl. *Deductus* sous *Deductio* 2.

[*Deduis d'escu et de lance*, Partonop. v. 468. Chasse. Roi Guill. pag. 142. *Pour mon deduit achever*, Chastel. de Couci, vers 5708. *Conter par deduit*, Roman de Renart, t. 1, pag. 2, vers 24. Bijoux, Roi Guill. pag. 46 :

Et ausi done la roine
Son vair, son gris et son ermine
Et ses aniaus et ses deduis.

Voyez Rayn. tom. 3, pag. 84[1], au mot *Desdug*.]

° **DEE.** JEU DE DEES. Gl. *Ludus*, pag. 149[3], et *Decius*, pag. 28[2].

DEEL, Dé. Gl. *Digitabulum*.

DEESPOIR, Mépris, dédain. Gl. *Despitus*.

° **DEEZ.** Voyez *Dehait*.

DEFACION, Mutilation, perte d'un membre. Gl. *Diffacere*. [*Defaçon*. Vie de saint Thomas de Cantorb. vers 1257.]

DEFALQUER, Supprimer. Gl. *Deffalcare*.

DEFARDELER, Déballer, dépaqueter. Gl. *Diffardare*.

° **DEFARDESER.** Voy. et lisez *Defardeler*.

DEFAURRE, Défaillir, manquer. Gl. *Defectivus* 2. [Roi Guill. vers 90 :

Et li pelerin se defalent
De combatre, tot il pluisor.

Finir. Fabliau, Jubinal, tom. 1, pag. 14 :

De nous deus defaudra en ce jor compaignie.

Voyez Rayn. tom. 3, pag. 254[1], au mot *Defalhir*.]

° **DEFAUT** DE DROIT. Gl. *Defectus* 3.

DEFAY, Terre, bois, garenne ou étang dont l'usage n'est permis qu'à ceux auxquels le propriétaire l'accorde. Gl. *Deffaia*.

DEFECTIF, Celui à qui il manque quelque chose. Gl. *Defectivus* 2.

° **DEFEIS**, DEFOIS, DEFFEIS, Défense, protection. Chron. des ducs de Normandie.

DEFEISANCE, L'action de défaire, d'annuler ce qui est fait, abolition ou abandon d'un fait. Gl. *Defesantia*.

DÉFENAL, MOIS DÉFENAL, Juillet. Gl. *Fenalis mensis*.

DEFENDERRES, Défenseur, protecteur. Gl. *Defensivum*.

DEFENS, Forteresse. Gl. *Defensabilis*.

1. **DEFENSABLE**, Dont l'usage est prohibé et interdit. Gl. *Defensa* 3.

2. **DEFENSABLE**, Qui est de défense. Gl. *Defensabilis*.

° **DEFERER**, Déferrer. Agol. vers 403. Voyez Rayn. tom. 3, pag. 308[1], au mot *Desferrar*.

DEFERGER, Oter les chaînes ou entraves à quelqu'un. Gl. *Disferriare*.

1. **DEFES**, Terre, bois, garenne ou étang dont l'usage n'est permis qu'à ceux auxquels le propriétaire l'accorde. Gl. *Defesium*.

2. **DEFÉS.** ETRE DEFÉS, Etre puni de mort, ou privé de quelque membre. Gl. *Diffacere*.

DEFFACER, DEFFACIER, Dévisager, défigurer le visage à quelqu'un. Gl. *Diffigurare*.

DEFFAÉ, Infidèle, païen, qui ne croit pas en Jésus-Christ. Gl. *Diffidatus* 2. [Agolant, vers 684 :

Un Sarrazin de la loi deffaé.

Roman de Roncevaux, pag. 37. Garin le Loher. tom. 1, pag. 19.]

1. **DEFFAIRE**, Abolir, supprimer. Gl. *Defacere*.

2. **DEFFAIRE**, Réparer, ôter les défauts. Gl. *Defacere*.

DEFFAIS, DEFFAIX, Terre, bois, garenne ou étang dont l'usage est prohibé et interdit. Gl. *Defensa* 3, et *Defesium*.

DEFFARDELER, Déballer, dépaqueter. Gl. *Diffardare*.

° **DEFFAUTRER** (SE)... Guill. Guiart, tom. 2, pag. 416, vers 10812 :

Devant est Ourri l'Alemant
Qui à tout gaster se deffautre.

DEFFEG, comme DEFFAIS ci-dessus. Gl. *Defesium*.

DEFFENDEMENT, Défense, secours. Gl. *Deffensivum*.

DEFFENDERRES, Défenseur, protecteur. Gl. *Deffensivum*.

° **DEFFENS**, DEFFENSE, comme *Deffais*. Gl. *Defensa* 3, pag. 88[3].

DEFFENSABLE, Dont l'usage est prohibé et interdit. Gl. *Defensa* 3.

° **DEFFERER**, Lisez *Deffreier*, Défrayer. Gl. *Defferratus*.

DEFFERGEMENT, L'action de délier, d'ôter les fers à quelqu'un ; du verbe *Defferger*, dans le même sens. Gl. *Disferriare*.

DEFFERMER, Ouvrir, lever ou ôter ce qui ferme quelque chose. Gl. *Diffirmare* sous *Firmare* 6. [Voyez Rayn. tom. 3, pag. 315[1], au mot *Desfermar*.]

DEFFERRE, Vieux fers de chevaux. Gl. *Defferratus*.

DEFFESSE, Défense, moyen de droit. Gl. *Defensa* 2.

1. **DEFFIAILLE**, Défi, appel. Gl. *Diffidatio*.

2. **DEFFIAILLE**, Dommage, préjudice. Gl. *Diffidatio*.

DEFFIANCE, Défi, appel. Gl. *Diffidatio*. [Inimitié, Roman de Renart, tom. 1, pag. 2, vers 22. Voyez Rayn. tom. 3, pag. 292[1], au mot *Desfiansa*.]

° **DEFFIER.** Gl. *Diffidare* 1, pag. 112[3], 113[3], et *Intendere* 9.

DEFFIEUR, Batteur à gage. Gl. *Diffidatus* 2.

DEFFLUER, Découler. Gl. *Aquarium* 2.

DEFFOIS, Terre ou bois dont l'usage est interdit à d'autres qu'au propriétaire, ou à ceux auxquels il l'accorde. Gl. *Defensa* 3, et *Deffaia*.

DEFFORCER, DEFFORCHER, Prendre ou retenir par force et contre justice, refuser ou dénier justice. Gl. *Difforciare*.

DEFFORE, Dehors. Gl. *Deforas*.

DEFFORTUNE, Infortune, accident malheureux. Gl. *Diffortunium*.

DEFFOSSÉ, Enceinte formée par des fossés. Gl. *Defacere*.

1. **DEFFOUIR**, Fouir, creuser, ôter quelque chose qui est en terre. Gl. *Disboscatio* et † *Extumulare*. [Roman de Renart, tom. 4, pag. 198, vers 1877.]

2. **DEFFOUIR**, S'enfuir, se retirer. Gl. *Defuga*.

DEFFOUQUIER, S'enfuir, se sauver. Gl. *Defuga*.

° **DEFFOURNER.** Voyez *Desfourner*.

DEFFRAITIER, Défrayer, payer la dépense d'un autre. Gl. *Deffrahere*.

° **DEFFRICHER.** Gl. *Derodere*.

° **DEFFROY.** Lisez *Deffois*. Gl. *Deffaia*.

DEFFUEURS, Dehors. Gl. *Deforas*.

DEFFUIR, S'enfuir, se cacher, éviter d'être vu. Gl. *Defuga*.

DEFFULER, Oter son chapeau ou bonnet pour saluer quelqu'un. Gl. *Defibulare*. [Deshabiller. Flore et Blanceflor, vers 2871 :

Deffulés fu joste s'amie,
Qui de biauté nel passoit mie.
Deffulée fu ensement,
U ele atent son jugement.

Comparez *Affubler*.]

DEFFUMÉ, Glorieux, superbe, enorgueilli dans Froissart, ch. 131, tom. 2.

° **DEFIN**, Fin. Ruteb. tom. 2, pag. 255 :

S'eles peussent prendre fin
Ne de lor mal avoir defin.

DEFINAILLE, Fin. Gl. *Definitio*. [Le Bestiaire, Laborde, pag. 198 :

Guillaume, qui cest livre fist,
En la definaille tant dist
De sire Raol son seignor.]

DEFINER, Finir, achever. Gl. *Definitio*. [Roman de Renart, tom. 1, pag. 13, 29, vers 337, 750. Agolant, vers 1076 :

De mort novele le ferai definer.

Voyez Chron. des ducs de Normandie, et Rayn. tom. 3, pag. 331[1], au mot *Definar*.]

DEFLORATEUR, Celui qui ôte la virginité à une fille. Gl. *Deflorare* 1.

° **DEFLUBER**, Oter le manteau. Gl. *Affibulare*.

DEFOIS, Terre ou bois en défens. Gl. *Deffaia*. [Roman de Renart, tom. 2, pag. 294, vers 17595 ; tom. 3, pag. 82, vers 20620. Voyez Rayn. tom. 5, pag. 475[1], aux mots *Deves* et suiv. *Metre en defois*, Défendre, interdire, proscrire. Roman de Renart, tom. 3, pag. 80, vers 21940 :

*Qu'il vos contredit, par mon chief,
Le mostier, ainz met en defois.*

Tom. 4, pag. 215, vers 2337 :

*Mais s'ensi estoit que li rois
Me vousist metre en son defois
Et ne me vousist pardonner.*

Sans defois, Sans refus, sans retard. Flore et Blancenflor, vers 849 :

Cil dist : volentiers sans defois.

Chastel. de Couci, vers 5529 :

*Li chastelains sans lonc defoy
Est montés et en chemin mis.*

DEFOLER, Fouler aux pieds. Gl. *Defolcare*. [Voyez *Afoler*.]

DEFORCER, Prendre ou retenir par force et contre justice, refuser ou dénier justice. Gl. *Difforciare*, pag. 115². [Quitter. Fabliau, Jubinal, tom. 2, pag. 35 :

Mes bosoigne fet la voie deforcer.]

DEFORS, Dehors. Gl. *Deforas*. [*Deforain*, Du dehors. Chron. des ducs de Norm.]

1. **DEFOULER**, Mépriser comme quelque chose qu'on foule aux pieds. Gl. *Defolare*.

2. **DEFOULER**, DEFOULIER, Fouler aux pieds, jeter par terre. Gl. *Defolare*, et *Defolcare*.

DEFOURMÉ, Terme injurieux à Liége, p. e. Bâtard. Gl. *Deformosus*.

DEFRAICHIR, Défricher, arracher. Gl. *Defrondare*.

° **DEFRIPER (SE)**, Se contrarier. Roman de Renart, tom. 3, pag. 155, vers 24022 :

*Lors se vet Renart defripant
Quant vit celui son gage tendre.*

Guill. Guiart, tom. 2, pag. 157, vers 4041 (18025) :

Tant soit ce qu'aucuns s'en defripent.

Pag. 186, vers 4814 (18802).

° **DEFROI**, Querelle. Aubri, pag. 159² :

Entre ces deus n'ot tençon ne defroi.

° **DEFROISSER**, Enlever en froissant. Chastel. de Couci, vers 1358 :

Et li bourel sont defroissiés.

Voyez *Desfroiser*.

DEFUIR, S'enfuir, se retirer. Gl. *Defuga*.

DEFUNDRE, Enfoncer, faire naufrage. Gl. *Esguogozamentum* [et *Fundare* 2].

DEGABEMENT, Mépris, raillerie ; du verbe *Dégaber*, Rire de quelqu'un, le tourner en ridicule, le mépriser, refuser. Gl. *Gabator*.

° **DEGAGER**. Gl. *Vadium*, pag. 230².

DEGAN, Sergent messier, garde d'un territoire. Gl. *Deguarius*.

DEGASER, p. e. pour DÉGASTER. Gl. *Deguastare*.

DEGASTER, Gâter, détruire, ravager. Gl. *Deguastare*. [*Degater, Degageté, Degateur*. Gl. *Prodigere*].

DEGETTER, Agiter, tourmenter. Gl. *Jactare* 2.

DEGIBIER, Se divertir avec agitation, et en se donnant beaucoup de mouvement. Gl. *Gibetum*.

° **DEGIÉ**, Faible, délicat. Voyez *Delgié*. Roi Guillaume, pag. 46 :

*Mande abeesses et prieures,
Mande povres, mande degiés.*

Chron. des ducs de Normandie, tom. 2, pag. 192, vers 20971 ; pag. 293, vers 24083.

° **DEGOISER**, Crier, parler, Guill. Guiart, tom. 2, pag. 138, vers 3545 (12527), etc.

DEGOT, Gouttière. Gl. *Degot* † *Fractellum* et † *Fratellum*. [Chr. des ducs de Norm. tom. 2, pag. 380, vers 26423.]

DEGRAS. FAIRE SES DEGRAS, Se décharger le ventre. Gl. *Degravare* 2 [*Avoir ses degraz*, Avoir satisfait son appétit. Roman de Renart, tom. 3, pag. 30, vers 20568 :

*Por ce s'ore avez vos degraz
Et se vostre pance est or plaine.*

° **DEGRATER (SE)**, S'amuser, s'agiter ? Guill. Guiart, tom. 2, pag. 20, vers 499, (9465) :

Car pluseurs à mort se dégratent.

Tom. 2, pag. 159, vers 4107 (13093) :

*Ribaus nuz, qui là se dégratent,
De toutes parz les feus embatent.*

Pag. 283, vers 6939 (15931) :

*Près des chevaus, joingnant des testes
Sont touz jourz et poi se dégratent.*

DEGRÉPIE, Veuve. Gl. *Perea*.

DEGUEIR, Retrancher, diminuer. Gl. *Degueyra*.

DEGUERPIE, Veuve. Gl. *Derelicta*, et *Relicta*.

DEGUIEMENT, Bornage, limites posées par la justice ; du verbe *Déguier*, Poser des bornes. Gl. sous *Deguarius* [et *Pennones*].

DEGUISÉ, Qui n'est point à l'ancienne guise ou mode. Gl. *Deguisatus*.

DEHACHER, DEHACHIER, Mettre en morceaux, hacher. Gl. *Dispecare* [et *Tucetum*]. Guill. Guiart, tom. 1, pag. 177, vers 4036 (4448). Gérard de Vienne, vers 1627].

DEHAIT, Maladie, incommodité, chagrin, peine. Gl *Alacrimonia*. [Partonop. vers 4157, 4743, 5293. Garin le Loher. tom. 1, pag. 209. Gérard de Vienne, vers 1406 :

De ces glotons qui aient cent deheiz.

Agolant, vers 596 :

Cent dehez ait qui james vous faudra.

Gérard de Vienne, vers 3460 :

Mal dehait ait ke nos done à maingier.

Vers 192 :

Dehait la faute ne vos menant prison.

Aubri, vers 180 :

Dehait qui chant mes que soies garie.

Dehet, Chron. des ducs de Norm. Chanson de Roland. Voyez ci-dessous *Haitié*, ci-dessus *Dahet*, et Halliwel, au mot *Datheit*.

° **DEHAITER (SE)**, S'affliger. Guill. Guiart, tom. 2, pag. 157, vers 4058 (13037) :

Et de leur meschief se dehaitent.

Voyez *Deshaiter*.

DEHONTÉ, Honteux, confus, embarrassé. Gl. *Dehonestare*.

° **DEHUE**. Gl. *Perreria* 1.

DEHURTER, Heurter, pousser rudement, renverser. Gl. *Hurtare*. [Roi Guillaume, pag. 130.]

DEICIER, Faiseur de dés. Gl. *Decius*, pag. 28¹.

DEINS-NÉ, Qui est né dans le pays. Gl. *Denizalio*.

° **DEINTET**, Dignité ou comme *Daintié* ? Chanson de Roland, stance 3, vers 22.

° **DEINTIÉ**. Voyez *Daintié*.

° **DEJEUNER**. Gl. *Dejejunare*.

DEJOUXTE, Auprès, proche. Gl. *Dejuxta*.

° **DEIS**, comme *Dais*. Gl. *Deis*.

DEIS, Dé. Gl. *Digitarium*, et † *Theca* 2.

° **DEIT**. Voyez *Duit*.

DEJUGIER, Juger, terminer un différend. Gl. *Dejudicare*.

° **DEHOCHER**..... Fabliau, Jubinal, tom. 2, pag. 24 :

Ce est redoterie qu'ainsi vous déhoche.

DEL, Dé. Gl. *Digitarium*.

DELASSER (SE), Se désoler, s'affliger beaucoup de. Gl. *Delaniare*.

DELAYEMENT, Délai, retardement ; du verbe *Délayer*, Différer, causer ou donner du délai. Gl. *Dilatare*, 1. [Chanson de Guiot de Prouvins, Wackern. pag. 80 :

*As amans font lor joie delaier
Maix ma joie me vait moult delaent.*

Gérard de Vienne. vers 354 :

De son barnaige nel doit on delaier.

Vers 391.]

° **DELECHER (SE)**, Se délecter, se réjouir. Guill. Guiart, tom. 1, pag. 190, vers 4373 :

*La gent de France remués,
Qui d'entrer léanz se déléche.
Du mur versé passent la brèche,
De grant joie saillent et rient.*

Voyez Rayn. tom. 4, pag. 52¹, au mot *Delectar*.

° **DELECHIER**, Lécher. Roman de Renart, tom. 1, pag. 37, vers 943 :

*Adonc commença à fronchier
Et ses guernons à delechier.*

° **DELEZ**, A côté. Roman de Renart, tom. 1, pag. 20, vers 539 :

Lez un essart, delez un clous.

DELGIÉ, Délié, fin, délicat. Chanson de Roland, stance 246, vers 7. Partonop. vers 518, 4865, 10625. Vie de saint Thomas de Canterb. vers 1096 : *Dugé*, var. *Dolgé*. Chron. des ducs de Normandie, tom. 1, pag. 125, vers 1248 : *Deulgé*. Voyez Rayn. tom. 4, pag. 52², au mot *Delguat*.

DELIBERATION, Délai, retard. Gl. *Deliberatio 5.*

DELICATIVETÉ †, Délicatesse ; *Delicatif*†, Délicat, friand. Gl. *Lautia*.

DELICIEUX, Délicat, difficile. Gl. *Deliciosus*.

DELINGANCHE, Abandonnement. Gl. *Delinquentia*.

* **DELIRE**, Compter, faire l'appel. Guill. Guiart, tom. 2, pag. 115, vers 2957 (11936) :

Que, sanz ceus qui noiez se sont,
Lesquieux on ne pourroit delire.

* **DELISCE**, Friandise. Roi Guillaume, pag. 51.

DELITABLE, Délectable, agréable, qui plaît. Gl. *Atemplare*, et sous *Trufa*.

DELITER, Délecter, avoir de la joie, du plaisir. Gl. *Deliciari* 2. [Voyez Rayn. tom. 4, pag. 52¹, au mot *Delectar*.]

DELIVER, pour DÉLIVRER, Expédier, finir. Gl. *Deliberare 3.*

DELIVRE. METTRE AU DELIVRE, Délivrer, rendre, remettre. Gl. *Deliberare 3*. [Roman de Renart, tom. 1, pag. 13, vers 342 :

Ses amis a bien confondus,
Car bien est des bacons delivre.
Fuiant s'en vet tot a delivre.

Guill. Guiart, tom. 2, pag. 358, vers 9168. (18149) :

Zelande rendre me povez
Que toute ai perdue a delivre.]

DÉLIVRÉ, Délibéré, hardi, résolu. Gl. *Deliberare*, 3. [DELIVRE, Délivré, libre, privé ; prompt diligent, alerte. Roman de Renart, tom. 1, pag. 27, vers 717 :

Quant Ysengrin la vit delivre,
Haï, fet-il, pute orde vivre.

Chanson du comte de Bar, Le Roux, tom. 1, pag. 47 ; Laborde, pag. 161.

Tant con je fui en delivre poissance.

Partonop. vers 65 :

Et je sui jouenes et engignos
Sains et delivres et joios.

Vers 7278 :

Cil amenra buens cevaliers
Fors et delivres et legiers.

Vers 6894, 7906 : *Ceval delivre et isnel*.
Vers 6151 :

Al tierc jor ont un vent siglant,
Fort et delivre et bien portant.

Vers 5471 :

Par livrer soi iluec à guivres
Là est ses perils plus delivres.

Voyez Rayn. tom. 4, pag. 84¹ au mot *Destivre*.]

DELIVRÉMENT, Librement, sans empêchement. Gl. *Deliberate*. [Partonop.

vers 10574. Voyez Rayn. tom. 4, pag. 85¹, au mot *Deslivramen*.]

1. **DELIVRER**, Servir, être attaché à quelqu'un. Gl. *Deliberare 3.*

2. **DELIVRER**, Livrer par trahison. Gl. *Deliberare 3.*

DELUGE. MESTRE DU DELUGE, Celui qui est chargé du soin des eaux et écluses. Gl. *Diluvii magister*. [Deluge, Ruine, Guill. Guiart, tom. 2, pag. 465, vers 12085 (21069) :

Et peureus de leur deluges
Car il ne voient nus refuges.]

DELUGIER, pour DÉJUGIER, Juger. Gl. *Dejudicare*.

* **DELUVE**, Déluge. Rayn. tom. 3, pag. 51², au mot *Diluvi*.

1. **DEMAINE**, pour Domaine. Gl. *Demanium*.

2. **DEMAINE**, Seigneur de fief, grand vassal. [Roman de Roncevaux, pag. 17, Agolant, vers 31, pag. 171¹. Portonop. vers 426, 1334, 1342, 2013.] Il se prend aussi adjectivement pour Souverain, principal, fis aîné. Gl. *Demanalis* et *Dominicus* sous *Dominicum* 3, pag. 172². [Flore et Blanceflor, vers 358 : *Cambrelenc demaine*. Roi Guillaume, pag. 90 : *Canoine demaine*. Gérard de Vienne, vers 351 : *Demoine tref*, vers 357 *Maistre tré*. Propre. Roman de Renart, tom. 2, pag. 235, vers 15949 : *Chose demaine*. Flore et Blanceflor, vers 2452 : *Cambre demaine*. Guill. Guiart, tom. 1, pag. 53, vers 741 (1287) : *Oncle demainne*. Chron. des ducs de Normandie.]

DEMAINEMENT, Conduite d'une affaire. Gl. *Dismanare*.

DEMANDER, Contremander, Gl. *Demandare* 8. [Blâmer, accuser, reprocher. Partonop. vers 2449 :

Mes Faburin que demandés
Que baceler par gab només.

Chanson anonyme, Wackern. pag. 52 :

La moie grevence
Lor doi demandeir.

Voyez Rayn. tom. 4, pag. 138², au mot *Demandar*.]

DEMANDIERRES, Celui qui forme une demande en justice, demandeur. Gl. *Demandator*.

* **DESMANIERES**, Voyez *Manière*.

DEMANOIS, Noble, illustre. Gl. *Demanalis*. [DEMANES, A l'instant, incontinent, sans retard. Chron. des ducs de Norm. etc. Voyez Rayn. tom. 4, pag. 144, au mot *Demanes*.]

DEMARCHIER, Marcher sur quelque chose, fouler aux pieds. Gl. *Defolare*.

DEMEINE, Seigneur de fief, grand vassal. Gl. *Demanalis*.

DEMEINNER, Agir, conduire. Gl. *Dismanare*. [*Demener*, Agiter, produire, manifester, faire éclater. Voy. Rayn. tom. 4, p. 190, au mot *Damener*. Le Glossaire sur Joinville, etc. Flore et Blanceflor, vers 635 :

Tel melodis demenoient
Li oisel qui illoec cantoient.

Mener rudement, maltraiter. Partonop. vers 2049 :

Com si voisin l'ont demenés
Et com il l'ont desbaretés.

Garin le Loher. tom. 1, pag. 190 :

Moult le demaine dant Bernars de Naisil.

Chanson de Guiot de Prouvins, Wackern. pag. 28 :

Maix ensi me desmainne
La fois et l'esperance.]

* **DEMEMBRER**, Démolir, mettre en pièces. Garin le Loher. tom. 1, pag. 12 :

Por le mortier ardoir et demembrer.

Voyez Rayn. tom. 4, pag. 188, au mot *Desmembrar*, et ci-dessous *Demembrance*.

DEMENCHÉE, DEMENCHIE, Certaine mesure de terre. Gl. *Demanchiata*.

* **DEMENDIERRES**, comme *Demandierres*.

DEMENER UN CHEVAL, Le monter, le conduire. Gl. *Caballus maletus*. [Voyez *Demeinner*.]

DEMENEURE, Domaine, seigneurie. Gl. *Demenoura*.

DEMENGUER, Manger, dévorer. Gl. *Mango 4.*

DEMENIER, Seigneur domanier, propriétaire. Gl. *Demanalis*.

DEMENOIS, Seigneur de fief, grand vassal. Gl. *Demanalis*.

DEMENTER (SE), Se plaindre, se lamenter ; d'où *Dementoison*, Plainte, pleurs. Gl. *Dementars* et *Rocta*. [Voyez le Glossaire sur Joinville.]

* **DEMENTIERES**, DEMENTIERS, Tandis que, pendant que. Partonop. vers 3375 :

Et dementieres qu'il le prent.

Voyez Ray. tom. 4, pag. 206², au mot *Dementre*. Orell. pag. 394. Chron. des ducs des Normandie.

DEMIAUS, Sorte de mesure de blé. Gl. *Demellus*.

DEMIÇAINT, DEMICEINT. Tablier. Gl. *Semicinctium*.

DEMIERKES, Mercredi ; de *dé*, jour et *mierkes*, mercredi. Gl. *Mercurinus dies*.

* **DEMIGLAIVE**, Javelot. Gl. *Glaviolus*.

* **DEMI-LIGES**, Gl. *Ligascia*.

DEMINEMENT, Saisie faite au nom du seigneur ou propriétaire ; du verbe *Deminer*, Mettre sous la main du seigneur et propriétaire, ou réunir au fisc. Gl. *Dominicare*.

DEMION, Sorte de mesure, demi-setier. Gl. *Demionus*.

* **DEMIS**, Qui renonce, qui se désiste. Guill. Guiart. tom. 2, pag. 210, vers 5425 (14405) :

D'accordance et de paix demis
Assemblent à leurs ennemis.

Excepté. Chron. des ducs de Norm. tom. 1, pag. 27, vers 695 :

Od les altres fu exilliez,
N'en fu demis n'espargniez.

Tom. 3, pag. 78, vers 34083 :
> Et li dizains fust sol demis.

Voyez Rayn. tom. 4, pag. 225², au mot *Demetre.* Fondu. Chanson de Roland, stance 112, vers 8.

○ DEMISÇAINT. Voyez *Demiçaint.*

DEMI-TEMPS, Partie de bréviaire, celle d'hiver ou d'été. Gl. *Semissis.*

DEMOIGNE, Domaine, propriété. Gl. *Dominicum* 3.

DEMOINE, Seigneur de fief, grand vassal. Gl. *Demanalis.* [Voyez *Demaine* 2.]

DEMOISELLE, Fille de joie, et celle qui les gouverne. Gl. *Domicella* 2.

DEMONCELER, Oter d'un monceau. Gl. *Exaggare.*

DEMONIACLE, Fol, insensé. Gl. *Dæmoniacus.*

DEMONIE, Obstacle, opposition, chose désagréable. Gl. *Dæmon.*

○ DEMORER, Durer, tarder, retarder. Roman de Renart, tom. 1, pag. 11, vers 273 :

> Ne demora mie granment
> Que Renart vint tot coement.

Chanson de Guiot de Prouvins. Wackern. pag. 29 :

> Douce dame en pouc d'oure
> Fut ma joie accomplie,
> Se j'eusse le don,
> Ki tous jors me demore.

Demorée, Durée, retard. Partonop. vers 1806. Voyez Rayn. tome 4, pag 264¹ aux mots *Demorada* et *Demorar.*

○ DEMOUNIR, Dépouiller, affaiblir. Guill. Guiart, tom. 1, pag. 260, vers 6294.

1. DEMOURANCE, Résidence. Gl. *Remanentia* 1, pag. 116².

2. DEMOURANCE, Bien vacant par mort. Gl. *Remanentia* 2.

DEMOURER, Repos. Gl. *Demorari.*

DEMOYNE, Domaine, propriété. Gl. *Dominicum* 3.

DEMPREZ, Auprès, proche. Gl. *Ramale.*

DEMUÇER, Dissimuler, chercher à éviter d'avouer quelque chose. Gl. *Demussare.*

DEMUSSER, Cacher. Gl. *Demussare.*

DEMY-CANON, Petite flûte, chalumeau. Gl. *Canon* 6.

○ DEMYE-OSTADE, Espèce de drap. Gl. *Meia-hosteda.*

○ DEMYON. Voyez *Demion.*

DENARIAL, Etalon du poids de l'espèce de la monnaie que l'on fabrique. Gl. *Denariale.*

○ DENIEES, lisez *Denrées.* Gl. *Denariata,* pag. 59².

○ DENIERS. Gl. *Moneta,* pag. 485³. Voyez Rayn. tom. 3, pag. 24², au mot *Dener.*

DENOMMEMENT, Dénombrement, déclaration qu'on fait au seigneur dominant de tous les fiefs, droits et héritages qu'on reconnaît tenir de lui. Gl. *Denombramentum.*

DENONCIATEUR, Courtier. Gl. *Denonciatio.*

DENQUI, Jusque. Gl. *Pergus.*

DENRÉE, Valeur d'un denier ; certaine mesure de terre ou d'autre chose ; toute espèce de marchandise, surtout celle vendue en détail. Gl. *Denariata.*

DENRENER, Négocier, exercer le commerce. Gl. *Denarietas* 1.

DENTAL, Ce qui tient le coutre de la charrue. Gl. *Dentales.* (Voyez Rayn. t. 3, pag. 25³, au mot *Dental.*]

○ DENTÉE, Coup sur les dents. Agolant, vers 804 :

> Salatiel emporte sa dentée.

Voyez vers 797, et ci-dessus *Daintié.*

○ DENZ. Voyez *Adans.*

DEODANDE, Accident qui fait perdre la vie. Gl. *Deodanda.*

DEPAISIÉ, Qui est transporté de colère, furieux. Gl. *Dispacatus.*

DEPANÉ, DEPANNÉ, Déguenillé, déchiré, ce qui est en lambeaux. Gl. *Depanare.* [2ᵉ livre des Rois, chap. 1, vers 2. Roman de Roncevaux, pag. 37. Chastel. de Couci, vers 3327.]

DEPARAIGER, Mésallier. Gl. *Disparagare.*

DEPAROLER, Médire, parler mal de quelqu'un. Gl. *Disloqui.*

○ DEPARTEMENT, Limite. Gl. *Bifinium.*

○ DEPARTIE, Séparation, empêchement. Chastel. de Couci, vers 225 :

> Nul escondis
> Ne pourroit faire departie
> De vous servir toute ma vie.

Chanson de Guyot de Prouvins, Wackern. pag. 29 :

> Font ceste departie
> Losengier et felon.

Voyez Rayn. tom. 4, pag. 438², au mot *Departia.*

1. DEPARTIR, Départ, l'action de quitter un lieu. Gl. *Demorari.*

○ 2. DEPARTIR, Séparer, quitter, partir, diviser, finir, distribuer. Roman de Roncevaux, pag. 20. Garin le Loher. tom. 1, pag. 146, 165, 174, 181, 188, 217. Se *departir,* pag. 228. Voyez Roquef. le Glossaire sur la Chron. des ducs de Normandie, et Rayn. tom. 4, pag. 440¹, au mot *Departir.*

DEPECHEUR, Infracteur, transgresseur. Gl. *Depescare.*

DEPECHIER, DEPECIER, Déchirer, rompre, mettre en pièces. Gl. *Depescare.*

DEPECIER UN JUGEMENT, l'Annuler. Gl. *Depescare.*

DEPENDRE, Dépenser. Gl. *Dependitum.*

DEPERT, Perte, dommage. Gl. *Depertum.*

DEPESCHEMENT, Division, partage. Gl. *Feudum dividere* sous *Feudum,* p. 476³.

DEPIÉS DE MEMBRE, Mutilation. Gl. *Depilare.*

DEPITÉMENT, DEPITEUSEMENT, Avec chagrin et colère. Gl. *Despectuose* et *Raffarde.*

DEPITTEAIRE, Qui se dépite aisément, colère. Gl. *Despitare.*

DEPLEABLE, TEMPS DEPLEABLE, La saison où l'on retire des champs ce qui n'y sert qu'en été. Gl. *Deplere.*

DEPOINTER, Oter de place, priver d'un office ou de quelqu'autre chose. Gl. *Depunctare.*

DEPOPULER, Dépeupler, ravager, détruire. Gl. *Depopulare.*

1. DEPORT, Faveur, ménagement. Gl. *Deportare* 1.

2. DEPORT, Badinage, raillerie. Gl. *Deportare* 2.

1. DEPORTER, Favoriser. Gl. *Deportare* 1.

2. DEPORTER, Supporter, donner du délai. Gl. *Deportare* 2.

3. DEPORTER, Se divertir, se réjouir. Gl. *Deportare* 2. [Flore et Blancefl. vers 35, 249. Partonop. vers 5598. Chanson de Colin Muset, Ruteb. tom. 1, pag. 11. *Se deporter,* Garin le Loh. tom. 1, pag. 78. Roi Guillaume, pag. 110. Voyez Rayn. tom. 4, pag. 608¹, au mot *Deportar.*]

○ 4. DEPORTER, comme *Departir,* Séparer. Flore et Blanceflor, vers 278 :

> Que ne s'en puisse deporter.

○ 5. DEPORTER, Desservir, administrer. Roman de Renart, tom. 3, pag. 48, vers 21052 :

> L'iglise m'estuet deporter
> Jusqu'à huit jors por le provoire.

DEPRENDRE, Découvrir, surprendre, dans des lett. de 1314, tom. 1 des Ordon. pag. 587.

1. DEPRIER, Prier avec instance, supplier. Gl. *Deprecari.* [Guill. Guiart, tom. 1, pag. 26, vers 33.]

2. DEPRIER, Composer pour avoir diminution du prix qu'on demande. Gl. *Despretium.*

DEPRIMER, Réprimer. Gl. *Defrangere.*

DEPRIS, Convention sur le prix de quelque chose. Gl. *Despretium* [et *Deprisus.*]

DEPRIVER, Cesser de traiter familièrement quelqu'un. Gl. *Deprivare.*

DEPULIER, Publier, annoncer. Gl. *Depublicare* 2.

DEPUTAIRE, Perfide, traître. Gl. *Despitare.*

DEPUTER, Accuser une femme de prostitution. Gl. *Putagium.*

DERAISNIER, Prouver son droit en justice. Gl. *Deresnare* [et *Ratio*, pag. 25². Voyez *Desraisnier*.]

DERIDER, DERISER, Se moquer, se railler. Gl. *Deludere*.

DERLIERE, Lieu où l'on tire de la terre, espèce de sablonnière dans les Revenus du Comté de Namur de 1289. Reg. de la Chamb. des Compt. de Lille, nommé *le Papier aux ayselles*, fol. 60, r° : *Encor i a li cuens une derliere, c'est à savoir vù on prent terre, de coi li bateur ovrent à Dynant et à Bouigne.*

DERODER, Cultiver. Gl. *Derodere*.

DEROMPRE, Déranger, débaucher. Gl. *Disrumpere*. [*Deront*, participe. Roman de Renart, tom. 3, pag. 2, vers 19805 :
*Quant il orent par lor pechié
Le bois deront et despecié.*
Ou *Derout* ? Voyez Orell, pag. 256.]

DERONPTURE †, Rupture, hernie. Gl. *Chetucola*.

DERRAMME, Serment fait en justice, par lequel on s'engage à prouver, et surtout par témoins, la vérité de ce qu'on avance. Gl. sous *Adramire*, p. 91².

DERRIÈRE. ESTRE EN DERRIERE, Devoir beaucoup d'arrérages. Gl. *Deregium*.

⁕ **DERROI**. Voyez *Desroi*.

DERS, DERSELET, Dais. Gl. *Dagus*.

DERTRUYIE †, La maladie de *dartres*, grattelle. Gl. *Impetiginositas*.

⁕ **DERUBANT**. Voyez *Desrubant*.

DERVÉE, Chênée, lieu planté de chênes. Gl. *Dervum*.

DERVER, Être insensé, extravaguer [endêver.] Gl. *Deviare*. [*Derver*, Parton. vers 3648, 7000. *Desver*, vers 6418, 6445. Gérard de Vienne, vers 794 :
Karles le voit, pres n'ait le san dervé.
Dit de Merlin, Jubinal, tom. 1, pag. 130 :
*Quant elle le vit rire, à poi que
[n'est dervée.*
Renart le Nouvel, tom. 4, pag. 241, vers 2926. Garin le Loher. tom. 1, pag. 27. Roman d'Alexandre, Chron. des ducs de Normandie, tom. 2, pag. 515². Voyez *Desver*.]

DERVERLÉE, Folie, extravagance. Gl. *Deviare*.

DESAAIGE, Minorité. Gl. *Aagiatus*.

DESABELIR, Déplaire, être désagréable. Gl. *Abelimentum*. [Roi Guillaume, pag. 135. Voyez Rayn. tom. 2, pag. 207, au mot *Desabelir*.]

DESACOINTIER, Désaccoutumer, rompre une liaison, cesser de vivre en familiarité avec quelqu'un. Ville-Hard. paragr. 108.

⁕ **DESADJOURNER**, Révoquer un ajournement. Gl. *Adjornare*.

DESADNARDER, Défricher. Gl. *Derodere*.

DESADVOUER DIEU, Le renier. Gl. *Deadvoare* 2.

⁕ **DESACHIER**, Oter, repousser. Ruteb. tom. 2, pag. 288.

⁕ **DESACORAGIER**, Rendre contraire, faire perdre l'affection. Partonop. vers 2640.

⁕ **DESACORDANCE**, Discord, contradiction. Rayn. tom. 2, pag. 485¹, au mot *Dezacordansa*.

⁕ **DESAERDRE**, Détacher. Chronique des ducs de Normandie, Roquefort. Voyez *Desaherdre*.

⁕ **DESAFAITÉ**, Inconvenant. *Desafaitement*, Inconvenance. Chronique des ducs de Normandie. Voyez Rayn. t. 3, p. 266², au mot *Desafaitar*.

DESAFEUTRER UN CHEVAL, Lui ôter le caparaçon, déharnacher. Gl *Feltrum*.

DESAFFUBLER, Découvrir, dépouiller. Gl. *Defibulare*.

DESAFIER, Défier, faire un appel. Gl. *Diffidare* 1.

⁕ **DESAFRER**, Defaire le *safre*. Aubri, pag. 168¹ :
Et maint hauberc et rot et desafré.
Chanson de Roland, stance 249, vers 6 :
De sun osberc les dous pans li desaffret.

DESAFUBLÉ, Déshabillé. Gl. *Scarpus*. [et *Affibulare*. Aubri, pag. 259¹. Voyez *Desfubler*.]

DESAGIÉ, Mineur. Gl. *Aagiatus* [et *Sub annis*.]

DESAHERDRE, Débarrasser, détacher. Gl. *Adhærere* 3. [Voyez *Desaherdre*.]

⁕ **DESAJANCER (SE)**. Se déranger. Guill. Guiart, tom. 2, pag. 201, vers 5204 (14193) :
*Lors esperonne et li renc meuvent,
Uns et autres se désajancent.*

DESAIER, Abuser. Gl. *Deabuti*.

DESAILLER, Desceller. Gl. *Desillare*.

⁕ **DESAISE**, Malaise. Rayn. tom. 2, pag. 48¹, au mot *Malaise*.

DESAMI, Fort ami, familier. Gl. *Dianicus*. [*Desamer*, *Desaimer*, Cesser d'aimer, haïr. Rayn. tom. 2, pag. 66¹, au mot *Dezamar*.]

⁕ **DESANCRER**. Gl. *Exancorare*.

⁕ **DESAPARILLIER**, Séparer. Roi Guillaume, pag. 53 :
*Jà ne vos desaparilliés
De moi ne de ma compaignie.*

⁕ **DESAPERTI**, Attristé. Voyez *Apert*. Guill. Guiart, tom. 2, pag. 109, vers 2808 (11783) :
*Est tost li oz désapertiz
En pleurs est leur deduit vertiz.*

1. **DESAPOINTER**, Destituer quelqu'un d'une charge, d'un emploi ; d'où *Desapointement*, la destitution même. Gl. *Desapuncture*.

2. **DESAPOINTER**, Déshabiller. Gl. *Desapunctare*.

DESAPPAREILLER, Oter l'appareil d'une plaie. Gl. *Apparamenta* 2.

DESARER, Errer, aller çà et là. Gl. *Erare*.

⁕ **DESARITER**, Déshériter, exproprier. Gérard de Vienne, vers 1202 :
*Kant vos mon oncle voleiz desariter,
Pechiez fereiz, si vos le desarteiz.*
Desireter, Garin le Loher. tom. 1, p. 37.

DESARRIVER, S'éloigner de la rive. Gl. *Arrivagium*.

⁕ **DESARTIR**, Defaire. Comparez *Desafrer*. Gérard de Vienne, vers 1615 :
Et mainte targe deroute et desartie.
Garin, tom. 1, pag. 173 :
Et le haubert derout et desarti.
Voyez *Desertir*.

DESASSAMBLEMENT, Déroute. Gl. *Assembleia*.

DESASSEMBLÉE, Assemblée. Gl. *Assembleia*.

⁕ **DESASTRÉ**, Malheureux. Rayn. t. 2, pag. 139¹, au mot *Dessastrat*.

DESATEMPRÉ, DESATENPRÉ, Immodéré, déréglé, excessif. Gl. *Distemperare*.

DESATOURNER, Oter ses atours, et tout ce dont on est vêtu. Gl. *Atour*.

⁕ **DESATROCHER (SE)**, comme *Desatropeler*, Rompre les rangs. Guill. Guiart, tom. 2, pag. 14, vers 349 (9816) :
*François adont se desatrochent,
Le murs et les portes approchent.*
Pag. 384, vers 9972 (18954) :
*Car joinz furent en aprochant,
Et or s'en vont desatrochant.*
Voyez *Destrochier*.

⁕ **DESATROPELER (SE)**, Se détacher de la troupe, s'élancer en avant. Guill. Guiart, tom. 2, pag. 265, vers 6875 (15867).

DESATTELER, Dételer. Gl. *Attelatus*.

DESATTIEZ, Maladie. Gl. *Alacrimonia*.

DESAVANCER, Retarder, différer. Gl. *Retardare* 1.

DESAVANT, Qui s'écarte. *Desavant de son sens*, Qui est hors de sens. Gl. *Desavenans et Potare*.

DESAUBAGE, Repas, qu'on faisait le huitième jour après le baptême d'un enfant, et dans lequel les parents donnaient des gâteaux aux enfants. Gl. sous *Alba* 4.

DESAUBER, Oter l'aube, ou la robe blanche. Gl. sous *Alba* 4.

DESAVENANT, Malhonnête, indécent. Gl. *Desavenans*.

⁕ **DESAVISER**, Être d'un autre avis, nier. Guill. Guiart, tom. 1, pag. 68, vers 1132 (1629).

⁕ **DESAVOIER**, Dérouter, repousser. Guill. Guiart, tom. 1, pag. 117, vers 1509 (2901) ; tom. 2, pag. 248, vers 6426 (15406).

DESAVOUER Seigneur, Refuser de le reconnaître et de lui rendre ce qu'un vassal doit à son seigneur. Gl. *Deadvocare.*

° **DESAYVER**,... Guill. Guiart, tom. 1, pag. 144, vers 2307 :

*Et sont environ adossez
De trois paires de granz fossez
Là faiz ou le plain desayve.*

° **DESBARETER**, Tromper. Gl. *Baratum* 1, pag. 567³. Vaince, défaire. Guill. Guiart. tom. 1, pag. 198, vers 4696 (5010); pag. 328, vers 7428 (8272); tom. 2, p. 113, vers 2016 (11896); pag. 171, vers 4420 (13406). Garin le Loher. tom. 1, pag. 35. Partonop. vers 2050, 7228. Démolir, perdre. Guill. Guiart. tom. 1, pag. 189, vers 4865 (4777) :

*Vers le mur que li minéur
Orent cuidié desbarester.*

Pag. 218, vers 5219 (5535). Voyez le Glossaire sur la Chron. des ducs de Normandie, et Rayn. tom. 2, pag. 184², au mot *Desbareté.* *Débareté*, Garin le Loher. tom. 1, pag. 19. *Desbarataison, Desbaratsiz*, Déconfiture. Chronique des ducs de Normandie.

DESBASTONNER, Désarmer. Gl. *Basto.*

DESBLAER, Acquitter, débarrasser. Gl. *Debladire.*

DESBLAMER, Disculper, justifier. Gl. *Blasphemare.*

1. **DESBLAVER**, Nettoyer, déblayer ; d'où *Desblavement*, Déblai, dégagement. Gl. *Debladire.*

2. **DESBLAVER**, Moissonner, couper les blés. Gl. *Debladire.*

DESBLÉE, Moisson, le temps de la moisson. Gl. *Debladare* sous *Bladum*, pag. 673³, et *Debladatio.*

DESBLÉER, Moissonner, couper les blés. Gl. *Debladare* sous *Bladum*, p. 673³.

DESBLÉURE, Moisson, les blés encore sur pied, le temps de la moisson. Gl. *Debladatio* et *Debladare* sous *Bladum*, pag. 673³.

DESBOCHIER, Déraciner. Gl. *Disboscatio.*

DESBOURSER, Retirer un héritage des mains d'un acquéreur. Gl. *Revocatio per bursam* sous *Bursa* 1.

DESBUSCHER, Oter les fers ou liens dont est entravé un cheval. Gl. *Imbogare.*

DESCAIER, Couper, scier. Gl. *Dissicio.*

DESCANTER, Chanter en faux-bourdon ou en parties. Gl. *Discantus.*

DESCARCHIER, Décharger, délivrer. Gl. *Duscargare.*

DESCAUPER, Retrancher, diminuer. Gl. *Discopare.*

DESCENDEMENT, Descendue, Succession, héritage de père ou de mère, et en ligne directe. Gl. *Descendua.*

DESCENIMENT, Sorte de défense [mot espagnol.] Gl. *Descendment.*

DESCEPLINE, Discipline, punition corporelle. Gl. *Disciplina.* [Carnage. Chron.
xi

des ducs de Normandie. Voyez *Decipline.* Distraction. Dit du roi Guillaume, p. 192 :

*Parmi l'ostel le roy ot des biens
 [descipline.]*

DESCERNER, Séparer, diviser. Gl. *Cernea.*

DESCHALLER, Défricher, mettre une terre en valeur. Gl. *Examplare* sous *Exemplum* 2.

DESCHANT, Chant ou ramage des oiseaux. Gl. *Discantus.* [Roman de Renart, tom. 3, pag. 59, vers 21373 :

*Atant a Renart envaï
Un benedicamus farsi
A orgue, à treble et à deschant.*

Voyez *Deschanter* et Rayn. tom. 2, p. 314², au mot *Dechantar*.]

DESCHANTER, Chanter comme en faux-bourdon, ou en parties. Gl. *Discantus.*

DESCHARNER, Lâcher les charnières. Gl. *Copula.*

DESCHARPIR, Échapper, dégager, débarrasser, séparer. Gl. *Discapiro.*

° **DESCHAUCER** braies. Gl. † *Debracare.*

DESCHAUFFAUDER, Oter un échafaud Gl. *Chaufarium.*

DESCHAUSSAGE, Deschaussaille, Ce qu'une nouvelle mariée, le jour de ses noces, donnait aux jeunes garçons pour boire. Gl. *Culagium.*

DESCHAUSSOERE, Deschaussoire, Deschaussouere, Houe, instrument à remuer la terre. Gl. *Discalcire.*

DESCHENDEMENT, Succession, héritage en ligne directe. Gl. *Descendua.*

DESCHEVACHER, pour Deschevaucher, Démonter. Gl. *Discavalcatus.*

DESCHEVAUCHER, Deschevauchier, Démonter, ôter à quelqu'un son cheval. Gl. *Discavalcatus.*

DESCIREURE, Déchirure, plaie. Gl. *Discereura.*

DESCLAIRCIR, Prouver, montrer clairement. Gl. *Clarum facere.*

DESCLIQUER, Détendre, débander. Gl. *Clicha.*

DESCLOS, Ouvert, qui n'est pas fermé. Gl. *Disclaudere.*

° **DESCOCHER**, Partir, s'ébranler. Guill. Guiart, tom. 2, pag. 87, vers 2218 ; p. 237, vers 6140 ; pag. 315, vers 8176 (11194, 15120, 17156).

DESCOGNOISSANT de raison, Déraisonnable, usant peu de sa raison. Gl. *Decognoscere* 2.

DESCOLPE, Excuse, justification. Gl. *Descolpare.*

DESCOMBRER, Décharger, débarrasser, nettoyer. Gl. *Discombrare* [et *Combri*, pag. 421².]

° **DESCOMLER**. Gl. † *Suplodere.*

DESCOMPOTER, Changer le temps de l'engrais des terres. Gl. *Compostus.*

DESCONFÉS, Qui ne s'est point confessé, qui est mort intestat. Gl. *Intestatio.* [Rayn. tom. 2, pag. 358¹, au mot *Descofes.*]

° **DESCONFIR**, Déconfire, détruire, ruiner. Rayn. tom. 3, pag. 278¹, au mot *Desconfir.* Défier, faire tort, blâmer. Chan°on de Quênes de Béthune, Le Roux, t. 1, pag. 41 :

Il n'est pas droit que l'on me desconfise.

Desconfitour, qui défie, qui exerce des hostilités. Roi Guillaume, pag. 162 :

*Cist furent li desconfitour
S'ont mes homes pris et raains.*

DESCONGNOISSANCHE, Reconnaissance détaillée. Gl. *Decognoscere* 2.

DESCONGNOISTRE, Se déguiser, se travestir. Gl. *Decognoscere* 2.

° **DESCONNÉUE**, Mauvais traitement. Gérard de Vienne, vers 3724 :

Tost li feront une desconnéue.

° **DESCONNISSANCE**, Descongnoissanche, comme *Connoissance.* Chastel. de Couci, vers 8273 :

*D'unes armes pures d'argent
Sans nulle autre desconnissance.*

Vers 3285 :

*Et maint pignon et mainte manche
Et mainte autre descongnoissanche.*

DESCONNOISSANCE, Méconnaissance, ingratitude. Gl. *Decognoscere* 2.

DESCONNOITRE, Méconnaître. Gl. *Decognoscere* 2.

° **DESCONRÉÉ**, Mal équipé. Gl. *Conrezare*, sous *Conredium*, pag. 512². Partonop. vers 4881 :

*Por la noise s'est si hastée
C'un pen en vient desconréée.*

° **DESCONSEILLER**, Mal conseiller. Partonop. vers 6498. *Desconsillés*, sans conseil, découragé. Roi Guillaume, p. 52. Voyez Rayn. tom. 2, pag. 461², au mot *Descosselhar.*

° **DESCONTER** (SE), Se séparer du gros de la troupe, avancer. Guill. Guiart, t. 2, pag. 188, vers 5119 (14107) ; pag. 315, vers 8177, 8184 (17159, 17164).

DESCONVENABLE, Qui n'est pas convenable, indécent. Gl. *Disconvenire.*

DESCONVENUE, Malheur, défaite. Gl. *Disconficere.* [Mortel Desconvenue, Roman de Renart, tom. 1, pag. 29, vers 754.]

DESCORDABLE, Contentieux, qui est en dispute. Gl. *Discordator.* [Discordant, en désaccord. Chron. des ducs de Normandie. tom. 1, pag. 246, vers 4705. Voyez Rayn. tom. 2, pag. 485¹, au mot *Descordable.*]

DESCORDÉ, Le sujet du différend, ce qui est disputé. Gl. *Discordator.*

DESCORDÉEMENT, Avec discorde. Gl. *Discordare.*

DESCORDER, N'être point d'accord, être d'un autre avis. Gl. *Concordare* 2. [Voyez Rayn. tom. 2, pag. 484², au mot *Descordar.*]

° **DESCORREILLER**, Déverrouiller, tirer le verrou. Voyez *Courroil*. Chronique des ducs de Normandie, tom. 2, pag. 562, vers 31390 :
Li portiers fu apareilliez
E li guichet descorreilliez.

° **DESCORT**, Sorte de poésie qui avait des couplets inégaux. Le Descort de Collin Muset, Wackern. pag. 73 :
En mon descort vos demant...
Mon descort
Ma dame aport.
Voyez Rayn. tom. 2, pag. 484¹, au mot *Descort*, Diez, Poésie de troubadours, pag. 115.

DESCOTER, Porter un coup à travers les côtes. Gl. *Decotare*.

DESCOUCHER, **DESCOUCHIER**, Se lever du lit. Gl. *Decubare*.

DESCOUCHIER, Le lever, l'heure où l'on sort du lit. Gl. *Decubare*.

DESCOULPE, Excuse, défense, justification ; du verbe *Descoulper*, Disculper, décharger un accusé. Gl. *Descolpare* [et *Inculpare*].

DESCOUPABLE, Innocent, exempt de crime. Gl. *Descolpare*.

DESCOUSTUMANCHE, Droit que la coutume autorise. Gl. *Consuetudo* 4, pag. 524¹.

° **DESCOUTRE**, **DESCOUDRE**, **DESCOUSTRER**, Séparer, découper. Chanson de Roland, st. 143, vers 7 :
Le blanc osberc li ad descust et cors.
Guill. Guiart, tom. 1, pag. 148, vers 3308 (3700) ; tom. 2, pag. 320, vers 8317 ; pag. 372, vers 9652 (17297, 18633); pag. 174, vers 4495 (13481) ; tom. 1, pag. 161, vers 3648 (4050) ; tom. 2, pag. 298 , vers 6158 (15138); pag. 132, vers 3389 (12369).

° **DESCOUVERT**, HÉRITAGE DESCOUVERT. Gl. *Vestire* 2.

DESCOUVREUR, Espion, qui va à la découverte. Gl. *Discooperatores*. [Voyez Rayn. tom. 2, pag. 424¹, au mot *Descobrire*.]

DESCROIS, BAILLER AU DESCROIS, Donner au rabais. Gl. *Discrescere*. [Voyez Rayn. tom. 2, pag. 512², au mot *Descreis*.]

DESCROISIER, Relever du vœu de se croiser. Gl. sous *Crux*, pag. 637³.

° **DESCROVER**, ... Guill. Guiart, t. 2, pag. 198, vers 5101 (14089) :
Et lessent courre au descrover
De quanque il ont de pover.

° **DESCUIT**, Cru, qui n'est pas cuit. Roman de Renart, tom. 2, pag. 122, vers 23108 :
Un chapon manga tot descuit.

DESDEBTER, Acquitter ses dettes. Gl. *Debita*.

° **DESDEGNANCE** †. Gl. *Dedignantia*.

° **DESDIEMENT**. Gl. *Abdictio*.

° **DESDIRE**, Contredire, contester. Flore et Blanceflor, vers 2753 :
Mais ne porquant oïr devons,
Ains que jugement en façons,
Se cil le voloit riens desdire.
Partonop. vers 2683 :
Qu'il n'osèrent, fust bien, fust mal,
De rien desdire le vasal.
Jubinal, Fabliaux, tom. 1, pag. 177. Guill. Guiart, tom. 2, pag. 70, vers 1791 (10767). Défier, p. 264, vers 6849 ; p. 379, vers 9854 (15841, 18825). Voyez Roquef. et Rayn. tom. 3, pag. 55², au mot *Desdire*.

° **DESDOLOIR**, Consoler, réjouir. Roman de Renart, tom. 2, pag. 270, vers 16919. Orell, pag. 225.

° **DESDOMMAGE**. Gl. *Trespellius*.

° **DESDORMIR**, Réveiller. Flore et Blanceflor, vers 965 :
L'encantement a fait fenir
Et les chevaliers desdormir.

DESDRUIR, Affaiblir, rendre moins fort, moins robuste. Gl. *Druda*.

° **DESDUIRE**, DESDUIT. Voyez *Deduire* et *Deduit*.

DESEAGÉ, Mineur, enfant ou jeune homme. Gl. *Aagiatus*.

DESEMPARER, Démolir, détruire. Gl. *Desemparare*.

DESEMPECHER, Délivrer, lever l'empêchement mis. Gl. *Desembargatus*.

DESENCUSER, Justifier quelqu'un, le décharger d'une accusation. Gl. *Descolpare*.

DESENDRUIR, Affaiblir, rendre moins fort, moins robuste. Gl. *Druda*.

DESENGAGER, Prendre gage et assurance, saisir, arrêter pour sûreté d'une dette. Gl. *Disvadiare* sous *Vadium*.

DES-EN-QUI-EN-AVANT, Désormais, dans la suite, dans les Ordon. tom. 4, pag. 336, art. 9 ; et pag. 339, art. 5.

° **DESENSEIGNER**, Désapprendre, faire oublier. Chanson du Chastel. de Couci, Laborde, pag. 129 :
Pour ce ne puis fere lie chançon
Qu'Amors le me desenseigne.
Voyez Rayn. tom. 4, pag. 231¹, au mot *Desensenhar* ; et tom. 4, pag. 630², au mot *Desaprendre*.

DESENSELLER, Jeter quelqu'un hors de la selle de son cheval. Gl. *Sellare* sous *Sella* 2. [Chron. des ducs de Normandie, tom. 1, pag. 333, vers 8686.]

DESERPILLÉ, Qui est vêtu de mauvais habits. Gl. *Serpeilleria*.

DESERPILLER, Dépouiller, dérober. Gl. *Serpeilleria*.

1. **DESERT**, Ruiné, dépouillé de ses biens. Gl. *Desheredare*.

2. **DESERT**. ESTRE DÉSERT, Abandonné, abrogé. Gl. *Desertare* 2.

DESERTATION, Abandonnement, délaissement. Gl. *Desertitudo*.

DESERTE, Mérite, récompense, salaire. Gl. *Deservire* 2. [Chron. des ducs de Normandie.]

DESERTER, Gâter, ruiner, détruire. Gl. *Desertare* 1.

DESERTINE, Désert, solitude. Gl. *Desertum*. [*Desertie*, Chron. des ducs de Normandie.]

DESERTIR, Rompre, détruire, ruiner. Gl. *Desertare* 1.

DESERVEUR DE FIEF, Celui qui acquitte au nom d'un autre les devoirs d'un fief. Gl. *Deservire* 1.

DESERVIR, Mériter. Gl. *Deservire* 2. [Voyez le Glossaire sur Joinville, et Rayn. tom. 5, pag. 213², au mot *Deservir*.]

DESESPERANCE, Désespoir. Gl. *Desperantia*. [Chastel. de Couci, vers 751. Ruteb. tom. 2, pag. 240, 256. Voyez Rayn. tom. 3, pag. 173¹, au mot *Desesperansa*.]

° **DESESTANCE**, Différence, contraste, différend, querelle. Chron. des ducs de Normandie.

° **DESESTOURMER**. Gl. *Stormus*.

DESEVEUZER, S'excuser. Gl. *Desavouare*.

DESEVRANCE, Déroute, défaite. Gl. *Decevisset*. [*Desevrée*, Trespas, mort. Gérard de Vienne, vers 2530 :
De Durendart ke bien fu esprovée
En Roncevals an la male journée,
Kant de Rollan i fuit la desevrée.
Voyez Rayn. tom. 5, pag. 173¹, au mot *Dessebransa*, et Roquef. au mot *Desevraille*.]

° **DESÉUREIS**, Malheureux. Chanson de Guiot de Prouvins, Wackernagel, pag. 32 :
Elais con seux deséureis
Se celle n'ot ma proiere.

DESEVRER, Diviser, séparer. Gl. *Decevisset*. [*Deseveret*, Chanson de Roland, stance 91, vers 14 ; stance 145, vers 13.]

° **DESFAÉ**, Sans foi, déloyal. Chron. des ducs de Normandie, tom. 2, pag. 420, vers 27512.

° **DESFAIRE**, Défaire, détruire. Roi Guillaume, pag. 154 : *Desfaire le cerf*. Chanson de Roland, stance 33, vers 10. Flore et Blanceflor, vers 2076. Voyez Rayn. tom. 3, pag. 275², au mot *Desfar*.

° **DESFERMER**, Ouvrir. Dit du roi Guillaume, pag. 184. Voyez *Deffermer*.

° **DESFIANCER (SE)**, Sortir de l'obéissance, cesser d'être vassal. Chron. des ducs de Normandie, tom. 1, pag. 400, vers 9165.

° **DESFLECHER**, Fléchir. Chastel. de Couci, vers 1276.

DESFOIS, Terre ou bois, dont l'usage est interdit. Gl. *Deffaia*.

° **DESFOURNER**, Se retirer. Guill.

Guiart, tom. 2, pag. 182, vers 4692 (13679) :
Finant s'en vont au desfourner.
Pag. 278, vers 7211 (16291) :
Mès à la parfin se desfournent.

° **DESFROISER**, Défaire, comme *Defroisser*. Gérard de Vienne, vers 1778 :
*Fiert un Gascon sur l'elme de Pavie
Ke tot le cercle li desfroise et amie.*
Voyez Rayn. tom. 3, pag. 400¹, aux mots *Desfrezar* et *Defreselir*.

° **DESFUBLER**, comme *Desafubler*, Oter le manteau. Gérard de Vienne, vers 1129 :
Si desfubla le riche mantel gris.
Partonop. vers 3995 :
Desfublée est en un samit.
Garin, tom. 1, pag. 297 :
Desafublée en fut en un samis.
C'est-à-dire, sans manteau. Voyez *Bliaut*. Partonop. vers 3213, 4507, 9168, 10779.

DESGAGER, DESGAIGER, Faire payer l'amende pour dégât fait dans les champs ; ou prendre gage pour sûreté de l'amende, ou d'une dette. Gl. *Desgagium* et *Disvadiare*, sous *Vadium*, pag. 230¹.

° **DESGÉUNER (SE)**, Se nourrir. Guill. Guiart, t. 2, pag. 209, vers 5417 (14397) : pag. 2, vers 275 ; pag. 188, vers 4851 (9240, 13839).

DESGLAINER, p. e. Couper un épi, et par métaphore, Couper la gorge, tuer. Gl. *Degluere*.

DESGOUGENER, DESGOUGONNER, DESGOUJONNER, Oter les goujons ou chevilles de fer d'un coffre, etc. Gl. *GoJo*.

DESGRAIN, DESGREN, Le droit de moudre son grain avant les autres et sans payer la mouture ; ce qu'on appelait *Degrener*. Gl. *Degranare*, *Degranum* [et *Hardinea*].

DESGUCHER, Faire retirer quelqu'un, l'obliger à quitter la place. Gl. *Deguastare*.

DESGUERAIN, comme ci-dessus *Desgrain*. Gl. *Degranum*.

DESHABILITER, Rendre ou déclarer inhabile. Gl. *Inhabilitare*.

° **DESHAITER**, Rendre triste. Partonop. vers 4953 :
*Que monte cis diols et ceste ire
Qui nos deshaite et vos empire.*
Voyez *Se Dehaiter*.

DESHAITIÉ, Malade, infirme. Gl. *Alacrimonia*, pag. 157¹.

° **DESHARNESKIER**, Déferler. Flore et Blancesflor, vers 1383 :
Le tref ont tost desharneskié.

° **DESHAUBERGIER (SE)**, Se dévêtir du haubert. Garin le Loher. tom. 1, pag. 243 :
*Desfors s'en vont par aus deshauber-
[gier.*

Voyez Rayn. tom. 2, pag. 152¹, au mot *Ausberc*.

° **DESHERBERGER**, Décamper. Chanson de Roland, stance 53, vers 38 :
*Franc desherbergent, font lur sumers
[trosser.*

DESHERS, Ruiné, dépouillé de ses biens. Gl. *Desheredare*.

° **DESHET**, Chagrin, peine. Partonop. vers 169 :
En duel, en poverte, en deshet.
Chron. des ducs de Normandie. Voyez *Dehait*.

DESHOIRER, Déshériter. Gl. *Desheredare*.

DESHONESTER, Déshonorer. Gl. *Dehonestare*.

° **DESHONOR**, DESENOR, Déshonneur, opprobre. Partonop. vers 168. Roman de Renart, tom. 1, pag. 2, vers 39. Desonorance, Chron. des ducs de Normandie. tom. 2, pag. 422, vers 27572. Voyez Rayn. tom. 3, pag. 536, aux mots *Deshonor* et *Deshonorensa*.

DESHOUSER, Oter ses houseaux, se débotter. Gl. *Housellus*.

DESIER, Désir, volonté. Gl. *Diabolus*. [Chron. des ducs de Normandie.]

DESJEUNEMENT, Déjeuner. Gl. *Dejejunare*.

DESIEURIES, Demande en justice. Gl. *Desiderium*.

° **DESIGANCE**, Inégalité. *Desigaus*, Inégal. Chronique des ducs de Normandie. Voyez Rayn. tom. 8, pag. 136², aux mots *Desegal* et *Deseguansa*.

DESIGNÉ, Orné de signes ou figures. Gl. *Designum*.

DESINGAL, Inégal. Gl. *Disæquare*.

DESINER, Se défigurer, se gâter. Chastel. de Couci, vers 7539 :
*Riens ne vaut que cil mire font
Ses corps desinist tous et font.*
Voyez Rayn. tom. 5, pag. 197¹, au mot *Dessenar*.

DESJOINTER, Rompre les joints de quelque chose. Gl. *Cernea*.

DESJOUGLER, Se moquer. Gl. *Deludere*.

° **DESIRANCE**, DESIRIER, DESIRÉE, etc. Désir, amour. Voyez Rayn. tom. 3, pag. 40², aux mots *Desiransa*, etc. Chron. des ducs de Normandie, ci-dessus *Desier*.

DESIRÉ. Sorte de monnaie. Gl. *Desideratum*.

° **DESIRETER**. Voyez *Desariter*.

DESIRRIERS, Prières, actes de religion. Gl. *Desiderata*.

DESKEVILLAGE, Sorte de droit. Gl. *Cavile*.

° **DESLACIER DES COPS**, Détacher des coups. Guill. Guiart, tom. 2, pag. 140,

vers 3608 ; pag. 181, vers 4682 (12589, 13660) et souvent.

DESLARRÉ, Débraillé, celui dont les habits sont mal attachés. Gl. *Nodellus*.

DESLAVÉ, Qui n'est point lavé. Gl. *Delavatus*.

DESLÉEL, Déloyal, contraire aux lois. Gl. *Exlex* 3. [*Desleié*. Chron. des ducs de Normandie.]

° **DESLEI**, DESLAI, Excès, crime. Chron. des ducs de Normandie.

° **DESLEIER**, Devenir déloyal. Chron. des ducs de Normandie.

DESLENGIER, Injurier de paroles. Gl. *Ladare* sous *Lada* 1.

DESLIENER, Refuser, dénier. Gl. *Delere*.

° **DESLICER**, ... Chronique des ducs de Normandie, tom. 1, pag. 120, vers 1105 :
Mais qui le vair vos en deslice.

° **DESLIER**, DESLIVRER †. Gl. *Exoccupare*.

° **DESLIEVER**, comme *Desliener*.

DESLIGEMENT, Acquit, payement. Gl. *Disligare*.

DESLITELER, Oter la lisière. Gl. *Listadus*.

1. **DESLOER**, Dissuader, déconseiller. Gl. *Dislaudare* sous *Laudare* 2. [Blâmer, déprécier. Chastel. de Couci, vers 39 :
*Mais ne les voellent loer
Qui tous biens seullent desloer.*
Voyez Rayn. tom. 4, pag. 31¹, au mot *Deslauzar*.]

2. **DESLOER**, Disloquer, démettre. Gl. *Disligare* 1.

DESLOIER, Désunir, séparer. Gl. *Desligare*.

1. **DESLOUER**, Dissuader, déconseiller. Gl. *Dislaudare* sous *Laudare* 2.

2. **DESLOUER**, Disloquer, démettre. Gl. *Disligare* 1.

DESLOYAUTER, Manquer à la foi donnée. Gl. *Adlegiare*.

DESMABLE, Sujet à la dîme. Gl. *Decimagium* sous *Decimæ*, pag. 26³.

DESMAILLER, Briser les mailles d'une armure. Gl. *Peciatus* sous *Pecia*. [Partonop. vers 2994. Roman de Roncevaux, pag. 39. Guill. Guiart, tom. 1, pag. 89, vers 1659. Chanson de Roland, Chronique des ducs de Normandie. Voyez Rayn. tom. 4, pag. 131², au mot *Desmalhar*.]

° **DESMANEVER**, Perdre. Flore et Jeanne, pag. 28 : *Molt fu la bielle dame dolante cant elle ot ensi desmanevé son segnor.* Comparez *Amaneviz*.

DESMANTEMENT, Démenti. Gl. *Dementitio*.

DESMARCHER, DESMARCHIER, S'écarter, se ranger, marcher en arrière. Gl. *Demanere.*

DESMEMBRANCE, Démembrement, l'action de démembrer, couper. Gl. *Demembrare.* [*Desmembrer* †. Gl. *Exartuare.* Partonop. vers 3809. Fierabras, pag. 165². Voyez *Demembrer.*]

DESMENTEMENT, Démenti. Gl. *Dementitio.*

◦ **DESMENTER (SE)**, Se lamenter. Chanson de Roland, stance 180, vers 6 :
Ne poet muer n'en plurt e ne s' des-
[*ment.*

1. **DESMENTIR**, Donner un démenti. Gl. *Dimentiri.*

◦ 2. **DESMENTIR**, Fausser, faire plier. Guill. Guiart, tom. 1, pag. 107, vers 2251 (2642) :
Haubers desmentir, escuz fendre.

Tom. 2, pag. 280, vers 7271 (16251) :
Targes croissent, armes desmentent.

Tom. 1, pag. 223, vers 5329 (5655) ; tom. 2, pag. 267, vers 6980 (15922).

DESMENTISSEMENT, Démenti. Gl. *Dementitio.*

DESMENTOISON, Démenti. Gl. *Dementitio.*

◦ **DESMESURE**, Excès. Marie de France, tom. 1, pag. 100 :
Kar bele esteit à desmesure.

Partonop. vers 551 :
Od ço ert beaus à desmesure.

Voyez Rayn. tom. 4, pag. 201², au mot *Desmesura.*

◦ **DESMESURER (SE)**, S'excéder. Partonop. vers 5339 :
Et vienent à la volte oscure
Où li frans hom se desmesure.

Voyez Rayn. tom. 4, pag. 202¹, au mot *Desmesurar.*

DESMERIE, Dîme, le droit de lever la dîme. Gl. *Decimagium* sous *Decimæ*, pag. 26³.

DESMEUBLÉ, Appauvri, ruiné, dépouillé. Gl. *Mobile.*

DESMOUVOIR, Apaiser une émeute. Gl. *Demovere.*

DESMURER, Mettre hors de prison. Gl. *Immurare.*

DESNOQUER, Lâcher la noix d'une arbalète. Gl. *Nux.*

DESNOUER, Disloquer, rompre. Gl. *Denodare.*

◦ **DESONER** †. Gl. *Assonere.*

◦ **DESOUBITER**, Irriter, faire enrager quelqu'un. Gl. *Desubitare.*

DESOUGER, Dépouiller, piller. Gl. *Housellus.*

DESOYVRE, Bornage. Gl. *Dissire.*

DESPAISIÉ, Qui est transporté de colère, furieux. Gl. *Dispacatus.* [Chastel. de Couci, vers 7825.]

DESPAISIER, Aller hors de son pays, se dépayser. Gl. *Dispatriare.*

DESPANDRE, Dépenser. Gl. *Dispendere.*

DESPANER, Déchirer, mettre en pièces. Gl. *Depanare.*

DESPARAGER, **DESPARAGIER**, Mésallier. Gl. *Disparagare*, pag. 187². [Déprécier. Partonop. vers 26 :
Mais ele en fait si grant marchié
Que tot l'en a desparagié.]

DESPAREIL. A **DESPAREIL**, Dépareillé. Gl. *Disparilitas.*

◦ **DESPAULER** †, En lever l'épaule. Gl. *Expatulari.*

DESPECHER, Briser, mettre en pièces. Gl. *Depescare.*

DESPECHIER, Débarrasser, dépêtrer un cheval. Gl. *Intricare* [et *Depescare*].

DESPECIER UN MARCHÉ, Le rompre. Gl. *Depescare.*

DESPECIER LA NOISE, Apaiser la querelle. Gl. *Depescare.*

DESPEESCHEMENT, p. e. Expédition militaire. Gl. *Depescare.*

◦ **DESPENDRE**, Dépenser. Chronique des ducs de Normandie. Rayn. tom. 4, pag. 500², au mot *Despendre.* Dépendre, ôter ce qui est pendu, Roman de Renart, tom. 1, pag. 10, vers 261.

DESPENSE, Petit vin pour les domestiques et les pauvres gens, piquette. Gl. *Despensa.*

DESPENSIER, Maître d'hôtel. Gl. *Dispensator.* [*Despensaur.* Gl. *Iconomus.*]

DESPERS, Désespéré. Gl. *Desperatus* 2. [Cruel, féroce. Chronique des ducs de Normandie, tom. 1, pag. 377, vers 8478 :
. . Tis pere ad genz averse
Forz e bataillose et desperse.

Partonop. vers 7204 :
Od els ert li sodans de Perse
Et li rois d'Inde la desperse.]

◦ **DESPERSUNER**, Avilir, insulter. Chanson de Roland, stance 183, vers 12 :
Tencent à lui, laidement le despersu-
[*nent.*

Voyez Rayn. tom. 4, pag. 524¹, au mot *Despersonar.*

DESPESCHIER, Décharger, libérer. Gl. *Depescare.*

DESPIÉ, Démembrement, division. Gl. *Dispacare.*

DESPINOS, Terme usité pour exciter un paresseux à travailler. Gl. *Despinare.*

DESPIRE, **DESPIRER**, Mépriser, dédaigner. Gl. *Despitus.* [Roi Guillaume, pag. 89, 101. Voyez Rayn. tom. 3, pag. 29¹, au mot *Despechar.* *Despit*, Méprisable, méprisé. Roi Guillaume, pag. 80 :
Ne refuse cose nesune
Jà n'ert si vix ne si despite.
Pag. 85 :
Garce sui vix et sui despite.]

Despisans, Hautain. Pag. 90 :
Et molt noble et molt despisans.

◦ **DESPIT**. Gl. *Despectio.*

DESPITÉMENT, Avec colère, d'un air fâché. Gl. *Despectuose.*

DESPITER, Mépriser, dédaigner. Gl. *Despitare* [*Despitus* et *Sangulentus.*]

DESPITEUSEMENT, Avec colère. Gl. *Despectuose.*

◦ **DESPLAINDRE (SE)**, Se plaindre. Sermon de saint Bernard, Roquef. Supplém. pag. 53², au mot *Braye* : *Mais maint gent se desplaignent par aventure* (lat., sed causantur multi fortasse).

◦ **DESPLAISANT**, Fâché, triste. Galien Restoré, Fierabras, pag. 165² : *Se vous aviez mal ou ennuy, j'en seroie moult desplaisant.*

DESPLAQUIER, Ôter une *plaque* ou marque. Gl. *Dessigillare.*

DESPLIANCE DE MARCHANDISE, Etalage, et le droit qu'on paye au seigneur de la foire ou du marché pour y étaler. Gl. *Scavagium.*

DESPLOIER, Délier. Gl. *Deplicare* 2.

DESPOILLE, Dépouille. Gl. *Manubla.*

DESPOINCTIER, **DESPOINTER**, **DESPOINTIER**, Destituer quelqu'un d'une charge, d'un emploi, le priver de quelque chose. Gl. *Depunctare* [et *Deampunctuare*].

DESPOISE, Mélange d'argent et d'étain pour diminuer le poids et la bonté de la monnaie. Gl. *Ponderatio.*

◦ **DESPONDRE**, Expliquer. Gl. *Deponeres* 2.

◦ **DESPORS**, Joie, contentement. De Nostre Dame, Wackern. pag. 70 :
Tu ies li pors
Et li despors,
Li desdus et la joie.

Voyez *Deport* et Rayn. tom. 4, pag. 608¹, au mot *Deport.*

DESPOURVEUMENT, Sans réflexion. Gl. *Inpræmeditatus.*

DESPRIS, Méprisé, bafoué. Gl. *Depanare.* [Voyez Orell. pag. 254. *Despriser*, Déprécier, mépriser. Chanson de Quenes de Béthune, Le Roux, tom. 1, pag. 42. Voyez Rayn. tom. 4, pag. 641¹, au mot *Desprezar.*]

DESQUARQUAIGE, Droit payé pour la décharge des vins. Gl. *Dechargiamentum.*

DESQUERQUIER, Décharger. Gl. *Cercare* 2.

DESQUET, Panier pour vendanger. Gl. *Desca* 1.

DESRAINABLE, Déraisonnable. Gl. *Deresnare.*

DESRAINER, Plaider, défendre en justice. Gl. sous *Ratio* 1, pag. 25³. [*Dérainier*, *Dérésnier*, *Desresnier*, Partonop. vers 9085, 9492, 9557, 9589. Roman de Renart, tom. 1, pag. 25, vers 678 ; tom.

3, pag. 30, vers 20558. Agolant, vers 104, Guill. Guiart, tom. 1, pag. 61, vers 947. *Desranier*, Gérard de Vienne, vers 2356. Chanson de Chrétien de Troies, Wackern. pag. 15. *Desranger*, Gérard de Vienne, vers 1343. *Desrainement, Deraisnement*, Défense, preuve d'innocence, combat judiciaire, Partonop. vers 9032, 9498, 9562. Gérard de Vienne, vers 2631.

DESRAINIER, Prendre par raison, choisir. Gl. *Deresnare*.

° **DESRAMER**, Déchirer. Gaimar, note de la Chron. des ducs de Normandie, tom. 3, pag. 80² :

Por sa buele desramer.

Partonop. vers 5125 :

A sa sele la desramée.

Voyez Rayn. tom. 5, pag. 38², au mot *Desramar*.

DESRAMME, Serment fait en justice, par lequel on s'engage à prouver, et surtout par témoins, la vérité de ce qu'on avance. Gl. sous *Adramire*, pag. 91².

° **DESREGNER**, Faire descendre un cavalier en prenant les rênes du cheval. Parton. vers 5250 :

Tot à cheval i est venuz...
Li chevalier quant véu l'ont
Encontre lui drecié se sont,
Desregnié l'ont, si l'ont tant chier.

DESREIGNER, Plaider, défendre en justice. Gl. sous *Ratio* 1, pag. 25³.

DESRENE, DESRESNE, Action, discussion, plaidoyer ; d'où *Desrener*, Plaider, défendre en justice. Gl. sous *Ratio* 1, pag. 25³.

DESRENEMENT, Déplacement de quelque os, entorse. Gl. *Disligare* 1.

DESRENG, Séparation faite par une raie ou sillon. Gl. *Circumanaria*.

° **DESRENGER**, Avancer, s'ébranler, se mettre en mouvement. Guill. Guiart, tom. 2, pag. 74, vers 1890, pag. 76, vers 1940 (10866, 10916) et souvent. Chanson de Roland, stance 63, vers 6 :

Od mil Franceis de France la lur tere
Gualter desrenget les destreiz e les terres. [*tres.*]

Voyez Rayn. tom. 5, pag. 83¹, au mot *Derrengar*.

° **DESRENIER**, Dernier. Gl. *Inpomentum*.

° **DESRENTER**, Ereinter. Guill. Guiart, tom. 1, pag. 29, vers 111 (607). Voyez Rayn. tom. 5, pag. 81¹, au mot *Desrenar*.

DESRESNIER, Rendre raison de quelque chose, l'expliquer. Gl. *Desresnare*.

DESRIEQUIR, Défricher. Gl. *Deroderes*.

DESRISER, Se moquer, railler. Gl. *Deludere*.

DESROBEOR, Voleur, pirate. Gl. *Desrobare*.

DESROCHER, Abattre, détruire. Gl. *Derocare*. [Partonop. vers 8640. Voyez Rayn. tom. 5, pag. 100¹, au mot *Derocar*.]

DESROI, Désarroi, dommage. Gl. *Darotare*. [*Derroi, Desrei*, Désordre, défaut, faute, crime, choc, attaque. Partonop. vers 5527 :

Quier moi, fait-il, un palefroi
Bon et soef et sains derroi.

Vers 3786 :

Mais Marès ert mesfais le roi
De sorfait et de grant desroi.

Vers 4258, 4273. Flore et Blancheflor, vers 2792. Roman de Renart, tom. 1, pag. 28, vers 747. Chron. des ducs de Normandie, tom. 1, pag. 445, vers 10507 ; pag. 213, vers 8757 :

E Reinouz od le suen conrei
Comença le premier desrei.

Voyez Halliwell, au mot *Disray*. *A desroi*, En désordre, avec précipitation, démesurément, Partonop. vers 2157, 2206. Roi Guillaume, pag. 55. Chron. des ducs de Normandie, tom. 1, pag. 108, vers 761, etc. Chastel. de Couci, vers 6869. Jordan Fantosme, vers 1925. Voyez Rayn. tom. 5, pag. 83, au mot *Desrey*.

° 1. **DESROIER**, DESREIER, Exciter, irriter. Chron. des ducs de Normandie, tom. 2, pag. 35, vers 16311. *Se desroier*, Sortir des rangs, se dérégler. Guill. Guiart, tom. 1, pag. 28, vers 1995 (2405). Dit de Merlin, Jubinal, tom. 1, pag. 128. Voyez Rayn. tom. 5, pag. 84¹, au mot *Desroiar*.

2. **DESROIER**, Composer pour avoir diminution du prix qu'on demande. Gl. *Despretium*.

DESROQUER, Jeter d'en haut, précipiter du haut d'un rocher. Gl. *Derochare*.

DESROTER, Retirer, enlever. Gl. *Derotare*.

° **DESROUYLLER** †, Fourbir, DESROUYLLEUR †, Fourbisseur. Gl. *Erubiginare*.

DESROYAUTER, Oter la couronne à un roi. Gl. *Regalitas* 1.

DESROYER, Changer la culture d'une terre. Gl. *Duvlare*.

° **DESRUBANT**, DESRUBE, Précipice, ravin. Gérard de Vienne, vers 3793 :

Par ces vallées et par ces desrubant.

Partonop. vers 5895 :

Es derubans li tygre maignent.

Agolant, vers 316 :

Vers un desrube se voloit aprocier.

Vers 396 :

Vit un desrube qui molt fit à doter.

Voyez Rayn. tom. 3, pag. 26², au mot *Deruban*.

DESSAIGNIER, Oter un *signe*, ou marque. Gl. *Dessigillare*.

° **DESSAILLER**, Ouvrir. Gl. *Desillare*.

° **DESSAISIR**, DESSAISINE, Gl. *Vestire*, pag. 294³, et *Disagire*.

DESSAISONNER, Faire quelque chose hors de la saison et le temps convenable et ordinaire. Gl. *Satio*.

1. **DESSAMBLER**, Déguiser, changer la ressemblance. Gl. *Similare*.

2. **DESSAMBLER**, DESSEMBLER, Séparer, diviser. Gl. *Assemblare*.

DESSARTER, Essarter, défricher. Gl. sous *Exartus*, pag. 340².

° **DESSAUCHAGE**, comme *Deschaussage*.

DESSENARDER, Défricher. Gl. *Derodere*.

° **DESSEOIR**, Déplaire. Nouveau Recueil de Fabl. et Contes, tom. 2, pag. 143 :

Riens que voulez ne me dessiet.

DESSERPILLEUR, Voleur de grands chemins. Gl. *Serpeilleria*.

° **DESSERRER**, Détacher, défaire. Guill. Guiart, tom. 1, pag. 306, vers 6981 (7822) ; tom. 2, pag. 123, vers 3151 (12131). Agolant, vers 945, Roman de Renart, tom. 1, pag. 24, vers 629. Voyez Rayn. tom. 5, p. 157¹, au mot *Dessarrar*.

DESSERTE, Mérite, récompense, salaire. Gl. *Deservire* 2.

DESSERVIR, Mériter. Gl. *Deservire* 2. [Agolant, pag. 185 :

Toz vo pechiez, sanz bouche regehir,
Voeil hui sor moi de par dieu desservir,
La penitence sera de bien ferir.

Récompenser, punir. Gautier de Coinsi, dans le Glossaire sur Joinville :

Savoir poez que de Dieu l'ire
Desert moult tost et cele et cil
Qui preudome tient en pourvil.

Flore et Jeanne, vers 28 : *Elle feroit bien tant pour l'amour de Gl., s'il le devoit desiervir, ke elle le meteroit, etc.* Voyez Rayn. tom. 5, pag. 213¹, au mot *Desservir*.]

DESSEVRAILLE, Séparation. Gl. *Decevisset*.

DESSEVRANCHE, DESSEVRÉE, DESSEVREMENT, Séparation ; du verbe *Dessevrer*, Séparer, rompre, casser un mariage. Gl. *Decevisset*.

DESSICEMENT, Déchirement. Gl. *Laceramen*.

DESSIR, Lever, arracher, démolir. Gl. *Dissire*.

DESSOIVRE, Bornage, limite, ce qui sépare. Gl. *Dissire*.

DESSONIER, Décharger, libérer. Gl. *Essonium*.

DESSOUBZ, A SON DESSOUBZ, A son avantage. Gl. *Desubter*. [FIEF PAR DESSOUBZ. Gl. *Feudum suppositum*.]

DESSOUNIIER, Décharger, libérer. Gl. *Essonium*.

DESSOUS. METTRE A SON DESSOUS, Accabler, opprimer. Gl. *Desubter*.

DESSOUZ, La partie inférieure du dos, le derrière. Gl. *Desubter*.

1. **DESSUS**. A SON DESSUS, A son avantage. Gl. *Desuper* 2.

° 2. **DESSUS**, Entrée de maison †. Gl. *Superliminare*.

° **DESTAICHIER**, Détacher, ôter. Gl.

Præsentia. Destacher, Etre lancé, s'élancer. Guill. Guiart, tom. 1, pag. 178, vers 4076 (4488) ; tom. 2, pag. 74, vers 1894 (10870) ; pag. 164, vers 4237 (13223) et souvent.

DESTAINDRE, Eteindre. Gl. *Stinctus.* [Voyez *Destendre.*]

° **DESTASSER (SE)**, S'élancer. Guill. Guiart, tom. 2, pag. 214, vers 5583 (14513). *Destasser,* Lancer, pag. 370, vers 9021 (18602). Voyez *Destaichier.*

° **DESTAUNCE**, Retard, délai. Jubinal, Fabliaux, tom. 2, pag. 32. Voyez Halliwell, au mot *Distance.*

° **DESTELER**, S'ébranler, partir. Guill. Guiart, tom. 1, pag. 287, vers 6802 (7322) ; tom. 2, pag. 149, vers 3849 (12833) ; pag. 189, vers 4890 (13878).

° **DESTEMPRÉ**, Mêlé. Roi Guill. p. 94. Voyez Halliwell, au mot *Distempre.*

° **DESTENDRE**, S'élancer, partir. Aubri, pag. 160² :

Et si destendre sor l'auferrant corsier.

Guill. Guiart, tom. 1, pag. 287, vers 6796 (7326) ; pag. 303, vers 6917 (7748) ; tom. 2, pag. 90, vers 2301 (11277) ; pag. 175, vers 4516 (13502), etc. Roman de Renart, tom. 4, pag. 25, vers 672. Lancer. Garin le Loher. tom. 1, pag. 125 :

N'en isteriez tant com un ars destent.

Guill. Guiart, tom. 1, pag. 77, vers 1854 (1850).

DESTERGIR, Diviser, partager. Gl. *Desteglare.*

° **DESTERRER**, Chasser du pays. Guill. Guiart, tom. 1, pag. 61, vers 940 (1437).

DESTESER, Abaisser une arme dont on menaçait quelqu'un pour l'en frapper. Gl. sous *Intendere 9.*

DESTILPER, Vendre, débiter. Gl. *Distrahere.*

° **DESTINÉE**, Mauvaise action, malheur. Roi Guillaume, pag. 85. Ruteb. tom. 2, pag. 259. Jubinal, Fabliaux, tom. 1, pag. 130.

° **DESTINER**, Prédire, conseiller. Roi Guill. pag. 96. Roman de Renart, tom. 4, pag. 10, vers 240. Guill. Guiart, tom. 2, pag. 247, vers 6411 (15391).

° **DESTOLIR**, Oter, détourner, empêcher. Chron. des ducs de Normandie, tom. 1, pag. 407, vers 9407 ; pag. 476, vers 11422 ; tom. 2, pag. 183, vers 20692. Chanson de Roland, stance 234, vers 4 :

Bataille i ert, nè s'en destolt.

Destolu, Ecarté. Voyez Rayn. tom. 5, pag. 370², au mot *Destolre.*

DESTORBEIR, Détourner, empêcher. Gl. *Disturbare.*

° **DESTORBER**, Détourner, empêcher [Roman de Renart, tom. 1, pag. 50, vers 1299. Voyez Rayn. tom. 5, pag. 441², au mot *Destorbar*]; d'où *Destorbier,* empêchement, dérangement. [*Desturber,* Chanson de Roland.] Gl. *Desturbium.*

° **DESTORDRE**, Détourner. Partonop. vers 684 :

Il plore et crie a Deu merci
Qu'il prende de lui garde et cure
Et destort de male avanture.

Guill. Guiart, tom. 1, pag. 68, vers 1134 (1631). Flore et Blanceflor, vers 2314. *Destordre le gonfanon,* le déployer, Gérard de Vienne, vers 1695. Renart le Nouvel, tom. 4, pag. 147, vers 574. Guill. Guiart, tom. 2, pag. 158, vers 4070 (13055). Voyez Rayn. tom. 4, pag. 384², au mot *Destorser.*

° **DESTORSER**, Décharger. Flore et Blanceflor, vers 1429 :

Il font destorser les torsiaus.

DESTOULPER, DESTOUPER, Déboucher, ouvrir. Gl. *Stupare.* [Roman de Renart, tom. 1, pag. 24, vers 630.]

DESTOURBER, Détourner, empêcher, troubler ; d'où *Destourbier,* Empêchement, dérangement. Gl. *Desturbium* [et *Sunnis,* pag. 657². Flore et Blanceflor, vers 1403. Chastel. de Couci, vers 1785. Wackern. pag. 30, 35. Voyez Rayn. t. 5, p. 441², au mot *Destorbier.*]

° **DESTOUR**, Lieu isolé, coin. Belle Isabeaus, stance 3 :

Que à sa dame en un destour
A fait sa plainte et sa clamour.

Chastel. de Couci, vers 3208 :

Lors en un destour se assist.

DESTOURNÉE, Conduit fait pour détourner l'eau de son cours ordinaire. Gl. *Desviatorium.*

DESTRAGE, p. e. pour ESTRADE, Maison, demeure. Gl. *Estaga* sous *Stagium.*

DESTRAINDRE, Arrêter, réprimer, punir sévèrement, forcer, contraindre par saisie des biens. Gl. *Distringera,* 1 et 2, pag. 145³, 146¹. [Presser, opprimer, maltraiter. Wackern. pag. 646. Chastel. de Couci, vers 803. Guill. Guiart, tom. 1, pag. 59, vers 885 ; tom. 3, pag. 305, vers 7930 ; pag. 322, vers 8374 (1381, 16911, 17355). *Destraindre des esperons,* Roman de Renart, tom. 1, pag. 9, vers 223 ; tom. 4, pag. 187. Voyez Rayn. tom. 3, pag. 228², au mot *Destrenger.*]

DESTRAINS, Les différentes pièces d'un procès. Gl. *Distringere* 2, pag. 146¹.

DESTRAIRE, Médire, décrier, calomnier. Gl. *Detractare* 2.

DESTRAITTER, Débarrasser un cheval des traits dans lesquels il est empêtré. Gl. *Intricare.*

DESTRAL, Cognée, hache. Gl. *Dextralis* [et *Mangia* 2. Voyez Ray. tom. 5, pag. 77², au mot *Destral.*]

° **DESTRAMPÉ**, Désordonné. Roman de Renart, tom. 2, pag. 364, vers 19529. Voyez Rayn. tom. 5, pag. 318², au mot *Destemprar.*

DESTRAPER, DESTRAPPER, Dégager, débarrasser, dépêtrer. Gl. *Trappa.*

° **DESTRAVER (SE)**, S'éloigner, se mettre en marche. Guill. Guiart, tom. 2, p. 290, vers 7585 ; pag. 437, vers 11362 (16515, 20843).

DESTRAU, Cognée, hache. Gl. *Dextralis.*

DESTRE, La main droite. Gl. *Dextrarii.*

DESTREIGNABLE, Saisissable, qui peut être saisi. Gl. *Distringibilis* sous *Distringere* 3.

DESTRIC, Démêlé, contestation. Gl. *Destrictus.*

1. DESTRIER, Cheval de distinction, cheval de bataille. Gl. *Dextrarii.* [Destrier *Norais.* Gl. *Norax. Destriers Sejournez.* Gl. *Sejournum.* Voyez Rayn. tom. 5, pag. 77¹, au mot *Destrier.*]

2. DESTRIER, Sorte de marteau à l'usage d'une forge. Gl. *Dextralis.*

DESTRIZ, DESTROIZ, Amende prononcée en justice. Gl. *Destrictus,* pag. 84³.

° **DESTROCHIER**, Lancer, s'élancer. Guill. Guiart, tom. 2, pag. 136, vers 3495 ; pag. 188, vers 4865. pag. 296, vers 7675 ; (12477, 13853, 16657).

° **DESTROIT**, DESTREIT, Affligé, peiné, contraint. Chanson de Roland, stance 193, vers 3. Chron. des ducs de Normandie, tom. 1, pag. 102, vers 592 et souvent. Voyez Roquef. au mot *Destreit.* Rayn. tom. 3, pag. 229¹, au mot *Destrenger.*

DESTROIT, Angoisse, détresse. Gl. *Distringere* 2, pag. 146¹ [et *Hortatus.* Contrainte, force, embarras, trouble, malheur. Partonop. vers 2304, 2481, 3781, 3863, 5732, 6100. Gérard de Vienne, vers 3396. Roi Guillaume, vers 610. Chastel. de Couci, vers 242,259. Laborde, pag. 154, 273, etc. Voyez Rayn. tom. 3, pag. 229², 230¹, aux mot *Destrey, Destric,* etc.]

DESTROITEMENT, Etroitement, exactement. Gl. *Plenitudo* 1.

DESTRONCENER, Briser, mettre en pièces. Gl. *Troncire.*

° **DESTROUSSE**, pour *Destournée.* Gl. *Desviatorium.*

DESVÉE, La levée d'une défense. Gl. *Devetium.*

DESVER, Etre fou, extravaguer ; d'où *Desverie,* Manie, folie, extravagance. Gl. *Deviare* et *Mania* 1.

° **DESVOIDEUR** †, Dévidoir. Gl. *Girgillus.*

DESVOIÉ, Fou, insensé. Gl. *Deviare.*

° **DESVOIER**, Détourner de la route, dérouter, tromper. Aubri, pag. 158² :

De le contasse vos vorra acontier
Cum ele se vot cele desvoier.

Roman de Renart, tom. 1, pag. 30, vers 762. Chant des Croisés, Wackern. pag. 36 :

Tous iert li pueples desvoiés
Et torneis a perdition,
Mais la croix les ait ravoiés.

Se desvoier, Roi Guillaume, pag. 54. Voyez *Avoier* 2, et Rayn. tom. 5, pag. 541², au mot *Desviar.*

DESVOINDIER, Revendre, débiter. Gl. *Devacuare.*

° **DESVOLEPER**, Oter l'enveloppe. Agolant, vers 760. Roi Guillaume, pag. 71. Voyez Rayn. tom. 5, pag. 567², au mot *Desvolopar.*

DESVOUTOUERE †, Dévidoir. Gl. *Devolutorium.*

DESVOYDER, Dévider. Gl. *Exalabrare.*

DESVOYÉ, Ecarté, éloigné de tout lieu public. Gl. *Deviare.*

° **DESVUIDER**, Lancer. Guill. Guiart, tom. 2, pag. 135, vers 3471 (12452).

DESWAIGIER, Dégager, prendre des gages. Gl. *Disvadiare* sous *Vadium*, pag. 280¹.

DETAILLERIE, Droit levé sur les marchandises vendues en détail. Gl. *Detaillum.*

DETAILLIER, Détailleur, qui vend en détail. Gl. *Detaillum.*

DETAYER, Oter la taie d'un oreiller. Gl. *Intectamentum.*

DETE, DETEAU, Caution, répondant. Gl. *Deyta.*

DETENIR UN COUP, Le retenir, le rompre. Gl. *Destornare* 1.

DETERMINER, Terminer, finir. Gl. *Determinare* 2.

DETESER, Abaisser une arme dont on menaçait quelqu'un pour l'en frapper. Gl. sous *Intendere* 9.

DETIERRES, Caution, répondant. Gl. *Deyta.*

DETORDRE, Tordre. Gl. *Detorcere.* [Voyez *Destordre* et Orell. pag. 137.]

DETOURBER, Détourner, empêcher. Gl. *Disturbare.*

DETRACTÉMENT, En blâmant, en médisant. Gl. *Invectiva.*

DETRAHENT, PAROLES DÉTRAHENS, Qui tendent à ôter la réputation à quelqu'un. Gl. *Detractare* 2.

1. **DETRAIRE**, Médire, décrier, calomnier. Gl. *Detractare* 2. [Voyez Rayn. t. 5, pag. 402, au mot *Detraire.*]

° 2. **DETRAIRE**, Déchirer. Partonop. vers 1228 :

Faire poés vostre plaisir
De moi detraire u detrencier.

Vers 5755 :

El rocher ot deux lions braire,
Iluec se volt laissier detraire.

DETRAISE, Obligation, nécessité. Gl. *Distringere* 2, pag. 146¹.

° **DETRERE** †, Gl. *Lictire.*

° **DETRI**, DETRIE, Retard, délai. Dit de la queue de Renart, Jubinal, tom. 2, p. 92. Enfants Haymon, vers 159, 179.

DETRIANCHE, Délai, prolongation, retardement. Gl. *Detricatio* [et *Tricare*, pag. 179².

DETRIEMENT, comme *Detrianche.* Gl. *Detricatio.*

DETRIER, Différer, prolonger, refuser. Gl. *Detricatio* [et *Tricare*, pag. 179². Gérard de Vienne, vers 3420. Aubri, pag. 158². Wackern. pag. 34].

° **DETRIES**, De côté, de travers. Gl. *Gildum.* pag. 68².

DEU, pour Dieu. Gl. sous *Abatis.*

° **DEVALER**, Descendre, faire descendre, précipiter. Chronique des ducs de Normandie. Voyez Raynouard, tom. 5, pag. 462², au mot *Davalar.*

DEVANCHIER, Devancier, prédécesseur, auteur. Gl. *Antenatus.*

DEVANT, Passer et repasser devant quelqu'un qui a été battu était une injure. Gl. *Ante-ambulo.*

DEVANTAIL, DEVANTEL. Tablier. Gl. *Antependium.*

1. **DEVANTIER**, Ornement qu'on met devant l'autel. Gl. *Dorserium.*

° 2. **DEVANTIER**, Tablier. Gl. *Limas.*

° **DEVEEMENT**, Défense. Gl. *Devetare.*

DEVÉER, DEVEIER, Défendre, prohiber. Gl. *Devetare.* et *Forgia* 1. [Chron. des ducs de Normandie, Joinville. Rayn. tom. 5, pag. 474².. *Deveus*, interdit. Renart le Nouvel, tom. 4, pag. 158, vers 802.]

° **DEVEOUR** †. Gl. *Devolatorium.*

DEVESE, Pâturage réservé, défendu. Gl. *Devesia.*

DEVEST, Dessaisine, abandon ; d'où *Devestir*, Priver quelqu'un de ce qu'il possède. Gl. *Devestire* sous *Vestire* 1, p. 294³.

DEVESTISON, Droit seigneurial dans les mutations. Gl. *Vestitio.*

DEVET, Défense, publication pour interdire l'usage de quelque chose. Gl. *Devezium.*

DEVETTUERE †, Dévidoir. Gl. *Devolutorium.*

DEVIER, Mourir, sortir de la vie. Gl. *Deviare.* [Chastel. de Couci, vers 7699, 7744, 7968. Wackern. pag. 66. Roquef. Supplém. au mot *Abre*, pag. 3². *Deviement*, Mort. Garin le Loher. tom. 1, pag. 122.]

° **DEVILER**, Déprécier. Guill. Guiart, tom. 2, pag. 52, vers 1829 (10805).

DEVINAILLE, Devin, sorcier. Gl. *Divinus* 1.

° **DEVINEOR**, Sorcier. Roman de Rou, vers 12658. Devineur, qui devine. Flore et Blancefor, vers 337 :

Car il sont bon devineour
Tout cil qui aiment par amour.

° **DEVINITÉ**, Théologie. Gl. *Divinus* 2.

1. **DEVISE**, Armes, armoiries. Gl. *Devisamentum.*

2. **DEVISE**, Testament. Gl. *Divisa* 7. [Délibération, décision. Partonop. v. 9566, 10009. Ordre, perfection. *A devise*, Agolant, vers 740. Colin Muset, Laborde, pag. 209. Roquef. Chron. des ducs de Normandie. *A droite devise*, Guill. Guiart, tom. 1, pag. 67, vers 1094 (1591). *Par grant devise*, Partonop. vers 10710. Condition. Roman de Renart, tom. 1, pag. 20, vers 518. *Devisiun*, Jordan Fantosme, vers 1398. Voyez Rayn. tom. 3, pag. 38¹, au mot *Devisa.*]

3. **DEVISE**, Partage, division. Gl. *Divisa* 1 et 3. [..... Partonop. vers 4889 :

Par mi le las en la devise
Pert la blançor de la cemise.

4. **DEVISE**, Frontière, limite. Gl. *Divisa* 4. [Voyez Rayn. tom. 3, pag. 38¹, au mot *Devisa.*[

5. **DEVISE**, Volonté. Gl. *Divisa* 5.

6. **DEVISE**, Robe de deux différentes couleurs. Gl. *Divisa* 6.

DEVISGOUR, Juge, arbitre. Gl. *Divisor* 1.

DEVISER, Disposer par testament. Gl. *Dividere* sous *Divisa* 1. (Discerner, distinguer. Partonop. vers 112 :

Mal et bien i doit l'on trover
Por connoistre et por deviser.

Proposer, dicter. Roman de Renart, t. 2, pag. 198, vers 14793 :

Li rois...
Del serement fait la devise ;
Dant Brichemer et Brun li ors,
Que l'en tenoit as deus meillors,
Deviserent le serement.

Garin le Loher. tom. 1, pag. 281 :

Faites unes letres orendroit, biaus amis...
Il les devise, cil les met en escrit.

Se ranger. Pag. 11 :

Charles Martiaus a fait sa gent armer
Et ses batailles renger et deviser.

Pag. 196 :

Begons sa gent fait à droit deviser.

Voyez Rayn. tom. 3, pag. 39¹, au mot *Devisar.*]

° **DEVOIR**. Voyez *Doit.*

DEVOIS, Pâturage réservé, défendu. Gl. *Devesia.*

° **DEVORER**, Maudire. Partonop. vers 9771. Roman de Renart, tom. 3, pag. 78, vers 21892.

DEVOTION, Prières, exercice de piété. Gl. *Devotiones.*

DEVOYER, Se réjouir, écarter la tristesse. Gl. *Deviare.*

DEX, Amende pour dommage fait aux fruits de la terre. Gl. *Dechi.*

1. **DEXTRE**, La main droite. Gl. *Dextrarii*, pag. 93¹.

2. **DEXTRE**, Certaine mesure. Gl. *Dextri.*

DEYCIER, Faiseur de dés. Gl. *Decius.*

DEYTRAU, pour DESTRAU, Cognée, hache. Gl. *Dextralis.*

DI, Jour. Gl. *Dies* 1. [Sermens : *D'ist di en avant.* Vers sur sainte Eulalie :

Chi rex eret à cels dis soure pagiens.

Voyez le Glossaire sur la Chron. des ducs de Normandie, Diez, *Altromanische Sprachdenkmale*, pag. 56. Rayn. tom. 3, p. 41², au mot *Dia.*]

DIABLER, Décrier quelqu'un, dire le *diable* de lui. Gl. *Diabole.*

DIACULON, Espèce d'onguent. Gl. *Diaquilon.*

DIASPRE, Jaspe. Gl. *Diasprus.*

DIASPRÉ, Sorte d'étoffe précieuse. Gl. *Diasprus.* [Voyez Rayn. tom. 3, pag. 45¹, au mot *Diaspe.*]

DIAULES, Diable, démon. Gl. *Diabolus.*

DIBLER, Plat à servir les viandes. Gl. *Dibler.*

° DICTER, Composer. Rayn. tom. 3, pag. 46¹, au mot *Dietar.* Dire, prononcer. Galien Restoré, Fierabras, pag. 165¹ : *Et aussi tost que Charlemaigne eut dicté son oraison.* Voyez Gl. *Dictare* 1.

DICTIÉ, Ecrit, livre. Gl. *Dictare* 1. [Voyez Rayn. tom. 3, pag. 46², au mot *Dictat.*]

DIEGUER, Faire une digue ; d'où *Diéguerie,* L'action de la construire. Gl. *Dicare.*

DIEMENCE, DIEMENCHE, DIEMOINE, Dimanche. Gl. *Dominica.*

DIEN, DIENZ, Doyen, dignité ecclésiastique. Gl. *Decanus* 4.

DIENSTMAN, Sergent, valet de ville, dont l'office s'appelle *Dienstmanscheps.* Gl. *Dienstmannus* [en Flandre, mot allemand].

DIERVÉ, Insensé, extravagant. Gl. *Deviare.*

DIESME, Dîme. Gl. *Redecima.*

DIESTRE, Certaine mesure. Gl. *Dextri.*

DIEU, L'autel où l'on conserve l'Eucharistie et où l'on célèbre la messe. Gl. *Deus.*

DIEULER, Se plaindre, marquer son mécontentement. Gl. *Dolorare.*

DIFFALMEMENT, Diffamation, injure. Gl. *Diffamatio.* [Voyez Rayn. tom. 3, pag. 253², au mot *Diffamament.*]

° DIFFAME, DISFAME, Opprobre, honte. Guill. Guiart, tom. 2, pag. 79, vers 2021 (10997). Dit du roi Guillaume, pag. 177.

DIFFAMEUR, Diffamateur. Gl. *Diffamatio.*

DIFFERANCE, Différend, dispute, contestation. Gl. *Differentia.*

DIFFORMER, Défigurer, rendre difforme. Gl. *Difformatio.*

DIFFUGE, Chicane, mauvaise difficulté, subterfuge. Gl. *Diffugia.*

DIGART, p. e. Eperon. Gl. *Calcar* 1.

DIGENOIS, Monnaie des ducs de Bourgogne frappée à Dijon. Gl. sous *Moneta Baronum,* pag. 493³.

DIGNANDIER, pour DINANDIER, Marchand de cuivre jaune, ou chaudronnier, dans le Liv. noir de S. Pierre d'Abbeville, fol. 18 r°.

DIGNER, Dîner, repas. Gl. *Dignerium.*

DIGNITÉ, L'image d'un saint. Gl. *Dignitas* 5.

DIICCAGE, Digue. Gl. *Dicare* [et *Insetenys*].

DIICCER, Faire une digue. Gl. *Dicare.*

DIICWELLINGHE, L'action de rompre une digue. Gl. *Dicare.*

DIKAGE, Construction d'une digue, Gl. *Dicare.*

DILATION, Délai, retard. Gl. *Dilatare* 1.

DILATOIREMENT, Avec les délais ordinaires ou convenus. Gl. *Dilatoria exceptio* sous *Dilatare* 1.

DILIGER, Aimer. Gl. *Diligibilitas.*

DIMAINE, Dimanche. Gl. *Dominica.*

° DIMD. Voyez *Dund.*

DIMÉE, Le droit de dîme et la dîme même. Gl. *Decimagium* sous *Decimæ,* pag. 26³.

DIMOINGE, Dimanche. Gl. *Dominica.*

° DINDER..... Flore et Blanceflor, v. 41 :

Li pailes ert ovrés à flors,
Dindés, tirés, bendés et ours.

DIOES, Dimanche. Gl. *Dominica.*

DIOLS, Deuil, affliction, douleur. Gl *Dolorare.*

DIRE FEVES, Se moquer, railler, badiner. Gl. *Dicere.*

DIRE D'UNE FLUETTE, Jouer de la flûte, Gl. *Dicere.* [*Dire et chanter.* Gérard de Vienne, vers 2459 :

Ains tel bataile ne vit nuns hom vivant
Com ceste fuit don je vos di et chant.

Estre à dire, Manquer. Partonop. v. 7197

Et tuit li roi de son empire
Si que nesuns n'en ert à dire.

Voyez Rayn. tom. 3, pag. 53¹ au mot *Dir,* et Orell. pag. 240.]

DIRRUER, Abattre, démolir. Gl. *Dirruimentum.*

DISCERNAL, Qui est à juger. Gl. *Epicaustorium.*

DISCERNER, Décerner, ordonner. Gl. *Discernere.*

DISCIPLE, Celui qui prête secours à un autre, recors. Gl. *Discipulus.*

DISCIPLINE, Correction, réprimande. Gl. *Disciplina* 2.

DISCOMBRER, Juger, expédier un procès. Gl. *Discombrare.*

° DISCORDABLE, Contentieux, Gl. *Discordator.*

DISCRETION, Jugement, bon sens. Gl. *Discretio* 2.

DISCRETISTE, Habile dans le *Décret.* Gl. *Decreta,* pag. 31².

DISEL, Dizeau. Gl. *Dixenerius.*

DISETEL, Pauvre, indigent, qui est dans la disette. Gl. *Desidius.*

DISEUR, Arbitre, juge choisi par les parties pour prononcer sur un différend. Gl. *Dictores.*

DISIQUES. Voyez plus bas *Disques.*

DISIRER, Désirer, vouloir. Gl. *Desiderare.*

DISITEUX, Pauvre, indigent, qui est dans la disette. Gl. *Desidius.*

DISMAGE, Le droit de dîme, et l'étendue du territoire sujet à ce droit. Gl. *Decimagium* sous *Decimæ,* pag. 26³.

DISMERIE, Terre qui doit la dîme, ou l'étendue du territoire sujet à ce droit. Gl. *Decimaria* sous *Decimæ,* pag. 26³.

DISMIER, Dimeur, celui qui lève la Gl. dîme. *Decimator* sous *Decimæ.* p. 27².

° DISNEE, Certaine mesure. Partonop. vers 6167 :

Salence est un petis illés
Et buens et beaus et purs et nés.
Mais ne dure qu'une disnée,
Se n'i a c'une seule entrés.

DISNERIE, Dîner, repas. Gl. *Disnare* 2.

DISOUR, Arbitre, juge choisi par les parties pour prononcer sur une contestation. Gl. *Dictores* 1.

DISPARAGEMENT, Mésalliance. Gl. *Disparagare,* pag. 137².

DISPARS, Dispersé. Gl. *Disparere.*

DISPATRIER, Expatrier. Gl. *Dispatriare.*

DISPATUER, pour DISPATRIER. Gl. *Dispatriare.*

DISPENSACION, Dispense, permission. Gl. *Dispensatio* 2.

DISQUES, Jusques, dans Beaumanoir MS. ch. 21. C'est aussi comme on doit lire, au lieu de *Disiques,* dans les Ordon. t. 2, pag. 348, art. 9.

DISSENSE, Dissension. Gl. *Dissensus.*

DISSIMULÉ, Déguisé. Gl. *Dissimulative.*

DISSINTERE. Dyssenterie. Gl. *Dissentericus morbus.*

DISSOLUTEMENT, Sans règle ni mesure. Gl. *Dissolutio.*

DISSOLUTION. FAIRE DISSOLUTION DE SON CORPS, Le prostituer. Gl. *Dissolutio.*

DISTER, Être distant, éloigné. Gl. *Distatif.*

DISTIRPER, Vendre, débiter. Gl. *Distrahere.*

DISTRESSE, La chose saisie. Gl. *Districtio* sous *Distringere* 3.

DISTRIVER, S'éloigner, s'écarter, se débarrasser. Gl. *Scara* 3.

DISTROIT, District, étendue de juridiction. Gl. *Districtus* sous *Distringere* 3.

DIT, Offre, enchère. Gl. *Dictum* 2.

DITER, Écrire, composer un ouvrage. Gl. *Dictare* 1.

DICTEUR †, Habile écrivain, qui écrit et compose bien. Gl. *Dictare* 1.

DITEY †, Ouvrage en vers, poëme. Gl. *Dictare* 1.

DITIÉ †, Ouvrage, traité, discours. Gl. *Dictare* 1.

DITIER †, Écrire, composer un ouvrage. Gl. *Dictare* 1.

DIVA, Interjection ordinairement au commencement d'une allocution. Chastel. de Couci, vers 4064. Flore et Blanceflor, vers 1705. Voyez Orell, pag. 347, et la Chron. des ducs de Normandie. *Disva*, Garin le Loher. tom. 1, pag. 295. *Divai*, Gérard de Vienne, pag. 166².

✩ **DIVENRES**, Vendredi. Rayn. tom. 3, pag. 42¹, au mot *Divenres*.

DIVERS, Cruel, dur, méchant, insupportable. Gl. *Diversus* 1. [Flore et Jeanne, pag. 30 : *La fortune, ki m'est assez diverse.* Voyez *Enviers.* Bizarre. Renart le Nouvel, tom. 4, pag. 158, vers 868 :

Une maison,....
Car tant est dwerse que cius
Ki i entre n'en set iscir.

Pag. 170, vers 1159.]

DIVERSER, Maltraiter, injurier. Gl. *Diversus* 1.

DIVERSIFFIER, Diviser, partager, séparer. Gl. *Soula.*

DIVERSITÉ, Intempérie de l'air, mauvais temps. Gl. *Diversus* 1.

DIVERSOIRE, Hôtellerie, auberge. Gl. *Diversorius.*

DIVINITÉ, Théologie. Gl. *Divinitas* sous *Divinus* 2 [et *Theosophus.* Voyez Rayn. tom. 3, pag. 34¹, au mot *Divinitat*].

1. **DIVISE**, Testament. Gl. *Dividere* sous *Divisa* 1.

2. **DIVISE**, Borne, limite. Gl. *Divisa* 4.

1. **DIVISER**, Faire un devis. Gl. *Dividere* 1.

✩ 2 **DIVISER**, Faire un testament. Gl. *Divisa* 1.

DIVISION, Frénésie, folie. Gl. *Divisio* 1.

DIZAINIER, Officier qui commande la *dizaine.* Gl. *Dixenerius.*

DOALE, Douaire. Gl. *Doalium.*

DOBLISE, DOBLOS, DOBLOUS, Espèce de bougie, p. e. à deux lumignons. Gl. *Doblos.*

DOCERESSE. ESCHINE DOCERESSE, Terme d'architecture. Gl. *Docare.*

DOCET, p. e. Paquet, Ballot. Gl. *Docare.*

DOCTORIFIER, Conférer le grade de docteur. Gl. *Doctorare.*

1. **DOCTRINE**, École publique, université. Gl. *Doctrinum.*

2. **DOCTRINE**, Châtiment, correction. Gl. *Doctrinare.*

DOCTRINÉEUR, Docteur, celui qui instruit. Gl. *Doctrinare.*

1. **DOCTRINER**, Instruire, enseigner. Gl. *Doctrinare.* [Partonop. vers 90. Voyez Rayn. tom. 3, pag. 62¹, au mot *Doctrinar*.]

2. **DOCTRINER**, Châtier, corriger. Gl. *Doctrinare.*

DODASNE, Rivage, terre qui est au bord d'une rivière. Gl. *Dodus.*

DODE, Soufflet de l'arrière-main. Gl. *Dodus.*

DODIN, Sot, qui n'a pas de maintien. Gl. *Dodus.*

1. **DOE**, Douve, fossé, canal. Gl. *Doa* 1.

2. **DOE**, p. e. Ballot, paquet. Gl. *Doga* 4.

DOELLE, Douve. Gl. *Doela.*

DOER, Douer, assigner un douaire. Gl. *Doalium.*

DOESSE, p. e. Ballot, paquet. Gl. *Doga* 4.

DOIAN, Huissier, sergent. Gl. *Decanus* 3.

DOICTÉE, Autant que l'on peut prendre avec les doigts. Gl. *Digitarium.*

✩ **DOIGNON**, Donjon, château. Partonop. vers 285 :

Li rois fu ocis el doignon.

Flore et Blanceflor, vers 452 :

Troies et le rice doignon.

Voyez Rayn. tom. 3, pag. 71¹, au mot *Donjon.*

✩ **DOILLE**, Fâché. Roman de Renart, tom. 4, pag. 18, vers 489 :

Et li vilains rudes et doilles.

1. **DOIS**, Daïs. Gl. *Dagus.* [Voyez *Doyz.*] Table. Flore et Blanceflor, vers 1715 :

Les napes fait oster des dois.

Partonop. vers 7439 :

Et ele estoit sor un banket
De blanc yvorie petitet,
Qui est assis devant le dois.

Vers 1602, 1686, 3843, 10835. Roman de Renart, tom. 2, pag. 367, vers 19620. Haut dois, Partonop. vers 4486 :

Blans doubliers sor haus dois dorés.

Vers 987 :

El plus haut liu del dois s'asiet.

Vers 992 :

Bien doit aséir à haut dois.

Vers 3836. Maistre dois. Vers 1015 :

Al maistre dois li escançon
Ne missent boivre s'en or non.

Vers 4144. Gérard de Vienne, vers 974, 977.]

✩ 2. **DOIS**, DOIZ, Conduit. Gl. *Digitus.* Source. Roi Guillaume, pag. 75 :

Tu es la dois de toute fontaine.

Fabliaux et Contes, tom. 2, pag. 332 :

Rome est la doiz de la malice.

Pag. 337 :

C'est la fontaine, c'est la doiz
Dont sortent tuit li let pechié.

Voyez Rayn. tom. 3, pag. 76¹, au mot *Doiz.*

DOISIL, Fontaine de tonneau. Gl. *Clepsedra.* [Voyez Rayn. tom. 3, pag. 76¹, au mot *Dozil. Doisiller,* ibidem.]

✩ **DOIT**, Signifie. Partonop. vers 6833

Et li demande que ce doit.

Chastel. de Couci, vers 182 :

Merveille soit moult que ce doit.

Roman de Renart, tom. 1, pag. 15, v. 386 :

Renart, Renart, ce que ce doit,
Que soiez fel et deputaire, etc.

DOITE, Dette. Gl. *Tortus* 1.

DOITTIER, Boîte, étui en forme du doigt. Gl. *Digitale.*

DOIZ MIRE, Le doigt appelé médecin ou annulaire. Gl. *Digitus medicus.*

DOLEIRE, Doloire. Gl. *Doleria.*

DOLEQUIN, Poignard, dague. Gl. *Dolequinus.*

DOLEREUX, Qui sent de la douleur. Gl. *Caballarius* sous *Caballus.*

DOLEROUS, Souffrant, infirme. Gl. *Dolorosus.* [Voyez Rayn. tom. 3, pag. 63², au mot *Doloros.*]

✩ **DOLEURE**, DOLOERE, Copeaux. Gl. *Assula* et *Dolatura.*

DOLLEQUIN, Poignard, dague. Gl. *Dolequinus.*

DOLOIR, Se plaindre. Gl. *Dolorare.* [Aubri, pag. 167¹ :

Et le contesse qui avoit bel samblant
Qui puis se fit por Auberi dolant.

Voyez Rayn. tom. 3, pag. 64¹, au mot *Doler.* Orell, pag. 82.]

DOLOISON, Douleur, souffrance. Gl. *Dolorare.* [Dolousement, Flore et Blanceflor, vers 2941. Voyez Rayn. tom. 3, pag. 64², au mot *Doloiramen.*]

DOLOSER, DOULOUSER, Se plaindre, s'affliger, lamenter. Gl. *Dolorare.* [Partonop. vers 4224, 5388. Wackern. pag. 44. *Doulourouser,* Voyez Rayn. tom. 3, pag. 64², au mot *Doloyrar.*]

✩ **DOLS**, Doux. Partonop. vers 156. Voyez Rayn. tom. 3, pag. 65¹, au mot *Dolz. Dolçor,* Douceur, pag. 66¹, au mot *Dolzor.*

✩ **DOMAGE**. Voyez *Dommager.*

DOMAGER, DOMAGIER, Causer du dommage. Gl. *Damnare* et *Domigerium.*

✩ **DOMAGEUX**. Gl. *Jacturarius.*

DOMATIQUE. TUNIQUE DOMATIQUE, Dalmatique. Gl. *Dalmatica.*

DOMENIER, Celui qui habite sur le domaine d'un seigneur, ou qui y possède des biens. Gl. *Domanerius.*

✩ **DOMESCHE**, Domestique, apprivoisé. Rayn. tom. 3, pag. 70¹, au mot *Domesgue.*

✩ **DOMINO**, Couverture de tête. Gl. *Domino* et *Dominicalis.*

DOMMAGER, Surprendre et saisir une bête en dommage. Gl. *Damnum* 2.

DON, Impôt exigé sous ce nom. Gl. *Donum* 2.

DONAIRES, Notaire, secrétaire. Gl. *Donarius* 3.

✩ **DONC**, DONT, Alors. Flore et Blanceflor, vers 1228. Garin le Loher. tom. 1, pag. 67. Parton. vers 41, 356, 501. Voyez Rayn. tom. 3, pag. 73¹, au mot *Donc.* Orell, pag. 300. *Donc-ore,* tantôt-tantôt,

Partonop. vers 723, 3304. D'où, Partonop. vers 520, 7793. Voyez *Adonc.*

DONDAINE, Flèche, trait d'arbalète. Gl. *Dondaine.*

DONDE, Engraissé. Gl. *Dondum.*

° **DONDRECQ**, Certaine monnaie. Gl. *Dondrecq.*

DONEOR, Notaire, secrétaire. Gl. *Donarius* 2.

DONGESEUX, Dangereux, désavantageux. Gl. *Domigerium.*

DONGIER, Domination, puissance, gouvernement. Gl. *Domigerium.* [Chanson de Chrestien de Troies, Wackern. pag. 18 :

*Cuers se ma dame ne t'ait chier,
J'ai por ceu ne la guerpirais,
Adés soiés en son doingier.*]

° **DONIER**, Denier. Gérard de Vienne, vers 82 et pag. 166².

DONNE, Don, concession. Gl. *Dona* 2.

1. **DONNÉ**, Serviteur perpétuel d'un monastère et d'un séculier. Gl. *Donati* 2.

2. **DONNÉ**, Bâtard, fils illégitime. Gl. *Donati* 1.

° **DONNER**, Frapper. Gérard de Vienne, vers 118 :

Hauce le poig, k'il li voloit donner.

Vers 163 :

Tel vos donrai de l'espée dou ley.

Agolant, vers 947 :

*Naymon s'aïre, tele li a donnée
Ke la teste li a tote estonnée.*

Pag. 172² :

Dist à Ogier : Bone m'avez donée.

° **DONNIERRE**, Donneur. DONNEMENT, Donation, Rayn. tom. 3, pag. 11¹, aux mots *Donament* et *Donaire.*

DONNISONS, Collation, droit de conférer un bénéfice. Gl. *Donatio ecclesiæ* sous *Donatio.*

DONOIER, Caresser une femme, faire l'amour. Gl. sous *Donati* 1.

DONZELLE, Anse de fer où l'on suspend marmite ou chaudron sur le feu. Gl. *Donzella.*

DORADE, Sorte de poisson. Gl. *Aurata.*

DORAIGE, Celui qui lève un certain péage. Gl. *Doreium.*

DORCHUS, Couché, voûté. Gl. *Dorsum* 3.

DORDONNOIS, Nom d'une épée. Gl. *Curtana* 1.

DORDOREL, DORDORIZ, Monnaie d'or de la valeur d'un florin. Gl. *Dordorel.*

DORELOT, Ornement de femme, parure trop recherchée. Gl. *Doreloteria.*

DORELOTEUR, DORELOTIER, Rubanier, ouvrier en *doreloterie*, c'est-à-dire en rubans, franges, etc. Gl. *Doreloteria.*

DOREUS, Certaine mesure de grain. Gl. *Doretus.*

DORMENTERIE, Ancien office ecclésiastique qui subsiste encore dans l'église de Reims. Gl. *Dormentarius.*

DORMICION, DORMIE. Envie de dormir, sommeil. Gl. *Dormia.*

DORMILIONS, Poisson, torpille. Gl. *Occhiavella.*

° **DORMILLER**, Sommeiller. Flore et Blancefior, vers 2529 :

*En dormillant li respondi,
En eslepas se rendormi.*

DORMITOIRE, Qui fait dormir. Gl. *Dormitabilis.*

DORSER †, Rompre le dos, couper. Gl. *Edorsare.*

° **DORVEILLE**, État d'une personne qui fait semblant de dormir. Roman de Renart, tom. 3, pag. 66, vers 21574 :

*Vos me faites or la dorveille
Qui ici vos voie aresnant.*

1. **DOS**, Armure qui couvrait le dos. Gl. *Dorsum* 3.

2. **DOS**. FAIRE BAS DOS, Se courber, s'abaisser. Gl. *Dorsum* 3. [*Mettre arière dos sa foi,* la rompre. Partonop. vers 4060.]

DOSAINE, Payement de douze deniers. Gl. *Dozena.*

° **DOSIEN**. Voyez *Marbre.*

DOSIL, Fontaine de tonneau, robinet, cheville du robinet. Gl. *Duciculus.*

DOSIN, Mesure de blé, p. e. parce qu'elle est la douzième partie d'une plus grande. Gl. *Dosinus* 2.

° **DOSNOI**, DONOI, Amour, plaisir, flatterie. Partonop. vers 7083 :

*Se séuscies rien de dosnoi
Grans pités vos presist de moi.*

Pastourelle, Wackern. pag. 80 :

*Ne n'ai cure de donoi
De teil vaissaul.*

Partonop. vers 6763 :

Sa suer li prie od grant dosnoi.

Voyez Rayn. tom. 3, pag. 69¹, au mot *Domnei* et ci-dessus *Daunoi.* Dosnoiement, Rayn. pag. 69², au mot *Dompneyamen.*

DOSNOIER, Caresser une femme, faire l'amour. Gl. sous *Donati* 1. [Partonop. vers 43, 10156, 10206. Aubri, pag. 153². Voyez Rayn. tom. 3, pag. 69², au mot *Domneiar.*]

DOSSAGE, Droit dû par ceux qui vendent les fourrures appelées Petits gris. Gl. *Dossagium.*

DOSSAL, Dossier. Gl. *Dorserium*, p. 185¹.

DOSSE, Hache, cognée. Gl. *Dossa.*

DOSSEL, Dossier. Gl. *Dorserium*, p. 185¹.

1. **DOTER**, Craindre, avoir peur. Gl. *Dubitare.*

2. **DOTER**, Dompter. Gl. *Domitus.*

° **DOTRINEEUR**, Docteur. Gl. *Doctrinare.*

DOTTEUR, Celui qui fonde et dote une église. Gl. *Dotalitium* 2, pag. 187².

DOUAGIERE, Douairière. Gl. *Doageria.*

DOUAIRE, Pension donnée à une fille par celui qui en a abusé, ne voulant pas l'épouser. Gl. *Dos* 2, pag. 186³.

DOUALLE, Conduit de latrine. Gl. *Ductus* 2.

1. **DOUBLE**, Amende ou taille doublée. Gl. *Dupla* 2.

° 2. **DOUBLE**, Monnaie. Gl. *Duplex* 2, et *Moneta*, pag. 466², 475³, 476³.

DOUBLE, Sorte de filet. Gl. *Dobletus* 1.

° **DOUBLEL**. PAIN DOUBLEL. Gl. *Panis*, pag. 132². *Dubliau*, pag. 136².

1. **DOUBLER**, Sac, besace. Gl.*Doblerius* 1.

2. **DOUBLER**, Jeter par terre. Gl. *Doblare.*

1. **DOUBLET**, Sorte de vêtement, houpelande. Gl. *Dobletus* 1. [*Doubletarius* et *Duplodes.*]

2. **DOUBLET**, Espèce de filet. Gl. *Dobletus* 1.

DOUBLETIER, Tailleur, ou ouvrier en *doublets.* Gl. *Doubletarius.*

° **DOUBLETTE**, comme *Doublet* 1. Gl. *Doubletta* et *Stuffare.*

1. **DOUBLIER**, Plat, assiette. Gl. *Dibler.*

2. **DOUBLIER**, Serviette, petite nappe. Gl. *Doublerium* 1. *Duplarium* 2 [et *Dibler.* Partonop. vers 889, 4486.]

3. **DOUBLIER**, Sorte de vêtement, houpelande. Gl. *Dobletus* 1. [Aubri, pag. 154².]

4. **DOUBLIER**, Sorte de tonneau. Gl. *Doublerium* 2.

5. **DOUBLIER**, Doubleau, sorte de solive. Gl. *Doublerium* 2.

° 6. **DOUBLIER**, Double. Haubert doublier, Gérard de Vienne, vers 893.

DOUBTANCE, DOUBTE, Crainte, peur. Gl. *Dubitantia* 2, et *Dubitare.* [Doute, Roi Guill. pag. 50. Rayn. tom. 3, pag. 87¹, au mot *Doptansa.*]

DOUBTIF, Timide, craintif ; du verbe *Doubter*, Avoir peur. Gl. *Dubium.* [Voyez Rayn. tom. 3, pag. 86², aux mots *Dopte* et *Duptar.*]

DOUÇAINE, DOUÇEINE, Instrument musical. Gl. *Dulciana.*

° **DOUCEINS**, Nom d'une société de négociants. Gl. *Societas* 4.

DOVE, Le bord du fossé, où l'on a jeté la terre qu'on en a tirée. Gl. *Dova* sous *Doa* 1. [Voyez Rayn. tom. 3, pag. 62³, au mot *Dogua.*]

1. **DOUELLE**, Douve. Gl. *Doëla.*

2. **DOUELLE**, Douille, le fer creux qu'on met au bout d'en bas d'une pique. Gl. *Doëla.*

DOUESIENS, Monnaie de Douai. Gl. *Duacensis moneta* sous *Moneta Baronum.*

DOUET, Canal, conduit d'eau. Gl. *Ductus* 2.

DOUHE, Fossé. Gl. *Dova* sous *Doa* 1 [et *Doha*.]

DOUISIL, Fontaine de tonneau, robinet, cheville du robinet. Gl. *Duciculus.*

DOULCEMER, Instrument musical. Gl. *Dulciana.*

DOULLE, Ivre, plein de vin. Gl. *Doëla.*

DOULOUSER, Regretter, s'affliger, se plaindre. Gl. *Dolorare.*

DOULX, Le dos de la main. Gl. *Dodus.*

DOUR, Certaine mesure, la quatrième partie d'un pied géométrique. Gl. *Dornus.*

DOURDERE, DOURDERET, DOURDRET, Monnaie d'or du prix de 14 ou 16 sous, frappée à *Dordrecht.* Gl. *Dourdere.*

DOUSEUL, Espèce de tonneau. Gl. *Doublerium* 2.

DOUSIL, Fontaine de tonneau, robinet, cheville du robinet. Gl. *Duciculus.*

DOUSSELLET, DOUSSIER, Dais, ciel. Gl. *Dorserium* pag. 185² [et *Orsa*].

DOUTE, Crainte, peur; du verbe *Douter,* Craindre, avoir peur. Gl. *Dubitare.*

° **DOUTILZ**..... Chastel. de Couci, vers 4383:

Car ce seroit trop granz perilz
Pour che que chascuns soit doutilz.

DOUTRINEMENT, Enseignement, précepte. Gl. *Doctrinatio.*

DOUTRINER, Instruire, enseigner, apprendre. Gl. *Doctrinare.*

DOUVE, Fossé, ou le bord du fossé. Gl. *Douva* [et *Doha*].

DOUVRE, Fossé où l'eau séjourne. Gl. *Dovra* [et *Flachia*].

DOUYRE, Unir, aplanir. Gl. *Doleria.*

° **DOUZAIN,** Douss. Monnaie. Gl. *Dozenus* et *Moneta,* pag. 485³.

° **DOUZAINE. SERGENT DE LA DOUZAINE.** Gl. *Serviens,* pag. 444³.

DOUZENNE, Paquet de douze pièces. Gl. *Dozena.*

DOUZIL, Fontaine de tonneau, robinet, cheville du robinet. Gl. *Duciculus.*

DOUZIN, Mesure de blé, p. e. parce qu'elle est la douzième partie d'une plus grande. Gl. *Dosinus* 2.

1. **DOY,** Sorte de taille due au seigneur. Gl. *Donum commune* sous *Donum* 3.

2. **DOY,** Canal, conduit de quelque espèce qu'il soit. Gl. *Doitus.*

3. **DOY MEDICAL,** Le doigt annulaire. Gl. *Digitus.* [METRE DOY †. Gl. *Verpus.*]

DOYEN, Huissier, sergent. Gl. *Decanus* 3.

DOYENNESSE, Doyenne, la seconde ou troisième dignité dans les monastères de filles. Gl. *Decana* sous *Decanus* 5.

DOYIN, Grand vase, cruche. Gl. *Doga* 2.

DOYS, Distance fort petite. Gl. *Digitus.* [Voyez *Dois.*]

DOZAINE, Certaine mesure de terre. Gl. *Dozenum.*

DRAC, Dragon, en languedocien; d'où *Fa le drac,* pour Faire le diable. Gl. *Dracus.*

DRAGE, Sorcière qui a commerce avec le diable. Gl. *Dracus.*

° **DRAGON,** Signe dans les bannières. Gl. *Draco* et *Volare* 2.

1. **DRAP. ÊTRE AUX DRAPS OU DES DRAPS DE QUELQU'UN,** Être à son service, porter sa livrée. Gl. sous *Drappus,* pag. 193². [Et *Pannus* 3. *Dras de relegion,* Rayn. tom. 3, pag. 77¹, au mot *Drap. Dras. Habits,* Partonop. vers 1585, *Dras Emperiaus.* Roi Guillaume, pag. 136:

Dras emperiaus et orfrois.

Partonop. vers 1454:

Dras rices et emperiaus.

Voyez *Emperial. Dras* qui servaient de pavesade. Guill. Guiart, tom. 2, pag. 358, 359, vers 9299, 9329 (18280, 18310). *Draps de retour.* Gl. *Retornus* 3. Voyez *Fenestrez.*

2. **DRAP. FAIRE LES DRAPS DES NOCES,** p. e. Préparer le lit. Gl. *Panni nuptiarum* sous *Pannus* 2.

DRAPEL, Drapeau, chiffon, morceau de linge. Gl. *Drapellus.* [Dit du roi Guillaume, pag. 184. Rayn. tom. 3, pag. 77², au mot *Drapel.*]

DRAPIER, Laver et teindre le drap. Gl. *Drapare.*

DRAPPAILLE, DRAPPEL, Chiffon, morceau de drap ou de linge. Gl. *Drapellus.*

1. **DRAPPER,** Faire du drap. Gl. *Drapare.*

2. **DRAPPER,** Drapeau, chiffon, morceau de drap ou de linge. Gl. *Drapare.*

DRAPPERIE, Impôt sur les draps. Gl. *Draparia.*

DRAPRIER. COUSTEL DRAPRIER, Sorte de couteau. Gl. sous *Cultellus,* pag. 651¹.

DREIT, Droit. Gl. *Drictum* sous *Directum* 3. [Voyez Rayn. tom. 5, pag. 69¹, au mot *Dreit.*]

DRESSOIR, Buffet de table, où l'on étale ce qui doit servir à table. Gl. *Dressorium.*

DRESSOUOIR, Grande cuiller à servir. Gl. *Dressaderium.*

DRETURE, Droit, ce qui appartient à quelqu'un. Gl. *Drestura.*

DRIGUET, DRINGUET, Sorte de jeu, p. e. Trictrac. Gl. *Dringuet.*

DROE, Drague, marc d'orge cuite. Gl. *Drasqua* sous *Drascus.*

DROITTOIER, Comparaître en justice, être à droit, comme disent nos praticiens. Gl. *Directum* 1.

DROITTOIER, Poursuivre son droit. Gl. *Directum* 1.

DROITURE, Droit, ce qui est dû à quelqu'un. Gl. *Droitura,* sous *Directum* 3, pag. 126¹. [Offrande. Gl. *Directus* 1.]

DROITURER, Égard, considération. Gl. sous *Abatis.*

DROITURES, Les sacrements et autres secours spirituels que tout fidèle et catholique a droit de demander à l'Église. Gl. *Droitura.*

DROITURIER SEIGNEUR, Vrai et légitime. Gl. sous *Dominus* 11. [Voyez Rayn. tom. 5, pag. 72², au mot *Dreiturier.*]

DROLÉE, Réserve qu'on fait dans un bail ou contrat. Gl. *Druaylia.*

DROMONT, Grand vaisseau de guerre. Gl. *Dromones.*

DROUILLE, Pot de vin d'un marché, sorte de présent. Gl. *Droillia* et *Druaylia.*

1. **DRU, DRUD, DRUT, DRUZ,** Ami, quelqu'un sur qui l'on peut compter, vassal. Gl. *Drudes.* [Partonop. vers 210, 8150. Gérard de Vienne, vers 8145. Roman de Roncevaux pag. 81, 32. Voyez les Glossaires sur la Chanson de Roland et la Chron. de Normandie. Galant, amant. Partonop. vers 1425. 6371. *Drue,* Amie, maîtresse. Flore et Blanceflor, vers 2412, 2582. Wackern. pag. 82. Voyez Rayn. tom. 3, pag. 79¹, aux mots *Drut* et *Druda.*]

2. **DRU.** [Dru, vigoureux, serré. Partonop. vers 6998. Agolant, vers 702. Gérard de Vienne, vers 2684, 3716. Roman de Renart, tom. 3, pag. 3, vers 19821. Chastel. de Couci, vers 1168. *Chanson dou* Wackern. pag. 77. Voyez Rayn. tom. 3, pag. 79², au mot *Drut.*] LE DRU DE LA JOE, Le plein, le gros de la joue. Gl. *Druda.*

DRUERIE, Amitié, attachement, passion. Gl. *Druda, Drudaria* et *Inamorari.* Amour, galanterie. Partonop. vers 4012, 4102, 9410, 10170, 10220, 10229. Flore et Blanceflor, vers 3107. Plaisir, vers 2520. Wackern. pag. 58. Voyez Roquef. Don, cadeau, Partonop. vers 6259, 10614. Voyez *Courtoisie,* le Glossaire sur la Chron. des ducs de Normandie, et Rayn. tom. 3, pag. 79², au mot *Drudaria.*]

DRUGE, Fuite, retraite. Gl. *Druga.* [Guill. Guiart, tom. 1, pag. 247, vers 5973 (6291); tom. 2, pag. 88, vers 907 (9333). Voyez Roquef.]

DRUGUEMENT, Truchement, interprète. Gl. *Turchimanneus,* sous *Dragumanus.*

DRURIE, Amitié, attachement, passion. Gl. *Drudaria.*

DUCASSE, Fête du patron d'un lieu. Gl. *Dedicatio.*

DUCATION, Dédicace d'église. Gl. *Dedicatio*.

DUCHAME, DUCHEAUME, Duché. Gl. *Ducamen*. [*Ducheté*, Garin le Loher. tom. 1, pag. 123.]

DUCHOISE, Duchesse, femme de duc. Gl. *Duchissa*.

1. **DUEL**, Licou. Gl. *Ductus* 3.

° 2. **DUEL**, Deuil, douleur. Rayn. tom. 3, pag. 63¹, au mot *Dol*, Roquefort. *Dul*, Aubri, vers 50.

1. **DUIRE**, Apprendre, s'instruire. Gl. *Ductus* 1 [et *Antevenire*. Instruire, conduire, Partonop. vers 3138 :

Buens cuers le duit bien de meslée.

Chron. des ducs de Normandie, tom. 1, pag. 65, vers 1762. Voyez Rayn. tom. 3, pag. 82¹, au mot *Duire*. Orell, pag. 279.]

2. **DUIRE**, Convenir, appartenir. Gl. *Ductus* 1.

DUIT, Habile, expérimenté. Gl. *Ductus* 1. [Partonop. vers 2499, 8660. Ruteb. tom. 2, pag. 242.]

DUITRES, Guide, conducteur. Gl. *Ducarius*.

° **DUND** ou DIMD, Outil de tonnelier. Gl. *Fietus*.

° **DUNS**, DUM, Duvet. Partonop. vers 10633 :

Chiute de dum d'alérion.

Vers 10333 :

*Un oreillier ot al chieves...
Li duns en fu tos de fenis.*

DUPPE, Innocent, facile à tromper. D'où nous vient ce mot. Gl. *Duplicitas*.

DUQUES, Jusque. Gl. *Pergus*.

° **DUR**. ROYAUX DURS. Gl. *Moneta*, pag. 465¹.

° **DURANCE**, Durée. Ruteb. tom. 2, pag. 253.

DURANDART, Nom de l'épée de Charlemagne, ou d'autres fameux guerriers. Gl. *Durissimus*.

DURDERE, DURDRET, Monnaie d'or de la valeur de 14 ou 16 sous, frappée à Dordrecht. Gl. *Dourdere*.

DUREMENT, Fortement, beaucoup, extrêmement. Gl. *Duriter*.

DURENDAL, Nom de l'épée de Roland. Gl. *Durissimus*. [Voyez Fierabras, pag. 178, note au vers 1027.]

° **DURER**, Vivre. Garin le Loher. tom. 1, pag. 59. Roman de Renart, tom. 1, pag. 20, vers 528. S'étendre, Partonop. vers 501, 518, 7456.

DURFEUS, Impudent, effronté. Gl. *Dodus* et *Durio*.

DUSNE, Dune, lieu élevé. Gl. *Dunum*.

DUSQUES, Jusque. Gl. *Mugulare*.

° **DUTER**, Redouter, craindre. *Dutance*, *Dutement*, Crainte. Chron. des ducs de Normandie, Rayn. tom. 3, pag. 86⁹, 87¹², aux mots *Duptar*, *Doptansa*, *Doptamen*.

DUYRE, Apprendre, dresser à quelque chose. Gl. *Ductus* I.

DYABLIE, Malignité, scélératesse. Gl. *Diabolicum*.

DYÉE, Certaines prières par lesquelles on termine les différentes heures de l'office, les jours de jeûne. Gl. *Dieta* 3.

DYNAN, pour DINANDIER, Chaudronnier. Lett. de gr. de 1404, Reg. 159 du Tr. des Chart. pièce 6 : *Estienne de la Mare Dynan ou potier d'arain se louast à Gautier de Coux Dynan ou potier d'errain* (sic) *pour le servir jusques à certain temps.*

E

EAU

E, pour A, comme A pour E ; *Le*, *me*, pour *La*, *ma* ; *Auls*, pour *Eux*, dans plusieurs Cartulaires, et surtout dans les registres 21 et 23 de l'abbaye de Corbie.

EAIGE, Age. Gl. *Eagium*. [Voyez *Edage*.]

° **EAITIR**, comme *Aatir*, Avoir hâte. Roman de Merlin, Fierabras, pag. 182² :

*Or vignent à l'avant qui soielent eaitir
De lor force prover à corre et à saillir.*

EAU ARDENTE, Potion ou breuvage fait avec de la rue. Gl. *Aqua ardens*, pag. 338¹.

ÉBO

EAU GRASSE, Brouet, potage. Gl. *Adipata*.

EAUME, Heaume, casque, arme défensive qui couvrait la tête. Gl. *Helmus* 1.

EBE, Reflux de la mer. Gl. *Ebba*.

EBÉE, Vanne qui contient l'eau d'un canal. Gl. *Ebba*.

° **ÉBOUELÉS**, Boyaux, tripe. Roman de Renart, tom. 4, pag. 167, vers 2936 :

*Que bleue lainne n'ert pas pierse
N'éboulés n'ert mie char.*

ECH

ECCLESIASTE. JUSTICE ECCLESIASTE, Juridiction ecclésiastique. Gl. *Mundalis*.

° **ECHARGAITIER**, Faire le guet. Gl. *Scaraguayta*.

° **ECHE**, Mèche, amorce. Guill. Guiart, tom. 1, pag. 156, vers 3510 (3912) :

*Mes li François les feus alument
En mainz liens de chailloz et d'eche.*

Voyez Rayn. tom. 3, pag. 142¹, au mot *Esca*.

° **ECHOITE**, Biens dévolus au seigneur.

Gl. *Escaeta,* pag. 294¹. Voyez *Escheete* et *Escheeste.*

ECLISSER, Diviser, partager. Gl. *Feudum dividere* sous *Feudum,* pag. 476³.

ECOTER, Étêter un arbre. Gl. *Excotere.*

ECOTIER, Nom qu'on donne à certain chantre dans quelques églises. Gl. *Macecomici.*

EDAGE, EDET, Age. Chanson de Roland, stance 20, vers 18 :
Qui dureral à trestut ton edage.

Stance 227, vers 32 :
*N'i ad Franceis, si à lui veut juster,
Voeillet o nun n'i perdet sun edet.*

Ed, Eez. Chron. des ducs de Normandie. Voyez Rayn. tom. 3, pag. 285², au mot *État.*

EDEL, Noble, illustre. Gl. *Edelingus.*

EDIFIGIER, Édifier, bâtir à neuf. Gl. *Reparamentum.*

EDIFIEUR EN MEURS, Modèle de vertu. Gl. *Ædificator.*

EDITER, Publier, proclamer. Gl. *Edituere.*

EES, Essaims d'abeilles. Gl. *Apiculrii.*

° ÉESIEZ, Qui a des facilités. Voyez *Aaisié.* Roman de Renart, tom. 1, pag. 17, vers 432.

EFFACE,... Partonop. vers 5753 :
*Des lions connoist bien les traces
Et lor tesches et lor effaces.*

EFFANT, Enfant. Gl. *Homicida.*

EFFEODER, Inféoder, donner en fief. Gl. *Feare* sous *Feudum,* pag. 479¹, et *Infeodare.*

EFFESTUER, Quitter, abandonner, déguerpir ; d'où *Effestukement,* L'action de déguerpir ; ce qui se faisait en jetant un fétu. Gl. *Effestucare* et *Effestucatio.*

EFFEUILLEUR †, Celui qui cueille ou ôte les feuilles. Gl. *Frondare* 1.

EFFICHER, Imaginer, penser. Gl. *Effigium.*

EFFOAIGE, Chauffage. Gl. *Effoagium.*

EFFONDÉMENT, Abondamment, largement. Gl. *Effusus.*

EFFONDER, EFFONDRER, Enfoncer, couler à fond. Gl. *Effondare.*

° EFFONDRE. Voyez *Effoudre.*

1. EFFONDRER, Ouvrir avec une lancette ou autre instrument. Gl. *Effrondare.*

2. EFFONDRER, Éventrer. Gl. *Effrondare.*

° EFFORCEMENT, Effort, lutte. Garin le Loher. tom. 1, pag. 126. Force, troupe. Guill. Guiart, tom. 2, pag. 58, vers 1468 (10444).

EFFORCER, Devenir plus fort, augmenter, croître. Gl. *Efforciare.*

EFFORCIÉMENT, En forces. Gl. *Efforciate.*

EFFORCIER PEIS, Rompre, violer un traité de paix. Gl. sous *Pax,* pag. 230².

EFFORCIER UNE SERREURE, La forcer. Gl. *Efforciare.* [Voyez *Enforcier.*]

EFFORT, Aide, secours, main-forte. Gl. *Exforcium.*

EFFOUAGE, Chauffage. Gl. *Effoagium.*

EFFOUDRE, Éclair. [Chastel. de Couci, vers 1441 :
Lors vinrent bruiant comme effondre.]
D'où *Effoudrer,* Éclairer. Gl. *Fulgetra.*

EFFRAÉ, Fâché, irrité. Gl. *Efferatum.*

EFFRANCHE, Ridelle, pièce de bois qui règne le long des côtés d'un chariot ou d'une charrette. Gl. *Spranga* 1.

EFFRÉER, Effrayer, épouvanter. Gl. *Effractus.*

EFFRESLER, Briser, mettre en pièces. Gl. *Efrangere.*

EFFROY, Émeute, sédition. Gl. *Efferatum.* [Ce qui effraye, bruit. Roi Guillaume, pag. 44. Chastel. de Couci, vers 1411.]

EFFUSTUMENT, Charpente, toit de maison. Gl. *Fusta* 1.

EFFUTAIGE, Bienvenue que paye un garçon charpentier à ses compagnons. Gl. *Fusta* 1.

EFRACER, Déchirer, briser, mettre en pièces. Gl. *Efrangere.*

EFUCITION, Effusion. Gl. *Deviare.*

° EGARD, Inspecteur. Gl. *Warda,* pag. 407¹.

EGAUMENT, Également. Gl. *Egallatio* sous *Egalare.*

1. EGENER, Tromper, frauder. Gl. *Egaunnum.*

2. EGENER, Appauvrir, diminuer. Gl. *Egaunnum.*

EGIPTIEN, Que nous appelons plus ordinairement *Bohémien,* se dit de certains gueux errants et vagabonds qui vivent de larcins. Gl. *Ægyptiaci.*

EGLEGIE, Eglise, clergé. Gl. *Eglisia.*

EGLIPER, Glisser, couler. Gl. *Clidare.*

1. EGLISE, Le presbytère, la maison du curé. Gl. sous *Ecclesia,* pag. 223³.

2. EGLISE, Ermitage, chapelle. Gl. sous *Ecclesia,* pag. 223³.

° EGRE,' comme *Aigre,* Avide. Partonop. vers 5770.

EGRUN, Toutes sortes de fruits ou d'herbes et légumes aigres. Gl. *Egrunum* [et *Acrumen*].

° EGUILLE, Aiguille, obélisque. Gl. *Agulia* 2.

EHLOIGNE, Délai. Gl. *Elongatio* 2.

EINFERMETÉ, Infirmité, maladie. Gl. *Infirmare.*

EIRAU, Maison rustique avec les bâtiments qui y appartiennent, ferme. Gl. *Hayrelium.*

EISSALET, Vent de sud-est, le Siroc sur la Méditerranée. Gl. *Eissalet.*

1. EISSILLER, Détruire, ravager. Gl. *Exilium* 1.

2. EISSILLER, Exiler, bannir. Gl. *Impotionare.*

EISSIR, Sortir, aller dehors. Gl. *Pariformiter.* [Voyez Rayn. tom. 3, pag. 570², au mot *Eissir.* Roquefort.]

° EL, Autre chose. Partonop. vers 6329. Chastel. de Couci, vers 146, 868. Agolant, vers 1067. Chron. des ducs de Normandie. Voyez *Al.*

ELAVASSE, Lavasse, crue subite d'eau. Gl. *Eslaveidium.*

ELENCHE, Titre d'un livre qui en est comme l'abrégé. Gl. *Elenchus.*

ELEUTRE, Certain métal de composition. Gl. *Electrum.*

ELIGIÉ, Estimé, apprécié. Gl. *Eligibilius.*

ELIN, Gentilhomme. Gl. *Edelingus.*

ELISEURS DE L'EMPIRE, Electeurs. Gl. *Electores.*

ELLES, pour AILLES, Rideaux dont on paraît les ailes ou côtés de l'autel. Gl. *Ales* 2. [*Eles d'une nef,* Guill. Guiart, t. 2, pag. 894, vers 10229 (19211).]

ELME, ELMETE, Heaume, casque, arme défensive qui couvrait la tête. Gl. *Helmus* 1.

1. ELS, Yeux, dans les Etablissements de saint Louis, ch. 15.

2. ELS, Abeilles. Gl. *Abollagium.*

EMAYOLER, Donner le may. Gl. *Mayum.*

EMBACINÉ, Armé d'un bacinet. Gl. *Bacinetus.*

EMBAISSEUR, Ambassadeur. Gl. *Embaxator.*

° EMBALDIR. Voyez *Enbaldir.*

EMBANNIR, METTRE EN EMBANNIE, Proclamer un ban ou défense. Gl. sous *Bannum* 1, pag. 552³.

EMBARNIR, Engrossir, devenir gros, croître. Gl. *Ingrossari.* [Guill. Guiart, t. 1, pag. 91, vers 1804 (2211).]

° EMBARRER, Pousser, placer, enfoncer. Guill. Guiart, tom. 2, pag. 111, vers 2853 (11839) :
*Li rois Challes les siens atire
Que jusques dans autres embarre.*

Pag. 383, vers 9960 (18942) :
*Chaillos et grant bastons quarrez
Ront les bacinez embarrez.*

Flore et Jeanne, pag. 50 : *Le fiert grant*

cop sour son heaume, si k'il li abati le
ciercle, et li embara juskes en la coiffe
de fler.

EMBASSAMER, EMBASSEMER, Embaumer ; d'où *Embaussement*, de quoi embaumer. Gl. *Imbalsamare*.

EMBASTEIS, Partageable. Gl. *Imbastare*.

EMBASTONNEMENT, Bâton, toute arme offensive ; d'où *Embastonné*, Armé, garni d'armes offensives. Gl. *Basto* [et *Anteambulo*].

° **EMBATRE**, Pousser, lancer, enfoncer. S'embattre, s'élancer sur qqche, s'y enfoncer, entrer. Voyez Roquef. le Glossaire sur Joinville, Rayn. tom. 2, pag. 200¹, au mot *Embatre*. Chastel. de Couci, vers 3115 :

Et le faites bien aaisier
Privéement c'on ne le sache
En un lieu où on ne s'embache.

Partonop. vers 4021. Roman de Renart, tom. 1, pag. 18, 23, vers 346, 618. Guill. Guiart, tom. 1, pag. 109, vers 2290 (2681) ; tom. 2, pag. 355, vers 9281 (18212). *Embatu*, tom. 2, pag. 198, vers 5118 (14101). Chastel. de Couci, vers 3378, 4236.

EMBATTRE LE FEU, Mettre le feu à quelque chose. Gl. *Estecha*. [Voyez *Embatre*.]

EMBAUSSEMENT. Voy. ci-dessus *Embassamer*.

EMBAXADEUR, Ambassadeur. Gl. *Embaxator*.

° **EMBEDUI**, comme *Ambesdui*. Orell, pag. 41.

EMBELETER, Embellir, rendre agréable. Gl. *Abelimentum*.

EMBESOIGNIER, Mettre en besogne, faire travailler. Gl. *Bisonium*.

EMBEU, Ivre, plein de vin. Gl. *Bevriotus*. [Flore et Blanceflor, vers 2178, 2239. Voyez Rayn. tom. 2, pag. 218¹, au mot *Embiber*. Orell, pag. 282.]

EMBLABLE, Terre qui est en état d'être ensemencée. Gl. *Imbladiare*.

EMBLAER, EMBLAER, Embarrasser, empêcher. Gl. *Imbladare* sous *Bladum*, pag. 673³, et *Imbladiare*. [Aubri, p. 154¹ :

Et des prisons amena tel minée,
Encor ex est vostre chartre emblaée.

Voyez Roquef. au mot *Enblaer*.]

EMBLAVER, Ensemencer ; d'où *Emblaveure*, Terre ensemencée. Gl. *Imbladare* sous *Bladum*, pag. 673².

EMBLAY, Instrument qui sert à faire tourner la vis d'un pressoir. Gl. *Imbilium*.

1. **EMBLER**, [Prendre, dérober. Roi Guillaume, p. 65, 107. Voyez Rayn. t. 3, pag. 112¹, au mot *Emblar*. Gl. *Abigere*.] SE EMBLER, S'échapper. Gl. *Escapiamentum*. [S'en *Embler*, Garin le Loher. tom. 1, p. 203. Partonop. vers 8564. Guill. Guiart, tom. 1, pag. 140, vers 3101 (3493). *En Emblée*, Clandestinement. Guill. Guiart, tom. 1, pag. 261, vers 6320 (6640) :

Et g'irai contre l'empeïerre,
En apert, non pas en emblée.

Pag. 190, vers 4377 (4789). Roi Guillaume, pag. 103 : *En enblée*.]

2. **EMBLER** LE TONLIEU, Frauder les droits, éviter de les payer. Gl. *Escapiamentum*.

EMBLURE, Terre ensemencée. Gl. *Imbladare* sous *Bladum*.

EMBOELLER, pour ESBOELER, Arracher les entrailles ou boyaux ; sorte de supplice. Gl. *Exenteratio*.

EMBOER, Couvrir de boue. Gl. *Ellutare*.

EMBOIER, Percer de part en part. Gl. *Imboccare*.

EMBOIETÉ, Ivre, plein de vin. Gl. *Bevriotus*.

EMBOTER, Emboîter, enchâsser une chose dans une autre. Gl. *Imbutare*.

EMBOUCHER UN CHEVAL, L'attacher par la bride à quelque chose. Gl. sous *Imbogare*.

EMBOUCHEURE, EMBOUQUEURE, Mélange d'une chose de moindre qualité avec une autre qui est très-bonne. Gl. sous *Imbotare*.

° **EMBOUER** †, comme *Emboer*. Gl. *Ingersare*.

EMBOUGER, Mettre des poches à un habit. Gl. *Bulga*.

EMBOUQUIÉ, Corrompu, gâté. Gl. *Mescalia*.

EMBOURGHEBIERS, Espèce de bière. Gl. *Hamburgus*.

EMBOUSEMENT, Enduit ; d'où *Embouser*, Enduire, crépir. Gl. *Imbutamentum*.

EMBRACEOUR, EMBRASBOUR, Solliciter à gages et d'office des procès d'autrui. Gl. *Embracitores*.

EMBREVEURE, Registre. Gl. *Inbreviatura* sous *Brevis*.

EMBRIEFVER, Citer en justice. Gl. *Inbreviare*.

EMBRIEVER. S'EMBRIEVER, S'amortir, s'éteindre. Gl. *Inbreviare*.

EMBRIVER. S'EMBRIVER, S'empresser. Gl. *Abreviare*.

EMBROILOIR, Certain bâton avec lequel en tordant une corde on contient ce qui est sur une charrette. Gl. *Embrum*.

EMBRON, EMBRONC, EMBRUNC, Pensif, chagrin, colère. Gl. *Embrum*. [Baissé, en bas, la tête basse. Chanson de Roland, stance 15, vers 1, et stance 60, vers 6 :

Li empereres en tint son chef enbrunc.

Stance 287, vers 10 :

Paien i bassent lur chefs e lur mentun
Lor helmes clers i surclinent enbrunc.

Chastel. de Couci, vers 1560 :

Chascuns tint sa lance enpoigniée,
Et fichiet dessous l'elme embrons
Muevent chevaus des esperons.

Guill. Guiart, tom. 2, pag. 285, v. 7397 (16379) :

Tant vassal charchié d'armeures
Embronc sus l'arçon de la sele.

Voyez Rayn. tom. 2, pag. 262², au mot *Embronc*, le Glossaire sur la Chronique des ducs de Normandie, au mot *Enbrons*, Partonop. vers 1281, 5507.

EMBRONCHIÉ, Embarrassé, incertain, indécis. Gl. *Embrum*.

° **EMBRONCHIER**, Baisser, refrogner, s'affaisser, cacher. Chanson de Roland, stance 255, vers 24 :

Li amiralz en ad le helme enclin
E en apres si'n enbrunket sun vis.

Stance 266, vers 13 :

Pluret des oilz, tute sa chère embrunchet.

Stance 279, vers 2 :

Mult l'enbrunchit e la chère e le vis.

Guill. Guiart, tom. 1, pag. 259, vers 6274 (6584), pag. 226, vers 5414 (5740) :

Qui lors le véist embronchier
Contre ceus dont il a là tant.

Tom. 2, pag. 310, vers 8044 (17025) :

Serrez, ès targes embronchiez.

Pag. 77, vers 1955 (10931) :

Mainz preudommes, aus cops qu'il jonchent,
Sus les cols des chevaus embronchent.

Pag. 378, vers 9821 18802) :

Refont maint serjant embronchier.

Voyez Roquef. Gloss. et Supplém. au mot *Embrunquier*. Rayn. tom. 2, pag. 263¹, au mot *Embroncar*, pag. 272¹, au mot *Abroncar*, ci-dessus *Anbroncher*, *Embron* et *Embronchier*.

EMBRUIR, Se mettre en colère, s'approcher de quelqu'un pour l'attaquer. Gl. *Embrum*.

EMBRUISSEMENT, Assaut, attaque. Gl. *Embrum*.

EMBRUNCHE, Embuscade. Gl. *Embuchiæ*.

EMBRUNCHER, EMBRUNCHIER, Embarrasser, entortiller ; d'où *Embrunchement*, Entortillement. Gl. *Embrum*.

EMBRUNCHIER, Couvrir, cacher. Gl. *Inbricare*.

EMBUCHEMENT, EMBUSCHEMENT, Embuscade ; du verbe Embuchier, Embusquer, se mettre en embuscade. [Se placer. Agolant, vers 488. *Enbuisser*, Rayn. tom. 2, pag. 241², au mot *Emboscar*.] Gl. *Embuchiæ*.

° **EMBULLETER**. Gl. *Bulleta*.

EMBUSCHER, Entraver, mettre des fers ou liens aux pieds. Gl. *Imbogare*.

EMBUT, Entonnoir. Gl. *Embutum*.

EMCHAPEMENT, Ce qui couvre quelque chose. Gl. *Capa 5*.

° **EME**. FAIRE EME, Guetter. Roman de Renart, tom. 1, pag. 273, vers 7350 :

Jà ne cuidé que féist eme
Cil fel, etc.

Voyez *Esme*.

° **EMENDE** DE LOI. Gl. *Lex*, pag. 85³.

° **EMERER.** Voyez *Esmerer*.

EMESSURE, Charge, accusation. Gl. *Enmessura*.

EMINÉE, Certaine mesure de terre, autant qu'en peut ensemencer une émine. Gl. *Hemina*.

EMIOUERE, Moulin ou machine propre à réduire en miettes ou en poudre. Gl. *Fratillum*.

EMMALER, Mettre en paquet. Gl. *Immallatus* [et *Mala*].

EMMANTELER, Couvrir comme d'un manteau. Gl. *Immantare*.

EMMARER, Tomber ou enfoncer dans un marais. Gl. *Affondare*.

EMMENEMENT, Enlèvement, rapt. Gl. *Intrahere* [et *Raptus* 1].

EMMENSISSURE, Dépérissement, altération. Gl. *Funtura*.

EMMENTELER, Couvrir comme d'un manteau. Gl. *Immantare*.

EMMESSURE, Charge, accusation. Gl. *Enmessura*.

° **EMMI**, A moitié, à demi, parmi, entre. Voyez Roquef. Rayn. tom. 4, p. 175², au mot *Mei*, Orell, pag. 321.

EMMINER, Emmener. Gl. *Elourdatus*.

EMMIUDREMENT, Amélioration. Gl. *Emeliorare* 1.

EMMONER, Emmener. Gl. *Elourdatus*.

EMMURER, Renfermer, mettre en prison. Gl. *Immurare* [et *Murus*].

EMOIGNIER, Mutiler, estropier. Gl. *Emembrare*.

EMOLOGER, Homologuer. Gl. *Emologare*.

° **EMOUDRE**. Gl. *Molare* 3. *Emoulu*, Gl. *Arma*, pag. 387³.

EMPAGEMENT, Empêchement, embarras. Gl. *Impechementum*.

1. **EMPAINDRE**, Heurter, pousser. Gl. *Impingere*. [Partonop. vers 3349, 8120, 9749, 9787. *Empaindre et sachier*, Chastel. de Couci, vers 3322. Guill. Guiart, t. 1, pag. 100, vers 2031 (2441). Roman de Renart, tom. 1, pag. 25, vers 666. *S'empaindre*, s'élancer. Guill. Guiart, t. 2, p. 242, vers :

Cil d'armes passent la rivière
Où tuit communement s'empaingnent.

Flore et Blancheflor, vers 1380 :

A tant se sont empaint en mer.

Empaindre en mer. Roquef. Chanson du Chastel. de Couci, Laborde, pag. 264. Rayn. t. 2, pag. 114, au mot *Empenher*. le Gloss. de la Chron. des ducs de Normandie, au mot *Empeindre*.]

2. **EMPAINDRE**, Embarrasser, entortiller. Gl. *Impingere*.

EMPAINGER, Frapper, heurter, pousser. Gl. *Impingere*.

EMPAINTE, Tempête, ouragan, attaque, assaut. Gl. *Impeteius*. [Temps, époque. Guill. Guiart, tom. 1, pag. 325, vers 7474 ; tom. 2, pag. 351, vers 9123 (18104).]

EMPANERER, Mettre dans un panier. Gl. *Panerius* 1.

° **EMPANGNE** †. Gl. *Empedia*.

EMPARCHER, Enfermer dans un parc. Gl. *Impareare* sous *Parcus* 1. [...... Guill. Guiart, tom. 1, pag. 128, vers 2798 :

Cils d'Angi et cils de la Marche
Que Jouhan orendroit enparche.

Tom. 2, pag. 453, vers 11769 (20752) :

Bourgoingnons qui leur duc emparchent.

Ruteb. tom. 1, pag. 27 :

Li dé m'ont pris et emparchié.

Voyez Rayn. tom. 4, pag. 426¹, au mot *Emparchar*, et ci-dessous *Emparquer*.]

EMPAREMENT, Rempart, fortification. Gl. *Emparamentum* 2.

EMPARENTÉ, Apparenté, qui a des parents nobles, riches ou puissants. Gl. *Parentatus* sous *Parens*. [Partonop. vers 8953, 9193.]

EMPARER, Remparer, fortifier. Gl. *Emparamentum* 2.

1. **EMPARLÉ**, Qui parle bien et aisément, eloquent. Gl. *Præloculor*.

2. **EMPARLÉ**, Causeur, qui parle trop. Gl. *Amparlarii* [et † *Affabilis*].

EMPARLERIE. Voyez ci-après *Emparlier*.

EMPARLEUR, Traquet de moulin. Gl. *Amparlarii*.

EMPARLIER, Avocat; d'où *Emparlerie*, Son office. Gl. *Præloculor* [et † *Amparlarii*].

° **EMPARQUER**... Guill. Guiart, t. 2, p. 190, vers 4907 (18893) :

... et o ceus que g'emparque
Le filz au conte de la Marque.

Voyez *Emparcher*.

EMPASTURER, Faire paître, mettre en pâture. Gl. *Pasturare*.

EMPAVENTER, Paver. Gl. *Pavare*.

° **EMPEESCHER**. ARMÈURES EMPEESCHANZ, Armes défensives. Guill. Guiart, tom. 2, pag. 198, vers 5123 (14111).

EMPEINDRE, Heurter, donner contre quelque chose. Gl. *Impingere*. [Voyez *Empaindre*.]

EMPEITOUS, Impétueux. Gl. *Impeteius*.

EMPENER, Condamner à une peine, punir, châtier en frappant. Gl. *Pœnare*.

EMPENSÉ, Réfléchi, pensé mûrement. Gl. *Impensatus*. [Agol. vers 1311. Flore et Blancefl. v. 473. Voyez Dietz, *Altr. Sprachdenkmale*, pag. 54.]

EMPERE, pour EMPIRE, Juridiction. Gl. *Imperium*.

EMPERER, Remparer, fortifier. Gl. *Emparamentum* 2.

EMPERERIS, Impératrice. Gl. *Imperatrix*.

EMPEREUR DES SOTAIS, Nom de celui qu'on élisait tous les ans à Nesle pour chef de la jeunesse. Gl. *Imperator*.

° **EMPERIAL**. Voyez *Drap* 1.

EMPESCHE, Sorte de pêche, fruit. Gl. *Pesca*.

1. **EMPESCHER**. S'EMPESCHER, S'embarrasser. Gl. *Intricare*.

2. **EMPESCHER**, Déférer en justice, accuser ; d'où *Empeschement*, Accusation. Gl. *Impechiare*. [*Empestrer*. Gl. *Retire*.]

EMPETRER, pour Impétrer, obtenir. Gl. *Impetratio*.

EMPHITEOSE, Bail d'héritages à perpétuité. Gl. *Emphyteosis*.

EMPIENER, Obliger quelqu'un à marcher, à aller à pied. Gl. *Impedatura*.

EMPIENGNE, Empeigne. Gl. *Impedia*.

EMPIGER, Graisser, enduire de poix. Gl. *Gema*.

EMPIMENTER, Parfumer, rendre une odeur agréable. Gl. *Pigmentum*.

EMPIRANCE, Diminution ou corruption. Gl. *Empiramentum*.

EMPIREMENT, Tout ce qui peut gâter et rendre pire. Gl. *Empiramentum*.

EMPIRER, Décrier, décréditer. Gl. *Empiramentum*.

EMPIRIER, Nuire, endommager. Gl. *Empiramentum*.

1. **EMPLAGE**, Remplissage, addition. Gl. *Implagium* 2.

2. **EMPLAGE**, Le total de quelque chose. Gl. *Implagium* 2.

EMPLAIDER, EMPLAIDIER, Appeler en justice, intenter un procès. Gl. *Implacitare* [et *Placitum*, pag. 348¹].

EMPLAISTRE, EMPLASTRE, Emplacement, place vide. Gl. *Amplastrum* et *Plastrum* 1.

EMPLAITE, Entreprise, projet. Gl. *Empresia*.

° **EMPLER**, EMPLIR, Se remplir, être plein. Guill. Guiart, tom. 2, pag. 41, vers 1044 (10010) :

Sarrazins, dons le païs emple.

Flore et Blanceflor, vers 2699 :

Tous emplist li palais le roi
De sa gent, etc.

Empler, Emplir, remplir. Voyez Orell, pag. 129.

EMPLEVER, p. e. pour Empirer. Gl. *Empiramentum*.

EMPLOE, Petit vase, burette. Gl. *Ampollata*.

EMPLOITE, Espèce, nature. Gl. *Implicatura*.

EMPLOVOIR, Pleuvoir dessus. Gl. *Impluere*.

° **EMPLOYER.** Gl. *Implicare* 1.

EMPLUMER, Plaisanterie dont on punissait un homme surpris avec une autre femme que la sienne. Gl. *Adulterium.*

EMPLUS, Mouillé, imbu de pluie. Gl. *Implutus.* [Fabl. et Cont. tom. 3, pag. 32. Chastel. de Couci, vers 2516.]

EMPOISONNER, Ensorceler, jeter un sort ; d'où *Empoisonneresse,* Sorcière. Gl. *Empoysonare.*

1. **EMPORT,** Déport, faveur. Gl. *Deportare* 1.

2. **EMPORT.** AVOIR EMPORT, Emporter, obtenir d'autorité ou par son crédit. Gl. *Importare* 2.

EMPORTEMENT, Déport, faveur. Gl. *Deportare* 1.

EMPOTIONNEMENT, Potion médicinale. Gl. *Impotionare.*

EMPOUDRER, Remplir de poussière. Gl. *Pulveratus.*

° **EMPRÉ,** Après. Chastel. de Couci, vers 1803. *Emprès,* Partonop. vers 486. Voyez Orell. pag. 321.

EMPREINGNER, Engrosser. Gl. *Imprægnare.* [Flore et Blanceflor, vers 159 :
Dist de ce terme estoit emprains.
Vers 165 :
*l'int li terme k'eles devoient
Enfanter çou qu'enpres avoient.*
Voyez Rayn. tom. 4, pag. 636², au mot *Emprenhar.* Embraser, enflammer, éprendre. Joinville, pag. 58 : *Il li empristent la colière de son cheval de feu grejois. Pitié l'empreint.* Roman de Berte, pag. 69. *Pitiés l'emprist,* Roman de Renart, t. 1, pag. 3, vers 47 : *Emprenans,* Entreprenant. Roman du Brut, dans le Glossaire sur Joinville. *Enprendans,* Partonop. vers 2385. *Enpernans, Enpernanz.* Chronique des ducs de Normandie. Voyez Rayn. tom. 4, pag. 630³, au mot *Emprendre.* Orell. pag. 254.]

EMPRENDRE, Entreprendre. Gl. *Interprætendere* [et *Imprisa*].

1. **EMPRÈS,** Exprès, précis. Gl. *Beatizare.*

2. **EMPRÈS,** Auprès, proche. Gl. *Wap.*

° **EMPRESSER,** Presser, serrer de près. Garin le Loher. tom. 1, pag. 182 :
Hardres l'empressequi tint lebrancd'acier.
Guill. Guiart, tom. 1, pag. 346, vers 8028 (8872) :
Le chastel prennent, tant l'empressent.
Tom. 2, pag. 120, vers 3082 (12062).

1. **EMPRINSE,** Entreprise, projet. Gl. *Empresia.*

2. **EMPRINSE,** Partie de jeu. Gl. *Empresia.*

EMPRISE, Entreprise, projet. Gl. *Empresia,* [*Emprisia* et *Imprisa*].

EMPROFONDIR, Approfondir, creuser. Gl. *Approfundare.*

° **EMPRUNTÉ,** Emprunté, embarrassé. Agolant, pag. 163² :
Ne semble pas chevalier emprunté.
Pag. 172 :
Car ci François ne sunt mie emprunté.
Chastel. de Couci, vers 906 :
*Furent maintes dames parées,
Pas ne sembloient empruntées.*
Gl. *Impruntare.*

° **EMPUANCE,** Gl. *Inpuricia.*

EMPUÉ. COURONNE EMPUÉE, Sorte d'ornement de femmes. Gl. *Cevecellia.*

EMPULLENTIR, Empuantir, rendre une mauvaise odeur. Gl. *Inpuricia.*

EMPUNAISIER, Empuantir, corrompre. Gl. *Inpuricia.*

EMPUTER. Imputer, accuser, dénoncer ; d'où *Empulement,* Dénonciation, accusation secrete ; et *Emputeur,* Délateur, calomniateur. Gl. *Imputare* 3.

EMPUTEUR DE GENS, Qui blesse ou qui tue les gens. Gl. *Tribulare* 1.

° **EMZ.** Voyez *Enz.*

ENAAGER, ENAAGIER, Déclarer majeur. Gl. *Aagiatus.*

° **ENAMER,** Aimer, affectionner. Flore et Blanceflor, vers 2152 :
Je vous ai forment enamé.
Partonop. vers 1481 :
Car or vos ai tant enamée.

ENAMOURER (S'), Aimer, prendre de l'amour. Gl. *Inamorari.* [Voyez Rayn. t. 2, pag. 67¹, au mot *Enamorar.*]

° **ENANGLER,** Cacher. Guill. Guiart, tom. 1, pag. 33, vers 221 (719) :
*Et à la parfin l'estrangloient
En crotes, où il l'enangloient.*
S'enangler, Se faufiler, tom. 2, pag. 395, vers 10253 (19253) :
*Les galies aus nés assemblent
Et grant flo se vont enanglant.*
S'enenglantant, tom. 1, pag. 10, vers 127. Voyez *Angler.*

ENARME, L'anse ou courroie d'un bouclier, par laquelle on le tenait ou suspendait. Gl. *Inarmare,* [et *Giga* 3. Toujours au pluriel : *Les enarmes,* Renart le Nouvel, tom. 4, pag. 146, vers 549. Gérard de Vienne, vers 288. etc.]

° **ENARMÉ,** Armorié. Guill. Guiart, tom. 2, pag. 383, vers 9299 (18280).

° **ENARMEURES,** Armoiries. Guill. Guiart, tom. 1, pag. 359, vers 9829 (18310.)

ENBALDIR, Publier, proclamer. Gl. *Imbannare.*

° **ENBARBELLÉ.** Gl. *Sagitta* 2.

° **ENBARER.** Voyez *Embarrer.*

ENBARNIR, Engrossir, devenir gros, prendre de l'embonpoint. Gl. *Ingrossari.*

EMBASINÉ †, Embaumé. Gl. *Balsamare.* [*Enbasmer, Embasmer,* Rayn. tom. 2, pag. 175³, au mot *Enbasmar. Enbausemer,* Chastel. de Couci, vers 7858.]

ENBATRE, Abattre, jeter à bas. Gl. *Externare.* [S'*enbattre.* Voyez *Embatre.*]

ENBAUCHURE, Travée. Gl. *Quevro.*

ENBEGUINÉ, Ivre, plein de vin, coiffé. Gl. *Beguta* 2.

ENBELIR, Plaire, être agréable. Gl. *Abelimentum.* [Pastourelle, Laborde, p. 188.
*Dex ! tant m'enbeli
Quant seule la vi.*
Voyez *Abelir,* Roquef. au mot *Embellir* ; et la Chron. des ducs de Normandie.]

ENBESONGNER, Mettre en besogne, faire travailler. Gl. *Bisonium.*[Partonop. vers 625 :
*Partonopels del roi s'esloingne
De grant folie s'enbesoigne.]*

° **ENBLANCHIR,** Blanchir. Rayn. t. 2, pag. 223² au mot *Emblanquezir.*

ENBOER, Remplir de pus, apostumer. Gl. *Bocius* 2.

° **ENBORDER (S'),** S'embarrasser, se charger. Partonop. vers 2987 :
*N'a cure de miséricorde
Ne d'alesne pas ne s'enborde.*

ENBOUCHIER, Mixtionner, faire le mélange d'une bonne chose avec une médiocre ou mauvaise. Gl. *Imbotare.*

ENBOURROUMER, Se former en *boue* ou pus, apostumer. Gl. *Bocius* 2.

° **ENBRAMI,** Courroucé, Roman de Renart, tom. 1, pag. 22, vers 572 :
Qui serv lui vint si enbramie.

° **ENBUISSER.** Voyez *Embuchement.*

ENBULLETER, Donner un billet, un certificat. Gl. *Bulleta.*

ENCAL, pour SÉNÉCHAL, Bailli. Gl. sous *Senescalcus.* pag. 417³.

ENCAMALLIÉ, Tissu de mailles. Gl. *Camelaucum,* pag. 45¹.

° **ENCANTEMENT,** Musique. Flore et Blanceflor, vers 8195 :
*La oïssiés les estrumens
Vieles et encantemens.*
Enchantement. Rayn. tom. 2, pag. 315¹, au mot *Encantamen.*

° **ENCANTOR, ENCANTERE,** Enchanteur, escamoteur. Flore et Blanceflor, vers 805, 810. *Enchantéor, Enchanterre,* Rayn. tom. 2, pag. 315², au mot *Encantaire.*

ENCANTEUR, Celui qui vend à l'encan, crieur. Gl. *Incantor* sous *Incantare* 2.

ENCAPER, Couvrir d'une cape, donner une cape. Gl. *Capatus* 1.

ENCARATER, Enchanter, ensorceler. Gl. *Caracter* 2.

ENCARAUDER, Le même. Gl. *Caraula.*

ENCARCERER, Mettre en prison. Gl. *Incarceratio.* [*Enchartrer,* Rayn. tom. 1, pag. 334¹, au mot *Encarcerar.*]

ENCARIER, Charrier, voiturer. Gl. *Carreare* 1.

ENCARKIER, Devenir grosse. Gl. *Chargia* 4.

ENCARTER, Rédiger, passer un. contrat. Gl. *Incartare.*

ENCASSILLER, Enchâsser. Gl. *Inchassillare.*

° **ENCASTRÉ**, Enchâssé. Gl. *Incastraturæ.*

ENCAVAGE, Droit sur les tonneaux qu'on met en cave. Gl. *Cava* 1, pag. 232².

ENCAUCER, Poursuivre ; d'où *Encauchier* et *Encaus*, Poursuite. Gl. *Encausar.* [Rayn. tom. 2, pag. 351², au mot *Encaussar*, et pag. 351¹, au mot *Encaus.*]

ENCAVEURE †, Emboîtement, mortaise. Gl. *Incastatura.*

ENCENCIER, Encensoir. Gl. *Encenserium.*

ENCENDEMENT, Incendie, embrasement. Gl. *Incendiatio.*

ENCENGE, Certaine mesure de terre, p. e. parce qu'elle était enceinte de haies ou autre clôture. Gl. *Encengia.*

ENCENSIR, Donner à cens. Gl. *Setura* 1.

ENCERCER, ENCERCHIER, Chercher avec attention, faire enquête. Gl. *Encercare.* [Roman de Renart, tom. 3, p. 62, vers 21460 :

Or m'avez encercié à fol.

Voyez Rayn. tom. 2, pag. 382², au mot *Ensercar.*]

ENCERVELEIZ, pour *Escervelé*. Gérard de Vienne, pag. 167¹ :

Ke mors fuisiez et toz encerveleiz.

ENCHAINTE, Enceinte, grosse d'enfant. Gl. *Incincta.*

ENCHANDELISIER, p. e. pour ESCHANDELISIER, Répandre de mauvais bruits sur quelqu'un. Gl. *Scandalizare.*

° **ENCHANSTER**. Voyez *Enhanster.*

ENCHANTEMENT, Encan. Gl. *Incantare 2.*

ENCHANTEUR, Celui qui vend à l'encan, Crieur. Gl. *Incantor* sous *Incantare* 2.

ENCHAPPERONNER. Couvrir d'un chaperon une muraille de clôture. Gl. *Incaputiatus* [et † *Capuciatus*, pag. 156³].

ENCHARAUDER, Ensorceler. Gl. *Caraula.*

° **ENCHARGER**, Imposer comme pénitence. Roman de Renart, tom. 3, p. 125, vers 23184.

ENCHARGIER, Avoir ENCHARGIÉ, Devenir grosse. Gl. *Chargia* 4. [Guill. Guiart, tom. 1, pag. 27, vers 67 (568) :

*Tost après cele avision
Encharja l'enfant la royne.*

Voyez Rayn. tom. 2, pag. 396¹, au mot *Encargar*]

ENCHARNER, Prendre chair, devenir homme, s'incarner. Gl. *Incarnare.*

ENCHARNEURE, Emboîtement, mortaise. Gl. *Incastraturæ.*

ENCHARTREMENT, Transaction, accord fait par écrit. Gl. *Incartamentum* sous *Inchartare.* [Voyez Rayn. tom. 2, p. 344¹, au mot *Encartamen.*]

ENCHARTRER, Mettre en prison. Gl. *Incarceratio* [et *Inferrare*].

ENCHASSER, Courir après, poursuivre. Gl. *Encausar.*

ENCHASTELER. [Fortifier. Guill. Guiart, tom. 2, pag. 359, vers 9315 ; pag. 363, vers 9496 (18297, 18418.)] ENCHASTELER UN HERITAGE, Le mettre en valeur, le fournir de tout ce qui est nécessaire pour le faire valoir. Gl. *Incastellare*, pag. 321².

ENCHASTONNER, Enfermer dans un chaton. Gl. *Chasto 2.*

° **ENCHASTRE**, Margelle. Roman de Renart, tom. 2, pag. 280, vers 15825 :

*Qui ert apoiez à l'enchastre
Del puis, qui ert volté de plastre.*

ENCHAUCHER, ENCHAUSER, ENCHAUSSER, Poursuivre. [Aubri, pag. 182² :

Bons à fuir et bons à enchaucier.

D'où *Enchaus* et *Enchaussement*, Poursuite. Gl. *Encausar.* Voyez *Encaucer.*]

ENCHAUSSUMER, Répandre de la chaux sur quelque chose. Gl. *Calcinatium.*

° **ENCHEOIR**, ENKEOIR, Tomber dans. Orell, pag. 215.

° **ENCHERCHER**. Voyez *Encercer.*

ENCHERCHEUR, Qui cherche querelle. Gl. *Adagonista.*

ENCHERESSEMENT, L'action d'enchérir. Gl. *Incartoramentum.*

ENCHERIE, Enchère. Gl. *Incheria.*

° **ENCHERRE**, pour *Enquerre ?* Rechercher, épier. Partonop. vers 8393 :

*Et il si ait qui s' encherra
Et qui jamais en mesdira.*

Voyez Roquef. au mot *Enquerrer.*

ENCHEUE, Succession, héritage. Gl. *Escahentia.*

ENCHEYSON, pour OCCASION, Amende, impôt. Gl. *Sac.* [Faute, Gilote et Johanne, Jubinal, pag. 30 :

Desolé et batu pour poi d'enchesoun.

Voyez *Enchsoir.*]

ENCHIEREMENT, Enchère. Gl. *Incheria.*

ENCHIERISSEMENT, L'action d'enchérir une marchandise, de la vendre au delà de son prix. Gl. *Montare* 2.

° **ENCHISER**, ENCISER, Couper, trancher, inciser. Partonop. vers 3818 :

*Li uns aciers à l'autre gront,
Li uns bons aciers l'autre enchise,
Devant le heut l'espée brise.*

Roman de Renart, tom. 2, pag. 368, vers 19627 :

*Si l'ont trenchié à un costel
Bien ont encisé la pel.*

ENCHOISONNER, Blâmer, faire des reproches. Gl. *Occasio* 5. [Voyez le Gloss. sur Joinville, et Rayn. tom. 2, pag. 360², au mot *Encaisonar.*]

ENCHOMER, Frapper, blesser. Gl. *Incombrare* 2.

ENCIRAILLER, Couper par morceaux. Gl. *Incisilis.*

ENCIRER, Enduire de cire. Gl. *Cerare* 1.

ENCIS, Meurtre d'une femme enceinte. Gl. *Encimum [Ensicium* et *Intuscisum*].

1. **ENCLASTRE**, Lieu fermé, grange, grenier. Gl. *Inclausura.*

2. **ENCLASTRE**, Chaton, ou la pierre enfermée dans le chaton. Gl. *Inclusor.*

ENCLEVE, Enclos, lieu fermé de murs ou de haies. Gl. *Inclausura.*

ENCLIN, Marque de respect qu'on donne en s'inclinant, salut, révérence ; [Voyez *Clin*, et Rayn. tom. 2, pag. 415, au mot *Enclin.* Baissé. Parton. vers 7762 :

Pensis et quoiz, le chief enclin.

Soumis, comme *Aclin*. Agolant, pag. 171² :

*Soufferrez vos de vu gent tel train
Que vostre lois soit à païens enclin ?]*

D'où *Encliner*, Saluer respectueusement. Gl. *Acroupi* et *Encleticare.* [*Encliner quelqu'un*. Agol. pag. 172¹. Gérard de Vienne, pag. 173³. Ruteb. tom. 2, pag. 251, Guill. Guiart, tom. 1, pag. 210, vers 5013 (5827). *Encliné*, Baissé. Roman de Roncevaux, pag. 15, 28. Voyez Rayn. tom. 2, pag. 416¹, au mot *Enclinar.*]

ENCLINOUER, Petite avance de bois qui tient à chaque stalle des chaises du chœur, appelée communément *Miséricorde*. Gl. *Inclinatorium.*

ENCLOISTRE, ENCLOSTRE, Enclos d'un monastère ou couvent. Gl. *Inclaustrum.*

° **ENCLORE**, Enclooit, Chastel. de Couci, [vers 1834. *Encloant*, Ruteb. tom. 2, pag. 241. *Enclous*, Roman de Renart, tom. 1, pag. 20, vers 540. Voyez Orell, pag. 263, et Rayn. tom. 2, pag. 411², au mot *Enclaure.*

ENCLUGE, Enclume. Gl. *Enciugia.*

1. **ENCLUS**, Reclus, solitaire. Gl. *Inclusi.*

2. **ENCLUS**, Inclus, compris. Gl. *Inclusor.*

° **ENÇOIS**, Avant, auparavant, Partonop. vers 5217 :

Quar ge morrai ençois mes dis.

Voyez Aincois, et Rayn. tom. 2, pag. 91². au mot *Anceis.*

ENCOLPER, Accuser, déclarer coupable. Gl. *Incolpare.* [Voyez Rayn. tom. 2, pag. 443², au mot *Encolpar.*]

ENCOMBRER, Embarrasser, mettre obstacle, empêcher. [Partonop. vers 8671, 8944. Rayn. tom. 2, pag. 452¹, au mot *Encombrar.*] D'où *Encombrement*, Embarras, empêchement. Gl. *Incumbrare* sous *Combri*, pag. 421². [Rayn. tom. 2, pag. 451². au mot *Encombrament. Encombrer, Encombrier*, Dommage, embarras, péché. Roi Guillaume, pag. 62. Partonop. vers 3264. Jubinal, Fabliaux et Contes, tom. 1, pag. 174 ; tom. 2, pag. 29, 94. Voyez Rayn. tom. 2, pag. 452¹, au mot *Encombre*, Chron. des ducs de Normandie, tom. 2, pag. 394, vers 26796. *Encombros*, *Encombreux*, Embarrassant, escarpé,

162 ENC END END

tom. 3, pag. 204, vers 37356; pag. 212, vers 37554. Rayn. pag. 451², au mot *Encombros.*]

ENCOMMENCER, Commencer ; d'où *Encommencement*, Commencement. Gl. *Excommunicare* et *Inceptum.*

° 1. **ENCONTRE**, Contre, vers. Flore et Blanceflor, vers 787. Voyez *Contre* 3, Orell. pag. 822 ; et Rayn. tom. 2, p. 469², au mot *Encontra.*

2. **ENCONTRE**, Attaque, partie de jeu contre un autre. Gl. *Incontrum.*

ENCONTRÉE, Rencontre, combat. Gl. *Incontrum.*

ENCONTREPLEGER, Donner caution. Gl. *Contraplegiatio.*

ENCONTRER, Rencontrer. Gl. *Rigolamentum.* [Partonop. vers 6895 :
   S'il bien encontre à bon le tient.
Aubri, pag. 168² :
   Se il i vient, il i ert encontrés.
Voyez Rayn. tom. 2, pag. 470¹, au mot *Encontrar. Encuntrement*, Rencontre, au mot *Encontramen.*]

ENCONVENANCER, S'engager, par convention. Gl. *Convenire* 1.

ENCORDER, Garnir d'une corde. Gl. *Cordellatus.*

ENCORPER, comme ci-dessus *Encolper.* Gl. *Inculpare.*

ENCORREMENT, Confiscation. Gl. *Incurrementum.*

ENCORTINER, Tapisser, couvrir de tapis. Gl. *Incortinari.* [Voyez *Encourtiner.*]

° **ENCOSTE**, A côté, auprès. Rayn. tom. 2, pag. 500³, au mot *Costa. Par encoste*, Ruteb. tom. 2, pag. 238.

° **ENCOVIR**, Convoiter, désirer. Partonop. vers 3999 :
   Moult a encovi le vallet.
Voyez Rayn. tom. 2, pag. 421², au mot *Encobir*, et la Chron. des ducs de Norm.

ENCOULPER, Encouper, Accuser, déclarer coupable. [Flore et Blanceflor, vers 2757. Guill. Guiart, tom. 2, pag. 3, vers 47 (9011).] D'où *Encoulpement*, Accusation. Gl. *Inculpare.*

ENCOURANCE, L'action d'encourir une peine. Gl. *Incureus* sous *Incurrimentum.*

ENCOUREMENT. L'amende encourue pour un délit. Gl. *Incurrementum.* [Voyez Rayn. tom. 2, pag. 492³, au mot *Encorremen.*]

ENCOURS, L'action d'encourir une peine ou l'indignation de qqn. Gl. *Incursus* 5.

ENCOURTINER, Tapisser, couvrir de tapis. Gl. *Incortinari.* [Aubri, pag. 170¹. Renart le Nouvel, tom. 4, pag. 170, vers 1170 ; pag. 218, vers 2410. Rayn. tom. 2, pag. 492², au mot *Encortiner.*]

ENCRAISSIÉ, Engraissé. Gl. *Arvinare.* [*Encraisser*, Partonop. vers 528]

° **ENCOUTRE** ? Frapper. Voyez *Coutre.* Orell. pag. 234.

ENCRAVER, Augmenter. Gl. *Incrementare.*

ENCREMER, Oindre du saint chrême. Gl. *Chrismare* sous *Chrisma*, pag. 318³.

ENCRENER, Faire des crains ou entailles. Gl. *Occare* 2.

ENCRESCE, Accroissement. Gl. *Incrementatio.*

ENCREU. BESTE ENCREUE, Qui est pleine. Gl. *Incretus* 2.

ENCREVER, Blesser, faire une plaie. Gl. *Ingredi.*

° **ENCRIESME**, Endurci dans le crime, Partonop. vers 5198 :
   Un vill garçon, fel et mauvés,
   Encrieme, félon et engrés.
Renart le Nouvel, tom. 4, pag. 152, vers 708 :
   Come encriesmes, fel, desloiaus.
Voyez la Chron. des ducs de Norm.

ENCROCHEMENT, Demande d'une redevance ou service plus considérable qu'il n'est dû. Gl. *Incrocamentum.*

ENCROER, ENCROUER, Pendre au croc, accrocher. Gl. *Incrocare.*

° **ENCROISEMENT**, Augmentation. Partonop. vers 10447.

ENCROUTER, Tomber malade. ENCROUTEMENT.... Partonop. vers 1087 :
   Or puet mangier séurement
   Car n'i a point d'encroutement,
   Car nus hom de mangier n'encroute
   Qui de la coupe boive goute.
Voyez *Engrouter.*

° **ENCRUCHER**, Lancer. Guill. Guiart, tom. 1, pag. 189, vers 4369 (4781) :
   Tant de grosses pierres i gastent
   Et si souvent là les encruchent
   C'une grant partie en trebuchent.
Tom. 2, pag. 374, vers 9718 (18699) :
   Aus granz cos que sus eus encruchent.
S'encrucher, S'élancer. P. 339, vers 8798 :
   En haut ès clochiers des yglises
   En ra aucuns qui là s'encruchent.
Pag. 328, vers 8520 (17512) :
   Qui outre le pont les chapassent
   Quant la gent i fust encruchiée.

° **ENCUI**, Aujourd'hui. Roman de Renart, tom. 1, pag. 8, vers 206. Voyez Rayn. tom. 2, pag. 80⁴, au mot *Anc*, ci-dessus *Ancui*, et ci-après *Enqui.*

° **ENCUSER**, Accuser ; ENCUSEMENT, Accusation. Rayn. tom. 2, pag. 361²¹, aux mots *Encusar* et *Encusamen.* † *Accusio.*

ENCUTE, Occulte, secret, caché. Gl. *Repositus.*

ENCZAINTTE, Enceinte, grosse d'enfant. Gl. *Incincta.*

° **ENDABLE**, ENDEBLE, Faible, débile. Gl. *Indebilitatus.*

° **ENDEMAIN**, Lendemain. Guill. Guiart, tom. 2, pag. 344, vers 8923 ; pag. 376, vers 9774 (17904, 18755).

ENDEMENTIERS, Cependant, tandis. Gl. *Interdum.* [Orell. pag. 334.]

ENDENT, Se dit dans la principauté de Dombes de l'espace que parcourt la faux en un seul coup. Gl. *Andellus* sous *Andena* 2.

1. **ENDENTER**, Appuyer le visage contre quelque chose, renverser quelqu'un le visage contre terre. Gl. *Indentare* 2. [Chastel. de Couci, vers 8089 :
   Lors est à icel mot pasmée
   Par desus la table endentée.
Voyez *Adenter* 1.]

° 2. **ENDENTER**, Pousser. Guill. Guiart, tom. 2, pag. 372, vers 9666 (18648) :
   Si serré les ont endentées.
Voyez *Adenter* 2.

ENDENTURE, ÉCRIT ENDENTÉ, Transaction dentelée, dont les morceaux se rapportent en les rapprochant pour en justifier la vérité. Gl. *Indentura.*

ENDITÉ, Instruit, informé. Gl. *Indiciare.* [Jubinal, Fabl. tom. 1, pag. 135. Ruteb. tom. 2, pag. 248. *Enditement*, Indication, conseil. Guill. Guiart, tom. 2, pag. 143, vers 3679 (12661).]

ENDITER, Accuser ; d'où *Enditement*, Accusation faite sur enquête. Gl. *Indictare.*

ENDITIER, Indiquer. Gl. *Indiciare.*

ENDOAIRER, Assigner un douaire. Gl. *Doalium.*

ENDORMEUR, Imposteur, trompeur. Gl. *Dormitabilis.*

ENDORSSER †, Mettre sur le dos. Gl. *Indorsare.*

ENDOS, Citation, assignation écrite au dos d'un acte. Gl. *Indorsare.*

° **ENDOSSER**.... Partonop. vers 5989 :
   Le col a lonc dès qu'il endosse
   Tresqu'à la teste, qu'il a. grosse.

ENDOUERER, Assigner un douaire. Gl. *Doalium.*

ENDOWER, Le même. Gl. *Affidare* 3.

° **ENDROIT**, Directement. Partonop. vers 5790 :
   Et il le fiert en ateignant,
   Nel paraitaint pas endroit, mes
   Porquant la quisse a conséue.
Devant, vis-à-vis. Vers 2201 :
   Li renc clairoient endroit lui.
Vu que, eu égard à ce que. Roman de Renart, tom. 1, p. 27, v. 728 :
   Sire, il est voir qu'il m'a fet honte,
   Mès n'i ai mie tant meffet,
   Endroit que force m'a fet.
Endroit moi, Endroit lui, Quant à moi, quant à lui. Garin, tom. 1, pag. 100. Partonop. vers 598. Vers. Gérard de Vienne, vers 3413 :
   Endroit le vespre aloit au treiz lancier.
Voyez Roquef. Orell, pag. 322.

ENDROITOIER, Poursuivre son droit en justice. Gl. sous *Directum* 1.

ENDRUIR, Devenir fort et robuste. Gl. *Druda.*

º **ENDUI**. Voyez *Ambesdui.*

ENDUREMENT, Tolérance, patience, l'action d'endurer. Gl. *Indurare.*

ENEEISCHE, Aînesse, les droits de l'aîné. Gl. *Eilnecia.*

ENEGRIR †, Aigrir, tourner à l'aigre. Gl. *Acere.*

ENERGUERP, Le présent de noce. Gl. *Morganegiba.*

º **ENERMI**, Désert. Gérard de Vienne, vers 3716. Voyez *Enhermir.*

1. **ENERRER**, Arrher, arrêter un marché en donnant des arrhes. Gl. *Arrare* 1.

º 2. **ENERRER**, Exciter, être excité. Guill. Guiart, tom. 2, pag. 44, vers 1125 (10091):

Pis nel peust on enerrer.

Pag. 108, vers 2805 (11785):

Qui d'estre dolenz les enerre.

Pag. 71, vers 1821 (10797):

De chaple souffrir enerrées.

Pag. 16, vers 380 (9355):

Qui de si grant douleur enerre.

Pag. 18, vers 432:

S'est d'aler après enerré.

ENESLEPAS, Incontinent, sur l'heure. Gl. *Incontinente.* [Orell, pag. 304.]

º **ENESLEURÉ**, ENEISL'ORE, Incontinent, comme *Eneslepas.* Chronique des ducs de Normandie, Orell, pag. 304.

ENESQUE, Sorte de vaisseau de charge. Gl. *Bussa.*

º **ENESSE**, comme *Eneslepas?* Roman de Renart, t. 4, pag. 71, vers 1958:

*Dont me laidi, et fu enesses
Que me preisse à ses templiers.*

ENESSER, Exposer en vente. Gl. *Intabulare* 2.

º **ENFANCE**, Enfantillage, folie. Partonop. vers 9280. Voyez Rayn. tom. 3, pag. 279¹, au mot *Enfansa.*

ENFANÇON, Petit enfant. Gl. *Infans,* pag. 352².

ENFANGER, Enfoncer comme dans la fange. Gl. *Ellutare.*

ENFANT, Titre d'honneur qu'on a donné aux fils des rois, princes et grands seigneurs; le même que celui d'*Infant.* Gl. sous *Infantes.*

ENFANT D'AUBE, plus ordinairement, Enfant de chœur. Gl. sous *Infantes,* pag. 452².

ENFANTEMENT, Ensorcèlement, maléfice, sortilège. Gl. *Phantasia* 1.

ENFANTERRESSE, Accouchée, femme en couche. Gl. *Puerpera.*

ENFANTILLONGE, Action ou raisonnement d'enfant. Gl. *Infantiæ.*

ENFANTOMER, ENFANTOSMER, Ensorceler, enchanter. Gl. *Phantasia* 1. [Partonop. vers 10055.]

ENFARDELER, Envelopper, mettre en ballot. Gl. *Fardellus.*

ENFARDELIER, L'endroit où l'on met les marchandises en ballot, douane. Gl. *Fardellus.*

ENFATROUILLER, Embarrasser pour surprendre et tromper. Gl. *Fatuare.*

ENFAXCIGNER, Enchanter, ensorceler. Gl. *Fascinare.*

º **ENFELLÉ**,.... Agolant, vers 618:

*La noif abat de la sele dorée
Et la gresille qui iert enz avalée,
Qui la nuit iert choete et enfellée.*

ENFELONNER, ENFELONNIR, Se mettre en colère, se fâcher. Gl. *Fello* 2, pag. 428³. [Voyez Rayn. tom. 3, p. 301¹, au mot *Esfelenar.*]

ENFENTETÉ †, Enfance: d'où *Enfentivement,* En enfant. et *Enfenture,* Enfantin. Gl. *Infantilita.*

ENFENTURE, Enfantement, accouchement. Fl. *Fetare.*

ENFERGE, Chaîne; d'où *Enferger* et *Enfergier,* Mettre à la chaîne, aux fers. Gl. *Disferrare* et *Inferrare.*

ENFERMETÉ, Infirmité, maladie. Gl. *Infirmare.*

ENFERMIER, Infirmier, religieux qui a soin des malades. Gl. *Infirmare.*

ENFERRER, Mettre aux fers, enchaîner. Gl. *Inferrare.*

1. **ENFERS**, p. e. pour ENFECT, Infect, corrompu, malsain. Gl. *Infectus.*

2. **ENFERS**, Infirme, malade. Gl. *Infirmare.* [Voyez Rayn. tom. 3, pag. 315², au mot *Eferm. Enferté,* Maladie. Roman de Renart, tom. 2, pag. 370, vers 19706]

ENFÉS, pour ENFANT, Titre d'honneur qu'on a donné aux fils des rois, princes et grands seigneurs; le même que celui d'*Infant.* Gl. sous *Infantes.*

ENFESTUCER, Mettre en possession par un fétu. Gl. *Infestucare* sous *Festuca,* pag. 454².

ENFEU, Cave pour la sépulture des corps morts. Gl. *Infoditus* [et *Fossa* 3]

ENFEUCHER, Enfoncer. Gl. *Fundare* 2.

ENFFANS FEMEAULX, Filles. Gl. *Femellus.*

º **ENFIERIR** (S'), S'enorgueillir. Guill. Guiart, t. 2, pag. 297, vers 7704 (16685).

º **ENFLEZ**. Gl. *Tuberosus. Enflure* †, Gl. *Flegmen.*

ENFOLLER, Infatuer, troubler l'esprit. Gl. *Fatuare.*

1. **ENFONDU**, Mouillé, trempé, percé. Gl. *Infusidarium.*

2. **ENFONDU**, Garçon de cuisine, p. e. celui qui y fournissait l'eau, ou qui fondait les graisses. Gl. *Infusidarium.*

ENFORCEMENT, Fortification, tout ce qui rend fort un château. Gl. *Inforciamentum* [et *Dubitancia* 2.]

º **ENFORCER**, Renfoncer, rendre plus fort; devenir plus fort, augmenter. Flore et Blanceñ. vers 1802. Enfants Haymon, vers 272. *Cris enforciés,* Garin, tom. 1, pag. 14. *Enforciés d'amis,* pag. 154. *Cort efforcée,* Roman de Merlin, P. Paris, Catalogue, tom. 2, pag. 344. Voyez Roquef. et Rayn. tom. 3, pag. 377¹, au mot *Enfortir.*

ENFORCEUR DE FEMMES, Celui qui en abuse par violence. Gl. *Fortia* 2.

ENFOSSER, Enterrer. Fl. *Fossa* 3.

ENFOUER, Enfouir, supplice des femmes. Gl. *Fossa* 1.

ENFOUIR, Enterrer, donner la sépulture à un cadavre. Gl. *Infoditus* et [*Suffocare* 1.]

ENFOURMOIR, Forme de soulier. Gl. *Forma* 15.

ENFRAINTE, Bruit, tumulte. Gl. *Fragumen.*

ENFRANCHIR, Affranchir, rendre libre. Gl. *Franchire* 2.

º **ENFRE**, Dès, entre. Aubri, pag. 160¹:

N'ot plus isnel enfre ci c'à Paris.

ENFRENER, Mettre un frein ou mors à un cheval. Gl. *Frænarii* et *Frenellatus.*

ENFRUCTUER, ENFRUITTER, Semer, ensemencer. Gl. *Infructuare.*

ENFRUME, Gourmand. Gl. *Infrunitus* et *Infrontatus.*

1. **ENFRUNS**, Courageux, audacieux, Gl. *Infrontatus* et *Infrunitus.*

2. **ENFRUNS**, Avare, gourmand. Gl. *Infrunitus.* [Dur, rude. Jubinal, Fabl. tom. 1, pag. 132. Voyez Roquef.]

3. **ENFRUNS**, Adversaire, ennemi. Gl. *Infrunitus.*

ENFUSELER, Mettre autour d'un fuseau. Gl. *Infusare.*

ENGAIGERIE, Engagement, aliénation faite pour un temps. Gl. *Gagiata.*

ENGAIGIER, Aigrir, irriter. Gl. *Enguaynare.*

ENGAIOLER, Mettre en geôle, emprisonner. Gl. *Gaiola.*

ENGANER, ENGANNER, Séduire, tromper. Gl. *Engannare* sous *Ingenium* 1.

ENGARAIRE, Sujet à corvées et services manuels. Gl. *Angariarius.*

º **ENGARDE**, Hauteur, colline. Chanson de Richart de Furnival, Wackern. pag. 58:

*Cuers est monteis en l'engairde,
D'iluec provoit et esgairde
Per lai qu puist eschaipeir.*

Avant-garde. Voyez *Angarde* et Rayn. t. 3, pag. 426², au mot *Angarda.*

ENGARENTIE, Caution, garantie, denier à Dieu. Gl. *Garentigia.*

ENGASSE, Espèce de lampe. Gl. *Lucibrum.*

ENGENDRURE, Production de l'animal. Gl. *Generamen.*

ENGENRER, Engendrer, produire. Gl. *Generamen.* [Flore et Blanceflor, vers 14 :
Uns roi payens l'engenui.
Voyez Rayn. tom. 3, pag. 460¹, au mot *Engenrar.*]

ENGET, Engagement, obligation. Gl. *Impignoratio.*

ENGEVELEIR, Enjaveler. Gl. *Gavella.*

ENGIEN, pour ENGIN, Machine de guerre. Gl. sous *Ingenium* 2. [Adresse, ruse. Partonop. vers 1204. Flore et Blancefl. vers 234. Agol. vers 650. Chronique des ducs de Normandie. Voyez Rayn. t. 3, pag. 455², au mot *Engen.*]

ENGIERURE, Production de l'animal. Gl. *Generamen.*

ENGIGNER, ENGIGNIER, Tromper, duper. Gl. *Engannador* et *Engannare* sous *Ingenium* 1. [Engenier, Partonop. vers 906, 930, 2004. Trouver quelque moyen, machiner. Vers 2511 :
Et se il nul offre ne font
J'engegnerai qu'il le feront.
Vers 4269 :
S'engengignoie vostre mort.
Voyez Rayn. tom. 3, pag. 456², au mot *Enginhar.*]

ENGIGNEUR, ENGIGNOUR, Ingénieur. Gl. *Engeniator* et *Ingeniosi* sous *Ingenium* 2. [Gérard de Vienne, vers 1764. Flore et Blancefl. vers 1852, 2120. Voyez Fierabras, vers 3311, note p. 182¹ ; et Rayn. tom. 3, pag. 456¹, au mot *Enginhaire.*]

ENGINGNEUSEMENT, En gémissant. Gl. *Ingemositas.*

ENGIGNEUX, Ingénieux, industrieux. [Gl. *Geniosus.*] Subtiliare 2. [*Engignos*, Partonop. vers 65. Rayn. t. 3, pag. 456¹, au mot *Enginhos.*]

ENGIN, Machine de guerre et autre. Gl. sous *Ingenium* 2 [et *Magister Ingeniorum*.]

ENGINE, Tout ce qui sert à quelque chose. Gl. sous *Ingenium* 2.

ENGINER, Séduire, tromper, duper. Gl. sous *Ingenium* 1.

° **ENGLACIER**, Geler. Roman de Renart, tom. 1, pag. 45, vers 1163 :
L'iaue commence à englacier.

ENGLESCHE, pour Anglaise. Gl. *Englerius.*

ENGLISE, pour Église. Gl. *Guerrina terra* sous *Guerra.*

ENGLOUTEMENT, La bouche d'une rivière ou d'un fossé. Gl. sous *Gula* 3.

ENGLUME, Enclume. Gl. *Englumen.*

° **ENGLUYER**. Gl. *Viscare.*

ENGNES, Nom propre, pour Agnès. Gl. *Successorie.*

° **ENGOIR** (S'), Se réjouir. Voyez *Conjoir.* Roi Guillaume, pag. 153 :
Li autres de çou que il ot
Desmesurédement s'engot.

ENGOLÉ, ENGOULÉ, Qui est orné d'une *Goule* ou collet ; et p. e. de gueule, c'est-à-dire de couleur rouge. Gl. *Gula mantelli*, pag. 137². [Aubri, vers 119.]

ENGORDELI, ENGOUDELI, engourdi, stupide. Gl. *Gurdus.*

ENGOULEMENT, La bouche d'une rivière ou d'un fossé. Gl. sous *Gula* 3.

ENGOULER, Manger, avaler, engloutir. Gl. *Gula* 3. [Roi Guillaume, pag. 70. Voyez Rayn. tom. 3, pag. 481², au mot *Engoullar.*]

° **ENGRAIGNER**, Augmenter, croître. Garin le Loher. tom. 1, pag. 273 :
La noise engraigne et se lieve li cris.
Partonop. vers 4821 :
Ses maus li croist tant et engraigne.

ENGRAING, Accablement, pesanteur de tête causée par la maladie, et celui qui est dans cet état. Gl. *Ingravanter.*

ENGRANT, ESTRE ENGRANT, Être porté à faire quelque chose, prendre en gré. Gl. *Gratum.* [*Engrans*, Désireux, acharné. Roi Guillaume, pag. 144. Chastel. de Couci, vers 6589. Renart le Nouvel, tom. 4, pag. 126, vers 38 ; pag. 205, vers 2082. *Engrande*, pag. 236, vers 2830. Guill. Guiart, tom. 2, pag. 350, vers 9104 (18085). Ruteb. t. 2, pag. 254. Partonop. v. 10548. Voyez le Glossaire sur Joinville. Rayn. tom. 3, pag. 491¹, au mot *Engrans*, ci-dessous *Engrés.*]

ENGRAVER, Graver. Gl. *Ingravare* 1.

ENGRÉ, ESTRE ENGRÉ, Être fort empressé. Gl. *Gratum.*

ENGREGIER, Réaggraver une sentence d'excommunication. Gl. *Infortiatus.*

1. **ENGRÉS**, Opiniâtre, entêté. Gl. *Ingratitudo* 2. [Partonop. vers 5194. Acharné, Roman de Renart, t. 3, pag. 78, v. 21383 :
Qui de lui ocire est engrez.
Voyez Rayn. tom. 3, pag. 128¹, au mot *Engres*, et ci-dessus *Engrant, Engré.*]

2. **ENGRÉS**, Violent, impétueux. Gl. *Ingratitudo* 2.

ENGRESSER, Assaillir, attaquer. Gl. *Ingredi.*

ENGRIEGEMENT, Tort, dommage. Gl. *Gravantia.*

ENGRINÉ, Gangrené. Gl. *Incanceratus.*

ENGROUTER, Tomber malade. Gl. *Retare.*

ENGRUN, Toute espèce de fruits ou d'herbes d'un goût aigre. Gl. *Egrunum.*

ENGRUNATGES, Certaine redevance en fèves. Gl. *Engrunagium.*

ENGUIGNIERRES, Ingénieur. Gl. *Ingeniosi* sous *Ingenium* 2.

ENGUINAILLE, Aine. Gl. *Anguinalia.*

ENGUISSE, Tribut, impôt. Gl. *Enguisse.*

ENHACHER, Enclaver ; il se dit des terres dont les extrémités rentrent les unes dans les autres. Gl. *Enguaynare.*

ENHANER, ENHANNER, Labourer ; d'où *Enhannable*, Labourable. Gl. *Ahenagium.*

ENHANSSER, Enclaver, enchâsser. Gl. *Hansatus* sous *Hansa* 2.

ENHANSTER, Embrocher. Gl. *Hasta* 8.

ENHANTER, Emmancher. Gl. *Handseax.*

ENHARNESKIER, ENHARNESQUIER, Harnacher un cheval. Gl. *Harnascha*, pag. 170².

° **ENHASER**, Entourer ? Guill. Guiart, tom. 2, pag. 126, vers 3244 :
Et par charbons ardant qui bruient
Grant part de la cité destruient.
Si malement l'ont enhasée
Qu'assez tost fu toute embrasée, etc.

ENHASTER, Empaler, embrocher. Gl. *Hasta* 8.

ENHENDEURE, Poignée d'épée. Gl. *Handseax.* [Lisez *Enheudeure.* Voyez Heut, et Roquef. au mot *Enherdure.* *Enhoudé*, *Enheldé*, Muni d'une poignée, emmanché. Gérard de Vienne, vers 2690 :
Et le poig d'or, dont il fu enhoudée.
Chanson de Roland, stance 75, vers 12 :
Veez m'espée ki d'or est enheldie.
Stance 282, vers 9 :
Ceinent espées enheldées d'or mier.
Stance 284, vers 5.]

ENHERBER, Empoisonner. Gl. *Inherbare* sous *Herba* 1. [Agolant, vers 1320 :
Ne ja n'estra par magie enherbé.]

° **ENHERMIR**, Ruiner, dévaster. Voyez *Enermi*, et Rayn. tom. 3, pag. 139¹, au mot *Aermar.*

1. **ENHERS**, Toute espèce de fruits que produit une terre labourée. Gl. *Adhærere* 3.

2. **ENHERS**, ESTRE ENHERS, Adhérer, consentir à quelque chose. Gl. *Adhærere* 3.

ENHORT, Conseil, suggestion. Gl. *Instigator.*

ENHUILLER, Administrer l'extrême-onction. Gl. *Inoleare.*

ENIERBER, Empoisonner. Gl. *Herba* 1.

ENINAAGE, Le droit d'aînesse. Gl. *Ainescia.*

ENJOELER, ENJOELLER, ENJOILLER, Donner des joyaux, des bijoux. Gl. *Enjoalare* et *Zoiellare.*

ENJOURNER, Le point du jour. Gl. *Adjornare* 2.

ENJOUTER, Séduire, tromper, duper. Gl. *Adjungare.*

ENIVERSAIRE, Anniversaire. Gl. *Anniversarium.*

ENJUPER, Donner ou habiller d'une sorte de vêtement appelé *Jupe*. Gl. *Capatus* 1.

ENKEMBELER, Jouter, combattre dans un tournois. Gl. *Cembellum*.

° **ENLACEURE**, Enlacement, treillis. Partonop. vers 10309:
Et la treille et l'enlaceüre (du lit)
Fust moult soutive par figure.

1. **ENLANGAGER**, Baiser de la langue. Gl. *Lingua*.

2. **ENLANGAGER**, Dire des choses obscènes. Gl. *Linguatus*.

ENLARDER, Embrocher. Gl. *Illaridare*.

° **ENLATINIÉ**, Instruit dans les langues étrangères. Garin le Loher. t. 1, pag. 97:
Li mes parolent qui sunt enlatinié.
Voyez Rayn. tom. 4, pag. 261, au mot *Enlatinat*, et ci-dessous *Latin*.

ENLEVER, Relever en bosse, en relief ; d'où *Enleveure*, Relief. Gl. *Elevare* 2.

ENLIEGER, Défier, appeler quelqu'un en duel. Gl. *Inlegiare*.

ENLIGNAGER, Prouver sa descendance ou parenté. Gl. *Lignagium* 3, et *Linea* 3.

ENLIGNAIGÉ, Apparenté, allié. Gl. *Linea* 3.

ENLOCONÉ, Beau parleur, bien embouché, éloquent. Gl. *Linguatus*. [*Enloquyné*, Jubinal, Fabliaux, tom. 2, pag. 85.]

ENLOIEMANT, Obligation, hypothèque. Gl. *Inligare*.

ENLOURDI, Etourdi d'un coup qu'on a reçu. Gl. *Elourditi*.

ENLOYER, Lier, obliger, engager. Gl. *Inligare*.

ENMAILLIÉ, Emaillé. Gl. *Immallatus* [et *Dragerium*, pag. 192¹.]

ENMAIOLER, Donner le Mai. Gl. *Maium*.

° **ENMALADIR**. Devenir malade. Rayn. tom. 2, pag. 108², au mot *Emmalantir*.

ENMALER, Emballer, mettre dans une malle. Gl. *Mala*.

ENMASER, Mettre ensemble, entasser. Gl. *Mesus*.

ENMERCIMENT, Amende pécuniaire proportionnée à la faute. Gl. *Amerciare*.

° **ENMETRE (S')**, S'entremettre, Parton. vers 3566.

ENMUGELIR, Mettre en meule. Gl. *Muga*.

1. **ENNE**, Cane sauvage. Gl. *Enna*.

° 2. **ENNE**, N'est-ce pas? Roi Guillaume, pag. 128:
Enne poroit bien avenir
Que li rois perdus revenroit ?
Roman de Renart, tom. 4, pag. 28, vers 612:
Bien dis, fait Renars. Enne voire ?
Fait Ysengrin, etc.

ENNEMISTIÉ, Inimitié, hostilité. Gl. *Inimicitia*.

ENNEMY, Le diable, qui est l'ennemi du genre humain. Gl. *Inimicus*.

ENNOLIEMENT, Les saintes huiles ; du verbe *Ennolier*, Administrer l'extrême-onction. Gl. *Inoleare*.

ENNOR, pour HONNEUR, Domaine, seigneurie, fief. Gl. *Honor*. [*Ennorer*, Partonop. vers 309. *Ennorance*, vers 8964. Voyez Roquef.]

ENNORT, ENNORTEMENT, Conseil, suggestion. Gl. *Instigator*.

ENNOSQUIER, Mettre la flèche dans la noix de l'arbalète. Gl. *Nux*.

° **ENNUBLER**, Se couvrir d'un nuage. Roman de Roncevaux, pag. 54 :
Les els ennuble, li frons en paloi.

ENNUILIER, Administrer les saintes huiles, l'extrême-onction. Gl. *Inoleare*.

ENNUIT, Aujourd'hui. Gl. *Ennutigium*.

ENOLIER, comme ci-dessus *Ennuilier*. Gl. *Inoleare*.

ENPAIENÉ, Attaché à la religion païenne. Gl. *Paganizare*, sous *Pagani*.

° **ENPENÉ**, Empenné, emplumé. Garin le Loher. tom. 1, pag. 66 :
Ausi va drois com faucon enpené.
Voyez Rayn. tom. 4, pag. 491², au mot *Empennar*. Chanson de Roland, stance 32, vers 15 ; stance 158, vers 11.

ENPESKER, Interroger, demander. Renart le Nouvel, tom. 4, pag. 181, vers 1464 :
. . . Et puis li enpeskent
Dont il vient et qu'il quiert si tart.

ENPIEUMENTER, Parfumer, rendre une odeur agréable. Gl. *Pigmentus*.

ENPIPAUDER, Piailler, criailler. Gl. *Pipulare*.

° **ENPLAIDIR**..... Chastel. de Couci, vers 470:
La dame n'est pas enplaidie
Ains fu d'une maniere coie.

ENPORTER, Obtenir par prière. Gl. *Impetratio*.

ENPOURRER, Poudrer, jeter de la poussière. Gl. *Pulveratus*.

ENPRENDRE, Entreprendre. Gl. *Interprætendere*.

° **ENPULLENTIR**. Gl. *Inpuricia*.

ENQUE, Encre. Gl. *Encaustum*.

ENQUEMANCER, Commencer. Gl. *Incipere* 3.

° **ENQUENUIT**, Cette nuit. Roman de Renart, tom. 1, pag. 32, vers 828. Rayn. tom. 2, pag. 80¹, au mot *Anc*.

° **ENQUERRE**. Gl. *Encercare*.

° **ENQUESTEUR**. Gl. *Inquisitores*.

° **ENQUESTONÉ**, Enchâssé. Partonop.
vers 10624. Voyez Rayn. tom. 3, p. 124², au mot *Encastonar*.

° **ENQUI**, ENQUOI, Aujourd'hui, ici, comme *Encui*. Chanson de Roland, stance 196, vers 19 :
Li rois Marsilie enqui sera venget.
Stance 91, vers 7 :
Enquoi perdrat dolce France son los.
Stance 92, vers 11 ; stance 140, vers 16 :
Et de m'espée enqui saveras le nom.
Garin le Loher. tom. 1, pag. 145 :
Iluec demourent et sejornent enqui.
Voyez Orell, pag. 301.

ENRABASSEUR, Fou, furieux, impudent. Gl. *Enare*.

ENRACLER. Les Picards disent *Enraquer* d'une charrette ou voiture tombée dans une ornière, dont on a peine à la retirer. Gl. *Rachia*.

ENRAGERIE, Rage, fureur. Gl. *Rabiditas*.

° **ENRAJER**, Enrager. Parton. v. 7211 :
Devers nos ert li rois d'Arcaje
E cil d'Almène à nus n'enraje.
Voyez Rayn. tom. 5, pag. 29¹, au mot *Enrabiar*.

ENRAVIESTIR, Remettre en possession. Gl. *Renvestire*.

ENREDERIE, ENRESDIE, Effronterie, impudence. Gl. *Enare*.

° **ENREGISTRER**, Guill. Guiart, tom. 2, pag. 36, vers 924 (9890) :
Le front des batiaus vient à terre
Où l'ost le roi les enregistre.

° **ENRESTÉ**, Retenu par des filets. Roman de Renart, t. 2, pag. 284, vers 17826 :
Hermeline si haut sailli,
Qu'ele n'iert pas trop enrestés,
Que le cop ne l'a adesée.

ENRESVÉ, Rêveur, soucieux, inquiet. Gl. *Inrisus*.

ENREVÉ, Opiniâtre, entêté. Gl. *Enare*.

ENRICHISSIERRES, Qui donne beaucoup, qui enrichit. Gl. *Fundare* 1.

° **ENRIEVRES**, Endurci. Roman de Renart, t. 3, pag. 71, vers 21705 :
Un fol vilein, fel et enrievres
Hardiz autresi com un lievres.
Voyez *Enrevé* et la Chron. des ducs de Norm. au mot *Enreure*.

ENRISÉ, Rieur, qui rit facilement. Gl. *Inrisus*.

ENROISER, Mettre en la *roise* ou rouissoir le lin ou le chanvre. Gl. *Roissia*.

ENROLLER, Rouler autour de quelque chose. Gl. sous *Housellus*.

ENROMANCER, Rendre en français une autre langue. Gl. *Romancia*.

ENROSER, Arroser, asperger. Gl. *Vispilio*.

ENROSSINER, Piquer avec des ronces. Gl. *Runciæ*.

ENROTULER, Inscrire, comprendre dans un rôle. Gl. *Inrotulare.*

ENRUILLIER, Enrouiller, dans le sens figuré. Gl. *Rubiginare.*

ENS, Dedans. Gl. *Furator.* [Orell, pag. 323.]

ENSAFRENÉ, Jaune, de couleur de safran. Gl. *Saffranare.*

ENSAIGNAL, Médaille. Gl. *Insignium* 1.

ENSAIGNE, Pièce de monnaie, maille. Gl. *Insignium* 1.

ENSAINNER, Répandre du sain ou de la graisse sur quelque chose. Gl. *Sainum.*

ENSAISINER, Se saisir, prendre. Gl. *Ensaisinare.*

ENSANGE, Certaine mesure de terre ; p. e. parce qu'elle était enceinte de haies ou autre clôture. Gl. *Encengia.*

ENSARCHEMENT †, Recherche, examen, enquête. Gl. *Rumor.*

ENSARRER, Enfermer sous la clef. Gl. *Inserare* 1.

⚹ **ENSAUCER** (S'), S'élever. Garin le Loher. tom. 1, pag. 138 :

Bien vous devez lever et ensaucier.

Essaucier, Exhausser. Pag. 139 :

Mais por s'onor lever et essaucier.

Voyez Rayn. tom. 2, pag. 60², au mot *Esalsar.*

ENSAYMMER, Répandre du sain ou de la graisse sur quelque chose. Gl. *Sainum.*

ENSEELER UN NOM, Donner, imposer un nom. Gl. *Insigillare.*

⚹ 1. **ENSEGNE?** Roi Guillaume, pag. 52 :

Faus est qui s'ensegne naistra.

2. **ENSEGNE**, Billet par lequel on indique celui qu'on choisit pour une charge. Gl. *Insignium* 1.

ENSEI, Sorte de vaisseau qui sert principalement en vendange. Gl. *Ansa* 2.

ENSEIGNABLE, Celui qui est attaché à une doctrine ou opinion. Gl. *Sequax.*

⚹ **ENSEIGNAL**, Enseignement. Chanson, Wackern. pag. 61 :

Je lor ferai un si bel enseignal.

Comparez Rayn. tom. 5, pag. 228¹, au mot *Assenhal.*

1. **ENSEIGNE**, Cri d'armes. Gl. *Intersignium* 3. [Partonno. vers 3449. Compagnie. Agolant, vers 82] :

Deus mille hommes avoit bien en s'enseigne.

Gl. *Vexillum,* pag. 300¹, *Auriflamma, Signum* 10.]

2. **ENSEIGNE**, Pièce de monnaie, maille, médaille. Gl. *Insignium* 1, et *Signum* 10.]

3. **ENSEIGNE**. [Ce qui sert à reconnaître quelqu'un. Flore et Blancefior, vers 1551, 1581. Voyez Rayn. tom. 5, pag. 229¹, au mot *Enseigna.*] FAIRE ENSEIGNE, Faire signe, donner un signal. Gl. *Insignare* 1.

ENSEIGNÉ, Docte, savant. Gl. *Dogmaticus.*

ENSEIGNEMENT, Jugement, sentence. Gl. *Enseignamentum.*

⚹ 1. **ENSEIGNER**, Désigner, indiquer. Aubri, pag. 153² :

Ja Auberis n'iert par moi enseigniés,
Ne sai ou est, tot de fi le saciés.

Roman de Renart, tom. 4, pag. 80, vers 2208 :

Car ains que muire, ensingnie
Veil que soit la courone d'or.

Voyez Rayn. tom. 5, pag. 230², au mot *Enseignar.*

2. **ENSEIGNER**, Mettre ses enseignes, ses armes. Gl. *Insigna.*

ENSELLER, Mettre la selle à un cheval. Gl. [† *Sternere* 1.] *Sellare* sous *Sella* 2. [Voyez Rayn. tom. 5, pag. 188¹, au mot *Ensellar.*]

ENSEMENT, Ensemble, en même temps. Gl. *Suria.* [Ainsi. Chastel. de Couci, vers 8013 :

Je le ferai, ne vous doubiés,
Ensement que vous dit l'avés.

Voyez Orell, pag. 294.]

ENSENGNEMENT, Jugement, sentence. Gl. *Enseignamentum.*

ENSENIÉ, Sensé ou instruit, savant. Gl. *Sensatus.*

⚹ **ENSENS**, ENSIENT, Science, ruse; avis. Chastel. de Couci, vers 5579 :

Que mes maris par nul ensens
Ne puist esgarder cest afaire.

Roman de Renart, tom. 4, pag. 496, vers 7452 :

Renardiaus fu plains d'ensient,
J'entang d'engien.

Pag. 85, vers 959 :

Quant Ysengrins ot et entent
Que Nobles eut tel encient.

Voyez *Escient.*

ENSEPELIR, pour Ensevelir. Gl. *Sepulchrare.*

ENSEPOUTURER, ENSEPULCRIR, ENSEPULTURER, Enterrer, donner la sépulture, inhumer. Gl. *Sepulchrare* et *Sepultare.*

ENSERÉ, Qui est égaré de son chemin. Gl. *Serare.*

ENSERMENTER, Ramasser du sarment, en faire des fagots. Gl. *Sermens.*

ENSERVER, Assujettir à des servitudes, exiger des services. Gl. *Inservire.*

ENSEU, pour ENFEU, Sépulcre, tombeau. Gl. *Infoditus.*

ENSEYMER, Frotter, enduire de suif ou saindoux. Gl. *Sainum* et *Seupum.*

ENSGETER †, Jeter dedans, injecter; d'où *Ensgetement,* Injection. Gl. *Inicere* et *Initio* 1.

ENSI QUE, Comme. Flore et Jeanne, pag. 83 : *Ke il fu ensi ke sour le point de la mort. N'ensi n'ensi,* D'aucune manière, Pastourelle, Wackern. pag. 79. Voyez Orell, p. 297.

ENSIENNETÉ, Ancienneté. Gl. *Operare.*

ENSIGNE. ESTRE ENSIGNE, Se dit d'un prébendier auquel, quoique absent, on accorde les rétributions manuelles. Gl. *Patitur.*

ENSISER, Inciser, couper. Gl. *Incisilis.*

ENSOGNIE, Excuse, raison qu'on allègue pour s'excuser de n'avoir pas comparu en justice. Gl. *Essonia* sous *Sunnis.*

ENSOIGNANTE. FEMME ENSOIGNANTE, Concubine. Gl. sous *Sognea.*

ENSOIGNÉ, Qui est dans l'embarras, accablé de soins. Gl. *Exoniare* sous *Sunnis,* pag. 638².

1. **ENSOINE**, Jugement contre un absent appelé en justice. Gl. *Essonia* sous *Sunnis.*

2. **ENSOINE**, Excuse, raison qu'on allègue pour s'excuser de n'avoir pas comparu en justice. Gl. *Sunnis* et *Essonia.*

ENSOLER, Couvrir de pierres le sol d'une maison, paver. Gl. *Insolare* 2.

ENSONGNER, Donner ses soins à quelque chose. Gl. *Soniare,* pag. 527¹.

ENSONNIÉ, Embarrassé. *Estre Ensonnié de debtes,* Etre accablé de dettes. Gl. *Exoniari* sous *Sunnis,* pag. 658².

ENSONNIL, p. e. pour ENTONNIL, Entonnoir. Gl. *Embutum.*

⚹ **ENSORCERÉ**, Ensorcelé. Agolant vers 1924.

⚹ **ENSORQUETOT**, ENSORKETUT, Surtout. Partonno. vers 1158, 6615. Roman de Renart, tom. 1, pag. 20, vers 521. Chronique des ducs de Normandie, tom. 2, pag. 97, vers 18188. Voyez Roquef. Orell, pag. 301.

ENSOUDRER, Assaisonner. Gl. sous *Sapor.*

ENSOYER, Faire une ligne de soies de porc. Gl. *Insetare.*

⚹ **ENSPRIS**, Allumé. Sermon de saint Bernard : *Il virant un for enspris* (lat. aspexerunt succensum clibanum). Livre de Job, pag. 445 : *Enspris de charror de droiture.* Pag. 444 : *S'ensprent-il à la convoitise.*

ENSUIGRE, Suivre, imiter, ressembler. Gl. *Sororisare* sous *Sororiare.*

ENSUIS, p. e. pour ENCIS, Meurtre d'une femme enceinte. Gl. *Encimum.*

⚹ **ENT**, En. Partonno. vers 3663. Voyez Rayn. tom. 3, pag. 120², au mot *Ent,* Diez *Altrom. Sprach-Denkmale,* pag. 27.

ENTABLEMENT, Piédestal. Gl. *Tabulamentum* 1.

ENTABLER, Exposer sur une table. Gl. *Intabulare* 2.

ENTABLISSEMENT, Entablement, chaperon d'un mur. Gl. *Tabulatum* 3.

ENTAILLEUR, ENTAILLIERES, Ciseleur, sculpteur. Gl. *Entailiatus* et *Ta-liare*. [*Entaillure, Entailléure*, Entaille, sculpture. Partonop. vers 851, 10162. Flore et Blanceflor, vers 1185.]

○ **ENTAITER**, comme *Entester*, Désirer, prier. Guill. Guiart, tom. 2, pag. 23¹, vers 584 (9531) :

*Li rois Henriz en Saintes entre
Si con l'ost François li entaite.*

ENTALENTÉ, Qui veut et a résolu de faire quelque chôse. Gl. sous *Talentum* 2. [Voyez Rayn. tom. 5, pag. 297³, au mot *Entalentar*.]

○ **ENTALLE**, Rang. Guill. Guiart, t. 2, pag. 449, vers 11673 (20657) :

*Derrier les chars ses gens acoutre
Dont longues furent les entalles.*

ENTALLER, Tailler, découper. Gl. sous *Abatis*. [Gérard de Vienne, vers 2425 :

*Aude se pasme sus le marbre entaillié,
Tant ait ploré ke tot en ait moillié
Son fres bliaut et l'armine entaillié.*

Vers 2587 :

Il tint l'espée à poig d'or entaillié.

Agolant, vers 280, 285. Enfants Haymon, vers 740. Partonop. vers 1657 :

*Li pons est deseur l'eve beaus,
Bien entailliés, tos à creneaus.*

Voyez Rayn. tom. 3, pag. 5¹, au mot *Entalhar*.]

○ **ENTAN**, Antan, l'an dernier, jadis. Partonop. vers 6459 :

*Ci ot antan une assemblée,
Puis que fustes de ci tornée.*

Voyez Rayn. tom. 2, pag. 76², au mot *Antan*.

ENTANDIS, Cependant, pendant ce temps-là. Gl. *Interdum*. [*Entendis*, Roquef.]

○ **ENTASCHER**, Diriger. Guill. Guiart, tom. 2, pag. 469, vers 12184 (21167) :

*Quarriaus et dars et pierres laschent
Vers ceus qui viennent les entaschent.*

Pag. 372, vers 9677 (18657) ; pag. 458, vers 11392 (20876). Voyez *Tasche* et *Enteser*.

○ **ENTASSELÉ**, Entrelacé. Partonop. vers 4899 :

*De sebelins noirs est orlés
Et de saphirs entasselés.*

○ **ENTASSER**, Pousser, poursuivre, acculer. Partonop. vers 8972, 8988. Guill. Guiart, tom. 2, p. 479, vers 12454 (21437).

○ 1. **ENTE**, Greffe, plante, arbre. Garin le Loher. tom. 1, pag. 97. Flore et Blancefl. vers 378, 390, 2025. Ruteb. tom. 1, p. 26. Chastel. de Couci, vers 7672. Voyez le Gloss. sur la Chron. des ducs de Normand. et ci-dessus *Anter*.

○ 2. **ENTE**, Triste, peiné. Chastel. de Couci, vers 3220 :

Ne cuidiés que ses cuers fust ente.

Vers 1769 :

*La manière gente
Le chastelain pour qui est ente.*

Vers 6739 ? *Enter*, Causer de la douleur. Vers 5691 :

*Car trop griefment en son cuer ente
Le mals d'amours qui est entré.*

ENTECHIÉ, Qui a de bonnes ou mauvaises qualités, bien ou mal disposé. Gl. sous *Tasca* 2, pag. 37². [Voyez Rayn. tom. 5, pag. 294¹, au mot *Entacar*.]

ENTENCIEUX, Attentif, appliqué, occupé. Gl. *Intentissime*.

1. **ENTENDABLE**, Facile a entendre. Gl. *Intellectibilis*.

2. **ENTENDABLE**, Intelligent, doué d'un grand entendement. Gl. *Intelligibilis*.

ENTENDANT. FAIRE ENTENDANT, Faire entendre, donner à entendre. Gl. *Intendere* 2. [Flore et Jeanne, pag. 48, 64. *Faire à entendre*, Flore et Blancefl. vers 331. *Être entendant*, Être attentif, regarder. Partonop. vers 7444.]

ENTENDEMENT, Intelligence, signification d'un mot. Gl. *Intendimentum* 2.

ENTENDIBLE, Intelligible, qu'on peut aisément entendre ; d'où *Entendiblement*, Intelligiblement. Gl. *Audibilis*.

○ **ENTENDRE**, S'appliquer, s'affectionner, donner son attention, s'occuper, viser. Roi Guillaume, pag. 137 :

Au cor regarder entendoit.

Partonop. vers 3376 :

*Li pros rois al escus entent
S'el pent moult en haste à son col.*

Vers 3348, 3403, 3634, 6149, 6156. Flore et Blancefl. vers 1274. Chanson anonyme, Wackern. pag. 47 :

*Certes mal atent ke pent ;
Maix lonc tens voldroie pendre,
Por coi me volsist entendre
Celle à cui mes cuers entent.*

S'entendre, Flore et Blanceflor, vers 876 :

Car grant duel a, ù il s'entent.

Voyez Rayn. tom. 5, pag. 325², au mot *Entendre*.

ENTENEBRER, Obscurcir, rendre sombre. Gl. *Tenebrare*.

○ **ENTENTE**, Attention, intention. Chanson de Gaces, Wackern. pag. 11 :

Aillors ait s'entente mise.

Roi Guillaume, pag. 137 :

C'à çou estoit s'entente mise.

Chron. des ducs de Normandie, tom. 1, pag. 455, vers 10833. *Entente livrer, bailler*, Donner de la besogne, attaquer. p. 270, vers 5369. Flore et Blancefl. v. 377. Guill. Guiart, tom. 2, pag. 447, vers 11760, pag. 447, vers 11605 (20743, 20589). Voyez Rayn. tom. 5, pag. 326¹, au mot *Enten*.

ENTENTIEX, Attentif, qui écoute et entend. Gl. *Intendere* 2. [Voyez Rayn. tom. 5, pag. 328¹, au mot *Ententiu*. *Ententivement*, Flore et Blanceflor, vers 186. Partonop. vers 6811. *Entientiement*, Chastel. de Couci, vers 7454.]

ENTERCHIER, Mettre en séquestre ou main tierce. Gl. *Intertiare*.

ENTEREING, Entier, parfait, complet. Gl. *Integrare* 3.

ENTERIETÉ, Intégrité, pureté. Gl. *Integraliter* 2.

1. **ENTERIN**, Intègre, irréprochable, sincère. Gl. *Integraliter* 2. [Garin le Loher. tom. 1, pag. 56 :

Ce dist li dux, conseil a enterin.

Voyez Rayn. tom. 5, pag. 564², au mot *Enterin*.]

2. **ENTERIN**, Entier, qui n'est pas partagé. Gl. *Feudum integrale*.

ENTERINANCE, Caution, sureté. Gl. *Interinare* 2.

ENTERINÉMENT, Entièrement. Gl. *Pavagum* 2.

1. **ENTERINER**, Accomplir, exécuter, achever. Gl. *Integrare* 3.

2. **ENTERINER**, Cautionner, garantir. Gl. *Interinare* 2.

ENTERINITÉ, Perfection, achèvement. Gl. *Integrare* 3.

ENTERINSABLE, Se dit de ce qu'on passe ou insère à travers, comme la trame d'une étoffe ou toile. Gl. *Interinsilis*.

ENTERQUER, Enduire surtout de goudron appelé *Tergue*. Gl. *Intrire*.

ENTERRAGE, ENTERRAIGE, Enterrement, sépulture. Gl. *Interragium* [et *Interrare* 1.]

ENTERRER, Terrasser, fortifier par un amas de terre. Garin le Loher. tom. 1, pag. 169.

ENTERVER, Regarder, examiner. Guill. Guiart, tom. 1, pag. 12, vers 178 ; p. 177, vers 4087 ; tom. 2, p. 36, vers 903 (9869). Voyez Rayn. tom. 5, pag. 104³, au mot *Entervar*.

ENTESER, ENTEZER, Tendre, bander, ajuster, lever une arme ou bâton contre quelqu'un pour l'en frapper. Gl. *Intendere* 9. [et *Tensura* 2. Voyez Rayn. tom. 5, pag. 268¹, au mot *Entesar*, *Entoiser*, Gérard de Vienne, vers 2554. Enfants Haymon. v. 314. Guill. Guiart, tom. 1, pag. 107, vers 2235 (2626) ; t. 2, p. 280, vers 7267 (16217.)]

○ **ENTESNIER** (S'), Entrer dans sa tanière. Roman de Renart, tom. 1, pag. 25, vers 677. *Entesnie*, Couchée, pag. 18, vers 478.

○ **ENTESTER**. *Entesté*, Avide. Guill. Guiart, tom. 2, pag. 41, vers 1051 (10017) ; pag. 425, vers 11039 (20021) ; pag. 455, vers 11822 (20805). *Entestant*, sollicitant, pag. 104, vers 2657 (11637). *S'entester*, désirer vivement, p. 276, vers 7176, (16157). Voyez Rayn. tom. 5, pag. 356³, au mot *Entestar*.

○ **ENTEUS**, Entendu, sage. Flore et Jeanne, pag. 65 : *Vostre rois n'est pas si enteus ne si courtois*.

ENTHE, Conduit. Gl. *Entare*.

ENTICEMENT, Instigation, impulsion, persuasion. Gl. *Instigator*.

○ **ENTICER**, comme *Aticer*, Animer, exciter. Guill. Guiart, tom. 1, pag. 156, vers 3501. Voyez le Glossaire sur la Chronique des ducs de Normandie.

1. ENTIER, Intègre, irréprochable, sincère. Gl. *Integraliter* 2.

2. ENTIER. HOME LIGES ENTIERS, Vassal, qui n'est attaché par le serment de fidélité qu'à un seigneur. Gl. *Solidus* 1, pag. 518³.

✻ **ENTIERCER**, ENTERCER, Reconnaître, considérer, découvrir. Partonop. vers 6853 :

Sains vos connoistre n'entercier.

Vers 5926, 5981. Guill. Guiart, tom. 2, pag. 371, vers 9648 (18629) ; pag. 378, vers 9809 (18790) ; pag. 400, vers 10405 (19387) ; p. 63, vers 1805 (10581) ; p. 297, vers 7724 (16704).

ENTIERCIER, Enlever un gage à son créancier et le mettre en séquestre ou main tierce ; d'où *Entierceur*, Séquestre. Gl. *Intertiare*.

✻ **1. ENTOISER.** Voyez *Enteser*.

✻ **2. ENTOISER**, Parcourir rapidement, arpenter. Guill. Guiart, tom. 2, pag. 197, vers 5076 (14064) :

Car il destrier la terre entoisent.

Pag. 302, vers 7872 (16813).

ENTOMI, Engourdi, endormi. Gl. *Indormitus*.

ENTORSER, Faire un trousseau, mettre en paquet. Gl. *Trussare* sous *Trossa* 3.

✻ **ENTOSCHE**, Poison. Partonop. v. 1019, 1022. Chron. des ducs de Norm. tom. 3, pag. 187, vers 36914, 36952. *Entoscher*, Empoisonner. Partonop. vers 6251. Voyez Rayn. tom. 5, pag. 439¹, au mot *Entoyssegar*.

ENTOUR, Environ. Gl. *Denariata panis.* [Roman de Renart, tom. 3, pag. 151, vers 23907. Autour, auprès de Marie de France, tom. 1, pag. 428 :

La ceinture ceint entur sei.

Aubri, pag. 175¹ :

*Baivière assaillent entor et environ...
Le fu i botent entor et environ.*

Enfants Haymon, vers 633. Aubri, p. 153¹ :

*Qu'entor Henri, que de Dieu soit
[maudis,
Ai je des armes et de cheval apris.*

Flore et Jeanne pag. 31 : *Si siervirai la aucun predomne entour cui j'aprenderai d'armes.* Voyez Rayn. tom. 5, pag. 379¹, au mot *Entorn*, Orell, pag. 323.]

ENTOUSSÉ, Travaillé de toux, enrhumé. Gl. *Tussitus.*

ENTOYER, Envelopper d'une toile ou taie. Gl. *Intectamentum*. [*Entoié*, Partonop. vers 10361.]

ENTRACOULER , S'entre-frapper avec des lances. Gl. *Veru.*

ENTRAGE, Ce qu'on paye en entrant en possession d'un fief ou d'un bail à cens. Gl. *Intragium* 1.

ENTRAICTURE, Rentraiture ; du verbe *Entraire*, Rentraire. Gl. *Insutura*.

✻ **ENTRAITE**.... Partonop. vers 6342 :

Car dit m'avés tantes entraites.

Chastel. de Couci, vers 7082 :

*Adont fist che chant envoisié
D'amoureuse pensée entraite.*

ENTRAITTER (S') S'empêtrer, s'embarrasser dans ses traits. Gl. *Intricare.*

ENTRANT, Ingrédient, ce qui entre dans la composition d'une médecine, etc. Gl. *Intrans* 1.

ENTRASSAIER (S'), S'animer, s'exciter. Gl. *Insultus*.

ENTRAVERSER , Renverser un peu, faire pencher. Gl. *Invertescere*.

✻ **ENTRE**, Ensemble, conjointement, se dit surtout de deux personnes. Roi Guillaume, pag. 82 :

Entre lui et sa feme ensamble.

Garin le Loher. tom. 1, pag. 70, 120, 178, 225. Roman de Renart, t. 1, p. 21, vers 556, tom. 3, pag. 142, vers 29675. Chastel. de Couci, vers 7864, 7904. Fabliaux, Jubinal, tom. 1, pag. 140. Ruteb. tom. 1, pag. 2. Voyez Orell, pag. 324. Fierabras, vers 457, note, pag. 177². Flore et Blanceflor, vers 2859.

ENTREASSEMBLER, Se prendre l'un à l'autre pour se battre. Gl. *Assemblare.*

ENTREBÉE, Ouverture. Gl. *Beare.*

ENTREBENDE, Pièce de bois qui en soutient deux autres. Gl. *Benda* 3.

ENTRECHAPLER, Se battre à l'épée. Gl. *Capulare.*

ENTRECHAUNGEABLEMENT, En échange. Gl. *Indentura.*

✻ **ENTRECHENUS**, Un peu gris. Partonop. vers 7764.

ENTRECHEVAUCHIER , Fouler aux pieds d'un cheval. Gl. *Cavalcare* sous *Caballus*, pag. 5¹.

ENTRECLOZ, Entrebaillé, a demi fermé. Gl. *Interclusus.*

ENTRECONTRER, Rencontrer. Gl. *Incontrum*. [Chastel. de Couci, vers 2562.]

ENTRECOURS, Convention entre deux seigneurs, en vertu de laquelle les sujets de chacun d'eux peuvent aller s'établir sur la terre de l'autre. Gl. *Intercursus.*

✻ **ENTREDEUS**, Terme d'escrime. Voyez le Glossaire sur la Chron. des ducs de Normandie.

1. ENTREDIT, Instruit, qui n'est pas encore baptisé. Gl. *Catechumeni.*

2. ENTREDIT, Interdit, censure ecclésiastique, qui suspend les fonctions des prêtres, l'administration des sacrements et tout exercice de religion. Gl. *Interdictum*.

1. ENTRÉE, Bienvenue, ce qu'on paye en entrant en charge. Gl. *Baisemain.*

2. ENTRÉE. ARBRE D'ENTRÉE, Dans la racine duquel la cognée entre aisément. Gl. *Intrata* 1.

ENTREFAIRE COMPAGNIE, Fréquenter quelqu'un. Gl. *Companum.*

ENTREFUSEE, Le fil qui est devidé autour d'un fuseau, fusée. Gl. *Fusata.*

ENTREGET, Jeu de passe-passe, tour d'adresse. Gl. *Entrega.*

ENTREJETTERIE, Le même. Gl. *Entrega.*

ENTREIL , Entre-deux des sourcils. Gl. *Intercilium.*

ENTREINGNE, Aîne, jointure du ventre et de la cuisse. Gl. *Intranea.*

ENTRE-LA , Cependant, pendant ce temps-là. Gl. *Interibi.*

ENTRELAISSIER, Interruption. Gl. *Interponere* 1. [*Entrelaisser*, Interrompre, oublier. Flore et Blanceflor, vers 2207 :

*Por çou qu'en lui vit tel biauté
Tote entrelaist sa cruauté.*]

ENTRELIGNEUSE, Interligne. Gl. *Interlineatura* sous *Interlineare.*

✻ **ENTREMEDLER**, Causer ensemble. Fabliaux, Jubinal, tom. 2, pag. 28 :

Si oyd deus femmes entremedler.

ENTREMENTIERE, Fourniture. Gl. *Intretenire.*

ENTREMENTIERS, Cependant, pendant ce temps-là. Gl. *Interdum.*

✻ **ENTREMESLER.** BARBE ENTREMESLÉE, A demi grise ou blanche. Agolant, vers 795. Voyez *Entrechenus*.

ENTREMETTEUR, Métayer qui fait valoir des terres, vignes, etc., sous la condition d'en avoir la moitié des fruits. Gl. *Caravellis.*

ENTREMI, Entre-deux, espace qui est entre deux choses. Gl. *Intermedium.*

ENTREMOIEN, Cloison, séparation. Gl. *Intergeries.*

ENTREMUYE, Trémie, le lieu où elle est placée. Gl. *Entremutia.*

ENTREPASSABLE, Se dit de ce qu'on passe à travers, comme la trame d'une étoffe ou toile. Gl. *Interinsilis.*

ENTREPOIGNER, S'entre-donner des coups de poing. Gl. *Pugnata* 2.

ENTREPOSÉEMENT, Petit à petit. Gl. *Interlidere.*

ENTREPRESURE, Contravention. Gl. *Interpresura* sous *Interprendere.*

✻ **ENTREPRIS** , Embarrassé, dérobé. Flore et Blancefl. vers 1756. Chanson de Guiot de Prouvins, Wackern. pag. 27. Garin le Loher. t. 1, pag. 3, 80, 166. Ruteb. tom. 1, pag. 6. Orell, p. 61, 255. *Entreprendre*, Embarrasser. Roman de Renart, tom. 2, pag. 321, vers 18820. Voyez Rayn. tom. 4, pag. 632¹, au mot *Entreprendre*.

ENTREROMPRE, Interrompre, suspendre. Gl. *Interponere* 1.

ENTRESAIN, Marque, trace, impression qui reste sur un corps. Gl. *Intersignum* 1. Voyez Rayn. tom. 5, pag. 281¹, au mot *Entresenh*.

✻ **ENTRESAIT**, ENTRESET, Certainement, de suite, inopinément. Roman de Renart, tom. 2, pag. 345, vers 19008. Partonop. vers 3748, 4676, 5213, 7475, 8844. Chastel. de Couci, vers 486, 7548. *Entreshet*, Chron. des ducs de Normandie, tom. 2, p. 204, vers 21248. Voyez Rayn. tom. 2, pag. 141¹, au mot *Atrasog*.

ENTRESEC, Arbre qui est sur le retour. Voy. *Intersiccum*.

ENTRESEGNE, Marque, trace, impression qui reste sur un corps. Gl. *Intersignum* 1.

ENTRESSÉ, Arbre, qui est sur le retour. Gl. *Intersiccum*.

ENTRESUIVANT EN TEINTURE, Se dit d'un drap bien également teint. Gl. *Secta* 4.

ENTRETANT, Cependant, pendant ce temps-là. Gl. *Interdum*.

ENTRETENANCE, ENTRETENEMENT, Entretien, réparation. Gl. *Intertinentia* sous *Intertinere* 1, et *Retinere* 2.

ENTRETERRER (S'), S'atterrer, [se renverser par terre. Gl. *Interrare* 2.

ENTRINGNER, Accomplir, exécuter, achever. Gl. *Integrare* 3.

1. ENTRODUIRE, Instruire, enseigner. Gl. *Introducere* 1.

2. ENTRODUIRE, Engager, induire, séduire. Gl. *Introducere* 1.

ENTRONIZER, Mettre en possession d'une charge ou dignité. Gl. *Incomitiare*.

ENTROUBLER, Embarrasser, embrouiller. Gl. sous *Majestas*.

ENTRUES, Tandis, pendant. Gl. *Interdum*. [Partonop. vers 8574. Chastel. de Couci, vers 3269. Ruteb. tom. 2, p. 246, 257. Orell, pag. 335.]

ENTURLÉ, Fol, étourdi. Gl. *Lurdus*. [*Entullé*, Ruteb. tom. 2, pag. 235.]

ENVAHISSEMENT, L'action d'envahir ou d'attaquer quelqu'un. Gl. *Invasibilis*.

ENVAIE, Attaque, choc, assaut. [Partonop. vers 8858. Gérard de Vienne, vers 1759, 2776] ; d'où *Envair*, Assaillir, attaquer, charger. Gl. *Invasibilis*. [Partonop. vers 240, 8768, 8774. Garin le Loher. tom. 1, pag. 4, 170. Aubri, vers 70. Roman de Renart, tom. 2, pag. 59, vers 21373. Voyez Rayn. tom 5, pag. 472², au mot *Envazir*.]

ENVAISEMENT, Invasion. Gl. *Invasibilis*.

ENVAISSELER, ENVASSELLER, Enchâsser, enfermer. Gl. *Invasatus* 1.

ENVAYER, Envahir, assaillir, attaquer, se jetter dessus. Gl. *Invasibilis*.

ENVELIMER, Se dit d'une plaie qui s'envenime. Gl. *Venenare*.

ENVELOPE, Drap, linceul. Gl. *Involumen*.

ENVENIMER, Empoisonner ; d'où *Envenimeure* et *Envenimoison*, L'action d'empoisonner, poison. Gl. *Venenare*.

ENVENTRER, Avaler, engloutir, dévorer. Gl. *Inviscerare*.

IX

1. **ENVERS**, Auprès, en comparaison. Gl. *In Contram*, pag. 332¹.

º 2. **ENVERS**, ENVERSÉ, Etendu sur le dos. Guill. Guiart, tom. 1, p. 81, vers 1450 ; pag. 102, vers 2090 :

Envers, adenz et de costé.

Roman de Renart, tom. 1, pag. 31, v. 813. Voyez Rayn. tom. 5, pag. 522², aux mots *Envers* et *Enversar*, Gl. *Arma reversata*, pag. 383³.

º 3. **ENVERS**...... Roman de Renart, t. 3, pag. 58, vers 21345 :

Si ont chanté salmes et vers,
Moult hautement à deus envers.

Pag. 59, vers 21361 :

Tybert a dit après le vers,
Renart li respont à envers.

ENVERSAIRE, Anniversaire. Gl. *Anniversarium*.

º **ENVIAILLE**, ENVIAL, Défi. Partonop. vers 38. Roman de Renart, tom. 2, p. 12, vers 20080.

ENVIESIR, Se dit de ce qui s'use et périt par le temps ; d'où *Envieissure* et *Envieusure*, Vétusté. Gl. *Estoffa* et *Vetustare*.

ENVILLENER, Déshonorer. Gl. *Vilionia*.

ENVILLENIR, Blesser grièvement, mutiler. Gl. *Vileniare*.

ENVIROLÉ, Garni d'une virole. Gl. *Virolatus* [et *Virola*].

ENVIRON. [Autour. Garin, t. 1, p. 175 :

La cités est tote assise environ.

Pag. 58 :

Sa gent se logent environ de tot lez.

Enfants Haymon, vers 829 :

Qui la terre ont gasté environ et en lé.

D'*environ*, Chron. des ducs de Norm. t. 2, pag. 336, vers 40781. Voyez Rayn. tom. 5, pag. 551¹, au mot *Environ*. Orell. pag. 324, et ci-dessus *Entour*.] A L'ENVIRON, à l'égard, envers. Gl. *Versus* 2.

º **ENVIRONNER**, Faire le tour, parcourir. Roman de Merlin, Fierabras, pag. 182² : *Cant cil ont le païs trestout environeit, Droit à une fontenne ont Merlin encontreit.* Gilote et Johane, Jubinal, tom. 2, p. 39 :

Meynte bone terre si envyronerent.

Comparez Gl. *Gyrator* et *Gyrovagari*.

ENVIS [et A ENVIS], Malgré soi, contre son gré, à regret. Gl. *Involens*. [Difficilement, à peine. Flore et Jeanne, pag. 34 : *Envis en arai merci... Envis en cuidoit avoir pardon.* Pag. 45 : *A envis sera restorés mes damages.* Partonop. vers 333 :

Mais il l'ent croient à envis.

Garin, tom. 1, pag. 38 :

Qui là descent moult pvet estre esbahis,
Le remonter feroit-il à envis.

Voyez Rayn. tom. 3, pag. 132¹ au mot *Envis*. Orell. pag. 301, Glossaire sur Joinville.]

ENUMBER, Se dit de Jésus-Christ, quand il a pris chair humaine dans le sein de la Vierge. Gl. *Lumbare*. [Voyez *S'Anonbrer*.]

º **ENVOISER**, ENVEISIER, Se divertir, s'amuser. Partonop. vers 7652 :

Mais moult i envoisent petit.

Jordan Fantosme, vers 1299 :

De juer ne d'enveisier ne vus defend jo mie.

S'envoiser, *s'envoisier*, Partonop. vers 2131, 2228, 5254, 6264, 7379, 8018. Chastel. de Couci, vers 1477, 7448. Guill. Guiart, tom. 1, pag. 263, vers 6385. (6705.) *S'enveiser*, Chanson de Roland, st. 76, vers 3. *Envoisié*, Gai, riant. Partonop. vers 547, 560, 7285. Chastel. de Couci, vers 184. Chron. des ducs de Norm. *Envoisie*, fém. Enfants Haymon, vers 750. Lai du conseil, vers 414, Lais inédits, pag. 102. *Envoiséure*, Joie, gaieté, plaisanterie. Partonop. v. 69, 4733, 7299, 8339. Chastel. de Couci, vers 109. *Enveisure*, Chron. des ducs de Norm. *Envoiserie*, Ruteb. tom. 1, pag. 7. Voyez Roquef. *Enveisement*, Joyeusement. Chron. des ducs de Normandie. Voyez Rayn. tom. 3, pag. 131, aux mots *Envezar* et suivants.

º **ENVOLEPÉ**, ENVOLUPÉ, Enveloppé. Chanson de Roland, stance 30, vers 7. Roi Guillaume, pag. 58, 99, 100. Agolant, pag. 185². Voyez Rayn. tom. 5, pag. 566², au mot *Envolopar*.

º **ENVOLSÉ**, Enveloppé. Partonop. vers 10328 :

Chiute de dum d'alerion
Envolsé d'un blanc siglaton.

ENVOULENTIF, Résolu, déterminé. Gl. *Involens*. [Voyez Rayn. tom. 5, pag. 564¹, au mot *Envolontos*.]

ENVOULTER, ENVOUSTER, Ensorceler, enchanter. Gl. *Invultare* 2.

º **ENVOUS**, Voûté, bombé, qui a une bosse. Chron. des ducs de Norm.

ENVOUTEMENT, Sortilège, maléfice. Gl. *Stellionatus* 2.

ENVULTER, Faire l'effigie de quelqu'un en cire pour servir à des sortiléges. Gl. *Vultivoli*.

ENWAGEMENT, Pour engagement, hypothèque. Gl. *Invadiare* sous *Vadium*.

ENWAGIER, Engager. Gl. *Invagiare*.

ENWERPIR, Mettre en possession. Gl. *Infestucare* sous *Festuca*.

ENYNAGE, Droit d'aînesse. Gl. *Ainescia*.

º **ENZ**, Dans, dedans. Roman de Renart, tom. 1, pag. 36, vers 923. Guill. Guiart, tom. 1, pag. 181, vers 4146, 4157 ; t. 2, pag. 342, vers 8878 (17859). Voyez *Ens*.

EPARSES, Rentes primordiales et seigneuriales, répandues en différents lieux. Gl. *Sparsarius*.

EPICAUSTERES, Cheminée. Gl. *Epicaustorium*.

EPIDIMIE, Epidémie, mal contagieux. Gl. *Epidemia*. [Voyez Rayn. t. 3, pag. 132², au mot *Epidimia*.]

EPILENSE, Epilepsie. Gl. *Epilensis*, sous *Epilepticus*. [Voyez Rayn. tom. 3, pag. 133¹, au mot *Epilepcia*.]

22

EPILOGACION, Récapitulation, abrégé. Gl. *Epilogatio*.

EPINOCHE, Epinard, légume. Gl. *Spinarium*.

EPISCOPALITÉ, Les revenus d'un évêché. Gl. *Episcopatus* 1.

EPISTICULE, pour EPICYCLE, dans le Songe du vieil pèlerin, par Philippe de Maisières, l. 2. c. 59.

EPISTOLIER, Livre d'église contenant les épîtres, qu'on chante à la messe. Gl. *Epistolarium*.

EPITAFLE, Toute espèce d'inscription. Gl. *Epitaphium* 2.

EPOIGNE, Sorte de gâteau. Gl. *Expogna*.

EPPARON, Lance, épieu. Gl. *Sparro*.

EQUE, Cavale, jument. Gl. *Equalia*.

EQUIPART, Instrument de fer pour remuer la terre, pioche. Gl. *Schippa*.

° **EQUIPER**, Naviguer. Gl. *Esquipare*.

EQUIPPE, Nautonnier, matelot. Gl. *Schippa*.

ERACHIER, Arracher. Gl. sous *Estocagium*. [Voyez *Esrachier*.]

° **ERBÉ**, Vin aux herbes. Partonop. vers 1047 :

*Aprés laver vienent erbé
Et li piument en li claré.*

ERBIER, ERBOIE, ERBOIS, Prés, pâturage, lieu couvert d'herbes. Gl. *Herbacia* et *Herbarium*. [Partonop. vers 952. Erboi, Aubri, pag. 159². Erbei, Erbeie, Erbos, Chron. des ducs de Normandie. Voyez Rayn. tom. 3, pag. 539². au mot *Erbos*.]

ERDANCE †, Attachement, jonction. Gl. *Inhærentia*.

ERDOICE, Ardoise. Gl. *Ardesius*.

ERDRE †, Etre attaché, joint. Gl. *Inhærentia*. [S'erdre, s'accoupler. Roman de Renart, tom. 2, page. 125, vers 12978. Voyez *Aerdre*.]

° **ERETIER**, Domicile, demeure. Enfants Haymon, vers 471 :

*Seigneurs, dont estes vous de quel
                                   [eretier.*

ERICE, Terme de fortification, herse. Gl. *Ericius*.

ERIN, Irlande. Gl. *Erigena*.

° **ERME**. Voyez *Herm*.

° **ERMIN**, Arménien. Wackernagel, pag. 64. Ermine, Hermine, Roi Guillaume, pag. 46. *Ermi*? Agolant, vers 1220.

ERMOISE, Armoire. Gl. *Armazium*.

ERMOUFLE, Hermite. Gl. *Eremitæ*.

ERNEL, p. e. champ inculte. Gl. *Ermassius*.

° **ERNUER**, Hennir. Partonop. v. 3065 :

Li noirs cevals arbre et ernue.

Cod. S. Germ. num. 1239 :

Li noirs cevax cabre et hernue.

ERRAGER, Arracher, emporter par force. Gl. *Evellatus*.

ERRAMMENT, ERRAUMENT, Incontinent, aussitôt. Gl. *Erramenta*. [*Errament*, Roman de Renart, t. 2, p. 89, v. 11964. *Errannent*, Partonop. vers 1976.]

ERRANDONNER, Marcher sans ordre, avec confusion. Gl. *Erraticus*.

° **ERRANT**, Sans retard, comme *Errament*. Flore et Blancefl. vers 1095. Partonop. vers 816, 5906. Chron. des ducs de Norm. Orell. pag. 301.

ERRE, Marche, voyage, ce qui y est nécessaire. [Guill. Guiart, tom. 2, p. 21, vers 510 (9476) :

Mainnent vos serjanz trop mal erre.]

D'où *Errer*, Marcher, voyager. Gl. *Erare*.

ERREDE, Déraisonnable, opiniâtre, extravagant. Gl. *Enare*.

ERREMENTER, Former en justice une demande contre quelqu'un. Gl. *Erramenta*.

ERRER, Conduire, mener, accompagner quelqu'un dans un voyage [voyager, marcher]. Gl. *Erare* et *Erraticus*. [Chron. des ducs de Normandie, Gloss. sur Joinville. Voyez *Erre* et *Esver*.]

° **ERRUR**, Trouble, peine. Jordan Fantosme, vers 1945. Voyez *Esreur* et Rayn. tom. 3, pag. 140², aux mots *Error* et *Erransa*.

ERSOIR, Hier. Gl. *Erinus*. [Orell. pag. 301.]

ERTAYE, Terre inculte et non labourable. Gl *Hertemus*.

1. **ES**, Abeille. Gl. *Apiaster*. [Partonop. vers 121. Voyez *Ees*.]

° 2. **ES**, Ais, petite planche. Partonop. vers 8884 :

*D'un autre colp qu'il fiert après
Empire del escu les ès.*

Guill. Guiart, tom. 1, pag. 238, v. 5582. Fourreau. Roman de Renart, tom. 3, pag. 71, vers 21707 :

*Au costé de l'espée ceinte,
Qui de roil estoit tote teinte,
Qui ne pooit issir des ès.*

° **ESAUCHIER**, ESAUCIER, Accroître. Garin le Loher. tom. 1, pag. 90, 157. Voyez *Ensaucier*.

ESBABOYNER, Embabouiner, tromper en amusant, en faire accroire. Gl. *Baburrus* et sous *Fallita* 2.

° **ESBAHIEMENT**, Avec admiration, Partonop. vers 7421, Voyez Rayn. tom. 3, pag. 141², au mot *Esbair*.

° **ESBANIR**, Convoquer, rassembler. Chron. des ducs de Normandie.

ESBANOIER, Se réjouir, s'amuser; d'où *Esbanois*, Jeu, divertissement. Gl. *Erradiari*. [Voyez Rayn. tom. 2, pag. 177¹, au mot *Bandeiar*; le Gloss. sur la chanson de Roland et celui sur la Chron. des ducs de Norm. aux mots *Esbaneier* et

Esbaneiz. *Espanier*, Partonop. vers 5502. *Esbannier*, Enfants Haymon, vers 271.]

ESBATANT, Gai, gaillard. Gl. *Erradiari*.

ESBATEMENT, Amusement. *Hôtel d'Esbatement*, Belle et agréable maison. Gl. *Erradiari*.

ESBATICER, Se promener ça et là. Gl. *Erradiari*.

ESBATRE, Amuser, divertir les autres, se réjouir. Gl. *Erradiari*. [Voyez Rayn. tom. 2, pag. 200¹, au mot *Esbatre*.]

° **ESBAUDIR**, Egayer, donner du courage, avoir du courage, élever, résonner. Partonop. vers 6868 :

Si l'en a forment esbaudi.

Chron. de Jordan Fantosme, 1584 :

Ço ad mult esbaudi voz mortels enemis.

Garin le Loher. tom. 1, pag. 222 :

Crient et braient por lor gent esbaudir.

Guill. Guiart, tom. 1, pag. 110, v. 2323 :

*Fait si l'eschiele au roi de France
Esbaudir là où il flatissent.*

Garin le Loher. tom. 1, pag. 170 :

*Là oïssies gresloier et tentir,
Mainte buisine corner et esbaudir.*

Pag. 261 :

*Là véissiez tant bons sautiers tenir
Chanter ces moines et lor chans esbaudir.*

Pag. 144 :

Et les breteches haucier et esbaudir.

S'esbaudir, Chastel. de Couci, vers 3846. S'esbaldir, Chanson de Roland, stance 114, vers 15 :

A icest mot, si s'esbaldissent Franc.

Esbaudi. Moniages Renouart, Chron. des ducs de Norm. t. 1, pag. 529² :

Il issent hors, s'est la noise esbaudie.

Gérard de Vienne, vers 1767 :

Il escriait Monjoie l'esbaudie.

Voyez Rayn. tom. 2, pag. 202¹, au mot *Esbaldir*.

° **ESBAUDRÉ**, comme *Baudre* 1. Aubri, pag. 174 :

Dros par espaules, large par l'esbaudré.

ESBAUDEURÉ, p. e. Qui a les lèvres enfoncées. Gl. *Banlauca*.

ESBBART, pour ESWART, Jugement, sentence. Gl. *Esgardium* 1.

ESBEU, ESBEUVRÉ, Ivre, plein de vin. Gl. *Bevriatus*.

° **ESBLEVIR** (S'), Blémir, s'évanouir. Roi Guillaume, pag. 42 :

*Et vit une si grant clarté,
Que de luor tos s'esblevi.*

Voyez Rayn. tom. 2, pag. 227¹, au mot *Ablesmar*.

ESBLOCHER, Doler, unir. Gl. *Blocus*.

ESBOELER, Eventrer. Gl. *Esboellare* [et *Botellus*. Voyez Rayn. tom. 2, p. 268², au mot *Enbudelar*.]

ESBONDER, Mettre des bornes. Gl. *Esbondatio*.

1. **ESBONNER**, Borner, planter des bornes ; d'où *Esbonnage*, Bornage. Gl. *Exbonatio*.

2. **ESBONNER**, Affranchir sous certaines conditions, dont on convient ; d'où *Esbonnement*, Affranchissement accordé de la même manière. Gl. *Exbonnare*.

ESBOUCHAIRE, Cognée Esbouchaire, Celle dont se servent les charpentiers. Gl. *Esbuscare*.

ESBOUELER, Esbouler, Éventrer, arracher les entrailles. Gl. *Esboellare* et † *Execreare*. [Voyez *Esboeler*].

ESBOUFFER, Rejaillir, éclabousser. Gl. *Buffare*.

* **ESBOULER (S')**, S'ébouler, se précipiter. Roi Guillaume, pag. 130 :

Mais les ondes forment s'esboulent
Qui la nef dehurtent et foulent.

ESBOULLISSANT †, Bouillant, fort chaud. Gl. *Formum*. [Voyez Rayn. tom. 2, pag. 271¹, au mot *Esbulir*.]

ESBOUTURES, Broussailles. Gl. *Esbuscare*.

ESBRANDIR, Allumer, mettre le feu. Gl. *Branda* 1. [*Esbraser*, Embraser. Chron. des ducs de Normandie.]

* **ESBRAONER**, Éventrer. Roquef.

ESBROUER, Oter du drap les fils, pailles et autres ordures qui peuvent s'y trouver. Gl. *Esborrare*. [Voyez le Suppl. de Roquef. au mot *Esbourer*.]

ESBROUIR (S'), Se troubler, s'épouvanter. Gl. sous *Brugitus*.

ESBRUIER (S'), Le même. Gl. sous *Brugitus*.

ESBURUCHER, Se ranimer, reprendre vigueur. Gl. *Electuarium* 1.

ESBUSQUIER, Oter du drap les fils, pailles et autres ordures qui peuvent s'y trouver. Gl. *Esborrare*. [Voyez Es. *bascare*.]

ESCAANCHE, Succession, héritage. Gl. *Escaanchia*.

ESCABIEUSE, pour Scabieuse, plante. Gl. *Scabidus*.

ESCABORT, p. e. Trompeur, coquin. Gl. *Escabotum*.

ESCABOUE, Troupeau [en provençal]. Gl. *Escabotum*.

ESCABOUSSEUR, Trompeur, fripon. Gl. *Escabotum*.

ESCACHE, pour Estache, Droit d'amarrage. Gl. *Estecha*.

ESCADAFFAULT, Échaffaut. Gl. *Escadaffault*.

ESCADRE, Escadron, corps de troupes. Gl. *Scara* 3.

ESCAFFIGNON, Escafignon, Sorte de chaussure légère. Gl. *Scafones*.

ESCAGNE, Dévidoir. Gl. *Scagna*.

1. **ESCAIGNE**, Écheveau. Gl. *Eschaota*.

* 2. **ESCAIGNE**, Escange, Échange. Roman de Roncevaux, pag. 12 :

Dex, se jel pert, jà n'en aurai escai-
[gne.
Chanson de Roland, stance 65, vers 15:
Deus, se jo l' pert, jà n'en aurai es-
[cange.
Voyez Rayn. tom. 2, pag. 300¹, au mot *Escambis*. Roquef. au mot *Escange*.

ESCAILLE, Escaillière, Ardoise. Gl. *Scaliæ*. [*Escailleteur*, Escailleur, Couvreur d'ardoises. Roquef. Suppl.]

ESCAILLES, Armure de tête, faite en forme d'écailles de poisson. Gl. *Scalia* 2.

ESCAINTE, Succession, qui échoit au seigneur au défaut d'héritier. Gl. *Scaeta*.

* **ESCAIR**, Échoir, tomber en partage. Roquef. Suppl.

* **ESCAITIVÉE**, Prisonnière, malheureuse. Flore et Blanceft. vers 3295 :

Car remese est escaitivée
Dolante en estrainge contrée.

Chron. des ducs de Normandie, tom. 1, pag. 259, vers 5081.

ESCALAVORGEMENT, Dérèglement ; d'où *Escalavorgans*, Libertin. Gl. *Exlex* 3.

1. **ESCALE**, Espèce d'amende, que l'on exige d'un prisonnier. Gl. *Scalares* 3.

* 2. **ESCALE**, Écaille. Roquef.

* 3. **ESCALE**, comme *Escalle*. Roquef. Suppl.

ESCALETTE, Sonnette, cresselle. Gl. *Skella*.

* **ESCALGUAITE**, Voyez *Escharguete*.

ESCALLE, Escalier, degré. Gl. *Scalare* 2.

ESCALOGNES, Certaines dents de cheval. Gl. *Scalones*.

1. **ESCALONGNE** †, Roquette, plante. Gl. *Eruca*.

2. **ESCALONGNE**, Échalotte. Gl. *Hinnula* 2 [et *Cepola*. Voyez Roquef. au mot *Escalogne*, et Suppl. au mot *Escaloigne*.]

ESCAME, Escabelle, petit siége de bois, marchepied. Gl. *Scamma* 2. [*Escamel* Chastel. de Couci, vers 6759. Partonop. vers 10969. *Escamal*, vers 10836. Voyez Roquef. et le Gloss. sur Joinville, au mot *Eschamel*. Rayn. tom. 3, pag. 142², au mot *Escaimel*]

* **ESCAMOINE**, Scammonée. Roi Guillaume, pag. 94. *Escamonée*, pag. 98. Voyez Rayn. tom. 3, pag. 145¹, au mot *Escamonea*.

* **ESCAMPER**, Échapper. Rayn. tom. 2, pag. 305¹, au mot *Escapar*. *Escaper*, Partonop. vers 284, 287, 290. *Escapement*, Rayn. ibid. Roquef. *Escampée*, Roquef. Suppl.

ESCANDALH, Sorte de mesure des liquides [en provençal]. Gl. *Scandalium* 1.

ESCANDALISER, Diffamer, déshonorer. Gl. *Scandalizare*.

* **ESCANDAU**. Voyez *Escandalh*.

ESCANDAYLLI, Certaine mesure de vin [en provençal]. Gl. *Scandale*.

1. **ESCANDE**, Sorte de bateau. Gl. *Scandea*.

2. **ESCANDE**, Échandole, petit ais à couvrir les toits. Gl. *Escenna*.

3. **ESCANDE**, Escandle, Éclat qui peut offenser et révolter, dispute, dissension. Gl. *Scandalum* 1. [Voyez Roquef. et le Gloss. sur Joinville.]

ESCANDELER, Escandeliser, Offenser, blesser, faire de la peine. Gl. *Scandalizare*.

ESCANDELISIER, Publier, divulguer ; surtout quand il s'agit du mal. Gl. *Scandalizare*.

ESCANDELISSEMENT, Reproche, crime dont on est accusé. Gl. *Scandalizare*.

ESCANDILLIER, Échantillonner. Gl. *Escandilare*.

* **ESCANDILLONAGE**, Droit de faire jauger les mesures. Gl. *Eschantillare*.

ESCANDLE, Éclat qui peut offenser et révolter. Gl. *Scandalum* 1. [Chron. des ducs de Normandie, aux mots *Escandle*, *Esclaundre*.]

ESCANPIERRE, Escalier. Gl. *Ascensorium*.

ESCANTAILLON, Échantillon, modèle. Gl. *Eschantillio*.

1. **ESCANTELÉ**, Escantellé, Se dit d'une massue, armée de nœuds ou pointes. Gl. *Cantellus*.

2. **ESCANTELÉ**, Escantellé, Mis en pièces, en morceaux, partagé. Gl. *Caniellus* et *Scantellatus*. [Voyez Rayn. tom. 2, pag. 316², au mot *Escantelar*. Chanson de Roland, st. 98, vers 4.]

ESCAP, Échappatoire. Gl. *Escapiamentum*, pag. 296³.

ESCARAS, Échalas, pieu. Gl. *Escarreya*.

* **ESCARBUNER**, Jaillir. Chanson de Roland, stance 261, vers 8 :

Des helmes clers li fuus en escarbunet.

ESCARCHON, comme *Escaras*. Gl. *Escharso*.

* **ESCARD**, Moyen de salut. Chron. des ducs de Normandie, tom. 1, pag. 403, vers 9283 :

Nul autre escard n'i sai trover.

ESCARDE, Carde, peigne de cardeur ; d'où *Escarder*, Carder, et *Escardeur*, Cardeur. Gl. *Cardi* et *Cardator*.

ESCARDOILLIÉ, Se dit d'un vice ou maladie des yeux ; p. e. de ceux qui sont rouges comme écarlate. Gl. *Sgarbellatus*.

ESCARGAITIER, Être en sentinelle, faire le guet. Gl. *Scaraguayta* [et *Eschargaita*.]

° **ESCARIMANT**, Partonop. vers 10007 :
*Cauces de palie escarimant
Et escapins à or luisant.*

ESCARIR, Dicter, suggérer. Gl. *Escariare*. [Partonop. vers 2928 :
*Si ont juré tot autresi
Con li François l'ont escari...
Après ont juré li François
Ço qu'escarissent li Danois.*
Voyez Rayn. tom. 3, pag. 147¹, au mot *Escarir*, et ci-dessus *Escharir*.]

ESCARLATE BRUNE, Pourpre. Gl. *Escallata*. [Voyez le Glossaire sur la Chron. des ducs de Norm.]

° **ESCARMIE**. Voyez *Escremie*.

° **ESCARNELLÉ**, Crenelé. Roquef.

ESCARNI, Caché, secret, inconnu. Gl. *Celamentum*.

ESCARNIR, Blâmer, railler, se moquer, rire au nez de quelqu'un. Gl. *Carina 1*. [Partonop. vers 990, 2138, 3578, 3926, 4693. Flore et Blancefl. vers 2262, 2384. Voyez *Escharnir*.]

ESCARPOISE, Sorte de bateau. Gl. *Escauda*.

° **ESCARRI**. Voyez *Eschars*.

1. **ESCARS**, Ménager, économe, mesquin, avare. Gl. *Escharcellus* et *Scardus*. [Voyez Roquef. au mot *Escar*.]

2. **ESCARS**, comme *Essart*, Roi Guillaume, pag. 145.

ESCARSEMENT, Au plus bas prix. Gl. *Escharcellus*.

ESCARSE, Qui ne paye pas volontiers ce qu'il doit. Gl. *Escharcellus*.

° **ESCART**. Voyez *Espart*.

ESCARTELAIGE, Ce qui est divisé en quartiers. Gl. *Excartellatus*.

ESCASSADOUR, Abreuvoir, réservoir d'eau. Gl. *Aiguerium*.

° **ESCAUDÉ**, Échaudé. Gl. *Escaudeis*.

ESCAUDIS, Sorte de pain peu cuit, échaudé ; d'où *Escaudisseur*, Le boulanger qui fait ces pains. Gl. *Escaudetus*.

ESCAUVAUS, Canal, par lequel l'eau s'écoule. Gl. *Escheudus*.

° **ESCAVELÉ**, Échevelé. Flore et Blancefl. v. 2878. *Eschiavelé*, Partonop. v. 4891. V. Rayn. t. 2, p. 323², au mot *Descabelhar*.

° **ESCAVI**, ESCHEVI, Accompli, achevé. Chanson de Roland, st. 279, vers 6 :
*Heingre out le cors e graisle e esche-
[vid.]*
Aubri, pag. 160¹ :
*Quant li bers fu armés et fervestis
I fu molt biaus et si fu escavis.*
Gérard de Vienne, vers 1771 :
E vos Audain la bele, l'eschevie.
Garin le Loher. tom. 1, pag. 85 :
Aubris fu biaus, eschevis et molés.
Voyez pag. 239. Agolant, pag. 170². Ro-

quef. au mot *Escavie*, Rayn. tom. 3, pag. 143², au mot *Escafit*.

ESCERPE, ESCERPPE, Écharpe. Gl. *Escerpa*.

ESCERVELER, Casser la tête, faire sauter la cervelle. Gl. *Excerebrare*. [Chronique des ducs de Normandie. Rayn. tom. 2, pag. 387¹, au mot *Esservelar*.]

ESCHABLETER, Blesser, meurtrir. Gl. *Cabulus*, pag. 10¹.

ESCHABOTER, Éclabousser, faire rejaillir de l'eau ou de la boue sur quelqu'un. Gl. *Ellutare*.

° **ESCHAC**. Voyez *Eschec*.

° **ESCHACE**, Béquille. Roman de Renart, tom. 3, pag. 120, vers 23064 :
*Qu'Ysengrin i lessa le pié...
Or li covient eschace fere,
Autrement ne porroit aler.*
Voyez Roquef. Rayn. tom. 3, pag. 149², au mot *Escasan*.

° **ESCHACHE**. Gl. *Cugnus 2*.

° **ESCHADELER**, Conduire, mener. Roquef. Suppl.

ESCHAFFEURE, Colère, emportement, mouvement violent. Gl. *Calidameya*.

ESCHAGE, p. e. Sorte de redevance sur les terres. Gl. *Eschargaytare*.

ESCHAILLER †, Écailler. Gl. *Scamare*.

ESCHAILLON, Grosse et grande échelle. Gl. *Eschallo*. [Échelon, degré. La voie de Paradis, Ruteb. tom. 2, pag. 243 :
Ceste eschiele a sept eschaillons.
Voyez pag. 215, et Rayn. tom. 3, pag. 144¹, au mot *Escalo*.]

ESCHAILLONGNE, Échalotte. Gl. *Egrunum*.

ESCHAIR, Écheoir. Gl. *Castellaria*.

° **ESCHAITIVER**. Voyez *Escaitivée*.

ESCHALACIER, Échalasser, mettre des échalas dans une vigne. Gl. *Eschalacius*.

° **ESCHALE**, Écaille de poisson. Roquef.

ESCHALIS, Chalit, bois de lit. Gl. *Spondalis*.

ESCHALLE, Escalier, degré. Gl. *Scalare 2*. [*Eschale*, Chron. des ducs de Normandie.]

ESCHALLEMENT, Échelle. Gl. *Eschallare*.

ESCHALLER, Mettre à l'*echelle* ou pilori. Gl. *Scalare 3*.

ESCHALLEUR, Qui escalade. Gl. *Eschallare*.

ESCHALOINGNE, Échalote. Gl. *Ascaloniæ*.

ESCHALONGNE, Roquette, plante. Gl. *Eruca*.

ESCHALPRE, Instrument propre à inciser ou gratter. Gl. *Scalpellum*.

ESCHAMEL, Escabeau, marchepied. Gl. *Scamma 2*. [Gloss. sur Joinville, Roquef.]

ESCHAMPÉE, Échappatoire, subterfuge. Gl. *Escapiamentum*, pag. 296³.

ESCHAMPELER, Blesser légèrement et en effleurant. Gl. *Capulare*.

ESCHAMPER (S'), s'Échapper, s'écarter. Gl. *Escapiamentum*, pag. 296³. [*S'eschampir*, Roquef.]

ESCHANDELE, Scandale, esclandre. I livr. des Rois, ch. 18, vers 21 : *Pur ço que eie li seit à eschandele*. (lat. ut fiat ei in scandalum.) Voyez *Escandele*.

ESCHANTELLET, Coin, angle. Gl. *Cantonus 2*.

ESCHAPELERIE, L'action de voler et de dépouiller quelqu'un. Gl. *Serpeilleria*.

ESCHAPIN, Escarpin, pantoufle. Gl. *Eschapolus* et *Scarpus*. [Chron. des ducs de Normandie.]

° **ESCHAPLER**, Tailler, briser. Guill. Guiart, tom. 2, pag. 195, vers 5024 (14012) :
*Aus cops prendre et aus cops paier
Sus les alours que l'en eschaple
Péussiez lors veoir biau chaple.*
Voyez *Chapler*.

ESCHAPPLÉ, Arbre ou branche d'arbre abattue par le vent ou autre accident. Gl. *Cabulus* [et *Capulare*].

ESCHAQUER, Répartir également par un calcul exact. Gl. *Scacarium* sous *Scacci 1*, pag. 325².

ESCHAQUETÉ, Échiqueté. Gl. *Banchale*.

1. **ESCHAR**, Dérision, moquerie. Gl. *Carina 1*. [Roman de Renart, tom. 1. p. 39, vers 1004 ; p. 164, vers 4377. Guill. Guiart, tom. 1, p. 184, vers 2940 ; p. 145, vers 3222 ; pag. 330, vers 7590. Chron. des ducs de Normandie. Glossaire sur Joinville. Roquef.]

2. **ESCHAR**, Sorte d'habillement, casaque. Gl. *Eschapolus*. [En *eschar*. Voyez *Escard*.]

ESCHARCEMENT †, Avec ménage, en épargnant. Gl. *Escharcellus*. [*Escharsement*, Roquef. Suppl.]

ESCHARCETÉ, Diminuer, affaiblir ; d'où *Escharceté*, terme de monnoyeurs. Gl. *Escharcellus*.

ESCHARCETÉ †, Économie, épargne, ménage. Gl. *Escharcellus*.

ESCHARÇON, ESCHARCHON, Échalas, pieu. Gl. *Escharso*.

ESCHARDE, Le même. Gl. *Escharso*.

° **ESCHARDER**, Diminuer, tordre. Guill. Guiart, tom. 1, pag. 142, vers 3155 :
Tout le païs de biens eschardent.
Tom. 2, pag. 394, vers 10241 (19223) :
*La repéust-on esgarder
Lances tronçonner et escharder.*
Voyez Roquef.

ESCHARDEUR, Cardeur. Gl. *Cardi*.

ESCHARGAILE, pour ESCHARGAITE. Gl. *Eschargaita*.

LSCHARGAITE, Sentinelle ; d'où *Escharguaitier*, Faire le guet. Gl. *Scaraguayta*. [et † *Manubiæ*. Voyez Roquef.]

ESCHARGE, p. e. Sorte de redevance sur les terres. Gl. *Eschargaytare*.

ESCHARGUETE, Sentinelle. [*Escalguaite*, Chanson de Roland, stance 178, vers 8.] D'où *Escharguéter*, Faire le guet. Gl. *Eschargaita* et *Scaraguayta*.

ESCHARGUETER, Tourmenter, chagriner, fâcher. Gl. *Eschargaytare*, pag. 299³.

ESCHARIR, Assurer, affirmer. Gl. *Scarire* 2. [Désigner, enseigner. Partonop. vers 137 :

Nos devisent de fin en fin
Trestot le mont en trois parties,
Si s'ont par nom bien escharies.

Voyez *Escarir*.]

ESCHARLAT †, Échalas. Gl. *Phalanga* 1.

ESCHARNIR, Blâmer, railler, se moquer, rire au nez de quelqu'un. [Partonop. vers 4081. Gérard de Vienne, vers 478, 1858. Voyez *Escarnir*, le Gloss. sur Joinville, Roquef. au mot *Escharner*. Chronique des ducs de Normandie, et Rayn. tom. 5, pag. 190¹, au mot *Escarnir*.] D'où *Escharnissement*, Raillerie, dérision. Gl. *Carina* 1. [et † *Subsannatio*. *Escharnisseur*, Railleur, moqueur. Roquef.]

° **ESCHARPE** †. Gl. *Perula* 1. Voyez *Escherpe* 2.

ESCHARPILLIE, L'action de voler et de dépouiller quelqu'un. Gl. *Serpeilleria*. [*Escharpillerie*, Roquef. *Escharpelerie*, Suppl. au mot *Escharpelerie*.]

ESCHARRER, Conduire une charrette. Gl. *Carreare* 2.

ESCHARS, Économe, mesquin, avare. Gl. *Escharcellus* et *Scardus*. [Guill. Guiart, tom. 1, pag. 380, vers 7803. A *Eschars*, En petite quantité. Guill. Guiart, tom. 2, pag. 467, vers 12131 (21114) :

Et n'ot pas de gens à eschars.

Voyez *Aescheri*, et Rayn. tom. 3, pag. 148¹, au mot *Escars*. *Escharseté*, ibid. pag. 149¹, au mot *Escarsetat*. *Escheri*, Épuisé, appauvri, Garin le Loh. tom. 1, pag. 77, 207. Voyez le Gloss. sur la Chron. des ducs de Norm. au mot *Escarri*, *Eschari* et *Eschars*.]

ESCHARSON, Échalas. Gl. *Escharso*.

ESCHARUETTE, pour ESCHAUGUETTE, Guet. Gl. *Eschargaita*.

1. **ESCHAS**, Bâtiment, vaisseau de charge. Gl. *Escauda*, et *Huisserium*. [Voyez *Eschiez*.]

2. **ESCHAS**, Homme de néant, qui ne mérite aucune considération. Gl. *Scarzo*.

3. **ESCHAS**, Échecs. Gl. sous *Scacci* 1. [Chronique des ducs de Normandie.]

° 4. **ESCHAS**, Butin. Chronique des ducs de Normandie. Voyez *Eschec*.

ESCHASLASSON, Échalas. Gl. *Escharso*.

ESCHASSÉ, Absent, éloigné. Gl. *Exicius*.

ESCHAU, p. e. L'endroit d'une cuisine où on lave la vaisselle. Gl. *Excaldare*.

ESCHAUCER, Éteindre une lampe en soufflant. Gl. *Admortizare*. [Remuer. Chron. des ducs de Norm. tom. 2, p. 568, vers 31542. Voyez *Escurre*.]

° **ESCHAUCIRER**, Chronique des ducs de Normandie, tom. 2, pag. 178, vers 20552 :

Deus feiz u treis u plus se point
Qui contre aguillon eschaucire.

ESCHAUDER, Échauffer, aigrir, irriter quelqu'un. Gl. *Excaldare*.

° **ESCHAUDET**. Gl. *Eschaudati*, *Eschaudetus*, † *Artocopa*, et *Panis*, pag. 131³.

ESCHAUFFAUDER, Échafauder, étayer ; d'où *Eschauffaudement* et *Eschauffaudis*, Échafaudement. Gl. *Eschafaudus*. [*Eschaufaus*. Gl. *Scafaldus*. *Eschauffoulx*. † Gl. *Antemurale*.]

ESCHAUFFÉ, Étouffé par la chaleur. Gl. *Excaldare*.

ESCHAUFFETÉ, ESCHAUFFETURE, Colère, emportement ; d'où *Eschauffement*, Avec chaleur et en colère. Gl. *Calidameya*.

ESCHAUGAITE, Sentinelle. Gl. *Scaraguayta*.

ESCHAUGNE, Échandole, bardeau, late, petit ais à couvrir les toits. Gl. *Essana*.

ESCHAUGUETER, Épier, guetter, être en sentinelle ; d'où *Eschauguette*, Sentinelle, celui qui fait le guet. Gl. *Escharguaita*, et *Scaraguayta*.

ESCHAULE, comme ci-dessus *Eschaugne*. Gl. *Escenna*.

ESCHAVOIR, Dévidoir. Gl. *Eschaota*.

ESCHAX, Échecs. Gl. sous *Scacci* 1.

ESCHAYTER, Écheoir. Gl. *Escaïre*.

ESCHE, Charnière ou garniture du derrière d'un coffre. Gl. *Sceta*.

° **ESCHEALWAUTE**, ESCHIELGUAITE, comme *Escharguete*. Jordan Fantosme, vers 715, on var. *Eschelgaite*. Chron. des ducs de Norm. tom. 2, pag. 130, vers 19161.

ESCHEAMMENT †, Inopinément, par hasard. Gl. *Evenienter*.

° **ESCHEC**, ESCHAC, ESCHAS, Butin. Voyez les Gloss. sur la Chanson de Roland, et sur la Chron. de Normandie ; Garin le Loh. tom. 1, pag. 21 ; Partonop. vers 8205.

ESCHÉESTE, Succession, héritage. Gl. *Eschaentia*.

ESCHÉETE, Saisie, confiscation. Gl. *Escaducha*. [Chron. des ducs de Norm. *Escheit*. Roquef. *Eschéete*, Succession.]

° **ESCHEIOLLES**. Gl. *Societas* 4.

° **ESCHEIR**, Echoir. Roquef.

ESCHEISON, Succession, héritage. Gl. *Eschaentia*.

ESCHELEMENT, Escalade. Gl. *Eschallare*.

ESCHELER, Mettre à l'*Échelle* ou pilori. Gl. *Scalare* 3.

ESCHELETTE, Étrier, ce qui sert à monter à cheval. Gl. *Scala* 10. [Clochette, sonnaille, grelot. Agolant, pag. 168² :

Et li poitrax fu à or estelé,
Tot environ d'escheletes ové.
Quant li chevax a un petit alé
L'or retentist et a un son geté.

Voyez *Eschelle* 1. Gl. *Nola* et *Skella*, Roquef. au mot *Eschelete*. Rayn. tom. 3, pag. 189², au mot *Esquelha*.]

° **ESCHELGAITIER**, ESCHEWAITER, ESCHIELGUAITIER, ESCHILGUAITIER, comme *Escharguetter* 1. Chronique des ducs de Norm.

ESCHELIER, Escalader. Gl. *Eschallare*.

1. **ESCHELLE**, Petite cloche, sonnette. Gl. *Eschilla*.

2. **ESCHELLE**, Escadron, bataillon, corps de troupes rangées en bataille. Gl. *Scala* 7. [*Eschele*, *Eschiele*, Chron. des ducs de Norm. tom. 1, pag. 261, vers 5134. Garin le Loh. tom. 1, pag. 25. Partonop. vers 2374, 2418, 2533, 2898. Voyez le Gloss. sur Joinville, Rayn. tom. 3, p. 144¹, au mot *Escala*.]

ESCHELLER, Escalader. Gl. *Eschallare* [et *Habilimentum*.]

° **ESCHELLON**, ESCHELONNER †. Gl. *Interscalare*.

° **ESCHENI**. Gl. *Præpositura*, pag. 465³.

ESCHENO, Gouttière. Gl. *Chenalis*.

° **ESCHEPIE**. Voyez *Eschespie*.

ESCHEQUÉ, Écartelé, en terme de blason. Gl. *Scacatus*.

ESCHEQUER, Jeter de côté et d'autre. Gl. *Escheccum*.

ESCHEQUIER, Échiquier, cour souveraine en Normandie et en Angleterre. Gl. *Scacarium* sous *Scacci* 1.

ESCHERBOTE, Sorte d'insectes ailé, escarbot. Gl. *Scubo*.

ESCHERGAITIER, Être en sentinelle, faire le guet. Gl. *Escharguaita*.

ESCHERNIR, Railler, se moquer, rire au nez de quelqu'un. Gl. *Carina* 1.

1. **ESCHERPE**, ESCHERPETE, Écharpe. Gl. *Escharpia*.

° 2. **ESCHERPE** †. Gl. *Cassidile*. Voyez *Escharpe*, *Escipe*.

ESCHERSON, Échalas. Gl. *Escharso* [et † *Phalanga*.]

ESCHERVELER, Casser la tête, faire sauter la cervelle. Gl. *Excerebrare*.

ESCHERUYS, Chervis, espèce de légume. Gl. *Poreta ?*

ESCHESPIE, Ciseau. Gl. *Scalpellum* [en Auvergne.]

ESCHESSE, Bâton, échalas. Gl. *Escharse.*

1. **ESCHET**, Écheveau, paquet de fil. Gl. *Eschaota.*

2. **ESCHET**, Redevance annuelle. Gl. *Scazudia.*

ESCHETER, Acheter. Gl. *Estaulagium.*

ESCHEUE, Canal par lequel coule l'eau d'un moulin. Gl. *Escheudus.*

ESCHEVELLAGE, p. e. Cens capital, qu'on appelait *Chevage.* Gl. *Eschevellagium.*

1. **ESCHEVER**, Abonner, faire une convention. Gl. *Escheuta.*

2. **ESCHEVER**, Éviter. Gl. *Eschivire.* [Roquef.]

ESCHEVETE, Écheveau, paquet de fil. Gl. *Eschaota.*

ESCHEVIN, Procureur, celui qui fait les affaires d'un autre. Gl. *Seabinus,* pag. 328 ¹.

ESCHEVINAAGE, Étendue de la juridiction des échevins. Gl. *Esquevinagium.*

1. **ESCHEVINAGE**, Le lieu où s'assemblent les échevins, hôtel-de-ville. Gl. *Eschevinagium.*

2. **ESCHEVINAGE**, Le corps des échevins, l'étendue de leur juridiction. Gl. *Scabinagium* sous *Scabini,* pag. 323 ¹.

ESCHEURS, Cri qu'on faisait pour demander du secours dans les querelles publiques. Gl. *Escheurs.*

ESCHEUS, p. e. Querelleur. Gl. *Escheurs.* [Voyez *Eschis 2.*]

ESCHIÉ, **ESCHIEF**, Redevance convenue entre le seigneur et ses vassaux. Gl. *Escheuta.*

ESCHIEF, Écheveau, paquet de fil. Gl. *Eschaota.*

1. **ESCHIELE**, Pilori, [Gloss. sur Joinville, Roquef.] ; d'où *Eschieler,* Mettre au pilori. Gl. *Scala* 1, et *Scalare* 3.

2. **ESCHIELE**, Petite cloche, sonnette. Gl. *Eschilla.*

ESCHIELER, Escalader ; d'où *Eschièlement,* Escalade. Gl. *Eschallare.*

1. **ESCHIELLE**, Pieux rangés, sur lesquels on étend quelque chose ; et le droit qu'on paye pour cela. Gl. *Stoc.*

2. **ESCHIELLE**, Petite cloche, sonnette. Gl. *Eschilla.*

3. **ESCHIELLE**, Escadron, bataillon, corps de troupes rangées en bataille. Gl. *Scala* 7.

ESCHIELLEMENT, Escalade. Gl. *Eschallare.*

ESCHIERPE, Écharpe. Gl. sous *Burdones.* [Voyez *Escharpe.*]

ESCHIÉS, Bonde par où l'eau tombe et s'écoule. Gl. *Echudium.*

ESCHIEVER, Abonner, faire une convention ; d'où *Eschièvement*, Abonnement, convention. Gl. *Escheuta.*

° **ESCHIEZ**, Esquifs. Chanson de Roland, stance 185, vers 17 ; stance 192, vers 6 :

Eschiez e barges e galées curant.

Eschipre ? stance 117, vers 4. Voyez *Eschas* 1, et *Eschoi.*

ESCHIF, Guérite pour une sentinelle. Gl. *Eschiffa.* [*Eschive,* Chron. des ducs de Normandie.]

1. **ESCHIFFE**, Maisonnette, échoppe. Gl. *Eschiffa.*

2. **ESCHIFFE**, **ESCHIFFLE**, Guérite pour une sentinelle. Gl. *Eschiffa.*

ESCHILLE, **ESCHILLETTE**, Clochette à manche, qu'on porte aux processions dans plusieurs endroits. Gl. *Chillæ.*

ESCHILLON, Se dit des bâtons disposés en forme d'échelle aux côtés d'un charriot ou d'une charrette, ridelle. Gl. *Scalare* 2.

° **ESCHINÉE**, Echine, os. Partonop. vers 9876. Guill. Guiart, tom. 1, pag. 198, vers 4688 (5002). Agol. vers 797 :

Si que des denz li brise l'eschinée.

Voyez Rayn. tom. 3, pag. 190, au mot *Esquina.*

ESCHIPART, Instrument propre à la pêche. Gl. *Schippa.*

ESCHIPHE, Guérite pour une sentinelle. Gl. *Eschiffa.*

1. **ESCHIS**, Exilé, banni, proscrit. Gl. *Exicius.* [Roquef. au mot *Eschieu.*]

2. **ESCHIS**, Poltron, sans cœur, déshonoré. Gl. sous *Sella* 2. [Comme *Eschis* 1. Privé, séparé, étranger, absent, farouche, dur. Laborde, pag. 156 :

Bien est traïz
Cil, cele qui s'en fet eschis.

Pag. 161 :

Por Dieu vos proi, ne me soïez eschis.

Pag. 276 :

Fors qu'un petit li messiet, ce m'est vis,
Ce que trop tient ses euz de moi eschis.

Chron. des ducs de Norm. t. 3, p. 48, vers 33167 :

Si d'aïe li fust eschis.

Partonop. vers 10195 :

Et se vos truis de rien eschive,
Tote dolors vers moi estruve.

Voyez Roquef. le Gloss. sur la Chron. des ducs de Norm. et Rayn. tom. 3, p. 191², au mot *Esquiu,* ci-dessous *Eskiex.*]

° 3 **ESCHIS**, Guill. Guiart, tom. 1, pag. 212, vers 5059 :

Si vint l'eschis de Carcassonne.

Pag. 225, vers 5391 :

Et l'eschis des Carcassonnois.

ESCHISSER, Glisser, couler. Gl. *Clidare.*

ESCHIVER, Éviter, esquiver. Gl. *Eschi-*vire. [Guill. Guiart. tom. 2, pag. 111, v. 2899. (1819). Roman de Renart, tom. 1, pag. 15, vers 396. Garin le Loher. tom. 1, pag. 11. Partonop. vers 100, 109, 113. Chastel. de Couci, vers 5766. Laborde, pag. 278. Voyez Rayn. tom. 3, pag. 192¹, au mot *Esquivar.* Chron. des ducs de Normandie.]

ESCHIVISSEMENT, Négligence, manque de soin. Gl. *Jarreia.*

ESCHOAISTE, **ESCHOETE**, Succession, héritage. Gl. *Escahentia.*

ESCHOI, Esquif, chaloupe, petit bateau. Gl. *Schippa* [Voyez *Eschiez.*]

ESCHOISON, Occasion, hasard. Gl. *Assopire,* pag. 442 ³.

ESCHOPER, Chopper, heurter. Gl. *Assopire.*

° **ESCHOPIER**, Qui occupe une échoppe. Gl. *Escoparius,* *Eschoparius* et *Schoppa.*

ESCHUER, Celui qui a soin de la vaisselle. Gl. sous *Serviens,* pag. 445³.

° **ESCIENT**, **ESCIENTRE**. Voyez *Essient.*

ESCIENTIEUSEMENT, Sciemment, avec connaissance de cause. Gl. *Scientiose.*

ESCIENTIEUX, Sage, prudent, avisé. Gl. *Scientatus.* [*Escientreus,* Guill. Guiart, tom. 1, pag. 226¹, vers 3406. *Escientels, Escientos.* Chronique des ducs de Norm. Rayn. tom. 5, pag. 126, au mot *Escientos.*]

ESCIEPE, Poche, petit sac, Gl. *Capsidulus.* [Voyez *Escharpe.*]

ESCIERVELER, Casser la tête, faire sauter la cervelle. Gl. *Excerebrare.*

° **ESCIL**. Voyez *Essil.*

° **ESCILLIER**. Voyez *Essilier.*

° **ESCIRER**, Déchirer. Chron. des ducs de Normandie.

° **ESCIRPER**, Extirper. Roi Guillaume, pag. 95.

ESCLABOTER, Éclabousser ; d'où *Esclaboteure,* Éclaboussure. Gl. *Ellutare.*

ESCLACE, **ESCLAZ**, Caillots ? Chanson de Rolland, st. 146, vers 3 :

Li sancs tuz clers parmi le cors li raiet,
Encuntre tere en chient li esclaces.

Chron. des ducs de Norm. — *Esclas,* comme *Eslic,* Éclats de bois. Chastel. de Couci, vers 1135. Voyez *Esclate.*

ESCLAF, Esclave, serviteur. Gl. *Misselli.*

ESCLAFFER DE RIRE, Éclater de rire. Gl. *Esclafare.*

ESCLAIDAGE, Impôt sur ce que l'on conduit en traîneau. Gl. *Esclichium.*

ESCLAIRE, Fenêtre, soupirail de cellier ou de cave. Gl. *Clareria.*

ESCLAIRIER, Examiner, éclaircir, expliquer. Gl. *Clarificatio,* pag. 354³.

ESCLAMASSE, Plainte publique, accusation. Gl. *Exclamare.*

ESCLAN, Traîneau, à Lille. Gl. *Scleida.*

ESCLANCHE, Le bras gauche. Gl. sous

Esclava. [Roman de Renart, t. 3, p. 128, vers 23269. *Esclence* , Partonop. vers 9872. *Esclenge*, Roman de Renart, t. 2, p. 171, vers 14181 :

Renart se saigne à main esclenge.

Voyez *Esclenche.*]

1. **ESCLANDE**, Bruit, éclat, ce qui est contre l'ordre usité. Gl. *Scandalum* 1.

2. **ESCLANDE**, ESCLANDRE, Éclat qui peut offenser, déshonneur, honte. Gl. *Scandalum* 1.

ESCLANDER, ESCLANDELISER, Publier, divulguer ; surtout quand il s'agit de mal. Gl. *Scandalizare.*

ESCLANT BRAS, Le bras gauche. Gl. sous *Esclava.*

ESCLAPOS, Escopette, petit arquebuse. Gl. *Sclapus ?*

ESCLARCHIER , Éclaircir, expliquer. *Clarum facere.*

° **ESCLARCIR**, Éclairer, faire jour. Garin le Loher. tom. 1, pag. 69. Gérard de Vienne, vers 1241. *Esclairci,* Partonop. vers 751, 7374 :

Le matinet à l'esclairci.

Voyez Rayn. tom. 2, pag. 404¹, au mot *Esclarzir*, et le Gloss. sur la Chron. des ducs de Normandie.

ESCLARDIR , comme *Esclarchier*. Gl. *Allucidare.*

ESCLARE, Éclair. Gl. *Fulgetra.*

° **ESCLARIER**, ESCLAIRER, ESCLARGIR, comme *Esclarcir*. Chanson de Roland, st. 52, vers 7 ; st. 135, vers 1. Gérard de Vienne, vers 1909. Garin le Loher. t. 1. p. 17. Roman de Renart, tom. 3, pag. 89, vers 22186. Voyez Rayn. tom. 2, p. 404³, au mot *Esclarzir.* Soulager, réjouir, venger. Chron. des ducs de Norm. tom. 1, pag. 213, vers 3732 :

Voudreit mult sun quor esclairier.

Chanson de Roland, st. 139, vers 12 :

Et l'olifan ki trestuz les esclairet.

St. 265, vers 4 :

Si esclargiez vos talenz e vos coers.

St. 75, vers 4, Roman de Rou :

Du pere nos poon suz les fiz esclarier.

Partonop. vers 222 :

Por esclairier ses marimens.

Chanson de Roland, st. 21, vers 6 :

Que jo n'esclair ceste meie grant ire.

Stance 284, 9 ; st. 293, vers 2.

ESCLARISSEMENT , Éclaircissement. Gl. *Clarificatio.*

ESCLAS, Esclave, valet. Gl. *Esclava.*

ESCLATE, Morceau de bois, échalas. Gl. *Sclata.*

ESCLAUCHE, Le bras gauche. Gl. sous *Esclava.*

1. **ESCLAVINE**, ESCLAVIE, Sorte d'habillement ou casaque, propre aux Sarrasins ou Esclavons. Gl. *Sarrabæ* et *Sclavina.* [Roman de Renart, tom. 2, pag. 356, 359, vers 19314, 19403. Aubri, pag.

154², 159¹. Voyez Rayn. tom. 3, pag. 151¹, au mot *Esclavina.*]

2. **ESCLAVINE**. Espèce de dard ou javelot. Gl. *Sclavina.*

ESCLAUSE, Écluse. Gl. *Esclausa.*

ESCLAUT BRAS, Le bras gauche. Gl. *Esclava.*

° **ESCLEMIS**, Partonop. vers 1055 :

Il somelle tot en séant,
Pieçà n'ot mais de loisir tant,
Et quant il se r'est esclemis
Seit que mestier li avoit lis.

Le manuscr. num. 1239, porte *esperis.*

ESCLENCHE, La main gauche. Gl. sous *Esclava.* [Chron. des ducs de Norm. t. 2, pag. 2, vers 15327. Voyez *Esclanche.*]

ESCLERS, Esclavons. Gl. *Sclavina.*

ESCLESCHE, Portion, partie d'un tout. Gl. *Scalia* 1.

° **ESCLIC**, ESCLICE, Tronçon de lance, éclat de bois. Partonop. vers 7294, 9732. Voyez le Gloss. sur la Chron. des ducs de Norm. et Roquef. *Escicle,* Chanson de Roland, st. 55, vers 7. Voyez *Eskiol.*

° **ESCLICE**. Gl. *Crispicapillus.*

ESCLICHER, Diviser, séparer. Gl. *Esclichium* et *Scalia* 1.

° **ESCLIER** , Faire voler en éclats. Chron. des ducs de Normandie, tom. 3, pag. 64, vers 33666.

ESCLINCER, Glisser, couler. Gl. *Clidare.*

ESCLIPER, Mettre en mer, faire voile. Gl. *Esquipare.*

ESCLISCHEMENT , Partage, division, portion détachée d'un fief. Gl. sous *Scalia* 1.

ESCLISIER, Séparer, diviser. Gl. *Esclichium.*

ESCLISSE, Traîneau ; d'où *Esclissier*, Conduire sur un traîneau. Gl. *Esclichium.*

ESCLISSEMENT, Partage, division. Gl. *Esclichium.*

° **ESCLISSER** , comme *Esclisier*. Gl. *Feudum*, pag. 476³.

ESCLISTRE, Éclair. Gl. *Fulgetra.* [Chastel. de Coucl, vers 2429, 2434.]

ESCLOIE, Urine. Gl. *Urinale.*

ESCLOINNE , Querelle, fâcherie, colère, emportement. Gl. *Scandalùm* 1.

ESCLOP, Sabot. Gl. *Esclava* [et *Eschapolus.*]

° **ESCLORE**, Manifester, faire connaître. Partonop. vers 8738. Voyez Orell. p. 263. Roquef. au mot *Escloer.*

1. **ESCLOS**, Esclave, valet, serviteur. Gl. *Sclavus.*

° 2. **ESCLOS**, Traces. Parton. v. 5720, 596 ? Garin le Loher. tom. 1, pag. 220. Voyez Rayn. tom. 3, pag. 150¹, au mot *Esclau.*

ESCLOTOUAIRE, ESCLOTOUERES, Sorte de filet, traîneau. Gl. *Exclotoria* [et *Messis* 2, où pour *moisson* il faut lire *poisson.*]

ESCLOTOUERE †, ESCLOTOURE †, Écluse. Gl. *Cinociclotorium.*

ESCLOURRE UN MOULIN, Le faire cesser de moudre en baissant la pale. Gl. *Exclosorium.*

ESCLOUSURE, Écluse. Gl. *Esclausa.*

ESCLOUTOIRE, Sorte de filet, traîneau. Gl. *Exclotoria.*

ESCLUGNIER, ESCLUIGNER, Examiner avec soin, rechercher exactement ; d'où *Escluignement* et *Esclung*, Rcherche ordonnée par justice dans une maison soupçonnée de receler le vol, et ce qu'on paye pour cette recherche. Gl. *Esclignatio.*

ESCLUSE DE PASQUES, Le dimanche de Quasimodo. Gl. *Pascha clausum,* pag. 190³.

ESCLUSER, Faire une écluse, un batardeau. Gl. *Esclusagium.*

ESCLUSIER, Éclabousser. Gl. *Esclusagium.*

ESCOAER, p. e. Oter l'écorce d'un arbre. Gl. *Scoarsare ?*

ESCOBAT, Fouetté, battu de verges. Gl. *Escobare.*

° **ESCOBERGE**, pour *Escoperche.* Gl. *Escoparius.*

ESCOERIE, Marchandise de cuirs. Gl. *Escoeria.*

ESCOFFIER, Marchand de cuirs ou de peaux, cordonnier ; d'où *Escoffraie,* La boutique de cet artisan. Gl. *Escofferius.*

ESCOFFLE, Vêtement, ornement de cuir ou de peau. Gl. *Moffula.*

ESCOHERIE, Marchandise de cuirs ou peaux ; d'où *Escohier,* Celui qui la travaille ou qui la vend. Gl. *Escoeria.*

ESCOILLIÉ, Eunuque. Gl. *Escodatus* 1.

ESCOIR , Marchandise de cuirs ou peaux, et le lieu où on la vend. Gl. *Escofferius.*

1. **ESCOLAGE**, ESCOLARGE, Les priviléges accordés aux écoliers des universités. Gl. *Scholaritas.*

2. **ESCOLAGE**, ESTRE EN ESCOLAGE, Être aux écoles, faire son cours d'étude. Gl. *Scholizare.*

1. **ESCOLE**, Avis, conseil, remontrance. Gl. *Scholari.*

2. **ESCOLE**, Confrérie. Gl. *Schola,* pag. 350³.

3. **ESCOLE**, La synagogue des juifs. Gl. *Scholæ,* pag. 350³.

1. **ESCOLEITER**, Découper, tailler. Gl. *Scolatura* 1.

2. **ESCOLEITER**, Découvrir le cou, décolleter. Gl. *Scolatura* 1. [Rayn. tom. 2, pag. 437¹, au mot *Escolatar.*]

1. **ESCOLER**, Enseigner, instruire, former quelqu'un à quelque chose. Gl. *Scho-*

lari. [Roman de Renart, tom. 4, pag. 90, vers 2495.]

° 2. ESCOLER (S'), Se glisser, pénétrer. Chron. des ducs de Norm. t. 2, p. 211, vers 21589. Voyez Rayn. tom. 2. p. 437², au mot *Escoloriar.*

ESCOLETÉ, Qui a le cou et la poitrine à découvert, décolleté. Gl. *Scolatura* 1.

ESCOLLETÉ, SOULIERS ESCOLLETEZ, Découpés avec art vers le cou ou le haut du soulier. Gl. *Scotatus et Sotulares excolati* sous *Subtulares.*

ESCOLORIANT, Se dit d'une mémoire qui retient difficilement. Gl. *Scolorolum.* [*Escolurjable,* Trompeur. Chronique des ducs de Norm. tom. 1, pag. 363, v. 8079 :

Mais li siecle vain et muable
Faus et a toz escolurjable.

Esculorjable, tom. 1, pag. 391, vers 8915. Voyez Rayn. tom. 2, pag. 437², au mot *Escoloriables.*]

ESCOMENIER, Escommunier. Gl. *Excommunicatio.* (Voyez le Gloss. sur la Chron. des ducs de Norm. aux mots *Escomege, Escomungie,* etc. Rayn. tom. 4, pag. 291², au mot *Escomeniar.*]

ESCOMINCHER, Communier. Gl. *Accommunicare.*

ENCOMMENIEMENT, Excommunication. Gl. *Excommunicatio.* [*Escommenier* †. Gl. *Prophanare* 2.]

ESCOMMICHER, Communier. Gl. *Accommunicare.* [*Escommichans.* Gl. *Pascha,* pag. 191²]

ESCOMMINCHIER, Excommunier. Gl. *Excommunicatio.*

ESCOMMINGE, Excommunication. Gl. *Excommunicatio.*

ESCOMMINGIER, Communier. Gl. *Accommunicare.*

ESCOMMOVOIR, Émouvoir, exciter, animer. Gl. *Commotivus.*

ESCONCERIE, L'action de cacher ou de détourner les preuves de quelque demande formée contre soi en justice. Gl. *Absconcia.*

ESCONDER, (S'), s'Excuser, se retirer, s'enfuir. Gl. *Superundare.*

1. ESCONDIRE (S'), s'Excuser [prétexter des excuses], se purger d'une accusation. Gl. *Escondicere.* [Guill. Guiart, tom. 2, pag. 219, vers 5663 (14643). Voyez *Escondre.* Partonop. vers 3426, 3427, 3554. Roman de Renart, tom. 1, pag. 20, vers 516, 611. Chastel. de Couci, vers 4588. Voyez Rayn. tom. 3, pag. 152¹, au mot *Escondir.*]

2. ESCONDIRE, ESCONDUIRE, Empêcher, défendre [repousser, refuser, contredire. Guill. Guiart, tom. 2, p. 307, v. 10309 (10291); tom. 1, pag. 183, vers 4197 ; pag. 239, vers 5758 ; tom. 2, pag. 374, vers 9724 (18705). Partonop. vers 9040, 5325. Roman de Renart, tom. 1, pag. 10, vers 266. Chastel. de Couci, vers 650. Laborde, pag. 194. Chron. des ducs de Norm.] d'où *Escondit,* Opposition, Gl. *Excondicere,* pag. 350².

ESCONDIST, Dédommagement, qu'on donne à la partie lésée. Gl. *Exconditum,* pag. 350².

ESCONDIT, Refus. Gl. *Exconditum,* pag. 350². [Justification, excuse. Chastel. de Couci, vers 4641 :

Je suis près qu'en face orendroit
Ou sairement, ou escondit.

Vers 224. Roman de Renart, tom. 1, p. 12, vers 320. Partonop. vers 2475, 6234. Chron. des ducs de Normandie. Voyez Rayn. tom. 3, pag. 158¹, au mot *Escondig.*]

ESCONDRE, Se montrer, étaler. Gl. sous *Absconcia.* [Se cacher, comme *Esconser.* Guill. Guiart, tom. 2, pag. 18, vers 325 (9291) ; tom. 1, pag. 169, v. 3845: pag. 198, vers 4684. tom. 2, pag. 92, vers 2358 (11334); pag. 273, vers 7084 (16066); pag. 422, vers 10958 (19940); pag. 174, vers 4493 (13479). Voyez Rayn. tom. 3, pag. 152², au mot *Escondre.*]

ESCONDUIT, EN ESCONDUIT, A découvert. Gl. *Exconditum,* pag. 350².

° ESCONLONRABLE, Méconnaissable. Gl. *Excolidus.* Voyez *Escoloriant.*

EXCONMINGE, Excommunication. Gl. *Excommunicatio.*

ESCONSAIL, Abri, refuge. Gl. *Absconcia.*

ESCONCE, Lanterne sourde. Gl. *Absconcia* et *Absconsa.* [Lieu d'esconce, Endroit caché. Chastel. de Couci, vers 6332.]

ESCONSSER, Se cacher. Soleil esconssant, Soleil couchant. Gl. *Absconcia.* [*Esconser,* Cacher. Gerard de Vienne, pag. 173¹. Guill. Guiart, tom. 1, pag. 151, vers 3395 :

Mes qu'escoussée soit la lune.

Voyez *Escondre* et le Gloss. sur la Chron. des ducs de Norm.]

ESCONVENENCE, Convention, accord. Gl. *Convenentia.*

ESCONVENIR, Convenir, être à propos. Gl. *Arrivagium.*

ESCONVENUE, Provision nécessaire et suffisante. Gl. *Convenientia* 2.

ESCOPASSE, Souquenille. Gl. *Escoparius.*

ESCOPÉ, Poltron, qui est sans cœur, déshonoré. Gl. sous *Sella* 2.

ESCOPEL, ESCOPERCHE, Long bâton, perche. Gl. *Escoparius.*

ESCOPIR †, Cracher, cracher au nez de quelqu'un ; d'où *Escopissement* †, L'action de cracher. Gl. *Escopare.*

ESCORBERGE, Perche. Gl. *Escoparius.*

ESCORCER, Piller, ravager. Gl. *Robare* sous *Roba,* pag. 199² [Voyez *Estorgos*].

ESCORCHAGE, Droit qu'on paye pour faire des écorces dans une forêt. Gl. *Escorciare.*

° ESCORCHEOR, Couteau de chasse. Partonop. vers 5125 :

Et cum à sels à chacéor
Le hausart et l'escorcheor.

ESCORCHER, Fustiger, battre de verges. Gl. *Excoriare.*

ESCORCHERIE, Sorte de filet pour pêcher au bord de la mer, traîneau. Gl. *Scorticaria.*

ESCORCHEURS, ESCORCHEUX, Certaine troupe de brigands militaires, qui, en 1437, s'abandonnaient à toutes sortes de pillages, et dépouillaient tous ceux qu'ils rencontraient. Gl. *Estorchera* et *Scoriarii.*

ESCORCHIÉ, Retroussé au moyen d'une ceinture. Gl. *Scordalus.*

° 1. ESCORDEMENT, Du fond du cœur. Roman de Roncevaux, pag. 50. Agolant, vers 543. Gérard de Vienne, vers 1925. *Escordusement,* Chanson de Roland, st. 224, vers 4. *Escortrement.* Partonop. vers 2904.

° 2. ESCORDEMENT, Accord, concordance. Gerard de Vienne, vers 1928 :

Que cil oisel firent escordemant
Et pais ensamble.

Voyez *Escourder.*

ESCORÉE, Corée, fressure de bêtes. Gl. *Corata.*

° ESCORNOFLE, Chron. des ducs de Norm. tom. 2, pag. 3, vers 15868 :

Cuit m'a le reis de l'escornofle,
Servi m'a d'estrange gastel.

1. ESCORPION, Espèce de fouet. Gl. *Scorpio* 1.

2. ESCORPION, Sorte de Vaisseau. Gl. *Scorpio* 2.

ESCORTE, ESCORTELLE, ESCORTOIRE, Baguette ou lien fait d'osier ou d'écorce. Gl. *Escorça.* [Voyez Gl. *Retorta* 1].

° ESCORUS, Écoulé. Partonop. v. 695 :

Ains qu'à la mer soit parvenus
Est li jors dal tot escorus.

Voyez Rayn. tom. 2, pag. 104, vers 492², au mot *Escorre.* Orell. pag. 147.

° ESCOS, Secoué. Chron. des ducs de Norm. tom. 2, pag. 111, vers 9202:

C'est mais tot escos et balé.

ESCOSIERE, Partie d'un moulin. Gl. *Ginginicinoglorium* ? [Voyez le mot suivant.]

ESCOSIERES, Les dents molaires. Gl. *Gingivi.*

° ESCOSSE, Rescousse. Chron. des ducs de Norm. tom. 2, pag. 111, vers 18583 ; pag. 213, vers 21646. Voyez *Escoure.*

1. ESCOT, Écossais ou Irlandais. Gl. *Escotus* et *Scoti.*

2. ESCOT, Cens, redevance. Gl. *Scot.*

3. ESCOT, Dédommagement. Gl. *Scot.*

4. ESCOT, DONNER ESCOT, Écouter attentivement, épier. Gl. *Eschuta* 2. Voyez *Escout* 1.

5. ESCOT, CONTER ESCOT, Friponner, escamoter. Gl. *Computare* 3.

° ESCOTER, Payer l'écot, être victime. Plaît Renart de Dammartin, Jubinal, Fabliaux, tom. 2, pag. 24 :

Sire, tant que g'i ai durement escoté
Tel foiz avez béu que je n'en ai gousté.

Guill. Guiart, tom. 2, pag. 307, vers 7978 (16959) ; pag. 371, vers 9628 (18609).

ESCOTH, Ecot, ce qu'on paye pour sa part d'un repas fait à frais communs. Gl. *Scot.*

ESCOTIER, Celui qui doit payer sa part de quelque chose. Gl. *Scot.*

ESCOTU, BASTON ESCOTU, Taillé d'une certaine façon. Gl. *Scotatus.*

ESCOUBE, Balai. Gl. *Escobare.*

ESCOUBLE, Milan, oiseau de proie ; p. e. pour *Escoufle.* Gl. *Escouble.*

ESCOUCHIÉE, Accouchée. Gl. *Elevare* 5.

ESCOUDRE, Battre le blé. Gl. *Excotere.* [Batre, attaquer. Guill. Guiart, tom. 1, p. 66, vers 1068 :

Mes adonc assaillir ne voudrent
La mestre tour, qu'aucuns escoudrent.

S'*Escoudre,* s'Élancer, tom. 2, pag. 112, vers 2875 (11855). *A l'escoudre,* En rama..t ? pag. 389, vers 10094 (19075). *A l'escoudre,* tom. 2, pag. 369, vers 9573 (18555). Voyez *Escourre.*

° **ESCOUER**. Gl. *Excurtare* 1.

° **ESCOVERTURE**, Couverture. Partonop. vers 10667. *Escovrir,* Couvrir. Nouv. Rec. de fabl. et cont. tom. 1, p. 130.

ESCOUFFLE, Monnaie de Flandre. Gl. *Escoufle.*

ESCOUIR, Secouer, agiter. Gl. *Excussare.*

ESCOULERGEMENT, Ecoulement du temps. Gl. *Scolarolum.*

ESCOULIER †, ESCOULLER, Rendre eunuque, arracher ou couper les testicules. Gl. *Escodatus* 1, et *Exolliatus.*

ESCOULLOURGER, ESCOULOURGIER, Passer, s'écouler. Gl. *Scolarolum.*

ESCOULOURIER †, Glisser ; d'où *Escoulouriable,* Glissant. Gl. *Lubricare.*

ESCOUPELER, Couper l'extrémité des branches d'un arbre. Gl. sous *Copa* 4.

ESCOURCHIÉ, Retroussé au moyen d'une ceinture. Gl. *Scordalus.* [*Escourcié,* Chastel. de Couci, vers 5821. *Escourcer,* Roman de Berte, pag. 24 Voyez Rayn. tom. 2, pag. 496¹, au mot *Escortar.*]

ESCOURDER, Accorder, consentir. Gl. *Accortire.*

° **ESCOURE**, Enlever, reprendre. Gl. *Excutere et Rescussa. Escore la preie,* Chronique des ducs de Norm. tom. 3, pag. 9, vers 32017. Guill. Guiart, tom. 1, pag. 141, vers 3127 :

De la grant richece qu'il truevent...
Chascun en prent, chascun s'en trousse,
Car de nul ne leur est escousse.

Pag. 312, vers 7189. S'*escoure,* Echaper. Chanson de Cunes de Betunes, Wackernagel, pag. 41 :

Et quant il jue si per pert si son san
K'il ne se seit escoure de maiteir.

Voyez *Escosse.*

1. **ESCOURRE**, Secouer, agiter. Gl. *Excussare.* [Roman de Renart, tom. 1, pag.

IX

14, vers 374 ; pag. 42, vers 1100 ; tom. 3, pag. 96, vers 22390. Continuation du Brut, Chron. Anglo-Norm. tom. 1, pag. 100 .

Du geron de son mantel
En air escu et le lumer.

Voy. *Escauchir,* et Rayn. tom. 5, pag. 176¹, au mot *Escotir.* Lancer, frapper, Guill. Guiart, tom. 2, pag. 44, vers 1107 (10073) :

Aus dures colées escourre.

Pag. 253, vers 6570 (15550) :

Et aspées nues escourre
Sus garçons et sus sommetiers.

Voy. *Escoudre.*]

2. **ESCOURRE** LE BLED, Le battre. Gl. *Excotere.*

ESCOURSEUSE, Dévidoir. Gl. *Gigilla.*

ESCOURSUEIL, Espèce de sac de cuir. Gl. *Scortisarius.*

ESCOUSLON, ou ESCROUSLON, La partie des tenailles avec laquelle on serre quelque chose pour le briser. Gl. *Clavatura* 2.

ESCOUSSOUR, Fléau à battre le blé. Gl. *Excotere.*

ESCOUSSURE DE Loups, Bête étranglée par le loup. Gl. *Excussura.*

1. **ESCOUT**, FAIRE ESCOUT, Ecouter attentivement, épier. Gl. *Eschuta* 2. [*Être en escout,* Roi Guillaume, pag. 47. *Donner escout,* Donner audience. Chastel. de Couci, vers 7956. Voy. *Escot* 4, et Rayn. tom. 3, pag. 156², au mot *Escout.*]

2. **ESCOUT**, Excutere : Pour soi eschapper s'estordi escout de lui. Voy. *Escoux.*

ESCOUTE, Espion. Gl. *Eschuta* 2.

ESCOUTEMENT, Intelligiblement, de façon à être entendu. Gl. *Audibilis.*

ESCOUTETE, Sentinelle, celui qui fait le guet. Gl. *Eschuta* 2.

ESCOUTETERIE, Office du *Scout.* Gl. *Escroustus.*

° **ESCOUTEUS**, Ecouteur, espion. Chastel. de Couci, vers 567. Voyez Rayn. tom. 3, pag. 156², au mot *Escoulador.*

° **ESCOUVÉ**. Chastel. de Couci, vers 41 :

S'il avient que faire savoir
Le puist uns hom a peu d'avoir,
Lors diront cil a mal trouvé
Qui son ostel fait escouvé.

Voyez Rayn. tom. 3, pag. 151², au mot *Escobar.*

ESCOUVERS, Criblures. Gl. *Scopaticum.*

ESCOU-VESTE, Brosse, vergette. Gl. *Excudia.*

ESCOUVI, p. e. Engourdi. Gl. *Scussus.*

ESCOUVILLON, Torchon de paille. Gl. sous *Brando* 1.

1. **ESCOUX**, p. e. L'aire où l'on bat le blé : ce qu'ils appelaient *Escourre le blé.* Gl. *Excotere.*

2. ° **ESCOUX**, Terrain pour bâtir. Gl. *Peaso.*

ESCRABOULLER, Éventrer ou Écraser. Gl. *Esboellare.*

ESCRÈGNE, Le lieu où s'assemblent les femmes et les filles pour la veillée. Gl. *Escrannia.*

ESCREMIE, Escrime, jeu de l'épée. Gl. *Ensiludium.*

ESCREMIR, Escrimer, se battre, se défendre. [Gl. *Ensiludium* et] *Egidiare.* [Gérard de Vienne, vers 2476. Chanson de Cunes de Betunes, Wackern. pag. 42. Voyez Rayn. tom. 3, pag. 156², au mot *Escrimir.*]

° **ESCREN** †, Écran. Gl. *Antypira. Escrin* †. Gl. *Antipirgium.*

° **ESCREPPE**, pour ESCERPPE, Écharpe. Gl. *Escerpa.* [*Escrepe,* Roman de Renart, tom. 2, pag. 133, vers 13152, 13155.]

ESCRESSEMENT, Accroissement. Gl. *Incrementum* 1.

° **ESCREVENTER**, Renverser. Gérard de Vienne, vers 1752 :

Par coi seront li mur escrevanté.

Voyez *Craventer,* et Rayn. tom. 2, pag. 508², au mot *Escrevantar.*

ESCREVER, Augmenter, aggraver ; ce qui se dit principalement d'un mal. Gl. *Agravare* 1. [Crever, se rompre. Chastel. de Couci, ver 752 :

Avant ce convient mainte lance
Et maint escu faire escrever.

Escrevure. Gl. *Agravare* 1.]

ESCREVISSE, Sorte d'armure, cuirasse faite en façon d'écailles. Gl. *Cancer* 4.

ESCRIENNE, Le lieu où s'assemblent les femmes et les filles pour la veillée. Gl. *Escrannia.* [Atelier, ouvroir. Roi Guill. pag. 97. Comparez Gl. *Screo.*]

ESCRIER, v. a. Crier, attaquer, poursuivre avec des cris. Garin le Loher.. tom. 1, pag. 272:

Puis les escrient, que de près les ont prins :
Fis à putains, certes serez ocis.

Guill. Guiart, tom. 2, pag. 22, vers 540 (9506) :

De touz les à mort les escrient.

Pag. 372, vers 9671 (18652) :

Lors s'entrescrient a la mort.

Pag. 47, vers 1191 (10157) ; pag. 194, vers 5018 (14006). Garin, tom. 1, pag. 197, 236. Guillaume, pag. 71. Voyez Rayn. tom. 2, pag. 157², au mot *Escridar.*

ESCRIGNET, Petit écrin. Gl. *Genecerium.*

ESCRIGNIER, Faiseur d'écrins ou petits coffres. Gl. *Escrinium.*

ESCRILER, ESCRILLER, Glisser. Gl. *Clidare.*

1. **ESCRIN**, Coffre, cassette, reliquaire. Gl. sous *Scrinium.* [Jubinal, Fabl. tom. 1, pag. 179. Roman de Renart, tom. 1, pag. 165², Roman de Renart, tom. 1, pag. 2, vers 28. Wackern. pag. 64.]

° 2. **ESCRIN**. Voyez *Escren.*

23

ESCRINÉE, Escrinet, Écrin, petit coffre ; d'où *Escrinier*, Faiseur d'écrins. Gl. *Escrinium*.

° **ESCRIPT**. Tour d'Escript. Gl. *Tornare 4*.

1. **ESCRIPTOIRE**, Greffe. Gl. *Scriptoratus*. [Voyez Gl. *Scriptorium 2*.]

2. **ESCRIPTOIRE**, Cabinet d'étude ou d'écriture. Gl. *Scriptorium 4*. [Voyez Rayn. tom. 2, pag. 158², au mot *Escriptori*.]

ESCRIPTOUERE, Étude de notaire. Gl. *Scriptoratus*.

1. **ESCRIPTURE**, Office de notaire, ou Greffe. Gl. *Scriptoratus*.

2. **ESCRIPTURE**, Caractère d'imprimerie. Gl. *Scriptura*.

ESCRIPVEINIE, Escrivenage. Greffe. Gl. *Scribania*.

° **ESCRIT**, Peint. Agolant, vers 815 :
Met à son col un fort escu pendant
Trois lipars ot escrit por de devant.

Flore et Blancefl. vers 557 :
N'a sous ciel beste ne oisel
Ne soit escrit en cel tombel.

1. **ESCROE**, Sorte de draps. Gl. *Escocia*.

2. **ESCROE**, Mémoire, état. Gl. *Escroa*.

3. **ESCROE**, Lien, bande de parchemin, tiret. Gl. *Escroa*.

ESCROELLES, Écrouelles, maladie. Gl. *Scroellæ*.

ESCROIS, Fracas, bruit éclatant. Gl. *Cruscire*. [Roman de Renart, tom. 3, pag. 164, vers 24288. Roi Guillaume, pag. 42, 47, 49. Voyez *Croissir*, et Rayn. tom. 2, pag. 524², au mot *Crois*.]

ESCROISSEMENT, Grincement, bruit aigu. Gl. *Cruscire*.

ESCROISTRE, Accroître, augmenter. Gl. *Excrementum*.

ESCROUE, Pièce de drap. Gl. *Escocia*.

ESCROUSER, Creuser, faire une ouverture. Gl. *Apicularii*.

ESCROUSLON. Voy. ci-dessus *Escrouslon*.

ESCROUX, Conclusion d'un marché. Gl. *Escroa*.

ESCRUPIR, Cracher. Gl. *Escopare*.

ESCRUSSERIE, Façon d'accommoder le lin pour en ôter les chenevotes, et le lieu où cela se fait. Gl. *Escrannia*.

° **ESCU**. Gl. *Clypeus 1. Scutum*, pag. 381³, 382⁴. *Moneta*, pag. 466¹.

ESCU DE CARTIER, Ecu posé sur le côté. Gl. *Scutum*.

ESCUAGE, Service militaire, quelquefois évalué en argent, que doivent certains fiefs. Gl. *Scutagium*, pag. 378²⁰.

ESCUALE, Ecuelle. Gl. *Escuallium*.

ESCUCEL, Partie d'une selle de cheval, p. e. Arçon. Gl. *Scala 10*.

ESCUCENÉ, Escouchené, Chargé d'écussons. Gl. *Escuchonetus*.

ESCUCHE, Machine propre à secouer la poussière. Gl. *Escudis*.

ESCUCHIER, Faiseur d'escus ou boucliers. Gl. *Hostis 2*, pag. 250³.

ESCUCHON, Ecusson. Gl. *Scucheo*.

ESCUCIAU, Ecu, monnaie de France. Gl. *Scutatum*.

ESCUDELLE, Ecuelle. Gl. *Scudella*.

° **ESCUEILLIE**. Guill. Guiart, tom. 2, pag. 394, vers 10222 (19204) :
La nef Gui de Namur premiere
S'en va le cours aus escueillies.

Renart le Nouvel, vers 1087, tom. 4, pag. 167 :
Ou gait à plain cours d'escueillie
Fert Renart et sa maisnie.

ESCUEILLIER, Office, le lieu où l'on serre la vaisselle, les plats et les assiettes. Gl. *Scutellarium*, sous *Scutella 1*.

° **ESCUEL**, Escuil, Accueil. Chanson du roi de Navarre, Wackernagel, pag. 43 :
Sovigne vos dame d'un douls escuel,
Ke jai fut fais per si grant desirier.

Voyez Rayn. tom. 6, pag. 11¹, au mot *Escoill*, et ci-dessus *Esquel*.

1. **ESCUELLE**, Sorte de mesure. Gl. *Escuella* [et *Mensura 1*].

2. **ESCUELLE**. Jeu d'entre deux Escuelles. Gl. *Escuallium*.

ESCUELLIER, Marchand d'écuelles. Gl. *Escuallium*.

° **ESCUELLIR**, Recueillir. Lai de Tristan, Wackern. pag. 19 :
Un lai en escuel,
C'est dou chievrefuel.

Voyez Orell, pag. 152.

ESCUER, Garnir d'une espèce d'auvent, qu'on appelait *Escu*. Gl. *Escuare*.

ESCUERSER, Avoir mal au cœur, se trouver mal. Gl. *Excordatus*.

1. **ESCUIER** de Chambre, Valet de chambre. Gl. *Escuerius*. [*Escuier d'honneur*. Gl. *Armigeri*, pag. 394³. *Pain d'Escuiers*. Gl. *Panis*, pag. 131¹.]

2. **ESCUIER**, Mettre à l'écurie, à l'étable. Gl. *Escura*.

ESCUIERIE, Ecurie. Gl. *Caballerius*, sous *Caballus*.

° **ESCUILLIÉ**, Châtré. Chronique de Jordan Fantosme, vers 1708. Voyez Rayn. tom. 6, pag. 11¹, au mot *Escolhat*.

ESCULER, Aller par escousses : de *Esculie*, pour Escousse. Gl. *Esculeum*.

ESCULIER, Office, le lieu où l'on serre la vaisselle, les plats et assiettes. Gl. *Scutellarium*, sous *Scutella 1*.

1. **ESCULLE**, pour Estulle, Boule à jouer. Gl. *Esculeum*.

° 2. **ESCULLE**. Gl. *Extersorium*.

° **ESCULTER**, Ecouter. Chanson de Roland, Chron. des ducs de Norm.

° **ESCULURÉ**, Pâle. Chanson de Roland, st. 36, vers 1. Voyez Rayn. tom. 2, pag. 441², au mot *Escolorir*.

ESCUMENGE, Escumminge, Excommunication. Gl. *Excommunicatio*.

ESCUMENIEMANT, Le même ; et Escumenier, Excommunier. Gl. *Excommunicatio*.

° **ESCUMER (S')**. Gl. *Estreciatus*.

ESCUMEUR, Pirate, corsaire qui fait des courses sur mer ; d'où *Escumerie*, Course. Gl. *Escumator*.

ESCUMIEGÉ, Excommunié. Gl. sous *Treva*, pag. 171³.

ESCUNDIRE, s'Excuser, se purger d'une accusation. Gl. *Excondicere*.

ESCUPIR, Cracher au nez. Gl. *Escopare*.

ESCURÉ, Assuré, sans défiance. Gl. *Escurare*.

ESCUREL, Ecureuil. *Mantel d'Escurels*, fourré, garni de peaux d'écureuil. Gl. sous *Capellus 1*. [*Escureul* †. Gl. *Pirolus 3*.]

ESCURER, Dégraisser, nettoyer. Gl. *Escurare*. [Roi Guill. pag. 95, 99. Voyez Rayn. tom. 2, pag. 532¹, au mot *Escurar*.]

ESCURIEL, Ecureuil. Gl. *Escurellus*.

ESCURNES, Le même. Gl. *Esperiolus*.

° **ESCURZIR (S')**, s'Obscurcir. Chron. des ducs de Norm. tom. 2, pag. 551, vers 31096.

° **ESCUS**, Excuse. Chron. des ducs de Norm.

ESCUSSIAU, Espèce d'écuelle, où l'on met le feu d'un encensoir. Gl. *Escutella*.

ESCUTEL, Ecusson d'armoiries. Gl. *Escutum*.

ESCUVILLON, pour Escouvillon, Ce qui sert à nettoyer le four. Gl. *Torsorium*.

° **ESDEMETRE**, s'Elancer. Chanson de Roland, st. 120, vers 6 :
Sun bon ceval i ad fait esdmetre.

Voyez Rayn. tom. 4, pag. 226³, au mot *Esdemetre*.

° **ESDEVENIR**, Arriver, advenir. Chron. des ducs de Norm. tom. 2, pag. 397, vers 26618 :
Ne cum ce pout esdevenir.

Voyez Rayn. tom. 5, pag. 494², au mot *Esdevenir*.

ESDIRÉ, Egaré, perdu. Gl. *Adirare*.

° **ESDIT**, Interdit, muet d'étonnement. Chron. des ducs de Norm.

° **ESDORDISONS**, Etourdissement. Parton. v. 3049 :
Li rois revint d'esdordisons ;
Bien s'est rasis en ses arçons.

Voyez Estordoisons.

° ESDUIRE, Ecarter, éconduire, éloigner. Rayn. tom. 3, pag. 85¹, au mot *Esduire*, Chronique des ducs de Normandie. S'*Esduire*, échapper, tom. 1, pag. 124, vers 1213.

° ESDUITE, Fuite. Chron. des ducs de Norm. Voyez *Esduire*.

° ESEMENT, Pareillement, également. Chron. des ducs de Norm. Voyez *Ensement*.

ESEUQITEUR, Exécuteur testamentaire. Gl. *Executor*, pag. 356¹, et *Testamentarius*.

° ESFORBI, Fourbi. Gérard de Vienne, vers 2774 :

Tint Hautecleire tranchant et esforbie.

° ESFORCEMENT, Effort. Chron. des ducs de Norm.

° 1. ESFORCER, Fortifier, renforcer. Chron. des ducs de Norm. Voyez *Enforcer*, et Rayn. tom. 3, pag. 377², au mot *Esforsar*.

° 2. ESFORCER, Exciter, exhorter. Chron. des ducs de Norm.

° ESFORCET, Augmenté, valant plus. Chanson de Roland, st. 270, vers 10 :

Je t'en durai mult esforcet eschange.

Voyez *Enforcer*.

° ESFORCIS, Fort, en force. Chron. des ducs de Norm.

° ESFORS, Force, Partonop. vers 2134, 2140, 2620. Armée, vers 2494. Chanson de Roland. Chron. des ducs de Norm. Rayn. tom. 3, pag. 377², au mot *Esfort*.

° ESFRAÉ, ESFRÉE, Effravé. Roman de Renart, tom. 1, pag. 24, vers 631. Partonop. vers 709. Chanson de Roland, stance 32, vers 14. *Esfrois*, Effroi. Partonop. vers 607. *Esfreur*, Chron. de J. Fantosme, vers 1630. *Esfreissement*, Chron. des ducs de Norm. tom. 1, pag. 286, vers 5870. *Esfréedement*, Comme gens effrayés. Chanson de Roland, st. 195, vers 3. Voyez Rayn. tom. 3, pag. 394¹, au mot *Esfrei*.

ESGADOUR, Abreuvoir, réservoir d'eau. Gl. *Aiguerium*.

ESGAITER, Faire le guet, épier. Gl. *Gaitare*.

° ESGARDE, Egard, attention. Chron. des ducs de Normandie.

° ESGARDEMENT, Manière de voir, avis. Chron. des ducs de Normandie.

ESGARDER, Considérer, examiner, juger après un mûr examen, et ESGARD, ESGART, Jugement, sentence, décision, [convention, arbitrage. Partonop. vers 2885, 2934, 3555, 6596. Roman de Renart, tom. 4, pag. 334, vers 18693. Chron. des ducs de Norm. Rayn. tom. 3, pag. 427², au mot *Esgart*. Glossaire sur Joinville.] ESGARDOUR, Arbitre, juge. Gl. *Esgardium* 1. [*Regardeur, qui regarde*. Chron. des ducs de Norm.]

ESGARDEURE, Aspect, regard. Gl. *Esgardium* 2.

° ESGARÉ, Egaré, troublé. Agolant, vers 1335 :

De vos repondre sui forment esgaré.

Chanson de Roland, stance 79, vers 9 :

E lui méisme en est mult esguaret.

Esgarément, d'une manière égarée. Chron. des ducs de Normandie, tom. 1, pag. 555, vers 13750.

ESGARRADE, Plaie considérable, balafre. Gl. *Esgarrare*.

ESGARTER, Couper les jarrets. Gl. *Esgarrare*.

ESGASSADOUR, Abreuvoir, réservoir d'eau. Gl. *Aiguerium*.

ESGAUDER, Mettre du gibier dans un bois ou une forêt. Gl. *Gualdus*.

ESGAUDIR (S'), Chasser dans une forêt, s'y promener. Gl. *Gualdus*.

ESGELONNER, Se lamenter, se plaindre en criant. Gl. *Elegus*.

1. ESGENER, Tromper, frauder les droits ou impôts. Gl. *Egaunnum*.

2. ESGENER, Appauvrir, diminuer, priver. Gl. *Egaunnum*.

ESGERRETER, Couper les jarrets. Gl. *Esgarrare*.

ESGLINDER, Glisser, s'échapper. Gl. *Longisecus*.

ESGLISE, District et étendue d'une paroisse. Gl. *Ecclesia*.

ESGLISSER, Jeter de l'eau, dans laquelle il y a de la terre glaise, qu'ils appelaient *Glisse*. Gl. *Gliseria*.

ESGOELER, Nettoyer sa bouche, qu'ils nommaient *Goule*. Gl. sous *Auris*, pag. 489³.

° ESGOSSÉ, Rompu, ruiné. G. Guiart, tom. 1, pag. 196, vers 4645 :

La ville assiétent
Qui lors estoit bel atermée,
De deus paires de murs fermée,
Tout soient-il ore esgossez.

ESGOT, p. e. Tronc, souche, ou plutôt rejeton. Gl. sous *Estocagium*.

ESGRAFFER, Egratigner. Gl. *Esgratineura*.

ESGRETTE, Aigrette, oiseau. Gl. *Aigro*.

ESGRIFFER, Egratigner ; d'où *Esgriffure* et *Esgrifure*, Egratignure. Gl. *Esgratineura*.

ESGRIN, ESGRUN, Nom général des légumes ou herbes potagères qui ont de l'acreté. Gl. *Egrunum*.

ESGROUNIR (S'), Torcher sa barbe. Renart le Nouvel, tom. 4, pag 437, v. 7474 :

Renardiaus atant s'esgrouni,
Tout se teurent et il parla.

ESGRUNER, Réduire en poudre. Gl. *Temperare* 1. [Voyez Rayn. tom. 3, pag. 497², au mot *Esgrunar*, et le Gloss. sur la Chanson de Roland, au mot *Esgruignet*.]

ESGUET, Aguet, embuscade. Gl. *Aguaitum*.

ESGUILHADE, ESGUILLÉE, Aiguillon dont on pique les bœufs. Gl. *Aguillada*.

° ESHAUCIER, S'élever, s'exhausser. *Eshaucé*, Exhaussé, élevé. Chron. des ducs de Normandie. Voyez *Essaucer*.

ESHENDIR, Aider, animer. encourager ; d'où *Eshendissement*, Aide, encouragement. Gl. *Exhibitio*.

ESHEURS, Cri qu'on fait pour demander du secours dans les querelles publiques. Gl. *Escheurs*.

ESJAMBER, Enjamber. Gl. *Gamba* 1.

ESJARETER, ESJARRER, ESJARRETER, Couper les jarrets, estropier du jarret. Gl. *Esgarrare*.

ESJAUGER, Jauger ; d'où *Esjaugeur*, Jaugeur. Gl. *Jaugia*.

° ESJOIR (S'), Se réjouir, prét. *s'esgot*, Roman de Renart, tom. 3, pag. 248, vers 16324. Roi Guillaume, pag. 154. *Esjoir par voix*. Gl. *Vitulare*. *Esjoystoy* †. Gl. *Euge*. Voyez Rayn. tom. 3, pag. 444¹, au mot *Esgauzir*. *Esjoiance*, Joie. Chron. des ducs de Norm. tom. 1, pag. 428, vers 9987.

ESIL, Vinaigre. Gl. *Ignis Græcus*, pag. 290¹.

ESISTER A UN COUP, Le parer, l'éviter. Gl. *Ictus defensalis*.

ESKANDELER, Publier, divulguer, répandre de mauvais bruits sur le compte de quelqu'un, le diffamer. Gl. *Scandalizare*.

ESKAS [ESKIES], Echecs. Gl. sous *Scacci* 1. [Voyez *Eskiec*.]

° ESEKIER, Echiquier, marqueterie. Voyez *Eskiec*. Flore et Blancefl. vers 1179 :

La soussele est d'un paile cier,
Très bien ouvré a eskekier.

Voyez Rayn. tom. 3, pag. 143², au mot *Escac*.

ESKENÉ, Abattu, affligé. Gl. *Eschinare*.

ESKERISSÉEUR, Celui qui dicte ou suggère à un autre ce qu'il doit dire. Gl. *Escariare*.

° ESKIEC, Butin, gain, comme *Eschac*. Flore et Blancefior, vers 181 :

Son eskiec lor depart li rois.

Renart le Nouvel, tom. 4, pag. 224, vers 2524 :

... Mil mars d'argent
Vaut l' eskiekiers od les eskiés
Li rois dist que rices eskiés
Saroit de tel juel trouver.

Voyez *Eskas*.

° ESKIEKER, Enlever. Roi Guillaume, pag. 152 :

De l'aumosniere et des besans
Que li jeta li marceans
Et li aigles li eskieka.

° ESKIERMIE, Combat à l'épée. Flore et Jeanne, pag. 51 : *Or sont li doi chevalier venu à l'eskiermie ... et s'entresacent le sanc de lor cors as espées trençans.* Voyez *Escremie*.

ESKIEX, ESKIX, Exilé, banni. Gl. *Exicius*. [Voyez *Eschis* 1. *Eskiu*. Flore et Blanceflor, vers 767.]

° **ESKIOL**, Morceau de lance brisée, comme *Esclic*. Partonop. vers 3060 :
> Que el cervel met les eskiols...
> Li espiols brise entre ses mains.

ESKIPESON, Equipage, fourniture. Gl. *Esquipare*.

° **ESLAIS**, Esles, Elan, choc, galop. Roquef. Chron. des ducs de Norm. aux mots *Eslais*, *Esles*. Voyez Rayn. tom. 4, pag. 19¹, au mot *Eslais*. Roman de Renart, tom. 1, pag. 22, vers 576, p. 46, vers 1218, tom. 4, pag. 150, vers 642. Gérard de Vienne, vers 2234.

ESLAISSER, Eslaissier, Lâcher, échapper, rompre une laisse. Gl. *Fulminatus*, *Laxa* et *Tornare* 2. [Défaire un las, lancer. S'eslaisser, s'eslesser, Lâcher la bride, se précipiter, s'élancer, se laisser aller. Roman de Renart, tom. 3, pag. 66, vers 21551 :
> Quar o les piez li laz eslesse.

Guill. Guiart, tom. 2, pag. 217, vers 5627 (14607) :
> Tant a là quarriaux eslessiez.

Pag. 336, vers 8734 (17715) :
> Flamens de quarriaus eslessier.

Roman de Renart, t. 4, p. 29, v. 772 :
> Li fais pesa, aval s'eslaisse
> Jusques au chaint.

Rutebeuf, tom. 2, pag. 244 :
> Et s' à mal fere ades l'eslesses.

Partonop. vers 9659, 9665. Gérard de Vienne, vers 1904, 2445. Roman de Renart, tom. 1, pag. 44, vers 1142, tom. 3, pag. 144, vers 23784. Rayn. tom. 4, pag. 19², au mot *Eslaissar*. Chron. des ducs de Norm. aux mots *Eslaissier*, *Eslessé*.

ESLARDE, Gros bâton, sorte de levier. Gl. sous *Stalonnus*.

ESLARGESSEMENT, Délai. Gl. *Eslargamentum*.

° **ESLARGIR**, Agrandir. Garin le Loher. tom. 1, pag. 90 :
> Et vos devez de la terre eslargir.

S'élancer. Guill. Guiart, tom. 2, pag. 442, vers 11489 (20471) :
> Fu des destriers fiere la frainte,
> Car les routes eslargissant
> Vont en plusieurs lieus henissant.

Voyez Rayn. tom. 4, pag. 22² et 23¹, aux mots *Alargar* et *Eslargar*.

° 2. **ESLARGIR**, Gratifier. S'eslargir, Faire les largesses. Chron. des ducs de Normandie.

ESLASEMENT, Elargissement. Gl. *Elargare* 3.

ESLAVASSE, Lavasse, crue subite d'eau. Gl. *Eslaveidium*.

ESLAVER, Essarter, défricher, arracher des broussailles. Gl. *Estuare*. [*Eslaver*, Laver, nettoyer, purifier. Rutebeuf, tom. 2, pag. 260. Chron. des ducs de Norm. Rayn. tom. 6, pag. 29¹, au mot *Eslavar*. Eslavement, Lotion. Chron. des ducs de Norm.]

1. **ESLE**, Aïeule. Gl. sous *Heriotum*, pag. 200¹ [et *Nobilitatio*, pag. 598³].

2. **ESLE**, pour Aile, ce qui accompagne un corps de logis. Gl. *Ala* 6.

ESLEECHIER, Se réjouir, être bien aise. Gl. *Lætifice*. [*Esleicier*, Réjouir, rendre content. Gérard de Vienne, vers 251 :
> Se vos perdoie par aucun destorbier,
> N'est hom, fuit-il, ke me puist esleicier.

Esleecement, Joie, contentement. Chron. des ducs de Normandie. Se *Resleécier*, se réjouir. Chastel. de Couci, vers 251.]

° **ESLEGER**, Eslegier, Esligier, Esliger, Payer, compenser. Chanson de Roland, stance 88, vers 12 :
> Li reis Marsilia de nos ad fait marchet
> Mais as espées l'estuverat esleger.

Stance 58, vers 8 :
> Ne n'i perdrat nen runcin ne sumer
> Que as espées ne seit einz eslegiet.

Flore et Blanceflor, v. 1293 :
> Cou que as pris de cest mangier
> Serot legier à eslegier.

Agolant, vers 497 :
> Se de ton vivre travasse nul marchié
> Volentiers fust à fin or esligié.

Chron. des ducs de Norm. t. 1, p. 54, vers 1461 :
> Si que mandez qu'aiom marché,
> Kar dreitement ert esligé ;
> N'i serra fait force ne tort
> A nul qui riens nus aport.

Gl. *Eligibilius*.

° **ESLEPAS**. En Eslepas, en Eislore, A l'instant même, sur-le-champ. Ch. des ducs de Norm. Partonop. vers 9217, 9805, 10185. Flore et Blanceflor, vers 2083, 2580, etc. Voyez Rayn. t. 3, pag. 98¹, au mot *Eis*. Gl. *Incontinente*.

ESLESE, Alèze. Gl. *Lenzonum*.

ESLETE, L'action d'élire, choix, option. Gl. *Eligibilius*.

° **ESLEU**. Aubri, vers 98 :
> Et je le di de bon cuer esléu.

ESLEVER (S'), Se déliver, accoucher [Élevée, Accouchée.] Gl. *Elevare* 5.

ESLEVURE, Relief. Gl. *Elevare* 2.

ESLIDER, Glisser, passer légèrement. Gl. *Elidere*.

° **ESLINDER**, Lancer, fronder. Guill. Guiart, tom. 2, p. 877, vers 9803 (18784) :
> Par coup aus Chailloz eslinder.

Voyez *Eslingue*.

ESLINGOERE, Courroie, attache, longe. Gl. *Ligula* 1.

ESLINGUE †, Fronde, machine qui jette loin ; d'où *Eslingour* †, Celui qui s'en sert. Gl. *Fundibula*. [Chron. des ducs de Normandie. Voyez *Eslinder*.]

ESLIRE, Entendre, concevoir. Gl. *Eligibilius*. [Livre de Turpin, P. Paris Catal. tom. 1, pag. 214 : *Or, si me proie que je mete de latin en romans sans rime ; par ço que teus set de lettre qui de latin ne le séust eslire*.]

ESLIS, Qui mérite d'être distingué. Gl. *Electi* 1. [Partonop. vers 150.]

ESLOCHER, Ébranler, déplacer, arracher en secouant. Gl. *Elochare*. [G.

Guiart, t. 1, pag. 49, vers 629 ; pag. 147, vers 3289 ; pag. 302, vers 6888. S'eslocher, S'ébranler, se déplacer, tom. 2, pag. 315, vers 8173 (17155).]

ESLOIDES, Éclair. Gl. *Fulgetra*.

ESLOIGNANCE, Éloignement, retraite, fuite. Gl. *Elongare* 2.

ESLOISSIÉ, Cassé, disloqué. Gl. *Disligare* 1.

ESLONGIER, Éloigner, écarter. Gl. *Elongare* 2. [Sans eslongier, sans eslongne, sans aucun délai. Flore et Blanceflor, vers 301. Chastel. de Couci, vers 6529. Prolonger. Chron. des ducs de Norm. tom. 2, p. 363, vers 25950. Allonger. G. Guiart, tom. 2, pag. 454, vers 11798 (20781). Vovez Rayn. tom. 4, pag. 97², et 98², aux mots *Alonguier*, *Alongar*, et *Esloignar*.]

ESLOSCHER, Ébranler, déplacer, arracher en secouant. Gl. *Elochare*.

ESLOSSIÉ, Cassé, disloqué. Gl. *Disligare* 1.

ESLOURDEMENT, Étourdissement cause par un coup qu'on a reçu ; d'où *Eslourdé* et *Eslourdi*, Etourdi, étonné. Gl. *Elourdatus*.

° **ESMAI**, Émoi, souci. Wackern. p. 53 :
> Fors lui dont seux en esmai.

Chron. des ducs de Norm. Rayn. tom. 3, pag. 142², au mot *Esmai*.

° **ESMAIER**, Émouvoir, troubler, épouvanter. Partonop. vers 4256. Agolant, vers 1176. Esmaer, Chanson de Roland, stance 173, vers 38. Esmaier, s'esmaier, Se troubler. Guill. Guiart. tom. 1, pag. 191, vers 4517, pag. 261, vers 6332. Gérard de Vienne, pag. 166². Roman de Renart, tom. 1, pag. 29, 45, 47, vers 769, 1172, 1216. *Esmaiable*, *Esmaiance*, *Esmaiemenz*, *Esmovance*, Chron. des ducs de Norm. Voyez Rayn. tom. 3, pag. 162³, au mot *Esmaiar*, Wackern. pag. 131, et ci-dessous *Esmarir*.

° **ESMAIL**, Esmal, Émail. Parton. vers 10792, 10835. Flore et Blanceflor, vers 459, 546, 572, 632, 2018 (espèce de pierre, ambre ?) Voyez Rayn. tom. 3, pag. 163¹, au mot *Esmaut*. Théophile, éd. de l'Escalopier, pag. 287. Gl. *Smaltum*. *Esmaillié*, Gl. *Esmalliatus*.

ESMAILLERIE, Ouvrage d'émail. Gl. *Esmaldus*.

1. **ESMANCE**, Opinion appuyée sur des combinaisons. Gl. *Esmerare*.

2. **ESMANCE**. Faire Esmance, Faire mine de vouloir quelque chose, présenter, ajuster, menacer de frapper. Gl. *Esmerare*.

ESMANCHÉ, Emmanché. Gl. *Giba*.

ESMANCHON, Manche, mancheron, partie de la charrue que le laboureur tient avec la main. Gl. *Mangia* 2, et *Manica* 4.

ESMANDE, Amende. Gl. *Esmenda*.

° **ESMANVEILLÉ**, Emerveillé, étourdi. Chron. des ducs de Norm. tom. 2, pag. 26, vers 16047, var. *Esmavoillié*.

ESMARIR (S'), s'Étonner, être surpris,

appréhender. Gl. *Marrire*. [*Esmari*, Troublé, attristé. Chastel. de Couci. vers 4782, 7802. Roi Guillaume, pag. 58. Voyez Rayn. tom. 4, pag. 160¹, au mot *Esmarir*.]

ESMAYER, Planter le mai, même un autre jour que le 1er du mois de mai ; d'où *Esmayement*, L'action de le planter. Gl. sous *Maium*.

1. **ESME**, Poids ; d'où *Esmer*, peser. Gl. *Esmerare*.

2. **ESME**, Estimation, évaluation, opinion. Gl. *Esmerare*. [Intention, but, calcul, action de viser. Partonop. vers 3133, 3166. Roman de Renart, tom. 2, pag. 198, vers 14951, tom. 1, pag. 67, vers 1744. Ruteb. tom. 1, pag. 8. Voyez Rayn. tom. 3, pag. 219¹, au mot *Esme*. Chron. des ducs de Norm. aux mots *Esme*, *Esmée*.]

1. **ESMER**, Estimer, évaluer, croire, penser. Gl. *Esmerare*. [Parton. vers 2320, 1396. Agolant, vers 83. (*proisier*, vers 89), 695, 716, 751. Flore et Blanceft. vers 1395. Voyez *Aesmer*, et Rayn. tom. 3, pag. 219¹, au mot *Esmar*.

2. **ESMER**, Dresser, présenter, ajuster, faire mine de vouloir quelque chose, menacer de frapper. Gl. *Esmerare*. [Roman de Renart, tom. 1, pag. 299, vers 8021.]

ESMERER, Affiner, rendre pur. Gl. *Esmerare*. [Roi Guillaume, pag. 110. Flore et Blancefl. vers 2896. Partonop. vers 1597. *Esmeréement*, Laborde, pag. 276. Voyez Rayn. tom. 4, pag. 207¹, au mot *Esmerar*. Chron. des ducs de Normandie.]

ESMEUDRE, Émoudre, aiguiser. Gl. *Emolere*.

° **ESMIER**, Briser, broyer. Gérard de Vienne, vers 2778 :

Kan k'en ataint, tot decope et esmis.

Se briser. Laborde, pag. 264 :

*Si con fait nes que venz guie
Qui va là où il l'enpaint
Si ke toute esmie et froisse.*

Roman de Renart, tom. 1, pag. 40, vers 1037. Guill. Guiart, tom. 2, pag. 243, vers 6284 (15264). Voyez *Amier*.

ESMIEURE, Miettes, petits morceaux. Gl. *Mica* 1.

ESMINAIGE, Droit sur les grains mesurés à l'*Esmine*. Gl. *Eminagium*, sous *Hemina*, pag. 184¹.

ESMINE, Certaine mesure de grains. Gl. *Hemina*.

ESMIOERE, Instrument qui réduit en miettes ou petits morceaux. Gl. *Micatorium*.

° **ESMOCHEOR**, Chasse-mouche, queue, Roman de Renart. tom. 2, pag. 147, vers 13520.

ESMOCHER, Escrimer, jouer de l'épée. Gl. *Ensiludium*.

ESMOIER, [Inquiéter, troubler; se troubler. Guill. Guiart. tom. 2, pag. 278, vers 7089 (16067). Agolant, vers 492, pag. 170².] Se ESMOIER, Être en peine, en inquiétude. Gl. sous *Pavagium* 2. [Ruteb. tom. 1, pag. 6, 8, 16. Voyez *Esmaier*.]

ESMOLDRE, Émoudre, aiguiser ; d'où *Esmoleur*, Émouleur, coutelier, taillandier. Gl. *Emolere*. [*Esmoulu*. Gl. *Arma*, p. 387³.]

° **ESMONDER**, Rompre, se rompre. Guill. Guiart, tom. 1, pag. 94, 162, vers 1884, 3661, tom. 2, pag. 181, vers 4671 (13658). Voyez Rayn. tom. 3, pag. 164¹, au mot *Esmondegar*.

° **ESMONTER**, Monter. Wackern. p. 49.

ESMOTAEUR, Sorte de bâton, p. e. Fléau. Gl. *Esmotaeur*.

ESMOTOUER, Instrument propre à briser les mottes de terre, herse. Gl. *Tribula* 2.

ESMOUCHEMENT, Lieu où l'on se tient mucé ou caché. Gl. *Repositus*.

ESMOUCHER, ESMOUCHIER, Escrimer, jouer de l'épée. Gl. *Ensiludium*. [Guill. Guiart, tom. 2, pag. 204, vers 5276 (14254). Roman de Renart, tom. 2, pag. 197, vers 14924 :

Au baston se set esmochier.

ESMOUGNOUNER, Mutiler, estropier. Gl. *Enembrare*.

ESMOUTER, Prendre le droit de mouture. Gl. *Emolutum*.

° **ESMOVANCE**. Voyez *Esmaier*.

ESMOUVEMENT, Dispute animée, querelle. Gl. *Movimentum* 1.

ESMOUVENS, ESMOUVEUR, Remuant, brouillon, querelleur, séditieux. Gl. *Motivus* 2.

° **ESMOUVOIR**, Soulever, faire naître, faire lever, dépister. Partonop. vers 608 :

*Li chien.....
Ont un grant saingler esméu.*

Guill. Guiart, tom. 2, pag. 13, vers 304 (9270) :

Cil qui r'esmuet la guerre amère.

Pag. 426, vers 11058 (20040) :

Quant li voirs en fu esméuz.

Partonop. vers 1884. *Esmouvoir, s'esmouvoir*, s'émouvoir, se lever, Parton. vers 19 :

La terre esmuet de mort à vie.

Roi Guillaume, pag. 145 :

Tot li cien après lui s'esmuevent.

Voyez Rayn. tom. 4, pag. 278¹, au mot *Esmover. Esméuz*, Chron. des ducs de Normandie.

ESMOUVOIR LA MAIN, La lever contre quelqu'un, comme pour le frapper. Gl. *Movere* 4.

ESMUCETE †, Mouchettes. Gl. *Mucatorium*.

ESMUTILER, Mutiler, estropier. Gl. *Depitare*.

ESMUYS, Muet, qui a perdu la parole. Gl. *Emutire*.

° **ESNASER**, Priver du nez ; Chron. des ducs de Norm. Voyez Rayn. tom. 4, pag. 292², au mot *Esnasar*.

ESNECHE, ESNEKE, ESNEQUE, Sorte de vaisseau de charge. Gl. *Bussa* et *Naca* 1. [Chron. des ducs de Normandie.]

° **ESNUER**, Dépouiller. Chron. des ducs de Norm. tom. 2, pag. 390, vers 26695. *Esnué*, Debarrassé, purifié, tom. 1, pag. 404, vers 9299. Voyez Rayn. tom. 4. pag. 346¹, au mot *Denudar*.

ESPAALER, Étalonner les poids et les mesures. Gl. *Escandilare*.

ESPAARE, Barre. Gl. *Spara* 2.

ESPAELER, Étalonner les poids et les mesures. Gl. *Escandilare*.

ESPAENTER (S'), S'épouvanter. Chanson de Roland, stance 123, vers 7 :

Ne poet muer qu'il ne s'en espaent.

Stance 109, vers 22. Voyez *Espoenter*, et Rayn. tom. 4, pag. 468¹, au mot *Espaventar*.

ESPAFUT, Sorte d'arme, p. e. une épée fort large. Gl. *Espafus*.

ESPAIGNIÈRE, Sorte de table ou maie à pétrir la pâte. Gl. *Appunctare* 1.

ESPAILIER, Étalonner les poids et les mesures. Gl. *Escandilare*.

ESPAILLE, Broussailles. Gl. *Esbuscare*.

ESPAL, Étalon des poids et des mesures ; d'où *Espaler*, Étalonner, échantillonner. Gl. *Escandilare*.

ESPALIÈRE, Épaulière, armure qui couvre les épaules. Gl. *Spallarium*.

ESPAME, Pâmoison, faiblesse. Gl. *Spasma* 3. [*Espanis, Espasmiz*, Pâmés. Chron. des ducs de Normandie.]

ESPAN, ESPANE, Empan, mesure de la main étendue. Gl. *Espannus, Spanna*, et † *Palmus* 1.

° **ESPANDRE**, ESPANIR, Épandre, répandre ; s'étendre, épanouir, se répandre ; se lancer. Flore et Blancefior, vers 1266 :

Vin aportent à espandant.

Partonop. vers 10188 :

*Par matin al solel levant
Que ses rais par le mont espant.*

Vers 751 :

*Mais quant li jors est esclarcis
Et li solaus est espanis.*

Vers 2362 :

Que li solaus clers s'espani.

Chanson de Raoul de Soissons, Laborde, pag. 218 :

*Quant voi la glaie meure
Et le rosier espanir.*

Chant de Jacques de Cambrai, Wackern. pag. 66 :

*C'une verge d'Égipte
De Jesse espanie.*

Roman de Roncevaux, pag. 97 :

Sa dolor tote li espant et engraigne.

Guill. Guiart, tom. 1, p. 101, vers 2069 :

*Par dures colées atandre
Ne les voit-on gancher n'espandre.*

Chanson de Simon d'Athies, Laborde, pag. 158 :

*Car c'est cil qui sans bon vent
S'espant en la haute mer.*

Voyez Rayn. tom. 3, pag. 164¹², aux mots

Espandre et *Espandir. Espanduement*, Pêle-mêle. Chron. des ducs de Normandie.

º **ESPANDRES**, Rumeur publique. Guill. Guiart, tom. 2, pag. 221, vers 5709 (14689). Voyez Rayn. tom. 3, pag. 164¹, au mot *Espandre*.

ESPANEIR, Subir la peine due à un crime. Gl. *Espannus*. [Expier, payer. Chron. des ducs de Norm. aux mots *Espanir, Espenir, Espanoir, s'Espanoir*. Enfants Haymon, vers 597 : *Pechié espenni*. Voyez *Espenir* et *Espenoir*.]

ESPANER, Tenir entre ses deux mains. Gl. *Espannus*.

ESPANOIS, d'Espagne. Gl. sous *Animalia*.

º **ESPARDRE**, pour *Espandre ?* Roman de Renart, tom. 1, pag. 20, vers 532 :
Et dist, or iert Renart gaitiez
Sovent ainz que la guerre esparde.

ESPARGOIER, ESPARGOUER, Aspersoir. Gl. *Sparsorium*.

ESPARJURE, Parjure, qui jure à faux. Gl. *Parjurus*.

º **ESPARN**, ESPERNE, ESPAIRNE, ESPAIRNANCE. Action d'épargner, quartier. Chron. des ducs de Normandie.

ESPARNABLETÉ †, Épargne, économie. Gl. *Escharcellus*. [*Esparnable*, Parcimonieux, économe. Roman de Renart, tom. 2, pag. 212, vers 13327. Voyez Rayn. t. 3, pag. 166¹, au mot *Esparniable*. *Espeirnable*, Miséricordieuse, qui épargne des peines. Chron. des ducs de Norm. tom. 1, pag. 142, vers 1745.]

1. **ESPARRE**, La partie de la charrue qu'on appelle Oreille, qui sert pour tourner la terre que le soc a fendue. Gl. sous *Magister*, pag. 173¹ :

2. **ESPARRE**, Barre. Gl. *Spara* 2.

3. **ESPARRE**, ESPARER, Sorte de dard ou javelot. Gl. *Sparro*.

ESPART, ESPARTISSEMENT, Éclair ; d'où *Espartir*, Éclairer. Gl. *Fulgetra*. [Roi Guillaume, pag. 131.]

ESPARTIR, Éparpiller, répandre, Gl. *Expartatio*. [Guill. Guiart, tom. 2, p. 177, vers 4578 (13564). *Esparti*, Isolé, tom. 1, pag. 142, vers 3166. *Espart*, Epars, dispersé. Partonop. vers 5854. Dégagé, vers 10680. *Esparsement*, çà et là. Partonop. vers 850. Voyez Rayn. tom. 3, pag. 165¹, au mot *Esparger*.]

ESPARVAGE, Office de lamaneur ou pilote de rivière. Gl. *Esparvagum*.

ESPASIER, Fontainier, qui bâtit des aqueducs. Gl. *Espazerius*.

ESPASSE, Travée. Gl. sous *Spatium*.

ESPAUD, Défens, réserve dans une forêt. Gl. *Espaltum*.

ESPAUDE, Châlit, bois de lit. Gl. *Spondalis*.

1. **ESPAVE**, Saisie, confiscation. Gl. *Espavea*.

2. **ESPAVE**, Étranger, qui est d'un autre pays. Gl. *Espavus*.

º 3. **ESPAVE**, Animal égaré. Gl. *Epava* et *Spaviæ*.

ESPAVIN, Éparvin, maladie de cheval. Gl. *Spavenus*.

º **ESPAULE**. Gl. *Espaules* et *Cornuagium*.

ESPAULÉ, DRAP ESPAULÉ, Dont la chaîne n'est pas meilleure que la lisière. Gl. *Exhumeratus Pannus*.

ESPAULLE, Épaulière, armure qui couvre les épaules. Gl. *Spallarium*. [Voyez Gl. *Spatularia*.]

ESPAULLOIER, Se dit d'un mouvement affecté des épaules. Gl. sous *Brachium* 2.

º **ESPAULX**, comme *Espan ?* Gl. *Expallium*.

º **ESPAURE**, ESPOURE, Planchette. Gl. *Esporarius*.

ESPAUT, Défens, réserve dans une forêt. Gl. *Espaltum*.

ESPAUTER, Épouvanter, effrayer. Gl. *Spavandus*.

ESPAUVYER, Espave, ce qui est égaré. Gl. *Spaviæ*.

ESPCETIER, Mettre en pièces. Gl. *Depitare*.

ESPEC †, Petit oiseau, qui mange les abeilles. Gl. *Apiaster*.

ESPÈCE, Épice. Gl. sous *Species* 6. [*Espesce*, Partonop. vers 4585. Voyez Rayn. tom. 3, pag. 169², au mot *Especia*.]

ESPECER, Mettre en pièces. Gl. sous *Pecia*.

ESPÉCIALITÉ, Soin, attention particulière. Gl. *Specialitas* 2.

ESPÉCIAUMENT, Spécialement. Gl. *Signoria* 1.

ESPÉE [JEU DE L'ESPÉE A DEUX MAINS,] Escrime, jeu de l'épée ? Gl. *Ensiludum*.

º **ESPÉE** A HAUT TAILLIER. Gl. *Gladius* 4.

ESPÉE BATUE, Fleuret, épée émoussée, qui n'a pas de pointe. Gl. *Ensis* [et *Gladius* 4.]

ESPÉE DE JUSTICE, Celle que porte le bourreau. Gl. *Ensis*.

ESPÉCER, Mettre en pièces. Gl. sous *Pecia*, pag. 235¹.

ESPÉER †, Qui fait ou vend des épées, fourbisseur. Gl. *Espaerius*.

º **ESPEIER**, Percer, transpercer. Chron. des ducs de Norm. tom. 2, p. 463, vers 28767 :
Par les gros des cors les espeient
Des glaives d'acer reluisanz.

Voyez Rayn. tom. 3, pag. 168², au mot *Espadar*.

ESPEIGNOLLE, Épagneul. Gl. *Spanholes*.

º **ESPEISSE**. Voyez *Espoisse*.

º **ESPELER**, Dire. Glossaire sur la Chron. des ducs de Normandie, aux mots *Espeaut, Espel, Espeluns*. Flore et Jeanne, pag. 22. Expliquer. Roman de Rou :
Cil espeloit le songe, si com li le disoit.
Voyez Rayn. tom. 3, pag. 170², au mot *Espelhar*.

º **ESPELUCHIER**, Houspiller. Guill. Guiart, tom. 2. pag. 93, 218, vers 2391, 5036. (11367, 14616.)

ESPENDOUERE, Espèce de fourche. Gl. *Espandagium*.

ESPENER, Blesser d'une flèche. Gl. *Empenare*.

ESPENIR, Châtier, punir. Gl. *Pœnare*. [Voyez *Espanir*.]

ESPENOIR, Expier un crime en subissant la peine qu'il mérite. Gl. *Spendere* 1. [Voyez *Espanir*.]

ESPENSEMENT, Epars, çà et là. Gl. *Espandagium*.

ESPENUIER, Ouvrier, manœuvre, qui gagne sa vie avec peine. Gl. *Pœnare*.

º **ESPERDRE** (S'), S'éperdre, se troubler. Roi Guillaume, pag. 153. Partonop. vers 898, 3334. Roi Guillaume, pag. 153. Voyez Rayn. tom. 4, pag. 518¹, au mot *Esperdre*.

ESPERE, Sphère. Gl. *Spera* 1.

ESPÉRER, Craindre, appréhender. Gl. *Sperare* 2. [*Espérance*, Crainte. Guill. Guiart, tom. 2, pag. 286, vers 7432. (16412.)]

ESPERIAGE, Office de lamaneur ou pilote de rivière. Gl. *Esparvagium*.

ESPÉRITES, Le Saint-Esprit. Gl. *Nuptiare*.

º **ESPERIR**, Éveiller, exciter. Partonop. vers 1577, 6924, 6931. Chron. des ducs de Norm. Guill. Guiart, tom. 1, pag. 284, vers 6721. Voyez Rayn. tom. 3, pag. 175¹, au mot *Esperir*.

º **ESPERITAL**, ESPIRITAL, ESPERITABLE. Roman de Renart, tom. 3, pag. 114, vers 22882. Roi Guillaume, p. 46. Agolant, pag. 176³. Chronique des ducs de Norm. Roquefort. Voyez Rayn. tom. 3, pag. 174², au mot *Espirital*. Gl. *Pater spiritualis*.

ESPERITUAULTÉ, Le spirituel, la règle d'un monastère. Gl. *Spiritualia* 2.

ESPEROIT, Poignard, grand couteau. Gl. *Sponto*.

1. **ESPERON**, Sorte de monnaie d'Allemagne. Gl. *Espero*.

2. **ESPERON**, Bâton à l'usage d'une charrette. Gl. *Espero*.

ESPERONNE, Partie de la charrue à laquelle on attèle les chevaux. Gl. *Espero*.

ESPERRIGER, Réveiller, mettre en mouvement. Gl. *Expergescere*.

º **ESPERT**, Comme *Apert* 2, Ouvert. Chastel de Coucl, vers 7013 :
Sa pensée ne moustre esperte,
Ainçois l'a celée et couverte.

Vers 7100 :
Biau semblant moustroit en espert.
Voyez Rayn. tom. 2, pag. 103¹, au mot *Apert.*

ESPERTEMENT, Adroitement. Gl. *Expertius.* [Voyez *Appert* 1.]

ESPESCHE, Terre ou pré dépouillé. Gl. *Pastica.* Voyez *Espleche.*

ESPEURIR, Épouvanter, effrayer. Gl. *Pavoratus.*

ESPICES, Dragées, confitures. Gl. sous *Species* 6, pag. 548¹. [*Espicerie.* Gl. *Speceria.*]

ESPICIER, Officier chez le roi pour les dragées et autres sucreries. Gl. *Speciarius.* [Voyez Gl. *Specialis.*]

ESPIDIMIE, Attaqué de l'épidémie. Gl. *Epidemia.*

ESPIE, Espion. Gl. *Espia* et *Spio.* [Voyez Rayn. tom. 3, pag. 180², au mot *Espia.*]

1. **ESPIÉ**, Sorte d'épices. Gl. *Espiciarius.*

° 2. **ESPIÉ**, En épi. Roman de Renart, tom. 3, pag. 5, vers 19890 :
*Que cil blez sont créu en haut
Et espié et tuit grenu.*
Voyez Rayn. tom. 3, pag. 181², au mot *Espigar.*

° 3. **ESPIÉ**. Voyez *Espiet.*

ESPIEMENT, L'action d'épier, embuscade. Gl. *Espia.*

ESPIER, Redevance en bled, due aux comtes de Flandre. Gl. *Spicarium* 2.

ESPIET, Épieu, sorte d'arme. Gl. *Espietus* [et *Excipium. Espié, Espiel, Espiol.* Arme de chasse. Partonop. vers 592, 596, 599. Roman de Renart, tom. 3, pag. 101, vers 22508, 22512. Lance. Garin le Loher. tom. 1, pag. 27, 36. Partonop. vers 2962, 2980, 8078, 8099, 9654, 2214. Gérard de Vienne, vers 3139 ? Jordan Fantosme vers 235. Chanson de Roland. Voyez Rayn. tom. 3, pag. 181², au mot *Espieut.*

ESPIEULER, Épingler. Gl. *Espinglarius.*

ESPIGACHIER, p. e. Parfumer ou Rendre brillant. Gl. *Spicus* 1.

ESPINACE, Pinasse, sorte de vaisseau. Gl. *Spinachium.*

° **ESPINAZ**, Épines. Roman de Renart, tom. 1, pag. 50, vers 1298. Voyez Rayn. tom. 3, pag. 181¹, au mot *Espina.*

ESPINCEAU, ESPINCHEAU, ESPINCIAU, Boucle, agraffe, épingle. Gl. *Spineta* 2.

ESPINCHER, Serrer avec des pinces. Gl. *Spingere* 2.

1. **ESPINETTE**, Association célèbre par ses joûtes à Lille, dont le chef avait le titre de *Roi de l'Espinette.* Gl. *Spineticum.*

2. **ESPINETTE**, Maille d'argent, valant quinze deniers tournois. Gl. sous *Spineta* 2.

ESPINGER, ESPINGLER, Sauter, danser en trépignant. Gl. *Cariolari.*

ESPINGLEUR, Épinglier. Gl. *Espinglarius.*

ESPINGLIER, Étui à épingles. Gl. *Espinglarius.*

ESPINILLE, La partie antérieure de la jambe. Gl. *Spinale.*

ESPINOCHE, Épinard, légume. Gl. *Spinarium.*

ESPINOCLE, Espèce de poisson médiocre, et qui a beaucoup d'arêtes. Gl. *Spinaticus.*

ESPINOIS, Clôture faite d'épines. Gl. *Spineticum.*

° **ESPINOQUE**, ÉPINOCHE. Gl. *Stincius.*

ESPIOT, Épieu. Gl. *Espietus.*

ESPIOTE, Épeautre, espèce d'orge. Gl. *Speltus,* sous *Spelta.*

ESPIR, Esprit, génie, démon. Gl. *Spiritus.* [Aubri, pag. 174² :
*Je ne quit onne da si amont espir
Qui puet mie mes ruistes cops sofrir.*
Pag. 174 :
*. . . . . . Ne place au roi Jesu
Que por mon cors aie l'espir perdu.*
Chanson de Merlin, Fierabras, pag. 182². Voyez Rayn. tom. 3, pag. 173², au mot *Esperit.*]

° **ESPIRE**, Souffle. Roman de Renart, tom. 4, pag. 58, vers 1440 :
*L'on ne savoit vent ne espire
De lui...*

° **ESPIREMENT**, Évocation des esprits ou Expérience ? Partonop. vers 4597 :
*Après apris espiremens
Nigromance et encantemens.*
Voyez Rayn. tom. 3, pag. 243¹, au mot *Experiment, Espiriment, Esperiment.* Expérience, essai. Chron. des ducs de Norm.

ESPIRER, Inspirer, animer. Gl. *Inspiramen.* [Chron. des ducs de Norm., tom. 1, pag. 184, vers 1499 :
E espirez e pleins de fei.
Voyez Rayn. tom. 3, pag. 175² au mot *Espirar.*]

ESPIRITAL, Volonté, dessein, projet. Gl. *Spiritalis.*

ESPIRITU, Spirituel, par opposition à temporel. Gl. *Spiritualia* 2.

ESPIRITUALITÉ, Biens d'église, principalement les offrandes et ce qu'on donnait pour les sacrements. Gl. *Spiritualia* 2.

ESPLECHE, Terre ou pré dépouillé. Gl. *Pastura* 1.

° **ESPLEIER**, Éployer, étendre. Jordan Fantosme, vers 1281 :
Destendre ces paveillons e ces trefs desplier.
Var. *Espleier.* Voyez Rayn. tom. 4, pag. 566¹, au mot *Esplegar.*

1. **ESPLEIT**, Revenu, produit d'une terre. Gl. *Porchaicia.* [Voyez Rayn. tom. 3, pag. 183², au mot *Esplec.*]

° 2. **ESPLEIT**, ESPLOIT, Force, vigueur, rapidité, hâte, presse. Partonop. v. 4800 :
D'errer a fait hastif esploit.
A grant esploit, rapidement, largement, vers 738, 1827, 1962, 2847. Chanson de Roland, st. 259, vers 5, 17. Chron. des ducs de Normandie, Rayn. tom. 2, p. 105¹, ce qui est utile ou nécessaire à quelque chose. Gl. *Explet,* et tom. 3, pag. 184¹, au mot *Esplec.*

° **ESPLEITER**, Marcher, se hâter, travailler, réussir. Garin le Loher, tom. 1, pag. 178 :
Li mes esploite, tant que li jors revint.
Chanson de Roland, st. 159, vers 2 ; st. 267, vers 10. Partonop. vers 44. Jubinal, Fabliaux, t. 1, p. 140. Chronique des ducs de Normandie. *Exploitier,* Garin, p. 18. Rayn. tom. 3, pag. 184¹, au mot *Explechar.* Gl. *Explectare.*

ESPLOICTE, ESPLOIT, Instrument, outil, ce qui est utile ou nécessaire à quelque chose. Gl. *Explectum.* [Voyez Rayn. t. 2, pag. 105¹, au mot *Esplet.*]

ESPODE, Sorte d'épicerie. Gl. *Espinairia.*

ESPOENTER, Épouvanter, effrayer. Gl. *Pavoratus.* [*Espoenteisun, Espoenitus,* Chron. des ducs de Norm. Voyez *Espaenter.*]

° **ESPOERIS**, comme *Esforcis.* Gérard de Vienne, vers 500 :
*Kant Oliviers chosi ses anemis
N'est pas mervelle s'il est espoeris.*

ESPOINTAL, Épouvantail. Gl. *Territorium* 8.

ESPOIR, Peut-être, vraisemblablement. Gl. *Esperatus.* [Orell. pag. 302. Chastel. de Couci, vers 6644. Roman de Renart, tom. 3, pag. 44, vers 20955.]

ESPOISSE, Épaisseur. Gl. *Spissum.* [*Espeisse,* Chron. des ducs de Normandie. *Espoisse,* s'épaissit. Roi Guillaume, pag. 131 :
Li ciex torble, li airs espoisse.
Voyez Rayn. tom. 3, pag. 180¹, au mot *Espeissar.* Chron. des ducs de Norm. t. 1, pag. 382, vers 8658 : *Espeissent.*]

ESPOIT, Épieu, sorte d'arme. Gl. *Espietus.*

ESPOLET †, ESPOLESTE †, Fuseau de tisserand. Gl. *Spola.*

1. **ESPONDE**, Levée, chaussée, digue. Gl. *Sponda* 3.

2. **ESPONDE**, Châlit, bois de lit, bord d'un lit. Gl. *Spondalis* [et *Espondarius.* Partonop. v. 10304. Voyez Rayn. tom. 3, pag. 187¹, au mot *Esponda.*

1. **ESPONDRE**, Expliquer, interpréter. Gl. *Spondalis.* [Voyez Rayn. tom. 4, pag. 612², au mot *Exponer.*]

° 2. **ESPONDRE**, Promettre. Guill. Guiart. tom. 2, pag. 265, vers 6855 (15847). Chronique des ducs de Normandie.

° 3. **ESPONDRE**, Exposer, laisser, abandonner. Chronique des ducs de Normandie, Rayn. tom. 4, pag. 463², au mot *Expauzar.*

ESPONGE, Volontaire, libre. Gl. *Expontaneus.*

ESPONSE, Caution. Gl. *Expondere.*

ESPORLE, Droit de relief ; d'où *Esporler,* Acquitter ce droit. Gl. *Esporlare* et *Sporta* 2.

ESPORON, Éperon. Gl. *Spourones* [et *Calcaria.* Partonop. vers 687, 3032, 4311, 5078. *Esperoné,* portant des éperons. Gérard de Vienne, pag. 178² :

Vestuz d'un paile, esperoné d'or fin.

Voyez Rayn. tom. 3, pag. 178², au mot *Espero.*]

ESPORTULE, Salaire, honoraire, épices des juges. Gl. *Sportula,* sous *Sporta* 2.

° **ESPOT.** Roman de Renart, tom. 4, pag. 26, vers 693 :

Ne pour coi dis ore cest mot ?
Jel dis, fait-il, por cel espot
Que tu or me déis isniel, etc.

ESPOTOILE, Le pape. Gl. *Apostolicus* 1.

ESPOVENTEMENT †, Peur, crainte. Gl. *Formidines.*

ESPOUISSIER †, Épouser, se marier. Gl. *Glutire.*

° **ESPOURE.** Voyez *Espaure.*

ESPOURON, Éperon. Gl. *Spourones.*

ESPOUSAIGES, Épousailles, célébration de mariage. Gl. *Sponsamentum.* [*Epouserie,* Ruteb. tom. 1, pag. 6. Voyez Rayn. tom. 3, pag. 185¹, au mot *Esposalhas.*]

° **ESPOUSSER (S'),** Devenir poussif. Roi Guillaume, pag. 110 :

Vont si courant que tot s'espoussent.

Guill. Guiart, tom. 1, pag. 274, vers 6657 :

Ribaus reviennent tuit troussé
Dont aucuns sont bien espoussé.

ESPOUSSETE, Sac ou Chiffon. Gl. *Espoussorium.*

ESPOUTRE, Poussière, les plus minces parties de quelque chose. Gl. *Expulverare.*

ESPOUVANTEMENT, Peur, crainte. Gl. *Pavoratus.*

ESPOY, Grande épée. Gl. *Espietus.*

ESPOYNE, Volontaire, libre, de bon gré. Gl. *Expontaneus.*

ESPRAHIR, Mettre en pré. Gl. *Appradare.*

ESPRAINDRE, Exprimer, tirer le jus de quelque chose en le pressant fort. Gl. *Expressare.* [Voyez Rayn. tom. 4, p. 623², au mot *Espremer.*]

ESPRAINTE, Empreinte, marque. Gl. *Expressare.*

ESPRAVER, pour **ESPARRER,** Dard, javelot, demi-lance, épieu. Gl. *Sparro.*

ESPRAULE, p. e. Soliveau. Gl. *Espaules.*

° **ESPREKER,** Poindre, piquer. (En Flam. *Pricken,* stimulare, pungere.) Renart le Nouvel, tom. 4, p. 199, v. 1913 :

Mehaus li agace et espreke.

° **ESPRENDRE,** S'éprendre, s'embraser, s'enflammer. Garin le Loher. tom. 1, pag. 197, 200. Roman de Renart, tom. 1, pag. 41, vers 1055, tom. 3, pag. 99, vers 22462. *S'esprendre,* Fiore et Blancefl. vers 640. *Esprandre,* Enflammer. Wackern. pag. 47. Voyez Rayn. tom. 4, 632², au mot *Esprendre.*

ESPRIET, Aviron, rame. Gl. *Espietus.*

° **ESPRIMENTER,** Expérimenter, avoir de l'expérience, juger. Partonop. v. 6338 :

Se mes cuers à droit esprimente.

Voyez Rayn. tom. 3, pag. 248², au mot *Experimenter.*

ESPRINGALE, anciennement Machine propre à jeter de grosses pierres, et plus récemment un moyen canon. Gl *Spingarda.*

ESPRINGIER, ESPRINGUER, Sauter, danser en trépignant. [Renart le Nouvel, tom. 4, pag. 223, vers 2511.] d'où *Espringerie,* Cette espèce de danse. Gl. *Cariolari.*

° **ESPRINGOT,** Nom d'un oiseau. Flore et Blancefl. vers 2002 :

Et pincones et espringos
Et autres oisiaus...

ESPRINIER, Rejeton, scion, branche qu'on prend pour enter. Gl. *Sprocarius.*

ESPROUVEMENT †, Épreuve. Gl. *Examen* 1.

ESPROUVEUR DE TRIACLE, Opérateur, vendeur d'orviétan. Gl. *Experimentator.* [Voyez Rayn. tom. 4, pag. 652², au mot *Esproaira.*]

° **ESPROVÉ,** Éprouvé, connu. Wackernagel, pag. 64 :

Qui tout sauroit lou laitin
Kank' en seivent li lettrei,
François et Greu et Ermin
Et tout lingaige esprovei.

Voyez Rayn. tom. 4, pag. 652¹, au mot *Esproar.*

ESPUER, ESPUIER, Appuyer, se soutenir sur quelque chose. Gl. *Apodiare.*

° **ESPULER.** Gl. *Essermentare.*

ESPURGE, ESPURGEMENT, L'action de se purger d'une accusation. Gl. *Purgatio.*

ESPY, Épieu. Gl. *Espietus.*

° **ESQUACHIÉ,** Foulé aux pieds, maltraité. Chronique des ducs de Normandie, tom. 1, pag. 242, vers 4588, p. 397, vers 9085, tom. 3, pag. 62, vers 33625, Voyez *Esquasser.*

ESQUALIER †, Égaler, aplanir. Gl. *Hostire.*

ESQUALLATE, Écarlate. Gl. *Escallata.*

ESQUANDALAR, La chambre de l'argousin dans une galère, ou le fond de cale d'un vaisseau. Gl. *Scandola.*

ESQUARMUNCHER, Escarmoucher, escrimer. Gl. *Ensiludium.*

° **ESQUARTERER,** Écarteler, faire voler en éclats. Chronique des ducs de Norm. Voyez Rayn. tom. 5, pag. 10¹, au mot *Esquartelar.*

° **ESQUASSER,** Casser, briser. Chanson de Roland, st. 283, vers 7 :

Tuz lur escuz i fruissent e esquassent.

Voyez *Esquachié* et *Esquatir.*

° **ESQUATIR,** Aplatir, briser, rompre. Gl. *Squarzare.*

° **ESQUEL,** Intention, manière. Renart le Nouvel, tom. 4, pag. 488, vers 7384 :

Par quoi il ont laissié le val
De povreté par tel esquel.

Pag. 436, vers 7442 :

Lor cutodes à mal esquel
Les en met trop...

Chron. des ducs de Norm. tom. 1, pag. 548, vers 13549 :

Mult i a gent de fort escuil.

Voyez Rayn. tom. 6, pag. 11¹, au mot *Escoill,* ci dessus *Escuel* et *Acuel.*

ESQUELLE, Sonnette, petite cloche. Gl. *Esquilla* [et *Skella*]*.*

ESQUEMBAUX †, Bottine, sorte de chaussure. Gl. sous *Osa.*

ESQUEMNESTE, pour ESQUEVINESSE, Fourrure d'écureuil. Gl. *Esquivinessia.*

ESQUEPPART, Instrument de fer pour remuer la terre, pioche. Gl. *Schippa.*

ESQUERIR, Faire une recherche exacte. Gl. *Esctignialio.*

ESQUERMIR †, Escrimer, chamailler, s'entrebattre. Gl. *Ensiludium.*

ESQUERPE, Écharpe de pèlerin. Gl. *Escerpa.*

ESQUERRE, pour ESQUERPE, Écharpe. Gl. *Escerpa.*

ESQUEVIN, pour Échevin ; d'où *Esquevinage,* L'étendue de la juridiction des Échevins. Gl. *Esquivinagium.*

ESQUEVINESCHE, ESQUEVINESSE, Fourrure d'écureuil. Gl. *Esquivinessia.*

° **ESQUEURE,** Lancer, secouer. Guill. Guiart, tom. 2, pag. 246, vers 6860, (15840) :

Aus lames et aus archegaies
Que roidement sus eus esquurent.

Pag. 300, vers 7794, pag. 319, vers 8285, pag. 451, v. 11732 (16776), 17266, 20715). Voyez Roquef. Rayn. tom. 5, pag. 176¹, au mot *Escotir,* ci dessus *Escourre* 1.

ESQUEURE, Recourre, reprendre ; d'où *Resquesse* et *Resqueusse,* Recousse, reprise. Gl. *Resquassa* et *Rescoussa* [Voyez Rayn. tom. 3, pag. 156¹, au mot *Escosa.*]

ESQUIELLE, Corps de troupes en ordre de bataille. Gl. *Scala* 7.

ESQUIER, Écuyer. Gl. *Hobellarii.* [Aubri, pag. 155². Chastel. de Couci, vers 130. Voyez Rayn. tom. 3, pag. 161¹, au mot *Escudier.*]

ESQUIERRE, Escadron, corps de troupes. Gl. *Scara* 3.

ESQUIEU, Esquif, chaloupe, petit vaisseau. Gl. *Sch*ppa.*

ESQUIGIRONNÉ, Terme de blason, Gironné. Gl. *Escuchonetus.*

ESQUIGNER, Eclater de rire. Gl. *Cachinnosa vox.*

º **ESQUILÉ**, Annoncé à son de cloche, ébruité. Aubri, pag. 159[1] :
*Encor vaut miex coie amor acelée
Que ne fait cele qui tant est esquilée.*
Plus bas :
Se por vos n'est, ne puet estre esquilée.

ESQUILLE, Sonnette, petite cloche. Gl. *Esquilla.*

ESQUILLEMETE, Aiguillette. Gl. *Aguileta.*

ESQUIPART, Instrument de fer pour remuer la terre, pioche. Gl. *Schippa.*

ESQUIPER, Mettre en mer, faire voile, s'embarquer. Gl. *Esquipare.*

º **ESQUIPER (S')**, Esquiper (S'), S'esquiver, échapper. Roman de Renart, tom. 3, pag. 115, vers 22916. Guill. Guiart, tom. 2, pag. 149, vers 3889 (12825). Voyez *Esquiver.*

ESQUIPPE, Esquif, chaloupe, petit vaisseau. Gl. *Targia 1.*

1. **ESQUIPPER**, Eclabousser. Gl. *Esquipare.*

2. **ESQUIPPER**, Glisser ; ou Rejaillir, sauter. Gl. *Esquipare.*

ESQUIRELLE, Fourrure d'écureuil. Gl. *Esquirolus.*

º **ESQUIVER**, S'esquiver. Roman de Renart, tom. 2, pag. 292, vers 17580 :
Tot droit à son essart esquieut.
Voyez Rayn. tom. 3, pag. 192[2], au mot *Esquivar,* ci-dessus *Esquiper.* Gl. *Eschippere.*

ESQUOCERESSE, Femme débauchée. Gl. *Esguogozamentum.*

ESQUOT, Ecot, ce qu'on paye pour sa part d'un repas fait à frais communs. Gl. *Scot.*

ESQUOUX, Se dit des fruits d'un arbre, qu'on a fait tomber en le secouant. Gl. *Excussare.*

ESRACHIER, Esrager, Esragier, Esrajer, Arracher, emporter avec effort. Gl. *Evellatus.* [Roman de Roncevaux, pag. 21. Roi Guillaume, pag. 95. *Esracer,* Chron. des ducs de Norm. Voyez Rayn. tom. 5, pag. 31[2], au mot *Esraigar.*]

º **ESRAGER**, Enrager. Chanson de Roland. Chron. des ducs de Norm. etc.

º **ESRAJÉICE**, Furieuse. Chron. des ducs de Norm. t. 1, pag. 33, vers 867 :
*Lur fivre ardanz esrajéice
E lur desleı e lur malice.*

º **ESRAINIER**, Parler à quelqu'un. Voyez *Araisonner 1.* Agolant, vers 767.

ESRANMENT, Tout de suite, sur-le-champ. Gl. *Corsned.* [Flore et Blancefl. vers 81. *Esraument.* Chastel. de Couci, vers 1378, 1575. Voyez *Eramment.*]

º **ESREINE** †. Gl. *Depiga.*

ESRER, Voyager, marcher. [Aubri, pag. 169[1]. Partonop. vers 5657, 5768. Flore et Jeanne, pag. 15. Procurer, obtenir. Renart le Nouvel, tom. 4, pag. 437, vers 7479. *Esrure,* Temps qui s'écoule pendant qu'on parcourt un espace. Flore et Jeanne, pag. 57 : *Et furent ensi entrachoté l'esrure de dix arpens de tiere ansois ke on les peuust desasambler ;*] d'où *Esrier,* Voyageur. Gl. *Evare* et *Escerpa.*

º **ESRERE**, Esrese, Usée, râpée, ruinée, dépouillée. Roi Guillaume, pag. 98 :
El viés pan d'une cote esrese.
Voyez Roquef. Suppl. Chron. des ducs de Norm. Guill. Guiart, tom. 2, pag. 148, vers 10860 (198) :
La terre ont si de biens esresa.

º **ESREUR**, Esrour, Incertitude. Renart le Nouvel, tom. 4, pag. 154, vers 748. Chastel. de Couci, vers 3951. Voyez *Errur.*

ESRILER †, Cracher avec effort. Gl. *Excreare.*

º **ESRIN**, Ecrin. Roman de Renart, tom. 4, pag. 107, vers 2942.

ESSADE, Instrument pour remuer la terre, houe. Gl. *Aissada.*

ESSAIE, Paille, fourrage. Gl. *Essaium 2.* [*Essai,* petite portion de qq. ch. qui sert à juger du reste. Renart le Nouvel, tom. 4, pag. 249, vers 3118.]

ESSAIER, Examiner la capacité de quelqu'un. Gl. *Essaium.*

ESSAIEUR DE POURCEAUX, Langayeur. Gl. *Essaium 1.*

ESSAIGNER, Remplir de sang, ensanglanter. Gl. *Sanguinare 2.*

ESSAIGOUERE, Rigole, tranchée pour faire couler l'eau. Gl. *Essaveria.*

ESSAISONNER, Changer l'ordre de la culture des terres. Gl. sous *Derodere.*

ESSALET, Vent de sud-est, le siroc sur la Méditerranée. Gl. *Eissalet.*

ESSALLE, Echandole, bardeau, late. Gl. *Essanna.*

ESSAMBLIR, Défricher, mettre une terre en valeur. Gl. *Essamplatus.*

ESSANNE, Echandole, bardeau, late. Gl. *Essanna.*

ESSANER, Perdre son sang. Gl. *Campiones,* pag. 65[2].

ESSARCIE, Agrès, tout ce qui est nécessaire pour équiper un vaisseau. Gl. *Exarcia.*

ESSART, Terre défrichée. Gl. sous *Exartus.* [Voyez *Escars.* Essartement, destruction, carnage. Roman de Renart. t. 3, pag. 2, vers 19788. Garin le Loher. tom. 1, pag. 389. Guill. Guiart, tom. 1, pag. 154, vers 3463. Flore et Jeanne, pag. 69. Chron. des ducs de Norm. Roquef. *Essarter,* Détruire ravager. Guill. Guiart, tom. 1, pag. 48, vers 604 ; pag. 150, vers 3352, etc. Chron. des ducs de Normandie.]

ESSAU, Evier, conduit par où les eaux sales d'une écurie s'écoulent. Gl. *Essaveria.*

º **ESSAUCER**, Elever, faire grandir, rendre plus fort. Garin le Loher. tom. 1, pag. 19, 44. Gérard de Vienne, vers 2299. Agolant, vers 642. Wackern. pag. 18. Voyez *Ensaucer* et *Eshaucier,* Rayn. tom. 2, pag. 60[2], au mot *Esalsar. Essaucement,* Augmentation, prospérité, Garin le Loher. tom. 1. pag. 25. Gl. *Inaltare.*

ESSAVER, s'Ecouler. Gl. *Essavare.*

ESSAUGNE, Essaule, Essaulne, Echandole, bardeau, late. Gl. *Essanna.*

ESSAUPLE, Terre défrichée. Gl. *Exemplum 2.*

ESSAY, Quai, endroit pour charger et décharger les bateaux. Gl. *Essayum 2.*

ESSAYAU, Ecoulement des eaux. Gl. *Essaveria.*

1. **ESSE**, Esseau, Ecluse, bonde. Gl. *Essaveria.*

º 2. **ESSE**. Gl. *Essolium.*

º 3. **ESSE. EN ESSE**. Chastel. de Couci. vers 3590 :
*La chamberiere estoit en esse
Del point atendre ne esgarder.*
Voyez *Enesse.* Pour *Est-ce,* vers 7309, 8102.

ESSEAUER, Essuyer, dessécher. Gl. *Essaveria.*

ESSEAVER, Vider, emporter. Gl. *Essavare.*

ESSEAULNE, Echandole, bardeau, late. Gl. *Essanna.*

1. **ESSEGNER**, Perdre beaucoup de sang. Gl. *Saignare.*

2. **ESSEGNER**, Rouir le chanvre. Gl. *Aroagium.*

ESSEGURER, Donner caution ou sûreté en justice. Gl. *Assecurare 1.*

ESSEHUREMENT, Assurément, caution ou sûreté donnée en justice. Gl. *Assecurare 1.*

ESSEIGNER, Saigner, rendre du sang. Gl. *Sanguinare 1.*

ESSELÉE, Clôture faite de petits ais ou échandoles. Gl. *Essella.*

ESSELER, Mettre en presse entre des éclats de bois. Gl. *Essella.*

ESSELLETTE, Copeau, éclat de bois ; d'où *Esselleter,* Mettre entre des *Essellettes.* Gl. *Essella.*

ESSEME, Essemée, Terre ensemencée ; d'où *Lieu de petite Essemée,* Territoire où il y a peu de terres à ensemencer. Gl. *Seminatura 1.*

ESSEMENT, Pareillement, de même. Gl. *Pariformiter.* [Voyez *Ensement.*]

º **ESSENGIER**, Ranger sous l'enseigne ? Guill. Guiart, tom. 2, pag. 140, vers 3598 ; pag. 242, vers 6265.

º **ESSENT**. Gl. *Assator.*

ESSEVER, et S'ESSEVER, Prendre son cours, partir. Guill. Guiart, tom. 2, pag. 42, vers 1068 ; pag. 135, vers 3473 ; pag. 191, vers 4981 (10029, 12454, 13919), etc. *Essevant*, pag. 84, vers 849 ; pag. 249, vers 6442 ; pag. 253, vers 6558 (9815, 15432, 15538).

ESSERBER, Oter les mauvaises herbes, sarcler. Gl. *Essermentare*.

ESSERMENTER, Emporter d'une vigne les sarments taillés ; ou Ebourgeonner. Gl. *Essermentare*.

ESSERPILERIE, ESSERPILLIERE, L'action de voler et de dépouiller quelqu'un. Gl. *Serpeilleria*.

1. **ESSEUL**, Echandole, bardeau, late. Gl. *Essanna*. [*Essoule*. Gl. *Essoulla*.]

2. **ESSEUL**, Essieu. Gl. *Essolium*.

ESSEULER (S'), s'Ecarter. Gl. *Exsolare*. [Chastel. de Couci, vers 5610.]

ESSEULLE, Esseau, bois pour couvrir les maisons au lieu de tuiles. Gl. *Essoulla*.

ESSEUWER ; Essuyer, dessécher. Gl. *Essavare*.

ESSIANCE, Chicane, détours, supercherie. Gl. *Tergiversari*.

ESSIAVER, s'Ecouler. Gl. *Essavare*.

ESSIAVIERE, Bonde d'un étang, tout ce qui facilite l'écoulement des eaux. Gl. *Essaveria*.

ESSIAW, Evier. Gl. *Essaveria*.

° **ESSIEN** †. Gl. *Vesparium*.

° **ESSIENT**, Science, sens. Partonop. vers 4577 :

Maistres oi de grant essient.

A essient, Avec intention, sciemment. Vers 326, 4966. Voyez Rayn. tom. 5, pag. 125², au mot *Escien*. Orell, pag. 302. *Escientre*, Chanson de Roland.

ESSIENTEX, Sage, prudent, avisé. Gl. *Scientiatus*.

ESSIER, Tergiverser, chicaner, chercher à tromper. Gl. *Tergiversari*.

ESSIEUTÉ, adv. Excepté, hormis. Gl. *Excepto*.

ESSIEUTER, Excepter. Gl. *Exceptare*.

1. **ESSIL**, Esseau, bardeau, late. Gl. *Essanna*. [Guill. Guiart, tom. 2, pag. 16, vers 401 ; pag. 329, vers 8539 (9367. 17520).]

2. **ESSIL**, Destruction, ruine, dégât. Gl. *Exilium* 1. [*Escil*, Partonop. vers 367. Voyez Rayn. tom. 3, pag. 198¹, au mot *Essil* ; et tom. 6, pag. 18¹.]

3. **ESSIL**, Exil, bannissement. Gl. *Exiliatio*.

ESSILER, ESSILIER, Détruire, ravager [Extirper, défricher. Partonop. vers 505. *Essilier la loi*, Aubri, vers 13. Chron. des ducs de Normandie. Voyez Rayn. tom. 3, pag. 198¹, au mot *Issilhar*. Chron. des ducs de Norm.] ; d'où *Essileur*, Dissipateur. Gl. *Exilium* 1.

ESSOGNE, Droit seigneurial sur les successions des vassaux ; d'où *Essoigner*, Payer ce droit. Gl. sous *Soniare*, pag. 256³.

ESSOIGNE, Excuse, raison qu'on allègue pour s'excuser de n'avoir pas comparu en justice ; d'où *Essoigner*, Proposer cette excuse. Gl. *Essonia* et *Essoniare*, sous *Sunnis*.

1. **ESSOINE**, Embarras, affaire. Gl. *Essonium*, sous *Sunnis*, pag. 657³, 658¹. [*Essonna*, Chastel. de Couci, v. 3199, 3176. Chron. des ducs de Norm. *Essoign.* Chanson de Roland, st. 92, vers 20. Chron. des ducs de Norm.

2. **ESSOINE**, Danger, péril, presse. *Mettre en Essoine de mort*, Mettre en danger de mort. Gl. *Exoniare corpore*, sous *Sunnis*, pag. 658².

ESSOINER, ESSOINIER, Exposer en justice la raison pour laquelle on n'a pas comparu au jour marqué ; d'où *Essoiniement*, Cette excuse, et *Essoiniarre*, Celui qui est chargé de la proposer au nom d'un autre. Gl. *Essoniare* et *Essoniator*, sous *Sunnis*, pag. 658¹.

ESSOLE, Esseau, petit ais pour couvrir les toits. Gl. *Eleborium*.

° **ESSOMBRES**, Ombre, sombre. Roman de Renart, tom. 2, pag. 100, vers 12266. Voyez Rayn. tom. 4, pag. 370¹, au mot *Enombrar*.

ESSONGNE, Droit seigneurial sur les successions des vassaux ; d'où *Essongner*, Payer ce droit. Gl. sous *Soniare*.

ESSONIE, Droit d'aubaine. Gl. *Espavus*.

ESSONIIER, ESSONNER, Exposer en justice la raison pour laquelle on n'a pas comparu au jour marqué. Gl. *Essoniare*, sous *Sunnis*.

ESSOPIER, Qui occupe une échope. Gl. *Eschoparius*.

° **ESSORBER**, Aveugler, Roman de Roux, t. 1, pag. 106. Voyez Rayn. t. 4, p. 377², au mot *Eissorbar*.

ESSORBIR †, Absorber, mettre à sec. Gl. *Execare* [et *Ingenium* 5].

° **ESSORÉE**, A cette heure ? Guill. Guiart, tom. 2, pag. 264, vers 6843 (15835).

ESSOREILLIER, Couper les oreilles, sorte de supplice. Gl. sous *Auris*, p. 489¹. [Voyez Rayn. tom. 2, pag. 149¹, au mot *Yssaurelhiar*.]

ESSORILLER, Couper un morceau de quelque chose. Gl. sous *Auris*.

ESSOUL, Essieu. Gl. *Essolium*.

ESSOULIER, pour ESSORILIER, Couper. Gl. sous *Auris*.

ESSOUMETE, Branche desséchée, bois mort. Gl. *Intersiccum*.

ESSOYNE, Excuse, raison qu'on allègue pour s'excuser de n'avoir pas comparu en justice au jour marqué. Gl. *Essonia*, sous *Sunnis*.

ESSOZILLER, Couper les oreilles, sorte de supplice. Gl. sous *Auris*.

ESSUIER, ESSUYER, Evier, conduit par lequel s'écoulent les eaux sales d'une cuisine. Gl. *Essaveria*.

ESSUYON, Torchon, ce qui sert à essuyer. Gl. *Extersorium*.

ESSYAVER, s'Ecouler, en parlant d'eau. Gl. *Goterius*.

ESTABLAGE, Etalage, le droit qu'on paye pour la place où l'on étale ses marchandises. Gl. *Estallagium*, sous *Stallum* 1.

1. **ESTABLE**, Garnison, gens de guerre qu'on établit dans une place. Gl. *Stabilire* 4.

° 2. **ESTABLE**, Stable. Partonop. vers 9026, 9055 :

Mais segnor prendre est cose estable.

Voyez Rayn. tom. 3, pag. 204², au mot *Estable*. Gl. *Ratitudo*.

° 3. **ESTABLE**, Ecurie. Flore et Blancefl. vers 1594. [Gl. *Equistatum*. *Establer*, Mettre à l'écurie. Flore et Blancefl. v. 1241, 1430. Voyez Rayn. tom. 3, pag. 211², 212¹, aux mots *Estable* et *Establer*.

ESTABLERIE, Etau où l'on expose la marchandise. Gl. *Esta*.

ESTABLETE, Petite étable. Gl. *Stabula* 1.

ESTABLETÉ, Stabilité, solidité. Gl. *Stabilitas* 4.

ESTABLI, Commis, constitué, procureur. Gl. *Stabilire* 2.

1. **ESTABLIE**, Edit, ordonnance, règlement. Gl. *Stabilimentum* 1.

2. **ESTABLIE**, Garnison, gens de guerre qu'on établit dans une place. Gl. *Stabilire* 4, *Stabilitas* 3, et *Stabilita* 2 [Bataillon, compagnie, armée. Chron. des ducs de Norm. *Estaublir*, Placer, ranger. Garin le Loher. tom. 1, pag. 246 :

Fai mon ost estaublir.

Partonop. vers 404. Voyez Rayn. tom. 3, pag. 207¹, au mot *Establir*.]

3. **ESTABLIE**. BREF D'ESTABLIE, Sentence, qui met sous la main du roi un héritage contesté, jusqu'à jugement définitif. Gl. *Estabilitas* et *Stabilia* 2.

ESTABLIER, Etalier, qui expose sa marchandise sur un étau. Gl. *Esta*.

ESTABLISSEMENT, Edit, ordonnance règlement. Gl. *Stabilimentum* 1.

ESTABLISSEUR, Celui qui est chargé de veiller à l'observation des statuts et règlements. Gl. *Stabilimentum* 1.

ESTACE, Pieu, poteau. Gl. *Estecha*.

ESTACENEX, Changeurs, banquiers. Gl. *Estaco*.

ESTACHE, Pieu, poteau, colonne, mât. Gl. *Estacha*. [*Estaqua* et *Staca*. Guill. Guiart, tom. 1, pag. 160, 180, vers 3622, 4156. Chanson de Roland, vers 4. Jubinal, Jongleurs, pag. 59. Voyez Rayn. tom. 3, pag. 199¹, au mot *Estacha*.]

ESTACHEIS, Combat et principalement celui qui se donne aux palissades d'une ville ou d'un château. Gl. *Estecha*.

ESTACHETTE, diminutif d'ESTACHE, Pieu, poteau. Gl. *Estecha*.

ESTACHIER, Attacher à un pieu, qu'ils appelaient *Estache*. Gl. *Estecha*.

ESTAÇON, Maison, boutique, bureau où l'on se tient. Gl. *Estaco*.

1. **ESTAGE**, Maison, demeure, résidence. Gl. sous *Stagium*. [Habitation, partie habitée d'une maison. Partonop. vers 387. G. Guiart, tom. 2, pag. 133, vers 3420 ; pag. 150, vers 3853 (12400, 12887). Voyez Rayn. tom. 3, pag. 205¹², aux mots *Estatge* et *Estatga*, et ci-dessous *Estagier*.]

2. **ESTAGE**, L'obligation de résider pendant un certain temps dans le château de son seigneur pour le défendre. Gl. *Stagium*. [Temps de service, Partonop. vers 2598. Séjour. Chastel. de Couci, vers 850.]

3. **ESTAGE**, Situation d'un homme qui est debout sur ses pieds. Gl. *Status* 2. [Flore et Blancef. vers 2705. Place. Partonop. vers 9845.]

4. **ESTAGE**, pour ESTRAGE, Chemin public. Gl. *Stabilitas domus*, pag. 569¹.

ESTAGER, ESTAGIER, Vassal tenu de résider pendant un certain temps dans le château de son seigneur. Gl. sous *Stagium*, pag. 575¹.

ESTAGIE, Locataire d'une maison. Gl. sous *Stagium*, pag. 575¹. [Rayn. tom. 3, pag. 205², aux mots *Estagier* et *Estadier*.]

1. **ESTAGIER**, Etabli, domicilié en un lieu. Gl. *Estagarius*, et *Estagiarii*, sous *Stagium*. [Rayn. tom. 3, pag. 206¹, au mot *Estatgan*.]

2. **ESTAGIER**, adject. *Maison Estagiere*, Celle où l'on habite, domicile. Gl. *Estagilis*. Voyez *Estage* 1.

ESTAGIEREMENT, A demeure, avec établissement. Gl. sous *Stagium*, pag. 575¹.

ESTAIGE, pour ESTRAIGE, Chemin public. Gl. *Stabilitas domus*, pag. 569¹.

ESTAILLAGE, Etalage, le droit qu'on paye pour la place où l'on étale sa marchandise. Gl. *Estalagium*.

ESTAILLE, Copeau, morceau ou éclat de bois ; d'où *Estailleria*, L'endroit où on les garde. Gl. *Estella*.

ESTAILLON, Certaine partie d'un charriot ; p. e. Espèce de levier. Gl. sous *Stalonnus*.

ESTAIMYER, Potier d'étain. Gl. *Estagnum*.

ESTAIN, Etaim, laine cardée. Gl. *Stamen*, sous *Staminea*.

° **ESTAINS** †. Gl. *Forinseci*.

ESTAIRE, Etre debout. Gl. *Estare*.

1. **ESTAIS**, Étamine, sorte d'étoffe. Gl. *Stamum*.

2. **ESTAIS**, Lent, paresseux, qui demeure les bras croisés. Gl. *Stantia* 4.

° **ESTAL**, Place, séjour, arrêt, action de s'arrêter. *Estal doner, rendre, livrer*, S'arrêter pour se défendre, combattre. Chron. des ducs de Norm. tom. 1, pag. 460, vers 10947 :

Un sengler a chascié le jor,
Estal dona...

Gérard de Vienne, vers 8502 :

S'estoit li pors tot à estal rendu.

Guill. Guiart, tom. 1, pag. 224, vers 5365 :

Onques Gauvin ne Perceval...
En guerre n'en tournoiement
Plus hardi estal ne rendirent.

Pag. 300, vers 6841, pag. 435, vers 11291 (20273). Renart le Nouvel, tom. 4, p. 332, 345, vers 4946, 5270. Roman de Roncevaux, pag. 17 :

Nos demorrons à estal por chapler.

Guill. Guiart, tom. 2, pag. 274, vers 7125 (16105) :

Touz à estal iluec s'esturent.

Prendre son estal, Prendre position, se placer, s'arrêter, pag. 316, vers 8212 (17193). Roi Guillaume, pag. 181 :

Qu'il ne porent (lor) estal prendre.

A estal, En repos. Roman de Renart, t. 3, pag. 50, vers 21110. Roi Guillaume, p. 124. Gl. *Stallium*. Voyez Rayn. tom. 3, pag. 204¹, au mot *Estal*, et ci-dessous *Estaler*. Chanson de Colin Muset, Wackern. pag. 75 :

Ki bien broiche lou poutrel
Et tient l'escut en chantel,
A comencier de l'estor,
Et met la lance en estel, etc.

ESTALÉE, Construction de pieux fichés dans une rivière pour y tendre des filets et y prendre du poisson. Gl. *Estalaria*.

° **ESTALER**, s'Arrêter, résister, combattre. Guill. Guiart, tom. 2, pag. 271, vers 7013 (16005) :

A l'estaler et au poursivre.

Pag. 201, vers 5188 ; pag. 227, vers 5883 ; pag. 239, vers 6197 ; pag. 299, vers 7758 (14176, 14863, 15177, 16739). Voyez *Estal*.

ESTALLAGE, Étalage, le droit qu'on paye pour la place où l'on étale sa marchandise. Gl. *Estalagium* et *Stallum*, pag. 577³.

ESTALLER, Être assis dans les stalles du chœur d'une église. Gl. *Stallare* 2.

° **ESTALLIER**, Étalagiste. Gl. *Stallum*, pag. 578¹.

ESTALLIERE, Construction de pieux fichés dans une rivière pour y tendre des filets et y prendre du poisson. Gl. *Stalaria* 2.

ESTALONNER, Laisser dans une coupe de bois suffisamment d'*étalons* ou baliveaux. Gl. *Estallus*.

° **ESTAMCHEMENT**, Digue. Gl. *Estachamentum*.

ESTAMINE, Espèce de chemise, vêtement de dessous. Gl. *Estamenha*, *Staminea* et *Stagmen* 2.

ESTAMPERCHE, Longue perche qui est debout. Gl. *Etarchartea*.

ESTAMPOIS, Monnaie frappée à Étampes. Gl. *Stampensis moneta*, sous *Moneta Baronum*, pag. 502².

° **ESTANCE**. Voyez *Bienestance*. Chron. des ducs de Norm. tom. 1, pag. 244, vers 4639 ; pag. 297, vers 6182 ; tom. 2, pag. 195, vers 21067. Var. *buenne estance*.

° **ESTANCELE**, Étincelle. Gérard de Vienne, vers 2486. *Estanceler*, Guill. Guiart, tom. 2, pag. 211, vers 5465 (14446). Agolant, vers 388 : *Estencelés*. Chanson de Colin Muset, Laborde, pag. 209 : *Restincele*. Voyez Rayn. tom. 3, pag. 215², au mot *Estencelar*.

ESTANCHAT, Digue, écluse. Gl. *Estanchia*.

1. **ESTANCHE**, Vivier, réservoir de poissons. Gl. *Estanchia*.

2. **ESTANCHE** DE VIN, Ban pendant lequel il n'est permis à personne qu'au seigneur de vendre du vin en détail. Gl. *Bannum vini*, pag. 554¹ [et *Stantia* 8.]

° **ESTANCHIER**, S'arrêter, se dérober, faire retraite. Chron. des ducs de Norm. tom. 5, pag. 299³, au mot *Restancar*.

ESTANCHIÉ, Héritier par succession collatérale. Gl. *Estancia*.

° 1. **ESTANCHIER**, ESTANGIER, Harasser, exténuer. Chron. des ducs de Norm. tom. 3, pag. 40, vers 32929. Partonop. vers 644. Voyez *Estens*.

° 2. **ESTANCHIER**, Étancher, rassasier. Roi Guill. pag. 60. Voyez Rayn. tom. 5, pag. 299¹, au mot *Estancar*.

ESTANDART, Étalon des poids et mesures. Gl. *Standardum* 2.

ESTANDE, Bord, rivage de la mer. Gl. *Strand* [et *Hagha*].

ESTANCHERRE, p. e. Festin, repas. Gl. *Stagnum* 4.

1. **ESTANT**. ÊTRE EN ESTANT, Être debout. Gl. *Estare*.

2. **ESTANT**. FAIRE ESTANT, Résider pendant un certain temps dans le château de son seigneur pour le garder et défendre. Gl. *Stagium*.

ESTANTAILLON, pour ESCANTAILLON, Échantillon, modèle, mesure. Gl. *Eschantillio*.

° **ESTAPLAGE**, Droit de marché. Gl. *Estapula*.

ESTAPLE, ESTAPPLE, Étaple, marché public, lieu où l'on vend les marchandises ; d'où *Estappler*, Étaler, exposer en vente au marché. Gl. *Estapula*.

1. **ESTAPPE**, Pieu, pilotis. Gl. *Estapla*.

° 2. **ESTAPPE**, comme *Estaple*. Gl. *Stapula* 1.

1. **ESTAQUE**, Auditoire, lieu où siègent des juges ; ou Pilori. Gl. *Estaqua*.

2. **ESTAQUE**, Poteau blanc, ou but où l'on tire. Gl. *Estaqua* [et *Stagueta*].

ESTARE, Maison, habitation, lieu où l'on demeure. Gl. *Stare* 3.

ESTASSEMENT, Certain droit qu'a une ville sur les biens d'un de ses bourgeois mort sans héritier, qui soit bourgeois de la même ville ; ou lorsque ses biens sont vendus à un forain. Gl. sous *Taxare* 1.

1. **ESTAT**, Ménage, famille, maison. Gl. *Status* 7.

2. **ESTAT**, Appointement, pension. Gl. *Status* 8.

3. **ESTAT**, Délai, trève, suspension ; d'où *Tenir en Estat*, Tenir en suspens. Gl. *Status* 8.

4. **ESTAT**, HOMME D'ESTAT, Celui qui est d'un rang distingué : on le dit aussi d'un homme qui est bien établi. Gl. *Status* 13 [et *Homo Status*].

⚹ 5. **ESTAT**. DE TOUS ESTAS, De tout point. Chastel. de Couci, vers 1858, 5838. *Estat*, Relation, commerce de galanterie, vers 3549.

ESTATE, Ce qui est proposé en échange. Gl. *Evacuare* sous *Vacuus*.

⚹ **ESTATURE**, Taille. Flore et Blancefl. vers 2891. Voyez Rayn. tom. 3, pag. 206¹, au mot *Estatura*.

ESTAUCEURE, Habillement, ornement, parure ; d'où *Estaucier*, Habiller, parer. Gl. *Estauramentum*. [Voyez Roquef.]

⚹ **ESTAVAULS**, ESTAVEUS, Flambeaux. Roman de Roncevaux, page 51 :

> *Grans fu li diaus la nuit en Ronsce-*
> [vauls
> *La ciartez luist, qui part des esta-*
> [vauls.

Partonop. vers 2831 :

> *A nuit istrès de vos osteus*
> *Od cierges et od estaveus.*

ESTAUDEAUX, Poulets élevés à la campagne. Gl. *Haistaldi*.

ESTAVE, Sorte de grands filets, et ce qu'on payait pour les pouvoir tendre. Gl. *Statua* 1.

ESTAULAIGE, Étalage, ce qu'on paye pour la place où l'on étale sa marchandise. Gl. *Estaulagium*.

1. **ESTAULE**, Stable, permanent. Gl. *Stabilitas* 4.

2. **ESTAULE**, Étable, écurie. Gl. *Stabula* 1.

ESTAULIE, Établi de tailleur. Gl. *Tabulum*.

ESTAULIR, Établir, constituer. Gl. *Stabilire* 2.

ESTAULLIER. BASTON ESTAULLIER, Qui soutient un étau. Gl. *Esta*.

1. **ESTAVOIR**, Provisions, tout ce qui est nécessaire à quelqu'un. Gl. *Estoverium*. [Roi Guillaume, pag. 145. Chastel. de Couci, vers 1326. Roman de Renart, tom. 3, pag. 157, vers 24081. Guill. Guiart, tom. 1, pag. 30, vers 185 : *Estouvoir*. Vie de St. Thomas, Chron. des ducs de Norm. tom. 3, pag. 621² : *Estover*.]

⚹ 2. **ESTAVOIR**, ESTEVOIR, ESTOUVOIR, ESTOVEIR, Nécessité, devoir, besoin. Chastel. de Couci, vers 5641. Chron. des ducs de Norm. tom. 1, pag. 233, vers 4280, pag. 263, sommaire. *Par estavoir, etc.* Contraint. Chastel. de Couci, vers 4169, 4218. Gérard de Vienne, vers 1055. Garin le Loher. tom. 1, pag. 26. Laborde, pag. 292. Guill. Guiart, tom. 2, pag. 11, vers 255 ; pag. 249, vers 6447 (9219, 15427). Chron. des ducs de Normandie, tom. 1, pag. 231, vers 4264 ; pag. 272, vers 5451. Voyez Orell. pag. 225, et ci dessous *Estut*.

ESTAUPPINEUR, Taupier, celui qui applanit les taupinières d'un pré. Gl. *Taupia*.

ESTAURE, Fenêtre ou Étau. Gl. *Estra* 3.

ESTAYÉ. POURCEL ESTAYÉ. Gl. *Estazos*.

ESTAYMIER, Potier d'étain. Gl. *Estagnum* [et *Stagnifaber*].

ESTE, Habit d'église, chappe. Gl. *Stauramentum*.

ESTECHEIS, Combat, et principalement celui qui se donne aux palissades d'une ville ou d'un château. Gl. *Estecha*.

⚹ **ESTÉE**, Séjour. Chron. des ducs de Norm. tom. 1, pag. 481, vers 11555 ; tom. 2, pag. 162, vers 20147 (lisez *redotée* en *estée*).

ESTEIL, Poteau, jambage d'une porte. Gl. *Estella*.

⚹ **ESTEL**. Voyez *Estal*.

⚹ **ESTELE**, Éclat, morceau. Var. du passage de la Chronique des ducs de Normandie, cité au mot *Astele*. Voyez *Estelle*.

ESTELEIGE, Étalage, le droit qu'on paye pour la place où l'on étale. Gl. *Estallagium*, sous *Stallum* 1, pag. 578³.

ESTELER, Briller comme une étoile. Gl. *Stellare* 1. [*Estelé*, Etoilé, Roman de Renart, tom. 1, pag. 44, vers 1133 :

> *Li cieux fu cler et estelés*

Agol. vers 1251 :

> *De dras de soie à fin or estelé*

Voyez Rayn. tom. 3, pag. 215², au mot *Estelat*.]

ESTELLAIGE, Étalage, le droit qu'on paye pour la place où l'on étale. Gl. *Estallagium*.

ESTELLE, Morceau de bois fendu, bardeau, esseau, late. Gl. *Estella*.

ESTELLIN, Monnaie, poids et valeur. Gl. *Esterlingus*.

⚹ **ESTEMENT**, ESTEEMENT, Repos, état tranquille, séjour. Chron. des ducs de Normandie.

ESTEMPEL, Course, où l'on propose un prix. Gl. *Estaqua*.

⚹ **ESTENDART**. Gl. *Standardum* 1.

ESTENDE, pour ESCENDE, Bardeau, échandole, esseau. Gl. *Escenna*.

ESTENDELLE, Nappe, linge qu'on étend sur la table. Gl. *Extendere se*.

ESTENDELLIER, Étendre. Gl. *Extendere se*. [Roman de Renart, tom. 2, p. 228, vers 15771. Voyez Rayn. tom. 5, pag. 329², au mot *Estendilhar*.]

ESTENDRE, Estimer, apprécier. Gl. *Extendere*.

ESTENE, Le manche de la charrue. Gl. *Arar*.

ESTENET, Esseau, bardeau, late, bâton. Gl. *Estella*.

⚹ **ESTENS**, Exténué. Roman de Renart, tom. 5, pag. 60, vers 935 var. :

> *De jeûner estoit estens.*

Voyez *Estanchier*.

1. **ESTER**, Canal, où le reflux de la mer entre. Gl. *Esterium*.

2. **ESTER**, Façon de se tenir debout. Gl. *Demorari*.

⚹ 3. **ESTER**, Se tenir debout, se tenir, rester, être. Rayn. tom. 4, pag. 202, au mot *Estar*. Orell. pag. 92. Chron. des ducs de Norm. *Com vous esta?* Comment allez-vous? Garin le Loher. tom. 1, pag. 148, 268. *Mal li estait*, Il va mal. Flore et Blancefl. vers 290. *Faire ester*, Tenir roide. vers 1385. *Ester*, S'arrêter, Flore et Jeanne, pag. 42. *Esta*, Arrête. Orell. p. 92. *Laisser ester*, Laisser en repos, quitter. Flore et Blancefl. vers 1985. *A droit ester*, Comparaître, Partonop. vers 3827. *S'ester*, Se tenir debout, se tenir, se comporter. Partonop. vers 3081. Chron. des ducs de Norm. tom. 1, pag. 156, vers 2122 ; pag. 222, vers 4001. S'arrêter, Chanson de Roland, st. 154, vers 7. G. Guiart, tom. 2, pag. 274, vers 7125 (16105). Roman de Rou, vers 6709. *En estant*, Debout, tout court, sur-le-champ, Gérard de Vienne, vers 1933. Aubri, pag. 167². Flore et Blancefl. vers 73. Chronique des ducs de Normandie. Rayn. tom. 3, pag. 203². Orell. pag. 93. Prétérit : *Estut*, Partonop. vers 248, 3111. Gl. *Estare*.

⚹ **ESTERÇOS**. Voyez *Estorços*.

ESTERE, Querelleur, séditieux. Gl. *Estera*.

ESTERLIN, Monnaie, poids et valeur. Gl. *Esterlingus*.

ESTERNIR, Jeter à terre, épandre. Gl. *Externare*.

⚹ **ESTERNUER**. Gl. *Pudoratus*.

⚹ **ESTES LES VOS**, Les voilà. Partonop. vers 9679. *Estes le vous*, La voilà. Flore et Blancefl. vers 3333. *Este vos*, Le voilà. Roman de Renart, tom. 1, pag. 18, vers 476. Voyez Orell. pag. 300.

ESTETE, Instrument de tonnelier. Gl. *Testa* 2.

ESTEU, Certaine mesure des liquides. Gl. *Stopus* sous *Staupus*.

ESTEVENANS, ESTEVENONS, Monnaie des comtes de Bourgogne. Gl. *Stephanienses*, sous *Moneta Baronum*, p. 493².

ESTEVENE, ESTEVENON, Étienne, Étiennette. Gl. *Estevenensis*.

ESTEULE, Chaume. [Voyez Rayn. t. 3,

pag. 220¹, au mot *Estobla* ;] d'où *Esteuler*, Ramasser les *esteules* ou chaumes. Gl. *Estoblagium* et *Stubula*.

ESTEVOIR, Tout ce qui concerne quelqu'un, ou qui lui est nécessaire. Gl. *Estoverium*.

ESTEUR, Esteuf, balle du jeu de paume, ou ballon. Gl. *Cabaretus*.

ESTEURDRE (SE), Se débarrasser, se dégager. Gl. *Excutere*.

ESTEURSE, Détorse. Gl. *Extortura*.

ESTHAMME, Estame, fil qui sert de chaîne au tisserand. Gl. *Stannum* 5.

ESTIBADOU, Métayer, fermier, qui tient une terre à moitié des fruits. Gl. sous *Æstiva*.

ESTICQUETE, Petit pieu, qui sert de but à certains jeux. Gl. *Estaqua*.

ESTIER, Canal, où le reflux de la mer entre. Gl. *Esterium*.

ESTINCELLE, Paillette d'or. Gl. *Scintilla* 2.

ESTIQUER, Frapper d'estoc ou de la pointe. Gl. *Estoquum*. [*Estiker*, Bâtonner. Chronique des ducs de Normandie.]

ESTIQUETE, Petit pieu, qui sert de but à certains jeux. Gl. *Estaqua*.

ESTIVAIGE, Certain droit ou impôt sur le poisson. Gl. *Estivagium*.

ESTIVALL, Botte, bottine, sorte de chaussure. Gl. *Æstivalia, Estivalia* et † *Osa*.

ESTIVANDIÉ, Métayer, fermier, qui tient une terre à moitié des fruits. Gl. sous *Æstiva*.

ESTIVE, Instrument musical, connu particulièrement dans la Cornouaille, p. e. Cornemuse. Gl. *Stiva* 2.

ESTIVELOT, Sorte de vase. Gl. *Estiva* 2.

ESTIVER, Mettre les bestiaux pendant l'été dans les pâturages. Gl. *Æstiva*.

° **ESTLOI**, comme *Escloutoere*. Gl. *Cinocicleclutorium*.

ESTOBLAGE, Le droit qu'on paye pour faire paître les *esteules* ou chaumes aux pourceaux. Gl. *Estoblagium*.

ESTOC, Pieu, poteau, tronc d'arbre. Gl. *Estecha*. [Roman de Renart, tom. 3, p. 4, vers 19862. Gl. *Ensis a estoc*.]

ESTOCAGE, ESTOCAIGE, Droit seigneurial sur les maisons, droit de relief. Gl. *Estocagium* et *Stoc*.

ESTOCER, ESTOCHIER, Frapper d'estoc ou de la pointe. Gl. *Estoquum*.

ESTOCQUIER, Boucher, fermer. Gl. *Extopare*.

° **ESTOET**. Voyez *Estuet*.

ESTOFE, Matière, ce qui est mis en œuvre par les artisans. Gl. *Estoffa*.

ESTOFER, Approvisionner. Gl. *Estoffa*.

ESTOFERESSE, L'ouvrière qui fait ou garnit des bourses. Gl. *Estoffa*.

1. **ESTOFFE**, Matière, ce qui est mis en œuvre par les artisans. Gl. *Estoffa* [et *Stoffia*.]

2. **ESTOFFE**. GENS D'ESTOFFE, De mérite, de courage. Gl. *Estoffa*.

° 3 **ESTOFFE**, comme *Estoffure*; et *Estoffer*, comme *Estofler*. Gl. *Stuffare*.

ESTOFFÉMENT, Se dit de quelqu'un qui est bien accompagné, et à qui rien ne manque. Gl. *Stuffare*.

ESTOFFURE, Garniture, ornement. Gl. *Estoffa*.

ESTOFLER, Meubler, garnir. Gl. *Gradalicantum*.

ESTOICAGE, Droit seigneurial sur les maisons, droit de relief. Gl. *Estocagium*.

ESTOIER, Garder, réserver. Gl. *Salvare* 1. [Roman de Renart, tom. 2, p. 302, vers 17831. *Mettre en estui*, tom. 2, pag. 62, vers 21452. Loenge N. Dame, Chroniques Anglo-Normandes, tom. 3, préface, pag. 35 :

Grant plenté de foi
Dont en moi défaut
As mise en estoi.

Mettre dans l'étui, serrer. Chanson, Laborde, pag. 212. Voyez Rayn. t. 3, pag. 234², au mot *Estuiar*. Chron. des ducs de Norm.]

ESTOILLE, Bûche, morceau de bois fendu, éclat. Gl. *Estella*.

1. **ESTOIRE**, pour Histoire. Gl. *Storia* 2. [Enfants Haymon, pag. 151¹. Aubri, vers 25.]

2. **ESTOIRE**, Flotte, armée navale. Gl. *Storium*, sous *Stolus* 2. [Chron. des ducs de Norm. Voyez Rayn. tom. 3, pag. 220², au mot *Estol*.]

ESTOIREMENT, Provision, fourniture. Gl. *Estoramentum*.

ESTOISER A LE LEY, Ester à droit chez nos praticiens, comparaître en jugement. Gl. sous *Abjuratio* 1.

ESTOITE, p. e. Cabane aisée à transporter, où l'on se met à couvert. Gl. *Botoerum*.

ESTOMBEL, Aiguillon, perche armée d'une pointe, pour piquer les bœufs. Gl. *Estaqua*.

° **ESTONER**, Étourdir, faire perdre connaissance, perdre connaissance. Partonop. vers 3039. Chastel. de Couci, vers 1099, 1157, 1386, 1690. Chanson de Roland, st. 250, vers 10. *S'estondist*, G. Guiart, t. 1, pag. 185, vers 4245. Voyez Rayn. tom. 5, pag. 380¹, au mot *Estornar*. Graff. tom. 6, col. 724, au mot *Stornên*. Gl. † *Attonare*. Resonner ? Roman de Renart, tom. 1, p. 23, vers 604.

ESTONPACIER, p. e. Mettre au carcan ou pilori. Gl. sous *Auris*.

° **ESTOPER**, comme *Destoulper*. Roman de Renart, tom. 1, pag. 22, vers 596. Voyez *Estouper*.

1. **ESTOQUAGE**, Droit seigneurial sur les maisons, droit de relief. Gl. *Stoc* [et *Extocare*.]

2. **ESTOQUAGE**, Ce qu'on paye pour le droit d'étendre quelque chose sur des pieux afin de le faire sécher. Gl. *Stoc*.

ESTOQUAIGE, ESTOQUESE, Ce qu'on paye au seigneur pour le droit de prendre les *Estocs* ou souches des arbres. Gl. *Stoc*.

1. **ESTOQUER**, Frapper d'estoc ou de la pointe. Gl. *Estoquum*.

2. **ESTOQUER**, Rompre, briser les mottes de terre. Gl. *Extocare*.

° **ESTOR**. Voyez *Estour*.

° **ESTORANCE**, Augment de dot, don nuptial. Gl. *Agentiamentum*.

ESTORBAGE, Alarme, signal pour assembler des gens armés. Gl. *Stormus*.

° **ESTORBELLON**, Tourbillon, tempête. Chron. des ducs de Norm. tom. 2, p. 162, vers 20187. Parton. vers 7615. Voyez Rayn. tom. 5, pag. 442¹, au mot *Estorbil*.

ESTORCER, Se donner une entorse. Gl. *Extorquers* 3.

° **ESTORÇOS**, ESTERÇOS, ESTORCENOS, Rapace, avare. Chron. des ducs de Normandie.

ESTORDOISON, Étourdissement. Gl. sous *Palma* 3. [Voyez *Esdordison*.]

ESTORDRE, [ESTORTRE, Dégager, extraire, délivrer, débarrasser. Partonop. vers 3021, 3023, 8828. Guill. Guiart, tom. 1, p. 92, vers 1847 ; tom. 2, p. 77, vers 1963 (10939), p. 197, v. 5097 (14085). Echapper, Partonop. vers 3201, 7686, 8830. Roman de Roncevaux, pag. 35. Gérard de Vienne, vers 2325. G. Guiart, tom. 1, p. 285, vers 6134 ; t. 2, pag. 121, vers 3119 (12099). Chanson de Roland, st. 265, vers 8 ; stance 43, vers 13. Chron. des ducs de Norm. Voyez Rayn. tom. 5, pag. 385¹ au mot *Estorser*.] SE ESTORDRE, Se débarrasser, se dégager. Gl. *Excutere*. [S'échapper, se sauver. Renart le Nouvel, tom. 4, pag. 222, vers 2482. Roi Guillaume, pag. 52.]

ESTORÉE, Flotte, armée navale. Gl. *Storium*, sous *Stolus* 2.

1. **ESTOREMENT**, Provisions, munitions, vivres. Gl. *Estoramentum*.

2. **ESTOREMENT**, Équipage, meubles, joyaux, ustensiles. Gl. *Estoramentum*.

ESTORER, [Créer, fonder, établir. Enfants Haymon vers 200. Gérard de Vienne, vers 2819, 4010. Chron. des ducs de Norm. tom. 2, pag. 387, vers 26623.] Meubler, garnir. Gl. *Estoramentum*. [Roman de Renart, tom. 3, pag. 26, vers 20471. Oustillement au Vilain, pag. 8, vers 25. *Chambre Estorée*. Gl. *Serpol*.]

ESTORMEY, Escrime. *Maistre d'Estormey*, Maître en fait d'armes. Gl. *Stormus*.

° **ESTORMIAU**, Étourneau, Flore et Blancefl. vers 2001. *Estornele*, Rayn. t. 3, pag. 221¹, au mot *Estorneth*.

° 1. **ESTORMIE,** Cris. Flore et Blanceﬂ. vers 2005 :

Qui les sons ot et l'estormie
Moult est dolans qu'il n'a s'amie.

2. **ESTORMIE,** Choc, combat : d'où *Estormir,* Escarmoucher, combattre ; quelquefois simplement pour s'Assembler, s'attrouper. Gl. *Stormus.* [Donner l'alarme, éveiller. Garin le Loh. tom. 1, pag. 105, 166, 195, 240, 251. Parton. vers 2162, G. Guiart, tom. 1, pag. 198, vers 4694 ; tom. 2, p. 134, vers 3458 (12438). Chron. des ducs de Norm. *Estormi,* Étourdi. Roman de Renart, tom. 3, pag. 100, vers 24168. Voyez *Estour* et Rayn. tom. 5, pag. 380¹, au mot *Estornir.*]

ESTORON, Dédommagement, récompense. Gl. *Restaurum.*

1. **ESTORSE,** L'action de retirer du suc en pressant, pressurage. Gl. *Extortura.*

2. **ESTORSE,** Dernier effort. Gl. *Extortura.* [*Ce n'est l'estorsa,* Il est impossible de nier. Partonop. vers 8732.]

ESTORTPACIER, pour ESTONPACIER ci-dessus. Gl. *Depitare.*

ESTORTRE (SE), Se débarrasser, se dégager. Gl. *Excutere.* [Voyez *Estordre.*]

ESTOSCÉMENT, Avec précaution. Gl. sous *Estornamentum.*

ESTOUBLE, Chaume ; d'où *Estoublage,* Le droit qu'on paye pour faire paître les chaumes aux pourceaux. Gl. *Estoblagium, Estoublagia* [et *Garrigua.*]

ESTOUCQUET, diminutif d'ESTOC, Petite souche ou pieu. Gl. *Stoc.*

ESTOUFFERRESSE, L'ouvrière, qui fait ou garnit des bourses. Gl. *Estoffa.*

ESTOVOIR, Tout ce qui concerne quelqu'un, ou qui lui est nécessaire. Gl. *Estoverium.*

ESTOUPE, Bourde, tromperie, d'où

1. **ESTOUPER,** Tromper, faire accroire. Gl. *Stupare.*

2. **ESTOUPER,** Fermer, boucher. Gl. *Stupare.* [*Estoper, Estuper,* Chron. des ducs de Norm.]

ESTOUPILLON, Bouchon. Gl. *Estopa.*

ESTOUPONNER, Rompre, briser, renverser. Gl. *Stoc.*

ESTOUR, ESTOURMIE, Choc, combat. [Partonop. vers 157, 250, 2245, 3340, 3769, 8691, 8898, etc. Gérard de Vienne, vers 370, 1922, 3605. Agol. vers 1284. Flore et Jeanne pag. 51. Chastel. de Couci, vers 6617. Garin le Loher. tom. 1, pag. 37, 170. Chanson de Colin Muset, Wackern. pag. 75. Chanson du Chatel. de Couci, Laborde, pag. 288. Roman de Renart, t. 1, pag.1, vers 16 ; tom. 4, pag. 209, v.2181. Chron. des ducs de Norm. *Estur,* Chanson de Roland. Voyez *Estormir* et Rayn. tom. 5, pag. 380¹, au mot *Estarn ;*] d'où *Estourmir,* Escarmoucher, combattre. Gl. *Stormus.*

ESTOURNER, Se cacher, se sauver, s'éloigner. Gl. *Extorrens.*

ESTOUS, Insensé, furieux, [imprudent, stupide, méchant, Roman de Renart. t. 1, pag. 11, vers 290 ; pag. 19, vers 492 : *S'est d'ire estous ;* tom. 4, pag. 222, vers 2494. Partonop. vers 2764, 7974, 8597. Garin le Loher. tom. 1, pag. 149. Guill. Guiart, tom. 2, pag. 164, vers 4231 ; pag. 175, vers 4527 ; pag. 212, vers 5495 (13217, 13513, 14175). Voyez Rayn. tom. 3, pag. 220², au mot *Estol.* Fougueux. Chron. des ducs de Norm. tom. 1, pag. 121, vers 1133] ; d'où *Estoutie,* Folie, fureur. Gl. *Stultizare* et *Extolicus.* [Chastel. de Couci, vers 4612. Chron. des ducs de Normandie : *Estotie, Estoutie, Estutie, Estultie.* Chanson de Roland. *Estoutoier,* Maltraiter, traiter comme un sot. Garin le Loher. tom. 1, pag. 134, 137. Roman de Renart, tom. 1, pag. 18, vers 484. *Estoutiier,* Roi Guillaume pag. 68. Chronique des ducs de Norm.: *Estoteier, Estouteier, Estuteier.*]

ESTOUSSIR, Tousser. Gl. *Extussire.* [Voyez Orell. pag. 123.]

ESTOUVÉ, Garni, rempli. Gl. *Gagnagium* 1.

ESTOUVIER, Provisions, tout ce qui est nécessaire à quelqu'un. Gl. *Estoverium.*

ESTOYNE, Certaine pièce de bois d'une charrue. Gl. *Arar.*

° **ESTRABOT,** Pièces de vers satiriques, espèce de serventois. Chron. des ducs de Normandie, tom. 1, pag. 288. vers 5911 :

Vers en firent et estraboz
U ont assez de vilainz moz.

Le mscr. de Tours porte *Estriboz.* Voyez Rayn. tom. 3, pag. 231¹, au mot *Estribot.*

ESTRACE, Extraction, origine, race. Gl. *Extracha.* [Qualité. Ruteb. t. 1, p. 22, 27. Guill. Guiart, tom. 1, pag. 146, vers 3247. Chronique des ducs de Norm. *Estracion, Estrasion,* Enfants Haymon, vers 236. Flore et Jeanne, pag. 19, 22, *Extraicte,* Née, Orell. pag. 272.]

ESTRADER, Battre l'*estrada,* aller et venir pour découvrir et voler les passants sur les grands chemins. Gl. *Estrada.*

ESTRADIOT, Sorte de milice. Gl. sous *Strategus.*

ESTRAGE, Appentis, maisonnette. Gl. *Estra* 2.

ESTRAHERE, ESTRAHIERE, Droit seigneurial sur les biens délaissés par mort ou autrement. Gl. *Estrajeriæ.*

1. **ESTRAIER,** Étranger, habitant d'un autre pays que le sien. Gl. *Extraterius.*

° 2. **ESTRAIER,** Errant, allant çà et là, isolé, seul. Chron. des ducs de Normand. tom. 1, pag. 384, vers 8692 :

Tant bon cheval, tant bon destrer
Par mi la bataille estraier.

Partonop. vers 1683 :

Et a laissié son noir destrier
Al pié des degrés estraier.

Vers 8852. Roman de Renart, tom. 1, p. 99, vers 2621. Ruteb. tom. 2, pag. 242 :

Estraier et seul me lessièrent.

Chronique des ducs de Normandie, tom. 1, pag. 268, vers 5325 ; tom. 2, pag. 147, vers 29686 ; tom. 3, pag. 154, vers 36226.

Voyez Rayn. tom. 3, pag. 224¹, au mot *Estraguar.*

° 3. **ESTRAIER,** Paille, chaume. Roman de Renart, tom. 2, pag. 208, v. 15233 :

Les autres trois a mis en terre....
Covert les a bien d'estraier.

Voyez *Estrain.*

ESTRAIERE, Droit seigneurial sur les biens délaissés par mort ou autrement. Gl. *Estraeria,* pag. 323².

1. **ESTRAIGE,** Aire où l'on bat le blé. Gl. *Estra* 2.

2. **ESTRAIGE,** Chemin public. Gl. *Stabilitas* 3, pag. 569¹.

1. **ESTRAIGNE,** Étrenne, le premier jour de l'an. Gl. *Estrena.*

2. **ESTRAIGNE,** Étranger. Gl. *Extrarius.*

ESTRAIJER, Droit seigneurial sur les biens délaissés par mort ou autrement. Gl. *Estraeria,* pag. 323².

ESTRAIN, Paille, chaume. Gl. *Estramen,* et *Stramen* 2. [Roman de Renart, tom. 1, pag. 11, vers 281 ; tom. 4, p. 197, vers 1847. Roi Guillaume, pag. 114. *Estraim,* Chron. des ducs de Norm.]

° **ESTRAINDRE,** Étreindre, serrer, presser. Roman de Renart, tom. 1, pag. 22, vers 587, 591. Partonop. vers 1275, 1288. Voyez Rayn. tom. 3, pag. 225², au mot *Estrenher.* Orell. pag. 276. Réduire, restreindre, Chron. des ducs de Norm. t. 1, pag. 604, vers 15203.

ESTRAIGNE, pour ESCRAIGNE, Lieu où s'assemblent les femmes et les filles pour travailler. Gl. sous *Gynæceum.*

ESTRAINNIERE, Étendart, drapeau. Gl. *Standardum* 1.

ESTRAINTES, Sorte de vêtement, p. e. Caleçon. Gl. *Striga* 4.

ESTRAINTURE, Etreinte, l'action de serrer fortement. Gl. *Strictio* 2.

ESTRAMÉURE. Chron. des ducs de Norm. tom. 1, pag. 468, vers 11199 :

L'autre veis...
Ceste vait fors estraméure.

ESTRANER, pour ESTRAIJER. Voyez ci-dessus.

1. **ESTRANGER,** Chasser, mettre dehors. Gl. *Extraneare* 1 [et *Externare. Estranuy,* Chastel. de Couci, vers 2404. Voyez Rayn. tom. 3, pag. 223², au mot *Estranhar.*]

2. **ESTRANGER,** ESTRANGIER, Aliéner, mettre hors de sa main. Gl. *Extraneare* 1.

ESTRANNERE, Étendart, drapeau. Gl. *Standardum* 1.

° **ESTRASION.** Voyez *Estrace.*

ESTRAUNGE, Étranger. Gl. *Uncuth.*

ESTRAYEURE, ESTRAYURE, Droit seigneurial sur les biens délaissés par mort ou autrement. Gl. *Estraeria,* et *Estrajeriæ.*

1. **ESTRE,** Maison, appentis, maisonnette. Gl. *Estare* et *Estra* 2. [Guill. Guiart, tom. 1, pag. 104, vers 2160. Chas-

tel. de Couci, vers 7445 ? ou *Estre 7. Savoir les estres.* Gl. *Astrum.*]

2. ESTRE, Cour, lieu fermé et à découvert. Gl. *Estra* 1.

3. ESTRE, Grand chemin, chemin public. Gl. *Estra 2.*

4. ESTRE, Le lieu où l'on se tient. Gl. *Estra* 3.

5. ESTRE, Fenêtre. Gl. *Estra* 3. [Balcon couvert. Partonop. vers 7876. Roquef. Rayn. tom. 3, pag. 222¹, au mot *Estra.*]

° 6. ESTRE, État, condition, sort, être, vie. G. Guiart, tom. 1, pag. 228, vers 5466. Partonop. vers 3279, 8334, 9456. Wackern. pag. 68. Roman de Renart, tom. 1, pag. 39, vers 999. Flore et Blanceñ. vers 352, 826. Ancien poëme, Fierabras, pag. 157¹. Voyez Roquef. Rayn. tom. 3, pag. 194¹, au mot *Esser.* Gl. *Esse* 1, et *Hæreticus.*

° 7. ESTRE, Hors, excepté, outre, contre. Parton. vers 2830, 2333, 7322, 7282, 9014, 9678. Flore et Blanceñ. vers 1906. Chron. des ducs de Norm. Roquef. Voyez Rayn. tom. 3, pag. 222¹, au mot *Estra,* Orell. pag. 324.

ESTRECHIER, Étrécir. Gl. *Estreciatus.* [*Estrecier, Estrecer.* Guill. Guiart, tom. 1, pag. 167, vers 3796; pag. 185, vers 4250. Renart le Nouvel, tom. 4, pag. 436, vers 7485.]

1. ESTRÉE, Droit seigneurial sur les biens délaissés par mort ou autrement. Gl. *Estraeria,* pag. 323³.

2. ESTRÉE, Grand chemin, chemin public. [Chron. des ducs de Norm.] Gl. *Strata.*

3. ESTRÉE, Espèce d'oublie. Gl. *Supplicatio.*

ESTRÉER SON FIEF, Le remettre au seigneur suzerain. Gl. *Estraeria,* p. 323³.

° ESTREF, ESTRIF. Gl. *Estrif.*

ESTREGNETZ, Étrennes, présents. Gl. *Encœniare,* sous *Encœnium.*

ESTREIN, Paille, chaume. Gl. *Estramen.*

ESTREIT, Étréci. Gl. *Estreciatus.*

ESTREJURE, Droit seigneurial sur les biens délaissés par mort ou autrement. Gl. *Estrajeriæ.*

ESTRELIN, Monnaie, poids et valeur. Gl. *Esterlingus* [et *Moneta,* pag. 495¹.]

° ESTRELOY, Déloyauté. Chanson de Guiot de Provins, Wackern. pag. 28 :

S'en fait grant estreloy
Amors, où je me croie.

Loenge Nostre-Dame, Chroniques Anglo-Normandes, tom. 3, préface pag. 35 :

Oevre est de ribaut
Quant li dês li faut
De dire estreloi.

ESTRENE, Sorte de redevance, qu'on exigeait sous le nom de présent. Gl. *Estrena,* [et *Encœnia. Estraine, Estreine, Étrenne.* Paulin Paris, Catal. tom. 2, pag. 108. Voyez *Estraigne* 1, et Gl. *Strena.* Commencement du jour, du règne.

Guill. Guiart, t. 1, p. 176, vers 4029 ; tom. 2, pag. 145, vers 2739 (12723). *A bone estraine, à estraine,* Amplement. Roman de Renart, tom. 1, pag. 45, vers 1162 ; pag. 150, vers 4007, tom. 3, pag. 355, vers 29577. *Par pute estreine,* pag. 76, vers 21827. Voyez Rayn. tom. 3, pag. 225¹, au mot *Estrena.*]

ESTRENER, Contraindre, forcer. Gl. *Estreciatus.* [Étrenner, gratifier, maltraiter. Guill. Guiart, tom. 2, pag. 100, vers 2559; pag. 356, vers 8716 (11536, 17697.) *Estrainer,* pag. 43, vers 1095 ; pag. 236, vers 6121 (10061, 15101). (Comparez tom. 1, pag. 165, vers 3748, *Estrainne.*) *Estranier,* Gratifier. Roman de Roncevaux, pag. 5. (*Esbanier ?*) *Estriner,* Parton. v. 22, vers 694¹. Voyez Gl. † *Strenare,* Rayn. tom. 3, pag. 225², au mot *Estrenar.*

ESTREPER, Déraciner, détruire, ravager [Roman de Renart, tom. 3, pag. 10, vers 20016. Voyez le Glossaire sur la Chronique des ducs de Normandie , Rayn. tom. 5, pag. 418¹, au mot *Estrepar*] ; d'où *Estrepement,* Dégât, ravage, saccagement. Gl. *Estrepamentum* et *Stirpare.*

ESTRETTE, Extrait. Gl. *Extracta 2.*

° ESTREUL †. Gl. *Piragra.* Voyez *Estule.*

° ESTRIBOT. Voyez *Estrabot.*

ESTRICQUE, Morceau de bois, qui sert de gaîne à une faux. Gl. *Stricare 2.*

1. ESTRIE, Ce qui sert à resserrer, à contenir. Gl. *Stricio* 2.

2 ESTRIE, Sorcière, loup-garou, fée. Gl. *Stria.*

ESTRIEF, Étrier pour monter à cheval. Gl. *Strepa.* [*Estreu,* Chron. des ducs de Norm. Chanson de Roland. *Estrius,* pl. Partonop. vers 3085. *Estrier,* vers 3019. Gérard de Vienne, vers 480. Voyez Rayn. tom. 3, pag. 281¹, au mot *Estreup.*]

ESTRIER, Suivre de près, presser. Gl. *Estreciatus.*

1. ESTRIF, Peine, chagrin, contrainte. Gl. *Estreciatus.* [Garin le Loher. tom. 1. pag. 243 :

Par vous sui-je en paine et en estri.

2. ESTRIF, Querelle, dispute, combat, bataille. Gl. *Estryf.* [Garin le Loher. t. 4, pag. 146. Partonop. vers 5487, 6299, 8272. Flore et Blanceñ. vers 1709. Chron. *Estrée,* Partonop. vers 9583. Voyez Rayn. tom. 3, pag. 232¹, au mot *Estris.* Chron. des ducs de Norm.]

° 3. ESTRIF. A ESTRIF, Avec rapidité, vitesse. Garin le Loher. tom. 1, pag. 227 :

Mandent lor hommes à force
[*et à estri...*
Nagent et singlent à force et à estri.

Pag. 74 :

Et il i va à force et à estri.

Pag. 69 :

Et chevalcherent à force et à estrif.

Pag. 68, 101, 142. Voyez Rayn. tom. 3, pag. 232¹, au mot *Estru.*

° ESTRILLE †. Gl. *Striliare.*

ESTRIS, Discussion, formalité. Gl. *Estrif.*

ESTRIVÉE, pour ESCRINÉE, Écrin, petit coffre. Gl. *Escrinium.*

ESTRIVEMENT, Querelle, dispute. Gl. *Estrif.* [Chron. des ducs de Norm. tom. 2, pag. 205, vers 21386 :

Ci n'out tençon n'estrivement,
Mais tot issi très-durement
Cum porent aler li destrier
Se vunt les lances debruisier.]

ESTRIVER, Quereller, combattre. Gl. *Estrif.*] Lutter, s'efforcer, soutenir, disputer, débattre. Flore et Blanceñ. vers 470. Partonop. vers 7617, 10196. Guill. Guiart, tom. 1, pag. 147, vers 3291 ; tom. 2, p. 153, vers 3985 ; pag. 172, vers 4426, pag. 236, vers 6109 (12919, 13412, 15089). Partonop. vers 8741 :

Partonopeus le fait cel jor
Si bien par tot, à cascun tor,
Que nus n'osse mais estriver
Qu'il ait dû le jor nul per.

Renart le Nouvel, t. 4, pag. 439, v. 7523 :

Eles encontre aus en parlerent
En haut et si en estriverent.

Flore et Blanceflor, vers 747 :

Bele, forment nos entramiens
Et en estrivant consilliens.]

ESTRIVEUR, Querelleur. Gl. *Estrif.*

° ESTRIZE, pour *Hostise.* Gl. *Hospes,* pag. 237³.

ESTROBLE, Esteule, chaume. Gl. *Estoblagium.*

ESTROER, Trouer, percer. Gl. *Estruere.* [Garin le Loher. tom. 1, pag. 14, 27, 28. Chron. des ducs de Norm. Chanson de Roland. Roquef. Supplém.]

ESTROIS, pour ESCROIS, Fracas, bruit éclatant. Gl. *Cruscire.*

ESTROISSIER, Couper, proprement raccourcir, élaguer. Gl. *Apicularii.*

° ESTRONT. Gl. *Muscerda* et *Strundius.*

ESTRONTOIER, p. e. Attaquer, injurier. Gl. *Astrepera.*

° ESTROS, A ESTROS, A ESTROX, A ESTROUS, A l'instant, sur-le-champ, aussitôt, promptement. Flore et Blanceñ. vers 291, 2108. Partonop. vers 2327, 4999, 5883. Agol. vers 848. *Tout a estros.* Roman de Renart, tom. 1, pag. 19, 52, vers 506, 1347. Partonop. vers 5082, 5716, *A Estros,* Sans détour, franchement, définitivement, vers 4960, 6034, 7054, 7888, 8496. Roman de Renart, tom. 3, p. 49, v. 21658. Voyez Chronique des ducs de Norm. Rayn. tom. 3, pag. 232³, au mot *Estros.* Orell. pag. 302. *Tot estrousement, tot estroséement,* Aucassin et Nicolette, pag. 389.

ESTROTEIR †, p. e. Piquer, irriter. Gl. *Astrepere.*

ESTROUSSE, Droit seigneurial, dû par ceux qui recueillent du foin. Gl. *Trossa* 1.

1. ESTROUVER, p. e. pour ESTRONNER ou ESTRONCER, Ébrancher, éteter. Gl. *Exbrancare.*

° 2. ESTROUVER. Gl. *Gagnagium* 1, pag. 9¹.

* ESTRUIEMENT. Voyez *Estrivement.*

* 1. ESTRUIRE, Instruire, construire. Chron. des ducs de Norm. etc. Rayn. t. 3, pag. 562¹, au mot *Estruyre.* Orell. pag. 279.

* 2. ESTRUIRE, Détruire, renverser. Guill. Guiart, tom. 1, pag. 132, v. 1908. Voyez *Estroer* ?

* ESTRUIT, Garnitures, joyaux, ce qui sert à la parure. Chron. des ducs de Norm. tom. 3, pag. 258, vers 38742 :

Tant riche orfreis, tant garnement
Et tant estruit d'or et d'argent.

Partonop. vers 10115 :

Et ataches et aumosnières
Et estruis de pluisors manières.

Vers 10598 :

Vestu, caucié et asfublé...
Des mellors estruis que il ot.

Voyez *Esturement.*

ESTRUMENT, Vaisseau, navire. Gl. *Strumentum*, [et ESTURMENT, Pilote. Flore et Blanceff. vers 1365) :

Son estrumant a moult proié.

Voyez le Glossaire de la Chron. des ducs de Norm.]

ESTRUSSER, Battre, frotter, étriller. Gl. *Strusare.* [Arracher, extorquer. Chanson de Roland, st. 55, vers 6. Voyez *Estordre*.]

1. ESTUDE, Université, école publique. Gl. *Studium.*

2. ESTUDE, Cabinet de livres, lieu retiré où l'on étudie. Gl. *Studium.*

* 3. ESTUDE, ESTUIDE, Etude, application, soin. Partonop. vers 7916. Roman de Renart, tom. 3, pag. 262, vers 16702. Voyez Rayn. tom. 3, pag. 233², au mot *Estudi.*

ESTUDIOLE, Cabinet, lieu d'étude. Gl. *Studiolum.*

* ESTUET, verbe impers. Il faut, il convient. Partonop. vers 960, 2477, 8906. Garin le Loher. tom. 1, pag. 44, vers 1155. Chastel. de Couci, vers 785, 859. *Estoet,* Chron. des ducs de Norm. Chanson de Roland. *Estui,* Partonop. vers 1840, 2204, 2214. *Estëust,* Flore et Blanceff. vers 200. *Estevra,* Partonop. vers 2421. Chastel. de Couci, vers 7722. Garin le Loher. tom. 1, pag. 116. *Estouira,* Partonop. vers 6617. *Estuece,* vers 8374. Voyez *Estavoir.* Orell. pag. 226. Rayn. tom. 3, pag. 217², au mot *Estever.*

1. ESTUI, Boutique où l'on garde le poisson. Gl. *Estugium.*

* 2. ESTUI. Voyez *Estoier.*

* ESTULE. Roman de Renart, tom. 4, pag. 56, vers 1550 :

De gris, de martre, ne d'estule,
De poupes, ne d'escurieus.

ESTURDRE (SE), Se débarrasser, se dégager. Gl. *Excutere.*

ESTUREMENT, pour ESTOREMENT, Meubles, joyaux. Gl. *Estoramentum.*

* ESTURETER, Sonner *l'estor,* la charge ? Roman de Roncevaux, pag. 95 :

Ne de ma bouche en doie esturetter.

* ESTURION, Esturgeon. Partonop. vers 10560.

* ESTURMELÉ. Guill. Guiart, tom. 2, pag. 133, vers 3413 :

Connestables atropelez
Et ribauz nuz esturmelez...
S'espandent aval la contrée.

ESTURNES †, Etourneau. Gl. *Pirulus* 2.

ESTURQUER, Heurter, pousser. Gl. *Extorquere* 1.

* ESTUTEMENT, Follement. Vie de saint Thomas, vers 999. Voyez *Estous.*

ESTUVAUX, Sorte de chaussure, botte, bottine. Gl. *Estivalia* 1.

ESTUVE, Bain [Voyez Rayn. tom. 3, pag. 233², au mot *Estuba*] ; d'où *s'Estuver,* Se baigner [Flore et Jeanne, pag. 49], et *Estuveur, Estuveresse,* Baigneur, baigneuse. Gl. *Stuba.*

1. ESTUYER, Armoire, lieu où l'on serre quelque chose. Gl. *Estugium.*

2. ESTUYER, Mettre dans un étui, en grange, serrer. Gl. *Estugium.* [Voyez *Estoier.*]

ESVANTER, Prendre l'air, se rafraîchir. Gl. *Eventare* 1. [Partonop. v. 8173. Voyez Rayn. tom. 5, pag. 500², au mot *Esventar.*]

ESVANTOIR, Bondon, l'ouverture d'un tonneau. Gl. *Eventare* 1.

ESVANUER, Saisir. Gl. *Esvanuare.*

ESVAUDIE, Querelle, dispute, criaillerie. Gl. *Evare.*

ESUCALE, pour ESCUALE, Ecuelle. Gl. *Escuallium.*

* ESVEL, Eveil, mouvement. Partonop. vers 10111 :

Melior est en grant esvel
De faire moult rice aparel.

* ESVELLER †. Gl. *Antiquare.*

ESVENTER (S'), S'élancer. Guill. Guiart, tom. 1, pag. 81, vers 1454 ; tom. 2, pag. 263, vers 6815 ; pag. 175, vers 4504 ; pag. 332, vers 8635 (15807, 18490, 17615).

ESVENTEURE, Bondon, l'ouverture d'un tonneau. Gl. *Eventare* 1.

ESVENTOUR, Eventail, ce qui sert à donner du vent. Gl. *Eventare* 1.

ESVERTIN, Vertige, épilepsie, sorte de maladie, dont les accès aliènent l'esprit. Gl. *Adversatus.*

ESUITAIRE, Miette, petit morceau. Gl. *Mitatorium.*

ESWARDER, Regarder, examiner ; d'où *Eswarde, Eswardeur,* Inspecteur, office municipal, et *Eswardage,* L'office ou le salaire de l'inspecteur. Gl. *Eswardiator* et *Guardatores,* sous *Warda,* pag. 406³, 407¹.

ESWART, Règlement, statut. Gl. *Esgardium* 1.

ETANÇOT, Tronc d'arbre coupé, souche. Gl. *Estocagium.*

* ETHALIERS. Gl. *Etarchartea.*

ETHIMOLOGUER, Homologuer. Gl. *Emologare.*

* ETOILLE. Gl. *Moneta,* pag. 480².

ETREMPLÉE, p. e. pour ETTEMPLÉE, Soufflet. Gl. *Buffa.*

* ETRICTE. Voyez *Etrille.*

ETRILLE, Détroit, passage resserré, gorge. Gl. *Stricta* 1.

EVADANT, Qui attaque, agresseur. Gl. *Evadari.*

EVAGINER, Dégaîner, tirer de la gaîne ou du fourreau. Gl. *Vaginatus.*

EVANGELIER, Le texte des Evangiles. Gl. *Evangeliarium.*

EVE, Eau. Gl. *Ewaria.* [Partonop. vers 974. Chron. des ducs de Normandie. *Eve-rose,* Partonop. vers 10660. Voyez *Aigue, Eve,* Garin, tom. 1, pag. 32, 33.]

EVESQUE COMPAIN, Coadjuteur d'un évêque. Gl. *Coepiscopus.*

EVESQUE PORTATIF, Celui qui a un titre d'évêché dans les pays occupés par les infidèles, évêque *in partibus.* Gl. sous *Episcopus.*

EUF, pour Œuf. Gl. *Ovum* 1.

EULLAGE, Remplissage ; du verbe *Eullier,* Remplir jusqu'au bondon ou œil du tonneau. Gl. *Implagium* 2.

* 1. ÉUR, Sort, chance. Partonop. vers 4341 :

Por ce m'est vis qu'éurs n'est rien,
Grant ne petit, ne mal ne bien.

Vers 8327 :

C'est uns éurs que dames ont,
Que quanque eles por bien font
Lor notent males gens à mal.

Vers 4322, 4325. *Euros,* Heureux, vers 2628.

* 2. EUR, Bord, lisière. Partonop. 3259 :

Hauce l'escu, le colp reçoit,
Partonopeus i fiert moult droit :
Haut l'a feru, et bien l'asene
En l'eur desus parmi la pene.

Voyez *Orée.*

* EURE, Heure. *A eure, A* propos. Chastel. de Couci, vers 7558. Voyez Rayn. t. 3, pag. 538¹, au mot *Hora.*

* EURIEL, Loriot. Partonop. vers 49 :

Euriels cante dous et bas,
Teus l'escoute et ne l'entent pas.

Le manuscr. 1830, porte *L'oriol.* Voyez Rayn. tom. 2, pag. 151², au mot *Auriol,* et le Gloss. sur la Chron. des ducs de Norm. au mot *Orious.*

EURNEL, pour ERNEL, p. e. Champ inculte. Gl. *Ermassius.*

1. EUSSE, Esse, cheville de fer, qui

retient la roue d'une voiture. Gl. *Eussinus.*

2. EUSSE DE L'UEIL, p. e. L'orbite de l'œil. Gl. *Eussinus.*

EUTAULE, Octave, espace de huit jours. Gl. *Octava* 2.

EUVANGELISTE, Titre donné à saint Nicolas. Gl. *Evangelista.*

EUVANT, Auvent. Gl. *Euvannamentum.*

EUVE, Eau. Gl. *Stopa* 3.

1. EUVRE, Autant de terre ou de vigne qu'un homme peut en travailler dans un jour. Gl. *Operæ,* pag. 46², et *Operata.*

2. EUVRE, Outil d'ouvrier. Gl. *Operæ,* pag. 46².

3. EUVRE, Bâtiment; d'où *Payeur des Euvres,* Trésorier des bâtiments. Gl. *Operarius* 1.

° 4. EUVRE DE LIMOGES. Gl. *Limogia.* DE VENISE. Gl. *Venisia.*

EUVRER, Travailler, ouvrer. Gl. *Operare.*

EUX, Euz. Yeux. Gl. sous *Eussinus.*

EWAGE, Droit perçu sur les eaux ou rivières. Gl. *Ewaria.*

1. EWE, Loi, règlement. Gl. *Euva.*

2. EWE, Eau. Gl. *Ewaria.* [Chronique des ducs de Normandie. Voyez *Eve, Euwe.* Gl. *Rentagium.*]

EWER, Faire la comparaison de quelque chose à une autre. Gl. *Adhærere.*

° EWETTE, Abeille. Chron. des ducs de Norm. tom. 1, pag. 14, vers 335. Voyez *Es* 1.

EXACTIF, Qui exige injustement. Gl. *Exactivus.*

EXAIN, Essaim; d'où *Exainer,* Essaimer, jetter un essaim. Gl. *Examinare* 1.

EXAVIN, Echevin, officier municipal. Gl. *Esquevinagium.*

EXCEGNER, Saigner un marais, le dessécher. Gl. *Essavare.*

EXCEPTÉ, préposition, Sauf, sans blesser. Gl. *Excepto.*

EXCEPTEUR DE PERSONNES, Qui fait acception des personnes. Gl. *Acceptator* 1.

EXCERSITE, Exercice, pratique, usage. Gl. *Exercita.*

EXCERTER, Essarter, défricher. Gl. *Exartare.*

EXCESSIVETÉ, Excès. Gl. *Excessivitas.*

EXCHOITER, Hériter, succéder. Gl. *Escadere* 3.

EXCOGITETION, Pensée, dessein, projet. Gl. *Cogitarium.*

EXCOMMENGEMENT, EXCOMMENIEMENT, EXCOMMUNIMENT, Excommunication. Gl. *Excommunicatio.*

EXCOMMUNIER, Maudire, faire des imprécations. Gl. *Excommunicare.*

EXCORIATION, Espèce de maladie. Gl. *Excoriare.*

EXCUSANCHE, Excuse. Gl. *Detricatio.* [Voyez Rayn. tom. 2, pag. 362¹, au mot *Excuzansa. Excusations,* au mot *Excuzatio.*]

EXEMPIR, Essarter, défricher. Gl. *Exemplum* 2.

EXEMPLER (S'), Prendre exemple. Gl. *Exemplare* 5.

EXEMPLIR, Essarter, défricher. Gl. *Exemplum* 2.

EXEQUES, Obsèques, funérailles, service solennel pour un mort. Gl. *Exequiæ.*

EXEQUTERRESSE, Exécutrice. Gl. *Executio* 3.

EXERCITER, Exercer. Gl. *Exercitas.*

EXFRUIT, Usufruit, jouissance. Gl. *Exfructare.*

EXIGUER, Faire le partage du bétail donné à moitié du produit. Gl. *Exaquia.* [*Ychigare* et *Capitale* 4.]

1. EXIL, Destruction, ruine, ravage. Gl. *Exilium* 1.

2. EXIL, Echandole, bardeau, late. Gl. *Exendola.*

EXINETE, Broussailles. Gl. *Exinuare.*

EXOINE, Excuse, raison, qu'on allègue en justice pour s'excuser de n'avoir pas comparu à une assignation; d'où *Exoiner, Exonier,* Proposer cette excuse, et *Exoineur, Exoniateur,* Celui qui est chargé de la proposer. Gl. *Essonia, Essoniare* et *Essoniator,* sous *Sunnis,* pag. 658³.

EXOINER. METTRE EN EXOINE DE SON CORPS, Maltraiter, jusqu'à mettre quelqu'un en danger de mort ou d'être mutilé. Gl. *Exoniare corpore,* sous *Sunnis,* pag. 458².

EXONE DE MALADIE, Raison de maladie alléguée en justice pour s'excuser de n'avoir pas comparu à une assignation. Gl. sous *Sunnis,* pag. 657³.

EXONIATEUR, EXONIER. Voy. ci-dessus *Exoine.*

° EXORIE †. Gl. *Exoria.*

EXORILLER, Couper les oreilles, sorte de supplice. Gl. sous *Auris,* pag. 488³.

EXPAISÉ, Chassé de son pays, expatrié. Gl. *Expatriare.*]

EXPELLER, Repousser, écarter. Gl. *Expellere.*

EXPERIMENT, Expérience, connaissance acquise par l'étude et l'expérience. Gl. *Experimentatus.*

EXPERMENTER, Expérimenter, tenter, sonder. Gl. *Experimentare.*

EXPLECHE, Terre ou pré dépouillé. Gl. *Esplencha.*

EXPLÉE, Domaine. Gl. *Explegium,* sous *Expletum* 2.

EXPLEIT, Revenu, produit d'une terre. Gl. *Expletum* 2.

EXPLOICTEUR, Moissonneur, celui qui doit corvée, appelée *Exploit,* pour la moisson. Gl. *Expletator,* sous *Expletum* 2, et *Expletum* 3, pag. 374².

EXPLOIT, Instrument, outil, ce qui est utile ou nécessaire à quelque chose. Gl. *Explectum.*

° EXPLOITIER. Voyez *Espleiter.*

EXPRESSER, Exprimer, énoncer. Gl. *Expressare.*

EXQUERIR, Faire une exacte recherche. Gl. *Esclignatio.*

EXQUIS, Extorqué, surpris. Gl. *Exquisitus.*

EXSIL, Gaîne, fourreau. Gl. *Exendola.*

EXSONIE, Excuse, raison, qu'on allègue en justice pour s'excuser de n'avoir pas comparu à une assignation. Gl. *Essonia,* sous *Sunnis.*

EXSTENCILLER, Meubler, garnir d'ustensiles de ménage. Gl. *Ustensilia.*

1. EXTRAICT, Billet, obligation. Gl. *Alloverium.*

° 2. EXTRAICT, Né, descendant. Voyez *Estrace.*

EXTRAJURE, Droit seigneurial sur les biens délaissés par mort ou autrement. Gl. *Extrajeriæ.*

EXTREMISER, Administrer l'extrême-onction. Gl. *Extremizare.*

EXUE, Revenu, produit. Gl. *Exitus* 1.

EXUFFRUCTAIRE, Usufruitier. Gl. *Exfructare.*

EYRAL, Terre en friche, qui n'est pas labourée. Gl. *Eiraudus.*

EYSSUILET, Sifflet, coup de sifflet. Gl. *Sibulus.*

EYTENE, Bûche, sorte de bâton pointu. Gl. *Estella.*

EYTRILLE, Détroit, passage resserré, gorge. Gl. *Stricta* 1.

F

FAAUTÉ, Le serment que le vassal doit à son seigneur féodal de lui être fidèle. Gl. *Fidelitas*.

* **FABE**, Fève. Gl. *Fave*.

* **FABLE**, Fable, mensonge, invention. *Dire fable*, Roman de Renart, tom. 3, pag. 31, vers 20590. *Tenir à fable*, Partonop. vers 368. *C'est fauble*, Gérard de Vienne, vers 2334. *Sans fable*, Flore et Blanceff. vers 2508. Voyez Rayn. tom. 3, pag. 246¹, au mot *Fabla*.

FABLEOR, Fabuliste, qui écrit des fables. Gl. *Fabula*.

* **FABLER**, Conter des fables, mentir. Chron. des ducs de Norm. tom. 1, pag. 342, vers 7441. Roman de Rou, vers 4988. Rayn. tom. 3, pag. 246², au mot *Faular*.

FABRICE, Revenu affecté à l'entretien d'une église. Gl. *Fabrica 4*.

FABRICEUR, FABRIQUEUR, FABRISSEUR, Celui qui est chargé de l'administration de la fabrique ou du revenu d'une église. Gl. *Fabricerius*.

FACENDE, Terre, métairie. Gl. *Fazenda*. [Voyez Rayn. tom. 3, pag. 287², au mot *Fazio*.]

FACHART, p. e. Fâcheux ou Portebaille; terme de mépris. Gl. *Fachinus*.

FACHE, TERRE EN FACHE, Qui n'est pas cultivée. Gl. *Faicia*.

* **FACHEOR**, Faucheurs. Gérard de Vienne, vers 2685.

FACHILLNER, Sorcier. Gl. *Fachinerarius*. [Voyez Rayn. tom. 3, pag. 282², au mot *Fachurier*.]

FACILLAGE, Tout ce qui se coupe à la faucille. Gl. *Facillatura*.

FACINIER, Sorcier, enchanteur. Gl. *Faccinerius*.

1. **FAÇON**, Face, visage. Gl. *Faço 2*.

2. **FAÇON**, Petit levier d'un char. Gl. *Faço 2*.

* 3. **FAÇON**, Forme, figure, image. Gl. *Factio 7*. Voyez Rayn. tom. 3, pag. 267¹, au mot *Faisso*.

FACONDE, Facultés, biens, richesses. Gl. *Facundia*.

FACTEUR, Celui qui appuie et favorise le crime. Gl. *Factores sceleris*, sous *Factor 2*.

FAÉ, Enchanteur. Gl. *Fadus*. [Enchanté, doué de vertus surnaturelles. Partonop. vers 515, 702. *Faez*, Roman de Roncevaux. pag. 36. *Faeiz*, Gérard de Vienne, vers 2179. Voyez Rayn. tom. 3, pag. 282². au mot *Fadar*.]

FAEL, Vassal, sujet. Gl. *Fidelis 2*.

* **FAER**, pour *Finer*? Partonop. vers 5221 :

Morz ne velt pas longues durer
Ainz selt as genz lor max faer.

FAERIE, Spectre, fantôme. Gl. *Fadus*. [Enchantement. Partonop. vers 809.]

FAEUILLE, p. e. Le droit de couper des branches d'arbre qui ont leurs feuilles. Gl. *Folium 4*.

FAFELLUE, FAFFEUER, Conte fait à plaisir, bagatelle. Gl. *Famfaluca*. [Partonop. vers 10207 :

Tost ont pucele dechéue
Qui violt croire lor faufelue.

Voyez Roquefort.]

FAGEL, Sorte de vêtement, ou besace. Gl. *Magaldus*.

FAGNE, Faye, lieu planté de hêtres. Gl. *Fania*.

FAGOT, Bâton de fagot. Gl. *Fagotare 1*.

FAGOTAILLE, Ce qui sert à remplir une digue ou chaussée. Gl. *Fagia 2*.

FAGOTEUR, Terme de mépris, homme méprisable. Gl. *Fagotare 1*.

FAGOTIER, Bûcheron, qui fait des fagots. Gl. *Fagotarii*, sous *Fagus*.

FAICTURERIE, Sorcellerie, art magique. Gl. *Factura 7* [et *Hæresis 3*. Voyez Rayn. tom. 3, pag. 283¹, au mot *Fachurar*.]

FAIDER, Agir comme ennemi. Gl. *Faidire*, sous *Faida*, pag. 397². [*Faide*, Guerre, inimitié. Roman de Renart, tom. 4, pag. 140, vers 281. *Faidieu*, Proscrit, ennemi, pag. 159, vers 888. Voyez Rayn. tom. 3, pag. 249¹, au mot *Faidir*.]

FAIER, Inféoder, donner en fief. Gl. sous *Bajulus 4*, pag. 530¹, et *Forestarius de feodo*.

FAIGNE, Faye, lieu planté de hêtres. Gl. *Fania*.

FAILHARD, Hêtre. Gl. *Faguus*.

FAILLANCHE, Faute, manquement. *Sans faillance*, Sans faute, sûrement. Gl. *Fallacia*. [*Faillance*, Chron. des ducs de Norm. Rayn. tom. 3, pag. 254¹, au mot *Faillensa*.]

1. **FAILLE**, Falot, torche. Gl. *Falæ*, sous *Phalæ*. [Chron. des ducs de Norm. Rayn. tom. 3, pag. 252¹, au mot *Falha*.]

2. **FAILLE**, Fausseté, tromperie, conte. Gl. *Fallita 2*.

* 3. **FAILLE**, Pan, partie inférieure d'un vêtement. Roman de Renart, tom. 1, pag. 54, vers 1405 :

Si que la teste iert en la faille
Et la queue en la chevecaille.

Voyez Rayn. tom. 3, pag. 252¹, au mot *Falda*. Gl. *Falda 2*, et *Fauda*. SANS FAILLE, Sans faute, sûrement. Gl. *Fallum 1*. [*Senz faillie*, Chron. de Jordan Fantosme, vers 702. Guill. Guiart, tom. 2, pag. 367, vers 9527 (18507). *A failles*, En vain, tom. 1, pag. 107, vers 2197 :

Ne les atendent mie à failles.

Voyez Rayn. tom. 3, pag. 258¹, aux mots *Falha*, *Falhida*. Chron. des ducs de Norm.]

FAILLI, Homme sans cœur, ni honneur. Gl. *Fallitus*. [*Li couars faillis*, Flore et Jeanne, pag. 21. Wackern. pag. 60 :

Ke signors boens et loiaulx ont,
Et sors ceaux aimment les failliz.

* **FAILLIR**, Manquer, faillir, ne pas réussir. Orell. pag. 168, Diez, *Altromanische Sprachdenkmale*, pag. 55. Rayn. tom. 3, pag. 252², au mot *Falhir*, Se conduire mal. Wackern. pag. 61 :

Ades voit on le plus vaillant morir
Et li mavaix demorent por faillir.
Voyez *Failli.* Prendre fin. Partonop. vers 4416 :
Ci faut la fins de mon sermon.
Chanson de Roland, fin :
Ci falt la geste...
Triuwes falans, Renart le Nouvel, tom. 4, pag. 206, vers 2094. *Faillir de compaignie,* comme *Fausser compaignie.* Chanson de Chrétien de Troies. Wackern. pag. 16 :
Je lor faut de compaignie
N'i aient nulle atendue.

FAIN, Foin. Gl. *Carca.* [*Fainc,* Flore et Blancefor. vers 1435. Voyez Rayn. tom. 3, pag. 303¹, au mot *Fen.*]

FAINCTISE, Feinte, tromperie. Gl. *Ficitia.*

FAINDRE (SE) Se ménager, travailler nonchalamment. Gl. *Fingere se.* [Renart le Nouvel, tom. 4, pag. 174, vers 1261 :
Et nous aussi ne nous faignons.
Partonop. vers 6812 :
Car amors ne se faint niant.
Vers 6832 :
Mais ne peut muer ne s'en feigne.
Vers 8836 :
Li dus de Saisnes le fait bien
Qui ne s'i faint por nule rien.
Guill. Guiart, tom. 1, pag. 111, vers 2361 :
Des biens gaster pas ne se faignsnt.
Roi Guillaume, p. 107. Se *Feindre,* Roman de Renart, tom. 3, pag. 85, vers 22081 ; pag. 150, vers 23878. Orell. pag. 274.

° **FAINE,** Voyez *Favine.*

° **FAINT,** Faini, Faible, paresseux. Partonop. vers 642 :
De soi garir n'est mie fains.
Vers 686 :
Son chacéor forment somont
Et de verge et d'esporon
Et nel trova faint ne felon.
Rutebeuf, tom. 1, pag. 2 :
Entre chier tens et ma mainie
Qui n'est malade ne fainie.
Voyez *Vain* 2.

1. **FAIRE,** Fait, action. Gl. *Factum* 4.

2. **FAIRE,** Foire, marché privilégié. Gl. *Feriæ* 3.

3. **FAIRE** [LE FAIRE], Être, se porter. *Faire que fou,* Agir comme un fou. Gl. *Facere* 14. [Partonop. vers 1951 :
El fait que dame et si fait bien.
Vers 4839. Agolant, vers 1216 :
Fait ensement, si feras que cortoi.
Fierabras, vers 825, note pag. 178¹. Orell. pag. 245.]

4. **FAIRE.** SE FAIRE A QUELQU'UN, Se dire domestique de quelqu'un. Gl. *Facere dominum,* sous *Facere* 16.

5. **FAIRE** A VEOIR, Montrer, faire voir.

Gl. *Faceri videri,* sous *Facere* 16. [Partonop. vers 2448 :
Teis dis fait bien à loer.
Gérard de Vienne, vers 2012 :
Li dus Rollen fait molt à redouter.
Orell. pag. 245 *Faire à savoir,* Fabl. et Cont. tom. 4, pag. 3.

° 6. **FAIRE.** *Le faire,* Gérard de Vienne, vers 3589 :
Vassalz, dist Karle, dittes kel la ferois,
Fereiz vos por pais ou vos garierois ?
Vers 2510, 3612. Garin le Loher. tom. 1, pag. 256 :
Li quens Guillaumes moult durement le
[*fist.*
Pag. 257. Guill. Guiart, tom. 1, pag. 102, vers 2107 :
Si bien le font là cil de France.
Pag. 109, vers 2907. — Roman de Ronce vaux, pag. 37 :
Lansons à li nos espiés acerez...
Et il si feint dars et guivers assez.
Fierabras, vers 1571, note pag. 180. Rayn. tom. 3, pag. 262² — Roman de Renart, tom. 1, pag. 22, 53, vers 598, 609. Rayn. pag. 261². — Chastel. de Couci, vers 7614 :
Hé Dieux, dist-il, con fait tresor
Ma douce dame me charga.
Si feit, Tel. Chrôn. des ducs de Norm. tom. 1, pag. 421, vers 9807. Voyez *Faitement.* — *Faire nature.* Gl. *Facere naturam,* pag. 389¹. *Faire sanc,* Blesser. Gl. *Facere sanguinem,* pag. 389¹.

1. **FAIS,** Botte, faisceau. Gl. *Faissus.*

° 2. **FAIS,** Force. Roi Guillaume, p. 94 :
Nature donc a si grant fais
Qu'ele set u bien u mauvais.

FAISABLETÉ †, Facilité dans l'exécution ; d'où *Faisablement* †, Facilement, avec aisance. Gl. *Agibilis.*

1. **FAISANCE,** L'action et le moment de faire quelque chose. Gl. *Factum* 4.

2. **FAISANCE,** FAISANDE, Redevance. rente, corvée. service que doit faire un vassal. Gl. *Fesancia,* [et *Factio* 3. Voyez Rayn. tom. 3, pag. 264², au mot *Fazenda.*]

FAISAUL, Sorte de panier d'osier propre à la pêche. Gl. *Fessina.*

° **FAISIERRE,** Facteur, fabricateur. Rayn. tom. 3, pag. 265¹, au mot *Faseire.* Voyez *Faitre.*

FAISIL, Ordure, vuidange. Gl. *Fasilia.*

FAISINE, Sorte de panier d'osier propre à la pêche. Gl. *Fessina.*

° **FAISNE,** comme *Fayne.*

FAISNIEUR, Gardien des corps morts. Gl. *Faisnator.*

FAISSE, Sorte de bâton, paisseau. Gl. *Faissus.*

FAISSELLE, Forme à faire des fromages, ou éclisse pour les égouter. Gl. *Fiscina* 2.

FAISSER, Panser, appareiller une plaie. Gl. *Fasciola.* [Voyez *Faissié.*]

FAISSETE, Pièce ou morceau de terre. Gl. *Faicia.*

° **FAISSIÉ,** Bandé. Chron. des ducs de Norm. tom. 1, pag. 127, vers 1300 :
Emportent del champ lur nafrez,
Faissiez, liéz et regardez
Furent sempres sans demorance.
Voyez Rayn. tom. 3, pag. 250², au mot *Faissar,* et ci-dessus *Faisser.* Terme de Blason, Fascé. Chastel. de Couci, vers 1119 :
Un escu avoit à deus pieces
Faissiet et de vair e de geulles.

FAISSINE, Sorte de panier d'osier propre à la pêche. Gl. *Fessina.*

FAISSOIR, Houe, instrument à labourer la terre. Gl. *Fasculum* 2.

FAITEUL, Celui qui fait un crime. Gl. *Factores sceleris,* sous *Factor* 2.

° **FAITEMENT,** FAITEREMENT, FAITIERMENT. *Com faitement,* De quelle manière. Partonop. vers 4368, 10023. *Si faitement,* De telle manière. Flore et Blancefl. vers 2932. Roman de Renart, tom. 1, pag. 7, vers 159. *Si fetement,* Renart de Dammartin, Jubinal, Fabliaux, tom. 2, pag. 24. *Il est si faitement,* Cela est ainsi. Chastel. de Couci, vers 8081. Chanson du duc de Brabant, Wackernagel, pag. 57. *Eisi faitement,* De cette manière. *Con faitement,* De quelle manière, comment. Chron. des ducs de Norm.

FAITEUR, Facteur, commissionnaire. Gl. *Factores,* sous *Factor* 2. [Voyez Rayn. tom. 3, pag. 263¹, au mot *Factor.*]

1. **FAITIS,** Beau, bien fait, agréable. Gl. *Factura* 2. [Chastel. de Couci, vers 1287, 5133. Chron. des ducs de Norm., tom. 3, pag. 18, vers 32289. Voyez Rayn. tom. 3, pag. 263¹, au mot *Faitis.*]

2. **FAITIS.** PAIN FAITIS, Pain bis. Gl. *Panis tornatus,* sous *Panis* 2, pag. 136².

° **FAITRE,** Faiseur, auteur. Chron. des ducs de Norm. Voyez Rayn. tom. 3, pag. 263¹, au mot *Factor,* et ci-dessus *Faisierre.*

FAITUEL, Celui qui fait un crime. Gl. sous *Factor* 2.

1. **FAITURE,** Forme, figure, bonne grâce. Gl. *Factura* 2. [Chastel. de Couci, vers 14, 110. Wackern. pag. 47. *Feture,* Roman de Renart, tom. 3, pag. 86, vers 20709. Voyez Rayn. tom. 3, pag. 265², au mot *Faitura.*]

2. **FAITURE,** Sortilège, maléfice. Gl. *Factura* 7. [Voyez Rayn. tom. 3, pag. 282¹, au mot *Fachurar.*]

FAITURIER, Sorcier, qui fait des sortilèges et maléfices. Gl. *Factura* 7.

FAKENIART, p. e. Valet de chiens. Gl. *Braconarii,* sous *Bracco.*

° **FALCHEISON,** Récolte de foin. Chron. des ducs de Norm.

FALCHINER, Sorcier, enchanteur, qui fait des sortilèges. Gl. *Fachinerarius.*

° **FALENIE,** Félonie, perfidie. Orell. pag. 49. Voyez Rayn. tom. 3, pag. 300¹, au mot *Fellonia.*

FALISE, Falaise, lieu élevé, bords de la mer ou d'une rivière. Gl. *Falesia*. [Agolant, vers 559.]

° **FALLEZ**, Société de négociants. Gl. *Falleti*.

1. **FALOISE**, comme *Falise*. Gl. *Falesia*. [Roman de Renart, tom. 3, pag. 97, vers 22416.]

2. **FALOISE**, Fausseté, tromperie, conte fait à plaisir. Gl. *Fallita* 2.

FALORDER, Tromper, duper, se moquer. Gl. *Fallita* 2.

FALOT, Sorte de vêtement. Gl. *Falie*.

FALOURDE, Conte fait à plaisir. Gl. *Fallita* 2. [Roman de Renart, tom. 2, pag. 260, vers 16656, tom 4, pag. 109, vers 2989. Voyez *Falue*.]

FALTE, Haut-de-chausses, garde-chausses, habit militaire. Gl. *Fauda*.

° **FALUE**, comme *Falourde*. Partonop. vers 859 :

Ne vos vueil plus loer le rue
Que nel tenissiés a falue.

Comparez Rayn. tom. 3, pag. 246² au mot *Falveta*?

FAMBRAY, Fumier, ordure. Gl. *Exfelcorare*.

FAMBRÉER †, Battre des plâtras pour en faire une espèce de mortier, et ensuite des planchers. Gl. *Eruderatus*.

FAMBRER, Fumer, engraisser une terre. Gl. *Exfelcorare*.

FAMEILLEUS, Qui a grand faim. Gl. *Famescere*.

FAMEL, Le fer d'un javelot. Gl. *Famellus*.

FAMELIÉRES, Familier, conseiller intime. Gl. *Familiares*.

° **FAMENINE**, Qui tient de la femme. Roman de Renart, tom. 2, pag. 283, vers 17290 :

Trop par as esté famenine,
Fel-il, voirement es-tu fole ?

FAMILIER, Qui est attaché au service de quelqu'un, domestique. Gl. *Familiarius*. [*Fils familier..* Gl. *Filius familiaris*, pag. 498³.]

FAMULAIRE, Caleçon. Gl. *Famulare*.

FANC, Fange, limon, boue. Gl. *Fangus*.

FANDACE, Fente, crevasse. Gl. *Fenditus*.

FANDOFLE, Machine de guerre à jeter des pierres. Gl. *Fandatus*.

FANFELUCHE, **FANFELUE**, Chose de peu de valeur, bagatelle. Gl. *Famfaluca*.

FANGER, Couvrir de fange ou de boue. Gl. *Fangus*.

FANGIER, **FANGIS**, Bourbier, cloaque. Gl. *Fangus*.

FANON, Ornement d'autel, tapis, rideau. Gl. [Vie de saint Thomas de Canterb. vers 580. C'est le *corporale*. Voyez Gl. *Fano*.]

° **FANOUL**, Fenouil. Gl. *Maratrum*.

FANTASTIC, Idiot, imbécile. Gl. *Fantasticus* 2.

FANTIAU, Fantôme, esprit folet. Gl. *Ficarius*.

FANTOSME, Chose extraordinaire, conte, fable. Gl. *Phantasia* 2. [Partonop. vers 880. Roi Guillaume, p. 43. Voyez Rayn. tom. 3, pag. 260¹, au mot *Fantasma*.]

° **FAON**, Petit d'un animal. Agolant, vers 206 :

... Un gripon...
En son le mont estoient si faon.

Faouner, Mettre bas. Vers 506 :

Là ot une orse faouné de novel.

Vers 555.

° **FAR**, Phare, détroit. Agolant, v. 559, 570.

FARAT, Amas, troupeau. Gl. *Farassia*.

FARCE, Garniture, ouate. Gl. *Farsetus*.

FARCHIEL, pour **FALCHIEL**, Faucille. Gl. *Falcilla*.

FARCHOLEZ, Espèce de bois. Gl. *Farassia*.

° **FARCIZ**, Chron. des ducs de Norm. tom. 2, pag. 200, v. 21232 :

Francels dotout et lor farcız.

FARDAGE, **FARDAIGE**, Fardeau, bagage. Gl. *Fardellus*.

FARDELER, Faire un paquet, mettre en ballot. Gl. *Fardellus*.

FARDELEUR, **FARDELIER**, Crocheteur, porte-faix. Gl. *Fardellarius* et *Fardellus*.

FARDOILLE, Conte fait à plaisir. Gl. *Fallita* 2.

FARE, Sorte de filet ; d'où *Faire la Fare*, Pêcher avec ce filet. Gl. *Fara* 2.

FARINAGE, Droit de mouture. Gl. *Farinagium*.

FARINIERE, Coffre où tombe la farine moulue. Gl. *Farinosium*.

° **FARNESE**, Fournaise. Agolant, pag. 178².

FARRAMAS, Terme injurieux pour une femme ; p. e. Celle qui se prostitue à tous les étrangers. Gl. *Faramanni*.

FARRÉE, Soufflet, coup de poing. Gl. *Farreum*. [Agol. vers 796.]

° **FASANT**, **FAUSSANT**, Faux, trompeur. Chanson d'Amaris de Creon, Wackern. pag. 18 :

Et tout conquiert per son fasant
[lingaige.

Trebutien, pag. 7 : *Faussant*.

FASCHIEL, Fagot, fascine. Gl. *Fascia* 2.

FASTRASIE, Vision, fantaisie, folie. Gl. *Fallita* 2.

FASTROULLE, Fatras, fadaise, conte fait à plaisir, mensonge. Gl. *Fallita* 2.

FATIGATION, Embarras, peine. Gl. *Fatigatio*.

FATROULLE, comme **FASTROULLE** ; d'où *Fatroulleur*, Celui qui débite de pareilles sottises. Gl. *Fallita* 2.

FATTRAS, Fracas, bruit. Gl. *Fatuare*.

FATUITÉ, Stupidité, imbécillité. Gl. *Fatuus* 1.

FAVART, Sorte d'armure. Gl. *Faveria*.

FAUCAGE, Ce qui a été fauché. Gl. *Falcatura* 1.

° **FAUC**, Faucon. Chron. des ducs de Normandie.

FAUCET, Voix, chant. Gl. *Fausetum*.

FAUCHAR, Grande faucille. Gl. *Falcaustrum*.

FAUCHÉE, Ce qu'un homme peut faucher dans un jour. Gl. *Falcata*.

FAUCHEMENT †, **FAUCHERIE** †, L'action de faucher. Gl. *Falcatio*.

1. **FAUCHET**, Faucille. Gl. *Falcetus*.

2. **FAUCHET**, Espèce de rateau. Gl. *Falcetus*.

3. **FAUCHET**. FAIRE LE FAUCHET, Donner le croc en jambe. Gl. *Falcetus*.

FAUCHIÉE, Ce qu'un homme peut faucher dans un jour. Gl. *Faucheia*.

FAUCHILE, Faucille. Gl. *Faucilla*.

FAUCHON, Espèce d'épée recourbée. Gl. *Falcastrum* 2, et *Faucho*.

FAUCILIER, Faucheur. Gl. *Falcarius* 2.

° **FAUCILLAGE**, Sorte de redevance. Gl. *Falcillagium*.

FAUCILLER, Faucher, couper avec la faux ou faucille. Gl. *Falcarius* 2.

FAUCILLON, Faux, faucille. Gl. *Faucilla*.

FAUCONNAGE, Sorte de redevance. Gl. *Falconagium*.

FAUCONNERIE, Le crime du faux-monnayeur. Gl. *Falsoneria*.

FAUCQUET, Petit faux, faucille, sorte d'arme. Gl. *Falcetus*.

° **FAUCRE**, Voyez *Fautre*.

FAUDAGE, Le droit de faire parquer ses moutons. Gl. sous *Falda* 1.

1. **FAUDE**, Parc ou lieu fermé de claies, appelées *Faudes*. Gl. *Falda* 1. [Chron. des ducs de Norm. tom. 2, p. 454, vers 28495 :

Une fauda veit de berbiz
E un grant perc, les uns costiz.

En anglais *Fold*. *Faldes de berbiz* (lat. *caulas ovium*), 1 Liv. des Rois, ch. 24, v. 4.]

2. **FAUDE**, Sorte d'habit, haut-de-chausses, garde-chausses, tablier de femme. Gl. *Faldao*, et *Fauda*. [Voyez *Faille* 3.]

3. **FAUDE**, Charbonnière ; d'où *Fauder*, Faire du charbon. Gl. *Falda* 1.

FAUDESTEUIL, Faudestuef, Faudestuel, Fauteuil. Gl. *Faldistorium.* [Gérard de Vienne, vers 3867. Voyez Halliwell, au mot *Faldingstool*; Chanson de Roland, aux mots *Faldestoed* et suiv.]

FAVELE, Flatterie, cajolerie [Discours. Chron. des ducs de Norm.]; d'où *Faveler, Favelter,* Flatter, dire des douceurs. Gl. *Favellare 2*. [Parler. Partonop. vers 4003]

° **FAUFELUE.** Voyez *Fafellue.*

FAUGIBE, Faucille. Gl. *Dalha.*

FAVIÈRE, Champ semé de fèves. Gl. *Favateria.*

° **FAVINE,** Faîne. Partonop. vers 529 :

Après la feste Sainte-Crois,
Que saingler encroissent de nois,
De nois, de glans et de favine.

Faîne, Roi Guillaume, p. 56. Voyez *Fayne 2.*

FAULCILLE. Payer la Faulcille, Couper les blés par corvée. Gl. *Falcatio.*

FAULCQUET, Petite faux, faucille, sorte d'arme. Gl. *Falcetus.*

FAULCYE, Ce qu'un homme peut faucher dans un jour. Gl. *Falcata.*

FAULDE, Claie, lieu fermé de claies. Gl. *Falda 1.*

FAULDÉE, Charbonnière. Gl. *Falda 1.*

FAULSER, Altérer, corrompre, falsifier. Gl. *Falsare 2.*

FAULSONNERIE, Le crime d'un faussaire et celui du faux-monnayeur. Gl. *Falsoneria.*

FAULTRAGE, Le droit de faire parquer ses moutons dans les terres de ses vassaux. Gl. *Preagium.*

FAULX-VISAGE, Masque. Gl. *Masca.*

FAUNIER †, Bûcher, endroit où l'on met sécher la buche. Gl. *Focile 2.*

FAUQUET, Petite faux, faucille, sorte d'arme. Gl. *Falcetus.*

° **FAUSART,** Faussart, comme *Fauchon,* Poignard, Renart le Nouvel, tom. 4, p. 198, vers 1865. Roman de Roncevaux, pag. 37. Voyez Roquef. Gl. *Falsarius 1.*

° **FAUSSE CLAMEUR.** Gl. *Clamor falsus.*

° **FAUSSE COUSTUME.** Gl. *Tolta 1,* pag. 120¹.

FAUSSEEUR, Appelant d'un jugement. Gl. *Falsare 4.*

FAUSSEMENT, Appel d'un jugement. Gl. *Falsare 4.*

1. **FAUSSER LA COUR,** [Jugement], Appeler d'un jugement. Gl. *Falsare 4.*

2. **FAUSSER,** Percer d'outre en outre, rompre tout à fait. Gl. *Falsificare 2.* [*Fauser,* Partonop. vers 3242, 3333.]

° 3. **FAUSSER.** Sanz Fauser, Sans interruption. Roman de Renart, t. 3, pag. 105, vers 22631 :

Et se dormirent sanz fauser
Tant que li baus jors parut cler.

Voyez *Faute.*

FAUSSERERIE, [Faussairerie], Le crime d'un faussaire. Gl. *Falsare 2.*

FAUSSERRES, Appelant d'un jugement. Gl. *Falsare 4.*

FAUSSILLIER, Faucher; d'où *Faussilleur,* Faucheur. Gl. *Falcarius 2.*

FAUSSONNER, Faire de la fausse monnaie, d'où *Faussonnier,* Faux-monnayeur. Gl. *Falsus-saulnerius.*

FAUTABLE, Se dit d'un homme vrai et qui a bonne réputation, qu'il faut croire, qui a prêté serment de dire vérité. Gl. *Fautalis.*

FAUTE. A la Faute, A l'extrémité, au bout, l'endroit ou quelque chose finit. Gl. *Fallere.* (Intervaie, lacune. Guill. Guiart, tom. 1, pag. 145, vers 3229 :

Li murs qui à ces fossez joingnant
Ne sont mie garniz de fautes,
Mès de beles tours forz et hautes.

Tom. 2, pag. 257, vers 6657 (15649) :

Les rengent à petit de fautes.

Tom. 1, pag. 136, vers 3005 :

Sanz faire fautes ne retraites
Entrent ens les épées traites

Tom. 2, pag. 297, vers 7710 (16691) :

Sanz monstrer retraite ne faute.

FAUTERIE, Le crime de ceux qui sont fauteurs d'une faction. Gl. *Fautoria.*

FAUTRE, Feutre, sorte d'étoffe. Gl. *Fautrum,* et sous *Feltrum,* pag. 429³. [Partie de la selle, Gérard de Vienne, vers 2872 :

Derrier l'arson consui l'Aragon,
Tranche le fautre dou vermol
[siglaton
Et parmi coupe le boin destrier
[Gascon.

Chastel. de Couci, vers 1242 :

Chascuns a sa lance sour fautre.

Roman de Renart, t. 2, p. 333, v. 18674 :

Chascuns tenoit lance sor fautre.

Partonop. vers 8057 :

Et il ront autres lances prises
Ses ront moult tost en feutre mises.]

FAUTRER, Chasser, mettre dehors. Gl. *Fautrum.* [Pousser. Guill. Guiart, tom. 2, pag. 399, vers 10355 (19337) :

Chascun i fiert, chascun i fautre.]

° **FAUVE** asnesse, Fauvain, Fauvel. Renart le Nouvel, tom. 4, pag. 159, vers 885 :

Tout juent de la fauve asnesse
Et de ghillain sa compaignesse.

Voyez la note, et ci-dessus *Asnele.* Pag. 174, vers 1257 :

Partout ès cuers fauvain et ghille
A mis Renart.

De la queue de Renart, Jubinal, Fabliaux, tom. 2, pag. 91 :

Fauvel atrait à sa part
Par son engin le regnart...
Fauvel le sert au mengier
Au lever et au couchier.

Voyez Roquef. au mot *Fauvel,* et Rayn. t. 3, pag. 246², au mot *Falveta.*

FAUX, L'endroit ou quelque chose finit. Gl. *Fallere.*

FAUX de Pré, Ce qu'un homme peut faucher dans un jour. Gl. *Faucheia.*

° **FAUXBOURG.** Gl. *Burgus,* pag. 787¹.

FAUXILLE, Faucille. Gl. *Faucilla.*

FAUX-VISAGE, Sorte d'habillement, visage contrefait, masque. Gl. *Masca.*

° **FAX,** Pâle, blême, ou pour *fols* ? Partonop. vers 5879 :

Maruc n'en est ne fax ne blois
Toz premiers s'en entra el bois.

Voyez Rayn. tom. 3, pag. 251¹, au mot *Falb.*

FAY, Écurie, étable. Gl. *Fayssa.*

1. **FAYNE,** Fouine, animal. Gl. *Faina.*

° 2. **FAYNE,** Faîne. Gl. *Fagina 2.*

FEABLEMENT, Avec fidélité. Gl. *Fidelitatem facere,* sous *fidelitas,* pag. 489³.

FEAGE, Feaige, Fief, fonds de terre donné en fief. Gl. *Featum et Feodagium,* sous *Feudum,* pag. 478³.

FEALTIE, Féauté, serment que le vassal doit à son seigneur féodal de lui être fidèle. Gl. *Fidelitas 2.* pag. 487³. [*Féelté, Féableté,* Rayn. tom. 3, pag. 289¹, au mot *Fedeltat.*]

FEÇOIR, Houe, instrument à labourer la terre. Gl. *Fessorius.*

FÉE, Espèce de démon, femme à qui l'on attribuait un pouvoir extraordinaire. Gl. *Fadus.* [Aubri, pag. 169². Partonop. v. 4050. Rayn. tom. 3, pag. 282¹, au mot *Fada.*]

° **FEEL,** Fidèle, loyal. Partonop. v. 476. *Feaus,* fem. Chastel. de Couci, vers 3169, *Feus,* Chanson de Gilles de Viviers, Laborde, pag. 231 :

... Je vous seroie feus,
Or soyez vrais comme fins amoureus.

Féeument, Feument, Fidèlement. Chron. des ducs de Normandie. *Féelment,* Partonop. vers 10581. Voyez Rayn. tom. 3, p. 289¹, au mot *Fizel,* etc., ci-dessous *Feiaul.*

FEIAUL, Vassal, sujet. Gl. *Fidelis 2.* [*Fedeilz,* Chanson de Roland, Chron. des ducs de Norm. Voyez *Feel.*]

° **FEIÉE,** Fois. Chron. des ducs de Normandie. Voyez *Fié.*

FEIGNAS, Lieu planté de hêtres. Gl. *Fagia 1.*

FEIGNEMENT, Prétexte, feinte. Gl. *Figmentum.*

FEILLIÉE, Tas de branches d'arbre avec leurs feuilles. Gl. *Foilliata.*

FEILLIER, Fagot d'épines, de bruyères. Gl. *Foilliata.*

° **FEILLONS.** Roman de Renart, t. 4, p. 14, vers 352 :

Que li sans de ci à feillons
Li raoit des cuisses aval.

* **FEIMENTI**, Qui a trahi sa foi. Chron. des ducs de Normandie. Voyez Rayn. t. 3, pag. 288², au mot *Fementit*, et ci-dessous *Foimenti*.

* **FEINDRE (SE)**. Voyez *Faindre (se)*.

* **FEINTÉ**, FEINTIÉ, Feinte, dissimulation. Chron. des ducs de Normandie.

FEIRE, Foire, marché privilégié. Gl. *Feriæ* 3.

* **FEL**, Felon, perfide, cruel. Chron. des ducs de Norm. tom. 1, pag. 258, v. 5037. Roman de Roncevaux, pag. 17 (Chanson de Roland, st. 86, vers 15). *Feus*, Partonop. vers 164. Chron. des ducs de Norm. Feul, tom. 2, pag. 14, vers 15678. Rayn. t. 3, pag. 299², au mot *Fel*.

FELENESSE GENT, Nation perfide. Gl. *Fello* 2, pag. 428². [*Fellenesse ost*, Guerre rude. Garin le Loher. tom. 1, pag. 177. Voyez *Felonneusement*.]

FELONNEUSEMENT, Fortement, avec vigueur. Gl. *Felonice*, pag. 428². [*Felonnie*, Vigueur. Agolant, pag. 170² :

Riches hons iestes, s'avez grant
    [manantie
Nobles et fiers et pleins de felonnie.

Voyez Rayn. tom. 3, pag. 300², au mot *Felonessament*.]

FEMBROY, Fumier, engrais. Gl. *Exfelcorare* [et *Marla*.]

FEME, Fumé, engraissé. Ruteb. tom. 1, pag. 17. Voyez *Femier*.

FEMEAULX. ENFANS FEMEAULX, Filles. Gl. *Femellus*.

FEMELLE, Le fer qui tient le marteau d'une porte. Gl. *Fimella* [en Gascogne].

* **FEMENIE**, GENT DE FEMENIE, Gent feminine, les femmes, (par allusion au pays de Femenie. Agolant, vers 730 et pag. 172²). Le Roux de Lincy, Chants historiques, t. 1, pag. 174 :

Rois, ne crées nus
Gent de Femenie,
Mais faites ceus apeler
Qui armes saichent porter.

FEMIER, Mauvais chemin, rempli de boue et de fumier. Gl. *Fimarium*, sous *Fimare*. [Fumier. Miracles de la sainte Vierge, vers 520, 582. Chron. des ducs de Norm. tom. 3, pag. 526, 528. Voyez Rayn. t. 3, pag. 301², au mot *Femorier*.]

FEMINAUX †, FEMENINS †, Adonnés aux femmes. Gl. *Femellarius*.

FEMME DE JOYE, DE MAL RECAPTE, DE PECHIÉ DE VIE [DE MESTIER], Tous termes pour désigner une femme débauchée. Gl. sous *Femina*, [*Peccatum* et *Prostantes*].

FEMOURIER, Fosse à fumier. Gl. *Femoracium*.

FENACIL, Tas de foin. Gl. *Fenacil*.

FENAGE, Droit exigé en foin, ou en argent. Gl. *Fenagium*.

FENAIL, FENAL, Qui concerne les foins. *Mois fenal*, Juillet, où l'on fait les foins. Gl. *Fenalis mensis*.

FENCH, p. e. Tas de foin. Gl. *Fenacil*.

FENDACE, Fente, crevasse. Gl. *Fenditus*.

FENDON, Planche ou morceau de bois fendu. Gl. *Fenditus*.

FENELESCKES. Gl. sous *Naca* 1.

FENERIER, Grenier à foin. Gl. *Fenerius*.

1. **FENESTRAGE**, Droit d'avoir des *fenêtres* ou ouvertures dans les hautes futaies, pour tendre aux bécasses. Gl. *Fenestra* 4.

2. **FENESTRAGE**. FENESTRAIGE, Ce que l'on paye pour l'étalage des marchandises. Gl. *Fenestragium* 1.

* 3. **FENESTRAGE**, Exposition des armes avant les tournois. *Fenester*, *Faire fenestres*. Gl. *Fenestragium* 2.

1. **FENESTRE**, Armoire, tabernacle d'autel. Gl. *Fenestra* 3.

2. **FENESTRE**, Boutique, lieu où l'on étale la marchandise à vendre. Gl. *Fenestra*, pag. 432³.

3. **FENESTRE**, Ouverture dans les hautes futaies, où l'en tend des filets pour prendre des bécasses. Gl. *Fenestra* 4.

* 1. **FENESTRÉ**, Pourvu de fenestres. Partonop. vers 10819:

La sale fu et haute et lée
De totes pars bien fenestrée,
Et bien verrées les fenestres.

2. **FENESTRÉ**. HABIT FENESTRÉ, Taillé, découpé. Gl. *Cultellare*.

* 3. **FENESTRÉ**, FENETRÉ. Voyez Gl. *Fenestrare*. Gérard de Vienne, vers 3672:

Au fier regard et à vis et au neis,
A chief davant, ke il ot fenestré.

Aubri, pag. 174¹:

Blont ot le poil menu recercelé
Ample viare et le fron fenestré.

FENESTRER, Faire le galant à la fenêtre de sa maîtresse. Gl. *Fenestrare*.

FENESTRETTE †, Petite fenêtre. Gl. *Festra*. [*Fenestrele*, Gérard de Vienne, vers 2410. Voyez Rayn. tom. 3, p. 305², au mot *Fenestrella*.]

FENESTRIER, Petit marchand. Gl. *Fenestra* 1, pag. 432³.

FENESTRIS, Ouverture en guise de fenêtre. Gl. *Fenestragium* 3.

* **FENIE**, Saison. Chron. des ducs de Normandie, tom. 3, pag. 372, vers 41673.

1. **FENIS**, Parfait, accompli, fini. Gl. *Finus*.

* 2. **FENIS**, Phénix. Partonop.. v. 10833. Roman d'Alixandre, Chron. des ducs de Norm. tom. 2, pag. 514². Voyez Rayn. tom. 3, pag. 306¹, au mot *Fenix*.

* **FENNE**, Femme. Chron. des ducs de Normandie.

1. **FENON**, Fanon, manipule, partie de l'habit sacerdotal. Gl. *Fano*.

2. **FENON**, p. e. Fourche ou rateau pour faner le foin. Gl. *Fenula*.

FENTIS, Rompu, fendu. Gl. *Fenditus*. [Chron. des ducs de Norm.]

FENTURE, Fente, crevasse, ouverture. Gl. *Fenestragium* 3.

FEODAL, Habitant dans l'étendue d'un fief. Gl. *Feodalis*.

FEODATOIRE, Qui appartient à un fief. Gl. *Feodale*, pag. 479¹.

FEOFFEMENT, Inféodation : du verbe *Féoffer*, Inféoder ; d'où *Féouffour*, Celui qui donne en fief. Gl. *Feoffamentum* et *Feoffator*, sous *Feudum*, pag. 479³².

* **FEOR**, Prix. Chron. des ducs de Norm. tom. 2, pag. 564, vers 31431 : *A nul feor*, A aucun prix, d'aucune manière. *A nul foer*, Chastel. de Couci, vers 656. Voyez *Feur* 1, et *Fuer*.

FERABLE, Chômable, qui doit être fêté. Gl. *Feriatus dies*, sous *Feriæ* 2, pag. 437³.

FERAIN, Bête sauvage. Gl. *Feramen*. [Voyez Rayn. tom. 3, pag. 308², au mot *Feram*. Féroce, non noble. Partonop. vers 809 :

France dame soit ennorée
Qui à feram est mariée, etc.

Var. *Frarin*. Vers 424 :

Ains alevait fils à vilains
Felons et cruels et ferains.]

FERART, Seau, vaisseau pour puiser et porter de l'eau. Gl. *Ferrata* 2.

FERE, Férie, terme ecclésiastique pour désigner les jours de la semaine. Gl. *Feriæ* 2.

FERÉIS, Choc, combat. Gl. *Feritum*. [Gérard de Vienne, pag. 160¹. Partonop. vers 8976. Garin le Loh. tom. 1, pag. 15.]

FEREMENT, Coup, l'action de frapper. Gl. *Feritum*.

1. **FERER**, Fêter, chômer. Gl. *Feriare*, sous *Feriæ* 2, p. 437². [Voyez Rayn. t. 3, pag. 310¹, au mot *Feriar*.]

* 2. **FERER**, Ferrer. Gl. *Ferrum* 1.

FERET, Petite affaire. Roman de Renart, tom. 1, pag. 197, vers 5307 :

Je te feré bien ton feret.

Tom. 2, pag. 138, vers 13307 :

Jà féissent bien lor feret
Se il fussent bien en pes.

Afere, masc. tom. 1, pag. 103, vers 2712. Voyez Rayn. tom. 3, pag. 263², au mot *Afar*.

FEREUR, Celui qui frappe. Gl. *Feritores*. [Voyez Rayn. tom. 3, pag. 311¹, au mot *Feridor*. Chron. des ducs de Norm. au mot *Fereor*.]

FERINAGE, Le droit de mouture. Gl. *Farinagium*.

* **FERIR**, Frapper, combattre. Rayn. tom. 3, pag. 310², au mot *Ferir*. Orell, pag. 170. Glossaire sur la Chanson de Roland, au mot *Ferrunt*. Partonop. vers 2507. *Estre al ferir*, Partonop. vers 2830. *Ferir bataille*, vers 9549. *Li tornois est ferus*, vers 7960. *Se ferir*, s'élancer, se jeter avec impétuosité.

Gloss. sur Joinville. Garin le Loher. tom. 1, pag. 22. Partonop. v. 8349, 8841. Gérard de Vienne, vers 3171. Roi Guillaume, pag. 148.

° FERLIÉ, Lié de fer. Chronique des ducs de Norm. tom. 2, pag. 491, vers 29550 :

En la chartre de Chaelons
Le tint en buies fer-liez.

Tom. 1, pag. 40, vers 1027.

FERLIN, Sorte de monnaie, la quatrième partie d'un denier. Gl. *Ferlingus.*

1. FERMAIL, Boucle, agrafe. Gl. *Fermalium, Fermeilletum* et *Firmaculum.* [*Fermalium, Firmale,* et *Fibulatorium. Fremail,* Partonop. vers 7463. Voyez Rayn. tom. 3, p. 311², au mot *Fermalh. Fermal,* Crochet qui retient le verrou. Roman de Renart, tom. 2, pag. 130, vers 13083 :

Le fermal oste de la reille.]

2. FERMAIL, Cheville du pied. Gl. *Fermalium.*

FERMAILLE, Promesse, gageure, enjeu. Gl. *Fermalia.*

FERMAILLEUR, Faiseur de boucles et agrafes. Gl. *Fermalium.* [*Fermailler* †, Agrafe. Gl. *Firmicularius.*]

FERMANCE, Répondant, caution. Gl. *Firmancia.*

FERMANT, Outil de fer, serpe. Gl. *Ferramentum* [et *Corba* 3].

FERME, Serment fait en justice pour affirmer qu'on a bon droit. Gl. sous *Firma* 1, pag. 504².

FERMEAU, Outil de fer, serpe. Gl. *Ferramentum.*

FERMEILLE, Gageure, enjeu. Gl. *Fermalia.*

FERMENT, Outil de fer, serpe. Gl. *Ferramentum* [*Ferremant,* Gérard de Vienne, vers 3226. Voyez Rayn. tom. 3, pag. 307¹, au mot *Ferrament.*]

1. FERMER, Promettre, assurer avec serment. Gl. *Firmare* 1.

2. FERMER, Rendre ferme, affermir. Gl. *Firmare* 1. [Fixer, attacher. Rayn. tom. 3, pag. 313¹, au mot *Fermar.* Aubri, pag. 159¹ : *Fermer la quintaine*; pag. 158², *drecier.* Agolant, pag. 181¹ :

Esperons d'or li fist ès piez fermer.

Chronique des ducs de Norm. Rayn. tom. 3, pag. 313¹, au mot *Fermar,* ci-dessous *Fremer.*]

3. FERMER, Fortifier une ville, un château. Gl. *Firmare* 3.

4. FERMER, Fiancer. Gl. *Firmare* 7 [et *Firma* 1, pag. 504²].

1. FERMETÉ, Forteresse, château, fortification. Gl. *Firmitas* 4. [Voyez Rayn. tom. 3, pag. 313¹, au mot *Fermetat.* Chronique des ducs de Normandie.]

2. FERMETÉ, Impôt sur les denrées. Gl. *Firmitas* 5.

3. FERMETÉ, Cadenas, serrure, ce qui sert à fermer. Gl. *Firmura.*

FERMETURE, Enceinte, clôture. Gl. *Firmitas* 4.

FERMIER. PRESTRE FERMIER, Vicaire, prêtre desservant une cure. Gl. *Firmarius.*

FERMILLERE, Boucle, agrafe. Gl. *Fermalium.*

FERMILLET, Petite boucle ou agrafe. Gl. *Fermalium.*

FERMOER, Boucle, agrafe. Gl. *Firmatorium* 1.

FERMOILLET, Petite boucle, agrafe. Gl. *Fermalium.*

FERNI, Ferme, qui ne change point. Gl. *Fermentus.*

FERONGLE, Tumeur, enflure. Gl. *Ferunia.*

FERONNERIE, Lieu où l'on vend le fer. Gl. *Ferreria.*

FERPE, Sorte d'ornement, frange, houpe. Gl. *Frepatæ vestes.*

FERPERIE, Friperie, commerce d'habits et de meubles. Gl. *Frepatæ vestes.*

FERPIER, Frippier. Gl. *Ferperius.*

FERRANT, [FERANT, Gris. Roman de Roncevaux, p. 7, 23. Guill. Guiart, t. 2, pag. 228, vers 5765 (14745). Gérard de Vienne, vers 105, 3790.] Cheval qui a le poil blanc. Gl. *Ferrandus.* [Garin le Loher. tom. 1, pag. 168. Gérard de Vienne, v. 572. Chron. des ducs de Norm. tom. 2, p. 111, vers 18560. Jordan Fantosme, vers 1787, 1852. Mantel mautaillé, vers 106 et 126. Voyez Fierabras, vers 730, note, pag. 177². Rayn. tom. 6, pag. 24¹, au mot *Ferrant* (*Feran,* tom. 2, pag. 71², au mot *Amblar*), ci-dessus *Auferrant* 2].

FERRAT, Seau, vaisseau pour puiser et porter de l'eau. Gl. *Ferrata* 2.

FERRATIER, Forgeron, ouvrier en fer. Gl. *Ferraterius.*

FERRÉE, Houe, hoyau, instrument à remuer la terre. Gl. *Ferrea.*

FERRÉIS, Coup, l'action de frapper, choc, combat. Gl. *Ferita* [et *Feritum.* Chron. des ducs de Normandie. Voyez *Feréis.*]

° FERREMANT. Voyez *Ferment.*

1. FERRER, Mettre dans les fers. Gl. *Ferrare.*

2. FERRER, Marquer avec un fer. Gl. *Ferrare.*

3. FERRER, Battre, rompre, broyer. Gl. *Feritorium.*

FERRIER, Marteau à l'usage d'un maréchal. Gl. *Ferrator* 2, pag. 444³.

FERRIERE, Bouteille, vase à mettre du vin. Gl. *Ferraria.*

FERRIEU, Seau, vaisseau pour puiser et porter de l'eau. Gl. *Ferria.*

FERRIN, Sorte de monnaie, p. e. pour *Ferlin.* Gl. *Ferlina.*

FERRON, Forgeron, maréchal, ouvrier en fer. Gl. *Ferro* 2.

FERROT, Petite monnaie d'argent. Gl. *Ferlina.*

° 1. FERS. Garin le Loher. tom. 1, pag. 31 :

Li fers fu chaus, ne pot l'acier sofrir.

Pag. 122 :

Au branc d'acier, dont li fer sunt tran-
  [chant.

Coup ? Voyez *Feréis.*

° 2. FERS, Fort, vigoureux, fier. Partonop. vers 2741 :

Il list le bref, car il rest clers
Et de bien lire haus et fers.

Vers 9634 :

L'on li amaine un bon ceval...
Bien afernés et aaisiés
Et fers ei en dos et en piés.

Voyez Rayn. tom. 3, pag. 308¹, au mot *Fer,* et pag. 309¹, aux mots *Ferocitat, Feritat.* Chron. des ducs de Normandie, au mot *Fer.*

1. FERTÉ, Forteresse, château. Gl. *Firmitas* 4.

° 2. FERTÉ, Fierté. Chron. des ducs de Normandie.

FERTIN, Petite monnaie d'argent. Gl. *Ferto.*

FERUE, Portion d'héritage, la part qui appartient à quelqu'un dans quelque chose. Gl. *Ferua.*

A LA FERUE, A mesure, à proportion. Gl. *Ferua.*

FERVEMENT, Avec ferveur, ardemment. Gl. *Fervorosus.*

FERVESTI, FERVESTU, Couvert d'une armure de fer. Gl. *Ferrebrachia.* [Garin le Loher. t. 1, p. 171. Gérard de Vienne, vers 911, 1520, 3887. Roman de Renart, tom. 2, pag. 372, vers 19789. *Fervestir,* Garin le Loher. tom. 1, pag. 36, 39. Comparez FERVESTU.]

° FES, FAIS, Faix, charge, fardeau, embarras, travail. Flore et Blancefl. v. 2463. Gilote et Johane, Jubinal, Fabliaux, t. 2, pag. 80. Garin le Loher. tom. 1, pag. 195. Partonop. vers 1986, 3080, 3325. Chron. des ducs de Norm. tom. 1, pag. 408, v. 9437. *Se mettre à fais,* Se charger d'un travail, pag. 47, vers 1240. *A fes,* Pesamment, lourdement, Partonop. vers 3360, 5162. Absolument, vers 6370, 8002. *Tot à fais,* Tout à fait. Chron. des ducs de Norm. tom. 1, pag. 413, vers 9581. *Tous à un faix,* Tous en masse, Monstrelet, tom. 1, fol. 136. Voyez Rayn. tom. 3, pag. 249², au mot *Fais.*

1. FESANCE, L'action et le moment de faire quelque chose. Gl. *Factum* 4.

2. FESANCE, Redevance, rente, corvée, service que doit faire un vassal. Gl. *Fesancia.*

FESNE, Charme, ensorcellement. Gl. *Fascinare.* [*Fesner* †, Gl. *Fascinare.*]

FESSE, Fasce, terme de blason. Gl. *Fasciola,* pag. 419¹.

1. **FESSEL**, Faisceau, fagot. Gl. *Fessellus.*

° 2. **FESSEL**, Charge, fardeau, masse. Voyez *Fes.* Guill. Guiart, tom. 2, p. 43, vers 1093; pag. 367, vers 9546 (10059, 18527).

FESSEUR, Fessoir, Fessouoir, Houe, instrument à labourer la terre à la main. Gl. *Fessorius* et *Fossorium.*

FESSORÉE, Fessoriée, Certaine mesure de terre, autant qu'un homme, avec le *fessoir* ou houe, peut en labourer dans un jour. Gl. *Fessoriata,* sous *Fessorada.*

1. **FESSOUER**, Houe, instrument à labourer la terre à la main. Gl. *Fessorius.*

2. **FESSOUER**, Fessouoir, Instrument avec lequel on arrose les prés en Auvergne. Gl. *Fessorius.*

FESSOUL, Fessour, Houe, instrument à labourer la terre à la main. Gl. *Fessorius.*

FESSOURÉE, Certaine mesure de terre, autant qu'un homme avec le *fessouer,* ou houe, peut en labourer dans un jour. Gl. *Fessoriata,* sous *Fessorada.*

° **FEST**, Faîte? Fétu? Chronique des ducs de Normandie, tom. 1, pag. 174, vers 2639 :

Dunc vunt les terres si gastant
Qu'il n'i lessent fest en estant
Qui fust del fieu le duc Reinier.

Tom. 2, pag. 97, vers 18155.

FESTACLE, Ornement d'autel, tapis, rideau. Gl. *Festaculus.*

1. **FESTAGE**, Droit que le seigneur lève sur chaque maison ou famille. Gl. *Festagium* 1.

2. **FESTAGE**, Cessation de travail. Gl. *Festagium* 3.

3. **FESTAGE**, Aide due par le vassal à son seigneur en certains cas. Gl. *Festagium* 6.

FESTAIGE, Festin, repas. Gl. *Festagium* 4, sous *Festum* 2, pag. 462³.

1. **FESTE**, Cour, assemblée, festin. Gl. *Festum* 2.

2. **FESTE**, Foire, marché privilégié. Gl. *Festum* 4. [Roi Guillaume, pag. 119, 120.]

3. **FESTE**, pour Faîte, comble. Gl. [*Festis* 2, *Festagium* 1.]+ *Culmus* 2 [et † *Doma* 3. Partonop. vers 6198 :

Car el est des dames la feste (??)

Fete, Perche. Chron. des ducs de Norm. tom. 1, pag. 280, vers 5683, var. *Fece.* Charpente, ossements? Plait Renart de Dammartin, Jubinal, Fabliaux, tom. 2, pag. 26 :

Ton cuir ferai oster des piez et de la
[teste
Si c'on porra veoir a descouvert la
[feste.]

4. **FESTE**, Espèce de cordage. Gl. *Festum* 4.

5. **FESTE DES BONNES ÂMES**, que nous nommons ordinairement *Des morts.* Gl. sous *Festum* 1.

6. **FESTE DU REGART**, p. e. Entrevue de mariage. Gl. sous *Festum* 1.

7. **FESTE DU SACRE N. S.**, La fête du saint Sacrement. Gl. sous *Festum* 1.

8. **FESTE**, Sacre ou intronisation d'un évêque. Gl. *Festum* 8.

° 9. **FESTE**. La queue de Renart, Jubinal, Fabl. tom. 2, pag. 89 :

N'est duc ne si haut princier
Qui de sa queue n'ait feste.

FESTÉE, Faîte, comble de maison. Gl. *Festum* 5.

1. **FESTER** †, Mettre le faîte à une maison. Gl. *Culmare.*

2. **FESTER**, Être oisif, ne rien faire. Gl. *Festare.*

1. **FESTIER**, Régaler, donner un festin. Gl. *Festare.*

2. **FESTIER**, Jouter, combattre avec des lances. Gl. *Festare.*

FESTISSURE, Faîtière, tuile courbée dont on couvre le faîte des maisons. Gl. *Festissura.*

° **FESTIVAL**, De fête. Chronique des ducs de Normandie. Voyez Rayn. tom. 3, pag. 318¹, au mot *Festival.*

FESTOIER, Fête ou divertissement. Gl. *Festivare* 3.

1. **FESTRE**, Faîte, comble. Gl. *Festrum* [et *Levatura* 1].

° 2. **FESTRE**, Guill. Guiart, tom. 1, pag. 138, vers 3054 :

Par les cheveux blonds et luisanz
Où il n'ot ne malen ne festre.

FESTU. ROMPRE LE FESTU, Quitter, abandonner quelque chose. Gl. *Festuca.*

FETARDIE, Négligence, nonchalance, paresse; de *Fetart,* Paresseux, négligent. Gl. *Fetica.*

° **FETE**. Voyez *Fece.*

° **FETEMENT**. Voyez *Faitement.*

FETIS, Beau, bien fait, agréable. Gl. *Factura* 2. [*Feture.* Voyez *Faiture.*]

FETIZ. PAIN FETIZ, Pain bis. Gl. *Panis tornatus,* sous *Panis* 2, pag. 136².

1. **FEU**, Droit que le seigneur lève sur chaque maison ou feu. Gl. *Foagium* 1, pag. 530².

2. **FEU**, Fief. *Donner à feu,* Inféoder, donner en fief. Gl. *Dare per feudum,* sous *Feudum,* pag. 479². [Chron. des ducs de Normandie. Voyez Rayn. t. 3, p. 293³, au mot *Feu.*]

1. **FEUAGE**, Le droit dû sur les bois qu'on amène à la ville. Gl. *Focagium,* sous *Foagium* 1, pag. 530³.

2. **FEUAGE**, pour FOUAGE. Voy. ce mot ci-après.

FEU-DIEU, Malade attaqué du feu sacré ou de Saint-Antoine, ardent. Gl. *Ignis divinus,* pag. 291¹.

° **FEUETÉ**, Fidélité. Gl. *Hominium,* pag. 223².

FEVE. DIRE FÉVES, Se moquer, badiner. Gl. *Dicere.*

FEUGAGE. Le droit dû sur les bois amenés à la ville. Gl. *Focagium,* sous *Foagium* 1, pag. 530³.

FEUILLARS, Certains brigands, ainsi nommés, ou d'une branche d'arbre qu'ils portaient à leurs chapeaux pour se reconnaître, ou parce qu'ils se retiroient dans les bois. Gl. *Foilliata.*

FEUILLE DE SAUGE, Espèce de pioche. Gl. *Foditare.*

FEUILLÉE, Feuillette, sorte de mesure. Gl. *Foliatim vendere.*

FEUILLETER, Pousser des feuilles. Gl. *Frondare* 1.

FEUILLIOT, Branche d'arbre avec ses feuilles. Gl. *Foilliata.*

FEULEUX, Pierre qui fait feu. Gl. *Focale* 2.

FEULINE, Falot, bouchon de paille allumé. Gl. sous *Brando* 1.

FEULLE, Espèce de pioche. Gl. *Foditare.*

FEULPIER, Feupier, Frippier. Gl. *Dossagium* et *Ferperius.*

1. **FEUR**, Prix, valeur. Gl. *Forum* 1. [*A nul feur,* A aucun prix, en aucune manière, Orell, pag. 303. Voyez *Feor* et *Fuer.*]

2. **FEUR**, Hors, dehors. Gl. *Foras.*

1. **FEURE**, Fourreau. Gl. *Forulus.*

2. **FEURE**, Ouvrier. Gl. *Faberculus.*

FEURERIE, Lieu où l'on garde les fourrages, grenier, magasin. Gl. *Foreria* 1.

FEURMARIAGE, Ce qu'un serf payait à son seigneur pour pouvoir épouser une femme de condition libre, ou une serve d'un autre seigneur. Gl. *Forismaritagium.*

1. **FEURRE**, Paille, fourrage. Gl. *Fodrum.*

2. **FEURRE**, Fourreau. Gl. *Forulus.*

FEURREL, Paille, fourrage. Gl. *Fodrum,* pag. 585⁴.

FEURTRIER, Ouvrier en feutre, chapelier. Gl. *Feltrum.*

FEU-SAINT-FIRMIN, Espèce de maladie épidémique. Gl. *Ignis S. Firmini,* p. 291¹.

° 1. **FEUS**. Voyez *Feel.*

° 2. **FEUS**. Voyez *Fet.*

FEUSTREURE, p. e. L'endroit où l'on travaille le feutre. Gl. *Feutrum* 1.

FEUTÉ, Féauté, serment que le vassal doit à son seigneur féodal de lui être fidèle. Gl. *Fidelitas* et *Feudum*, pag. 479¹. [Roi Guillaume, pag. 92.]

° FEUTRE. Voyez *Fautre*.

FEUTRER, Travailler le feutre. Gl. *Feltrum* [et † *Filtrare*].

FEUTRIER. Ouvrier en feutre, chapelier. Gl. *Feltrum*.

FEUWAGE, Cens ou rente due sur une terre. Gl. sous *Feudum*, pag. 481¹.

FEUWILLE, Bourrée, fagot. Gl. *Foilliata*.

FEX, Troupeau. Gl. *Fexa*.

FEYE, Brebis. Gl. *Feda* 2.

FEYRE, Foire, marché privilégié. Gl. *Feriæ* 3.

° FI, FIZ, FIS, FISZ, Certain, assuré, convaincu, plein de confiance. Chanson de Roland, st. 10, vers 7 :

De cez paroles que vous avez ci dit,
En quel mesure en purrai estre fiz ?

Stance 87, vers 7 ; st. 288, vers 12. Chron. des ducs de Norm. tom. 1, pag. 579, vers 14442 :

Fait Loewis : Si g'ere fi
Que de eus puisse traire ami.

Pag. 269, vers 5358 :

De victoire fis e certains.

Pag. 33, vers 858 :

Fisz poeit estre de morir.

Garin le Loher. tom. 1, pag. 247, 242. Roman de Renart, tom. 1, pag. 15, vers 380. Guill Guiart, tom. 1, pag. 192, vers 4529 : pag. 230, vers 5522. *De fi*, *De fit*, De science certaine, à ne pas en douter. Partonop. vers 8155 :

Dont séust ele tot de fi.

Vers 323 :

Et cuidoient la gens de fi
Qu'il fust fils celi qui l' norri.

Chastel. de Couci, vers 2383 :

Douce suer ne sai de fit.

Chronique des ducs de Norm. tom. 1, pag. 414, vers 9616, pag. 431, vers 10144. Orell. pag. 302. Gl. *Fiducia*, pag. 492³.

° FIABLE †, Qui mérite confiance. Gl. *Fiducia*, pag. 492¹.

FIACHIER, Promettre, engager sa foi. Gl. sous *Accreantatio*.

FIAMBRER, Fumer, engraisser une terre. Gl. *Exfalcorare*.

1. FIANCE, Le serment de fidélité que le vassal doit à son seigneur féodal. Gl. *Fiducia*.

2. FIANCE, Promessse de mariage, serment. Gl. *Fiancialia* et *Fidancia*. [Confiance, gage, promesse, engagement. Chanson, Laborde, pag. 161. Chronique des ducs de Normandie. Voyez Rayn. tom. 3, pag. 289², au mot *Fizansa*.]

1. FIANCER, Promettre, engager sa foi. Gl. *Fiducia*, pag. 492³. [*Fiancier* †, p. 492² Voyez Rayn. tom. 3, pag. 290³, au mot *Fiansar*.]

2. FIANCER, Prendre des gages. Gl. *Fiancialia*.

FIANCIÉE, Fête des fiançailles. Gl. *Fiancialia*.

° FIANÇOS, Plein de confiance, certain. Chron. des ducs de Norm. Rayn. tom. 3, pag. 290¹, au mot *Fizansos*.

FIANSAIGE, Fiançailles, promesse de mariage. Gl. *Fiancialia*.

FIANTER, Oter le fiens ou fumier des pieds des chevaux. Gl. *Fiens* 1.

FICAR, Espèce de falot ou lanterne fichée au bout d'un bâton. Gl. *Ficare*.

1. FICHE, Pieu ou morceau de bois fiché en terre. Gl. *Ficare*.

2. FICHE, FICHERON, Instrument pour planter la vigne. Gl. *Ficare*.

° FICHET, Poche. Gl. *Cluniculum*.

° FICHIER EN LA TERRE, Enterrer, inhumer. Garin le Loher. tom. 1, pag. 188. Voyez Rayn. tom. 3, pag. 320¹, au mot *Ficar*. Fichant musant, Roman de Renart, tom. 1, pag. 30, vers 788.

1. FIÉ. UNE FIÉ, Une fois. Gl. *Hapiola*. [*Fiée*, Chronique des ducs de Normandie. *A une fié*, A la fois. Chastel. de Couci, vers 527. *A le fie*, Renart le Nouvel, tom. 4, pag. 217, vers 2371. Voyez *Feiée*.]

° 2. FIÉ, Fief, empire. Partonop. vers 233, 1195 : *Ne droit ne flé*. *Fiu*, vers 302, 1718, 6243. Gl. *Feudum*, pag. 466².

° 3. FIE, Figue. *Peler, peiler la fie*, Duper, tromper. Chron. des ducs de Norm. tom. 1, pag. 396, vers 9071, pag. 541, vers 18820. *Vendre la fie*, p. 600, v. 15079. Voyez Rayn. tom 3, pag. 822¹, au mot *Figa*.

FIÉFERME, Héritage noble ou roturier, donné à longues années sous certaines conditions, soit de rente, soit de service. Gl. *Feudofirma* et *Feudum firmum*.

FIEFFAGE, Fonds de terre donné en fief. Gl. *Feodagium*, sous *Feudum*, pag. 478³.

1. FIEFFÉ, Le possesseur d'un fief. Gl. *Feoffatus*, sous *Feudum*.

2. FIEFFÉ, Contrat, bail d'héritages en fief ou cens. Gl. *Feoffamentum*, sous *Feudum*, pag. 479².

1 FIEFFEMENT. Inféodation. Gl. *Feofamentum*, sous *Feudum*, pag. 479².

2. FIEFFEMENT, Revenu d'un fief, ce qu'il produit. Gl *Feoffamentum*, sous *Feudum*, pag. 479².

FIEFFER, Prendre à ferme perpétuelle. Gl. *Feare*, sous *Feudum*, pag. 479¹.

FIEFFEUR, Celui qui donne en fief. Gl. *Feoffator*, sous *Feudum*, pag. 479³.

FIEFVIER, Feudataire. Gl. *Fevator*.

FIEMBRER, Fumer, engraisser une terre. Fl. *Fiens* 1.

1. FIEMENT, Fief. Gl. *Feudum capitale*, sous *Feudum*.

° 2. FIEMENT, Avec confiance. Ruteb. tom. 2, pag. 257. Voyez *Fi*.

FIENCIER, Promettre, engager sa foi. Gl. *Fiducia*.

° 1. FIENS, FEINS, Fiente, fumier. Chron. des ducs de Norm. Rayn. tom. 3, pag. 301¹, au mot *Fem*. Gl. *Fiens* 1.

° 2. FIENS, Foins. Gl. *Fodrum*, pag. 584³.

FIENTEUR, Ce qui porte du fumier. Gl. *Fimarius*, sous *Fimare*.

° FIER, comme *Fiancer* 1. Gl. *Fiducia*, pag. 492².

FIERABRAS, Nom donné au démon. Gl. *Ferrebrachia*.

FIERAIN, Bête sauvage. Gl. *Feramen*.

FIERCE, FIERCHE, FIERGE, Dame, reine, la seconde pièce des échecs. Gl. *Fercia*. [Chron. des ducs de Norm. Rayn. tom. 3, pag. 316², au mot *Fersa*.]

° FIERCER (SE), Guill. Guiart, tom. 2, pag. 254, vers 6595 (15575) :

Qui de Flamens grever se fierce.

Pag. 368, vers 9551 (18533) :

Lessent aler quarriaus des serres
Dont le grant flo d'eus se fiercist
Si espès que l'air en nercist.

° FIERÉ, Ferré. Partonop. vers 2986. Voyez Rayn. tom. 3, pag. 307², au mot *Ferrar*.

FIERTE, Châsse, reliquaire. Gl. *Feretrum* 1.

FIERTÉ, Forteresse, château. Gl. *Firmitas* 4.

FIERTON, Petite monnaie d'argent, certain poids. Gl. *Ferto*.

FIERTONNEUR, Officier des monnaies chargé d'examiner le poids des espèces. Gl. *Ferto*.

FIERTRE, Châsse, reliquaire. Gl. *Fiertra*.

FIETE, Outil de tonnelier. Gl. *Fietus*.

° FIEVER, Inféoder, recevoir comme vassal. Partonop. vers 461 :

... Buens cevaliers...
Ses faisoit suens tot ligement
Et fievoit od le soie gent.

FIEUFER, Donner en fief, inféoder ; d'où Fieufement, Inféodation. Gl. *Feodagium*, sous *Feudum*, pag. 478³.

FIEUFFERME, Héritage noble ou roturier, donné à longues années, sous certaines conditions, soit de rente, soit de service. Gl. *Feudalis firma*, sous *Feudum*.

FIEUTE, p. e. Droit féodal. Gl. *Fieuta*.

FIEUX, Qui est attaqué de la maladie appelée *Fy*. Gl. *Ficus*.

° FIGE... Aubri, pag. 183² :

Unes cloquetes ot devant au poitrier
Qui se tentisent quant on doit chevau-
[*chier*,
Cote ne fige n'i vaut mie un denier.

FIGÉ, Caillé, lait coagulé. Gl. *Figere* 2.

FIGHE, Figue, fruit. Gl. *Fraellum*.

○ **FIIE**, Enfants Haymon, vers 742 :
Vierge, ç'a dit le roi, dame sainte fiie.
Voyez *Fi*.

FIL, Fy, maladie des bœufs, espèce de ladrerie. Gl. *Ficus*.

FILAILLE, Paquet de fil. Gl. *Filatura* 2.

FILANCHE, Sorte de filet. Gl. *Filatum* 1.

1. **FILANDRE**, Frange, sorte d'ornement. Gl. *Fermeilletum*.

2. **FILANDRE**, Sorte de filet. Gl. *Filatum* 1.

FILARDEAU, Brocheton. Gl. *Filatum* 1.

FILARRESSE, Fileuse. Gl. *Filatista*.

FILAT, Congre, poisson. Gl. *Filatum* 1.

○ **FILATE**, Nom d'une pierre précieuse. Flore et Blancefl. vers 659.

FILATHIERE, *FILATIRE*, Reliquaire. Gl. *Filaterium* [et *Phylacteria*, pag. 307³, 808¹. *Filateire*, Chron. des ducs de Norm.]

○ **FILEMENT**, FILEURE †. Gl. *Filatus* 1.

FILERESSE, Fileuse. Gl. *Filatrix*.

○ **FILETTE** DE PIS. Voyez *Fillette* 3.

FILIASTRE, Beau-fils, fils d'un autre lit, gendre. Gl. *Filiaster*. [Voyez *Fillastre*.]

FILIOLAGE, Présent qu'un parrain fait à son filleul. Gl. *Filiolagium*, sous *Filiolus*.

FILIOUL, Filleul. Gl. *Filiolagium*.

FILLACHERE, Marchand de fil, dont la profession s'appelait *Fillacherie*. Gl. *Filendarius*.

FILLANCHE, Sorte de filet. Gl. *Filatum* 1.

FILLANDRIER, Marchand de fil. Gl. *Filendarius*.

FILLARDEAU, Brocheton. Gl. *Filatum* 1.

FILLASTRE, FILLATRE, Beau-fils, fils d'un autre lit, gendre. Gl. *Filiaster*. [Partonop. vers 299. Rayn. tom. 3, pag. 327², au mot *Filhastre*. *Filiastre*, Bru. Orell. pag. 28.]

FILLATIERE, Filet plein de nœuds, que nous appelons *Cordelière*. Gl. sous *Filaterium*.

FILLE DE BAST, Bâtarde, fille illégitime. Gl. *Bastardus*.

1. **FILLETTE**, Prieuré dépendant d'une abbaye. Gl. *Filiæ*.

2. **FILLETTE**, Petit baril, caque. Gl. *Folietta*.

3. **FILLETTE** DE PIS, Fille de joie. Gl. *Filheta*. [*Fillette de siècle*. Gl. *Sæculum*, pag. 264².]

FILLEULE, Palle, ce qui sert à couvrir le calice pendant la messe. Gl. *Filiola* 2.

FILLEURAGE, FILLOLAGE, FILLO- LIAGE, Présent qu'un parrain fait à son filleul. Gl. *Filiolagium*.

FILLOUER, Corderie. Gl. *Filatorium*.

1. **FILS**, Jeune homme. Gl. *Filius*, pag. 498¹.

2. **FILS**, Serviteur, valet. Gl. *Filius*, pag. 498².

3. **FILS** DE BAS ou BAST, Bâtard, fils illégitime. Gl. *Bas* 1.

4. **FILS** DE LISCE, Bâtard, fils d'une femme publique. Gl. *Filius*, pag. 499¹.

○ **FILLUES**, Filleul. Gérard de Vienne, vers 727. Rayn. tom. 3, pag. 327², au mot *Filhol*.

1. **FIN**, District, territoire. Gl. *Finium* 2. [*Fin*, borne, limite, paix, accord. Rayn. tom. 3, pag. 328², au mot *Fin*, Chron. des ducs de Normandie. Flore et Jeanne, pag. 87 : *Car en nulle fin il ne voroient ke li roiaumes demorast sans oir*. Gérard de Vienne, vers 419 :
Sel seit per vos Dan Gerard le guerrier
An fin auriez perdus m'amistié.
Agolant, pag. 171² :
Se de ce champ traient paien à fin
Jamais en France n'orra messe à matin.]

○ 2. **FIN**, Chastel. de Couci, v. 7474 :
Treiches ouvrées de fins d'or.

○ 3. **FIN**, Sincère. Comparez *Fi*. Chronique des ducs de Norm. tom. 1, pag. 498, vers 12059 ; pag. 231, vers 4278 ; pag. 246, vers 4709. Ancien poème, Fierabras, pag. 157² :
Et qu'il est fin, séur et trop amanevis.
Fin ami, Roman de Renart, tom. 3, pag. 85, vers 22078. *Conseil fin*, Garin, tom. 1, pag. 5, etc. Voyez Rayn. tom. 3, pag. 332², au mot *Fin*. Gl. *Finus*.

FINABLEMENT, Finalement. Gl. *Finaliter*.

FINAISON, Fin, accommodement, qui termine et finit une affaire. Gl. *Finis* 1.

○ 1. **FINANCE**, Fin, conclusion, convention. Guill. Guiart, tom. 2, pag. 480, vers 12504 (21487) :
Poi après prist par mort finance
Jehanne...
Pag. 458, vers 11780 (20763) :
Sans plait tenir d'autres finances.
Pag. 137, vers 3533 (12515).

○ 2. **FINANCE**, Amende, argent. Guill. Guiart, tom. 2, pag. 480, vers 12508 (21491). Rayn. tom. 3, pag. 333, au mot *Finansa*.

FINÉ, Qui est forcé de quitter son pays. Gl. *Finare* 2.

○ **FINEMENT**, JOR DEL FINEMENT, Fin du monde, dernier jugement. Chronique des ducs de Normandie. Fin, Rayn. tom. 3, pag. 329¹, au mot *Finimen*.

○ **FINEMUNT**, Fin du monde, grand désastre. Chron. des ducs de Normandie.

1. **FINER**, Payer finance. Gl. *Finare* 1.

2. **FINER**, Trouver. Gl. *Finare* 2.

○ 3. **FINER**, Mourir. Partonop. v. 1911. Garin le Loher. tom. 1, pag. 27. Cesser, se désister, Roman de Renart, tom. 1, pag. 7, vers 175 ; pag. 21, vers 568. Chronique des ducs de Norm. Rayn. tom. 3, pag. 329², au mot *Finar*, Orell. pag. 128.

FINESSE, Tour méchant et malin. Gl. *Fictilia*.

○ **FINETÉ**, Sincérité. Enfants Haymon, vers 857. Voyez *Fin*.

FIRONER, Agir en cachette, avoir de secrètes menées. Gl. *Furetus*.

○ **FIRTÉ**, Fierté, supériorité. Agolant, vers 863 :
C'est une beste de tel nobilité
Sor totes autres velt avoir la firté.
Fiertet, Chanson de Roland, stance 90, vers 14 ; stance 158, vers 7. Voyez Rayn. tom. 3, pag. 309¹, au mot *Fertat*.

FIRTONNEUR, Officier des monnaies, chargé d'examiner le poids des espèces. Gl. *Ferto*.

FISECHIEN, Physicien, médecin. Gl. *Fizicus*.

○ **FISÉE**. Gl. *Drama* 1.

FISINIER, Forgeron, ouvrier en fer. Gl. *Fusina*.

FISIQUE, Partie naturelle de la femme. Gl. *Fisica*.

FISSELIERE, Piège pour prendre putois ou chats sauvages, qu'ils appelaient *Fissiaux*. Gl. *Fissina*.

FIT, Assuré, certain. Gl. *Fiduciatus*, sous *Fiducia*, pag. 492³. [Voyez *Fi*.]

FIVATIER, Le possesseur d'un fief. Gl. *Fevatarius*, sous *Feudum*.

○ **FIZ**, Certaine maladie. Gl. *Fiz*. *Ficz* †. Gl. *Ficus*.

FIZONOMIE, Physionomie, mine. Gl. sous *Vultus*.

FLABIAX, Fables, contes. Gl. *Motetum* ; d'où

FLABOIER, Conter des fables. Gl. *Fabulare*.

1. **FLACHE**, Lieu plein d'eau. Gl. *Flachia*.

2. **FLACHE**, p. e. Espèce de vase. Gl. *Flachia*.

3. **FLACHE**, Flèche de lard. Gl. *Fliches*.

FLACHEL, FLACHET, Espèce de bâton. Gl. *Flagellata*.

FLABEL, Fléau. Gl. *Flagellum* 1. [Chronique des ducs de Normandie, Rayn. tom. 3, pag. 335², au mot *Flagel*.]

FLAELER, Tourmenter, faire souffrir. Gl. *Flagellare* 1. [Chronique des ducs de Normandie, Rayn. tom. 3, pag. 335², au mot *Flagellar*. *Le cœur lui flayelle*, Enfants Haymon, vers 905.]

FLAGE, Bouge, cuisine. Gl. *Flagus*.

FLAGEAU, Fléau. Gl. *Flagellum* 1.

FLAGEL, Flageolet. Gl. *Calamella* 1 ; d'où

FLAGELER †, Jouer du flageolet ; et *Flagelour*, Celui qui en joue. Gl. *Fistulare.*

FLAGERADE, **FLAGERON**, Sorte d'arme offensive. Gl. *Flagellata.*

FLAGIEL, Flageolet. Gl. *Calamella* 1. [*Flaguel* †, Gl. *Pantor*.]

FLAGOLLEMENT, Le son du flageolet. Gl. *Fistulare.*

FLAGOLLEUR, Joueur de flageolet. Gl. *Fistulare.*

FLAHUTEUR, Joueur de flûte ou flageolet. Gl. *Fistulare*. [*Flaihutel*, Flûte, fifre. Pastourelle, Wackern. pag. 75 :

Et quant j'oï lou flaihutel
Soneir aveuc la tabor.

Voyez Rayn. tom. 3, pag. 338², au mot *Flautel.*]

FLAIEL, Fléau. Gl. *Flagellum* 1.

° **FLAIELEMENT**, Fléaux, flagellations. Chron. des ducs de Normandie.

FLAINE, Taie d'oreiller. Gl. *Fluma* 2.

FLAIR, **FLAIREUR**, Odeur. Gl. *Fragrare.*

FLAIRIE, Confrérie, association pieuse. Gl. *Frateria.*

FLAIRIER, Rendre une odeur. Gl. *Fragrare*. [Fleurer.Wackern. pag. 22. Rayn. tom. 3, pag. 336¹, au mot *Flairar*.]

FLAIS, p. e. Fagot de menu bois pour pêcher ; d'où *Flaitieur*, Celui qui s'en sert. Gl. *Flecta.*

FLAJOL, **FLAJOT**, Flûte ou flageolet ; d'où *Flajoler*, Jouer du flageolet. Gl. *Fistulare.* [Wackern. pag. 78.]

FLAMANGE, Flamande. Gl. *Fenestra* 1, pag. 432³.

° **FLAMANT**, Enflammé, brûlant. Chast. de Couci, vers 20. Voyez Rayn. tom. 3, pag. 397¹, au mot *Aflamar*. *Flammanz*, lançant des flammes. Chron. des ducs de Norm. tom. 3, pag. 153, vers 36319.

FLAMBARD, Flambeau , morceau de bois desséché et fendu par le bout, pour qu'on le puisse allumer. Gl. *Flambellum.*

° **FLAMBE**, **FLAMBLE**, Flamme. Chron. des ducs de Normandie. Voyez Rayn. tom. 3, pag. 396², au mot *Flama.*

FLAMBETER, Flamber, passer légèrement sur la flamme. Gl. *Flambellum.*

FLAMER, Ouvrir avec l'instrument de chirurgie appelé *Flammette*. Gl. *Flammeriari.*

FLAMERON, Espèce de chandelle ou lampe. Gl. *Flambellum.*

FLAMICHE, Sorte de pâtisserie. Gl. *Flamica.*

° **FLAN**. Voyez *Flaon.*

FLANCHET, Flanc, côté. Gl. *Flanchure.*

FLANCHIAUX, Couvertures de lit. Gl. *Flassada.*

FLANCHIERE, Sorte d'armure, qui couvrait tout le corps. Gl. *Osbergum*, sous *Halsberga*. [*Flancar*. Gl. *Flanchus.*]

FLANCHIR (SE), Porter la main à son flanc ou côté, ou le serrer de la main. Gl. *Flanchus.*

° **FLANTEUR**. Voyez *Flauteur.*

FLAON, Espèce de denier blanc ; ou Pièce de métal plate, pour faire de la monnaie. Gl. *Flans.*

FLAQUE, Canal, petit bras de rivière. Gl. *Flascheia.*

FLASSADIER, Ouvrier qui fait les *Flassades* ou couvertures de lit. Gl. *Flassada.*

FLASSAR, Couverture de chevaux. Gl. *Flassada.*

° **FLAT**, Coup, tape. Roman de Renart, tom. 2, pag. 219, vers 15513 ; tom. 3, pag. 99, vers 22455.

FLATIR, Abattre, jeter par terre, précipiter. Gl. *Flatare*. [Garin le Loher. t. 1, pag. 107, 142, 174. S'élancer, pag. 167. Tomber, Flore et Jeanne, pag. 52. *Se flatir*, S'élancer, Roi Guillaume, pag. 145. *Faire flatir*, Faire se précipiter, Garin, t. 1, pag. 42, 228, 232, 274. Guill. Guiart, t. 1, pag. 116, vers 2485 (*Flacir*). Voyez Roquef. au mot *Flastir.*]

FLAUNIARDE, Sorte de pâtisserie, flan. Gl. *Flantones.*

FLAUTELE, Flûte ou flageolet. Gl. *Flauta* ; d'où

FLAUTEUR, Joueur de flûte ou flageolet. Gl. *Fistulare.*

FLAUZON, Flan, sorte de pâtisserie. Gl. *Flantones.*

FLAYAU, **FLAYEL**, Fléau, barre de fer, qui sert à fermer une porte. Gl. *Flagellum* 5.

FLECHIER, Faiseur de flèches. Gl. *Flecha.*

FLECHISSABLETÉ †, Flexibilité ; d'où *Fléchissaument* †, En fléchissant. Gl. *Flexibiliter.*

FLEGIERES, Branches d'arbres entrelacées. Gl. *Flecta*. [*Flekiere*, Roi Guillaume, pag. 67.]

FLEER, Battre avec un fléau. Gl. *Flagellare* 2, sour *Flagellum* 1.

° **FLEGARD**. Gl. *Fluctus* 1.

° **FLEGIER**, Faiseur de flèches. Gl. *Flecha.*

FLEIRER, Flairer, sentir par l'odorat. Gl. *Fragrare.*

FLENE, Espèce de coutil. Gl. *Fluma* 2.

FLEPIER, Frippier. Gl. *Ferperius.*

FLESPERIE, Fripperie, habits ou meubles raccommodés. Gl. *Ferperia.*

FLESQUE, Endroit plein de boue, mauvais pas. Gl. *Flachia.*

FLESTRE, Fistule, maladie fistulaire. Gl. *Fistula* 2.

FLETTE, Nacelle, petit bateau. Gl. *Fleta* 1.

FLEVE, Faible. Gl. *Flebilis.*

FLEUME, Flegme, pituite. Gl. *Fleuma.*

FLEURETTE, Sorte de monnaie. Gl. *Floretus* 2.

FLEUREUR, Odeur, air. Gl. *Fragrare.*

° **FLEURINS** A L'ANGELOT. Gl. *Floreni.*

FLEURS DE LIS, Les Princes du sang. Gl. *Liliosus*. [Monnaie. Gl. *Moneta*, pag. 468¹.]

FLEURS NOSTRE DAME, Taches scorbutiques, ou érésipélateuses. Gl. *Flores* 3.

1. **FLICHE**, Flèche de lard. Gl. *Fliches*. [Roman de Renart, t. 1, p. 49, v. 1281.]

2. **FLICHE**, Sorte de redevance payée en flèches de lard ; ou par abonnement, en argent. Gl. *Fliches.*

FLICQUE, Flèche de lard. Gl. *Fliches.*

FLIEME †, Lancette. Gl. *Flammeriari.*

FLIQUE, Flèche de lard. Gl. *Fliches.*

FLOC, Mare. Gl. *Floda.*

FLOCHE †, Flocon. Gl. *Flocus* ; d'où

FLOCHETER †, Tomber en flocons. Gl. *Floccare.*

FLOICHEL †, Flocon. Gl. *Flocus*. [*Floiciaux* †. Gl. *Floccare.*]

FLONNE, Bouquet d'oignons ou d'aulx. Gl. *Flonis.*

FLOQUER, Flotter. Gl. *Floccare.*

° **FLOQUET**, Certain habit ecclésiastique. Gl. *Floquetus.*

° **FLORÉ**, Fleuré, bordé de fleurs. Flore et Blancefl. vers 1187 :

La covreture de la sele
Ert d'un brun paile da Castele
Tote floréa à flors d'orfrois.

FLORENCE, Florin, sorte de monnaie d'or. Gl. *Floreni* [et *Moneta*, pag. 465³].

FLORETTE, Sorte de monnaie. Gl. *Floretus* 2.

° **FLORI**, Blanc de cheveux et de barbe. Partonop. vers 1905. 3577. Garin le Loher. tom. 1, pag. 53, 76, etc. Chanson de Roland, aux mots *Fluri*, *Flurit*. Chron. des ducs de Norm. Rayn. tom. 3, pag. 343², au mot *Florir*. Nom d'un cheval, Gérard de Vienne, vers 882, et note pag. 162².

FLORON, Fleuron. Gl. *Floronus.*

FLOS, Terre inculte, pâturage. Gl. *Fraustum.*

FLOSSADE, **FLOSSAIE**, **FLOSSOIE**, Couverture. Gl. *Flassada.*

FLOT, Flux de la mer, et le droit sur tout ce qu'amène le flux. Gl. *Fluctus* 1.

1. **FLOTE**, Train de bois. Gl. *Flauta.*

○ 2. **FLOTE.** Partonop. v. 7585 :

*Od le montant en flote sont
Et od le retraiant s'en vont.*

1. **FLOTTE.** Écheveau ou paquet de laine. Gl. *Fluctus* 2.

2. **FLOTTE.** METTRE EN FLOTTE, Resserrer. Gl. *Flota* 2.

FLOUIN, Vaisseau léger. Gl. *Fluentare.*

FLOUR, FLOURÉE, Farine, fleur de farine. Gl. *Flora.*

FLOURETTE, Sorte de monnaie. Gl. *Floretus* 2.

○ **FLOUTER**. . . . . Chanson, Wackern. pag. 83 :

*Sains Juliens bers
Riant moy Jullioute,
Ferai teil chanteir
Tous mes cuers en floute.*

FLOYEL, Fléau, affliction. Gl. *Flagellare* 1.

FLUET, Inondation, débordement d'eau. Gl. *Fluentare.*

○ **FLUIE, FLUIVE,** Fleuve. Chron. des ducs de Norm.

FLUM, FLUN, Fleuve, rivière. Gl. *Flatare* et *Flumis*. [Chron. des ducs de Normandie, Rayn. tom. 3, pag. 344¹, au mot *Flum.*]

FLUTE DOUBLE, Espèce de flûte. Gl. *Fistulare.*

FLUX. Certain jeu de cartes. Gl. *Centum* 2. [*Flus.* Gl. *Glissis.*]

FOAGER, Exiger le droit appelé *Foage.* Gl. *Foagium* 1 [et *Monetagium,* p. 504³].

○ **FOARRE,** Fourrages. Gl. *Fodrum,* pag. 535¹.

FOC, Feu. *A foc, à foc,* Au feu. Gl. *Focus.*

1. **FOÉE,** Le droit dû au seigneur sur chaque feu. Gl. *Foagium* 1, pag. 530².

○ 2. **FOÉE,** Fois. Agolant, vers 499. *Foiht,* Gilote et Johane, Jubinal, Fabliaux, tom. 2, pag. 33.

○ **FOER,** Voyez *Feor.*

FOIAL, Féal, fidèle. Gl. *Fidelis* 2. p. 486³. [Chastel. de Couci, vers 3544.]

FOIBLAGE, Terme des monétaires, pour marquer que l'espèce est plus faible de poids qu'il n'est ordonné. Gl. *Flebagium.* [Voyez *Moneta,* p. 460¹.]

FOIÉE. FAIRE FOIÉES D'AUTRUI, Acquitter les charges d'un autre. Gl. *Focata.*

FOIEGE, pour FOLAGE, Mouture. Gl. *Foulagium.*

FOIGNÉE, Redevance en foin. Gl. *Fenataria.*

○ **FOIL,** Feuille. Chron. des ducs de Norm. Voyez Rayn. tom. 3, pag. 353¹, au mot *Folh.*

○ **FOILDRES,** Foudre. Chron. des ducs de Norm.

FOILLARS, Certains brigands, ainsi nommés, ou d'une branche d'arbre qu'ils portaient à leurs chapeaux pour se reconnaître, ou parce qu'ils se retiraient dans les bois. Gl. *Foilliata.*

FOILLIE, Sorte de gâteau. Gl. *Foliata* 2.

○ **FOILLIS,** Feuillu. Flore et Blancefl. v. 611. Rayn. t. 3, pag. 353², au mot *Folhos.*

FOILLOLER, Faire de folles dépenses. Gl. *Follis* 3.

FOIMENTI, Parjure, qui manque à la foi qu'il a donnée. Gl. *Fidementitus,* sous *Fides.* [*Foimentie,* Miracle de la sainte Vierge. Chron. des ducs de Norm. tom. 3, pag. 519, vers 288. Voyez *Feimenti.*]

FOINESUN, Le temps où les biches et les femelles des chevreuils mettent bas. Gl. *Fannatio.*

FOINGNIER, Marchand de foin. Gl. *Fenerius.*

FOIRER, Fêter, chômer. Gl. *Feriare,* sous *Ferias* 2.

FOIREUX, Homme sans cœur ni honneur. Gl. *Fallitus.*

○ **FOIRIÉ,** Jour auquel a lieu la foire. Partonop. vers 6588 :

*Si soit li tornoiz conmenciez
Le lundi enprès les foiriez.*

Voyez vers 6555.

1. **FOIRIER,** Gouverneur d'une foire. Gl. *Feriari,* sous *Ferias* 3, pag. 438¹.

2. **FOIRIER,** Fêter, chômer. Gl. *Feriare,* sous *Ferias* 2. [*Foiriées* de Noel, pag. 437².

FOIS, FAIRE QUELQUE CHOSE SA FOIS, c'est-à-dire, A son tour. Gl. *Turnus* 1. [A la fois, A son tour. Chastel. de Couci, vers 1267.]

FOISIL, Fusil, morceau d'acier, qui sert à faire du feu, quand on le bat sur un caillou. Gl. *Fugillus.* [Rayn. tom. 3, pag. 380¹, au mot *Fozil.*]

FOISNE, Faine, espèce de gland que porte le hêtre. Gl. *Fagina* 2.

○ **FOISON,** Force, résistance. Agolant, vers 227 :

*Ci voi ces aues corre de grant randon,
Si ge i muef, jà n'i aurai foison.*

Gérard de Vienne, vers 2482 :

*Lor escus tranchent et lor elmes an son,
Li cercle d'or i ont poc de foison.*

Vers 2813 :

Contre lor cop n'ait nule arme foison.

Voyez ci-dessous *Fuison,* Diez Altrom. Sprachdenkmale. pag. 50. Rayn. tom. 3, pag. 356¹, au mot *Foyson.*

FOISSON, ou FOISSOU, en albigeois, Houe, instrument à labourer la terre à la main. Gl. *Fossorium.*

FOITABLE, Se dit d'un homme vrai et qui a bonne réputation, qu'il faut croire. Gl. *Fautalis.*

1. **FOL,** Hêtre, arbre. Gl. *Fagus.*

○ 2. **FOL.** Partonop. vers 3378 :

Partonopeus s'en tient à fol.

Voyez vers 3421. *Fol pensé,* Lai du corn, vers 236. *Fol natre.* Voyez *Natre. Fous nai.* Voyez *Nais.*

1. **FOLAGE,** Le droit de mouture dû au seigneur du moulin. Gl. *Foulagium.*

2. **FOLAGE,** Folie, sottise. Gl. *Follitia,* sous *Follis* 3, pag. 541³. [Chastel. de Couci, vers 841. Chron. des ducs de Norm. Voyez Rayn. tom. 3, pag. 351¹, au mot *Follatge.*]

○ **FOLANT,** Flottant. Partonop. vers 5764 :

*Et laisse son cheval aler,
Il ne vait o son frain pesant
Les regnes as (a ?) ès pis folant.*

FOLASTRE, Fol, hébété, imbécile. Gl. *Follis* 3.

FOLE. ESTRE FOLE DE SON CORPS, En user comme une femme débauchée. Gl. *Follis* 3. [Voyez Gl. *Alitaria.*]

○ **FOLEIZ,** Badinage, moquerie. Chron. des ducs de Norm.

FOLER, Être fol, extravaguer. Gl. *Follis* 3 [Maltraiter. Partonop. vers 3595. Voyez *Afoler* ou *Fouler ?*]

FOLEREZ. MOULIN FOLEREZ, Moulin à fouler les draps. Gl. *Folare pannos.*

FOLESUYE, Jeu de pelote ou ballon. Gl. *Folusellum.*

○ **FOLETÉ,** Folie. Chron. des ducs de Normandie, Rayn. tom. 3, pag. 350², au mot *Folledat.*

FOLEUR, Sottise, folie, étourderie. Gl. *Follitia,* sous *Follis* 3, pag. 541² [*Folesse,* ibid.]

1. **FOLIER,** Extravaguer, faire des folies. Gl. *Follis* 3. [Partonop. vers 4169 :

Mais ains que foliasce en li.

Voyez Rayn. tom. 3, pag. 351¹, au mot *Foleiar. Foloier,* Chron. des ducs de Norm.]

2. **FOLIER,** Mener une vie de débauche. Gl. *Follis* 3.

3. **FOLIER,** Dire des injures. Gl. *Follia,* sous *Follis* 3, pag. 541². [Railler, moquer, Chron. des ducs de Norm.]

FOLIEUSE, Femme débauchée. Gl. *Follis* 3.

FOLIEUX, Fol, insensé, imbécile. Gl. *Follis* 3.

FOLINGIER, Dire des injures, maltraiter de paroles. Gl. sous *Follis* 3, pag. 541².

FOLION, Feuille d'Inde. Gl. *Folia* 3.

FOLLAGE, Le droit de mouture dû au seigneur du moulin. Gl. *Foulagium.*

FOLLAIN, Cocon de soie. Gl. *Folexellus.*

FOLLESSE, FOLLEUR, Folie, sottise, étourderie. Gl. *Follitia,* pag. 541².

FOLLOIER, Agir comme un fol. Gl. *Follis* 3.

FOLOIER, Se tromper, s'égarer, agir

en fol. Gl. *Fallire* et *Follis* 3. [Ruteb. tom. 1, pag. 6 :

Fols qui ne foloie
Pert sa seson.

Voyez Rayn. tom. 3, pag. 351², au mot *Foleiar*.]

° **FOLOR**, Erreur, folie, extravagance, débauche. Partonop. vers 612. Roman de Renart, tom. 3, pag. 67, vers 21582. Belle Ysabiaus, Wackern. pag. 6, 7, 8. Chronique des ducs de Normandie. Voyez Rayn. tom. 3, pag. 350¹, au mot *Folor*.

FOLOT, Esprit follet. Gl. *Ficarius*.

FONCHIERE, Fond creux. Gl. *Foncia*.

FONCHINE, Instrument pour la pêche. Gl. *Fronenezze*.

FONDATION, Produit des fonds. Gl. *Fundalitas*.

1. **FONDE**, Fronde, la corde qui chasse le trait. Gl. *Fonde*. [Guill. Guiart, tom. 1, pag. 111, vers 2839 :

Et de fondes dont il fondoient.

Voyez Rayn. tom. 3, pag. 355¹, au mot *Fonda*.]

2. **FONDE**, Bourse des villes commerçantes, douane, magasin public. Gl. *Funda* 1.

FONDÉ, Sçavant, très-instruit. Gl. *Fundatus* 1. [*Fondé des ars*, Flore et Blancefl. vers 208.]

FONDEFFLE, FONDEFLE, Fronde, machine de guerre pour jeter des pierres. Gl. *Fonde* et *Fundabulum*.

FONDEIZ, Fond, vallée. Gl. *Foncia*.

° **FONDER**, Voyez *Fonde* 1.

FONDERES, FONDEUR, FONDERESSE, Fondateur, fondatrice. Gl. *Fundare* 1.

FONDIC, Magasin de marchandises. Gl. *Fundicus*, sous *Funda* 1.

FONDOIRE, Fond, vallée. Gl. *Foncia*.

° **FONDU**, Effondré. Roi Guillaume, pag. 57 :

Là ont une roche trovée
Qui estoit fondue et cavée.

FONS, Fontaine. Gl. *Fonta*.

FONTAINE, [Eaue. Partonop. vers 5371, 5512, Rayn. tom. 3, pag. 361¹, au mot *Fontana*. [FAIRE SES FONTAINES, Sorte de jeu, qui se faisait le quatrième dimanche de carême. Gl. *Fonta*.

FONTENIZ, Lieu marécageux. Gl. *Foncia* [et *Mariscus*. Fontaine, source. Chron. des ducs de Norm. tom. 2, pag. 555, vers 31224 :

Denz le ruissel d'un fontenil.

Voyez Rayn. tom. 3, pag. 360¹, au mot *Fontanil*].

1. **FONTURE**, Fonte, l'action de fondre. Gl. *Funtura*.

2. **FONTURE**, Creux, enfoncement. Gl. *Funtura*.

FOOL, Soufflet. Gl. *Manticulus*.

° **FOR**, Prix. Chron. des ducs de Norm. Voyez *Feur*, Rayn. tom. 3, pag. 361², au mot *For*.

° 1. **FORAGE**, Certain droit féodal. Gl. *Foragium* 1.

° 2. **FORAGE**, Fourrages. Gl. *Fodrum*, pag. 536¹.

FORAGIER, Celui qui a droit d'usage dans une forêt. Gl. *For*.

FORAIN. [Roman de Renart, tom. 2, pag. 17, vers 10084 ; tom. 3, pag. 26, vers 10476. Profane. Chron. des ducs de Norm. tom. 2, pag. 385, vers 26578.] RUE FORAINE, Rue détournée, écartée. Gl. *Foraneus* 4. [*Chambre forain*. Latrines. Hugues de Lincoln, Wolf, pag 447.]

FORBAN. FAIRE FORBAN, Bannir, exiler, releguer. Gl. *Forisbannire*, pag. 557¹.

FORBANNISSEMENT, Bannissement, exil : d'où *Forbannir*, Bannir, reléguer. Gl. *Forisbannire*.

FORBIUS. METTRE EN FORBIUS, Envoyer en exil. Gl. sous *Forisbannire*.

FORBOUR, Faubourg. Gl. *Forisbarium*.

1. **FORCE**, Pays fortifié et garni de forteresses. Gl. *Força* 4. [Voyez Rayn. tom. 3, pag. 374², au mot *Forsa*.]

° 2. **FORCE**, Ciseau. Chastel. de Couci, vers 7344 (*unes forces*). Roman de Renart, tom. 1, pag. 55, vers 1447. Voyez Rayn. tom. 3. pag. 373¹, au mot *Forsa*, et ci-dessous *Forcesces*.

° **FORCEL**, FORCELE, Poitrine. Chron. des ducs de Normandie. Chanson de Roland, st. 164, vers 4 :

Desur sun piz, entre les dous furceles
Cruisiedes ad ses blanches mains, les
[*beles.*

Voyez *Forchéure*, *Fourcel*, et Rayn. tom. 3, pag. 362², au mot *Forsela*. *Jurer la forcelle Dieu*, Juramentum, pag. 468¹.

FORCELER, Celer ce qu'on doit déclarer. Gl. *Foriscelatus*.

FORCELET, Petit fort. Gl. *Forcelletum*, sous *Fortia* 3.

FORCENERIE, Voy. *Forsenerie*.

FORCERET, Coffre, cassette. Gl. *Forcerius*.

FORCESAINTE, p. e. Boucle, agrafe de ceinture, ou coffret à reliques. Gl. *Fermalium*.

FORCESCES, Forces, ciseaux. Gl. *Forceps*. [Voyez *Force* 2.]

FORCETIER, Faiseur de *forciers* ou cassettes. Gl. *Forcerius*.

FORCETTES, Ciseaux. Gl. *Forceps*.

° **FORCEUR**, Voyez *Forçur*.

° **FORCÉURE**, Voyez *Forchéure*.

FORCHAT, Bâton fourchu. Gl. *Fourchata*.

1. **FORCHE**, Force, violence. Gl. *Fortia* 2.

2. **FORCHE**, Fourche. Gl. *Fourchata*.

FORCHELE, Celui qui ne paye pas au jour marqué le cens qu'il doit. Gl. *Foriscelatus* [et *Folgare*.]

FORCHELER, Celer ce qu'on doit déclarer ; d'où *Forcheler les droits*, Les frauder, les dissimuler, les celer par fraude. Gl. *Foriscelatus*.

FORCHETTE, Fourche, proprement la partie de fer qui se divise en deux ou plusieurs fourchons. Gl. *Fourchata*.

FORCHEURE, Poitrine. Gl. *Furcatura*. [Enfourchure. *Forcéure*, Partonop. vers 575. Chanson de Roland, st. 127. vers 20 ; stance 102, vers 11 :

. . . Si li trenchet
Et tut le cors tresqu'en la furchéure
Enz en la sele, ki est à or batue ;
El cheval est l'espée arestéue.

Voyez Fierabras, vers 980, note, pag. 178¹. Rayn. tom. 3, pag. 363¹ au mot *Forcadura*. Comparez *Forcel*.]

° **FORCHIE**, Certain usage de chasse. Après avoir dépecé la bête et avant de donner la curée aux chiens on mettait à part le foie, les poumons, etc., que l'on attachait à un bâton fourchu. Roman de Rou, tom. 1, pag. 289 :

Li cerf aveient escorchie
Et fet aveient li forchie.

Voyez le Tristan allemand de Gottfried de Strasbourg, vers 2888 suiv.

FORCHIER, FORCIER, Écrin, cassette, coffre, Gl. *Forcerius* [et *Forsarius*].

FORCOMANDEUR, Usurpateur, qui dépouille un légitime possesseur. Gl. *Arders* 2.

FORCONSEILLER, Donner un mauvais conseil, mal conseiller. Gl. *Forisconsiliare*. [*Forsconseillez*, Chron. des ducs de Normandie, tom. 1, pag. 599, vers 15049.]

FORCONTER (SE), Faire un faux calcul. Guill. Guiart, tom. 2, pag. 149, vers 3845 (12829) ; pag. 186, vers 4806 (13796). *Forcontez*, tom. 1, pag. 115, vers 2457 ; tom. 2, pag. 242, vers 6255 (15235).

° **FORÇUR**, Plus fort. Jordan Fantosme, vers 268 :

Karduil vos durrum, ke seiez plus
[*forcur.*

Voyez Rayn. tom. 3, pag. 373², au mot *Forsor*, Orell, pag. 37.

FOREL, Fourreau. Gl. *Forellus*.

1. **FORER**, Aller au fourrage. Gl. *Foragium* 2.

2. **FORER**, Gâter, piller, ravager. Gl. *Foragium* 2.

° **FORES**, Forêt. Partonop. vers 513, 1451. *Foriès*, Flore et Jeanne, pag. 36. Voyez Rayn. tom. 3, pag. 364¹ au mot *Forest*.

FORESCAPY, Droit sur les choses trouvées dans le fief du seigneur. Gl. *Forscapium*. [Voyez Rayn. tom. 2, pag. 275², au mot *Foscal*.]

FORESTAGE, FORESTAIGE, Le droit d'usage dans une forêt, la redevance pour ce droit, et même toute espèce de droit ou exaction. Gl. *Forestagium*, [pag. 552¹, 552², et † *Lucar.* Voyez Rayn. tom. 3, pag. 864¹, au mot *Forastaige.*]

FORESTAIGE, Office de garde forestier. Gl. *Forestagium*, pag. 552¹.

FORESTERIE, Office de forestier. Gl. *Forestarius de feodo*, pag. 553².

FORETER, Forestier, garde de forêt. Gl. *Forestarius*, pag. 553¹.

FORFACTURE, Saisie, confiscation, amende. Gl. *Forfectura*, sous *Forisfacere* 1, pag. 559¹.

1. FORFAIRE, [Encourir la confiscation.] FORFAIRE SON FIEF, Le perdre pour avoir manqué en quelque chose à son seigneur. Gl. *Forisfacere* 1; [Se forfaire de mort, Commettre un crime digne de mort, Partonop. vers 3811. *Forfaire l'amende*, Gl. *Forfectura*, pag. 559¹. Voyez Orell, pag. 245. Rayn. tom. 3, pag. 274², au mot *Forsfar.*]

*◦ 2. **FORFAIRE**, Altérer, défigurer. S. Mathieu, chap. 6, vers 16 : *Il forfont lour faces qu'il apiergent as homes junantz.* (lat. exterminant enim facies suas). Roquefort.

FORFAIT, Amende, peine, punition. Gl. *Forfaitura*, sous *Forisfacere* 1, [pag. 559¹. *Amende du fourfait.* Gl. *Forisfactum*, pag. 559². Excès. délit punissable. Gérard de Vienne, v. 3571. Flore et Blancefl. vers 2763, 2765. *Forfait oïr*, Garin le Loher. tom. 1, pag. 44, 68. *Forfait dire.* Partonop. vers 3122. Voyez Rayn. tom. 3, pag. 275¹, au mot *Forfach.* *Forfeit.* Gl. *Præsens forefactum.*]

FORFAITURE, Saisie, confiscation, amende. Gl. *Forfectura*, sous *Forisfacere* 1, pag. 559¹.

FORFAMILIER, Émanciper. Gl. *Forisfamiliare.*

FORFUYANCE. Ce qu'un serf payait à son seigneur, pour la permission de passer à un autre. Gl. *Fugitarius.*

FORGE, Fabrique, construction. Gl. *Forgia* 1. [Roi Guillaume, pag. 96.]

FORGEMENT, Fabrication de monnaies. Gl. *Forgire.* [Voyez Gl. *Moneta*, pag. 492¹².]

FORGERET, Coffre, cassette. Gl. *Forgerium.*

FORGHES, Forces, espèce de ciseaux. Gl. *Forficia.*

FORGIER, Coffre, cassette. Gl. *Forgerium.*

FORIERE, Terre destinée à la pâture des animaux. Gl. *Foreria* 2, [et *Foraria* 3.]

FORILLE, mal lu pour Feuille. Gl. *Folium* 3.

FORIMARIGE, Ce qu'un serf payait à son seigneur pour pouvoir épouser une femme de condition libre, ou une serve d'un autre seigneur. Gl. *Forinatrimonium*, sous *Forismaritagium.*

FORJOUSTER, Bien joûter, se distinguer dans les joûtes Gl. *Justa* 1. [Chastel. de Couci, vers 5869:

*Que ses amis l'autrier porta,
Quant il la feste fort jousta.*]

FORISCAPI, Le droit de lods et ventes. Gl. *Forscapium.*

*◦ **FORISSIR**, Sortir, Orell, pag. 177. Voyez Rayn. tom. 3, pag. 572¹, au mot *Foriessir.*

1. FORJUGÉ, Jugé par coutumace. Gl. *Forisjudicare.*

2. FORJUGÉ, Confisqué. Gl. *Forisjudicare.*

FORJUGER, Débouter par jugement quelqu'un de sa demande. Gl. *Forisjudicare.* [Rayn. tom. 3, pag. 608², au mot *Forsjutgar.* Chron. des ducs de Norm. au mot *Forsjugier.*]

FORJURER, Quitter, abandonner, renoncer. Gl. *Forisjurare.* [Garin le Loher. tom. 1, pag. 54. Aubri, pag. 154¹. Enfants Haymon, vers 332, 335, 415. Voyez Rayn. tom. 3, pag. 608², au mot *Forjurar.* Chron. des ducs de Norm. au mot *Forsjurer.*]

*◦ **FORLONGER**, comme *Fourlongner.* Gl. *Paragium* 1.

FORMALLER, Faire un acte dans toutes les formes prescrites par le droit ou l'usage. Gl. *Forniter.*

FORMARIAGE, Ce qu'un serf payait à son seigneur, pour pouvoir épouser une femme de condition libre, ou une serve d'un autre seigneur. Gl. *Forismaritagium.*

*◦ **FORMÉ**, Bien fait. Aubri, pag. 174¹ :

Et avenant et des membres formé.

Voyez Rayn. tom. 3, pag. 365², au mot *Formos.*

FORMÉE, Lettres scellées du sceau royal ou public pour mettre une sentence à exécution. Gl. sous *Formatæ.*

1. FORMENT, Fort, beaucoup. Gl. *Fortiter.* [Rayn. tom. 3, pag. 373², au mot *Fortment. Fortment*, Psautier de Corbie, ps. 103.]

*◦ **2. FORMENT**, Froment, blé. Chron. des ducs de Norm. etc. Voyez Rayn. t. 3, pag. 401¹, au mot *Fromen.*

FORMETE, Escabelle, petit banc. Gl. *Forma* 14.

*◦ **FORMIANS**, Rempli, fourmillant ? Partonop. vers 513 :

*Ne por autres mervelles grans
Dont la forès est formians.*

Voyez Gl. *Formire.*

*◦ **FORMIS**, Mis dehors, chassés, dessaisis. Chron. des ducs de Norm. tom. 3, pag. 159, vers 36412 :

*Ne les regnes ne les contrées
Que il dussent delivrées,
Dunt erent formis Longebart.*

Voyez Gl. *Forismittere.*

FORMORT, Le droit qu'a le seigneur sur les biens des bâtards et autres, après leur mort. Gl. *Formortura.*

2. FORMORTURE, FORMOTURE, Le droit qu'a le seigneur sur les biens des bâtards, et autres après leur mort. Gl. *Formortura.*

*◦ **FORN**, Four. Chanson de Roland, stance 224, vers 11. Voyez Rayn. tom. 3, pag. 370¹, au mot *Forn.*

FORNAGE, Le droit que doivent au seigneur ceux qui sont obligés de cuire leur pain à son four banal. Gl. *Furnagium.*

*◦ **FORNESTURE**, Fourniture, ce qui est nécessaire pour vivre. Gl. *Furnire* 1.

FORNICARESSE †, Femme débauchée et qui s'abandonne à la fornication. Gl. *Fornicatrix.* [Voyez Rayn. tom. 3, pag. 371¹, au mot *Fornicairitz. Fornigans*, Forniquant. Enfants Haymon, vers 122.]

1. FORNIER, Cuire dans un four. Gl. *Furnire* 2.

*◦ **2. FORNIER**, Préposé au four, boulanger. Gl. *Monetagium*, pag. 504³.

*◦ **FORNOIER**, Nier. Gl. *Forisnegare.*

FORPAISÉ, Qui est hors de son pays, soit volontairement, soit par bannissement. Gl. *Forispatriatus.*

FORPERIE, Fripperie, habits ou meubles raccommodés, le lieu où ils se vendent. Gl. *Ferperia.*

FORPEX, Frippiers. Gl. *Forpæ.*

FORRAR, Haler un chien, le faire piller par d'autres. Gl. *Forrare.*

1. FORRE, Paille, fourrage. Gl. *Fodrum*, pag. 535¹. [Voyez Rayn. tom. 3, pag. 371², au mot *Fore* et ci-dessous *Fuerre* 2. *Prendre lodgis per forrées.* Gl. *Fodrum*, pag. 535³.]

*◦ **2. FORRE**, Fourreau. Agolant, v. 615. Chron. des ducs de Norm. Voyez *Fourre* et *Fuerre* 1.

FORRIER, Fourrier, fourrageur, pillard. Gl. sous *Fodrum*, pag. 535³.

1. FORS, Usages, coutumes d'un lieu. Gl. *Forus* 2.

2. FORS, [Hors, dehors, excepté. Rayn. tom. 3, pag. 372¹, au mot *Fors*, Orell. pag. 825. Chron. des ducs de Norm. Chastel. de Couci, vers 4789 :

*Mès je atant m'en soufferray
Fors tant que m'en delivreray.*

Fort seulement tant cum, Chron. des ducs de Norm. tom. 1, pag. 300, vers 6365. Roi Guillaume, pag. 62 :

*Qui si estoit povres et nus
Qui ne sambloit fors que truant.*

Guil. Guiart, t. 2, pag. 260, vers 6732 (15724) :

Ça! n'i a fors du desrengier.]

ESTRE DE FORS, Etre de dehors, d'un autre pays. Gl. *Foras.* [Garin le Loher. tom. 1, pag. 297 :

A saint Germain qui siet de fors Paris.

Voyez Rayn. ibid. au mot *Defors.*]

*◦ **3. FORS**. Gl. *Moneta*, pag. 460¹.

FORSAGE, Violence faite à une fille. Gl. *Fortia* 2.

*◦ **FORSCLORRE**, Empêcher, exclure,

empêcher de fuir. Chron. des ducs de Norm. Orell, p. 268.

○ FORSENER, Rendre, devenir forcené, mettre hors du sens, être hors du sens. Chronique des ducs de Normandie. *Forsane*, Roman du Renart, tom. 2, pag. 100, vers 12282. Voyez Rayn. tom. 5, p. 197¹, au mot *Forsener*.

○ FORSENERIE, FORCENERIE, FORSEMENT, Furie, extravagance, frayeur, Chant, Wakernagel, pag. 65. Ruteb. t. 2, pag. 255. Rayn. tom. 5, pag. 197¹, au mot *Forsenaria*. Chron. des ducs de Norm. aux mots *Forsenerie* et *Forsenement*. Gl. † *Inergia*.

FORSERRE, Forgeron, ouvrier en fer. Gl. *Forsorium*.

○ FORSIER, FOSSIER. *Lairon forsier*, Gérard de Vienne, vers 416, 1957, 2985. *Larron fossier*, Miracles de N. Dame, Chron. des ducs de Norm. tom. 3, pag. 520, vers 309. Roman de la Violette, pag. 62, vers 1198. *Ribaude fossière*, Nouveau recueil de F., et C. tom. 2, pag. 58, vers 1614. *Laron qui enble par fosse*, Roman du comte de Poitiers, pag. 28, vers 512. Michel; Qui viole les tombeaux. Voyez Rayn. t. 3, pag. 375¹, au mot *Forsaire*, Violateur.

FORSLOIGNIER, Éloigner. Chron. des ducs de Norm. tom. 2, pag. 151, vers 19809 :

Nos volent eissi forsloignier.

FORSPAISÉ, FORSPAYSIÉ, Qui est hors de son pays, soit volontairement, soit par bannissement. Gl. *Forispatriatus*.

FORSSELLE, p. e. Fourchette, ou ciseaux. Gl. *Furcina*.

○ FORT, Château, fort. Gérard de Vienne, vers 4027 :

Mon fort de Rome, ke l'on clame
[*ma chambre*.]

Voyez Rayn. t. 3, pag. 373¹, au mot *Fort*.

FORTABLEMENT, Par force, avec violence. Gl. *Fortiter*.

FORTELESSE, Forteresse, château. Gl. *Fortecia*, pag. 573².

FORTRAIRE, Séduire, suborner, enlever subtilement. Gl. *Trahere* 1, [et *Abigere*. Partonop. vers 227. Voyez Orell, pag. 272.]

FORTRESCHE, Fortification, tout ce qui sert à fortifier et à défendre. Gl. *Fortecia*, pag. 573².

FORTUNAL, Tempête, ouragan. Gl. *Fortunatus*.

1. FORTUNE, Trésor trouvé par hasard. Gl. *Fortuna* 2.

2. FORTUNE, Accident fâcheux, perte. Gl. *Fortuna* 4.

3. FORTUNE, Tempête, ouragan. Gl. *Fortuna* 3.

FORTUNEL, Arrivé par hasard, non médité. Gl. *Fortuna* 4.

FORTUNEUSEMENT, Par accident, par malheur. Gl. *Fortuna* 4.

FOSSE, Prison, cachot. Gl. *Fossa* 2.

FOSSE COIE, Latrine, privé. Gl. *Fossa cœca*, sous *Fossa* 3.

FOSSÉER, Entourer de fossés. Gl. *Fossare* 2.

FOSSER UNE VIGNE, La cultiver, la labourer et fouir. Gl. *Fossare* 2.

FOSSERÉE, Autant de terre qu'un homme en peut fouir dans un jour. Gl. *Fossoriata*.

FOSSEUR, Pioche, houe, instrument à fouir la terre. Gl. *Fossorium*.

FOSSIER, Celui qui fait des fossés. Gl. *Fossiator*.

FOSSIERRE, Houe, instrument à fouir la terre. Gl. *Fossorium*.

FOSSOER, Le même. Gl. *Fossorium*.

FOSSOIRIE, Métier de celui qui fait des fossés. Gl. *Fossiator*.

FOSSOUR, Houe, instrument à fouir la terre. Gl. *Fossorium*.

FOU, Hêtre. Gl. *Fagus*. [Ruteb. tom. 1, pag. 8.]

FOUACE, Espèce de pain blanc, un gâteau. Gl. *Fouhacea*, [et *Ignatia*. *Fouache*, Gl. *Focacia*.]

1. FOUAGE, Le droit dû au seigneur sur chaque feu. Gl. *Foagium* 1, pag. 529².

2. FOUAGE, Façon de préparer le cuir, en le mettant dans la fosse au tan. Gl. *Fœuare* et *Fouagium* 2.

FOUAIGE, Fouille, l'action de fouir. Gl. *Foallia*.

FOUAILLER, Faire la *fouaille* ou curée du sanglier. Gl. *Fuagium*.

FOUANE, Houssine, baguette. Gl. *Fuagium*.

FOUARON, FOUASSE, Espèce de pain blanc ou gâteau. [*Fouassier*, Qui fait ces pains.] Gl. *Fouhacea*.

FOUC, FOUCQ, Troupeau, principalement de brebis ou de pourceaux. Gl. *Foucagium*. [Bande. Ruteb. tom. 2, pag. 238 :

Là vi un fouc de soteriaus
Qui juoient aus tumberiaus.

Voyez Rayn. tom. 3, pag. 852², au mot *Folc*.]

FOUCHIERE, Fougère. Gl. *Foucheria*.

FOUDROIER, Effrayer, épouvanter. Gl. *Fulminatus*.

1. FOUÉE, Le droit dû au seigneur sur chaque feu. Gl. *Foagium* 1, p. 530².

2. FOUÉE, Le droit dû sur les bois qu'on amène à la ville. Gl. *Focagium*, sous *Foagium* 1, et *Focata*.

3. FOUÉE, Chauffage, fagot, bourrée. Gl. *Foagium* 2.

4. FOUÉE. FAIRE FOUÉES D'AUTRUI, Acquitter les charges d'un autre. Gl. *Focata*.

1. FOUEL, Assemblée, troupe. Gl. *Foucagium*.

2. FOUEL, Fouaille, curée du sanglier. Gl. *Fuagium*.

FOUER, Mettre le cuir dans la fosse au tan. Gl. *Fœuare*.

FOUERRES, Marchand de paille et fourrage. Gl. *Gagnagium*.

FOUESIL, Fusil, morceau d'acier, qui sert à faire du feu quant on le bat avec un caillou. Gl. *Fugillus*.

FOUEUR, Celui qui fouit. Gl. *Foallia*.

1. FOUGER, Séduire, surborner. Gl. *Fuginare*.

2. FOUGER, Fouiller, comme fait le cochon. Gl. *Fogerare*.

FOUGIER, Fouir, labourer la vigne. Gl. *Fogerare*.

FOUILLE, Espèce de pioche. Gl. *Foditare*.

FOUINETTE, Petite fourche. Gl. *Fuscina*.

○ FOUIR, Bêcher, creuser la terre. Merlin Mellot, Jubinal F. et C. tom. 2, pag. 131.

FOUISSIS †, Fusil, morceau d'acier, qui sert à faire du feu quand on le bat avec un caillou. Gl. *Piricudium*.

FOUISSON, Buisson. Gl. *Foagium* 2.

1. FOULAGE, Le droit de mouture dû au seigneur du moulin par ceux qui sont obligés d'y moudre leurs blés. Gl. *Foulagium*.

2. FOULAGE. VIN DE FORT FOULAGE, Bon, excellent. Gl. *Follare*.

FOULEREZ. MOULIN FOULEREZ, Moulin à fouler les draps. Gl. *Folare pannos*.

FOULEUR, Sottise, imbécillité. Gl. *Follitia*.

FOULLIE, Offense, blâme. Gl. *Foulfacere*.

FOULON, Folie, extravagance, étourderie. Gl. *Follitia*, sous *Follis* 3, p. 541³.

FOURBENNI, Banni, exilé, proscrit. Gl. sous *Forisbannire*.

FOURBEUR, Fourbisseur. Gl. *Forbissator*.

1. FOURC, Botte, en languedocien. Gl. *Furcus*.

2. FOURC, Branche fourchue d'un arbre. Gl. *Furca* 2.

FOURCEL, FOURCELLE, Poitrine, estomac. Gl. *Furcula*. Voyez *Forcel*.

1. FOURCELLER, Celer en fraude, tromper, frauder. Gl. *Foriscelatus*.

2. FOURCELLER, Tondre avec des forces ou ciseaux. Gl. *Forceps*.

FOURCHAT, Bâton fourchu. Gl. *Fourchata*.

FOURCHEFIERE, Sorte d'arme en forme de fourche. Gl. *Furcafera* [et *Glaviolus*.]

FOURCHEGERBES, Fourche propre à

mettre les gerbes sur un charriot. Gl. *Furcafera.*

FOURCHEL, Fourche, bâton fourchu. Gl. *Fourchata.*

FOURCHELLER, Celer en fraude, tromper, frauder. Gl. *Foriscelatus.*

FOURCHETTE, Fourche, proprement la partie de fer qui se divise en deux ou plusieurs fourchons. Gl. *Fourchata* [et *Intendere* 9.]

° FOURCHIÉ, Terme de blason. Chastel. de Couci, vers 1559 :

Li lions ot queue fourchiée.

Vers 1087 :

Au lyon de geulles fourchié.

FOURCHIEL, FOURCHIER, Fourche, bâton fourchu. Gl. *Fourchata.*

° FOURÇOIIER, Résister. Flore et Jeanne, pag. 88 : *Contra vo segneur ne contre ses barons vous n'avez pooir de fourçoiier.*

FOURCONSILLIER, Donner un mauvais conseil. Gl. *Forisconsiliare.*

FOURCQ, L'endroit où quelque chose se partage en deux. Gl. *Furco* 1.

FOURESTAGE, Le droit d'usage dans une forêt, et la redevance due pour ce droit. Gl. *Forestagium*, sous *Foresta*, pag. 552¹².

FOURESTIER, Celui qui fait une redevance pour le droit d'usage dans une forêt. Gl. *Foresteria*, sous *Foresta*.

FOURFAIT, Forfait, crime. Gl. *Forisfactum*, sous *Forisfacere* 1.

FOURGON, Fourchon. Gl. *Fuscina.*

° FOURIER. Voyez *Fourrier*.

FOURJUGIER, Priver par jugement ou sentence quelqu'un de quelque chose. Gl. *Forisjudicare.*

FOURJUR. FAIRE FOURJUR, FOURJURER, Déclarer en justice et par serment, qu'on abandonne et qu'on renonce à quelque chose. Gl. *Forisjurare.*

FOURLASSEUR, p. e. pour Fourbisseur. Gl. *Forbissator.*

FOURLONGNER, Forligner, dégénérer. Gl. *Furlongus.*

FOURMAGIER, Marchand de fromages. Gl. *Fromagerius.*

FOURME, Banc, siège. Gl. *Forma* 14.

FOURMÉ, pour DÉFOURMÉ, terme injurieux à Liège, p. e. Bâtard. Gl. *Deformosus.*

FOURMENER, Battre, maltraiter. Gl. *Maletractare.* [*Se fourmener*, Se fatiguer. Chastel. de Couci, vers 1955 :

Iesies-vous blechiés durement?
Gardés, trop ne vous fourmenés.]

FOURMENTAL, Qui concerne le froment. *Fuere Fourmental*, Paille de froment. Gl. *Frumentaticus.*

FOURMENTEL. VIN FOURMENTEL, Vin de cens et rente. Gl. *Frumentaticus.*

FOURMENTERIE, Marché au blé. Gl. *Frumentaria.*

FOURMETTE, Escabelle, petit banc. Gl. *Forma* 14.

FOURMONT, Espèce d'outil, p. e. Tenailles. Gl. *Furminentum.*

FOURMORTURE, Le droit qu'a le seigneur sur les biens des bâtards et autres, après leur mort. Gl. *Formortura.*

FOURNAIGES, Pain et autres pièces de four. Gl. *Furnagium.*

FOURNEMENS, Ce que l'on est obligé de fournir tous les ans. Gl. *Furnire* 1.

FOURNER, Cuire dans un four. Gl. *Furnare* 1.

FOURNIAGE, Le droit, que doivent au seigneur ceux qui sont obligés de cuire leur pain à son four bannal. Gl. *Furnagium.*

FOURNIER, Cuire dans un four. Gl. *Furnire* 2.

FOURNILLE, Menu bois propre à chauffer le four. Gl. *Fornilia.*

° FOURNIR L'ASSISE. Gl. *Vadium*, pag. 230².

FOURNIRON, Garçon fournier. Gl. *Furnairo.*

FOURQ, Chemin fourchu, l'endroit où il se partage en deux. Gl. *Fourcus.*

FOURQUE, Terre terminée en fourche et qui en embrasse une autre. Gl. *Furco* 1.

FOURQUEFIERE, Fourche, dont les dents sont de fer. Gl. *Furcafera.*

FOURQUEFILLE, Sorte d'arme en forme de fourche. Gl. *Furcafera.*

FOURQUIER, Grande fourche. Gl. *Furculus.*

FOURQUILLON, Petite fourche. Gl. *Furculus.*

FOURRAGIER, Fourrageur, pillard. Gl. *Foragium* 2.

FOURRE, Fourreau. Gl. *Fodrus.* [Voyez *Forre* 2.]

FOURREL, Terme injurieux. Gl. *Fodrus.*

FOURRER, Fourrager, aller au fourrage. Gl. *Forrare*, sous *Fodrum*. [Renart le Nouvel, tom. 4, pag. 159, vers 896.]

FOURRIER, Fourrageur, pillard. Gl. *Forarii*, sous *Fodrum*, pag. 535³. [Flore et Blancefl. vers 79. Voyez Rayn. tom. 3, pag. 371², au mot *Folrier*.]

FOURSEH, Fossé sec. Gl. *Forsatum.*

FOURTRAIRE, Séduire, suborner. Gl. *Trahere* 1.

° FOUSE, Fosse. Roman de Renart, tom. 1, pag. 22, vers 586.

FOUSSOIR, Houe, instrument à labourer la terre à la main. Gl. *Fossorium.*

FOUSSOUER, Le même. Gl. *Fossare* 2.

FOUTÉ, Fidélité, le serment que le sujet ou vassal fait à son seigneur de lui être fidèle. Gl. *Fidelitas.*

FOUTU, Parjure, qui a manqué à son serment de fidélité. Gl. *Fidelitas.*

FOUX, Soufflets de forge. Gl. *Folus.*

1. FOUYER, Certaine chasse, qui se fait au feu, fouée. Gl. *Focus.*

2. FOUYER, Imposer le droit, qui se lève sur chaque feu. Gl. *Foagium* 1, pag. 530³.

FOUYNE, Fourche. Gl. *Fuscina.*

FOX, Soufflet de forge. Gl. *Folus.*

1. FOY, Le serment de fidélité, qu'un vassal doit à son seigneur féodal. Gl. *Fides ligia.*

2. FOY. HOMME DE FOY, Vassal. Gl. *Fidelis*, sous *Fideles.*

FOYAL, Féal, fidèle. Gl. *Fidelitas.*

FOYAUTÉ, Féauté, le serment, que le sujet ou vassal fait à son seigneur de lui être fidèle. Gl. *Fidelitas.*

FOYÉE. FAIRE FOYÉES D'AUTRUI, Acquitter les charges d'un autre. Gl. *Focata.*

FOYEMENT, Exécuteur testamentaire. Gl. *Fideicommissum.*

FOYNE, Fourche, espèce d'arme, instrument de fer à deux ou trois fourchons, dont on se sert pour prendre le poisson. Gl. *Fuscina.*

FOYNEAULX, Terme de mépris, comme qui diroit, Destinés à remuer ou vuider le fumier d'une étable. Gl. *Fuscina.*

FOYNNETTE, Petite fourche. Gl. *Fuscina.*

° FRA, Fera. Chastel. de Couci, v. 1293. *Frad*, Vie de saint Thomas de Canterb. vers 711 var.

FRACON, Petit houx, arbrisseau. Gl. *Froncina.*

FRACTEUR, Infracteur, celui qui rompt un traité ou convention. Gl. *Fraiterius.*

FRACTION, Parcelle, petite partie. Gl. *Fractio.*

FRAEL, Balle, caisse. Gl. *Fraellum.*

FRAGON, Petit houx, arbrisseau. Gl. *Froncina.*

FRAI, Rompu, brisé. Gl. *Fragiatus.*

FRAIAUS, Cabas ou panier à figues. Gl. *Fraellum.*

FRAICHEUR, Commencement, nouveauté. Gl. *Frischus.*

FRAIÉ. ESTRE FRAIÉ, Être constitué en frais. Gl. *Fractus* 1 [et *Constangiatus*].

FRAIER, Fournir aux frais et à la dépense. Gl. *Fractus* 1.

FRAIGNÉIS, Bris, action de briser. Chron. des ducs de Norm. tom. 3, p. 57, vers 33148.

FRAIJON, Petit houx, arbrisseau. Gl. *Froncina.*

FRAINCHAR, Sorte de mesure de blé. Gl. *Francarium.*

FRAINDRE, Rompre, briser. Gl. *Fragiatus.* [*Freindrat,* Chanson de Roland, stance 170, vers 5. *Fraindre, Freindre, Fraing, Freigne,* Chron. des ducs de Norm. *Frait* (particip.) Gl. *Fraiterius.* Partonop. vers 2955, 3016, 7933. Chanson de Roland, Chron. des ducs de Norm. *Fret,* Rom. de Renart, t. 2, p. 170, v. 14158. Agol. vers 574. *Fraint,* Chronique des ducs de Normandie, tom. 1, pag. 366, vers 8181. Orell. pag. 276. Voyez Rayn. tom. 3, pag. 385², au mot *Franger.*]

FRAINTE, Bruit, tumulte, querelle. Gl. *Fragumen.* [Guill. Guiart, tom. 2, p. 18, vers 445 ; pag. 196, vers 5055.]

FRAIRE, Affaibli, débile. Gl. *Fragilitatus.*

FRAIREUR. COUSIN FRAIREUR, Issu de germain. Gl. *Cosinus.*

FRAIRIE, Alliance, ligue, confrairie, association pieuse. Gl. *Frateria* et *Fratreia.*

FRAIRIN. Voyez *Frarin.*

FRAISCHE, Frêne. Gl. *Frassinus.*

FRAISETE, Gland ou bouton en forme de fraise. Gl. *Fresellus.*

FRAISNIN, FRESNIN, De frêne. Chron. des ducs de Norm. Partonop. vers 6875. *Espié de frene.* Agolant, pag. 163². Voyez Rayn. tom. 3, pag. 388², au mot *Fraisse.*

FRAISSE, Frêne. Gl. *Frassinus.*

FRAISSENGUE, Truie, qui a mis bas. Gl. *Friscinga.*

FRAIT. Voyez *Fraindre.*

1. **FRAITE**, Ouverture, brèche, fente. Gl. *Fracha.* [Roman de Renart, tom. 5, pag. 61, vers 1119. Voyez Rayn. tom. 3, pag. 386², au mot *Fracha.*]

2. **FRAITE**, Canal, bras d'eau. Gl. *Fretum* 1.

FRAITIER, Constituer en frais. Gl. *Fractus* 1.

FRAITIN, Effraction, violence. Gl. *Fraiterius.*

FRAITTE, Brèche, ouverture, fente. Gl. *Fracha.*

FRAITURE, Brisure, rupture. Partonop vers 3009. Voyez Rayn. tom. 3, pag. 386², au mot *Fractura.*

FRAITY, Terre inculte, pâturage. Gl. *Fraus.*

FRAMEILLE, Agrafe, boucle. Gl. *Firmale.*

1. **FRANC**, Noble, ou de condition libre. Gl. *Franci* 1. [Agol. vers 430, 469. Chanson de Roland, stance 19, vers 2. *Francs de Francs,* stance 63, vers 2 (*Franceis,* vers 6). Voyez Le Roux de Lincy, Chansons historiques, tom. 1, pag. 13, 14, 16. *Franci,* Loyal, sincère, généreux. Partonop. vers 156, 547. *France rien,* vers 1252. *France cose,* Flore et Blancefl. vers 2540. Voyez Rayn. tom. 3, pag. 384¹, au mot *Franc. Francs chiens et oiseaux.* Gl. *Canes Franci,* pag. 88².

2. **FRANC**, Monnaie de France valant vingt sols. Gl. *Franci* 1. [*Franc à cheval.* Gl. *Moneta,* pag. 468³, *Franc du Pape.* Gl. *Franchus.*]

3. **FRANC**, Étable à pourceaux. Gl. *Francum.*

4. **FRANC**. AU PLUS FRANC, Jeu que nous nommons *Franc du quarreau.* Gl. *Francum.*

FRANCARTE, Sorte de mesure de blé. Gl. *Francarium.*

FRANCEMENT, Noblement. Partonop. vers 450 Voyez Rayn. tom. 3, pag. 384¹, au mot *Francament.*

FRANCHAR, comme *Francarte.* Gl. *Francarium.*

FRANCHE MATIÈRE, Mortier. Gl. *Materia Franca,* pag. 304².

FRANCHÉE, Valeur ordinaire de la monnaie appelée *Franc,* c'est-à-dire vingt sols. Gl. *Franchus.*

FRANCHILECHES. TENIR EN FRANCHILECHES, Tenir en franchise, sans devoir de cens ou autre redevance. Gl. *Franchileches.*

1. **FRANCHIR**, Affranchir, rendre libre. Gl. *Franchire.* [Anoblir. *Francir,* Partonop. vers 280, 2573. Voyez Rayn. t. 3, pag. 384², au mot *Franquir.*]

2. **FRANCHIR**, p. e. pour FIANCHIR, Fiancer. Gl. *Franchire* 2.

3. **FRANCHIR** UNE RENTE, S'en délivrer en la rachetant. Gl. *Franchire* 2.

1. **FRANCHISE**, La loi des nobles. Gl. *Franchisia* 1. [Priviége, noblesse. *Francise,* Partonop. vers 405, 1871. Voyez Rayn. tom. 3, pag. 384² au mot *Franquesa.*]

2. **FRANCHISE**, Lieu privilégié. Gl. *Franchisia* 2.

FRANCHISSEMENT, L'extinction ou rachat d'une rente. Gl. *Franchire* 2.

FRANCMARCHIEF. Gl. *Estalagium.*

FRANC-MOLU, Franche mouture. Gl. *Francum-molitum* [et *Molta* 2].

FRANÇOIER, Parler français, ou agir à la française. Gl. *Francisare.*

FRANCOR. GESTE FRANCOR, Histoire, race des Francs. Chanson de Roland, st. 110, vers 6 :

Il est escrit en la geste Francor.

Stance 286, vers 11 :

Geste Francor 30. eschéles i numbrent.

Partonop. vers 9269 :

Vos fustes fils de sa seror
De la haute geste Francor
Et del linage as Troiens.

Voyez *Geste.*

FRANCORINE, Qui est libre et franc d'origine. Gl. *Originales servi,* sous *Originarii.*

FRANC-OSTE. Gl. *Hospes,* pag. 236³.

FRANDOILLER (SE). Roman de Renart, tom. 2, pag. 164, vers 13985 :

Cil se frandoille et se detorne.

FRANGOMATE, Affranchi. Gl. *Franchire* 1.

FRANQUIESME, Terre, qui n'est pas sujette à un cens. Gl. *Franchisia* 1.

FRANQUISE, Franchise ; titre et qualification des nobles. Gl. *Franchisia* 1.

FRAPE, Piége. Roman de Renart, tom. 3, pag. 147, vers 24815 :

Et Renart est tornez en fuie
Et lesse Belin en la frape.

Savoir de frape, Être rusé, avoir de l'adresse.

FRAPER (SE), Se lancer. Guill. Guiart, tom. 2, pag. 62, vers 1575 ; pag. 226, vers 5853 ; pag. 208, vers 7781 ; pag. 307, vers 7975 (10551, 14833, 16712, 17956.)

FRAPIER. SE METTRE A OU AU FRAPIER, Fuir, s'échapper. Gérard de Vienne, vers 2742. Roman de Renart, tom. 2, pag. 167, vers 14096 ; tom. 3, pag. 99, vers 22460 et souvent.

FRAPPAIL, Bouches inutiles. Gl. *Frappa.*

FRARESCHE, Toute espèce de bien, qui vient par héritage. Gl. *Fraternitas* 6.

FRARESCHEUR, Cohéritier. Gl. *Fraternitas* 6.

FRARIE, Confrairie, association pieuse. Gl. *Frateria.*

FRARIN, Infortuné, misérable. Gl. *Prarii.* [Roman de Renart, tom. 3, pag. 32, vers 20603. Wackern. pag. 63. De basse extraction. Partonop. vers 6209, 10845. Roi Guillaume, pag. 98. *Ventre frarin,* Roman de Renart, t. 3, p. 8, vers 19538. *Escris frarins,* Partonop. vers 103. Odieux, lâche. Agolant, vers 1142 et suiv. 170². Chronique des ducs de Normandie. Voyez Rayn. tom. 3, pag. 381², au mot *Frairin.*

FRASNEL, Rejeton de frêne. Gl. *Frassinus.*

FRATIN, Effraction, violence. Gl. *Fraiterius.*

FRATRIN, Fraternel. Gl. *Fraternalis.*

FRAU, Terre inculte, pâturage. Gl. *Fraustum.*

FRAUDOUSEMENT, Frauduleusement. Gl. *Fraudabiliter.*

FRAYEL, Cabas ou panier à figues. Gl. *Fraellum.*

FRAYSSE, Truie, qui a mis bas. Gl. *Friscinga.*

FRAZEURE, Ce qui sert à broyer, à mettre en miettes. Gl. *Micatorium.*

FREASCE, Sorte de droit ou impôt. Gl. *Freagium.*

FREAU, Cabas, panier. Gl. *Frayle.*

1. **FREC**, Frais, neuf ; ou Beau, agréable, bien ajusté. Gl. *Frischus.* [*Frecque poursuite.* Gl. *Huessium*, pag. 260¹. Voyez *Fresque.*]

2. **FREC**, Pays, canton. Gl. *Frecum.*

FRECENGE, Frecengée, Droit qu'on payait en porc frais ou jeune, et souvent en argent. Gl. *Frecengia.*

FREDAINE, Fanfaronnade, vanterie. Gl. *Fredare.*

FREDIR, Maltraiter, battre. Gl. *Fredare.*

1. **FREGON**, Petit houx, arbrisseau. Gl *Froncina.*

2. **FREGON**, pour Fourgon, ustensile de four. Gl. *Furgo.*

° **FREILLEUX** †, Frileux. Gl. *Frigorosus.*

FREINDRE, Craquer, faire le bruit de quelque chose qui se rompt. Gl. *Fragumen.* [Voyez *Fraindre.*]

° **FREIR**, Frémir, trembler. Chron. des ducs de Norm. tom. 1, pag. 236, v. 4398.

FREISCHE, Terre inculte, pâturage. Gl. *Fresceum.*

° **FRÉISENT**, pour *Férissent*, Frappent. Flore et Jeanne, pag. 51 : *Et si il fréisent ausi grans cos comme il faisoient as premiers, tos éust li uns l'autre ocis.*

FREITON, Petite monnaie d'argent. Gl. sous *Ferto.*

FRELIN, Sorte de monnaie, la quatrième partie d'un denier. Gl. *Ferlina* et *Ferlingus.*

FRELOQUE, Espèce d'ornement en forme de houpe ; d'où *Freloquié*, Ce qui a cet ornement. Gl. *Flocus* 2.

FRELUQUE, **FRELUSQUE**, Petite monnaie noire. Gl. *Ferlina.*

FREMAIL, Boucle, agrafe. Gl. *Fermalium.* [Partonop. vers 7463. Voyez Rayn. tom. 3, pag. 311², au mot *Fermalh*, ci-dessus *Fermail* 1.]

FREMAILLE, Gageure, enjeu. Gl. *Fermalia.* [*Fremalls*, Flore et Jeanne, pag. 19.]

FREMAILLES, Fiançailles. Gl. sous *Firma* 1, pag. 504². [Partonop. vers 10521 :

*Quant faites furent ces fremailles
Puis parolent des esposailles.*

Voyez Rayn. tom. 3, pag. 312¹, au mot *Fermalha.*]

° **FREMER**, Fortifier. Partonop. vers 374, 380, 1660, 1742, 2053, 2072. Attacher, fixer, vers 6824, 6874. *Cité fremie*, Jordan Fantosme, vers 1850. Voyez *Fermer.* *Fremeté*, Fortification, vers 383. Voyez *Fermeté.*

° **FREMILON**, Fermilion, De mailles de fer ? *Hauberc fremilon*, Gérard de Vienne, vers 1577, 2492. *Hauberc fermilion*, Aubri, p. 161². Voyez Rayn. t. 3,

pag. 394², au mot *Fremilo* (*Ac vestit un ausberc, gran, fremilo.*)

° **FREMIR**, Ondoyer, flotter. Garin le Loher. tom. 1, pag. 240 :

Là véissiez ces banieres fremir.

° **FREMUR**, Frémissement, bruit. Chanson de Roland, stance 190, vers 8.

FREMURE, Ce qui sert à fermer, serrure. Gl. *Firmamentum* 4.

FRENAISIEUX, Frenasieux, Frénétique. Gl. *Fren.*

FRENEYR, Frennier, Éperonnier, ouvrier qui fait les freins ou mors des chevaux. Gl. *Frenerius.*

FRENOISIEUSEMENT, Avec furie, en furieux. Gl. *Fren.*

° **FREOR**, Frayeur. Chronique des ducs de Normandie.

FREPPERIE, Friperie, habits ou meubles raccommodés. Gl. *Freperia.*

FREQUENCE, Fréquentation, habitude de faire quelque chose. Gl. *Frequentare* 3.

FRERAGE, Partage des biens patrimoniaux entre les frères ou cohéritiers ; d'où *Frerager* ou *Freragier*, Faire ce partage. Gl. *Fraternitas* 6.

FRERASTRE, Beau-frère. Gl. *Frerester.* **FRERE DE BAS**, ou DE BAST, Frère bâtard, né hors du mariage. Gl. *Bastardus* et sous *Frater.*

FRERE BOURT, Frère convers ou Donné, celui qui a soin de faire valoir la métairie d'un monastère. Gl. *Burs* 1.

FRERE EN LAY, ou EN LOY, Beau-frère. Gl. sous *Frater.*

FRERES AUX SACS, Sorte de religieux, dont l'habit ressemblait à un sac. Gl. *Sacci.*

FRERES D'ARMES, Ceux qui servaient sous le même étendart. Gl. *Fratres armorum*, et sous *Frater.*

FRERES DES ASNES, Les mathurins, parce qu'ils ne se servaient que d'ânes pour voyager. Gl. *Asinus* 2.

° **FRERES MENUS**, MENOR. Gl. *Menudetæ.*

FRERES PYES, Sorte de religieux vêtus de noir et blanc, comme les pies. Gl. sous *Frater.*

FRERESCHE, Partage des biens patrimoniaux entre les frères ou cohéritiers ; d'où *Frerescher*, Faire ce partage. Gl. *Fraternitas* 6.

FREREUX. COUSIN FREREUX, Issu de germain. Gl. *Cosinus.*

° **FRES**, FREIS, Frais, qui a du lustre. Partonop. vers 7771 ;

*Et portent cinq lames letrées
De frès sinoples colorées.*

Chron. des ducs de Norm. tom. 2, p. 29, vers 16143 :

Et d'escuz freis peinz à vernis.

Pag. 28, vers 15946, tom. 1, pag. 440,

vers 10848. Voyez Rayn. tom. 3, pag. 391², au mot *Fresc.*

FRESANGE, Jeune porc, et le droit qu'on en payait au seigneur. Gl. *Friscinga.*

FRESANGEAU, Jeune porc. Gl. *Friscinga.*

FRESAUDE, Sorcière, enchanteresse. Gl. *Dracus.*

FRESCENGAGE, Le droit qu'on payait en porc frais ou jeune, et souvent en argent. Gl. *Annelage.*

FRESCHE, Friche, terre inculte. Gl. *Fresceium* [et *Friscum.*]

FRESCHEMENT, A l'instant, d'abord. Gl. *Frischus.*

° **FRESEAUS**, FREISEAUS, FRESELES, Franges, galons. Partonop. v. 10120 :

De ridoires et de freseaus.

Chron. des ducs de Norm. tom. 2, p. 580, vers 31351 :

*Bende son chef....
D'une bende lascheitement
Od uns freseaus de fin argent.*

Partonop. vers 10645 :

*Vestues sont estroitement,
Od freseles d'or et d'argent
Dès les poins desci que as hances,
[(mances ?)]
Que molt orent beles et blances.*

Voyez Rayn. tom. 3, pag. 400⁴, au mot *Fresadura.*

° **FRESELER**, FRETELER, Ondoyer, flotter. Chron. des ducs de Norm. tom. 1, pag. 220, vers 3940. Guill. Guiart, tom. 2, pag. 106, vers 2713 ; pag. 113, vers 2903, (11698, 11883).

FRESENGAGE, Le droit qu'on payait en porc frais ou jeune, et souvent en argent. Gl. *Fregsingarium.*

FRESENGE, Jeune porc, et le droit qu'on en payait au seigneur. Gl. *Friscinga.*

FRESH, Friche, terre inculte. Gl. *Friscum.*

FRESINE, Affranchie. Gl. *Frilazin.*

° **FRESKE**, Fraîche. Flore et Blanceñ. vers 1436 :

Char salée, freske et poucins.

° **FRESNIN**. Voyez *Fraisnin.*

FRESPERIE, Friperie, habits ou meubles raccommodés. Gl. *Freperia.*

FRESQUE, Soudain, subit. *Cas de fresque*, Se dit d'une querelle prise sur le champ et sans dessein prémédité. Gl. sous *Frischus.* [Voyez *Frec* 1.]

FRESSENGE, Le droit qu'on payait en porc frais ou jeune, et souvent en argent. Gl. *Frisengagium*, sous *Friscinga*, p. 612¹.

FRESSIN, Jeune porc. Gl. *Fressengia.*

FRESSONGE, comme FRESSENGE. Gl. *Fressengia.*

FRESSOUOIR, Poêle à frire. Gl. *Frixorium* 1.

FRESTAIGE, Redevance faite à un seigneur pour être protégé par lui. Gl. *Fretum 3.*

FRESTE, Ouverture, brèche, passage. Gl. *Fracha.*

FRESTEL [FRESTELE], Sorte de flûte, flageolet. [Pastourelle, Laborde, pag. 190 : *Frestel, chalemel ot.* Autre, pag. 163 : *A dit en sa frestele.* Roman de Renart, tom. 2, pag. 260, vers 16636 :

Fox vilains, trop as dit atant,
Or me represte le frestel.

Laissez-moi parler à mon tour. Voyez Rayn. tom. 3, pag. 338², au mot *Flautel ;*] d'où *Fresteler*, Jouer de la flûte ou du flageolet. Gl. *Fretella,* [et *Amasia.*] Pastourelle, Laborde pag. 164. Voyez Rayn. tom. 3, pag. 339¹, au mot *Frestelar.*

FRESTIZ, Friche, terre inculte. Gl. *Fresceium.*

FRESTRE, pour FESTRE, Faîte, comble. Gl. *Festrum.*

FRETAIGE, Redevance faite à un seigneur pour être protégé par lui. Gl. *Fretum 3.*

FRETAIL, Soliveau. Gl. *Cordonus.*

FRETE, Espèce de flèche. Gl. *Frecta.*

FRETÉ [FRESÉ], Croisé, entrelacé. Gl. *Frecta,* et *Frestatus.* [Entouré de bandes, galonné, brodé. Partonop. vers 3007 :

La hanste est de pumier, fretée,
Ne puet brisier tant est bendée.

Chansons historiques, tom. 1, pag. 170 :

Quens Tibaut, doré d'envie
De felenie freté

Chron. des ducs de Norm. tom. 2, p. 104, vers 18380 :

E mainte tente à or fresée.

Voyez Rayn. tom. 3, pag. 399², au mot *Frezar*, et ci-dessous *Orfres.*]

FRETEL, Espèce de flûte ou flageolet. Gl. *Fretella.*

FRETELET, Petit bassin fait en losange. Gl. *Freteletus.*

FRETET, Redevance faite à un seigneur pour être protégé par lui. Gl. *Fretum 3.*

FRETIL, Friche, terre inculte. Gl. *Fresceium.*

FRETILLET, Petit bassin fait en losange. Gl. *Freteletus.*

FRETIN, Petite monnaie d'argent, feuille d'argent. Gl. *Freto.*

FRETON, Petite monnaie d'argent. Gl. *Freto.*

FRETTE, Ouverture, brèche, passage. Gl. *Fracha.*

FREZANGE, Le droit qu'on payait en porc frais ou jeune, et souvent en argent. Gl. *Friscinga.*

FRICHETE, Friche, terre inculte. Gl. *Friscum.*

FRICQUEMENT, A l'instant, d'abord, estement. Gl. *Frischus.*

FRIÉ, Friche, terre inculte. Gl. *Friscum.*

FRIENTE, Bruit, tumulte, sédition, [frayeur]. Gl. *Fragumen.* [Chronique des ducs de Normandie.]

° **FRIER**, FREIER, Frôler, toucher légèrement. Partonop. vers 2995 :

Li espiols al costé li frie
Un poi li a le car blesmie.

Roman de Rou, tom. 2, pag. 841 :

Mais la saete glaceia
La fleche à un arbre freia.

FRIEUL, Poêle à frire. Gl. *Frixorium 1.*

FRIEULEUS, Qui souffre du froid. Gl. *Frigorosus.*

FRILLER, Trembler de froid. Gl. *Frigutire.*

FRILLOUSETÉ †, Sensibilité au froid ; d'où *Frillousement* †, Froidement. Gl. *Frigorositas* [et *Algorositas*].

° **FRIMER**, Frémir. Partonop. v. 10595.

FRIQUE, Frais, neuf ; ou Beau, agréable, bien ajusté. Gl. *Frischus.*

FRIRE, Frémir, Frissonner de peur. Gl. *Fricare.* [Guill. Guiart, tom. 2, p. 121, vers 3105 ; p. 198, vers 5113 (12085, 14101). Orell. pag. 282. Rayn. tom. 3, p. 400², au mot *Frire.*]

FRISQUE, Poli, galant, qui a bonne grâce ; d'où *Frisquement*, Agréablement, galamment. Gl. *Frischus.*

FRITELET, Écusson ou sorte d'ornement fretté. Gl. *Freteletus.*

FRIVOLEUX, Frivole, inutile. Gl. *Frivolis.*

FRIVORT. ESTRE FRIVORT, Faire froid. Gl. *Pellicia.*

FRIXOIR, Poêle à frire. Gl. *Frixorium 1.*

FRIXURE, Friture. Gl. *Frixatura.*

FRO, Terre, qui n'est pas cultivée, ou chemin public proche d'une ville ou maison. Gl. *Fro.*

FROBERGE, Épée, sabre. Gl. *Froberga.*

FROC, Terre inculte, pâturage. Gl. *Fraustum.* [*Froc de ville.* Gl. *Fro* et *Antesolarium.*]

FROCOLET, pour FRETELET ou FRITELET. Voy. ces mots ci-dessus.

FROER, Briser, mettre en pièces. Gl. *Fragiatus.* [Chastel. de Couci, vers 1100.]

° **FROGIER**, FROUCHIER, Prospérer, profiter. Guill. Guiart, tom. 1, p. 274, v. 6670. Plait Renart de Dammartin, Jubinal F. et C. tom. 2, pag. 24. Voyez Rayn. tom. 3, pag. 403¹, au mot *Fruchar.*

FROIDOUR, Frais, fraîcheur. Gl. *Friggedo.*

FROIER, Frotter. Gl. sous *Fragumen.* [Aubri, pag. 154².]

° **FROION**, Coup. Roman de Renart, tom. 4, pag. 13, vers 844 :

L'asne ont doné tant de froions.

° **FROISCIÉ**, Froissé, brisé. Partonop. vers 8055. *Froisséiz,* Froissement, brisure. Roman de Rou, vers 13690. Voyez Rayn. tom. 3, pag. 338², au mot *Frois,* et p. 401¹, au mot *Froncir.*

FROMENTAGE, Droit qui ne fut levé d'abord que sur les terres à froment, et ensuite sur les autres. Gl. *Frumentagium.*

FROMENTÉE, Bouillie ou ragoût fait avec de la farine. Gl. *Farracum.*

FRONCE, FRONCHE, Ride. Gl. *Fronssatus.* [*Froncete.* Partonop. vers 4868.]

° **FRONCHIER**, FRONCHER, Froncer, être mécontent. Guill. Guiart, tom. 2, p. 177, vers 4569 ; pag. 196, vers 5054. Gl. *Gibetum.*

FRONCHIGNE, Instrument pour la pêche. Gl. *Fronenezze.*

FRONT. FAIRE FRONT, s'Opposer. Gl. *Frontose.*

FRONTEAU, FRONTEL, Ornement du front. Gl. *Fronteria.*

FRONTELET, Bandeau de religieuse. Gl. *Fronteria.*

FRONTIER, Ornement du front ; ou Devant d'autel. Gl. *Fronterium 2.*

1. **FRONTIERE**, Façade, frontispice d'une église ou d'autre bâtiment. Gl. *Frontispicium 1.* [Premiers rangs. Guill. Guiart, tom. 2, pag. 134, vers 3444.]

2. **FRONTIERE**, Ornement du front. Gl. *Fronteria.*

FRONTOYER, Côtoyer. Gl. *Fronterium 1.*

FRONTUEUSEMENT, Hardiment, avec effronterie. Gl. *Cruscire* et *Frontose.*

FRONX, Troupeau. Gl. *Frotta.*

FROQUIER, Voyer. Gl. *Frocarius.*

FROS, Terre inculte, pâturage. Gl. *Fraustum.*

FROSSER, Bâtir sur le *fros* ou terrain public et inculte. Gl. *Fraustum.*

FROSTERIE, Redevance pour le droit d'usage dans une forêt ; et *Frostier,* Celui qui doit cette redevance. Gl. *Foresteria* sous *Foresta,* pag. 552³.

° **FROTER**, Se toucher. Chastel. de Couci, vers 1688.

FROU, Terre inculte, pâturage. Gl. *Fraustum.*

FROUCHINE, p. e. Servante de cuisine. Gl. *Fratillum.*

FROUMAGE, Fromage. Gl. *Fromagerius.* [Garin le Loher. tom. 1, pag. 205, not. 2.]

FROUMENTÉ. VIN FROUMENTEIT, Vin de cens et rente. Gl. *Frumentaticus.*

FROUMIGERIE †, p. e. Espèce de bouillie. Gl. *Comedia.*

FROUSTE, Qui n'est pas cultivé. Gl. *Frostium.*

FROUSTIS, FROUX, Terre inculte, pâturage. Gl. *Frostium.*

FROYRE, Meubles, ustensiles. Gl. *Froyre*.

FRUCHERIE, Fruiterie, marché aux fruits. Gl. *Fructaria*.

◦ **FRUIANT**. PUTE FRUIANT, Roman de Renart, tom. 2, pag. 123, vers 12898.

FRUISSER, Froisser, rompre, briser. Gl. *Frussura*.

FRUITAGE, Toute espèce de fruits. Gl. *Fructuagium*.

FRUITERIE, Office chez le roi ; qui fournit le fruit, la bougie et la chandelle. Gl. *Fructuaria* 1.

◦ **FRUMAL**, comme *Fremail*, Boucle, agrafe. Renart le Nouvel, tom. 4, p. 137, vers 294.

FRUME, Mine, contenance. Gl. *Frumen*.

FRUSTRER, Piller, dépouiller. Gl. *Frustrare*.

FRUTAGE, Fruit, revenu, produit. Gl. *Fructuarium* 2.

FRUTTUAIRE, Usufruitier. Gl. *Fructuarius* 2.

FUCE, pour FUIE, Fuite. Gl. *Fuga* 3.

FUDOS, Nom du feu de la Saint-Jean. Gl. *Ignis dictus Fudos*, pag. 290³.

FUEDALH, Émouchoir, chasse mouche. Gl. *Camba* 2.

◦ **FUEIL**, FUEL, FUIL, masc. Feuillet, lettre. Roman de Renart, tom. 3, p. 79, vers 21934. Du Chievre fuel, Wackern. p. 19. Chron. des ducs de Norm. tom. 1, p. 384, vers 8707. *En autre sens* torne or le fuil, pag. 376, vers 8468. *Tot out aillors le fuel torné*. Parton. vers 4918. Voyez Rayn. tom. 3, pag. 353¹, au mot *Folh*.

◦ **FUEILLOLER**, S'élancer dans les airs. G. Guiart, tom. 1, pag. 178, vers 4080 :

*Carriaus et sajetes qui volent
Au destachier très haut feuilloleut.*

1. **FUELLES**, Espèce de pioche. Gl. *Fodiare*.

2. **FUELLES**, Épines, broussailles, menu bois sec. Gl. *Fualium*. [Le passage se trouve par erreur sous *Fuagium*.]

1. **FUER**, Prix, valeur. Gl. *Foragium* 1. [Renart le Nouvel, tom. 4, pag. 440, vers 7560 :

Dou roi qui fut de si grant fuer.

A nul fuer, A nul prix, en aucune manière, aucunement. Flore et Blancefl. vers 1926. Partonop. v. 4583, 6070, 6304. Chastel. de Couci, vers 316, 5242, (fue), 7274. Chron. des ducs de Norm. Voyez *Feor*, *Feur*, et Orell, pag. 803. *A nul fuor*, Chron. des ducs de Norm. tom. 1, p. 449, vers 10633. *Au fuer de*, En guise de, à la manière de. Guill. Guiart, tom. 1, pag. 71, vers 1194. Voyez Rayn. tom. 3, p. 361, au mot *For*.]

2. **FUER**, Mettre le prix aux denrées. Gl. *Forum* 1.

3. **FUER**, Fuir. Gl. *Abjuratio* 1.

1. **FUERRE**, Fourreau. Gl. *Forulus*, [*Fuere*, Partonop. vers 9894. Voyez *Forre* 2, et *Furrer*. Chron. des ducs de Norm.]

2. **FUERRE**, Paille, fourrage. Gl. *Farrare*, sous *Fodrum*, pag. 585². [Flore et Blancefl. vers 1242. *Aler en fuere*, Aller fourrager. Agolant, pag. 184¹. Garin le Loher. tom. 1, p. 271, 272. Voyez *Feurre* 1, *Forre* 1, et Rayn. tom. 3, pag. 371³, au mot *Forre*. Chron. des ducs de Normandie.]

FUERS, Hors, dehors. Gl. *Foras*.

FUETE, Autant de terre, qu'en peut labourer ou fouir un homme dans un jour. Gl. *Fueta*.

FUETÉ, Feauté, le serment, qu'un sujet ou vassal fait à son seigneur de lui être fidèle. Gl. *Fidelitas*.

FUEUR, Prix, valeur. Gl. *Forum* 1.

FUIE, Fuite. Gl. *Fuga* 3.

FUILE, Feuille. Gl. *Minare* 4.

FUILLE, Bourrée, fagot. Gl. *Foilliata*.

FUILLIE, Gâteau feuilleté. Gl. *Foliata* 2.

1. **FUIR**, Fuite. Gl. *Fuga* 3.

2. **FUIR**, Se FUIR, Se réfugier. Gl. *Fuga* 3. [Fuir. Agolant, vers 708. Chron. des ducs de Norm. tom. 3, pag. 337, vers 40816. Orell, pag. 154. Voyez Rayn. tom. 3, pag, 405¹, au mot *Fugir*.]

FUIRET, Furet ; d'où *Fuireteur*, Celui qui a soin de ces animaux, officier chez le Roi. Gl. *Furator*.

FUIRON, Furet. Gl. *Furo* 2.

◦ **FUISIE**, Physique, médecine ? Roman de Renart, tom. 3, pag. 7, vers 19939.

FUISIL †, Fusil, morceau d'acier, qui sert à faire du feu quand on le bat avec un cailloux. [*Fusisio*, Partonop. vers 5065 :

*De veneris i a ostius
Li canivés et li fussius*.]

Gl. *Fugillus*.

FUISILLER †, Faire du feu de cette manière, ou faire des fusils. Gl. *Fugillus*.

◦ **FUISON**. Partonop. vers 2633 :

*Quanque tor toil, ne m'a fuison,
Car je l'ai tot contre raison.*

Vers 193. Voyez *Foison*.

◦ **FUISTE**. Venir à *fuistes*, Venir se réfugier. Renart le Nouvel, tom. 4, pag. 189, vers 1656.

FUITER, Mettre en fuite. Gl. *Fuga* 3.

FUITIF, Fugitif, Gl. *Fugitarius*. [*Fuitis*, Fuis. Chron. des ducs de Norm. *Futis*, Aubri, pag. 168¹. Rayn. tom. 3, pag. 405¹, au mot *Fugitiu*.]

FULCI, Fourni, garni. Gl. *Fulcitus*.

FULÉE, Gâteau feuilleté. Gl. *Foliata* 2.

FULS, Chanson de Roland, stance, 110, vers 2 :

Paien sunt morz a millers et à fuls.

FULSIR, Affermir, assurer. Gl. *Fulcire*.

◦ **FUM**, FUN, Fumée. Chron. des ducs de Normandie. Roquef. Rayn. tom. 3, pag. 407², au mot *Fum*.

FUMAIGE, Redevance levée sur chaque cheminée. Gl. *Fumagium*.

FUMÉE, Colère ; d'où, *Se Fumer*, Se mettre en colère, s'irriter, et *Fumeux*, Sujet à la colère. Gl. *Fumus* 1.

FUMERY, Fournil, le lieu de la maison où est le four, ou la cheminée. Gl. *Fumerius*.

1. **FUMIERE**, Trou à fumier. Gl. *Fumus* 2.

2. **FUMIERE**, Fumée. Gl. *Fumus* 1.

◦ **FUNAINS**, Cordage, les câbles. Partonop. vers 759.

FUNCHIDE †, Trou à fumier. Gl. *Fimbriatum*.

◦ **FUNDE**, Fronde. *Fundeier*, Jouer de la fronde. Chron. des ducs de Norm. Voyez Rayn. tom. 3, pag. 355¹, aux mots *Fonda* et *Fondeiar*.

◦ **FUNDRE**, Confondre, détruire de fond en comble. Chron. des ducs de Normandie. Voyez Rayn. tom. 3, pag. 355¹, au mot *Fondre*.

◦ **FUNEIAUS**, Câbles. Chron. des ducs de Norm. tom. 1, pag. 54, vers 1137.

FUNNE, p. e. Lieu où l'on fait les cordes. Gl. *Funifex*.

◦ **FUOR**. Voyez *Fuer* 1.

◦ **FURCELE**. Voyez *Forcel*.

FURCELLE, Le col. Gl. *Furcula*. [Voyez *Forcel*.]

◦ **FURCHÉURE**. Voyez *Fourchéure*.

◦ **FURE**, Furie, fureur. Chron. des ducs de Norm. Rayn. tom. 3, pag. 410¹, au mot *Fura* ?

FURER, Dépouiller. Gl. *Furari*.

1. **FURGER**, Fourgonner, remuer avec une perche. Gl. *Furgo*.

2. **FURGER** LES ONGLES, Les couper ou nettoyer. Gl. *Furgo*.

◦ 3. **FURGER**, Fournir ? Guill. Guiart, tom. 1, pag. 344, vers 7955.

FURGON, Fourgon, ustensile de four. Gl. *Furgo*.

FURIBUNDEUX, Furibond, furieux. Gl. *Furire*.

FURILLER, Fureter, regarder, examiner avec soin. Gl. *Furetus*.

FURINE, Maladie de cheval. Gl. *Furma*.

FURIORITÉ, FURIOSITÉ, Fureur, folie furieuse. Gl. *Furire*.

◦ **FURMAIGE**, Fromage, Rayn. tom. 3, pag. 365², au mot *Formaige*.

FURMEIRE, Créateur. Jordan Fantosme, vers 1263.

◦ **FURMENT**, Froment, blé. Chron. des ducs de Norm.

FURRELIQUE, Petite monnaie noire. Gl. *Ferlina*.

º **FURRER**, Fourreau. Chanson de Roland, st. 33, vers 4. Voyez *Fuerre* 1.

FURRON. Voyez *Fuiron*.

º **FURS**, Voleur, vol. Chron. des ducs de Normandie.

FURT, Vol, larcin. Gl. *Furtus*. [Rayn. tom. 3, pag. 409², au mot *Furt*.]

FURTURE, Exaction, droit injuste et exigé par force. Ce qui me fait croire qu'il faudrait lire, *Forçure*. Gl. *Forcia*.

FUSCIAU, Fuseau, le bois d'une flèche. Gl. *Fusarius* 1.

FUSÉE, Sorte de bâton de défense, ainsi appelée à cause de sa forme. Gl. *Fusarius* 1.

FUSELIER, Faiseur de fuseaux. Gl. *Fusarius* 1.

FUSSE, Soufflet, coup de la main sur la joue. Gl. *Fussina*.

º **FUST**, Fuz, Bois, fût, bâton de la lance, javelot. Chron. des ducs de Norm. Pallissade, tom. 3, pag. 336, vers 40797 :

Li reis out une aceinte faite...
Et li autre furent as fuz.

Pan de fust. Gl. *Pannus* 1. Voyez Rayn. tom. 3, pag. 410², au mot *Fust*.

FUSTAGE, Toute sorte de bois ouvragé ou non ouvragé. Gl. *Fusta* 1.

FUSTAILLERIE, Marchandise de futailles ; d'où *Fustaillier*, Tonnelier, faiseur de futailles. Gl. *Fustaillia*.

FUSTAINE, Sorte de vêtement, apparemment parce qu'il était de futaine. Gl. *Fustana*

FUSTALLE, Vaisseau de bois à l'usage de la table. Gl. *Fustaillia*.

FUSTE, Poutre, soliveau, pièce de bois. Gl. *Fusta* 1.

FUSTEIL, Fustet, arbrisseau, dont se servent les teinturiers. Gl. *Fustetus*.

1. **FUSTER**, Piller, voler. Gl. *Fustare*. [Enfants Haymon, vers 855.]

2. **FUSTER**, Fustiger, battre de verges. Gl. *Fustare* [et *Excoriare*].

FUSTEREAU, Nacelle, petit bateau. Gl. *Fusta* 3.

FUSTERIE, La place au bois. Gl. *Fusteria*.

FUSTIER, Charpentier. Gl. *Fusterius*.

FUSTIVE, Qui est de bois. Gl. *Fusteus*.

FUT-A-FUT, Mesure rase. Gl. *Fustare*.

FUYE, Espèce de colombier, dont les boulins vont jusqu'à terre. Gl. *Fuga* 4.

FUYNE, Fourche. Gl. *Fuscina*.

FUZÉE, Sorte de bâton de défense, ainsi nommé à cause de sa forme. Gl. *Fusarius* 1.

1. **FY**, Espèce de lèpre, maladie des bœufs. Gl. *Ficus*.

2. **FY**, Terme de mépris et d'aversion. Gl. *Ficus*.

G

GAABLIER, Receveur des impôts. Gl. *Gabellerius*, sous *Gablum*, pag. 5².

GAAGNABLE, Terre labourable, propre à être cultivée. Gl. *Gagnagium* 1.

GAAGNE, Le gain d'un procès. Gl. *Gaengnia*.

GAAGNERIE, Terre labourée et ensemencée. Gl. *Plenitudo*.

º **GAAIGNAGE**, comme *Gagnage* 2. Gl. *Gagnagium* 1, pag. 9². Chron. des ducs de Norm. Voyez Rayn. tom. 3, p. 449², au mot *Gazanhatge*.

1. **GAAIGNE**, Gain, profit. Gl. *Gagnagium* 2. [Voyez Rayn. tom. 3, pag. 449¹, au mot *Gazanha*.]

2. **GAAIGNE**, comme *Gaagnerie*. Gl. *Gaaignagium*.

GAAIGNER, Cultiver, labourer, faire valoir. Gl. *Gaagneria*. [*Gaaignier*. Gl. *Gagnagium* 1. Gagner, profiter. Aubri, pag. 155², 161¹. Voyez Rayn. tom. 3, pag. 450¹, au mot *Gazanhar*. Chron. des ducs de Norm]

GAAIGNERRES, GAAIGNEUR, Laboureur. Gl. *Gaagneria*. [Chron. des ducs de Norm.]

º **GAAIN**. FROMAGE DE GAAIN. Roman de Renart, tom. 2, pag. 323, vers 18378. Voyez *Gain* 1.

GAAING, Butin, ce qu'on a gagné ou pris sur l'ennemi. Gl. *Gagierius*. [Flore et Blancefl. vers 131 :

Son eskiec lor depart li rois...
Et por la part à la roine
Done de gaaing la mescine.

Voyez Rayn. tom. 3, pag. 448², au mot *Gazanh*. Travail des champs. Chron. des ducs de Norm.]

1. **GAAINGNAGE**, Gain, profit, utilité. Gl. *Gagnagium* 1, pag. 9².

2. **GAAINGNAGE**, Terre labourée et ensemencée. Gl. *Gagnagium* 1.

1. **GAAINGNE**, Gage, profit. Gl. *Gagnagium* 2.

2. **GAAINGNE**, Emolument, revenu. Gl. *Gaeria*.

3. **GAAINGNE**, Le gain d'un procès ; d'où *Gaaingnier*, Gagner son procès. Gl. *Gaengnia*.

º **GAB**, GABBEMENT, GABEIS, Plaisanterie, raillerie, moquerie. Chronique des ducs de Normandie. Voyez *Gaber*, *Gas*, et Rayn. tom. 3, pag. 412¹, au mot *Gab*.

GABARRE, Nacelle, petit bateau plat ; d'où *Gabarrier*, Celui qui conduit un semblable bateau. Gl. *Gabarotus*.

GABELER, Payer l'impôt, appelé *Gabelle*. Gl. *Gabellare 2*, sous *Gablum*, pag. 5².

° **GABELÉS**, comme *Gabois*. Roman de Renart, tom. 4, pag. 5, vers 101 :
Ne feri mie à gabelés.

GABELLATOR, Celui qui est sujet au droit appelé *Gabelle*. Gl. *Gabularii*, sous *Gablum*, pag. 4².

1. **GABELLE**, Toute espèce d'impôt. Gl. sous *Gablum*. [*Gabelle de vins*, pag. 4³. Voyez Rayn. tom. 3, pag. 414¹, au mot *Gabela*.]

2. **GABELLE**, Ferme, bail. Gl. *Gabellati bajuli*, sous *Gablum*.

GABELLIER, Officier subalterne, préposé pour empêcher qu'on ne fraude l'impôt sur le sel. Gl. *Gabellare 2*, sous *Gablum*.

GABER, Rire de quelqu'un, s'en moquer. [Roi Guillaume, pag. 88 :
*Vos me gabés, je croi, de moi,
Gabés me vos ? ne me celés.*]
D'où *Gaberia*, dérision, moquerie. Gl. *Gabator*. [Voyez *Gab*, Rayn. tom. 3, pag. 413¹, au mot *Gabar*.]

° **GABERE**, GABEOR, Moqueur. Roman de Renart, tom. 1, pag. 12, vers 313. Partonop. vers 7257. Voyez Rayn. tom. 3, pag. 413¹, au mot *Gabaire*.

° **GABET**, Facétie, ruse, trait. Roman de Renart, tom. 1, pag. 181, vers 4855, pag. 240, vers 6478.

GABOIS, [GABEIS], Raillerie, plaisanterie, dérision, tromperie. Gl. *Gabator*. [Roi Guillaume, pag. 48. Voyez Rayn. tom. 3, pag. 412², au mot *Gabei*.]

GABUSER, GABUZER, Railler, tourner en ridicule, tromper ; d'où *Gabuserie*, Imposture. Gl. *Gabator*.

GACHERTE. TERRE GACHERTE, Terre labourée et non semée. Gl. *Gacherare*. [Voyez Gl. *Warectum*.]

GACHIER, Espèce de gros drap. Gl. *Gachum*.

GACHIL, Guérite, espèce de fortification. Gl. *Guachile*.

GAENG, Butin, ce qu'on a gagné ou pris sur l'ennemi. Gl. *Gagierius*.

GAFFE, Bâton ou perche armée par le bout d'un croc de fer. Gl. *Gafare*. [Voyez Rayn. tom. 3, pag. 414², au mot *Gaf*.]

GAFFTELLEMENT, Sorte d'enduit. Gl. *Gafare*.

GAFNE, p. e. Endroit étroit et tortueux. Gl. *Gafare*.

1. **GAGE**, Butin, ce qu'on a pris sur l'ennemi. Gl. *Gagierius*.

° 2. **GAGE**. Gl. *Duellum*. *Gages ploid*. Gl. *Vadium*, pag. 228³. *Gages oultrer*. Gl. *Vadium*, pag. 229³. *Gageplege*, *Gage plaigier*. Gl. *Vadium*, pag. 228³. *Gage jetté et couvert*. Gl. *Vadium*, pag. 229³.

GAGEAILLE, Enjeu, gage. Gl. *Gaigeura*.

GAGEMENT, Promesse, engagement. Gl. *Gagiamentum*.

1. **GAGER**, Promettre, engager sa foi. Gl. *Gagiamentum* [et *Vadiare*, sous *Vadium*, pag. 229¹].

2. **GAGER**, Prendre des gages par sentence du juge. Gl. *Vadiare*, sous *Vadium*, pag. 230³ [et *Gagiare 1*.]

3. **GAGER** L'AMENDE, La payer. Gl. *Gagiare*, sous *Vadium*, pag. 231² [et *Emenda*, pag. 255³. *Gager la loi*, Promettre de la remplir. Gl. *Legem vadiare*, sous *Lex*, pag. 84¹. Chanson de Roland, stance 38, vers 4 :
*Guaz vos en dreit per cez pels sabelines,
Melz en valt l'or que ne funt cinc cenz
         [liveres,
Einz demain noit en iert bele l'amen-
          [dise.*]

4. **GAGER** DE SERVICE, Déclarer à son seigneur qu'on lui refuse les devoirs de fief, jusqu'à ce qu'il ait rendu la justice qu'on lui demande. Gl. *Vadiare de servitio*, sous *Vadium*, pag. 229³.

GAGIE, Aliénation, engagement. Gl. *Gagiata*.

1. **GAGIER**, Exécuteur testamentaire. Gl. *Gagiarius 2*.

2. **GAGIER**, Le dépositaire des gages. Gl. *Gagiamentum*.

1. **GAGNAGE**, Terre labourée et ensemencée. Gl. *Gagnagium 1*.

2. **GAGNAGE**, Les fruits dont la terre est couverte. Gl. *Gagnagium 1*.

GAGNEAU. PREZ GAGNEAUX, Ceux qu'on laboure et ensemence tous les ans. Gl. *Gagnagium 1*.

° **GAGONCE**, Nom d'une pierre précieuse. Roi Guillaume, pag. 138. Voyez Rayn. tom. 3, pag. 415¹, au mot *Gagathes*.

GAHIN, L'automne, la saison où l'on cueille les fruits appelés *Gains*. Gl. *Gagnagium 1*.

GAICHE, Gache, aviron. Gl. *Gachum*.

° **GAIE**. Roi Guillaume, pag. 119 :
*En pians de cas gaies et noires
A tous ses deniers employés.*

° **GAJER**. Voyez *Gager 4*. Guill. Guiart, tom. 2, pag. 250, vers 6491 (15471).

GAIF, Chose égarée et qui n'est réclamée de personne. Gl. *Gaivus*.

GAIGAILLE, Gageure. Gl. *Gaigeura*.

GAIGE-LEIGE, Gage, caution, que par la loi, ou la coutume, on est en droit d'exiger. Gl. *Gaigium*.

GAIGEMENT, Gage, nantissement. Gl. *Gagiamentum*.

GAIGE-PLEGE, Gage, caution, sûreté. Gl. *Gaigium*.

1. **GAIGIER**, Exécuteur testamentaire. Gl. *Gagiarius*, sous *Vadium*, pag. 231³.

2. **GAIGIER**, Marguillier, celui qui administre les biens de la fabrique d'une église. Gl. *Gagiarius 1*.

1. **GAIGNAGE**, Droit qu'on lève sur les fruits d'une terre. Gl. *Gaaingnagium*.

2. **GAIGNAGE**, Ferme, métairie. Gl. *Gaagneria*.

3. **GAIGNAGE**. PAYS DE GAIGNAGE, Pays ennemi, que le droit de la guerre autorise à piller. Gl. *Gagierius*.

4. **GAIGNAGE**, GAIGNAIGE, Terre labourée et ensemencée. Gl. *Gagnagium 1*.

GAIGNART, Qui pille, voleur, fripon. Gl. *Gagierius*. [*Gaingnart*, Roman de Renart, tom. 1, pag. 5, vers 103.]

1. **GAIGNE**, Gain, profit. Gl. *Gagnagium 1* et 2. [Enfants Haymon, vers 1028.]

2. **GAIGNE**, Butin, ce qu'on a gagné ou pris sur l'ennemi. Gl. *Gagierius*.

GAIGNENT, Laboureur. Gl. *Gaagneria*.

GAIGNEPAIN, Sorte d'épée. Gl. *Gagnagium 2*.

1. **GAIGNER**, Cultiver, labourer, faire valoir. Gl. sous *Gagnagium 1*. [Gagner, profiter. Garin le Loher. tom. 1, pag. 45. Voyez *Gaaignier*.]

2. **GAIGNER** L'AMENDE, La payer. Gl. *Gagiare 2*. [Voyez *Gager l'amende 3*.]

1. **GAIGNERIE**, Terre labourée et ensemencée. Gl. *Gagnagium 1*.

2. **GAIGNERIE**, Ferme, métairie. Gl. *Gaagneria*. [*Guaignerie*, Gérard de Vienne, vers 341.]

GAIGNERRES, GAIGNEUR, Laboureur. Gl. *Gaagneria* [et *Gagnagium 1*.]

° **GAIGNON**, Chien, dogue. Chron. des ducs de Norm.

GAILLARDE, Sorte de monnaie. Gl. *Goliardus 2*.

° **GAILLARS**, Gaillard, vigoureux, hardi. Chanson de Roland. Flore et Blanceff. vers 1929. Voyez Rayn. tom. 3, pag. 415¹, au mot *Gaillart*. *Gaillardement*, Richement, avec pompe. Chanson de Roland, st. 40, vers 9 :
Gaillardement tuz les unt encensez.

GAILLOFRE, Méchant cheval ou de peu de prix. Gl. *Gallofero*.

1. **GAIN**, L'automne, la saison où l'on cueille les fruits, appelés *Gains*. Gl. *Gagnagium 1*, pag. 9². [Roman de Renart, tom. 2, pag. 133, vers 18167 :
De berbiz qui pessent gaïn.]

2. **GAIN**, Butin, ce qu'on a gagné ou pris sur l'ennemi. Gl. *Gagierius*.

GAINE [*Géaine*], Gehenne, tourment. Gl. *Grisilio*.

GAIGNER, Cultiver, labourer, faire valoir. Gl. *Gaagneria*.

° 1. **GAIOLE**, Roi Guillaume, pag. 65 :
Ele est de vos toute gaiole.

° 2. **GAIOLE**, Cage. Gl. *Gaiola*. Prison. Partonop. vers 2570.

GAL   GAL   GAM   215

° **GAIRES**, Guère. Partonop. vers 519, 8092. Voyez Rayn. tom. 5, pag. 56, au mot *Gaire.*

1. **GAIS**, Guet. Gl. *Gaitum.* [*Gait porpensé.* Gl. *Pensabiliter.*]

° 2. **GAIS**. Voyez *Gas.*

1. **GAITE**, Quartier d'une ville. Gl. *Gaita.*

2. **GAITE**, Celui qui fait le guet, sentinelle. Gl. *Gayta* et *Gueta*, sous *Wactæ*, pag. 399¹. [Garin le Loh. tom. 1, pag. 219. Chron. des ducs de Norm. Voyez Rayn. tom. 3, pag. 416¹, au mot *Gaita.*]

° **GAITER**, GAITTIER, Guetter, veiller. Gl. † *Specular.* Chron. des ducs de Normandie. Garin le Lob. tom. 1, pag. 118. Flore et Blanceflor, vers 84. Partonop. vers 6930. Voyez Rayn. tom. 3, pag. 415², au mot *Gaitar*, ci-dessus *Agaitier.*

1. **GAL**, Bois, forêt. Gl. *Gualdus.*

2. **GAL**, Certain poids de laine. Gl. *Galdum.*

3. **GAL** [DE MER, Galet], Caillou. Gl. *Galcea.*

° 4. **GAL**, Coq. Chron. des ducs de Norm. Voyez Rayn. tom. 3, pag. 418¹, au mot *Gal*, et ci-dessous *Galz.*

GALANCE, pour Garance. Gl. *Garantia* 1.

GALANDI, Ce qui garantit et met à couvert. Gl. *Galandra.*

GALANS DE FUEILLÉE, Certains brigands, ainsi nommés, ou d'une branche d'arbre qu'ils portaient à leurs chapeaux pour se reconnaître, ou parce qu'ils se retiraient dans les bois. Gl. *Foilliata.*

GALATINE, Gelée de viande ou de poisson. Gl. *Galatina.*

GALCHEUR, Moulin à fouler les draps. Gl. *Gauchatorium.*

1. **GALE**, Réjouissance, divertissement, jour de fête. Gl. *Galare.*

° 2. **GALE** DE CIRE. Gl. *Insignium* 1.

GALECTE, Galette, petit gâteau plat. Gl. *Galectum.* [Voyez Rayn. t. 3, p. 419², au mot *Galeta.*]

GALÉE, Sorte de vaisseau. Gl. *Galea.* [*Arc à Galées.* Voyez *Arc.*]

GALEMART, Un grand couteau; proprement une écritoire. Gl. *Calamarium.*

GALENDER, Border, entourer. Gl. *Gallandus.*

GALENTINE, Gelée de viande ou de poisson. Gl. *Galatina.*

GALER, Se réjouir, se divertir, célébrer une fête. Gl. *Galare.*

GALERIE, Réjouissance, divertissement, joie bruyante. Gl. *Galare.*

° **GALET**, Silex, pierre à fusil. Partonop. vers 5067 :

De venerie i a ostius,
Li canivés et li fuisius
Et li tondres od le galet.

Voyez *Gal* 3.

GALIACE, Sorte de vaisseau long et dont les bords sont plats. Gl. *Galeazia*, sous *Galea.*

° **GALICE**, Calice. Agolant, p. 169².

GALIE, Sorte de vaisseau. Gl. *Galea.*

GALIMART, Écritoire. Gl. *Calamarium.*

GALINAT, Poulet. Gl. *Gallinatus.*

GALIOPHILÉE, Giroflée. Gl. *Gariofllum.*

1. **GALIOT**, Sorte de vaisseau long et dont les bords sont plats. Gl. *Galio*, sous *Galea.* [Bâtiment de pirate. Partonop. vers 1745.]

2. **GALIOT**, Pirate, corsaire. Gl. *Galioti*, sous *Galea*, pag. 14¹. [Voyez Rayn. t. 3, pag. 419², au mot *Galiot.*]

GALIOTTE, Sorte de vaisseau long et dont les bords sont plats. Gl. *Galeazia*, sous *Galea.*

GALIPPE, comme GALIOTTE. Gl. *Galeunculus*, sous *Galea.*

GALLANDE, Guirlande, couronne. Gl. *Gallanda.*

GALLEIE, Sorte de vaisseau long et dont les bords sont plats. Gl. *Galea.*

GALLIOT, comme GALIOT 1. Gl. *Galio*, sous *Galea.*

GALLIOTAGE, Piraterie, métier de corsaire. Gl. *Galioti*, sous *Galea*, pag. 14¹.

GALLIOTS, C'est ainsi qu'on nomme dans la collégiale de Saint-Pierre à Lille les jeunes ecclésiastiques qui, en attendant une place de vicaire ou de chantre gagé, servent sans rétribution. Gl. *Galioti*, sous *Galea.*

GALLOIRE, Table pour jouer aux galets. Gl. sous *Galletus.*

GALLON, Mesure contenant deux pots. Gl. *Galo* 1.

GALLOY, comme GALOY ci-dessous. Gl. *Galoer.*

GALOIE, comme GALLON. Gl. *Galo* 1.

GALOIS, Fort, robuste, courageux. Gl. *Galletus.*

° **GALOIZ**, comme *Galoy.*

GALON, Mesure contenant deux pots. Gl. *Galo* 1.

GALONNER, Tresser les cheveux, les accommoder. Gl. *Gallonnum.* [Partonop. vers 4891 :

Et vient sains guimple, eschievelée,
A un filet d'or galonée.

Vers 10709. Gérard de Vienne, vers 1773, var. :

A un fil d'or tressie et galonie.

Gl. *Galo* 1.]

GALOPIN, Goujat, bas valet, marmiton. Gl. *Galopinus.*

GALOU, Coquin, fripon. Gl. *Galiator.* [Voyez Rayn. tom. 3, pag. 420², au mot *Galiaire.*]

GALOUNER, Tresser les cheveux, les accommoder. Gl. *Gallonum.*

GALOY, Droit seigneurial sur les biens de ceux qui ne peuvent tester, ou qui meurent sans héritier légitime. Gl. *Galoer.*

GALOYS, Nom attribué à certains gendarmes. Gl. *Galletus.*

GALRIGACHE, Sorte de vin de liqueur, qui était blanc. Gl. *Garnachia* 2.

GALVACHE, pour GARNACHE, La même espèce de vin. Gl. *Garnachia* 2.

GALZ, Poulet. Gl. *Gallinatus.* [Voyez *Gal* 4.]

GAMACHE, Sorte de chaussure et de vêtement. Gl. *Gamacha.*

GAMAFFRER, Frapper, blesser. Gl. *Gamacta.*

GAMBAGE, Le droit dû au seigneur sur les boissons. Gl. *Cambagium*, sous *Camba* 3, pag. 39¹².

GAMBAISEURE, Housse de cheval, piquée de laine ou coton. Gl. *Gambeso*, pag. 21³.

° **GAMBAISON**, comme *Gambison.* Gl. *Gambeso*, pag. 21².

GAMBARON, Sobriquet de Robert duc de Normandie, parce qu'il avait de grosses jambes toutes rondes. Gl. *Gambaron.*

° 1. **GAMBE**. Guill. Guiart, tom. 1, pag. 47, vers 581 :

N'i lessent hostel droit, ne gambe,
Qu'ils ne mettent en l'eure en flambe.

° 2. **GAMBE**, Jambe. Chanson de Roland, stance 113, vers 5. Voyez Rayn. t. 2, pag. 298¹, au mot *Camba.*

GAMBESIÉ, Garni de laine ou coton piqué entre deux étoffes. Gl. [*Gambeso*, pag. 21³.

GAMBIERE, Armure des jambes. Gl. *Gamberia.*

GAMBISON, Espèce de vêtement contre-pointé, long et pendant sur les cuisses, sur lequel on endossait la cotte de mailles. Gl. *Gambeso*, pag. 21¹.

GAMBOISÉ, GAMBOISIÉ, Garni de laine ou coton piqué entre deux étoffes. Gl. *Gambeso*, pag. 21³³.

GAMBOISON, comme GAMBISON. Gl. *Gambeso*, pag. 21².

GAMBORSIÉ, pour GAMBOISIÉ. Gl. *Gambeso*, pag. 21³.

GAMBROISIN, pour CAMBROISIN ou CAMBRESIEN, Monnaie de Cambrai. Gl. *Gambroisini.*

GAMEL, Ustensile de cuisine, p. e. Cuiller. Gl. *Gamelum.*

GAMELE, Sorte de vaisseau. Gl. sous *Galea.*

° **GAMENTER**, GAIMENTER (SE), Se plaindre, se lamenter, gémir. Wackern.

pag. 79, 93, 3. Ruteb. tom. 1, pag. 26. Voyez Rayn. tom. 3, pag. 447², au mot *Gaymentar*, et ci-dessous *Garmenter*.

GAMION, Camion, haquet. Gl. *Campolus* 2.

GAMVISUM, Espèce de vêtement contre-pointé, long et pendant sur les cuisses, sur lequel on endossait la cotte de mailles. Gl. *Gambeso*.

° **GANCHER**. Voyez *Ganx*.

GANCHIR, Se détourner, esquiver, éviter avec adresse. Gl. *Guillator*. [*Gancher*, Guill. Guiart, tom. 1, pag. 101, vers 2070, pag. 110, vers 2312. Voyez *Guenchir* ou *Gauchir*.]

° **GANDIE**, Tromperie, déloyauté. Parton. vers 2678 :
Ensi vos sert-il de gandie.
Voyez Rayn. tom. 3, pag. 422², au mot *Guandia*.

° **GANDILLIER**, Se détourner. Roman de Renart, tom. 2, pag. 285, vers 17846 :
*Mes je me soi bien remuer
Et gandillier et tressaillir.*
Voyez Rayn. t. 3, pag. 422², au mot *Gandilh*.

° **GANDIR**, Échapper, se sauver. Partonop. vers 3409:
*Ne qu'il li puisse pas gandir,
Ne par ester, ne par fuir.*
Vers 8907 :
*Lui estuet u vaincre u morir.
Nel lait amors par el gandir.*
Chron. des ducs de Normandie, Rayn. tom. 3, pag. 422¹, au mot *Gandir*, et ci-dessous *Gaudir*.

GANE, Jaune. Gl. *Galnus*.

GANELON, Parjure, traître insigne. Gl. *Ganelo* 1. [Chron. des ducs de Norm. Gloss. sur la Chanson de Roland, au mot *Guene*.]

GANGNER, Cultiver, labourer, faire valoir. Gl. *Gaagneria*.

GANGNERIE, Ferme, métairie. Gl. *Gaagneria*.

GANGUIL, Sorte de filet, bregin. Gl. *Ganguilo*.

GANIVE, **GANIVET**, Canif, couteau. Gl. *Ganiveta*.

GANIVIER, Coutelier, marchand de canifs ou couteaux. Gl. *Ganiveta*.

GANNEAU, Qui peut être labouré. Gl. *Gainare*.

GANT, Le droit qui est dû au seigneur à chaque mutation. Gl. *Chirothecæ*. [Voyez *Wantus*.]

1. **GANTE**, Jante. Gl. *Cantes*.

° 2 **GANTE**, Canard ou oie. Flore et Blancefl. vers 1681, 3185. Voyez Rayn. tom. 3, pag. 423¹, au mot *Ganta*.

GANTELET, Armure de la main, gant de fer. Gl. *Chirothecæ*.

GANTEX, Gantier ou marchand de gants. Gl. *Ganterius*.

GANTIER, Chantier. Gl. *Cantarium* 4.

° **GANX** A GANCHER LES DRAPS, Moulin à foulon. Gl. *Galitium*. Voyez *Galcheur* et *Gaucher*.

GAOLE, Prison. Gl. *Gaola*, sous *Geola*. [Chron. des ducs de Normandie.]

GAP, Fraude, tromperie. Gl. *Gabator*. [Voyez Rayn. tom. 3, pag. 412¹, au mot *Gab*, ci-dessus *Gas*.]

° **GARAIT**, Guéret. Chron. des ducs de Norm. Voyez Rayn. tom. 3, pag. 423¹, au mot *Garag*, et ci-dessous *Garet*.

GARANCIE, Couleur de cerf. Gl. *Garaneus*.

GARAND. SE METTRE A GARAND, En sûreté. Gl. *Garantire*.

° **GARANNAGE**, Droit d'avoir des garennes. Gl. *Garennagium*.

GARANNE, Vivier, lieu où la pêche est défendue. Gl. *Garenna* 2.

° **GARANT**, Protecteur, chef, seigneur, maître. Aubri, pag. 167². Partonop. v. 2401. Garin le Loher. tom. 1, pag. 22. *Garantir le fief*, Protéger l'empire, pag. 52. Voyez Rayn. tom. 3, pag. 429¹, au *Garen*, et ci-dessous *Guerant*.

GARBAGE. Droit de gerbes. Gl. *Garbagium*, sous *Garba* 1.

GARBE, Gerbe. Gl. *Garba* 1.

GARBEJAR, Engerber, mettre en gerbes. Gl. *Garbeiare*.

GARBER, Voler, emporter des gerbes. Gl. *Garbeiare*.

GARBOUTEAU, Espèce de petit poisson ; p. e. pour *Barbouteau*, diminutif de Barbeau. Gl. *Garbola*.

° **GARBUM**, Vent de sud-ouest. Gl. *Garbinus* 1.

GARCAGE, Sorte de droit seigneurial. Gl. *Garcagium*.

GARCE, Jeune fille. Gl. *Garsiæ*, sous *Garcio*, pag. 29³.

GARCHAS, Gué. Gl. *Guadium* 1.

GARCHONNIER, Fripon, vaurien, garnement. Gl. *Garcio*, pag. 29³.

GARÇON, Valet, goujat, homme vil, vaurien, débauché, homme de néant. Gl. *Garcio* [et *Jocaro*. Chanson de Roland, stance 174, vers 20 : *Escuier ne garçun*. Partonop. vers 4828, 5986. Roman de Renart, t. 1, pag. 19, vers 503. Voyez Rayn. 3, pag. 436¹, au mot *Garso*.]

GARÇONISER, Appeler quelqu'un *Garçon*, dans le sens qu'on vient de l'expliquer. Gl. *Garcio*, pag. 29³.

GARÇONNAILLE, Une troupe de vauriens, de fripons. Gl. *Garcio*, pag. 29³.

GARÇONNER, Appeler quelqu'un *Garçon*, c'est-à-dire fripon, débauché, garnement. Gl. *Garcio*, pag. 29³.

GARD, Jardin, verger. Gl. *Gardignagium*.

° **GARDAINE**, Garde, gardienne. Partonop. vers 6905. *Gardain*, *Gardein*, *Gardeor*, Chron. des ducs de Norm.

1. **GARDE**, Dommage, tort. Gl. *Garda* 1. [Danger, crainte. Chastel. de Couci, v. 1805. Renart le Nouvel, tom. 4, pag. 156, v. 825. Garin le Loher. tom. 1, pag. 69, 70. Roman de Renart, tom. 1, pag. 22, vers 574. — *Se prendre garde*, pag. 31, vers 801. Chanson de Richard de Furnival, Wackern. pag. 59. — *Se donner garde*, Roman de Renart, tom. 1, pag. 37, vers 958.]

2. **GARDE**, L'obligation qu'a un vassal de faire le guet ou de garder le château de son seigneur. Gl. *Garda* 4, [et *Wactæ*, pag. 399³. *Garde lige*. Gl. *Warda*, p. 406¹.]

3. **GARDE**, Ferme, métairie. Gl. *Garda* 6.

4. **GARDE**, Tuteur. Gl. *Garda*, sous *Warda*, pag. 404². [Voyez Rayn. tom. 3, pag. 425², au mot *Garda*.]

5. **GARDE**, pour Carde, peigne à carder. Gl. *Garda* 8.

6. **GARDE** DES ÉGLISES, Droit royal ou seigneurial, pendant la vacance des églises, sur leur temporel. Gl. *Wardæ ecclesiarum*, sous *Warda*, pag. 403¹ et 406².

° 7. **GARDE**, Prevosts *gardes* ou *en garde*. Gl. *Præpositi*, pag. 465¹, *Garde de la monnaie*. Gl. *Custos*, pag. 682¹. *Garde du seel*. Gl. *Sigillum*, pag. 477².

GARDE-BIEN, Guet, garde. Gl. *Garda* 4.

GARDE-BRAS, Armure, qui couvre les bras. Gl. *Antebrachia*.

GARDE-CORPS, Sorte d'habillement qui couvrait la poitrine. Gl. *Gardecorsium* [et *Wardecosia*.]

GARDE HUCHES, Officier chez le roi, qui a soin du coffre où l'on serre le pain et les autres choses qui servent sur la table, dans une Ordon. de 1386. au Mémor E. de la Ch. des Comptes, f. 100, v°.

GARDELENDE, Sorte d'habillement. Gl. *Gardelenda*.

GARDEMANGER, GARDEMANGIER, Officier de table chez le roi. Gl. *Guardamanzerius*.

GARDENAPE, GARDENAPPE, Un rond d'étain ou de bois, sur lequel on mettait les pots et les verres pour ne point salir la nappe. Gl. *Gardenappa*.

GARDEOR, Gardien, le supérieur d'une maison religieuse. Gl. *Gardianus* [sous *Gardia* 1, pag. 31¹. Chron. des ducs de Norm. au mot *Gardeor*.]

GARDER LE CUER, Tenir le chœur, y présider. Gl. *Choreatius*.

° **GARDER**, Regarder. Flore et Blancefl. v. 1949. Voyez Rayn. tom. 3, pag. 424², au mot *Gardar*. Préserver, protéger. Dit du pauvre chevalier, Jubinal Fabliaux, tom. 1, pag. 141 :
Dieu pria de bon cuer et la vierge
               [pucelle,
Que contre l'ennemi li garde sa
               [querelle.

GARDEROBE, Le trésor des chartres. Gl. *Garderoba* 2 [en Angleterre].

GARDE-VIN, Officier chez le roi, dans

une Ordonn. au Reg. *Noster* de la Ch. des Comptes, fol. 119, r°.

GARDEUR, Tuteur. Gl. *Garda*, sous *Warda*, pag. 404³.

* **GARDEYN** D'ANGLETERRE. Gl. *Custos* 3.

1. **GARDIER**, Celui qui est sujet au droit de *garde* ou de protection. Gl. *Garderii*, sous *Warda*, pag. 406³.

2 **GARDIER**, Celui qui est chargé de veiller à la conservation des droits de quelqu'un. Gl. *Gardiator*, sous *Gardia* 1, pag. 31¹.

GARDIN, Jardin, verger. Gl. *Gardignagium*. [Chron. des ducs de Norm.]

GARDOIEN, Celui qui est sujet au droit de *garde* ou de protection. Gl. *Garderii*, sous *Warda*, pag. 406²³.

GARDONER, Médire, mal parler de quelqu'un. Gl. *Gardo*.

GARENNE, Vivier, lieu où la pêche est défendue. Gl. *Garenna* 2 [et *Warenna*.]

GARENTAGE, Garentie, caution. Gl. *Garentigia*.

GARET, Terre moissonnée, champ dépouillé de ses fruits. Gl. *Garrigua* [*Estoblagium* et *Veraclare*, le Gloss. de la Chanson de Roland, au mot *Guaret*.]

GARETIER, Labourer un guéret ou une terre en jachère. Gl. *Veraclare*.

1. **GAREZ**, Le temps de la moisson. Gl. *Garrigua*.

* 2. **GAREZ**, Jarrets. Chron. des ducs de Norm.

GARGAITE, Gosier. Gl. *Gargata*.

GARGAMELLE, La gorge, le gosier. Gl. *Gargalio*.

GARGATE †, Gosier. Gl. *Gargata* [et *Gargula*].

GARGETON †, Gosier. Gl. *Gurgulio*.

GARGOULE, Gargouille, gouttière de pierre. Gl. *Gargoula*.

GARGOULLE, Figure d'un dragon. Gl. *Gargoula*.

* **GARIER** (SE), Guerroier, faire la guerre, Gérard de Vienne, vers 3590 :

Fereit voz païs ou vos garierois ?

Voyez *Guerier*.

GARIMENT, Garantissement, garantie. Gl. *Garire*. [Salut, refuge. Chron. des ducs de Normandie.]

GARINGAL, Sorte d'épice. Gl. sous *Salsa* 1. [Partonop. vers 1629. Flore et Blancefl. vers 382, 2029. Voyez Rayn. tom. 3, pag. 516¹, au mot *Guarengal*.]

GARIOL, Barrière. Gl. *Legariol*.

GARIR, Garantir, assurer et conserver à quelqu'un la possession de quelque chose. Gl. *Garire*. [Garin le Loher. tom. 1, pag. 142. Vivre en sûreté, être en sûreté. Partonop. vers 1083, 1893. Garin, pag. 152. Roi Guillaume, pag. 65. Guérir, amender, Partonop. vers 2544. Chron.

IX

des ducs de Norm. Orell, pag. 129. Rayn. tom. 3, pag. 431¹, au mot *Garir*. Gloss. sur la Chanson de Roland, au mot *Guarnir*.]

1. **GARISON**, Provision, tout ce qui est nécessaire. Gl. *Garnisio* 1, sous *Garnire*, pag. 36¹. [Roman de Renart, tom. 1, pag. 29, vers 753. Enfants Haymon, vers 365. Chron. des ducs de Norm. Voyez *Garnison* 1.]

2. **GARISON**, Champ garni de ses fruits, les grains qui sont encore sur pied. Gl. *Garactum*.

* 3. **GARISON**, Sûreté, sauveté. Roman de Renart, tom. 1, pag. 84, vers 1414. Partonop. vers 747.

GARITE, Guérite. Gl. *Garitæ*. [Renart le Nouvel, tom. 4, pag. 164, vers 1004. Voyez Rayn. tom. 3, pag. 432¹, au mot *Guerida*.]

GARITER, GARITIER, Garnir de guérites, espèce de fortification. Gl. *Garitæ*.

GARLANDE, Guirlande, couronne. Gl. *Gallanda* [et *Garlanda* 1.]

GARLANDEIZ, Couronne, la partie supérieure d'un bâtiment. Gl. *Garlanda* 2.

1. **GARMENTER**, Se plaindre, marquer du mécontentement. Gl. *Querimoniare*. [Voyez *Gamenter*.]

2. **GARMENTER**, Se donner des soins. Gl. *Querimoniare*.

* **GARMOS**. Roi Guillaume, pag. 65 :

Ceste, dist-il, n'est pas fardée
N'i a ne boure, ne garmos.

1. **GARNACHE**, Habit long, espèce de manteau. Gl. *Garnachia* 1.

2. **GARNACHE**, GARNASCHE, Sorte de vin de liqueur, qui était blanc. Gl. *Garnachia* 2.

1. **GARNEMENT**, Ornement, garniture d'habit, fourrure. Gl. *Garniamentum*, sous *Garnire* 1, et *Garnimentum*.

2. **GARNEMENT**, Habit long, espèce de manteau, toute sorte d'habit. Gl. *Garnamentum* 1. [Chron. des ducs de Norm.]

* 3. **GARNEMENT**, Armure, harnais. Enfants Haymon, vers 100 :

Car ils sont assez grands pour vestir
                                        [*garnement*.

Agolant, vers 1015 :

Fors li escuz n'ostez plus garnement.

Aubri, pag. 158² :

Qui sevent bien lor garnemens bailler.

Voyez Rayn. tom. 3, pag. 434², au mot *Garnimen*. Gl. † *Munitio* 2. Gloss. sur la Chanson de Roland, au mot *Guarnement*.

GARNESTURE, Tout ce qui peut servir à la défense d'une place. Gl. *Garnestura*.

* **GARNI**, Riche. Roman de Renart, tom. 1, pag. 49, vers 1275. *France la garnie*, Enfants Haymon, vers 188.

GARNIMENT, Toute espèce d'habit. Gl. *Garnamentum* 1. [Partonop. vers 1922.]

* 1. **GARNIR**, Avertir, prémunir, instruire. Partonop. vers 4553, 4573. Gérard de Vienne, vers 2343. Chanson de Simon d'Athies, Laborde, p. 159. *Garnis*, Averti, prêt. Garin le Loher. t. 1, p. 284. Roi de Navarre, chanson 56. Voyez Rayn. tom. 3, pag. 434¹, au mot *Garnir*. Chron. des ducs de Norm.

* 2. **GARNIR** (SE), Se mettre en sûreté. Garin le Loher. tom. 1, pag. 221.

* 3. **GARNIR**, GUARNIR, Chanson de Roland, Rayn. ibid. Gl. *Manus*, pag. 251¹.

1. **GARNISON**, Provision, tout ce qui est nécessaire, le lieu où l'on serre les provisions. Gl. *Garnisio* 1, pag. 36¹². [Enfants Haymon, vers 367. Voyez Rayn. tom. 3, pag. 434¹, au mot *Garniso*, ci-dessus *Garison* 1].

2. **GARNISON**, Nom général qu'on donne à tout ce qui est utile. Gl. *Garnisio* 2, p. 36³.

3. **GARNISON**, Doublure, fourrure. Gl. *Garnisio* 2, p. 36²³.

GARNISSEMENT DE SEAUS, L'action d'apposer les sceaux. Gl. *Garnimentum*.

GAROEZ, Le temps de la moisson. Gl. *Garrigua*.

GARRAT, Fagot, bourrée. Gl. *Gararrus*.

1. **GARROT**, Trait d'arbalète, matras. Gl. *Garrotus* [et *Quadrellus* 1].

2. **GARROT**, Gros bâton, levier. Gl. *Garrotus*.

GARSER †, Scarifier, piquer ou inciser la peau avec une lancette en plusieurs endroits. Gl. *Garsa*.

GARSOIL, Gosier. *Boire jusqu'au Garsoil*, s'Enivrer. Gl. *Garsalium*.

GARSON, Valet, goujat, débauché, vaurien, homme de néant. Gl. *Garcio*. [*Garson plumet*. Gl. *Plumarius*.]

GARSONNER, Appeler quelqu'un Garson, dans le sens qu'on vient de l'expliquer. Gl. *Garcio*. [*Garsonnet*, Petit garçon. Garin le Loher. tom. 1, pag. 281.]

GARVACHE, pour GARNACHE, Habit long, espèce de manteau. Gl. *Garnacha*.

GAS, Moquerie, dérision. Gl. *Gabator*. [Plaisanterie, dissimulation. Partonop. vers 1318, 2228, 7008. Chanson de Chrétien de Troie, Wackern pag. 19. Flore et Blancefl. vers 1610. Voyez *Gab*, *Gap*. Chron. des ducs de Normandie.]

GASCHE, Aviron. Gl. *Gachum*.

GASCHIERE, Terre nouvellement labourée. Gl. *Gascaria* [et *Harmiscara*.]

* **GASCON**, Cheval de Gascogne. Renart le Nouvel, tom. 4, pag. 138, vers 324. Roman de Roncevaux, pag. 26, etc. Gl. *Gasconienses*.

GASILLIER, s'Entretenir, discourir. Gl. *Gazera* 2.

GASQUERER, Jacherer, donner le

28

premier labour à une terre. Gl. *Gacherare.*

GAST. FAIRE GAST, METTRE A GAST, Faire dégât, ravager. [Négliger. Roi Guillaume, p. 148 :

Ceste proiere est mise à gast.]

d'où *Gastadour,* Pillard, qui ravage. Gl. sous *Vastum* 1, pag. 254[1], et [*Gastare.* Chronique des ducs de Normandie. Voyez Rayn. tom. 3, pag. 487[2], au mot *Gast* 1.]

GASTE, Ce qui est inculte. Gl. *Gastum,* sous *Vastum* 1, pag. 254[2] [*Gaste fossé,* Gérard de Vienne, vers 566. Voyez Rayn. tom. 3, pag. 437[2], au mot *Gast* 2. Gloss. sur la Chanson de Roland, aux mots *Guaste, Guastede.*]

GASTEBOISE, Terme de la fabrique des monnaies. Gl. sous *Gastare.*

GASTEL, Gâteau, sorte de pâtisserie. Gl. *Gastellus,* sous *Wastellus.*

GASTELERIE, GASTELLERIE, Le droit que payent au seigneur ceux qui font et vendent des gâteaux. Gl. *Gastellarius.*

GASTELLIER, Qui fait et vend des gâteaux. Gl. *Gastellarius.*

GASTEMAISON, Masure, maison ruinée. Gl. *Gastadomus.*

GASTEMENT, Dépense, perte. Gl. *Gastare.*

1. GASTER, Piller, dévaster, ravager. Gl. *Gastare.*

2. GASTER, Dépenser, consommer. Gl. *Gastare.*

GASTE-SAMIS, Étoffe de soie. Gl. *Stamesiricus.*

° GASTEUR, Garnisaire. Gl. *Comestores.*

GASTIEL, Gâteau, sorte de pâtisserie. Gl. *Gastellus,* sous *Wastellus.*

GASTIER. SERGENT GASTIER, Messier. Gl. *Gasterius* et *Gastum,* sous *Vastum* 1, pag. 254[2].

GASTINE, Désert, solitude, terre inculte. Gl. *Gastina,* et sous *Vastum* 1, pag. 254[2]. [Partonop. vers 351. Chron. des ducs de Normandie.]

GASTON, pour Baston. Gl. *G. nonnumquam mutatur in B,* et *Vertevella.*

GATE, Jatte, vaisseau rond. Gl. *Gatus,* 1 et 2 [*Gatte.* Gl. *Concha* 1].

° GATEIS. Merlin Mellot, Jubinal, Fabliaux, tom. 1, pag. 129 :

Certes vilain sui-je gateis comme un [ours.

GAU, Moulin à fouler les draps. Gl. *Gauchatorium.*

GAVARDINE, Sorte d'habit de dessus. Gl. *Garnacha.*

° GAUBESON, comme *Gamboison.* Gl. *Gambeso,* pag. 21[2].

GAUCHER, Fouler les draps. Gl. *Gauchatorium.*

° GAUCHIR. Voyez *Ganchir.*

GAUCHOIR, Moulin à fouler les draps. Gl. *Gauchatorium.*

GAUD, Bois, forêt. Gl. *Gualdus.*

GAUDENCE, Jouissance. Gl. *Gaudita.*

GAUDIN, Fable, conte, chanson gaillarde. Gl. *Moletum.*

GAUDINE, Bois, forêt. Gl. *Gualtina,* sous *Gualdus.* [Laborde, pag. 197. Voyez Rayn. tom. 3, pag. 441[2], au mot *Gaudina.*]

GAUDIR, Gauchir, se détourner. Gl. *Gaudiosus.* [Guill. Guiart, tom. 1, pag. 248, vers 5979. Voyez *Gandir.*]

GAUDISOUR, GAUDISSEUR, Séducteur de femmes. Gl. *Gaudiosus.*

GAUDOIER, Se réjouir, se divertir. Gl. *Gaudiose.*

° GAVE, Gosier. Renart le Nouvel, tom. 4, pag. 199, vers 1911. Voyez *Gaviete.*

GAVELOT, GAVERLOT, GAULOT, Javelot. Gl. *Gaverlotus.* [Voyez Gl. *Gaveloces.*]

GAVENE, Le droit de protection dû aux comtes de Flandre en qualité de gardiens ou *Gaveniers* du Cambresis. Gl. *Gavena.*

GAUFFRE, Gauffrier. Gl. *Gauffra.*

GAUGE, Bêche et la profondeur du fer d'une bêche. Gl. *Gauja.*

GAVIETE, GAVION †, Gosier. Gl. *Gargata* [Voyez *Gave*].

GAVIOT, p. e. Cheville. Gl. *Gavilium.*

1. GAULE, Impôt, taille, ce qu'on paye à son seigneur à titre de protecteur. Gl. *Gaulum,* sous *Gablum.*

° 2. GAULE. GAULER. GAULERIE. Gl. † *Vagari.*

GAUPPE, Femme débauchée. Gl. *Gausape.*

GAVREAL, Râpé. Gl. *Gaurea.*

GAVRELOT, Javelot. Gl. *Gaverlotus.*

GAURLOT, pour GAVRELOT, Javelot. Gl. *Gaverlotus.*

° GAUSE, Gousse ou sauce ? Renart le Nouvel, tom. 4, pag. 23, vers 603 :

Deus chapons à la gause aillie.

GAUSLE, Machine pour tirer l'eau d'un puits. Gl. *Gaulina.*

° GAUSNE, Jaune. Flore et Blancefl. vers 567. Voyez *Gane.*

GAUT, Bois, forêt. Gl. *Gualdus* [et *Caula* 2. Aubri, pag. 166[1]. Gérard de Vienne, vers 3294. Roman de Renart, tom. 2, pag. 240, vers 16102; tom. 4, pag. 12, vers 308. Voyez Rayn. tom. 3, pag. 441[2], au mot *Gaut,* et le Glossaire sur la Chanson de Roland, au mot *Gualt.*]

° GAUTEAU. Gl. *Gautocus.*

° GAUZ. Gl. *Gallinatus.*

1. GAY, Geai, oiseau. Gl. *Gaia.*

2. GAY, Abandonné, délaissé. Gl. *Gaivus.*

GAYABLE, Saisissable. Gl. *Gagiare* 1.

GAYAR, Bâton ou perche, dont le bout est armé d'un croc de fer ; d'où p. e. *Gayer draps,* Les suspendre à un *Gayar.* Gl. *Gajardus.*

GAYARD, Croc, crochet. Gl. *Gajardus.*

GAYF. CHOSE GAYVE, Qui est égarée, et qui n'est réclamée de personne. Gl. *Wayf.*

1. GAYN, Blé de cens ou de rente. Gl. *Gaagnum.*

2. GAYN, L'automne, la saison où l'on cueille les fruits, appelés *Gains.* Gl. *Gagnagium* 1.

GAYNIER, Laboureur. Gl. *Gainare.*

GAYNNERIE, Le métier de gaînier. Gl. *Gaynerius.* [*Gayne* †, *Gaynier* †. Gl. *Vaginare.*]

GAYOLE, Prison, cage. Gl. *Geola.*

GAYVETE, Canif, couteau. Gl. *Ganiveta.*

GAYWON, Chose égarée et qui n'est réclamée de personne. Gl. *Wayf.*

° GAZ, Plaisanterie, insultes. Chronique des ducs de Normandie, tom. 2, pag. 391, vers 26709 : *Des gaz deffendus.* Voyez *Gas,* et le passage du Roman d'Athis sous Gl. *Vastum* 1, pag. 254[2].

GAZILLER, s'Entretenir, causer, discourir. Gl. *Gazera* 2. [Voyez Rayn. tom. 3, pag. 448[2], au mot *Gazalhar.*]

GEALLOIE, Certaine mesure. Gl. *Jalleia,* sous *Galo* 1.

° GEER, Aller à gué. Chronique des ducs de Normandie.

° GEET DE MER. Gl. *Rejectus.*

GEEZ, Jeton. Gl. *Gita.*

GEHINER, Tourmenter, donner la question. Gl. *Gehennæ.*

GEHIR, Confesser, avouer. Gl. *Gehennæ.*

° GEHYNE. Gl. *Quæstio* 3.

GEIS, Répartition de deniers. Gl. *Gita.*

GEISTE, Gîte, le droit qu'a le seigneur de loger chez son vassal. Gl. *Gistum.*

GELDE, Société, compagnie ; d'où *Geldon,* Compagnon. Gl. *Gilda.* [*Gelde, Geude.* Compagnie d'infanterie. Voyez le Glossaire sur la Chron. des ducs de Norm., Rayn. tom. 3, pag. 452[1], au mot *Gelda. Geldon,* Partonop. vers 2334. *Geudon,* Aubri, pag. 155[1]. Enfances Roland, pag. 157[2].]

° GELDIERE. LANCE GELDIERE, Lance de fantassin. Gl. *Lancea,* pag. 21[2]. Voyez *Gelde.*

GELINAGE, Le droit qui est payé en *Geline* ou poule. Gl. *Gelignagium*.

GELINE, Poule. Gl. *Gallinagium*.

GELINIER, Poulailler. Gl. *Gallinarium*.

GELLE, Mesure de vin. Gl. *Gella*.

GELOINGNIE, Geloinie, Gelongnie, Certaine mesure pour les grains ou pour le sel. Gl. *Galo 1*.

1. **GEME**, Poix ou goudron ; d'où *Gemer*, Frotter avec de la poix. Gl. *Gema*.

° 2. **GEME**, Gemme, pierre précieuse. Flore et Blancefl. vers 499, 482 :

Et Venus la plus bele feme,
Qui de totes autres ert geme.

Voyez Rayn. tom. 3, pag. 484³, au mot *Gemma*, et la Chronique des ducs de Normandie.

GEMME, Gouvernante d'une jeune fille. Gl. *Gemmades*.

° **GEMMÉ**, Gemé, Orné de pierreries. Elme gemmé, Chanson de Roland, etc. Voyez Agolant, vers 945. Gérard de Vienne, vers 2370. Rayn. tom. 3, pag. 453³, au mot *Gemar*. Gremmez à or? Roman de Roncevaux, pag. 29.

GEN, Marc de raisins. Gl. *Gen*.

1. **GENDRE**, Genre, race. Gl. *Genera*.

2. **GENDRE**, Principal garçon d'un meunier ou d'un boulanger. Gl. *Junior*.

GENECIER, Étui, gaîne. Gl. *Genecerium*.

GENELLE, Sorte de fruit sauvage, prunelle. Gl. *Genella*.

GENERAL, Repas, dans lequel chaque moine avait son plat. Gl. *Generale*.

GENERAUTÉ. EN GENERAUTÉ, En général. Gl. *Generalitas*, sous *Generales 3*.

GENERET, Repas, dans lequel chaque moine avait son plat. Gl. *Generale*.

GENESCHIER, Sorcier, enchanteur. Gl. *Genitialii*.

GENESTAIRE, Sorte de lance ou javeline. Gl. *Geneteria*.

GENESTAYS, Genêt, arbrisseau. Gl. *Genesteium*.

GENESTE, Genette, espèce de fouine. Gl. *Geneta*.

GENESTRE, Genêt, arbrisseau. Gl. *Genesteium*.

GENETAIRE, Sorte de lance ou javeline. Gl. *Geneteria* [et *Lancea*, pag. 20ᵉ].

GENETAIRES, Testicules du castor. Gl. *Genitalia*.

° **GENEVER**, Janvier. Chron. des ducs de Normandie.

GENEVOIS, Génois. Gl. *Souderarius*, sous *Solidata*.

GENGLER, Jouer, badiner, folâtrer, s'amuser. Gl. *Joculari*. [Railler. Partonop. vers 8364. Voyez Rayn. tom. 3, pag. 421², au mot *Ganhar*.]

GENGLERES, Effronté, impudent. Gl. *Joculator 1*, sous *Joculari*.

GENGLEUR, Farceur, bateleur. Gl. † *Epilogus 3*, et *Joculator 1*, sous *Joculari*. [*Genglour*. Gl. *Linguosus*.]

GENGLOIS, Tromperie. Gl. *Joculator 1*, sous *Joculari*.

GENICIER, Sorcier, enchanteur. Gl. *Genitialii*.

GENIESTE, Genêt, arbrisseau. Gl. *Genesteium*.

1. **GENITAIRES**, Cavalerie légère. Gl. *Geneteria*.

° 2. **GENITAIRES**, Testicules. Flore et Blancefl. vers 1904. Voyez *Genetaires* et la Chron. des ducs de Norm.

GENITEUR, Père, celui qui a engendré. Gl. *Genitor*.

GENITILLES, Testicules, bourses. Gl. *Genitalia*. [*Genitailles*, Rayn. tom. 3, pag. 458¹, au mot *Genitalias*.]

GENNE, Marc de raisins. Gl. *Gen*.

GENOLLON, Genou. Gl. *Genuculum 1*.

GENOUIL, Degré de parenté. Gl. *Genuculum 2*.

GENOUILLER, Plier les genoux. Gl. *Genuculum 1*.

GENOUILLIER †, Armure des genoux, genouillères. Gl. *Genualia*. [*Genoullieres*, Agolant, vers 281. Roi Guillaume, pag. 149.]

GENOULLON. A GENOULLONS, A genoux. Gl. *Aggenicularc*.

1. **GENS DE COTE**, Roturiers, qui possèdent en roture. Gl. *Collaterii*.

° 2. **GENS**, Giens. Voyez Diez, *Altrom. Sprachdenkm*. pag. 53. Rayn. tom. 3, pag. 461¹, au mot *Gens*.

1. **GENT**, Beau, poli, gracieux. Gl. *Gentilis 1*. [Voyez Rayn. tom. 3, pag. 461³, au mot *Gent 3*. Chronique des ducs de Normandie.]

° 2. **GENT**, Gent, peuple, homme. Partonop. vers 155, 256, etc. Saint Pols li maistres de la gent, vers 94. Tote la gent manoient, vers 349. La gens cuidoient, vers 322. Combatre, assanler gent à gent, Renart le Nouvel, tom. 4, pag. 205, 208 ; vers 2069, 2147. Voyez Rayn. tom. 3, pag. 460², au mot *Gent*.

° 3. **GENT**, Gant, gage. Chanson de Amauri de Creon, Wackern. pag. 14 :

Et per teil gent prist ele mon homaige.

1. **GENTE**, Jante. Gl. *Gentia*.

2. **GENTE**, Oie, oison. Gl. *Gantæ 2*.

° **GENTELISE**, Noblesse, manières nobles. Partonop. vers 1367, 1499. *Genterise*, Chronique des ducs de Normandie. *Gentillece*, Partonop. vers 1507. Voyez Rayn. tom. 3, pag. 462¹, au mot *Genteleza*.

1. **GENTIL**, Noble. Gl. *Gentilis 1*. [Partonop. vers 1507. Garin le Loher. tom. 1, pag. 6, 7. Rayn. tom. 3, pag. 462², au mot *Gentil. Gentilhomme*. Gl. *Miles*, pag. 386³.]

2. **GENTIL**, Poli, gracieux, qui a les manières nobles. Gl. *Gentilis 2*.

GENTILCE, Noblesse, foi de gentilhomme. Gl. *Gentilia*.

GENTILFAME, Femme noble. Gl. *Gentilis 1*.

GENTILISE, Noblesse, priviléges des nobles. Gl. *Gentilia*.

GENTILLESSE, Titre des nobles. Gl. *Gentilia* [et *Miles*, pag. 387²].

GENULER, Se mettre à genoux. Gl. *Fidelitas*.

GENURE, Jeune, cadet, puîné. Gl. sous *Junior*.

GEOLLAGE, Le droit du seigneur sur ceux qui sont mis en la *geôle* ou prison. Gl. *Geolaria*, pag. 58³.

GEPTE, Taille, impôt. Gl. *Gita*.

GERBADGE, Droit de gerbes. Gl. *Garbagium*, sous *Garba 1*.

GERBE D'OIGNONS, Botte. Gl. sous *Garba 1*.

GERBERIE, Droit de gerbes. Gl. *Gerberia 1*.

GERBIE, Sorte de lance courte, demi-pique, javelot. Gl. *Gaverlotus*.

GERBIER, Amas de gerbes. Gl. *Gerberius*. [*Modulum et Columna*.]

GERCE. Gl. *Hogaster*.

° **GEREDON**, Gerredon, Geredoner. Voyez *Gueredon, Gueredoner*, etc.

GERET, Jarret. Gl. *Gareitum*.

GERGERIE, Sorte de mauvaise herbe, ivraie. Gl. *Zizanea*.

GERME, Jeune brebis, qui n'a point encore porté. Gl. *Germgia*.

° **GERNON**, comme *Grenon*, Moustache. Roman de Renart, tom. 3, pag. 113, vers 22864 :

De li a ses gernons torchiez,
Si en a fait ses joes bruire.

Chron. des ducs de Norm. *Gernun*, Chanson de Roland.

GERON, Giron, sein. Gl. *Birus*. [Pan du bliaut. Aubri, pag. 161¹ :

Et la contasse le prist par le geront.

Voyez Rayn. tom. 3, pag. 468², au mot *Giro*, et ci-dessous *Giron*.]

GERONNÉE, Autant qu'un *Giron* ou tablier peut contenir. Gl. *Gyro 1*. [Avec des larges pans. Aubri, vers 118 :

Ele out vestu un hermin engolé,
Et par desore un bliaut geroné.

Voyez Rayn. tom. 2, pag. 468³, au mot *Geronar*.]

GEROUWAIDE †, Devidoir. Gl. *Gigilla*.

° **GERPIR**. Voyez *Guerpir*.

GERROMET, pour GROUMET, Serviteur, garçon de marchand ou d'artisan. Gl. *Gromes*.

GERY, Certain arbre en Normandie. Gl. *Geria*.

° **GESILLON**, Gazouillement. Flore et Blancefl. vers 2038.

° **GESINE**, Tannière. Roman du Renart, tom. 1, pag. 15, vers 396.

1. **GESIR**, Etre couché. Gl. *Gesina* 1. [Connaître charnellement. Roman de Renart, tom. 1, pag. 22, vers 583 ; pag. 19, vers 507. Voyez Orell, pag. 172. Rayn. tom. 3, pag. 582², au mot *Jazer*.]

2. **GESIR**, Être enterré. Gl. *Gesina* 1.

3. **GESIR**, Être en couche. Gl. *Gesina* 1. [Roman de Renart, tom. 3, pag. 29, vers 20514 :
Et sa feme gist de gesine.
Voyez Rayn. tom. 3, pag. 583¹, au mot *Jassina*.]

GESKERECH, Le mois d'août. Gl. *Garrigua*.

1. **GESSE**, Espèce de légume. Gl. *Gessia*.

2. **GESSE**, Gouttière. Gl. *Gessum*.

GESSINE, La cérémonie et le festin des relevailles. Gl. *Gesina* 1.

° 1. **GESTE**, Histoire, chronique. Chron. des ducs de Norm. Rayn. tom. 3, p. 465¹, au mot *Gesta*, etc. Gl. *Gesta* 2.

° 2. **GESTE**, Race, lignée. Roman de Roncevaux, pag. 48 :
Grans fu la perde de la geste Jupin.
Chanson de Roland, vers 6 :
Deus me confunde se la geste en
[desment.
Gérard de Vienne, pag. 166¹, 167¹ :
Bien traiez à la geste.
Flore et Blancefl. vers 2094 :
Que ses barons assanlera
Tot icil qui sont de sa geste.
Queue de Renart, Jubinal, tom. 2, p. 92 :
Boulengiers et espiciers
Seront aussi de la geste.
Voyez les Glossaires sur la Chanson de Roland et sur la Chron. des ducs de Normandie. Gl. *Festa*, pag. 462³.

GESTRE, Sorte de bois, p. e. Ébène. Gl. *Gestre*.

1. **GET**, Lien, attache, courroie avec laquelle on jette l'oiseau après le gibier. Gl. *Jactus* 2. [Gérard de Vienne, vers 128 :
Laise les ges, si lait l'oisel aler.
Voyez Rayn. tom. 3, pag. 465², au mot *Get*.]

° 2. **GET**, Jet. Agolant, vers 360. Voyez Rayn. tom. 3, pag. 470¹, au mot *Giet*. Sans gez. Gl. *Jactus* 3.

GETOIER, Jetton. Gl. *Gita* [et *Summare* 5.]

GETOIRE, Pelle de bois. Gl. *Gitare*.

GETOUOIR, Jeton. Gl. *Gita*.

GETTAISON, L'action de jeter. Gl. *Jactus* 6.

GETTE, Redevance, impôt, taille. Gl. *Gita*.

1. **GETTER**, Faire la répartition d'un impôt. Gl. *Gita*.

2. **GETTER** CANON, Le tirer. Gl. *Gitare*.

GETTOIRE, Pelle de bois. Gl. *Gitare*.

° **GEUDON**. Voyez Geldon.

GEVELINE, Javeline, demi-pique. Gl. *Gevelina*.

GEWIR, Être enterré. Gl. *Gesina* 1.

GEYNDRE, Le principal garçon d'un meunier ou d'un boulanger. Gl. *Junior*.

GHASKERER, Labourer. Gl. *Gascaria*.

GHENCHIR, Se détourner, esquiver. Gl. *Guillator*.

GHERPIR, Abandonner, délaisser. Gl. *Guerpire*.

GHEUDE, Société, corps de métier, confrérie. Gl. *Ghilda*.

GHIESQUIERE, Gachère. Gl. *Gasqueria*.

GHILLE, Supercherie, mensonge, fourberie. Gl. *Guillator*. [Partonop. vers 3997. *Ghiler*, Laborde, pag. 154.]

GHISARME, Sorte d'arme, lance, demi-pique. Gl. *Gisauma*, pag. 71³.

GHISELE, Otage. Gl. *Ghisele*.

GIBACIER, Bourse large et ornée qu'on portait devant soi. Gl. *Gibaçaria*.

GIBAULT, Instrument à remuer la terre ; ou espèce d'arme. Gl. *Giba* 2.

GIBBE, Instrument à remuer la terre, à arracher les herbes ; ou espèce d'arme. Gl. *Giba* 2.

1. **GIBE**, comme GIBBE. Gl. *Giba* 2.

2. **GIBE**, Sorte de paquet ou ballot. Gl. *Giba* 2.

GIBECER, Chasser aux oiseaux. Gl. *Gibicere*.

GIBECIER, GIBECIERE, Bourse large et ornée qu'on portait devant soi. Gl. *Gibaçaria*.

GIBEER, GIBEIER, Chasser. Gl. *Gibicere*.

° **GIBELE**, Espèce de pâté. Flore et Blancefl. vers 3187.

1. **GIBER**, Se débattre des pieds et des mains, s'agiter, lutter. Gl. *Gibetum*.

2. **GIBER**. ALLER EN GIBER, Chasser aux oiseaux. Gl. *Gibicere*.

GIBESSIER, Bourse large et ornée qu'on portait devant soi. Gl. *Gibaçaria*.

GIBET, Espèce de fronde ou d'arme. Gl. *Gibetum* [et *Fundibulum*].

GIBIER. ALLER EN GIBIER, Chasser aux oiseaux. Gl. *Gibicere*.

GIBOYER, Chasser aux oiseaux. Gl. *Gibicere*.

GIEFFROY, Nom propre tourné en dérision. Gl. *Goffredus*.

GIEN. DE GIEN EN GIEN, p. e. En biais. Gl. sous *Gigilla*.

GIENNOIS, Monnaie du comte de Gien. Gl. *Giemensis*, sous *Moneta Baronum*.

GIERAUCIE, Hiérarchie, les chœurs ou ordres des anges. Gl. *Gerargha*.

° **GIESER**, Dards, piques. Chanson de Roland, stance 152, vers 10. Voyez Gisarme, Halliwell, au mot *Geserne*.

GIEST, Taille, impôt. Gl. *Gita*.

1. **GIET**, Lien, attache, courroie, avec laquelle on jette l'oiseau après le gibier. Gl. *Jactus* 2. [Roi Guillaume, pag. 147 :
Biau sire, par tel covenant,
Fait la dame, vos doins congié
De courre après le cerf, con gié
Vos courrés ; jou ne courrai pas.]

2. **GIET**, Ce que jette la mer sur le rivage. Gl. *Jactus* 6.

3. **GIET**, Jeton. Gl. *Gita*.

GIETZ, p. e. Saillie, avance. Gl. *Gietz*.

GIEZ, Le seuil d'une porte. Gl. *Gietz*.

GIFFARDE, Servante de cuisine. Gl. *Giffardus*.

GIGE, Instrument de musique à cordes. Gl. *Giga* 2.

GIGIMBRAT, Gingembre. Gl. *Electuarium* 1.

° **GIGNOS**, Intelligent, adroit. Partonop. vers 5434. Voyez Rayn. tom. 3, pag. 455¹, au mot *Ginhos*.

GIGUE, Instrument de musique à cordes. Gl. *Giga* 2. [Voyez Rayn. tom. 3, pag. 466², au mot *Gigua*].

GIGUEOUR, Joueur de l'instrument appelé Gigue. Gl. *Giga* 2. [*Gigneour d'Alemaigne*. Gl. *Fistulare*.]

GILBE, Instrument à remuer la terre et à arracher les herbes ; ou espèce d'arme. Gl. *Giba* 2.

GILDE, Société, communauté, confrérie. Gl. *Gilda* [*Childa*.]

GILE, GILLE, Supercherie, mensonge, fourberie ; d'où *Giler* et *Giller*, Tromper, duper, tromper. Gl. *Guillator*.

° **GILFAUT** †, Gerfaut. Gl. *Herodius*. *Girfaus*, Partonop. vers 1738. Voyez Rayn. tom. 3, pag. 468², au mot *Girfalc*.

GILLERE, Trompeur, fourbe, qui est de mauvaise foi. Gl. *Guillator*.

GILLIERE, Bateleur, charlatan, bouffon, faiseur de tours. Gl. *Guillator*.

GIMGEMBRAT, Gingembre. Gl. *Gingiber*. [*Gingembras*, Chastel. de Couci, vers 476. Voyez Rayn. tom. 3, pag. 467¹, au mot *Gingebre*.]

GIPPONNIER, Tailleur, faiseur de jupons. Gl. *Gippo*.

GIRARME, pour GISARME, Sorte d'arme, lance, demi-pique. Gl. *Gisauma*.

° GIRES, Douleurs de l'enfantement. Enfants Haymon, vers 783 :
Bries et sans sentir gires en futes
[*acouchie,*
Du fis qui à Noel nacqui de vous,
[*Marie.*

1. GIRON, La partie de l'habillement qui est à la ceinture. Gl. *Gyro* 1. [Agolant, vers 190, pag. 152², Gérard de Vienne, vers 2368, 2785. Enfants Haymon, v. 631. Voyez *Geron*].

2. GIRON, Partie d'une tente ancienne. Gl. *Gyro* 1.

3. GIRON, Tour, circuit, enceinte. Gl. *Gyro* 2.

GIRONNÉE, Autant qu'un *Giron* ou tabler peut contenir. Gl. *Gyro* 1.

GIRVIE, Sorte d'arme, p. e. Lance, demi-pique. Gl. *Gieverina*.

GISARME, Sorte d'arme, hache, ou demi-pique, lance. Gl. *Gisauma* [et *Jesa*. Flore et Blancefl. vers 1916. Chronique des ducs de Norm.]

GISE, Aiguillon, dont on pique les boeufs. Gl. *Gisauma*.

° GISTE. Gl. *Gistum*, et *Procuratio* 1, pag. 520¹.

GISTERNEI, Instrument de musique à cordes, guitare. Gl. *Guiterna*.

GITER, Faire la répartition d'un impôt. Gl. *Gita*. [Jeter, etc. Orell, pag. 119. Rayn. tom. 3, pag. 469¹, au mot *Gitar*.]

GITTAIGE, Redevance, impôt, taille. Gl. *Gitagium*.

GITTER DE RUYNE UN PRÉ, Le remettre en valeur. Gl. *Exartare*.

GITTEUR A FONDE, Celui qui lance avec une fronde. Gl. *Fundibalista*, sous *Fundabulum*.

GIU PARTI, pour JEU PARTI, Alternative. Gl. *Jocus partitus*.

° 1. GIUS, Jeu, Partonop. vers 1734, 4036 :
Et si quit bien que s'il fust nius
Que fais i fust li comuns gius.
Vers 3035 :
Moult est aficiés en estrius
Car nel violt pas ferir à gius.
Chron. des ducs de Norm. tom. 1, pag. 200, vers 3368 :
A gius, n'à certes, n'à agas.
Pag. 442, vers 10413. Voyez Rayn. tom. 3, pag. 584¹, au mot *Joc*.

° 2. GIUS pour Giuste. Partonop. vers 1512 :
Mais ce ne seroit mie gius.

1. GIUSTE, Juste, Sorte de mesure. Gl. *Justa* 2.

° 2. GIUSTE, Juste, innocente. Flore et Jeanne, pag. 60.

GLACHER (SE), Détourner un coup, l'éviter. Gl. *Guillator*. [*Se glacer*, S'élancer. Guill. Guiart tom. 2, pag. 269, vers 6979 (15971) :
A grant haste après eus se glacent.]

GLACHIER, Glisser, faire un faux pas. Gl. *Acherure*. [*Glacier, Glaicier, Glisser*, pénétrer. Gérard de Vienne, vers 2779 :
Jusc' an ou cercle est l'espée glacie.
Vers 2443 :
Desci el prei est li boius brans glaicié.
Chron. des ducs de Normandie.]

GLACHON, Sorte d'habit de guerre. Gl. *Glizzum*.

GLAÇON, Toile fort fine. Gl. *Glizzum*.

GLAGER DE FLEURS, D'HERBE, Répandre sur le pavé des fleurs ou des herbes. Gl. † *Florare* et *Herbare*.

GLAIAIRE, Glaïeul. Gl. *Gladiolum*.

° GLAIE. Glaïeul, iris. Chanson de Raoul de Soissons, Laborde, pag. 218 :
Quant je vois la glaie mure
Et le rosier espanir.
Voyez Rayn. tom. 3, pag. 472³, au mot *Glaya*. Chron. des ducs de Norm. au mot *Glai*.

GLAINE, Glane, gerbe. Gl. *Glana*.

1. GLAIVE, Lance, demi-pique ; d'où *Glaive*, Homme d'armes, cavalier armé de lance. Gl. *Glaves* et *Glaivus*. [Voyez Rayn. t. 3, pag. 475¹, au mot *Glavi*.]

° 2. GLAIVE, GLEIVE, Frayeur, douleur, carnage, massacre. Chron. des ducs de Normandie, tom. 1, pag. 293, vers 6073 :
De cest glaive, de cest esfrei
Parla chascuns mult endreit sei.
Tom. 2, pag. 55, vers 16922 :
Kar reis Aigrouz od ses Daneis
A fait cest gleive de Franceis.
Pag. 153, vers 19871 :
Si fait glaive ne teu martire
Ne fu mais sur deus reis oiz.
Voyez Rayn. tom. 3, pag. 472², au mot *Glay*.

GLAMELOT, pour GLAVELOT, Demipique ou lance. Gl. *Glaviolus*.

GLANDAGE, Le droit de faire paître ses porcs dans une forêt. Gl. *Glandagium*, sous *Glandis* 2.

GLANDÉE, comme GLANDAGE. Gl. *Glandagium*, sous *Glandis* 2.

GLANDURE, Espèce d'ornement. Gl. *Ancona*.

GLANE. Avoir GLANE, C'est avoir droit de glaner dans un champ. Gl. *Glana*.

GLANNE. AVOIR QUELQU'UN EN SA GLANNE, En être le maître, lui faire faire tout ce qu'on veut. Gl. *Glana*. [Guill. Guiart, tom. 2, pag. 83, vers 2115 (11091). Voyez *Glaon* et *Glenner*.]

° GLAON, Hart, osier. Roman de Renart, tom. 4, pag. 28, vers 742 :
C'un glaon el dens a fichié
Et loiié desus les oreilles.
Voyez *Glenner*.

GLAS, Cri confu. Gl. *Glatilare*. [Voyez Gl. *Classicum* 1. Rayn. tom. 3, p. 474, au mot *Glat*, et tom. 2, pag. 401¹, au mot *Clas*.]

GLASSER, Glisser, couler. Gl. *Clidare*.

GLASSOIR, Conduit pour écouler l'eau, évier. Gl. *Goterius*.

GLASSOUER, comme GLASSOIR. Gl. *Goterius* [et *Agotum*].

GLATIR, Aboyer comme font les chiens. [Roman de Renart, tom. 3, pag. 36, vers 20716. Partonop. vers 605. Garin le Loher. tom. 1, pag. 91. Voyez Rayn. t. 3, pag. 474³, au mot *Glatir*] ; d'où *Glatissement*, Le cri du chien. Gl. *Glatilare* [et *Classicum* 1. Rayn. tom. 3, pag. 356¹. Voyez le Glossaire sur la Chanson de Roland.]

GLAVE, Lance, pique [Flore et Jeanne, pag. 50. Voyez Rayn. tom. 3, pag. 475¹, au mot *Glavi*] ; d'où *Glave*, Homme d'armes, cavalier armé d'une lance. Gl. *Glavea*.

GLAVELOT, Demi-lance, demi-pique. Gl. *Glaviolus*.

GLAUGIOL, Sorte de poisson, calmar. Gl. *Casseron*.

GLAVIOT, Demi-lance, demi-pique. Gl. *Glaviolus*.

CLAUS †, Sorte de plante, herbe au lait. Gl. *Justrio*.

GLAY, Cri confus de joie et de gaieté. Gl. *Glatilare*.

GLEBE, Terre assignée pour le fonds et la dot d'une église. Gl. *Gleba* 1.

GLENNE. FAIRE SES GLENNES, Glaner. Gl. *Glena*.

° GLENNER, Lier avec une hart. Guill. Guiart, tom. 1, pag. 190, vers 4387 :
O Rogier, que maugré sien glennent,
Trente et six chevaliers i prennent.
Voyez *Glanne* et *Glaon*.

GLENNON, GLENON, Botte de quelque chose que ce soit. Gl. *Glena*.

GLETE, Ordure, corruption. Gl. *Glotonus*.

° GLETERON †, Glouteron, bardane. Gl. *Lappa* 1.

GLIC, Sorte de jeu de cartes. Gl. *Glissis*.

GLICHOUERE, Conduit pour écouler l'eau, évier. Gl. *Goterius*.

GLICHY, Plate-forme. Gl. *Glatia*.

GLICQ, Sorte de jeu de cartes. Gl. *Glissis*.

GLINSER, Glisser, couler. Gl. *Clidare*.

° GLIOIRE, Partie de harnachement. Chastel. de Couci, vers 1352 :
Ces glioires sont deslachiés
Et li bourel sont defroissié.

GLISEUR, Marguillier, celui qui est chargé de l'administration de la fabrique d'une église. Gl. *Gliserius*.

GLISSE, Gravier, sable. Gl. *Gliseria*.

GLOC, pour GLOE, Bûche. Gl. *Gloa*.

GLOE, Bûche, poutre, pièce de bois. Gl. *Gloa*. [Guill. Guiart, tom. 2, pag. 377, vers 9789 ; pag. 378, vers 9831 ; pag. 383, vers 9943 (18770, 18812, 18924).]

° **GLOIE**, Glaïeul. Gl. *Carectum.*

GLOP, Boiteux. Gl. *Cloppus.*

GLORE, Gloire, le ciel. Gl. *Glos* 1. [*Glorie*, Partonop. vers 6315, etc. Voyez Rayn. tom. 3, pag. 475³, au mot *Gloria.*]

GLORIETE, Petite chambre fort ornée. Gl. *Glorieta.* [Partonop. vers 6910.]

GLOS, Terme d'honneur, qualification donnée aux fils de rois. Gl. *Gloria* 2. [Comme *Glout* 1. Partonop. vers 3787, 8375, 8388, 9868.]

° **GLOTON** †, GLOUTONNIER †, Glouteron, bardane. Gl. *Lappa* 1.

GLOTONIN, Libertin, débauché. Gl. *Glotonus.*

GLOUS, Égout, canal par lequel s'écoulent les immondices d'une maison. Gl. *Glotonus.*

1 **GLOUT**, Glouton, gourmand ; d'où *Gloutement*, Goulument. Gl. *Glotonus* [et *Gluto.* Voyez Rayn. tom. 3, pag. 477, aux mots *Glot* et *Gloto*, et la Chanson de Roland.]

2. **GLOUT** , Vicieux, débauché, livré aux femmes. Gl. *Glotonus.*

GLOUTE PAROLE, Injure, reproche offensant. Gl. *Glotonus.*

GLOUTRENIE, Débauche, libertinage. Gl. *Glotonus.*

GLUER, Coller, frotter de glu. Gl. sous *Charta* 1.

GLUI, Chaume, paille. Gl. *Gluen* [et *Gelima.* Renart le Nouvel, tom. 4, p. 197, vers 1847.]

GLUIER, Ramasser du chaume et le mettre en botte. Gl. *Gluen.*

GLUY, Gerbe, botte. Gl. *Gluen.* [Plait Renart de Dammartin, Jubinal, Fabl. t. 2, pag. 24 : *Glui de vèce.*]

GLUYER †. Coller, joindre ensemble. Gl. *Glutinus.*

GLUYETER, Ramasser du chaume et le mettre en botte. Gl. *Gluen.*

GLUYON, Botte de paille de seigle. Gl. *Gluen.*

GLUYOT, Chaume, paille de seigle. Gl. *Gluen.*

GLUYOTAGE , L'emploi du *Gluy* ou chaume. Gl. *Gluen.*

° **GLUYE**, Glu. Gl. *Viscare.*

GOBAN, Gaieté, belle humeur. Gl. *Gobelinus.*

GOBE, Gai, poli, officieux. Gl. *Gobelinus.* [Ruteb. tom. 1. pag. 27 :
Qui auques a, si fet le gobe.]

GOBELIN, Démon familier, lutin. Gl. *Gobelinus.*

GOBET , GOBETEI , Coup de cloche donné avec le battant et par intervalle. Gl. *Missa copetata*, pag. 415².

GOCEON, Sorte d'habit de guerre. Gl. *Godebertus.*

° **GODALE**, Sorte de bierre. Gl. *Celia.*

GODANDART, Demi-pique ou longue javeline. Gl. *Godandardus.*

GODAUDAC, pour GODANDAR. Gl. *Godandardus.*

GODEBERT, Sorte d'habit de guerre. Gl. *Godebertus.*

GODENDAC, Terme de salut, pour dire Bon jour. Gl. *Godendac.*

GODENDART, Demi-pique, longue javeline. Gl. *Godandardus.*

° **GODER**, Réjouir. Renart le Nouvel, tom. 4, pag. 435, vers 7404. Flore et Blanceft. vers 2481 :
La damoisele bien le got.
Roi Guillaume, pag. 153, 154, 155 : *Engot, Esgot, Congot.* Voyez *Gaudoier*, et Gl. *Hourdare.*

GODINS, Certains brigands, qui se retiraient dans les bois. Gl. *Gualdus.*

GODON, Gourmand, goulu. Gl. *Glotonus.*

GOE, Serpe à tailler bois ou vignes. Gl. *Goia* 1.

GOFFRE, Golfe. Gl. *Gaufra.*

GOGUE, Amusement, plaisir, plaisanterie, raillerie. Gl. *Gobelinus.*

GOHATEREAU , Goîtreux. Gl. *Gutturuosus.*

GOHERIAUS, Tombereau. Gl. *Gostarius.*

GOIART, Espèce de serpe. Gl. *Goyardus.*

GOIGNON, Goujon, cheville de fer ou de bois. Gl. *Gojo.*

GOIL, Espèce de serpe. Gl. *Goia* 1.

GOILART, Sorte de monnaie. Gl. *Goilart.*

GOITRON, Gorge, gosier. Gl. *Gurgustium* 2.

GOIZ, Sorte de serpe. Gl. *Goia* 1.

GOLENÉE, Petite mesure de grain. Gl. *Golena.*

° **GOLIARD**. Voyez *Gouliart.*

GOLIARDIE, Fausseté, tromperie, friponnerie. Gl. *Goliardia.*

GOLLE, Bouche. Gl. *Golerium.* [Roman de Renart, tom. 2, pag. 112, vers 12592 :
En haut en a sa gole trete.
Voyez Rayn. tom. 3, pag. 480³, au mot *Gola.* Chron. des ducs de Normandie.]

GOLLÉE, Collet d'un habit. Gl. *Golerium.*

GOLLENÉE, Petite mesure de grain. Gl. *Golena.*

GOLOT, Ravin, chemin creux. Gl. *Golla.*

GOMIR, GOMISSEMENT, Vomir, Vomissement. Gl. *Vomere.*

1. **GOMME**, Paquet, ballot. Gl. *Gumma.*

2. **GOMME**, Espèce de coffre ou nasse, où l'on conserve le poisson. Gl. *Gumma.*

3. **GOMME**, Le trou au-dessous de la roue extérieure du moulin. Gl. *Gumma.*

° **GONC**, Jonc. Aubri, pag. 162¹ :
En la chambre entre où li gonc sont
[*jonciés.*

* **GONE**, Robe de moine. Roman de Renart, tom. 1, pag. 41, vers 1074. Voyez *Gonne, Gonelle* ; et Rayn. tom. 3, pag. 483¹, au mot *Gona.* Gl. *Meira.*

GONELLE, Sorte d'habillement, casaque d'homme, robe et cotillon de femme. Gl. *Gonela* 2, et *Gunna* 1. [Partonop. vers 5063. Roman de Renart, tom. 1, p. 32, vers 829. Wackern. pag. 85, pour *Gonette ?* Voyez *Gone*, et Rayn. tom. 3, pag. 483¹, au mot *Gonella.* Chron. des ducs de Norm.]

GONFANON, Étendart, bannière à trois ou quatre pendants ; d'où *Gonfannoier*, et *Gonfanonguier* et *Gonfanonier*, Celui qui porte cette bannière. *Gonfanon* est aussi une banderolle ou flamme, qui se mettait au-dessous de la pique. Gl. *Guntfano.* [Voyez *Confanon* ; et Rayn. tom. 3, pag. 483⁵, au mot *Gonfano.* Chanson de Roland, aux mots *Gunfanun, Gunfanuner.*]

GONNE , Sorte d'habillement , fourrure, habit de moine. Gl. *Gonna*, sous *Gunna* 1. Voyez *Gone.*

GONNELLE, Sorte d'habillement, casaque d'homme, robe ou cotillon de femme. Gl. *Gunella* sous *Gunna* 1, pag. 139¹. [Grise *Gonnele.* Agolant, vers 121 :
Em piez s'en drece dan Synon de Paris,
Grise gonnelle, un duc de molt haut pris.
Gl. *Grisetus* sous *Griseum.*]

GORD, Pêcherie. Gl. *Gordus.* [Partonop. vers 1966. Voyez Rayn. tom. 3. pag. 484¹, au mot *Gorc.*]

GORDIN, Stupide, hébété, niais. Gl. *Gurdus.*

1. **GORGE**, Canal, conduit d'eau, rigole. Gl. *Gorga* 1.

° 2. **GORGE**. Roi Guillaume, pag. 96 :
Honie soit tote me gorge
S'il furent onques, etc.

GORGENT. ARMET DE GORGENT. Armure de la gorge. Gl. *Gorgale.*

GORGEOUR , Gourmand, goulu. Gl. *Gorgia* 1.

1. **GORGER**, Donner la pâtée aux oiseaux. Gl. *Gorgia* 1.

2. **GORGER**, Railler, se moquer, insulter. Gl. *Gorgia* 2.

GORGERETTE, Armure de la gorge. Gl. *Gorgale* [et *Gambeso*, pag. 21⁴].

GORGÉRY, Armure de la gorge. Gl. *Gorgale.*

GORGIAS, Plaisamment et ridiculement paré, vêtu à la manière d'une femme débauchée. Gl. *Gorgia* 2.

1. **GORGIERE**, Armure de la gorge. Gl. *Gorgale*. [Voyez Rayn. tom. 3, pag. 484², au mot *Gorgeria*.]

2. **GORGIERE**, Ornement dont les femmes couvrent ou parent leur gorge. Gl. *Gorgale*.

3. **GORGIERE**, Coup de poing, gourmade. Gl. *Gorgiata*.

GORGIEUR, Fanfaron, moqueur, railleur. Gl. *Gorgia* 2.

GORGOIER, Railler, se moquer, insulter. Gl. *Gorgia* 2. [*Gorgeier*, Chron. des ducs de Normandie. *Gorgocier*, Gronder, se plaindre. Roman de Renart, tom. 1, p. 18, vers 471.]

GORIN, Petit cochon de lait. Gl. *Gorrinare*.

GORLÉ, Fin, rusé. Gl. *Gorrinare*.

GORMANDER, Manger immodérément. Gl. *Gorgia* 1.

GORMÉ, Goîtreux. Gl. *Gutteria* 2.

° **GORPIL**, Renard. Roman de Renart, tom. 1, pag. 4, vers 100 suiv. Voyez *Goupil*.

GORREAU, Cochon de lait. Gl. *Gorrinare*.

GORRIAU, Collier de cheval. Gl. *Gorgia* 2.

GORRON, Cochon de lait. Gl. *Gorrinare*.

GORT, Golfe. Gl. *Gordus* [et *Gurges*. Voyez *Gord*].

GOTZ, Les Normands qui ont ravagé la France. Gl. *Goti*.

GOUAYS, Certains séditieux ainsi nommés, parce qu'ils avaient une *Goy* pour arme. Gl. *Goia* 1.

GOUBISSON, Espèce d'habillement contre-pointé, long et pendant sur les cuisses, sur lequel on endossait la cotte de mailles. Gl. *Gambeso*, pag. 21².

GOUDALE, Sorte de bière ; d'où *Goudalier*, Brasseur. Gl. *Godala*.

GOUDENDART, Demi-pique ou longue javeline. Gl. *Godandardus*.

GOUE, Grotte, caverne. Gl. *Gructa*.

GOUET, Instrument propre à tailler, serpette, couteau, etc. Gl. *Goia* 1.

GOUFFORT, GOUFFOURT, Sorte de bâton ferré, demi-glaive, javelot. Gl. *Gaverlotus*.

GOUFFRONT, pour GOUFFOURT. Gl. *Gaverlotus*.

GOUFOURT, comme GOUFFORT. Gl. *Gaverlotus*.

GOUFRE, Golfe. Gl. *Gulfus*.

GOUGE, Sorte d'arme en forme de serpe. Gl. *Goia* 1.

GOUGON, Goujon, cheville de fer ou de bois. Gl. *Gojo*.

GOULAFRE, Qui veut tout engloutir. Gl. *Gula* 3.

GOULARDISE, Plaisanterie, raillerie. Gl. *Goliardus* 1.

° **GOULDRAN**, GOULTRAN, comme *Goutron*. Gl. *Alquitranum*.

1. **GOULE**, Bourse, gibecière. Gl. *Gula* 2.

2. **GOULE**, Commencement, le premier jour d'un mois. Gl. *Gula Augusti*.

3. **GOULE**, Collet, la partie de l'habillement qui joint le cou. Gl. *Gula mantelli*, pag. 137².

° **GOULESER**, Désirer, convoiter. Gérard de Vienne, vers 648. Voyez *Goulouser*.

GOULET, Ruisseau. Gl. *Gouletus*.

GOULIARD, Débauché, homme de mauvaise vie. Gl. *Goliardus* 1.

GOULIARDEUSEMENT, A la façon des *Goulards* ou gens débauchés. Gl. *Goliardizare*, sous *Goliardus* 1.

GOULIARDOIS, Bouffon, bateleur. Gl. *Goliardizare* sous *Goliardus* 1.

GOULIART, Goinfre, ivrogne. Gl. *Goliardizare* sous *Goliardus* 1 [et † *Estor* 1].

GOULIERE, Poche, gousset, bourse. Gl. *Gula* 2.

GOULOUSER, Jalouser, avoir envie, désirer ardemment. Gl. *Gelositas*, et *Gliscere*. [Voyez *Gouleser*, Rayn. tom. 3, pag. 481¹.]

GOUME, pour GOMME, Paquet, ballot. Gl. *Gumma*.

GOUPIL, Renard ; d'où **Gouppiller** et **Gouppilleur**, Celui qui fait la chasse aux renards. Gl. *Gopillator* [et *Vulpecula*. Voyez *Gorpil*, et Rayn. tom. 5, pag. 467¹, au mot *Volp*].

GOURCE, Buisson épais, lieu couvert de buissons. Gl. *Gorga* 2.

1. **GOURDAINE**, Engin pour pêcher. Gl. *Gordana*.

2. **GOURDAINE**, Le nom d'une prison à Paris. Gl. *Gordana*.

GOURDER, Prendre quelqu'un à la gorge, la lui serrer. Gl. *Gorgiata*.

1. **GOURDINE**, Courtine, voile, rideau. Gl. *Cortinula*, sous *Cortis* 2, pag. 583³.

2. **GOURDINE**, Grotte, lieu retiré. Gl. *Gructa*.

GOURFOLER, GOURFOULER, Maltraiter, battre fortement, meurtrir. Gl. *Affollare* 2.

GOURGERIT, Ornement dont les femmes couvrent et parent leur gorge, ou la partie supérieure du sein. Gl. sous *Gorgale*.

GOURGON, Trait, flèche. Gl. sous *Ignis*, pag. 290¹.

GOURGOULER, GOURGOUSSER, Murmurer, parler entre ses dents, marquer du mécontentement, gronder. Gl. *Groussare*, et *Reprochare*.

GOURGOUX. METTRE EN GOURGOUX. Remâcher en murmurant. Gl. *Groussaer*.

GOURGOZ, Querelle, dispute. Gl. *Groussare*.

GOURGUE, L'endroit où tombe l'eau, après avoir fait tourner la roue du moulin. Gl. *Gurga*.

GOURMET, Commissionnaire, voiturier, ou garde des vins et marchandises pendant qu'ils sont en route. Gl. *Gromes*.

GOURNAL, Espèce de poisson de mer. Gl. *Gornus*.

GOURPILLE, Renard. Gl. *Vulpecula*.

1. **GOURT**, Gord, pêcherie. Gl. *Gurga*.

2. **GOURT**, Stupide, hébété, lourd. Gl. *Gurdus*. [Voyez Rayn. tom. 3, pag. 488¹, au mot *Gord*.]

° **GOUSSE**, Espèce de chiens. Gl. *Mastinus*. Voyez Rayn. tom. 3, pag. 488¹, au mot *Gossa*, et ci-dessus *Grous*.

GOUSTEMENT, Mets, viande. Gl. *Gustum*.

1. **GOUTE**, Figure qui représente une larme ; d'où *Goutté*, Ce qui est chargé ou orné de cette figure. Gl. *Gutta* 6.

2. **GOUTE**, Gouttière, évier. Gl. *Gota*.

GOUTE BLANCHE, Suif. Gl. *Gutta alba*, sous *Gutta* 7.

GOUTE FELONNESSE, Épilepsie, mal caduc. Gl. *Gutta caduca*, sous *Gutta* 2.

GOUTEREL, Gouttière. Gl. *Gouteria*.

GOUTIÈRE, Sorte d'ornement d'un lit. Gl. *Gouteria*.

GOUTRON, Goudron, vieux oing ; d'où *Goutrenner*, Graisser avec du *goutron*. Gl. *Gema*. [Voyez Rayn. tom. 2, pag. 58¹, au mot *Alquitran*.]

GOUVERNANCE, Manière de vivre, dépense. Gl. *Gubernantia*.

° **GOUVERNEMENT**. FEMME DE PETIT GOUVERNEMENT, Femme publique. Gl. *Femina peccati*.

GOUVERNER, Entretenir, fournir les choses nécessaires. Gl. *Gubernantia* [et *Fossara* 2].

GOUVERNERESSE, Femme qui gouverne. Gl. *Miro* 2.

1. **GOUVERNEUR**, Curé, qui gouverne une paroisse. Gl. *Gubernator* 2.

2. **GOUVERNEUR**, Favori. Gl. *Gubernator* 2.

3. **GOUVERNEUR** DE NOCES, Celui qui était chargé du soin du repas des noces, et de recueillir l'écot d'un chacun. Gl. *Gubernator* 2.

GOUYAULX, Ce sont les morceaux de pâte qu'on gratte du pétrin. Gl. *Grignolosus*.

GOUYER, Sorte de serpe. Gl. *Goia* 1.

GOY, Sorte de serpe. Gl. *Goia* 1, et *Legoy*.

GOYART, Sorte d'arme et de serpe. Gl. *Goyardus* [et *Volumen*].

GOYE, Sorte de serpe. Gl. *Goia* 1.

GOYMEREZ, Ceux qui doivent des corvées avec la *Goy* ou serpe. Gl. *Goia* 1.

GOYR, Jouir, être en possession ; d'où *Goyure*, Jouissance. Gl. *Godimentum*.

GOYS, Certains séditieux, ainsi nommés, parce qu'ils avaient une *Goy* pour arme. Gl. *Goia* 1.

° **GRAANTEMENT**, Consentement. *Graanter*, Accorder. *Graant*, Plaisir, volonté. Chron. des ducs de Norm. Voyez *Graunter*.

GRAARIE, Grurie. Gl. *Griatoria*.

1. **GRACE**, Titre d'honneur donné aux plus grands seigneurs. Gl. sous *Gratia* 2.

2. **GRACE**, Renommée, réputation. Gl. *Gratia* 3.

GRACES DES LOMBARS, Le jeu de dés. Gl. *Gratiæ*.

° **GRACIE**, Grâce. Partonop. vers 1, 10. Voyez Rayn. tom. 3, pag. 490¹, au mot *Gracia*.

1. **GRACIER**, Faire grâce, remettre ce qui est dû. Gl. *Gratificare* 2.

2. **GRACIER**, Rendre grâces, remercier. Gl. *Gratiare*. [Chastel. de Couci, vers 15, 1809. *Grassier*, Roi Guillaume, pag. 64.]

1. **GRAEL**, Graduel, livre d'église. Gl. *Gradalicantum*. [Voyez *Greel*.]

° 2. **GRAEL**. Voyez *Greagium*.

° **GRAELIER**, Griller ? Gérard de Vienne, vers 2744 :

Je vos ferai ou pandre ou graelier.

° **GRAER**, Agréer, plaire, convenir, approuver. Ruteb. tom. 2, pag. 259 :

Nul part ne porront baer
A chose qui lor puist graer.

Partonop. vers 9998 :

Del termine del espouser...
D'iluec al tierc jor l'ont graé.

Gérard de Vienne, vers 8078 :

K'il ne le voile otroier ne graer.

Vers 3410 :

Jai fust li plais graieiz et otroieiz.

Voyez *Greer*, et Rayn. tom. 3, pag. 502², aux mots *Greiar* et *Grazir*. Chron. des ducs de Norm.

GRAFFON, Croc, crochet. Gl. *Graffonus*. [Voyez Rayn. tom. 3, p. 493¹, au mot *Grafio*.]

° **GRAFIER**, GRAFFIER. Voyez *Grafe*.

GRAFIERE, Burin, stylet. Gl. *Stiliare*.

° **GRAIEMENT**, Agrément, accord. Chron. des ducs de Norm.

° **GRAIER**, Chron. des ducs de Norm. tom. 2, pag. 6, vers 15429 :

Fist li reis maistre seneschal
Raol Torte, ce truis lisant
Graier e faus e soduiant.

° **GRAFFE**, GRAFFE, GRAIFE, Burin, style. Flore et Blancefl. vers 999 :

Un grafe tient de son grafier
D'argent bien faite...

Vers 1004 :

Dont parla à sa grafe Floire.

Vers 1050 : *D'une grafe ;* vers 1013, 1052 : *Le grafe ;* vers 263 :

Lor graffes sont d'or et d'argent.

Vers 1624 :

Que del graffe de ton graffier
Por li ocirre te vausis.

Quatrième livre des Rois, ch. 21, vers. 13 : *E aplanierai si cume l'um suit planier tables de graife.* (lat. sicut deleri solent tabulæ, et delens vertam et ducam crebrius stylum super faciem ejus.) Voyez Rayn. tom. 3, pag. 491², au mot *Grafi*, ci-dessus *Grafiere*, et ci-dessous *Grefe et Greffe* 2.

GRAIL, Grille. Gl. *Grata*.

1. **GRAILE**, Instrument, qui rend un son aigu. Gl. *Gracilis*.

2. **GRAILE**, La corneille noire. Gl. *Gracilla*. [Voyez Rayn. tom. 3, pag. 493², au mot *Gralha*.]

° **GRAILLE**, GRAILE, GRAISLE, GRELLE, Svelte, délicat, mince. Partonop. v. 3991 :

Longe est et gente et graille et crase,
Lons a les bras et grailles mains.

Belle Ysabiaus, Wackernagel, pag. 7 :

Moult iert belle, graile et graisse et alixe.

Chanson de Roland, stance 327, vers 21 :

Graisles ès flancs e larges les costez.

Partonop. vers 558, 575. Guill. Guiart, tom. 1, pag. 296, vers 6728 :

Alemanz une coutiaus avoient..
Grailles et aguz à trois quierres.

Grelle, Roman de Renart, tom. 1, pag. 14, vers 370 *Grelle doit*, vers 885. Voyez Rayn. tom. 3, pag. 493¹, au mot *Graile*. Chron. des ducs de Norm.

GRAILLER, Le cri de la corneille. Gl. *Creticare* 3.

1. **GRAIN**, Morceau, fragment. Gl. *Granum* 4.

° 2. **GRAIN**, Aspérité de la peau. Partonop. vers 4868.

GRAINDRE, Plus âgé. Gl. *Grandus*. [*Graigne*, Plus grand. Chanson de Roland. *Graignor*, etc. Chron. des ducs de Norm.]

° 1. **GRAINE**, Écarlate, garance. Gl. *Granum* 2. *Graingne* en Champagne 1. Chronique des ducs de Normandie, Rayn. tom. 3, pag. 496¹, au mot *Grana*.

° 2. **GRAINE**. Voyez *Marbre*.

° **GRAINS**, Triste, morne, fâché. Belle Ysabiaus, Wackern. pag. 6 : *Grains et marris*. Roman de Renart, tom. 2, pag. 322, vers 18849 : *Grainz. Grams*, Rayn. t. 3, pag. 494¹, au mot *Gram*. Voyez *Engrant* et *Greins*.

GRALOIER, Sonner de l'instrument appelé *Graile*. Gl. *Monetum*.

GRAMBILLE, Sorte de boisson, espèce de bière. Gl. *Granvalla*.

GRAMENTER, pour GARMENTER, Se plaindre, être mécontent. Gl. *Querelare ?* [Partonop. vers 5327 :

Ce li gramente et si le plaint.]

1. **GRANCHE**, JEU DE LA GRANCHE, Sorte de jeu de dés ; p. e. pour Jeu de la chance. Gl. *Grangium*.

° 2. **GRANGE** DE OISEL †. Gl. *Paparium*.

GRANCRENELLE, Nom d'une antienne de l'office de la Nativité de la Vierge Gl. *Grancrenella*.

GRANDEUR, Arrogance, insolence. Gl. *Granditudo* 2.

° **GRANDIME**, Très-grande. Roman de Renart, tom. 3, pag. 22, vers 20874. Chron. des ducs de Norm.

° **GRANDITÉ**, Grandeur. Chron. des ducs de Norm.

GRANEQUIN, pour CRANEQUIN, Sorte d'arbalète. Gl. *Crenkinarii*.

GRANGE, Métairie, ferme. Gl. *Grangia*, sous *Granea*, pag. 99¹.

1. **GRANGEAGE**, Droit dû sur les granges. Gl. *Granchiagium*, sous *Granea*, p. 99².

2. **GRANGEAGE**, Métairie, ferme, hameau. Gl. *Grangiagium*.

GRANGERIE, Office monacal, dont le pourvu s'appelait Grangier. Gl. *Grangerius* et *Grangiarius*, sous *Granea*, pag. 99².

GRANGIER, Métayer, fermier. Gl. *Grangerius*.

GRANIER. LE FUST GRANIER, La trémie d'un moulin. Gl. *Tremodium*.

GRANMANT, Longtemps. Gl. *Granditas*. [*Granmant ;* Roman de Renart, tom. 1, pag. 11, vers 273. Chron. des ducs de Norm. Voyez Rayn. tom. 3, pag. 498², au mot *Granmen* ; Orell. pag. 292. *Grant*, Beaucoup. Roman de Renart, tom. 1, pag. 37, vers 963 :

Que por dieu li doint, sil commande,
Ou poi ou grant de sa viande.]

° **GRANS-PASQUES**. Gl. *Pascha*, pag. 191².

GRANTEY, Payement de ce qu'on a pris à crédit. Gl. *Graantagium*.

° 1. **GRANT**, Grandeur. Partonop. vers 831 :

Li palais sont trestot d'un grant.

Vers 10316 :

Estoient d'un tor et d'un grant.

° 2. **GRANT-MAL**. Gl. *Morbus*.

3. **GRANT-PIEÇA**, Longtemps auparavant. Gl. *Foraneus* 4.

4. **GRANT-SIRE**, Beau-père. Gl. *Siriaticus*.

5. **GRANT-TERRE**. SEIGNEUR DES CHETIFS OU DE LA GRANT-TERRE, Le chef d'une société de jeunes gens appelés les *Chetifs*. *Captvare* 2. [*Grant*, adjectif commun. Voyez Rayn. tom. 3, pag. 497², au mot *Gran*, etc.]

GRANUE, Croc, crochet. Gl. *Graffonus*.

GRAPHIER, Greffier. Gl. *Graphista*.

GRAPIER, Ce qui reste du froment

après qu'il a été vanné et nettoyé. Gl. *Graperium.*

GRAPIS ou **GRAPRIS**, pour **GRAPOIS**, Sorte de poisson de mer. Gl. *Craspiscis*, et *Graspeis.*

GRAPPER, Vendanger, cueillir le raisin. Gl. *Grapetura.*

GRARIE, Certain droit qu'on a dans les bois d'un autre. Gl. *Griaria*, sous *Gruarius* 1.

GRAS SERMENT, Un gros jurement. Gl. *Grassus* 3.

GRASAL, Jatte, sorte de plat. Gl. *Grasala*. [Voyez Rayn. tom. 3, pag. 501¹, au mot *Grasal*.]

GRASET, Graisse, huile. Gl. *Grascia.*

GRATEINE, Ratière, souricière. Gl. *Grata.*

° **GRATER**. Roman de Rou :
Ne laissa nulle rien que il péust grater.

GRATISSE, Bourre, espèce de mauvaise laine. Gl. *Gratus* 4.

GRATUÉ, Râpe, ustensile de cuisine. Gl. *Gratusa.*

GRATUISE, GRATUISSEUR, Bourre, espèce de mauvaise laine. Gl. *Gratus* 4. [Voyez Rayn. tom. 3, pag. 505², au mot *Gratuzar*.]

GRATUIT, Ce qui concerne l'esprit ou l'âme. Gl. *Gratuitas* 1.

GRATUITÉ, Don, présent. Gl. *Gratuitas* 1. [*Aydes gratieuses*. Gl. *Auxilium* 1.]

GRATURSE, pour GRATUISE ou GRATUSE, Bourre, espèce de mauvaise laine. Gl. *Gratus* 4.

GRATUSE, Râpe, ustensile de cuisine. Gl. *Gratusa.*

GRAVAGE, Gravier, bord de la mer ou d'une rivière. Gl. *Gravairo.*

° **GRAVANTER**, comme *Craventer*, Renverser. Roman de Rou :
Ses chasteaus fist abbattre et ses murs [gravanter.]

GRAVELE, GRAVELLE, Le sable de la mer, gravier. Gl. *Gravela* et *Gravella.* [Flore et Blanc. vers 2062. Roi Guillaume, pag. 110. Voyez Rayn. tom. 3, pag. 506¹, au mot *Gravel*.]

GRAVELOT, pour GAVRELOT, Javelot. Gl. *Gaverlotus.*

GRAVEREUS, Celui qui lève les impôts. Gl. *Gravaringus*. [*Graverens*, Chron. des ducs de Normandie, tom. 2, pag. 391, vers 26719 :
Faimes que teus seit mes li tens,
Que sor nos n'ait plus graverens.]

GRAVERIE, Exaction de toute espèce de droits. Gl. *Gravaria.*

GRAVEURE, Fente, petite ouverture. Gl. *Crebadura.*

° **GRAVIER**, Gravier, rivage. Partonop. vers 699, 799. Sable. Gérard de Vienne, vers 8460. Voyez Rayn. tom. 3, p. 505², au mot *Gravier.*

GRAVIR, Monter un escalier. Gl. *Gradium.*

GRAULE, La corneille noire. Gl. *Gracilla.*

° **GRAUNTER**, Accorder, octroyer. Gilote et Johanne, Jubinal, Fabliaux, t. 2, pag. 41, 47. Granter. Gl. *Grantare*, sous *Creantare*, pag. 608³.

° **CRAX**, Ongles, griffes, serres. Agolant, vers 431 :
Si le leva et au bec et as grax.

GRAZAL, Jatte, sorte de plat. Gl. *Grazala*. Voyez *Grasal.*

1. **GRÉ**. FAIRE GRÉ, Payer, satisfaire à ce qu'on doit. Gl. *Gratum* [et *Gratus*, sous *Creantare*, pag. 609¹].

2. **GRÉ**. RENDRE GREZ, Remercier, rendre grâces. Gl. *Gratiare.*

GREAGE, Droit sur la coupe des bois et sur les ouvrages faits de bois. Gl. *Greagium.*

GRÉE †, p. e. Vieille. Gl. *Glabella* 2. [Pour *Grève* 1.]

GREEL, GREAL, Graduel, livre d'église. Gl. *Gradale* 1. [Voyez *Grael* 1.]

GRÉER, Agréer, approuver. Gl. *Gratari*. [Chron. des ducs de Norm.]

GREFE, Stylet à écrire. Gl. *Graphium* 1. [Voyez *Grafe*.]

1. **GREFFE**, Crochet. Gl. *Graffonus.*

2. **GREFFE**, Stylet, burin. Gl. *Graphium* 1.

GREFFERIE, Office ou charge de greffier. Gl. *Greffarius.*

° **GREGE**, Difficile, pénible, qui fait du tort. Guill. Guiart, tom. 1, pag. 34, vers 237 :
Une gent avoit lors en France
Plaine de mauvaise créance
Et à la crestienté grèges,
Que l'on nommoit par nom hérèges.

GREGIER, Faire tort, causer du dommage ou de la peine. Gl. *Greugia*. [Chron. des ducs de Norm. *Engréger*. Devenir plus grave, plus malheureux. G. Guiart, tom. 1, pag. 223, vers 5319. Voyez *Engregier*, et Rayn. tom. 3, pag. 510, aux mots *Grevar* et *Agreviar*.]

GREGNIEUR, Le plus considérable. Gl. *Grandus.*

° **GREGOS**, GREJOS, comme, *Grege* Chron. des ducs de Norm.

° **GREJANCE**, Peine. Chronique des ducs de Norm.

GREIGNAILLES, Toute espèce de menus grains. Gl. *Ruere.*

1. **GREIL**, Jatte, sorte de plat. Gl. *Grasala.*

2. **GREIL**, Grille. Gl. *Grata.*

3. **GREIL**, Gril, ustensile de cuisine. Gl. *Graticula.*

GREILLE, Instrument qui rend un son aigu. Gl. *Gracilis*. [*Graisle, Gresle,*
Grasle. Chanson de Roland. *Graisle, Gredle, Greidle, Greille.* Chron. des ducs de Norm. Agolant, pag. 168² :
Fetes soner mes granz cors de laton...
Quatre mil grelles i sonent la menée.
Pag. 184² :
Sonent a grelle ci cor et ci tabor.
Voyez Rayn. tom. 3, pag. 493¹, au mot *Graile.*]

GREILLON, Grille. Gl. *Grata.*

GREINGNEUR, Plus grand. Gl. *Grandus.*

GREINS, Fâché, affligé. Gl. *Gravedo* 1. [Chron. de Jordan Fantosme, vers 126. Voyez Rayn. tom. 3, pag. 511², au mot *Grim*, et pag. 493², au mot *Gram*; ci-dessus *Grains*.]

GREIS †, p. e. Cresselle. Gl. *Dragdale.*

° **GREJOAIS**, Grec. Gl. *Ignis*, pag. 290¹.

° **GRELLE**. Voyez *Graille* et *Greille.*

GRELLOIER, Sonner de l'instrument appelé *Greille.* Gl. *Grelare.* [Guill. Guiart, tom. 2, pag. 393, vers 10217 (19199). *Gresloier*, Garin le Loher. tom. 1, pag. 170.]

° **GRÉMENT**, Grièvement. Chronique des ducs de Norm.

° **GREMIER** (SE), Etre triste, gémir. Gérard de Vienne, vers 1766 :
Karles l'enfant, durement s'en gremie.
Voyez Rayn. tom. 3, pag. 511², au mot *Grimar.*

GRENAILLES, Toute espèce de menus grains. Gl. *Ruere.*

° **GRENEQUIN**. Voyez *Granequin.*

GRENER, Germer. Roi Guillaume, pag. 95 :
Onques de mauvaistié ne burent
Qui péust en lors cuers grener,
Ne reprendre ne rachiner.

GRENET, Grenat, pierre précieuse. Gl. *Grenatus.*

GRENETE, Le marché au blé. Gl. *Granateria* 2.

GRENETÉ, Ce qui est orné de grains. Gl. *Grenatus.*

GRENETIER, Officier du grenier à sel. Gl. *Granetarius* 2.

GRENIER, Banne, pièce de grosse toile. Gl. *Grenarium* 2.

GRENONS, Moustache. Gl. sous *Grani.* [Voyez Rayn. tom. 3, pag. 518², au mot *Greno.*]

° **GRESEILLI**, Grésillé. Chastel. de Couci, vers 6820. Voy. Rayn. tom. 3, pag. 506², au mot *Grazillar ?*

GRESILLON, Menotte de fer. Gl. *Grisilio* [et *Gresillon*.]

GRESLE, Instrument qui rend un son aigu. Gl. *Gracilis.*

° **GRESSER**, Roi Guillaume, pag. 147 :
A le cri des ciens entendu
Qui le cerf encaucent et gressent.

GRESSIN, Toute marchandise graisseuse. Gl. *Gresa*.

° **GREVANCE**, Peine, difficulté. Rayn. tom. 3, pag. 510¹, au mot *Grevansa*.

1. **GREVE**, Cheveux partagés sur le haut de la tête, la ligne qui les partage. Gl. *Gravia* 1. [Flore et Blancefl. vers 2877.]

2. **GREVE**, Bottine, armure des jambes. Gl. *Greva*.

° 3. **GREVE** †. Gl. *Verpus*.

° **GREVER**, Peiner, être hostile. Garin le Loher. tom. 1, pag. 27. Wackern. p. 11, 65. Rayn. tom. 3, pag. 510¹, au mot *Grevar*. Chron. des ducs de Norm. au mot *Griet*.

GREUERIE, Grurie. Gl. *Griatoria*.

GREVETTE, Bottine, armure des jambes. Gl. *Greva*.

GREVEUSSEUMENT, Avec dommage. Gl. *Gravantia*.

GREVIER, Canal, conduit d'eau. Gl. *Graverium*.

° **GREVOUX**, Pénible, désagréable. Partonop. vers 72. *Grevos*, Chron. des ducs de Norm.

GREULLON, Instrument à cerner les noix. Gl. *Cernea*.

GREUNIER, Grogner, le cri du pourceau. Gl. *Frendis*.

GREUSE, Plainte, mécontentement. Gl. *Greusia* 1.

° **GREZ**. Voyez *Gré* 1, 2.

GREZALE, Jatte, sorte de plat. Gl. *Grasala*.

° **GREZOIS**, comme *Grejoais*.

GRIAGE, Certain droit qu'on a dans les bois d'un autre. Gl. *Griagium*, sous *Gruarius* 1.

GRIECHE, Charge, redevance. Gl. *Griechia*. [*Griesche*, Desagrément, inconvénient. Ruteb. tom. 1, pag. 25, note 1.]

GRIEMENT, Remords, repentir. Gl. *Gravedo* 1.

° **GRIES**, GRIEF, GREF, Pénible, difficile, sérieux. Partonop. vers 1526, 2728. Voyez Rayn. tom. 3, pag. 508³, au mot *Greu*, Chanson de Roland, et Chron. des ducs de Norm. aux mots *Gref*, *Greus*, *Grew*.

GRIESTÉ, Grief, dommage. Gl. *Gravedo* 3.

1. **GRIETÉ**, Fâcherie, chagrin, peine d'esprit. Gl. *Gravedo* 1.

2. **GRIETÉ**, Difficulté, peine. Gl. *Gravatum*.

3. **GRIETÉ**, En parlant d'une griève et dangereuse maladie. Gl. *Gravatum*.

GRIFAIGNE, Fier, résolu, intrépide. Gl. *Grifalco*. [Sauvage, rude, escarpé. Voyez les Glossaires sur la Chanson de Roland et sur la Chronique des ducs de Normandie. Rayn. tom. 3, pag. 512¹,

au mot *Grifaigne*. Roman de Roncevaux, pag. 3. Partonop. vers 4916.]

GRIFAU, Griffon, oiseau de proie. Gl. *Grifalco*. [Voyez Rayn. tom. 3, pag. 512¹, au mot *Griffe*.]

GRIFER, Egratigner. Gl. *Grifare*.

GRIFFAIGNE, Fier, résolu, intrépide. Gl. *Grifalco*.

GRIFFONS, GRIFONS, Nom des Grecs soumis à l'empire de Constantinople. Gl. *Griffones*. [Partonop. vers 8086. Voyez Rayn. tom. 3, pag. 507¹, au mot *Grifo*.]

GRIGIEUR, Terme injurieux, p. e. Lépreux. Gl. *Grigulosus*.

GRIGNETTE, Petite croûte de pain, prise du côté qu'il est le plus cuit. Gl. *Grignolosus*.

GRIGOIS, La langue grecque. Gl. *Græciensis*. [*Grijois*, Partonop. vers 8712. Gl. *Ignis*, pag. 290¹.]

GRILETE, Sorte d'animal, p. e. Grenouille. Gl. *Grillonus*.

1. **GRILLE**. JEU A LA GRILLE. Gl. *Grilla* 1.

° 2. **GRILLE**, Décharnée. Miracle de la sainte Vierge, Chronique des ducs de Norm. tom. 3, pag. 525, vers 481. Voyez *Graille*.

° **GRIMAULT**, Nom d'un cierge. Gl. *Grimaudus*.

° **GRINGNOS**. Chron. des ducs de Normandie, tom. 2, pag. 353, vers 25666 :

Mult est li deables gringnos
E mult gen fait en achaisonos.

Voyez Rayn. tom. 3, pag. 511², au mot *Grinos?* ou pour *Guignos?*

° **GRIPON**, Griffon. Agolant, vers 196.

° **GRIPPES**, Rapines, injustices. Guill. Guiart, tom. 1, pag. 55, vers 787.

1. **GRIS**, pour Grec. Gl. *Græciensis*. [Parton. vers 8712. *Griu*, vers 184, 172, 186, etc. Voyez Rayn. tom. 3, pag. 506², au mot *Griu*.]

° 2. **GRIS**, Sorte de fourrure. Gl. *Griseum*. Belle Beatris, vers 1 :

Enchainte sui d'Ugon, si qu'en lieve
[mes gris.

Chronique des ducs de Normandie.

GRISANCHE, Nom d'une grosse pièce de bois dans le Mâconnais. Gl. *Grisanchia*.

GRISLE, Instrument qui rend un son aigu. Gl. *Gracilis* [et *Menetum*.]

GROCER, GROCHIER, Se plaindre, murmurer, parler entre ses dents. Gl. *Greugia*.

GROE, Lieu ou champ fermé de haies. Gl. *Groa* 2.

GROENET, Espèce de fourchette de cuisine. Gl. *Grugnum*.

GROGNET, Sorte d'arme offensive. Gl. *Grugnum*.

GROHAN, Nom d'un château à la porte d'Angers, qu'on prétend avoir été bâti par César. Gl. *Groa* 2.

GROIGNER, Se plaindre, gronder. Gl. *Grunnire*.

GROIGNET, Sorte d'arme offensive. Gl. *Grugnum*.

° **GROILLOIER**, Grésiller. Agolant, vers 312.

GROING, Cap, langue de terre, qui avance dans la mer. Gl. *Grouinum*.

GROINGNET, Gourmade, coup de poing sur le *groin* ou visage. Gl. *Grugnum*.

GROISSE, Grossesse. Gl. *Gravatæ mulieres*.

GROLÉE, Certain repas. Gl. *Grolia*.

GROMET, GROMETEL, Serviteur, garçon de marchand ou d'artisan. Gl. *Gromes*.

GROMME, Serviteur, voiturier ou garde des vins. Gl. *Gromes*.

GRONDILLER, Gronder, murmurer. Gl. *Grunnire*. [Voyez Rayn. tom. 3, pag. 513¹, au mot *Grondilhar*.]

GRONDINE, Voile, rideau, cousinière. Gl. *Conopeum*.

° **GRONDRE**, GRONDIR, Murmurer, grogner. Roman de Renart, tom. 1, pag. 42, vers 1082. Wackernagel, pag. 61. Voyez Rayn. tom. 3, pag. 513¹, au mot *Gronhir*. Résonner. Partonop. vers 8318 :

Li uns aciers à l'autre gront.

GRONEL. TERRE GRONELLE, Marécageuse. Gl. *Gronna*.

GRONGER, Frapper du poing sur le *groin* ou visage. Gl. *Grugnum*.

GRONGNET, Sobriquet de la maison de Vassé. Gl. *Grugnum*.

GRONS, Giron, tablier. Gl. *Gyro* 1. [Voyez *Geron*, *Giron*.]

GRONSONEIR, pour GROUSONEIR, Murmurer, se plaindre. Gl. *Groussare*.

1. **GROS**, Largeur. Gl. *Grossum* 5.

2. **GROS**, Le produit des impôts sur une ville. Gl. *Grossum* 5.

° 3. **GROS**, Certaine monnaie. Gl. *Grossus* 3, et *Moneta*, pag. 476³, 477¹.

° 4. **GROS**, Mécontentement. Chron. des ducs de Norm. tom. 1, pag. 97, vers 445 :

A desdeig vos seit à gros.

Voyez *Grouser*.

GROSLÉE, Certain repas. Gl. *Grolia*.

GROSSAIRE, Secrétaire, qui met en grosse les actes. Gl. *Grossa* 2.

GROSSE, pour Crosse, bâton crochu, avec lequel on pousse une balle. Gl. *Crossare*.

GROSSEMFNT, Amplement. Gl. sous *Grossus* 1.

1. **GROSSER**, Murmurer, se plaindre, gronder. Gl. *Groussare*.

° 2. **GROSSER**, Grossoyer, copier. P. Paris Catal. tom. 1, pag. 106, 108. Rayn. tom. 3, pag. 515¹, au mot *Grossar*.

GROSSEUR, Grossesse. Gl. *Gravatæ mulieres*.

GROUAU, GROUGNANT, Sorte de poisson, rouget. Gl. *Lechan*.

° **GROUCEMENT**, Plainte. Rutebeuf, tom. 2, pag. 253 :

N'i a groucement ne murmure.

GROUCHER, GROUCHIER, GROUCER, GROUCIER, Murmurer, se plaindre, parler entre ses dents, gronder. Gl. *Groussare* [et *Greugia*. Roman de Renart, tom. 1, pag. 28, vers 744. Partonop. vers 8251, 8418. Guill. Guiart, tom. 1, pag. 130, vers 2840.]

GROUGNOIS, Sorte de fourrure. Gl. *Grundega*.

GROULIER, Savetier. Gl. *Grolerius* [en Provence.]

GROUMET, Serviteur, garçon de marchand ou d'artisan. Gl. *Gromes*.

GROUS, Chien. Gl. *Grundega*. [Voyez *Gousse*.]

° **GROUSELIER** †, Groseillier. Gl. *Ramus 3*, et *Rapinus*.

GROUSER, GROUSONEIR, GROUSSER, GROUSSIER, Murmurer, se plaindre, gronder, se fâcher. Gl. *Groussare*.

GROUSSIER, Grossoyer, mettre au net. Gl. *Grossatio*, sous *Grossa 2*.

GROYE, Lieu fermé de haies. Gl. *Groa 2*.

GRU, Espèce d'orge propre à faire la bière. Gl. *Grutum*.

1. **GRUAGE**, Impôt ou droit d'entrée, barrage. Gl. *Gruagium*.

2. **GRUAGE**, Certain droit qu'on a dans les bois d'un autre. Gl. *Gruagium*, sous *Gruarius 1*.

GRUE, p. e. Fraise de veau. Gl. *Grua*.

° **GRUEN**, Les grains qui tombent quand on vanne le blé. Gl. *Gruinum*.

GRUER, Mettre un impôt, ou p. e. pour Grever, Surcharger. Gl. *Gruagium*.

° 1. **GRUIER**, Gruyer, à grues. Partonop. vers 1673. Voyez Rayn. tom. 3, pag. 515², au mot *Gruier*. Gl. *Commorsus*.

° 2. **GRUIER**. Voyez *Gruyer*.

GRUIS, Son. Gl. *Gruellus*.

GRUMELER, Murmurer, gronder, disputer, quereller. Gl. *Groussare*.

1. **GRUS**, Femme débauchée. Gl. *Grussus*.

2. **GRUS** †, Son. Gl. *Gruellus*.

GRUST, Espèce d'orge propre à faire la bière. Gl. *Grutum*.

GRUVE, Sorte de redevance. Gl. *Gruvium*.

GRUYER, Gard ou sergent d'une forêt. Gl. *Gruarius 1*.

GRYACHE, Certain jeu de dés. Gl. *Gratiæ Lombardorum*.

GUAAINGNE, Émolument, revenu. Gl. *Gaeria*.

GUAGER, Prendre des gages par sentence du juge. Gl. *Vadiare*, sous *Vadium*, p. 230².

GUAGEURE, Gageure. Gl. *Guaditura*.

GUAGOIN, p. e. Cochon de lait. Gl. *Gorrinare*.

GUAIGIERE, Gage, nantissement. Gl. *Gagiamentum*.

° **GUAIGNERIE**. Voyez *Gaignerie 2*.

GUALIE, Galée, sorte de vaisseau. Gl. *Gualea*.

° **GUALT**. Voyez *Gaut*.

GUANIVET, Canif, petit couteau. Gl. *Genecerium*.

GUARAGNON, Cheval entier, étalon, en Languedoc et en Provence. Gl. *Waranio*.

° **GUARIR**. Voyez *Garir*.

° **GUARNEMENT**. Voyez *Garnement*.

GUARNISON, Provision, tout ce qui est nécessaire. Gl. *Garnisio 1*.

GUARSACHE, Bail à moitié des fruits. Gl. *Gasatha*, sous *Gasalia*.

° **GUASTE**. Voyez *Gaste*.

° **GUASON**, Garçon, valet. Gérard de Vienne, vers 108 :

*Je ne voil mie ke jai guason s'en vant
Ke il me toile valissant un besant.*

Voyez Rayn. tom. 3, pag. 436³, au mot *Gasso*.

GUATE, Jatte, vaisseau rond. Gl. *Gatta*, sous *Guatus 1*.

GUAYER, Chandelle ou flambeau de cire. Gl. *Puginata*.

GUAYN, L'automne, la saison où l'on cueille les fruits, appelés *Gains*. Gl. *Gagnagium 1*, pag. 9².

° **GUAYTER**, Faire le guet. Gl. *Wactæ*, pag. 399¹.

GUEDELLE, Guède, pastel. Gl. *Gueda*.

° **GUEISSEILLIER**, Ivrogner. Chron. de Jordan Fantosme, vers 979 :

Li Engleis sunt bon vantur, ne
      [sevent osteer,
Mielz sevent as gros hanaps beivre
      [e gueisseillier.

Voyez *Guersai*. En Angl. *Wassailer*, Ivrogne.

GUELINE, Poule. Gl. *Gaulina*.

GUENART, Denier blanc à l'écu. Gl. sous *Moneta*, pag. 481³.

GUENCHE, Finesse, détour. Gl. *Guillator*. [*Faire guenche, faire la guenche, Fuir, se dérober, abandonner*. Chronique des ducs de Normandie.]

GUENCHIR, GUENCIR, Se détourner, esquiver, éviter avec adresse. Gl. *Guillator* et *Trestornatus*. [Partonop. vers

3014. Flore et Blancefl. vers 776. Tourner, faire le tour pour revenir à la charge, retourner, se diriger vers. Partonop. vers 3011 :

*Et Sornegur li est guencis,
A lui violt joster li marcis ;
Partonopeus le voit venir,
Nel volt eschiver ne guencir.*

Vers 7941 :

*Gaudins li blois guencist manois,
De sa lance fiert l'un des trois,
Si qu'il l'abat en son guencir,
Qu'en terre fait l'elme ferir.
Por ce que cil l'ont si bien fet
Guencissent cil defors à het.*

Vers 2232 :

Il lor guencist et vait ferir.

Gérard de Vienne, vers 810 :

Desus Francois sont à force guenchi.

Vers 833 :

Voit l'Olivers, tot droit à lui guenchi.

Partonop. vers 5337 :

Trestuit s'en sont vers Bloi guenchi.

Chanson, Wackern. pag. 52 :

Jai vos courrois ne fuist vers moi
      *[guenchis
Se ne fuissent li felon losangier.*

Partonop. vers 2724 : *Guencir à fort*. Vers 4768 : *Guencir de sa foi*. 4 Livre des Rois, chap. 22, vers 2 : *Il ne guench ne à destre ne à senestre* (lat. non declinavit ad dexteram sive ad sinistram). *Guencissant*, Adroit, souple agile, Partonop. vers 6790. Voyez *Ganchir*, Gloss. sur Joinville. Chron. des ducs de Norm. Rayn. t. 3, pag. 516¹, au mot *Guenchir*. Graff, tom. 1, pag. 694², au mot *Wenkjan*.]

GUENELLE, p. e. Banderolle. Gl. *Guella*.

GUENELON, Parjure, traître insigne. Gl. *Ganelo 1*. [Voyez le Gloss. sur la Chanson de Roland, au mot *Guene*.]

GUENIVETE, Canif, petit couteau. Gl. *Ganiveta*.

GUENOCHE, Sorcière, enchanteresse. Gl. sous *Genitialii*.

GUERANCE, Garance, plante à l'usage des teinturiers. Gl. *Guarentia 2*.

° **GUERANT**, Juge, arbitre. Chanson du duc de Brabant, Wackernagel, pag. 58. Voyez *Garant*.

GUERDE, pour GUESDE, Pastel. Gl. *Guaisdium*.

GUERDON, Présent, récompense. Gl. *Guizardomum*.

° **GUERES**, Beaucoup. Roman de Renart, tom. 1, pag. 50, vers 1310. Garin le Loher. tom. 1, pag. 68. Voyez Rayn. t. 5, pag. 56², au mot *Gaire*, Orell, pag. 303. Diez, Grammaire, tom. 2, pag. 876.

GUERGUE, pour Charge, dépense. Gl. *Guergueria*.

GUERIER, Faire la guerre. Gl. *Guerragare*, sous *Guerra*. [Voyez *Garier*.]

GUERIR, Entretenir, fournir à la dépense. Gl. *Guergueria*.

1. **GUERMENTER**, GUERMENTIR (SE), Se plaindre, être mécontent. Gl. *Querimoniare*.

2. GUERMENTER (SE), Se donner des soins, marquer qu'on désire quelque chose. Gl. *Querimoniare*.

GUERNART, Qui cherche à tromper. Gl. *Culveria*.

* **GUERNE, GUERNELLIER**. Chants historiques, tom. 1, pag. 301 :

*Ils n'ont laissé porc, ne oue,
Ne guerne, ne guernellier
Tout ensour nostre cartier.*

GUERNON, Moustache. Gl. sous *Grani*. [*Detechier ses guernons*, Roman de Renart, tom. 1, pag. 37, vers 944. Voyez *Grenon*.]

GUERP, Abandonné, vacant. Gl. *Guerpus*, sous *Guerpire*.

GUERPIE, GUERPISON, Cession, abandon ; du verbe *Guerpir*, Abandonner, céder, quitter. Gl. *Guerpire*. [Gérard de Vienne, vers 1721. Voyez Rayn. tom. 3, p. 516², au mot *Guerpir*. Chron. des ducs de Norm. au mot *Guiert*.]

GUERRE. [Gl. *Bellum privatum*, pag. 622³, 624¹.] ESTRE DE GUERRE, pour Être en guerre. Gl. sous *Guerra*, pag. 130¹, [Partonop. vers 2092 :

*En guerre ert s'autre terre mise,
N'en pooit avoir nul servise.*

Faire sa guerre, vers 453.]

GUERREDON, Récompense, salaire ; d'où *Guerredonner*, Récompenser. Gl. *Guiardonum*. [Voyez *Guerdon*. *Gueredons*, Partonop. vers 4374, 4401. *Guerredon*, Chastel. de Couci, vers 1037, 5561. Flore et Jeanne, pag. 12 : *Je te prie en tous gueredons de ceste besongne*. Voyez Rayn. tom. 3, pag. 450³, au mot *Guazardon*. *Gueredoner*, Récompenser. Partonop. vers 10534. Rayn. pag. 451⁴, au mot *Guazardonar*. Chron. des ducs de Norm. aux mots *Geredon, Geredoner, Gueredon, Gueredoner*.]

GUERRÉER, GUERRER, Faire la guerre. Gl. *Guerragare*, sous *Guerra*, pag. 130³. *Guerroier quelqu'un*, Partonop. vers 174. Laborde, pag. 12. Voyez Rayn. tom. 3, pag. 517², au mot *Guerreiar*.]

GUERRER, pour GARER, Amarrer. Gl. *Guerragare*, sous *Guerra*.

GUERRIABLE, Sujet aux injures de la guerre. Gl. *Guerrina terra*, sous *Guerra*, pag. 130².

GUERRIE, Sorte de cens ou redevance. Gl. *Guerreria*.

* **GUERRIER**, Ennemi. Roman de Renart, tom. 2, pag. 340, vers 18854 :

*Yaengrin, qui fu ses guerriers
Et qui le haoit mortelment.*

Guerrière, Ennemie. Chants historiques, tom. 1, pag. 43 :

*Car ainc en nule manière
Ne forfis
Que fuissiez ma guerrière.*

Voyez Rayn. tom. 3, pag. 517¹, au mot *Guerrier*. *Gerrive*, Guerrière. Chron. des ducs de Normandie.

GUERRIEUR, Homme de guerre. Gl. *Guerrerius*, sous *Guerra*, pag. 130². [Chronique de Jordan Fantosme, vers 1420, 1947, etc.]

GUERRIR, Faire la guerre. Gl. *Guerragare*, sous *Guerra*, pag. 130³.

GUERRULER, Quereller, dire des injures. Gl. *Guerriggiare*, sous *Guerra*, pag. 131¹.

* **GUERSAI**, GUERSOI. Gl. *Vesseil*. Voyez ci-dessus *Gueisseillier*. Roman de Renart, tom. 1, pag. 120, vers 3168 :

*Mes tien le henap, si di have
Conpaingnon, je te di guersai.*

Guill. Guiart, tom. 1, pag. 304, v. 6935 :

*Anglois, qui de boire à guersoi,
A granz henaz plain de godale
Sevent la guise bonne et male.*

* **GUERSE**, Guill. Guiart, t. 2, pag. 163, vers 4202 (13188) :

*Et plain de personne diverses
Unes foles et autres guerses.*

* **GUEST**. Gl. *Reguayta*, *Guet*. Gl. *Servians*, pag. 444³, et *Pensabiliter*.

GUESTIERE, pour GENESCHIERE, Sorcière. Gl. *Genitialii*.

GUESVER, Abandonner, délaisser. Gl. *Wayf*.

GUETABLE, Qui est obligé de faire le guet. Gl. *Gueta*, sous *Wactæ*, pag. 398³.

* **GUETIER**, Prendre garde, faire attention. Agolant. vers 918.

GUEUDE, Société, troupe. Gl. *Gueuda*.

GUEULLE, Gibecière, bourse. Gl. *Gula* 2.

GUEUSSON, Goût, qualité de la chose qu'on goûte. Gl. *Gustum facere*.

1. GUICHE, L'anse, ou la courroie de l'écu. Gl. *Giga* 3. [Gérard de Vienne, vers 2778.]

2. GUICHE, Finesse, détour. Gl. *Guillator*.

GUICHEL, GUICHELET, Guichet, petite porte. Gl. *Guichetus*.

GUICOUR, pour GUIEOUR, Guide, conducteur. Gl. *Guidator*.

GUIDEL, Gord, pêcherie. Gl. *Giscellus*.

* **GUIEL**, BEL JOUEL, Joyau...... Flore et Jeanne, pag. 27.

GUIENNÉ, Déguenillé, mal vêtu. Gl. *Depanare*.

GUIENNOIS, Monnaie des ducs de Guienne. Gl. *Guianensis*.

GUIEOR, GUIEOUR, Guide, conducteur. Gl. *Guidator*, pag. 134². [Chron. des ducs de Norm.]

1. GUIER, Mettre les bornes et limites. Gl. *Guiare*, sous *Guia*.

2. GUIER, Conduire, mener. Gl. *Guiare*, sous *Guida*, pag. 132³. [Voyez Rayn. t. 3, pag. 519¹, au mot *Guidar*. Chanson de Roland. Chron. des ducs de Norm. Gouverner, Aubri, pag. 170¹. Wackern. pag. 21 ? *Guiant*, Chef. Guill. Guiart, t. 2, pag. 228, v. 5911 (14891). *Guion*, tom. 1, pag. 347, v. 8051.]

3. GUIER, Donner assurément, promettre avec serment devant le juge de ne point nuire à quelqu'un. Gl. *Guidare*, sous *Guida*, pag. 132².

GUIERRES, Général d'armée. Gl. *Guicia*.

GUIGE, L'anse, ou la courroie de l'écu. Gl. *Giga* 3. [Que l'on mettait autour du cou. Agolant, pag. 163². Roman de Rou, vers 14050. Partonop. vers 3267.]

GUIGERNE, Sorte d'instrument à cordes, guitare. Gl. *Guiterna*.

GUIGET, Guichet. Gl. *Guichetus*.

GUIGNOCHE, Sorte de bâton. Gl. *Ginochium*.

GUILLADE, pour AGUILLADE, Aiguillon dont on pique les bœufs. Gl. *Aguillada*.

GUILLE, Supercherie, mensonge, fourberie. Gl. *Guillator*. [Chastel. de Couci, vers 4088. *Guile*. Roman de Renart, t. 3, pag. 32, vers 846. Voyez Rayn. t. 3, pag. 519², au mot *Guila*. Chronique des ducs de Norm. au mot *Guilaz*.]

GUILLEMINS, Monnaie du Haynaut. Gl. *Guillelmus*.

GUILLENLEU, Présent qu'on faisait aux jeunes gens la veille de certaines fêtes de l'année. Gl. ci-dessus, *Aguilanneuf*.

GUILLEOR, Trompeur, fourbe, qui est de mauvaise foi ; du verbe *Guiller*, Tromper, duper. Gl. *Guillator*.

GUILLOT, Monnaie de très-petite valeur. Gl. *Gigliati*.

GUIMPLE, Guimpe, morceau de toile ou d'étoffe, dont les femmes couvrent leur gorge ; et partie de l'armure d'un chevalier. Gl. *Guimpa*. [Voile, couvre-chef. Roi Guillaume, pag. 140 :

*Et la dame jus de son front
Dusc'au menton se guimple avale.*

Partonop. vers 4891. Aubri, pag. 159¹. *Gimple*, Voyez Rayn. tom. 3, pag. 467¹, au mot *Gimpla*. Chron. des ducs de Normandie, au mot *Guimple*.]

* **GUINAU**, Singe ? Roman de Renart, tom. 3, pag. 112, vers 3075. Voyez Rayn. tom. 4, pag. 520¹, au mot *Guiner*.

GUINBELET, Foret, outil propre à percer. Gl. sous *Vigiliæ*, pag. 328¹.

GUINCHER, Se détourner, esquiver. Gl. *Guillator*.

GUINDOLE, Espèce de cerise, griotte. Gl. *Guindolum*.

GUINGNAGE, Terre labourable. Gl. *Guanagium*.

GUINTERNE, Sorte d'instrument à cordes, guitare. Gl. *Guiterna*.

* **GUIONAGE**, Droit d'accorder des sauf-conduits. Gl. *Guionagium*, p. 133¹². Sauf-conduit. Chron. des ducs de Normandie.

GUIPILLON, Goupillon. Gl. *Aspergitorium*.

GUISARME, Sorte d'arme, hache ou demi-pique, lance ; d'où *Guisarmier*,

Celui qui en était armé. Gl. *Gisauma* et *Guisiarma*. [Chron. des ducs de Normandie.]

GUISCHARD, Fin, rusé, adroit. 'Gl. *Guiscardus*. [Voyez Rayn. tom. 3, p. 522¹, au mot *Guiscos*.]

° **GUISCOS**, Partonop. vers 3293 :
*Li estors est si perellos,
Et si divers et si guiscos,
Et à cascun de tel maníère
C'ore est avant et ore ariere.*

GUISELER, Donner assurément en justice. Gl. *Guidare*, sous *Guida*, p. 132².

GUITERNE, Sorte d'instrument à cordes, guitare. Gl. *Guiterna*. [Voyez Rayn. tom. 3, pag. 522¹, au mot *Guitara*.]

° **GUITON**. Partonop. vers 632 :
Si lor a conté del guiton.

° **GUITRAN**, Goudron. Gl. *Alquitranum*.

° **GUIVERE**, GUIVRE, Serpent. Chanson de Roland, stance 181, vers 19. Roman de Roncevaux, pag. 35, 37. Partonop. v. 512.

1. **GULE**, Commencement, le premier jour d'un mois. Gl. *Gula Augusti*, p. 137².

2. **GULE**, Collet, la partie de l'habillement qui joint le cou. Gl. *Gula mantelli*, pag. 137².

GULLE, Gibecière, bourse. Gl. *Gula* 2.

GULPINE, Cession ; du verbe *Gulpir*, Abandonner, quitter. Gl. sous *Guerpire*.

GUOLE, Sorte d'habillement ou de fourrure. Gl. *Gula mantelli*, pag. 137².

GUOPILLEUR, Celui qui chasse le renard. Gl. *Gopillator*.

° **GUORT**. Voyez *Gort*.

GUOY, Sorte de serpe. Gl. *Gaia*.

GURPIR, Abandonner, céder, quitter ; d'où *Gurpizon*, Cession, délaissement. Gl. sous *Guerpire*.

GUSYARMIER, pour GUYSARMIER, Celui qui était armé d'une *Guisarme*. Gl. *Guisiarma*.

GUTEREL, Gorge, gosier. Gl. *Gurgustium* 2.

GUVE, GUVETTE, Chouette. Gl. *Guvus*.

GUYENNOIS, Monnaie des ducs de Guienne. Gl. *Guianensis*.

GUYETE, Celui qui fait le guet, et son salaire. Gl. *Gueytum*.

GUYSARMIER, Celui qui était armé d'une *Guisarme*. Gl. *Guisiarma*.

GUYSTERNER, Jouer de la *Guyterne* ou guitare. Gl. *Guiterna*.

° **GYRON**. Voyez *Giron*.

H

HAA, Terme employé pour signifier une épée, à cause apparemment de la surprise qu'on suppose qu'elle doit causer quand on la tire du fourreau. Gl. *Haa*.

HABANDONNÉEMENT, Abondamment, amplement. Gl. sous *Abandonnare* 2. [Voyez *Abandonnéement*.]

HABER, p. e. s'Emparer, se saisir de quelque chose ; ou Détruire, démolir. Gl. *Habere* 3.

HABEREAU, Sorte d'habit. Gl. *Habilhamentum*.

1. **HABERGAIGE**, Habitation, logement, maison. Gl. *Habergamentum*.

2. **HABERGAIGE**, Étable, lieu où l'on retire les bestiaux. Gl. *Habergamentum*.

HABERGE, Tout lieu occupé par quelque chose. Gl. *Habergamentum*.

HABERGEMENT, Habitation, logement, maison. Gl. *Habergamentum*.

HABERGIER, Loger, retirer. Gl. *Habergamentum*.

° 1. **HABET**, Raillerie. Roman de Renart, tom. 4, pag. 83, vers 2302 :
*Et pour çou dit-on ces habés :
Mouton ex re nomen habes.*
Voyez *Abet*.

° 2. **HABET**. Roman de Renart, tom. 4, pag. 58, vers 1444 :
*N'estoit mie encor retornés
D'iaus à soumonre par habet.*

HABIER, Hallier, buisson. Gl. *Habia*.

HABILITER (SE), Se rendre habile et expert. Gl. *Habilitare* 2.

HABILLE, Propre, suffisant. Gl. *Habilius*.

HABILLÉ, Qui est dans la disposition de faire une chose. Gl. *Habilitare* 2.

HABILLEMENT, Tout ce qui est propre à quelque chose, machines de guerre. Gl. *Habilimentum*.

HABILLER, Préparer, apprêter. Gl. *Habilitare* 2.

HABILLETER (SE), s'Armer en guerre. Gl. *Habilimentum*.

HABILLONNER, Rendre propre à une chose, disposer. Gl. *Habilitare* 2.

HABITAIGE, Maison, logement. Gl. *Habitantia* 4.

HABITANAGE, Le droit de bourgeoisie. Gl. *Citadanagium*.

HABITÉ, Domicilié, établi. Gl. *Habitantia* 4.

HABITEMENT, Logement, lieu où l'on habite. Gl. *Habitantia* 4.

HABITEUR, Habitant. Gl. *Parinus*.

HABITUÉ, Habillé, vêtu. Gl. *Habituare*.

1. **HABLE**, Propre, suffisant. Gl. *Habilius*.

2. **HABLE**, pour Havre, port. Gl. *Hablum* et *Haula*.

° **HABONDE**. Gl. *Diana*.

° **HABONDER** DE Guill. Guiart, tom. 2, pag. 173, vers 4459 (13415) :
> *L'estrange gent qui habonda*
> *Ls quens de Foirs, la seconde a.*

HABOUT, Fonds de terre abandonné à un créancier, et désigné par ses tenants et aboutissants. Gl. *Abbotum*. [Voyez Gl. *Butum*.]

HACETE, Lancette. Gl. *Lanceola*.

HACHE DE CREQUI, DANOISE, LORROISE, Sorte d'arme. Gl. *Hacheta*. [Danoise. Gl. *Hostis* 2, pag. 246³, et *Secures Danicæ*. Norroisse. Gl. *Norrissa*.]

HACHÉE, Espèce de peine ou pénitence imposée en réparation d'un crime. Gl. *Hachia*, sous *Harmiscara*.

HACHEPIT, Sorte de bâton, p. e. Échalas. Gl. *Acheletus*.

HACHIE, HACIE, Peine, supplice. Gl. *Hachia*, sous *Harmiscara*. [Dit du roi Guillaume, pag. 183, 184, 189. Wackern. pag. 66. Laborde, pag. 264. Enfants Haymon, vers 183. Aubri, vers 177. Voyez *Haschie*.]

° **HACQUENÉE**. Gl. *Gradarius* 1.

° **HAER**, Haïr. Roman de Renart, t. 1, pag. 15, 16, 18, vers 402, 408, 464. Partonop. vers 2564. Gérard de Vienne, p. 167², Orell, pag. 155.

HAGUE, aujourd'hui *Hogue*, dans le Cotantin. Gl. *Hagha*.

HAGUILLENNE, Présent qu'on faisait aux jeunes gens la veille du nouvel an ou de certaines fêtes de l'année. Voyez ci-dessus *Aguilanneuf*.

HAGUIMENLO, Le même. Voyez ci-dessus, *Aguilanneuf*.

HAGUIRENLEUX, Le même. Voyez ci-dessus *Aguilanneuf*.

HAHA, HAHAY, Cri pour réclamer justice ou pour demander du secours. Gl. *Haro* [et *Allot*.]

1. **HAIE**, Bois ou partie d'une forêt fermée de haies. Gl. *Haia*, sous *Haga*. [Roi Guillaume, pag. 109.]

2. **HAIE**, Monnaie de la Haye en Hollande. Gl. *Haia*.

° 3. **HAIE**, comme *Haise*. Roman de Renart, tom. 1, pag. 47, vers 1215.

HAIER, HAIIER, Chasser dans un bois, ou dans la partie d'une forêt fermée de haies. Gl. *Haiare*.

° **HAILLE**, Haie (en Picardie). Gl. *Hallus*.

HAIN, Hameçon. Gl. *Hamatores*.

HAINEUX, Odieux, facheux. Gl. *Odiosus* [et *Servitium servile*, pag. 453³.]

HAION, Espèce de claie, où l'on étale la marchandise, échoppe portative. Gl. *Haiseilus*.

1. **HAIRE**, p. e. pour HAIE, Retranchement, sorte de fortification, palissade. Gl. sous *Haga*. [*Haie*, Garin le Loher. tom. 1, pag. 229.]

° 2, **HAIRE**, Chastel. de Couci, v. 6808 :
> *Se leva, ne li fu point haire,*
> *Et droit vers la chambre s'avoie.*

° 3. **HAIRE**, Héritier. Gl. *Feudum simplex*, pag. 475¹.

HAIRON, Héron, sorte d'oiseau. Gl. *Hairo*. [Voyez Rayn. tom. 3, pag. 530¹, au mot *Herodi*.]

° **HAIRONNIER**, Héronnier. Partonop. vers 1673 :
> *Dont li ostoir sont tot gruier*
> *Et li faucon bon haironnier.*

HAISE [HAISIN], Porte faite de branches entrelacées les unes dans les autres, en forme de claie. Gl. *Haiseilus*. [Les *haiz du hourdéiz*, Guill. Guiart, tom. 1, pag. 163, 164, vers 3701, 3709.]

HAISON, Espèce de claie, où l'on étale la marchandise, échoppe portative. Gl. *Haiseilus*.

HAISTIÉ, HAITIÉ, Qui se porte bien, dispos, gai. Gl. *Alacrimonia*. [Partonop. vers 1104, 1794, 3045, 3084. Chastel. de Couci, v. 1485, 5140. Aubri, pag. 162¹. Roi Guillaume, pag. 93. Roman de Renart, tom. 1, pag. 20, vers 531. *Haitié*, fém. Flore et Jeanne, pag. 55. Chron. des ducs de Norm.]

° **HAISTRIAUX**, Hêtres. Gl *Haistria*.

HAIT, Joie, santé. Gl. *Alacrimonia*. [Chastel. de Couci, vers 2118. Partonop. vers 8299. *Hais*, vers 8580. Voyez *Dehait*.]

° **HAITEMENT**, Gaieté, courage. Partonop. vers 10083. Chronique des ducs de Norm.

° **HAITER**, Plaire, réjouir. Chronique des ducs de Normandie. Voyez *Haistié*. Enhaiter, Chanson de Roland, stance 126, vers 2.

HAIZ, Espèce de petit bouclier. Gl. *Tavolacius*.

HALAGUES, Sorte de gens de guerre, arbalétriers. Gl. *Lacinones*.

HALE, La maison de ville. Gl. *Hala* 1.

° **HALÉIZ**, Guill. Guiart, tom. 2. p. 323, vers 8399 (17381) :
> *Où vaincu ont le poignéiz*
> *Cil de pié, à grant haléiz,*
> *Dont il ont prises les despoilles.*

HALGAN, Sorte de petite monnaie. Gl. *Holga*.

HALIGOTE, Pièce, morceau d'étoffe. [Roman de Renart, tom. 4, pag. 44, vers 1215 :
> *Ft jou veil, dist Renars, ma cote*
> *Soit partie et harligote*
> *D'une chape à Jacobin.*]

d'où *Haligoté*, Celui qui porte un habit rapiéceté. Gl. *Algotalæ*.

HALIGRE, Gai, joyeux. Gl. *Alacrimonia*.

HALLAGE, Le droit qu'on paye pour étaler et vendre sous la halle. Gl. *Hallagium*, sous *Hala* 1.

1. **HALLE**. TENIR HALLE, Faire une assemblée. Gl. *Hala* 1.

° 2. **HALLE**. Guill. Guiart, t. 1, p. 108, vers 2272 :
> *Cler fu le jour, greveus le halle*
> *Et fiers li huz près d'Aubemalle.*
Pag. 111, vers 2348 :
> *Poi persent à pluie n'à halle.*

HALLEBARDE, Sorte d'arme, longue javeline. Gl. *Alabarda*.

HALLEBIC, Imposition qui se levait sur le poisson de mer. Gl. *Hallebic*.

HALLEBOUT, Cri pour faire courir sus à quelqu'un. Gl. *Hallebout*.

HALLEPIGUAILLE, Terme injurieux, voleur, qui pille les maisons. Gl. *Hala* 1.

1. **HALLOT**, HALOT, Bûche, morceau de bois à mettre au feu. Gl. *Halotus*.

2. **HALLOT**, HALOT, Hallier ou saussaie. Gl. *Halotus*.

° **HALME**, HEALME, Heaume, casque. Glossaire sur la Chronique des ducs de Normandie.

° **HALSBERGOL**, Petit haubert. Gl. *Halsberga*.

° **HALT**, Séjour. Partonop. vers 5789 .
> *Tant est alez, que nuit que jors,*
> *Qu'il a trespassé le halt des hors*
> *Et des lions et de liéparz.*

HAMBAIS, HAMBEIS, Espèce de vêtement contrepointé, long et pendant sur les cuisses, sur lequel on endossait la cotte de mailles. Gl. *Gambeso*, pag. 21².

HAMBOURG, Espèce de bière. Gl. *Hamburgus*.

HAMÉE, Manche. Gl. *Hamatile*.

HAMEQUIN, Sorte de mesure. Gl. *Hamelicus*.

HAMEUR, Engin pour pêcher, différent de l'hameçon. Gl. *Hamatores*.

° **HAMLET**. Gl. *Ham*.

HANAP, Coupe, vase avec anses et pied. Gl. *Hanapus*.

HANAPPERIE, L'art de faire des hanaps ou coupes, orfèvrerie. Gl. *Hanapus*.

HANCE, Réception dans un corps de marchands ou d'artisans, ce qu'on paye à cette occasion, bienvenue. Gl. *Hansatus*, sous *Hansa* 2.

HANCHE. LE TOUR DE HAUTE HANCHE, Le croc en jambe ; d'où *Hanchier*, Faire ce tour. Gl. *Hancha*.

HANDHOUPER, Nom d'un officier municipal en Flandre. Gl. *Handhouder*.

HANEHOST, Délateur. Gl. *Hanehost*.

° **HANEPÉE**, comme *Henepée*. Gérard de Vienne, vers 2131 :
> *De boins deniers une grant hanepée.*

HANEPEL, Coupe, vase avec anses et pied. Gl. *Hanapus*.

HANEPIER, La partie supérieure de la

tête, le crâne, et le casque qui couvre cette partie. Gl. sous *Hanapus.*

HANER, Labourer. Gl. *Ahenagium.*

HANESELIN, pour HOUSSELIN, Robe longue. Gl. *Housia.*

HANGUEVELLE, Présent du premier jour de l'an, étrennes. Voyez ci-dessus, *Aguilanneuf.*

HANNAP. Voyez *Hanap.*

HANNEPIER †, Crâne, la partie supérieure de la tête. Gl. *Hanapus.*

HANNIER, Laboureur. Gl. *Ahenagium.* [et *Fianciulia.*]

HANNON . La partie d'une charrue qu'on appelle coquille. Gl. *Hanones.*

HANON, Poisson de mer, merlus. Gl. *Hanones.*

HANOT, HANOYT. METTRE A HANOT ou HANOTER UNE MAISON, La détruire, en ôter la couverture et la charpente pour les brûler, en punition du crime du propriétaire. Gl. *Hanot.*

HANOTÉE, pour HAVOTÉE. Voy. ce mot, ci-après, et Gl. *Havotus.*

° HANSAGER, Défier. Jordan Fantosme, vers 381 :
Si vus cel rei ne guerreiez ki par tel
  [vus hansage.
Voyez le Diction. Anglo-Sax. de Bosworth, au mot *Andsacian.*

HANSE, Impôt sur l'entrée des marchandises. Gl. *Hansa* 1.

HANSER, Recevoir quelqu'un dans un corps de marchands ou d'artisans. Gl. *Hansatus,* sous *Hansa* 2.

° 1. HANSTE, HANTE, Bois de lance. Partonop. vers 3001, 9648. *Anste,* Gérard de Vienne, vers 764. Voyez *Anste. Hante,* Garin le Loher. tom. 1, pag. 30. Roman de Renart, tom. 3, pag. 101, vers 22518.

° 2. HANSTE, Hanche. Partonop. vers 2986.

HANTE , Fréquentation , commerce, habitude. Gl. *Frequentare* 3.

° HANTIN, Roman de Renart, tom. 2, pag. 128, vers 13021 :
Là où je savoie hantins
De gelines et de pocins.

HANTIR (SE), Attaquer, se jeter dessus. Gl. *Hanteria.*

° HAOR, HAUR, Haine. Chronique des ducs de Normandie, Chanson de Roland.

HAPE, Hache. Gl. *Hapiola.*

HAPIETTE, diminutif de *Hape,* Petite hache. Gl. *Hapiola.*

HAPLE, Traîneau. Gl. *Trahale.*

HAPPIETTE, Petite hache, diminutif de *Hape.* Gl. *Hapiola.*

HAQUE, CHEVAL HAQUE, A moitié coupé, demi-hongre. Gl. *Haque.*

HARANS, Troupeau de cochons. Gl. *Hara.*

HARASSE, Sorte de grand bouclier. Gl. sous *Haracium.*

HARBALLEUR, Querelleur, chicaneur. Gl. *Diffidatus* 2.

HARCELLE, Osier, lien. Gl. *Harcia.* [Enfants Haymon, vers 438 :
Des harceles du bois vont les estriers
 [*faisant.*]

HARCOURT, p. e. Qui a des haras de chevaux ; ou Escarmoucheur, qui provoque l'ennemi au combat. Gl. *Haracium.*

HARDAILLE, Troupe de vauriens. Gl. *Hardellus.*

HARDE, Certain bâton d'une charrette. Gl. *Arda.*

HARDÉE, Botte. Gl. *Hardeia.*

1. HARDEL, HARDELLE, Coquin, fripon, vaurien. Gl. *Hardellus* [et † *Mandones*].

2. HARDEL, Une partie de l'habit. Gl. *Hardellus.*

° 3. HARDEL, Hart, lien. Roman de Renart, tom. 3, pag. 128, v. 28268, 28270.

° 4. HARDEL, HARDEILLON, Botte, paquet. Roman de Renart, tom. 1, pag. 33, vers 847, 850, 865. Voyez *Hardée.*

HARDEMENT, Audace, hardiesse, courage. Gl. *Hardimentum* [et *Ardimentum.* Chastel. de Couci, vers 342. Voyez Rayn. tom. 2, pag. 116¹, au mot *Ardimen.* Chron. des ducs de Normandie. *Herdemens,* Wackernagel, pag. 42.]

HARDI, HARDIT, Petite monnaie de cuivre. Gl. *Ardicus.*

HARDIAU, Coquin, fripon, vaurien. Gl. *Hardellus.*

HARDICORT, Escarmoucheur, qui attaque ou défie. Gl. *Hardimentum.*

HARDIE. ROBE HARDIE, Sorte de vêtement commun aux hommes et aux femmes. Gl. *Hardiata tunica.* [Voyez *Cote Hardie.*]

HARDIEMENT, Confiance, hardiesse. Gl. *Hardimentum.*

HARDIER, Attaquer, provoquer, escarmoucher, harceler. Gl. *Hardimentum.*

1. HARDIERE, Crémaillère. Gl. *Hardes.*

2. HARDIERE, Grosse corde, ou plusieurs cordes tortillées ensemble. Gl. *Hardes.* [Roman de Renart, tom. 3, p. 3, vers 22800.]

HARDINE, Sable, gravier. Gl. *Hardinea.*

HARDOIER, Attaquer, insulter, provoquer, escarmoucher, harceler. Gl. *Hardimentum.*

° HARDOS. Roman de Roncevaux, pag. 44 :
Si a coisi un fonteni! rovent...
Moult est hardos, si parfont et pulent.

HARE, Terme employé dans les proclamations qui se faisaient aux grandes foires. Gl. *Hare.*

HARELE, HARELLE, Association illicite, émeute, sédition. Gl. *Harela* [et *Monopolium.*]

HARELEUX, Rebelle, séditieux. Gl. *Harela.*

HARENGERIE, Le marché au poisson. Gl. *Harengeria.*

HARENGIER, Marchand d'harengs et de poissons de mer. *Harengresse,* La marchande de ces mêmes denrées. Gl. *Harengeria* [et *Stallum,* pag. 578¹.]

HARENGUADE , Certain poisson de mer. Gl. *Aphya.*

HARER, Animer, inciter. Gl. *Harela.*

HAREU, Cri pour réclamer justice ou pour demander du secours. Gl. *Haro.* [Wackern. pag. 80.]

HAREUSEMENT , Tumultuairement , séditieusement. Gl. *Harela.*

HARGAN, Espèce de petite monnaie. Gl. *Halga.*

HARGOTER, Ergoter, disputer avec opiniâtreté ; d'où *Hargoteur,* Difficile, qui aime la dispute, entêté. Gl. *Argutio.*

HARGOULER, Prendre quelqu'un à la gorge, ou par la partie de l'habit qui joint le cou, et le secouer ; d'où *Hargoulement,* Secousse. Gl. *Gula mantelli,* sous *Gula* 3, pag. 137².

HARIGOTER, Terme obscène. Gl. *Argutio.*

HARIQUIDAM, Ce que payent les apprentis d'un métier pour leur bienvenue. Gl. *Hariquidam.*

HARLE, Hâle, air chaud. Gl. *Incancerātus.*

° HARLIGOTE. Voyez *Haligote.*

HARMERÉ DE MAUVAISTIÉ, Plein de méchanceté. Gl. *Harnesiatus.*

HARMIER, Brandir, ou présenter une arme à quelqu'un, le menaçant de l'en frapper. Gl. sous *Harnesiatus.*

1. HARNAS, L'armure ou l'habillement d'un homme de guerre. Gl. *Harnascha* (pag. 170². *Equus,* pag. 286², et *Gamberia.* De chasse, Roi Guillaume, pag. 145. Voyez *Harnois*].

2. HARNAS, Toute espèce de meubles ou ustensiles. Gl. *Harnasium.*

3. HARNAS , Filet pour pêcher. Gl. *Harnasium.*

HARNICHEUR, Voiturier. Gl. *Harnascha,* pag. 170².

1. HARNOIS, Épée, arme offensive. Gl. *Harnesium,* sous *Harnascha.* [Equipage de guerre, de tournois, etc. Chastel. de Couci, vers 884, 3264. Flore et Jeanne, pag. 41. Voyez Rayn. tom. 2, pag. 124¹, au mot *Arnes,* et ci-dessus *Harnas.*]

2. HARNOIS, Bruit, tumulte, tracas. Gl. *Harnascha,* pag. 170².

HAROU, Cri pour réclamer justice et demander du secours ; et quelquefois pour marquer de l'horreur de l'affliction. Gl. *Haro.* [*Athat* et *Feudum de Haro.* Laborde, pag. 163.]

HAROUBLETTES, ou HAROUILLETTES, Charivari. Gl. sous *Haro*.

HARPAILLE, Troupe de coquins et voleurs. Gl. *Harpagare*.

HARPEOR, HARPEUR, Joueur de harpe. Gl. *Harpa* 1.

HARPEUR, Harponneur, celui qui pêche à l'harpon. Gl. *Harpagare*.

HARREBANNE, Fille ou femme débauchée. Gl. *Herebannum*, pag. 198³.

HARRIER, Molester, vexer. Gl. *Arrare* 2.

HARRIVER, Garnir, meubler, fournir. Gl. *Arriare*.

HARSEGAYE, Demi-lance. Gl. *Archegaye*.

HARSEL, Porte faite de branches entrelacées les unes dans les autres, en forme de claie. Gl. *Haisellus*.

HART, Lien fait de plusieurs brins d'osier ou d'autres petites branches tortillées ensemble ; le supplice du gibet. Gl. *Hardes*. [Roi Guillaume, p. 67. Lai du chevrefeuil, Wackern. pag. 21 :

E ki nos veult departir
Male hairt lou pande.]

HAS, Enjambée. Gl. *Hasta* 5.

° **HASART**. La queue de Renart, Jubinal, Fab. et Cont. tom. 2, p. 90 :

Ne gros vair, ne les chevriaus
Ne valent pas un hasart
Vers la queue de Regnart.

Roman de Renart, tom. 2, pag. 159, vers 13860 :

Arière main jeta hasart
Fuiant s'en vet à longe alaine.

Voyez Rayn. tom. 2, pag. 160², au mot *Azar*.

HASCHE DANOISE, Sorte d'arme. Gl. *Secures Danicæ*.

HASCHÉE, HASCHIE, HASCHIERE, Espèce de punition au supplice, toute espèce de peine. Gl. sous *Harmiscara*. [Chastel. de Couci, vers 1598, 3570, 6110. Laborde, pag. 205, 304. Ruteb. tom. 2, pag. 255. Chron. des ducs de Normandie. Voyez *Hachie*.]

HASÉ, p. e. Rustique, grossier. Gl. *Haistaldi*.

HASEAU, HASEL, Porte faite de branches entrelacées les unes dans les autres, en façon de claie. Gl. *Haisellus*.

HASER, Fâcher, irriter quelqu'un ; p. e. pour *Hater*. Gl. *Atia*.

HASESINS, Assassins, nom d'un peuple soumis au prince qu'on appelait le *Viel de la montagne*. Gl. *Hassaseri*.

HASOY, Hallier, buisson, broussailles. Gl. *Halotus*.

HASQUIE, Peine, tourment, supplice. Gl. sous *Harmiscara*.

HASSESIS, Assassins, nom d'un peuple soumis à un prince qu'on appelait le *Viel de la montagne*. Gl. *Hassaseri*.

1. **HASTE**, Lance, pique, sorte d'arme. Gl. *Hasta* 1 [et *Asta* 5. Voyez Rayn. tom. 2, pag. 136¹, au mot *Ast*].

2. **HASTE**, Aiguillon, dont on pique les bœufs pour les faire aller. Gl. *Hasta* 1.

3. **HASTE**, Broche ; d'où *Haste*, Viande cuite à la broche. Gl. *Hasta* 2 [*Asta* 1. *Veru*], et *Hastator*. [Roman de Renart, t. 1, pag. 10, vers 249 ; tom. 4, p. 22, v. 598. Voyez Rayn. tom. 2, pag. 135¹, au mot *Aste*.]

4. **HASTE**, Échinée de porc frais. Gl. *Hasta* 4.

5. **HASTE**, Certaine mesure de terre. Gl. *Hasta* 5.

° **HASTÉEMENT**, Promptement. Flore et Blancefl. vers 3315.

HASTELLE, Bûche, pieu, morceau de bois long. Gl. *Hasta* 8.

HASTELLIER, Ce qu'on paye pour sa bienvenue ou entrée dans une société ou corps de métier. Gl. *Hariquidam*.

° **HASTEMENT**, Hâtivement. Vie de saint Thomas de Canterbury, vers 1029.

HASTER, HASTIR, Fâcher, irriter quelqu'un. Gl. *Atia*. [Hâter, presser, avancer. Ruteb. tom. 2, pag. 254. Flore et Blancefl. vers 235, 484. Roman de Renart, tom. 2, pag. 105, vers 12421. Guill. Guiart, t. 1, pag. 217, vers 5497. Chanson de Roland, stance 76, vers 18.]

1. **HASTEREL**, Broche. Gl. *Hasta* 2.

2. **HASTEREL**, Cou, le chignon du cou. Gl. *Hasterellus*. [Roman de Renart, tom. 1, pag. 46, vers 1210. Voyez *Hatereau*.]

HASTEUR, Rôtisseur. Gl. *Hastator*.

HASTIER, Broche. Gl. *Hastator*. [Roman de Renart, tom. 1, pag. 36, vers 922.]

° **HASTILLE**, comme *Haste* 4.

HASTIS, Vif, colère. Gl. *Hastivia*. [*Hastieu*, Enfants Haymon, vers 130, 135.]

HASTIVETÉ, Vivacité, premier mouvement. Gl. *Hastivia*.

1. **HATE**, Lance, pique, p. e. pour *Haste*. Gl. *Hasta* 1.

° 2. **HATE**, comme *Haste* 3. Gl. † *Assata*.

° 3. **HATE**, comme *Haste* 5. Gl. *Asta* 3.

HATEMENUE, Échinée de porc frais. Gl. *Hasta* 4.

HATER, Fâcher, irriter quelqu'un. Gl. *Atia*.

HATEREAU, HATEREL, Cou, le chignon du cou. Gl. *Hasterellus* [et † *Cerviæ*. Roman de Renart, tom. 1, pag. 47, vers 1237. Partonop. vers 6262. Chastel. de Couci, vers 3308. Guill. Guiart, tom. 2, p. 211, vers 5454 (14484)].

HATEUR, Rôtisseur. Gl. *Hastarius*, sous *Hastator*.

° **HATIER**, comme *Hastier*. Garin le Loher. tom. 1, pag. 132.

HATIR, Disputer, quereller, dire des injures. Gl. *Atia*.

HATISSER, Lever un bâton ou une arme pour en frapper quelqu'un. Gl. *Esmerare*.

HATTAYNE, Querelle, dispute. Gl. *Atia*.

HAVAGE, HAVAGIAU, Le droit de prendre dans les marchés autant de grain que la main peut en contenir. Gl. *Havagium*, sous *Havadium*.

HAVAIRE, Banc de sable, et Havre. Gl. *Cruscire* et *Hablum*.

° **HAVAX**, Bagage, harnais. Chants historiques, tom. 1, pag. 213 :

Et lour havax mavaisement laixant.

Pag. 214 :

Puis perdirent il cuer, honor et har-
[nax.

° **HAUBAN**, Certain impôt ; et *Haubannier*, qui doit cet impôt. Gl. *Halbannum* 1, 2.

HAUBBY, Haquenée. Gl. *Haqueneya*.

HAUBERC, Cotte de mailles. [Blanc, doblentin, doublier, notis.] Gl. *Halsberga*. [*Treslis*, Garin, tom. 1, pag. 3. Voyez Rayn. tom. 2, pag. 152¹, au mot *Ausberc*. Fief de Hauberc. Gl. *Membrum loricæ*, pag. 352¹. *Feudum capitale, militare, loricæ*.]

HAUBERGOT, Le même. Gl. *Halsberga*.

° **HAUBERGE**, Tente. Voyez *Herberge*.

° **HAUBERGER**, Mettre le haubert. Garin le Loher. tom. 1, pag. 263. Aubri, pag. 158², 160², 183². *Hauberjonner*. Gl. † *Loricare*.

HAUBERGERIE, Cotte de mailles. Gl. *Halsberga*.

° **HAUBERGIER**, Artisan qui fait les hauberts. Gl. *Alberguerius*.

HAUBERGION, Cotte de mailles. Gl. *Halsberga*.

HAUBERGON, Le même. Gl. *Halsberga*.

° **HAUBERJON**, Le même. Gl. *Gambeso*, pag. 21².

° **HAUBREGON**, Le même. Gl. *Halsberga*.

HAUCHER, Hausser, élever. Gl. *Haucire*.

° **HAUÇOR**, HAUTOR, HALTUR, Trèshaut. Chanson de Roland, stance 169, vers 24. Chron. des ducs de Norm. t. 1, p. 427, vers 9970. Tristan, tom. 1, p. 144, vers 2961. Voyez Rayn. tom. 2, pag. 59¹, au mot *Alt*.

HAUDRAGUE, Instrument propre pour couper ou arracher les herbes dans une rivière ou un fossé ; d'où *Haudrager* et *Haudraguier*, Se servir de cet instrument à cet effet. Gl. *Haudragua*.

HAVÉE, Le droit de prendre dans les marchés une poignée des denrées qui s'y vendent ; cette poignée même. Gl. *Havata* 1.

HAVENE, Havre, port. Gl. *Haula*.

HAVER, Arracher avec un croc appelé *Havet*. Gl. *Havetus*.

HAVESELIN, pour Housselin, Robe longue. Gl. *Housia*.

HAVET, Croc, crochet. Gl. † *Creaga*, † *Fuseina* et *Havetus*.

HAVETTE, pour Huvette, Espèce de chapeau à l'usage des hommes et des gens de guerre. Gl. *Huvata*.

° **HAVIE**. Guill. Guiart, tom. 2, p. 186, vers 4807 (18797).
Par guerre folement havie.

HAULAGE, Le droit qu'on paye pour étaler et vendre sous la *Haule*. Gl. *Haulla*.

HAULE, Halle, marché, lieu couvert où l'on étale les marchandises à vendre. Gl. *Haulla*.

HAVLE, Havre, port. Gl. *Haula*.

HAULSAIRE, Hautain, fier, arrogant. Gl. *Altitudo*.

HAULSE, pour Hausse, Certaine partie d'un habit. Gl. *Haucire*.

HAULTAIN, Celui qui tombe du haut-mal. Gl. *Alteratus*.

HAULTAINNETÉ, Hauteur, fierté, arrogance. Gl. *Altitudo*.

HAULT-BRET, Cri pour appeler du secours. Gl. *Haro*.

HAULTE, Hampe, le bois d'une javeline. Gl. *Hasclea*.

HAULTEMORT, Espèce de chat sauvage. Gl. *Caitinæ pelles*, sous *Catta* 2.

HAUMANT, Commandant, capitaine. Gl. *Hoga*.

HAUME, Heaume, arme défensive, qui couvrait la tête. Gl. *Helmus* 1.

HAUMER, Ajuster, mesurer. Gl. sous *Esmerare*.

HAUNIER, p. e. Le nom d'un métier. Gl. *Haunaigium*.

HAVOIR, pour Avoir. Gl. *Huare*. [Orell, pag. 74.]

HAVON, Certaine mesure de grain en Flandre. Gl. *Havotus*.

HAVONGNIE, Poignée, autant que la main peut contenir. Gl. *Havata* 1.

HAVOS, Voleur, pillard. Gl. *Havotus*.

HAVOT, Certaine mesure de grain en Flandre. Gl. *Havotus*.

HAVOTÉE, Certaine mesure de terre, qu'un *Havot* peut ensemencer. Gl. *Havotus*.

° **HAVRES**, pour Avers, avare ? Guill. Guiart, tom. 2, pag. 198, vers 4984 (13971) ?
Qui ne rient mesdisans ne havres.
IX

° **HAUSART**, comme *Fausart ?* Partonop. vers 5127 :
Et com à sele à chaceor
Le hausart et l'escorcheor.

HAUSMER, Ajuster, mesurer. Gl. sous *Esmerare*.

HAUSSAGE, Haussaige, Hauteur, arrogance, fierté. Gl. *Altitudo*.

HAUSSAIRE, Hautain, fier, arrogant. Gl. *Altitudo*.

HAUSSEPIED, Machine de guerre. Gl. *Spingarda*.

° **HAUT**, Haut, etc. Partonop. vers 3611 :
A vos me renc, s'il ert li drois
Si haus con prendre le voirois.
Haut et bas, Tout à fait, absolument, sans exception. Chastel. de Couci, vers 1820. Gl. *Alte et basse*. Rayn. tom. 2, pag. 58[2], au mot *Alt*. Haute eure, haut vespre, Tard. Gérard de Vienne, vers 2023 :
Ce croi ke trop me faites demorer
Car jai serait haute oure.
Ruteb. tom. 1, pag. 9 :
Et voist de haute eure gesir.
Roi Guillaume, pag. 114 :
Que de haut vespre sont venu.
Voyez *Heure basse*. — Chanson de Roland, stance 172, vers 12 :
Halz est li jurz, mult par est grant la [feste.
— Agolant, vers 800 :
N'i a celui qui tant haut ceigne espée...
Qui ne soit ars et la poudre ventée.

HAUTAINETÉ, Hauteur, arrogance, fierté. Gl. *Altitudo*.

° **HAUTBAN**, Hautbannier, comme *Hauban*, *Haubannier*.

HAUTECE, Titre d'honneur. Gl. *Altitudo*. [*Hautaice*, Flore et Jeanne, pag. 88.]

HAUTELICHE, Haute-lice. Gl. *Altilicium*.

HAUTISME, Très-haut. Gl. *Altissimus*. [*Haultisme*, Rayn. tom. 2, pag. 59[1], au mot *Alt*. *Haultismes*, Partonop. vers 2792.]

HAUTON, Le menu grain qui reste après que le blé a été vanné. Gl. *Hauto*.

° **HAUTOR**, Élevé. Voyez *Hauçor*.

° **HAUWIAUS**, Hoyaux, houes. Renart le Nouvel, t. 4, p. 162, vers 954 :
Pius, peles, hauwiaus en lor mains.

HAUVREDUCHE, p. e. Le haut de la tête. Gl. *Hauvreduche*.

HAX, Enjambée. Gl. *Hasta* 5.

HAY, Cri pour appeler du secours. Gl. *Haro*.

HAYCERÉ, Garni d'acier. Gl. *Acherure*.

HAYE, Monnaie de la Haye en Hollande. Gl. *Haia*.

HAYER, Fermer de haies. Gl. *Heyare*, sous *Haga*, pag. 156[3].

1. **HAYNE**, Panier à mettre de la volaille. Gl. *Haisellus*.

2. **HAYNE**, Henri, nom propre. Gl. *Haisellus*.

HAYNEUX, Ennemi, qui a de la haine contre quelqu'un, envieux. Gl. *Odiosus*.

HAYON, p. e. Hangar. Gl. *Hagha*.

HAYRONNIERE, L'endroit où l'on élève les *hairons* ou hérons. Gl. *Hairo*.

HAZ, Enjambée. Gl. *Hasta* 5.

HAZARDÉ, Hardi, téméraire, qui hasarde volontiers. Gl. *Hazardor*.

HAZARDER, Aimer passionnément les jeux de hasard ; d'où *Hazart*, Celui qui a cette passion. Gl. *Hazardor*.

HAZETEUR, p. e. Meunier, ou marchand d'huile. Gl. *Azenia*.

° **HÉ**, Haine. Cueillir en hé, Prendre en haine. Chronique des ducs de Normandie, tom. 2, pag. 468, vers 28929. Roman des Sept Sages, pag. 66.

HEAAGE, Certaine redevance due à cause de la maison qu'on habite. Gl. *Heagium*.

HEAS, Verge, bâton. Gl. *Heisa*.

1. **HEAUME**, Arme défensive, qui couvrait la tête. Gl. *Helmus* 1. [*Heaume*, Chanson de Roland. Voyez *Halme*.]

2. **HEAUME**, Sorte de monnaie de nos rois, où était gravé un heaume. Gl. *Helmus* 3. [*Escus Heaumez*, Gl. *Moneta*, pag. 470[1].]

HEBERGEMENT, Logement, maison. Gl. *Herbergagium*. [Rayn. tom. 2, pag. 51[2], au mot *Albergamen*.]

HEBERGER, Hebergier, Bâtir, construire ou réparer un édifice. Gl. *Hebergare*.

HEBERGERIE, Hôtellerie. Gl. *Hostesteragium*. [Logement, campement. Voyez Rayn. tom. 2, pag. 51[1], au mot *Alberguaria*. *Herbegerie*, Gérard de Vienne, v. 3813.]

HEC, Demi-porte, dont usent encore les paysans et les artisans. Gl. *Heket*.

HECQUER, p. e. Faire une pointe, rendre aigu. Gl. *Heket*.

HECQUET, Porte de basse-cour. Gl. *Heket*.

° **HEÉ**, Age, années. Chron. de Jordan Fantosme, vers 137, 1392. var. Voyez *Edage*.

HEF, Sorte de bâton, en forme de fauchon, à l'usage des charretiers. Gl. *Hef*.

° **HEINGRE**. Chanson de Roland, st. 279, vers 6 :
Heingre out le cors e graisle e esche-
[*wid.*]

HEIREAU, Maison rustique, avec les

bâtiments qui y appartiennent. Gl. *Hayrelium.*

HEIRER, Aller, faire un voyage. Gl. *Immalialus.* [Voyez *Errer.*]

HEKET, Porte de basse-cour. Gl. *Heket.*

HEL, p. e. Champ fermé de haies, verger. Gl. *Hayrelium.*

HELER, Boire ensemble, se réjouir, comme on fait à certaines fêtes de l'année. Voyez ci-dessus *Aguilanneuf.*

1. **HELLE**, Barrière. Gl. *Hayrelium.*

2. **HELLE**, Assemblée séditieuse. Gl. *Harela.*

HELLEBIC, Droit qu'on levait sur le poisson de mer vendu à Paris. Gl. *Hellebic.*

HELLEBIT, Sorte de jeu. Gl. *Hellebit.*

HELLEQUIN, Esprit follet, lutin, fée. Gl. *Helleguinus.*

HELLER, Boire ensemble, se réjouir, comme on fait à certaines fêtes de l'année. Voyez ci-dessus *Aguilanneuf.* [*Hellir*, Roquef. Voyez *Guersai.*]

- **HELZ**. Voyez *Heut.*

HEMER, Ajuster, mirer, viser. Gl. *Esmerare.*

HEMYE, Grosse corde, ou plusieurs cordes tortillées ensemble. Gl. *Hardes.*

HENAP, Coupe, vase avec anses et pied. Gl. *Hanapus.* [*Henas*, Partonop. v. 1014.]

HENAPIER, Faiseur ou marchand de vases appelés *Hanaps.* Gl. *Hanapus.*

HENDEURE, HENDURE, Poignée d'épée. Gl. *Handsaax* [et *Scapulus*].

HENEL, Pieu, bûche, morceau de bois. Gl. *Hentich.*

HENEPÉE, Autant que contient un *hanap* ou une coupe. Gl. *Hanapus.* [Voyez *Hanepée.*]

○ **HENEPIER**, Coupe et Crâne. Aubri, pag. 158[1] :

Teux i porroit jà au tonel sachier
Que il feroit voler le henepier.

Voyez *Hanepier.*

HENNAPIER, Faiseur ou marchand de vases appelés *Hanaps.* Gl. *Hanapus.*

HENNEPIER, Etui d'un *hanap* ou d'une coupe. Gl. *Hanaperium*, sous *Hanapus.*

HENT D'ESPÉE, La poignée. Gl. *Scapulus.* [Voyez *Heut.*]

HENTICH, p. e. Clôture faite de pieux. Gl. *Hentich.*

HENU, p. e. Chauve, qui a peu de cheveux. Gl. *Latinarius.*

HENYAUS, Pieu, bûche, morceau de bois. Gl. *Hentich.*

HEOQUE, Sorte de filet à prendre des oiseaux. Gl. *Heck.*

○ **HEOSE**, comme *Heuse.* Agolant, vers 449.

HEQUET, Le nom d'une prison à Rouen. Gl. *Heket.*

1. **HER**, Héritier. Gl. *Hæredes* 1, pag. 153[2].

2. **HER**, Héraut, messager. Gl. *Heraldus*, pag. 188[1].

○ 3. **HER**, Hier. Chron. des ducs de Normandie.

HERAGE, Race, lignée, extraction. Gl. *Hæredes* 1, pag. 153[2].

1. **HERAUDIE**, Casaque, souquenille. Gl. *Hiraudus.*

2. **HERAUDIE**, Embarras, inquiétude ; ou Malheur, infortune. Gl. *Hiraudus.*

HERAULDER, Animer, inciter. Gl. *Harela.*

1. **HERBAGE**, L'herbe d'un pré, lorsqu'elle est coupée. Gl. *Herbagium.*

2. **HERBAGE**, Le droit de faire paître à ses bêtes l'herbe des bois ou des prés. Gl. *Herbagium* et *Herbegage.*

HERBAGER, Mettre ses bêtes à l'herbage, pour les nourrir ou engraisser. Gl. *Herbajare.*

HERBAIGER, s'Abonner pour le droit d'herbage ou pâturage. Gl. *Herbagamentum.*

○ **HERBALESTIERE** †, Meurtrière. Gl. *Propugnaculum.* Voyez *Arbalestiere.*

HERBAN, Corvée, ou ce qu'on paye pour en être exempt ; mal corrigé *Herbau.* Gl. *Herebannum*, pag. 192[3].

HERBAUMENT, Gaillardement, en folâtrant. Gl. *Herbatum.*

1. **HERBEGAGE**, Le droit de prendre dans une forêt le bois nécessaire pour construire ou réparer une maison. Gl. *Herbegage.*

2. **HERBEGAGE**, Le droit qu'on paye pour mettre du vin marchand en maison ou cellier. Gl. *Herbegage.*

HERBELÉE, Potion médicinale, faite de jus d'herbes. Gl. *Herbarii*, sous *Herba* 1.

1. **HERBER**, Couper de l'herbe. Gl. *Herbajare.*

2. **HERBER** †, Joncher d'herbes. Gl. *Herbare.*

HERBERGAGE, Maison, logement, lieu où l'on habite. Gl. *Herbergagium*, sous *Hereberga.*

HERBERGAJE, Le même. Gl. *Herbergagium.*

HERBERGAUT, Habitable, logeable. Gl. *Herbergiare.*

HERBERGE, Tente. Gl. *Hereberga*, pag. 193[3]. [*Hauberge*, Garin, tom. 1, pag. 118. *Heberge*, Agolant, vers 890. *Herbert*, Roman de Berte, pag. 52. Voy. Rayn. tom. 2, pag. 50[2], aux mots *Alberc* et *Alberga.*]

1. **HERBERGEMENT**, Maison, logement. Gl. *Heribergare*, sous *Hereberga*, pag. 194[3]. [Chron. des ducs de Normandie.]

2. **HERBERGEMENT**, Ce qu'on paye pour le droit d'herbage ou pâturage. Gl. *Herbergamentum.*

HERBERGER, Loger, habiter. Gl. *Heribergare*, sous *Hereberga*, pag. 194[3].

HERBERGERIE, Auberge, hôtellerie. Gl. *Herbergeria.* Voyez *Hebergerie.*

HERBERGIER, Habiter. Gl. *Herbergiare.* [Cultiver, Partonop. vers 506.]

○ **HERBERGUAL**, comme *Herbergaut.*

HERBERJAGE, Maison ou tente. Gl. *Herbergagium*, sous *Hereberga*, pag. 194[3].

○ **HERBREGER**, comme *Herberger.*

○ **HERBRIGIÉS**, Qui a mis le haubert. Aubri, pag. 161[2]. Voyez *Hauberger.*

HERBU, Herbeux, garni d'herbes. Gl. *Herbacia.* [Chanson de Roland. Voyez Rayn. tom. 3, pag. 529[2], au mot *Erbos.*]

HERCHELLE, Brin d'osier. Gl. *Harcia.*

HERDE, Troupeau. Gl. *Herda.* [Chroniques anglo-norm. tom. 1, pag. 54 ;

Si cum la herda trespassa
E le grant cerf a mes li vint.

Voyez Roquef. et Halliwell, au mot *Herd* 3.]

○ **HERDEIER**, Chronique des ducs de Norm. tom. 1, pag. 423, vers 9850 :

Qui vout, si pot aler chacer,
Curre, berser u herdeier.

1. **HEREAU**, Maison rustique, avec les bâtiments qui y appartiennent. Gl. *Hayrelium.*

2. **HEREAU**, p. e. Certain tonneau. Gl. sous *Heralis.*

HEREBOUT, Terme employé pour exciter et animer. Gl. *Herebannum*, pag. 193[3].

HEREDITAL, Assigné sur des héritages ou fonds de terre. Gl. *Hæreditabilis* 2.

HEREGE, Hérétique. Gl. *Heregia* et *Magister Hæreticorum.*

HEREMPS, Terre inculte. Gl. *Heremitas* et *Eremus.*

○ **HERES**, Arrhes. Roi Guillaume, pag. 167.

HERESIE, Sortilége, sorcellerie. Gl. *Hæresis* 3.

HERGAUT, Habillement de dessus, à l'usage même des femmes. Gl. *Hergas.*

HERGNER, se Plaindre, se lamenter. Gl. sous *Harnascha*, pag. 170[2].

○ **HERIÇON**, Défense qu'on mettait aux passages pour servir de barrières, cheval de Frise. Chron. des ducs de Normandie. Gl. *Heriço.*

HERIENER, Ereiner, éreinter. Gl. *Renitiosus.*

HERIER, Terme obscène. Gl. *Heries.*

HERIQUET, Boutique, échoppe. Gl. *Herrid.*

HERITABLEMENT, HERITAULEMENT, Héréditairement, par droit d'héritage et succession. Gl. *Hæreditabiliter.*

HERITE, Hérétique, et celui qui a commerce avec les bêtes. Gl. *Hæreticus.*

HERITÉ, Bien propre, possession. Gl. *Hæreditagium 2.*

1. **HERITER**, Mettre en possession, faire jouir. Gl. *Hæreditare 3, et Hæreditatus.*

2. **HERITER**, Prendre domicile, s'établir quelque part. Gl. *Hæredes 2.*

HERLE. SONNER UNE CLOCHE A HERLE, Sonner le tocsin. Gl. *Herlinini.*

HERM, Terre non labourable. Gl. *Hermale.* [*Terre herme.* Gl. *Eremus.*]

HERME, Heaume, arme défensive, qui couvrait la tête. Gl. *Helmus 1.*

HERMITAINS, Hermite, solitaire. Gl. *Heremita.*

HERNAULT, Nom d'un péage prétendu par les seigneurs de Partenay. Gl. *Hernaldum.*

HERNOIS, L'armure ou l'équipage d'un homme de guerre. Gl. *Harnesium*, sous *Harnascha.*

HERNOUX, Nom injurieux qu'on donnait au mari qui souffrait patiemment les infidélités de sa femme. Gl. *Arnaldus.*

HERPE, Harpe, instrument de musique. Gl. *Harpa 1.*

HERRAYNE, pour ARAYNE, p. e. Sablière. Gl. *Arena,* pag. 377².

HERSOIR, Hier. Gl. *Erinus.*

HERTAYE, HERTOYE, Terre inculte et non labourable. Gl. *Hertemus.*

HES, p. e. Houe, instrument propre pour remuer la terre. Gl. *Aissada.*

HESBARGEGE, Maison, logement, lieu où l'on habite. Gl. *Herbergegium.*

HESCAUDEL, Espèce de gâteau. Gl. *Escaudetus.*

HESE, Porte faite de branches entrelacées les unes dans les autres, en façon de claie. Gl. *Haisellus.* [Roman de Renart, tom. 1, pag. 34, vers 904.]

HESMER, Ajuster, viser, mirer. Gl. *Esmerare.*

HESTAUS, Etau, table, banc où l'on étale la marchandise à vendre. Gl. *Hesta.*

HESTENSION, pour Ostension, montre, enquête, visite. Gl. *Ostensio 2, et Visus.*

⁕ **HET**, Joie, empressement. Partonop. vers 6280, 3469 :

Poignent de het as Sarasins.

Voyez *Hait.*

HEUCE, Aisse, cheville de fer, qui contient la roue. Gl. *Heuça.*

HEUCQUE, Sorte de robe, à l'usage d'homme et de femme. Gl. *Huca.*

HEUD, Certaine mesure de grain, en usage en Flandre. Gl. *Hodius.*

HEUER, HEUHER, Houer, fouir la terre avec une houe. Gl. *Haware.*

HEUL, Aïeul. Gl. *Aviones.*

HEULLE, Le dos ou marteau d'une hache. Gl. *Houla.*

HEUQUE, Sorte de robe à l'usage d'homme et de femme. Gl. *Huca.*

1. **HEURE** BASSE, Le soir. Gl. *Hora 3.*
2. **HEURE** DU RAVALER, L'après-dînée. Gl. *Hora 3.*
3. **HEURE** DE REMONTÉE, De relevée, l'après-dînée. Gl. *Hora 3.*
4. **HEURE** DE RIOTE, Du goûter. Gl. *Hora 3.*
5. **HEURE** DE RISSUE, Le même. Gl. *Hora 3.*
6. **HEURE** TARDE, Sur le soir, crépuscule. Gl. *Hora 3, et Tardus.*

HEURIER, Chantre à gages dans l'église de Chartres. Gl. *Horarius 2.*

⁕ **HEURTÉURE**, Choc, coups. Gl. *Hortatus.*

HEUS, HEUSE, Aisse, cheville de fer, qui contient la roue. Gl. *Heuça et Jaugia.*

HEUSE, Sorte de chaussure, bottine. Gl. *Osa.*

HEUSER †, Mettre des *heuses* ou bottines. Gl. *Hæsia et Osa.*

HEUSIAU, Sorte de chaussure, bottine. Gl. sous *Osa.*

HEUT, pour *Hent*, La garde d'une épée. Gl. *Handsæx.* (Partonop. vers 2068. Agolant, v. 605. Gérard de Vienne, vers 2558, 2629 : *Heuz, Heux.* Chanson de Roland, stance 47, vers 5 ; stance 104, vers 14 : *Helz.* Voyez le Gloss. sur la Chron. des ducs de Norm. au mot *Heut* ; ci-dessus, *Enhendeure*, et Graff, tom. 4, col. 930, au mot *Helza*.]

HEUTE, HEUTICH, Hutte, cabane. Gl. *Hutten.*

HEUX, Cri de plusieurs personnes, surtout pour arrêter un criminel. Gl. *Huesium.*

HEZE, Porte faite de branches entrelacées les unes dans les autres, en façon de claie. Gl. *Haisellus.*

HIDE, Frayeur, épouvante, effroi. Gl. *Hida* [pag. 206², et *Acedia*. Roman de Renart, tom. 1, pag. 15, vers 392].

1. **HIE**, Instrument dont on se sert pour enfoncer le pavé ; d'où *Hieur*, Celui qui s'en sert. Gl. *Hiator.*

⁕ 2. **HIE**. Garin le Loher. tom. 1, pag. 135 :

*A hie fierent plus de cent chevalier,
Si que les huis font des gons arachier.*

Roman de Renart, tom. 3, pag. 134, vers 23442 :

*A l'uis vienent plus que le pas,
Si entrent enz à une hie.*

Tom. 4, pag. 43, vers 1184 :

*Si trova que cil à grant hie
Cantont de çou qu'il n'orent pas.*

HIERE, p. e. L'endroit où l'on nourrit les hérons ; ou Etable à cochons. Gl. *Hairo.*

⁕ **HIERLEKIN**, Arlequin. Renart le Nouvel, tom. 4, pag. 146, vers 532 :

*Ot cinc cent cloketes au mains
Ki demenoient tel tintin
Con li maisnie hierlekin.*

HILLE †, Petit pavillon, qui couvre le saint ciboire ; il se dit aussi des rideaux qui étaient à côté de l'autel. Gl. *Hilla.*

HINDART, Cabestan. Gl. *Indardus.*

HIRAUDIE, Casaque, souquenille. Gl. *Hiraudus.* [Mauvais habit, haillons. Les deux Bordeors, Chants Histor. tom. 1, introd. pag. 24 :

*Vez or en quel hiraudie
Il s'est iluec entortilliez.*]

HIRAUX, Ceux qui récitaient publiquement les fables et les romans. Gl. *Hiraudus.*

HIRETAIGE, Héritage, bien fonds. Gl. *Hanot.*

HIRETAULEMENT, Héréditairement, par droit d'héritage et succession. Gl. *Hæreditabiliter.*

HIRIAUX, Ceux qui récitaient publiquement les fables et les romans. Gl. *Hiraudus.*

HIS, Sorte de casaque ou capote. Gl. *Hissus.*

⁕ **HISDOR**, HISDUR. Epouvante. Chron. des ducs de Norm. *Hisdoux*, Effroyable. Partonop. vers 515, 8223.

HISTAR, Friche, terrain couvert de halliers. Gl. *Hirstis.*

HISTORIER, Raconter, composer une histoire. Gl. *Historiare 1.*

HIVERNACHE, HIVERNAGE, Blé, qu'on sème avant l'hiver, seigle. Gl. *Hybernagium.*

HIVERNAGE, La saison d'hiver. Gl. *Hybernagium.*

⁕ **HIVERNER**, Nourrir pendant l'hiver.

HO, Interjection, qui sert à imposer silence, ou à arrêter une action. Gl. *Ho !*

HOBE, p. e. Cage à poulets. Gl. *Hobus.*

⁕ **HOBELÉIZ**, Pillage ? Chron. des ducs de Norm. tom. 3, pag. 200, vers 37246 :

*Ci n'a mestier hobeléiz,
Mais od les branz d'acer forbiz
Deffendre les cors et les vies.*

Voyez *Houbeler.*

HOBELER, HOBILER, Cavalier qui monte un cheval appelé *Hobin.* Gl. *Ho-*

bellarii. [Voyez Halliwell, aux mots *Hobeler* et *Hoblers.*]

° **HOBENC**, Hauban. Chron. des ducs de Norm. tom. 1, pag. 154, vers 2081.

° **HOBER**, Sortir, s'en aller. G. Guiart, tom. 1, pag. 95, vers 1901 :

*En la vile entrent à grant presse
Li fourrier, qui ainz qu'ilz en hobent
L'ardent de touz poinz et desrobent.*

Gl. *Glissis.*

HOBIN, Cheval d'Ecosse, dont l'allure est très-douce. [Voyez Halliwell, au mot *Hobby* 1.] D'où *Hobiner,* Celui qui le monte. Gl. *Hobellarii.*

HOBLER, Cavalier qui monte un cheval appelé *Hobin.* Gl. *Hobellarii.*

HOC, Croc, crochet. Gl. *Hoccus.*

HOCER, Hocher, remuer, secouer. Gl. *Hochia.*

1. **HOCHE**, Terre cultivée et enfermée de fossés ou haies. Gl. *Hochia.*

2. **HOCHE**, Espèce de jeu de hasard. Gl. *Hochia.*

HOCHER, Terme obscène. Gl. *Hochia.*

HOCKETTOUR, Trompeur. Gl. *Hockettour.*

HOCQUELER, Faire de mauvaises difficultés pour vexer quelqu'un ; d'où *Hocqueleur,* Chicaneur, fourbe, querelleur. Gl. *Hoquelator.*

HOCQUEMELLE, p. e. Empêchement, obstacle. Gl. *Hoquetus* 1.

HOCQUET, Bâton de berger, houlette, fléau. Gl. *Hoquetus* 1, et *Picare* 3.

HOCQUETER, Ebranler en secouant. Gl. *Hoquetus* 2.

HOE, Oui. Gl. *Ho* 1.

° **HOEILLES**, Brebis, ouailles. Partonop. vers 5852 :

Lions paisiles com hoeilles.

Voyez Rayn. tom. 4, pag. 392¹, au mot *Ovella.*

° **HOESE**, Botte. Chanson de Roland, stance 49, vers 8. *Hoesé,* Botté. Chron. des ducs de Norm. tom. 3, pag. 335, v. 40757. Voyez *Huese.*

HOET, Certaine mesure de grain, en usage en Flandre. Gl. *Hodius.*

HOETE, **HOETTE**, Petite *hoe,* instrument pour remuer la terre. Gl. *Hoellus.*

° **HOGE**, Colline. 2 Livre des Rois, chap. 2, vers 25 : *El sumet de un hoge.* (lat. in summitate tumuli unius.)

HOGUEMENT, Commandant, capitaine. Gl. *Hoga.*

HOGUETTE, Certain petit tonneau. Gl. *Hogettus.*

HOGUINELE, Troupe de mendiants. Gl. *Coquinus.*

HOICHER, Etouffer. Gl. *Hochia.*

° **HOIGNE**, Plaisanterie. Chansons historiques, tom. 1, pag. 801 :

*Je leur monstreray sans hoigne
De quel poisant sont mes doigtz.*

° **HOILER**, **HOILLER**, Crier, pousser des cris de joie. Roman de Renart, tom. 2, pag. 268, vers 16874 :

Il ne hoilloit ne ne chantoit.

Pag. 271, vers 16950. Voyez *Heller.*

° **HOINGNER**, Plaisanter. Roman de Renart, tom. 2, pag. 129, vers 13064. Guill. Guiart, tom. 1, pag. 313, vers 7149. Voyez *Hongner.*

HOIQUEMANT, Commandant, capitaine. Gl. *Hoga.*

° **HOIRE**, comme *Erre.* Flore et Jeanne, pag. 32 : *Lors s'en vont grant hoire à Mon-le-heri.*

HOIRRERIE, Hoirie, succession. Gl. *Hæreditas.*

HOISCHON, **HOISCHETON**, p. e. Paysan, qui cultive ou possède une *Hosche,* ou pièce de terre fermée de fossés ou de haies. Gl. *Hoscha.*

HOISEZ, p. e. Houx ou Houssine. Gl. *Hucia.*

HOISSIER, Jouer au jeu appelé aux *Hoches.* Gl. *Hochia.*

HOISTE, Hostie, la sainte Eucharistie. Gl. *Hostia* 1.

HOLIER †, **HOLIERE** †, Homme ou femme, qui vit dans la débauche ; d'où *Holerie* †, Libertinage. Gl. *Hullarii,* pag. 261³.

HOLLON, Eminence, rideau. Gl. *Hoga.*

° **HOMAGE**, Fief. Chron. des ducs de Norm. tom. 1, pag. 216, vers 4697.

HOMAGÉ, Ce qui est tenu sous hommage. Gl. *Homagiales,* sous *Hominium,* pag. 223³.

° **HOMECE**, Virilité, courage. Chron. des ducs de Norm. tom. 2, pag. 392, vers 26737 :

S'or ne nos faut quers e homece.

HOMECIDE, pour Homicide. Gl. *Homicidium* 2.

HOMENAGE, **HOMENATGE**, Hommage, serment de fidélité, que doit un vassal à son seigneur. Gl. *Hominagium,* sous *Hominium.* [*Hommanage,* Chron. des ducs de Norm.]

1. **HOMMAGE**, Redevance annuelle, due par les hommes de corps. Gl. sous *Hominium.*

2. **HOMMAGE**. RENDRE L'HOMMAGE QU'ON A FAIT, Y renoncer ; ce que le vassal était obligé de faire, avant de pouvoir défier son seigneur, dans le cas où le défi avait lieu. Gl. *Homagium gurpire,* sous *Hominium.*

HOMMAIGE, Ce qui est sujet à l'hommage ou à quelque service. Gl. sous *Hominium,* pag. 222².

1. **HOMME**, Vassal. Gl. *Homo.*

2. **HOMME** DE CORPS, Qui est de condition serve. Gl. *Homo de corpore.*

3. **HOMME** D'ESTAT, Qui est de condition libre, qui est son maître. Gl. *Homo status.*

4. **HOMME** DE FOY, Vassal, qui doit foi et hommage à un seigneur. Gl. *Homo fidei.*

5. **HOMME** DU FROMENT, Celui qui doit des redevances en froment. Gl. *Homo frumenti.*

6. **HOMME** DE JUSTICE, Qui est soumis à la juridiction d'un seigneur, qui est son justiciable. Gl. *Homo justitiæ.*

7. **HOMME** MOTIER, Celui qui est sujet au droit de mouture. Gl. *Homo motarius.*

8. **HOMME** NATUREL, Celui à qui la nature n'a rien refusé pour être homme. Gl. *Homo naturalis.*

9. **HOMME** DE POURSUITE, Celui que son seigneur peut suivre et réclamer partout où il le retrouve. Gl. *Homo de prosecutione.*

HOMMÉE, Certaine mesure de terre plantée en vignes. Gl. *Homata et Hominata.*

° **HONESTRE**, Convenable, respectable. Partonop. vers 7217 :

*Devers nos ert cil de Palestre
Qui amaine ost grant et honestre.*

HONGNER, Murmurer, se plaindre tout bas. Gl. *Hugnare.* [Voyez *Hoingner.*]

HONNESTÉ, Honneur, dignité, rang. Gl. *Honestas* 1, et *Juramentum,* pag. 456¹.

1. **HONNEUR**, Ce qui est dû au seigneurs dans les mutations des fiefs. Gl. sous *Honor.*

2. **HONNEUR**, La marque ou le témoignage, qu'on donne à quelqu'un, de la considération ou du respect qu'on a pour lui. Gl. sous *Honor.*

HONOR, Domaine, fief. Gl. sous *Honor.* [Partonop. vers 2802. Gérard de Vienne, vers 2316, et note, pag. 104¹. Chronique des ducs de Norm. Chanson de Roland. Voyez Rayn. tom. 3, pag. 534¹, au mot *Honor.*]

° **HONORER**, Gratifier, payer. Roman de Roncevaux, pag. 13 :

*Li arcevesque a la messe cantée...
D'une once d'or l'a li cons honorée.*

HONRAGE, Seigneurie, grand fief. Gl. *Honor.*

HONS, Homme. Gl. *Homo.*

° **HONTAGE**, Honte. Partonop. v. 10240. Guill. Guiart, tom. 1, pag. 347, vers 8041. Chron. des ducs de Norm. *Huntage,* Chanson de Roland, stance 84, vers 10. Jordan Fantosme, vers 59.

° **HONTOS**, Modeste. Partonop. vers 545 :

*Moult ert et pros et coragos
Et dols et humles et hontos.*

Voyez Rayn. tom. 2, pag. 82¹, au mot *Anctos.*]

HONTOYER (SE), Avoir honte. Gl. *Pudoratus.* [Chron. des ducs de Norm. Voyez Rayn. tom. 2, pag. 82¹, au mot *Antar.*]

HOOLE, Le dos d'un couteau. Gl. *Houla*.

HOPPE, Houppe, bouffette, sorte d'ornement qu'on attachait aux habits. Gl. *Houpeta*.

HOQUELERIE, Tromperie, fourberie. Gl. *Hoquelator*.

HOQUELEUR, Hoqueleux, Chicaneur, fourbe, querelleur. Gl. *Hoquelator*.

° **HOQUEREL**, Chron. des ducs de Norm. tom. 2, pag. 13, vers 15634 :
Nos le prendrom au hoquerel.

1. **HOQUET**, Bâton de berger, houlette Gl. *Hoquetus* 1.

2. **HOQUET**, L'action de faire lever le menton à quelqu'un, en lui portant la main par dessous. Gl. *Hoquetus* 2.

HOQUETER, Ébranler en secouant. Gl. *Hoquetus* 2.

° **HOR**, Héritage, terre. Agolant, v. 1127 :
Por coi venez en son hor herbergier.

HORDER, Fortifier, garnir de palissades, [clore]. Gl. *Hourdare*. [Garin le Loher. t. 1, pag. 12. Roman de Renart, tom. 1, pag. 50, vers 1291.]

HORDIS, Hordois, Palissade. Gl. *Hordeicium*. [*Hordel*. Voyez *Hourdéis*.]

HORIS, Sorte de monnaie de Bretagne. Gl. *Hora*.

HORRAILLE, Partie d'une charrue. Gl. *Horrendius*.

HORRIBLETÉ, Chose horrible, qui fait horreur. Gl. *Horrendius*.

° **HORS**, Ours. Partonop. vers 5740.

HORSBORC, Faubourg. Gl. *Forisbarium*.

HORSEPRISE, Exception, ce qu'on se réserve dans une cession. Gl. *Forprisa*.

HORT, Ce qui est tenu ou possédé par plusieurs, fonds dont il y a plus d'un propriétaire. Gl. *Parrana*.

HORTALESSIES, Toute espèce d'herbes potagères. Gl. *Hortalia*.

HORTRAIRE, Tirer dehors, emmener. Gl. *Forisbarium*.

HOSCELAIN, pour HOSTELAIN, Hôtelier, aubergiste. Gl. *Hostalerius*.

HOSCHE, Pièce de terre cultivée et fermée de fossés ou de haies. Gl. *Hoscha*.

HOSCHER, Marquer par des *hoches* ou entailles. Gl. *Occare* 2.

HOSE, Sorte de chaussure, bottine. Gl. *Osa*.

HOSEQUE, pour Obsèques, funérailles. Gl. *Obsequiæ*.

1. **HOST**, Armée, expédition militaire. Gl. *Hostis* 2.

2. **HOST**, Hôtel, maison. Gl. *Hospitalia*.

1. **HOSTAGE**, Certain droit dû sur les grains amenés à la grange du seigneur ; ou p. e. Terrage, champart. Gl. *Hostagium* 4, et *Rentagium*.

° 2. **HOSTAGE**, Otage, caution. Chron. de Jordan Fantosme, vers 48 :
Bien sui prest de guerreier et de trover
[*hostage*.
Vers 633 :
Mil i larrunt les testes par lur meisme
[*hostage.*]

HOSTAGER, Paysan habitant dans une métairie. Gl. *Hospes*, pag. 237¹.

1. **HOSTE**, Paysan, habitant de la campagne, sujet d'un seigneur féodal. Gl. *Hospes*.

° 2. **HOSTE** †, Hotte. Gl. *Gestatorium*.

1. **HOSTEL**, Toute espèce de maison ou de logement. Gl. *Hospitisia*. [Partonop. vers 7855 :
Il n'ont pas hostel en maison,
Ains l'ont en un bel pavellon.
Voyez Rayn. tom. 3, pag. 544², au mot *Hostal*.]

2. **HOSTEL**, Famille, race. Gl. *Hospitisia*.

3. **HOSTEL**, Les troupes qui sont sous le commandement de quelqu'un. Gl. *Hospitisia*.

HOSTELAGE, Frais, dépense pour le logement des chevaux. Gl. *Hostalagium*.

HOSTELÉE, La compagnie qui habite une maison ou *hostel*. Gl. *Hospitisia*.

HOSTELER, Loger, recevoir quelqu'un dans sa maison. Gl. *Hostellarius* 2.

HOSTELLAGE, Le loyer des boutiques occupées par des marchands forains. Gl. *Hostilagium*.

HOSTELLAIN, Hôtelier, aubergiste, cabaretier. Gl. *Hostellarius*.

HOSTELLER, Loger, recevoir quelqu'un dans sa maison. Gl. *Hospitare*.

HOSTIAGE, Querelle, dispute, chagrin. Gl. *Hostis* 2.

HOSTICE, L'obligation d'aller à la guerre. Gl. *Hostiaticum*, sous *Hostis* 2.

HOSTIEL, Certaine mesure de grain. Gl. *Hotellus*.

° **HOSTIER**. Gl. *Hostiarius* 1.

HOSTIL, Outil, instrument. Gl. *Furnimentum*.

HOSTILLEMENT, Meuble, ustensile ; d'où *Hostiller*, Garnir, munir. Gl. *Hustilimentum*.

HOSTISE, Demeure de celui qu'on appelait *Hoste* ; et ce qu'il devait à son seigneur. Gl. sous *Hospes*, pag. 237².

HOSTOIER, Faire la guerre ; d'où *Baston à hostoier*, pour Arme offensive. Gl. *Hostilicatus*.

HOSTOÜER, Autour, oiseau de proie. Gl. *Hostoarius*. [*Hostur*, Chanson de Roland.]

HOSTOYER, Faire la guerre. Gl. *Hostis* 2.

HOSTRICIER, Celui qui est chargé du soin des *Hostouers* ou autours. Gl. *Hostoarius*.

1. **HOT**, Troupeau de moutons. Gl. *Hogetius*.

° 2. **HOT**, Roman de Renart, tom. 4, pag. 30, vers 822 :
Ne sevent l'eure qu'ens el hot
Sont embatut, où li vilains
Chaï, dont or vos contai ains.

HOTER, Porter avec une hotte. Gl. *Hota*.

HOTEREAU, La partie du tombereau qui contient ce qu'on veut voiturer. Gl. *Hota*.

HOTERIL, Le même. Gl. *Hota*.

HOTIEL, Certaine mesure de grain. Gl. *Hotellus*.

HOTOIER, Autour, oiseau de proie. Gl. *Hostorius*.

° **HOUBELER**, Piller. Chastel. de Couci, vers 7493 :
Tant que li Sarrazin un jour
Surent que li rois a sejour
Ert en un chastel à privé.
Lors ont lor afaire abrievé
Et vinrent là pour houbeler.
Voyez *Hobeler*, *Hobeléiz*, *Hubillier*.

HOUBILLER, Traire une vache. Gl. *Huba*, pag. 257².

HOUC, Hameçon ; le nom d'une faction en Hollande. Gl. *Cabelyenses*.

HOUCE, Houche, Robe longue. Gl. *Housia*. [Roman de Renart, tom. 4, pag. 107, vers 2942. Flore et Jeanne, pag. 29. *Houcette d'um burel griés*, Chastel. de Couci, vers 6611.]

HOUCHIER, Couvrir, envelopper, comme fait une *Houche*. Gl. *Housia*.

1. **HOUE** [*de Burel*], Robe longue, p. e. pour *Houce*. Gl. *Housia*.

2. **HOUE**, Brebis de deux ans. Gl. *Hogetius*.

3. **HOUE**, MARCHAND DE HOUES, Voleur, fripon, coquin. Gl. *Hullarii*, pag. 261³.

HOUETE, Houette, Petite houe, instrument pour remuer la terre. Gl. *Hoellus*.

HOVIR, Paysan ; ou plutôt *Houir*, pour Hoir, héritier. Gl. sous *Huba*, pag. 257³.

HOULE, p. e. pour CHOULE, Espèce de jeu. Gl. *Houla*.

HOULETTER, Se battre ou badiner avec des houlettes. Gl. *Holeta*.

HOULIER, Débauché, libertin. Gl. sous *Hullæ*. [Guill. Guiart, tom. 1, pag. 142, vers 3152.]

HOULLERIE, Débauche, libertinage. Gl. *Hullarii*, pag. 261³, et *Peccatum*.

HOULLIER, HOULLIERE, Homme ou femme qui vit dans la débauche. Gl. *Hullarii*, pag. 261³.

HOUNERAULE, Honorable ; titre des magistrats civils ou de justice. Gl. *Honorabiles*.

° **HOUPIUS**, Renard. Renart le Nouvel,

tom. 4, pag. 1280, vers 75, p. 205, v. 2075. Voyez *Goupil.*

HOUPPEGAY, Terme de jargon, pour signifier un vol fait avec adresse, un tour de filou. Gl. sous *Houpeta.*

1. HOUPPELLANDE, Sorte de cappe ou manteau. Gl. *Hopelanda.*

2. HOUPPELLANDE, Certaine monnaie, ainsi nommée d'une *Houppellande,* dont la figure du roi y était vêtue. Gl. *Hopelanda* [et *Moneta,* pag. 470³].

HOUPPENBIER, Espèce de boisson, sorte de bière. Gl. sous *Celia.* [Bière houblonnée.]

HOUQUET, pour HOQUET, Mauvaise difficulté, chicane. Gl. *Hoquetus* 1, [et *Hucciare*].

HOUQUETON, Hausse-cou. Gl. *Hauqueto.*

HOUR †, Échafaud fait de claies. Gl. *Craticulatum.*

HOURDANE, Toute espèce d'échafaud. Gl. *Hourdagium.*

HOURDEIS, HOURDEL, Palissade, fortification. Gl. sous *Hurdicium.* [Échafaud, siège, comme *Hourt,* Chastel. de Couci, vers 1073, 1288.]

HOURDEMENT, L'action de palissader. Gl. *Hordamentum,* sous *Hurdicium.*

HOURDER, Garnir de claies ; d'où se *Hourder,* pour se Renforcer [Chastel. de Couci, vers 4494] ; et *Hourdé.* Garni, fourni. Gl. *Hourdare* et *Hurdare.*

HOURIER, HOURIERE, Homme ou femme, qui vit dans la débauche et qui y entretient les autres. Gl. *Hullarii,* pag. 261³.

HOURIEUR, Débauché, libertin. Gl. sous *Hullæ.*

HOURT, Échafaud, banc, siège. Gl. *Hourdum* et *Hurdicium.* [Chastel. de Couci, vers 1296, 1341.]

° HOUSE, comme *Heuse.* Gl. *Osa* et *Ocrea.*

° HOUSELE, Guill. Guiart, tom. 2, pag. 205, vers 5296 (14276).

HOUSER, Chausser des *houseaux,* mettre des bottines. Gl. *Housellus.*

HOUSET †, Houx, arbrisseau. Gl. *Hosseia* et *Biscus.*

HOUSIAUS, Sorte de chaussure, bottines. Gl. sous *Osa.* [*Husiaus,* Aubri, pag. 154².]

HOUSOUR, Palissade. Gl. *Housere.*

HOUSPAILLIER, Goujat, maraudeur. Gl. *Housia.*

HOUSPIGNER, Houspiller, tirailler quelqu'un par l'habit. Gl. *Housia,* [*Housepigne,* Roman de Renart, tom. 2, pag. 292, vers 17547.]

HOUSPOUILLIER, Goujat, maraudeur. Gl. *Housia.*

HOUSSE, HOUSSELIN, Robe longue. Gl. *Housia* et *Epitogium.*

HOUSSEPILLER, Maltraiter, vexer. Gl. *Housia.*

HOUST, Guerre, expédition militaire. Gl. *Hostis* 2.

HOUSTE, Sujet d'un seigneur féodal. Gl. *Hospes,* pag. 287¹.

HOUTILLEMENT, Meuble, ustensile. Gl. *Hustilimentum.*

HOUYER, Labourer avec la houe. Gl. *Fossare* 2.

HOUZE, HOUZIAU, Sorte de chaussure, bottine. Gl. sous *Osa.*

HOY, Cri de plusieurs personnes, surtout pour arrêter un criminel ; L'obligation de le poursuivre. Gl. *Huesium.*

HU, Le même. Gl. *Huesium.* [Chronique des ducs de Normandie, aux mots *Hu* et *Huz.* Voyez Rayn. tom. 5, pag. 414¹, au mot *Uc.*]

HUAGE, L'obligation de crier pour forcer l'animal qu'un seigneur veut chasser à sortir de son fort. Gl. sous *Huesium,* pag. 260¹.

HUAL, p. e. Un rayon de roue. Gl. *Huole.*

HUBILLIER, Houspiller, tirailler. Gl. *Housia.*

HUCEAU, Petite huche, coffre. Gl. *Hucellus.*

HUCER, Appeler à haute voix. Gl. *Hucciare.*

1. HUCHE, Sorte de navire. Gl. *Hucha* 1.

2. HUCHE, Valeur numérale, Gl. *Hucha* 1.

3. HUCHE, Dépôt de l'argent public. Gl. *Huchaļ.*

HUCHEAU, HUCHEL, Petite huche, coffre. Gl. *Hucellus.*

HUCHER, Appeler à haute voix. Gl. *Hucciare.* [*Huchier,* Rutebeuf, tom. 2, pag. 287. Agolant, vers 1187. *Hucier,* Partonop. vers 2226. Voyez Rayn. tom. 5, pag. 443¹, au mot *Ucar* ; et Poésies des Troubadours, tom. 2, pag. 22. Chronique des ducs de Normandie.]

HUCOURS, Cri de plusieurs personnes. Gl. sous *Huesium,* pag. 260¹.

HUCQUE, Sorte de robe, à l'usage d'homme et de femme. Gl. *Huca.*

HUDEL, Espèce de charrette ou tombereau. Gl. *Hudera.*

1. HUE, Cri de plusieurs personnes, surtout pour arrêter un criminel. Gl. *Huesium.*

2. HUE, Oie. Gl. *Auca.*

° HUEG, Roman de Renart, tom. 4, pag. 71, vers 1963 :

*Dist lirois : com t'as grant envie
Sour ce chaitif où jou t'envie
Que tu le me voises pour huec.*

HUEE, Certain espace, dans lequel on peut entendre un cri. Gl. sous *Huesium,* pag. 260¹.

° HUEIL, Yeux. Partonop. vers 5364 :

*Il ne s'anuie de son duel
Jà n'auront mais repos si hueil.*

Voyez Rayn. tom 4, pag. 366², au mot *Olh.*

° HUER LES CHIENS, Les exciter par des huées. Partonop. vers 622, 1836.

HUERIE, Cri de plusieurs personnes. Gl. *Huesium.*

1. HUÉS, Profit, gain. Gl. *Usurare.* [Usage. Partonop. vers 5234. Voyez *Oes,* et Rayn. tom. 5, pag. 452², au mot *Us.*]

2. HUÉS, pour NIÉS, Neveu. Gl. sous *Huesium.*

HUESE, Brodequin, sorte de chaussure, bottine. Gl. *Osa* et *Housellus.* [Partonop. vers 5075. Roi Guillaume, pag. 104. Gérard de Vienne, vers 8481. Voyez Rayn. tom. 4, pag. 390¹, au mot *Osa,* ci-dessus *Hoese.*]

HUET, Sot, benêt, nigaud. Gl. *Hugo.*

HUETTE, pour HUVETTE, Sorte de chapeau, à l'usage des hommes et des gens de guerre. Gl. *Huvata.*

HUGE, Huche, coffre ; d'où le diminutif *Hugette,* Petit coffre. Gl. *Hucha* 1.

HUGE-LANGE, Linge à mettre sur la huche ou le buffet. Gl. *Hucha* 1.

HUGUERIE, pe. e. Hongrie. Gl. *Mainnile.*

HUHE, L'obligation de crier pour forcer l'animal qu'un seigneur veut chasser à sortir de son fort. Gl. *Huesium,* pag. 260¹.

° HUI, Aujourd'hui. Roi Guillaume, pag. 103 :

*Que sage povre, hui est li jors.
Tient-on por fol en totes cors.*

Voyez Rayn. tom. 4, pag. 530², au mot *Hoi.* Orell. pag. 316.

HUICHIER, Faiseur de huches ou coffres. Gl. *Hucha* 1.

° HUIDIVE, Oisiveté, paresse. Ruteb. tom. 2, pag. 239, 246.

HUIER TROMPES, Trompetter. Gl. *Huesium.*

HUIGNER, Murmurer, se plaindre tout bas, faire un bruit sourd. Gl. *Hugnare.*

HUIRIE, Cris de plusieurs personnes, surtout pour arrêter un criminel. Gl. *Huesium.*

HUIS, Porte, entrée. Gl. *Huisserium.* [Partonop. vers 3984, 4056, 4074. Les *huisses,* Saint Grégoire, Orell, pag. 165. *Hues,* Pierre de Langtoft, Chronique des ducs de Normandie, tom. 9, pag. 329¹. Voyez Rayn. tom. 5, pag. 455¹, au mot *Us.*]

° HUISDIVE, Oiseuse, inutile, qui ne sert à rien. Partonop. vers 895 :

*Mais tot li sambie cose huisdive
Quant il n'y voit rien nule vive.*

HUISELET, diminutif de HUIS, Petite porte. Gl. *Huisserium.*

° 1. HUISEUSE, Plaisanterie, ce qui

ne sert à rien. Chants historiques, tom. 1, pag. 115 :

Dieu, tant avons été preus pas huiseuse,
Or verra-on qui a certes iert preus.

Roi Guillaume, pag. 144 :

Li dame fu sage et viseuse,
Si nel torna mie à huiseuse
Çou que ses sires pensé ot.

° 2. **HUISEUSE**, Oiseuse. Voyez *Huisdive*. Parton. vers 8449 :

L'empereris n'est pas huiseuse
De soie part, ains est penseuse.

HUISIER, Sorte de navire, propre pour transporter des chevaux. Gl. *Huisserium*.

HUISSERIE, Porte, entrée. Gl. *Huisserium*.

1. **HUISSIER**, Office et dignité dans la cour des comtes de Flandre. Gl. *Huisserius 2*. [Voyez Gl. *Ostiarius*.]

2. **HUISSIER**, Navire propre pour transporter des chevaux. Gl. *Huisserium*.

HUITIEVE, HUITTIEVE, Octave, espace ou le terme de huit jours. Gl. *Octava 2*.

HUMAIZ, pour HUIMAIZ, d'aujourd'hui, du jour. Gl. *Altitudo*.

1. **HUMANITÉ**, Le sexe, partie du corps humain qui fait la différence du mâle et de la femelle. Gl. *Humanitas 3*.

2. **HUMANITÉ**, Avoir HUMANITÉ, Être en vie. Gl. *Humanitas 3*.

HUMECTE, Sorte de jeu de cartes. Gl. *Humecte*.

HUMELES, Humble, modeste. Gl. *Humilis*. [Affable, doux. Chanson de Roland, stance 89, vers 12. *Humles*. Partonop. vers 476, 1921.]

HUMEURE, Potion, breuvage médicinal. Gl. *Humorositas*.

° **HUMILIANCE**, Humiliation. Chronique des ducs de Normandie.

HUMILIER (S'), Incliner la tête et le corps en signe de respect. Gl. *Humiliare 1*.

HUMILITÉ, Bonté, clémence. Gl. *Humilitas*. [*Humilitié*, Chastel. de Couci, vers 518.]

HUNE, Câble. Gl. *Huna*.

° **HUNIR**, Honnir. Chanson de Roland. *Huntage*. Voyez *Hontage*. *Hunéisun*, Jordan Fantosme, vers 309. var.

HUON, Espèce de vêtement ou d'ornement. Gl. *Huveti*.

HUQUE, Sorte de robe, à l'usage d'homme et de femme. Gl. *Huca*.

HUQUER, Appeler à haute voix. Gl. *Uccus*.

HURCOITE, Espèce de houppe ou d'ornement d'habits. Gl. *Houpeta*.

1. **HURE**, pour signifier la tête d'un homme. Gl. *Hura 1*. [Du loup. Roman de Renart, tom. 2, pag. 365, vers 19554 ; tom. 3. pag. 22, vers 20374 ; t. 5, p. 57, vers 349.]

2. **HURE**, Certain signe de moquerie et de dérision. Gl. *Hura 1*.

HUREBEC, Chenille de vigne, liset ou lisette. Gl. sous *Excommunicatio*.

HUREPAIS, Qui a les cheveux hérissés. Gl. *Horripilare*.

HUREPÉ, Hérissé. Gl. *Horripilare*.

HURIE, Cri pour appeler du secours. Gl. sous *Huesium*.

° **HURLEI**, Hurlement. Chronique des ducs de Normandie.

HURONS, Nom qu'on donnait aux factieux de la *Jacquerie* ; et ensuite un terme d'injure et de mépris. Gl. *Jaquei*.

HURQUE, Sorte de navire. Gl. *Hulca*.

HURRIER, Débauché, libertin. Gl. *Hullarii*, pag. 261[3].

1. **HURT**, pour HEURT. Choc [Gl. *Ictus 1*], comme *Hurter*, pour *Heurter*. Gl. *Hurtare*. [Garin le Loher. tom. 1, p. 257 :

Et se hurterent et de cor et de pis.

Chastel. de Couci, vers 1742 :

Qu'ambedoi leur lanches brisierent,
Puis hurtent depuis de chevaus.

Partonop. vers 2997 :

Hurte-le bien, si qu'il cancele.

Voyez Rayn. tom. 5, pag. 452[1], au mot *Urtar*.]

2. **HURT**, Coup de cloche. Gl. *Hurtare*.

HURTAGE, Le droit d'ancrage. Gl. *Hurtagium*.

HURTEIS, Choc, batterie. Gl. *Hurtare*. [Chron. des ducs de Normandie. *Hurtée*, Coup. Roi Guillaume, pag. 74 :

Et si li dona tel hurtée
Des deus cles par mi la face
Qu'il cai as dens sur la place.]

° **HURTEMENT** †, Gl. *Cornupeta*.

HURTEPILLER, Houspiller, tirailler, maltraiter. Gl. sous *Housia*.

1. **HURTER**, Frapper, se battre. Gl. sous *Obstare*. [Voyez *Hurt 1*.]

2. **HURTER**, Battre, renverser l'ennemi, le mettre en déroute. Gl. *Hortatus*. [Garin le Loher. tom. 1, pag. 26 :

Les deux batailles firent du champ
[torner
Et sur la tierce par estevoir hurter.

Partonop. vers 2209 :

Ainc les a si sor ceus hurtés.]

HURTIS, L'action de heurter à une porte. Gl. *Hurtare*.

HURTOUOIR, Partie d'une charrette. Gl. *Hurtare*.

HUS, Cri de plusieurs personnes, surtout pour arrêter un criminel. Gl. *Huesium*.

HUSTIN, Bruit, dispute, querelle. [Roman de Renart, tom. 4, pag. 8, vers 190 ; pag. 30, vers 814. Agolant, vers 27 ; D'où *Hustiner*, Quereller, et *Hustineur*, Querelleur, fâcheux. Gl. *Hutinus*.

HUTIN, Querelle, dispute ; d'où *Hutineux*, Querelleur. Gl. *Hutinus*. [Garin le Loher. tom. 1, pag. 28.]

° **HUTLAGE**, Proscrits, bannis. Chron. des ducs de Norm. Voyez Gl. *Utlaga*.

HUTRÉE, Cheville de fer qui contient la roue. Gl. *Arquillæ*.

° **HUVAGE**, Certain impôt. Gl. *Criagium 1*.

HUVE, Sorte d'ornement de tête ou coiffure de femmes. Gl. *Huva 2*.

HUVELES, pour HUVRELAS, Auvent. Gl. sous *Huveti*.

HUVESTE, Espèce de chapeau, à l'usage des hommes et des gens de guerre. Gl. *Huvata*.

HUVET, Sorte d'ornement de tête ou coiffure de femmes. Gl. *Huva 2*. [Houppe. Renart le Nouvel, tom. 4, pag. 131, vers 174, pag. 221, vers 2468.]

HUVETE, HUVETTE, Espèce de chapeau, à l'usage des hommes et des gens de guerre. Gl. *Huvata*.

HUVRELAS, HUVRELAU, Auvent. Gl. sous *Huveti* et *Antesolarium*.

HUY, Cri de plusieurs personnes, surtout pour arrêter un criminel. Gl *Huesium*.

HUYDART, p. e. Décharge d'un moulin. Gl. *Huydardus*.

HUYER, Crier, appeler avec force. Gl. *Huesium*.

HUYHO, Le mari dont la femme est infidèle. Gl. *Huyho*.

HUYTIEME, Octave, espace ou le terme de huit jours. Gl. *Octava 2*.

HYALME, Heaume, arme défensive, qui couvrait la tête. Gl. *Helmus 1*.

HYNE, Cavale, jument ; d'où *Hynerie*, Haras. Gl. *Hinnitivus*.

J

JAL

JA. A JA, pour A jamais. Gl. *Ja*. [Rayn. tom. 3, pag. 578¹. Orell. pag. 303.]

JAASOU, JAASOUR, Instrument dont se sert le laboureur pour ôter la terre qui s'attache à sa charrue. Gl. *Jaasou*.

JACKE, Petite casaque contre-pointée, qu'on mettait sur la cuirasse. Gl. *Jacke*.

JACOBINS, Certains hérétiques de l'Orient. Gl. *Jacobitæ* 1.

JACQUE, Petite casaque contre-pointée, qu'on mettait sur la cuirasse. Gl. *Jacke*. [*Jakke*. Gl. *Auffare*.]

JACTURE, Perte, dommage. Gl. *Jactura*.

° **JAFUER**, Plaisir, délices. Chron. des ducs de Norm. tom. 3, pag. 346, v. 41231 :

Un lonc termine i esta puis
A grant jafuer, si cum je truis.

Tom. 2, pag. 107, vers 18436 :

Jafuer e sejor e peresce
Sunt mult contrailes a proesce.

Voyez Halliwell, aux mots *Jawer* et *Jaw* ; Rayn. tom. 3, pag. 579², au mot *Jafar*.

JAFUPIERE, Jachère. Gl. *Jascheria*.

JA FUST, Quoique. Gl. *Ja*. [*Jà soit ce que, Jaçoit*. Rayn. tom. 3, pag. 578², au mot *Jà*, Orell. pag. 335.]

JAGLONNÉE, Botte. Gl. *Jaloneia*.

° **JAGONSES**, Pierre précieuse. Partonop. vers 10611. Flore et Blancefl. vers 655. Chron. des ducs de Norm. *Jacunces*, Chanson de Roland, st. 49, vers 5. Voyez *Gagonces*.

JAIANT, Géant. Gl. *Gigans*. [Voyez Rayn. tom. 3, pag. 567¹, au mot *Gigant*. Chron. des ducs de Norm. Voyez le Gloss. sur la Chanson de Roland.]

JAILAGE, JAILLAGE, Le droit de jaugeage. Gl. sous *Jalagium*.

JAILLE, Sorte de vaisseau ou mesure. Gl. *Jalla*, et *Jalleia*, sous *Galo* 1.

JALAIE, Certaine mesure des liqueurs. Gl. *Jalleata*.

° **JALAYE**, comme *Jailage*.

JAM

1. **JALE**, comme *Jalaie*. Gl. *Jalea*.

2. **JALE**, Boule. Gl. *Jalea*.

JALLAIE, Certaine mesure des liqueurs. Gl. *Jalleia*, sous *Galo* 1.

JALLE, Sorte de vaisseau, seau. Gl. *Jalla*. [Guill. Guiart, tom. 2, pag. 212, vers 5487 (14467).]

1. **JALOIS**, Certaine mesure de grain. *Jalotus*.

2. **JALOIS**, Certaine mesure de terre. Gl. *Jalotus*.

JALOY, Certaine mesure de grain. Gl. *Jalotus*.

JALOYE, Certaine mesure des liqueurs. Gl. *Jalleata*.

JAMBAYER, Marcher, se promener. Gl. *Gamba* 1. [*Jamboier*, Se demener. Guill. Guiart, tom. 1, pag. 164, vers 3716.]

JAMBE DU POUX, On appelle ainsi en anatomie deux nerfs du bras. Gl. *Gamba* 1.

JAMBER, JAMBER, FAIRE LE JAMBET ou LA JAMBETTE, Donner le croc en jambe pour jeter quelqu'un à terre ; et, en style figuré, tromper adroitement. Gl. *Gamba* 1. [Roman de Renart, tom. 2, pag. 184, vers 14559 :

Tant sot Renart d'engins plusors,
De luite, de jambet, de tors.

Chron. des ducs de Normandie, tom. 2, pag. 350, vers 25569 :

Mult li a tost fait le jambet.

Gl. *Abettum*.]

JAMBIERE †, Botte de cuir ou de fer. Gl. *Gamba* 1.

JAMBLE, Écrevisse de mer. Gl. *Gambarus*.

1. **JAME**, Gomme, poix-résine. Gl. *Gema*.

° 2. **JAME**, Gemme, pierre précieuse. Roi Guillaume, pag. 184.

JAMELS, Chanson de Roland, st. 272, vers 6 :

Très ben le baient à fuz e à jamels.

Voyez *Gamais*.

JAR

JANETAIRE, Javeline, demi-pique. Gl. *Geneteria*.

JANGLE, Mauvais discours, bavarderie : du verbe *Jangler*, Jaser, caqueter, s'entretenir de bagatelles. [Guill. Guiart, tom. 1, pag. 274, vers 6659 ; tom. 2, pag. 316, vers 8221 (17199) ; tom. 1, pag. 320, vers 7347 :

Se ge contre le voir ne jangle.

Médire. Chanson de Colin Muset, Wackernagel, pag. 74. *Jangleor*, Médisant. Chanson de Guiot de Prouvins, Wackernagel, pag. 30. *Jenglos*, Moqueur. Voyez Rayn. tom. 3, pag. 580, aux mots *Jangla, Janglaire, Janglos, Janglar*.] Gl. *Jangularia*.

JANNAIE, JANNIERE, Terre couverte de genêts. Gl. *Janestaria*.

° **JAOLE**, Geôle, prison. Chron. des ducs de Normandie. *Jayole* †, Gl. *Capiola*.

JAPERAILLE, Terme de mépris pour ce que dit quelqu'un. Gl. *Jangularia*.

JAQUE, JAQUES, Petite casaque contre-pointée qu'on mettait sur la cuirasse. Gl. *Jacke* et *Jacobus* 2.

JAQUERIE, Faction du peuple contre les nobles ; ainsi nommée d'un Jacques Bonhomme, qui en était le chef. Gl. *Jaquei*.

JAQUES, Grossier, sot. Gl. *Jaquei*.

JAQUET, Sorte de petite monnaie. Gl. *Jaquetus*.

JAQUIER, Grossier, sot. Gl. *Jaquei*.

1. **JARBE**, Botte de quelque chose que ce soit. Gl. *Jarba* [et *Escharso*].

2. **JARBE**, p. e. pour JALLE, Baquet, cuvier. Gl. *Jarba*.

JARIE, Sorte de mal. Gl. *Jarreia*.

JARION, Bâton de chêne. Gl. *Jarro*.

JARLE, Vaisseau à contenir les liqueurs, seau. Gl. *Jalla*.

JARRIGE, Terre inculte, pâturage. Gl. *Jarrigia*.

JARROCE, Espèce de vesce. Gl. *Jarrossia*.

JARRON, Jante. Gl. *Jarro.*

° JARSE, Ventouse. Guill. Guiart, t. 2, pag. 395, vers 10255 (19237). Voyez ci-dessus *Garser*, Gl. *Garsa* et *Jarsa.*

JAS, Coq. Gl. *Jasia.* [*Jars.* Roman de Renart, tom. 1, pag. 49, vers 1274 ; tom. 2, pag. 114, vers 12662.]

JASCIERE, Jachère. Gl. *Jascheria.*

JASERAN, Cotte de mailles. Gl. *Jazeran.* [Chanson de Roland, stance 123, vers 12 :

Trestut le cors et l'osberc jazerenc.

Gérard de Vienne, vers 2086 :

El dos li vestent un hauberc jaserant.

Vers 2105 :

Cil Eneas ot le boin jaserant.

Agolant, vers 886 :

Car encor ai entier mon jazerant.

Voyez Rayn. tom. 3, pag. 582¹, au mot *Jaseran (Jazerans,* adj.).]

JASQUE, Petite casaque contre-pointée, qu'on mettait sur la cuirasse. Gl. *Jacke.*

JASSEAU DE FAIN, Botte de foin. Gl. *Jassile.*

JAU, Coq : nom que les Bayonnais donnent à la dorade. Gl. *Jasia.*

JAVART, Maladie d'homme chancre. Gl. sous *Javarina.*

° IAVE, Eau. Roman de Renart, tom. 1, pag. 42, vers 1090, etc.

° JAVELE, Guill. Guiart, tom. 2, p. 77, vers 1977 (10953) :

*L'estoc c'on a ramentéu
Fait mètre Alemanz par javeles.*

JAVELLE, Espèce de charbon ou de bois qui n'est pas entièrement réduit en charbon. Gl. *Javellus.*

JAUGE, Partie d'une charrue, celle qui règle la profondeur du sillon. Gl. *Jaugia.*

JAUGIER UN HUIS, Rompre, briser une porte, en enlever le seuil. Gl. *Jaugia.*

1. JAUGLE, Botte. Gl. *Jaloneia.*

2. JAUGLE, Joute, combat simulé. Gl. *Jocus.* [Voyez *Jangle.*]

IAUME, Heaume, arme défensive, qui couvrait la tête. Gl. *Helmus* 1.

JAVRELOT, Javelot, demi-pique, sorte de lance. Gl. *Gaverlotus.*

° IAUS, Yeux. Roman de Renart, t. 1, pag. 19, 22, vers 505, 598.

° JAUSE, Chanson de Colin Muset, Ruteb. tom. 1, pag. 11. Voyez *Gauss.*

JAZEQUENÉ, Fait en cotte de mailles. Gl. *Jazeran.*

JAZOUR, Instrument dont le laboureur se sert pour nettoyer sa charrue. Gl. *Jaasou.*

° ICIL, Celui-ci. Chanson de Roland, etc.

° IÇO, Cela. Chanson de Roland, Chronique des ducs de Norm. etc.

° IDONC, IDUNC, Alors. Chanson de Roland, Chron. des ducs de Normandie, etc.

IDONEITÉ, Aptitude, capacité. Gl. *Idoneitas,* sous *Idoneus.*

1. JECT, La terre qu'on tire d'un fossé. Gl. *Jactus* 6.

2. JECT, Minute, projet d'un acte. Gl. *Jactus* 10.

1. JEHAN. S. JEHAN CHAUDE, La fête du martyre de saint Jean l'Évangéliste, saint Jean Porte-Latine. Gl. *Joannes calidus.*

2. JEHAN, JEHANNOT, Sot, nigaud, mari dont la femme est infidèle. Gl. *Joannes calidus.*

IELME, Heaume, arme défensive qui couvrait la tête. Gl. *Helmus* 1.

JELUIE, Geline, poule. Gl. sous *Jasia.*

° JEMBLE, Jeune. Roman de Rou.

JENGLERESSE †, Femme qui joue des farces. Gl. *Juglatores.*

JENNEVOIS, Génois. Gl. *Convenciona-tus.*

JENOILHON, Genou. Gl. *Emenda* 5.

JENOILLER, Se mettre à genoux. Gl. *Genuclare.*

° JENT, JENZ, Gentillement, bien. Chron. des ducs de Normandie.

IEQUE, Cavale, Jument. Gl. *Jasia.*

JERGERIE †, Mauvaise herbe, ivraie. Gl. *Jergeria.*

JESSERAN, Cotte de mailles. Gl. *Jazeran.*

IESTRE, Etre, origine. Gl. *Gios* 1. [Flore et Jeanne, pag. 20 : *Ke elle le meīst en lieu et en iestre ke il peuust parler à madame Jehanne.*]

1. JETTER, Répartir une imposition, la taille. Gl. *Gita.*

2. JETTER D'UNE DAGUE, D'UNE ÉPÉE, Porter un coup d'estocade, allonger un coup. Gl. *Ictum ejicere.*

3. JETTER LA PIERRE, Sorte de jeu. Gl. *Jactare* 2.

1. JEU. ALLER A JEU, Etre en liberté, aller çà et là. Gl. *Jocare* et *Trespellius.*

2. JEU PARTI, Alternative. Gl. *Jocus partitus.*

3. JEU DES SOS, Sorte de joute qui se faisait à Amiens. Gl. *Jocus.* [Différents Jeux. Gl. *Ludus, Natale* 3. *Ovum* 1. Tertium 4, pag. 81³. *Vaccæ,* pag. 224².]

° JEUDE, Fantasmin. Voyez *Gelde.* Chron. des ducs de Normandie.

JEUE, Joue. Gl. *Geusia.*

° JEUERIE, Synagogue. Wackern. p. 66. Voyez *Juierie.*

JEUGE, Qui est à jeun. Gl. *Jejunales dies.*

JEUMENT, Egalement. Gl. *Jeta.* [Lisez *Ivement.*]

JEUN. ESTRE JEUN, Etre à jeun. Gl. *Jejunales dies.*

JEUNESSE, Action de jeune homme. Gl. *Juvenitudo.*

° IFERNAL, Infernal. Aubri, vers 201.

IGAUMENT, Egalement. Gl. *Jeta.* [*Igaus, Igal, Égal. Igance,* Egalité. Chronique des ducs de Normandie.]

IGLISE, Eglise. Gl. *Incortinare.*

° IGNEL, Rapide, prompt. Roman de Renart, tom. 1, pag. 34, vers 893. *Igneus, Ignew, Ignel pas, Ignelement.* Chron. des ducs de Normandie. Voyez *Isnelement.*

IGNISE, Epreuve par le fer chaud. Gl. *Juisium.*

IGNOTICION, Connaissance. Gl. *Ignotescere.*

ILLIDER, Enfreindre, détruire, anéantir. Gl. *Irrumpere.*

° ILLENT, Chastel. de Couci, vers 8065 :

*Li valés le coffre d'argent
Li bailliereni, et il le prent
Et il illent la dame ouvert.*

° ILLIERS, Entrailles ? Miracles de la sainte Vierge, Chron. des ducs de Norm. tom. 3, pag. 515, vers 130. Gl. *Eremitæ* :

*Mais quant tenons par les illiers
Ces nonains, ces convers, ces moines.*

Roman de Renart, tom. 4, pag. 71, vers 1960 :

*Dont l'ai ahiers par les illiers
Et il moi par mes ospitaus.*

° ILLOC, Là. Chanson de Roland, etc.

IMAGIER, Sculpteur, celui qui travaille au ciseau. Gl. *Imaginaria.*

IMBRINQUÉ, Embarrassé, caché. Gl. *Inbricare.*

IMMERITE, Qui ne mérite pas. Gl. *Immerite.*

IMMUNITÉ, Lieu privilégié. Gl. *Immunitas* 2.

IMMUTER, Changer. Gl. *Immutatio.*

IMPARAGER, Faire un mariage convenable. Gl. *Disparagare,* pag. 137³.

IMPEDIMIE, Epidémie ; d'où *Impedimié,* Qui est attaqué de ce mal. Gl. *Epidemia.*

IMPENSER, Récompenser. Gl. *Impensio.*

IMPERE, pour Empire, juridiction. Gl. *Imperium,* pag. 806³.

IMPERICE, Ignorance ; impéritie. Gl. *Imperia.*

IMPERITÉ, pour IMPERICE, Ignorance. Gl. *Imperia.*

IMPERTINACITÉ, Candeur, franchise. Gl. *Impertinentia*.

IMPIDIMIÉ, Qui est attaqué d'épidémie, d'un mal contagieux. Gl. *Epidmia*.

IMPITIÉ, Dénaturé, qui est sans pitié. Gl. *Incompassivus*.

IMPORTABLE, Insupportable, injurieux. Gl. *Importibilis*.

IMPOSITEUR, Fermier des impôts. Gl. *Impositionarius*.

IMPOTENCE, Mutilation, débilité, faiblesse. Gl. *Impotentia* 1.

IMPOURTER, Emporter, emmener. Gl. *Importare* 1.

IMPOURVEU, Dépourvu, privé de quelque chose. Gl. *Improcuratus*.

IMPRECIABLE, Qui n'a point de prix, inestimable. Gl. *Impretiabilis*.

IMPRESSER, Imprimer, empreindre. Gl. *Impressura*.

IMPRESSURE, Impression, marque. Gl. *Impedatura*.

IMPUTER, Accuser quelqu'un de débauche avec une femme. Gl. *Putagium*.

INADVERTI, Imprudent, qui agit sans réflexion. Gl. *Inadvertancia*.

INCANTER, Vendre à l'encan. Gl. *Incantare* 2.

INCENDER, Mettre le feu, brûler. Gl. *Incendiare*.

INCIVIL, Injuste ; d'où *Incivilement*, Injustement. Gl. *Incivilis* 2.

INCOLLUMITÉ, Santé, bon état. Gl. *Inconvalescentia*.

INCOMMELIN, p. e. Aubain, étranger au pays qu'il habite. Gl. *Incommelinus*.

INCONTENT, Mécontent. Gl. *Incontentus*.

INCONTRE. A L'INCONTRE, A l'encontre. Gl. *In contram*.

INCONVENABLE, Qui n'est pas convenable. Gl. *Inconveniens*.

INCONVENIENTER, Incommoder, faire de la peine ou du mal, estropier. Gl. *Inconveniens*.

INCOULPABLE, Innocent, qui n'est pas coupable. Gl. *Inculpabilis*.

INCOURS, Confiscation. Gl. *Incursus* 3.

INCREPER, INCRESPER, Reprendre, réprimander. Gl. *Increpare*.

INDART ou **HINDART**, Cabestan. Gl. *Indardus*.

INDE, De couleur d'azur. Gl. *Indus*. [Flore et Blancefl. vers 440, 1183. Partonop. vers 10827. Chron. des ducs de Norm. Voyez le Roman de la Violette, pag. 84, note 4. Rayn. tom. 3, pag. 557², au mot *Indi*.]

INDEPENON, Pennon, étendard à longue queue. Gl. *Accubitus* 5.

INDICTION, Imposition, taille, octroi. Gl. *Indictio* 1.

INDIGNER, Dédaigner, mépriser ; d'où *Indignation*, Dédain, mépris. Gl. *Indignare*.

1. **INDIRE**, Indiquer. Gl. *Indiciare*.

2. **INDIRE**, Faire une imposition. Gl. *Indictio* 1.

INDISCUS, Non discuté, qui n'est point assez examiné. Gl. *Indiscussus*.

INDORMABLE, Qu'on ne peut endormir. Gl. *Insoporabilis*.

1. **INDUCE**, Vacance. Gl. *Inducium*.

2. **INDUCE**, Délai. Gl. *Inducium*.

3. **INDUCE**, Induction, instigation ; d'où *Inducieux*, Ce qui induit à quelque chose. Gl. *Inductio* 1.

✻ **INEL**, Prompt, vif. Chanson de Colin Muset , Wackernagel, pag. 74, 75. Voyez *Ignel*.

INFAME, Infamie, déshonneur. Gl. *Infamare* 2. [Chron. des ducs de Normandie.]

INFAMEMENT, D'une manière infamante, ignominieusement. Gl. *Infamare* 2.

INFAMIER, Couvrir d'infamie, déshonorer. Gl. *Infamare* 2.

INFECTUEUX, Infect, corrompu. Gl. *Infectus*.

INFER, pour Enfer. Gl. *Infrunitus*.

1. **INFESTER**, Insulter, outrager. Gl. *Infestare*.

2. **INFESTER**, Presser, importuner. Gl. *Infestare*.

INFIEXER, Prendre ou donner à rente perpétuelle, inféoder. Gl. *Infiteos*.

INFIXER, Insérer. Gl. *Infixere*.

INFORSER, Forcer, faire violence. Gl. *Infortiare* 3.

INFORTUNER, Rendre malheureux. Gl. *Infortunare*.

INFRAINTURE, Toute espèce de délit, tout ce qui enfreint les lois. Gl. *Infractura*.

INGAL, Egal. Gl. *Branchea*.

INGAUMENT, Egalement. Gl. *Egalare*.

INGRAT, Mécontent, qui ne trouve pas bon quelque chose. Gl. *Ingratus*.

INGRINS, Nom d'une faction en Flandre, du côté de Furnes et d'Ypres. Gl. *Isengrinus*.

INGUINAIRE, Sorte de peste, qui attaque principalement les aînes. Gl. *Inguinaria*.

INHABILITER, Déclarer quelqu'un inhabile à exercer une charge. Gl. *Inhabilitare*.

INJURIEUX, Qui fait tort et dommage. Gl. *Injuriari* 1.

INJURIOSER, Injurier, offenser de paroles. Gl. *Injuriare* 1.

INLEGITISME, Concubine, femme illégitime. Gl. *Illegitimatio*.

INNOCENT, Livre contenant les décrétales des papes, recueillies par l'autorité d'Innocent III. Gl. *Innocens* 2.

INNUER, Signifier, faire entendre. Gl. *Innotare*.

INQUANT, Encan ; d'où *Inquanter*, Vendre à l'encan. Gl. *Incantum*, sous *Incantare* 2.

INQUESTER, Enquêter, interroger ; d'où *Inquestacion*, Enquête. Gl. *Inquestare*.

INREPARÉ, Offensé, à qui on n'a fait aucune réparation. Gl. *Irreparabiliter*.

INREVERAUMENT, Indécemment. Gl. *Irreverens*.

INROTULER, Enregistrer, comprendre dans un rôle. Gl. *Inrotulare*.

INSANÉ, Qui rend furieux. Gl. *Insaniose*.

INSCIENCE, Ignorance. Gl. *Inscicia*.

INSELER, Occuper une stalle dans le chœur d'une église. Gl. *Installare*.

INSENCE, Folie, frénésie. Gl. *Insaniose*.

INSENSIBLE, Qui est hors de sens, fol, frénétique. Gl. *Insensibilis* 2.

INSENSIF, Le même. Gl. *Insensibilis* 2.

INSIGNIER, Illustrer, décorer. Gl. *Insignare* 2.

INSINS, Ainsi. Gl. *Souderarius*, sous *Solidata*.

INSTANCIER, Former une instance, intenter un procès, plaider. Gl. *Instans* 2.

INSTIGER, Exciter, pousser. Gl. *Instigator*.

INSTIGUER, Le même. Gl. *Instigator*.

INSTRUMENT HAUT ou BAS, Dont le son est aigu ou grave. Gl. *Instrumentum*. [*Instrument naturel*. Gl. *Corrumpere*.]

INSUFFLER, Souffler dedans, faire entrer en soufflant. Gl. *Insufflare*.

INSULT, Bruit, tumulte, émeute. Gl. *Insultus*.

INSULTATION, Attaque, abord. Gl. *Insultus*.

INTELLECTIBILITÉ, Intelligence. Gl. *Intellectibilis*.

INTENDIT, Demande formée en justice. Gl. *Intentio* 2.

INTENDU, Assigné, marqué. Gl. *Intendere* 2.

1. **INTEREST**, Prix, valeur. Gl. *Interesse* 1.

2. **INTEREST**, Dommage, perte, malheur. Gl. *Interesse* 1.

INTERJETTÉ, Entremêlé, parsemé. Gl. *Frischus.*

INTERINENCE, Entérinement, enregistrement. Gl. *Interinare* 1.

INTERINNER, Accomplir, exécuter. Gl. *Integrare* 3.

INTERPRETATION, Jugement. Gl. *Interpretatio.*

°**INTERVARIEMENT**, Variation. Chron. des ducs de Normandie.

INTESTAT, Celui qui mourait sans avoir fait de testament, et encore sans s'être confessé et sans avoir reçu le Saint-Viatique. Gl. *Intestatio.*

INTITULER, Accuser, imputer quelque chose à quelqu'un. Gl. *Intitulare.*

° **INTOUSSIQE**, Poison. Chron. des ducs de Normandie.

INTRAIGE, Ce qu'on paye en entrant en possession d'un bail à cens. Gl. *Intragium* 1.

INTRODITEMENT, Induction, instigation. Gl. *Introducere* 1.

1. **INTRODUIRE**, Instruire, enseigner, donner de l'éducation. Gl. *Introducere* 1.

2. **INTRODUIRE**, Engager, porter à quelque chose, séduire. Gl. *Introducere* 1.

INTROJE, Droit d'entrée ou de prise de possession d'une terre, charge, etc. Gl. *Introgium.*

INTROITE, Entrée. Gl. *Introhitus.*

INVASÉ, Possédé ou obsédé par le démon. Gl. *Invasatus* 2.

INVASEUR, Agresseur. Gl. *Invasibilis.*

INVASIBLE, Offensif, propre pour attaquer. Gl. *Invasibilis.*

INVAISSER, Assaillir, attaquer; d'où *Invaisseur*, Agresseur. Gl. *Invasibilis.*

INVOCATION, Enchantement, sortilége ; d'où *Invocateur*, Sorcier, enchanteur. Gl. *Invocatio.*

INVOLUTION, Embarras, difficulté. Gl. *Involumen.*

JOBELOT, Sot, méprisable. Gl. *Jobagines.*

JOCULATOIRES, Sorte de jeu à lancer dards et javelines. Gl. *Jocus.*

JOÉE, Soufflet, coup sur la joue. Gl. *Gauta.*

JOENNE, Le maître garçon d'un boulanger ou d'un meunier. Gl. *Stumones* [et *Junior.*]

° **JOFNES**, Jeune. *Jofnesce*, Jeunesse. Chronique des ducs de Normandie.

° **JOGLEOR**, Jongleur. Partonop. vers 2576 :

N'i a mais nul qui ait deduis,
Ne chien, n'oisel, ne jogléor.

Joglar, Chron. des ducs de Norm.

JOHAN. FAIRE JOHAN, Se dit d'une femme infidèle à son mari. Gl. *Joannes.*

° **JOIE**, Joyeuse. Flore et Blancefl. vers 3147 :

Cele feste fu moult joie
Et bele et boine et moult jolie.

JOIEL, Joyau. Gl. *Joellus.*

JOIETTE, Jouissance, usufruit. Gl. *Joissentia.*

JOIGNE, Jeune homme. Gl. *Junior.*

JOINCT, Près, proche. Gl. *Juxta.*

JOINDRAGE, Redevance pour le droit de faire paître les jeunes bestiaux. Gl. *Junior.*

1. **JOINDRE**, Conclure un marché en se donnant la main. Gl. *Junctura* 1.

2. **JOINDRE**, Le maître garçon d'un boulanger ou d'un meunier. Gl. sous *Junior.*

° **JOINGNANT**, A JOINGNANT, A côté. Guill. Guiart, tom. 2, pag. 484, vers 11275 (20258) :

A joingnant de lui s'atropelent.

Voyez Orell, pag. 326.

1. **JOINT**, Affecté, gêné, trop recherché. Gl. *Juncte.* [Droit, qui se tient droit. Chastel. de Couci, vers 1102 :

Puis vont oultre joint et seri.

Vers 1855 :

Non pourquant ne sont pas cliné
Ainchois sont joint oultre passé.

Vers 1421 :

Plus joint qu'oisel oultre s'en vont.

Voyez Enpend.]

2. **JOINT**, Joug auquel on attelle les bœufs. Gl. *Jugum.*

JOINTE, JOINTÉE, Poing, la main fermée. Gl. *Junctura* 2.

JOINTOIANT, ALLER JOINTOIANT, Avoir une démarche affectée, gênée et forcée. Gl. *Juncte.*

JOINTTEUR, Outil, qui sert au tonnelier pour *joindre* ou unir un fond de tonneau. Gl. *Junctor.*

JOINTTIER, Billot. Gl. *Junctor.*

° **JOIR**, Jouir, se réjouir. Garin le Loher. tom. 1, pag. 154 :

De lonc respit ne vis onques joïr.

Joie, plaisir, pag. 45 :

Duel sur dolor ne joie sor joïr
Homme ne fame ne le doit maintenir.

Partonop. vers 4009 :

La pucele li fait venir
Et il le prent molt à joïr.

Réjouir, amuser, vers 2685 :

Si lor commanda bien servir
Et lui ennorer et joïr...
Car comment puet joïr altrui
Qui son cuer a tot plain d'anui ?

Ruteb. tom. 2, pag. 282 :

Si me joït et acola.

Voyez Got, et la Chron. des ducs de Norm.

° **JOIS**, Honoré. Garin le Loher. tom. 1, pag. 62, note.

JOISE, JOISSE, Jugement. Gl. *Juisium.* [Roman de Renart, tom. 1, pag. 20, v. 517. Partonop. vers 6443.]

JOLIER, Enjoliver, orner, parer. Gl. *Insigna.*

JOLIS, Joyeux, content, satisfait. Gl. *Jocare.* [Galant. Partonop. vers 4042 :

Tant sui à m'amie ententis,
Ne puis vers autre estre jolis.]

JOLIVER, s'Abandonner à la débauche. Gl. *Jocare.*

JOLIVETÉ, Amour des plaisirs, des divertissements. Gl. *Jocare.* [Wackernagel, pag. 63 :

Oxillon ki ont estei
Por la froiduve tapin.
Si renvoixent à matin
Esprix de jolivetei.

Voyez Rayn. tom. 3, pag. 586², au mot *Jolivetat.*]

IOLS, Yeux. Gl. *Fragilitatus.* [Partonop. vers 560.]

JOLUIER, s'Abandonner à la débauche. Gl. *Jocare.*

° **JON** †. Gl. *Mergulus.*

° **JONCHAY**. Gl. *Livot.*

JONCHÉE, JONCHIÉE, Botte d'herbes, dont on se sert pour prendre le poisson et les écrevisses. Gl. *Juncheria* [et *Jaloneia*].

JONCHIÈRE, JONCIÈRE, Lieu marécageux, où il croît des joncs. Gl. *Juncaria.* [Roman de Renart, tom. 1, p. 29, v. 761.]

JONCQUIER, Joncher, répandre sur la terre des herbes ou des fleurs. Gl. *Jonchare.* [Aubri, pag. 162¹ :

En le chambre entre où li gonc sont
                                    [jonciés.

Partonop. vers 10826 :

Et n'art pas jonchié de jonc
Mais d'Inde flor de violete, etc.]

° **JONE**, Jeune. *Jone et chanu*, Gérard de Vienne, vers 3265, 3832. *Jone et barbé*, Garin le Loher. tom. 1, pag. 66. *Jone et viaus*, Wackern. pag. 22. Voyez *Jemble*, *Joule.*]

JONGLOIER †, Jouer des farces, comme font les *Jongleurs.* Gl. *Juglatores.*

JONQUIÉE, Herbes ou joncs qu'on répand par terre. Gl. *Jonchare.*

JONSSIÉE, Bottes d'herbes, dont on se sert pour prendre du poisson et les écrevisses. Gl. *Juncheria.*

JOP, Timon, flèche d'un char. Gl. *Joppa.*

JOQUER, Être en repos. Gl. *Jocare.*

° **JOR**, Jour. *Tote jor*, Roi Guillaume, pag. 77. Roman de Renart, tom. 1, p. 181, vers 4869 ; tom. 2, pag. 196, vers 14891 ; pag. 137, vers 13269. Enfants Haymon, vers 974. Marie de France, tom. 1, pag. 168. Voyez Orell, pag. 72.

JORE, George, nom d'homme. Gl. *Amulgare.*

JORNAGE, Sorte de blé, le même qu'on appelle *Yvernage.* Gl. *Juornagium.*

° 1. JORNAL, JORNAUS, JORNAUZ, Jour, journée, bataille, combat. Chronique des ducs de Normandie.

° 2. JORNAL, Travail, peine. Agolant, vers 335 :
Son destrier tremble, car il ot fort jornal.
Chanson, Wackernagel, pag. 61 :
Bien puet sovent traire malvaix jornal.
Guill. Guiart, tom. 2, pag. 248, vers 6418 (15398) :
Qu'oisillons à chanter s'essaient,
Qui n'ont cure d'autre jornal.
Jour de la mort. Agolant, vers 233 :
Tost fust venus Richars à son jornal,
Mes nostre sire li donne secors tal.
Voyez Rayn. tom. 3, pag. 589¹, au mot Jornal 4.

° 3. JORNAL, Étoile du jour. De Nostre Dame, Wackernagel, pag. 70 :
Tu ies solaus
Tu ies jornals
Et est si de marine.
Voyez Rayn. tom. 3, pag. 589¹, au mot Jornal 5.

JORNÉER, Voyager, faire de grandes journées. Gl. Jornata 1.

JORNEL, Mesure de terre ; qu'on peut labourer en un jour. Gl. Jornale 1.

JORNOIER, Travailler à la journée. Gl. Jornale 3.

JORRASIER, p. e. Prunier. Gl. Jarrossia.

° JOSANT, pour Joiant, part. de Joir ? Joyeux, content. Chanson, Wackern. p. 33 :
Et soffrirs fait maint irais josant.
Joiant, Chron. des ducs de Norm. tom. 1, pag. 153, vers 2033.

° JOSTE, JUSTE, DE JOSTE, Près de. Chanson de Roland, stance 185, vers 18. Rayn. tom. 3, pag. 591², au mot Josta. Orell, pag. 336.

° JOSTER, JOSTEOR, etc. Voyez Jouste.

JOUÉE, Soufflet, coup sur la joue. Gl. Gauta.

JOVEIGNOR, Puîné, cadet ; d'où Joveignorage, Partage du puîné. Gl. Junior.

1. JOUEL, Joyau, bijou. Gl. Joellus.

2. JOUEL, Nom d'une maladie épidémique dans le Soissonnois. Gl. Joellus.

° JOVENS, JOVENT, JOVENTE, Jeunesse. Partonop. vers 63, 67. Flore et Blancefl. vers 759. Voyez Rayn. tom. 3, pag. 594², au mot Jovent. Chronique des ducs de Normandie.

1. JOUER, s'Abandonner à la débauche. Gl. Jocare.

° 2. JOUER, S'amuser, prendre l'air. Chastel. de Couci, vers 5387. Roman de Renart, tom. 1, pag. 44, vers 1137. Ruteb. tom. 1, pag. 7. Voyez Rayn. tom. 3, pag. 585¹, au mot Jogar.

° JOUEUR DE L'ESPÉE, Gl. Magister Ensiludii.

JOUG DE TERRE, Autant que deux bœufs en peuvent labourer en un jour. Gl. Jugum terræ.

JOVIAUX, Jeunes taureaux et génisses ; ou Ceux qui les gardent, bouviers. Gl. Joverius.

JOUISE, Jugement, épreuve par l'eau ou le fer chaud. Gl. Juisium.

° JOULE, Jeune. Aubri, vers 108. Voyez Jone, Joure, Chron. des ducs de Norm.

JOUQUER, JOUQUIER, Jucher. Gl. Jocare.

1. JOUR, Temps, heure. Gl. Dies 7.

2. JOUR, Autant de terre qu'un homme en peut cultiver en un jour. Gl. Dies 3.

3. JOUR, Assise, séance. Gl. Dies 6.

4. JOUR DES BARONS, L'assemblée des barons pour juger les causes de leurs vassaux. Gl. Dies Baronum.

5. JOUR DES BURES, Le premier dimanche de Carême. Gl. Buræ.

JOURNADE, Surtout, casaque. Gl. Jornata 3.

JOURNAL, Livre à l'usage journalier des ecclésiastiques, diurnal, bréviaire. Gl. Jornale 4.

1. JOURNÉE, Mesure de terre, qu'on peut labourer en un jour. Gl. Jornata 3.

2. JOURNÉE, Salaire du travail d'un jour. Gl. Jornata 3.

JOURNÉER, Voyager, faire de grandes journées. Gl. Jornata 1.

JOURNÉEUR, Ouvrier de journée. Gl. Jornalere.

JOURNET, Livre à l'usage journalier des ecclésiastiques, diurnal, bréviaire. Gl. Jornale 4.

JOUROUR, Juge appréciateur. Gl. Extendere.

IOUS, Yeux. Gl. Superlabium.

JOUSTE, Combat singulier avec des lances [Voyez Rayn. tom. 3, pag. 592², au mot Josta. Jouste de coqs. Gl. Gallorum pugna sous Gallus] ; d'où Jouster, Combatre de cette façon. [Se joster à qqn. Partonop. vers 2852. Escut à joster, Gérard de Vienne, vers 731], et Jousteur, Celui qui combat. [Josteor, Partonop. vers 7284.] Gl. Jousta, et Justa 1.

JOUSTER, Joindre, approcher. Gl. juxtare. [Assembler, rassembler, se mesurer. Voyez ci-dessus Jouste. Chanson de Roland, aux mots Juster et suiv. Chron. des ducs de Norm. aux mots Joster, Juster. Voyez Rayn. tom. 3, pag. 592¹, au mot Jostar.]

JOUSTICIER, Exercer les fonctions de juge. Gl. Justitia 1.

JOUSTISE, Étendue de justice, de juridiction. Gl. Justitia 1, pag. 473².

° JOUXTE. Voyez Joste.

JOUZIOU, Sorte de poisson, limande. Gl. Libella 2.

JOYE, p. e. pour JUSTE, Certaine mesure des liquides. Gl. Justa 2.

JOYEUSE, Nom de l'épée de quelque fameux guerrier. Gl. Curtana 1.

JOYEUSETÉ, Festin, réjouissance. Gl. Jocositas.

JOYSSEMENT, Jouissance, usufruit. Gl. Joissentia.

° IRAIGNE, Araignée. Partonop. v. 756. Voyez Rayn. tom. 2, pag. 109², au mot Aranha.

° IRANCE, Colère, chagrin. Chanson de Roland, stance 137, vers4. Voyez Rayn. tom. 3, pag. 574¹, au mot Iraissensa.

° IRASCU, Irrité, fâché. Chanson de Roland, stance 60, vers 12. Jubinal Fabliaux, tom. 1, pag. 139. Voyez Rayn. tom. 3, pag. 575¹, au mot Irascer, Chron. des ducs de Normandie.

° IRE, Colère, fureur, tristesse. chagrin. Partonop. vers 7361. Voyez Rayn. tom. 3, pag. 573², au mot Ira.

° IRÉ, IRIÉ, Fâché, triste. Gérard de Vienne, vers 3670 :
Dame Guibors ot mult le cuer iré.
Partonop. vers 1102 :
Car nus hom n'ert jà tant iriés
S'auques ie si ne soit haitiés.
Iriés vers, Haï de. Ruteb. tom. 2, pag. 257 :
Ne feriens ne mal, ne pechié
Dont nous fussiens vers Dieu irié.
Voyez la Chanson de Roland et la Chron. des ducs de Normandie. Irais, tom. 1, pag. 412, vers 9557.

° IRÉEMENT, Avec colère, tristement. Chanson de Roland, Chron. des ducs dd Normandie, Rayn. tom. 3, pag. 575¹, au mot Iradamen.

° IRER, Irriter. Jordan Fantosme, vers 786 :
Ne volt le rei d'Escoce irer en nule guise.
S'en Irer, S'irriter, se fâcher, être triste, vers 787 :
Li reis l'entent, forment s'en est iré.
Roman de Renart, tom. 1, pag. 16, v. 408 :
Si m'en puis moult forment irier.
Roman de Rou, vers 1692 :
Et quant il plus i perdent et il plus s'en
[irent.
Voyez Rayn. tom. 3, pag. 574², au mot Irar. Traduct. ms. du Psautier, ps. 4, v. 5 ; Iraissez, e ne vueilles pécher (lat. irascimini, et nolite peccare). Chron. des ducs de Norm. tom. 1, pag. 445, vers 10498 :
Od grant paour et od dutance
Que li dux od eus ne s'iresse.
Voyez Rayn. tom. 3, pag. 575¹, au mot Irascer.

IRETAULEMENT, Héréditairement, par droit de succession ou d'héritage. Gl. Hæreditabiliter.

IRETÉ, Héritage, le bien qu'on a de ses pères. Gl. Retare, sous Rectum. [Partonop. vers 1172. Irité, Aubri, pag. 154¹. Voyez Rayn. tom. 3, pag. 527², au mot.

Heretat. Iretaine, Héritier. Gl. Hæreditaria.]

º IRETER, Investir, doter. Roman de Brut, tom. 1, pag. 190 :
*Sa fille à feme li dona
Et de sa terre l'ireta.*
Partonop. vers 10495 :
*En France li doins deux contés
Dont mes peres fu iretés.*
Voyez Rayn. tom. 3, pag. 528¹, au mot *Heretar.*

IREUR, Colère, emportement. Gl. *Iratus* 1. [*Irur, Iror*, Roman de Renart, tom. 3, pag. 86, vers 22092. Chron. des ducs de Norm. Chanson de Roland. Voyez Rayn. tom. 3, pag. 573², au mot *Iror.*]

IREUSEMENT, D'une manière fâchée, en colère. Gl. *Iratus* 1. [*Ireux*, G. Guiart, tom. 2, pag. 95, 101, vers 2425, 2584. (11401, 11561]. Voyez Rayn. tom. 3, pag. 574¹, au mot *Iros.*]

IROIS, Irlandais. Gl. *Erigena* et *Irenses.*

º IRRÉGULIERS, Incapable. G. Guiart, tom. 2, pag. 193, vers 4971 ; pag. 256, vers 6639 (13959, 15619).

IRREVERENDER, Manquer de respect. Gl. *Irreverens.*

IRRUER, Se ruer avec fureur. Gl. *Irrumpere.*

ISAMBRUN, Sorte d'étoffe. Gl. *Isembrunus.*

ISENGRIN, Loup. Gl. *Isengrinus.* [Mal Isangrin, le diable. Wackernagel, p. 64 :
*Ki le monde ait delivrait
Des lais à mal Isangrin.*
Voyez la Mythol. Germ. de Grimm, p. 557.]

ISNELEMENT, Promptement. [Partonop. vers 3401. Gérard de Vienne, vers 2625, 2630 ;] d'*Isnel*, Prompt. [Partonop. v. 5174, 5384. Wackern, pag. 133. *Isnel le pas*, Promptement, sur-le-champ. Flore et Blanceñ. vers 646. Orell, pag. 304. Chron. des ducs de Norm.] ; d'où *Isneleté*, Légèreté, vitesse. Gl. *Racachare.*

ISRAEL, Nom d'une pierre précieuse. Gl. *Israël.*

º ISSIR, ISTRE, Sortir. Rayn. tom. 3, pag. 571¹, au mot *Eissir.* Orell, pag. 175. *Isci*, Partonop. vers 464. *Issus*, Flore et Blancefl. vers 119. Chron. des ducs de Norm.

1. ISSUE, Revenu, produit. Gl. *Exitus* 1.

2. ISSUE. DROITS D'ISSUE, Lods et ventes, et ce que paye le vassal qui sort de dessous la juridiction de son seigneur. Gl. *Exitus* 5.

3. ISSUE, Droit de sortie sur les vins et autres marchandises qu'on transporte ailleurs. Gl. *Isshac.*

4. ISSUE, Terme de guerre, sortie qu'on fait d'une place assiégée. Gl. *Isshac.*

º ITANT, Tant, autant. *Par seul itant*, Roman de Renart, tom. 1, pag 23, v. 610. *Por itant*, tom. 2, pag. 178, vers 14402. *A itant*, tom. 1, pag. 25, vers 670. Chronique des ducs de Norm.

º ITEL, Tel. Orell. pag. 71. Chanson de Roland, Chron. des ducs de Norm.

JU, FAIRE JU, Secourir, aider. Gl. *Jubare.*

JUBE, Sorte de vêtement, jupon, pourpoint. Gl. *Jubeus.*

JUBON, Le même. Gl. *Jubeus.*

JUDICATOIRE, Jugement, décision par arrêt ou sentence. Gl. *Judicatorium.*

JUDICATURE, Juridiction, droit de juger. Gl. *Judicatura* 1.

JUDICIELLEMENT, Judiciairement, à l'audience. Gl. *Judicialiter* 2.

º JUEFNE, JUESNE, Jeune. Chronique des ducs de Norm.

JUEL, Joyau, vase précieux. Gl. *Juellus.*

1. IVEL, Ivraie, mauvaise herbe. Gl. *Juellus.*

º 2. IVEL, Égal. Partonop. vers 7451 :
*La pene en est de blanc ermine
Qui tot ivel al drap traîne.*
Ivelment, vers 10830.

º JUERE, Joueur. Roi Guillaume, p. 79.

JUERIE, La nation julve. Gl. *Juderia*, sous *Judæi*, pag. 436³.

º IVERN, Hiver. Vie de saint Thomas de Canterb. vers 896.

IVERNAL, d'Hiver. Gl. *Ivergium.*

JUET, Mesure de terre, arpent. Gl. *Jugatum.*

JUGEMENT, District, étendue d'une juridiction. Gl. *Judicium* 1.

JUGERIE, Juridiction d'un juge, ressort, territoire. Gl. *Jugeria.*

JUGIÉ, JUGIET, Jugement, arrêt, sentence. Gl. *Judicatorium.*

º JUGIERRE, Juge. Chronique des ducs de Normandie.

º JUGLEIS, Vanité, forfanterie. Chron. des ducs de Norm.

JUGLEOR, JUGLEIRE, Jongleur. Agolant, pag. 152² :
Ne vous diroit nul jugleor qui chant.
Gérard de Vienne, pag. 166³ :
*Si jugleire ies ci ferais ton mestier...
Ies-tu jugleris? di nos une chanson.*
Voyez Rayn. tom. 3, pag. 585¹, au mot *Joglar.*

º JUGLER, Jongler, jouer par dessous la jambe. Chron. des ducs de Norm.

1. JUGLERIE, La troupe des *jongleurs* ou bateleurs et des joueurs d'instruments. Gl. *Joglaria.*

2. JUGLERIE, Ce que les *jongleurs* payaient au seigneur du lieu, pour la permission d'y jouer leurs farces. Gl. *Joglaria.*

JUGN, Qui est à jeun, qui n'a pas mangé. Gl. *Jejunalse dies.*

º JUGUET, Roi Guillaume, pag. 95 :
*Mais de çou molt bien lor cai
K'en un juguet furent nari,
Si se connurent dès enfance.*
Peut-être *Viguet*. Voyez *Wiguet*, Ruelle. Gl. *Viculus.*

º JUI, Aujourd'hui. Chron. des ducs de Norm.

º JUIE. GENT JUIE, les Juifs. Wackern. pag. 65.

IVIERE, Ivoire. Gl. *Invirolatus.*

JUIERIE, Le quartier d'une ville où habitent les Juifs. Gl. *Juderia*, sous *Judæi*, pag. 436³.

JUIFVERIE, Le même. Gl. *Judæa*, sous *Judæi.*

JUIGNET, Juillet, dans une charte de 1282, au Cartulaire de l'arch. de Paris, fol. 219.

JUIGNEUR, Puîné, cadet. Gl. sous *Junior.*

JUILLE, Courroie, avec laquelle on attache le joug aux cornes des bœufs. Gl. *Jugum.*

JUINDRAGE, Le droit exigé par les maîtres garçons des meuniers ou des boulangers, qu'on appelait *Joindres*. Gl. *Junior.*

JUIRIE, Le quartier d'une ville où habitent les Juifs. Gl. *Judæa*, sous *Judæi.*

JUISARME, Sorte d'arme, hache ou demi-pique, lance. Gl. *Gisauma.* [*Juzarne*, Roman de Roncevaux, p. 35, 37. Voyez Rayn. tom. 3, pag. 604¹, au mot *Jusarma.*]

JUISE, JUISSE, Jugement, épreuve par le feu. Gl. *Juisium.* [Partonop. vers 405, 3557, 6071, 6090. Voyez Rayn. tom. 3, pag. 603², au mot *Judici.* Chron. des ducs de Norm. aux mots *Juis, Juise.*]

JUISEL, L'enfant d'un Juif, un jeune Juif. Gl. sous *Judæi*, p. 436³.

JUIT, Mesure de terre, arpent. Gl. *Jugis*, sous *Jugia.*

JUITEL, L'enfant d'un Juif, un jeune Juif. Gl. sous *Judæi*, p. 436³.

JULHE, Courroie avec laquelle on attache le joug aux cornes des bœufs. Gl. *Jugum.*

º JUMENTIER, Goujat, valet d'écurie. Agolant, vers 1038 :
Icit n'est mie ne garz ne jumentier.

JUPÉE, Distance dans laquelle on peut entendre un certain cri. Gl. sous *Jupa* 2.

JUPER, Faire certain cri pour appeler, épouvanter, ou se moquer. Gl. sous *Jupa* 2.

JUPON, JUPPON, Casaque, pourpoint, souquenille. Gl. *Jupa* 1.

JUPPEL, Le même. Gl. *Jupa* 1. [Voyez Rayn. tom. 3, pag. 600², au mot *Jupelh.* *Jupe*, Partonop. vers 7457.]

JUPPER, Faire certain cri pour appeler, épouvanter, ou se moquer. Gl. sous *Jupa* 2.

JUPPONNERIE, Le métier de faire des jupons. Gl. *Juponerius*, sous *Jupa* 1.

° **JUQUE**, Jusque. Agolant, vers 315, 494, 656. Orell, pag. 327, 336.

JURABLETTE, Le droit d'exiger le serment de fidélité. Gl. *Feudum jurabile* sous *Feudum*.

JURAGE, Commune, bourgeoisie. Gl. *Juraria* 1.

1. **JURÉ**, Qui est attaché à quelqu'un par serment, vassal. Gl. *Juratus*, p. 466[1].

2. **JURÉ**, Confédéré, allié. Gl. *Juratus*, pag. 466[1].

3. **JURÉ**, Échevin et bourgeois d'une ville. Gl. *Juratus*, pag. 466[2], et *Juredium*.

1. **JURÉE**, Commune, bourgeoisie. Gl. *Juraria* 1. [Juridiction des échevins. Gl. *Juredia*.]

2. **JURÉE**, Redevance, que doit un bourgeois juré à son seigneur. Gl. *Jurata* 3.

3. **JURÉE**, Promise, accordée en mariage. Gl. *Jurata* 1.

4. **JURÉE**, Enquête juridique. Gl. *Jurea*, sous *Jurata* 2.

5. **JURÉE**. METTRE EN JURÉE, Décréter, mettre à l'encan. Gl. *Juraria* 2.

JURET, Redevance que doit un bourgeois juré à son seigneur. Gl. *Jurata* 3.

JUREUR, Examinateur d'un fait qui est en litige et qui en donne son avis au juge. Gl. sous *Jurata* 2.

JURGIEUX, Querelleur, hargneux. Gl. *Bellicosus*.

JURIDIQUE, Audience, séance. Gl. *Juridica*.

JURIE, Le quartier d'une ville où habitent les Juifs. Gl. *Judæa*, sous *Judæi*.

JUS, En bas, dessous. Gl. *Jusum*. [Orell, pag. 304. Mettre jus, Mettre de côté, conserver. Roi Guillaume, pag. 99.]

JUSARME, JUSERME, Sorte d'arme, hache ou demi-pique, lance. Gl. *Gisauma* et *Inserma*.

JUSCLE, Espèce de poisson. Gl. *Sclave*.

JUS-PARTIS, Alternative. Gl. *Jocus partitus*.

JUSSARME, Sorte d'arme, hache ou demi-pique, lance. Gl. *Gessa*.

JUSTANCE, Usage, service. Gl. *Justantia*.

JUSTE, Sorte de mesure, pinte, pot, vase; d'où le diminutif *Justelette*. Gl. *Justa* 2.

° **JUSTE**. Voyez *Joste*.

JUSTER. Voyez *Jouster*.

1. **JUSTICE**, Juge, chef de la justice, seigneur. Gl. sous *Justitia*, pag. 474[2]. [Partonop. vers 178, 388, 2484. *Justise*, Chron. des ducs de Normandie.]

2. **JUSTICE**, Toute espèce de droit et de redevance. Gl. *Justitia* 1, pag. 473[3].

° 3. **JUSTICE** CAPITAL. Gl. *Parlamentum*, pag. 176[3]. Justice de champ de bataille, Gl. *Justitia*, pag. 474[2]. Justice sommiere, Gl. *Summarietas*. Espée de justice, Gl. *Ensis justitiæ*.

1. **JUSTICIER**, Gouverner, administrer, rendre la justice. Gl. *Justitiare*. [Voyez Rayn. tom. 3, pag.605[1], au mot *Justiziar*.]

2. **JUSTICIER**, Arrêter, saisir, mettre sous la main de la justice. Gl. *Justizare*.

JUSTIFICAULEMENT, Légitimement, avec justice. Gl. *Justicialiter*.

1. **JUSTISER**, Gouverner, conduire. Gl. *Justitiare*. [Belle Ysabiaus, Wackern. p.7:
Quant sot Giraire cui fine amor justise.
Partonop. vers 1284 :
Vers la bele qui le justise.]

2. **JUSTISER**, Égaliser, rendre égaux. Gl. *Baila*.

° 3. **JUSTISER**, Combattre, se mesurer ? Gérard de Vienne, vers 210 :
Chevaliers voit por mon cors justicier.
Vers 2455 :
A lor espées si vont bien justiant.
Rendre justice, traiter une chose comme elle doit l'être. Chanson de Gillebert, Laborde, pag. 167 :
Qui fame justisera
Ja ne l'amera.
Partonop. vers 601 :
Puis sonne son cor et justise,
Si assiet bien les mos de prise.

1. **JUSTISIER**, Gouverner, administrer, rendre la justice. Gl. *Justitiare*. [Chronique des ducs de Normandie.]

2. **JUSTISIER**, Arrêter, saisir, mettre sous la main de la justice. Gl. *Justitiare*.

JUSTOIER, Étalonner une mesure, examiner si elle est juste. Gl. *Justare*.

JUTERIE, Le quartier d'une ville où habitent les Juifs. Gl. *Jutaria*, sous *Judæi*.

JUVÉ, Juif. Gl. *Farsia*.

JUVEIGNEUR, Puîné, cadet ; d'où *Juveignerie* et *Juveignurie*, Partage du puîné. Gl. sous *Junior*.

JUVENTU, Jeunesse. Gl. *Juvenitudo*. [*Juvente*, Chanson de Roland. Voyez *Jovente*.]

JUYBET, Gibet, potence. Gl. sous *Justitia* 1, pag. 473[2].

° **JUZARME**. Voyez *Juisarme*.

K

KAI

KACHE, Poursuite en justice, ou amende. Gl. *Cachia* 3.

KACHIERE, Chasseur ; du verbe *Kacier*, Chasser. Gl. *Cachoria*, et sous *Foresta*.

KAFIS, Mesure de grain en Espagne. Gl. *Kaficium*.

KAI, Barreaux, grille. Gl. *Kaia*.

KAL

KAIER, Chandelle de cire, flambeau. Gl. *Quarrellus* 3.

° **KAILLO**, Caillou. Rayn. tom. 2, p. 294[1], au mot *Calhaus*.

KAIR, Tomber. Gl. *Kays*.

KALAMAY, La fête de la Chandeleur. Gl. *Candelaria* 1.

KAN

KALENDE, Nom qu'on donnait aux conférences des curés et aux confréries, qui se tenaient ou s'assemblaient le premier de chaque mois. Gl. *Kalenda* 1, sous *Kalendæ*.

KALENDIER, Calendrier. Gl. *Kalendarium* 1.

KANOISNE, Chanoine. Gl. *Canonicus*.

KANT, pour Quand, lorsque. Gl. *Solus*2.

KANTREF, Canton composé de cent villages. Gl. *Kantref*.

KAPPE, p. e. Sorte de petit tonneau, appelé *Caque*. Gl. *Kappe-Hette*.

KARESMEAULX, Les jours gras, le carnaval. Gl. *Karena*.

KARET, Terre couverte de ses fruits. Gl. *Garrigua* [et *Carretum* 2.]

° **KARILLON**. Gérard de Vienne, p. 167¹ :
  J'en ai mes latres ci en un karillon

KARION, Le droit que prend sur la dîme celui qui la conduit à la grange du décimateur. Gl. *Cario*.

KARISEL, Sorte de tonneau. Gl. *Karida*.

KARLON, Charles. Gl. *Abatie*.

° **KARNEL**, Créneau. Gl. *Quarnellus*.

° **KAROLE**, Certaine danse. Voyez *Carole* 1, et Wolf, *Über die Lais*, pag. 185.

KARREAU, Mesure de terre, contenant vingt et un pieds. Gl. *Quarellus* 6.

KARVANE, Caravane. Gl. *Caravanna*.

KAUCLIER, p. e. mal écrit, Bruit, tumulte. Gl. *Khukhan*.

KAVECHEUL, Oreiller, traversin. Gl. *Kavaticum*.

° **KAUF**, Chauve. Rayn. tom. 2. p. 297², au mot *Calv*.

° **KAUKAINS**, Talons. Renart le Nouvel, tom. 4, pag. 171, vers 1186 :
  Aus kaukains pries
  Suivent luxure et gloutenie.

KAUWELERIÉ, Redevance pour le rachat du service qu'on doit à son seigneur avec des chevaux. Gl. *Kavallus*.

KAYAGE, Le droit qu'on paye pour charger et décharger sur un *Kai* ou Quai. Gl. *Kaagium*.

KE, pour Que. Gl. *Ke*. [*Ke.... ke*. Voyez Fierabras, note au vers 469, pag. 177².]

KEMANT, Procureur, celui qui agit au nom d'un autre. Gl. *Mandatum* 3.

KEMIN, Chemin. Gl. *Keminus*. [*Kemin piré*. Gl. *Pirgius*. Voyez Rayn. tom. 2, pag. 301², au mot *Cami*.]

° **KEMINÉE**, Cheminée. Flore et Blancefl. vers 1814 :
  Roonde come keminée.

KEMUN, Commun, général. Gl. *Fluentare*.

° **KENE**, Couenne ? Partonop. vers 594 :
  Li sainglers a l'abai ronpu...
  Et il ens en l'esclot l'assne,
  Li bruns espiols li ret la kene.
  Si l'a ocis devant le roi.

KENÉE, Soufflet, coup sur la joue. Gl. *Quenneya*.

° **KENUS**, Blanc de cheveux. Roi Guillaume, pag. 87. Voyez Rayn. tom. 2, pag. 316², au mot *Canut*.

° **KERCHIEF**, comme *Couvrechef*, Petite pièce d'étoffe. Jubinal, [Fabliaux, t. 2, pag. 29.

° **KERKE**, comme *Kierke*.

KERME, Les Frères du Kerme, Carmes. Gl. *Carmelini*.

° **KERNU**, 'A crinière. Chronique de Jordan Fantosme, vers 1664. Voyez le Glossaire sur la Chronique des ducs de Normandie et ci-dessus *Crenu*.

KERUIER, Celui qui laboure à la charrue pour son compte. Gl. *Karruga*.

KESTE, Grille, barreaux. Gl. *Kays*.

° **KESTERE**. Gl. *Haisellus*.

KEUERIE, La charge du Grand-Queu de France. Gl. sous *Coquus*.

KÉVILLIER, Cheviller, clouer. Gl. *Kavilla*.

KEURBRIEF, Loi de la commune, coutume. Gl. *Chora*.

KEURE, Chêne. Gl. *Cerchium*.

KEURIER, Échevin, juge des causes civiles ; de *Keure*, Commune, loi municipale. Gl. *Keuren*.

1. **KEUTE**, Coite, matelas, lit de plume. Gl. *Couta* 1.

2. **KEUTE**, Espèce de bière. Gl. *Couta* 1. [et *Hamburgus*.]

° 3. **KEUTE**, Coude. Flore et Blancefl. vers 1282 :
  De keute a son signor bouté.

KEUTESPOINTE, Grande couverture, espèce de tapisserie. Gl *Couta* 1.

° **KEX**, Pierre à aiguiser. Rayn. tom. 2, pag. 503¹, au mot *Cot*.

° **KIELES**, Partonop. vers 9074 :
  Desploiés kieles cel savoir,
  Ja solés vos jugier si voir.
Flore et Blancefl. vers 2437 :
  Kielés, fait Blanceflor, Gloris,
  Ja est cou Floires, mes amis.

KIENERIE, Redevance due au seigneur pour la nourriture et le logement de ses chiens de chasse. Gl. *Chenaria*.

KIENNES, Sorte de monnaie de Liége. Gl. *Kiennes*.

KIERKE, Charge. Gl. *Kerka*.

KIERKIÉ, Chargé. Il se dit d'une terre cultivée et portant fruits. Gl. *Kerka*. [Flore et Jeanne, pag. 43 : *Et li kierka ses confiseres en penitanche k'il rendist la tiere*. Voyez Rayn. tom. 2, pag. 335¹, au mot *Cargar*.]

° **KIEVECUEL**, Oreiller, Partonop. vers 10017 :
  Et furent acosté andui
  Sor un kievecuel de bofu ;
  Li uns vers l'autre tornés fu.
Voyez *Chevechel*.

KIEVRE, Cuivre. Gl. *Ferria*.

1. **KIEUTE**, Coite, matelas, lit de plume. Gl. *Couta* 1. [*Kiute*, Partonop. vers 1069. *Kiute pointe*, vers 10827. Voyez *Keutespointe* et *Chiute*.]

2. **KIEUTE**, Espèce de bière. Gl. *Couta* 1.

° **KIKEUSI**, Tandis. Aidefrois le Bâtard. Wackern. pag. 3 :
  Kikeusi fait son duel la belle à cuer iris.
P. Pâris : *Que qu'ensi*.

KIOLTE, Coite, matelas, lit. Gl. *Friggedo*.

KIRTEL, Sorte d'habillement. Gl. *Kirtel*.

KISIELLE, Façon de parler pour désigner tous les saints. Gl. *Kyrieles*.

KŒUR, Règlement, coutume, loi municipale. Gl. *Cora*.

° **KOUQUE**, Couche. Roi Guillaume, pag. 67 :
  S'on fait desous kouque et litiere.

KUQUS, Mari dont la femme est infidèle. Gl. *Cugus*.

KYRIELE, Sorte de chant joyeux. Gl. *Kyrie eleyson*.

KYRIELLE, Façon de parler pour désigner tous les saints. Gl. *Kyrieles*.

L

LAC

LABEAU, Frange, sorte d'ornement, qu'on mettait au bas de l'habit militaire. Gl. *Labiellus*. [Renart le Nouvel, tom. 4, pag. 147, vers 556 :

*Et teus armes en leurs escus
K'Isengrins ot, mais que dessus
De murdre i avoit un labiel,
Tout pourfilé de piaus d'agniel.*

Pag. 145, vers 521.]

° **LABOR**, Agolant, pag. 171[1] :

Inde labor est de mon tenement.

Voyez *Major*.

LABOUR, Ouvrage, travail. Gl. *Laboragium* 2.

1. **LABOURAGE**, Sorte d'impôt, dû sur les vins déchargés d'un bateau à terre. Gl. *Laboragium* 2.

2. **LABOURAGE**, Ouvrage, toute espèce de travail. Gl. *Laboragium* 2.

1. **LABOURER**, Travailler, faire. Gl. *Laborare* 6. [Flore et Blancefl. vers 1641 :

*Li vilains dist que dieu labeure,
Quant il li plaist, en moult peu d'eure.*

Chronique de Jordan Fantosme, v. 1578 :

*En poi d'ure deu labure, ço dit li
[mendiant.*

2. **LABOURER**, Se dit de tout ce qui peut chagriner et faire de la peine. Gl. *Laborare* 3.

LABOUREUR DE VINS, Vigneron Gl. *Laborator*. [*Laboureurs salinans*. Gl. *Salinare*.]

LABOURIER, Laboureur, celui qui cultive la terre. Gl. *Laborator*.

LACAYS, Sorte de gens de guerre, arbalétriers. Gl. *Lacinones*.

LACEUR, Faiseur de lacets. Gl. *Laqueatores*.

LACHES, Sorte de vêtement militaire, cuirasse, corset. Gl. *Lacinones*.

LACIER, Se lier, s'attacher par serment. Gl. sous *Ligius*, pag. 107[1]. *Lacer*, Serrer. Partonop. vers 1289.

° **LACIÉS**. Lâchéz ou Lancez ? Renart le Nouvel, tom. 4, pag. 144, vers 478 :

LAI

*Au jour del tornoi au matin
Péussiés oïr grant hustin
Des hiraus ki crient en haut :
Laciés ! Laciés ! li jours vous faut.*

Chastel. de Couci, vers 3268 :

Hyraus crioient : Jà lachiés !

Voyez Rayn. tom. 4, pag. 19[2], au mot *Lansar*, et ci-dessus *Eslaisser*.]

LACIVIEUX, Folâtre, badin, débauché. Gl. *Lascivietas*.

° **LACUEILLONS**, Guill. Guiart, tom. 2, pag. 110, vers 2835 (11814) :

*Vient aus plains et sa gent aûne
Dont les rens sont en lacueillons.*

° **LAECE**, LAGUECE, Largeur. Chron. des ducs de Norm.

LAEDER, Celui qui reçoit l'impôt nommé *Laide*. Gl. *Lesdarii*, sous *Leudis*, pag. 75[3].

1. **LAGAN**, Droit que les seigneurs avoient sur les marchandises et les vaisseaux qui faisaient naufrage, et dont la mer jetait les débris sur la côte. Gl. *Lagan*. [*Aller a lagan*, Périr. Renart le Nouvel, t. 4, pag. 458, vers 7900 :

*Sans nous ne poroient durer
Mis crestien demi an,
Ains alast li tiere a lagan.*]

2. **LAGAN**, Abondance, quantité, multitude, largesse, don. Gl. *Lagan*, pag. 18[2].

LAHUT, Barque, nacelle. Gl. *Lahutum*.

LAICTAN, Qui tette, qui est à la mamelle. Gl. *Lacticina caro*.

LAICTIERE. VACHE LAICTIERE, Qui donne du lait. Gl. *Lactans*.

LAID, Parole injurieuse, outrage. Gl. *Ladare*, sous *Ladá* 1. [*Laides paroles*. Gl. *Villania*.]

LAIDANGE, Le même [*Laidenge*, Chron. des ducs de Norm.] ; d'où *Laidanger*, Injurier, outrager. Gl. *Ladare*, sous *Ladá* 1.

LAIDER, Receveur de l'impôt nommé

LAI

Laide. Gl. *Lesdarii*, sous *Leudis*, pag. 75[3].

LAIDEUR, Le même. Gl. *Leuderius*.

LAIDIR, Dire des injures, outrager. Gl. *Ladare*, sous *Ladá* 1. [Chron. des ducs de Norm. Voyez Rayn. tom. 4, pag. 9[2], au mot *Laidir*.]

LAIDOIER, Le même. Gl. *Ladá* 1.

LAIDURE, Injure, outrage. Gl. *Ladá* 1.

° **LAIE**, Laide. Chronique des ducs de Normandie.

LAIER, Diviser un bois en plusieurs parties, qu'on distingue par des *Lées* ou marques faites à des arbres. Gl. *Laia*. [Voyez *Laya*.]

1. **LAIGNE**, Bûche, bois à brûler. Gl. *Laignerium*.

° 2. **LAIGNE**. Voyez *Lange* 2.

1. **LAIGNER**, Bûcher, lieu où l'on serre le bois. Gl. *Laignerium*.

2. **LAIGNER**, Murmurer, gronder, reprendre. Gl. sous *Laignerium*.

1. **LAIGNIER**, Le droit de prendre son chauffage dans une forêt. Gl. *Lignagium* 1.

2. **LAIGNIER**, Une voiture ou charretée de bois à brûler. Gl. *Laignerium*.

3. **LAIGNIER**, Bûcher, lieu où l'on serre le bois. Gl. *Laignerium*.

LAINERIE, Lieu où l'on vend la laine. Gl. *Lanaria*.

LAINGNE, Bûche, bois à brûler. Gl. *Laignerium*.

LAINGUE, Langue, pays, nation. Gl. *Lingua*.

LAINIER, Ouvrier en laine ; ou Celui qui la vend. Gl. *Lanarii* 1.

LAIRRENAILLE, Troupe de larrons ou de coquins. Gl. *Layroneria*.

1. **LAIS**, Testament, par lequel on laisse et donne son bien. Gl. *Divisa* 1. [*Faire lais*, Accorder, abandonner. Partonop. vers 2773 :

*Et dist que jà nel verra mes
Se de cest don ne li fait lais.*

Guill. Guiart, tom. 2, pag. 359, vers 9321 (18303) :

*Qui s'afiche que de sa terre,
Qu'il puisse, ne leur fera lais.*

Rutebeuf, tom. 1, pag. 19 :

*On en doit bien faire son lais,
Et tel gent lessier en relais.*

Laisse. Chron. des ducs de Norm. tom. 3, pag. 280, vers 89341 :

De ses laisses ne de ses dons.

Voyez Rayn. tom. 4, pag. 13², au mot *Laissa.*]

° 2. **LAIS**, Lai, Lai, pièce de poésie. Chanson du Chastel. de Couci, Laborde, pag. 300. Flore et Blancefl. vers 863. Partonop. vers 31. Voyez Wolf, *Uber die Lais*, pag. 4, suiv. Rayn. tom. 4, pag. 12, au mot *Lais.*

° 3. **LAIS**. Voyez *Las* 1.

° **LAISARDE**, Lézard. Flore et Blancefl. vers 821.

LAISCHE, Lame de fer. Gl. *Lacinones.*

° **LAISER**, Lâcher, détendre. Gérard de Vienne, vers 128, 730.

° **LAISNER**, Voyez *Lanier.*

1. **LAISSE**, Lâche, faible, abattu. Gl. *Vanitas* 2. [Voyez *Las* 3. *Laise*, Le Roux de Lincy, Chants historiques, Introduction, pag. 46, 47. Voyez Orell, pag. 348.]

° 2. **LAISSE**. Voyez *Lesse.*

° 3. **LAISSE**. Voyez *Lais* 1.

° **LAISSER**, Cesser. Partonopex, vers 1041 :

Quant li mes laissent à venir.

° **LAISSOR**, Laisor, Faculté, moyen, loisir, liberté. Partonop. v. 238, 2664. Aubri, vers 149. Chronique des ducs de Norm. Voyez Rayn. tom. 4, pag. 57, aux mots *Lezer* et *Lezor.*

1. **LAIT**, Parole injurieuse, outrage. Gl. *Ladare*, sous *Lada* 1. [Roman de Renart, tom. 1, pag. 11, vers 290.]

2. **LAIT**. Faire par Lait, Malgré soi, à contre-cœur. Gl. *Bela-cara.*

3. **LAIT**. Mengier du Lait a la cuillier de bois, Sorte d'amusement du mardi gras. Gl. *Karena.*

° 4. **LAIT**. Gl. *Leda* 3, pag. 56¹.

LAITISSE, Fourrure ou pelisse grise. Gl. *Lactenus.*

LAITUAIRE, pour Électuaire, Sorte de médicament, terme de pharmacie. Gl. *Electuarium* 1. [Wackern. pag. 69. Voyez Rayn. tom. 3, pag. 108³, au mot *Lectuari.*]

LAMBROIS, Lambris, plancher. Gl. *Lambroissare*, sous *Lambricare.* [*Lambre*, Partonop. vers 10142.]

LAMBROISSIER, Lambrisser. Gl. *Lambroissare*, sous *Lambricare.* [*Lambruschiez*, Chronique des ducs de Normandie.]

LAMBRU, Plancher ; d'où *Lambrucher*, Planchéier. Gl. *Lambroissare*, sous *Lambricare.*

LAMBRUIZ, Planche. Gl. *Lambroissare*, sous *Lambricare.*

LAME, Roseau, canne. Gl. *Lamina* 2.

LAME de Gerbes, Botte, gerbée. Gl. sous *Lamina* 2.

LAMPESIER, Espèce de lustre de fonte à diverses branches. Gl. *Lampeserius* 2.

LAMPIER, Lampe. Gl. *Lampadarius.*

1. **LANCE**, Certaine mesure de terre. Gl. *Lancea sartatoria*, pag. 21³.

2. **LANCE**, Celui qui combat avec la lance. Gl. *Lancea.*

3. **LANCE**. Servir soubz la Lance, pour Servir sous la bannière ou drapeau de quelqu'un. Gl. *Lancea.*

LANCE a Feu, Machine de guerre qui lance du feu. Gl. *Lançara.*

LANCE Genetaire, Sorte d'arme, javeline, demi-pique. Gl. *Lancea.*

LANCEGAYE, Le même. Gl. *Lancea* [et *Gevelina*].

LANCEGÉ, Blessé d'une lance. Gl. *Lanceatus*, pag. 21³.

° **LANCEÏS**. Action de lancer. Chron. des ducs de Normandie.

LANCEOUR, Créneau d'un mur, par où l'on peut lancer ou tirer des flèches. Gl. *Lanceare* 2.

LANCERER †, Frapper ou jouter avec la lance. Gl. *Lancinare.*

LANCIS, pour l'Ancis, l'Action de battre ou tuer une femme enceinte. Gl. *Encinum.*

LANDHOUDER, Officier municipal en Flandre, échevin, conseiller de ville. Gl. *Handhouder.*

LANDIE, Les parties naturelles de la femme. Gl. *Landica.* [Roman de Renart, tom. 1, pag. 26, vers 20473. *Lendie*, pag. 20, vers 20312.]

LANDIT, Foire célèbre de Saint-Denis en France. Gl. *Indictum* 3.

LANDON, Billot qu'on attache au cou des chiens pour les empêcher de chasser le gibier. Gl. *Landon.*

LANDYE, Les parties naturelles de la femme. Gl. *Landica.*

1. **LANER**, Apprêter la laine ou la mettre en œuvre. Gl. *Lanalis.*

2. **LANER**, Qui dégénère, lâche, qui est sans courage. Gl. *Lanarii* 2.

LANEUR, Ouvrier en laine. Gl. *Lanator.*

1. **LANGAGE**, Peuple, nation. Gl. *Lingua.*

2. **LANGAGE**. Estre de grand ou haut Langage, Parler haut, avec arrogance, dire des injures. Gl. *Linguatus.*

LANGAGER, Parler, haranguer. Gl. *Linguatus.*

LANGAGEUR, Grand parleur, babillard. Gl. *Linguatus.*

LANGAGIER, Le même. Gl. *Linguatus.*

LANGAIS, p. e. Drap de laine, blanchet. Gl. *Langetum.*

LANGART, Grand parleur, babillard. Gl. *Linguatus.*

1. **LANGE**, pour Langue, Peuple, nation. Gl. *Lingua.*

2. **LANGE**, Chemise. Gl. *Lingius.* [Agolant, pag. 180². Enfants Haymon, vers 840. Rutebeuf, tom. 1, pag. 7, 206. Chron. des ducs de Normandie. *Laigne*, Partonop. vers 2888 :

*Par ces pailes en irés
Nus piés, en laignes, velleres
Et proveres, etc.*]

LANGEAU, Pot, sorte de vase, flacon. Gl. *Languella.*

LANGEUL, Drap de laine. Gl. *Langetum.*

LANGOIEMENT, L'action d'examiner la langue d'un porc ; *Langoisur*, Celui qui d'office fait cet examen. Gl. *Essaium* 1.

LANGOINE, Langone, Monnaie de Langres. Gl. *Langones*, et *Moneta Baronum*, pag. 497³.

° **LANGOR**, Peine, souffrance. Wackern. pag. 50 :

*S'aurai à son plaixir langor
Ou mercit, s'il l'en prent piteitz.*

Voyez Rayn. tom. 4, pag. 16², au mot *Languor.*

LANGOYER, Examiner la langue d'un porc pour voir s'il n'est pas ladre. Gl. *Essaium* 1.

LANGROUT, Langouste, écrevisse de mer. Gl. *Astase.*

1. **LANGUE**, Peuple, nation, pays. Gl. *Lingua.*

2. **LANGUE**, Languette, aiguille de balance. Gl. *Lingua stateræ* [et *Examen* 1].

3. **LANGUE**, Banderole en forme de langue. Gl. *Lingua vexilli.* [Partonop. v. 7716. Voyez Rayn. tom. 4, pag. 46¹, au mot *Lengua.*]

4. **LANGUE** de Beuf, Demi-pique, javeline. Gl. *Lingua bovis.*

LANGUEL. Voyez *Langeul.*

LANGUEBAULT, Terme de dérision, p. e. Qui fait le beau parleur. Gl. *Linguatus.*

LANGUEFRIDE, Sûreté des grands che-

LANGUINE, Langueur, faiblesse. Gl. *Languitudo*.

LANIER, Lent, paresseux, qui dégénère, lâche, qui est sans courage. Gl. *Lanarii 2*. [Roman de Roncevaux, pag. 58. Agolant, vers 1200. Partonop. vers 8918. Dit du pauvre Chevalier, Jubinal, Fabliaux, tom. 1, p. 188. *Lainier*, Gérard de Vienne, v. 994, pag. 166². *Lasnier*, Dit du roi Guillaume, pag. 190. Voyez le Glossaire sur la Chron. des ducs de Normandie, et Rayn. tom. 4, pag. 16¹, au mot *Lanier*.]

LANNER, Apprêter la laine ou la mettre en œuvre. Gl. *Lanalis*.

LANNEUR, Ouvrier en laine. Gl. *Lanator*.

LANSAGE, Aliénation ; d'où *Lansager*, Aliéner. Gl. *Lansagium*.

LANSSOT, Petit dard, javeline. Gl. *Lancietus*.

1. **LANTERNE**, Lieu fermé de barreaux de bois. Gl. *Lanterna ambulatoria*, sous *Laterna*.

2. **LANTERNE**, Les parties naturelles de la femme; d'où *Lanterner*, Y renvoyer quelqu'un pour l'injurier. Gl. *Laterna*.

LANTRENIER, Lanternier, ouvrier qui fait des lanternes. Gl. *Lanternerius*, sous *Laterna 4*.

LANU, Couvert de laine. Gl. *Lanutus*.

* **LANURE**, Ouvrage de laine. Gl. *Planeus*.

* **LANZ**, Action de lancer. Chron. des ducs de Normandie, tom. 2, pag. 338, v. 25223.

* **LAODS**, Lods. Gl. *Recognitio 4*.

LAONNISIENS, Monnaie des évêques de Laon. Gl. sous *Moneta Baronum*, pag. 497².

LAQUAIZ, Sorte de gens de guerre, arbalétriers. Gl. *Lacinones*.

LARDAGE, Impôt sur le lard qu'on vend au marché. Gl. *Lardarium*.

* **LARDÉ**, Filet, morceau de viande piqué de lard. Roi Guillaume, pag. 112. Flore et Blancefior, vers 1679. Roman de Renart, tom 3, pag. 87, vers 22139, 22779.

LARDEUX, Qui est plein de lard. Gl. *Lardosus*, sous *Lardum*, pag. 31¹.

1. **LARDIER**, Le lieu où l'on conserve le lard, garde-manger. Gl. *Lardarium*, sous *Lardum 2*.

2. **LARDIER**, Impôt sur le lard qu'on vend au marché. Gl. *Lardarium*.

LARDOUER, Le lieu où l'on garde le lard, garde-manger. Gl. *Lardatorium*.

LARDOUERE, Lardoire. Gl. *Lardatorium*.

* **LARECIN**, En Larecin, Clandestinement. Roi Guillaume, pag. 108. *A larron*, Partonop. vers 5643. Voyez Rayn. tom. 4, p. 11¹, *a lairo*, au mot *Laire*. Voyez *Larron 2*.

LARGE, Libéral, qui aime à donner. Gl. *Largus*.

LARGESSE, Largeur. Gl. *Largitio*. [Voyez Rayn. tom. 4, pag. 22¹, au mot *Largueza*.]

LARGIER, Sorte de redevance. Gl. *Cogrerium*.

LARGIR, Élargir, étendre. Gl. *Excrementum*.]

LARGUESCHE, Largeur. Gl. *Largitio*.

LARRECHINEUSEMENT, Larrecineusement, En larron, en voleur. Gl. *Latrocinalis*.

LARRIS, Terre qui n'est pas cultivée. Gl. *Larricium*. [Terrain inégal, côte, colline. Chanson de Roland, stance 84, v. 4 :

Cuverz en sunt li val et les muntai-
    [gnes
E li lariz e trestutes les plaignes.

Stance 87, vers 2 :

Sun cheval broche e muntet un lariz.

Dit du roi Guillaume, pag. 189. Voyez Garin le Loher. t. 1, p. 92, not. 1. Halliwell, au mot *Lair*, et Bosworth, au mot *Læs*.]

1. **LARRON**, Avoir le Larron, Attribut de la haute justice, le droit de juger et punir les voleurs. Gl. *Latro*.

* 2. **LARRON**. A Larron, Sans mot dire ? Enfances Roland, pag. 157² :

Ains l'esgardoit et vis quoiement à lar-
    [ron.

Voyez *Larecin*.

LARRONCINEUSEMENT, En larron, en voleur. Gl. *Latrocinalis*.

LARRONNAILLE, Troupe de coquins. Gl. *Layroneria*.

LART, Porc engraissé et salé. Gl. *Lardum 2*.

1. **LAS**, Lacet. Gl. *Laqueatæ vestes*. [Chastelain de Couci, vers 703 :

Vouroie une mance de vous,
Ridée as las, large dessous.

Partonop. vers 8005 :

N'usent mais blans cainses ridés,
Ne las de soie à lor costés,
Ne ces longes mances ridées.

Gl. *Stigma 4*. Voyez *Lassière*. Lais, Le Roux de Lincy, Chants historiques, Introduction, pag. 46 :

De larmes moillent li lais de son man-
    [tel.

Lacs, lacet. Wackernagel, pag. 64 :

Ki le monde ait delivreit
Des lais à mal Isangrin.

Pag. 79 :

Pris m'avoie a lais corsour.

Roman de Renart, t. 3, p. 64, v. 21505, 21512. Voyez Rayn. tom. 4, pag. 4², au mot Lacs. Gl. *Pedica 1*.]

2. **LAS**, Roturier, paysan. Gl. *Lassi*.

3. **LAS**, Languissant, qui est sans force et sans vigueur. Gl. *Lascivus*. [Voyez Rayn. tom. 4, pag. 23², au mot Las.]

LASCEURE, Lassière, travée d'une grange. Gl. *Laquearii*.

LASCHE. Faire Lasche, Faire quelque chose négligemment, être trop bon. Gl. *Laxare 2*. [*Lascheitement*, Négligemment. Chronique des ducs de Normandie. Voyez *Lasté*.

LASCHEZ, Sorte de poisson. Gl. *Aphya*.

LASNEUR, Ouvrier en laine. Gl. *Lanator*.

* **LASQUE**. Lâche, large. Partonop. vers 430, 10669. Voyez Rayn. tom. 4, pag. 33¹, au mot *Lax*. *Lasquent*, Lâchent. Chanson de Roland, stance 283, vers 5.

* **LASSE**, Lassesce, Lasté, Lassitude, Abattement, peine. Chronique des ducs de Normandie. Voyez *Lasté*.

LASSEURE, L'endroit d'une robe où est ce qui sert à la lacer. Gl. *Laqueare*.

1. **LASSIERE**, Lacet ou cordon, dont on laçait un habit. Gl. *Laqueare*. [*Lasnière*. Partonop. vers 6273 :

Et tissent de totes manières
Et las et braieus et lasnières.

Vers 10605.]

* 2. **LASSIERE**, comme *Lasceure*.

LAST, Certain poids. Gl. *Lasta 2*.

LASTÉ, Lassitude, fatigue, incommodité. Gl. *Lassatio*. Voyez *Lasse*.

LASURE, Lacis, ouvrage fait en forme de filet ou de réseuil. Gl. *Glizzum*.

LATAUMENT, Secrètement, en cachette. Gl. *Latere*.

LATE, Outil de tisserand. Gl. *Conucula*.

LATEUR, Ouvrier qui couvre les maisons de lattes. Gl. *Latare 2*.

* **LATIN**, Langage, langue étrangère. Partonop. vers 2226. *Plusors latins*, vers 3684. Roman de Renart, t. 2, p. 162, vers 13946. Roman de Horn, fol. 10. Voyez Orell, pag. 28. Fierabras, vers 345, note, pag. 177¹. Rayn. tom. 4, pag. 25², au mot *Latin*. Grimm, *Reinhart Fuchs*, Introduction, pag. 3. Gl. *Latina sufficientia*.

LATINIER, Interprète, truchement. Gl. *Latinarius*. [Voyez Rayn. tom. 4, pag. 26², au mot *Latinier*.]

LATITER, Cacher. Gl. *Foraneus 4*.

LATTIER, Registre de certaines amendes appelées *Lates*. Gl. *Latare*, sous *Lata 1*.

LATTRER, Aboyer. Gl. *Latria 2*.

* **LATUI**. En Latui, En Letuiet, Clandestinement. Chronique des ducs de Normandie.

LAVAICHE, L'endroit d'une rivière ou d'une mare où on lave le linge. Gl. *Lavatrina*.

LAVANGE, Lavasse, crue subite d'eau. Gl. *Lavanchia*.

LAUCET, Ce qu'on paye pour faire aiguiser les instruments du labourage. Gl. *Laucet*.

LAUDAIRE, Registre des impôts sur les marchandises. Gl. *Leuderium*.

LAUDE, Impôt qu'on lève sur les marchandises. Gl. *Leuda*, sous *Leudis*, pag. 75¹.

LAUDISME, Le droit du seigneur dans les mutations des fonds. Gl. *Laudimia*, sous *Laudare* 4, pag. 41².

LAUDUMINIE, Le même. Gl. *Laudes*, sous *Laudare* 4.

LAVEIDE, Lavasse, crue subite d'eau. Gl. *Esclaveidium*.

LAUFFAIZ, Fil préparé pour faire de la toile. Gl. *Laufetus*.

LAUNE, **LAUNESTELUER**, Petit bras de rivière. Gl. *Launa* et *Launestellus*.

LAVOER, Vaisseau, qui sert à laver. Gl. *Lavatorium* 2.

LAVOIR. POT LAVOIR, Vaisseau dans lequel on lave quelque chose. Gl. *Lavatorium* 2.

✵ **LAUR**, Largeur. Chron. des ducs de Normandie.

LAUSENGEOR, **LAUNESTELUER**, Louangeur, flatteur. Gl. *Bausiare*, sous *Bausia*. [Voyez Rayn. t. 4, pag. 30¹, au mot *Lauzengier*.]

LAUSET, Ce qu'on paye pour faire aiguiser les instruments du labourage. Gl. *Laucet*.

LAUSIME, Le droit du seigneur dans les mutations des fonds. Gl. *Laudes*, sous *Laudare* 4.

LAUSISME, Consentement, permission. Gl. *Laus*, sous *Laudare* 4.

LAUSSET, Ce qu'on paye pour faire aiguiser les instruments du labourage. Gl. *Laucet*.

LAUVISSE, Appartement qui est sous le toit d'une maison, espèce de grenier. Gl. *Laudissa* [en provençal.]

LAUZEME, Le droit du seigneur dans les mutations des fonds. Gl. *Laudes*, sous *Laudare* 4.

LAUZET, Ce qu'on paye pour faire aiguiser les instruments du labourage. Gl. *Laucet*.

LAY, Loi, coutume, usage. Gl. *Frater in loge*.

LAYDE, Impôt qu'on lève sur les marchandises. Gl. *Leydarius*.

✵ **LAYE**, Forêt. Gl. *Laya*. *Layer*, Voyez *Laier*.

LAYEMENT, Comme un laïque. Gl. *Laicaliter*, sous *Laicus*.

LAYEUR, Largeur, étendue en large. Gl. *Largitio*.

LAYNAGE, Le droit de prendre dans une forêt le bois nécessaire à son usage et la redevance qu'on faisait au seigneur pour ce droit. Gl. *Laynagium*.

LAYNEUX, Ouvrier en laine. Gl. *Lanator*.

1. **LÉ**, Large, plat, qui n'est pas pointu. Gl. *Latus* 5, et *Leda* 3. [Partonop. vers 1622, 1667, 1066, 9681. Flore et Blanc. vers 2121. Chanson de Roland, stance 227, vers 12. Chronique des ducs de Normandie. Voyez Rayn. tom. 4, pag. 24¹, au mot *Lai*.]

✵ 2. **LÉ**, Gai, joyeux. Chronique des ducs de Normandie. Voyez Rayn. tom. 4, pag. 49², au mot *Let*, ci-dessous *Liez*.

LEAGE, Espèce de droit dû au seigneur d'une rivière sur laquelle on bâtit ou on réédifie un moulin. Gl. *Leagium*.

LEASSE, Peau de bélier ou de mouton. Gl. *Lear*.

LEAUMENT, Loyalement, avec vérité. Gl. *Legaliter* 2.

LEBRET, pour LEVRET, Nom d'une maison et d'un canton de Gascogne, plus communément *Albret*. Gl. *Leporeta*.

LECŒUR, Glouton, débauché, libertin. Gl. *Lecator*.

LECHERIE, Gourmandise, débauche, libertinage, bouffonnerie; d'où *Lecheor*, *Lecheour*, *Lecheur* et *Lecherresse*, Celui ou celle qui a ce vice. Gl. *Lecator*. [*Lechierre*. Gl. † *Agagula*, † *Curro*, † *Valetro*. Voyez Rayn. tom. 4, pag. 35², au mot *Lecaria*.]

LECIERE, Qui tette. Gl. *Lactans*.

LECTRIN, Lutrin, pupitre. Gl. *Lectorinum*.

LECTRUN, Prie-Dieu, pupitre. Gl. *Lectrum* et *Lectrinum*.

LECTUAIRE, pour ELECTUAIRE, Terme de pharmacie. Gl. *Electuarium* 1.

LECTURE, Commentaire, principalement sur les matières de droit. Gl. *Lectura* 3.

LEDANGIER, Dire des injures, outrager. Gl. *Lada* 1.

LEDENGE, Parole injurieuse, outrage. Gl. *Ladare*, sous *Lada* 1. [*Ledure*, Rayn. tom. 4, pag. 10¹, au mot *Laidura*.]

LEDIR, Injurier, outrager. Gl. *Ladare*, sous *Lada* 1.

✵ **LEDON**, Basse marée. Gl. *Ledo*, pag. 57².

LÉE, LÈED, Largeur. Gl. *Leda* 3.

✵ **LÉECIER**, Réjouir. Agolant, pag. 179¹ :

Espée as bone...
A grant mervelle te péust léecier.

Voyez *Léesser*.

✵ **LEEL**, Légal, qui est selon la loi. Gl. *Sunnis*, pag. 657¹.

LEESCE, LEESCHE, Joie, gaieté. Gl. *Lætifice*. [Chastel. de Couci, vers 7984.

Léece, Flore et Blancefl. vers 2843. Chronique des ducs de Normandie.]

LEESSE, Largeur, étendue en large. Gl. *Largitio*.

LEESSER, Se réjouir, être bien aise. Gl. *Lætifice*.

LEFFRE, Lèvre. Gl. *Leffrus*.

LEGAT, Legs, don fait par testament; d'où *Legater*, Léguer. Gl. *Legatum* 1.

LEGÉE, Serment de fidélité, qui lie le vassal à son seigneur. Gl. *Ligascia*.

LEGENDIER, Livre d'église pour le service divin. Gl. *Legenda* 1.

✵ **LEGERET**, Léger, qui ne pèse guère. Guill. Guiart, tom. 2, pag. 182, vers 4697 (13683). Voyez Rayn. tom. 4, pag. 60¹, au mot *Leuzeret*.

✵ **LEGERIE**, Légèreté, frivolité, folie. Chanson de Roland, stance 129, vers 5 :

Franceis sunt morz par vostre légerie.

Chastel. de Couci, vers 4762 :

*Ne vers ma fame ne chasastes
Amours, deduit ne légerie.*

De légerie, comme *De legier*. Chanson de Roland, stance 14, vers 14 :

Loerent vos algues de légerie.

Stance 38, vers 2. Voyez Rayn. tom. 4, pag. 60², au mot *Leujaria*.

LEGIER. DE LEGIER, Légèrement, facilement. Gl. *Leve*. [Aubri, pag. 158² :

*Avés vos fait me besoigne esploitier?
Oïl voirs, sire, je le fis de legier.*

Ruteb. tom. 1, pag. 22. Roman de Renart, tom. 4, pag. 39, vers 1067.]

LEGISTE, LEGISTRE, Docteur en lois. Gl. *Legista*.

LEGNIER, Corvée que le sujet doit à son seigneur pour voiturer sa provision de bois. Gl. *Laignerium*.

✵ **LEGOY**, LIGOY. Voyez *Goy*.

1. **LEI**. EN LEI, En large. Gl. *Latus* 2.

2. **LEI** PLEINER, Epreuve par l'eau ou par le feu. Gl. *Lex plenaria*.

✵ **LEJAU**, Conforme à la loi. Gl. *Legalis plaga*, sous *Legalis*.

LEIDESCE, Les parties naturelles de la femme. Gl. *Laterna*.

LEINGNIER, Provision de bois, l'obligation de la voiturer. Gl. *Laignerium*.

✵ **LEISAGE**. Gl. *Hercia* 1.

✵ **LEISSE**, Lice, chienne. Rayn. tom. 4, pag. 44¹, au mot *Leissa*.

LEITURE. OPIATES LEITURES, Confection électuaire, terme de pharmacie. Gl. *Electuarium*.

LEMBROISSIER, Lambrisser, couvrir de planches. Gl. *Lambroissare*, sous *Lambricare*.

LENCHAS, Espèce de pieu. Gl. *Lena* 4 [en Languedoc].

✵ **LENDEMAIN**. Voyez *Endemain*. Flore

et Jeanne, pag. 49. Voyez Rayn. tom. 4, pag. 133¹, au mot *Lendeman.*

∘ **LENDIE.** Voyez *Landie,* et Gl. *Laterna.*

LENDIT, Impôt, péage. Gl. *Indictum* 2.

LENGNIER, Provision de bois, l'obligation de la voiturer. Gl. *Laignerium.*

LENNER, Chardonner, tirer la laine sur une étoffe avec un chardon. Gl. *Lanalis.*

LENOINE, Le métier de débaucheur de femmes et de filles. Gl. *Lenonia.*

∘ **LENTILLOS,** Marqué de taches. Chron. des ducs de Norm. tom. 2, pag. 172, vers 20897 :

E s'ert pales e lentillos.

Roman de Renart, tom. 1, pag. 6, vers 133 :

Cele Hersent la lentilleuse.

Voyez Rayn. tom. 4, pag. 47¹, au mot *Lentillos,* et Gl. *Lenticula* 3.

∘ **LENS,** Lentes, œufs de pou. Roman de Renart, tom. 4, pag. 72, vers 1977. Voyez Rayn. tom. 4, pag. 45², au mot *Lende.*

LENTRONGNEUR, Celui qui passe le bacq, passeur. Gl. *Lintrum.*

LENWAGIER, Engagiste. Gl. *Invagiare.*

LEONIMER, Versifier avec élégance. Gl. *Leonini versus.*

LEOUGE, Sorte de vaisseau dont la voile est triangulaire. Gl. *Laudus* 1 [à Marseille].

∘ **LEPE,** Lèvre, lippe. Roman de Renart, tom. 4, pag. 39, vers 1067 :

*Voirs est movoir estuet grenon
De legier cui la lepe pent.*

LERERIE †, Larcin, vol. Gl. *Latro.*

∘ **LERMER,** Larmoyer, remplir de larmes. Agolant, vers 1338 :

Andui li œil li sont el chief lermé.

Voyez Rayn. tom. 4, pag. 7², au mot *Lermar.*

LERRE, Voleur. Gl. *Latro.* [Agolant, pag. 153¹ :

*... Tu es uns enemis,
Par c'as ce fait leres dieu, fois mentis?*

Ave Maria, Wolf, *Uber die Lais,* pag. 488 :

*Ki nus soit verray guarant
Vers l'enfernal lere.*

Chastel. de Coucì, vers 1852 :

*Et cilz qui celer le voudroit
Leres d'onnour embler seroit.*

Voyez Rayn. tom. 4, pag. 11¹, au mot *Laire.*]

LERU, Nom d'une société de jeunes gens. Gl. *Captivare* 2.

1. **LES,** Legs, donation par testament. Gl. *Laissa.*

∘ 2. **LES.** Voyez *Lez.*

∘ **LESCHE.** Gl. *Lescheria.*

LESCHERIE, Gourmandise, débauche, libertinage ; d'où *Lescheor* et *Lescheur.* Celui qui a ce vice, et *Leschiere,* L'action d'un *Lescheur.* Gl. *Hullarii* et *Lecator.*

LESCIER, Laisser, donner par testament. Gl. *Lassare* 1.

LESDANGIER, Injurier, outrager. Gl. *Ladare,* sous *Lada* 1.

LESDENGEURE, Injure, outrage. Gl. *Ladare,* sous *Lada* 1.

LESON, Sorte de banc. Gl. *Laiscum.*

LESSE, Air, chanson. Gl. *Lætifice.* [Roman de Renart, tom. 4, pag. 12, vers 313 :

*Si chanterons entre nos doi
Une laisse de cuer joli.*

Guill. Guiart, tom. 2, pag. 295, vers 7662 (16643) :

Ceus dont j'ai dit en l'autre lesse.

Voyez Wolf, *Uber die Lais,* pag. 269, le Glossaire sur Joinville, et Rayn. tom. 4, pag. 43², au mot *Leisso.*]

LESSER DE L'EAUE, Lâcher de l'eau, pisser. Gl. *Laxare* 1.

LEST, Certaine quantité de quelque chose. Gl. *Lasta* 2.

LESTAIGE, comme *Letaige.*

1. **LESTE,** Sorte d'habit, surtout, casaque. Gl. *Lesta.*

2. **LESTE †,** Laite ou laitance. Gl. *Lactis.*

LESTICHE, Fourrure ou pelisse grise. Gl. *Lactenus.*

∘ **LET BÉE.** Gl. *Colustrum.*

LETAIGE, Impôt sur les marchandises qu'on amène en un lieu. Gl. *Lastingha.*

LETAU, Lithuanie. Gl. *Litus* 2.

LETERES, Lettres. Gl. *Garentula.*

LETERI, LETERIL, Tribune. Gl. *Leterinum.*

LETICE, LETTICE, LETTICHE , Fourrure ou pelisse grise. Gl. *Lactenus.*

∘ **LETRÉ,** Couvert de lettres. Flore et Blanceflor, vers 661 :

*Toute ert la tombe neélée,
De l'or d'Arabe bien letrée.
Les letres de fin or estoient,
Et en lisant cou racontoient, etc.*

Roman de Roncevaux, pag. 29 :

Li cuens tint trait li brant qui fu letrez.

Partonop. vers 7771 :

Et portent cinq lances letrées.

Voyez le Roman de Roncevaux, pag. 29, not. 2. Fierabras, vers 3574, note pag. 183². Gérard de Vienne, vers 2689. Gl. *Literatus* 2 ? Rayn. tom. 4, pag. 81², au mot *Listrar?*

LETREURE, Littérature, connaissance des belles-lettres. Gl. *Literatura.*

LETRI, Lutrin, pupitre. Gl. *Letricum.*

LETRIÉ, Le même. Gl. *Lectorinum.*

LETRIN, Le même. Gl. *Lectorinum.* [*Lestrin* †, Gl. *Sciestum.*]

LETRUN, Le même. Gl. *Letricum.*

LETTRIN, Espèce de catafalque. Gl. *Letricum.*

LETUE †, Laitue. Gl. *Latusca.*

LEU. ESTRE LEU, Etre permis. Gl. *Licere.*

LEVADIER, Celui qui a soin de l'entretien des levées ou chaussées. Gl. *Levatarius,* sous *Levata* 3.

LEVADIZ, Pont-levis. Gl. *Levadissus.*

LEVAGE, Droit qu'on lève sur les marchandises, qui sortent d'un lieu, ou qui y arrivent. Gl. *Levagium.*

LEVAILLES, Relevailles, cérémonie qu'on fait à l'église, quand une femme relève de couche. Gl. *Relevata.*

∘ **LEVANT ET COUCHANT.** Gl. *Levans.*

LEVATION, Elévation, la partie de la messe où le prêtre lève le corps de N. S. Gl. *Levatio* 3.

LEUCE, Blanc. Gl. *Leucius.*

LEUDAIRE, Registre des impôts sur les marchandises. Gl. *Leudarium* 2.

LEUDE, Impôt qu'on lève sur les marchandises. Gl. *Leuda,* sous *Leudis.*

LEUDERIE, Bureau où l'on reçoit l'impôt appelé *Leude.* Gl. *Leudarium* 2.

LEVEE, Voiture, charretée. Gl. *Levata* 5. [*Chaussée.* Gl. *Murata* 3, ci-dessus *Levadier.*]

LEVÉEMENT, Elévation, grandeur. Gl. *Levatio* 3.

LEVEMENT †, Nouveau plan, qui commence à lever. Gl. *Levatorium* 1.

∘ **LEVENQUE,** Lavande. Partonop. vers 10828.

1. **LEVER,** Tenir sur les fonds de baptême un enfant, le nommer. Gl. *Levare de sacro fonte,* pag. 72¹. [Agolant, vers 1068, 1129, 1265.]

2. **LEVER,** Emmener, enlever. Gl. *Levare de S. Fonte,* pag. 72¹.

3. **LEVER (EN),** Oter d'embarras quelqu'un, en rappaer pour lui, ou autrement. Gl. *Levare* 10, pag. 71².

4. **LEVER** BRUIT, Faire parler de soi. Gl. *Levare laudem,* sous *Levare* 10, pag. 71³. [Pousser des cris. — S'élever, Garin le Loher. tom. 1, pag. 165, 167 :

La noise en est enforce li cris.]

5. **LEVER** UN TESMOIN, Le récuser. Gl. *Levare testem,* sous *Levare* 10, pag. 72¹.

∘ 6. **LEVER,** Laver. Roi Guillaume, pag. 95. Flore et Blancefl. vers 1900.

LEVEUR †, Pont-levis. Gl. *Levatorius* et *Levatorium* 1.

LEVEURE, Emplacement pour élever ou bâtir une maison. Gl. *Levatura* 1.

LEUN, Sorte de grain ou légume. Gl. *Leun.* [G. Guiart, tom. 1, pag. 258, vers 6247.]

LEURMEL, Certain droit sur les toiles. Gl. *Leurmel.*

LEU-WASTÉ, Terme injurieux, p. e. Loup-garou. Gl. *Lupus ramagius.*

° 1. **LEZ**, Ley, Les, Côté, flanc. Gérard de Vienne, vers 163 :
Tel voz donray de l'espée dou ley.
Roman de Rou, vers 644 :
L'espée el lez, l'haubert vestu.
Gérard de Vienne, vers 1275 :
Et combatrons as espées des leiz.
Chronique des ducs de Norm. tom. 2, pag. 234, vers 22251 :
Qui deus porta en ses beaus lez.
Chanson de Jacques de Cambrai, Wackern. p. 67 :
Si voirement k'en tes benéois leis
Fut li vrais deus conceús et porteis.
Partonop. vers 1912, 2696 : *De tos lés.*
Roman de Renart, tom. 4, pag. 83, vers 2286 :
Et li moutons à l'autre lés.
Cil doi tinrent moult for lour lés,
Ensamble sont mis à conseil.
Voyez Rayn. tom. 4, pag. 26¹, au mot *Latz.*

° 2. **LEZ**, Loisir. Chanson de Roland, stance 145, vers 2 :
De lui venger jamais ne li ert lez.
Voyez *Lessor.* Ou comme *Lé* 2 ?

LEZ-A-LEZ, A côté l'un de l'autre. Gl. *Abatis.* [Gérard de Vienne, vers 1226. Rayn. tom. 4, pag. 26², au mot *Latz.* Gl. *Latus* 1.]

LEZE, Nom qu'on donne dans le Limousin à un champ qui est plus long que large. Gl. *Vismeria.*

LIAGE, Droit sur les lies des vins et sur les vins même. Gl. *Liagium.*

LIANCE, Le droit qu'a le seigneur sur son vassal lige. Gl. *Ligeancia,* sous *Ligius,* pag. 106³.

° **LIARD**. Gl. *Moneta,* pag. 484².

LIARRE, Larron, voleur. Gl. *Latro.*

LIART, Gris pommelé. Gl. *Liardus* 1. [Chants historiques, tom. 1, pag. 65. Voyez Rayn. tom. 4, pag. 66³, au mot *Liar.*]

1. **LIBERAL**, Libre, qui n'est point serf. Gl. *Franquare.*

2. **LIBERAL**, Libre, exempt de passion. Gl. *Liberalitas* 1.

LIBERALEMENT, Liberallement, Librement, volontiers, et bon gré. Gl. *Liberalitas* 1.

LIBERAMENT, Facilement, aisément. Gl. *Mareare.*

1. **LICE**, Barrière, clôture faite de pieux, palissade. Gl. *Liciæ* 1. [Chron. des ducs de Norm.]

2. **LICE**, Course, combat simulé, qui se fait dans un champ clos de pieux. Gl. *Licia* et *Liciæ* 1.

3. **LICE**, Chaussée soutenue par des pieux. Gl. *Licia.*

LICEL †, Lisière, bordure. Gl. *Forago.*

LICES, Porche, vestibule à l'entrée des églises. Gl. *Liciæ* 2.

1. **LICHE**, Barrière, clôture faite de pieux, palissade. Gl. *Liciæ* 1.

2. **LICHE**, Lissoir, instrument qui sert à lisser; d'où *Licheur,* L'ouvrier qui lisse. Gl. *Licha.*

° **LICT**, Lit. Gl. *Servitium,* pag. 451³.

LICTEAU, Linteau. Gl. *Lintellus.*

° **LIE**. Voyez *Liage.*

LIEGECE, Le serment de fidélité, qui lie un vassal à son seigneur. Gl. *Liegancia.*

LIEGEOIS, Monnaie de Liége. Gl. sous *Moneta Baronum.*

LIÉMENT, Joyeusement, avec plaisir. Gl. *Lætifice.*

° **LIEMIER**, Liemer, Limier. Partonop. vers 1819 :
Li liemiars s'en vait avant
Son lien el col, etc.
Vers 586, 1890. Roman de Renart, t. 3, pag. 103, vers 22588. Voyez Rayn. tom. 3, pag. 66², au mot *Liamers.* Halliwell, au mot *Lime-hound.*

LIENAGE, p. e. pour LOUAGE, Loyer. Gl. *Lienagium.*

LIENSE, Courroie qui lie le joug aux cornes des bœufs quand on les attelle. Gl. *Liencia.*

° **LIEPRE**, Liepart, Lipart, Léopard. Gérard de Vienne, vers 2812 :
Et plus hardi ke liepre ni lieon.
Vers 2478. Enfances Roland, pag. 157².
Mes si hardi me virent ne liepart ne lyon.
Agolant, vers 816, et pag. 164¹. *Leupart, Lepart.* Chanson de Roland, stance 56, vers 4, 9. Voyez Rayn. tom. 4, pag. 48², au mot *Leopart.*

LIEPROUS, Lépreux. Gl. *Dolorosus.*

1. **LIER**, Ensorceler, nouer l'aiguillette. Gl. *Ligationes.*

2. **LIER** UNE ÉPÉE, La garnir de fils. Gl. *Ligare* 2.

LIERE, Litre, ceinture funèbre. Gl. *Litra* 2.

LIERRE, Liers, Voleur, larron. Gl. *Latro.*

° **LIESSE**, Joie, contentement. Voyez *Abbé de Liesse.*

LIESTAGE, Sorte d'impôt sur les marchandises qui arrivent dans des vaisseaux. Gl. *Lastagium,* sous *Lasta* 2.

LIEVART, Mesure de terre, la quatrième partie d'un arpent. Gl. *Livrale.*

LIEUE, L'espace ou la durée d'une heure. Gl. *Leuca* 2.

LIEVER, Louer, prendre à louage. Gl. *Levare* 8.

° **LIEVEURE**, Partie de la parure. Partonop. vers 10868.

LIEUMAGE, p. e. Terme générique pour signifier toutes espèces de légumes. Gl. *Locimaria.*

LIEVR, Livre. Gl. *Fidelitas,* pag. 487².

LIEVRADE, Mesure de terre, le quart d'un arpent. Gl. *Livrale.*

LIEVRE, Courroie avec laquelle on attache le joug aux cornes des bœufs. Gl. *Jugum.*

LIEUTENANCIE, Lieutenance. Gl. *Locumtenentia,* sous *Lociservator.*

LIEUTENANT, Le vicaire d'un curé. Gl. *Locumtenentia,* sous *Lociservator.*

° **LIEZ**, Liet, Lié, Joyeux, content. Chanson de Roland, stance 196, vers 14 ; st. 8, vers 1 ; st. 130, vers 9. Partonop. vers 8240. Flore et Blanceff. vers 127, 184. *Lie,* femin. Aubri, pag. 100³, 174². Voyez Rayn. tom. 4, pag. 49² au mot *Let,* ci-dessus *Lé* 2.

1. **LIGE**, Vassal attaché à son seigneur par un serment particulier de lui être fidèle. Gl. *Ligius.* [Demi liges. *Ligascia Liges hons sougis,* Chanson de Colin Muset, Wackern. pag. 72. Voyez Rayn. tom. 4, pag. 70¹, au mot *Litge.*]

2. **LIGE**, Ce qui est à quelqu'un sans réserve. Gl. sous *Ligius,* pag. 107³.

3. **LIGE**, Continu, sans interruption. Gl. sous *Ligius,* pag. 107³.

LIGÉE, Le serment de fidélité, qui lie le vassal à son seigneur. Gl. *Ligascia.* [Partonop. vers 2720.]

LIGEITÉ, Le même. Gl. *Ligeitas,* sous *Ligius,* pag. 106³.

LIGEMENT, Sans réserve, sans exception. Gl. sous *Ligius,* pag. 107³. [Partonop. vers 461, 1231. *Ligément quite,* Chron. des ducs de Normandie, tom. 1, pag. 486, vers 11672.]

LIGENCE, Le serment de fidélité, qui lie le vassal à son seigneur. Gl. *Ligencia,* sous *Ligius,* pag. 106³. [*Ligance.* Chron. des ducs de Norm. Partonop. vers 329.]

LIGESSE, Le même. Gl. sous *Ligius,* pag. 105¹, 106¹.

LIGET, Le même. Gl. *Ligamen* 3.

LIGETE, Sorte de redevance. Gl. *Ligete.*

LIGNAGE, Famille, parents. Gl. *Lignagum* 3. [*Linage,* Partonop. vers 821. Voyez Rayn. tom. 4, pag. 78², au mot *Linhatge.*]

LIGNE, AMI DE LIGNE, Parent. Gl. *Linea* 3.

LIGNER, Aligner, tirer une ligne droite. Gl. *Lineatim* et *Liniare.*

LIGNERE, †, Linière, terre semée de lin. Gl. *Linetum.*

1. **LIGNIER**, Fagot, bourrée, ou bois propre à brûler. Gl. *Lignarium* 1.

LIS

2. **LIGNIER**, Provision de bois, l'obligation de la voiturer. Gl. *Lignarium* 1.

LIGNOLET, Sorte de chaussure ou galoche recherchée. Gl. *Lignambulus.*

LIGNUIS, Graine de lin. Gl. *Linigium.*

LIGOTE, Lien, petite courroie. Gl. *Ligula* 1.

LIME, Pénitence, acte de piété. Gl. *Limen*. [Peine. Partonop. vers 7988. Chronique des ducs de Normandie, tom. 2, pag. 273, vers 23453 :

La longe lime e le rennei
Que tans aureiz tenu vers mei.]

LIMEÇHON †, Lumignon, mèche de chandelle. Gl. sous *Lichinus.*

LIMEIGNON, Le même. Gl. *Lumigenus.* [*Limegnon* †, Gl. *Cicindela*, pag. 347².]

LIMER, Regarder de travers et comme étant fâché. Gl. *Limare.*

° **LIMOGES**. Œuvre de Limoges. Gl. *Limogia. Cocq Limoges.* Gl. *Gallus.*

1. **LIN**, Lignée. Gl. *Linea* 3. [Partonop. vers 389. Agolant, pag. 173². *Lign.* Chanson de Roland, stance 178, vers 5. Voyez Rayn. tom. 4, pag. 78¹, au mot *Linh.*]

2. **LIN**, Felouque, frégate légère. Gl. *Lignum* 2.

LINGE, Délié, mince, délicat. Gl. *Ligius.* [Voyez Roquefort, au mot *Linge.* — De lin, Levit. chap. 8, vers 6. Rayn. tom. 4, pag. 77¹, au mot *Lini.*]

LINGEANÉ, Qui est rendu léger, mince. Gl. *Lingius.*

LINIER, Marchand ou ouvrier en lin. Gl. *Linifex.*

LINIERE, L'art de travailler le lin. Gl. *Lineya.*

LINTIER, Église, le tombeau des apôtres saint Pierre et saint Paul. Gl. *Limen.*

LINUISE, Graine de lin. Gl. *Linusa* [en Picardie].

LION, Monnaie des comtes de Flandre et ducs de Bourgogne. Gl. *Leones* 1, et *Moneta*, pag. 466¹.

LIONIME, Cadence d'un vers. Gl. *Leonini versus.* [Voyez Wolf, *Uber die Lais*, pag. 179. Rayn. tom. 4, pag. 48¹, au mot *Leonisme.*]

LIORAL, Certaine mesure des liqueurs, qui est évaluée à un pot. Gl. *Liorale.*

LIOZEL, Terme qui a rapport au suif fondu. Gl. sous *Liorare.*

LIPPE, Lèvre. *Faire la lippe*, Faire la moue, se moquer de quelqu'un. Gl. *Lipium.* [Guill. Guiart, tom. 1, pag. 96, vers 1950.]

LIQUE, Sorte de vaisseau. Gl. *Liqua.*

LISCE, Femme débauchée. Gl. *Filius matris suæ* [Garin le Loher. tom. 1. p. 20. Voyez *Leisse.* Gl. *Letissa.*]

° **LISSE**, Tonneau. Gl. *Lissa.*

LISSEUR, Ouvrier qui lisse les étoffes. Gl. *Licha.*

LOC

LISTE, Bordé, qui a une lisière. Gl. *Lista.* [*Palais listeiz*, Gérard de Vienne, vers 3359. *Fenestre de marbre listée*, Aubri, pag. 159¹. *Tombes de rices listes listée*, Flore et Blancefl. vers 651. *Robe d'or listée*, Aubri, pag. 159¹. Voyez Rayn. t. 4, p. 81¹, au mot *Listar.* Gl. *Litra* 2.]

LIT MORTEL, Lit de la mort. Gl. *Lectus mortalis*, sous *Lectus* 1, pag. 55².

LITGE, comme LIGE. Gl. sous *Ligius.*

LITIS, Lithuaniens. Gl. *Litus* 2.

LITISCONTESTATION, Procès commencé. Gl. *Contestatio* 1.

° **LIUETE**, Petite lieue. Ruteb. tom. 2, pag. 233.

° **LIVOT**. Gl. *Livot.* Voyez *Livrot.*

LIVRAIRE, Bibliothèque. Gl. *Librarium* 2.

LIVRAISON, Ce qu'on livre ou donne à quelqu'un, en argent, habits ou autres choses. Gl. *Liberatio*, sous *Liberare* 2. [pag. 91³. *Livrisons*, Partonop. vers 2058, 2593. Flore et Blancefl. vers 950. *Livroison*, Enfances Roland, pag. 157². *Livrisun*, Chron. des ducs de Norm. Voyez Rayn. tom. 4, pag. 67², au mot *Liurazon.*]

LIVRE SOUTIVE, La livre de douze onces. Gl. *Libræ subtiles*, pag. 96³. [Livre. Gl. *Moneta*, pag. 476¹.]

1. **LIVRÉE**, Les habits que les rois ou grands seigneurs donnaient en certains temps de l'année à leurs enfants, domestiques ou autres, qui leur étaient attachés. Gl. *Liberatio*, sous *Liberare* 2, pag. 92¹.

2. **LIVRÉE**, Leurre, appât avec lequel on prend du poisson en l'enivrant. Gl. *Lorra.*

3. **LIVRÉE** DE TERRE, Terre qui rapporte une livre de rente. Gl. *Libra terræ*, sous *Libra* 3, pag. 97¹. [Chron. des ducs de Normandie.]

° **LIVREIZ**, Lévriers. Gerard de Vienne, vers 3482 :

Fait son cor panre, acoupler ses livreiz.

LIVROISON, Certaine redevance annuelle. Gl. *Libratio.*

LIVROT, Mesure de grain dans le Forez. Gl. *Librorium.*

LIVROUER, Certaine mesure de grain. Gl. *Livrale.*

° **LIUTE** †, Lutte. Gl. *Gymnas.*

LOBE, Tromperie. Chastel. de Couci, vers 4606. *Lober*, Tromper. Guill. Guiart, tom. 1, pag. 235, vers 5630. *Lobeur*, Trompeur. Roquef.

LOCENGNOST †, Rossignol. Gl. *Philomena.*

LOCERET, Tarière. Gl. *Tarrabrum.*

° **LOCHES**, Roman de Renart, tom. 3, pag. 69, vers 21646 :

Meuz vos veniet peschier as loches
Qu'entremetre de tel mestier.

Voyez *Louche.*

LOI

LOCQUE, Sorte d'armes ou bâton de défense. Gl. *Loches.*

LODE, Espèce d'impôt. Gl. *Laudaticum.*

LOÉE, L'espace d'une lieue. Gl. *Leucata*, sous *Leuca* 1. [Flore et Blancefl. vers 2419. Partonop. vers 10089.]

LOEMENT, Conseil, insinuation, prière. Gl. *Laudamentum*, sous *Laudare* 4, p. 41³, 42¹. [Garin le Loher. t. 1, pag. 284. Louange. Partonop. vers 5596. Chron. des ducs de Norm. Voyez Rayn. tom. 4, pag. 28¹, au mot *Laudament.*]

LOENGE, Consentement, permission. Gl. *Laus*, sous *Laudare* 4.

LOENOIS, Monnaie des évêques de Laon. Gl. sous *Moneta Baronum.*

1. **LOER**, Conseiller, persuader. Gl. *Laudare* 2. [Partonop. vers 580, 2400, 2401. Chronique des ducs de Norm. Voyez Rayn. tom. 4, pag. 29², au mot *Lauzar.*]

2. **LOER**, Être permis. Gl. *Licere.*

LOERRE, Leurre, appât, avec lequel on prend du poisson en l'enivrant. Gl. *Lorra.* [Voyez Rayn. tom. 4, pag. 93², au mot *Loire.*]

LOEVESIENS, LOEVISIENS, Monnaie des évêques de Laon. Gl. sous *Moneta Baronum*, pag. 497³.

LOGETTE, Petite loge, maisonnette. Gl. *Logeta* [et *Hutten*, Guill. Guiart. tom. 2, pag. 21, vers 521 (9487)].

LOHEREGNE, LOHIRIOGNE, Lorraine. Gl. *Liegancia et Marchio.*

1. **LOI**, Amende fixée par la loi. Gl. sous *Lex*, pag. 85³.

2. **LOI**, Le corps de ville, office municipal. Gl. sous *Lex*, pag. 83¹. [*Ville de loy.* Gl. *Villa legis*, pag. 330².]

3. **LOI** D'AOUST. Le droit de publier le ban de la moisson, ou de vendre du vin en détail à l'exclusion de tout autre, pendant le mois d'août. Gl. *Lex Augusti.*

4. **LOI** APERTE, APPARISSANT, APPAROISSANT, Épreuve par l'eau ou par le feu. Gl. *Lex apparens.*

5. **LOI** MONSTRABLE et PROBABLE, Celle qui oblige à prouver son droit par témoins. Gl. *Lex probabilis.*

6. **LOI** MUÉE, L'ancienne loi ou coutume corrigée, augmentée et éclaircie. Gl. *Lex mutata.*

7. **LOI** OUTRÉE, Jugement rendu contre la loi ou le droit reçu. Gl. *Lex ultrata.*

8. **LOI** PARIBLE, Épreuve par l'eau ou par le feu. Gl. *Lex paribilis.*

9. **LOI** VILAINE, Celle qui régit les roturiers. Gl. *Lex villana.*

10. **LOI**. AVOIR LOI, Avoir droit de faire quelque chose. Gl. *Legem habere.*

11. **LOI**. PRENDRE LOI, Se soumettre à une juridiction. Gl. *Legem facere.*

° 12. **LOI**, Manière, façon. Gérard de Vienne, pag. 162² :

La loi aveit à glouton losangier.

A LOI, Comme, à guise de. Garin le Loher. tom. 1, pag. 129 :

En haut parole à loi de chevalier.

Roman de Renart, tom. 2, pag. 241, vers 16133 :

Li dist à loi d'ome recuit.

Par mes lois, espèce de jurement. Parton. vers 1309.

LOIER, Présent, récompense. Gl. *Loerium* [et † *Commercium* 4. Jubinal, Fabliaux, tom. 1, p. 138, 174. Prix d'argent, payement. Partonop. vers 471, 2472. *Lowier, Luwier*, Wackern. pag. 15, 35, 36, 72. *Faus louiers, faus lueir,* Wackern. p. 34, 60. Voyez Rayn. tom. 4, pag. 92², au mot *Loguier*, et ci-dessous *Louier*.]

LOIGNET, Loin, de loin. Gl. *Longisecus.*

1. LOIGNIER, Éloigner, séparer, bannir. Gl. *Longinquare.*

2. LOIGNIER, Provision de bois, l'obligation de la voiturer. Gl. *Laignerium.*

LOINGNE, Bûche, bois à brûler. Gl. *Laignerium.*

LOINGNER, Provision de bois, l'obligation de la voiturer. Gl. *Laignerium.*

LOINGNET, Loin, de loin. Gl. *Longisecus.*

LOINGNIER, Provision de bois, l'obligation de la voiturer. Gl. *Laignerium.*

LOINGNIER DU FIEF, Donner en arrière-fief une partie de son fief. Gl. *Longinquare.*

LOINJONNEUR, Mesureur de draps, officier préposé pour voir s'ils ont la longueur prescrite. Gl. *Longare.*

LOINSELET, Peloton de fil. Gl. *Loisellus.*

LOINTIEU, Éloigné. Gl. *Longisecus.*

LOIR, Être permis. Gl. *Licere.* [Voyez Oreil, pag. 282.]

1. LOIRE, Leurre, terme de fauconnerie. Gl. *Longa* 1 [et *Loyrum. Loirier,* Leurrer, dresser au leurre. Chastel. de Couci, vers 481]

2. LOIRE, Cuve de pressoir. Gl. *Loyra.* [Roman de Renart, tom. 4, pag. 103, vers 2841.]

LOISSEL, Peloton de fil. Gl. *Loisellus.*

LOMBARDERIE, Ce que payaient les Lombards ou marchands italiens aux foires de Champagne, pour y faire leur commerce. Gl. *Langobardi.*

° 1. LONC, Selon. Ruteb. t. 2 p., 257. Roi Guillaume, pag. 43. Partonop. v. 360. Renart le Nouvel, tom. 4, p. 224, v. 2594 ; pag. 442, vers 7599 ; pag. 451, vers 7853. Wackern. pag. 24.

° 2. LONC, Loin. Partonop. vers 3920 :

Moult est ses cuers lonc de ses dis.

Voyez Rayn. tom. 4, pag. 95², au mot *Long. De lonc,* A l'extrémité. Roman de Renart, tom. 1, pag. 25, vers 664 :

*Et la fosse a petite entrée
Mes elle est de lonc auques graindre.*

° 3. LONC, A côté, le long. Pastourelle, Wackern. pag. 79 :

*L'autrier pastoure seoit
Lonc un bouxon.*

Voyez Rayn. tom. 4, pag. 94², au mot *Long.*

° LONDE †. Gl. *Sylva.*

LONG. ESTRE AU LONG DES MESSES, Y assister jusqu'à la fin. Gl. *Egallatio,* sous *Egalare.*

LONGAIGNE, LONGAINGNE †, Latrine, cloaque, voirie ; terme injurieux. Gl. *Latrina.*

LONGANIMITÉ, Longue distance, éloignement des lieux. Gl. *Longanimis,* et *Longanimitas.*

° LONGE DE PORC. Gl. *Astis.*

° LONGES, Longtemps. Partonop. vers 485, 1484. Chron. des ducs de Norm.

LONGIERE, Nappe ou linge beaucoup plus long que large. Gl. *Longeria.*

LONGNIER DU FIEF, Donner en arrière-fief une partie de son fief. Gl. *Longinquare.*

LONGON, Cheville. Gl. sous *Longare.*

LONGUAIGNE †, Latrine, cloaque, voirie. Gl. *Latrina.*

LONGUAMIS, Sorte de fève longue. Gl. sous *Longare.*

° 1. LONGUEMENT, Longtemps. Gérard de Vienne, vers 518 :

Vengerait s'an, si longuement est vis.

2. LONGUEMENT, Longueur, délai, retardement. Gl. *Longare.*

LONGUET, Loin, éloigné. Gl. *Longisecus.*

LONS, Celui qui a la taille haute et belle. Gl. *Longus.*

LOOAIZ, Loué, qui est aux gages d'un autre. Gl. *Locare* 1.

° LOOR, Lueur, clarté. Roman de Renart, tom. 3, pag. 105, vers 22633.

LOPIN, Pièce, morceau de terre. Gl. *Lopadium.*

LOPINER, Partager en lopins ou morceaux. Gl. *Loppare.*

1. LOPPIN, Coup, l'action de frapper. Gl. *Lopadium.*

2. LOPPIN, Pièce, morceau de terre. Gl. *Lopadium.*

LOQUE, Sorte d'arme, ou bâton de défense. Gl. *Lochea.*

LOQUENCE, Faculté de parler, éloquence. Gl. *Loquacitas.*

1. LOQUETÉ, Accommodé comme un *Loque,* Sorte de bâton de défense. Gl. *Lochea.*

2. LOQUETÉ, Se dit d'un habit déchiré, qui est en *loques,* et de celui qui le porte. Gl. *Depanare.*

LOQUETER, Remuer le loquet d'une porte. Gl. *Locetus.*

° LOR, Laurier. Roi Guillaume, p. 52 :

*Mix vos vient de lor et de mirre
Encenser vos lis et vos cambres.*

Lorer, Chanson de Roland, stance 188, vers 6. Voyez Rayn. tom. 4, pag. 27², au mot *Laur.*

LORAIN, Rêne, longe, guide. Gl. *Lorenum,* sous *Loramentum.* [Garin le Loher. tom. 1, pag. 297.]

LORANDIER, Valet de charrue. Gl. *Loranum,* sous *Loramentum.*

LORGNE, Maladroit, gauche. Gl. *Lunaticus.*

LORILART, Épieu, sorte de javelot. Gl. *Lorilardum.*

LORMIER, Ouvrier qui faisait ce que font en partie les selliers et éperonniers, dont le métier s'appelait *Lormoirie,* et les ouvrages *Loyemerie.* Gl. *Lormarius.* [*Monetarius* et *Merus.*]

LORRAIN, Rêne, longe, guide. Gl. *Lorenum,* sous *Loramentum.*

1. LOS, Consentement, approbation. Gl. *Laudum* 3. [Rayn. tom. 4, pag. 28², au mot *Laus.*]

2. LOS, Réputation, gloire. Gl. *Laudum* 3. [Chron. des ducs de Norm.]

3. LOS, Biens, possessions, héritages. Gl. *Lot.*

4. LOS, Sort. *Geter Los,* Tirer au sort. Gl. *Lot.*

5. LOS, Sorte de pêcherie. Gl. *Laus* 1.

6. LOS et VENTES, Le droit du seigneur dans les mutations des biens. Gl. *Laudes,* sous *Laudare* 4.

LOSANGE, LOSENGE, Louange, flatterie [Perfidie, intrigue. Partonop. v. 1531, 3217, 3148, 3803, 4425. Voyez Rayn. tom. 4, pag. 30¹, au mot *Lauzenja*] ; d'où *Losengeour* et *Losengier,* Flatteur, trompeur. Gl. *Losinga* [et *Losengina.* Gérard de Vienne, pag. 166²].

° LOSENGIER, Flatter, louer. Roi Guillaume, pag. 140, 170. Garin le Loher. tom. 1, pag. 189. Partonop. vers 5673. Miracle de la sainte Vierge, Chron. des ducs de Normandie, tom. 3, pag. 515, vers 136.

LOT, Mesure pour les grains et les liqueurs. Gl. *Lottus, Lotum* [et *Acceptabulum* 2].

° LOTAIGE, Distribution par lots. Gl. *Lothica.*

LOU, Luth. Gl. *Lautus.*

LOUADE, Impôt qu'on lève sur les marchandises. Gl. *Leuda,* sous *Leudis.*

LOUAGE, LOUAIGE, Maison qu'on tient à loyer, ou qui n'est donnée que pour un temps. Gl. *Locagium* 2.

LOUCET, Houlette, bâton de berger. Gl. *Lochea.*

1. LOUCHE, Un droit domanial, qui se lève sur tous les grains qui se vendent à la halle de Namur. Gl. *Lochea.*

2. LOUCHE, Cuiller. Gl. *Lochea.*

LOUCHET, Houlette, bâton de berger. Gl. *Lochea* et *Fossiator*.

LOUCHETE, LOUCHETTE, Petite cuiller. Gl. *Lochea*.

LOUDIER, Terme de mépris, celui qui habite une cabane, qu'on appelait *Lodia*. Gl. *Lodia* 2. [Roman de Renart, tom. 4, pag. 112, vers 3074. Voyez Rayn. tom. 4, pag. 92¹, au mot *Logadier*.]

1. **LOUER**, Conseiller. Gl. *Laudare* 2.

2. **LOUER**, Récompenser, faire des présents. Gl. *Loerium*.

3. **LOUER**, Se plaindre ; d'où *Louenge*, Plainte. Gl. *Laudare* 5.

LOUETE, p. e. l'Heure nommée *Entre chien et loup*, crépuscule. Gl. *Louete*.

LOUGAUGUES, Langueur, faiblesse de cerveau. Gl. *Languitudo*.

LOUIER, Loyer, récompense, présent. Gl. *Loetum*. [Voyez *Loier*.]

LOVISIENS, LOVIZIENS, Monnaie des évêques de Laon. Gl. sous *Moneta Baronum*, pag. 497².

LOUP BEROUX, Loup garou. Gl. *Lupus ramagius*.

LOUP RAMAGE, Le même que Loup cervier. Gl. *Lupus ramagius*.

° **LOUPE**. Renart le Nouvel, tom. 4, pag 251, vers 6179 :
Renart le fist cent loupes
En derrière.
Chronique ascendante, Chron. des ducs de Norm. préf. pag. 14 :
A plusors i fait-on le coe lovinace.

1. **LOUPPE**, Nœud, bosse. Gl. *Loppa*.

2. **LOUPPE**, Pierre précieuse imparfaite. Gl. *Loppa*.

1. **LOURS**, Sot, hébété, lourdaut. Gl. *Lurdus*.

2. **LOURS**, Borgne, privé d'un œil. Gl. *Luscus* 1.

LOUS, Consentement, approbation. Gl. *Laus*, sous *Laudare* 4.

LOUSQUE, Borgne, qui n'a qu'un œil. Gl. *Luscus* 1.

LOUSSE, Cuiller. Gl. *Lochea*.

LOUTRIER, Celui qui chasse la loutre. Gl. *Luter* 2.

LOUVEGNOIS, Monnaie de Louvain. Gl. *Lovaniensis*.

LOUVETEUR, Louvetier, celui qui chasse le loup. Gl. *Lupparius*.

LOUVIERE †, Piége à loup. Gl. *Dicipula*.

LOUVIGNIS, Monnaie de Louvain. Gl. *Lovaniensis*.

LOUVISSEMENT, Comme un loup. Gl. *Glotonus*.

LOUZ, Le droit du seigneur dans les mutations des fonds. Gl. *Laudes*, sous *Laudare* 4.

LOY. Voyez Loi.

LOYANCHE, Contrat, obligation. Gl. *Liga* 1.

LOYEMERIE. Voyez ci-dessus *Lormier*.

LOYEURE, Lien, lanière, courroie. Gl. *Liga* 2.

LOZENGIER, Flatteur, trompeur ; du verbe *Lozengier*, Louer, flatter. Gl. *Losinga*.

LUBERNE, Panthère, ou la femelle du léopard. Gl. *Luberna*.

LUBIN, pour LUPIN, Loup, poisson de mer. Gl. *Lupus* 3.

LUBRE, Sorte de monnaie bourguignonne. Gl. *Lubrum*.

LUCET, Louchet, pioche, hoyau. Gl. *Luchetum*.

LUCIDAIRE, Titre d'un livre, où l'on éclaircit plusieurs questions. Gl. *Lucidarius*.

° **LUÉE**, comme *Loée ?* Heure. Gérard de Vienne, vers 2399. Voyez le Glossaire sur la Chron. de Norm.

° **LUES**, Aussitôt, tout de suite. Flore et Blancefl. vers 226, 1672, 2072. Roman de Renart, tom. I, pag. 21, vers 570. Chanson du Chastel. de Couci, Laborde, p. 294. Voyez Orell, pag. 305, 338. Rayn. tom. 4, pag. 90¹, au mot *Alloc*.

° **LUIRE**, Roman de Renart, tom. 2, pag. 184, vers 13177 :
Einz puis que soi beler ne muire
Ne finai de ses berbiz luire.

° **LUISERNE**, Lumière, éclat. Chanson de Roland, stance 186, vers 5. Voyez Rayn. tom. 4, pag. 109¹, au mot *Lucerna*.

LUISSEL, Peloton de fil. Gl. *Loisellus*.

° **LUITIER**, Lutter, s'efforcer. Roman de Renart, tom. I, pag. 50, vers 1301. *Loitier*, Chanson de Roland, st. 181, v. 28. Voyez Rayn. tom. 4, pag. 103², au mot *Luchar*. Chronique des ducs de Normandie.

LUMETTE, Allumette, tuyau ou paille de chanvre. Gl. *Lumera*.

1. **LUMIÈRE**, Fenêtre, ouverture. Gl. *Lumen* 2.

2. **LUMIÈRE**, Lampe. Gl. *Lumera*.

° 3. **LUMIÈRE**, Embouchure. Roman de Roncevaux, pag. 21 :
De l'olyfant la lumière dorée
Mist en sa bouche.

° 4. **LUMIÈRE**, Visière. Chastel. de Couci, vers 1649 :
Tout droit par devant la lumière
Un poi deseure la barbiere.
Vers 1679 :
Que son vis parmi la lumière
Del elme esgardoit, etc.

LUMINIER, Marguillier, celui qui administre les biens d'une fabrique, qu'on appelait *Luminaire*. Gl. *Luminariæ*, sous *Luminare*.

LUNAGE, Fou, insensé, lunatique. Gl. *Lunaticus*.

° **LUNER**, Long. Lai du Corn, Wolf, pag. 389, vers 514.

LUNETTE, Sorte d'armure de tête, ou partie de cette armure. Gl. *Lunula* 2.

LUNGHURE, Longueur. Gl. *Leda* 3.

LUOCTENENT, Lieutenant. Gl. *Locumtenentia*, sous *Lociservator*.

° **LUPARDIAUS**, Léopards. Chastel. de Couci, vers 1895. Voyez Rayn. tom. 4, pag. 48², au mot *Leopart*.

LUQUENNE, Lucarne, fenêtre. Gl. *Lucanar* 2.

LUQUET, Cadenas. Gl. *Luchetum*.

1. **LUSEL**, Cercueil. Gl. *Lucellus* 1.

2. **LUSEL**, LUSSEL, Brochet. Gl. *Luceus*.

LUSSERON, Lumignon, mèche. Gl. *Lumera*.

LUXE, Sorte de pelleterie. Gl. *Lux*.

LUYSABLE †, Qui luit, qui éclaire. Gl. *Lucibilis*.

LUYTEAU, Linteau. Gl. *Lintellus*.

1. **LUZ**, Luth, instrument de musique. Gl. *Laulus*.

2. **LUZ**, Brochet. Gl. *Luceus*. [*Lus*, Roman de Renart, tom. 4, p. 42, vers 1141. Partonop. vers 10559. Voyez Rayn. t. 4, pag. 111², au mot *Luz*.]

LYMPSON, Limaçon. Gl. *Limaca*.

M

MAC

MAAILLE, Impôt ou redevance d'une maille. Gl. *Medala* [et *Macula* 1. *Maaille d'or*, Gl. *Obolus*].

MAAISSE, MAASSE, Cens ou redevance sur un *Mas* ou une métairie. Gl. *Massa 5.*

MABRE, Espèce d'étoffe de différentes couleurs. Gl. *Marbretus* et *Mebretus.*

° **MACABRE**. DANCE MACABRE. Gl. *Machabæorum chorea.*

° **MACAIGNE**, Chronique des ducs de Normandie, tom. 2, pag. 26, vers 16086 :

Sage est ceste jenz e macaigne.

MACAUT, Poche, besace. Gl. *Maca.*

MACE, Masse, sorte d'arme. Gl. *Maxuca*. [Monnaie. Gl. *Moneta*, p. 465¹.]

MACECLIER, Boucher. Gl. *Macelator* et *Machecarii.*

MACEFONDE, Machine de guerre pour jeter des pierres. Gl. *Matafunda.*

MACEL, Boucherie. Gl. *Macellum facere.*

MACELERIE, Boucherie. Gl. *Machecarii.*

MACELOTE, Petite masse ou massue. Gl. *Macha.*

MACELOTTE, La tête ou le gros bout d'un bâton. Gl. *Macha.*

MACHAT. COP MACHAT, Coup de massue sans effusion de sang, meurtrissure. Gl. *Ictus machat.*

MACHAU, Grange sans toit ; ou Meule. Gl. *Machale* [en Champagne].

1. **MACHE**, Masse ou massue, sorte d'arme. Gl. *Macha*. [Monnaie. Gl. *Moneta*, p. 465².]

2. **MACHE**, Amas, monceau, meule. Gl. *Machale.*

MACHECLIER, Boucher. Gl. *Macelator.*

MAC

MACHELOTE, Petite masse ou massue. Gl. *Macha.*

° **MACHER**, Mater. Enfants Haymon, vers 275 :

Regnaut savoit du jeu assés et largement,
Par trois fois a maché Bertoulet au corps gent.

MACHEURE, Meurtrissure, contusion. Gl. *Macatura.*

MACHICOT, Officier de l'église de Notre-Dame de Paris, qui est moins que les bénéficiers, et plus que les simples chantres à gages. Gl. *Maceconici.*

MACHIER, Espèce de couteau. Gl. *Machia.*

MACHIGNER, Détruire, renverser. Gl. *Machinatus 2.*

MACHINATION, Adresse, intrigue, artifice. Gl. *Machinare 1.* [Voyez Rayn. tom. 4, pag. 112², au mot *Machinatio*.]

MACHINEUX, Qui machine ou médite quelque trahison. Gl. *Machinare 1.*

MACHONNEMENT, Maçonnerie. Gl. *Machoneria.* [*Machon*, Maçon. Flore et Bl. vers 551.]

MACHUE, Massue. Gl. *Maxuca.*

MACHURE, Meurtrissure, contusion. Gl. *Macatura* [et *Maceratura*].

MACINAL, Certaine mesure de terre. Gl. *Macina 2.*

MACIOLIZ, pour Machicoulis. Gl. *Machicolamentum.*

MACISSE. TORCHE MACISSE, Qui est toute de cire. Gl. *Macissus.*

° **MACLLE**, Maille du filet. Gl. *Macula 2.*

1. **MAÇONNER**, Bâtir, construire une maison. Gl. *Maçonetus.*

2. **MAÇONNER**, Fabriquer, forger. Gl. *Maçonetus.*

MACQUE, Espèce de massue, bâton qui a une grosse tête ou un nœud par un bout. Gl. *Macha.*

MAG

1. **MAÇUE**, Massue ; d'où *Maçuete*, Petite massue. Gl. *Maxuca.*

2. **MAÇUE**. FAIRE LA MAÇUE DE QUELQU'UN, Se proposer de le battre. Gl. *Maçua.*

MADAGOIRE, Mandragore. Gl. *Mandragora.*

MADAISE, Écheveau. Gl. *Madascia.*

MADELINIER, MADERINIER, Ouvrier des vaisseaux appelés *Maderins*. Gl. *Madelinarius*, sous *Mazer.*

MADERIN, Sorte de vaisseau à boire. Gl. *Madrinus* sous *Mazer.*

MADIER, Cloison faite de charpente. Gl. *Maderia 2.*

MADRE, Sorte de matière dont on faisait les vaisseaux à boire. Gl. *Mazer.*

MADRINIER, Officier de l'échansonnerie, celui qui avait soin des vaisseaux appelés *Maderins*. Gl. *Madrinarius*, sous *Mazer.*

° **MAELÉ**, Maillé, à mailles. Chronique des ducs de Normandie, tom. 1, pag. 214, vers 3768. Voyez *Maillé.*

MAENERESSE, Médiatrice, arbitre. Gl. *Mediator 1.*

MAERIE, Le levain qui sert à faire fermenter la bière pour la dépurer, et ce qu'on payait au seigneur qui le fournissait. Gl. *Maeria 4.*

MAEUR, Maïeur, maire. Gl. *Maeria 1.*

° **MAFEZ**. Voyez *Maufés.*

MAGALEZ, Nom d'une compagnie de marchands italiens. Gl. *Magaleti*, et *Societas 4.*

° **MAGARI**. Voyez *Margari.*

MAGAUT, Poche, besace. Gl. *Magaldus.*

MAGDALEON, Espèce d'onguent. Gl. *Magdalium.*

MAGDELIN, Sorte de vaisseau à boire ; d'où *Magdelinier*, L'ouvrier ou marchand de ces vaisseaux. Gl. *Madrelinerius.*

* **MAGE**. Gl. *Judices*, pag. 438².

MAGENDOMME, Receveur des deniers publics. Gl. *Majores regii*, sous *Major* 1, pag. 185¹.

° **MAGIER**, Agoland, vers 646 :
*Il n'a pas gent, s'en les poist magier
Don l'en poist toz ces com....ier.*

MAGISTERIAL, Très-grand, très-élevé. Gl. *Magisteralis.*

MAGISTRAL, Altier, hautain, insolent. Gl. *Magisteralis.*

MAGLE, Marre, sorte de houe à labourer la vigne. Gl. *Maglius.*

° **MAGNE**, Grand. Chanson de Roland. Voyez Rayn. tom. 4, pag. 113², au mot *Magn*, et ci-dessous *Maine* 1.

MAGNIEN, Chaudron. Gl. *Magninus.*

MAGRECHE, Maigreur. Gl. *Magrus*. [*Magre*, Maigre. Partonop. vers 777, 779. Voyez Rayn. tom. 4, pag. 119², au mot *Magre.*]

MAHAIN, Mutilation, blessure considérable. Gl. *Mahamium*. [*Mahaingner*, Blesser. Chron. des ducs de Normandie, tom. 1, pag. 160, vers 2250. Voyez Rayn. tom. 4, pag. 111², au mot *Macar*, et pag. 113¹, au mot *Maganhar*, ci-dessous *Mehaigner* et suiv.]

MAHELIN, Médaille de cuivre ou de bronze. Gl. *Mahona.*

MAHEMER, Blesser fortement, mutiler. Gl. *Mahamium.*

MAHERÉ, p. e. Échauffé. Gl. *Maheria.*

MAHOMERIE, Mosquée, toute espèce de temple du paganisme. Gl. *Mahomeria*, sous *Mahum.*

MAHOMMET, Toute espèce d'idole. Gl. *Mahum.*

1. **MAHON**, pour Mahomet. Gl. *Mahum.*

2. **MAHON**, Cuivre, bronze, ou médaille d'un de ces métaux. Gl. *Mahona.*

3. **MAHON**, en picard, Coquelicot, qui croît dans les champs ; d'où *Mahonner*, Arracher le *Mahon*. Gl. *Mahona.*

MAHONER, en picard, Se battre à coups de poings. Gl. sous *Mahum.*

MAHOTE, Sorte d'ornement de l'habit militaire qu'on mettait aux épaules. Gl. sous *Maheria.*

MAHUIOTE, Nom de femme, formé de celui de Mathieu. Gl. *Attitudo.*

MAHUMERIE, Temple des faux dieux. Gl. *Mahum.* [Chanson de Roland, st. 268, vers 5. Voyez Rayn. tom. 2, pag. 167², au mot *Bafomairia.*]

MAHURTRE, MAHUTRE, La partie du bras qui prend de l'épaule jusqu'au coude. Gl. sous *Maheria.*

° **MAIAGE**, Certaine redevance. Gl. *Maiagium.*

° **MAICELLER**, comme *Maiseller.*

MAIENIERRES, Entremetteur, médiateur. Gl. *Mediator* 1.

MAIERE, Le levain qui sert à faire fermenter la bière pour la dépurer, et ce qu'on payait au seigneur qui le fournissait. Gl. *Maeria* 4.

MAJESTAL, Qui concerne la majesté royale. Gl. *Majestativus.*

MAJESTÉ, Puissance, autorité. Gl. *Majestas*, pag. 180¹. [*Dieu de majesté*, Garin le Loher. tom. 1, p. 6, etc. Voyez Rayn. tom. 4, pag. 115², au mot *Majestat.*]

MAIESTRE, Maître. Gl. sous *Magister*, pag. 178¹. [Voyez Rayn. tom. 4, pag. 116², au mot *Majestre.*]

1. **MAIEUR**, Le chef d'un corps de métier, ou de confrérie. Gl. *Major baneriæ.*

2. **MAIEUR**, Administrateur, celui qui est chargé de la régie de quelque chose. Gl. sous *Major* 1.

° **MAIGNABLE**, Permanent. Chron. des ducs de Normandie.

MAIGNEN, Chaudronnier. Gl. *Magninus.*

MAIGNIE, Famille, maison, tous ceux qui la composent. Gl. *Maisnada.*

MAIGNIER, Chaudronnier. Gl. *Magninus.*

MAIGRESCE, MAIGRESSE, Maigreur. Gl. *Macilentia.*

MAIGUE, Poisson de mer. Gl. *Piscis regius.*

MAIL DE PLONG, Sorte d'arme, maillet armé de plomb. Gl. *Malleus* 1.

MAILE [MAIL], p. e. Clos, lieu fermé de pieux. Gl. *Mail* et *Mainillum.*

MAILHÉ, Garni de mailles. Gl. *Macula* 2. [*Maillié*, Partonop. vers 2979.]

MAILHÉE, MAILHERE, Mesure de terre faisant le quart d'un arpent. Gl. sous *Mailliolus.*

MAILHOCHE, Mailloche, maillet de bois. Gl. *Mailhetus.*

MAILHOL, Jeune plant de vigne. Gl. *Maleollus*. [Malhol. Gl. *Malholtius*. Voyez Rayn. tom. 4, pag. 121¹, au mot *Maillol*.]

MAILHU, Garni de mailles. Gl. *Macula* 2.

° **MAILLAUX**, PAINS MAILLAUX. Gl. *Panis*, pag. 134².

MAILLE, Sorte d'arme défensive. Gl. *Macula* 2. [Voyez Gl. *Halsberga.*]

MAILLE AU CHAT, MAILLE POSTULAT, Sorte de monnaie. Gl. *Maillia* 1. [*Minuta* 1, *Leones* 1, et *Moneta*, pag. 475³.]

° **MAILLEGE**. Voyez *Malage.*

° **MAILLEI**, Action de frapper avec des maillets. Chronique des ducs de Normandie, tom. 2, pag. 213, vers 21638, var. :
Teu feis, teu chaple, teu maillei.

MAILLER, Frapper d'un maillet ou d'une massue. Gl. *Malleare* 1, sous *Malleus* 1. [Roman de Renart, t. 2, p. 329, v. 18543. Flore et Blancefl. vers 454. Voyez Rayn. tom. 4, pag. 130¹, au mot *Mallear*.]

MAILLÉS, MAILLIÉS, On appelait ainsi certains séditieux à Paris sous Charles VI, à cause des maillets dont ils étaient armés ; et ensuite toute espèce de séditieux. Gl. *Malleti.*

MAILLIÈRE, Marlière ou marnière, fosse d'où l'on tire la marne. Gl. *Marla.*

MAILLIS, Pieu. Gl. *Mail.*

MAILLOTINS, comme ci-dessus *Maillés*. Gl. *Malleti.*

° **MAILLOZ**, Guill. Guiart, tom. 2, pag. 364, vers 9458 (18439) :
Sus leur mas en a mainz mailloz.

MAILOLE, Jeune plant de vigne. Gl. *Malones.*

1. **MAIN**, Matin. Gl. *Mane*. [Roman de Renart, tom. 1, pag. 2, vers 282. Partonop. vers 14. Chastel. de Couci, vers 264. Roman de Renart, tom. 2, p. 289, v. 17448 :
Que le matin l'auras bien main.]

2. **MAIN**. GENS DE BASSE MAIN, De basse condition, la lie du peuple. Gl. sous *Manus*, pag. 250¹. [Partonop. vers 2550.]

3. **MAIN**. LIVRER SES MAINS, Faire hommage, en mettant ses mains entre celles de son seigneur. Gl. sous *Manus*, p. 249¹.

4. **MAIN**. METTRE EN LA MAIN DIEU, Formule de serment. Gl. sous *Manus*, pag. 248³.

5. **MAIN** BASSE, La main gauche. Gl sous *Manus*, pag. 251¹.

6. **MAIN** MOLAIRE, Meule, qu'on tourne à la main. Gl. sous *Manus*, pag. 253¹.

7. **MAIN** POTE, La main gauche. Gl. sous *Manus*, pag. 251¹.

° 8. **MAIN**. DE BONE MAIN, Complaisant. Partonop. vers 2661 :
*Car c'est li drois neus del vilain,
Qu'il soit tosjors de bone main
Vers celui de qui a péor.*

° 9. **MAIN**. PAIER AVANT LA MAIN, Payer d'avance. Gl. *Pacare.*

° **MAINADERIE**, Gl. *Mainaderia*, sous *Maisnadarii.*

MAINANT, Riche, qui est à son aise. Gl. *Massaritia*. [*Menant*, Wackernagel, pag. 62. Voyez *Manant* 1.]

MAINBORNIR, Gouverner, administrer. Gl. *Mamburnire*, sous *Mamburnus*.

MAINBORNYE, MAINBOURNIE, MAINBURGNIE, Garde, tutelle: d'où *Mainbourg*, Tuteur. Gl. *Mamburnia*, sous *Mamburnus*, et *Mundiburdus*, et *Quenneya.*

MAINBURNIR, Gouverner, administrer. Gl. *Mamburnire*, sous *Mamburnus.*

° **MAINCOT**, Certaine mesure de blé. Gl. *Mencaldus.*

MAINDRE, Demeurer, habiter. Gl. *Manamentum*. [Partonop. vers 1102, 5895. Ruteb. tom. 2, pag. 236. Chron. des ducs de Normandie, aux mots *Maindre, Maignauz, Maigne, Maint, Maisist, Maistrent, Mest*. Chanson de Roland, au mot *Meint*. Voyez *Diez Altrom. Sprachdenkmale*, p. 23. Orell, pag. 286, ci-dessous *Maner 2*, et *Mes 3*.]

° 1. **MAINE**, comme *Magne*. Grand. Agolant, vers 30 :

Charlon chevauche, nostre emperere
[*maine*.

Voyez vers 822. — *Doit maine*, Roi Guillaume, p. 137². (*Metre doy*, †. Gl. *Verpus*.)

2. **MAINE**, Manoir, maison, demeure, habitation. Gl. *Maina*.

MAINEMENT, Le même. Gl. *Mainamentum*.

° **MAINER**. Voyez *Mener*.

° **MAINERS**, Mains? Lais du Corn, v. 438.

° **MAINGNÉE**. Voyez *Maisnie*.

MAINMOLE, Le droit de mainmorte. Gl. *Manusmortua*, pag. 251².

MAINMORTABLE, Serf dont les biens appartiennent au seigneur. Gl. *Manumortabilis*, et *Manus*, pag. 251²³.

MAINMUABLE, Espèce de serf, qui pouvait changer de seigneur. Gl. *Manumutabilis*.

MAINNAGE, Meuble, ustensile, ce qui sert dans une maison. Gl. *Mainagium 2*. [Jubinal, Fabliaux, tom. 1, pag. 136.]

MAINNET, Espèce de pomme. Gl. *Blandoctus*.

MAINNIER, Sergent, huissier. Gl. *Maynerius*.

MAINPAST, Domestique, serviteur. Gl. *Manupastus*.

MAINPLANT, Nouveau plant, jeune plant de vigne. Gl. *Mailliolus*.

° **MAINS**, Moins. Partonop. vers 2420. Chron. des ducs de Normandie. Voyez Rayn. tom. 4, pag. 191¹, au mot *Mens*.

° **MAINSNÉ**, Mineur. Gl. *Minorennis*.

° **MAINTENANT**, Aussitôt, sur-le-champ. Partonop. vers 9738, 10534. Garin le Loher. tom. 1, pag. 158. Flore et Blancefl. vers 495. Chastel. de Couci, vers 143, 169 :

Lors prist la dame par la main
Tout maintenant le chastelain.

De maintenant. Roman de Roncevaux, pag. 35 :

De maintenant nes osent approcher.

Orell, pag. 306. Rayn. tom. 5, pag. 338¹, au mot *Mantenent*.

MAINTENEMENT, Défense, protection, secours, aide. Gl. *Manutenentia*. [Voyez Rayn. tom. 5, pag. 338², au mot *Mantenemen*.]

MAINTENIR, [Protéger, soutenir, gouverner. Partonop. tom. 1, pag. 158. Voyez Rayn. tom. 5, pag. 338¹, au mot *Mantener*.] MAINTENIR UNE FEMME, avoir un commerce illégitime avec elle. Gl. *Manutenere 3* [et *Desligare*].

° **MAJORAU** DE LA CABANE. Gl. *Majoralis 1*.

1. **MAIRE**, Plus grand. Gl. *Merum examen*. [Chron. des ducs de Normandie. Principal, plus considérable. Agolant, p. 184¹ :

Tot par deseure en l'estage major.

Tere major, la France. Voyez le Glossaire sur la Chanson de Roland, aux mots *Major* et *Majur. Inde major*, Agolant, pag. 171¹. Aubri, vers 162. (*Inde la plus superior*, Agolant, pag. 184². *Inde labor*, pag. 171¹. *Inde la desperse*, Partonop. vers 7204.) Voyez Rayn. tom. 4, pag. 119², au mot *Majer*.]

2. **MAIRE**, Le chef d'un corps d'artisans ou de confrérie. Gl. *Major baneriæ*, [Roman de Renart, tom. 4, p. 67, v. 1882.]

3. **MAIRE**, Administrateur, régisseur. Gl. sous *Major 1*, pag. 185². [*Majors*, Parton. vers 354.]

MAIRE-AAGE, Majorité. Gl. *Majorennis*.

MAIRIE, Le droit qui appartient au maire. Gl. *Majoria 2*.

MAIRIEN, MAIRRIEN, Mairain, bois de charpente. Gl. sous *Materia*, p. 304².

1. **MAIS**, Maison de campagne, à laquelle il y a des terres attachées, métairie. Gl. *Mansus*, pag. 231¹.

2. **MAIS**, Espèce de coffre, où tombe la farine à mesure que le blé est broyé. Gl. *Farinosium*.

3. **MAIS**, Plus, davantage. Gl. *Mais*. [Roman de Renart, tom. 3, pag. 24, vers 20408. Enfants Haymon, vers 735. Chastel. de Couci, vers 1172. *Mes car*, Agolant, vers 876. Roman de Renart, t. 1, pag. 39, vers 1017. *Qui mais n'en puet*, Partonop. vers 8905. Voyez Orell. pag. 338. Rayn. tom. 4. pag. 123², au mot *Mais*.]

MAIS QUE, Pourvu, à condition. Gl. *Corrumpere*. [*Ne mais que*, Excepté, hormis. Flore et Blanc. vers 1716. Partonop. vers 9685, 10108. *Ne mes*, vers 9314. Chanson de Roland, stance 28, vers 6. Renart le Nouvel, tom. 4, pag. 184, vers 216. *Ne mes que*, Aussitôt que, Roman de Renart, tom. 1, pag. 42, vers 1088. Voyez Orell, pag. 338. Rayn. tom. 4, p. 124², au mot *Mais*.]

1. **MAISE**, Caque, vaisseau, où l'on met les harengs. Gl. *Meisa 1*.

° 2. **MAISE**, Roi Guillaume, pag. 115 :

Tot trois le saluent à maise.

MAISEL †, Boucherie. Gl. *Machecarii*. [Agolant, pag. 186¹. Voyez Rayn. tom. 4, p. 170¹, au mot *Mazelh*, ci-dessous *Mazel*.]

MAISELIER †, Boucher. Gl. *Macellator* et *Machecarii*.

MAISELIERE †, Boucherie. Gl. *Macera*.

MAISELLE, Joue. Gl. *Maxillares Dentes*. [*Maisele*, Gérard de Vienne, vers 2411, et la note, pag. 164¹. *Maissele*, Chronique des ducs de Norm. Voyez Rayn. t. 4, pag. 125², au mot *Maissella*.]

MAISELLER, Dent machelière. Gl. *Maxillares dentes*.

MAISELOIRE †, Boucherie. Gl. *Machecarii*.

° **MAISEMENT**, Méchamment. Renart le Nouvel, tom. 4, pag. 189, vers 1651 :

En ont lor gent no conpaignon
Maisement et en traison
Ocis.

Voyez pag. 208, vers 243.

MAISIERE, Mur de cloison. Gl. *Maceria 3* [et *Incastraturæ*. Voyez le Glossaire sur la Chronique des ducs de Normandie. Guill. Guiart, tom. 1, pag. 348, vers 8068 :

Li rois fait aus creniaus lancier
Pour en desrompre les mesières].

° **MAISMEMENT**, Surtout, principalement. Chron. des ducs de Normandie. Orell, pag. 298.

MAISNÉ, Puîné ; d'où *Maisneté*, Le droit du puîné dans l'héritage de ses père et mère. Gl. *Majoratus 1*.

MAISNIE, Famille, maison, tous ceux qui la composent. Gl. *Maisnada*. [Suite, troupe, Flore et Jeanne, pag. 12, 22. Chron. des ducs de Normandie, aux mots *Maisgnée, Maisnée*, etc.]

MAISNIER, Domestique, celui qui est attaché à la famille ou maison de quelqu'un. Gl. *Maisnada*.

MAISNIL, Ferme, métairie. Gl. *Mansionile*. [Garin le Loher. tom. 1, pag. 166. Chronique des ducs de Norm.]

1. **MAISON** ESTAGIERE, Boutique. Gl. *Estagilis*.

2. **MAISON** DE LE PAIS, Hôtel de ville. Gl. *Bretechiæ*, sous *Bretachiæ*, pag. 743².

° 3. **MAISON** PLATE, Non fortifiée. Gl. *Planus*.

MAISONCHELLE, Petite maison. Gl. *Mesoncella*.

MAISONNAGE, MAISONNÉE, Bois de charpente propre à la construction d'une maison. Gl. *Mansionare*.

1. **MAISONNER**, Bâtir, construire ou refaire une maison. Gl. *Mansionare* [et *Domificium*.]

2. **MAISONNER**, Recevoir dans sa maison, loger. Gl. *Mansionare*.

3. **MAISONNER**, Bois de charpente propre à la construction d'une maison. Gl. *Mansionare*.

MAISSAIGE, Métairie, ferme, maison de campagne. Gl. *Masagium*, sous *Massa 5*, pag. 297¹.

MAISSELETE, Joue mignonne. Gl. *Maxillares dentes*.

° **MAISSELLER**, comme *Maiseller*.

MAISTIRE, Maître. Gl. sous *Magister*, pag. 173².

1. **MAISTRE**, pour désigner un Capitaine, un médecin, le bourreau. Gl. sous *Magister*, pag. 173¹. [Solennel *maistre en théologie, en médecine*. Gl. *Solemnis*.

260 MAL

Maistre en divinité. Gl. *Theosophus. Grant maistre,* Grand seigneur. Gl. *Magister Major. Maistre,* Client, commettant. Gl. *Magistri Procuratorum.*]

2. **MAISTRE** (LA), Partie d'une charrue, pièce de bois qui règne tout le long de la charrue appelée plus ordinairement *Haye.* Gl. sous *Magister,* pag. 173[1].

◦ 3. **MAISTRE**, Gouvernante, nourrice. Partonop. vers 384.

◦ 4. **MAISTRE**, Principal, premier, grand. *Mestre conseillier,* Agolant, vers 1196. Flore et Jeanne, pag. 67. *Mestre consfeseur,* Dit du roi Guillaume, pag. 177. *Mestres portier,* Agolant, vers 1047. *Maistre os,* Gérard de Vienne, vers 1367. *Maistre vaine,* Roi Guillaume, pag. 109. *Mestre giron,* Agolant, pag. 152[2]. *Mastres fermeteiz,* Gérard de Vienne, vers 1206. *Maistre donjon,* pag. 166[1]. *Maistre manaige.* Gl. *Managum* 2. *Maistre maison,* Aubri, pag. 161[1]. Agolant, vers 113. *Maistre tré,* Gérard de Vienne, vers 357 (voyez vers 351). *Maistre cambre,* Partonop. vers 3518. *Maistrs poste,* vers 266. Garin le Loher. tom. 1, pag. 240. Gl. *Porta* 6. *Mestre sé,* Vie de saint Thomas de Cant. vers 314. *Le plus mestre glise,* Partonop. vers 10127. *Le plus maistre dunjon,* Chron. des ducs de Normandie. t. 1, pag. 110, vers 819. *Mestre abaeresse, Mestre lecharesse, Maistre lerre,* Roman de Renart, tom. 1, pag. 6, vers 137, 138, 149. *Quatre mestre vents,* Joinville, pag. 9, etc. Voyez Rayn. tom. 4, pag. 116[2], au mot *Majestre.*

MAISTREAULX, Mai, pétrin. Gl. *Magis* 1.

1. **MAISTRE-ESCOLE**, Écolâtre, dignité ecclésiastique. Gl. *Magiscola.*

2. **MAISTRE-ESCOLE**, Titre du recteur de l'université d'Angers. [*Maistres-escolerie,* sa dignité.] Gl. *Magiscola.*

MAISTRER, Dominer, gouverner, conduire, maîtriser. Gl. *Magistrare.*

MAISTRIE, Arrogance, hauteur, fierté. Gl. *Magisterialis.* [Maîtrise, suprématie, doctrine, science. *Par maistrie,* d'autorité. Chronique des ducs de Norm. Voyez *Mestrie.*]

◦ **MAISTRIEMENT**, Tutelle, autorité d'un maître. Chron. des ducs de Norm.

MAISTRIER, Dominer, gouverner, conduire, maîtriser. Gl. *Magistrare.*

1. **MAISTRISE**, Arrogance, hauteur, supériorité qu'on a ou qu'on s'attribue sur quelqu'un. Gl. *Magisterialis.*

2. **MAISTRISE**, Art, industrie. Gl. *Magisterium* 2. [Voyez *Mestrie* 4. Wackern. pag. 6.]

MAISTRISIÉ, Expert, habile. Gl. *Magistrari.*

MAISTROIER, Dominer, gouverner, conduire, maîtriser. Gl. *Magistrare.* [Flore et Blancefior, vers 181. *Mestroier,* Chastel. de Couci, vers 423. Voyez Rayn. tom. 4, pag. 118[1], au mot *Majestrar.* Chron. des ducs de Norm., aux mots *Maistrier* et *Mestreier.*]

◦ **MAIT**, comme *Mais* 2, Gl. *Mait. Met* †, Gl. *Pissa.*

MAL. LE BEAU MAL, Épilepsie, mal caduc. Gl. *Morbus pulcher.*

LE BON MAL, Espèce de maladie. Gl. *Malum bonum.*
MAL S. AIGNEN, Espèce de maladie. Gl. *Morbus S. Aniani.*
MAL D'AMIENS, Érésipèle, feu sacré. Gl. *Morbus Ambianensis.*
MAL S. ANDRIEU, Le même. Gl. *Morbus S. Andreæ.*
MAL S. ANTOINE, Le même. Gl. *Morbus S. Antonii.*
MAL D'AVERTIN, Épilepsie, vertige. Gl. *Adversatus.*
MAL CHAULT ou DE CHALEUR, Fièvre chaude. Gl. *Morbus calidus.*
MAL S. ELOY, Abcès, apostume ; ou Scorbut. Gl. *Morbus S. Eligii.*
MAL S. FIRMIN, Feu sacré, érésipèle. Gl. *Morbus Ambianensis.*
MAL STE GENEVIEVE, Le même. Gl. *Morbus Genovefæ.*
MAL S. GERMAIN, p. e. Le même. Gl. *Morbus S. Germani.*
LE GRANT ou GROS MAL, Épilepsie, mal caduc. Gl. *Morbus grossus.*
MAL S. JULIEN, p. e. Abcès, apostume. Gl. *Morbus S. Juliani.*
MAL S. LADRE, Lèpre. Gl. *Morbus S. Lazari.*
MAL S. LEU ou S. LOUPT, Épilepsie, mal caduc. Gl. *Morbus S. Lupi.*
1. MAL S. MARTIN, Ivresse. Gl. *Morbus S. Martini.*
2. MAL S. MARTIN, Esquinancie. Gl. *Morbus S. Martini* 2.
MAL S. MATHELIN ou MATHURIN, Vertige, étourdissement, folie. Gl. *Morbus S. Mathelini.*
MAL S. MESSENT, p. e. Érésipèle, feu sacré. Gl. *Morbus S. Maxentii.*
MAL S. NAZAIRE, Vertige, étourdissement, folie. Gl. *Morbus S. Nazarii.*
MAL NOSTRE DAME, Scorbut ; ou Érésipèle. Gl. *Morbus B Mariæ.*
MAL S. QUENTIN, p. e. Hydropisie. Gl. *Morbus S. Quintini.*
MAL S. SANTIN ou SAINTIN, Sorte de maladie. Gl. *Morbus B. Mariæ.*
MAL S. VERAIN, Érésipèle. Gl. *Morbus S. Verani.*
MAL S. VICTOR, Folie, frénésie. Gl. *Morbus S. Victoris.*

◦ MAL RESSENT, MAL DE LIT, MALADIE RESIDENTE, Maladie qui empêche de comparaître. Gl. *Infirmitas de ressantisa,* sous *Residentes,* pag. 144[1], et Sunnis, pag. 657[3].

MALADER, Etre malade. Gl. *Maladia.*

◦ **MALADEUX**, Infirme, valétudinaire, malade. Gl. *Maladia.*

◦ **MALADIE** DE S. EUTROPE ou S. YTROPE, Hydropisie. Gl. *Morbus S. Eutropii.*

MALADIE OBSCURE, Epilepsie, mal caduc. Gl. *Morbus obscurus.*

MALADIER, Etre malade. Gl. *Maladia.* [Voyez Rayn. tom. 2, pag. 108[4], au mot *Malavejar.*]

MALADIS, Infirme, valétudinaire, malade. Gl. *Maladia.* [*Malaides,* Wackern. pag. 41. Voyez Rayn. tom. 2, pag. 107[3], au mot *Mal apte.*]

MALAGE, Mauvaise santé, langueur, souffrance, maladie. Gl. *Maladia.* (Chanson de Cunes de Betunez, Laborde, pag. 181. Wackern. pag. 40 : *Maillege.*

MALAMOUR, Indisposition contre quelqu'un. Gl. *Maliganitas.*

MALAN, Ladrerie, lèpre. Gl. *Malandria.* [Guill. Guiart, tom. 1, pag. 127, vers 2775 ; pag. 138, vers 3055 : *Malen.*]

MALANDRAS, Voleur, pillard. Gl. *Maladrinus.*

MALARMAT, Poisson armé de deux cornes, ainsi nommé par antiphrase. Gl. *Malearmata.*

MALART, Le mâle des cannes sauvages. Gl. *Mallardus.* [Roman de Renart, tom. 1, pag. 49, vers 1274.]

◦ **MALARTOUS**, Fourbes. traîtres. Chron. des ducs de Normandie.

MALBAILLI, Maltraité, détruit, ruiné. Gl. *Maleabbiatus.* [Voyez Rayn. tom. 2, pag. 169[2], au mot *Baillir.*]

MAL-DEHAIT, Imprécation par laquelle on souhaite du mal à quelqu'un. Gl. *Alacrimonia.*

◦ **MALDIRE**, Maudire, médire, Chanson de Roland, Rayn. tom. 2, pag. 57[1], au mot *Maldire. Maledicence,* ibid. au mot *Maldizenssa. Maledicteur,* ibid. au mot *Maldizeire.*]

◦ **MALÉ**, Assigné, cité. Agolant, pag. 163[1] :

En son chief a un tel hiaume fermé,
Pieres i a qui ont tel poesté,
Já qui le porte en champ o lui malé
Ne crient coup, etc.

Chanson de Roland, stance 281, vers 6 :

Ben sunt malez par jugement des autres.

Voyez Gl. *Mallare,* pag. 200[1].

MALEDIEUX, Infirme, valétudinaire, malade. Gl. *Maladia.*

◦ **MALE-ERRE**, Mauvais traitement. Guil. Guiart, tom. 1, pag. 33, vers 219 :

Lié, batu, mené male-erre.

MALEFAITE, Mauvaise action. Gl. *Malefacta.*

MALEGLOUTE, Se dit d'une femme malpropre et débauchée. Gl. *Glotonus.*

◦ **MALEHERE**, Voyez *Male-erre* ? Partonop. vers 6227 :

Car castéés est cose avers
Enfrune et fière od malehere.

MALEIR, Maudire. Gl. *Culverta.* [Chron. des ducs de Norm. tom. 1, pag. 483, vers 11591 :

Maleit seit oi cil aucidenz.

MALEMENT, Malicieusement, à mauvais dessein. Gl. *Trencatum.*

MALEOIT, Maudit. Gl. *Maledicere.* [*Maleois,* Gérard de Vienne, vers 8594.]

MALEPAGUE, Nom d'une prison à Lodève, où l'on met les débiteurs. Gl. *Malpaga.*

MALESTRIN, p. e. Mal avisé, imprudent. Gl. *Maleavisitus.* [*Malestrene.* Gl. *Threnosus.*]

MALESTROUSSE, Droit seigneurial dû par ceux qui ont recueilli du foin. Gl. *Trossa* 1.

MALET, CHEVAL MALET, Mallier. Gl. *Caballus maletus,* et *Maletus.*

º **MALETOSTE**. Gl. *Tolta* 1, pag. 119³.

º **MAL ÉUR**, Roi Guillaume, pag. 66 :

*A mal éur quant il vos a
Et quant il vos a tant tenue.*

Chastel. de Couci, vers 2593 :

Mal de l'eure que l'aquointay.

Voyez Rayn. tom. 3, pag. 541², au mot *Malahur. Maléuré*, Malheureux. Chron. des ducs de Norm. Rayn. ibid. pag. 542¹, au mot *Malaurar*.

MALEYS, Fumier, engrais. Gl. *Mallare* 2.

MALFAIT, Tort, dommage. Gl. *Malefacta*.

º **MALFAIZ**. Voyez *Maufes*.

MALGRÉ, Blâme, reproche. Gl. *Malægrates* [et *Malo-grato*, sous *Creantare*, pag. 609¹.]

º **MALGREIT** MIEN, Malgré moi. Chanson de Guiot de Prouvins, Wackernagel. pag. 24:

*Malgreit mien m'en estuet
Devant la gent ploreir.*

Roman de Renart, tom. 2, pag. 272, vers 16988. Voyez Rayn. tom. 3, pag. 502¹, au mot *Malgrat. Maugré*, Orell. pag. 328.

MALGROYER, Jurer avec imprécation que, malgré Dieu et ses saints, on fera telle chose. Gl. *Malegraciare*.

º **MALHOL**. Voyez *Mailhol*.

MALICE, Fraude. Gl. *Malitia* 1.

MALICHONS, Malédiction, imprécation. Gl. sous *Maledicere*.

MALIGEUX, Malingre, qui est d'une santé faible. Gl. *Matiginosus*.

MALIGNER, Tromper, frauder. Gl. *Malitia* 1.

MALIGNOSITÉ, Malignité, méchanceté. Gl. *Maliganitas*.

MALINGEUX, Malingre, qui est d'une santé faible. Gl. *Maliginosus*.

MALINGNEUX, Maltraité, estropié. Gl. *Malignare*.

MALIVOLENCE, Malveillance, mauvaise volonté. Gl. *Maliganitas*.

MAL-LANGAGIER, Qui parle avec hauteur et insolence. Gl. *Linguatus*.

MALLART, Le mâle des cannes sauvages. Gl. *Mallardus*.

1. **MALLER**, Marler, mettre de l'engrais sur une terre. Gl. *Mainagium* 1.

2. **MALLER**, Frapper d'un maillet ou massue, simplement pour Maltraiter, gourmer. Gl. *Malleus* 1, pag. 198².

MALLEYS, Fumier, engrais. Gl. *Mallare* 2.

º **MALLIERE**, Marnière. Gl. *Malleria*.

MALMETTRE, Dissiper, mesurer. Gl. *Malmittere*. [Vie de St. Thomas de Cantorbery, pag. 623². Voyez Orell, pag. 248. Rayn. tom. 4, pag. 227¹, au mot *Malmetre*, ci-dessous *Naumetre*.]

MALOIT, pour MALEOIT, Maudit. Gl. *Maledicere*. [Wackern. pag. 84, 85.]

MALOSTRU, Mal avisé, imprudent. Gl. *Male-avisitus*. [Voyez Rayn. tom. 2, pag. 193², au mot *Malastruc*?] *Mal estruz*, Chronique des ducs de Normandie, tom. 1, pag. 334, vers 7214. *Malostru et deshoniesle*, Roman de Renart, tom. 4, pag. 82, vers 2349.]

MALPARLER, Médisance. Gl. *Misdicere*.

MALPRENDRE, Dérober, voler. Gl. *Misprendere*.

MALTALENT, Mauvaise volonté. Gl. *Talentum* 2. [Colère, Chanson de Roland. *Maltalentis*, Acharné, courroucé, irrité. Chron. des ducs de Normandie, Partonop. vers 8867. Voyez *Mautalent*.]

MALUCASE, Terme de jeu de longue paume, quand la balle est mal servie. Gl. *Maluscasus*.

MALVEISINE, Machine de guerre. Gl. *Malveisin*.

MALVETIEZ, Malice, méchanceté. Gl. *Maliganitas*. [*Malvestie*. Wackern. pag. 59, 61.]

MALVISSÉE, Malevoisie. Gl. *Malvazia*.

MAMBOUR, Tuteur, administrateur, gouverneur. Gl. *Mamburnus*.

MAMELLIÈRE, Sorte d'armure qui couvrait la poitrine. Gl. *Mamillaria*.

MANABLE, Habitant, demeurant. Gl. *Managium* 2.

MANACHER, Menacer. Gl. *Manaciare*.

MANAIDE, Pouvoir, volonté, discrétion. Gl. *Menagium* 3. [Merci, miséricorde. Garin le Loher. tom. 1, pag. 132, 286. Voyez *Manaie*.]

º **MANAIDER**, MANAIER, Ménager, avoir en son pouvoir. Partonop. vers 259. Chron. des ducs de Normandie. *Manoier*, Roman de Renart, tom. 2, pag. 300, vers 17770. *Manier*. Gérard de Vienne, vers 1799.

MANAIE, Miséricorde, grâce. Gl. *Mercia* 3. [Flore et Jeanne, pag. 59. Roman de Renart, tom. 2, pag. 192, vers 14776 ; tom. 4, pag. 128, vers 80. *Menaie*, Wackern. pag. 13, ci-dessous *Menaje*. Voyez *Manaide, Manaye, Manoie*, la Chron. des ducs de Normandie, et Rayn. tom. 4, pag. 143¹, au mot *Manaya*.]

MANAIGE, Maison, habitation, demeure. Gl. *Managium* 2.

MANANCE, Possession, jouissance. Gl. *Mainagium* 1.

1. **MANANDIE**, Maison, habitation, demeure. Gl. *Managium* 2.

2. **MANANDIE**, Richesses, biens. Gl. *Managium* 2. [Roman de Roncevaux, p. 98. Partonop. vers 810, 10298. *Menandie*, Gérard de Vienne, vers 3811. Gl. *Maisnile*. Voyez *Manantie*.]

MANANDISE, Maison, habitation, demeure. Gl. *Managium* 2.

1. **MANANT**, Riche, qui est à son aise. Gl. *Managium* 2, et *Massaritia*. [Agolant, pag. 171² :

De grant richece orgueillons et manant.

Flore et Blancefl. vers 416. Chron. des ducs de Norm. Voy. Rayn. t. 4, p. 150¹, au mot *Manent*.]

º 2. **MANANT**, Habitant, villain. Gl. *Manentes*.

MANANTIE, Biens, revenus, richesses, meubles précieux. Gl. *Managium* 2, et *Massaritia*. [Agolant, pag. 169². Chron. des ducs de Normandie. *Menantie*, Gérard de Vienne, vers 839, 3321. Voyez *Manandie* 2, et *Manentise*, Rayn. tom. 4, pag. 150¹, au mot *Manentia*.]

MANAYE, Puissance, possession. Gl. *Mainagium* 1. Voyez *Manaie*.

MANBOTE, Le dédommagement dû au seigneur par celui qui avait tué un de ses sujets. Gl. *Manbota*.

MANBRE, Sorte d'étoffe de différentes couleurs. Gl. *Marbretus* et *Marbrinus*.

MANBURNIE, Tutelle, administration, gouvernement. Gl. *Mamburnia*, sous *Mamburnus*.

MANBURNIR, Administrer, gouverner, conserver. Gl. *Manbornia*.

º **MANCELE**, Manchon. Partonop. vers 292.

MANCELON, Manchette. Gl. *Mancella*.

MANCHEUR, pour MANECHEUR, Qui menace. Gl. *Manaciare*.

MANCHONNABLE, Menteur, faux, trompeur. Gl. *Mendaciloquus*.

MANCIP †, Laqueton. Gl. *Mancipiolum*.

MANÇOIS, Monnaie des comtes du Mans. Gl. sous *Moneta Baronum*, pag. 495¹.

MANDAGLOIRE, MANDAGOIRE, Mandragore. Gl. *Mandragora*. [*Mandegloire*, Flore et Blancefl. vers 416. Chron. des ducs de Norm. Voy. Rayn. tom. 4, pag. 143², au mot *Mandragora* ; Halliwell, au mot *Mandrake*.]

MANDE, Sorte de panier. Gl. *Manda* 3.

1. **MANDÉ**, Etendue d'une juridiction ou ressort. Gl. *Mandamentum* 2.

2. **MANDÉ**, Lavement des pieds, cérémonie ecclésiastique. Gl. *Mandatum* 9, pag. 213².

1. **MANDEMENT**, Territoire, étendue d'une juridiction, ressort. Gl. *Mandamentum* 2.

º 2. **MANDEMENT**, Palais, château. Gl. *Mandamentum* 2. Gérard de Vienne, vers 2097 :

Et trebuchiet tuit li haut mandement.

Voyez Rayn. tom. 4, pag. 135², au mot *Mandamen*.

MANECHEMENT, Menace. Gl. *Manaciare*.

MANECHEUR, Qui veut intimider par des menaces. Gl. *Manaciare*. [*Manecèor*, Roman de Renart, tom. 2, pag. 262, vers 16706. *Manechier*, Menacer, Partonop.

vers 9376.Voyez Rayn. tom. 4, pag. 191², au mot *Menassaire*.]

MANÉE, Poignée, autant que la main peut prendre. Gl. *Manata*.

* **MANENTISE**, comme *Manantie*. Partonop. vers 5627.

1. **MANER**, Village, hameau. Gl. *Manerium*.

* 2. **MANER**, Demeurer, rester. Partonop. vers 319, 2486, 4414. Roman de Renart, tom. 1, pag. 49, vers 1276. Voyez *Maindre*.

* **MANES**, Promptement, sur-le-champ. Glossaire sur la Chronique des ducs de Normandie, au mot *Manais*. *Manais*, Orell. pag. 305. Rayn. tom. 4, pag. 144¹, au mot *Manes*. *Manes que*, Aussitôt que, Orell. pag. 389. *Manois*, Partonop. vers 1605, 1847, 1971, 2718, 5157, 5749, 7941. *De manois*, vers 2346, 5606. *Menois*, Garin le Loher. tom. 1, pag. 11 :

* **MANEVIZ**, Prompt, empressé. Chanson de Roland, st. 156, vers 2 :

Tant se feit fort e fiers e maneviz.

Voyez *Amaneniz*.

MANEUVRE, Main d'œuvre, travail. Gl. *Manobrium*, sous *Manopera*.

MANFRONIER, Sorte de drap qu'on faisait à Louviers et à Tours. Gl. sous *Pannus* 2, pag. 139³.

MANGANIER, Boulanger forain. Gl. *Manganerius*.

MANGARTE, Le nom d'une prison des faubourgs de Londres. Gl. sous *Marescalcus*, pag. 278³.

MANGE, Manche. Gl. *Mangia* 2.

* **MANGEUR**, Gl. *Comestores*, pag. 434³. *Mangeresse* †, Gl. *Estrix*.

MANGIER, Repas. Gl. *Mangerium*.

MANGLER, Emmancher. Gl. *Mangulare*.

1. **MANGON**, Sorte de monnaie d'or. Gl. *Mancusa*, et *Mango*, sous *Manganum*, pag. 217³. [Partonop. vers 1624. Gérard de Vienne, vers 2076, 2398 : *Livres de mangon.* Voyez les Gloss. sur la Chron. des ducs de Normandie et sur la Chanson de Roland, au mot *Mangun*.]

2. **MANGON**, Apprenti. Gl. *Mango* 8.

MANGONIAU, Machine de guerre, qui jetait des traits et des pierres ; on appelait du même nom tout ce qui était jeté par cette machine. Gl. sous *Manganum* 2. [Voyez le Gloss. sur la Chron. des ducs de Normandie, au mot *Mangoneaus*, et Rayn. tom. 4, pag. 145², au mot *Manganel*.]

MANGONNETTE, Sorte d'offrande qui se faisait à Notre-Dame du Puy ; ou le diminutif de *Mangon*, Monnaie. Gl. *Mangometa*.

MANGONNIER, Regrattier, revendeur, ou fripier. Gl. *Mangonarius*, sous *Mangonare*.

MANICLE, Brasselet. Gl. *Manica* 2. [Partonop. vers 7465.]

MANIEMENT, MANIENCE, Possession, jouissance. Gl. *Maniamentum* 1.

1. **MANIER**, Maltraiter, battre. Gl. *Maniare* 1.

* 2. **MANIER**. Voyez *Manaider*.

* 3. **MANIER**. Voyez *Manoier*.

MANIES, Figures de cire, dont on se servait dans les sortilèges. Gl. *Maniæ*.

MANILLIER, Marguillier. Gl. *Maniglerius*.

MANNAGE, Meuble, ustensile de ménage. Gl. *Managium* 2.

MANNAGER, Artisan, ouvrier. Gl. *Managerius*.

MANNÉE, Ce qu'on prend pour le droit de mouture. Gl. *Manata*. [Poignée. Gl. † *Manua*.]

MANŒUVRE, MANŒUVRÉE, Corvée, travail des mains, que les sujets doivent à leurs seigneurs. Gl. *Manopera*.

* **MANOIE**, comme *Manaie*. Chanson du Chast. de Coucî, Laborde, pag. 289. *Manie*, Galien Restoré, Fierabras, pag. 165¹. Wackern. pag. 50.

* **MANOIER**, MANIER, Habituel, habitué à, prompt. Gérard de Vienne, vers 287 :

Ke li véist son escu manoier
Per les enarmes lever et anbracier.

Partonop. vers 7907 :

Et cil samblent bien cavalier,
D'armes engignos et manier.

Agolant, pag. 152³ :

A lui servir furent preu et manier.

Flore et Blanceft. vers 2579 :

Quant vint en la cambre maniere.

Voyez Rayn. tom. 4, pag. 141¹, au mot *Manier*.

* 2. **MANOIER**. Voyez *Manaider*.

MANOURABLE, Celui qui doit manœuvre ou corvée. Gl. *Manobrium*, sous *Manopera*.

MANOURC, Les outils d'un ouvrier. Gl. *Manobrium*, sous *Manopera*.

* **MANOVRER**, Fabriquer, forger, travailler. Agolant, pag. 179¹. *Manuvrer*, Chanson de Roland, st. 179, vers 11. Voyez *Menovrer*.

MANSAIS, Monnaie des comtes du Mans. Gl. sous *Moneta Baronum*, pag. 494³.

MANSAL, Commensal, attaché au service de quelqu'un. Gl. *Mensa*.

MANSAURS. TERRES MANSAURS, Celles qui étaient sujettes au cens, appelé *Maasse*. Gl. *Massa* 5.

MANSEIS, Ce qu'on payait pour le droit de gîte. Gl. *Mansionaticum*.

MANSES, Monnaie des comtes du Mans. Gl. sous *Moneta Baronum*, pag. 494³.

MANSION, Famille, ménage. Gl. *Mansio*.

MANSIONIER, Espèce de colon ou fermier, qui devait un cens pour ce qu'il occupait en maison et terres. Gl. *Mansionarii*.

1. **MANSOIS**, Monnaie des comtes du Mans. Gl. sous *Moneta Baronum*, pag. 495¹.

2. **MANSOIS**, Ce qu'on payait pour le droit de gîte. Gl. *Mansionaticum*.

MANSOYÉE, Demi-charretée. Gl. *Mansoyata*. [Mansoie, Gl. *Massoda*.]

MANSSAR, Domestique, familier. Gl. *Mansionarii*.

MANT, Commandement, ordre. Gl. *Mandamentum* 1. [Chastel. de Couci, vers 4404. Garin le Loher. tom. 1, pag. 246.]

MANTE, Sorte de vêtement, manteau. Gl. *Manta*.

MANTEAU, Mantelet, machine qui met à couvert les soldats. Gl. *Mantellus* 3.

1. **MANTEL**, Robe ou habillement d'avocat. Gl. *Mantellum*.

2. **MANTEL**, Le bout de la pièce de drap du côté du chef, lisière. Gl. *Mantellum*.

* 3. **MANTEL**, Manteau, *Mantel d'un molt riche boffu*, Agolant, vers 1101. *Cort mantel ostorin*, pag. 173². — Partonop. v. 9332 :

... Urrake vient,
Uns cuens par le mantel le tient.

Vers 10715 ·

Dui roi mainent l'empereris
Et li sostienent son mantel.

Voyez Rayn. tom. 4, pag. 152¹, au mot *Mantel*.

* **MANTELET**, DENIER AU MANTELET. Gl. *Moneta*, pag. 465².

MANTIS, Sorte de toile. Gl. *Mantile*.

MANTIZ, Essuie-main. Gl. *Mantile*.

MANTOUSTE, Matelôte, impôt. Gl. *Maletolletum*.

MANUELE APUY, Étal, boutique. Gl. *Manualis* 2.

MANUELLE, Anse. Gl. *Manicella*.

MANUMI, Affranchi, mis en liberté. Gl. *Manumittere*, pag. 247².

MANUMITTER, Affranchir, donner la liberté. Gl. *Manumittere*, pag. 247².

MANUYANCE, Jouissance, possession. Gl. *Maniamentum* 1.

MAPPE, Nappe, linge, dont on couvre la table. Gl. *Mappa* 6.

MAQUE, Bâton de berger, houlette. Gl. *Macha*. [*Maquet*, Gl. *Lochea*.]

MAQUELETTE, Petite massue. Gl. *Macha*.

MAQUERELERIE, Le métier de ceux qui prostituent des femmes et des filles. Gl. *Maquerellus*.

MAQUET, Monceau, amas, meule. Gl. *Machale*.

MAQUIER, Se servir du bâton de berger, appelé *Maque* ; et *Maquie*, L'action d'en user. Gl. *Macha*.

MAR, pour Mal. Gl. *Mar* 2. [Voyez Oreil, pag. 306. Chron. des ducs de Normandie, etc.]

1. **MARAGE**, Pays qui borde la mer, côte. Gl. *Maritimæ*.

2. **MARAGE**, GENT MARAGE, p. e. Peuple habitant des marais. Gl. *Maragium* 1.

* **MARAGLIER** ,†, comme *Mareglier*. Gl. *Campanarius*, pag. 58[1].

MARANCE, Faute légère, absence de l'office divin, la peine dont elle était punie ; d'où *Marancer* , Condamner à cette peine. Gl. *Marancia*.

MARANCHE, Peine, punition. Gl. *Marancia*.

MARANDER, Faire collation, goûter. Gl. *Merendare*.

MARATE, Marais, lieu marécageux. Gl. *Mariscus* ?

MARBOTIN, Monnaie d'or d'Espagne. Gl. *Marabotinus*.

MARBRE, Sorte d'étoffe de différentes couleurs. Gl. *Marbretus* et *Marbrinus*.

MARÇAIGHE, Les menus grains qu'on sème au mois de mars. Gl. *Marceschia*.

MARCEINCHE, La fête de l'Annonciation, qu'on célèbre au mois de mars. Gl. *Marceschia*.

MARCELLE, Partie d'un charriot ou d'un carrosse, p. e. Le marchepied. Gl. *Marcellum*.

1. **MARCESCHE**, Les menus grains qu'on sème au mois de mars. Gl. *Marceschia*.

2. **MARCESCHE**, La fête de l'Annonciation, qu'on célèbre au mois de mars. Gl. *Marceschia*.

MARCHAGE. DROIT DE MARCHAGE, Le droit de pâture sur les terres qui confinent à deux différents territoires. Gl. *Marchagium*, sous *Marcha* 1, pag. 267[1].

MARCHAINE, Les menus grains qu'on sème au mois de mars. Gl. *Marceschia*.

MARCHAIZ, Marais, lac, étang. Gl. *Marchesium*.

MARCHANCES, pour MARCHAUCIE, Le droit que les seigneurs avaient de prendre de l'avoine, du foin, etc., pour leurs chevaux. Gl. sous *Marescalcus*, pag. 278[1].

MARCHAND DE HOUES, Coquin, fripon, voleur. Gl. *Hullarii*.

MARCHANDEMENT, Comme un marchand, en commerçant. Gl. *Marchandari*.

1. **MARCHANDER**, Commercer, faire la marchandise. Gl. *Marchandari*.

2. **MARCHANDER**, Conclure un marché. Gl. *Marchandari*.

MARCHANDISE, Marché, convention. Gl. *Marchandaria*.

MARCHANDOISE, Marchande. Gl. *Mercatrix*.

1. **MARCHAUCIE**, Voyez ci-devant *Marchances*.

2. **MARCHAUCIE**, Le nom d'une prison des faubourgs de Londres. Gl. sous *Mareschalcia*, pag. 278[3].

1. **MARCHE**, Frontière, limites, confins. Gl. *Marcha* 1, pag. 267[1]. (Pays, contrée. Partonop. vers 7345. Voyez Rayn. tom. 4, pag. 156[1], au mot *Marcha*.]

2. **MARCHE**, Le bord d'un bois. Gl. *Marcha* 1.

* **MARCHEANT**. Roman de Renart, t. 2, pag. 227, vers 15727 :

Or ne serai mes marchéant.

Flore et Blancefl. vers 1263 :

La table fut moult marceande,
Grant plenté i ot de viande.

MARCHEAU, Mare, amas d'eau. Gl. *Marchesium*.

* **MARCHEIL**, Marché, place publique. Chron. des ducs de Norm. tom. 1, pag. 345, vers 7582. Voyez Rayn. tom. 4, pag. 210[2], au mot *Mercadal*.

MARCHEIS, Le bruit qu'on fait en marchant. Gl. *Marcheriæ*.

1. **MARCHEPIÉ**, Tapis de pied. Gl. *Marchipes*.

2. **MARCHEPIÉ**, Instrument à pêcher. Gl. *Marchipes*.

1. **MARCHER**, Marquer. Gl. *Marchare* 1.

* 2. **MARCHER**, Fouler. Partonop. vers 10883 :

Come l'on plus marçoit la flor
Tant en isseit plus bone odor.

MARCHESCHE, La fête de l'Annonciation, qu'on célèbre au mois de mars. Gl. *Marceschia*.

* **MARCHETER**, Faire le commerce. Gl. *Marcheare*.

* **MARCHIÉ**, Marchandises, vivres, marché, convention de prix d'une chose, commerce. Gl. *Mercatum*, pag. 349[3], et *Forum* 2, Garin le Loher. tom. 1, pag. 91. 192. Flore et Blancefl. vers 425. *Faire grant marchié de quelque chose*, se tenner en abondance, Partonop. vers 25. Voyez Rayn. tom. 4, pag. 210[1], au mot *Mercat*.

MARCHIR, Confiner, être sur les frontières du pays. [Guill. Guiart, tom. 1, pag. 28, vers 91. Partonop. vers 6508. Rayn. tom. 4, pag. 156[2], au mot *Marcar*. Chron. des ducs de Norm.] D'où *Marchis* [Voisin, Partonop. vers 6508], Gouverneur de frontière, aujourd'hui marquis, titre d'honneur. Gl. *Marchio*, pag. 270[3].

MARCHISER, MARCHISSER, Le même. Gl. *Marcha* 1, pag. 265[3] ?

* **MARCHISSANT**, Marchand. Partonop. vers 6549.

MARCIAGE, MARCIAIGE, MARCIER, Le droit qu'a le nouveau seigneur censivier et direct de prendre sur trois années une année des fruits de la terre, pour la terre même ; ou la moitié des fruits pour les biens provenant d'industrie. Gl. *Marciagium* 2.

MARCLIER, Marguillier. Gl. *Marcaclarius*.

MARCOT, Marcotte de vigne. Gl. *Malholhus*.

MARC-PESÉ, Le marc d'Allemagne. Gl. sous *Marca* 1.

1. **MARE** †, Espèce de monstre. Gl. *Lama* 2.

* 2. **MARE**. Voyez *Marre*.

* 3. **MARE**, Malheureux. Voyez *Mar*. Partonop. vers 9811 :

Partonopeus, si mare fustes,
Que vos si tost morir déustes.

Vers 9887 :

Sodan, dist-il, tant mare fustes,
Qui en deu créance n'éustes.

MARECHAUCIE, Écurie. Gl. *Mareschalcia*.

* **MARÉE**. Gl. *Maretinium*.

MARÉER, Gouverner un vaisseau sur mer, naviguer. Gl. *Mareare*.

MAREGLIER, marguillier. Gl. *Marcaclarius*.

* **MARELLES**. Gl. *Ludus S. Mederici*, pag. 149[2].

MAREMENT, MARIMENT. Voyez *Marrement*.

MARENDE , Repas de l'après-dîner, goûté. [*Marender*, Goûter.] Gl. *Merendare*.

MARENNE, Terre sur le bord de la mer. Gl. *Maritimæ*.

MARER, Gouverner un vaisseau sur mer, naviguer. Gl. *Mareare*.

MARESCAUX, Maréchal, la même dignité que celle de sénéchal. Gl. *Marescalcus*, pag. 275[1]. (Aubri, pag. 168[2] :

Le quens li done de sa terre les clés ;
Dorenavant sera ses avoés
Et mareschaus de sa terre clamés.]

MARESCHAT, Marais, lieu marécageux. Gl. *Mariscus*.

1. **MARESCHAUCIE**, Droit que les seigneurs avaient de prendre de l'avoine, du foin, etc., sur leurs sujets pour leurs chevaux. Gl. sous *Marescalcus*, pag. 278[1].

2. **MARESCHAUCIE**, Écurie. Gl. *Mareschalcia*.

MARESCHAUCIER, Ferrer ou panser un cheval. Gl. *Mareschalcia*.

MARESCHAUDE, Femme d'un maréchal. Gl. sous *Marescalcus*, pag. 277[2].

MARESCHAUSER, Ferrer ou panser un cheval. Gl. *Mareschalcia*.

MARESCHAUSIE, Droit que les seigneurs avaient de prendre de l'avoine, du foin, etc., sur leurs sujets pour leurs chevaux. Gl. sous *Marescalcus*, pag. 278[1].

MARESCHAUSSÉE, Écurie. Gl. *Mareschalcia*.

MARESCHE, p. e. pour MARCESCHE, Blé du mois de mars. Gl. *Marceschia.*

MARESCHERE, MARESCHERIE, MARESCHIERE, Marais, lieu marécageux. Gl. *Mariscus*, pag. 281³³.

MARESCHIER, Arroser un pré. Gl. *Mariscus.*

MARESQS, Marais. Gl. *Mariscus.*

MARESQUEL, Petit marais. Gl. *Marisculum*, sous *Mariscus.*

MARGAINON, L'anguille mâle. Gl. *Margainon.*

° **MARGARI**, MAGARI, Mécréant, infidèle. Partonop. vers 8973, 9775. Voyez Rayn. tom. 4, pag. 157², au mot *Margerit.* Gl. *Magarita*, sous *Magarizare* et *Margarizare.*

1. **MARGE**, Manche. Gl. *Marga* 2.

° 2. **MARGE**, Part, côté. Guill. Guiart, tom. 2, pag. 34, vers 863 ; pag. 386, vers 10034 (9829, 19015). Rebord, tom. 1, pag. 145, vers 3243.

MARGIS, Marquis. Gl. *Marchio.*

MARGLERIE, Office de sacristain, ou de garde d'une église. Gl. *Mariglerius.*

MARGLIER, Celui qui a la garde d'une église et de tout ce qui en dépend. Gl. *Matricularii*, sous *Matriculariatus.*

MARGOILLOIER, Rouler dans la boue. Gl. *Marguillum.*

MARGOT, Nom d'une de ces compagnies qui ont ravagé si longtemps le royaume. Gl. *Margot.*

1. **MARIAGE**, Service de matelot, d'homme de mer. Gl. *Accolligere.*

2. **MARIAGE**. ROMPRE SON MARIAGE, Manquer à la foi conjugale. Gl. *Mariagium* 2.

° 3. **MARIAGE**. *Ordre de mariage*, Gl. *Ordo* 3. Mets de mariage, Gl. *Missus* 1, pag. 421². *Mariage avenant*, Gl. *Maritagium*, pag. 282³.

MARIAGER, Se marier. Gl. *Maritare* 2.

MARIE, Terme ironique et de dérision. Gl. *Maria.*

MARIER. ESTRE MARIÉ EN FEMME, Avoir une épouse. Gl. *Maritare* 2. [Marier, Epouser, Partonop. vers 7227.]

MARILLIER, Marguillier, sacristain. Gl. *Mariglerius.*

MARINAIRE, Marinier, homme de mer, matelot. Gl. *Mariniarius.*

MARINE, La mer. Gl. *Marina.*

MARINEL, Matelot, homme de mer. Gl. *Marinarius* et *Miniarius.* [Chron. des ducs de Norm. t. 3, pag. 349, vers 41058.]

MARINETTE, MARINIÈRE, Boussole. Gl. *Pyxis nautica.*

MARIOLE, Image de la Vierge Marie. Gl. *Mariola.*

° **MARION**. Dit du roi Guillaume, pag. 187 :

Je los qu'il soit batus à retour Marion.

Voyez Gl. *Robinetus.*

° **MARIR**. Voyez *Marrir.*

MARISON, Chagrin, affliction, plainte. Gl. *Marritio.* [Aubri, pag. 161². *Marison*, Jubinal, Fabliaux, tom. 1, pag. 177. Voyez Rayn. tom. 4, pag. 160¹, au mot *Marri.*]

MARISSAL, Maréchal, dignité militaire. Gl. *Heraldus*, pag. 186¹.

MARITORNE, p. e. pour MALETOTE. Tribut, impôt. Gl. *Maritorne.*

MARLAGE, Le droit dû au *Marlier* ou sacristain. Gl. *Marrelarius* 1.

MARLAYS, Marle ou marne. Gl. *Marla* [et *Exfelcorare*].

° **MARLIERE**, Marnière. Roman de Renart, tom. 3, pag. 17, vers 20219.

MARMAU, BOIS MARMAU, Bois de charpente. Gl. *Materiamen*, sous *Materia.*

MARMENTAU. BOIS MARMENTAU, Le même. Gl. *Materiamen*, sous *Materia.*

° **MARMER**, MERMER, Diminuer. Chron. des ducs de Norm. tom. 1, p. 156, vers 2129 :

Ne pout nus creistre ne marmer.

Var. *Mermer*. Voyez Rayn. tom. 4, p. 198², au mot *Mermar.*

1. **MARMITE**, Chatemite, qui affecte une douceur hypocrite. Gl. *Marmito.*

2. **MARMITE**. SAYE MARMITE, Espèce de soie. Gl. *Marmito.*

° **MARMITEUX**, Triste. Gl. *Marmito.*

MARMOUSERIE, Mélancolie. Gl. *Marmito.*

° **MARNÉE** †, comme *Marlays*. Gl. *Merges.*

MAROIER, Gouverner un vaisseau sur la mer, naviguer. Gl. *Mareare.*

MARONAGE, Le droit de couper du merrain ou bois de charpente. Gl. sous *Materia*, pag. 304³.

MARONNEL, Pirate, corsaire, homme de mer, matelot. Gl. *Marrones.*

MARONNER, Faire le métier de pirate, de corsaire ou de matelot. Gl. *Marrones.*

MARONNIER, Pirate, corsaire, homme de mer, matelot, batelier. Gl. *Marrones.* [*Maronier*. Gérard de Vienne, vers 2618, 2623, 2625. Partonop. vers 5828. Voyez Rayn. tom. 4, pag. 154¹, au mot *Marinier.*]

MARQUE, Lettres de représailles. Gl. *Marcha* 1, pag. 266³.

MARQUÉE, Rente d'un marc d'or ou d'argent. Gl. *Marcata*, pag. 264².

MARQUER, User de représailles. Gl. *Marcha* 1, pag. 266³.

MARQUIÇON, Marquis. Gl. sous *Capilli*, pag. 129¹.

MARQUOT, Marcotte de vigne. Gl. *Malholhus.*

MARRAMAS, Espèce de drap d'or. Gl. *Mattabas.*

° **MARRE**. Guill. Guiart, tom. 1, p. 271, vers 6590 :

De Senliz i rest l'esléu
Qui n'a mie serjanz à marres.

Voyez Gl. *Flagellum* 1.

MARREGLERIE, Office de sacristain, ou de garde d'une église. Gl. *Marrilio.*

MARREGLIER, Celui qui a la garde d'une église et de tout ce qui en dépend. Gl. *Matricularii*, sous *Matricula*, pag. 308¹, et *Marcaclarius.*

° **MARRELE**. Voyez *Merrelle.*

MARELIER, Tablier sur lequel on joue aux merelles. Gl. *Marrella.*

MARREMENT, Chagrin, affliction, plainte. Gl. *Marritio.* [*Marement*, Partonop. vers 6624. Roman de Renart, tom. 3, pag. 33, vers 20640. *Mariment.* Parton. vers 222. Voyez *Marison*, et Rayn. tom. 4, pag. 160¹, au mot *Marriment.*]

MARREN, Merrain, bois de charpente. Gl. *Mæremium*, sous *Materia*, pag. 303³.

MARRENAGE, Le même. Gl. *Marrianum.*

MARRENEUR, Ouvrier qui laboure avec la marre. Gl. *Marrare* 2.

MARRER, Labourer avec la marre ; d'où *Marreux*, L'ouvrier qui s'en sert. Gl. *Marrare* 2.

MARRIAN, Merrain, bois de charpente. Gl. *Mæremium*, sous *Materia*, pag. 303³.

MARRIEN, Le même. Gl. *Marennum* et *Mairien*, sous *Materia*, pag. 304².

MARRIR, Faire de la peine, maltraiter, se chagriner, s'affliger. Gl. *Marrire.* [Gérard de Vienne, vers 1693 :

Karles le voit, pres n'ait le san marri.

S'égarer, se méprendre. Ruteb. tom. 2, pag. 228 :

Mes onques chemin n'i marri.

Pag. 230 :

Ne jà chemin n'i marriras.

Ancien poëme, Fierabras, pag. 175² :

Aprentif juglèor et escrivain marri.

Maire, *Merre*, Chastel. de Couci, v. 2544 :

Ainssi amours le tient et maire
Que il ne se set conseillier.

Chron. des ducs de Norm. tom. 2, p. 519, vers 30186 :

Quant grant dolor tient home e merre.

Se *marrir*, Se fâcher, se brouiller. Chron. des ducs de Norm. tom. 2, pag. 400, vers 26962. Voyez Orell, pag. 131. Rayn. tom. 4, pag. 159, au mot *Marrir.*]

MARRIS, Maladie de la matrice, la matrice même. Gl. *Marrilio* et *Ventosa* 1.

MARROCHON, diminutif de Marre, espèce de houe. Gl. *Marra.*

MARRONER, Couper du merrain ou bois de charpente. Gl. sous *Materia.*

○ **MARRUGLER**, Marguillier. Chron. des ducs de Norm. *Marruglerie*, Sa charge. Roman de Renart, tom. 2, p. 69, vers 21651.

○ **MARRY**, Jeu saint Marry. Gl. *Ludus S. Mederici*, pag. 157 1.

MARSAGE, Marsaige, Les menus grains qu'on sème au mois de mars. Gl. *Marceschia*.

MARSAUS, Le saule mâle. Gl. *Marsaliæ*.

MARSEILLEZ, Marsellez, Monnaie de Marseille. Gl. *Massiliensis moneta*, sous *Moneta Baronum*.

○ **MARSEL** †, Marselier †, Marseloire †, comme *Masel*, etc. Gl. *Machecarii*.

MARSÉS, Les menus grains qu'on sème au mois de mars. Gl. *Marceschia* et *Tremesium*.

MARSINGE, Le même. Gl. *Marceschia*.

MARSOIS, Le même. Gl. *Marceschia*.

MARTEAU, pour Morteau, Nom d'un canton près d'Auxerre, et en même temps des fosses qu'on fait au travers des vignes où les eaux se perdent. Gl. *Moria* 1.

1. **MARTEL**, Épée. Gl. sous *Martus* 1, pag. 291 2.

○ 2. **MARTEL**, Marteau. Agolant, v. 518 :

Li dus out froit, si li trembla la pel,
La nuit n'out dent dont ne feist martel.

Voyez Rayn. tom. 4, pag. 161 1, au mot *Martellar*. — Chanson de Colin Musez, Wackern. pag. 74 :

Car j'ain moult tribu martel
Brui et bernaig et baudor.

MARTELEIS, Coup d'épée. Gl. sous *Martus*, pag. 306 1. [Succession de coups, combat. Chron. des ducs de Normandie. Voyez Rayn. tom. 4, pag. 161 3, au mot *Martelada*.]

MARTELOGE, Martyrologe. Gl. *Martilogium*.

MARTERIN, De martre. Gl. *Martures*. Voyez *Martrine*.

MARTEROR, La Toussaint. Gl. *Marteror*.

MARTIAUS, plus ordinairement Martel, Nom de Charles, père de Pepin. Gl. *Martellus*, sous *Martus* 1.

1. **MARTINET**, Forge dont les marteaux sont mus par la force d'un moulin. Gl. *Martinetus*.

2. **MARTINET**, Machine de guerre pour jeter de grosses pierres. Gl. sous *Martinetus*.

MARTIRER, Tuer, faire mourir. Gl. *Marturiare* et *Martyrizare*.

MARTIRIER, Le même. Gl. *Martyrizare*.

1. **MARTRAY**, Tourment, supplice. Gl. *Martyrizare*.

2. **MARTRAY**, Place publique où l'on exécute les criminels. Gl. *Martreium*.

○ **MARTRESSE**, Martyre. Enfants Haymon. vers 808 :

De la religion martresse autorisie.

Voyez Rayn. tom. 4, pag. 162 1, au mot *Martra*. Roquef. *Martre*.

○ **MARTRINE**, Peau de martre. Partonop. vers 10793. Voyez *Marterin*.

MARTRO, La Toussaint. Gl. *Martror*.

MARTROI, Place publique où l'on exécute les criminels. Gl. *Martreium*.

MARTYRE, Supplice, tourment [Martyre, Martirio, Carnage, martyre. Chanson de Roland] ; d'où *Martyrer*, Faire mourir, condamner au supplice. Gl. *Marturiare*.

○ **MARVAUMENT**, Merveilleusement. Chron. des ducs de Normandie.

MARVOIÉ, Égaré, hors de la voie. Gl. *Deviare*.

MARZACHE, La fête de l'Annonciation, qu'on célèbre au mois de mars. Gl. sous *Festum* 1, pag. 456 3.

1. **MAS**, en Auvergne, Languedoc et Provence, maison de campagne, métairie. Gl. *Mansus*.

○ 2. **MAS**, Mat, Triste. Chastel. de Coucі, vers 522, 4239, 4465. Mate chière, Jubinal, Fabliaux, tom. 1, pag. 176. Voyez Rayn. tom. 4, pag. 167 1, au mot *Mat*, Glossaire sur la Chron. des ducs de Normandie, au mot *Maz*.

MASAGE, Maison, et souvent métairie. Gl. *Masagium*, sous *Massa* 5, pag. 297 1.

MASAIGE, Pâturage. Gl. *Masquerium*.

MASAUS. Terres Masaus, Celles qui étaient sujettes au cens appelé *Maasse*. Gl. *Massa* 5.

○ **MASCECLIER**, comme *Maselier*.

MASCHOT, Espèce de grange sans toit. Gl. *Maschotum*.

MASCLE, Mâle. Gl. *Recutitus*.

1. **MASE**, Troupe, compagnie. Gl. *Masa*, sous *Massa* 5.

2. **MASE**, Maison, métaire. Gl. *Masa*, sous *Massa* 5.

MASEL, Boucherie, lieu où vend la viande. Gl. *Macellum facere*.

MASELIER, Boucher. Gl. *Massellarius*.

MASEMENT, Etendue d'une juridiction, ressort, territoire. Gl. *Massaditium*.

MASERIER, Boucher. Gl. *Massellarius*.

MASIP, Apprenti. Gl. *Mancipium* 4. [En provençal. Voyez Rayn. tom. 4, pag. 142 1, au mot *Mancip*.]

1. **MASNAGE**, Maison, habitation, demeure. Gl. *Managium* 2.

2. **MASNAGE**, Cens ou redevance sur une maison. Gl. *Masnagium*.

MASNIER, Habitant, manant. Gl. *Mansionarii*.

MASONAGE, Cens ou redevance sur une maison. Gl. *Mansionarii*.

MASONIER, Espèce de colon ou fermier, qui devait un cens pour ce qu'il occupait en maison et terres. Gl. *Mansionarii*.

MASSAIGE, Métairie, ferme, maison de campagne. Gl. *Masagium*, sous *Massa* 5, pag. 297 1.

MASSART, Trésorier des deniers d'une ville. Gl. *Massarius*, pag. 298 3.

1. **MASSE** d'un Pont, Le massif ; d'où le diminutif *Massele*. Gl. *Caput molendini*, sous *Caput* 8, et *Massa* 8.

○ 2. **MASSE**. Grant Masse, Grandement, parfaitement. Roman du St. Graal, P. Päris, Catalogue, tom. 1, pag. 121 : *Par les paroles qui chi après seront dites, porés grant masse apiercevoir, etc.* — *A masse*, Roman de Renart, t. 3, pag. 76, v. 21841 :

Entor son braz tortoille à masse
Son mantel.

Rayn. tom. 4, pag. 164 2, au mot *Massa*.

MASSELLE, Joue. Gl. *Maxillaris*.

MASSONYER, Espèce de colon ou fermier, qui devait un cens pour ce qu'il occupait en maison et terres. Gl. *Mansionarii*.

MASSUETE, Massuette, Espèce de petite massue. Gl. *Masеota*. [*Masselote*. Gl. *Crossare*.]

○ **MAST**, Mât. Roi Guillaume, p. 186, 187. Voyez Rayn. tom. 4, pag. 166 2, au mot *Mat*. Le Glossaire sur la Chanson de Roland, au mot *Maz*.

MASTAU, Cens dû sur un mas ou métairie. Gl. *Massa* 5.

MASTENÉE, Matinée. Gl. *Matinata*.

MASTIN, Dogue, gros et grand chien. Gl. *Mastinus*. [Voyez Rayn. t. 4, p. 166 1, au mot *Masti*. *Mastins de la cuisine*, Garin le Loher. tom. 1.]

MASURAGE, Cens ou redevance sur une maison ou métairie. Gl. *Masuragium*.

MASUREAU, Masure, maison. Gl. *Masura*.

MASURETTE, diminutif de *Masure*, Maison. Gl. *Masura*.

MASURIER, Celui qui est sujet au cens appelé *Masurage*. Gl. *Masuragium*.

1. **MAT**, Triste, abattu. Gl. *Matare* et *Mattus*. Voyez *Mas*.

2. **MAT**, Terme du jeu des échecs. Gl. *Matare*.

MATABLE, Battant d'une cloche. *Matabulum* [en provençal].

MATE-FAIM, Sorte de pain fort rassasiant. Gl. *Matare*.

MATE-GRIFON, Nom d'un château bâti pour contenir les peuples appelés *Griffons*. Gl. *Griffones*.

MATELAS. Trait de grosse arbalète, p. e. pour *Matras*. Gl. *Materas*.

MATER, Abattre, confondre, réduire à l'extrémité. Gl. *Matare*. [Gérard de Vienne, vers 623, 759, 3205. Partonop. v.

182. — Être mat, aux échecs. Chanson de Cunes de Betunes, Wackernagel, pag. 41. Voyez Rayn. tom. 4, pag. 166², au mot *Matar*. *Mati*, Gérard de Vienne, vers 2337.]

MATHE, Fosse, tombeau. Gl. *Matare*.

MATHELIN, pour Mathurin. Gl. *Mathelinus*.

° **MATICES**, Améthystes. Chanson de Roland, stance 49, vers 5.

1. **MATIERE**, Mortier. Gl. sous *Materia*, pag. 304². [Voyez Rayn. tom. 4, p. 167², au mot *Materia*.]

° 2. **MATIERE**, MATERE, Roi Guillaume, pag. 86 :

Je sui tous tiens de si boin cuer
Qu'il n'i a plus de la matere.

Flore et Blancefl. vers 731 :

Nus hom ne porroit pas descrire
Vostre biauté, ne boucs dire ;
Car la matere teus seroit
Que nus hom á cief nel trairoit.

MATINEL, Repas du matin, déjeûner. Gl. *Matutinellum*.

MATINES, Livre d'église contenant les Matines, et surtout l'office de la Vierge, Heures, ou livre de prières. Gl. *Matutinale*.

MATINET, Matin, l'aurore. Gl. *Matutinatus*. [Partonop. vers 581.]

° **MATINEUSE**. MESSE MATINEUSE, MATYNELLE. Gl. *Missa*, pag. 416².

1. **MATINIER**, La partie de l'office divin appelée *Matines*. Gl. *Matutinarius*.

2. **MATINIER**, Chantre ou chapelain qui assiste à *Matines* et aux autres offices, chantre à gages. Gl. *Matutinarius*.

3. **MATINIER**, Matinal, qui se lève du matin. Gl. *Matutinatus*.

MATON, Gâteau. Gl. *Matonus*.

MATRASSE, Matras, trait. Gl. *Matarus*. [Voyez Rayn. tom. 4, pag. 168¹, au mot *Matrat*. Halliwell, au mot *Matress*.]

MATREMOIGNE, Maternel. Gl. *Matrimonium*.

1. **MATRIMOINE**, Biens maternels. Gl. *Matrimonium*.

2. **MATRIMOINE**, Mariage. Gl. *Matrimonium*.

MATROLOGE, Martyrologe, nécrologe. Gl. *Matrilogium*.

MATTABAS, Espèce de drap d'or. Gl. *Mattabas*.

MATURÉMENT, Promptement, avec diligence. Gl. *Maturaliter*.

MATZ, Métairie. Gl. *Massum* 2.

MAUBAILLI, Maltraité, détruit, ruiné. Gl. *Maleabbiatus*. [Maubaillir qqn. Guill. Guiart, tom. 1, pag. 194, v. 4590 ; p. 287, vers 6870. Voyez *Malbailli*, et la Chron. des ducs de Normandie.]

MAUBEUGE, Nom d'une cloche à Abbeville qui réglait les heures des ouvriers. Gl. *Maubeuge* et *Hora de remontée*, pag. 232¹.

° **MAUCHEF**, Malheur. Chronique des ducs de Normandie.

° **MAUCHEVAL**. Gl. *Equifer*.

° **MAUCHEUR**. Voyez *Manecheur*.

MAUDAASOIT, Maudit. Gl. *Maledicere*.

MAUDEHAIT, Imprécation par laquelle on souhaite du mal à quelqu'un. Gl. *Alacrimonia*. [*Maudehez*, Mantel Mautaillé, vers 689. *Maudehé*, Chron. des ducs de Normandie.]

MAUDEUEMENT, Indûment, à tort. Gl. *Indebite*.

MAUDIT, Ce qui est avancé mal à propos par un avocat dans la défense d'une cause. Gl. *Maledicus*.

MAUFAITIERES, Malfaiteur, criminel. Gl. *Malefactor* 1.

° **MAUFEIRE**, Faire mal. Chron. des ducs de Norm. tom. 2, pag. 44, v. 16604. Voyez Rayn. tom. 3, pag. 271², au mot *Malfar*.

° **MAUFEISANT**, Farouche, malfaisant. Aubri, pag. 167².

MAUFERU, Maladie de cheval. Gl. *Maleferutus*.

MAUFÉS, Mauvais, nom qu'on donne au diable. Gl. *Malus*. [Partonop. v. 1158, 1530, 4462, 9881. *Maufez*, Roman de Renart, tom. 2, pag. 283, vers 15907. Lai du Corn, vers 451. *Vis maufés*, Roi Guill. pag. 98. Partonop. vers 1120. Miracle de la Ste Vierge, vers 162, 287. Chron. des ducs de Norm. tom. 3, pag. 519, 519. — Bête féroce, monstre, Partonop. vers 525. *Malfaiz*, vers 5746. *Malfez*, vers 5752. *Mafez*, Agolant, pag. 172¹.]

MAUFFACTERRE, Malfaiteur, criminel. Gl. *Misfacere*.

MAUGE, Sorte de gros bâton, levier. Gl. *Populosus* 2.

° **MAUGONIAUX**. Voyez *Mangoniaux*.

MAUGRÉER, Jurer avec imprécation que malgré Dieu et ses saints on fera telle chose. [*Maugratier*, Guill. Guiart, tom. 1, pag. 191, vers 4518.] D'où *Maugrement*, Cette espèce de jurement ; et *Maugréeur* †, Celui qui le fait. Gl. *Malegraciare*. [*Maugré*. Voyez *Malgré*, *Malgreit*.]

MAVIS, pour Mauvis, espèce d'oiseau. Gl. *Maviscus*. Voyez *Mauviz*.

MAUL, Moulin. Gl. *Mola* 2.

MAULE, Moule. Gl. *Crucibulum*.

MAUMETRE, Dépérir, tomber en ruine. Gl. *Malemittere*. [Avilir , maltraiter. Chron. des ducs de Normandie. Voyez *Malmettre*.]

MAUMETTRE SON VŒU, Le fausser, agir contre ce qu'on a promis solennellement. Gl. *Malemittere*.

MAUNAIGE, Droit de mouture. Gl. *Molagium*.

MAUPARANS, Qui a mauvaise mine. Gl. *Apparatura*.

° **MAUPARLER**. Gl. *Miskenning*.

° **MAUPENSÉ**, Mauvaise pensée. *Maupensis*, Malintentionné. Chron. des ducs de Normandie.

MAUPOINT, Mal marqué, frauduleusement pointé. Gl. *Punctare* 7.

° **MAUQUERANZ**, Malveillant. Chron. des ducs de Norm.

MAURE, MAURRE, Moudre. Gl. *Molare* 3.

MAUSSE , Sorte de monnaie. Gl. *Maussus*.

MAUTALANT, Mauvaise volonté [Colère, haine. Chron. des ducs de Normandie, Garin le Loher. tom. 1, pag. 8. Lai du Corn, v. 481. Voyez *Maltalent*]; d'où *Mautalenti*, Qui a mauvaise volonté. Gl. *Talentum* 2.

° 1. **MAUTÉ**, Méchanceté. Chron. des ducs de Normandie.

° 2. **MAUTÉ**, Moitié. Flore et Jeanne, pag. 17.

° **MAUTENIR**, Maltraiter. Chron. des ducs de Normandie.

MAUTOULU, Ce qui est pris par force et contre justice. Gl. *Maletolletum*.

° **MAUTRAIBLE**, Dur au mal, à la peine. Chron. des ducs de Normandie.

MAUTROUX, Estropié , qui est fort blessé. Gl. *Maletractata*.

MAUVAIS. ESTRE MAUVAIS, Se dit des deniers qui restent à partager entre un plus grand nombre de paysans qu'il n'y a de deniers. Gl. *Malus-casus*. [*Mauvais morceau*. Gl. *Morsellum*. *Denier-mauvais*. Gl. *Malus-denarius*.]

° **MAUVEISIN** , MAVEISIN , Mauvais voisin. Chron. des ducs de Normandie.

° **MAUVEISIR** , ENMAUVEISIR , Mal conseiller. Chron. des ducs de Normandie, tom. 1, pag. 334, vers 7212 (comparez vers 7216). Voyez Rayn. tom. 5, pag. 588¹, au mot *Malveziar*.

° **MAUVESTIÉ**, Mal habillé ? Chastel. de Couci, vers 694.

° **MAUVIZ**, MAUVIS, Alouette ? Chanson du Chastel. de Couci, Laborde, pag. 292. Voyez *Mavis*. *Mauvis* †. Gl. *Fidecula*.

° **MAUX**, plur. de *Mail*, Maillet, marteau. Gérard de Vienne, vers 1736.

1. **MAY**, Usage d'aller chercher le May au bois, et de le planter à la porte d'une jeune fille. Le coudrier et le sureau en étaient exclus. Gl. *Maium*.

2. **MAY**, Le temps où les arbres sont en feuilles. Gl. *Maium*.

3. **MAY**, Espèce de tournois. Gl. *Maium*.

° **MAYE**, Meule de gerbes, en Picardie. Gl. *Meta* 1. Chron. des ducs de Normandie. *Meie*. Voyez *Meesse*.

MAYERE, Sorte de fruit qui vient dans un clos ou verger. Gl. *Majeria*.

MAYHEMER, Blesser fortement, mutiler. Gl. *Mahemiare*, sous *Mahamium*, pag. 177².

° **MAYRE**, Certaine maladie de la matrice. Gl. *Mayre.*

MAYSONNIER, Espèce de colon ou fermier, qui devait un cens pour ce qu'il occupait en maison et terres. Gl. *Mansionarii.*

MAZEL, Boucherie; d'où *Mazelier*, Boucher. Gl. *Macellum facere.* [Glossaire sur la Chron. des ducs de Norm. Voyez *Maisel.*]

MAZELOT, Petite habitation ou ferme. Gl. *Masellus.*

MAZER, Sorte de matière dont on faisait des vaisseaux à boire; d'où ces vaisseaux étaient appelés *Mazelins*, et *Mazerins*. Gl. *Mazer.* [Lai du Corn, vers 89.]

MEANEMENT, Entremise, médiation, sentence d'arbitre. Gl. *Mediator* 1.

MEANT, Moyennant. Gl. *Medians.*

MECANIQUE, Artisan, ouvrier. Gl. *Mecanicus.*

MECELIER, Boucher. Gl. *Macelator.*

MECHAING, Blessure considérable, mutilation; d'où *Mechaigner*, Blesser, mutiler. Gl. *Mehaignium*, sous *Mahamium.*

° **MECHE**. Gl. *Myxa.* Meiche, Gl. *Cicindela*, pag. 325².

MECHIN, Jeune homme, serviteur, valet. Gl. *Mischinus.*

MECHINE, Médecine. Gl. *Medicina.*

MECHINER, Donner des remèdes et médecines à un malade. Gl. *Maladia.* [*Estre mechinez*, Être traité par un médecin. Chronique de Jordan Fantosme, vers 1815.]

MECION, Frais, mise, dépense. Gl. *Missiones.*

° **MECROIRE**, Ne pas croire. Gl. *Decredere.*

MEDECINÉE, Médecine, emplâtre. Gl. *Medicina.* [*Medicinal*, Chronique des ducs de Norm. tom. 1, pag. 482, v. 11586.]

° **MEDICAL**. Voyez *Doy* 3.

° **MEDLER**, MEILLER, Mêler, brouiller, mettre en confusion. Chron. des ducs de Normandie. Voyez *Meller. Medlée*, Gl. *Fleivite.*

° **MEDNIÉE**, MEIDNÉE, comme *Maisnie*, Famille, suite. Chron. de Jordan Fantosme. vers 163, 208, 1014 var.

° **MÉE**. Gl. *Media.*

° **MÉE** NUT, Minuit. Le Roux de Lincy, Chants Histor. tom. 1, pag. 213.

MEEISNER, Juger comme médiateur. Gl. *Mediare* 1.

MEENERRES, MEENEUR, Médiateur, arbitre. Gl. *Mediator* 1.

MEENNER, Juger comme médiateur; d'où *Méennement*, Sentence arbitrale. Gl. *Mediator* 1.

° **MEERITZ**. Gl. *Meeritz.*

MEESSE, Botte, gerbe. Gl. *Meisa* 1.

MEEUR, Maïeur, maire. Gl. *Maeria* 1.

MEFFAITE, Mauvaise action. Gl. *Misfacere.*

MEGEMENT, Médicament, remède. Gl. *Megeicharius.*

MEGIER, Appliquer des remèdes, guérir. Gl. *Megeicharius.*

MEGLE, Houe, instrument à labourer la terre. Gl. *Maglius.*

MEHAIGNER, Blesser considérablement, mutiler; d'où *Mehaigné*, Estropié. Gl. sous *Mahamium*, p. 177³. [Roi Guillaume, pag. 118:
*De povreté est lais mehains
Et tu en es molt mehaigniés.*
Partonop. vers 2767, 8882. Voyez *Mahain.*]

MEHAIGNEUR, Celui qui fait une blessure considérable. Gl. *Mahemiator*, sous *Mahamium*, pag. 177².

MEHAIN, MEHAING, Blessure considérable, mutilation. Gl. *Mahamium*, p. 177².

MEHAINGNER L'HONNEUR DE QUELQU'UN, Le décrier, attaquer son honneur. Gl. *Mehaignare*, sous *Mahamium*, p. 177³.

MEHENGNER, Blesser considérablement, mutiler. Gl. *Mahemiare*, sous *Mahamium*, pag. 177².

MEHENIER, Le même. Gl. *Mehennare.*

MEHLÉE, Querelle, débat, dispute. Gl. *Murdrum*, sous *Morth.*

MEHNÉE, Famille, maison, tous ceux qui la composent, domestiques. Gl. *Maisnada.*

MEIAN, Moyen, qui est au milieu. Gl. *Meianus* 2, et *Aurata.*

° 1. **MEIE**, Mienne. Chron. des ducs de Normandie.

° 2. **MEIE**. Voyez *Maye.*

° **MEIENEL**. Voyez *Menuel.*

MEIGIER, Appliquer des remèdes, guérir. Gl. *Megeicharius.*

MEIGLE, Houe, instrument à labourer la terre. Gl. *Maglius.*

MEIGNAT, Domestique, serviteur. Gl. *Maynerius.*

MEIGNIE, Famille, maison, tous ceux qui la composent. Gl. *Maisnada.*

MEILLEUR. AVOIR DU MEILLEUR, Avoir le dessus, être le plus fort. Gl. *Melius.*

MEIMBRE, pour REIMBRE, Racheter. Gl. *Redimere* 2.

MEIN, Matin. Gl. *Mane.*

MEINDRE, Moindre; d'où *Meindre d'aage*, Mineur. Gl. *Minorennis.*

MEIPLANT, p. e. pour MEINPLANT, Jeune plant, nouvelle vigne. Gl. *Mailliolus.*

° **MEIRE**. Gl. *Meira.*

MEISEL, Métairie, ferme. Gl. *Meystadaria.*

MEISSE, Caque, ou vaisseau où l'on met les harengs. Gl. *Meisa* 1.

MEISSIAU, Blé méteil. Gl. *Medianus* 1.

MEITAERS, Certaine mesure de blé. Gl. *Meiteria* 2.

MEITERE, Certaine mesure de terre. Gl. *Meyteria.*

° **MEITEZ**, Moitié. Letabundus, Wolf *Uber die Lais*, pag. 440:
*Or bewom al dereyn
Par meitez et par pleyn.*

1. **MEIX**, en Bourgogne, Maison de campagne, métairie. Gl. *Mansus.*

2. **MEIX**. TERRE EN MEIX, Terre cultivée, ou préparée pour la semence. Gl. *Messellus* et *Messes.*

MELANCOLIEUX, Mélancolique. Gl. *Melencolia.*

MELANCOMOYER, Rêver, réfléchir. Gl. *Melencolia.*

1. **MELE**, Nèfle. Gl. *Melata.*

° 2. **MELE**, Maille. Gl. *Mella* 3.

MELENCOLIEUS, Mélancolique. Gl. *Melencolia.*

MELEQUIN, Sorte de monnaie. Gl. *Meloquinus.* [*Muelekin*, Partonop. vers 1624.]

° **MELLAR**, Gérard de Vienne, vers 53:
Pris ait deus aines, deus mellars abatus.
Voyez *Melle* 3 et 4.

1. **MELLE**, Certaine mesure de grain. Gl. *Mella* 1.

2. **MELLE**, Merle, sorte de poisson. Gl. *Melletius.*

3. **MELLE**, pour Merle, oiseau. Gl. *Merula* 2.

4. **MELLE**, Milan, oiseau de proie; si cependant ce n'est pas pour Merle. Gl. *Milvius.*

° 5. **MELLE**. Gl. *Xerampelinus.*

MELLÉE, Querelle, dispute. Gl. *Mesleia.*

MELLER, Brouiller, mettre mal ensemble. Gl. *Meleare.* [*Agolant*, pag. 172¹. Wackernagel, pag. 50, 51. Voyez *Medler* et *Mesler.*]

MELLEYS, Querelleur, brouillon. Gl. *Meleare.*

MELLIER, Néflier. Gl. *Mellerius*, et *Pomerius.* [Aubri, pag. 158¹, 183³. *Meillier.* Voyez *Mele* 1, *Mesle.*]

MELLIF, Querelleur, brouillon. Gl. *Meleare.*

° **MEMBRANCE**. Partonop. vers 3291:
*Moult par sont preu quant tel mem-
 [brance
A cascuns en sa mesestance.*
Voyez Rayn. tom. 4, pag. 185¹, au mot *Membransa.*

° 1. **MEMBRES**. *Povres membres Dieu*, Dit du roi Guillaume, pag. 175. Miracle de la Sainte Vierge, vers 569. Voyez Rayn. tom. 4, pag. 187¹, au mot *Membre.*

° 2. **MEMBRE** DE FIEU DE HAUBERC. Gl. *Membrum 2.*

MEMBRER, Rappeler à sa mémoire, se ressouvenir. Gl. *Memorari*. [Chron. des ducs de Norm. tom. 1, pag. 13, vers 15651 :

Membre li de la grant amor.

Miracle de la Sainte Vierge, vers 569, ibidem, tom. 3, pag. 527 :

Car saint Pous dit, se bien m'en membre,
De Jhesu-Crist somes tuit membre.

Agolant, vers 545 :

Car de la piere li est esrant membré.

Vers 1296 :

Jà d'Agolant n'i seroit mes membré.

Membré, Prudent, bien avisé, renommé. Mantel mautaillé, vers 123 :

Quar molt fu sages et membrez.

Gérard de Vienne, vers 1260 :

Li dus Gerars est chevaliers membreiz.

Chevaliers membrés, Garin le Loher. tom. 1, pag. 103. Partonop. vers 9335. Raison membrée, Aubri, pag. 159². Agolant, vers 788. Jordan Fantosme, vers 440. Chière membrée, Roman de Roncevaux, pag. 14, 28 Agolant, vers 785. Chière manbrée, Gérard de Vienne, vers 2132, 2138. Voyez Rayn. tom. 4, pag. 184², au mot *Membrar.*]

MEMBRUS, Fort, vigoureux. Gl. *Membrositas*. [Roman de Renart, tom. 4, p. 94, vers 2591. Agolant, vers 1102 : *Cors membru*. Aubri, pag. 174¹ : *Ome membru*. Vers 80 : *Franc chevalier membru*. V. 101 : *Senescal membru*. Voyez Rayn. tom. 4, pag. 188¹, au mot *Membrut.*]

1. **MEMOIRE**, Sentiment, esprit, sens. Gl. *Memoria*, pag. 336³.

2. **MEMOIRE**, Le derrière de la tête. Gl. *Memoria*, pag. 336³.

° **MEMORIAUX**. Gl. *Memoriales.*

MENADURE, Ajournement. Gl. *Mannitio*, sous *Mannire.*

1. **MENAGE**, Métairie. Gl. *Menagium 1.*

2. **MENAGE**, Ménagement, égard, attention. Gl. *Mesnagium 2.*

3. **MENAGE**, Volonté, pouvoir, discrétion. Gl. *Menagium 3.*

1. **MENAGER**, Habiter une maison. Gl. *Mesnagium 1.*

° 2. **MENAGER**, comme *Mesnager* 1. Gl. *Iconomus.*

MENAJE, Pitié, compassion. Gl. *Mesnagium 2*. [Lisez *Menaie* et voyez *Manaie.*]

° **MENANDIE**. Voyez *Manandie.*

° **MENANTIE**. Voyez *Menantie 2.*

° **MENANT**. Voyez *Mainant.*

MENBRE. TENIR PAR MEMBRE. Posséder à titre de partage. Gl. *Membrum 2*, pag. 335¹.

MENCASTRE, Espèce de jonc. Gl. *Stamesiricus.*

MENCHOIGNE, Mensonge, fausseté. Gl. *Mendaciloquus.*

MENCIEN, pour MULTIEN, Territoire de Meaux. Gl. *Mencianus.*

MENCION, Frais, mise, dépense. Gl. *Missiones.*

MENCIONAIRE, Habitant, manant. Gl. *Mansionarii.*

MENÇOIGNER, Mensonger, faux, trompeur. Gl. *Mendaciloquus.*

MENÇONGIER, MENCHONNABLE, Menteur. Gl. *Mendaciloquus.*

MENDILH, p. e. Sorte de vêtement. Gl. *Mandile.*

MENDIS, Mendiant. Gl. *Mendicaliter*. [Gérard de Vienne, vers 2383. Garin le Loher. tom. 1, pag. 60.]

MENDOIS, Monnaie des évêques de Mende. Gl. *Mimatensis*, sous *Moneta Baronum.*

MENDRE, Moindre. Gl. *Minorare.*

1. **MENÉE**, Poignée, autant que la main peut contenir. Gl. *Manata.*

2. **MENEE**, Terme de venerie, la droite route de cerf fuyant. Gl. *Menetum.* [? Voyez *Menuel*. Fanfare. Chanson de Roland, stance 240, vers 6. Roman de Roncevaux, pag. 14, 21.]

° 3. **MENÉE**. Gl. *Menaria.*

° **MENEGAUL**. Chanson, Wackernagel, pag. 61 :

Deuz com est folz ki à fame se prant
Et ki en fait signor et menegaul.

MENEL, Moindre, moyen. Gl. *Maanellus.*

MENER, Régir, gouverner, faire l'office de tuteur. Gl. *Menare*. [Conduire, emmener. *Kel part nous menra Dieus ? Où alons nous ?* Flore et Jeanne, pag. 31. Rutebeuf, tom. 2, pag. 236 :

De paradis : cil nous i maint
Qui en la gloire del ciel maint.

Roman de Renart, tom. 1, pag. 30, vers 773 :

Marcheanz qui poisson menoient.

Mener à pis, Garin le Loher. tom. 1, pag. 7. *Maine son engin*, Conduit son affaire, Partonop. vers 311. *Mainent joie et baudor*, Flore et Blancefl. vers 875. *Maine grant dolor*, Partonop. vers 749. *Maint travail*, Chastel. de Couci, vers 268. *Mener à son hues*. Gl. *Usurare*. *Mener à gachera*. Gl. *Warectum*. Voyez *Moneir*, Rayn. tom. 4, pag. 188¹, au mot *Menar*. Diez, *Altromanische Sprachdenkmale*, pag. 54. *Menez*, Maltraité, malmené. Roman de Roncevaux, pag. 39.]

2. **MENER** PAR COURT, Faire droit, rendre justice. Gl. *Superducere.*

MENESTRAUDER, Faire le métier d'un *Menestrel* ou bouffon. Gl. sous *Ministelli.*

MENESTRAUDERIE, MENESTRAUDIE, MENESTRAUDISE, L'art de jouer des instruments. Gl. *Menestrellus.*

1. **MENESTRE**, Ouvrier, homme de métier, artisan. Gl. *Menestriones.*

2. **MENESTRE**, Chanteur, joueur d'instruments. Gl. sous *Ministelli.*

1. **MENESTREL**, Officier de justice ou de police. Gl. sous *Ministeriales*, pag. 396².

2. **MENESTREL**, Qui est attaché au service de quelqu'un. Gl. sous *Ministeriales*, pag. 396².

3. **MENESTREL**, Chanteur, joueur d'instruments. Gl. sous *Menesterellus*, et sous *Ministelli*, pag. 394².

MENESTRER, Chanter, jouer des instruments. Gl. *Menesterellus.*

1. **MENESTRIER**, Ouvrier, homme de métier, artisan. Gl. *Menestriones.*

2. **MENESTRIER**, Chanteur, joueur d'instruments. Gl. sous *Ministelli* [et *Instrumentum*. Menestriers de vielle. Gl. *Vitula.*]

MENEVELLE, Manivelle. Gl. *Menevellus.*

MENEUR, Tuteur. Gl. *Menare.*

MENGER SUR LE SAC, Se disait chez le roi de ceux qui ne mangeaient point en salle. Gl. *Mangerium.*

° **MENGEUR** DE SOUPES. Gl. *Sopa 3.*

MENGIER, Repas et le droit de prendre un repas chez quelqu'un ; ce qu'on appelait *Procuration*. Gl. *Mangerium* et *Mengerium.*

MENGIER DE DIEU, Communier, recevoir le corps de J. C. Gl. *Mangerium.*

MENGOIRE, Sac, dans lequel on donne l'avoine à manger aux chevaux. Gl. *Manducarium 2.*

MENGUE, Mangerie, vexation. Gl. *Mango 4*, et *Mangiaria.*

MENICLE, pour Manicle, menotte. Gl. *Manicla.*

1. **MENISTRE**, Administrateur, régisseur. Gl. sous *Ministeriales*, pag. 396².

2. **MENISTRE**, L'office et les honoraires de l'officier de justice ou de police qu'on appelait *Menestrel*. Gl. *Mistralia*, sous *Ministeriales*, pag. 417².

3. **MENISTRE**, Celui qui est attaché au service de quelqu'un. Gl. sous *Minister 3.*

° **MENNIERE**, Manière, façon d'agir. Chastel. de Couci, vers 275.

Car je n'ay vouloir ne menniere
Que je face vostre prière.

MENNOUVRAGE, Travail, labour. Gl. *Manobrium*, sous *Manopera*, pag. 225².

° **MENOIS**. Voyez *Manes.*

MENOISON, Maladie, dévoiement, dysenterie. Gl. *Lienteria.*

1. **MENOR**, Manoir, habitation. Gl. *Manerium.*

2. **MENOR**, Petit, moindre. Gl. *Menorulus*.

3. **MENOR**, Mineur. Gl. *Menudetæ*.

MENOVRER, Travailler. Gl. *Manobrium*, sous *Manopera*, pag. 225².

MENOYER, Manier, toucher avec la main. Gl. *Maniare* 3.

° **MENSAL**. Voyez *Mansal*.

MENSION, Frais, mise, dépense. Gl. *Missiones*.

MENSOÉE, MENSOIE, Voiture, charretée. Gl. *Massoda*.

MENSTREL, Officier de justice ou de police. Gl. sous *Ministeriales*, pag. 396².

° **MENTI**. Voyez *Foimenti*.

° **MENTIR**, Défaillir, manquer. Flore et Blancefl. vers 693 :

  La color pert, li cuers li ment.

° **MENTOIANT**, Mentant. *Jà n'irai mentoiant*, Agolant, pag. 171¹.

° **MENTON**. BAISSER LE MENTON. Roman de Roncevaux, pag. 10. Aubri, pag. 161².

° **MENU**, Souvent, fréquemment. Roman de Renart, tom. 3, pag. 57, vers 21304 :

  *Et Renart aquelt à ses paumes
  Plus menu ces fuels à torner
  Que vos ne puissiez or conter.*

Menu et souvent, Chanson Iʳᵉ du roi de Navarre. Guill. Guiart, tom. 2, pag. 162, vers 4167 (13153). *Menuit et sovant*, Gérard de Vienne, vers 5760. Voyez Rayn. tom. 4, pag. 197¹, au mot *Menut*.

MENUAILLE, Menu peuple. Gl. *Minutus* 2.

MENUEL, Espèce de corps de chasse. Gl. *Menetum*. [Voyez le Gloss. sur la Chron. des ducs de Normandie, au mot *Meienel* ; ci-dessous, *Moieniau* ; ci-dessus, *Menée* 2.]

MENUEMENT, En menu, en petit. Gl. sous *Grassus* 1 ? [Souvent. Partonop. vers 8653 :

  *Partonopeus menuement
  Es grans perius se joste prent.*

Roman de Renart, tom. 3, pag. 103, vers 22586 :

  *L'un d'aus à son col un cor ot
  Qu'il vet menuement cornant.*

Voyez *Menu*.]

MENUERIE, Petite curiosité, ouvrage recherché, bijou. Gl. *Minutia* 2.

MENUIER, Diminuer, amoindrir. Gl. *Minuare* 1.

MENUISE, Petit poisson. Gl. *Menusia*.

MENUISERIE. OUVRAGE DE MENUISERIE, Petite curiosité, ouvrage recherché, bijou. Gl. *Minutia* 2.

MENURIE, Le même. Gl. *Minutia* 3.

MENUS. FRERES MENUS, Frères mineurs, Cordeliers. Gl. *Menudetæ*.

MENUYER, Marchand détailleur. Gl. *Minutarius*.

MENUYSE, Petit poissson. Gl. *Menusia*.

MEQUAINE, Jeune fille, servante. Gl. *Mischinus*.

MER, Grand lac. Gl. *Mare*.

MERAIN, Chagrin, dépit, colère. Gl. *Merannia*.

MERALLERESSE, Sage-femme. Gl. *Merallus*.

MERANCOLIEUX, Mélancolique, difficile, fâcheux. Gl. *Merencolicus*.

1. **MERC**, Marque. Gl. *Merca* et *Mercare*. [Pour désigner la limite d'une forêt, d'un champ clos. Partonop. vers 517, 639, 5787, 9684. Trace. Gl. *Convertere*, pag. 548¹. Signe, comme *Connaissance*, vers 9647. Voyez la Chron. des ducs de Norm. Rayn. tom. 4, pag. 156¹, au mot *Marca*.]

2. **MERC**, Marc de vin. Gl. *Marcum* 1.

3. **MERC**, Le droit qu'on paye pour le bornage des terres. Gl. *Meeritz*.

MERCADIN, Marché, place publique. Gl. *Mercadale*.

MERCENAIRE, Prêtre attaché sans titre au service d'une église, et à qui on n'assigne qu'une certaine rétribution. Gl. *Mercenarius* 2.

MERCHE, Marque ; d'où *Mercher*, Marquer. [G. Guiart, tom. 1, p. 58, v. 855 : *Se mercher de la croix*.] Gl. *Mercare* et *Moneta Britanniæ*, pag. 493¹.

° **MERCHI**, Amende. Gl. *Misericordia* 1.

MERCHIABLE, Compatissant, qui a de la pitié. Gl. *Mercia* 3.

MERCHIER, Marquer. Gl. *Mercare*.

MERCHIER A TAULETTE, Mercier, qui étale sur une petite table. Gl. *Mercerius*.

MERCI. RENDRE MERCIS, Remercier, rendre grâces. Gl. *Merces*.

MERCIABLE, Qui a de la pitié et de la compassion, miséricordieux. Gl. *Mercia* 3.

MERDAILLE, MERDE, Terme injurieux et de mépris. Gl. *Merda*.

1. **MERE**, Nourrice. Gl. *Mater* 2.

2. **MERE**, p. e. pour MERC. Le droit qu'on paye pour le bornage des terres. Gl. *Meeritz* et *Mercare*.

3. **MERE**, Plus grand. Gl. *Merum examen*.

° 4. **MERE**. VEINES DE LA MERE. *Venæ matris*, sous *Vena* 6.

° 5. **MERE EMPERE**. Gl. *Imperium mixtum*, pag. 306³.

MEREAU, Terme injurieux. Gl. *Merellus*, pag. 848¹.

° **MEREGOUTTE**. Gl. *Vinum*, p. 345¹.

1. **MEREL**, Mereau. Gl. *Merallus*.

2. **MEREL**, Acquit. Gl. *Merellus*, pag. 847³.

MERELLIER, Tablier, sur lequel on joue aux merelles. Gl. *Marrella*.

MEREMELIN, pour Miramolin. Gl. *Miramomelinus*.

° **MERENCOLIE**, Folie, extravagance. G. Guiart, tom. 1, pag. 222, vers 5308. *Melancolie*, Chastel. de Couci, vers 8234.

MERESLE, p. e. Soufflet ou coup de poing. Gl. *Merella*.

MERETRICAL, Appartenant à femme débauchée. Gl. *Meretricaliter*.

MERGLE, Houe, instrument à labourer la terre. Gl. *Maglius*.

MERIANE, Midi. Gl. *Meridies*.

° **MERIAUS**, MERIAX, Coups. Guill. Guiart, tom. 1, pag. 43, vers 483 ; tom. 2, pag. 211, vers 5453 ; pag. 413, vers 10721. Voyez *Meresle*.

MERIE, Mairie, les droits de maire. Gl. *Maria*.

MERIENE, Méridienne, le sommeil d'après dîner. Gl. *Meridiana*.

° **MERIN**. Gl. *Merinus*, sous *Majorinus*, pag. 187¹.

MERIR, Payer, récompenser, rendre la pareille. Gl. *Merere* et *Remerire*. [Laborde, pag. 158, 179, 219, 272. Wackern. pag. 73. Chastel. de Couci, vers 1595. Roi Guillaume, pag. 124. Guill. Guiart, tom. 1, pag. 221, vers 5278. *Meri*, Wackern. p. 14. Chastel. de Couci, vers 3440. Guill. Guiart, tom. 1, pag. 160, 889, vers 3625, 7840. Voyez Orell, pag. 130. Chron. des ducs de Norm. Rayn. tom. 4, pag. 212², au mot *Merir* ; ci-dessous, *Mire*]

MERITA, Relique, partie d'un corps saint. Gl. *Meritum* 3.

° **MERITE**, s. f. Bienfait, bonté, grâce. De Nostre Daime, Wackern. pag. 69 :

  *De toi fist sa pouse
  Per sa grant merite.*

Roman de Renart, t. 2, p. 243, v. 16177. *Merite*, s. m. Récompense. Roi Guillaume, pag. 46. Voyez Rayn. tom. 4, pag. 213¹, au mot *Merit*.]

MERITER, Récompenser, rendre un bienfait. Gl. *Merere*.

MERLETTE, p. e. La verge ou bâton d'un sergent. Gl. *Merletus*.

MERLIS, Querelleur, brouillon. Gl. *Meleare*.

MERME, Moindre. [Voyez Orell, p. 38. Rayn. tom. 4, pag. 198², au mot *Mermar*.] D'où *Merme d'aage*, Mineur. Gl. *Minorennis*, et *Minoritas* 1.

° **MERMER**, Oter, ravir, dépouiller. Chronique des ducs de Normandie. Voyez Rayn. tom. 4, pag. 108², au mot *Mermar*.

MERQUATOUR, Marchand, qui fait argent de tout. Gl. *Mercator*.

MERQUIER, Marquer, imprimer une marque. Gl. *Merqua*.

° **MERRAI**, Menerai, fut. de *Mener*. Agolant, vers 883, 901, 997. Chron. des ducs de Norm. Chanson de Roland, st. 281, v. 4.

○ **MERRELLE**, Certain jeu. Gl. *Marrella* et *Marella*. Wackern. pag. 48 :

Et li miens cuers vait tous jors atan-
[dant
N'onkes vers li ne traist fauce mer-
[relle.

Voyez le Glossaire sur la Chronique des ducs de Normandie, au mot *Mereau*.

MERRER, Labourer avec la marre. Gl. *Marrare* 2.

MERRIEN, Merrain, bois de charpente. Gl. sous *Materia*, pag. 304².

○ **MERVAUMENT**, D'une manière merveilleuse. Chronique des ducs de Normandie.

○ **MERVEILLANCE**, Étonnement, matière d'étonnement. Chron. des ducs de Norm.

MERVEILLE. SE DONNER MERVEILLES, s'Étonner, être surpris. Gl. *Mirabilis* 1. [*Merveilles avoir*, Chastel. de Couci, v. 4733, 8033.]

MERVEILLER, Le même. Gl. *Mirabilis* 1. [Voyez Rayn. tom. 4, pag. 240¹, au mot *Meravelhar*.]

MERVEILLETÉ, MERVEILLEUSETÉ, Humeur hautaine, fierté, arrogance. Gl. *Mirabilis* 1.

1. **MERVEILLEUX**, Hautain, fier, insolent. Gl. *Mirabilis* 1.

2. **MERVEILLEUX**, Étonné, épouvanté, surpris. Gl. *Mirabilis* 1.

MERVEILLIER, Admirer, s'étonner. Gl. *Mirabilis* 1.

1. **MÉS**, Messager, envoyé. Gl. *Missus* 2. [Voyez Rayn. tom. 4, pag. 223¹, au mot *Mes*.]

2. **MÉS**. [Mets, plat. Flore et Blanceflor, vers 8173. Chastelain de Couci, vers 460. Aubri, pag. 152¹. Voyez *Mez* 1.] Més de MARIAGE, Droit seigneurial, par lequel le vassal qui se marie, doit présenter à son seigneur un plat de viande, du vin et du pain. Gl. *Missus* 1.

○ 3. **MÉS**, Maison. Voyez *Mas*. Chastel. de Couci, vers 2557, 3244. Rutebeuf, t. 2, p. 248 : *Iluec*

Estoit sa meson et son mez,
Mult i avoit longuement mez.

○ 4. **MÉS**, triste, maté, privé. Wackernagel, pag. 25 :

Et mainte fois veult Amors ke je soie
Mes et pensis, dolens et corresous.

Pag. 6 :

Li dus est remonteis de joie mes et
[veus.

Voyez *Mat*, ou Rayn. tom. 4, pag. 230¹, au mot *Mest*? (*Mes et de joie veus ?*)

○ 5. **MÉS**, terme de chasse. Chron. des ducs de Normandie, tom. 3, p. 336, vers 40801 :

Là où li mes avint plus beiaus.

Chroniques Anglo-Normandes, tom. 1, pag. 54 :

E le grant cerf à mes li vint.

○ 6. **MÉS**. Voyez *Mais*.

○ **MESAASMER**, Mépriser, maltraiter. Roman de Renart, tom. 1, p. 121, vers 12864.

MESAISIÉ, Malaisé, incommode, mal à l'aise. Roi Guillaume, pag. 57. Chronique des ducs de Normandie. Voyez *Aaiser*.

MESALÉ, Corrompu, gâté. Gl. *Mescalia*.

○ **MESALER**, S'égarer. Partonop. vers 808.

MESAMER, Ne point aimer, haïr. Gl. *Mosamare*.

MESASURE, Saumure. Gl. *Meisa*.

MESATGIER, Envoyé, député, légat. Gl. *Messagerius*.

MESAVOIR, Maltraiter, outrager. Gl. *Meshabere*.

○ **MESBAILLER**, MESBAILLIR, Mal gouverner, maltraiter. Partonop. vers 2652. Chron. des ducs de Norm. Voyez *Bailler* 2.

MESCAANCHE, MESCHANCE, Malheur, accident, mauvaise fortune. Gl. *Mescadere*. [Chron. des ducs de Normandie. Rayn. tom. 2, pag. 347¹, au mot *Mechasensa*.]

MESCHANTEMENT PARLER, Mauvaise prononciation, causée par l'embarras de la langue. Gl. *Linguatus*.

○ **MESCHATER**, Mal acheter, perdre au change, payer cher. Chron. des ducs de Norm.

MESCHEOIR, Arriver malheur. Gl. *Mescadere*. [Tant leur mescace, Guill. Guiart, tom. 1, pag. 157, vers 3537. *Mescheant*, Malheureux, Chastel. de Couci, v. 608. Voyez Rayn. tom. 2, pag. 347¹, au mot *Mescazer*.]

○ **MESCHEUE**. PAIN MESCHEUE. Gl. *Panis*, pag. 132³.

MESCHEVOIR, Essuyer un malheur, échouer dans un projet. Gl. *Mescadere*. [Voyez Rayn. tom. 2, pag. 276¹, au mot *Mescabar*.]

○ **MESCHIEF**, MESCIEF, Malheur, mésaventure. G. Guiart, tom. 1, pag. 31, vers 161. Partonop. vers 3390, 3768. Voyez Rayn. tom. 2, pag. 276¹, au mot *Mescap*.

MESCHIN, Jeune homme. [Garin le Loherain, tom. 1, pag. 33, 52. Agolant, vers 1155.], et MESCHINE, Jeune fille, demoiselle. [Vierge. Agolant, pag. 180² :

Et autretant puceles de jovent
Qui totes soient meschines chastement.

Concubine. Partonop. vers 5490. *Mescine de mestier*, comme *Femme de mestier*, Fille publique, vers 8877. Enfant du sexe féminin, Flore et Blanceflor, vers 170 :

Vallés fu nés de la payene
E mescine ot la crestyene.

Jeune femme, vers 110, 141. Roman de Renart, tom. 2, pag. 98, vers 12214 :

Et à ma dame la roïne
Qui tant par est gente meschine.

Chron. des ducs de Normandie.] Ensuite pour Valet, servante, domestique : d'où *Meschinnage*, Service, condition de celui qui sert. Gl. *Mischinus*.

MESCHITE, Mosquée. Gl. *Meschita*.

○ **MESCHOISIR**, Mal viser, perdre de vue. Garin le Loher. tom. 1, pag. 220. Chron. des ducs de Normandie. Voyez *Choisir*.

MESCLAIGNE, Blé méteil. Gl. *Mesclelana*. [*Mescle*, *Meslure*. Gl. *Mescalia*.]

○ **MESCONSEILLER**, Donner des mauvais conseils. Partonop. vers 2651. Voyez *Roquef*.

○ **MESCONTER**, Tromper, diminuer par fraude. Guill. Guiart, tom. 1, p. 26, v. 16. Oublier de compter, ne pas compter, t. 2, pag. 172, v. 4431, (13417). Roi Guillaume, pag. 127 :

Tost porroie si haut monter,
Que on me feroit mesconter
Trestous les degrés et descendre.

MESCONTERESSE, Femme qui cherche à tromper, en faisant un compte. Gl. *Picta* 3.

MESCREANDISE, Incrédulité, paganisme. Gl. *Mescredentia*.

1. **MESCROIRE**, Soupçonner. Gl. *Mescredentia*. [*Mescréance*, Défiance. Rayn. tom. 2, pag. 511¹, au mot *Mescrezenza*.]

○ 2. **MESCROIRE**, Ne pas croire. Flore et Blancefl. vers 2478. Chastel. de Couci, vers 3940. Partonop. vers 6970. Roman de Renart, tom. 1, pag. 16, vers 422. *Mescréus*, Mécréant. Chronique des ducs de Normandie, tom. 1, pag. 23, vers 586. Voyez Rayn. tom. 2, pag. 510², au mot *Mescreire*.

MESDEMAINNE, Domaine, seigneurie. Gl. *Domenura*.

○ **MESDEVENIR**, Arriver mal. Chron. des ducs de Norm.

○ **MESDIS**, Médisant. Garin le Loher. tom. 1, pag. 149. Partonop. vers 6514 : *Mesdit ?*

MESE, Caque ou baril de harengs. Gl. *Meisa* 1.

MESEL, Lépreux [*Mesele*, fem. Partonop. vers 5195. Voyez Rayn. t. 4, p. 230², aux mots *Mezel* et *Mezella*], et *Méselerie*, Lèpre. [Rayn. pag. 231¹, au mot *Mezellaria*.] Gl. *Miselli* et *Mesclaria*. *Meselerie* †,

○ **MESENTENDANT**, Mal intentionné, mal disposé. Fierabras, pag. 176¹ :

Que li mesentendant en seront esbaahi
Et li bien entendant en seront esjoï.

MESERER, Se tromper, errer, faire une faute. Gl. *Meserare*.

MESERICORDE. Voyez *Misericorde* 2.

MESERIL, p. e. pour MESNIL, Métairie, ferme. Gl. *Meserolus*.

MESERRER, MESERTER, Errer, se

tromper. Gl. *Meserare*. [G. Guiart, t. 1, pag. 153, v. 3453. *Messerrer*, tom. 2, pag. 116, v. 2977 (11957). Mantel mautaillé, vers 204.]

MESESTANCE, Déplaisir, chagrin, peine. Gl. *Malastantia*. [Malheur, contretemps, mésintelligence. Partonop. vers 3292, 4744. Wackern. pag. 28 ; Roman de Renart, tom. 2, pag. 297, vers 17678 ; tom. 1, pag. 2, v. 21. Partonop. vers 6470. Chron. des ducs de Norm. Voyez Rayn. tom. 4, pag. 208², au mot *Malestansa*.]

° **MESEURUS**, Malheureux. Chron. des ducs de Normandie.

° **MESFAIRE**, Méfaire, offenser. Partonop. vers 1773 :
Dame, fait-il, trop fols seroie
Se jo de ço vos mesfaisoie.

Mesfais, Criminel, persécuté, vers 3785 :
Meis Mavés ert mesfais le roi
De sorfait et de grant desroi.

Flore et Jeanne, pag. 81 : *Car je sui si mesfais en mon païs, ke je n'i porai mès en pieche païs avoir*. Voyez Orell, pag. 245. Rayn. tom. 3, pag. 272¹, au mot *Mesfar*.

MESGETTER, Se détourner, quitter sa direction. Gl. *Detournare*.

MESGINS, MESGIS, Peau passée en mégie. Gl. *Mesgicerius*.

MESGLE, Houe, instrument à labourer la terre. Gl. *Maglius*.

° **MESGNIE**. Voyez *Mesnie*.

MESGUERCHIER, Mégissier. Gl. *Mesgicerius*.

MESGUICHIER, Préparer en mégie. Gl. *Mesgicerius*.

MESIAUS, Lépreux. Gl. *Miselli* et *Mesclaria*.

1. **MESIERE**, Métairie, ferme, maison de campagne. Gl. *Maseria*.

° 2. **MESIERE**. Voyez *Maisiere*.

° **MESJEUER**, Tricher. Miracle de la Sainte Vierge, vers 212. Chron. des ducs de Norm. tom. 3, pag. 517 :
Sovent nos mesjeue et mestrait.

MESIGIER, Messier, garde des fruits de la terre. Gl. *Messegarius*.

MESIL, peut-être Blé méteil. Gl. *Mescalia*.

MESION, Mise, frais, dépense. Gl. *Misiones*.

MESIRE, MESIRIER, Merise, merisier. Gl. *Messillus*.

MESLE, Nèfle. Gl. *Melata* et *Despensa*. [*Meslier*, Néflier. Gl. *Meslerius*, et *Flagellum 1*. Voyez *Meltier*.]

1. **MESLÉE**, Querelle, dispute. Gl. *Mesleia*. [Combat. Partonop. vers 3138.]

2. **MESLÉE**, Troupe, foule, multitude. Gl. *Maslea*.

° **MESLER**, Brouiller. Partonop. 263, 3592, 4784. En venir aux mains. Roman de Roncevaux, pag. 22, et souvent. Voyez *Medler* et *Meller*.

MESLIEUX, Querelleur, brouillon. Gl. *Meleare*.

° **MESLIN**. Lai du Corn, vers 127 :
Sire, li meslin dist.
Mes lui ?

MESLINGE, Étoffe médiocre. Gl. *Lingius*.

MESLIUS, Querelleur, brouillon. Gl. *Mesleia*.

MESMARIAGE, Ce qu'un serf payait à son seigneur pour pouvoir se marier à une femme de condition libre, ou à une serve d'un autre seigneur. Gl. *Forismaritagium*, pag. 560¹, 561².

° **MESMARIER**, Mal marier. Partonop. vers 9399. Chronique des ducs de Normandie.

MESMENER, Mal mener, maltraiter. Gl. *Menare*.

MESMONTANCE, Mutilation, blessure considérable. Gl. *Maleficium 3*.

1. **MESNAGE**, Maison, habitation. Gl. *Mesnagium 1*. [Voyez *Mesuage*.]

2. **MESNAGE**, Famille, enfants, domestiques. Gl. *Mesnagium 1*.

3. **MESNAGE**, Meuble, ustensile de ménage. Gl. *Mesnagium 3*, et *Mainagium 2*.

1. **MESNAGER**, Maître d'hôtel, celui qui fait la dépense d'une maison. Gl. *Mesnagium 1*.

2. **MESNAGER**, Habiter une maison, vivre en ménage. Gl. *Mesnagium 1*.

3. **MESNAGER**, Faire le ménage, ranger la maison. Gl. *Mesnagium 3*.

MESNAGIER, Chef de famille. Gl. *Mesnagium 1*.

MESNAIGIER, MESNEIGIER, Le même. Gl. *Mesnagium 1*.

MESNIE, Famille, maison, tous ceux qui la composent, domestiques. Gl. *Maisnada*. [Voyez *Maisnie*. Roman de Renart. tom. 1, pag. 18, vers 477, 483 (*Mesnées*). *Mesgnie*, Enfants Haymon, vers 165, 177, 191. *Mesnie Apollin*, Garin le Loherain, tom. 1, pag. 101. Voyez Geste.]

MESNIER, Sergent, huissier. Gl. *Maynerius*.

MESNIL, Métairie, ferme, maison de campagne. Gl. *Mansionile*.

° **MESŒVRER**, Mal agir. Roi Guillaume, pag. 157 :
Car molt mesœvre et molt mesprent
Qui vers sa mere guerre prent.

° **MESOIR**, Fermer l'oreille, être sourd. Chron. des ducs de Normandie. Orell, pag. 179.

MESON, pour Maison, Catafalque. Gl. *Domus 6*.

MESONCELE, Maisonnette. Gl. *Mesoncella*.

° **MESPAIË**, Mal payé. Partonop. vers 2607.

MESPARLANCE, Discours déplacé, parole dite mal à propos ; d'où *Mesparlier*, Celui qui parle ainsi. Gl. *Matiloquium*.

° **MESPARLER**, Médire. Rayn. tom. 4, pag. 422¹, au mot *Mesparlar*.

MESPOINZ, Marqués de faux points. Guill. Guiart, tom. 2, pag. 412, vers 10705 (19687) :
Dez plains, dez widiez, des mespoinz,
Saillent aus ribaus hors des poinz.

MESPORTER, Se mal comporter, faire une mauvaise action. Gl. *Portare 1*.

MESPRANTURE, Faute, délit, contravention. Gl. *Mesprisio*.

1. **MESPRENDRE**, Arriver mal à quelqu'un. Gl. *Mesprendere*.

2. **MESPRENDRE**, Faire une faute, faire tort à quelqu'un, l'offenser. Gl. *Misprenders*. [Commettre une offense, un délit. Vie de S. Thomas de Cantorbéry, Chron. des ducs de Norm. tom. 3, pag. 622², 623¹. Mantel mautaillé, vers 334. Se tromper, vers 422. Voyez Rayn. tom. 4, pag. 633¹, au mot *Mesprendre*. Diez, Altroman. Sprachdenkm. pag. 57.]

MESPRENTURE, Faute, délit, contravention. Gl. *Mesprisio*.

MESPRISON, Le même. Gl. *Mesprisio* et *Misprendere*. [Agolant, vers 231. Wackern. pag. 51. Lais du Corn, vers 322. *Mesproison*, Partonop. vers 8522. *Mesprison*, Méprise, erreur, vers 6748. Chronique des ducs de Normandie. Voyez Rayn. tom. 4, pag. 633², au mot *Mespreizo*.]

MESPRISURE, Le même. Gl. *Mesprisio*. [Erreur, méprise. Rutebeuf, tom. 2, pag. 255.]

MESQUANCHE, Malheur, mauvaise fortune, accident fâcheux. Gl. *Mescadere*.

MESQUE, Houe, instrument à labourer la terre. Gl. *Maglius*.

MESREL, Jeton. Gl. sous *Merallus*.

° **MESRELE**. Voyez *Meresle*.

1. **MESSAGE**, Messager, qui porte quelque ordre ou nouvelle. Gl. *Messagarius* et *Missus 2*, pag. 421³. [Garin le Loher. tom. 1, pag. 67. Chron. des ducs de Normandie.]

2. **MESSAGE**, Certaine redevance, due au messier ou au seigneur, pour la garde des fruits de la terre. Gl. *Messagium 2*, sous *Messarius 1*.

MESSAGIER, Huissier, garde de quelque chose, bedeau. Gl. *Messagerius*.

1. **MESSAIGE**, Procureur, celui qui est chargé des affaires d'un autre. Gl. *Messagarius*.

2. **MESSAIGE**, comme ci-devant *Message 2*.

MESSAIGERIE, Message, envoi, commission. Gl. *Messajaria 2*.

MESSAIGIER, Sergent, qu'on envoie

faire quelque exécution. Gl. *Messagerius.*

MESSCÉ, Sorte de boisson. Gl. *Mixtum*, 1, pag. 430¹.

MESSE, Confrérie. Gl. sous *Missa* 4, pag. 419¹.

MESSE MATINEUSE, MATYNELLE, qui se dit de grand matin, au soleil levant. Gl. *Missa matutinalis*, sous *Missa* 4, pag. 416². [*Messe* coppetée, pag. 415². *Messe moittière*, pag. 416³. *Messe de benisson*, pag. 414².]

MESSEILLIERE, Sergent, messier. Gl. *Messegerius* 2.

MESSEL, Carnage, massacre. Gl. *Messella.*

MESSERIE, L'office de messier, l'étendue de sa juridiction. Gl. *Messaria et Messarius* 1.

° **MESSERRER**. Voyez *Meserrer.*

MESSERVIR, Desservir, nuire. Gl. *Misservire.*

MESSEURE, Ce qu'on donne en nature au moissonneur pour son salaire. Gl. *Messura.*

MESSEY, Messier, garde des fruits de la terre. Gl. *Messaguerius.*

MESSIEN, Missel, livre pour la messe. Gl. *Messuale.*

MESSIER, Le même. Gl. *Missalis.*

° **MESSIER (SE)**, S'élancer, se précipiter. Chron. des ducs de Norm. tom. 1, pag. 411, vers 9508.

MESSIERE, Mur de cloison. Gl. *Maceria* 3.

MESSILIER, Messier, garde des fruits de la terre. Gl. *Messarius* 1.

1. **MESSION**, Le temps de la moisson. Gl. *Messionagium.*

2. **MESSION**, Mise, frais, dépense. Gl. *Missiones.*

MESSON, Moisson, récolte. Gl. *Messis* 2.

MESSONGNER, Serrer en grange la moisson. Gl. *Mansionare.*

MESSONNER, Moissonner, d'où *Messonnier*, Moissonneur. Gl. *Messonare.*

MESSOYER, Entendre la messe, y assister. Gl. *Messiare.*

° **MEST**. Voyez *Maindre.*

MESTAILLER, Mal tailler. Gl. *Taliare* 1.

MESTARIE, MESTEERIE, Métairie, ferme. Gl. *Mediatoria.*

MESTER, Office divin. Gl. *Opus Dei.* Voyez *Mestier* 8.

MESTEUL, Blé méteil. Gl. *Metallum* 2.

1. **MESTIER**, Office, emploi. Gl. sous *Ministerium*, pag. 400¹. [Partonop. v. 424. Agolant, v. 1199. Roi Guillaume, p. 63. Partonop. vers 7890. Jubinal, Fabliaux,

tom. 2, pag. 33, 34. Voyez Rayn tom. 4, p. 236², au mot *Mestier*. — Chastel. de Couci, v. 1343 :

Et cil qui furent el mestier
Se vont si illuec aprochier.]

2. **MESTIER**, Territoire, district, étendue d'une juridiction. Gl. sous *Ministerium*, p. 400², et *Officium.*

3. **MESTIER**, Toute espèce de meuble, tout ce qui sert à quelque chose. Gl. *Ministerium*, pag. 399³.

4. **MESTIER**, Espèce de mesure de grain. Gl. *Mestarium* 1.

5. **MESTIER** A HUILLE, Moulin à huile. Gl. *Mestarium* 2.

6. **MESTIER**. FAIRE MESTIER, Divertir. amuser. faire danser. Gl. *Menesterellus.* [*Feste des mestiers.* Gl. *Festum ministeriorum.*]

° 7. **MESTIER**, Besoin, service, usage, utilité. Partonop. vers 7857 :

A lor mestier ont loges beles
E as cevals toutes noveles.

Avoir mestier, Rendre des services, aider, être utile, être nécessaire. Joinville, p. 45 : *Ses prières nous orent bien mestier au besoing.* Agolant, vers 1008 :

Par ce l'aim et tien chier,
Qu'il m'a éu en maint besoig mestier.

Vers 148, 314, 408, 1087, 1197. Garin le Loher. t. 1, p. 136, 171. Chastel. de Couci, vers 3674. Fabliaux, Jubinal, t. 1, p. 129, 144. Partonop. vers 10490. Roman de Renart, tom. 2, pag. 91, vers 12086 ; p. 283, vers 17295. Joinville, pag. 269. Partonop. vers 1058, 6565 :

Et quant c'onques à chevalier
Puet à tornoi avoir mestier.

Vers 219 :

Quanque prodom avait mestier
A pais faire et à guerroier.

Vers 7540 :

Qant ert l'eure que cavalier
Puisce proece avoir mestier ?

Garin le Loher. tom. 1, pag. 18 :

Secourez-les, qu'il en ont grant mestier.

N'i *a mestier,* Est inutile, ne sert à rien. Partonop. vers 2670, 7618. Roman de Renart, tom. 2, pag. 171, vers 14282. Roi Guillaume, pag. 56. Garin, tom. 1, pag. 18, 135, 136. Partonop. vers 1782. Mantel mautaillé, vers 421. Wackern. pag. 41. Garin tom. 1, pag. 82 :

Laissiez la cort, que mestier n'i avez.

Il *n'en avait nul mestier,* Joinville, pag. 418. *Fust mestier,* Joinville, pag. 39, 57, 199. Voyez Rayn. t. 4, p. 236², au mot *Mestier.*

° 8. **MESTIER** DEU, SAINT MESTIER, Messe, service de Dieu. Chron. des ducs de Norm. Diez, Altrom. Sprachdenkm. pag. 25. *Le damedeu mestier.* Gérard de Vienne, vers 1974. Voyez Rayn. tom. 4, pag. 217², au mot *Mestier.* Gl. *Opus Dei.*

MESTILLON, Blé méteil. Gl. *Mestillium.*

MESTIVAGE, Le droit d'exiger une redevance appelée *Mestive.* Gl. sous *Mestiva.*

1. **MESTIVE**, Redevance en grain. Gl. *Mestiva.*

2. **MESTIVE**, Le temps de la moisson. Gl. *Mestiva.*

MESTIVER, Moissonner ; d'où *Mestivier*, Moissonneur. Gl. *Mestiva.*

° **MESTIZ**, Métis. Gl. *Mestosus.*

MESTOURNÉ, Qui est trop petit. Gl. *Bestornatus, et Panis,* pag. 130³, 136³. [Oppressé, navré. Partonop. vers 4428 :

Car ses cuers est tot mestornés.]

° **MESTRAIRE**. Voyez *Mesjeuer.*

MESTRE DES ENGINS, Ingénieur en chef. Gl. *Magister ingeniorum.* [*Mestre du déluge* Voyez *Deluge.* Mestre des pavellions. Gl. *Magister pavilionum.*]

1. **MESTRIE**, Domination, souveraineté. Gl. *Magisterialis.*

2. **MESTRIE**, Maîtrise, charge des maîtres des eaux et forêts. Gl. *Magistria* 2.

3. **MESTRIE**, L'art de guérir les plaies ou les maladies. Gl. sous *Magister*, p. 173¹.

° 4. **MESTRIE**, Habileté, artifice, art. Partonop. vers 10661. Voyez Rayn. tom. 4, pag. 117², au mot *Majestria.*

° **MESTROIER**. Voyez *Maistroier.*

MESTUEIL, Blé méteil. Gl. *Mestillium.*

1. **MESTURE**, Moisson, récolte. Gl. *Mestura.*

2. **MESTURE**, Blé méteil. Gl. *Mestura.*

MESUAGE, Métairie, principal manoir. Gl. *Messuagium et Maisnagium.*

MESVEICHER, Mégissier. Gl. *Mesgicerius.*

MESVOIER, Égarer, dérouter, mettre hors de la voie. Gl. *Meserare.*

° **MESURABLE**, Sensé. Chansons historiques, tom. 1. introd. pag. 48. Partonop. vers 6541. Jordan Fantosme, v. 1291.

MESURAIGE, Droit seigneurial sur chacune mesure. Gl. *Mesuragium.*

1. **MESURE**, Nom d'une mesure en particulier. Gl. *Mensura* 1.

2. **MESURE**. METTRE LES MESURES, Prescrire, ordonner de leur capacité. Gl. *Mensura* 1.

MESURIERRES, Mesureur, arpenteur. Gl. *Mensurator.*

MESUS, Mauvais usage, abus. Gl. sous *Moneta Baronum*, col. 490³.

MESUSANCE, Tout ce qui se fait injustement. Gl. *Mesusagium.*

° **MET**. Voyez *Mait.*

METADENC, Blé méteil. Gl. *Mitadenquum bladum.*

METAINH, Certaine mesure de grain. Gl. *Meytencus.*

METE, Borne, limite. Gl. *Meta ferrata.*

METERE, Certaine mesure de terre. Gl. *Meyteria.*

METH, Le plancher d'un pressoir ; ou table. Gl. *Maita*.

METOIERIE, Division, partage en deux. Gl. *Medietaria*. [*Metoier*, Associé. Gl. *Medietates*.]

° **METRE** Doy. Voyer *Doy* 3.

METRIDAT, Mithridat, contre-poison, antidote. Gl. *Mithridatum*.

1 **METTE**, Borne, limite. Gl. *Meta ferrata*, *Wreckum* et *Hagha*.

2. **METTE**, Métal, étain ou cuivre. Gl. *Metalle*.

METTIVE, Le temps de la moisson. Gl. *Mestiva*.

METTOIER, Métayer. Gl. *Medietarius*.

1. **METTRE**, Dépenser, employer. Gl. *Missiones*. [*Metans*. Gl. *Largus*.]

2. **METTRE** EN EMBANNIE, Défendre, proclamer un ban. Gl. *Imbannire*, sous *Bannum* 1.

3. **METTRE** EN NE ou NY, s'Inscrire en faux, nier. Gl. *Ponere in negatum*, pag. 405³.

° 4. **METTRE** JUS L'ORELLE. Se coucher. Roi Guillaume, pag. 57 :

Si s'endormi (ne fu mervelle)
Dès qu'ele ot jus mise l'orelle.

° 5. **METTRE** SOR, S'en rapporter à un arbitre. Wackernagel, pag. 51 :

Tous le bestans de nos dous meteroie
Sors la bele k'ensi nos ait melleit.

Plus bas :

Dès ke sor vos ai mise la tenson.

Voyez Rayn. tom. 4, pag. 222² (*Metria en dos amic*), et comparez Gl. *Mittere se in aliquo* et *Mittere se in amicos*.

6. **METTRE** SUS, Établir. Gl. *Salinare*.

7. **METTRE** SUS, Rétablir, réparer. Gl *Mittere supra*, pag. 429².

8. **METTRE** SUS, Abolir, éteindre, terminer. Gl. *Mittere supra*.

METURE, Blé méteil. Gl. *Mestura*.

METURGEMAN, Truchement, interprète. Gl. *Dragumanus*.

METZ, PRENDRE METZ, s'Associer pour manger ensemble. Gl. *Missorium*.

MEUBLAGE, Fourniture, provision. Gl. *Mobile*. [*Meuble partable*. Gl. *Salvatorium* 1.]

MEULE. BIENS MEULES, Mobiliers, Gl. *Mobile*.

° **MEULE** A TAILLANT. Gl. *Mola* 6.

MEULENGE, Vanne, palle, vantail. Gl. *Mulneda*.

MEULEQUINIER, Tisserand d'étoffe appelée *Moloquin*. Gl. *Melocineus*.

MEUR, Marais. Gl. *Mora* 2.

° **MEURE**, MORE, Lame, pointe de l'épée, de la flèche. Partonop. vers 2241, 3179, 3541. Chron. des ducs de Norm. t. 2, pag. 122, vers 18921. Guill. Guiart, t. 2, pag. 77, vers 1959 (10935) ; pag. 320, vers 8301 (17282). Voyez *Amure*.

MEURON, Mûre sauvage. Gl. *Mora* 5.

1. **MEURTÉ**, Maturité. Gl. *Maturitas* 2.

2. **MEURTÉ**, Réflexion, sagesse. Gl. *Maturitas* 2.

MEUTE, Guerre, entreprise militaire. Gl. *Mota*, sous *Movere* 1.

MEUTEMACRE, Mutin, séditieux. Gl. *Meutmacher*.

MEUTIN, Certaine partie d'une charrue ; p. e. Mouton. Gl. *Mutunus*.

MEUTURE, Droit de mouture. Gl. *Molendinatura*.

MEX, Maison. Gl. *Mesus*.

MEYENPRISE, Mainprise, saisie. Gl. *Meinprisa*.

MEYSEL, Métairie, ferme. Gl. *Meystadaria*.

MEYT, Maie, pétrin. Gl. *Madia*.

MEYTADENC, Certaine mesure de grain. Gl. *Meytencus*. Voyez *Mitadenc*.

MEYTERE, Certaine mesure de terre. Gl. *Meyteria*.

MEYTERÉE, Le même. Gl. *Meyteriata*.

1. **MEZ**, Plat, ce qu'on donne pour un repas. Gl. *Missorium*. [Voyez *Mes* 2.]

° 2. **MEZ**, Habitation. Rutebeuf, t. 2, pag. 248. Voyez *Mas* et *Mes* 3.

° **MEZE**. Voyez *Messe*.

MEZEILLADE, Sorte de petite mesure. Gl. *Mezellada*.

MEZEL, Lépreux, corrompu, sale. Gl. *Mezellus*. [*Loi mezelle*, Paganisme. Enfants Haymon, vers 912. Voyez *Mesel*. *Mezeu*, Gl. *Mezes*.]

MEZELLADE, Sorte de mesure des terres. Gl. *Mezellada*.

MEZELLERIE, Lèpre. Gl. *Mezellus*.

MI, Moi. Gl. *Mi*.

MI-CARESME, Le quatrième dimanche de Carême. Gl. sous *Dominica*.

MICHE, Sorte de petit pain ; d'où le diminutif *Michotte*. Gl. *Mica* 1. [Voyez Rayn. tom. 4, pag. 231², au mot *Micha*.]

MIDI, MIEDY, Sexte, heure de l'office divin. Gl. *Meridies*.

° **MIE**, Point, pas. Rayn. t. 4, p. 231¹, au mot *Mica*. Orell, pag. 307. Diez, t. 2, p. 400, t. 3, pag. 410. Agolant, vers 1113 : [mie.

N'a en cet oste si bon mulet amblant
Qui en trois mois poist mie aler tant.

Dit du Roi Guillaume, pag. 189 :

Je croi qu'il est nus hons qui le recordast

Renart le Nouvel, tom. 4, pag. 276 : *Sans raison ki face mie à faire si grande emprise. Mie de*, Roi Guillaume, pag. 74 :

Quant de l'enfant mie ne troeve.

Pag. 152 :

De l'autre enfant n'i trova mie.

MIEGES, Médecin. Gl. *Megeicharius*. [*Miécine*, Médicament. Partonop. v. 1630. Voyez Rayn. tom. 4, pag. 173², au mot *Meige*.]

° **MIER**. Voyez *Ormier*.

MIERC, Marque, signe. Gl. *Intersignum* 1.

MIÉS, Hypocras. Gl. *Mezium*.

MIESIER, Brasseur de la boisson appelée *Miez*. Gl. *Mezium*.

MIEUDRE, MIEULDRE, Meilleur, principal. Gl. *Meliores*.

MIEX, Maison. Gl. *Mesus*.

MIEZ, Sorte de boisson ou bière. Gl. *Mezium*.

MIGE, Qui est au milieu, à moitié. Gl. *Migeirius*.

MIGERAT, Sorte de trait ou dard. Gl. *Migerius*.

MIGNIER, Manger. Gl. *Mangerium*.

MIGNOT, Mignon, délicat. Gl. *Mignonetus*.

MIGNOTISE, Soin trop recherché, affectation. Gl. *Mignonetus*.

MIGRAINE, Grenade. Gl. *Migrana* 2.

MIL, Millet, sorte de grain. Gl. *Miletum*.

MILHAGEUX, MILHAGNEUX, Corrompu, gâté. Gl. *Meligniosus*.

° **MILIAIRES**, Millénaire. Gl. *Millenarium*.

MILIENDE, Sorte de vêtement ; ou certaine partie de l'habit. Gl. *Milienda*.

MILIERE, Champ semé de millet. Gl. *Miletum*.

MILLARGEUX, pour MILHAGEUX ou MILHAGNEUX, Corrompu, gâté. Gl. *Meligniosus*.

MILLEGROUX, espèce de loup garou. Gl. *Difformatio*.

MILLIERE, Champ semé de millet. Gl. *Miletum*.

MILODS, Se dit lorsqu'il n'est dû que la moitié des lods et ventes dans certaines mutations. Gl. *Mutagium*, sous *Muta* 2. [*Milaods*. Gl. *Recognitio* 4.]

° **MILSOUDOUR**. Voyez *Misodour*.

MIMORIE, Sens, art. Partonop. vers 10302 :

Desos un lit à pecols d'or
Qui moult fu fais par grant mimorie ;
Les espondes furent d'ivorie, etc.

Voyez Gl. *Memoria*, pag. 336³.

1. **MINAGE**, Droit seigneurial sur les grains mesurés à la mine. Gl. *Minagium* 1.

2. **MINAGE**, Le marché où se mesure le grain à la mine. Gl. *Minagium* 1.

8. **MINAGE**, Droit qui se levait sur les vins. Gl. *Minagium* 1.

° 4. **MINE**, MINIAGE. *Tenir à Minage*. Gl. *Minagium* 1.

MINAGÉEUR, MINAGER, MINAGEUR, Celui qui mesure à la mine et qui reçoit le droit appelé *Minage*. Gl. *Minagiator*, sous *Minagium* 1.

° **MINCE**, Petite monnaie valant un demi-denier. Guill. Guiart, tom. 2, pag. 109, vers 2809 (11787).

1. **MINE**, Certaine mesure de terre, demi-arpent. Gl. *Mina* 3. [Mesure de grain. Roman de Renart, tom. 2, pag. 273, vers 10713, 17016 :

Et de mon orge plaine mine.

Voyez Rayn. tom. 4, pag. 283², au mot *Mina*.]

° 2. **MINE**, Certain jeu. Partonop. vers 10367 :

*Alquant à le mine et as deis
Gaaignent et perdent assés.*

° **MINÉE**, Troupe, masse, pour *Menée* ? Aubri, pag. 154¹ :

*Et des prisons amena tel minée
Encor en est vostre chartre emblaée.*

MINEL, diminutif de MINE, Mesure de grain. Gl. *Minellus* 1.

MINER, Ouvrir une mine. Gl. *Minare* 4.

MINGNIER, Manger. Gl. *Mangerium*.

MINGRELINS, Faible, qui n'a ni force ni vigueur. Gl. *Minutus* 3.

MINISTIER, Distribution d'aumônes. Gl. *Ministratio*.

MINORAGE, Minorité d'âge. Gl. *Minorennitas*.

MINOT, Certaine mesure de terre, la moitié d'une *Mine*. Gl. *Mina* 3.

MINUER, Minuter, écrire une minute. Gl. *Minuare* 2.

° **MIRABILOUS**, Merveilleux. Gérard de Vienne, vers 1899 :

Sonja un songe mirabilous et fier.

Voyez Rayn. tom. 4, pag. 240², au mot *Meravilhos. Mirable*, Admirable. Chron. des ducs de Norm. Rayn. pag. 289¹, au mot *Mirable*.

MIRACLE, JEU DE MIRACLE, Pièce de notre ancien théâtre. Gl. *Miracularius*.

MIRACLES DE S. WIDEBERT, Sorte de maladie, épilepsie, mal caduc. Gl. *Miracularius*.

MIRAILLIER, Miroitier. Gl. *Mirale*.

MIRAUDER, Regarder avec attention, examiner. Gl. *Mirare* 1.

1. **MIRE**, Médecin, chirurgien, apothicaire. Gl. *Miro* 2. [Chron. des ducs de Norm. *Doiz mire*. Voyez *Doy*.]

° 2. **MIRE**, Récompense; de *Merir*. *Diex le vos mire*, Roi Guillaume, pag. 100. Chastel. de Couci, vers 6750. Gl. *Merere*. Voyez le Glossaire sur la Chron. des ducs de Normandie.

MIRENCOULIE, Chagrin, peine. Gl. *Merencolicus*.

MIRER, Traiter, donner des remèdes, guérir. Gl. *Miro* 2.

MIRGICINER, Le même. Gl. *Miro* 2.

MIRMANDE, Petite ville. Gl. *Mirmet*.

MIRME, Espèce de petit vaisseau, chaloupe, Gl. *Mirmet*.

MIRMET, Petit. Gl. *Mirmet*.

MIROAILLIER, Miroitier. Gl. *Mirale*.

MIROUER, Miroir. Gl. *Mirale*.

MIRRESSE, Femme qui fait l'office de *Mire* ou médecin. Gl. *Miro* 2.

MISAILLE, Gageure. Gl. *Misa* 5.

MISCIE, District, juridiction. Gl. *Misa* 5.

1. **MISE**. Arbitrage, sentence d'arbitres. Gl. *Misa* 2.

2. **MISE**, Enjeu, gageure. Gl. *Misa* 5.

° **MISERACLE**, Espèce d'arme. Moinages Renouart, passage cité dans le Glossaire sur la Chanson de Roland, au mot *Museraz* :

S'ai miseracles et bons materas fez.

Voyez *Misericorde* 2, et *Museraz*.

° **MISERATION**, Commisération. Chron. des ducs de Normandie.

MISERE, pour MISEUR, Arbitre. Gl. *Misa* 2.

MISERELE, Le psaume *Miserere*. Gl. *Murmurium*. [Chron. des ducs de Norm.]

1. **MISERICORDE**, p. e. Salle des hôtes dans un monastère. Gl. sous *Misericordia* 1.

2. **MISERICORDE**, Sorte de poignard. Gl. *Misericordia* 2. [Renart le Nouvel, tom. 4, pag. 151, vers 685. *Meseric orde*, Partonop. vers 2967, 2987.]

MISERICORS, Miséricordieux, qui est susceptible de compassion. Gl. *Miseratris*. [Voyez le Gloss. sur la Chron. des ducs de Norm.]

° **MISERIN**, Misérable. Partonop. v. 5124. Voyez Rayn. tom. 4, pag. 241³, au mot *Miserin*. Chron. des ducs de Norm.

MISEUR, Celui qu'on a chargé de suivre et exécuter une affaire. Gl. *Misa* 2.

MISODOUR, MISSAUDOUR, Coursier, cheval de bataille. Gl. *Emissarius* 2. [*Misodor*, Partonop. vers 8810. *Milsoudor*, Chron. des ducs de Norm. Voyez Rayn. tom. 4, pag. 283¹, au mot *Milsoldor*. *Nulsoudor*, Agolant, vers 525. *Nussoudor*, pag. 172¹, 184². *Nusoudor*, ibidem. *Musador*, Aubri, pag. 172¹.]

° **MISPRISION**, Gl. *Misprisio*.

MISSIER, Le prêtre chargé de dire la messe. Gl. *Missarius* 1.

MISSION, Mise, frais, dépense. Gl. *Missiones*.

MISSIONNER, Faire des frais à quelqu'un. Gl. *Missiones*.

MISSOLE, Sorte de froment, dont l'épi n'a point de barbe. Gl. *Touzella*.

MISTEMENT, Artistement, avec art. Gl. *Misterium* 1.

1. **MISTERE**, Ouvrage. Gl. *Misterium* 1.

2. **MISTERE**, Métier. Gl. *Misterium* 1.

3. **MISTERE**, Ministère. Gl. *Misterium* 2.

1. **MISTRAL**, Morceau, pièce. Gl. *Mistrale*.

2. **MISTRAL**, Bailli ou prévôt, celui qui lève les droits d'un seigneur, et veille à ses intérêts ; d'où *Mistralie*, l'Office de *Mistral*. Gl. sous *Ministeriales*, pag. 397¹.

MISTRE, Maître des hautes œuvres, bourreau. Gl. *Minister sanguinis*.

1. **MITADENC**, Blé méteil. Gl. *Mitadenquum bladum*.

2. **MITADENC**, Certaine mesure des grains. Gl. *Mitadencus*.

1. **MITAILLE**, Petite monnaie de cuivre. Gl. *Mita* 2.

2. **MITAILLE**, Mitraille, ferraille. Gl. *Mita* 2.

MITAN, Moitié. Gl. *Mitarius*.

MITANIER, Métayer, fermier. Gl. *Mitarius*.

MITE, Monnaie de cuivre de Flandre. Gl. *Mita* 2.

MITE-MOE, Qui affecte une douceur hypocrite. Gl. *Marmuta*.

MITIÉ, Moitié. Gl. *Mitarius*.

MITON, Certaine mesure de grain. Gl. *Mitonnus*.

MITRE DE PAPIER, Punition pour différents crimes. Gl. sous *Mitræ*, pag. 428².

MITTE, Petite monnaie de cuivre. Gl. *Mita* 2.

° **MIU**, Muet. Partonop. vers 8421.

MIXTURE, Blé méteil. Gl. *Mixtum* 2, et *Mescalia*.

MIZOTE, Espèce de foin ou fourrage. Gl. *Mezes*.

MOBEUGE, Le nom d'une cloche à Abbeville, qui réglait le travail des ouvriers. Gl. *Maubeuge*.

MOBILIAIRE, CONTRACT MOBILIAIRE, Qui concerne les meubles. Gl. *Mobile*.

MOBLE, Meuble. Gl. *Mobile*.

MOCE, p. e. Colline, hauteur, éminence, Gl. *Moccas*.

MOCHÉ, Femme, épouse. Gl. *Mulier*.

MODEKIN, Sorte de mesure, muid. Gl. *Modekinus*.

MODERÉE, Mesure de terre qui contient la semailie d'un muid de grain. Gl. *Moiata*, p. 439¹.

MODOAL, Tuteur. Gl. *Mundualdus*.

MODURENGE, Blé de mouture. Gl. *Moduranchia*. [*Modure*. Gl.*Mousturangia*.]

MOE, Moue, grimace. Gl. *Moa*, et † *Valgium*.

MOEBLE, Meuble. Gl. *Mobile*. [Roi Guillaume, pag. 145, 146. *Moable*, Chron. des ducs de Normandie.]

MOÉE, Mesure de terre, qui contient un muid de semaille. Gl. *Moia*.

MOELIN, Moulin. Gl. *Hardinea*.

MOEMENT, Conséquence, force, valeur. Gl. *Momentum*.

MOENEL, Espèce de cor de chasse. Gl. *Menetum* et *Fretella*.

° **MOERSCHOUIN**, Marsouin. Gl. *Marsupa*. *Mersuin*, Gl. *Mersuinus*.

MOESON, Le prix d'un bail à ferme. Gl. *Moiso* 2.

MOETETÉ, Moiteur, humidité. Gl. *Uditas*.

1. **MOFFLE**, Moufle, espèce de gros gant. Gl. *Moffula*.

2. **MOFFLE**, Monceau, tas. Gl. *Moffula*.

MOFFLET, Pain mollet. Gl. *Mofflet*.

MOFLE, Monceau, tas. Gl. *Moffula*.

MOIBLE, Meuble. Gl. *Mobile*.

MOICTENRIE, Les fruits ou revenus d'une métairie. Gl. *Mediatoria*.

° **MOIE**, Meule. Gl. *Meta* 1.

MOIÉE, Certaine mesure de terre. Gl. *Moia*.

° **MOIEMES**, Vos MOIEMES, Vousmême. Gérard de Vienne, vers 2205.

MOIENIAU, Espèce de moyenne trompette. Gl. *Monellus*. [*Moisnel*, Roi Guillaume, pag. 110. Voyez *Menuel* et *Moenel*.]

MOIENIERRES, Médiateur, entremetteur. Gl. *Mediator* 1.

MOIENNEMENT, Médiation, entremise. Gl. *Mediator* 1.

1. **MOIENNER**, Transiger, traiter. Gl. *Mediare* 1.

2. **MOIENNER**, Partager par le milieu, séparer en deux parties égales. Gl. *Mediare* 2.

MOIETOIRIE, Ferme, métairie. Gl. *Moitoieria*.

MOIEUF, Moyeu, jaune d'œuf. Gl. *Modiolus* 3.

MOIGNEANS, Mot mal lu, à ce que je crois. Gl. *Mogneria*.

MOIGNEUX, Office de cuisine chez le roi. Gl. *Mogneria*.

MOIJE, Mesure de terre, qui contient un muid de semaille. Gl. *Modiata*, sous *Modius* 2, pag. 438³.

MOILLER, MOILLIER, Femme, épouse. Gl. *Mulier*.

MOILLERON, Sorte d'enduit fait avec de la *Moulée*. Gl. *Moleya*.

MOILLONNER, Enduire, crépir. Gl. *Moleya*.

MOILON, Coupe, grande tasse. Gl. *Majolus*.

MOINE, Moineau. Gl. *Moinus*.

1. **MOINEL**, Moindre, moyen. Gl. *Maanellus*.

2. **MOINEL**, Espèce de moyenne trompette ou cor de chasse. Gl. *Menetum*.

MOINGNAGE, Profession monastique. Gl. sous *Monachi*, pag. 458¹.

MOINGNE, Moine. Gl. sous *Monachi*.

MOINIAU, Espèce de moyenne trompette ou cor de chasse. Gl. *Monellus*.

MOINIOT, Enfant de chœur. Gl. *Munie*.

MOINNES, Moineau. Gl. *Moinus*.

1. **MOIS**, en Normandie, Maison de campagne, à laquelle il y a des terres attachées, métairie. Gl. *Mansus*, et *Chef mois*, sous *Caput*, pag. 153².

° 2. **MOIS**, MOISSART, Nigaud, niais. Chron. des ducs de Norm. Voyez *Musart*.

MOIS FENAL, Le mois de juillet. Gl. *Fenalis mensis*. [*Mois de Pasques*, Gl. *Mensis Paschæ*. *Des mois*, De longtemps. Orell, pag. 307.]

° **MOISI**, Rouillé. Guill. Guiart, tom. 2, pag. 273, vers 7090 (16070) :

Mes cil ont leur lances tendues
A pointes luisanz et moisies.

MOISNEAU, Moyenne cloche. Gl. *Monellus*.

MOISNET, Moineau. Gl. *Moinus*.

1. **MOISON**, Mesure, forme. Gl. *Moiso* 1.

2. **MOISON**, Espèce de bail à ferme, le prix ou revenu d'un tel bail. Gl. *Moiso* 2.

MOISONNIER, Fermier, métayer. Gl. *Moiso* 2.

MOISSERON, Mousseron, petit champignon blanc. Gl. *Mussa* 2.

MOISSINE, Marc de vin ou de raisin. Gl. *Moissina*.

1. **MOISSON**, Certaine redevance, qui se payait en fruits de la terre. Gl. *Messis* 2.

2. **MOISSON**, Gerbe. Gl. *Messis* 2.

1. **MOISTRE**, Emplâtre, remède. Gl. *Medicina*.

° 2. **MOISTRE**, Guill. Guiart. t. 1, p. 88, vers 1636 :

Doutant qu'aucun ne l'océist
Par granz malaventures moistre,
Ne s'osa onc faire connoistre.

MOITABLE, GRAIN MOITABLE, Blé méteil. Gl. *Mitadenquum bladum*.

MOITAI. DONNER A MOITAI, A moitié des fruits. Gl. *Medietaria*, sous *Medietarius*.

MOITAIERE, Ferme, métairie. Gl. *Moitoieria*.

MOITANGÉ, BLED MOITANGÉ, Méteil. Gl. *Mixtum* 2.

MOITARIE, Moitié des fruits ou des revenus. Gl. *Mediatoria*.

MOITÉEN. BLED MOITÉEN, Méteil. Gl. *Bladum mediastinum*.

MOITÉERIE. TENIR A MOITÉERIE, A moitié des fruits. Gl. *Mediataria*, sous *Medietarius*.

MOITEON, Certaine mesure de grain. Gl. *Moitonnus*.

MOITERIE, Ferme, métairie. Gl. *Moitoieria*.

MOITESRIE, Moitié des fruits ou des revenus. Gl. *Mediatoria*.

MOITOIEN, MOITOIER, Métayer. Gl. *Medietarius*. [*Moitaier*, Métayer, associé. Roman de Renart, tom. 3, pag. 26, vers 20467.]

MOITOIERIE, Bail à moitié des fruits. Gl. *Mediataria*, sous *Medietarius*.

MOITOIRIE. DONNER A MOITOIRIE, A moitié des fruits. Gl. *Medietaria*, sous *Medietarius*.

MOITON, Certaine mesure de grain. Gl. *Moitonnus*, Mensura 1, et *Modius* 2, p. 438¹.

MOITURIE. DONNER A MOITURIE, A moitié des fruits. Gl. *Medietaria*, sous *Medietarius*.

MOL, Mollet de la jambe. Gl. *Moleta* 3.

MOLABLE. GRAIN MOLABLE, Qui doit être moulu au moulin du seigneur. Gl. *Molare* 3.

1. **MOLAGE**, Droit de mouture. Gl. *Molegium*.

2. **MOLAGE**, Trémie. Gl. *Molarium* 2.

MOLARD, Hauteur, éminence, tertre. Gl. *Molaris*.

1. **MOLE**, Botte, faisceau. Gl. *Mola* 1.

2. **MOLE**, Meule. Gl. *Mola* 2.

MOLECHIN, Étoffe de couleur de mauve. Gl. *Melocineus*.

1. **MOLÉE**, Espèce de ciment qu'on tire des auges des couteliers et taillandiers. Gl. *Moleya*.

2. **MOLÉE**, Suie ou noir de chaudière. Gl. *Moleya*.

MOLESTE, Inquiétude, embarras, opposition. Gl. *Molestatio*. [Chron. des ducs de Normandie.]

MOLET, Espèce de ciment qu'on tire des auges des couteliers et des taillandiers. Gl. *Moleya*.

MOLHÉ, MOLHER, Femme, épouse. Gl. *Mulier*.

MOLIER, Tireur et tailleur de meules. Gl. *Molarius*.

° **MOLIERE**, Terrain marécageux. G. Guiart, tom. 1, pag. 322, 323, vers 7403, 7413 ; tom. 2, pag. 328, vers 8510 (17491). Gl. *Moleria* 1.

MOLIN Braseret, Moulin à moudre le grain propre à brasser la bière. Gl. *Molendinum brasarium.*

MOLINEL, Petit moulin. Gl. *Molinellum*, sous *Molina.*

MOLINET, Sorte de bâton de défense. Gl. *Molinellum.*]

MOLINIER, Meunier. Gl. *Molinarius.*

MOLLAGE, Le droit des mouleurs de bois. Gl. *Molla* 1.

MOLLE, Moule, certaine mesure de bois. Gl. *Molla* 1.

° **MOLLÉ**, Moulé, formé. Flore et Blanceû. vers 556, 574, 579. Chanson de Roland, st. 227, vers 22.

Belement est mollet.

St. 286, vers 2 :

E tis cors ben mollez.

Moslé, Roman de Roncevaux, pag. 57. Beau, bien fait. Garin le Loher. tom. 1, pag. 85 :

Aubris fu biaus, eschevis et molés.

Chastel. de Couci, vers 1271. Fait pour. Chansons historiques, tom. 1, pag. 171 :

*Ainçois estes mieux mollés
A savoir de sirurgie.*

. **MOLLÉE**, Espèce de ciment qu'on tire des auges des couteliers et des taillandiers. Gl. *Moleya.*

MOLLEQUINIER, Tisserand ou marchand d'étoffe appelée *Moloquin.* Gl. *Molocineus.*

1. **MOLLER**, Femme, épouse. Gl. *Mulier.*

2. **MOLLER**, Mesurer le bois dans le *molle*. et *Molleur*, Celui qui le mesure. Gl. *Molla* 1.

MOLLIER, Femme, épouse. Gl. *Mulier.* [Agolant, vers 1050.]

MOLNIER, Meunier. Gl. *Molinarius*, sous *Molina*, pag. 446 [3].

° **MOLOI**, Roman de Renart, tom. 3, pag. 23. vers 82064 :

Atant sont essu del moloi.

Voyez vers 20552.

MOLOQUIN, Étoffe de couleur de mauve. Gl. *Melocineus.*

MOLRE, Moudre. Gl. *Molare* 3.

° **MOLT**. Voyez *Mont.*

MOLTE, Droit seigneurial qui se paye des fruits de la terre. Gl. *Molta* 3.

1. **MOLU**. Armes Molues, Pointues, affilées. Gl. *Arma quæ ad molas acuuntur*, pag. 387 [3].

° 2. **MOLU**, Brisé, broyé. Gérard de Vienne, vers 3139 :

Lors hanstes fraites et lor espiez molus.

3. **MOLU**, Droit de mouture. Gl. *Molta* 3.

° **MOLY**. Gl. *Panis*, pag. 134 [3].

. **MOMME**, Mascarade ; d'où *Mommer*, Faire une mascarade, et *Mommeur*, Masqué. Gl. *Momerium.*

1. **MOMMERIE**, Mascarade. Gl. *Momerium.*

2. **MOMMERIE**, Momon, défi de jeu de dés. Gl. *Momerium.*

° **MON**, Particule affirmative. Partonop. vers 9044. Rôman de Renart, tom. 3, pag. 9014, vers 21926 ; t. 4. pag. 224, vers 2545. Aubri, pag. 161 [3]. *Mun*, Chron. des ducs de Normandie. Voyez Orell, pag. 307. Diez, tom. 2, pag. 399.

MONAUS, Ceux qui devaient le droit appelé *Monnage.* Gl. *Monancius.*

MONCEAU, Troupeau. Gl. *Farassia.*

MONDAIN. Justice Mondaine, La juridiction laïque. Œuvre Mondaine, Servile, mercenaire, travail d'artisan. Gl. *Mundalis.*

MONEER, Monnoyer. Gl. *Monetare.* [*Moneis*, Recompensé ? Wackernagel, pag. 67 :

*Ki s'onor ait en honor et en pris
Serait moneis el grant jor del juis.*]

° **MONEIR**, Mener. Voyez ce mot. Wackernagel, pag. 25, 44, 58, 84.

MONGNIAGE, Profession monastique. Gl. sous *Monachi*, pag. 453 [1].

MONIAGE, Le même. Gl. *Moniacatio.* [Chron. des ducs de Norm.]

MONIAL, Monacal. Gl. *Moniacatio.* [Chron. des ducs de Norm.]

1. **MONJOIE**, Petite montagne, colline, monceau de pierres. Gl. *Mons gaudii.*

2. **MONJOIE**, Conciliateur, entremetteur de la paix. Gl. *Mons gaudii.* [Dans le passage cité des Miracles de la sainte Vierge lisez *Moinoie*, pour *est Monjoie.* Voyez *Moienner.* Enfants Haymon, vers 806 :

Pour moyenne entre dieu et humain empirie.

— Sommet, perfection. Rutebeuf, tom. 2, p. 249 :

*Car s'estoit la droite Monjoie
De paradis.*

Chants historiques, tom. 1, pag. 143 :

De biauté la monjoie.

Voyez le Gloss. sur la Chanson de Roland.]

3. **MONJOIE**, Cri de guerre des Rois de France. Gl. *Mons gaudii.* [Gérard de Vienne, v. 1767, 2381. Chanson de Roland, Chron. des ducs de Norm. Voyez Rayn. tom. 4, pag. 257 [1], au mot *Mun.*]

4. **MONJOIE**, Nom du roi d'armes de France. Gl. sous *Heraldus.*

1. **MONNAGE**, Ce que payaient les marchands forains au seigneur du lieu, soit en vendant, soit en achetant. Gl. *Monagium* 1.

2. **MONNAGE**, Droit seigneurial sur ceux, qui usent du moulin du seigneur. Gl. *Monagium* 1.

MONNEAGE, Redevance qui se payait tous les trois ans au roi pour qu'il ne changeât pas la monnaie. Gl. *Monetagium* 2, pag. 504 [23].

MONNÉE, Droit seigneurial sur ceux qui usent du moulin du seigneur. Gl. *Monagium* 1.

° **MONNIER**. Gl. *Monetagium*, p. 504 [3]. Voyez *Monnoier.*

MONNOIAGE, Fonte de monnaie. Gl. *Monetagium* 4.

MONNOIER, Monnoyer, Monnoyeur. Gl. *Monetarius.*

MONOIAGE, Redevance qui se payait tous les trois ans au roi, pour qu'il ne changeât pas la monnaie. Gl. *Monetagium* 2, pag. 504 [3].

MONOPOLE, Assemblée illicite, cabale, conspiration. Gl. *Monopolium.*

MONSTRANT, Avantageux, vain, orgueilleux. Gl. *Monstrare.*

1. **MONSTRE**, Descente sur les lieux contentieux, ordonnée par le juge, pour en examiner les tenants et aboutissants. Gl. *Monstra*, et *Ostensio.*

2. **MONSTRE**, Sorte de tasse, avec laquelle on fait l'essai des vins ; [d'où *Monstrer*, Essayer.] Gl. *Monstra* 4.

1. **MONSTRÉE**, Descente sur les lieux contentieux, ordonnée par le juge, pour en examiner les tenants et aboutissants. Gl. *Monstra* et *Ostensio.*

2. **MONSTRÉE**, Coupe de bois, qui est montrée ou indiquée par la marque d'un marteau. Gl. *Monstrata.*

MONSU, Moussu, couvert de mousse. Gl. *Mussa* 2.

1. **MONT**, Amas, monceau, troupe. Gl. *Ellutare*, et *Montonus.* [*En un mont*, Gérard de Vienne, vers 1689, 2444. Chastel. de Couci, vers 1442, 1745.]

2. **MONT**, Monde. Gl. *Morulare.* [Partonop. v. 63. Chron. des ducs de Norm. aux mots *Mund* et *Moünd.* Voyez Rayn. tom. 4, pag. 286 [1], au mot *Mun.*]

° **MONTABLE**, Qui a du prix, de la valeur. Chron. des ducs de Norm. tom. 2, pag. 15, vers 16834.

MONTANAGE, Droit seigneurial, qui se lève sur les moutons. Gl. sous *Multo.*

MONTANCE, Valeur, prix, estimation. Gl. *Montare* 1. [Voyez Rayn. tom. 4, p. 258 [3], au mot *Montansa.*]

MONTANT de Terre, Certaine quantité de terre. Gl. *Montanum.*

1. **MONTE**, Intérêt, usure. Gl. *Montare* 1. [G. Guiart, tom. 2, p. 167, v. 4317, (13301). Voyez Rayn. tom. 4, pag. 258 [3], au mot *Monta.*]

2. **MONTE**, Augmentation, accroissement. Gl. *Montare* 3.

3. **MONTE**, p. e. Montagne, colline. Gl. *Montada.*

° 4. **MONTE**, Valeur, prix, importance, comme *Montance.* Roman de Roncevaux, pag. 40 :

Quant ot alé la monte d'un arpent.

La monte d'une alie, Gérard de Vienne, vers 3814. *La monte d'un bouton*, Fierabras, pag. 168 [2]. *La munte d'un denier*, Jordan Fantosme, vers 537, var. vers

857, var. Voyez Rayn. tom. 4, pag. 258², au mot *Monta*.

○ 5. **MONTE**, Quantité. G. Guiart, t. 2, pag. 235, vers 6087, (15067).

1. **MONTÉE**, Augmentation du prix de quelque chose. Gl. *Montare* 1.

2. **MONTÉE**, Certaine quantité d'eau propre à faire le sel. Gl. *Montatus* 2, et *Montea*.

○ 3. **MONTÉE**, Ascendance. Flore et Blancefl. vers 863 :

Et harpe le lai d'Orphéy ;
Onques nus hom plus n'en oï
Et le montée et l'avalée.

Voyez Rayn. tom. 4, pag. 259¹, au mot *Montada*.

MONTENAGE, Droit seigneurial, qui se lève sur les moutons. Gl. sous *Multa*.

MONTEPLIEMENT, Accroissement, agrandissement. Gl. *Multiplicium*.

MONTEPLOIER, Multiplier, augmenter ses fonds. Gl. *Montara* 3.

MONTER, Concerner, toucher, appartenir. Gl. *Montare* 1. [Avoir de l'importance, importer. Guill. Guiart, tom. 2, pag. 188, vers 4848 ; pag. 235, vers 6093 ; pag. 341, vers 8862 (13831, 15073, 17843) ; pag. 206, vers 5847 (14827). *A moi que monte?* Roman de Renart, tom. 1, pag. 16, vers 414. *Ki bien set que ce monte de guerre,* tom. 4, p. 213, vers 2286. *Noient ne mone*, Roi Guillaume, pag. 66.]

MONTINE, Sorte de jeu, p. e. Loterie. Gl. *Montina*.

○ **MONTON**, Monceau, tas. Gl. *Montonus*.

MONTONAGE, Droit seigneurial, qui se lève sur les moutons. Gl. sous *Multa*.

MONTOUER, Escalier. Gl. *Montorium*. [*Montéor*, Montoir, embarcadère. Roman de Renart, tom. 3, pag. 115, vers 22908.]

MOORRE, Moudre. Gl. *Molare* 3.

○ **MOQUOIS**. EN MOQUOIS, En se moquant, par moquerie. Chastel. de Couci, vers 29 :

Et dient en moquois souvent.

○ **MOQUER** *quelqu'un*, Se moquer de qqn. Chastel. de Couci, vers 2190. Flore et Jeanne, pag. 14. Roman de Renart, t. 1, pag. 26. vers 682. Gl. *Subsannatio*.

○ 1. **MOR**, Mur. Flore et Blancefl. v. 454.

○ 2. **MOR**, Noir, brun. G. Guiart, t. 2, pag. 100, vers 2376 (11553) :

Les deffendéeurs blons et mors
Prennent illeuc de mort le mors.

Voyez Rayn. tom. 4, pag. 261², au mot *Moren*. *Morer?* Pays des Mores? Aubri, pag. 154² :

Lors fu plus noirs que more de morer.

MORAINE, La laine qu'on enlève de dessus les peaux des animaux morts de maladie. Gl. *Morina* 1.

MORALITÉ, Espèce de farce ou d'action théâtrale. Gl. *Moralitas* 2.

MORCEAU, Sortilége. Gl. *Morsellum*.

MORDANT, Agrafe, boucle garnie de son ardillon. Gl. *Mordantus*, et *Morsus* 2.

MORDEMENT, L'action de mordre, morsure. Gl. *Rosim*.

MORDEN, Jambage. Gl. *Mordanus*.

MORDENS, Agrafe, boucle garnie de son ardillon. Gl. *Morsus* 2.

○ **MORDRIR**. Voyez *Murdrir*.

1. **MORE**, Sorte de boisson faite de miel et d'eau. Gl. *Moratum*. [Roman de Renart, tom. 2, pag. 246, vers 16263.]

○ 2. **MORE**. Voyez *Meure*.

MOREL, Cheval noir. Gl. *Morellus* 1, *Equus*, et *Hirundella*.

MORENE, Hémorroïde. Gl. *Moreca*.

MORENNE, Gland, sorte d'ornement. Gl. *Morena* 3.

MOREQUIN, Sorte de drap noir. Gl. *Morelus*.

MORET, Sorte de boisson. Gl. *Moratum*.

MORFIER, Manger. Gl. *Morphea* 1.

MORGANT, Agrafe, boucle garnie de son ardillon. Gl. *Morgarius*. [Voyez *Mordant*]

MORGENGAVE, Le présent que le mari faisait à sa femme le matin du lendemain de ses noces. Gl. *Morganegiba*.

MORIE, Perte, dommage causé par mort. Gl. *Moria* 1.

MORIER, Partonop. vers 5889 :

Li ors sont tapiz ès rochiers
E li dragon ès noirs moriers.

Voyez *Murgier*.

MORILLON, Moraillon. Gl. *Moralla*.

1. **MORINE**, Maladie, mortalité de bestiaux. Gl. *Moria* 1.

2. **MORINE**, La laine qu'on enlève de dessus les peaux des animaux morts de maladie. Gl. *Morina* 1.

MORISAGER, Apprécier ; ou Abonner. Gl. *Morare* 2.

MORISCLE, Monnaie d'Espagne. Gl. *Morikinus*.

MORISQUE, Sorte de danse à la manière des Mores. Gl. *Morikinus*.

MORNIE, Chair d'animal mort de maladie. Gl. *Moria* 1.

MORRE, Moudre. Gl. *Molare* 3.

MORREUL, Moraillon. Gl. *Moralla*.

1. **MORS**, Morceau. Gl. *Morsus* 1. [*Morsiel*. Gl. *Corsned*.]

○ 2. **MORS**, Mœurs. Partonop. vers 435. Flore et Blancefl. v. 2496. Chron. des ducs de Norm. *Mors et Murs. Mours,* Chastel. de Couci, vers 7798.

MORS-NAMPS, Mortgage, tout autre gage que celui en bétail. Gl. *Namium*.

MORTABLE, Mortel, qui cause la mort. Gl. *Mortalia* 1.

MORTAILLE, Droit seigneurial sur les biens des *mortaillables* et de ceux qui mouraient sans confession. Gl. *Intestatio*, p. 399³, et *Mortalia* 2.

MORTAILLES, Funérailles, enterrement. Gl. *Mortalia* 1.

MORTALIER, Celui qui lève le droit appelé *Mortaille*. Gl. *Mortaillia*.

MORTEILE, Moutarde. Gl. *Mortella* 1.

MORTEIS, Mortalité, destruction, perte considérable. Gl. *Mortarium* 3.

MORTELAYRAS, p. e. Réservoir d'eau à faire le sel. Gl. *Moria* 2.

MORTELIER, MORTELLIER, Celui qui fait le mortier. Gl. *Mortarium* 2.

MORT ET VIF, Droit seigneurial sur les bêtes à laine, qui se paye en nature ou en argent. Gl. *Herbagium*.

MORTREUX, Mélange de pain et de lait. Gl. *Mortea*.

○ **MORTRIR**. Voyez *Murdrir*.

1. **MORTUAIRE**, On appelle ainsi dans l'ordre de Malte le revenu d'une commanderie, échu depuis la mort d'un titulaire jusqu'au 1ᵉʳ mai suivant. Gl. *Mortuarium* 1, pag. 528³.

2. **MORTUAIRE**, Mortalité, maladie épidémique. Gl. *Mortuarium* 3.

MORTXION, Nom d'une monnaie d'argent. Gl. *Mortxion*.

MORVEL, Morve, excrément des narines. Gl. *Morium*.

MORUEMENT, Avec un air chagrin, tristement. Gl. *Morulare*.

MORUEUX, Paresseux, casanier, qui reste au coin de son feu. Gl. *Morulare*.

○ **MOSCHET**. Voyez *Mouské*.

MOSE, Baril d'harengs, qui sert de montre pour la vente des autres. Gl. *Monstra* 4.

MOSNÉE, Le blé à moudre. *Mosneie,* Le droit de mouture. *Mosnant,* Meunier. Gl. *Musnare*.

MOSRRAGE, Mouture, l'action de moudre. Gl. *Mosta*.

MOSSEZ, Nom d'une compagnie de marchands Italiens. Gl. *Magaleti* et *Societas* 4.

MOSTAIGE, Le temps où l'on paye la redevance qu'on doit en vin doux, appelé *Moût*. Gl. *Mustalis*.

MOSTER, Monastère. Gl. *Monasteria*.

MOSTIER, Église. Gl. sous *Monasteria*.

○ **MOSTRANCE**, Démonstration, remontrance, action de montrer. Chron. des ducs de Norm.

○ **MOSTREMENT**, Remontrance. Chron. des ducs de Norm.

○ 1. **MOT**. COUTEL A UN MOT. Gl. *Cultellus*, pag. 651¹.

° 2. **MOT**, Son, accord. Partonop. v. 601 :
*Puis sonne son cor et justise
Si assiet bien les mos de prise.*
Voyez Roi Guillaume, pag. 148. Ray. t. 4, pag. 276¹, au mot *Mot*. Diez, *Poesie de Troubadours*, pag. 85.

° **MOT A MOT**, Avec tous les détails, sans omettre aucune circonstance. Partonop. vers 187. Chron. des ducs de Norm. tom. 2, pag. 354, vers 25692. Voyez Rayn. tom. 4, pag. 276¹, au mot *Mot*.

1. **MOTAGE**, Motte de terre, et le droit d'en prendre, pour faire ou réparer des levées ou chaussées. Gl. *Mota* 4, et *Motagium*, sous *Motaticum*.

2. **MOTAGE**, Obligation d'un vassal d'assister aux plaids de son seigneur, qui se tenaient ordinairement sur les *Motes* ou lieux élevés. Gl. *Motagium*.

1. **MOTE**, Chaussée, levée, digue. Gl. *Mota* 4.

2. **MOTE**, Tertre, colline, château bâti sur une éminence, maison seigneuriale. Gl. *Mota* 1, et *Servitium de mota*, p. 452².

3. **MOTE**, Droit de mouture. Gl. *Molta* 2.

4. **MOTE** †, Machine qui sert à transporter de pesants fardeaux. Gl. *Falanga* 1.

° 5. **MOTE**, Espèce de composition poétique. Gl. *Motetum*.

MOTEAU, Motte, morceau de terre. Gl. *Mota* 1.

MOTEIER, Nommer, déclarer. Gl. *Motire*.

MOTIAU, Botte, fagot, faisceau. Gl. *Mota* 1.

MOTIER, Redevable du droit de mouture. Gl. *Homo motarius*, pag. 226¹.

MOTINE †, Machine qui sert à transporter de pesants fardeaux. Gl. *Falanga* 1.

MOTIR, Avertir, déclarer. Gl. *Motire*, et *Motitio*. (Partonop. vers 9102. Voyez Rayn. tom. 4. pag. 276², au mot *Motir*.]

MOTISON, Déclaration, acte par lequel on fait connaître quelque chose. Gl. *Motire*.

MOTISSEMENT, Déclaration, énonciation. Gl. *Motire*.

MOTTE, Tertre, colline, château bâti sur une éminence, maison seigneuriale. Gl. *Mota* 1.

° **MOTZES**. Gl. *Motzes*.

MOUCHERON, Chandelle qui a été mouchée, bout de chandelle. Gl. *Muscatoria*.

MOUCHETE, MOUCHETTE, Essaim de mouches ou abeilles. Gl. *Muscale*.

MOUCHETTE, Ce que les machines de guerre lançaient contre les murs pour les abattre. Gl. *Muschetta*. [Guill. Guiart, t. 2, pag. 333, vers 8657, (17688) :
*Et se queuvrent au miex qu'il pevent
Pour les mouches qui entr'eus saillent.*]

MOUCHOTE, Essaim de mouches. Gl. *Muscale*.

1. **MOUDRE**, Droit de mouture. Gl. *Molta* 2.

2. **MOUDRE**, Émoudre, aiguiser. Gl. *Molare* 3, et *Molere* 2.

1. **MOUE**, Bouche, gueule. Gl. *Morsus* 4.

2. **MOUE**, MOUÉE, Mesure de terre qui contient un muid de semaille. Gl. *Mota*.

MOVE, Mouvement, volonté. Gl. *Motu proprio*, sous *Motus terræ*.

MOUFFLE, d'où MOUFLETTE, Mitaine, gros gant. Gl. *Muffulæ*.

MOUFLE, Espèce d'ornement des manches d'un habit, parement. Gl. *Muffulæ*.

MOUFLET, Pain mollet. Gl. *Mofflet*.

MOUILLIER, Femme, épouse. Gl. *Mulier*.

MOULDRE, Émoudre, aiguiser. Gl. *Molare* 3. [Orell, pag. 249.]

MOULÉE, Espèce de ciment, qu'on tire des auges des couteliers et des taillandiers. Gl. *Moleya*.

MOULEEUR, Celui qui est obligé de moudre son blé au moulin du seigneur. Gl. *Molendinarius* 2.

MOULER (SE), Se remettre, se former. Gl. *Molare* 4.

MOULIER, Femme, épouse. Gl. *Mulier*. [*Mulier*, Lai du Corn, vers 456, 569. *Muiler*, *Muiller*, Chanson de Roland.]

MOULIN A CHOISEL, Celui qui fait tourner une eau ramassée et contenue par une écluse. Gl. *Molendinum choiseullum*.

MOULIN DRAPIER ou FOLEREZ, Moulin à fouler les draps. Gl. sous *Molendinum*.

MOULIN PASTELIER, Qui sert à piler le *pastel* ou la guède. Gl. *Molendinum pastellerium*.

MOULIN PENDU, Qui n'est pas fixe, qui est bâti sur un bateau. Gl. *Molendinum pendens*. [*Moulin bastart*. Voyez *Bastart* 1. *Moulin parchonnier*. Gl. *Parcennarii*.]

MOULIR, Moudre. Gl. *Molare* 3.

MOULLERS, Femme, épouse. Gl. *Mulier*.

MOULLEURE, pour Mouillure. Gl. *Elutare*.

MOULNIER, Meunier. Gl. *Molinarius*, sous *Molina*, pag. 446³.

° **MOULT**. A MOULT, A mont, en haut. Enfants Haymon, vers 462. (Comparez Gérard de Vienne, vers 2444.) *Moultjoie*. Gl. *Mons gaudii*, pag. 511¹.

1. **MOULTE**, Droit de mouture. Gl. *Molta* 2.

2. **MOULTE**, Droit seigneurial, qui se paye des fruits de la terre. Gl. *Molta* 3.

MOULTENT, Celui qui est obligé de moudre son blé au moulin du seigneur. Gl. *Monancius*.

MOULTURER, Prendre le droit de mouture. Gl. *Mouturare*.

MOUNANT, Celui qui est obligé de moudre son blé au moulin du seigneur. Gl. *Monancius*.

MOUNIMENT, Acte, pièce justificative. *Munimentum*, pag. 549¹, et *Movimentum* 2.

MOUVOIR, Partir, se mettre en chemin. Gl. *Movere* 1.

MOUQUER, Moquer, railler. Gl. *Narire*.

MOURDREUR, Meutrier. Gl. *Murtrerius*, sous *Morth*, pag. 526².

MOURE, Moudre. Gl. *Molare* 3.

MOURICLE, Monnaie d'Espagne. Gl. *Morikinus*.

MOURIE, Eau propre à faire le sel. Gl. *Segus*.

MOURINEUX, Se dit des moutons et brebis malades. Gl. *Morina* 1.

MOURMAISTRE, Celui qui est chargé du soin des étangs et digues. Gl. *Mora* 2.

MOURRE, Moudre. Gl. *Molare* 3.

° **MOUSCHE**, Agrafe, boucle. Gl. *Nusca*.

MOUSCHE-NEZ, Mouchoir. Gl. *Muccinium*.

MOUSCORDE, Instrument de musique à une corde. Gl. *Monochordum*.

° **MOUSKÉ**, Émouchet. Flore et Blanceft. vers 3193. *Moschet*, Chron. des ducs de Norm. tom. 1, pag. 592, vers 14828.

MOUSQUE, Moustache. Gl. *Muccatus*.

MOUSQUE-MUE, Se dit de la mort, qui fait *muer* ou tomber la moustache. Gl. *Muccatus*.

° **MOUSSU**. Voyez *Monsu*.

MOUSTAIGE, Le temps où l'on paye la redevance qu'on fait en vin doux, appelé *Mout*. Gl. *Mustalis*.

MOUSTE, Droit de mouture. Gl. *Molta* 2, et *Foulagium*.

MOUSTERANGE, Blé de mouture. Gl. *Mousdurachia*. [*Mousturenge*. Gl. *Mousturangia*.]

MOUSTILLE, MOUSTOILLE, Belette, Gl. *Mostayla*.

MOUSTRANCHE. FAIRE MOUSTRANCHE, Faire aveu et denombrement. Gl. *Monstræ*.

MOUSTURENCHE, Blé de mouture. Gl. *Mousdurachia*.

MOUTARDELLE, p. e. Fourche, bêche, ou quelque autre instrument de labourage. Gl. *Mustricola*.

1. **MOUTON**, Monnaie d'or de France et d'autres pays. Gl. sous *Multo*, pag. 542³, et *Moneta*, pag. 465¹.

2. **MOUTON**, Machine de guerre, qui jetait de très-grosses pierres. Gl. sous *Multo*, pag. 543¹. [Voyez le Gloss. sur la Chron. des ducs de Normandie, au mot *Multon*.]

MOUTONCHEL, diminutif de MOUTON, Monnaie d'or. Gl. sous *Multo*, pag. 542³.

MOUTONNAGE, MOUTONNAIGE, Droit seigneurial, qui se lève sur les moutons, et toute espèce d'impôt. Gl. sous *Multo*.

MOUTONNET, MOUTONNEL, diminutif de *Mouton*, Monnaie d'or. Gl. sous *Multo*, pag. 541[1].

MOUTONNIER, Celui qui lève le droit seigneurial, appelé *Moutonnage*. Gl. sous *Multo*.

MOUTONNIÈRE, Prison plus resserrée, cachot. Gl. sous *Multo*, pag. 543[1].

º **MOUVIMENT**. Voyez *Mouniment*.

MOUVOIR, Se mettre en mouvement pour faire la guerre. Gl. *Movere* 1 [Pour combatre. Partonop. vers 8211. Chastel. de Couci, vers 1178, 1325. Chanson de Roland, st. 102, vers 16. *Mouvoir guerre*, Chastel. de Couci, vers 4805. *Mouvoir à aler, Mouvoir*, Partir. Flore et Jeanne, pag. 12, 34, 18. Gérard de Vienne, vers 1512. Agolant, vers 228. Roman de Renart, tom. 4, pag. 36, vers 982. Partonop. vers 520. *Se mouvoir*, vers 5598. Venir, prendre naissance. Wackern. pag. 22, 28, 24 :

De bone amor muet
Ceu c'on ne puet celleir.

Roi Guillaume, pag. 100 :

Si come de nature li muet.]

S'émouvoir, Partonop. vers 8806. Chastel. de Couci, vers 2080. Chron. des ducs de Norm. aux mots *Moit* et *Muet*. Orell, pag. 189. Voyez Rayn. tom. 4, pag. 276[2], au mot *Mover*.

MOYAU, Cuve, tonneau. Gl. *Mojolus*.

1. **MOYE**, Amas, monceau. Gl. *Moia*.

2. **MOYE**, MOYÉE, Mesure de terre qui contient un muid de semaille. Gl. *Moia*.

MOYEN, Médiateur, entremetteur. Gl. *Medius*. [*Moyenne*, Enfants Haymon, vers 806.]

MOYEN-FILS, MOYEN-NÉ, Cadet, second fils. Gl. *Medioximus* 1.

MOYENNE. EN LE MOYENNE, Au milieu. Gl. *Medioximus* 2.

MOYETTE, Sorte de bâton. Gl. *Boisia*.

MOYSONNEUR, Fermier, métayer. Gl. *Moiso* 2.

MOYTON, Certaine mesure de grain. Gl. *Moitonnus*.

MU, Muet, qui ne parle point. Gl. *Muttum*.

º **MUABLE**, Changeant. Chron. des ducs de Normandie. — *Hosturs muables*, Chanson de Roland, st. 13, vers 5. *Hosturs muers*, st. 3, vers 8. *Hosturs muez*, st. 9, vers 8. Voyez *Muiers* et *Muer*.

MUABLECE, Inconstance, facilité pour changer de sentiment. Gl. *Mutare* 2.

MUAGE, Le droit dû au seigneur lorsque les fonds changent de propriétaire. Gl. *Mutagium*, sous *Muta* 2.

º **MUANCE**, MUEMENT, Changement. Chron. des ducs de Normandie.

MUCE, Cache, lieu secret où l'on serre quelque chose, et surtout l'argent ; d'où *Mucer*, cacher. Gl. *Abdicatorium* et *Mussia*. [Partonop. vers 418. Chron. des ducs de Norm.]

MUCÉEMENT, En cachette, secrètement. Gl. *Mussanter*.

MUCHE, MUCHEURE, Cache, lieu secret où l'on serre quelque chose, et surtout l'argent. Gl. *Mussia*.

1. **MUE**, Lieu de retraite, prison. Gl. *Muta* 3. [Gérard de Vienne, vers 3697. Wackern. pag. 16. Roman de Renart, tom. 2, pag. 126, vers 12981 ; pag. 277, vers 17112. Jubinal, Fabliaux, tom. 2, pag. 26.]

2. **MUE**. BESTE MUE, Sauvage, féroce. Gl. *Muta* 3.

º 3. **MUE**. Guill. Guiart, t. 2, p. 340, vers 8888 (17819) :

Et touz ceus d'environ la mue
Du Neuf-port et de Diquemue.

MUEBLAIGE, Fourniture, provision. Gl. *Mobile*.

º **MUEF**, Motif. Roman de Renart, t. 4, pag. 36, vers 981.

º **MUELEKIN**. Voyez *Melequin*.

MUELIN, Moulin. Gl. *Molare* 3.

MUELLE, Sorte de cuir fort. Gl. *Muellus*.

MUER, Changer. Gl. *Mutare* 2. [*Ne puet muer ne*, Ne peut ne pas. Chron. des ducs de Norm. Partonop. vers 6832, etc. *Ne pot muer que ne*, Roman de Renart, tom. 1, pag. 14, vers 374. — *Grans cers muez*, Gérard de Vienne, vers 3652. Voyez le Gloss. sur la Chron. des ducs de Norm. au mot *Muer* et *Muier*, Rayn. tom. 4, pag. 281[1], au mot *Mudar*. Gl. *Lex Mutata*, pag. 83[2].]

1. **MUESON**, Mesure. Gl. *Moiso* 1.

2. **MUESON**, Droit sur les vins vendus. Gl. *Mutaticum*, sous *Muta* 2.

º **MUET**, Troisième pers. sing. prés. de *Mouvoir* et de *Muer*.

1. **MUETE**, L'action de se mouvoir, départ. Gl. *Mota*, sous *Movere* 1. [Chron. des ducs de Norm.]

2. **MUETE**, Guerre, expédition militaire. Gl. *Mota*, sous *Movere* 1.

3. **MUETE**, Impôt pour la guerre. Gl. *Mota*, sous *Movere* 1.

4. **MUETE**, Meute de chiens. Gl. *Mota* 6. [Partonop. vers 533.]

º 5. **MUETE**. Voyez *Muette*.

MUETEMAKERS, Séditieux, mutins. Gl. *Motivus* 2.

MUETTE, Tour, donjon. Gl. *Mueta* 1.

MUGE, Musc, ou plutôt Muguet. Gl. *Muscus..*

MUGLIAS, Espèce d'étoffe. Gl. *Muglias*.

MUGNAUTE. NOIX MUGNAUTE, Muscade. Gl. *Muscata*.

MUGNIER, Meunier. Gl. *Mensura* 1.

MUGUETTE, pour MUGNETTE ou MUGNAUTE. Gl. *Muscata*.

MUIAUS, Muet. Gl. *Mutere*.

MUIÉE, Mesure de terre qui contient un muid de semaille. Gl. *Modiata*, sous *Modius* 2, pag. 438[3].

MUIEMENT, Mugissement. Gl. *Mugulare*. [Voyez Rayn. tom. 4, pag. 285[2], au mot *Mugimen*.[

MUIER. FAUCON MUIER, Qui a passé la mue. Gl. *Mutatus*, sous *Muta* 3. [Chron. des ducs de Norm.]

º **MUIEUR**, Tenant à raison de *Muyage*. Gl. *Modiagium*.

º **MUILLON**, Petite meule de blé. Chron. des ducs de Norm. tom. 2, pag. 227, vers 22064.

MUJOL, Espèce de poisson, mulet. Gl. *Muiolus*.

MUIR, Mugir, beugler. Gl. *Mugulare*. [Crier. Guill. Guiart, tom.· 1, pag. 286, vers 6759, tom. 2, pag. 339, vers 8816 (17797). Voyez Rayn. tom. 4, pag. 285[1], au mot *Mugir*.]

º **MUIS**. Voyez *Muy*.

MUISI. PAIN MUISI, Pain moisi. Gl. *Panis æstivatus*, sous *Panis* 2.

MUISNAGE, p. e. Le droit de mouture. Gl. *Musnare*.

MUISON, Mesure. Gl. *Moiso* 1.

MULDRIEUX, Meurtrier. Gl. *Murtrerius*, sous *Morth*, pag. 526[2].

MULERIE, Mariage. Gl. *Mulier*.

MULETIER DES CHIENS, Office chez le roi. Gl. *Mulaterius*.

MULIER, Enfant né en légitime mariage. Gl. *Mulier*. [Voyez *Moulier*.]

MULLEQUINIER, Tisserand ou marchand d'étoffe appelée *Moloquin*. Gl. *Melocineus*.

MULTE, Amende ; d'où *Multer*, Condamner à l'amende, la faire payer. Gl. *Mulita*.

MULTRE, Meurtre. Gl. sous *Morth*, pag. 526[2].

º **MUN**. Voyez *Mon*.

MUNIMENT, Acte, pièce justificative. Gl. *Munimentum*.

MUNITÉ, Lieu privilégié. Gl. *Immunitas* 2.

MURAGE, Impôt pour la construction ou réparation des murs d'une ville ou d'un château. Gl. *Muragium*.

MURDRE, Meurtre, le droit d'en connaître et d'en faire justice. Gl. *Murdrum*, sous *Morth*, pag. 526[1]. [*Murdrie*, Chanson de Roland, st. 112, vers 9.]

MURDREUR, Meurtrier. Gl. *Murtrerius*, sous *Morth*, pag. 526[2].

MURDRIR, Commettre un meurtre. Gl. *Murdrare*, sous *Morth*. [*Mordrir*. Partonop. vers 327, 6963 :

*Por coi mordristes cel sospir,
Que nel laissastes for iscir ?*

Chron. des ducs de Norm. au mot *Mordrir.*]

° 1. **MURE.** Voyez *Amure* et *Meure.*

2. **MURE**, Ornement de peau d'hermine. Gl. *Mus peregrinus.*

MURGIER, Monceau, tas de pierres. Gl. *Murgerium.*

MURIE, Chair d'animal mort de maladie. Gl. *Moria* 1.

MURMELER, Murmurer, marmotter, parler indistinctement. Gl. *Murmurium.*

1. **MURMUREMENT**, Murmure, plainte. Gl. *Murmurium*, et † *Susurrium.*

2. **MURMUREMENT**, Bruit qui court et qu'on ne dit qu'à l'oreille. Gl. *Murmurium.*

MURMUREUR, Querelleur, qui aime à contester. Gl. *Murmurosus*, sous *Murmurium.*

° **MURS**, Mulets. Garin le Loher. tom. 1, pag. 111. Partonop. vers 1450. Gl. *Animalia*, pag. 254³. *Muls*, Renart le Nouvel, tom. 4, pag. 425, vers 7166. Voyez Rayn. tom. 4, pag. 285², au mot *Mul.*

MURT, MURTRE, Meurtre ; d'où *Murtrir*, Faire un meurtre. Gl. *Murdrum*, sous *Morth*, pag. 525³.

° **MURTRIE**, Assassinat. Roman de Renart, tom. 1, pag. 6, vers 136 :

Car moult set d'art et de murtrie.

Voyez tom. 2, pag. 265, vers 16781.

MUS, Muet. Gl. *Mutere.* [Renart le Nouvel, tom. 4, pag. 169, vers 1140. *Muele, Muaz*, S. Bernard, Orell, pag. 97.]

MUSAGE, Inaction, oisiveté. Gl. *Reclusagium.* [Partonop. vers 884. Sottise. Roman de Renart, tom. 2, p. 230, vers 15808. Voyez Rayn. tom. 4, pag. 295², au mot *Musatge.*]

MUSART, Fainéant, paresseux, lâche, sot. [Garin le Loher. tom. 1, pag. 282. Partonop. vers 5987. Gérard de Vienne, vers 2264. Flore et Blancef. vers 1930. Roman de Renart, tom. 1, pag. 22, vers 575. Voyez Rayn. tom. 4, pag. 295, aux mots *Musart* et *Musaire.* Chron. des ducs de Norm. au mot *Muisart*, ci-dessus *Mois.*] D'où *Musardie*, Paresse, fainéantise, sottise, imbécillité. Gl. *Musardus.*

MUSCADE, Raisin muscat. Gl. *Muscatellus.*

MUSCADET, Vin qui a quelque goût de muscat. Gl. *Muscatellum.*

1. **MUSE**, Musette, cornemuse. Gl. *Musa* 1. [Chanson de Colin Muset, Laborde, p. 208:

*Vien ça, si viele
Ta muse en chantant...
Si li ai chanté le muset.*]

° 2. **MUSE**, Vaine attente, niaiserie. G. Guiart, tom. 1, pag. 129, vers 2818 :

*Le tens vient, la journée passe,
Li roys de France fait la muse ;
Jouhan ne vient, nul ne l'excuse.*

Roman de Renart, tom. 4, pag. 103, vers 2838 :

*Com iestes or musart et fol
Qui de muse a depechiet fol ?*

Voyez Rayn. tom. 4, pag. 295³, au mot *Musa.*

° **MUSEL.** Chanson de Colins Muzes, Wackern. pag. 75 :

*Deus confonde le musel
Ki n'aime joie et baudor.*

MUSEQUIN, Sorte d'armure, qui couvrait le dos. Gl. *Musachinum.*

1. **MUSER**, Jouer de l'instrument appelé *Muse.* Gl. *Musa* 1. [Laborde, p. 209. Voyez Rayn. tom. 4, pag. 294², au mot *Musar.*]

2. **MUSER**, Regarder fixement comme un sot. Gl. *Musare* 2. [Partonop. vers 7437, 7462. Attendre vainement. Wackern. pag. 81. Fichant musant, Roman de Renart, tom. 4, pag. 30, vers 788. Voyez Rayn. tom. 4, pag. 295⁴, au mot *Musar.*]

° **MUSERAZ**, Espèce de projectile. Chanson de Roland, st. 158, vers 11 :

Espies e lances e museraz empennez.

St. 132, vers 10. Voyez *Miseracle* et *Matras.*

MUSERIE, Sottise, niaiserie, fadaise. Gl. *Musardus.*

MUSETEEUR, Paresseux, niais, stupide. Gl. *Musardus.*

MUSIQUE, Ouvrage à la mosaïque. Gl. *Musivum.*

MUSQUETTE, Mosquée. Gl. *Muscheta.*

MUSSE, Cache, lieu secret où l'on serre quelque chose, et surtout l'argent. Gl. *Mussia.*

MUSSÉEMENT, En cachette, secrètement. Gl. *Mussanter.*

° **MUSSER**, Cacher. Gl. † *Subfarcinare.*

° **MUSTIAUS**, Jarrets, devants de jambes. Voyez le Glossaire sur la Chron. des ducs de Norm.

° **MUTABET**, Certaine étoffe. Partonop. vers 5070 :

Et mitaines de mutabet.

Voyez Gl. *Mattabas.*

MUTE, But où l'on tire au blanc ; d'où le diminutif *Mutelete.* Gl. *Muta* 8.

MUTILURE, Mutilation. Gl. *Muticulare.*

MUTRE, Meurtre. Gl. *Murdrum*, sous *Morth*, pag. 525³.

MUY, Mesure de terre, qui contient un muid de semaille. Gl. *Modiata*, sous *Modius* 2, pag. 438³. [*Muy Pohier.* Gl. *Poheri*, pag. 391³.]

MUYAGE, Bail, louage fait moyennant certain prix ou redevance. Gl. *Modiagium.*

MUYOT, Monceau, tas. Gl. *Muiolus.*

MUYR, Beugler, mugir ; d'où *Muyment*, Mugissement. Gl. *Mugulare.*

MUZ, Muet. Gl. *Mutere.*

MYGRE, Grenadier. Gl. *Migrana* 2.

° **MYNAIGE.** Voyez *Minage.*

N

NAI

NABINE, Champ semé de navets. Gl. *Napina* [en Poitou.]

NAC, Sorte d'étoffe. Gl. *Nactum*.

NACAIRE, Espèce de timbale ou tambour. Gl. *Nacara* 1.

NACELLÉE, La charge d'une nacelle ou bateau. Gl. *Nacella*, sous *Naca* 1.

NACHE, Fesse. Gl. *Naticæ*, et *Naca* 1.

NADRE, Terme injurieux. Gl. *Natrix ?*

NAEURES, Particules d'or ou d'argent, raclures. Gl. *Nageum*.

° **NAFRER,** NAFFRER, Blesser, Chron. des ducs de Norm. Chanson de Roland. Voyez Rayn. tom. 4, pag. 297², au mot *Nafrar*. Gl. *Nauratus*.

NAGAIRE, Espèce de timbale ou tambour. Gl. *Nacara* 1.

NAGE, Fesse. Gl. *Naticæ*. [Roman de Renart, tom. 1, pag. 48, vers 1249. Roi Guillaume, pag. 60. Voyez Rayn. tom. 4, pag. 298¹, au mot *Naggas*.]

NAGER, NAGIER, Naviguer, conduire un vaisseau, ramer, passer dans un bateau. [Garin le Loher. tom. 1, pag. 227. Parton. v. 1978, 4129, 4132, 5158. Flore et Blanc. v. 463, 490. Aubri, vers 18, 23. Chron. des ducs de Norm. *A nage*, En naviguant en navire, en bateau]; d'où *Nageur*, Rameur. Gl. *Nagare*.

NAGUAIRER, Jouer des *Nagaires*, ou timbales. Gl. *Nacara* 1.

1. **NAIE,** Charpie. Gl. *Nageum*.

° 2. **NAIE,** Non. Roman de Renart, tom. 1, pag. 39, vers 999 ; pag. 41, vers 1069. Flore et Blancefl. vers 2201. Voyez Orell. pag. 309. Chron. des ducs de Norm. *Nai*, Roman de Renart, tom. 2, pag. 94, v. 12113.

° **NAIENZ,** Rien. Roman de Renart, tom. 1, pag. 51, vers 1342. *Noienz*, tom. 3, pag. 84, vers 22036. *Noiant, noient*, tom. 2, pag. 296, vers 17655, 17681. *Noient, Néant*, Quelque chose. Wackern. pag. 59 :

Ki de l'autrui veult maix noient
Moult xordement est respondus.

NAP

Roi Guillaume, pag. 76 :

Jà tant n'ara que noiens ert.

Chants historiques, tom. 1, pag. 41 :

S'on prent par droit d'un larron la [justise
Doit-on desplaire as loiaus de néant ?

Voyez *Nient*.

NAJER, comme ci-dessus NAGER. Gl. *Nagare*. [Gérard de Vienne, vers 2688.]

NAIF, Serf de naissance ou d'origine. Gl. sous *Nativus*.

NAIGE, Fesse. Gl. *Naticæ*.

NAIRON, La croisée d'une hache ou d'autre instrument. Gl. *Nero* 1.

° **NAIS,** Natif, né. Chron. des ducs de Norm. tom. 1, pag. 365, vers 8156 :

Il a un fiz nez de noz genz...
Qui devers sa mère est nais
De nos, del regne e del pais.

Voyez *Natural*, et Gl. *Theam. Foux Nais*, De naissance. Guill. Guiart, tom. 1, pag. 124, vers 2699. Voyez *Natre*. *Roche nayve*, Roc vif, naturel, brut. G. Guiart, tom. 1, pag. 144, vers 3210. Chron. des ducs de Norm. t. 2, pag. 365, vers 25964 :

En la roche dreite, naïve.

Nais, pour *gais ?* Chastel. de Couci, vers 816, comparez vers 875.

NAISSEMENT, Naissance. Gl. *Nascentia* 2. [Chron. des ducs de Normandie.]

° **NAITET,** Pays natal. Chron. des ducs de Norm. tom. 1, pag. 58, vers 1423.

NAIVERIE, Servitude par naissance ou d'origine. Gl. *Nativitas*, sous *Nativus*.

NAM, Gage. Gl. *Namium*.

NAMPS, Gage. Gl. *Namium*, pag. 588¹.

NANCE, Nasse où l'on conserve le poisson. Gl. *Nanca*.

NANS, Gage. Gl. *Namium*.

NAPERIE, Office chez le roi, qui concerne le linge de table. Gl. *Naparia*.

NAPERON, Grande nappe. Gl. *Naperii*.

NAPTZ, Navets. Gl. *Nappa*.

NAT

NAQUAIRE, Espèce dé timbale ou tambour. Gl. *Nacara* 1, et *Tinctitare*.

NARCIZ, Narcisse. Gl. *Narcissus*.

NARE, Dérision, moquerie, plaisanterie. Gl. *Narire*.

NARILLE, Narine ; d'où *Nariller*, Froncer les narines, comme pour se moquer. Gl. *Narire*.

NARRAMIE, Blâme, reproche. Gl. *Narratio* 1.

NASCION, Conception dans le sein de la mère, naissance. Gl. *Nativitas* 7. [Ruteb. tom. 1, pag. 5. *Nasou*, Né, Chron. des ducs de Normandie.]

NASEL, La partie du casque qui couvrait le nez. Gl. *Nasale*. [Gérard de Vienne, vers 790.]

NASSELLE, pour Nacelle, esquif ou vaisseau de charge. Gl. *Nassella*, sous *Naca* 1.

NASSIER, Pêcherie, gort. Gl. *Nasserium*.

NASSON, Grande nasse, sorte de filet pour la pêche ; d'où le diminutif *Nasseron*. Gl. *Nasserium*.

NASTEN, Nacelle, petit bateau. Gl. *Nasserium*.

° **NAT,** Net, pur. S. Grégoire : *Li nat de cuer*, lat. *mundo corde*. *Nette*, Pure. De Nostre Dame, Wackern. pag. 69 :

Nete, gloriouse,
Virge pure et monde...
Tous jors nette et pure.

Pag. 71 :

Nette créature.

Fabliaux, Jubinal, tom. 1, pag. 178 :

En l'onneur de la dame qui est nette et polie.

Nesz, Chron. des ducs de Normandie) tom. 1, pag. 135, vers 1544. *Natéit*, Netteté, pureté. Roquef. au mot *Natéit*. *Netéez*, Ruteb. tom. 2, p. 233. Voyez Rayn. tom. 4, pag. 313², au mot *Net*.

1. **NATAL,** Jour solennel. Gl. *Natalis* 1, pag. 572².

2. NATAL, Le présent qu'on fait au prêtre qui baptise. Gl. *Natalia*.

NATIER, Officier inférieur de vaisseau. Gl. *Natinneus*.

NATION, Famille, maison. Gl. *Natio* 2. [Naissance. Chron. des ducs de Norm. Voyez *Nascion*.

NATRE, Grand ménager, avare. Gl. *Natrix*. [G. Guiart, tom. 2, pag. 9, vers 190 (9163) :

Quant tenu se fu pour fol natre.

Pag. 192, vers 4955 (13943) :

Là ne font pas comme fols natres.

Voyez *Naïs*, et Rayn. tom. 4, pag. 301¹, au mot *Natiu*.]

⁕ **NATURAL**, NATUREL, De naissance. *Li dui roi natural*, Agolant, pag. 171². *Li baron natural*, vers 241. *Li frans dus naturax*, vers 480. Enfants Haymon, v. 1006. Gérard de Vienne, vers 3402. *Mon seignor natural*, Agolant, vers 248, 533. *Homes liges naturaux*. Gl. *Naturales*, Voyez *Naïs*, *Naturel* 1. Rayn. tom. 4. pag. 302², au mot *Natural*. *Messes naturaux*? Enfants Haymon, vers 1017.

NATURE. FAIRE NATURE, Consommer l'action du mariage. Gl. *Facere naturam*, sous *Facere* 16.

NATURÉ, Natif. Gl. *Naturare*.

1. NATUREL, Serf de naissance et d'origine. Gl. *Naturales et Theam*.

2. NATUREL. HOMME NATUREL, Propre au mariage. Gl. *Natura* 1.

⁕ **3. NATUREL**. *Quintum* 4.

NATURER, Ressembler. Gl. *Naturare*.

⁕ **NATURESCE**, Nature. Chron. de Jordan. Fantosme, vers 935.

NAVARROIS, Ceux qui étaient attachés au parti du roi de Navarre contre Charles V, régent du royaume, et ensuite roi. Gl. *Navarreni*.

1. NAVAY, Navire, bateau. Gl. *Navaculum*.

2. NAVAY, Havre, port. Gl. *Navaculum*.

1. NAVÉE, Flotte de guerre ou marchande. Gl. *Navata*.

2. NAVÉE, Charge d'un bateau. Gl. *Navata*.

NAVEL, Bateau, navire. Gl. *Navellus* 1.

NAUFRAGER, Naviguer. Gl. *Naufragare*.

NAUFRER, Maltraiter, blesser. Gl. *Nauratus*. Voyez *Nafrer*.

NAVIAGE, L'office ou l'art de pilote. Gl. *Naviger*.

NAVIE, Flotte de guerre ou marchande. Gl. *Navilium* 1. Chastel. de Couci, vers 7428. Chron. des ducs de Norm, au mot *Naveiz*.]

NAVIERE, Champ semé de navets. Gl. *Napina*.

NAVIEUR, Pilote, maître de vaisseau. Gl. *Naviger*.

NAVIGAGE, Navigation. Gl. *Navigium* 4.

1. NAVILE, Navire, vaisseau. Gl. *Navile*.

2. NAVILE, Flotte, équipement d'une flotte. Gl. *Navilium* 1. [*Navilie*, Chanson de Roland, stance, 185, vers 19. Voyez Rayn. tom. 4, p. 304², au mot *Naviti*.]

NAVINE, Champ semé de navets. Gl. *Napina*.

1. NAVIRE, Navigation. Gl. *Navigium* 4.

2. NAVIRE, Flotte de guerre ou marchande. Gl. *Navilium* 1. [*Navirie*, Navire, Chanson de Roland, st. 187, vers 4. Voyez *Navile* 1.]

NAVISOLE, Nacelle, vaisseau de charge. Gl. *Nassella*, sous *Naca* 1, et *Navis* 5.

NAVISONE, Le même. Gl. *Navis* 5.

NAVRAY, NAUVRAY, Navré, blessé. Gl. *Nauratus*.

NAVREURE, Blessure, plaie. Gl. *Nauratus*.

NAUSE, Pêcherie, gort, où l'on emploie des nasses pour prendre le poisson. Gl. *Nassa*.

⁕ **NAUTAL**. Voyez *Natal* 1.

NAZAL, La partie du casque qui couvrait le nez. Gl. *Nasale*.

NAZIERE †, Le même. Gl. *Nasale*.

NAZILLE, Narine; d'où *Nazillier*, Froncer les narines, comme pour se moquer. Gl. *Narire*.

NE. METTRE EN NE, EN NY, s'Inscrire en faux, nier. Gl. *Ponere in negatum*, p. 405³. [Refuser, retenir. G. Guiart, t. 2, p. 155, vers 3988 (12972) :

Et sajetes de traire prestes
Ne sont mie mis en ni là.

Plaidier par niz, Chercher des délais, p. 163, vers 4198 (13184) :

Cil ne pense pas à contendre
N'à plaidier ans Anglois par niz.]

NECESSAIRE, Chaise percée, garderobe. Gl. *Necessaria*.

⁕ **NEEL**, NOEL, NOIEL, Nielle, émail ? Flore, et Blancefl. vers 498 :

D'or avoit deseure un oisel
A trifoire et à néel.

Chron. des ducs de Norm. t. 1, p. 352, vers 7736 :

De la gaine ert li coispel
Et li membre tuit à néel
D'or esmeré.

Partonop. vers 1017 :

Fors qu'en le coupe al damoisel
N'a or, ne argent, ne noel.

Flore et Blancefl. vers 1196 :

Li estrier valent un castel
D'or fin sont ovré à noiel.

Neelé, Niellé, vers 661 :

Toute est la tombe néelée
De l'or d'Arabe bien letrée.

Chron. des ducs de Norm. tom. 3, pag. 152, vers 36162 :

Et il as espiez neielez
Et as buens bransz d'acer letrez.

Lai du Corn, vers 182 :

E vist lettres en l'or
Néelés de argent.

Vers 50 :

Desus out un anel
Néelé ad argent.

Néeleure, Flore et Blancefl. vers 448 :

Une ciere coupe d'or...
Et moult souliement portraite
Par menue néeleure.

Voyez *Noelé*, et Rayn. tom. 4, pag. 315², aux mots *Niel* et *Nielar*.

⁕ **NEENTEL**, Homme de néant, vil. Chron. des ducs de Norm.

NEETTE, p. e. Mare, endroit où l'on met rouir le chanvre. Gl. *Neez*.

1. NEF, Sorte de vaisseau à boire, en forme de bateau. Gl. *Navis* 2. [*Neif*, Gérard de Vienne, v. 2660, 2714, 2723, 3750.]

2. NEF, Neige. Gl. *Ninguidus*, et Festum B. de Mariæ de Nive.

⁕ **NEGER**. Voyez *Nager*.

NEGOCE, Affaire. Gl. *Negotium* 2.

NEGOCIATEUR, Facteur, commis de négociant ou marchand. Gl. *Negotiator*, sous *Negotium* 1.

NEGULIGENCE, Négligence. Gl. *Retentio* 6.

⁕ **NEI**, Dénégation. Chron. des ducs de Norm.

⁕ **NEIENTAGE**, Vaurien. Chron. des ducs de Norm.

NEIF, Serf de naissance ou d'origine. Gl. sous *Nativus*.

⁕ **NEIFS**, NEIS, Neige. Chron. des ducs de Norm.

NEINO, Nain, petit enfant, morveux. Gl. *Natellus*.

NEIPLERANT, p. e. Un plant de néfliers. Gl. *Neplarius*.

1. NEIS, L'obligation ou servitude de nettoyer. Gl. *Nectisare*.

2. NEIS, Même, et même. Gl. *Necne*. [Partonop. vers 9982. *Nes*, vers 6501. *Nis*, vers 979, 2625, 9339. Aubri, pag. 158². Pas même. *Nis*, Partonop. vers 163. *Nes*, Gérard de Vienne, v. 3027. Chastel. de Couci, vers 3307. Orell, pag. 310. Voyez Rayn. tom. 4, pag. 312¹, au mot *Neis*. *Nes un*, Garin le Loher. tom. 1, pag. 115. 16, v. 405. Flore et Blanc. vers 1943, 2782. Chanson de Roland, st. 63, v. 4. Voyez Orell, pag. 69, Rayn. tom. 5, pag. 449², au mot *Negus*.]

NEKEDENT, NEQUEDENT, Cependant, néanmoins. Gl. *Nihilominus*. [Orell, p. 341.]

⁕ **NENAL**. Voyez *Nonal*.

⁕ **NEPOROC**, NEPOROU, NEPUROC, Pourtant, cependant, néanmoins. Roman de Renart, t. 2, pag. 312, vers 18067. Chron. des ducs de Norm.

° NEPORQUANT, Le même. Orell, p. 341.

NERCHIR, Noircir, devenir noir. Gl. sous *Juramentum*, pag. 456³.

NERET, Petite monnaie de cuivre. Gl. *Neretus*.

NERON, La croisée d'une hache ou d'autre instrument. Gl. *Nero 1*.

° NERTÉ, Noirceur. Roman de Renart, tom. 3, pag. 165, vers 24298. *Nerçor*, Chron. des ducs de Normandie.

° NES. Voyez *Neis*.

° NESLE, GROS DE NESLE. Gl. *Moneta*, pag. 486¹.

° NESUN, NISUN. Voyez *Neis*.

1. NET, Neveu. Gl. *Netus 2* [en espagnol].

° 2. NET. Voyez *Nat*.

NETAIEURE, Ordure, immondice. Gl. *Nectesare*.

NETOIEURE, Le même. Gl. *Nectesare*. [*Nettoyeure*. Gl. *Curata* 3.]

NETTAIEURE, Le même. Gl. *Nectesare*.

NEUCTANTEMENT, De nuit, nuitamment. Gl. *Noctanter*.

° NEVE, Neuve. *Pasques neves*. Gl. *Pascha*, pag. 191².

° NEVELON, Nom propre ? Gérard de Vienne, vers 1633 :

Atant er vos un donzel nevelon,
Nevou Gérard dou miex de sa maison.

NEUFME, DROIT DE NEUFME, Le droit que les curés en Bretagne prétendaient sur les biens de ceux qui mouraient, lequel consistait en la neuvième partie. Gl. sous *Pneuma*.

NEULE, Sorte de pâtisserie fort déliée, oublie. Gl. *Nebula* 2.

NEVOUL, Neveu. Gl. *Filiolagium*. [Glossaire sur la Chanson de Roland, aux mots *Nés*, *Neud*, *Nevold*, *Nevod*, etc.]

° NI. Voyez *Ne*.

NIAGE, L'action de nettoyer. Gl. *Nectesare*.

NIANCHE, L'action par laquelle on nie quelque chose. Gl. *Negantia*.

° NIANT, NIENT, Non, pas, rien. S. Bernard : *Del niant atempreit et niant ordeneit deleit* (lat. immoderatæ atque inordinatæ voluptatis). *Niant encerchaules* (lat. imperscrutabile). Orell, pag. 81, 309. Parton. vers 259 :

Et cil nes manaidoit nient.

Vers 589 :

Que nis son fil de sa moillier
N'avoit il de nient plus cier.

Chron. des ducs de Norm. aux mots *Neient*, *Nent*.

NICE, Sot, niais, imbécile. Gl. *Nativitas* 3, et *Nidering*. [Chron. des ducs de Normandie.]

NICETÉ, Sottise, simplicité, imbécillité. Gl. *Nativitas* 3.

NICHE, Sot, niais, imbécile. Gl. *Nativitas* 3. [Roi Guillaume, pag. 168.]

NICHEMENT, Follement, contre droit et raison. Gl. *Nativitas* 3.

NICHETÉ, Sottise, simplicité, imbécillité. Gl. *Nativitas* 3.

° NIÉE, Nuée, G. Guiart, t. 1, p. 178, vers 4081, ou *Nichée*, comme *Nyés*.

1. NIELE, Neige. Gl. *Ninguidus*. [Brouillard, G. Guiart, tom. 2, p. 174, v. 4499 (13485). *Niule*. Chron. des ducs de Norm. tom. 1. p. 261, vers 5119. Voyez Rayn. tom. 4, pag. 307¹, au mot *Neula*.]

° 2. NIELE, Nielle, plante qui croît dans les blés. G. Guiart, tom. 1, p. 81, v. 1462 ; tom. 2, pag. 426, vers 11079 (20061). Voyez Rayn. t. 4, p. 315², au mot *Niela*.

1. NIER, Nettoyer. Gl. *Nectesare*.

° 2. NIER, Noyer, se noyer. Chanson de Gautier, de Coinsi, Wolf, *Uber die Lais*, pag. 436 :

Tant les het mon corages, je ne le puis [nier,
Si ere rois jes feroie tous en un puis nier.

Roman de Rou :

Miex vaut qu'à glaive muire ou que en [eve nit.

Neiet, *Neiez*, Chanson de Roland. Voyez Rayn. tom. 4, pag. 308², au mot *Negar*.

NIERELLE, Bagatelle, chose de néant. Gl. *Nihilitas*.

NIÉS, Neveu. Gl. *Nepos*.

NIEULE, Sorte de pâtisserie fort déliée, oublie. Gl. *Nebula* 2.

NIEULLIER, Celui qui fait les *nieules*, ou qui les fournit. Gl. *Nebularius*.

NIGEIRAL, Sorte de mesure à Clermont en Auvergne ; p. e. celle du charbon. Gl. *Nigeiral*.

NIGOSSEUREMENT, Sottement, en ignorant. Gl. *Nativitas* 3.

NIGREMANCHE, Nécromancie. Gl. *Nigromantia*. [Enchantement. Flore et Blancefl. vers 599.]

NIIER, Nettoyer. Gl. *Nectesare*.

NIQUE, NIQUET, Petite monnaie de cuivre, qui valait trois mailles. Gl. *Niquetus*.

NIQUET, Geste de moquerie. Gl. *Niquetus*.

NIS, Même, et même. Gl. *Necne*. Voyez *Neis* 2.

NISI, Obligation, acte par lequel on s'oblige à quelque chose sous certaine peine. Gl. *Nisi*.

NISTE, mal lu pour *Viste*, Sorte de vase. Gl. *Vista* 5.

1. NIULE, Sorte de pâtisserie fort déliée, oublie. Gl. *Nebula* 2. [Flore et Blancefl. vers 3187.]

° 2. NIULE. Voyez *Niele* 1.

NIZ, Nez. Gl. *Denasatus*.

NO, Auge de moulin. Gl. *Noa* 1. [*Nous* †. Gl. *Scariobala*.]

° NOALS, NOAUS, NOAUZ, NOVAUZ, Pire, moins. Chanson du Chastel. de Couci, Laborde, pag. 288 :

S'en voudra mout noaus vostre valour.

Partonop. vers 4228 :

Et après mal noaus avoir.

Vers 6457 :

Et noauz que vos ne savez
Ge vos dirai.

Vers 2513 :

Miols vient avant guerre bon plait
Qu'atendre que noals soit fait.

Vers 4768, 5212, 6120, 8420. Voyez le Glossaire sur la Chron. des ducs de Normandie, aux mots *Noauz*, et *Novaus*.

° NOBILE, Noble. Gérard de Vienne, v. 1985, 2261, 2297, 2727. Agolant, v. 86, 1208. Aubri, pag. 160³. *Nobilie*, Chanson de Roland. *Nobilité*, Noblesse. Garin le Loh. tom. 1, pag. 66. Agolant, vers 363. Aubri, pag. 174¹. Voyez Rayn. tom. 4, p. 317¹, au mot *Nobilitat*.

NOBILITACION, Anoblissement. Gl. *Nobilitatio*.

NOBILITER, Anoblir, accorder les privilèges des nobles à un roturier. Gl. *Nobilitare*.

NOBLE, NOBLET, Monnaie d'Angleterre. Gl. *Nobile*.

NOBLECE, Droit de seigneur, prérogative. Gl. *Nobilitas* 2.

NOBLESCE, Riche et magnifique présent. Gl. sous *Nobilitas* 1.

NOBLESSE, Droit du seigneur, prérogative. Gl. *Nobilitas* 2.

NOBLOIS, Magnificence, pompe, grand appareil. Gl. *Nobilitas* 5.

NOC, Gouttière, plomb qu'on met sur les toits. Gl. *Noccus*.

NOÇAILLES, Ce que payaient les serfs à leur seigneur pour la permission de se marier. Gl. *Nuptiaticum*, pag. 626³. [*Noçailles*, *Nocsiemenz*, Noces. Chron. des ducs de Norm.]

NOCES. FAIRE LES NOCES, Avoir affaire à une femme, la traiter comme une nouvelle mariée. Gl. *Nubere*.

NOCHE, ou p. e. VOCHE, Pétrin. Gl. sous *Vocamentum*.

° NOCHIÉ, Endommagé. Gérard de Vienne, vers 1605 :

Vostre branc aceré...
Ke ne puet estre nochiés ne n'agrevé.

NOCHOIER, Epouser, se marier. Gl. *Nuptiare*, pag. 626³. [*Nocier*, Flore et Blancefl. vers 2085. *Nocoier*, Chron. des ducs de Norm. Voyez Rayn. tom. 4, p. 350², au mot *Nupseiar*.]

NOCLIER, Nocher, pilote. Gl. *Nauclearius*.

NOCQ, Baquet, cuvier. Gl. *Noccus*.

NOCTER, p. e. Murmurer, soupçonner. Gl. *Noctare* 3.

NOCTUE, Chouette ou hibou. Gl. *Noctividus.*

NOCTURNAL, L'office de nuit, matines. Gl. *Nocturnalis* 2.

NODES, Sorte de monnaie du Puy. Gl. *Moneta Podiensis*, sous *Moneta Baronum*, pag. 500².

NOE, Espèce de pré bas ou pâturage. Gl. *Noa* 1.

NOÉ, L'écorce verte de la noix. Gl. *Noguerius*, sous *Nogueria* 1.

° **NOÉE**. Guill. Guiart, tom. 1. pag. 9, vers 87 :

Bien sont de mentir à méismes
Cil qui vont contant tiex noées.

Voyez *Nuée*.

1. **NOEL**, JEU DE NOEL, Réjouissance publique. Gl. *Ludus natalis*, et *Natale* 3.

2. **NOEL** BACRE, NOEL LE BRUYANT, Noms d'une certaine fête. Gl. *Natale* 4.

° 3. **NOEL**. Voyez *Néel*.

° 4. **NOEL**. Guill. Guiart, t. 1, p. 191, vers 4501 :

De Chastiau-Gaillart les closturés,
Qui iert le noel et l'escorce,
La clef, le garant et la force
Et le pouvoir de Normandie.

Voyez *Noé*.

NOELÉ, NOELLÉ, Noueux, plein de nœuds. [Niellé.] Gl. *Niellatus*, sous *Nigellus* 1. [Gérard de Vienne, vers 692,2195. Voyez *Néel*.]

1. **NOER**, Nager. Gl. *Nabilis*.

2. **NOER**, Nouer. Partonop. vers 2660 :

Or vos a noé le droit neu.

NOERAYE, Noue, pré bas, pâturage. Gl. *Noiereta.*

NOERIE, Crue, abondance d'eau. Gl. *Noiereta.*

NOERRESCE, Serpent aquatique. Gl. *Natrix.*

NOETTE, Petite noue, pré. Gl. *Noiereta.*

NOGUIERRE, Gouttière. Gl. *Nogueria* 2.

NOIAS, Nœud, ce qui sert à attacher, sorte d'ornement. Gl. *Nusca*. [Voyez *Noiel*. Partonop. vers 1822. Voyez *Nusche*.]

NOIANTIR, Anéantir, rendre nul. Gl. *Nullare.*

1. **NOIEL**, Bouton d'habit. Gl. *Nodellus*. [*Souliers à trois noyaux*. Gl. *Subtalares*, pag. 640¹.]

° 2. **NOIEL**, Voyez *Néel*.

NOIELÉ, Noueux, plein de nœuds. Gl. *Niellatus*, sous *Nigellus* 1.

° **NOIENT**. Voyez *Naienz*.

NOIF, Neige. Gl. *Ninguidus*.

NOIRÉS, Monnaie des comtes de Soissons. Gl. *Suessionum comitum denarii*, sous *Moneta Baronum*, pag. 502³.

NOIS, Neige. Gl. *Ninguidus*.

NOISANCE, Disposition à nuire. Gl. *Insontia.*

NOISEMENT, Dommage, préjudice, perte. Gl. *Nocumentum* 1.

NOISER, NOISIER, Avoir *noise*, contester, se quereller. Gl. *Noisia*.

NOISIF, Querelleur, qui cherche *noise*. Gl. *Noisia*.

NOLER, Boutonner, attacher avec des boutons. Gl. *Nodellus*.

NOLLURE, Garniture de boutons. Gl. *Nodellus*.

NOLZ, Auge, baquet. Gl. *Noccus*.

° **NOM**, Roman de Roncevaux, pag. 38 :

Li arcevesques, cui dex mist en son nom.

NOMBLE, Longe de veau, échinée de porc. Gl. *Numbile*.

NOMBRAIGE, Droit dû à celui qui comptait les gerbes de la dîme ou du champart. Gl. *Numeragium*, sous *Numeratores*.

1. **NOMBRE**, Dénombrement, comme ci-dessous *Nommée*. Gl. *Numeramentum*.

2. **NOMBRE**, Tas, amas de choses de même espèce. Gl. *Numerus* 1.

° **NOME**, Renommée. Roman de Renart, tom. 4, pag. 109, vers 2986.

NOMMÉE, Dénombrement, déclaration qu'on fait au seigneur dominant de tous les fiefs, droits et héritages qu'on reconnaît tenir de lui. Gl. *Nominatio* 2.

NOMMER, Blâmer, reprendre, en nommant ou articulant les faits. Gl. *Nommare*.

° **NON FAIRE**, Ne pas faire. Agolant, vers 53 :

Se diex plest non feront.

Gérard de Vienne, vers 613 :

E no Deu non fereiz.

Vers 8260 :

Non ferai, sire.

Voyez vers 3540. Ou *Nou* pour *Ne le ? Nu*, Chanson de Roland, stance 18, vers 4 :

Nu ferez certes.

4. Livr. des Rois, chap. 6, vers 22 : *Nu fras* (lat. *non percuties*). Voyez Diez, tom. 3, pag. 402, et ci-dessous *Nu*.

NON-AGE, Minorité. Gl. *Nonetas*.

° **NONAL**, NANAL, NENAL. Non, non pas, nenni. Wackern. pag. 80. Flore et Blanceﬂ. vers 681. Chron. des ducs de Norm. tom. 1, pag. 588, vers 14558, et au mot *Nenal*.

NONCER, Annoncer, faire savoir, apprendre. Gl. *Nuntiare*. [*Noncier*, Agolant, vers 934, 1167.]

° **NON-CHALEIR**, NON-CHALOIR, Négligence. *Mettre en nonchaloir*, Mettre de côté, ne pas tenir compte, Laïs d'Aélis, Wolf, *Uber die lais*, pag. 480. Voyez *Chaloir*, Rayn. tom. 2, pag. 294¹, au mot *Noncaler*. Orell. pag. 223. Chronique des ducs de Normandie.

NONCHER, Déclarer, dire. Gl. *Nuntiare*.

1. **NONCHIER**, Apprendre, annoncer, faire savoir. Gl. *Nuntiare*.

2. **NONCHIER**, Indiquer, marquer, signifier. Gl. *Nuntiare*.

° **NONCUPATIF**. Gl. *Testamentum*, pag. 85².

° **NON-CURE**, Négligence, oubli. Partonop. vers 7127 :

Tot torne le siecle à non cure.

NONE, NONNE, Religieuse. Gl. *Nonnæ*, sous *Nonnus*. [Gérard de Vienne, v. 2546. *Nonnete*, Wackern. pag. 84.]

° **NON-FEIZ**, NUN-FEIZ, NON-FOI, Incrédulité, absence de bonne foi. Chron. des ducs de Normandie. Roman de Renart, tom. 2, pag. 224, vers 15640.

NONNETIER, Espèce de meuble ou ustensile de ménage. Gl. *Nonnus*.

° **NON-NOISANCE**. Gl. *Insontia*.

NONOBSTANCE, Clause dérogatoire. Gl. *Nonobstancia*.

° **NON-PORQUANT**, NON-POURTANT, Cependant. Orell. pag. 341.

NON-PUISSANCE, Impuissance, faiblesse. Gl. *Pupillarietas*.

° **NON-SACHANT**, Peu sage. Enfants Haymon, vers 678.

° **NON-VOIANT**, NON-VEANT, Aveugle. Agolant, pag. 173². Partonop. vers 8392. Obscur. Gl. *Boia*, pag. 689².

° **NOON**, Partonop. vers 6162 :

Et met les noons as windas
Et fait la voile traire amont.

NORAIS, pour NOROIS, Qui est du Nord. Gl. *Norax*.

NORE, Bru, femme du fils. Gl. *Nora*.

° **NORIÇON**, NORRIÇON, Nourricier, gouverneur. Chron. des ducs de Norm. Voyez Rayn. tom. 4, pag. 352¹, au mot *Nuiridor*.

° **NORMANT ?** Gérard de Vienne, vers 1911 :

Normant sonjai li rois en son dor-
[mant.

1. **NOROIS**, Homme du Nord. Gl. *Northus*.

2. **NOROIS**, Fier, hautain, orgueilleux. Gl. *Northus*.

NORRETURE, Bétail qu'on nourrit et qu'on élève. Gl. *Nutricatio*.

NORRIAGE, Le même. Gl. *Nutricatio*.

° **NORRIÇON**. Voyez *Noriçon* et *Norris*.

NORRIGUIÉ, Berger, celui qui nourrit et élève le bétail. Gl. *Norriguerius*.

NORRIN, FAIRE NORRIN, Faire des nourritures, élever du bétail. Gl. *Nutricatio*.

NORRIS, Familier, domestique. Gl. *Nutriti*. [Chron. des ducs de Norm. tom. 2, pag. 308, vers 24562. *Norir*, Élever, entretenir du nécessaire. Chanson de Roland, st. 245, vers 6 :
Li mien baron , nurrit vos ai lung
[*temps.*
Stance 173, vers 6 :
De Carlemagne sun seignor ki l'nurrit.
Gérard de Vienne, vers 2327 :
Et randu Karle le roi m'ait nori.
Vers 3106 :
De mon navou ke j'avoie norri.
Garin le Loh. tom. 2, pag. 172 :
Quant vins encontre celui qui ne norrit.
Norriçon, Éducation, instruction. Agolant, vers 271 :
Molt sui dolenz de vostre norriçon
Ge ai norri en vos molt mal glouton.
Enfances Roland, pag. 157² :
Comme ceus qui estoient de male nour-
[*reçon.*
Voyez Rayn. tom. 4, pag. 351², au mot *Nurimen*.]

NORRITURE, Bétail qu'on nourrit et qu'on élève. Gl. *Nutricatio*. [Chron. des ducs de Normandie, tom. 2, pag. 390, vers 26692.]

NORROISSE. HACHE NORROISSE, A l'usage des *Norrois* ou gens du Nord, faite dans ce pays. Gl. *Norrissa*.

NORVOIE, Norvége. Gl. *Godebertus*.

⁰ **NOSCHE**. Voyez *Nusche*.

NOSSAILHES, Le temps où l'on peut se marier. Gl. *Nuptorium*, sous *Nuptiæ*, p. 626³, 627¹.

⁰ **NOSTRÉ**, Enfants Haymon, v. 971 :
Adonc laur demanda la duchoise nos-
[*trée.*

NOTAILLE, mal lu pour NOÇAILLE. Gl. *Nuptiaticum*.

NOTAUBLE, Notable, distingué. Gl. *Notabilis*.

NOTE, Air, chant. Gl. *Nota* 2. [*Noter*, Chanter. Wackern. pag. 79 :
En hault dist et si notoit
Un novel son.
Laborde, pag. 216 :
Oi dame bele et gente en un jardin
Ceste chançon noter.
(Fierabras, vers 2101 :
Dona, so dis Berart, cel que sap ben
[*cantar,*
Nota mot volontiers per so mal obli-
[*dar.*])

NOTICE, Connaissance. Gl. *Notinus*.

⁰ **NOTIS**. Voyez *Hauberc*.

⁰ **NOTON**, Nocher, marin. Partonop. vers 5825. *Notonnier*, Gl. *Nabulum*.

NOTORIE, Office de notaire. Gl. *Notaria* 2.

NOTULE, Minute. Gl. *Notula*.

NOU. A Nou, A la nage. Gl. *Nabilis*.

NOVAIN, La neuvième partie de quelque chose. Gl. *Novenus*.

NOVALITÉ, Nouvelleté, en terme de palais, innovation, trouble dans la possession de quelque chose. Gl. *Novalitas*.

⁰ **NOUE**. Voyez *Noe*.

NOVEINE, Neuvaine. Gl. *Novena* 1.

NOUEL, Bouton ; d'où *Noueler*, Boutonner, attacher avec des boutons. Gl. *Nodellus* et *Capitium* 1.

1. **NOVELER**, Entendre ou apprendre des nouvelles [Raconter]. Gl. *Novellare* 3.

⁰ **NOVELER**, NOVELIER, Changer, aimer le changement. Partonopex, vers 4697 :
Amis mar vos vi novelier.
Chron. des ducs de Norm. tom. 2, p. 190, vers 20909 :
C'est un vize repris e lait
De corage trop novelier
Faus e muable e mençongier.
Chronique de Jordan Fantosme, vers 640 :
Mès trop fut acustumé de cunseilz no-
[*veler.*

⁰ **NOVELERIE**, Querelle, guerre. Agolant, vers 734. Voyez *Novalité*.

NOUELEURE, Garniture de boutons. Gl. *Nodellus*.

⁰ **NOVELIERS**, Inexpérimenté, timide. Partonop. vers 4038. G. Guiart, tom. 1, pag. 186, vers 4278.

NOUER, Nager. Gl. *Nabilis*.

NOUERDIER, Noyer, arbre. Gl. *Noerium*.

NOUEROIE, Lieu planté de noyers. Gl. *Nogadera*.

NOVIAUTÉ, Nouvelleté, en terme du Palais, innovation, trouble dans la possession de quelque chose. Gl. *Novalitas*.

NOUIAX, Nœuds. Gl. *Capitium* 1.

NOVICE, peut-être Noviciat. Gl. *Novitiari*.

NOUILLEUX, Noueux, plein de nœuds. Gl. *Nodosus*.

NOVISSERIE, Noviciat. Gl. *Novitiari*.

NOULER, Boutonner, attacher avec des boutons. Gl. *Nodellus*.

NOULLON, L'écorce verte de la noix. Gl. *Noguerius*, sous *Nogueria*.

NOULLU, Noueux. Gl. *Nodosus*.

NOURETURE, NOURRETURE, Bétail qu'on nourrit et qu'on élève. Gl. *Nutricatio*.

NOURRETURE, Maison, famille. Gl. *Nutriti*.

NOURRIS, Nourrisson. Gl. *Nutricius*.

NOURRISSEMENT, Éducation. Gl. *Nutritura*.

NOURRISSON, Nourriture, le prix qu'on donne à la nourrice d'un enfant. Gl. *Nutritium*.

1. **NOURRITURE**, NOURRETURE, Maison, famille. Gl. *Nutriti*. [Guill. Guiart, tom. 2, pag. 83, vers 2117 (11093).]

2. **NOURRITURE**, Éducation. Gl. *Nutritura*.

⁰ **NOUS**. Voyez *No*.

NOUTEILLEUX, Noueux, plein de nœuds. Gl. *Nodosus*.

NOUVELIER, Nouvelliste, qui aime à entendre et à débiter des nouvelles. Gl. *Novella* 3.

NOUVELLE, Procès, différend en cas de *nouvelleté* ou de trouble dans la possession de quelque chose. Gl. *Novalitas*.

NOUVELLETÉ, NOUVIAUTÉ, Innovation, trouble. Gl. *Novalitas, Novitas* 2, et *Nuntiatio*.

NOUVELLEUR, Amateur de nouveautés. Gl. *Novella* 3.

NOXER, C'est faire un certain mouvement du talon en dansant. Gl. *Noxare*.

NOYFZ, Neige. Gl. *Ninguidus*.

⁰ **NU**, Ne le. Agolant, vers 864, 893, 934. Jordan Fantosme, vers 22. Voyez *Non faire*.

NUBELLE, Instrument de musique. Gl. *Nubalis*.

1. **NUBLE**, Sorte de pâtisserie fort déliée, oublie. Gl. *Nebula* 2.

2. **NUBLE**, Longe de veau, échinée de porc. Gl. *Nebulus*.

3. **NUBLE**, Qui ne voit pas clairement. Gl. *Nubilus*.

NUBLECE, NUBLESSE, Nuage, obscurité, ténèbres. Gl. *Nubilus*.

⁰ **NUÉE**. Aubri, pag. 159³ :
Bien soit a foi venus ceste nuée.
Voyez *Noée*.

NUESCES, Noces. Gl. *Nubtiæ*.

NUGACION, Mensonge. Gl. *Nuga*.

1. **NUISEMENT**, Dommage, préjudice, tort. Gl. *Manutenentia*.

2. **NUISEMENT**, Amende pour le dommage qu'on a fait. Gl. *Nocumentum* 3.

1. **NUIT**, Veille, le jour qui précède une fête. Gl. *Nox* 3.

2. **NUIT**, Le couchant. Gl. *Nox* 4.

NUITANTRÉ, Par nuit, la nuit commencée. Gl. *Noctanter*. [*Nutanté*, Hugues de Lincoln, vers 46, 85.]

NUITIER, NUITTIER, Le soir, la nuit commençant. Gl. *Noctanter*. [Aubri, p. 158¹ : *Nutier*. Chastel. de Couci, vers 2584 : *Nuitie*. Voyez *Anuitier*.]

NULLUI, NULLY, Nul, personne, qui que ce soit. Gl. *Nullus*.

° **NULSOUDOR**, Nusoudor. Voyez *Misodour*.

NULUI, comme *Nullui*. Gl. *Dicare*. [Orell, pag. 70. *Nuns*, Gérard de Vienne, v. 3728. Orell, pag. 69.]

NUMBLE, Longe de veau, échinée de porc. Gl. *Numbile*.

NURRETURE, Arrière-faix. Gl. *Nutritorium*.

° **NUSANCE**, comme *Nuisement* 1. Gl. *Nocumentum* 1.

° **NUSCHE**, Boucle. — Chanson de Roland, stance 49, vers 4. Jordan Fantosme, vers 1185. Voyez les notes de la première édition, p. 131. Gl. *Nusca*. Voyez ci-dessus *Noial*.

NUSQUE, L'angle interne de l'œil. Gl. *Nusca*.

NUYRAGUIER, Berger, celui qui nourrit et élève du bétail. Gl. *Nurigarius*.

NUYTÉE, Service qu'on est obligé de faire pendant l'espace d'une nuit. Gl. *Nox* 2.

NUYTIER, Le soir, la nuit commençant. Gl. *Noctanter*. Voyez *Anuitier*.

NY. Mettre en ny, s'inscrire en faux, nier. Gl. *Ponere in negatum*, pag. 405³.

NYÉE, Nichée, couvée. Gl. *Nidalis*.

NYNNYN, Nom propre d'un homme. Gl. *Ninnarius*.

O

OBE

1. **O**, pour Avec, dans les Établissements de saint Louis, ch. 131, et partout ailleurs. Gl. sous *Palettus*. [Orell, p. 328.]

° 2. **O**, Oui. Aubri, pag. 155¹ :
Mais por la dame ne disent o ne non.
Gérard de Vienne, vers 1596 :
Karles l'entant ne dist ne n' o ne non.

° 3. **O**. Gl. *Moneta*, pag. 463³.

° 4. **O**, A le, en le. Orell, p. 4.

° **OAN**, Ouan, Owan, Cette année, désormais, jamais. Chronique des ducs de Normandie, Orell, pag. 310. Rayn. tom. 2, pag. 77¹, au mot *Ogan*. G. Guiart, tom. 1, pag. 191, vers 4511 :
Ni ceste année n'enc ouan.
Flore et Blanceﬂ. vers 1533 :
Tot ensement vic jou owan,
N'a mie encore demi an, etc.

OANCE, Rente ou redevance qui se payait au jour indiqué à cri public. Gl. *Oiancia*.

OBCULTÉ, Obscurité, embarras. Gl. *Obscuriloquium*.

OBEANCIER, Obédienciaire, nom de la première dignité au chapitre de Saint-Just à Lyon. Gl. *Obedientiarius* 1. [*Obeance*, ibidem.]

° **OBEDIENCE**, Obedience, Obéissance. *Obbedient*, *Obedient*, Obéissant. Chronique des ducs de Normandie.

OBL

OBÉIR, s'Engager, se soumettre. Gl. *Obedire*.

OBÉISSAMMENT, Avec obéissance et soumission. Gl. *Obedientialiter*.

1. **OBÉISSANCE**, Hommage que doit le vassal à son seigneur. Gl. *Obedientia* 4.

2 **OBÉISSANCE**, Redevance, service de vassal. Gl. *Obedientia* 4.

3. **OBÉISSANCE**, Seigneurie, district, juridiction. Gl. *Obeissancia*.

OBÉISSEMMENT, Avec obéissance et soumission. Gl. *Obedientialiter*.

OBEL, Signe, but; ou Étal de boucher. Gl. *Obile*.

OBER du Lit, Sortir du lit, se lever. Gl. *Oberatus*.

OBICER, Objecter, opposer. Gl. *Obicere*.

OBIER, Sous-prieur, prieur claustral. Gl. *Obierus*.

OBIT, Mort, trépas. Gl. *Obitus* 2. [Enfants Haymon, vers 388 :
Moult fu bel le service, noble fu li [obis.]

° **OBLATION**, Offrande. Chron. des ducs de Norm.

OBLAYERIE, Le métier de faire des oublies. Gl. *Obliarius*, sous *Oblata*, pag. 8³.

OCC

OBLIAU, Celui qui doit le cens appelé *Oublie*. Gl. *Obliarius*, sous *Oblata*, pag. 8³.

OBLIETE, Cachot, prison perpétuelle. Gl. *Oblivium*.

OBLOQUCION, Contradiction, contestation. Gl. *Misdicere*.

OBLOYER, Faiseur ou marchand d'oublies. Gl. *Obliarius*, sous *Oblata*, pag. 8³.

OBLYE, Oublie, sorte de pâtisserie fort déliée. Gl. *Oblata*, pag. 8³.

° **OBOLE**. Gl. *Moneta*, pag. 476³.

OBOLLE, Partie du marc, p. e. la même chose que le grain. Gl. *Obolus*.

OBRADOR, Ouvroir, boutique. Gl. *Operatorium*.

° **OBSCURE**, Maladies Obscures, Épilepsie. Gl. *Morbus obscurus*, pag. 518¹.

OBSTANT, Pour, à cause, parce que. Gl. *Obstantia*.

OBVENU, Revenu qui n'est fondé que sur les cas fortuits, casuel. Gl. *Obventio*.

° **OBUMBRATION**, Ombre, action de faire ombre. Chronique des ducs de Normandie.

OCCASIONAUMENT, Par suggestion et conseil, indirectement. Gl. *Occasionare* 1, sous *Occasio* 5, pag. 26¹.

OCCASIONNÉ, Sujet, accoutumé. Gl. *Occasionatus.*

OCCHOISON, Intention, dessein. Gl. *Occasionare* 1, sous *Occasio* 5, pag. 26¹. [Rayn. tom. 2, pag. 359², au mot *Occasio.*]

° **OCCISE**. Voyez *Ochission.*

OCCOT, Retard, empêchement. Gl. *Hoquetus* 1.

OCCULTÉ, Obscurité, embarras. Gl· *Obscuriloquium.*

OCCUPER, OCCUPPER, Accuser, charger quelqu'un d'un crime. Gl. *Occupatio* 3.

° **OCCUPEUR**, Occupant. Gl. *Occupator.*

OCCUPPÉ, Qui est pris, qui est fait prisonnier, Gl. *Occupatio* 3.

OCCURRE, Venir promptement au secours de quelqu'un. Gl. *Occurrere.*

OCEL, Petit vase. Gl. *Ocellus.*

OCHE, Terre labourable, entourée de fossés ou haies, jardin ou verger fermé de même. Gl. *Olca* 1.

OCHER, Marquer par des hoches ou entailles. Gl. *Occare* 2.

OCHIR, OCCIRE, Tuer. Gl. sous *Villani.* [*Ocire,* Chanson de Roland. *Ocirre,* Roi Guillaume, pag. 150. Orell, pag. 284. Faire de la peine, Partonop. vers 1874 :

Li parlers de lui moult m'ocit,
Car il a tos biens de s'amie,
Jo n'en ai riens qui ne m'ocie.

Vers 7423 :

Moult l'ocit qu'il li a mesfet.]

OCHISSERES, Meurtrier, homicide. Gl. *Occisor.*

OCHISSION, Meurtre. Gl. *Occisor.* [*Ocisiun,* Chanson de Roland. *Occise,* Tuerie, Chron. des ducs de Norm.]

OCHOISONNER, Reprendre, blâmer. Gl. *Occasionare* 1, sous *Occasio* 5, pag. 25³. [Chastel. de Couci, vers 8148. Rayn. t. 2, pag. 360², au mot *Ocaisonar.*]

° **OCIABLE**, De mort, qui exprime des angoisses de mort. Chron. des ducs de Norm. tom. 3, pag. 328, vers 40597.

OCISSION, Meurtre. Gl. *Occisor.*

OCLAGE, Présent de noces que le mari faisait à sa femme en lui donnant un baiser. Gl. *Osculum* 2, pag. 74².

1. **OCLE**, Le même. Gl. *Osculum* 2, pag. 74².

2. **OCLE**, Ce que l'on donne à une veuve pour le deuil. Gl. *Osculum* 2, pag. 74².

° **OCOISON**, Cause, faute, affaire, prétexte, occasion. Partonop. vers 4587 :

Et de tos maus tote la cure
Et l'ocoison et le figure.

Flore et Jeanne pag. 33 : *Ki ensi estoient pierdu anbedui par l'ocoison de son malise.* Partonop. vers 3226 :

Et por grant ocoison i sont.

Vers 1221 :

Rien ne vos valt ceste ocoison.

Saint Grégoire : *Neie l'ocasion* (lat. *oborta occasione.*) Voyez *Acheson, Occhoison* et *Oquision,* Rayn. tom. 2, pag. 360¹, au mot *Occasio. Ocoisonner,* Accuser, Rayn. p. 360³. Voyez *Ochoissonner* et *Oquisonner.*

OCTEMBRE, Octobre. Gl. *Octimber.*

OCTOIVRE, Octobre. Gl. *Octimber.*

° **OCTRISES**, Lods. Gl. *Octrisiæ.*

OCTROYEMENT, Concession, permission. Gl. *Ottroium.* [Rayn. tom. 2, p. 153¹, au mot *Autreiament.*]

° 1. **OD**. Voyez *O* 1.

° 2. **OD**, comme *Ost* 1. Chron. des ducs de Norm. tom. 3, p. 88, vers 34341.

° **ODIL**, Oui. Partonop. v. 1315, 6129.

° **ODURE**, Chron. des ducs de Norm. tom. 1, pag. 341, vers 7418 :

Ses armilles, qu'on bous apele,
Od odure preciosa e bele
D'or e de pierres grant e gent.

OE, Oie. Gl. *Occa* et *Auca* 1. [Roman de Renart, tom. 1, pag. 49, vers 1273.]

° **OEL**, OIL, Œil. Roi Guillaume, pag. 150 :

Li rois, qui voit se mort a l'oel, etc.

Partonop. vers 1950 :

Par matinet al oel del jor.

Chron. des ducs de Norm. Voyez Rayn. tom. 4, pag. 366², au mot *Olh.*

OELLE, Huile. Gl. *Oleum*, pag. 42¹.

OELMENT, Également. Gl. *Egallatio*, sous *Egalare.*

OENCHINE, Brasserie. Gl. *Camba* 3.

OENDUIT, Sorte d'amende. Gl. *Oenduit.*

1. **OES**, Œufs. Gl. *Ovum* 1. [Roman de Renart, tom. 3, pag. 132, vers 23389. *Of pelé,* Aubri, pag. 163¹.]

° 2. **OES**, Besoin, utilité, intérêt. *A mon oes, à son oes,* etc. Partonop. v. 2984, 10066. Flore et Blancefl. vers 1008. Mantel Mautaillé, vers 621. Roi Guillaume, pag. 90 Roman de Renart, tom. 3, pag. 132, vers 23390 ; tom. 4, pag. 206, vers 2106. *A oez ma feme,* tom. 3, pag. 32, vers 20623. *Al vostre oes.* Partonop. vers 9309. Service. Chanson du Chastel. de Couci, Laborde, pag. 269 :

Por ce qu'Amors le vuet à son oes
                                [prendre.

Pag. 284 :

Si ne me veult à son eus retenir.

Pag. 294 :

S'ele me daigne à son oes retenir.

Chastel. de Couci, vers 76 :

L'ot Amours ja à son oes pris.

Voyez Roquef. Suppl. Rayn. t. 4, p. 375², au mot *Ops,* Orell, pag. 332.

ŒUF. JOUER A L'ŒUF. Gl. *Ovum* 1.

ŒUILLIAGE, Remplissage jusqu'à l'œuil, ou bondon du tonneau. Gl. *Implagium* 2.

° **ŒVRE**, Affaire, chose. Partonop. vers 8460, 2467. *Œuvre de nigramance,* Flore et Blancefl. vers 822. *Œuvres mondaines.* Gl. *Mundalis.*

ŒVRER, Faire, agir. Gl. *Operare.*

1. **OFFENDRE**, Offenser, outrager. Gl. *Offendere.*

2. **OFFENDRE**, Contrevenir, pêcher contre les lois et les coutumes. Gl. *Offendere.*

OFFICE, Officialité, cour ecclésiastique. Gl. *Officium,* pag. 37³.

OFFICE DE MAGESTÉ, Droit royal et souverain. Gl. *Officium majestatis,* p. 38¹.

1. **OFFICIER**, Livre d'église, contenant les offices qu'on doit chanter. Gl. *Officiarium.*

2. **OFFICIER**, Exercer un office ; plus particulièrement celui de sergent, exploiter. Gl. *Officiare* 2.

OFFICIERS FIESVEZ, Les grands officiers de la couronne. Gl. sous *Officium,* p. 38².

OFFREUR, p. e. Receveur des impôts. Gl. *Offerentes.*

OFFRIR, Aller à l'offrande. Gl. *Offerenda,* pag. 32².

OFFROY, Espèce d'ornement à l'usage des femmes. Gl. *Offretum.*

OFICHE, Office, charge, emploi. Gl. *Campiones,* pag. 64³.

° **OFIN**, Le fou du jeu des échecs. Chron. des ducs de Norm. Voyez *Aufin.*

OFRORIE, Certaine partie d'une maison. Gl. *Offrator.*

OGRE, Orgue. Gl. *Discantus.*

OHUE, Ouïe. Gl. *Oya.*

1. **OIANCE**, Rente ou redevance qui se payait au jour indiqué à cri public. Gl. *Oiancia.*

° 2. **OIANCE**, OIANT. *En oiance, Tot en oiance,* Devant témoins, publiquement. Partonop. vers 9106. Chron des ducs de Norm. tom. 1, pag. 310, vers 6597 ; p. 407, vers 9698 (*oiant tuz,* vers 9401). *Haut en oiance,* pag. 475, v 11409. *En oiant,* Agolant, pag. 152¹. Voyez Rayn. tom. 2, pag. 149², au mot *Auzir.* (*Auzen de totz*).

OICTIEVE, Le droit de prendre la huitième gerbe. Gl. *Octava* 6.

OICTOUVRE, Octobre. Gl. *Octimber.*

° **OIDIVE**, Oisiveté, plaisanterie. G. Guiart, tom. 1, pag. 148, vers 3804 ; pag. 192, vers 4525 ; pag. 244, vers 5889. (*Oidiver,* pag. 67, vers 1083.) Voyez *Huidive.* — Oiseuse, Jean de Vignay, P. Paris, Catal. tom. 1, pag. 56. *Oxouse,* Wackern. pag. 40 :

Lonc tens avons estei prou par oxouse,
Or i pairait ki à certes ieri prous.

OIE, Ouie. Gl. *Oya.* [Son du cor. Chanson de Roland, stance 132, vers 5. Voix des chiens. Partonop. vers 628, 645.]

OIGNEMENT, Onguent, parfum. Gl. *Unguentum* et † *Smemag.*

OIGNONNETTE, Graine d'oignon. Gl. *Oignonnus*. [*Oignonnée* †. Gl. *Cepola*.]

OILLE, Huile. Gl. *Oleum*, pag. 42¹.

OINGNACE, Celui qui fait des cochonneries, des choses indécentes. Gl. *Unctum*.

OINT, Pain d'*oint* ou de graisse de porc ; ou la partie du porc dont on tire l'*oint*. Gl. *Unctum*.

OINTIER, Marchand d'*oint* ou de graisse. Gl. *Unctaria*.

1. **OINTURE**, Oint, graisse. Gl. *Unctura* et *Sagimen*.

2. **OINTURE**, Le droit dû sur l'*oint* qu'on vend au marché. Gl. *Uncturа*.

° **OIR**, Héritier, successeur au fief. Gl. *Hæredes*, pag. 152³, 153¹. Partonop. vers 10520. Voyez Rayn. tom. 3, p. 526², au mot *Her*.

OIRE, OIRRE, Voyage, tout ce qui y est nécessaire [Flore et Blancefl. v. 1131. Partonop. vers 4140, 4286. *Baptiser en oirre*, vers 5666. *Cheminer moult bon oire*, Roman de Renart, tom. 3, pag. 146, vers 23779] : d'où *Oirrer*, Aller, voyager. [Flore et Bl. vers 1605, 1608 (deuxième personne). Partonop. vers 315, 4113, 4127. Voyez *Erre* et *Errer*.] Gl. *Iterare*.

OISEL, Oiseau. Gl. *Avis*. [*Oiselet*, Flore et Blanc. vers 3188. Voyez Rayn. tom. 2, pag. 155¹, au mot *Auzelet*.]

OISELER DE JOIE, Tressaillir de joie. Gl. *Oisellare*.

° **OISSEMENTE**, Ossements. Gl. *Ossamenta*. Voyez *Osselemente*.

° **OISSOR**, Épouse. Partonop. v. 1904, 10805. Chronique des ducs de Normandie. *Oixurs*, Chanson de Roland, st. 64, vers 8.

° **OISSUE**, Issue. Roman de Renart, tom. 3, pag. 141, vers 28685.

OISTE, Hostie la sainte Eucharistie. Gl. *Hostia* 1.

° **OITANT**, Incontinent. Chron. des ducs de Normandie.

OITE, comme *Oiste*. Gl. *Hostia* 1.

° **OLBLIER**, Oublier. Partonop. v. 620.

OLE, Grant pot ou vase à deux anses. Gl. *Olla* 2. Roman de Renart, tom. 2, pag. 232, vers 15865. Voyez Rayn. tom. 4, pag. 366¹, au mot *Ola*.]

OLERIES, p. e. les Antiennes de l'avent, qui commencent par l'exclamation O. O. O.

OLIETTE, Olivette, plante, de la graine de laquelle on fait de l'huile. Gl. *Oleator*.

OLIEUR, Marchand d'huile ou meûnier d'un moulin à huile. Gl. *Oleator*.

OLIFANT, OLIPHANT, Trompette, clairon, cor de chasse. Gl. *Elephas*. [Garin le Loher. tom. 1, pag. 20, 41, 107. Agolant, p. 173¹². Lai du Corn, vers 112 : *Holifaunt*, vers 485 : *Olifaunt*. Eléphant, ivoire, vers 47 :

Li corn estoit de iveure....
Il fust fest de ollifaunt.

Chron. des ducs de Norm. tom. 1, p. 355, vers 7849 :

De blanc yvoire d'olifant
Fu li manches.

Pag. 166, vers 2411 ; pag. 236, vers 4396. Chanson de Roland. Voyez Rayn. t. 3, pag. 110³, au mot *Olifan*.

OLLE, Marmite. Gl. *Olla* 2.

° **OLOIR**, Sentir, exhaler de l'odeur. Partonop. vers 1073, 1074. Roman de Renart, tom. 2, p. 280, vers 17194. Chron. des ducs de Norm. Voyez Orell, pag. 227. Rayn. tom. 4, pag. 366, au mot *Oler*.

° **OLTRE**, Au delà. Partonop. vers 521, 689. Voyez Rayn. tom. 6, pag. 33², au mot *Ultra*. *S'en passer oltre*, Partonop. vers 3005, 3009, *Se guenchir outre*, Garin, le Loher. tom. 1, pag. 155. *De là outre puier*, Agolant, vers 823. *Se faire outrenagier*, Gérard de Vienne, vers 3425. Voyez *Outrebrisier*.

° **OM**, Homme. Orell, pag. 64. Rayn. tom. 3, pag. 531¹, au mot *Hom*. *Om de Teneure*. Gl. *Hominium*, pag. 217¹.

OMAILLES, pour Aumailles. Gl. *Animalia*.

° **OMBRAGE**, Couvert, obscur, ombragé. G. Guiart, tom. 1, pag. 156, vers 3508 ; tom. 2, pag. 19, vers 469 ; pag. 38, v. 961 (9435, 9927).

° **OMBRAGIÉ**, Lent, paresseux. Gl. *Umbræ*.

° **OMBROIER**, Donner de l'ombre, couvrir. G. Guiart, tom 1, pag. 294, v. 6975. *Se faire ombrier*, *s'ombreier*, Se mettre à l'ombre, se reposer, se cacher. Aubri, p. 183¹. Chron. des ducs de Norm. t. 2, pag. 365, vers 26030. Voyez Rayn. t. 4, pag. 369², au mot *Ombrejar*, ci-dessus *Aombrer*, et ci-dessous *Umbrier*.

OMILÉE, Certaine mesure de terre. Gl. *Homata*.

OMINADE, Bosse, tumeur, abcès. Gl. *Ominada*.

ONAINE, Chenille. Gl. *Honnina*.

ONCE, Certain rang ou place parmi ceux qui tirent un bateau en remontant une rivière. Gl. *Oncia*.

ONCELÉE, Certaine mesure de vin, une bouteille. Gl. *Uncia* 2.

ONCENOTTE, p. e. Espèce de vase. Gl. *Oncia*.

ONCHINE, ONCINE, Brasserie et tout lieu où plusieurs personnes travaillent à un même ouvrage. Gl. *Camba* 3.

ONCIER, Mesurer par onces. Gl. *Unciare*.

ONCIN DE CHARRETE, Sorte de bâton crochu. Gl. *Uncinus*.

ONDÉE, Tranchée, douleur pour accoucher. Gl. *Undacio*.

ONDÉER, Ondoyer, jeter de l'eau sur la tête d'un enfant, en attendant les cérémonies du baptême. Gl. *Undeiare*.

ONGEMENT, Onguent, parfum. Gl. *Unguentum*.

ONIOT, Espèce de linge. Gl. *Onio*.

° **ONKELS**, Onques. Gérard de Vienne, vers 3172. *Ongui*, sainte Eulalie, vers 9. *Unkes*, Roman de Rou, vers 6147. Voyez Rayn. tom. 2, pag. 80² et 81¹, aux mots *Anc* et *Oncas*. *Onc*, *Unc*, *passim*. *On*, Chron. des ducs de Norm. tom. 1, p. 417, vers 9694. *Ons*, G. Guiart, tom. 1, p. 289, vers 6843.

ONNI, Uni, égal. Gl. *Onio*. [G. Guiart, tom. 1, pag. 278, vers 6758. Chastel. de Couci, vers 8170 :

Onni de cuer et de bonté,
Onni de cuer, de volenté.]

1. **ONNIEMENT**, Onguent dont on panse les plaies. Gl. *Unguentum*.

2. **ONNIEMENT**, Également. Gl. *Egallatio*, sous *Egalare*. [Renart le Nouvel, t. 4, pag. 223, v. 2520.]

ONOR, Domaine, fief, seigneurie. Gl. sous *Honor*. [Partonop. vers 1442, 1479, 2714.]

OPS, Choix, volonté. Gl. *Optio* 2.

OPTACION, Sollicitation, induction. Gl. *Optatio*.

OPTAT, Souhait, désir. Gl. *Optatio*.

OQUE, Coche, entaille. Gl. *Occare* 2.

OQUISENER, Vexer, faire de la peine, tourmenter. Gl. *Occasionare*, sous *Occasio* 1.

OQUISION, Occasion, sujet. Gl. *Occasionare* 1, sous *Occasio* 5. [*Oguison*. Cause. Flore et Blancefl. vers 2710, 2801, 2572. *Okisons*, Occasion, vers 1159. *Oquoison*, Chastel. de Couci, vers 3165. Voyez *Ocoison*.]

OQUISONNER, Poursuivre en justice. Gl. *Occasionare* 1, sous *Occasio* 5.

° 1, **OR** MUSIQUE. Gl. *Musivum*. Partonop. vers 850. *Or cuit*, vers 1090, 1596. Voyez *Esmerer*, *Ormier*, Gl. *Aurum coctum*. *Or d'Arragon*, *d'Oriant*, etc. Enfants Haymon, vers 620, note, pag. 154¹.

° 2. **OR**, Maintenant, il est temps de, tantôt, or. Gérard de Vienne, vers 8458 :

Seignor baron or de l'aparilier !

Aubri, pag. 168¹ : *Or de bien faire !* Agolant, pag. 173 : *Or de le atorner !* — Garin le Loher. tom. 1, pag. 9 :

Or est assez, li dux Hervis a dit,
Or aus églises, aus chevaus, aus
[roncins !

Agolant, pag. 185¹ :

Or nos doit or de deu bien remembrer !

Gérard de Vienne, vers 2293 :

S'or estez prouz, or vos arait mestier.

Voyez Rayn. tom. 3, pag. 539², au mot *Ar*, ci-dessous *Orans*.

ORACLE, Oratoire, lieu où l'on prie Dieu. Gl. *Oraculum* 1.

ORAGE BEL, Bon vent, vent favorable. Gl. *Orago*.

° **ORANS**, ORAINS, Tout à l'heure. Gérard de Vienne, vers 187 :

Orans vos vi, ce m'est vis, à cel pont.

Flore et Blancefior, vers 2429 :

Orains estiés vous deshaitie
Mais or vous voi joians et lie....
Orains ne le voliés veoir
Or n'avés nul si cier avoir.

Roman de Renart, tom. 2, pag. 325, vers 18437, 18449. Voyez le Glossaire sur la Chronique des ducs de Normandie, et Or 2.

1. **ORATEUR**, Chapelain qui dessert un oratoire. Gl. *Orator* 2.

2. **ORATEUR**, Suppliant. Gl. sous *Orator* 1.

ORBATEUR, Batteur d'or ; d'où *Orbaterie* et *Orbateure*, L'art ou l'ouvrage de cet artisan. Gl. *Orbator*.

ORBE, Ce qui ne paraît pas clairement. Gl. sous *Ictus orbis*. [Qu'on ne peut distinguer, sombre, aveugle. Partonop. v. 8689 :

Orbe et oscure est la meslée.

Flore et Blancefl. vers 493 :

N'est sous ciel si orbes celiers.

Voyez Rayn. tom. 3, pag. 377¹, au mot *Orbs*.]

ORBEMENT, Obscurément, d'une ma-manière qui n'est pas claire. Gl. *Orbus*.

ORBETÉ, Privation de quelque chose. Gl. *Orbitudo*.

ORCEAU, ORCEL, Vase, pot. Gl. *Orcellus*.

° **ORCHAL**, Archal. Gl. *Auriculatum*.

° **ORCHE**. Roman de Renart, tom. 4, pag. 74, vers 2049 ;

Quant jou fui en ma vive forche
Nus devant moi n'aloit a orche
Que maintenant ne fust vengiés.

Voyez *Aorce*.

ORD, Sale, vilain, puant. Gl. *Ordus*. [*Ordalis*, Roman de Roncevaux, pag. 90. Voyez *Ort* 2.]

ORDEIGNER, Disposer par testament. Gl. *Ordinare* 1.

1. **ORDENANCE**, Ce que prescrit l'ordonnance. Gl. *Ordinantia* 1.

2. **ORDENANCE**, Volonté, fantaisie. Gl. *Ordinantia* 1.

° **ORDENE**, Ordre. Partonop. v. 9690 :

Et environ en ordene assis.

Voyez *Aordene*, *Ordine* et *Ordon*.

ORDENÉ, Celui qui a reçu les ordres sacrés. Gl. *Ordinatus* 1, et sous *Ordo* 3, pag. 60³.

ORDENÉEMENT, En bon ordre. Gl. *Ordinabiliter*.

ORDENEMENT, Ordonnance, règlement. Gl. *Ordinamentum*.

1. **ORDENER**, Administrer les derniers sacrements, et particulièrement l'extrême-onction. Gl. *Ordinare* 4.

2. **ORDENER**, Panser, traiter une plaie. Gl. *Ordinare* 5.

ORDENEUR, Ordonnateur, celui qui préside à quelque chose. Gl. *Ordinator* 2.

ORDINE, Ordre, commandement. Gl. *Ordinamentum*.

ORDINÉEMENT. MOURIR ORDINÉEMENT, Mourir muni des Sacrements, et après avoir fait son testament. Gl. *Ordinatus* 2.

ORDOIER, Souiller, profaner, couvrir ou remplir d'ordure. Gl. *Funestare* et *Ordura*.

ORDOIS, pour HORDOIS, Palissade. Gl. *Hordeicium*.

ORDON. A ORDON, Par ordre, par rang. Gl. *Ordinabiliter*. Voyez *Ordene*.

ORDONNANCE, Compagnie de femmes débauchées. Gl. *Ordinantia* 2.

ORDONNANCES, Les derniers sacrements ; d'où *Ordonner*, Les administrer, et particulièrement l'extrême-onction. Gl. *Ordinare* 4.

ORDRE, Religion, profession monastique. Gl. sous *Ordo* 6, pag. 61². [*La sainte ordre*, Roman de Renart, tom. 1, pag. 48, vers 1114.]

ORDRE DE MARIAGE, Le sacrement de mariage. Gl. *Ordo* 3.

ORDRENANCE, Volonté, fantaisie. Gl. *Ordinantia* 1.

ORDRENNER, Disposer par testament ; d'où *Ordreneresse*, Testatrice. Gl. *Ordinare* 1.

ORDURE, Femme débauchée. Gl. *Ordura*.

ORE, A ORE, Maintenant, à présent. Gl. *Ja* [Agolant, vers 1115, 1166. *Ore hui*, Partonop. vers 9511. Voyez Rayn. tom. 2, pag. 94³, au mot *Eman* ; tom. 3, p. 538², au mot *Hora*. Orell. pag. 311. Chron. des ducs de Normandie. *Une ore et autre*, deux fois. Roman de Renart, tom. 3, pag. 67, vers 21598.]

1 **ORÉ**, pour ORT, Jardin. Gl. *Oreum*.

° 2. **ORÉ**, ORIET, D'or, doré. Chanson de Roland.

1. **ORÉE**, Bord, lisière. Gl. *Oreria*. [Chron. des ducs de Normandie.]

° 2. **ORÉE**, Vent favorable. Chron. des ducs de Normandie. Voyez *Orés*.

1. **OREILLE**, Orée, bord d'un bois. Gl. *Aureria*.

2. **OREILLE**. DONNER OREILLE, Prêter l'oreille, écouter. Gl. sous *Auris*.

OREILLER, Couper les oreilles, sorte de supplice. Gl. *Auriculare* 3.

OREILLETTE. PRENDRE DES OREILLETTES, Se boucher les oreilles. Gl. *Auriculares* 1.

OREILLIER, Etre attentif, s'appliquer. Gl. *Aurem dare*, sous *Auris*. [*Oreiller*, *oreiller*, Etre aux écoutes. Roman de Renart, tom. 2, pag. 241, vers 16116, tom. 3, pag. 132, vers 23380. Partonop. vers 2628. Jubinal, Fabliaux, tom. 1, pag. 131.]

° **ORER**, Prier. Sainte Eulalie, v. 26. Roi Guillaume, pag. 44. Partonop. vers 2356. Chron. des ducs de Normandie. Chanson de Roland. Partonop. vers 8423 : *Prie et ort* ; vers 10731 :

Avenument se sont orées.

Roman de Renart, tom. 3, pag. 89, vers 22193 :

E cil li a oré bon jor.

Voyez Rayn. tom. 4, pag. 376², au mot *Orar*. Gl. † *Proseucare*.

ORÉS, OREZ, Orage. Gl. *Orago*. [Vent. Partonop. vers 17, 4187 (fem.), 4295, 4466, 6155. Roi Guillaume, pag. 183. Chanson de Roland, aux mots *Ored*, *Orez*. Chron. des ducs de Normandie. Voyez *Orée* 2. Rayn. tom. 2, pag. 147², au mot *Aurei*.]

OREUR, Héraut. Gl. *Festialis*.

ORFALISE, Orfroi, bordure. Gl. *Orfresium*.

ORFANTÉ, L'état d'un orphelin. Gl. *Orphanitas*.

ORFENE, Orphelin. Gl. *Orphanus* 1. [*Orfe*, Garin le Loher. tom. 1, pag. 76. *Orphelin*, *Orfenin*, Privé, dépourvu. Wackern. pag. 64 :

Fist tout le monde orfenin
Des biens dont jeu ai pairleit.

Agolant, pag. 186¹ :

De cent mil Turs l'avons fait orphelin.

Voyez Rayn. tom. 4, pag. 384¹, au mot *Orfe*.]

ORFENTÉ, L'état d'un orphelin. Gl. *Orphanitas*.

OR-FORS, Dehors. Gl. *Ordus*.

ORFRASER, Garnir d'orfroi. Gl. *Aurifrigia*, pag. 487³.

ORFRAYS, ORFROIS, Frange d'or, ornement d'or ou de soie, dont on borde quelque chose. Gl. *Aurifrigia* et *Orfresium*. [Partonop. vers 2968, 7460. *Offrois*, Chastel. de Couci, vers 2280. *Orfreis*, Chron. des ducs de Norm. Voyez Rayn. tom. 2, pag. 144², au mot *Aurfres*.]

ORGANAL. VAINE ORGANALE, Qui est un des organes de la vie. Gl. *Organalis*.

ORGANER, Chanter avec certaine modulation. Gl. *Organare*, sous *Organum*, p. 65¹. [Partonop. vers 81.]

ORGANEUR, Organiste, joueur d'orgue. Gl. *Organarius*, sous *Organum* 1.

ORGANISER, Jouer de l'orgue. Gl. *Organizare*, sous *Organum* 1.

ORGERIE, Marché au blé. Gl. *Orgeria*.

ORGEUS, Orgueilleux, altier, superbe. Gl. *Orgeria*.

ORGOILLOS, Le même. Gl. sous *Abatis*.

° **ORGUE**, Point d'orgue. Roman de Renart, tom. 3, pag. 59, vers 21375.

ORGUEILLEUX, Espèce de maladie. Gl. *Orgeria*.

ORGUENER, Jouer de l'orgue. Gl. *Organare*, sous *Organum*, pag. 65¹.

ORIER, Etole, ornement sacerdotal. Gl. sous *Orarium*.

ORIERE, Bord, lisière. Gl. *Oreria*. [Voyez Rayn. tom. 2, pag. 151¹, au mot *Auriera*.]

ORIERIE, Discours, propos déplacé. Gl. *Oricus*.

ORIFLAMBE, ORIFLOUR, Oriflamme. Gl. *Auriflamma*. [Gérard de Vienne, vers 3605. Agolant, pag. 168². Aubri, pag. 168². *Orieflambe*, Chanson de Roland, st. 123, vers 10. (*Oret gunfanun*, st. 135, vers 5.) *Oriflan*, Agolant, vers 15. *Oriflor*, pag. 178³. Voyez Rayn. tom. 2, pag. 144², 145¹, aux mots *Auria flor*, *Auriflor*, *Auriflan*.

1. **ORIGINAL**, Origine, race, lignée. Gl. *Originalis*.

2. **ORIGINAL**. VEINE ORIGINALLE, Qui est comme l'origine et le principe de la vie. Gl. *Organalis*.

ORIGINEL. VEINE ORIGINELLE, Le même. Gl. *Organalis*.

ORILLIER, Oreiller. [Garin le Loher. tom. 1, pag. 261. *Oreillier*, Partonop. vers 1695, 10831. Voyez Rayn. tom. 2, p. 149¹, au mot *Aurelhier*.] *Le droit des Orilliers*, Droit où présent que les jeunes gens exigeaient des nouveaux mariés. Gl. *Ourilliera*.

° **ORIN**, D'or, doré. Rayn. t. 2, p. 144¹, ou mot *Aurin*.

° **ORINAL**, Urinal. Roman de Renart, tom. 2, pag. 363, vers 19509.

ORINE, Origine, race, lignée; d'où *Péché orinal*, pour Péché originel. Gl. *Originalis* et *Originarii*. [Chron. des ducs de Normandie.]

ORIOL, Porche, espèce de galerie. Gl. *Oriolum*.

° **ORIOUZ**, Loriot. Gérard de Vienne, vers 3293. Voyez *Eurial*, le Glossaire sur la Chron. des ducs de Norm. Rayn. tom. 2, pag. 151¹, au mot *Auriol*.

° **ORISON**, Prière. Partonop. v. 10804.

° **ORLES**, Ourlet, garniture, bordure. Partonop. vers 7458. *Orler*, vers 1071, 7455. *Suaire orlé*, Enfants Haymon, vers 855. *Orleüre*, Partonop. vers 10620. Roman de Renart, tom. 1, p. 55, vers 1449. Voyez Rayn. tom. 4, pag. 386², aux mots *Orlar* et *Orladura*.]

ORMIER, or pur. Gl. sous *Merus*. [Partonop. vers 3880. Chronique des ducs de Norm. Voyez Rayn. tom. 2, pag. 144², au mot *Ormier*.]

° **ORNE**. Voyez *Aorne*.

ORNICLE, Sorte d'étoffe fort riche. Gl. *Manica* 2.

ORO, p. e. Eglise, chapelle. Gl. *Oraculum* 1.

ORPHENIN, pour Orphelin. Gl. *Orphanus* 1.

1. **ORS**, Ours. Gl. *Orsa*. [*Orse*, Agol. vers 490, 506. *Orsel*, vers 507. Voyez Rayn. tom. 4, pag. 387², au mot *Ors*.]

° 2. **ORS**, Bords. Partonop. vers 1071 :
*Bien est orlés li covertors
De peaus de bex entor es ors.*

1. **ORT**, Jardin, verger, courtil, clos. Gl. *Orta*. [Flore et Bl. v. 2028. *Ors*, Partonop. vers 2364. Voyez Rayn. tom. 4, pag. 387², au mot *Ort*.]

° 2. **ORT**, Orz, Désagréable, insupportable. G. Guiart, tom. 1, pag. 119, vers 2553 :
*Au roy qui séjourna à Gisorz
Est le fait des anemis orz.*
Pag. 348, vers 7929 :
Tout fust adonc cis faiz si ort.
Sale, horrible. Gloss. sur la Chron. des ducs de Norm. sous *Ors* et *Orre*.

ORTALESSIES, Toute espece d'herbes potagères, légumes. Gl. *Hortalia*.

ORTAUS, Le même. Gl. *Ortaligium*.

ORTEL, Jardin, verger, courtil, clos. Gl. *Orta*. [Wackern. pag. 70 :
Tu ies li saverous orteis.]

ORTELAIN, Jardinier. Gl. *Ortilio*.

ORTENOIS, Nom d'un peuple du Nord. Gl. *Ortuga*.

ORTHOLAN, Jardinier. Gl. *Ortolanus*.

ORTIAL, Jardin, verger, courtil, clos. Gl. *Orta*.

ORTIVE, Ce qui est cultivé en jardin ou verger. Gl. *Ortivus*.

ORTOIER, Nettoyer avec un balai d'orties. Gl. *Ortica*.

ORTOLAILLES, Toute espèce d'herbes potagères, légumes. Gl. *Inortolagia*.

ORTOLLAN, Jardinier. Gl. *Ortolanus*.

ORTRON, pour OTTRON, terme d'injure. Gl. *Utrinare*.

ORTURE, Ourdissure, tissure. Gl. *Orditura*.

ORVEDE, Injure, tort, violence. Gl. *Orveyde*.

OS COURT, Le manche d'un jambon ou d'un gigot. Gl. *Ossosus*.

° **OS**, comme *Ost* 1. Partonop. vers 2152.

° **OS**, Osé, hardi. Chron. des ducs de Normandie. *Ose*, Hardiment? Roman de Renart. tom. 1, pag. 2, vers 32. *Osart*, Audacieux, Aubri, p. 167¹. Voyez Rayn. t. 2, pag. 151², au mot *Ausar*.

° **OSANNE**, Le Dimanche des Rameaux. Gl. *Dominica Osanna*.

° **OSBERC**, Haubert. Chron. des ducs de Norm. Chanson de Roland, etc.

1. **OSCHE**, Hoche, coche, entaille. Gl. *Occare* 2. [Voyez Rayn. tom. 4, p. 390², au mot *Oscar*.]

2. **OSCHE**, Terre labourable, entourée de fossés ou haies, jardin ou verger fermé de même. Gl. *Olca* 1.

° **OSCHÉ**, OSCHIÉ, Ebreché. Chron. des ducs de Normandie.

OSCLE, Présent de noces que le mari faisait à sa femme, en lui donnant un baiser. Gl. *Oscleia*, sous *Osculum* 3, pag.

74². [Voyez Rayn. t. 4, p. 390², au mot *Oscle*.]

° **OSCURDANCE**, Péché. Chron. des ducs de Norm. tom. 1, pag. 459, vers 10943 var. Voyez *Oskur*.

OSCURTÉ, Obscurité, embarras. Gl. *Obscuriloquium*.

OSEAULX, Houseaux, sorte de chaussure, bottines; d'où *se Oser*, Chausser des *oseaulx*, mettre des bottines. Gl. *Osa*.

° **OSKUR**, Flore et Jeanne, pag. 34 :
Car jou ai fait un pecié si lait et si oskur.
Voyez *Oscurdance*.

° **OSME**, Partonop. vers 915 :
*Mais s'il i voit viande u osme
Tot tient à songe et à fantosme.*

OSPITAUX, L'ordre des Hospitaliers de S. Jean de Jérusalem. Gl. *Templum*.

° **OSSELEMENTES**, Ossements. Gl. *Ossamenta*. Ossements, Agolant, vers 475. Voyez *Oissemente*.

OSSEQUE, pour Obsèques, funérailles, enterrement. Gl. *Obsequiæ*.

1. **OST**, Armée, expédition militaire, service de guerre que l'on doit à son vassal à son seigneur. Gl. *Hostis* 2, et *Ost*.

2. **OST**, Hôtel, maison. Gl. *Hospitisia*.

OSTADE, Sorte d'étoffe, estame. Gl. *Ostada*.

1. **OSTAGE**, Ecot, dépense d'hôtellerie. Gl. *Hostalagium*. [Hospitalité. Flore et Blancefl. vers 1658.]

2. **OSTAGE**, Certain droit dû sur les grains amenés à la grange du seigneur; ou p. e. Terrage, champart. Gl. *Hostagium* 4, et *Rentagium*.

3. **OSTAGE** METRE OSTAGE, Donner caution. Partonop. vers 228. Voyez *Ostagier* 2.

° 4. **OSTAGE** †, comme *Ost* 1. Gl. *Acies* 3.

OSTAGER, Rester en ôtage pour sûreté de l'exécution d'un engagement. Gl. sous *Hostagium* 3.

1. **OSTAGIER**, Bourgeois, domicilié. Gl. *Ostalerius*.

2. **OSTAGIER**, Donner gage et caution. Gl. *Hostagiare*. [Chron. des ducs de Normandie. Délivrer, mettre en liberté. Gérard de Vienne, vers 981 :
Per deus ostaiges me lairés ostegier?
Vers 590 :
Li sien Gérard le venoit ostegier.]

OSTAIGE, Redevance ou cens qu'on doit sur son hôtel ou maison. Gl. *Ostageria*.

OSTAIGER, Donner gage et caution. Gl. *Hostagiare*.

OSTAL, Otage, caution. Gl. *Hostagiare*.

1. **OSTE**, Sujet d'un seigneur féodal. Gl. sous *Hospes*, pag. 286³.

° 2. **OSTE**, Hôte. Roman de Renart,

tom. 1, pag. 19, vers 508. G. Gulart, t. 2, pag. 200, vers 5167 (14155).

OSTEL, PRENDRE OSTEL, [Se loger. Roi Guillaume, pag. 111.] Se dit de Jésus-Christ, qui s'est incarné dans le sein de la Vierge Marie. Gl. *Hospitare*. [(Roman de la Rose, vers 19639 :
    Qui en la vierge s'ostela.)
— *Avoir ostel*, Etre logé. Roman de Renart, tom. 1, pag. 39, vers 1021. Voyez *Hostel* 1. *Ostel tenir*, Partonop. vers 2148. Voyez Rayn. tom. 3, pag. 544², au mot *Hostal*. Flore et Blancefl. vers 1270 :
    Assés i mangierent et beurent ;
    Sovent dient par le bon vin
    Qu'il ont l'ostel saint Martin.]

OSTELAGE, Loyer, prix qui est dû pour le louage d'un magasin, etc. Gl. *Ostellagium*.

⁕ **OSTELER**, Heberger, loger, demeurer. Partonop. vers 7861. Roman de Renart, tom. 1, pag. 39, vers 1017. Gérard de Vienne, vers 1205, 1887, var. Wackern. pag. 65. Voyez Rayn. tom. 3, pag. 545¹, au mot *Hostalar*, ci-dessus *Ostel*.

OSTELLEUR, Hôtelier, religieux qui préside à l'hôtellerie. Gl. *Hospitalaria*, sous *Hospitale* 2, pag. 239¹.

1. **OSTER**, Habiter, demeurer. Gl. *Ostare*.

2. **OSTER**, Oter les plats et les tables, desservir. Chastel. de Couci, vers 1925.

⁕ **OSTERIN**, OSTORIN, Flore et Blancefl. vers 439 :
    Et vingt mantiax vairs osterins.
Vers 3262 :
    Cent porpres et cent ostérins.
Agolant, pag. 173² :
    D'un cort mantel affublé ostorin.

OSTIBLEMENT, Meuble, ustensile, ornement. Gl. *Ostilarium*.

OSTIL, Outil, instrument. Gl. *Ostilarium*. [Partonop. vers 5067.]

OSTILLEMENT, Meuble, ustensile, ornement. Gl. *Ostilarium*.

OSTISE, Demeure de celui qu'on appelait *Oste*, et ce qu'il devait à son seigneur pour son manoir. Gl. *Hospes*, pag. 236³.

OSTOIER, Faire la guerre, attaquer son ennemi. Gl. *Hostis* 2. [*Oster, Osteer*, Jordan Fantosme, vers 979. *Osteier*, Chanson de Roland.]

OSTOIOUR, Guerrier, militaire. Gl. *Hostis* 2.

⁕ **OSTOLAIN**, OSTELAIN, Etranger, ennemi. Chron. des ducs de Norm. tom. 2, pag. 132, vers 19228, pag. 155, vers 19444. Gl. *Hospes*, pag. 236³, et *Hostolenses*.

⁕ **OSTOR**, Autour, oiseau de chasse. Agolant, pag. 184¹. Partonop. vers 1625, 1671, 1673. Gl. *Astur* et *Ancipiter*. Rayn. t. 2, pag. 152³, au mot *Austor*.

OTEVOIE, p. e. Grand voyer. Gl. *Ort*, sous *Obstare*. [Fauconnier ?]

OTHOINE, pour Antoine. Gl. *Morbus S. Verani*.

OTHOU, Autour, oiseau de proie. Gl. *Ostorius*, sous *Astur*.

OTRIER, Octroyer ; se dit du consentement que le seigneur donne à la vente d'un fonds qui relève de lui. Gl. *Otroium*. [*S'otroier*, s'abandonner. Flore et Jeanne, pag. 40 : *Je m'otroi del tout à faire vostre volenté.* Voyez Rayn. tom. 2, pag. 153¹, au mot *Autreiar*. Gl. *Otriare*.]

OTTEUME, Huitième. Gl. *Octava* 6.

OTTHOUER, Le lieu où l'on nourrit et élève les autours. Gl. *Ostorius*, sous *Astur*.

OTTRON, Terme d'injure. Gl. *Utrinare*.

OTTRUCHER, Celui qui a soin des autours. Gl. sous *Astur*.

OUAIL, Oui. Gl. *Campiones*, pag. 65².

OUANCE, Rente ou redevance qui se payait au jour indiqué à cri public. Gl. *Audientia* 7.

OUBAIN, Aubain ; étranger au pays qu'il habite. Gl. *Albani*.

1. **OUBLÉE**, Hostie consacrée, la Sainte Eucharistie. Gl. *Oblata*, p. 6³.

2. **OUBLÉE**, Sorte de pâtisserie fort déliée. Gl. *Oblata*, pag. 7³. [Flore et Blancefl. vers 3187. *Oublier*, qui la fait, pag. 8³.]

OUBLIAGE, DROIT D'OUBLIAGE, Certaine redevance qui se payait en *oublies* ou en autre chose. Gl. *Oblata*.

OUBLIETE, Cachot, prison perpétuelle. Gl. *Oblivium*.

OUBLOYER, Marchand ou faiseur d'oublies ; d'où *Oubloyerie*, Le métier d'oublieur. Gl. *Obliarius*, sous *Oblata*, pag. 8³. [*Pains oublierez*, Gl. *Panis*, pag. 135¹.]

OUBOURG, Sorte de bière, p. e. pour AMBOURG. Gl. *Hamburgus*.

OUCIN, Sorte de bâton crochu à l'usage d'une charrette. Gl. *Uncinus*.

OUE, Oie. Gl. *Occa*, et *Foucagium* 3. [Aubri, pag. 174². Rayn. t. 2, pag. 142¹, au mot *Auca*.]

OUEILLE, Brebis. Gl. *Ova*. [*Ous, Ouvaille*, Chron. des ducs de Normandie. *Ouille*, G. Guiart, tom. 1, p. 109, v. 2802. Voyez Rayn. tom. 4, pag. 392¹, au mot *Ovella*.]

⁕ **OUEL**, Yeux. Chastel. de Couci, vers 8134.

OUFFRAN, pour Vulfran, nom d'homme. Gl. sous *Paupertas*.

OUICT, Huit. Gl. *Occa*.

OULE, Cruche, vase à deux anses, calice. Gl. *Olla* 2.

OULLAS, Jambage ou seuil de porte. Gl. *Ouliare*.

OULLE, Espèce de fourrure. Gl. *Olla* 2.

OULLIER, Fouir, creuser. Gl. *Ouliare*.

OULTRAIGE, Excès. Gl. *Ultragium* 1.

OULTRÉ, Mort, trépassé. Gl. *Ottragium*. [*Outreiz*, Gérard de Vienne, pag. 3209. *La vie outrée*, vers 2945. *Outrée*, Passé, Roman de Renart, tom. 1, pag. 27, v. 733. *Outrer*, Mourir, tom. 4, pag. 151, v. 673. Dépasser, Chron. des ducs de Norm. t. 2, pag. 208, vers 37478. Voyez *Outrer* 1.

OULTREBEU, Qui a trop bu, qui a bu outre mesure. Gl. *Ottragium*.

⁕ **OULTREMEIRE**. VOIE D'OULTREMEIRE, Gl. *Via*, pag. 304¹.

OULTRER GAIGES, Exécuter un duel, pour lequel les gages ont été déposés. Gl. sous *Vadium*, p. 229³.

OUMÉE, Certaine mesure de terre plantée en vignes. Gl. *Homata*.

OUPILLE, Flambeau de paille. Gl. sous *Brando* 1.

⁕ **OUVRAIGNE**, Travail, ouvrage. Partonop. vers 755, 984, 10630. Chron. des ducs de Norm.

OURAILLE, Lisière, bord d'un bois. Gl. *Oreria*.

OURCE, Ursule. Gl. *Mento*.

OURCEL, Petit vase. Gl. *Ocellus*.

OURDEYS, Palissade. Gl. *Hurdicium*.

OURDIER, Observer, épier en allant autour. Gl. *Orditura*.

OURDIERE, Ornière. Gl. *Orditura*.

1. **OVRE**, Ouvrage, affaire. Gl. *Ovrata*. [*Lesser ovre*, Cesser, Roman de Renart, tom. 1, pag. 45, vers 1178, pag. 32, vers 852.]

2. **OVRE**, Corvée, travail qu'on doit à son seigneur. Gl. *Operæ*.

⁕ **OVRÉE**, Œuvre. G. Guiart, tom. 2, pag. 215, vers 5570 (14550).

1. **OVRER**, Ouvrier, manœuvre. Gl. sous *Orarium*.

2. **OVRER**, Autant de vigne qu'en peut labourer un homme dans un jour. Gl. *Operata*.

⁕ 3. **OVRER**, Faire, agir, travailler. Partonop. vers 4518. Vie de S. Thomas de Cantorbery, vers 1307, 1358. Flore et Blancefl. vers 517, 146, 41. Voyez Rayn. t. 4, p. 355¹, au mot *Obrar*.

OURIEL, Osier. Gl. *Oserius*.

OURINE, Origine. Gl. *Originales servi*, sous *Originarii*.

OURME, pour Orme ; d'où *Ourmetel*, Ormeau. Gl. *Ormaria*.

⁕ **OURNE**. Voyez *Aorne*.

⁕ **OURS**. Flore et Blanceflor, vers 41 :
    Li pailes est ovrés à flors
    Dindés tirés bendés et ours.
Peut-être *es ours*. Voyez *Ors* 2.

OURSIERE, Retraite de l'ours. Gl. *Ursaritius*.

OUSCHE, Terre labourable entourée de

fossés ou de haies, jardin ou verger fermé de même. Gl. *Olca* 1.

OUSCLAGE, Présent de noces que le mari faisait à sa femme en lui donnant un baiser. Gl. *Oscleia*, sous *Osculum* 3.

OUSIER, Osier ; d'où *Ouserie*, Oseraie. Gl. † *Vinimetum*.

OUSTER, Faire l'août, moissonner. Gl. *Augustare*.

OUSTILLEMENT, Meuble, ustensile. Gl. *Ostilarium*. [*Oustiz*, G. Guiart, tom. 1, pag. 96, vers 1939.]

° **OUSTOR**, Autour. Gl. *Astur*.

OUTRAGE, Excédant, excès, surplus. Gl. *Otradiosus* et *Ultragium* 1. [*A outrage*, Démesurément. G. Guiart, tom. 2, pag. 195, vers 523 (14011.) Outrecuidance, présomption. Partonop. vers 2582. Wackern. pag. 41. Roman de Renart, tom. 1, pag. 33, vers 878. Chants historiques, t. 1, p. 81.]

OUTRAGEUX, OUTRADIEUX, Excessif. Gl. *Otradiosus*.

° **OUTREBRISIER**, Se briser et tomber de l'autre côté. Garin le Loherain, t. 1, p. 135 :
Si que les huis font des gons arachier
Et que la barre font toute outrebrisier.
Roi Guillaume, pag. 55 :
Que le pesne et les gons peçoient
A force l'uis outre envoient.
Voyez *Oltre*.

1. **OUTRÉE**, Adjudication au plus offrant et dernier enchérisseur. Gl. *Ultragium* 1.

° 2. **OUTRÉE**, Cri des pèlerins de Terre Sainte. Chants historiques, t. 1, p. 105. Roman de Renart, t. 2, p. 144, v. 13462. Gl. *Ultreia*.

° **OUTRÉEMENT**, Absolument, tout à fait. Roi Guillaume, pag. 120. Laborde, pag. 807. G. Guiart, tom. 1, pag. 67, vers 1100, pag. 83, vers 1509. *Outrement*, P. Paris, Catalogue, tom. 1, pag. 158.

OUTREPLUS, Surplus, excédant. Gl. *Ultragium* 1.

1. **OUTRER**, Défaire, ruiner, tailler en pièces. Gl. *Ottragium*. [Voyez *Outré*.]

2. **OUTRER**, Achever, finir. *Outrer un marché*, Le conclure. Gl. *Ottragium*.

° **OUTRES**, Partonop. vers 9553 :
Li outres de l'eslection
N'apent à nul se à vos non.
Voyez *Outrée* 1.

OWELÉE, Certaine mesure de grain. Gl. *Ovele*.

OUVRAINGNE, Ouvrage, travail d'artisan. Gl. *Ouvragium*.

1. **OUVRÉE**, Toute espèce d'ouvrage. Gl. *Operagium* 1.

2. **OUVRÉE**, Autant de vigne qu'en peut labourer un homme dans un jour. Gl. *Operata*.

OUVREINGNE, Ouvrage. Gl. *Ouvragium*.

OUVRIERE, Nom de l'emploi d'une des trois demoiselles attachées au service de la reine. Gl. *Ouvreria*.

° **OUVROUER**, Boutique. Gl. *Fenestra*, pag. 432[3].

OUVROUER D'ESCRIPTURE, Greffe. Gl. *Operatorium*.

OUVROUOIR, Boutique. Gl. *Operatorium*.

OUZILZ, Osier. Gl. *Oseria*.

° **OXOUSE**. Voyez *Oidive*.

OYANCE, Rente ou redevance qui se payait au jour indiqué à cri public. Gl. *Audientia* 7.

OYE, Ouie. Gl. *Oya*.

OYER, Celui qui prépare et vend des oies. Gl. *Occa*, et *Auca* 1.

OYON, Petite oie. Gl. *Ancerulus*.

OYSELER, Chasser aux oiseaux. Gl. *Oisellare*. [Voyez Rayn. tom. 2, pag. 155[2], au mot *Auzelar*.]

OYSENCE, Rente ou redevance qui se payait au jour indiqué à cri public. Gl. *Oyencia*.

OZANNE. LA FESTE DE L'OZANNE, Le Dimanche des Rameaux. Gl. *Dominica Osanna* et *Festum Ozannæ*.

OZERON, OZERY, Oseraie. Gl. *Ozillarium*.

P

PAAGE, Péage ; d'où *Paageur*, Péager, celui qui exige le péage. Gl. *Paagiarius*, et *Penna* 4. [*Chemin paaigerez*. Gl. *Via*, pag. 308[2].]

PAALON, Poêlon. Gl. *Paella*.

PAANER, Paître. Gl. *Panasticum*.

PAAST, Past, repas. Gl. *Pastus*.

PACIENT, Le mari qui souffre patiemment les infidélités de sa femme. Gl. *Patientiam præstare*.

PACONNIER, Censier, fermier ; s'il ne faut pas lire *Parçonnier*. Gl. *Paconantes*.

PACTAC, PACTACT, Petite monnaie valant deux deniers. Gl. *Patacus*.

PACTION, Pacte, convention. Gl. *Pascissi*.

PACTIS, Contribution dont on convient avec l'ennemi. Gl. sous *Pactum*, pag. 87[1].

PACTISER, Convenir, faire un pacte ou accord. Gl. *Pactare*, sous *Pactum*, pag. 86[3].

PADE, Patte, pied d'une coupe. Gl. *Pata* 3.

PADOENCE, PADOUENS, Pâturage ; du

verbe *Padoyr*, et *Paduir*, Paître. Gl. *Paduire*.

PAELE, Poële. Gl. *Paella*.

PAELER, Tapisser, couvrir de *pailles* ou d'étoffes de soie. Gl. *Paliosus*, sous *Pallium* 2, pag. 116².

PAELETE, Palette à jouer. Gl. *Paeletis*. [Laborde, pag. 163] :

> Cil qui a plus le cuer joli
> Fet melz la paelete.]

PAELLE, Poële, celle qui sert à faire le sel. Gl. *Padena* et *Paella*.

✪ **PAENIME**, Païenne. Chanson de Roland, stance 141, vers 9 :

> Puis escrient l'enseigne paenime.

PAENISME, Pays habité par des Païens. Gl. *Paganismus*, sous *Pagani*, pag. 90².

PAESLERIE, Métier de chaudronnier. Gl. *Padellaria*.

PAFANCHE, Espèce de gros pieu. Gl. *Pafustum*.

PAFFUS, Sorte d'arme, p. e. Hache. Gl. *Pafustum*.

PAGE, Valet, serviteur. Gl. *Pagius*, et *Mango* 219¹.

PAGÉ, Habitant, domicilié en un lieu. Gl. *Pagessius*, sous *Pagus*, pag. 93³.

PAGESIE, Biens fonds donnés à rente, ferme. Gl. *Pagus*, pag. 94³.

✪ **PAGIENS**, Païen. Sainte Eulalie, v. 12, 21. *Paians*, Rayn. t. 4, pag. 469¹, au mot *Pagan*.

PAIAGE, Péage, toute espèce d'impôt. Gl. *Pedagium*. [Roi Guillaume, pag. 129.]

PAIELÉE D'EAUE, Poële remplie d'eau. Gl. *Paella*.

PAIELLE, Poële, bassin. Gl. *Padella*.

PAIENIE, Pays habité par des païens. Gl. *Paganismus*, pag. 90². [Aubri, pag. 155¹.] Chronique des ducs de Normandie.]

PAIENIME, PAIENISME, Le même. Gl. *Paganismus*, pag. 90².

PAIENNIME, Paganisme, la religion des Païens. Gl. *Paganismus*, sous *Pagani*, p. 90².

✪ **PAIENOR**, PAENOR, Païen, des païens. Agolant, pag. 184² :

> Girars feri ki un roi paiennor....
> Qui chevauchoient vers la gent paie
> [nor....
> Et molt i muert de la gent paenor...

Flore et Blancefl. vers 281 :

> Livres lisaient paienors.

Voyez le Glossaire sur la Chanson de Roland, aux mots *Paienor* et *Paienur*. Rayn. tom. 4, pag. 469², au mot *Payanor*.

PAIER, Payement. Gl. *Paga*, sous *Pacare*.

PAIER AVANT LA MAIN, Payer d'avance, avant que la marchandise soit livrée. Gl. *Pacare*.

PAIGE, Valet, serviteur. Gl. *Pagius*.

PAIGNON DE CIRE, Petit pain de cire. Gl. *Panicellus*.

PAIL, Pieu, gros bâton. Gl. *Paillerium* 1.

1. **PAILE**, Étoffe de soie. Gl. *Paliosus*, sous *Pallium* 2, pag. 116¹. [Étoffe précieuse ; drap, étoffe. Flore et Blancefl. vers 39 :

> Moult par est boins et ciers li pailes
> Ainc ne vint miudres de Gesaile.

Partonop. vers 10329 :

> Faits fu d'un mervellos palie
> Qui por tréu vint de Tesaille.

Palie de Frise, vers 10636. Palie Alexandrin, v. 1622. Chanson de Roland, st. 84, vers 13. *Pailes de Bonivent*, Flore et Blancefl. vers 438. Voyez Partonop. vers 1453, 2393, 10014, 10607, 10791, 16801. — Aubri, pag. 131 :

> En sa chambre entre tote desafulée,
> D'un grant paile a une robe ostée
> Et une cape qui fu de voir forrée

Pag. 152² :

> Et la contesse en pur un paile bloi.

Gérard de Vienne, vers 2045. Agolant, pag. 173². *Palle, Paylle, Plaie*, Vie de saint Thomas de Cantorb. vers 84, 155. *Pali*, Rayn. tom. 4, pag. 401², au mot *Palli*.

2. **PAILE**, Tenture, tapisserie. Gl. *Palla* 2. [Voyez Paile 1. Chron. des ducs de Norm. tom. 1, pag. 426, vers 9939, tom. 2, pag. 20, vers 15946. Partonop. v. 10823, 10308.]

3. **PAILE**, Poile, drap, dont on couvre un cercueil. Gl. *Paliosus*, sous *Pallium* 2, pag. 116¹.

PAILHIER, Tas et amas de paille. Gl. *Paillerium* 2.

PAILHON, Poêlon. Gl. *Paella*.

PAILLADE, Paille étendue par terre pour se coucher. Gl. *Paillerium* 2.

PAILLE, Étoffe de soie. Gl. *Paliosus*, sous *Pallium* 2, pag. 115³, 116¹, et [*Palla* 2. *Pailles emperials*. Gl. *Panni imperiales*, pag. 139³.]

PAILLEE. FAIRE UNE PAILLÉE, Étendre des gerbes dans l'aire d'une grange pour les battre. Gl. *Paillerium* 2.

PAILLER, Tas de paille. Gl. *Berga*.

✪ **PAILLERS**. Gl. *Palearii*.

PAILLETTE, Morceau de bois fort mince. Gl. *Paillerium* 2.

PAILLEUL, Mur de bauge. Gl. *Paleus*.

1. **PAILLIER**, Machine de cuivre sur laquelle porte et joue une cloche. Gl. *Paalerium*.

2. **PAILLIER**, Tas de paille, lieu où on la serre. Gl. *Paillerium* 2.

3. **PAILLIER**, Paille qui a servi de litière aux chevaux. Gl. *Paillerium* 2.

✪ 4. **PAILLIER** †. Gl. *Patrinarius*. Voyez *Palatin*.

✪ **PAILLIZ**, Paillasse. Ruteb. tom. 1, pag. 3.

PAILLŒUL, Mur de bauge. Gl. *Paleus*.

PAILLOLE, Paillette d'or. Gl. *Paleola*. *Paglola*, et *Plata* 1, pag. 358³.

PAILLUEL, Paillasse. Gl. *Palearitium*.

1. **PAIN**, L'équivalent d'un boisseau. Gl. sous *Panis* 2.

2. **PAIN** BALLÉ, Gros pain, dans lequel entre la *balle* ou gousse du blé. Gl. *Panis tornatus*.

3. **PAIN** DE BRODE, Demi-blanc, fait de froment et de seigle. Gl. *Broda*.

✪ 4. **PAIN** BOUTEIS, Pain mal façonné. Gl. *Boutare*.

5. **PAIN** DE CHAILLY, Sorte de pain blanc. Gl. sous *Panis* 2.

6. **PAIN** CHOESNE, peut-être Pain de chapitre, pain de chanoines. Gl. sous *Panis* 2.

7. **PAIN** CURIAL, Pain de cour, tel qu'on en sert aux tables des seigneurs. Gl. sous *Panis* 2.

8. **PAIN** DOUBLEL. Gl. sous *Panis* 2.

9. **PAIN** D'ESCUIER, A l'usage des écuyers ou serviteurs. Gl. *Panis armigerorum*.

10. **PAIN** FAITIS et FETIZ, Pain bis. Gl. *Panis tornatus*.

11. **PAIN** FEODAL, Qui est dû à raison de fief. Gl. sous *Panis* 2.

12. **PAIN** FEREZ, p. e. Gauffre. Gl. sous *Panis* 2.

13. **PAIN** DE FEU, Redevance due sur chaque feu. Gl. sous *Panis* 2.

14. **PAIN** FORT ET DUR. Supplice dont en Angleterre étaient punis ceux qui, accusés de félonie, refusaient de répondre au juge. Gl. sous *Panis* 2, pag. 138¹.

15. **PAIN** D'HOSTELAGE, Droit seigneurial sur les *hôtels* ou maisons. Gl. *Panis hospitum*, sous *Panis* 2.

✪ 16. **PAIN** BIEN LABOURÉ. Gl. *Laborare* 6.

17. **PAIN** MOLY, Pain mollet. Gl. sous *Panis* 2.

✪ 18. **PAIN** MOUFLET. Gl. *Mofflet*.

19. **PAIN** OUBLIERÉ, Oublie. Gl. *Panis oblialis*.

20. **PAIN** PERDU, Pain passé à la poële. Gl. *Panis perditus*.

21. **PAIN** POTE ou PORTE. Gl. sous *Panis* 2.

22. **PAIN** PRIMOS. Gl. sous *Panis* 2.

23. **PAIN** SALLIGNON, PAIN DE SEL,

PAI

Certaine masse de sel en forme de pain. Gl. *Panis salis.*

24. **PAIN**. ESTRE AU PAIN *et au vin* ou *au sel* de quelqu'un, Être son domestique. Gl. sous *Panis* 2, pag. 136³.

25. **PAIN**. ESTRE EN PAIN, Se dit d'un fils qui est en puissance paternelle ; d'où *Estre mis hors de pain,* pour Être émancipé. Gl. sous *Panis* 2, pag. 136³.

PAINES, Les bouts de laine ou de fil attachés aux ensubles. Gl. sous *Pannus* 2.

° **PAINGNON**, Petit pain. Roman de Renart, tom. 4, pag. 42, vers 1188.

PAINNE, Panne, certaine pièce de bois. Gl. *Panna* 2.

PAINNÉE, Tribut, impôt, charge. Gl. *Poena* 3.

PAINTRERIE, L'art de peindre et colorer des images. Gl. *Picturare.*

PAINTURIERS, Peintre. Gl. *Megeicharius.*

PAIRÇONNIÈRE, Femme qui est commune à plusieurs. Gl. *Parcennarii.*

° **PAIRIE**, Comparaison, égalité. Enfants Haymon, vers 804. Voyez Rayn. tom. 4, pag. 414¹, au mot *Paria.*

PAIRIER, Co-seigneur. Gl. *Pararii,* sous *Par* 3, pag. 154².

PAIROL, Chaudron. PAIROLE, Chaudière. Gl. *Pairola.*

° **PAIRON**, Perron. Gérard de Vienne, pag. 166¹.

1. **PAIS**, Permission, licence. Gl. sous *Pax,* pag. 229³.

2. **PAIS**. FAIRE PAIS, Faire silence. Gl. *Pacem proclamare,* sous *Pax,* pag. 229³. [En *pais,* En silence, sans dire mot. Partonop. vers 2367, 2404. — Roi Guillaume, pag. 51 :

Seroit de vos molt tost pais faite,
En poi d'eure series-vos morte.

Voyez *Pes.*]

° 3. **PAIS**, Baiser. Voyez Gl. *Pacem dare,* pag. 228³, et *Osculum pacis,* pag. 72², pag. 159² :

Sans messe oïr a cascun pais donée.

4. **PAÏS** DE GAIGNAGE, Pays ennemi que le droit de la guerre autorise à piller. Gl. *Gagierius.*

° 5. **PAIS** JURÉ, Pays compris dans un traité de paix ? Gl. *Juratus,* pag. 466¹ (*Paix jurées.* Gl. *Pax,* pag. 229³.)

° **PAISE**, Paix. Flore et Jeanne, p. 12.

° **PAISER**, PAIER (SE), s'Apaiser, se calmer. Roman de Renart, tom. 4, p. 217, vers 2377. Chron. des ducs de Norm. t. 1, pag. 573, vers 14249.

PAISEUR, Echevin, conseiller de ville. Gl. *Paciarius,* sous *Pax,* pag. 231¹.

PAISIBLETÉ, Paix, tranquillité. Gl. *Pacabilitas.*

PAISIULEMENT, Paisiblement, en paix. Gl. *Paccabilitas.* [*Mer paisive,* Roi Guillaume, pag. 121.]

° **PAISON**, PAISSON, Pieu, piquet de tente. Gérard de Vienne, vers 1431. Roman de Renart, tom. 2, p. 323, v. 18380. Voyez *Paissel,* et Rayn. tom. 4, pag. 398², au mot *Paysso. Passon.* Garin le Loher. tom. 1, pag. 251, not. 3.

° **PAISSANT**, Habitant du pays. Partonop. vers 362 :

Tos les plus nobles païssans.

Vers 517. Gérard de Vienne, vers 3722 :

Se or l'encontrant paissant à l'issue,
A cui li ait point de terre tolue.

Aubri, vers 28 :

Ardent la terre et ariere et avant,
A grant dolor i sont li païsant.

1. **PAISSE**, Moineau, passereau. Gl. *Passa.*

° 2. **PAISSE**. Gl. *Feudum procurationis.*

PAISSEL, Echalas ; d'où *Paisseller,* Echalasser. Gl. *Paissellare.*

° **PAISSEMENT**, Pâture. Chron. des ducs de Normandie.

PAISSIÈRE, Ecluse, lieu fermé de pieux. Gl. *Passeria.*

PAISSON, Glandée, ou l'action et le droit de faire paître le gland et autres fruits ou herbes des forêts. Gl. *Paisso.*

PAISTIS, Pâtis, pâturage. Gl. *Pasticium.*

PAITELER, Remuer les pieds en trépignant. Gl. *Peditare.*

PAIWE, Glandée ou pâturage. Gl. *Paisso.*

PAIX. MAISON DE LA PAIX, Hôtel de ville. Gl. *Pax,* pag. 230³.

PAIXENNAGE, Le droit de couper des *paisseaux* ou échalas. Gl. *Paissellare.*

° **PAL**, Bâton, piquet. Chron. des ducs de Norm. Voyez *Paul.*

PALADEL, Pieu, gros bâton. Gl. *Palada.*

PALAIGE, Droit seigneurial dû pour l'attache des bateaux. Gl. *Palagium.*

° **PALAIS**, Grande salle. *Palais votus,* Gérard de Vienne, vers 3155. *Vasu,* v. 3192. *Votis,* Aubri, pag. 153¹. *Palais listé,* Gérard de Vienne, vers 3350. *Palais plenier,* Aubri, pag. 158¹. *Grant palais planier,* Gérard de Vienne, pag. 166¹. pag. 78. *Paleis,* Roman de Renart, tom. 3, pag. 84, vers 22048. *Palis,* Aubri, pag. 155², *Palois,* Partonop. vers 1606, 1848, 5093.

PALANC, Chaussée. Gl. *Palinga.*

PALANDRIE, Vaisseau ou barque plate. Gl. *Palandaria.*

PALANGUE, Levier, sorte de gros bâton. Gl. *Palanga* et *Falanga.*

PALASINE, Tremblement de nerfs ; d'où *Palasineux,* Celui qui a cette maladie. Gl. *Polesenus.*

PAL

PALATIN, pour PATALIN, Sorte d'hérétique. Gl. *Paterinus,* pag. 211².

PALAZIN, Palatin, officier du palais d'un prince. Gl. *Palatini.* [Paladin, grand seigneur. Partonop. vers 6505. *Palasin,* vers 2200, 2558, 3736. Garin le Loher. tom. 1, pag. 51. *Palain,* Agolant, vers 1153 et 1249, 171². Chron. des ducs de Norm. Voyez Rayn. tom. 4, pag. 400¹, au mot *Palaizi.*]

1. **PALE**, Drap, tenture, tapisserie. Gl. *Palla* 2.

2. **PALE**, Pelle à mesurer le sel. Gl. *Paleta* 3.

PALÉE, Barrière, lieu fermé de pieux. Gl. *Palada.*

PALEFRENIER DU ROI, Le Grand Ecuyer. Gl. *Parafrenarius,* sous *Paraveredi.*

PALEFROY, Cheval de service. Gl. *Palafredus,* sous *Paraveredi.*

PALEIRE, Petite barre de bois. Gl. *Paleria* 2.

1. **PALER**, Pieu, gros bâton. Gl. *Palada.*

2. **PALER**, Garnir de pieux. Gl. *Palada.*

PALERIE, Serrurerie, le métier de serrurier. Gl. *Paleria* 2.

PALESEMENT, Clairement, à découvert. Gl. *Palanter.*

PALESONNER, Torcher, faire un mur de bauge. Gl. *Paleus.*

PALESSON, Mur de bauge. Gl. *Paleus.*

PALESTRAGE, Serrure, barre de fer qui garnit une porte. Gl. *Paleria* 2.

1. **PALET**, Sorte d'armure pour la tête. Gl. *Palettus.*

2. **PALET**, Pieu, levier, gros bâton. Gl. *Palettus.*

3. **PALET**, Escarmouche, principalement celle qui se fait aux palissades d'une ville ou d'un château. Gl. *Palatare.* [Chron. des ducs de Norm. tom. 1, pag. 492, vers 11836 (voyez 11860).]

PALETE, Instrument de buis dont se servent les cordonniers pour bien faire revenir le soulier sur la forme. Gl. *Paleta* 3.

PALETEAU, PALETIAU, Lambeau, mauvais morceau de drap, pièce. Gl. *Palectum.*

PALETEIS, PALETIS, Escarmouche, principalement celle qui se fait aux palissades d'une ville ou d'un château ; d'où *Paleter,* Escarmoucher. Gl. *Paletare.*

PALETOT, Sorte de vêtement, pourpoint, hoqueton. Gl. *Palt-rok.*

PALETRAGE, La garniture d'un coffre, barre de fer qui sert à le bien fermer. Gl. *Paleria* 2.

PALEUOLE, Paillette, brin de paille. Gl. *Paleola.*

PALICE, Palissade. Gl. *Palicia.* [Chron. des ducs de Norm.]

PALIE. Voyez *Paile* 1.

PALICH, Grande pelle. Gl. *Paleta* 3.

PALIOT, Pavillon, couverture ; ou plutôt sorte d'étoffe. Gl. *Palla* 2.

PALIR, Drap, tapis. Gl. *Palla* 2.

1. **PALIS**, Pieu, palissade. Gl. *Palis*. [G. Guiart, tom. 1, pag. 148, vers 3302, 3322.]

2. **PALIS.** Voy. *Palais*.

PALISSEUR, Pâleur. Gl. *Palledo*.

PALIT, Pieu, palissade. Gl. *Palitium*, *Fascennina* et *Stipere* 3.

PALLAGE, Droit seigneurial dû pour l'attache des bateaux. Gl. *Palagium*.

1. **PALLE**, Chappe, ornement d'église. Gl. *Palla* 2.

2. **PALLE**, Pelle à mesurer le sel. Gl. *Paleta* 3.

PALLEMENT, Conférence, assemblée solennelle pour délibérer sur quelque chose. Gl. *Parlamentum*.

PALLER, Tapisser, couvrir de pailles ou d'étoffes de soie. Gl. *Paliosus*, sous *Pallium* 2, pag. 115².

PALLETOCQ, PALLETOT, Sorte de vêtement, pourpoint, hoqueton. Gl. *Paltrok* et *Pallata* 3.

PALLIS, Pieu, palissade. Gl. *Palitium*.

PALMANTS, PALMIANS, Ceux qui concluent un marché en se donnant mutuellement la main. Gl. *Palmata* 2.

PALME, JEU DE PALME, Jeu de paume. Gl. *Palma* 4.

1. **PALMÉE**, Marché conclu en se donnant mutuellement la main. Gl. *Palmata* 2.

2. **PALMÉE**, Soufflet, coup de la main sur la joue. Gl. *Palmata* 4.

PALMEIER. Voyez *Paumoier*.

PALOIS. Voyez *Palais*.

PALON, Espèce de pot de terre. Gl. *Palonus*.

PALONNEL, Palonneau. Gl. *Palonus* et *Paronus*.

PALOT, Pelle ou bêche. Gl. *Palus* 1.

PALPILLOLE, Sorte de monnoie. Gl. *Parpaillola*.

PALPIZON, pour MALPIZON, Maladie de cheval. Gl. *Malpitio*.

PALTRAGE, La garniture d'un coffre, barre de fer qui sert à le bien fermer. Gl. *Paleria* 2.

° **PALU**, Marais, mare. Chronique des ducs de Norm. *Infernal palu*, Aubri, vers 201.

1. **PAME**, Pamoison. *Nostre Dame du Pâme*, Fête de la Ste Vierge. Gl. *Spasma* 1. [*Pamaixon*, Wackern. pag. 133. *Paismeisun*, *Pasmeisun*, Chanson de Roland. Voyez *Pasmeson*.]

° 2. **PAME**, Paume. Gl. *Volagius* 2.

PAMEL, PAMOULE, Sorte d'orge. Gl. *Palmola*.

° **PAMOIER.** Voyez *Paumoier*.

PAMPE, Fleuron ; d'où *Pampé*, qui se dit d'une étoffe à fleurs. Gl. *Pampa* 2.

PAMPELUNE. Gl. *Papelina*.

1. **PAN**, Gage, nantissement. Gl. *Pandare* 1, et *Pannum*.

2. **PAN**, La partie de l'habit qui couvre le côté depuis la ceinture jusqu'en bas. Gl. *Pannus* 1, et *Pennones*, pag. 259¹. [Pan du haubert. Agolant, pag. 163¹ :

Trestuit li pan en sunt sorargenté.

Gérard de Vienne, vers 2911. Roman de Roncevaux, p. 34. — Partonop. vers 574 :

Les hances bases sor les pans.

Voyez Pans.]

3. **PAN** DE FUST, Mur fait de bois, cloison. Gl. *Pannus* 1, et *Sola* 6. [Pan de tref, Garin le Loher. tom. 1, pag. 252. Pan de roche, pag. 99. — Partie. Partonop. vers 146 :

Qui grant pan d'Aise ot en ses mains.

Chanson de Roland, st. 67, vers 10 :

De tute Espaigne aquiterai les pans.]

° 4. **PAN**, comme *Pannonceau*. Soustenir, tenir son pan, Renart le Nouvel, tom. 4, pag. 150, vers 687. Chastel. de Couci, v. 1465.

PANAGE, PANAIGE, Droit de paisson, ce qu'on paye pour la paisson des bêtes, toute espèce d'impôt. Gl. *Pastio*, 201¹.

PANART, Espèce de grand couteau à deux taillants. Gl. *Penardus*.

PANCARTE, Tableau des droits qu'on doit payer. Gl. *Pancharta*.

° **PANCEIL**, Pances. Chron. des ducs de Normandie.

PANCHIRE, Armure qui couvre la *panse* ou le ventre. Gl. *Pancerea*.

PANCHON, Instrument propre à la pêche. Gl. *Panchon*.

PANDER, Prendre des gages, saisir. Gl. *Pandare* 1.

PANE, La peau qui couvrait le bouclier. Gl. *Pannus* 2.

PANEL, Morceau de grosse toile. Gl. *Panellum* 3.

1. **PANER**, Prendre des gages, saisir. Gl. *Pandare* 1.

2. **PANER**, Essuyer avec un linge ou un morceau de drap. Gl. *Pannuleium*.

PANESTIER, Boulanger. Gl. *Panestarius*.

PANETER, Boulanger ; du verbe *Paneter*, Faire le pain. Gl. *Panetarius*.

° **PANIE**, Epanouie. Wackern. pag. 84.

PANIERE, pour PANCIERE, Armure qui couvre la *panse* ou le ventre. Gl. *Pancerea*.

PANIFLE, Guenille, haillon. Gl. *Pannuceus*.

PANILLIERE, pour PENILIERE, Partie du corps où croît la marque de la puberté. Gl. *Pelnieria*.

PANITZ, Panis, sorte de plante. Gl. *Panicus*.

PANNANESSE, Femme de mauvaise vie, vêtue de guenilles et de haillons. Gl. *Pannuceus*.

PANNART, Espèce de grand couteau à deux taillants. Gl. *Penardus*.

1. **PANNE**, Grand chaudron. Gl. *Panna* 1.

2. **PANNE**, Fourrure. Gl. *Pannus* 2.

PANNECHIER, Faire du pain. Gl. *Panificare*.

PANNEIR, Prendre des gages, saisir ; d'où *Pannement*, Saisie. Gl. *Pandare* 1.

1. **PANNER**, Le même. Gl. *Pandare* 1, et *Enseignamentum*.

2. **PANNER**, Essuyer avec un linge ou un morceau de drap. Gl. *Pannuleium*.

1. **PANNETERIE**, Le marché ou la halle au pain. Gl. *Panestarius*.

2. **PANNETERIE**, Ce qui concerne les paniers. Gl. *Panerius* 1.

PANNETIER, Boulanger. Gl. *Panetarius*.

PANNISE, Saisie, l'action de prendre des gages. Gl. *Pandare* 1.

PANNONCEAU, Etendard, enseigne, plus particulièrement celle des bacheliers, et quelquefois celle des écuyers. Gl. *Pennones*, pag. 258³.

PANOC, Ventre, panse. Gl. *Panza*.

1. **PANON**, Plume dont on garnit une flèche. Gl. *Penna* 2.

2. **PANON**, PANONCEL, Etendard, enseigne, plus particulièrement celle des bacheliers, et quelquefois celle des écuyers. Gl. *Pennones*.

PANPAS, Feuille. Gl. *Pampa* 2.

PANS, La partie de l'armure ancienne qui couvrait le côté. Gl. *Pannus* 2. Voyez *Pan* 2.

PANTIERE, Espèce de filet pour prendre certains oiseaux, comme bécasses et autres. Gl. *Panthera* 1.

PANTOF, Sorte de mesure de grain. Gl. *Pantof*.

PANTONNIER, pour PAUTONNIER, Portier, un homme de peu de chose. Gl. *Pantonarius*.

° **PANTUISER**, PANTEISER, PANTOILLER. S'agiter, panteler, haleter. Roi Guillaume, pag. 147. Chron. des ducs de Normandie. Voyez Rayn. tom. 4, pag. 411², au mot *Pantaysar*.

PANUFLE, Guenille, haillon. Gl. *Pannuceus*.

PAOLIER, Chaudronnier. Gl. *Paella*.

PAON, Pion, pièce du jeu des échecs. Gl. *Pedones.*

PAONACE, Pourpre, robe de pourpre. Gl. *Paonacius* et *Pavonatilis.*

PAONACÉ, PAONASSÉ, Ce qui est de couleurs variées, comme la queue d'un paon. Gl. *Pavonatilis.*

1. **PAONNÉ**, Pion, pièce du jeu des échecs. Gl. *Pedones.*

2. **PAONNÉ**, Ce qui est de couleurs variées, comme la queue d'un paon. Gl. *Pavonatilis.*

1. **PAONNIER**, Celui qui a soin des paons. Gl. *Pavonarius.*

2. **PAONNIER**, Piéton, fantassin. Gl. *Pedones.* [Garin le Loher. tom. 1, pag. 251.]

PAOUR †, Peur, épouvante. Gl. *Formidines.*

PAPALITÉ, PAPAT, Papauté. Gl. *Papalitas*, pag. 143³.

PAPEGAU, Perroquet. Gl. *Pappagallus.*

PAPEGAY, Salle d'audience. Gl. *Papagali.*

° **PAPEILLONNÉS**, Chastel. de Couci, vers 1168 :
Un escut drut papeillonnés.

PAPELARD, Hypocrite, faux dévot, [Wackern pag. 59] ; d'où *Papelardie* et *Papelardise*, Hypocrisie. Gl. *Papelardus*, et *Papare.*

PAPER, PAPETER, Mâcher, manger à la façon des enfants. Gl. *Papare.*

PAPIER POUR JOUER, Carte à jouer. Gl. *Papyrus jornalis.*

PAPILLETE, PAPILLOTE, Paillette d'argent. Gl. *Pagloła.*

PAPOAIGE, Le bien de ses aïeux, héritage de ses pères. Gl. *Avius* 1.

PAPPEFILZ, Basse voile. Gl. *Papafigo* 1.

PAPPELLEUR, Papetier. Gl. *Papetarius.*

PAPPOAUX, Les biens de ses aïeux, héritage de ses pères. Gl. *Avius* 1.

PAR, PAR SI, Moyennant, à condition. Gl. *Aplanare* et *Pargia* 1.

PARABBATRE, Détruire de fond en comble. Gl. *Abatare* et *Bullire* 3.

PARACIS, Compagnie, escorte. Gl. *Parasia.*

PARADE, L'argent qu'on distribue à ceux qui doivent aller à l'offrande d'une messe des morts. Gl. *Parata* 2.

1. **PARAGE**, Parenté, affinité. Gl. *Paragium* 1. [Garin le Loher. tom. 1, pag. 72. Partonop. vers 363. Roi Guillaume, pag. 140.]

2. **PARAGE**, Noblesse, naissance illustre. Gl. *Paragium* 1. [*De parage.* Flore et Blancefl. vers 47, 284, 524. *Grant parage*, vers 108. Voyez Rayn. tom. 4, pag. 425², au mot *Paratge.*]

3. **PARAGE**, La portion des cadets assignée par l'aîné. Gl. *Paragium* 2.

PARAGOIN, Co-seigneur, celui qui possède une terre ou un fief avec un autre. Gl. *Paragium* 3. [*Parageur.* Gl. *Sequaces.*]

PARAGONNER, Comparer une chose à une autre. Gl. *Paragonisare.*

PARAIGE, Noblesse, naissance illustre. Gl. *Paragium* 1.

PARAIL, Apparaux, agrès. Gl. *Paramentum*, sous *Parare*, pag. 161³.

PARAIRE, Foulon, ouvrier qui pare les draps. Gl. *Parator.*

° **PARALER**. AU PARALER, A la fin. Roman de Renart, tom. 4, pag. 81, 91, 95, vers 2223, 2506, 2619.

° **PARAMENZ**, Parure, parements. Sainte Eulalie, vers 7. Voyez Rayn. t. 4, p. 424¹, au mot *Paramen.*

PARAMER, Aimer extrêmement, avec excès. Gl. *Bullire* 3.

PARANGONNER, Comparer une chose à une autre. Gl. *Paragonisare.*

PARANGUAYRA, L'obligation de fournir des chevaux et des voitures pour les chemins de traverse. Gl. *Parangarea.*

° **PARANT**, Apparent, évident. Roman de Renart, tom. 2, pag. 329, vers 18562.

PARASSOUVIR, Parachever, finir entièrement quelque chose. Gl. *Bullire* 3.

PARASTRE, Beau-père. Gl. *Paraster* et *Patreus.* [Chanson de Roland.]

PARAX. LO PARAX, Incontinent, sur-le-champ. Gl. *Jasia.* [Orell. pag. 305.]

PARAY, Paroi, mur, cloison. Gl. *Paries* 6.

PARAYSON, Bail à moitié ou à une certaine portion des fruits. Gl. *Parceria.*

PARBOUILLY, Bien cuit. Gl. *Bullire* 3.

PARBOUQUET, Soufflet ou coup de la main sous le menton. Gl. *Barba.*

1. **PARC**, DEVOIR LE PARC, Etre obligé de garder les bêtes mises dans un parc. Gl. sous *Parcus* 1.

° 2. **PARC**, Espace clos dans lequel avait lieu le tournois. Chastel. de Couci, v. 1077, 1409.

PARCEAU, Partie, somme d'argent. Gl. sous *Pars*, pag. 182³.

PARCENER, Co héritier, qui a une portion dans un héritage. Gl. *Parcenarii.*

PARCENERIE, Portion, partie. Gl. *Parcennarii.*

PARCETE, Part, portion. Gl. *Parceria.*

° **PARCEVOIR**, Apercevoir. Gérard de Vienne, vers 3718. Roman de Renart, tom. 2, pag. 347, vers 19042. Chastelain de Couci, vers 6733. *Percevoir*, vers 6884. *Sans parcevance de*, Sans qu'on s'en aperçoive, vers 6709.

PARCHARGE, Charge complète. Gl. *Chargia* 1, et *Bullire* 3.

PARCHÉE, Territoire sur lequel on a droit d'exiger l'amende, pour le dommage causé par les bestiaux. Gl. *Percheia* 2.

° **PARCHEMIN**, Rôle. Agolant, vers 25
Soixante mille sunt bien em parchemin.
Pag. 170² :
Quarante mille estes em parchemin.
Garin le Loher. tom. 1, pag. 184 :
Qui sunt sept cent en conte et en escrit.

PARCHEUX, Découvert, révélé, connu. Gl. *Celamentum.*

PARCHOIS, Échalas. Gl. *Parchia.*

PARCHON, Partage. Gl. *Parceria.*

PARCHONIER, PARCHONNIER, Celui qui possède une terre avec un autre, et qui en partage les fruits. Gl. *Parcennarii.*

PARCHONNERIE, Part, portion. Gl. *Parcennarii.*

1. **PARCHONNIER**, Ce qui est partagé entre plusieurs. Gl. *Parcennarii.*

2. **PARCHONNIER**, Complice. Gl. *Parcennarii.*

PARCHYE, Territoire sur lequel on a droit d'exiger l'amende, pour le dommage causé par les bestiaux. Gl. *Percheia* 2.

PARCIER, Celui qui a une part ou portion dans quelque chose. Gl. *Parcerarius* 1.

PARCIERE, Part, portion ; d'où Tenir *à Parcière*, Tenir à moitié ou à une certaine portion des fruits. Gl. *Parceria.*

° **PARCION**, Séparation. Chron. des ducs de Norm.

° **PARCLOSE**, Fin, conclusion. Roman de Renart, tom. 2, pag. 804, vers 17869 :
Ou au chief ou à la parclose.
Chron. des ducs de Norm. tom. 1, pag. 199, vers 3331. Fabliaux, Jubinal, tom. 2, pag 32 :
Ce est la somme de ce e la parclose.

PARCLOUSE, Clos, lieu cultivé et fermé de murs ou de haies. Gl. *Clausa.*

PARÇON, Part, portion. Gl. *Parcenarii.*

PARÇONIER, Celui qui partage le danger avec un autre. Gl. *Parcennarii.*

PARÇONNERE, Société, communauté. Gl. *Parcennarii.*

PARÇONNIER, Co-héritier, qui a une portion dans un héritage. Gl. *Parcennarii.* [Copartageant, copropriétaire, participant, qui prend part à quelque chose. Chanson de Roland, st. 35. vers 7 :
Mult orguillus parçunere averez.
Mantel mautaillé, vers 706 :
*Bien sachiez que maint chevalier
Est de cest meffet parçonnier.*

Girard de Rossillon, Rayn. tom. 1, p. 174 :
Futif de son pays, n'en fut point
(parsoniers.
Chron. des ducs de Norm. au mot *Parçonere, Parçoniers.* Rayn. tom. 4, p. 434², au mot *Parsonier.*]

PARCOURS, Convention entre deux seigneurs par laquelle leurs serfs pouvaient librement s'établir dans le domaine de l'un ou de l'autre, ou y faire paître leurs bestiaux. Gl. *Percursus* page 267¹.

° **PARCREU**, Qui a toute sa croissance, grand, développé. Aubri, pag. 153¹ :
Asés sui grans parcréus et fornis.
Chron. des ducs de Normandie. Voyez Orell, pag. 237. Rayn. tom. 2, pag. 513¹, au mot *Percreisser.*

PARCYE, Le repas qu'on donnait aux moissonneurs après la moisson. Gl. *Parcennaris.*

1. **PARDESSUS**, Seigneur dominant. Gl. *Per desuper.*

2. **PARDESSUS**, Contre, malgré, nonobstant. Gl. *Per desuper.*

PARDIRE, Achever de dire, de réciter. Gl. *Perdicere.*

1. **PARDON**, Indulgence accordée par le pape ou un évêque. Gl. *Pardonantia.* [*En pardons,* Gratuitement. S. Bernard : *Ceu donevent en pardons k'il avoient pris en pardon,* (lat. quod gratis acceperant gratis dabant) Colin Muset, Wackern. pag. 72 :
Tous tens en perdon servirai
Se tost n'en ai autre luwier.
Voyez Roquef. Rayn. tom. 4, pag. 515², au mot *Perdo.*]

2. **PARDON**, La salutation Angélique, qu'on dit trois fois le jour au son d'une cloche ; à quoi il y a des indulgences attachées. Gl. *Pardonantia.*

3. **PARDON**, Tournois. Gl. *Pardonantia.*

° **PARDONABLES**, Qui pardonne. Chron. des ducs de Norm.

PARDURABLETÉ, Perpétuité. Gl. *Feodagium,* sous *Feodum.* [*Pardurable, Pardurablement,* Roquef. Chron. des ducs de Norm. Rayn. tom. 3, pag. 91¹, aux mots *Perdurableté,* suiv.]

PARÉ, MESTIER DE PARÉ, L'art de fouler ou parer les draps. Gl. *Parator.*

PAREGT, Paroi, mur, cloison. Gl. *Paries 6.*

1. **PARÉE**, DROIT DE PARÉE, Celui par lequel les seigneurs voisins peuvent suivre en la terre l'un de l'autre leurs sujets et hommes serfs. Gl. *Parata 1.*

2. **PARÉE**, Marée. Gl. *Parata 3.*

PAREEUR, Foulon, ouvrier qui pare les draps. Gl. *Parator.*

1. **PAREIL**, Mesure de grain, la charge d'un âne. Gl. *Parium 1.*

2. **PAREIL**, PAREILH, Paire. Gl. *Parelius.*

° **PAREILLER**, comme *Apareillier.*

Chron. des ducs de Norm. tom. 1, p. 132, vers 1438.

PARELOTE, Certain droit d'entrée. Gl. *Gruagium.*

1. **PAREMENT**, Mur, rempart, fortification. Gl. *Paramentum 4.*

° 2. **PAREMENT**, Habit armorié. Chastel. de Couci, vers 946. Voyez *Connoissance.*

PARENSONMET, p. e. pour PAR-EN-SOMME, Au delà, en outre, par dessus. Gl. *Summarie.*

PARENT, Égal, pareil. Gl. sous *Par 1.*

PARENTÉ, Liaison par le sang, autrefois au genre masculin. Gl. sous *Parens.*

PARER, Paraître. Gl. *Parere 2.*

PARER UN FOSSÉ, Le relever. Gl. *Parare fossatum.*

PARER UNE POMME, La peler. Gl. *Parare 4.*

PARESI, Parisis, monnaie. Gl. *Parisienses.*

° **PARESTEIR**, Rester, persister. S. Grégoire, Roquef. au mot *Sonondre* : *Ne consentoit de paresteir en la congregation,* (lat. consentiret in congregatione persistere).

PARESTRANGLER, Étrangler tout à fait. Gl. *Stragulare.*

° **PARESTRUSSE**. A la parestrusse, perestrusse, A la fin. Chron. de Jordan Fantosme, vers 597, 1135. Ier livre des Rois, chap. 15, vers 31. Mantel mautaillé, v. 408.

PARET, p. e. Le droit de gîte ou de loger chez son vassal. Gl. *Paretæ.*

PAREUR, Foulon, ouvrier qui pare les draps. Gl. *Parator.*

1. **PAREURE**, Ouvrage de broderie. Gl. *Paratura,* sous *Parare,* pag. 161³.

2. **PAREURE**, Pelure. Gl. *Parare 4.*

PARFÉS, C'est le nom que se donnaient les Albigeois. Gl. *Perfecti.*

° **PARFIT**, Parfait. Partonop. v. 578. Chron. des ducs de Normandie. *Parfitement,* ibid.

° **PARFONGIÉ**, Ruteb. tom. 2, pag. 247 :
Desi adont que je venisse
A Desirrier la (?) parfongié.
Voyez Roquef.

PARFORCER (SE), s'Efforcer, faire tous ses efforts. Gl. *Forçare.*

PARFORCIER, Contraindre par la force et la violence. Gl. *Forçare.*

PARFOURNIR, Parfaire, achever. Gl. *Perfurnire.* [*Parfurnir,* Chastel. de Couci, vers 4971, 7686.]

PARGAMINIER, Parcheminier. Gl. *Parguaminiur.*

PARGE, Espèce de cuir. Gl. *Pargia 2.*

PARGER, Parquer, mettre dans un parc. Gl. *Parcare,* sous *Parcus 1.*

PARGIE, Amende due au seigneur pour les bêtes prises en dommage. Gl. *Pargia 1.* [*Pargiet,* Gl. *Spargicia.*]

PARHAUCHER, Élever, exhausser. Gl. *Admontare.*

PARIAGIER, Co-seigneur. Gl. *Paragium 3.*

PARIBILE, Bataille paribile. Gl. *Lex,* pag. 85¹.

PARIGAL, Pareil, égal. Gl. sous *Par 1.* [St. Thomas de Cantorb. vers 638. *Paringal,* Roi Guillaume, pag. 58.]

1. **PARISIS**, Certaine mesure de terre qui rapporte un parisis de revenu. Gl. *Parisiata.*

° 2. **PARISIS**. Gl. *Moneta,* p. 466¹, 475³.

PARLANT. Voyez *Plege.*

PARLE, Pour Perle. Gl. *Perlæ.*

PARLEMENT, Conférence, assemblée solennelle pour délibérer sur quelque chose, pourparler, entrevue. Gl. *Parlamentum 1.* [*Parlemeter,* pag. 100¹, Chron. des ducs de Norm.]

PARLEURE, Langage, faculté de parler. Gl. *Parlura.*

° **PARLIER**, Parleur, avocat. Partonop. vers 216 :
Plains de grant sens et bons parliers.
Gl. *Prælocutor.*

PARLOIR AUX BOURGEOIS, Lieu à Paris où se traitaient les affaires de la ville et du commerce. Gl. *Parlatorium 1.*

PARMENAULEMENT, A perpétuité. Gl. *Vestitura 1.* [*Vie parmenable,* Enfants Haymon, vers 752.]

PARMENER VIE DISSOLUE, Vivre dans la débauche. Gl. *Menare.*

PARMENTIER, Tailleur qui fait et garnit les habits. Gl. *Permentarius.*

PARMI, Moyennant, au moyen de. Gl. *Mediator 1.* [A travers, parmi, au milieu, Partonop. vers 2999, 3252, 3362, 7395, 7481. 7933. Roman de Renart, tom. 2, pag. 307, vers 17950. Par moitié. Flore et Blancefl. vers 1562 :
Par mi partomes le gaaing.
Voyez Rayn. tom. 4, pag. 175¹, au mot *Mei.*]

PARNAGE, Droit de paisson ou de faire paître ses bêtes. Gl. *Parnagium,* sous *Pastio,* pag. 203³.

PARNE, Pièce de charpente. Gl. *Parnagium.*

° **PARNUS**, Roman de Renart, tom. 2, pag. 292, vers 17332 :
Li desloiaus vilains parnus.

PAROCHIAIGE, Le territoire d'une paroisse. Gl. *Parochiagium,* sous *Parochia.*

° **PAROIR**, Paraître, être visible, sembler. *Pert,* Chastel. de Couci, vers 594. Flore et Blancefl. vers 266. Garin le Loher, tom. 1, pag. 22, vers 593. *Perent,* Partonop. vers 7906. *Pere,* vers 1871. Chron. des ducs de Norm. *Se pere,* Guill. Guiart.

tom. 2, pag. 484, vers 11289 (20271.) Voyez Orell, pag. 216. Rayn. tom. 4, pag. 427¹, au mot *Parer*.

PAROLE. Tenir a Paroles, Entretenir quelqu'un, faire la conversation. Gl. *Parola*.

PAROLER, Parler, discourir. Gl. *Parabolare*, pag. 155². [Flore et Blancefl. v. 139. *Qu'il parout*, Qu'il parle. Agolant, v. 179, Chronique des ducs de Norm.]

PARONNE, La pièce de la charrue à laquelle on attèle les chevaux. Gl. *Paronus*.

PAROUE, Selle, harnois de cheval. Gl. *Epyphium*.

PARPAIE, Parpaiement, Parfait payement. Gl. *Perpacare*.

PARPAILLOLE, Sorte de monnaie. Gl. *Parpaillola*.

PARPAIN, Espèce de couteau. Gl. *Parpanus*, et *Cultellus*, pag. 651¹.

PARPANHA, Manière de vêtement ou d'ornement, en Languedoc. Gl. *Parinus*.

PARPILLOLE, Parpillolle, Sorte de monnaie. Gl. *Parpaillola*.

PARPOINTE, Courte pointe. Gl. *Perpunctum*.

1. **PARQUET**, Certaine mesure de terre. Gl. *Parcata*.

2. **PARQUET**, Le préau des prisons à Rouen. Gl. *Parquetum*.

3. **PARQUET**, Espèce de jeu. Gl. *Parquetum*.

PARQUIER, Celui qui doit garder les bêtes prises en dommage et mises en parc, comme aussi les prisonniers. Gl. *Parcus 1*.

PARRASTRE, Beau-père. Gl. *Patreus*. [Orell p. 28.]

PARREAU, Espèce de jeu de petit palet. Gl. *Parrale*.

PARREUX, Co-seigneur, celui qui possède un fief ou une terre avec un autre. Gl. *Paragium 3*.

PARRIE, Pairie, la dignité de pair. Gl. *Paria*, sous *Par*.

PARRIERE, Carrière. Gl. *Perreria 1*.

PARRIQUE, p. e. Ferme, métairie fermée de murs ou de fossés. Gl. *Parrigo*.

PARRIN, p. e. pour Parrigue. Gl. *Parrigo*.

1. **PARROCHAGE**, Sorte de droit seigneurial. Gl. *Parrochagium 2*.

2. **PARROCHAGE**, Parroichage, Paroissage, Territoire d'une paroisse. Gl. *Parrochagium 1*.

PARRONNE, La pièce de la charrue à laquelle on attèle les chevaux. Gl. *Paronus*.

PARROY, Rivage, bord de la mer. Gl. *Paregium*.

1. **PARS**, Troupeau. Gl. *Paria 1*.

2. **PARS**. Faire Pars, Prendre parti, se liguer. Gl. sous *Pars*, p. 183². Voyez 1841¹.

❋ **PAR SOM**, Par son, Par en son, Au-dessus de, sur, par-dessus, de plus. Partonop. vers 4887 :

Li cors pert par som la çainture.

Vers 3297, 7985. Chron. des ducs de Norm. tom. 3, pag. 129, vers 35493 :

Logée fu en teu maniere
Par son l'eve d'une riviere.

Partonop. vers 10067 :

Mon roiame et moi par en son
L'en otroi tot en guerredon.

Par son l'aube, Au point du jour. Partonop. vers 3948. *Par son l'aube esclarcie*, Gérard de Vienne, vers 1241. *Par son l'aube apareissant*, Chron. des ducs de Norm. tom. 3, pag. 100, vers 34697.

1. **PARSON**, Pierre, nom propre d'homme. Gl. *Parso*.

2. **PARSON**, Partage, portion d'héritage. Gl. *Parcennarii*.

PARSONNIER, Celui qui possède par partage, qui a sa portion d'héritage. Gl. *Parcennarii*.

PARSONNIERE, Femme qui est commune à plusieurs. Gl. *Parcennarii*.

1. **PART**, Alphabet ou les premiers principes d'une science. Gl. *Pars*. [Partonop. vers 4649 :

Je sai moult bien totes mes pars.]

2. **PART**, Accouchement. Gl. *Parturitio*.

❋ **PARTABLE**, Meuble partable. Gl. *Salvatorium*.

PARTAGE. Voyez *Portage*.

PARTAIGIER, p. e. Achever de charger un vaisseau. Gl. *Partagium 2*.

❋ **PARTANCIE**, Séparation. Roman de Renart, tom. 1, pag. 28, vers 616.

❋ **PARTANT**, Par conséquent. Garin le Loher. tom. 1, pag. 2. *Partant que*, Parce que. Orell. pag. 342. Roquef.

❋ **PARTENER**, Participants. Saint Thomas de Cantorbery, vers 1444. Voyez Rayn. tom. 4, pag. 435², au mot *Partender*.

❋ **PARTENIR**, Appartenir. Chron. des ducs de Norm.

PARTEURE, Partage, division. Gl. *Partitura*.

PARTHISANE, Pertuisane. Gl. *Partesana*.

PARTICIPER, Avoir commerce avec quelqu'un, vivre ensemble. Gl. *Participare 2*.

1. **PARTIE**. Faire Partie, Intervenir, se rendre partie. Gl. sous *Pars*.

❋ 2. **PARTIE**, Séparation. Roi Guillaume, pag. 50. *Partage*. Chron. des ducs de Norm. tom. 2, pag. 75, vers 17514. Part, côté. Roi Guillaume, pag. 54. Voyez Rayn. t. 4, pag. 433², au mot *Partida*.

PARTIERE. Mestaier Partiere, Fermier qui partage les fruits avec le propriétaire. Gl. *Parcerarius 1*.

1. **PARTIR**, Confiner, être limitrophe. Gl. *Partiri*.

2. **PARTIR**, Partager. Gl. *Partiri*. [Séparer, diviser. *Partir un jeu*. Gl. *Jocus partitus*. Geu parti, Manteî Mautaillé, v. 678. Vers 670 :

Igaument sont parti li gas.

Wackernagel, pag. 58 :

Or nos metons en loiaul jugement
Si iert la raixon de nos dous partie.

Chron. des ducs de Norm. Voyez Rayn. tom. 4, pag. 436¹, au mot *Partir*.

❋ 3. **PARTIR**, Prendre part. Partonop. vers 89, 91, 7030, 7564.

PARTISSON, Cordon de lin prêt à filer. Gl. *Partitura*.

PARTIT, Sorte de petite monnaie. Gl. *Partitus*.

❋ **PARTREU**, Trou, pertuis. Roman de Renart, tom. 3, pag. 16, vers 20192.

❋ **PARTURE**, Jeu parti, tenson ? Chastel. de Couci, vers 13 :

Faisoient chans, dis et partures
En rimes de gentes failures.

Vers 71. Voyez Diez, *Poesie des Troubadours*, pag. 113 Rayn. tom. 4, pag. 435², au mot *Partimen*.

PARTURIR, Accoucher. Gl. *Parturitio*.

PARUE, Parade ; qui se dit lorsqu'un vaisseau déploie tous ses pavillons, et non pas l'endroit où couchent les matelots. Gl. *Parada 1*.

PARVINEAU, Palonneau d'une herse ; en Champagne, *Peronnete*. Gl. *Parvichalis*.

1. **PARURE**, Orfroi, broderie. Gl. *Paratura 2*.

2. **PARURE**, Pelure. Gl. *Parare 4*.

1. **PAS**, Passage dangereux et étroit, gorge de montagne, détroit. Gl. *Passus 3*. [Garin le Loher. tom. 1, pag. 259. Chron. des ducs de Normandie. Roman de Renart, tom. 4, pag. 29, vers 759, 761 ; tom. 1, pag. 34, vers 900. Voyez Rayn. tom. 4, pag. 441, au mot *Pas*.]

2. **PAS**, Certaine mesure de terre. Gl. *Passus 2*.

3. **PAS**, Réception dans un corps ou une société. Gl. *Passus 7*.

❋ 4. **PAS**, Marche. Garin le Loh. t. 1, pag. 218 :

Trestout le pas n'i ot noise ne cri.

Aller le pas, Avancer, marcher. Pag. 175 :

Alez le pas, n'aiez soing de fuir.

Pag. 221 :

Alez vos en le pas vers Saint-Quentin.

Agolant, pag. 185² :

Adont s'en vont François resbaudissant
Et vont lor pas l'un à l'autre prenant.

En mi le pas, En avançant, avant de parvenir. Lai du Corn, vers 555.

PASADOUZ, Espèce de flèche ou dard. Gl. *Passadorium.*

PASAT, Aire, pavé. Gl. *Pasata.*

PASCAGE, L'action de paître. Gl. sous *Pasquerium.*

PASCHE, Pasques. Gl. *Pascha clausum.*

PASCHIER, Pâturage. Gl. *Pasquerium,* pag. 195¹.

PASCOR, PASCHOR, Printemps. Gl. *Pascio.* [Partonop. vers 6324. *Paskerez,* Jordan Fantosme, vers 64. Voyez Rayn. tom. 4, pag. 445², au mot *Pasca.*]

PASMESON †, Pamoison. Gl. *Extasis.* [*Pasmison,* Roi Guillaume, p. 109. Voyez *Pame* 1.]

PASMOIER, Prendre avec la main, empoigner. Gl. sous *Palma* 3.

PASMOLE, Paumelle, espèce d'orge. Gl. *Pasinola.*

PASNAGE, Droit de paisson ; ce qu'on paye pour la paisson des bêtes. Gl. *Pastio,* pag. 202¹, et *Parnagium.*

PASNAIGER, Paître, pâturer. Gl. *Pasnagiarius.*

PASNASIE †, Panais, pastenade. Gl. *Pastinaca.*

PASON, p. e. Sorte d'ornement. Gl. *Pason.*

PASQUEL, ANNOTIF, Qui revient au même jour chaque année. Gl. *Pascha annotinum.*

PASQUERET, PASQUEREZ, Pâques, le temps pascal. Gl. *Pascha intrans,* p. 191².

PASQUES CHARNEUX, Le jour de Pâques, où l'on mange de la chair. Gl. *Pascha carnosum.*

PASQUES CLOSES et CLUSES, Le Dimanche de Quasimodo. Gl. *Pascha clausum,* pag. 190³⁹.

PASQUES COMMUNIANS ou ESCOMMINCHANS, Le dimanche de la Résurrection et toute la quinzaine, depuis les Rameaux jusqu'à Quasimodo. Gl. *Pascha communicans.*

PASQUES LES GRANS, Le dimanche de la Résurrection. Gl. *Pascha magnum.*

PASQUES NEVES, Le jour ou commençait alors la nouvelle année, qu'on comptait d'après la bénédiction du cierge pascal. Gl. *Pascha novum.* [*Mois de pasques.* Gl. *Mensis paschæ*]

PASQUIER, Pâturage. Gl. *Pasquerium,* pag. 195¹.

PASQUIS, Pâtis, pâturage. Gl. sous *Pasquerium,* pag. 195¹.

1. PASSADE, Sorte de péage. Gl. *Arripagium,* sous *Adripare.*

2. PASSADE, Partie de jeu. Gl. *Empresia.*

PASSADOR, PASSADOUR, Espèce de flèche ou dard. Gl. *Passadorium.*

PASSAGE, Voyage d'outre-mer, guerre sainte. Gl. *Passagium.*

PASSAGEUR, Passeur, celui qui conduit un bac ou bateau pour passer une rivière. Gl. *Passagiarius,* sous *Passagium,* pag. 196¹.

PASSAIGE, Lieu où l'on passe un bac, et le droit du passeur. Gl. sous *Passagium.*

PASSAIRE, Potion médicinale passée par la chausse. Gl. *Collatum* 1.

PASSANT, Sorte de monnaie de Haynaut. Gl. *Passans* 2.

1. PASSAVANT, Machine de guerre, dans laquelle on logeait des soldats. Gl. *Passarinus.*

2. PASSAVANT, Sorte de monnaie du Haynaut. Gl. *Passavant.*

1. PASSE, But auquel on vise ; d'où *Passe,* Jeu où l'on tire à un but. Gl. *Passarela.*

2. PASSE, Notaire qui passe les actes publics. Gl. *Passatio.*

3. PASSE, Lisière, bord d'une étoffe par sa largeur. Gl. *Passata* 2.

4. PASSE, Moineau, passereau. Gl. *Passa.*

PASSEAU, Passage, sentier. Gl. sous *Passagium.*

PASSELER, Échalasser une vigne. Gl. *Paissellare.*

PASSEMENT, Seing, souscription, et le pouvoir de passer les actes publics. Gl. *Passatio.*

PASSENAGE, Droit de péage qu'on exige des passants. Gl. sous *Passagium.*

PASSEPORTE, Passeport, passe-avant. Gl. *Passare* 1.

PASSET. ALLER LE PASSET, Marcher à pas lents et mesurés. Gl. *Passuatim,* et *Passus* 8.

PASSIERE, Écluse, lieu fermé de pieux. Gl. *Passeria.*

PASSION, Mal, douleur. Gl. *Passio* 2. [*La male passion le torde,* Roman de Renart, tom. 1, pag. 34, vers 884.]

PASSIONAIRE, Livre qui contient l'histoire de la Passion de Jésus-Christ. Gl. *Passionarius.*

PASSIONNAIRE, Livre qui contient l'histoire des martyrs ou des saints en général. Gl. *Passionarius.*

PASSOT, Sorte de dague ou poignard. Gl. *Passotus.*

PAST, Ce qu'on payait pour être reçu dans un corps de métier dont le repas faisait partie. Gl. *Passus* 7.

° **PASTAIERIE**, Pâtisserie. Gl. *Pastillaria.*

PASTAR, Espèce de petite monnaie. Gl. *Patarus.*

1. PASTE, Masse, assemblage d'une même chose en botte. Gl. *Pasta* 5.

2. PASTE. PORTER LA PASTE AU FOUR, proverbe, Payer la sottise d'autrui. Gl. *Pasta* 5. [*Pastes alives.* Gl. *Panis,* p. 130².]

PASTEILLER, PASTELIER, Se dit du moulin qui pile le *pastel* ou guède. Gl. *Molendinum pastellerium,* pag. 144³.

PASTENC, Pâturage. Gl. *Pastenquum viridarium.*

PASTENOSTRES, Toute espèce de prière, livre de prières. Gl. *Pater-noster,* sous *Pater.*

PASTIGER, Traiter, faire un accord, transiger. Gl. *Pascissi.*

PASTINAGE, Pâturage, pacage, pâtis ; du verbe *Pastiner,* Paître, pâturer. Gl. *Pastinagium.*

PASTIS, Contribution dont on est convenu. Gl. *Apatisatio.*

PASTOC, Sorte de bâton pour se soutenir, béquille. Gl. *Potentia* 2.

1. PASTOIER, Pâtissier. Gl. *Pasticerius.*

2. PASTOIER, Traiter, faire un accord, transiger. Gl. *Pascissi* et *Pastus.*

PASTORE, Bergère. Gl. *Pastorella.* [*Pastoure,* Wackernagel, pag. 76, 79.]

PASTOUREAU, Berger ; c'est aussi le nom d'une faction qui s'éleva en France sous saint Louis, et qui se renouvela encore quelques années après. Gl. *Pastorelli.*

PASTOURGER, Pâturer, faire paître. Gl. *Pastorgare* 1.

PASTURAGER, Le même. Gl. *Pasturgare.*

PASTURAL, Pré, pâturage. Gl. *Pasturale* 2.

1. PASTURE, Nourriture, éducation. Gl. *Pastura* 2.

2. PASTURE, Paturon. Gl. *Pasturale* 1.

PASTUREAUL, Pré, pâturage. Gl. *Pasturale* 2.

PASTURER, Faire paître. Gl. *Pasturare.* [Paltre, Roi Guillaume, pag. 109.]

PASTURES, Corde avec laquelle on attache les chevaux par le paturon. Gl. *Pasturale* 1.

° **PATAC**, Petite monnaie. Gl. *Patacus.*

PATAGON, Monnaie de Flandre. Gl. *Pataco.*

PATALIN, Sorte d'hérétique. Gl. *Paterinus,* pag. 211²³.

PATEIL, Matras, dard avec une grosse tête. Gl. *Petulum.*

PATEIS, Traité, convention. Gl. *Pascissi.*

PATELIN, Sorte d'hérétique. Gl. *Paterinus,* pag. 211³.

PATENOTE, Le *Pater,* l'oraison dominicale. Gl. sous *Pater.*

1. PATERIN, Qui est destiné à souffrir comme martyr ; Nom de certains hérétiques. Gl. *Paterinus,* pag. 211²³.

2. **PATERIN**, Causeur, babillard. Gl. *Paterinus.*

PATERLIE, Certaine prière, ou ce qui sert à prier, comme chapelet. Gl. *Paternoster.*

○ **PATERNE**. Voyez Gl. *Paterna* 2. Guill. Guiart, tom. 2, pag. 171, vers 4414 (13400) : *Par la paterne Dieu.* Jordan Fantosme, vers 548 :

Suvent apele par amur sainte paterne aie.

Chanson de Roland, st. 173, vers 10 :

Veire patene, ki unkes ne mentis,
Seint Lazaron de mort resurrexis, etc.

Stance 234, vers 5 : *Veire paterne.* Guillaume d'Orange, cité dans le Gloss. sur la Chanson de Roland :

Il en jura la paterne veraie...
Jhesu reclaime la paterne veraie.

Renart le Nouvel, tom. 4, p. 174, v. 1255 :

Partout es cuers fauvin et ghille
A mis Renart en mainte ville,
Peu i à de vraie paterne.

Voyez Rayn. tom. 4, pag. 394[2], au mot *Paterna.* (*Veraya paterna, vera paterna.*)

○ **PATIBLER**, Chronique des ducs de Normandie, tom. 2, pag. 221, vers 21880 :

Jure e patible e noise e gient.

PATINIER, Celui qui fait des patins, dont le métier est appelé *Patinerie.* Gl. *Patinus* 1.

PATINOUS, Misérable, qui souffre beaucoup. Gl. *Patinus* 1.

PATIS, Pacte, traité, convention. Gl. *Pascissi* et *Apatisatio.*

PATOIER, Patiner, manier malproprement. Gl. *Maniare* 3.

PATOUEIL, Bourbier, mare. Gl. sous *Patile.*

PATRATION, Acte, convention. Gl. *Patrare* 2.

PATREMOIGNE, Patrimoine. Gl. *Matrimonium.*

PATRENOSTRES, Chapelet, ou les gros grains dont il est composé. Gl. sous *Pater.* (Roi Guillaume, pag. 60) :

Foi que doi sainte paternostre.

Roman de Renart, tom. 3, pag. 35, vers 20703 :

Sa credo et sa paternostre.]

PATROCINER, Plaider, défendre une cause. Gl. *Patrocinari.*

PATRONISER, Conduire un vaisseau en qualité de *patron* ou pilote. Gl. *Patronagium* 2.

PATRONNAGE, PATRONNAIGE, Certain droit que les patrons d'une église prennent sur ses revenus, offrandres, etc. Gl. *Patronagium*, sous *Patronus*, pag. 221[1].

PATRONNÉE, Dame de lieu, dame de paroisse. Gl. *Patronus*, 221[2].

PATRUISAGE, Droit dû par les marchands fréquentant les foires. Gl. *Pertusagium.*

PATU, Se dit d'un vase qui a une patte ou un pied. Gl. *Pata* 3.

○ **PAU**, Pieu. Gl. *Prodelada.* Renart le Nouvel, tom. 4, pag. 201, vers 1954. Voyez *Paul, Pel.*

1. **PAVAGE**, Pavé, le métier de paveur. Gl. *Pavagium* 2.

2. **PAVAGE**, Impôt pour l'entretien du pavé et des chaussées ; d'où *Pavageur,* Celui qui lève cet impôt. Gl. *Pavagium* 2.

PAVAIL, Pavois, sorte de grand bouclier. Gl. *Pavesium.*

PAVAILLE, p. e. Grosse toile, telle que celle dont on fait les tentes ; ou PAUAILLE, Ustensile de cuisine. Gl. *Pavalhonus.*

PAVAIS, Pavois, sorte de grand bouclier. Gl. *Pavesiatores,* sous *Pavisarii.*

PAVAISEUR, Soldat armé d'un *Pavais.* Gl. *Pavesatus.*

PAVAMENTER, Paver. Gl. *Pavare.*

PAVART, Pavois, sorte de grand bouclier. Gl. *Pavesium.*

PAVAS, Le même. Gl. *Pavesiatores,* sous *Pavisarii.*

PAUBORT, Bâton fourchu. Gl. *Palforca.*

1. **PAUCHE**, Mesure de vin. Gl. *Pauca* et *Metreta.*

2. **PAUCHE**, Servante. Gl. *Pauca.*

PAUCHER, Pêcher ; d'où *Paucheur,* Pêcheur. Gl. *Piscator.*

○ **PAUCHON**, Sorte de piège, trappe. Roman de Renart, tom. 3, pag. 124, vers 28176. *Paupon,* vers 28301. *Pochon,* vers 23169. Voyez *Penchon* 1.

○ **PAVEILLON**, Papillon. Flore et Blancefl. vers 2051.

○ **PAVEMENT**, Dallage, échiquier. Partonop. vers 828 :

Tote (la cité) est faite à pavement,
Et quant onques plus i plovra
Li pavemens plus clers sera.

Enfants Haymon, vers 278 :

Or jouent li baron en un lé pavement.

Flore et Blancefl. vers 694. Gloss. sur la Chron. des ducs de Normandie. *Pavementé,* Dallé, carrelé, *ibidem.*

PAVESCHE, Pavois, sorte de grand bouclier. Gl. *Pavesium.*

PAVESCHÉ, PAVESCHEUR, Soldat armé d'un *pavesche.* Gl. *Pavesatus* et *Pavisarii.*

PAVESME, Pavois, Sorte de grand bouclier. Gl. *Pavesium.*

PAVESSIER, Soldat armé d'un pavois. Gl. *Pavisarii.*

PAVETIER, ou plutôt PAVESIER, Le même. Gl. *Pavesatus.*

PAUFORCHE, PAUFOUR, PAUFOURCHE, Fourche, bâton fourchu. Gl. *Palforca.*

○ **PAVILLON**. Gl. *Moneta,* pag. 466[2].

PAVISIEUR, Soldat armé d'un pavois. Gl. *Pavesatus.*

PAUKIN, Certaine mesure de grain. Gl. *Polkinus.*

PAUL, Pieu, poteau. Gl. *Paulus* 3. Voyez *Pau.*

PAULME, CHEOIR TOUT A PAULMES, Tomber sur les mains. Gl. *Palma* 4. [Tomber en pâmaison, en défaillance, Roman de Roncevaux, pag. 41 :

Chait à paumes.

Pag. 49 :

Grant plene paume à terre en est chéu.

Aubri, pag. 153[1] :

Paumée chiet en la sale de pris.

Vers 168 :

Ele se paume, ne se pout tenir mie
Et li baron l'ont amont redrecie.

Voyez Rayn. tom. 4, pag. 446[1], au mot *Pasmar,* ci-dessus *Pame* 1.

PAUME, Palme, branche ou feuille de palmier : d'où *Paumier,* Pèlerin, qui a fait le voyage de la Terre Sainte, et qui pour preuve en rapporte des palmes. [Aubri, pag. 151[2], 158[1]. Chron. des ducs de Norm. *Paume,* Pélerinage. Enfants Haymou, vers 864 :

Et s'en la paume muers, dieu ait de [moy pitié.]

Gl. *Palma* 1, et *Palmarius.*

1. **PAUMÉE** †, L'étendue de la main, depuis l'extrémité du pouce jusqu'à l'extrémité du petit doigt. Gl. *Palmus* 1.

2. **PAUMÉE**, Marché conclu en se donnant mutuellement la main. Gl. *Palmata* 2. [Voyez Rayn. tom. 4, pag. 403[1], au mot *Palmada.*]

PAUMELE, Espèce de jeu qu'on appelle communément *Main-chaude.* Gl. *Palma* 1.

PAUMELE DE LIN, Poignée, autant que la main peut contenir. Gl. *Palmela.*

PAUMENT, Lavement des mains. Gl. *Palmare* 1.

PAUMETTON, Paume ; d'où *Cheoir à Paumettons,* Tomber sur les mains. Gl. *Palma* 4.

PAUMIER. Voyez ci-dessus *Paume.*

PAUMOIER, Prendre avec la main, empoigner. Gl. sous *Palma* 3. [Gérard de Vienne, vers 2358 :

Et les espiez brandir et paumoier.

Chanson de Roland, st. 89, vers 4 :

Mais sun espiet vait li bers palmeiant.

Chastel. de Couci, vers 1179. *Plume sa lance,* Gérard de Vienne, vers 1658.]

PAVOISINE, Pavois, sorte de grand bouclier ; d'où *Pavoiseur, Pavoisien* et *Pavoisier,* Soldat armé d'un pavois. Gl. *Pavesium, Pavesatus* et *Pavisarii.*

○ **PAVON** †, comme *Panon* 1. Gl. *Formidines.*

PAVONESSE, La femelle du paon. Gl. *Pava.*

PAUPELLEUR, Papetier. Gl. *Papetarius.*

PAUQUE, Mesure de vin. Gl. *Pauca* et *Metreta*.

PAUSÉE, Pause, repos. Gl. *Pausa*.

PAUTONIER, Homme de mauvaise vie, méchant, hautain, un misérable, un gueux, Gl. *Paltonarius*. [Garin le Loher, tom. 1, pag. 269. Partonop. vers 7088.]

Moult a dur cuer et pautonier.

Chron. des ducs de Norm. au mot *Pautener*. Rayn. tom. 4, pag. 465², au mot *Pautonier*.]

PAUTONNERIE, Méchanceté, arrogance, vie déréglée. Gl. *Paltonarius*.

1. **PAUTONNIERE**, Femme méprisable, livrée à la débauche. Gl. *Paltonarius* et *Pantonarius*.

2. **PAUTONNIERE**, Bourse, gibecière. Gl. *Pantonarius* et *Pontaticum*, p. 407³.

PAUVRETÉ, Semi-prébende dans l'église de Reims. Gl. *Paupertas*.

PAUVRETEZ, Les parties du corps qu'on doit couvrir. Gl. sous *Paupertas*.

1. **PAYELLE**, Poêle. Gl. *Paella* et *Anderius*.

2. **PAYELLE**, Cuve, baignoire de cuivre. Gl. *Payla*.

PAYENNIE, Pays habité par les païens. Gl. *Paganismus*, sous *Pagani*, p. 90². [Gallen Restoré, Fierabras, pag. 164². Voyez *Paienie*.]

PAYRE, Certaine redevance sur chaque maison qui se payoit une voie poêle ou chaudron, ou la valeur en argent. Gl. *Payeria*.

PAYSCOLLE, Poêle. Gl. *Payrollus*.

PEAGERIE, Bureau où l'on paye le droit de péage. Gl. *Pedagiaria*, sous *Pedagium*, pag. 241³. [*Chemin peageau*. Gl. *Via*, pag. 303².]

PEARDE, Perte, dommage. Gl. *Perda*.

PEASON, Place vague, contenant certain nombre de pieds. Gl. *Peaso* et *Excotere*.

PEAU, Pelisse, habit garni de peaux. Gl. *Pelles*.

PEAUCHON, p. e. Pieu ferré, sorte d'arme. Gl. *Piscassa*.

PEAUTRE, Espèce de métal. Gl. *Pestrum*.

PEAZON, Place vague, contenant un certain nombre de pieds. Gl. *Peaso*. [Voyez Rayn. tom. 4. pag. 472¹, au mot *Peazo*.]

° **PEC**, Colline. Gl. *Padium* 3.

PECCERIS, Pécheresse, femme débauchée. Gl. *Peccatum*.

PECEI, Droit sur les vaisseaux qui se brisent ou échouent. Gl. *Peceium*.

° **PECEILLER**. Voyez *Peteiller*.

PECETE, diminutif de Pièce, morceau. Gl. *Pecia*, pag. 235¹.

PECHÉ Desordonné, Le péché contre nature. Gl. *Peccatum indicibile*.

PECHIÉ. Femme de Pechié, Femme livrée à la débauche. Gl. *Peccatum*, et *Femina peccati*.

PECHIÉ du Monde, Le péché de luxure. Gl. *Peccatum*.

PECHIER, Vase à mettre des liqueurs, certaine mesure. Gl. *Picherus*.

PECHOIEIS, L'action de mettre en pièces, de briser. Gl. *Peciatus*, sous *Pecia*, pag. 235¹.

PECIERE, Pêcheur, libertin. Gl. *Peccatum*.

1. **PEÇOIER**, Mettre en pièces, briser. Gl. sous *Pecia*, pag. 235¹. [Roi Guillaume, pag. 55. Aubri, pag. 158², 160³.]

2. **PEÇOIER**, Détruire, ruiner, saccager. Gl. sous *Pecia*, pag. 235². [*Pechoier*, Garin le Loher. tom. 1, pag. 52.]

PECOL, Pecoul, Pied de fauteuil, quenouille de lit. Gl. *Pecollus*. [Partonop. vers 1090, 10302, 10811. Voyez *Picouil*.]

PECOU, Droit sur les vaisseaux qui se brisent ou échouent. Gl. *Peceium*.

PECOUST, Sorte de taille ou d'aide, impôt. Gl. *Pecta* 1.

PECOY, Droit sur les vaisseaux qui se brisent ou échouent. Gl. *Peceium*.

PECTORAL, Ornement ecclésiastique, qui se mettoit sur la poitrine. Gl. *Pectorale* 2.

PECUINE, Argent, monnaie. Gl. *Pecunia operata*.

PECZAIS, Droit sur les vaisseaux qui se brisent ou échouent. Gl. *Peceium*.

PEDAGOGIEN, Pedagogue, Professeur, qui enseigne les belles-lettres. Gl. *Pædagogium*.

° **PEDAILE**, Infanterie. Complainte sur la mort de Simon de Montfort, Wolf Uber die Lais, pag. 459 :

Tot à cheval
Fust le mal
Sauntz nulle pedaile.

Voyez Halliwell.

PÉDANCE, Pitance, portion monacale. Gl. *Pidantia*, sous *Pictantia*, pag. 313³.

PEDANENS, Bailli, juge inférieur. Gl. *Pedaneus*.

PEDE, Sorte d'arme. Gl. *Pedalum*.

PEDOIRE, Espèce de pierre précieuse. Gl. *Peritot*.

° **PEÉ**, Pied. Vie de S. Thomas de Cantorb. Chronique des ducs de Norm tom. 3. pag. 619¹. Hugo de Lincolnia, str. 74.

PEESTER, Roman de Renart, tom. 3, pag. 19, vers 20380 :

Quant Brichemer
Vit à la terre péester.

1. **PEGHE**, Poix. Gl. *Pega*. [Voyez Rayn. tom. 4, pag. 525¹, au mot *Pega*.]

2. **PEGHE**, Certaine mesure des liqueurs. Gl. *Pegar*.

° **PEGNIL** †. Gl. *Pecten* 4.

PEGOUSE, Espèce de sole, poisson. Gl. *Pegua*.

PEGUAD, Sorte de mesure de vin. Gl. *Pegar*.

PEGUE, Poix. Gl. *Pega*, et *Gema*.

PEJAZ, Sorte de petite monnaie. Gl. *Peja*.

PEILE de Terre, Pièce de terre. Gl. *Petium terræ*, pag. 235¹.

PEILLE, Morceau, chiffon de papier. Gl. *Petium terræ*, pag. 235¹.

PEJOR. Avoir le Pejor, Avoir du dessous. Gl. *Pejorescere*. [Voyez Rayn. t. 4, pag. 535¹, au mot *Pieger*.]

PEIREGADE, Sorte de jeu de dés ou de hasard. Gl. *Pedregata*.

PEIS, Paix. Gl. *Pax*, pag. 280².

PEISSEL, p. e. Botte d'un certain poids. Gl. *Pessale*.

1. **PEL**, [Pieu. Roman de Renart, tom. 1, pag. 50, vers 1316. Voyez *Pau*, *Paul*, *Pey*. Chron. des ducs de Normandie. Rayn. t. 4, pag. 308¹, au mot *Pal*. Gl. *Pilatus*, *Suda*]. PEL de Vigne, Échalas. Gl. *Palus* 1.

° 2. **PEL**, Peau. Agolant, vers 518. Gl. *Xerampinus*. Rayn. tom. 4, pag. 483¹, au mot *Pel*.

PELAGE, Droit seigneurial dû pour l'attache des bâteaux. Gl. *Arripagium*, sous *Adripare*.

PELAIGE, Poil. Gl. *Pelagia*.

PELAILLE, Canaille. Gl. *Pelagia*.

1. **PELAIN**, Eau de chaux, qui sert à peler les cuirs. Gl. *Pelanus* 1. [Roman de Renart, tom. 3, pag. 26, vers 20459.]

2. **PELAIN**, Défaite, déroute. Gl. *Pelanus* 1.

1. **PELÉ**, Vêtu, couvert de quelque habit que ce soit. Gl. *Pellitus*.

° 2. **PELÉ**, Fruste, effacé. Gl. *Pelatus*.

PELE-FOUANS, Qui fouit avec une pelle. Gl. *Pala* 3.

PELENX ou Peleux, Terre inculte ou légèrement labourée. Gl. *Pelanus* 1.

PELETE, Pellicule qu'on coupait dans la cérémonie de la circoncision. Gl. *Pellia*.

PELETEUVERIE, Pelleterie, l'art de préparer les peaux. Gl. *Pelleteria* 1.

PELETRAGE, La garniture d'un coffre ou d'une porte, barre de fer qui sert à les bien fermer. Gl. *Paleria* 2.

1. **PELICE**, Vêtement garni de peaux, fourrure. Gl. *Pellicia*. [*Pelice grise*, Roman de Renart, tom. 1. pag. 41. v. 1074. Partonop. vers 10635. Roi Guillaume, p. 166. Voyez Rayn. tom. 4, pag. 484¹, au mot *Pelissa*, ci-dessus *Pelisse*.]

2 **PELICE**. Deniers de Pelice, Redevance en pelisses ou en argent pour avoir des pelisses. Gl. *Pellicia*.

° PELICER, Arracher la peau, tirer de l'argent. Ruteb. tom. 1, pag. 15 :
Or veut de l'argent ma norrice,
Qui m'en destraint et me pélice.

PELIÇON, Vêtement garni de peaux, fourrure. Gl. *Pellicia*. [Roman de Renart, tom. 3, pag. 120, vers 23039. *Peliçon, Pelisson gris*, Garin le Loher. tom. 1, pag. 15, 269. *Cort peliçonet gris*, Partonop. vers 5062.]

PELIDO, Sorte de pierre précieuse. Gl. *Pelido*.

PELISSE, Toison. Gl. *Pilla* 1.

PELLAGE, Droit seigneurial dû pour l'attache des bateaux. Gl. *Palagium*.

PELLE, Perle. Gl. *Perlæ*. [Flore et Blancefl. vers 657.]

PELLIÇON, Vêtement garni de peaux, fourrure. Gl. *Pellicia*.

PELLIR, Ramasser avec une pelle. Gl. *Pela* 2.

PELOINGE, PELONGE, p. e. Étoffe pelue; ou Sorte de peluche. Gl. *Pelorcus*.

PELOTTE, Balle, éteuf. Gl. *Pelota* 3, et *Ludipes*.

PELUC, Ce qui reste du grain après qu'il a été vanné. Gl. *Pelu*.

PELUE, Paille. Gl. *Palea* 2.

° PENAICHIER, Gérard de Vienne, vers 2306.
Et dist Rollan : N'ai soig de penaichier.

PENAIGE, Ce qu'on paye pour la paisson des bêtes. Gl. *Pasnagium*, sous *Pastio*, pag. 202³.

PENANCE, Pénitence, peine, punition. Gl. *Pœnitentes*, pag. 388².

PENANCHIER, PENANCIER, Pénitencier, dignité ecclésiastique, confesseur. Gl. *Pœnitentiarius* 1.

PENANCIER, Pénitent, qui accomplit la pénitence qui lui a été imposée. Gl. *Pœnitentialis*, pag. 389².

PENANT, Pénitent. Gl. *Pœnitentes*, pag. 388².

PENARDEAU, PENARD, espèce de grand couteau à deux taillants. Gl. *Penardus*.

PENART, Le haut d'une flèche. Gl. *Penatum*.

PENAS, Panache. Gl. *Penatum*.

PENAUL, Certaine mesure de grain. Gl. *Penaldus*.

PENCEL, Floquet, qu'on attachait à la lance et à l'épée. Gl. *Pennones*.

PENCHENAYRIE, Le métier de faire des peignes ; de *Penchenier*, L'ouvrier qui les fait, et le marchand qui les vend. Gl. *Pecchenarius*.

1. PENCHON, Instrument propre à la pêche. Gl. *Panchon*. [Trappe. Roman de Renart, tom. 3, pag. 153, vers 23987 ; pag. 158, vers 24126. Voyez *Pauchon*.]

2. PENCHON, L'endroit où l'eau d'un moulin s'écoule, et qui y est arrêtée par une écluse. Gl. *Penchonia*.

PENCHOT, Espèce de pieu. Gl. *Penchonia*.

PENCHUN, Instrument propre à la pêche. Gl. *Gordana*, et *Panchon*.

PENÇON, L'endroit ou l'eau d'un moulin s'écoule, et qui est arrêtée par une écluse. Gl. *Penchonia*.

PENCOSSIER, Boulanger. Gl. *Pancosserius*.

PENDANT, Penchant, descente. Gl. *Pendens* 2. [Fabliaux, Jubinal, t. 1, p. 141. Roman de Renart, tom. 1, pag. 18, v. 310. Comparez tom. 3, pag. 82, vers 21992.]

PENDART, PENDEUR, Bourreau, celui qui pend les criminels. Gl. *Pendere*.

PENDOUER, Pendoir, ce qui sert à suspendre les bêtes. Gl. *Pendulum* 2.

PENDOYRE, La partie du ceinturon d'où pend l'épée. Gl. *Pendulum* 2.

1. PENE, Fourrure. Gl. sous *Pannus* 2. [Partonop. vers 4896, 7451, 7455, 10842, 10685. Flore et Jeanne, p. 23. Voyez Rayn. tom. 4. pag. 409¹, au mot *Penna*.]

° 2. PENE, PENNE, Bord supérieur, crête. *Pene del escu*, Partonop. v. 8803 :
Haut très parmi l'escu l'asene
Desos le bocle, lès le pene.
Vers 3262 :
En l'eur desus parmi la pene.
Vers 3154, 3237, 3362. Chronique des ducs de Norm. tom. 3, pag. 64, v. 33669 :
Par sus la pene del escu
Entre le col e la peitrine
Li fait passer l'anste fraisnine.
Voyez ci-dessous *Penne* 2, Gl. *Pinna* 1 et 5, et *Pannus* 2.

PENEANCE, Pénitence ; d'où *Péneancier*, Pénitencier, confesseur, et *Péneant*, Pénitent. Gl. *Pœnitentes*, pag. 388², et *Pœnitentiarius* 1.

1. PENEL, Sorte de filet, panneau. Gl. *Panellus* 2.

2. PENEL, Espèce de selle ou bât. Gl. *Panellum* 8. [Couverture de cheval. Roi Guillaume, pag. 114 :
Sor lor peniax à terre jurent,
Que estrain ne fuerre n'i ot.]

3. PENEL, p. e. L'endroit où l'eau d'un moulin s'écoule, et qui y est arrêtée par une écluse. Gl. *Penchonia*.

PENELLE, Morceau de grosse toile. Gl. *Panellum* 3.

PENEN, Bannière, étendard, enseigne. Gl. *Pennones*.

PENENCE, Pénitence. Gl. *Pœnitentes*, pag. 388².

° PENEOR, Souffrant, malheureux. Aubri, vers 188.

PENER, Tourmenter, punir, châtier. Gl. *Panare*. [Se donner de la peine, s'efforcer. Partonop. vers 9672. Roi Guillaume, pag. 106. *Se pener*, Partonop. v. 8133. *Pené*, Fatigue, vers 2429. Voyez Rayn. t. 4, pag. 488¹, au mot *Penar*. Diez *Altroman. Sprachdenkm.* pag. 50]

° PENIBLE, Dur à la peine, infatigable. Partonop. vers 9356. Chronique des ducs de Norm.

PENIER, Panier. Voy. la plaisanterie à ce sujet au mot *Panerius* 1.

PENILIERE, PENILLERE, La partie du corps où croît la marque de puberté. Gl. *Pelnieria*.

PENJON, Pigeon. Gl. *Pigia*.

PENISSON, Pauvre homme, hébété, stupide. Gl. *Pœnare*.

PENLAURI, Pilori. Gl. *Penlauri*.

PENNAGE, Ce qu'on paye pour la paisson des bêtes. Gl. *Pasnagium*, sous *Pastio*, pag. 203³.

PENNART, Espèce de grand couteau à deux taillants. Gl. *Penardus*.

1. PENNE, Éminence, hauteur, colline. Gl. *Penna* 1.

2. PENNE, La peau qui couvrait le bouclier. Gl. sous *Pannus* 2. [Voyez *Pene* 2.]

° 3. PENNE, Plume. Enfants Haymon, v. 281, et note. Agolant, pag. 173². Chron. des ducs de Normandie. Rayn. tom. 4, p. 494¹, au mot *Pena*. Greffe. Gl. *Penna* 4.

PENNEAU, Flèche de lard, la pièce d'un cochon depuis l'épaule jusqu'à la cuisse. Gl. *Penillum* 4.

1. PENNEL, Sorte de selle ou bat. Gl. *Panellum* 8.

° 2. PENNEL, Sorte de filet, panneau. Gl. *Penellum*.

PENNETTE, diminutif de PENNE, Éminence, hauteur, colline. Gl. *Penna* 1.

PENNILIERE, La partie du corps où croît la marque de puberté. Gl. *Pelnieria*.

PENNON, Étendard, enseigne, plus particulièrement celle des bacheliers, et quelquefois celle des écuyers. Gl. *Pennones*. [Garin le Loher. tom. 1, pag. 25, 95. *Penoncel*, pag. 141.]

PENNONCEAU, Floquet, qu'on attachait à la lance et à l'épée. Gl. *Pennones*, pag. 259¹.

PENNONIER, Porte-étendard. Gl. *Pennones*, pag. 259¹.

1. PENON, Étendard, enseigne, plus particulièrement celle des bacheliers, et quelquefois celle des écuyers. Gl. *Pennones*, pag. 258³², et *Guntfano*.

2. PENON, pour Panneau de selle. Gl. *Pennellus* 1.

PENONCEL, Floquet, qu'on attachait à la lance et à l'épée. Gl. *Pennones*, pag. 259¹.

PENONCELLER, Publier un ban, prendre possession de quelque chose en y posant son *penon* ou sa bannière. Gl. *Pennones*.

° PENS, PENSIF, Triste. Partonop. v. 1868 :
Partant m'i tieng et pens et mus.

G. Guiart, t. 2, pag. 444, v. 11514 (20528) :
Trompes le plus pensis deduisent.
Voyez Rayn. tom. 4, pag. 497[2], au mot *Pensiu. Pens*, Tristesse. Roman de Renart, tom. 2, pag. 233, v. 15899. Rayn. p. 496[1], au mot *Pens*.

° **PENSER.** *Se dieu n'en pense, Si Dieu n'y pourvoit, ne s'en souvient.* Gérard de Vienne, vers 1523, 3185. Aubri, p. 162[2]. Garin le Loher. tom. 1, pag. 95. Pag. 45 :
*Por amor Dieu, pensez de vostre fil.
Et dit la dame : Diex en penst, biaus
[amis.*
Jordan Fantosme, vers 941 :
Or penst des suens nurrir.
Se penser, Roi Guillaume, pag. 70 :
Lors s'est de deux batiax pensés.

PENSIONNIER, Celui qui prend des pensionnaires, maître de pension. Gl. *Pensionatus*.

PENT-LARRON, Bourreau, celui qui pend les voleurs. Gl. *Pendere*.

° **PENTECOUSTE**, Jubinal, Jongleurs et Trouvères, pag. 141 :
*Nés l'enfant quant il est nez
Aporte l'en enmaillolez
Et en bers et en pentecouste.*

PENTOUER, Le lieu où l'on pend les draps pour les faire sécher. Gl. *Pentorium*.

PENTOUR, Perche où l'on pend les draps pour les faire sécher. Gl. *Pentorium*.

PEON, Pion, pièce des échecs. Gl. *Alphinus*. [A *péoun*, A pied. Lai du Corn, vers 68. Voyez Rayn. tom. 4, pag. 471[2], au mot *Pezo*.]

° **PEOR**, Peur. Partonop. v. 168, 6894.

PEPIN, Jardinier qui cultive des pépinières. Gl. *Pepitio*.

1. **PER DE FRANCE**, Pair. Gl. sous *Par* 2, pag. 149[12]. Quelquefois la même chose que baron ou grand seigneur, p. 150[3]. [Agolant, pag. 171[1], 173[1]. Voyez Rayn. tom. 4, pag. 413[2], au mot *Par*.]

2. **PER**, Échevin, conseiller de ville. Gl. *Pares communiarum*, sous *Par* 2, pag. 153[3].

3. **PER**, Femme, épouse. Gl. *Par* 1. [Gérard de Vienne, vers 741, 8949. Agol. pag. 170[1]. Voyez Fierabras, v. 5008, note.]

4. **PER**, Compagnon, camarade ; d'où *Bon per*, Bon compère, [Per à per, Homme à homme, en nombre égal.] Gl. *Par* 1.

PERCENER, Cohéritier, qui a une portion dans un héritage. Gl. *Parcennarii*.

PERCERIE, p. e. Pendant d'oreilles. Gl. *Parcetus*.

PERCHE, Petit soulier d'enfant. Gl. *Perchia* 1.

PERCHEEL, p. e. L'amende due au seigneur pour les bêtes prises en dommage. Gl. *Perchia* 2.

PERCHOT, Longue perche ferrée, croc. Gl. *Perchia* 1.

PERÇONNERIE, Partage. Gl. *Parcennarii*.

PERÇONNIER, Cohéritier, qui a une portion dans un héritage. Gl. *Parcennarii*, et *Participes*.

PERCUSSION, Espèce de maladie, apoplexie, ou coup à la tête. Gl. *Percussores*.

PERDE, Perte, dommage. Gl. *Perda*. [Partonop. vers 4249, 4450, 4717, 4755, 10224. (Rime : *deserte*.) Garin le Loher. tom. 1, pag. 231, 234. Wackern. p. 29, 40. Voyez Rayn. tom. 4, pag. 517[2], au mot *Perda*.]

° **PERDON**. Voyez *Pardon*.

PERDRIAU, Machine de guerre qui jetait des pierres, etc. Gl. *Perdiceta*.

PERDRIER, PERDRIEUR, Celui qui chasse aux perdrix, office chez le roi. Gl. *Perdrix*.

PERDURABLE, Qui doit durer toujours. Gl. sous *Pictantia*, et *Ratitudo*.

PERÉ, Poiré, boisson faite de jus de poires. Gl. *Pereius*.

PERECHE, Paresse. Gl. *Acedia*. [Perece, Roman de Renart, tom. 3, pag. 35, vers 20708. *Perecer*, Ruteb. tom. 2, p. 214. Chron. des ducs de Norm. tom. 3, p. 261, vers 38265.]

PERÉE, Masse d'un certain poids. Gl. *Petra*.

PEREGRINATION, Pèlerinage. Gl. *Peregrinatio* 3.

° **PERESTRUSIE**. Voyez *Parestrusse*.

PEREY, Poiré, boisson faite de jus de poires. Gl. *Pereius*.

° **PERFIL**. Voyez *Pourfilure*.

PERGE, Ceinture de cuir fort large. Gl. *Pargia* 2.

PERGÉE, PERGIE, Ce qu'on paye au seigneur pour qu'il établisse des messiers. Gl. *Pergea*.

PERGIE, L'amende due au seigneur pour les bêtes prises en dommage. Gl. *Pergia*.

1. **PERIER**, Poirier. Gl. *Pererius*.

° 2. **PERIER**. Gl. *Census*, pag. 259[3].

° **PERIERE**. Gl. *Petraria* 3.

PERILER, Se gâter, devenir mauvais. Gl. *Pevilare*.

PERILLER, PERILLIER, Périr, faire naufrage. Gl. *Periclitari* 1, et *Periculare*.

PERILLIER, Mettre en danger, exposer à périr. Gl. *Perilare*.

PERLE, p. e. Pêne d'une serrure. Gl. sous *Vigilia*.

PERLON, Espèce de poisson de mer, rouget. Gl. *Girculus* 2.

PERMANAULEMENT, PERMENABLEMENT, PERMENAULEMENT, Toujours, à perpétuité. Gl. *Permanentia*.

PERNAGE, Présent ou redevance en jambons. Gl. *Nefrendicium*.

PERNOCTER, Passer la nuit. Gl. *Pernoctantia*.

PEROLIER, Chaudronnier. Gl. *Parolla*.

PEROLOLISIER, Condamner un criminel au pilori. Gl. *Pilorisare*.

PERONNE, La partie de la charrue à laquelle on attelle les chevaux. Gl. *Paronus*. [Peronnel. Gl. *Parvichalis*.]

PERPEIRE, Espèce de poisson de mer. Gl. *Arnoglossus*.

PERPENDICLES, Niveau à pendule. Gl. *Perpendiculum* 1.

PERPRE, Monnaie d'or des empereurs de Constantinople. Gl. sous *Hyperperum*.

PERPRENDEMENT, Usurpation, tout ce qu'on prend de force et d'autorité. Gl. *Porprensio*, sous *Porprendere*.

PERPRENDRE, Prendre de force, usurper. Gl. *Porprendere*.

PERRAIL, Bord, rivage de la mer. Gl. *Perreia* 1.

PERRE, Sorte de jeu. Gl. sous *Perralha*.

1. **PERRÉE**, Certaine mesure de grain. Gl. *Perea*.

2. **PERRÉE**, Bord d'une rivière, rivage. Gl. *Perreia* 1.

PERRELLE, Espèce de terre qui entre dans la composition de quelques remèdes. Gl. *Perralha*.

° **PERRELOUZ** †. Gl. *Silicosus*.

PERRER, Paraître. Gl. *Parere* 2.

PERREUR, Carrier, celui qui tire et qui coupe la pierre des carrières. Gl. *Perreator*.

1. **PERRIER**, Le même. Gl. *Perreator*, et *Petrarius*.

2. **PERRIER**, Poirier. Gl. *Pererius*.

3. **PERRIER**, Joaillier, bijoutier. Gl. *Perreator*.

1. **PERRIERE**, Sorte de filet. Gl. sous *Persona*.

2. **PERRIERE**, Carrière. Gl *Perreator* et *Petraria* 1.

° **PERRIN**, De pierre. Ruteb. tom. 2, pag. 289. Chron. des ducs de Norm. tom. 2, pag. 582, vers 30536.

PERROY, Bord, rivage de la mer. Gl. *Perreia* 1. [Voyez *Pierrin*.]

PERROYER, Tirer ou couper la pierre des carrières. Gl. *Perreator*.

PERS, Couleur bleu foncé, drap de la même couleur, livide, noirâtre. Gl. *Persus*. [Partonop. vers 885.]

PERSEPOUX, Terme injurieux pour les couturiers et tailleurs. Gl. *Persicior*.

PERSEVERATION, Opiniâtreté, entêtement. Gl. *Perseverentia*.

PERSEVERIE, Le droit de poursuivre

et de répéter son homme de corps ou serf. Gl. *Perseverentia*.

PERSIN, Persil. Gl. *Petrocinilium*.

PERSINÉE, p. e. Morsure ; Langue de vipère ; ou Odeur de persil. Gl. *Persina*.

1. **PERSONAGE**, PERSONNAGE, Bénéfice ecclésiastique, dont le titulaire se nommait *Personne*, cure. Gl. *Personagium* 1.

2. **PERSONAGE**, Etendue, district d'une paroisse. Gl. *Personagium* 1.

1. **PERSONNAGE**. ETRE EN PERSONNAGES, Etre constitué en dignité ecclésiastique. Gl. *Personatus*, sous *Persona*, pag. 285².

2. **PERSONNAGE**. JEU DE PERSONNAGES, Action dramatique. Gl. *Personagium* 3, et *Ludus personarum*.

PERSONNE, Curé. Gl. sous *Personæ*, pag. 284³.

PERSONNERIE, Société, communauté de biens. Gl. *Personarii*.

PERSONNIER, Associé, cohéritier, complice. Gl. *Personarii*.

PERT, Persiste, continue, 3ᵉ personne de l'indicatif du verbe *Perter*. Gl. *Persistenter*. [Voyez *Paroir*.]

° **PERTENS**, comme *Partant ?* Wackern. pag. 56.

PERTINASSEMENT, Opiniâtrement. Gl. *Pertinacia* 1.

° **PERTRIS**, Perdrix. Garin le Loher. tom. 1, pag. 270. Flore et Blancefl. vers 1682.

PERTROUBLER, Troubler. Gl. *Perturbia*.

PERTRUISAGE, Droit dû par les marchands fréquentant les foires. Gl. *Pertusagium*.

PERTUISAGE, Droit sur les tonneaux de vin, et p. e. sur toute espèce de marchandises vendues en foire. Gl. *Pertusagium*.

PERTUISEGNE, Pertuisane. Gl. *Pertixana*.

PERTUS, Porte, ouverture. Gl. *Pertuseria*.

PERTUSAGE, Droit sur les tonneaux de vin qu'on met en perce pour vendre. Gl. *Pertusagium*.

PERVERTIR, Se corrompre, devenir méchant. Gl. *Sanctificare*.

PERVESIR, Pourvoir. Gl. *Providere* 2.

PERY, Poiré, boisson faite de jus de poires. Gl. *Pereius*.

° **PES**. Paix. *Or atant pes*, Partonop. vers 1777. *Le méisse un en grant pes*, Roman de Renart, tom. 8, p. 47, vers 21023. Voyez *Pais* 2.

PESAC, Cosses de pois. Gl. *Pesait*.

PESAGE, Ce qu'on paye pour les marchandises pesées au poids public. Gl. *Pesagium*.

PESAGGE, Péage, sorte d'impôt. Gl. *Pesagium*, sous *Pedagium*.

PESAMMENT, Durement, à la plus grande rigueur. Gl. *Pesar*.

PESANCE, Peine, chagrin. Gl. *Pesar*. [Wackern. pag. 28.]

° **PESANT**, Aubri, pag. 167² :

Fix sui Basin un riche duc poisant
Il tint Borgogne une terre pesant.

Tombant, pendant. Partonop. vers 5765 :

Et il (le cheval) *vait o son frain pesant*
Les regnes a es pis flottant.

Pénible, dur. Roman de Roncevaux, pag. 58 :

Cestui teing à pezant.

Voyez Diez, *Altroman. Sprachdenkm*. pag. 55. Rayn. tom. 4, pag. 494², au mot *Pensar*.

PESATGE, Péage, sorte d'impôt. Gl. *Pesagium*, sous *Pedagium*.

PESAZ, Cosses de pois. Gl. *Pesait*. [Roman de Renart, tom. 1, pag. 20, vers 542.]

PESCAILLE, Toute espèce de poissons pris à la pêche. Gl. *Pisca* 2.

PESCHAGE, Pêche, l'action de pêcher. Gl. *Pisca* 2.

PESCHALLE, Toute espèce de poissons pris à la pêche. Gl. *Pisca* 2.

PESCHEAU, Paisseau, échalas. Gl. *Psellus*.

PESCHERET. BATELLET PESCHERET, Nacelle de pêcheur. Gl. *Pisca* 2.

PESCHIER, PESCHIERE, Vivier, étang, pêcherie. Gl. *Piscare*.

PESCHOIRE, Parure de couleur de fleur de pêcher. Gl. *Piscis* 1.

PESEIL, p. e. Pilori. Gl. *Rumpefetatorium*.

1. **PESIEL**, Ce qu'on paye pour les marchandises pesées au poids public. Gl. *Pesagium*.

2. **PESIEL**, p. e. Botte d'un certain poids. Gl. *Pessale*.

PESIERE, Champ semé de pois. Gl. *Peisia* et *Pisetum* 2.

PESME, Cruel, fâcheux, chagrinant. Gl. *Pesar*. [Très-mauvais. Laborde, p. 228. Partonop. vers 8213. Roman de Renart, tom. 5, pag. 57, vers 348. Chron. des ducs de Norm. Voyez Orell, pag. 38. Rayn. tom. 4, pag. 537¹, au mot *Pesme*.]

PESNE, Essuie-main. Gl. *Pesne*.

PESNES, Les bouts de laine ou de fil attachés aux ensubles. Gl. sous *Pannus* 2.

PESOLS, Pois, légume. Gl. *Pesait*.

1. **PESQUERIE**, Pêcherie, étang, vivier. Gl. *Pescarium*.

2. **PESQUERIE**, Sorte de jeu. Gl. *Pisquera*.

1. **PESQUIER**, Etang, vivier. Gl. *Pescarium*.

2. **PESQUIER**, Pêcher. Gl. *Pisquera*.

PESSATE, Pièce de terre. Gl. *Pessia*.

PESSEAU. FICHER PESSEAUX, Echalasser. Gl. *Paxillare*.

PESSIEL, p. e. Botte d'un certain poids. Gl. *Pessale*.

PESSOLS, Les bouts de laine ou de fil attachés aux ensubles. Gl. *Pessoillii*.

1. **PESSON**, Le lieu où paissent les cochons ou autres animaux. Gl. *Pesso*.

2. **PESSON**, Pieu, échalas. Gl. *Paxillare*.

PESTAIL, PESTEIL, PESTEL, Pilon. Gl. *Pestillum*, et † *Tribulum*. [*Peteil*. Gl. *Alisterium*.]

PESTELER, Briser, casser, écraser. Gl. *Pestare*.

PESTIZ, Pâtis, pâturage. Gl. *Pesticium*.

PESTOIL, Pilon. Gl. *Pestillum*.

PESTOR, PESTEUR, Pâtissier, boulanger. Gl. *Pestarius*.

PESTREUR, Le même. Gl. *Pestarius*.

PESTRIL, L'endroit où l'on pétrit le pain, fournil. Gl. *Pestarius*.

PESTRIN, Le même. Gl. *Petrinum*. [*Pestrine*, Genes. chap. 40. vers 17. Roquef. au mot *Canistre*.]

PESVISSABLE, Saisissable en garantie, ce qu'on peut prendre en cautionnement. Gl. *Plevimentum*, sous *Plegius*, pag. 369¹.

PESUS, Pois, légume. Gl. *Pesait*.

PETAGOGUE, Collège, lieu où l'on enseigne les belles-lettres. Gl. *Pædagogium*.

PETAIL, Matras, dard avec une grosse tête. Gl. *Petulum*.

PETEILLER, Battre, frapper. Gl. *Pestare*. [Roman de Renart, tom. 4, p. 14, vers 851, var. *peceiller*.]

PETELLER, Vexer, persécuter. Gl. *Pestare*.

PETIER, p. e. Se promener à pied. Gl. *Pedare*.

PETIT, Peu. *A petit*, Peu s'en est fallu. Gl. *Parvus* 1, et *Payla*. [*Petit de*, Fierabras, vers 364 note. Roman de Renart, tom. 1, pag. , vers 249. Gérard de Vienne, pag. 166² :

Molt lor est ore petit de ton dangier.]

1. **PETITET**, Petit, jeune. Gl. *Parvulinus*.

2. **PETITET**. BIEN PETITET, Très-peu. Gl. *Parvus* 1. [*Un petitet*, Un peu. Gérard de Vienne, vers 2973.]

PETITS FRÈRES BIS, Frères mineurs, Cordeliers. Gl. *Bizochi*.

PETRINE, Poitrine. Gl. *Petrina* 1.

PETRIS, p. e. Tour, fortification. Gl. *Petrecha*.

PETRUISAGE, Droit dû par les marchands fréquentant les foires. Gl. *Pertusagium*.

PETTOUR, Surnom de celui qui, à raison de la sergenterie qu'il possédait en fief, devait entre autres choses, tous les ans, à Noël, faire un pet devant le roi d'Angleterre. Gl. *Bombus*.

PETUEIL, Matras, dard avec une grosse tête. Gl. *Petulum*.

PEU, Colline, montagne, lieu élevé. Gl. *Podium* 3.

PEUFFERIE, Habits de friperie. Gl. sous *Pecia*, pag. 235².

PEULLEUL, Mur de bauge. Gl. *Paleus*.

º **PEULS**, Brins, pailles. Roman de Roncevaux, pag. 30. *Peus*, Pieux. Partonop. vers 2121. Chron. des ducs de Norm. Voyez *Pel* 1, et *Pex*.

PEUPLEMENT, Signification, publication ; du verbe *Peupler*, Publier, dénoncer. Gl. *Populatus* 3. [*Peupliés*, Gl. *Vulgulosus*.]

º **PEUREUX**, Epouvantable. G. Guiart, tom. 2, pag. 313, vers 8181 (17112).

PEVRIER, Epicier. Gl. *Pevrarius*.

PEUSTICET, Petite porte, guichet. Gl. *Posticium*.

PEUTRE, Espèce de métal. Gl. *Peutreum*.

PEUTREL, Poulain, jeune cheval. Gl. *Poledrus*.

PEUTURE, Pâture, nourriture. Gl. *Petura*.

º **PEX**, Pieux. Garin le Loher. tom. 1, pag. 251. Flore et Blancefl. vers 456. Voyez *Pel* 1.

PEY, Pieu, bâton. Gl. *Peya*.

PEYCHONIER, Poissonnier, marchand de poisson. Gl. *Peissonarius*.

PEYSSEL, Echalas : d'où *Peysseller*, Echalasser. Gl. *Peissellus*.

º **PEZANT**. Voyez *Pesant*.

PEZEAU, Champ semé de pois. Gl. *Pezada*.

PEZELLOUSE, CHAR PEZELLOUSE, p. e. Corrompue, ou qui a des marques de corruption. Gl. *Pessarius*.

PEZIERE, Champ semé de pois. Gl. *Peisia*.

PFENNING, Denier. Gl. *Pfenning*.

PHANON, Ornement ecclésiastique, manipule. Gl. *Phano* 2.

PHICHIER, Figuier. Gl. *Phagus*.

PHIÉ, Fief. Gl. *Pheodum*.

PHILATERE, PHILATHIERE, Reliquaire. Gl. *Filaterium* et *Phylacteria*.

PHILIPPE, Monnaie d'or d'Espagne. Gl. *Philippi*.

PHYSETERE, Souffleur, poisson. Gl. *Fusitera*.

PHYSICIEN, Médecin et chirurgien. Gl. sous *Physica*.

PHYSIQUE, Médecine, l'art de guérir. Gl. *Physica*.

PIARDE, PIASSE, Espèce de hache ou coignée. Gl. *Picassa*.

1. **PIAUTRE**, Espèce de métal. Gl. *Pestrum*. (G. Guiart, tom. 2, pag. 163, vers 4215 (13201).

º 2. **PIAUTRE**, Eperons, becs des nefs. G. Guiart, tom. 2, pag. 374, vers 9705 (18687). Voyez Jal, Archéologie navale, tom. 2, pag. 527.

º **PIAUTRER**, G. Guiart, tom. 1, pag. 65, vers 1035 :

Fuiant s'en vont c'on ne les piautre.

º **PIAX**, Peaux. Flore et Blancefl. vers 1150. Gérard de Vienne, vers 2583. Voyez *Pel* 2.

PIBLE, PIBOUST, Peuplier. Gl. *Pibol*.

1. **PIC**, Montagne, lieu élevé. Gl. *Podium* 3.

2. **PIC**, Coup de taille ou de tranchant d'une épée, ou d'un autre instrument. Gl. *Picum*.

PICASSE, Houe, instrument à remuer la terre. Gl. *Picassa*.

PICAUDE, Piqûre, égratignure, légère blessure. Gl. *Picare* 3.

PICHER, Vase à mettre des liqueurs, certaine mesure. Gl. *Picherius*, sous *Picarium*.

PICHET, Certaine mesure de sel. Gl. *Pichetus* 1 [et *Bichonus*].

PICHIER, Vase à mettre des liqueurs, certaine mesure. Gl. *Picherus*. [Et *Bicarium*. *Picier*, Partonop. vers 3971, 3997.]

PICORNER, s'Enivrer. Gl. *Picherus*.

º **PICOT**, Pic. Gérard de Vienne, vers 3226 :

A ferremens n' à picos acerez.

(Vers 1786. *Pix*.) Picois, Chron. des ducs de Normandie. *Pikois*, Flore et Blancefl. vers 1792. *Piquois*, G. Guiart, tom. 1, pag. 177, vers 4034 ; pag. 180, vers 4123. Gl. *Picta* 2. Seur le pic et seur le pels. Gl. *Infoditus*.

PICOIUL DE FAUX, Le manche, le bâton d'une faux. Gl. *Pecollus*. Voyez *Pecol*.

1. **PICQUIER**, Fouir, ouvrir la terre avec un pic. Gl. *Picare* 2.

2. **PICQUIER**, Battre le blé ou autres grains. Gl. *Picare* 3.

PIÉ CLOUX, Se dit des petits animaux, comme lapin, lièvre, renard, etc. Gl. *Animalia*, pag. 255¹.

PIÉ MAIN, Certaine mesure. Gl. *Pes manus*, sous *Pes*.

PIÉ TAILLÉ, COUPÉ, Punition pour le larcin et autres crimes. Gl. *Pes*.

1. **PIECE**, Espace de temps. Gl. sous *Pecia*, pag. 235³. [Chastel. de Couci, vers 1117 :

*Ains ne véistes plus plaisant
Ne ne verrés, ce quit, en pièces.*]

Pieça, Orell. pag. 312. Chron. des ducs de Norm.

2. **PIECE**. A PIECE, A peine. Gl. *Mouturare*. [A pieces, A péché. Partonop. vers 313 :

*Miols vaut bons fils à pieces nés
Que mauvais d'espouse engenrés.*]

3. **PIECE** DE CANDOILE, Une chandelle. Gl. *Pecia candelæ*, pag. 235³.

PIECER, Mettre des pièces à un habit, rapetasser. Gl. sous *Pecia*, pag. 235².

PIEDEAL, p. e. Aiguillon, dont on pique les bœufs. Gl. *Pedestallus*.

1. **PIED-LEVÉ**, Certaine redevance due aux chanoines de Reims par l'archevêque. Gl. *Pes*, pag. 292¹.

2. **PIED-LEVÉ**, Sorte de jeu. Gl. sous *Pes*, pag. 292¹.

PIEFFUF, Espèce d'arbre, p. e. Bouleau. Gl. *Pafustum*.

PIEMENT, Liqueur faite de miel, de vin et de différentes épices. Gl. *Pigmentum* 1.

PIENNES, Les bouts de laine ou de fil attachés aux ensubles. Gl. sous *Pannus* 2.

PIEPOUDREUX, Etranger, marchand forain, qui court les foires. Gl. *Pedepulverosi*.

PIER, Pair. Gl. *Par*, pag. 150³.

º **PIERETAIN**..... Gl. *Pilare* 3.

PIERGE, Grand chemin, chaussée pavée ou ferrée. Gl. *Pergus*.

1. **PIERRE**, Masse d'un certain poids. Gl. *Petra*.

2. **PIERRE** DE DEVISE, Borne qui divise les terres. Gl. *Divisa* 4.

3. **PIERRE**. PORTER LA PIERRE A LA PROCESSION, Sorte de pénitence publique pour une femme qui insultait une autre femme. Gl. sous *Lapis*.

PIERRECIN, Persil. Gl. *Petrocinillum*.

PIERRIER, Joaillier, bijoutier. Gl. *Perreator*.

º **PIERRIN**, Gravier. Partonop. v. 5578. Voyez *Perroy*.

1. **PIERT**, Pieu, gros bâton. Gl. *Palada*.

2. **PIERT**, Troisième personne de l'indicatif du verbe *Pierre*, Paraître. Gl. *Treffa*. [Voyez *Paroir*.]

PIESCE, Espace de temps. Gl. sous *Pecia*, pag. 235³.

º **PIESQUIER**, Pêcher. Gl. *Vieria* 2.

PIESSATE, Pièce de terre. Gl. *Pessia*.

1. **PIETAILLE**, Infanterie. Gl. *Pedes-*

trinus et *Pedones*. [Renart le Nouvel, t. 4, pag. 197, vers 1844. Voyez *Pedaile*.]

2. **PIETAILLE**, Populace, le menu peuple. Gl. *Pedes* 2.

PIETOIER, Marcher, se promener. Gl. *Peditare*.

PIETRES, Espèce de monnaie. Gl. *Petrus*, et *Floreni*, pag. 526³.

PIEUCHON , p. e. Pique, hache, ou pieu ferré, sorte d'arme. Gl. *Picassa*.

1. **PIEUMENT**, Liqueur faite de miel, de vin et de différentes épices. Gl. *Pigmentum* 1.

2. **PIEUMENT**, Mélisse, citronnelle. Gl. *Pigmentus*.

PIEUR, Pire, plus mauvais. Gl. *Pejorescere*.

° **PIEZ**, Pieux. Roman de Renart, t. 1, pag. 49, vers 1290.

PIFART, Sorte d'étoffe. Gl. *Piffarus*.

PIFRE, pour Fifre. Gl. *Piffarus*.

PIGACHE, Sorte de parure, dont les femmes ornaient les manches de leurs robes. Gl. *Pigaciæ*.

PIGMENT, Liqueur faite de miel, de vin et de différentes épices. Gl. *Pigmentum* 1.

PIGNE, Espèce de peigne à l'usage des couvreurs en chaume ; d'où *Pigner*, Se servir de cet instrument. Gl. *Pecten* 2.

PIGNÉ, p. e. Celui qui a du mal aux parties secrètes. Gl. *Pecten* 4.

1. **PIGNER**, Se dit du bruit que fait une charrette mal graissée. Gl. *Hugnare*.

2. **PIGNER**, Voy. ci-dessus *Pigne*.

PIGNERESSE, Cardeuse de laine. Gl. *Picturerius*.

PIGNEURE, Saisie, main-mise par autorité de justice. Gl. *Pignura*.

1. **PIGNIER**, Cardeur de laine. Gl. *Picturerius*.

2. **PIGNIER**, Peigner, accommoder les cheveux. Gl. *Pectinare*.

° 3. **PIGNIER**, Fabriquant de peignes. Gl. *Pectinerius*.

PIGNOLAT, Dragée faite du noyau de la pomme de pin. Gl. *Pignoletum*.

PIGNOLE, p. e. Peine, embarras. *Laisser quelqu'un en la Pignole*, L'abandonner dans le péril. Gl. *Pignolus* 1.

1. **PIGNON**, Certaine partie d'une maison, p. e. le grenier. Gl. *Pignio*.

2. **PIGNON** , Caque de harengs. Gl. *Pignio* [et *Caquus*.]

3. **PIGNON**, Pennon, étendard, enseigne. Gl. *Pignio*. [Renart le Nouvel, tom. 4, pag. 187, vers 305. Chastelain de Couci, vers 3285. Gl. *Pennones*, pag. 259¹.]

PIGNONCIEL, Bannière, étendard, enseigne. Gl. *Pennones*. [*Pingnonchiel* en *la banière*, Roman de Renart, tom. 4, p. 108, vers 2976.]

PIGNORER , Saisir, prendre en gage par autorité de justice. Gl. *Pignorare*, sous *Pignus*, pag. 818³.

PIGORIAUS, p. e. Grands chemins. Gl. *Pigri*.

PIGOUR, L'artisan qui fait les mesures appelées *Peghes*. Gl. *Pegar*.

° **PIKOIS**. Voyez *Picot*.

PIL, Sorte d'arme, espèce de massue, ainsi nommée à cause de sa ressemblance avec un pilon. Gl. *Pilus* 1.

PILAGE, Servitude par laquelle on est tenu de mettre en *pile* ou d'entasser les gerbes ou le foin de son seigneur. Gl. *Pilagium* 2.

PILATE. EN ESTRE PILATE, Se décharger des suites d'une affaire, comme fit Pilate, s'en laver les mains. Gl. *Pilatus*.

1. **PILE**, Sorte de balance, trébuchet. Gl. *Pila* 10.

° 2. **PILE**. BELLE PILE, Grande quantité. G. Guiart, tom. 2, pag. 125, vers 3218 ; pag. 187, vers 4825 ; pag. 254, vers 6581 (12198, 13813, 15561). *A pile*, En masse, pêle-mêle, tom. 1, pag. 63, vers 986 ; p. 207, vers 4921.

° **PILE A PILER FROMANT** †. Gl. *Pila* 3. Voyez Gl. *Triblagium*.

1. **PILET**, Javelot, dard. Gl. *Pilatus*.

2. **PILET**, Pilon, ce qui sert à piler. Gl. *Piletus*.

PILETE, Sorte d'arme, espèce de massue, ainsi nommée à cause de sa ressemblance avec un pilon. Gl. *Piletus*.

PILLARET, Pilori. Gl. *Pilloralium*, sous *Pilorium*.

1. **PILLE**, Argent monnayé. Gl. *Pila* 1.

2. **PILLE**, Certaine mesure de grain. Gl. *Pilla* 3.

3. **PILLE**, Butin pris sur l'ennemi. Gl. *Pilha*.

° **PILLERET**.... Gl. *Pilare* 3.

PILLETTE, Pilon, ce qui sert à piler. Gl. *Piletus*.

PILLEVILLE, p. e. Plaque. Gl. *Pillevilla*.

PILLEURS, Nom qu'on donnait autrefois aux compagnies des gens de guerre qui ravageaient le royaume. Gl. *Pilardi*.

PILLE-VUILLE, Monnaie des évêques de Toul. Gl. *Moneta Baronum*, p. 503¹.

PILLIÇON, Vêtement garni de peaux, fourrure. Gl. *Pellicio*, sous *Pellicia*.

PILLON , Bonde d'un étang. Gl. *Pillus*.

PILLORISER. Attacher au pilori. Gl. *Pilloralium* sous *Pilorium*.

PILLORY, Ornement de cou pour les femmes. Gl. *Pilloriacum*.

PILONETE, Petit marteau en forme de pilon. Gl. *Piletus*.

PILORIER , Attacher au pilori ; d'où *Plorieysement punir* , Condamner au pilori, et *Pilorisation*, La peine du pilori. Gl. *Pilloralium*, sous *Pilorium*, et *Pilorisare*.

PILOTER, Écraser, broyer avec un pilon. Gl. *Piletus*.

° **PILX**, PILZ, Pieux. Gl. *Pilus* 1. Voyez *Pel* 1.

PIMANT, PIMENT, Liqueur faite de miel, de vin et de différentes épices. Gl. *Pigmentum* 1. [Gérard de Vienne, vers 2634, 3746. Voyez le Glossaire sur la Chronique des ducs de Normandie, au mot *Piment*. *Piument*, Flore et Blanceflor, vers 1268, 1675. Partonop. vers 1048.]

PIMENT, Mélisse, citronnelle. Gl. *Pigmentus*.

PIMPELORÉ. DRAP PIMPELORÉ, peut-être à feuilles de pimprenelle, autrefois *pimpinella*. Gl. *Pannus pimpiloratus*.

PIMPERNEAU, PIMPRENEAU, Espèce de petit poisson. Gl. *Pipernella*.

PINAGE, Sorte d'impôt. Gl. *Pinagium*.

PINCHEMORILLE, Sorte de sauce. Gl. sous *Salsa* 1.

PINHADART, Espèce d'arbre. Gl. *Albares*, sous *Albareta*.

PINOT, Pineau, espèce de raisin. Gl. *Pignolus* 2.

PINPERNEAU, Espèce de petit poisson. Gl. *Pipernella*.

PINPERNEL, Dispos, léger, alerte. Gl. *Pipernella*.

PINSSE, Pièce. Gl. *Pecia*, pag. 235¹.

PINSSINONNER, p. e. Passer un bac. Gl. *Potonnars*.

PINTAGE, Le droit d'étalonner les mesures, et ce qu'on paye pour cela. Gl. *Pinta*.

PINTAT, La moitié de la pinte. Gl. *Pinta*.

PINTIER, Potier. Gl. *Pinta*.

PINTOT, La moitié de la pinte. Gl. *Pinta*.

PIOCHET, PIOCHON, Pioche, instrument à remuer la terre. Gl. *Piocus*.

PIOER, Piocher, remuer la terre. Gl. *Piocus*.

PIOLER, Parer de différentes couleurs. Gl. *Piola*.

PION, PIONE, peut-être Étouppe. Gl. *Piones*.

PIONNAIGE, Le métier et l'ouvrage d'un pionnier. Gl. *Pionarius*.

PIONNIER , Vigneron , parce qu'il fouille et remue la terre. Gl. *Pionarius*.

PIOUR, Pire, plus mauvais. Gl. *Pejorescere.*

1. **PIPE**, Mesure de vin et de grain. Gl. *Pipa* 1.

2. **[PIPE**, Cornemuse, musette. Gl. *Pipa* 2. [Wackern. pag. 76, 77 : *Chanter en sa pipe.*]

3. **PIPE**, Espèce de bâton. Gl. sous *Pipa* 2.

4. **PIPE**, Bouton où s'accroche le fermoir d'un livre. Gl. *Pipetus.*

PIPELOTÉ, Ce qui est fort orné. Gl. sous *Bursa* 1.

PIPER, Jouer de la *pipe* ou musette. Gl. *Pipare.*

PIPERNEAU, Espèce de petit poisson. Gl. *Pipernella.*

PIPIER †, C'est le cri du poussin ou du pigeon. Gl. *Pipiones.*

PIPOLER, Parer avec soin et même avec affectation. Gl. *Piola.*

PIPPE, Cornemuse, musette ; d'où *Pipper*, Jouer de cet instrument. Gl. *Pipa* 2. [*Pippe*, Roseaux. G. Guiart, tom. 2, pag. 200, vers 5168 (14157).]

PIPPRENIAU, PIPRENEAU, Espèce de petit poisson. Gl. *Pipernella.*

PIQUANT, p. e. Piqûre, légère blessure. Gl. *Picare* 3.

PIQUE DE FLANDRE, Sorte d'arme, qui a été fort en usage. Gl. *Pica* 1.

PIQUEMAN, Bâton garni d'un fer pointu. Gl. *Pica* 1.

PIQUENAIRE, Soldat dont l'arme principale était une pique. Gl. *Pica* 1.

PIQUER, Fouler, battre le blé. G. *Picare* 8.

PIQUEROMMIER, Sorte de jeu qui se fait avec des bâtons pointus. Gl. *Pica* 1.

PIQUIER, Soldat dont l'arme principale était une pique. Gl. *Pica* 1.

PIQUOINNAGE, Piqûre, marque faite avec un instrument pointu. Gl. *Piquetare.*

♦ **PIQUOIS**. Voyez *Picot.*

PIQUOT, Espèce d'épée. Gl. *Picta* 2.

PIRE, PIRÉ, Chemin ferré. Gl. *Pirius,* sous *Pirgius.* [Rutebeuf, tom. 2, pag. 248.]

PIRETOINS, Nom donné par dérision aux Bretons, p. e. Incendiaires. Gl. *Piretum.*

♦ **PIS**, Pieux, miséricordieux. Partonop. vers 301. Chron. des ducs de Norm. *Pie,* fém. Wolf, *Uber die Lais,* pag. 472. *Pius,* pag. 436. Ruteb. tom. 2, pag. 246. Voyez Orell. pag. 30.

PISNE HOMME, Bon homme, qui est simple. Gl. *Pisticus.*

PISSECHIEN, Terme d'injure, valet de chiens. Gl. *Piquichini.*

PISSER. ENVOYER PISSER QUELQU'UN, Était regardé comme une injure grave. Gl. *Pissare.*

PISSETEUR, Boulanger. Gl. *Pissa.*

PISSON, Poisson [Flore et Blancefl. vers 1182] ; d'où *Pissonerie,* pour Poissonnerie. Gl. *Pissonagium* et *Pissonaria.*

PITANCERIE, L'office du *Pitancier* dans les monastères. Gl. *Pitanciaria.*

PITANCHE. BLEI A PITANCHE, Le bled destiné à fournir la pitance des moines. Gl. *Pictantia,* pag. 314¹.

PITANCIER, Celui qui est chargé de fournir la pitance aux moines. Gl. *Pitancharius.*

PITEUX, Jeux de théâtre dans lesquels on représentait des actions de piété. Gl. *Pius* 2.

PITIÉ. DONNER EN PITIÉ, A titre d'aumône. Gl. *Pietas* 1.

PITOULONS, Nom donné aux Bretons ; ou p. e. Piétons, ou valets d'armée. Gl. *Piretum.*

PITOUX, Jeux de théâtre dans lesquels on représentait des actions de piété. Gl. *Pius* 2.

♦ **PIUMENT**. Voyez *Pimant.*

♦ **PIZ**, PIS, PITS, Poitrine. Partonop. vers 573, 5185. Chron. des ducs de Norm. etc.

PLACAR, Sorte de petite monnaie. Gl. *Placa* 2.

PLACET, Assignation dans le for ecclésiastique. Gl. *Placitum christianitatis,* pag. 345¹.

1. **PLACHE**, Lieu où s'assemblent ceux d'une même profession pour parler de leurs affaires. Gl. *Placea* 1.

2. **PLACHE**, Canal, ruisseau tiré d'une rivière. Gl. *Plaketum.*

PLACQUE, Sorte de monnaie. Gl. *Placa* 2.

PLACTE, Ballot contenant une certaine quantité de draps. Gl. *Placta* 3.

PLAET, Droit de relief, toute espèce d'impôt. Gl. *Placitum,* pag. 346³.

PLAGE, Pièce de terre. Gl. *Platea* 2.

♦ **PLAGIER**, Mortifier. Chansons Historiques, tom. 1, pag. 109 : *Et la chair vaincre et plagier.* Voyez *Plaier.*

PLAGUE, Plaie, blessure. Gl. *Plaga* 1.

PLAIDÉEUR, Juge qui tient les plaids. Gl. *Placitare,* pag. 347³.

1. **PLAIDER**, Tenir les plaids, y présider. Gl. *Placitare,* pag. 347³.

2. **PLAIDER**, Badiner, plaisanter, s'amuser, railler, se moquer, chercher à en faire accroire. Gl. *Placitare,* sous *Placitum,* pag. 347³.

PLAIDEREAU, Plaideur, chicaneur. Gl. *Placitator.*

PLAIDERIAU, Avocat, procureur. Gl. *Placitor* 1.

PLAIDEUR, Procureur de monastère, celui qui en suit les affaires. Gl. *Placitator.*

PLAIDIER, Badiner, s'amuser, se divertir. Gl. *Placitare,* pag. 347³. [Partonop. vers 3973. *N'ot on soing de plaidier,* Chastelain de Couci, vers 1887, 1439. *Joste à plaidëice,* Chronique des ducs de Normandie, tom. 1, pag. 120, vers 1106.]

1. **PLAIDOIER**, Celui qui intente et suit un procès. Gl. *Placitator,* pag. 348³.

2. **PLAIDOIER**, Plaider, suivre un procès. Gl. *Placitare,* pag. 347².

3. **PLAIDOIER**, Quereller, contester ; d'où *Plaidoieur,* Querelleur, disputeur. Gl. *Placitare,* pag. 347³.

PLAIDOIR, Le lieu où l'on tient les plaids. Gl. *Placitorium,* pag. 348².

PLAIER, Blesser, faire une plaie. Gl. *Plagare.*

♦ **PLAIGE**, Caution. Flore et Jeanne, pag. 34 : *Livesrés plaiges à Dieu ke vous ensi le ferés.* Voyez *Plege.*

1. **PLAIN**, Rue, place publique, rase campagne. Gl. *Planalium.* [Plaine, Roman de Renart, tom. 1, pag. 4, vers 78. Chron. des ducs de Normandie.]

2. **PLAIN**. TERRE PLAINE, Qui est cultivée. Gl. *Planum* 1. [PLAINES ARMES. Gl. *Arma,* pag. 387³. *Coustel de plain poing.* Gl. *Cultellus,* pag. 651². *Plein lige.* Gl. *Ligium,* pag. 107¹.]

3. **PLAIN** PAÏS, Plaine, plat pays. Gl. *Planum* 1.

♦ 4. **PLAIN** PIED, PLAIN PAS, L'étendue d'un pied, d'un pas. Partonop. vers 1944, 3251, 10778.

5. **PLAIN**. A PLAIN, DE PLAIN, Entièrement, tout à fait, directement. Wackern. pag. 4. Roman de Renart, tom. 2, p. 218, vers 15329. G. Guiart, tom. 1, pag. 27, vers 58.

PLAINE, Plane, instrument de maréchal. Gl. *Plana* 4.

♦ **PLAINIER**, Plenier, entier, accompli, grand. *Sièges plainier,* Gérard de Vienne, vers 1176. *Esturs pleners,* Chanson de Roland, st. 201, vers 8. *Chemins pleniers.* Gl. *Via,* pag. 303²³. *Lei plener.* Gl. *Lex,* pag. 85². *Païs plenier,* Gérard de Vienne, v. 173². *Palais plainier,* vers 223, p. 166¹. *Cop plainier,* vers 228. *Colps pleners,* Chanson de Roland, st. 176, v. 6 ; st. 247, v. 6. *Don plengnier,* Enfants Haymon, vers 258. Voyez Rayn. tom. 4, pag. 569¹, au mot *Plener.* Gl. *Curia,* pag. 669².

PLAINT, Gémissement, cri douloureux. Gl. *Planctus.*

PLAINTE, Quantité, multitude. Gl. *Plenitudo.*

PLAINTEIF, Pays cultivé et bien planté. Gl. *Planta* 2.

PLAINTIF, Sac. Gl. *Plenitudo* 2, pag. 871¹.

PLAINE. PROCEDER DE PLAINZ, Sans observer les formalités ordinaires. Gl. sous *Planus*, pag. 356³.

PLAION, Morceau de bois avec lequel le laboureur fait tourner le coutre de la charrue. Gl. *Plowshum.*

PLAIREUR, pour FLAIREUR, Odeur, parfum. Gl. *Fragrare.*

PLAISAMMENT, Commodément, aisément. Gl. *Placide.*

PLAISANCE, Volupté, plaisir déréglé. Gl. *Placentia* 3.

1. **PLAISIR,** Droit de relief. Gl. *Placitum*, pag. 346².

2. **PLAISIR,** Volonté, désir, projet. Gl. *Placitum*, pag. 347¹².

° 3. **PLAISIR,** S'accorder, plaire. Flore et Blanceﬂ. vers 309 :

C' à son signor puisse plaisir
Et Blanceﬂor de mort garir.

Garin le Loher. tom. 1, pag. 285 :

Se il ne vient envers vous à plaisir
Qu'il s'en ralast sain et sauf et garis.

Pag. 286. Wackernagel, pag. 68 :

Et plaixir
Vos doit forment.

PLAISSAY, Haie entrelacée. Gl. *Plaissia.*

PLAISSIÉ, Clos, parc fermé de haies. Gl. *Pleisseicium*. [Palissade. Roi Guillaume, pag. 161. Roman de Renart, tom. 1; pag. 34, vers 895 ; pag. 49, vers 1284. *Plaiseiz*, vers 1276. Partonop. vers 10590.]

1. **PLAISSIER,** Plier, entrelacer. Gl. *Pleisseicium*. Voyez *Plasser, Plesseis.*

° 2. **PLAISSIER,** Courber, abattre, dompter, maltraiter. Partonop. vers 9717 : *Plaisciè*. Vers 1080 : *Plest*. Gl. sur la Chronique des ducs de Normandie. Roman de Rou : *Pleissorent*. G. Guiart, tom. 1, pag. 98, vers 1985 : *Plessier*. Plier, tomber, tom. 1, pag. 102, vers 2084 , pag. 117, vers 2498 ; tom. 2, pag. 268, vers 6808 (15795). *Se plessier*, Roman de Renart, tom. 2, pag. 824, vers 18397. Voyez *Plesser.*

PLAIST, Droit de relief. Gl. sous *Placitum*, pag. 346³.

PLAISTRE, Emplacement, masure, place à bâtir. Gl. *Plastrum* 1.

1. **PLAIT,** Assemblée où l'on juge les procès et où l'on exige les droits seigneuriaux. Gl. *Placitum*, pag. 342³ et suiv.

2. **PLAIT,** Toute espèce de redevance. Gl. *Placitum*, pag. 346³.

3. **PLAIT,** Dessein, projet, résolution. Gl. *Placitum*, pag. 347². [*Affaire*, Roman de Renart, tom. 1, pag. 13, vers 373. Flore et Blanceﬂ. vers 1006. Partonop. vers 1304. Voyez *Ploit*. Traité, convention. Serments des fils de Louis le Débonnaire, Gérard de Vienne, vers 3105, 3119, 3860. *Plait tenir*, Parler, discourir, badiner. Flore et Blanceﬂ. vers 2363. Aubri, vers 199. Garin le Loherain, tom. 1, pag. 286. Chronique des ducs de Normandie. Voyez *Plaidier. Trover*

plait, Etre accueilli. Partonop. vers 8378. Voyez Rayn. tom. 4, pag. 547², au mot *Plag*.]

° **PLAITOINE,** PLANTOINE, Platane. Flore et Blanceﬂ. vers 1868, 2024.

PLAIX, PLAIZ, Haie faite de branches entrelacées. Gl. *Plaissia.*

PLAMÉ, p. e. pour PALMÉ, Couvert d'un gant, appelé *Palmaria ;* ou La main ouverte dans toute son étendue. Gl. *Palmaria.*

° **PLAMER.** Voyez *Paumoier.*

PLANCHE, Certaine mesure de terre. Gl. *Plancha* 1.

1. **PLANCHER,** Planche, soliveau. Gl. *Plancha* 2.

2. **PLANCHER,** PLANCHIER, Chambre haute. Gl. *Plancherium* 2. [Gérard de Vienne, pag. 166¹.]

PLANCHIER, Faire un plancher de quelque matière que ce soit. Gl. *Plancherium* 2.

PLANCHIERE, Saillie, avance faite de planches. Gl. *Plancherium* 2.

PLANCHON, et le diminutif PLANCHONCHEL, Épieu, sorte de pique ou bâton de défense. Gl. *Plansonus.*

PLANCKE, Planche. Gl. *Planca*. [*Planke*. Flore et Blanceﬂ. vers 1507.]

PLANÇON et le diminutif PLANÇONNET, Épieu, sorte de pique ou bâton de défense. Gl. *Plansonus*. [Branche, Roman de Renart, tom. 1, pag. 36, vers 922. Gl. *Planco, Plançons Loquetez*. Gl. *Loches*.]

PLANCQUIER, Plancher. Gl. *Asseratum.*

PLANECE, Plaine. Gl. *Planesium.*

PLANER, Défalquer, soustraire d'une somme. Gl. *Planare* 1. [Effacer. 4° livre des Rois, chap. 21, vers 13, pag. 421 : *Aplanierai si cume l'une suli planier tables de graife*. (Lat. Delebo Jerusalem sicut deleri solent tabulæ.)]

PLANIVE. DRAPS DE LANURE PLANIVE, Drap uni et d'une seule couleur. Gl. *Planeus*. [*Plandis*, Poll. Garin le Loher. tom. 1, pag. 298.]

PLANTE, Pépinière, Plant de jeunes arbres ou de vignes. Gl. *Planta* 2, et *Plantica.*

1. **PLANTÉ,** Abondance, quantité, multitude. Gl. *Plenitudo.*

2. **PLANTÉ,** Plus, davantage. Gl. *Plenitudo.*

PLANTÉE, Assemblée de jeunes gens des deux sexes, qui se faisait le soir en hiver dans les maisons particulières. Gl. *Plantea.*

PLANTEICE. RENTE PLANTEICE, Celle qu'on fait pour une pépinière. Gl *Plantica.*

PLANTEIR, Marcotte, rejeton de vigne. Gl. *Planterium* 2.

PLANTEIS, Plant d'arbres ou de vignes. Gl. *Plantata.*

PLANTEYS, Marcotte, rejeton de vigne. Gl. *Planterium* 2.

PLANTHEICHE. RENTE PLANTHEICHE, Celle qu'on fait pour une pépinière. Gl. *Plantica.*

PLANTIN, Branche de saule, d'aulne, de peuplier ou d'autres semblables arbres, qu'on choisit pour planter. Gl. *Plansonus.*

PLANTIS, Plant d'arbres. Gl. *Plantata.*

PLAQUAR, PLAQUE, Sorte de petite monnaie. Gl. *Placa* 2.

PLAQUIER, Marquer, faire une *plaque* ou marque à quelque chose. Gl. *Dessigillare*. [*Plake*, Marque, Roman de Renart, tom. 4, pag. 173, vers 1254.]

PLASMER, Former, créer. Gl. *Plasmare.*

PLASSAGE, PLASSAIGE, Ce qu'on paye au seigneur pour le droit de place ou d'étal aux marchés et aux foires. Gl. *Plassagium* 1.

PLASSER, Plier, entrelacer. Gl. *Plassare.* Voyez *Plaissié.*

PLASSIS, Haie faite de branches entrelacées. Gl. *Plaissia.*

PLASTRE, Emplacement, masure, place à bâtir. Gl. *Plastrum* 1.

PLASTREAU, Emplâtre. Gl. *Plastegum.*

1. **PLAT.** MAISON PLATE, Qui est sans défense, qui n'est pas fortifiée. Gl. *Planus.*

2. **PLAT.** TERRE PLATTE, Qui est en friche, qui n'est pas cultivée. Gl. *Platea* 2. [*Etre à plat*, Etre détruit. Gl. *Platus* 2.]

3. **PLAT** NUPTIAL, Ce qu'un vassal devait présenter à son seigneur, en viande, pain et vin, le jour de ses noces. Gl. *Missus* 1.

4. **PLAT,** Emplacement. Gl. *Plattum.*

PLATAGE, Sorte d'impôt qu'on paye pour les marchandises qu'on porte par les places ou par les rues. Gl. *Platagium.*

1. **PLATAINE,** Patène, vase sacré. Gl. *Platina* 1.

2. **PLATAINE,** Table de marbre. Gl. *Platonæ*. [Pierre de tombeau. Chron. des ducs de Normandie.]

° 3. **PLATAINE,** comme Plate 3. Voyez *Plateinne.* G. Guiart, tom 2, p. 478, v. 12409 (21302).

1. **PLATE,** Lingot d'or ou d'argent. Gl. *Plata* 1.

2. **PLATE,** Barre de fer. Gl. *Plata* 1.

3. **PLATE,** Gant fait de lames de fer. Gl. sous *Plata* 1. [G. Guiart, tom 2, pag. 105, vers 2690 (11671), etc. Cuirasse de fer. Gl. *Equus*, pag. 286², et *Gorgale*. Renart le Nouvel, tom. 4, p. 193, v. 1756.]

PLATEAU, Planche ou soliveau. Gl. *Planta* 5.

PLATEINNE, Plaque de toute espèce de métal. Gl. *Plata* 1.

PLATELÉE, Ce que contient un plat. Gl. *Platellus.*

PLATIAU, Plat. Gl. *Platellus.*

PLATINE, Fer à cheval. Gl. *Plata 1.*

PLATTE, Ballot contenant une certaine quantité de draps. Gl. *Placta 3.*

PLATUSE, Plye, espèce de poisson. Gl. *Psetta.*

PLAUDER, Corriger, reprendre. Gl. *Plaudare.*

PLAUJON, Plongeon, amas ou tas de gerbes placées la tête en bas. Gl. *Plongeonus.*

PLAYE A BANLIEUE, Blessure qui est punie de bannissement. Gl. *Plaga 1.*

PLAYE LEVAU, Blessure pour laquelle on doit une amende au seigneur. Gl. *Plaga 1.*

PLAYE PERCIÉE, Plaie ouverte et avec effusion de sang. Gl. *Plaga 1.*

PLAYER, Blesser, faire une plaie. Gl. *Plagare.*

° **PLAYETTE**, Petite plaie. Enfants Haymon, vers 520.

PLAYON, Morceau de bois avec lequel le laboureur fait tourner le coutre de la charrue. Gl. *Plowshum.*

PLAZEZAGE, Ce qu'on paye au seigneur pour le droit de place ou d'étal aux marchés et aux foires. Gl. *Plassagium 1.*

PLEBEIENS, Le peuple, la commune. Gl. *Plebeius.*

PLEBEIN. TERRE PLEBEINE, Pays peuplé. Gl. *Populosus 1.*

PLECTE, Sorte de vaisseau plat. Gl. *Placta 1.*

PLEDER, pour PLAIDER, Conduire et défendre une affaire. G]. *Placitare,* sous *Placitum.*

PLEDURE, Emplacement, lieu vide, propre à bâtir. Gl. *Pleduira.*

PLEET, Assemblée où l'on juge les procès, et où l'on exige les droits seigneuriaux. Gl. *Placitum,* pag. 345¹.

PLEGE DE DROIT, Caution ordonnée par justice. Gl. *Plegia,* sous *Plegius.*

PLEGE PARLANT, Caution, répondant. Gl. *Plegia,* sous *Plegius,* pag. 366².

PLEGER, Cautionner, répondre pour quelqu'un. Gl. *Plegiare,* sous *Plegius.*

PLEGERIE. METTRE EN PLEGERIE, Donner pour caution. Gl. *Plegeria,* sous *Plegius.* [Flore et Jeanne, pag. 35.]

PLEICER, Plier ensemble, entrelacer. Gl. *Hurdare* et *Plectare.*

PLEIDOIER, Quereller, contester, dire des injures. Gl. *Placitare,* pag. 347³.

PLEIGAIGE, Cautionnement. Gl. *Plegagium,* pag. 367².

PLEIGERIE, Caution, répondant. Gl. *Plegeria,* sous *Plegius.*

1. **PLEIN**, Plaine, plat pays. Gl. *Planum 1.*

2. **PLEIN**. DRAP PLEIN, Qui est uni et d'une seule couleur. Gl. *Planeus.*

° **PLENER**, PLENIER. Voyez *Plainier.*

PLENITÉ, Plénitude. Gl. *Plenitudo.*

PLENNE, Plane, outil de tonnelier. Gl. *Plana 4.*

PLENTÉ, Abondance, plénitude. Gl. *Plenitudo.*

PLENTEIF, PLENTIVEUS, Fertile, abondant en toutes choses. Gl. *Plenitudo.* [Chron. des ducs de Normandie. Roman de Renart, tom. 1, pag. 49, vers 1277.]

PLEON, Plant d'osiers ou de saules. Gl. *Planchoneia.*

° **PLESGE**, Caution. Gl. *Vantare 2.*

PLESSÉE, Clos, parc fermé de haies. Gl. *Plessa 2.*

PLESSEIS, Le même ; du verbe *Plesser,* Plier, entrelacer, fermer de haies. Gl. *Pleisseicium.*

PLESSER, Plier, baisser. Gl. *Plessa 2.*

PLESSES, Clos, parc fermé de haies. Gl. *Plessa 2.*

PLESSEUR, Celui qui fait les haies. Gl. *Plessa 2.*

PLESSIE, PLESSIER, Clos, parc fermé de haies. Gl. *Pleisseicium.*

° **PLEISSIER**, Plier, dompter. Voyez *Plaissier.*

PLESURE, Emplacement, lieu vide propre à bâtir. Gl. *Pleduira.*

¶ 1. **PLET**, Assemblée où l'on juge le procès, et où l'on exige les droits seigneuriaux. Gl. *Placitum,* pag. 345¹.

2. **PLET**, Droit de relief. Gl. *Placitum,* pag. 346².

3. **PLET**, Toute espèce de redevance. Gl. sous *Placitum,* pag. 346³.

PLET CENTAIN, Plaid où tous les vassaux d'un canton se doivent trouver. Gl. *Placitum centenarii.*

PLET DE L'EPÉE, Haute justice. Gl. *Placitum spadæ.*

PLETTERIE, Pelleterie. Gl. *Pelleteria 1.*

1. **PLEVI**. DROIT DE MAIN PLEVIE, Celui par lequel le survivant de deux époux succède aux biens du défunt. Gl. *Plevire,* sous *Plegius.*

2. **PLEVI**. FILLE PLEVIÉE, Promise en mariage, et même qui est mariée. Gl. *Plevire,* sous *Plegius.* Voyez *Plevir.*

PLEVINE, Promesse faite en justice ou avec serment, garantie. Gl. *Pleuvina,* sous *Plegius.*

PLEVIR, Promettre avec serment, ou en justice. Gl. *Plevire,* sous *Plegius,* p. 368³. Partonop. vers 1560, 3830. Chron. des ducs de Norm. Fabliaux, Jubinal, tom. 1, pag. 143 :

N'estes-vous pas la dame qu'épousai
[*et Plevi ?*]

PLEVISAILLES, Fiançailles. Gl. *Plevimentum,* sous *Plegius,* pag. 369¹.

PLEURE, Emplacement, lieu vide propre à bâtir. Gl. *Pleduira,* et *Pleura.*

PLEVYE, Fiançailles. Gl. *Fiancialia,* et *Plegius,* pag. 369¹.

PLIÇON, Vêtement garni de peaux, fourrure. Gl. *Pellicio,* sous *Pellicia.*

° **PLIER**, Mettre. Chanson de Guiteclin cité dans le Gloss. de la Chanson de Roland :

Justamonz passe avant, son gan au poig
[*li plie,*]
Guteclins le reçoit et la bataille otrie.

Gérard de Vienne, pag. 173² :

Li roi li a son braz au col ploié. . .
Et de son chief son chapel jus ploié.

Se plier, S'appliquer. G. Guiart, tom. 2, pag. 185, vers 3485 (12467).

PLIRIS, Sorte d'épice. Gl. *Electuarium 1.*

PLOIER L'AMENDE, Payer l'amende. Gl. *Plicare emendam.* [*Plegius,* pag. 368². *Emenda,* pag. 253², et *Vadium,* pag. 228². Donner caution. Enfants Haymon, v. 296 :

Que justice en soit faite sans ployer,
[*continent.*]

Voyez *Plevir.*]

PLOIGE, Plège, caution, répondant. Gl. *Plegius,* pag. 366².

PLOION, Morceau de bois avec lequel le laboureur fait tourner le coutre à la charrue. Gl. *Plowshum.*

PLOIS DE TOILLES, Toile effilée, charpie. Gl. *Plica 5.* [*Ploit, Pli,* espèce d'ornement. Partonop. vers 10642, 10670. (Chanson de Roland, st. 189, vers 13 : *Guant ad or pleiet.*) G. Guiart, tom. 1, p. 116, vers 2477.]

PLOISTRE, Mur de plâtre, cloison. Gl. *Plastrum 3.*

PLOMBÉE, PLOMÉE, Espèce de massue garnie de plomb. Gl. *Plumbatæ.*

PLOMME, Sonde, règle ; d'où *Vivre sans Plommée,* Mener une vie déréglée. Gl. *Plonica.*

1. **PLOMMÉE**, Petite boule de fer ou de plomb. Gl. *Plumbatæ.* [Chron. des ducs de Normandie, au mot *Aplomée.* G. Guiart, tom. 1, pag. 240, vers 5788.]

2. **PLOMMÉE**, Le droit qu'on paye au seigneur pour les poids. Gl. *Plumbatæ.*

3. **PLOMMÉE**, Espèce de massue garnie de plomb. Gl. *Plumbatæ.*

PLOMMER, Plomber, couvrir de plomb, Gl. *Plumbata 1.* G. Guiart, t. 2, p. 144, vers 3698 (12679) :

De douleur enduit et plommé.]

PLOMMET, Petit plomb qu'on attache aux draps. Gl. *Plomellus.*

1. **PLONG**, pour Plomb. Gl. *Plumbata 1.*

2. **PLONG**, Un certain poids. Gl. *Plumbum 2.*

✱ **PLONCHIÉ**, Plombé, soudé ? Chastel. de Couci, vers 1181 :
*Escue avoient embrachiés
Aussi com s'il fuissent plonchiés.*

PLONGER, Arranger des gerbes en un tas, les mettre en *Plongeon*. Gl. *Plongeonus*. [*Columna* et *Modulus*.]

PLONGHON, pour Plongeon. Gl. *Plongeonus*.

PLONLRIER, Plonger. Gl. *Plongeonus*.

✱ **PLONT**, MONNOYE DE PLONT. Gl. *Moneta*, pag. 460².

PLOQUIER, Bouclier. Gl. *Bloquerius*.

PLORE, Exception, clause. Gl. *Ploratio*.

PLOREMENS, Pleurs. Gl. *Ploratio*.

PLOREUX †, Lieu où l'on pleure. Gl. *Lacrymatorium* 1.

PLOTROER, Rouleau pour briser les mottes de terre. Gl. *Plustrum*.

PLOUAGE, Pluie. Gl. *Pluviens*.

✱ **PLOUMÉE**, Volant ? Gl. *Pelota* 3. Voyez *Plommée* 1.

PLOUMETIERE, p. c. Redevance que doivent les charrues à labourer ; ou les fonderies de plomb. Gl. *Ploghspenninge*.

PLOUMIER, Pluvier, oiseau. Gl. *Plumarius*.

PLOUQUER, Bouclier. Gl. *Bloquerius*.

1. **PLOUSTRE**, Rouleau pour briser les mottes de terre. Gl. *Plustrum*.

2. **PLOUSTRE**, PLOUTRE, Cadenas, espèce de serrure. Gl. *Plaustrum* 2.

PLOUTROER, PLOUTROIR, Rouleau pour briser les mottes de terre. Gl. *Plustrum*.

1. **PLOY** D'AMENDE, Consignation, ou payement d'une amende. Gl. *Plicare emendam*.

✱ 2. **PLOY**, Pli. Mettre la chose *en bon ploy*, Chastel. de Couci, vers 4272. Vers 5770 :
*Il la mist adont en tel ploit
Que pour faire che qu'il vouloit.*
Vers 8260 :
Car amours le tient en tel ploy.
— *Ploy du genoil* †. Gl. *Fragus*.

PLOYON, Morceau de bois avec lequel le laboureur fait tourner le coutre de la charrue. Gl. *Plowshum*.

✱ **PLUINE**. CAPE A PLUINE ? Roi Guillaume, pag. 104.

PLUMAIL, Toute espèce d'animal qui a des plumes. Gl. *Plumarius*.

PLUMES, Balance, Romaine, peson. Gl. *Plumaceus*.

PLUMET, GARSON PLUMET, Jeune étourdi, qui n'a que du poil follet. Gl. *Plumarius*.

PLURIEUS, PLURIEX, Plusieurs. Gl. *Plurior*. [Orell, pag. 72.]

PLUSAGE, Surplus. Gl. *Plusagium*.

PLUSMART, Plumet. Gl. *Plumagium*, sous *Plumæ*.

PLUVISSAGE, Cautionnement. Gl. *Pluvium*.

1. **POCHE**, Cuiller. Gl. *Pochia*.

2. **POCHE**, Sac ; d'où *Pochée*, Ce que contient un sac, sachée. Gl. *Pochia*.

POCHET, Un peu, tant soit peu. Gl. *Parum*.

POCHIN, Mesure de vin. Gl. *Pochonus*.

✱ **POCHON**, Voyez *Pauchon*.

POCHONNE, Une petite cuiller. Gl. *Pochia*.

POÇONET, POÇONNET, Petit pot. Gl. *Poculum*.

POCQUIN, Certaine mesure de grain. Gl. *Polkinus*.

PODADOINRE, Serpe ou serpette à tailler la vigne ; du verbe *Poder*, Tailler, couper. Gl. *Podadoira*.

PODET, Faux, faucille ; ou Serpe, serpette. Gl. *Podadoira*.

✱ **PODNÉE**, PODNEI, POTHNEI, PONÉE, Arrogance, insolence. Roman de Horn :
Qu'il est preuz e curteis e vaillant sanz [*podnée.*
Iᵉʳ Livre des Rois, ch. 2, vers 8, pag. 6 : *Laissez dès ore le mult parler en podnée.* (lat. nolite multiplicare loqui sublimia.) Vie de saint Thomas de Cantorb. v. 850 :
Par orgoil grant et par podnée.
Var. *Pompés*. Jordan Fantosme, vers 102 :
Li cuens Tiebaut de France demeine [*grant podnei.*
Var. *pothnei*. Gérard de Vienne, v. 2957 :
S'il li faisoit outraige ne ponée.
Voyez *Ramposner*.

✱ **POE**, Patte. Roman de Renart, t. 3, pag. 112, vers 22816 ; tom. 4, pag. 442, vers 7604. G. Guiart, tom. 1, pag. 227; vers 5429.

POELLERIE, Chaudronnerie, ustensiles de cuivre. Gl. *Paella*.

✱ **POENE**, Peine. Wackern. p. 15, 35, 71. *Se poent*, Se peine, pag. 60.

POER, Pouvoir, puissance. Gl. *Posse* 1.

POESLE, Poile, dais portatif. Gl. *Palium* 2, pag. 116².

POESTAT, Magistrat, officier de justice et de police d'une ville. Gl. sous *Potestas*.

1. **POESTÉ**, District, juridiction, seigneurie. Gl. sous *Potestas*. [Parton. v. 490.]

2. **POESTÉ**, Puissance, autorité, domination. [Agolant, pag. 163¹] ; d'où *Avoir en Poesté*, Tenir en son pouvoir. Gl. *Potestas* et *Potestaria*.

POESTEIS, Puissant, grand seigneur. Gl. *Potestativus*. [Partonop. v. 442. *Poestis*, vers 148. *Posteis*, vers 6408.]

POESTHIEH, Petite porte, guichet. Gl. *Posticium*.

POETE, Evêque, grand prêtre. Gl. *Poetare* et *Poetizare*.

POETÉ, Puissance, autorité, domination. Gl. *Potestas*.

POETRIE, Poésie, l'art poétique. Gl. *Poexia*.

POGEOISE, POGES, Petite monnaie de France. Gl. *Pogesa*.

POHER, District, juridiction, seigneurie. Gl. sous *Potestas*.

POHIERS, Habitants du pays de Poix, et souvent Certains peuples d'une partie de la basse Allemagne. Gl. *Poheri*.

POIAGE, Péage, sorte d'impôt. Gl. *Pedagium*. [Roman de Renart, t. 2, p. 368, vers 19633.]

POIER, Pouvoir, puissance. Gl. *Posse* 1.

POIEUR, Payeur, trésorier. Gl. *Paga*, sous *Pacare*.

POIGEOISE, Petite monnaie de France. Gl. *Pogesius*, sous *Pogesia*. [Voyez *Pugois*.]

POIGNAL, Ce qui remplit la main. Gl. *Poigneia*. [*Fust poignal*, Aubri, p. 175¹. Voyez Rayn. tom. 4, pag. 668², au mot *Ponhal*.]

POIGNANT, Poignard, dague. Gl. *Pugnalis, gladius*.

POIGNARS, pour POIGNEIS, Combat, bataille. Gl. *Poingitium*.

POIGNÉE, Soufflet, coup de poing. Gl. *Pugnata* 2.

POIGNEIS, Combat, bataille. Gl. *Pugna* 3. [Garin le Loher. t. 1, p. 175, 177.]

POIGNEUR, Artisan qui se sert d'alêne. Gl. *Punctorium*.

POIGNIE, Poignée, ce que peut contenir la main. Gl. *Pugnalis*.

✱ **POIGNOIOR**, Cavalier, chevalier, combattant, guerrier. Gérard de Vienne, pag. 173². *Poigneor*, Aubri, pag. 172¹. Partonop. vers 8200. Roman de Renart, tom. 4, pag. 36, vers 20719 :
*Devant que tuit li poignéor
Sont venu et li coréor.*
Poignières, Partonop. vers 2496. Voyez *Poindre*, et Rayn. tom. 4, pag. 668², au mot *Pognador*.

POIGNOTE, Poignard, dague. Gl. *Pugnalis gladius*.

POIHIERS, Habitants du pays de Poix, et souvent Certains peuples d'une partie de la basse Allemagne. Gl. *Poheri*.

POILER, Oter le poil. Gl. *Pilla* 1.

POILEVILLAIN, Sorte de monnaie d'argent. Gl. *Pillevilla*.

POILLEUX, Poiloux, crasseux, vilain. Gl. *Pilosus*.

POILLIER, Chaudronnier. Gl. *Paella*.

POINCT, pour Poing. *Sur le Poinct*,

Sous la peine de perdre le poing. Gl. *Pugnus 3.*

1. POINDRE, Piquer un cheval avec les éperons. Gl. *Punctare,* pag. 659³. [Voyez Rayn. tom. 4, pag. 598, aux mots *Punger* et *Ponhar.*]

° **2. POINDRE**, Choq, attaque, galop. Partonop. vers 3798, 7921, 8787. Roman de Renart, tom. 1, pag. 21, vers 561.

1. POING, Instrument pointu. Gl. *Punctorium.*

° **2. POING.** Voyez *Pont 1.*

POINGAL, POINGNAL, Poignard, dague. Gl. *Pugnalis gladius.*

POINGNAMMENT, D'une façon piquante. Gl. *Punctorium.*

POIGNÉE, Coup de poing, soufflet. Gl. *Pugnata 2.*

POINGNEIS, Combat, bataille, escarmouche. Gl. *Poingitium.*

POINGNEL, Poignard, dague. Gl. *Pugnalis gladius.*

1. POINGNET, Sorte de parure attachée à l'extrémité de la manche de l'habit, et qui tombe sur le poignet. Gl. *Poigneius.*

2. POINGNET, Mesure dont se servent les meuniers pour prendre le droit de mouture. Gl. *Pognadina.*

POINGNEUR, Officier commis à l'examen de la morue, qui se compte par *Poignée.* Gl. *Pugillator.*

POINGNIE, Poignée, ce que peut contenir la main. Gl. *Poigneia.*

POINGNIERÉE, Poignée, mesure de terre. Gl. *Poingneria.*

POINSOUER, Puisoir, instrument propre à la pêche. Gl. *Pressorium 2.*

POINSTURE, Piqûre, instrument propre à piquer. Gl. *Punctorium.*

1. POINT, Limite, borne, étendue. Gl. *Punctum 7.*

2. POINT. PRENDRE A POINT, Surprendre quelqu'un par ses paroles, mettre à profit ce qu'a dit son adverse partie. Gl. *Punctum 1.*

3. POINT. QUANT POINS EST, Quand il est temps, à propos. Gl. sous *Punctum* 8. [Chastel. de Couci, vors 1813 :

*Qu'il estoit bien poins de lessier
Le behourder pour l'anutier.*

Garder *son point,* Saisir le moment, vers 1021. *Être à point,* Être en mesure, vers 1022. *Mettre à point,* Mettre à son aise, v. 775. *Menoir à poent,* Exécuter, Wackernagel, pag. 73.]

4. POINT. JOUER AU POINT, Au passe-dix. Gl. *Punctum 2.*

° **5. POINT**, Tant soit peu. Roi Guillaume, pag. 62 :

*Se vos de vitaille avés point,
Donés m'ent.*

Flore et Blanceff. vers 2519 :

*Qui en son doner point se fle
Ne connoist pas sa druerie.*

Wackern. pag. 57 :

*S'en son cuer ait point de bonteit
[menant.*

Gérard de Vienne, vers 3723 :

A cui il ait point de terre tolue.

Pointet, G. Guiart, tom. 2, pag. 35, 91, vers 875, 2320 (9841, 11296).

1. POINTE, p. e. Poignée de chandelles ; ou Pièce de monnaie attachée à un cierge. Gl. *Puncta 7.*

° **2. POINTE**, Galop, élan. Voyez *Poindre.* G. Guiart, t. 2, p. 96, v. 1942 (10918).

° **3. POINTE**, Partie du navire saillante sur la proue, bannée de l'avant. G. Guiart, tom. 2, pag. 359, vers 9314, 9327 (18296, 18308). Voyez Jal, Archéologie Navale, tom. 2, pag. 374.

POINTER, Observer avec attention. Gl. *Punctum 1.*

POINTIR, Ponctuer. Gl. *Punctare 1.*

POINTOIER, Charger de notes un ton, fredonner. Gl. *Punctuatim canere.*

POINTOYER, Jouer au passe-dix ; d'où *Pointure,* L'action d'amener à ce jeu certain nombre de points. Gl. *Punctare 2.*

° **POINTREL.** Voyez *Poutrel.*

° **POINTURÉ**, Peint, colorié, orné. Gérard de Vienne, vers 1014, 2125, p. 166¹. Voyez Rayn. tom. 4, pag. 477¹, au mot *Pinturar.*

POIOR, Moindre, pire. Gl. *Pejorescere.* [Orell, pag. 37.]

POIOUS, Colline, lieu élevé, montagne. Gl. *Poiallus.*

POIRE, Sorte de grand bâton. Gl. *Pirum.*

POIRE D'ANGOISSE. Gl. *Pirum angustiæ.*

1. POIS, Une livre pesant. Gl. *Pondus.*

° **2. POIS. SOR MON POIS**, Malgré moi. Gérard de Vienne, vers 2921 :

C'est sor mon pois ke me suix combatu.

Partonop. vers 8233 :

*Tot sor lor pois, à quel que paine,
Sor le ceval le roi s'enmaine.*

Voyez *Poist 1.*

POIS BLANC, Haricot, espèce de fève. Gl. *Pisum.*

POIS DE FIL, Certaine quantité de fil. Gl. *Pondus.*

POISE, Certaine quantité de quelques choses mises ensemble. Gl. *Pondus.*

POISENES, Orgueilleux, impérieux. Gl. *Potentivus.* Voyez *Podnée.*

POISON, Potion, médecine ; d'où *Poissonner,* Donner une potion. Gl. *Potio* et *Potionare.*

POISSONNAGE, Droit seigneurial sur le poisson qui est vendu au marché. Gl. *Poissonerius.*

POISSONNIER, Office dans les monastères, celui qui devait fournir le poisson et avoir soin des viviers et des étangs. Gl. *Piscionarius.*

POISSONS DE MORZ, Certaine redevance ainsi appelée à Cone. Gl. sous *Piscis 2.*

° **1. POIST, POIT,** Pese. Gérard de Vienne, pag. 166² :

Cui que poist ne cui non.

Aubri, pag. 175¹ :

Qui qu'en poit ne qui non.

Roi Guillaume, pag. 66 :

Mais que bien poist et bien desplaise.

Roman de Renart, tom. 3, p. 24, v. 20428 :

Ou mal vos sache ou bien vos poit.

Voyez *Pois 2.*

° **2. POIST**, Pue. Roman de Renart, tom. 3, pag. 43, vers 20924.

POITEVINE, POITEVINS, Ancienne petite monnaie. Gl. *Picta 3.*

POITEVINEUR, Celui qui contrefait la monnaie appelée *Poitevine.* Gl. *Picta 3.*

POITRAL, Poitrail. Gl. *Pectorale 1.* [Partie du harnais. Agolant, pag. 163². Chastel. de Couci, vers 1056, 1151.]

POITRON, Poitrine. Gl. *Poitrina.*

POIZAGE, Le droit qu'on paye pour les marchandises pesées au poids public. Gl. *Ponderatio,* sous *Pondus.*

POLAGE, Poulaille, volaille. Gl. *Polagium.*

POLAINE, Pointe dont on ornait autrefois les bouts des souliers. Gl. *Poulainia.*

° **POLDRÉ**, Jonché, couvert. Partonop. vers 10828 :

*Et n'ert pas jonchié de jonc,
Mais d'inde flor de violete
Et de levenque menuete
Estoit poudrée espessement.*

Voyez *Poudrer.*

POLE, Sorte de poisson. Gl. *Pole.*

POLENTIER, Celui qui prépare le grain propre à faire la bière. Gl. *Polentarii.*

POLER, Oter le poil, le faire tomber. Gl. *Pilla 1.*

POLET, p. e. Le bassin d'un port. Gl. *Polmentarium.*

POLICE, Certificat, bulletin. Gl. *Pollex 3.*

POLICHER, Instrument qui sert à applanir ou polir, rouleau. Gl. *Volutabrum.*

POLICITÉ, Police, gouvernement, administration. Gl. *Politia 2.*

1. POLIE, Lieu où l'on étend les draps pour les sécher ou travailler. Gl. *Polia 3.*

2. POLIE, Sorte de jeu. Gl. *Polia 3.*

3. POLIE, p. e. Écurie, étable. Gl. *Polia 2.*

POLION, Certaine partie d'une arbalète. Gl. *Polio.*

POLISSEMENT, Ce qui sert à parer ou farder quelque chose. Gl. *Polimen.*

POLITEMENT, Proprement, élégamment. Gl. *Polimen.*

POLKIN, Certaine mesure de grain. Gl. *Polkinus.*

POLLAGE, Redevance en poulets. Gl. *Polagium.*

POLLICE, Certificat, bulletin. Gl. *Pollex* 3.

POLRE, Marais desséché. Gl. *Polra.*

POLTAT, p. e. Portail. Gl. *Poltat.*

POMADE, Cidre, boisson faite de jus de pommes. Gl. *Pomata.*

POMER. BASTON DE POMER, Bâton de commandement, terminé en forme de pomme. Gl. sous *Abatis.*

POMERÉE, Cidre, boisson faite de jus de pommes ; ou Jardin fruitier, verger. Gl. *Pometum.*

POMIER, Toute espèce d'arbre. Gl. *Pomerius.*

POMMÉE, Cidre, boisson faite de jus de pommes. Gl. *Pomata.*

1. **POMMEL**, Rotule, petit os rond entre la cuisse et la jambe. Gl. *Pomellus.*

2. **POMMEL**, Sorte d'ornement aux habits d'église. Gl. *Pomellus.*

POMMEROYE, Fruitier ; ou Marmelade de pommes. Gl. *Pomarium.*

1. **POMPE**, Parure trop recherchée. Gl. *Pompa* 1.

2. **POMPE**, Sorte de gâteau que les parrains donnent à leurs fillenls à Noel. Gl. *Pompa* 2.

° **POMPÉE**. Voyez *Podnée.*

POMPETE, Espèce d'ornement fait de rubans, bouffette. Gl. *Pompeta.*

PONCEL, PONCHEL, Petit pont. Gl. *Poncellus.*

PONCHÉE, PONCHIÉE, Sachée, ce que contient une *poche* ou un sac. Gl. *Pochia.*

PONCHONNET, Petit pot. Gl. *Pontetus.*

PONCIER, Effacer avec la pierre ponce. Gl. *Punex.*

° **PONÉE**. Voyez *Podnée.*

PONGNEL, Certaine mesure de terre. Gl. *Pugillus* 1.

PONHARDIÈRE, Certaine mesure de grain. Gl. *Ponhaderania.*

PONHERE, Le même. Gl. *Ponheria.*

PONHIERS, Habitants du pays de Poix, et souvent certains peuples d'une partie de la basse Allemagne. Gl. *Poheri.*

PONIAISE, Le même que POUGEOISE, Petite monnaie de France. Gl. *Pictavensium Comitum denarii*, sous *Moneta Baronum.*

1. **PONT**. PONT DE L'ESPÉE, La poignée. Gl. sous *Investitura,* pag. 417³. [Agolant, vers 220, 280, pag. 163¹. Garin le Loher. tom. 1, pag. 32. Chanson de Roland, aux mots *Poign* et *Punt.* Chron. des ducs de Normandie.]

2. **PONT**, Pointe. Gl. *Ponta.*

° 3. **PONT**, PUNT, Plan incliné composé de planches pour monter à la salle.... Chastel. de Couci, vers 2143, 2149, 6651. Chronique des ducs de Norm. t. 3, pag. 43, vers 33087. (*Planchier*, Gérard de Vienne, pag. 166¹.) La planche du navire pour l'embarquement. Partonop. vers 704, 716, 775. *Poncel,* v. 1955.

PONTAGE, PONTENAGE, Péage, droit qu'on paye sur et sous les ponts. Gl. *Pontonagium,* sous *Pontaticum.*

° **PONTEL**, Petit pont. Aubri, p. 168 ¹.

PONTIF, Petit pont. Gl. *Pontilius.*

PONTIFICAL, Respectable, majestueux. Gl. *Pontificalia,* sous *Pontifex.*

PONTIFICAT, Habits pontificaux. Gl. *Pontificalia,* sous *Pontifex.*

PONTIFIEMENT, Pontificat, règne d'un pontife ou d'un pape. Gl. *Pontificare,* sous *Pontifex.*

PONTIFIER, Élire un pontife, un pape. Gl. *Pontificare,* sous *Pontifex.*

PONT-LEVAIS, PONT-LEVEYS, Pont-levis. Gl. *Pons levator.* [*Pons tornéis, coléis,* Roman de Renart, tom. 2, pag. 326. v. 18480.]

PONTOIR, p. e. Pont. Gl. *Pontius.*

PONTONAGE, Péage, droit qu'on paye sur et sous les ponts. Gl. *Pontonagium,* sous *Pontaticum.*

PONTONIER, Celui qui fait payer le pontonage. Gl. *Pontanarius,* sous *Pontaticum.* [Flore et Blancefl. vers 1512. *Pontenier,* vers 1557.]

PONTTER, Ponctuer. Gl. *Punctare* 1.

POOCE, Pouce. Gl. *Pollex* 3.

° **POOILLIER**, Roman de Renart, t. 2, pag. 128, vers 13023 :

De gelines et de pocins,
Il me venoient pooillier
Et entre les jambes bechier.

1. **POOIR**, Pouvoir, puissance. Gl. *Posse* 1.

2. **POOIR**, District, juridiction, seigneurie. Gl. sous *Potestas.*

POOIS. TENIR A PLAIN POOIS, Se dit d'un fief, qui ne relève d'aucun seigneur. Gl. sous *Potestas.*

1. **POON**, POONNÉ, Pion, pièce du jeu des échecs. Gl. *Pedones.*

° 2. **POON**, Paon. Aubri, pag. 151³, 152¹.

POOSTE, District, juridiction, seigneurie. Gl. sous *Potestas.*

POOSTÉ, Passe-volant, soldat supposé. Gl. *Posta* 1.

POOTE. HONS DE POOTE, Serf, roturier, sujet à des servitudes. Gl. sous *Potestas.*

POPELICANS, Certains hérétiques, Manichéens. Gl. *Populicani.*

POPILER, Parer, ajuster. Gl. *Pompare.*

1. **POPINE**, Poupée d'enfant. Gl. *Oscillum.*

2. **POPINE**, Sorte d'étoffe. Gl. *Popina* 2.

POPRE, Pourpre. Gl. *Polpra* 2.

POPULAIRES, Peuple, habitants. Gl. *Populares.*

POPULIER. Qui est du peuple, habitant. Gl. *Popularus.*

POQUE, Poche, sac. Gl. *Pochia.*

POQUET, Petit cheval, bidet. Gl. *Poquitus.*

POQUIN, Certaine mesure de grain : d'où *Paquinage,* Redevance en grains qui se paye dans cette mesure. Gl. *Polkinus,* et *Poquinus.*

° **POR** ELS, A part. Partonop. v. 8174 :

S'en vont un poi por els ester.

PORAYERE, Marchande de porreaux ou d'herbes. Gl. *Poreta* 2.

° **PORBEER**, Regarder de tous côtés, chercher. Ruteb. tom. 2, pag. 240.

PORCAING, Le droit que le seigneur tire des pourceaux. Gl. *Porcagium.*

PORCAS, Acquêt. Gl. *Porchaicia.*

° **PORCE**, Porche d'un palais. Partonop. vers 4058.

PORCER, Partager, ou plutôt Posséder. Gl. *Porçonarius.*

° **PORCHACIER**, Chercher, procurer, combiner, acheter. Roman de Renart, tom. 1, pag. 18, vers 479 :

Tant a coru et porchacié.

Vers 475 :

Si va porchacier son afere.

Gérard de Vienne, vers 3409 :

Ke molt se poine de la pais
[*porchascier.*

Flore et Jeanne, pag. 87 : *Ki orent pourkacié son segnor autre femme ke li.* Partonop. vers 7803 :

Là porcheçai hui cest agroi.

Roi Guillaume, pag. 138. *Se poschascier, Se remuer, s'intriguer.* Garin le Loher. t. 1, pag. 180 :

Porchascié s'est Fromons ce m'est avis.

Dit du Roi Guillaume, pag. 186 :

Espoir qu'i ne fist onques fors que
[*lui pourchacier.*

Voyez *Pourchas* 1.

PORCHAIS, Acquêt. Gl. *Porchaicia.*

° **PORCHAZ**. Voyez *Pourchas* 1.

PORCHE, Corps de logis, maison à plusieurs appartements. Gl. *Porchetus* 3.

PORCHELAINE, Pourpier. Gl. *Porcada.*

PORCHERIE, Troupeau de pourceaux. Gl. *Porcairata.*

PORCHIERE, Sorte d'épieu dont on se sert pour conduire un troupeau de pourceaux. Gl. *Porcairata.*

PORCHINE, PORCINE. Beste porchine et porcine. Pourceau. Gl. *Porcina.*

° **POREL**, Porreau. Fabliaux, Jubinal, tom. 2, pag. 89. *Poret,* Roquefort, au mot *Porée.*

° **PORGARDER**, Observer avec attention. Partonop. vers 122, 126.

PORGIR, Abuser d'une femme en lui faisant violence. Gl. *Purgire.* [*Porgesir,* Orell. pag. 174.]

PORGUERIE, pour PORQUERIE, La garde des pourceaux. Gl. *Porcarius.*

PORPAIZ, PORPEIS, Marsouin. Gl. *Porpetus,* sous *Porpecia.*

° **PORPALLER**, Comploter. Agolant, vers 1089 :

Que tiex vet ci vostre mort porpallant.

° **PORPARLEMENT**, Abouchement, pourparler, complot. Partonop. v. 267, 2930.

° **PORPENS**, Méditation, pensée. Partonop. vers 4053 :

Un poi se prist à porpenser,
Et en l'angoisse del porpens, etc.

Flore et Blancefl. vers 229 :

En aprendre avoient boin sens
Du retenir millor porpens.

Dit du Roi Guillaume, pag. 185 :

Ne puis trouver pourpens
Par quel point vostre fam puist estre
[rapaissié.

PORPENSÉ, Médité, réfléchi, de sens froid. Gl. sous *Pensabiliter.*

° **PORPENSER**, Méditer, penser, imaginer. Voyez *Porpens.* Flore et Blancefl. vers 2567 :

En Gloris n'ot que porpenser.

Roman de Renart, tom. 1, pag. 4, v. 87 :

Ne savez bête porpenser.

Voyez Rayn. tom. 4, pag. 499¹, au mot *Perpenser.*

PORPORT, Produit, rente, revenu. Gl. *Porportus.*

PORPORTER, Se dit lorsqu'on fixe la situation des lieux. Gl. *Porportare.*

PORPORTIONNÉ, Partagé en égales portions. Gl. *Proportionarius.*

PORPRE, Habit riche et magnifique ; Grand seigneur. Gl. *Purpura.*

1. **PORPRENDRE**, Prendre de force, s'emparer, usurper. [Ravager. Roman de Rou, Aubri, vers 4. Chanson de Roland, st. 241, vers 4] ; d'où *Porprise* et *Porprison,* L'action de prendre de force, usurpation. Gl. *Porprendre.*

° 2. **PORPRENDRE**, Investir, entourer. Chron. des ducs de Norm. Roquef. Comprendre, contenir. Partonop. vers 500. Voyez Rayn. tom. 4, pag. 633², au mot *Perprendre.* — Gérard de Vienne, v. 465 :

Li dus Gérard les conduisait devant
Sor un destrier les saus li porprant.

° **PORPRIN**, De pourpre, couleur de poupre. Flore et Blancefl. vers 440 :

Et vingt bliaus indes porprins.

Chron. des ducs de Norm. tom. 1, p. 398, vers 9116 :

Vers e vermeilz, indes porprins.

° **PORPRIS**, PROPRIS, PORPRISE, Enceinte, enclos, lieu. Roi Guill. pag. 170, 171. Chron. des ducs de Normandie, Roquef.

PORPRISSON, Enclos, enceinte. Gl. *Porprisia,* sous *Porprendere.*

° **PORQUANT**. Voyez *Neporquant, Nonporquant.* Partonop. vers 27, 4927.

° **PORQUERIR**, Rechercher, procurer. Flore et Blancefl. vers 1152 :

Et avoec moi trois escuiers
Qui nostre marcié porquerront
Et nos cevaus nos garderont.

Garin le Loher. tom. 1, pag. 149 :

Or sai-je bien que vous l'avez porquis
Car toujours estes outrageus et mesdis.

Pag. 51 :

Qui ont lor gent assemblé et porquis.

Voyez *Porquir.* Flore et Blancefl. vers 1018 :

Quant de ta mort es porquerans.

Porsquist, Chron. des ducs de Norm. tom. 1, pag. 497, vers 12027. Voyez Roquef. au mot *Pourquerre,* Orell. pag. 182.

PORQUIERE, Sorte d'épieu dont on se sert pour conduire un troupeau de pourceaux. Gl. *Porcairata.*

PORQUIR SAUDOYERS, s'Attacher des soldats. Gl. *Perquirare.* [Voyez *Porquerir.*]

PORRE, Espèce de massue. Gl. *Porrum.*

° **PORRETE**, Poussière ? Ruteb. tom. 2, pag. 234 :

Ainz le par tient on si très nete
Que jamès nis une porrete
Ne troveriez ne haut ne bas.

° **PORRIER**, Poussière. Renart le Nouvel, tom. 4, pag. 211, vers 2220 :

Li destrier
Al aler font si grant porrier.

° **PORSAINDRE**, Enceindre, saisir. Wackernag. pag. 59 :

Et malvestise le mont porsaint.

PORSEGUS, Persécuté, tourmenté. Gl. *Prosecutio* 4. [Orell. pag. 257, 258.]

PORSOIN, Jeune pourceau. Gl. *Porsanus.*

PORSOOIR, Posséder. Gl. *Possessores.*

1. **PORT**, Gorge de montagne, défilé. Gl. *Portus* 1.

2. **PORT**, Lieu où l'on passe un bac. Gl. sous *Passagium.*

3. **PORT**, Conduite, façon d'agir. Gl. *Portus* 5.

4. **PORT**, Autorité, crédit. Gl. *Portus* 6.

1. **PORTAGE**, Le droit qu'on paye pour les marchandises qu'on porte sur le dos ou au cou. Gl. *Portagium* 2.

2. **PORTAGE**, Certain droit sur les maisons et sur les terres. Gl. *Portagium* 7.

3. **PORTAGE**, p. e. Sorte de sauce ; s'il ne faut pas lire *Poreage.* Gl. *Portagium* 7.

PORTAIGE, Transport de marchandises par mer. Le droit de faire ce transport. Gl. *Portagium* 1.

PORTAUEL, Petite porte, guichet. Gl. *Portellus* 3.

1. **PORTE**, La garde qu'on fait à la porte d'une ville, ou le Guet. Gl. *Porta* 4. [*Portes tenir,* Partonop. vers 2135.]

2. **PORTE**, Aumônerie, lieu où l'on distribue les aumônes. Gl. *Porta* 3.

3. **PORTE** COULANT, Herse de porte d'une ville ou d'un château. Gl. *Porta levatura.*

° 4. **PORTE**, Service dû ? Voyez Gl. *Porta* 4. Roman de Renart, t. 2, p. 326, vers 18466 :

Les ovriers qui les euvres font
Amoneste de tost ovrer
Et de lor porte delivrer
Et de reparer ses fossez.

PORTE-CHAPPE, Porte-manteau, officier chez le roi. Gl. *Capa* 1.

PORTEGALOIZE, Sorte d'ornement, parure. Gl. *Portugalenses.*

PORTEHORS, Bréviaire, livre portatif à l'usage des ecclésiastiques. Gl. *Portiforium.*

PORTEIS, Portatif. Gl. *Altare portatile.*

PORTELAIN, Dignité du royaume de Naples, à laquelle est attribuée l'intendance sur tous les ports. Gl. *Portulani.*

PORTELETTE, Petite porte. Gl. *Portalatum.*

PORTEPAIX, Ce qu'on donne à baiser au clergé pendant la messe. Gl. *Portapax.*

PORTER (SE), Se comporter. Gl. *Portare* 1.

PORTEUR DE PARDONS, Distributeur d'indulgences. Gl. *Pardonantia.*

PORTEUR A TABLATE, Billonneur. Gl. *Portare tabulas.*

1. **PORTEURE**, Enfant qu'une femme a porté dans son sein. Gl. *Portatura.* [*Portée,* Enfants Haymon, vers 777.]

2. **PORTEURE**, Faculté de concevoir et de porter enfant. Gl. *Portatura.*

PORTINGALOIS, Portugais. Gl. *Portugalenses.*

PORTOUIRE, Vaisseau qui sert à porter la vendange, espèce de hotte. Gl. *Semalis.*

° **PORTRAIRE**, Former, dessiner, peindre. Agolant, vers 650. Flore et Blancefl. vers 448. Voyez Orell. pag. 272.

PORTRAITURE, Effigie, portrait, image. Gl. *Portractura.* [Chastel. de Couci, v. 7658. *Portret,* Dessin. Mantel Mautaillé, v. 194, 254.]

POT

PORTURE, Grossesse. Gl. *Portatura.*

PORVEANCE, Provision. Gl. *Providentiæ.* [Ruteb. tom. 1, pag. 9. *Porvée*, Agol. vers 957.]

1. POSE, Pause, repos, cessation d'agir. Gl. *Pausa.*

2. POSE, Certaine quantité de pierres. Gl. *Posa.*

POSOERA, Sorcière ; ou Femme débauchée. Gl. *Positor.*

POSSE, Pouce. Gl. sous *Pollex 3.*

º **POSSESSITÉ**, Possessions, propriétés. Enfants Haymon, vers 860.

POSSIER, Posséder, avoir en son pouvoir ; d'où *Possierres*, Possesseur, acquéreur. Gl. *Possessores.*

POSSIVE. TERRE POSSIVE, Héréditaire, qu'on tient de ses pères. Gl. *Possessores.*

POSSONNE, Burette. Gl. *Pochonus.*

POSSUIRE, Posséder, avoir en son pouvoir. Gl. *Possessores.*

POST, Pilier de bois, poteau. Gl. *Postis 3.*

POSTAGE, Sorte de présent qu'on faisait à Pâques aux jeunes gens. Gl. *Ovum 1.*

POSTAT, Podestat, magistrat, officier de justice et de police dans les villes libres d'Italie. Gl. sous *Potestas.*

1. POSTE. FAIRE FAUSSE POSTE, Faire passer en revue de faux soldats. Gl. *Posta 1.*

2. POSTE. HOMME DE POSTE, Serf, roturier sujet à des servitudes. Gl. sous *Potestas.*

POSTEAULX, Amis, ceux qui nous soutiennent. Gl. *Postellum.*

POSTÉE, Travée, l'espace qui est entre deux poutres, et ce qui y est contenu. Gl. *Postea.*

POSTEIS, Puissant, grand seigneur. Gl. *Potestativus.* [Garin le Loher. tom. 1, pag. 101.]

POSTEL, Poteau, pieu, jambage de porte. Gl. *Postellum.*

POSTERLE, POSTERNE, Poterne, fausse porte, porte de derrière, petite porte. Gl. *Posterlo* et *Posterula.* [Garin le Loher. tom. 1, pag. 219, 223. Gérard de Vienne, vers 433.]

POSTIS, Le même. Gl. *Posticum,* sous *Posticium.* [Garin le Loher. tom. 1, pag. 142.]

POSTRAIT, Jeté, couché par terre. Gl. *Prostrari.*

POSTULAT, Sorte de monnaie. Gl. *Postulatus.*

POSUEURE, Poêlon, ou grande cuiller. Gl. *Positura.*

POT A CAVE, Celui dans lequel on tire le vin à la cave, broc. Gl. sous *Butta 3.*

POV

POT LAVOIR, Vaisseau qui sert pour laver. Gl. *Lavatorium 2.*

POTAGE, POTAIGE, Sorte de légume, comme pois, fève, lentille, etc. Gl. sous *Potagium 1.*

POTAGIER, Officier de la cuisine-bouche chez le roi, celui qui a soin des potages. Gl. *Potagerius.*

POTANIER, Celui reçoit le droit appelé *Pontonage.* Gl. *Pontanarius,* sous *Pontones.*

POTATION, L'action de boire. Gl. *Potare.*

1. POTE. HOMME ou TERRE DE POTE, Qui est sujet à des servitudes. Gl. sous *Potestas.*

2. POTE. MAIN POTE, La main gauche. Gl. *Manus bassa.*

POTÉES DE REIMS, Terres dépendantes de l'église de Reims. Gl. sous *Potestas.*

POTEL, diminutif de Pot, une mesure de vin. Gl. *Potellus 1.*

POTENCIER, Qui se sert de *potences* ou béquilles pour se soutenir. Gl. *Potentia 2.*

POTIER, Officier de l'échansonnerie chez le roi. Gl. *Poterius.*

POTINEAU, Pieu. Gl. *Plexicium.*

POTONNER, p. e. Passer un bac ou ponton. Gl. *Potonnare.*

POU, Colline, lieu élevé, montagne. Gl. *Podium 3.*

POUAILLE, POUALLE, Poële. Gl. *Paella.*

POUANCE, Peine, châtiment, punition. Gl. *Pœnalitas 3.*

POUBLEROYE, p. e. Lieu planté de peupliers. Gl. *Populosus 3.*

POUCHER, Pocher, crever les yeux. Gl. sous *Pollex 3.*

POUCHET, Sachet, petit sac ; d'où *Pouchie*, Sachée. Gl. *Poucha 2.*

POUCHIER, Pouce. Gl. sous *Pollex 3.*

POUDA, Faux, faucille ; ou Serpe, serpette. Gl. *Padadoira.*

POUDRAGE, Toute espèce d'impôt. Gl. *Poudragium.*

POUDRER, Joncher, couvrir le plancher de fleurs ou de joncs. Gl. *Pulveratus.* Voyez *Poldré.*

POUDRETE, Jeu d'enfants aux épingles. Gl. *Pulverea.*

POUDRIERE, Tourbillon de poussière. Gl. *Pulvis.* [Roman de Renart, t. 1, p. 51, 52, vers 1328, 1364.]

POUENCEL, Pavot. Gl. *Papaver.*

POVERTÉ PROUVÉE, Pour aliéner légitimement un fonds, il fallait prouver qu'on y était contraint par pauvreté. Gl. sous *Paupertas.* [Chansons historiques, t. 1, pag. 114 :

POU

Sachiés cil sont trop honni qui n'iront,
S'il n'ont pouerte ou vieillesse ou malage.
Partonop. vers 169.]

POUGEESSE, POUGEOISE, Petite monnaie de France. Gl. *Pogesia.*

POUGNIEUL, Poignée, ce que peut contenir la main. Gl. *Poigneia.*

POULAILLIER, Rôtisseur. Gl. *Poulailliarius.*

POULAIN, Jeu de dés, le même que la rafle. Gl. *Poledrus.*

1. POULAINE, Pointe. *Soulier à poulaine,* Dont les bouts se terminaient en pointe. Gl. *Poulainia.*

2. POULAINE, POULANNE, Sorte de fourrure venant de Pologne. Gl. sous *Poulainia.*

POULDRE, Jeune jument. Gl. *Poledrus.*

POULEMART, Sorte de gros fil. Gl. *Polomar.*

1. POULIE, Lieu où l'on étend les draps pour les sécher ou travailler. Gl. *Polia 3.*

2. POULIE, Sorte de jeu. Gl. *Polia 3.*

3. POULIE, p. e. Ecurie, étable. Gl. *Polia 3.*

1. POULIER, Poulailler, lieu où l'on enferme les poules. Gl. *Poulalleria.*

2. POULIER, Mettre les draps à la *poulie.* Gl. *Polia 3.*

POULLYE, Sorte de jeu. Gl. *Polia 3.*

POULPE, Polype, sorte de poisson. Gl. *Polyppus.*

POULRE, Marais desséché. Gl. *Polra.*

POULSEMENT, L'action de pousser, heurter. Gl. *Pulsatus.*

POULSIS, Choc, combat. Gl. *Pulsatus.*

POULTRAIN, Poulain, jeune cheval. Gl. *Poledrus.*

1. POULTRE, Jeune jument. Gl. *Poledrus.*

2. POULTRE, pour PLOUTRE, Serrure, cadenas. Gl. *Poledrus.*

POULTRERIE, Espèce de galerie faite de poutres. Gl. *Putura 2.*

POULZ, La partie de la tête nommée Temple. Gl. *Pulpus 2.*

POUOIR, Seigneurie, territoire, étendue d'une juridiction. Gl. *Posse 3.*

POUPÉE, Botte, faisceau de lin ou de chanvre. Gl. *Popera.*

POUPELIN, Peuplier, arbre. Gl. *Populosus 2.*

POUPPÉE, POUPPIE, Sorte d'étoffe, p. e. Pourpre. Gl. *Poppea.* [Espèce de fourrure. *Poupe*, Roman de Renart, tom. 4, pag. 57, vers 1550 :

De gris de martre ne d'estule
De poupes ne d'escurieus.]

POUQUE, Sac. Gl. *Poucha 2*.

POURAILLE, Les pauvres gens, le petit peuple. Gl. *Pauper*.

POURDOUBIR, Battre d'un bâton, ou autrement. Gl. *Burdillus*.

POURCEL. JETTER AU POURCEL, Sorte de jeu et d'exercice. Gl. *Porchetus 1*.

POURCHAINTE, Enceinte. Gl. *Porcincta*.

1. **POURCHAS**, Soin, travail. Gl. *Porchaicia*. [*Porchaz*, Chanson du Chastel. de Couci, Laborde, pag. 279. Voyez Rayn. tom. 2, pag. 352¹, au mot *Percat*.]

2. **POURCHAS**, ESTRE POURCHAS, Etre en état de faire ce qu'on désire. Gl. *Aisatus*.

POURCHELINE. BESTE POURCHELINE, Pourceau. Gl. *Porcina*.

POURE HOMME, Homme du peuple, du commun. Gl. *Pauper*.

POURFIT, Profit, usage. Gl. *Pigio*.

POURFORCEMENT, Contrainte; du verbe *Pourforcier*, Contraindre, forcer. Gl. *Forçare*.

° **POURGINE**, Race, progéniture. Renart le Nouvel, tom. 4, pag. 140, v. 379. Voyez Rayn. tom. 3, pag. 460¹, au mot *Progenia*.

POURGUIRE, Poursuivre. Gl. *Porchaicia*.

POURLONGEMENT, Prolongation, délai. Gl. *Prolonguare*.

POUROFFRIR, Se présenter. s'offrir. Gl. *Proferum*.

POURPAL, Sorte de pieu, palonneau, gros bâton. Gl. *Prodelada*.

POURPARTIE, Portion d'héritage. Gl. sous *Parpars*.

POURPAYS, Pays, canton. Gl. *Propagus*.

POURPE, Polype, sorte de poisson. Gl. *Polyppus*.

POURPENDURE, Parvis d'une église, l'enceinte qui en accompagne l'entrée, les bâtiments qui l'environnent. Gl. *Pourprisia*.

POURPOINT, Cotte d'armes. Gl. *Purpunctum*, sous *Perpunctum*. [Renart le Nouvel, tom. 4. pag. 185, vers 1756.]

POURPOINTERIE, Le métier des ouvriers appelés *Pourpointiers* ou faiseurs de pourpoints. Gl. *Perpunctum*.

POURPOIR, POURPOIS, Marsouin. Gl. *Porpecia*.

POURPORTER, Se comporter, quand on parle de l'état d'une chose. Gl. *Proportare*.

POURPOS, Résolution, dessein, ce qu'on se propose de faire. Gl. *Proposta*.

POURPOUL, p. e. Peuplier. Gl. *Populosus 2*.

POURPRENDRE, Entourer, environner. Gl. *Porprehendere*.

POURPRINSE, POURPRIS, Enclos, enceinte, lieu fermé de murs ou de haies. Gl. *Porprisum*, sous *Porprendere*.

POURPRISSURE, Le même. Gl. *Pourprisura*, sous *Porprendere*.

POURRE, Poudre, poussière. Gl. *Pulvis*.

POURRIERE, Tourbillon de poussière. Gl. *Pulvis*.

POURSEIGNER, Bénir en faisant le signe de la croix. Gl. *Præsignare*.

POURSEOIR, POURSOIER, Posséder, avoir en sa puissance. Gl. *Possessores*.

POURSUIANS LE ROY, Ceux qui recevaient les requêtes pour le roi et en poursuivaient la réponse. Gl. *Prosecutor*.

1. **POURSUITE**, Le droit de suivre et de réclamer un serf qui a quitté son domicile sans le congé de son seigneur. Gl. *Prosecutio 4*.

2. **POURSUITE**, Celui qui est à la suite de quelque chose, le gardien d'un troupeau. Gl. *Prosecutio 4*.

3. **POURSUITE**, Ligue, alliance. Gl. *Prosecutio 4*.

POURSUIVANT D'AMOURS, Sorte de charge chez le roi. Gl. *Prosecutor amorum*.

POURSUIVANT D'ARMES, Officier subordonné aux hérauts d'armes. Gl. *Prosecutores armorum*.

POURTAGE, Le droit d'entrée qu'on paye aux portes d'une ville. Gl. *Portagium 3*.

POURTEBOUZ, Officier subalterne de l'échansonnerie. Gl. *Bouterius*.

POURTERRIEN, Tenancier qui tient d'un autre des terres à cens et rente. Gl. *Terrarius*.

POURTERRIER, Sergent, garde forestier. Gl. *Portarius*.

POURTISAINE, Pertuisane. Gl. *Pertixana*.

POURTRAYER, Ressembler, avoir les traits de quelqu'un. Gl. *Protrahere*.

POURTREIRE, Citer en justice. Gl. *Protractus*.

POURTURE, Pourriture, corruption. Gl. *Pus 8*.

POURVAIN, Provin de vigne. Gl. *Propaginare 1*.

POURVEANCHE, Provision. Gl. *Providentiæ*.

POURVERRIE, Office claustral, qui est chargé de faire les provisions. Gl. *Provisor refectorii*.

POURVEU, Prudent, sage, avisé. Gl. *Providus*, et *Provisivus*.

POUSOER, Posséder, avoir en son pouvoir. Gl. *Possessores*.

POUSSIER, Pouce. Gl. sous *Pollex 3*.

POUSSON, Marc d'olives pilées. Gl. *Pulsatorium*.

POUTÉE, Torrent, eau sauvage. Gl. *Puthcus*.

1. **POUTRAIN**, Poulain, jeune cheval. Gl. *Poledrus*.

2. **POUTRAIN**, Jeu de dés, le même que la rafle. Gl. *Poledrus*.

POUTRE, Jeune cheval, ou jument. Gl. *Poledrus*.

POUTREL, Jeune et vigoureux cheval. Gl. *Poledrus*. [Wackernagel, pag. 75. *Pointrel*, Laborde, pag. 190.]

POUTRELLE, Jument. Gl. sous *Poledrus*.

POUTRENIER, Celui qui élève et vend des poulains. Gl. *Poledrus*.

POUVÉMENT, De tout son pouvoir, fortement, hautement. Gl. *Possibiliter*.

POUX, La partie de la tête nommée Tempe. Gl. *Pulsus 2*.

POY, Colline, lieu élevé, montagne. Gl. *Podium 8*.

POYASON, Place vide, contenant un certain nombre de pieds. Gl. *Peaso*.

POYPE, Montagne, colline, château bâti sur une hauteur. Gl. *Poypia*.

PRAAGE, Cens dû sur des prés. Gl. *Preagium*.

PRADEAU, Certain bâton à l'usage d'une charrette. Gl. *Pradetum*.

PRAEL, Pré, préau, gazon, herbe verte. Gl. *Pradetum* et *Prata 2*.

PRAER, Voler, piller, butiner. Gl. *Præda 1*.

PRAERIE, Prairie. Gl. *Praeria*.

PRAGOIS, PRAGOYS, de Prague. Gl. sous *Annus* et *Cultellus*.

PRAGUERIE, Sédition sous Charles VII, en 1440, à la tête de laquelle était le Dauphin. Gl. sous *Annus*. [Voyez le Glossaire du droit françois de Ragueau, au mot *Praguerie*.]

PRAIE, Proie, butin. Gl. *Præda 1*.

PRAIECIER, Prêcher. Gl. *Prædicamentum*.

PRAIER, Voler, piller, butiner. Gl. *Præda 1*. [Flore et Blanceﬂ. vers 69:

Viles reuboit, avoirs praoit.

Preer, Roi Guillaume, pag. 189. Prée, Enlevée, Aucasin et Nicolete, Cont. et Fabl. tom. 1, pag. 413. Voyez le Gloss. sur la Chron. des ducs de Normandie, ci-dessus, *Proier 1*. *Predeur*, Ravisseur. Rayn. t. 4, pag. 620¹, au mot *Preda*.]

° **PRAIERE**, Partonop. vers 10583:

Li praiere crie en volant.

PRAINS, Se dit d'une truie qui est pleine. Gl. *Prægnatus 2*.

PRAINTE, Droit que les églises levaient sur tous les fruits, et principalement sur le blé et le vin, prémices. Gl. *Prienta*.

PRANGERBERO, Sorte de bâton ou fourche pour enlever les gerbes. Gl. *Garbeiare*.

PRANGIERE, L'heure du dîner. Gl. *Prandium*.

PRANRE MORT, Subir la mort, mourir. Gl. *Prendere bellum*.

PRAT, Pré. Gl. *Prata 2*.

PRATEAU, Petit pré. Gl. *Pratellum*.

1. **PREAGE**, Cens dû sur des prés. Gl. *Preagium*.

2. **PREAGE**, Droit qu'a le seigneur de faire paître ses bêtes dans les prés de ses vassaux. Gl. *Preagium*.

° **PREANT**, Agolant, pag. 185² :
Leur dieu Jupin, Apolin le preant.

PREBANDIER, Sorte de mesure. Gl. *Præbendarius*, sous *Præbenda*.

PRECENTEUR, PRECENTRE, Préchantre, dignité ecclésiastique. Gl. *Præcentor*.

PRECEPTORAT, Commanderie, bénéfice des ordres de chevalerie. Gl. *Præceptoriæ*, sous *Præceptor*.

PRECIER, Apprécier, mettre le prix à une chose. Gl. *Pretiare*.

PRECIPITER, Presser, demander instamment et avec importunité. Gl. *Præcipitium 2*.

PRECIPUITÉ, Préciput, avantage. Gl. *Præcipuitas*.

PRECLOTURE, Préciput, droit de l'aîné. Gl. *Præcipuitas*.

PRECOGITÉ, Prémédité. Gl. *Agaitum*.

PRECONISER, Citer en justice, ajourner à cri public. Gl. sous *Præconare*.

PRECOUR, Arbitre d'un différend, médiateur. Gl. *Precator*.

° **PREECHIER**, Prêcher. *Prèechement*, Prédication. Chansons Historiques, tom. 1, pag. 216, 217.

1. **PREER**, Celui qui a soin des prés. Gl. *Pratarius*.

° 2. **PREER**. Voyez *Praier*.

PREFACHIÉ, Fermier, métayer, laboureur. Gl. *Facherius*.

PREFERE, Enquête, perquisition. Gl. *Præferentia*.

PREFIGER, Prescrire, ordonner. Gl. *Præfingere*.

PREHER, Voler, piller, butiner. Gl. *Præda 1*.

PREIR, Mettre une terre en pré. Gl. *Preagium*.

PREJUDICIABLE, Celui à qui l'on veut causer quelque préjudice. Gl. *Prejudiciabilis*.

PRELEIAIGE, pour PLEIGAIGE, Cautionnement. Gl. *Plegagium*.

° **PREMERAIN**. Voyez *Primerain*.

PRENDRE. SE PRENDRE, s'Allier. Gl. *Prendere*.

PRENERRESSE, Femme qui prend à bail, fermière. Gl. *Prendimentum*.

PRENEUR, Celui qui lève les impôts ou les prises. Gl. *Prendimentum*.

PRENNE, p. e. pour PIENNE ou PRIENE, Maladrerie, hôpital pour les lépreux. Gl. sous *Prendimentum*.

PREPARANCES, Sorte de droit dû au seigneur féodal. Gl. *Præparantiæ*.

PREPOINT, Pourpoint, sorte d'habillement. Gl. *Perpunctum*.

PREPUSE, pour PROPRISE, Pourpris, clos. Gl. *Porprisagium*.

PRESCHE, pour FRESCHE, Friche, terre inculte. Gl. *Fresceium*.

PRESCHEMENT, Prédication, sermon. Gl. *Prædicamentum*.

PRESCHER, Admonester, reprendre publiquement. Gl. *Prædicamentum*.

PRESCHEUR, p. e. Quêteur, porteur d'indulgences. Gl. *Prædicator*.

PRÉSENT. PRIS A PRÉSENT FORFAIT, Pris sur le fait, en flagrant délit. Gl. *Præsens forefactum*.

1. **PRÉSENTATION**. Représentation, image, portrait. Gl. *Præsentatio*.

2. **PRÉSENTATION**. Appel de cause suivant le rôle. Gl. *Præsentatio*.

PRÉSENTIÈRE, Femme prostituée. Gl. *Præsentarius*.

PRESINGNER, Baptiser, parce qu'on verse l'eau sur la tête de l'enfant en faisant le signe de la croix. Gl. *Præsignare*. [Cérémonie qui eut lieu avant l'immersion ?..... Flore et Blancefl. vers 3307 :
*Sa corona li prisignierent
Et saintement la baptisierent.*

Chron. des ducs de Norm. tom. 1. pag. 453, vers 10753 :
*Sempres maneis al primseignier
Li emposa cest nom Loher.
Après le aporta et baptesme.*

Baptiser. Agolant, vers 860 :
*Crois-tu en dieu et es-tu baptizié ?
Oil voir, sire, j'ai esté prinssengnié.*

Enchanté par un signe. Chron. des ducs de Norm. tom. 1, pag. 27, vers 710 :
D'art enchanté e primseignier.

PRESLET, p. e. Garde-manger. Gl. *Pressoriolum*, sous *Pressorium 2*.

1. **PRESME**, Proche, parent, allié. Gl. *Proximus*.

2. **PRESME**. Premier, qui a plus de droit qu'un autre à une chose. Gl. *Primariolus*.

PRESSEOR, Pressoir. Gl. *Pressoriare*.

PRESSEUR, Celui qui met les draps à la presse. Gl. *Pressorium 2*.

PRESSORIER, Garde ou fermier d'un pressoir. Gl. *Pressoriare*.

PRESSUOER, pour Pulsoir, instrument propre à la pêche. Gl. *Pressorium 2*.

PREST. FAIRE PREST, Prêter. Gl. *Præstantia 3*.

PRESTERRES, Prêteur. Gl. *Prestator*.

PRESTHAYE, p. e. Cens, redevance annuelle. Gl. *Presteria*.

PRESTIER, Usufruitier, celui qui possède un fonds par précaire. Gl. *Presteria*.

PRESTINCH, Le lieu où est le pétrin, boulangerie. Gl. *Pristinum*.

PRESTRAGE, Presbytère, maison d'un curé. Gl. *Presbyteragium*.

PRESTRAIGE, Sacerdoce. qualité de prêtre. Gl. *Presbyterium 1*.

1. **PRESTRERIE**, Biens appartenant à des prêtres. Gl. *Presteria*.

2. **PRESTRERIE**, Fonds possédé par précaire. Gl. *Presteria*.

PRESTRIERE, Le même. Gl. *Presteria*.

PRESUMPTIEUX, Présomptueux. Gl. *Præsumptuosus*.

PRESURE, p. e. Arcade, ou Souterrain. Gl. *Presura 2*.

PREU, Profit, bien, avantage. Gl. *Preu*. [Chastel. de Couci, vers 60. Voyez Rayn. tom. 4, pag. 649¹, au mot *Pro*.]

PREUDES GENTS, Échevins, ceux qui sont à la tête d'un corps. Gl. *Probus 1*.

PREUD-HOMMÉEMENT, Prudemment, sagement. Gl. *Prudhomius*.

PREUD-HOMMES, Échevins, ceux qui sont à la tête d'un corps. Gl. *Probus 1*.

PREVENDIER, Sorte de mesure. Gl. *Præbendarius*, sous *Præbenda*.

PREVOIRE, Prêtre. Gl. sous *Præbenda*.

1. **PREUX**, Vaillant, brave. Gl. *Probus 1*.

2. **PREUX**, Infirme, langoureux. [Bien portant.] Gl. *Probus 2*.

1. **PRIERE**, Taille, aide, que le seigneur demande à ses vassaux. Gl. *Preces 1*.

2. **PRIERE**, Corvée, droit seigneurial. Gl. *Preces 2*.

PRIESSE, Chapelle, oratoire. Gl. *Precata*.

PRIEURTÉ, Prieuré, bénéfice ecclésiastique. Gl. *Prioratus*.

° **PRIEUSE**, Prieure, supérieure dans un monastère de filles. Roi Guillaume, pag. 46.

PRIME, Le temps où l'on chante l'office d'église, nommé *Prime*. Gl. *Prima*.

PRIME QUE, Avant que. Gl. *Primule*.

° **PRIMER (SE)**, Se serrer, presser.

Chron. des ducs de Norm. tom. 1, p. 213, vers 3753 :

Priement et quassent sei en bas.

Voyez Rayn. tom. 4, pag. 622², au mot *Premer.*

PRIMERAIN, Ancien, devancier, prédécesseur. Gl. *Primariolus.* [Premier. G Guiart. t. 2, p. 337, vers 8760 (17741). *Primerains*, D'abord, premièrement. Garin de Loher. tom. 1, pag. 45. Roman de Renart, tom. 1, pag. 84, vers 2225. Voyez Rayn. tom. 4, p. 644², au mot *Primeiran.*

PRIMEROLE, Primevère, sorte de plante. Gl. *Ligustrum.*

° **PRIMES**, D'abord, premièrement. Partonop. vers 275. *Dont à primes,* Alors seulement, vers 590, 1488. *Dès primes que,* Du premier moment que. Laborde, p. 219. Voyez Rayn. tom. 4, pag. 644¹. au mot *Primas,* ci-dessus *Prime,* Orell, pag. 343.

PRIMOS, Sorte de pain. Gl. sous *Panis 2.*

° **PRIMSEIGNER**. Voyez *Presingner.*

1. **PRIN**, Espèce de redevance. Gl. *Priu.*

° 2. **PRIN**, Premier. Gérard de Vienne, vers 3979 :

Prin jor de mai ont le terme nommé.

Voyez Orell. pag. 42, Rayn. t. 4, p. 643¹, au mot *Prin.*

PRINCE, Seigneur de la cour. Gl. sous *Princeps.*

PRINCE DES AMOUREUX. PRINCE DU PUY DE SOTIE, PRINCE DES SOTS, Différentes dénominations du chef d'une société de jeunes gens. Gl. sous *Princeps.*

PRINCÉE, Principauté. Gl. *Principalis dignitas.*

PRINCETÉ, Qualité de prince, principauté. Gl. sous *Princeps.*

PRINCHANTRE, Préchantre, dignité ecclésiastique. Gl. *Præcentor.*

PRINCHON, p. e. Pieu ferré, sorte d'arme. Gl. *Picassa.*

PRINCIER, Grand seigneur, homme de la cour. Gl. *Primicerius.* [Gérard de Vienne, vers 603. Fabliaux, Jubinal, t. 2, p. 89. *Princhier,* Aubri, pag. 158². Chron. des ducs de Normandie.]

PRINCIPAL, On appelait ainsi le présent qu'on faisait à l'église le jour de son enterrement. Gl. *Heriotum*, pag. 200¹.

PRINCIPAUMENT, Directement. Gl. *Principaliter.*

PRINEVERDE, Petit poisson. Gl. *Primavera.*

PRINGALLE, pour *Espringalle,* anciennement Machine de guerre propre à jeter de grosses pierres, et plus récemment un moyen canon. Gl. *Spingarda.*

1. **PRINSE**, Toute espèce de redevance. Gl. *Prinzia.*

2. **PRINSE**, Prise de vivres et ustensiles sur des sujets ou vassaux, pour l'usage du roi ou d'un autre seigneur dans leurs voyages. Gl. *Prisæ* et *Privasia 1.*

PRINSOIR, Le temps où le jour tombe, la brune. Gl. *Primus somnus.*

PRINSOMME, Le temps du premier sommeil. Gl. *Primus somnus.*

PRINZE, L'action de prendre à bail. Gl. *Prisia 4.*

1. **PRIS**, Prise de vivres et ustensiles sur des sujets ou vassaux, pour l'usage du roi ou d'un autre seigneur dans leurs voyages. Gl. *Prisæ.*

2. **PRIS**, pour Prise de ville, l'action de se rendre maître d'une ville. Gl. *Prisus.*

° 3. **PRIS**, Voyez *Prison 1.*

PRISANTIER, Qui se prise, qui a bonne opinion de lui-même, fanfaron. Gl. *Prisare.*

1. **PRISE**, Toute espèce de redevance. Gl. *Prinzia.*

2. **PRISE**, Le droit de prendre pour son usage vivres, denrées et ustensiles. Gl. *Prisæ.*

3. **PRISE**, Le droit d'arrêter quelqu'un et de le mettre en prison. Gl. *Prisia 2.*

4. **PRISE**, Corps de marchands ou d'artisans. Gl. *Prisia 6.*

° 5. **PRISE**, Prise, action de prendre le gibier. *Prise corner,* Enfances Roland, pag. 157¹. *Corner de prise,* Roi Guillaume pag. 148. Voyez *Corner.*

° **PRISIGNIER**. Voyez *Presingner.*

PRISME, Proche, parent, allié. Gl. *Proximus.*

1. **PRISON**, Prisonnier. Gl. *Priso 1.* [Enfants Haymon, vers 333, note, p. 154¹. Roi Guillaume, pag. 149. Roman de Renart, tom. 8. p. 144. 152, vers 23710, 23944. Chastel. de Couci, vers 7481. Pris, Gérard de Vienne, vers 776.]

2. **PRISON**. VIVE PRISON, Caution, répondant. Gl. *Prisonia viva.*

PRISONAGE, Ce qu'on paye pour l'entrée et la sortie des prisons. Gl. *Prisonagium.*

PRISTIN, Premier, qui a été auparavant. Gl. *Pristinus.*

1. **PRIVÉ**, Familier, ami. Gl. *Privatus 1.* [Partonop. vers 2548. Roman de Renart, tom. 1, pag. 7, vers 180. Agol. vers 1262. — Vers 784 :

Se veuz bataille jà te sera privée.

Voyez Rayn. t. 4, pag. 647¹, au mot *Privat.*]

2. **PRIVÉ.** PERSONNE PRIVÉE, Celui qui n'est point officier de ville, simple habitant. Gl. *Privati.*

3. **PRIVÉ.** ESTRE A SON PRIVÉ, A son particulier, avec ses amis intimes. Gl. *Privatus 1.* [*Parler à privé,* En particulier. Chastel. de Couci, vers 1981.]

° **PRIVÉE**, Latrine. Roman de Renart, tom. 2, pag. 279, vers 17177. Voyez Rayn. tom. 4, pag. 647², au mot *Privada.*

° **PRIVEEMENT**, PRIVEMENT, Secrètement, sans être aperçu. Flore et Blanceû. vers 2306. Fabliaux, Jubinal, tom. 2, p. 28.

PRIVESEL, Garde du sceau privé. Gl. sous *Sigillum,* pag. 478¹.

PRO, Profit, avantage. Gl. *Preu.* [Voyez Rayn. t. 4, pag. 649¹, au mot *Pro*]

° **PROAICE.** Voyez *Proece.*

PROAIGE, comme *Pro.* Gl. *Proadventiæ.*

PROCACER, Repaître, manger, se rassasier. Gl. *Procare.*

PROCÉDER, Excéder, aller au delà du but. Gl. *Procedere.*

PROCÉDEUX, Processif. Gl. *Procedimenta.*

PROCES, Suite, succession de temps. Gl. *Processus 4.*

1. **PROCHAINETÉ**, Proximité, parenté. Gl. *Proximus.*

2. **PROCHAINETÉ**, La partie d'héritage, due à titre de proximité et de parenté. Gl. *Proximioritas.*

3. **PROCHAINETÉ**, Proximité, voisinage. Gl. *Proxinioritas.*

PROCHAINNITÉ, Alliance proximité, parenté. Gl. sous *Offerre 1.*

PROCHES, Suite, succession de temps. Gl. *Processus 4.*

PROCHIENNEMENT, Prochainement. Gl. *Proximus.*

PROCINCTE, Territoire, district, l'étendue d'une seigneurie. Gl. *Procinctus 2.*

PROCLAMATION, Plainte formée en justice, réclamation. Gl. *Proclamatio.*

PROCOURS, Le droit de pâturage dans les prés qui appartiennent à un autre. Gl. *Procursus 1.*

PROCULIERRES, Procureur. Gl. *Procurator 1.*

PROCURATION, Espèce de droit que les papes voulaient exiger des bénéficiers en France. Gl. *Procuratio 1.*

1. **PROCURER**, Recevoir quelqu'un chez soi, le loger et le traiter. Gl. *Procurare 1.*

2. **PROCURER**, Suivre une affaire. Gl. *Procurare 6.*

PRODELH, PRODIAL, Sorte de palonneau, pieu, gros bâton. Gl. *Prodelada.*

° **PROECE**, Prouesse, valeur. Laborde, pag. 176. *Proaice,* Chastel.de Couci, vers 763.

PROEGE, Profit, avantage. Gl. *Proadventiæ.* [Voyez *Prou.*]

PROERÉ, Prierai. Agol. vers 825.

PROESME, Proche, parent, allié. Gl. *Proximus*.

PROFRER, Comparaître, se présenter en justice. Gl. *Proferum*.

PROGAINE, PROGENIÉE, Race, lignée, enfants. Gl. *Progenies* 1.

PROIE, Bétail, troupeau de bêtes. Gl. *Præda* 2.

PROIEL, Pré, prairie. Gl. *Pratellum*.

1. **PROIER**, Piller, butiner ; d'où *Proieor*, Pillard. Gl. *Præda* 2. [Voyez *Praier*.]

2. **PROIER**, L'officier ou matelot qui préside à la proue d'un vaisseau ou d'une chaloupe. Gl. *Proreta*.

PROIÈRE, Corvée qu'un seigneur a droit de demander à ses vassaux. Gl. *Preces* 2.

PROIMETÉ, Proximité, parenté. Gl. *Proximioritas*.

° **PROISIÉ**. Mantel Mautaillé, v. 807 :

Tant que ele en ait le congié
De celui qui molt à proisié
Molt à envis li a doné.

PROISIER, Priser, estimer. Gl. *Renusiator*. [Agolant, vers 89 (*Esmer*, vers 83.)]

PROISME, Proche, parent, allié, prochain. Gl. *Proximus*. [*En proisme*, Prochainement. Renart le Nouvel, tom. 4, pag. 187, vers 1604 :

Et demain en proisme morras.

Voyez Rayn. tom. 4, pag. 655², au mot *Proyme*.]

PROIX, Sorte de palonneau, pieu, gros bâton. Gl. *Prodelada*.

PROLET, p. e. Licou. Gl. *Prolecta*.

PROLOCUTEUR, Avocat. Gl. *Prælocutor*.

PROMECHE, Proximité, parenté. Gl. *Proximioritas*.

PROMOVEMENT, Réquisition, l'action du procureur du roi qui requiert d'office. Gl. *Promotor* 2.

PROMOUVEUR, Celui qui est l'auteur ou la cause de quelque action, agresseur. Gl. *Promotor* 1.

PRONANCE, Prédiction. Gl. sous *Prognosticare*.

PRONONCHIER, Blâmer, faire des reproches. Gl. *Pronunciare*.

PRONUNCIER, Annoncer d'avance, prédire. Gl. *Fissiculare*.

PROOFE, Preuve. Gl. *Abeyantia*.

PROPDANEMENT, Prochainement, au premier jour. Gl. *Prope*.

PROPHANE, Se dit des biens qui ne sont point amortis, comme ceux de l'Église, et qui sont possédés par des séculiers. Gl. *Prophaneitas*.

PROPHETIE, Sentence, maxime. Gl. *Prophetia*.

PROPICE, Propre, convenable. Gl. *Propitius*.

PROPOINT, Cotte d'armes. Gl. *Perpunctum*.

PROPORTIONNABLEMENT, Proportionnément. Gl. *Proportionabiliter*.

PROPORTIONNÉ, Partagé en égales portions. Gl. *Proportionarius*.

PROPOSEMENT, Projet, dessein, ce qu'on se propose de faire. Gl. *Proposta*. [Flore et Blancefl. vers 30.]

PROPRIETAIRE, pour PORTRAITURE, Effigie, portrait. Gl. *Portractura*.

PROPRIETÉ, Fonds, propre, héritage. Gl. *Proprietates*.

PROPRISE, Pourpris, clos, verger. Gl. *Porprisagium*.

PROROMPRE EN LAIDES PAROLES, Se répandre en injures. Gl. *Irrumpere*.

PROS, Prévôt, juge. Gl. sous *Præpositus*, pag. 464³.

PROSAL. STILE PROSAL, Prose. Gl. *Prosa*.

PROSIER, Livre d'église qui contient les *Proses*. Gl. *Prosarium*.

PROSMETÉ, Proximité, parenté. Gl. *Proximioritas*.

PROSNET, p. e. Pièce de bois qui avance, barrière. Gl. *Prosnesium*.

PROSTERNER, Mettre à terre, abandonner par terre. Gl. *Prosternari*.

PROSUIANCE, Poursuite d'une affaire. Gl. *Prosecutio* 2.

PROU, Profit, avantage. Gl. *Preu*.

PROUAGE, District, étendue de la juridiction d'un prévôt. Gl. sous *Præpositus*, pag. 465¹.

PROUAIRE, Prêtre. Gl. *Presbyter*.

PROVANCE, Preuve. Gl. *Probamentum*. [Roman de Renart, tom. 3, pag. 31, v. 20576, pag. 54, vers 21225. Voyez Rayn. tom. 4, pag. 651², au mot *Proensa*. Chron. des ducs de Norm.]

° **PROVANDIER**, Exercer, faire. Roman de Renart, tom. 3, pag. 69, vers 21647 :

Qu'entremetre de tel mestier
Dont vos ne savez provandier.

PROUDEAU, Espèce de palonneau, pieu, gros bâton. Gl. *Prodelada*.

° **PROUDOM**. Aubri, pag. 153² :

Sire, por Dieu qui proudom fist
[son fils.

PROVEAILLE, Provisions de bouche et autres. Gl. *Providentiæ*.

PROVEEUR, Pourvoyeur, office chez le roi. Gl. *Provisor hospitii*.

PROVENCEAUX, Monnaie des comtes de Provence. Gl. *Provinciales*.

° **PROVENCHIER** †, Certaine mesure. Gl. *Batus* 1.

1. **PROVENDE**, Bénéfice ecclésiastique. Gl. *Provenda*, sous *Præbenda*.

2. **PROVENDE**, Provisions de bouche. Gl. sous *Præbenda*.

3. **PROVENDE**, Ce qu'on donne à un cheval par jour pour sa nourriture. Gl. *Præbenda equi*.

PROVENDER, Mettre un cheval ou une autre bête en pâture. Gl. *Præbendare equum*.

PROVENDERÉE, Certaine mesure de terre contenant un *provendier* de semence. Gl. *Provendiata*.

1. **PROVENDIER**, Certaine mesure de grain, valant trois boisseaux. Gl. *Provendarius* 1.

2. **PROVENDIER**, Pourvoyeur, maître d'hôtel. Gl. *Provendarius* 2.

3. **PROVENDIER**, Domestique ou serviteur à qui l'on fournit le boire et le manger. Gl. *Provendarius* 2.

PROVENDRE, Bénéfice ecclésiastique. Gl. *Provenda*, sous *Præbenda*.

PROVENISIENS, Monnaie des comtes de Champagne, frappée à Provins. Gl. *Campaniæ Comitum moneta*, sous *Moneta Baronum*.

PROUER, Faire des prouesses, des actions de valeur. Gl. *Probus* 1. [*Se prover*, Se montrer, être éprouvé. — Eprouver. Ruteb. tom. 1, pag. 7 :

Bien l'ait prové à cest besoing.

Prové, Convaincu. Flore et Blancefl. v. 2075 :

Cele qui puet estre provée
Desfaite est et en fu jetée.

Serf prové, Partonop. vers 177.]

PROUERE, Prêtre. Gl. *Presbyter*.

PROUFFIT, Bordure, ornement d'habits. Gl. *Porfilium*.

PROUBA, Espèce de palonneau, un gros bâton. Gl. *Prodelada*.

PROVIDADOUR, Magistrat de Venise, que nous appelons aujourd'hui *procurateur*. Gl. *Providitor*.

PROVINCIAUX, Monnaie des comtes de Provence. Gl. *Provinciales*.

PROVIS, Pourvu, garni. Gl. *Providere* 2.

PROVISIENS, Monnaie des comtes de Champagne, frappée à Provins. Gl. *Campaniæ comitum moneta*, sous *Moneta Baronum*.

1. **PROVISION**, Prévoyance, précaution. Gl. *Provisio* 1.

2. **PROVISION**, Imposition, taille sur les habitants d'une ville pour ses propres besoins. Gl. *Provisio* 1.

3. **PROVISION**, Remède, soulagement. Gl. *Romeus*.

PROULIERE, Trait, ce qui sert à tirer une charrette. Gl. *Prodelada*.

PROVOIER, Réparer, dédommager. [Priser, estimer.] Gl. *Providere* 2.

° **PROVOIR**, Regarder, voir au loin. Wackern. pag. 58 :

*Cuers est monteis en l'engairde,
D'iluec provoit et esgairde
Per lai où puist eschaipeir.*

Voyez Orell, pag. 211. Rayn. t. 5, p. 597², au mot *Provezir*.

PROVOIRE, Prêtre. Gl. sous *Præbenda*.

° **PROVOS**, Prévôt. Partonop. vers 354.

PROUVAIN, Provin de vigne. Gl. *Propaginare* 1.

PROUVANCHE, Preuve. Gl. *Probamentum*.

PROUVENDE, Provisions de bouche. Gl. sous *Præbenda*.

PROUVENDERÉE, Mesure de terre contenant un *prouvendier* de semence. Gl. *Provendiata*.

PROUVENDIER, Mesure de grain, valant trois boisseaux. Gl. *Provendarius* 1.

PROUVINS, Monnaie des comtes de Champagne, frappée à Provins. Gl. *Campaniæ Comitum moneta*, sous *Moneta Baronum*.

PROUVOIRE, Prêtre. Gl. sous *Præbenda*.

° **PRUECH**. Roman de Renart, tom. 4, pag. 43, vers 1176 :

*Et li prieus dont pruech ala
Renart, mais il ne l'a trové.*

Partonop. vers 7846 :

*Et serai vostre cavaliers,
Pruec que vos atendés à moi.*

PRUER, Gouverner la proue d'un vaisseau. Gl. *Proreta*.

PRUESTÉ, Probité, honneur. Gl. *Probus* 1.

PRUNELÉ, Boisson faite de prunelles et d'eau. Gl. *Prunellum*.

PSALMISTER, Psalmodier, chânter des psaumes. Gl. *Psalmocinare*.

PUBLIAUMENT, Publiquement. Gl. *Publiciter*.

PUBLIER, Répandre, rendre commun, mettre dans l'usage public. Gl. *Publicare* 2.

PUCELEITE, Pucelle, jeune fille. Gl. *Pucella*.

PUCELLE, Femme de chambre. Gl. *Pucella*. [Jeune femme. Lai du Corn. vers 18 :

*E trente mile puceles
Qui dames, ki dammaiseles.*

Voyez vers 206. Rayn. tom. 4, pag. 546², au mot *Pucela*.]

PUCH, Puits. Gl. *Puthcus*. [*Puch d'infer*, Partonop. vers 9882. *Puc d'infier*, Renart le Nouvel, t. 4, p. 135, v. 234, 242.]

PUCHAGE, Office concernant la décharge des sels qu'on tire d'un bateau. Gl. *Puenchatge*.

PUCHEOIR, Puisoir, l'endroit ou l'on va puiser l'eau à la rivière. Gl. *Puthcus*.

PUCHEREL, PUCHETTE, Instrument propre à la pêche. Gl. *Pressorium* 2.

PUCHOIR, Puisoir, l'endroit où l'on va puiser l'eau à la rivière. Gl. *Puthcus*.

PUCIN, Poussin, poulet. Gl. *Pucinus*.

PUEILLE, Registre, journal. Gl. *Polium* 2.

PUEPLOIEMENT, Signification, publication ; du verbe *Pueploier*, Publier, dénoncer. Gl. *Populatus* 3.

PUER, Hors, dehors. Gl. *Foras*. [Ruteb. tom. 2, pag. 229. Chastel. de Couci, vers 5836. Voyez Orell. pag. 326.]

PUERPRE, Couches de femme. Gl. *Puerperium*.

PUESCHE, Colline, lieu élevé, montagne. Gl. *Podium* 3.

PUEUR, Puanteur. Gl. *Inpuricia*.

PUGNEIS, Escarmouche, combat, bataille. Gl. *Pugna* 3.

PUGNERADE, Mesure de terre. Gl. *Pugneria*.

PUGNET, Mesure de grain. Gl. *Pugnetus*.

PUGNEZ, pour Punais. Gl. sous *Genitus*.

PUGNIE, Poignée, plein la main. Gl. *Pugnata* 1.

PUGNIÈRE, Mesure de grain. Gl. *Pugneria*.

PUGNIMANT, Punition, peine. Gl. *Punimentum*.

PUGNISSEUR, Bourreau, exécuteur des supplices imposés par la justice. Gl. *Punimentum*.

PUGNIVIMUS, Lettres d'un juge ecclésiastique, pour attester la punition du coupable soumis à sa juridiction. Gl. *Pugnivimus*.

° **PUGOIS**, Petite monnaie de France. Aubri, pag. 163¹ :

Il ne donroient por aus tos deus pugois.

Voyez *Poigeoise*.

PUI, Colline, lieu élevé, montagne. Gl. *Podium* 3. [Sommet, Partonop. vers 4336, 7898. Roman de Renart, tom. 4, p. 61, vers 1676.]

1. **PUIER**, Monter une montagne. Gl. *Puiule*. [Partonop. vers 685. Agolant, v. 88, 482. Roman de Renart, tom. 3, p. 92, vers 22266.]

2. **PUIER**, Appuyer, s'appuyer. Gl. *Appodiare*, sous *Podium* 2.

PUIGNOT, Poignet, sorte d'ornement, parure. Gl. *Pugnale*.

PUING, pour Poing. Gl. *Pugnus* 3.

PUINHAL, Poignard, dague. Gl. *Punhalis gladius*.

PUIR, Devenir pire. Gl. *Pejorescere*. [Roman de Renart, t. 2, p. 368, v. 19651 :

*Se je le puis aus mains tenir
Je li ferai mes jeus puir.*]

PUIRE, Offrir, présenter. Gl. *Præsentare* 1.

° **PUISON**, Potion, poison. Partonop. vers 4004, 4183. Voyez le Gloss. sur la Chron. des ducs de Norm.

PUISOT, Descente à la rivière, petit port. Gl. *Puisotum*.

PUISOUR, Puisoir, instrument propre à la pêche. Gl. *Pressorium* 2.

PUISSEOIR, L'endroit où l'on va puiser l'eau à la rivière. Gl. *Putiatorium*.

PUISSETTE, Pochette, sachet. Gl. *Punga*.

PUISSOUER, Puisoir, instrument propre à la pêche. Gl. *Pressorium*.

° **PULE**, Peuple. Ruteb. tom. 2, pag. 251, 257. Renart le Nouvel, tom. 4, pag. 133, vers 208. 210.

PULENT, PULLENT, Puant, dégoûtant. Gl. *Inpuricia*. [Roman de Roncevaux, pag. 44. Voyez le Glossaire sur la Chronique des ducs de Normandie.]

° **PUMEL**, Boule, pomme, pommeau. Partonop. vers 841, 1027, 3560, 10309. Voyez Rayn. tom. 4, pag. 594¹, au mot *Pomel*.

° **PUMELEIZ**, Pommelé. Gérard de Vienne, vers 1814.

PUNAISIE, Mauvaise odeur, puanteur. Gl. *Inpuricia*.

PUNIMENT, Punition, peine. Gl. *Punimentum*.

PUNISSEMENT, Le droit de punir, droit de justice. Gl. *Punimentum*.

° **PUNS**, Pommes. Flore et Blancefl. vers 1687. Voyez Rayn. tom. 4, pag. 598², au mot *Pom*.

PUPILLANCE, Faiblesse, impuissance. Gl. *Pupillarietas*.

PUPILLARITÉ, Minorité, état de pupille. Gl. *Pupillarietas*.

1. **PUPILLE**, Orphelin. Gl. *Pupillarietas*.

2. **PUPILLE**, Pensionnaire, élève. Gl. *Pupillarietas*.

PUPILLETÉ, Minorité, état de pupille. Gl. *Pupillarietas*.

PUR Receant, Qui n'est obligé qu'à la résidence. Gl. *Purus* 1.

° 2. **PUR**, Simple, unique. Aubri, pag. 159² :

Et la contesse en pur un paile bloi.

Voyez *Purté*.

PUREMENT, Purée. Gl. *Purea*.

PURFERIR, p. e. Reprendre un mur, recrepir. Voyez *Purferir*.

PURGE, Justification, l'action de se purger de ce dont on est accusé. Gl. *Purgatio*.

PURGIR, Abuser par violence d'une femme. Gl. *Purgire*.

PURIFICATION, Relevailles, cérémonie ecclésiastique. Gl. *Purificatio.*

PURIFIER, Relever une femme de couches. Gl. *Purificari.*

PURPART, Portion, part. Gl. *Propertia,* sous *Perpars.*

1. **PURPERT**, pour Pure perte. Gl. *Properda.*

2. **PURPERT**, PURPRET, Confiscation. Gl. sous *Porprendere.*

PURPRENDRE, Prendre de force, usurper, s'arroger. Gl. *Purprisus,* sous *Porprendere.*

° **PURTÉ**, Vérité. Flore et Jeanne, p. 48 : *Vint à li, descouvri la purté, et li conta tout l'afaire.* La pure, Roman de Renart, t. 1, pag. 1, vers 14 :
Des deus barons ce est la pure.

PUTAGE, PUTAIGE, Débauche avec les femmes. Gl. *Putagium.*

PUTAIN, Homme livré à la débauche des femmes. Gl. *Puta 2.*

PUTAST, Mare, amas d'eau croupie et puante. Gl. *Puthcus.*

1. **PUTE**, Pucelle, jeune fille. Gl. *Puta 2.*

2. **PUTE**, Fille ou femme débauchée. Gl. *Puta 2,* et *Putagium.*

3. **PUTE**, Puant, corrompu, mauvais. Gl. *Puta 2.*

PUTENIER, PUTIEU, Homme livré à la débauche des femmes. Gl. *Puta 2.*

1. **PUY**, Colline, lieu élevé, montagne. Gl. *Podium 3.*

2. **PUY**, Pâturage situé sur une montagne. Gl. *Podium 3.*

PUYE, Appui, ce qui sert à soutenir. Gl. *Podium 2.*

PUYNE, Espèce de bois blanc, mis au nombre des mort-bois. Gl. *Boulus.*

PYLER, Pilier. Gl. *Pilar.*

PYMANT, Liqueur faite de miel, de vin et de différentes épices. Gl. *Pigmentum 1.*

PYOLER, Parer de différentes couleurs. Gl. *Piola.*

PYONNER, Espionner. Gl. *Piones.*

PYPOLER, Ajuster, parer avec soin et affectation. Gl. *Piola.*

Q

QUA

QUAC, Certain droit de la terre de Pequigny. Gl. *Quactum.*

QUACUEL, Médaille de cuivre ou de bronze. Gl. *Cacubnus.*

QUADRUPLIQUER, Quadrupler. Gl. *Quadruplare.*

QUAHAUMUCE, p. e. Le Carême. Gl. *Quadragesima.*

QUAHOUER, Chandelle de cire, flambeau. Gl. *Quadrellus 8.*

QUAHUTE, Cahute, cabane, petite et mauvaise maison. Gl. *Cahua 2.*

QUAIER, Chandelle de cire, flambeau. Gl. *Quadrellus 8.*

QUAILE, Vigoureux, qui est d'un tempérament fort et ardent. Gl. *Qualea.*

QUAILLIER, Tasse, gobelet, vase à boire. Gl. *Caillier.*

QUAIT, Impôt, taille, sorte d'aide, demandée par les seigneurs dans certains cas. Gl. *Quæsta.*

QUANNIVEIT, Canif, petit couteau. Gl. *Sidipedium.*

QUA

° **QUANSÉS**, Partonop. vers 4495 :
*Tov vestus s'est couciés el lit,
Quansés par haste del delit
Qu'il tant desirre de s'amie.*
Le mscr. 1239 porte *quainsés.*

QUAQUEHAN, Cabale, conspiration, attroupement. Gl. *Caquus.*

QUAQUETER, pour Caqueter, babiller ; d'où *Quaqueteret*, Babillard. Gl. *Linguatus.*

1. **QUARANTAINE**, Carême. Gl. *Quarentena 1.*

2. **QUARANTAINE**, Mesure de terre contenant quarante perches. Gl. *Quarentena 3.*

3. **QUARANTAINE**, Terme de quarante jours, pendant lequel il n'était pas permis à celui qui avait reçu une injure de quelqu'un de s'en venger sur ses parents. Gl. *Quarentena 5.*

QUARANTINE, Quarantaine, trêve de quarante jours. Gl. *Quadragena 3.*

QUARAT, Carat. Gl. *Quadriatus.*

QUARE, Titre d'un livre fait par demandes et par réponses. Gl. *Quare 2.*

QUA

QUAREIGNON, Mesure de grain, appelée plus ordinairement *Quarte.* Gl. *Carregno.*

QUAREL, Grosse pierre carrée, pierre de taille. Gl. *Quarellus 5.* [Gérard de Vienne, vers 3227. Partonop. vers 2120. Flore et Blanceﬂ. vers 2043 :
*En quarrel est fais li canal
De blanc argent et de cristal.*
Voy. la Chron. des ducs de Norm.]

QUARENTEYNE, Mesure de terre en Angleterre, contenant quarante perches de seize pieds d'homme. Gl. *Quarentena 3.*

QUAREOUR, Carrière. Gl. *Quarriarius.*

QUARESME, Carême. *Le jour du grant Quaresme,* p. e. Le jour des Rameaux. Gl. *Quadragesima major.*

QUARESMEL, Le Mardi gras. Gl. *Karena.*

QUARGNON, Mesure de grain, appelée plus ordinairement *Quarte.* Gl. *Carregno.*

QUAROIME, Carême. Gl. *Coquina.*

QUARONNE-PRENANT, Carême prenant, le Mardi gras. Gl. *Quaresmentrannus.*

QUAROUGE, Carrefour. Gl. *Quarrogium.*

QUARRAURE, Quarré. Gl. *Quarellus* 6.

QUARRE DE LA MAIN, Le dos de la main. Gl. *Dodus.*

1. **QUARREAU**, Mesure de terre, contenant vingt et un pieds. Gl. *Quarellus* 6.

2. **QUARREAU**, Outil de tonnelier, tarière. Gl. *Careda.*

QUARREFOUR, Carrefour. Gl. *Quarrogium.* [*Quarefort*, Méraugis, Fierabras, pag. 170[1].]

1. **QUARREL**, Trait d'arbalète, matras. Gl. *Quadreitus* 1. [Voyez Rayn. tom. 2, pag. 287[1], au mot *Cairel*.]

° 2. **QUARREL**, Coussin, matelas. G. Guiart, tom. 2, pag. 156, vers 4011 (12995).

° 3. **QUARREL**. Voyez *Quarel.*

QUARELLER, Entailler, faire une entaille, une ouverture. Gl. *Quarnellus.*

QUARRIEUR, Carrier, ouvrier qui travaille dans une carrière. Gl. *Quarriarius.*

QUARROGE, Carrefour. Gl. *Quarrogium.*

QUARROY, Grand chemin. Gl. *Quarrum.*

1. **QUART**, Mesure de vin, contenant une pinte. Gl. *Quarta* 2.

2. **QUART**, Petite monnaie, valant quatre deniers. Gl. *Quartarius* 4.

QUARTARE, Quartier, mesure de terre. Gl. *Quartarius* 3.

1. **QUARTE**, Mesure de vin. Gl. *Quarta* 2.

2. **QUARTE**, Banlieue, dont l'étendue est de quatre milles, ou qui est composée de quatre villages. Gl. *Quarta* 4.

QUARTELAGE, Droit royal et seigneurial. Gl. *Carto* 1.

1. **QUARTENIER**, Ce qui est dû à raison du droit appelé *Quarte.* Gl. *Quartenerœ partes.*

2. **QUARTENIER**, Fermier du quatrième des vins vendus en détail. Gl. *Quartanerius.*

° **QUARTENOR**, De quatre ans, quartanier. Partonop. vers 1832 : *Porc quartenor.* Chron. des ducs de Norm. tom. 1, p. 459, vers 10946 : *Sengler quartenor.* Partonop. vers 587 :

Li senglers est bien el quart an.

QUARTERANCHE, Mesure de grain en Auvergne et ailleurs, la *quarte* rase. Gl. *Cartarenchia* et *Quartaranchia.*

QUARTERE, Terre dont on rendait au propriétaire la quatrième partie des fruits. Gl. *Quinteria.*

QUARTERECER, Ecarteler, supplice. Gl. *Quarterizatio.*

QUARTERENGE, QUARTEROINCHE, Mesure de grain en Auvergne et ailleurs, proprement la *quarte* rase. Gl. *Cartarenchia* et *Quartaranchia.*

QUARTERNEL, Mesure de grain, quartel. Gl. *Quarterenus.*

1. **QUARTERON**, Quartier, mesure de temps, la quatrième partie de l'année. Gl. *Quartaronum.* [Quart, un des quatre côtés. Partonop. vers 1644.]

2. **QUARTERON**, Quartier, mesure de terre. Gl. *Quarteria* 1.

3. **QUARTERON**, Mesure de vin. Gl. *Quartonus* 4.

QUARTESNIER, Fermier du quatrième des vins vendus en détail. Gl. *Quartanerius.*

° **QUARTIER**. Agolant, vers 927 :

Sus en l'escu, el primerain quartier
Le feri.

Partonop. vers 9859 :

Par tel air fiert sor l'escu
C'un quartier en a abatu.

Gérard de Vienne, vers 234 :

L'en li aporte un escu de quartier.

Partonop. vers 6871 :

Un escu...
D'or et de sinople a quartiers.

Vers 6883 :

De quartier sont les covertures...
A quatiers sont li confanon
Et ses lances et si arçon.

QUARTODECIMAINS, QUARTODECIMANS, Schismatiques, qui célébraient la fête de Pâques le quatorzieme de la lune, comme les Juifs. Gl. *Quartodecimani.*

QUARTOIER, Droit seigneurial, provenant de la mesure appelée *Quarte.* Gl. *Quartalagium.*

1. **QUARTON**, Quartier, terme de payement. Gl. *Quartero* 2.

2. **QUARTON**, Mesure de vin. Gl. *Quartonus* 4.

QUARTONNIER, La quatrième partie d'un boisseau. Gl. *Quartanarium.*

1. **QUAS**, Cas, fait, accident. Gl. *Cretina.*

° 2. **QUAS**, QUAZ, Chute. Partonop. vers 8114. Chron. des ducs de Normandie.

1. **QUASSER**, Battre, frapper. Gl. *Quassare.*

° 2. **QUASSER**, Casser. Chronique des ducs de Normandie. Roman de Renart, tom. 1, pag. 25, vers 668. Roi Guillaume, pag. 71.

° **QUATIR (SE)**, S'accroupir, se blottir, se cacher. Chastel. de Couci, vers 6571 :

Lès l'huis se quati en un mont.

Vers 5796 :

Qui dalès eulz erent quatuy.

Voyez Chron. des ducs de Normandie, tom. 1, pag. 213, vers 3753.

QUATRESMIER, Fermier du quatrième des vins vendus en détail. Gl. *Quartanerius.*

QUATRIN, Petite monnaie d'Italie. Gl. *Quatrinus.*

QUAVE, Cave. Gl. *Cava* 1.

QUEAGE, Droit qu'on paye pour l'entretien des quais, afin d'y pouvoir décharger et charger les marchandises. Gl. *Caiagium*, sous *Caya.*

° **QUEBE**, Escarcelle ? Aubri, pag. 154[2] :

Le capel prist, le quebe et le doblier
Et le bordon grant et gros et plenier.

QUECCE, Caisse, caque, baril. Gl. *Quassia.*

QUELONGNE, Quenouille et quenouillée. Gl. *Conucula.*

QUEMANDER, Commander, ordonner, et *Quemandement*, pour Commandement. Gl. *Rapoostare.*

QUEMIN, Prononciation picarde, Chemin. Gl. *Queminum.*

QUEMINEL, Chenet. Gl. *Queminea.*

QUEMUGNE, Commune. Gl. *Forisfactum*, sous *Forisfacere* 1.

QUENASNE, Terme injurieux, en anglais francisé, Vilain. Gl. sous *Quenneya.*

QUENCH, Cuisinier. Gl. *Soliardus.*

QUENETTE, Canette, jeune cane. Gl. *Quaneta.*

QUENIEUX, Sorte de gâteau. Gl. *Goniada.*

QUENIVET, Canif, petit couteau ou poignard. Gl. *Quinivetus.*

QUENNE, Mesure ou vase contenant les liqueurs. Gl. *Quenna.*

QUENNETTE, Bobine. Gl. *Quaneta.*

QUENOISTRE, Connaitre, s'instruire. Gl. *Mediare* 1.

QUENS, Comte. *Quens-Palais*, Comte du palais. Gl. sous *Comes* 2, pag. 429[3]. [Voyez Rayn. tom. 2, pag. 458[1], au mot *Coms*, Orell, pag. 18. Chron. des ducs de Norm.]

QUENTON, Coin, encoignure. Gl. *Quantonus.*

QUERELENT, Instrument de labourage, p. e. Le soc ou le coutre d'une charrue. Gl. *Querellus.*

QUERELLE, Procès ; d'où *Querelleres*, Plaideur. Gl. *Querela.*

QUEREUX, Celui qui va cherchant ; du verbe *Quarre*, Chercher. Gl. *Quæsitor.*

QUERIER, Juge des causes civiles, espèce d'échevin ou conseiller de ville. Gl. *Cora.*

QUERIMONIE, Plainte en justice. Gl. *Querimonia.*

1. QUERIR, [QUERRE] Rechercher, faire une enquête. Gl. *Quærere*. [Voyez Orell, pag. 180, Rayn. tom. 5, pag. 17¹, au mot *Querer*.]

2. QUERIR, Lever une taille, un impôt et toute espèce de droit. Gl. *Quæstare*, sous *Quæsta*.

QUERNEAU, Creneau ; d'où *Querneler*, Creneler. Gl. *Quernellus*.

QUEROLE, pour CAROLE, Danse. Gl. *Carola* 2]

QUERROY, Chemin public, grand chemin. Gl. *Quarruta*.

° **1. QUERS**, Chœur. Chronique des ducs de Normandie. Voyez Rayn. t. 2, p. 479¹, au mot *Cor*.

° **2. QUERS**, Cœur. Flore et Jeanne, pag. 22 : *Ki est de la mesnie vostre pere li plus courtois quers ke on sache*. Voyez le Glossaire sur la Chron. des ducs de Norm. aux mots *Queor, Quor*.

QUERTINE, Crue d'eau, débordement. Gl. *Cretina*.

QUESNE, Prononciation picarde, Chêne. Gl. *Casnus*.

QUESTABLE, QUESTAU, Celui qui est sujet à la taille, appelée *Queste*. Gl. *Questales*, sous *Quæsta*.

1. QUESTE, Taille, sorte d'aide, demandée par les seigneurs dans certains cas ; d'où *Quester*, Lever cette taille. Gl. sous *Quæsta*.

2. QUESTE, Petit coffre où l'on met son argent et ce qu'on veut le mieux garder. Gl. *Quæstus* 2.

QUESTEAU, Coffret ou la partie d'un grand coffre où l'on met son argent. Gl. *Quæstus* 2.

QUESTION, Procès, différend. Gl. *Quæstio* 2.

QUESTON, Coffret ou la partie d'un grand coffre et armoire où l'on met son argent. Gl. *Quæstus* 2.

QUESTRESSE, Quêteuse. Gl. *Quæstrix*.

1. QUESTRON, Bâtard, le fils d'une prostituée. Gl. *Quæstuarius* 2. [*Questre*, Roman de Renart, tom. 1, pag. 17, vers 450.]

2. QUESTRON, Coffret ou la partie d'un grand coffre et armoire où l'on met son argent. Gl. *Quæstus* 2.

QUETAIGNE, Sorte de droit, p. e. Celui du cinquième dans les fruits d'une terre. Gl. *Quintana* 2.

QUETIF, Captif. Gl. *Captivare* 2.

QUEVAGE, pour CHEVAGE, Capitation, ou chef-cens. Gl. *Quevagium*.

QUEVAL, en Picardie, pour Cheval. Gl. *Passiagiarius*.

QUEVALART, Cavalier. Gl. *Quavalgata*.

QUEUDRE, Coudre. Gl. *Digitabulum*.

1. QUEUE, Certain défaut dans la texture des draps. Gl. *Quauria*.

2. QUEUE, Pierre à aiguiser couteaux et autres outils. Gl. *Quauria*.

QUEVERON, prononciation picarde, Chevron. Gl. *Quevro*. De même

QUEVÉS, pour Chevet. *Quevés d'un moulin*, L'écluse d'où part l'eau qui fait tourner le moulin. Gl. *Caput molendini*, sous *Caput* 3.

QUEUGNIETE, Petite coignée ou hache. Gl. *Cugneia*.

QUEULDRE, Coudre. Gl. *Digitarium*.

QUEVREFEU, Couvre-feu, le signal de la retraite pour le soir. Gl. *Ignitegium*.

QUEURIE, Espèce de bière. Gl. *Couta* 1.

QUEUTILIER, QUEUTILLIER, Tisserand de coutis, qu'on appelait *Queutis*. Gl. *Quiltpoint*.

° **QUEUVENT**, Couvent, reposent. Guill. Guiart, t. 2, pag. 336, vers 8724 (17705). *Queuvrent*, Couvrent, tom. 1, pag. 148, vers 3319, etc.

1. QUEUX, Cuisinier. *Grand Queux*, Ancien grand officier de la couronne. Gl. *Coquus*. [Voyez Rayn. tom. 2, pag. 504², au mot *Coc*.]

2. QUEUX, QUEUZ, Pierre à aiguiser couteaux et autres outils. Gl. *Quauria*.

QUIADE, Pot à l'eau, petite cruche. Gl. *Quiada*.

° **QUIAUT**, Cueille. Roman de Renart, tom. 2, pag. 355, vers 19272.

QUICAUDAINE, QUICAUDANNE, Certain ustensile de ménage. Gl. *Quicaudaina*.

QUIDEL, Sorte de filet, engin propre à la pêche. Gl. *Quidelus*.

QUIEMEZ, Chef-lieu, principal manoir. Gl. *Caput mansi*, sous *Caput* 3.

QUIERRE, Carne, angle. Gl. *Cornerium* 1. [Guill. Guiart, tom. 1, pag. 148, vers 3317 :
*Qui entr'eus gietent grosses pierres
Dars et quarriaus à trenchans quierres*.]

QUIEUÇON. VIN DE LOR QUIEUÇON, De leur cru, de leur propre fonds. Gl. *Roagium*, sous *Rotaticum*.

QUIEVETAINE, Capitaine, chef. Gl. *Cheuptanus*.

QUIEUTE, Matelas, lit de plume. Gl. *Couta* 1.

QUI-FERY, Jeu où l'on doit deviner celui qui a frappé, et qu'on appelle *Main-chaude*. Gl. *Palma* 4.

QUI-FUIT, Expression latine employée dans les chartes françaises, en parlant d'un mort. Gl. *Qui-fuit*.

QUIGNET, Coin, angle. Gl. *Cugnus* 2.

QUIGNON, Coin, angle, la partie de la tête appelée tempe. Gl. *Cornetum* 1, et *Cugnus* 2.

QUILLER, Jouer aux quilles. Gl. *Quillia*.

QUING, Coin, morceau de fer qui sert à frapper les monnaies. Gl. *Quonius*.

QUINIGUETE, Espèce de corde. Gl. *Quinale*.

QUINQUART, Sorte de monnaie, valant p. e. cinq deniers. Gl. *Quinquarius*.

QUINQUE, Billard, mail. Gl. *Quinque*.

QUINQUENELLE, Délai de cinq ans qu'on accorde quelquefois à un créancier. Gl. *Quinquenella*.

° **QUINT** NATUREL ET COUTUMIER. Gl. *Quintum* 4.

1. QUINTAINE, Droit seigneurial, p. e. Celui qu'on payait pour vendre du vin pendant un certain temps. Gl. *Quintayna*.

2. QUINTAINE, Sorte de jeu et d'exercice militaire, qui consistait à frapper d'une lance assez adroitement une figure d'homme armé, pour éviter le coup qu'on en recevait quand on ne la frappait pas comme il faut ; la figure même. Gl. *Quintana* 3. [Gérard de Vienne, vers 365 et suiv. Aubri, pag, 158². Renart le Nouvel, t. 4, pag. 187, vers 306. Voyez Rayn. tom. 5, pag. 26², au mot *Quintana*, ci-dessus *Cuitainne*.]

QUINTARIEUX, Joueur de guitarre. Gl. *Quinternizare*.

QUINTE, Banlieue, dont l'étendue était de cinq milles, ou qui était composée de cinq villages. Gl. *Quinta* 1.

QUINTER, Donner la cinquième partie de quelque chose. Gl. *Quintum* 4.

QUINTERE, Terre, dont on rendait le quint des fruits au propriétaire. Gl. *Quinteria*.

QUINTIER, Celui qui administre les biens d'une église ou d'un hôpital. Gl. *Quinterius* 2.

1. QUINTOIER, Disposer du quint d'un propre. Gl. *Quintum* 4.

2. QUINTOIER, Payer le quint en sus du cens qui est dû. Gl. *Quintum* 4.

3. QUINTOIER, Faire la quinte en musique. Gl. *Discantus*.

QUINZENIER, Officier qui commande quatorze hommes. Gl. *Quindenarius*.

QUIQUELIKIKE, Le cri du coq, pour désigner quelque personnage impertinent. Gl. *Archidiaconus*.

QUIRÉE, Sorte d'habillement militaire fait du cuir d'un buffle. Gl. *Quirée*.

QUIRIELLE, pour KYRIELLE, Façon de parler pour désigner tous les Saints, et une longue suite de quelque chose. Gl. *Kyrieles*.

° **QUIRIER**, Garnir de cuir. Renart le Nouvel, tom. 4, pag. 93, vers 948 :
*Un pont...
Li rois l'avoit tout fait quirier
De quir bouli.*
Pag. 163, vers 976 :
*Un castiel...
A trois etages et quirié
De cuirs tanés.*

Pag. 157, vers 842 :
*Il estoit enclos de trois murs
Et de fossés quiriés, tous plains
D'aighe, etc.*

° **QUIT**, Aubri, v. 96. Chastel. de Couci, vers 1117. Voyez *Guider*.

° **QUITANCE**, Abandon, don, concession. *En quitance*, sans retour. Chron. des ducs de Normandie. Liberté, exemption. Partonop. vers 6557 :
*Qu'il aient pes de tote rien
Et de costume la quitance,
C'est une rien qui foire avance.*

° **QUITE**, Quitte, exempt, absous, entier. Garin le Loher. tom. 1, pag. 137, 145. Voyez *Cuites*.

° **QUITEMENT**, Entièrement. Chron. des ducs de Norm.

QUITIER, Donner quittance, exempter, céder, se désister. Gl. sous *Quietare*, sous *Quietus*. [Abandonner, délaisser, tenir quitte. Garin le Loher. tom. 1, pag. 8. Voyez Rayn. tom. 5, pag. 28¹, au mot *Quitar*.]

° **QUIVERT**, Aubri, vers 64. Voyez *Cuivert*.

QUOEZ, Qui a une queue. Gl. *Caudatus*.

QUOIFE, pour COIFE, Bonnet, calotte. Gl. sous *Juramentum*.

° **QUOINTISE**, Chastel. de Couci, vers 157. Voyez *Cointise* 2.

° **QUOINTOIER (SE)**, Chastel. de Couci, vers 1328. Voyez *Cointoier* 2.

QUOIS. ESTRE AU QUOIS, Etre libre de faire ce qu'on veut. Gl. *Quietus*. [*Quoi, Quoiement*, Tranquille, tranquillement. Chron. des ducs de Normandie.]

QUOITOUSEMENT, Secrétement, en cachette. Gl. *Coëtus*.

QUOITRON, Bâtard, le fils d'une femme prostituée. Gl. *Quæstuarius* 2.

° **QUOQUART**, Vaniteux, glorieux. Fabliaux, Jubinal, tom. 2, pag. 94 :
*Trop haut monte com quoquart,
Chëoir faudra jus Regnart.*

QUOQUBINAIGE, pour Concubinage. Gl. *Concubinarius*.

QUOQUE, QUOQUET, Sorte de bateau ou vaisseau. Gl. *Coccha*.

QUOQUEBERS, Sot, nigaud, impertinent. Gl. *Coquibus*.

QUOQUILLE, pour Coquille. Gl. *Gambarus*. [Chastel. de Couci, vers 1536. *Quoquillette*, vers 1432.]

QUOQUILLON, Certaine quantité de lin, p. e. une poignée. Gl. sous *Coquibus*.

QUOQUIN, pour COQUIN, Mendiant, vagabond. Gl. *Coquinus*.

QUOREIL, Verrou, barre ; d'où *Quoreiller*, Fermer une porte d'un verrou ou d'une barre. Gl. *Vectare*.

QUORON, Coin, encoignure, angle. Gl. *Coronnus*.

QUOT, DROIT DE QUOT, Taille qu'on impose pour payer les messiers qui gardent les moissons et les vignes, à raison de la quotité des terres que chacun a. Gl. *Cotus* 1.

QUQUERMESSE, Dédicace ou la fête du patron d'une église. Gl. *Dedicatio*.

R

RAA

RAAINDRE, Racheter, payer la rançon. Gl. sous *Redimere* 2. [Rançonner, mettre à rançon : Roi Guillaume, pag. 162 :
S'ont mes homes pris el raains.
Voyez le Glossaire sur la Chron. des ducs de Norm. aux mots *Raeinst, Raeinz, Raensist*. Partonop. vers 1536 :
Qui nos raienst de mort à vie.
Variante *Raaint*.]

RAAMBER, Racheter, faire le retrait d'une terre. Gl. sous *Redimere* 1.

1. **RAAMIR**, Alléguer en justice une raison pour s'excuser de ne s'être pas rendu à un jour assigné. Gl. *Ratiocinare* sous *Ratio* 1.

2. **RAAMIR**, Racheter. Gl. *Redimere* 2.

RAANCLE, Râlement ; d'où *Raancler*.

RAB

Râler. Gl. *Ragalon*. [Voyez Roquefort, aux mots *Raanclé* et *Raancler*, Orell, pag. 286.]

RAANÇON, Rachat, retrait d'une terre. Gl. sous *Redimere* 1.

RAAQUE, Mare, amas d'eau bourbeuse. Gl. *Rachia*.

RABACE, Sorte d'instrument pour la pêche. Gl. sous *Rabacia*.

RABACHE, Vêtement qui couvre les jambes et les cuisses, haut-de-chausses. Gl. *Raba*.

RABALE, Sorte d'outil. Gl. *Rabala*.

° **RABARDAUS**, Miracle de la sainte Vierge, Chron. des ducs de Normandie, tom. 3, pag. 525, vers 472 :
Des plus sages fort rabardeaus.
Vers 500 :
*Clamais tot quite as rabardaus
Et les fardeaus et les cordeles.*

Rabardel, Tapage. Roquef. Supplém.

RABAS, Rabais, diminution. Gl. *Rabatere*.

RABASSE, Gaude, plante pour teindre en jaune. Gl. *Rabacia*.

° **RABASTER**, comme *Rabater*. Chron. des ducs de Norm. t. 3, p. 36, v. 32806. Voyez Rayn. tom. 5, pag. 27², au mot *Rabasta*.

1. **RABAT**, Lutin, esprit follet. Gl. *Rabes*.

2. **RABAT**, Relais, retraite d'un mur

Gl. sous *Rabatterè*. [G. Guiart, t. 1, p. 77, vers 1857 :

*Mangonniaus refont flère noise
Là où foudres du rabat issent.*]

3. **RABAT**, Sorte de jeu. Gl. sous *Rabatere*.

4. **RABAT JOUR**, Le jour tombant, sur le soir. Gl. sous *Rabatere*.

RABATEMENT, Rabais, déduction. Gl. *Rabatere*.

RABATER, Lutiner, faire un bruit extraordinaire. Gl. *Rabes*.

RABATTRE, Biffer, révoquer, abolir. Gl. *Rabatere*.

1. **RABE**, Le gras de la jambe, le mollet. Gl. *Raba*.

2. **RABE**, RABBE, Navet, espèce de rave. Gl. *Raba*.

RABET, Instrument de musique, p. e. Harpe, luth. Gl. sous *Rabes*.

RABETE, Navet, espèce de rave ; ou p. e. Gaude, plante pour teindre en jaune. Gl. *Rabea*.

° **RABIDER**, Accourir. G. Guiart, t. 2, pag. 202, vers 5236 (14215) :

Flamens de l'autre part rabident.

Voyez *Rabine*.

RABIERE, Champ semé de *Rabes* ou navets. Gl. *Rabina*.

1. **RABINE**, Espèce de bois qu'on n'a pas coutume d'émonder. Gl. *Raboinus*.

° 2. **RABINE**, Rapidité, course, galop. Chron. des ducs de Normandie. Voyez *Ravine*, et Rayn. tom. 5, pag. 43¹, au mot *Rabina*.

° **RABINOS**, Rapide. Chron. des ducs de Norm. *Rabinosement*, Partonop. v. 9727 :

*Il laissent corre les cevals...
Tost vont et rabinosement.*

RABOLDERIE, p. e. La place où l'on jouait à la soule, appelée *Rabote*. Gl. *Rabolderia*.

RABOT, Fourgon. Gl. *Rotabulum* 2.

RABOTE, Soule, espèce de jeu de balon. Gl. *Rabolderia*.

RABRIVER, Se retirer fort vite, s'enfuir à bride abattue. Gl. *Abreviare*. [G. Guiart, tom. 1, pag. 288, vers 6328, t. 2, p. 200, vers 5159 (14147). Voyez *Abreviver* 1.]

RABROUÉE, JOUER AUS RABROUÉES, C'est lorsqu'on ne joue point d'argent, et que celui qui perd en est quitte pour quelques injures qu'on lui dit en badinant. Gl. sous *Rabolderia*.

RABUQUIER, Faire beaucoup de bruit. Gl. sous *Rabes*.

RAC, Certain droit de la terre de Péquigny. Gl. *Quactum*.

RACACHER, Ramener. Gl. *Racachare*.

RACAMAZ, Étoffe brodée. Gl. *Racamas*.

° 1. **RACATER**, Racheter, procurer. Roi Guillaume, p. 67. Voyez Roquef. et Rayn. tom. 2, pag. 275², au mot *Recaptar*.

° 2. **RACATER**. Voyez *Rachater*.

RACH, Souche. Gl. sous *Racha* 3.

RACHACIER, Séparer l'or ou l'argent de l'alliage des monnaies. Gl. *Racachare*.

RACHAPLER, Recommencer le combat. Gl. sous *Capulare*.

RACHASSIER, Séparer l'or ou l'argent de l'alliage des monnaies. Gl. *Racachare*.

RACHAT, Droit dû au seigneur à chaque mutation de propriétaire d'un fief ; d'où *Rachater*, Payer ce droit. Gl. *Rachetum*.

° **RACHATER**, RACATER, Appeler, pour Requêter ? Voyez Halliwell, au mot *Rechasé*, ou Rayn. tom. 2, pag. 315³, au mot *Rechantar*. Faire écho, répéter, résonner. Chanson de Roland, stance 136, vers 4 :

*Sunent cil graisle e derere e devant
Et tuit rachatent encuntre l'olifant.*

Stance 230, vers 4 :

*Il est mult proz ki sunent l'olifant
D'une graisle cler racatet ses cumpaignz.*

Partonop. vers 1811 :

*Après disner a le cor pris
C'on ot al dois devant lui mis,
Bien fait le voit et moult aate,
Passe les prés et s'en racate.*

Voyez vers 1790.

RACHATEUR, Receleur. Gl. sous *Rachaciare*.

1. **RACHE**, Mesure de grain, la même que la rasière. Gl. *Rascia* 1.

2. **RACHE**, Gale, teigne. Gl. *Porrigium*.

RACHEAU, Souche. Gl. sous *Racha* 3.

RACHERON, Crachat tiré avec effort. Gl. *Sputaculum*.

RACHETEUR, Receleur. Gl. sous *Rachaciare*.

RACHIER, Cracher avec bruit et effort. Gl. *Rascare*.

° **RACHINER**, Prendre racine. Roi Guillaume, pag. 95.

RACIEN, Monnaie de Reims. Gl. *Remensium archiepiscoporum denarii*, sous *Moneta Baronum*.

RACIMAL, Cep, pied de vigne. Gl. sous *Racemus*.

RACION, Prébende ou bénéfice ecclésiastique ; d'où *Racionnier*, Celui qui en est pourvu. Gl. *Rationarius* 2.

RACLORE, Refermer ; il se dit d'une plaie qui se guérit. Gl. *Reclaudere* 3.

RACLUTER, Racler. Gl. *Frustrare*.

RACOINTEMENT, p. e. pour RACONTEMENT, Rapport d'experts, procès verbal. Gl. *Raporius* 1.

RACOINTIER, S'est dit du commerce trop libre entre un homme et une femme ; terme obscène. Gl. *Cointises*.

RACOISER, Apaiser, rendre *coi* et tranquille. Gl. *Coëtus*.

RACOMPTE, Récit, histoire. Gl. *Recensere*.

RACONSSER, Cacher, dérober à la vue des autres. Gl. *Reconsus*.

RACOUPPI, Le mari dont la femme a fait plus d'une infidélité. Gl. *Copaudus*.

RACROC, RACROCQ, Repas de noce ou de la fête du patron d'une église. Gl. *Receptum* 1.

RACROUPIR, Abaisser, humilier, rendre petit. Gl. *Acroupi*.

RACUSER, Rapporter. Gl. *Accusio*.

RADE, Vif, alerte, gai, ardent. Gl. *Rada* 2. [Partonop. vers 7801 :

*Et cil de Murce et de Gernade
Gens orgellose et fors et rade.*

Renart le Nouvel. tom. 4, p. 145, v. 501 :

Et comme rade et fort destrier.

Pag. 157, vers 843 :

*Et de fossés quiriés, tous plains
D'aighe rade.*

Rutebeuf, tom. 2, pag. 239 :

*La rivière
Qui est coranz et rade et flère.*]

° **RADEI**, Courant, rapidité de l'eau. Chron. des ducs de Norm. tom. 2, pag. 209, vers 21524, pag. 212, vers 21597. *Rador*, Roquef.

RADEMENT, Avec roideur, avec violence. Gl. *Fracha*. Voyez *Rade*. [Chastel. de Couci, vers 1183 :

*Les chevaus radement brocierent
Et si roidement s'aquointierent, etc.*]

RADIER, Espèce de madrier. Gl. *Dyaputa*.

RADOS, Ce qui pare du vent et d'autres injures du temps. Gl. *Redorsare*.

RAEMBERES, Rédempteur. Gl. *Redimere* 2.

RAEMBIER, Rançonner, exiger injustement de l'argent. Gl. *Redimere* 2.

RAEMBRE, Racheter. Gl. *Redimere* 2.

RAEMPLAGE, Addition, supplément. Gl. *Implagium* 2.

RAEMPLANCE, Accomplissement, perfection. Gl. *Implementum*.

RAENCHON, Rançon. Gl. *Ranso*.

RAENSONEUR, Qui rançonne, pillard. Gl. *Ranson*.

RAENTION, Rançon. Gl. *Ranso*.

RAFAITIER, S'est dit du commerce trop libre en un homme et une femme ; terme obscène. Gl. *Reffianus*.

RAFFARDE, Raillerie, moquerie, dérision ; d'où *Raffarder*, railler, se moquer. Gl. *Raffarde*.

1. **RAFFLE**, Sorte de jeu de hasard. Gl. *Raffla*.

2. **RAFFLE**, Gale, croûte d'une plaie. Gl. *Raffla*.

RAFOUR, Four à chaux. Gl. *Rafurnus.*

RAGENLIE, p. e. Terre dont on a fait les couvrailles. Gl. *Rengellagium.*

1. **RAGER**, p. e. pour RAYER, Couler. Gl. *Rigare,* sous *Riga* 4.

2. **RAGER**, Se dit d'un enfant, qui remue dans le ventre de sa mère. Gl. *Ragunare.*

3. **RAGER**, Être de mauvaise humeur, se fâcher. Gl. *Guerriggiare,* sous *Guerra.*

RAGIER, p. e. Celui qui arrache les souches des arbres abattus. Gl. sous *Racha* 3.

RAGLORE, Prévôt. Gl. *Raglorium.*

RAGOTE, Injure, reproche offensant. Gl. sous *Ragazinus.*

RAGUOT, Cochon de lait. Gl. *Ragazinus.*

⚬ **RAI**, Rayon. Roi Guillaume, pag. 49 :
 J'oï l'escrois, si vi le raï.
Voyez la Chron. des ducs de Norm., le Dictionn. de l'Acad. au mot *Rais,* et ci-dessous *Rais* 2.

⚬ **RAIANSON**, Rançon. Gérard de Vienne, vers 779.

RAIEMBRE, Racheter, payer sa rançon, Gl. *Redimere* 2.

RAIEN, Barreau de fer ou de bois. Gl. *Ericius* 2.

RAIER, Couler. Gl. *Rigare,* sous *Riga* 4. [*Raer,* Roman de Renart, tom. 4, p. 14, vers 858. Voyez le Glossaire sur la Chron. des ducs de Norm. *Raïer,* Projeter des rayons. Renart le Nouvel, t. 4, p. 227 :
 Dusqu'au matin c'on vit raïer
 Le soleil.
Voyez *Reer.*]

⚬ **RAIERE**, Raie. Roman de Renart, t. 1, pag. 51, vers 1327 :
 Entre deus piex en la raiere
 Estoit alé en la poudrière.

RAIGNAUBLE, Raisonnable, équitable, juste. Gl. *Rationabilis* 2.

RAIGNER, Plaider, défendre en justice. Gl. *Ratiocinare,* sous *Ratio* 1.

RAILLE, Raillerie, dérision. Gl. *Trufare.*

RAILLER, Badiner, folâtrer avec une fille. Gl. sous *Contemporare.*

RAILLON, Espèce de flèche ; d'où *Raillonnade,* Le coup de cette flèche. Gl. *Raillo.*

RAIM, Branche d'arbre. Gl. *Rama* 1. [Voyez le Glossaire sur la Chron. des ducs de Norm. aux mots *Raim, Rains* et *Rainz. Rainme,* Chansons historiques, t. 1, préface, pag. 47 :
 Vante l'oré et la rainme crollet,
 Ki s'entrainme soueïf dormet.
Roi Guillaume, pag. 142 :
 Un cerf qui XVI rains avoit.

1. **RAIMBRE**, Racheter. Gl. *Redimere* 2.

2. **RAIMBRE**, Faire faire la grosse d'un contrat ou d'un bail. Gl. *Redictare.*

RAIME, Ramée, fagot de branches d'arbre. Gl. sous *Rama* 1.

1. **RAIN**, Branche d'arbre. Gl. *Rama* 1. [Voyez *Raim.*]

2. **RAIN**, Bord d'un bois. Gl. *Raina.*

RAINGHE, Bâton. Gl. *Rama* 1.

RAINDRE, Racheter. Gl. *Redimere* 2.

RAINNEL, Petite branche d'arbre ou d'arbrisseau. Gl. *Rama* 1.

RAINSEL, Le même. Gl. *Rama* 1. [*Raimsel,* Laborde, pag. 190 :
 D'un raimsel
 Ot fet chapel.]

RAINSER, Battre, donner des coups de bâton à quelqu'un. Gl. *Rama* 1.

RAJOUVENIR, Rajeunir. Gl. *Rejuvenescere.*

RAIRE, Raturer, effacer. Gl. *Radiare.*

1. **RAIS**, Capitaine, nom d'office et de dignité en Syrie. Gl. *Radiola.*

2. **RAIS**, Rayon, bâton d'une roue. Gl. *Radiola* Voyez *Rai.*

⚬ 3. **RAIN**, **RAIS**, **RAIZ**, Racine. Partonop. vers 307 :
 Maus fruis ist de male raïs.
G. Guiart, tom. 1, pag. 2, vers 146 :
 De la raïs jusques en la cime.
Voyez Rayn. tom. 5, pag. 29², au mot *Raditz,* et la Chron. des ducs de Norm.

RAISE, Expédition militaire, incursion sur une terre ennemie. Gl *Reisa* 1.

RAISIAU, Réseau, filet. Gl. *Reticula.*

RAISINER, Boire du vin. Gl. *Racemus.*

⚬ **RAISNABLE**, Raisonnable. *Raisnablement,* Raisonnablement. Chron. des ducs de Norm.

⚬ **RAISNER**, Plaider, défendre en justice. Gl. *Ratiocinare,* sous *Ratio* 1. [Parler. Voyez *Araisonner* 1, Laborde, pag. 188 :
 Je la saluai plus bel
 Que je poi raisnier.]

RAISON, Compte. *Livre des Raisons,* Livre de compte. Gl. *Ratiocinium.*

RAISONNABLE, Ce qui est dans un juste milieu. *Cochon raisonnable,* qui n'est ni gras ni maigre. Gl. *Rationabilis* 1.

RAITER, Accuser, appeler en justice. Gl. sous *Rectum.*

RAIZE, Fossé, canal, conduit d'eau. Gl. *Rasa* 1. [Voyez *Raque.*]

RALER, Retourner, s'en aller. Gl. *Retornare* 1.

RALER ARIERE, Manquer à un engagement. Gl. *Retrogracidare.*

RALIANCE, Association. Gl. *Ralliare.*

RALIGER, Ralliement. Gl. *Fuga* 3.

RALOUER, Remettre quelque chose en sa place, par ex. un couteau dans sa gaîne. Gl. *Relocare* 2.

RAM, pour Rapt, Le droit de connaître de ce crime. Gl. *Ratus,* sous *Raptus* 1.

1. **RAMAGE**, Sauvage, qui n'est point apprivoisé, d'où *Fille Ramage,* qui fuit le monde et cherche la retraite. Gl. *Ramagii.* [Voyez le Glossaire sur la Chronique des ducs de Normandie.]

2. **RAMAGE**, Droit qu'on paye au seigneur pour pouvoir prendre ou ramasser les branches d'arbre dans ses bois. Gl. *Ramagium.*

3. **RAMAGE**, Parenté, le parent même en ligne collatérale. Gl. *Ramagium.*

4. **RAMAGE**. CERF RAMAGE, Qui a son bois. Gl. *Ramagius cervus.*

RAMAGEUR, Garde forestier, ou celui qui recevait le droit appelé *Ramage.* Gl. *Ramagium.*

RAMANTEVOIR, RAMANTOIR, Faire souvenir, rappeler à la mémoire. Gl. *Rementus.*

RAMASSIERES, Sorcières, qui s'imaginaient aller au sabbat sur un *ramon* ou balai. Gl. *Ramazuræ.*

RAMBRE, Faire faire la grosse d'un contrat ou d'un bail. Gl. *Redictare.*

1. **RAMÉ**, Qui a beaucoup de branches. Gl. *Ramatum.* [Garin le Loher. tom. 1, pag. 19, 97, Jubinal, Fabliaux, tom. 2, pag. 28.]

2. **RAMÉ**, CERF RAMÉS, Jeune cerf à qui le bois commence à pousser. Gl. *Ramagius cervus.*

1. **RAMÉE**, Façon de prendre du poisson avec de la ramée. Gl. *Ramea* 2.

2. **RAMÉE**, Gort, pêcherie. Gl. *Rameda.*

⚬ **RAMEISSIAUS**, Petits rameaux. Chron. des ducs de Normandie.

RAMEMBRER, Se ressouvenir, rappeler à sa mémoire. Gl. *Remembrantia.* [Garin le Loher. tom. 1. pag. 12. *Ramembrance,* Partonop. vers 440.]

RAMENDEUR, Ouvrier qui raccommode et répare les choses qui en ont besoin. Gl. *Remendator.*

RAMENDURE, Raccommodement, l'action de réparer ce qui est en mauvais état. Gl. *Remendator.*

RAMENTEVOIR, Rappeler à la mémoire. Gl. *Rementus.* [Wackernagel, pag. 43, Orell. pag. 134.]

RAMENTEUR, Celui qui donne un avis, qui fait souvenir. Gl. *Rementus.*

RAMEURE, Le châssis d'une herse. Gl. *Rameria.*

RAMEUX, Rempli de broussailles et de mauvaises herbes. Gl. *Rameria.* [*Uis rameus,* Chastel. de Couci, vers 5845. Voyez *Ramisse.*]

RAMIER, Terre inculte, pleine de broussailles. Gl. *Ramerius.* [Chastel. de Couci, vers 5906.]

RAMILLE, Petite branche d'arbre. Gl. *Ramilia*.

RAMIS, Le même. Gl. *Ramiculus*.

RAMISSE, Clôture faite de petites branches d'arbre. Gl. *Ramilia*.

RAMOISIN, Sorte de monnaie romaine. Gl. *Romesina*.

RAMOISON, Branche d'arbre. Gl. *Ramiculus*.

RAMONCHELER, Relever un bâtiment qui était trop bas. Gl. *Amulgare*.

° **RAMONER**, Balayer. Rutebeuf, tom. 2, pag. 284 :

*Il n'i a chambrete petite
Qui ne soit si bien ramonée
Que j'a poudre n'i ert trovée.*

RAMONNURES, Balayures, immondices, ordures. Gl. *Ramazuræ*.

RAMPAILLE, Sorte de peau dont on garnissait les habits. Gl. *Rampa*.

RAMPAS, Pâques fleuries, Le dimanche des Rameaux. Gl. sous *Ramus* 4.

RAMPONE, RAMPONNE, RAMPOSNE, Raillerie, moquerie, dérision ; d'où *Ramponier*, *Ramponner* et *Ramposner*, Railler, se moquer, rire de quelqu'un. Gl. *Rampogna*. [*Rampodner* (lat. illudere) 3 Livre des Rois, ch. 18, vers 27, pag. 327. *Ranprosnant*, Partonop. vers 7967. *Ramproné*, Roman de Renart, tom. 3, pag. 49. vers 21073, tom. 4, pag. 130, vers 162. *Ramposner*, Laborde, pag. 194. Jubinal, Fabliaux, tom. 2, p. 28. *Ramposné*, Mantel Mautaillié, vers 625. *Ramponeiz*. Gérard de Vienne, vers 1405. *Ramponé*, Roman de Renart, tom. 3, p. 38, v.]20641. *Remprosner*, Chast. de Couci, vers 6212. Blâmer, faire des reproches. Voyez le Glossaire sur la Chron. des ducs de Norm. et Roquefort, aux mots *Ramprosner*, *Ramproner* et *Ranpodneiz*. Comparez ci-dessus *Podnée*.]

RAMPOS, comme RAMPAS. Gl. sous *Ramus* 4.

RAMSEL, Rameau, branche d'arbre. Gl. *Rama* 1.

RAMYER, Jeune et menu bois qui repousse, taillis. Gl. *Ramerium* 2.

RANCHE, Certain bâton d'une charrette, appelé levier. Gl. *Ranchenum*.

RANCHEABLE, Qui peut retomber et récidiver aisément ; du verbe *Rancheoir*, Retomber, récidiver. Gl. sous *Recidiva*.

RANCHIER, comme RANCHE. Gl. *Ranchonum*.

RANCIEN, Monnaie de Reims. Gl. *Remensium archiepiscoporum denarii*, sous *Moneta Baronum*.

RANCŒUR, Haine cachée et invétérée qu'on garde dans le cœur. Gl. *Rancor*.

RANÇONNER, Maltraiter quelqu'un, le battre. Gl. *Rancionare*.

RANCOULLI, Eunuque. Gl. *Ramix* 1.

RANCUER, Haine cachée et invétérée qu'on garde dans le cœur. Gl. *Rancor*.

RANCUREUSES PAROLES, Qui sentent la haine et la colère. Gl. *Rancor*. [Voyez le Glossaire sur la Chron. des ducs de Norm. Rayn. tom. 5, pag. 40 [1], au mot *Rancuros*.]

RANDABLETTÉ, L'obligation de rendre ou de remettre un château ou une forteresse à la volonté du seigneur suzerain. Gl. *Reddibilitas*.

RANDE, Rente, revenu annuel. Gl. *Renda* 2.

RANDERES, Caution, répondant. Gl. *Reddens*.

° **RANDIR**. Partonop. vers 8051 :

*Partonopeus le vait ferir
Quanque cevals li puet randir.*

Voyez *Randonner*, sous *Randon*.

RANDON. DE RANDON, Avec force et violence, impétueusement. [Gérard de Vienne, vers 1573. Roman de Renart, tom. 3, pag. 97, vers 22405. Chastel. de Couci, vers 1127. *De tel randon*, Agolant, vers 209. *De grant randon*, vers 227. Gérard de Vienne, vers 1578. Roman de Renart, tom. 3, pag. 95, vers 22349 ; tom. 4, pag. 199, vers 1902. Fabliaux, Jubinal, t. 1. p. 178. *A grant randon*, Roman de Renart, tom. 1, pag. 239, vers 6439. Orell, pag. 314. Voyez Halliwell, an mot *Randoum*, et Roquefort ; d'où *Randonnée*, Impétuosité. [Partonop. vers 8047 :

*Escu pris et lance levée
A point une grant randonée
Que nus ne n'osse à lui joster.*

Roman de Roncevaux, pag. 28 :

Trois fois se pasme tout une randonnée.

(Partonop. vers 5170 :

Trois fois se pasme de randon.)

Renart le Nouvel, tom. 4, p. 197, v. 1850 :

*Cil dedens de grant randounée
Se deffendent.*

Ogier le Danois, Chron. des ducs de Norm. tom. 1, pag. 529 [2] :

*Li borgois ont la grant cloche sonée
Et la petite tot d'une randounée,*

et *Randonner*, Tomber avec impétuosité sur quelque chose. [Gérard de Vienne, vers 689 :

Tant com cheval lor porent randoner.

Voyez *Randir*. Jordan Fantosme, v. 319 :

*Li cheval sunt mult bon, qui desuz eus
              [randunent.*

Enfances Roland, pag. 157 [1] :

*Adont s'en vint vers euls quanqu'il pot
              [randunent.*

Roman de Renart, tom. 3, p. 99, v. 22468 :

Et li pors s'en vait randonant.]

Gl. *Randum*. [Voyez Rayn. tom. 5, p. 41, aux mots *Randon*, *Randonar* et *Randunada*.]

° **RANDUNÉE**, Discours, harangue. Jordan Fantosme, vers 454 :

*Si cum li quens Philipe ad fait sa
              [randunée.*

Promptuarium parvum cité par Halliwell : *Randone or long range of words*, lat. *haringa*. Voyez *Randon*.

RANGIER, Renne, bête de somme des pays septentrionaux. Gl. *Rangifer*.

RANGUILLON, Ardillon. Gl. *Rangerium*.

RANPROVER, Réprouver, rejeter. Gl. *Reprovare*.

RANSOURE, Ressort, étendue de domaine ou de juridiction. Gl. *Ressortum*.

RAON, Bled méteil. Gl. *Rao*.

° **RAONCLE**, Maladie de la peau. Garin le Loher. tom. 1, pag. 89 :

*Li rois fu moult de fort mal entrepris.]
Ce est raoncles, li Loherens a dit.*

Variantes : *Réancles*, *Draoncles*, *Racles*. Roman de Renart, tom. 1, p. 10, v. 241 :

Toz malades plain de raoncle.

Voyez Roquefort, aux mots *Raancler*, *Raancle*, et Gl. *Dracunculus*, *Dranculus*.

RAOUGNURE, Rognure, l'action de rogner ou couper. Gl. *Raonhare*.

RAOULLE, Rôle, mémoire. Gl. *Rotulus* 1.

RAPAIER, Rapaiser, radoucir. Gl. *Repacificare*. [Roi Guillaume, pag. 61, 160. *Rapaiement*, Adoucissement, Wackernagel, pag. 48.]

RAPALER UN ENTREDIT, Lever un interdit. Gl. *Interdictum*.

RAPAREILLEMENT, Réparation ; du verbe *Rapareiller*, Réparer, rétablir. Gl. *Reparamentum*.

1. **RAPAREILLIER**, Rassembler, réunir. Gl. sous *Reparamentum*.

2. **RAPAREILLIER**, Réparer, raccommoder. Gl. *Relaxus*. [*Rapaleillier*, Chron. des ducs de Normandie.]

° **RAPARISENT**, Roman de Renart, tom. 8, pag. 2, vers 19813 :

*Que nos tel chose i semisiens
Dont nos raparisent fusiens.*

RAPARLER, Parler durement à quelqu'un, le maltraiter de paroles. Gl. *Arrationare*.

RAPARLIER, RAPARLLIER, Réparer, rétablir. Gl. *Reparamentum*.

RAPEAU, Renvi au jeu. Gl. *Rapiarius*.

RAPELER, Redemander, réclamer. Gl. *Rapellum*.

RAPENAL. TOISE RAPENALE, Celle dont on se sert pour mesurer les terres. Gl. *Rapinalis*.

RAPIERE. ESPÉE RAPIERE, Sorte d'épée fort longue, Gl. *Rapperia*.

RAPINE, Certain droit seigneurial. Gl. *Rapina* 3.

RAPLEGIER, Cautionner, répondre pour quelqu'un. Gl. *Replegiare*, sous *Plegius*.

RAPOESTIR, RAPOOSTIR, Remettre un criminel en la puissance de son juge, pour être jugé sur le délit commis par lui dans son district; d'où *Rapoostissement*, L'action de le rendre. Gl. *Rapoostare*.

RAPORT, Cession, transport, abandon. Gl. *Raportatio*.

RAPPARELIER, Réparer, rétablir. Gl. *Reparamentum*.

RAPPEAU, Renvi au jeu. Gl. *Rapiarius*.

RAPPEAUX, pour Rappels. Gl. *Rapellum*.

1. **RAPPEL**, Révocation, abolition ; d'où *Rappeler*, Révoquer, abolir. Gl. *Rapellum*.

2. **RAPPEL**, Consentement, approbation. Gl. *Rapellum*.

RAPPORT, Droit consistant dans la moitié de la dîme des terres cultivées par les laboureurs de son territoire hors de son district. Gl. *Raportus* 2.

RAPPROXIMATION, Retrait lignager, fait à titre de proximité; d'où *Rapproximer*, Retraire à ce titre. Gl. *Reapproximare*.

RAPREPIER, s'Approprier. Gl. *Reapropriare*.

RAPROCHER, Faire un retrait à titre de proximité. Gl. *Reapproximare*.

RAQUE, Mare, fosse pleine d'eau bourbeuse. Gl. *Rachia*. [*Rasque*, Roman de Renart, tom. 4, pag. 22, vers 580. *Rusce*, vers 761. *Rasse*, vers 771. Voyez *Rase*.]

RARESCHIER, pour RAFRESCHIR, Réparer, refaire. Gl. *Rafredare*.

RAS. FAIRE UN RAS, Mettre le feu à un tas de bois. Gl. *Farassia*.

RASCASSE, Sorte de poisson de mer. Gl. *Scropeno*.

º **RASCE**· Voyez *Rasque*.

RASCHER, p. e. Ranger, mettre en ordre. Gl. *Rasare* 2.

RASE, Fossé, canal, conduit d'eau. Gl. *Rasa* 1. Voyez *Raque*.

º **RASÉ**, Comblé, rempli à ras. Chronique des ducs de Normandie. G. Guiart, tom. 2, pag. 265, vers 6859 (15852) :

*Voit l'autre eschiéle plus prochaine
De banieres rasée et plaine.*

RASEAU, Filet, bourse. Gl. *Rasellus* 2.

RASEAU DE VIGNE, Plant de vigne long et étroit. Gl. *Rascia* 1.

RASENER, Refrapper, donner un second coup. Gl. *Reassignare*.

1. **RASER**, Se ranger, s'éloigner. Gl. *Rasare* 2.

2. **RASER**, Donner des couleurs brillantes à des pierres fausses. Gl. *Rasare* 2.

RASEUR, Rasoir. Gl. *Rasorium* 2.

RASGLER, Railler, badiner. Gl. sous *Raffarde*.

RASIERE DE VIGNE, Plant de vigne long et étroit. Gl. *Rascia* 1.

RASINNÉ, Rapé, vin raccommodé avec des grappes de raisin. Gl. *Racemus*.

º **RASOTER**, Devenir sot. Roi Guillaume, pag. 1256 :

*N'est mie sote
Ceste ; mais mestre rasote.*

Voyez *Asoter*.

º **RASOUAGER**, Soulager, tranquilliser. Partonop. vers 10191. Gl. *Asoagier* et *Assouger*.

RASOUR, Rasoir. Gl. *Rasorium* 2.

RASPLEIT, Râpé. Gl. *Raspetum*.

RASQUER, Cracher avec bruit et force. Gl. *Rascare*.

º **RASSE**. Voyez *Raque*. -

RASSENER, Assigner en dédommagement. Gl. *Reassignare*. [Remettre, diriger vers. Rutebeuf, tom. 2, pag. 240 :

*Savoir se nului troveroie
Qui me rassenast à ma voie.*

Voyez *Asener*.]

RASSOLT, Absous ; se dit de quelqu'un qui était excommunié. Gl. *Interdictum*.

RASTELIN, Râteau ; ce qu'on ramasse au râteau. Gl. *Rastellum* 1. [*Rasteler*, Râteler. Roman de Renart, tom. 3, pag. 4, vers 19855.]

1. **RASURE**, L'action de raser. Gl. *Rasio* 2.

2. **RASURE**, Rature ; d'où *Rasurer*, Raturer, effacer. Gl. *Rasura* 1.

RAT, Sorte de poisson. Gl. *Uranoscopus*.

RATALENTER, Chercher à plaire. Gl. *Talentum* 2.

RATASSELER, Raccommoder, rapiéceter. Gl. *Rasunarius*.

RATCANU, Sorte d'étoffe. Gl. *Rastacius*.

RATE, Au *prorata*, à proportion. Gl. *Rata* 3.

RATÉ, Rongé par les rats et les souris. Gl. *Panis aliz*, sous *Panis* 2.

RATELER, Traîner comme avec un râteau. Gl. *Rastellare*.

RATEPENADE, Chauve-souris de mer, poisson. Gl. *Erango*.

RATEPENNADE, Chauve-souris, oiseau. Gl. *Ratapennada*.

RATER, Raturer, effacer. Gl. *Rattare*.

1. **RATIER**, Cachot, cul de basse fosse. Gl. *Raterium*.

2. **RATIER**, p. e. pour Ratière. Gl. *Raterium*.

RATOURNER, Raccommoder, refaire, réparer. Gl. *Ratornare*.

RATTE. A RATTE, Au *prorata*, à proportion. Gl. *Rata* 3.

RATURE, Raclure. Gl. *Rasura* 5.

RAVACE, Ravine, inondation, torrent, ce que les eaux entraînent avec elles. Gl. *Raina*.

RAVAGER, Faire payer une amende. Gl. *Ravale*.

RAVAILLE, Petits poissons. Gl. *Ravanna*.

RAVALER, L'heure de relevée, l'après-dînée. Gl. sous *Hora* 3.

RAVALOIR, Descendre. Gl. *Hoccus*.

RAVARAT, Sorte de bâton en Auvergne. Gl. *Ravale*.

RAUDE, p. e. Territoire, district. Gl. *Rodium*.

RAUDER, Rire, badiner, railler ; d'où *Rauderie*, Badinage, raillerie. Gl. *Rauderius*.

RAVERLON, Espèce de faucille. Gl. *Falcetus*.

RAVIESTIR, Revêtir, mettre en possession. Gl. *Revestire* 1. [Flore et Jeanne, pag. 14, 15.]

RAVINE, Vitesse, impétuosité, rapidité. Gl. *Raina*. [Renart le Nouvel, tom. 4, p. 217, vers 2879 :

*Cele part s'en vient la roïne
Sour un palefroi de ravine.*

Pag. 241, vers 2917 :

*Ermeline
Feme Renart, de grant ravine
Le siut.*

Voyez *Rabins* 2.]

º **RAVISER**, RAVISIER, Reconnaître. Enfants Haymon, vers 488 :

*Quant la duchesse ouit son fils Regnault
(parler
Adonc ne le pot pas od ce mot raviser.*

Vers 691 :

Bien les va ravisant.

Agolant, pag. 178 [2] :

Là où li uns l'autre va ravisant.

Chastel. de Couci, vers 6654 :

*Et voit le mercier
Qu'à paines povoit ravisier.*

RAVIVRE, Faire revivre, rétablir. Gl. *Revivere*.

RAVOIER, Ramener, remettre dans la voie. Gl. *Reviare*. [Consoler. Voyez *Avoyer* 2. Rutebeuf tom. 2, pag. 241 :

*Qui mon corage ravoia
A hardiment et à proëce.*

Laborde, pag. 156 :

*Que quant sont grevé
Tant bel les ravoie.*

Pag. 207 :

*Courtoisement
Et gentement
Chascuns d'els me ravoie.*]

RAVOILLE, Grenouille, ou espèce de crapaud. Gl. *Ravola*.

RAVOIR, Ravine, inondation, torrent

ce que les eaux entraînent avec elles. Gl. *Raina*.

RAUSE, RAUSIER, Roseau, glaïeul. Gl. *Rausea* et *Rusis*.

◊ **RAUSER**. Voyez *Reûser*.

RAYER, Rayonner, luire, rendre des rayons de lumière. Gl. *Radiascere*.

RAYERE, Écluse. Gl. *Raeria*.

RAYME, Rame de Papier. Gl. *Rama* 3.

RAZAT, Mesure de grain, rasière. Gl. *Razus*.

RAZE, Fossé, canal, conduit d'eau. Gl. *Rasa* 1, et *Raza* 2. Voyez *Rasque*.

RAZIS, Sorte de gâteau. Gl. *Razel*.

1. **RE**, Roi. Chronique des ducs de Norm.

◊ 2. **RE**, Bûcher. Flore et Blanceff. vers 2924 :

Là ont trois serf espris un ré.
Il les a fait andeus mener,
Et fu les commande à jeter.

Partonop. vers 359, 7702. Voyez le Glossaire sur la Chron. des ducs de Norm.

REAGE, Raie, sillon. Gl. *Rega*.

REAGIER, pour RAVAGER, Lever une amende. Gl. *Ravale*.

REALME, Royaume. Gl. sous *Moneta*.

REALMENT, Réellement, en effet. Gl. *Realiter*.

◊ **REANT**, Racheté. G. Guiart, tom. 2, pag. 52, vers 1383 (10299.) Voyez *Raembre*. Rançonné ou Brûlé ? Pag. 159, vers 4112 (13098), t. 1, pag. 213, vers 5070.

REANTER, Se rappeler, se ressouvenir. Gl. *Reappellare*.

REAULX, Monnaie de France. Gl. *Regales* 2.

REAUTÉ, Royauté, dignité de roi. Gl. *Regalitas* 1.

REBAIS, Mépris, raillerie, dérision. Gl. *Rauderius*.

◊ **REBALER**, Sauter, rebondir. G. Guiart, tom. 2, pag. 388, vers 9941 :

Quarriaus de touz costez rebalent.

REBALCHE, Bascule, cabestan, machine pour élever des fardeaux. Gl. *Rebalca*.

REBATRE, pour Rabattre, diminuer. Gl. *Rebatum*.

REBEBE, Rebec, sorte de violon. Gl. *Rebeca*.

REBENIR, Rendre le salut. Gl. *Benedicite*.

REBERBE, REBESBE, Rebec, sorte de violon. Gl. *Rebeca*.

◊ **REBILLER**, Revenir en se précipitant. Gl. *Biller* 2. G. Guiart, tom. 1, p. 297, vers 6744 :

Girart-la-Truie là rebille.

1. **REBINER**, Donner un troisième labour à une terre. Gl. *Rebinare*.

2. **REBINER**, Polir, retoucher un ouvrage. Gl. *Rebinare*.

REBLANDIR, Demander l'agrément du seigneur, ou des lettres de *pareatis*, pour faire un acte de justice dans sa terre. Gl. *Reblandimentum*. [Flatter, caresser, comme *Blandir*. Chron. des ducs de Normandie, tom. 2, pag. 397, vers 20874 :

De nule rien neu reblandi.

Voyez Rayn. tom. 2, pag. 224¹, au mot *Reblandir*.]

REBOIS, Opposition, empêchement. Gl. *Reburrus*.

REBONT, Repas, festin d'un jour de fête ou du lendemain. Gl. *Receptum* 1.

REBORSER, Vider sa bourse. Gl. *Rebursare*.

REBOT, Qui est secret, caché. Gl. *Repositus*. [A *rebout*, En cachette, en secret. *Rebunt*, cache. *Rebonent*, cachent. *Rebostaiz*, Retraites, cachettes. *Reboz*, cachés. Chronique des ducs de Normandie.]

REBOULE, Bâton à l'usage des bouviers et des pâtres. Gl. *Rabdus*.

REBOUQUER, Émousser, affaiblir, diminuer. Gl. *Rebusare*.

REBOURCIÉ, Fâcheux, revêche, à qui rien ne plaît. Gl. *Reburrus*.

REBOURER UN DRAP, Le nettoyer, en ôter les ordures. Gl. sous *Robovillium*.

REBOURS, Espèce de filet, instrument pour pêcher. Gl. *Saurarium*.

REBOUTER, Repousser. Gl. *Botare*.

REBOUTI, Rebuté, rejeté, refusé. Gl. *Panis aliz*, sous *Panis* 2.

REBOUTURE, Raccommodage. Gl. *Recauzare*.

REBRACHER, Retrousser, relever. Gl. *Rebrachiatorium*.

REBRACHIÉ, Disposé et prêt à agir. Gl. *Rebrachiatorium*.

REBRASSER, Retrousser, replier, relever. Gl. *Rebrachiatorium*.

REBRICHE, REBRIQUE, Toute espèce d'écrit distingué par articles. Gl. *Rubricii*.

REBROCQUIER, Remettre des broquettes où il en manque. Gl. *Festissare*, sous *Festissura*.

REBULET, La farine dont on a ôté la fleur. Gl. *Rebultium*.

RECALER. EN RECALER, En cachette, par des voies détournées. Gl. *Recalcare* 3.

RECAMER, Broder. Gl. *Racamas*.

RECANCHE, Rachat ou Restitution. Gl. *Recatum*.

RECANER, Braire, qui se dit du cri de l'âne. Gl. *Recantus*. [Roman de Renart, tom. 4, pag. 13, vers 338.]

RECANETÉ, Lieu secret et obscur. Gl. sous *Recantus*.

RECAPTE, Ordre : d'où *Femme de mal Recapte*, Qui a une conduite désordonnée. *Aller à mal Recapte*, Se déranger, mal administrer, mettre du désordre dans ses affaires. Gl. *Recaptare*.

RECAVERONNER, Remettre des chevrons. Gl. *Quevro*.

RECAUPER, Retrancher de nouveau. Gl. *Discopare*.

1. **RECEANT**, Domicilié. Gl. *Resians*.

2. **RECEANT**, Vassal qui est obligé à la résidence, et qui ne peut changer de domicile sans l'agrément de son seigneur. Gl. *Residentes*.

1. **RECEIT**, Droit de gite qu'on payait quelquefois en argent. Gl. *Receptum* 1.

2. **RECEIT**, Terrier, retraite de lapins et d'autres animaux. Gl. *Receptaculum* 2.

RECEITER, Recevoir chez soi, donner retraite à quelqu'un. Gl. *Receptare*.

RECEIVER, Le même. Gl. *Receptare*.

RECELÉE. A LA RECELÉE, En cachette, à couvert. Gl. *Randum*. [Flore et Blanceff. vers 2622. Voyez Rayn. tom. 2, pag. 373¹, au mot *Recelada*.]

RECELÉMENT, Secrètement, furtivement, en cachette. Gl. *Recelare* 1.

RECELLOITE, Réception. Gl. *Receptum* 1.

RECENSER, RECENSSER, Parler, discourir, raconter. Gl. *Recensere*. [G. Guiart, tom. 2, pag. 291, vers 7548 (16527) :

Mès li vilains souvent recense :
Moult remest de ce que fol pense.]

RECEPT, Le droit qu'a un seigneur de loger et manger chez son vassal, et qu'on payait quelquefois en argent. Gl. *Receptum* 1.

RECEPTABLE, Arrière-faix. Gl. *Receptorium* 1.

RECEPTE, Repas de noces. Gl. *Receptum* 1.

RECEPTER, Recevoir, donner retraite à quelqu'un. Gl. *Receptare*.

RECEPTION, Communion, l'action de recevoir la sainte Eucharistie. Gl. *Receptio* 1.

◊ **RECERCELÉ**, Bouclé, frisé. Chants historiques, tom. 1, pag. 17 :

Blonde ot le poil, menu, recercelé.

Voyez *Cercelé* et la Chronique des ducs de Normandie, Rayn. tom. 2, pag. 381², au mot *Recercelar*.

RECERCIER, Herser, et le temps où l'on herse. Gl. *Recalcare*.

1. **RECET**, Lieu de retraite et de défense, château, forteresse, tour. Gl. *Receptaculum* 1. [Lieu de refuge, asile.

Partonop. vers 8988. Roi Guillaume, pag. 106. Voyez le Glossaire sur la Chronique des ducs de Norm. et Rayn. tom. 2, pag. 280², au mot *Recepte*.]

2. **RECET**, Repas, le droit qu'a un seigneur de loger et manger chez son vassal, et qu'on payait quelquefois en argent. Gl. *Receptum 1*.

RECETER, Recevoir chez soi quelqu'un pour le cacher, receler, retirer. Gl. *Recelare 1*. [G. Guiart, tom. 1, p. 78, v. 1376. Chronique des ducs de Norm. Partonop. vers 4064 :

Qui en son cuer s'amor recete.]

RECETEUR, Receleur. Gl. sous *Rechaciare*.

RECEUILLIE, Accueil, réception. Gl. *Recolligere 2*. [Orell, pag. 152.]

° **RECEVOIR**, Concevoir, devenir enceinte. Flore et Blancefl. vers 156.

RECH, Rude, raboteux, en Picardie. Gl. *Rechinus*.

RECHACIER, Séparer l'or ou l'argent de l'alliage des monnaies. Gl. *Rechaciare*.

RECHAITER, Cacher, receler. Gl sous *Rechaciare*.

RECHATER, comme **RECHACIER**. Gl. *Rechatare*, sous *Rechaciare*.

RECHEF, Changement, retranchement. Gl. *Retractare 1*. [*De rechef*, Rayn. tom. 2, p. 319¹, au mot *Rescap*.]

RECHERCEMENT, Le droit de faire la recherche et l'examen des mesures et des poids. Gl. *Recercatio*.

RECHET, Lieu de retraite et de défense, château, forteresse, tour. Gl. *Receptaculum 1*.

RECHIGNER, Rendre un son rude et désagréable. Gl. *Rechinus*. [Grincer. Roman de Renart, tom. 1, pag. 30, vers 796 :

Les eulz clot et les denz rechingne.]

RECHIGNIER, Gronder, reprendre avec dureté et aigreur. Gl. *Rechinus*.

RECHIME, Le ciment le plus fort. Gl. *Cimentum 1*.

RECHIN, Qui est dur et de mauvaise humeur. Gl. *Rechinus*.

RECHINOY, Le repas d'après-dînée, le goûté. Gl. *Recticinium*.

RECHISTRER, Délivrer de prison. Gl. *Recredere 1*.

° **RECHOIR**, Échoir de nouveau. Garin le Loher. tom. 1, pag. 124 :

S'autre rechiet si l'aurez voirement.

RECIE, comme **RECHINOY**. Gl. *Recticinium*.

RECINCER, Rincer, laver avec de l'eau nette. Gl. *Recincerare*.

RECINER, Goûter, faire collation. Gl. *Recticinium*.

1. **RECLAIM**, L'action par laquelle on réclame son bien. Gl. *Reclamium*.[Prière. Rayn. tom. 2, pag. 402², au mot *Reclam*.]

2. **RECLAIM**, Cri de guerre. Gl. *Reclamium*.

° 3. **RECLAIM**, Réclamation, accusation. Chastel. de Couci, vers 3810 :

*Ne onques n'oy en sa vie
Reclain, qu'en nul lieu repairast
Où dame ne pucelle amast.*

° **RECLAMER**, Appeler, implorer, déclarer. Chanson de Roland.

RECLINATION, Inclination, penchant qu'on a pour quelque chose. Gl. *Reclinatio*.

RECLINATOIRE, Lit, lieu de repos. Gl. *Reclinatorium 1*.

° **RECLORE**, Enfermer. Rayn. tom. 2, pag. 412¹, au mot *Reclaure*, Orell. pag. 263.

1. **RECLUSAGE**, Prison, retraite. Gl. *Reclusagium*.

2. **RECLUSAGE**, RECLUSAIGE, Monastère, hermitage, cellule d'un reclus. Gl. *Reclusagium*.

RECLUSE, p. e. Ce qu'on paye pour un enclos ou pour une écluse. Gl. sous *Reclusania*.

RECLUSIE, Hermitage, habitation d'un reclus. Gl. *Reclusania*.

RECLUTER, Suppléer, ajouter : nous disons *Recruter* une compagnie. Gl. *Reclutare*.

° **RECOI**. Voyez *Recoy*.

° **RECOILLIR**, Accueillir, venir au secours. Garin le Loherain, tom. 1, pag. 169 :

Se j'ai mestier, pensez de recoillir.

Partonop. vers 2042 :

Or est à larmies recoillis.

Rakiolt, vers 4158. Voyez la Chron. des ducs de Norm Rayn. tom. 2, pag. 435¹, au mot *Recoillir*.

RECOITER, Cacher, receler. Gl. *Recelare 1*.

REÇOIVRE, Recevoir. Gl. *Minagiator*.

RECOLICE, Réglisse. Gl. *Recalecia*.

RECOLLER, Se ressouvenir, rappeler à sa mémoire. Gl. *Recollatio*.

RECOMANDEMENT, Recommandation. Gl. *Recommendisia 1*.

RECOMMANDER, Confier, mettre en dépôt. Gl. *Recommendare 1*.

RECOMMANT, Le droit de protection qu'on payait pour être protégé par un seigneur. Gl. *Recommendisia 1*.

RECOMPENSATION, Compensation, dédommagement. Gl. *Recompensatio*.

RECOGNGNOISSANT, Enquête juridique. Gl. sous *Recognitio 1*.

° **RECONNISSANCE**, Reconnaissance, relief, droit de mutation. Partonop. vers 404 :

*Cil establi primes lor loi,
Lor batailes et lor juisses,
Lor costumes et lor francises,
Ses drois et sa reconnisance.*

Voyez *Reconoisement*. Rayn. t. 4, p. 335². au mot *Reconnoissensa*.

° **RECONOISANCE**, RECONUISANCE, Signe de ralliement. Chanson de Roland, stance 264, vers 9 :

Munjoie escriet pur la reconuisance.

Gérard de Vienne, vers 4037 :

*Elle li ait bailié anseigne blanche
Dont li fist puis mainte reconuiance.*

Confession ? Contrition ? Flore et Jeanne, pag. 69 : *Si trespassa dou siecle comme boine et loiaus et eut biele fin et bonne reconuisanche.* Voyez *Couniscanche*. Gl. *Recognoscere se*, pag. 50¹. Rayn. tom. 4, pag. 335², au mot *Reconoissensa* : *(Veraya confessio es...... regonoyssensa (de boca.)*

° **RECONOISEMENT**, Reconnaissance. Agolant, pag. 181¹ :

*Quatre deniers en reconoisement
Que de vous tiegne trestout son chasement.*

Voyez *Reconnissance*, Rayn. t. 4, p. 336¹, au mot *Reconnoissement*. Gl. *Recognitio*, 8, etc.

° **RECONOITRE (SE)** ? Lai du Corn, vers 272 :

*E treitout li baroun....
Qui les femmes avoient
Dount il se reconoient.*

RECONSEILLIER, Réconcilier une église, la rebénir. Gl. *Reconciliari*.

RECONSILIER, Se confesser et recevoir l'absolution. Gl. *Reconciliari*.

RECONSOLIDER, Réunir, rejoindre. Gl. *Resolidare*.

° **RECONTENDRE**, Réclamer, demander, avoir une prétention. G. Guiart, tom. 2, pag. 57, vers 1485 (10411) :

*Si hoir qui après lui vendroient
En cest sens se recontendroient.*

Voyez Gl. *Recontendere*.

RECONVOYER, Reconduire. Gl. *Reconvertere 2*.

RECOPEUR, RECOPERESSE, Regratier, regratière. Gl. *Regraterius*.

1. **RECORD**, Enquête juridique par témoins. Gl. *Recordum 1*.

2. **RECORD**, Sorte de jugement dont il n'y a point d'appel. Gl. *Recordum 1*.

3. **RECORD**. COUR DE RECORD, Cour souveraine. Gl. sous *Recordum 1*.

4. **RECORD**. ESTRE RECORD, Se ressouvenir. Gl. *Recors 1*.

RECORDATION, Mémoire. Gl. *Recordamen*.

RECORDER, Parler, conter. Gl. *Recordari 2*. [Rappeler, répéter, Wackern. pag. 54 :

*El besoing voit on l'amin,
Piece ait ke c'est recordei.*

Flore et Blancefl. vers 1464 :

Ce m'est avis, se voir recort.

Laborde, pag. 229 :

*Si cum Equo qui sert de recorder
Ce qu'autres dit.*

Flore et Jeanne, pag. 19 : Or alons à monsegneur et li recordons nos convenences... et fu recordée la fremalle. Faire recort. Partonop. vers 2911 :

*Sont jà venu al roi de France
Por recort de la connissance...
Li roi Fursin dist le recort.*

Vers 8341 :

*Puis li redemande qu'il dit.
Mais il n'a loisir ne respit
De faire de son dit recort.*

Voyez les Glossaires de droit, Chron. des ducs de Norm. Rayn. tom. 2, pag. 478², au mot *Recordar.* — *Se recorder à quelqu'un.* Se souvenir de quelqu'un, venir au secours de quelqu'un, Chron. des ducs de Norm. tom. 2, p. 270, vers 33352.

º **RECORRE**, Délivrer un prisonnier. Gérard de Vienne, vers 1108 :

*Kant i corut le sien freire Olivier
Ke la recoust au branc forbi d'acier.*

Voyez *Rescorre* et *Rescosse* 1.

º 1. **RECORS**, Souvenir, mémoire, renommée. Chastel. de Coucy, vers 871 :

*Tant fist que biaus est li recors
De lui.*

Voyez *Recorder*.

º 2. **RECORS**, Recours, refuge. Laborde, pag. 201 :

Et en li gist tout mes recors.

Voyez Rayn. tom. 2, pag. 498², au mot *Recors*.

3. **RECORS**, Permission de faiblage sur le poids de l'espèce. Gl. *Recursus* 1.

RECOUPPE, Morceau d'une planche. Gl. *Axa*.

RECOURCER, Retrousser, relever. Gl. *Rebrachiatorium*.

RECOURRE, Affaiblir le poids des espèces monnayées. Gl. *Rechaciare* et *Recurrere* 3.

1. **RECOURS**, Couvert, vêtu. Gl. *Recouvertura*.

2. **RECOURS**, Permission de faiblage sur le poids de l'espèce. Gl. *Recursus* 1.

RECOUVRER, Réitérer, recommencer. Gl. *Recuperare* 8.

º 1. **RECOVRER**, RECOVRIER, RECOVRÉ, Ressource, secours, action de reprendre. Gérard de Vienne, vers 2589 :

Car ne vit arme où il ait recovré.

Agolant, vers 164 :

Tot vo lignages i aura recovrier.

Roman de Rou, vers 5389 :

*Moult out grant duil de sa muillier,
Mais en duil n'a nul recovrier.*

Vers 15362 :

En plorer n'a nul recovrier.

Laborde, pag. 204 :

*Mon cuer li ai lessié sanz recouvrer...
Si vous l'aviez, onc puis nel recouvrai.*

Partonop. vers 9253 :

*Ne de tans si bons recovriers
Par les cors de deux cevaliers.*

Voyez le Glossaire sur la Chron. des ducs de Norm. Gl. *Recuperare* 1. *Recuperari.* Angl. *Recover.* Comparez *Rescoure.*

º 2. **RECOVRER**, Trouver. Roman de Merlin, Fierabras, pag. 182² :

*Homme qui ceu vos faice ne poreis re-
 [covrer.*

Gl. *Recuperare* 3. — *Recovré,* Qui a retrouvé sa force, sa position. Chron. des ducs de Normandie, tom. 1, pag. 268, vers 5310 :

*Tost furent Franceis recovrez,
Si lor reguenchissent ès vis.*

Voyez Rayn. tom. 2, pag. 422², au mot *Recobrar.* Repousser, parer? Partonop. vers 4235 :

*A cuer perdre et à cors honir
A tos bons consaus recovrer
A proier sains merci trover.*

RECOY. EN RECOY, Secrètement, en cachette. Gl. *Repositus.* [Aubri, pag. 174². Voyez Roquef.]

RECRAINTE, pour RÉCRÉANCE, Caution, restitution. Gl. *Recredere* 1.

RECRANDIS, Paresseux, sans cœur ni courage. Gl. sous *Recredere* 1.

RECREANCE, Caution, souvent Restitution. Gl. *Recredere* 1.

RECREANDISE, RECREANTISE. [L'action de s'avouer vaincu dans un combat singulier. Partonop. vers 9601 :

*Li senescaus reçut les gages,
Mès n'en prist pleges ni ostages ;
Car n'en queroit faire justise
Autre que la recréandise.*]

Paresse, timidité, poltronnerie. Gl. sous *Recredere* 1.

1. **RECREANT**, Celui qui dans un combat particulier se rend et s'avoue vaincu ; d'où il a signifié un lâche, un homme sans courage. Gl. sous *Recredere* 1. [Partonop. vers 3821 :

*Cil ne sunt mie et qui ce die
Qu'en aions faite felonie,
Contre son cors m'en combatrai
Et tot recreant l'en ferai.*

Roman de Renart, tom. 3, pag. 98, vers 22446 :

*Et li pors s'en fuit les trotons
Qui durement vet recreant.*

Découragé, mécontent. Roi Guillaume, pag. 64 :

*Li marceant
Qui molt estoient recreant.*

Roman de Renart, tom. 1, p. 34, v. 897 :

*Lors l'ont li marcheant lessié
Qui por mauvès musart se tienent,
Recreant sont et si s'en vienent.*

Voyez *Recroire* 3.]

2. **RECREANT**, Se dit d'un cheval rendu de fatigue. Gl. sous *Recredere* 1.

º **RECREANTIE**, Renonciation, cessation. Chronique des ducs de Norm. t. 1, pag. 575, vers 14320 :

*Preez sui de faire vostre boen.
Ci ne ferai recreantie
Tant cume dure el cors la vie.*

RECREANTIR, Ralentir l'ardeur du combat. Gl. sous *Recredere* 1.

RECREANTISE. Voyez ci-dessus, *Recreandise.*

1. **RECRÉER**, Renouveler, nommer de nouveaux échevins, etc. Gl. *Recreare*.

2. **RECRÉER**, Rendre, restituer. Gl. *Recredere* 1. [Donner, livrer, Agolant, vers 1087 :

Chevalier sire recreez moi ce brant.

Voyez le Glossaire sur Joinville.]

º **RECREIRE**, Avouer, faire savoir. Chron. des ducs de Normandie.

RECRÉU, Lâche, poltron. Gl. sous *Recredere* 1. [Vaincu, qui s'avoue vaincu. Agolant, vers 803 :

Jà por paiens ne sera recréu.

— Fabliaux, Jubinal, tom. 2, pag. 25 :

C'or sont li donéor et mort et recréu.

Recréue, Retraite, retirade. Pag. 26 :

Puisque derrier devez corner la recréue.

Voyez Roquef.]

1. **RECROIRE**, Donner caution, et souvent Rendre, restituer. Gl. *Recredere* 1. [Accorder la liberté. Chanson de Roland, stance 280, vers 19 :

*Dist li empereres : Bons pleges en
 [demant,
Trente paienz li plevissent leial.
Ço dist li reis : Et jo l' vos recreirai.*

Stance 281, vers 3 :

Li empereres le recreit par hostage.]

2. **RECROIRE**, Soupçonner, accuser. Gl. *Recredere* 1.

º 3. **RECROIRE**, SE RECROIRE, Renoncer, se désister, se lasser, se fatiguer, s'arrêter, cesser. Voyez *Recreant* 1, et *Recréu*. Roi Guillaume, pag. 71 :

*Ains s'esforce tant qu'il recroit
Et de son leu mie ne voit ;
Ains se recroit en tel' maniere
Que il ne puet avant n'arriere.*

Pag. 170 :

*Après le leu par ci courui
Tant que le (je?) lassai et recrui.*

Roman de Renart, tom. 1, p. 54, v. 1419 :

*Et vint colans vers les gelines....
Jusqu'à eles ne se recroit.*

Wackernagel, pag. 18 :

*Per cui seux en la voie entrais,
Dont ains n'issi ne ne recrui.*

Pag. 49 :

*Jà por poene ne por dolor
Ne recrorai le nuit ne jor.*

Voyez le Glossaire sur la Chronique des ducs de Normandie, au mot *Recreire* (se), Roquefort, Rayn. tom. 5, pag. 57², au mot *Recreire*.

1. **RECROIS**, Raclure, ce qu'on ôte de quelque chose en le nettoyant. Gl. *Recrementum* 1.

2. **RECROIS**, Recroiz, Enchère. Gl. *Recrementum* 2.

RECROVER, Recouvrer ; d'où *Recrovement*, Recouvrement. Gl. *Recouare*.

RECROYANCE, Élargissement de prison sous caution. Gl. *Recredere* 1.

RECTORIE, Cure. Gl. *Rector* 1.

° **RECTORITE**, Justice ? Rhétorique ? Partonop. vers 7836.

RECUEILLETTE, Accueil, réception. Gl. *Recolligere* 2.

RECUERRE, Affaiblir le poids des espèces monnayées. Gl. *Recursus* 1.

° **RECUIT**, Fin, madré. Roman de Renart, tom. 2, pag. 232, 274, vers 15883, 17042 :
    On dit, ce cuit,
    Encontre veziè recuit.

RECULET, Lieu retiré, enfoncement. Gl. *Reculare*.

RECYE, Le repas d'après-dînée, le goûter. Gl. *Recticinium*.

REDESMENTIR, Rendre un démenti par un autre. Gl. *Dimentiri*.

REDEVABILITÉ, Redevance, impôt. Gl. *Redhibitio*, sous *Redhibere*.

REDEVABLE, Ce qui est de devoir. Gl. *Redevancia*.

REDEVAULETÉ, Redevance, impôt, taille. Gl. *Redevancia*.

REDEVOIR, Redevance. Gl. *Rhedibentia*, sous *Redhibere*.

REDHIBENCE, Redevance. Gl. *Redhibentia*, sous *Redhibere*.

REDIESME, Redime, Redisme, Le dixième du dixième ; d'où *Rediesmer*, Lever ce droit. Gl. *Redecima*.

REDOIS, Peuples de la Poméranie. Gl. *Redarii*.

REDON, Parement, gros bâton de fagot. Gl. *Reddalle*.

REDONDER, Rebondir, rejaillir. Gl. *Resalire*.

REDOS, Seoir a Redos, Être assis derrière le dos de quelqu'un, être dos à dos. Gl. *Redorsare*.

REDOUBLE, Doublure. Gl. *Reduplicare*.

REDOUBTAUBLE, Redoutable, à qui l'on doit du respect ; qualification donnée aux évêques. Gl. *Metuendus*. [Voyez Rayn. t. 3, p. 88[1], au mot *Redoptable*.]

° **REDOUT**, Doute. Roi Guillaume, pag. 124:
    Qu'il estoient en grant redout
    Savoir se çou ert il u non.

REELENGHE, Domaine, et la juridiction qui en connaît, Chambre des Comptes. Gl. *Relanga*.

REEMBEOR, Rédempteur, Gl. *Redimere* 2.

REEMBRER, Racheter. Gl. *Redimere* 1.

REENENGHE, Domaine, et la juridiction qui en connaît, Chambre des Comptes. Gl. *Renengha*, sous *Relanga*.

REER, Couler, verser. Gl. *Reigus*. Voyez *Raier*.

REETEIL, Petit filet, et sorte d'ornement de tête pour les femmes. Gl. *Reiculus*.

REEVE, Bailli, prévôt, juge. Gl. *Reva* 1.

REFAICTURE, Le droit qu'on paye au seigneur pour prendre dans sa forêt le bois dont on a besoin pour les réparations qu'on a à faire. Gl. *Refacta*.

REFAIT, Sorte de poisson de mer, rouget, parce qu'il est gros et gras. Gl. *Circulus* 2.

REFARDERIE, Raillerie, moquerie, dérision. Gl. *Raffarde*.

REFECTURE, Le droit qu'on paye au seigneur pour prendre dans sa forêt le bois dont on a besoin pour les réparations qu'on a à faire. Gl. *Refacta*.

REFELLON, Sorte de redevance. Gl. *Refello*.

REFERENDAIRE, Commissaire chargé de faire le rapport d'une affaire. Gl. *Referendarii*.

REFERMER, Refaire, rebâtir. Gl. *Refarmare*.

REFESTIR, Recouvrir, ou raccommoder la faîtière d'un toit. Gl. *Festissare*, sous *Festissara*.

REFFAITTER, S'est dit du commerce trop libre entre un homme et une femme: terme obscène. Gl. *Reffianus*.

REFFECTURE, Repas, droit de gîte. Gl. *Refectio* 3.

REFFEITONNER, Raccommoder, réparer. Gl. *Festussare*, sous *Festissura*.

REFFERIR, Frapper une seconde fois. Gl. *Rabata*.

REFFIN, Laine fine. Gl. *Reffin*.

° **REFFONDRÉ**, Submergé. Fabliaux, Jubinal, tom. 1, pag. 178.

REFFOUL, Décharge d'un étang ou d'un canal. Gl. *Refollum*.

REFFROIDOUER, Vase à mettre rafraîchir le vin. Gl. *Refrigidarium*.

REFIÉ, Arrière-fief. Gl. *Refeudum*.

REFLAISE, p. e. Revers d'un fossé. Gl. *Refletum*.

REFLUBLER, remettre sur la tête, recouvrir. Gl. *Refibulare*.

REFONDER, Rembourser, restituer. Gl. *Refundere*.

REFORMER, Changer d'avis ou de genre de vie, même en mal. Gl. *Refformare*.

REFOUL, Décharge d'un moulin ou d'un canal. Gl. *Refollum*.

REFOULÉ, Fatigué, excédé de lassitude. Gl. sous *Recredere* 1.

REFRAINDRE, Réprimer, réfréner. Gl. *Refrangere*. [Roi Guillaume, pag. 71 :
    Mais por çou ne se vaut refraindre.
Terme de musique. Wackernagel, p. 79 :
    En sa pipe refraignoit
    La voix de sa chanson.
Voyez Rayn. tom. 3, pag. 388[1], au mot *Refranher*, Orell. pag. 277. Chron. des ducs de Normandie, aux mots *Refraindre* et *Refrener*.]

REFRAINGNER, s'Abstenir de faire quelque chose. Gl. *Refrangere*.

REFRAIT, Toute espèce de mets qu'on donne outre le pain. Gl. *Refretorium*.

1. **REFRECHIR**, Réparer, raccommoder. Gl. *Refieri*.

2. **REFRECHIR**, Répéter, redire. Gl. *Refricare*.

° **REFRESELER**, Ondoyer, flotter. Chron. des ducs de Norm. Voyez *Freseler*.

REFROISSIER, Se dit d'une terre quand on change la façon de la cultiver. Gl. sous *Refrangere*.

REFROITOUR, Réfectoire. Gl. *Refretorium*. [*Refreitor*, Chron. des ducs de Norm.]

1. **REFUI**, Refuge, asile, appui. Gl. *Refugium* 3. [*Refuit*, Roman de Renart, tom. 4, pag. 24, vers 640 :
    En quel refuit
    Me puis-jou metre fors du roy.]

2. **REFUI**, Détour, subtilité, subterfuge. Gl. *Refugium* 3. [Chastel. de Couci, vers 3530 :
    Et qu'à luy me rens sans refuy.]

REFUIR, Réfugier, mettre en sûreté, donner asile. Gl. *Refugium* 3. [Voyez Orell. pag. 154.]

REFUSCICÉ, Renforcé, qui est fort serré. Gl. *Hurdare*.

REGAGIER, Donner de nouveaux gages. Gl. *Rewadiare*.

REGAIRE, Régale. Gl. *Regarium*. [*Regailes*, Pouvoir royal. Chron. des ducs de Norm.]

REGAIRES, C'est le nom qu'on donne en Bretagne à la juridiction et aux fiefs des évêques. Gl. *Regarium*.

REGAL de Mariage, Ce que le vassal qui se marie doit présenter à son seigneur en viande, vin et route. Gl. *Missus* 1.

1. **REGALE**, Le fisc royal, les droits qui appartiennent à la couronne. Gl. *Regalia* 2.

2. **REGALE**, Le droit du roi sur le temporel des églises vacantes. Gl. sous *Regalia* 2.

3. **REGALE**, L'investiture d'un évêché ou d'une abbaye. Gl. sous *Regalia* 2.

4. **REGALE**, Domaine, territoire, même de particuliers. Gl. *Regalia* 2.

REGALIER, Regalier, Administrateur, ou économe pour le roi des biens d'une église pendant la vacance du siège. Gl. *Regaliarius* et *Regaliator*, sous *Regalia* 2.

REGAR, Inspecteur. Gl. *Regardator.*

1. **REGARD**, Administrateur d'hôpitaux, celui qui est chargé de veiller à quelque chose. Gl. *Regardus.*

2. **REGARD**, Inspecteur, maître juré d'un métier. Gl. *Regardus.*

3. **REGARD**, Accord, traité. Gl. *Regardum* 1.

4. **REGARD**, Volonté, jugement, ordonnance. Gl. *Regardum* 5.

5. **REGARD**, Festin du jour des noces ou du lendemain. Gl. *Receptum* 1.

6. **REGARD**, Sorte de redevance annuelle. Gl. *Regardum* 4.

7. **REGARD**. LETTRES DE REGARD, Placet, supplique. Gl. *Litera regardi.*

REGARDE, Celui qui est chargé de faire la ronde. Gl. *Regardator.*

REGARDER, Juger, décider, rendre une ordonnance. Gl. *Regardarium.* [Choisir, fixer. Flore et Jeanne, pag. 67 : *Si vos lo ke vous regardés un jour ke vos porés i estre.* — *Se regarder.* Partonop. vers 729 :

Il se regarde vers sa nef.

Roman de Renart, tom. 1, p. 48, v. 1260 :

Fuiant vers va, si se regarde,
Droit vers le bois grant aleure.]

REGARDEUR, Inspecteur, commissaire pour l'examen des denrées et marchandises. Gl. *Guardatores,* sous *Warda.*

REGARDEURE, Aspect, regard. Gl. *Esgardium* 2. [Chanson de Raoul de Soissons, Laborde, pag. 218 :

Fet mon vis taindre et pâlir
Sa simple regardeüre.]

1. **REGART**, Ronde, visite des gens de guerre. Gl. *Regardator.*

2. **REGART**, Défiance, crainte. Gl. *Regardum* 3. [Attention, Chastel. de Couci, vers 3826 :

Si c'on ne s'en donnast regart.

Chron. des ducs de Norm.]

3. **REGART**, Festin du jour des noces ou du lendemain. Gl. *Receptum* 1.

REGAUST, Rebondissement, rejaillissement. Gl. *Resallire.*

REGE, Raie, sillon. Gl. *Rega.*

REGEHIR, REGEIR , Reconnaître, avouer, confesser. [Partonop. vers 4421. Agolant, pag. 185² :

Toz vos pechiez, sanz bouche regehir,
Voeil hui sor moi de par dieu desservir.]

d'où *Regehissement,* Aveu, confession. Gl. *Refiteri.*

REGELRISSELENT, pour RÉGEHISSEMENT, Aveu, confession. Gl. *Fassio.*

º **REGENERÉ**, Baptisé, chrétien. Agolant, vers 1305 :

Et sunt si bel tuit li regeneré ?

(Pag. 185¹ :

De saint baptesme se fist regenerer.)

REGENTATION, Régence. Gl. *Regentia.*

º **REGESIR** , Être couché, reposer. Chronique des ducs de Norm. Orell, pag. 174.

REGESTES, Annales, histoires. Gl. sous *Regestum.*

REGETOORE, Machine propre à prendre des oiseaux. Gl. *Captensula.*

REGIBEIR, REGIBIER, Regimber, ruer. Gl. *Gibetum* et *Repedare.* [G. Guiart, t. 1, pag. 102, vers 2087.]

REGIE, Réglé. *Passet Regie,* Un pas égal. Gl. *Regibilis.*

º **REGIEL**, Cadeau ? Sainte Eulalie, vers 7 :

Ne por ned argent ne parament
Por manatce, regiel ne preiament.

REGIET, Saillie, avance. Gl. *Rejectus.*

REGIMENT , Conduite, façon d'agir. Gl. *Regimentum* 1.

REGION , Royaume, pays. Partonop. vers 433 :

Rois Marovels fu fils Ludon,
Après lui tint la region.

Chanson du duc de Bretagne, Laborde, pag. 177 :

Itel doit avoir region.

Gérard de Vienne, pag. 166¹ :

Rois Acatan dedans son region.

Voyez Diez, *Alt-Roman. Sprachdenkm.* p. 53, ci-dessous, *Roion* 2.

REGIPPER, Regimber, dans le sens figuré. Gl. *Repedare.*

º **REGIRER**, Revenir, retourner. Partonop. vers 4587 :

Et quant recommence à parler
Dont est regierés al plorer.

Voyez Rayn. tom. 3, pag. 468¹, au mot *Regirar.*

REGISTEL, Sorte d'herbe. Gl. *Rodorius.*

1. **REGISTRE**, Usage, coutume, règlement. Gl. sous *Regestum.*

2. **REGISTRE**, Injure, reproche, outrage. Gl. sous *Regestum.*

REGISTREUR, Celui qui inscrit dans les registres. Gl. *Registrator,* sous *Regestum.*

REGNABLE, Raisonnable, équitable, juste. Gl. *Rationabilis* 2. [Chron. de Jordan Fantosme, vers 302 :

Li vielz reis est rednable, si li faites
[raisun.

Var. *Regnable.* Mantel Mautaillé, v. 227 :

Ci a bel don
Et molt regnable est à doner.

Voyez *Resnable, Resne.*]

1. **REGNE**, Réne. Gl. *Retina* 2. Partonop. vers 5757 :

Il vit une toise de chesne,
Cele part a torné sa regne.

Gérard de Vienne, vers 1659 :

Tire sa raigne, s'est arriere guenchi.

Agolant, vers 940 :

Puis a sa reigne l'un vers l'autre tirée.

Garin le Loher. tom. 1, pag. 325 :

Dusqu'à Verdun n'i a regnes tenu.

Chron. des ducs de Norm. tom. 1. p. 109, vers 803 :

Là u lur genz fu avenue
N'i out uno pois redne tenue.

Renart le Nouvel, tom. 4, pag. 222, vers 2487 :

Regne ne sache
Dusqu'à tant qu'il vint en la place.

Pag. 101, vers 2792 :

Ains que jou fine conterai
Une partie de son reigne,
Ains que jou sache sus mon regne.

(*Antequam lora equi ad se traheret,* Gesta Caroli M. ad Carcassonam, ed. Ciampi, pag. 77, 82, 98, 116) Voyez Rayn. tom. 5, pag. 69¹, au mot *Regna.* — *Prendre parmi la redne, par les rednes,* Chron. des ducs de Norm. — Flore et Blancefl. v. 1205, 1209.]

2. **REGNE**, Certain droit féodal. Gl. sous *Regnum* 3.

º **REGNÉ**, Royaume, pays. Partonop. vers 178, 226, 258, 360, 459, 7224. *Regnei,* Wackern. pag. 63. *Regne, Regné, Regned, Regnez,* Chron. des ducs de Norm. *Raigne,* Gérard de Vienne, vers 3555. *Reine,* Agolant, vers 84.

REGNER, Plaider, défendre en justice. Gl. *Ratiocinare,* sous *Ratio* 1. [*Ranger.* Roi Guillaume, pag. 123 :

Estoit venus le jour devant,
Que li rois Guillaume regnant
D'autre part se marceandise.]

REGNOIÉ, Renégat, qui a renié sa religion. Gl. *Renegatus.*

REGON. BLEIT DE REGON, p. e. Blé méteil. Gl. *Rao.*

REGONDE, pour Radegonde. Gl. *Radegundis.*

REGORT, Lieu entouré d'eau, petit détroit, golfe. Gl. *Gordus* et *Rigor.*

REGOUTER , Goûter, faire collation. Gl. *Recticinium.*

REGRACIER, Remercier, récompenser, donner des marques de reconnaissance ; d'où *Regraciation,* Remerciement, récompense. Gl. *Regratiatio,* sous *Regratiamentum.*

º **REGRES**, Chagrin, regret. Flore et Blancefl. vers 1734 :

Ses confors fu regrés et plors.

Vers 1306 :

Ses regrés fu ades en plors.

Regreter, Plaindre. Agolant, vers 352 :

Et son cheval ot plaint et regreté.

REGRETER, Invoquer, réclamer. Gl. sous *Regreta.*

º **REGRETIER** †, Gl. *Auscionarius.*

º **REGUENCHIR**, comme *Guenchir.* Voyez le Glossaire sur la Chron. des ducs de Norm.

REGUERREDONNER, Récompenser. Gl. *Reguardum* 3.

REGUEST, REGUET, Garde pendant la nuit, guet. Gl. *Reguayta.*

REGULER, Régler, arranger. Gl. *Regulare*.

REHAITER, REHETIER, Se réjouir, se refaire. Gl. *Alacrimonia*. [Partonop. vers 9289. Chanson du Chastel. de Couci, Laborde, pag. 280. Chron. des ducs de Norm. Voyez *Haiter*.]

REHAVOIR, Ravoir, reprendre. Gl. *Rehabere*.

REHAUTON, Les secondes criblures. Gl. *Rehalto*.

REHORDER, Fortifier de nouveau, rétablir les fortifications d'une ville. Gl. *Hourdare*.

REJAULT, Rebondissement, rejaillissement. Gl. *Resallire*.

REJAUST, Le repas du lendemain d'une fête. Gl. sous *Resallire*.

REIDERIE, Délire, extravagance. G. *Reide*, Extravagant. Gl. *Delirus*.

REJECTURE, Ruade, l'action de regimber. Gl. *Repedare*.

REJEHIR, Reconnaître, avouer, confesser. Gl. *Refiteri*.

1. REILHE, Droit de relief. Gl. *Relevagium*, sous *Relevare feudum*.

2. REILHE, Barre de fer. Gl. *Regula ferrea*. [*Reille*. Roman de Renart, tom. 2, pag. 1080, vers 1383. Raie, tom. 3, pag. 17, vers 20228.]

REILLIÉ, Réglé, ce qui se fait dans un temps marqué ; ou soulagement, secours. Gl. *Regulares*.

REILLON, Sorte de flèche. Gl. *Relho*.

REIMBRER, Racheter. Gl. *Redimere* 1.

REIME, Fagot de ramilles ou petites branches d'arbre. Gl. sous *Rama* 1.

REINABLE, Raisonnable. Gl. *Rationabilis* 2.

REINS, p. e. Bouquet. Gl. sous *Rama* 1.

REIRETAULE, REIROTAULE, Rétable d'autel. Gl. *Retrotabulum*.

1. REIS, Mesure de grain, rasière. Gl. *Resa* 1.

2. REIS, Botte, paquet. Gl. sous *Restis* 1.

REISE, Mesure de grain, rasière. Gl. *Resa* 1.

1. REIZ. LE REIZ DE LA NUIT, L'entrée de la nuit. Gl. sous *Rasum* 3.

° **2. REIZ**. Voyez *Rez*.

REKE, Vivier. Gl. *Reketz*.

REKINGNIÉ, Rechigné, fâcheux. Gl. *Gula* 3.

1. RELAIS, Coude, angle. Gl. *Relassus*.

2. RELAIS, Ecluse, bonde. Gl. *Relaxus*.

3. RELAIS, Baliveau. Gl. *Relictum*.

° **RELAISSER**, Remettre, faire grâce de. Partonop. vers 2510 :

S'il offre font qui auques vaille
Si lor relaissons le bataille.

Voyez *Relès*.

RELANQUER, RELANQUIR, Laisser, quitter, abandonner. Gl. sous *Juramentum* et *Reliquare* 2.

RELATER, Rapporter, raconter. Gl. *Relatare* 1.

° **RELATIN**. Roi Guillaume, pag. 103 :

Biax dous fix, dont vos remanès
Anuit mais dusqu'à le matin.
N'ai que faire de relatin,
De ceste prière n'ai soing.

RELATION, Copie d'un exploit. Gl. *Relatio* 1.

RELAXANCE, Relaxation en terme de palais, délivrance. Gl. *Relassare*.

RELAYS, Chose délaissée, abandonnée. Gl. *Relictum*.

° **RELENQUIR**. Voyez *Relinquir*.

° **RELENT**, Humide, mou. G. Guiart, tom. 1, pag. 102, vers 2097, tom. 2, pag. 116, vers 2983.

° **RELÈS**, Relâche, discontinuation, perte. Partonop. vers 7187 :

Por co qui volra metre pès
Por miols justicier sains relès.

Vers 5857 :

Tot poorox et tot en pès
Tant que ge lor face relès.

Vers 8217 :

Partonopeus r'a lui feru
D'une fort lance tot à fès
Que del ceval li fait relès.

Voyez Rayn. tom. 4, pag. 14¹, au mot *Relays*.

RELÈS, Ecluse, bonde. Gl. *Relaxus*.

RELEVAGE, Droit de relief. Gl. *Relevagium*, sous *Relevare feudum*.

RELEVÉE, Relevailles. Gl. *Relevata*.

1. RELEVEMENT, Droit de relief. Gl. *Relevamentum*, sous *Relevare feudum*.

2. RELEVEMENT, Certain usage dans la coutume de Metz. Gl. *Relevamentum* 3.

1. RELEVER, Exempter, délivrer. Gl. *Rellevare*.

2. RELEVER, Se dit de la sage-femme qui conduit l'accouchée à l'église. Gl. *Relevata*.

° **3. RELEVER (SE)**, Se soulager, se consoler. Partonop. vers 985 :

El plus haut liu del dois s'aviet,
Con sagement qu'il s'en reliet
Que s'il doit estre desconfis,
Qu'el plus bel liu soit escarnis.

Voyez vers 5454.

RELEVOISON, Droit de relief. Gl. *Relevium ad misericordiam* et *Relevatio*, sous *Relevare feudum*.

RELICTE, Veuve. Gl. *Relicta*.

RELIEF, Droit seigneurial de diverses espèces. Gl. sous *Relevare feudum*.

RELIEF D'HOME, Amende pécuniaire pour meurtre. Gl. *Releveyum*, sous *Relevare feudum*.

1. RELIER, Droit de relief. Gl. *Relevagium*, sous *Relevare feudum*.

2. RELIER, Botteler le foin ; d'où *Relieur*, Botteleur. Gl. sous *Religare* 2.

RELIEVEMENT, Soulagement. Gl. *Relevamentum* 1.

1. RELIEUR, Tonnelier. Gl. sous *Religare* 2.

2. RELIEUR, p. e. Ciseleur. Gl. sous *Religare* 2.

RELIF, Relief. Gl. *Relevagium*, sous *Relevare feudum*.

RELIGE, Délié, libre ; d'où il a signifié une veuve. Gl. *Religara* 1.

RELIGIER, Retirer, retraire. Gl. *Relegere*.

RELIGION, Maison religieuse, couvent. Gl. *Religio*.

° **RELIGNIER**, Etre de la lignée, ressembler. Roi Guillaume, pag. 87 :

Mais s'or ne le puet engignier,
Apartenir ne religner
Ne doit à manière de fame.

Voyez Rayn. tom. 4, pag. 79¹, au mot *Relinhar*.

RELINQUIR, Laisser, abandonner. Gl. *Reliquare* 2. [Chron. des ducs de Norm. *Relenquir*, Partonop. vers 5696, 5699. Voyez Rayn. tom. 3, pag. 22², au mot *Relinquir*.]

RELLAIS, Ecluse, bonde. Gl. *Relaxus*.

° **RELOBER**, Plaisanter. G. Guiart, tom. 2, pag. 368, vers 9555 (18356). Voyez *Lobe*.

RELOGE, Horloge. Gl. *Relogium*.

RELUMER, Rendre la vue, faire voir clair. Gl. *Reluminatio*.

REMAGIER, Parent, proche, allié. Gl. sous *Ramagium*.

REMAIGNER, Rester, demeurer. Gl. *Remanantum*. [Remaindre, Remanoir, Rester, cesser, laisser, en rester là, n'en pouvoir plus. Roman de Renart, tom. 1, pag. 18, vers 331 :

Atant s'en va Renart joianz
Et cil remestrent tuit dolenz.

Agolant, vers 315 :

Jusqu'au talon n'i remest que mollier.

Flore et Blanceff. vers 100 :

De cui remese encainte estoit.

Garin le Loher. tom. 1, pag. 159 :

Comment Fromons renoia Jesu-Crist,
Et fu remes entre les Sarrasins.

Chanson de Fournival, Laborde, pag. 156 :

Cortoisie et dire voir
Voit l'en mus mult remanoir.

Chastel. de Couci, vers 7721 :

Faire duel ne li poet valoir,
Pour ce l'estovera remanoir.

Roman de Roncevaux, pag. 36 :
*Lansons à li nos espiés aceres,
Puis les laissons, si soit l'estor remez.*
Partonop. vers 1271 :
*Par poi que trestos n'en remet,
Tant l'a soef et cras trové
Que tot en a le sens torblé.*
Voyez la Chanson de Roland, la Chron. des ducs de Norm. Rayn. tom. 4, pag. 151[1], au mot *Remaner.* Roquef. Orell, pag. 287, ci-dessous *Remanant* et *Remis*.]

REMAIN, Remaing, Le restant, le surplus. Gl. *Remanantum*.

1. REMAISANCE, Droit que payent au seigneur ceux qui font leur résidence sur sa terre. Gl. *Remasencia* 1.

2. REMAISANCE, Remaison, Le bois qui reste dans les forêts après qu'on en a tiré le bois de charpente et de corde. Gl. *Remasencia* 2.

REMAISONNER, Bâtir ou rebâtir une maison, la faire à neuf ou la réparer. Gl. *Mansionare*.

REMAIZ, Sain-doux, sorte de graisse. Gl. *Rema* 2.

REMANANS, Biens délaissés, même par mort. Gl. *Remaisancia*.

REMANANT, Le restant, le surplus. Gl. *Remanantum*. [Subsistant. G. Guiart, t. 2, pag. 123, vers 3159 (12139) :
Si com li voirs va remanant.
A remanant, De reste, qui dure, dont il reste quelque chose. Flore et Blancefl. vers 1683 :
*Pertris bistarde et plongeons
Tout en orent à remanant.*
Partonop. vers 85 :
*Et ne font rien à remanant,
Si tost con li giu sont jué
S'en sont tot li profit alé.*
Voyez *Remanence*, et Diez, *Alt-Roman. Sprachdenkm*, pag. 55. Rayn. tom. 4, pag. 151[2], au mot *Remanen*; ci-dessus *Remaigner*.]

REMANANTISE, Les biens délaissés par mort. Gl. *Remanentia* 2.

REMANBRANCE, Image, figure qui rappelle le souvenir de quelqu'un, portrait. Gl. *Remembrantia*.

REMANENCE, Demeure, résidence. Gl. *Remanentia* 2. [Wackernagel, pag. 68 :
*Dame tous biens et toute cortoisie
Est dedens vos et maint à remanance.*]

° **REMANOIS**? Roi Guillaume, pag. 44 :
Bien le vos di et remanois.
Remantois? Voyez *Ramentevoir*.

REMASON, Remasurs, Le bois qui reste dans les forêts après qu'on en a tiré le bois de charpente et de corde. Gl. *Remasencia* 2.

REMAUX, Sain-doux, sorte de graisse. Gl. *Rema* 2.

REMBRE, Racheter. Gl. *Redimere* 2.

REMÉ, Resté, délaissé. Gl. *Remaisancia*.

REMEDIER, Donner des remèdes, guérir. Gl. *Remediare*.

REMEIGNANT, Le restant, le surplus. Gl. *Remanantum*.

1. REMEMBRANCE, Mémoire, souvenir. [Wackern. pag. 68. Rayn. tom. 4, pag. 164[1], au mot *Remembransa*.] Du verbe *Remembrer*, Se ressouvenir. [Reprendre cœur. Laborde, pag. 152.] Gl. *Remembrantium*.

2. REMEMBRANCE, Image, portrait. Gl. *Remembrantia*.

° **REMENANCE**. Voyez *Remenence*.

REMENANT, Le restant, le surplus. Gl. *Remanantum*.

REMERCHER, Marquer, désigner. Gl. sous *Remarcatus*.

REMERIR, Récompenser, rendre un service. Gl. *Remerire*.

REMES, Sain-doux, sorte de graisse. Gl. *Rema* 2.

1. REMESSANCE, Le bois qui reste dans les forêts après qu'on en a tiré le bois de charpente et de corde. Gl. *Remasencia* 2.

2. REMESSANCE, Le restant, le surplus. Gl. *Remansa*.

REMIRER, Regarder avec attention. Gl. *Mirare* 1. [Wackern. pag. 50. Flore et Blancefl. vers 1942. Chron. des ducs de Norm.]

1. REMIS, Négligent, qui remet toujours à agir. Gl. *Remissus* 1.

2. REMIS, Fatigué, harassé. Gl. *Frigorosus*. [Chron. des ducs de Norm. *Remes* et *Remis*.]

REMOISON, Le bois qui reste dans les forêts après qu'on en a tiré le bois de charpente et de corde. Gl. *Remasencia* 2.

REMOLLER, Remémorer, ou raconter. Gl. *Rememorare*.

REMONSTRATION, Remontrance, représentation. Gl. *Remonstrare*.

REMONT, Enchère. Gl. *Recrementum* 2.

REMONTÉE, L'après-dînée. Gl. *Releveia*.

REMORS, Les restes de chandelles qui ont été mouchées. Gl. *Remorsus* 2.

REMOT, Eloigné, à l'écart. Gl. *Remotus*.

REMOURS, Remous, Dispute, débat, querelle. Gl. sous *Remonstrare*.

REMOUVOIR, Changer de place. Gl. *Amulgare*.

REMPLAGE, Supplément, addition, remplissage. Gl. *Remplagium*.

° **REMPROSNER**. Voyez *Rampone*.

REMUAGE, Le droit dû au seigneur lorsque les fonds changent de propriétaire. Gl. *Mutagium*, sous *Muta* 2.

REMUÉ DE GERMAIN, Cousin issu de germain. Gl. sous *Remutare*.

REMUEMENT, Le droit dû au seigneur lorsque les fonds changent de propriétaire. Gl. *Remuagium*.

1. REMUER, Changer, élire de nouveaux officiers à la place d'autres. Gl. *Remutare*.

2. REMUER, Panser, traiter un blessé. Gl. *Remutare*.

REMULE, Espèce de bâton, rame, aviron. Gl. *Rema* 1.

REMUNERER, Récompenser, dédommager. Gl. *Remunerare*.

REMUTIÉMENT, En cachette. Gl. *Remotus*.

REMYVAGE, Pélerinage. Gl. *Romeus*.

° **RENABLEMENT**, Raisonnablement. Chronique des ducs de Norm.

RENAIRE, Office ecclésiastique dans l'église de Laon. Gl. *Regnarius*.

° **RENARDIE**, Fausseté, ruse. Fabliaux, Méon, tom. 1, pag. 315, tom. 4, pag. 187.

RENATURER, Ressembler, être de la même nature. Gl. *Naturare*. [Renart le Nouvel, tom. 4, pag. 128, vers 90.]

° **RENC**, Rang, file. Partonop. v. 8135, 8138, 8143, 8196, 10783, 10786. *Chief du renc*, Chastel. de Couci, v. 1640. *De renc en renc*, Garin le Loher. t. 1, p. 177, 216. Voyez *Rens*.

RENCHE, Certain bâton d'une charrette, appelé aussi levier. Gl. *Ranchonum*.

RENCHEOIR, Retomber. Gl. *Reincidere*.

RENCHERIE, Renchiere, Enchère. Gl. *Incheria*.

RENCLAVE, Ce qui fait partie d'une autre chose, qui y est enclavé. Gl. *Inclausura*.

RENCLUS, Reclus, [Rencluse, Flore et Jeanne, p. 38] et son habitation. Gl. *Reclusagium*.

RENÇONEOUR, Qui rançonne les passants, voleur de grands chemins. Gl. *Renso*.

RENÇONNERIE, Pillerie, volerie. Gl. *Renso*.

RENDABLETÉ, L'obligation de rendre ou de remettre un château ou une forteresse à la volonté du seigneur suzerain. Gl. *Feudum jurabile*.

RENDAGE, Rendaige, Rente, revenu annuel, ce que rend une terre. Gl. *Renda* 2.

RENDAIGE, Seigneuriage, le droit du seigneur sur la monnaie qu'il fait battre. Gl. *Renda* 2.

RENDEU, Rendeur, Caution, répondant. Gl. *Reddens*, et *Reddentes* 1.

RENDEUR, Celui qui récompense. Gl. *Retributor*.

° **RENDIÉ**, Agolant, pag. 173[2] :
Profont l'encline à Karlon le rendié.

1. RENDRE, Suppléer, accomplir, exécuter. Gl. sous *Reddere*.

2. **RENDRE**, Déclarer, prononcer. Gl. sous *Reddere.*

RENDU, Moine, frère convers. *Rendus,* Religieuse, sœur converse. Gl. *Redditus* 1.

RENDUAL, De rente, ce qu'on paye chaque année. Gl. *Rendualis.*

RENÉÉ, Renégat, qui a renié sa religion. Gl. *Reneyatus.*

RENENGHE, Chambre des Comptes; d'où *Reneur,* Maître des Comptes, et *Renenghele,* Livre de compte et des revenus domaniaux. Gl. *Relanga* et *Renengha.*

RENFELONIR LA GUERRE, Faire la guerre avec plus d'acharnement qu'auparavant. Gl. *Felonice.*

RENFERGIER, Lier de nouveau, remettre dans les fers. Gl. *Disferriare.*

RENFORCIER, Assurer, confirmer. Gl. *Renfortium.*

RENFORSANS, Enchérisseur. Gl. *Renfortium.*

1. **RENGE**, Ce qui est rangé et mis en ordre. Gl. *Rengum.*

2. **RENGE**, Baudrier, ceinturon. Gl. *Rinca.* [Agolant, pag. 152² :

Ne de s'espée les renges adrecier.

Partonop. vers 7487 :

Melior prent atant s'espée,
Se li a bel del col ostée,
Des renges l'a par les flans çaint
Et fait le neuf et bien l'estraint.

Chron. des ducs de Norm. tom. 2. p. 38, vers 16416 :

Li a la teste desarmée
E la renge desoz coupée.

Voyez le Glossaire sur la Chanson de Roland. — Les bouts de la bannière. Chanson de Roland, stance 89, vers 1 :

Mais un espiet vait li bers palmeiant,
Cuntre le ciel vait l'amure turnant,
Laciet en sum un gunfanun tut blanc,
Les renges li batent josqu'as mains.]

RENGELLAGE, Couvrailles. Gl. *Rengellagium.*

RENGRANGIER, Réparer, raccommoder. Gl. *Refortiare* 1.

RENILLÉ, Camard, qui a le nez plat ou coupé. Gl. *Denasatus.*

RENLUMINER, Rendre la vue, faire voir clair. Gl. *Reluminacio.*

RENMANTELLER, Raccommoder le manteau d'une cheminée. Gl. *Festissare,* sous *Festissura.*

RENOIÉ, Renégat, qui a renié sa religion. Gl. *Reneyatus.*

RENOISIER, Recommencer à quereller. Gl. *Noisia.*

° **RENOMÉE**, Récit. Aubri, pag. 159² :

Mais de sorplus ne vos fas renomée.

° **RENOVELEIR**, Avertir de nouveau, faire part de qqche. Wackern. pag. 48 :

Renoveleir veul la belle en chantant
Tant soulement k'elle oie la novelle.

RENOUVELLABLE, Qui peut se renouveler. Gl. *Recidivus,* sous *Recidiva.*

RENQUEIONNER, p. e. Remettre des chevilles. Gl. sous *Ouliare.*

RENS. FAIRE RENS ENTOUR SOY, Faire ranger, écarter. Gl. *Rengum.* Voyez *Renc.*

RENTAGE, Terrage, champart. Gl. *Rentagium.*

RENTAL, Qui est chargé d'une rente annuelle. Gl. *Rentagium.*

1. **RENTER**, Payer le terrage ou champart, appelé *Rentage.* Gl. *Rentagium.*

° 2. **RENTER**, Charger, imposer un fardeau. G. Guiart, tom. 1, pag. 161, vers 3643, tom. 2, pag. 39, vers 999, p. 120, v. 3089, pag. 330, v. 8564 (9965, 12069, 17545).

RENTEUX. TERRE RENTEUSE, Qui est sujette au droit appelé *Rentage,* ou qui est chargée de rentes. Gl. *Rentagium.*

1. **RENTIER**, Fermier des rentes ou revenus d'une ville. Gl. *Rentarius* 1.

2. **RENTIER**, Celui qui doit une rente. Gl. *Rentarius* 1. [G. Guiart, t. 2, p. 117, vers 8017 (11997). Fabliaux, Jubinal, t. 1, pag. 130 :

Le vilain li a ris, qui n'en fut pas rentiers.

C'est-à-dire, qui ne le faisait pas souvent.]

3. **RENTIER**, Terrier, livre où sont écrits les rentes et cens. Gl. *Rentale.*

RENTIERCER, Mettre en séquestre, en main tierce ; d'où *Rentiers,* La chose mise en séquestre. Gl. *Tertiare* 1.

RENTOURTEILLER, Remettre en rouleau. Gl. *Escroa.*

° **RENTRESIÉS**. Chastel. de Couci, vers 6037 :

A ceulz de l'ostel prieray
Que vous soiez errant couchiés
Et si n'i serés rentresiés.

RENTREVESTISSEMENT, Don mutuel entre mari et femme. Gl. *Revestimentum* 1.

RENUEF, RENUES, Renouvelé, nouveau. *L'an Renuef* ou *L'an Renues,* Le nouvel an. Gl. *Renovativus.*

RENVERS, Revers de la main. Gl. *Retromanus.*

RENVOISÉMENT, Avec arrogance, insolemment. Gl. *Renusiator.*

RENVOISI, Injurieux, hautain. [Laborde, pag. 214 :

Dame qui veut amer doit estre simple
                          [en rue,
En chambre o son ami soit renvoisie
                             [e drue.

Voyez *Renvoisier.*] D'où *Renvoisiément,* Insolement. Gl. *Renusiator.*

RENVOISIER, Se réjouir, s'égayer. [Wackern. pag. 63 :

Oxillon ki ont estei
Por la froidure tapin,
Si renvoixent a matin
Espris de jolivetei.

Voyez *Envoiser* ; d'où *Renvoisié,* Gai, plaisant, qui aime le plaisir. Gl. *Renusiator.*

RENVOISONS, Rogations, prières publiques pour les biens de la terre. Gl. *Rogationes* 1.

° **REOIGNER**, Rogner, soustraire. G. Guiart, tom. 1, pag. 26, vers 16, pag. 209, vers 4963.

1. **REON**, Certains mesure rond. Gl. *Rota* 7.

2. **REON**, Bouton. Gl. *Rota* 7.

° 3. **REON**, Rond. Gérard de Vienne, vers 6759 ; du verbe *Reoner,* Retourner, revenir. [Partonop. vers 664, 669, 5160. Flore et Blancefl. vers 77, 116, 535, 550. Gérard de Vienne, vers 359. Fabliaux, Jubinal, tom. 1, pag. 175. Flore et Jeanne, pag. 39. *S'en repaire,* Flore et Blancefl. vers 516. Roi Guillaume, p. 69. *Reperier,* Roman de Renart, tom. 1, p. 16, vers 407. *Reparier,* t. 2, p. 182, v. 18135. Garin le Loher. tom. 1, pag. 131, 137. Voyez Rayn tom. 5, pag. 86¹, au mot *Repairar.* Choix de poésies des Troubadours, tom. 2, pag. 16. Chron. des ducs de Norm.] Gl. *Reparare* 1.

2. **REAIRE**, Foire, marché privilégié ; d'où *Reparier,* Fréquenter les foires. Gl. *Repairii* et *Reparum.*

° 3. **REPAIRE**, Séjour, demeure. Chanson de Roland, stance 52, vers 1 :

L'empereres aproismet sun repaire.

Repaier, Demeurer, se retirer. Garin le Loher. tom. 1, pag. 131 :

Li quens Hardres en une cambre vint
Ou il soloit dormir et repairier.

Voyez Rayn. tom. 5, pag. 86², au mot *Repaire.*

REPAIRER, Voir souvent quelqu'un, vivre familièrement avec lui. Gl. *Reperere.*

REPAIRIER, Retour. Voyez ci-dessus, *Repaire* 1.

REPARON, Sorte de pain de la seconde qualité. Gl. *Reparum* 1.

REPARRIER, Retourner, revenir. Gl. *Reparare* 1.

REPARTAIGE, Sciage. *Bois de Repartaige,* Celui qui est fendu et équarri par des scieurs de long. Gl. *Columba* 4.

° **REPASSER**, comme *Respasser.* Garin le Loher. tom. 1, pag. 118.

REPAVE, Certaine mesure de tere. Gl. *Repava.*

° REPELICER, Roman de Renart, t. 2, pag. 132, vers 13125 :

*Si li refist mal peliçon
Car avec lui ot un gaingnon
Qui li repeliça la pel.*

1. REPENTAILLES, Dédit, peine stipulée dans un marché ou un contrat, contre celui des contractants qui voudrait le rompre. Gl. *Repentalia.*

2. REPENTAILLES, [OD REPENTAILLE, Avec regret, malgré elle. Partonop. v. 1274 :

*Quant la dame a sa main sentue
Od repentaille le remue.*]

SANS REPENTAILLES, Sans vouloir s'en dédire, sans changer d'avis. Gl. *Repentalia.* [*Sains repentir,* Sans changement. Partonop. vers 8634]

1. REPENTIE, La décharge d'un moulin. Gl. *Repentia.*

2. REPENTIE, REPENTIZE, Dédit, peine stipulée dans un marché ou un contrat, contre celui des contractants qui voudrait s'en dédire. Gl. *Repentalia.*

REPENTIN, du latin *Repentinus,* Soudain, subit. Gl. sous *Frischus.*

REPERLER, pour REPELLER, Repousser. Gl. *Repellere.*

REPERRIER, Retourner, revenir. Gl. *Reparare* 1.

REPEUPLE DE FORESTZ, Repeuplement. Gl. *Popularis* 2.

REPITER, Sauver, délivrer. Gl. *Respectare,* sous *Respectus* 4.

REPLAINTE, Ce qui est dû au juge pour la permission de rendre une plainte; ou l'amende pour un cas où il y a lieu à rendre plainte. Gl. *Querela.*

REPLAT, Vallée, lieu enfoncé. Gl. *Replatum.*

REPLEVISABLE, Qui peut être cautionné. Gl. *Replegiabilis,* sous *Plegius.*

° REPLONGIER, Se retirer à la hâte. Garin le Loher. tom. 1, pag. 243 :

*Qu'Allemant viennent plus de quatre
           [milier
Qui on chastel les firent replongier.*

REPOINDRE, Piquer, continuer de piquer. Gl. *Repunctare.*

REPOINRE, Cacher, tenir caché. Gl. sous *Repositus.*

REPOISTAILLE, Lieu caché, retraite. Gl. sous *Repositus.*

REPONDRE, Cacher, mettre quelque chose en lieu secret. Gl. sous *Repositus.*

REPONRE, Cacher, se tenir caché. Gl. *Repositus.* [Partonop. vers 102, 4468, 4479. Flore et Blancefl. vers 774. G. Guiart, t. 2, pag. 170, vers 4393, pag. 188, vers 4861 (13379, 13849). Chron. des ducs de Norm. au mot *Repost. Reposté,* tom. 1. Introduct. pag. 14. Orell, pag. 136.]

REPONT, Caché, secret. Gl. sous *Repositus.*

REPONTÉMENT, Secrètement, en cachette. Gl. sous *Repositus.*

REPORTAGE, Droit consistant dans la moitié de la dîme des terres cultivées par les laboureurs de son territoire, hors de son district. Gl. *Reportagium* 1.

REPOS, Berceau d'enfant. Gl. sous *Repositorium* 2.

° REPOSÉE, Flore et Blancefl. v. 2420 :

*El baisier a une loée
Qu'il font à une reposée.*

Roman de Renart, tom. 3, pag. 129, vers 23297 :

*Ou quatre vilein m'ont trové
Qui m'ont batu à reposée*

REPOSER, Se tenir caché. Gl. sous *Repositus.*

1. REPOSITOIRE, Ciboire, vase dans lequel repose la sainte Eucharistie. Gl. *Repositorium* 2.

2. REPOSITOIRE, Armoire. Gl. *Repositorium* 2.

REPOST, Caché, secret ; d'où *En repost,* Secrètement, en cachette. Gl. *Repositus.* [Chron. des ducs de Norm.]

REPOSTAIL, Refuge, asile. Gl. sous *Repositus.* [Cachette. Voyez le Gloss. sur la Chron. des ducs de Normandie.]

REPOSTAILLE, Lieu caché, retraite. Gl. *Repositus.*

REPOSTÉMENT, Secrètement, en cachette. Gl. sous *Repositus.*

REPOTER, Mentir. Gl. sous *Repositus.*

REPOTISSER, Ravaler, déprimer, avilir. Gl. sous *Repositus.*

REPOURPENSER, Changer de pensée; ou Réfléchir mûrement. Gl. *Recogitare.*

REPOUS, Caché, mis dans un lieu secret. Gl. *Reconsus.*

REPOUSTAILLE, Lieu caché, retraite. Gl. sous *Repositus.*

REPOZ, Berceau d'enfant. Gl. sous *Repositorium* 2.

REPPAREIL, Réparation, raccommodage. Gl. *Reparamentum.*

REPPELLER, Repousser. Gl. *Repellere.*

REPRENDRE, Relever un fief en en rendant l'hommage, en en payant le droit de relief, pour en être mis en possession par le seigneur dominant. Gl. *Reprisio feudi.*

REPRINSE, REPRISE, Droit de relief. Gl. *Reprisia* 1.

REPROCER UN COMPTE, Le débattre, le contredire. Gl. *Reprochare.*

REPROUCHER, Répliquer, s'opposer, contredire. Gl. *Reprochare.*

REPROVER, Reprocher. Gl. *Reprobare.*

1. REPROVIER, Action qu'on doit réprouver et condamner. Gl. *Reprobare.* [Reproche, Aubri, pag. 160². Agolant, vers 1135. Gérard de Vienne, vers 547.]

2. REPROVIER, RÉPROUVER, Proverbe. Gl. *Reprobare.* [Roman de Renart, tom. 2, pag. 325, vers 18427. Chron. des ducs de Norm.]

REPROUVER, Reprocher, blâmer. Gl. *Reprobare.*

REPUCER, Regimber. Gl. *Repedare.*

REPULSEMENT, L'action de repousser, de chasser, expulsion. Gl. *Repulsio.*

REPUNTÉMENT, Secrètement, en cachette. Gl. sous *Repositus.*

REPUS, Caché. [Partonop. vers 7394. Chast. de Couci, vers 5902. *A repus,* En cachette. Partonop. vers 2255, 3207. Voyez *Repost.*;] d'où le *Dimanche Repus,* pour celui de la Passion ; la veille duquel, suivant le rit romain, on cache ou voile les croix et les images des saints. Gl. sous *Dominica,* et *Repositus.*

REPUSÉMENT, Secrètement, en cachette. Gl. sous *Repositus.*

REPUTER, Retrancher, chasser quelqu'un d'un corps ou d'une société. Gl. *Reputare.*

REQUENOISTRE, Reconnaître, confesser, avouer. Gl *Fortia* 2.

° REQUERRE, REQUERIR, Attaquer. Gérard de Vienne, vers 1501, 1533 :

Nos ait requis tresc' al tantes deça.

Vers 3502 :

*S'estoit li pors tot à estal rendu ;
Karlon le voit, à terre est descendu,
Si le requiert com hons de grant vertu,
Tant k'il l'ocist à son branc esmolu.*

Roman de Renart, tom. 1, pag. 4, vers 75. G. Guiart, tom. 2, pag. 8, vers 188, pag. 54, vers 1358 (9153, 10334), etc. Chronique des ducs de Normandie. — Flore et Jeanne, pag. 25 : *Je te dirai monsegnour mon pere l'ounour ke vous me rekairés, car je ne sui pas telle.*

REQUEST, Le repas du jour ou du lendemain des noces. Gl. *Receptum* 1.

1. REQUESTE, Sorte de relief, droit seigneurial. Gl. *Requesta* 2, et *Requestus* 2.

2. REQUESTE, AVOIR REQUESTE, Être recherché. Gl. *Requisibilis.*

REQUEURE, REQUEURRE, Affaiblir le poids des espèces monnoyées. Gl. *Rechaciare, Recurrere* 3, et *Recursus* 1.

REQUOI, EN REQUOI, Secrètement, en cachette. Gl. sous *Repositus.*

RERE, Raser, faire la barbe. Gl. *Rasare* 3. [Partonop. vers 10631 :

*Cist furent ricement vestu
Et comme roi rès et tondu.*

Roman de Renart, tom. 1, pag. 42, 43, vers 1081, 1083, 1085, 1125. Chronique des ducs de Normandie, aux mots *Rere, Res* et *Reés.* Roi Guillaume, pag. 61 :

*Cist m'ont morte et confondue
Cist m'ont si pris rese et tondue,
Que hors des murs et du plaissié
Ne m'ont vaillant six sols laissié*

Tourmenter (Voyez *Ré* 2.). Rutebeuf, tom. 2, pag. 259 :

*Dedens verront lor conscience
Plaine de male pascience,
Qui les rera et brullera
Et forment les tormentera.*

G. Guiart, tom. 2, pag. 188, vers 4846 (13833) :

...*Pour Flamens à mort rere.*]

REREBIEZ, La partie du canal d'un moulin où est l'écluse. Gl. *Retrocursus.*

REREFIÉ, Arrière-fief. Gl. *Refeudum.*

REREGUET, Guet de nuit, patrouille, ronde. Gl. *Retroexcubiæ.*

REREVASSEUR, Arrière-vassal. Gl. *Retrovassor.*

RERIGAL. Arsénic rouge. Gl. *Resegale.*

° RES, A fleur de terre. Renart le Nouvel, tom. 4, pag. 155, vers 791 :

*Et de fossés parfons et les
Et de forte aighe priesque res.*

Res à res, joignant, tout près, tom. 1, pag. 48, vers 1243 :

*Vers la qeue descent l'espée
Tot res à res li a coupée.*

Gérard de Vienne, vers 2874 :

*Et par mi coupe le boin destrier Gascon
Tot contreval reiz à reiz dou roignon.*

Voyez *Rere* et *Rez.*

RESACQUER L'ANCRE, La retirer, lever l'ancre. Gl. *Saccare.*

RESAILLE-MOIS, Nom qu'on donnait aux mois de juin et de juillet, parce qu'on y coupe les foins. Gl. sous *Mensis.*

RESAISINE, Restitution, remise en possession ; la façon dont elle se faisait. Gl. *Resaisitio.*

° RESALENES, Partonop. vers 9509 :

*Cis païens fait grant aatie
De pris et de cevalerie ;
Bien est ore hui resalenés,
Mas l'autrier en ot près d'asés.*

RESAUDER, Raccommoder, réparer, guérir. Gl. *Resaudare.*

RESAUL, Mesure de grain, rasière. Gl. *Resale.*

° RESBAUDIS, Ranimé, réjoui. Chron. des ducs de Norm. Voyez *Esbaudir.*

RESCAFER, Chauffer. Gl. *Rescaldare.*

RESCAIRE, Aide, secours. Gl. sous *Rescuere.*

RESCHAISONS. VIN EN RESCHAISONS, Vin reposé et tiré au clair. Gl. *Reschaisons.*

RESCINDRE, Abolir, annuler, casser. Gl. *Rescisio.*

RESCONSER, Se retirer, se cacher ; d'où *Resconsé,* se dit du soleil couché. Gl. *Reconsus.* [Garin le Loher. tom. 1, pag. 20, Chron. des ducs de Norm. Gl. *Esconsser.*]

RESCORRE, Aider, secourir. Gl. *Rescuere.*

1. RESCOSSE, RESCOUSSE, L'action de délivrer un prisonnier que l'ennemi emmène. Gl. sous *Rescussa.* [*Rescouse,* Partonop. vers 3799. Secours. Mantel Mautaillé, vers 407.]

2. RESCOSSE, RESCOUSSE D'HERITAGE, Retrait lignager. Gl. sous *Rescussa.*

RESCOUCE, Résistance, rébellion à justice. Gl. *Rescoussa.*

° RESCOULER, Glisser. G. Guiart, tom. 2, pag. 392, vers 10188, pag. 98, vers 2522 (11499, 19170).

RESCOURE, RESCOUIR, Recouvrer, reprendre, délivrer. Gl. *Rescouare.* [Voyez *Escoure.* Roman de Renart, tom. 1, pag. 4, vers 74, pag. 22, vers 589. Partonop. vers 3506, 3798. Garin le Loher. tom. 1, pag. 133, not. 2 : *Rescoure ses fiés,* Relever. Voyez Orell, pag. 149.]

RESCOUSSE, Résistance, rébellion à justice. Gl. *Rescoussa.*

° RESCRILLER (SE), Se glisser, s'avancer. G. Guiart, tom. 2, pag. 180, v. 4652. *S'escriller*, pag. 156, vers 4024 (18638, 18007). Voyez *Escriler.*

RESCRIPTION, Exploit, ou copie de l'exploit d'un sergent. Gl. *Rescriptio.*

RESE, Expédition militaire, incursion. Gl. *Reisa* 1.

RESEANCE, Bourgeoisie. Gl. *Residentia.*

1. RESEANDISE, Domicile. Gl. *Reseantisia,* sous *Residentes.*

2. RESEANDISE, Sorte de redevance qui se payait tous les trois ans. Gl. *Residentia.*

RESEANT, Vassal obligé à la résidence. Gl. sous *Residentes.*

1. RESEANTISE, Bourgeoisie. Gl. *Residentia.*

2. RESEANTISE, Droit dû au seigneur pour le domicile ou le droit de bourgeoisie. Gl. *Reseantisia,* sous *Residentes.*

RESECATION, Retranchement d'un corps ou d'une société. Gl. *Reputare.*

RESECHABLE, Qui est riche, qui a des biens fonds. Gl. sous *Res* 2.

RESEQUER, RESEQUIER, Retrancher, ôter, effacer, chasser quelqu'un d'un corps ou d'une société. Gl. *Reputare.*

RESERIE, L'action de raser. Gl. *Rasio* 2.

RESEUL, Réseau, filet. Gl. *Rethiaculum.* [G. Guiart, tom. 2, p. 250, v. 6475 (15455).]

RESFEANTE, pour RESSEANCE, Résidence. Gl. *Remasencia* 1.

RESGNABLE, Raisonnable, équitable, juste. Gl. *Rationabilis* 2. [Fabliaux, Méon, tom. 1, pag. 92.]

RESGNAULEMENT, Raisonnablement, suffisamment. Gl. *Rationabiliter.*

RESIDIER, Différer, remettre. Gl. *Residere* 1.

RESILUER, Résister, contrarier. Gl. *Reselire.*

° RESIS. G. Guiart, tom. 1, pag. 350, vers 8113 :

Morz i fu d'angoisse resis.

Voyez *Rere.*

RESITATION, Résistance, opposition. Gl. *Resistentia.*

RESLEESCHIER, Causer de la joie, en inspirer aux autres. Gl. *Lætifice.*

RESMAILLER, Réparer les mailles dérangées ou rompues d'une cotte d'arme. Gl. *Macula* 2.

RESNABLE, Raisonnable, juste. Gl. *Rationabilis* 2. [*Rednable,* Chron. des ducs de Norm.]

RESNE. TENIR RESNE, Tenir compte, avoir égard. Gl. *Ratiocinare,* sous *Ratio* 1.

RESOIGNER, Craindre, appréhender. Gl. *Respectus* 7. [Roman de Roncevaux, pag. 35. Enfants Haymon, vers 254. (*Resonnier.*) Aubri, pag. 161 [2]. Laborde, pag. 228. G. Guiart, tom. 1, pag. 135, vers 1961, pag. 188, vers 3049. Chron. des ducs de Norm.]

RESON, pour Raison. *Mis à Reson,* Appelé en justice. Gl. sous *Ratio* 1.

RESONGNIER, Craindre, appréhender. Gl. *Respectus* 7.

° RESORT, Action de se retirer, retirade, retraite. Chron. des ducs de Norm. tom. 2, pag. 350, vers 25562 :

*N'i a resort
Ne defanse contre la mort.*

Sans resort, Sans la possibilité de se sauver, sans faute, tom. 3, pag. 350, v. 41079. Flore de Blancefl. vers 1978, 2280. Dit du roi Guillaume, pag. 178, Partonop. v. 9341. *Faire Resort,* se retirer, abandonner. Wackernagel, pag. 21 :

*Jà per moi ne per mon tort,
Ne por riens ke je foloi
Ne ferai vers vos resort.*

Resorte, G. Guiart, tom. 2, pag. 270, vers 6995.

° RESORTIR, Se retirer, abandonner, s'éloigner. Gérard de Vienne, vers 1629 :

La jant Gerard est arier resortie.

Chron. des ducs de Norm. tom. 1, p. 390, vers 8894 :

*Lascher, faindre ne resortir
Ne se voleit de deu servir.*

G. Guiart, tom. 1, pag. 80, vers 1427 ; tom. 2, pag. 502, vers 5216 (14205).

° RESOVAGIÉ, Radouci, reconcilié. Aubri, pag. 162 [1]. Voyez *Asoagier, Assouager.*

RESOURDRE, Ressusciter, se relever. Gl. *Resurgendus.*

° RESPAS, Guérison. Flore et Jeanne, pag. 85 : *Li chevaliers tourna à respas et fu tous garis.*

RESPASSER, Guérir, revenir en santé. Gl. *Repassare.* [*Respassés,* Guéri. Partonop. vers 7524. Chastel. de Couci, v. 662. Roman de Renart, tom. 1, p. 41, v. 1076. Chron. des ducs de Norm. — Guérir, redonner la santé. Partonop. vers 10030.]

En sa nef od soi l'enmena
Puis le gari et respassa.
Laborde, pag. 179 :
Mes onques talent ne li prist
De moi respasser ne guerir.
Flore et Jeanne, pag. 64, lisez *trespasée*.]

RESPECT, Sorte de redevance annuelle. Gl. *Respectus* 3.

° **RESPERIR (SE)**, Se réveiller. Voyez *Esperir*. Flore et Blancefl. vers 2587 :
K'à paines tote nuit dormi
Contre le jor se resperi.
Chron. des ducs de Norm.

RESPIS, Trêve, suspension de poursuites entre les parties. Gl. *Respectus* 4.

1. **RESPIT**, Terme, délai. Gl. *Respectus* 4.

° 2. **RESPIT**, Proverbe. Agolant, p. 170¹ :
Que li vilains le dit en ses respiz :
Li fiz au chat doit prendre la souriz.

1. **RESPITER**, Respitier, Différer, donner du *respit*, du délai. Gl. *Respectare*, sous *Respectus* 4. [Partonop. vers 10478. Gérard de Vienne, vers 1325, 1882, var.]

2. **RESPITER**, Respitier, Sauver, tirer d'un danger. Gl. *Respectare*, sous *Respectus* 4.

RESPLEIT, Râpé. Gl. *Raspetum*.

RESPLOITIER, Terminer par jugement, décider une affaire. Gl. *Respiciare*. [Agolant, vers 876 :
Mes car aiez ce plet tant resploitié.]

RESPOINGNER, Répondre. Gl. *Respondere* 4.

RESPONCIER, Livre d'église contenant les respons. Gl. *Responsonarium*, sous *Responsorium*.

RESPONDS, Caution, répondant. Gl. *Responsalis* 1.

RESPONNAUMENT, Secrètement, en cachette. Gl. sous *Repositus*.

1. **RESPONS**. Perdre Respons en Court, Se dit de celui qui a perdu le droit de porter témoignage en justice, ou de qui la caution n'y est point admise. Gl. sous *Responsum* 1.

2. **RESPONS**, Répondant, caution. Gl. *Responsalis* 1.

RESPONSABLE, Le même. Gl. *Responsalis* 1.

RESPONSION, Redevance annuelle de chaque chevalier de Malte, pour le secours de la Terre Sainte. Gl. *Responsio* 2.

RESPONSOIRE, Livre d'église contenant les *Respons*. Gl. *Responsoriale*, sous *Responsorium*.

RESQUESSE, Recousse, rébellion à justice. Gl. *Rescoussa*.

RESQUEURE, Recouvrer, reprendre, recourre. Gl. *Rescouare*.

RESQUEUSSE, Recousse, rébellion à justice. Gl. *Rescoussa*.

RESQUEZ, Le bois qui reste dans les forêts après qu'on en a tiré le bois de charpente et de corde. Gl. *Remasentia* 2.

RESSARCHE, Recherche, perquisition. Gl. *Ressarchia*.

RESSEANDISE, Lieu où l'on fait sa résidence. Gl. *Residentia*.

RESSEANT, Vassal obligé à la résidence, et qui ne peut changer de domicile sans l'agrément de son seigneur. Gl. *Residentes*.

RESSEANTIR, Faire sa résidence en un lieu, et ne le pouvoir quitter sans le consentement du seigneur. Gl. sous *Residentes*.

RESSEANTISE, Droit qu'à un seigneur d'obliger son vassal à résider dans l'étendue de son fief. Gl. *Residentia*.

RESSIE, Ression, Goûter, le repas de l'après-dînée : d'où *Ressiner* et *Ressionner*, Goûter, faire collation. Gl. *Recticinium*.

RESSOIGNEMENT, Crainte, appréhension. Gl. *Respectus* 7.

RESSOLS, Ordures, balayures. Gl. *Ramazuræ*.

RESSON, Goûter, le repas de l'après-dînée. Gl. *Recticinium*.

RESSONGNAUMENT, Avec crainte, avec appréhension. Gl. *Respectus* 7.

RESSONGNER, Craindre, appréhender. Gl. *Respectus* 7.

1. **RESSORT**, Rebondissement, contrecoup. Gl. *Ressortire* 2.

2. **RESSORT**, Dédit, peine stipulée dans une convention contre celui des contractants qui voudrait la rompre. Gl. *Ressortire* 2.

RESSOURDRE, Se relever, se remettre en pied ; d'où *Estre ressours*, Être relevé et en pied. Gl. *Resurgendus*.

RESSOURTE, Rejaillissement, contrecoup. Gl. *Ressortire* 2.

RESSUER, Aiguiser, raccommoder le tranchant d'un outil. Gl. *Recauzare*.

° **RESTAINCHIER**, Étancher. Gérard de Vienne, vers 2726 :
Longuement buit par sa soif restain-
[chier.

RESTAINDRE, Ratteindre, rattraper. Gl. *Reattingere*.

RESTAIRE, p. e. pour Rescaire, Aide, secours. Gl. sous *Rescuere*.

° **RESTER**. Voyez *Rester*.

° **RESTIF**. Partonop. vers 5485 :
S'il les dasmes voloit blasmer
Et à moi d'eles desputer
Jo n'en preïsce à lui estrif
Et nel feïsce tot restif.

RESTILE, Cultivé ; terre qui rapporte tous les ans. Gl. *Restitus*.

RESTOIER, Restituer, dédommager, suppléer ce qui manque. Gl. *Restaurare* 2.

RESTONG ou Restoug, Dédommagement, compensation. Gl. *Restaurum*.

RESTOR, Dédommagement, récompense. Gl. *Restaurum*.

° **RESTORT**. Voyez *Resort*.

RESTOUPER, Boucher. Gl. *Macula* 2.

RESTOUR, Dédommagement, récompense. Gl. *Restaurum*.

° **RESTRAINDRE**, Se replier, se retirer. G. Guiart, tom. 2, pag. 262, vers 6792 ; pag. 294, vers 6739 (15784, 16619). *Restreindre*, Chron. des ducs de Normandie.

RESTRAINTIF, Restringent. Gl. *Restringitor*.

RESTRIDISSE, Lieu étroit, resserré. Gl. *Restringitor*.

RESTRINCTION, Réduction, diminution. Gl. *Restringitor*.

RESTROIT, Détroit, passage étroit et serré. Gl. *Restringitor*.

RESTUYER, Remettre quelque chose dans son étui, l'épée dans le fourreau. Gl. *Estugium*.

RESVER, [S'ébatre. Laborde, pag. 217 :
Nous venions l'autrier de joer,
Et de resver,
Moi et mi conpaing et mi per.
Voyez *Revel*.] Resver de Nuit, Courir les rues pendant la nuit ; d'où *Resveur de nuit*, Coureur de nuit. Voyez *Reventare* 1.

° **RESVIGORER**, Reprendre de la vigueur. Agolant, vers 552. Chronique des ducs de Norm.

RESURE, p. e. Fossé, canal. Gl. *Rasa* 1.

RESUSCITEMENT, Resurrection. Gl. *Resurrectio* 1.

RESWART, Jugement, sentence. Gl. *Resgardum* 1.

1. **RETAILLER**, Circoncire, retrancher. Gl. *Recutitus*. [Rogner, amoindrir. Renart le Nouvel, tom. 4, pag. 202, vers 1993 :
Li rois ses sodoiers lor sols
Retailla, le tierc et tolli.
Pag. 207, vers 2119. Chron. des ducs de Normandie. Voyez Rayn. tom. 3, p. 5ª, au mot *Retalhar*.]

2. **RETAILLER**, Se séparer en plusieurs pelotons. Gl. *Retaiare*. [Séparer, détacher. G. Guiart, t. 2, p. 103, v. 2654 (11633) :
Fait li rois par le retaillier
Cinc cens arbalestiers baillier
A ceus qui le navie guient.
Se *retailler*, Se séparer, se débander, t. 1, pag. 79, vers 1396 ; tom. 2, p. 251, v. 6519 (15499).]

RETAILLIER, Récompenser, rendre la pareille. Gl. *Retaliare*.

RETEL, Barrière, herse. Gl. *Restellus.*

RETENAIL, Retenue, réserve, protestation. Gl. *Retentio* 2.

º **RETENCER**, Roi Guillaume, pag. 97 :
*Et de ceste méisme cose
Retence dans Foukiers et cose
Marin.*

RETENIR, Entretenir, réparer. Gl. *Retinere* 2.

RETENTION, Réserve. Gl. *Retenezo.*

1. **RETENUE**, Entretien, réparation. Gl. *Retinere* 2.

2. **RETENUE**, Troupes à la solde d'un prince, garnison. Gl. *Retenuta* 2.

RETENURE, Entretien, réparation. Gl. *Retentio* 6.

RETER, Soupçonner, accuser, appeler en justice. Gl. sous *Rectum* 1, et *Retare*. [Partonop. v. 597, 2670, 3657, 6417, 8025, 9991, 9500. Roi Guillaume, pag. 63. Fabliaux, Jubinal, tom. 2, pag. 27. *(Reter de blasme).* Chastel. de Couci, v. 5437. *Retta*, Lai du Corn, vers 343. *Rester*, Partonop. vers 6415. Aubri, pag. 175 ². Roman de Renart, tom. 2, pag. 149, vers 13579. Voyez Rayn. tom. 5, pag. 87 ², au mot *Reptar.*

1. **RETOUR**, Service que les bateliers se rendent mutuellement au passage ponts. Gl. sous *Retornus* 3.

2. **RETOUR**, DRAPS DE RETOUR, Espèce d'étoffe. Gl. sous *Retornus* 3.

3. **RETOUR** DE COUR, Renvoi d'une cause à son propre juge. Gl. *Retornus* 3.

1. **RETOURNER**, Remener, reconduire. Gl. *Retornare* 1. [Partonop. vers 616.]

2. **RETOURNER**, Reporter, rendre ce qu'on avait emprunté. Gl. *Retornare* 1.

3. **RETOURNER**, Rendre, restituer. Gl. *Retornare* 5.

4. **RETOURNER**, Détourner, écarter.Gl. *Retornare* 7.

5. **RETOURNER**, Changer, transporter un marché ou une foire d'un jour à un autre. Gl. *Retornare* 8.

6. **RETOURNER**, Payer le prix d'un marché, ou donner le retour convenu. Gl. *Retornare* 9.

7. **RETOURNER** CAROTTE, Changer de parti. Gl. *Caravisa.*

RETOURS. AVOIR RETOURS, Avoir droit de se retirer dans le château de son vassal. Gl. *Retornare* 3. [Chastel. de Couci, vers 457 :
*Ne nous a fait très-grant honnour
Qui ci fist ore son retour.*]

RETRACTION, Retrait d'un héritage aliéné. Gl. *Retractio* 2.

º **RETRAIAMMENT**, Avec regret.Chanson du Chastel. de Couci, Laborde, p. 289:
*Car qui le suen donne retraiamment
Son gré en pert.*

º **RETRAIANT**, Reflux, marée qui descend. Partonop. vers 7585 :
*Od le montant en flote sont
Et od le retraiant s'en vont ;
Li retraians les met en mer.*
Flore et Blanceff. vers 1381 :
*A retraiant por avoir bort
Toutes les nés issent du port.*

RETRAICTEMENT, Retranchement, restriction. Gl. *Retractare* 2.

º **RETRAIEMENT**. Chanson, Wackernagel, pag. 48 ² :
*Ne ne'l di pas por nul retraiement,
C'ainçois ain muels la mort en paiement,
Ke bone amor soit per moi essaie.*

º 1. **RETRAIRE**, RETRERE, Se retirer, s'abstenir, renoncer, ne pas remplir un vœu, etc. Flore et Blanceff. vers 2268 :
Lacié m'avés, n'en puis retraire.
Partonop. vers 4177 :
Quant des véus volés retraire.
Se retraire, vers 6074, 6436. Jordan Fantosme, vers 1328. G. Guiart, t. 1, p. 110, vers 2313 :
*Car au passer et au retraire
Au bien gauchir, au traverser, etc.*
Tom. 2, pag. 71, vers 1808 (10784) :
*François o le roi Challes meuvent ;
A qui que il doie desplaire
Huimais n'i a riens du retraire.*
Sans retraire, Chastel. de Couci, v. 202 :
*Font que je sui vos vrais amis
Et serai, dame, sans retraire.*
Ruteb. tom. 2, pag. 242:
*Onques puis d'errer ne finâmes,
Si venimes droit au repere
De Pénéance sanz retrere.*
Chron. des ducs de Normandie. Voyez Rayn. tom. 5, pag. 404 ², au mot *Retraire.*

² 2. **RETRAIRE**, RETRERE, Retracer, raconter, exposer, dire. Chanson, Wackern. pag. 65 :
Vostre valor ne retrairoient mie.
Partonop. vers 3876 :
*Et je vos di que j'ai amie
Et moult rice et moult debonaire,
Mais nel vos caut d'aillors retraire.*
Vers 5110 :
Quar on ne doit retraire afiz.
Roman de Renart, tom. 1, pag. 34, v. 888. Voyez Orell, pag. 273. Roquef.

º 3. **RETRAIRE**, Tenir des inclinations de sa race, Roi Guillaume, pag. 94 :
*Ne pusent as vilains retraire
Por noreture qu'il en aient,
- A lor gentillece retraient.*
Chanson, Wackern. pag. 13 :
*Fine amor claime en moi per eritaige....
Veul ke de chant et d'onor me retraie.*

1. **RETRAIT**, Retraite, refuge, asile. Gl. *Retractus* 1. [Roi Guillaume, pag. 149 :
Ains fuit vers un caisne à retrait.]

2. **RETRAIT**, Maison, demeure, logement. Gl. *Retractus* 1.

3. **RETRAIT**, Farine dont on a tiré la fleur, son. Gl. *Rebuletum.*

4. **RETRAIT**, Copie, ou communication d'un acte. Gl. sous *Retractus* 1.

5. **RETRAIT** DE NONE, La fin de None, lorsqu'on se retire de l'église. Gl. *Retrahere* 1.

RETRAITE, RETRAITTE, Sorte d'amende. Gl. *Retractum.*

º **RETRAITES**, Coup de revers ? G. Guiart, t. 2, p. 181, vers 4663 (13650) :
*S'entrenvaissent de retraites
D'estoz et de tailles diverses.*
Pag. 77, vers 1969 ; pag. 211, vers 5464 (10945, 14444).

º **RETRAITIER**, Dire. Voyez *Retraire* 2. Partonop. vers 6001 :
*Cest dangier
De vo non que n'oï retraitier.*

RETRAITTIER, Révoquer, annuler ; ou seulement Restreindre. Gl. *Retractare* 2.

RETRET, Farine dont on a tiré la fleur, son. Gl. *Rebuletum.*

RETRIDISSE, Lieu étroit, resserré. Gl. *Restringitor.*

º **RETROWANGE**, Sorte de poésie. Wackern. pag. 66 :
*Retrowange novelle
Dirai et bone et belle.*
Rotruenge. Jordan Fantosme, v. 1304 :
*Dunc oissiez ces greidles suner par
[establie,
N'i aveit pas repruecés ne dite vilanie,
Mes unes e rotruenges e regreter amie,
De corns de busines mult bele
[rebundie.*
Voyez *Rotuenge*, Rayn. tom. 5, pag. 80⁴, au mot *Retroencha*. Roquefort, État de la Poésie, etc., pag. 223. Wolf, *Uber die Lais*, pag. 248. Diez, *Poesie der Troubadours*, pag. 117.

REU, Taxe, imposition portée dans un rôle. Gl. sous *Rotulus* 1.

REVAIGIER, pour RAVAGER, Lever une amende. Gl. *Ravale.*

REUBE, Vol fait par surprise. Gl. *Duellariter.*

REUBER, Voler, piller, ravager. Gl. *Robare* sous *Roba*. [Partonop. vers 270. Flore et Blanceff. vers 69, 84, 112, 1949. Voyez Rayn. tom. 5, pag. 47², au mot *Raubar*, ci-dessous *Rober*.]

REVE, Droit d'entrée ou de sortie sur les marchandises qu'on transporte. Gl. *Reva* 1.

1. **REVEL**, Badinage, plaisanterie. Gl. *Revelles*. [Partonop. v. 10102. Ruteb. t. 2, p. 239.Chastel. de Couci, vers965. Chron. des ducs de Normandie. *Rivel*, Wackern. pag. 74, 75, 76.]

2. **REVEL**, Déroute, désordre. Gl. *Revelles*. [Querelle, Partonop. vers 9027. Chron. des ducs de Normandie. Voyez Rayn. tom. 2, pag. 208¹, au mot *Revel*.]

3. **REVEL**, Retard, délai. Gl. *Revelles.*

REVELER, Se rebeller, se révolter [Laborde, pag. 230. *S'est revelé*, Garin le Loher. tom. 1, pag. 67. *Est revelée*, Partonop. vers 2112. Chron. des ducs de Norm. Rayn. tom. 2, pag. 208¹, au mot *Rebellar* ;] d'où *Reveleux*, Rebelle, qui se révolte. Gl. *Revellare.*

REVENDAGE, Vente des gages qui n'ont point été retirés. Gl. *Revenderia.*

REVENDAIGE, Revente. Gl. *Revenditio,* sous *Revendere* 1.

REVENDERIE, Séquestre des gages enlevés par justice. Gl. *Revenderia.*

REVENNES, Criblures. Gl. *Revania.*

REVENU, Jeune bois qui revient sur une coupe de taillis. Gl. *Revenuta* 2.

1. **REVENUE**, Le même. Gl. *Revenuta* 2.

2. **REVENUE**, L'heure ou les bêtes fauves sortent du bois pour pâturer. Gl. *Revenuta* 2.

1. **REVERCHER**, Renverser, mettre en désordre. Gl. *Reversare* 2. [Chron. des ducs de Norm. Rayn. tom. 5, pag. 524¹, au mot *Reversar*.]

2. **REVERCHER**, REVERCHIER, Rechercher soigneusement, examiner. Gl. *Reversare* 2. [Roi Guillaume, pag. 134 :

*Mais se vos port i volés prendre
On le vos vaura molt cier vendre.
Molt l'estevera revercier,
Que le nef vauront reverciex
Premiers li sire et puis li dame.*

Roman de Renart, t. 2, p. 90, v. 12006 :

*Le cortil a trestot cerclié
Et tot environ reverchié.*

Tom. 3, pag. 84, vers 22056 :

Ne coingnet nul à reverchier.]

REVERENDER, Honorer, marquer du respect. Gl. *Reverendus.*

REVERIE, Bureau où l'on paye l'impôt appelé *Revo*. Gl. *Reverius.*

REVERS. Il paraît que ce terme ajouté à une injure l'augmentait beaucoup. Gl. *Reversatus* 2.

REVERSALES, Lettres de reconnaissance, aveu et dénombrement. Gl. *Reversale.*

REVERSE, Coup de revers. Gl. *Retromanus.*

REVERSER UN LIVRE, Le feuilleter. Gl. *Reversatus* 2.

1. **REVERSSER**, REVERSER, Relever, trousser. Gl. *Reversatus* 2. [Roman de Renart, t. 1, pag. 22, vers 595; pag. 32, vers 829.]

2. **REVERSSER**, REVERSER, Tourner de tous côtés une chose pour la mieux examiner. Gl. *Reversare* 2. [Roman de Renart, tom. 1, pag. 31, vers 815. Voyez *Reverchier*.]

REVERTIR, Retourner, retomber. Gl. *Reverti.* [Chron. des ducs de Norm.]

REVESTEURE, Le droit dû pour l'investiture. Gl. *Revestitura.*

REVESTIAIRE, Sacristie. Gl. *Revestiarium* 1.

° **REVESTIR**, Armer. Garin le Loher. tom. 1, pag. 9. Mettre en possession, rendre maître. Roi Guillaume, pag. 115 :

*Et traversèrent
Un des dains de vostre forest
Cist enfant, dont je vos revest.*

G. Guiart, tom. 2, pag. 162, vers 4187 (13173):

*Les autres vers le port ganchissent
Désireux sont qu'ils s'en revestent.*

Voyez *Ravieslir.*

1. **REVESTISSEMENT**, Don mutuel entre mari et femme. Gl. *Revestimentum* 1.

2. **REVESTISSEMENT DE LIGNES**, Droit du plus proche parent sur les biens qui proviennent de la ligne dont il descend. Gl. *Revestimentum* 1.

REVEUR DE NUIT, Coureur de nuit. Gl. *Reventarc* 1.

° **REVIDER**, Venir voir. Roman de Renart, tom. 1, pag. 15, vers 390 :

*Je ne sai rien de tel conpere
Qui sa conmere ne revide.*

REVIERE, Regain. Gl. *Reviore.*

° **REVILER**, Refuser, injurier. Partonop. vers 2818 :

Partonopeus nul n'en revile.

Vers 8884 :

Par peor nolui ne revile.

Angl. *Revile.*

REVINDER, Assister, donner de quoi vivre. Gl. *Carcer* 2.

REVIORE, Regain. Gl. *Reviore.*

° **REVIRER**, Redouter, craindre. Chron. des ducs de Norm. tom. 2, p. 23, v. 15940, pag. 195, vers 21071. Voyez Rayn. t. 5, pag. 552, au mot *Revirar.*

REVISITEUR, Visiteur, examinateur ; du verbe *Revisiter*, Examiner. Gl. *Revisitare.*

REVIVRE, Regain. Gl. *Reviore.*

REUL, Taxe, imposition portée dans un rôle. Gl. sous *Rotulus* 1.

REULE, Règle, ordre, arrangement. Gl. *Regulare.*

REVOIN, Regain. Gl. *Reviore.*

REVOIRE, Sorte de distribution en argent dans l'église du Puy. Gl. sous *Revodum.*

REVOIS. [Roman de Renart, tom. 2, pag. 273, vers 17021 :

*S'engigniez le felon revoit,
Qui tot amble ce que il voit.*]

ESTRE REVOIS, Être convaincu, après un mûr examen, du crime dont on est accusé. Gl. *Revisitare.*

REVOUAGE, REVOUIAU, Aide, taille, impôt, que le vassal payait à son seigneur, en certains cas. Gl. *Roga* 4.

REUSER, Éloigner, écarter, faire retirer. Gl. *Rusare*, [*Réusé*, Repoussé, reculé. Partonop. vers 8754, 8769, 8836, Chansons Historiques, tom. 1, pag. 178. — Reculer, se retirer Roman de Renart. t. 2, p. 1040, vers 12395 :

*Et cil commence à réuser
Et durement à reculer.*

Chansons Histor. tom. 1, pag. 174 :

*Diex, qui le mont puet sauver,
Gart France du raüser.*

1. **REUVER**, Chercher, désirer. Gl. *Reva* 1.

2. **REUVER**, Recommander, prier, quelqu'un de quelque chose. Gl. *Reva* 1.

REWARDAGE, L'office d'inspecteur. Gl. *Regardus.*

REYEUR, Barbier, celui qui rase. Gl. *Rasio* 2.

REYMBRE, Racheter, payer la rançon d'un prisonnier. Gl. *Redimere* 1.

1. **REZ**. AU REZ, A l'exception, hormis. Gl. *Rasum* 3.

2. **REZ**. LE REZ DE LA NUIT, L'entrée de la nuit. Gl. sous *Rasum* 8.

3. **REZ**. A REZ, Entièrement, tout à fait. Gl. *Rasum* 3. [Voyez *Res.*]

° 4. **REZ**, Chron. des ducs de Norm. tom. 2, pag. 367, vers 26067 :

E les granz rez à la chauz faire.

Voyez *Ré.*

1. **REZE**, Expédition militaire, incursion sur une terre ennemie. Gl. *Reisa* 1.

2. **REZE**, Sentier, chemin. Gl. *Resa.*

REZEAU, Mesure de grain, rasière. Gl. *Rasellus,* sous *Raseria.*

RIAGAL, RIAGAS, Espèce d'arsenic rouge. Gl. *Resegale.*

RIBAUD, RIBAUDEAU, Sorte de petit chariot. Gl. sous *Ribaldi.*

RIBAUDAILLE, Terme de mépris, comme Canaille. Gl. sous *Ribaldi.*

RIBAUDEQUIN, Petit chariot, comme affût, qui paraît avoir donné son nom au canon qu'il portait. Gl. *Ribaudequinus.*

RIBAUDERIE, Femmes publiques, prostituées. Gl. sous *Ribaldi.*

RIBAUDIE, Vie débauchée. Gl. sous *Ribaldi.*

RIBAUS, Troupes légères, enfants perdus, valets d'armée, goujats, libertins, débauchés, hommes de néant. Gl. sous *Ribaldi.*

RIBAUSDESQUIN, comme RIBAUDEQUIN. Gl. *Ribaudequinus.*

RIBER, Folâtrer, badiner indécemment avec une femme. Gl. *Ribaldisare.*

RIBLER, Débaucher une femme, vivre dans la débauche avec elle ; d'où *Riblerie*, Débauche, libertinage. Gl. *Ribaldisare.*

RIBLEUX, Débauché, adonné aux femmes. Gl. *Ribaldisare.*

1. **RIBOULE**, Sorte de bâton, plus gros par un bout que par l'autre. Gl. *Rabdus.*

2. **RIBOULE**, Instrument propre à la pêche. Gl. *Rabdus.*

RICHE-HOMME, Baron. Gl. *Rici homines.*

° **RICOISE**, Richesse. Partonop. v. 824. *Richeté*, Chron. des ducs de Normandie.

Voyez Rayn. t. 5, p. 95¹, aux mots *Rictat* et *Riquesa*.

RICTEMENT, Justement, légitimement. Gl. *Rectum 2*.

RIDDE, RIDDRE, Sorte de monnaie d'or. Gl. *Reyder*.

1. **RIDE**, Espèce de grosse toile. Gl. *Redo*.

2. **RIDE**, Sorte de monnaie d'or. Gl. *Reyder*.

° 3. **RIDÉ**, Froncé, plissé, Partonop. vers 8005 :

N'usent mais blans cainses ridés
Ne las de soie à lor costés
Ne ces longes mances ridées.

Chastel. de Couci, vers 703 :

Vouroie une mance de vous,
Ridée os las, large dessous.

Ridoire, Froncis? Partonop. vers 10120. Voyez *Ridure*.

RIDEL, Rideau, petite éminence. Gl. *Roga*.

RIDELLE, Gros bâton, sorte de levier. Gl. *Redellus*.

RIDURE, Fuseau. Gl. *Colotrictatorium*.

RIEN, nom général, Chose. Gl. *Roela*. [Voyez Rayn. tom. 5, pag. 55¹, ou mot *Re*. Orell, p. 70. *Riens née*, Roi Guillaume, pag. 53. Enfants Haymon, vers 973. Chastel. de Couci, vers 390.]

° **RIERE**, Derrière. Orell, pag. 330. Voy. Rayn. tom. 5, pag. 78², au mot *Reire*.

RIEREBAN, Arrière-ban, convocation pour aller à la guerre. Gl. *Retrobannus*. [Partonop. vers 2331.]

RIEREFIÉ, RIEREFIED, Arrière-fief. Gl. *Rerefeodum* et *Retrofeudum*.

RIEREGUET, Celui qui fait le guet pendant la nuit. Gl. *Retroexcubix*.

RIÉS, Terre en friche et qui n'est pas labourée. Gl. *Riesa*.

RIEU, Ruisseau, petit bras d'une rivière. Gl. *Riale*.

RIEUGLER, Régler, gouverner, administrer. Gl. *Regulare*.

RIEULÉEMENT, Par ordre, de suite, par rang. Gl. *Regulariter 1*.

RIEZ, Terre en friche, et qui n'est pas labourée. Gl. *Riesa*.

RIFFLE, Baguette, houssine. Gl. *Riffletum*.

RIFFLEURE, Eraflure, plaie légère sur la peau. Gl. *Rifflura*.

RIFLART, Sergent qui a commission d'arrêter quelqu'un. Gl. *Rieflare*.

RIGMERIE, Rime. Gl. *Rigmatice*.

RIGOLAGE, RIGOLEMENT, Plaisanterie, risée, raillerie, moquerie. Gl. *Rigolamentum*.

RIGOLER, Plaisanter, railler, se moquer. [G. Guiart, tom. 1, pag. 252, vers 6097 ; pag. 310, vers 7084] ; d'où *Rigoleur*, Moqueur, plaisant. Gl. *Rigolamentum*.

° **RIGOLER (SE)**, Voltiger, G. Guiart, tom. 1, pag. 107, vers 2237 :

Quarriaus à descochier commencent,
Par l'air çà et là se rigolent.

Tom. 2, pag. 244, vers 6307 (15287) :

Flambe qui forment s'i rigole.

RIGOLET, Repas du jour ou du lendemain de noce. Gl. *Receptum 1*.

RIGOLLE, Canal, conduit pour l'écoulement des eaux. Gl. *Rigola*.

1. **RIGUER**, Traiter quelqu'un durement, avec rigueur. Gl. *Rigorosus*.

2. **RIGUER**, Arroser de l'eau d'un ruisseau. Gl. *Riguus*.

RIHOTER, Quereller, disputer. Gl. *Riotta*.

1. **RILLE**, Morceau de porc ou de lard. Gl. *Rielle*.

2. **RILLE**, Règle à l'usage d'un maçon. Gl. sous *Regula* 10.

RILLER, Couler, glisser. Gl. sous *Rillonus*.

RILLIE, Droit de relief. Gl. *Relevym*, sous *Relevare feudum*.

RILLON, Rideau, petite éminence. Gl. sous *Roya*.

RIMAIRIE, Rime. Gl. *Rigmatice*.

RIME, Grand bruit, criaillerie, tintamarre. Gl. *Rima 2*.

° **RIMÉ**, Bruiné. Chastel. de Couci, vers 6318 :

Car en cel jour la matinée
Estoit gresillié et rimée.

Voyez Halliwell, au mot *Rime 2*. Gelée blanche.

RIMER, Gronder, se plaindre, criailler. Gl. *Rima 2*.

RINE, p. e. Tour, façon d'agir. Gl. *Rinna*.

RINVÉ, Espèce de poisson. Gl. sous *Rinna*.

RIOT, RIOTE, Querelle, dispute, contestation. Gl. *Riotta*. [P. Pâris, Catalogue, tom. 2, pag. 288. Wackern. pag. 59. G. Guiart *passim*. Voyez Rayn. t. 5, p. 97¹, au mot *Riota*.]

1. **RIOTE**, Combat, duel. Gl. *Riotare*.

2. **RIOTE**. HEURE DE RIOTE, Heure du goûter. Gl. sous *Hora 3*.

RIOTEUX, Querelleur ; d'où *Parole Rioteuse*, Injure, outrage. Gl. *Riotosus*, sous *Riotare*.

RIPILLONS, Restes de poissons. Gl. *Spinaticus*.

RIPOISSE, Instrument à prendre des oiseaux. Gl. *Ripoissa*.

RIQUECHE, Richesse. Gl. *Riquiza*.

RISCONSSER, Cacher ; d'où *Soleil Risconssant*, Soleil couchant. Gl. *Reconsus*.

RISSEUR, Querelleur. Gl. *Rissa*.

RISSIE, Goûté, l'heure de ce repas. Gl. *Releveia*.

RISSIR, Sortir, se retirer. Gl. sous *Rissa*. [Orell, pag. 177.]

RISSUE, Goûté, collation. Gl. sous *Hora 3*.

RISTER, Presser, forcer à faire quelque chose. Gl. sous *Rista*.

RISTIBILLE, Terme injurieux ; p. e. Fainéant, qui est sans cœur. Gl. sous *Rista*.

° **RIU**, Ruisseau, roi Guillaume, p. 110 :

Au riu d'une clere fontaine.

Roman de Renart, tom. 4, p. 21, v. 565 :

Jouste le rui d'une fontaine.

Voyez Rayn. tom. 5, pag. 99¹, au mot *Riu*, ci-dessous *Ru*.

RIVAGE, Droit qu'on paye pour les marchandises ou denrées qui arrivent par eau. Gl. *Rivagium*, sous *Ripaticum 2*.

RIVAIGE, Tout l'espace qui est entre une rivière et les terres voisines. Gl. *Rivagium*. [*Agolant*, vers 66 :

Quatre grans liues lor rivage en
[*detindrent*.]

RIVAL, Morceau d'or ou d'argent. Gl. *Rivellus*.

° **RIVEL**. Voyez *Revel*.

RIVERETTE, Petite rivière, ruisseau. Gl. *Riveria*.

RIVES, RIVIERS, Les peuples en deçà du Rhin. Gl. *Ripuari*.

° **RIVIERE**, Plaine où l'on chasse à l'oiseau. Partonop. vers 1777 :

Mais ce me dites, se vos plest,
S'irés demain la en la forest,
Quel vie volrés demener,
En bos u en rivière aler.
Se vos volés aler en bois...
Dont veres venir liemiers
Et s'aler en rivière,
En une cambre çà ariere
Troverés esperviers, ostors,
Girfaus et gentils et pluisors.

Vers 1883 :

Et vait en bois et en rivière.

Agolant, vers 838 :

Sot de rivière, d'esperviers et d'osturs,
Et sot des bois plus que nus veneors.

Roi Guillaume, pag. 116 :

Des chiens et d'osiaux lor aprenge
Se s'amaint en bos et en rivière.

Pag. 142 :

Bien songoit que avis li ere,
C'ausi com il fust en rivière
Par mi une forest caçoit
Un cerf, qui seize rains avoit.

Riveier, Chasser en rivière. Chronique des ducs de Normandie. Jordan Fantosme, vers 119.

RIULE, RIULLE, Nécrologe, règle monastique. Gl. sous *Regula*.

RIULER, Régulier. *Canones Riulers*,

Chanoines Réguliers. Gl. *Regulares* 3. [*Riuglez chanoines*, Ruteb. t. 2, p. 249.]

1. RIZELLE, Gros bâton, espèce de levier. Gl. *Redellus*.

2. RIZELLE, Filet ou machine propre à la pêche. Gl. *Resellus* 2.

ROABLE, Instrument pour tirer ou ranger la braise dans un four, fourgon. Gl. *Rotabulum* 2.

ROAGE, Droit seigneurial que doivent les voitures qui passent sur le grand chemin. Gl. *Roaigium* et *Rotaticum*.

ROAIGE. TERRE EN ROAIGE, Celle dont la culture est divisée par roies. Gl. *Roya*.

ROAISONS, Rogations, prières publiques pour les biens de la terre. Gl. *Rogationes* 1.

ROBARDEL, Curieux d'ajustements, recherché dans ses habits. Gl. *Scema* 1.

ROBATURE, Vol, larcin. Gl. *Robaria* 1.

ROBBE-LINGE, Chemise. Gl. sous *Roba*.

ROBE, Couper la robe à une femme au-dessus du cul, c'était la traiter comme une prostituée. Gl. sous *Roba*.

ROBE DE CORPS, Habit de deuil. Gl. sous *Roba*.

ROBE DE SOYE, Y renvoyer quelqu'un, c'était lui reprocher sa naissance. Gl. sous *Roba*.

ROBE-HARDIE, comme COTE-HARDIE, Sorte de vêtement commun aux hommes et aux femmes. Gl. *Hardiota tunica*.

ROBE-LINGE, Chemise. Gl. sous *Roba*.

ROBEMENT, Vol, larcin, pillerie. Gl. *Robaria* 1.

ROBER, Dérober, voler. Gl. *Robare*, sous *Roba*. [Piller, Partonop. vers 275, 1746. Voyez *Reuber*.]

ROBERIE, Vol, larcin. Gl. *Roberia*, sous *Roba*.

○ **ROBERRE**, Voleur. Roman de Renart, tom. 1, pag. 5, vers 117 :

Fu, ce sachiez, moult fort roberre
Et par nuit et par jour fort lerre.

ROBES, Habits que les rois et princes donnaient à leurs officiers aux grandes fêtes de l'année. Gl. *Roba*.

ROBES DE COMPAIGNIE, Habits que le roi et la reine donnaient aux personnes les plus distinguées de leur cour. Gl. *Roba*.

ROBEUR, Voleur, larron, pillard. Gl. *Robator*, sous *Roba*.

ROBIN ET MARION, Sorte de mascarade. Gl. sous *Robinetus*.

ROBINE, Canal, bras d'une rivière. Gl. *Robina*.

ROBINES, Ceps, entraves. Gl. sous *Robina*.

ROBOUR, ROBOUR, Voleur, larron,

pillard. Gl. *Roboria* et *Roberator*, sous *Roba*.

ROC, Pièce des échecs, la tour. Gl. *Fercia*. [Flore et Blancefl. vers 2217. G. Guiart, tom. 2, pag. 173, vers 4465 (13451). Chron. des ducs de Normandie.]

1. ROCE, Tour, fortification. Gl. *Rocca*.

2. ROCE, Rossé, espèce de petit poisson. Gl. *Tramallum*.

ROCELLE, Sorte de pâtisserie, p. e. Rissole. Gl. *Rochab*.

ROCHAL, Cristal de roche. Gl. *Rohanlum*. [Rocher. Agolant, vers 235 :
Les aigues trove qui chient du rochal.]

ROCHAUT, Sorte de poisson. Gl. *Cynædus*.

1. ROCHE, Château, forteresse. Gl. *Rupes*.

2. ROCHE, Cave taillée dans le roc. Gl. *Roca* 2.

3. ROCHE, Sorte de petit poisson, rosse. Gl. *Roces*.

1. ROCHET, Habillement de toile à l'usage des hommes et des femmes, sarrau, capote. Gl. *Rochetum*.

○ **2. ROCHET**, Lance, fer de la lance ? Chastel. de Couci, vers 1656 ·
Car il l'atainst dessous l'oye
De son bon rochet bien tempré.
Voyez vers 1641.

ROCQUE, Motte de terre. Gl. *Rocha* 2.

RODAGE, Droit seigneurial que payent les voitures qui passent par le grand chemin. Gl. sous *Rotaticum*.

RODAS, Bâton, rondin. Gl. *Reddalle*.

RODE, JEU AUX RODES DE FER, Jeu de palet. Gl. *Rodella*.

RODETE, Eperon. *Blanc de la Rodete*, Monnaie d'Allemagne, marquée à un éperon. Gl. *Rodella*.

RODIER, L'artisan qui fait des roues, charron. Gl. *Roderius* 1.

RODONDON, Espèce de manteau, ainsi nommé à cause de sa rondeur. Gl. *Rodondellus*.

1. ROE, Pupitre tournant. Gl. *Rota* 9.

2. ROE, Palet. *Jeu des Roes*, Jeu de palet. Gl. *Rota* 12.

○ **3. ROE**, A ROE, Tout autour. G. Guiart, tom. 1, pag. 227, vers 5430 :
Tant en a entor lui à roe.

ROÉ, Orné de ronds ou roues. Gl. *Rota* 3. [*Targe roée*, Gérard de Vienne, vers 2124, 2555. Agolant, pag. 163² :
Et puis li ont son escu aporté,
La guige en fu de paile d'or roé.
Voyez le Glossaire sur la Chronique des ducs de Normandie. (Partonop. vers 10694 :
De siglaton à cercle d'or.)]

ROEIGNIER, pour rogner, tondre, raser. Gl. *Roignare*.

1. ROELER, Rouler, précipiter du haut en bas. Gl. *Rotulare*.

2. ROELER, Tourner. Gl. *Rotulare*.

ROELLE, Bouclier. Gl. *Roela*. [Roue, rond, cercle. Flore et Blancefl. vers 777 :
Quant aucun dolereus t'apels
Adont torne bien ta roelle.
Vers 856 :
En son bec tint une roelle.
La roelle estoit en topace,
Qui plus estoit clere que glace
Et si estoit douze piés lée.
Voyez Rayn. tom. 5, pag. 90³, au mot *Rodela*.]

ROER, Aller autour, rôder, tournoyer. Gl. *Rotulare*.

ROERTRE, Hart, lien de menu bois tortillé. Gl. *Roorta*.

ROFFÉE, Gale, croûte de lèpre. Gl. *Rufia*.

ROGAT, ROGATON, Semonce, assignation en cour ecclésiastique. Gl. *Rogatum* 2.

1. ROGE, Sorte de navire. Gl. *Roga* 5.

2. ROGE, p. e. Rempart. Gl. *Roga* 5.

ROGECEUR, Sergent de cour ecclésiastique, porteur de *Rogats*. Gl. *Rogatum* 2.

ROGUE DES RIBAUS, pour Roi des Ribaus, Bourreau. Gl. sous *Ribaldi*.

○ **ROGUEZ**, Roman de Renart, t. 2, pag. 302, vers 17808 :
Car tu as bien Blanchart mengié
Qui moult est et cras et roguez.
Voyez *Rovent*.

ROHAL, Cristal de roche. Gl. *Rohanlum*.

ROIAGE, Droit sur les vins qu'on transporte par charroi. Gl. *Rotaticum*.

ROIAUX, Nom d'une monnaie de France. Gl. sous *Moneta*, pag. 475³.

ROICHE, Cave taillée dans le roc. Gl. *Roca* 2.

ROIDOIER, Rudoyer, traiter durement quelqu'un. Gl. *Magrus*.

ROIÉ, Rayé, qui a des raies ou bandes de différentes couleurs. Gl. *Radiatus*. [*Roie*, Raie. Roi Guillaume, pag. 88. Partonop. vers 10695.]

ROIER. Voyez Gl. *Ruarius*.

ROIERIERE, Juridiction sur les fonds de terre, justice foncière. Gl. *Roya*.

ROILLIC, Barrière. Gl. *Roilla*. [Partonop. vers 2119 :
Pantoise est casteaus bon et bel
De mur de cauc et de quarel
A peus et à grans roilleis.
G. Guiart, tom. 1, pag. 80, vers 1437. *Rolléis*, Garin le Loher. tom. 1, pag. 229, 231.]

○ **ROINANT**, Qui règne, Agolant, pag. 186² :
Jesu reclaiment le pere roïnant.

ROINGNER, Couper, tondre, raser. Gl. *Roignare.*

° 1. **ROION**, Royaume, région. Gérard de Vienne, vers 1581, 3046, pag. 173². Voyez Diez, *Altroman. Sprachdenkm.* pag. 54 ; ci-dessus *Region.*

° 2. **ROION**. Roman de Renart, tom. 2, pag. 116, vers 12725 :
*Il est chéuz enz el broion
Qui chevilliez fu el roion.*

ROIS, Filets pour pêcher. Gl. *Resellus* 2.

° **ROISCIÉ**, Rossé, Roi Guillaume, pag. 78 :
*Jà n'i ait espargnié baston
Qu'il n'en soit batus et roisciés.*

ROISE, Rouissoir, le lieu où l'on fait rouir le lin et le chanvre. Gl. *Roissia.*

ROISSEULE, ROISSOLE, Sorte de gâteau ou gaufre. Gl. *Roisola.*

° **ROISTE**, Roide, escarpé, G. Guiart, tom. 1, pag. 144, vers 3016. *Roistesse*, Chron. des ducs de Norm.

° **ROITIAUS**, Roitelet. Garin le Loher. tom. 1, pag. 190 :
Quant li roitiaus s'est au grant cisne [pris.
Voyez la note.

ROLLER, p. e. pour ROSSER, Bâtonner. Gl. *Roilla.* [Roiller, Roman de Renart, tom. 3, pag. 76, vers 21832, tom. 2, pag. 102, vers 12330, pag. 119, vers 12788, 12808. *Roeliz*, Action de batre. Chron. des ducs de Norm. tom. 1, pag. 280, vers 5661.]

ROMAN, Histoire fabuleuse. Gl. sous *Romanus.* [Roman de Roncevaux, pag. 62. Gérard de Vienne, vers 3776. Enfants Haymon, vers 54. Aubri, vers 6. Rayn. tom. 5, pag. 107¹, au mot *Roman.*]

° 2. **ROMAN**, Séjour, demeure. Gérard de Vienne, vers 3735 :
*Por Karlemaine le riche roi puissant
Dont il ne sorent ne voie ne roman.*
Voyez la note. Rayn. tom. 4, pag. 151², au mot *Remaner, Romanre.*

ROMANCIER, Traduire en langage vulgaire. Gl. *Romanus.*

ROMANIE, L'empire d'Orient. Gl. *Romania.*

ROMANT, Langage vulgaire des Français. Gl. *Romanus.* [Agolant, pag. 174¹, Garin le Loher. tom. 1, pag. 180. Roman de Renart, tom. 2, pag. 44, vers 10833 ; pag. 342, vers 18906. Chronique des ducs de Norm. Rayn. tom. 5, pag. 107¹, au mot *Roman.*]

ROMER, Ecrire ou conter des histoires ou des fables en langue vulgaire. Gl. *Romanizare* 2.

ROMESIN, Sorte de monnaie romaine. Gl. *Romesina.* [Chronique des ducs de Normandie.]

ROMIEUX, Pèlerin. Gl. *Romeus.* [Voyez Rayn. tom. 5, pag. 107², au mot *Romieu.*]

ROMMAN, Romaine, sorte de balance. Gl. *Romana.*

ROMMESIN, Sorte de monnaie romaine. Gl. *Romesina.*

ROMONEOU, Pèlerin. Gl. *Romeus.*

ROMPEIS, Terre nouvellement cultivée. Gl. *Rupticium,* sous *Rumpere.*

ROMPRE, Labourer une terre en friche. Gl. *Rumpere.*

ROMPTE, Route dans une forêt. Gl. *Rupta* 4.

1. **ROMPURE**, Rupture, fracture. Gl. *Rumpere.*

2. **ROMPURE**, Morceau, pièce de quelque chose. Gl. *Rumpere.*

RONCHERAI, Lieu rempli de ronces. Gl. *Runcalis.*

RONCHI, RONCI, Roussin, cheval de service. Gl. *Ronchinus*, sous *Runcinus* et *Runchinus.* [Trais à roncis, Partonop. vers 1224. *Trainer à roncins,* Garin le Loher. tom. 1, pag. 8.]

RONCIE, Sorte d'arme, espèce de faux. Gl. *Runco.*

RONCINE, Jument de service. Gl. *Runchinus.*

RONCINER, Exiger le service d'un roussin. Gl. *Runchinus.*

1. **RONDEAU**, Rouleau pour briser les mottes de terre. Gl. *Rondellum* 1.

2. **RONDEAU**, Certaine mesure de terre ou de vigne. Gl. *Rondellus* 4.

RONDELE, Sorte de poisson. Gl. *Rondela.*

1. **RONDELLE**, Espèce de bouclier rond à l'usage de l'infanterie. Gl. *Rondellus* 3.

2. **RONDELLE**, La garde d'une épée, à cause de sa forme ronde. Gl. *Rondellus* 3.

3. **RONDELLE**, Petit tonneau, baril. Gl. *Rondella.*

RONFLÉE, Le bruit que fait un cheval par les narines, quand il est en colère ou qu'il a peur. Gl. *Ronflare.*

RONFLER, Renvier ; d'où *Jouer à la Ronfle.* Gl. *Ronflare.*

RONSCHER, Arracher les ronces d'un champ pour le mettre en valeur. Gl. *Runcare* 1.

RONSGE, Epieu. Gl. *Ronsge.*

RONSSINAGE, Service de *roncin* ou *roucin* que doit un vassal à son seigneur. Gl. *Ronzinata.*

ROOIGNER, Couper, tondre, raser. Gl. *Roignare.* [Roman de Renart, tom. 1, pag. 41, vers 1080. *Rouegnier*, Flore et Jeanne, pag. 60 : *Tantos je fise rouegnier mes cheviaus.* Voyez *Rouoignier.*]

ROOITE, ROORTE, Hart, lien de menu bois tortillé. Gl. *Roorta.*

ROOLLON, Le même. Gl. *Roorta.*

ROONDE, Manteau, ainsi nommé à cause de sa forme ronde. Gl. *Rondellus* 1.

ROORTE, comme ROOITE. Gl. *Roorta.*

ROQUE, Motte de terre. Gl. *Rocha* 2.

ROQUET, Habillement de toile à l'usage des hommes et des femmes, sarrau, capote. Gl. *Rochetum.*

RORTE, Hart, lien de menu bois tortillé. Gl. *Roorta.*

1. **ROS**, Certaine mesure de drap. Gl. *Ros* 3.

2. **ROS**, p. e. Espèce de clou. Gl. *Ros* 3.

° 3. **ROS**. Voyez *Rous.*

ROSE. FESTE DE LA ROSE. Gl. sous *Festum* 1.

ROSEL, Roseau. Gl. *Rosellus.*

ROSES NOSTRE DAME, Taches scorbutiques ou érésipélateuses. Gl. *Morbus B. Mariæ.*

ROSEUL, Sorte de manteau, capote ; on p. e. Coiffe. Gl. *Rondellus* 1.

ROSIEL, Roseau. Gl. *Rosellus.*

ROSIERE, Lieu rempli de roseaux. Gl. *Roseria.*

° **ROSIN**. Partonop. vers 561 :
Bele face a blance et rosine.

ROSLE, Livre, histoire écrite. Gl. *Rotulus* 1.

ROSOL, Sorte d'habillement de tête. Gl. *Retiolum.*

ROSSIÉE, Rouge ou couleur de rose. Gl. *Rossus* 1.

ROSTE, Terme de la Coutume de Liége. Gl. *Rostum.*

ROSTI, Terme de dérision. Gl. *Rostum.*

1. **ROSTIER**, Gril. Gl. *Rostum.*

2. **ROSTIER**, Terre inculte qu'on défriche. Gl. *Rosticum.*

ROSTIR, Se chauffer. Gl. *Rostum.* [Roman de Renart, tom. 3, pag. 30, vers 20551 :
*Rostissoit
Sa pance encontre le soleil.*
Pag. 49, vers 21094 :
Où vos vos rotissiez au chaut.]

ROTAGE, Toute espèce de redevance. Gl. *Rotagium.*

ROTE, Instrument de musique, guitare. Gl. *Rocta.*

ROTEIL, Gril. Gl. *Rotherium.*

ROTEMENT, Rudement, fortement. Gl. sous *Rotella* 2.

ROTEOR, Joueur de *Rote* ou guitare. Gl. *Rocta.*

ROTERIE, Chanson, air propre à jouer sur la *Rote* ou guitare. Gl. *Rocta.*

ROTHEUR, Rouissoir, lieu où l'on fait rouir le lin et le chanvre. Gl. *Rothorium.*

ROTIAUS, ROTIER, Gril. Gl. *Rotherium.*

ROTRUHENGE, pour ROTTUHENCE, Air, chanson à jouer sur la *Rote* ou guitare. Gl. *Rocta*. [Voyez *Retrowange*.]

ROTTE, Compagnie, troupe de gens de guerre. Gl. *Routa*, sous *Rumpere*.

ROTUENGE, Instrument de musique, guitare, un air ou une chanson à jouer sur cet instrument. Gl. *Rocta*.

ROTURIER, Regrattier ; ou celui qui voiture du blé au marché. Gl. *Rotulare*.

ROUABLE, Instrument pour tirer ou ranger la braise dans le four, fourgon. Gl. *Rotabulum* 2.

ROUAGE, ROUAIGE, Droit seigneurial sur les voitures qui passent par le grand chemin, et particulièrement sur celles qui transportent du vin. Gl. sous *Rotaticum*.

ROUAIN, Ornière. Gl. *Roueria*.

ROUBEUR, Voleur, larron. Gl. *Robater*, sous *Roba*.

ROUCHIER, Ronfler. Gl. *Runcare* 2.

ROUE, Rôle, état des bornes et des revenus d'une terre. Gl. *Rotulus* 1.

° **ROUEGNIER**. Voyez *Rooigner*.

° **ROVELER**, Rouler. G. Guiart, tom. 1, pag. 109, vers 2285 :

Chevaliers par terre rovelent.

ROUELLE, La partie arrondie d'une lance. Gl. *Rostellus*.

ROUENEURE, p. e. Couleur de cheval rouan. Gl. *Rutina*.

° **ROVENT**. Partonop. vers 4863 :

*Atant vint une longe et gente
A un clair vis, crase et rovente.*

Vers 7766 :

Beax et rovenz et bien forniz.

Roman de Roncevaux, pag. 44 :

Si a coisi un fontenil rovent.

Voyez *Rouvent* et *Roguez*.

° **ROVER**. Voyez *Rouver*.

ROUGE, Garance. Gl. *Roja* 2.

ROUGEGOUTE, Certaine couleur. Gl. *Piscis* 1.

ROUGE-MUSEL, Lépreux. Gl. *Ruber*.

ROUGESYEUX, Sorte de vêtement ou de bonnet. Gl. *Ruber*.

ROUGET, Espèce de poisson. Gl. *Circulus* 2.

ROUILLER, Rouler, briser les mottes d'un champ avec un rouleau. Gl. *Rondellum* 1.

ROUILE, Droit seigneurial sur l'aunage des toiles. Gl. sous *Rotulus* 2.

ROUIN, Rouge, vermeil. Gl. *Rubricans*.

ROUL, Rouleau avec lequel on brise les mottes d'un champ. Gl. *Rondellum* 1.

ROULE, Rôle, livre, volume. Gl. sous *Rotulus* 1.

ROULLIÉE, Etable à cochons. Gl. sous *Roulleta*.

ROUMAINEMENT, A la Romaine, à la façon des Romains ; de *Rouman*, Romain. Gl. *Romanizare* 1.

ROUMANCER, Ecrire ou conter des histoires ou des fables en langue vulgaire. Gl. *Romanizare* 2.

ROUMANCH, ROUMANCHE, Langage vulgaire des Français. Gl. *Romancia* et *Romanus*.

1. **ROUMANT**, Le même. Gl. *Romanus*.

2. **ROUMANT**, Murmure, plainte. Gl. *Romancia*.

ROUMESIN, Sorte de monnaie romaine. Gl. *Romesina*.

ROUMIEUX, Pèlerin. Gl. *Romeus*.

ROUOIGNIER, Rogner, couper, tondre. Gl. *Berta* 3. Voyez *Rooigner*.

ROUOISONS, Rogations, prières publiques pour les biens de la terre. Gl. *Rogationes* 1. [Roman de Renart, tom. 2, pag. 134, vers 18194 :

*Si revendras après la pasque
Le joedi de rovoisons
Que l'en menjue les motons.*

Voyez Rayn. tom. 5, pag. 108², au mot *Rogazo*.]

ROUPIOUS, Qui a la roupie au nez. Gl. *Ropida*.

1. **ROUPTE**, Troupe de gens de guerre, compagnie. Gl. *Rupta*, sous *Rumpere*.

2. **ROUPTE**, Rot, vent de la bouche. Gl. *Ructamen*.

ROUPTURE, Fracture, rupture. Gl. *Ruptura* 2.

ROUS, Cheval bai. Gl. *Runcinus*. [Roman de Renart, tom. 1, pag. 5, 6, v. 101, 150. Agolant, pag. 181¹ :

Ulien monte desus un cheval ros.]

ROUSEAU, Partie de l'épaule. Gl. *Rosellus*.

ROUSINE, Resine. Gl. *Gemà*.

ROUSSAILLE, Rosse, espèce de petit poisson. Gl. *Rocea*.

ROUSSE-CAIGNE, Fille débauchée. Gl. *Rufiana*.

ROUSSEL, Sorte de bâton. Gl. *Rossellum*.

ROUSSET, Sorte d'étoffe de couleur rousse. Gl. *Roussetum*.

ROUSSIERE, Lieu rempli de roseaux. Gl. *Roseria*.

ROUSSOLLÉE, Sorte de gâteau ou gauffre. Gl. *Roisola*.

ROUT, Compagnie, corps de troupes. Gl. *Routa*, sous *Rumpere*.

1. **ROUTE**, Instrument de musique, guitare. Gl. *Rocta*. [Rayn. tom. 5, pag. 116², au mot *Rota*.]

2. **ROUTE**, Troupe de gens de guerre, compagnie. Gl. *Routa*, sous *Rumpere*. [Rutebeuf, tom. 1, pag. 11 :

*Diex n'a nul martir en sa route
Qui tant ait fet.*

Garin le Loher. tom. 1, pag. 26 :

*En sa compaigne ot maint bon bachel[ler,
La soie route ne puet nus hons fau-
[ser.*

Pag. 36 :

Là véissiez les routes assembler.

P. 264 :

Véissiez-vous les routes expeissier.

Ruteb. tom. 2, pag. 236. Renart le Nouvel, tom. 4, pag. 151, vers 677. Chron. des ducs de Normandie. *Rote* et *Ruta*. Voyez Rayn. tom. 5, pag. 116¹, au mot *Rota*.]

ROUTER, Rompre, briser, casser. Gl. *Rumpere*. [Gérard de Vienne, vers 2944 :

*Chascuns el poig tenoit la bone espée,
Lors armëures ont si route et copée, etc.*

Voyez Rayn. tom. 5, pag. 108⁹, au mot *Rompre*.]

ROUTICHER, Gronder, murmurer, disputer, quereller. Gl. *Ruotare*.

ROUTIERS, Pillards, soldats adonnés au pillage : quelquefois, Troupes légères, enfants perdus. Gl. *Rutarii*, sous *Rumpere*.

ROUTURE, Rupture, ouverture. Gl. *Ruptura* 2.

ROUVART, Égard, considération. Gl. *Regardum* 1.

ROUVENT, Rouge, vermeil. Gl. *Rubricans*.

ROUVER, Demander, prier. Gl. *Roga* 4. [Vouloir, ordonner. Sainte Eulaie, v. 22 :

Ad une spede li roveret tolir lo chieef.

Vers 24. Roman de Renart, tom. 1, pag. 48, vers 1114 :

Que la sainte ordre le vos rove.

Agolant, vers 1062 :

*Li roi Karlon, qui çà m'a fet torner,
A vos mëismes me rova demander, etc.*

Flore et Blancefl. vers 2829 :

Li rois rueva qu'il aient pais.

Gérard de Vienne, vers 1178 :

Et si vilmant le me roveiz laisier.

Vers 121. Roman de Renart, t. 1, pag. 11, vers 267 :

Tiex hons vos en porroit rover.

Pag. 12, vers 305. Partonopex, vers 4975 :

*Acorder à lui ne me ruis
Car tant ai mal que plus n'en ruis.*

Vers 8957. Flore et Blanceflor, vers 2490 :

*Moult lor est bien.
Si cele vie lor durast
Jamais cangier ne le rovast.*

Chanson du Chastel. de Couci, Laborde, pag. 262 :

*Douce dame, je ne vous os rouver
Ce dont amors ne me rueve pas tere.*

Chanson du roi de Navarre, Laborde, pag. 227 :

Et en chantant rouver, ce k'ainc n'o-
[*sai,*
Celi que j'aim, etc.

Roi Guillaume, pag. 61 :

Et vos alés querre et rover
Se nule gent porrés trover
Qui por Dieu vos vausist bien faire.

Voyez Orell, pag. 124. Chron. des ducs de Normandie, au mot *Ruis*, ci-dessous *Ruever.*

ROUVIANT, p. e. Revenu ; ou Remboursement. Gl. *Crampa.*

ROUVISON, Le temps des Rogations. Gl. sous *Rogationes* 1.

ROUVOISONS, Rogations, prières publiques pour les biens de la terre. Gl. *Rogationes* 1.

ROVYBRE, Regain. Gl. *Rovoria*, sous *Rover.*

ROX, Cheval bai. Gl. *Runcinus.*

1. **ROY**, Le premier ou le chef d'une société ou confrérie, le seigneur d'une terre. Gl. sous *Rex.*

2. **ROY**, Huissier d'église, bedeau. Gl. sous *Rex.*

3. **ROY DES RIBAUS**, Officier chez le roi, chargé d'une espèce de police ; Prévôt d'une armée, Bourreau. Gl. sous *Ribaldi.*

4. **ROY DE L'ESPINETTE**, Le chef d'une association célèbre à Lille. Gl. *Spinetum.*

5. **ROY D'YVETOT**, Les droits et prérogatives de cette seigneurie. Gl. sous *Rex.*

6. **ROY DE TORELORE**, Terme de dérision, pour signifier un roi imaginaire, ou un homme qui croit que tout lui doit céder. Gl. sous *Rex.*

ROYALTIE, Royauté, la dignité de roi. Gl. *Regalitas* 1.

ROYAN, Chemin qui sépare deux seigneuries. Gl. *Roya.*

ROYAS, Navet. Gl. *Rabea.*

ROYAULTÉ, Le repas de la veille des rois. Gl. *Regalitas* 1.

ROYAUMENT, Réellement, en effet. Gl. *Realiter.*

1. **ROYAUX**, Les princes de la famille royale. Gl. *Regales* 1.

2. **ROYAUX**, Monnaie de France. Gl. *Regales* 2.

ROYCHE, Cellier, cave taillée dans le roc. Gl. *Roca* 2.

ROYELLE, Petite roue. Gl. *Rotella* 1.

1. **ROYER**, Voisin, contigu. Gl. *Roya.*

2. **ROYER**, L'artisan qui fait les roues, charron ; d'où *Royerie*, Le métier de *Royer.* Gl. *Rotarius.*

ROYNE, Divertissement des jeunes filles qui s'élisaient une reine. Gl. sous *Regina* 2.

1. **ROYON**, Certaine mesure de terre. Gl. *Roya.*

2. **ROYON**, Rideau, éminence, petite colline. Gl. *Roya.*

ROYS, Filets pour prendre des oiseaux. Gl. *Resellus* 2.

1. **ROZ**, Roseau. Gl. *Rausea.*

2. **ROZ**, Certaine mesure de drap. Gl. *Ros* 3.

ROZEAU, Partie de l'épaule. Gl. *Rosellus.*

RU, Ruisseau, petit bras d'une rivière. Gl. *Riale.* Voyez *Riu.*

RU DU BASTON, Redevance qui se payait en poules. Gl. *Rova* 1.

RUABLE, Pelle, dont on jette ou avec laquelle on met dans un tas le blé qui a été battu. Gl. *Ruere.*

RUAU, Ruisseau, petit bras d'une rivière. Gl. *Riale.*

RUAUX, Pailles qu'on jette dans une cour ou dans les chemins pour en faire du fumier. Gl. *Ruere.*

RUBINE, Canal à porter bateaux. Gl. *Rubina.*

RUBRICHE, Vermillon, cinnabre. Gl. *Rubrica.*

RUCHE, Certaine mesure de grain. Gl. *Russellata.*

RUCQUE, Ruche d'abeilles. Gl. *Rusca* 2.

RUDE, Ignorant, malhabile. Gl. *Rudis.*

RUDELLE, Sorte de gros bâton de charrette, levier. Gl. *Redellus.*

RUDERIE, Rudesse, impolitesse, grossièreté. Gl. *Pertinacia* 1.

RUDIMENT, Enseignement, instruction. Gl. *Rudire.*

RUE FORAINE, Rue détournée, peu passante. Gl. *Foraneus* 4.

* **RUER**, Lancer, jeter, précipiter. Garin le Loher. tom. 1, pag. 196 :

Lor escus ont emmi le champ rué.

Roman de Renart, tom. 3, pag. 36, vers 20734 :

Ne prise rien tot lor ruer.

Ruteb. tom. 2, pag. 229 :

Et eles l'ont si rué puer.

Fabliaux, Jubinal, tom. 2, pag. 26 :

Vostre char ert aus chiens, moi ne chaut
[*qui l'i rue.*

Chron. des ducs de Normandie.

RUEVER, Prier, demander, chercher, désirer. Gl. *Reva* 1. [Voyez *Rouver.*]

RUFFIAN, Recors, aide de sergent. Gl. *Ruffiani.*

RUFFIEN, Débauché, libertin, homme adonné aux femmes. Gl. *Ruffiani.*

* **RUI**. Voyez *Riu.*

RUIERS, Les peuples en deçà du Rhin. Gl. *Ripuarii.*

RUIL, Rouille. Gl. *Rubiginare.*

RUILE, Règle ; d'où *Vie Ruilée*, Vie réglée. Gl. *Regula* 2. [Gérard de Vienne, vers 362 :

Cil sont laians comme moine rueleit,
Et nos sa fors comme serf esguareit.]

RUILLER, Rouler, briser les mottes d'un champ avec un rouleau. Gl. *Rondellum* 1.

RUILLON, Tertre, petite éminence, rideau. Gl. sous *Roya.*

RUIOT, Ruisseau d'une rue. Gl. *Ruissellus.*

* **RUIRE**, Faire du bruit. Renart le Nouvel, tom. 4, pag. 164, vers 1014 :

Si que nus n'i ruit ne ne muit.

RUISER, s'Éloigner, se retirer, se ranger. Gl. *Rusare.* [Voyez *Reuser.*]

RUISSELLÉE, Ruisseau. Gl. *Russellus.*

RUISSOLE, Sorte de gâteau ou gaufre. Gl. *Roisola.*

RUISTE, [RUSTE] Impétueux, violent. Gl. *Ruere.* [Grand, fort. — *colp.* Partonop. vers 3153, 9848. Chastel. de Couci, vers 1246. Chronique des ducs de Normandie, tom. 1, pag. 267, vers 5283. — *envaïe*, Gérard de Vienne, vers 3004 — *compaignie*, vers 3008. — *barné*, Jordan Fantosme, vers 1699. — *fierté*, Gérard de Vienne, vers 1728. — *savoir*, Partonop. vers 2466. Fortune tu es ruste, Fabliaux, Jubinal, tom. 1, pag. 128. — *tertre*, Agolant. vers 401. Ruistement capler, Renart le Nouvel, tom. 4, vers 597. Voyez Rayn. tom. 5, pag. 119², au mot *Ruste.*]

* **RUIT**, Terme de chasse, Courre. Roi Guillaume, pag. 142 :

Molt volentiers aloit en ruit
Des cers sovent après les ciens.

Chron. des ducs de Normandie.

RUIZ, Taille, impôt. Gl. *Rova* 1.

RULE, RULLE, Boule. Jeu de la *Rule* ou *Rulle*, Jeu de boule. Gl. *Rulla.*

RUMATIQUE, Se dit d'un lieu humide, propre à donner des rhumatismes. Gl. *Reumaticus.*

RUMOREUX, Querelleur, qui aime le trouble, séditieux. Gl. *Rumorizator.*

RUN, Rang, ordre. Gl. sous *Tremata.* [Renart le Nouvel, tom. 4, pag. 218, vers 2390 :

En runc, en haut et en conseil
Paroient d'un et d'el ensanble.]

RUNGIER, Naziller, parler du nez. Gl. *Runcare* 2.

RUPPE, Outil de menuisier, espèce de rabot. Gl. *Ruppa.*

RUPTICE, Terre nouvellement cultivée. Gl. *Rupticium*, sous *Rumpere.*

RUPTURIERE, Terre en roture. Gl. *Rupturalia bona.*

RURAL. De Ruralle Condition, Roturier. Gl. *Ruralitas.*

RURALITÉ, Grossièreté, ignorance. Gl. *Ruralitas.*

RURER, s'Éloigner, se retirer. Gl. *Rusare.*

RUSCHE, Certaine mesure de grain. Gl. *Russellata.*

RUSE, Jeu, badinerie. Gl. *Rusare.*

1. **RUSER**, Éloigner, écarter, faire retirer. Gl. *Rusare.* [Voyez *Heuser.*]

2. **RUSER**, Fréquenter, voir familièrement quelqu'un. Gl. *Rusare.*

RUSQUE, Ruche d'abeilles. Gl. *Rusca* 2.

○ **RUSTE.** Voyez *Ruiste.*

RUY du Baston, Redevance, qui se payait en poules. Gl. *Rova* 1.

RUYER, Voyer. Gl. *Ruarius.*

RUYERS, Les peuples en deçà du Rhin. Gl. *Ripuarii.*

RUYLLE, Règle à l'usage d'un maçon. Gl. sous *Regula* 10.

RUYME, Rhume, catarrhe, fluxion. Gl. *Reumaticus.*

RUYNEUX, Qui cause la ruine des autres. Gl. *Ruinosus.*

RUYOT, Ruisseau, canal pour l'écoulement des eaux. Gl. *Ruissellus.*

RUYOTE. Heure de Ruyote, L'heure du goûter. Gl. sous *Hora* 3.

RUYOTER, Quereller, disputer. Gl. *Riotare.*

RUZE, Chanson plaisante, air gai. Gl. *Rusare.*

S

SAC

SAAD, Sas, tamis. Gl. *Setaciare.*

SABBAT, Lieu ainsi appelé à Soissons. Gl. *Sabbatum* 2.

SABELINE, Sable, Marte zibeline. Gl. *Sabelum.*

○ **SABLON**, Plaine, côte. Gérard de Vienne, vers 1560 :
Li os assamble soz Viane ou sablon.
Agolant, vers 686 :
Tant ot coru le sablon et erré.

SAC, p. e. Certaine mesure des liquides. Gl. sous *Sacculus.*

SAC. Faire le Sac a une Fille, L'envelopper dans un drap de son lit, en badinant trop librement avec elle. Gl. *Saccus* 1.

SACARDS, Ceux qui, sous le prétexte d'ensevelir les pestiférés, volent leurs maisons ; gens de sac et de corde. Gl. sous *Saccarii.*

SACER, Tirer, tirailler. Gl. *Saccare.*

SACHANRE, Sorte de bâton de défense, espèce d'arme ou d'épée.

○ **SACHANT**, Sage, intelligent. Gérard de Vienne, vers 3121 :
Drois emperere, dist Naymes li sai-
[*chant.*

SAC

Enfants Haymon, vers 443 :
Si faitement chevaucherent li damoisel
[*sachant.*
Chastel. de Couci, vers 183 :
C'on dit que partout est sachans
Envoisiés jolis et chantans.
Vers 3044.

SACHE, Fourreau. Gl. *Sedilia.*

SACHEBOUTE, Sorte de lance pour combattre à cheval. Gl. *Sacabuta.*

1. **SACHER**, Tirer, mettre dehors. Gl. *Saccare.* [Roman de Renart, tom. 1, pag. 25, vers 667. Laborde, pag. 164. G. Guiart, tom. 1, pag. 113, vers 2394. *Sachier au tonel,* Aubri, pag. 158¹. Chron. des ducs de Normandie. Dégaîner, tirer l'épée. Enfants Haymon, vers 817 :
Li baron qui là furent, chascun tantot
[*sacha.*
G. Guiart, tom. 1, pag. 100, vers 2031, tom. 2, pag. 74, vers 1893 (10896).

2. **SACHER**, Secouer, tirailler, agiter. Gl. *Saccare.*

SACHETEZ, Sachez, Certains religieux, ainsi nommés à cause qu'ils étaient vêtus d'un habit grossier, comme un sac. Gl. *Sacci.*

SACHEUR de Dens, Dentiste, arracheur de dents. Gl. *Saccare.*

SAC

SACHIER, Tirer, mettre dehors. Gl. *Saccare.*

SACIER, Sasser, passer par le sas ou tamis. Gl. *Setaciare.*

SACOUHADE, Saignée copieuse des quatre membres. Gl. *Succusatio.*

SACQUAGE, Droit sur les denrées qui se mettent en sac. Gl. *Saccagium,* sous *Saccare.*

SACQUELET, Sacquiau, Petit sac, sachet. Gl. *Saccellus.*

SACQUIER, Porte-sac. Gl. *Saccarii.*

SACRAMENTAGE, Le droit que paye celui qui prête serment. Gl. *Sacramentagium.*

SACRE, La fête du Saint Sacrement. Gl. *Sacrum* 3.

1. **SACRÉ**, Évêque. Gl. *Sacer* 2.

○ 2. **SACRÉ**, Baptisé. Enfants Haymon, vers 852 :
Ou il mourront par mi ou il seront sacré.

1. **SACREMENT**, Le sacrifice de la messe. Gl. sous *Sacramentum* 1.

2. **SACREMENT**, La partie de la messe qu'on appelle la consécration et l'élévation. Gl. sous *Sacramentum* 1.

SACREMENT, La fête du Saint Sacrement. Gl. *Sacrum* 3.

4. **SACREMENT,** Relique, chose qu'on regarde comme sacrée. Gl. sous *Sacramentum.*

SACS, Certains religieux, ainsi nommés à cause qu'ils étaient vêtus d'un habit grossier, comme un sac. Gl. *Sacci.*

SACURBE, Sorte de robe, ou habillement de toile. Gl. *Sacurba.*

SADE, Agréable, charmant, doux. Gl. *Sadonare.* [Laborde, p. 213, 215. *Sadete,* pag. 214.]

SAEL, Sceau. Gl. *Sigillum* 1. [*Saeleiz,* Scellé. Gérard de Vienne, vers 3228 :

*N'en poroit estre un solz quarelz osteiz
Tant ez li uns an l'autre saeleiz.*

Secter, Agolant, vers 944, pag. 163[1]; G. Guiart, tom. 2, pag. 75, 140, v. 1905, 3600 (10881, 12582).]

SAFFRANE, Un champ semé de safran. Gl. *Saffranare.*

SAFRE, Orfroi, broderie d'or ou de soie ; d'où *Safre,* Couvert d'orfroi. Gl. *Saffium.* [Chanson de Roland, st. 179, vers 4 :

Si ad vestut sun blanc osberc saffret.

Stance 227, vers 5 :

Vest une bronie dunt li pan sunt saffret.

Hauberc saffré, Roman de Roncevaux, pag. 29. *Haubert safré,* Gérard de Vienne, vers. 700. Aubri, vers 132. Chron. des ducs de Norm. tom. 2, pag. 445, vers 28190. Voyez *Desafrer ;* et Rayn. t. 5, pag. 181 [1], au mot *Safrar.*]

SAGE, Savant, instruit, habile. Gl. *Sagaculus.*

SAGE-HOM DE LOIX, Jurisconsulte. Gl. *Sapientes.*

SAGE-HOMME, Juge, homme de loi. Gl. *Sagibarones.*

SAGEIS, Breuvage de sauge. Gl. *Salviatum* 1.

SAGERIE, p. e. pour *Sagnie,* Lieu rempli de joncs ou de roseaux, et p. e. Marais. Gl. *Sageria.*

SAGETTIE, SAGITTAIRE, Sorte de vaisseau fort léger. Gl. *Sagetia* et *Sagittaria,* sous *Sagitta* 1.

SAGITE, Flèche, trait d'arbalète. Gl. *Sagitta* 2.

SAHIN, Espèce de faucon. Gl. *Sahinus.*

SAICHANCE, Science, expérience. Gl. *Scientialis.*

SAICHEMENT, Secousse, tiraillement. Gl. *Saccare.*

SAICHER, Tirer, mettre dehors. Gl. *Saccare.*

° **SAIE,** Soie ? Partonop. vers 5073 :

De cauces de saie bien ate.

° **SAIÉ,** G. Guiart, tom. 2, pag. 88, vers 2262 (11289) :

*L'erbe vert n'est ensanglentée,
Les buisson et les blez saiez
Du sanc des morz et des plaiez.*

SAIELE, L'action de scier ou couper les blés. Gl. *Secatura.*

SAIELLE, Billet, mandement, écrit scellé. Gl. *Sigillum* 1.

SAIEN, Sain, graisse. Gl. *Sainum.*

SAIERE, Écharpe à l'usage d'église, ainsi appelée parce qu'elle est d'étoffe de soie. Gl. *Saia.*

SAIETEUR, Fabriquant d'une étoffe appelée *Saie.* Gl. *Sagum* 2.

SAJETTE ou SAIETTE, Flèche, trait d'arbalète. Gl. *Sagitta* 2. [Garin le Loher. tom. 1, pag. 175. Chron. des ducs de Norm. au mot *Saete.*]

SAIGE, Savant, instruit, habile. Gl. *Sagaculus.*

1. **SAIGNE,** Ravine, marais. Gl. *Saignia.*

2. **SAIGNE,** Moelle de sureau. Gl. *Saignia.*

SAIGNÉE, La partie du bras où l'on a coutume de saigner. Gl. *Sanguinare* 3.

SAIGNOR, Seigneur. Gl. sous *Sella* 2.

SAIJEL, Écrit où l'on a mis son sceau. Gl. *Movere* 1.

SAILLARESSE, Danseuse. Gl. *Saltatrices.*

SAILLEUR, Sauteur, danseur. Gl. *Saltatrices.*

SAILLIR, Sortir. Gl. *Saillire.* [Garin le Loher. tom. 1, pag. 176 :

Souvent lor saut, ne les laist dormir mie.

Roman de Renart, t. 1, p. 3, v. 55, 65. Sauter, p. 88, v. 870 ; p. 51, v. 1301, 1305. Orell. pag. 182.]

SAIN, Graisse des animaux. Gl. *Sagimen.*

SAINE, Lieu où l'on peut pêcher avec le filet, appelé *Seine.* Gl. *Seyna.*

SAINER, Saigner, tirer du sang. Gl. *Ensigna.*

SAING, Seing, marque. Gl. *Signator* 1. [*Sain.* Partonop. vers 519, 641.]

° **SAINGLE,** SANGLE, Simple, sans doublure. Partonop. vers 7459 :

*Ele a une jupe porprine
Bien faite à oevre sarasine :
Saingle est por le caure d'esté.*

G. Guiart, tom. 2, pag. 159, vers 4104 (14090) :

*Prennent les robes aus bourjoises
Unes fourées, autres sangles.*

Pag. 463, vers 12033 (21016). Gérard de Vienne, vers 894 :

*Del dos li ostent le blanc hauberc treslis
Et remest sangles el bliaut de samis.*

SAINGLEMENT, Entièrement. Gl *Simpliciter* 1.

SAINGNER, Faire le signe de la Croix. Gl. *Signare.* [*Sainnier,* Partonop. v. 9705, 10456.]

SAINGNIER, Saigner, tirer du sang.

Gl. *Sanguinare* 1. [Roman de Renart, t. 4, pag. 30, vers 820 :

*Ne lour plaist sainnie de vainne,
Si se font sainnier à buhot.*]

SAINIÉ, Ce qui était accordé à ceux qui avaient été saignés. Gl. *Ensigne.*

1. **SAINS,** Sorte de vêtement, espèce de tunique. Gl. *Semicinctium.*

2. **SAINS,** Sans, préposition. Gl. sous *Sella* 2.

SAINSINE, Sorte de filet à pêcher, p. e. Seine. Gl. *Sagena* 1.

SAINT, Cloche. Gl. *Signum* 8.

SAINTEE, Sainteté, titre d'honneur, terme de respect. Gl. *Sanctitas* 1.

SAINTEURS, SAINTIERS, SAINTIEUX, Serfs, qui doivent service ou cens à une église. Gl. *Sanctuarii,* sous *Sanctuarius.*

SAINTIBLE, Sain, qui est en bonne santé. Gl. *Sanitas.*

SAINTIR, Se sanctifier, devenir saint. Gl. *Sanctificare.*

SAINTISME, Saint, très-saint. Gl. *Sanctitas* 1. [*Sainteime,* Agolant, vers 477.]

SAINTS, Serfs qui doivent service ou cens à une église. Gl. *Sanctuarii,* sous *Sanctuarius.*

SAINTUAIRES, Reliques, Châsse qui les contient, reliquaire. Gl. *Sanctuarium* 5.

SAINTUAUX, Clercs, gens d'église. Gl. *Sanctuarii,* sous *Sanctuarius.*

SAINTURIER, Ceinturier, faiseur de ceintures. Gl. *Santurerius.*

SAIREMENT, Serment. Gl. *Vestitura* 1. [Partonop. vers 2926. Chastel. de Couci, vers 2263.]

SAISINE, Saisie. Gl. *Saisina.*

SAISINEUR, Gardien des effets saisis par justice. Gl. *Saisina.*

SAITIE, Sorte de vaisseau fort léger. Gl. *Saettia,* sous *Sagitta* 1.

SAKER, Secouer, tirailler, agiter. Gl. *Saccare.*

SAKEUR, Porte-sac. Gl. *Saccarii.*

SAL, Sauf, excepté. Gl. *Salvo* 1.

SAL GRANT, Gros sel. Gl. *Sal amplum.*

1. **SALAGE,** Gabelle, impôt sur le sel. Gl. *Salagium* 1.

2. **SALAGE,** SALAIGE, Droit sur les bateaux de sel. Gl. *Salagium* 1.

SALANDRE, Sorte de vaisseau pour porter des provisions. Gl. *Salandra.*

SALARIER, Donner à quelqu'un le salaire qui lui est dû. Gl. *Salariare.*

1. **SALE,** Maison considérable, palais, hôtel. Gl. *Sala* 1.

2. **SALE,** Salade, espèce de casque. Gl. *Salada.*

SALECOQUE, Salicoque, crevette. Gl. *Squilla*.

SALEIGNON, Botte de saulx. Gl. *Salneritia*.

SALER, Sceller, apposer le sceau. Gl. *Rasura* 1.

SALERON, Salière. Gl. *Salerium* 1.

SALIGNON, Pain de sel blanc. Gl. *Saligium*.

SALINE, Charge de sel, estimée un quintal et demi. Gl. *Salina* 3.

SALINER, Sauner, faire du sel. Gl. *Salinare*.

SALINIER, Marchand de sel. Gl. *Salinerius* 1.

SALLE, Cour, tribunal, juridiction. Gl. *Sala* 1.

SALMOIER, Psalmodier, chanter des psaumes. Gl. *Salmus*.

SALOIGNON, Botte de saulx. Gl. *Salneritia*.

SALPESTREUR, Salpêtrier. Gl. *Salpetra*.

1. **SALTERION**, Psalterion, instrument musical. Gl. *Salmus*.

2. **SALTERION**, p. e. pour SARTELION, Ceps, entraves. Gl. sous *Salmus*.

1. **SALVAGE**, LETTRE DE SALVAGE, Sauve-garde. Gl. *Salvagardia*.

2. **SALVAGE**, SALVAIGE, Ce qui est dû à ceux qui sauvent les marchandises d'un vaisseau échoué. Gl. *Salvagium* 1.

SALVANCE, Sauvegarde, protection. Gl. *Salvamentum* 1.

SALVE, Sauf, excepté. Gl. *Salvo* 1.

SALVETÉ, Bourg, village, canton, juridiction, district. Gl. *Salvitas*.

SALUYT, Salut, nom d'une monnaie. Gl. *Salus* 3.

SALYNON, pour SALIGNON, Pain de sel blanc. Gl. *Saligium*.

° **SAMBLANCE**, Mine, minois. Chastel. de Couci, vers 110 :

Tous ses cuers en envoiséure
Est de penser à sa faiture
Et à la jolie samblance,
Dont amours l'a navré sans lance.

Voyez *Samblant*.

SAMBLANT, Air du visage, mine. Gl. *Simulatio*, sous *Similare*. [Agolant. p. 179[1] :

Ne redota ne lui ne son semblant.

Flore et Blancefl. vers 153 :

Dont sot ben quel mal ele avoit
A son sanlant qu'ençainte estoit.

Faire *samblant*. Roi Guillaume, pag. 154 :

De riens ne vaurent samblant faire
Tant qu'il orent les pans véus.

Par *samblant*, Évidemment. Partonop. vers 3567 :

Ains estes dolans par samblant
De ço que nos somes perdant.

Vers 3597 :

Nuls d'els ne m'avoit par samblant.

Voyez Rayn. tom. 5, pag. 188 [2], au mot *Semblant*.]

1. **SAMBRE**, pour SAMBLE, Face, visage. Par le sambre Dieu, Sorte de jurement. Gl. *Similare*.

2. **SAMBRE**, pour SOMBRE, La saison où l'on donne le premier labour aux terres. Gl. *Sombrum* 2.

SAMBUE, Sorte de char à l'usage principalement des dames, litière. Gl. *Sabuta*. [Partie du harnais, Sambue, var. Sanbuie, Garin le Loher. tom. 1, pag. 298. Chastel. de Couci, v. 687 :

Car de dames que damoiselles
Amainment cent qui moult sont belles,
Et sont, si comme dit, vestues
De clocettes, et s'aront sambues,
Elles et tout li chevalier
D'armes qui moult font à prisier.

Voyez Halliwell, au mot *Sambus*.]

SAMBUY, PAR LE SAMBUY, Sorte de jurement. Gl. *Similare*.

° **SAMBUZ**, Sureau. Chroniques Anglo-Normandes, tom. 1, pag. 54 :

Lez un sambuz
Après un tremble s'adossa.

Voyez *Same*, Rayn. tom. 5, pag. 148 [1], au mot *Sambue*.

SAME, Sureau. Gl. *Sambussus*.

SAMET, Étoffe de soie. Gl. *Samitium*.

SAMGNIE, Étoffe de soie. Gl. *Samitium*.

SAMIER, Sorte de filet. Gl. *Samitium*.

° **SAMIN**, De velours, de samit. Agolant, pag. 186 [1] :

Rendus vos fust en vostre tref samin.
Ou ça-main, ce matin ?

SAMIT, Etoffe de soie. Gl. sous *Exametum*. [Velours. Voyez *Bliaut*, et Rayn. tom. 5, pag. 148 [1], au mot *Samit*.]

° **SAMPLE**, Exemple. Vie de saint Thomas de Canterbury, vers 1199.

SAN, Foin ; d'où *Sanail*, Lieu où l'on serre le foin, et *Sanic*, Menu foin. Gl. *Senecia*.

SANCHEZ, Monnaie du royaume de Navarre. Gl. *Sancetti*.

SANCTUAIRES, Reliques et Reliquaires. Gl. *Sanctuarium* 5.

SANCTUARIE, Franchise, droit d'asile accordé particulièrement aux églises. Gl. *Sanctuarium* 3.

SANE, Synode, assemblée ecclésiastique. Gl. *Synodus* 2.

SANER, Panser, guérir. Gl. *Sanare* 1. [Wackernagel, p. 12 :

A sa voix j'ere si sanée,
Com Priamus quant il maroit
Navreis en son flanc de s'espeie
A nom Tube les ieus ovroit.

Voyez *Sener*, Rayn. tom. 5, pag. 149 [2], au mot *Sanar*.]

SANG, FAIRE SANG, Blesser jusqu'au sang. Gl. *Sanguis* 2.

SANG VOLAGE, Blessure légère. Gl. *Sanguis* 2.

SANGLANT, Terme injurieux et blasphématoire ; d'où *Sanglanter*, Appeler quelqu'un *Sanglant*. Gl. *Sanguleulus*.

° **SANGLE**. Voyez *Saingle*.

SANGLER, Ensanglanter, remplir de sang. Gl. *Sanguinare* 2.

SANGLONNÉE, Caillot de sang. Gl. *Sanguinare* 1.

SANGMERLÉ, SANGMESLÉ, Qui a le sang agité et troublé, qui n'est pas de sang froid ; d'où *Sangmerlaure*, Agitation du sang, colère. Gl. *Sanguinare* 2 [Roman de Renart, tom. 2, pag. 349, vers 19111 :

Tant fu li rois fort adolez
Que il en fu toz sanmellez.

Voyez *Meller*.]

SANGO-FEGIE, Masse informe de sang figé, mole. Gl. *Sanguifluus*.

SANGUIN, SANGUINE, Sorte d'étoffe de couleur sanguine. Gl. *Sanguinus* 2. [Marbre sanguin, Partonop. vers 834. Lèvre sanguine, vers 8990.]

SANGUINITÉ, Consanguinité, parenté. Gl. *Sanguinitas*.

SANIC, Menu foin. Gl. *Senecia*.

SANLER, Sembler, penser, croire. Gl. *Similare*. [Voyez *Samblant* et *Sembler*.]

SANNEMENT, Santé, guérison. Gl. *Sanitas*.

SANQUEUE, Jeune dorade, poisson. Gl. *Aurata*.

SANT, p. e. Ceinture. Gl. *Sinta*.

SANTE, Sentier, chemin. Gl. *Senterium*.

SANTINE, Sorte de petit bateau ou nacelle sur la Loire. Gl. *Sentina*.

SANTISME, Saint, très-saint : qualification donnée aux papes et aux évêques. Gl. *Sanctitas* 2.

SANTON, Sorte de bâton de défense, espèce d'arme. Gl. *Sapellata*.

SANTUAILLES, Reliques et Reliquaires. Gl. *Sanctuala*, sous *Sanctuarium* 5.

SAON, SAONNEMENT, Reproche contre un témoin ; d'où *Saonner*, Le reprocher. Gl. *Sonare* 3, et *Sonatio*.

SAONOIS, Qui est de Savone. Gl. *Souderarius*, sous *Solidata*.

SAP, Sapin. Gl. *Sappus* 2. [Roman de Renart, tom. 3, pag. 109, vers 22742.]

SAPEIL, Baguette, petite branche d'arbre. Gl. *Sapellata*.

SAPHISTRIN, Saphir d'Allemagne. Gl. *Saphirinus*.

SAPIR, Savoir, connaître. Gl. *Sapere* 1.

SAPITEUR, Sage et expert estimateur. Gl. *Sapitor*.

SAPMISTE, David, auteur des psaumes. Gl. *Salmus*.

SAPPE, Bâton ferré par un bout, sorte d'arme. Gl. *Sapellata*.

° **SAPPIENT**, Dieu. Enfants Haymon, vers 97 :
Et nous les conquestames au gré du [sappient.

SAQUEBOUTE, Sorte de lance pour combattre à cheval, espèce d'épée. Gl. *Sacabuta*.

SAQUÉE, Sachée, plein un sac. Gl. *Sachata*.

SAQUELET, Petit sac, sachet. Gl. *Saqueta*.

SAQUEMENS, Pillards, voleurs, gens de sac et de corde. Gl. *Saccomanni*.

SAQUIER L'IAUE, Tirer de l'eau. Gl. *Saccare*.

SARAGOCIEN, Saragossan, De Saragosse, ville d'Espagne. Gl. *Cultellus Saragossanus*.

SARCEL, Aiguillon, dont on pique les bœufs. Gl. sous *Sarcilis*.

° **SARCIR**, Couper, tailler. Gérard de Vienne, vers 2785 :
*Mais li brans torne vers senestre partie,
Si descendi sus la targe burnie,
De chief an chief li ait copée et tranchie
Et le giron de la broigne sarcie.*

SARCENET, Etoffe fabriquée chez les Sarrasins. Gl. *Saracenicum*.

SARCHELE, Espèce d'arbre, p. e. dont on fait des cerceaux. Gl. *Serchellum*.

SARCHEU, Cercueil. Gl. sous *Platonæ*.

SARCHIES, Agrès, cordages d'un vaisseau. Gl. *Sarcia* 1.

SARCU, Cercueil. Gl. *Sarcophagus*. [Renart le Nouvel, tom. 4, p. 157, vers 832. Chron. des ducs de Norm]

SARDINAU, Filet pour la pêche des sardines. Gl. *Sardinalis*.

SARERE, p. e. Serrurier. Gl. *Sarralherius*.

SARGE, Serge et le meuble fait de cette étoffe. Gl. *Sarga*. [Flore et Jeanne, p. 25 : *Ses esporons ahoka à la sarge au coron du lit*. G. Guiart, tom. 1, pag. 187, vers 4299 :
*Qui n'est mie close de sarges
Mès de fossez parfonz et larges.*]

SARGER, Serge, pièce de serge. Gl. *Sarga*.

SARGIL, Pièce de serge ; d'où *Sargiller*, Sergier, ouvrier ou marchand de serge. Gl. *Sarga*.

SAROHT, Rochet, habit d'église. Gl. *Sarrotus*.

SARPEL, Serpe ; d'où *Sarpillon*, Serpette. Gl. *Sarpia*.

SARQUEU, Cercueil, tombeau, sépulcre. Gl. *Sarcophagus*. [Partonop. vers 7720. Chron. des ducs de Norm.]

SARRANS, Les cordons d'une bourse. Gl. *Serare*.

SARRAS, Sarrasson, Sorte de fromage. Gl. *Rassius*.

SARRASINESME, Sarrazinorsin, Le pays des Sarrazins. Gl. *Sarracenia*, sous *Saraceni*.

SARRAZINS, Gueux, qui courent le pays, qu'on appelle plus ordinairement Bohémiens. Gl. *Saraceni*.

SARRAZIONOIS. Jeu Sarrazionois, Combat sanglant. Gl. *Saraceni*.

SARRE. Tenir en Sarre, Gêner, tenir en contrainte. Gl. sous *Serare*.

SARREUR, Moulin à scier du bois. Gl. *Sarritorium*.

SARRIE, Sorte de pannier ou vaisseau qu'on met sur les bêtes de somme. Gl. *Saria*.

SARROT, Rochet, habit d'église. Gl. *Sarrotus*.

SARRUZE, Serrure. Gl. *Sarreuria*.

SARTELION, Ceps, entraves. Gl. sous *Salmus*.

SARTIEL, Petit champ nouvellement défriché. Gl. *Sartellulum*.

SARTIES, Agrès, cordages d'un vaisseau. Gl. *Sarcia* 1.

° **SARTIZ**, Roman de Renart, tom. 3, pag. 109, vers 22746 :
*Toz est ses visages sartiz
Et la boche ot lede et mau fete.*

SARTRE, Couturier, tailleur. Gl. *Sartor*.

SARTRERIE, Boutique d'un tailleur. Gl. *Sartorium* 1.

SASOAGE, p. e. Sûr, assuré. Gl. *Sassus*.

SATALLIN, p. e. pour Satanin, Satin. Gl. *Satallin*.

SATEFFIÉ, Satisfait, content. Gl. *Satisfacere*.

SATERIE, Sergenterie, espèce de fief. Gl. *Satelles* 3.

SATHANIN, Satin. Gl. *Satallin*.

SATIFFIER, Satisfaire, payer. Gl. *Satisfacere*.

SATOIR, Étrier pour aider à sauter à cheval. Gl. *Saltatoria*.

SATON, Sorte de bâton de défense, espèce d'arme. Gl. *Sapellata*.

SAVARRET, p. e. Réservoir de poissons. Gl. *Savarretum*.

SAUBUE, Sorte de char, à l'usage principalement des dames, litière. Gl. *Saubua*, sous *Sabuta*.

SAUCERIEL, Petite saussaie. Gl. *Sallicium*.

SAUCHOIE, Sauchois, Saussaie. Gl. *Saucea* et *Saucetum*.

1. **SAUCIER**, Saucière. Gl. *Saucer*.

2. **SAUCIER**, Officier de cuisine chez le roi, qui a soin des sauces et des épices. Gl. *Salsarius*.

3. **SAUCIER**, Saussaie ; si ce n'est pas une faute pour Sentier. Gl. *Saucetum*.

SAUCIZ, Sauçour, Sauçoy, Saussaie. Gl. *Saucia*, *Saucetum* et *Salcetum*.

SAUDÉE de Terre, Fonds qui rapporte un sol de rente. Gl. *Solidata terræ*.

SAUDENIER, Saudoier, Soldat, homme de guerre, qui est à la solde de quelqu'un. Gl. *Soldenarius*, sous *Solidata*, et *Souderarius*, sous *Solidata*.

1. **SAVELON**, Savon. Gl. *Sabonus*.

2. **SAVELON**, Sablon. Gl. *Sabonus*.

SAVENE, Espèce de nape. Gl. *Savena*.

SAVETONNIER, Savetier. Gl. *Savaterius*.

SAVEUR, Assaisonnement, sauce. Gl. *Sapor*.

SAUF. Remettre une espée en sauf, La remettre dans son fourreau. Gl. *Salvosa*.

SAUF-ALANT, Sauf-conduit, sûreté pour aller. Gl. sous *Salvum* 3.

SAUFVEMENT, Ce qui est dû à ceux qui sauvent les marchandises d'un vaisseau échoué. Gl. *Salvagium* 1.

SAUF-VENANT, Sauf-conduit, sûreté pour venir. Gl. sous *Salvum* 3.

SAUGÉ. Vin saugé, Dans lequel on a fait infuser de la sauge. Gl. *Salviatum* 2.

SAUGIE, Breuvage de sauge. Gl. *Salviatum* 2.

SAUGIÉE, p. e. Certaine quantité de petits poissons. Gl. sous *Sauguinarius*. [Roman de Renart, tom. 1, pag. 82, vers 839 :
*Plus de trente harenz.....
Qu'il en menja moult volentiers,
Onques n'i quist ne sel ne sauge.*]

SAVIR, Savoir. Gl. *Savirum*.

SAULAIE, Saussaie. Gl. *Saulea*.

SAULCIER, Officier de cuisine chez le roi, qui a soin des sauces et des épices, dont la charge s'appelle *Saulcerie*. Gl. *Salsarius*.

SAULIE, Saussaie. Gl. *Saulia*.

SAULNAIE, Saussaie. Gl. *Salnaria* 1.

SAULSERON, Saucier, vase où l'on sert les sauces sur la table. Gl. *Salsarolium*.

SAUMANCH, Sorte de filet ou toile pour la chasse Gl. *Saumanch*.

SAUME, Psaume ; d'où *Saumistre*, pour désigner David, auteur des psaumes ; et *Saumoier*, Psalmodier, chanter des psaumes. Gl. *Salmus*.

SAUNARIE, Boucherie, tuerie. Gl. *Saunaria*, sous *Salinaria*.

SAUNELAGE, Gabelle, impôt sur le sel. Gl. *Saunaria* sous *Salinaria*.

SAUNIER, Marchand de sel. Gl. *Saunarius,* sous *Salinaria.*

° **SAUNZ DEU.** Lai du Corn, vers 402 :
*Le meillour ay des trois
Qui hounkes saunz deu fust roi.*

° **SAVOIR.** FAIRE SAVOIR, Agir sagement. Roman de Renart, tom. 1, pag. 20, v. 530 :
Or se gart, qu'il fera savoir.
Fabliaux, Jubinal, tom. 1, pag. 129 :
*N' ai pas créu la voir, si n'ai pas fait
[savoir.*
Voyez Rayn. tom. 5, pag. 128¹, au mot *Saber.*

° 2. **SAVOIR,** Vouloir, entendre. Partonop. vers 454 :
*Mais onques d'autrui cevalier
Ne volt faire son sodoier,
Ne savoit nolui retenir
Qui puis-déust de lui partir.*
Voyez Orell, pag. 196. *Savoir mon,* p. 307.

SAVOUER, Réservoir pour le poisson. Gl. *Salvarium.*

SAUOUR, pour SAUÇOUR, Saussaie. Gl. *Saucelum.*

SAURAL, Espèce de maquereau. Gl. *Saurus* 2.

SAURE, Instrument pour pêcher, sorte de filet. Gl. *Saurarium.*

° **SAUS,** Chastel. de Couci, vers 550 :
*Ha dame, vos parler sont saus,
Mal n'en ay pas, mès bien me plest.*
Vers 3212 :
*Et de son argent me dona,
Tant que mes labeurs est bien saus.*
Flore et Blancefl. vers 867 :
*A tant es vous un chevalier
Mervilleus saus sor son destrier.*
Partonop. vers 5195 :
*Un vill garçon, fel et manvés...
N'i seroit sax une mesele.*

SAUSERON, Saucier, vase où l'on sert les sauces sur la table. Gl. *Acetabulum.*

SAUSIF, Saussaie. Gl. *Sauzaium.*

SAUSSE CAMELINE, etc. Différentes espèces de sauces en usage autrefois, dont quelques-unes sont encore connues. Gl. *Salsa* 1. [— Chastel. de Couci, vers 2464 :
*Il ne pert pas à son samblant
Certes aime mal male ne fausse
Et que j'aroie amère sausse.*
Roman de Renart, tom. 2, pag. 267, vers 16850 :
*A un vilain punés Liétart
Qui m'a ceste sausse méue.*]

SAUSSERON, Saucier, vase où l'on sert les sauces sur la table. Gl. *Salsarolium.*

1. **SAUSSIER,** Officier de cuisine chez le roi, qui a soin des sauces et des épices, dont la charge s'appelle *Sausserie.* Gl. *Salsaria* 2, et *Salsarius.*

2. **SAUSSIER,** Marchand de sauces préparées, cuisinier. Gl. *Salsa* 1.

SAUSSIZ, Saussaie. Gl. *Sallicium.*

SAUSTIER, Psautier, les sept psaumes pénitentiaux. Gl. sous *Psalterium.*

SAUT A MOULIN, Tout le cours d'eau qui fait tourner un moulin. Gl. *Saltus molendini.*

° **SAUT.** SAUZ MENUZ, Allure du cheval, Galop ? Voyez *Menu,* et *Menuement.* Roman de Renart, tom. 1, pag. 13, vers 341 :
S'en vet Renars les saus menuz.
Pag. 35, vers 911 :
Qui s'en venoit les menuz sauz.
Partonop. vers 9751 :
*Partonopeus l'espée trait,
Menuement les saus li vait.*
Voyez Rayn. tom. 5, pag. 141³, au mot *Saut.* —Mantel Mautaillé, vers 732 :
Et Girfles i ala le saut.
— Guillaume Guiart, tom. 2, pag. 390, vers 10136 (19117) :
*Là ront les galies enclose
De plaine venue, à bas sauz.*

SAUTELER, Tressaillir. Gl. *Salisatio.*

SAUTIER, Psautier, livre qui contient les psaumes. Gl. *Missale* 2. [Roman de Renart, tom. 4, pag. 180, vers 1438.]

SAUTIF, Sain, qui se porte bien. Gl. *Subtiliare* 2.

SAUTOIR, SAUTOUER, Étrier pour aider à sauter à cheval. Gl. *Staffa* 2, et *Saltatoria.*

SAUVAGE, Incivil, impoli, peu gracieux. Gl. *Sylvaticus.*

SAUVAGIN, Sauvage, qui habite les forêts. *Chasse Sauvagine,* Chasse aux bêtes fauves. Gl. *Salvasina.*

SAUVARGON, Sauvageon. Gl. sous *Sylvaticus.*

SAUVATIER, Habitant d'un lieu qui est sous la protection d'un seigneur, ou qui est sujet au droit qu'exige le seigneur pour cette protection. Gl. *Salvitas.*

SAUVECHINE, Terre inculte, pleine de ronces et d'épines. Gl. sous *Sylvaticus.* [Voyez *Sauvegine.*]

SAUVEDROIT, L'amende qu'on fait payer à ceux qui fraudent les droits d'un seigneur. Gl. *Salvaria.*

SAUVEGINE, Toute espèce de bêtes fauves. Gl. *Salvasina* et *Sylvaticus.* [Partonop. vers 351 :
*Li plus de France estoit gastine
De bos plaines et de sauvegine.*
Roi Guillaume, pag 56 :
*Et vivent comme sauvechine
De la glant et de la faine.*
Roman de Renart, t. 3, p. 83, v. 22015 :
*Cent arpens bien i avoit,
Moult de sauvagine i avoit
Et plusieurs bestes à plenté.*
Voyez *Sauvechine,* Rayn. tom. 5, pag. 147³, au *Salvaggina.*]

SAUVELAGE, Ce qui est dû à ceux qui sauvent les marchandises d'un vaisseau échoué. Gl. *Salvagium* 1.

SAUVEMANT, Ce qu'un vassal paye à son seigneur pour être protégé par lui. Gl. *Salvamentum* 1.

1. **SAUVEMENT,** Sauvegarde, protection. Gl. *Salvamentum* 1.

2. **SAUVEMENT,** Le droit que fait payer un seigneur pour l'entretien des murs d'une ville ou d'un château. Gl. *Salvamentum* 1.

3. **SAUVEMENT,** Salut. Gl. *Salvatio* 1.

4. **SAUVÉMENT,** Sûrement. Gl. *Salve.*

SAUVENIEZ, Ce qu'un vassal paye à son seigneur pour être protégé par lui. Gl. *Salvamentum* 1.

SAUVEOUR, Réservoir pour le poisson. Gl. *Salvarium.*

SAUVER, Excepter, réserver. Gl. *Salvare* 6.

SAUVETÉ, Sûreté. Gl. *Salvitas.* [Roi Guillaume, pag. 79. *Sovetsit,* Salut. Wackern. pag. 62.]

SAUVETERRE, Sorte d'épée, cimeterre. Gl. *Salvaterra* 2.

SAUVEUR. LE SAINCT SAUVEUR, La fête du Saint Sacrement. Gl. *Sacrum* 3.

SAUVOIR, Réservoir pour le poisson. Gl. *Salvarium.*

SAWIN, Sciure de bois. Gl. *Barbiarius.*

SAYE, Cheville. Gl. *Sayus.*

SAYLE, Seigle. Gl. *Tercellum.*

SAYN, Graisse des animaux. Gl. *Sagimen.*

SAYNIERE, Instrument de fer ou de bois propre à ôter les ordures et immondices. Gl. *Sanare* 1.

SAYRIE, Le lieu où les femmes et les filles s'assemblent le soir pour filer ; les Picards appellent *Serie* cette assemblée. Gl. *Gynæceum.*

SCABINAL. MAISON SCABINALE, Hôtel de ville où s'assemblent les échevins. Gl. *Scabinalis,* sous *Scabini.*

SCACLOISON, p. e. pour SARCLOISON, Le temps du sarclage des terres. Gl. *Saclare.*

SCANDALER, SCANDALISER, Publier, divulguer, surtout quand il s'agit de mal. Gl. *Scandalizare.*

SCANDALH, Sorte de mesure des liquides. Gl. *Scandalium* 1.

SCANDALIER, SCANDALISIER, Diffamer, déshonorer. Gl. *Scandalizare.*

SCANDALISEUX, Offensant, choquant, qui révolte. Gl. *Scandalizator.*

SCARAMPS, Nom d'une ancienne compagnie de négociants. Gl. *Societas* 4.

SCAVANCE, Science, savoir, expérience. Gl. *Savirum* et *Scientialis.*

SCELLERAGE, pour STELLERAGE ou SCESTERAGE, Droit de mesurage des blés. Gl. *Sestaragium.*

SCERIE, Assemblée du soir, où les

femmes et les filles s'occupent à filer. Gl. *Sera* 1.

SCHACHIER, SCHAQUIR, Échiquier. Gl. *Scacarium*, sous *Scacci* 1.

SCHARSETÉ, Épargne sordide, avarice. Gl. *Escharsellus*.

SCHENAPAN, Vaurien, coquin, voleur. Gl. *Snaphtanus*.

SCHILLING, Schelling, monnaie anglaise. Gl. *Schillingus*.

SCHOLARITÉ, Priviléges des écoliers dans les universités. Gl. *Scholaritas*.

SCIENTEMENT, Sciemment, avec connaissance de cause. Gl. *Scientiose*.

SCIENTEUX, Sage, prudent, avisé. Gl. *Scientiatus*.

° SCINTE, Chansons Historiques, tom. 1, Introduct. pag. XLVII :
Or s'en va Orious scinte et marrie
Des eufs s'en vat plorant, de cuer sospire.

SCINTERELLE, Sorte d'insecte ailé, moucheron. Gl. *Scinifes*.

SCINTILE, Petite quantité de quelque chose. Gl. *Scintilla* 2.

SCIRURGIEN, Chirurgien. Gl. *Sirurgia*.

SCISAILLER, pour Cisailler, couper, rogner avec des cisailles. Gl. *Scisalhæ*.

SCITIVE DE PRÉ, Autant qu'un homme en peut faucher dans un jour. Gl. *Scitivata*.

SCLOUDAGE, p. e. Ce qu'on payait pour le droit d'écluse; ou bien une redevance des marchands de clous. Gl. *Sclusia*.

SCOHERIE, Le marché aux cuirs et des ouvrages de cuir. Gl. *Scorium*.

SCOLARITÉ, Priviléges des écoliers dans les universités. Gl. *Scholaritas*.

SCORION, Escourgeon, espèce d'orge. Gl. *Scario* 2.

1. SCOT, pour Soc, Espèce de chappe, manteau. Gl. *Socca* 1.

2. SCOT, Soc de charrue. Gl. *Soccus* 2.

SCOTE, Sorte de monnaie. Gl. *Scotus* 1.

SCOURION, Escourgeon, espèce d'orge. Gl. *Scario* 2.

SCOUS, Sentinelle, celui qui fait le guet. Gl. *Scubiæ*.

SCOUZ, Sorte de jeu. Gl. *Scotus* 2.

SCRIBANIE, Greffe. Gl. *Scribania*.

SCRUTINE, Recherche, examen, perquisition. Gl. *Scrutinium*.

SCUCHON, Écusson. Gl. *Scuchea*.

SCULIER, Officier qui a soin de la vaisselle, des plats et des assiettes. Gl. *Scutelarius*, sous *Scutella* 1.

SCUPIR, Cracher Gl. *Scupienha*.

° SCURDANCE, Voyez *Oscurdance*.

SCURE, Grange. Gl. *Scura*.

SCURÉ, Couvert, protégé. Gl. *Scurolum*.

° SÉ, Siége, évêché, etc. Chron. des ducs de Norm.

SEAGE, Le droit de station dans un port. Gl. *Sedes navium*, sous *Sedes* 4.

SEAILLES, Moisson et les fruits de la terre qu'on scie ou qu'on coupe. Gl. *Secatura* 1.

° SEANT, Flore et Blanceff. vers 351 :
Dont manderent machons vaillans
Et boins orfevres bien seans.

SEAUPME, Psaume. Gl. *Salmus*.

SEBELIN, SEBELINE, Marte zibeline. Gl. *Sabelum*. [Partonop. vers 7454, 10616. Voyez Rayn. tom. 5, pag. 188¹, au mot *Sembelin*.]

SEBOLTURE, Sépulture. Gl. *Sepultura*.

° SEBOUTIR, Faire mourir. Miracle de la sainte Vierge, Chron. des ducs de Normandie, tom. 3, pag. 519, vers 279 :
Sanglentes bestes, lou-garoul,
Serez-vos jà nul jor saoul
De gent noier et seboutir,
D'ames mengier et trangloutir.

SECHAL, pour SÉNÉCHAL, Celui qui ordonne d'une fête. Gl. sous *Senescalcus*.

SÉCHEUR, Sécheresse, aridité. Gl. *Sicagium*.

SECONDAIRE, Second, celui qui a la seconde place. Gl. *Secundarius*.

SECONT, Selon, suivant. Gl. *Segundus*.

SECORION, SECOURION, Escourgeon, espèce d'orge. Gl. *Securionus*.

° SECORIR, SECORS, Rayn. tom. 2, pag. 494¹, aux mots *Secors* et *Soccorre*. Orell. pag. 147.

SECOURCI, Retroussé. Gl. *Rebrachiatorium*. [Secourcier, Retrousser. G. Guiart, tom. 1, pag. 273, vers 6643 :
N'es estuet pas trop secourcier
Pour leur vestemenz acourcier.
Secorier, Laborde, pag. 164 :
Il a reposté sa musele
Si secorie sa cotele.
Voyez *Escourchié*.]

SECOURS, Poche ou doublure d'un habit. Gl. sous *Succursus*.

SECRESTAIN, Sacristain. Gl. *Secretarius* 1.

SECRET, pour Sceau secret. Gl. sous *Sigillum*.

SECRET DE LA MESSE, Le canon, parce qu'il se dit à voix basse. Gl. sous *Secretum* 1. [Secré du canon, Roman de Renart, tom. 4, pag. 13, vers 828. Secroi, Partonop. vers 10803.]

SECRETAIN, Sacristain. Gl. *Secretarius* 1, et *Sacrista*.

· SECRETE ROYALE, Le trésor royal. Gl. *Secreta* 2.

SECRETERE. LIEU SECRETERE, Salle où s'assemblent des juges ou des échevins de ville. Gl. *Secretum* 1.

SECTES, Gens habillés de la même façon. Gl. *Secta* 5.

SECULARE, Séculier, laïque. Gl. *Sæcularis*.

1. SÉE, Fauchée, autant de foin qu'en peut scier un homme dans un jour. Gl. *Secatura* 2.

2. SÉE, Espèce de cheville de fer. Gl. sous *Sayus*.

3. SÉE, Scie ou hache. Gl. *Seccare*.

SEEILLÉE, SEELLÉE, Autant que contient une *Seille* ou seau. Gl. *Selha* et *Situla*.

SEEL, Sceau. Gl. sous *Sigillum*. [Seeler. Voyez *Sael*.]

SEELLEUR, Garde du sceau d'une juridiction. Gl. *Sigillarius* 1.

SEER, Couper, scier. Gl. *Treffa*.

SEERRES, Scieur, celui qui scie ou coupe les blés, le foin, etc. Gl. *Secatura* 2.

SEETE, SEETTE, Flèche, javelot, trait d'arbalète. Gl. *Sagitta* 2.

SEGANCIER, Héritier, descendant. Gl. *Sequaces*.

SEGANZ, Suivant, qui suit. Gl. *Segundus*.

SEGLOUT, Morceau qu'on avale tout d'un coup. Gl. *Glotonus*. [Seglous, Sanglots. Ruteb. tom. 2, pag. 232.]

SEGNE, Enceinte, lieu renfermé entre certaines bornes. Gl. *Signum* 3.

SEGNER, Faire le signe de la croix. Gl. *Signare*.

SEGNORAGE, Seigneurie. Gl. *Signoraticum*, sous *Senior*. [Signorage, Chants Historiques, tom. 1, pag. 30.]

° SEGNORIE, Seigneurie, droit du souverain. Partonop. vers 177, 820, 485.

SEGNORIR, Faire chevalier, revêtir des marques de la chevalerie. Gl. sous *Miles*.

SEGON, Selon, suivant. Gl. *Segundus*.

SEGORAGE, Droit qui est dû au *segraier*. Gl. sous *Secretarius* 3.

SEGRAIER, SEGRAYER, Gruyer, sergent ou officier forestier. Gl. *Secretarius* 3.

SEGRAIERIE, SEGRAIRIE, Droit qui est dû au *segraier*. Gl. sous *Secretarius* 3.

SEGRAL, SEGRAYERIE, Le même. Gl. *Segreria*.

SEGRE, Suivre. Gl. *Sequi*.

SEGREAGE, SEGREAIGE, Droit qui est dû au *segraier*. Gl. sous *Secretarius* 3.

SEGREER, Garde ou sergent forestier. Gl. *Segrerius*.

SEGRETAIN, Sacristain. Gl. *Segrestanus*, sous *Sacrista*.

SEGRETE, Cour fiscale, chambre des Comptes. Gl. *Secreta 2*.

SEGUENCE, Se dit des jeunes animaux qui suivent leurs mères. Gl. *Sequela 7.*

SEGURTÉ, Sûreté, assurance. Gl. *Securatio*. [*Segurs*, Rassuré, Partonop. vers 8195.]

SEHAGE, Sciage. Gl. *Seccare*.

SEHUR, Exempt, privilégié. Gl. *Securus 3*.

SEICTURE, Mesure de pré, autant qu'un homme en peut faucher dans un jour. Gl. *Sectura 2*.

1. **SEIGLE**, Siècle. Gl. *Sæcularis*.

2. **SEIGLE**, Seau. Gl. *Situla*.

SEIGLON, Mesure de terre contenant environ vingt perches. Gl. *Selio*.

SEIGNAU, Seing, signature. Gl. *Signaculum*.

SEIGNE, Seine, sorte de filet pour pêcher. Gl. *Seyna*.

SEIGNEMENT, Signe, l'action de représenter par signes, pantomime. Gl. *Signare 3*.

SEIGNER, Marquer, mettre un seing. Gl. *Signator 1*.

1. **SEIGNEUR**, Mari. Gl. sous *Senior*.

2. **SEIGNEUR**, Beau-père. Gl. *Senior*.

3. **SEIGNEUR** PAR AMONT, PAR DESSUS, Seigneur dominant. Gl. sous *Dominus 6*.

4. **SEIGNEUR** DES CHETIFS, DE GRANT. Nom du chef d'une société de jeunes gens. Gl. sous *Captivare 2*.

5. **SEIGNEUR** DROITURIER, Vrai et légitime seigneur. Gl. sous *Dominus 11*.

6. **SEIGNEUR** DE L'ÉGLISE OU DE L'ORDRE, Principal officier d'un monastère et ancien religieux. Gl. sous *Dominus 11*.

7. **SEIGNEUR** ENTREMOIEN, Qui est entre le dominant et le subalterne. Gl. sous *Dominus 6*.

8. **SEIGNEUR** EN LOIX, Docteur en Droit. Gl. sous *Dominus 11*.

9. **SEIGNEUR**. ÊTRE MIS A SEIGNEUR, Être mis en possession d'une terre ou seigneurie. Gl. *Senior*.

SEIGNEURAGE, Seigneurie, domaine. Gl. *Seigniorivum*.

SEIGNEURIABLE, Seigneurial. Gl. *Complanatum*.

SEIGNEURIER, Gouverner, administrer. Gl. *Segnorare*.

SEIGNIE, Le droit de loger et de manger chez son vassal; ou ce qu'il donne en argent pour se rédimer de ce droit. Gl. *Sonneia*.

SEIGNIER, Marquer, mettre un seing. Gl. *Signator 1*.

° **SEIGNORI**, SIGNORI, Seigneurial,

princier, supérieur. *Palais* —, Gérard de Vienne, vers 901. Garin le Loherain, tom. 1, pag. 48. *Chatiaus* —, pag. 166. *Cors* —, pag. 44, 48. *Clercs* —, pag. 45. Voyez Rayn. tom. 5, pag. 208¹, au mot *Senhoril*.

SEIGNOURIR, Dominer, commander. Gl. *Segnorare*.

1. **SEILLE**, Faucille pour scier ou couper les blés. Gl. *Secatura 1*.

2. **SEILLE**, Seau, baquet. Gl. *Selha*.

SEILLETTE DE VOIRRE, Bouteille de verre. Gl. *Situla*.

SEILLIE, Mesure des liquides. Gl. *Situla*.

SEILLIER, Le lieu où l'on met les seilles ou seaux. Gl. *Selha*.

SEILLON, Mesure de terre contenant environ vingt perches. Gl. *Selio*.

1. **SEINE**, Lieu où l'on peut pêcher avec le filet appelé *Seine*. Gl. *Seyna*.

° 2. **SEINE**, Fabliaux, Jubinal, tom. 2, pag. 34 :

Tant juay ou ly ou seine plat
Qe par un simple eschek n ly di mat.

SEINGNIÉ, Seing ou paraphe. Gl. *Signetum 2*.

SEINS, Les Saintes Reliques. Gl. *Sancta 2*.

SEINT, Cloche. Gl. *Signum 8*.

SEINTURES, Reliques et Reliquaires. Gl. *Sanctuarium 5*.

SEJOR. [Repos, délassement. Roman de Renart, tom. 2, pag. 225, vers 15673. Garin le Loherain, tom. 1, pag. 80.] AVOIR SEJOR, Avoir du repos. Gl. sous *Sejornum Regis*. [A *sejor*, En repos, en sûreté. Partonop. vers 4288, 4616. Wackernagel, pag. 76. Flore et Jeanne, pag. 65. Chastelain de Couci, vers 6029, 6282. *Sanz sejor*, G. Guiart, tom. 1, pag. 178, vers 4066. Chronique des ducs de Normandie, tom. 1, pag. 337, vers 7832. Voyez Rayn. tom. 3, pag. 590¹, au mot *Sojorn*.]

SEJORNÉ, Cheval frais, reposé. Gl. *Sejornum Regis*. [Partonop. vers 1610 :

Mais un ceval i a trové
Et bel et bon et sejorné.

Vers 2894 :

Mil murs d'Espaigne sejornés.

Roman de Renart, tom. 2, pag. 207, vers 15207 :

Quatre chapons bien sejornez.

Voyez Rayn. tom. 3, pag. 590², au mot *Sojornar*.]

1. **SEJOUR**, Maison, hôtel où l'on demeure. Gl. *Sejornum*, sous *Sejornare*.

2. **SEJOUR** DU ROY, Écurie des chevaux du roi. Gl. *Sejornum Regis*.

3. **SEJOUR**. BESTE DE SEJOUR, Cavale ou vache qui a mis bas, et qu'il faut laisser reposer. Gl. *Sejornare*.

4. **SEJOUR** ESTRE SEJOUR, Être bien

traité et reposé. Gl. sous *Sejornum Regis*.

1. **SEJOURNER**, Demeurer, s'arrêter, rester un moment. Gl. *Sejornare*.

2. **SEJOURNER**, Mettre des chevaux à l'écurie pour les rafraîchir et les faire reposer. Gl. *Sejornare*.

SEIPS, Haie, cloison. Gl. *Septum*.

1. **SEL**. L'usage de mettre du sel auprès des enfants qu'on expose, pour marquer qu'ils n'ont point été baptisés. Gl. *Sal*.

2. **SEL**, Sceau. Gl. sous *Sigillum*. [Aubri, vers 66 :

Si mandés jent par vo sele pendant.]

SELIÉE, Autant que contient une *seille* ou seau. Gl. *Selha*. [Voyez Roquef. au mot *Selge*.]

1. **SELLE**. PORTER LA SELLE, Punition infamante. Gl. sous *Sella 2*.

2. **SELLE**, Mense, revenu d'un prélat ou d'une communauté. Gl. *Sella 6*.

SELLETTE. ESTRE MIS A LA SELLETTE, Y MANGER, Sorte de pénitence chez les moines et dans l'ordre de Malte. Gl. *Sella 5*.

SELON, Le long. Gl. *Segundus*. [Voyez Roquef. aux mots *Selon*, *Sulunc*. Chron. des ducs de Normandie, *Selum*, *Solum*. G. Guiart, tom. 2, pag. 289, vers 7507 (16487) :

Bons murs espès, bien crénelez;
Et porent bien avoir selonc
Chascun mur cinq toises de lonc.

Roman de Renart, tom. 3, pag. 2, vers 19795 :

Renart qui tot le mont deçoit
Esta selonc, si les semont.

Partonop. vers 1668 :

Puis est la grans forès solonc.]

° **SELOUS**, Soleil. Gérard de Vienne vers 1970 :

Et li selous commença à raier.

SELVE, Bois, forêt. Gl. *Sylva*.

SEMAINE GRASSE, Celle qui précède le dimanche gras. Gl. sous *Hebdomada*.

SEMAISE, Mesure de vin à Lyon, contenant deux pots. Gl. *Semaisia*.

SEMAL, SEMALE, Espèce de vaisseau propre à porter la vendange et à d'autres usages. Gl. *Semalis*.

° **SEMBEL**. Wackernagel, pag. 75. Voyez *Cembel*.

SEMBLABLEMENT, Ensemble. Gl. *Simultim*.

1. **SEMBLER**, comme *Assembler*. Chron. des ducs de Normandie, tom. 1, pag. 266.

2. **SEMBLER**, Ressembler, être semblable. Gl. *Similare*. [Flore et Blancefl. vers 575 :

Onques nus hom si bien sanlans
D'or ne vit faire deus enfans.

Agolant, pag. 179¹ :
A Durendart peust estre semblant.
Voyez Rayn. tom. 5, pag. 188², au mot *Semblar.*]

SEMBUE, Sorte de char, à l'usage principalement des dames, litière. Gl. *Sabula.*

SEME, Office ou service pour les morts, qui se disait le septième jour d'après la mort, ou pendant les sept jours qui la suivaient. Gl. *Seme.*

SEMEIGNE, Semaine. Gl. sous *Pascha.*

SEMELIER, Cordonnier, savetier. Gl. *Semellator.*

SEMELIN, Semelle de soulier. Gl. *Semellator.*

SEMENTER, Semer, ensemencer. Gl. *Sementare.* [*Semenchié,* Semé, terme de blason. Chastelain de Couci, vers 1870.]

° **SEMER**, Priver, dépouiller, séparer. Enfants Haymon, vers 41 :
Comment Karles les fist de Gascongnie
[*semer,*
Comment reurent leur pais, etc.
Vers 500 :
Mais je feroye à Karle l'ame du cors
[*semer.*
Voyez Rayn. tom. 5, pag. 188¹, au mot *Semar.*

SEMETTAIRE, Cimeterre, épée de Turquie. Gl. *Sparus.*

1. **SEMEUR**, Semoir. Gl. *Semeurus.*

2. **SEMEUR**. TERRE SEMEURE, Qui a coutume d'être ensemencée, propre à recevoir la semence. Gl. *Semeurus.*

SEMEURE, Semence. Gl. *Semeura.*

SEMIE, faute pour SENNE, Synode, assemblée ecclésiastique. Gl. *Synodus 2.*

SEMILLE, Niche, petite malice, tour de gaieté. Gl. sous *Gamba* 1. [G. Guiart, tom. 2, pag. 144, vers 3713 (12697). Voyez Roquefort.]

° **SEMILLER (SE)**, S'agiter, se donner du mouvement. G. Guiart, tom. 2, pag. 234, vers 6061 (15041). Voyez Roquefort.

SEMINEL, Pain ou gâteau de fleur de farine. Gl. *Simenellus.*

SEMITARGE, Demi-targe, cimeterre, épée de Turquie. Gl. *Targa.*

° **SEMLIE**, Sommeille, dort. Roman de Renart, tom. 2, pag. 292, vers 17526.

SEMOERE, SEMOIRE, Semoir, ce qui sert à mettre le grain que le laboureur sème. Gl. *Semeurus.*

SEMOINER, Semondre, avertir, inviter. Gl. *Submonere.*

SEMOISONS, Le temps des semailles. Gl. *Seminatura 2.*

SEMON, pour SE AY MON, en sous-entendant compte. Gl. *Semo 2.*

SEMONCE. ESTRE EN SEMONCE, Se dit à Auxerre du chanoine qui est en tour de donner à dîner aux enfants de chœur, l'une des grandes fêtes de l'année. Gl. *Semoncia.*

SEMONCHE, Semonce, avertissement. Gl. *Semonere.*

SEMONDEUSE, Femme qui invite les parens ou amis d'un mort à son enterrement. Gl. *Semoncia.*

SEMONDRE, Appeler en justice, donner assignation. Gl. *Submonere.* [Orell, p. 137. Rayn. tom. 4, pag. 254¹, au mot *Semondre.*]

SEMONNER, Semondre, avertir, inviter. Gl. *Submonere.*

SEMONNOIR, SEMONNEUR, Celui qui semonce, sergent. Gl. *Submonitor,* sous *Submonere,* pag. 634³. [Partonop. vers 2899 :
Par matinet droit al cler jor
Sont monté li semoneor
Et font monter les cevaliers.]

SEMONUS, Semoncé, averti. Gl. *Semonere.*

SEMOSSE, BESTES ET SEMOSSES, peut-être pour *Bestes de Somme.* Gl. *Semossa.*

SEMPRE, Toujours. Gl. *Semper.* [*Sempres,* Aussitôt, incontinent. Partonop. vers 1006 :
Et quant li siens mès est assis
Sempres sont tuit li autre mis.
Vers 5531 :
Tot afeltré l'amaine ci
Sempres à la lune luisant.
Flore et Blancefl. vers 2123 :
Li portiers a le cuer felon ;
Sempres vous metra à raison
Et vous par engien responde, etc.
Voyez Orell, pag. 314, Rayn. tom. 5, pag. 193², au mot *Sempre.* Chanson de Roland.]

SENAGE, p. e. Le droit qu'on payait au seigneur pour pouvoir mettre une enseigne. Gl. *Sanale 2.*

SENAILLE, Semaille, semence. Gl. *Senaillia.*

SENCH, Étable à pourceaux. Gl. *Sencha 2.*

SENDIER, Sentier, chemin. Gl. *Senterium.*

1. **SENÉ**, Sain, qui se porte bien. Gl. *Sanitas.* [Gérard de Vienne, vers 3661 :
Dame Guibors ki le cors sené.]

2. **SENÉ**, Sensé, plein de sens. Gl. *Sensatus.* [Flore et Blancefl. vers 532. Chastel. de Couci, vers 87. Laborde, pag. 158, 214. *Mal sené,* Partonop. vers 6985. Voyez Rayn. tom. 5, pag. 195², au mot *Senar.*]

SENEFIANCHE, Signification. Gl. *Significantia 2.* [*Senefier,* Signifier. Partonopex, vers 107. Roquefort. Voyez Rayn. tom. 5, pag. 231², au mot *Significança.*]

SENELÉE, Haie. Gl. sous *Senellus.*

SENER, Panser une plaie. Gl. *Sanare 1.* [*Guérir,* Enfants Haymon, pag. 180² :
Tel poison leur donna qui tous les va
[*sennant.*]

SENESCALISSE, Sénéchale. Gl. *Senescalissa,* sous *Senescalcus.*

SENESCHAL, Économe, maître d'hôtel. [Partonopex, vers 1002.] Celui qui est chargé du recouvrement des deniers d'une seigneurie. Gl. sous *Senescalcus.*

SENESCHAL D'UNE ÉGLISE, Celui qui en régit et administre les biens. Gl. sous *Senescalcus.*

SENESTREMENT, Mal, d'une façon désavantageuse. Gl. *Sinistrum.*

° **SENESTRIER**, Gauche, Gérard de Vienne, vers 8463 :
Ceignent espées à lor flanc senestrier.
Voyez Rayn. tom. 5, pag. 201¹, au mot *Senestrier.*

SENGLER, Sanglier. Gl. sous *Singularis.*

SENGNIELLER, Faire le signe de la Croix. Gl. *Signare* 1.

SENHOR, Seigneur. Gl. *Senhoria.*

1. **SENNE**, Synode, assemblée ecclésiastique. Gl. *Synodus 2.*

2. **SENNE**, Le livre qui contient les statuts synodaux. Gl. *Senne.*

SENONCHE, p. e. Cours d'eau ou étang. Gl. *Senonchia.*

SENS, Gens sensés et prudents. Gl. *Sensatus.* [— Partonop. vers 77 :
Cil cler dient ce n'est pas sens
Qu'escrive estoire d'antif tens.]

SENSCHALE, Sénéchale. Gl. *Senescalissa,* sous *Senescalcus.*

SENSIBLE, Sensé, qui a du sens. Gl. *Sensibilis 2.*

SENSUALITÉ, Sens, intelligence. Gl. *Sensualitas 3.*

SENTAINE, Sorte de petit bateau ou nacelle sur la Loire. Gl. *Sentina.*

1. **SENTE**, Fond de cale. Gl. *Sibulus.*

2. **SENTE**, Sentier ; d'où *Senteleite* et *Sentelotte,* Petit sentier. Gl. *Senterium.*

° **SENTELLE**, Enfants Haymon, vers 908 :
De tenir vostre loy je suis en la sen-
[*telle.*]

SENTENCHIER, Celui qui rédige les sentences des juges, greffier. Gl. *Sententiarius 2.*

SENTENE, SENTINE, Sorte de petit bateau ou nacelle sur la Loire. Gl. *Sentina.*

SENTERET, Sentier, chemin. Gl. *Senterium.*

1. **SENTIR**, Penser, juger, être d'un sentiment. Gl. *Sentire 2.*

2. **SENTIR**, Pressentir, sonder le sentiment de quelqu'un. Gl. *Sentire 2.*

3. **SENTIR**, Se dit d'un enfant qui remue dans le ventre de sa mère. Gl. *Sentire 2.*

* **SENTURETE**, Ceinture. Wackern. pag. 84 :

   Je sant les douls mals teis ma senturete.

* **SENUEC**, Sans, privé, séparé. Renart le Nouvel, tom. 4, pag. 130, vers 144 :

   Pinte en fust moult envis senuec.

Voyez Roquef.

* 1. **SEOIR**, Siége. Partonopex, vers 10162 :

   De beaus seoirs de rices lis.

Mantel Mautaillé, vers 415 :

   Si l'a jeté sor uns séoir.

* 2. **SEOIR**, Être placé, être situé, être assis. Flore et Blancefior, vers 2050 :

   Par grant engien l'arbres i siet,
   Car li arbres est tos vermeus.
   De cou et cil moult bons conseus
   Qui le planta : k' à l' asseoir
   Fu fais l'engiens, si con j'espoir.

Partonop. vers 784 :

   Car li vens siet droit del païs.

Garin le Loher. tom. 1, pag. 8 :

   Droit à Lyons qui sor le Rosne sist.

Partonop. vers 103 :

   En Aise sist la rice Troie.

G. Guiart, tom. 2, pag. 96, vers 2474 (11451) :

   Et Puille ou maintes villes sistrent.

Pag. 141, vers 3627 :

   Qui sus les destriers de pris sistrent.

Voyez *Sir.*

SEOIRS, Manière de s'asseoir et de se tenir assis. Gl. *Demorari.*

SEONNEEUR, Moissonneur, celui qui scie les blés. Gl. *Secatura 2.*

SEPAËS, pour Sachiez, du verbe *Sapir*, Savoir. Gl. *Sapere 1.*

SEPMAINE Double, Celle qui suit le dimanche de la Trinité. Gl. *Hebdomada Trinitatis.*

SEPMAINNE. C'est une faute pour Fenestre, Boutique, lieu où l'on expose la marchandise à vendre. Gl. *Septimana 2.*

SEPME, Office ou service pour les morts, qui se disait le septième jour d'après la mort, ou pendant les sept jours qui la suivaient. Gl. *Septimale.*

SEPOURE, Sépulcre, tombeau. Gl. *Buxtum.*

1. **SEPOUTURE**, Sépulture, enterrement, funérailles. Gl. *Sepultare.*

2. **SEPOUTURE**, Sépulcre, tombeau. Gl. *Sepultura.*

SEPT, Haie, cloison, clôture. Gl. *Septum.*

SEPTEMBRAICHE, Septembrate, Septembresce, Septembresche, La fête de la Nativité de la Vierge, qui se célèbre en septembre. Gl. *Festum Nativitatis B. M.* sous *Festum 1.*

SEPTENE, La banlieue de Bourges. Gl. *Septena 4.*

SEPT-TIRES, Septentrional. Gl. *Septemtirius.*

SEPUIT, Enterrement ; p. e. faut-il lire *Sepme*, Service pour le mort. Gl. *Sepellicio* et *Septimale.*

SEPULTURER, Donner la sépulture, enterrer. Gl. *Sepultare.*

SEQUANNIE, Souquenille, vêtement de grosse toile. Gl. *Soscania.*

SEQUELLE, Suite, dépendance. Gl. *Sequela 8.*

SEQUEUER, Secouer, s'agiter, se tirailler. Gl. *Succusatio.*

SEQUILLON, Une petite branche d'arbre qu'on a coupée. Gl. sous *Sequia.*

* **SERAIN**, Soir, nuit. Partonop. v. 5537 :

   Si me deduirai al serain
   Et m'en revenrai puis demain.

Voyez Rayn. tom. 5, pag. 206¹, au mot *Seren.*

SERCEL, Cerceau, enseigne ordinaire des cabarets. Gl. *Serchellum.*

SERCELIER, Cerclier, faiseur de cerceaux, tonnelier. Gl. *Serchellum.*

* **SERAINE**, Sirène. Laborde, pag. 217 :

   Car ele chante sanz merci
   Cler comme une seraine.

Pag. 281 :

   Si est de vous comme de la seraine
   Qui par son chant a plusieurs engigniez.

Lai du Corn, vers 65 :

   Ne serreine de mer
   N' est tele à escouter.

Voyez Roquef. Rayn. t, 5, pag. 207¹, au mot *Serena.*

* **SERCHIER**, comme *Cerchier 2.* Enfants Haymon, vers 360. Roquef. au mot *Sercer.*

SEREMENTER, Faire serment, s'engager par serment. Gl. *Sacramentare.*

SERENS, Serans, outil pour préparer le chanvre ou le lin. Gl. *Brustia 2.*

SERF Coustumier, Celui qui paye argent, avoine et poule. Gl. *Servi consuetudinarii*, sous *Servus.*

SERF Pissené, Le bâtard d'un serf. Gl. *Servus.*

SERGANT, Serviteur, valet. Gl. *Serviens.*

SERGE, Couverture, tapis. Gl. *Serga.*

SERGENS d'Armes ou a Masse. Ils gardaient le roi et les châteaux des frontières. Gl. *Servientes armorum.*

SERGENT Barrier, Qui lève les impôts aux barrières des villes. Gl. *Serviens barrarius.*

SERGENT Champestre, Messier, garde des champs. Gl. *Serviens camparius.*

SERGENT Dangereux, Celui qui veille aux délits des champs ou des forêts, et surtout au droit du roi dans les bois, appelé *Dangier.* Gl. *Damnum 2,* et *Dangerium 2.*

SERGENT de la Douzaine, Garde du prévôt de Paris. Gl. *Serviens duodenæ.*

SERGENT des Eaues, Sergent de la juridiction des eaux et forêts. Gl. *Serviens aquarum.*

SERGENT de l'Espée. Gl. *Servientes spathæ*, sous *Serviens.*

SERGENT Féodé, Celui dont le fief était sujet à différents services et qu'on appelait *Sergenterie fieffée.* Gl. sous *Serviens.*

SERGENT Fermier, Qui a pris à ferme l'office de sergent. Gl. *Serviens firmarius.*

SERGENT de Nuict, Celui qui fait le guet pendant la nuit. Gl. *Serviens de nocte.*

SERGENT de Pieds, Piéton, fantassin. Gl. Sous *Serviens.*

SERGENT Prairier, Qui garde les prairies. Gl. *Serviens pratarius.*

SERGENT de la Querelle, Qui servait au fait des duels, ou pour le différend et la querelle des parties. Gl. *Servientes querelæ*, sous *Serviens.*

SERGENT Volant, Messier, qui pour la garde des champs court çà et là. Gl. *Serviens camparius.*

SERGENTERIE, Sergentie, Fief de sergent sujet à divers services. Gl. *Sergantaria*, sous *Serviens.*

SERGENTISE, Office de sergent. Gl. *Serganteria*, sous *Serviens.*

SERGEON, Petite serge. Gl. *Serga.*

1. **SERI**, Le soir. Gl. *Sera 1.*

* 2. **SERI**, Serein, doux, mélodieux. Flore et Blancefl. vers 1997 :

   Et el vergier au tans seri.

Partonop. vers 18 :

   L'ore est et soef et serie.

Vers 697 :

   La nuis est soes et serie.

Vers 7213 :

   Tosjors i a cler tans seri.

Vers 6321 :

   Li tans est soes et sieris.

Vers 51 :

   Soef flahute (var. chante bas) et seri.

Wackernagel, pag. 84 :

   En pouc d'oure oï une voix serie.

Roman de Renart, tom. 3, pag. 60, vers 21381 :

   Renart de son seri chanter.

G. Guiart, tom. 2, pag. 248, vers 6421 :

L'aloe qui se seri note.

Voyez Roquef. G. Guiart, tom. 2, pag. 83, vers 2125 (11101) :

Ariva là le pas seri.

Pag. 339, vers 8800 (17781) ; tom. 1, pag. 271, 272, vers 6581,6623. *A seri,* En secret, clandestinement, sans bruit. Partonop. vers 3220 :

Tot coiement et à seri.

Vers 7384 :

Célément et à seri.

Voyez *Sery,* Rayn. tom. 5, pag 206 [2], au mot *Seren.*

SERJANT, Serviteur, valet. Gl. *Serviens.*

SERJANT A CHEVAL, Cavalier. Gl.sous *Serviens.*

SERIE, Assemblée du soir, où les femmes et les filles s'occupent à filer. Gl. *Sera 1.*

SERJEANTIE, Fief de sergent, sujet à divers services. Gl. sous *Serviens.*

SERIETÉ, Sérénité, tranquillité. Gl. *Serenatio.*

SERLEX, Sellier. Gl. *Selarius.*

SERMEAU, Serpe ; p. e. faut-il lire *Fermeau.* Gl. *Ferramentum.*

SERMENT. VILLAIN SERMENT, Blasphème contre Dieu, la Vierge et les saints. G!. *Juramentum vile.*

SERMENTÉ, Qui a prêté serment. Gl. *Sermentatus.*

SERMONEMENT, Sermon, exhortation. Gl. *Sermo 2.*

SEROIGNIE, Seigneurie. Gl. *Segnhoria.*

SERORGE, SEROUR, SEROURGE, Beau-frère. Gl. *Sororgius.* [Chron. des ducs de Normandie.]

SERPAULT, SERPAUT, Serpe. Gl. *Sarpia.*

SERPELIERE, Balle de laine d'un certain poids. Gl. *Serpeilleria.*

SERPENTELLE, Petit serpent. Gl. *Serpentella.*

SERPENTINE, Gros canon, couleuvrine. Gl. *Serpentina 2.*

SERPIER, Serpe. Gl. *Sarpia.*

SERPOL, Trousseau qu'on donne aux filles en les mariant. Gl. *Serpol.*

SERQUEU, SERQUEUL, Cercueil, tombeau, sépulcre. Gl. *Sandapila,* sous *Sandapelo* et *Sarcophagus.*

SERRAIS, Valet de chambre. Gl. *Sarrachorides.*

° **SERRE,** Scie. II° Livre des Rois, ch. 12, v. 31 : *Si fist de serres détranchier.* lat. serravit. Voyez Rayn. tom. 1, pag. 383 [4], au mot *Cerra.*

SERRER, Enfermer, mettre sous la clef. Gl. *Serare.* [Roman de Renart, tom. 3, pag. 110, vers 29019 :

Sitost con il vindrent à terre
Et Renart le gouvernail serre.

Serré, Pris, embarrassé. Gérard de Vienne, vers 2556 :

Jusc' au mei leu de la boucle est colée,
Kant il la saiche, si la trova serrée,
De leiz le heuz brise la bone espée.

Voyez Rayn. tom. 5, pag. 156 [1], au mot *Sarrar.*

SERRER UN BATEAU, Le tenir droit au moyen d'une corde. Gl. *Serare.*

1. **SERREUSE,** Serrure. Voy. *Sarreuria.*

2. **SERREUSE,** Ceinture ou boucle. Gl. *Sarreuria.*

SERRI, Montagne, colline. Gl. *Serrarium.*

SERTE, Le temps du service d'un valet ou d'un apprenti. Gl. *Servitium.*

SERTÉE, Barrière, clôture. Gl. *Sertura.*

SERVAGE, Service, obéissance. Gl. *Servagium.*

SERVAIGE, Cens ou redevance que doivent les serfs à leur seigneur. Gl. *Servagium.*

SERVANT AU BASSIN, Celui qui tient le bassin à la cérémonie du lavement des pieds. Gl. *Serviens ad cupam et ad pelvim.*

SERVANT DE L'ESCUELLE, Officier de la table du roi. Gl. *Serviens scutellæ.*

SERVANT DE VIN, Officier de la table du roi. Gl. *Serviens vini.* [Chastel. de Couci, vers 1016.]

1. **SERVE,** Boutique, huche. ou réservoir où l'on conserve le poisson et autre chose. Gl. *Salvarium* et *Servatorium.*

2. **SERVE,** Service. Gl. *Servitium.*

SERVEL, La tête. Gl. *Cervella 2.*

SERVENTAGE, Service ou redevance d'un fief. Gl. *Serventagium.*

SERVEUR, Boutique, huche, où l'on conserve le poisson. Gl. *Servatorium.*

1. **SERVICE**, Prières, office de la Vierge. Gl. *Servitium.* [Roi Guillaume, pag. 40 :

Et molt honora sainte eglise,
Cascun por ooit son servise.

Gérard de Vienne, vers 972. Flore et Jeanne, pag. 63.]

2. **SERVICE,** Main-d'œuvre, ce qu'on paye pour la façon d'un ouvrage. Gl. *Servitium.*

3. **SERVICE DE LA CHAMBRE DU PAPE,** Ce qu'un nouvel évêque paye à la chambre apostolique. Gl. *Servitium cameræ Papæ.*

4. **SERVICE DE COMPAGNON,** Service militaire que fait un vassal accompagné d'autres. Gl. *Servitium socii.*

5. **SERVICE DE CORPS,** Celui qu'un vassal doit faire en personne. Gl. *Servitium corporis.*

6. **SERVICE DE COURT,** L'obligation d'assister à la cour ou aux plaids de son seigneur. Gl. *Servitium curiæ.*

7. **SERVICE** HAINEUX, Taille, corvée, etc. Gl. *Servitium servile.*

8. **SERVICE** D'OST, Service militaire. Gl. *Servitium militare.*

9. **SERVICE** TRESPASSÉ, Le service des années passées. Gl. sous *Servitium.*

SERVICHE, Service que doit un vassal à son seigneur. Gl. *Servitium.*

SERVICIOU, Servante, garde de femme en couches. Gl. *Servitialis.*

SERVIGE, Service pour un mort, anniversaire. Gl. sous *Servitium.*

SERVIR DEVANT AUTRUI, Être au service de quelqu'un. Gl. *Servire 1.*

SERVIR SON JOUR, Comparaître à une assignation. Gl. *Servire 1.*

SERVIR NE DE TANT NE DE QUANT, Ne servir en aucune manière. Gl. *Servire 1.*

SERVITERESSE, SERVITERRESSE, Servante. Gl. *Serventa.*

SERVOISE, pour CERVOISE, lieu où l'on vend de la bière, ou brasserie. Gl. *Cerevisia.*

SERURGE, Beau-frère. Gl. *Sororinus.*

SERY, Serein, en parlant du temps. Gl. *Serenificare.* Voyez *Seri 2.*

SESCHAL, pour SÉNÉCHAL, Celui qui ordonne d'une fête. Gl. sous *Senescalcus.*

SESINE, Saisie. Gl. *Saisina.*

SESNE, Synode, assemblée ecclésiastique. Gl. *Synodus 2.*

SESTER, Septier, mesure de vin. Gl. *Sextarium.*

SESTERAGE, Droit de mesurage. Gl. *Sestaragium,* sous *Sextariaticum.*

SESTERÉE, Mesure de terre contenant un *sestier* de semence, ou qui doit un *sestier* de rente. Gl. *Sextarata.*

SESTEROT, Septier, mesure de grain. Gl. *Sextarium.*

SESTRÉE, Certaine mesure de terre. Gl. *Sextarium.*

° **SETE.** Roman de Renart, tom. 2, pag. 308, vers 17961 :

Certes grant honte vos a fete
Cil gars, cil leres, ceste sete.

SETERLAGE, Droit de mesurage. Gl. *Sestairagium.*

SETRELLAGE, Le même. Gl. *Sexterlagium,* sous *Sextariaticum.*

1. **SEU,** Sureau. Gl. *Sambussus.* [Fabliaux, Jubinal, tom. 1, pag. 130. *Séar,* pag. 131 :

Au bout de cest courtil droit dessouz
[un *séur,*
C'est un arbre qui est en septembre
[*méur.*

Voyez *Seur 1.*]

2. **SEU**, Étable à pourceaux. Gl. *Sudis.*

SEUAGE, p. e. Le droit de station dans un port. Gl. *Sedes navium,* sous *Sedes* 4.

SEVELIR, Enterrer, inhumer. Gl. *Sepeliatio.* [Garin le Loher. tom. 1, pag. 261 :

Dont les a fait richement sevelir,
Et en deus bieres a it les barons mis.]

SEVERAL, Qui est séparé. Gl. sous *Separale.*

SEUERONDE, La partie du toit qui avance sur le mur. Gl. *Superundare.*

SEUF, Haie, palissade, clôture. Gl. *Sotum* 1.

SEUIGRE, Suivre. Gl. *Sequi.*

1. **SEULE**, Solive. Gl. *Seullura.*

2. **SEULE**, Cellier, cave. Gl. *Sola* 5.

* 3. **SEULE**, Siècle. Sermon de saint Bernard, éd. Le Roux de Lincy, pag. 560 : *A cuy est honors et gloire ens seules des seules.* Pag. 535, 567, 569. Sainte Eulalie, vers 24 :

Voit lo seule lazsier, si ruo vet krist.

SEULE-ERAUZ, Le fond d'un canal, qui est en pente pour donner de l'écoulement à l'eau. Gl. *Solum aquaticum.*

1. **SEULLE**, Solive. Gl. *Seullura.*

2. **SEULLE**, Le fond d'un navire ou d'un bateau. Gl. *Sola* 5.

SEULT, Il est accoutumé, il est d'usage ; du verbe *Seuldre* ou *Sieuldre.* Gl. *Nuptiaticum.*

1. **SEUR**, Sureau. Gl. sous *Maium.* [Voyez *Seu* 1.]

2. **SEUR**, pour SOEUR, Qui a les mêmes sentiments et la même conduite. Gl. *Soror.*

SEURAGE, Sûreté, assurance. Gl. *Securatio.*

SEURANNÉ, Suranné, qui a plus d'un an. Gl. *Superannatus.*

SEURATTENDRE, Attendre. Gl. *Subexspectare.*

SEURCORS, SEURCOT, Sorte de robe ou d'habit, commun aux hommes et aux femmes. Gl. *Surcotium.*

SEURE, Certain droit, p. e. pour la faculté d'arroser ses prés en y introduisant l'eau par différents canaux. Gl. *Seware.*

° **SEVRÉE**, Séparation. Wackern. p. 58 :

Lou boen Raioul de Soixons, ke sevrée
Ne fist d'amor nul jor de son vivant.

SEVRER, Séparer, diviser en perçant. Gl. *Seperalitas.* [Garin le Loher. tom. 1, pag. 18 :

Faites vos gens sevrer en deux moitiés.]

SEURESTAT, Sûreté qu'on donne à son ennemi de ne lui pas nuire pendant un certain temps. Gl. *Status* 12.

SEURESTIN, p. e. Sureau. Gl. *Sambussus.*

SEURFAIT, Les fruits de la terre, soit arbres, plantes, blés, etc. Gl. *Superficies.*

SEURFET, Coupe d'un taillis, le taillis même. Gl. *Superficies.*

SEURNOMMER, Donner à quelqu'un un autre surnom que celui qu'il porte. Gl. *Supernomen.*

SEURONDE, La partie du toit qui avance sur le mur, auvent. Gl. *Superundare.*

SEURONDER, Déborder, se répandre par dessus. Gl. *Superundare.* Chastel. de Couci, vers 7665, 7670 :

Seurondans de biens et d'onnours...
De tous biens seurondans et plaine.

Roman de Renart, tom. 1, p. 45, v. 1166 :

De glaçons fu bien serondez.]

SEURPRENDRE, Gagner, se glisser, faire des progrès. Gl. *Surprendere* 2.

SEURSAILLANT, Officier en second, surnuméraire, celui qui doit remplacer. Gl. *Supersalientes.*

SEURSELIERE, Cotte d'armes faite de laine ou de coton. Gl. *Superpunctum.*

SEURTONTURE, Les extrémités les moins fines des toisons. Gl. *Gratus* 4.

SEURVENDENGIER, Cueillir des raisins dans la vigne d'un autre. Gl. *Roya.*

SEUWIERE, SEUWYERE, SEWIRE, Canal qui conduit l'eau à un moulin, ou par lequel on décharge un étang. Gl. *Seweria.*

SEXE, Partie du corps humain qui fait la différence du mâle et de la femelle. Gl. *Sexus* 2.

SEXTELAGE, Droit de mesurage des blés. Gl. *Sextellagium,* sous *Sextariaticum.*

SEXTERADE, Mesure de terre contenant un septier de semence, ou qui doit un septier de rente. Gl. *Sextarata.*

SEXTERAGE, Redevance d'un septier de vin. Gl. *Sextayragium.*

SEYETE, Petite scie ; du verbe *Seyer,* Scier. Gl. *Seyatus.*

SEYM, Graisse, suif, sain-doux. Gl. *Seupum.*

SEYNNE, Lieu où l'on peut pêcher avec le filet, appelé Seine. Gl. *Seyna.*

SEYTURE, Mesure de pré, autant qu'un homme en peut faucher dans un jour. Gl. *Setura* 2.

SEZAILLE, Rognures, ce qu'on a rogné avec des ciseaux. Gl. *Scisalhœ.*

SEZILE, pour Sicile. Gl. *Siciliani.*

SI, Condition, réserve, exception. Par *si,* À condition. Gl. *Si* et *Commendationes.* [Sans nul *si,* Chastel. de Couci, vers 487.]

SIBLET, Sifflet, d'où *Sibler,* Siffler. Gl. *Sibulus* et *Sibulare.*

SIBOINGNE, pour CIBOIRE, Tabernacle, armoire sur l'autel où l'on garde l'Eucharistie. Gl. *Ciborium.*

* **SIEC**. Chastel. de Couci, vers 4784 :

Je croy que siec sus mes oreilles.
Ne sai que penser ne que dire,
Si bel vous savés escondire.

1. **SIECLE**, Monde, lieux, climats. Gl. *Sæculum.* [Partonop. vers 1711 :

Ne nul castel tant bien assis
En tot le siecle, ce m'est vis.

Tos siecles, tos li siecles, Tout le monde, vers 2303, 2655, 7877. *Siecle,* Vie. Laborde, pag. 210

Ensi a son siecle mené
Jusques ici.

Voyez Rayn. t. 5, pag. 1751, au mot *Secle.*]

2. **SIECLE**. HOMME DE SIECLE, Séculier, laïque. Gl. *Sæcularis.*

3. **SIECLE**. FILLETTE, CHANÇON DE SIECLE, Fille du monde, chanson mondaine. Gl. *Sæcularis.*

SIECLER, Plaire au monde. Gl. *Sæcularis.*

SIEGE, Assemblée, repas de confrérie. Gl. *Sedes* 6.

SIEGE DE NEFS, Le droit qu'on paye pour un vaisseau qui reste quelque temps dans le port. Gl. *Sedes navium,* sous *Sedes* 4.

SIELE, Selle de cheval. Gl. *Strepa.*

° **SIEME**, Septième. Partonop. v. 7361.

SIENCE, C'est une faute pour SIEUTE, Suite, dépendance. Gl. *Secta* 12.

SIETTANS, Soixante. Gl. *Sexagenarii.*

SIEU, Suif. Gl. *Seupum.*

SIEUREL, Espece de maquereau, poisson. Gl. *Saurus* 2.

SIEURIE, Seigneurie, domaine. Gl. *Signoria* 1.

1. **SIEUTE**, Suite, juridiction, droit. Gl. *Secta* 12.

2. **SIEUTE**, S'est dit des différentes pièces qu'on fait d'une parure lorsqu'elles sont de la même étoffe et façon. Gl. *Secta* 5.

SIEVYR, Suivre. Gl. *Sequi.*

SIGANT, Poulain, veau, ou autre animal, qui suit encore sa mère. Gl. *Sequela* 7.

SIGE, pour SIEGE, Emplacement. Gl. *Sedes* 4.

SIGILLIER, Greffier, notaire. Gl. sous *Sigillarius* 1.

SIGLE, Voile ; d'où *Sigler,* Aller à la voile, naviger. Gl. *Sigla* 1. [Partonop. vers 730, 731, 763. Chron. des ducs de Norm.]

SIGLETON [SIGLATON]. Sorte de vêtement d'étoffe précieuse. Gl. *Cyclas.* [Et cette étoffe. Gérard de Vienne, vers 2373 :

Derrier l'arson consui l'Aragon
Tranche le fautre dou vermoil siglaton
Et par mi coupe le boin destrier Gascon.
Aubri, pag. 155[1] :
Si come feme vestus d'un siglaton.
Partonop. vers 10693 :
Bien fu vestue Melior
De siglaton à cercle d'or.
Vers 10324 :
Chiute de dum d'alerion
Envolsé d'un blanc siglaton.
Chron. des ducs de Norm. tom. 2, p. 130, vers 19177. Voyez Rayn. tom. 5, pag. 238[2], au mot *Sisclaton*.

SIGNACE, SIGNANCE, Les suites et dépendances d'un droit. Gl. *Sequela 8*.

SIGNAL, Partie d'un moulin. Gl. *Signale 2*.

SIGNANCE, Poulain, veau, ou autre animal, qui suit encore sa mère. Gl. *Se quela 7*.

SIGNE DE JUSTICE, Fourches patibulaires. Gl. *Furca 1*.

SIGNER, Faire signe, appeler par signe. Gl. *Signare 3*.

1. **SIGNET,** Billet signé ou paraphé. Gl. *Signetum 2*.

2. **SIGNET,** Signe, représentation. Gl. *Signetum 2*.

SIGNOR, Seigneur. Gl. *Senior*.

SIGNORER, Dominer, commander. Gl. *Segnorare*.

SIGRE, Suivre. Gl. *Sequi*.

SILENCE. ESTRE MIS EN SILENCE, Sorte de pénitence monastique. Gl. sous *Silentium*.

SILLEUR, Moissonneur, celui qui scie ou coupe les blés. Gl. *Selio*.

SILVINIENS, Monnaie du prieuré de Souvigni. Gl. *Sauviniacensis moneta*, sous *Moneta Baronum*.

SIMENEL, Pain ou gâteau de fleur de farine. Gl. *Simenellus*.

SIMONNEL, pour SIMENEL. Gl. *Simenellus*.

SIMPLOIANT, Simple, doux, tranquille. Gl. *Simplex*. [Simple. Chastel. de Couci, vers 884 :
Ne regarder n'os son simple visage.
Garin le Loher. tom. 1, pag. 168 :
Et les puicelles qui ont simples les vis.
Simplement, Doucement. Chastel. de Couci, vers 472 :
Et nonpourquant ses iex envoie
Simplement vers le chastelain,
Esgarder ne l'ose de plain.
Vers 1953 :
La dame respont simplement.
Voyez Rayn. tom. 4, pag. 562[2], au mot *Simple*.]

SINACLE, Signe de croix. Gl. *Signum 1*.

SINAL, Le dessus d'une étable ou d'une bergerie. Gl. *Solarium 1*.

SINAULT, SINAUST, Chambre haute, le dessus d'une bergerie. Gl. *Solarium 1*.

SINCOPER LES PAROLES, Couper, diviser les mots, pour leur donner un autre sens que celui qu'ils ont. Gl. *Syncopa 1*.

SINGLATON, SINGLETON, Sorte de vêtement d'étoffe précieuse. Gl. *Cyclas*.

SINGLE, Voile de navire. Gl. *Sigla 1*.

SINGNANCE, Suite, dépendance. Gl. *Sequela 8*.

SINGOIEMENT, Singerie, tromperie. Gl. *Siniaticus*.

SINGULIER, Un particulier, celui qui est de condition privée. Gl. *Singulares 2*.

SINSENIER. Custode, ce qui couvre le saint Ciboire suspendu au dessus de l'autel. Gl. *Sinsenier*.

SINT, Cloche. Gl. *Signum 8*.

SIOSTE, Tranquille. Gl. *Matonus*.

SIOU, Terme de dérision et de moquerie. Gl. *Siou*.

❋ **SIR,** Seoir, convenir. Roman de Renart, tom. 4, pag. 89, vers 2451 :
Devent aus virent laidir
Lour roi, ci qui mauls deuist sir
Le soufrirent et biel lor fu.
Roi Guillaume, pag. 187 :
Molt avoit bele jornée,
Et molt li plot et molt li sist.
Garin le Loher. tom. 1, pag. 124 :
S'en eussiez dit tant...
Que vous séist la pucelle au cor gent.
Pag. 149 :
S'il escheoit honor en son païs
Qui me séist et me deust abelir.
Voyez *Seoir* et *Orell*, pag. 218.

1. **SIRE,** Seigneur. Terme appliqué à Dieu. Gl. *Siriaticus*. [Fabliaux, Jubinal, tom. 1, pag. 174 :
Le chevalier respont : foi que je doi saint [sire].

2. **SIRE,** Seigneur ou Dame d'une terre. Gl. *Siriaticus*. [Placé après le nom. Garin le Loher. tom. 1, pag. 89 :
Hervis, sire, por amour Dieu mercis.
Agolant, vers 1164 :
Agolans, sire, ce dist li messagier.
Vers 1188. Garin, pag. 115 :
Gentis hons, sire, te demande Thieris.
Pag. 203.]

3. **SIRE,** Père, beau-père, parâtre. Gl. *Siriaticus*.

4. **SIRE,** Seigneur. Titre donné aux évêques, abbés et prêtres. Gl. *Siriaticus*.

5. **SIRE** DE LOIS, Docteur en droit, habile jurisconsulte. Gl. sous *Dominus 11*.

6. **SIRE,** Terme injurieux, en y ajoutant celui de *Beau* ou d'*Homme* ; ce qui alors signifiait un mari dont la femme est infidèle. Gl. *Siriaticus*.

SIREAU, Geste de mépris, coup de la main sous le menton. Gl. sous *Barba 1*.

SIRET, diminutif de *Sire*, Seigneur. Gl. *Domnus*.

SIRREURGIE, Chirurgie ; d'où *Sirreurgien*, pour Chirurgien. Gl. *Sirurgia*.

SIRURGIER, Panser, traiter un malade ou un blessé ; d'où *Sirurgiés*, Pansement, remède qu'applique un chirurgien. Gl. *Sirurgia*.

SISAINME, Sixième. Gl. *Sezana*.

SISEL, Ciseau. Gl. *Sciselum*.

SISIAU, Geste de mépris, coup de la main sous le menton. Gl. sous *Barba 1*.

SISTE, Le sixième de quelque chose. Gl. *Sezana*. [Rutebeuf. tom. 2, vers 245.]

SISTIER, Septier, mesure de vin. Gl. *Sextarium*.

❋ **SITE,** Rang. G. Guiart, tom. 2, pag. 75, vers 1907 (10883) :
Des deus eschiéles desusdites,
Qui furent, ès premières sites,
L'une devant l'autre ordenées.
— Poursuite. Pag. 342, vers 8880 :
Forment se doutent d'avoir sites.

SIVADE, Avoine. Gl. *Sivada*.

SIVRE, Suivre, poursuivre. Gl. *Sequi*.

SIXTE, Le sixième de quelque chose. Gl. *Sezana*.

SIZEAU, Geste de mépris, coup de la main sous le menton. Gl. sous *Barba 1*.

SIZEAUL, Sorte de trait d'arbalète. Gl. *Sciselum*.

SKERMUCHE, Escarmouche. Gl. *Scaramuha*.

❋ **SOAVET,** Doucement. Partonop. vers 1275 :
Tot soavet en estraignant
L'a reboutée sor l'enfant.
Voyez Rayn. tom. 5, pag. 280[2], au mot *Suavet*.

SOBRE, Sur, dessus. Gl. *Sobra*. [Voyez Rayn. tom. 5, pag. 241[1], au mot *Sobre*.]

SOBREVERS, Se dit de l'eau qui passe par dessus ce qui la contient. Gl. *Sobreversum*.

SOBSTE, Ce qu'on donne en retour dans les échanges. Gl. *Solta 2*.

SOC, Espèce de chappe, manteau. Gl. *Socca 1*.

SOCAGE, Service de charrue, ou le rachat en argent de ce service. Gl. *Socagium 1*.

1. **SOCE,** Qui est en société de quelque chose avec un autre. Gl. sous *Socius*.

2. **SOCE,** Sorte de redevance. Gl. sous *Soca 4*.

SOCHE, Souche, tronc d'arbre. Gl. *Stoc*.

1. **SOCHON,** Compagnon, camarade, ami. Gl. *Sodes*.

2. **SOCHON,** Bâton, morceau de bois. Gl. *Socus 1*.

SOCIENE, Servante ; ou femme qui est en société pour quelque chose avec une autre. Gl. *Socia* 3.

SOCINE, Société, association. Gl. *Socina*.

SOÇON, Compagnon, camarade, ami. Gl. *Sodes*.

° **SODANT,** Sultan. Partonop. v. 4567.

SODÉE, Solde, paye d'un homme de guerre. Gl. *Soldada*, sous *Solidata*. [Gérard de Vienne, vers 1024, 2701. Aubri, p. 167[1].]

SODÉE DE TERRE, Fonds qui rend un sol de rente. Gl. *Solidata terræ*.

SODEER, Soldat, homme de guerre qui est à la solde de quelqu'un. Gl. *Soudararius*, sous *Solidata*.

SODOIER, Le même. Gl. *Solidarii*, sous *Solidata*. [Partonop. vers 456, 2609. Garin le Loher. tom. 1, pag. 8. Voyez Rayn. tom. 5, pag. 249[1], au mot *Soldadier*. *Soudoiiere*, Servante à gages, prostituée. Flore et Jeanne, pag. 65 : *Il me mande ensi ke je voise à li, et il me prendera à femme ; cieries, je ne suis mie soudoiière pour aler à son coumant*. Chronique des ducs de Normandie. tom. 2, pag. 559, vers 31320 :

*Que je auge cum soudelere
Ne cume povre chamberere.*

Rayn. pag. 250[1], au mot *Soudadeira*.]

SODOMYE, Péché contre nature, qui se commet avec des bêtes, bestialité. Gl. *Hæreticus*.

° **SODUIRE,** SOUDUIRE, Séduire, tromper, decevoir. Chron. des ducs de Norm. tom. 1, pag. 575, vers 14817 :

*De Louis pensez soduire
Qu'isi vos quide toz destruire,
Asotez-le par vostre sen.*

Ruteb. tom. 2, pag. 239 :

*Ce est del monde li deduis
Par qoi mains preudom est souduis.*

Chastel. de Couci, vers 5686 :

Or est il aoustré souduis.

Partonop. vers 4966 :

Qui m'a sosduite à escient.

Gérard de Vienne, vers 1702 :

Ne poons eschapent li glouton soduiant.

Voyez le Glossaire sur la Chron. des ducs de Norm. au mot *Soduiant*, Roquef.

° **SOEF,** SOUEF, SUEF, SOES, SOUES. Doux, agréable, doucement, etc. Partonop. vers 1968 :

*Un batel ont cil de la nef
Mis jus en l'eve moult soef ;
Un lit i ont fait bon et bel,
Soef i metent le tousel.*

Vers 762 :

Il l'en est auques plus soef.

Garin le Loher. tom. 1, gag. 146 :

Vostres chiers oncles qui souef vous norri.

Pag. 149. Agolant, vers 173 :

Ge l'ai norri soef.

Partonop. vers 697 :

La nuis est soes et serie.

Flore et Blanceñ. vers 2032 :

*Et des autres espisses asses
I a qui flairent moult soués.*

Chanson de Roland, stance 89, vers 14 :

Seignurs barons, suef pas alez tenant.

Voyez le Gloss. sur la Chron. des ducs de Norm. au mot *Suef*, Roquef. *Soef* et *Souef*. Rayn. tom. 5, pag. 280[1], au mot *Suau*.

° **SOELER,** Soûler, rassasier. Roi Guillaume, pag. 60 :

*D'autre mengier me soelés,
Me chars ne mangera le vostre.*

° **SOENTRE,** SOANTRE, Après, à la suite, Partonop. vers 9931 :

Et soentre li Urrake vient.

Vers 3449 :

*S'enseigne escrie et el camp entre,
Si compaignon en vont soentre.*

Vers 5882 :

Et li autre vienent soantre.

Vers 10722, 10771. Chron. des ducs de Norm. tom. 1, pag. 169, vers 2490 :

*Unc d'avant ne puis ne suentre
Ne fu si livrée à dolur.*

Tom. 1, pag. 593, vers 14860 :

*Qu'il vousist plus aveir soentre
Trait od ses mains le quor del ventre.*

Tom. 3, pag. 278, vers 39808 :

Et de c'enmaladi soentre.

Voyez Orell. pag. 881. Diez, tom. 2, pag. 394. Rayn. tom. 6, pag. 15[2], au mot *Soentre*.

SOETURE, Mesure de pré, autant qu'un homme en peut faucher dans un jour. Gl. *Soitura*.

° **SOFFIME,** Sophisme. Roman de Renart, tom. 3, pag. 51, vers 21127.

° **SOFFISANT.** Voyez *Souffire*.

° **SOFFRAINDRE,** Manquer, faire faute. Chanson du Chastel. de Couci, Laborde, pag. 276 :

Ne truis qu'en li n'en sa façon sof-
                                            [*fraigne*.
Pag. 300 :

Or ne cuit nus que granz duel me souf-
                                            [*fraigne*.
Quant de li n'ai confort ne garison.

Voyez Rayn. tom. 5, pag. 287[2], au mot *Sofranher* ; Roquef. au mot *Souffraigner*.

SOFFRAITE, Disette, indigence. Gl. *Soffrata*.

° **SOFRANCE,** Suspension. Partonop. vers 3716 :

*Si commande que tot en pés
En soit li plais et en sofrance,
Tant con il demorront en France.*

Voyez *Souffrance*.

° **SOFRIR,** SOFFRIR, Supporter, supporter la dépense. Roman de Renart, tom. 1, pag. 149, vers 3974 :

*Or le metez en la charete,
Car ele n'est pas trop chargie
Moult bien souferra la hachie.*

Garin le Loher. tom. 1, pag. 6 :

*Et faites tant que il soient armés
De biaus chevaus courans et abrivés,
Vous estes riches, bien soffrir le pouvés.*

Pag. 168 :

*Alés à aus maintenant, sans respit,
A tant de gens com vous porés sofrir.*

Pag. 2, 31. Patienter, prendre patience, s'arrêter, attendre. Pag. 191 :

Mesagiers, frères, vous convient à sofrir.

Roman de Renart, tom. 1, pag. 40, v. 1026 :

*Qu'en la meson Renart por rien
Qu'il puisse dire n'enterra ;
Et que volez ? si souferra.*

Pag. 38, vers 982 :

*Renart respont : or vous soufrez
Tant que li moine aient mengié.*

Partonop. vers 7792 :

*Sire, soffrez vos un petit
Si me dites donc vos venéz.*

Chastel. de Couci, vers 4739 :

*Mès je à tant m'en soufferray
Fors tant que m'en delivreray.*

Wackern. pag. 45 :

Ameir m'estuet, ne m'en puis plux soffrir.

Voyez Rayn. tom. 5, pag. 285[1], au mot *Suffrir*, ci-dessous *Souffrir* ; Orell. pag. 162.

SOGRE, Beau-père. Gl. *Senior*.

SOICH, Soc de charrue. Gl. *Soccus* 2.

SOIEF, Haie, palissade, clôture. Gl. *Sotum* 1.

SOIER, Scier, conper le blé. Gl. *Secare* 2. [*Soiéor*, Roman de Renart, tom. 2, p. 131, vers 13184.]

SOIESTÉE, Société. Il se dit des terres dont les fruits se partagent entre le propriétaire et le fermier. Gl. *Soistura*.

SOIF, Haie, palissade, clôture. Gl. *Sotum* 1. [Roman de Renart, tom. 1, p. 52, 114, vers 1349, 3001. *Soi*, pag. 338, vers 9087.]

SOIGAN ou SOIGAU, Chirurgien. Gl. *Soniare*.

SOIGNANT, Concubine, femme illégitime. Gl. sous *Sogneia*. [Flore et Jeanne, pag. 25.]

SOIGNANTAGE, Concubinage, commerce illicite avec une femme libre. Gl. sous *Sogneia*. [Chansons Historiques, tom. 1, pag. 20. 22.]

SOIGNE, SOIGNEE, Bougie, chandelle. Gl. *Sogneia*.

SOIGNÉE, Droit seigneurial, service que doit un vassal, et le rachat en argent de ce service. Gl. *Sogneia*.

SOIGNEMENT, Frais, dépense qu'on fait pour quelqu'un. Gl. *Sonneia*.

SOIGNIE, Droit seigneurial, service que doit un vassal, et le rachat en argent de ce service. Gl. *Sogneia*.

SOIGNIER, Aider, fournir. Gl. *Soniare*. [Roi Guillaume, pag. 117 :

*Cevax et reubes lor faisoit
Soignier tant com il en voloient*.]

SOIGNOLE DE PUIS, Machine pour tirer de l'eau d'un puits. Gl. *Ciconia.*

SOIHESTÉS, Société. Il se dit des terres dont les fruits se partagent entre le propriétaire et le fermier. Gl. *Soistura.*

1. **SOILE**, Champ, fonds de terre. Gl. *Oredelfe.*

2. **SOILE**, SOILLE, Seigle. Gl. *Francarium* et *Sigalum.*

° 3. **SOILE**, Cèle, cache. Gérard de Vienne, vers 1939 :

Trestot li conte, ne li soile niant.

SOILLART, Souillon, valet de cuisine. Gl. *Soliardus.*

SOINGNIER, SOINNIIER, Exposer en justice les raisons qui ont empêché de comparaître à l'assignation. Gl. *Essoniare*, sous *Sunnis.*

SOIPTURE, Mesure de pré, autant qu'un homme en peut faucher dans un jour. Gl. *Soitura.*

SOIREMENT, Serment. Gl. *Sacramentare.*

SOIS, Haie, palissade, clôture. Gl. *Sotum* 1.

SOISON, Quartier de service. Gl. sous *Stagium.*

SOISTE, Société. Il se dit des terres dont les fruits se partagent entre le propriétaire et le fermier. Gl. *Soistura.*

SOITURE, Mesure de pré, autant qu'un homme en peut faucher dans un jour. Gl. *Soitura.*

SOKEMANRIE, Terre tenue en *Socage*, ou sous la condition du service de charrue. Gl. *Socmanaria*, sous *Socagium* 1.

SOKET, diminutif de soc de charrue. Gl. *Sokat.*

SOL, Solive, poutre. Gl. *Sola* 6.

1. **SOLABLE**, Solvable, qui a de quoi payer. Gl. *Solubilis* 2.

2. **SOLABLE**, Quitte, libre, absous. Gl. *Solus* 2.

SOLAGE, Droit sur le sol ou fonds des terres. Gl. *Solagge.*

SOLAIN, La portion ordinaire qu'on sert à un religieux. Gl. *Solacium* 5.

SOLAS, Pièce de la monnaie des évêques de Cambrai. Gl. *Solarus.*

SOLATGE, Droit sur le sol ou fonds des terres. Gl. *Solatge.*

SOLATIER, Soulager, aider. Gl. *Solatiari.*

SOLAZ, Soulagement, consolation. Gl. *Solagiamentum.*

SOLDAR, Soldat, homme de guerre, qui est à la solde de quelqu'un. Gl. *Soldarius*, sous *Solidata.*

SOLDÉE, Solde, paye d'un homme de guerre. Gl. *Soldata*, sous *Solidata*. [Partonop. vers 2603, 7819, 7827.]

1. **SOLE**, La plante des pieds, ou la peau de dessous le pied. Gl. *Sola* 1.

2. **SOLE**, Le fond plat et large d'un navire ou d'un bateau. Gl. *Sola* 5.

3. **SOLE**, Libre, quitte, qui ne doit rien. Gl. *Solus* 2.

° 4. **SOLE**, comme *Soule* 2. G. Guiart, tom. 1, pag. 82, vers 1490 :

Bruiant comme l'en court à soles.

SOLEAU, Soliveau, bois de charpente. Gl. *Solva.*

SOLÉE DE TERRE, Fonds qui rend un sol de rente. Gl. *Solidata terræ.*

SOLEMENT, Pavé. Gl. *Solamentum.*

1. **SOLEMPNE**, Célèbre, un homme d'une grande réputation. Gl. *Solempnis.*

2. **SOLEMPNE**, Solemnel, authentique. Gl. *Solempnis.*

SOLEMPNEUMENT, Solemnellement. Gl. *Mansionarii.*

SOLENNEL, Célèbre, illustre, de grande réputation. Gl. *Solemnis.*

1. **SOLER**, Soulier. Gl. *Sotulares excolati*, sous *Subtalares*. [*Soller*, Mantel Mautaillé, vers 271. *Sollere*, Roquef.]

2. **SOLER**, Jouer à la *soule* ou au mail. Gl. *Solere* 1.

3. **SOLER**, Paver. Gl. *Solere* 2.

SOLEURE, Pavé. Gl. *Solere* 2.

1. **SOLIER**, Étage de maison, chambre haute. Gl. *Solarium* 1. [Voyez Halliwell, au mot *Soler.*]

2. **SOLIER**, Soulier. Gl. *Solarius* 1.

SOLIN, Sol, rez-de-chaussée. Gl. *Solinum* 8.

SOLITABLEMENT, Sagement, avec prudence. Gl. *Solidus* 3.

SOLIVURE, Solive et tout ce qui regarde l'emploi qu'on en fait. Gl. *Solivare.*

SOLLE, Solive, poutre. Gl. *Sola* 6.

SOLLICITEUR, Exécuteur testamentaire. Gl. *Sollicitator.*

SOLLIER, Étage de maison, chambre haute. Gl. *Solarium* 1.

SOLLIN, Sol, rez-de-chaussée. Gl. *Solinum* 8.

SOLLIVURE, Solive et tout ce qui regarde l'emploi qu'on en fait. Gl. *Solivare.*

SOLOIE, Saussaie. Gl. *Silicia.*

SOLOIRE, Le jeu de la *soule* ou du mail. Gl. *Solere* 1.

° **SOLTIS**, Subtil, rare. Partonop. vers 10334 :

Li duns en fu tos de fenis,
D'un oisel qui moult est soltis.

Soltiument, vers 10306 :

Moult sot cil ovrer soltiument.

Voyez *Soutil.*

SOLU, Libre, qui n'est pas marié. Gl. *Solutus* 1.

° **SOLUSCIOUN**. Lai du Corn, vers 28 :

Ad maundé soun barnage,
Qui ad la soluscioun
Soient ad Karlioun.
Tout vindrent ad cel jour.

Voyez vers 8.

SOMAS. PEAU DE SOMAS. C'est une faute pour *de Damas*. Gl. *Soma* 2.

SOMATIER, Celui qui a soin des bêtes de somme. Gl. *Saumaterius*, sous *Sagma.*

SOMBRE, SOMBRER, La saison où l'on donne le premier labour aux terres ; ce qu'on appelait *Sombrer*. Gl. *Sombrum* 2.

SOMBRIER, Témoigner son chagrin par des plaintes et des gémissements. Gl. sous *Sombrum* 2.

SOMBRIN, Certaine mesure de grain. Gl. *Sumberinus.*

SOMEY, Le service qu'un vassal doit à son seigneur avec ses bêtes de somme. Gl. *Sometum*, sous *Sagma.*

1. **SOMMAGE**, Le droit qu'on paye pour la charge d'une bête de somme. Gl. *Summagium*, sous *Sagma.*

2. **SOMMAGE**, Le service que doit un vassal à son seigneur avec ses bêtes de somme. Gl. *Summagium*, sous *Sagma.*

SOMMAICHE, L'obligation de porter les lettres de son seigneur, et de faire les autres commissions qu'il donne. Gl. *Summagium*, sous *Sagma.*

SOMMAIGE, La charge d'une bête de somme, ballot. Gl. *Somilagium*, sous *Sagma.*

SOMMÉE, Le même. Gl. *Somata*, sous *Sagma.*

1. **SOMMELIER**, Officier de cour, qui est chargé de faire porter tout ce qui est à son usage. Gl. *Somarii*, sous *Sagma.*

2. **SOMMELIER**, SOMMELLIER, Nom de différents officiers chez le roi. Gl. *Somarii*, sous *Sagma.*

SOMMER, Faire la somme d'un compte. Gl. *Summars* 5.

SOMMETIER, Celui qui conduit les bêtes de somme. Gl. *Somarii*, sous *Sagma.*

SOMMIER, Bête de somme, cheval. Gl. *Somarii*, sous *Sagma.*

SOMMIERE. JUSTICE SOMMIERE, Sommaire. Gl. *Summarietas.*

° **SOMONEOR**. Voyez *Semonnoir.*

° 1. **SON**, SOM, Selon. Partonop. vers 10579 :

L'aloete vole en cantant
Son sa nature Deu loant.

Chron. des ducs de Norm. tom. 3, pag. 2, vers 31819 :

Qui puis firent son lor poeir.

Pag. 44, vers 38945, tom. 1, pag. 26, vers 671, etc.

° 2. SON, Air, chant. Roman de Renart, tom. 2, pag. 146, vers 13488 :

*Et chantoient et sons et lais,
Et sonoient tinbres et tabors.*

Laborde, pag. 151 :

Et chantoit un son d'amors.

Pag. 181 :

Qu' ele m'aprent et les chans et les sons.

Voyez Wolf, *Uber die Lais*, pag. 4. Rayn. tom. 5, pag. 263¹, au mot *Son*. — Chastel. de Couci, vers 2601 :

*Quar adès ses chançons trouvoit
Selom ce que son cuer sentoit,
Dont fu de ceste telz li sons.*

— Chansons Historiques, tom. 1, pag. 177 :

*Bien perdent honor et argent
Cant il ne font ne son ne coi.*

SONAYS, p. e. Cureur de privés. Gl. *Soniare.*

SONE, p. e. L'action de curer un puits ou de le réparer. Gl. *Soniare.*

SONER, Payer, satisfaire à une dette. Gl. *Sonare 4.*

SONGNANTAGE, Songnentage, Songniantage, Concubinage, commerce illicite avec une femme libre. Gl. *Sogneia.*

° **SONGNER**, Avoir de l'inquiétude, songer. Roman de Renart, tom. 4, pag. 93, vers 2571 :

Sire, dist Renart, ne songniés

Pag. 192, vers 1734 :

*N'en soigniés plus, sire, moult bien
Venrons à clef de cest afaire.*

SONGNIER, Aider, fournir. Gl. *Soniare.*

SONGNOLE, Une partie de l'épaule du corps humain. Gl. sous *Sonella.*

SONGNOLLE, Certain instrument ; p. e. une flèche, un trait d'arbalète. Gl. sous *Sonella.*

SONNAU, Sonnette. Gl. *Sonailla.*

1. **SONNER**, Parler, dire, déclarer. Gl. *Sonare 2.*

2. **SONNER**, Equipoller, être de même valeur. Gl. *Sonare 2.*

1. **SONNET**, Petit bruit, un pet. Gl. *Sonitus.*

° 2. **SONNET**, Chant. Laborde, pag. 215 :

Et dist, je me muir bele, en son sonet.

Voyez *Son* 2. Rayn. tom. 5, pag. 263¹, au mot *Sonet.*

SONNETTE DE FESTE, p. e. Tambour de basque. Gl. *Sonella.*

SONNEUR DE BESTES, Celui qui élève des animaux. Gl. *Soniare.*

SONREIS, Administrateur, économe. Gl. *Soniare.*

SONTISE, Biens propres, domaine. Gl. *Signoria 1.*

SOPE, Echoppe, boutique, étau. Gl. *Sopa 1.*

° **SOPEÇON**, Soupçon, inquiétude. Partonop. vers 383. Aubri, pag. 154². *Soupeçon*, Flore et Blancefl. vers 1994. Gérard de Vienne, pag. 157³. *Soupechon*, Roi Guillaume, pag. 160. Voyez *Soupessonneus* et *Souspeçonner.*

SOPIR, Arrêter, supprimer. Gl. *Sopitivus.*

SOPPER, Chopper, faire un faux pas. Gl. *Assopire.*

SOPPIR, Abolir, supprimer. Gl. *Sopitivus.*

° **SOPRIS**, Sorpris, Vaincu, saisi. Voyez *Souprendre.*

1. **SOQUET**, Impôt sur le vin et autres denrées accordé en forme d'octroi. Gl. *Soquetum 1.*

2. **SOQUET**, Sabot. Gl. *Soqua.*

1. **SOR**, Se dit d'un faucon qui n'a qu'un an et qui n'a point encore mué, qui est de couleur jaune et roussâtre. Gl. *Saurus 1.* [Lai du Corn, vers 513 :

*Ele ont bien fest le cors
E les crins luners et sors.*

Chron. des ducs de Norm. Voyez Rayn. tom. 5, pag. 159², au mot *Saur.*]

° 2. **SOR**. Voyez *Sur*

SORBITER, Engloutir, absorber. Gl. *Subitare 1.*

° **SORCAUS**, Partonop. vers 5070 :

*Puis a estroit et bien cauciés
Ses beles gambes et ses piés
De cauces de saie bien ate
Et de buens sorcaus d'escarlate
Et d'unes hueses fors et dures.*

SORCEMÉ, Gâté, taché de marques de pourriture. Gl. *Pessarius.*

SORCERIE, Sorcherie, Sortilége, maléfice. Gl. *Sorceria.*

SORCERON, Breuvage fait par sortiléges. Gl. *Sorceria.*

SORCIL, Sourcil. Gl. *Superciliose.* [Partonop. vers 556, 4889. Enfants Haymon, vers 700 :

Il roelle les yeulx, les sourcils va lever.

Aubri, pag. 176² :

Les sourcieus a baissiés et relevez.

Voyez Rayn. tom. 2, pag. 395¹, au mot *Sobrecill* et *Sobrecilha.*]

° **SORCUIDÉ**, Arrogant, présomptueux. Roman de la Rose, vers 8624. *Sorcuidance*, Arrogance, fierté, outrecuidance. Partonop. vers 4722, 7547. Voyez Rayn. tom. 2, pag. 430², au mot *Sobrecuiar.*

° **SORDIRE**, Accuser, calomnier, maudire. Chron. des ducs de Norm. tom. 3, pag. 34, note :

*Que cil qui preudomme sordist
A tort.*

Roman de Renart, tom. 2, pag. 171, vers 14204 :

Moult sui sordiz de plusors bestes.

Roman de Rou :

*Qui combatre l'a fait malement l'a
[sordit...
Assez l'a manachié et assez l'a sordit.*

Sourdire, G. Guiart, tom. 2, pag. 176, vers 4589 (13525).

° **SORDEIS**, Sordeis, Sordeor, Pire. Partonop. vers 1023 :

*Se nus en boit entosche frois
Saciés ne l'en ert sordois.*

Vers 3844 :

Mais miols ne l'en fu ne sordois.

Chronique des ducs de Norm. tom. 1, pag. 143, vers 1765 :

*Mal lor en prist, sordeis estast
Si nostre sire nos laisast.*

Pag. 600, vers 15078 :

Le meuz donner, le sordeis prendre.

Tom. 2, pag. 28, vers 16106 :

*Qui des dous jeus, s'il puet, le jor
Li laissera le sordeior.*

SORESTIN, p. e. Sureau. Gl. *Sambussus.*

° **SORFAIT**, Excès, arrogance. Partonop. vers 3656 :

*Tant sont irié de lor segnor
Sorfait feront por soie amor.*

Vers 3786. Chron. des ducs de Normandie. Voyez Rayn. tom. 3, pag. 263¹, au mot *Sobrefait.*

SORFONDRE, Verser dessus. Gl. *Superfunderе 2.*

SORFRONGNER, Accuser, faire des reproches hautement. Gl. *Superdicere.*

SORGONS, Source, fontaine, ruisseau. Gl. *Sursa*, sous *Surgere 1.*

SORIER, p. e. Folâtrer, badiner. Gl. *Sorcire.*

SORIR, Dessécher. Gl. *Sorrus.*

SORNER, Railler, se moquer. Gl. *Subsannare.*

SOROGE, Beau-frère. Gl. *Sororinus 1.*

SORONDER, Abonder, regorger. Gl. *Superundare.* [Ruteb. tom. 2, pag. 255 :

*La grant ardor ne la fumée
Dont il est sorondez et plains.*

Chron. des ducs de Normandie.]

SORORGE, Beau-frère. Gl. *Sororgius.*

SORPOIS, Les fruits de la terre, soit arbres, plantes, blés, etc. Gl. *Superficies.*

° **SORPORTER**, Emporter, entraîner. Partonop. vers 4833 :

*Bien l'a ses talens sorportée
Quant à un garçon s'est coplée.*

Voyez Rayn. tom. 4, pag. 609¹, au mot *Sobreportar.*

SORS, Sorcier, ou Bourreau. Gl. *Sortiarius.*

SORSAILLIR, Sauter par-dessus, contrevenir à une convention. Gl. *Supersalientes.*

° **SORSAMBLER**, Ressembler, Partonop. vers 331 :

Tant sorsamble Hector et Paris.

1. **SORTIR**, Essayer, éprouver. Gl. *Sortiare.*

SOT

º 2. **SORTIR**, Echapper. Flore et Blancefl. vers 1019 :

N'est sous ciel hom, s'il doit morir
Et de la mort puisse sortir,
Miz ne vausist estre mesel...
Que mort avoir ne le trespas.

1. **SORTISSER**, Secouer, ébranler. Gl. *Sorcire.*

2. **SORTISSER**, Prédire, deviner. Gl. *Sortissare.*

º **SORTE**. G. Guiart, tom. 2, pag. 126, vers 3237 (12217) :

Queurent li piéton à granz sortes
Assaillir les murs et les portes.

Pag. 135, vers 3478 (12459) :

Et assaillent à si granz sortes
Qu'il rompent huis et brisent portes.

º **SORTRAIRE**. Voyez *Surtraire.*

1. **SOS**, Solde, frais, dépens. Gl. *Servitium socii.*

2. **SOS**, Solde, paye d'un homme de guerre. Gl. *Soldada,* sous *Solidata.*

SOSCAINGLE, Sous-sangle de cheval. Gl. *Subcingulum.*

º **SOSCREINDRE**, Craindre, soupçonner. Partonop. vers 3535 :

De nul engien nel soscremoie.

Vers 1611 :

Mais tant est noirs qu'il le soscrient.

SOSPIRAL, Soupirail, tuyau d'une cheminée. Gl. *Spiraculum.*

º **SOSPIROUS**, Langoureux. Agolant, vers 845 :

Bien fet de cors estoit et amorous
De la roine au regart sospirous.

Voyez Rayn. tom. 3, pag. 178¹, au mot *Sospiros.*

SOSSON, Compagnon, camarade, ami. Gl. *Sodes.*

SOSTE, Massue, bâton à grosse tête. Gl. sous *Solta 2.*

1. **SOT**, Le même. Gl. *Sotus 2.*

2. **SOT**. JEU DES SOTS, Espèce de joûte. Gl. *Jocus.*

SOTE, Massue, bâton à grosse tête. Gl. sous *Solta 2.*

SOTELETTE, Simple, crédule. Gl. *Sottus.*

º **SOTEREL**, Ruteb. tom. 2, pag. 238 :

Là vi un fouc de soteriaus
Qui juoient aus tumberiaus.

Pag. 239 :

Vanitez sont li soterel.

1. **SOTIE**, Société de jeunes gens, dont le chef se nommait *Prince des Sots.* Gl. sous *Princeps.*

2. **SOTIE**, Imbécilité, folie, extravagance. Gl. *Sottus.*

SOTIGE, Sorte de redevance. Gl. *Sonneia.*

SOTOUL, Rez-de-chaussée, le bas d'une maison. Gl. *Sotulum.*

SOU

SOTUART, Qui a une grosse tête et peu de sens. Gl. *Sotus 2.*

SOU, Étable à pourceaux. Gl. *Sudis.*

1. **SOUAGE**, Aide, secours, soulagement. Gl. *Solatium 3.*

2. **SOUAGE**, SOUAIGE, Forme, façon. Gl. sous *Sors 1.*

º **SOUATUME**, SUATUME, Agrément, soulagement. Roi Guillaume, pag. 54 :

Car cui Diex espire et alume
Del cuer li samble souatume.

Chron. des ducs de Norm. tom. 2, pag. 529, vers 30470 :

N'aveit repos ne suatume.

Voyez Roquef.

SOUAVET, Doucement. Gl. *Suaviter 1.*

1. **SOUBITER**. FAIRE SOUBITER, Irriter, faire enrager. Gl. *Desubitare.*

2. **SOUBITER**, p. e. pour SORBITER, engloutir, absorber. Gl. *Subitare 1.*

SOUBKEU, Sous-Cuisinier, aide de cuisine. Gl. sous *Serviens.*

SOUBOURNER, Inviter, engager, attirer à soi. Gl. *Subornare 2.*

SOUBRAI, Sorte de filet ou d'instrument pour pêcher, et p. e. Gord. Gl. *Subricula.*

SOUBRIQUET, Geste de mépris, coup de la main sous le menton. Gl. sous *Barba 1.*

SOUBSHOSTE, Manant, qui ne possède aucun héritage en propre. Gl. *Subhospes.*

SOUBSIER, Se soucier, avoir de l'inquiétude. Gl. *Sollicitatus.*

SOUBSLEVER, Enlever par violence, faire un rapt. Gl. *Sublevare.*

SOUBSMANANT, Habitant. Gl. *Submanentes,* sous *Manentes.*

SOUBSOMOSNIER, pour Sous-Aumônier. Gl. *Subeleemosynarius.*

SOUBZAAGÉ, SOUBZAAGIÉ, Mineur. Gl. *Subætas.*

SOUBZBRIQUET, Geste de mépris, coup de la main sous le menton. Gl. sous *Barba 1.*

SOUBZDÉE, Solde, paye d'un homme de guerre. Gl. *Soldata, Stipendium.*

SOUBZDIC, Nom de dignité dans le Bordelais. Gl. sous *Syndicus.*

SOUBZLEVER, Enlever par violence, faire un rapt. Gl. *Sublevare.*

SOUBZSAINTE, Espèce de large ceinture. Gl. *Subcinctorium.*

SOUBZTOITEUR, Celui qui loge et donne retraite à quelqu'un dans sa maison. Gl. *Tegorium.*

SOUBZTRAIRE, Séduire, engager adroitement. Gl. *Subtrahers.*

SOUBZTRAIT, Hôte, celui à qui l'on donne retraite dans sa maison. Gl. *Subtrahere.*

SOU

SOUCANIE, Vêtement de toile à l'usage des femmes. Gl. *Soscania.* [Partonop. vers 8015 :

Ore usent unes soschanies
Amples desos, par pans fornies.]

SOUCHAGE, Droit des sergents forestiers sur chaque arbre donné à quelqu'un. Gl. *Socagium 2.*

SOUCHE, Souci, chagrin, inquiétude. Gl. *Sochire.*

º **SOUCHIER**, Avoir des soupçons. Roman de Renart, tom. 1, pag. 11, vers 291 :

Ne le sevent sor qui souchier.

SOUCICLE, Souci, plante. Gl. *Solsequium 2.*

SOUCLAVE, Fausse-clef. Gl. *Subclavarius.*

SOUCRETAIN, Sacristain ; d'où Soucretainerie, Sacristie. Gl. *Secrestanus.*

SOUDAN, Nom de dignité dans le Bordelais. Gl. sous *Syndicus.*

SOUDÉE, Solde, paye d'un homme de guerre. Gl. *Soldada,* sous *Solidata.*

SOUDÉE DE TERRE, Fonds qui rend un sol de rente. Gl. *Solidata terræ.*

SOUDENIER, Soldat, homme de guerre, qui est à la solde de quelqu'un. Gl. *Souderarius,* sous *Solidata.*

SOUDIC, SOUDICH, Nom de dignité dans le Bordelais. Gl. sous *Syndicus.*

SOUDOIER, Soldat qui est à la solde de quelqu'un. Gl. *Solidarii,* sous *Solidata.*

º **SOUDOIIERE**, SOUDEIERE. Voyez *Sodoier.*

1. **SOUDRE**, pour Soude, sorte de plante. Gl. *Sodanum.*

º 2. **SOUDRE**, Livrer, délivrer, acquitter. Chron. des ducs de Norm. tom. 1, pag. 454, vers 10781 :

Li fist aveirs mult aporter....
Soudre l'en voleit mult e rendre.

Tom. 3, pag. 168, vers 36556 :

Qu'il se li quit e soille e rende.

Roi Guillaume, pag. 184 :

Que nus vaillant un pois li toille
Que li sires tout ne li soille.

Voyez Orell, pag. 268. Rayn. tom. 5, pag. 254¹, au mot *Solvre.*

1. **SOUE**, Solde, paye d'un homme de guerre. Gl. *Soldada,* sous *Solidata.*

2. **SOUE**, Aide, secours, soulagement. Gl. *Solatium 3.*

º **SOVENIERS**, Qui se souvient, qui pense à. Partonop. vers 303 :

De grans biens faire soveniers
Et sages et buens cevaliers.

SOVERAIN, Souverain, supérieur. Gl. *Supranus.*

º **SOUFACHIER**, Soulever, soupeser. Roman de Renart, tom. 1, pag. 26, vers 705 :

Vint à Hersent, si la soufachs.

Pag. 33, vers 881 :
Les paniers a bien soufaichiez.
Tom. 3, pag. 121, vers 23088 :
Et il les a moult soufachiez.
Tom. 1, pag. 45, vers 1169 :
Cil se commence à soufachier.
Variante, tom. 5, pag. 63 :
Ysengrins le veult souzfaichier.

SOUFFÉE, Botte de lin. Gl. *Suffaciatus.*

SOUFFERE. A SOUFFERE, A volonté. Gl. *Sufficiens.*

SOUFFERTE, Dépendance, soumission. Gl. *Sufferta* 1.

SOUFFIRE, Contenter, satisfaire, plaire. Gl. *Sufficiens.* [Flore et Blancefl. v. 1684 :
*Quant del mangier sont soffissant
Adont fait aporter le fruit.*]

SOUFFIS, SOUFFISANT, Sujet, vassal. Gl. *Soufferta* 1.

SOUFFLACE, Soufflet bien appliqué. Gl. *Sufflatorium.*

1. **SOUFFLET**, pour Sifflet, l'action de siffler. Gl. *Suffletus.*

2. **SOUFFLET**. METTRE SA TESTE EN UN SOUFFLET, Se dit d'un sot qui en parlant beaucoup ne rend que du vent. Gl. *Sufflatorium.*

SOUFFLETIER, Faiseur de soufflets. Gl. *Sufflatorium.*

SOUFFLEUR, Officier de cuisine chez le roi. Gl. *Sufflator.*

SOUFFRAITE, Disette, indigence. Gl. *Soffrata* et *Sufferta* 1.

SOUFFRANCE, Patience, tolérance. Gl. *Sufferentia* 1. [Voyez *Sofrance*, Rayn. t. 5, pag. 286¹, au mot *Sufrensa.*]

SOUFFRETÉ, Disette, pauvreté. Gl. *Sufferta* 1. [Laborde, pag. 159. Roi Guillaume, pag. 51, 56. Voyez Rayn. tom. 5, pag. 286², au mot *Sufracha.*]

SOUFFRIR. SE SOUFFRIR, Se contenir, se modérer. Gl. *Sufferentia* 1. [Voyez *Sofrir.*]

SOUFLACE, Soufflet bien appliqué. Gl. *Sufflatorium.*

° **SOUFLEUR** Chastel. de Couci, v. 29 :
*Et dient en moquois souvent
Qu'il sont soufleur contre le vent.*

SOUFRAITE, SOUFRETE, Disette, nécessité, indigence, besoin. Gl. *Soffrata.*

° **SOUFRANS**, Endurci, robuste. Partonop. vers 2761 :
*Bon cevaliers est et prouvés
Soufrans et fors et adurés.*

SOUGIE, Inférieur ; il se dit d'une juridiction subalterne. Gl. *Subdictus.*

SOUGITER, Soumettre, subjuguer. Gl. *Subjectare.*

° **SOUGLACIER**, Trembler ? Fabliaux, Jubinal, tom. 2, pag. 24 :

*Il n'est nus qui vous voit ces jambes
[souglacier,
Qui puis vous achatast.*
Voyez Rayn. tom. 3, pag. 474¹, au mot *Sobregiatz.*

° **SOUGLAGER**, G. Guiart, t. 1, p. 141, vers 3129 :
*De la grant richèce qu'il treuvent
Se charchent tuit, ainz qu'il se
[meuvent...
Çà et là la vont souglagent.*

° **SOUGLOTER**, Sangloter. Partonop. vers 7246 :
*Nel puet nomer et ne porquant
Balbié l'a en souglotant.*

SOUGNANT, Concubine. Gl. sous *Sogneia.*

1. **SOUGNIE**. Droit seigneurial, service qu'un vassal doit à son seigneur, et le rachat en argent de ce service. Gl. *Sogneia.*

2. **SOUGNIE**, Le droit de loger et de manger chez son vassal, ou ce qu'on paye pour ce droit ; toute espèce de redevance. Gl. *Sonneia.*

SOUGNIER, Donner, fournir, livrer. Gl. *Soniare.*

SOUGRETAIN, Sacristain. Gl. *Secrestanus.*

SOUHAIDIER, Souhaiter, désirer. Gl. *Pipa* 2. [Ruteb. tom. 2, pag. 240, 249.]

SOUHAUCIER, Accroître, augmenter. Gl. *Superaugmentare.* [Elever. Garin le Loher. tom. 1, pag. 36 :
Maintes banieres souhaucier et lever.]

° **SOVIN**. Voyez *Souvin.*

SOUJOURNER, Faire son séjour, habiter. Gl. *Subjurnare.*

SOULAGIER, Se divertir, se récréer. Gl. *Solatiari.*

1. **SOULAS**, Bande, compagnie. Gl. *Solatiari.*

2. **SOULAS**, Pièce de monnaie des évèques de Cambrai. Gl. *Solarus.*

SOULASSER, SOULASSIER, Se divertir, s'amuser, badiner. Gl. *Solatiari.*

SOULAZ, Aide, celui qui soulage un autre dans son office. Gl. *Solagiamentum.*

SOULDE, Ce qu'on donne en retour dans les échanges. Gl. *Solta* 2.

1. **SOULDÉE**, Valeur et équivalent d'un sol ou douze deniers. Gl. *Solidata.*

2. **SOULDÉE**, Solde, paye d'un homme de guerre. Gl. *Soldada*, sous *Solidata.*

1. **SOULE**, Espèce de cellier. Gl. *Sola* 5.

2. **SOULE**, d'où SOULER, Jouer à la balle, à la boule, ou au ballon. Gl. *Soula.*

SOULEGE, Allége. Gl. *Alegium.*

SOULIER, Etage de maison, chambre haute. Gl. *Sotulum.*

SOULIERS A TROIS NOYAUX, etc. Gl. *Subtalares.*

SOULIN, Solive, poutre. Gl. *Sola* 6.

SOULINE, Certain vaisseau d'une capacité réglée, dont on se sert dans les vendanges. Gl. *Semalis.*

SOULLARDAILLE, Terme de mépris, canaille ; de *Soullart*, Homme de néant. Gl. *Soliardus.*

SOULLART, Souillon, valet de cuisine. Gl. *Soliardus.*

SOULLE ; d'où SOULLER, Jouer à la balle, à la boule, ou au ballon. Gl. *Soula.*

SOULLÉ, Soulier, Gl. *Subtalares.*

SOULPTE. AVOIR SOULPTE, Être frappé de quelque chose, en être effrayé. Gl. *Subitare* 1.

1. **SOULTE**, Ce qu'on donne en retour dans les échanges. Gl. *Solta* 2.

2. **SOULTE**, Massue, bâton à grosse tête. Gl. *Solta* 2.

SOULU. MARIAGE SOULU. Qui est rompu, qui est dissous par mort ou autrement. Gl. *Solutus* 1.

SOUMER, Bête de somme, cheval ; d'où *Soumatier*, Celui qui en a soin. Gl. *Somarii*, sous *Sagma.*

° **SOUMIS**, Garin le Loher. t. 1. p. 108 :
En plaine terre l'a abatu soumis.
Souvins ?

° **SOUMOUNER**, Flore et Jeanne, pag. 22 : *Tant li dist la vieille de teus parolles ke l'aiguillons de nature soumounoit au kes.*

SOUPE. MENGEUR DE SOUPES, Terme de mépris. Gl. *Sopa* 3.

SOUPE CROTÉE, Espèce de potage ou de ragoût. Gl. *Crotatus.*

SOUPE DORÉE, p. e. Espèce de gâteau. Gl. *Sopa* 3.

SOUPE EN EAUE GRASSE, Brouet. Gl. *Adipata.*

SOUPE DE PRIME, Déjeûner avec du vin. Gl. *Sopa* 3.

SOUPELLETIER, pour SOUPLETIER. Gl. *Suppletarius.*

° **SOUPELIS**, Partonop. vers 8017 :
Et vestent ces les soupelis.
Voyez *Surpellis.*

SOUPER, Chopper, faire un faux pas. Gl. *Assopire.*

° **SOUPESER**, Soulever, porter. G. Guiart, tom. 2, pag. 45, vers 1143 ; p. 75, vers 1915 ; pag. 202, vers 7833. Se soupe, ser, tom. 2, pag. 257, vers 6665 (10109, 10801-16814, 15657).

SOUPESSONNEUS, Suspect, accusé. Gl. *Suspiciosus.* [Voyez *Sopeçon.*]

SOUPLETIER, Celui qui supplée à l'office d'un autre. Gl. *Suppletarius.*

1. **SOUPLOIER**, Souplesse, complaisance, soumission. Gl. *Mitificare.*

° 2. SOUPLOIER, Se plier, céder à la volonté de quelqu'un. Agolant, p. 151² :

Quant Rollans ot Karlon si souploier.

Voyez Rayn. tom. 4, pag. 568², au mot *Supplicar*, ci-dessous *Suplier*.

SOUPPLIR, Suppléer. Gl. *Aagiatus*.

° SOUPRENDRE, Soumettre, surpasser, vaincre, tromper. Fabliaux, Jubinal, t. 1, pag. 128 :

Que par leur avoir veulent tous leurs
[amis souprendre.

Partonop. vers 560 :

Les iols a gros, vairs et rians,
Bien envoisiés et souprendans.

Lai du Corn, vers 335 :

Par petit d'encheisoun
Me ad soupris à baundoun.

Partonop. vers 1368, 1772, 4014 :

Bien soutils hom seroit sopris
En tel liu et de tel pucele.

Laborde, pag. 228 :

Loial amours, de vo mal que ferai ?
Confortez-moi, je sui de vos sorpris.

Wackernagel, pag. 41 :

Ains que je fuisse sopris de ceste amor.

Chronique des ducs de Normandie, tom. 2, pag. 37, vers 16384 :

De poür a le quor sopris.

Saupris. Aucassin et Nicolete, Fabliaux, tom. 1, pag. 381 : *Il estoit saupris d'amor*. Voyez Rayn. tom. 4, pag. 635², aux mots *Sorprendre* et *Sobreprendre*.

SOUPRESURE, Surprise, tromperie. Gl. *Souspressura*.

SOUPTIU, Ingénieux, qui a beaucoup d'industrie, adroit. Gl. *Subtiliare 2*.

SOUQUET, Impôt sur le vin et autres denrées, accordé en forme d'octroi. Gl. *Soquetum 1*.

SOURAIN, Souverain, supérieur. Gl. *Supranus*.

SOURBÉE, Gerbe, ou tas des fruits de la moisson. Gl. *Gagnagium 1*.

SOURCERIE, Sortilége, maléfice. Gl. *Sorceria*.

SOURCHAIN, Espèce de large ceinture. Gl. *Subcinctorium*.

SOURCLAVE, Fausse-clef. Gl. *Subclavarius*.

SOURDITTE, Femme débauchée, concubine. Gl. *Subtrahere*.

SOURDOIS, Qui parle à l'oreille pour ne point être entendu des autres. Gl. *Surdare*.

1. SOURDRE, Lever, soulever. Gl. *Surgere 2*.

° 2. SOURDRE, Se lever, venir, arriver, naître. G. Guiart, tom 2, pag. 196, vers 5070 (14058) :

Flamens et Alemanz leur sourdent.

Partonop. vers 468 :

Et sorst plantés de bons vasals.

G. Guiart, tom. 2, pag. 244, vers 6321 (15301) :

Auquel du fait l'oneur est sourse.

Tom. 1, pag. 217, vers 5171 ; pag. 279, vers 6787. Voyez le Gloss. sur la Chron. des ducs de Norm. aux mots *Sors, Sorst* et *Surst*, Orell, pag. 265. Rayn. tom. 5, pag. 268², au mot *Sorger*.

SOURE, Troupeau de porcs. Gl. *Surex*.

SOURGETER, SOURGIETER, Donner retraite à quelqu'un dans sa maison, lui fournir tout ce dont il a besoin. Gl. sous *Surgere 2*.

SOURHAUCHER, Accroître, augmenter. Gl. *Superaugmentare*.

1. SOURIZ, Mollet, le gras de la jambe. Gl. *Sorilegus*.

2. SOURIZ. BRUSLER LES SOURIZ, Mettre le feu a une maison. Gl. *Sorilegus*.

SOURMONTANT, Ce qui est au-dessus, l'excédant. Gl. *Superexcrementum*.

SOURNETE, Jeu, badinerie, tour plaisant. Gl. *Subsannare*.

SOUROLLE, Espèce de lampe. Gl. *Suriscula*.

SOUROSTE, Manant, qui ne possède aucun héritage en propre. Gl. *Subhospes*.

SOURPELIS, Surplis, habit d'église. Gl. *Supera 2*.

SOURRONDE, La partie du toit qui avance sur le mur, auvent. Gl. *Superundare*.

SOURSAILLÉ, Soucieux, chagrin, qui fronce les sourcils. Gl. *Inrisus*.

SOURSEMÉ, Sursemé. *Char soursemée*, Qui a des taches de pourriture. Gl. *Suscematæ carnes*.

1. SOUS, Solde, paye d'un homme de guerre. Gl. sous *Solidata*.

2. SOUS, Qui est payé, à qui il n'est rien dû. Gl. *Solus 2*.

SOUSAGÉ, SOUSAGIÉ, Mineur. Gl. *Subannis*.

SOUSCELER, Cacher sous, couvrir. Gl. *Subcellatus*.

° SOUSIR, Chron. des ducs de Norm. tom. 2, pag. 330, vers 25143 :

Un cri jeta et un teu brait
Cum si trestot déust sousir.

SOUSPEÇON, Soupçon. Gl. *Sonare 3*.

SOUSPEÇONNER, SOUSPECTIONER, Soupçonner. Gl. *Suspectus 1*, et *Suspicare*. Voyez *Sopeçon*.

SOUSPETE, Soupçon. Gl. *Suspectus 1*.

SOUSPRESURE, Surprise, tromperie. Gl. *Souspressura*.

SOUSQUENIE, Vêtement de toile à l'usage des femmes. Gl. *Soscania*.

SOUSSALOUS, Successeur. Gl. *Successorie*.

° SOUSSELE, Housse, chabraque, Flore et Blancef. vers 1179 :

La soussele ert d'un paile cier.

Voyez Rayn. tom. 5, pag. 187², au mot *Sotzsella*.

SOUSSIER, Être soucieux, se donner bien des soins. Gl. *Montare 3*. [G. Guiart, tom. 1, pag. 205, vers 4877:

Sauffert ot dure penitance
Par soussier et par remetre.

Tom. 2, pag. 308, vers 7998 (16978) :

Defendent si les deus entrées
Sanz trop sousier ne remetre.

° SOUSSIS, Chron. des ducs de Norm. tom. 3, pag. 153 :

Tant c'um leu avoit eu pais
Soz uns rochers, en un soussis.

SOUSTE, Massue, bâton à grosse tête. Gl. sous *Solta 2*.

SOUSTECTIER, Mettre à couvert sous un toit, loger. Gl. *Tegorium*.

SOUSTENAGE, Entretien. Gl. *Sustinentia 2*.

SOUSTENAL, Soutien, appui. Gl. *Apodiamentum*.

1. SOUSTENANCE, Entretien. Gl. *Sustinentia 2*.

2. SOUSTENANCE, SOUSTENANCHE, Subsistance, ce qui est nécessaire pour le soutien de la vie. Gl. *Substantia 1*, et *Sustentativum*.

SOUSTENEMENT, Entretien. Gl. *Pavagium 2*.

SOUSTENTEUR, Celui qui soutient et favorise un parti. Gl. *Sustentatio 2*.

SOUSTENU, Entretien. Gl. *Sustinentia 2*.

SOUSTENUE, Subside, aide. Gl. *Subsidium*.

SOUSTERRER, Enterrer, mettre sous terre. Gl. *Subterrare*.

SOUSTILLIER, Imaginer, s'efforcer, s'étudier. Gl. *Subtiliare 2*. [*Se soutiller*, S'ingénier, chercher quelque moyen. Chastel. de Couci, vers 6288 :

Soutille soi de trouver tour.

G. Guiart. tom. 1, pag. 134, vers 2941 :

De lui marier se soutille.

Voyez Rayn. tom. 5, pag. 284¹, au mot *Subtiliar*.]

SOUSTIVETÉ, Subtilité, détour. Gl. *Subtilitas*, sous *Subtiliare 2*.

SOUSTOITER, SOUSTOITIER, Loger, retirer chez soi, cacher dans sa maison. Gl. *Tegorium*.

SOUSTRE, Litière. Gl. *Sostrale*.

1. SOUTAIN, p. e. Soutiré, vin tiré au clair. Gl. *Subtrahere*.

° 2. SOUTAIN, Secret, caché. Belle Beatris, Wackern. pag. 4 :

Ugues tressaut lou mur, trouve dans
[un leu soutain
S'amie Beatris, se la prent par la main.

SOUTE, Massue, bâton à grosse tête. Gl. sous *Solta 2*.

○ **2. SOUTE**, Partonop. vers 5258 :
*Et il ne lor respont noient
De lor saluz ne de lor soute.*
Chron. des ducs de Norm. tom. 2, pag. 331, vers 25188 :
*Dunc vait munter, si tient sa veie,
Ne n'a soute, ne ne s'effreie.*
Var. *soudiers*. Pour suite ?

SOUTECTE, Toit, couverture de maison. Gl. *Tegorium*.

SOUTE-MOLOIRE, Espèce de massue, bâton à grosse tête. Gl. sous *Solta* 2.

SOUTENANCE, Subsistance, ce qui est nécessaire pour le soutien de la vie. Gl. *Apanamentum*.

SOUTIEVESMENT, Subtilement, finement. Gl. *Subtilitas* 1.

SOUTIEVETÉ, Subtilité, finesse. Gl. *Subtilitas* 1.

SOUTIF, Subtil, fin, délicat. Gl. *Subtilis*.

SOUTIFFART, Secrètement, sous main, en cachette. Gl. *Subtilitas*, sous *Subtiliare* 2.

1. SOUTIL, Retiré, écarté, secret. Gl. *Subtulum*.

2. SOUTIL, Subtil, fin, délicat. Gl. *Subtilis*. [Soutieu, Ruteb. tom. 2, pag. 254. Chron. des ducs de Norm.]

○ **SOUTILLER (SE)**. Voyez *Soustillier*.

SOUTIMENT, Ingénieusement, adroitement, avec art. Gl. *Subtiliare* 2. [*Sotiment*, Flore et Jeanne, pag. 13. Orell, pag. 292.]

○ **SOUTIF**, Soutis. Caché, célé, secret. Partonop. vers 56 :
*Soutif aler, soutif venir,
Parfont penser et lonc sospir.*
Vers 7383 :
*Puis l'en ont mené tot ensi
Céléement et à seri
Trosqu'en une cambre soutive.*
Chron. des ducs de Normandie. — Partonop. vers 6267 :
*Partonopeus n'est pas soutis
Qui a Urrake et Persevis
Qui li dient deduis et gas.*

SOUTIVE Pratique, Secrète menée. Gl. *Subtilitas*, sous *Subtiliare* 2.

○ **SOUTIVEMENT**, Doucement, à voix basse, en silence. Partonop. vers 51 :
*Soef flahute et seri
Soutivement et coi sains cri.*
Vers 6920 :
*Parmi un gardin sont venues
Soutivement les deux puceles.*
Vers 4283 :
*A poi boivre et à poi mangier
Et à soutivement vellier.*

SOUTIVETÉ, Subtilité, finesse. Gl. *Subtilitas*, sous *Subtiliare* 2.

SOUTOUL, Rez-de-chaussée, le bas d'une maison. Gl. *Sotulum*.

SOUTRERE, Transporter des tonneaux de vin du cellier à la cave et de la cave au cellier. Gl. *Subtrahere*.

SOUVAUDRER, Remuer le feu, l'attiser. Gl. *Subvectare*.

SOUVER, Souffler, inspirer. Gl. *Sufflare* 2.

SOUVERAIN, Supérieur général d'un ordre, même celui d'une maison religieuse, Président. Gl. *Supranus*.

SOUVERAINNITÉ, Souveraineté, juridiction supérieure. Gl. *Supranus*.

SOUVIN, Couché sur le dos. Gl. *Supes*. [Roman de Roncevaux, pag. 49 :
Soissante mille en gisant mort souvin.
Partonop. vers 7001 :
Atant se pasme et ciet sovine.
Chron. des ducs de Norm. — *Souviner*, Renverser. Laborde, pag. 152 :
*Par les flans la pris
Sur l'herbe la souvinai.*]

SOUVRAIN, Supérieur général d'un ordre, même celui d'une maison religieuse. Gl. *Supranus*.

SOUZAAGIÉ, Mineur. Gl. *Subætas*.

SOUZJUGERIE, Charge et office d'un juge subalterne. Gl. *Subjustitiare*.

SOUZOEIN, Qui est élevé au-dessus, supérieur. Gl. *Solarium* 1.

SOYÉE, Cheville de fer ; d'où le diminutif *Soyette*. Gl. *Sayus*.

SOYESTÉ, Société. Il se dit des terres dont les fruits se partagent entre le propriétaire et le fermier. Gl. *Soistura*.

SOYSSES, Suisses. Gl. *Soyssi*.

SOZAIN, Qui est élevé au-dessus, supérieur. Gl. *Solarium* 1.

SPARALLON, Sorte de poisson de mer. Gl. *Spargus*.

SPARDILLE, Soulier de corde à l'usage des Miquelets. Gl. *Spartea*.

SPÉ. C'est le nom qu'on donne au premier enfant de chœur de l'église de Paris. Gl. *Speces*.

SPEC, Inspecteur. Gl. *Speces*.

1. SPECIER, Mettre en pièces. Gl. *Pecia*.

2. SPECIER, Épicier. Gl. *Speciator*, sous *Species* 6.

SPECTABLE, Illustre, titre d'honneur. Gl. *Spectabilis*.

○ **SPEDE**, Épée. Sainte Eulalie, vers 22. *Spée*, Livres des Rois.

SPERE, Sphère, machine ronde. Gl. *Spera* 1.

○ **SPIAUTRE**, Epeautre. Enfants Haymon, vers 363 :
*Ne spiautre ne forment, de quoi le pain
[fait on.*

SPONGE, Volontaire, libre, de bon gré. Gl. *Expontaneus*.

1. SPORTULE, Droit de relief dû au seigneur de fief à chaque mutation. Gl. *Sporta* 2.

2. SPORTULE, Présent qu'on faisait aux juges, épices. Gl. *Sportula*, sous *Sporta* 2.

SPOURE, Éperon. Gl. *Spourones*.

SPRINGALLE, Espringale, instrument de guerre, qui servait à jeter des pierres. Gl. *Muschetta*.

SPURIEN, Méprisable. Gl. *Emphyteosis*.

SQUNILZEWIN, Sorte de vaisseau à la Rochelle. Gl. *Squnilzewinum*.

STABLEMENT, Établissement, maison. Gl. *Imperegre*.

STAFIER, Étrier. Gl. *Staffa* 2.

STAICHE, Picu. Gl. *Staca* 2.

STAKETTE, Vis, tout ce qui sert à attacher. Gl. *Stacha*.

STALAIGE, Étalage, le droit qu'on paye pour la place où l'on étale. Gl. *Stallagium* 3.

STALAIZE, Sorte de cens ou redevance ; p. e. Le droit d'étalage. Gl. *Stallagium* 3.

STAMPE, p. e. Trou, l'action de percer, de faire un trou. Gl. *Stampus*.

STANCHE, Écluse, chaussée soutenue par des pieux. Gl. *Stancarium*.

STANDART, Étendart. Gl. *Standardum* 1.

STER en droit, Comparaître devant un juge. Gl. sous *Stare* 1. [Voyez Orell, pag. 93.]

STERSHOMME, Séditieux, perturbateur. Gl. *Motivus* 2.

STEU, En Languedoc, Sonche, tronc d'arbre. Gl. *Stoc*.

STICHER, p. e. Battre avec un bâton. Gl. *Sticcare*.

STIER, Septier, mesure. Gl. sous *Stara* et *Stera* 2.

STIPAL, Ce qui appartient à la souche. Biens *Stipaux*, Ceux qui viennent du grand-père ou de la grand'mère. Gl. *Stipalia bona*.

STIPENDE, Ce qu'on donne à quelqu'un pour son entretien. Gl. *Stipendium* 1.

STIPENDIER, Qui est aux gages ou à la solde d'un autre. Gl. *Stipendiarius* 1.

STIPES, Droit de la chambre des comptes sur chaque bail à ferme, ou vente du domaine muable. Gl. *Stilus* 2.

STIVELÉ, Sorte de chaussure, bottine. Gl. *Stivale*.

STOFFÉEMENT, Se dit de quelqu'un qui est bien accompagné d'hommes et d'équipages. Gl. *Stuffare*.

STOFFEY, Qui est bien garni, à qui rien ne manque. Gl. *Stuffare*.

STOKAIGE, Droit seigneurial sur les maisons. Gl. *Stocagium.*

STOPEIR, Fermer, boucher. Gl. *Stupare.*

STORDOIER, STORDOIR, Moulin à huile. Gl. sous *Stordatus.*

STRADIOT, Sorte de milice. Gl. sous *Strategus* et *Stratiotæ.*

STRÉE, Mesure de terre, la seizième partie d'un arpent. Gl. *Sestra.*

STRELAGE, Droit de mesurage des blés. Gl. *Strelagium*, sous *Sextariaticum.*

STREPITE, Formalités de justice. Gl. *Strepitus.*

STRETE, Embarras, obstacle, difficulté. Gl. *Stretta.*

STREUB, Étrier pour monter à cheval. Gl. *Streva*, sous *Strepa.*

STRICHER, Râcler, ôter d'une mesure de blé ce qu'il y a de trop. Gl. *Stricturator.*

STRIPIT, pour STREPITE, Formalités de justice. Gl. *Strepitus.*

STUPRE, Concubinage, débauche. Gl. *Strupum.*

STURGEON, Esturgeon. Gl. sous *Sturgia.*

SUBBOIS, Bois taillis. Gl. *Subboscus.*

SUBELINE, Marte zibeline. Gl. *Sabelum.*

SUBESTABLIR, pour SOUS-ÉTABLIR, Se dit d'un procureur qui en constitue un autre. Gl. *Stabilire* 2.

SUBHASTER, Mettre et vendre à l'encan. Gl. *Subhastare.* [Voyez Rayn. tom. 2, pag. 137¹, au mot *Subastar.*]

SUBHAUTON, Les secondes criblures. Gl. *Subhauto.*

SUBJECTION. DROIT DE SUBJECTION, Celui qu'a un seigneur de faire porter ses lettres par ses sujets. Gl. *Summagium*, sous *Sagma.*

SUBLER, Siffler. Gl. *Sibulare.*

SUBRECAP, Couvercle. Gl. *Subrecap.*

SUBREDAURADE, Grande dorade, poisson. Gl. *Aurata.*

SUBTIF, Ingénieux, plein d'industrie, adroit. Gl. *Subtiliare* 2.

SUBTILIER, SUBTILLER, Imaginer, inventer, s'étudier. Gl. *Subtiliare* 2.

SUBTILLATZ, p. e. Jeune tilleul. Gl. *Tilliolus.*

SUBVAINCRE, Vaincre, surmonter. Gl. sous *Subvincta.*

SUBURBE, Faubourg d'une ville. Gl. *Suburbium.*

SUC, Le sommet d'une montagne. Gl. *Succus.*

SUCHIER, Rendre doux comme sucre, sucrer. Gl. *Sucarium.*

SUCRION, Espèce d'orge, escourgeon. Gl. *Soucrio* et *Sucrio.*

SUEC, Le soc de la charrue. Gl. *Soccus* 2.

SUEL, L'aire d'une grange, place publique. Gl. *Suellium.*

° **SUEL**, J'ai habitude. Wackernagel, pag. 19 :

D'amors dont doloir me suel.

Pag. 24 :

Plux l'ain ke je ne suel.

Laborde, pag. 274 :

Car j'aim plus que je ne suille.

Voyez Rayn. tom. 5, pag. 253³, au mot *Soler.*

1. **SUER**, Payer chèrement une sottise. Gl. *Suare.*

2. **SUER**, SUERE, Cordonnier. Gl. *Sueor.*

SUERFAIS, La coupe d'un taillis, le taillis même. Gl. *Superpositum* 1.

SUERPLUS, Surplus, excédant. Gl. *Superplus.*

SUERRERIE, Boutique de tailleur ou de couturier. Gl. *Sutrium.*

SUEUR, Cordonnier. Gl. *Sueor.*

1. **SUFFRAGANT**, Coadjuteur d'un évêque dans ses fonctions épiscopales. Gl. *Suffraganei.*

2. **SUFFRAGANT**, L'équivalent. Gl. *Suffragium* 1.

SUFFRANCE, Suspension d'armes, trêve. Gl. *Sufferentia* 3.

SUFFRIR, SE SUFFRIR, Se contenir, s'abstenir de poursuivre en justice une action commencée. Gl. *Sufferentia* 1. [Partonop. vers 3553 :

Et se ço vos suefrs vostre ire.

Voyez Rayn. tom. 5, pag. 285³, au mot *Suffrir.*]

1. **SUIANCE**, Se dit d'un vêtement dont les ornements sont d'une étoffe de la même espèce. Gl. *Secta* 5.

2. **SUIANCE**, Sorte de redevance. Gl. *Suiancia.*

SUICHERIE, p. e. Le lieu du marché où se vendent les ouvrages des *sueurs* ou cordonniers. Gl. *Sueor.*

SUIR, Suivre, poursuivre. Gl. *Sequi.*

SUIT, L'obligation de suivre les plaids de son seigneur. Gl. sous *Secta* 3.

1. **SUITE**. DROIT DE SUITE, par lequel un seigneur suit son serf et peut le réclamer. Gl. sous *Secta* 4.

2. **SUITE**. FAIRE SUITE, Poursuivre en justice. Gl. *Secta* 4.

3. **SUITE**. PRENDRE SUITE DE QUELQU'UN, s'Attacher à lui, se mettre à sa suite. Gl. *Sequela* 2.

SUIVANT, Poulain, veau, ou autre animal qui suit encore sa mère. Gl. *Sequela* 7.

° **SULENZ**, Souillé ? suant ? Roman de Renart, tom. 3, pag. 99, vers 22469 :

Et li pors s'en vet randonant
Qui de corre fu toz sulenz.

SULIE, pour Surie et Syrie ; d'où *Sulient*, pour Surien et Syrien. Gl. *Suria.*

SUMENOUR, Celui qui fait une semonce. Gl. *Submonitor*, sous *Submonere.*

SUMIAL, Grande mesure de vin. Gl. sous *Sumella.*

1. **SUMMATGE**, Service qu'un vassal droit à son seigneur avec ses bêtes de somme. Gl. *Summagium*, sous *Sagma.*

2. **SUMMATGE**, Équipage, bagage. Gl. *Summagium*, sous *Sagma.*

SUMPTUEUX, Dispendieux, qui coûte beaucoup. Gl. *Sumptuositas* 2.

° **SUN**, Sommité. Agolant, vers 481 :

Einz n'aresta jusque il vint en sun.

Voyez le Gloss. sur la Chron. des ducs de Norm. au mot *Som* et *Sum.*

SUNS. ESTRE SUNS, Être réputé coupable. Gl. *Sonare* 2.

SUPERCEDER, Surseoir, suspendre. Gl. *Supercedere* 2.

° **SUPLIER (SE)**, S'appliquer. G. Guiart, tom. 2, pag. 115, vers 2053 (11983) :

Et les tourbes qui s'i suplient.

Voyez Souploier 2.

SUPPEDITER, Mettre sous les pieds, vouloir dominer et être le maître. Gl. *Suppeditare.* [G. Guiart, tom. 1, pag. 331, vers 7634.]

° **SUPERIOR**. Agolant, pag. 184² :

Rois estoit d'Inde la plus superior.

Voyez Maire.

° **SUPERLATIS**, Qui surpasse. Poëme d'Hugues Capet cité par Rayn. tom. 2, pag. 16³, au mot *Superlatiu* :

Et de tous combatans estez superlatis.

SUPPLICATION, Sorte d'oublie, gaufre. Gl. *Supplicatio.*

SUPPOISIER, Soupeser, examiner le poids de quelque chose. Gl. *Supponere* 2.

SUPPORTER, Remettre une dette, en décharger. Gl. *Supportari.*

SUPPOSER, Terme obscène. Gl. *Supponere* 2.

SUPPOSTE, Maladie de cheval. Gl. *Superposita.*

SUPS, Soudain, tout à coup. Gl. *Subitare* 1.

SUQUE, Le sommet de la tête. Gl. *Succus.*

1. **SUR**, Contre, malgré, nonobstant. Gl. *Super* 1. [Laborde, pag. 295:

Qu'il les m'estuet sus mon gré obéir.

Partonop. vers 6415 :

Vos vit sor vostre vid el vis.

Voyez Rayn. t. 5, pag. 241 t, au mot *Sobre.*]

2. **SUR**, Venir sur quelqu'un, pour Chez quelqu'un. Gl. *Super 1.*

SURACASER, Donner un arrière-fief. Gl. *Subacasare.*

SURATTENDRE, Attendre. Gl. *Subexspectare.*

SURBEU, Qui a trop bu, qui est ivre. Gl. *Sorbillator.* [Orell. pag. 232.]

SUR-BOUT, Debout, sur les pieds. Gl. *Super 4.*

SURCEINT, Surceinte, Espèce de ceinture fort large. Gl. *Succinctorium.*

SURCILLIERE, Sourcil, l'endroit où sont les sourcils. Gl. *Superciliose.*

SURCOT, Sorte de robe ou d'habit commun aux hommes et aux femmes. Gl. *Surcotium.* [Chastel. de Couci, vers 443, 726. Rayn. tom. 2, pag. 503², au mot *Sobrecot.*]

SURDITE, Femme débauchée, concubine. Gl. *Subtrahere.*

SURDUIRE, Séduire, débaucher une femme. Gl. *Subtrahere.*

SUREFAIT, Les fruits de la terre, soit arbres, plantes, blés, etc. Gl. *Superficies.*

RURESCHEUR, Mari qui est co-héritier avec les frères de sa femme. Gl. *Sororgius.*

SURFAIS, La coupe d'un taillis, le taillis même. Gl. *Superpositum 1.*

SURGARDE, Le premier garde, le capitaine des garde-chasses. Gl. *Superguardare.*

SURGEON, Source, fontaine, ruisseau. Gl. *Sursa*, sous *Surgere 1.*

SURGESEUR, Incube, qui couche dessus. Gl. *Incubi.*

SURGIEN, Surgier, Chirurgien. Surgienne, femme qui exerce la chirurgie. Gl. *Surgicus.*

SURGOIRE, Sorte de vase, p. e. Soucoupe. Gl. *Suriscula.*

SURGUET, Guet, garde de nuit. Gl. *Surta.*

⚬ **SURKE**, Renart le Nouvel. tom. 4, pag. 190, vers 1671 :

Car on dire siut :
Tout surke quanque de cat ist.

SURMARCHER, Dominer, être le maître. Gl. *Supergredi.*

1. **SURMENER**, Différer, ou refuser de rendre justice, de faire droit. Gl. *Superducere.*

2. **SURMENER**, Mal mener, maltraiter. Gl. *Superducere.*

SURMETTRE, Imposer, charger, accuser ; d'où *Surmise*, Accusation. Gl. *Supramittere.*

SURMONTEEMENT, Impulsion, qui surmonte la répugnance qu'on a à faire quelque chose, ascendant. Gl. *Superatio.*

SUROGUER, pour Subroger. Gl. *Surrogare.*

SURORER, Surdorer, couvrir d'or. Gl. *Superaurare.*

SURPELIZ, Chemise. Gl. *Superpellicium.*

SURPELLIS, Le grand habit de chœur des religieuses Bénédictines. Gl. *Superpellicium.*

SURPLIER, Suppléer, augmenter, agrandir. Gl. *Superaugmentare.*

SURPLUSAGE, Surplus, excédant. Gl. *Superplus.*

SURPOIDS, Les fruits de la terre, soit arbres, plantes, blés, etc. Gl. *Superficies.*

SURPOST, La coupe d'un taillis, le taillis même. Gl. *Superpositum 1.*

SURPRIEUX, Sous-prieur, d'un monastère. Gl. *Supprior 1.*

SURPRISE, Impôt extraordinaire. Gl. *Surprisia.*

SURQUERIR Debas, Chercher à exciter des querelles. Gl. *Surrectare.*

SURRIN, p. e. Sureau. Gl. *Sambussus.*

SURSAINTE, Espèce de ceinture fort large. Gl. *Subcinctorium.*

SURSEL, Sarment, bois de la vigne. Gl. *Surus.*

SURSELLE, Couverture d'une selle de cheval. Gl. *Supersellium.*

SURSIELLE, Sursille, Sourcil. Gl. *Superciliose.*

SURTAIL, Chambre de Surtail, p. e. Chambre du lit. Gl. sous *Surtaria.*

SURTRAIRE, Séduire, corrompre, débaucher une femme. Gl. *Subtrahere.* [Partonop. vers 7355. Voyez Orell, pag. 273.]

SURVIERE, Lanière qui sert à attacher le joug des bœufs. Gl. *Attelatus.*

SURURGIE, Chirurgie. Gl. *Sururgicus.*

SUS, Sorte de vase ou tonneau. Gl. sous *Sus fera.*

⚬ **SUS et Jus**, Tout à fait, partout. Partonop. vers 6, 226, 3706.

SUSAYEUL, Suselle, Bisaïeul. Gl. *Superavus.*

SUSPEÇON, Soupçon. Gl. *Sonare 3.*

SUSPIZ, Suspect ou soupçonné. Gl. *Suspiciosus.*

SUSSOIR, Surseoir, différer. Gl. *Supersedere.*

1. **SUSTANCE**, Subsistance, ce qui est nécessaire pour le soutien de la vie. Gl. *Sustantia.*

2. **SUSTANCE**, Maintien, conservation, soutien. Gl. *Sustinentia 2.*

SUTER, Sectateur qui est attaché à quelqu'un. Gl. sous *Curia 4.*

SUYANT, Poulain, veau, ou autre animal qui suit encore sa mère. Gl. *Sequela 7.*

SUYRIN, Friperie, le lieu où l'on vend des habits ou des souliers. Gl. *Sutorium.*

SUZESLE, Bisaïeule. Gl. sous *Heriotum.*

⚬ **SYAUME**, G. Guiart, tom. 2, p. 186, vers 4811 (13799) :

Cele ot (ce tesmoingne cest syaume)
Robert de Neverz, etc.

SYDOINE, Suaire. Gl. *Sindon.*

SYGLATON, Sorte de vêtement d'étoffe précieuse. Gl. *Cyclas.*

SYLLABER, Syllabifier, Écrire, spécifier par écrit. Gl. *Syllabicare.*

SYMENEL, Pain ou gâteau de fleur de farine. Gl. *Simenellus.*

SYMPHONIE, Sorte d'instrument musical. Gl. *Symphonia.*

SYNAU, Le dessus d'une bergerie, espèce de grenier. Gl. *Solarium 1.*

SYOU, Terme de dérision et de moquerie. Gl. *Siou.*

T

TAB

TAACHE. Frapper en Taache, Frapper au hasard et sans savoir où portent les coups. Gl. sous *Taschia* 3.

TABARDE, Sorte de vêtement, manteau. Gl. *Tabardum*.

TABARDIAUS, Se dit de gens peu sages, étourdis, imprudents. Gl. *Tabardum*.

TABART, Sorte de vêtement, manteau. Gl. *Tabardum*.

1. TABELLIONAGE, Office et charge de *tabellion* ou notaire. Gl. *Tabellionatus*, sous *Tabellio*.

2. TABELLIONAGE, Le droit d'instituer un *tabellion* ou notaire. Gl. *Tabellionatus*, sous *Tabellio*.

TABELLIONER, Rédiger un acte dans la forme qu'il doit avoir, le mettre au net. Gl. *Tabellionare*, sous *Tabellio*.

TABLATE, pour Tablette, Balle de marchandises. Gl. *Tabuleta*.

1. TABLE, Espèce de crecelle. Gl. *Tabula* 4.

2. TABLE, Jeu de trictrac ou de dames. Gl. *Tabula* 9. [Voyez le Glossaire sur la Chron. des ducs de Normandie.]

3. TABLE, Domaine, biens. Gl. *Tabula* 13.

4. TABLE, Change. Gl. *Tabulam tenere cambii*, sous *Tabula* 15.

5. TABLE Ronde, Tournois, joûte. Gl. *Tabula rotunda*, sous *Tabula* 15. [Chastel. de Couci, vers 3748.]

6. TABLE Secque, Breland, académie de jeu. Gl. *Tabula sicca*, sous *Tabula* 19.

TABLEAU, Image, portrait ; ou Reliquaire qu'on donne à baiser pendant la messe, paix. Gl. *Tabuleta*, sous *Tabula* 2, et *Tabulata*.

1. TABLEL, Tablette où l'on écrit. Gl. *Tablettus*.

2. TABLEL, Petite table. Gl. *Tablettus*.

3. TABLEL, Petit coffre ou armoire. Gl. *Tablettus*.

TAB

TABLER, Planchéier. Gl. *Tabulare* 1.

TABLET, Reliquaire, à cause des images ou figures qui y sont ordinairement gravées. Gl. *Tabletum*.

TABLETIER, Porte-balle, petit marchand. Gl. *Tabuleta*.

1. TABLETTE, Balle de marchandises. Gl. *Tabuleta*.

2. TABLETTE. Manger a la Tablette, Sorte de pénitence ou de punition dans les monastères. Gl. sous *Tabula* 19.

TABLIAU, Tablette où l'on écrit, l'endroit secret de ces tablettes. Gl. *Tablettus*.

1. TABLIER, Échoppe, petite boutique. Gl. *Tabularium* 1.

2. TABLIER, Office ou étude de notaire, greffe. Gl. *Tabularium* 3.

3. TABLIER, Échiquier, damier. Gl. *Tabularium* 6. [Chron. des ducs de Norm.]

TABOR, Tambour. Gl. sous *Tabur*. [Garin le Loher. tom. 1, pag. 198. Wackernagel, pag. 75 :

Et quant j'oui lou flaihutel
Soneır aveuc la tabor.

Esp. *Atambor*, Voyez Rayn. tom. 5, p. 292¹, au mot *Tabor*.]

° **TABORIE**, Bruit, vacarme, retentissement des cloches. Monlages, Renouart, Chron. des ducs de Norm. tom. 1, pag. 529, note.

Grant fu la noise et grant la taborie,
Li borjois sonent, s'est la cloche bondie.

TABOULER, Faire beaucoup de bruit, frapper à une porte. Gl. *Tabollare*.

TABOUR, Tambour. Gl. sous *Tabur*.

TABOURDER, Tabourer, Faire beaucoup de bruit, frapper à une porte. Gl. *Tabollare*. [Partonop. vers 902 :

Ne harpe oie ne viele ;
Nus n'ı noise ne n'ı tabore.

Voyez Rayn. tom. 5, pag. 292², au mot *Taborejar*.]

TABOURET, Sorte de parure à l'usage des femmes. Gl. sous *Taborellus*.

TAC

TABOUREUR, Tabourin, joueur de tambourin. Gl. *Taborinus*.

TABOURIN, Espèce de petite monnaie, valant deux deniers. Gl. sous *Taborellus*.

TABULAIRE, La religieuse qui marque à la *tablette* les noms de celles qui ont quelques offices à remplir pendant la semaine. Gl. *Tabularia*.

TABUR, Tambour. Gl. sous *Tabur*.

TABUST, Querelle, débat, contestation. Gl. *Tabussare*.

TABUSTER, Faire beaucoup de bruit en frappant à coups redoublés sur quelque chose. Gl. *Tabussare*.

TABUT, Toute espèce de bruit un peu fort. Gl. *Tabussare*.

TABUTER, Crier fort haut en querellant, disputer avec chaleur. Gl. *Tabussare*.

TAC, Maladie contagieuse, qui régnait à Paris dans les commencements du quinzième siècle. Gl. *Tac* 2.

TACAAN, Assemblée illicite, émeute, sédition, monopole. Gl. *Tanghanum*.

TACAIN, Séditieux, mutin, brouillon. Gl. *Tanghanum*.

1. TACHE, Certaine quantité de cuirs, dix cuirs ensemble. Gl. *Tachia* 3.

2. TACHE, Instrument pour pêcher ; p. e. faut-il lire *Cache*. Gl. *Tacha* 4.

3. TACHE, Terrage, champart. Gl. *Tasca* 2.

4. TACHE, Qualité, disposition. Gl. sous *Tasca* 2.

5. TACHE, Entreprise, dessein hardi, grand projet. Gl. sous *Tasca* 2.

6. TACHE. Ferir en Tache, Frapper au hasard et sans savoir où portent les coups. Gl. sous *Taschia* 3.

TACHIBLE, Se dit d'une terre sujette au droit de champart, appelé *Tache*. Gl. *Tachiabilis*.

TACLE, Sorte d'arme défensive, espèce de bouclier. Gl. *Tacla*.

1. TACON, Le jeu de mail, la boule qu'on frappe avec le mail. Gl. *Tudatus.*

2. TACON, Pièce qu'on met à un soulier ; d'où *Taconner*, Raccommoder, rapetacer un soulier. Gl. *Pictatium.*

TACONNIER, Ravaudeur, celui qui met des pièces à un habit, qui le raccommode. Gl. *Supplantarium.*

TACQUE, Certaine quantité de cuirs, dix cuirs ensemble. Gl. *Tachia* 3.

• **TACRE**, Le même. Gl. *Tachra* et *Tacra.*

° **TAFUR**, Déloyal, trompeur. Agolant, vers 1180 :

Ves le tafur se prent à aprochier.

Voyez Rayn. tom. 5, pag. 294¹, au mot *Tafur.*

TAFFURIER, p. e. Appliquer, accommoder, ajuster. Gl. *Tafuranea.*

TAHIBLE, pour TACHIBLE, qui se dit d'une terre sujette au droit de champart, appelé *Tache.* Gl. *Tachiabilis.*

TAHUC, p. e. pour TAHUT, Bière, cercueil. Gl. *Tahutis.*

TAI, Boue, limon, bourbier. Gl. *Ten.* [Partonop. vers 825 :

*Il est entrés en une rue
Qui de tais est et nete et nue ;
De toi n'i puet avoir nient,
Car tote est faite à pavement.*

Vers 5896. Chron. des ducs de Norm.]

° **TAIGNANS**. Partonop. vers 8577 :

A cuer batéis et taignans.

Var. du mscr. 1239 :

Cuer bateiz et ateignanz.

Voyez *Ataigne.*

TAIGNON, Essette, outil de tonnelier et d'autres artisans. Gl. *Taratrum.*

1. TAIL, Taille, l'action de tailler. Gl. *Talliare* 1.

° **2. TAIL**, Coupe. Rayn. tom. 3, p. 3¹, au mot *Talh.*

TAILADE, Sorte d'épée pour frapper de taille, sabre. Gl. *Taillada.*

TAILHE, Faux. Gl. *Talliare* 1.

TAILLABLIER, Taillable, celui qui est sujet à la taille. Gl. *Talliabilis*, sous *Tallia* 8.

TAILLAIRE, Collecteur ou receveur des tailles. Gl. *Tailliarius.*

TAILLANDIER, Tailleur, faiseur d'habits, dont le métier s'appelait *Taillanderie.* Gl. *Taillanderius.* [Voyez Rayn. tom. 3, pag. 4¹, au mot *Talhandier.*]

TAILLANS, Ciseaux de tailleur. Gl. *Talliare* 1.

1. TAILLE, District, juridiction, territoire d'une ville. Gl. *Tallia* 6.

° **2. TAILLE**, Coup de taille. G. Guiart, tom. 2, pag. 77, vers 1968 :

*Car arméures ont très fines
Qui tailles et retraites brisent.*

TAILLE FRANCHE, Celle qui est due par des personnes de condition libre. Gl. sous *Tallia* 8.;

TAILLE HAUT ET BAS, Redevance que le seigneur augmente ou diminue à sa volonté. Gl. sous *Tallia* 8.

TAILLE DU PAIN ET DU VIN, Impôt, Redevance payée d'abord en pain et en vin, ensuite évaluée en argent. Gl. sous *Tallia* 8.

TAILLE PERSONNELLE, Celle que doit la personne et qu'on paye par tête. Gl. sous *Tallia* 8.

TAILLE DE LA REINE, Certain impôt, appelé *Ceinture de la Reine.* Gl. sous *Tallia* 8.

TAILLE SERVE, Celle que doivent les mainmortables ou serfs. Gl. sous *Tallia* 8.

TAILLE-BUSSON, Instrument propre à tailler ou couper les buissons, serpe. Gl. *Talliare* 1.

TAILLÉE, Taille, droit seigneurial sur les biens des vassaux. Gl. *Tallea*, sous *Tallia* 8.

TAILLEMELLERIE, Le métier de boulanger et de pâtissier. Gl. *Talemarii.*

TAILLENDIER, Tailleur, faiseur d'habits ; dont le métier s'appelait *Taillenderie.* Gl. *Taillanderius.*

1. TAILLER, Imposer une taille, en faire la répartition. Gl. *Talliare*, sous *Tallia* 8.

2. TAILLER. ESTRE TAILLÉ, Être fait, avoir à la disposition pour quelque chose. Gl. *Talliare* 2.

° **TAILLER (SE)**, Se mettre à. G. Guiart, tom. 1, pag. 84, vers 1542 :

A rober le des biens se taille.

Tom. 2, pag. 196, vers 7680 (16661) :

Dont aucun à crier se taille.

Pag. 371, vers 9625 (18606).

TAILLERIE, Le métier de tailleur, sa boutique. Gl. *Taillanderius.*

TAILLETE, Bois taillis. Gl. *Tailleta.*

TAILLEVACIER, Fourrageur, soldat pillard. Gl. *Talator.*

TAILLEUR, Tranchoir, sorte d'assiette sur laquelle on coupe les viandes. Gl. *Talliatorium.*

1. TAILLIER, Établi sur lequel travaille un tailleur. Gl. *Taillanderius.*

2. TAILLIER. ESPÉE A HAUT TAILLIER, Sabre. Gl. sous *Taillada.*

3. TAILLIER. ESTRE TAILLÉ, Être en disposition, en état, pouvoir. Gl. *Talliare*, sous *Tallia* 8, et *Talliare* 2. [Aubri, pag. 183² :

Gambes bien faites, il n'i ot que taillier.

Partonop. vers 2977 :

Cauces de fer à bien taillies.]

TAILLIF, Taillable, celui qui est sujet à la taille. Gl. *Talliabilis*, sous *Tallia* 8.

TAILLOER, Tranchoir, sorte d'assiette sur laquelle on coupe les viandes. Gl. *Talliatorium.*

TAILLOT, Instrument propre à tailler ou couper, serpe. Gl. *Talliare* 1.

TAILLOUER, Bassin, plat, ou Tranchoir, sorte d'assiette sur laquelle on coupe les viandes et qui sert aussi de palet. Gl. *Talliatorium.* Voyez Rayn. tom. 3, pag. 4¹, au mot *Taliador.*]

TAINCTURE, Boutique d'un teinturier, l'endroit où il fait ses teintures. Gl. *Tainturarius.*

• **TAINDRE**, Changer de couleur. Chastel. de Couci, vers 3156 :

Dont moult m'a fait palir et taindre.

Laborde, pag. 218 :

Fait mon vis taindre et palir.

Voyez Roquef. au mot *Tains.*

TAINT, Lame d'étain fort mince, tain. Gl. *Tinctum* 1.

° **TAINTIR**. Voyez *Tentir.*

TAIRELLE, Tarière, outil de plusieurs artisans. Gl. *Taratrum.*

TAISER, Taire. [*Taisir.* Flore et Blancefl. vers 2701 :

Il les a fait trestous taisir.

Orell, pag. 260. Chron. des ducs de Norm. Roquef. Rayn. tom. 5, pag. 310¹, au mot *Tazer*] ; d'où *Taisible*, Tacite, non exprimé, et *Taisiblement*, Tacitement. Gl. *Taciturire.*

° **TAISNIERE**, Tannière. Roman de Renart, tom. 1, pag. 22, vers 579. *Tesniere*, pag. 46, vers 1199. Roquef. *Tainnière.*

1. TAISON, Vase creux en forme de tasse. Gl. *Tassa* 2.

2. TAISON, TAISSON, Blaireau. Gl. *Tassus* 2. [*Taisel*, Chron. des ducs de Norm.]

TAKEHANS, Convention, accord. Gl. *Tanqhanum.*

TALAIGE, Sorte de redevance. Gl. *Talagium.*

TALAIRE, Sorte de soulier. Gl. *Talaria.*

TALART, Endroit élevé et qui va en talus. Gl. *Talutum*, sous *Taludare.*

TALEBART, Espèce de bouclier. Gl. *Talaucha.*

TALEBOT, Terme injurieux ; p. e. Pillard, voleur. Gl. *Talator.*

TALEMELIER, TALEMELLIER, Boulanger, pâtissier. Gl. *Talemarii.*

TALEMESTERIE, Le métier de boulanger et de pâtissier. Gl. *Talemarii.*

TALEMETIER, Boulanger, pâtissier. Gl. *Talemarii.*

TALEMOUSE ou TALMOUSE, Sorte de pâtisserie. Gl. sous *Talemarii.*

TALENT, Volonté, désir, résolution. Gl. *Talentum* 2. [Garin le Loher. tom. 1, pag. 122 :

Je et mes freres Begons au fier talent.

Partonop. vers 1313 :
Or avés fait tos vos talens.

Doner au talent de qqn., Consentir. Flore et Blancefl. vers 281 :
*S'ele li done à son talent
Ocirra le hastivement.*

Avoir son talent sus qqn., Le haïr. Chastel. de Couci, vers 5438 :
*Ne sai comment
Ma dame a sus moi son talent
Et monstre souvent ses riotes.*

Voyez *Maltalent*. Chron. des ducs de Normandie. Rayn. tom. 5, pag. 296², au mot *Talen*.]

° TALENTER, comme *Atalenter*, Plaire. Vie de Saint Thomas, Chron. des ducs de Norm. tom. 3, pag. 622¹ :
*Que mult me agrée
E talente.*

° TALENTIS, Désireux. Partonop. vers 8920 :
Hardis et pros et talentis.

Talantis, Chron. des ducs de Norm. Voyez *Maltalent*, Rayn. tom. 5, pag. 296², au mot *Talentiu*.

TALER, Froisser, faire des contusions. Gl. *Talare* 2.

TALERALE, pour TARELARE, Monnaie de Flandre. Gl. *Tarelares*.

TALEVAS, Espèce de bouclier. [*Juer à talevas devant*, Fabliaux, Jubinal, tom. 2, pag. 39] ; d'où *Talevassier*, Le soldat qui s'en sert. Gl. *Talavacius* et *Tallavacius*.

TALIERE, Tarière, outil à l'usage de plusieurs artisans. Gl. *Taratrum*.

TALLANT, Volonté, désir, résolution. Gl. *Talentum* 2.

TALLEMOUZE, Pièce de terre en forme de *Talemouse*, ou de figure triangulaire. Gl. sous *Talemarii*.

TALLURE, Entaille, plaie faite d'un coup de taille. Gl. *Tallium* 6.

TALOCHE, Espèce de bouclier. Gl. *Talochia*.

TALOS, Morceau de bois, billot. Gl. *Talus* 1.

TALVASSIER, Le soldat qui est armé du bouclier appelé *talvas*. Gl. *Talavacius*.

° TAMER (SE), S'inquiéter, se préoccuper. Gloss. sur la Chron. des ducs de Norm.

TANANIE, pour Tavernier. Gl. *Tanium*.

TANCER, Disputer, quereller ; d'où *Tançon*, Dispute, querelle. Gl. *Intentio*, sous *Intendere* 7. [Gérard de Vienne, pag. 166 :
Seignor, fait-il, or laisiez le tancier.

G. Guiart, tom. 1, pag. 36, vers 197. Voyez Rayn. tom. 5, pag. 345³, au mot *Tensar*.]

TANCERESSE, Femme d'humeur acariâtre et querelleuse. Gl. *Tensare* 3.

TANCRIT, Transcript, copie. Gl. *Transcriptum*.

TANDE, Place vide, terrain qui n'est ni bâti ni cultivé. Gl. *Tenda* 3.

TANDEIS, Espèce de rempart, pour se mettre à couvert des traits de l'ennemi. Gl. *Tendare*.

TANDEUR, Teinturier. Gl. *Tendarius*.

° TANGRES, Inquiet, désireux. Flore et Jeanne, pag. 13 : *Puis ke tu es si tangres ke ma fille fust mariée, elle sera asés tos mariée se tu t'i acordes.* Kilian. *Tangher*, Alacer, gnavus. Comparez Gl. *Tanganare*.

TANNER, Faire de la peine, tourmenter. Gl. *Tannare*. [Rutebeuf, tom. 1, pag. 16 :
*Ne m'estuet pas taner en tan,
Quar le resveil
Me tane asses quant je m'esveil.*

Wackern. pag. 56 :
*J'ai cuer et cors et desir...
Mis en bone amor servir ;
Or me tant si grant bonteit,
Car je sui en prixon mis.*

Pag. 57 :
*Tost averiés vostre dame obliée
Je li lo bien k'elle vos maint tandant.*

TANNIERE, Taverne, cabaret. Gl. sous *Tanium*.

° TANPIER, Tempête. Gérard de Vienne, vers 3444 :
*Vos soliez estre tant hardi chevalier
Et plus douté ke foudre ne tanpier.*

Voyez *Tempier*.

TANSER, Défendre, protéger, garantir. Gl. *Tensare* 1. [Gérard de Vienne, vers 1656 :
*Fors fu l'aubers ke maile n'en rompi,
Ke l'ait de mort tansié et guaranti.*]

° TANT, Tant, autant, beaucoup, si tellement. Agolant, vers 989 :
Ce dist du Naymes : Tant lor a il costé.

Partonop. vers 5958 :
Sa grans beautés tant mar i fu.

Chanson de Roland, st. 148, vers 4, st. 159, vers 1. etc. — *Tant que*, jusqu'à ce que. Roman de Renart, tom. 1, pag. 34, vers 895 :
*Ainz ne fina parmi un val
Tant que il vint à son plaissié.*

Orell, pag. 140, 397. — *Tant com*, *Tant que*, pag. 346. — *De tant*, Roi Guillaume, pag. 100 :
Et neporquant de tant bien fist.

Atant, Aussitôt, alors, à ce point. Partonop. vers 1121, 2970, 7487. Flore et Blancefl. vers 2191. Roman de Renart, tom. 1, pag. 18, vers 476. *Lors atant ès*, tom. 4, pag. 242, vers 2957. Orell, pag. 297. — *Ne tant ne quant*, Ni peu ni beaucoup, le moins du monde. Chron. des ducs de Norm. Voyez *Servir* et Rayn. tom. 5, pag. 300², au mot *Tant*.

TANTABLE, Se dit d'une plaie qui est assez grande pour recevoir une tente. Gl. *Tenta* 4.

TANTANT, Autant. Gl. *Tantum* 2.

TANTE, Sorte de clerge. Gl. *Tante*.

TANTER, Panser une plaie, y mettre une tente. Gl. *Tenta* 4. [Renart le Nouvel, tom. 4, pag. 156, vers 822.]

TANT-MOINS, En déduction. Gl. *Tantum* 2.

TANTOST, Aussitôt, au plus tôt, promptement. Gl. *Mariglerius*.

TAPECUL, La bascule d'un pont-levis, et le pont-levis lui-même. Gl. *Tapare*.

° TAPIN, Silencieux, caché. Wackern. pag. 63 :
*Oxilton ki ont estei
Por la froidure tapin,
Si renvoixent à matin.*

A tapin, Secrètement, incognito. Chron. des ducs de Normandie. — *Tapith*. Roman de Renart, tom. 4, pag. 85, vers 2335 :
*N'a cil povoir qu'il li eschape
Tant ait tapith ne corte chape.*

Voyez Rayn. tom. 5, pag. 302², au mot *Tapin*, *Tapit*.

TAPINAGE. EN TAPINAGE, Secrètement, en cachette. Gl. *Tapinagium* et *Tapinatio*. [Aubri, pag. 154².]

TAPPIGNER, Maltraiter, houspiller. Gl. *Tapponare*.

TAPPINAGE. EN TAPPINAGE, Secrètement, en cachette. Gl. *Tapinatio*.

TAPPIR, Boucher, fermer avec un tapon. Gl. *Tapare*.

TAPYNAGE, comme ci-dessus *Tapinage*. Gl. *Tapinatio*.

TAQUEHAM, TAQUEHAN, TAQUEHEN, Assemblée illicite, émeute, conspiration, monopole. Gl. *Tanghanum*.

TAQUENIER, Savetier qui met des tacons ou pièces aux souliers, et celui qui en fait autant aux habits. Gl. *Pictatium*.

° TARBARS. Roman de Renart, tom. 4, pag. 107, vers 2943. Voyez *Tabart*.

TARD. HEURE TARDE, Le soir. Gl. *Tardus*.

TARDITEZ, Retardement, délai. Gl. *Seritas*.

TAREFRANKE, Espèce de poisson. Gl. *Erango*.

TARELARE, Sorte de monnaie de Flandre. Gl. *Tarelares*.

1. TARGE, Bouclier ; ses différentes formes. Gl. *Targa* 1. [Agolant, vers 985.]

2. TARGE, Tout ce qui sert à couvrir et à défendre des coups qu'on vous porte. Gl. *Targa* 1.

3. TARGE, Epée de Turquie, sabre. Gl. sous *Targa* 1.

4. TARGE, Monnaie des ducs de Bretagne et d'autres pays. Gl. *Targa* 2.

5. TARGE, Sorte de vaisseau de mer. Gl. *Targa* 1.

1. TARGER, Combattre avec une *targe*

ou un bouclier, s'en servir. Gl. sous *Targa* 1.

2. **TARGER**, TARGIER, Se couvrir comme d'une *targe* ou d'un bouclier. Gl. *Targa* 1. [G. Guiart, tom. 2, pag. 371, vers 9646 ; pag. 373, vers 9695 (18627, 18678.)]

TARGIER, Tarder, différer. Gl. sous *Targa* 1. [Chastel. de Couci, vers 1461.]

°**TARGIS**, Tardif. Partonop. vers 2026 :
Et del retor ne soit targis.

°**TARJANCE**, Retard, délai. Chron. des ducs de Norm.

TARJEMENT, Dérision, moquerie, air avantageux ; du verbe

1. **TARJER**, Se moquer, se targuer. Gl. sous *Targo.* [Chastel. de Couci, vers 608 :
*Forment se tient à meschéant
Quant amors ainssi l'a targié,
Que quant cuide avoir amistié
Tant en est plus loing.*
Roman de Renart, tom. 3, pag. 63, vers 21466 :
*... Confrarie
Que que Renart Tybert tarie.*
Attaquer, irriter. Chastel. de Couci, vers 1690 :
*Et de grans cos si se targierent
Qu'ambedoi furent estonné.*
Deuteronome, chap. 9, vers 8, cité par Roquefort : *Car en Oreb le tariastes, et cil courouceé voleit voy oster* (lat. Nam et in Horeb provocasti eum, etc.). Chron. des ducs de Normandie. Voyez Rayn. tom. 5, pag. 806¹, au mot *Targar.*]

2. **TARJER**, Tarder, différer. Gl. sous *Targo.*

1. **TARIN**, Sorte de monnaie d'or. Gl. *Tarenus.*

° 2. **TARIN** ? Agolant, vers 138 :
Je puierai d'Aspremont le tarin.
Voyez *Toron.*

TARINLIER, Mot douteux. Gl. *Carena* 1.

TARLETTE, Sorte de vaisseau de bois. Gl. *Tarita.*

TARRER, Remplir de terre. Gl. *Terrare.*

TARSE, pour Tartarie ; d'où *Tarsien* pour Tartare. Gl. *Tarsicus.*

TARSENAL, Arsenal. Gl. *Tarsenatus.*

TART. A TART, Jamais. Gl. *Tardius.* [Agolant, vers 126 :
*Tart diroit on la messe à saint Denis,
Jà li cors sainz n'i seroit mes requis.*
Tardivement, peu. Flore et Blancefl. vers 2366 :
S'ele parole c'est à tart.
Partonop, vers 9430 :
*Moult en cuide bien traire à chief
Il soit à tart ou soit à brief.*
En dernier lieu, enfin. Vers 399 :
A tart i ot un prince sage.
Voy. 6397 :
A tart dist el : sui mal baillie.

Voyez Rayn. tom. 5, pag. 304¹, au mot *Tart.*

TARTAIRE, Sorte d'étoffe de Tartarie. Gl. *Tartara* 2, et *Tartarinus.*

TARTARINS, Peuples qui habitent la Tartarie. Gl. *Tartarini.*

TARTAVELE, Instrument de bois propre à faire du bruit, espèce de cresselle. Gl. *Tartavella.*

TARTE, Sorte de monnaie. Gl. *Tartaron.*

TARTEVELLE, Lépreux : parce qu'il était obligé de faire du bruit avec une *tartavelle*, pour avertir qu'on s'éloignât de lui : ce qu'on appelait *tarteveler.* Gl. *Tartavella.*

TARTIER. Celui qui vend des tartes par les rues. Gl. *Tarta* 1.

TASCHE. FRAPPER EN TASCHE, Frapper au hasard et sans savoir où portent les coups. Gl. sous *Taschia* 3. [G. Guiart, tom. 2, pag. 211, vers 5451 (14482) :
*De bien ferir ne sont pas lasche
Entre les genz le roi en tasche.*]

TASQUE, pour Tâche, ouvrage entrepris à forfait. Gl. *Taschia* 3.

°**TASEL**, Frange. Partonop. vers 9909 :
*Puis li afublent un mantel
Dont à or furent li tasel.*
Vers 10628. Gl. *Tassellus.* Voyez Rayn. tom. 5, pag. 355², au mot *Tesselh.*

1. **TASSE**, Sorte de bourse, poche. Gl. *Taschia* 1.

2. **TASSE**, Assemblage de quelques arbres, petit bois touffu, touffe d'arbres. Gl. *Tassia* 2.

1. **TASSEAU**, Toute espèce de chose de forme carrée. Gl. *Tassellus.*

2. **TASSEAU**, TASSEL, Pièce d'étoffe de forme carrée, dont les femmes se paraient. Gl. *Tassellus.*

° 1. **TASSEL**, TASSEAU, Troupe. G. Guiart, tom. 2, pag. 193, vers 4900 (13979) :
*S'esmeut entrs lui à sa gent,
Desquiex il ot li maint tassel.*
Pag. 197, vers 5082, pag. 320, vers 8323 (14070, 17804).

° 2. **TASSEL**, Blaireau. Roman de Renart, tom. 1, pag. 144, vers 3819. Voyez *Taison* 2. Chron. des ducs de Norm.

TASSEMENT, p. e. Palissade. Gl. *Tesura.*

TASSEOUR, Celui qui entasse le foin. Gl. *Tassagium.*

TASSETIER, L'ouvrier qui faisait les bourses appelées *Tasses* ; et *Tasseterie*, Son métier. Gl. *Taschia* 1.

TASTART, Sorte de monnaie, p. e. Teston. Gl. *Tastart.*

TATEMON, Homme de peu de sens et de peu de courage. Gl. *Tata.*

1. **TATIN**, Coup. Gl. *Tata.* [Renart le Nouvel, tom. 4, pag. 138, 142, vers 318, 436.]

2. **TATIN**, Homme de peu de sens et de peu de courage ; d'où *Tatinoire*, lorsqu'il s'agit d'une femme. Gl. *Tata.*

TAUCER, Estimer, apprécier, taxer. Gl. *Taxare* 1.

TAUDISSER, Se dit d'une fortification faite à la hâte et qui n'est pas régulière. Gl. *Tuldum.*

TAVEL, Sorte de bouclier. Gl. *Tavolacius.*

TAVELÉ, Semé de taches, tacheté. Gl. *Tavella.*

TAVELLE, Bâton long d'une demi-brassée. Gl. *Tavella.*

TAVERNAGE, L'amende que paye le cabaretier pour avoir vendu du vin au-dessus du taux fixé par le seigneur. Gl. *Tabernagium* 1.

TAVERNER, Fréquenter souvent les tavernes. Gl. *Tabernare.*

TAVERNERIE, Droit seigneurial sur ceux qui vendent du vin en détail. Gl. *Tabernaria* 2.

TAVERNIER, Celui qui fréquente les tavernes. Gl. *Tabernio.*

TAULDIS, pour TAUDIS, qui se dit pour tout ce qui est mal en ordre. Gl. *Tuldum.*

TAULETTE, Balle de marchandises. Gl. *Tabuleta.*

1. **TAULIER**, Tablette, sur laquelle on présente les portions aux religieux dans le réfectoire. Gl. *Tabularius* 1.

2. **TAULIER**, Etabli, table sur laquelle travaillent les tailleurs et autres ouvriers. Gl. *Tabulum.*

TAUPAINÉ, Quelque chose qui a rapport à un moulin. Gl. *Taupia.*

° **TAUSE**, Coup. Gérard de Vienne, vers 187 :
Del gros del poig tel tause te doney.

TAUSSER, Estimer, apprécier, taxer. Gl. *Taxare* 1.

TAUTE, Exaction, impôt. Gl. *Duellariter.*

TAX, Sentence, jugement qui taxe une amende. Gl. sous *Taxare* 1.

TAXEMENT, Droit seigneurial à titre de la protection qu'accorde le seigneur. Gl. *Taussamentum.*

TAXETIER, L'ouvrier qui faisait les bourses appelées *Tasses.* Gl. *Taschia* 1.

TAY, Boue, bourbier. Gl. *Ten.*

TAYE, Grand'mère, aïeule. Gl. sous *Tayetum.*

TAYEUL, Taillis. Gl. *Tailleta.*

TAYON, Grand-père, aïeul. Gl. sous *Tayetum.* [Enfants Haymon, vers 102.]

TECHE, Qualité, disposition. Gl. sous *Tasca* 2. [Mauvaise qualité, faute, tache. Partonop. vers 966 :
*Là vit grant feu de busce sèche
Qui de fumée ne n'a tèche.*

Chron. des ducs de Norm. tom. 2, pag. 477, vers 11476 :

Senz mal, senz tache e senz malice.

Voyez Roquef.]

TEÇON, Le jeu de mail, la boule qu'on frappe avec le mail. Gl. *Tudatus.*

° **TEER**. G. Guiart, tom. 1, pag. 180, vers 4122 :

*Commencement le mur à miner,
A leur piquois de près le teent.*

TEGNONS, Teigneux. Gl. *Tena 2.*

TEIL, Écorce de tilleul. Gl. *Telhonus.* [Tilleul. Roman de Renart, tom. 3, pag. 122, vers 23108 :

*Un chapon manga tot descuit
Enmi les chans, desoz un teil.*]

TEILLER, Oter, enlever. Gl. *Tollere.*

TEILLIER, Le lieu où travaille le tisserand. Gl. *Telarium 2.*

TEINGNERESSE, Teinturière. Gl. *Tinctrix.*

TEKE, Qualité, disposition. Gl. sous *Tasca 2.* [Flore et Blanceflor, vers 2645 :

Tex est amors et tex sa teke.

Renart le Nouvel, tom. 4, pag. 444, vers 7649 :

*Les bones takes en ostés
Et les mauvaises i metés.*]

TELERIE, Métier de tisserand, de faiseur de toiles. Gl. *Telarius.*

TELERONS, Tisserand ou marchand de toiles. Gl. *Telarius.*

TELIER, Tisserand, faiseur de toile. Gl. *Telarius.*

TELLE, Toile. Gl. *Telarius.*

TELLEMAN, Sorte de jeu. Gl. sous *Telhonus.*

TELLEVACIER, Fourrageur, soldat pillard. Gl. *Talator et Foragium 2.*

TELLIER, Tisserand, faiseur de toiles. Gl. *Telarius.*

TELTRE, Tertre, monticule. Gl. *Tertrum 1.*

TEMER, Craindre, appréhender. Gl. *Temerare.*

° **TEMIE**, Crainte, inquiétude. Enfants Haymon 955 :

*Et sachiez que li cuers forment li a
                                    [temie
De che qu'il laist sa femme, etc.*

Ou *Atemie.* Voyez *Atiner.*

TEMOUTE, Tumulte, grand bruit, émeute. Gl. *Tumultuare.*

TEMPESTATIF, Qui cause du trouble, perturbateur. Gl. *Tempestive.*

TEMPESTE, Temps, saison. Gl. *Tempesta.*

TEMPESTÉ, Qui est hors de lui-même, qui ne se possède plus. Gl. *Tempestare.*

TEMPESTER. ESTRE TEMPESTÉ, Être ravagé par une tempête, par la grêle, la pluie et le vent. Gl. *Tempestare.*

° **TEMPIER**, Tempête, orage. Chronique des ducs de Normandie. Aubri, pag. 183² :

Grate et hinist et maine tel tempier.

Voyez *Tanpier*, et Rayn. tom. 5, pag. 321³, au mot *Tempier.*

TEMPLE DU VENTRE, Le bas ventre. Gl. *Tempe 2.*

TEMPLÉ, Se dit d'un porc attaqué de maladie. Gl. *Tempe 2.*

TEMPLÉE, Soufflet ou coup de poing sur la tempe. Gl. sous *Templatura.*

TEMPLES, L'Ordre des Templiers. Gl. *Templum.*

TEMPOIRE, Temps, saison. Gl. *Tempesta.* [*Tempore.* Chastel. de Couci, v. 24, 7646, 8165.]

° **TEMPORAL**, Temps. Chronique des ducs de Normandie, tom. 3, pag. 120, vers 35187 :

El terme d'iceu temporal.

Aubri, pag. 175¹ :

Je li ferai traire mau temporal.

TEMPORALITÉ, Toute espèce de biens temporels, particulièrement ceux des églises. Gl. *Temporalitas 2.*

TEMPORIAL, Le premier foin. Gl. *Temporivus.*

TEMPRANCE, Ordre, arrangement, disposition. Gl. *Implementum.*

TEMPRE, De bonne heure, du matin, promptement. Gl. *Temperius.* [Chastelain de Couci, vers 814, 1036. Orell. pag. 315.]

TEMPRÉ, Temperé, en mesure. Roman du roi Horn, Wolf, *Uber die Lais,* p. 464 :

La pucele a idunc sa harpe bien temprée.

Chastel. de Couci, vers 3305 :

*Où de ses bras faisoit fléaus
Et du corps englume temprée.*

TEMPRÉMENT, Promptement, en diligence. Gl. *Temperius.*

TEMPROIR, Vaisseau à boire, tasse, coupe. Gl. *Temptorium.*

TEMPS MOIENS, Qui est entre deux. Gl. *Tempus medium.*

TEMPTATION, Effort, tentative. Gl. *Disferriare.*

TENANCE, TENANCHE, Fief, héritage, terre. Gl. *Tenentia,* sous *Tenere 1.*

° **TENANT**, Vassal. Partonopex, vers 211 :

Ses hom liges et ses tenans.

Vers 223.

TENCE, TENÇON, Dispute, querelle, procès. [Roman de Renart, tom. 1, pag. 28, vers 733] ; du verbe *Tencer*, Disputer, quereller. [Partonop. vers 8336 :

Et dames n'ont soing de tencier.

Aubri, pag. 158² :

Ele l'apele belement sans tencier.

Roman de Renart, tom. 3, pag. 55, vers 21256 :

*Avoi, vos avez mengié tence,
Fet Renart, se volez tencier
Et mellée à moi commencier.*

Voyez Rayn. tom. 5, pag. 345¹, au mot *Tensa*, etc.] Gl. *Intentio,* sous *Intendere 7,* et *Tensare 3.*

TENCER, Défendre, protéger. Gl. *Tensare 1.*

TENCERRESSE, Femme d'humeur acariâtre et querelleuse. Gl. *Tensare 3.*

TENDABLE, Qui peut être tendu. Gl. *Tensibilis.*

° **TENDANCE**, Attente, espoir. Chastel. de Couci, vers 7592 :

*Sa dame où avoit sa tendance
Et son confort et s'esperance.*

Voyez Rayn. tom. 5, pag. 321², au mot *Atendezo.*

TENDE, Place vide, terrain qui n'est ni bâti ni cultivé. Gl. *Tenda 3.*

TENDERIE, La faculté de tendre des filets aux oiseaux et ce qu'on paye pour ce droit. Gl. *Tendare.*

TENDREFFLE, Fronde. Gl. *Tendicula.*

TENDRESSE, Jeunesse. Gl. *Teneritudo.*

TENEBREUR, Ténèbres, obscurité. Gl. *Tenebrositas.* [Tenebrors, Partonop. vers 4743. Tenebror, Ténébreux. Roman de Roncevaux, pag. 11 :

Haut sunt li pui et li val tenebror.

Voyez Rayn. tom. 5, pag. 330¹, aux mots *Tenebror* et *Tenebros.*]

TENEMENT, Fief, héritage, terre. Gl. *Tenementum,* sous *Tenere 1.*

TENEMENTIER, Tenancier, celui qui tient à ferme ou à cens. Gl. *Tenementarius,* sous *Tenere 1.*

TENEUR, Taille, espèce de voix, appelée *Teneure.* Gl. *Tenor 4.*

1. **TENEURE**, Terre, héritage, biens qu'on possède. Gl. *Teneura,* sous *Tenere 1.*

2. **TENEURE**, Condition, sous laquelle on tient un fief, une terre. Gl. *Tenetura,* sous *Tenere 1.*

3. **TENEURE**, Possession, jouissance. Gl. *Teneura,* sous *Tenere 1.*

TENIAU, Instrument propre à la pêche. Gl. *Tenellus 3.*

TENOUR, Taille, espèce de voix, appelée *Teneure.* Gl. *Tenor 4.*

TENSEMENT, Droit seigneurial à titre de la protection qu'accorde le seigneur. Gl. *Taussamentum et Tensamentum,* sous *Tensare 1.*

TENSER, Défendre, protéger, garantir. Gl. *Tensare 1.* [Partonop. vers 10063, 9428. Wackern. pag. 66.]

TENSERIE, Vol, pillage. Gl. *Tensaria.*

TENSON, Dispute, querelle, procès. Gl. *Intentio,* sous *Intendere* 7.

TENTER, Panser une plaie, y mettre une tente. Gl. *Tenta* 4.

° **TENIR (SE),** S'abstenir, s'empêcher. Roman de Renart, tom. 2, pag. 208, vers 15215 :

Par Dieu, fet-il, ne m'apartient
Cil qui de char mengier se tient.

Pag. 265, vers 16790. Wackernagel, pag. 17 :

Mes fins cuers ne se tenrait
D'amer jolietement.

Plus bas :

Et se ne me repuis tenir
Ke ne m'en plaigne et di por coi.

° **TENTIUX.** Agol. pag. 171² :

Et Salemon un roi tentiux et ber.

° **TENROR,** Tendresse, attendrissement. Aubri, vers 164 :

La dame l'ot, au quer en out tenror.

Vers 143. Partonop. vers 10432 :

Pluisor en plorent tenrement,
Tant de joie, tant de tenror.

Chastel. de Couci, vers 5664 :

Car ne veult que mes en souviegne
Sa dame, ne tenraurs l'en viegne.

Tendror, Chronique des ducs de Normandie.

° **TENTIR,** Retentir, résonner. Chastel. de Couci, vers 1520 :

Tabours sonner, timbres tentir.

Garin le Loher. tom. 1, pag. 107 :

Cornent encontre, font lor timbres tain-
[tir.

Laborde, pag. 292 :

Et la mauviz qui coumence à tentir.

Pag. 294. Roman de Renart, tom. 1, pag. 25, vers 676 :

Ne l'en orrez un mot tentir.

Chron. des ducs de Norm. Voyez Rayn. tom. 5, p. 347¹, au mot *Tentir,* ci-dessous *Tintener.*

° **TENTON,** Bruit. Agolant, vers 204 :

Et quant il vole si meine tel tenton
Qu'en l'oïst bien le tret à un bodon.

Voyez *Tintin.*

TENUE DE DUCHAINNE, Se disait en Normandie d'un fief relevant immédiatement du duc. Gl. sous *Tenere* 1.

TENUE MOIENNE, Se dit d'un arrière-fief. Gl. sous *Tenere* 1.

TENUERE, Possession, jouissance. Gl. *Tenitura,* sous *Tenere* 1.

TENUITÉ, Pauvreté, indigence. Gl. *Tenuitas.*

1. **TENURE,** Condition sous laquelle on tient et on possède un fief, une terre. Gl. sous *Tenere* 1.

2. **TENURE,** Saisine, possession. Gl. *Tenatura,* sous *Tenere* 1.

TEOLLERIE, Tuilerie. Gl. *Teolicæ.*

TEQUE, Qualité, disposition. Gl. sous *Tasca* 2.

TERCEL, Certaine mesure de terre, la troisième partie d'un arpent. Gl. *Tercellum.*

TERCELÉE, Certaine mesure de grain, la troisième partie du septier. Gl. *Tercellum.*

TERCEUIL, Droit seigneurial sur les vignes. Gl. *Terciolagium.*

TERCHIER, Lever le terrage, appelé *Tierce.* Gl. *Tertia* 4.

TERCHOIS, Carquois, étui à mettre les flèches. Gl. sous *Tercerium* 3.

TERCIAUBLE, Qui est sujet au droit de terrage, appelé *Tierce.* Gl. *Tertiabilis.*

TERCIERE, Terre sujette au droit de terrage. Gl. *Tertiarium.*

TERÇOEUL, Ce qui reste de la farine après qu'on l'a passée au tamis, son. Gl. sous *Tercolium.*

TERÇUEL, Certaine mesure de terre, la troisième partie d'un arpent. Gl. *Tercolium.*

TERDRE, Essuyer. Gl. sous *Terdrum.*

TERGON, Sorte de grand bouclier. Gl. *Targo.*

TERME, Assise, Audience. Gl. *Terminus* 5.

TERMENAL, Domaine, héritage, terre. Gl. *Terminale.*

TERMINE, Terme, temps marqué pour quelque chose. Gl. *Terminus* 3.

TERMINER. ESTRE TERMINÉ, Se dit d'un enfant qui après avoir fait plusieurs efforts pour naître, cesse de faire aucun mouvement. Gl. *Terminare* 4.

TERMOIEUR, Celui qui vend à terme, afin de vendre plus cher. Gl. *Terminarius* 1.

TERQUE, Goudron. Gl. *Intrire.*

TERRAGE, Terrasse. Gl. *Terragium* 5.

TERRAGÉ, TERRAGEAU, Terre sujette au droit de terrage. Gl. sous *Terragium* 1.

TERRAGENS, Le même. Gl. *Terrageria.*

TERRAGERIE, Le droit de terrage et l'endroit où le lève. Gl. *Terrageria.*

TERRAGIER, Celui qui lève le droit de terrage. Gl. *Terragiator,* sous *Terragium* 1.

TERRAIGE, Le droit d'étalage aux foires et aux marchés. Gl. *Terragium* 6.

TERRAIL, Rempart, retranchement, fossé. Gl. *Terrale* 2.

TERRAILLE, Terreau, fumier. Gl. *Teracium* 1.

TERRAILLON, Pionnier, celui qui remue la terre. Gl. sous *Terrale* 2.

TERRAL, Fossé. Gl. *Terrale* 2. [Renart le Nouvel, tom. 4, pag. 188, vers 1872 :

Et Belins li moutons s'assaie
Au mur hurter por effondrer
... et Bauçans li sainglers
Avec lui pourcians Wanemers
A leur musiaus vont deffouant
Le terral.

Agolant, vers 234 :

Passer quida d'Aspremont le terral.

Voyez Rayn. tom. 5, pag. 351², au mot *Terral.*

TERRASSE, Torchis, espèce de mortier fait de terre et de paille. Gl. *Teratia* 2.

TERRE MORTE, Terreau, fumier. Gl. sous *Terra.*

TERREASSE, Petite métairie. Gl. *Teratia* 2.

TERRECHE DE LIN, Botte de lin d'un poids réglé. Gl. *Toppus.*

TERRÉE, Certain ornement d'une selle. Gl. *Terrata* 2.

TERRELLIER, Creuser la terre, faire un fossé. Gl. sous *Terrale* 2.

TERRE-MOT, TERRE MOTE, Tremblement de terre. Gl. *Termotio.*

TERREUR, Terrain, champ, pré. Gl. *Territoria.*

TERRIAU, Vassal ou Fermier, celui qui tient une terre d'un autre. Gl. *Terrarius.*

° **TERRIEN,** Terrestre, de terre, temporel, indigène. Jubinal, Fabliaux, tom. 1, pag. 128, 135 ; tom. 2, pag. 31. Chron. des ducs de Norm. Voyez Rayn. tom. 5, pag. 352², au mot *Terren.*

1. **TERRIER,** Seigneur de beaucoup de terres. Gl. sous *Terrarius.*

2. **TERRIER,** Le juge d'un territoire. Gl. sous *Terrarius.*

3. **TERRIER,** Le religieux qui est chargé du recouvrement des cens et autres droits des terres. Gl. *Terrerius* 2.

4. **TERRIER. CHIEN TERRIER,** Qui est propre à la chasse des lapins, renards, etc. Gl. *Canis terrarius.*

TERRIÈRE, Lieu d'où l'on tire de la terre. Gl. *Terrarium.*

TERRIERS, Cloison, paroi de terre. Gl. *Terrarium.* [Terrier, ouvrage de fortification. Chron. des ducs de Norm. Gérard de Vienne, vers 2291 :

La fort citeit, don haut sunt li terrier.

Voyez Rayn. tom. 5, pag. 352¹, au mot *Terrier.*]

1. **TERRIN,** pour TARIN, Monnaie d'or de Sicile. Gl. *Taranus.*

2. **TERRIN,** Godet, vase de terre pour boire. Gl. *Terrineus.*

TERRIZ, Chaumière, cabane couverte de terre. Gl. *Terracia.*

TERRUERE, Territoire. Gl. *Territoria.*

TERSEL, Certaine mesure de terre, la troisième partie d'un arpent. Gl. *Tercellum.*

TERSENET, Sorte d'étoffe. Gl. *Tersonum* 1.

TERSER, Essuyer, frotter. Gl. *Reluminacio.* (*Terdre*, G. Guiart, tom. 1, pag. 258, vers 6257. *Terdent*, tom. 2, pag. 379, vers 9848 (18828). *Tert*, Aubri, vers 95. *Terst*, Partonop. vers 9893. *Ters*, vers 600. Chronique des ducs de Normandie. Voyez Rayn. tom. 5, pag. 348², au mot *Terger*.]

TERTONEZ, p. e. Batteur en grange. Gl. *Terturator.*

TERTRE, Territoire. Gl. *Tertrum* 2.

TESAIGE, Toisé, mesurage à la toise. Gl. *Tesiata.*

TESCHE, Qualité, disposition. Gl. sous *Tasca* 2. [Partonop. 6538, 5754. Voyez *Teke.*]

TESÉE, La longueur d'une toise. Gl. *Teisia.*

TESER, Tendre, bander un arc. Gl. *Intendery* 9.

TESIER, p. e. pour TERIER, Paroi, cloison de terre. Gl. *Tesiata.*

1. **TESMOIGNER**, Réputer, tenir quelqu'un pour bon ou méchant. Gl. *Testimoniare.*

2. **TESMOIGNER** QUELQU'UN, Rendre bon témoignage d'une personne. Gl. *Testimoniare.*

TESMOING, Montre, échantillon d'une marchandise. Gl. sous *Testis* 3.

TESMOUTE, Tumulte, grand bruit. Gl. *Tumultuare.*

TESSU, Tissu, étoffe ou ruban fait de fils entrelacés. Gl. *Tessutus*..

TESTAMENTEUR, Exécuteur testamentaire. Gl. *Testamentarius.*

1. **TESTART**, Certaine pièce de bois. Gl. *Testardia.*

2. **TESTART**, Monnaie d'Angleterre valant dix huit deniers. Gl. *Teston.*

TESTATERESSE, Testatrice. Gl. *Francharium.*

TESTÉE, Projet qu'on a en tête. Gl. *Testa* 3. (G. Guiart, tom. 2, pag. 291, vers 7551 (16381).

Qui veulent faire leur testée.

Pour *Tostée*, tom. 1, pag. 252, vers 6099 :

Or ne me pris une testée
S'assez briefment ne le compere.]

TESTEMOIGNER, Témoigner, assurer, certifier. Gl. *Testimoniare.*

TESTEMOINE, TESTEMONIE, Témoignage, preuve, approbation. Gl. *Testimonium.*

TESTIÈRE, Armure qui couvrait la tête du cheval dans les combats. Gl. *Testinia.* [Renart le Nouvel, tom. 4, pag. 145, vers 499 :

De cuir bouli orent testières
Leur cheval.]

TESTMOIGNANCE, TESTMOIGNE, Témoignage, preuve, approbation. Gl. sous *Testimonium.*

TESTMOIGNIER, Témoigner, attester. Gl. *Testimoniare.*

TESTMOINANCE, Témoignage, preuve. Gl. sous *Testimonium.*

TESTUT, Ceinture faite de tissus. Gl. *Testor.*

TESURE, Filet, panneau ; d'où *Tésurer*, Tendre des filets. Gl. *Tensura* 2, et *Tesura* 2.

TEUEMENT, Tacitement. Gl. *Taciturire.*

TEULAGIE, Théologie. Gl. *Theodoctus.*

TEURTRE, Tordre. Gl. sous *Torculare.*

TEUX, pour Tel. Gl. *Theuma.*

TEXEUR, Tisserand. Gl. *Textator.*

° **TEXTE**, comme *Tiexte*. Glossaire sur la Chron. des ducs de Normandie.

TEXU , Tissu , ceinture tressée. Gl. *Texus.*

TEXUTIER. Tisserand. Gl. *Textator.*

° **TEYSER**. Fabliaux, Jubinal, tom. 2, pag. 34 :

Là gist un hoho e un teyser.

TEZOIRE, Ciseaux, forces. Gl. *Tezoyra.*

THABIT, pour TABIS, Taffetas qui a passé par la calendre. Gl. *Thabit.*

THABOURIN, THABURIN, Sorte de petite monnaie valant deux deniers. Gl. sous *Taborellus.*

THALAMETIER, Boulanger, pâtissier. Gl. *Talemarii.*

THEILLE, Certaine mesure de terre. Gl. *Telia.*

THELOUZAIN , THELOUZIN, Monnaie des comtes de Toulouse. Gl. *Tolosani*, sous *Moneta Baronum.*

THENÇON, Maillet, espèce de massue. Gl. *Tudatus.*

THÉOLOGIZER , Parler de matières théologiques. Gl. *Theologari.*

THÉORIQUE, Vie contemplative. Gl. *Theoricus.*

THESAURIER, Trésorier, celui qui a la garde du trésor d'une église. Gl. *Thesaurarius.*

THESME , Demande libellée. Gl. *Thema* 2.

THESMOIGNIER, pour Témoignier, déclarer, faire connaître. Gl. *Testimoniare.*

THESURER, Tendre des filets. Gl. *Tensura* 2.

THEUDRIER , Étranger ; p. e. Allemand. Gl. *Theotonisi.*

THEUTES, Téneur, texte. Gl. *Theuma.*

THIERAISSE , THIERESSE , Tiérache, contrée de la Picardie. Gl. *Eserinium* et *Theraschia.*

THIERCELIN , Sorte d'étoffe ; p. e. parce qu'elle était tissue de trois espèces de fils. Gl. *Tiercellus.*

THIERRE, Partie du harnois d'un cheval. Gl. *Tingula.*

THIGNEL, Gros bâton dont on se sert pour porter des seaux. Gl. *Tinellus* 2.

THIOIS, Teutons, Allemands. Gl. *Theotisci.*

THIPHAINE, THIPHANIE, La fête de l'Épiphanie ou des Rois. Gl. *Theophania.*

THIRETIER, Ouvrier ou marchand de *Thiretaines.* Gl. *Tiretanius.*

THIROUERE, Outil de tonnelier, pour tirer et allonger les cercles. Gl. sous *Tiratorium* 1.

THOI, Boue, limon. Gl. *Ten.*

THOLOSAINS, Monnaie des comtes de Toulouse. Gl. *Tolosani*, sous *Moneta Baronum.*

THONNEU, Tonlieu, droit seigneurial. Gl. *Tonagium.*

THORE , Génisse , jeune vache. Gl. *Thora.*

THORIN , Jeune taureau. Gl. sous *Thora.*

THORON, Éminence, colline. Gl. *Toro.*

THOU, Voûte. Gl. *Tholus.*

THOUÉE, Gros cordage, hansière. Gl. sous *Thouma.*

THOUELLE, Toile. Gl. *Toacula.*

THOULAIS, Monnaie de l'évêque de Toul. Gl. *Moneta Tullensis*, sous *Moneta Baronum.*

THOUNIER, Tonlieu, droit seigneurial sur les marchandises. Gl. sous *Telon.*

THOUREAU, pour Taureau. Gl. sous *Thora.*

THOURIER, Gardien de la tour ou de la prison, geolier. Gl. *Turrarius.*

THROSNE, Le poids public et les émoluments qui en proviennent. Gl. *Thronum.*

THUILLERYE, Le lieu où l'on fait les tuiles. Gl. *Tegularia* 2.

THUMBER, THUMER, Danser, sauter, bondir. Gl. *Tombare.*

TIBLETE, Sorte de jeu. Gl. *Tibla.*

TIEFANE, La fête de l'Épiphanie ou des Rois. Gl. *Theophania.*

TIELERIE, Tuilerie, lieu où l'on fait les tuiles. Gl. *Teulis.*

TIEN-MAIN, Les montants d'une échelle. Gl. *Teneria.*

TIPHAGNE, TIEPHAIGNE, TIEPHANIE, La fête de l'Épiphanie ou des Rois. Gl. *Theophania.*

TIERAGE, Terrage, champart. Gl. *Desteglare.*

TIERÇAIN, Certaine mesure des liquides. Gl. *Terceneria.*

TIERCE, Terrage, droit seigneurial sur les fruits de la terre. Gl. *Tertia* 4.

TIERCE DE NUIT, La troisième heure après le coucher du soleil. Gl. *Tertia* 1.

TIERCEINNE, La fièvre tierce. Gl. *Tertiarius* 5,

TIERCELIN, Sorte d'étoffe ; p. e. parce qu'elle était tissue de trois espèces de fils. Gl. *Tiercellus.*

TIERCENAL, Arsenal. Gl. *Tarsenatus.*

TIERCERAIN, TIERCEREN. BLÉ TIERCERAIN et TIERCEREN, Qui est mêlé de trois espèces de blés. Gl. *Bladum tertianum* et *Tertionarium blatum.*

TIERCHENERIE, La redevance du tiers des fruits d'une terre. Gl. *Tertuaria* 3.

TIERÇOIER, Payer le tiers en sus du cens qui est dû. Gl. *Tertiare* 4.

TIERÇOYER, Enchérir, mettre l'enchère. Gl. *Tertiare* 4.

TIERDE, L'action d'essuyer. Gl. *Tersorium.*

TIEROIR, Terroir, territoire. Gl. *Territoria.*

1. **TIERS**, Droit qui se lève en Normandie sur les deniers provenant de la coupe des forêts. Gl. *Tertium* 4.

2. **TIERS**, Sorte de jeu, espèce de colin-maillard. Gl. sous *Tertium* 1.

TIERSAUBLE, Qui est sujet au droit de terrage appelé *Tierce.* Gl. *Tertiabilis.*

TIERSONNIER, Le tiers du septier, mesure de blé. Gl. *Tertiolum.*

TIESCHE, La langue teutonique ou allemande. Gl. sous *Romanus.*

TIEULERIE, Tuilerie, lieu où l'on fait les tuiles ; d'où *Tieulier*, Le marchand qui les vend ou l'ouvrier qui les fait. Gl. *Teulis.*

TIEULETTE, Petite tuile. Gl. *Tegella.*

TIEULLE, Tuile ; d'où *Tieuller*, Tuilier, l'ouvrier qui fait les tuiles ; et *Tieullerie*, Le lieu où on les fait. Gl. *Tegularia* 2. *Tegularius* et *Teulis.*

TIEXTE, pour TEXTE, Le livre des Évangiles. Gl. *Textus* 1.

° **TIFÉ**, Orné, paré, attifé. Flore et Jeanne, pag. 55 : *Et elle ot esté bagnie et tifée et aaisie.* Roquef. *Tiffé.* Voyez Halliwell, au mot *Tife.*

° **TIFFÉURE**, Parure, attifets. Partonop. vers 10121 :
Cascune met entente et cure
A aprester sa tifféure.

TIGEAU ou TIGEL, Tige, canon. Gl. *Tigellum.*

TIGNE, Sorte de gros bâton. Gl. *Tigellum.*

TIHAYS, Sorte d'arme ou de bâton de défense. Gl. *Tihanus.*

TIL, Tilleul. Gl. *Tilium.*

1. **TILLE**, p. e. Échinée de porc. Gl. *Tilia* 2.

2. **TILLE**, Bardeau, douve. Gl *Tilla.*

TILLETAIGE, Droit qu'on payait au roi au renouvellement des charges et des offices. Gl. sous *Tilla.*

1. **TILLEUL**, Lance faite de tilleul, dont on se servait dans les joûtes. Gl. *Bohordicum.*

2. **TILLEUL**, Bardeau, douve. Gl. *Tiliatus.*

TILLOEL, Tilleul, arbre. Gl. *Tilium.*

1. **TIMBRE**, Paquet de pelleteries attachées ensemble. Gl. *Timbrium.*

2. **TIMBRE**, Tambour. [Chastel. de Couci, vers 1238, 1520. *Timbres*, Garin le Loher. tom. 1, pag. 107] ; d'où *Timbrer*, Jouer du tambour. Gl. *Tymbris.*

TIN, Temple, partie de la tête. Gl. *Timpus.*

TINARDAILLE, Terme de mépris, p. e. le même que *Valetaille.* Gl. *Tinellus* 2.

TINE, Gros bâton dont on se sert pour porter des seaux. Gl. *Tinellus* 2.

TINÉE, Ce que contient une *Tine,* vaisseau qui sert à porter la vendange. Gl. *Tineta.*

TINEIL, Le droit qu'on paye pour la place qu'on occupe à un marché ou à une foire. Gl. *Tinnulus.*

1. **TINEL**, Cour, la suite du prince. Gl. *Tinnulus.*

2. **TINEL**, Salle du grand commun. Gl. *Tinellus* 1.

3. **TINEL**, Sorte de bâton dont on se sert pour porter des seaux. Gl. *Tinellus* 2. [Roman de Renart, t. 2, p. 164, v. 13998 :
O maçues et o tiniaus
Li ont bien auné ses buriaus.
Voyez Rayn. tom. 5, pag. 363¹, au mot *Tinal.*]

TINEUL, Gros bâton, levier, espèce d'arme. Gl. *Tinellus* 2.

TINTENER, Tinter. Gl. *Clingere* 2. [Voyez *Tentir*.]

° **TINTIN**, Bruit. Renart le Nouvel, t. 4, pag. 211, vers 2228 :
Li fier des armes grant tintin
Rent et grant son.
Chastel. de Couci, vers 1507 :
Que hiraut mainnent grant tintin.
Voyez Tenton.

TINTIRECE, Son clair et aigu des armes qui s'entrechoquent. Gl. *Tinnulus.*

TIOIS, La langue teutonique, l'ancien allemand. Gl. *Theotisci.*

TIPHAGNE, TIPHAINE, TIPHAINGNE, La fête de l'Epiphanie ou des Rois. Gl. *Theophania*

° **TIRANT**, Païen, barbare, sorcier. Garin le Loher. tom. 1, pag. 13 :
Li tirant font lor remanant mander.
Pag. 104 :
Demain verront maint Turc debareté
Et maint tirant honnir et vergonder.
Agolant, pag. 179¹ :
T'espée firent vif deable et tyrant.

1. **TIRE**, p. e. pour TIMBRE, Paquet de pelleteries attachées ensemble. Gl. *Tira.*

2. **TIRE**. A TIRE ET DE TIRE, Tout droit : Gl. *Tyra.* [A tire, En masse, l'un après l'autre, en entier. G. Guiart, t. 1, pag. 186, vers 4287 ; pag. 229, vers 5487 ; tom. 2, pag. 225, vers 5339 ; pag. 408, vers 10601 (14818, 19583). *Tout à tire,* tom. 1, pag. 210, vers 5007. Roi Guillaume, p. 126. Chron. des ducs de Norm. *Tire à tire,* L'un après l'autre. Roi Guillaume, pag. 146 :
La roine tot tire à tire
Li commença prismes à dire, etc.
Chastel. de Couci, vers 5886 :
Dont commencha Gobers à dire
De chief à autre, tire à tire.
Voyez Roquef.]

° 3. **TIRE**, Ennui, fatigue. Chastel. de Couci, vers 4263 :
Bien trois jours fu en telle tire.
Angl. *To tire.*

° **TIRÉ**, Orné. Flore et Blancefl. v. 41 :
Li pailes est ovrés à flors
Dindés, tirés, bendés et ors.
Voyez Halliwell, au mot *Tire* 2.

TIREBOUTE, Certain bâton ferré. Gl. sous *Tiratorum* 1.

TIREMENT, L'action de tirer. Gl. *Tirator.*

° **TIRER** à quelque chose, Tenir à quelque chose. Partonop. vers 6533 :
A ce tirons sor tote rien
Qu'el se marit et bel et bien.
Vers 9129 :
Si ne voel pas que soit celé
Que jo tir moult à le beauté.
Voyez 7299 :
Qui tant tire à envoiséure
Qu'ele ne prent de nul sens cure.

TIRETANIER, TIRETENIER, Ouvrier d'étoffes appelées *Tiretaines.* Gl. *Tiretanius.*

TIRIACLE, Thériaque. Gl. *Thiriaca.*

TIROT, La partie de la charrue à laquelle sont attachés les chevaux pour la tirer. Gl. sous *Magister.*

TIROUER. LA CROIX TIROUER, Quartier de Paris. Gl. *Tiratorium* 1.

1. **TIROUERE**, Le lieu où l'on donne la question aux criminels. Gl. sous *Tiratorium* 1.

2. **TIROUERE**, Outil de tonnelier pour tirer et allonger les cercles. Gl. sous *Tiratorium* 1.

TIRPENDIÈRE, p. e. Femme dont la gorge est fort pendante, ou femme de mauvaise vie. Gl. *Trahere* 5.

TISER, Dénoncer, publier, faire savoir. Gl. sous *Tisica*.

TISOIR, Instrument pour attiser le feu. Gl. *Tissio*.

TISON, Pièce de bois et quille de vaisseau. Gl. *Tiso*.

TISSU, Ceinture tressée. Gl. *Texus*.

TISTRE, Faire un tissu de fil, de laine, de soie, etc. Gl. *Telarius*.

✿ **TITE**. Renart le Nouvel, t. 4, p. 442, vers 7607 :

    Le renclus à un povre hermite,
    U il avait tite ne mite,
    Ne sanc, ne car, ne pain ne grain.

✿ **TIULÉ**. Agolant, vers 616 :

    Vient à Morel à la crope tiulée.

TIXERAND, pour Tisserand. Gl. *Tisserandus*.

TIXIER, Tisseur, tisserand. Gl. *Tixator*.

TIXTRE, Faire un tissu de fil, de laine, de soie, etc. Gl. *Telarium 2*, et *Tixator*.

TOAILLE, Serviette, essuie-main. Gl. *Toalia*, sous *Toacula*.

TOAILLOLLE, Turban, à cause qu'il est fait de toile. Gl. sous *Toacula*.

TOCADOIÈRE, Tocadoire, Aiguillon dont on touche les bœufs pour les faire aller. Gl. sous *Touquassen*.

✿ **TOENARS**. Partonop. vers 2251 :

    Cil vont fuiant droit vers Chaars
    Et ont jetés lor toenars.

Var. du mss. 1289, *gité lor corniars*.

TOFFEL, Touffe d'herbes ou d'autres choses. Gl. *Tufa*.

TOILLE, Largeur de la toile, lé. Gl. *Tela 2*.

TOILLIER, Tisserand ou marchand de toiles. Gl. *Telarius*.

TOISE DE CHANDOILLE, Certaine quantité de chandelle, p. e. une livre de cire, divisée en six chandelles. Gl. *Tesa candelæ*.

✿ **TOISE**. Partonop. vers 8072 :

    Qu'il mist de l'espiel bruni
    Une molt grant toise parmi.

Vers 5504 :

    Il vit une toise de chesne...
    Chauz gissoit leis un rochot.

Vers 2557 :

    Li autre se vont conréant,
    A grant desroi vont et à toise.

Vers 5757 :

    Beles le fist sor tote rien....
    Plenièrement, à larges toises,
    Mal leron ait qui mal lor violt.

✿ **TOIVRE**, comme *Atoivre*. Partonop. vers 753 :

    Qu'il puet veïr tot cler le tref
    Et tot la toivre de la nef.

Voyez Grimm, *Reinhart Fuchs*, p. LIV, not.

TOLAGE, L'action de prendre quelque chose par force. Gl. *Tollagium*.

TOLDRE, Oter, arracher. Gl. *Tollere*.

TOLERRES, Celui qui ôte ou veut ôter quelque chose à un autre. Gl. *Tollere*.

TOLLIR, Oter, enlever. Gl. *Tollire*. [Orell, pag. 186.]

TOLOISON, Cens, redevance annuelle qu'on est en droit d'exiger. Gl. *Tolagium*.

TOLOIZ, Monnaie de l'évêque de Toul. Gl. *Moneta Tullensis*, sous *Moneta Baronum*.

TOLTE, Taille, impôt, exaction. Gl. *Tolta 1*.

1. **TOMBE**, Sépulcre, tombeau. Gl. *Tumba 1*.

2. **TOMBE**, Châsse qui renferme les reliques et ossements d'un saint. Gl. *Tumba 1*.

TOMBEL, Tombeau, sépulcre. Gl. *Tumba 1*.

TOMBEREL, Sorte de supplice. Gl. *Tumbrellum*.

TOMBIER, Orfèvre, ouvrier qui fait les châsses pour les reliques. Gl. *Tumba 1*.

✿ **TOMBIR**, Retentir, trembler ? Renart le Nouvel, tom. 4, pag. 145, vers 498 :

    Que l'en ot au hanir
    Une liue terre tombir.

Vers 510 :

    Li tiere et li airs en tombist.

Pag. 219, vers 2440 :

    Menent tel bruit
    De timbres et de cors d'arain
    Que tombir le val et le plain
    En font et la tiere croller.

TOMBISSEMENT, Bruit, fracas. Gl. *Tombare*.

TOMBLIAU, Tombeau. Gl. *Tumullulus*. [Tomblel, Flore et Blancefl. vers 544, 553.]

TOMNEU, pour TONLIEU, Impôt. Gl. *Teonnium*, sous *Telon*.

TONAIGE, Droit que des particuliers exigeaient de ceux qui ramassaient des paillettes d'or dans les rivières et les montagnes du Languedoc. Gl. *Tonagium*.

TONAIRE, Thonnaire, filet pour la pêche du thon. Gl. *Tonaira*.

TONBEL, Tombe, pierre sépulcrale. Gl. *Tombellum*.

TONDE, pour TENDE. Gl. *Tondeia*, et *Tenda 3*.

TONDENTE, Coupe de bois. Gl. *Tonsura nemorum*.

TONDISON, Tonte, le temps où l'on tond les brebis. Gl. *Tondero*.

✿ **TONDRES**, Amadou, amorce. Partonop. v. 5089 :

    Et li tondres od le galet.

Voyez Halliwell, au mot *Tonder* ; Bosworth, au mot *Tynder*.

✿ **TONER**, Résonner. Partonop. v. 3039 :

    Tant fort l'esbahist et estone
    Que l'oïe l'en corne et tone.

TONLIN, pour TONLIEU, Impôt. Gl. *Tonlium*, sous *Telon*.

TONLOIER, Celui à qui appartient le *Tonlieu*, et celui qui perçoit cet impôt. Gl. sous *Telon*.

TONNEAU, Mesure de grain. Gl. *Doliata*.

TONNEL, TONNELET, TONNELLET, Petit tonneau. Gl. *Tonnellus*, sous *Tunna*.

TONNELIEU, Tonlieu, impôt, droit seigneurial sur les marchandises. Gl. *Tonlium*, sous *Telon*.

TONNENS, pour TONNEUS, Tonlieu, impôt, taille. Gl. *Tonneurs*.

TONNEU, pour Tonlieu. Gl. *Teonnium*, sous *Telon*.

TONNEUR, Tonlieu, impôt, ou celui qui lève ce droit. Gl. *Tonleum*, sous *Telon*.

TONNY, Tonlieu, impôt, taille. Gl. *Tonneurs*.

TONOLLET, Sorte d'habillement, pourpoint. Gl. *Tonacella*.

TONRE, Instrument pour tondre, ciseaux, forces. Gl. *Tondero*.

TONSEAU, TONSIAU, Peau garnie de sa laine. Gl. *Tonsona*.

TONSER, Tondre, couper les cheveux. Gl. *Tonsona*.

TONSIAU, Toison, et le droit sur les toisons. Gl. *Tonsona*.

TOPE, Terre inculte, pâture. Gl. *Topa*.

TOPENNE, Tertre, pente. Gl. *Toppus*.

TOPPE, Terre inculte, pâture. Gl. *Topa*.

TOQUASSEN, Tumulte, émeute au son du tocsin. Gl. *Touquassen*.

TOQUON, Le jeu de mail, l'instrument avec lequel on frappe la boule. Gl. *Tudatus*.

1. **TOR**, Taureau. Gl. *Torosus*.

✿ 2. **TOR**, TOUR, Action de tourner, évolution. Agolant, vers 989 :

    Au tor qui font a chascun tret l'espée.

G. Guiart, t. 2, p. 362, v. 9404 (13884) :

    Pour les uns les autres connoistre
    A trebuchemenz et à tours.

Circonférence. Partonop. vers 500 :

    Ardans ert moult grans à cel jor
    Et porprendoit moult en son tor.

Chronique des ducs de Normandie, Rayn. tom. 5, pag. 377[1], au mot *Torn*.

TORAILLE, L'endroit où l'on fait sécher les grains pour faire la bière, et le droit du seigneur sur ce lieu. Gl. sous *Torra*.

TORBE, Troupe, multitude. Gl. *Torba 2*. [Roi Guillaume, pag. 164. Chron. des ducs de Norm.]

1. **TORCHE**, Sorte d'ornement plissé ; p. e. Espèce de fraise ; d'où le diminutif *Torchète*. Gl. sous *Torcha 3*.

2. **TORCHE**, pour TROCHE, Troc, échange. Gl. *Trocare.*

3. **TORCHE**, pour TROCHE, Troupe, multitude. Gl. *Trocha* 1.

TORCHIEZ, p. e. Terre marécageuse. Gl. *Torcia* 2.

TORCHONNIÈREMENT, Injustement, à tort. Gl. *Tortionarie.*

TORCOEUL, Ce qui reste de la farine, après qu'on l'a passée au tamis, son. Gl. sous *Tercolium.*

TORÇONNÈRE, Tortionnaire, injuste. Gl. *Torçonnerie.*

TORDOIR, Pressoir, moulin à huile. Gl. sous *Torculare.*

° **TORE**. Flore et Blancefl. vers 1383 :
*Le tref ont tost desharneskié
Et sus dusc' à tores sacié.
Li vens s'i prent por faire ester.*

TORELLAGE, Droit seigneurial sur les *Torailles.* Gl. sous *Torra.*

TORFAIRE, Se détourner de son chemin, s'égarer. Gl. *Tortuus.*

TORFAIT, TORFET, Injustice, dommage, violence. Gl. *Tortus* 1.

TORGERIE, TORGOIR, Moulin à huile : d'où *Torgerres* et *Torgeur,* Celui qui en a soin. Gl. sous *Torculare.*

TORGOIR, Instrument pour tordre la cire. Gl. sous *Torculare.*

TORMENTABLEMENT, Avec tourment. Gl. *Tortuliter.*

TORNACE, p. e. Tranchée, fossé. Gl. *Torna* 4.

TORNAILLE, Tourniquet, ou bâton, qui sert à serrer la corde d'un charriot. Gl. *Tornaglium.*

TORNE, Creux pour recevoir les eaux qui tombent des montagnes. Gl. *Torna* 4.

1. **TORNER**, Changer de place, de position. Gl. *Tornare* 2. [Faire un mouvement circulaire. Enfants Haymon, v. 646 :
Et trois tours tourna.

Retourner, revenir au combat. Voyez *Trestourner* 2. Ancien poëme après Fierabras, pag. 182² :
*Assez en ont ocis, les atres font fuir,
Onques lor rois n'osait ne torner ne
   [gainchir.*

Garin le Loher. tom. 1, pag. 121 :
*Ne tornez plus, dist Isorés li gris,
Car li est Hues au courage hardi,
Se estiez cent et tornissiez ensi,
Tuis ociroit.*

Torner, Faire partir, chasser, Roman de Renart, tom. 2, pag. 98, vers 12206 :
*Sez-en tu tost servir à cort
Que nul juglères ne t'en tort.*

Faire torner. Garin le Lober. t. 1, p. 26 :
*Les deus batailles firent du champ
   [torner.*

Tourner du conseil, En sortir. Pag. 6 :
*Tuit se descordent, du conseil sont
   [tourné.*

Flore et Blancefl. vers 343 :
A tant sont du consel torné.

S'en torner, S'en aller, partir. Roman de Renart, tom. 2, pag. 147, vers 13530 :
Sel comparra ainz qu'il s'en tort.

Pag. 168, vers 14105 :
Traînez ert ainz qu'il s'en tort.

Wackern. pag. 4. 117. Détourner. Gérard de Vienne, vers 927 :
*S'ele est pucele, je suix riches assez,
Ne por grant aige n'en doie estre torneiz.*

Tourner, avoir une issue bonne ou mauvaise. Partonop. vers 3555 :
*L'esgart suirai de vostre cort,
Comment qu'à bien n'à mal me tort.*

Roman de Renart, t. 2, p. 282, v. 17270 :
*Et je sui cil qui soffera
Ceste aventure à coi qu'il tort.*

Pag. 93, vers 12003 :
G'irai à lui à quoi que tort.

Pag. 99, vers 12236 :
Tu l'avras à qoi que il tort.

Flore et Blancefl. vers 2284 :
Flores ne caut à coi qu'il tourt.

G. Guiart, tom. 2, pag. 285, vers 6081 (15061) :
Qu'à peril ne li tourge.

Chron. des ducs de Norm. Rayn. tom. 5, p. 375², au mot *Tornar,* ci-dessous *Tourner.*]

2. **TORNER** QUELQU'UN DANS SON HOSTEL, Le ramener, le rétablir dans sa maison. Gl. *Retornare* 1.

3. **TORNER**, Appeler en duel ; de *Tornes,* Duel. Gl. *Torna.*

° **TORNÉIZ**, TORNIENT. PONZ TORNEIZ, Pont tournant. Roman de Renart, tom. 2, pag. 326, vers 18479 :
*Desor fu li ponz tornéiz
Moult bien torneiz toz coléiz.*

Glossaire sur la Chron. des ducs de Norm. CASTEL TORNIENT. Roi Guillaume, p. 134 :
*Que le nef tote entire ei saine
Ont traite à port à quelque paine
Devant le castel tornient.*

° **TORNIANT**, Étourdi. Partonop. vers 3027 :
*Un colp si dur et si pesant
Qu'il part de lui tot torniant.*

TORNIGLE, Tunique, cotte d'armes. Gl. *Torniclum,* et *Tunica* 2.

TORNOI, Rang, ligne. Gl. *Tornare* 2.

TORNOIEMENT, Tournoi, joûte. Gl. *Torneamentum.* [Partonop. vers 6598, 6623. Combat, Garin le Loh. t. 1, p. 253. Voyez Rayn. tom. 5, pag. 379¹, au mot *Torneiament.*]

° **TORNOIER**, Combattre en guerre. Partonop. vers 2071 :
G'irai as païens tornoier.

Garin le Loher. tom. 1, pag. 242 :
Devant la porte véissiez tornoier.

— Roman de Renart, tom. 3, pag. 53, vers 21202 :
Si le puisse tornoier fièvre.

Voyez Rayn. tom. 5, pag. 378¹, au mot *Torneiar.*

° **TORNOIOR**, Guerrier, chevalier. Agolant, pag. 178² :
*De Dan Girard dirai le poignoior,
Celui du Frate, le bon tornoior.*

TORON, Éminence, colline. Gl. *Toro.*

TORPIÉ, Croc-en-jambe. Gl. *Gamba* 1.

° **TORPIN**. Flore et Blancefl. vers 1813 :
*Une tor....
Haute est amont comme clokier,
Li torpins est desus d'ormier,
Longe est soixante piés l'aguille...
Et il torpin qui est desus
A bien cent mars d'or fin u plus.*

TORQUELON, Torchon, bouchon de paille. Gl. sous *Torqua.*

TORSE DE CHAMBRE, pour Torche, grosse chandelle de cire. Gl. *Torsa.*

TORSER, Faire un trousseau, mettre en paquet. Gl. *Trussare,* sous *Trossa* 3. [Trousser, charger. Partonop. v. 2393 :
Cent somiers torsés.

Roi Guillaume, pag. 110 :
Sor un de lor roncis le torsent.

Destorser, pag. 112. Voyez Rayn. tom. 5, pag. 434¹, au mot *Trossar.*]

1. **TORSIN**, Le marc de la bière, dresche. Gl. sous *Torculare.*

2. **TORSIN**, Torche, chandelle de cire. Gl. *Tortisina.*

TORSONNIER, Injuste, fait à tort et sans cause. Gl. *Tortionarius.*

TORSONNIÈREMENT, Injustement, à tort. Gl. *Tortionarie.*

TORTE, Pain de seigle, gros pain. Gl. *Panis tornatus.*

TORTEAU, Sorte de maladie, vertiges. Gl. *Tornutio.*

TORTE-LANGUE. Voyez ci-dessus *Cortelangue.*

TORTICIÉ, Tortillé. Gl. *Tortosus.*

TORTIL, Torche, flambeau. Gl. *Tortisius.* [Roman de Renart, tom. 3, p. 133, vers 23409.]

° **TORTIR**, Tordre, recourber. G. Guiart, tom. 2, pag. 394, vers 10243 (19225) :
*Là repeust-on esgarder....
Lances tronçonner et tortir.*

Voyez Rayn. tom. 5, pag. 382¹, au mot *Torser.*

TORTOER, TORTOIR, TORTOUER, Bâton avec lequel on tort une corde ou un autre lien qui doit assurer et tenir ferme quelque chose. Gl. *Tortor* 2.

° **TORT**. A VOSTRE TORT, Par votre faute. Roi Guillaume, pag. 52 :
*Que si le muert à vostre tort
Vostre est la coupe de sa mort.*

TORTRE, Tourterelle. Gl. *Tordera.*

TOSICHE, Potion empoisonnée. Gl.

Toxicum, sous *Toxicare*. [Voyez Rayn. t. 5, pag. 488², au mot *Tueissec*.]

TOST ET TART, Le matin et le soir. Gl. *Tardus*.

° **TOST**, Vite, promptement. Partonop. vers 785 :
*La nés vait tost, li ber est ens,
Car à mervelle est bons li vens.*
Vers 763 :
*La nés sigle dusqu'à la nuit,
Plus tost que cers levriers ne fuit.*
Agolant, pag. 180² :
*Si li mandez tost et isnellement...
De sa couronne vous face tost present.*
Aubri, vers 58, 80 :
*Or tost as armes franc chevalier mem-
[bru.*
Garin le Loher. tom. 1, pag. 173 :
*Tost, biaus oncles, ses hiaumes est jà
[mis.*
Voyez Rayn. tom. 5, pag. 388², au mot *Tost*.

1. **TOSTÉE**, Oublie, chose de nulle considération. Gl. *Tosta*.

2. **TOSTÉE**, Sorte de ragoût et de fricassée, rôtie, Gl. *Tostea*.

3. **TOSTÉE**, Soufflet, coup de la main sur la joue. Gl. *Tostea*.

TOSTER, Rôtir, se bien chauffer. Gl. *Tosta*.

° **TOT**, Tout, se joint avec d'autres mots pour leur donner plus d'énergie. Orell, pag. 315. *Tot maintenant*, Gérard de Vienne, vers 3003. *Tot enfin*, Gérard de Vienne, vers 2370. *Tout partout*, Dit du Roi Guillaume, p. 182. *Tot à pié*, Gérard de Vienne, vers 1128. *Tot à veue*, Partonop. vers 239. *Tote quite*, Roman de Renart, t. 2, p. 242, v. 16149, etc. — *Del tot en tot*, tout à fait. Roman de Renart, t. 2, p. 194, vers 5215. *Del tot en tot pas ne*, Pas du tout, Flore et Blanceflor, vers 2752. — *A tot*, Avec. Voyez *Atot*. Partonop. vers 7932. Roman de Renart, t. 2, pag. 347, vers 19055 ; pag. 862, v. 19482 ; tom. 3, pag. 50, vers 21117 ; pag. 117, vers 22968. Orell, pag. 319. — *A tout le moins*, Tout au moins, pag. 208. — Voyez Rayn. tom. 5, pag. 389², au mot *Tot*, ci-dessous *Tout*.

TOTAGE, Total, toute une somme. Gl. *Totagium*.

TOTDIS, Toujours, aussi, pareillement. Gl. *Planta 2*. [Diez, *Altrom. Sprachdenkm.* pag. 56. Orell, p. 315. *Tos tens*, Partonop. v. 92. Roman de Renart, t. 1, p. 12, v. 316. *Totans*, Aubri, vers 90. *Tos jors*, Partonop. vers 170. *Tote jor*, Orell, pag. 72. Roman de Renart, tom. 1, pag. 181, vers 4869. Marie de France, tom. 1, pag. 188. Voyez Rayn. tom. 5, pag. 390¹², au mot *Tot*.]

TOTE, Impôt, exaction. Gl. *Tota 1*.

° **TOTESVOIES**, TOTEVEIES, Toutefois. Orell, pag. 315. Chron. des ducs de Norm. Roquef.

1. **TOUAILLE**, Étoffe de soie, parement d'autel. Gl. *Toaillia*, sous *Toacula*.

2. **TOUAILLE**, TOUAILLON, Nappe, serviette, essuie-main. Gl. *Toacula*.

1. **TOUCHE**, Plant d'arbres, petit bois. Gl. *Touchia*.

2. **TOUCHE**, Éperon, ce qui sert à toucher ou à piquer un cheval. Gl. *Touchia*.

° 3. **TOUCHE**. G. Guiart, tom.2, p. 313, vers 8119 (17101) :
*Sus la mote et deus trompéeurs
Emmi les autres, qui par touches
Metent tantost trompes a bouches.*

TOUCHEAU, Morceau d'or éprouvé à la pierre de touche. Gl. *Touchus*.

TOUCHIEN, Terme injurieux. Gl. *Tuchinus*.

TOUCHIN, TOUCHIS, Pillard, voleur, rebelle, traître. Gl. *Tuchinus*.

TOUCHINER, Se révolter : d'où *Touchinage*, et *Touchinerie*, Rébellion, sédition. Gl. *Tuchinare*, sous *Tuchinus*.

TOUCQUET, Coin, angle. Gl. sous *Tusca*.

TOUDIS, TOUDIZ, Toujours, sans interruption. Gl. *Totaliter*.

TOUDRE, Oter, enlever. Gl. *Tollere*.

TOUÉE, Gros cordage, hansière. Gl. sous *Thouma*.

TOUELLER, Souiller, gâter, rouler dans un bourbier. Gl. *Compiegnium*.

° **TOUIL**, TOOILZ, TOUOILLEIZ, TOUOILLEMENT, Presse. Chron. des ducs de Norm. tom. 2, pag. 154, vers 19908 :
Ci ont touil, ocise e fule.
Var. *Tooil*. Tom. 1, pag. 209, vers 3648 :
*Là est si granz li ferréiz,
Que'm ne vit mais si faiz tooilz,
Là sunt en sanc desqu'as genoilz.*

Tom. 3, pag. 207, vers 37445 :
*En sanc erent vers les jenoiz,
Ainz que partist icil tooilz, etc.*

G. Guiart, tom. 1, pag. 80, vers 1486 :
*Li huz à enforcier commence
Et les greveus tooillèiz.*

Tom. 2, pag. 40, vers 1002 (9970) :
*La où li rois Sainz Lois passe
A merveilleus touoillement.*

TOUILLÉ DE BOE, DE SANG, Tout couvert de boue, de sang Gl. *Sordulentus*. [*Touoillies*, G. Guiart, tom. 2, pag. 212, vers 5485, p. 310, v. 8062 (14465, 17043). *Touoillant*, tom. 1, pag. 161, vers 3689 :
*Cil qui resont ès tours montés
Les revont forment touoillant,
Car il leur gietent plomb boillant, etc.*

Angl. *Toil ?*

TOULAIER, Celui qui lève le droit de Tonlieu. Gl. sous *Telon*.

TOULDRE, Oter, emporter, enlever. Gl. *Tollere*.

TOULÉ, Tonlieu, impôt, droit seigneurial sur les marchandises. Gl. sous *Telon*.

TOULLOIS, Monnaie de l'évêque de Toul. Gl. *Moneta Tullensis*, sous *Moneta Baronum*.

1. **TOULLON**, Torchon. Gl. *Torsorium*.

2. **TOULLON**, TOULON, Petit tonneau. Gl. *Tonnellus*, sous *Tunna*.

TOULOURER, Tolérer, souffrir. Gl. *Tolerare*.

TOULSAS, Monnaie des comtes de Toulouse. Gl. *Tolosani*, sous *Moneta Baronum*.

° **TOUNOILE**, Tonnerre. Roi Guillaume, pag. 47.

° **TOUOILLEIZ**, TOUOILLEMENT. Voyez *Touil*.

° **TOUOILLER**. Voyez *Touillé*.

TOUPIN, Toupie, sabot. Gl. *Trocus*.

TOUQUESAIN, Tumulte, émeute au son du tocsin. Gl. *Touquassen*.

TOUQUESAINT, Tocsin. Gl. *Touquassen*.

TOUQUESCHES, Triquoises, tenailles à l'usage des maréchaux. Gl. sous *Tousquata*.

TOUQUET, Coin, angle. Gl. sous *Tusca*.

TOUQUON, Le jeu de mail. Gl. *Tudatus*.

TOUR D'ESCRIPT, Billet par lequel on tire sur un fonds destiné à un autre emploi. Gl. sous *Tornare 4*.

TOUR DE PAPIER, Tour de rôle. Gl. *Turnus 1*.

° **TOUR**, Moyen, biais. Chastel. de Couci, vers 2185 :
*Se vous povoie querre tour,
Sans ma honte et ma deshonnour
Que vous peusse reconforter.*

TOURAGE, Géolage, ce que payent les prisonniers au geôlier. Gl. *Touragium*, et *Toragium*, sous *Turris*.

TOURBEL, Mêlée, troupe de combattants. Gl. *Turbatia*.

TOURBER, Faire des tourbes. Gl. *Turbare*, sous *Turba 1*.

TOURBERIE, TOURBOURIE, Terrain propre à faire des tourbes, le lieu où on les fait. Gl. *Torba 2*, et *Turbariæ*, sous *Turba 1*.

TOURD, Sorte de poisson. Gl. *Turdus*.

TOURECLE, Tourelle. Gl. *Turella*.

TOURET, Rouet à filer. Gl. *Tornum*.

TOURIER, Gardien de la tour ou de la prison, geôlier. Gl. *Turrarius*.

TOURMENTE, Tournoi, joûte. Gl. *Tormentum 2*.

TOURNAGE, Sorte de redevance annuelle. Gl. *Turnus 2*.

TOURNANT, Courbure. Gl. sous *Tornatura 3*.

1. **TOURNE**, Retour qu'on donne dans un échange. Gl. *Torna 2*, et *Turna 1*.

2. **TOURNE**, Dédommagement accordé par le juge à celui qui a été blessé ; ou

l'Amende due au seigneur par celui qui a blessé. Gl. sous *Torna* 3.

1. **TOURNÉE**, Échange. Gl. *Tornare* 2.

2. **TOURNÉE**, Houe, instrument pour remuer et retourner la terre, Gl. *Tornaglium*.

1. **TOURNER**, Donner du retour dans un échange. Gl. *Tornare* 2.

2. **TOURNER**, Changer une pièce contre de la monnaie. Gl. *Tornare* 2.

3. **TOURNER**, Changer de lieu. Gl. *Tornare* 2.

4. **TOURNER** Cédulle, Tirer une lettre de change sur un fonds destiné à un autre emploi. Gl. *Tornare* 4.

TOURNETTE, Rouet à filer ; ou Devidoir. Gl. *Tornum*.

TOURNEURE, L'action de tourner. Gl. *Torneura*.

TOURNEURRE, Tonnerre, ville. Gl. *Torneura*.

TOURNICHE, Qui est sujet à des vertiges. Gl. *Tornutio*.

TOURNICLE, Tunique, cotte d'armes. Gl. *Torniclum*, et *Tunica* 2.

TOURNIÈRE, p. e. Fossé qui entoure une terre. Gl. *Torna* 4.

TOURNIQUIAU, Sorte de vêtement qui entoure le cou ; ou Tunique à l'usage des enfants de chœur. Gl. *Torniclum*.

TOURNOERIE, Sorte de redevance annuelle. Gl. *Turnus* 2.

TOURNOT, Gros bâton, levier. Gl. *Tornus* 1.

TOURNOYEMENT, Tournoi, joûte. Gl. *Torneamentum*.

TOUROIT, Rouet à filer. Gl. *Tornum*.

TOUROUL, Petit tourniquet de bois qui sert à fermer une porte ou une fenêtre. Gl. *Turnus* 3.

TOURRIER, Gardien de la tour ou de la prison, geôlier. Gl. *Turrarius*.

TOURS de Visconte, Plaids généraux d'un comté tenu par le vicomte. Gl. sous *Turnus* 1.

TOURSE, Trousse, faisceau, paquet. Gl. *Torsellus* 1.

TOURSÉE, Le même. Gl. *Torsata*.

TOURSEL, Le même. [Flore et Blancefl. vers 1413. *Torsiel*, v. 1429] ; d'où le diminutif *Tourselet*, Petit paquet. Gl. *Torsellus* 1.

TOURSER, Charger, porter un fardeau, une *tourse*. Gl. *Torsata*.

TOURT, Tronc d'église. Gl. *Turriculus*.

1. **TOURTE**, Gros pain, pain bis, et le seigle ou le blé dont on fait ce pain. Gl. *Panis tornatus*.

2. **TOURTE**, Certaine partie d'un moulin. Gl. sous *Torta* 2.

TOURTEAU, Redevance seigneuriale, qui s'est payée d'abord en gâteaux, et ensuite en argent. Gl. *Torta* 1.

TOURTELAGE, Espèce de droit seigneurial, différent de la redevance des *tourteaux*. Gl. *Tourtelagium*.

TOURTERIE, Pâtisserie. Gl. *Torta* 1.

TOURTIS de Cire, Pain de bougie. Gl. *Tortinus*.

1. **TOURTRE**, Tordre. Gl. sous *Torculare*.

2. **TOURTRE**, Tourterelle. Gl. *Tordera*.

TOURUIQUIAUX, p. e. Les Térouanois. Gl. *Tarvisii*.

TOUSCHE, Plant d'arbre, petit bois. Gl. *Touchia*.

TOUSE, Troupe, multitude. Gl. *Tracha* 1. [Jeune fille, jeune femme, maîtresse. Laborde, pag. 173 :
Biau sire, trop vous hastez,
Dit la touse, j'ai amant.
Lai du Corn, vers 17 :
Cil ki ne avoit espouse
Manyoit oueke sa touse.
Roman de Renart, tom. 5, pag. 59, v. 905 :
Encontre lui sailli s'espouse,
Hermeline sa gente touse.
Tousete, Laborde, pag. 188. Partonop. vers 8435. Rayn. tom. 5, pag. 388¹, aux mots *Toza*, *Tozeta*.]

TOUSIAU, Tousiau, Peau de brebis garnie de sa laine. Gl. *Tonsona*.

* **TOUSEL**, Jeune homme, enfant. Partonop. vers 1140, 1910, 1970. Chron. des ducs de Norm. au mot *Toseaus*, *Tosel*. Rayn. tom. 5, pag. 388¹, au mot *Toset*. Voyez *Touse*.

TOUSER, Tondre, couper les cheveux. Gl. *Tonsona*. [Partonop. vers 6194.]

TOUSIAU, Toison, et le droit sur les toisons. Gl. *Tonsona*.

* **TOUSIR**, Tousser. Partonop. v. 7432. Orell, pag. 123.

TOUSSEMENT, Toux, l'action de tousser. Gl. *Tussitus*.

TOUSTÉE, Rôtie. Gl. *Tostea*.

* **TOUT**, Quoique. G. Guiart, t. 1, p. 8, vers 86 ; pag. 12, vers 185 ; pag. 13, v. 211 ; pag. 16, vers 287, etc.

TOUTE, Cens, redevance qu'on a droit d'exiger. Gl. *Touta*, sous *Tolta* 1.

TOUZER, Tondre, couper les cheveux. Gl. *Tonsona*.

TRABATEL, Solive, soliveau. Gl. *Trabetus*.

* **TRABUCHEMENT**, Chute, renversement, ruines. Saint Bernard : *Li engle semarent quant il esturent al trabuchement que li altre fisent* (lat. Angeli quoque seminaverunt quando cadentibus aliis ipsi steterunt.) Voyez Roquefort et Rayn. tom. 5, pag. 393³, au mot *Trabucamen*.

TRABUCHER, Renverser, détruire, démolir. Gl. *Trabucare* 2.

1. **TRABUCHET**, Machine de guerre pour jeter de grosses pierres. Gl. *Trebuchetum*.

2. **TRABUCHET**. Faire le Trabuchet, Donner le croc en jambe. Gl. *Trebuchare* 2.

TRABUQUET, Machine de guerre pour jeter de grosses pierres. Gl. *Trabucha*, sous *Trebuchetum*.

TRAC, Bagages, équipages. Gl. *Traca*.

TRACER, Tracher, Chercher avec soin, suivre la trace ; de *Trache*, pour Trace, vestige. Gl. *Peda* 1, et *Tracea*. [Roman de Renart, tom. 1, p. 18, v. 480. G. Guiart, tom. 1, pag. 253, vers 6124, pag. 257, vers 6221 ; tom. 2, pag. 132, vers 3397 (12377). Voyez Rayn. tom. 5, pag. 407¹, au mot *Trassa*.]

TRAFIENS, Fourche ou instrument à tirer le fumier hors des écuries. Gl. sous *Trahanderius*.

TRAGELAPHE, Animal qui tient du cerf ou du bouc. Gl. *Tragelaphus*.

TRAGIER, Dragier, vase dans lequel on servait des dragées ou des confitures. Gl. *Trageria*.

TRAHANDIER, Ouvrier qui tire la soie. Gl. *Trahanderius*.

TRAHANT, Fourche ou instrument à tirer le fumier hors des écuries. Gl. sous *Trahanderius*.

TRAHIDOSE, Traîtresse, perfide. Gl. *Traditor* 1.

TRAHITES, Trahitor, Traître. Gl. *Traditor* 1.

TRAHU, Tribut, impôt, tonlieu. Gl. *Truagium*.

TRAHYNE, Sorte de charrette ou voiture. Gl. *Trainare*.

TRAIANS, Mamelle, pis, mamelon. Gl. *Trahere* 5. [Chron. des ducs de Norm.]

1. **TRAICT**, Tout ce qui est propre à être tiré, trait, flèche, javelot. Gl. *Tractus* 4.

2. **TRAICT**. Au Traict de la Mort, A l'article de la mort. Gl. *Tractus* 5.

TRAICTE, Compte de l'argent d'une caisse commune. Gl. *Tracta* 3.

TRAICTEUR, Juge par commission, ou arbitre. Gl. *Tractator* 5.

TRAILLE, Treillis, jalousie, grille. Gl. *Trelea*.

* **TRAIN**, Trahin, Train, conduite. Chronique ascendante des ducs de Norm. Chron. des ducs de Norm. tom. 1, p. xiv :
Largesse...
Ne sai qu'est reposte, ne truis train ne
[place
Qui ne seit, etc.
Roman de Renart, tom. 1, pag. 6, v. 153 :
Por ce qu'erent si d'un train
Estoit Renart niés Ysengrin.
Agolant, vers 28 :
Se il le trovent, seront li mal voisin,
De lui feront molt doleros trahin.
Troupe, foule, Chron. des ducs de Nor-

mandie. Voyez Rayn. tom. 5, pag. 398¹, au mot *Tahi*.

TRAINCHIÉMANT, Décisivement, absolument. Gl. *Trencator*.

TRAINE, Gros bâton, soliveau. Gl. *Traina*.

1. **TRAINEL**, Celui qui conduit un traîneau. Gl. *Trahale*.

2. **TRAINEL**, Chausse-pied. Gl. *Trainellum*.

3. **TRAINEL**, Voyez ci-dessous *Tramel*.

TRAINIEL, Traîneau. Gl. *Trahale*.

TRAIRE, [Tirer, traîner. Voyez Orell, pag. 268. Rayn. tom. 5, pag. 398², au mot *Traire*. Roman de Renart, tom. 1, pag. 21, vers 543 : *Trait*, Tiré. Flore et Blancefl. vers 113 :

A tant s'en entrent tot ès nes
Et à vant traient sus les tres.

Roman de Renart, tom. 4, pag. 26, vers 688 :

Renars areste et trait en sus.

(Voyez *Regne* 1.) — *Traire ses fis*, Travailler à l'aiguille, Wackern. p. 1. — Partonop. vers 127 :

Eslise le sens per voisdie
S'il traie hors de la folie.

— *Traire à la geste*. Voyez *Geste*.] — *Traire paine*, souffrir. Gl. *Trahere* 17. [Partonop. vers 660 :

Car n'ert apris de nul mal traire.

Vers 744. Laborde, pag. 227 :

Li max que je trai.

Chronique des ducs de Norm. *Traire avant*, Augmenter. Wackern. pag. 31 :

K'il gairt son prix et se lou traice avant.

— *Traire à chief*, Achever, venir à bout. Partonop. vers 9429. Orell, pag. 270. Chronique des ducs de Norm. Agolant, p. 171² :

Se de ce champ traient paien à fin
Jamais en France n'orra messe à matin.

— Tirer des flèches. Roman de Renart, tom. 2, pag. 242, vers 16152, etc. — Couper, frapper de taille. Agolant. pag. 179¹ :

Il tint Cortain, si le fiert par devant,
A mont en liaume l'a conduit en traiant.

Garin le Loher. pag. 130 :

Je vous trairai à m'espés le chief

— *Se traire*, Se rendre quelque part. Fabliaux, Jubinal, tom. 1, pag. 188 :

Tant haoit sainte yglise qu'il ne s'i voloit
[*traire*.

Roman de Renart, tom. 1, pag. 37, v. 947 :

Il se tret vers une fenestre.

Roman de Rou :

Garissez-vus, se vus poez,
Trahez vus à parfonde mer.

Orell, pag. 269. 270.]

TRAIS. FAIRE TRAIS, Faire la répartition d'une taille ou imposition. Gl. *Gita*.

TRAISNAGE, Ce qu'on paye au seigneur pour les marchandises, qu'on mène sur un traîneau. Gl. *Vineragium*.

1. **TRAIT**. GENS DE TRAIT, Archers. Gl. *Tractus* 4.

2. **TRAIT** D'EUFZ, Blanc d'œuf. Gl. *Tractus* 4.

3. **TRAIT**. ESTRE TRAIT, Être atteint, être blessé d'une flèche. Gl. *Trahere* 3.

TRAITE DE MESSES, Certain nombre de messes dites de suite. Gl. *Tractus* 1.

TRAITEL, Tréteau. Gl. *Tradellus*.

TRAITER. SE TRAITER, Se pourvoir par devant un juge. Gl. *Tractare* 10.

1. **TRAITEUR**, Député pour traiter une affaire. Gl. *Tractator* 5.

2. **TRAITEUR** MOYEN, Médiateur, arbitre. Gl. *Tractator* 5.

3. **TRAITEUR**, Traître ; d'où *Traitrement*, Par trahison. Gl. *Traditor* 1.

° **TRAITIE**, Portée d'arc ? Renart le Nouvel, tom. 4, pag. 162, vers 949 :

Un pont... une traîtie
Ot de lonc.

Voyez Rayn. tom. 5, pag. 400¹, au mot *Trait*.

TRAITIF. SOUSPIR TRAITIF, Soupir tiré du fond du cœur. Gl. *Tractus* 1.

° **TRAITIS**, Bien fait, régulier. *Cevaliers tratis*, Partonop. vers 1996. *Sorciols tratis*, vers 558. *Sourcils traictifs*, Roman de Gérard de Nevers, cité par Roquefort. *Face traitice*, Partonop. vers 583. *Vis traitiz*, vers 7765. *Doiz traitiz*, Laborde, p. 268. Voyez Rayn. tom. 5, pag. 406¹, au mot *Traititz*.

TRAMAILLE, Lieu où l'on peut pêcher au tramail. Gl. *Tramallum*.

TRAMAIRE, Tramail, sorte de filet à pêcher. Gl. *Tramallum*.

TRAMBLABLE, Tremblant, qui branle. Gl. *Toda*.

TRAMEL, ou TRAINEL, Sorte de filet à prendre des oiseaux. Gl. *Tramallum*.

TRAMETTRE, Envoyer quelqu'un vers un lieu. Gl. *Transmissus*. [Garin le Loher. tom. 1, pag. 74. Orell, pag. 249. Chron. des ducs de Norm. Voyez Rayn. tom. 4, pag. 230¹, au mot *Trametre*, ci-dessous *Tremis*. *Trametre à signor*, Marier. Wackern. pag. 6.]

TRAMIOTEAU, Jeune tremble, arbre. Gl. *Tramblus*.

TRAMMEUR, Tremie de moulin. Gl. *Tremodium*.

TRAMOIS, Menus blés qui ne sont que trois mois en terre, et la saison où on les sème. Gl. *Tremesium* et *Tremisium*.

TRAMPOIS, pour TREMPIS, Eau dans laquelle on a fait dessaler de la morue ou autre saline. Gl. *Trampesius*.

TRANC, Fourche ou instrument pour tirer le fumier des étables ou des écuries. Gl. *Trahanderius*.

1. **TRANCHE**, Instrument qui sert à couper la terre, bêche. Gl. *Trancheia* 1.

2. **TRANCHE**, TRANCHET, Sorte de couteau. Gl. *Tranchetus*.

TRANCHELART, Grand couteau de cuisine. Gl. *Tranchetus*.

TRANCHEUR, Tranchoir, assiette sur laquelle on coupe les viandes. Gl. *Trencheator*.

TRANCHOER, Palet. Gl. *Trencheator*.

TRANCHOISON, Tranchée, colique, douleur de ventre. Gl. *Trencatæ*.

TRANCHOUOIR, Tranchoir, assiette sur laquelle on coupe les viandes. Gl. *Trencheator*.

TRANKIS, TRANQUIS, Tranchée, fossé. Gl. *Trencatum*.

° **TRANLE**, Tremble. Flore et Blancefl. vers 890 :

Endormi sont desous un tranle.

TRANSAIGE, Le droit de passage. Gl. *Transitorium* 1.

TRANSCHERESSE, p. e. Sorte de plante ou de fleur. Gl. *Aurica*.

TRANSCHEUR, TRANSCHOUER, Palet. Gl. *Trencheator*.

TRANSGLOUTIR, Avaler, engloutir. Gl. *Transgulare* 1.

TRANSIGÉ, Transaction, convention. Gl. *Mareare*.

TRANSIGIER, Transgresser. Gl. *Transgredare*.

TRANSLAT, Transcript, copie. Gl. *Translatum*. [*Translater*, *Transcrire*, copier. Roman de Saint Graal, P. Paris. Catal. tom. 1, pag. 121 : *Escrivain qui après le translatast d'un livre en autre*. — Transférer, faire passer. Premier livre des Rois, ch. IV, vers 21 : *Translatés est la glorie Deu de Israel, kar prise est l'arche*. (lat. : Translata est gloria.) Voyez Rayn. tom. 2, pag. 17¹, au mot *Translatar*.]

° **TRANSLINE**, Terme de blason, Ligne transversale ? Chastel. de Couci, vers 1208 :

Escut de geulles à deus bars
Portoit, et si avoit encor
Assis translines de fin or.

TRANSLUISANT, Transparent, diaphane. Gl. *Translucidum*. [Orell, pag. 279. Rayn. tom. 4, p. 110², au mot *Trasluzer*.]

TRANTIS, Troupeau de moutons, de chèvres ou d'autres animaux, composé de trente bêtes. Gl. *Trentanea*.

TRAPANT, TRAPEN, Trappe, espèce de porte ou de fenêtre dans un plancher. Gl. *Trappa*.

TRAPPAN, p. e. Piège pour attraper des animaux. Gl. *Trappa*.

TRAPPE, Vaisseau à mettre du lait. Gl. *Trappa*.

TRASSE, Fosse, cul de basse fosse ; ou Ceps, entraves. Gl. *Trassa* 5.

1. **TRASSER**, Chercher avec soin, suivre à la trace. Gl. *Tracea*.

2. **TRASSER**, En vouloir à quelqu'un, le tracasser. Gl. *Trassa* 2.

3. **TRASSER**, Passer légèrement. Gl. *Trassa* 2.

4. **TRASSER**, Effacer en râclant ou en raturant. Gl. *Trassa 2.*

TRASTE, Poutre traversante. Gl. *Trastrum.*

° **TRAU**, Trou. Partonop. vers 3004 :
Grant trau r'a fait en son escu.
Roman de Renart, tom. 4, p. 87, v. 994 :
*Dont ne laissa bois ne plaiscié,
Haie ne champ, trau ne buison.*
Voyez Rayn. tom. 5, pag. 408², au mot *Trauc.*

° **TRAVAIL**, Peine, fatigue, souci. Flore et Blancefl. vers 1722 :
*Moult me sanle que cou soit gas
Que vos dras vendés à detail,
D'autre merci avés travail.*
Travaillier, Fatiguer, causer de la peine. Vers 2601 :
*De pitié n'es voel esvillier,
Trop les cremoie à travaillier.*
Vers 1269. Partonop. vers 2429 :
*Travellié somes et pené,
Et moult avons par mer walcré.*
Renart le Nouvel, t. 4, p. 201, vers 1963. Voyez Rayn. tom. 5, pag. 392¹, au mot *Trabalh.* Chron. des ducs de Normandie.

TRAVAYSON, Travée. Gl. *Travayso.*

TRAVEILLAN, Mot générique pour signifier tous les instruments d'un art ou d'un métier. Gl. *Travallus.*

TRAVERS, pour TRÈVES, Sûreté donnée en justice. Gl. *Treva.*

TRAVERSAIN, Sorte de tonneau en Anjou, demi-pipe, demi-queue. Gl. *Traversenum.*

1. **TRAVERSER**, Parier contre quelqu'un pour un des joueurs. Gl. *Transversare 2.*

° 2. **TRAVERSER**, Changer. Partonop. vers 3893 :
*Ici traverse l'aventure,
Dont est sués, et ore est dure.*
Voyez Rayn. tom. 5, pag. 525², au mot *Traverser.*

1. **TRAVERSIER**, Celui qui lève le droit de *Travers.* Gl. sous *Traversum 1.*

2. **TRAVERSIER**, Traversin de lit. Gl. *Traverserium.*

3. **TRAVERSIER**, Sorte de tonneau en Anjou, demi-pipe, demi-queue. Gl. *Transversarie.*

TRAVERSIN, Le même. Gl. *Traversenum.*

1. **TRAVERSSIER**, Le même. Gl. *Traversenum.*

2. **TRAVERSSIER**, TRAVESSIER, Celui qui lève le droit de *Travers.* Gl. sous *Traversum 1.*

TRAVETE, Soliveau. Gl. *Trabetus.*

TRAVEURE, Partie d'un bateau appelée plus ordinairement *Traversin.* Gl. *Traveya.*

TRAVULSE, Trouble, désordre. Gl. *Travoltus.*

TRAY-LE-BASTON, Commissaires nommés par Édouard Iᵉʳ, roi d'Angleterre, à la recherche de toute espèce de malfaiteurs ; la juridiction de ces juges. Gl. *Tray-le baston.*

TRAYME, Trame. Gl. *Trama.*

TRAYMEL, Chausse-pied. Gl. *Parcopollex.*

TRAYN, Train, bagages, équipages. Gl. *Traca.*

1. **TRAYNE**, Poutre, soliveau. Gl. *Traina.*

2. **TRAYNE**, Pièce de bois dont on se sert pour enrayer. Gl. *Traina.*

TRAYNEAU, Filet qu'on traine pour prendre des perdrix et autres oiseaux. Gl. *Tragum.*

TRAYNNE, Sorte de charrette ou de voiture. Gl. *Trainare.*

TREANT, Houe, instrument à remuer la terre. Gl. sous *Treaga.*

1. **TREBLE**, Triple, trois fois autant. Gl. *Trebium.*

2. **TREBLE**, Trompette. Gl. sous *Trebium.* [Roman de Renart, tom. 3, pag. 59, vers 21374 :
*Un benedicamus farsi
A orgue, à treble et à deschant.*
Partonop. vers 10769 :
Cil clerc cantent in treble vois.
Fabliaux, Jubinal, tom. 2, pag. 86 :
De meyne e de tresble e de bordoun.]

TREBUCHER, Renverser, détruire, ruiner. Gl. *Trabucare 2.* [Partonop. v. 8147, 8152, 8914. Gérard de Vienne, vers 2097, 2158. Voyez Rayn. tom. 5, pag. 894¹, au mot *Trabucar.*]

1. **TREBUCHET**, Machine de guerre pour jeter de grosses pierres. Gl. *Trebuchetum.*

2. **TREBUCHET**, FAIRE LE TREBUCHET, Donner le croc en jambe. Gl. *Trebuchare 2.*

TREBUKIER, Renverser, abattre. Gl. *Trebuchetum.*

TREBUKIET, TREBUS, Machine de guerre pour jeter de grosses pierres. Gl. *Trebuchetum.*

TRECEAU, Espèce de raisin. Gl. sous *Treccamentum.*

° **TRECERIE**, Tricherie, ruse. Flore et Blancefl. vers 2469 :
*A cui me tolt par envie
Li rois ses pers o trecerie.*
Treciés, Trichés, trompés. Partonop. vers 5473 :
*Si doit perir qui s'amor triche.
Qui dame trice u qui li ment
Trouqu'elle l'aime loiaument,
Cil soit par tot le mont treciés.*
Trecher, Tricher, tromper. Ruteb. tom. 1, pag. 6.

TRECHANT, Fourche, instrument pour tirer le fumier des écuries ou des étables. Gl. sous *Trahanderius.*

TRECHOUOIR, TRECOUER, Tressoir, ornement de tête pour les femmes. Gl. *Tressorium,* sous *Trica.* [Partonop. vers 4863 :
*A cavels blois, lons et delgiés
Sains trecéor li vont as piés.*
Vers 10635 :
*En bende fu lor trecheúre
A envoisie fréteúre,
De trecheórs fais soutilment
De fil d'or et de fil d'argent
Bien ont lor cavels atornés.*
Chastel. de Couci, vers 1534 :
*Sires Hues de Rumeingni
Couvers d'or au vermeil sautoir ;
De vert y avoit un treschour.*]

TREDOULX, Traître. Gl. *Traditor 1.*

1. **TREF**, Pièce de bois, poutre, plafond. Gl. *Treffa.* [Voyez Rayn. tom. 5, pag. 408¹, au mot *Trau.*]

2. **TREF**, Tente, pavillon. Gl. *Treffa.* [Garin le Loher. tom. 1, pag. 252. Chron. des ducs de Normandie.]

3. **TREF**, Voile de vaisseau. Gl. *Treffa.* [G. Guiart, tom. 2, pag. 898, vers 10200 (19182). Flore et Blancefl. vers 114, 1358 :
Du vent orent tos plains lor tres.
Partonop. vers 780 :
Sigler le voit tot à plain tref.
Vers 1170. Voyez Jal, Archéologie Navale, tom. 1, pag. 176 ; tom. 2, pag. 508.]

TREFFEU, Trépied, ou Siége soutenu sur trois pieds. Gl. *Treffus.*

TREFFILIER, TREFFILLIER, Ouvrier qui fait les chaînons d'une chaîne ou les macles d'une cuirasse. Gl. *Trifilum.*

1. **TREFFOND**, Sorte d'habillement, culotte. Gl. sous *Treffus.*

2. **TREFFOND**, Tire-fond, outil de tonnelier. Gl. sous *Treffus.*

TREFFONS, Cens foncier, seigneurie foncière ; d'où *Treffoncier,* Seigneur foncier. Gl. *Treffundus.*

TREFFORER, Percer, faire un trou. Gl. *Transforatus.*

TREFFOUEL, Trépied, ou Siège soutenu sur trois pieds. Gl. *Treffus.*

1. **TREFOUEL**, Garde-feu, ou Plaque de cheminée. Gl. *Repofocilium.*

2. **TREFOUEL**, Grosse bûche, ou souche pour tenir le feu. Gl. *Torres.*

TREGENIER, Voiturier. Gl. *Treginerius.*

TREGET, Fronde, tout ce qui sert à lancer de loin contre quelqu'un. Gl. *Trajectorius.*

TREHANT, Fourche, instrument pour tirer le fumier des écuries ou des étables. Gl. sous *Trahanderius.*

TREHEU, TREHU, Tribut, redevance, impôt, tonlieu, toute espèce de droit seigneurial. Gl. *Truagium.*

TREIDOULX, Traître. Gl. *Traditor 1.*

TREILLEIS, Se dit d'une armure travaillée en treillis ou chaînons. Gl. *Trilices loricæ.*

° **TREIT**. Roman de Renart, tom. 3, pag. 57, vers 21295 :
*Que le service
Doit l'en dire à treit en l'iglise
Et faire le mostier moult bel.*
Voyez Gl. *Tractus 1.*

TREIZIÈME, Sorte d'impôt. Gl. *Tredecima*, sous *Tretenum.*

TRELICE, Se dit d'une armure travaillée en treillis ou chaînons. Gl. *Trilices loricæ.*

° **TRELLE**, Treillis. Partonop. vers 10309 :
*Et le trelle et l'enlacéure
Fist moult soutive par figure.*
Voyez Rayn. tom. 5, pag. 413, au mot *Treilla.*

TRELLIGIÉ, Travaillé en treillis ou chaînons. Gl. *Tralicium.*

TREMATER, Changer l'ordre, prévenir son rang. Gl. sous *Tremaclum.*

TREMBLAY, Tremblaie, lieu planté de trembles. Gl. *Trembleia.*

TREMBLE-TERRE, Tremblement de terre. Gl. *Termotio.*

° **TREMÉ**, Tramé, tissé. G. Guiart, t. 2, pag. 137, vers 8237 :
*Sus ses armes une cointise
De gueules sanz œuvres tremées.*

TREMELÈRE, Querelleur, qui aime à disputer ; ou Celui qui joue volontiers au jeu appelé *Tremerel.* Gl. *Tremerellum.*

TREMES, TREMIS, TREMOIS, Menus blés, qui ne sont que trois mois en terre, et la saison où on les sème. Gl. *Tremesium* et *Tremisium.*

° **TREMIS**, Transmis, envoyé. Voyez *Tramettre.* Partonop. vers 1352, 3738, 5565, 5569, 5583.

TRÉMONTAIN, Ultramontain, qui est d'Italie. Gl. *Tramontana.*

TREMOURE, Trémie. Gl. *Faricarpstia.*

TREMPANCE, Délai, prolongation. Gl. *Sufferentia 3.*

TREMPE, Vin mêlé d'eau à l'usage des domestiques. Gl. *Trempa.*

TREMPOIR, p. e. Saucière. Gl. *Temperare 1.*

TREMPOIRE, Trempure, poids qui sert à faire moudre d'une certaine manière. Gl. sous *Trempa.*

TREMREAL, Sorte de jeu de hasard. Gl. *Tremerellum.*

TREMUÉE, TREMUYE, Trémie. Gl. *Faricarpstia* et *Tremuia.*

1. **TRENCHE**, Instrument propre à couper la terre, bêche. Gl. *Trenchia.*

2. **TRENCHE**, Eclat de bois. Gl. *Trenchia.*

TRENCHÉEMENT, Décisivement, absolument, sans retour. Gl. *Trencator.*

TRENCHEOR, Sapeur. Gl. *Trenchia.*

TRENCHEPLUME, Canif, petit couteau à tailler les plumes. Gl. *Tranchetus.*

TRENCHER LES ESPERONS, Dégrader un chevalier. Gl. sous *Calcar 1.*

TRENCHET, Petit couteau à pain. Gl. *Tranchetus.*

TRENCHIÉMENT, Décisivement, absolument, sans retour. Gl. *Trencator.*

TRENCHIER, Saper. Gl. *Trenchia.*

TRENCHIS, Coupe de bois. Gl. *Trenchis.*

TRENCHIZ, Tranchée, fossé. Gl. *Trencatum.*

TRENCHOIR DE PAIN, Tranche, morceau de pain. Gl. *Trenchia.*

TRENET, Ustensile de cuisine, trépied. Gl. *Triparium.*

TRENQUADOR, Arbitre, qui départage les avis, qui décide et tranche la difficulté. Gl. *Trencator.*

TRENQUE, Tranchée, fossé. Gl. *Trencatum.*

TRENSONNER, Couper avec les dents. Gl. *Troncire.*

TRENTEL, Trente messes célébrées pour un mort. Gl. *Trentale.*

TRENTISMES, Trentième. Gl. *Trigenarius.*

TREPANT, Trappe, espèce de fenêtre. Gl. *Trappa.*

TREPEIL, Agitation, inquiétude, tourment. Gl. *Trepalium.* [Voyez Rayn. tom. 5, pag. 418¹, au mot *Trepeil.*]

TREPEIS, Trépignement des chevaux. Gl. sous *Trepidare.*

TREPER, TREPPER, Sauter, bondir, gambader, tressaillir de joie. Gl. *Trepare.*

1. **TREQUE**, Toque, sorte de bonnet. Gl. *Trescia.*

2. **TREQUE**, Sorte de danse, p. e. Branle. Gl. *Triscare.*

° **TRERS**, Derrière. Voyez *Tries.* Roman de Renart, tom. 2, pag. 110, vers 12540 :
Trers le dos liées les pattes.

1. **TRÉS**, Tente, pavillon. Gl. *Treffa.*

2. **TRÉS**, Voile de navire. Gl. *Treffa.*

3. **TRÉS**, Proche, auprès. Gl. *Tres.*

4. **TRÉS**, Dès, depuis. Gl. *Tres.* [Roman de Renart, tom. 3, pag. 131, vers 23348 :
Je ne manjai tres avant er.
Tom. 4, pag. 201, vers 1961 :
*Tres l'aube crevant
Jusques à miedi sounant.*
Tresdont. Partonop. vers 6095 :
Tresdont sai-jo que vos m'amés.

Chastel. de Couci, vers 3515 :
Car tresdont que premiers vo vi.]

TRESALÉ, Qui est passé, qui est presque corrompu. Gl. *Tressalitus.*

° **TRESALER**, Passer. Dit du Roi Guillaume, pag. 158 :
De la pitié qu'elle ot fu sa fain tresalée.
Orell, pag. 143. Rayn. tom. 5, pag. 474¹, au mot *Trasvazer.* Chron. des ducs de Norm.: *Tresvait.* — S'évanouir. Chastel. de Couci, vers 7803 :
*Par gront angoisse tresala,
Longuement fu qu'il ne parla.*

TRESBUCHET, pour TREBUCHET, Sorte de petite balance. Gl. *Binden.*

TRESCENSEUR, Celui qui doit le *Trescens* ; ou Fermier. Gl. *Trecensarius* et *Trecensus.*

TRESCES, Ceps, entraves. Gl. *Trassa 2.*

° **TRESCEVANT**, Tombant. Chanson de Roland, st. 245, vers 4 :
L'un mort sur l'altre suvent vait trescevant.

TRESCHE, Sorte de danse, p. e. Branle ; d'où *Trescher*, Danser. Gl. *Triscare.* [Agolant, pag. 172¹:
Treschent et balent, s'ont les tabors sonez.
Roman de Renart, tom. 1, pag. 44, vers 1183 :
*E li vivier se fu gelez...
Qu'en pooit par desus treschier.*
Chron. des ducs de Normandie. Voyez Rayn. tom. 5, pag. 418, aux mots *Trescar* et *Tresca.*]

TRESCHIER, Embarrasser, tromper. Gl. *Tricare.*

° **TRESCHOIR**. Voyez *Trechouoir.*

TRES-CI-QUE, Jusque. Gl. *Très.*

TRESCOPER, Couper, passer devant. Gl. *Trepassus.*

° **TRESDONT**. Voyez *Tres 4.*

1. **TRESEL**, Sorte de tonneau. Gl. *Tresellus.*

2. **TRESEL**, Certaine quantité de toile ou d'étoffe. Gl. *Tesellus.*

TRESELER, Carillonner. Gl. *Traselutum 2.*

TRESFONCIER, Seigneur foncier ; de *Tresfond*, Fonds de terre, le cens foncier. Gl. *Treffundus.*

° **TRESGETER**, Barioler, entremêler. Partonop. vers 10706 :
A lionceIs d'or tresgetés.
Flore et Blancefl. vers 573 :
*Entremis i sont à cristal
D'or et d'argent tot li esmal
Desor la tombe tresjetés.*
Vers 1987 :
D'arain est trestous tresjetés.
Voyez Rayn. tom. 3, pag. 471¹, au mot *Trasgitar.*

° **TRESIR**, Avaler. Chron. des ducs de Norm. tom. 2, pag. 4, vers 15384 :

Certes jeo poindrai lui el maigre;
Si amer morsel e si aigre
Li quid encor faire tresir,
Dunt tart sera au repentir.

TRESLICE, Se dit d'une armure travaillée en treillis ou chaînons. Gl. *Trilices loricæ*. [*Haubert Tresliz*, Chron. des ducs de Norm. Garin le Loher. etc.]

TRESLISSER, Treillisser, mettre une grille. Gl. *Treilliare.*

° **TRESLUE**, Roman de Renart, tom. 2, pag. 318, vers 18234 :

Sachiez ne li fu mie bel,
Que vers lui n'a mestier treslue.

TRESNOER, Passer une rivière à la nage. Gl. *Transnadare.*

° **TRESOIR**, Entendre distinctement. Contes et Fabl. tom. 3, pag. 394 :

Si qu'on tresoï
L'uis du bercil, quant il l'ouvri.

1. **TRESPAS**, Passage dangereux et étroit, gorge de montagne. Gl. *Passus 3*. [Roman de Renart, tom. 2, pag. 135, vers 13211 :

Cist siecles n'est fors un trespas.

Pag. 159, vers 13865 :

Quant vint au trespas d'une rue.

Ruteb. tom. 2, pag. 233 :

Par le trespas d'une vilete.

Mantel Mautaillié, vers 462 :

Et si croi-je que en gisant
Li avint ce ci un trespas.]

2. **TRESPAS**, Droit de passage, tribut. Gl. *Trepassus.*

3. **TRESPAS**, p. e. Ardillon d'une boucle. Gl. *Trepassus.*

° 4. **TRESPAS**, Crime, délit. Hugo de Lincolnia, st. 16 :

Et si tu mentu as
Sur les juz de tel trespaz.

Orell, pag. 29. *Trespassement*, Chron. des ducs de Norm.

TRESPASSÉ, Se dit de ce qui est passé il y a longtemps. Gl. *Trepassus.*

° **TRESPASSER**, Passer, dépasser, violer. Roman de Renart, tom. 1, pag. 20, vers 526 :

Ses mautalenz est trespassez.

Pag. 3, vers 45 :

Por ce qu'il orent trespassé
Ce qu'il lor avoit commandé.

Roi Guillaume, pag. 156 :

Si d'un seul mot ne li trespasse.

Roman de Rou :

Les voies qu'il ourent trespassées
Et les voies ont retornées.

Ruteb. tom. 2, pag. 353 :

Que morteus hom ne puist penser
Qui a la mort à trespasser.

Mourir. Chastel. de Couci, vers 7824. Voyez *Respasser*, Chron. des ducs de Norm. Rayn. tom. 4, pag. 444², au mot *Traspassar.*

° **TRESPENSÉ**, Inquiet, triste. Partonop. vers 4427 :

Partonopeus est trespensés.

Vers 4296. Gérard de Vienne, vers 1879. Jordan Fantosme, vers 1978. Chastel. de Couci, vers 292. Flore et Blancefl. vers 2573 :

Li rois ot son cuer trespensé.

TRESPESSAULES, Les biens passagers de ce monde. Gl. *Trepassus.*

TRESPOU, p. e. Sorte d'ornement et de parure. Gl. sous *Trespes.*

1. **TRESQUE**, Monnaie de Flandre, valant huit deniers. Gl. sous *Trescia.*

2. **TRESQUE**, Jusque. Gl. *Très*. [Orell, pag. 327. Voyez *Trosque*.]

TRESSAILLIR, Sauter par-dessus, passer. Gl. *Tressalitus*. [Wackern. pag. 4 :

Ugues tressaut lou mur.

Omettre, passer sous silence, Roquef. Orell, pag. 185. — Faire un écart, s'écarter. Partonop. vers 3133 :

Mais tot à son grant esme faut
Car Partonopeus li tressaut ;
Il est tressaillis sor senestre
Et lait le roi venir sor destre.

Vers 5788 :

Et il li tressalt par effroi.

(Vers 8353 :

Li rois le fist de gré faillir,
Par un poi en travers saillir.)

— Être subitement ému. Partonop. vers 1141. Flore et Blancefl. vers 150. *Se tressaillir*, Roman de Renart, tom. 1, pag. 54, vers 1407 :

Por le songe s'est tressailliz.

Voyez Rayn. tom. 5, pag. 142², au mot *Trassalhir.*]

TRESSALIT, Renégat, qui a quitté sa religion. Gl. *Tressalitus.*

TRESSAULT, L'action de sauter et d'enjamber. Gl. *Tressalitus.*

TRESSILLIER, pour TREFFILLIER. Gl. *Trifilum.*

TRESSIR, Faire un tissu. Gl. *Tricare.*

TRESSON, Tressoir, ornement de tête pour les femmes. Gl. *Tressorium*, sous *Trica.*

TRESSOURIER, Garde du trésor royal. Gl. *Thesaurarius.*

° **TRESSUER**, Transpirer, se couvrir de sueur. Roman de Renart, tom. 2, p. 370, vers 19662 :

Et la pel dou dos li tressue.

Flore et Blancefl. vers 152 :

Sovent fremir et tressuer.

Marie de France, tom. 1, pag. 522 :

D'ire et de mautalent tressue.

Roman de Renart, tom. 1, pag. 16, vers 419 :

De mautalent tressue et art.

Voyez Rayn. tom. 5, pag. 290², au mot *Trassuzar*, Chron. des ducs de Norm.

° **TRESTANT**, Tant. Dit du roi Guillaume, pag. 187 :

Se le truant mentoit, que trestant
[*le batroient*
Que jusques à un an les cosies li
[*deudroient.*

G. Guiart, tom. 2, pag. 142, vers 3839 (12823) :

C'un trestent seul ne s'en esquippe.

° **TRESTOS**, Tout. Partonop. vers 231, 1270, 5644. *De par trestot*, De partout, de tous les côtés, vers 7891. Roquef. Orell, pag. 72. Chron. des ducs de Norm. au mot *Treitout.*

TRESTOUR, Détour, adresse, finesse. Gl. *Trestornatus*. [Retour. Partonop. v. 318, 1849, 2221.]

1. **TRESTOURNER**, Détourner, écarter. Gl. *Trestornatus*. [Fabliaux, Jubinal, t. 1, pag. 141 :

La resne du cheval cele part trestourna.

Agolant, pag. 172¹ :

Secora vos, ja n'en iert trestorné.

Flore et Blancefl. vers 2917 :

Moult volentiers dont trestornaissent
Le jugement, se il osassent.

Partonop. vers 4860 :

Qu'il le trestort de teus dolors.

Roman de Renart, t. 2, p. 345, v. 18990 :

Cil diex qui maint en trinité,
Fait Renart, vos trestort vos ires.

Partonop. vers 6720 :

Ço que lor avés créanté
Ne puet mais estre trestorné.

Trestorne, Égaré, perverti, vers 9035 :

Ains i esgart al dire drott
Itel qui trestornés ne soit.

Chron. des ducs de Normandie.]

2. **TRESTOURNER**, Retourner, faire tourner. Gl. *Trestornatus*. [Se retourner, aller en arrière, revenir au combat. Partonop. vers 2218 :

Partonopeus fuit tries se gent,
E lor trestorne moult sovent,
A un trestor ocit Farés.

G. Guiart, t. 2, p. 86, v. 2212 (11188) :

François vers Courradin trestournent.

Garin le Loher. tom. 1, pag. 217 :

Nos sommes ci emmi le sien païs
Ne li porrons trestorner ne guenchir.

Pag. 175. Chastel. de Couci, vers 853. Laborde, pag. 295 :

Chanson va t'en pour faire mon
[*message*
Là où je n'os trestorner ne guenchir.

Voyez *Torner*. — *Trestornée*, Retour ? G. Guiart, tom. 2, pag. 322, vers 3371 (17952) :

A trestornées et à vires.

Voyez Rayn. tom. 5, pag. 381⁴, au mot *Trastornar.*]

TRETEAU, p. e. pour TERCEAU, Tiercelet, le faucon mâle. Gl. *Trestellus.*

1. **TREU**, Tribut, redevance, impôt, tonlieu. Gl. sous *Trutanus*. [Partonop. vers 8098, 9263, 10329. Agolant, v. 1106, pag. 180³. Chron. des ducs de Normandie. Voyez Rayn. tom. 5, pag. 421⁴, au mot *Trabug*.]

2. **TREU**, Bluteau ou Blutoir. Gl. *Treu 2.*

TREUAGE, TREUAIGE, Tribut, redevance, impôt, tonlieu. Gl. *Truagium*, et sous *Trutanus.*

TREVAL. PAR LE TREVAL DES CHAMPS, A travers les champs. Gl. *Traversia 1.*

TREUBLEUR, Truble, instrument pour pêcher. Gl. *Trubla.*

TRÊVE, Sûreté donnée en justice entre les parties. Gl. *Treva.*

TREVEURE, L'action de trouver. Gl. *Troef.*

TREUIL, TREUL, Pressoir. Gl. *Trolium* et *Trullare.*

TREULAGE, Tribut, impôt. Gl. sous *Trutanus.*

TREULLE, Treuil, gros cylindre de bois autour duquel tourne la corde d'un puits. Gl. *Treu.*

TREULLOUR, Celui qui gouverne le pressoir, et qui en reçoit les droits. Gl. *Trullare.*

TREUSAIGE, Tribut, impôt, tonlieu. Gl. *Truagium.* [Gérard de Vienne, v. 2519.]

TREUTAGE, Le même. Gl. *Truagium.*

TREYVE, Carrefour. Gl. *Trebium.*

TREZ, Grosse pièce de bois, poutre. Gl. *Treffa.*

TREZAIN, Le treizième. Gl. *Trezenum.*

TRIACLE, Thériaque. [Agolant, v. 1163 :
Plus het l'un l'autre que triacle venin.]
D'où *Triacleur*, et *Triaclier*, Celui qui la vend ou la débite. Gl. *Triaculum.*

TRIAGE, p. e. pour TERRAGE ou TIERÇAGE. Gl. sous *Triare 1.*

TRIAL, Preuve par témoins ou autrement, jugement rendu sur enquête et preuves. Gl. *Triallum*, sous *Triare 2.*

TRIANT, Mamelle ou Mamelon. Gl. *Trahere 5.*

TRIATEL, p. e. Le nom d'une métairie. Gl. *Triatel.*

TRIBART, pour TABART, Sorte de vêtement. Gl. *Tabardum.*

TRIBERT, Celui qui cause du trouble, perturbateur ; ou Débauché. Gl. *Trubulare 1.*

TRIBOL, TRIBOU, Peine, affliction. Gl. *Tribulare 1.*

TRIBOU, Commotion, secousse. Gl. *Tribulare 2.* [Chanson de Colin Musez, Wackernag. pag. 75 :
A termine de pascor,
Lors veul faire un triboudel,
Car j'ain moult tribou martel
Brut et bernaige et bandor....
Triboudaine et triboudel.]

TRIBOUIL, Trouble, tumulte, querelle. Gl. *Tribulare 2.* [Chronique des ducs de Normandie.]

1. **TRIBOULER**, Vexer, faire injustice à quelqu'un. Gl. *Tribulare 1.* [Garin le Loher. tom. 1, pag. 182. Troubler. Partonop. vers 3696 :
Mais la joie c'ont li François....
Lor parlement i tribola.]

2. **TRIBOULER**, Se donner bien des mouvements, s'intriguer ; il se prend en mauvaise part. Gl. *Tribulare 2.*

TRIBOULERRES, TRIBOULEUR, Celui qui vexe, qui fait des injustices. Gl. *Tribulare 1.*

TRIBULAGE, Sorte de tribut en Angleterre. Gl. *Tribulagium.*

TRIBULER, Se démener, agir avec vivacité. Gl. *Tribulare 2.*

* **TRIBUNEL.** Voyez *Cribunel.*

TRIBUNES, Celui qui commande trente hommes, ou Celui qui reçoit les impôts. Gl. sous *Tribunus.*

TRICHART, Édifice à trois étages. Gl. *Trichorus.*

TRICHERESSEMENT, Avec fourberie. Gl. *Tricator.*

TRICHERRES, Trompeur adroit, escamoteur. Gl. *Tricator.*

TRICHEUR, Chicaneur, homme à mauvaises difficultés. Gl. *Tricator.*

TRICHOT, d'où TRICHOTOIER, Appeler quelqu'un *Trichot*, Terme très-injurieux en Bigorre. Gl. *Tricator.*

TRICOPLIER, Sorte de domestique. Gl. *Trotarius*, sous *Trotare.*

TRICOTE, Espèce de billard. Gl. *Tricolus.*

TRIDOR, Traître, perfide. Gl. *Traditor 1.*

TRIE, Espèce de colombier. Gl. *Tria.*

TRIEGE, Territoire. Gl. sous *Triare 1.*

TRIEL, Preuve par témoins ; du verbe *Trier*, Discuter ou prouver un fait. Gl. *Triare 2.*

TRIEPIÉ, Personnat dans l'église cathédrale d'Avranches. Gl. *Triparius.*

* **TRIES**, Derrière. Partonop. v. 2217 :
Partonopeus fuit tries se gent.
Vers 8761 :
Tries les rens les voit assambler.
Voyez *Trers*, et Rayn. tom. 5, pag. 407[2], au mot *Tras.*

* **TRIESTRES.** Partonop. vers 1827 :
Par deux et deux à grant esploit
S'en vont li chien as triestres droit,
E il a pris le liemier.
Si a trové sedens son tor
Trace d'un grant porc quartenor...
E il a ses chiens descoplés.
Voyez Gl. *Trista*, Halliwell, au mot *Triste 3.*

TRIEVE, Trêve, sûreté donnée en justice entre les parties. Gl. *Treugare.*

TRIFFILIER, Ouvrier qui fait les chaînons d'une chaîne, ou les macles d'une cuirasse. Gl. *Trifilum.*

TRIFOIRE. ŒVRE TRIFOIRE, L'art de mettre en œuvre ; pierre montée. Gl. *Triforium.* [Flore et Blancefl. vers 497 :
D'or avoit deseure un oisel
A trifoire et a neel.

Vers 569 :
Si fu entaillis environ
De la trifoire Salemon.

Lai du Corn. vers 41 :
Li corn estoit de iveure
Entaillez de trifure.

Partonop. vers 821 :
Une tor...
De liois est blanc com yvoire
Ouré menu d'œvre trifoire.

Roman d'Alexandre. Chron. des ducs de Normandie, tom. 2, pag. 514[2] :
Les listes sunt d'or fin a trifoire fondu.]

TRIGALLE, Cabaret, auberge, lieu où l'on donne à boire et à manger. Gl. *Triculus.*

TRIGOT, Tricot, gros bâton. Gl. sous *Trigum.*

TRIKEEUR, Trompeur adroit et rusé. Gl. *Tricator.*

TRIMBLET, Espèce de jeu de hasard, p. e. le Trictrac. Gl. *Trinquetum.*

TRIMESSE, Sorte de pelleterie. Gl. *Trimenstruum.*

TRINGLET, Espèce de jeu de hasard, p. e. le Trictrac. Gl. *Trinquetum.*

TRINGUEL, Le même. Gl. *Trinquetum.*

TRINQUEBASSON, p. e. pour TRINQUEBUISSON, Serpe, instrument propre à trancher ou à couper les buissons et les broussailles. Gl. *Besogium.*

TRINQUET, Espèce de jeu de hasard, p. e. le Trictrac. Gl. *Trinquetum.*

TRIOUER. LA CROIX DU TRIOUER, Quartier de Paris. Gl. *Tiratorium 1.*

1. **TRIPER**, Parier au jeu. Gl. *Transversare 2.*

2. **TRIPER**, TRIPETER, Danser, sauter, bondir. Gl. *Tripare.* [Wackern. pag. 78. Chastel. de Couci, vers 8133. Voyez Rayn. tom. 5, pag. 417[2], au mot *Trepar.*]

TRIPHOIRE. ŒVRE TRIPHOIRE, L'art de mettre en œuvre ; pierre montée. Gl. *Triforium.*

TRIPLIQUIER, Donner des troisièmes défenses, terme de pratique. Gl. *Triplicatio.*

TRIPOT, Halle au blé. Gl. *Triporticus.*

TRIQUE, Endroit où peuvent mouiller les vaisseaux ; si ce n'est pas un nom de lieu. Gl. *Triquetum.*

TRIQUEHOUSE, Guêtre, chaussure qu'on met par-dessus les bas. Gl. *Housellus.*

TRIQUET, Espèce de jeu de hasard, p. e. le trictrac. Gl. *Trinquetum.*

TRIQUOTONET, p. e. Palette ou rouleau de bois. Gl. sous *Triquetum.*

TRISTEUR, Tristesse, chagrin, mélancolie, fâcherie. Gl. *Tristatio.* [Tristor, Partonop. vers 3502, 3652. Chants Historiques, tom. 1, pag. 25. Voyez Rayn. t. 5, pag. 427[1], au mot *Tristor.*]

TRIUMPLE, Jeu de cartes, la Triomphe. Gl. *Triumphus* 1.

TRIUWE, Trêve, suspension d'armes. Gl. *Treuvia*, sous *Treva*. [Agolant, v. 973 :
Senz trius prendre se sunt entresgardé.
Roman de Renart, t. 3, pag. 15, v. 20174 :
*Li rois les trives li rendi,
Par les cornes es mains le prent,
Une grant maçue destent
Si l'en dona parmi la teste.*
Voyez Rayn. tom. 5, pag. 409³, au mot *Trega*.]

1. **TROCHE**, Bouquet, assemblage de fleurs ou de pierres précieuses, branche qui a plusieurs rameaux. Gl. *Trocha* 1.

2. **TROCHE**, Troupe, multitude. Gl. *Trocha* 1.

3. **TROCHE**, Troc, échange ; d'où *Trocher*, Troquer. Gl. *Trocare*.

TROEF, Sorte de droit seigneurial. Gl. *Troef*.

TRŒVE, Essaim d'abeilles trouvé dans un bois. Gl. sous *Abollagium*.

TROICHE, Bouquet de fleurs ou de perles et d'autres pierres précieuses. Gl. *Trocha* 1.

TROIGE, Étable à pourceaux. Gl. *Troga*.

TROIL, Pressoir. Gl. *Trolium*.

TROINSAILLE, p. e. Morceau de bois, échalas. Gl. *Tronçonha*.

TROMPE, Trompette ou Guimbarde. Gl. *Trompa*.

1. **TROMPER**, Trompetter. Gl. *Trompare*.

2. **TROMPER**, SE TROMPER, Se moquer, railler. Gl. *Trompatar*.

TROMPETTE, Celui qui lance les pots à feu, qu'on appelle aussi Trompe. Gl. *Trumpettis*.

1. **TROMPEUR**, L'ouvrier qui fait les trompettes. Gl. *Trompare*.

2. **TROMPEUR**, Celui qui sonne de la trompette. Gl. *Trompare*.

TROMPILLE, Trompette et celui qui en sonne, crieur public. Gl. *Trompillator*.

1. **TRON**, Tronçon, morceau. Gl. *Trosso*. [Chron. des ducs de Norm. aux mots *Trois*, *Tros* et *Trus*.]

°2. **TRON**, Ciel, firmament. Partonop. vers 1710 :
*La vile...
N'a plus bele desos le tron.*
G. Guiart, tom. 1, pag. 197, vers 4663 :
*Roan estoit d'antiquité
La plus orgueilleuse cité
Qui fust tant con queuvre le trosne.*
Voyez Rayn. t. 5, pag. 428¹, au mot *Tro*.

TRONCER, Couper par morceaux, tailler. Gl. *Troncire*.

TRONCHET, Billot, morceau de bois. Gl. *Tronchetus*.

TRONCHONNER, Briser, rompre, mettre en pièces. Gl. *Troncire*.

TRONCHONNEUS, Chicaneur, rusé, faux. Gl. *Troncire*.

TRONÇONNER, Couper le cou, décapiter. Gl. *Troncire*.

TRONEAU, TRONEL, Balance romaine, peson. Gl. *Trona*.

°**TRONESIE**, Trône. Enfants Haymon, vers 805 :
*Vierge...
Car tu fus élevée en haulte tronesie.*
Vers 743 :
Qui fustes estorée en haulte tronisie.

TRONNE, Sorte d'arbre ; ou Buisson. Gl. *Tronus*.

TRONNEAU, Balance romaine, peson. Gl. *Trona*.

TRONQUET, Tronc d'église. Gl. *Troncus*.

TRONSONNER, Briser, rompre, mettre en pièces. Gl. *Troncire*. [Agolant, v. 988 :
Molt pres du fer la lance est tronçonée.
Gérard de Vienne, vers 2159 :
Kant ses chevals fu parmi tronseneiz.]

TROP, Beaucoup, fort, extrêmement. [Flore et Jeanne, pag. 44 *Et aveuc tout çou il estoit si tres eureus comme trop.*] *Trop plus*, Beaucoup plus. Gl. sous *Tropus* 2.] Voyez Rayn. tom. 5, pag. 432², au mot *Trop*.]

°**TROPEL**, Troupe, bande, grand nombre. Dit du Roi Guillaume, pag. 190 :
*Oï fu son apel
De plusseur marchéans qui furent
[u tropel.*
Flore et Blancefl. vers 2217 :
*Au roc en prist un grant tropel
Et dist eskec.*
Tropelet, Petite troupe. G. Guiart, tom. 2, pag. 877, vers 9800 (18781). Voyez Rayn. tom. 5, pag. 482¹², aux mots *Tropel* et *Tropelet*.

TROPHEREUX, Hautain, insolent, arrogant. Gl. *Triumphosus*.

TROPIER, Livre d'église, qui contient les proses. Gl. *Troparium*.

TRORTE, Croc, perche ferrée par un bout. Gl. *Truda*.

TROSE, Troupe, multitude. Gl. *Trocha* 1.

TROSER, Charger d'une trousse un cheval. Gl. *Trussare*, sous *Trossa* 3.

TROSNE, Poids public et les émoluments qui en proviennent. Gl. *Thronum*.

°**TROSQUE**, Jusque. Voyez *Tresque* 2. Partonop. vers 414, 1474, 1706, 7647. *Trusque*, vers 7717. Chron. des ducs de Norm. Voyez Rayn. tom. 5, pag. 427², au mot *Tro*.

TROSSE, L'obligation de botteler le foin de son seigneur. Gl. *Trossa* 1.

TROSSER, Plier bagages, charger. Gl. *Trussare*, sous *Trossa* 3. [Roman de Renart, tom. 5, pag. 58, vers 850 :
*Les deus hardiax a encontrez
E sor son dos ne a trossez.*
G. Guiart, tom. 1, pag. 141, vers 3127 :
Chascun en prent, chascun s'en trousse.

Voyez Rayn. tom. 5, pag. 434¹, au mot *Trossar*.]

TROTE-A-PIÉ, Valet qu'on envoie en commission, messager. Gl. *Trotarius*.

1. **TROTIER**, Le même. Gl. *Trotarius*. [Aubri, pag. 158² :
Grant joie mainent nis li garçon trotier.
(Pag. 157¹ :
*Fist son cheval garder
A un garçon, qu'il ot après lui fet
[troter.*)]

2. **TROTIER**, Cheval qui va le trot, trotteux. Gl. *Trotare*. [Aubri, pag. 175¹ :
*Un grant carcan li font è col lacier
Si le levèrent sor un roci trocier.*
(Pag. 174² :
*Le roi Auri enmainent le troton
En une corde à guise de larron.*)]
Voyez Rayn. tom. 5, pag. 435¹, au mot *Trotier*.

TROTURER, Marcher à pas précipités. Gl. *Trotare*.

TROUBLE, Troupe, multitude. Gl. *Triba*.

TROUBLEUR, Celui qui cause du trouble, perturbateur, querelleur. Gl. *Tribulare* 2.

TROUCEAU, Trousseau ; ce qui s'entend tant des meubles du mari que de ceux de la femme. Gl. *Trossellus*.

TROUCHE, pour TRENCHE, Morceau, éclat de bois. Gl. *Trenchia*.

TROVEURE, L'action de trouver ; ou Chose trouvée. Gl. *Troef*.

1. **TROUSER**, Faire un trousseau, mettre en paquet. Gl. *Trussare*, sous *Trossa* 3.

2. **TROUSER**, Enfler, gonfler. Gl. *Trucinare*.

1. **TROUSSE**, Droit seigneurial sur les bêtes à laine. Gl. *Trossa* 1.

2. **TROUSSE**, Certain ouvrage de charpentier. Gl. *Trossa* 2.

3. **TROUSSE**, Carquois garni de flèches. Gl. *Trossa* 3.

TROUSSELET, Trousseau qu'on donne à une fille qu'on marie. Gl. *Trossellus*.

TROUSSER, Charger un cheval d'une trousse, mettre en paquet. Gl. *Trussare*, sous *Trossa* 3.

TROUSSOIRE, Trousseau, paquet. Gl. *Trossarius*, sous *Trossa* 3.

TROUSSOUERE, Ceinture, parce qu'elle sert à trousser les habits. Gl. *Trossellus*.

TROUTE, Truite, poisson. Gl. *Truta*.

TROUVAIGE, Chose trouvée. Gl. *Troef*.

TROUVÉE DE FOURCHE, Corvée due au seigneur dans la fenaison ; p. e. faut-il lire *Courvée*, pour Corvée. Gl. *Trossa* 1.

TROUVEMENT DE MER, Droit seigneurial sur les choses qui arrivent et qu'on trouve sur le rivage. Gl. *Troef*.

- **TROUVEUR**, Celui qui trouve. Gl. *Troef*.

TROUVEURE, Chose trouvée, essaim d'abeilles trouvé dans un bois. Gl. *Troef.*

TROYE, Truie. Gl. *Troia 1.*

TROYNE, p. e. Clos, verger. Gl. *Tronus.*

1. **TRUAGE**, Tribut, impôt, tonlieu. Gl. *Truagium.*

2. **TRUAGE**, Ce qu'on paye pour sa bienvenue. Gl. *Truagium.*

TRUAND, Mot générique pour signifier un mauvais sujet. Gl. *Trutanus.*

TRUANDAILLE, Troupe de mendiants, de coquins. Gl. *Trutanus.*

TRUANDER, Mendier, faire le métier de *Truant*, ce qu'on appelait *Truandise*. Gl. *Trutanus*. [Roman de Renart, t. 1, p. 39, vers 998.]

TRUANT, Mendiant, coquin, imposteur. Gl. *Trutanus.* [Garin le Loher. tom. 1, pag. 269.]

TRUBART, TRUBERT, Débauché, adonné aux plaisirs de la chair; ou Perturbateur, qui met le trouble partout. Gl. *Tribulare 2.*

1. **TRUBLE**, Petit filet attaché au bout d'une perche. Gl. *Trubla.*

2. **TRUBLE**, Bêche ou pioche. Gl. *Trenchia.*

TRUE, Tribut, impôt, tonlieu. Gl. *Truagium.*

TRUEF, Sorte de droit seigneurial. Gl. *Troef.*

TRUEIL, TRUEL, Pressoir. Gl. *Trolium.*

TRUENDERIE, Fausseté, mensonge. *Truttannum*, sous *Trutannare.*

TRUEVE, Tribut, impôt, redevance. Gl. sous *Trutanus.*

TRUEVER, Trouver. Gl. sous *Trutanus.*

TRUFE, Plaisanterie, badinerie, bagatelle. Gl. *Trufa.*

TRUFEEUR, Celui qui ne débite que des bagatelles, plaisant. Gl. *Trufator*, sous *Trufa.*

TRUFER, Moquer, railler. Gl. *Trufare*, sous *Trufa.*

1. **TRUFFE**, Ornement de tête pour les femmes. Gl. *Trufa.*

2. **TRUFFE**, Plaisanterie, badinerie, bagatelle. Gl. *Trufa.*

TRUFFLER, s'Amuser, se réjouir. Gl. *Trufare.*

TRUFFLET, Coup sur la joue, soufflet. Gl. *Trufare.*

TRUFLE, Plaisanterie, raillerie, moquerie. Gl. *Trufa.*

TRUHANDER, Mendier, faire le métier de *Truant.* Gl. sous *Trutanus.*

1. **TRUIE**, Machine de guerre pour jeter de grosses pierres, suivant Froissart, ou plutôt, pour couvrir ceux qui approchaient des murs pour les renverser. Gl. *Troia 1.*

2. **TRUIE**, Espèce de poisson. Gl. *Citula.*

TRUIETTE, Redevance annuelle, rente seigneuriale. Gl. *Truagium.*

TRUIFLET, p. e. Quelque chose qui servait à la parure des femmes. Gl. *Trufa.*

TRUILLAIGE, Pressurage, le droit du pressoir bannal. Gl. *Trullare.*

TRUILLER, Pressurer. Gl. *Trullare.*

TRULLE, Plaisanterie; ou Ruse, finesse. Gl. *Trufa.*

TRUMEL, Gigot de mouton. Gl. *Trumulieres.*

TRUMELEUR, p. e. Débauché, adonné aux plaisirs de la chair. Gl. *Trumelator.*

TRUMELIERE, Armure des cuisses, cuissart. Gl. *Trumulieres.*

TRUMIAU, Jambe. Gl. *Trumulieres.*

TRUPERIE, Tour d'adresse, de passe-passe. Gl. sous *Trahere 5.*

TRUPPENDIERE, Fille ou femme débauchée. Gl. sous *Trahere 5.*

TRUQUAISE, TRUQUOISE, Triquoise, tenaille à l'usage des maréchaux. Gl. sous *Tousquata.*

TRUT, Tour, ruse, finesse. Gl. *Trufa.*

TRUTIN, Menteur, imposteur, calomniateur. Gl. *Trutanus.*

TRUY, Carrefour. Gl. *Trebium.*

TRYANT, Sorte de filet pour pêcher. Gl. *Tragum.*

TUAINGNE, Vigne sauvage, p. e. Lambrusque. Gl. *Tuagna.*

TUCHIN, Pillard, voleur, rebelle, traitre; d'où *Tuchinerie*, Rébellion, révolte. Gl. *Tuchinare*, sous *Tuchinus.*

TUDIELLE, Nom de lieu, p. e. Tudèle, ville de la Navarre. Gl. *Tudela.*

TUEL, Tuyau, canal, conduit, le canon d'une serrure. Gl. *Tuellus 2.* [Voyez Rayn. tom. 5, pag. 438², au mot *Tudel.*]

TUERDOIR, Bâton avec lequel on tord une corde ou autre lien pour assurer quelque chose. Gl. *Tortor 2.*

* **TUET**. G. Gaimar, Chron. Anglo-Norm. tom. 1, pag. 8:

Si lances pris par le tuet,
Si com ceo fust un bastonet.

TUFFE, Touffe ou assemblage de plumes. Gl. *Tufa.*

TUFFIER, Carrière de tuf. Gl. *Tuffosus.*

TUICION, Garde, défense. Gl. *Tuitio 1.*

TUIERS, p. e. pour Écuyers. Gl. sous *Tutor 2.*

TUIRIAX, Sorte de vêtement, pourpoint. Gl. sous *Fermeilletum.*

TUITION, Tutele. Gl. *Tuitio 2.*

TULIEU, Certain ustensile de ménage. Gl. sous *Tuleria.*

TUMBÉE, Chute, l'action de tomber. Gl. *Tombare.*

TUMBER, Faire tomber, jeter par terre. Gl. *Tombare.*

TUMBERIEL, Chute, l'action de tomber. Gl. *Tumbrellum.*

TUMBLE, Le même. Gl. *Tombare.*

TUMER, Danser, sauter, bondir, faire des tours de farceur. Gl. *Tombare.* [Renart le Nouvel, tom. 4, pag. 223, v. 2511:

Dansent, tument, espringhent, balent.]

TUMEREAU, TUMEREL, Tombereau. Gl. *Tumbrellum.*

TUMERIAU, Machine de guerre pour jeter de grosses pierres. Gl. *Tumbrellum.*

TUNE, Certaine partie d'une charrue. Gl. *Tunna.*

TUNGLET, pour TRINGLET, Jeu de hasard, p. e. le Trictrac. Gl. *Tringuetum.*

TUNICLE, pour TUNIQUE, Cotte d'armes. Gl. *Tunica 2.*

TUOISON, L'action de tuer, d'égorger les animaux. Gl. *Battitura*, sous *Battere 1.*

TUORTONOIR, Pressoir. Gl. sous *Torculare.*

TUPIN, TUPPIN, Pot de terre; d'où *Tuppinier*, Celui qui les fait ou qui les vend, potier. Gl. *Tupina 2.*

TUPINEIZ, TUPYNEIS, Joûte, sorte d'exercice militaire. Gl. *Tupina 1.*

TURAUT, Toral, élévation de terre, tertre. Gl. *Turella 2.*

TURBARIE, Terrain propre à faire des tourbes. Gl. *Turbariæ*, sous *Turba 1.*

TURBE. ENQUESTE PAR TURBE, Terme de pratique. Gl. *Turba 2.*

TURBIL, Trouble, confusion, dissension, dispute. Gl. *Turbatia.*

TURCOPLES, Troupes légères des Turcs; *Turcupler*, Celui qui les commande. Gl. *Turcopuli.*

TURÉE, Turcie, levée, digue. Gl. *Turella 2.*

TUREL, Tourelle. Gl. *Turellus.*

TURELUPINS, Certaine secte des Vaudois. Gl. *Turlupini.*

TURELURE, Sorte de fortification, p. e. Herse. Gl. sous *Turella 3.*

TURET, But que l'on place sur une élévation de terre. Gl. *Turella 2.*

TURGEAULT, Toral, élévation de terre, tertre. Gl. *Turella 2.*

TURLUPINS, Certaine secte des Vaudois. Gl. *Turlupini.*

TURQUEMANS, Nation sauvage. Gl. *Turcomannus.*

TURQUOIS, Turquin, bleu foncé. Gl. *Pannus Turquinus*, sous *Pannus 2.*

TURQUOISE, Triquoise, tenaille à l'usage des maréchaux. Gl. sous *Tousquata.*

TURS, pour Turcs, Sarrasins. Gl. *Turcomannus.*

TURTRE, Tourterelle. Gl. *Turturella.*

TUSTER, Heurter, frapper à une porte. Gl. *Tustare.*

TUTELE, **TUTELLE**, Pension où l'on élève des jeunes gens et des écoliers. Gl. *Tutella.*

TUTERIE, Tutelle. Gl. *Tutella.*

TUTERRESSE, Tutrice. Gl. *Tutella.*

TUTEUR, Maître de pension où l'on élève des jeunes gens et des écoliers. Gl. sous *Tutella.*

TUTION, Tutelle. Gl. *Tuitio 2.*

TUTIRIE, Tutelle. Gl. *Tutella.*

TUTOIER un homme marié était regardé comme une injure atroce. Gl. *Tuisare.*

TUTRIE, Tutelle ; d'où *Tutreisse,* pour Tutrice. Gl. *Tutella.*

TUYAU, Couronne, la partie qui est au-dessus du sabot d'un cheval. Gl. *Tuellus 1.*

TYEPHAINE, La fête de l'Épiphanie ou des Rois. Gl. *Theophania.*

1. **TYMBRE**, Tambour. Gl. *Tymbris.*

2. **TYMBRE**, pour TIMBRE, Casque. Gl. *Tymbris.*

TYMPANISER, Timbrer, imprimer. Gl. *Tympanizare.*

TYNAU, Gros bâton dont on se sert pour porter des seaux. Gl. *Tinellus 2.*

TYOIS, La langue teutonique, l'ancien allemand. Gl. *Theotisci.*

TYOLLE, Morceau, éclat de bois. Gl. sous *Tilla.*

TYPHAGNE, La fête de l'Épiphanie ou des Rois. Gl. *Theophania.*

TYRETEINNE, Tiretaine, sorte d'étoffe de laine. Gl. *Tiretanius.*

TYSON, Pièce de bois et quille de vaisseau. Gl. *Tyso.*

V

VAC

V, pour G. VAUDIR, pour GAUDIR, Gauchir, se détourner. Gl. sous *Gaudiose.*

U, pour le datif *Au.* Gl. *Usuatus,* sous *Usuare 2.*

U, pour Avec, dans une Charte de 1309 : *Et U ce nous est requis humblement, etc.*

VAARIS, Vagabond, ou Étranger, inconnu. Gl. sous *Vagabunditer.*

VACABONDER, Mener la vie d'un vagabond. Gl. *Vagabunditer.*

VACANS, Toute espèce de choses dont le maître n'est pas connu, espaves. Gl. *Vacantia 3.*

VACANT, Absent. Gl. sous *Vacantes.*

VACCANS, dans l'ordre de Malte, se dit des revenus échus depuis le 1er mai après la mort d'un titulaire, jusqu'au même jour de l'année suivante. Gl. *Vacantia 2.*

VACHE. JOUER AUX VACHES, Sorte de jeu. Gl. sous *Vacca mascula.*

VACHERIE, Droit sur les troupeaux de vaches qu'on mène paître quelque part. Gl. *Vaccaticum.*

VACHETTE. JEU DE LA VACHETTE. Gl. sous *Vacca mascula.*

VAI

VACHIN, Cuir de jeune vache. Gl. *Vaccinia.*

VACQUANT, Le revenu d'un bénéfice, qui est devenu vacant. Gl. *Vacans.*

VACQUE. HOSTEL VACQUE, Maison qui n'est point habitée. Gl. *Vacantes terræ.*

❊ **VAER**. Voyez *Véer.*

VAFOLART, Sorte de grand couteau en Dauphiné, poignard. Gl. sous *Vafa.*

VAGANT, Vagabond, qui n'a point de domicile. Gl. *Vagabundus.*

VAGE, VAGHE, Certain officier municipal. Gl. *Vacui.*

VAGUE, Se dit d'une terre inculte. Gl. *Vacantes terræ.*

VAGUE DE LA FOIRE, p. e. Fin, clôture d'une foire. Gl. sous *Vagus 1.*

VAGUE. LAISSIER VAGUE, Ne point user de quelque chose, l'abandonner. Gl. sous *Vacuus.*

VAGUETTE, p. e. La façon de regarder une femme qu'on trouve jolie. Gl. *Vagisare.*

VAICHIN, Cuir de jeune vache. Gl. *Vaccinia.*

VAI

❊ **VAIE**, Voie. Voyez *Veie.* G. Guiart, tom. I, pag. 94, vers 1886 :

Fames, dont les vaies sont plaines,
Crient harou à granz alaines.

VAIERIE, Voirie , juridiction d'un voyer. Gl. *Vaieria.*

VAILLANCE, Valeur, prix. Gl. *Valentia 2.*

1. **VAILLANT**, Sorte de monnaie étrangère, denier d'argent. Gl. *Valens 3.*

❊ 2. **VAILLANT**, Précieux. Mantel Mautaillé, vers 29 :

Robes de diverses manières,
Molt furent vaillans les mains chières.

Flore et Blancefl. vers 491 :

Li coupiers est ciers et vaillans.

VAILLART, p. e. L'opposé de vaillant ; ou Vieillard. Gl. *Valens 2.*

VAILLENT, Sorte de monnaie étrangère, denier d'argent. Gl. *Valens 3.*

1. **VAIN**, Se dit d'une terre inculte. Gl. *Vaccantes terræ.*

2. **VAIN**, Abattu, faible, languissant, sans courage. Gl. *Vanitas 2.* [Voyez *Fain.* Partonop. vers 3524, 5172, 7151, 7508. Chron. des ducs de Normandie.]

3. **VAIN**, L'automne, la saison où l'on cueille les fruits appelés *vains* ou *gains*; et une espèce de grain ou d'orge. Gl. *Gagnagium* 1.

VAIR, Se dit de ce qui est de plusieurs couleurs. Gl. *Varius* 1. [*Iols vairs*, Partonop. vers 559, 3988. Wackern. pag. 45. Gérard de Vienne, vers 641. *Eux vers*, Laborde, pag. 217. Roquef. Rayn. tom. 5, pag. 459¹, au mot *Vair*. Chron. des ducs de Normandie.]

VAIRE, Vair, sorte de pelleterie. Gl. *Vares*.

VAIRÉ, Émaillé, qui est de diverses couleurs. Gl. *Varius* 3.

VAIRON, Se dit de ce qui est de plusieurs couleurs. Gl. *Varius* 1. [Partonop. vers 6879, 6881, 6893. Fabliaux, Jubinal, tom. 2, pag. 23. *Ceval ver*, Partonop. vers 6788.]

VAISSELET, Certaine petite mesure. Gl. sous *Vaissellus*.

VALAIS, Sorte d'instrument propre à la pêche. Gl. *Varlognia*.

VALANCE, Valeur, prix. Gl. *Valentia* 2.

VALCHEIRE, Dot assignée sur un fonds de terre. Gl. *Vercheria*.

VALENCHENOIS, Certaine mesure de terre en usage dans le territoire de Valenciennes. Gl. *Valenchenæ*.

VALER, Aider, donner du secours. Gl. *Valere*.

1. **VALET**, pour BALET, Galerie, espèce de portique. Gl. *Baletum*.

2. **VALET**, Nom qu'on donnait aux jeunes gens de la première qualité, avant qu'ils eussent été faits chevaliers ; Écuyer ; Jeune homme qui n'est pas marié. Gl. sous *Valeti*. [Partonop. vers 7390 :

Vienent a li cort li vallet
Cui l'on doit fere cavaliers.

Roi Guillaume, pag. 121 :

La terre tenoit en sa main
Un vallet, niés le roi Guillaume.

Garin le Loher. tom. 1, pag. 240, 241, 291. Partonop. vers 2275, 7882. — Garçon d'écurie, vers 5674. — Enfant mâle. Flore et Blancefl. vers 169 :

Vallés fu nés de la payene
E mescine ot la crestyene.

Roman de Rou, tom. 1, pag. 316.]

VALETERIE, La jeunesse ou les gens non mariés qu'on appelait *Valets*. Gl. *Valleteria*.

VALEUEIRS, Velours. Gl. *Valludellum*.

° **VALISANT**, Vaillant. Gérard de Vienne, vers 1031 :

Ke il n'i perde valisant un denier.

VALLANT, Petite monnaie des évêques de Cambrai. Gl. *Valens* 3.

VALLER, Valoir. Gl. *Valentia* 2.

VALLET, VALLETON, Nom qu'on donnait aux jeunes gens de la première qualité, avant qu'ils eussent été faits chevaliers ; Écuyer ; Jeune homme qui n'est pas marié. Gl. sous *Valeti*.

VALLOIS, Sorte d'instrument propre à la pêche. Gl. *Varlognia*.

VALOYS, Monnaie des comtes de Valois. Gl. *Valozius*.

VALVASSEUR, Vassal, celui qui tient un fief d'un autre. Gl. *Vavassores*.

VALUE, Valeur, prix. Gl. *Valutare*.

VA-LUI-DIRE, Terme injurieux. Gl. *Vaditur*.

VAMON, Sorte de maladie, abcès ou goître. Gl. *Vammum*.

VAN, Mesure de charbon. Gl. *Vannus*.

VANDAGE, Vente. Gl. *Vendagium* 1.

VANDER ou **VANDRE**, pour Bander, tendre, allonger. Gl. *Vendere*.

VANDUE, Vente. Gl. *Vendicia*.

VANÉE, Botte de paille. Gl. *Vanata*.

VANNAGE, L'action de vanner le blé. Gl. *Vannatio*.

VANNER, Berner, faire sauter en l'air quelqu'un dans une couverture appelée *vanne*. Gl. *Vanna* 1. [Voyez Rayn. t. 5, pag. 867¹, au mot *Vaneiar*.]

VANS, p. e. pour Vaus, Sorte de petit vaisseau ou navire. Gl. sous *Vacheta* 1.

VANTANCE, L'action de se vanter, vanterie. Gl. *Vantare* 2.

1. **VANTER** SEN PLESGE, p. e. Le dégager. Gl. *Vantare* 2.

° 2. **VANTER**. Voyez *Venter*.

VANTIER, Garde forestier. Gl. *Vantarius* 2.

° **VANVOLE**, Mauvaise raison. Roman de Renart. tom. 2, pag. 314, vers 18133 :

Et se cest mandement refuse
Et par ses vanvoles s'escuse,
De la moie part le desfie.

VAQUE, Vache, prononciation picarde. Gl. *Vaqua*.

VAQUIERS, Nom de certains sectaires ou séditieux vers l'année 1320. Gl. *Vaccarius*.

VARDE, Garde ; d'où Varder, Garder. Gl. *Vergaium*.

VARENCHE, Garance, graine pour la teinture. Gl. *Warnchia*.

VARENNE, pour Garenne. Gl. *Warenna*.

VARETON, Trait d'arbalète. Gl. *Veretonus*.

VARGAIGNE, pour BARGAIGNE, Convention, traité, marché. Gl. *Vargaigne*.

1. **VARIER**, Disputer, contredire. Gl. *Variare* 2. [Enfants Haymon, vers 765 :

Trois noms et un seul Dieu, qui nel
[croit il varie.]

2. **VARIER** QUELQU'UN, Le faire changer de sentiment. Gl. *Variare* 2.

VARISON, Champ garni de ses fruits, les grains qui sont encore sur pied. Gl. *Garactum*.

1. **VARLET**, Apprenti, compagnon de métier. Gl. *Valetus*, sous *Valeti*.

2. **VARLET**, Le manche d'une faux. Gl. sous *Valeti*.

VARXENNE, La saison du premier labour des terres. Gl. *Versana* 2.

VAS, Église, chapelle. Gl. *Vasso*.

VASAUS, Brave, courageux, intrépide. Gl. *Vassaticum*, sous *Vassus* 2.

1. **VASE**, Cercueil, tombeau. Gl. *Vas* 1.

2. **VASE**, Sorte d'épée, grand couteau. Gl. *Vas* 2.

° **VASELEMENTE**, Vaisselle. Flore et Jeanne, pag. 45 : *Nous avons priés de six cents livres de meubla, ke en deniers, ke en vaselemente d'argent*. Voyez *Vesselement*.

VASLÉS, Nom qu'on donnait aux jeunes gens de la première qualité, avant qu'il eussent été faits chevaliers ; Écuyer ; Jeune homme qui n'est pas marié. Gl. sous *Valeti*.

VASSAL, VASSAUS, Homme d'un courage distingué, brave, intrépide. Gl. *Vassaticum*, sous *Vassus* 2.

VASSAUMENT, Fidèlement, avec attachement. Gl. *Vassaticum*, sous *Vassus* 2. [Bravement, vaillamment. Chron. des ducs de Norm.]

1. **VASSE**, pour Vassal, feudataire, celui qui tient un fief d'un autre. Gl. *Vassus* 2.

° 2. **VASSE**, comme *Vast*, Destruction, gâchère. Roman de Rou :

La terre était en vasse, le pais estoit
[mal.

1. **VASSELAGE**, Courage, grandeur d'âme, belle action. Gl. *Vassaticum*, sous *Vassus* 2.

2. **VASSELAGE**, Le droit du seigneur féodal sur son vassal. Gl. *Vassaticum*, sous *Vassus* 2.

VASSER, Régler, aligner. Gl. sous *Vasare*.

VASSEUR, Vassal, celui qui tient un fief d'un autre. Gl. *Vassor* et sous *Vavassores*.

VASSURE, Espèce de grange, lieu couvert, où l'on serre le foin et le grain. Gl. *Vas* 5.

VATARON, Monnaie de Flandre, de la valeur de douze deniers. Gl. *Vataron*.

VATE, p. e. pour BATE, Le bâton du fléau qui bat les gerbes. Gl. *Batator*.

VAVASOR, VAVASSOUR, VAVASSEUR, Vassal, celui qui tient un fief d'un autre. Gl. *Vavassores*. [Partonop. vers 2587, 2613. Garin le Loher. tom. 1, p. 144.]

VAVASSERIE, Rente ou redevance due sur le fief appelé *Vavassourie*. Gl. sous *Vavassoria*.

VAVASSOIRE, Femme qui est sous la domination d'un prince souverain. Gl. sous *Vavassores*.

VAVASSOUR, Vassal, celui qui tient un fief d'un autre. Gl. sous *Vavassores*.

VAVASSOURIE, Arrière-fief. Gl. *Vavassoria*.

VAUCEL, VAUCELLE, Vallon. Gl. sous *Vallo* 1, et *Vauchellus*. [Garin le Loher. tom. 1, pag. 170. Laborde, pag. 189.]

VAUCHIERE, Rame, ou Rameur. Gl. *Vogherii*.

VAUCRER, Errer çà et là, par vaux et par monts, aller de côté et d'autre. Gl. *Vaxare*. Voyez *Walcrer*.

VAUDE, Guède, pastel. Gl, *Vailda*.

VAUDERIE, L'hérésie, la secte des Vaudois. Gl. sous *Valdenses*.

VAUDIR, Gauchir, se détourner. Gl. sous *Gaudiosus*.

VAUDOISIE, Assemblée nocturne des sorciers, sabbat. Gl. *Valdenses*.

VAUDOIX, Celui qui a commerce avec une bête. Gl. *Valdenses*.

VAUGUEUR, Rameur. Gl. *Vogherii*.

VAULARDIE, p. e. Halle ; ou Jardin, verger. Gl. *Vaulardia*.

VAULDOYERIE, Sorcellerie. Gl. *Valdenses*.

VAULE, Sorte de bâton, pieu. Gl. *Vallo* 2.

VAULTE, Voûte, souterrain ; d'où *Voutis*, pour Voûté. Gl. *Volsura* et *Volta*, sous *Volutio*.

VAU-PUTE, Péché contre nature. Gl. *Puta* 2.

VAUTRIER, Chasser le sanglier ; d'où *Vautreur* et *Vautrieur*, Chasseur, braconnier. Gl. *Vautrarius*.

VAYN, L'automne, la saison où l'on cueille les fruits appelés *vayns* ou *gains*. Gl. *Gagnagium* 1.

UCAGE, UCAIGE, Ban, encan, proclamation ; le revenu qui en provient. Gl. *Hucha* 2.

UCHE, Huche, coffre, armoire. Gl. *Ucha* 2.

° **VEABLE**, Visible. Orell. pag. 87, Roquef.

VEAGE, Voyage. Gl. *Viagium* 1.

VEAGE DE LA CROIX, Croisade, voyage en la terre Sainte. Gl. *Viagium* 1.

° **VEAUS**, VEALS, VEAX, VIAUS, SE VIAUS, etc. Donc, cependant. Chronique des ducs de Norm. Fabliaux, Jubinal, tom. 2, p. 26. Roman de Renart, t. 3, p. 68, v. 21616. Partonop. vers 6987 :

Quant ne moru iluec vias
Qu'il me tenist veaus en ses bras.

Vers 7538 :

Et que cil voie veals s'amie
Qui plus fera cevalerie.

Vers 7583 :

Et doinst veaus une carité.

Orell, pag. 347.

VEDOIL, Espèce de faux ou serpe, sorte d'arme. Gl. *Vedale*.

° **VEDVE**, Veuve. Deuxième livre des Rois, chap. XIV, vers 5. *Jo sui une vedve, kar mis mariz est morz*. Chronique des ducs de Norm.

1. **VÉE**, Défense, ban publié pour défendre quelque chose. Gl. *Vetum*. [Voyez Rayn. tom. 5, pag. 474 ^{2}, au mot *Veda*.]

2. **VÉE**, Voie, chemin. Gl. *Via* 1.

VÉEL, Veau. Gl. *Vagula*. [Roman de Renart, tom. 3, pag. 38, vers 20777.]

1. **VÉER**, Défendre, prohiber, refuser. Gl. *Vetare*. [Wackernagel, pag. 10 :

Maix la contesse de Brie,
Cui commant je n'os véeir
M'ait commandeit à chanteir.

Pag. 65 :

Et pues ke vos iestes sa muedre amie,
Ne die nuls k'il vos séust véeir
Kank'il poroit as autres refuseir.

Partonop. vers 3994 :

Qui rien li vée il est vilains.

Vers 6008 :

Et me véés vostre parler.

Vers 9585. Roman de Renart, tom. 1, p. 9, vers 220 :

A une bien tranchant espée
La voie a à celui véée.

G. Guiart, t. 2, p. 24, vers 600 (9567) :

Lendemain au saint roi se rendent
Sanz li vaer portes ne ponz.

Chron. des ducs de Norm. Voyez Rayn. tom. 5, pag. 474 ^{1}, au mot *Vedar*.]

° 2. **VÉER**, VEEIR, Voir, regard. Chron. des ducs de Norm.

VÉEUR, Commissaire nommé pour voir les lieux qui sont en contestation. Gl. *Visores*, sous *Visus*.

VEFVÉ, VEFVETÉ, Viduité, veuvage. Gl. *Viduitas* 2.

VEGILLE, Vigile, veille d'une fête. Gl. *Vigilia*.

VEGOIGNOIS, Canton du comté de Blois. Gl. *Vegoigniensis pagus*.

VEHE, Défense, ban publié pour défendre quelque chose. Gl. *Vetum*.

VEHIER, Voyer, viguier, espèce de juge, dont la juridiction et l'office s'ap pelaient *Veherie*. Gl. *Veherius* et *Viaria*, sous *Viarius* 1.

° **VEIE**, Voie, Troisième livre des Rois, chap. 3, vers 11 : *E n'ad pas tenud mes veies*. (Lat. *Et non ambulaverit in viis meis*.) Voyez *Voie*.

VEILLANCE, Veille, l'action de veiller. Gl. *Pernoctantia*.

1. **VEILLE**, Danse, réjouissance, fête. Gl. *Vigilia*. [G. Guiart, tom. 2, pag. 372, vers 9673 (18654).]

2. **VEILLE**, Nerf de bœuf. Gl. *Vigilia*.

3. **VEILLE**, Vrille ; d'où *Veillette*, Petite vrille. Gl. sous *Vigilia*.

° 4. **VEILLE**. EN VEILLES, Éveillé. Enfants Haymon, vers 673 :

Si tost qu'il ert en veilles le chef l'iray
[trenchant.

VEILLOLE, Lanterne de verre pour veiller. Gl. *Vigilis*.

VEINE ORIGINALLE, ORIGINELLE, Qui est comme l'origine et le principe de la vie, la veine cave ou pulmonaire. Gl. *Organalis*.

VEINES DE LA MÈRE, p. e. Celles qu'on appelle *Umbilicales*. Gl. sous *Vena* 6.

° **VEINTRE**, Vaincre. Chanson de Roland. Chron. des ducs de Norm. Diez, *Altrom. Sprachdenkm.* pag. 22.

VEIRRÉ, Émaillé. Gl. *Verreria*.

° **VÉISON**, Défense. Gérard de Vienne, vers 2824 :

Fors d'un pomier don lor feis véison.

° **VEIZÉ**, VEZIÉ, Habile, rusé. Chron. des ducs de Norm. etc.

VEL, pour Je veux. Gl. *Octava* 2.

VELE, Voile de navire. Gl. *Vela*.

VELLE, Plumes d'oie. Gl. *Auces*.

VELLEVUESÉE, Vrille, outil de tonnelier. Gl. sous *Vigilia*.

VELLIER, Vieil, vieux ; ou p. e. Celui qui *veille*, qui guette. Gl. *Velius*.

VELLUYAU, Velours. Gl. *Villosa*.

° **VELONNIE**, Grossièreté, vilenie. Wackernagel, pag. 16 :

Et tous jors jolis serai
Et sens velonnie.

Pag. 19 :

Par cortoisie depuel
Velonnie et tout orguel.

Voyez *Vilonie*.

VELVET, Velours. Gl. *Villosa*.

VENAIGE, Le droit de pêcher ou de prendre du poisson à la *venne* d'un moulin. Gl. *Venna* 1.

VENANGE, Vendange ; d'où *Venangier*, Vendanger. Gl. *Vendeniæ*.

VENÇON, Vente. Gl. *Ventio*.

VENDAGE, VENDAGNE, VENDAIGE, Vente. Gl. *Vendagium* 1.

VENDE, VENTE, Droit seigneurial sur les biens fonds qui se vendent. Gl. *Venda* 2.

VENDENGEOR, Celui qui doit vendanger pour son seigneur. Gl. *Vindemiator*.

VENDENGERESSE, Vendangeuse. Gl. *Vindemiator*.

VENDIER, Celui qui perçoit les droits du marché pour le seigneur. Gl. *Ventarius*, sous *Venda* 1.

○ **VENDRE (SE)**, Vendre cher sa vie. Roman de Roncevaux, pag. 34 :

*Mort sont mi home, griez en sui et
  [dolans,
Vendu se sont envers les mescreans.*

Chanson de Roland, st. 159, vers 12 :

*E or sai bien n'avons guaires à vivere,
Mais tut seit fel cher ne se vende primes.*

VENDUE, Vente. Gl. *Vendicia.*

VENEIGIER, VENEINGIER, Vendanger. Gl. *Vendeniæ.*

1. **VENEL**, Sorte d'étoffe. Gl. *Venelanus.*

2. **VENEL**, Tombereau. Gl. sous *Venella 2.*

VENELLE, Ruelle, passage étroit, ruelle de lit. Gl. *Venella 1.*

VENENGE, Vendange; d'où *Venengier*, Vendanger. Gl. *Vendeniæ.*

○ **VENERES**, Chasseur. Partonop. v. 585. *Veneor*, Roi Guillaume, pag. 145. Voyez Rayn. tom. 5, pag. 482¹, au mot *Venaire.*

VENET, Sorte de filet pour pêcher. Gl. *Venetum.*

VENGEMENT, Droit quelconque pour réclamer une chose aliénée. Gl. *Vendicatio.* [Vengeance. Partonop. vers 3622. Chron. des ducs de Normandie.]

VENIAUMENT, Bonnement, sans méchanceté. Gl. *Venialiter.*

VENICE, pour Véronique. Confrérie des marchands et marchandes de toiles, établie à Saint-Eustache sous le nom de sainte Venice. Gl. *Veronica.*

VENIR DE BAS, Se dit d'un enfant illégitime. Gl. *Venire.*

VENIR A TERRE, Naître, venir au monde. Gl. sous *Venire.*

○ **VENIR**, MIOLS VENIR, Mieux valoir, convenir. Roi Guillaume, pag. 52 :

*Mix vos vient de lor et de mirre
Encenser vos lits et vos cambres.*

Partonop. vers 2513 :

*Miols vient avant querre bon plait
Qu'atendre que noals soit fait.*

Vers 9868 :

Miols venist le glot aillors estre.

Orell, pag. 167.

VENNE, Haie, clôture. Gl. *Venna 1.*

VENNEAU ou VENNEL, Espèce de tuile. Gl. *Vennella.*

VENNELIER, Ce qui sert à hausser et à baisser la charrue. Gl. sous *Venna 1.*

VENOAGE, p. e. Droit sur les denrées qui se vendent au marché. *Donum 2.*

VENOINGE, Vendange, d'où *Venoingier*, Vendanger. Gl. *Vendeniæ.*

VENOISON, Venaison, gibier. Gl. *Venatio 1.*

VENOYGE, Vendange. Gl. *Vendeniæ.*

○ **VENT**. MIS AU VENT, Pendu. Roman de Renart, tom. 2, pag. 297, vers 17684 :

*S'essilliez ere de la terre
Ou se ge ere mis au vent.*

(Pag. 301, vers 17792) :

Gel' feïsse metre à la bise.)
— Ne vent ne voie, t. 3, p. 91, v. 22232 :
*Atant est remese la chace
Que nus n'en sot ne vent ne voie.*

VENTAILE, Écluse, ce qui contient l'eau d'un canal ou d'un étang, ventail. Gl. *Ventellum.*

1. **VENTAILLE**, Ce qui ferme l'ouverture d'un casque, par où l'on respire. Gl. sous *Ventaculum.* [Partonop. vers 6821 :

*Après li lace le ventaille...
Urrake aporte un elme cler.*

Vers 9618 :

*Li a lacié le ventaille,
Un elme à cercle d'or desus.*

Agolant, pag. 168² :

*Sor (?) maint vert hiaume la ventaille
[fermée.*

Garin le Loher. tom. 1, pag. 168. Chron. des ducs de Norm. Rayn. tom. 5, p. 500¹, au mot *Ventalha.*]

2. **VENTAILLE**, Porte d'une écluse, ordinairement Ventail. Gl. *Ventalium.*

1. **VENTE**, Droit sur les denrées qui se vendent au marché, ou le droit d'étalage. Gl. *Venta 2.*

2. **VENTE**, Prix, valeur d'une chose qui est à vendre. Gl. *Venta 2.*

○ **VENTELER**, Voltiger au vent. Garin le Loher. tom. 1, pag. 25 :

Là veïssiez maint penon venteler.

Pag. 58. Chronique des ducs de Normandie, Chanson de Roland.

○ **VENTELET**, Petit vent, bise. Roi Guillaume, pag. 133 :

*Et li vent orent trive prise ;
Mais un ventelés molt soués
Venta tous seus, qui fu remés
Por l'air monter et ballüer.*

VENTER, Jeter au vent. Gl. *Ventare.* [Agolant, vers 802. Lai du Corn, vers 400. Roman de Renart, vers 4225. — Souffler le feu. Roman de Renart, tom. 1, pag. 36, vers 926. — Venter, souffler, p. 30, v. 776. Agolant, vers 491, 508. Flore et Blanceft. vers 596, 605. Wackern. pag. 21. — Voltiger au vent, Garin le Loher. t. 1, p. 36. Voyez Rayn. tom. 5, pag. 493², au mot *Ventar.*]

VENTEROLLE, Droit seigneurial sur les fonds qu'on vend, distingué de celui des lots et ventes. Gl. sous *Venda 2.*

1. **VENTIER**, Celui qui perçoit les droits du marché pour le seigneur. Gl. *Ventarius*, sous *Venda 1.*

2. **VENTIER**, Celui qui achète une coupe de bois. Gl. sous *Venda 3.*

1. **VENTILLER**, Répandre, faire courir un bruit. Gl. *Ventilare.*

2. **VENTILLER UNE CAUSE**, L'examiner, la discuter pour la juger. Gl. *Ventilare.*

VENTOISE, Ventouse. Gl. *Ventosa 1.*

VENTOSER, Appliquer les ventouses. Gl. *Ventosa 1.*

VENTRAIL, Tablier, parce qu'il couvre le ventre. Gl. *Ventrale.*

VENTRAILLER (SE), Se vautrer; ou p. e. Se coucher sur le ventre. Gl. *Ventricola.* [Se ventrouiller. Roman de Renart, tom. 1, pag. 30, vers 793 :

En un gason s'est ventrilliez.

(Vers 813) :

Le gorpil trovent enversé.]

VENTRAILLES, Entrailles, intestins. Gl. sous *Venter.*

1. **VENTRE**, Matrice. Gl. *Venter.*

2. **VENTRE**. FRANC VENTRE, Femme de condition libre. Gl. *Venter.*

○ 3. **VENTRE**, Poitrine. Partonop. vers 4530 :

U le cuer de mon ventre trait.

G. Guiart, tom. 1, pag. 338, vers 7815 :

*En ceste guise s'acordèrent ;
Et tantost à Kalles mandèrent
Ce qu'il pensoient en leur ventres.*

VENTRÉE, Aliments, ce qui remplit le ventre. Gl. *Venter.*

VENTRIÈRE, Sage-femme. Gl. *Venter.* [Dit du Roi Guillaume, pag. 184.]

VENTRILLON. JESIR A VENTRILLON, Être couché sur le ventre. Gl. *Ventricola.*

VENUE, Revenu, profit. Gl. *Venuta.*

VENUGE, Instrument pour pêcher. Gl. *Rigo.*

VEOIR. SE FAIRE A VEOIR, Se faire voir, se montrer. Gl. *Facere videri*, sous *Facere 1.*

VEOUR, Celui qui est chargé d'examiner les dégradations des bois. Gl. *Visores 2.*

1. **VER**, Vallée, prairie. Gl. *Verceillum.*

○ 2. **VER**. Voyez *Vair* et *Vairon.*

○ 3. **VER**, Vers. Rutebeuf, tom. 1, pag. 16 :

*Cist mot me sont dur et diver,
Dont mult me sont changié li ver
  Envers antan.*

Pag. 25.

○ 4. **VER**, Printemps. Tristan, P. Páris, Catalogue, tom. 1, pag. 188 : *Tout maintenant que la grant froidure de cestui yver sera trespassée et nous serons en la douce saison que l'on apele le tens de ver.* Voyez Rayn. tom. 5, pag. 503², au mot *Ver.*

VERBAUMENT, Verbalement, de bouche. Gl. *Verbaliter 2.*

VERBELER, Parler, prononcer trop vite et peu distinctement. Gl. *Balbuzare.*

VERBODE, Règlement qui n'est que pour un temps. Gl. *Verbum.*

VERCAUPE, Le sommet de la tête. Gl. *Vertex.*

1. VERCHIÈRE, Dot assignée sur un fonds de terre. Gl. *Vercheria 1.*

2. VERCHIÈRE, Verger, ou terre cultivée joignant la maison. Gl. *Vercheria 2.*

VERCOLLE, Espèce de bricole. Gl. *Vercolenum.*

VERD, Drap de couleur verte. Gl. sous *Viride 2.*

VERDAGE, L'office de gardien des bêtes qui paissent dans un bois, et l'émolument qui en provient. Gl. *Viride 1.*

VERDERIE, Office et juridiction de verdier, ou garde forestier. Gl. *Viridaria.*

VERDOIÈR, Tâter quelqu'un, le provoquer au combat, l'appeler sur le pré. Gl. *Viridare.*

VEREC, Tout ce que la mer jette sur le rivage. Gl. *Verecum.*

VERECONDER, Couvrir de honte, déshonorer. Gl. *Verecundia 2.*

VERECQ, Tout ce que la mer jette sur le rivage. Gl. *Wreckum.*

VERECUNDENS, Honteux, qui manque de hardiesse. Gl. *Verecundiosus.*

VEREGLAZ, Verglas : d'où *Vereglacier*, Faire du verglas. Gl. *Gelicidium.*

VERGAGE, Le droit de jaugeage. Gl. *Vergaium.*

VERGAT, Sorte de filet pour la pêche. Gl. *Vergatum.*

1. VERGE, Certaine étendue autour du lieu qu'habite le roi. Gl. sous *Virga 5.*

2. VERGE, Charge ou office de sergent. Gl. *Virga 5.*

3. VERGE PELÉE, Bâton, dont on a ôté l'écorce, attribut des femmes débauchées. Gl. *Virga 3.*

VERGELÉ, Rayé de diverses couleurs. Gl. *Virgulatus.*

VERGERON, Petite verge, houssine. Gl. *Virgunculosus.*

VERGEUR, Jaugeur ; du verbe *Vergier*, Jauger, mesurer avec une verge. Gl. *Vergaium.*

⁕ **VERGIÉ**, VERGIER, comme *Verié.* Gérard de Vienne, vers 2438 :

Et fiert Rollan sor l'elme qu'est vergié.

Vers 2879 :

Grant cop li done sor son elme ver-
[*gier.*]

VERGIER, si ce n'est pas une faute pour VERSEROT, La saison du premier labour des terres. Gl. *Versana 2.*

VERGINE, Verge, certaine mesure de terre. Gl. *Virga 6.*

VERGISANT, Sorte de gros bois vieux. Gl. *Arbores jacentivas*, sous *Arbor 1.*

VERGLACIE, Verglas. Gl. *Gelicidium.*

VERGNE, Aulne, arbre. Gl. *Vergna.*

VERGNER, Soutenir les bords d'une rivière ou d'un fossé avec des branches d'arbre ou avec des pieux. Gl. *Guerignagium.*

VERGOIGNER, Couvrir de honte et d'infamie. Gl. sous *Paragium.* [Voyez Rayn. tom. 5, pag. 503², au mot *Vergognar.*]

VERGOINGNOIS, Canton du comté de Blois. Gl. *Vegoigniensis pagus.*

VERGOLAY, Nom d'une fête, qui peut-être se faisait au printemps. Gl. *Vergolay.*

VERGONDER, Déshonorer, couvrir de honte et d'infamie. Gl. *Verecundia 2*, et *Verecundium*. [SE *vergonder*, Devenir honteux. Partonop. vers 1279 :

Li enfes auques s'en vergonde.

Chron. des ducs de Norm.]

VERGONDEUX, Honteux, qui manque de hardiesse. Gl. *Verecundiosus.*

VERGONNER. SE VERGONNER, Avoir honte, avoir de la pudeur. Gl. *Verecundiosus.*

1. VERGUE, Verge, certaine mesure de terre. Gl. *Virga 6.*

2. VERGUE, Aune, mesure de drap. Gl. *Virga 6.*

VERGUHE, Verger, en Périgord. Gl. *Verguetum.*

VERIAL, Ouverture, fenêtre, soupirail fermé d'un châssis. Gl. *Veriale 2.* [Voyez Rayn. tom. 5, pag. 476², au mot *Veirial.*]

VERJAT, Instrument propre à la pêche. Gl. *Vergatum.*

VERIE, Certain office de cuisine ; peut-être celui de la nettoyer et de la laver : en ce cas il faudrait lire la *Laverie.* Gl. *Veria.*

VERIÉ, Qui est de diverses couleurs, émaillé. Gl. *Varius 3.*

VERIEL, Pâturage, lieu abondant en herbes. Gl. *Veriale 1.*

VERIERE, Vitre. Gl. *Verreriæ.*

VERISIER, Vitrer, garnir de verres. Gl. *Vitrare.*

VERITÉ, Déposition de témoins ; Enquête juridique ; Plaid, assise. Gl. *Veritas 1.*

VERLENC, pour Breland, jeu de hasard. Gl. *Berlenghum.*

VERMAIL, Vermeil, rouge. Gl. sous *Vermiculus.*

⁕ **VERMELLET**, Vermeil. Partonop. vers 567 :

*Bouce a petite, grosse levrete,
Toute alumée, vermellete.*

Voyez Rayn. tom. 5, pag. 509², au mot *Vermellet.*

VERMILLAGE, VERMULLAGE, -p. e. Le droit qu'on paye pour que les cochons puissent fouiller dans une forêt. Gl. sous *Vermiculus.*

VERMINE, Insecte, ver. Gl. *Vermen.*

⁕ **VERMS**, VERS, Dragon, serpent, bête malfaisante. Chron. des ducs de Norm. tom. 1, pag. 7, vers 116 :

*La terre est abitations
As poeples des humains lignages,
As verms e as bestes salvages.*

Partonop. vers 675 :

*De serpens et de wivres grans
Et de venimos vers volans.*

Chanson de Roland, st. 56, vers 3 :

El destre braz li morst uns vers si
[*mals.*]

Vers 8 :

La destre oreille al pramer ver tren-
[*chat.*]

Voyez Rayn. tom. 5, pag. 510¹, au mot *Ver*, et comparez *Vers.*

VERNÉ, Orné, garni. Gl. *Vernare 3.*

VERNEY, VERNOIS, VERNOY, Aulnaie, lieu planté d'aulnes, autrefois appelés *Vernes.* Gl. *Verniacum.*

VERNIR, Se dit des femmes qui mettent du rouge. Gl. *Vernicium.*

VERNOT, Sorte de filet ; ou Instrument pour pêcher. Gl. *Vernale.*

VEROLAGE, DROIT DE VEROLIE, Le droit de moulin bannal. Gl. *Verolagium.*

VERPIR, Déguerpir, abandonner. Gl. *Verpire.*

⁕ **VERRÉ**, Vitré, garni de vitres. Partonop. vers 10823 :

Et bien verrées les fenestres.

Voyez Rayn. tom. 5, pag. 476¹, au mot *Veirin.*

VERRERIE, VERRIERE, Vitre. Gl. *Verreriæ.* [Fenêtre. Flore et Blanceflor, vers 250. Dit du Roi Guillaume, pag. 176.]

⁕ **VERRINE**, Verre ? Flore et Blancefl. vers 2886 :

*Sa face de color très-fine
Plus clere que ne n'est verrine.*

Voyez *Voirine.*

VERROILH, Nom qu'on donnait aux offrandes dans quelques églises. Gl. *Verrolus.*

VERROUL, Sorte d'arme, ou épieu. Gl. *Verrolus.*

VERRUEIL, Sorte de filet, en Normandie. Gl. *Berlenghum.*

VERS, Verrat, le mâle d'une truie. Gl. *Homicidjum 1.* [Voyez Rayn. tom. 5, 503¹, au mot *Ver.*]

VERSAINNE, Se dit d'une terre préparée pour la semence. Gl. *Versana 2.*

VERSANE, Certaine mesure. Gl. *Versana 3.*

VERSELLER, Chanter des psaumes alternativement par versets. Gl. *Versulare.* [*Verseillier*, Roman de Renart, tom. 2, pag. 207, vers 15202. *Versillier*, G. Guiart, tom. 1, pag. 384, vers 7710.]

1. VERSER, Employer, dépenser. Gl. *Versare* 2. [*Verser une bourde*, Dire un mensonge. Roman de Renart, t. 4, p. 21, vers 562 :

Et Ysengrin li vierse
Une bourde pour lui deçoivre.]

° **2. VERSER**, Tomber. Garin le Loher. tom. 1, pag. 14 :

Com il sunt près voient lor gent ver-
[*ser*....
Et maint vassal trebuchier et verser.
Des Loherens nos font tels cens ver-
[*ser.*
Pag. 37 :

As ars Turquois font notre gent ver-
[*ser.*
Comparez *Berser*.

VERSERET, VERSEROT, La saison du premier labour des terres. Gl. *Versana* 2.

VERSSANE, Certaine mesure. Gl. *Versana* 3.

1. VERT, Feuille ou branche verte d'une forêt. Gl. *Viride* 1.

° **2. VERT**, Vair, Partonop. vers 5084 :

De bon vert et de gris novel.

VERTAIL, Terme de tonnelier. Gl. *Vertebrum*.

VERTAY, VERTEIL, Espèce de bouton qu'on met à un fuseau pour le faire tourner plus aisément. Gl. *Vertebrum*.

VERTEMOULA, VERTEMOULTE, Certain droit usité en Normandie. Gl. *Vertemoula*.

VERTEVELLE, Gond. Gl. *Vertevella*.

VERTIR, Tourner, changer. Gl. *Vertere* 1, et *Vertitus*. [Garin le Loher. tom. 1, pag. 79 :

Qu'en autre soit li suen consaus vertis.
— Pag. 227 :

Quel part iront et où pouront vertir.
Chastel. de Couci, vers 7074 :

Chascuns vers son ostel verty.
Voyez Rayn. tom. 5, pag. 517², au mot *Vertir*.]

VERTON. SAINT MARTIN DE VERTON, La saint Martin d'hiver. Gl. *Festum S. Martini*.

VERTOQUER, Mettre un tonneau en état de servir. Gl. sous *Vertebrum*.

° **VERTU**, Force; miracle. Roman de Renart, tom. 1, pag. 26, vers 687 :

De tel vertu à soi la tire.

Flore et Blancefl. vers 653 :

Pieres i a qui vertus ont
Et moult grans miracles i font.

Gérard de Vienne, vers 718 :

Par cel apostre por cui Deus fait vertu.

Chanson de Roland. Voyez Rayn. tom. 5, pag. 514², au mot *Vertut*, Gl. *Virtus*.

VERTUEUX, Fort, robuste, vigoureux. Gl. *Virtuosus*.

VERVELLE, Anneau qu'on attachait au pied du faucon. Gl. sous *Vervilium*.

VERUQUE, Aulne ou Saule. Gl. *Veruhia*.

VERZEUL, Verveux, espèce de filet pour prendre du poisson. Gl. *Vervilium*.

VESARDE, Peur, frayeur, épouvante. Gl. *Vesanior*.

° **VESCI** QUE, Jusque. Chastel. de Couci, vers 3665 :

S'elle n'i est, ralés vous-ent......
Vesci que à un autre point,
Que vous y venrez mieux à point.

VESINETÉ, Voisinage. Gl. *Vicinium*.

VESKE, Évêque. Gl. *Episcopus*.

VESOCH en Albigeois, ailleurs *Besog*, Serpe, houe, pioche. Gl. *Besogium*.

VESPIAIRE, VESPICE, Celui qui arrache les épines et les broussailles, qui défriche une terre. Gl. *Vespa*.

VESPRE, Soir. Gl. sous *Vesperæ*. [Partonop. vers 589, 10562.]

VESPRÉE, Veillée, assemblée du soir. Gl. sous *Vesperæ*.

VESQUE, Évêque. Gl. *Episcopus*.

VESSELLEMENT, VESSELLEMENTE, Vaisselle, vaisseaux pour le service de la table. Gl. *Vessellamentum*, sous *Vessella*. [Halliwell, **Vessellment**. Voyez *Vaselemente*.]

1. VEST, Ce qu'on paye au seigneur pour le droit d'investiture. Gl. *Vestitura*, sous *Vestire* 1.

2. VEST, La cession que fait un propriétaire. Gl. *Vestitura*, sous *Vestire* 1.

VESTEMENT, Ornement d'église. Gl. *Vestis*.

VESTES, Lots et ventes, droit seigneurial. Gl. *Vestitura*, sous *Vestire* 1.

VESTEUR, Celui qui a soin de ce qui concerne le vêtement. Gl. *Vestiarius*.

VESTEURE, Habit, tout ce qui sert à vêtir. Gl. *Vestura* 1.

1. VESTIAIRE, Vêtement, habit d'église. Gl. *Vestiarium*.

2. VESTIAIRE, Lieu où l'on conserve les habits, les bijoux et même l'argent. Gl. *Vestiarium*.

1. VESTIR, Donner l'investiture, mettre en possession. Gl. *Vestire* 1.

2. VESTIR, Orner, décorer. Gl. *Vestire* 3.

VESTISON, Investiture. *Faire Vestison*, Mettre en possession. Gl. *Vestirum*.

VESTUE, Saisine, possession. Gl. *Vestitio*, sous *Vestire* 1.

1. VESTURE, Habit, tout ce qui sert à vêtir. Gl. *Vestitura* 1.

2. VESTURE, Ce qu'on paye au seigneur pour le droit d'investiture. Gl. *Vestitura*, sous *Vestire* 1.

3. VESTURE. METTRE EN VESTURE, Donner l'investiture, mettre en possession. Gl. *Vestura*, sous *Vestire* 1.

4. VESTURE, Les fruits dont une terre cultivée est garnie. Gl. *Vestura*, sous *Vestire* 2.

VESTUSVELUÉ, Qui est vêtu ou couvert de velours. Gl. *Velludellum*.

VESVAIGE, Le droit qu'a le mari en Normandie de jouir par usufruit des biens de sa femme morte, quand il en a eu un enfant né vif; d'où *Vesvé*, La jouissance de ce droit. Gl. *Viduitas* 2.

VESVET, Viduité, veuvage. Gl. *Viduitas* 2.

1. VETE, Celui qui fait le guet. Gl. *Wactæ*.

2. VETE, Sorte d'arme. Gl. sous *Vetum*.

VETER, Défendre, prohiber. Gl. *Vetatum*.

VETUEILLER, VETUIELLER, Avitailler, fournir des vivres. Gl. *Receptare* et *Vitellatio*.

VEU, pour VOEU ou VOUT, Figure de cire qui représentait celui qui désirait de blesser ou de tuer en la piquant. Gl. sous *Votum* 4. [*Veu*, Vœu, Roquef. — *Je veu*, Je voue, je jure. Agolant, pag. 168² :

Mes par mon chief, nos lor contredi-
[*ron,*
Ge veu à Dieu et à son glorios non.

Voyez Rayn. tom. 5, pag. 573¹², aux mots *Vot* et *Vodar*.]

VEUDER, Vider, quitter, sortir d'un lieu. Gl. *Tallium* 6.

VEUDIR, Gauchir, éviter en se détournant. Gl. sous *Gaudiosus*.

VEUE, Jugement, examen, enquête, descente sur les lieux qui font l'objet d'un procès. Gl. *Veuta* et sous *Visus*.

VEVETÉ, VEUFVETÉ, Viduité, veuvage, les droits d'une veuve. Gl. *Viduitas* 2.

VEUGLAIRE, Machine de guerre, arme à feu. Gl. *Vuglaria*.

VEUILLE, Ruelle de lit ; p. e. pour *Venelle*. Gl. *Venella* 1.

° **VEUL**. MON VEUL, A ma volonté. Wackern, pag. 18 :

Dès k'enpris et comenciet l'ais
Jai mon veul ne t'en partirais.

Fabliau de l'Escuiruel :

Volez le vous ? Oïl mon veul,
Aus mains le tenisse-je ore.

Voyez Rayn. tom. 5, pag. 561¹, au mot *Vol*, et ci-dessous *Voel*.

° **VEUS**, Vide. Wackernagel, pag. 6 :

Li dus est remonteis de joie mes et
[*veus.*
Roquef. *Veude*.

° **UEVRE**, comme *Oevre*. Partonop. vers 3082, 6900. Roman de Renart, t. 1, p. 27, vers 720, pag. 32, vers 852 var.

VEUVETÉ, Viduité, veuvage. Gl. *Viduitas* 2.

UI, Aujourd'hui. Gl. *Inceptum*.

VIAGE, Rente ou pension viagère, revenu annuel d'une terre. Gl. *Viagium* 2.

VIAGERESSE, Usufruitière, celle qui jouit d'une rente ou d'une pension viagère. Gl. *Viageria*.

VIAGIER, Usufruitier. Gl. *Viagerius*.

1. **VIAIRE**, Visage. Gl. *Viarium*. [Partonopex, vers 4876, 10708. Chastelain de Couci, vers 618, 6616. *Viare*, Gérard de Vienne, vers 642. Aubri, pag. 174¹. Chronique des ducs de Normandie. Voyez Rayn. t. 5, p. 534², au mot *Veiaire*.]

° 2. **VIAIRE**, Avis, manière de voir. Chron. des ducs de Norm. t. 2, p. 513, vers 30108 :

Ne me fu avis ne viaire
Que j'en déusse autre rien faire.

Pag. 565, vers 31458 :

Sire, fet-ele, ce m'est viaire
Que, etc.

Pag. 142, vers 19525 :

Mais ne nos est pas à viaire
Que, etc.

Pag. 387, vers 26635 :

Kar ce li estoit à viaire.

Tom. 1, pag. 197, vers 3264 :

C'en est le mielz, ço m'est viaire.

Voyez Rayn. ibid.

VIANDE, S'est dit du pain et de toute espèce de nourriture. Gl. *Vianda*. Chron. des ducs de Norm.

° **VIANDIER**, Riche, hospitalier. Chronique des ducs de Normandie. Voyez *Vivendiers*.

VIANOIE, Toison. Gl. *Vianenses*.

° **VIAS**, Viaz, A l'instant même, sur-le-champ. Chron. des ducs de Norm. Partonop. vers 6987, 7184. Roman de Renart, tom. 4, pag. 47, vers 1297 :

Que morir vos covient vias.

VIAUL, Chemin, sentier. Gl. *Viaculum*.

1. **VIAUTRE**, Chien de chasse. [Partonop. vers 534. *Veltre*, Chanson de Roland, stance 56, vers 6] ; d'où *Viautrer*, Chasser avec des chiens. Gl. *Canis veltris*, sous *Canis* 2 et *Vautrarius*.

2. **VIAUTRE**, Péager, celui qui fait payer le péage. Gl. sous *Vecticare*.

VIBAILLIF, Celui qui fait en second les fonctions de bailli. Gl. *Vicebaillivus*.

VICAIRE, Celui que les gens de mainmorte sont obligés de fournir au seigneur suzerain du fief. Gl. sous *Vicarius*.

VICAIRIE, Chapelle, bénéfice ecclésiastique. Gl. *Vicaria*, sous *Vicarius*.

VICARIAT, Procuration. Gl. *Vicarius*.

1. **VICE**, Injure, calomnie. Gl. *Vitius*.

° 2. **VICE**, Rusé, habile. Chron. des ducs de Normandie. Voyez *Viseus*.

VICES, Fonction, emploi, charge qu'on exerce pour un autre. Gl. *Vices* 2.

VICONTAGE, Vicontaige, Sorte de droit dû au vicomtes. Gl. *Vicecomitatus*, sous *Vicecomes* et *Vicontagium*.

VICONTÉ, Le même. Gl. *Vicecomitatus*.

VICONTIER, Vicomte ; d'où *Justice Vicontière*, Moyenne justice. Gl. *Vicecomes*.

VICTOIRE, Fête, réjouissance publique. Gl. *Victoriosus*.

VICTORIEN, Victorieux, celui qui a vaincu. Gl. *Victoriosus*.

VICTORIER, Remporter une victoire. Gl. *Victoriare*.

VIDAILLE, La visière d'un casque. Gl. *Visera*.

VIDAMÉ, L'hôtel d'un vidame. Gl. *Vicedamus*.

VIDAMESSE, La femme d'un vidame. Gl. *Vicedomina*.

VIDAMETÉ, Office et dignité de vidame. Gl. *Vicedominium*.

VIDECOQ, Grosse bécasse. Gl. *Videcoqs*.

° **VIDNE**. Voyez *Visné*.

VIDOMNAT, Dignité de *vidomne*, pour Vidame. Gl. *Vicedognatus*.

1. **VIE**, Voie, chemin. Gl. *Via* 1.

2. **VIE**. Fille de vie, Qui mène une vie débauchée. Gl. *Vita*.

° **VIÉ**, Interdit, défense. Partonop. v. 4244 :

Tel l'aurai se me guerpissies
Sans moi veoir altre mes viés.

Chronique des ducs de Normandie, t. 2, pag. 27, vers 16076 :

N'i troverent vié ne content.

Voyez Vées 1.

1. **VIEILLE**, Espèce de poisson. Gl. *Turdus*.

2. **VIEILLE**, Vielle, Meule de foin, de paille, etc. Gl. sous *Viellare*.

VIEILLEUR, Vétusté. Gl. *Vetustitas*.

VIELOOR, Joueur de *vielle* ou de violon. Gl. *Viellator*, sous *Vitula*.

° **VIELZ**, Vieux. Chanson de Roland, st. 40, vers 2 :

De Carlemagne ki est canuz e vielz.

Partonop. vers 208 :

Tant que Nestor li viols chenus.

Lisez *Viels*, comme au mscr. 1239. *Viés*, vers 8539.

VIENAGE, Le droit qu'on payait pour la sûreté des grands chemins. Gl. *Wisnagium*, sous *Guida*.

VIENTRAGE, pour Vieutrage. Gl. *Vecticare* et *Vineragium*.

1. **VIER**, Pêcherie, gord. Gl. sous *Vieria* 2.

2. **VIER**, Vierg, Viguier, juge subalterne. Gl. *Vigerius*.

° 3. **VIER**, comme *Veer*, Défendre. Chron. des ducs de Norm. t. 1, pag. 597, v. 12693 :

Mais ce ne vout pas consentir
Li reis, ainz le vie e defent.

VIERE, Visage, mine. Gl. *Viarium*.

° **VIEREL**, Verrou. Renart le Nouvel, tom. 4, pag. 236, vers 2826 :

Renart l'uis defferme à le clef
Et puis entre ens trestot souef
Et puis le referme au vierel.

Desvierillée, pag. 239, vers 2857.

VIERG, Le premier magistrat d'Autun. Gl. *Vergobretus*.

VIERSCHARE, Tribunal de justice en Flandre. Gl. *Vierscara*.

1. **VIESE**, Se dit d'une chose défendue. Gl. *Vietatio*.

2. **VIESE**, Chose passée, usée. Gl. *Viezeria*.

VIESIER, Fripier, celui qui raccommode et vend de vieux habits et autres meubles. Gl. *Viezeria*.

VIES-WARE, Friperie ; d'où *Vies-warier*, Fripier. Gl. *Viezeria*.

VIEUSTRAGE, Vieutraige, Droit sur les marchandises qu'on fait *vieutrer* ou voiturer. Gl. *Vecticare*.

VIEUTANCHE, Mépris, dérision. Gl. *Vilipendium*.

VIEUTRER, Voiturer. Gl. *Vecticare*.

VIF. Faire feu vif, pour signifier, Faire sa résidence, être domicilié. Gl. sous *Focus*.

VIFZ, Escalier tournant en façon d'une vis. Gl. *Vis* 2.

VIGNAU, Vigne. Gl. *Vignalis*.

VIGNERON, Cabaretier ; d'où l'on appelle à Lille *vigneron* la cloche de la retraite des bourgeois, parce qu'après qu'on la sonnée les cabarets doivent être fermés. Gl. *Campana bibitorum*.

VIGNIER, Messier, garde des vignes. Gl. *Vinearius*.

VIGNOU, Vignoy, Vignoble. Gl. *Vinoblium* et *Vignoblum*.

° **VIGOR**, Vigueur. Partonop. v. 2246 :

Il les sostient à grant vigor :

Voyez Rayn. tom. 5, pag. 543¹, au mot *Vigor*.

VIGUIER, Lieutenant. Gl. *Vigerius*.

VIILLE, Vrille. Gl. sous *Vigilia*.

VILAIN, Serf, *homme de mainmorte*, roturier. Gl. sous *Villani*.

VILAIN Lieu, Celui qui ne jouit d'aucune franchise. Gl. sous *Villani*.

VILANER, Injurier, outrager. Gl. sous *Villania*.

° **VILE**, Ferme. Roman de Renart, t. 1, pag. 49, vers 1271 :

La vile séoit en un bos,
Moult i ot gelines e cos,

Anes, malarz et jars et oes ;
Et mesire Costant Desnoes
Uns vilains qui moult est garniz
Manoit moult près du plaiséiz.
Garin le Loher. tom. 1, pag. 166 :
Ardent les villes, la fumée en issit,
La proie chassent et maint vilains
[*sont prins....*
Qu'ensemble estoit li chevalier gentil
Aus bonnes villes, aus chatiaus signoris;
Or sunt aus villes, aus bors et aus
[*maisnis*
Et aus buissons ensemble o les berbis.
Voyez Rayn. tom. 5, pag. 546², au mot *Vila* et Gl. *Villa*.

VILEIN, Serf, homme de mainmorte, roturier. Gl. sous *Villani*.

VILEINE. DONNER A VILEINE, Donner à cens et à rente. Gl. *Vilania*, sous *Villenagium*.

1. **VILENAGE**, Terre ou héritage tenu à cens, à rente et autres services. Gl. sous *Villenagium*.

2. **VILENAGE**, Lieu où habitent des vilains ou serfs. Gl. sous *Villenagium*.

1. **VILLAIN**, Roturier, paysan, serf. Gl. sous *Villani*.

2. **VILLAIN**, Espèce de poisson, meunier. Gl. sous *Villani*.

3. **VILLAIN**, Sorte de chandelier de bois. Gl. sous *Villani*.

1. **VILLANIE**, Parole injurieuse et outrageante. Gl. *Villania*.

2. **VILLANIE**, Blessure, plaie considérable. Gl. *Vileniare*.

1. **VILLE** D'ARREST, Dans laquelle les marchands forains peuvent arrêter et saisir les biens et les personnes de leurs debiteurs. Gl. *Arresti villa*, sous *Arrestum* 1.

2. **VILLE** BAPTICE ou BATEICHE, Celle qui n'a point de commune. Gl. *Villa legis*.

3. **VILLE** DE LAY, pour VILLE DE LOY, Celle qui a une commune et qui se gouverne par ses propres lois et coutumes. Gl. *Villa legis*.

4. **VILLE**. PERDRE LA VILLE, Être banni. *Rendre la villa*, Rappeler du bannissement. Gl. sous *Villa*.

VILLENAGE, Cens ou rente sur une terre ; d'où *Mettre en Villenage*, Soumettre à un cens ce qui en était exempt. Gl. sous *Villenagium*.

VILLENER, Blesser grièvement. Gl. *Vileniare*.

VILLETTE, Petite vrille. Gl. sous *Vigilia*.

VILLEUR, Celui qui veille, qui fait le guet. Gl. *Vigilator*.

VILLOIS, VILOIS, Village, hameau. Gl. *Villare*.

VILLUSE, Velours. Gl. *Villosa*.

° **VILMENT**, Vilement, avec mépris. Roman de Renart, tom. 1, pag. 8, v. 199 :
Moult en puet-l'en vilment parler.

Voyez Rayn. tom. 5, pag. 544², au mot *Vilmen*.

VILONIE, VILONNIE, Parole injurieuse et outrageante. Gl. *Villania*. [Wolf, *über die Lais*, pag. 473 :
Qui ne vos anoncha mie
Novelles de vilonie.
Voyez Velonnie.]

VILTANCE, Mépris. Gl. *Vilipendium*. [Roman de Renart, tom. 1, p. 18, v. 468. G. Guiart, tom. 1, pag. 90, vers 1790.]

VIMAIRE, Orage, tempête, toute espèce d'accident qu'on ne peut prévenir, force majeure. Gl. *Vimarium*.

VIMOI, Osier. Gl. *Vimus*.

1. **VIN** BASTART, Vin mêlé d'eau. Gl. *Vinum bastardum*.

2. **VIN** BOUTÉ, Qui est gâté, vin aigri. Gl. *Vinum betatum*.

3. **VIN** DE BUFFET, Vin mêlé d'eau. Gl. *Vinum buffeti*.

4. **VIN** LE CONTE, Droit seigneurial sur les vignes. Gl. *Vinum Comitis*.

5. **VIN** DE COUCHIER, Présent en viande et en vin, ou en argent, que les nouveaux mariés donnaient aux jeunes gens du lieu, pour avoir la liberté de coucher avec leurs femmes. Gl. *Vinum maritagii*.

6. **VIN** DE COUCHIER, qu'on donnait à certains officiers de chez le roi. Gl. *Vinum cubitus*.

7. **VIN** DE MARIAIGE, Ce qu'un artisan paye à ses compagnons quand il se marie. Gl. *Vinum maritagii*.

8. **VIN** DE MOITIÉ, Qui se partage entre le propriétaire de la vigne et le vigneron. Gl. *Vinum mediatarium*.

9. **VIN** D'OST, Certain impôt pour les frais de la guerre. Gl. *Vinum hostis*.

10. **VIN** POIREAU, Cidre. Gl. *Vinum piraceum*.

11. **VIN** DE SAC, Fait de lie de vin et d'eau, coulés par un sac. Gl. *Saccatum et Vinum saquatum*.

12. **VIN** DE SAINT JEHAN, Vin fort, capiteux, ou venant d'un endroit de ce nom. Gl. *Vinum S. Johannis*.

13. **VIN** DE TAINTE, Dont on se sert pour donner de la couleur à d'autre vin. Gl. *Vinum tinctum*.

VINADE, Corvée que doit un sujet à son seigneur pour mener son vin. Gl. *Vinada* 1.

1. **VINAGE**, Droit seigneurial sur les vignes. Gl. *Vinagium* 2.

2. **VINAGE**, Droit sur le vin pressuré au pressoir bannal. Gl. *Vinagines*, sous *Vinagium* 2.

3. **VINAGE**, VINAIGE, Droit de péage et toute autre espèce d'impôt. Gl. *Vinagium*, sous *Guida*, et *Vinagium* 5.

4. **VINAGE**, VINAIGE, Pot-de-vin du marché. Gl. *Vinagium* 6.

VIN-DONNER, Présent en viande et en vin, ou en argent, qu'un nouveau marié donnait à ses compagnons le jour de ses noces. Gl. *Vinum maritagii*.

1. **VINER**, Cultiver la vigne, provigner. Gl. *Vineare*.

2. **VINER**, Vendre, débiter du vin. Gl. *Vineare*.

VINGNEUR, VINGNIER, Messier, garde des vignes. Gl. *Vinearius*.

VINGTAIN, Les murs d'une ville, son enceinte. Gl. *Vinearius*.

VINIER, Marchand de vin. Gl. *Vinarius*.

VINOTE, Droit seigneurial sur les vignes. Gl. *Vinatum*.

VINOTIER, Marchand de vin. Gl. *Vinatarius*.

VINTISME, Vingtaine. Gl. *Vintenum*.

VINTRERIE, Office ou charge de *Vintre* ou geôlier. Gl. *Vinctura* 2.

VIOLER, Jouer de la vielle ou du violon, et même de la lyre. Gl. *Vitula*.

VIOLET, Petite voie, sentier. Gl. *Violetum*, sous *Violus*.

VIOLETÉ, Profanation. Gl. *Violentia*.

VIOLEUR, Violateur, celui qui viole et rompt un traité. Gl. *Fraiterius*.

VIOLIER, Certain ouvrage de maçonnerie. Gl. *Violarium* 2.

° **VIOLS**, Vil, vile. Partonop. v. 1328 :
N'en doit estre pas viols tenue.
Vers 2551 :
Povres et viols fu et caitis.
Vers 2573 :
Ses viols parens a tos francis.
Vers 8599 :
Viols dras et viés avoit vestus.
Voyez Vis 3, et Rayn. tom. 5, pag. 545¹, au mot *Vilzir*.

VIPILLON, Goupillon pour asperger. Gl. *Vispilio*.

VIQUET, Guichet. Gl. *Guichetus*.

° **VIR**. Voir. Roi Guillaume, pag. 125.

VIRAILLE, Courroie, lanière, fouet de cuir. Gl. *Vira* 2.

° **VIRANZ**, G. Guiart, tom. 2, pag. 325, vers 8440 :
Maint en a là preuz et viranz.

VIRATON, Trait d'arbalète. Gl. *Veretonus*.

VIRE, Trait d'arbalète. Gl. *Vira* 2. [? G. Guiart, tom. 2, pag. 322, vers 8369 (17359):
Quant il sentent l'acier ès joes,
Qu'en leur abat là par granz ires
A trestournées et à vires.

VIRELAN, Monnaie d'argent des ducs de Bourgogne pour la Flandre. Gl. *Virlanus*.

VIRELI, Sorte de jeu, ou badinage peu décent. Gl. *Vireli*.

1. **VIRER**, Chasser, mener devant soi. Gl. *Virare* 3.

° 2. **VIRER (SE)**, Se tourner, se diriger. Partonop. vers 8807 :

Partonopeus à lui se vire....
Sel sorprent et fiert en son tor.

VIRETON, Trait d'arbalète. Gl. *Veretonus*, et *Vira* 2.

VIREULLE, Virole. Gl. *Virola.*

° **VIRGENE**, Vierge. Roi Guillaume, pag. 57 :

Tos sains et totes virgenes aime.

VIRGINE, Verge, certaine mesure de terre. Gl. *Virga* 6.

VIRGRAIN, Criblures, menues pailles. Gl. *Vogranum.*

VIRLAIN, VIRLAN, VIRLEN et VIRLLAN, Monnaie d'argent des ducs de Bourgogne pour la Flandre. Gl. *Virlanus.*

VIROEULE, Virole. Gl. *Virola.*

VIROLET, Girouette. Gl. *Virare* 1.

VIRONNER, Tourner autour. Gl. *Virare* 1.

VIRSCARE, Sorte de tribunal et de juridiction en Flandre. Gl. *Virscara.*

UIS, Porte, entrée. Gl. *Huisserium.*

° 1. **VIS**, Visage. Garin le Loher. t. 1, pag. 86 :

Li vis li sue et la face environ.

Partonop. vers 3988 :

Iols gros et vairs, vis cler et franc.

Chron. des ducs de Norm. Rayn. tom. 5, pag. 584¹, au mot *Vis.*

° 2. **VIS**, Vif, vivant. Chron. des ducs de Norm. tom. 2, pag. 34, vers 16266 :

Ne quide pas ne li est vis
Que jà un sol en eschat vis.

Voyez le Glossaire sur cette Chron. Garin le Loher. tom. 1, pag. 31 :

Godins l'entent, à poi n'enrage vis.

Pag. 152 :

N'ai tant de terre où me cuichasse vis.

° 3. **VIS**, Vil, vile. Voyez *Viols.* Roman de Renart, tom. 1, pag. 19, v. 497 :

Pute orde vis, pute mauvese.

Gérard de Vienne, vers 586 :

Lai n'espairgnoit li plus jones l'anné,
Ne li pluis viz le haut prinze chasé.

Chron. des ducs de Norm. Roquef.

° 4. **VIS**, Avis. Chron. des ducs de Norm. Rayn. tom. 5, pag. 584² au mot *Vis,* Roquef.

° **VISABLEMENT**, Visiblement, face à face. Ruteb. tom. 2, pag. 249 :

Et des Jacobins ensement
Qui voient Dieu visablement.

Voyez Rayn. tom. 5, pag. 583², au mot *Vesiblament*, et Chron. des ducs de Norm. au mot *Visaument.*

VISADMIRAL, Celui qui exerce les fonctions de châtelain ou de garde d'un château. Gl. *Amir.*

1. **VISAGE**. FAUX ou FOL VISAGE, Masque. Gl. *Visagium.*

2. **VISAGE**. FAIRE VISAGE, Faire face. Gl. *Visagium.*

VISAIGE, La partie du chaperon qui enveloppait le visage. Gl. *Visagium.*

VISANCE, Apparence. Gl. *Visagium.*

VISER, Examiner, observer, reconnaître. Gl. *Visores* 2.

° **VISEUS**, Habile, intelligent. Renart le Nouvel, tom. 4, pag. 134, vers 221 :

C'est que faire chevalier voel
A cest haut jour mon fil Orguel...
Qu'il est viseus, larges, hardis.

Roi Guillaume, pag. 144 :

La dame fu sage et viseuse
Si nel torna mie à huiseuse.

Comparez *Veizé* et *Vize.* Voyez *Voisos.*

VISITACION, Visite, inspection. Gl. *Visores* 2.

VISLE, Vrille ou forest. Gl. sous *Vigilia.*

° **UISME**, Huitième. Partonop. v. 6165.

VISMIERE, Oseraie. Gl. *Vismeria.*

VISNAGE, Voisinage. Gl. *Vicinium.*

VISNÉ, Village, hameau. Gl. *Vicinia.* [Voisinage. Voyez le Gloss. sur la Chron. des ducs de Norm. au mot *Vidnez.*]

VISQUEUX, Vicomte. Gl. *Vicecomitatus.*

UISSE, L'ouverture d'un casque, par où l'on peut voir, visière. Gl. *Viseria.*

UISSERIE, Office et dignité dans la cour des comtes de Flandre. Gl. *Huisserius* 2.

UISSIER, Sorte de vaisseau propre au transport des chevaux. Gl. *Bussa.*

1. **VISTE**, Espèce de vase, urne sépulcrale. Gl. *Vista* 5.

° 2. **VISTE**, Prompt, vite. G. Guiart, t. 1, pag. 118, vers 2533 :

Anglais sont vistes durement.

Rutebeuf. tom. 2, pag. 245 :

On ne le saura jà tant viste
Que tu montes l'eschaillon siste.

VIT DE BEUF, Nerf de bœuf. Gl. sous *Vigilia.*

VITAILLES, VITAILLOURS, Vivres, toute espèce d'aliments. Gl. *Vitalia* 2, et *Vitellatio.*

VITALIER, Vivre ou amasser des vivres. Gl. *Vitalia* 2.

VITIGAL, Droit seigneurial, tribut, péage. Gl. *Vectigalia.*

VITUPERABLE, Injurieux, offensant. Gl. *Vituperosus.*

VITUPERI, Lampe dans le pays de Mande. Gl. *Vituperosus.*

° **VIVAINE**, Vivante. Wolf, *Uber die Lais*, pag. 473 :

Desor toi n'a signorie
Nule feme vivaine.

VIVE. ESTRE EN VIVE, Être inquiet, être en alerte. Gl. *Vivendus.*

VIVELOTTE, ou VIVENOTTE. Ce qui appartient à une veuve pour son vivre, sur les biens de son mari. Gl. *Vitalitium.*

° **VIVENDIER**, Libéral, hospitalier. Flore et Blanceff. vers 3211 :

Sages hom et hardis guerriers
Et biax et larges vivendiers.

Voyez *Viandier.*

VIVEROU, Garenne, ou Vivier. Gl. *Viverius.*

VIVIER, Boutique où l'on conserve le poisson. Gl. *Vivierium.*

VIVRE, Vipère. Gl. *Viverita.* [Roman de Renart, tom. 1, pag. 27, vers 718.]

VIVRE NATUREL, Pension viagère, le nécessaire pour vivre. Gl. *Victus* 1.

VIVRET, Vivier, étang. Gl. *Vivarius.*

VIUTÉ, pour VILTÉ, Se dit de quelque chose qui est vil. Gl. *Vitipendium.* [Roman de Renart, tom. 4, pag. 77, vers 2138 :

J'en aroi viuté
A souffrir.

Laborde, pag. 170. Voyez Rayn. tom. 5, pag. 544², au mot *Viltat, Viutat.* Chron. des ducs de Norm. au mot *Viltet.*

1. **VIZ**, Escalier tournant en façon d'une vis. Gl. *Vis* 2.

° 2. **VIZ ?** Agolant, pag. 163² :

Quant Hiamont voit l'enseigne à viz Girart
Desus la tor qui reflamboie et art.

° **VIZE**, Habile, rusé. Chron. des ducs de Norm. Voyez *Vice* 2.

° **ULLER**, USLER, Hurler. Roman de Renart, tom. 1, pag. 19, vers 495 :

Il ulle et bret come desvez.

Gérard de Vienne, pag. 157¹ :

Et les chiens d'autre part et glatir et usler.

Voyez Rayn. t. 5, p. 445², au mot *Ululer.*

ULTER, Heurter ; d'où *Ultement,* Heurtement, choc. Gl. *Ultare.*

UMAGE, faute pour VINAGE, Sorte de péage. Gl. *Winagium,* sous *Guida.*

° **UMBRAIGE**, Sombre, obscur. Wackernagel, pag. 5 :

Cui il gitait de la prixon umbraige.

Umbrei, Obscurité, ténèbres. Chron. des ducs de Norm. Voyez Rayn. t. 4, p. 808², au mot *Ombraill,* Roquef. *Umbrage.*

UMBRIER, Se mettre à l'ombre, se cacher. Gl. sous *Umbrale.*

UMDÉER, Ondoyer, jeter de l'eau sur la tête d'un enfant, en attendant les cérémonies du baptême. Gl. *Undeiare.*

UMEAU, UMELAGE, Houblonnière. Gl. *Humularium.*

° **UN**, Même, égal. Chastel. de Couci, vers 1859, 1881, 1892. Roman de Renart, tom. 1, pag. 5, vers 114 :

Moult par furent bien d'un lignage
Et d'unes meurs et d'un corage.

Voyez Rayn. tom. 5, pag. 446², au mot

Uns. — Uns, Unes, La paire. Partonop. vers 5549 :

Unes esperons li a cauciés.

Vers 5075 :

Et d'unes hueses fors et dures.

Roi Guillaume, pag. 104 :

Unes hueses de vace.

Mantel Mautaillé, vers 557 :

Le mantel qui gisoit à terre
Or i covient ataches querre...
Et il en i mist demanois
Unes qu'il prist en s'aumosnière.

Chastel. de Couci, vers 1086 :

Couvert d'unes armes d'argent
Au lyon de geulles fourchie.

Voyez Orell, pag. 14, Rayn. t. 5, p. 447¹, au mot *Uns*.

UNCTION. ESTRE MIS EN UNCTION. Recevoir l'extrême-onction. Gl. *Unctio.*

UNIFIER, Unir, ne faire qu'un. Gl. *Unificare.*

UNIGAMIE, Monogamie. Gl. *Unigamus.*

UNIVERSITÉ, Communauté de ville. Gl. *Universitas.*

UNXION. FAIRE METTRE EN UNXION, Faire administrer l'extrême-onction. Gl. *Unctio.*

VOAILLOR, Celui qui veut du bien à quelqu'un, qui l'aide et le favorise, partisan. Gl. *Valitor*, sous *Valere.*

VOAIN, L'automne, la saison où l'on cueille les fruits appelés *vains* ou *gains*. Gl. *Gagnagium* 1.

VOCATION, Manière de faire entendre quelque chose par signes. Gl. *Vocatio* 1.

VOCHÉ, ou p. e. NOCHE, Paîtrin. Gl. sous *Vocamentum.*

VOCHER, Citer, appeler en justice. Gl. *Vocare.*

VOÉ, Voie, chemin. Gl. *Voa* 2.

VOEIRE, Verre à boire. Gl. *Vitrum.*

° **VOEL**, VOIL, VOL, VUEL, Volonté. Roman de Renart, tom. 3, p. 131, v. 28352 :

Je vos enseignerai mon voil.

Partonop. vers 8945 :

Et l'euscent lor voel ocis
Assés plus volentiers que pris.

Vers 2588 :

Jamais n'en levera son vuel.

Vers 9884 :

Se li paien en fissent duel
Gregnor le feiscent, mon vuel,
Quant li sodans chaï mors jus.

Gérard de Vienne, vers 343 :

Tot l'ait Karlon son vol or exsillis.

Chron. des ducs de Norm. au mot *Vol*. Rayn. tom. 5, pag. 561² au mot *Vol*, ci-dessus *Veul.*

VOER, Appeler, citer en justice. Gl. *Vocare.*

° **VOER**, Désirer ? Chanson du Chastel. de Couci, Laborde, pag. 262 :

Me fet chanter de la plus debonnere
Qu'on puist el mont ne voer ne trouver.

VOGE, Espèce de serpe. Gl. *Vougetus.*

VOGEMENT, Appel en justice, assignation ; du verbe *Vogier*, Citer, appeler en justice. Gl. *Vocamentum.*

VOGUE, Fête du patron d'un lieu où il y a concours de peuple. Gl. *Vogues.*

VOGUEUR, Rameur. Gl. *Vogherii.*

VOI, Vuide. Gl. *Vacuamentum.*

VOIAGE, Bateau ou voiture qui passe. Gl. *Voiagium.*

VOIAGIER, Messager, commissionnaire. Gl. *Voiagium.*

VOICTURON, Voiturier, charretier. Gl. *Voictura.*

1. **VOIDE**, Guède, pastel. Gl. *Vailda.*

2. **VOIDE**, Nul, qui n'a aucun effet. Gl. *Evacuare*, sous *Vacuus.*

VOIDIE, Félonie, trahison, tromperie. Gl. *Bausia.*

VOIE, Voyage, pèlerinage. Gl. *Vial ultramarina*, sous *Via* 1. [Gérard de Vienne, vers 8997. Roman de Renart, tom. 3, pag. 37, vers 20752 ; tom. 1, pag. 29, v. 751. Chron. des ducs de Norm. au mot *Voie*. — Roi Guillaume, pag. 56 :

Mais cil toutes voies s'en vont.

Voyer *Totesvoies*. — Partonop. vers 144 :

En Aise sist la vice Troie
Si fu ciès d'Aise et flors et voie.]

VOIERE, Juridiction du seigneur voyer, voierie. Gl. *Voiaria.*

VOIERÉ, CHEMIN VOIERÉ, Frayé, par où l'on a coutume de passer. Gl. *Via viaria*, sous *Via* 1.

VOIEUL, Qui a de la voix, qui sait chanter. Gl. *Vocalis.*

VOILLE, Nom d'un quartier du château de Saumur. Gl. sous *Velum.*

VOILLER, pour AEULLER ou EULLIER, Remplir un tonneau jusqu'à l'œil ou bondon. Gl. *Implagium* 2.

1. **VOIR**, Vrai, certain. Gl. sous *Videri.*

° 2. **VOIR**, Vœu. Roi Guillaume, pag. 40 :

Qu'il en oi fait voir et pramesse.

Voyez *Vol.*

VOIRE, Vérité. Gl. *Veritas* 1. [Garin le Loher. tom. 1, pag. 160. Roman de Renart, tom. 1, pag. 2, vers 17 ; pag. 25, vers 669 ; pag. 53, vers 1383.]

VOIRIE, VOIRIERE, Vitre. Gl. *Verreria.*

VOIR-JURÉ, Juge des causes civiles, échevin. Gl. *Veridici.*

VOIR-JURÉ D'EAUWE, Inspecteur juré pour les eaux. Gl. *Visores* 2.

VOIRRE, Verre. Gl. *Vitrinus* et *Vitrum.*

VOIRRIÈRE, Vitre. Gl. *Vitreæ.*

VOIRRINE, Pierre fausse, faite de verre. Gl. *Verrinæ.*

1. **VOISDIE**, Félonie, trahison, tromperie. Gl. *Bausia.* [Habileté, sagesse. Partonop. vers 3269 :

Or poés oïr grant voisdie.

Vers 126 :

Et de la sage et de la fole
Eslise le sens par voisdie.

Voyez *Boisdie.*]

2. **VOISDIE**, Sorte d'étoffe. Gl. *Voisdius.*

° **VOISE**, Aille, Voisent, Aillent. Garin le Loher. tom. 1, pag. 89 :

Vostre home voisent chascuns en son païs.

Roman de Roncevaux, pag. 60 :

Voisent monter mi comte et mi vassal.

Aubri, vers 59 :

Gardés que Turc ne se voisent gabant.

Vers 70 :

Ne lairoie...
Que je ne voise envair maintenant.

Pag. 154² :

Ne leroie...
Que je ne voise la contesse veïr.

Partonop vers 3211 :

Por ço conmande...
Voisent ester en païs et coi.

Vers 634 :

Et lor commande...
Le voisent querre tote nuit.

Vost, Agolant, vers 451 :

Qui ne noient mescroira la chançon
Vost à Compiegne ; là li mist du Naymon.

VOISINAL, CHEMIN VOISINAL, Chemin de traverse. Gl. *Via convicinalis*, sous *Via* 1.

VOISINÉ, VOISINITÉ, Voisinage. Gl. *Vicinium.*

° **VOISOS**, Sage, habile. Partonop. vers 7180 :

Qui trop est sages et voisos.

Vers 2496 :

L'autrier paru as plus voisos.

Voyez *Viseus.*

VOITURE, Billard. Gl. *Voictura.*

VOITURON, Voiturier, charretier. Gl. *Voictura.*

VOIVE, Veuve ; d'où *Voivée*, Viduité, veuvage. Gl. *Viduitas* 2.

VOIVRE, Vipère, couleuvre. Gl. *Viverita.*

1. **VOIX**, IL EST VOIX, Il est bruit, on dit. Gl. *Vox* 1.

2. **VOIX**. PRENDRE LA VOIX DU ROY, Proclamer au nom du roi. Gl. sous *Vox* 6.

° 1. **VOL**. Voyez *Voel.*

° 2. **VOL**, Vœu. Partonop. vers 10744 :

Pros.
Lor promesses font et lor vols
L'un à l'autre foi à porter.

Voyez *Voir* 2 ; *Voul* 2 ; et Rayn. tom. 5, pag. 573², au mot *Vot.*

1. **VOLAGE**, Passant, qui n'est pas domicilié, étranger. Gl. sous *Vlagius* 2.

2. **VOLAGE**, Idiot, imbécile. Gl. sous *Volagius* 2.

3. **VOLAGE**. SANG VOLAGE, Blessure légère, d'où il sort peu de sang. Gl. *Volagius* 2.

VOLAINE, Espèce de serpe. Gl. *Volana*.

VOLAIZ, Branches d'arbre abattues par le vent ou autrement. Gl. *Volatus* 4.

1. **VOLANT**, Passant, qui n'est pas domicilié, étranger. Gl. *Volagius* 2.

2. **VOLANT**, Sorte de poisson. Gl. *Rondela*.

3. **VOLANT**, Espèce de serpe. Gl. *Volana*.

VOLATURE, Volaille. Gl. *Volatile*.

1. **VOLÉE**, Le mouvement d'une balance qui hausse et qui baisse. Gl. *Volatus* 1.

2. **VOLÉE**, Aile, levier qui traverse le cabestan. Gl. *Volatus* 1.

3. **VOLÉE D'ASSÉE**, Le soir, le temps du passage des bécasses. Gl. *Volatus* 1.

° **VOLENTÉIS**, Dispos, sain. Garin le Lober. tom. 1, pag. 270, 274 :
Coment diaubles est-il donques garis ?
Où voir, sire, fors et volentéis.

1. **VOLET**, Trait d'arbalète, javelot. Gl. *Voletus*.

2. **VOLET**, VOLETE, Coiffure de femme, bavolet. Gl. *Voletus*.

° **VOLETER**. Partonop. vers 1807 :
Li cuers li muet molt et volete.

° **VOLILLE**, Volatile, volaille. Flore et Blancefl. vers 1677 :
De boin mangier ont à fuison
Et volilles et venison.

VOLIN, VOLLAIN, VOLLANT, Espèce de serpe. Gl. *Volana*.

VOLONTAIREMENT, A sa volonté, à sa fantaisie. Gl. *Voluntarium*.

VOLONTARIEUX, Qui a de la volonté, courageux, brave. Gl. *Voluntarius* 2.

1. **VOLTE**, Voûte, souterrain, prison, cachot. Gl. *Volta*, sous *Volutio*. [Partonop. vers 5839, 5260.]

2. **VOLTE**, Soufflet. Gl. sous *Volta* 4.

° **VOLTIS**, VOTI, VOTU, Voûté. Partonop. vers 557 :
Les sorciols a noirs et voltis.
Escu votis, Gérard de Vienne, vers 847, 2349. Palais votus, vers 3155. Palais vosu, vers 3192.

VOLTURE, Volaille. Gl. *Volatile*.

VOLU, Voûté. Gl. *Volutio*. [Aubri, pag. 174¹ :
Les piés volus et le pis bien quarré.]

1. **VOLUME**, Rouleau de parchemin écrit. Gl. *Volumen*.

2. **VOLUME**, faute pour VOLAINE, Espèce de serpe. Gl. *Volumen*.

VOLUNTAIRE, Sorte de vaisseau. Gl. sous *Voluntarius* 2.

VOLUPTUOSITÉ, Volupté, plaisir. Gl. *Voluptuositas*.

VOMHERY, VOMHY, L'automne, la saison où l'on cueille les fruits de la terre. sous *Gagnagium* 1.

VOMIR. ESTRE VOMIE, Se dit de la tête qui a reçu une blessure ou une entaille. Gl. *Vomere*.

VOOUGE, Sorte d'arme. Gl. *Vanga*.

VORENON, Sorte de gaîne ou de fourreau. Gl. *Vorenon*.

VORLETE, en Viennois, Pilon. Gl. *Vorleta*.

VORREROT, pour VERSEROT, La saison du premier labour des terres. Gl. *Versana* 2.

VOSOIER, Parler à quelqu'un par Vous. Gl. *Vosare*.

VOSTE, Lieu voûté, prison, cachot, souterrain. Gl. *Vosta* 2.

VOSTER, Aller autour, tournoyer. Gl. *Vosta* 2.

VOTE, Cave, lieu voûté. Gl. *Vota* 2.

VOTIST, Qui est consacré par un vœu, voue. Gl. *Votivus*.

VOVADE, Corvée ou service dû au seigneur avec deux bœufs. Gl. *Bohada*, sous *Bovagium*.

VOUAIR, Voir, examiner. Gl. *Sustinentia* 2.

VOUCHER, Appeler, citer en justice ; d'où *Vouchement*, Appel, assignation. Gl. *Vocamentum* et *Vocare*.

VOUDERON, Marchandise, négoce de toiles. Gl. sous *Voucla*.

° **VOUE**, Voie. Roman de Renart, t. 1, pag. 26, vers 684 :
Ainz se redresce por aidier
Sa fame qui va male voue ;
Si l'a saisie par la quoue.

VOUER. SE VOUER EN QUELQU'UN, S'en rapporter à lui. Gl. *Votum* 2.

1. **VOUGE**, VOUGESSE, Espèce de serpe. Gl. *Vougetus*.

2. **VOUGE**, Sorte d'arme ; d'où *Vougier*, Le soldat qui s'en servait. Gl. *Vanga*.

1. **VOUL**, Image de cire qui servait aux sortilèges. Gl. *Vultivoli*.

2. **VOUL**, Vœu. Gl. *Votum* 4. Voyez *Vol* 2.

3. **VOUL**. A LA VOUL, Cri pour invoquer le secours de la justice. Gl. *Vua* 1.

VOULAIN, VOULANT, Espèce de serpe. Gl. *Volana*.

VOULÉE, Volet, petit colombier. Gl. *Tria*.

VOULENTEULX, Volontaire, qui ne fait que ce qu'il veut. Gl. sous *Voluntarius* 2.

VOULENTEUX, Qui a de la bonne volonté pour quelqu'un, affectionné. Gl. sous *Voluntarius* 2.

VOULENTIZ, Volontaire, entêté, opiniâtre. Gl. sous *Voluntarius* 2.

VOULER. FAIRE VOULER LE DRAGON, Déployer le drapeau. Gl. *Volare* 2.

VOULET, Coiffure de femme, bavolet. Gl. *Voletus*.

1. **VOULGE**, Espèce de serpe. Gl. *Vougetus*.

2. **VOULGE**, Sorte d'arme ; d'où *Voulgier*, Le soldat qui s'en servait. Gl. *Vanga*.

1. **VOULRIE**, Droit d'un père sur ses enfants. Gl. *Viaria*, sous *Viarius* 1.

2. **VOULRIE**, Le cens dû à l'avoyer. Gl. *Vouuaria*, sous *Viarius* 1.

VOULST, Visage, image. Gl. sous *Vultus*.

VOULSURE, Voûte. Gl. *Vossura*.

VOULT, Visage, face. Gl. *Vultus*.

VOULTE, Cave, lieu voûté, souterrain. Gl. *Volta*, sous *Volutio*.

VOULTE D'ŒFS, Omelette. Gl. sous *Volta* 4.

VOURE, p. e. pour VOIRRE, Qui est de verre. Gl. *Verrinæ*.

VOUST, Image de cire qui servait aux sortilèges. Gl. *Vultivoli*.

VOUSTER, Faire des voltes. Gl. sous *Vosta* 2.

VOUSTRE, Illégitime, bâtard, adultérin. Gl. sous *Adulterium*.

1. **VOUT**, Visage, mine. Gl. *Vultus*. [Voyez le Glossaire sur la Chron. des ducs de Norm. au mot *Volt*.]

2. **VOUT**, Toute espèce d'effigie. Gl. *Vultus*.

VOUTET, Boutique où l'on conserve le poisson. Gl. sous *Vota* 2.

VOUTI, Ce qui est en forme de voûte. Gl. *Volutio*.

VOUTOIER, Traiter mal et avec mépris. Gl. *Vilipendium*.

VOY, comme GOY, Sorte de serpe, Gl. *Goia* 1.

VOYART, en Bourbonnois, comme ailleurs GOYART, Sorte de serpe. Gl. *Goyardus*.

1. **VOYER**, Celui qui fait valoir une terre. Gl. *Viarius* 2.

2. **VOYER**, Traire. Gl. *Viare* 1.

VOYETTE, Petite voie, sentier. Gl. *Viola* 1.

VOYN, L'automne, la saison où l'on cueille les fruits appelés *vains* ou *gains*. Gl. *Gagnagium* 1.

VREC, Tout ce que la mer jette sur le rivage. Gl. *Wreckum*.

° **VRETÉ**, Vérité. Roi Guillaume, pag. 153. *Verté*, Roman de Roncevaux, p. 60.

VREVIEUX, Verveux, sorte de filet à prendre du poisson. Gl. *Vervilium*.

URLÉE, Sorte de mesure, espèce de redevance ou de gâteau. Gl. *Urna* 2.

US, Porte, entrée. Gl. *Huisserium*.

USAGE, Droit, tribut, impôt. Gl. *Usaticum*.

1. **USAGER**, User du droit d'*Usage* dans un bois ou dans des pâturages. Gl. *Usare*.

2. **USAGER**, Usagier, Celui qui a droit d'*Usage* dans des bois ou dans des pâturages. Gl. *Usuagiarius*, sous *Usagium*.

USAGIÉ, Ordinaire, accoutumé. Gl. *Usagiarius* 1.

USAIGE. Se mettre a bon Usaige, Se corriger, suivre un meilleur parti. Gl. *Usagium*.

1. **USAIRE**, Usage, service, utilité. Gl. sous *Usare*.

2. **USAIRE**, Celui qui a droit d'*Usage* dans des bois ou dans des pâturages. Gl. *Usare*.

USÉ, Qui est en usage, usité. *Avoir Usé*, Avoir coutume. Gl. *Usuatus*, sous *Usuare* 2.

° **USEL**, Sorte de chaussure. Roman de Renart, tom. 2, pag. 135, vers 13223 :
*L'en ne feroit ouan usel
Ne chaucemente de ta pel.*
Voyez *Heuse*.

USELEIR, Prêter à usure, donner à intérêts. Gl. *Usurare*.

USER, Usage, service, utilité. Gl. sous *Usare*.

USER le Corps Nostre Seigneur, Recevoir la sainte Eucharistie. Gl. *Usuatus*, sous *Usuare* 2. [Dit du Roi Guillaume, p. 185 :
*Jà, se Dieu plest, mez dens
N'usseront vostre char.*]

USFRUIT, Usufruit, jouissance. Gl. *Usufructare*.

USINE, Ustensiles de ménage, meubles. Gl. *Usina*.

USLAGE, p. e. Qui est sans loi ; de Banni, proscrit. Gl. *Uslact*.

USSCHER, Vaisseau propre à transporter des chevaux. Gl. *Ussarius*.

USSIR, pour Issir, Sortir. Gl. *Jasia*.

USTAGE, Droit qu'on paye au seigneur pour son domicile, droit de bourgeoisie ou de résidence. Gl. *Ustagium*.

USTAIGE, Pirate, corsaire. Gl. *Utlaga*.

USUAIRE, Droit d'usage dans les bois ou dans des pâturages. Gl. *Usuaria*.

USUGE, Usage, le droit d'user de quelque chose. Gl. *Usagium* et *Usago*.

USURE, Droit ou redevance établie par la coutume. Gl. *Usaria* 2.

USURER, Rendre avec usure, donner plus qu'on n'a reçu. Gl. *Usurars*. [Prêter à usure. Roman de Renart, tom. 1, pag. 8, vers 195.]

UTDICH, terme flamand francisé, Digue, terre formée par les jets de la mer. Gl. *Utdicus*.

UTILLEMENS, Meubles, ustensiles de ménage. Gl. *Ustensilia*.

UTLAGE, Banni, proscrit. Gl. *Utlaga*. [Chron. des ducs de Normandie, *Ulage*.]

° **VUEL**. Voyez *Voel*.

VUGLAIRE, Machine de guerre, arme à feu. Gl. *Veuglaria*.

VUIDE, Délivrance, expulsion, l'action de chasser. Gl. *Vuidangia*.

VUIDE Terre, Qui n'est point cultivée, ou ensemencée. Gl. sous *Vacuus*.

VUIDECOC, Grosse bécasse. Gl. *Videcacus*.

VUIOT, Houe, instrument propre à remuer la terre. Gl. *Hoellus*.

VUISSIER, Navire propre à transporter des chevaux. Gl. *Huisserium*.

° **VUITÉ**. Voyez *Viuté*.

VUITOIER, Traiter mal et avec mépris. Gl. *Vilipendium*.

VULGAIRE, pour Veuglaire, Machine de guerre, arme à feu. Gl. *Veuglaria*.

VULGAUMENT, Vulgairement. Gl. *Vulgaricus*.

VULGUESSIN, Vexin. Gl. *Soula*.

VUORGE, Espèce d'arme en forme de serpe. Gl. sous *Vougetus*.

VYNGUAE, Sorte de péage. Gl. *Winagium*, sous *Guida*.

UZ, Cri de plusieurs personnes. Gl. *Huesium*.

W

WAC

WAAGNAIGE, Froment, toute espèce de blé. Gl. *Vaanagium*.

WAAGNERIE, Labour, culture de la terre. Gl. *Vaanagium*.

WACARME, interjection, Hélas. Gl. *Wacharmen*. [Renart le Nouvel, tom. 4, pag. 239, vers 2882 :
*Flament seut, si cria : Waskarme,
Hiere Renart goude kenape.*]

WAG

WAGE, Gage, nantissement, ce qu'on donne pour sûreté. Gl. *Wagium*, sous *Vadium*.

WAGIERE, Engagement, hypothèque. Gl. *Wagium*, sous *Vadium*.

WAGUA, p. e. Le gardien ou fermier du poids public, appelé *Waghe*. Gl. *Waga*.

WAI

WAIDE, Waidele, Guède, pastel. Gl. *Waida* et *Waisda*, sous *Guaisdium*.

WAIGNON, Laboureur, fermier. Gl. sous *Vecticare*. [Chien, comme *Gaignon*. Roi Guillaume, pag. 99 :
Que batu ot com un waignon.]

WAIN, Fantôme. Gl. *Vanitas* 2.

WAINGNAIGE, Terre labourable ; d'où

Waingnié, Cultivé, labouré. Gl. *Vaanagium*.

° **WAIRES**, Guère, comme *Gaires. Dusqu'à ne waires*, Tantôt, presque. Roi Guillaume, pag. 89 :
Que bien sarés dusqu'à ne waires
Se je vos ai gabés u non.
Pag. 148 :
Si m'ert avis que jou caçoie
Le plus grant cerf que jou véisse,
Dusqu'à ne waires le presisse.

WAISDE, Guède, pastel. Gl. *Waisda*, sous *Guaisdium*.

WAITAGE, Impôt pour le guet d'une ville. Gl. *Guetagium*, sous *Wactæ*.

° **WAITE**, Guetteur, sentinelle. Jordan Fantosme, vers 626, var.:
La nuit fait ses waites sun hoste eschewaiter.
Voyez *Gaite* 2.

WAITER, WAITIER, Faire le guet. Gl. sous *Wactæ*.

WAITIER. SE WAITIER, Se garder, se garantir. Gl. sous *Wactæ*.

° **WALCRER**, WAUKRER. Voyez *Vaucrer*. Partonop. vers 2429 :
Travellié somes et pené
Et moult avons par mer walcré.
Roi Guillaume, pag. 133 :
Mais adès waukrent et cancelent,
Car trois jors dura li orés.

WALER, Dépenser son bien en des amusements frivoles et des fêtes. Gl. *Galare*.

WALESCH, Le langage walon. Gl. *Wallus*.

WALLES, Le pays des Wallons. Gl. *Wallus*.

WALLRIN, Wallon. Gl. *Wallus*.

WANBAIS, Espèce de vêtement contrepointé. Gl. *Wanbasium*, sous *Gambeso*. [Roi Guillaume, pag. 149 :
Ambedoi com guerroier ont
Genoillières et wanbisons.]

1. **WANT**, pour Gant. Gl. sous *Wantus*.

2. **WANT**, Droit seigneurial qu'un vassal doit à chaque mutation. Gl. *Chirothecæ*.

WAP, Terme injurieux ou impoli. Gl. *Wap*.

WAPES, Qui est sans force et sans vigueur. Gl. *Wap*.

WARANCE, Garance, plante pour la teinture. Gl. *Waranchia*.

WARANDISON, WARANTIE, Garantie. Gl. *Warandia* et *Warandisia*, sous *Warantus*.

WARAS, Fourrages, mélange de différentes choses propres à la nourriture des animaux. Gl. *Warachia*.

WARAT, Botte de fourrage. Gl. *Waratus*, sous *Warachia*.

WARCOLE, Vêtement et ornement du col. Gl. *Vercolenum*.

WARD, Juré, garde de métier. Gl. *Guardatores*, sous *Warda*.

WARDELLE, p. e. Botte ; s'il ne faut pas lire *Waidelle*, comme ci-dessus. Gl. *Hardeia*.

WARENNE, pour Garenne. Gl. *Warenna*.

WARESCHAIX, Commune, pâturage entouré de fossés. Gl. sous *Waterscapum*.

WARET, Jachère, friche. Gl. *Warectum*.

WARIS, Se dit de la monnaie qui est bonne et de poids. Gl. sous *Denarius*.

WARISON, Les grains qui sont encore sur pied, champ garni de ses fruits. Gl. *Garactum*.

WARNESTURE, Fortification, tout ce qui sert de défense. Gl. *Warnimentum*.

WAROQUEAU, WAROQUIAU, Gros bâton, barre, levier. Gl. *Varochium*.

WAROUL, Espèce de loup. Gl. *Varolus*.

WARPOIS, Espèce de pois ou de vesce. Gl. *Garrobis*.

WARRAGE, Droit seigneurial que doivent les domiciliés dans une terre. Gl. sous *Warachia*.

WARTE, Sorte de droit seigneurial. Gl. *Warta*.

WASCHIE, WASKIE, WASQUIE, Commune, pâturage entouré de fossés. Gl. *Waschium*.

WASIER, p. e. Terre formée par la vase de la mer. Gl. *Wasshum*.

WASON, WASSON, Gazon. Gl. *Wazo*.

WAST, Destruction, dégât, ravage ; d'où *Faire Wast*, Ravager, détruire. Gl. *Vastum* 1.

° **WASTER**, comme *Gaster* 2. Consommer. Roi Guillaume, pag. 121 :
De la nef descargier se hastent
Tout ce por i usent et wastent.

WASTELIER, WASTILLIER, Pâtissier, faiseur de *Wastiaux* ou gâteaux. Gl. *Wastellus*.

WASTIS, Pâturages ; ce qu'on paye pour le droit de pâturage. Gl. sous *Vastum* 1.

WAUDE, Espèce de guède ou pastel. Gl. *Waida*, sous *Guaisdium*.

WAUDIR, Gauchir, éviter un coup en se détournant. Gl. sous *Gaudiosus*.

WAUDRÉE, Escouvillon, ce qui sert à balayer le four. Gl. sous *Wauda*.

° **WAUKERANS**. Flore et Blancefl. vers 1287 :
Par mon cief n'est pas marceans,
Gentix hon est et waukerans.

WAULE, WAULLE, Gaule, verge, housine ; d'où *Waulette*, Petite gaule. Gl. *Waula*.

WAUPE, pour Taupe. Gl. *Talpis*.

WAUSKRIE, Commune, pâturage entouré de fossés. Gl. *Waschium*.

WAUVE. FEMME WAUVE, Femme abandonnée, qui vit dans la débauche. Gl. *Wayf*.

WAYER DRAPS, p. e. Les suspendre à une perche, qu'ils appelaient *Gayar*. Gl. sous *Gajardus*.

WECTELOIX, Banni, proscrit. Gl. *Utlaga*.

WEDE, Guède, pastel ; d'où *Wedelle*, Graine, semence de guède. Gl. *Wede*.

WEKESIN, Vexin. Gl. *Acra* 1.

° **WENKEUE**. Roman de Renart, t. 4, pag. 114, vers 3150 :
Fu toute Roume saielée
De ses tours et de ses wenkeues.

WERBLE, Parole ; d'où *Werbler*, Parler, discourir. Gl. *Verbosare*.

WERBLOIER, Parler haut, réciter. Gl. *Verbosare*.

WERIER, Faire la guerre. Gl. *Werriare*, sous *Guerra*.

WERISCAP, WERIXHAS, Commune, pâturage entouré de fossés. Gl. *Waterscapum*.

WERP, Cession, abandon. Gl. *Guirpimentum* et *Wirpitio*, sous *Guarpire*.

WERRE, Guerre ; d'où *Werrier*, Faire la guerre. Gl. sous *Guerra*.

WERVELE, Vache nouvellement couverte. Gl. *Wervela*.

° **WESSAIL**, A votre santé. Lai du Corn, vers 546 :
Al roi ad dist : Wessail !
Le corn mist à sa bouche.
Rapports de Fr. Michel, pag. 59 :
Si jo vus dis trestoz : Wesseyl !
Deshaiz eit qui ne dira : Drincheyl !
Voyez *Guersai*, Gl. *Vesseil* et *Washayl*. Halliwell, aux mots *Wassail* et *Drinkhail*.

WETAIGE, Impôt pour le guet d'une ville. Gl. *Guetagium*, sous *Wactæ*.

WEZ, Gué, lieu où l'on peut pêcher. Gl. *Vadum* 1.

WIART, Voile dont on couvre le visage. Gl. *Viarium*.

WIDE, Délivrance, expulsion, l'action de chasser. Gl. *Vuidangia*.

WIDECOC, Grosse bécasse. Gl. *Videcacus*.

WIDISVE, Chose de néant, qui n'a rien de réel. Gl. *Vacuus*.

WIENAIGE, Droit de péage sur les voitures qui passent sur les terres d'un seigneur. Gl. *Wienagium*, sous *Guida*.

WIERE, WIERRE, Guerre. Gl. *Exo-*

niari, sous *Sunnis*, et *Werra*, sous *Guerra*.

WIGNAIGE, Droit de péage ; d'où *Wignageur*, Celui qui le perçoit. Gl. *Wienagium*, sous *Guida*.

WIGNORON. ENTRE DEUX WIGNORONS, Entre chien et loup, sur le soir. Gl. *Hora tarda*.

° **WIGRE**, Espèce de javelot. Chanson de Roland, st. 158, vers 9 :
Lançuns à lui, puis si l' laissums ester.
E il si firent darz e wigres asez.
Stance 152, vers 10.

WIHOT, Le mari dont la femme est infidèle ; d'où *Wihoterie*, Son état. Gl. *Willot*.

WILHOMME, comme PRUD'HOMME, Juré d'un métier. Gl. *Paciarius*, sous *Pax*.

WILLOT, Le mari dont la femme est infidèle. Gl. *Willot*.

WILPS, Le même. Gl. *Willot*.

1. **WINAGE**, Le droit qu'on payait pour la sûreté des grands chemins. Gl. *Winagium*, sous *Guida*.

2. **WINAGE**, Toute espèce de droit et d'impôt. Gl. *Vinagium* 5.

WINDAS, pour GUINDAS, Espèce de cabestan. Gl. *Windasium*. [Partonop. vers 6162]

WINGNRON, Cabaretier ; d'où à Lille on appelle *Wingnron* la cloche de la retraite des bourgeois, parce qu'après qu'on l'a sonnée les cabarets doivent être fermés. Gl. *Campana bibitorum*.

WINIGEUR, Celui qui reçoit le *Winage* ou péage. Gl. *Vinagium* 5.

WINLEKE, Publication de vin à vendre. Gl. *Winleke*.

WINNAGE, Toute espèce de droit et d'impôt. Gl. *Wienagium*, sous *Guida*.

WIQUET, Hameau ; il se dit par mépris d'une petite ville. Gl. *Viculus*. [Petite porte, guichet. Renart le Nouvel, tom. 4, pag. 236, vers 2810 :
Rois, ore me bailliés le clef
Que vous avés de cel wiket.
Pag. 443, vers 7619 :
Au postis vient, fiert du maillet,
Li preudom ouvri le wiket.
Chron. des ducs de Norm. tom. 1, pag. 154, vers 13709 :
Ne trespassez mais les wichesz.] Y

WIREWITE, Juridiction, tribunal pour la taxe des amendes. Gl. *Willot*.

WISENX. CHEVAL WISENX, Cheval de service, soit pour le charroi, soit pour le labour. Gl. *Usina*.

WISEUS, Oisif, paresseux ; de *Wiseuse*, Oisiveté, paresse. Gl. *Desidius*.

1. **WISINE**, Usine, comme moulin, forge, etc. Gl. *Usina*.

2. **WISINE**. BESTE WISINE, Animal de service pour le charroi ou le labour. Gl. *Usina*.

WISLOT, WISLOTH. Le mari dont la femme est infidèle. Gl. *Willot*.

WISON, Témoin. Gl. *Wissel*.

1. **WIT**, Vuide, qui ne porte rien. Gl. *Passiagiarius*. [Partonop. vers 10838.]

2. **WIT**, pour Huit. Gl. *Octimber*.

° **WITART**, Renart le Nouvel, tom. 4, pag. 455, vers 7956 :
Cler et lai, witart et witarde.

WITAVE, Huitaine, octave. Gl. *Octava* 2.

WITE, Voile dont on couvre le visage. Gl. *Viarium*.

WITEFALE, p. e. Mascarade, bal masqué. Gl. *Trepare*.

WITEL, Mesure de grain, moitié d'un quarteau ; d'où *Witeleė*, Mesure de terre contenant un *vitel* de semence ; et *Witelage*, Le droit sur cette mesure. Gl. *Witellus*.

WITEMBRE, Octobre, autrefois le huitième mois de l'année. Gl. *October*.

WITIVE, Huitaine, octave. Gl. *Octava* 2.

° **WIVRE**, Vipère. Partonop. vers 675 :
De serpens et de wivres grans.
Flore et Blancefl. vers 1869 :
Car là u est, serpens ne wivre
N'autre vermine n'i puet vivre.
Voyez *Vivre*.

° **WOUPIL**, comme GOUPIL, Renard. Roi Guillaume, pag. 119 : *Gorges de woupil*.

WOUE, Abbreuvoir, gué. Gl. *Wedia*.

WUASON, Gazon. Gl. *Wazo*.

WYDART, p. e. La décharge d'un moulin. Gl. *Huydardus*.

1. **WYNAGE**, Droit de péage. Gl. *Wienagium*, sous *Guida*.

2. **WYNAGE**, Droit sur les voitures qui mènent du vin. Gl. *Winagium*, sous *Guida*.

X Y Z

YAU

XAINTURE, pour Ceinture. Gl. *Xaintura*.

XANOTIER, p. e. Celui qui est chargé du soin des canaux. Gl. *Xanoterius*.

YAUETTE, Petit ruisseau. Gl. *Aquale*.

YCH

YAUUER, Arroser, jeter de l'eau. Gl. *Aquare*.

YAUYER, Évier. Gl. *Aquarium* 2.

YBENNS, Ébène. Gl. *Ybenns*.

YCHIDE, Certaine rente annuelle. Gl. *Ychigare*.

YEU

YDRIE, Vase à liqueurs, cruche. Gl. *Ydria*.

YERRE, Lierre. Gl. sous *Yeraca*.

YEULAGE, Acclamation, cri de joie. Gl. sous *Yeraca*.

° **YEUWE**, Cavale, comme *Eque*. Roman de Roncevaux, pag. 60 :

Quatre yeuwes grans, ce saichiez
[par verté,
Qui sont sauvaiges et de grant cruauté.

YEUYER, Évier. Gl. *Aquarium 2.*

YGLISE, pour Église. Gl. *Ecclesia.*

YMAGERIÉ, Brodé en figures. Gl. *Ymaginatus.*

YMAGIER, Sculpteur, graveur. Gl. *Imaginaria.*

YMAGINATION, Pensée, réflexion. Gl. *Ymaginatio.*

YMAGINÉ, Orné de figures, sculpté; d'où *Ymaginerie*, Sculpture, et *Ymaginette*, Petite figure. Gl. *Ymaginatus.*

YMAIGE, Image, figure. Gl. *Imaginatio 2.* [*Ymage*, Flore et Blancefl. v. 581, 860.]

YMAL, Émine, certaine mesure de grain. Gl. *Hemina.*

° **YNIAUS**, Égaux. Roi Guillaume, pag. 82 :

Tex que tos yniaus les en fist
N'i orent nient ne cis ne cist.

Voyez *Ingal.*

1. **YRAIGNE**, Paneau de fil d'archal. Gl. sous *Irangia.*

2. **YRAIGNE**, Espèce d'étoffe. Gl. sous *Irangia.*

3. **YRAIGNE**, Araignée. Gl. sous *Irangia.*

1. **YRE**, Aire, cour. Gl. *Ira 2.*

2. **YRE**. PESER EN YRES, p. e. De façon que la la languette de la balance soit droite. Gl. *Ira 2.*

YRINGE, Orange. Gl. *Irangia.*

YROIS, Irlandais. Gl. *Erigena* et *Irenses.*

YSLEMENT, Insulaire, qui habite une île. Gl. *Insularius.*

° **YSOPÉ**, Flore et Blancefl. vers 495 :
Ne péust sans autre clarté
Cler vin connoistre d'ysopé.

YSSEROP, Sirop. Gl. *Collatum 1.*

YSTRE, Sortir ; Provenir, lorsqu'il s'agit de revenu. Gl. *Isshac.*

YTROPICE, YTROPISIÉE, Hydropisie ; d'où *Ytropite*, pour Hydropique. Gl. *Morbus S. Eutropii.*

YVERNAIGE, Blé qu'on sème avant l'hiver, seigle. Gl. *Hybernagium.*

YVRAING, Ivresse, l'état d'un homme ivre. Gl. *Ebriare.*

YVRAISSE, YVRESSE, Se dit d'une femme ivre. Gl. *Ebriare.*

YVROIN, Ivrogne, adonné au vin. Gl. *Ebriare.*

YVROIS. EN YVROIS, Comme un homme ivre. Gl. *Ebriare.*

ZARDRE, Maladie de cheval, courbe ou éparvin. Gl. *Zarda 1.*

ZATOUIN, Satin. Gl. *Zatouy.*

ZEGRE, Nom d'un saint en Flandre. Gl. *Crassarius.*

ZEWERP, Terme flamand, qui signifie une terre formée par ce qu'apporte la mer. Gl. *Zewerp.*

ZINDOR, L'oreille. Gl. *Zindor.*

ZIRARME, pour GISARME, Sorte d'arme, lance, demi-pique. Gl. *Gisarma.*

FIN DU GLOSSAIRE FRANÇAIS.

NOTICE

SUR LA VIE ET LES OUVRAGES

DE CHARLES DUFRESNE DU CANGE

La France a eu la gloire de produire de grands historiens. Le plus érudit de tous, celui qui a fait preuve, dans ses recherches et dans ses appréciations, d'une science profonde et d'une sorte de divination est certes Du Cange.

Et c'est au XVIIe siècle, dans ce siècle si brillant par le style, l'esprit et le génie de ses littérateurs, que nous voyons paraître Du Cange, ce savant modeste, laborieux, doué d'une admirable sagacité, d'un sens parfait qui n'ambitionne ni l'éclat, ni la gloire. Il se consacre entièrement à l'étude si abstraite de l'origine des langues et des institutions du moyen-âge. Loin de chercher à impressionner ses lecteurs par des récits dramatiques, par des tableaux émouvants, il ne s'écarte jamais de la réalité ; il déchiffre les vieux manuscrits, relève les erreurs qu'ils contiennent, et rectifie les textes altérés par l'ignorance des copistes.

Comme ces hardis ingénieurs qui passent leur existence, au fond des mines, à découvrir des filons de métaux précieux, Du Cange se livre entièrement à des travaux d'explorations historiques qui lui permettent de doter d'immenses richesses le monde savant.

A côté des chefs d'œuvre littéraires du XVIIe siècle, qui exercèrent une si heureuse influence sur la formation définitive de notre langue, nous devons placer, avec honneur, ces travaux d'une prodigieuse érudition, dus à d'illustres écrivains, dont l'unique mobile était l'amour de la vérité. C'est dans ce siècle que parurent des ouvrages, véritables trésors de science qui ont enrichi nos bibliothèques. Voici le *Gallia Christiana*, puis les *Annales Benedictini* et le Traité *de Re Diplomatica*, où Mabillon est parvenu à expliquer les textes si obscurs des anciens titres et documents.

Viennent ensuite : les *Mémoires de Tillemont*, le *Spicilegium Benedictinum*, l'*Art de vérifier les dates*, la *Critica* de Pagi, l'*Historia ecclesiastica* de Noël Alexandre, l'*Histoire littéraire de la France*, et le *Glossarium* de Du Cange.

Ne sont-ce pas là d'admirables ouvrages qui nous permettent de fouiller dans les catacombes du moyen-âge, avec ces flambeaux qui répandent partout la lumière ? Plus d'erreurs possibles, plus de recherches inutiles, plus de longs tâtonnements. L'historien s'avance, d'un pas sûr et rapide, dans ce labyrinthe où les érudits du XVIIe siècle sont des guides si expérimentés.

En tête de ces ouvrages, nous devons placer le *Glossarium mediæ et infimæ latinitatis*. Ce Dictionnaire encyclopédique a valu à Du Cange le titre si bien mérité de *Père de la grande école historique française*, que lui a décerné M. Magnin, président de l'Académie des Inscriptions et Belles-Lettres, lors de l'inauguration de la statue élevée, en 1849, par la ville d'Amiens au plus illustre de ses enfants.

Nous allons tracer la biographie de cet écrivain, que les magistrats les plus éminents de son temps considéraient comme le *savant des savants* et *le plus citoyen des citoyens*. Le Chancelier d'Aguesseau et le célèbre Procureur Général Joly de Fleury ne parlaient jamais de Du Cange qu'avec une extrême vénération et un profond respect.

Sa famille, originaire de Calais, prit une part glorieuse à la résistance héroïque que cette ville opposa, en 1347, à l'armée anglaise. Elle était d'une ancienne noblesse ; Du Cange, qui dans ses recherches avait trouvé beaucoup de textes concernant ses ancêtres, ne les publia jamais. Une seule fois, dans son *Histoire de Calais*, il y fit allusion, mais avec une discrète réserve. Ces titres n'ont été livrés à la publicité que longtemps après sa mort. On y voit que cette famille jouissait, dans cette contrée, d'une haute considération et d'une grande autorité, à l'époque du siège. C'est une preuve qu'elle remontait aux premiers temps de la Chevalerie. Un de ses ancêtres y est qualifié de *Sergent d'armes du Roy*, titre dont les plus nobles maisons de France se faisaient honneur. Le fils et le petit-fils de ce *Sergent d'armes* combattirent les Anglais, pendant le siège de Calais. Après la prise de cette ville, ils en furent chassés par les vainqueurs, et leurs biens confisqués. Le roi de France, afin de leur donner une compensation, les fit entrer dans l'armée. Ce ne fut point là qu'ils recouvrèrent la fortune qui leur avait été enlevée par les Anglais. La noblesse ne s'enrichissait point dans la carrière militaire et les exilés tombèrent dans un complet dénuement. Un des membres de cette famille est qualifié dans les actes du XVe siècle « de pauvre écuyer, auquel il ne « restait que son cheval et son harnais, qu'il employait « au service du Roi. » Ce fut à cette époque qu'ils renoncèrent aux armes. Ils se fixèrent à Amiens, où les fonctions de *juge royal* à Beauquesne devinrent héréditaires dans leur famille. Ces fonctions judiciaires leur permirent d'acquérir plusieurs fiefs qui, sans leur rendre leur opulence passée, améliorèrent leur situation.

Du Fresne était le nom de cette famille, et Du Cange celui d'un fief de la terre de Contay. Un usage, qui s'est prolongé jusqu'au milieu du XIXe siècle, autorisait les familles nobles ou bourgeoises possédant des propriétés à donner à leurs fils un nom de terre, soit d'un château, d'une ferme ou simplement d'une maison de campagne. Le grand père de Du Cange se nommait Michel Dufresne, et son père Louis Dufresne. Un historien de la ville d'Amiens a qualifié ce dernier de *noble et vertueux*. Nous savons qu'il était très instruit, ami des lettres, et très considéré. Il eut de sa première femme Marie Vaquette trois fils. Devenu veuf, il se remaria, et sa seconde femme Hélène de Rély, qui appartenait à une ancienne famille de l'Artois, lui donna trois fils : Charles Du Cange, le grand philologue, puis Michel et François qui se vouèrent à l'enseignement religieux et furent des professeurs distingués.

Le jeune Du Cange entra, dès l'âge de neuf ans, au collège des Jésuites d'Amiens. Son attention soutenue, son amour de l'étude et la vivacité de son esprit le firent bientôt remarquer de ses professeurs, qui s'attachèrent à développer ces précieuses qualités. Aussi, fit-il de rapides progrès, et, en quelques années, il apprit le latin, le grec, le français et plusieurs langues étrangères.

Il acheva ses études dans cet établissement, et alla faire son droit à Orléans. Là, comme à Amiens, il attira l'attention et gagna la bienveillance de ses professeurs par son amour du travail et la pénétration de son esprit. On raconte qu'il résolut plusieurs questions de notre vieux droit coutumier, considérées jusque là comme des problèmes insolubles par les plus éminents jurisconsultes. Ce n'étaient plus l'intelligence, la capacité, le travail qui se montraient ; c'était le génie qui commençait à paraître avec éclat, pour jeter ses vives lueurs sur les usages, les coutumes, les mœurs des premiers siècles de notre monarchie.

Le jeune érudit quitta Orléans et vint à Paris, où il fut reçu avocat au Parlement, le 11 août 1631. Le courant de ses idées l'eût retenu dans la capitale, où il pouvait satisfaire son goût si prononcé pour les recherches philologiques ; mais son père désirait l'avoir près de lui. Sans hésiter, le fils respectueux de la volonté paternelle abandonne Paris, ses riches bibliothèques et ses précieux dépôts de manuscrits, et revient à Amiens.

Dans sa ville natale, Du Cange rencontra de vives sympathies ; une foule de familles nobles mirent à sa disposition des chartriers, des titres et des documents historiques de toute nature. On comprenait déjà que ce jeune homme serait l'honneur de sa province.

Il eut la douleur de perdre son père, mais, par respect pour sa mémoire et pour ses derniers conseils, il resta à Amiens, où il parut se fixer définitivement en épousant, le 19 juillet 1638, Catherine du Bos, fille d'un trésorier de France de cette ville. Ce jour-là, le nouvel époux consacra six heures à l'étude.

Sept ans plus tard, en 1645, Du Cange acheta la charge de son beau-père. Voici l'historien, le philologue, le compulseur de vieux titres devenu financier ; non pas à l'aide de commis et de fondés de pouvoirs, mais alignant lui-même les chiffres, et en contact avec le public, qu'il charmait par ses manières distinguées et bienveillantes.

La peste, qui décima la population d'Amiens, en 1668, le força de quitter cette ville ; il alla s'établir à Paris, où l'appelaient de nombreux amis et les précieuses collections de documents qu'il avait autrefois quittés avec tant de regrets. Là, il vécut dans l'intimité de M. d'Hérouval, un érudit qui reconnaissait la haute supériorité de son ami et avait accepté le rôle dévoué et modeste de recueillir des documents. Pendant vingt ans, Du Cange travailla avec une ardeur et une persévérance que rien ne ralentit. Dégagé des obligations de la société, qui imposent une si grande perte de temps, il s'était voué entièrement à l'étude. Ce qu'il produisit dans cette période d'activité intellectuelle paraît prodigieux, et on pourrait croire qu'il se faisait aider par de nombreux secrétaires, si tous ses manuscrits n'étaient écrits de sa main.

Tout en remplissant ses fonctions financières, avec cette scrupuleuse exactitude qu'il apportait à ses travaux, Du Cange trouvait encore du temps pour continuer ses recherches littéraires, et surtout pour s'occuper de l'éducation de ses dix enfants, qu'il entoura de la sollicitude la plus tendre et la plus éclairée. Ces devoirs si absorbants de père de famille arrachèrent cette exclamation au bibliothécaire de l'Empereur d'Autriche :
« Comment, s'écria-t-il, peut-on avoir tant lu, tant pensé,
« tant écrit et avoir été cinquante ans marié et père
« d'une si nombreuse famille ! »

Le secret de Du Cange était dans le bon emploi de son temps et, surtout, dans le bonheur qu'il avait eu de rencontrer une épouse digne de le comprendre.

Aussi Baluze, qui ne partageait pas l'étonnement du bibliothécaire de l'Empereur d'Autriche, lui fait-il cette réplique : « C'est que beaucoup d'auteurs ont
« cru à tort que les embarras d'un ménage sont
« peu compatibles avec la vie littéraire, et qu'il n'est
« guère possible de se livrer à l'étude, quand on n'a
« pas, comme disait Cicéron, sa couche libre : *Quando*
« *non libero lectulo utuntur* ; mais, ajoute-t-il, l'exemple
« de Du Cange a démenti cette opinion. Joignez à cela
« qu'il élevait ses enfants par lui-même et avec le soin
« le plus scrupuleux, tâche où le mérite de sa femme
« lui prêta, il est vrai, un secours très efficace. »

L'éloge que Baluze fait ici de la femme de Du Cange est très juste ; c'était une personne d'une haute distinction, d'un esprit cultivé, d'un jugement sûr et d'une extrême bonté. Elle avait su apprécier les rares qualités de son époux ; loin d'entraver ses goûts pour l'étude par les plaisirs mondains, elle s'efforça toujours de lui alléger les exigences de la vie intérieure. Du Cange, se voyant si bien secondé, savait partager son existence entre ses études et sa famille chérie ; il prouvait ainsi que le génie, loin d'exclure la sensibilité, la développe dans une âme où dominent les sentiments élevés.

Dès sa jeunesse, Du Cange avait montré un goût très prononcé pour l'histoire de son pays.

« Au reste, dit L. Feugère (1), il n'était pas de ceux
« pour qui elle consiste seulement dans la science des
« faits ; tout ce qui intéresse le genre humain semblait
« être de son domaine. Aux actions des hommes et à
« la destinée des peuples il voulait assigner des causes,
« et il les cherchait dans leur origine, leurs institutions,
« leur gouvernement. De là ce vaste cadre qui compre-
« nait pour lui presque toute les branches des connais-
« sances, resserrées en un solide faisceau : linguistique,
« philologie, législation, humanités, philosophie et théo-
« logie même ; il aspirait à tout embrasser, tout appro-
« fondir, pour mieux comprendre le passé. Puiser
« l'érudition à toutes les sources, tel était, en un mot,
« le noble but auquel il voulait vouer sa vie. »

Du Cange se livra donc entièrement aux études historiques, d'après les documents originaux, et il s'attacha principalement à former une *collection générale des Historiens de France*. Dans une préface écrite en latin, il expose le plan de cette collection, *idea et conspectus operis*, et à la suite il place une table des matériaux à réunir, et l'accompagne de vingt-six titres ou sommaires, *Argumenta Historiæ Francorum*, et de vingt-six questions qu'il pose sur ces mêmes sujets. Il voulait faire connaître, dans ses moindres détails, l'Histoire de France, et en éclaircir les parties restées obscures jusqu'à ce jour. C'était une œuvre colossale, que le génie seul de Du Cange était capable de concevoir et d'exécuter.

Afin d'apporter une complète unité dans son travail, il dressa, tout d'abord, une carte généalogique des *rois et Maison de France*, que *le Journal des Savants* du mois de décembre 1749, considère comme un chef-d'œuvre. Ce tableau présentait, d'un seul coup d'œil, les différen-

(1) Etude sur la vie et les ouvrages de Du Cange. — 1852.

tes branches, les alliances, le blason et la chronologie, avec des écussons contenant un précis historique. Il a servi de modèle aux généalogistes des Maisons souveraines de l'Europe.

Du Cange, lorsqu'il exécuta cette carte, était à peine âgé de vingt ans. Ce début permit de concevoir les plus brillantes espérances pour un jeune homme qui possédait, déjà, de si vastes connaissances historiques. Ces espérances, loin d'être déçues, furent dépassées. Il poursuivit son œuvre avec activité, et composa sur la *Géographie de la France* un Recueil qui ne contient pas moins de dix volumes in-folio. Un écrivain de l'époque déclare que ce Recueil, surtout le septième volume, intitulé *Gallia*, est *un abîme d'érudition*. C'est le répertoire de tous les passages des auteurs qui ont donné des détails sur la Gaule. Topographie, mœurs, usages, traditions, notions historiques, enfin ce qui concerne cette région y est fidèlement relevé dans un ordre des plus méthodiques.

S'agit-il des mœurs des Gaulois, *Gallorum mores*, quarante renvois, commençant par Martial et se terminant par la collection d'A. du Chesne, permettent de se reporter immédiatement aux passages des auteurs qui ont traité cette question.

Au titre *Narbona*, sont placées quatre-vingt-sept citations, tirées de Tzetzes sur Lycophron, de Silius Italicus, des inscriptions de Gruter, etc. Les articles consacrés à *Marseille*, *Nantes*, au *Rhône*, à la *Marne*, à la *Seine*, etc. portent des renvois aux auteurs grecs, latins, italiens, etc., avec l'indication des auteurs et des folios des pages à consulter.

Les neuf autres volumes contiennent des notes très détaillées sur la Géographie ancienne et moderne de la France, dont les limites naturelles sont : le cours du Rhin, depuis ses sources dans les Alpes Rhétiques, jusqu'aux extrémités de ses canaux maritimes ; les côtes bordées par l'Océan jusqu'aux Pyrénées ; la chaîne de ces montagnes jusqu'à la Méditerranée ; les côtes de cette mer jusqu'aux Alpes, et de là aux sources du Rhin. Du Cange, avec la sagacité dont il était doué, avait compris que le comté de Nice, la Savoie, la Suisse, les électorats de Trèves, de Cologne, de Mayence et du Palatinat, l'évêché de Liège, les Pays-Bas, les Provinces-Unies et la Lorraine faisaient, géographiquement, partie du territoire de la France.

L'auteur a divisé son travail en chapitres. Ce sont autant de dissertations auxquelles il ne manque qu'une rédaction définitive pour les livrer à l'impression. La Gaule est étudiée dans ses quatre parties principales : la Viennoise ou Narbonnoise, l'Aquitaine, la Celtique ou Lyonnaise et la Belgique. Il décrit aussi toutes les îles placées sur les côtes, et analyse les projets conçus depuis Strabon jusqu'au XVIIe siècle, pour la jonction des deux mers à travers la Gaule.

Chaque dissertation commence par une description topographique de la partie de la Gaule qu'elle décrit, puis elle en établit les limites, les noms des rivières, la distribution des divers cantons ; le tout est accompagné de citations et d'indications des ouvrages, des manuscrits, et des plans à consulter. L'auteur donne l'emplacement des monuments, mais sans entrer dans des détails historiques à leur sujet; il les réserve pour un autre ouvrage dont nous allons parler.

***

Histoire de France divisée en Epoques.

Du Cange divise l'Histoire de France en sept époques qui peuvent se réduire à cinq, parce que la sixième et la septième ne sont que des annexes de la cinquième.

La *première époque*, celle de l'*Etat des Gaules avant les Romains*, renferme dix-sept dissertations sur les Gaulois, leur origine, leur culte, leurs armes, leurs mœurs, etc. Ces dissertations, restées à l'état de simples notes, n'en sont pas moins de précieux documents à consulter.

La *deuxième époque* comprend l'*Etat des Gaules sous les Romains*. Treize dissertations presque complètement terminées font connaître le gouvernement des villes, les colonies, les municipes, les préfectures, les préteurs, enfin l'organisation politique, municipale et financière de la Gaule sous les Romains. Tous les écrivains qui se sont occupés de cette époque, ont puisé de nombreux renseignements dans ces dissertations et, parfois, ont oublié d'en indiquer la source.

L'*Etat de la France sous les Rois de la première race*, est le sujet de la *troisième époque*, qui comprend une vingtaine de dissertations. Celle donnant l'explication du *nom de France*, est presque terminée. Quatre autres sur *la forme du gouvernement des provinces et des villes de la Gaule sous les François*, sur les *Ducs*, sur les *Comtes* et sur les *Missi Dominici*, sont achevées. Les autres dissertations ne sont que des notes.

La *quatrième époque* ou *l'état de la France sous la seconde race*, se compose de trente-sept dissertations sur les *Nobles*, les *Chevaliers*, les *serfs*, les *fiefs*, les *investitures*, enfin sur toute l'organisation féodale. Ces dissertations, sauf quatre, ne sont que des études préparatoires.

La *Cinquième Epoque* étudie l'*Etat de la France sous la troisième race;* elle doitt être, comme nous l'avons fait remarquer, réunie à la sixième et à la septième époque, concernant les *Croisades* et le *règne de Saint-Louis*. Cette *cinquième* époque contient des dissertations sur l'*état général de la France*, sur les *douze gouvernements*, sur les *Etats Généraux*, sur les *Cours supérieures*, sur les *Ordres militaires*, sur les *Ordres religieux*, etc.

La *sixième époque* embrasse le *temps des Croisades*. L'auteur s'est attaché à mettre en évidence les *hauts faits exécutés en Orient par les François;* les documents qu'il est parvenu à recueillir forment plusieurs ouvrages. Le premier a pour titre : *Histoire des Familles d'Orient* ou *Histoire des Familles d'Outre-Mer*. C'est l'Histoire des royaumes de Jérusalem, de Chypre, d'Arménie et des autres royaumes possédés en Orient par des familles françaises qui avaient pris part aux Croisades.

Du Cange, après avoir tracé avec une plume savante l'histoire de Jérusalem, montre ce royaume divisé en quatre baronnies : Jérusalem, Tripoli, Antioche et Edesse. Il en relève les limites, et expose l'organisation féodale du gouvernement; les seigneurs prêtent foi et hommage à leurs suzerains et possèdent des vassaux. Il termine par une Histoire des *Rois de Jérusalem*, depuis Godefroy de Bouillon jusqu'au moment où Henri, fils puîné du roi Hugues III, abandonna la Terre-Sainte, en 1291.

L'Histoire de Chypre remonte à la création de ce royaume par Richard d'Angleterre jusqu'à la cession faite, en 1489, par Catherine Cornaro aux Vénitiens, qui perdirent cette île en 1570.

Du Cange constate, par des faits et des titres, que le *royaume d'Arménie* remplissait un rôle important, à cette époque. Il démontre qu'il existait, alors, quatre *Arménies :* la *Majeure*, la *Mineure*, la *Moyenne* et l'*Arménie Latine*, c'est-à-dire la *Cilicie*. Les historiens qui se sont occupés de cette dernière contrée, pensent que la *Cilicie* avait secoué le joug des Grecs avant le règne de Basile-le-Macédonien. Du Cange confirme la justesse de cette observation, et donne la chronologie des Princes qui ont régné sur la *quatrième Arménie* jusqu'au roi Léon de Lusignan V, mort à Paris, le 29 novembre 1393. Il place, à la suite de cette chronologie, quatre-vingts articles classés par ordre alphabétique, contenant: 1° l'*Histoire des Princes et Seigneurs fieffés des royaumes de Jérusalem et de Chypre;* 2° des *Notices sur les Familles Nobles* fixées dans ces deux royaumes, et sur les *Grands Officiers* des trois royaumes.

Cet ouvrage renferme, en outre, une Dissertation sur la *Syrie Sainte*, l'*Histoire des deux patriarcats de Jérusalem et d'Antioche*, et celle des *Archevêchés et Evêchés dépendant de l'un et de l'autre*, avec *celle des Abbés et Abbesses de la Terre-Sainte*. Puis, vient une *Notice sur les Eglises de Chypre*, avec l'*Histoire des Archevêques et Evêques latins qui ont siégé dans cette île*. Enfin, ce travail se termine par l'*Histoire :* 1° des *Grands Maîtres du Temple;* 2° des *Grands Maîtres de l'Hôpital;* 3° et de l'*Ordre Teutonique*, dont les statuts étaient empruntés, pour tous les règlements militaires, à celui du *Temple* et, pour les prescriptions ecclésiastiques, à celui de l'*Hôpital*.

Le précieux manuscrit des *Familles d'Outre-mer*, qui est d'un si haut intérêt pour l'histoire de la population franco-orientale, établie pendant plusieurs siècles dans la Terre Sainte, était resté inédit. M. de Mas-Latrie, qui s'est livré à de profondes études sur le royaume de Chypre, et M. Taranne, conservateur de la bibliothèque Mazarine, furent chargés, en 1854, par M. de Parieu, alors ministre de l'instruction publique, de publier le manuscrit des *Familles d'Outre-mer*. Les recherches historiques auxquelles M. de Mas-Latrie se livrait alors, ne lui permirent pas de réviser ce manuscrit, et M. Taranne mourut avant d'avoir pu remplir cette mission. Ce projet ne fut repris qu'en 1860. M. E. Rey venait de rentrer en France après avoir rempli une mission scientifique en Syrie et dans l'île de Chypre;

il préparait un mémoire sur l'architecture militaire des croisades. Ce sujet se rattachait si intimement à celui de Du Cange, que M. de Mas-Latrie le pria de continuer l'œuvre interrompue par la mort de M. Taranne. Le ministre de l'instruction publique, informé de cette négociation, n'hésita pas un seul instant à confier cette révision à l'historien, dont il avait pu apprécier depuis longtemps le zèle et l'érudition.

M. Rey poursuivit activement ce travail et, en peu d'années, malgré les difficultés à surmonter, les lacunes à combler, les manuscrits et les livres à consulter, il put enfin le livrer à la publicité. L'*Histoire des Familles d'Outre-mer* forme un volume in-4° et parut en 1869.

Qu'on nous permette de placer ici une réflexion; c'est que sous la Restauration, sous le règne de Louis-Philippe et sous le second Empire, le gouvernement accordait ses souscriptions à des publications importantes, en ne consultant que la valeur des ouvrages et leur utilité pour la science, sans se préoccuper des opinions de l'auteur. Il n'en est plus ainsi, et nous pouvons dire que, depuis 1870, ce n'est que la faveur, que la camaraderie politique qui dictent les choix d'une commission qui ne veut encourager que les hommes du parti. L'avenir saura juger et apprécier une semblable conduite, qui favorise la médiocrité et écarte le véritable mérite. Notre protestation restera; car nous la mettons sous la sauvegarde du grand nom de Du Cange.

Revenons aux travaux de ce savant, et disons qu'il a complété son étude sur les *Familles d'Outre-mer* par l'*Histoire des seigneurs Normands*; ces seigneurs avaient conquis *la Pouille, la Calabre et la Sicile*. Cette histoire est divisée en cinq parties:

1° *La Généalogie et l'Histoire des rois de Sicile issus de Tancrède;*

2° *L'Histoire des comtes d'Averse et des princes de Capoue;*

3° *La Généalogie de la Maison de Grentemesnil;*

4° *L'Histoire des seigneurs Normands, qui se trouvèrent aux premières conquêtes de la Pouille et de la Sicile;*

5° *L'Histoire des seigneurs Normands et François, qui ont servi dans les armées des empereurs de Constantinople.*

Ces cinq parties ont reçu une rédaction définitive; Du Cange avait terminé l'*Histoire des Familles d'Orient* et celle *des Familles Normandes*. Tous les faits sont accompagnés de citations et de documents de la plus complète authenticité. Malheureusement, de 1300 pages in-folio qui renfermaient les preuves, à peine 50 ont-elles été conservées; les autres ont disparu. C'est une perte des plus regrettables pour cette période de notre histoire.

Afin de rapporter les hauts faits exécutés en Orient par les Français, Du Cange donna, en 1657, une nouvelle édition des *Mémoires de Ville-Hardouin* ou *Histoire de Constantinople, divisée en deux parties*. Mais plus tard il revit, avec le plus grand soin, cette édition qui ne le satisfaisait pas, et il la fit réimprimer en y ajoutant beaucoup de notes. Non-seulement il opéra des corrections dans le texte, mais il augmenta les observations sur l'*Histoire de Ville-Hardouin* et compléta le *Glossaire des vieux mots françois*. Dans une seconde partie, qu'il y ajouta, se trouve l'*Histoire de Constantinople sous les empereurs François*.

La *septième époque*, qui est une sous-division de la cinquième, comprend l'*Histoire du règne de Saint-Louis, par le sire de Joinville, avec des observations et des dissertations historiques*. C'est un chef-d'œuvre d'érudition. Du Cange, lorsqu'il publia cet ouvrage, n'avait en sa possession qu'un manuscrit de Joinville, incorrect et plein de lacunes; cependant il parvint à en donner une édition entièrement rectifiée. Plusieurs années après, la bibliothèque du Roi fit l'acquisition d'un manuscrit exact et complet de Joinville; l'admiration des savants fut au comble, quand ils purent s'assurer que Du Cange avait non-seulement relevé les inexactitudes, mais qu'il avait, en outre, comblé des lacunes qui rendaient plusieurs passages du texte inintelligibles. Ainsi, par une sorte de divination, il était parvenu à reconstituer le récit exact de l'ancien chroniqueur de Saint-Louis. L'abbé Sellier, dans un mémoire lu à l'Académie des Inscriptions et Belles-Lettres, déclara qu'il fallait être doué d'une prodigieuse sagacité pour corriger, sans aucun secours, les fautes d'un manuscrit défectueux. Ce trait suffirait seul pour établir la gloire durable de Du Cange, s'il n'en avait pas fourni une foule d'autres aussi remarquables.

***

Histoire de la Noblesse et autres Ordres du Royaume.

Du Cange, dans son travail sur l'histoire de France, s'arrête à Saint-Louis. Il pensait qu'il avait suffisamment éclairci nos origines nationales, et que les mémoires de nos chroniqueurs des siècles suivants étaient des guides assez sûrs pour permettre de connaître et d'écrire notre histoire. Il était dans le vrai. Après Joinville, viennent Jehan Foissart, Philippe de Commines et bien d'autres chroniqueurs qui racontent les événements dont ils ont été spectateurs, ou qu'ils ont connus par le récit de témoins oculaires.

A dater de la fin du règne de Saint-Louis, Du Cange ne s'attache plus qu'à l'étude des titres des familles nobles du royaume. Afin de mettre à exécution ce vaste projet, il réunit un nombre prodigieux de documents qu'on évalue à plus de 20,000, et qui forment un *Nobiliaire général*. C'est l'*Histoire des grands fiefs du royaume, par celle des familles qui les ont successivement possédés*. Il remonte à l'origine de ces fiefs, et en suit l'histoire jusqu'à l'époque de leur réunion à la couronne ou à d'autres souverainetés. Là, se trouve consignée l'histoire de douze cents *fiefs et familles* classés par ordre alphabétique. Ce *Nobiliaire général*, dont la plupart des articles avaient reçu une rédaction définitive, a subi des pertes irréparables. Un volume in-folio a disparu, et n'a jamais pu être retrouvé. Charles Du Fresne d'Aubigny donne une idée de la valeur de ce *Nobiliaire*, en assurant qu'il excitait l'admiration d'un illustre magistrat, qui avait cru avoir réuni tous les documents relatifs à la généalogie de la Maison de Melun, et dont la surprise fut extrême en rencontrant, dans ce *Nobiliaire*, cinquante-deux titres échappés à ses recherches. Cette admiration fut partagée par tous ceux qui compulsèrent ce *Nobiliaire*, dont toutes les parties sont traitées avec le même soin. Nous citerons l'article des ducs de Lorraine. L'auteur remonte à Thierri, l'un des quatre fils de Clovis, puis il raconte les faits accomplis sous la première race de ces ducs ; il étudie ensuite leur seconde race, depuis Carloman, prince d'Austrasie, fils aîné de Charles-Martel, jusqu'à l'empereur Arnoult qui, dans une diète tenue à Worms, en 895, investit de la Lorraine son fils bâtard Zuentibolde ou Zuentelboch. L'histoire de ce dernier duc était restée pleine de confusion et d'incertitude. Du Cange, avec sa pénétration habituelle, sut dissiper toute obscurité et rétablir les faits sous leur véritable jour. Il a aussi relevé, avec exactitude, la division territoriale si peu connue de la Lorraine. Ensuite, il trace l'historique de la Basse-Lorraine, depuis Charles-de-France jusqu'à Godefroi, comte de Louvain. Il fournit des renseignements inédits sur les ducs de la Haute-Lorraine, depuis Frédéric, comte de Gerbert, jusqu'à Gérard d'Alsace, mort en 1070. Ce travail est accompagné de soixante-dix renvois aux historiens de la Lorraine. Ces renvois facilitent les recherches et permettent de constater l'authenticité de faits, lors même que les titres à l'appui ont disparu.

*
* *

Histoire des Grands Officiers de la Couronne.

L'Histoire des Grands Officiers de la Couronne est le sujet d'une étude très étendue, de la part de Du Cange. Il a réuni une foule de matériaux pour l'*Histoire des grandes et moyennes dignités*. La table reproduite par le *Journal des Savants*, dans son numéro de décembre 1749, prouve que cet ouvrage était supérieur à celui donné par le P. Anselme. Mais nous avons, là encore, des regrets à exprimer ; car les parties principales de ce manuscrit n'existent plus.

*
* *

Traité du Droit des Armes.

Afin de compléter son *Nobiliaire*, Du Cange rédige un traité sur les *Armoiries*, divisé en trois parties. La première est l'*art de déchiffrer l'écu d'armoiries, les couleurs et les pièces qui le composent*. La seconde partie est l'*art de reconnaître par les Armoiries les familles nobles auxquelles elles appartiennent*. La troisième partie démontre l'*utilité de la science, de l'origine, du droit et de l'usage des armes*.

Dans les deux premières parties traitées déjà par plusieurs auteurs, Du Cange se borne à un simple dénombrement ; mais il s'est livré à de nombreuses recherches, au sujet de la troisième partie.

Ce *Traité du droit des Armes* contient cinquante-huit dissertations, plus ou moins terminées, qui présentent l'érudition de Du Cange sous un nouvel aspect. Après avoir cité les auteurs grecs et latins qui se sont occupés du droit des Armes, il expose les principes du droit Lombard, Gothique, Germanique, Bourguignon et de l'ancien droit François. Le chapitre sur les *marques héréditaires des familles chez les anciens* renferme des aperçus d'une extrême justesse. Nous devons citer aussi le chapitre des *Armoiries, en losanges, des femmes et des filles*, où il est démontré que « le losange représente le fuseau, qui est le bouclier de l'honnête femme, de même que la quenouille est appelée son épée, *gladius mulieris*. »

À l'appui de cette opinion, il fournit les explications les plus précises qui ne laissent aucun doute sur l'exactitude de cette démonstration.

*
* *

Armorial général.

On sait que Du Cange appuyait tout ce qu'il écrivait sur des preuves irréfutables. Les Généalogies exigeaient des centaines de volumes de preuves, mais l'auteur résolut cette difficulté en remontant aux sources de la noblesse. Pour arriver à ce résultat, il n'hésita pas à dépouiller les comptes des anciens Trésoriers, et à faire des extraits des rolles de montres militaires et des cartulaires. Ces extraits forment cinq volumes in-folio, avec une table analytique.

Le relevé des montres et revues militaires forme deux volumes in-folio, depuis l'an 1200 jusqu'en 1515. Plusieurs parties de ce relevé ont été perdues, mais il en reste un volume complété par dom Pernot.

Du Cange, malgré tous ses efforts, n'a pu réaliser complètement sa pensée de faire une *histoire générale de France*. Il est parvenu à réunir une foule de documents, mais la vie d'un seul homme ne pouvait suffire pour l'exécution de cet immense travail. Cependant, nous ne devons pas moins lui accorder notre reconnaissance pour les précieux matériaux qu'il a sauvés d'une destruction certaine.

*
* *

Histoire de la Picardie.

Du Cange, né en Picardie où il résida longtemps, conserva toujours un vif attachement pour cette province. Il voulut en écrire l'histoire et réunit des documents en un volume in-folio. Parmi les articles préparés se trouvent : une *Généalogie des comtes d'Amiens*; l'*Histoire de la ville d'Amiens*; une liste des *Baillis d'Amiens*; l'*Histoire des comtes de Montreuil, de Ponthieu*; l'*Histoire des vicomtes d'Abbeville, des seigneurs de S. Valleri, de la ville de Calais, de la Tour d'Ordo, de plusieurs abbayes*, etc.

Il a laissé une histoire des *Evéques d'Amiens* jusqu'en 1400, accompagnée d'un précis qui permettrait de la conduire jusqu'au XVIIe siècle. Il a aussi rédigé un *traité historique du chef de S. Jean-Baptiste*, imprimé en 1665.

*
* *

Travaux qui n'ont pas un rapport direct avec l'Histoire de France.

MANUSCRITS.

Du Cange, en se livrant à ses recherches sur l'Histoire de France, avait rencontré de nombreux documents étrangers à son sujet. Lorsqu'ils lui paraissaient offrir un certain intérêt, il les mettait en réserve. C'est ainsi qu'il prépara un *Mémoire sur la noblesse d'Angleterre*, et une *Histoire des familles Germaniques*. Ce dernier manuscrit contient des recherches sur les *marquis et ducs d'Autriche*, sur les *rois de Hongrie, de Bosnie, d'Esclavonie, de Corinthe, de Dannemarc*, sur les *ducs de Frioul et de Spolete*, sur les *princes de Salerne*, etc.

Il a aussi laissé un *Traité des Oracles*, en soixante-dix articles qui sont, en partie, rédigés.

*
* *

OUVRAGES IMPRIMÉS.

Colbert eut la grande et patriotique pensée de publier une collection des Historiens de la France. Ce projet fut unanimement approuvé. Du Cange possédait tous les droits à la direction de cette publication nationale, mais il n'était pas courtisan. Il exposa son plan de la manière la plus complète, et dom Bouquet déclara que c'était le meilleur à appliquer.

Colbert ne partagea pas les idées de Du Cange qui, de son côté, selon l'expression du P. Lelong, « soutint « son sentiment avec tant de fermeté qu'il encourut « la disgrâce du ministre. »

Cette discussion avait lieu en présence d'une réunion d'historiens et, disons-le avec regret, aucun n'osa contredire le puissant ministre. Du Cange, qui avait consacré plus de cinquante années de son existence à l'étude de l'Histoire de France, dut éprouver un profond chagrin de voir son projet si injustement écarté ; mais son caractère était trop ferme pour qu'il manifestât le moindre dépit. « Eh bien, dit-il, je ferai seul ! » et il se remit courageusement au travail. Inutile de faire ressortir la grandeur de cette détermination.

Les extraits qu'il avait eu l'excellente idée de faire de toutes ses lectures, lui furent alors d'un immense secours. Il était ainsi parvenu à réunir, sous forme de bulletins, une prodigieuse quantité de renseignements les plus divers, qu'il avait classés dans son *Nobiliaire*.

Un répertoire contenait une *Table générale de ses lectures*, où figuraient plus de cent mille noms, sans compter les autres articles rangés sous les titres de *Res* et *Urbes*. Du Cange parle en termes modestes de ce gigantesque travail, dans une note placée au commencement du *Nobiliaire*, « Mémoires indigestes, dit-il, pour dresser
« un *Nobiliaire* de *France* tel que je l'avais commencé
« dans le volume in-folio qui en contient une petite
« partie, et dans un autre in-4° où j'avais voulu ranger
« les dignités qui requéroient moins de discours ; mais,
« comme cet ouvrage est trop vaste, et que, d'ailleurs,
« je me suis trouvé engagé dans le *Glossaire*, j'en ai
« abandonné le dessein. Ces mémoires ne sont pourtant
« pas inutiles, et on en peut aider ceux qui voudroient
« travailler à cette entreprise, et même ceux qui écrivent
« les histoires de leurs provinces. »

C'est de ce *Nobiliaire* que Du Cange tira son *Glossarium mediæ et infimæ latinitatis*. Il pensait d'abord que deux volumes suffiraient pour cet ouvrage, mais il fut bientôt convaincu qu'il faudrait, afin de le rendre complet, lui donner beaucoup plus d'étendue. Il développa les notes recueillies dans son *Nobiliaire* ; puis, il se remit à compulser les cartulaires, les chartres, les anciens titres de toute nature ; il en extrayait les noms de lieux et de familles, les dates, les faits, les traits singuliers pour les mœurs, les anciens usages, les vieilles coutumes ; il recueillait les mots barbares introduits dans la langue latine pendant le moyen âge, et les expliquait de la manière la plus claire, afin de les rendre intelligibles à tous.

Il classa par ordre alphabétique les articles qu'il avait destinés à des travaux spéciaux, et en fit des traités sur une foule de matières, rentrant toutes dans le cadre de son *Glossarium*. Cet ouvrage ne fut plus simplement un dictionnaire de la basse latinité, comme il l'avait d'abord projeté, mais une vaste encyclopédie des connaissances historiques et linguistiques du moyen âge. Ce travail lui demanda à peine deux années, et parut en 1678. Quelques-uns de ses rivaux, dont les noms obscurs ne sont même pas parvenus jusqu'à nous, critiquèrent le *Glossarium* ; mais Du Cange, loin de s'en émouvoir, déclara hautement qu'il n'avait pas eu la prétention d'exécuter une œuvre parfaite, et qu'il s'estimerait très heureux si l'on ne trouvait dans son *Glossarium* que mille fautes. Cette réplique imposa silence aux malveillants qui n'avaient, hâtons-nous de le déclarer, rencontré aucun écho.

« La préface du *Glossarium*, dit M. Henri Hardouin (1) renferme un traité complet des langues, des mœurs, des

---

(1) *Essai sur la vie et les ouvrages de Ch. Du Cange* par H. Hardouin. — Amiens 1849.

coutumes et des lois de l'Europe, depuis Constantin ; elle contient un nombre infini de corrections et de variantes sans lesquelles une multitude d'auteurs arabes, grecs, latins, français, italiens seraient inintelligibles. Tout ce qui concerne les dignités et fonctions civiles, ecclésiastiques, militaires, et généralement toutes les notions nécessaires à l'étude de l'histoire, de la chronologie, de la numismatique, de la jurisprudence, de la théologie, y sont l'objet de dissertations admirables de science et de lucidité. Le livre de Du Cange reçut, dans le siècle suivant, un complément non moins remarquable, dû à la plume du célèbre dom Carpentier et aux travaux des Bénédictins de Saint-Maur. Il a été réimprimé, en 1850, par MM. Didot, et cette édition a été considérablement augmentée par M. Henschel, qui rivalise de savoir et de zèle avec ses devanciers. »

Un habile critique de nos jours, M. Léon Feugère, auquel nous devons une étude remarquable sur la vie et les ouvrages de Du Cange, assure, en parlant du *Glossarium*, que son auteur a élevé un des monuments les plus fameux de l'érudition du XVIIe siècle.

« Le Glossaire latin, dit M. L. Feugère, a été l'ouvrage le plus considérable et le plus estimé de Du Cange. Recueil immense, ouvert à tous les sujets, il avait permis à son auteur d'utiliser une infinité d'observations de détails, en y déposant les souvenirs accumulés dans ses lectures. En réalité, les produits et les extraits d'un demi-siècle d'études étaient venus s'y ranger par ordre alphabétique. Un grand nombre d'articles qui en remplirent les colonnes, avaient dû être primitivement placés dans l'histoire des mœurs et des usages des Français. La forme du vocabulaire ne parut avoir pour objet que d'y rendre les recherches plus faciles. Jamais, auparavant, tant de passages imprimés ou manuscrits d'écrivains grecs, latins, italiens, français, espagnols, allemands, anglo-saxons, etc., n'avaient été réunis pour dissiper les ténèbres du passé. A partir de Du Cange, tous les dialectes qu'engendra la décomposition de la langue de Rome, et qui en usurpèrent le nom, devinrent intelligibles.

« Du Cange, sous ce titre modeste de *Glossarium*, a donc élevé un des monuments les plus remarquables et les plus fameux de l'érudition du grand siècle. Il a donné sur presque toutes les sciences une suite d'excellents traités.

« Une dissertation, considérable par son étendue comme par l'importance des matières, forme la préface du *Glossarium*. Dans ce morceau, Du Cange rassemble et envisage tour à tour les causes qui ont corrompu le langage latin. La principale s'offre à lui dans les inondations des Barbares, qui ont implanté dans l'Empire beaucoup de mots de leurs idiomes ; puis, sont venus les scribes et les copistes qui, hors d'état de rédiger avec pureté les chartes et les pièces semblables qu'il était d'usage d'écrire en latin, y mêlaient sans scrupule les lambeaux de leur langage vulgaire, qu'ils déguisaient par des terminaisons latines.

« Du Cange, non content de déterminer avec une précision rigoureuse la signification des 140,000 mots qu'il a réunis dans son *Glossarium*, donne souvent de très longs et très intéressants détails sur les institutions et les coutumes des temps anciens. Quelquefois, même, ses observations prennent assez d'étendue pour se transformer en dissertations littéraires et historiques. Plusieurs de celles-ci portent sur les *Jugements de Dieu*. C'étaient les justifications qui s'accomplissaient par le duel, l'eau froide, l'eau ou le fer chaud, l'Eucharistie, la Croix, l'Evangile, le jeûne et autres pratiques semblables.

« Tel est le contenu du *Glossarium*, de ce livre qui a porté pour nous jusque dans les régions les plus ténébreuses du moyen-âge une lueur définitive, et qui nous met à même de le parcourir commodément en tout sens ; de ce livre qui nous a introduits dans la connaissance d'un millier de volumes ou de documents presque entièrement interdits à notre curiosité ; dont les corrections et les variantes seules ont pour effet de rétablir le texte d'une multitude de passages écrits dans toute espèce de langues ; qui pour les dignités et fonctions civiles, ecclésiastiques ou militaires, pour la chronologie, l'histoire, la numismatique, la jurisprudence, ne laisse sans réponse aucune question qui puisse lui être adressée ; enfin, qui ne renferme rien moins qu'un traité complet des idiomes, des mœurs, des coutumes et des lois de l'Europe, depuis Constantin jusqu'aux temps modernes. On conçoit qu'un travail de cette immensité n'ait pas reçu tout d'abord sa perfection. De là les utiles accroissements que lui ont donnés, au siècle suivant, les Bénédictins de Saint-Maur et le savant D. Carpentier, de l'ordre de Cluny ; de là aussi, de nos jours, la réimpression complète et augmentée de ce *Glossarium*. »

Nous avons cru devoir reproduire l'appréciation si juste et si vraie de Léon Feugère, sur le *Glossarium*. Aucun critique, jusqu'à lui, n'avait mieux compris et mieux exposé le plan suivi et si admirablement exécuté par Du Cange.

On rapporte, au sujet de ce livre, une anecdote fort singulière (1). L'auteur fit venir un jour quelques libraires dans son cabinet et, leur montrant un vieux coffre placé dans un coin, il leur dit qu'ils y pourraient trouver de quoi faire un livre et que, s'ils voulaient l'imprimer, il était prêt à traiter avec eux. Ils acceptèrent l'offre avec joie, mais s'étant mis à chercher le manuscrit, ils ne trouvèrent qu'un tas de petits morceaux de papier qui n'étaient pas plus grands que le doigt, et qui paraissaient avoir été déchirés comme n'étant plus d'aucun usage. Du Cange rit de leur embarras et leur assura, de nouveau, que son manuscrit était dans le coffre.

Enfin, l'un d'eux ayant considéré plus attentivement quelques-uns de ces petits lambeaux, y trouva des remarques qu'il reconnut être le travail de Du Cange. Il s'aperçut même qu'il ne lui serait pas impossible de les mettre en ordre, parce que, commençant tous par le mot que l'auteur entreprenait d'expliquer, il n'était

---

(1) Nouveau D[re] histor. par une société de Gens de Lettres. 1786. Caen, Le Roy.

question que de les classer suivant l'ordre alphabétique. Avec cette clef.et sur la connaissance qu'il avait de l'érudition de Du Cange, il ne balança point à faire marché pour le coffre et pour les richesses qui étaient dedans. Ce traité fut conclu sans autre explication, et telle est, dit-on, l'origine du Glossaire latin.

A peine la première édition du *Glossarium* avait-elle paru que Du Cange fit mettre sous presse, en 1680, l'histoire des *Familles Byzantines et de Constantinople Chrétienne*. « C'est, dit le *Journal des Savants*, un commentaire général qui peut servir à tous les auteurs de l'Histoire Byzantine et destiné à éclairer tous leurs ouvrages. »

En 1686, Du Cange donna une nouvelle édition, corrigée et considérablement augmentée, des *Annales de Zonare*, en deux volumes in-folio. Cet écrivain avait rempli des charges importantes auprès de l'Empereur de Constantinople. Retiré de la Cour dans un monastère, il employa ses loisirs à composer une histoire du Bas-Empire.

Le *Glossaire grec* de Du Cange parut en 1688 ; ce Glossaire donne l'explication des mots grecs corrompus. Constantin, en établissant la capitale de l'Empire à Bysance, y avait entraîné tous ses fonctionnaires qui parlaient la langue romaine ; ils se trouvèrent en contact avec les Grecs dont ils modifièrent le langage en y introduisant des néologismes, des locutions étrangères et beaucoup de termes barbares. La variété des dialectes devint si nombreuse, à Constantinople, qu'on en compta jusqu'à 70 sortes. Sans le *Glossaire grec*, la plupart des auteurs du Bas-Empire seraient restés inintelligibles.

Afin de montrer les différences qui existent entre le grec ancien et le moderne, l'auteur a placé, en tête de son Glossaire, la Grammaire de Simon Portius, qui est un traité complet sûr cette matière.

Du Cange étonnait le monde savant par le nombre et surtout la valeur de ses œuvres. Le bénédictin Michel Germain écrivait à l'un de ses amis d'Italie, et s'exprimait en ces termes : « Savez-vous que Du Cange
« imprime tout à la fois le *Chronicon Alexandrinum*, le
« *Grégoras* et son *Glossaire grec* ? Ce vénérable vieillard
« fait pour cela des efforts de géant, et cependant il
« est aussi gai et aussi tranquille que s'il ne faisait que
« se divertir. Que le bon Dieu ajoute encore trente
« années à celles qu'il a sur la tête (1). »

Ce souhait ne put se réaliser, mais il vécut encore assez d'années pour lui permettre de publier plusieurs autres ouvrages d'une haute érudition.

**

Correspondance.

Du Cange entretint, pendant son existence, une correspondance des plus étendues avec les savants de l'Europe. De toute part, dès que son nom commença à acquérir de la célébrité, on le consulta sur des questions historiques à éclaircir. La réponse ne se faisait jamais attendre, et elle donnait les renseignements les plus précis et les plus complets sur les difficultés à résoudre.

« Quant aux lettres de Du Cange, dit Ch. du Fresne
« d'Aubigny, dans son *Mémoire historique*, page 32, la
« perte ne peut s'en évaluer, et on ne peut suivre
« aucune correspondance. Cependant ce qui en reste
« est précieux, et suffit pour prouver que la modestie
« de M. Du Cange allait souvent à l'excès, et qu'on ne
« le consultait jamais en vain : français et étrangers,
« savants et amateurs, tous étaient bien bien venus ; il
« satisfaisait à toutes les demandes, éclairait tous ceux
« qui recouraient à lui, et semblait ne remplir qu'un
« devoir ; on aurait dit qu'il regardait ses connaissances
« comme le patrimoine commun de la république des
« lettres. La facilité avec laquelle il les communiquait
« était jointe au plus grand désintéressement. M. Baluze
« rapporte dans la préface de l'ouvrage intitulé : *Petri*
« *Castellani vita, etc.*, la générosité avec laquelle M. Du
« Cange lui avait remis cet ouvrage. Un savant étant
« venu le consulter sur un projet dont il s'était occupé
« lui-même, M. Du Cange lui fit présent de tout ce qu'il
« avait rassemblé sur cet objet ; et quand il fut parti,
« M. Du Cange répondit tout uniment à ceux qui se
« récriaient sur sa générosité : *Je serai ravi qu'il en pro-*
« *fite ; il m'a paru avoir de bonnes idées, et c'est une*
« *matière sur laquelle je ne reviendrai plus.* »

Nous aurions toujours ignoré les services de cette nature, que Du Cange ne dévoilait jamais, sans les remerciements et les témoignages de reconnaissance, que les auteurs lui donnaient dans leurs ouvrages.

C'est ainsi que l'antiquaire Seguin lui rend hommage pour sa science des médailles ; le Conseiller Le Blanc qui dirigeait la cour des monnaies signale les services qu'il lui a rendus. Les hellénistes du temps sont « comme
« en extase vis à vis de ses réponses et des explications
« qu'elles contiennent sur des inscriptions grecques,
« sur des monnaies espagnoles, sur des traits d'anti-
« quité et sur d'autres particularités ; ils tiroient tous à
« l'envi copie de ses lettres (1). »

Comment se fait-il donc que ces copies, puisque les originaux ont été perdus, ne soient pas parvenues jusqu'à nous ? Quelles pertes irréparables !

De simples fragments de ces correspondances ont été conservés ; ils nous permettent de constater le zèle que Du Cange apportait dans ses communications. Au Conseiller La M..., du Parlement de Dijon, il fournit beaucoup de détails biographiques sur le célèbre Cujas ; à l'historien Nicaise, il envoie des renseignements inédits sur l'histoire de Bysance ; à de Chevanes il adresse une dissertation, pour démontrer que les exercices manuels des Moines n'étaient pas incompatibles avec les travaux intellectuels, et que ce serait les astreindre à

---

(1) Correspondance de Mabillon, T. II. p. 123.

(1) Ch. Du F. d'Aubigny. Mémoire p. 34.

un rôle indigne d'eux que de les obliger à n'être que de simples copistes. Le P. Papebroch, auteur des *Actes des Saints*, lui pose une foule de questions et reçoit des réponses complètement satisfaisantes. Le P. La Carry le consulte sur son histoire des *Comtes de Rhodez* et des *Vicomtes de Carlat*. Le Conseiller Troubeau de Bourges écrit à Du Cange, *comme à un homme qui peut lui donner plus que qui que ce soit, dans le royaume*. Le jurisconsulte de Chambourg, d'Orléans, l'interroge sur l'époque à laquelle remontent les traductions françaises du Code des Instituts de Justinien, et des Décrétales de Grégoire IX ; il lui demande aussi des explications sur les anciennes coutumes d'Orléans.

Aux yeux du Chanoine Dorans, de Senlis, Du Cange est un véritable puits de science. « Vous souffrirez, lui écrit-il, qu'un inconnu, si vous faites réflexion que les fontaines étant publiques chacun a droit d'y aller, et que l'indigence du pauvre ne peut mieux s'accommoder que de l'abondance du riche, désire des renseignements sur les princes de Valachie et de Moravie ; sur les différents possesseurs des Etats qui sont aujourd'hui dans la maison d'Autriche et situés en Allemagne, comme Tyrol, Styrie, Carinthie, Carnioles, Vindische, etc., avec tous leurs changements de maîtres, et les révolutions arrivées par les partages faits en cette maison jusqu'à présent ; de plus un auteur qui ait décrit les princes qui ont possédé la Toscane depuis Charlemagne ; et il termine en demandant le nom d'un historien français qui ait traité, ex professo, des comtes de la Marche et de Saintonge. »

Le Chanoine Dorans est tellement satisfait des réponses de Du Cange, qu'il lui en exprime immédiatement sa reconnaissance en termes des plus chaleureux.

Nous ne devons point passer sous silence l'illustre Leibnitz, dont les recherches sur la *Comtesse Mathilde* et sur d'autres personnages historiques étaient restées infructueuses. Du Cange apprit par un ambassadeur l'embarras de l'illustre savant allemand, et s'empressa de lui envoyer une dissertation des plus étendues sur ces divers points. Leibnitz en fut si profondément touché qu'il écrivit à Du Cange une lettre, dans laquelle figure ce passage : « Je trouve votre courtoisie aussi grande
« que votre érudition, que toute la terre connaît assez....
« Vos remarques sont considérables et pourront servir
« à pousser plus loin mes conjectures. »

La mort surprit Du Cange, le 23 octobre 1688, la plume à la main, pendant qu'il corrigeait les épreuves de la *Chronique d'Alexandrie*. Il laissait une étude inachevée sur le *Gregoras*, qui cependant a été très utile à Boivin et Capperonnier pour l'édition qu'ils ont donnée de cet ouvrage.

Le *Journal des Savants* de cette époque déclare que la seule énumération des ouvrages et des manuscrits de Du Cange confirme, et surpasse même tous les éloges donnés à cet illustre historien, pendant sa vie et après sa mort. *Ce n'est pas pour la gloire que j'étudie*, disait Du Cange à ses amis, lorsqu'ils le pressaient de prendre un peu de repos, *je ne songe*, ajoutait-il, *qu'à m'amuser ; ceci n'est point* publici saporis, clausum domi manebit, mihi cano et musis ; *j'ai du temps de reste* ; et il le prouvait, car il s'occupait très activement de sa famille, et était heureux d'avoir de longs entretiens avec ses amis.

Du Cange ne recherchait pas la gloire, mais la gloire l'a couvert de ses rayons lumineux et son nom sera honoré, dans tous les siècles, par les savants qui admireront son extrême modestie, son ardent patriotisme, son immense érudition et son admirable génie.

Nous ne terminerons pas cette étude, sans exprimer notre reconnaissance aux biographes qui ont analysé les œuvres de Du Cange et qui nous ont fait connaître, jusque dans les moindres détails, son existence laborieuse, ses ouvrages imprimés et ses manuscrits.

Charles du Fresne d'Aubigny est le premier qui ait rédigé une biographie de Du Cange ; elle porte le titre de : *Mémoire Historique pour servir à l'éloge de Charles du Fresne sieur Du Cange, et à l'intelligence du plan général de ses études sur l'Histoire de France*. Ce mémoire nous a été très utile, surtout la partie consacrée à l'examen des œuvres de Du Cange, que nous avons souvent consultée.

M. Henri Hardouin qui, dès 1838, avait pris l'initiative d'une proposition faite à la Société des Antiquaires de Picardie, d'élever une statue à Du Cange, dans sa ville natale, en a donné une excellente biographie. Il a retracé les principaux traits de la vie de Du Cange, puis il a analysé ses ouvrages. Dans ses recherches sur le sort des manuscrits de ce savant, il rappelle les généreux efforts déployés par Charles du Fresne d'Aubigny pour en retrouver les traces et les réunir.

« Vers 1735, écrit M. Hardouin, Dufresne d'Aubigny, petit-neveu de Du Cange, grâce à des efforts non moins désintéressés qu'assidus, parvint à récupérer la plupart des manuscrits de notre savant. Il est juste de dire qu'il fut puissamment aidé dans cette entreprise par l'illustre chancelier d'Aguesseau, grand admirateur de Du Cange.

« D'Aubigny, lit-il, dans la bibliothèque des historiens de France, la mention d'un manuscrit qu'aurait possédé l'abbé De Camps ? il est bientôt sur les traces de ce livre, et obtient le manuscrit des familles d'Orient et les trois volumes des recueils de Du Cange, marqués C, D, F, ainsi qu'un portefeuille contenant une grande partie des *catalogues historiques*.

« L'année suivante (1736), François Dufresne, second fils de Du Cange, étant décédé, d'Aubigny acquiert, à son inventaire, tout ce qu'il peut apercevoir de papiers émanés de notre savant. Il en tire, après un long examen, le fond d'un *nobiliaire historique* de la France, d'un *Traité du droit des armoiries*, ainsi que les titres domestiques de la famille Du Cange et de la famille de Rély (celle de la mère de Du Cange).

« Un peu plus tard, d'Aubigny surenchérissait, auprès du fils de François Du Cange, les offres que lui faisaient des Anglais pour l'acquisition d'une autre partie importante des papiers de son aïeul, comprenant le manuscrit des comtes d'Amiens et de Ponthieu, le portefeuille renfermant les titres pour l'histoire de Picardie, une histoire des évêques d'Amiens jusqu'à 1354, une histoire de la ville d'Amiens par Delamorlière, chargée de notes et de corrections, deux volumes de recueils alphabétiques marqués M et P, et enfin plusieurs pièces détachées dont la réunion a produit la grande carte généalogique des rois de France. Le libraire Guérin consentit à remettre trois volumes sur le blason, et l'abbé Du Cange, chanoine de Saint-Victor, l'un des fils de notre auteur, un certain nombre de morceaux détachés.

« Restait à tenter un dernier effort, le plus difficile de tous. — Après la mort du prince Eugène, onze volumes des manuscrits de Du Cange avaient été déposés à la bibliothèque impériale de Vienne, où notre bonne étoile voulut qu'ils fussent confiés aux soins d'un protecteur naturel, d'un Français, le professeur Duval, alors bibliothécaire. Déjà, d'après les instances de d'Aubigny, Duval avait rédigé sur ces manuscrits deux notices publiées par les soins de d'Aguesseau, dans le *Journal des Savants*. Une négociation diplomatique, couronnée d'un plein succès, fut entamée avec la cour de Vienne qui mit à satisfaire à la demande officielle du ministre français, marquis de Stainville, depuis duc de Choiseul, l'empressement le plus louable et le plus gracieux. Dès leur arrivée en France, les onze volumes et d'autres papiers qui s'y trouvaient joints, furent remis à l'infatigable d'Aubigny qui consacra à leur vérification et à leur classement son zèle accoutumé.

« D'Aubigny, dont nul biographe n'a daigné dire un mot, couronna-t-il la série de ses bienfaits en abandonnant gratuitement à la bibliothèque du roi les manuscrits récupérés avec tant de peine, ou bien le gouvernement, dont il avait éveillé la sollicitude, se procura-t-il autrement ces papiers précieux ? On est réduit ici à des conjectures. Sans deux mémoires sur la publication des œuvres inédites de Du Cange, le nom de d'Aubigny resterait à peu près ignoré. »

La ville d'Amiens réalisa, en 1849, la noble pensée de M. Hardouin en élevant une statue à Du Cange.

Il y a quelques années, M. Léon Feugère a publié une étude des plus remarquables sur Du Cange, sa vie et ses travaux. C'est une œuvre sérieuse et d'une haute portée historique que nous avons citée dans cette notice. A côté des détails biographiques, il a placé une appréciation très exacte et très détaillée des travaux de l'illustre historien. Ainsi, il ne manque plus rien à la mémoire de Du Cange ; si Amiens, sa ville natale, lui a dressé une statue qui reproduit sa pose et ses traits, un habile critique lui a élevé un monument littéraire qui fait connaître à tous la bonté de son cœur, l'excellence de son esprit, et l'immensité de ses travaux.

L. FAVRE.

LISTE DES OUVRAGES DE DU CANGE

Nous donnons la liste des œuvres Du Cange publiées ou restées à l'état de manuscrits, dressée avec le plus grand soin par M. H. Hardouin, ancien président de la Société des Antiquaires de Picardie. Cette liste comprend :

1° La nomenclature des Œuvres imprimées de Du Cange et de ses principaux manuscrits sur l'Histoire de France ou sur d'autres matières ;
2° Le plan qu'il avait présenté pour une collection des historiens de France ;
3° Le Sommaire de ses principales dissertations commencées ou terminées sur diverses époques de notre Histoire ;
4° Le dessein de l'Histoire de Picardie et le sommaire des travaux entrepris ou exécutés pour cette histoire ;
5° Enfin, l'indication des diverses Biographies de Du Cange.

PREMIÈRE PARTIE.

§ Ier. — **Ouvrages imprimés.**

1. — *Histoire de l'empire de Constantinople sous les empereurs français* ; Paris, imprimerie royale, 1657, in-fol.

C'est par cet ouvrage que Du Cange débuta dans le monde savant.

2. — *Traité historique de la translation du chef de saint Jean-Baptiste* ; Paris, Cramoisy, 1665, in-4°.

Résumé analytique et critique de tout ce qui a été écrit sur ce sujet.

3. — *Histoire de saint Louis, IX du nom, roi de France, écrite par Jean sire de Joinville, enrichie de nouvelles observations et dissertations historiques, avec les établissements de St Louys et le conseil de Pierre Desfontaines, etc.* ; Paris, Mabre-Cramoisi, 1668, in-fol.

4. — *Joannis Cinnami imperatorii grammatici historiarum lib. VI. seu de rebus gestis à Joanne et Manuelo Comnenis impp. C. P. accesserunt Caroli Dufresne D. du Cange, etc. in Nicephori Bryennii Cæsaris, Annæ Comnenæ Cæsarissæ, et ejusdem Cinnami historiam Comnicam, notæ historicæ et philologicæ. His adjungitur Pauli Silentiari descriptio ædis Sanctæ Sophiæ, ex MMSS. Cod.;* Paris, è typ. Reg. 1670, in-fol.

5. — *Glossarium ad scriptores mediæ et infimæ latinitatis*, etc. Paris, Billaine, 1678, in-fol. 3. vol. — Paris, Osmont, 1733, in-fol., 3 vol.

A la réimpression publiée au siècle dernier par D. Carpentier et les Bénédictins de St-Maur, et qui comprend, avec les additions, 10 vol. in-fol., a succédé la réimpression entreprise par M. Henschel, éditeurs MM. Didot, et qui forme 7 vol. in-4°.

Voici le titre de cette nouvelle édition qui honore à tous égards le savoir et le zèle de ses auteurs :

Glossarium mediæ et infimæ latinitatis conditum a Carolo Dufresne Domino Du Cange, auctum à monachis ordinis S. Benedicti cum supplementis integris D. P. Carpenterii et additamentis Adelungii et aliorum, digessit c. a. l. HENSCHEL.

6. — *Cyrilli, Philoxeni, aliorumque veterum Glossaria latina græca et græca latina, à Carolo Labbæo collecta et in duplicem alphabeticum ordinem reducta*, etc. ; Paris, Billaine, 1679, in-fol.

7. — *Lettre à Wion d'Hérouval au sujet des libelles qui se publient en Flandres contre les RR. PP.* Papebroch et Henskennius. Anvers, 1683, in-4°.

8. — *Joannis Zonaræ annales*, etc.; Paris, è typ. Reg. 1686, in-fol. 2 vol.

9. — *Glossarium ad scriptores mediæ et infimæ græcitatis*, etc. ; Lyon, Ancillon, 1688, in-fol. 2 vol.

10. — *Paschalion seu chronicon Paschale, etc.* ; Paris, è typ. Reg. 1689, in-fol.

C'est pendant l'impression de ce dernier ouvrage que Du Cange mourut. Cette impression fut terminée par les soins de Baluze.

11. — Edition de *Nicéphore Grégoras*, terminée par Boivin, et publiée seulement en 1712.

12. — *Histoire de l'état de la ville d'Amiens et de ses comtes, avec un recueil de plusieurs titres concernant l'histoire de cette ville qui n'ont point encore été publiés, par Charles Dufresne, sieur Du Cange, conseiller du roi, trésorier de France, et général des finances en la généralité de Picardie.* Publiée d'après le manuscrit original (Biblioth. nat. supplém. franc. n. 1209). Amiens, 1840, 1. vol. in-8°. Lenoël-Hérouard, libraire ; et à Paris, Dumoulin, 13, quai des Augustins.

13. — Les *Principautés d'Outre-Mer* ou autrement *Familles d'Orient*, c'est-à-dire une histoire des principautés et royaumes de Jérusalem, de Chypre et d'Arménie, ainsi que des Familles qui les ont possédés. Publiées en 1869, Imprimerie Impériale, par E. G. Rey, en 1 vol. in-4°.

§ II. — Manuscrits inédits.

1. — *Sur l'Histoire de France :*

1. — Projet pour une collection générale des historiens de France présenté à M. de Louvois, en 1676, in-fol.

2. — Carte généalogique des rois et maisons de France depuis Pharamond.

3. — Description historique de la France ancienne (9 portef. in-fol. petit format).

4. —Description historique et géographique des Pays-Bas, in-fol.

5. — Extrait de la description des Pays-Bas de Jean Petit, in-4.

6. — Un vol. in-fol. intitulé Gallia.

7. — Recherches tendantes à une suite des grands officiers de la couronne, des gouverneurs de provinces, etc., in-fol. 5 vol.

8. — Recherches sur les baillis et sénéchaux de différentes villes et provinces, rangées par ordre alphabétique, in-fol.

9. — Nobiliaire de France, 4 portef. in-fol.

10. —Catalogues historiques, contenant les dépouillements par noms de plusieurs titres et rouleaux tirés presque tous de la chambre des comptes, depuis 1200 jusqu'en 1515, in-fol.

11. — Familles d'outre-mer et Familles normandes, ou généalogique des rois de Sicile, etc. in-fol.

12. — 2e édition (complète) de Ville-Hardouin, in-fol.

13. — Traité du droit des armoiries, portef. in-fol.

14. Recueil de mille à onze cents corrections, remarques ou additions sur les Chroniques de Monstrelet.

2. — *Concernant des sujets étrangers à notre histoire ou sans rapports directs avec elle :*

1. Familles germaniques, portef. in-fol.

2. — Dissertations projetées et très avancées sur toutes sortes de matières, histoire, jurisprudence, littérature, etc., rangées par ordre alphabétique ; 2. vol. in-fol.

3. — Recueil intitulé *de Oraculis*, en 71 chap., in-fol.

4. — Recueil de lettres, portef. in-fol.

SECONDE PARTIE.

§ Ier. — Plan général d'un recueil des Historiens de France.

1. — Geographica seu quæ descriptionem Galliæ spectant.

2. — Gallica seu rerum Gallicarum scriptores, vel qui de veterum Gallorum historiá, moribus, legibus, institutis, linguá, commentarios ediderunt, præterea qui veteris Galliæ descriptionem elaborarunt.

3. — Francica, seu qui de Francorum veterum origine, primis sedibus et eorum in Gallias adventu scripserunt.

4. — Scriptores qui generalem Francorum historiam aggressi sunt.

5. — Scriptores Cœvi ab adventu Francorum in Gallias usque ad Pippini regis tempora.

6. — Secundæ regum Franciæ stirpis primordia, origines, et stemmata.

7. — Historiæ ejusdem stirpis scriptores cœvi.

8. — Historiæ tertiæ Francorum stirpis scriptores cœvi et veteres.

9. — Rerum à Francis in Italiâ sub alterâ regum Franciæ stirpe gestarum scriptores.

10. — Rerum à Francis et Normannis in Italiâ et Siciliâ sub tertiâ regum Franciæ stirpe gestarum scriptores cœvi.

11. — Rerum à Francis in Oriente et in sacris expeditionibus gestarum scriptores cœvi, seu regni Francorum hyerosolymitani historia à variis sed illius ævi scriptoribus litteris commendata, editis, aut ad libros veteres emendatis.

12. — Rerum à Francis in imperio Constantinopolitano gestarum scriptores cœvi.

13. — Rerum à Francis contrà Albigenses gestarum scriptores cœvi.

14. — Rerum Gallicarum et Francicarum scriptores qui, vel annorum serie, vel ratione chronologicâ, vel more et stylo historico observatis, historias suas ad tertiam regum stirpem deduxerunt.

15. — Galliæ et Franciæ provinciarum historiæ scriptores cœvi, ordine provinciarum alphabetico scilicet. (Sequentur XXV provinciarum nomina).

16. — Epistolæ historicæ vel quæ ad Francorum historiam illustrandam conducunt.

Epistolæ variæ quæ ad illustrandam alterius Franciæ stirpis historiam spectant.

Epistolæ historicæ de rebus Francicis summorum Pontificum à Leone I ad Zachariam.

Epistolæ variæ de rebus à Francis in Italiâ et in Siciliâ gestis.

Epistolæ, veteres tabulæ, aliaque monumenta de rebus à Francis qui in expeditionibus bellisque hierosolymitanis vel militârunt vel operam navaverunt; auctorum apud quos eorum habetur mentio, locis indicatis, addictis etiam notis aliquot genealogicis.

17. — Epitaphiæ regum Franciæ vel principum stirpis regiæ quæ franciæ historiæ illustrandam conducunt.

18. — Genealogica, seu stemmata regum Francorum et præcipuarum regni Franciæ familiarum.

19. — Vitæ et elogia virorum ex Galliâ, bellicâ laude illustrium.

20. — Vitæ et elogia virorum ex Galliâ qui, publicatis litterarum monumentis, claruerunt.

21. — Diplomata regum Franciæ cujusque stirpis ad Ludovicum VI usque, partim ex MMSS. partim ex editis eruta, et ad res Francicas illustrandas necessaria.

22. — Regum Franciæ à Ludovico VI, usque ad Henricum IV, et aliorum, diplomata historica, et quæ ad Francorum historiam illustrandam spectant.

23. — Catalogus scriptorum editorum utriusque linguæ qui de rebus francicis et de provinciarum, civitatum, ecclesiarum et monasteriorum antiquitatibus commentarios ediderunt, longè auctior.

24. — Index chronologicus rerum omnium quæ in singulis voluminibus continentur.

§ II. — Dissertations sur les parties principales de l'Histoire de France.

Le sommaire de ces travaux est reproduit ici tel qu'il fut imprimé en 1752 dans le *Journal des Savants*.

On peut, d'après les notes et les dissertations commencées par Du Cange, diviser l'histoire de France en sept époques, à chacune desquelles un certain nombre de ces dissertations appartient.

1re ÉPOQUE. — *État des Gaules avant les Romains.*

Dix-sept dissertations, presque toutes inachevées, sous les titres suivants :

Noms anciens des Gaules.
Galates.
Celtes.
Origine des Gaulois.
Leurs anciens chefs.
Leurs expéditions hors des Gaules.
Leurs colonies.
Leurs armes et vêtements.
Leur langue.
Leurs mœurs.
Leur religion.
Les Druydes.
Gallorum primus impetus.
Gallorum fortitudo.
Gallorum facundia.
Gallorum statura.
Voces antiquæ gallicæ.

2e ÉPOQUE. — *État des Gaules sous les Romains.*

Treize dissertations à peu près complètes, et qui pourraient être publiées après une légère révision. Voici leurs sujets :

Gouvernement des provinces sous les Romains.
Gouvernement des villes.
Des colonies.
Des municipes.
Des villes confédérées.
Des villes libres.
Des villes en servitude.
Des préfectures.
Des villes tributaires.
Des *villa, vici, castra, castella, præsidia.*
Des fabriques d'armes.

Des préfets du prétoire.
Des préteurs.

3ᵉ Époque. — *État de la France sous les Rois de la première race.*

Vingt dissertations (1), dont quatre terminées; elles concernent :

Le nom de France. (Cette dissertation est très avancée.)
L'origine des Francs.
La division de la France sous les rois de la première race, division ainsi indiquée :

Francia.
Burgundia.
Vascones.
Neustria.
Gothi in Gallia.
Royaume d'Austrasie.
La forme du gouvernement des provinces et des villes des Gaules sous les Francs.
Les comtes.
Les ducs.
Les *Missi dominici.*
} Ces quatre dissertations sont terminées.

Les mœurs des Francs.
Leurs défauts.
La religion chrétienne dans la Gaule.
Les rois des Francs.
Leur élection. (Le véritable titre de cette dissertation porte *s'ils étaient électifs.*)
La loi salique.

4ᵉ Époque.—*État de la France sous la seconde race de nos Rois.*

Trente-sept dissertations, à compléter, pour la plupart, à l'aide de celles qui sont contenues soit dans le Glossaire, soit dans l'édition de Joinville.

La première, très avancée, traite, en général, de l'époque indiquée (2).
Les autres ont pour sujets :

Le royaume d'Aquitaine.
Le royaume de Provence.
La Septimanie.
La division des personnes.
Les nobles.
Les barons.
Les bannerets.
Les bacheliers.
Les chevaliers.
Les écuyers.
Les personnes libres et franches.
Les serfs.

(1) V. aussi à l'appendice de l'*Hist. des comtes d'Amiens*, p. 361, dissertation sur une monnaie d'or frappée à Amiens et attribuée à l'un des rois mérovingiens.
(2) V. comme relative à la même période : Dissertation sur les règnes simultanés, mais distincts, de Louis III et de Karloman, publiée dans l'appendice à l'*Hist. des Comtes d'Amiens*, p. 370.

Les libertins ou coutumiers.
Les différences des biens.
Les francs alleuds.
Les fiefs.
Les fiefs rendables. (*Voy.* à cet égard la dissertation imprimée dans le Joinville.)
Les reliefs.
Les investitures.
Les droits de seigneurie.
Les droits fonciers.
Le droit de guerre.
Le ban, l'arrière-ban.
Les évêques à la guerre.
La régale. Cette dissertation est très avancée. On la trouve dans le manuscrit de l'histoire des évêques d'Amiens (1).
Formes d'administrer la justice.
Officiers de la couronne.
Officier de la maison du roi.
Gouverneurs.
Baillis et sénéchaux.
Capitaines des places.
Enseignes royales.
Echevins.
Avoués.
Vidames.

5ᵉ Époque. — *État de la France sous les Rois de la troisième race.*

Une dissertation très avancée sous ce titre ; plus, douze projets de dissertations sur :

Les états-généraux.
Les cours supérieures.
Les ordres militaires.
Les ordres religieux.

Et une infinité de notes dont on pourrait, dit l'auteur de la notice, tirer au moins deux cents articles sur la même époque.

Il paraît que l'on n'a pu retrouver deux volumes, l'un in-fol., et l'autre in-4°, sur lesquels Du Cange avait rédigé ou mis au net la majeure partie de ces notes.

6ᵉ Époque. — *Les Croisades.*

Ici tout est achevé et prêt à livrer à l'impression.
Les ouvrages relatifs à cette période sont :

1° L'*Histoire des Familles normandes* qui conquirent la Pouille, la Calabre et la Sicile ;
2° Une nouvelle édition de Ville-Hardouin, entièrement revue, et augmentée d'un grand nombre de preuves.

7ᵉ et dernière Époque. — *Saint-Louis.*

Du Cange projetait une nouvelle édition de Joinville pour laquelle il a réuni un grand nombre de notes et

(1) Publiée dans le même appendice, p. 375. Très remarquable.

de pièces destinées à servir de suppléments aux trente dissertations imprimées dans celle que nous possédons, publiée en 1768.

QUATRIÈME PARTIE.

1. — Dessein de l'Histoire de Picardie.

Cette pièce a été imprimée dans le *Journal des Savants* — décembre 1749, p. 733 ; toutefois il ne sera point inutile de reproduire ici son texte *exact* d'après l'autographe renfermé avec d'autres pièces, à la bibliothèque royale, dans un carton intitulé : *Titres de Picardie* (Supplément. fr., n° 1203).

Livre I.

Division des Gaules en général.
De la Gaule en Belgique.
Division de la France sous les rois de la première et deuxième lignées.
Division de la France sous les rois de la troisième lignée, en langue *d'Oït* (orthographe donnée par Du Cange, et mal à propos rectifiée dans le journal, par la substitution du mot *oui*), langue d'*oc* et langue *picarde*.
Du nom de Picardie.
Gouvernement de Picardie, son étendue, sa division et la suite des gouverneurs et lieutenants du roi.
De la généralité de Picardie, et la liste des villages sous chacune élection.
De la bonté et fertilité de la Picardie, des rivières qui l'arrosent, et des anciens chemins romains par la Picardie.

Livre II.

Du bailliage d'Amiens, son étendue, ses sept prévôtés, et la liste des villes et villages sous chacune d'icelles.
Suite des baillis d'Amiens, et, par occasion, des baillis et sénéchaux.
De la ville d'Amiens, ses noms anciens et modernes, sa description topographique, etc.
Des édifices publics anciens et modernes, de l'ancien château, de la citadelle, etc.
Des églises, et premièrement de la cathédrale.
Des églises paroissiales.
Des abbayes, prieurés et monastères de religieux et religieuses, enclos dans l'enceinte de la ville d'Amiens.

Livre III.

Histoire et état de la ville d'Amiens sous les Gaulois, les Romains, la première et la deuxième lignées des rois de France.

Livre IV.

Histoire des comtes d'Amiens. (Rédigée).

Livre V.

Des châtelains d'Amiens, leur généalogie.
Suite des capitaines et gouverneurs d'Amiens.

Livre VI.

Etablissement de la commune d'Amiens ; la suite des mayeurs ou maires, avec les remarques de ce qui s'est passé de plus mémorable sous chacun d'iceux ; et, par occasion, des hommes illustres d'Amiens.

Livre VII.

Histoire ecclésiastique de la ville d'Amiens, et, premièrement, de l'évêché d'Amiens, son étendue, et le pouillé des bénéfices en dépendant.
Suite des évêques d'Amiens avec des remarques concernant l'histoire ecclésiastique (1).

Livre VIII.

Histoire ou traité historique de la translation du chef de Saint-Jean-Baptiste.

Livre IX.

De la seigneurie temporelle des évêques d'Amiens, et, par occasion, d'où procèdent les biens des évêques.
Des vidames et advoués institués pour la conservation des biens des prélats.
De la seigneurie des vidames d'Amiens dans la ville et dans l'étendue de l'évêché.
Suite généalogique des vidames d'Amiens, des maisons de Picquigny et d'Ailly.

Livre X.

Des sept prévôtés et villes dépendantes du bailliage d'Amiens.
De la prévôté de Montreuil, de la ville de Montreuil, etc.
De la prévôté de Beauquesne, etc.
De la prévôté de Saint-Ricquier et de la ville et abbés de Saint-Ricquier.
De la prévôté de Fouilloy, de la ville et abbés de Corbie.
De la prévôté de Doullens ou Dourlens.
De la prévôté de Vimeu.

Livre XI.

Du comté de Ponthieu, son étendue, ses démembremens.
Suite des comtes de Ponthieu (2).

Livre XII.

Sénéchaussée de Ponthieu. Liste des villages en dépendant.
Suite des Sénéchaux.
De la ville d'Abbeville ; de ses antiquités.
Etablissement de la commune d'Abbeville. — Suite des mayeurs avec la remarque de ce qui s'est passé

---

(1) Les articles de la collection *Gallia Christiana*, relatifs aux évêques d'Amiens, ne sont guère qu'une reproduction de cette partie des travaux de Du Cange, circonstance signalée par les auteurs de cette collection (*v.* la préface).
(2) Partie de ce livre est traitée dans l'*Histoire des Comtes de Ponthieu*.

de mémorable sous chacun d'iceux, en la ville d'Abbeville (1).
De la ville de Rue et ses antiquités.
Du Marcquenterre, et des autres lieux plus considérables du comté de Ponthieu.

Livre XIII.

Du comté de Boullenois, son étendue, bonté et fertilité du pays ; du pays des Morins.
Histoire des comtes de Boulongne.
Sénéchaux de Boulongne, gouverneurs de Boulongne.

Livre XIV.

De la ville de Boulongne, ses antiquités, sa description, etc.
De l'évêché de Boulongne. Pouillé des bénéfices.
Suite des évêques de Térouanne et de Boulongne.
Des villes d'Estaples, de Wissan, et, par occasion, de l'*Icius Portus* (2), de Monthulin et autres lieux remarquables du comté de Boullenois.

Livre XV.

Du pays reconquis et son étendue.
De la ville de Calais, ses antiquités, ses gouverneurs.
De la ville et des seigneurs d'Ardres.
De Guines, des comtes de Guines.
De *Hames*, des seigneurs de Hames.
Des autres lieux remarquables du pays reconquis.

Livre XVI.

Du pays de Santerre ; du gouvernement de Péronne, Montdidier et Roye ; suite de ses gouverneurs et des baillis.
De la ville de Péronne, ses antiquités. — Des anciens seigneurs et des châtelains de Péronne.
De la ville de Montdidier, de ses seigneurs, etc.
De la ville de Roye, des seigneurs de Roye.
Des autres lieux remarquables dudit gouvernement.

Livre XVII.

Du comté de Vermandois, son étendue, etc.
Suite des comtes de Vermandois.
Sénéchaux et baillis de Vermandois.
De la ville de Noyon et de ses évêques.
De la ville de Saint-Quentin, gouverneurs de Saint-Quentin, etc.
De la ville et des seigneurs de Ham.
Du Castelet.
De Nesle, des seigneurs de Nesle.
Des autres lieux dudit comté.

Livre XVIII.

Du pays de Thiérasse et son étendue.
De la Fère, ses seigneurs.
De Guise, ses seigneurs et ducs.

(1) V. *Histoire MMSS. des vicomtes d'Abbeville.*
(2) V. Dissertation sur ce sujet, imprimée dans l'édition de Joinville.

De la Capelle, de Vervins.
De Ribemont, ses seigneurs.
De Marle et de ses seigneurs.
Des autres lieux dudit pays.

Livre XIX.

Du pays de Beauvaisis.
De la ville de Beauvais.
Des comtes de Beauvais.
Des évêques de Beauvais.
De Clermont, Comtes de Clermont.
De Breteuil, des comtes, seigneurs et abbés de Breteuil.
Des autres places et lieux considérables du Beauvaisis.

Livre XX.

Du pays de Soissonnais, Tardenois, Laonois.
De la ville de Soissons, ses comtes et ses évêques.
Des villes de Chauni et de Braines.
De la ville de Fère.
De la ville de Laon, des comtes de Laon, des évêques de Laon.
Des autres places encloses en ce quartier.

Livre XXI.

Ce livre et *quelques suivans* contiendront les généalogies des plus illustres familles de Picardie, dont la connaissance est nécessaire pour l'intelligence de l'histoire.
A la fin seront mises, par forme de preuves de toute cette histoire, les chartes, titres et autres pièces manuscrites qui y seront rangées selon l'ordre des temps.

MANUSCRITS ET EXTRAITS DE TITRES
RELATIFS A L'HISTOIRE DE PICARDIE
Conservés à la Bibliothèque Nationale.

N⁰ˢ des manuscrits. Pagination.	Désignation et observations.
Suppl. fr. n° 1208, p. 102-266.	Extrait d'un manuscrit de blasons MMSS, enluminé, sur parchemin. Ce titre est celui qui est en tête du morceau. Dans la table en tête du volume, qui est aussi de la main de Du Cange, cette pièce est désignée sous le titre suivant : *Armes de quelques maisons nobles, et particulièrement de la Picardie.*
Suppl. fr. n° 1225ᵃ, p. 81-93.	Armes de quelques maisons de Picardie.
Suppl. fr. n° 1225ᵃ, p. 45-71.	Généalogie de la maison de Rivery et de plusieurs autres.
Suppl. fr. n° 1223, carton, feuilles détachées.	Fragment concernant la Picardie dans l'esquisse géographique de la Gaule. *N. B.* Le même carton renferme des mémoires relatifs à la Champagne, au Barrois, à la Lorraine et à l'Alsace.

DE CHARLES DUFRESNE DU CANGE.

Suppl. fr. n° 1235,	*Ibid.*	Géographie historique de tous les pays de l'ancienne Gaule.
Suppl. fr. n° 1225ª,	p. 1-11.	Extrait du cartulaire du marquisat d'Encre. — Extrait d'un inventaire des dénombrements fournis aux seigneurs de Bray et de Miraumont.
Ibid.	p. 71-77.	Généalogie de la maison de Blimont.
Suppl. fr. n° 1225ª	p. 79-81.	Généalogie de la maison de Rubempré.
Ibid.	p. 93-117.	Noms et armoiries des mayeurs d'Abbeville, de 1183 à 1602.
Ibid.	p. 119-123.	Armoiries de plusieurs familles habituées à Amiens.
Ibid.	p. 117-119.	Extrait du registre de l'échevinage d'Arras.
Ibid.	p. 129-131.	Table des édits, déclarations, etc. pour l'histoire d'Amiens.
Suppl. fr. n° 1225ᵇ,	p. 1-4.	Extrait du cartulaire de l'église collégiale de Saint-Firmin (d'Amiens).
Ibid.	p. 5-9.	Extrait des titres de Rély, escuier seigneur de Framicourt.
Ibid.	p. 9-13.	Extrait de quatre registres aux chartres du bailliage d'Amiens, depuis mai 1565 jusqu'à mai 1572.
Ibid.	p. 15-33.	Extraits du cartulaire de l'abbaye de Saint-Fuscien près d'Amiens.
Ibid.	p. 33-51.	Extrait du martyrologe de Notre-Dame d'Amiens.
Suppl. fr. n° 1225ᵇ,	p. 51-81.	Extrait du cartulaire du chapitre de Notre-Dame d'Amiens, commençant par ces mots : *Registrum ecclesiarum capituli Amb.*
Ibid.	p. 97-175.	Extrait de l'inventaire du trésor des chartes, sous les rubriques de *Picardie, Corbie, Péronne*, etc.
Ibid.	p. 190-201.	Extrait du cartulaire de la terre et ressort du chastel de Guise, fait en septembre 1327.
Ibid.	p. 201-204.	Extrait du martyrologe et obituaire de Saint-Firmin-le-Confesseur.
Ibid.	p. 204-228.	Extrait de l'inventaire des titres de l'abbaye du Gard.
Ibid.	p. 228-248.	Extrait du cartulaire de Saint-Acheul.
Ibid.	p. 242-266.	Extrait d'un livre intitulé : *Repertorium sive registrum cartarum seu litterarum existentium in armario insignis ecclesiæ capituli Ambian. inchoatum primâ die mensis junii anno M. D. XXX. III. per me Robertum Anglicis presbiterum, autoritate apost. tabellionem ac dominorum decani et capituli notarium,* etc.
Suppl. fr. n° 1225ᵇ	p. 266.	Extrait d'un autre inventaire des titres du chapitre de Notre-Dame d'Amiens, commençant par le mot : *Vaussoires.*
Ibid.	p. 69.	Extrait du cartulaire de l'église collégiale de Saint-Firmin de Vinacourt.
Suppl. fr. n° 1225ᵇ	p. 323-326.	Extrait d'un rôle en parchemin tiré de la chambre des comptes, intitulé : *Hi sunt reditus et census dni episcopi Ambianensis tam in civitate quam extra civitatem de ann. ccc.* A la suite se trouvent quelques autres extraits fort courts, relatifs à l'église d'Amiens, dont un intitulé : *Homines Domini episcopi feudales* (1).
Ibid.	p. 394-400.	Epitaphes qui se voient en l'abbaye de Braine.
Ibid.	p. 400.	Autres qui se voient en quelques églises de Picardie.
Ibid.	p. 401.	Autres qui sont aux Célestins d'Amiens.
Ibid.	p. 401.	Epitaphe en cuivre aux Jacobins d'Amiens, sur l'autel de Notre-Dame de Pitié.
Ibid.	p. 426 *ad finem.*	Inscriptions qui se lisent aux grandes vitres de Notre-Dame d'Amiens.
Ibid.	p. 415-421.	Extraits des registres du bureau des finances d'Amiens.
Suppl. fr. n° 1209,		Histoire des comtes d'Amiens, des comtes de Ponthieu, des vicomtes d'Abbeville. Ce sont trois morceaux distincts. Le premier, intitulé : *Histoire de l'état de la ville d'Amiens et de ses comtes,* est paginé de 1 à 180. A la suite, se trouve, sans pagination, une liste des baillis d'Amiens et de leurs lieutenants. Au premier feuillet est attaché, avec une épingle, un permis d'imprimer, daté du 7 février 1713, et signé du censeur Saurin, qui prouve que l'ouvrage était prêt à être imprimé. L'histoire des comtes de Ponthieu renferme 125 pages, et celle des vicomtes d'Abbeville n'est point paginée.
Suppl. fr. n° 1203,	carton.	Dessein de l'histoire de Picardie.
Ibid.	*Ibid.*	Portefeuilles de pièces copiées par Du Cange, pour servir de preuves à cette histoire.
Suppl. fr. n° 1204ᵃᵇᶜ, 3 cartons.		Nobiliaire de France et de Picardie.
Suppl. fr. n° 1207, 1 cart. in-4.		Mémoires pour l'histoire des évêques d'Amiens.

Consulter aussi les pièces suivantes :

1° Dans l'ouvrage, ou plutôt le recueil de notes intitulé : *Recherches sur l'histoire de France,* 5 vol. in-fol. ; suppl. fr. n° 1200, il y a une notice sur le *Gouvernement de Picardie,* remplissant les pages 62-76 du cinquième volume.

2° *Antiquités d'Amiens,* par Adrian Delamorlière, 1. vol. imprimé, couvert de notes manuscrites de Du Cange, suppl. fr. n° 1206.

(1) L'original de ce curieux manuscrit a été retrouvé. Il a été acquis sur la proposition de la société des Antiquaires de Picardie, pour la bibliothèque d'Amiens. (*V.* Catalogue des manuscrits de cette bibliothèque, publié par notre savant et consciencieux ami M. Garnier, bibliothécaire en chef, art. 1574, p. 523 et suiv.)

3° Dans la *Biographie* de Michaud, tom. VII, pag. 16, col. 2, lig. 19 à 23, il est question de deux volumes contenant des renvois pour les noms de lieux et pour les noms de familles. Ces deux volumes n'en forment qu'un, petit in-4. n° 1311. du suppl. fr.

4° *Etat et Mémoire de la province de Picardie*, suppl. fr. n° 1212.

5° *Extrait d'un registre de la chambre des comptes*, coté M., et ayant pour inscription : *Dénombrement des bailliages d'Amiens et de Doullens*, suppl. fr. n° 1225°, p. 123-128.

6° Trois extraits : le premier, d'un registre en parchemin de l'hôtel de ville d'Amiens, intitulé : *le Registre aux chartes de la ville d'Amiens* ; le deuxième d'un autre registre commençant par ces mots : *En chest registre sont contenus les chartes, priviléges et lettres de la ville d'Amiens* ; enfin d'un grand registre en parchemin de l'hôtel de ville, intitulé : *L'estat de la ville d'Amiens ordonné le S. Simon, S. Jude, de l'an 1855* ; suppl. fr. n° 1225°, p. 276-312.

7° Extrait d'un registre en parchemin contenant les coutumes locales d'Amiens, avec ce titre ; *Eschi les coustumes et les usages de la chité d'Amiens ci comes êles sont chi après notées*; suppl. n° 1225°, p. 1-31 (1).

CINQUIÈME ET DERNIÈRE PARTIE.

ARTICLES BIOGRAPHIQUES ET MÉMOIRES SUR DU CANGE.

1. — *Bayle*. — Dictionnaire philosophique, v° Du Cange.

(1) Consulter à ce sujet : 1° l'ancien coutumier inédit de Picardie, publié par M. Marnier. Paris, 1840. 2° *Coutumes locales du Bailliage d'Amiens*, par M. Bouthors, 1ʳᵉ série. Amiens, Duval et Hermant, 1842.

2. — *Baluze*. — Lettre en tête du chronicon Paschale.

3. — Préface du Glossaire latin, édition des Bénédictins, de 1733.

4. — Dictionnaire de Baillet.

5. — *Journal des Savants*, octobre, novembre, décembre 1749.

6. — Mémoire sur les manuscrits de M. Du Cange (c'est celui de Dufresne d'Aubigny), imprimé en 1752.

Cet ouvrage, précieux pour les détails, est fort rare aujourdhui.

7. — Mémoire de *Baron*, couronné par l'académie d'Amiens en 1764, sous le nom de Lesage de Samine (Baron était secrétaire de l'académie), imprimé chez Godard, à Amiens, en 1764.

8. — Autre Mémoire de d'Hérissent, présenté au même concours, et paraissant avoir été imprimé en 1767.

9. — Mémoire historique pour servir à l'éloge de Charles Dufresne, sieur Du Cange, et à l'intelligence de ses études sur l'histoire de France, avec cette épigraphe : *Vires acquirit eundo*.

1776. — (Sans nom d'auteur ou imprimeur).

10. — *Moreri*, V° Cange, et *Michaud*, Biographie.

11. — Essai sur la vie et sur les ouvrages de Ch. Dufresne sieur Du Cange, par H. Hardouin. — Paris, 1849, librairie Dumoulin. — in-8°. — 48 pages.

12. — Etude sur la vie et les ouvrages de Du Cange, par L. Feugère, professeur de rhétorique au Lycée Louis-le-Grand. — Imprimé chez Paul Dupont, à Paris, en 1852. — in-8°. — 104 pages.

ÉLOGE
DE
CHARLES DUFRESNE
SEIGNEUR DU CANGE

Discours qui a remporté le prix de l'Académie d'Amiens, en 1764.

C'est le sort des hommes illustres d'être loués difficilement ; ils ne peuvent même l'être, dit Cicéron, que par ceux qui sont louables eux mêmes : ainsi l'éloge de M. du Cange est tout à la fois celui de l'Académie qui l'a proposé. Sa patrie lui devait cet hommage ; ce n'est pourtant point à elle que se borne l'illustration qui rejaillit de la mémoire de ce compatriote savant ; ce n'est pas seulement l'homme de la province, c'est celui de la nation, c'est celui qu'elle citera aux autres nations quand elle voudra leur prouver sa supériorité, « aucun savant « chez elles ne pouvant être opposé à notre illustre « Français pour la continuité du travail, la profondeur « des recherches et l'étendue des connaissances (1). » Honorons donc la mémoire de cet homme laborieux, de ce héros paisible, pour user encore des termes de l'orateur de Rome, plus recommandable à plus d'un égard que ces héros bruyants qui ont gouverné ou défendu l'État, et dont tant d'autres ont partagé le mérite. Le sien, et qui lui appartient tout entier, est d'avoir éclairé son siècle et ceux qui le suivront, en retrouvant et conservant la lumière des siècles qui les ont précédés. M. du Cange s'est rendu d'autant plus digne de l'honneur d'un éloge public, que la probité, la simplicité de ses mœurs égalaient la modestie et l'éminence de ses talents, union qui seule mérite les véritables louanges, suivant la belle idée de cet ancien qui, bâtissant des temples à chaque divinité, et les joignant l'un à l'autre, les disposa de manière qu'il fallait passer par ceux de la Vertu et de la Science avant que d'entrer dans celui de la Gloire.

Le mérite de la naissance est un préjugé, mais ce préjugé est respectable ; il est un hommage continué à la mémoire de ceux qui ont ennobli leur famille : il suppose une succession presque physique des mêmes talents, des mêmes vertus, dont l'éducation a développé le germe et l'a rendu plus fécond encore (1). La noblesse de M. du Cange, ayant sa source dans les services militaires, avait, pour ainsi dire, changé son cours par des emplois civils. Les descendants de ceux qui avaient défendu la patrie crurent la servir aussi bien en lui administrant la justice ; et M. du Cange, ainsi que ses illustres frères, crut la servir mieux encore en travaillant à l'éclairer.

Sans doute il fut entraîné par le charme invincible d'une inclination forte, exempte du mélange de toute autre inclination qui l'altérât, par l'attrait d'une passion dominante, unique, par l'amour de l'étude enfin ; il lui dut le plan d'une vie égale, uniforme. Quatorze heures de travail au moins étaient son travail ordinaire, qu'interrompait à peine la distraction la plus permise, ou toute autre occupation utile (2). Une de ses journées les représentait toutes, excepté ces jours qui, par des nuits studieuses, rejoignant sans interruption les jours suivants, lui formaient une possession continue et délicieuse de ce qu'il aimait uniquement. Quel exemple, ou plutôt quel reproche pour ceux qui dans leurs premières années n'ont d'autre occupation que le plaisir, et ne font

---

(1) Bayle, Préface du dict. de Furetière.

(1) Charles Dufresne, sieur du Cange, naquit à Amiens, le 18 décembre 1610, de Louis, seigneur de Froideval, prévôt royal de Beauquesne, et d'Hélène de Reli, tous deux nobles de race.
On voit dans la dernière édition de Moreri une généalogie des Dufresne, qui paraît vraie, d'autant qu'elle a été faite principalement d'après les recherches de M. du Cange.
Jean Dufresne, frère de Charles, avocat célèbre au parlement de Paris, a commencé le Journal des Audiences : il a fait aussi un commentaire sur la coutume d'Amiens.
Un autre de leurs frères s'est distingué dans l'Église : quelques-uns des articles ecclésiastiques du Glossaire de M. du Cange sont de lui. Leur père passait aussi pour homme de lettres.

(2) On dit que le jour de son mariage M. du Cange étudia six ou sept heures.

d'autres études que quelques lectures frivoles ou dangereuses ; qui dans un âge plus avancé ne souhaitent que les richesses et ne désirent que les honneurs! Admirez M. du Cange, qui n'eut de la jeunesse que l'ardeur d'apprendre et la force de soutenir beaucoup de travail ; qui dans la suite de sa vie n'eut d'autre ambition que celle d'un grand savoir, et peut-être l'amour de la gloire qui y est attachée, pourvu même qu'il ne s'en aperçut pas! suivez-le dans son cabinet, contemplez-le dans le silence de cette solitude où la sagesse l'avait conduit. La lampe d'un sage éclaire un monde avant lui plongé dans les ténèbres.

Bientôt M. du Cange eut surmonté les difficultés et les dégoûts attachés aux éléments des premières langues savantes, pour pouvoir puiser la science à sa source et tenir la vérité de la première main ; et dès qu'il eut saisi suffisamment le mécanisme et l'esprit de ces langues, il entreprit de lire, mais avec ordre, les orateurs, les poëtes, les philosophes, les théologiens, les jurisconsultes, les médecins, les historiens, enfin tout ce qu'il était possible de lire. Cette lecture, aussi universelle qu'assidue, loin d'apporter la confusion dans sa mémoire, l'enrichit immensément, et il en appliqua les résultats principalement au genre le plus utile de l'érudition, à l'histoire, mais à l'histoire prise dans ses temps les plus difficiles.

Une immense lacune séparait l'histoire ancienne et l'histoire moderne. « Quand on jetait les yeux sur cet
« abîme, il semblait que tout était mer, et que les riva-
« ges mêmes manquaient à la mer : il ne restait que
« quelques écrits froids, secs, insipides et durs, qu'il
« fallait dévorer, comme la fable dit que Saturne dévo-
« rait les pierres (1). » Des siècles de barbarie, d'ignorance, de révolutions, avaient interrompu la marche de l'esprit humain ; à peine en apercevait-on quelques vestiges, à peine retrouvait-on quelques traces historiques qui pussent conduire dans les détours d'un labyrinthe couvert d'une obscurité effrayante. Les auteurs du moyen âge, qui avaient écrit en barbares dans les deux langues, et les historiens du Bas-Empire étaient les seuls qui, au milieu de ces ténèbres épaisses, avaient conservé quelque lueur sombre, mais bien éloignée d'être de la lumière. L'histoire n'était presque plus que dans les légendes : les fables avaient envahi les chroniques. C'est du milieu de cette inondation fabuleuse qu'il fallait tirer quelques vérités historiques qui surnageaient. Il n'y avait qu'un esprit attentif, une attention profonde et laborieuse, qui pouvait démêler dans ce qu'on appelait histoires quelques notions des faits, des lois, des mœurs, ou plutôt des usages et des opinions incertaines des peuples vainqueurs et vaincus. Les auteurs barbares, à l'exemple des conquérants destructeurs, semblaient avoir voulu détruire la vérité par les mensonges, dans leurs récits obscurcis par la malice et l'ignorance. Il fallait d'ailleurs commencer par entendre leurs langages, corrompus comme leurs chroniques. C'était la domination des Latins, c'était celle des Grecs ; mais ce n'était plus la langue ni des uns ni des autres. « L'Empire transféré à Constantinople, et bientôt
« réduit à ses faubourgs, avait fini comme le Rhin, qui
« n'est plus qu'un ruisseau quand il se perd dans
« l'Océan (1). » Les langues grecque et latine s'étaient aussi perdues dans un langage barbare ; c'était d'abord en se mêlant qu'elles s'étaient gâtées : de chacune il en était sorti une autre, qui n'était ni grecque ni latine, et dans laquelle se trouvaient écrites les histoires du temps : il fallait donc en expliquer les mots avant que de discuter les faits.

Il aurait fallu au plus habile, au plus patient, un dictionnaire, et ce dictionnaire n'était pas fait. Scaliger l'avait souhaité, Meursius l'avait promis, Spelman et Vossius (2) l'avaient entrepris ; mais après eux l'entreprise était neuve encore. Il semblait que la république des lettres attendait M. du Cange, et son érudition immense et son travail infatigable, pour avoir le Glossaire de la moyenne et basse latinité. On est effrayé seulement quand on pense qu'il a fallu que ce savant lût et relût plus de six mille écrivains dont les ouvrages ne présentaient de la langue latine tout au plus qu'une terminaison vicieuse ; quand on pense que ce savant a non-seulement remonté jusqu'à l'étymologie de toutes ces expressions corrompues, mais qu'il en a suivi les variations, qu'il en a donné toutes les explications, qu'il en a fourni les diverses acceptions. Au reste, ce n'est là, pour ainsi dire, que le mérite grammatical de l'ouvrage de M. du Cange. Un dictionnaire d'une langue ancienne, et surtout d'une langue dégénérée, paraît ne pouvoir être qu'une nomenclature vide de choses ; c'est ordinairement un tombeau obscur, qui semble ne pouvoir renfermer que des cendres froides. Le Glossaire latin de M. du Cange a conservé de la lumière, on pourrait dire de la chaleur. « Cent quarante mille passages nourrissent
« le corps de ce grand ouvrage (3). » La préface seule est un prodige de travail et d'érudition ; c'est la porte qui annonce un édifice immense, hardi, riche, bien ordonné, et qui annonce mieux encore, le génie de l'architecte le plus habile. Il cherche cependant à en dissimuler le mérite. Sous le titre simple de Glossaire, M. du Cange avait caché modestement d'excellents traités sur presque toutes les sciences. Il semble qu'il ne lui suffise pas d'avoir tenté de diminuer l'éclat de tant et de si belles dissertations, que la vanité de tant d'autres écrivains eût tâché d'augmenter ; son humilité (4) prétend que les autres lisent pour tirer des livres ce qu'il y a de bon, mais que pour lui il ne les a lus que pour en prendre ce qu'il y a de mauvais ; que les autres font leur travail sur les plus belles pensées, mais que pour lui il ne s'est attaché qu'à des mots corrompus ; qu'enfin les autres imitent les abeilles, mais que pour lui il a contrefait l'araignée ou la sangsue. Ce qu'il dit est vrai

---

(1) Montesquieu, Esprit des Lois, liv. III, ch. 11.

(1) Montesquieu, Considérations sur les Romains.
(2) *Henrici Spelmanni, Angli, Glossarium Archæologicum....* 1626.
Gerardi Vossii, Batavi, de Vitiis Sermonis et Glossematis Latino-Barbaris.... 1645.
(3) Journal des Savants, septembre 1678.
(4) Voyez la préface du Glossaire latin.

sans doute, et n'en est pas moins l'éloge de son travail ; mais nous dirons encore plus vrai en ajoutant qu'il a communiqué à ce qu'il appelle les méchants extraits une bonté plus utile que celle qui se rencontre dans les meilleurs morceaux des auteurs les plus brillants. Aussi M. du Cange est-il bien plus que ce qu'il a voulu paraître ; et celui qui ne s'est donné que pour un simple philologue se trouve le critique le plus éclairé, l'historien le plus sûr, enfin le savant le plus universel et le plus profond. O vous, qui devez toute votre science à M. du Cange ; ô vous, cénobites savants, qui dans son ouvrage avez appris à le continuer, à l'augmenter, à le corriger même ; ô vous tous enfin, qui ne deviendrez savants qu'en lisant et relisant jour et nuit le Glossaire latin, attestez la profondeur et l'étendue des connaissances de son auteur ! Et quand vous n'en connaîtriez que cet ouvrage, mettez-le, sans aucune prévention nationale, au-dessus de tous les savants de notre âge et même au-dessus des savants des autres siècles.

En composant son Glossaire latin, M. du Cange en avait mieux senti toute l'utilité, et aussi la difficulté d'un pareil travail sur la langue grecque. Par les mêmes causes elle avait essuyé la même décadence, et peut-être plutôt encore par ses divers dialectes, dont l'attique, au grand scandale de tous les savants, était devenu le plus vicieux. Cette corruption n'effraya point M. du Cange, semblable au médecin habile que n'arrête point la contagion, mais qui la brave, s'en préserve et sauve une ville ou une province qui l'ont appelé (1). Le Dictionnaire de Meursius, la Grammaire de Simon, l'Eucologe de Goar, les anciens Glossaires, quoique M. du Cange en eût lui-même donné l'édition, ne lui avaient point paru expliquer avec assez de clarté ni d'étendue les termes grecs des auteurs du Bas-Empire ; il en relut, confronta, étudia les textes, tant imprimés que manuscrits, dont les titres et les noms, pour la plupart, n'étaient pas même connus, et ne le seront peut-être jamais que de lui ; et il en fit ce dictionnaire que plus de cent années auparavant un savant (2) souhaitait et demandait, comme un service à rendre à tous les autres savants. C'est dans ce vocabulaire, aussi difficile qu'utile,

(1) Cabasilas, archevêque de Thessalonique au quatorzième siècle, auteur de plusieurs ouvrages sur la liturgie grecque, fait monter à soixante-dix les divers dialectes de cette langue.
J. Meursius a donné en 1614 un dictionnaire de grec corrompu.
Simon Portius, qui était de Rome, et docteur en théologie, a fait sur les différences qui se rencontrent entre le grec ancien et le vulgaire, une grammaire qu'il dédia au cardinal de Richelieu.
J. Goar, missionnaire dominicain, qui avait acquis dans l'île de Chio une connaissance assez exacte des termes de la liturgie grecque, a donné en 1648 un Eucologe très estimé, et d'autres ouvrages sur la croyance et les coutumes des Grecs.
Les anciens Glossaires, que les érudits appellent les vieilles Gloses, sont un recueil grec et latin que Vulcanius donna à Leyde en 1600, et dont Charles l'Abbé avait préparé une autre édition, qui fut publiée en 1679 par M. du Cange, avec une préface curieuse, où il fait l'histoire de ces Gloses.
(2) Wolfius, éditeur des Annales de Zonare en 1557 : « *Rogo* « *autem eos qui corruptæ linguæ periti sunt, ut propter scripto-* « *res in quibus subinde barbara vocabula occurrunt barbaricum* « *lexicon conficiant, vocibus barbaris præpositis et græcis sub-* « *junctis, ne veteris duntaxat linguæ periti ab eorum lectione* « *deterreantur.* »

qu'outre la véritable signification des mots qui le composent, on retrouve la religion de l'Empire grec et sa liturgie, sa jurisprudence et ses lois, la tactique et les noms des armes ou des machines propres à cette science, la médecine et la botanique, avec presque tous leurs termes originaux tirés des livres arabes leur première source, la chimie et les mathématiques, avec leurs nombres, leurs caractères, leurs signes et leurs hiéroglyphes ; enfin presque toute l'histoire de l'Empire d'Orient, et même les médailles de ses empereurs. Voilà l'idée, imparfaite encore, de l'exécution du Glossaire grec digne supplément du Glossaire latin, et supplément de gloire pour leur auteur (1).

L'histoire de Constantinople sous les empereurs français ; la conquête de Constantinople écrite par Ville-Hardouin (2), qu'il a commentée, éclaircie, continuée ; des notes sur Anne Comnène, Nicéphore de Bryenne, Cinname, Grégoras, Zonare, et d'autres historiens de Constantinople, dont il fut l'éditeur ; enfin toute l'Histoire Byzantine, avec un commentaire qu'il appelle pragmatique, généalogique, topique et chronique, et qui peut en servir à tous les auteurs byzantins : tels sont les ouvrages imprimés qui, avec des manuscrits et plus nombreux et non moins travaillés, prouvent ce que nous ne pouvons qu'annoncer, l'érudition vaste de M. du Cange sur l'histoire du moyen âge ; érudition d'autant plus glorieuse, qu'elle n'appartenait qu'à lui, parce qu'il n'y avait que lui qui eût lu dans leurs langues originales tous les auteurs du Bas-Empire, et qui eût ainsi pu porter dans les annales obscures de l'Europe le flambeau de celles de l'Asie.

Ainsi chargé des dépouilles de l'Orient, comme l'a dit un grand poète (3) pour une occasion plus brillante et moins utile, M. du Cange revint en enrichir l'Occident et son pays. Il avait, pour ainsi dire, couvert sa marche, et l'avait rendue plus sûre en paraissant ne s'occuper que de l'histoire des autres nations ; mais c'était la gloire

(1) M. de la Monnaie, connu par ses poésies latines, a fait ce distique, en hommage à l'auteur des deux Glossaires :

Ausonios postquam graiosque effusa per agros
Barbaries Romam pressit utramque diu,
Cangius hanc vinclis qui tandem et carcere frœnet.
Res mira ! e Gallis ecce Camillus adest.

(2) Ville-Hardouin, maréchal de Champagne, a donné l'histoire de la prise de Constantinople par les Français en 1204.
Anne Comnène, princesse illustre par son esprit et son savoir, fille de l'empereur Alexis Comnène l'Ancien, a écrit l'histoire de son père.
Nicéphore de Bryenne, mari d'Anne Comnène, qui a eu la qualité de César et d'Auguste, est auteur de différents ouvrages et d'une partie de l'histoire de Constantinople.
Cinname, Grec du douzième siècle, a fait celles des Règles de Jean et Emmanuel Comnène.
Zonare, dans le même siècle, exerçait des emplois considérables à la cour des empereurs de Constantinople ; il fut ensuite moine de Saint-Benoît. Il a donné des annales qui vont jusqu'en 1118.
Nicéphore Grégoras, historien du quatorzième siècle, bibliothécaire de l'église de Constantinople, qui fut désigné au patriarchat, auquel il serait parvenu sans les intrigues de ses ennemis, a fait une histoire de cet empire depuis 1204 jusqu'en 1341.
(3) Virgile.

de la sienne, la majesté du nom français, enfin l'histoire générale de la France, qui avait toujours été son objet principal. On ne peut douter de ce dessein arrêté, soit que l'on consulte ses manuscrits immenses, contenant une description historique et géographique des Gaules ancienne et moderne, soit que l'on voie tous les matériaux qu'il avait amassés pour une histoire de France, pour les dignités, ou qu'on ait recours à ses recherches sur la généalogie de nos rois et au Nobiliaire général de la France. ouvrage neuf et intéressant, même pour toute l'Europe : on en est encore plus convaincu en lisant son Histoire du règne de saint Louis (1); époque principale, et pour la nation et pour la maison auguste qui la gouverne, en y joignant surtout les dissertations savantes qui servent à expliquer ce qu'il y a de plus important à savoir sur les époques qui les concernent; si l'on y ajoute enfin toutes les pièces originales qu'il avait recueillies pour le même objet, et qu'il avait presque toutes dérobées à la poussière et au mépris de notre siècle pour l'érudition. On s'aperçoit alors que c'étaient les parties d'un tout historique, qui, quoique séparées, offrent mutuellement tant de rapports et de dépendances, qu'il semble qu'après avoir été détachées, par une espèce de violence, les unes des autres, elles cherchent naturellement à se réunir : on sent aussi que pour leur réunion il n'a manqué que le temps à leur auteur, qui de notre histoire savait si bien toutes les grandes choses et tous les détails qui les agrandissent encore.

Un ministre qui pensait à tout, Colbert, avait pensé à procurer à la France le Recueil de ses historiens. Tous les savants furent consultés sur ce dessein, et le plus savant de tous, M. du Cange, fut chargé de l'exécution. Il était si plein de son objet, que bientôt il eut fait la préface, qui contenait les noms des auteurs, leur caractère, leur style, le temps où ils avaient écrit, et la place qu'ils devaient occuper dans le Recueil. Le ministre, prévenu contre ce plan, fit répondre qu'il en fallait un autre ; mais M. du Cange, trop peu courtisan pour suivre des ordres dans une partie qu'il n'en admet point, refusa d'accepter celui qui eût nui à sa réputation, et surtout à l'ouvrage. Il abandonna à ceux qui l'avaient conseillé et aidé dans qu'ils ne purent exécuter eux-mêmes, ce qui était un premier hommage au sien. M. du Cange, qui n'avait été sensible qu'à l'inexécution d'un projet qu'il jugeait utile et glorieux à la nation, eût été consolé de cette espèce de disgrâce littéraire s'il eût pu savoir qu'un demi-siècle plus tard un de ses compatriotes serait digne d'être chargé de reprendre le même dessein (2), et qu'il le remplirait sur son plan même; double éloge pour la patrie commune.

Dans son travail sur l'histoire générale de sa nation, M. du Cange n'avait point oublié l'histoire particulière de la province où il était né ; celle des comtes d'Amiens,

de ses évêques, de ses vidames, de ses gouverneurs, de ses baillis ; l'état de la ville, un traité historique sur l'un des objets pieux de la vénération singulière du diocèse ; enfin des mémoires nombreux sur toutes les parties, soit ecclésiastiques, soit civiles, de l'histoire de la Picardie, avaient acquitté sa reconnaissance envers sa patrie, et lui ont bien mérité celle de ses compatriotes. Ceux d'entre eux dont il a été le précurseur pour les sciences pourraient-ils payer autrement leur part de ce tribut de reconnaissance, qu'en publiant bientôt les ouvrages de M. du Cange qui sont achevés, ou en achevant ceux qui sont restés imparfaits ; du moins en donnant une notice exacte et raisonnée de ces ouvrages, tellement nombreux, que l'énumération seule formerait une œuvre très considérable et très digne de ceux qui la feraient et de ceux pour qui elle serait faite ? C'est le vœu que l'univers savant adresse par notre voix à une compagnie qui doit regarder les ouvrages de M. du Cange comme son patrimoine.

Nous avons passé sous silence un très grand nombre d'ouvrages particuliers, qui auraient peut-être suffi pour l'éloge d'un autre, tel que la Chronique pascale (1), qu'il a traduite, corrigée, augmentée, et dont les additions peuvent servir à perfectionner la chronologie générale ; mais il reste un ouvrage qui paraît comprendre tous les autres, et dont les bornes de ce discours ne nous permettent que d'annoncer le titre : il suffira cependant pour faire juger du travail, quand il est celui de M. du Cange, et quoique ce ne soit presque qu'un projet : c'est celui d'un dictionnaire universel, qu'on pourrait appeler Encyclopédie, en le prenant même dans la signification du mot la plus étendue, et qu'on doit regarder comme l'ouvrage du génie, qui dispose de toutes les richesses de l'érudition.

Nous aurions pu aussi, nous aurions même dû compter parmi ses travaux un commerce de lettres prodigieux avec tous les grands de l'Europe qui aimaient l'érudition, et avec tous ceux qui étaient grands parce qu'ils étaient érudits. C'étaient les Lamoignon, les Leibnitz, les Valois, les Bollandus, les Papebroc, les Baluze, les Renaudot, les d'Acheri, les Mabillon, tous, ses amis, il est vrai ; mais des amis savants sont peut-être la partie du public la plus sévère : aussi les lettres savantes qu'il leur écrivait ne sont-elles pas les moins travaillées de ses ouvrages, et sont aussi dignes d'être louées que d'être lues.

Tant et de si beaux ouvrages, soit manuscrits, soit imprimés, étaient bien dignes d'entrer dans le dépôt savant de tous les ouvrages du monde, dans le sanctuaire de toutes les sciences, dans les archives des lettres et des arts, enfin dans la première bibliothèque de

---

(1) Par Joinville, sénéchal de Champagne, qui avait accompagné saint Louis dans ses expéditions : M. Du Cange a donné en 1668 une édition de cette histoire avec des notes et dissertations.
(2) Dom Bouquet, religieux bénédictin, qui était d'Amiens et honoraire de l'Académie de cette ville, a donné en 1733 le Recueil des historiens de France.

(1) La Chronique pascale, ou d'Alexandrie, est un recueil de faits mémorables, estimé pour l'exactitude des dates ; elle contient une supputation pour trouver les jours auxquels on doit célébrer la Pâque et les autres fêtes mobiles. Ces calculs se faisaient ordinairement à Alexandrie, où les ecclésiastiques étaient plus habiles dans l'astronomie : ils les envoyaient aux autres églises, et on les attachait au cierge pascal pour que le peuple pût les y voir et lire. M. du Cange, dans l'édition qu'il avait préparée de cette Chronique, l'avait enrichie de notes propres à perfectionner la chronologie générale.

l'univers, dont ils sont devenus un des premiers ornements.

En recevant les ouvrages de du Cange dans sa bibliothèque, Louis XV, imitant la libéralité du grand roi qui avait récompensé l'auteur, a continué cette récompense dans un sage de sa famille, et pendant sa vie lui a confié la direction des études de la jeune noblesse de son royaume, à l'instruction de laquelle contribuera cet esprit laborieux, qui par une transmission aussi heureuse influera sur toute la nation. C'est au milieu de cette école dirigée par un Dufresne, c'est dans cette bibliothèque enrichie des ouvrages de du Cange, c'est dans toutes les académies que je voudrais voir aussi élever et multiplier sa statue. Ainsi la statue de Varron et celles d'autres savants étaient placées dans le temple qu'Auguste avait dédié à Apollon, afin qu'on pût voir dans le même lieu respirer par le marbre et les métaux les plus précieux les images de ces hommes immortels dont les âmes y parlaient encore par leurs ouvrages (1).

L'éloge de M. du Cange ne finit point à ses ouvrages; nous aurions dû le commencer par ses vertus. Il était né avec cette simplicité, cette candeur, cette ingénuité qui caractérisent presque tous les grands hommes; les qualités précieuses de cette âme honnête furent fortifiées encore par la longue habitude d'avoir eu moins de commerce avec les autres hommes qu'avec les livres, et de connaître bien plus son cabinet que le monde. Des mœurs pures étaient chez M. du Cange une disposition à ce lien sacré qui remplit seul le triple vœu de la nature, de la société et de la religion; cinquante ans d'une union toujours heureuse, où l'estime et la tendresse n'avaient jamais été altérées, sont une double louange toujours très-rare, même dans d'autres siècles que le sien et le nôtre (2). Par le désir d'être utile, qui avait toujours été son premier désir, M. du Cange avait pris une charge dont les fonctions, remplies avec exactitude, ne nuisaient point à ses études, qui servaient seulement à la lui faire mieux exercer (3) : on a bien du temps quand on sait bien l'employer; d'ailleurs il n'en perdit jamais, ou dans les agitations insensées du plaisir, ou dans les courses ambitieuses des honneurs, ou dans les vaines inquiétudes des richesses. Né avec un bien suffisant, son désintéressement venait de son cœur, et surtout de son esprit, qui ne souhaitait que des livres. Si l'ambition avait eu quelque place dans son âme, il n'eût pas manqué d'occasions de la satisfaire, par la connaissance des grands et des ministres, auprès desquels la réputation de son savoir l'appelait plus souvent qu'il ne le voulait peut-être.

Pour les plaisirs, M. du Cange n'en connaissait point d'autres que les charmes innocents d'une société domestique, où il était le plus heureux et le plus tendre des maris, des pères, des amis. Cependant il n'avait rien de cette humeur austère ou sombre dont l'étude est souvent ou la cause ou l'effet. De ce cabinet où son esprit venait d'être occupé des études les plus sérieuses, il sortait avec cette sérénité que donne à l'âme la satisfaction d'un travail heureux; c'était chez lui l'expression continue de la félicité attachée à une raison épurée, à une conscience tranquille, et surtout à la douceur de l'âme.

La modestie de M. du Cange s'était toujours conservée inaltérable, quoique tout le monde parût conjuré contre elle. Un étranger, animé du même esprit, qui d'un bout de l'Asie à l'autre avait amené le philosophe Apollonius dans l'école du brahmane Yarka, et qui des extrémités de la terre avait conduit à Padoue un admirateur de Tite-Live, était venu à Paris rendre hommage aux savants français, et s'éclairer de leurs lumières. On l'adressa au plus savant de tous, à du Cange, qui lui dit : *C'est Mabillon que vous devez aller voir et consulter;* mais Mabillon le renvoya dans l'instant, en lui répondant : *Retournez à du Cange, il a été, il est bon maître, et il sera le vôtre.* Ce combat touchant d'une préférence réciproque n'était pas un discours, c'était un sentiment; et ces deux savants n'eussent pas été également grands s'ils n'eussent pas été également modestes. C'est par cette modestie de sentiments, comme par l'élévation de ses talents, que M. du Cange avait mérité cette sorte de respect qui lui survit.

Il n'est point de vieillesse pour le sage, ou du moins la vieillesse, ce don que la nature avare ne fait aux autres qu'à des conditions si dures, lui vient avec de nouveaux avantages : cet âge, qui est pour les autres un temps d'humiliation et de dépérissement, est pour lui un temps de perfection et de triomphe ; c'est alors surtout qu'il profite de la science qu'il a acquise, non comme un avare, à son âge, jouit de son trésor, qui n'est que pour lui seul. mais en la partageant avec les autres, ce qui est la véritable jouissance. Cette facilité de se communiquer particulière à M. du Cange lui avait aussi produit, plus qu'à aucun autre, cette considération d'autant plus flatteuse, qu'elle est personnelle : un savant communicatif est presque un prince libéral. M. du Cange se trouvait de plus un magistrat souverain, quand, consulté sur d'anciens titres, l'explication qu'il en donnait allait décider de la fortune des familles : aussi exerçait-il cette espèce de magistrature savante avec une intégrité d'autant plus scrupuleuse, que, possédant seul les lumières nécessaires pour la remplir, il devenait un arbitre unique. Un de ses ouvrages (1) lui a continué l'honneur d'être souvent le juge même des autres juges. Sa délicatesse équitable, quand il jugeait les riches, avait le même principe que son humanité charitable quand il secourait les pauvres. D'autres vertus encore... Mais il vaut mieux laisser deviner ces suites

---

(1) *Si quidem non solum ex auro, argentove, aut certe ex marmore dicuntur illi quorum immortales animæ in locis iisdem loquuntur* (Pl., liv. III, c. 2.)

(2) M. du Cange avait épousé, en 1638, Catherine Dubos, fille de Philippe Dubos, écuyer, seigneur de Drancourt. L'abbé Dubos, de l'Académie Française, était de cette famille noble. Elle survécut six ans à son mari.

(3) M. du Cange fut reçu en 1642 trésorier de France au bureau d'Amiens.

(1) Messieurs de la chambre des comptes ont toujours sur leur bureau le Glossaire latin de M. du Cange pour y recourir sur les difficultés que présentent les anciens titres.

nécessaires du caractère que nous avons représenté, que de nous rendre suspects de le vouloir charger de trop de perfections.

Toutes ces vertus de M. du Cange étaient assurées, fortifiées, perfectionnées par celles qui sont les seules véritables, par les vertus de la religion : elle lui avait appris que toute la science de l'homme n'est qu'ignorance ; que ses lumières ne sont que ténèbres, et que le corps est un voile qui cache la vérité éternelle à l'âme d'un philosophe chrétien. C'est dans cette disposition que M. du Cange en vit la séparation, qu'il en fut le spectateur tranquille, et qu'il consola même ceux qui pleuraient autour de lui (1). D'ailleurs, une vie telle que la sienne était bien digne de finir par un sentiment de confiance dans la bonté et la justice de l'Être suprême, auquel il allait offrir soixante et dix-huit ans de travail et de vertu.

Tel fut « cet homme extraordinaire, suscité pour « délivrer huit ou neuf siècles de la tyrannie des bar- « bares, et les mettre en état de faire quelque envie

(1) M. du Cange mourut le 23 octobre 1688, et fut enterré à Paris, dans l'église Saint-Gervais, où se lit une épitaphe digne de lui.

Il a laissé quatre enfants. Un seul, François Dufresne, fut marié : il eut deux fils, l'un mort sans postérité, l'autre encore vivant (en 1764), chanoine régulier de Saint-Victor à Paris, et une fille, mariée à M. de Torcy, maréchal de camp, commandant à Nanci.

« aux siècles les plus florissants (1). » Tel fut ce savant courageux qui, marchant à travers des ruines du Bas-Empire et des ténèbres du moyen âge, y trouva de quoi rétablir les annales de son pays, et de quoi rendre le corps de son histoire presque partout également lumineux. Tel fut cet homme laborieux qui a tant lu, qu'on est étonné comment il ait pu tant écrire, et qui a tant écrit, qu'il est incroyable qu'il ait pu tant lire. Tel fut le célèbre du Cange, qui, plus docte que Varron, lui ôta la prééminence dont il était en possession, et qui doit jouir à plus juste titre de la gloire de donner son nom à tout savant d'une science universelle et profonde. Tel fut enfin ce savant vertueux, dont les louanges ne doivent avoir d'autres bornes que celles de la vertu et de la science même. Nous n'avons peut-être dans cet éloge, simple et modeste comme celui qui en est l'objet, donné qu'une faible image de ses vertus, ou qu'une idée imparfaite de ses ouvrages ; mais nous sommes comme cet antiquaire qui partit de son pays, arriva en Égypte, jeta un coup d'œil sur les pyramides, et s'en retourna dans le silence de l'admiration.

Mirantur ut unum. HORAT. *Sat.* VI, L. II.

LESAGE DE SAMINE, pseudonyme de BARON, *secrétaire de l'Académie d'Amiens.*

(1) Baillet, Jug. des savants, tome II, Gramm. n. 573.

INAUGURATION DE LA STATUE DE DU CANGE

A AMIENS

Le 19 août 1849 a été inaugurée sur l'une des places d'Amiens la statue en bronze de Dufresne du Cange, né dans cette ville, le 18 décembre 1610, mort à Paris, le 23 octobre 1688.

L'Institut avait envoyé auprès de la Société des Antiquaires de Picardie une députation composée de M. Magnin, président, et de MM. Naudet, Stanislas Julien, Paulin Pâris, Reynaud, Lenormand, Hase, de la Saussaye, de Luynes et Langlois, membres de l'Académie des Inscriptions et Belles Lettres.

M Génin, chef de division au ministère de l'instruction publique et des cultes, délégué par le ministre de l'instruction publique pour le représenter à cette cérémonie, après avoir témoigné les regrets de M. le ministre de n'avoir pu assister à la cérémonie, a pris le premier la parole en ces termes :

« Messieurs,

« Élever des statues au talent, au génie, c'est stimuler à son égard l'admiration populaire de tous les instants ; c'est créer l'émulation, le plus bel hommage peut-être

qu'on puisse lui rendre. Il est cependant une autre manière de l'honorer, et qui n'est pas moins digne de lui ; c'est de répandre ses œuvres, c'est de ne pas souffrir que l'oubli dévore une partie des résultats précieux achetés par tant de veilles. Conformément à cette pensée, M. le ministre a décidé qu'un volume des œuvres posthumes de du Cange serait publié aux frais de l'État, dans la *Collection des documents inédits de l'histoire de France.*

« En effet, sans parler de dix autres ouvrages, dont un seul suffirait à fonder la réputation d'un érudit moderne, du Cange s'est chargé de dresser l'inventaire complet des ruines des deux antiquités. Le relevé des richesses des deux langues grecque et latine au temps de leur plus grande opulence et de leur plus florissant éclat eût coûté beaucoup moins de temps et de peines, car les idiomes se décomposent sous la main du temps de la même façon que ces palais magnifiques dont les débris écroulés couvrent une étendue de terrain bien autrement vaste et considérable que ne faisaient jadis les monuments debout, dans toute leur gloire.

« Si l'on a raison d'admirer le premier architecte,

quel génie ne faudra-t-il pas reconnaître à celui qui aura su recueillir tous ces fragments informes, les interpréter l'un par l'autre, et de cet amas de décombres par lui coordonnés faire sortir l'histoire politique, civile et religieuse, les institutions, les mœurs, les usages des peuples transformés ou disparus ?

« Aucune nation, pas même la patiente et laborieuse Allemagne, ne peut se vanter d'un savant ayant construit à lui seul deux ouvrages comme le Glossaire de la basse Grécité et le Glosaire de la basse Latinité. Ce sont deux colonnes lumineuses, éclairant au loin tout le moyen âge et jusqu'aux profondeurs les plus reculées du Bas-Empire ; et l'imagination s'effraye de songer que ces deux glossaires, bases impérissables de la gloire de du Cange, n'ont été pour ainsi dire que les distractions de ses travaux administratifs. Oui, du Cange offrit à l'Europe savante l'intéressant spectacle d'un historien-magistrat rivalisant, du fond de son cabinet isolé, avec l'illustre congrégation de Saint-Maur.

« Si la France est justement fière d'avoir donné du Cange au monde savant, à son tour la ville d'Amiens doit être fière d'avoir donné du Cange à la France. Encore le nom de du Cange n'est-il pas l'unique titre de la ville d'Amiens à la reconnaissance des savants et des lettrés de tous les âges et de tous les pays.

« Des amis de l'étude sérieuse ont manifesté au ministre le désir que le nom de du Cange fût attaché au principal établissement d'instruction publique de cette ville. Paris avait donné l'exemple de cette consécration des gloires locales : deux grandes cités viennent de le suivre. Amiens n'aura rien à leur envier ; au lycée Corneille de Rouen, au lycée Descartes de Tours, Amiens dès aujourd'hui peut opposer sans désavantage son lycée du Cange.

« Puisse, Messieurs, cet illustre patronage porter bonheur à vos écoles ; du sein de votre lycée, pour lequel j'ai doublement le droit de faire des vœux (1), puisse ce patronage susciter à du Cange un émule et un successeur. »

M. Magnin, président de l'Académie des Inscriptions et Belles Lettres, a pris ensuite la parole en ces termes :

« Messieurs,

L'Académie des Inscriptions et Belles Lettres ne pouvait rester indifférente à la solennité qui nous rassemble ; elle s'y associe pleinement, Messieurs, et le nombre de ses membres qui se pressent autour de ce monument le prouve mieux que mes faibles paroles. L'Académie partage votre vénération filiale pour le grand critique né dans vos murs, et salue en lui un de ses plus éminents précurseurs. En effet, par les voies qu'il a ouvertes, par les instruments d'investigation qu'il a créés, par les belles et innombrables applications qu'il a faites des plus excellentes méthodes, du Cange a renouvelé et agrandi le champ des études historiques. Il a, avec Hadrien de Valois, Denys Godefroy et Baluze, fondé parmi nous l'érudition laïque et fait sentir la nécessité de confier à des compagnies savantes le dépôt et la culture de ce précieux héritage. Oui, les beaux exemples de ces hommes admirables ont préparé et dicté en quelque sorte les règlements qui, en 1701, ont définitivement constitué l'Académie des Belles Lettres.

« Les caractères distinctifs des œuvres et du génie de du Cange sont la hardiesse et la fécondité. Nul n'a pressenti de plus loin ni discerné d'un coup d'œil plus sûr les questions qui devaient occuper et intéresser l'avenir.

« Le moyen âge, par exemple, qui attirait à peine un regard au seizième et au dix-septième siècle, et que la science et même la mode explorent dans tous les sens aujourd'hui, le moyen âge nous a été ouvert par du Cange. Aurions-nous pu faire un seul pas dans ces routes obscures, si nous n'avions eu pour nous guider le secours de ses deux admirables Glossaires ? Personne (je ne crains pas qu'on le conteste) n'a compulsé, déchiffré, interprété plus de documents originaux, secoué la poussière de plus de chartres pour en tirer la connaissance des lieux, des institutions, des mœurs et des idiomes. Je ne prétends point, à Dieu ne plaise ! contester ni affaiblir les services rendus à notre histoire par les congrégations religieuses ; mais enfin l'étude des chartres avait pour les monastères un intérêt direct et domestique. Les religieux cherchaient surtout à constater des droits utiles dans la lecture et la copie des actes. Du Cange et les érudits laïques du dix-septième siècle ont défriché les ronces et les épines des temps barbares, sans autre mobile que l'amour désintéressé du vrai et le pur dévouement au génie sévère de l'histoire.

« Je ne citerai point les nombreux ouvrages imprimés de du Cange, ni les manuscrits non moins nombreux qu'il a laissés, et dont la simple nomenclature, dressée par une main pieuse, semble le catalogue d'une bibliothèque. Je remarquerai seulement qu'il a exécuté ses immenses travaux sans préjudice d'aucun des devoirs de la vie civile. Il a pendant vingt-trois ans (vous le savez mieux que moi) rempli avec assiduité dans cette ville une charge importante d'administration et de finance ; il a été, durant sept années, auprès de son père infirme, un modèle accompli de piété filiale ; enfin dans le cours d'une union prospère, qui a duré plus d'un demi-siècle, il a eu à élever dix enfants. Les facultés heureuses et bien dirigées de ce grand esprit ont suffi à tout sans efforts. Par caractère, d'ailleurs, il recherchait les tâches difficiles. Ce grand homme, qui avait préparé tant de matériaux sur l'ensemble et sur tous les détails de notre histoire, a terminé de préférence et a imprimé ou mis en état d'être imprimées les parties qui exigeaient la réunion des connaissances les plus rares et les plus variées.

« Ainsi les croisades, l'empire latin, l'occupation française et normande de la Grèce et de la Sicile, ces

---

(1) M. Génin est né à Amiens et a fait ses études au lycée de cette ville.

épisodes lointains et compliqués de notre activité conquérante, ont trouvé dans le laborieux et modeste magistrat un annaliste dont l'autorité ne sera point surpassée. C'est parmi les ouvrages inédits de cette classe que le goût éclairé de M. le ministre de l'instruction publique nous promet de puiser les éléments d'une nouvelle et prochaine publication. Grâce à cette généreuse pensée, l'*Histoire des Familles d'outre mer*, publiée aux frais de l'État, sera le digne complément du monument que nous inaugurons aujourd'hui. »

EXTRAIT DU JOURNAL DES SAVANTS

JANVIER ET FÉVRIER 1847

COMPTE-RENDU

DU

GLOSSARIUM MEDIÆ ET INFIMÆ LATINITATIS DE DU CANGE

Par M. PARDESSUS,

Membre de l'Académie des Inscriptions et Belles-Lettres.

Le plus habile grammairien de l'Université entendrait et surtout traduirait très difficilement une grande partie des auteurs du moyen âge ; et certainement il ne comprendra jamais une seule chartre s'il ignore le sens des mots et des locutions employés par les rédacteurs de ces actes, s'il ne connaît pas les institutions sous l'empire desquelles les parties ont fait leurs conventions, ou les usages que ces mêmes conventions supposent et sous-entendent.

Les savants des seizième et dix-septième siècles, qui entrèrent les premiers dans la voie de la publication des documents relatifs à l'histoire et à la législation de la France au moyen âge, les frères Pithou, Bignon, Sirmond (1), reconnurent la nécessité de glossaires dans lesquels seraient données des explications des mots de basse latinité, ou romano-barbares, qui se trouvaient en abondance dans ces documents ; et déjà, grâce à leurs travaux, on pouvait entrevoir la méthode qu'il fallait suivre pour comprendre les auteurs du moyen âge par eux-mêmes, pour pénétrer dans le sens et l'esprit des institutions sociales et en suivre les développements successifs. Mais personne n'avait essayé de réunir et de thésauriser en quelque sorte les résultats de toutes ces recherches, surtout de les compléter.

La fin du dix-septième siècle vit paraître enfin un ouvrage dont tous les savants sentaient la nécessité, et qu'ils n'osaient presque espérer. Du Cange en conçut le plan et eut le courage de l'exécuter. Il sentit qu'il ne fallait pas se borner, comme les Etienne l'avaient fait pour les études classiques, à recueillir les mots et à en indiquer les diverses significations ; il crut qu'à l'aide et à l'occasion de ces mots, il serait utile de faire connaître le fond des choses qu'ils désignaient, les usages, l'orga-

(1) On les trouve dans la collection des Capitulaires par *Baluze.*

nisation sociale et religieuse, l'état des personnes et des biens ; ce qui concernait l'agriculture, les arts, etc.

Son Glossaire, qui parut en 1678 (3 vol. in-f°), fut accueilli avec une grande faveur. Dès le mois d'août de la même année le *Journal des Savants* en fit l'éloge dans un article dont l'auteur se borne à rendre un compte détaillé de la préface, qui est elle-même un excellent morceau d'histoire littéraire, du plan et de l'ensemble de l'ouvrage, et de quelques articles en forme de dissertations sur des usages très curieux et peu connus du moyen âge.

C'était tout ce qu'on pouvait dire encore. Un glossaire n'est pas un livre de nature à être lu d'une manière suivie, qui permette de l'analyser et de le faire connaître dans toutes ses parties ; il ne peut qu'être consulté au besoin ; le temps seul peut en révéler le mérite et en assurer la réputation.

Cette épreuve ne tarda pas à être favorable à Du Cange. Le célèbre Mabillon, à qui le genre de ses travaux donna promptement occasion de consulter le Glossaire, en proclama le mérite et l'utilité, et, dans la préface de son traité *De Re Diplomatica* (1681), s'adressant à Du Cange, il désigne le Glossaire par ces expressions : « Amplissimus liber, omnibus apertus, de omnibus « agens, ex quo, quantum profecerim, malo alios quam « te judicare. »

Ce n'était pas seulement dans sa patrie que Du Cange obtenait ces justes éloges ; ils lui furent décernés dans les pays étrangers. Bayle s'en rendit l'interprète lorsque, dans la préface de la première édition du Dictionnaire de Furetière, qui a paru en 1691, il s'exprima ainsi : « Où est le savant, parmi les nations les plus fameuses pour l'assiduité au travail et pour la patience à copier et à faire des extraits, qui n'admire là-dessus les talents de M. Du Cange, et qui ne l'oppose à tout ce qui peut être venu d'ailleurs en ce genre-là ? Si quelqu'un ne se rend pas à cette considération, on n'a qu'à le renvoyer *ad pœnam libri* ; qu'il feuillète ses dictionnaires, et il trouvera, pour peu qu'il soit connaisseur, qu'on n'a pu les composer sans être un des plus laborieux et des plus patients hommes du monde ! »

L'édition du Glossaire donnée à Paris en 1678, sous les yeux de Du Cange, et une réimpression faite à Francfort-sur-le-Mein en 1679, se trouvaient épuisées au commencement du dix-huitième siècle ; mais, en même temps que le besoin d'une édition nouvelle se faisait sentir, on ne se dissimulait pas que des additions étaient devenues nécessaires.

La science marche toujours, pour me servir d'une expression assez à la mode : Mabillon (1), Martène (2), Dachery (3), les frères Sainte-Marthe (4), Baluze (5), Muratori (6), avaient fait paraître leurs grands ouvrages à la fin du dix-septième et au commencement du dix-huitième siècle ; les Jésuites des Pays-Bas continuaient, avec autant de persévérance que de succès, leur vaste entreprise des *Acta Sanctorum*, commencée en 1643 (7) ; les deux premiers volumes de la collection des Ordonnances de la troisième race venaient de paraître en 1723 et 1729 (8), et fixaient l'attention publique ; D. Bouquet préparait celle des Historiens de la Gaule et de la France (1), et, pour consulter ou pour perfectionner ces ouvrages, si riches en documents du moyen âge, on éprouvait sans cesse le besoin de recourir au Glossaire et de le voir compléter.

Des Bénédictins de la congrégation de Saint-Maur conçurent et exécutèrent le projet d'une nouvelle édition considérablement augmentée, avec le secours des ouvrages publiés depuis 1678, et d'observations critiques que le fils du célèbre Adrien de Valois avait insérées dans le *Valesiana*, d'après les notes et les conversations de son père (2) Cette édition, qui a paru en six volumes in-f°, de 1733 à 1736, fut suivie, en 1766, d'un supplément en quatre volumes, par D. Carpentier.

L'impulsion que les travaux historiques ont reçue depuis quelque temps, et qu'une nouvelle organisation dans l'enseignement de l'Ecole des Chartres ne peut manquer d'accroître, a rendu et doit rendre l'usage du Glossaire de plus en plus indispensable. Mais deux causes s'opposaient à ce que les savants en tirassent tout le parti désirable : 1° la rareté et par conséquent le prix très-élevé de l'ouvrage ; 2° la perte de temps qu'entraîne une double recherche dans les six volumes publiés de 1733-36, et dans les quatre du supplément de 1766.

Une nouvelle édition, qui, en remédiant à la rareté et au prix excessif du Glossaire, aurait encore l'avantage d'avoir inséré les articles supplémentaires à leur place naturelle, et de n'offrir qu'un seul ouvrage à consulter, dans un format moins embarrassant que l'in-folio, était généralement demandée.

MM. Didot, dont le zèle rappelle les beaux temps des Etienne et des autres imprimeurs célèbres qui ont rendu de si grands services à la littérature ancienne, n'ont pas hésité à répondre au vœu général.

Le travail d'une nouvelle édition ne pouvait être confié qu'à un seul éditeur. Si pour la rédaction du nouveau *Thesaurus Linguæ Græcæ* (3), entreprise qui seule immortaliserait les presses de MM. Didot, on a pu admettre plusieurs collaborateurs, et cependant en très-petit nombre, et encore sous la direction supérieure de l'un de nos plus célèbres hellénistes, c'est que le *Thesaurus* n'est, par son objet, qu'un recueil de mots, des acceptions diverses de ces mots, des passages des auteurs qui en constatent le sens grammatical et l'usage philologique.

Mais il n'en est point ainsi du Glossaire de Du Cange ; la philologie, toute importante et étendue qu'elle y est, n'en est pas la partie la plus considérable, je dirais presque la plus essentielle. La plupart des mots réunis dans ce Glossaire constatent l'existence d'institutions, d'usages généraux ou locaux, quelquefois même des faits

---

(1) *Jo. Mabillonii* Vetera Analecta. Lutet. ; Paris, 1675-1685, 4 vol. in-8° ; ed. II°, Paris, 1723, in-fol. — Museum Italicum ; Paris, 1687, 2. vol. in-4°. — Annales ordinis Sancti Benedicti, ab anno 480 ad ann. 1151, tomi V ; Paris, 1703-1713 ; tomus VI, ab ann. 1116 ad ann. 1137, variis additionibus ad tomos præcedentes exornatus ab Edm. Martene ; ibid., 1739, in-fol. ; ed. II°. Leon. Venturini, Lucæ, 1736, 6 vol. in-fol. — *Jo. Mabillonii et Luc. Dacheryi*, Acta SS. Ordinis S. Benedicti, ab anno 480 ad ann. 1100 ; Paris, 1668 à 1701, 9 vol. in-fol., recus. Venetiis, 1733.

(2) *Edmundi Martene*, Veterum Scriptorum et Monumentorum ad res eccles., monastic. et politic. illustr. Collectio nova, tom. I ; Paris, 1700. in-4°.—*Edmundi Martene et Ursini Durand* Thesaurus novus Anecdotorum ; Paris, 1717, 5 vol. in-fol. — Veterum Scriptorum et Monumentorum Amplissima Collectio, tom. I. à III ; Paris, 1724, tom. IV à VI, 1726 ; tom. VII et VIII, 1733, in-fol.

(3) *Lucæ d'Achery* Spicilegium veterum aliquot Scriptorum, qui in Galliæ bibliothecis latuerunt ; Paris, de 1655 à 1677, 13 vol. in-4°. Novissima editio, per *Lud Fr. Jos. de La Barre*, III tomi in-fol. Scriptorum varias lectiones collegerunt *Steph. Baluzius et Edm. Martene* ; Paris, 1723, 3 vol. in-fol.

(4) Gallia Christiana..... fratrum Scævolæ et Ludovici Sammarthanorum ; Paris, 1656. 4 vol. in-fol. Une nouvelle édition, non terminée, a été publiée, sur un plan plus étendu, par Denys de Sainte-Marthe ; Paris, 1715 à 1785, 13 vol. in-fol.

(5) *Steph. Baluzii* Capitular. Regum Francorum ; Paris, 1677, 2 vol. in-fol., ed. II°, 1780. — Miscellanea ; Paris, 1678-1715, 7 vol. in-8°. Il en a été donné une nouvelle édition, par Mansi *Lucæ*, 1761, 4 vol. in fol. — Innocent. III, pontif. Epistolæ ; Paris, 1682, 2 vol. in-fol. — *Petrus de Marca*, De Marca Hispanica, a *Steph. Baluzio* edita ; Paris, 1688, in-fol. — Vitæ Paparum Avenionensium ; Paris, 1693, 2 vol. in-fol. — Histoire généalogique de la maison de la Tour-d'Auvergne ; 2 vol. in-fol., Paris, 1708.

(6) *Lud. Anton. Muratori*, Rerum Italicarum Scriptores ; Mediol., 1723 à 1751, 25 vol. in-fol. — Trattato delle Antichita Estensi ed Italiane ; Modena, 1717 et 1740, 2 vol. in-fol. — Antiquitates Italicæ medii ævi. Mediol. 1730, 6 vol. in-fol.

(7) *Jo. Bollandi, God. Henschenii, Dan. Papebrochii*, etc., Acta Sanctorum ; Antuerp., 1643 et suiv. Cet ouvrage, suspendu en 1794, après la publication du t. LIII, est continué depuis l'année 1846.

(8) Cette collection, exécutée successivement par Laurière, Secousse, de Bréquigny et de Pastoret, forme 20 vol. in-fol. Le t. XXI. est sous presse.

(1) Scriptores Rerum Gallicarum et Francicarum, opera *D. M. Bouquet*, etc. Cet ouvrage, continué par MM. Brial, Daunou et Naudet, jusques et y compris le t. XIX, est maintenant rédigé par MM. Guignaut et de Wailly.

(2) *Valesiana*, ou les pensées critiques, etc., de M. de Valois ; Paris, 1694, 1 vol. in-12.

(3) Thesaurus Græcæ linguæ ab Henr. Stephano constructus, tertio ediderunt *C. B. Hase*, instituti regii socius, *Guillielmus et Ludovicus Dindorfii* Paris, a Didot in-fol., 1831 et suiv.

historiques ; et toutes ces notions doivent être coordonnées, autant du moins que le permet l'ordre alphabétique : il arrive très-fréquemment que les notions données sous des mots qui appartiennent aux premières lettres de l'alphabet trouvent leur développement et leur complément sous des mots qui appartiennent aux dernières lettres. Un grand nombre de mots ont entre eux des points de contact immédiat ; très souvent ils sont la représentation les uns des autres, en réalité synonymes, et se trouvent dans une mutuelle dépendance, non-seulement par cette synonymie, mais surtout parce qu'ils se rattachent au même sujet.

MM. Didot, convaincus, d'après ces considérations, que la nouvelle publication du Glossaire devait, par la nature de l'ouvrage, être confiée à un seul éditeur, l'ont trouvé dans M. Henschel, que d'excellentes études des auteurs classiques, des langues, de l'histoire et de la littérature du moyen âge, faites dans les universités d'Allemagne ; des recherches non interrompues dans les bibliothèques de Paris ; une ardeur infatigable pour le travail ; un commerce habituel avec les membres les plus distingués de l'Académie des Inscriptions, désignaient à leur confiance.

Le nouvel éditeur a dû méditer mûrement et consulter sur le plan qu'il était convenable d'adopter. Ce que j'ai dit plus haut de la manière dont le Glossaire avait été commencé et successivement augmenté ne permet pas de se dissimuler qu'on n'y trouve un peu de désordre, et j'oserais dire d'incohérence et de disparate.

Si Du Cange, lorsqu'il préparait sa première édition, avait eu dans les mains la totalité des matériaux que les Bénédictins ont réunis et employés pour l'augmenter, ou si ce savant avait vécu à l'époque où le besoin d'une édition nouvelle s'est fait sentir, et s'il l'eût rédigée lui-même, évidemment il y aurait apporté cet esprit de méthode qu'il possédait à un bien plus haut degré que ses continuateurs ; surtout l'édition eût été moins diffuse. Eût-il adopté les raisons que les Bénédictins ont données pour combattre son opinion sur quelques points, et certainement sa bonne foi connue est une garantie qu'il ne les aurait pas repoussées par pur amour-propre, il se serait corrigé, et les détails dans lesquels sont entrés les nouveaux éditeurs eussent été inutiles. Eût-il persisté dans sa première opinion, ces détails eussent été également inutiles ; tout au plus il aurait, dans quelques lignes, prévenu et détruit les objections possibles. Même pour les mots dont l'existence et l'usage lui auraient été révélés par les recherches des Bénédictins, et qu'il aurait cru convenable d'admettre, Du Cange, fidèle à son plan primitif de ne pas faire des citations trop longues, se serait borné à indiquer les documents relatifs à ces mots, à en extraire les seuls passages nécessaires, sans les transcrire avec une prolixité qui fatigue et détourne l'attention du lecteur.

Surtout, il aurait rejeté un grand nombre de mots qui surchargent l'édition des Bénédictins sans utilité réelle. La basse latinité n'étant que la dépravation d'une langue classique, et, par sa nature même, la dépravation ne connaissant pas de règles, le nombre des formes corrompues des mots latins devient infini, précisément à cause du défaut de règles fixes dans la grammaire et l'orthographe du moyen âge. Chercher à réunir toutes ces formes de mots *estropiés*, ainsi que les Bénédictins l'ont fait trop souvent, serait une entreprise infinie et inutile. Même en bornant les recherches aux documents qu'ils ont consultés, et, à bien plus forte raison, en scrutant ceux qui ont paru depuis 1766 et ceux qu'on pourrait trouver inédits, je ne serais pas surpris qu'on parvînt à réunir plus de vingt mille mots, qui la plupart ne nous apprendraient rien, sinon l'ignorance des copistes en fait d'orthographe et de syntaxe. Un certain tact, une érudition étendue, sûre et variée, peuvent seuls conduire à faire un choix des formes les plus communes de celles qui ont produit des mots ou des locutions dans les langues modernes, ou dont on peut logiquement déterminer l'origine.

Je viens d'expliquer ce que Du Cange aurait certainement fait s'il eût pu présider à l'édition de 1733-36 et au supplément de 1766.

Mais M. Henschel pouvait-il se substituer à cet illustre savant et à ses continuateurs, qui, malgré beaucoup d'inadvertances, étaient des hommes d'un vrai mérite ? Devait-il tenter de refaire le Glossaire ? J'avoue franchement que je n'aurais osé le lui conseiller. S'il existait de nos jours un savant égal, et même, si l'on veut, supérieur en mérite à Du Cange, qui formât une telle entreprise, je doute qu'elle obtînt un succès *actuel*.

Quoique, sans contredit, l'auteur d'une rédaction nouvelle telle que je la suppose n'eût pas manqué d'y insérer la majeure partie de ce qui a été composé par Du Cange et par ses continuateurs, il ne l'aurait plus offerte que comme son ouvrage propre. Les savants n'y auraient plus trouvé, désignés par les signes auxquels ils sont accoutumés, les articles de Du Cange, qui sont à leurs yeux une autorité décisive, et ceux des Bénédictins, qu'ils consultent avec plus de circonspection ; ils auraient eu un nouveau Glossaire, mais non le Glossaire de Du Cange, et ce n'est pas ce qu'ils demandaient. Le nouveau travail ne se serait pas produit entouré de cette confiance qui depuis un siècle et demi s'est attachée au nom de *Glossaire de Du Cange*.

Le seul plan qui pût satisfaire le public était évidemment celui qui consistait à réimprimer l'édition de 1733-36, en y insérant à la place convenable les articles du supplément de 1766.

Mais M. Henschel devait-il supprimer les documents que les Bénédictins et Carpentier ont fait imprimer *in extenso*, à l'occasion des mots qu'il suffisait d'expliquer par de courtes observations et par des citations concises, ainsi que Du Cange l'a fait généralement ?

On ne peut se dissimuler que pour la plupart ces documents, et même quelques-uns que Du Cange a publiés *in extenso*, sans que la nécessité en fût bien démontrée, sont réellement des hors-d'œuvre ; souvent même ils sont assez mal amenés, dans le supplément de Carpentier, à l'occasion d'étymologies très-contestables pour la plupart, et qu'il semble n'avoir proposées, à l'aide des formules *huc spectare existimo* ou bien *aliud autem est*, *etc.*, que pour avoir l'occasion de publier les documents qu'il avait trouvés aux archives de la Cour des Comptes et au Trésor des Chartres.

Toutefois, il est juste de le reconnaître, la plupart de ces documents, que je crois avoir le droit d'appeler hors-d'œuvre, étaient inédits, et même ceux que Carpentier a copiés aux archives de la Cour des Comptes sont d'autant plus précieux aujourd'hui que la plupart des originaux ont été incendiés.

Je crois même que M. Henschel n'aurait pas bien fait de supprimer ceux de ces documents qu'on trouve maintenant à leur véritable place dans les volumes de la collection des ordonnances de la troisième race qui ont paru depuis 1766. Outre que l'économie d'impression eût été peu considérable, il faut respecter jusqu'aux plus petites susceptibilités du public. Il se défie, et non sans raison, des éditions abrégées ; et, dès qu'on lui aurait annoncé quelques suppressions, toutes peu nombreuses, toutes bien motivées qu'elles eussent été, il aurait craint que l'arbitraire n'eût présidé à cette sorte d'*élagage*.

La nouvelle édition rédigée par M. Henschel reproduit donc intégralement les dix volumes de la précédente. Mais il s'en faut que cette opération ait été purement matérielle ; je vais, dans un court exposé, mettre les savants à même d'en juger.

On a tout lieu de croire que les Bénédictins, pour réimprimer le texte de Du Cange, se sont servis d'une édition faite en 1679, à Francfort, plus commode dans sa forme que celle de Paris, parce qu'on y a mis à leur place les suppléments que ce savant avait ajoutés à la fin de chaque volume. Malheureusement, ils ne se sont pas aperçus que cette édition de Francfort fourmille de fautes, dont un grand nombre ne tendent à rien moins qu'à prêter à Du Cange des erreurs qu'il n'a pas commises. M. Henschel, au contraire, a fait usage de l'édition de Paris, exécutée sous les yeux de l'auteur, ce qui est une amélioration dont on ne saurait refuser de lui tenir compte.

Il a fait mieux. À l'époque où Du Cange faisait imprimer le Glossaire, Baluze n'avait point encore publié son édition des *Capitulaires* (les deux ouvrages ont été imprimés pendant le même temps), et le Glossaire ne cite ces documents, ainsi que les lois barbares, que d'après les anciennes éditions de Du Tillet, Hérold, Pithou, Lindenbrog. On pouvait, avec raison, désirer que la nouvelle édition indiquât où les textes cités se trouvent dans la collection de Baluze et dans celle de M. Pertz, plus récente et plus parfaite encore. M. Henschel est allé au-devant de ce vœu, et, de plus, il a soumis à une nouvelle vérification les citations que Du Cange a faites. Il agit de même pour les textes du droit romain, que l'édition précédente cite d'après l'ancien système, c'est-à-dire par le premier mot du fragment, sans indication du livre ni du titre.

Un grand nombre de passages d'autres auteurs ont été vérifiés aussi. A cet égard il se présentait une difficulté que M. Henschel me paraît avoir résolue d'une manière très-judicieuse. Lorsque, par l'effet d'une vérification dans l'édition même qui avait fourni un texte, il a trouvé la leçon citée, qui cependant lui paraissait vicieuse, il l'a laissée subsister, et dans une note il a fait sa remarque, soit d'après son opinion propre, soit d'après celle d'auteurs qu'il ne manque jamais de nommer. Mais lorsque l'édition qui avait fourni le passage cité lui a démontré qu'une erreur avait été commise dans les citations, il n'a point hésité à en faire la correction, parce qu'évidemment il n'a pu entrer dans la pensée de Du Cange ou de ses continuateurs d'altérer les textes ; parce qu'on doit attribuer la faute ou à un copiste, ou à un ouvrier typographe, et que rétablir le texte véritable c'était se conformer à leurs intentions.

L'édition précédente contient beaucoup de renvois d'un mot à un autre, et cela est indispensable dans un ouvrage du genre du Glossaire. M. Henschel a considérablement augmenté le nombre de ces renvois, et ce n'est pas un médiocre service rendu aux personnes qui seront dans le cas de consulter la nouvelle.

Indépendamment de ces améliorations, qui suffiraient seules pour assurer à cette édition une supériorité incontestable sur la précédente, il en est d'autres que je dois faire connaître avec plus de détails.

On sait que les documents de la première race, et même de la seconde, contiennent un grand nombre de mots qui sont des traductions en formes latines de termes appartenant à la langue des Francs. Des hommes fort instruits, et je nomme particulièrement Wendelin et Eccard, en avaient proposé les explications. Les Bénédictins ont transcrit, avec une prolixité fatigante, toutes celles que ce dernier surtout avait données dans ses commentaires sur les lois Salique et Ripuaire. Les travaux modernes de MM. Eicchhorn, Graff, Grimm et autres, dont l'Allemagne a le droit de se glorifier, ont démontré l'erreur et l'insuffisance de ces explications, et personne ne les admet plus maintenant.

M. Henschel, d'après son plan, qui était de ne rien retrancher de l'édition exécutée de 1733-36 et du supplément de 1766, a laissé subsister ce que les Bénédictins avaient écrit ; mais il a eu soin d'y ajouter des notes pour indiquer les interprétations et les étymologies nouvelles fournies par les savants que je viens de nommer. Il en a donné un assez grand nombre qui lui appartiennent, rédigées avec une concision qui n'ôte rien à la clarté. Les unes et les autres sont marquées d'un signe particulier, pour laisser la plus grande liberté au jugement des lecteurs.

Le nombre des ouvrages dans lesquels M. Henschel a puisé des observations et des additions n'est pas considérable ; mais le choix en est excellent. Je ne parlerai pas d'Adelung, qui, dans un abrégé du Glossaire, publié à Halle, de 1772 à 1783, en six volumes in-8°, avait inséré un assez grand nombre de remarques, de corrections, même de mots nouveaux. M. Henschel a reproduit les unes et les autres, en considérant ce savant comme un continuateur de Du Cange, et je crois qu'il a bien fait.

Haltaus est, parmi les auteurs de glossaires modernes,

celui qui lui a fourni le plus de secours. Son lexique (1) a mérité d'être considéré comme un digne pendant de celui de Du Cange. Il se distingue par une érudition choisie et pleine de goût, par une critique saine et circonspecte ; il va droit au fond des choses, sans chercher à briller par une fausse recherche de nomenclature.

Deux autres glossaires, celui de Scherz (2) et celui de Wachter (3), offraient moins de secours. Le premier a réuni, sans distinction et sans critique, toute sorte de mots, le second s'occupe plus particulièrement d'étymologies ; mais les nouvelles publications ont infiniment surpassé ces deux ouvrages.

L'*Elucidario*, publié en Portugal par Santa-Rosa de Viterbo (4) a été beaucoup plus utile à M. Henschel, et il en invoque souvent l'autorité, en même temps qu'il lui emprunte un assez grand nombre de passages.

Je viens d'indiquer sommairement les principaux caractères de supériorité que la nouvelle édition du Glossaire a sur la précédente ; c'est par l'usage seulement qu'on reconnaîtra de plus en plus cette supériorité dans les détails. Mais, après avoir rendu avec un véritable plaisir cette justice à M. Henschel, qu'il me soit permis de faire la part de la critique : elle ne peut porter que sur quelques omissions.

J'indiquerai d'abord le mot *Appellatio*. Du Cange n'avait pas cru devoir y consacrer un article : il s'en référait sans doute aux connaissances dont il supposait que devaient être munies les personnes qui consulteraient le Glossaire. Cet ouvrage en effet n'est pas un livre purement élémentaire ; il est destiné à venir au secours de ceux qui savent déjà, à compléter leurs connaissances, mais non à leur en donner les premiers rudiments.

Toutefois, après y avoir bien réfléchi, je crois qu'un article sur les appels n'eût pas été dépourvu d'utilité. Sans doute tout le monde sait que l'appel est la voie par laquelle un plaideur agit pour obtenir la réformation du jugement qui l'a condamné ; mais cette voie a-t-elle été toujours usitée, en France surtout, pendant le moyen âge ? N'y a-t-il pas eu un temps où les jugements rendus par les *rachimbourgs*, les *scabins*, sous la présidence du comte, *grafio*, ou, dans les affaires de peu d'importance, du centenier, *tunginus*, et ressemblant beaucoup aux décisions de nos jurés actuels, n'étaient pas, de leur nature, susceptibles d'appel ? Cependant à cette même époque n'était-il pas permis de s'adresser au roi pour obtenir la réformation d'un jugement contraire à la loi, c'est-à-dire à la coutume notoire ? Le nombre assez considérable de passages qu'on trouve à ce sujet dans les lois de la première et de la seconde race pouvait fournir matière à traiter ces questions.

(1) Ch. G. Haltaus, Glossarium Germanicum medii ævi ; Lipsiæ, 2 vol. in-fol.
(2) J. G. *Scherzii* Glossarium Germanicum medii ævi edidit J. J. Oberlinus ; Argentorat., 1781, 2 vol. in-fol.
(3) J. G. Wachteri Glossarium Germanicum ; Lipsiæ, 1737, in-fol.
(4) Elucidario das palavras, termos e frases que em Portugal antiguamente se usarao, por *Fr. Joaquim de Santa Rosa de Viterbo* ; Lisboa, 1798, vol. in-fol.

Qu'arriva-t-il lorsque, la classe des hommes indépendants ayant presque entièrement disparu, le régime féodal attribua aux seigneurs de chaque partie du territoire l'exercice de tous les pouvoirs publics, notamment du pouvoir judiciaire ? Les jugements rendus dans les cours de ces seigneurs ne furent-ils pas d'abord rendus en dernier ressort ? Quand et par quelles causes fut introduit l'appel de ces jugements devant le suzerain, et en définitive devant le roi ? Cette question et celles qui en dérivent ne sont pas de simples questions de jurisprudence et de procédure ; elles tiennent intimement à l'histoire et à l'état politique. C'est au moyen des appels que les rois ont rétabli un pouvoir qui était réellement anéanti lorsque Hugues Capet mit sur sa tête la couronne du dernier des Carlovingiens.

La résistance des seigneurs à cette importante conquête de la royauté est attestée par une multitude de documents ; elle prouve qu'ils y voyaient très-bien la ruine future de leur autorité et du régime féodal. L'histoire de cette lutte et de ses résultats aurait même pu offrir à Du Cange la matière d'une dissertation du genre de celle qu'il a faite sur les épreuves, plus utile et plus instructive que celle qui concerne le *Laghan*, dont je n'entends pas, du reste, contester le mérite, car tout ce qui est sorti de la plume de ce savant est précieux. Lui-même a dit quelque chose sur les appels aux mots *Alsare*, *Apostoli*, il donne quelques notions plus développées au mot *Falsare judicium*. Mais ces articles supposent l'usage et la pratique des appels dans certains cas ; ils seraient mieux compris si Du Cange les avait complétés par des développements sur la matière principale.

Les Bénédictins n'ont point évidemment suppléé au silence de ce savant par un article qu'ils ont intitulé *Appellationes Laudunenses*, espèce particulière et locale d'appels, qu'on ne peut apprécier si l'on ne connaît les appels en général.

Cette sorte d'appels, connue particulièrement dans le Laonnais et le Vermandais sous le nom d'*appeaux frivoles* ou *volages*, et qui a été l'objet d'un assez grand nombre de lois des treizième et quatorzième siècles, insérées au recueil des ordonnances de la troisième race, était un abus né du droit légitime d'appel. Au moment où un procès était introduit dans une justice seigneuriale, la partie assignée déclarait qu'elle appelait, par appel volage, devant le bailli du roi, et par cela seul le juge du seigneur était dessaisi de la connaissance de l'affaire (1). L'introduction de ces appels était un des nombreux envahissements que les baillis royaux ne cessaient de faire sur les justices seigneuriales ; c'était, je le répète, un abus : mais l'abus d'une chose en suppose l'existence légale, et cette chose, c'est-à-dire le droit d'appel en lui-même, est ce qu'il aurait été important de faire connaître.

J'ai déjà dit que les documents ne manquaient pas à cet égard ; on les eût trouvés réunis et réduits en pratique dans un ouvrage composé au quatorzième siècle, sous le titre de *Stilus curiæ Parlamenti*, qui, longtemps

(1) Bouthillier, *Somme rurale*, liv. II, t. XIV.

manuscrit, eut au seizième siècle plusieurs éditions fort incorrectes, et qui a été réimprimé d'une manière défectueuse par Dumoulin (*Opp.*, t. II, p. 409). Ce style avait reçu une sorte de sanction législative par l'ordonnance du mois de décembre 1344, et par celle du 28 octobre 1446, qui s'y réfèrent et le modifient en quelques points (1).

Ces réflexions m'amènent à parler des articles contenus dans le Glossaire sous le mot *Stilus* ou *Stillus*. On sait qu'au moyen âge on appelait *stiles* les ouvrages qui exposaient la procédure observée dans les tribunaux et les règles les plus usitées du droit et de la jurisprudence. Du Cange n'avait point admis ce mot dans son édition : peut-être avait-il eu tort, parce que *stilus*, pris dans ce sens, n'est point de la bonne latinité, et n'appartient qu'au moyen âge. Les Bénédictins l'ont trouvé dans plusieurs documents, et même avec des acceptions très-variées ; ils les ont compris dans leurs additions, et avec raison. Mais les exemples qu'ils donnent à l'appui de leurs définitions ne sont pas toujours bien choisis, ni surtout bien appliqués.

Au mot *Stillus* n° 4, qu'ils définissent *consuetudo, mos*, ce qui rentrerait dans ce que je viens de dire, ils citent uniquement un passage d'une enquête de 1288, concernant des devoirs auxquels des hommes de certaines professions étaient tenus envers un monastère. Certainement ce passage ne répond point à la définition donnée dans le numéro que je viens de citer.

Au mot *Stilus*, ils citent une ordonnance de Charles V de 1370 (en juillet), relative à la ville de Cahors, par laquelle le roi confirme « omnes consuetudines, liberta- « tates, saisinas, et stilos in seu de quibus usi sunt « pacifice ab antiquo ; » c'était évidemment à *stillus* n° 4 que cette citation devait être faite : les Bénédictins disent, au contraire, que *stilus* dans l'ordonnance dont il s'agit signifie *titre*, ce qui est formellement contredit par le texte, où il n'est possible d'entendre *stilos* que dans le sens de coutumes, usages, formes de procéder ; on peut s'en assurer en lisant le t. V des ordonnances, p. 324.

A l'article *Stillus* n° 1, où ils ont défini ce mot par *methodus conficiendi acta judicialia*, ils n'auraient pas dû omettre de dire quelques mots non-seulement du *Style du Parlement*, dont il vient d'être question, mais de plusieurs autres ouvrages du même genre composés au moyen âge, la plupart inédits, et notamment du *Style du Châtelet*, dont il est très-expressément question dans deux ordonnances du 3 juin 1391 (t. VIII, p. 438 et 785), rendues précisément pour réformer ce style (2).

Je regrette que M. Henschel, ou par trop d'égards pour les savants dont il réimprimait le travail, ou par une trop grande défiance de ses propres forces, n'ait pas corrigé ces erreurs et rempli ces lacunes.

Puisque j'en suis à parler de législation, qu'il me permette aussi de lui reprocher de n'avoir pas fait une note pour rectifier la définition que les Bénédictins ont donnée du mot *Committimus*.

On appelait ainsi au moyen âge, et l'usage en a subsisté jusqu'à nos jours, le privilège que le souverain accordait à des établissements ecclésiastiques ou civils, même à des particuliers, de n'être pas tenus de reconnaître la juridiction ordinaire et locale, et de n'avoir d'autres juges que ceux que désignait le privilège, quelquefois même le parlement seul. D'après la définition donnée par les Bénédictins, le *committimus* aurait attribué à celui qui l'avait obtenu le droit de choisir la juridiction devant laquelle il lui plaisait de faire juger son procès, ce qui est diamétralement opposé à la législation en cette matière.

En signalant l'erreur des Bénédictins, M. Henschel aurait pu parler de l'origine des *committimus*, qui remonte à la première race ; des motifs qui les ont fait établir, des ordonnances qui eurent pour objet d'en prévenir et d'en corriger les abus.

Je crois devoir encore indiquer à M. Henschel une plus importante rectification, qu'il aura le moyen de faire très-facilement dans l'une des tables du dernier volume qu'il nous promet. Elle concerne la liste des chartres de communes que Du Cange a donnée sous le mot *Commune, Communia*, et à laquelle ses continuateurs n'ont ajouté que peu de chose.

Les documents indiqués dans cette liste sont de deux sortes.

Les uns émanés de seigneurs, sans qu'on sache si les rois les ont autorisés ou confirmés : les recueils, les histoires imprimés, en contiennent un très-grand nombre dont la liste du Glossaire ne fait pas mention.

Les autres sont des concessions ou des confirmations royales. Presque toutes celles que la liste fait connaître ne sont indiquées que d'après des manuscrits. Mais on les trouve aujourd'hui, et même avec beaucoup d'autres, dans les volumes de la collection des Ordonnances de la troisième race qui ont paru depuis 1766.

Il serait à désirer que M. Henschel en eût donné l'indication dans la nouvelle édition du Glossaire. Le silence à cet égard peut faire supposer que ces chartres sont encore inédites, ce qui a deux inconvénients : 1° les lecteurs qui désireront les connaître resteront persuadés qu'on ne les trouve qu'à la Bibliothèque nationale ou aux Archives, et se croiront obligés d'aller chercher bien loin ce qui est sous leur main dans toutes les bibliothèques ; 2° ceux qui auront l'espoir de bien mériter des savants en les publiant seront exposés à faire imprimer comme inédites des pièces qui ont vu le jour.

Il s'en faut d'ailleurs que la liste du mot *Commune, Communia*, indique toutes les chartres de communes que Du Cange a citées dans le Glossaire. Ce savant en a prévenu ses lecteurs ; il leur annonce la nécessité d'en faire la recherche dans les différents mots où il les cite, et ne leur dissimule pas la difficulté de ses recherches en disant : « tametsi in mergitum acervo acum quærere « sit ». Cela est excusable dans un homme qui, composant une des premières lettres de son premier volume,

---

(1) On les trouve dans la collection des Ordonnances de la troisième race, t. II, p. 210, et t. XIII, p. 471. Dumoulin, dans sa préface, a, par erreur, donné la date de 1444 à l'ordonnance de 1446.

(2) Secousse avait donné au premier de ces documents la date ce 1389 ; mais il a depuis reconnu son erreur.

n'était pas sûr encore de ce qu'il dirait dans les autres, et où il le dirait.

Je ne dois pas terminer sans parler des critiques qu'on lit dans le *Valesiana*. Elles sont, en général, exprimées en termes peu convenables, que Valois aurait probablement adoucis et modifiés s'il eût adressé un écrit au public, au lieu de s'expliquer dans de simples conversations.

Une de ces critiques consiste à reprocher à Du Cange d'avoir *donné comme des mots de basse latinité des mots imaginaires et faux, fondés sur quelque passage corrompu*.

Si l'édition de 1733-36 et le supplément de 1766 avaient été connus de Valois, il y aurait trouvé un bien plus grand nombre d'occasions de faire ce reproche, et avec assez de fondement; je me suis expliqué plus haut à cet égard. Mais, adressé à Du Cange d'une manière générale, le reproche semble bien sévère et même tout à fait injuste, puisque le *Valesiana* n'en donne qu'un exemple : c'est le mot *Aulaicus*, qu'on trouve dans un passage cité comme extrait du cartulaire de Brioude, *Tabularium Brivatense*, chapitre 437, en ces termes : *Si vero abbas, aut comes* AULAICUS*, aut clericus*. Valois prétend qu'on doit lire *aut laicus*, et que Du Cange a eu tort de présenter le prétendu mot *aulaicus* comme un terme de basse latinité. J'ai fait ce qui a dépendu de moi pour parvenir à une vérification. Mon savant et obligeant confrère M. Guérard a eu la bonté de rechercher les copies du cartulaire de Brioude que possède la Bibliothèque nationale : malheureusement elles sont incomplètes, et ne dépassent point le chapitre 341. Mais les armoires de Baluze contiennent la copie d'une donation faite à l'église de Brioude, où précisément se trouve la phrase citée par Du Cange, et on y lit *aut laicus*. Quoique ce ne soit pas l'original, une copie faite par les soins de Baluze m'inspire assez de confiance pour ne pas douter de la leçon, qui justifie la conjecture de Valois, et que d'ailleurs la construction de la phrase semble commander.

Mais avant de critiquer Du Cange il faut se mettre à sa place. En ne considérant que les trois volumes qui constituent la première édition, le Journal des Savants du mois d'août 1678 portait le nombre des passages cités à *cent quarante-quatre mille*. Or Du Cange ne les a pas tous copiés sur les originaux; il en a reçu la majeure partie, et il a dû croire à l'exactitude des correspondants qui les lui fournissaient. Il a lu dans l'extrait qu'on lui envoyait du cartulaire de Brioude le mot *aulaicus*, qu'il a pu, avec vraisemblance, prendre pour une corruption d'*aulicus*.

Un homme non moins savant, Mabillon, a été entraîné, précisément par la même cause, dans des erreurs de ce genre et bien plus évidentes. On connaît les *Formulæ Andegavenses*, dont il a été le premier éditeur, d'après un manuscrit unique existant alors à Wingharten, il s'en était fait adresser une copie; et voici comment, d'après cette copie, il a imprimé les premières lignes de la première formule : « Hic est testamentum « quarto regnum domini nostri Childeberto regis quod « fecit missus ille Chestantus ; » ces derniers mots l'ont conduit à dire que sous Childebert il avait existé un *missus regius* appelé *Chestantus*.

Des circonstances qui me touchent personnellement, et qu'il est inutile de raconter, ayant donné lieu à faire venir en France le manuscrit qui appartient maintenant à la bibliothèque de Fulde, on a reconnu qu'il porte : HIC EST IESTA (pour *gesta*), titre ou rubrique de la première formule, laquelle commence ensuite par les mots : « Annum quarto regnum domini nostri Childeberto « regis quod fecit minsus (pour *mensis*) ille, dies tantus, « etc. ; » leçon qui, sauf les solécismes, a un sens parfaitement conforme à celui d'un assez grand nombre d'autres formules constatant des *gesta*, c'est-à-dire des dépôts d'actes à la curie. Dans la formule XLe du même recueil, qui est celle d'une donation entre époux, Mabillon a imprimé *cœteri hæredes* FATTIDEN, ce qui n'offre aucun sens et suppose l'existence d'un mot de basse latinité dont on ne trouve aucun autre exemple. L'original ayant été exploré avec soin, on a reconnu qu'il portait *succidant* (pour *succedant*), et le sens de la formule est alors très-clair (1).

Faut-il aussi taxer Mabillon d'ignorance ? Il n'a fait, comme Du Cange, rien autre chose que reproduire une copie qu'il avait reçue.

Je peux, précisément encore pour ce qui concerne le Glossaire, donner un autre exemple d'erreur du même genre, et produite par une cause semblable, que Valois n'a pas connue, et dont il n'aurait pas, sans doute, manqué de profiter. C'est le mot *Intraha*. Du Cange l'a recueilli, non pas même sur la foi d'un correspondant : il l'a trouvé deux fois imprimé dans deux documents publiés par Marquard Freher (2), où on lit : « Tradimus « civitatem nostram Laudemburg, palatium nostrum... « cum omni ustensilitate in omni pago Laudemburgi et « undique in *intraha*, in pascuis, materiamine, aquas, « aquarumque decursibus. »

Que signifiait *intraha* ? Les mots par lesquels on désignait, dans les actes de ventes, de donations, la consistance des choses, ce que nos notaires appellent *appartenances* et *dépendances*, étaient si variés, si bizarres, si divers selon chaque localité, que Du Cange, sous peine de négliger le mot *intraha*, qu'il trouvait dans des documents imprimés, a dû le recueillir ; mais, comme il ne l'avait vu nulle autre part, il n'a point essayé de l'expliquer. Carpentier, dans son Supplément, a dit qu'*intraha* signifiait un héritage labouré, *ager qui trahendo aratrum colitur ;* c'est une explication comme une autre. Mais les deux documents ayant été publiés de nouveau dans le tome VII, p. 61, des *Mémoires de l'Académie Théodoro-*

(1) La nouvelle édition de ces *Formulæ Andegavenses*, que M. Eugène de Rozière, élève de l'École des Chartres, a donnée en 1843, et que M. Giraud, membre de l'Académie des Sciences morales, a insérée dans le tome II de son *Histoire du Droit Français au moyen âge*, fournit un très-grand nombre d'exemples d'erreurs semblables.
(2) Ces documents ont été reproduits par Lecointe, *Annales Francorum Ecclesiasticæ*, t. II, p. 786 ; dans le *Gallia Christiana nova*, t. V, instr. p. 451 ; par Schannat, *Historia episcoporum Wormatensium*, p. 309. Ce dernier, ne devinant pas ce que signifiait *intraha*, a imprimé *intrantia*.

Palatine, d'après les originaux, il est devenu certain que le texte porte *in Jutraha*, petite rivière du *pagus Laudemburgensis*, laquelle est indiquée sur la carte annexée à la page 41 de ce volume, comme tombant dans le Necker (1). De cette manière les documents s'expliquent sans peine. Le roi donne tout ce qui lui appartient dans le *pagus* IN JUTRAHA, c'est-à-dire jusqu'à la rivière ou le long de la rivière *Jutraha :* on sait que *in* se prend souvent pour *ad* dans la bonne latinité.

On voit par ces explications comment il a dû arriver que Du Cange ait recueilli quelques mots dont la découverte de textes plus exacts que ceux dont il avait fait usage a révélé l'erreur. Mais ces mots fussent-ils infiniment plus nombreux, il ne mériterait aucun reproche : les erreurs de lecture ne sauraient lui être imputées, surtout pour les mots qu'il a trouvés dans des livres imprimés.

Je n'entends pas dire cependant que, même dans ce dernier cas, on ne doive pas user d'une certaine critique pour examiner si les éditeurs que l'on cite n'auraient pas lu inexactement; si le mot ne serait pas une simple faute d'impression dans les éditions dont on fait usage. En voici un exemple que fournit le Supplément de Carpentier, au mot *Anis*, que ce savant a recueilli sans essayer de l'expliquer. On lit dans Martène, *Amplissima Collectio*, tome VII, col. 24 : « Si omnes secundum « legem domini, sive nobiles, sive innobiles uxores legi-« time sortitas habent, non uxores ab aliis dimissas, « non Deo sacratas, *non anes.* » La véritable leçon est *nonanes*, mot qui, tantôt écrit par un *n*, tantôt par deux, dans les Capitulaires et dans d'autres documents, désignait des religieuses, que nos vieux écrivains français ont appelées *nonains.* Le sens raisonnable de la phrase conduisait à cette correction ; elle était justifiée par toutes les citations qu'on trouve dans le Glossaire aux mots *Nonanes* et *Nonnanes ;* aucun exemple fondé sur des textes, aucune analogie ne conduisait à croire, comme Carpentier le suppose, qu'il ait existé dans la basse latinité un mot *anis*, faisant à l'accusatif pluriel *anes*, et pouvant servir d'un sens dans la phrase citée d'après Martène. Aussi M. Henschel n'a-t-il pas manqué de relever cette erreur.

Le mot *castra* a fourni à Valois l'occasion d'une critique dont je reconnais le fondement, sans en approuver la forme et le ton.

On donnait au moyen âge en Italie le nom de *castra* (subst. fém.) à une espèce de navire dont il est parlé dans l'histoire du siège de Jadra (Zara), et, sans le moindre doute, Du Cange est dans le vrai lorsque, d'après le texte qu'il a transcrit, il interprète *castra* par *navis italicæ species.* Mais, par un surcroît d'érudition malheureusement employée, il cite le vers de l'Énéide :

« Dat clarum puppi signum, nos *castra* movemus. »

Rien ne prouve (et le contraire est même évident) qu'au temps de Virgile *castra* servit, comme *liburna*,

(1) Voir la description de ce *pagus* dans le tome 1er des *Acta Academiæ Theodoro-Palatinæ*, p. 215 et suivantes.

triremis, à désigner une espèce de navire. S'il en eût été ainsi, Virgile aurait dû dire *castras*, ce qui ne faisait pas son vers et n'exprimait point sa pensée.

Mais, de même qu'on avait appelé *castra* les lieux où une armée était campée, de même on disait *castra navalia* pour désigner les lieux où une flotte était en station (Cæsar, *De Bello Gallico*, lib. V, cap. XXII). C'est ce qui explique le *castra movemus* de Virgile, et n'a rien de commun avec *castra*, substantif féminin, désignant un navire du moyen âge.

Toutefois, Valois ne devait pas accuser Du Cange d'*ignorance ;* ce reproche ne saurait être adressé à un tel homme : il pouvait lui reprocher un abus de science, une citation étrangère à son objet, mais c'est tout ce qui était permis.

Au surplus, les Bénédictins ont recueilli et traduit en latin toutes les observations de Valois, et par conséquent on les trouvera dans la nouvelle édition. Peut-être cependant ont-ils été trop dociles en accédant sans réserves à toutes ses critiques, dont quelques-unes pourraient être justement contestées. Je craindrais d'allonger trop cet article si je les discutais ; je me bornerai à un seul exemple, qui n'offre pas une simple question de mots et de *lexicographie*, mais qui se rattache à un point véritablement historique.

Du Cange, au mot *Consul*, n° 3, s'exprime ainsi : « Consules in civitatibus, qui in aliis *scabini* vocantur, « quorum dignitas antiqua, » et, pour justifier cette assertion de l'ancienneté du nom de consul donné dans la Gaule à une fonction municipale, il cite les deux derniers vers de la description de Bordeaux, par Ausone :

« Diligo Burdigalam, Romam colo ; civis in illa,
« Consul in ambabus ; cunæ hic, ibi sella curulis. »

« M. Du Cange, lit-on dans le *Valesiana*, n'a pas bien pris le sens d'Ausone : il croit qu'Ausone, disant qu'il est consul dans les deux villes, Rome et Bordeaux, ne veut dire autre chose, sinon que, comme il avait été fait consul ordinaire à Rome par l'ordre de l'empereur Gratien, qui avait été son disciple, de même à Bordeaux, sa patrie, il avait obtenu la première dignité de la ville, qu'on appelait aussi le consulat... Les consulats, échevinages ou mairies, n'ont été établis dans les villes des Gaules que plus de huit siècles après le temps d'Ausone .... Ausone dit qu'il aime Bordeaux parce qu'il y est né, qu'il a Rome en vénération parce qu'il y a reçu la dignité consulaire, ce qui l'a rendu non-seulement à Rome, mais aussi à Bordeaux et dans tout l'empire, la seconde personne de l'Etat ; et tel est le sens des deux vers cités, ou il n'y en a pas du tout. »

Cette critique de Valois se divise, comme on le voit, en deux parties : 1° Du Cange a eu tort de croire qu'Ausone a voulu dire qu'il eût été revêtu à Bordeaux de la magistrature municipale qu'on appelait *consulat ;* 2° il s'est trompé en avançant que du temps d'Ausone cette sorte de magistrature existait dans les villes de la Gaule.

A l'appui de la première de ces assertions, savoir,

qu'Ausone a été consul de la ville de Bordeaux, on pourrait invoquer ce que dit Scaliger, qu'il a vu : « Ve-
« tus saxum in prædio amplissimi præsidis Josephi
« Cassiani effossum. Diu mecum egi an possem illius
« inscriptionem in memoriam revocare, quia obiter, et
« ut illud fit, aliud agens, illam legeram neque aliter
« quicquam pensi habui. Tamen, nisi vehementer fallor,
« videtur mihi ita habuisse : DEC. AUSONIUS COS. OLYM-
« PIADE LXXXIII. Si quid a me erratum est, erit fortasse
« in ultimis numeris, nam utrum octogesimo III, aut IIII
« in ea inscriptione fuerit, non plane memini. Igitur
« hoc monumento significatur consulatus municipalis,
« non consulatus Romæ. »

Mais il ne me semble pas qu'on doive ajouter une grande foi à ce souvenir de Scaliger, dont aucun des savants qui ont publié des recueils d'inscriptions ne paraît avoir fait mention. Nous n'avons donc pour ce qui concerne le consulat d'Ausone à Bordeaux d'autre témoignage que les deux vers cités, et le sens en est obscur. S'il est vrai que quelques biographes, quelques commentateurs de ce poëte en aient conclu qu'il avait été revêtu de cette magistrature municipale, si telle est, notamment, l'opinion de Bonamy, dans le t. XVII, p. 49, des anciens *Mémoires de l'Académie des Inscriptions*, et de M. de Savigny, dans une note du § 21 du chapitre II du t. Iᵉʳ de son *Histoire du Droit Romain au moyen âge*, je dois convenir que les derniers mots du second vers laissent subsister quelque incertitude ; il semble qu'Ausone s'y résume à dire qu'il doit la naissance à Bordeaux, et que c'est à Rome qu'il doit la dignité consulaire.

Mais quand il serait vrai que Du Cange se fût trompé sur cette circonstance de la vie d'Ausone, il ne s'ensuivrait pas que Valois ait été fondé dans le second point de sa critique, et que Du Cange ait eu tort de dire que le nom de consulat, donné dans la Gaule à une magistrature, était très-ancien, et en usage au temps d'Ausone. Il existait dans le midi de cette contrée des villes municipales administrées par un sénat et par des chefs connus sous différents noms. Bordeaux notamment avait un sénat : Ausone l'atteste dans le troisième vers de son poëme : *Insignis procerum senatu*. Si cette ville avait un sénat, elle devait avoir des magistrats chargés de l'administration. Dans la plupart des villes municipales, ces magistrats étaient appelés *duumviri* ; mais il en était où on leur donnait des titres de magistratures romaines, *édiles*, *questeurs*, *censeurs*, *préteurs*, *consuls*, même *dictateurs*, et cela dans un temps où Rome, n'étant pas encore soumise à un empereur, devait être jalouse de ne point laisser les magistrats des villes de province s'attribuer les titres de ceux de la république. Un grand nombre d'inscriptions, qu'on trouve dans Gruter, présentent des dénominations de consul données à des magistrats municipaux de diverses villes, dans les provinces. On peut consulter à ce sujet Noris, *Cœnotaphia Pisana*, dissert. I, cap. III, et Éverard Otto, *De Consulibus extra Italiam*, cap. II.

Je crois donc qu'au temps d'Ausone, et même plus anciennement, il y avait hors de l'Italie des villes municipales dont les premiers magistrats portaient le nom de consuls ; que le reproche fait à Du Cange par Valois n'est pas fondé, et que les Bénédictins y ont adhéré trop facilement. M. Henschel paraît n'être pas de leur sentiment ; mais peut-être eût-il dû s'expliquer d'une manière plus formelle qu'il ne le fait en se contentant de renvoyer à l'ouvrage de M. de Savigny, qui n'a pas discuté la question et s'est borné à énoncer, sur la foi des vers cités plus haut, que la magistrature municipale de Bordeaux s'appelait *consulat*.

Valois a adressé à Du Cange un autre reproche plus général, par lequel je vais terminer.

« Il a, dit-il, fait entrer dans son Glossaire plusieurs remarques sur diverses choses tant ecclésiastiques que autres, sur lesquelles il ne sera jamais consulté, d'autant qu'on n'attend pas d'un glossaire ni d'un grammairien ou critique l'éclaircissement de ces matières, sur quoi nous avons des volumes entiers écrits par des gens versés dans l'histoire ecclésiastique. »

Cette censure prouve que Valois ne s'était pas fait une juste idée de l'entreprise de Du Cange, du besoin auquel ce savant avait cru qu'il importait de pourvoir, et de son plan, qui cependant était très-bien expliqué dans la préface.

Sans doute nos bibliothèques sont remplies de volumes écrits par des personnes très-habiles *sur les matières ecclésiastiques et autres* concernant le moyen âge, que les savants pourront et devront toujours consulter, et l'intention de Du Cange n'a pas été que son Glossaire en tînt lieu. Mais lorsque ces ouvrages fournissaient des mots de basse latinité, que, d'après son plan, Du Cange devait recueillir, et dont il devait aussi faire connaître l'usage, pouvait-il, à moins de courir le risque de n'offrir qu'une nomenclature aride et quasi inintelligible, se dispenser de donner quelques explications sur les institutions ecclésiastiques et civiles, sur les usages du moyen âge auxquels se rapportaient les passages qu'il citait ? C'était précisément ce que le public avait le plus besoin de connaître et de comprendre, ce qui, par le fait, a produit le grand succès du Glossaire et l'indispensable nécessité où l'on est sans cesse d'y recourir. Aussi l'expérience a-t-elle démenti la singulière prédiction de Valois, que cet ouvrage *ne sera jamais consulté sur les matières ecclésiastiques et autres* que Du Cange y a rassemblées. Peu d'années après qu'il eut paru, Mabillon et Bayle en proclamaient la très-grande utilité, précisément sous le rapport critiqué par Valois : *Omnibus apertus, de omnibus agens*, disait Mabillon.

Ce n'est pas de ce qu'il en contenait trop qu'on croyait avoir à se plaindre ; le succès de l'édition de 1733-36, et du supplément de 1766, nonobstant quelques défauts que je n'ai pas dissimulés, en est la preuve. Lorsque de nos jours une édition nouvelle a été réclamée avec empressement, personne ne demandait la suppression des choses que Valois reproche à Du Cange d'avoir admises ; tout le monde, au contraire, désirait qu'on les reproduisît, que le nombre en fût accru, complété ; et M. Henschel en répondant à ce vœu général a rendu un très-grand service à la science.

Concluons donc que le Glossaire est le plus vaste, le plus utile ouvrage qu'on ait jamais fait pour faciliter et propager l'étude des documents et des institutions du moyen âge, et que toujours consulté, nonobstant le pronostic de Valois, il ne cessera jamais d'atteindre le but que Du Cange s'est proposé.

L'édition nouvelle, exécutée par MM. Firmin Didot frères, de 1840 à 1850, servira, sans le moindre doute, à perpétuer cette réputation, en même temps qu'elle fera honneur au savant qui l'a entreprise et accomplie, ainsi qu'aux célèbres imprimeurs qui n'ont point reculé devant les dépenses qu'elle exigeait.

PARDESSUS.

ORDRE DES MATIÈRES

DU NEUVIÈME VOLUME DE DU CANGE

	Pages.
1° Avis concernant l'édition du *Glossaire françois* publié par MM. Firmin Didot.	1
2° *Glossaire françois* de Du Cange	5
3° Notice sur la vie et les ouvrages de Du Cange, par L. Favre.	I
4° Liste des ouvrages de Du Cange	XI
5° Eloge de Du Cange, par Lesage de Samine.	XIX
6° Inauguration de la statue de Du Cange à Amiens	XXIV
7° Compte-rendu, par M. Pardessus, de l'édition du *Glossarium* publié par MM. Firmin Didot.	XXVII

Niort. — Typographie de L. FAVRE.

www.ingramcontent.com/pod-product-compliance
Lightning Source LLC
Chambersburg PA
CBHW050904230426
43666CB00010B/2016